주얼리디자이너 & 주얼리모델러가 되기 위한

Rhino 3D Bible

남상원 · 변정석 지음

태학원

Preface

현재 디자인 분야는 체계적이고 효율적인 디자인작업을 위해 CAD(Computer Aided Design)와 CAM(Computer Aided Manufacturing)을 이용한 Modeling과 Rendering 작업을 진행하고 있다. 3D Modeling 및 Rendering 프로그램들의 꾸준한 개발로 이어지고 있으며, 국내 디자인 대학과 교육학원 그리고 기업에서는 3D프로그램을 필수적인 디자인 Tool로 인식하고 있다.
이러한 다양한 3D 프로그램들 중 Rhino 3D 프로그램은 다른 프로그램에 비해 모델을 간편하게 만들 수 있는 Interface를 가지고 있으며, 정확한 치수 작업을 가능케 하고 있다. 또한 데이터 용량이 적어 일반적인 컴퓨터 사양에서도 사용이 가능하고 속도가 빠르다는 장점을 가지고 있어 Modeler와 디자이너들에게 필수적인 Tool로 사용되고 있다.

Rhinoceros는 3D NURBS Curve, Surface, Solid Modeler로서 다양한 물체의 형태를 정확하게 Modeling 할 수 있으며, 쉬운 Interface와 신속한 음영처리, 그 외의 많은 Modeling 기능을 사용하여 직감적이고, 자연스럽게 3D모델링 작업을 할 수 있다.
Rhino의 많은 장점들 중 가장 큰 장점은 호환성이다. Rhino 개발자인 Robert Mcneel & Associates사의 Robert Mcneel 사장은 "이상적인 Rhino 프로그램의 사용은 다른 프로그램과의 효율적인 연계성"이라 말하고 있다. 이것은 디자인 문제 해결을 위해 Rhino 프로그램과 다른 프로그램들 사이에서 서로 간의 도움이 중요하다는 의미이다.

이 책은 Rhino 3D 프로그램에서 다루는 많은 Manual 설명, Manual 예제와 실전예제를 체계적으로 정리하여 Rhino 3D 프로그램을 접하는 독자님들에게 최대한 빠른 시간에 효율적으로 학습할 수 있게 필수적인 지침서가 될 것이라 기대한다.

Acknowledgement

이 책을 집필할 수 있게 능(能)을 주신 주 여호와 하느님께 감사기도 드립니다.

"네가 큰일을 행하겠고 반드시 승리를 얻으리라" (사무엘上 26장 25절)
앞서 출간된 책들에 적었던 성경 말씀을 다시 한 번 힘차게 적으며 저희들에게 희망과 도움을 주신 많은 분들께 조금이나마 감사한 마음을 전하고자 합니다.

개인적으로는 여섯 번째 책이자 나의 애제자인 변정석 님과 함께 집필하는 첫 번째 책입니다.
먼저, 정석 님을 만나 가르치기 전까지 저를 학부시절부터 박사 그리고 지금까지 넘치도록 항상 채워주시고 학문적 연구틀을 잡아주신 국민대학교 조형대학 금속공예학과 정용진 교수님께 깊은 감사를 드립니다. 또한 보석감정 공부를 시작으로 주얼리디자인 분야에 열정을 갖게 해주셨고 현재도 주얼리디자인반과 Rhino 3D CAD반을 전적으로 맡겨주시고 항상 아낌없는 지원을 해주시는 한국보석학원 공학박사 배상덕 원장님께 큰 감사를 드립니다.

또한, 늘 좋은 말씀과 격려를 해주시는 신라대학교 창업예술학부 주얼리디자인 전공 정진규 학과장님께 늘 큰 감사한 마음을 전합니다. 그리고 정은현 교수님과 항상 열심히 따르는 주얼리디자인 전공 학생들에게도 감사한 마음을 전하고자 합니다.

동서울대학교 시계주얼리학과 여은구 교수님과 조선형 교수님 그리고 정선영 교수님, 박준 교수님께도 이번 기회를 통해 감사한 마음을 전하고자 합니다.

한국열린사이버대학교 주얼리디자인비지니스학과 박희율 학과장님과 배인열 교수님께도 깊은 감사 인사 드립니다.

국민대학교 박정관 선생님, 윤석철 선생님, 강희정 선생님께 감사드리며, 명지전문대학교 김준영 학과장님, 최선혜 교수님과 협성대학교 가구디자인학과 위한림 교수님, 동양대학교 김태완 교수님, Robert Mcneel & Associates 한국지사 기술지원 및 교육담당 윤상훈 선생님, 멋진 표지 사진을 담아내주신 뭉크 허명욱 선생님 모두 감사 드립니다.

또한 출간될 수 있도록 기회를 주신 태학원 이무형 사장님께 진심으로 감사 드리며 무사히 편집을 마칠 수 있도록 도움을 주신 박경숙 실장님과 장정이 실장님께도 감사 드립니다. 그리고 책 표지에 있는 멋진 반지를 디자인해주시고 모델링부터 제작 완성까지 모든 과정을 해결해주신 이준영 디자이너님께 깊은 감사 인사 드립니다.

또한, 이 책에 실린 디자인과 형태 그리고 자료를 제공해주신 이지현 디자이너님, 부산 주얼바이문 문지선 사장님, 민트베리 민홍덕 사장님, OK골드 원종호 사장님, 위유 김성훈 사장님, 대한골드 김대연 사장님, 골드레인 박경득 사장님께 진심으로 감사 인사드립니다.

10년 동안 병상에 누워 힘든 시간을 보내시고 계신 나의 가장 소중한 어머님께, 그리고 가장 존경하는 나의 아버지, 항상 가장 큰 힘이 되는 사랑하는 동생 남상우 박사와 제수씨, 어려울 때마다 큰 도움을 주시는 할머님과 친척분들 그리고 사랑하는 나의 동반자 영경이, 존경하는 장모님, 영경이와 나에게 주님께서 주신 가장 소중한 선물 나의 연우에게 이 책을 바칩니다.

마지막으로 2년 전 제자로 만나 이렇게 같이 책을 집필할 정도로 멋지게 성장한 변정석 님에게, 큰 사랑과 큰 도움 주신 변재덕 님, 김미용 님, Tiffany & Co.의 Technical Designer Young 님, 윤도연 박사님, Theodore, Toki에게도 너무나 큰 감사함과 경의를 표하고자 합니다.

2018년 6월

남상원 & 변정석

남 상 원	• **인스타그램**	http://instagram.com/nsangwon9147
	• **페이스북**	http://facebook.com/nsangwon9147
	• **옐로아이디**	http://plus.kakao.com/home/@남상원라이노캐드
	• **카카오스토리**	https://story.kakao.com/_0LOEY
	• **카카오채널**	story.kakao.com/ch/ncadjewelry
	• **홈페이지**	www.ncadjewelry.com
	• **이메일**	nsangwon@naver.com
변 정 석	• **페이스북**	https://www.facebook.com/txbyun
	• **이메일**	txbyun@gmail.com

INFORMATION

이 책에 수록된 내용을 간략히 요약하면 다음과 같다.

- **Lesson 01**에서는 Rhino 3D**에 대한 개요와 소개** 그리고 **중요성**을 서술하고 있다. 또한 프로그램 평가판을 공식 홈페이지를 통해 다운받아 설치하는 과정과 프로그램을 처음 사용할 때, 필수적으로 익혀야 할 환경설정을 상세하게 소개하고 있다.
- **Lesson 02**에서는 **File 기본 메뉴**와 작업을 진행하기 위한 기초 메뉴를 서술하였고, 각 기능에 대한 예제를 같이 다루고 있다.
- **Lesson 03**에서는 **Visibility 메뉴**와 **Layer 기능**, 그리고 **Modeling의 보조모드 기능**을 서술하였고, 각 기능에 대한 예제를 같이 다루고 있다.
- **Lesson 04**에서는 개체에 대한 **치수기입 방법**과 잘라내기 같은 **기초 편집기능**을 서술하였고, 각 기능에 대한 예제를 같이 다루고 있다.
- **Lesson 05**에서는 개체에 대한 **Point개체**와 **Curve개체 생성** 같은 필수 기능을 서술하였고, 각 기능에 대한 예제를 같이 다루고 있다.
- **Lesson 06**에서는 **Curve개체 기본 편집메뉴**에 대한 설명과 예제를 다루고 있다.
- **Lesson 07**에서는 **Curve개체 응용 편집메뉴**에 대한 설명과 예제를 다루고 있다.
- **Lesson 08**에서는 **Surface개체에 대한 설명, 생성 Manual**과 예제를 다루고 있다.
- **Lesson 09**에서는 **Surface개체의 편집방법 Manual**에 대한 서술과 예제를 다루고 있다.
- **Lesson 10**에서는 **Solid개체의 생성방법**과 **편집방법**에 대한 설명과 예제를 다루고 있다.
- **Lesson 11**에서는 다른 속성을 가진 개체들을 이용하여 **새로운 형태의 Curve개체를 생성**시키는 Manual과 방법에 대한 설명과 예제를 다루고 있다.
- **Lesson 12**에서는 생성된 개체를 **UDT기능**과 **Cage기능**을 이용하여 쉽게 변형하는 방법 Manual과 예제를 다루고 있다.

CONTENTS

CONTENTS

LESSON 01

Rhino 3D 소개

Lesson 01 Rhino 3D 소개

1. Rhino 3D 개요

Rhino 3D CAD 소프트웨어 개발자들이 개발과정 초기에 Prototype의 이름을 "Rhino"라고 이 프로그램을 부르기 시작했다. Rhinoceros(코뿔소)에 관한 소품들과 사진들이 조금씩 사무실에 쌓이기 시작했고 제품의 시험 시기에 이르러서는 그 이름이 굳어지게 되었다.

Rhino 3D에 대하여

Rhino는 Window용과 Mac용으로 개발된 3D NURBS curve, Surface, Solid Modeler이다. Rhino를 사용하여 다양한 형태를 정확하게 모델링할 수 있으며 Rhino의 사용하기 쉬운 Interface와 신속한 음영처리, 그 외의 많은 모델링 기능을 사용하여 직감적이고, 자연스럽게 3D모델링 작업을 할 수 있다.

Rhino는 디자인, 설계, CAD, Engineering, 쾌속조형(Rapid Prototyping)분석, Rendering, Animation, Illustration 소프트웨어의 파일을 읽어오고 쓸 수 있다. 또한 3D Digitizer를 직접 지원한다.

Rhino는 매개 변수적 특징 기반의 Solid Modeler, 설계 소프트웨어, Rendering과 Animation 소프트웨어, CAM 소프트웨어, 분석 소프트웨어는 아니지만 이러한 모든 제품들과 함께 사용할 수 있는 Modeler이다.

Rhino는 인간의 경험을 구현하는 것이 목적인 자유형식 형상을 디자인하는 디자이너를 위한 주요 모델링 도구이다. 현재 CAD/CAM 기술로는 어려운 제품의 최종적인 외형을 Rhino를 사용하여 모두 구현할 수 있다.

그래픽 디자이너와 Illustrator를 위하여 Rhino에는 .ai파일의 지원 및 Spline의 작성, 편집도구 등과 같은 다양한 도구가 있다. 캐릭터 Animator와 가상현실 디자이너가 Rhino를 사용하여 유용하게 NURBS 모델링을 할 수 있다.

Rhino를 사용하여 스케치, 이미지, Illustration 파일, CAD 파일, 멀티미디어 파일, 실제 모델로부터 디자인을 전개할 수 있다.

현재 CAD와 매개 변수적 모델링 소프트웨어를 사용한 제품 모델링 작업에 Rhino를 보조적인 도구로 병용하면 작업공정을 향상시킬 수 있다. 자유형식을 만드는 기술과 이러한 소프트웨어와 데이터의 호환이 가능하여, 이제까지 PC에서는 불가능했던 폭넓은 디자인 옵션을 사용할 수 있다.

산업 디자인 분야를 위한 Rhino

3차원에서의 아이디어 구현, 디자인에 대해 더 나은 느낌을 얻기 위한 Rendering, 세부작업 및 치수작성을 위해 데이터를 사용자의 CAD시스템으로 전송하거나, 데이터를 직접 CAM으로 이동시키는 등, Rhino는 자유롭고 제어가 가능하며, 정확한 모델링 작업환경을 제공한다. 또한 같은 모델을 사용하여 바로 제품을 제작할 수 있다.

Rhino의 사용하기 쉬운 CAD Interface와 기능, 명령을 사용하여 복잡한 3D디자인의 문제를 쉽게 해결할 수 있다. 2D에서는 놓치기 쉬운 세부적인 부분을 3D에서는 보다 쉽게 발견할 수 있다.

오늘날의 쾌속조형(Rapid Prototyping) 기술과 Rhino의 모델링 도구를 사용하여 상상하는 바를 현실에서 구현할 수 있다. Rhino는 3D프린터와 쾌속조형 시스템 언어인 STL로 직접 출력할 수 있으며 많은 모델링 제품과 달리 Rhino는 완벽하게 정밀한 모델을 만드는 도구를 갖추고 있다.

그래픽 디자인과 Animation분야를 위한 Rhino

Rhino를 사용하여 그래픽 디자인을 3D로 표현할 수 있다. 시점이 다른 화면을 고객이 원하거나, 제품 디자인과 Animation 작업 시, 매번 변경할 때마다 다시 시작해야 하는 부담감 없이 Rhino의 3D도구를 사용하여 신속하게 디자인을 개발할 수 있다.

Rhino의 모델은 2차원의 그래픽 프린트만이 아니라 캐릭터, 로고, 제품을 3차원으로 표현하는데 사용할 수 있다. Rhino의 모델은 Polymer와 합성수지 Prototype, 또는 Mold 제조된 부품 등을 만드는데 사용할 수 있다.

멀티미디어 디자인에 있어 Rhino에서의 모델링에는 독특한 이점이 많이 있다.

- 신속 자유형식
- Mesh라는 모델링보다 빠른 모델링 기술
- 모델을 사용하여 모든 해상도의 Mesh작성 기능
- 대부분의 이미지 형식 가져오기
- 대부분의 Animation 제품으로 내보내기
- 3DS MAX와 Soft image용의 플러그 인
- 2D와 3D CAD 소프트웨어로부터 가져오기
- 2D Illustration 소프트웨어로부터 가져오기

특별한 명령을 사용하여 실제 모델로부터 직접 3D점을 Capture하고 3D Curve를 스케치하며 3D Surface를 생성한다. 기존 제품을 역설계(Reverse Engineering)한다. 대부분의 디자인은 기존의 제품을 바탕으로 한 재디자인과 성능 개선으로 이루어진다. Rhino는 기존 제품을 크기에 상관없이 모델로 Capture할 수 있다. Rhino에서는 정확한 모델을 가지고 작업을 시작할 수 있다. 또한 Rhino는 DXF, DWG, IGES를 지원하므로 사용하는 CAD 소프트웨어와 도면을 교환할 수 있다.

교육 분야를 위한 Rhino

Rhino를 사용하여 3D디자인과 그래픽 디자인의 커뮤니케이션을 빨리 배울 수 있다.

교원(교사, 강사, 교수)은 소프트웨어의 명령이 아닌 디자인을 가르치는 데 집중할 수 있으며, 무엇보다 학생들이 아이디어, 해결방법, 정보, 느낌을 탐색, 전달, 개발하는데 3D기술이 필요하다는 것을 이해할 수 있다.

Rhino를 사용하여 심장 판막, 배의 선체 등 무엇이든 모델링할 수 있으며 유연하고, 정확하고, 빠른 작업 환경을 제공한다.

Rhino 3D NURBS Modeling

NURBS는 간단한 2D의 선, 원, 호, 상자에서 복잡한 3D 자유형식의 유기적 Surface와 Solid에 이르기까지 어떠한 형태도 정확하게 모델링할 수 있는 수학적 표현방법이다. NURBS모델은 그 유연성과 정확성으로 인해 Illustration과 Animation에서 제조에 이르기까지 어떠한 과정에도 사용할 수 있다.

NURBS Geometry는 형태가 자유롭고 흐르는 듯하며, 기능과 형태가 모두 중요한 3D에서 작업하는 디자이너들이 사용하는 업계 표준이다. Rhino는 선박, 항공 우주, 자동차의 인테리어 및 외부 디자인에 사용되며 가정용품과 사무용품, 가구, 의료기기 및 스포츠 장비, 신발, 보석류의 제작자가 자유형식의 형태를 만들기 위해 Rhino를 사용한다.

NURBS 모델링은 전문 Animator와 그래픽 아티스트들이 많이 사용한다. NURBS Modeler의 이점은 다각형 Modeler와 달리 면(Facet)이 없다는 것이다. 모든 해상도에서 모델을 Rendering할 수 있으며 모든 해상도에서 언제든지 Mesh를 생성할 수 있다.

Rhino의 정확성

자유형식 Modeler의 대부분은 제조 분석과 Engineering 분석에 사용할 수 있을 만큼 정확도가 높지 않다. Rhino도 자유형식 Modeler이므로 많은 사람들이 Rhino는 각각 용도에 적합한 정도로 정확도가 높지 않다고 생각하기 쉽다. 실제로 Rhino는 대부분의 CAD와 동일하거나, 경우에 따라 그 이상으로 정확한 모델링이 가능하다.

모델 보관방법

3D모델을 컴퓨터에 보관하는 방법에는 일반적으로 두 가지가 있다.

첫 번째 방법은 Mesh를 사용하는 것이다. Mesh는 Facet이라고 불리기도 하며, 일반적으로는 Rendering, Animation, 개념 설계에 사용된다. Mesh Modeler는 구, 상자, Spline, 또한 NURBS와 같은 모델을 만드는 데 있어 정확한 기술을 갖춘 듯이 보인다. 이러한 Modeler는 결국은 보이지 않는 곳에서 모든 것을 Mesh로 변환시킨다. Mesh는 단순히 평평한 삼각형의 집합이므로 본질적으로 정확하지 않다. Surface와 Curve가 있는 형태라도 Mesh Modeler는 평평한 삼각형을 사용하여 그것을 표현한다. 이것은 대부분의 Rendering, Animation, 게임에는 충분하지만 제조를 목적으로 하는 디자인으로는 적합하지 않다. 실제로 많은 제조 공정에서 Mesh를 사용하고 있으나, 필요한 정밀도를 달성하기 위해서는 제조 응용프로그램에 의해 Mesh의 밀도가 제어되어야 한다. Rhino는 모델링에 Mesh를 사용하지 않으나, 파일의 내보내기와 Rendering에 필요한 경우에는 NURBS를 어떤 밀도의 Mesh로도 변환시킬 수 있다.

두 번째 방법은 NURBS이다. Rhino를 포함한 대부분의 CAD, CAM, CAE, CAID Modeler는 자유형식으로 된 형상을 NURBS로 표현한다. NURBS를 사용하는 응용프로그램들이 NURBS의 실행을 성실히 수행한다면 높은 수준의 복잡하고 어려운 용도로도 충분히 사용할 수 있는 매우 정밀한 자유형식의 형상을 표시할 수 있다. 응용프로그램의 주요 초점이 기계 설계이며, 자유형식의 형상이 아닌 경우에 NURBS 실행의 정도는 복잡하고 어려운 자유형식의 모델링에 충분하지 않을 가능성이 크다.

NURBS란 무엇인가?

NURBS는 non-uniform rational B spline(비균일 유리 B 스플라인)의 머리글자이고, Non uniform rational B Splines 은 3D Geometry를 표현할 수 있다.

NURBS Geometry가 컴퓨터 지원 모델링에 최적인 이유로는 다음의 5가지를 들 수 있다.

1. NURBS Geometry를 교환하는 방법으로는 몇몇의 업계 표준이 있다. 이것은 사용자의 중요한 기하학 모델을 여러 가지 Modeling, Rendering, Animation, 또한 공학 분석 소프트웨어 간에 이동할 수 있으며, 또한 이동이 가능하다는 전제를 두고 작업할 수 있어야 한다. 이러한 소프트웨어는 사용자의 기하학 정보를 20년 후에라도 사용할 수 있는 방법으로 저장할 수 있다.

2. NURBS에는 정확한 정의가 있으며, 그 정의 방법은 많이 알려져 있다. NURBS Geometry의 수학과 이에 대한 컴퓨터 과학은 대부분의 주요 대학에서 가르치고 있다. 이것은 사용자 지정 응용 프로그램을 만들 필요가 있는 전문적인 소프트웨어의 판매자, 공학팀, 산업 디자인 사무소, 애니메이션 제작 회사 등은 NURBS Geometry에 정통한 프로그래머를 쉽게 발견할 수 있다.

3. NURBS는, 선, 원, 타원, 구, 원환 등의 표준 기하학 개체로부터 차체와 인체와 같은 자유 형식 Geometry까지 정확하게 표현할 수 있다.

4. Facet으로 개체의 근사치를 표현하는 일반적인 방법보다, NURBS로 표현하는 방법이 훨씬 소량의 정보로 1개 분량의 Geometry를 표현할 수 있다.

5. 다음의 NURBS 평가 공식은 컴퓨터에서 효율적이며 정확하게 실행될 수 있다.

NURBS Geometry는 무엇인가?

Rhino는 NURBS를 사용하여 Curve와 Surface를 표현한다. NURBS Curve와 Surface는 조작이 유사하고, 공용의 용어가 사용된다. Curve가 가장 설명하기 쉬우므로, 여기에서는 Curve로 예로 들어 본다. Rhino에는 Surface 도구도 있으며, 이것은 다음에 설명하는 Curve 도구와 매우 유사하다.

NURBS Curve는 Degree, Control Point, Knots, 평가공식, 이 4가지로 정의된다.

Degree(차수)는 양의 정수로 나타내고, Curve나 Surface형태를 결정하는 정수이다. 이 숫자는 보통 1, 2, 3,

또는 5이다. Rhino의 Line과 Polyline은 차수 1, Rhino의 원은 차수 2, 그리고 Rhino의 자유 형식 Curve의 대부분은 차수 3 또는 5이나. Rhino는 차수 1에서 32까지의 NURBS를 다룬다. 차수 1~5를 각각 1차(linear), 2차(quadratic), 3차(cubic), 5차(quintic)라고 한다. NURBS Curve의 계수 는 양의 정수로, (차수+1)과 같고, 차수는 (계수-1)이다. NURBS Curve의 형태 변화 없이 차수를 올릴 수 있으나, 차수를 내리면 NURBS Curve의 형태 또한 반드시 변한다. Rhino에는 Curve와 Surface의 차수를 변경할 수 있는 도구가 있다.

Control Point(제어점)은 적어도 (차수+1)개수의 점들을 나타낸다. NURBS Curve의 Geometry를 변경하는 가장 간단한 방법 중 하나는 제어점을 움직이는 것이며, Rhino에서 제어점을 이동하는 방법으로는 여러 가지가 있다. NURBS Curve를 자유롭게 조정하려면 마우스로 제어점을 하나씩 끌어 이동한다. Rhino에는 정확하고 세밀한 조정을 위한 도구가 있으며, 제어점에는 무게(weight)라고 불리는 수치가 붙어 있다. 일부 예외를 제외하면 무게는 양의 정수이다. Curve 제어점의 무게가 모두 같은 경우(보통 1), Curve는 비유리(non-rational)로 불린다. 그렇지 않은 경우에는 유리(rational)라고 한다. 이때 유리는 닫힌 곡선의 형식을 의미한다. NURBS의 R은 rational(유리)을 뜻하며 NURBS Curve가 유리화 될 가능성이 있음을 뜻한다. 실제로 대부분의 NURBS Curve는 비유리 Curve이다. 호, 원, 타원과 같은 일부 Curve는 언제나 유리 Curve이다. Rhino에는 제어점의 무게를 변경하고 검사하는 도구가 있다.

Knots(매듭점)은 숫자가 (차수+N-1)인 목록이다. 이 때 N은 제어점의 개수이다. 이 숫자의 목록을 매듭점 벡터(knot vector)라고 하는 경우도 있으나, 이 경우의 벡터는 3차원 공간 안의 방향과는 무관하다.

매듭점 숫자의 목록은 몇몇의 기술적인 조건을 만족시켜야 한다. 이 기술적인 조건을 만족시키는 표준적인 방법은 매듭점의 목록에서 아래로 내려갈수록 각 숫자가 전의 숫자와 동일하거나 커지도록 하는 것이며 중복된 매듭점의 수가 차수의 수를 넘지 않도록 하는 것이다. 예를 들면 차수 3으로 11 제어점이 있는 NURBS Curve의 경우, 0, 0, 0, 1, 2, 2, 2, 3, 7, 7, 9, 9, 9는 매듭점의 만족할만한 목록이다. 그러나 0, 0, 0, 1, 2, 2, 2, 2, 7, 7, 9, 9, 9의 목록에는 2가 4개 있어서, 4의 숫자가 차수보다 크므로 매듭점의 목록으로 볼 수 없다.

매듭점 값이 여러 차례 중복되어 있는 것을 매듭점의 다중도(multiplicity)라고 한다. 앞의 만족할만한 목록의 예에서는 매듭점 값 0은 다중도가 3, 매듭점 값 1은 다중도가 1, 매듭점 값 2는 다중도 3, 매듭점 값 7은 다중도가 2, 그리고 매듭점 값 9는 다중도가 3이다. 매듭점이 차수의 수만큼만 중복되어 있는 예에서는 매듭점 값은 완전 다중도 매듭점(a full-multiplicity knot)이라고 한다. 앞의 예에서 매듭점 값 0, 2, 9는 완전 다중이다. 중복되지 않은 매듭점 값은 단순 매듭점(simple knot) 이라고 한다. 앞의 예에서는 매듭점 값1과 3은 단순 매듭점이다.

매듭점 목록이 완전 다중 매듭점으로 시작하여 그 후 단순 매듭점이 계속되고 다시 완전 다중 매듭점으로 끝나거나, 매듭점 값의 증가치가 일정한 경우, 이러한 매듭점을 균일하다고 한다. 예를 들면, 차수 3으로 7개의 제어점이 있는 NURBS 커브에 0, 0, 0, 1, 2, 3, 4, 4, 4의 매듭점이 있다고 한다면, 이 경우의 매듭점은 균일하다. 목록이 0, 0, 0, 1, 2, 5, 6, 6, 6의 경우는 그 매듭점은 균일하지 않다. 균일하지 않은 매듭점은 비균일(non uniform)이라고 한다. NURBS의 NU는 non-uniform(비균일)을 말하는 것으로 NURBS 커브의 매듭점은 비균일이 될 수 있는 것을 의미한다.

매듭점 목록 안의 매듭점 값이 중복된 경우, NURBS Curve는 덜 매끄럽다. 극단적인 경우에는 매듭점 목록 안에 완전 다중 매듭점이 있다는 것은 NURBS Curve의 한 부분이 구부러져 뾰족한 꼬임이 생길 수 있다는 것을 의미한다. Rhino에는 매듭점을 추가하고 제거하는 기능이 있는데, 디자이너 중에는 이 성질을 이용하여 매듭점을 추가 또는 제거로 제어점을 조정하여, Curve를 보다 매끄럽게 또는 더욱 날카롭게 솟은 형태로 만드는 사람도 있다. N을 제어점의 수라고 하면, 매듭점의 수는 (N+차수-1)이므로, 매듭점을 추가하면 제어점도 추가되며, 매듭점을 삭제하면 제어점도 삭제된다. NURBS Curve형태를 변경하지 않고, 매듭점을 추가할 수 있다. 일반적으로, 매듭점을 삭제하면 Curve의 형태도 변하는데 Rhino에는 사용자가 제어점을 삭제하면 적합한 매듭점을 자동으로 제거하는 고급 매듭점 제거 Interface가 있어서 제어점을 삭제하면 자동적으로 적절한 매듭점의 삭제도 실행된다.

평가공식은 숫자를 입력하여 점을 출력하는 수학식을 사용한다. 이 공식은 차수, 제어점, 그리고 매듭점을 사용하며 이 식에는 B-Spline 기저 함수(B-spline basis function)도 포함하고 있다. NURBS의 BS는 B-spline을 말하며, 평가 공식에 입력하는 숫자를 매개 변수라고 한다.

Rhino에는 NURBS 평가 도구가 있어서 NURBS Curve를 선택하여 매개 변수값을 입력하고, 이에 대응하는 점을 얻을 수 있다.

2. Rhino 3D를 활용한 Jewelry Design Basic Process

과정 1 Design Concept & Design Motif Image

디자인 또는 자신의 아이디어를 자유롭게 발상한 디자인 Concept 및 Motif를 선정하여 이미지를 찾아본다.

과정 2 Idea Sketch

선정된 Motif를 기준으로 반지형태의 다양한 각도 및 방향으로 아이디어 스케치작업을 한다.

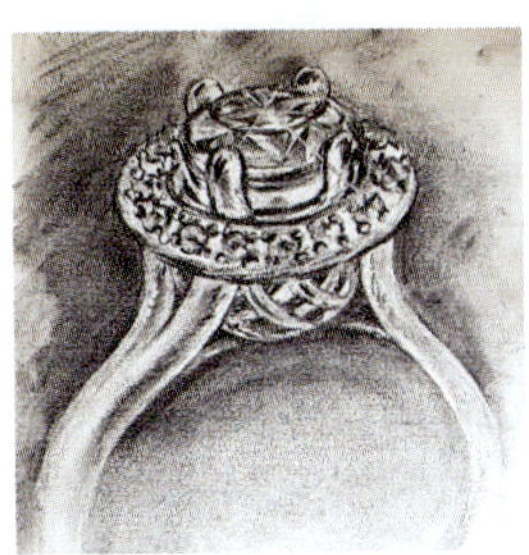

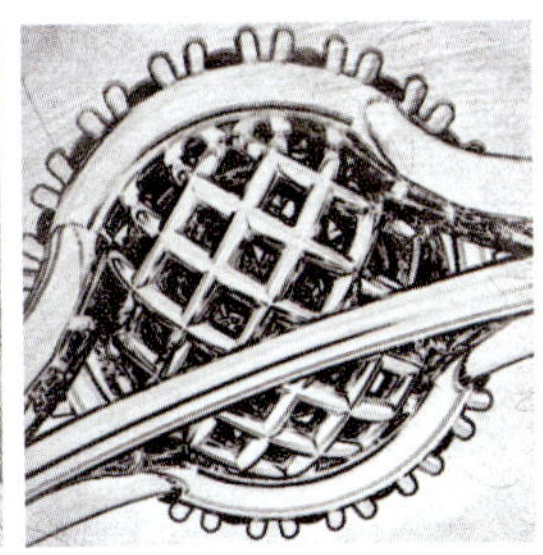

과정 3 Modeling

아이디어 스케치 과정을 통해 완성된 스케치를 기준으로 Rhino 3D상에서 정확한 치수와 물리적 크기 등을 입력하여 모델링한다.

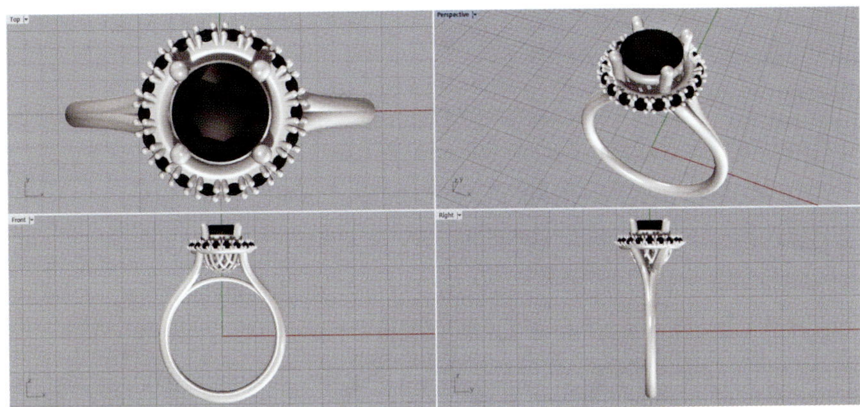

과정 4 Rendering

완성된 모델링을 가지고 자신이 원하는 재료와 가공방법을 고려하고, Rhino의 기본 Renderer나 다른 Renderer를 이용하여 실사 이미지로 Rendering한다.

과정 5 STL 변환과 에러 체크

실물로 제작을 위해 3D 프린터에 문제가 없는지 확인 작업을 한다.

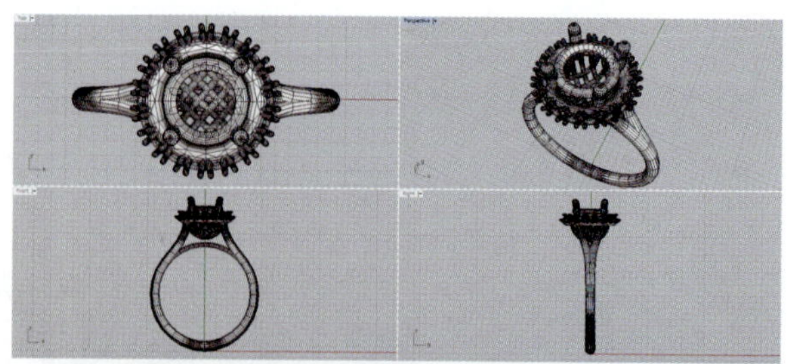

모델링 데이터를 가지고 3D 프린터 제작을 위해 STL형식의 파일 변환을 수행하게 되는데 STL은 3D 프린터용 데이터 포맷을 의미한다. STL은 Mesh값을 조정하는 옵션을 가지며 변환하게 될 때, Mesh값이 크면 데이터 용량이 증가하게 된다.

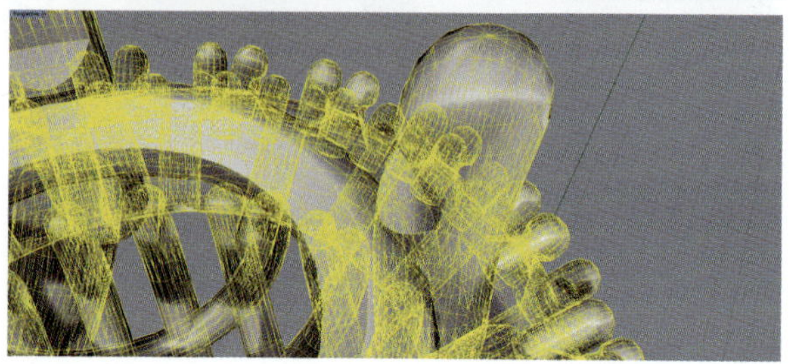

만약 STL파일 제작을 하기 전에 Rhino 3D 모델링 데이터 상에서 에러체크를 통해 문제가 있는 곳을 수정 작업한다. 이러한 과정을 통해 기계적인 에러확률을 줄여준다.

과정 6 3D 프린터를 통한 3차원 가공

Rhino 3D 상에서 완성된 모델링을 고속모형제작기 작업을 위해 데이터를 보낸다. 3D 프린터를 통해서 STL파일로 된 데이터를 3차원 형상의 원형으로 가공하게 된다. Layer의 적층 두께나 정밀도에 따라 결과물의 해상도가 달라지며, 결과물은 작업물의 크기와 정밀도 설정에 따라 수 시간에서 수십 시간이 소요될 수 있다.

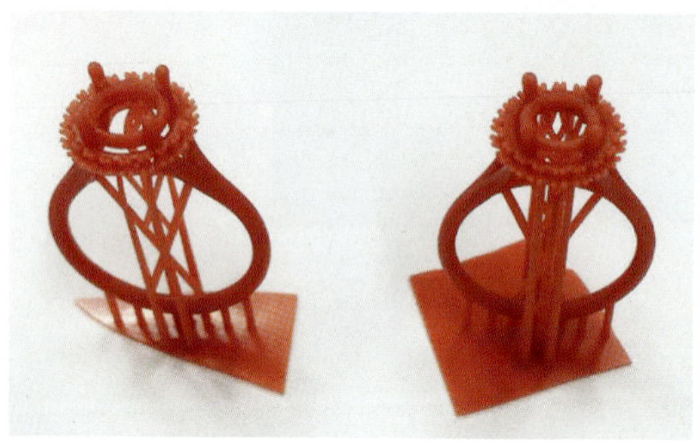

과정 7 주물 작업 및 고무 틀 제작

3D 프린터로 출력된 수지를 이용하여 은 주조물을 생성하고, 대량 생산을 위해 몰드 틀에 고무를 사용하여 고무 틀을 제작한다.

Gold 또는 Silver함량을 고려하여 주물 작업을 진행한다.

과정 8 감탕 작업 및 세팅 작업

보석을 세팅하기 위해 감탕으로 고정시키고, 드릴로 보석이 들어갈 곳에 구멍을 뚫은 후, 보석을 세팅한다.

과정 9 광택 작업 및 도금 작업

핸드피스와 헝겊 등에 광약을 사용하여 광을 낸 후, 도금 작업을 진행한다.

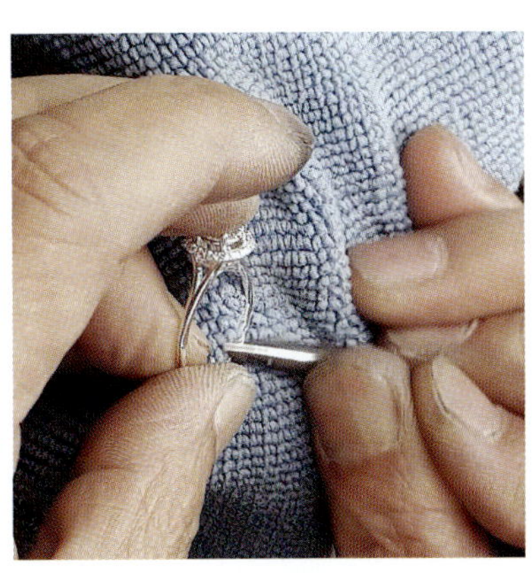

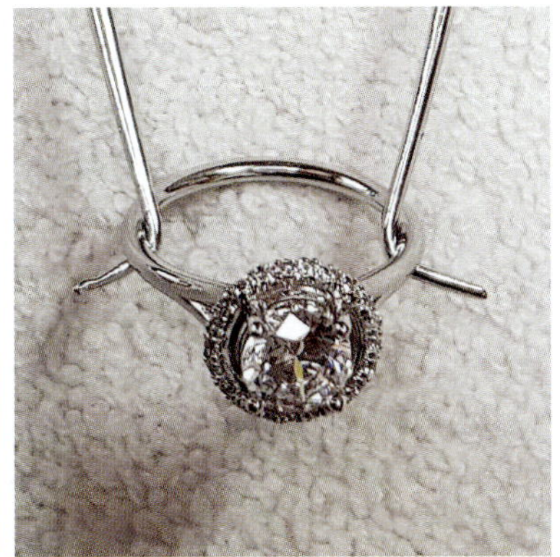

과정 10 실물 완성

3D 프린터에서 완성한 모델을 이용하여 주물가공을 한 후, 원하는 재료를 선택하여 주물이 완료되면 마무리 가공을 함으로써 모든 공정을 끝낸다.

본서 표지 메인에 나온 반지 디자인과 모델링 제작 그리고 제작 과정을 맡아주신 디자이너 이준영 선생님의 이력을 소개합니다.

이 준 영

- 뉴욕「나드리」디자이너 역임(Nadri Jewelry Company - South Korea, NY, and China)
- 컨템포 USA LA크리에이티브 디렉터 역임(CONTEMPO USA - LA Creative Director)
- Email: junegalleryny@gmail.com
- Instagram: junegalleryny

큰 도움을 주신 디자이너 이준영 선생님께 감사드립니다.

3. Rhino 3D 설치하기

Rhino 3D Web Site

Rhino 3D Web Site에는 이미지 갤러리, 다양한 자습서, 커뮤니티, 기술적인 문제에 대한 보고서, Rhino와 관련된 사이트로의 링크, 플러그 인과 Rhino에 대한 기타 참고자료와 뉴스를 볼 수 있다. Rhino의 웹사이트 주소는 **https://www.rhino3d.com**이다.

Rhino 3D (Windows용 Rhino 6) 시스템 요구사항

하드웨어

- 8GB 메모리(RAM) 또는 그 이상을 권장
- 600MB 디스크 공간
- OpenGL 4.1이 가능한 비디오 카드를 권장
- 63 CPU 코어까지 지원(그 이상은 지원되지 않음)
- 스크롤 휠이 있는 멀티 버튼식 마우스를 권장
- SpaceNavigator를 지원
- Apple 하드웨어는 Bootcamp와 함께 사용되는 경우에 지원

운영 체제

- Windows 10 / Windows 8.1 / Windows 7

다음 작업에 인터넷 연결이 필요

- 다운로드와 설치
- 라이선스 유효성 검사

지원되지 않음

- Linux
- Windows 8
- Windows XP 64 비트
- Windows Vista, NT, 95, 98, ME, 2000
- Windows 32비트 모든 버전
- VMWare와 Parallels을 비롯한 OS X 상의 가상 시스템
- OS X 10.10.4(Yosemite 초기 버전), 다른 초기 버전

Rhino 6 Windows Evaluation Download 및 설치

01. Rhino 3D 공식 홈페이지 주소는 **https://www.rhino3d.com/kr**이다. 홈페이지에 접속 후, 좌측 상단의 다운로드를 선택한다.

02. 다운로드 페이지에서 Windows용 Rhino 6-평가판을 선택하고, 이메일 주소를 입력한 후, 다음을 클릭한다.

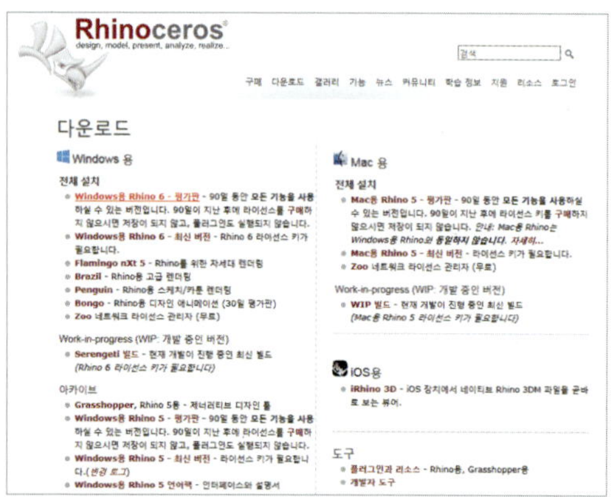

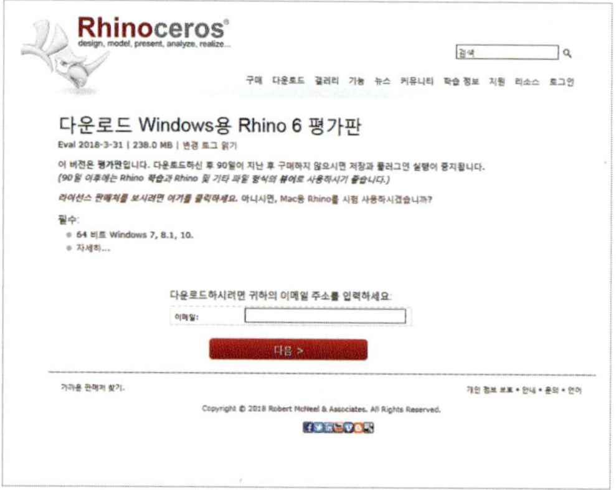

03. 입력한 이메일을 확인하면 다음 그림과 같이 Brian Gillespie 〈support@mcneel.com〉에게서 메일이 도착한 것을 확인할 수 있다. 1번 Rhino 6 평가판 다운로드를 클릭하여 평가판을 다운로드 받는다.

04. 다운로드 받은 Rhino 6 평가판 파일을 실행하면 다음 그림과 같이 Rhinoceros창이 나타난다. 우측 하단의 '지금 설치'의 고급 옵션(톱니바퀴 아이콘)을 선택한 후, 언어선택을 클릭한다. 언어선택에서 영어를 추가로 선택하고 닫기를 누른다.

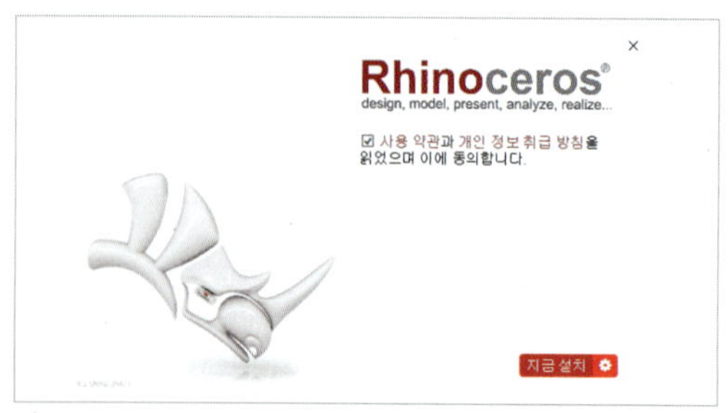

05. 이메일로 받은 라이선스 코드를 라이선스 키 입력창에 입력하고, 지금 설치를 선택한다.

06. 설치가 완료되면 닫기를 선택한다.

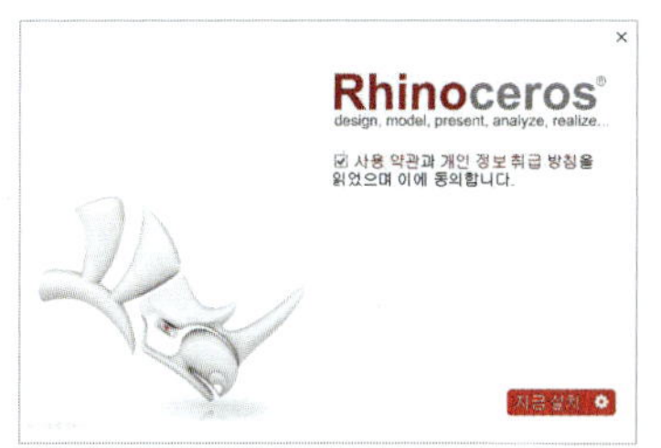

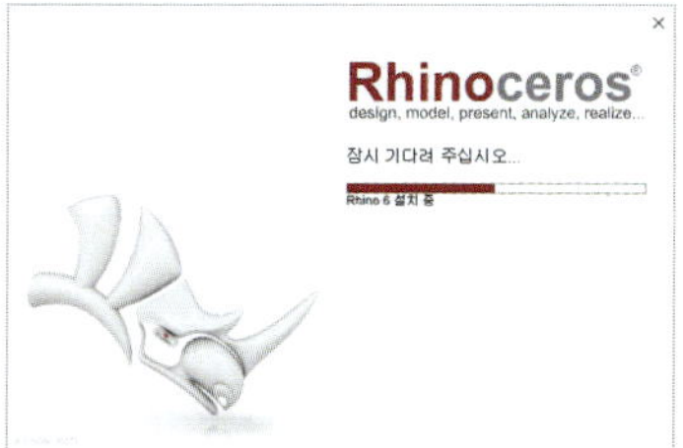

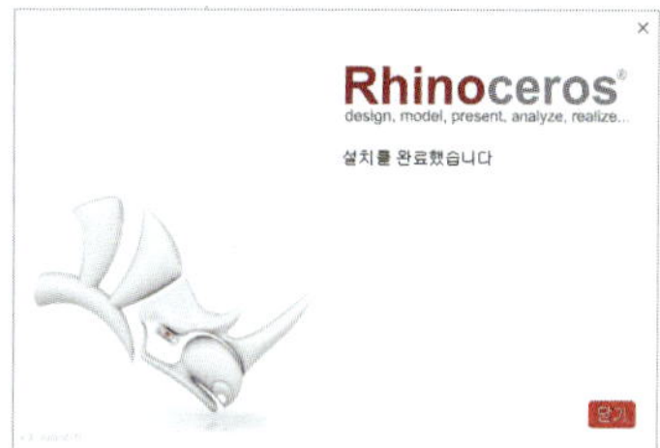

07. 라이선스 위치에서 귀하의 Rhino 계정에 추가 또는 좌측 하단의 이 컴퓨터에서만 사용을 선택한다. Rhino 계정에 로그인하라는 인터넷 창이 나타나면 요구하는 입력란을 작성한 후, 로그인한다.

08. 바탕화면에 생성된 Rhino 6 아이콘을 실행한다. 다음 그림과 같이 한글판으로 설치되었다면 Rhino창 상단의 Menu bar에서 도구를 선택한 후, 옵션을 선택한다.

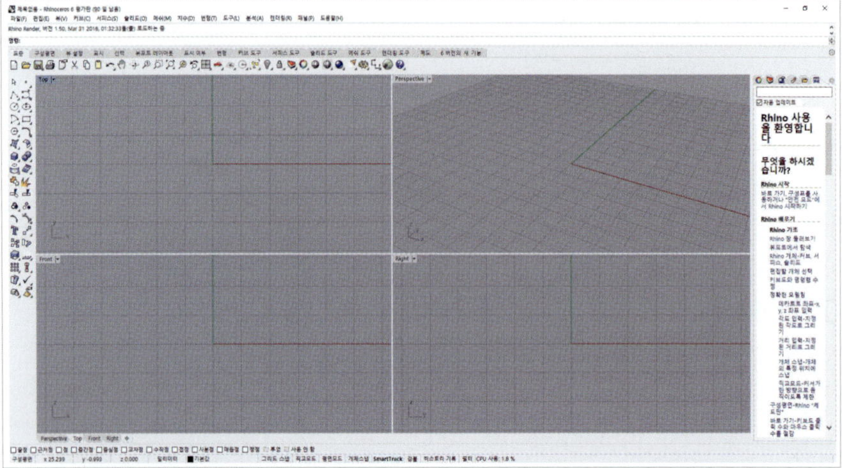

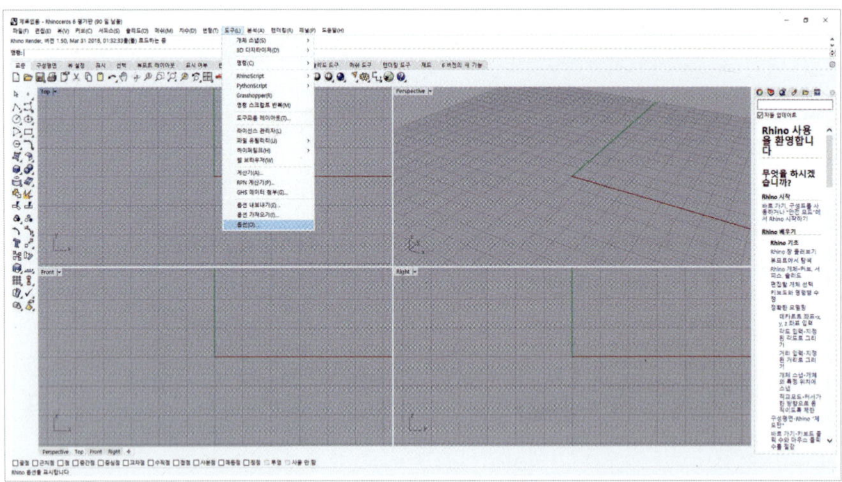

09. 옵션 창이 나타나면, 좌측 메뉴 하단의 화면표시를 선택하고, 우측 화면 상단의 표시 언어를 한국어에서 영어로 바꿔준 다음, 확인을 클릭한다. (본 교재는 Rhino 6 영문판으로 진행되기 때문에 바꿔주는 것이 좋다.)

Rhino의 사용자 인터페이스를 표시하는 사용 언어를 변경하면 Rhino를 다시 시작했을 때부터 적용된다.

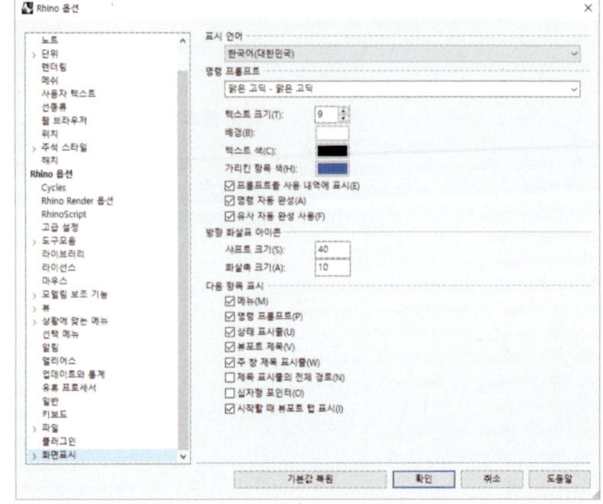

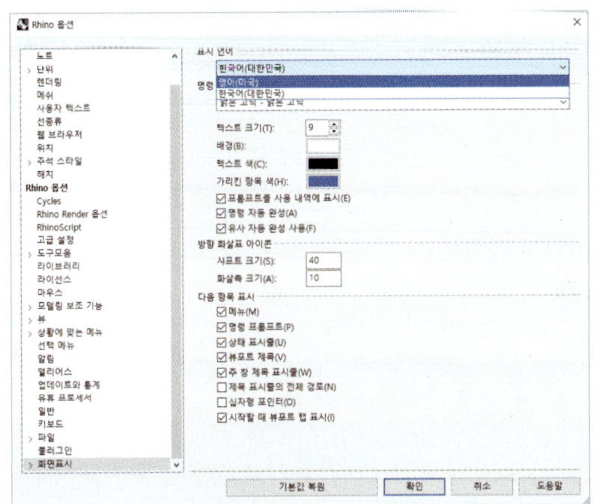
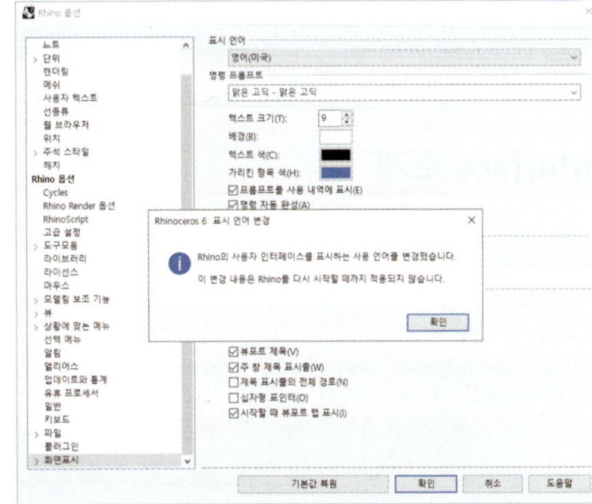

10. Rhino 6를 다시 시작하면, 영문판으로 실행되는 것을 확인할 수 있다.

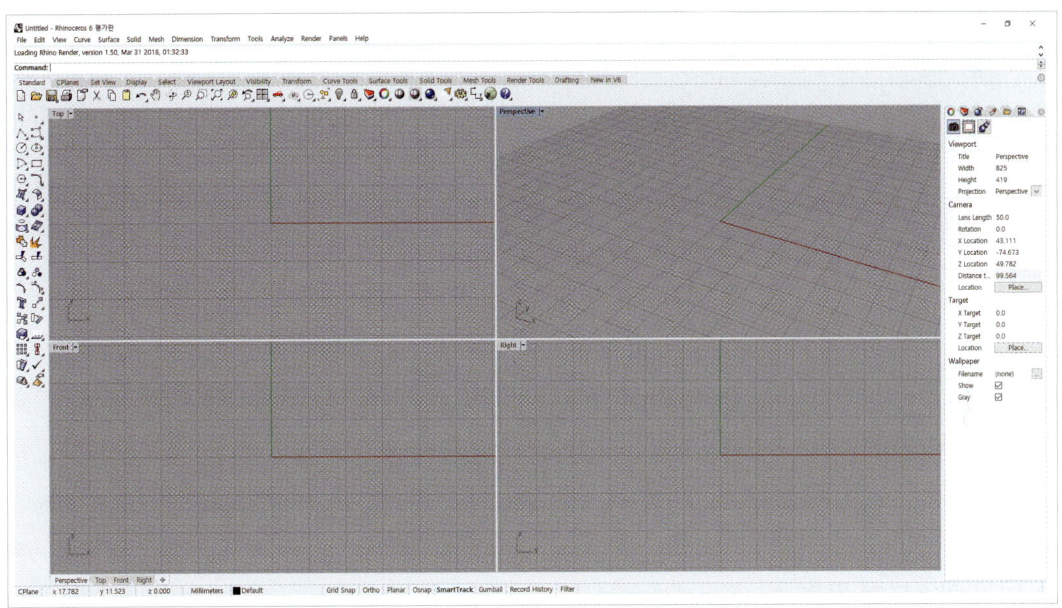

4. Rhino 3D 환경설정

Interface 소개

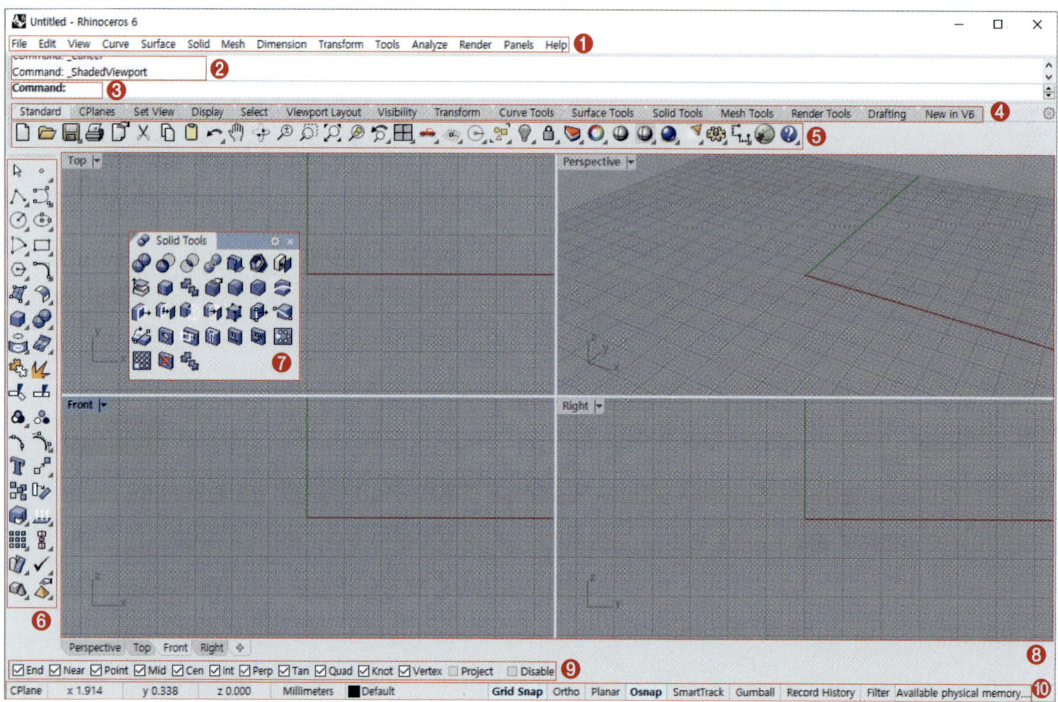

❶ 메뉴바(Menu Bar)

메뉴가 표시되는 영역이며 명령어를 선택하여 실행한다.

File	Edit	View	Curve	Surface	Solid	Mesh	Dimension	Transform	Tools	Analyze	Render	Panels	Help

❷ 명령 히스토리 창(Command Area)

Command Area는 작업 진행 시 각종 명령어와 진행과정을 보여주는 공간이다.

```
Select surfaces or polysurfaces to union
Command: _Cancel
```

❸ 명령 프롬프트(Command Prompt)

Command Prompt 영역은 키보드로 명령어나 명령어의 옵션 설정사항을 입력하는 공간이다.

```
Command:
```

명령어의 첫글자를 입력하면 그 글자로 시작되는 명령어의 리스트가 표시되며, 사용할 명령어를 마우스로 클릭하여 사용하기도 한다.

❹ 도구모음 그룹

탭 표시된 도구모음이다.

Standard | CPlanes | Set View | Display | Select | Viewport Layout | Visibility | Transform | Curve Tools
Surface Tools | Solid Tools | Mesh Tools | Render Tools | Drafting | New in V6

❺ 스텐다드 툴바(Standard Toolbar)

Standard Toolbar는 Zoom, Pan, Render 등의 모델링 작업에 필요한 보조 명령어 버튼을 모아 놓은 곳이다.

❻ 메인 툴바(Main Toolbar)

Point개체, Curve개체, Surface개체, Solid개체를 만들고 편집하는 명령어 버튼을 모아 놓은 공간이며 모델링 작업 시에 가장 많이 사용한다.

❻ 메인 툴바

❼ 플로팅 툴바(Floting Toolbar)

Main Toolbar나 Standard Toolbar의 메뉴를 Viewport상에 빼놓은 Main Toolbar로 아이콘 중 오른쪽 하단 모서리 부분에 Gray색상의 삼각형 부분을 클릭하거나 아이콘을 누르고 있으면 그림처럼 아이콘의 메뉴가 나타난다.

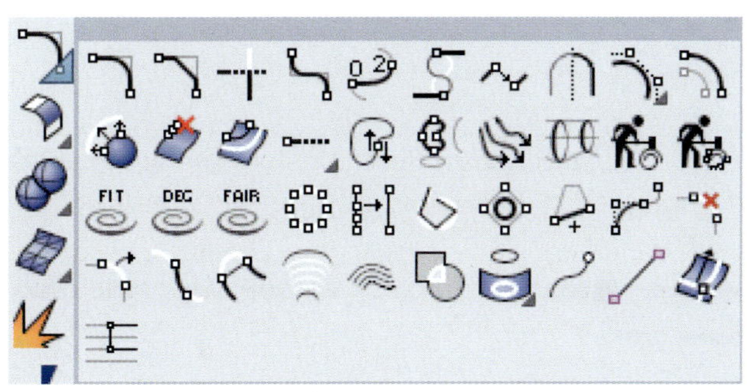

❽ 뷰포트(Viewport)

Graphics Area 안에 3개의 평행투상도(Top, Front, Right)와 1개의 투시투상도(Perspective)를 표시하는 영역을 말한다.

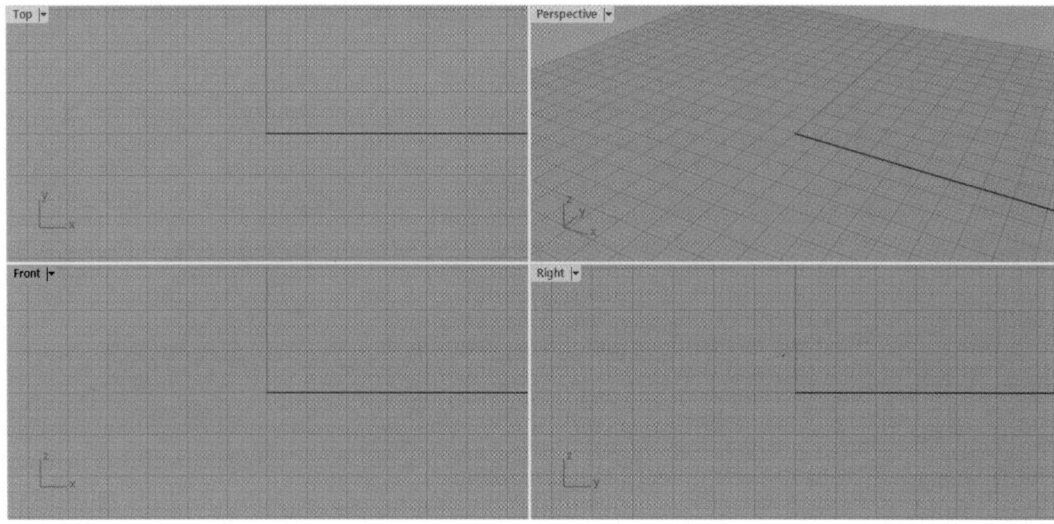

❾ 오브젝트 스냅(Osnap Dialog Box)

Object에 대하여 스냅을 지정하거나 제어하는 곳이다.

☑ End ☑ Near ☑ Point ☑ Mid ☑ Cen ☑ Int ☑ Perp ☑ Tan ☑ Quad ☑ Knot ☑ Vertex ☐ Project ☐ Disable

❿ 상태표시줄(Status Bar)

마우스 포인트의 좌표값, 작업 레이어, Grid Snap, Ortho, Object Snap, Record History 등의 상태를 보여주거나 제어하는 곳이다.

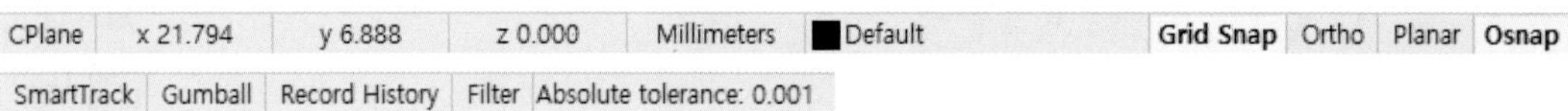

기본 Display 설정

→ 부록CD 〉 Rhino 예제 〉 Lesson 1 〉 wine glass

Menu Bar에서 View를 클릭하고 Pull Down하여 10종류의 다른 Display를 설정할 수 있다.

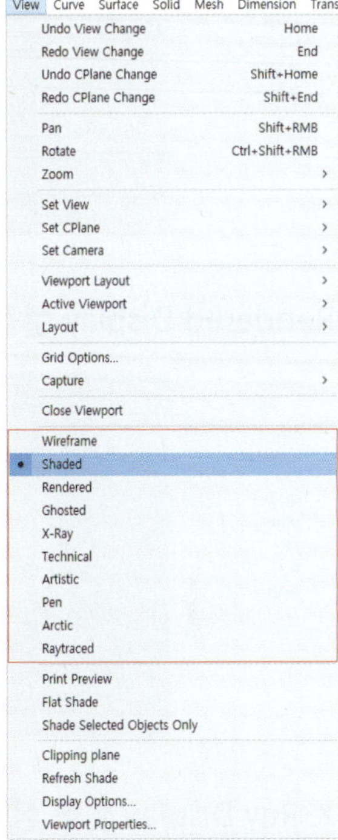

4개의 Viewport 이름 부분에 마우스 우측버튼을 클릭하여 Display를 설정할 수 있다.

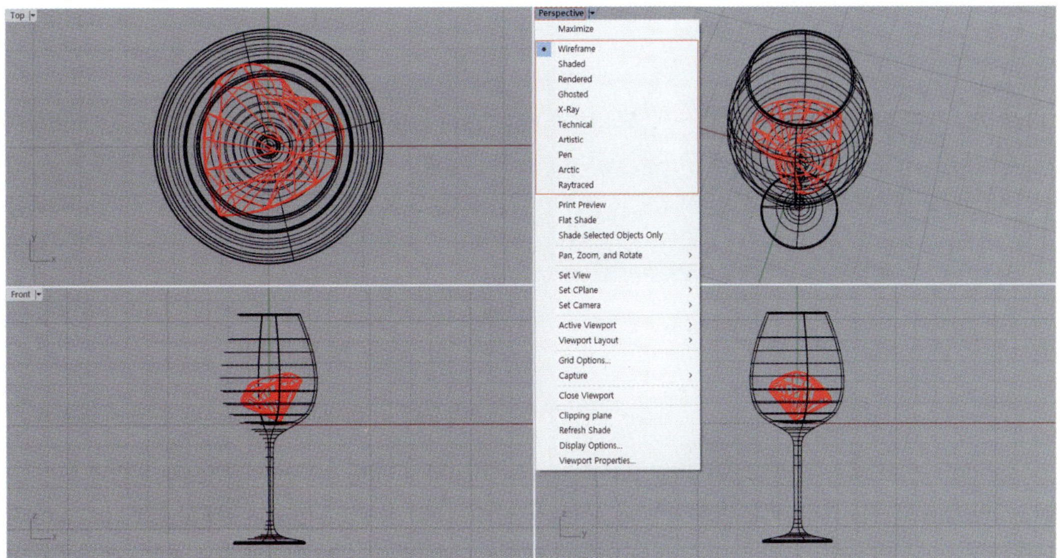

각 Viewport 이름 부분에 마우스 우측버튼을 클릭하여 Display를 설정하는 방법을 사용하여 모델링된 예제를 가지고 각 Display 설정 결과를 확인할 수 있다.

Wireframe Display 설정 상태

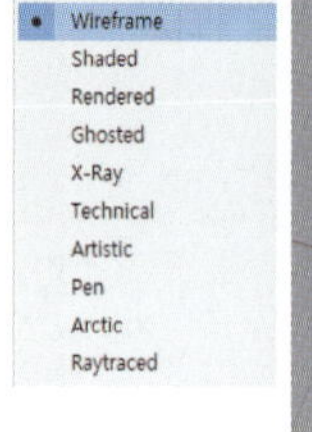

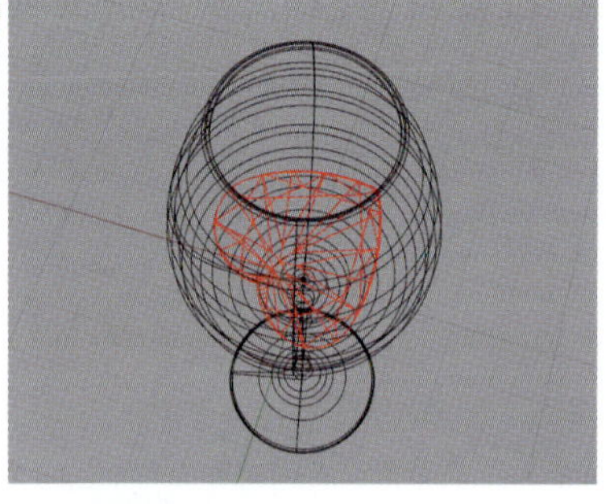

Rendered Display 설정 상태

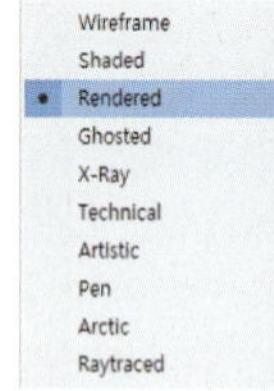

X-Ray Display 설정 상태

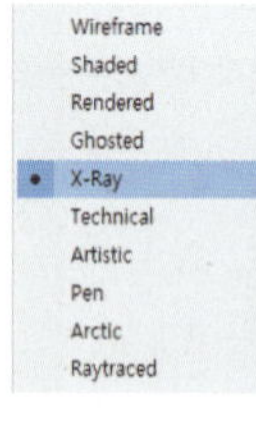

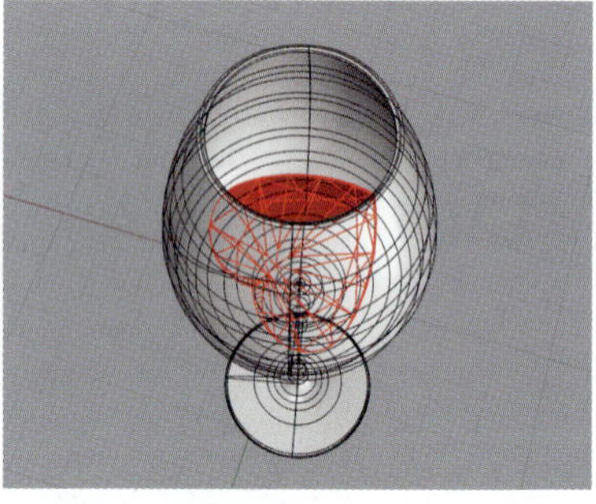

Artistic Display 설정 상태

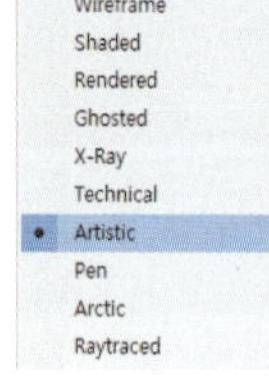

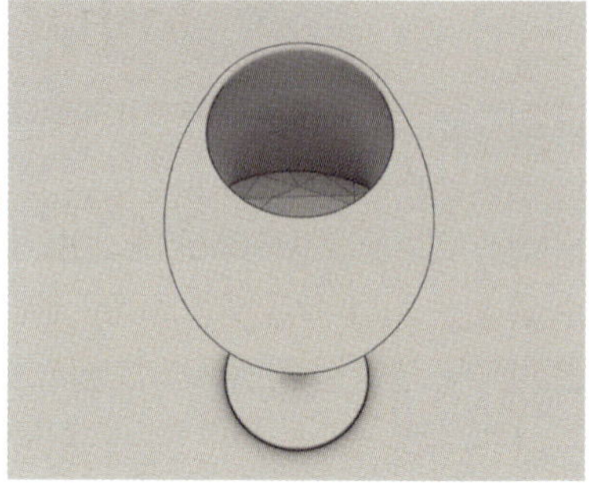

Shaded Display 설정 상태

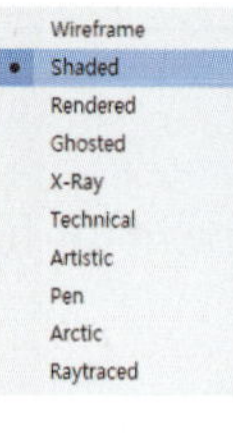

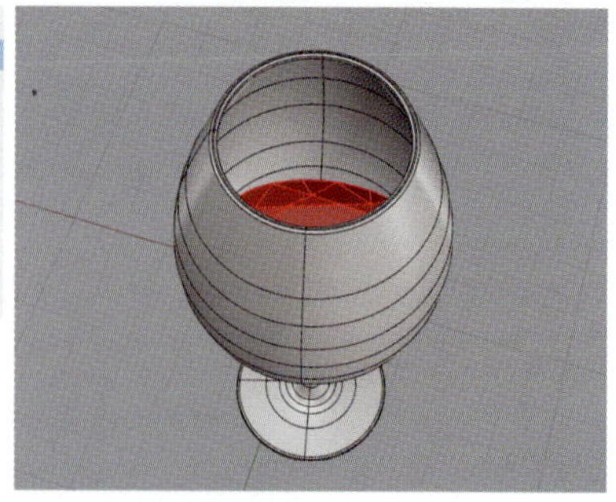

Ghosted Display 설정 상태

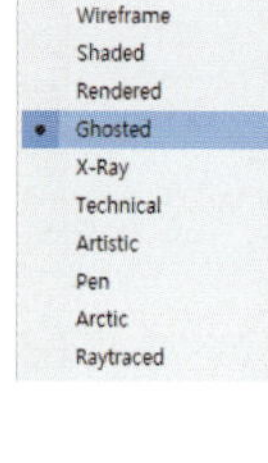

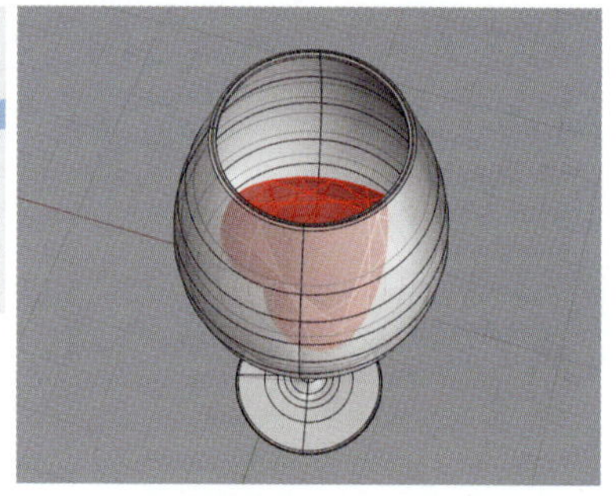

Technical Display 설정 상태

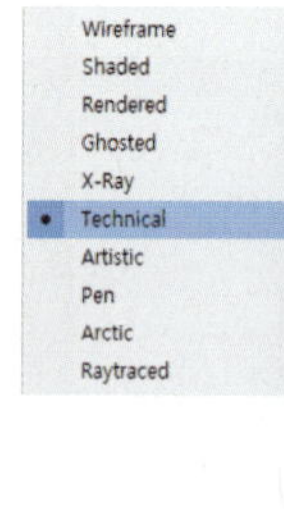

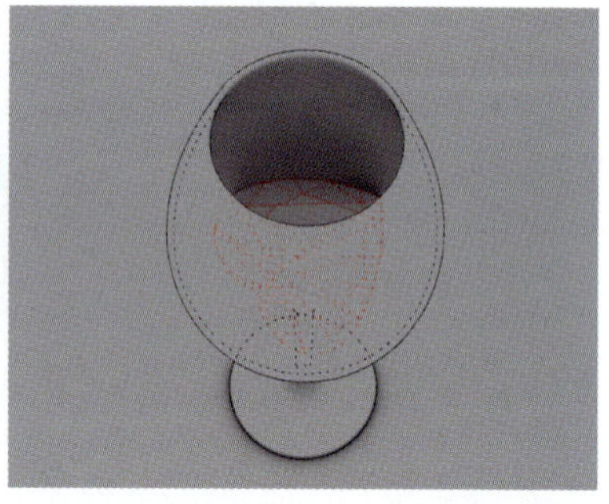

Pen Display 설정 상태

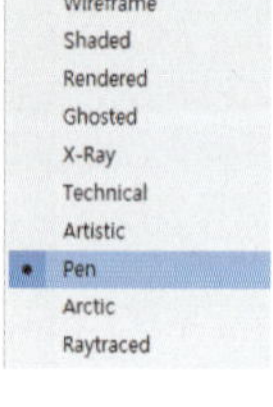

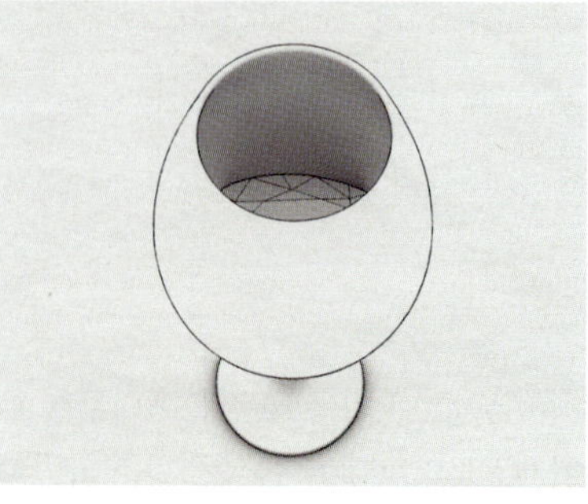

Arctic Display 설정 상태

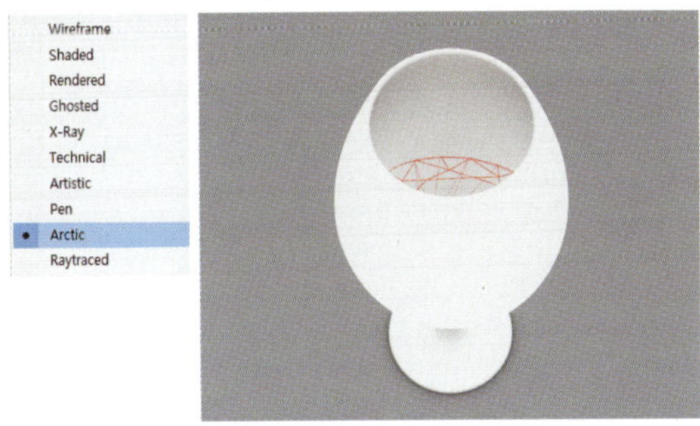

Raytraced Display 설정 상태

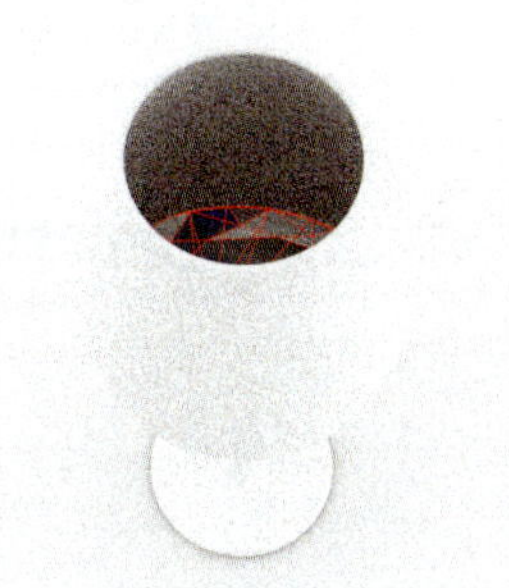

Zoom 기능

Zoom Dynamic (단축키: Ctrl + 🖱)

Zoom Dynamic을 선택하고 마우스 왼쪽 버튼을 누른 상태로 마우스를 움직인다. 이 동작을 드래그라고 한다. 위로 드래그하면 확대되고 아래로 드래그하면 축소된다. 🖱마우스의 휠을 위아래로 스크롤해서 간편하게 확대, 축소하지만, 섬세하게 확대 또는 축소할 때는 Ctrl + 🖱마우스 오른쪽 버튼을 누른 상태로 드래그하여 사용한다.

Zoom Window (단축키: Ctrl + W)

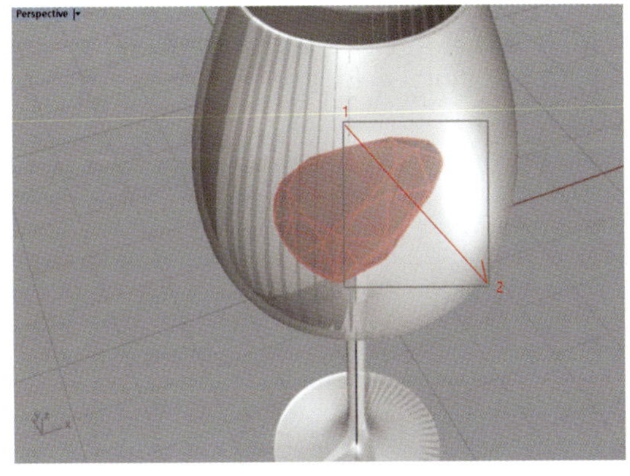

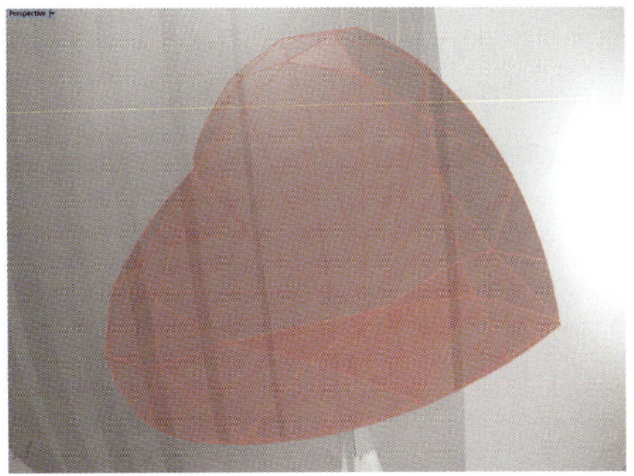

Zoom Extents

활성화된 Viewport에 있는 개체를 중심으로 화면을 알맞게 맞추어 주는 기능이다.

Zoom Extents All (단축키: Alt + Ctrl + E)

4면도의 각 화면에 있는 모든 개체를 가득 채워 보이게 하는 기능이다.

Zoom Selected

현재 선택되어 있는 개체만 화면에 가득 채워 보는 기능이다.

Zoom Selected All

현재 선택되어 있는 개체를 4면도에 가득 채워 보는 기능이다.

화면 최대화

Top, Perspective, Front, Right 중 화면을 최대화해서 보고 싶은 곳의 Top ▾ 글씨를 더블클릭하면 그 화면이 최대화된다.

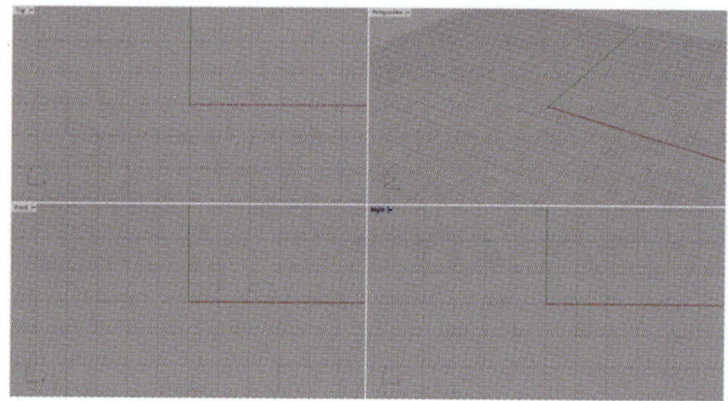

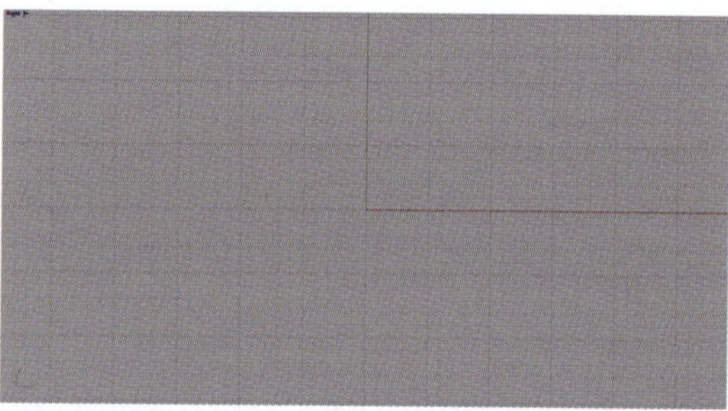

화면 이름 칸에 마우스 커서를 가져간 후 우측 버튼을 클릭 또는 Top ▾ 글씨 옆 화살표를 클릭한다. Pop-Up 메뉴가 나타나면 Maximize를 클릭하여 해당 화면이 최대화되는 것을 확인할 수 있다.

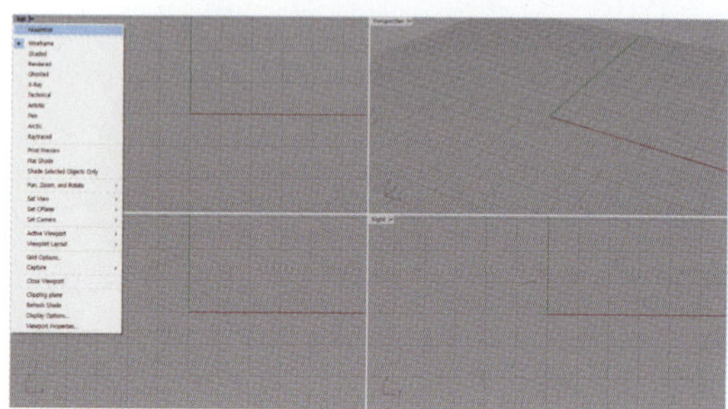

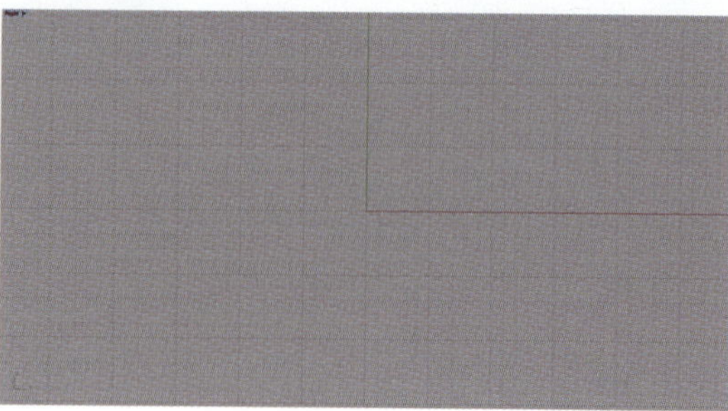

직전에 실행한 명령 반복하는 방법

다음 이미지에 나타난 것과 같이 Command Prompt 영역에서 Command 단어만 표시된 상황 즉, 명령이 초기화 상태인 경우 Viewport상에서 마우스 우측 버튼 클릭, Enter↵키 또는 Spacebar키를 누르면 직전에 실행한 명령을 다시 반복해서 사용할 수 있다.

Esc Key

명령 실행 중에 Esc키를 누르면 명령을 취소할 수 있다. 또한 개체를 선택한 상태에서 Esc키를 누르면 선택 취소가 된다.

개체 선택방법

→ 부록CD 〉 Rhino 예제 〉 Lesson 1 〉 Square 9

01. 선택하고자 하는 개체에 마우스 커서를 올리고 마우스 왼쪽 버튼을 클릭한다.

02. 다중 선택 작업을 하기 위해서는 Shift키를 누른 상태에서 선택하고자 하는 개체를 마우스 좌측 버튼으로 선택한다.
다중으로 선택되는 것을 확인할 수 있다.

03. 다중 선택된 상태에서 선택 취소하려는 개체는 Ctrl키를 누른 상태에서 선택 취소하고자 하는 개체를 마우스 좌측버튼으로 클릭한다. 이미지에 나타난 것과 같이 다중 선택된 상태에서 선택이 취소되는 것을 확인할 수 있다.

04. Ctrl+A 단축키를 사용하여 화면상에 있는 모든 개체를 선택할 수 있다.

05. 다음 그림과 같이 마우스 왼쪽 버튼을 클릭한 상태에서 드래그한다. 방향은 왼쪽에서 오른쪽으로 드래그한다. 이 개체 선택 방법은 드래그된 Window 범위 안에 완전히 포함된 개체만 선택된다. 다음 이미지와 같이 선택되는 것을 확인할 수 있다.

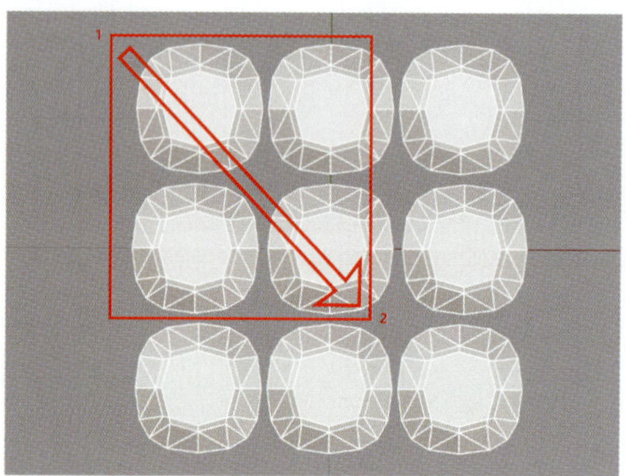

06. 다음 그림과 같이 마우스 왼쪽 버튼을 클릭한 상태에서 드래그한다. 방향은 오른쪽에서 왼쪽으로 드래그한다. 이 개체 선택방법은 드래그된 Window 범위에 완전히 포함되는 개체와 지나가는 개체 모두 선택된다. 다음 이미지와 같이 선택되는 것을 확인할 수 있다.

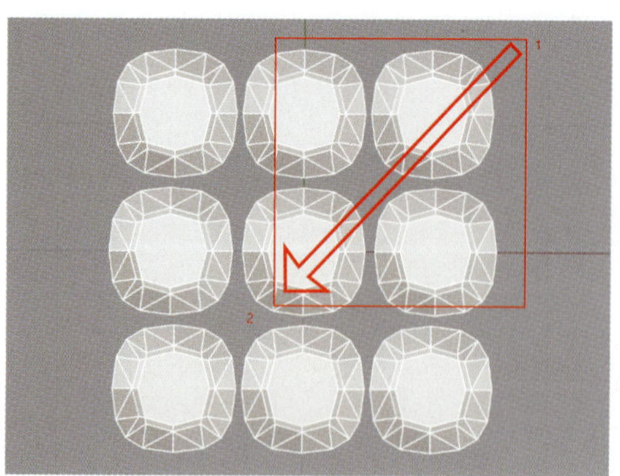

Snap 기능

Grid Snap과 Object Snap 기능으로 나눌 수 있다.

Grid Snap (단축키: F9)

상태표시줄(Status Bar)의 Grid Snap 버튼을 클릭하면 Grid Snap을 On/Off시킬 수 있다. Marker가 Grid의 눈금을 일정한 간격으로 Snap하도록 제한하며, 이것을 사용하면 일일이 치수를 입력하지 않아도 Viewport에 표시된 Grid Line을 보면서 정확하게 모델링을 진행할 수 있다.

● Grid Snap Off

Grid Snap	Ortho	Planar	**Osnap**	SmartTrack

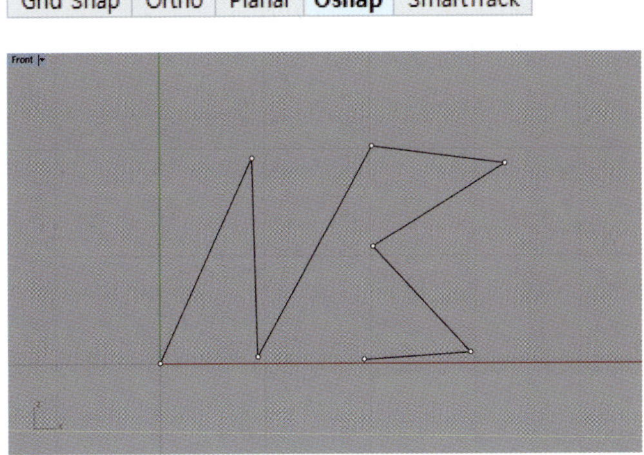

● Grid Snap On

Grid Snap	Ortho	Planar	**Osnap**	SmartTrack

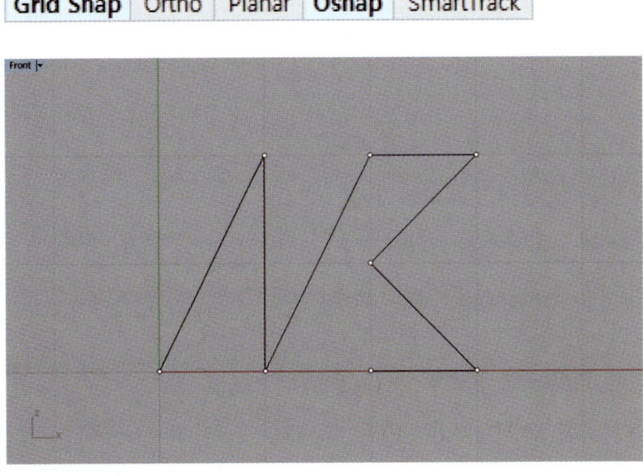

Osnap(Object Snap)

Object Snap은 물체상의 Snap으로 점의 입력이 필요할 때 사용한다. Object Snap은 Marker 움직임을 끝점, 교차점 등과 같은 Object의 특별한 점으로 제한시킨다.

☑End ☑Near ☑Point ☑Mid ☑Cen ☑Int ☑Perp ☑Tan ☑Quad ☑Knot ☑Vertex ☐Project ☐Disable

Rhino 3D Cad 기본 지오메트리 유형

Point(점)

점은 이론적으로 크기는 없지만 위치 값을 가지고 있는 개체를 말한다.

점 개체는 3D 공간상에서 하나의 점을 나타내며 Rhino에서 가장 단순한 개체이다.

점은 공간의 어느 곳에나 배치할 수 있으며, 커브를 따라 균일한 간격, 또는 지정된 거리를 두고 배치할 수 있다.

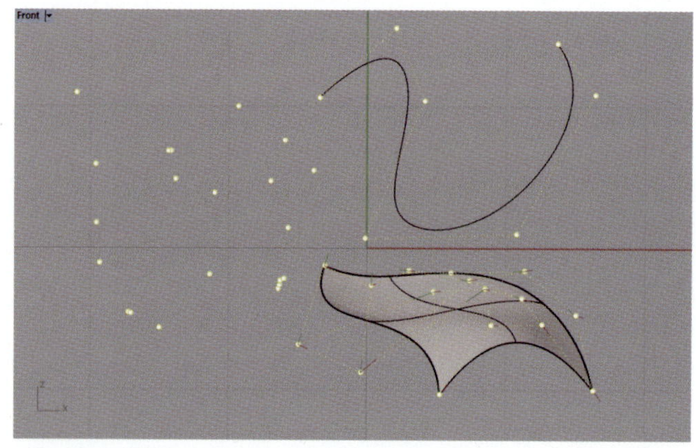

Control Point(조절점 또는 제어점)

곡선(Curve)과 면(Surface)을 조절하여 변형할 때 사용하는 점이다. Curve개체를 선택했을 때는 조절점이 자동으로 보이지만, 선택하지 않았을 때나 Surface개체의 조절점을 보고 싶을 때는 Curve개체나 Surface개체를 선택하고, Show Object Control Points(F10)를 실행하면 볼 수 있다.

Osnap Toolbar 기능

- **End Point** : 끝점이라 정의하며 직선, 곡선의 가장 끝에 있는 점을 말한다.
- **Mid Point** : 중간점이라 정의하며 직선, 곡선을 이등분하는 점을 말한다.
- **Center Point** : 중심점이라 정의하며 원, 타원의 중심인 점을 말한다.
- **Intersection Point** : 교차점이라 정의하며 직선, 곡선이 서로 만나는 점을 말한다.
- **Perpendicular Point** : 직교점이라 정의하며 서로 직각으로 교차하여 만나는 점을 말한다.
- **Tangent Point** : 접점이라 정의하며 직선, 곡선이 접선을 이루는 점을 말한다.
- **Quadrant Point** : 사등분 점이라 정의하며 원, 타원의 사등분 하는 점을 말한다.

Curve(곡선)

Curve개체는 기하학적으로 길이와 방향을 가지고 있지만, 두께는 없는 개체를 말한다.

일반적으로 Rhino 3D 모델링 방식에서는 Curve개체라는 상위개념 속에 직선과 곡선 등 모든 선을 포함하고 있으며, 원, 호, 타원 등과 같은 곡선을 단순 곡선이라 하며, 한 개의 곡선 안에 곡률이 변하는 곡선을 자유 곡선이라 한다.

Undo & Redo 기능

작업을 하다 실수를 할 경우 Undo 명령을 사용하여 바로 전단계로 돌아 갈 수 있으며, 단축키는 Ctrl+Z 이다.
Redo 명령은 Undo 명령으로 취소된 실행을 순서대로 다시 실행할 수 있으며, 단축키는 Ctrl+Y 이다.

Surface(면)

일반적으로 Surface개체는 Edge로 이루어진 면을 의미하며 이론적으로 면적을 가지고 있지만 두께가 없는 개체를 말한다.

3차원 모델링 프로그램에서의 Surface개체는 크게 2차원 평면상에 표현되는 Plane(평면)과 3차원 공간상에 표현되는 곡면 모두를 정의한다.

Rhino에서는 Surface개체라 하면 1개의 단일 Surface개체를 의미한다.

여러 개의 Surface개체를 Poly-Surface개체라 한다.

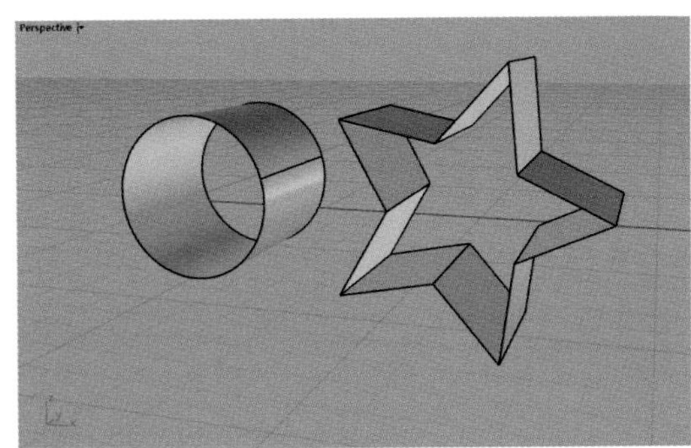

Rhino에서 모든 Surface개체는 3D NURBS Surface이며 평면, 원통과 같은 간단한 형상만이 아니라, 자유 형식, 조각된 Surface개체도 단일 Surface표현을 사용하여 표현할 수 있으며 Edge가 같이 만나는 부분을 Seam 이라고 한다.

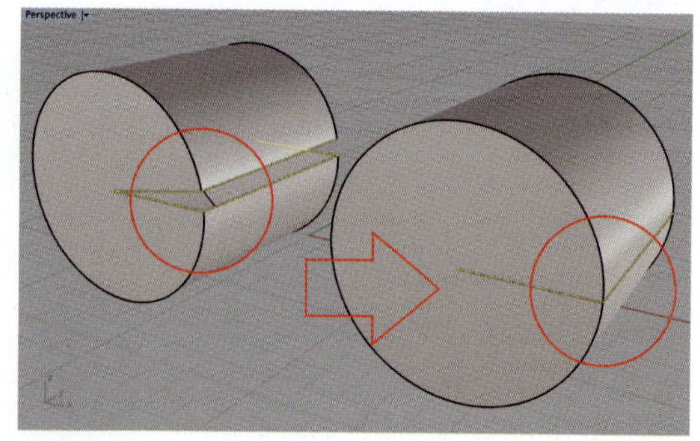

Surface개체가 직사각형 형태가 아닌 경우에는 이것은 잘렸거나, Edge와 Edge에 있는 제어점이 서로 가까워진 것을 말한다.

Solid

Solid는 Surface가 완벽하게 결합된 3차원 개체를 의미한다.
Solid는 폭과 높이, 깊이를 가지고 있으며, Surface가 두께를 갖게 되면 Solid가 되는 것이다.
Rhino에서 Solid의 의미는 Surface 개체가 어느 한 곳도 구멍이 나지 않게 닫혀 결합된 3차원 개체를 의미하며 하나의 Surface로 이루어지 Solid와 Polysurface로 이루어진 Solid가 있다.

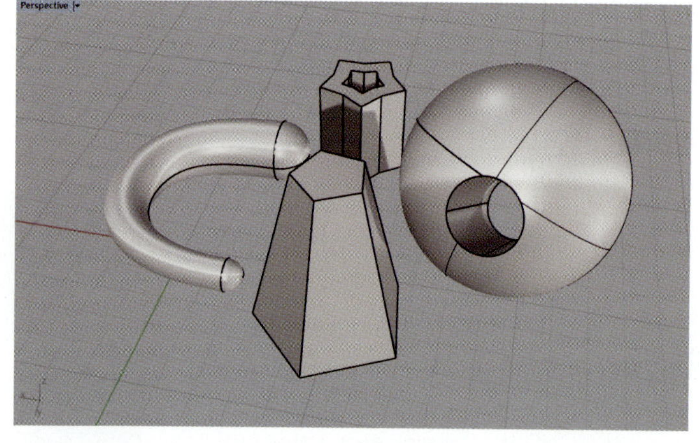

구, 원환, 타원체와 같이 하나의 Surface가 결합된 경우와 상자, 원뿔, 원뿔대, 원통과 같이 2개 이상의 Surface가 결합된 경우가 있다. 하나의 Surface로 이루어진 경우는 조절점을 켜서 형태 변형 작업이 가능하며 2개 이상의 Poly-Surface개체로 이루어진 경우는 조절점을 켤 수 없다. 이와 같은 경우는 Polysurface를 분해한 다음 조절점을 켜 작업 한 후 재결합 하면 된다.

LESSON 02

Rhino 3D 기본 명령

1. File Menu
2. Point & Curve
3. Undo & Redo
4. Select Objects
5. Viewport Layout Toolbar

Lesson 02 Rhino 3D 기본 명령

1. File Menu

파일 메뉴에서는 문서관리, 새로운 파일 만들기, 프린트와 관련된 기능들이 있다.

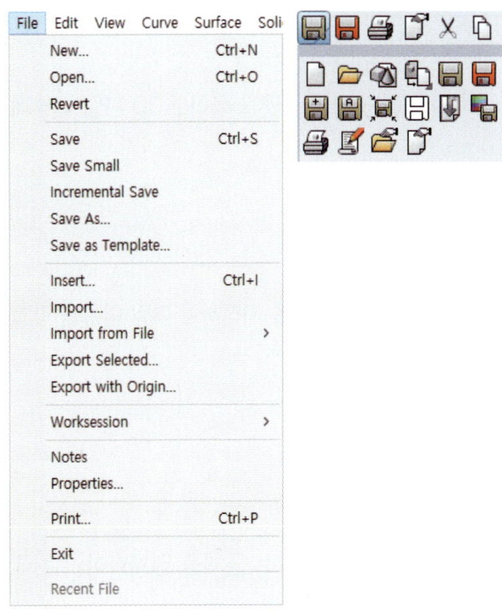

New (단축키: Ctrl + N)

새로운 파일을 생성시키는 명령으로 템플릿 파일열기 대화창에서 원하는 템플릿을 지정하여 파일을 만든다.

New 버튼을 클릭하면 Open Template Files이 열린다. 기본적으로 Millimeters 단위를 사용하기 때문에 Large Objects-Millimeters.3Dm을 선택하고 열기를 누른다.

다음 작업 시에도 동일한 단위로 지정하여 저장하고자 한다면 하단 Use This File When Rhino Starts 항목에 체크를 한다.

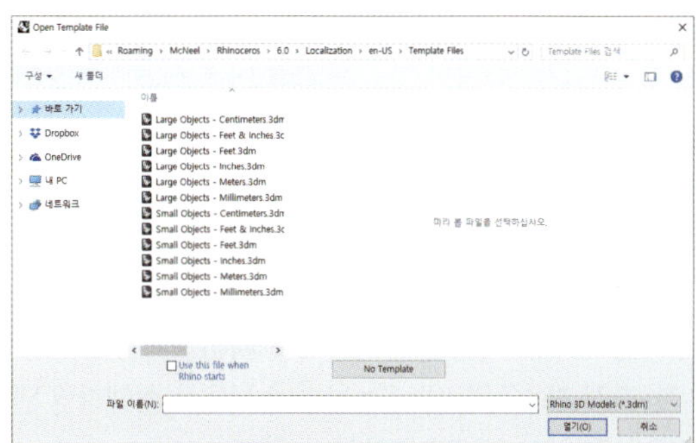

현재의 라이노 창을 닫지 않고 새파일을 만들고 싶다면 윈도우의 작업표시줄에 있는 라이노 아이콘에 마우스 가운데 휠을 클릭하면 새창이 열린다. 또는 Shift 키를 누른 상태로 마우스 왼쪽 버튼을 누르면 새창이 열린다.

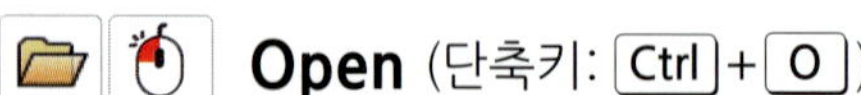

Open (단축키: Ctrl + O)

기존 라이노파일 또는 다른 포맷 형식의 파일을 여는 기능이다. Open기능을 실행하면, Open대화 상자가 열린다. 이곳에서 작업하고자 하는 파일을 Open하면 된다.

Import

다른 파일의 개체를 현재 파일로 불러들여 가져오는 기능이다.
이 명령은 라이노가 열 수 있는 모든 파일 형식을 지원하며 .3Dm파일이 아닌 다른 포맷을 라이노 3D 파일 내부에 추가할 수 있다. 주로 다른 라이노 파일과 병합할 때 사용한다.

Save (단축키: Ctrl + S)

현재 작업 중인 .3Dm파일을 저장하는 기능이다. 또한 이 기능은 저장할 파일의 경로를 지정하고 파일 이름과 파일 형식을 정하는 기능이기도 하다.

Export Selected

현재 열려있는 파일의 선택된 개체를 다른 포맷으로 내보내는 기능이다.
도면을 작성하기 위해 일러스트 포맷으로 변환하거나 RP(Rapid Prototype) 장비로 물체를 입체화하기 위해 포맷을 전환할 경우 등에 많이 사용되는 매우 유용한 변화 저장기능이다.

Save Small

현재 열려 있는 파일을 자동으로 줄여 약 1/3 정도의 적은 용량 데이터로 저장한다.
디스크 공간을 절약하거나, 파일을 다른 사람에게 이메일 또는 다른 전자 매체로 보낼 때 시간을 절약할 수 있으므로 효율적이다.

Incremental Save

연속된 번호를 파일명에 자동으로 기입시켜 파일을 저장하는 명령이다. 순차적으로 작업과정을 저장할 경우에 유용하게 사용되며, 이 기능을 연속적으로 실행하면 연속되는 번호가 자동 기입된다. 중요한 작업 과정을 실수로 덮어쓰지 않기 위해 유용하게 사용한다.

Save As

현재 작업 중인 파일을 직접 다른 이름이나 새로운 포맷형식으로 바꿔 저장하는 명령이다. 효율적인 작업과정 및 데이터 관리를 위해 사용해야 할 기능이다.

Insert (단축키: Ctrl + I)

현재 열린 파일에 다른 파일 안에 있는 개체만을 가져올 때 사용하는 기능이다. Insert As의 형식으로 삽입할 개체를 지정할 수 있으며, 일반적으로 Individual Objects로 체크하여 사용한다.

Print

Viewport 안에 있는 내용의 이미지를 인쇄하는 기능이다. 출력 시, Grid(격자)는 출력되지 않는다.

Properties

환경설정을 하는 기능이다. Tools Menu에 있는 Options기능과 같다.

2. Point & Curve

Single Point

독립된 Point개체를 생성하는 기능이다. 한 번에 하나의 Point개체를 화면에 생성시킨다. 마우스로 클릭하여 한 번에 하나의 Point개체를 생성시키는 경우와 좌표 값을 입력하여 생성시키는 경우가 있다.

● 좌표값을 입력하여 Point 생성 :

Single Point를 클릭한 후, Command Prompt 영역에서 좌표 값 0 또는 0, 0 또는 0, 0, 0을 입력한 후, Enter↵키를 누른다. 다음 그림과 같이 좌표 값이 0인 원점에 Point개체가 생성되는 것을 확인할 수 있다.

Command: _Point
Location of point object: 0,0

 Line Segments

각각 분할된 직선 Curve개체를 생성하는 기능이다. 완성된 직선을 선택해보면 개별적인 직선 Curve개체임을 알 수 있다.

Polyline

Line Segments기능으로 생성된 직선 Curve개체와 다르게 한 개의 개체로 연결된 직선 Curve개체를 생성하는 기능이다.
다음 이미지를 참고하여 Line Segments와 Polyline의 차이점을 확인해 본다.

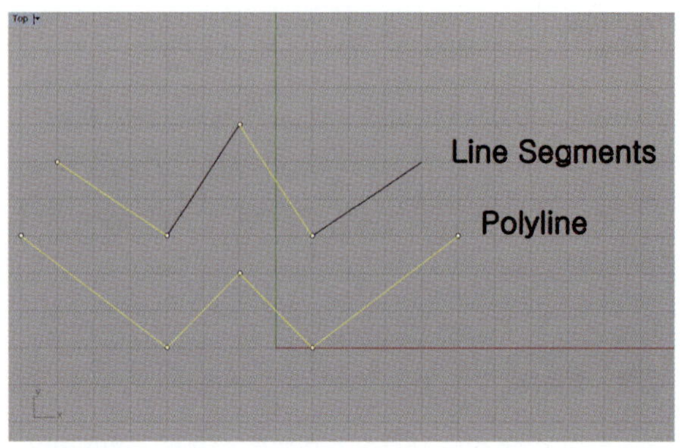

좌표 값을 이용해 Line기능으로 사각 Curve 개체 생성

01. 시작점을 원점으로 하려면 Command Prompt 영역에 좌표값 0 또는 0, 0 또는 0, 0, 0을 입력 후 Enter↵키를 누르면 직선 Curve개체의 시작점이 원점에서부터 시작되는 것을 볼 수 있다.

Command: _Polyline
Start of polyline (PersistentClose=*No*): 0,0

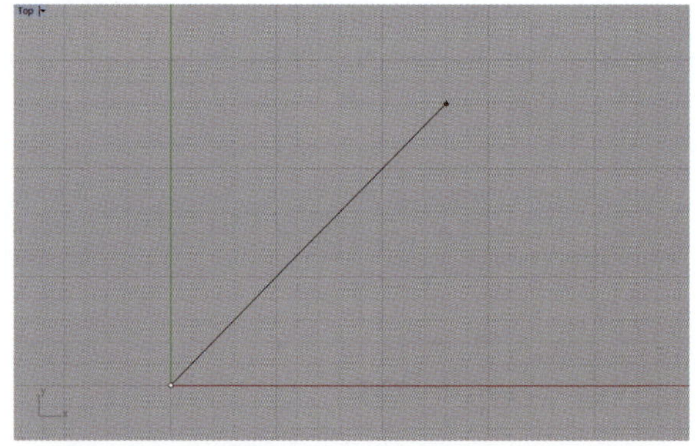

02. Y축 방향으로 10㎜만큼 가는 좌표 값 0, 10을 Command Prompt 영역에 입력 후, Enter↵키를 누른다.
Y축 방향으로 10㎜만큼 직선 Curve 개체가 생성된 것을 볼 수 있다.

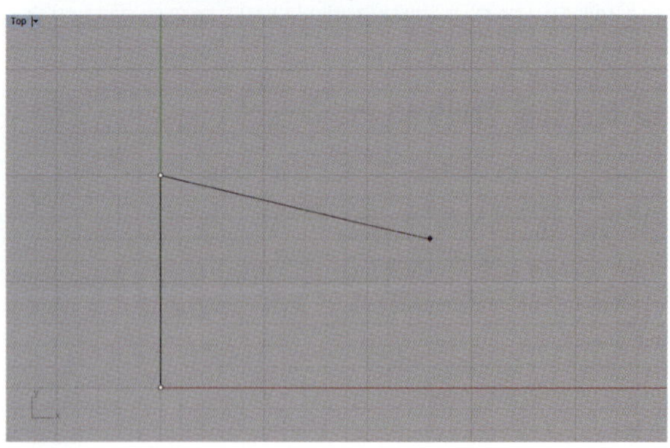

Start of polyline (PersistentClose=No): 0
Next point of polyline (PersistentClose=*No* Mode=*Line* Helpers=*No* Undo): 0,10

03. 다음으로 X축 방향으로 10㎜만큼 가는 좌표 값 10, 10을 Command Prompt 영역에 입력 후, Enter↵키를 누른다.
X축 방향으로 10㎜만큼 직선 Curve 개체가 생성된 것을 볼 수 있다.

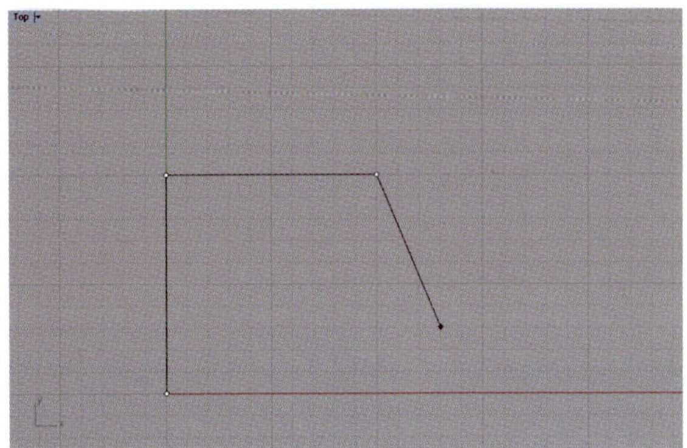

Next point of polyline. Press Enter when done (PersistentClose=No Close Mode=Line Helpers=No Length Undo): _Undo
Next point of polyline. Press Enter when done (PersistentClose=*No* Mode=*Line* Helpers=*No* Length Undo): 10,10

04. Y축 방향으로 10㎜만큼 가는 좌표 값 10, 0을 Command Prompt 영역에 입력 후, Enter↵키를 누른다.
Y축 방향으로 10㎜만큼 직선 Curve 개체가 생성된 것을 볼 수 있다.

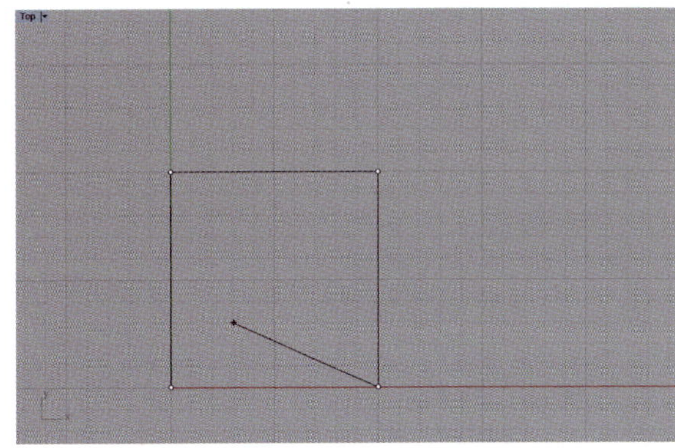

Next point of polyline. Press Enter when done (PersistentClose=No Mode=Line Helpers=No Length Undo): 10,10
Next point of polyline. Press Enter when done (PersistentClose=*No* Close Mode=*Line* Helpers=*No* Length Undo): 10,0

05. 마지막으로 좌표 값을 0, 0을 입력하면 다음 그림과 같이 정사각형 형태의 Curve개체가 완성된 것을 확인할 수 있다.

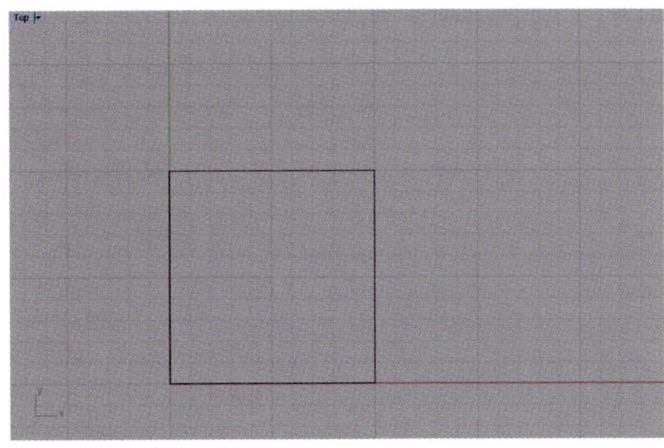

Next point of polyline. Press Enter when done (PersistentClose=No Close Mode=Line Helpers=No Length Undo): 10,0
Next point of polyline. Press Enter when done (PersistentClose=*No* Close Mode=*Line* Helpers=*No* Length Undo): 0,0

좌표 값을 입력하지 않고 Line기능으로 사각 Curve개체 생성

Polyline기능은 좌표 값을 직접 입력하지 않고도 사각 Curve개체를 생성할 수 있는데 그것은 Snap기능을 사용하는 것이다. Snap기능을 이용하면 쉽게 정사각형과 같은 개체를 Viewport상에 있는 Grid Line에 맞춰 정확하게 생성할 수 있다.

● **Grid Snap기능 On상태 :** Grid Snap기능을 On시킨 다음, 정확하게 Grid Line에 맞춰 사각 Curve개체를 생성하는 과정

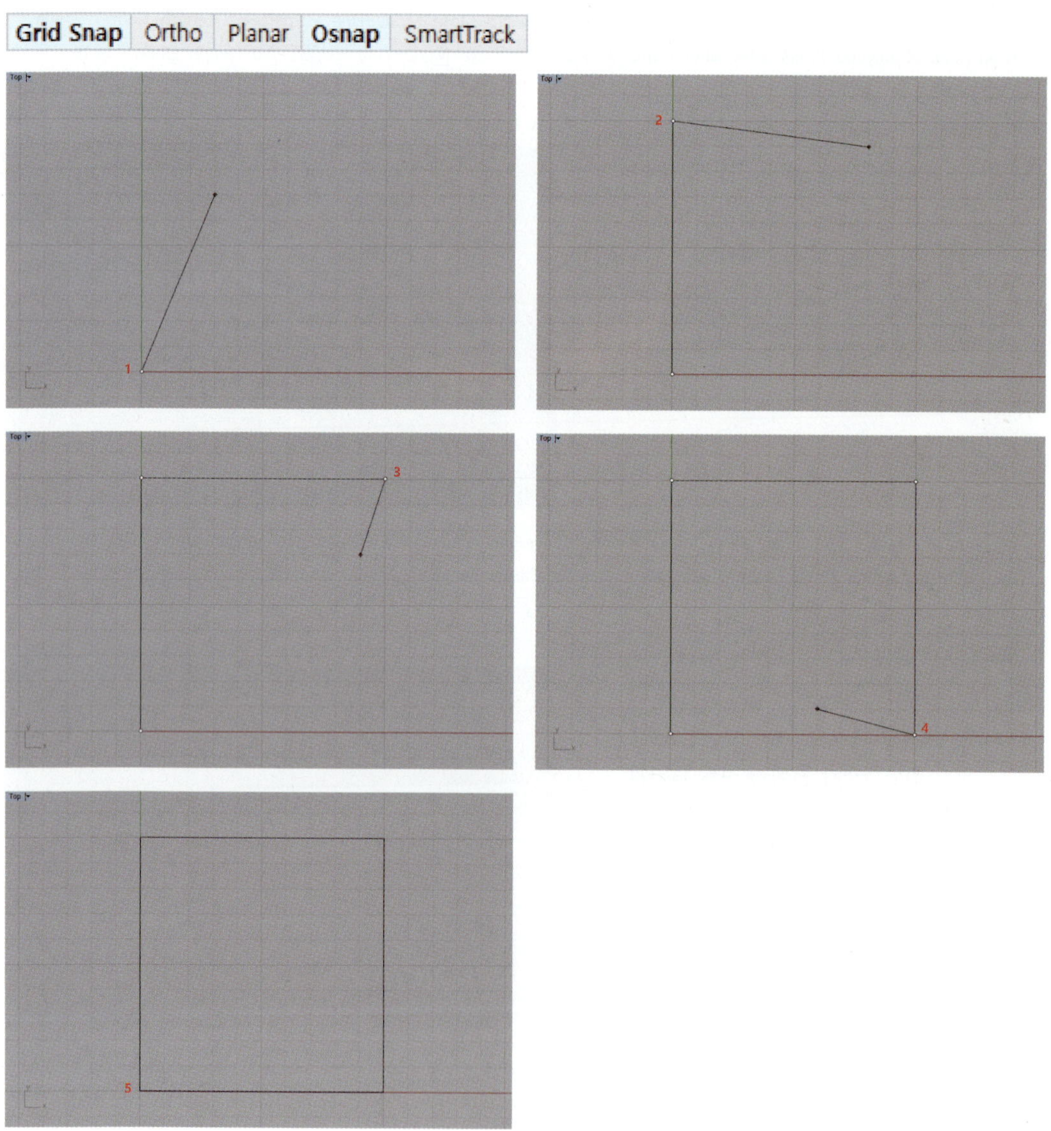

● **Grid Snap기능 Off 상태 :** Grid Snap기능을 Off시킨 다음 Grid Line에 맞추지 않고 자유롭게 사각 Curve 개체를 생성하는 과정

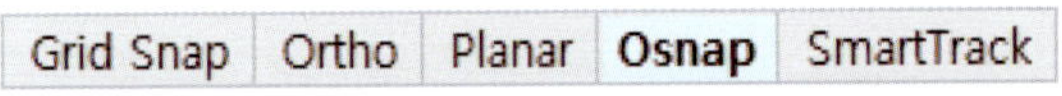

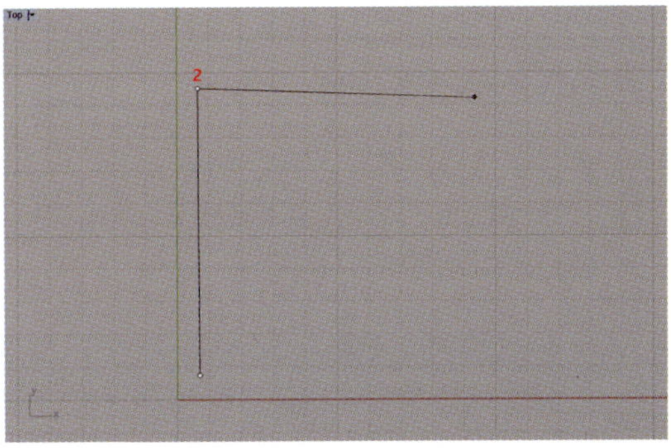

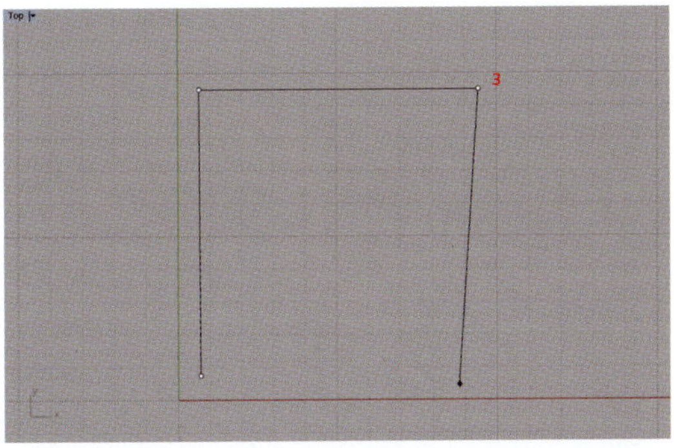

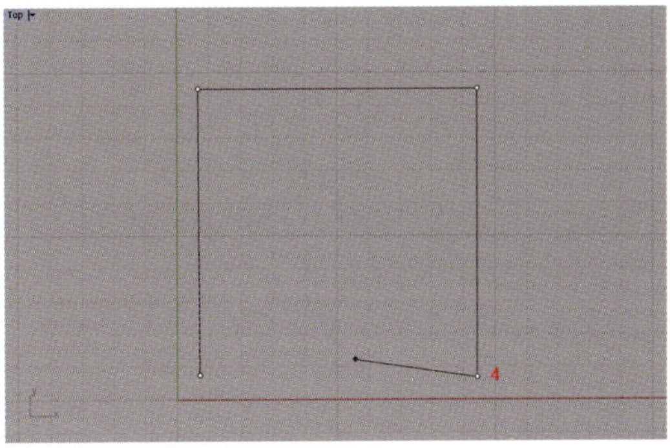

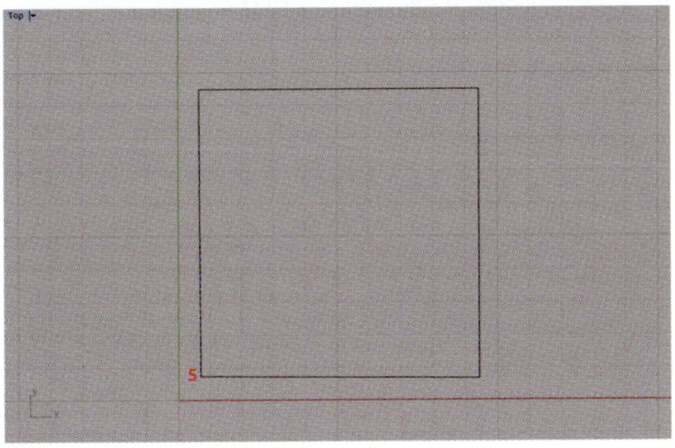

Grid Snap | Ortho | Planar | **Osnap** | SmartTrack

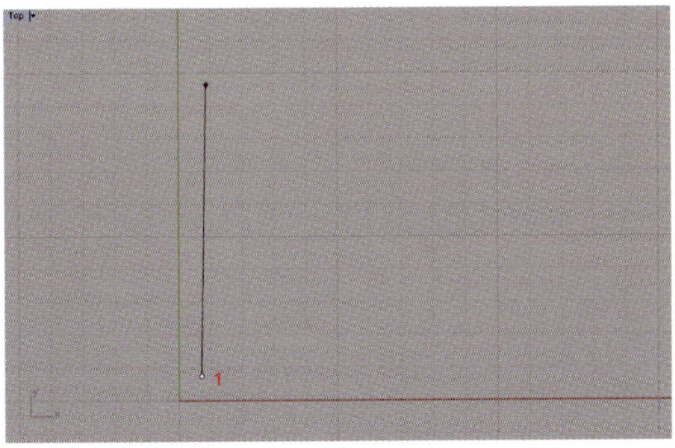

Control Point Curve

Control Point를 생성시켜 그 조절점을 기준으로 Curve개체를 생성시키는 기능이다.
이 명령은 Curve개체의 차수, 즉 Degree값은 〈점의 개수〉 -1인 Curve개체를 만든다.
이것은 조절점 개수가 차수의 설정보다 작거나 같게 설정되어 있는 경우 발생한다.

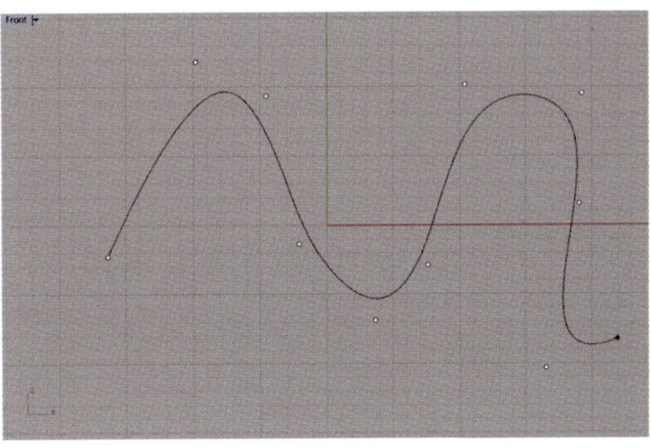

Circle: Center, Radius

중심점과 반지름의 값으로 원형 Curve개체를 생성하는 기능이다.

원형 Curve개체 생성

01. Command Prompt 영역에 숫자 0을 입력하고 Enter↵ 키를 누른다. 원점에서부터 원형 Curve개체의 중심점이 생성되며 시작된다.

```
Command: _Circle
Center of circle ( Deformable  Vertical  2Point  3Point  Tangent  AroundCurve  FitPoints ): 0
```

02. 다음으로 Diameter(지름)나 Radius(반지름)값으로 입력할지 설정한 다음 원하는 값을 입력한 후, Enter↵ 키를 누른다. 입력한 값으로 원형 Curve개체가 생성되는 것을 확인할 수 있다.

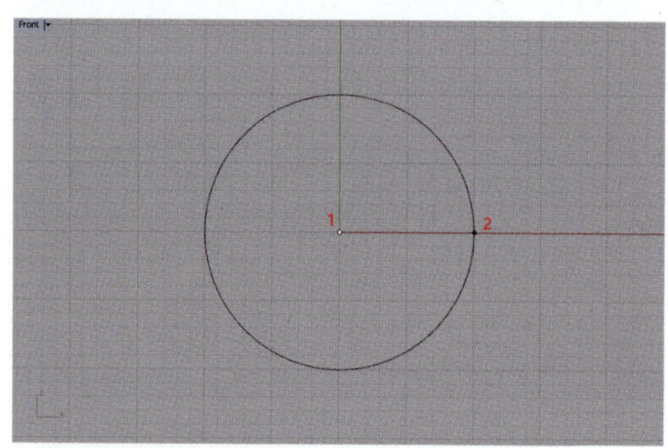

```
Radius <10.000> ( Diameter  Orientation  Circumference  Area  ProjectOsnap=Yes ):
```

Ellipse: From Center

중심점, 첫 번째 축, 두 번째 축을 사용하여 타원형 Curve개체를 생성시키는 기능이다.

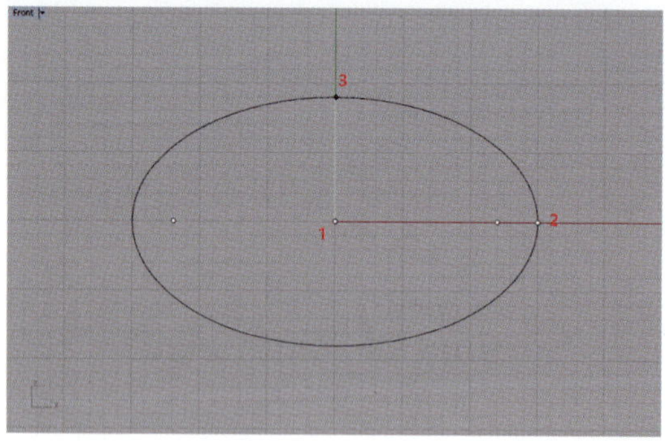

Arc: Center, Start, Angle

중심점과 시작점 그리고 각도를 이용한 호 형태의 Curve개체를 생성하는 기능이다.

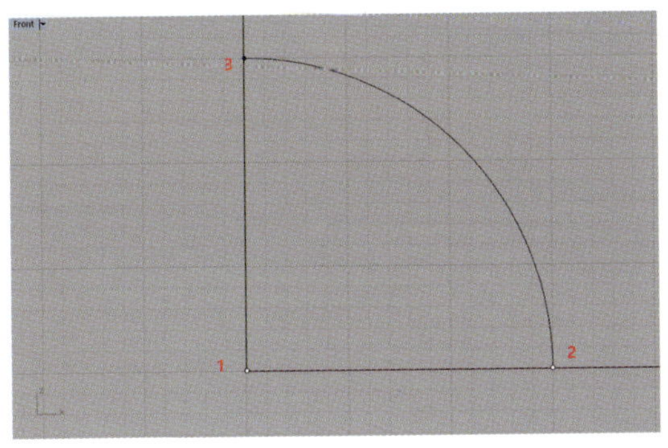

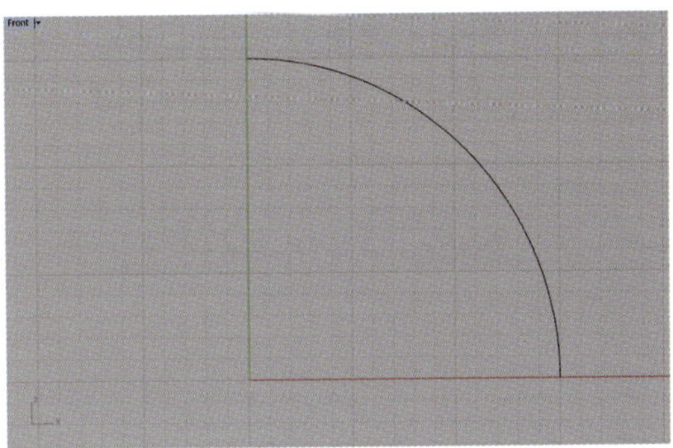

Rectangle: Corner To Corner

하나의 지점과 이에 대응하는 대각선 방향의 지점을 이용한 사각형 형태의 Curve개체를 생성하는 기능이다.

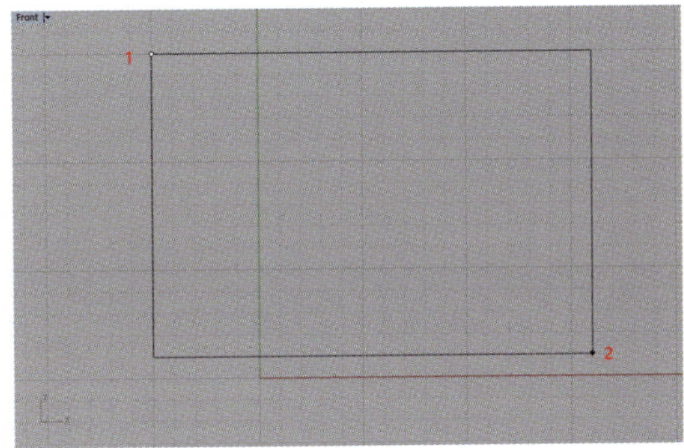

Polygon: Center, Radius

내접 다각형(Inscribed Polygon)을 생성시키는 기능이다. 지정한 반지름 값을 가진 가상의 원에 변의 모서리가 접하는 다각형 Curve개체를 생성한다.

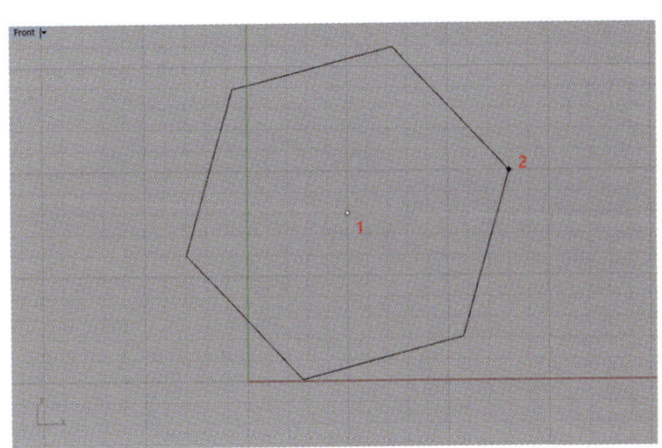

3. Undo & Redo

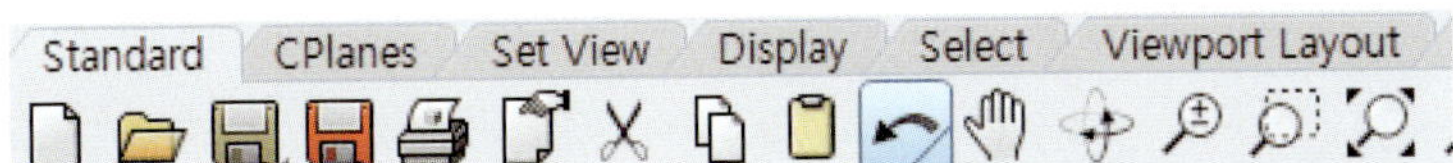

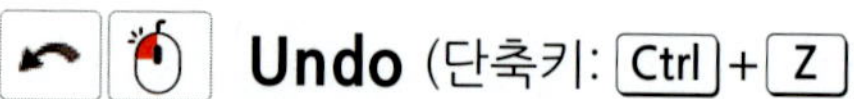

Undo (단축키: Ctrl + Z)

마지막으로 작업한 내용부터 이전 작업 단계로 되돌리는 기능이다.

Redo (단축키: Ctrl + Y)

실행 취소(Undo)한 내용을 다시 되돌리는 또는 실행하는 기능이다. 횟수 제한은 없고 메모리 양에 따라 실행 취소의 횟수가 정해진다.

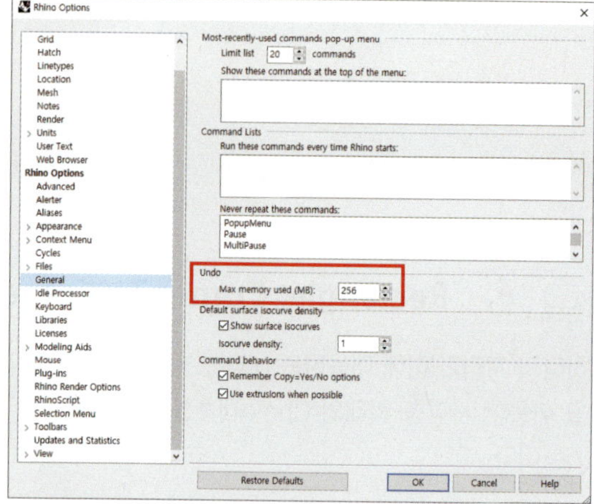

4. Select Objects

→ 부록CD 〉 Rhino 예제 〉 Lesson 2 〉 All objects

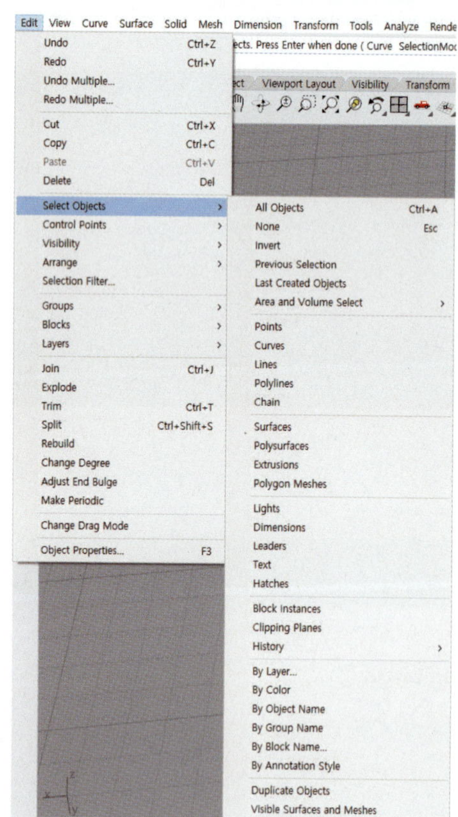

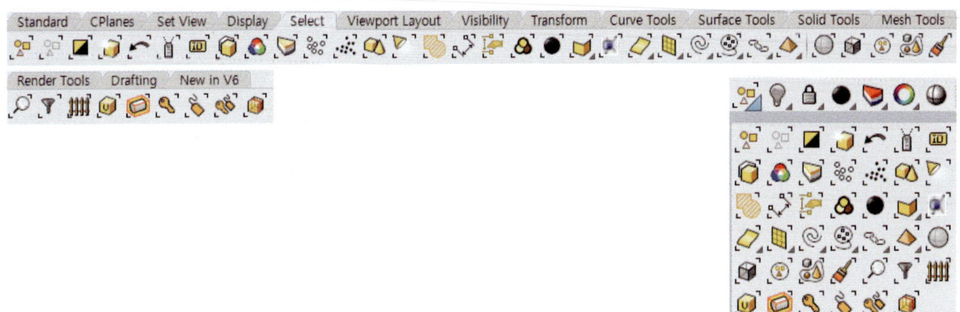

 Select All (단축키: Ctrl+A)

Viewport상에 있는 모든 개체를 동시에 선택하는 기능이다.

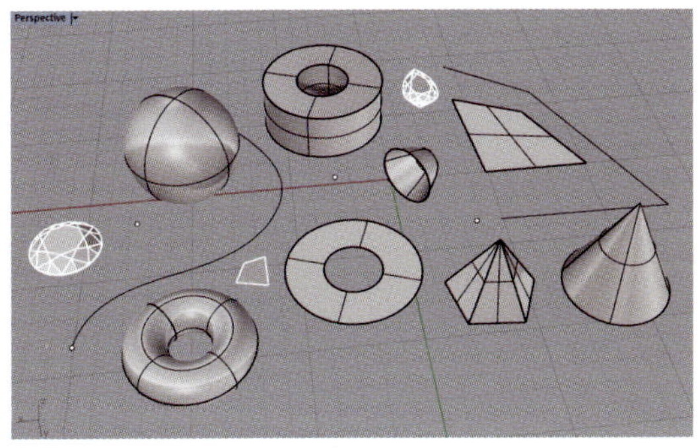

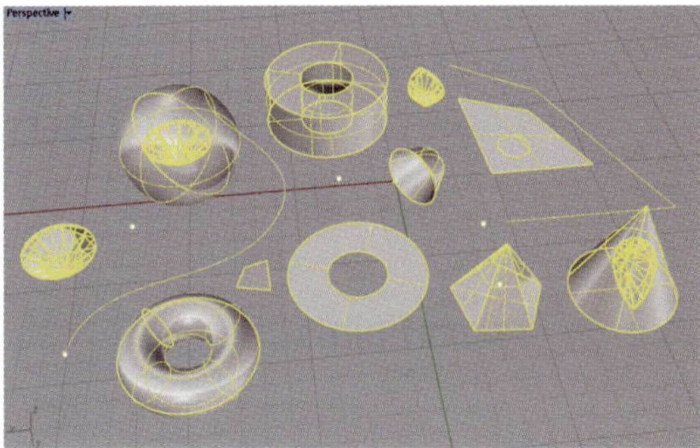

Select By Color

선택된 개체와 같은 색상의 개체를 선택하는 기능이다.

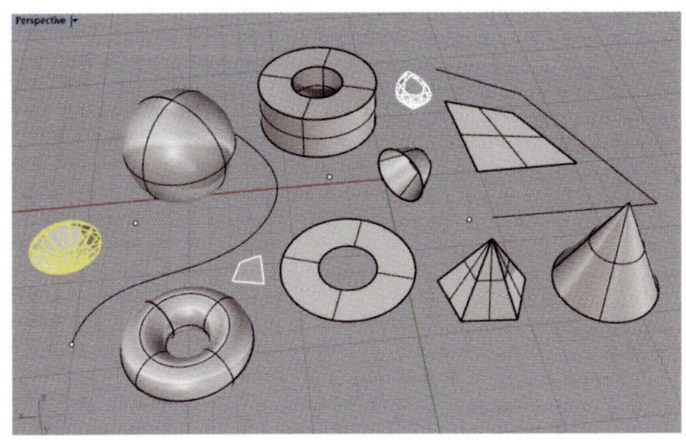

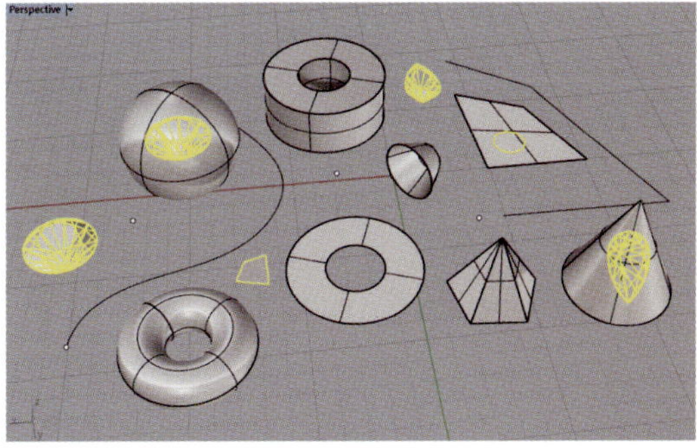

Select None

아무것도 선택하지 않는 기능이며 선택을 해제하는 기능이다. 주로 Esc키나 빈 공간을 선택한다.

Invert Selection

선택된 개체 이외의 것을 선택하는 기능이다.

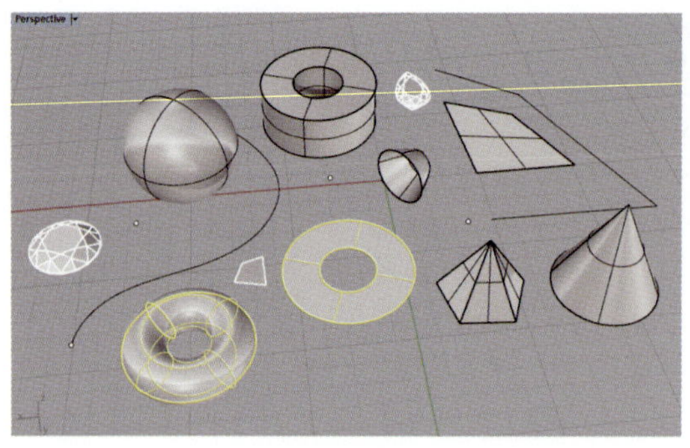
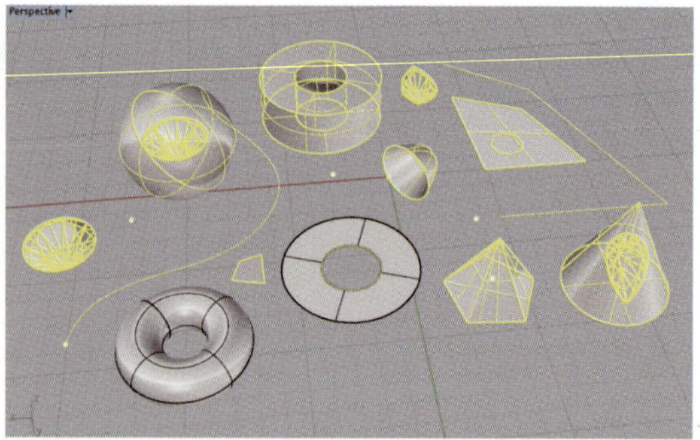

Select Previous Selection

전 단계에 선택되어진 상태로 실행하는 기능이다.

Select Last Created Objects

마지막으로 제작된 개체를 선택하는 기능이다.

Select Points

Viewport상에 있는 모든 Point개체를 선택하는 기능이다.

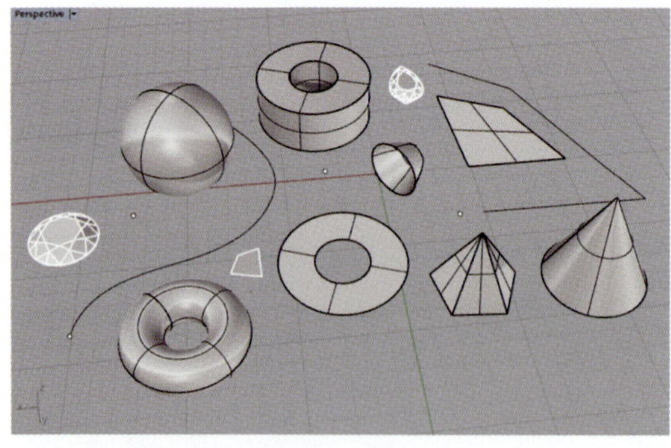
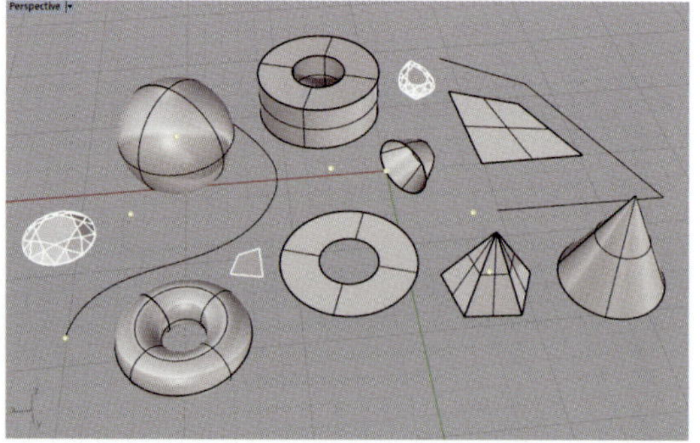

Select Curves

Viewport상에 있는 모든 Curve개체를 선택하는 기능이다.

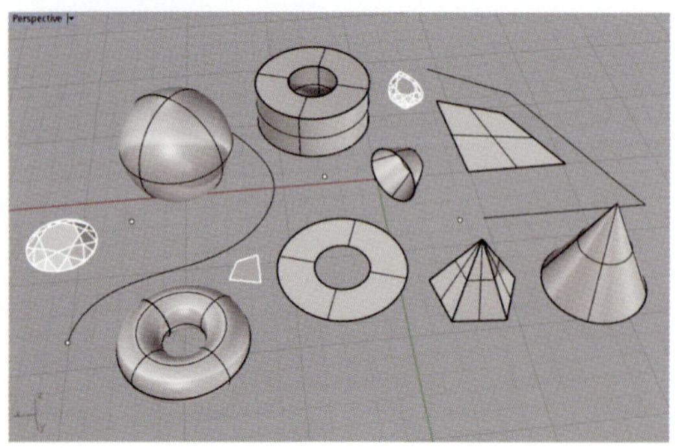
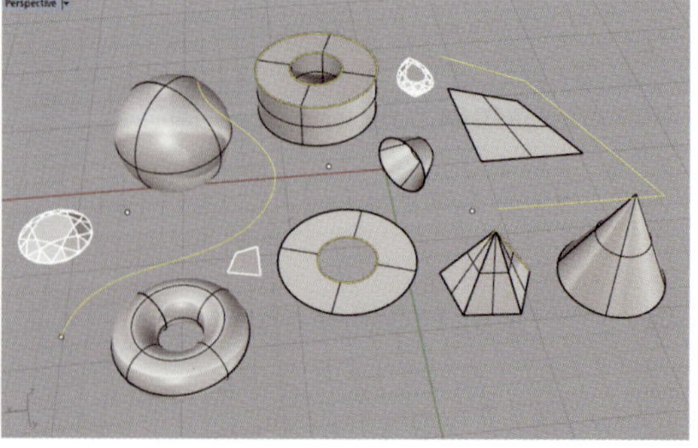

Select Surfaces

Viewport상에 있는 모든 Surface개체를 선택하는 기능이다.

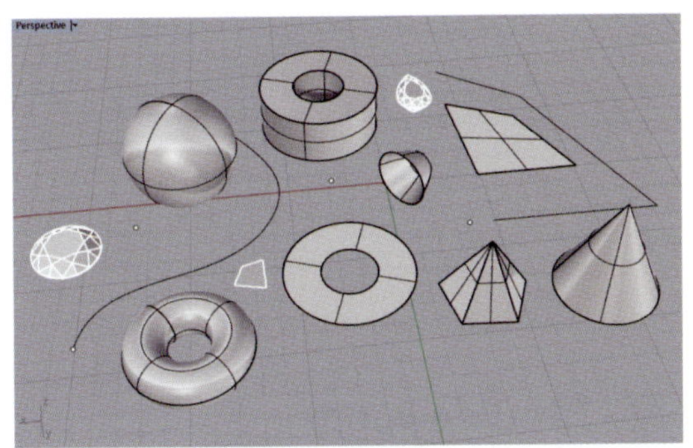

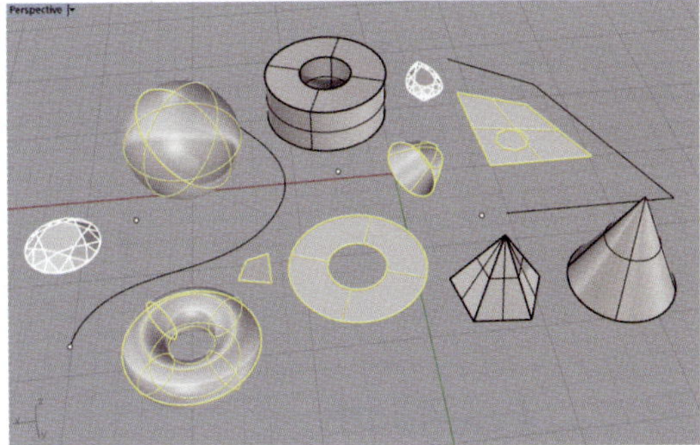

Select Polysurfaces

Viewport상에 있는 모든 다중면 즉, Poly-Surface개체를 선택하는 기능이다.

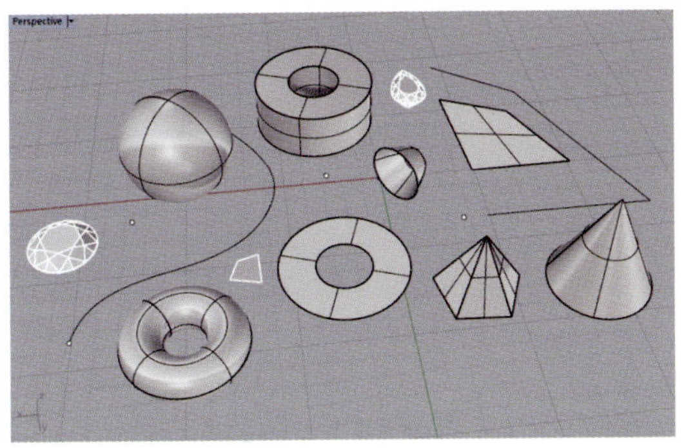

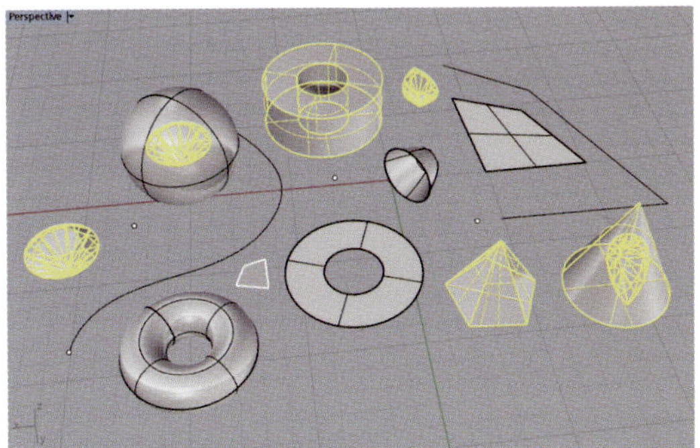

현재 선택된 개체 외에 다른 개체를 추가해서 선택하려면 Shift 키를 누른 상태에서 개체를 선택하면 된다. 선택을 취소하려면 Ctrl 키를 누른 상태로 개체를 선택하면 된다.

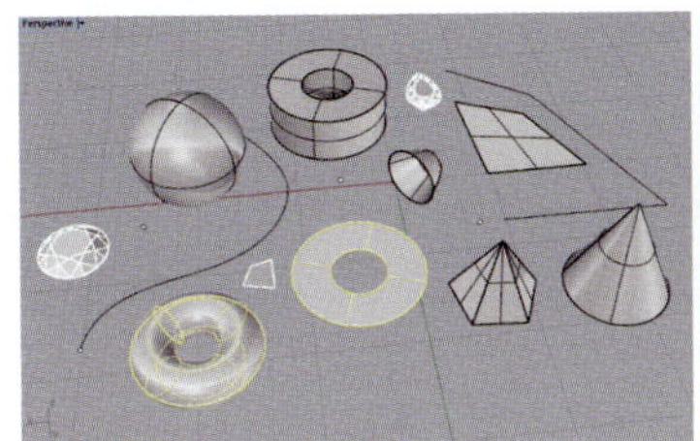

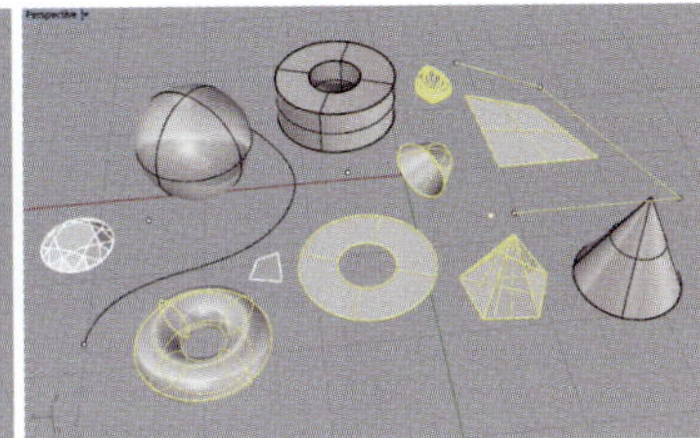

추가 선택 : Shift 키 + 개체 선택

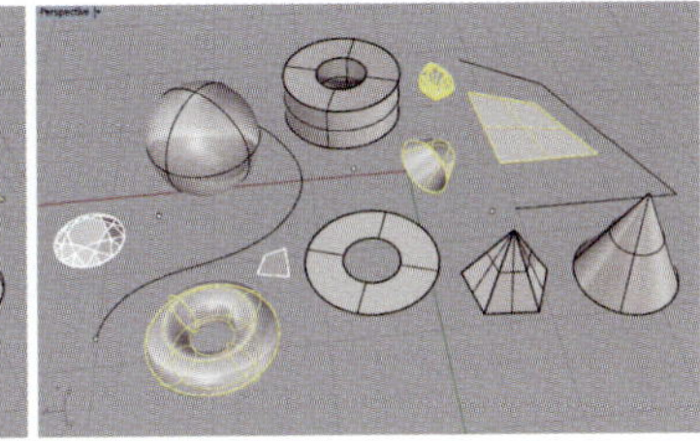

선택 취소 : Ctrl 키 + 개체 선택

5. Viewport Layout Toolbar

→ 부록CD 〉 Rhino 예제 〉 Lesson 2 〉 gem

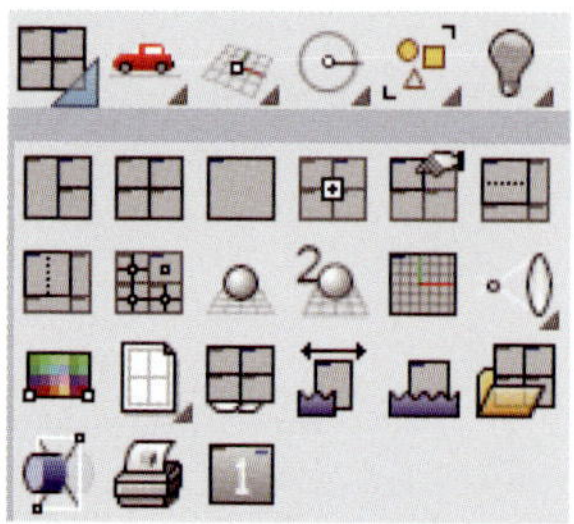

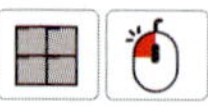

4Viewports

Top, Front, Right, Perspective의 4개의 Viewport로 화면을 구성한다. 각 Viewport 원점을 화면 중심으로 설정된다.

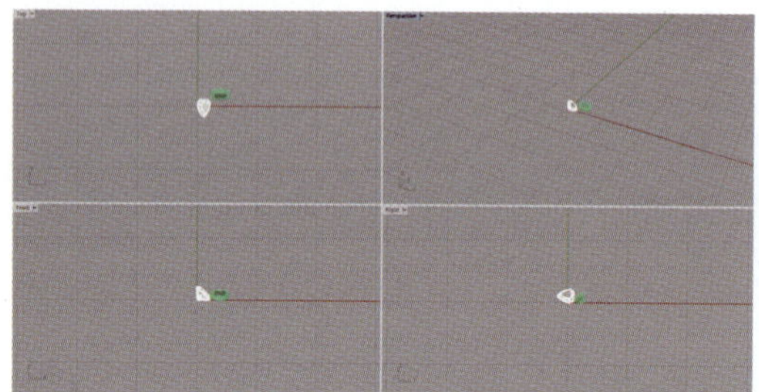

3Viewports

Top, Perspective, Front의 3개의 Viewport로 화면을 구성한다.

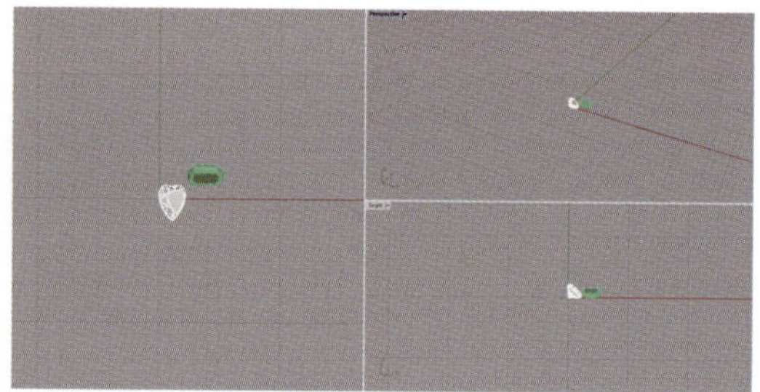

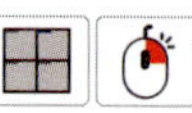

4 Default Viewports

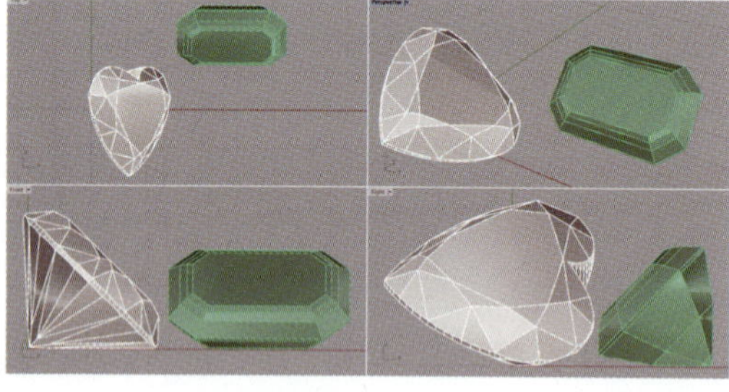

3 Default Viewports

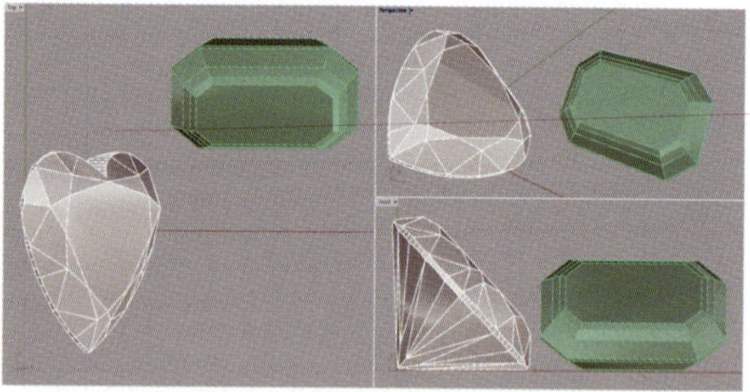

Maximize-Restore Viewport

활성화된 Viewport를 최대화시키는 기능이다.
주로 화면 Perspective 이름 칸을 더블클릭하면 최대화된다.

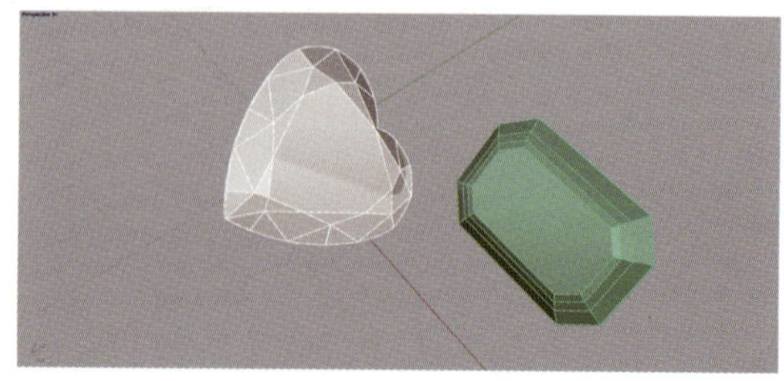

Synchronize Views 3면도 화면 동기화

Perspective Perspective Viewport를 제외한 나머지 3면도의 화면을 현재 선택된 화면 기준으로 같은 중심과 배율을 동기화하는 기능이다.

다음 그림의 순서는 **Front** Front Viewport에서 보석개체를 제외한 공백부분에 마우스 오른쪽 버튼을 누른 상태로 드래그하여 View 화면을 이동하였을 때, 변화하는 과정이다.

01. 기본 설정 화면

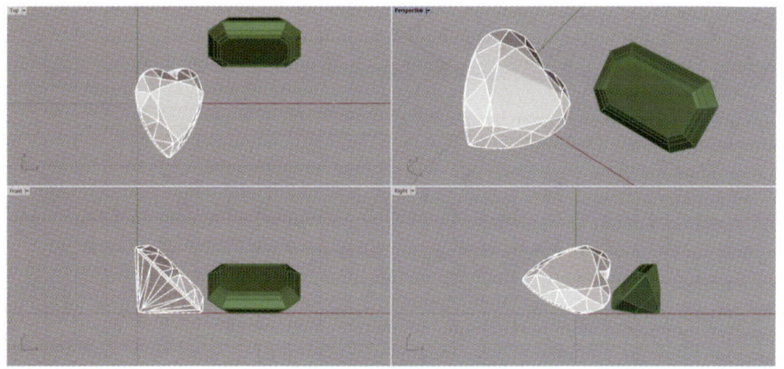

02. Front Viewport의 화면을 움직였을 때, 다른 Viewport에 아무 변화가 없는 것을 확인할 수 있다.

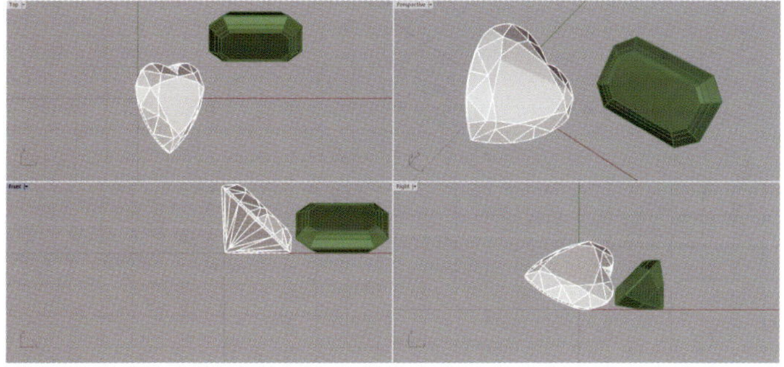

03. Synchronize Views를 실행했을 때, Perspective Viewport를 제외한 Top과 Right 두 Viewport가 Front Viewport의 화면 기준으로 동기화된 것을 확인할 수 있다.

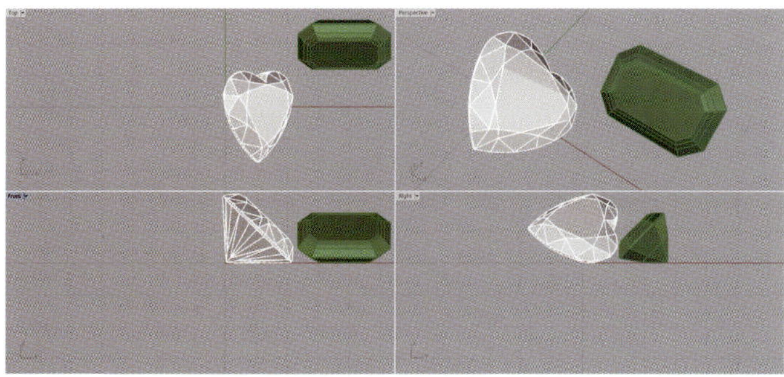

04. Toggle Linked Views(3면도 화면 연동기능)를 실행하고 Front Viewport의 화면을 움직였을 때, Front Viewport와 자동으로 연동되는 것을 확인할 수 있다.

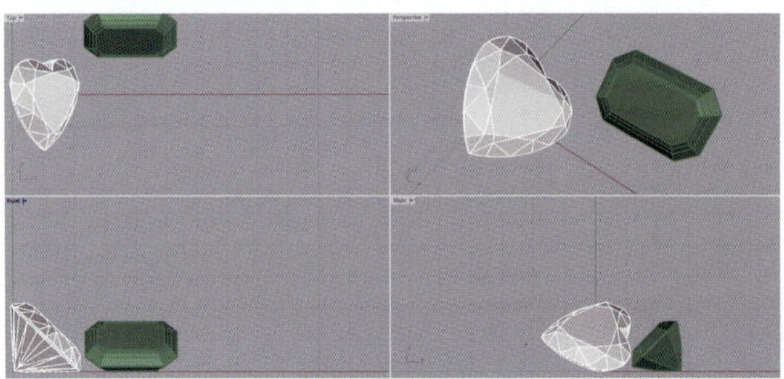

05. Toggle Linked Views를 다시 실행하면 자동연동 설정이 다음 그림과 같이 해지되는 것을 확인할 수 있다.

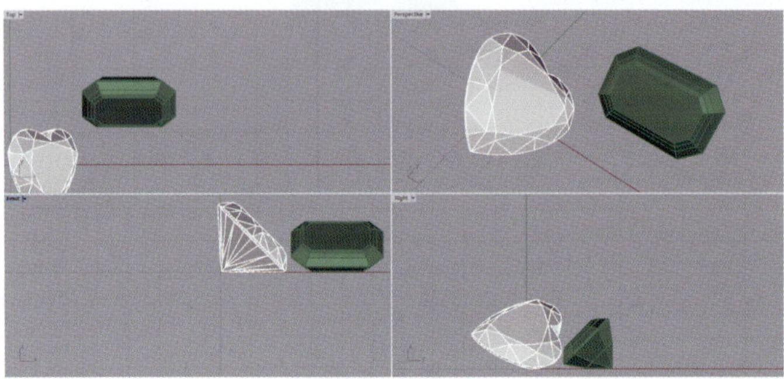

LESSON 03

Interface 기능 및 제어

1. Visibility
2. Layers
3 Modeling Aid Mode

Lesson 03 Interface 기능 및 제어

1. Visibility

→ 부록CD 〉 Rhino 예제 〉 Lesson 3 〉 Visibility

파일 내부에 많은 데이터가 존재하여 서로 구별하기 힘든 경우가 발생한다. 이때 Visibility 기능을 활용하면 효율적으로 작업을 진행할 수 있다. 작업하고자 하는 개체를 화면상에 보이게 하고 나머지는 잠시 보이지 않게 또는 화면상에 형태만 보이게 하면서 선택이 되지 않게 함으로써 효율적으로 모델링 작업을 진행할 수 있게 된다. 이는 작업 컴퓨터 메모리 할당량도 감소시켜 작업 속도도 향상되는 이점도 가지게 된다.

Hide objects (단축키: Ctrl+H)

선택한 개체를 화면상에서 숨기는 기능이다.

01. 화면상에 보석 개체들이 놓여 있는 것을 확인할 수 있다.

02. 다음 그림과 같이 4개의 보석 개체를 선택하고 Hide objects를 실행한다. 또는 Hide objects를 실행하고 숨기고자 하는 개체를 선택한 후, Enter↵ 키를 누른다.

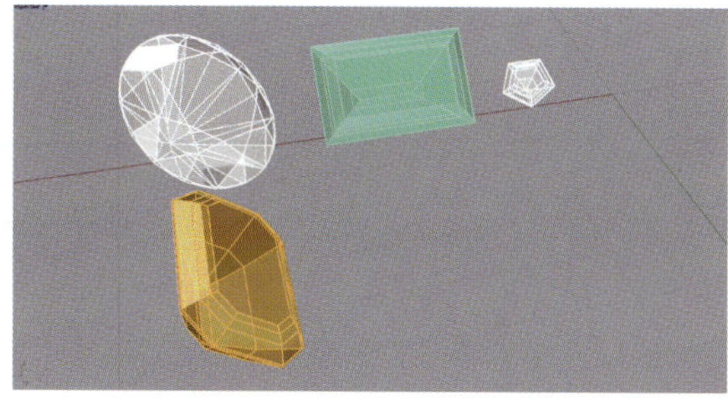

Show objects (단축키: Ctrl + Alt + H) 또는 Show objects

숨겨진 개체를 화면상에 다시 보여주는 기능이다.

Show objects 또는 Show objects를 실행하면 숨겨진 개체가 화면상에 보여지는 것을 확인할 수 있다.

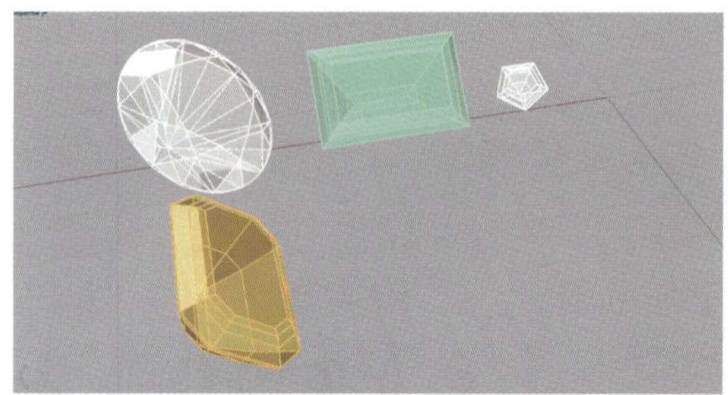
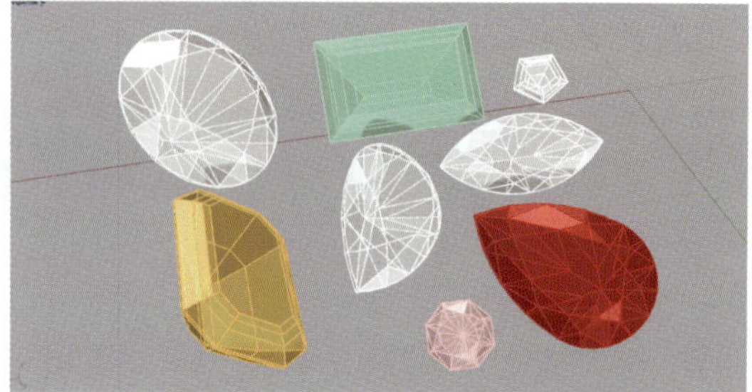

Show selected objects

숨겨진 개체 중에서 보여주고자 하는 개체를 선택하여 화면상에 나타나게 하는 기능이다. 많은 개체를 Hide시킨 상황에서 원하는 개체를 다시 불러올 때 효율적으로 작업할 수 있는 기능이다.

다음 그림과 같이 Hide objects를 실행하여 4개의 보석 개체를 숨긴다. Show selected objects를 실행하면 숨겨진 개체만 화면상에 보여지는 것을 확인할 수 있다. 이 작업 과정은 모든 개체를 완전히 보여지게 한 것이 아니라 보여주길 원하는 개체를 선택하기 위해 일시적으로 보여주고 있는 과정이다.

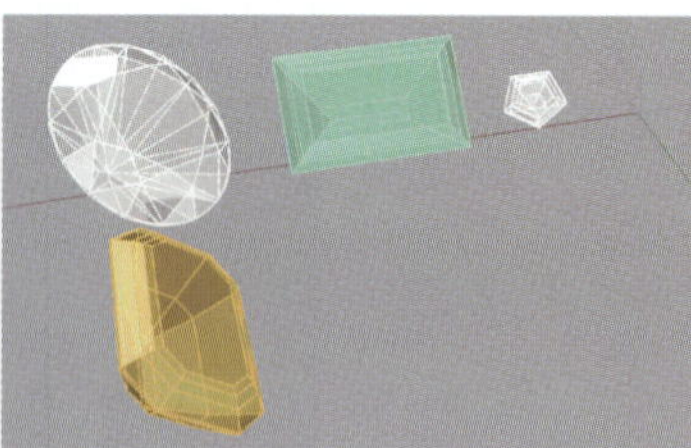
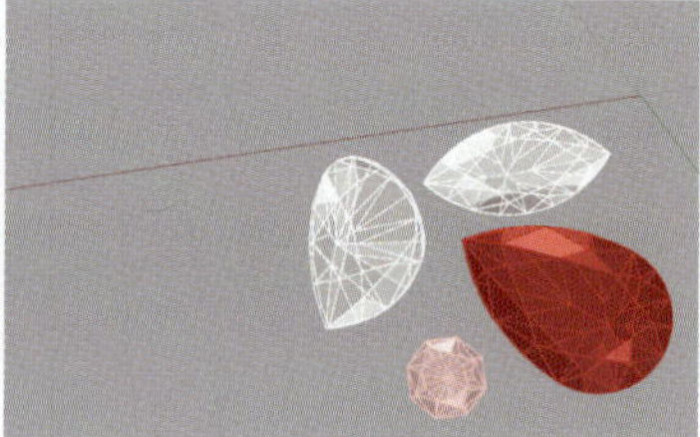

보여주길 원하는 개체를 선택한 다음 Enter↵키를 누르면 선택되어진 개체가 화면상에 추가되는 것을 확인할 수 있다.

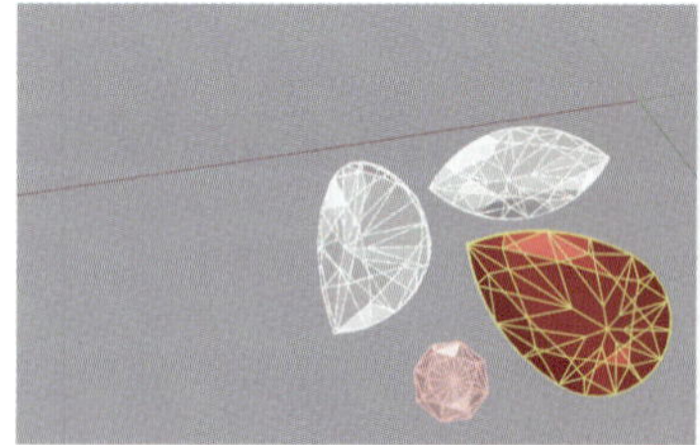

Swap hidden and visible objects

현재 화면상에 보여지고 있는 모든 개체를 숨기는 작업과 동시에 이전 숨긴 모든 개체를 화면상에 보여지게 하는 기능이다.

Isolate objects

선택된 개체를 제외한 나머지 개체를 숨기는 기능이다.

남기고 싶은 하나의 보석개체를 선택하고 Isolate objects를 실행한다. 또는 Isolate objects를 실행하고 남기고 싶은 개체를 선택한 후, Enter↵키를 누른다.

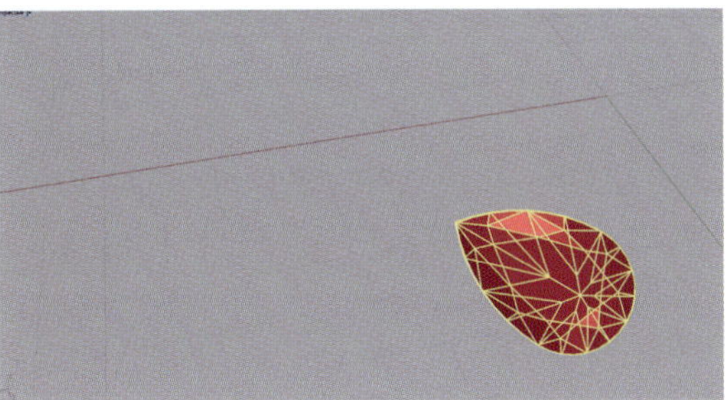

Lock objects (단축키: Ctrl+L)

선택된 개체를 잠그는 기능이다. 개체를 선택하고 Lock objects를 실행하면 색이 변한 것을 확인할 수 있다. 이것은 개체가 잠금 상태가 되어졌다는 것을 표시하는 것이며, 잠금 상태의 개체는 선택이 불가능하지만 Osnap 기능은 적용된다.

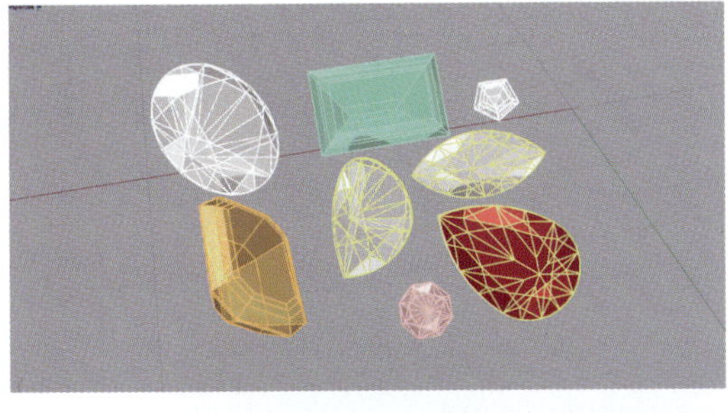

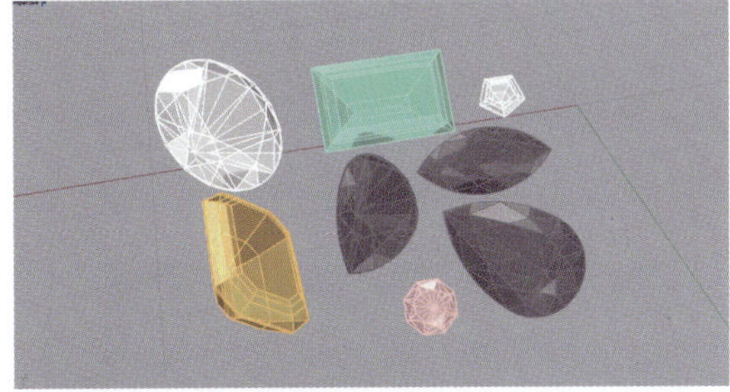

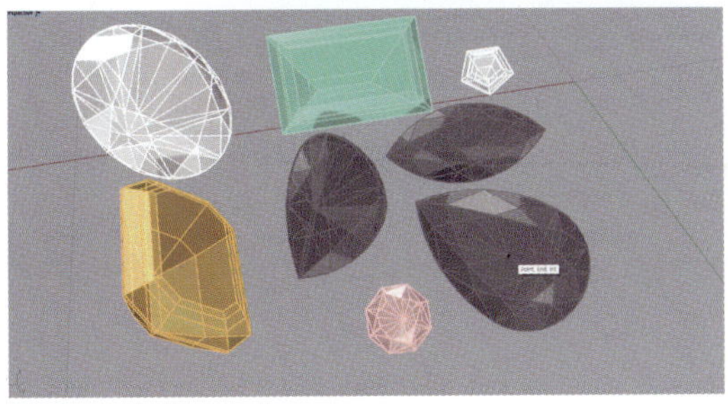

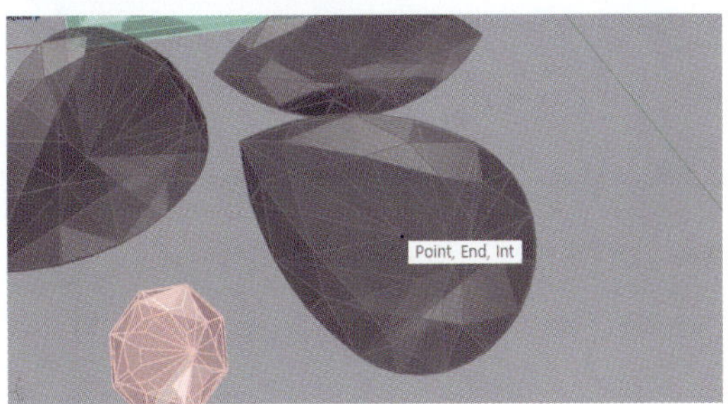

Unlock objects (단축키: Ctrl + Alt + L)

모든 잠긴 개체를 잠금 해제하는 기능이다.

Swap locked and unlocked objects

모든 잠긴 개체를 잠금 해제하는 작업 동시에 이전 잠기지 않은 개체는 잠그는 기능이다.

2. Layers

→ 부록CD 〉 Rhino 예제 〉 Lesson 3 〉 Layer

라이노3D 프로그램은 레이어(작업층) 개념을 이용하여 개체를 관리할 수 있다. 이 레이어 개념은 관리뿐만 아니라 개체의 선택과 속성에도 영향을 미친다. 개체를 동일한 레이어별로 선택할 수 있으며 서로 다른 개체를 동일한 레이어로 변경할 수도 있다.

개체가 한 레이어 위에 있을 때, 개체 모두를 한 번에 켜거나, 화면보기의 와이어프레임 표시의 색을 변경하거나, 한 번의 선택으로 개체 모두를 선택할 수 있다. 이와 함께 레이어 대화 상자에는 모델의 레이어를 관리하는 도구가 있다.

Standard Toolbar, Status bar, Panels에 위치한 레이어 기능

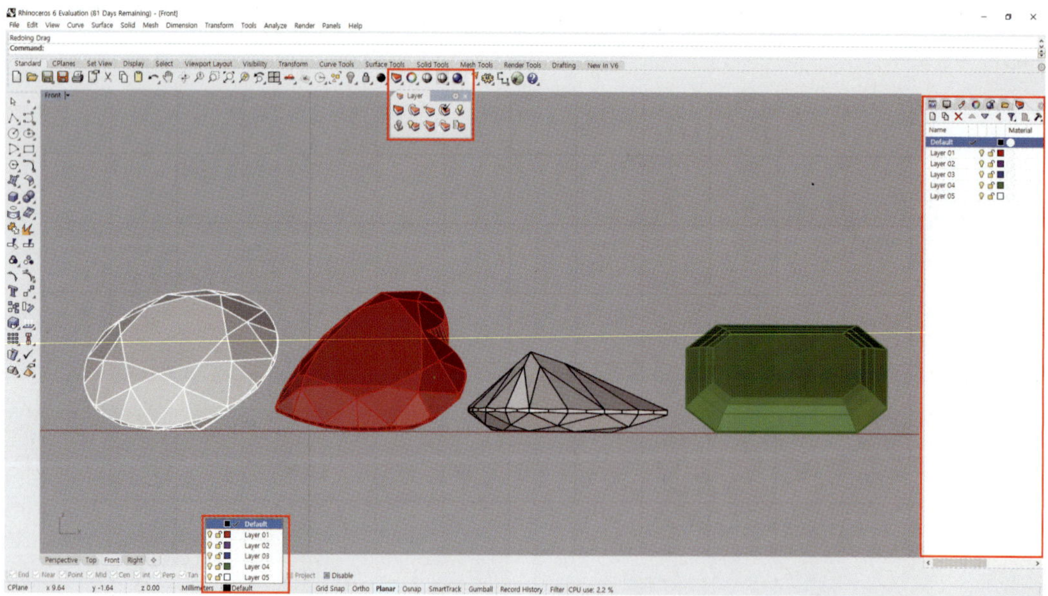

Layer 설정

01. 좌측에서 세 번째 보석개체의 Color를 바꿔 보기로 한다.
다음 그림과 같이 우측 Panels에서 New Layer 아이콘을 클릭한다.
또는 Panels 빈공간에 마우스 오른쪽 버튼을 클릭하여 팝업창의 New Layer를 선택한다.

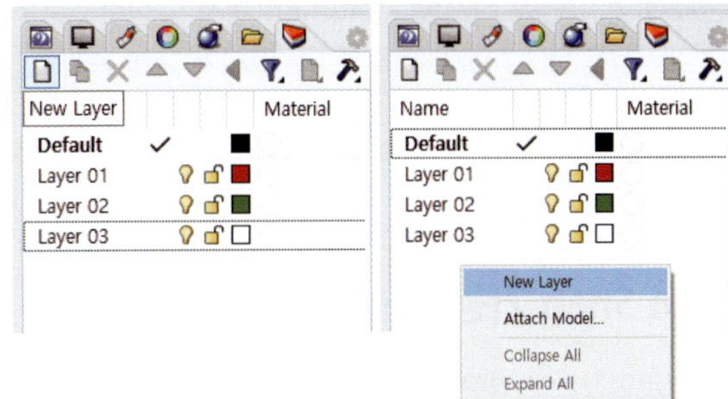

02. 다음 그림과 같이 Layer 04가 생성된 것을 확인할 수 있다.

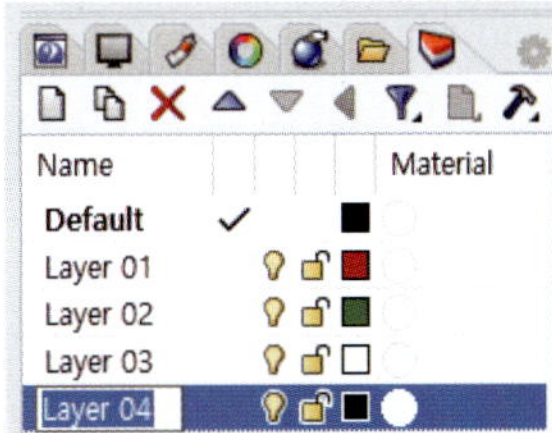

03. Color를 바꿀 개체를 선택하고, Layer 04 이름에 마우스 오른쪽 버튼을 클릭하여 Change Object Layer를 선택한다.

04. Color를 바꾸기 위해 Color Box를 클릭한다. (Color Box 좌측의 Show objects를 클릭하면 Hide와 Show 기능을 실행할 수 있고, Unlock objects를 클릭하면 Lock과 Uclock기능을 실행할 수 있다.) Select Layer Color 팝업창이 생기면 원하는 Color를 선택하고 OK를 누르면 된다.

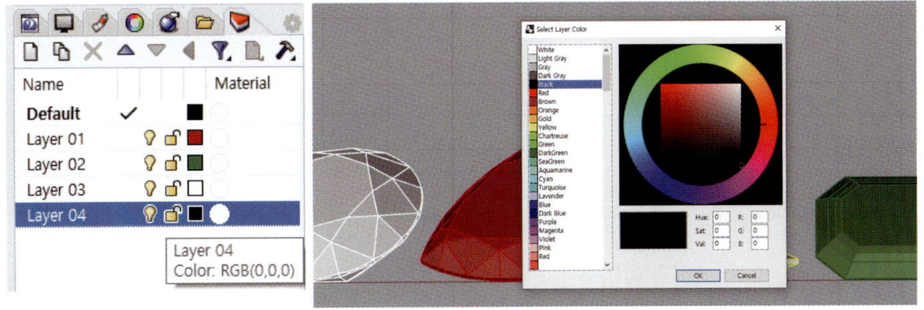

3. Modeling Aid Mode

전체 화면 하단에 위치한 Status Bar에서 설정하고자 하는 각 모델링 보조 모드를 클릭하여 사용할 수 있으며, 모드 기능을 ON / OFF할 수 있다. 글씨가 굵게 표시되면 ON이 된 상태이다.

Grid Snap	Ortho	**Planar**	Osnap	SmartTrack	Gumball	Record History	Filter

Grid Snap 기능 (단축키: F9)

설정된 일정한 간격으로 개체나 마우스 커서가 Grid Line에 달라 붙게 하는 기능이다. Grid Snap의 간격은 기본값이 1㎜로 설정되어 있다. Snap 간격은 작업자가 원하는 값으로 자유롭게 옵션에서 바꿀 수 있다.

Ortho(직교모드) 기능 (단축키: F8)

수직, 수평의 90도 각도로만 움직일 수 있는 기능이다. 수직, 수평 방향으로 선을 긋거나 개체를 이동, 복사할 때 사용하면 편리하다. 이 기능이 활성화되어 있지 않을 때 일시적으로 사용하고자 한다면 Shift 키를 누른 상태로 작업을 진행하면 된다. 만약 Ortho기능이 활성화되어 있는 상황에서 Shift 키를 누르면 반대로 원하는 방향으로 작업을 진행할 수 있다. 기본 설정값인 90도 각도는 옵션에서 원하는 값으로 바꿀 수 있다.

Planar(평면모드) 기능

입력하는 좌표 점들이 CPlane에서 같은 높이를 유지하도록 제한하는 기능이다.
즉, 입력하는 좌표 점들이 CPlane과 일정한 거리만큼 떨어진 평행한 평면 위에 입력되도록 제한하는 것이다.

● Planar mode가 ON된 상황

Grid Snap	Ortho	**Planar**	Osnap	SmartTrack

Front Front Viewport에서 Single Line 기능을 실행하고 그림과 같이 직선 Curve개체를 생성한다.

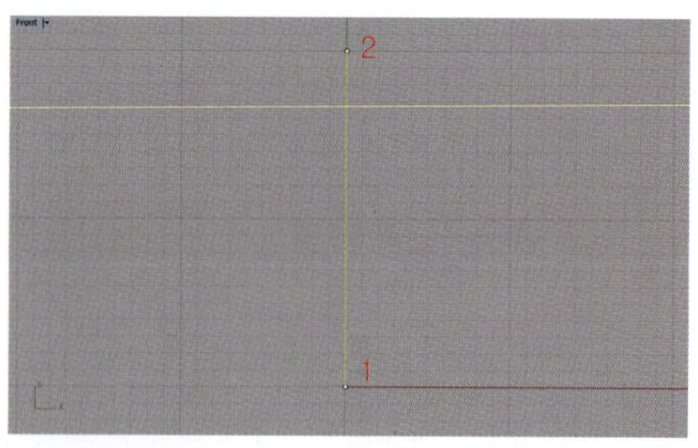

☑End ☐Near ☐Point ☐Mid Osnap에서 End를 선택하고, Control Point Curve기능을 실행한다.

Front Front Viewport에서 그림과 같이 직선 Curve개체의 ○ End부분을 선택하고, Top Top Viewport

에서 다음 그림과 같이 곡선 Curve개체를 생성한다.

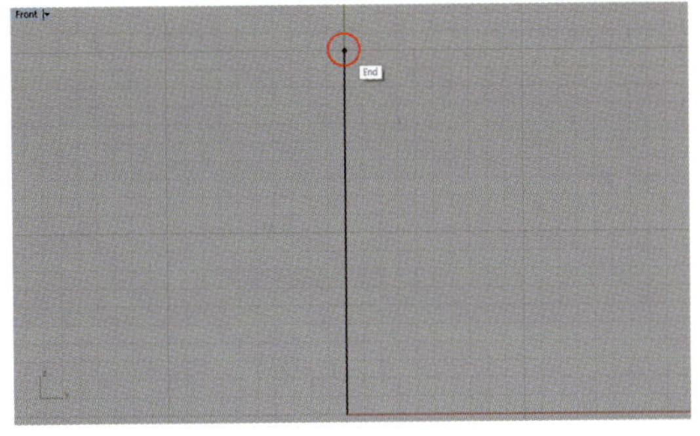

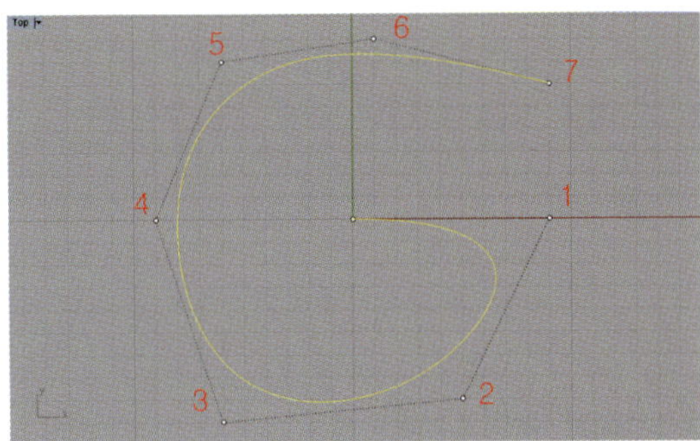

다음 그림과 같이 Planar mode가 ON인 상황에서 생성되는 Curve개체를 확인할 수 있다.

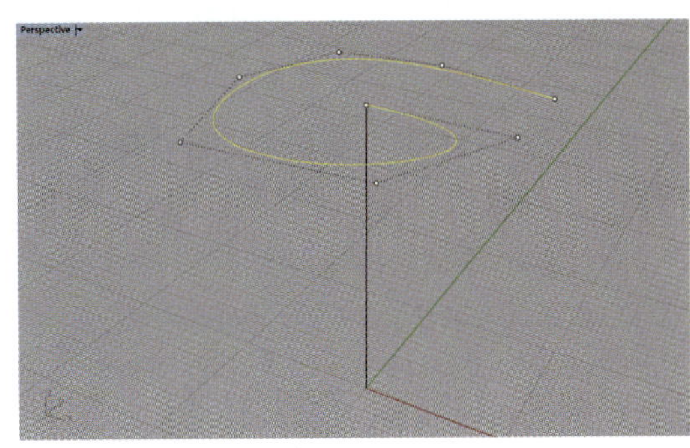

● Planar mode가 OFF된 상황

Grid Snap	Ortho	Planar	Osnap	SmartTrack

Planar mode를 OFF하고 위와 같은 방법으로 Control Point Curve기능을 실행하고 **Front ▾** Front Viewport에서 그림과 같이 직선 Curve개체의 End부분을 선택한다.
Top ▾ Top Viewport에서 다음 그림과 같이 곡선 Curve개체를 생성한다.

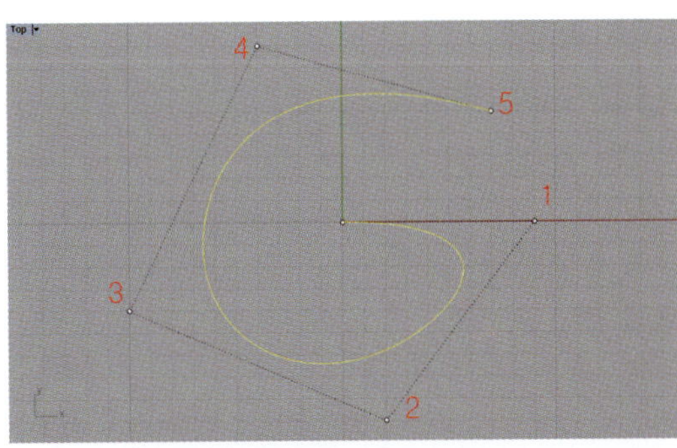

다음 그림과 같이 Planar mode가 OFF인 상황에서 생성되는 Curve개체를 확인할 수 있다.

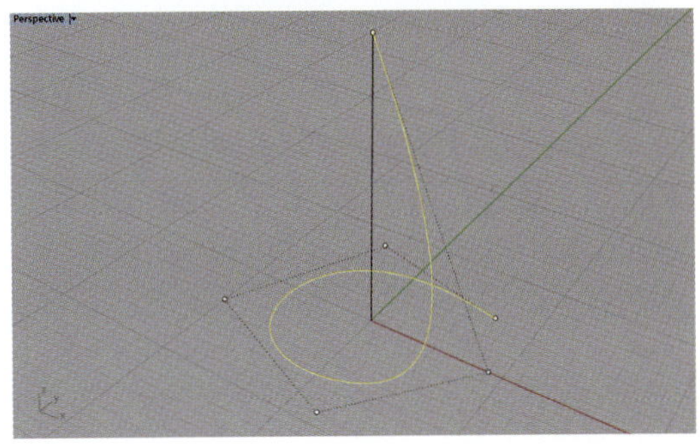

다음 그림은 Planar mode ON일 때와 OFF일 때를 비교한 것이다.

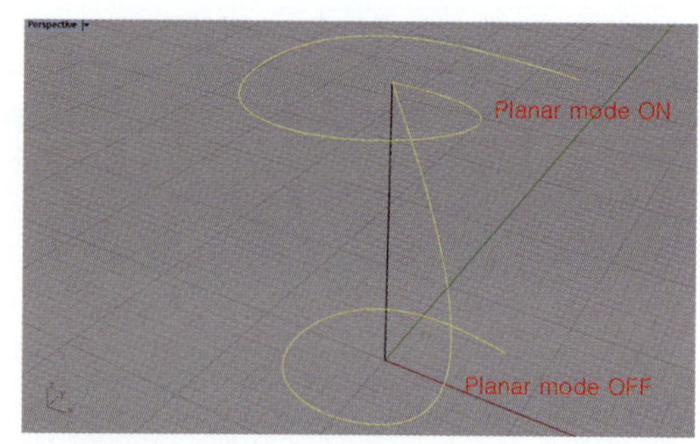

Osnap(개체 스냅)

Osnap 기능은 Object Snap의 줄임말로 커브의 중심점 또는 원의 중간점과 같이 정확한 위치를 필요로 할 때 사용한다.

☑ End ☐ Near ☐ Point ☐ Mid ☐ Cen ☐ Int ☐ Perp ☐ Tan ☐ Quad ☐ Knot ☐ Vertex ☐ Project ☐ Disable

Osnap이 활성화되어 있을 때, 커서를 개체의 지정된 점에 가까이 하면 ◆ Marker가 달라 붙는다. 동시에 여러 개의 Osnap을 활성화할 수 있다. 커서가 개체를 지나가면 그에 맞는 Osnap이 표시됩니다.
여러 개의 Osnap을 지정해 놓은 상태에서 한 가지 기능만 사용하기 위해 나머지 기능들을 해제해야 할 때, 사용하고자 하는 기능에 마우스 오른쪽버튼을 클릭하면 기능을 제외하고, 모두 해제된다.

☑ End ☑ Near ☑ Point ☑ Mid ☑ Cen ☑ Int ☑ Perp ☑ Tan ☑ Quad ☑ Knot ☑ Vertex ☐ Project ☐ Disable

☐ End ☐ Near ☐ Point ☑ Mid ☐ Cen ☐ Int ☐ Perp ☐ Tan ☐ Quad ☐ Knot ☐ Vertex ☐ Project ☐ Disable

End(끝점)

Curve 개체는 끝나는 지점, Surface개체는 Edge 모서리 부분을 말한다.
원형 Curve개체를 만들 때는 손가락으로 원을 그리는 것과 같다고 생각하면 된다. 원을 그릴 때 시작점과 끝점이 만나는 지점은 End점으로 인식되며 이 End 점을 Curve Seam이라 한다.
되도록 Seam은 원의 중심으로부터 수직이나 수평 방향으로 하는 것이 나중에 좋다.

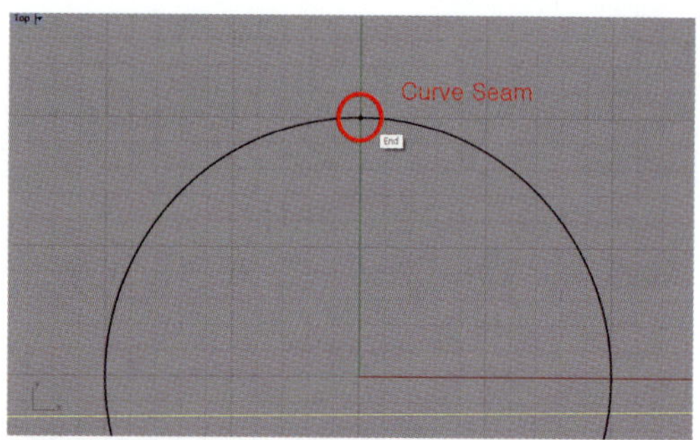

원, 타원형, Curve로 만든 Surface에도 Surface Seam이 존재한다.
Surface상의 일반 Isocurves보다 Seam이 조금 더 굵게 표시된다.

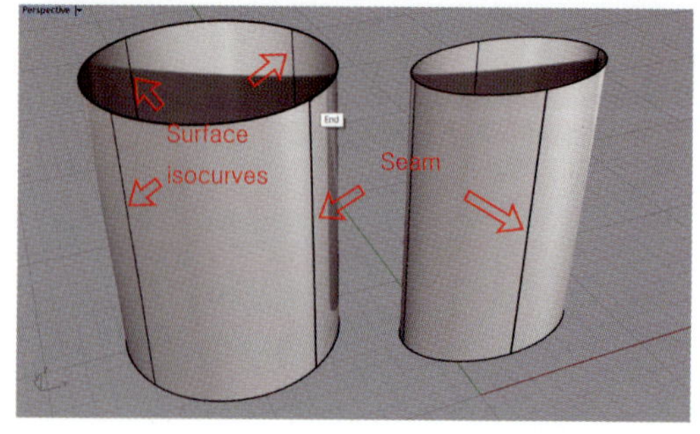

Near(근처점)

표식의 이동을 가장 가까운 Curve 또는 Surface 가장자리에 붙게 하는 기능이다.
정확성이 떨어지므로 해당 개체 자체에 정확히 붙이는 상황이 아니면 사용하지 않는 것이 효율적이다.

Point(점)

Point개체를 연결할 때 사용하는 기능이다.

Mid(중간점) Middle

Curve 그리고 Surface 개체 중간점을 찾거나 정확히 붙이고자 할 때 사용하는 기능이다.

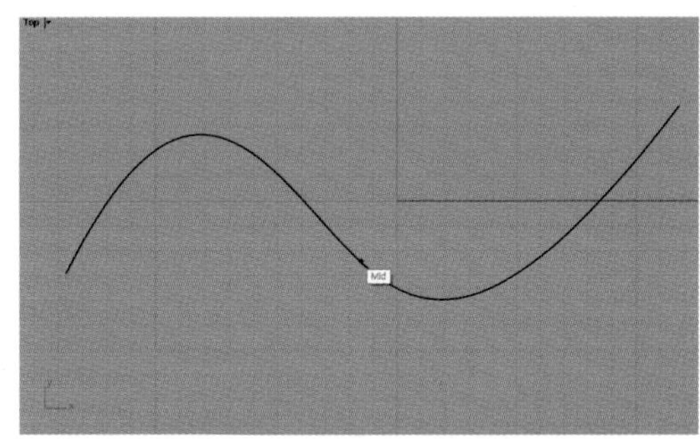

Cen(중심점) Center

원, 타원, 다각형, 호, 사각형의 중심점을 찾을 때 사용하는 기능이다.
원하는 Curve개체에 ◈ Marker를 가져다 놓으면 자동으로 Curve개체의 Center에 ◈ Marker가 위치하게 된다.

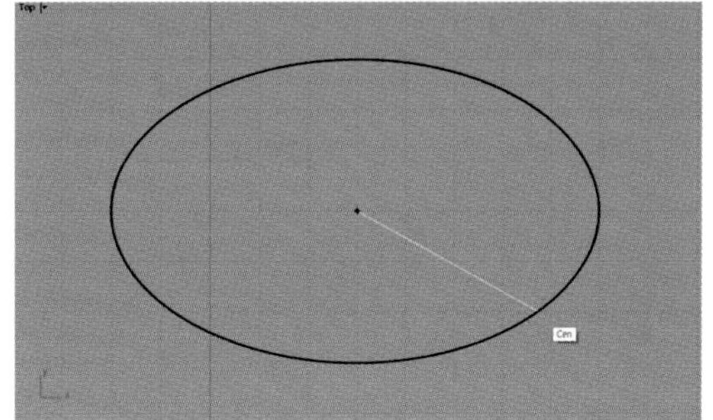

Int(교차점) Intersection

개체가 교차되는 지점을 찾을 때 사용하는 기능이다.

Perp(수직점) Perpendicular

개체에 직각 방향이 되는 지점을 찾거나 붙게 할 때 사용하는 기능이다.

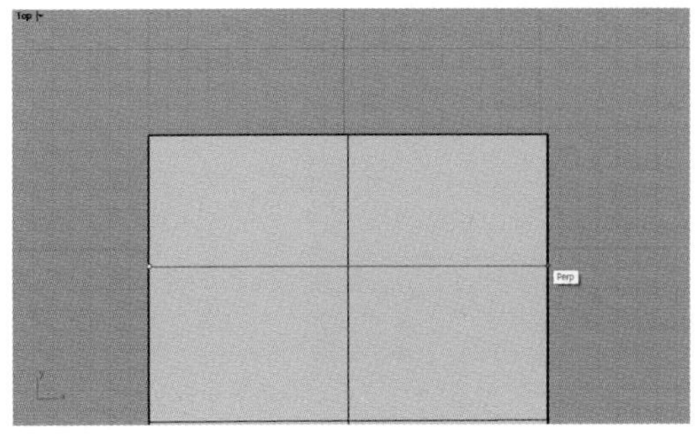

Tan(접점) Tangent

개체 접선 방향 지점을 찾거나 붙게 할 경우 사용하는 기능이다.

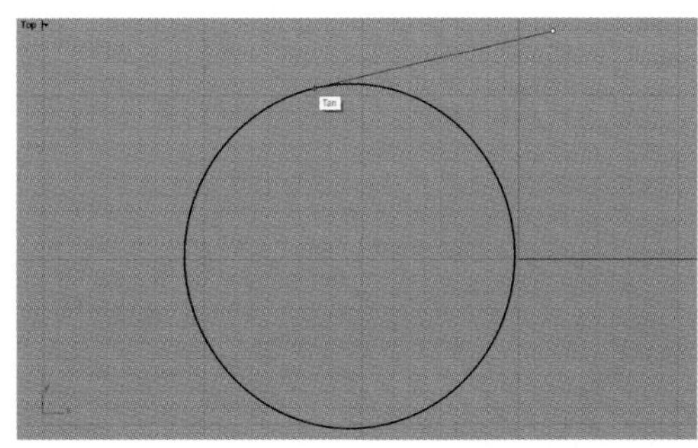

Quad(사분점) Quadant

원형, 타원형의 사분점 또는 곡률방향을 기준으로 사분점이 되는 지점을 찾거나 붙게 할 경우 사용하는 기능이다.

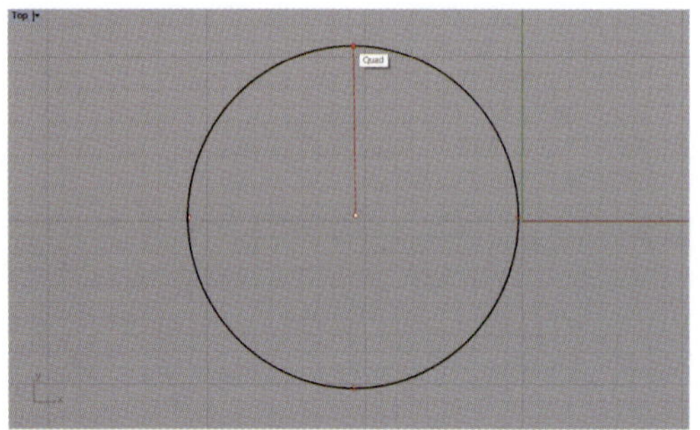

Knot(매듭점)

Curve 또는 Surface에 있는 꺽이는 부분을 찾거나 붙게 할 경우 사용하는 기능이다.

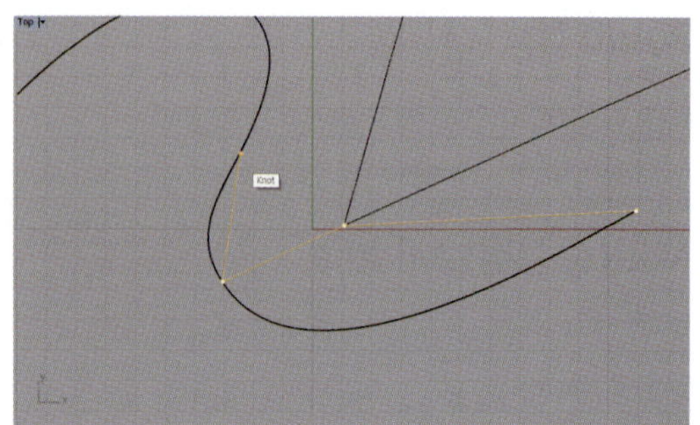

Vertex(정점) Polygon Mesh Vertex Object Snap

Mesh Objects의 정점을 찾거나 붙게 할 경우 사용하는 기능이다.

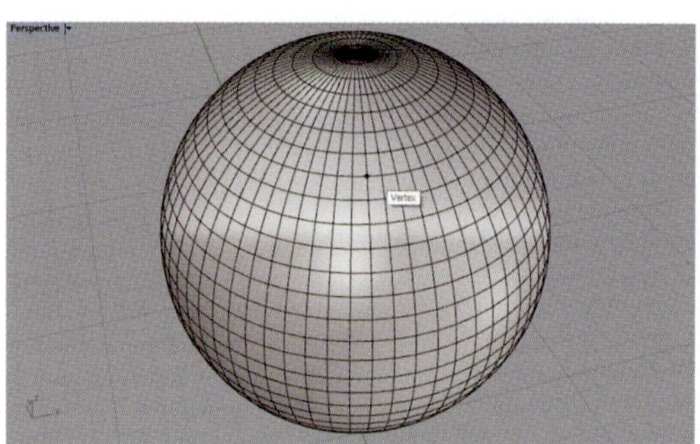

Project(투영)

3D개체의 평면 Curve개체를 2D로 그릴 때 사용하는 기능이다.

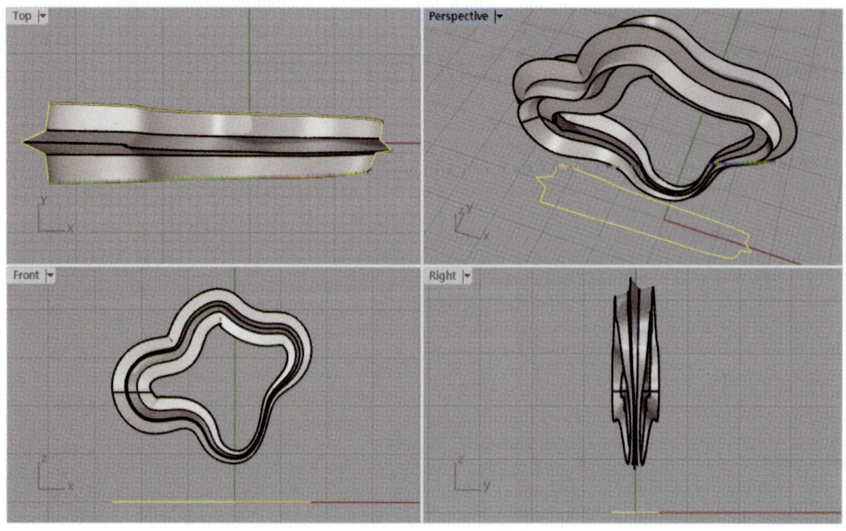

Join 결합 (단축키: Ctrl + J)

→ 부록CD 〉 Rhino 예제 〉 Lesson 3 〉 Join

개체를 합치는 기능이다. 여러 개의 Curve혹은 Surface를 결합시킬 경우 각 Curve, Surface를 연결되어 있는 순서대로 선택하여 Join기능을 실행시킨다. 명령 실행 시 각 개체가 연결되어 있지 않은 경우, 연결되어 있지 않다는 팝업 창이 활성화된다. 이를 주의하고 실행하면 여러 개체를 하나의 개체로 결합시킬 수 있다.

● Curve개체를 join할 경우

Curve개체를 Join할 경우 각 Curve의 End점과 End점이 만나야 한다.

다음 그림은 총 13개의 직선 Curve개체이다. 7개의 직선 Curve개체를 선택하고 Join을 실행하면 7개의 직선 Curve개체가 하나의 직선 Curve개체로 결합되는 것을 확인할 수 있다.

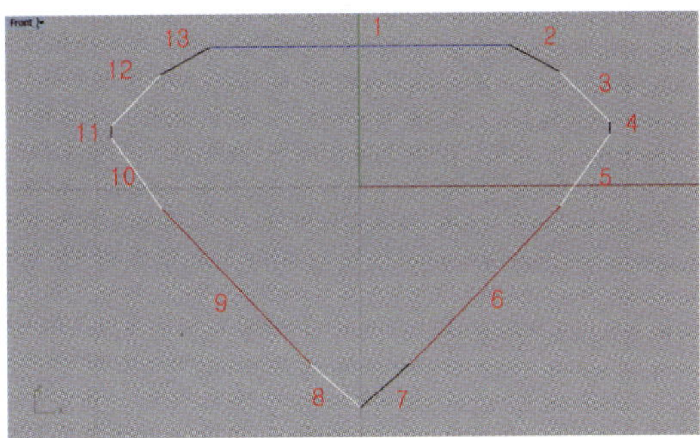

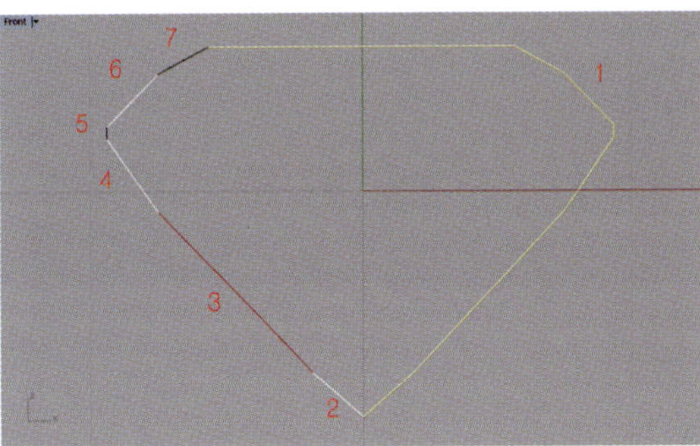

Curve개체를 Join할 경우 2개의 End점이 만나는 경우만 Join기능이 적용된다. 3개 이상일 경우에는 Join이 불가능하다.

● Surface개체를 Join할 경우

Surface개체를 Join할 경우 2개의 Surface Edge와 Edge가 정확히 만나야 한다.
Curve와 마찬가지로 3개의 Edge와 Edge가 만나있는 경우 2개의 Surface는 Join기능이 적용되나 나머지 1개의 Surface는 Join기능이 적용되지 않는다.

Explode(분해하기)

개체를 구성 요소로 분해하는 기능이다. 이 기능은 결합된 개체 또는 최초 Solid로 작업된 개체를 분해하여 각각의 Surface나 Curve형태로 속성을 바꿔준다.

다음 그림과 같이 PolySurface인 보석개체를 선택하고 Explode를 실행하면 명령줄에 아래의 그림과 같은 문구를 확인할 수 있고, 각각의 Surface를 선택하고 이동시키면 분해된 것을 확인할 수 있다.

```
Exploded a polysurface into 122 surfaces.
Command:
```

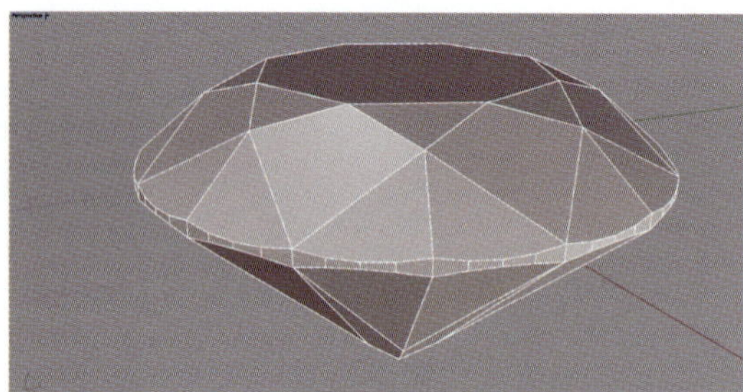

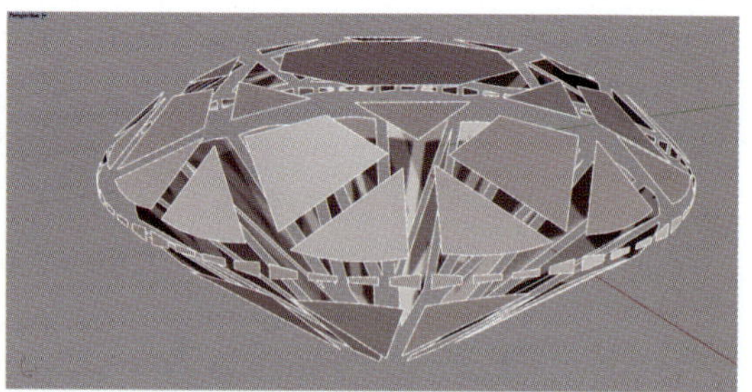

LESSON 04

개체 기초 편집

1. Dimension Toolbar
2. Trim & Sprit
3. Group
4. Move
5. Copy
6. Rotate
7. Scale

Lesson 04 개체 기초 편집

1. Dimension Toolbar

→ 부록CD 〉 Rhino 예제 〉 Lesson 4 〉 Dimension

Dimension Toolbar 기능은 개체에 치수를 기입하는 기능이다.
글꼴, 단위표시, 표시 정밀도, 텍스트와 화살표 크기, 텍스트 정렬을 사용자가 선택하여, 모델에서 개체의 치수를 측정할 수 있다. 치수를 배치하고 나서 모든 치수를 선택하여 치수 텍스트를 편집하고 조절점을 보이게 하여 치수 요소를 이동시킬 수 있으며, 또한 치수를 삭제할 수 있다. 치수를 수평, 수직으로 또는 정렬, 회전시켜 배치할 수 있으며 반지름, 지름, 각도,텍스트 블록과 지시선을 배치하거나 2D Drawing을 그릴 수 있다.

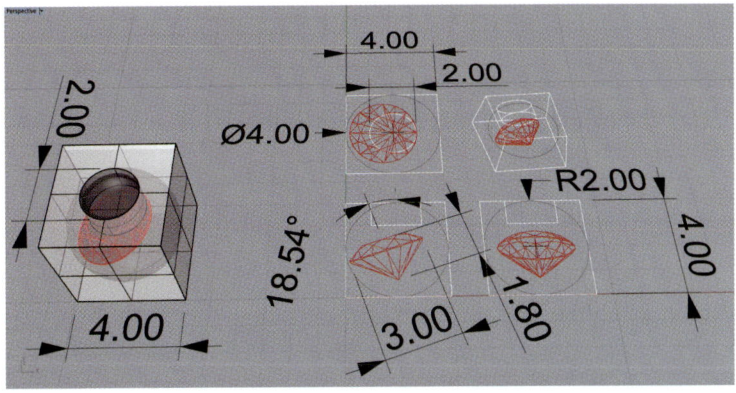

Make 2-D drawing

이 기능은 선택한 개체를 2D 도면용 Curve개체로 생성하는 기능이다. 현재 활성화된 CPlane과 연관되어 Curve들을 만들 수 있는데, 만들어진 윤곽선 Curve들은 CPlane에 맞춰 평면으로 만들어지게 된다.
Projection에서 Third angle projection으로 설정하면 다음 그림과 같은 도면을 생성한다.

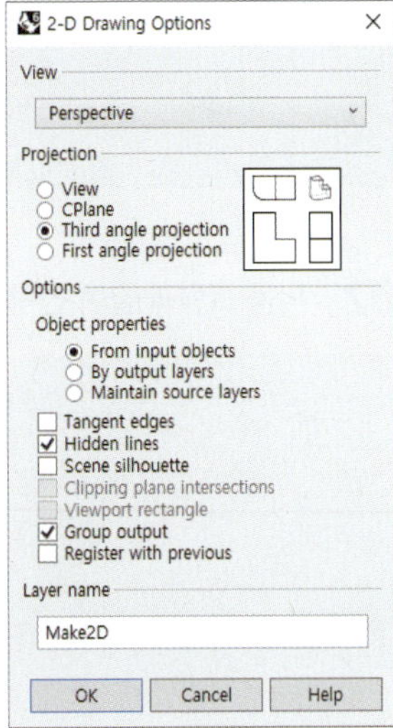

2. Trim & Sprit

Trim (단축키: Ctrl + T)

다른 개체와 교차하는 개체의 내부 또는 외부에서 선택된 부분을 자르고 베어내는 기능이다.

Select cutting objects (ExtendCuttingLines=*No* ApparentIntersections=*Yes* Line):

Extend Cutting Lines

직선 개체가 절단 개체로 사용될 때, 해당 직선의 가상 연장선이 사용된다. 절단 개체로 사용된 선이 베어낼 개체와 교차하지 않을 경우에도 직접 개체와 접촉시키지 않아도 된다.

Use Apparent Intersections

선 개체 작업이 이루어지는 활성화면에 대하여 베어내기 명령이 수행됨으로 적절한 활성화면을 선택하여야 작업이 가능하다. 이때 직접적인 교차가 이루어지지 않아도 된다. 즉, 활성 화면상에서 교차하듯이 보이기만 하면 된다. 반면 Surface와 Surface개체의 경우에는 직접적인 교차가 이루어져야 베어내기가 가능하다.

보석 개체를 직선 Curve개체로 Trim하는 과정

→ 부록CD 〉 Rhino 예제 〉 Lesson 4 〉 Trim & Sprit

01. 다음 그림과 같이 보석개체와 직선 Curve개체가 교차하는 Viewport에서 작업한다. Trim을 실행하고 보석개체와 직선 Curve개체 모두 선택한 후, Trim할 부분을 선택한다.

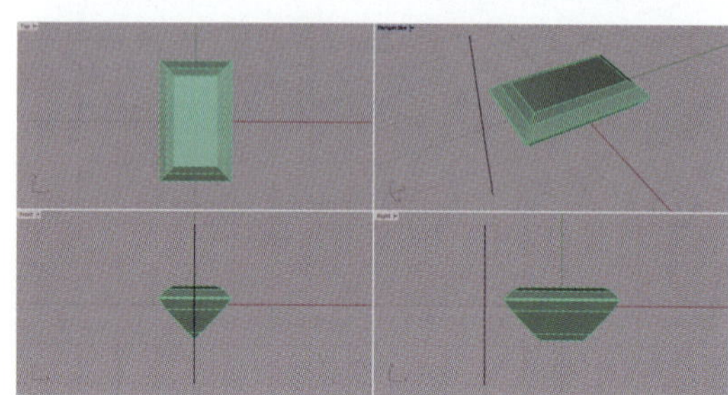

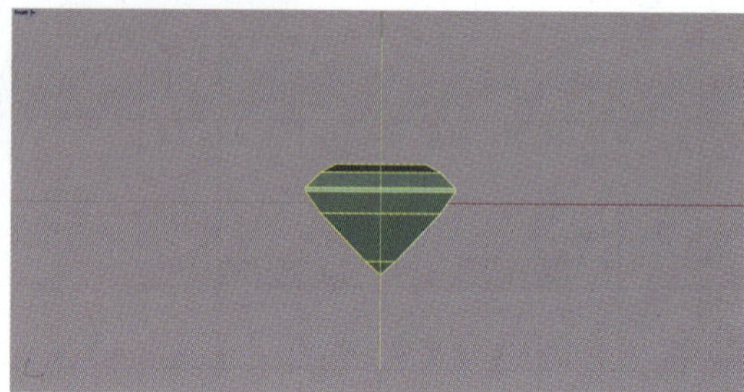

02. 다음 그림과 같이 선택한 부분이 Trim된 것을 확인할 수 있다.

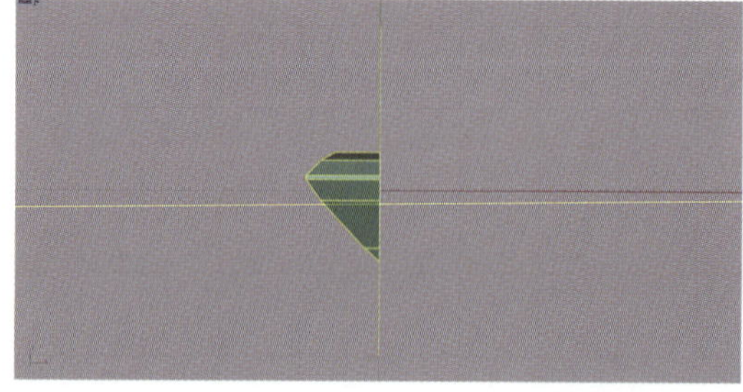

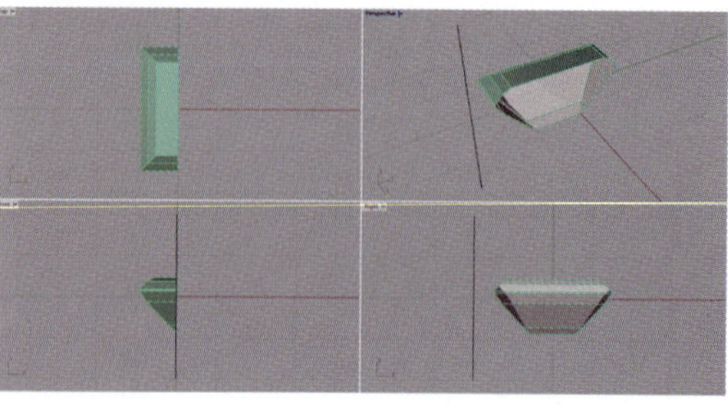

Point개체와 Curve개체의 Trim작업

→ 부록CD 〉 Rhino 예제 〉 Lesson 4 〉 Trim & Sprit-point

01. 자르고자 하는 곳에 Osnap Toolbar의 Near기능을 체크하여 Point를 생성한다.

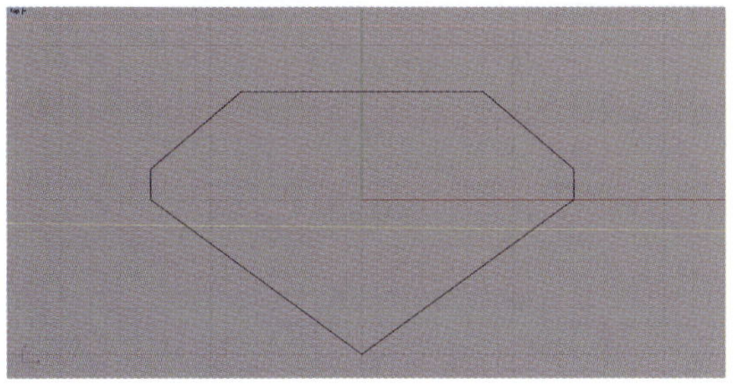

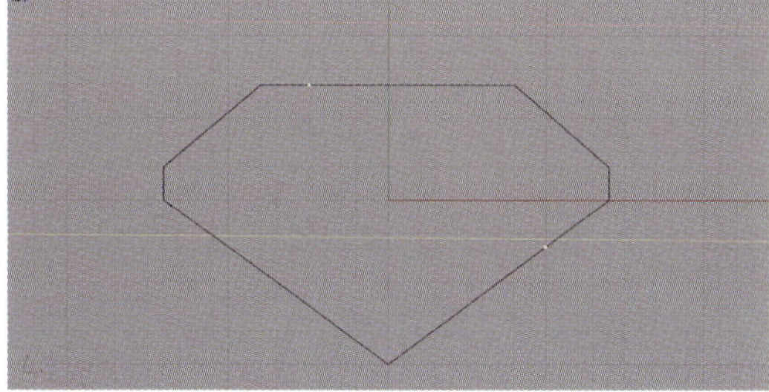

02. 직선 Curve개체와 Point개체 모두 선택하고, Tirm을 실행한다. 생성된 Point와 Point 사이 Curve개체를 마우스 왼쪽버튼으로 클릭하여 삭제한다.

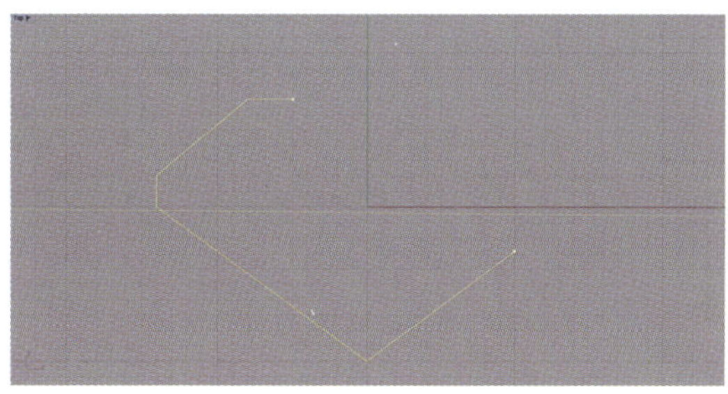

Curve개체와 Curve개체의 Trim작업

→ 부록CD 〉 Rhino 예제 〉 Lesson 4 〉 Trim & Sprit-Curve

01. 다음 그림과 같이 두 개의 Curve개체가 직접적으로 교차가 이루어져야 Trim작업이 가능하다.

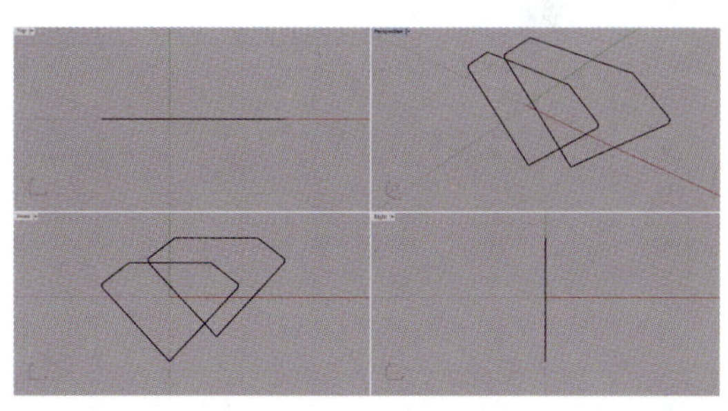

02. 두 Curve개체를 모두 선택하고 Trim을 실행한 후, Trim할 곳(○ 빨간 원)을 마우스 왼쪽버튼으로 클릭하여 잘라낸 후, Enter↵ 키를 누른다.

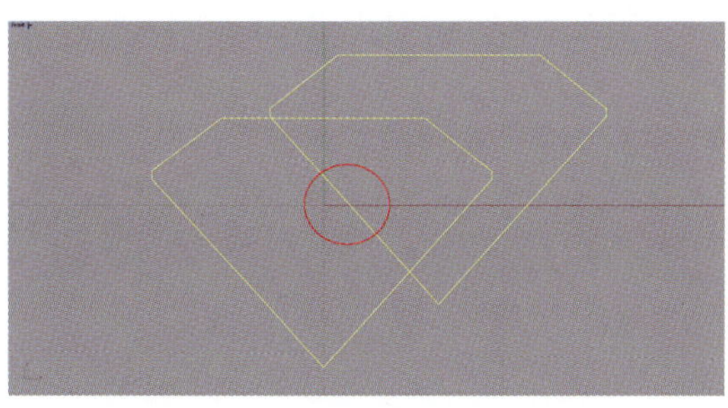

03. 다음 그림과 같이 클릭한 부분이 삭제된 것을 확인할 수 있다.

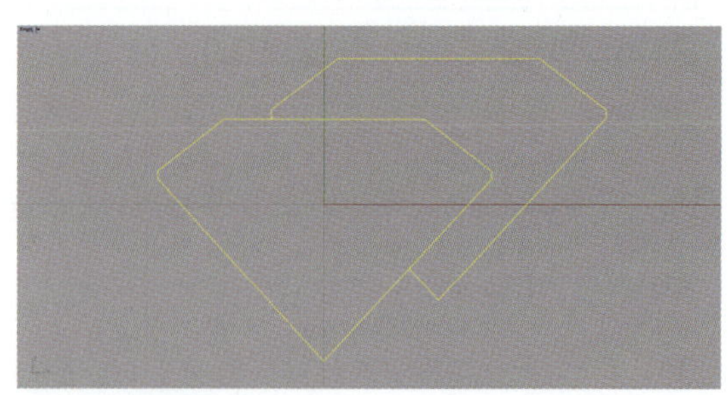

Sprit (단축키: Ctrl + Shift + S)

다양한 개체를 사용하여 개체(NURBS 개체)를 쪼개는(나누는) 기능이다.

보석개체를 직선 Curve개체로 Sprit하는 과정

→ 부록CD 〉 Rhino 예제 〉 Lesson 4 〉 Trim & Sprit

01. 다음 그림과 같이 보석개체와 직선 Curve 개체가 교차하는 Viewport에서 작업한다. Sprit을 실행하고 보석개체를 선택한 후, Enter↵ 키를 누른 다음, 직선 Curve 개체를 선택하고 Enter↵ 키를 누른다.

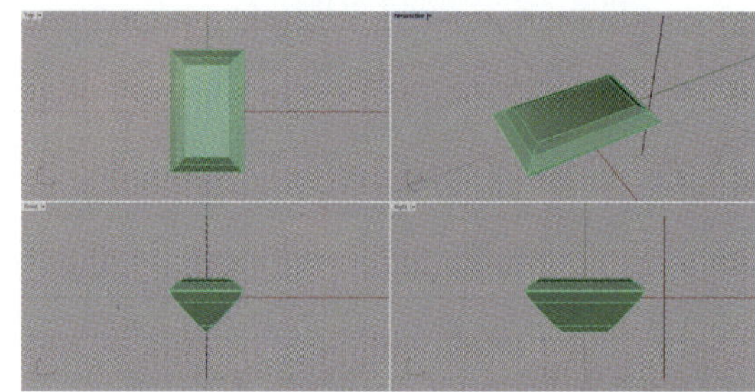

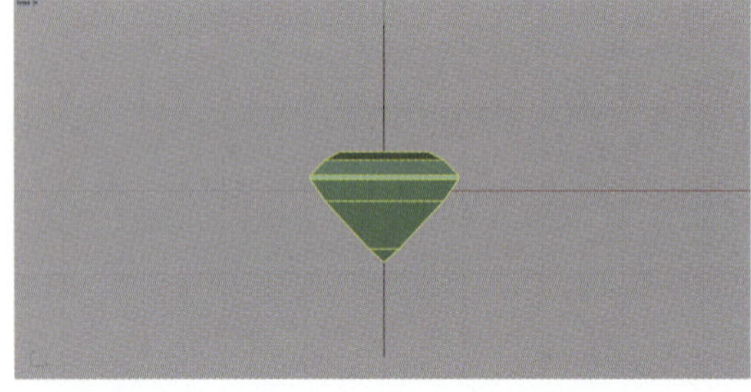

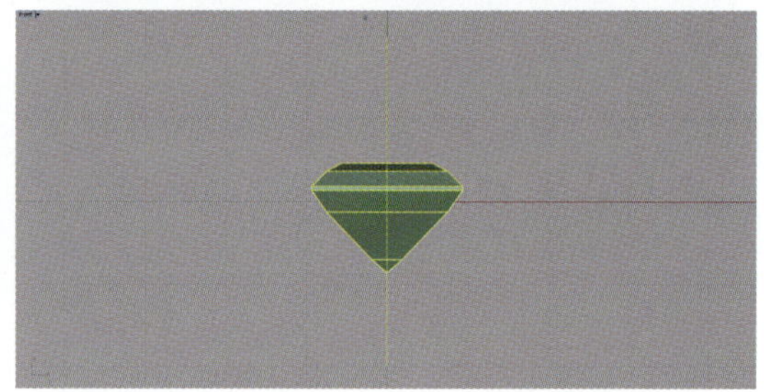

02. 다음 그림과 같이 직선 Curve개체를 기준으로 보석개체가 잘린 것을 확인할 수 있다.

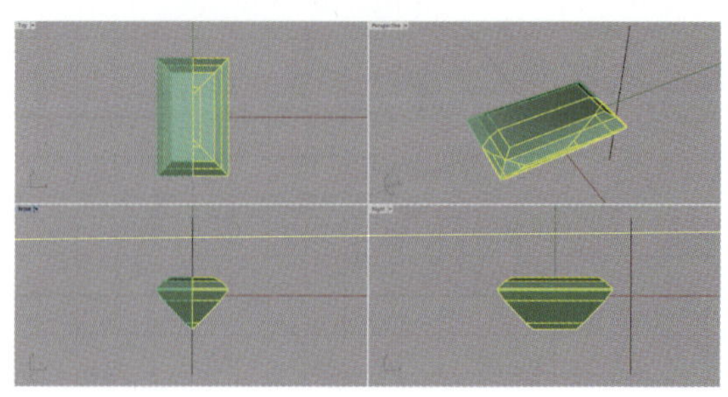

Curve개체를 Point개체로 Sprit하는 과정

→ 부록CD 〉 Rhino 예제 〉 Lesson 4 〉 Trim & Sprit-point

01. Osnap Toolbar에서 ☑Near Near점에 체크하고, 다음 그림과 같이 보석모양 Curve개체에 정확히 만나는 Point개체를 생성한다.

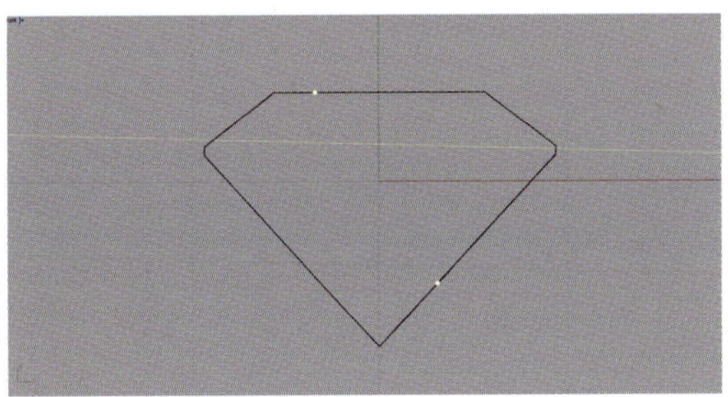

02. Sprit을 실행하고, 1번 Curve개체를 선택한 후, Enter↵키. 2번 Point개체와 3번 Point개체를 선택하고 Enter↵키를 누른다.

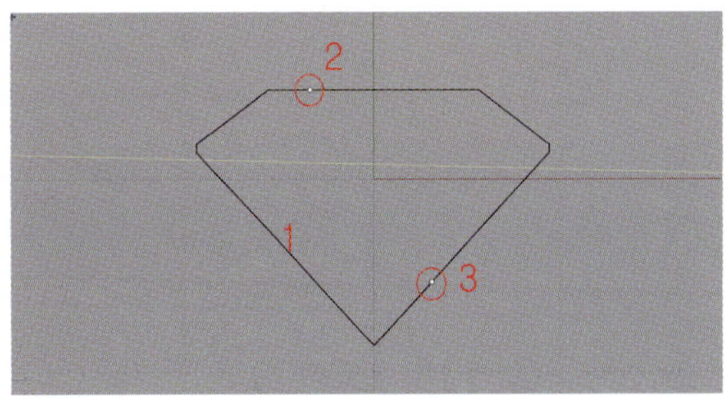

03. 다음 그림과 같이 보석모양 Curve개체가 Point개체에 의해 잘린 것을 확인할 수 있다.

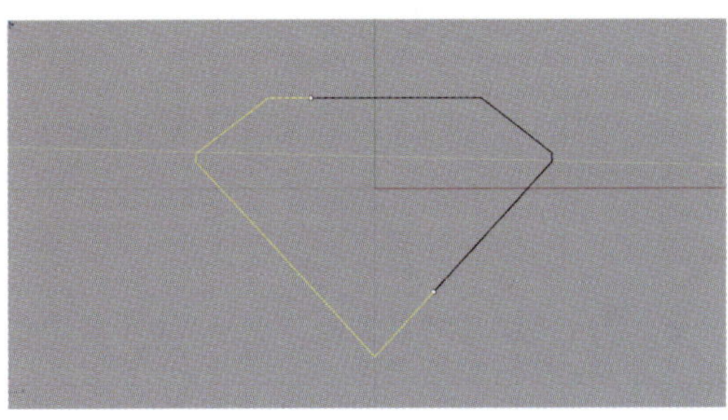

Curve개체를 Curve개체로 Sprit하는 과정

→ 부록CD 〉 Rhino 예제 〉 Lesson 4 〉 Trim & Sprit-Curve

01. Sprit을 실행하고 1번 절단할 Curve개체를 선택한 후, Enter↵키를 누른다. 2번 절단에 사용할 Curve개체를 선택하고 Enter↵키를 누르면 1번 Curve개체가 잘린 것을 확인할 수 있다.

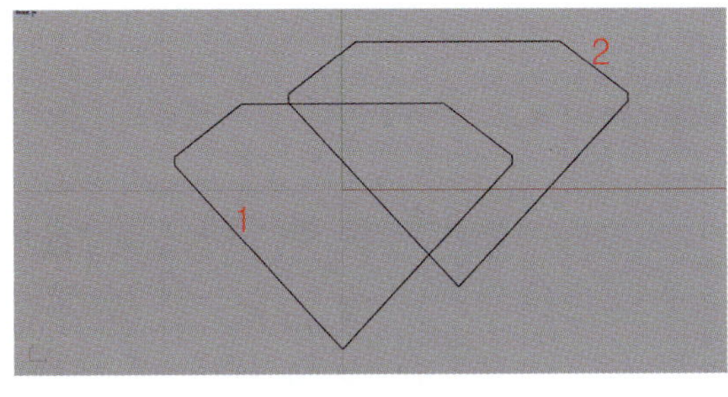

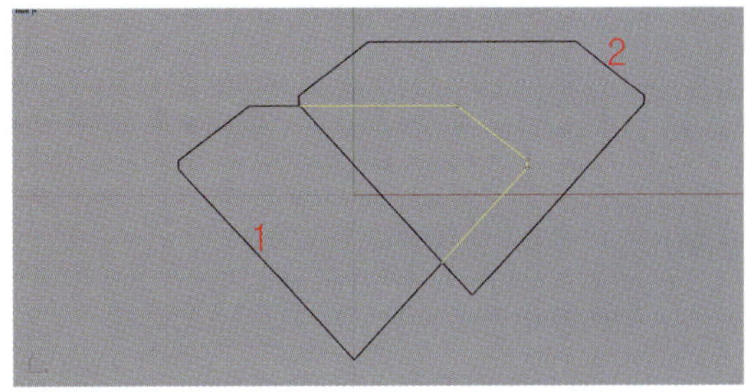

02. 다시 Sprit을 실행하고, 2번 절단할 Curve개체를 선택한 후, Enter↵키를 누른다. 1번 잘린 바깥 부분 Curve개체를 선택하고, Enter↵키를 누르면 다음 그림과 같이 안쪽 라인이 모두 절단된 것을 확인할 수 있다.

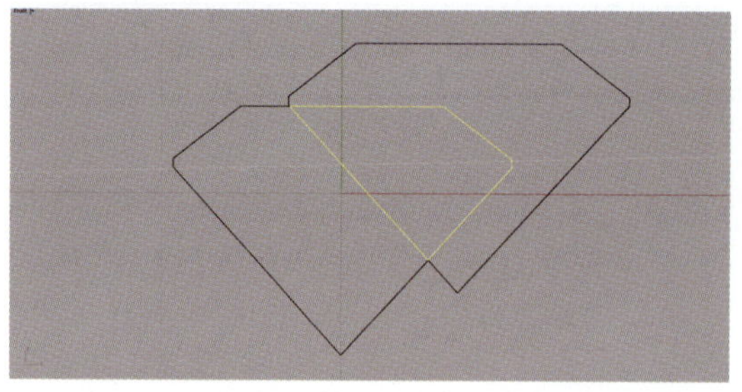
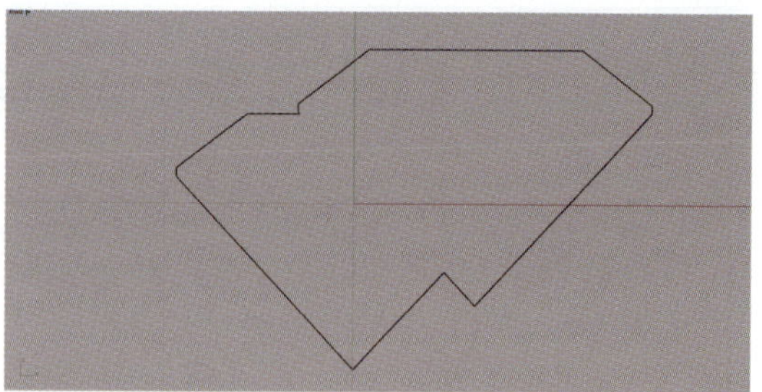

3. Group

Group objects (단축키: Ctrl + G)

선택된 개체를 사용하여 단일 유닛을 만드는 기능이다. 한 번 그룹으로 묶이게 되면 분해(Explode)가 불가능하며 Join과는 다르게 개체를 이어주지는 못한다. 분해와 연결을 원하는 경우 Ungroup (그룹해제)를 하고 실행하면 된다.

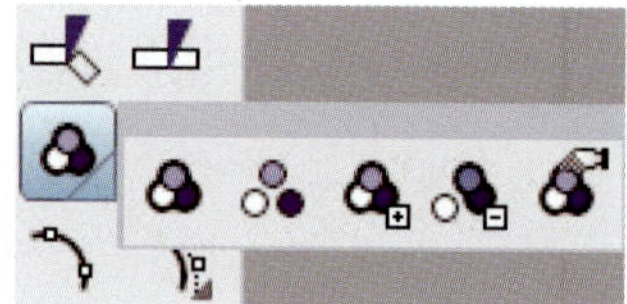

Ungroup (단축키: Ctrl + Shift + G)

그룹화된 개체의 그룹 상태를 해제하는 기능이다.

Add to group

선택된 그룹에 개체를 추가하는 기능이다.

Remove from group

그룹화된 개체에서 개별적으로 개체를 분리시키는 기능이다.

Set group name

선택된 그룹의 이름을 지정하는 기능이다. 여러 그룹을 설정할 때 사용하며 Select by group name으로 설정한 그룹들 중에서 원하는 그룹을 선택할 수 있다.

4. Move

→ 부록CD > Rhino 예제 > Lesson 4 > Move

Move

선택한 개체를 다른 위치로 이동시키는 기능이다. 개체를 이동하는 방법은 개체를 선택하고 드래그하여 이동하는 방법과 Command prompt에 치수를 기입하여 움직이는 방법이 있다.

Move를 실행했을 때, Command prompt에 나타나는 Vertical=No로 설정된 값은 기본 설정값이며 Vertical=Yes로 설정했을 때, 현재 CPlane에 대하여 수직방향으로만 개체를 이동할 수 있다.

Point to move from (Vertical=*No*):

01. 다음 그림과 같이 Baguette Cut 보석 개체를 직사각형 Curve개체 정가운데로 옮긴다.

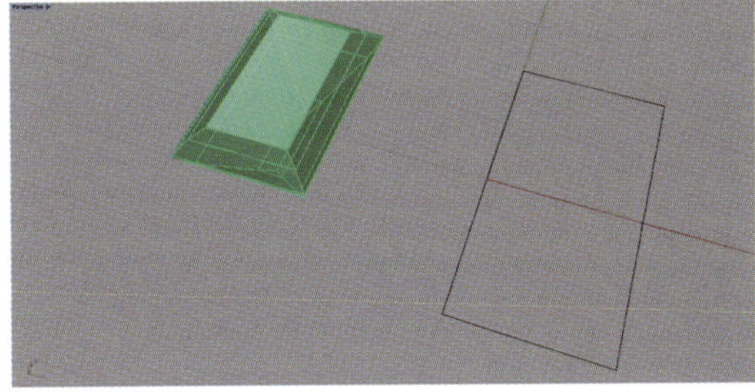

02. 보석개체를 정확하게 이동시키기 위해 보석개체를 선택하고 Volume centroid을 실행하여 보석개체 중심에 중심점을 생성한다.

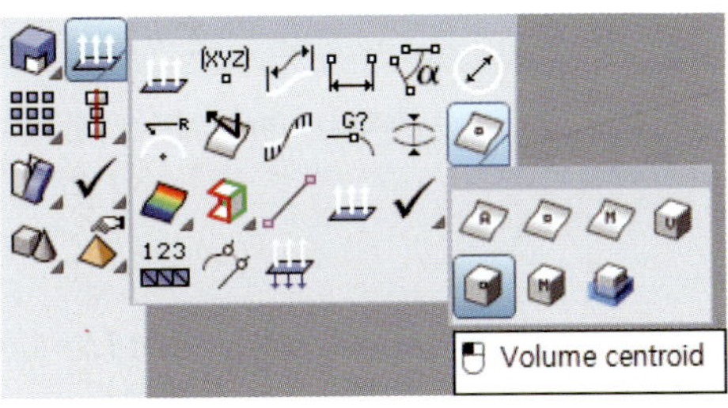

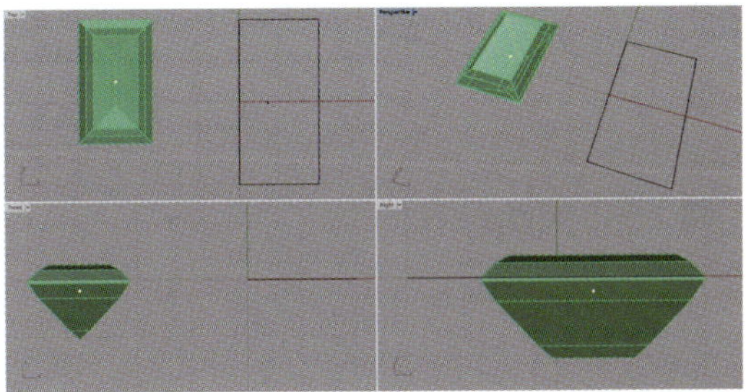

03. 직사각형 Curve개체를 선택하고, Area centroid를 실행하여 직사각형 Curve개체 중심에도 중심점을 생성한다.

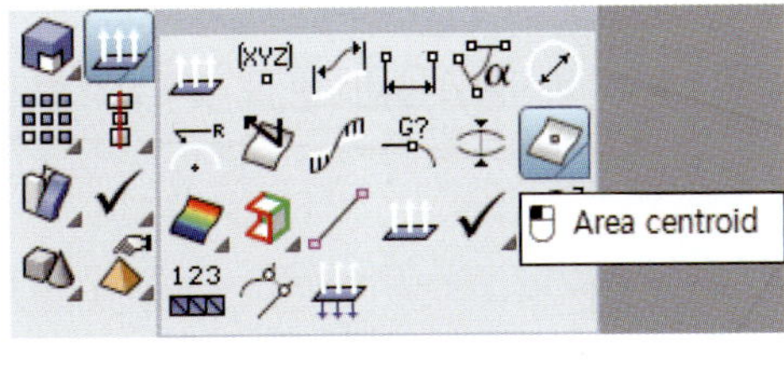

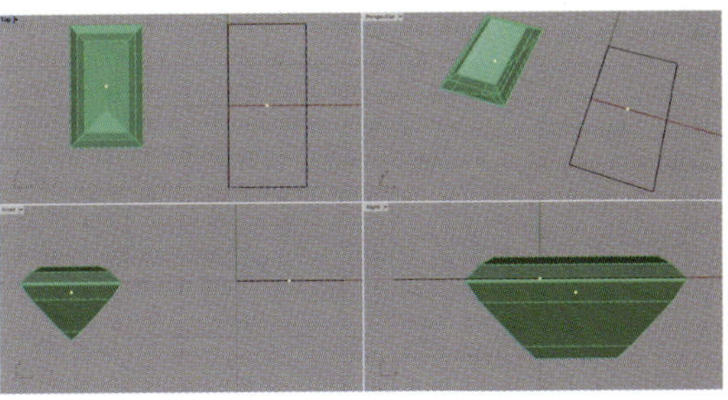

04. Osnap Toolbar에서 Point만 체크하고 보석개체와 Point를 선택한다. Move를 실행하고 보석개체 중심에 있는 Point를 클릭한다.

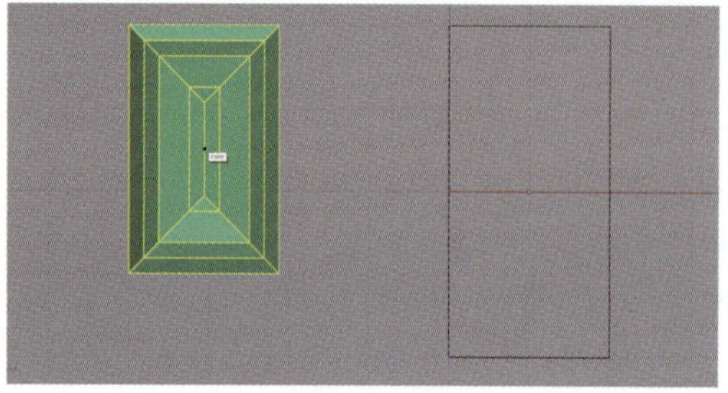

05. 마우스를 이동해서 보석개체를 직사각형 개체 중심점 쪽으로 이동하면 자석처럼 Point에 달라 붙을 것이다.

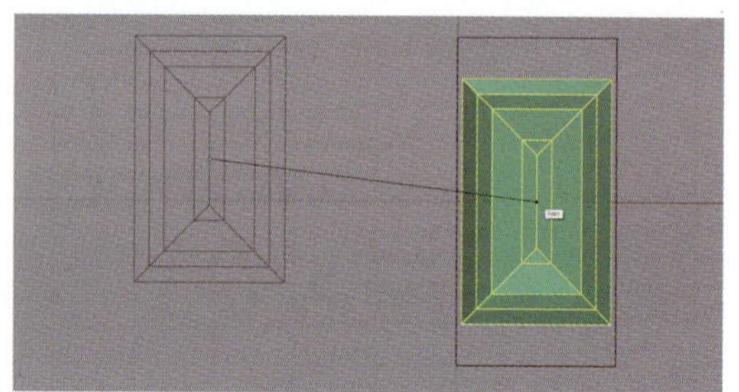

06. 직사각형 개체 Point를 클릭하면 그림과 같이 직사각형 중심으로 이동한 것을 확인할 수 있다.

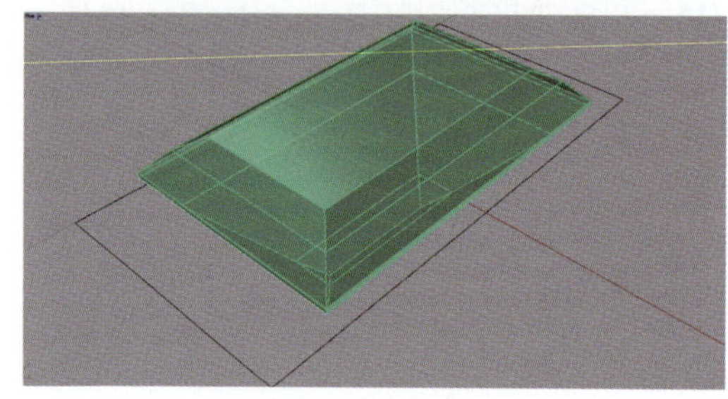

5. Copy

→ 부록CD 〉 Rhino 예제 〉 Lesson 4 〉 Copy

Copy

Transform Menu에 있는 Copy기능은 개체를 선택하여 원하는 위치에 복사시킬 수 있지만 Edit Menu에 있는 Copy기능(Ctrl+C)은 개체를 선택하여 컴퓨터의 임시저장 장소인 클립보드 위에 임시로 기억시키는 기능이다. 만약 Copy를 위한 개체가 그룹에 속한 경우 Copy된 개체는 새로운 그룹으로 생성된다. 원래 속한 그룹에는 추가되지 않는다.

개체를 선택하고 Copy를 실행했을 때, Command Prompt 영역에 나타나는 Vertical=No로 설정된 값은 기본 설정 값이며 Vertical=Yes로 설정했을 때, 현재 CPlane에 대하여 수직방향으로만 개체를 Copy할 수 있다.

Inplace을 선택하면 같은 위치에 복사가 된다. 이 옵션은 Ctrl+C로 복사하고 Ctrl+V로 붙여넣기 했을 때와 같은 기능이다.

Point to copy from (Vertical=*No* InPlace):

01. 다음 그림과 같이 하나의 개체를 복사하면 Command Prompt 영역에 나타나는 기본 설정의 옵션이다.

Point to copy to (FromLastPoint=*No* UseLastDistance=*No* UseLastDirection=*No*):

02. FromLastPoint=Yes로 설정하면 마지막으로 복사되는 물체를 중심으로 다음 개체를 Copy시키는 기능이다.

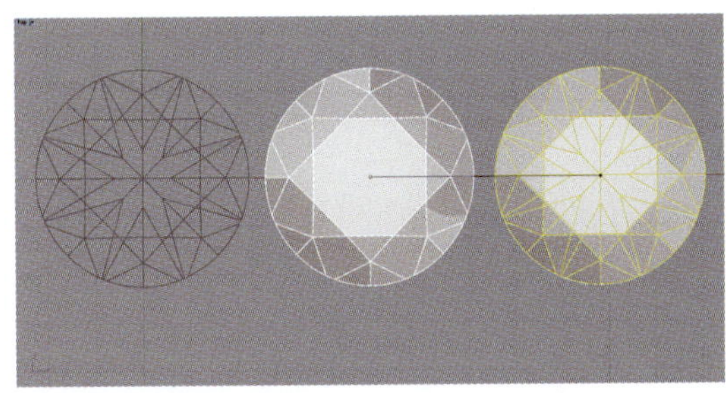

Point to copy to (FromLastPoint=*Yes* UseLastDistance=*No* UseLastDirection=*No*):

03. UseLastDistance=Yes로 설정하면 기준점으로부터 마지막 복사된 개체와 동일한 거리 값으로 다음 복사개체를 배치시키는 기능이다.

Point to copy to (FromLastPoint=*No* UseLastDistance=*Yes* UseLastDirection=*No*):

04. UseLastDirection=Yes로 설정하면 기준점으로부터 마지막 복사된 개체와 동일한 방향으로 다음 복사개체를 배치시키는 기능이다.

Point to copy to (FromLastPoint=*No* UseLastDistance=*No* UseLastDirection=*Yes*):

6. Rotate

→ 부록CD 〉 Rhino 예제 〉 Lesson 4 〉 Rotate

 Rotate 2-D

현재 활성화된 CPlane에 대하여 수직 상태인 축을 중심으로 개체를 회전시키는 기능이다.

01. 회전시킬 개체를 선택하고, Rotate 2-D를 실행한다. 1번 회전시킬 축을 선택하고, 2번 회전될 부분을 선택하면 마우스를 움직이는 방향으로 보석개체도 회전한다.

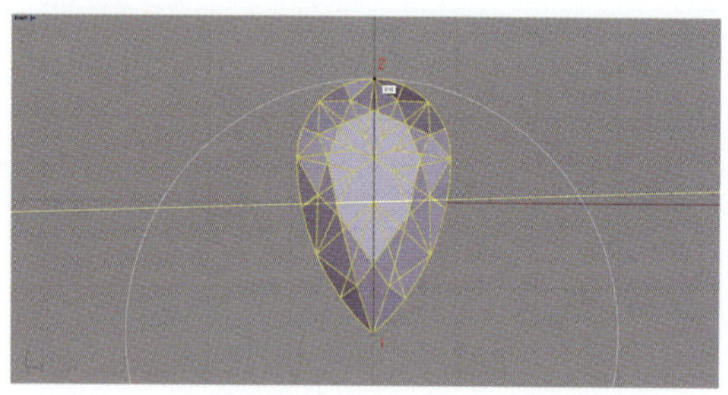

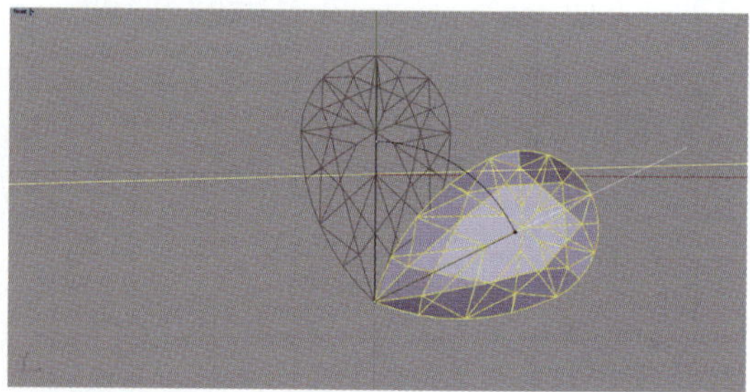

02. 마우스를 움직이는 방향으로 보석개체도 회전할 때, 원하는 방향에서 클릭 또는 Command Prompt 영역에 원하는 각도 값을 입력한 후, Enter↵ 키를 누르면 입력한 각도로 개체가 회전한다. 다음 그림과 같이 Copy=Yes로 설정하고 회전값 30을 입력하여 30도 각도로 회전한다.

Second reference point <0> (Copy=*Yes*):

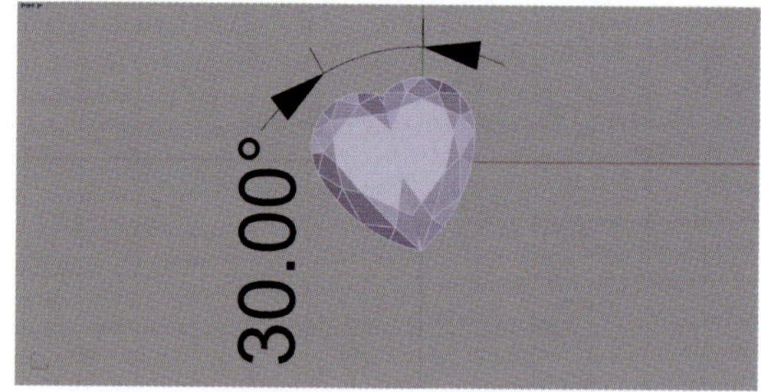

  Rotate 3-D

이 기능은 Rotate 2-D와 같이 개체를 회전 시키는 명령이지만 3D공간에서 3개의 회전축을 선택하여 개체를 회전시킨다는 점이 다르다. 옵션에 포함되어 있는 Scale기능은 선택된 개체를 지정한 비율로 확대 축소하는 명령이다.

7. Scale

→ 부록CD 〉 Rhino 예제 〉 Lesson 4 〉 Scale

  Scale 3-D

X, Y, Z축 방향 그리고 동일한 비율로 확대, 축소시키는 기능이다.
크기 조절 작업을 진행할 때 일반적으로 가장 많이 사용하는 기능이다.

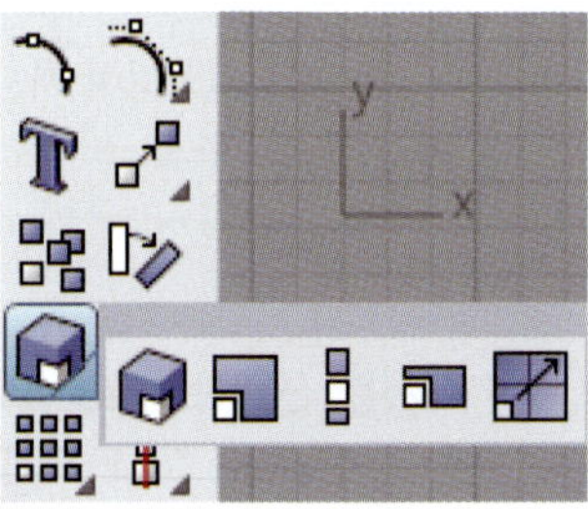

01. Scale기능을 적용할 개체에 Volume centroid를 실행하여 기준점을 생성한다.

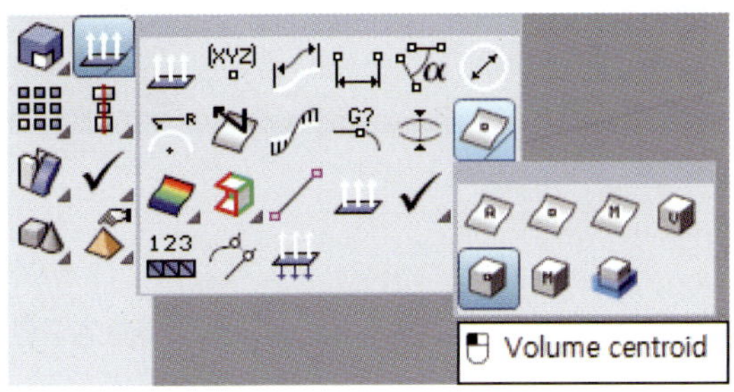

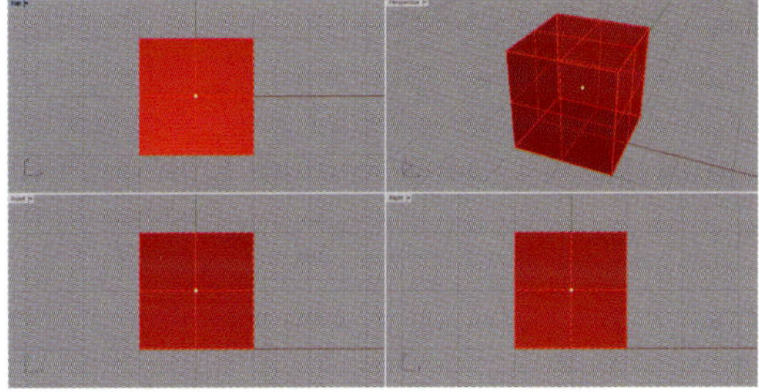

02. 확대 또는 축소시킬 개체를 선택한 후, Scale 3-D를 실행한다.
Osnap Toolbar에서 Point점에 체크하고 Point를 클릭한 후, 원하는 곳에 클릭한다.

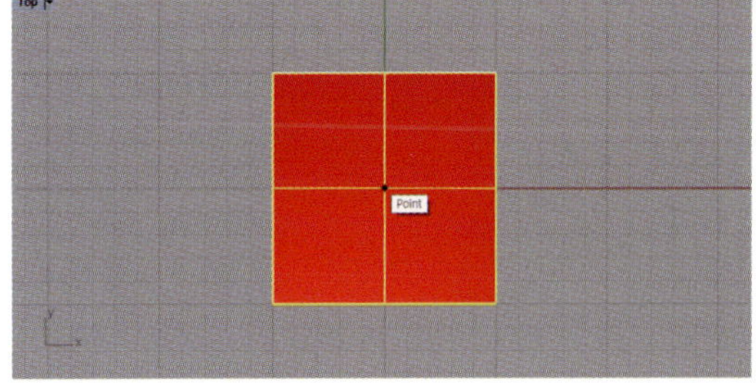

03. 다음 그림과 같이 마우스 커서를 개체 안쪽으로 움직이면 축소가 되고, 바깥쪽으로 움직이면 확대되는 것을 확인할 수 있다.

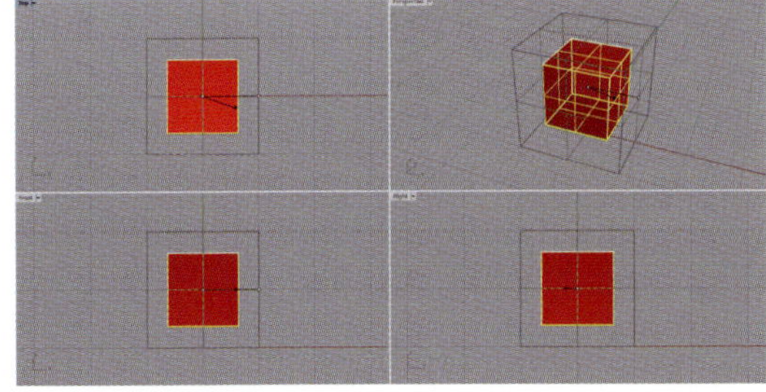

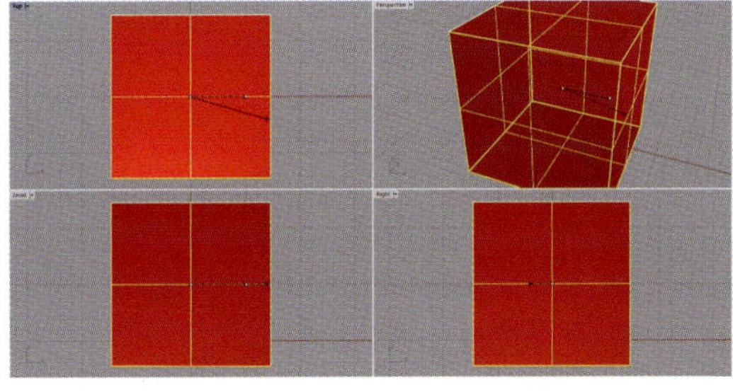

치수기입을 하여 Scale기능 활용 - 첫 번째 방법

01. 다음 그림과 같이 10mm 정육면체 개체를 생성한다.
정육면체 개체를 선택하고, Volume centroid를 실행하여 기준점을 생성한다.

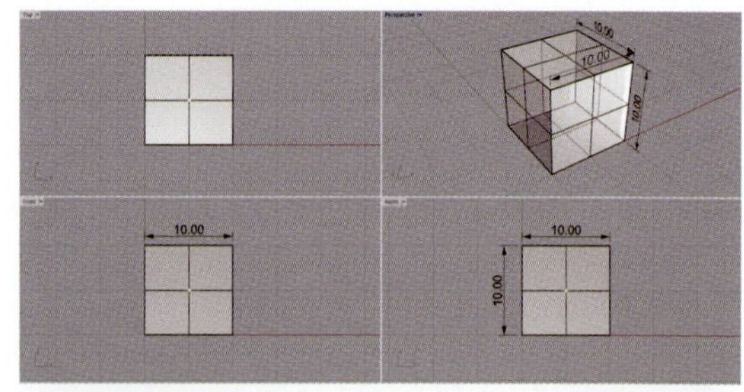

02. 개체를 선택하고 Scale-3D를 실행한다. Osnap Toolbar에서 Point점에 체크하고, Base Point를 개체의 중심점인 Point로 선택한다.

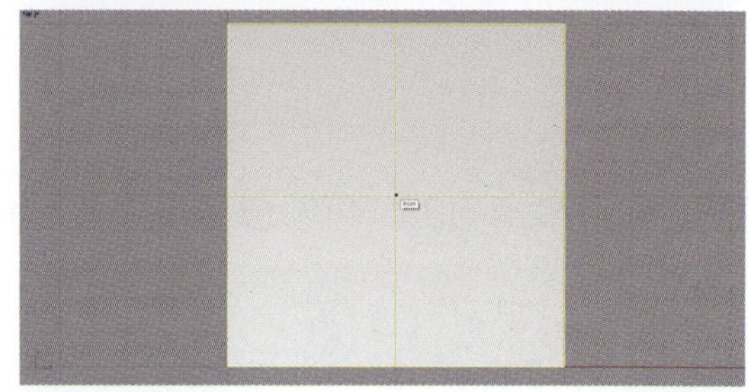

Base point. Press Enter for automatic. (Copy=*Yes* Rigid=*No*):

03. Command Prompt 영역에 2를 입력하고, Enter↵키를 누르면 개체가 2배 크기로 확대되고, 3을 입력한 후, Enter↵키를 누르면 개체가 3배 크기로 확대된다.

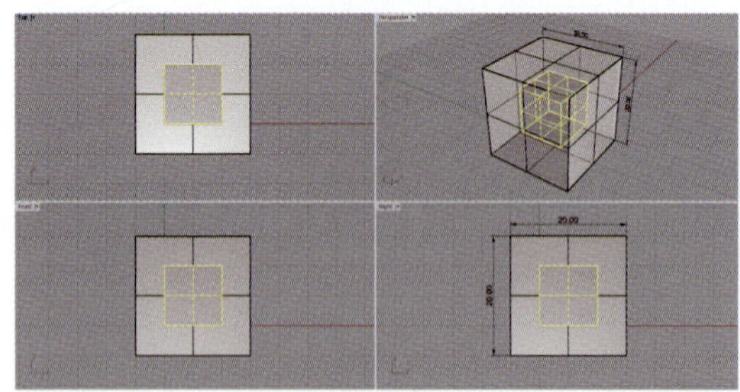

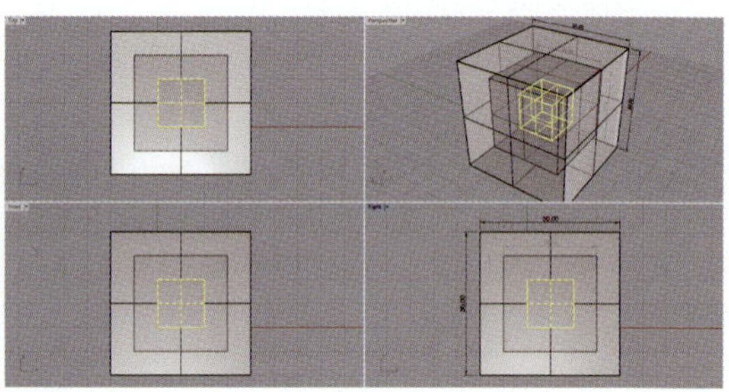

Scale factor or first reference point <**1.000**> (Copy=*Yes* Rigid=*No*):

방정식을 이용하여 Scale기능 활용

예를 들어, 10mm 크기인 정육면체를 11mm 크기로 확대하고자 할 땐, 방정식을 이용하여 작업하는 것이 정확하고 효율적이다.

01. Box: Corner to Corner, Height를 실행하여 다음 그림과 같이 가로 10mm, 세로 10mm, 높이 10mm의 정육면체를 생성한다.

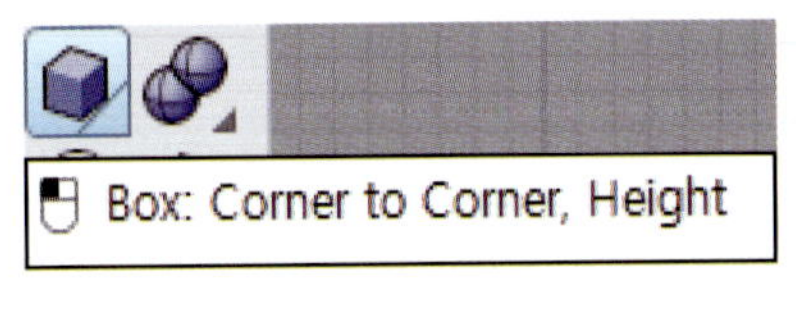

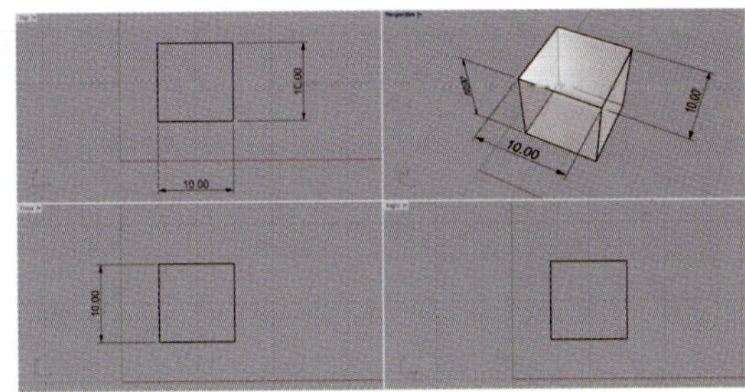

02. Volume centroid를 실행하고, 정육면체를 선택한 후, Enter↵키를 눌러서 정육면체 중심에 중심점을 생성한다.

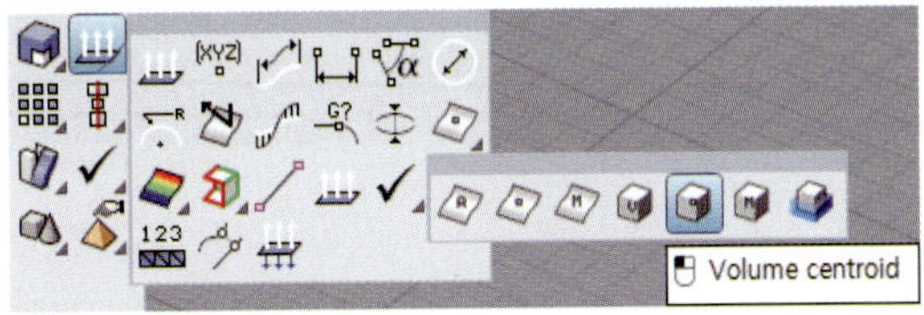

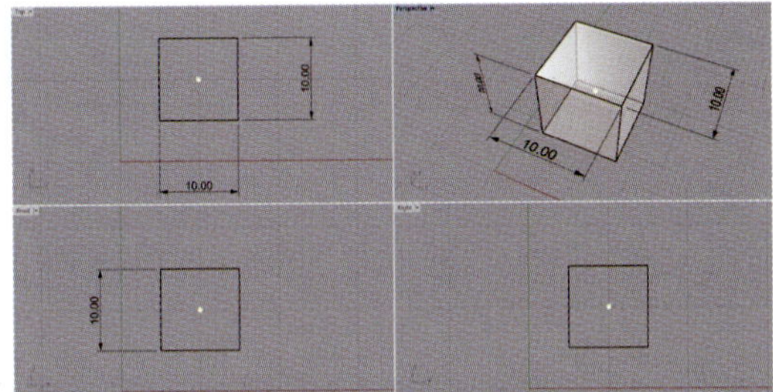

03. Scale 3-D를 실행하고 정육면체를 선택한 후, Enter↵키를 누른다. Base point는 정육면체 중심에 생성한 Point로 선택한다. Command Prompt 영역에 [11(변경할 치수) / (나누기) 10(현재 치수)]을 입력한 후, Enter↵키를 누른다.

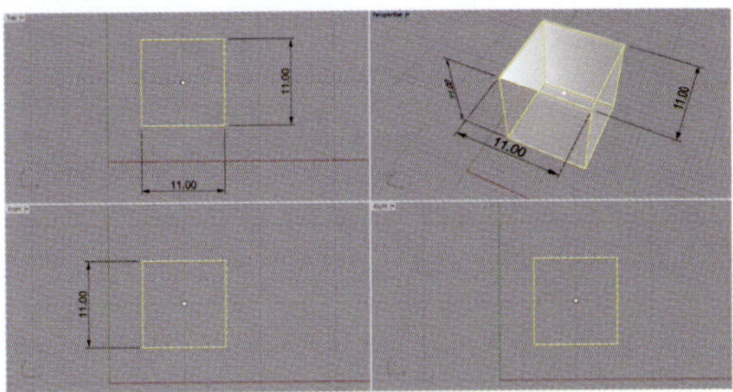

Scale factor or first reference point <1.10> (Copy=No Rigid=No): 11/10

04. 다음 그림과 같이 11㎜로 변경된 정육면체 개체를 확인할 수 있다.

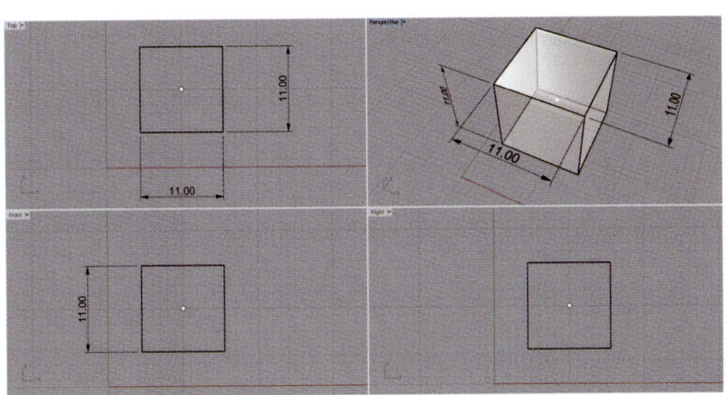

Calculator(계산기)를 이용하여 Scale 기능 활용

01. Box: Corner to Corner, Height를 실행하여 다음 그림과 같이 가로 20㎜, 세로 20㎜, 높이 20㎜의 정육면체를 생성한다.

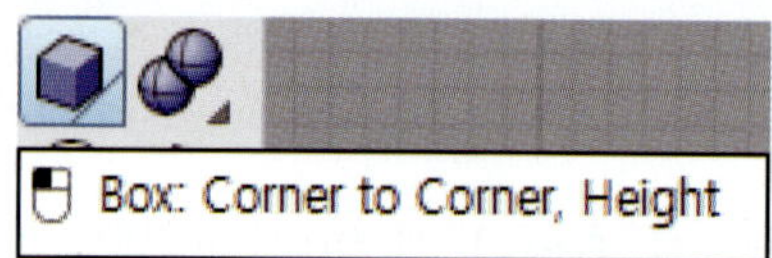

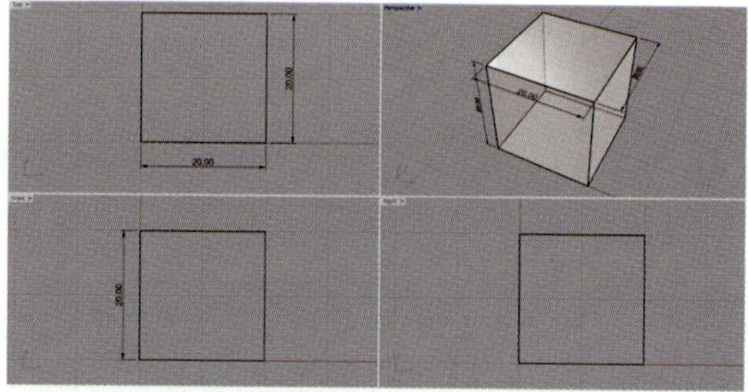

02. Volume centroid를 실행하고, 정육면체를 선택한 후, Enter↵키를 눌러서 정육면체 중심에 중심점을 생성한다.

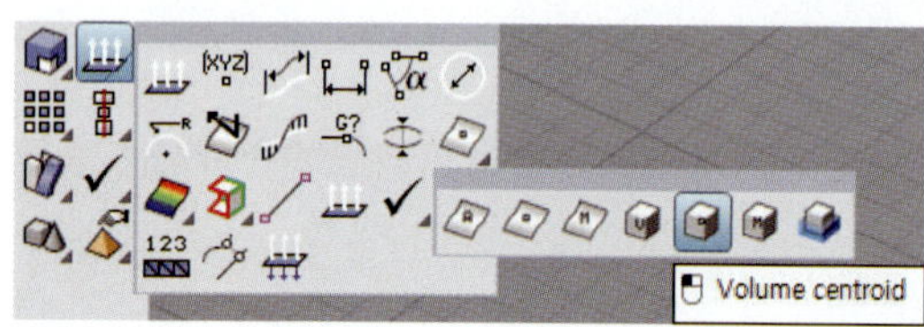

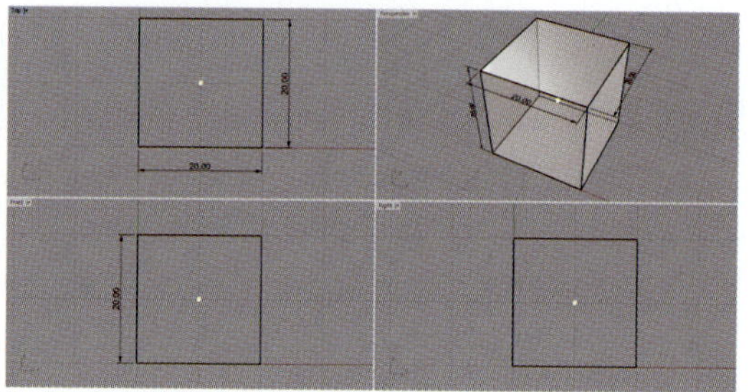

03. Menu Bar(메뉴바)의 Tools를 클릭하고 Calculator(계산기)를 클릭한다. 다음 그림과 같은 Calculator 팝업창이 나타난 것을 확인할 수 있다.

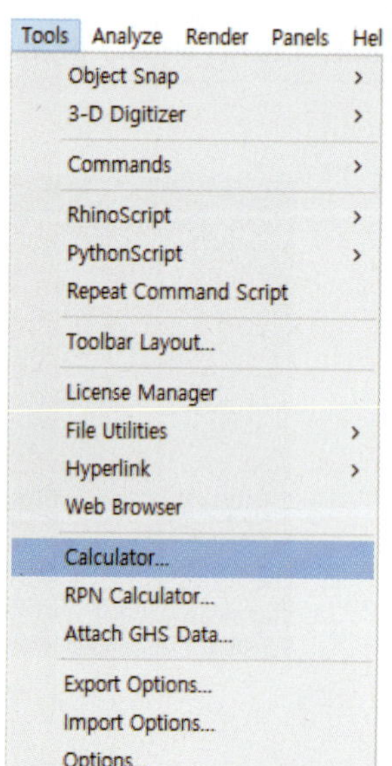

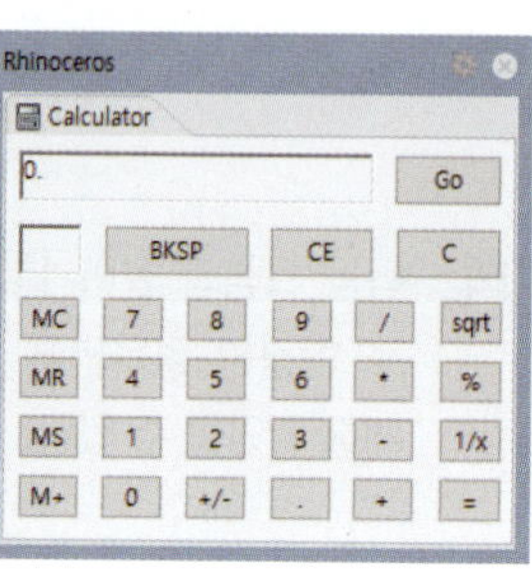

04. Scale 3-D를 실행하고, 1번 정육면체를 선택한 후, Enter↵키를 누른다. 2번 Base point는 정육면체 중심에 생성한 Point로 선택한다. 3번 Calculator로 21/20=1.05(변경하려는 치수 / 현재 치수=확대되는 치수)를 계산하고, Go를 누른다.(1.05에서 1을 제외한 0.05는 5%를 뜻한다.)

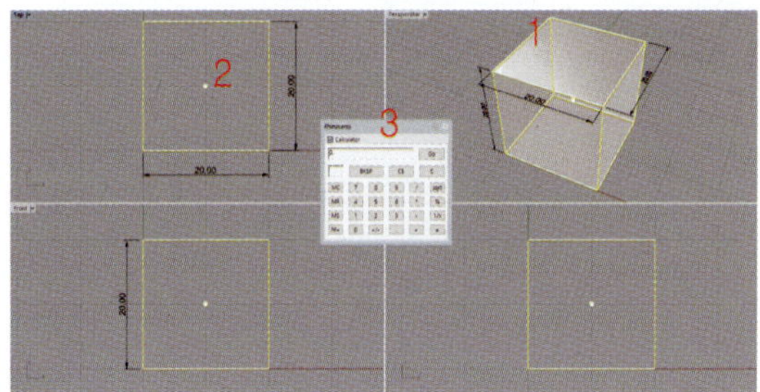

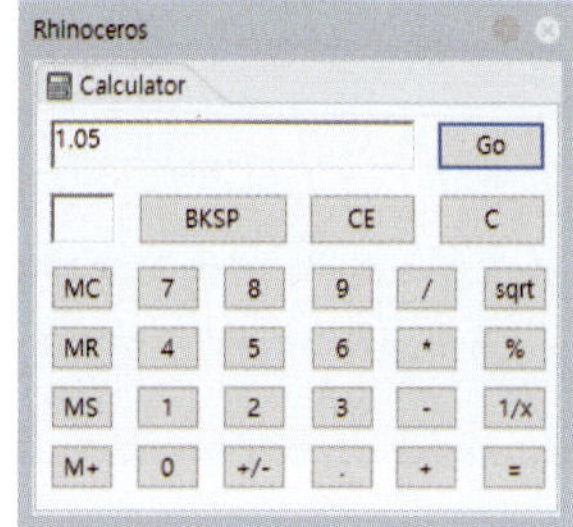

05. 다음 그림과 같이 5% 확대 변경된 21㎜ 정육면체 개체를 확인할 수 있다.

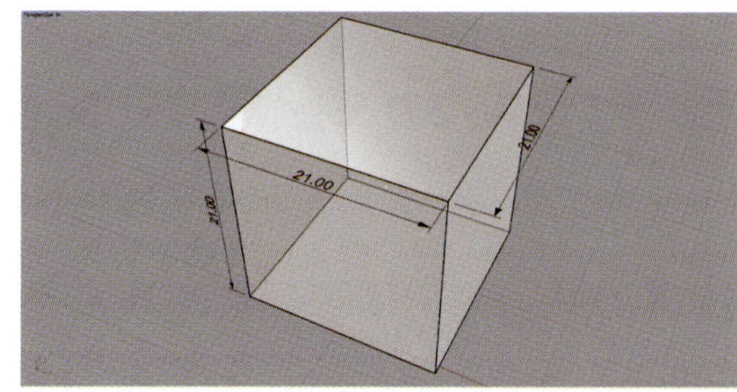

치수기입을 하여 Scale기능 활용 - 두 번째 방법

01. 개체를 선택하고, Scale-3D를 실행한다. Osnap Toolbar에서 Point점과 Int(Intersection)점에 체크하고, Base Point를 1번 개체의 중심점인 Point개체로 선택한다. 2번 Shift키를 누른 상태(또는 전체 화면 하단에 위치한 Status Bar에서 Ortho기능을 ON한 상태)로 수직 또는 수평방향의 Intersection(교차점)을 클릭한다.

☐ End ☐ Near ☑ Point ☐ Mid ☐ Cen ☑ Int ☐ Perp ☐ Tan ☐ Quad ☐ Knot ☐ Vertex ☐ Project ☐ Disable

Base point. Press Enter for automatic. (Copy=*Yes* Rigid=*No*):

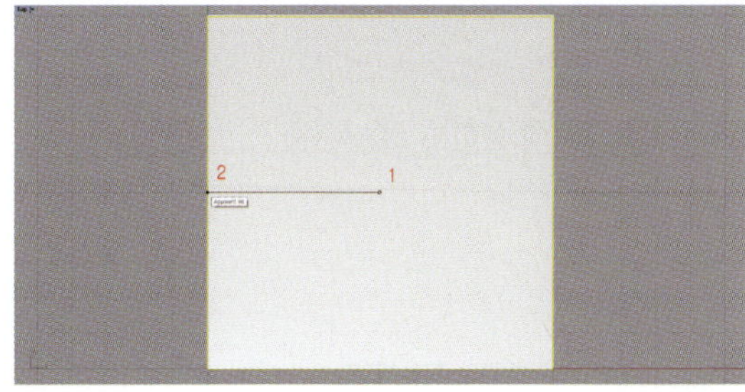

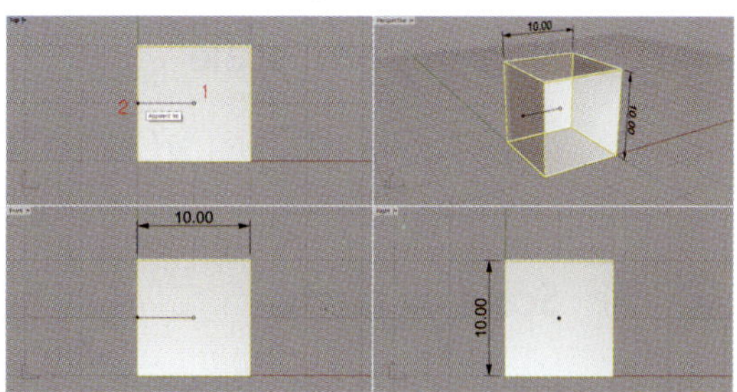

02. Command Prompt 영역에 반지름 치수를 입력하고, Enter↵키를 누른다. (치수를 입력하면 변형 또는 복사될 개체를 미리 볼 수 있다.) 다음 그림은 2, 4, 6을 차례로 입력한 그림이다.

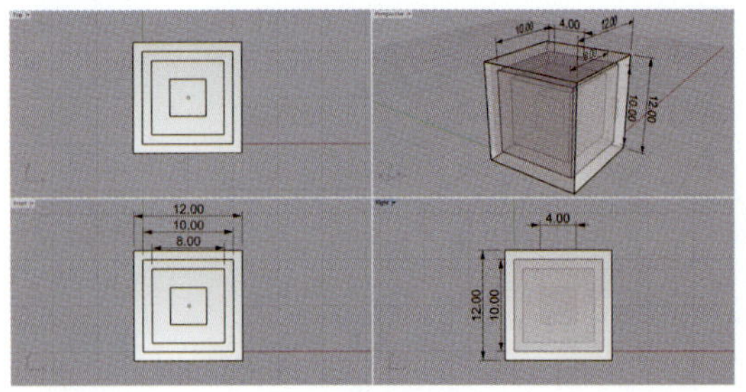

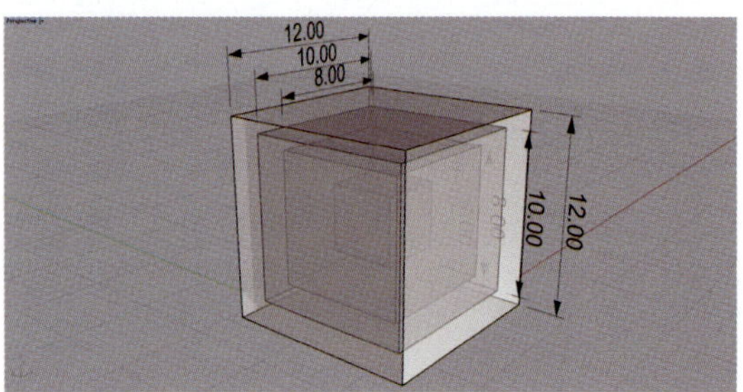

Second reference point (Copy=*Yes* Rigid=*No*):

 Scale 2-D 또는  Scale 2-D

선택된 개체의 크기를 두 방향으로 균일하게 변경하는 기능이다.

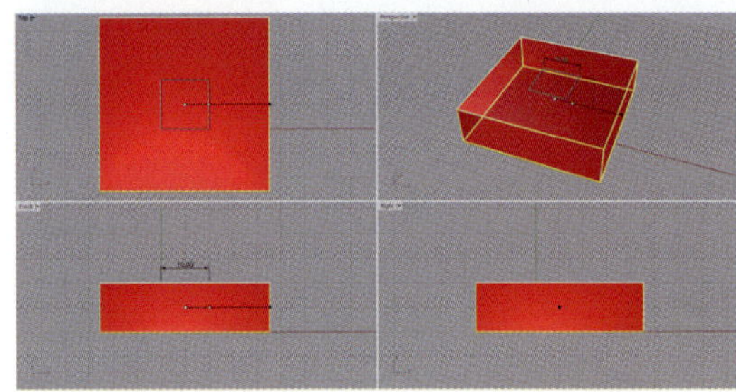

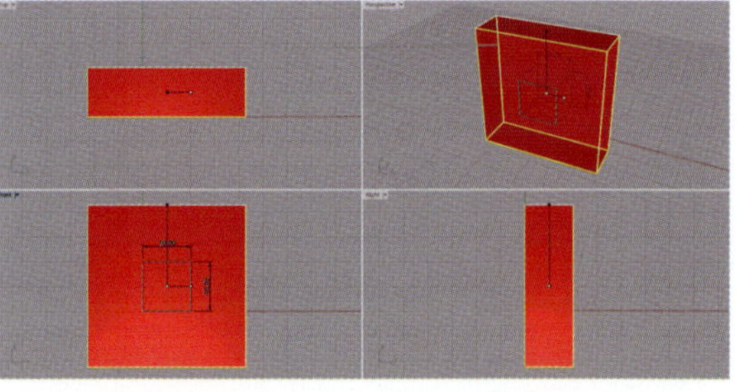

 Scale 1-D

선택된 개체의 크기를 한 방향으로 균일하게 변경하는 기능이다.

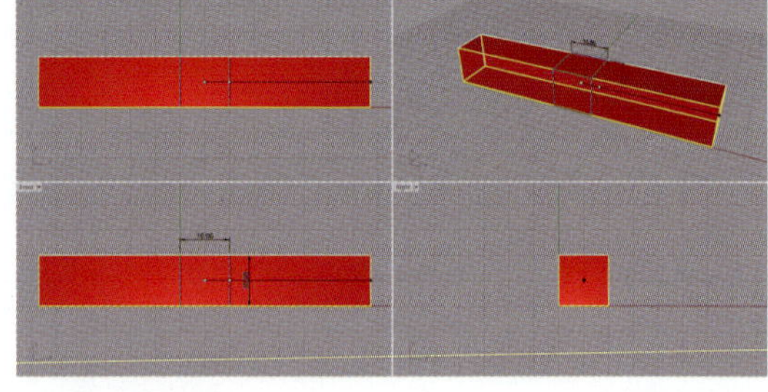

 Non-uniform scale

사용자가 X, Y, Z축의 Scale비율을 각각 설정하면서 일정한 비율로 크기 조절하는 기능이다.

Scale by plane

각 방향에서 다른 길이를 사용하여 선택된 개체의 크기를 두 방향에서 변경하는 기능이다.

LESSON 05

Point & Curve개체 생성

1. Point Toolbar
   Basic Modeling - 01 Cogwheel
2. Line Toolbar
   Basic Modeling - 02 Engage ring ❶
3. Curve Toolbar
   Basic Modeling - 03 Twist Ring
   Basic Modeling - 04 Dung
   Basic Modeling - 05 Engage Ring ❷

Lesson 05 Point & Curve개체 생성

1. Point Toolbar

각종 Point개체들을 생성시키는 명령으로 개체와의 관계나 용도에 따라 용이하게 만들 수 있는 명령들이다.

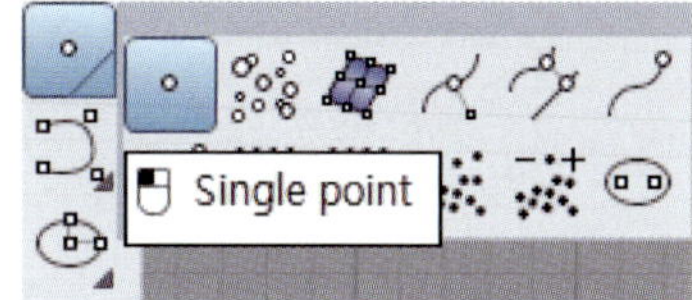

Single point

독립된 Point개체를 생성하는 기능이다. 한 번에 하나의 Point개체를 화면에 생성시킬 수 있다. 명령을 실행한 다음 원하는 위치에 마우스 커서를 가져간 다음 마우스 왼쪽 버튼을 클릭한다. 커서 위치에 Point개체가 생성된 것을 확인할 수 있다.

Multiple points

여러 개 Point개체들을 연속적으로 생성할 수 있는 기능으로 기능을 실행한 다음, Enter↵키를 누르기 전까지 연속적으로 생성할 수 있다.

Closest point

선택한 특정 개체에 가장 가까운 Point개체를 생성하는 기능이다. 대상 개체에서 직각의 방향으로 가장 가까운 Point개체가 생성된다.

Closest points between two objects

선택한 2개 개체 사이에 가장 가까운 거리를 찾아 선택한 두 개 개체에 Point개체들을 생성시키는 기능이다.

01. 두 개의 곡선 Curve개체 중 하나의 곡선 Curve개체를 선택하고, Closest points between two objects을 실행한다.

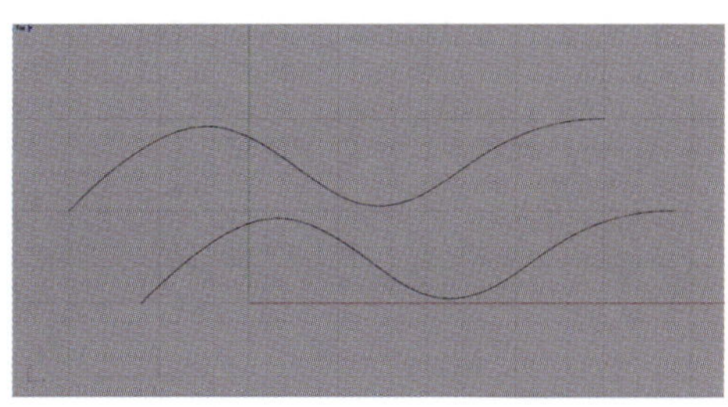

02. 나머지 곡선 Curve개체를 선택하면 다음 그림과 같이 2개의 곡선 Curve개체 사이에 가장 가까운 지점을 계산하여 Point개체들이 생성된 것을 확인할 수 있다.

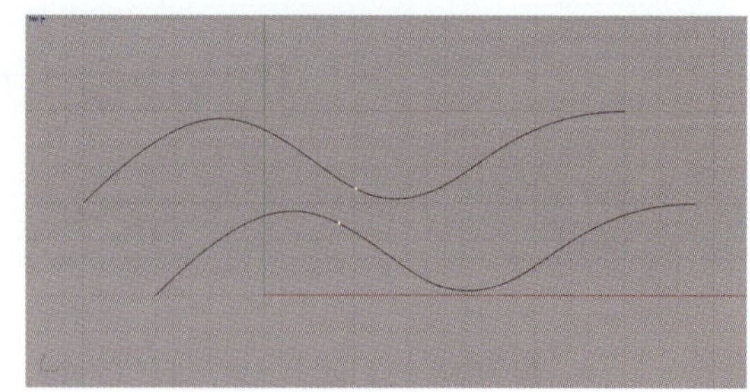

03. 기능을 실행할 때, Command prompt 영역에 있는 옵션 중 Create Line=No를 Create Line=Yes로 선택하면 생성된 Point개체들 사이로 연결선(Line)이 생성되는 것을 확인할 수 있다.

Select curve or point object (CreateLine= *Yes*):

Mark curve start

선택한 곡선 Curve개체의 시작하는 위치에 Point개체를 생성하는 기능이다.

Mark curve End

선택한 곡선 Curve개체의 끝나는 위치에 Point개체를 생성하는 기능이다.

Divide curve by length

선택한 곡선을 지정한 길이로 분할하여 Point개체들을 생성한다. 이 기능은 정확한 치수를 요하는 작업을 할 때 유용하게 사용된다.

01. 길이 20㎜의 직선 Curve개체를 선택하고, Divide curve by length를 실행한다.

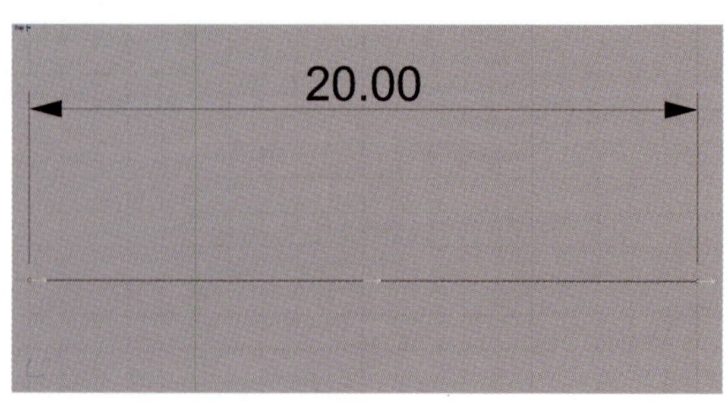

02. Command Prompt 영역에 원하는 치수 3을 입력하고, Enter↵키를 누르면 3mm 간격으로 균등하게 나누어지는 것을 확인할 수 있다. 마지막 2mm는 전체 길이에서 남는 길이 값이다.

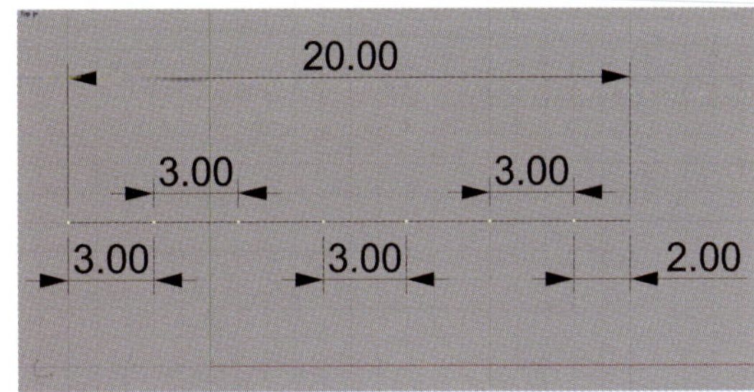

Curve length is 20. Enter length of segments, select curve to flip direction <3.000> (Split=No MarkEnds=Yes GroupOutput=No):

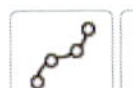 Divide curve by number of segments

곡선/직선을 지정한 숫자만큼 등분하여 Point개체들을 생성한다.

01. 길이 20mm의 직선 Curve개체를 선택하고, Divide curve by number of segments를 실행한다.

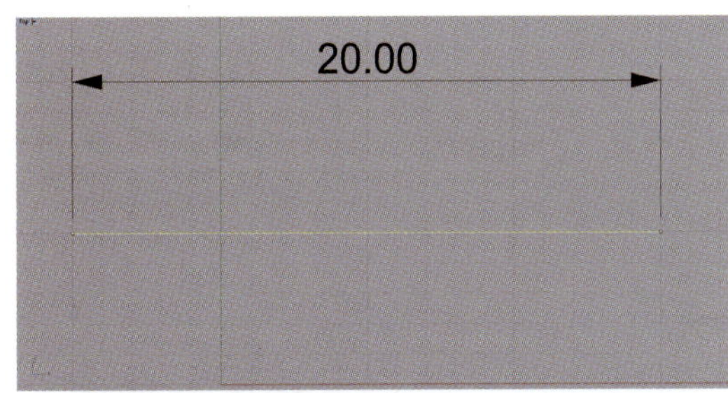

02. Command Prompt 영역에 원하는 치수 7을 입력하고, Enter↵키를 누르면 20mm 직선 Curve개체를 7등분으로 정확하게 나누어 Point개체를 생성하는 것을 확인할 수 있다.

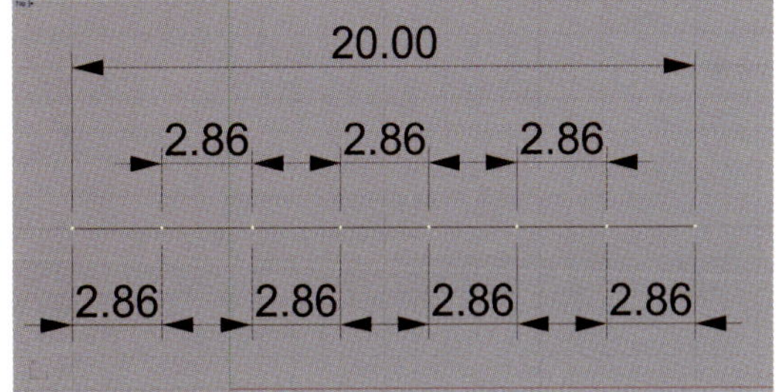

Number of segments <7> (Length Split=No MarkEnds=Yes GroupOutput=No):

Basic Modeling - 01 Cogwheel

→ 부록CD 〉 Rhino 예제 〉 Lesson 5 〉 Cogwheel 〉 1.3dm

01. 지름 20mm 원형 Curve개체를 생성한다.

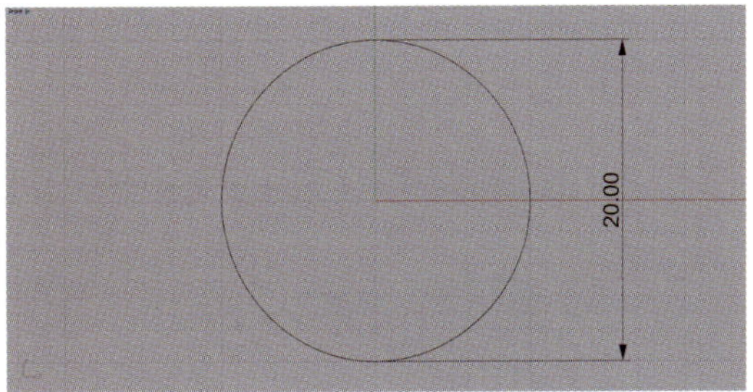

02. 원형 Curve개체를 선택하고, Divide curve by number of segments를 실행한다. Command Prompt 영역에서 Natural을 선택하고, Number of Segments 값 12를 입력하여 원형 Curve개체에 12개의 Point를 생성한다.

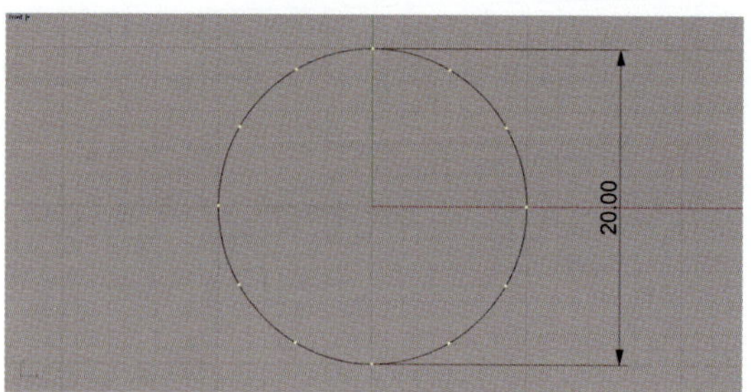

Drag seam point to adjust. Press Enter when done (Flip Automatic Natural):

Number of segments <12> (Length Split=*No* MarkEnds=*Yes* GroupOutput=*No*):

03. 원형 Curve개체를 선택하고, Split을 실행한다. Select points를 실행하고, Enter키를 눌러 원형 Curve개체를 12등분으로 나눈다.

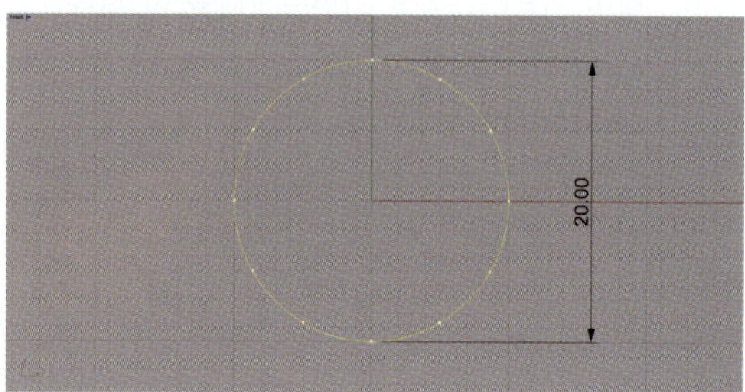

04. 절단된 Curve개체들을 다음 그림과 같이 한 칸 건너 선택한다. Scale 3-D를 실행하고, 1번 원점 (0, 0)을 선택한 후, 2번 Point를 선택한다. Command Prompt 영역에 12를 입력하여 절단된 Curve 개체의 크기를 22㎜로 변형한다.

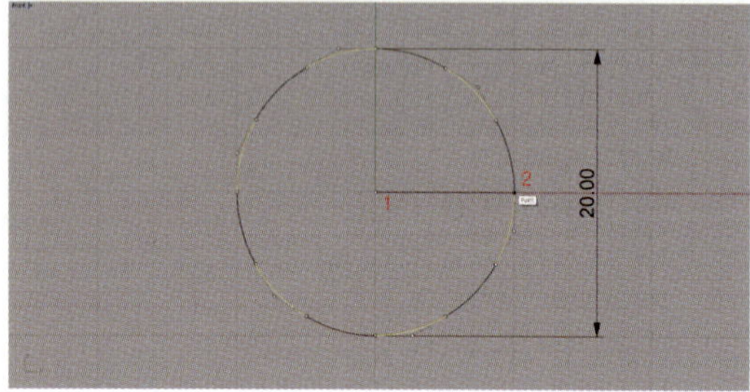

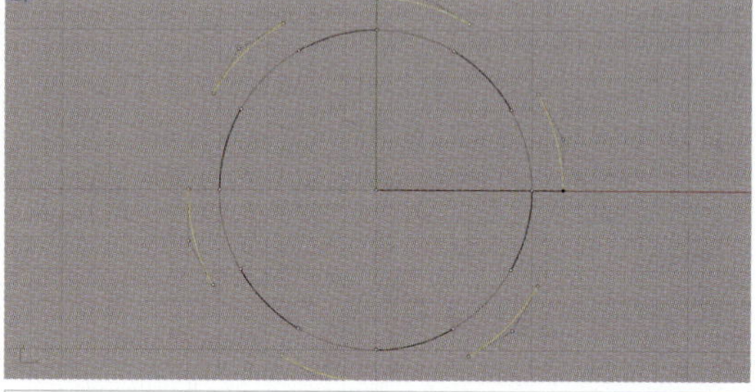

Second reference point (Copy=*No* Rigid=*No*): 12

05. Osnap Toolbar에서 End점에 체크하고, Single Line을 실행하여 다음 그림과 같이 톱니바퀴 모양으로 Line을 생성한다.

☑ End ☐ Near ☑ Point ☐ Mid ☐ Cen

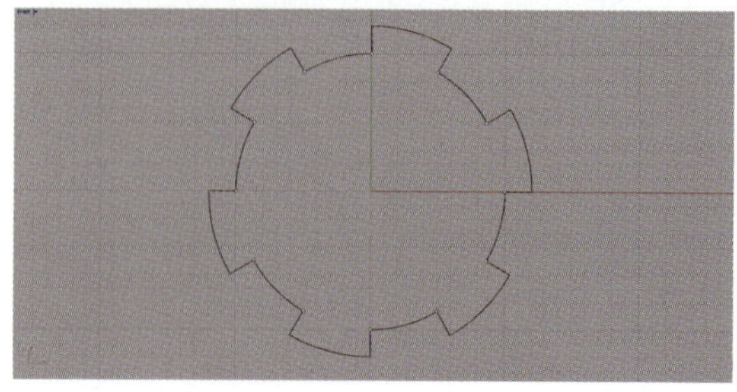

06. 모든 Curve개체를 선택하고, Join을 실행하여 하나의 Curve개체로 만든다.

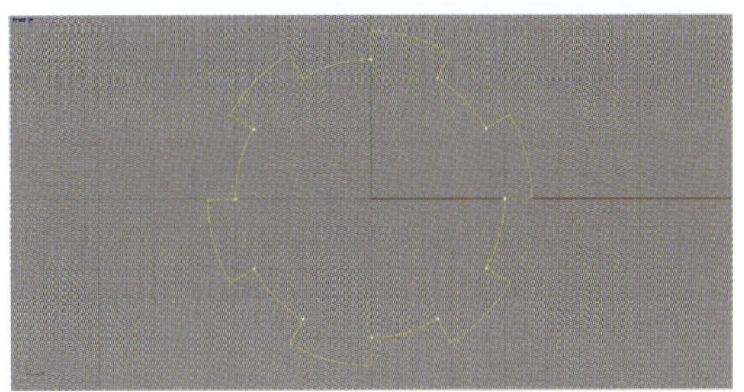

07. Curve개체를 선택하고, Offset curve를 실행한다. Command Prompt 영역에 0.8을 입력하고 Curve개체 안쪽을 클릭하여 0.8㎜ 축소된 Curve개체를 생성한다.

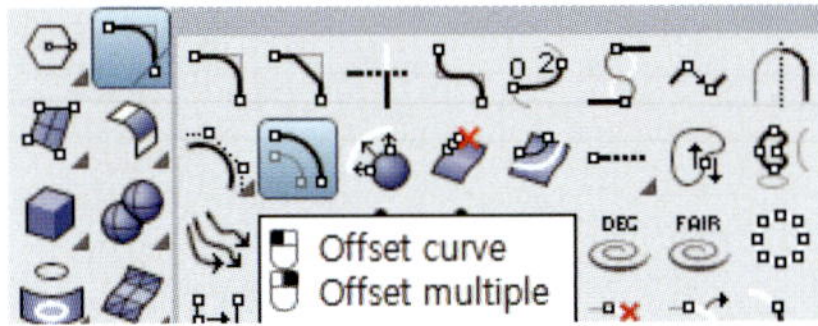

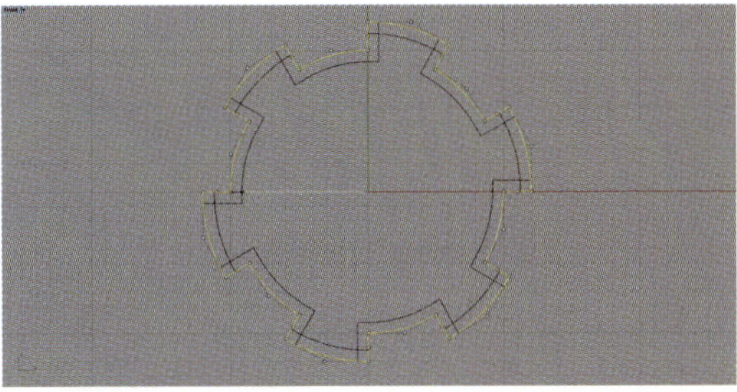

Side to offset (Distance=0.8 Loose=No Corner=Sharp ThroughPoint Tolerance=0.01 BothSides InCPlane=No Cap=None):

08. 두 Curve개체를 모두 선택하고, Extrude straight를 실행한다. Command Prompt 영역에서 BothSide=Yes, Solid=Yes로 선택하고, 3을 입력한 후, Enter↵키를 누른다.

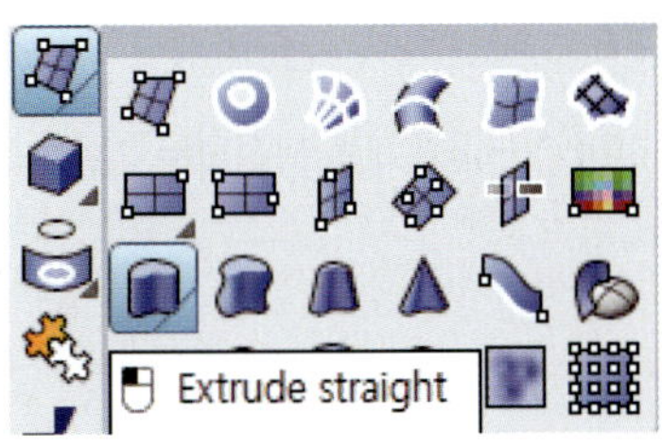

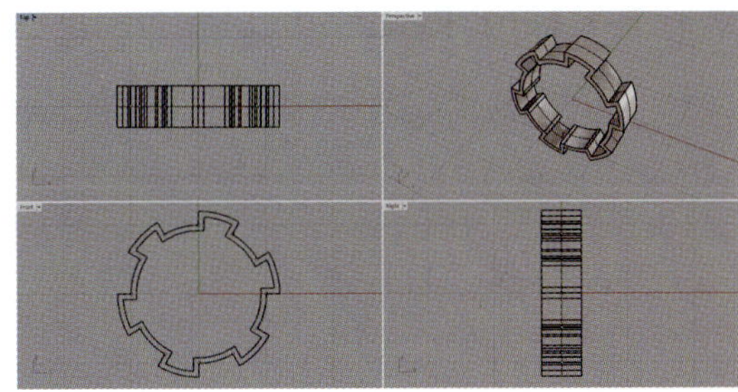

Extrusion distance <3> (Direction BothSides=Yes Solid=Yes DeleteInput=No ToBoundary SetBasePoint): 3

09. Select curves를 실행하고, Delete키를 눌러서 Curve개체를 삭제한다. Select points를 실행하고 Delete키를 눌러 Point개체도 삭제한다. 다음 그림과 같이 완성된 톱니바퀴 개체를 확인할 수 있다.

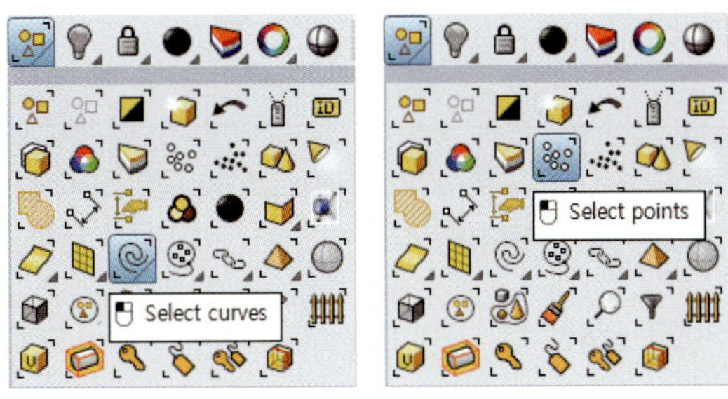

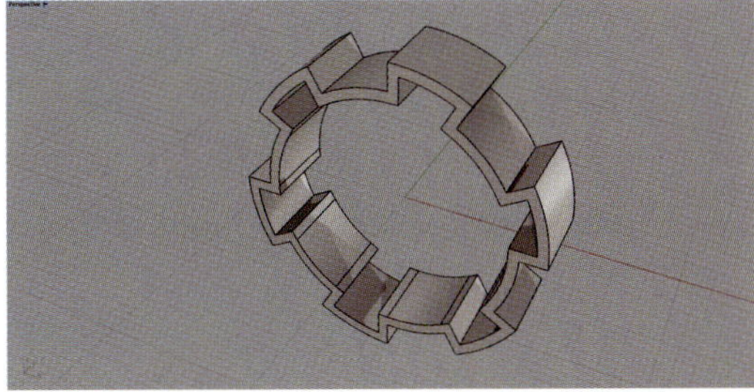

2. Line Toolbar

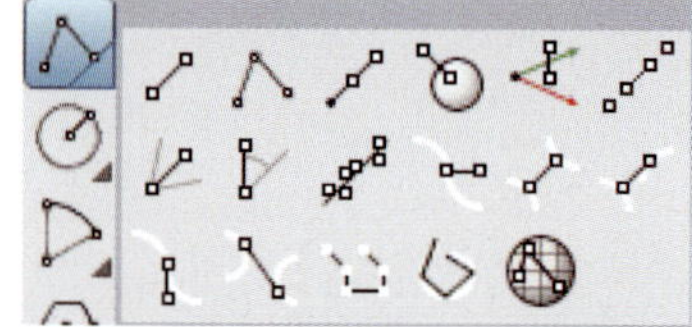

다양한 직선 Curve개체를 생성시키는 명령으로 용도에 따라 적절하고 세분화된 기능을 활용하여 사용할 수 있다.

Single Line

하나의 직선 Curve개체를 생성한다.

Polyline

하나의 개체로 연결된 직선 Curve개체를 생성한다.

Line Segments

각각 분할된 직선 Curve개체를 생성한다.

Line: from midpoint

지정한 위치를 중간점으로 대칭되는 직선 Curve개체를 생성하는 기능이다.

Line: Perpendicular From Curve

선택한 곡선형태인 Curve개체에서 수직으로 만들어지는 직선 Curve개체를 생성하는 기능이다.

Basic Modeling - 02 Engage Ring ❶

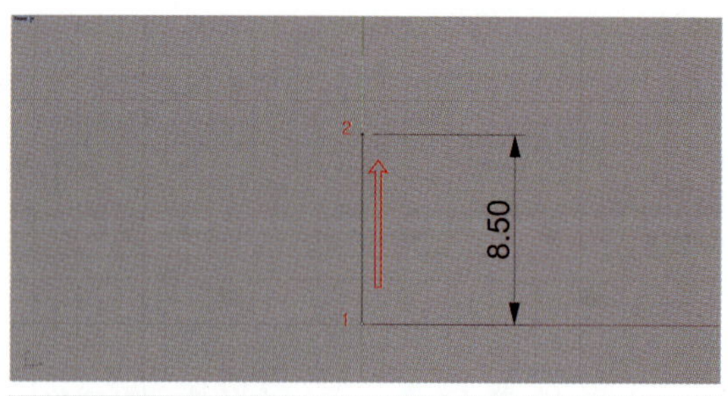

End of line (BothSides): 8.5

01. Front Front Viewport에서 Single Line을 실행하고, 그림과 같이 1번 원점 (0, 0)을 클릭(또는 Command prompt 영역에 0 입력 후, Enter↵ 키)을 한 후, Command Prompt 영역에 8.5를 입력하고 Enter↵ 키를 누른다. (Command Prompt에 8.5를 입력하고 Enter↵ 키를 누르면 8.5mm로 길이가 제한이 되기 때문에 방향만 선택이 가능하다.)
Shift 키를 누른 상태로 마우스를 2번 방향으로 움직이고 클릭한다.

02. Line: from midpoint을 실행하고, Osnap Toolbar에서 End점에 체크한다. 다음 그림과 같이 1번 End점을 클릭하고 Command Prompt 영역에 3을 입력한 후, Enter↵ 키를 누른다. Shift 키를 누른 상태로 마우스를 2번 방향으로 움직인 후, 클릭한다.

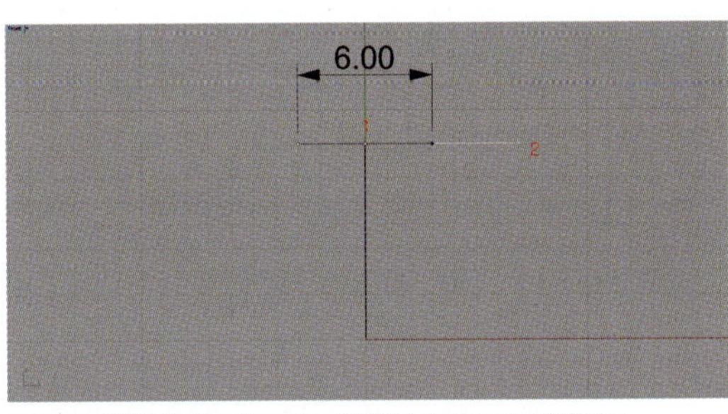

☑ End ☐ Near ☐ Point ☐ Mid ☐ Cen

End of line: 3

03. Arc: start, end, direction at start를 실행한다. 다음 그림과 같이 1번 End점을 클릭하고, 2번 End점을 클릭한 후, Shift 키를 누른 상태로 마우스를 3번 방향으로 움직인 다음 클릭한다.

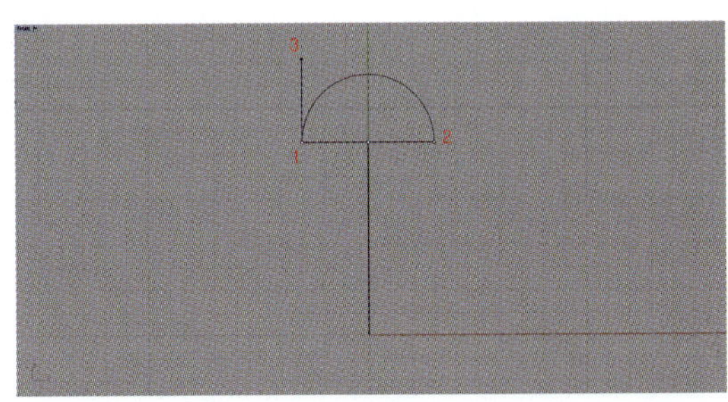

04. 다음 그림과 같이 두 Curve개체를 선택하고, Join을 실행하여 하나의 Curve개체로 결합한다.

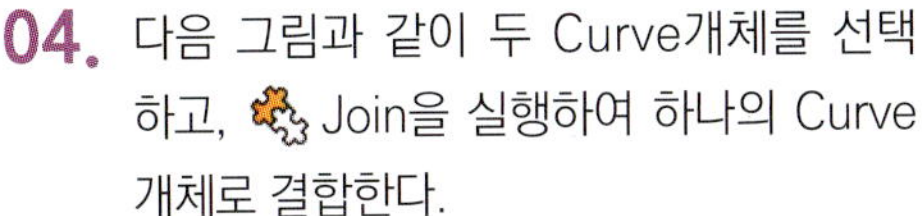

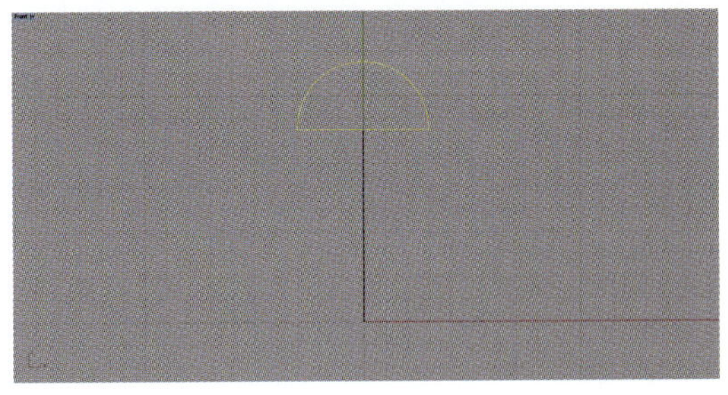

05. Revolve를 실행한다. 1번 반원 Curve개체를 선택하고, Enter↵ 키를 누른 후, 2번 직선 Curve개체의 End점을 클릭한다.
Shift 키를 누른 상태로 3번 방향으로 마우스 커서를 움직인 후, 클릭한다. Command Prompt 영역에서 FullCircle를 선택하면 다음 그림과 같이 360도 각도로 회전하여 반지 형태의 개체가 생성되는 것을 확인할 수 있다.

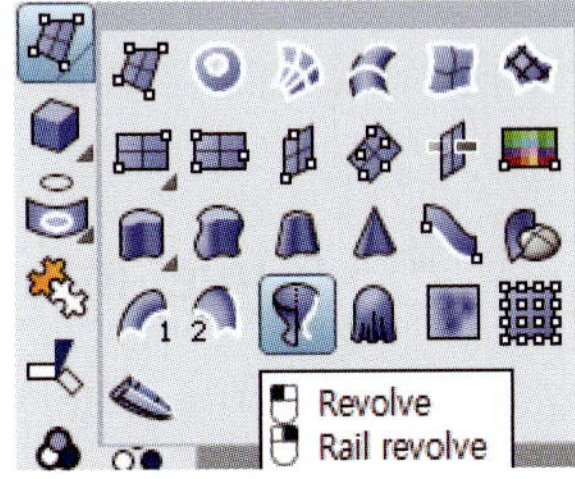

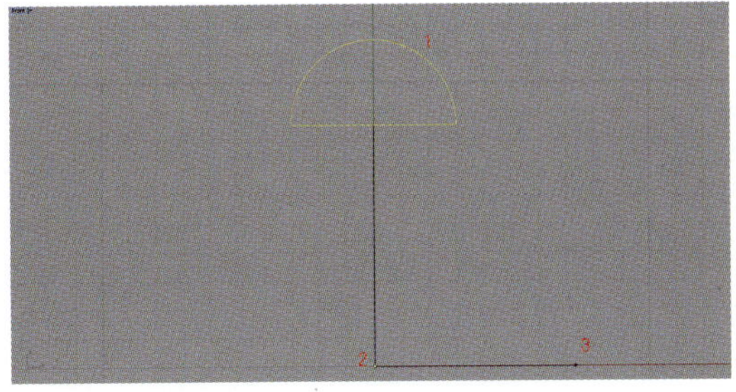

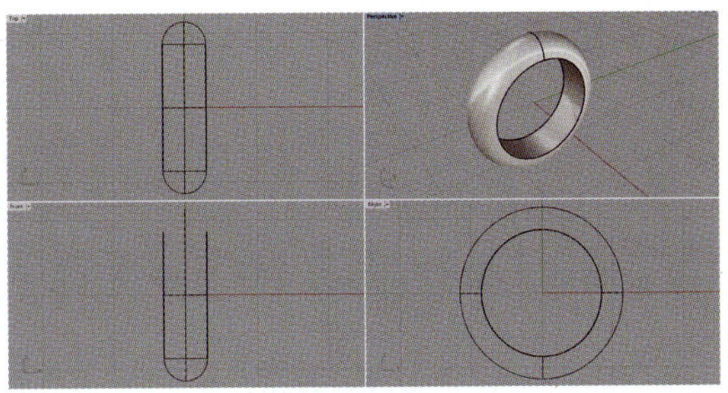

Select curves to revolve:

Start of revolve axis:

End of revolve axis (Press Enter to use CPlane z-axis direction):

Start angle <0> (DeleteInput=*No* Deformable=*No* FullCircle AskForStartAngle=*Yes* SplitAtTangents=*Yes*):

06. Select curves를 실행하고, Delete 키를 눌러 필요 없는 Curve 개체를 삭제한다. 다음 그림과 같이 완성된 Engage Ring을 확인할 수 있다.

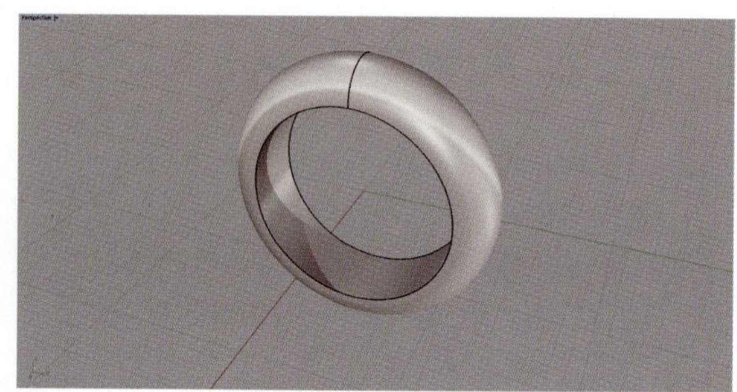

3. Curve Toolbar

다양한 곡선 Curve개체를 생성하는 명령으로 용도에 따라 적절하고 세분화된 기능을 활용하여 사용할 수 있다.

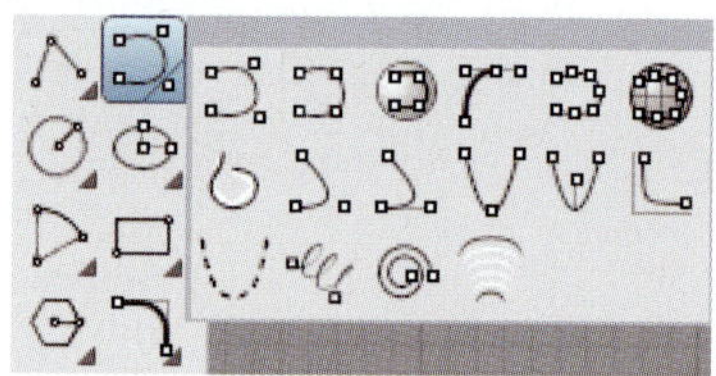

Control Point Curve

제어점(조절점)을 생성하여 그것을 기준으로 Curve개체를 생성하는 기능이다.

Curve: interpolate points

생성된 조절점 위치를 통과하는 Curve개체를 생성하는 기능이다.

Helix

원통형 나선 Curve개체를 생성하는 기능이다. 첫 번째 점은 축의 시작점, 두 번째 점은 축의 끝점이며 마지막 점은 반지름 크기를 조절하는 점이다. 이 원통형 나선 Curve개체를 만들 때는 생성하고자 하는 개체의 전체 모양을 생각하고, 원통형 나선 Curve개체를 생성시킬 Viewport를 선택해야 된다.

Basic Modeling - 03 Twist Ring

01. Front Front Viewport에서 Circle: center, radius를 실행하고, Command Prompt 영역에 지름 17㎜와 22㎜를 입력하여 원점(0, 0) 기준으로 두 개의 원형 Curve개체를 생성한다.

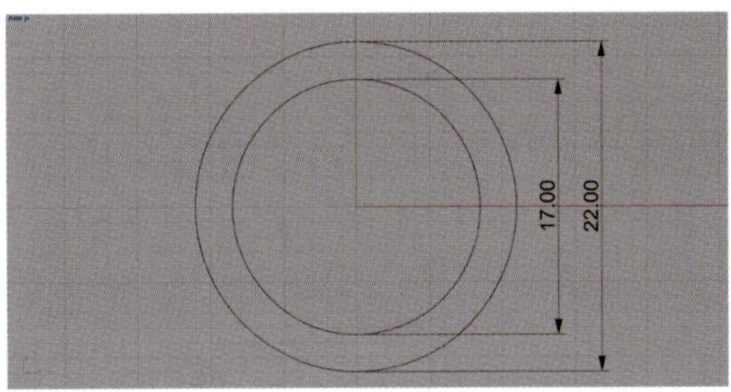

02. Helix를 실행하고, Command Prompt 영역에서 AroundCurve를 선택한 후, 22㎜ 원형 Curve 개체를 선택한다.

Start of axis (Vertical AroundCurve):

03. Command Prompt 영역에 Radius(반지름) 값 1을 입력하고, 22㎜ 원형 Curve개체 바깥쪽을 클릭한다.

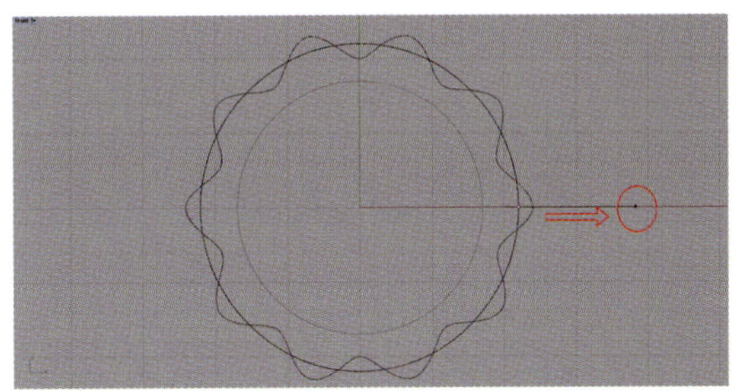

Radius and start point <1.000> (Diameter Mode=*Turns* Turns=*10* Pitch=*6.9115* ReverseTwist=*No* NumPointsPerTurn=*12*): 1

04. Circle: center, radius를 실행하고, Command Prompt 영역에서 Around-Curve를 선택한 후, 나선형 Curve개체를 선택한다. Osnap Toolbar에서 Quad를 체크하고 다음 그림과 같이 나선형 Curve 개체의 안쪽 Quad위치를 클릭한다.

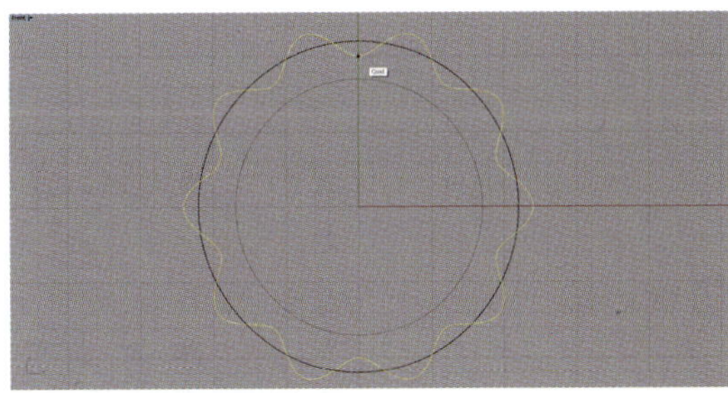

Center of circle (Deformable Vertical 2Point 3Point Tangent AroundCurve FitPoints):

05. Command Prompt 영역에 Diameter 값 3을 입력하고, Enter↵키를 눌러서 지름 3㎜의 원형 Curve개체를 생성한다.

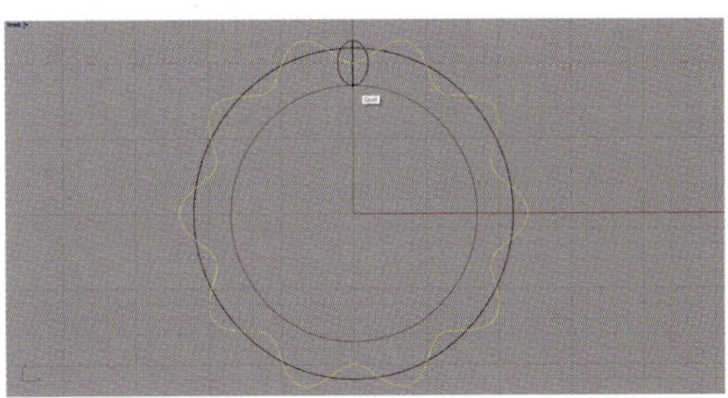

Diameter <3.000> (Radius Circumference Area ProjectOsnap=*No*): 3

06. Sweep 1 rail를 실행한다. 1번 나선형 Curve개체를 선택하고, 2번 3㎜ 원형 Curve개체를 선택한 후, Enter↵ 키를 누른다. Seam방향과 위치를 Command Prompt 영역에서 Natural로 선택하고, Enter↵ 키를 누른다.

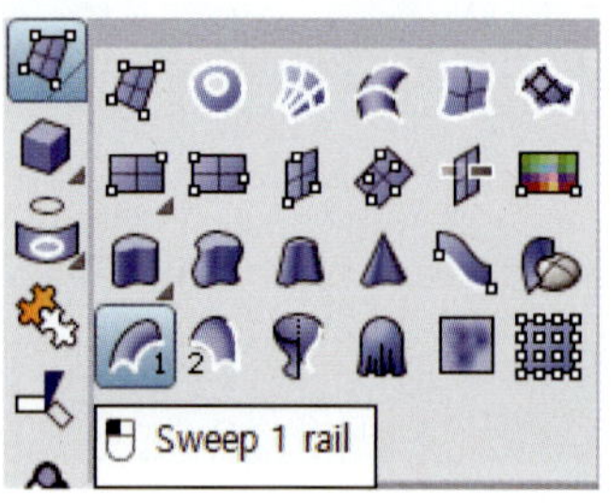

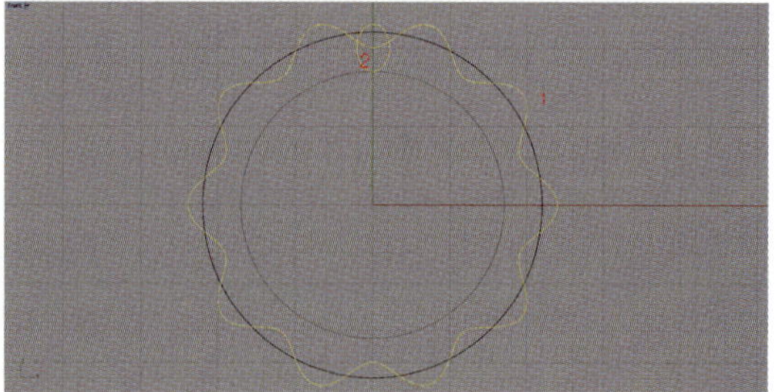

Drag seam point to adjust. Press Enter when done (Flip Automatic Natural):

07. Sweep 1 Rail Options 팝업창이 나타나면 다음 그림과 같이 설정하고 OK를 누른다.

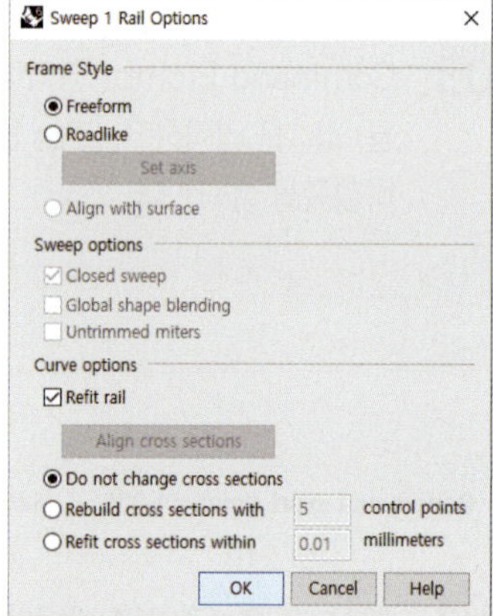

08. Select curves를 실행하여 필요 없는 Curve개체들을 Delete 키로 삭제한다.

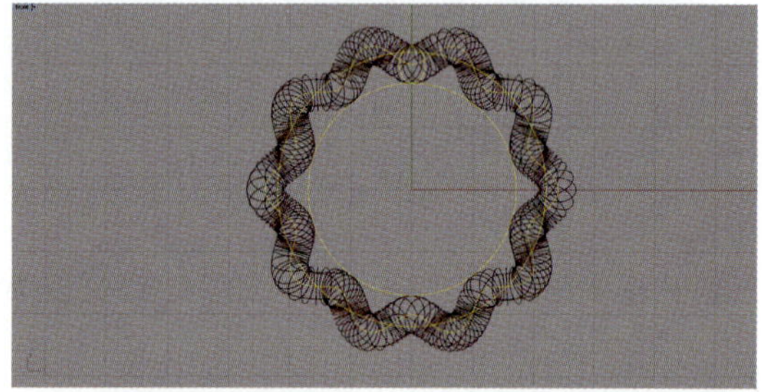

09. 다음 그림과 같이 완성된 Twist Ring을 확인할 수 있다.

Spiral

원뿔형 나선 Curve개체를 그리는 기능이다. 나선의 회전수와 Curve개체 사이의 거리를 제어하거나 비틀린 방향을 반전시킬 수 있다. 평면형의 원뿔형 나선과 구성 평면에 대해 수직방향으로 돌아가는 Curve개체 주변에 원뿔형 나선을 만들 수 있다.

- **Flat :** 평면형의 원뿔형 나선을 그리는 기능이다.
- **Vertical :** 선택한 구성 평면에 대하여 수직방향으로 원뿔형 나선을 그리는 기능이다.

Start of axis (Flat Vertical AroundCurve):

Basic Modeling - 04 Dung

01. Spiral을 실행하고, 1번 원점(0, 0)을 선택, Command Prompt 영역에 20을 입력하고 Enter↵키를 누른 후, Shift키를 누른 상태로 2번 방향으로 선택한다.

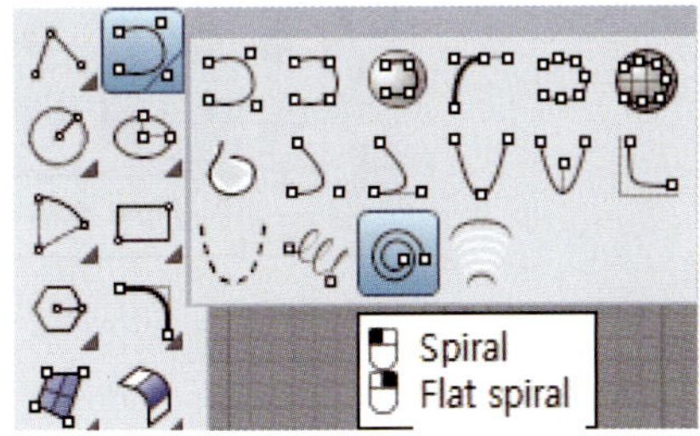

Command Prompt 영역에서 Turns(회전)와 Pitch(회전 사이의 거리) 중 Turns의 값을 입력하면 Pitch값은 자동으로 조정이 되고, Pitch값을 입력하면 Turns의 값이 자동으로 조정되므로 둘 중 하나만 선택하여 설정하면 된다.
Turns(회전의 수)값을 3으로 입력하고 Enter↵키를 누르면 Pitch의 값이 6.66667로 변경된 것을 확인할 수 있다.
Reverse Twist(비트는 방향 바꾸기)는 No로 설정한다.
Radius(반지름)값을 20으로 입력하고 Enter↵키, 마우스를 3번 방향으로 움직이면 나선형 커브개체가 반지름 20㎜로 고정된 것을 확인할 수 있다. Top Top Viewport에서 나선의 회전방향을 4번 방향으로 움직인 후, 마우스 왼쪽버튼을 클릭한다.

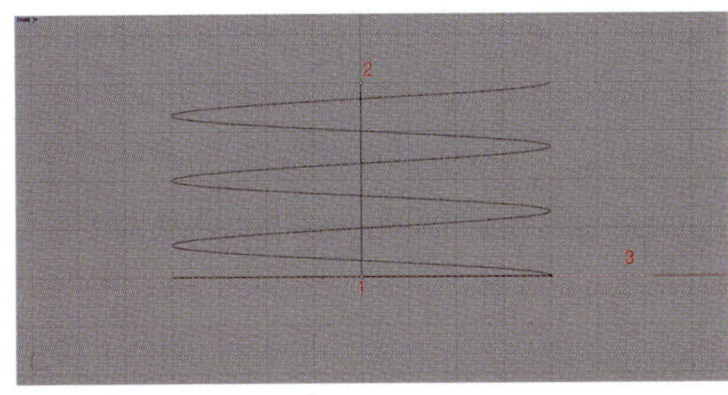

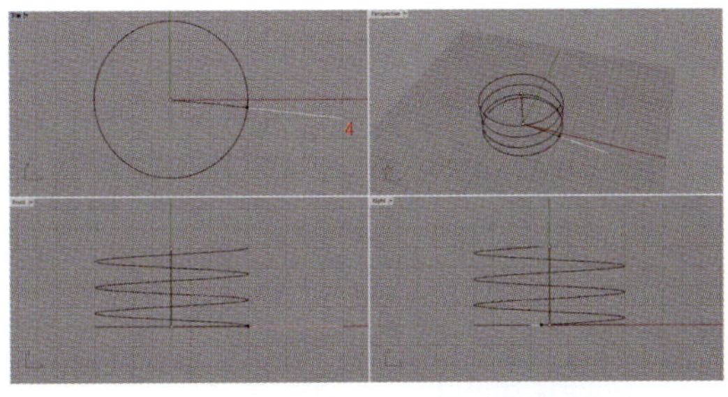

First radius and start point <20.000> (Diameter Mode=*Turns* Turns=*3* Pitch=*6.66667* ReverseTwist=*No*):

02. 나선형 Curve개체의 윗부분 반지름 값은 Command Prompt 영역에 0을 입력하고 Enter↵ 키를 누른다. 다음 그림과 같이 똥 모양 Curve개체를 확인할 수 있다.

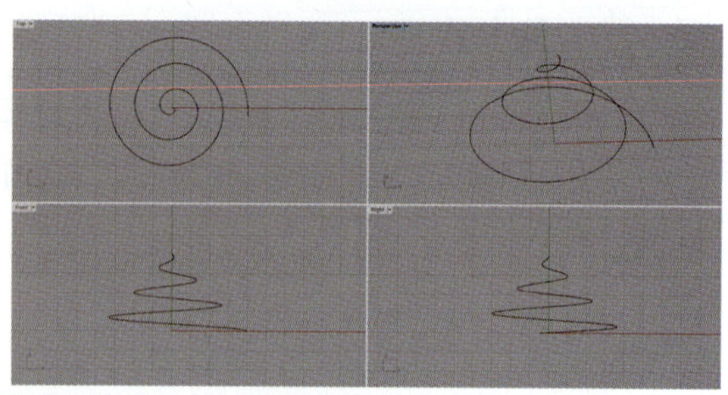

Second diameter <0.00> (Radius Mode=*Turns* Turns=*3* Pitch=*6.66667* ReverseTwist=*No*):

03. Pipe: Round caps를 실행하고 Curve개체를 선택한다. 1번 Start Radius값 8을 입력하고 Enter↵ 키를 누른 후, 2번 End radius값을 2로 입력하고 Enter↵ 키를 누른다. Osnap Toolbar에서 Quad점에 체크하고, 3번 Quad 위치를 선택한 다음, Command Prompt 영역에 Radius값 7을 입력하고 Enter↵ 키를 누른다.

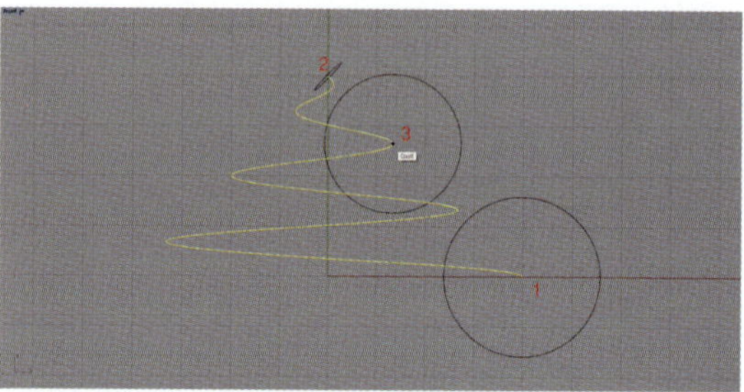

Start radius <2.000> (Diameter Thick=*No* Cap=*Round* ShapeBlending=*Local* FitRail=*No*): 8
End radius <8.000> (Diameter ShapeBlending=*Local* FitRail=*No*): 2
Radius <2.000> (Diameter ShapeBlending=*Local* FitRail=*No*): 7

☑ End ☐ Near ☐ Point ☐ Mid ☐ Cen ☐ Int ☐ Perp ☐ Tan ☑ Quad

04. 다음 그림과 같이 똥 형태의 개체가 생성된 것을 확인할 수 있다.

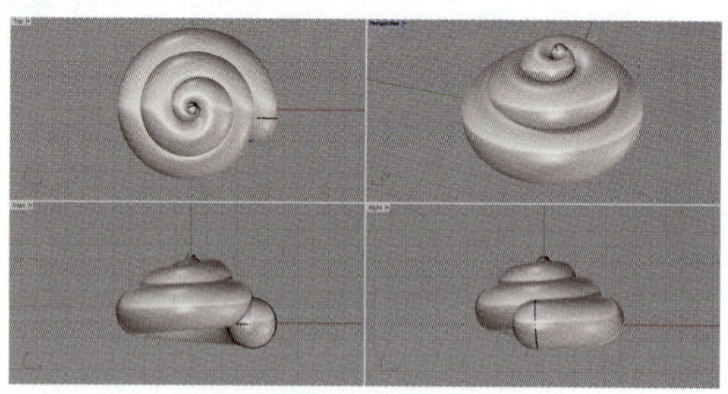

05. Toggle layer panel를 실행하고, 다음 그림과 같이 New Layer를 만든 후, Color를 Brown 4번째 Color로 바꾼다.

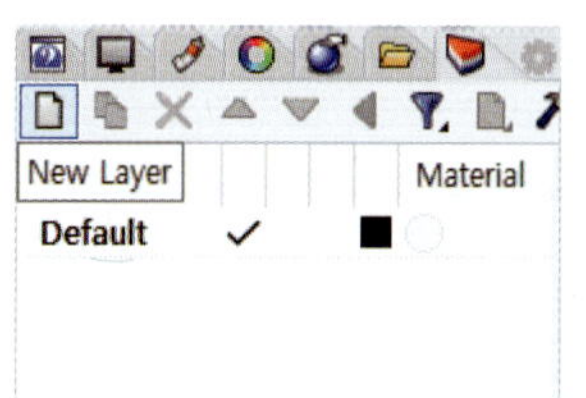

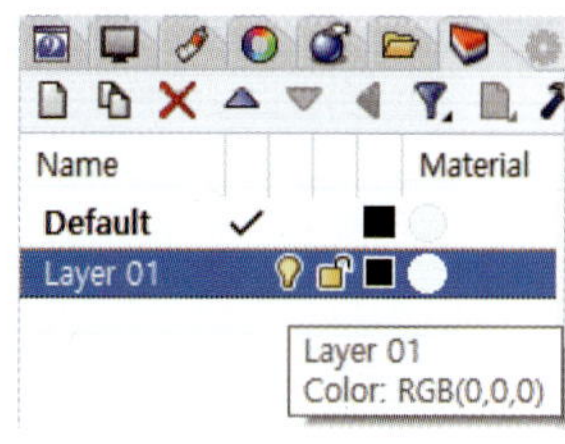

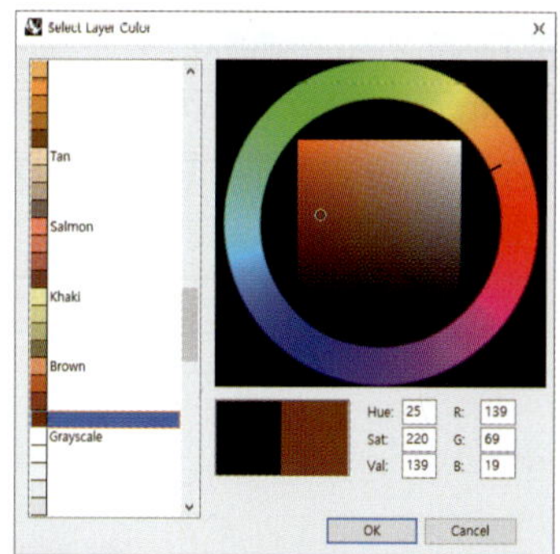

06. 개체를 선택하고, Layer 02 글씨에 마우스 오른쪽 버튼을 클릭하여 Change Object Layer를 선택한다.

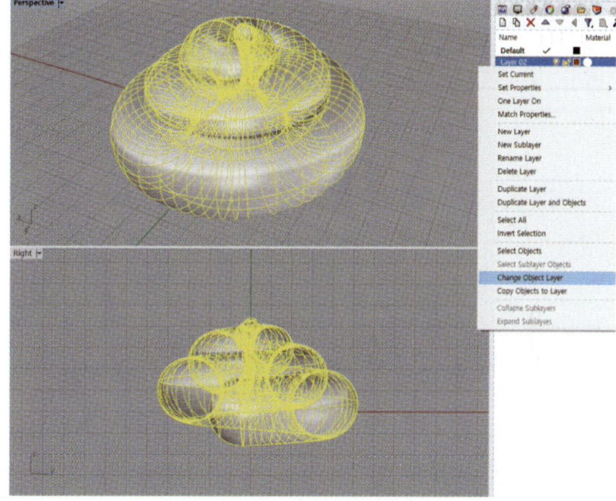

07. 다음 그림과 같이 완성된 똥 개체를 확인할 수 있다.

Basic Modeling - 05 Engage Ring ❷

01. Front Front Viewport에서 Circle: center, radius을 실행한다. 원점을 중심점으로 지름 20㎜ 원형 Curve개체와 지름 14㎜ 원형 Curve개체를 생성한다.

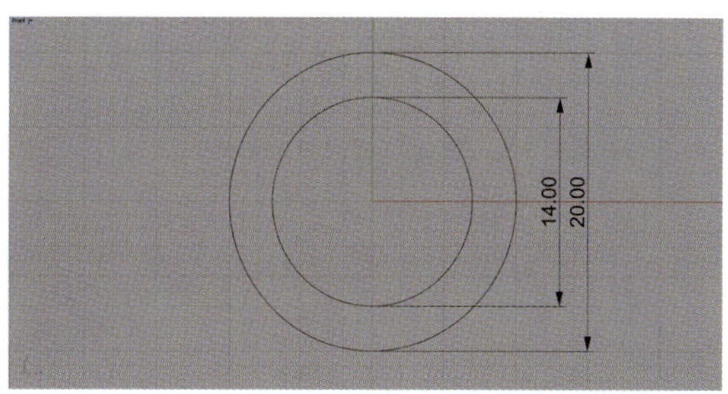

02. Front Front Viewport에서 Move를 실행하고 20㎜ 원형 Curve개체를 선택한 후, 다음 그림과 같이 1㎜ 위로 이동시킨다.

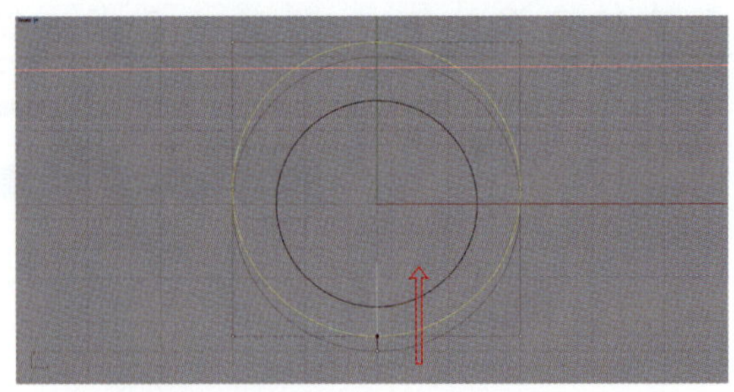

03. Tween between two curves를 실행하고 두 Curve개체를 모두 선택한 후, Enter↵ 키를 누른다.

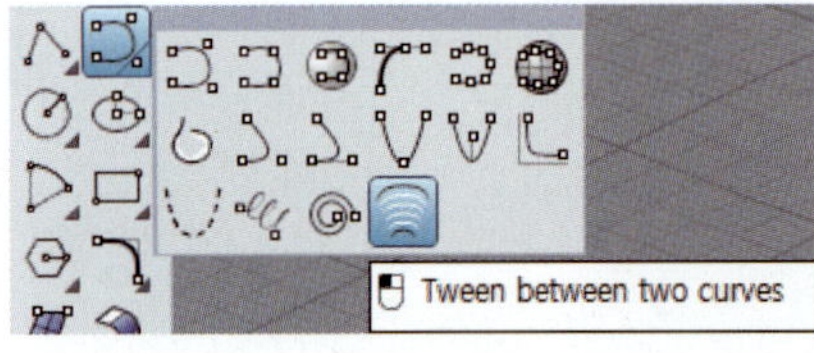

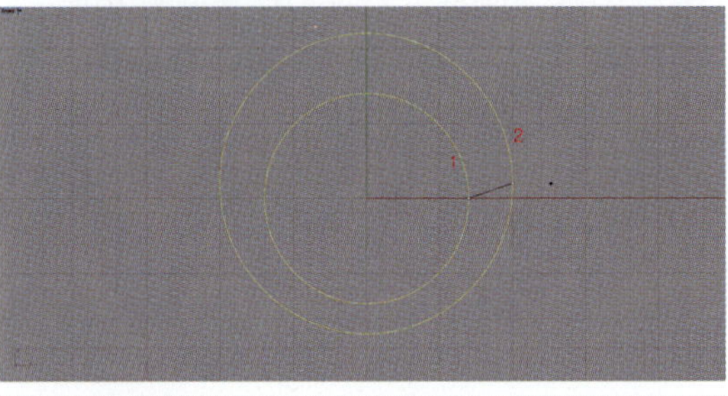

Press Enter to accept options (Number= *1* OutputLayer= *StartCrv* MatchMethod= *None* Flip):

04. 다음 그림과 같이 2개의 원형 Curve개체를 평균 내어 또 하나의 원형 Curve개체가 생성된 것을 확인할 수 있다.

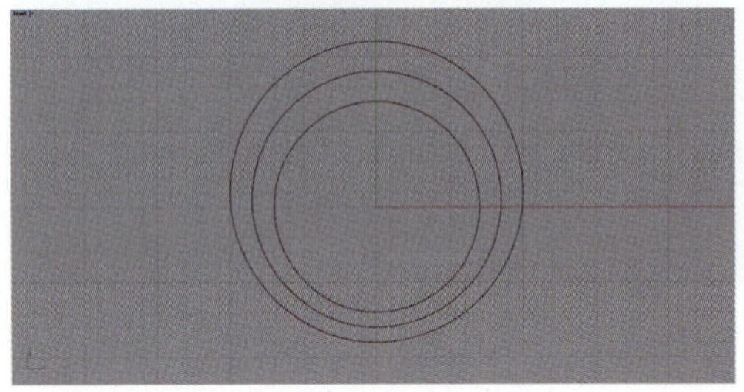

05. Right Right Viewport에서 Control Point Curve를 실행하고, 다음 그림과 같은 형태의 곡선 Curve개체를 생성한다.

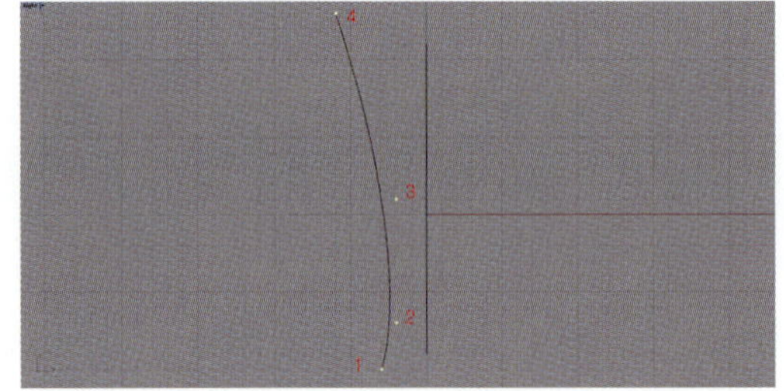

06. Front Front Viewport에서 Curve from 2 views를 실행하고, 1번 원형 Curve개체와 2번 곡선 Curve개체를 순서대로 클릭한다.

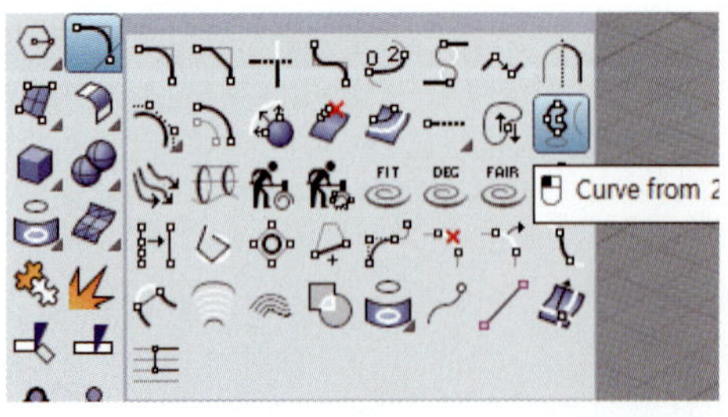

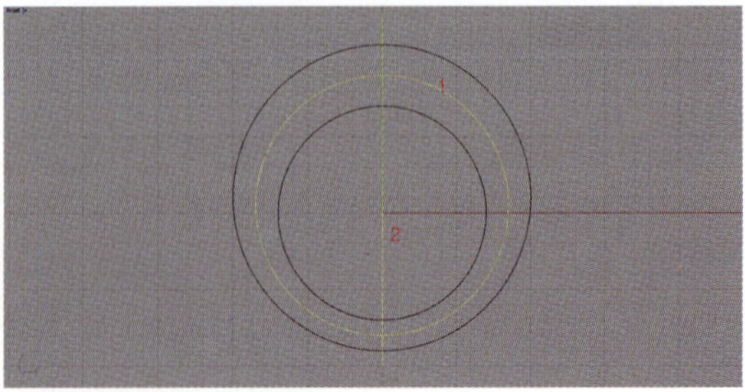

07. 다음 그림과 같이 곡선 Curve개체 형태의 원형 Curve개체가 생성된 것을 확인할 수 있다.

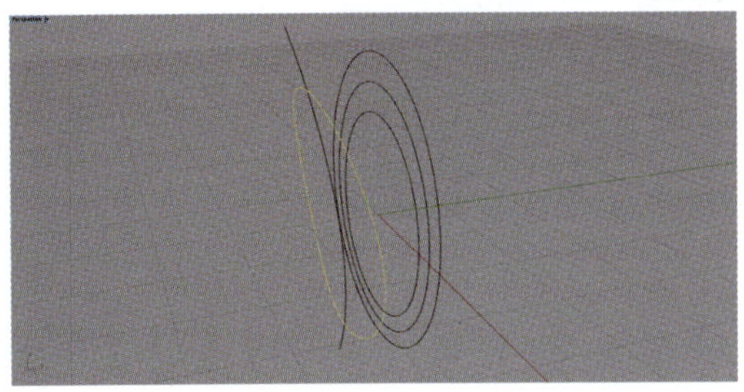

08. 다음 그림 상의 선택된 두 Curve개체 (Tween between two curves로 생성한 원형 Curve개체와 Control Point Curve로 생성한 Curve개체)를 Delete 키로 삭제한다.

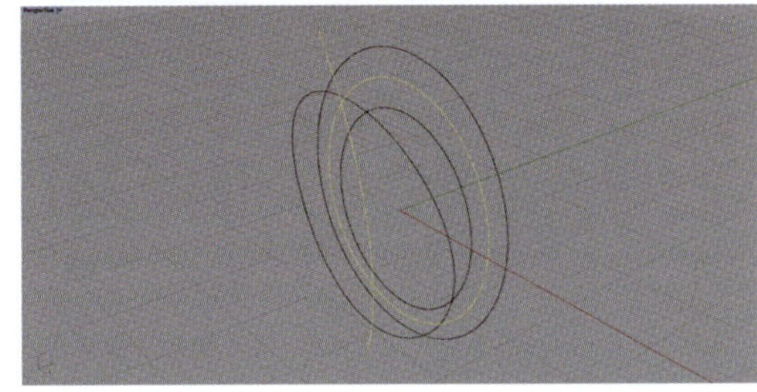

09. Top Top Viewport 또는 Right Right Viewport에서 Mirror를 실행하고, Curve from 2 views로 생성한 원형 Curve개체를 선택한 후, Enter↵키를 누른다.
Osnap Toolbar에서 ☑Quad Quad를 체크하고, 1번 Quad점과 2번 Quad점을 클릭하면 다음 그림과 같이 대칭방향에 원형 Curve개체가 복사되는 것을 확인할 수 있다.

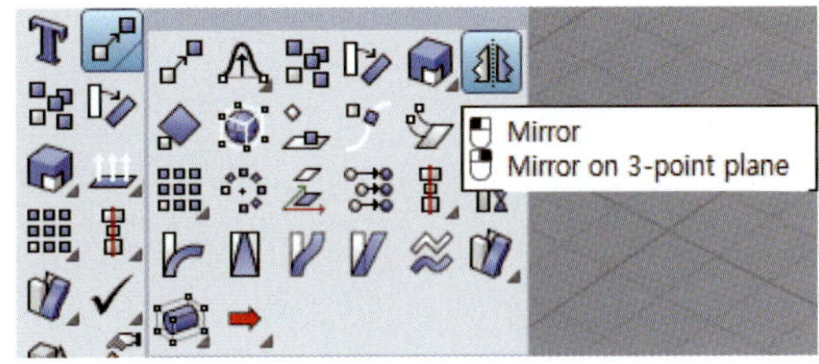

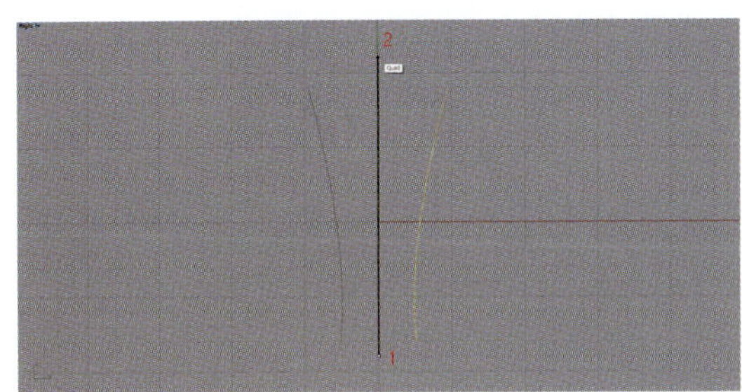

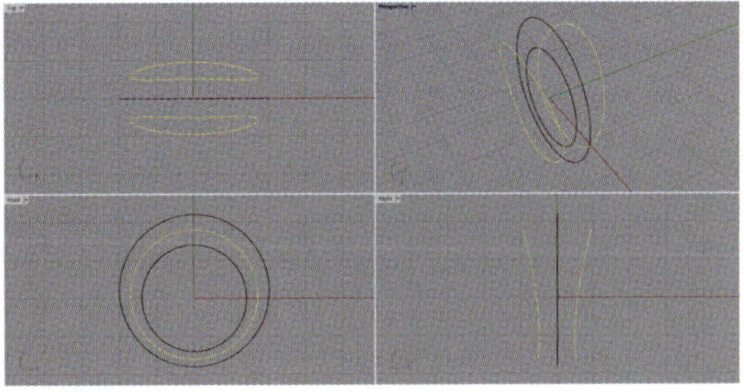

10. Perspective Perspective Viewport에서 Loft를 실행하고, 다음 그림의 순서대로 선택한 후, Enter↵키를 두 번 누른다. Loft Options 팝업창이 생기면 Normal로 설정하고, Closed loft에 체크한 후, OK를 클릭한다.

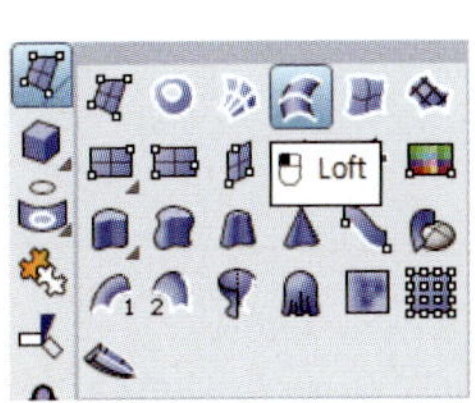

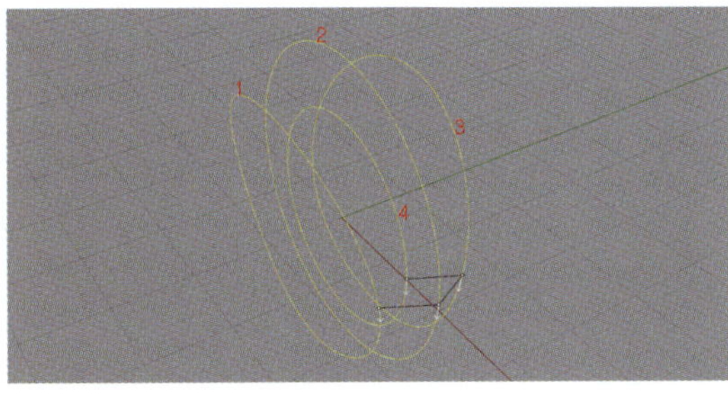

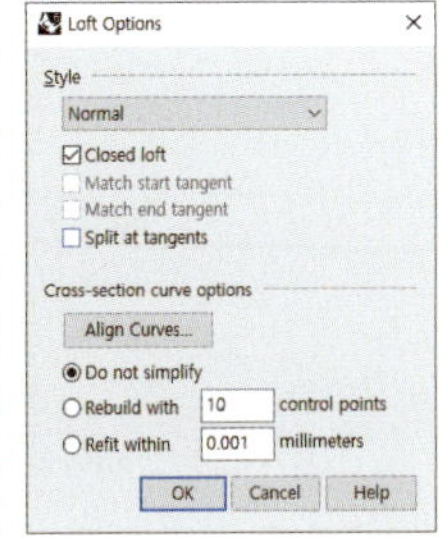

11. Select curves를 실행하여 필요 없는 Curve개체들을 삭제한다.

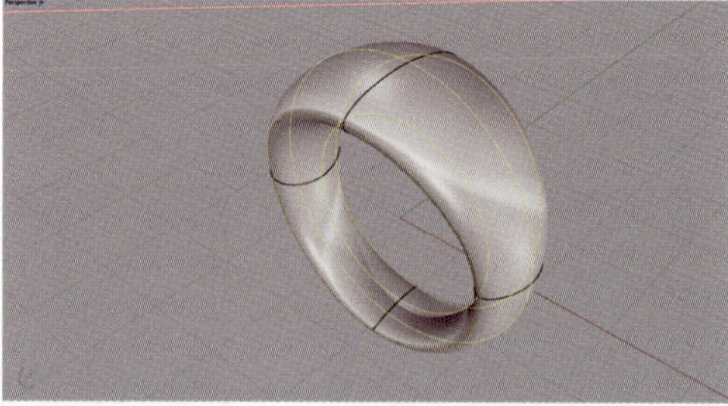

12. 다음 그림과 같이 Engage Ring개체가 완성된 것을 확인할 수 있다.

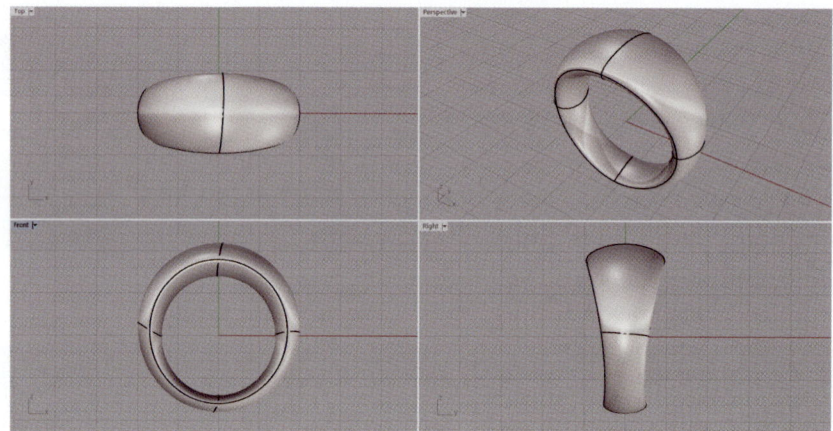

LESSON 06

Curve개체 생성 및 편집

1. Circle Toolbar
2. Ellipse Toolbar
   Basic Modeling - 06　Engage Ring ❸
3. Arc Toolbar
   Basic Modeling - 07　Engage Ring ❹
   Basic Modeling - 08　Engage Ring ❺
4. Rectangle Toolbar
5. Polygon Toolbar

Lesson 06 Curve개체 생성 및 편집

1. Circle Toolbar

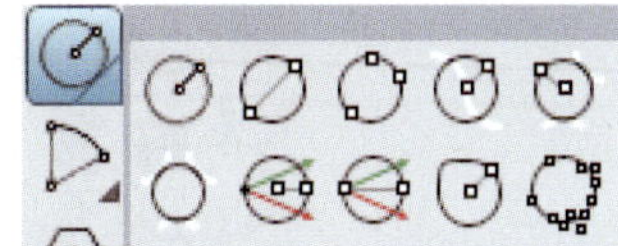

중심점, 반지름, 지름, 점들을 정의하여 원형 Curve개체를 생성하는 기능이다.

Circle: center, radius

중심점과 반지름 값으로 원형 Curve개체를 생성시키는 기능이다. 마우스로 직접 드래그하여 생성시키는 방법과 Command Prompt 영역에 직접 반지름 값 또는 지름 값을 입력하여 생성시키는 방법 2가지가 있다.

Circle: diameter

한쪽 지름에서 시작하여 반대편 지름 위치를 지정하여 원형 Curve개체를 생성시키는 기능이다.

Circle: 3 points

원주에 있는 3점을 기준으로 원형 Curve개체를 생성시키는 기능이다.

원형 Curve개체를 이용한 Pipe개체 생성

→ 부록CD 〉 Rhino 예제 〉 Lesson 6 〉 pipe

01. 다음 그림과 같이 3개의 곡선 Curve개체를 생성한다.

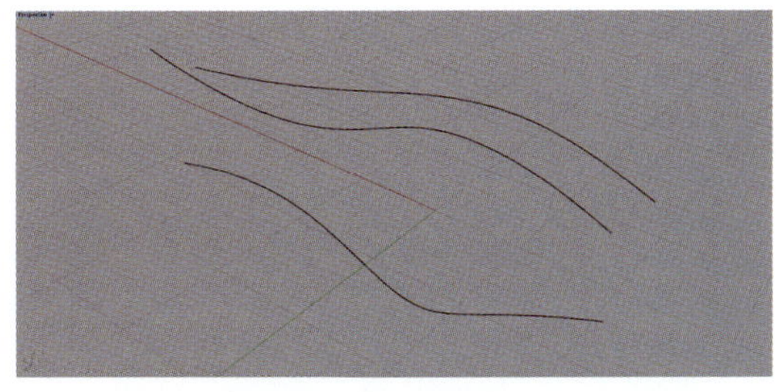

02. Circle: 3 points를 실행하고 Osnap Toolbar에서 End점을 체크한다.
다음 그림의 순서에 맞춰 원형 Curve개체 2개를 생성한다.

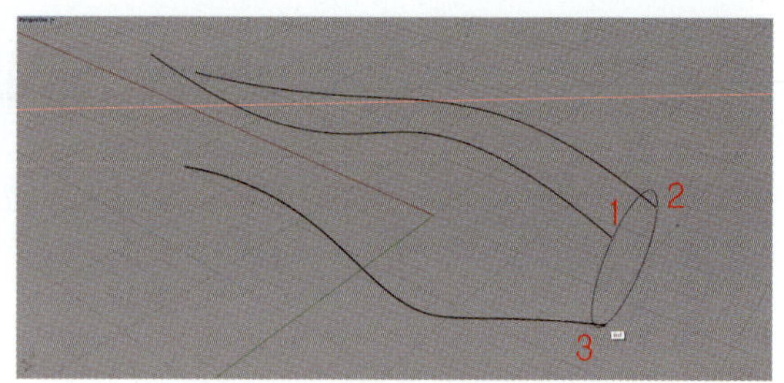

03. Sweep 2 rails를 실행하고 다음 그림의 순서대로 선택한 후, Enter↵키를 누른다.

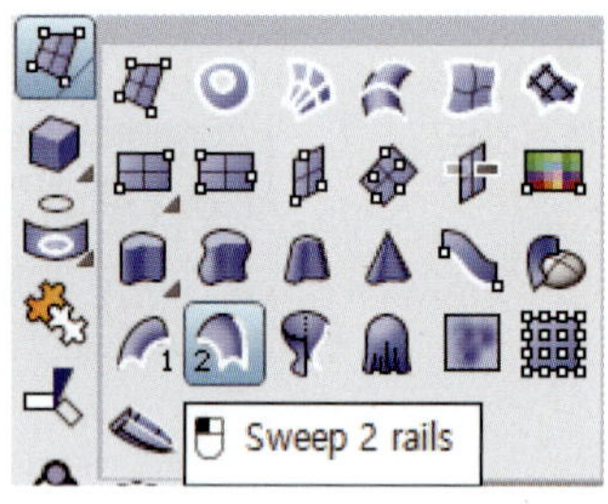

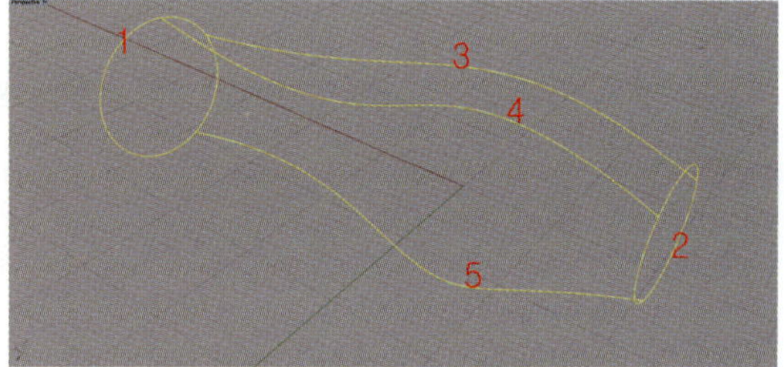

04. Sweet 2 Rail Options 팝업창이 생기면 Closed sweep에 체크를 했을 때와 안했을 때의 변화를 다음 그림과 같이 확인할 수 있다.

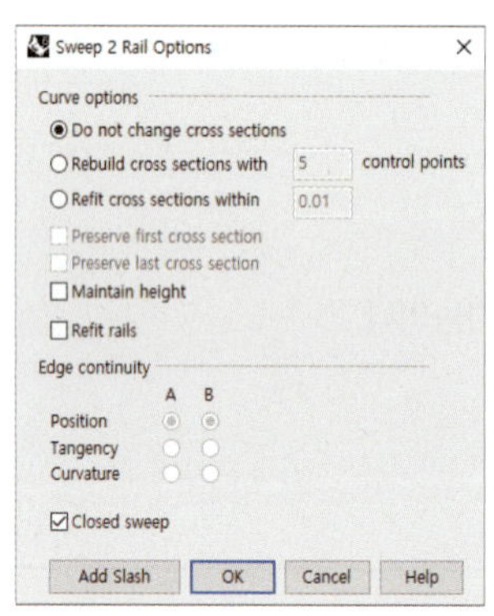

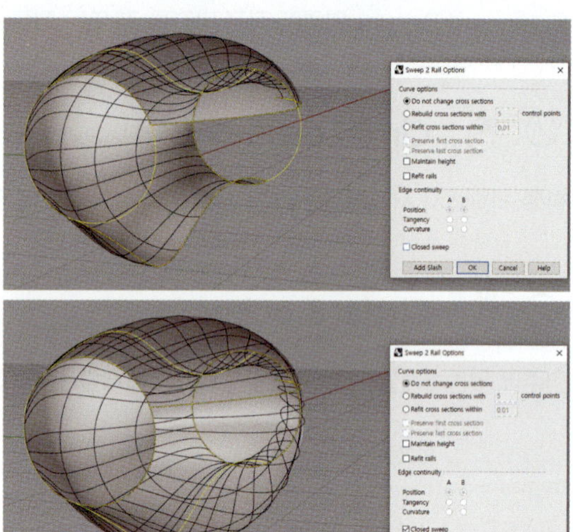

05. 다음 그림과 같이 단면이 나가고자 하는 방향으로 닫힌 Surface개체가 생성된 것을 확인할 수 있다.

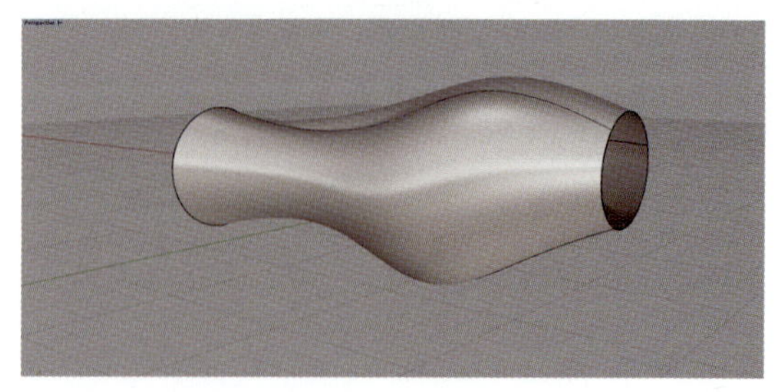

06. Undo(Ctrl+Z)를 실행하여 Sweep 2 rails를 실행하기 전으로 되돌린다.

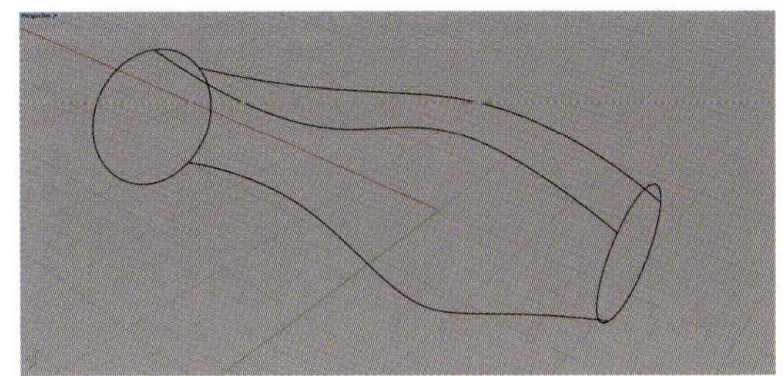

07. Surface from network of curves를 실행하고, 다음 그림의 순서대로 선택한 후, Enter↵키를 누른다.

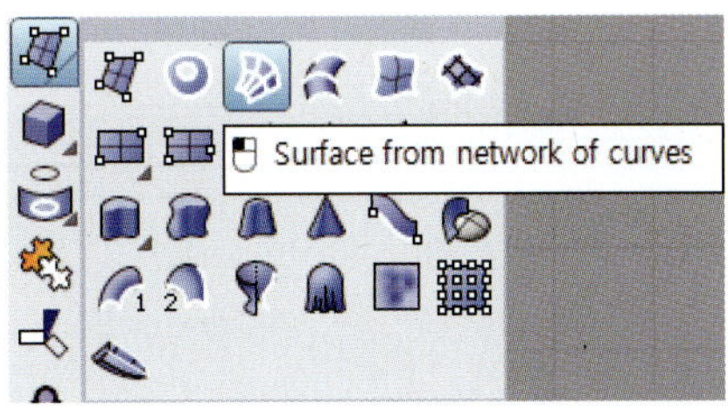

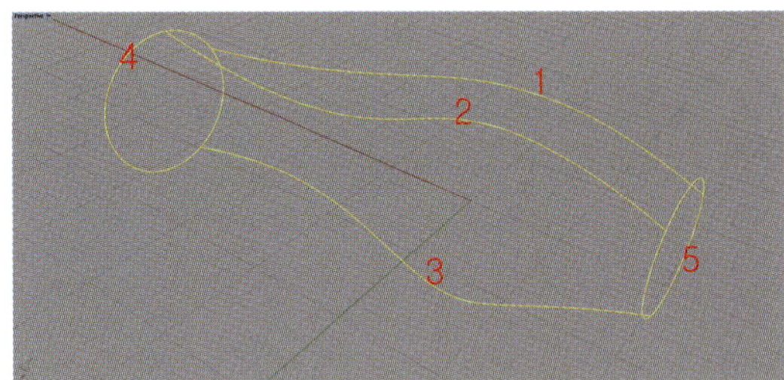

08. Surface from curve network 팝업창이 생기면 Loose를 선택했을 때와 Position을 선택했을 때의 변화를 다음 그림과 같이 확인할 수 있다.

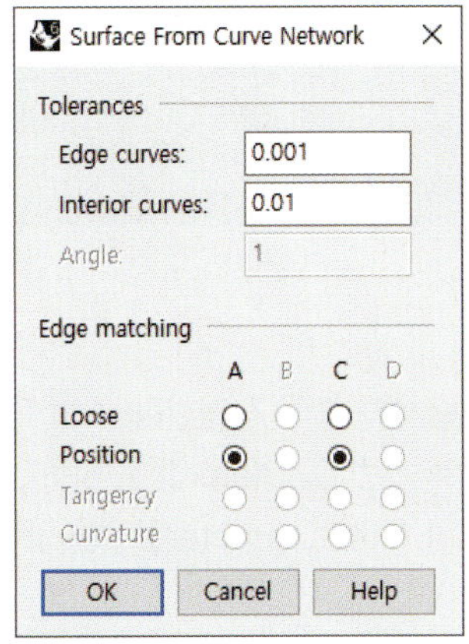

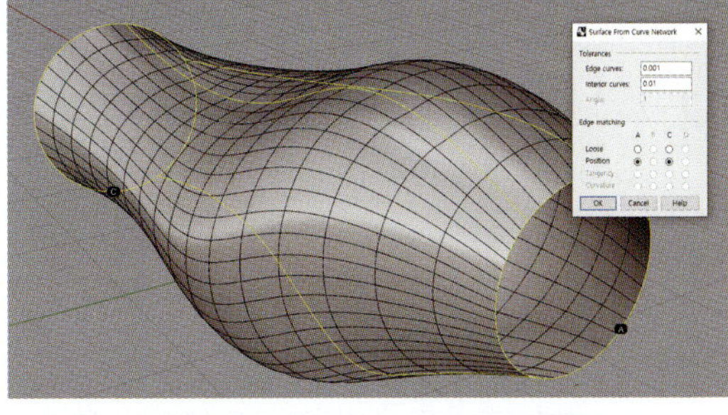

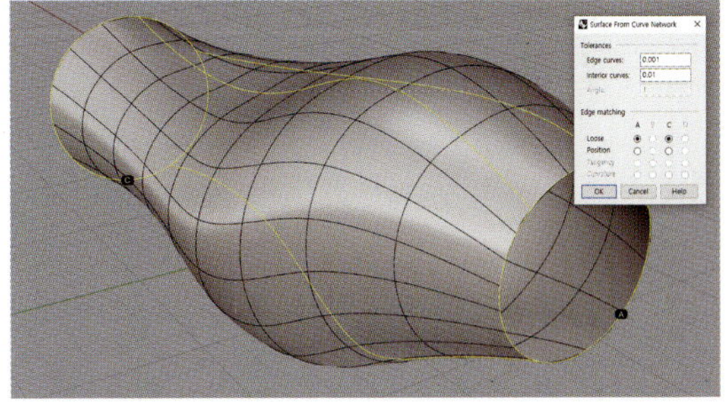

09. 다음 그림과 같이 Surface개체가 생성된 것을 확인할 수 있다.

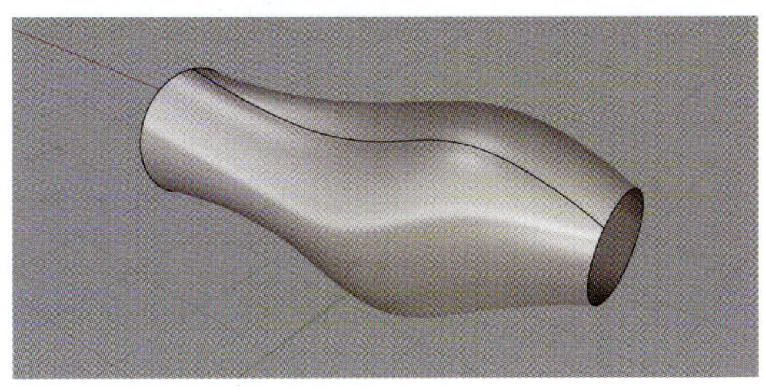

Circle around curve

기존 Curve개체 주변을 기준으로 원형 Curve개체를 생성시키는 기능이다.

원형 Curve개체를 이용한 Hippocampus모양 개체 생성

→ 부록CD 〉 Rhino 예제 〉 Lesson 6 〉 Hippocampus-1

01. Front Front Viewport에서 다음 그림과 같은 곡선 Curve개체를 생성한다.

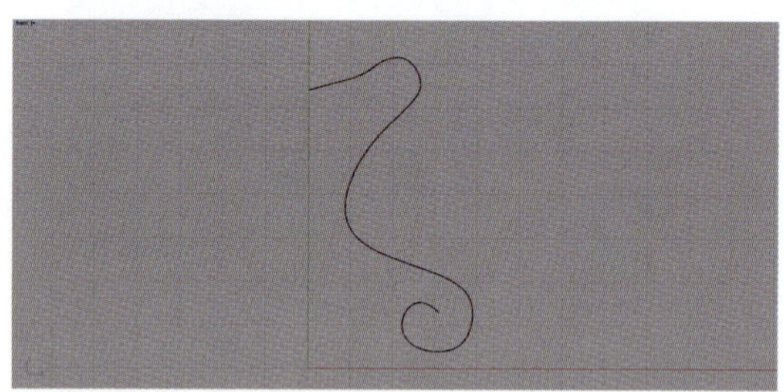

02. Circle around curve를 실행하고, Osnap Toolbar에서 End점과 Near점에 체크한다. 1번 Curve개체를 선택하고, 2번 End점을 선택한다. Command Prompt 영역에 Diameter값 2를 입력하고, Enter↵키를 누른다.

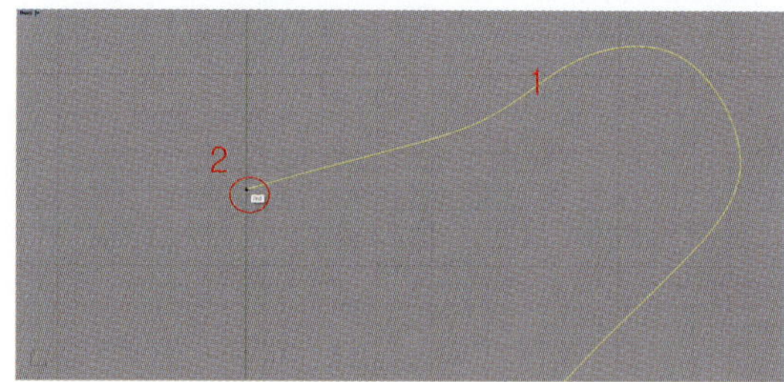

03. Circle around curve를 실행하여 다음 그림의 순서와 같이 작업한다. 1번 Diameter값 2, 2번 Diameter값 5, 3번 Diameter값 9, 4번 Diameter값 4, 5번 Diameter값 7, 6번 Diameter값 15, 7번 Diameter값 6, 8번 Diameter값 5, 9번 Diameter값 4, 10번 Diameter값 3을 입력하고, Enter↵키를 누른다.

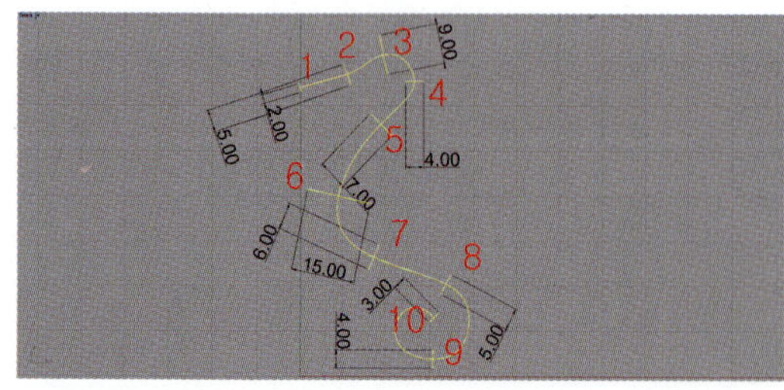

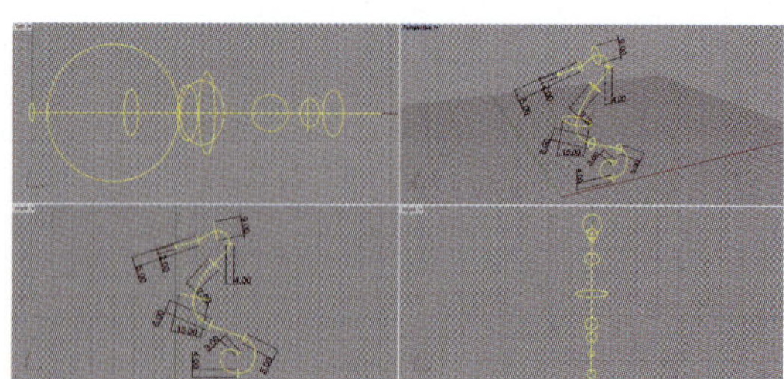

04. Sweep 1 rail을 실헹하고, 곡선 Curve개체를 선덱한 후, 원형 Curve개세를 모두 신택하고 Enter↲키를 누른다.

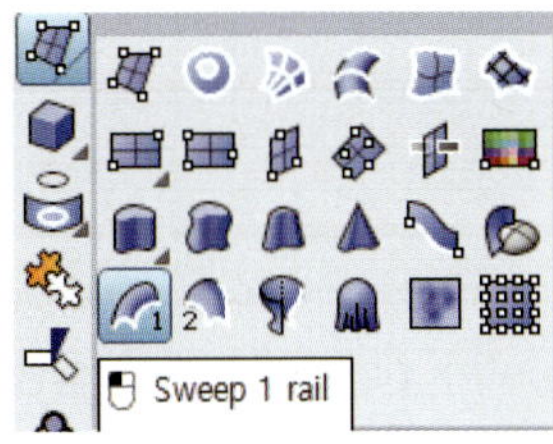

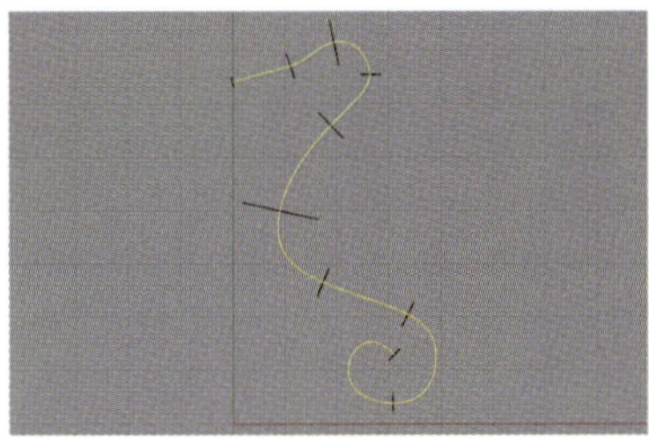

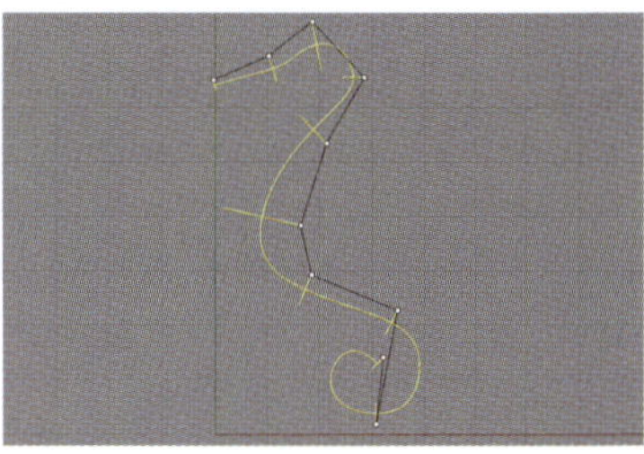

05. Seam방향과 위치를 확인하고, Enter↲키를 누른다. Sweep 1 Rail options 팝업창이 나타나면 다음 그림과 같이 설정한 후, OK를 누른다.

Drag seam point to adjust. Press Enter when done (Flip Automatic Natural):

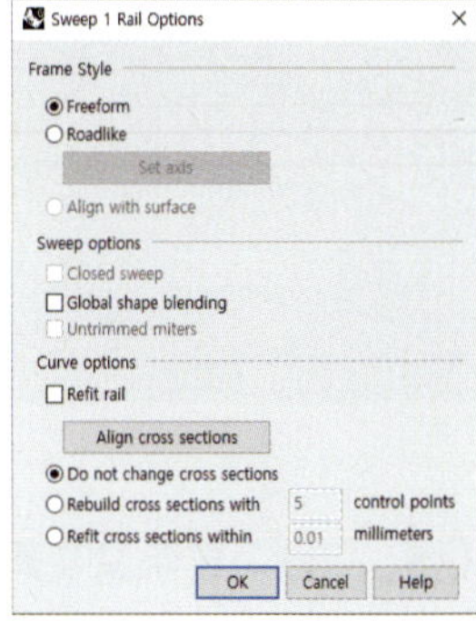

06. 다음 그림과 같이 Hippocampus모양의 Poly-Surface개체가 생성된 것을 확인할 수 있다.

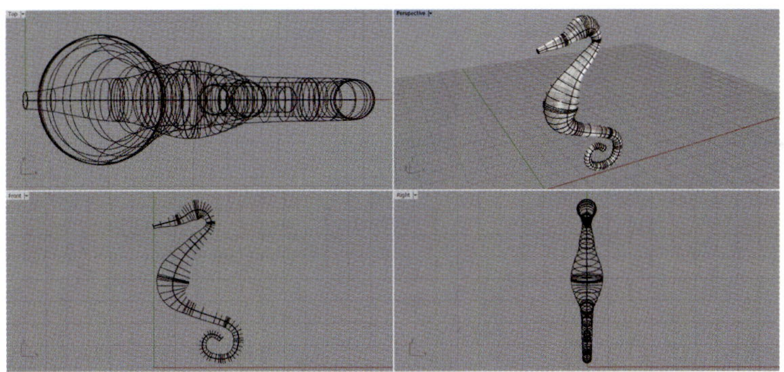

Circle: deformable

사용자가 지정한 차수와 점의 개수를 갖도록 Curve개체의 NURBS(Non-uniform rational B-spline을 줄인 말로 단순한 2D 선, 원, 호, 커브에서 가장 복잡한 3D의 유기적 자유 형상 Surface개체 또는 Solid개체에 이르기까지, 어떠한 형태도 정확하게 표현할 수 있는 수학적 표현 방법) 근사치를 만들어 원형 Curve개체 형태를 생성하는 기능이다.

- **Degree** : Curve개체의 차수 값
- **Point Count** : Curve개체의 조절점 숫자

Circle: center, radius와 Circle: deformable을 실행하여 생성한 원형 Curve개체의 차이

01. 다음 그림과 같이 Circle: center, radius와 Circle: deformable을 실행하여 원형 Curve개체를 생성한다.

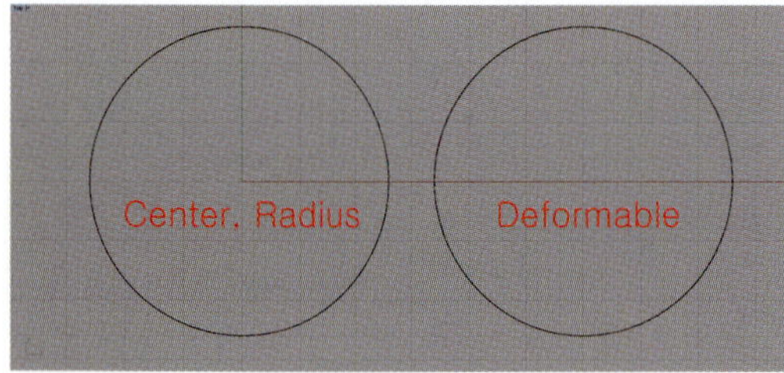

02. 두 개의 원형 Curve개체를 선택하고, Show object control points(F10)를 실행한다. 다음 그림과 같이 조절점이 보이는 것을 확인할 수 있다.

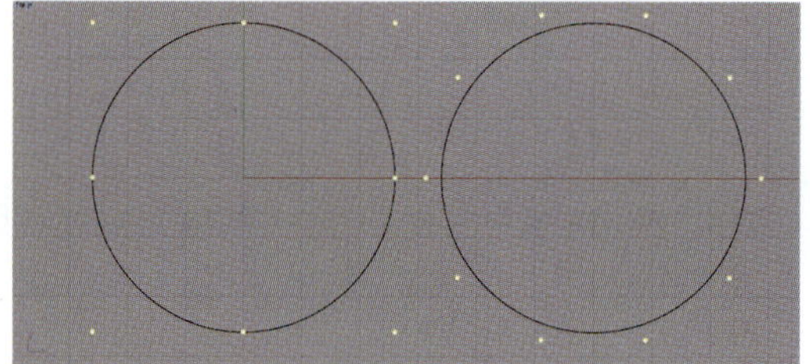

03. 다음 그림과 같이 조절점을 선택하고 이동시킨다.

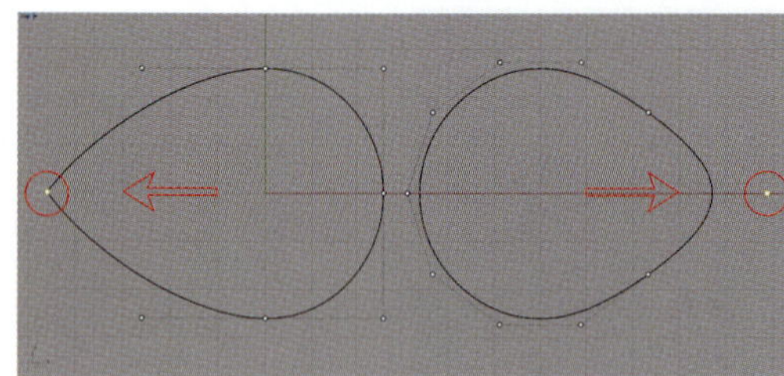

04. Points off를 실행하여 조절점을 안보이게 한다. 두 Curve개체를 선택하고 Explode를 실행하여 분해시킨다.

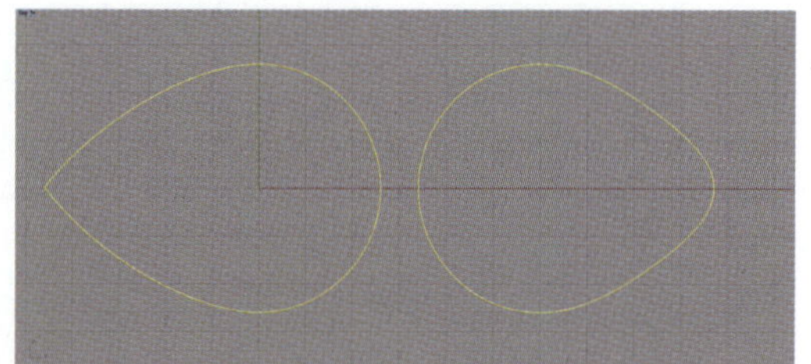

05. 다음 그림과 같이 Circle: center, radius로 생성한 원형 Curve개체만 분해된 것을 확인할 수 있다.
Circle: center, radius로 생성한 원형 Curve개체가 분해되는 이유는 생성된 원형 Curve개체의 Degree(차수)값이 2로 생성되기 때문이다.
이동시킨 조절점은 해당 원형 Curve개체의 Knot(매듭점)이므로 이 매듭점을 이동시키면 그 매듭점은 Kink(End점과 End점이 연결)가 된다.

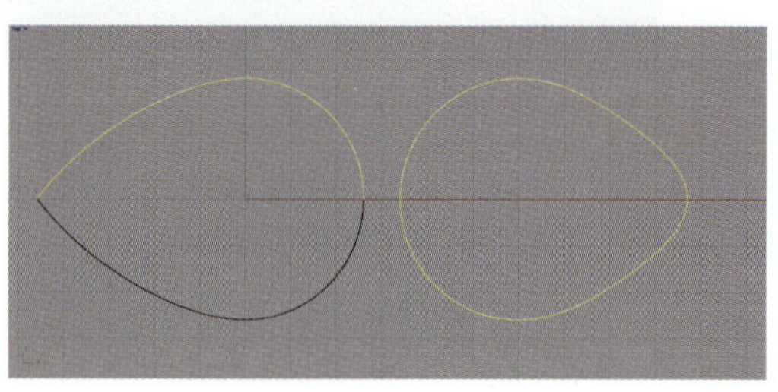

2. Ellipse Toolbar

두 개의 고정 축과 한 개의 유동 축을 이용하여 생성되는 지점들의 집합으로 정의할 수 있으며 중심점과 각각의 축을 지정하거나, 하나의 축의 양끝점과 다른 축과의 거리를 지정하여 타원 형태의 Curve개체를 생성한다.

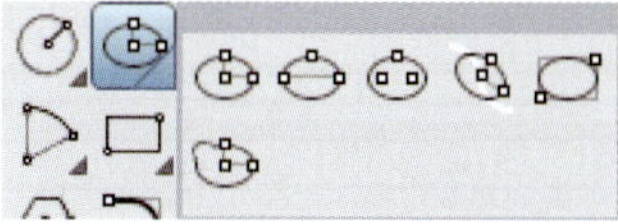

From center

중심점에서 첫 번째 축과 두 번째 축을 사용하여 타원형 Curve개체를 생성하는 기능이다.

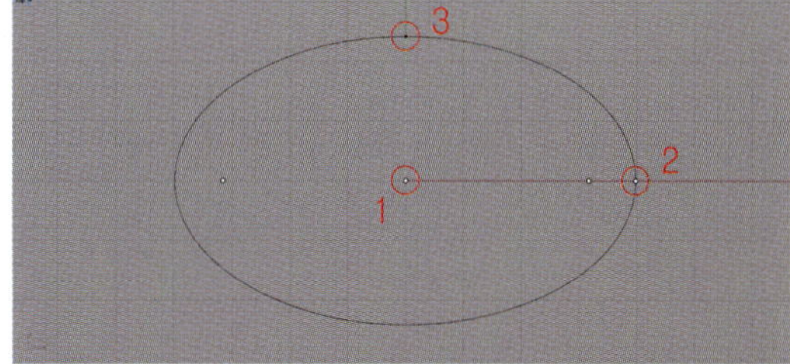

Deformable

변형하기 쉽도록 조절점을 추가하여 타원형 Curve개체를 생성하는 기능이다.

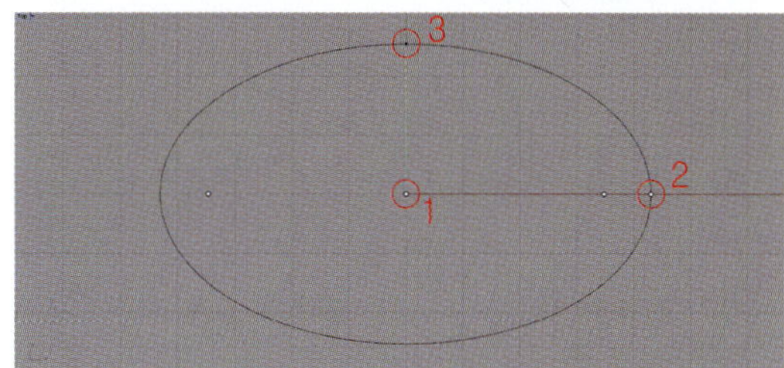

By Corners

타원개체 범위를 표시하는 직사각형의 모서리에서 모서리로 지정시켜 타원형 Curve개체를 생성하는 기능이다.

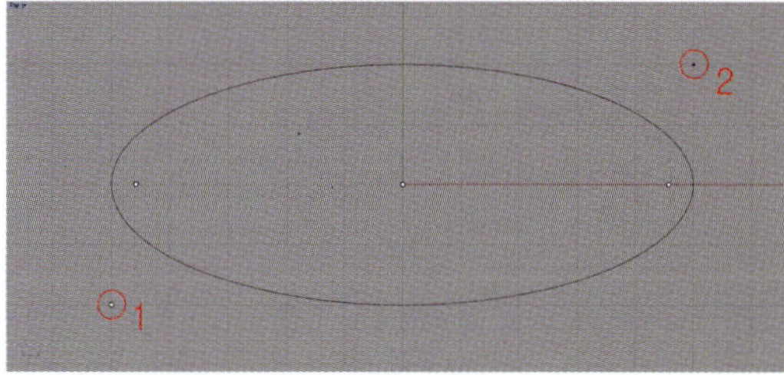

Diameter

지름의 점을 지정하여 타원형 Curve개체를 생성하는 기능이다.

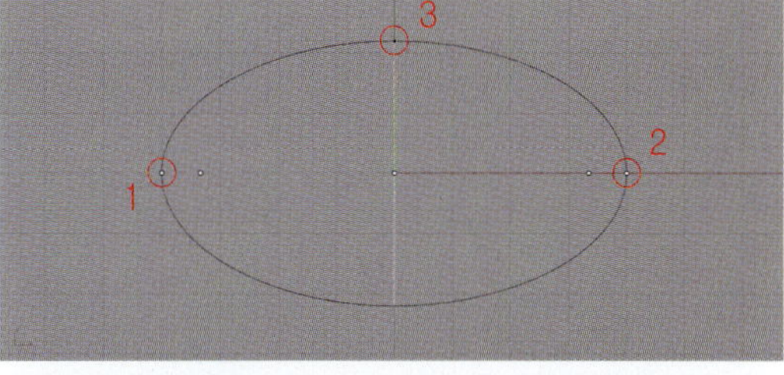

From Foci

타원 내부 2개의 중심점을 이용해서 타원형 Curve개체를 생성하는 기능이다.

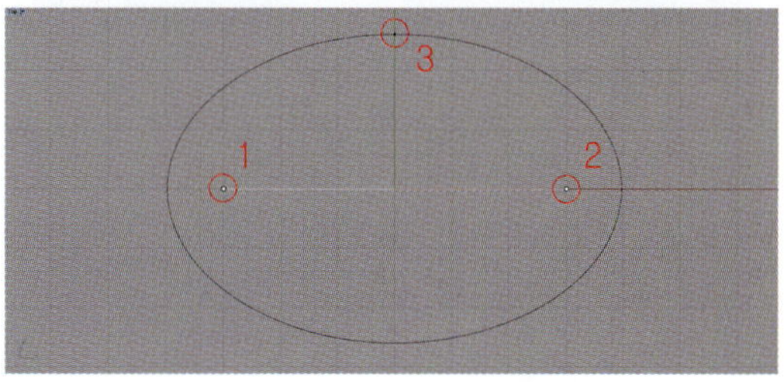

Around Curve

기존 Curve개체의 주변에 타원형 Curve개체를 생성하는 기능이다.

Basic Modeling - 06 Engage Ring ❸

※두 개의 단면 Curve를 이용한 Engage Ring 생성

01. Circle: center, radius를 실행하여 지름 값 10㎜인 원형 Curve개체를 생성한다.

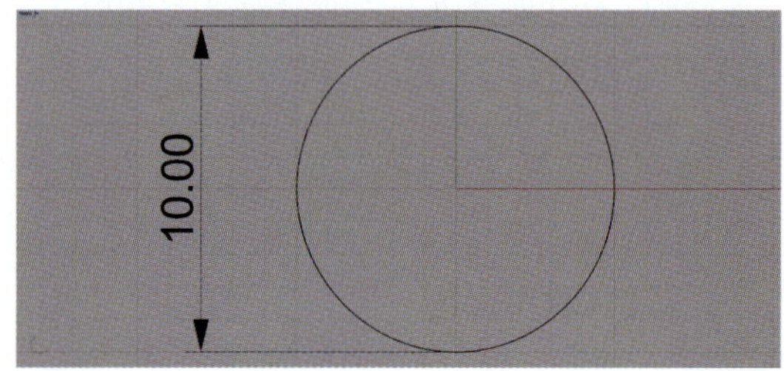

02. Ellipse: around curve를 실행하고, Osnap Toolbar에서 Quad점에 체크한 후, 원형 Curve개체의 상단에 위치한 Quad점에 다음 그림과 같은 순서대로 세로 반지름 값 1㎜, 가로 반지름 값 3㎜의 타원형 Curve개체를 생성한다.

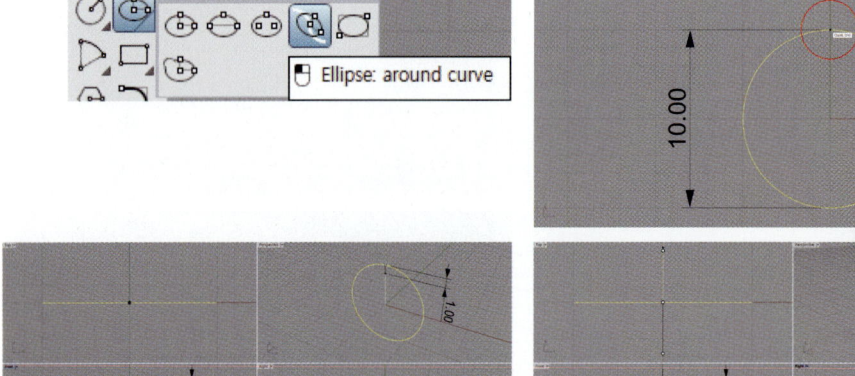

End of first axis: 1

End of second axis: 3

03. Circle around curve를 실행하고, 원형 Curve개체의 하단에 위치한 Quad점에 반지름 값이 1인 원형 Curve개체를 생성한다.

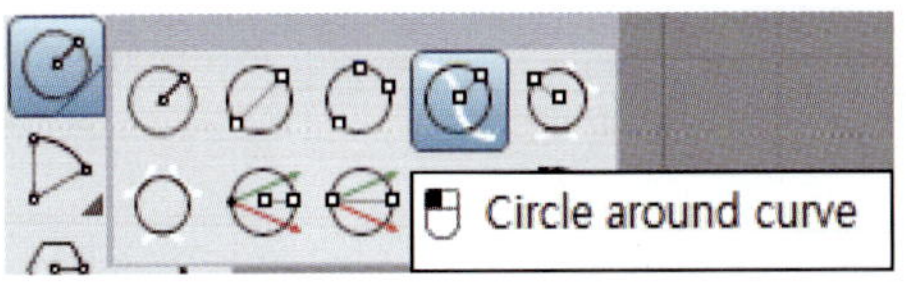

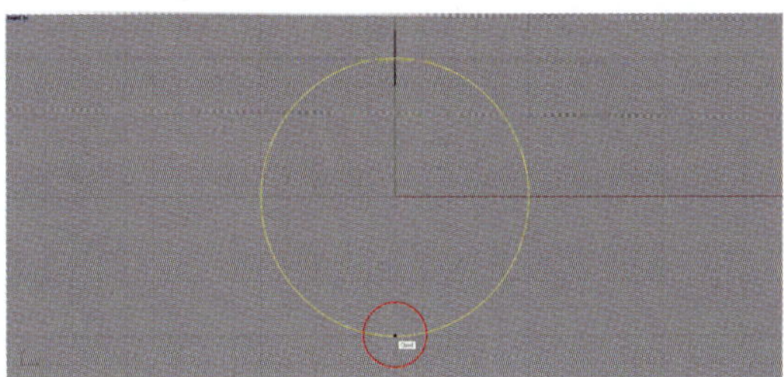

Radius <1.000> (Diameter Circumference Area ProjectOsnap=*Yes*): 1

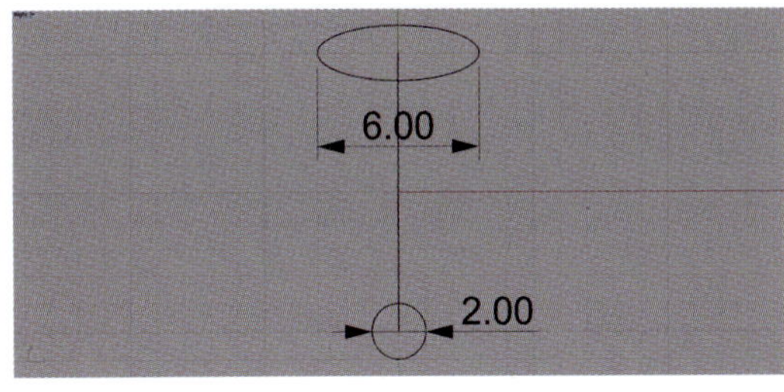

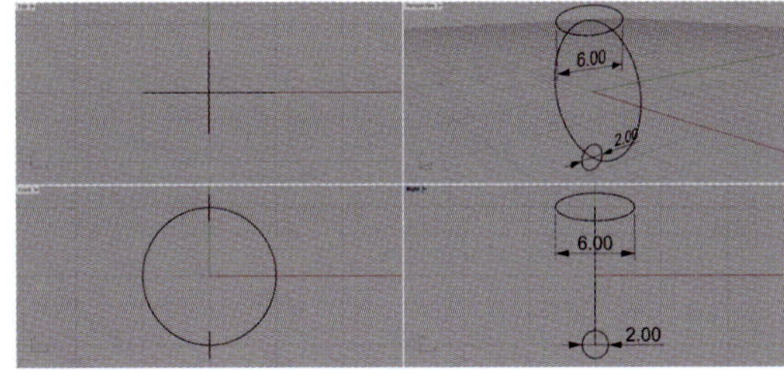

04. Sweep 1 rail를 실행하여 다음 그림과 같이 1, 2, 3번을 순서대로 선택하고, Enter↵ 키를 누른다.

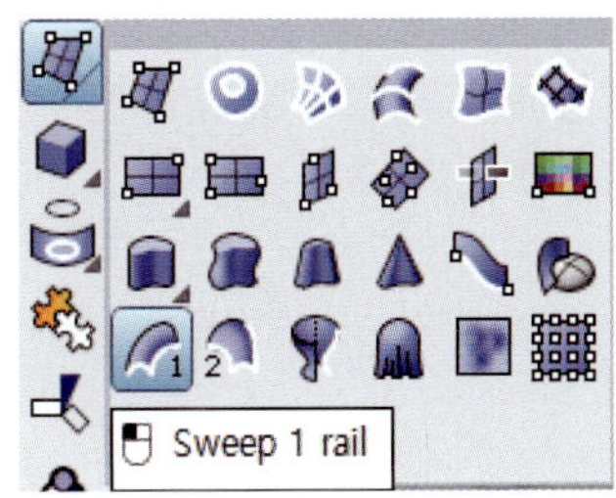

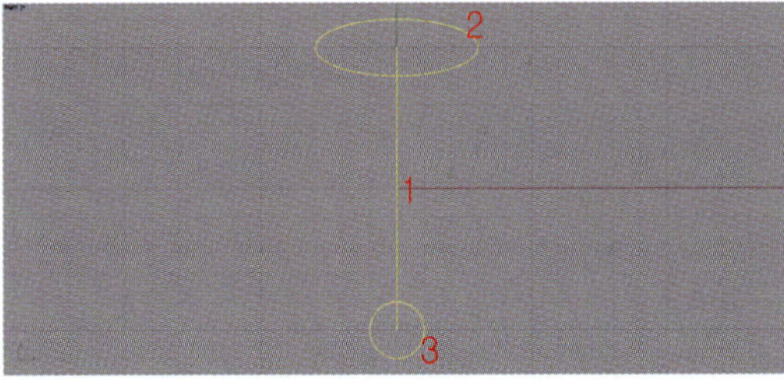

05. 다음 그림과 같이 두 Curve개체의 Seam 방향과 위치를 확인할 수 있다.

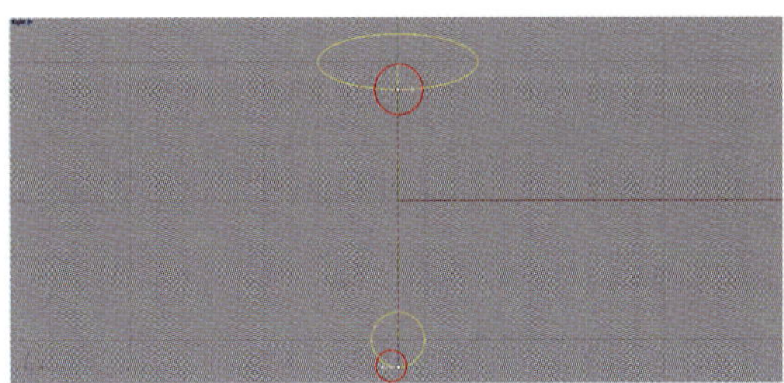

06. Enter↵ 키를 누르고 Sweep 1 Rail Options 창이 나타나면 Closed sweep에 체크한다. 다음 그림과 같이 생성된 반지개체가 뒤틀린 것을 확인할 수 있다.

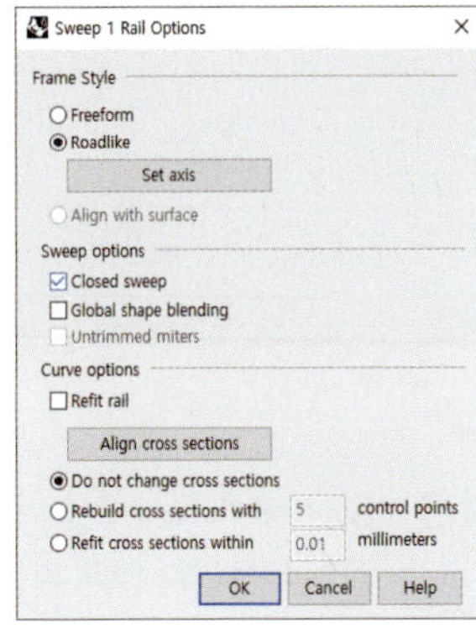

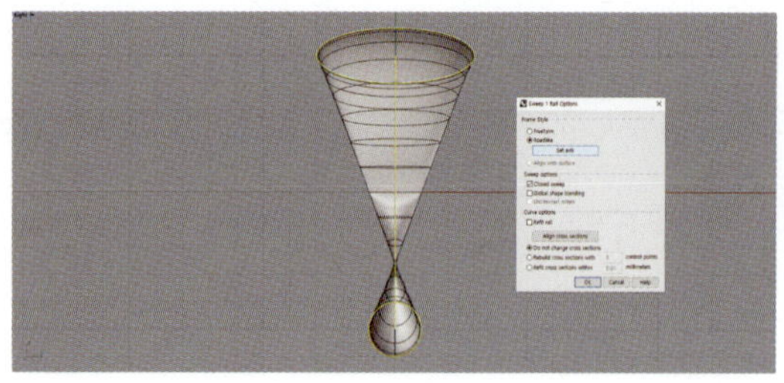

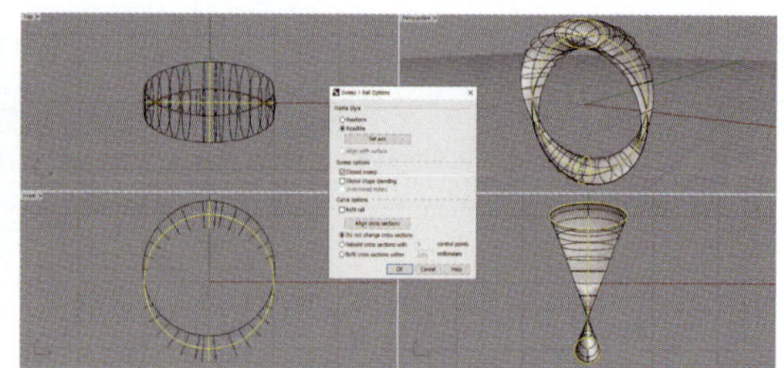

07. Cancel을 누르고 다시 Sweep 1 rail를 실행한다. 상단 Curve개체의 Seam에 있는 화살표를 클릭하여 하단 Curve개체의 Seam과 같은 방향으로 맞추고 Enter↵키를 누른다.

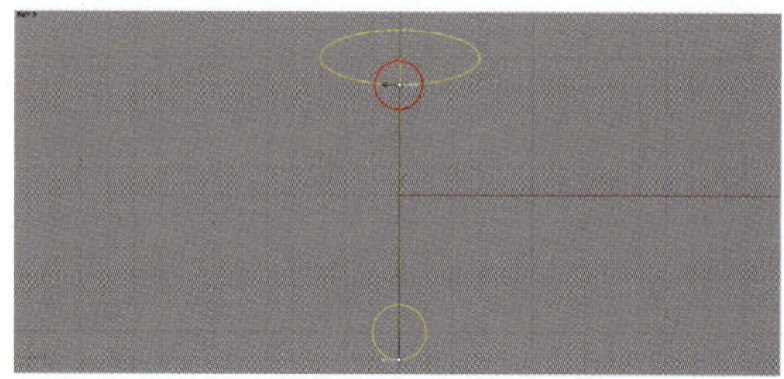

08. 다음 그림의 Front ▾ Front Viewport를 보면 여전히 생성된 반지개체가 뒤틀린 것을 확인할 수 있다.

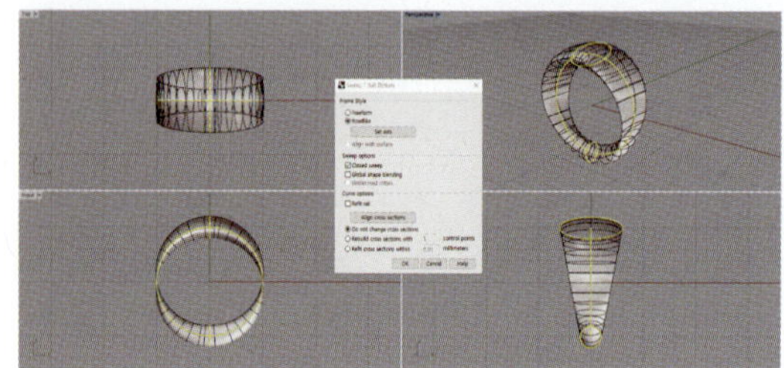

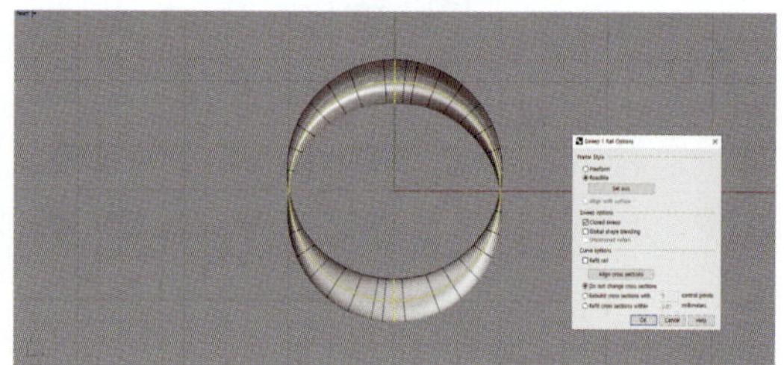

09. Cancel을 누르고 다시 Sweep 1 rail를 실행한다. 다음 그림과 같이 상단 Curve개체의 Seam Point를 클릭하고 Curve개체의 윗부분 Quad점으로 Seam의 위치를 옮긴다. 화살표 방향을 하단 Curve개체의 Seam 화살표 방향과 맞추고 Enter↵키를 누른다.

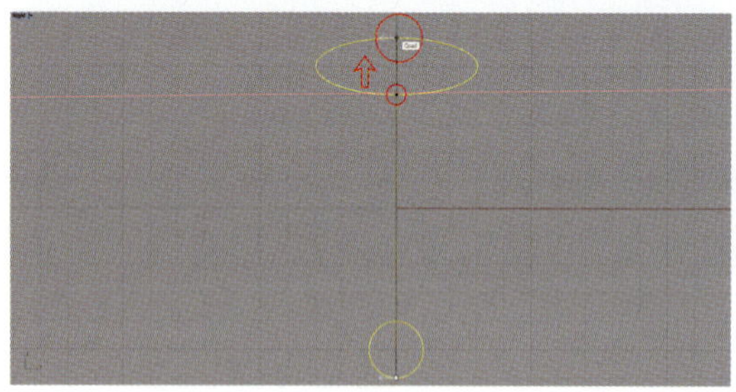

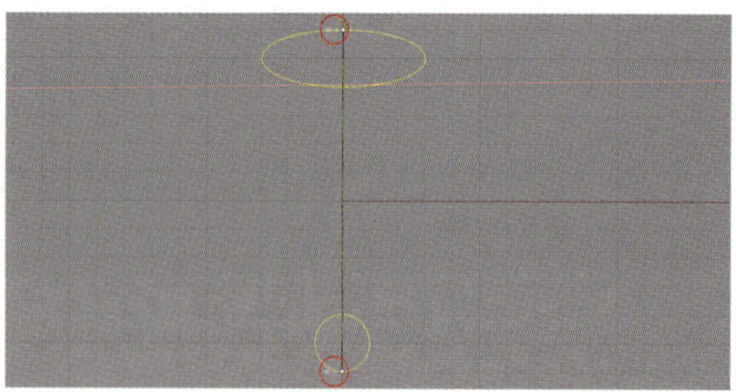

10. Sweep 1 Rail Options창이 나타나면 Closed sweep에 체크하고 Enter↵키를 누른다. 다음 그림과 같이 뒤틀리지 않은 완성된 반지개체가 생성된 것을 확인할 수 있다.

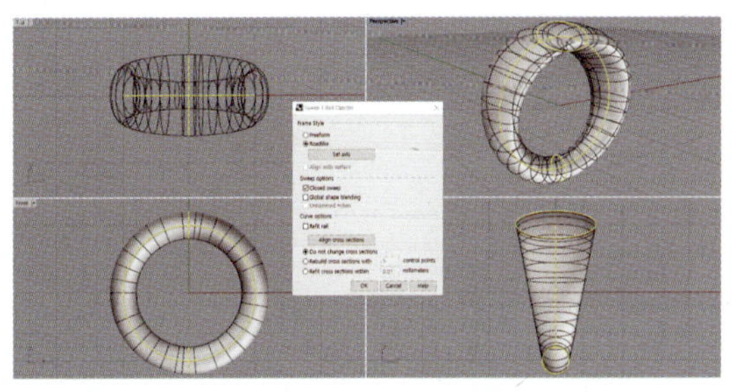

3. Arc Toolbar

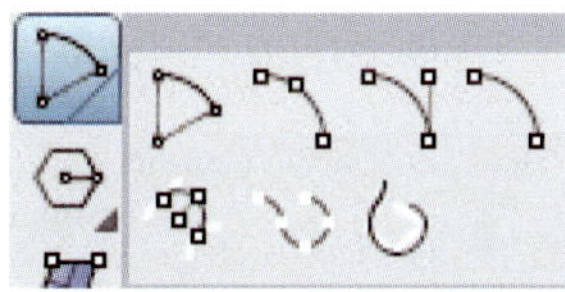

호(Arc)의 중심점, 시작점, 끝점, 각도, 통과점, 방향과 같이 호를 정의하는 점들을 사용하여 호 개체를 생성하는 기능이다.

Options

- **Deformable :** 변형하기 쉽도록 조절점을 추가하여 호 개체를 생성하는 기능이다.
- **Start point :** 시작점, 끝점, 방향을 사용하여 호 개체를 생성하는 기능이다.
- **Tangent :** 기존의 Curve에 대하여 접하는 호 개체를 생성하는 기능이다.
- **Extension :** 기존의 Curve를 연장하여 호 개체를 생성하는 기능이다.

Arc: Center, Start, Angle

중심점과 시작점 그리고 각도 작업순서를 이용하여 호 개체를 생성하는 기능이다 .

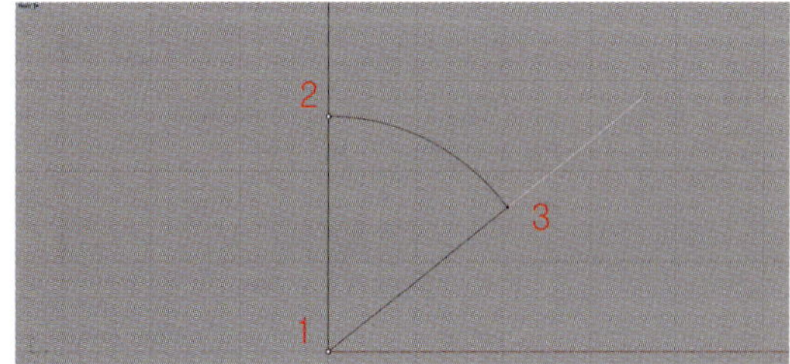

Arc: start, end, point on arc

시작점, 끝점 그리고 포인트를 지정하여 호 개체를 생성하는 기능이다.

Basic Modeling - 07 Engage Ring ④

※Arc 형태 단면을 이용한 Engage Ring 생성

01. 지름 값이 23mm와 17mm인 원형 Curve 개체를 생성한다.

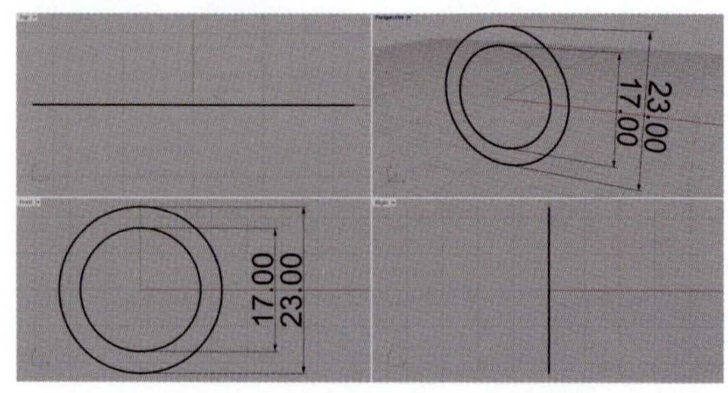

02. Osnap Toolbar에서 Quad점을 체크하고, Move를 실행하여 바깥쪽 원형 Curve개체의 하단에 위치한 Quad점을 선택한 후, 다음 그림과 같이 위쪽 방향으로 1.5mm 이동시킨다.

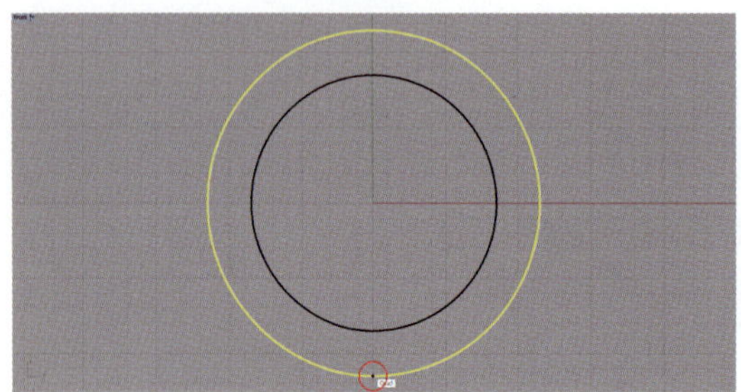

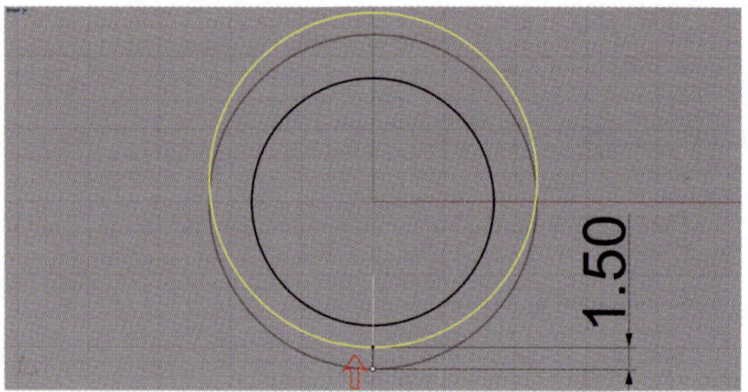

03. Line: from midpoint를 실행한다. 다음 그림과 같이 안쪽 원형 Curve개체의 상단에 위치한 Quad점을 선택하고, Command Prompt 영역에 반지름 값 4를 입력한 후, Enter↵ 키를 누른다.
Top Top Viewport 또는 Right Right Viewport에서 Shift 키를 누른 상태로 마우스를 화살표 방향으로 움직인 후, 클릭한다.

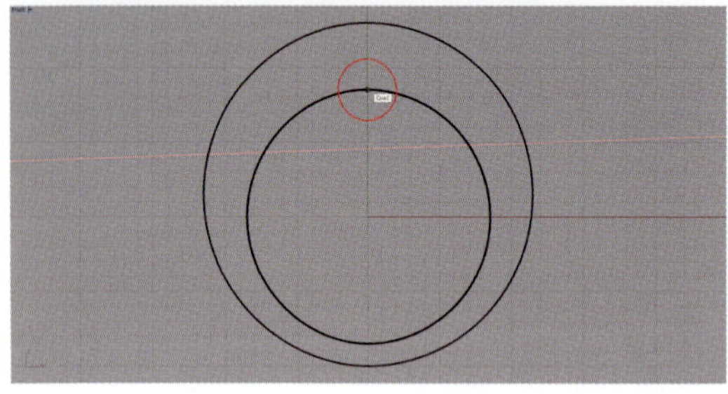

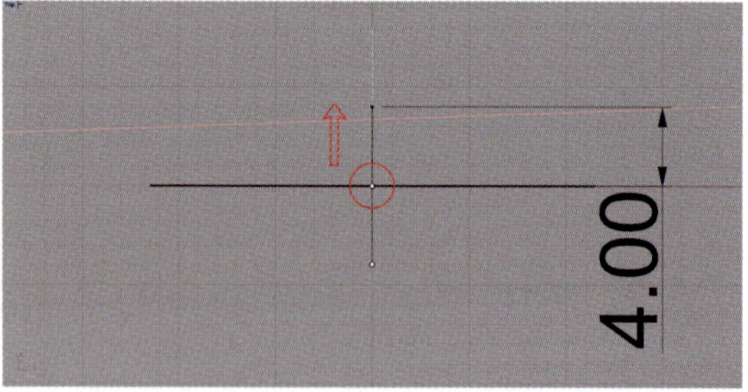

04. 다시 Line: from midpoint를 실행한다. 다음 그림과 같이 안쪽 원형 Curve개체의 하단에 위치한 Quad점을 선택하고, Command Prompt 영역에 반지름 값 2를 입력한 후, Enter↵ 키를 누른다.
Right Right Viewport에서 Shift 키를 누른 상태로 마우스를 화살표 방향으로 움직인 후, 클릭한다.

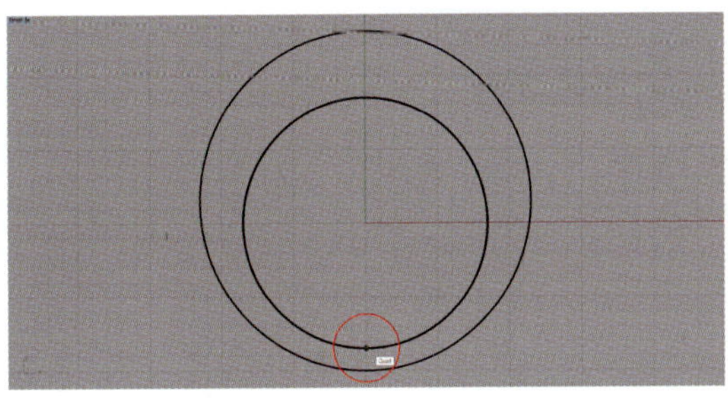

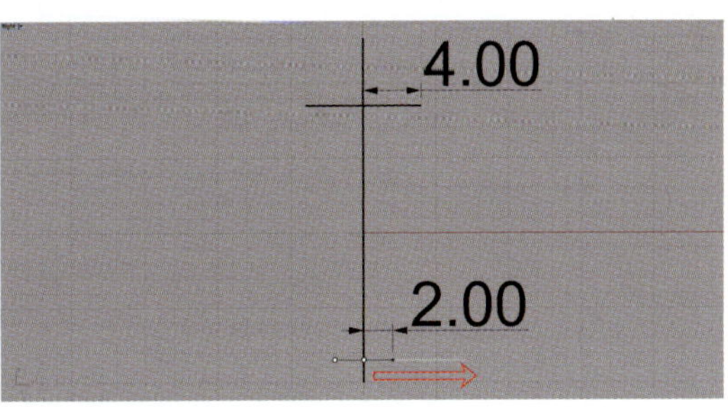

05. Arc-start, end, point on arc를 실행하고, 다음 그림과 같은 순서로 원형 Curve개체 상단에 위치한 직선 Curve개체에 호 개체를 생성한다.

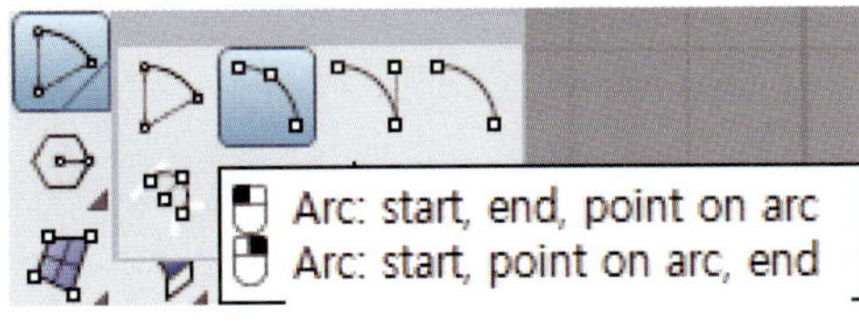

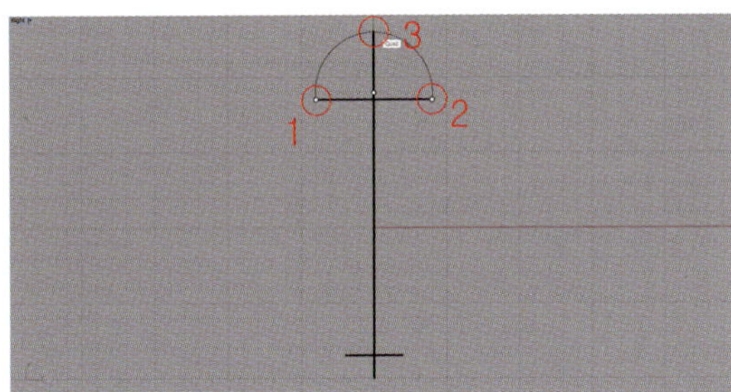

06. 위와 같은 순서로 원형 Curve개체 하단에 위치한 직선에도 호 개체를 생성한다.

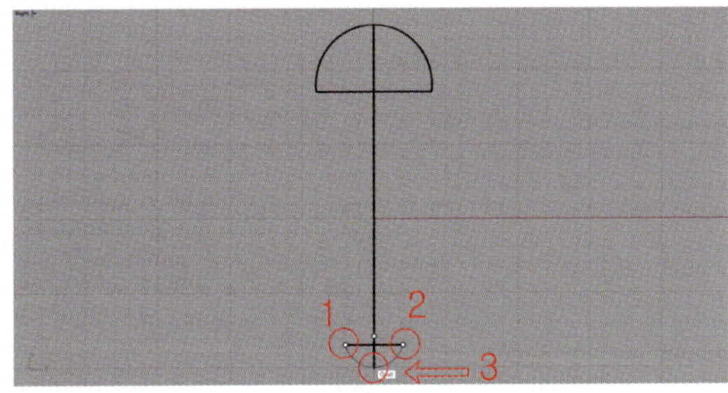

07. Sweep 1 rail를 실행한다. 1번 23㎜ 원형 Curve개체를 선택하고, 2번과 3번의 호 개체를 선택한 후, Enter↵키를 누른다.

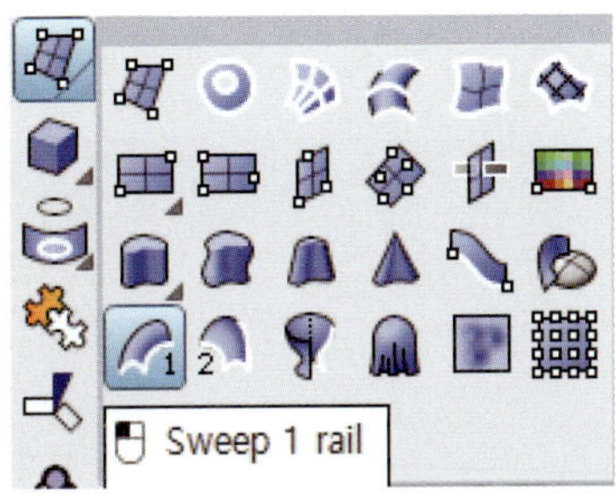

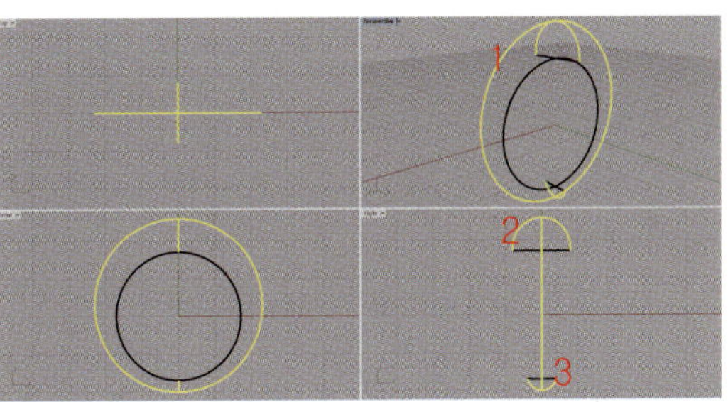

08. 다음 그림과 같이 Sweep 1 Rail Options 창이 나타나면 Closed sweep에 체크를 한 후, OK를 클릭한다.

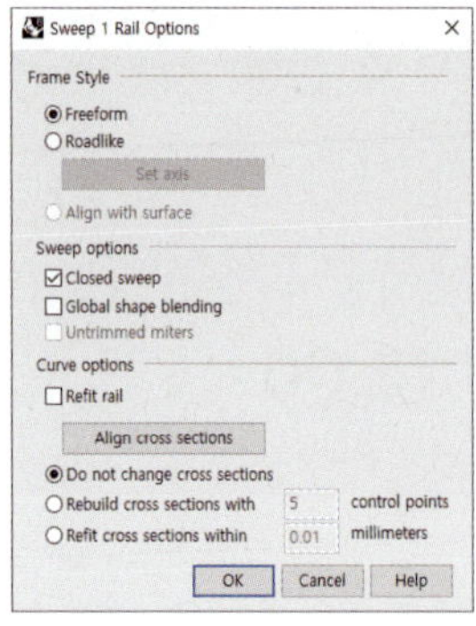

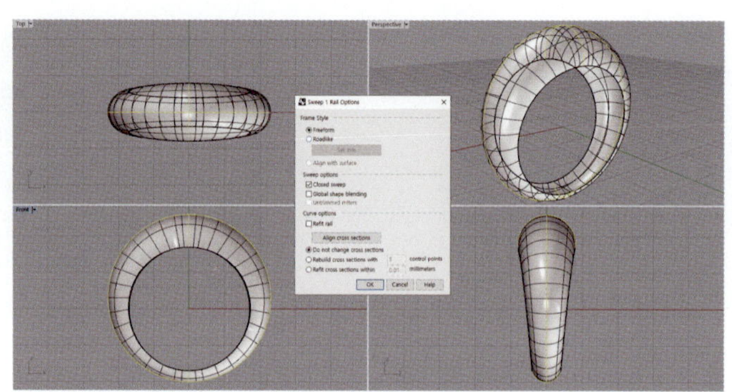

09. 다음 그림과 같이 반지 형태의 Surface 개체가 생성된 것을 확인할 수 있다.

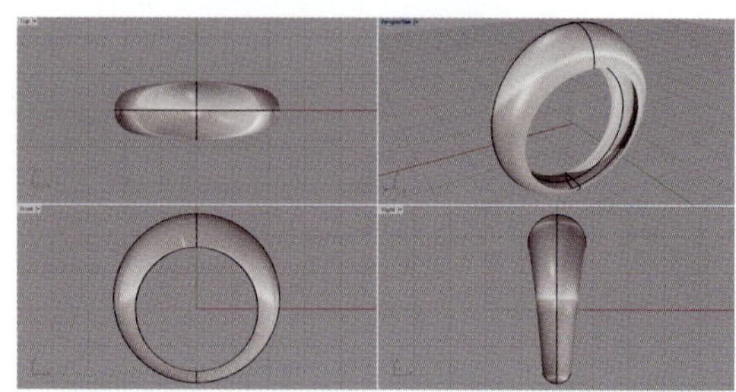

10. 반지 형태의 Surface개체를 선택하고 Explode를 실행한다. 다음 그림과 같이 Surface개체가 Edge에 따라 모두 분해된 것을 확인할 수 있다.

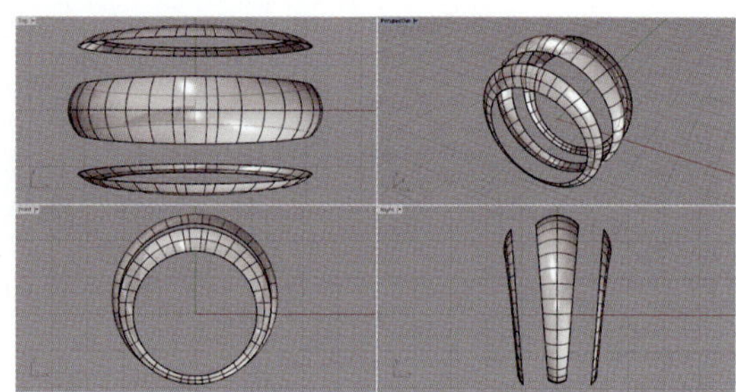

11. 분해가 되는 이유는 호 개체가 가진 Degree(차수)값과 Knot점 개수가 불일치하기 때문이다.

개체가 분해되지 않게 다시 작업을 진행하기 위해 Undo(Ctrl+Z)를 실행하여 Sweep 1 rail를 실행하기 이전으로 되돌린다.

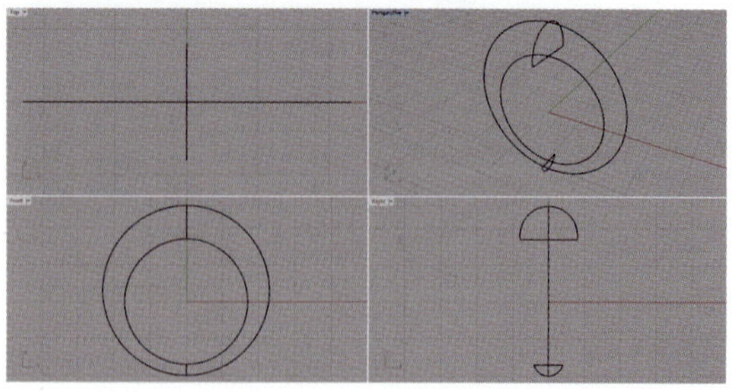

12. 원형 Curve개체 상단의 호 개체를 선택하고 Rebuild curve를 실행한다. 다음 그림과 같이 Rebuild 창이 나타나면 Point Count값을 10으로 입력하고, Degree(차수)값을 9로 입력한 후, OK를 클릭한다.

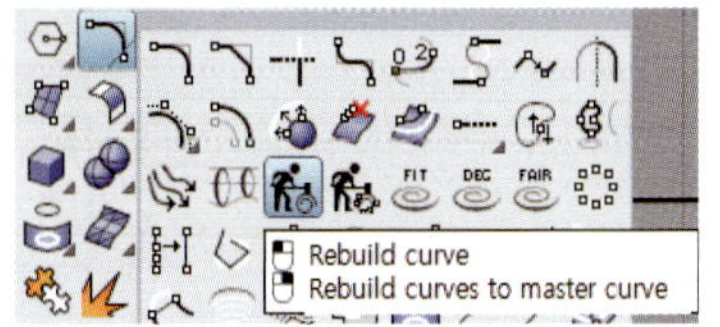

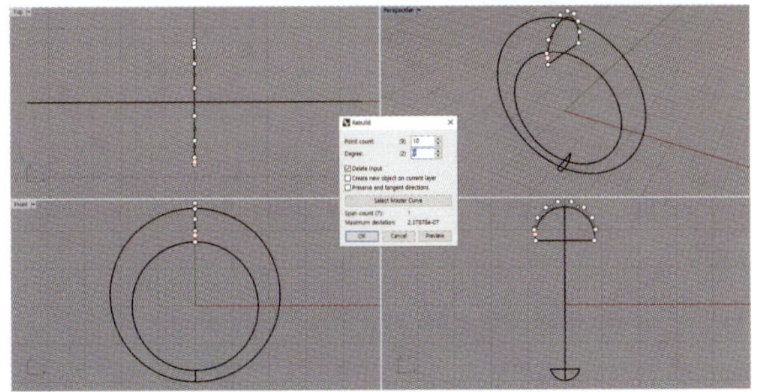

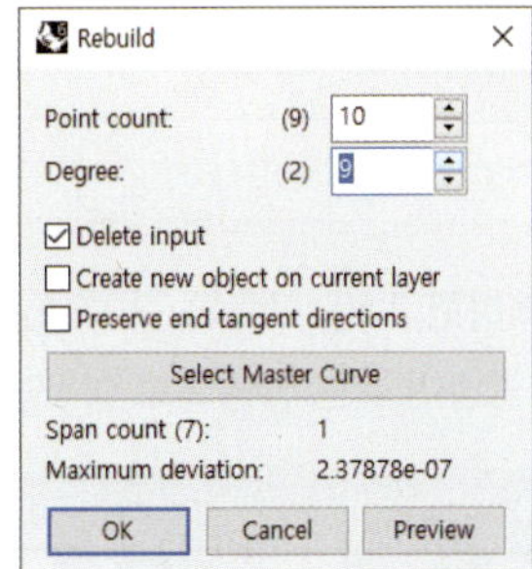

13. 원형 Curve개체 하단에 위치한 호 개체도 위와 같은 방법으로 같은 값을 지정한다.

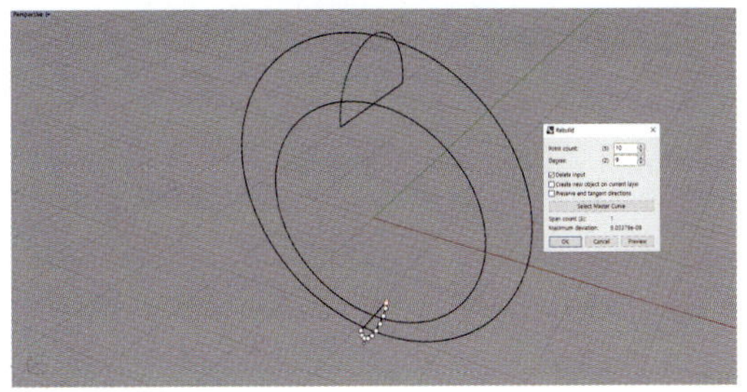

14. Sweep 1 rail를 실행하고 다음 그림과 같은 순서로 선택한 후, Enter키를 누른다.

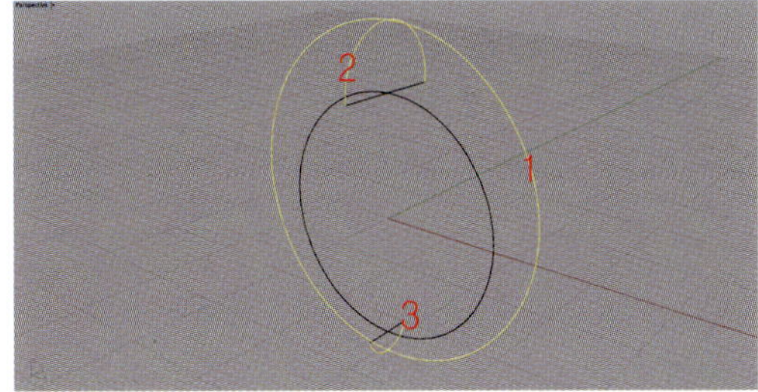

15. 다음 그림과 같이 Sweep 1 Rail Options 창이 나타나면 Closed sweep에 체크한 후, OK를 클릭한다.

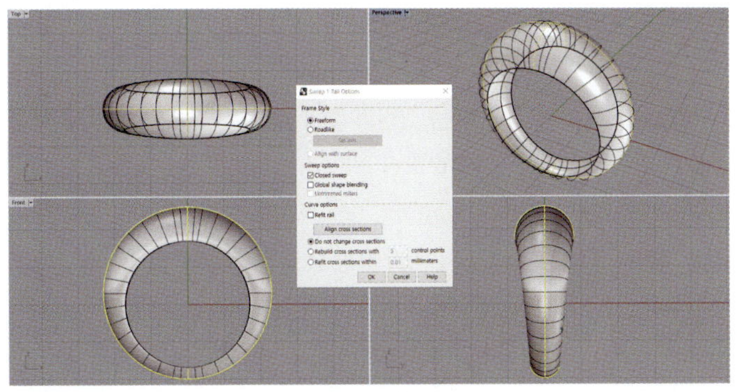

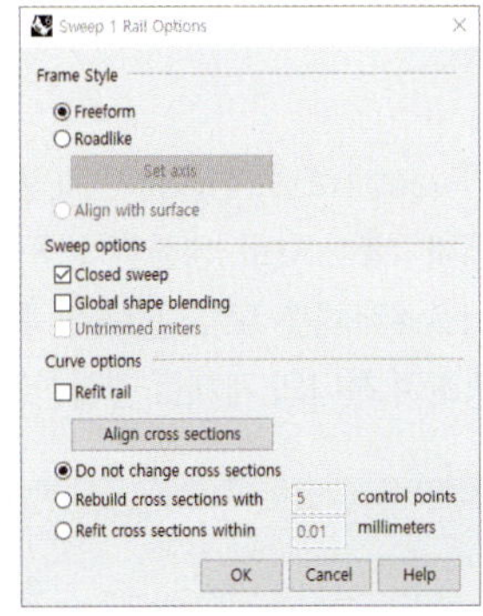

16. 생성된 반지 형태의 Surface를 선택하고 Explode를 실행한다. 다음 그림과 같이 Surface개체가 분해되지 않는 것을 확인할 수 있다.

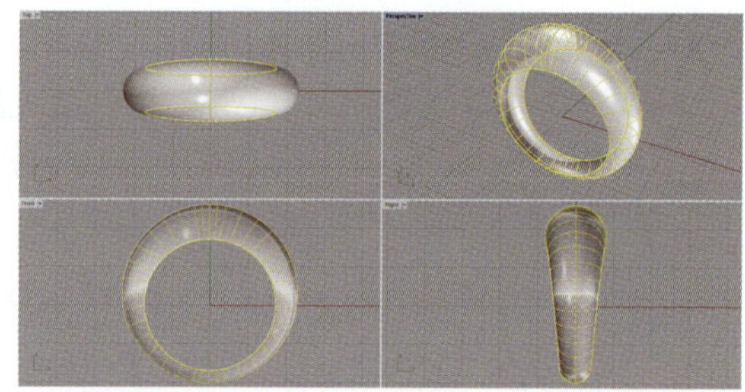

17. Loft를 실행하고, 다음 그림과 같이 Surface 안쪽 Edge를 선택한 후, Enter↵ 키를 누른다. Seam 화살표 방향이 같은 방향으로 향하는지 확인한 후, Enter↵ 키를 누른다.

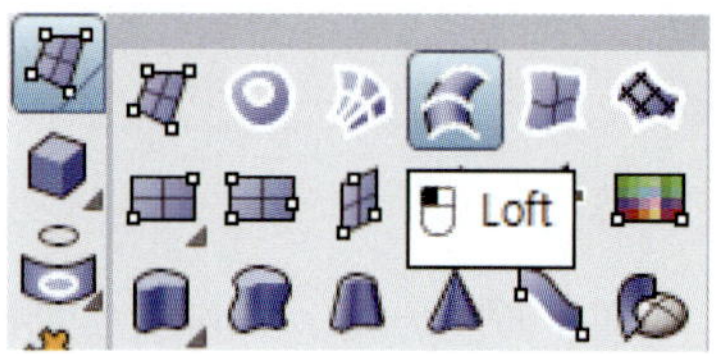

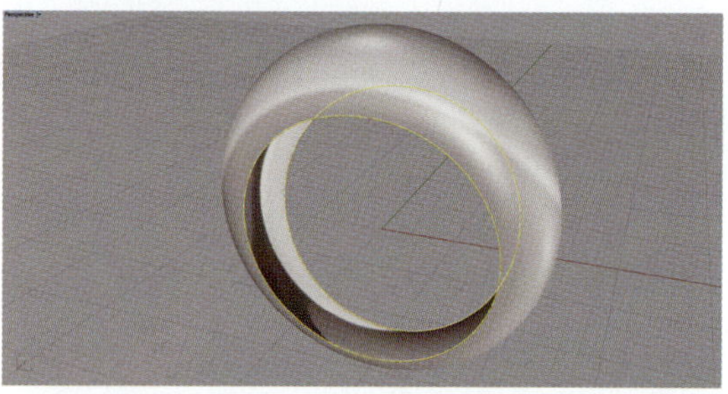

18. Loft Options 창이 나타나면 Style에서 Normal을 선택하고 OK를 누른다.

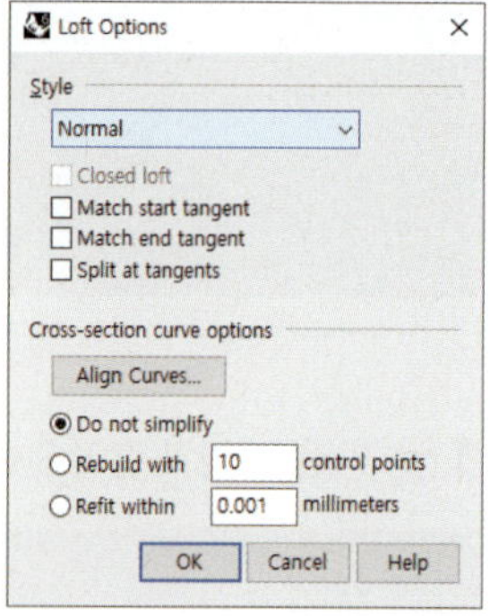

19. Sweep1rail로 생성한 반지 형태의 Surface 개체와 Loft로 생성한 반지 형태의 안쪽 Surface개체를 모두 선택한 후, Join을 실행하여 하나의 개체로 결합한다.

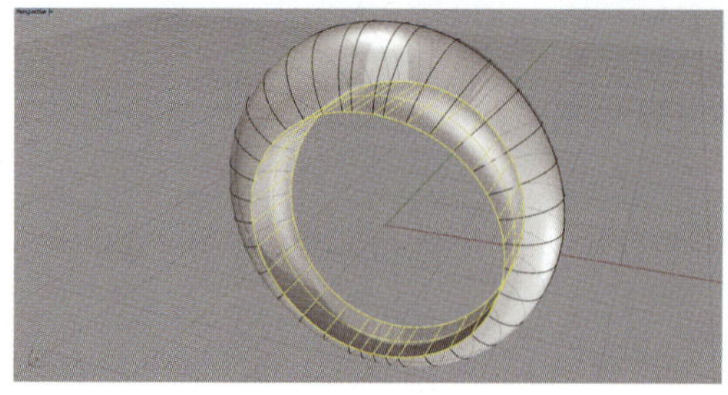

20. 다음 그림과 같이 완성된 Engage Ring 개체를 확인할 수 있다.

Basic Modeling - 08 Engage Ring ❺

※Record History 기능을 이용하여 Engage Ring 생성

01. 다음과 같이 Front ▾ Front Viewport에서 7㎜ 길이의 직선 Curve개체를 생성한다.

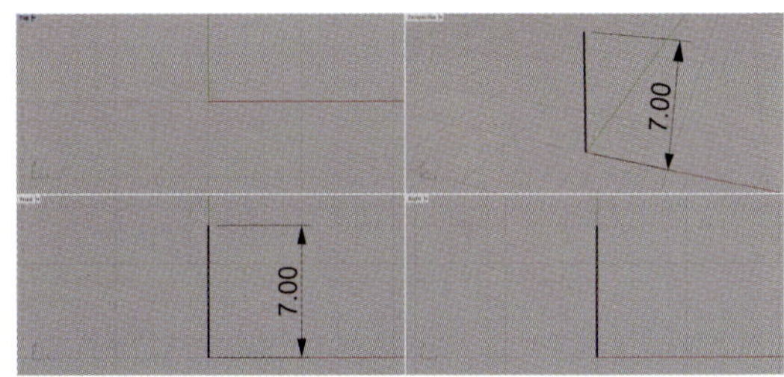

02. Line: From Midpoint를 실행하고, 7㎜ 직선 Curve개체의 상단 End점을 기준으로 Command Prompt 영역에 반지름 값 3을 입력하여 지름 6㎜ 길이의 직선 Curve개체를 생성한다.

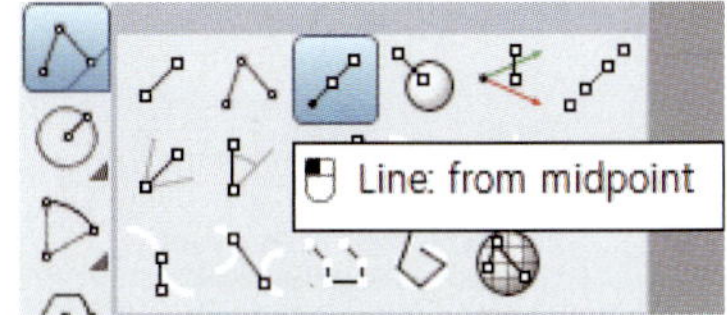

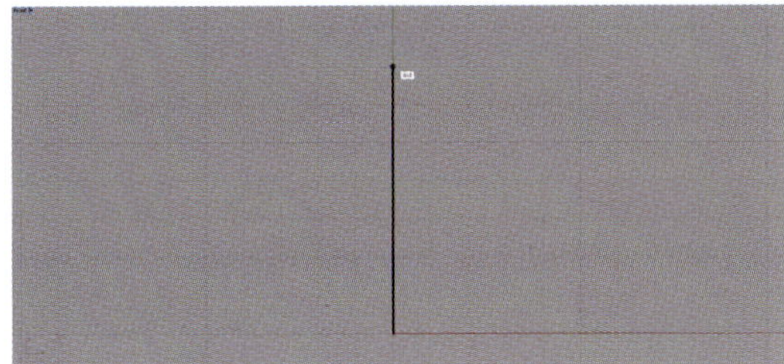

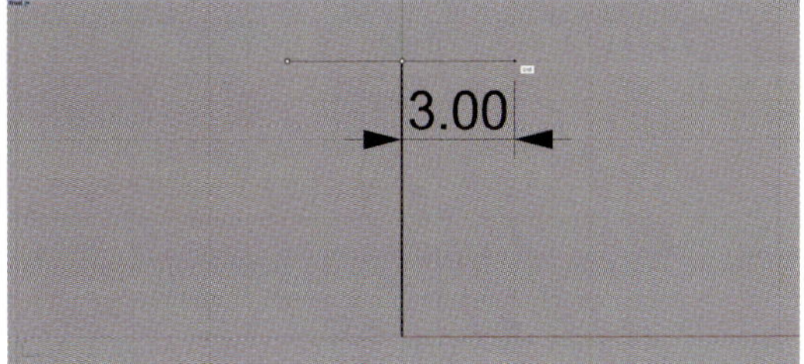

03. Arc: Start, End, Direction At Start를 실행하고, 다음 그림의 순서대로 1번 직선 Curve개체의 End점을 클릭한 후, 2번 직선 Curve개체의 다른 End점을 클릭한다. Shift 키를 누른 상태에서 3번 방향으로 마우스를 움직인 후, 마우스 왼쪽 버튼을 클릭한다.

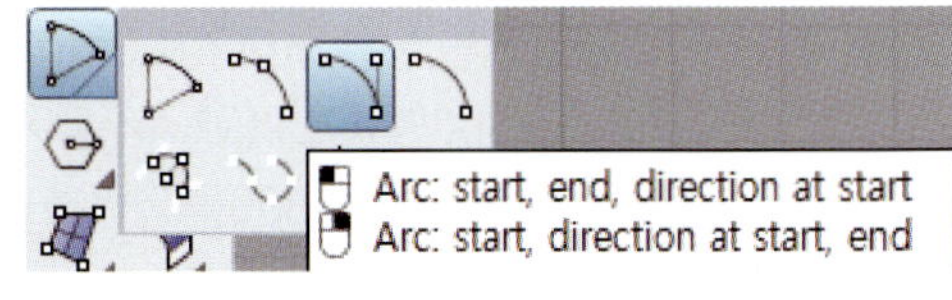

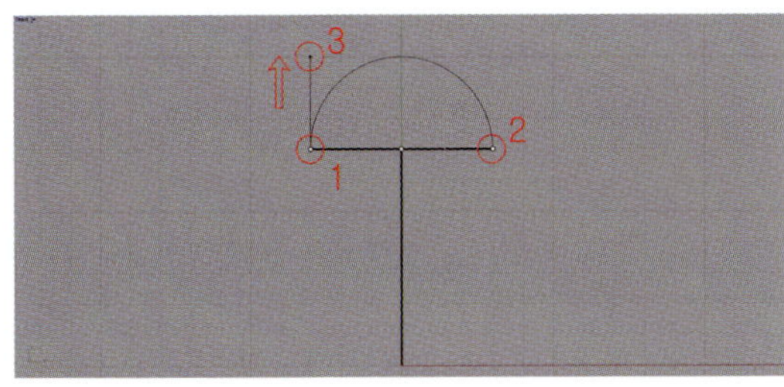

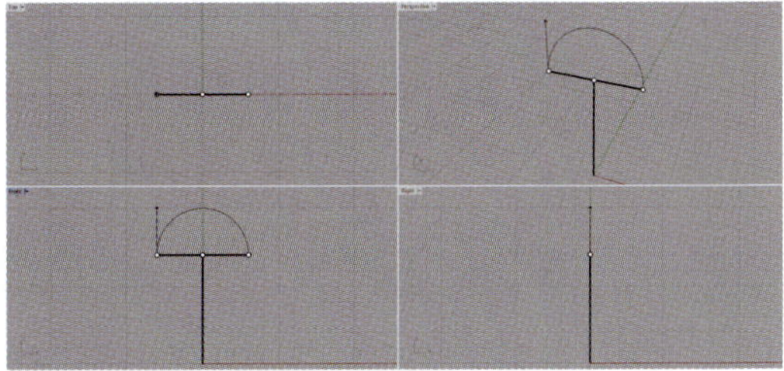

04. 다음 그림과 같이 Arc개체가 생성된 것을 확인할 수 있다.

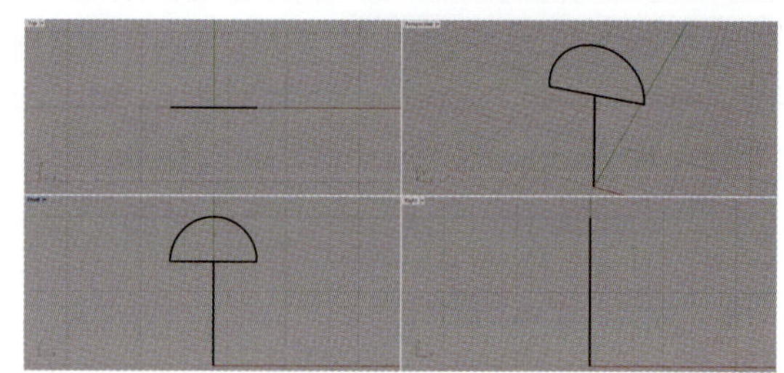

05. 생성된 Arc개체를 선택하고, Rebuild Curve를 실행한다. 다음 그림과 같이 Rebuild 옵션창이 나타나면 Point Count값 10, Degree값 9를 설정하고 OK를 누른다.

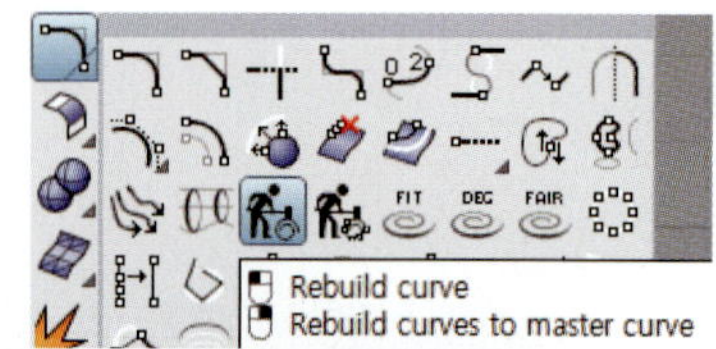

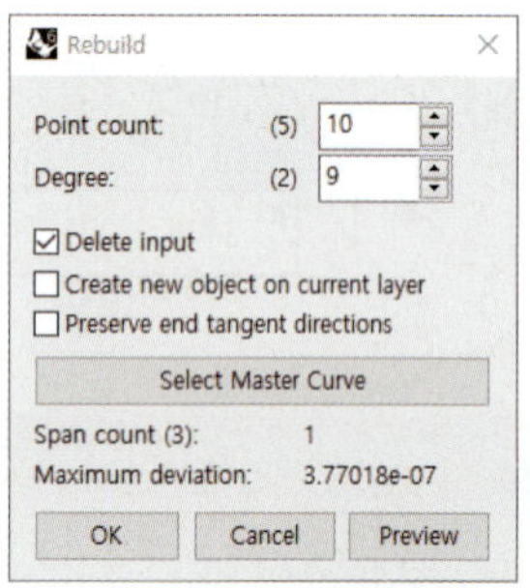

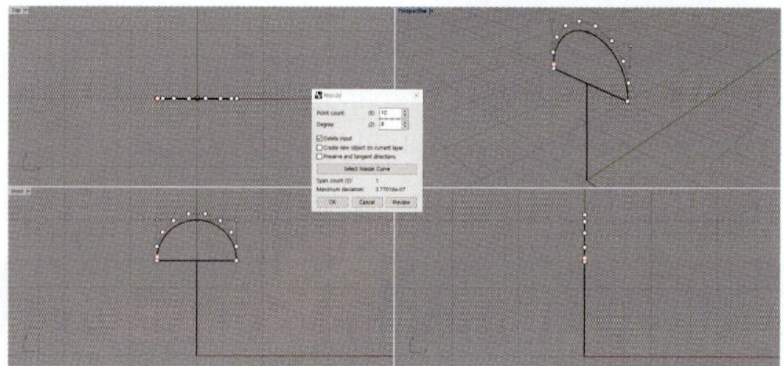

06. 화면 밑단의 Status Bar(상태표시줄)에 있는 Record History 기능을 클릭하여 On시킨다.

Gumball	**Record History**	Filter

07. 다음 그림과 같이 1번 Arc개체를 선택하고, Revolve를 실행한다. 2번 직선 Curve개체의 End점을 클릭하고, Shift 키를 누른 상태에서 3번 방향으로 마우스를 움직인 후, 마우스 왼쪽 버튼을 클릭한다. Command Prompt 영역에 Start Angle(시작 각도)값 0을 입력하고 Enter↵ 키를 누른다. 다시 Revolution Angle 값 360을 입력하고 Enter↵ 키를 누른다.(또는 Fullcircle을 클릭한다.)

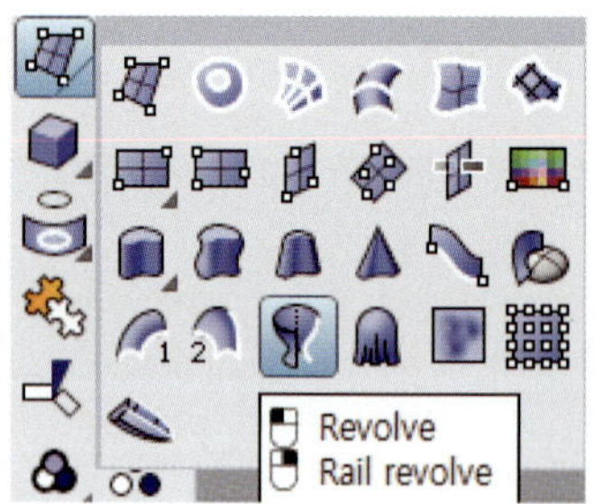

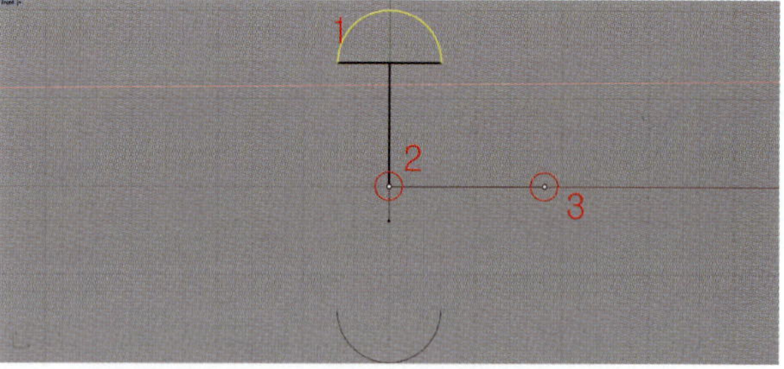

Start angle <0> (DeleteInput=*No* Deformable=*No* FullCircle AskForStartAngle=*Yes* SplitAtTangents=*Yes*): 0

Revolution angle <360> (DeleteInput=*No* Deformable=*No* FullCircle SplitAtTangents=*Yes*): 360

08. 다음 그림과 같이 Engage Ring 형태의 Surface개체가 생성된 것을 확인할 수 있다. 이때 Status Bar(상태표시줄)에 체크한 Record History가 Off된 것을 확인할 수 있다.

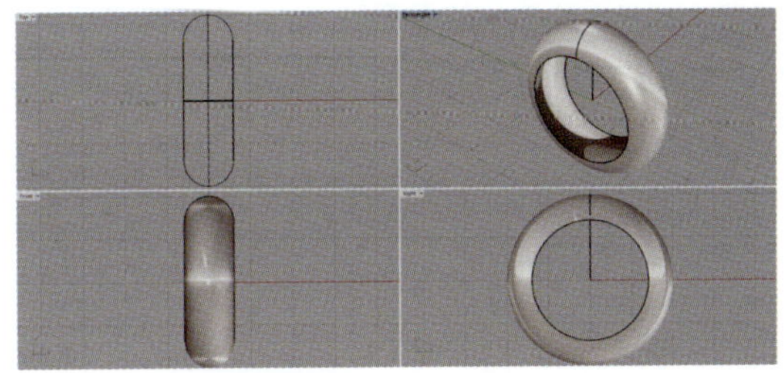

09. Arc개체를 선택하고 Show Object Control Points(F10)를 실행한다.

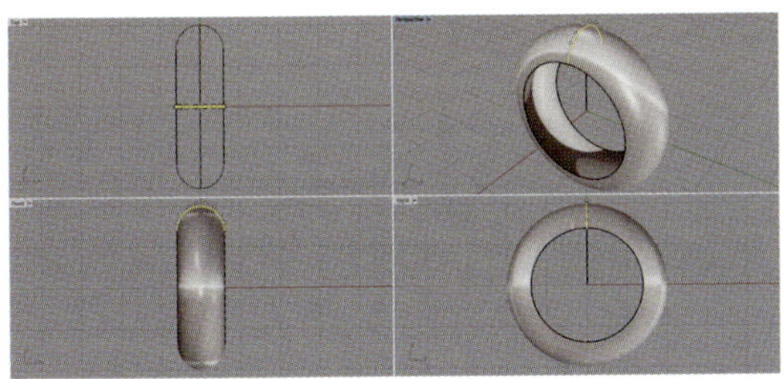

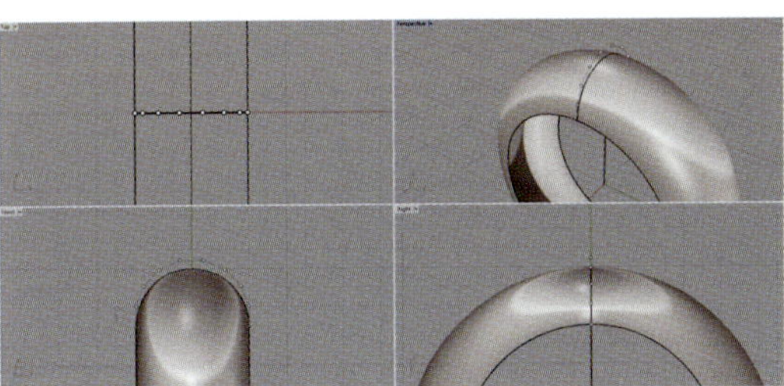

10. 조절점들을 선택하고, 다음 그림과 같이 이동시켜본다. 조절점이 이동하는 방향과 거리만큼 Surface개체의 형태가 변형되는 것을 확인할 수 있다. 위 6번에서 Record History 기능을 On시키고 Arc개체를 사용하여 Engage 형태의 개체를 생성했기 때문에 Arc개체를 편집하여 Surface개체를 변경할 수 있다.

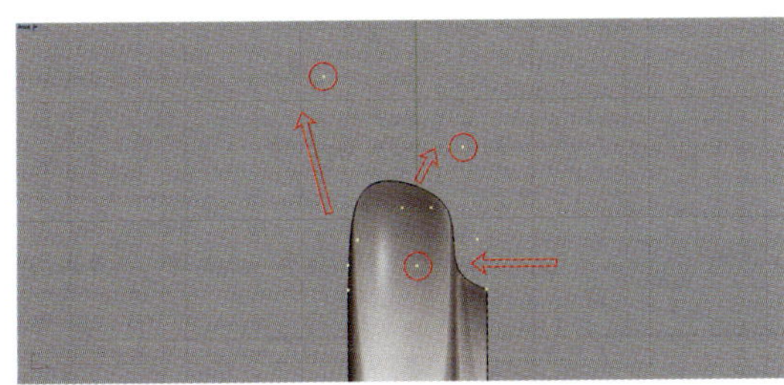

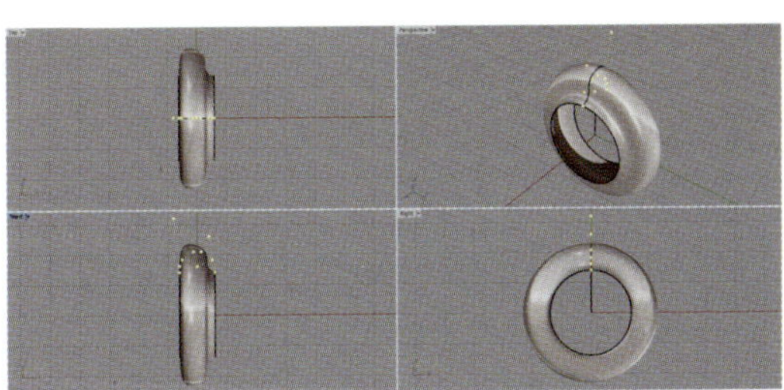

11. Select Points를 실행하여 조절점을 모두 선택한다. Scale 3-D를 실행하고, 1번 직선 Curve개체의 End점을 클릭하고, Shift키를 누른 상태에서 2번 방향으로 마우스를 움직인 후, 마우스 왼쪽 버튼을 클릭한다.

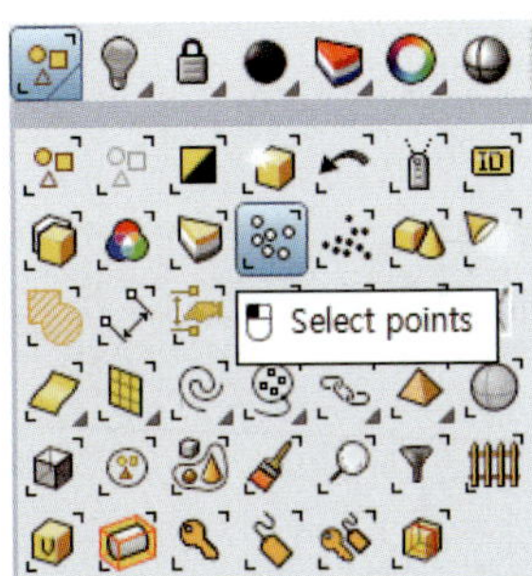

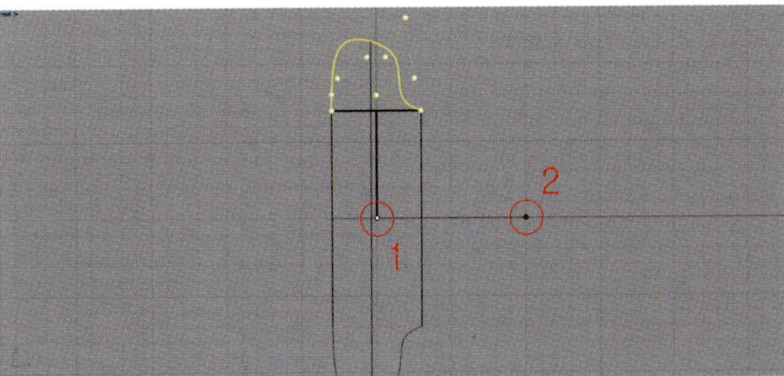

12. 마우스를 좌우로 움직일 때, Arc개체의 크기가 변하는 것을 확인할 수 있다. 마우스 왼쪽 버튼을 클릭하면 원하는 크기로 변경된다. Surface개체도 Arc개체의 크기에 맞춰 변형된 것을 확인할 수 있다.

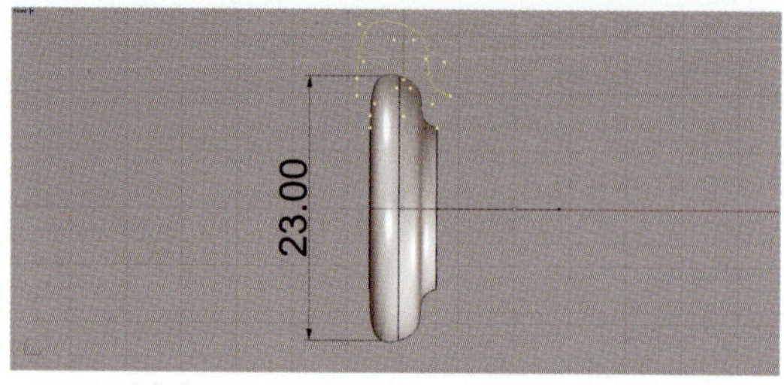

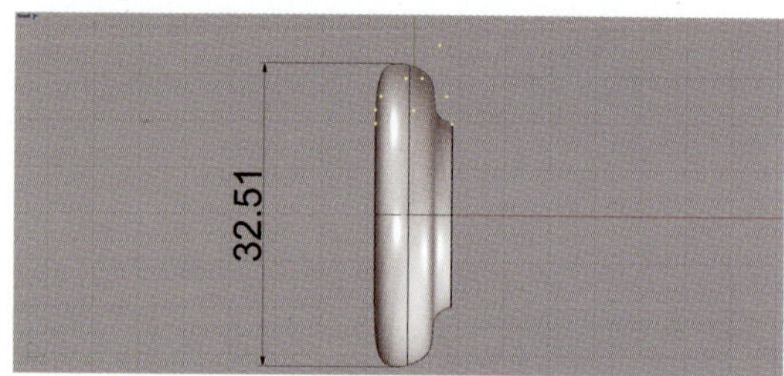

13. 조절점을 모두 선택하고, Scale 1-D를 실행한다. 1번 직선 Curve개체의 End점을 클릭하고, Shift키를 누른 상태에서 2번 방향으로 마우스를 움직인 후, 마우스 왼쪽 버튼을 클릭한다.

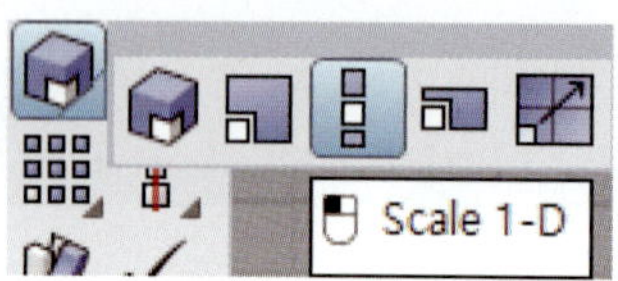

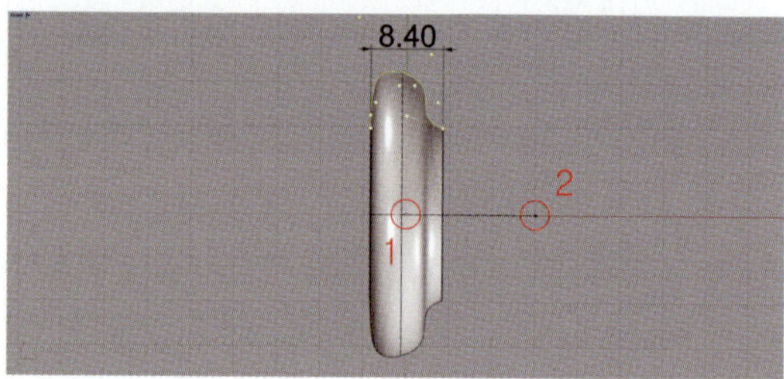

14. 마우스를 좌우로 움직일 때, Arc개체가 한쪽 방향으로만 변형되는 것을 확인할 수 있다. 마우스 왼쪽 버튼을 클릭하면 원하는 크기로 변형된다. Surface개체도 Arc개체의 크기에 맞춰 변형된 것을 확인할 수 있다.

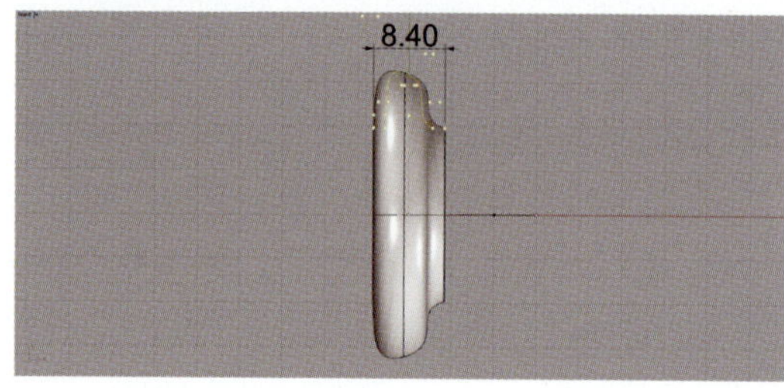

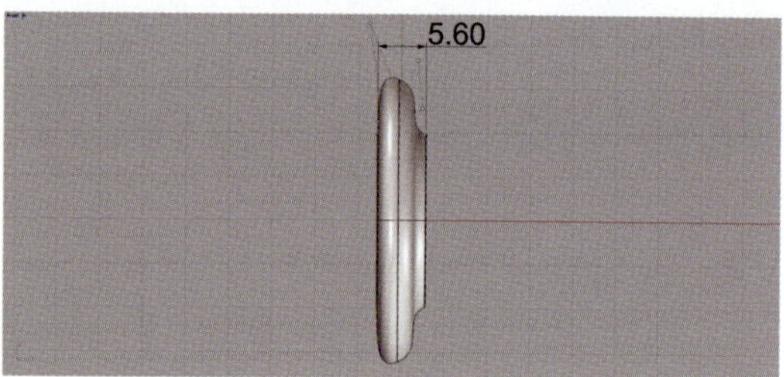

15. Loft를 실행하고, 그림과 같이 Engage형태의 Surface개체 안쪽 Edge를 선택한 후, Enter키를 누른다.

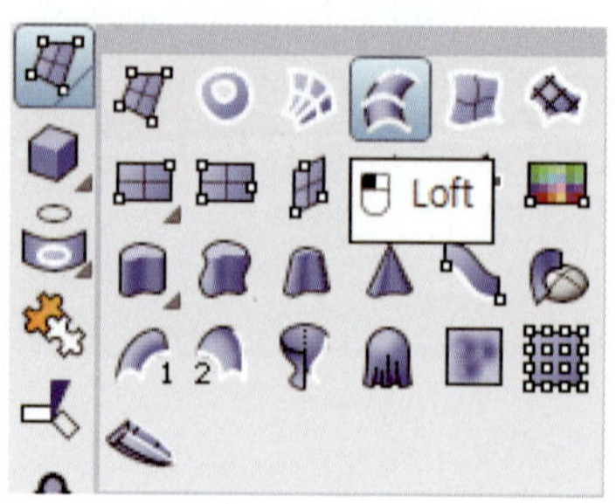

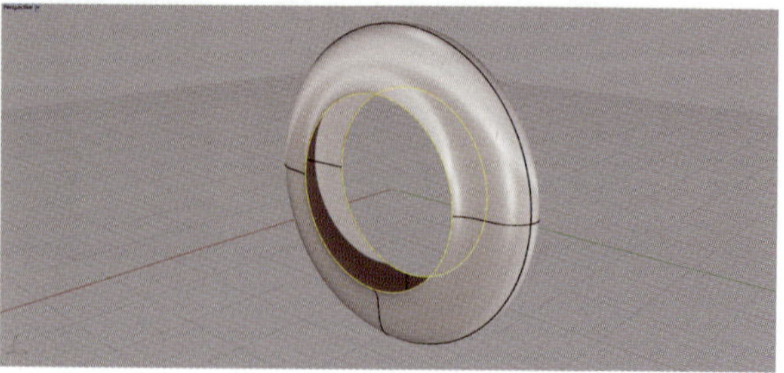

16. Seam 방향을 확인하고 [Enter↵]기를 누른다. Loft Options 창이 나타나면 옵션을 확인하고 OK를 누른다.

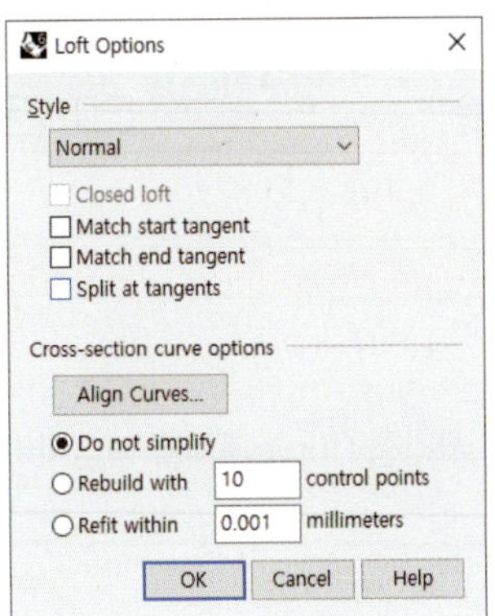

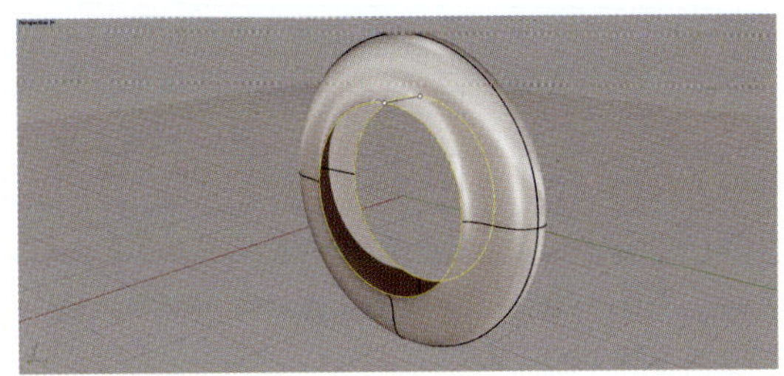

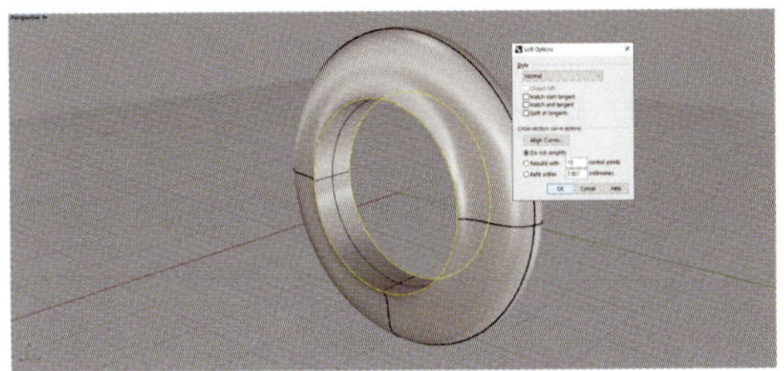

17. Loft로 생성한 Surface개체와 Engage형태의 Surface를 모두 선택하고, Join을 실행하여 하나의 개체로 결합한다. 이때 History Warning 창이 나타나는데 확인을 누르면 더 이상 Arc개체를 이용하여 Engage형태의 Surface개체를 변형할 수 없다.

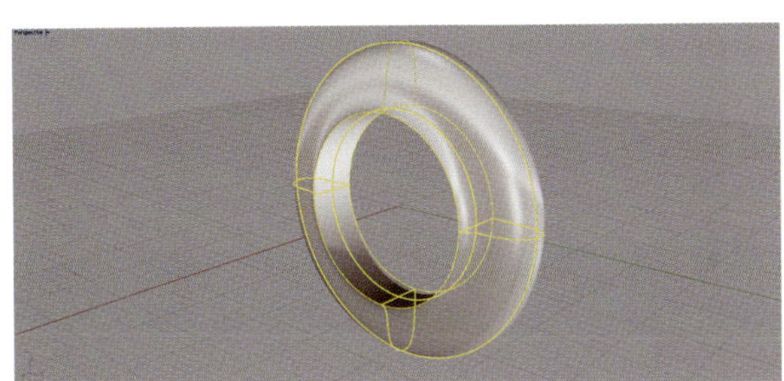

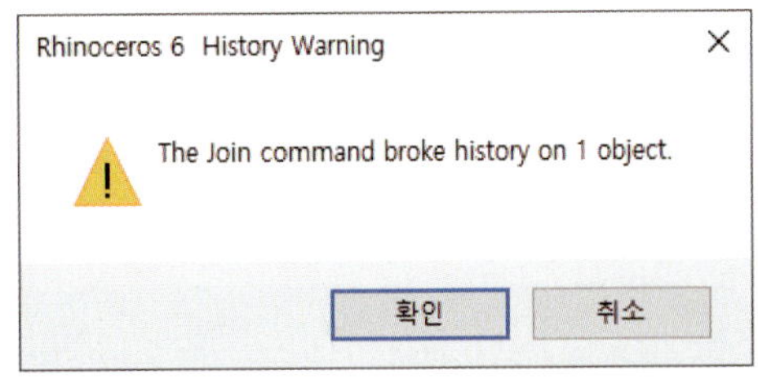

18. 다음 그림과 같이 변형된 Engage Ring을 확인할 수 있다.

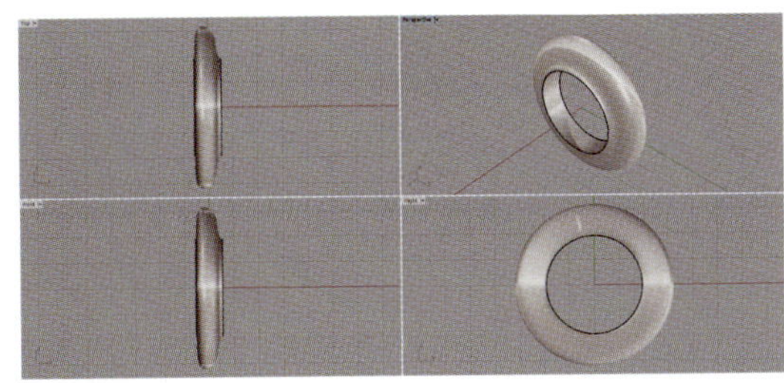

4. Rectangle Toolbar

사각형 형태의 Curve개체를 생성하는 기능이다. 4개의 연결된 직선을 이용하여 사각형 Curve개체를 생성하는 것과 동일한 결과를 얻게 된다.

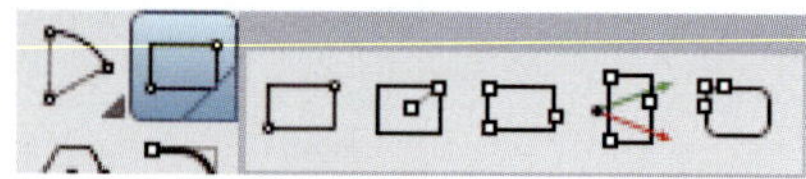

Rectangle: Corner To Corner

하나의 지점과 이에 대응되는 대각선 방향의 지점을 이용하여 사각형 Curve개체를 생성시키는 기능이다.

Rectangle: Center, Corner

중심점 값과 모서리 위치 값을 이용하여 사각형 Curve개체를 생성시키는 기능이다.

Rectangle: 3 Points

세 개의 점을 이용하여 사각형 Curve개체를 생성시키는 기능이다. 첫 번째와 두 번째 점은 사각형 Curve개체의 한 변이 되며, 세 번째 점은 사각형의 길이 또는 높이가 된다.

5. Polygon Toolbar

지정된 변의 수를 가진 다각형 Curve개체를 생성시키는 기능이다.

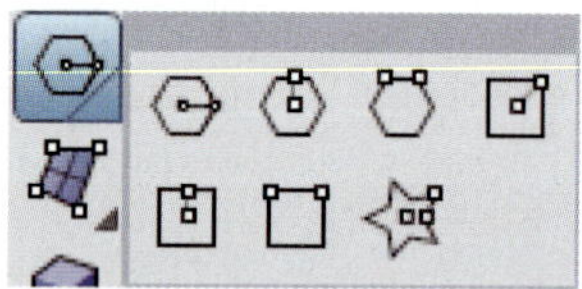

Polygon: Center, Radius

내접 다각형(Inscribed Polygon) 만들기로 지정한 반지름을 가진 가상의 원에 변의 모서리가 접하는 다각형 Curve개체를 생성하는 기능이다.

Circumscribed Polygon: Center, Radius

외접 다각형(Circumscribed Polygon) 만들기로 중심점에서 다각형의 변 중간점까지의 거리를 기준으로 다각형 Curve개체를 생성하는 기능이다.

Polygon: By Edge

한 변의 길이를 기준으로 다각형 Curve개체를 생성하는 기능이다.

Options

- **Flip** : 반대편으로 뒤집기
- **Numbersides** : 다각형의 모서리 수
- **Vertical** : 활성 구성 평면에 대하여 수직으로 다각형 Curve개체를 생성하는 기능이다.
- **Around Curve** : 기존 Curve개체의 주변에 다각형 Curve개체를 생성하는 기능이다.

Square: Center, Corner

내접하는 정사각형 Curve개체를 생성하는 기능이다.

Circumscribed Square: Center, Radius

외접하는 정사각형 Curve개체를 생성하는 기능이다.

Polygon: Star

별 모양의 다각형 Curve개체를 생성하는 기능이다.

LESSON 07

Curve개체 응용 편집

1. Curve Tools Toolbar
   Basic Modeling - 09 Pattern Ring

Lesson 07 Curve개체 응용 편집

1. Curve Tools Toolbar

→ 부록CD 〉 Rhino 예제 〉 Lesson 7 〉 Extend Toolbar

Extend Toolbar 기능

경계까지 연장하거나, Line 또는 Arc개체로 연장한다. 또한 부드럽게 연장할 수 있으며 경계는 Curve개체 또는 Surface개체가 될 수 있다. 연장된 Curve개체는 기존의 Curve개체와 결합되어 하나의 Curve개체가 된다.

Extend Curve 커브 연장

Curve개체를 연장시키는 기능이다.

01. 다음 그림과 같이 Extend Curve를 실행하고 연장시킬 Curve개체를 선택한 후, 마우스를 움직이면 Curve개체가 연장되는 것을 확인할 수 있다. Enter↵키를 누르면 명령이 완료된다.

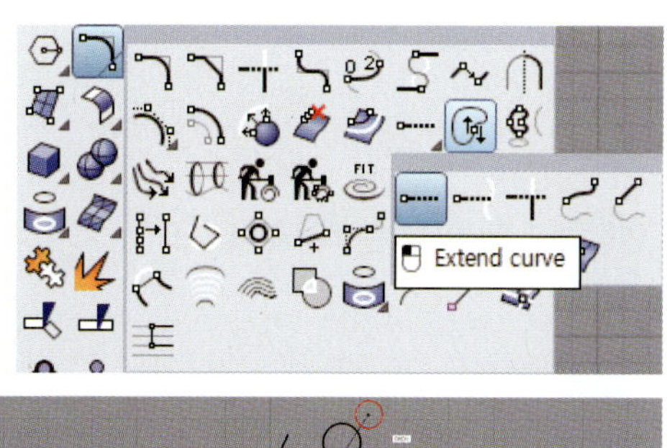

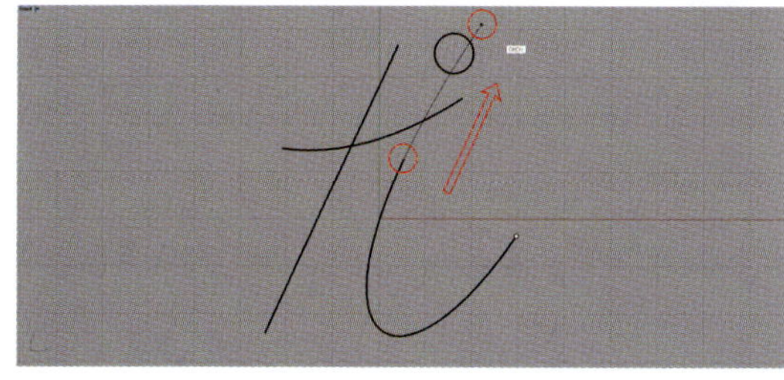

02. 반대로 마우스를 Curve 방향으로 움직이고 클릭하면 Curve개체 길이가 줄어든다.

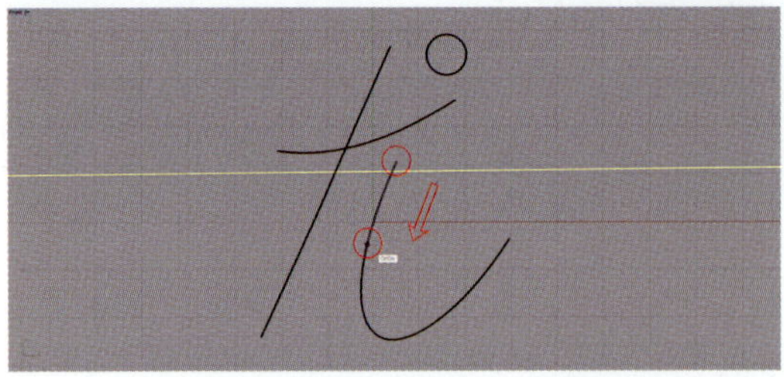

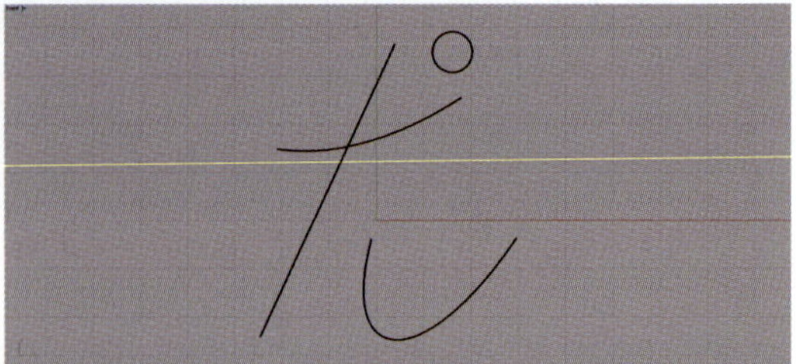

Extend Curve To Boundary

01. Extend Curve To Boundary를 실행한다. 다음 그림과 같이 1번 곡선 Curve개체와 2번 원형 Curve개체를 선택한 후, Enter↵ 키를 누르고 다시 1번 곡선 Curve개체를 선택한다.

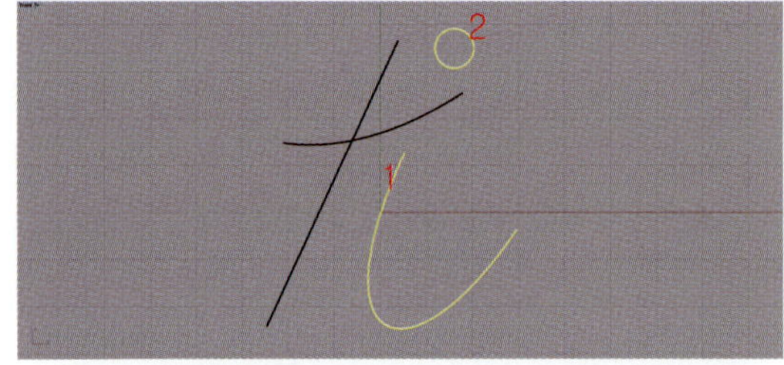

02. 다음 그림과 같이 1번 곡선 Curve개체가 연장되어 2번 원형 Curve개체에 붙은 것을 확인할 수 있다.

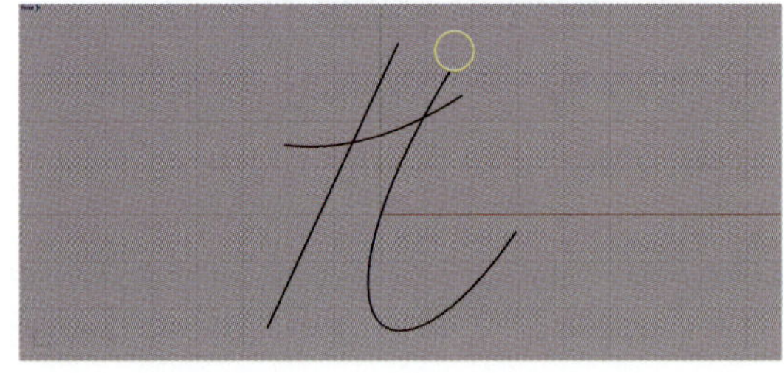

Connect

해당 Curve개체 끝점이 다른 Curve개체 끝점에 만나도록 연장하고 Trim시키는 기능이다.

Options

● Extendarcsby

- **Arc :** 입력 Curve개체에 접하도록 Arc개체로 Arc개체를 연장하는 기능이다.
- **Line :** 입력 Curve개체에 접하도록 Line개체로 Arc개체를 연장하는 기능이다.

01. Connect를 실행한다. 1번 Curve개체를 선택하고, 2번 Curve개체를 선택한다.

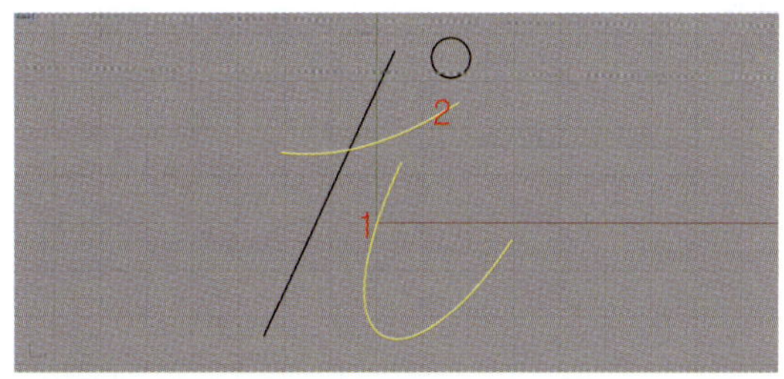

02. 다음 그림과 같이 선택한 1번 Curve개체와 2번 Curve개체가 연장되면서 Trim되는 것을 확인할 수 있다.

Extend By Arc: To Point

Curve개체를 Arc개체로 연장시키는 기능이다.

01. Extend By Arc: To Point를 실행한다. 연장시킬 Curve개체를 선택하면 다음 그림과 같이 원하는 부분에 Arc개체로 연장할 수 있다.

02. 연장시킬 곳에 마우스 왼쪽버튼을 클릭하면 다음 그림과 같이 Arc개체로 연장되는 것을 확인할 수 있다.

Extend Curve On Surface

Surface개체 표면에 존재하는 Curve개체를 연장시키는 기능이다.

01. Top Top Viewport를 기준으로 다음 그림과 같은 곡선 Curve개체를 생성한다.

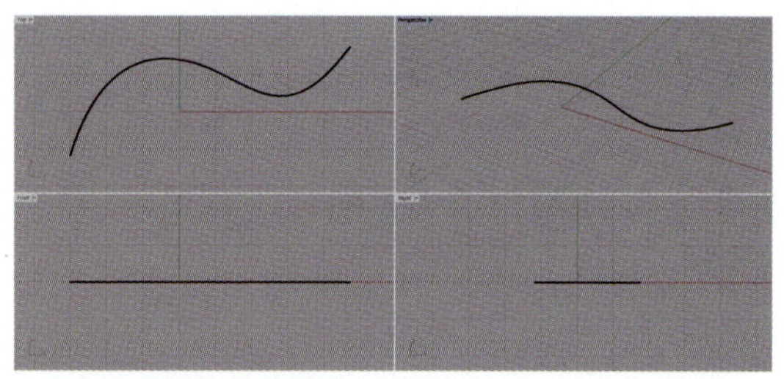

02. 생성한 곡선 Curve개체를 선택하고, Extrude Straight를 실행하여 Surface개체를 생성한다.

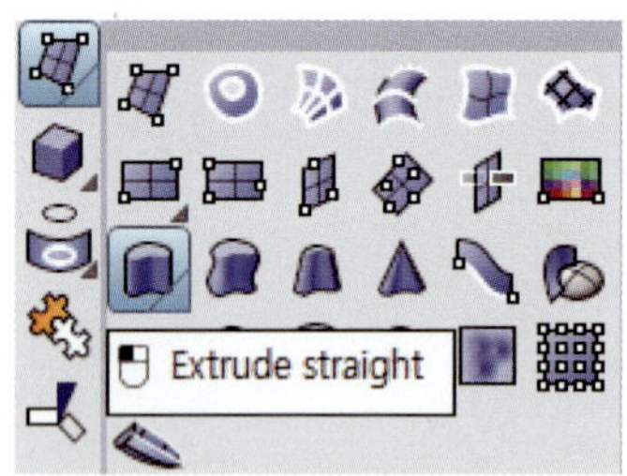

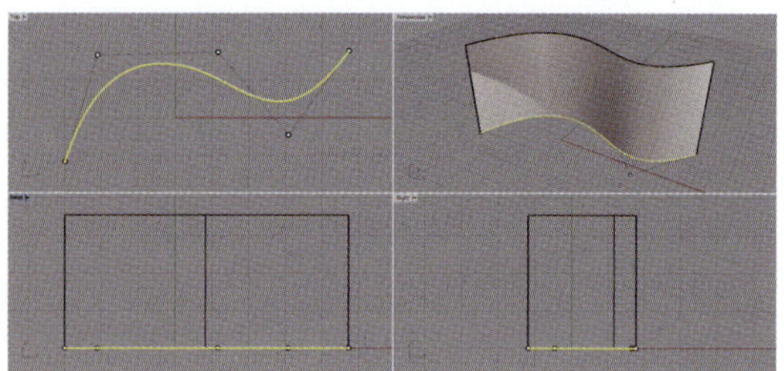

03. Interpolate Curve On Surface를 실행하고 Surface개체를 선택한 후, Front Front Viewport에서 Surface개체 위에 곡선 Curve개체를 생성한다.

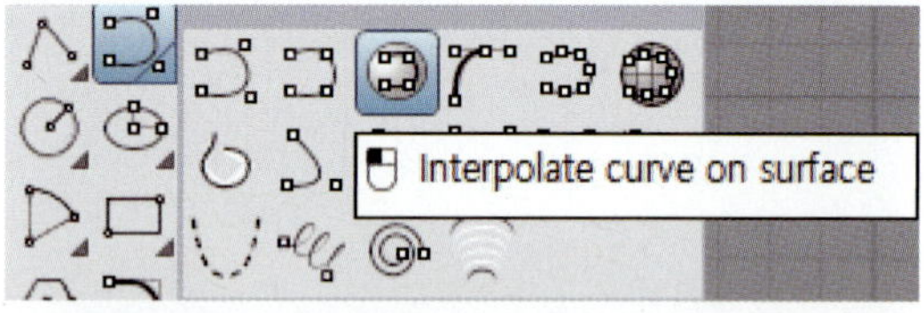

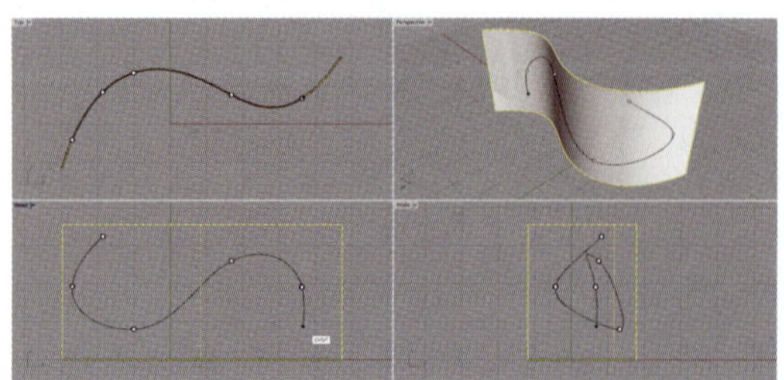

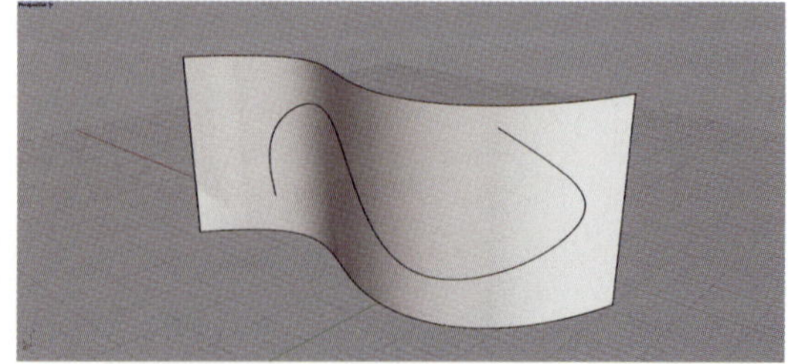

04. Extend Curve On Surface를 실행한다. 1번 곡선 Curve개체를 선택하고, Enter↵키를 누른다, 2번 Surface개체를 선택하면 다음 그림과 같이 곡선 Curve개체가 각 방향으로 Surface개체 Edge까지 정확히 연장된 것을 확인할 수 있다.

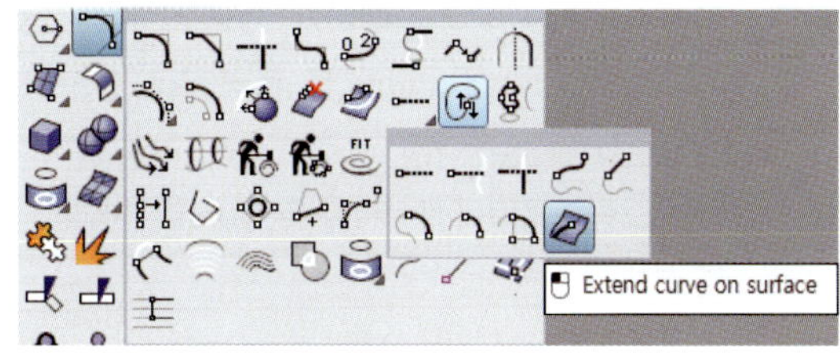

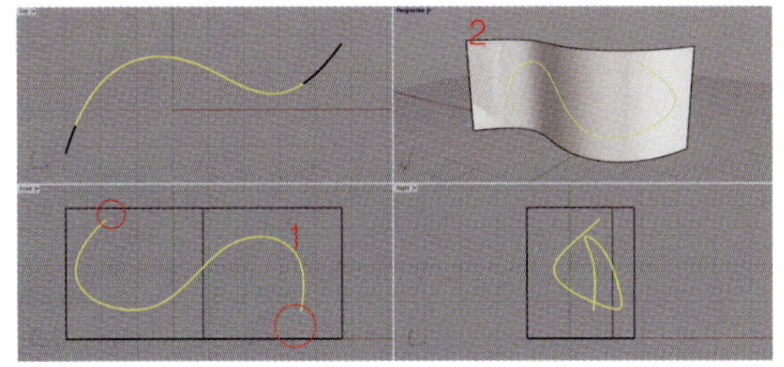

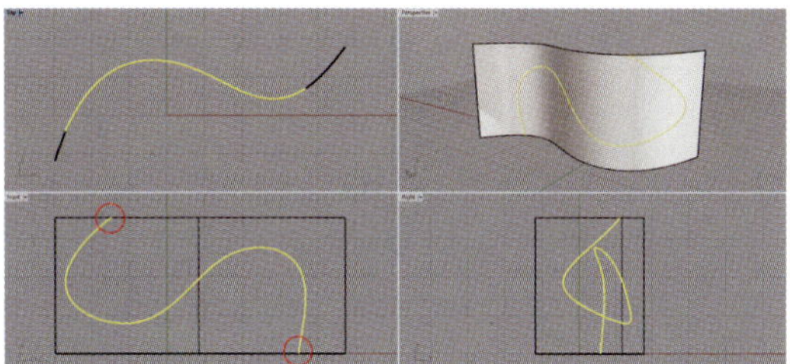

Fillet Curves

두 개의 Curve개체나 Line개체의 모서리를 곡선으로 만드는 기능이다.

Options

- **Fillet** : 반지름 값을 변경하는 기능이다.
- **Join** : 결과 Curve개체를 결합한다.
- **Trim** : 입력 Curve개체를 결과 Curve개체에 맞춰 Trim한다.
- **Extendarcsby** : Arc개체에 Fillet또는 Chamfer를 실행했으나 Fillet Curve 또는 Chamfer Line과 만나게 하기 위하여 연장해야 할 필요가 있을 때 적용된다.
- **Arc** : 유효성을 유지하며 Arc개체가 연장 된다.
- **Line** : Arc개체는 Line Segment로 연장되며, 이 Line Segment는 Arc개체에 결합되어 Arc개체가 Polycurve로 변환된다.

01. 다음 그림의 직선 Curve개체의 모서리를 Radius값 5로 Fillet시키겠다.

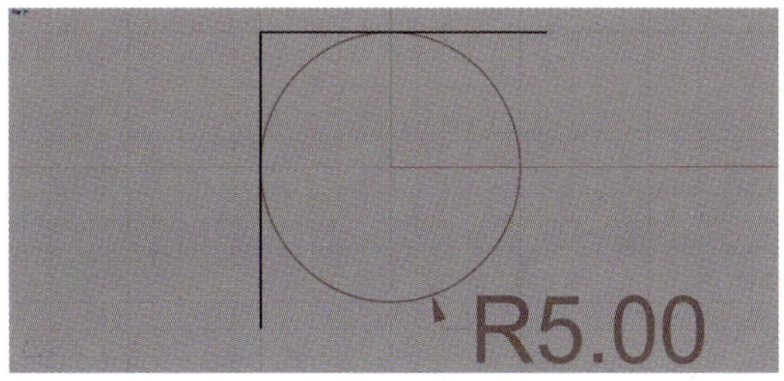

02. Fillet Curves을 실행하고, Command Prompt 영역에 Radius값 5를 입력하고 Enter↵ 키를 누른다.
다음 그림과 같이 Fillet시킬 두 Curve개체를 선택한다.

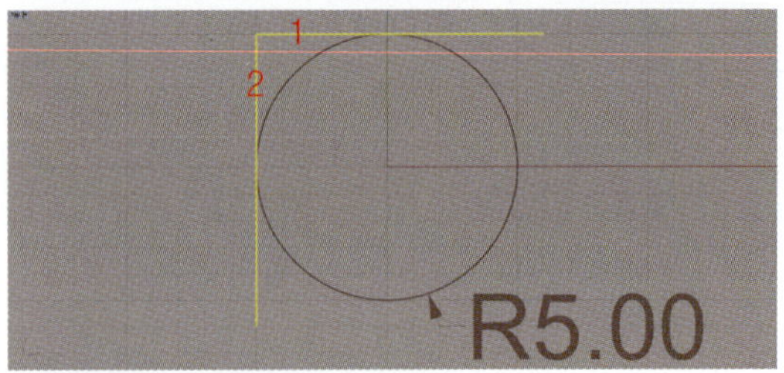

Select first curve to fillet (Radius= 1 Join=No Trim=Yes ExtendArcsBy=Arc): 5

03. 다음 그림과 같이 직선 Curve개체의 모서리가 반지름 5㎜인 원형 Curve개체와 같은 둥근 곡선으로 깎인 것을 확인할 수 있다.

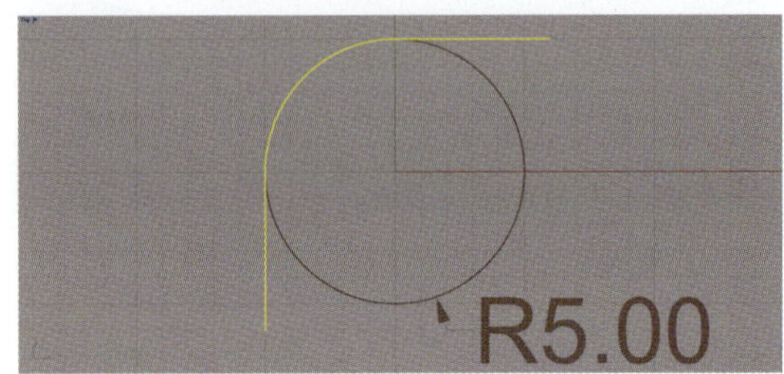

Chamfer Curves

→ 부록CD 〉 Rhino 예제 〉 Lesson 7 〉 Chamfer

두 개의 Curve개체 사이에 일직선의 Segment(부분, 조각)를 필요에 따라 자르거나 연장하여 생성하는 기능으로 생성된 Curve개체는 각을 생성한다.

Options

- **Distances** : Curve개체의 교차에서 Chamfer까지의 거리이다.
- **Join** : 결과 Curve개체를 결합한다.
- **Trim** : 입력 Curve개체를 결과 Curve개체에 맞춰 잘라낸다.
- **Extendarcsby** : Arc개체에 Fillet 또는 Chamfer를 실행했으나 Fillet Curve 또는 Chamfer Line과 만나게 하기 위하여 연장해야 할 필요가 있을 때 적용된다.
- **Arc** : 유효성을 유지하며 Arc개체가 연장된다.
- **Line** : Arc개체는 Line Segment로 연장되며, 이 Line Segment는 Arc개체에 결합되어 Arc개체가 Polycurve로 변환된다.

01. 다음 그림과 같이 직선 Curve개체를 생성한다. Fillet Curves를 실행하고, Command Prompt 영역에 Radius값 5를 입력하고 Enter↵ 키를 누른다. 1번 직선 Curve개체와 2번 직선 Curve개체를 선택한다.

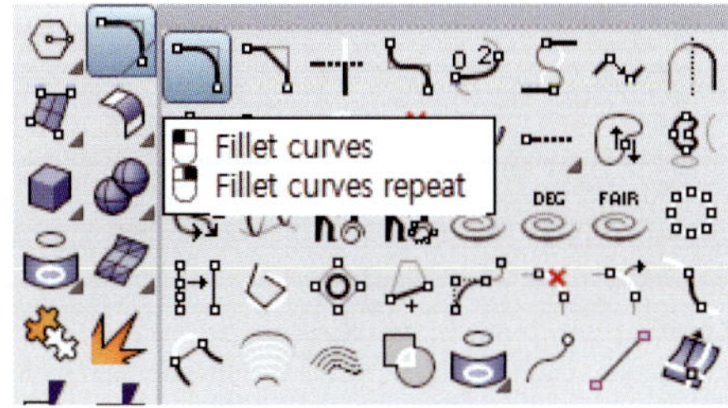

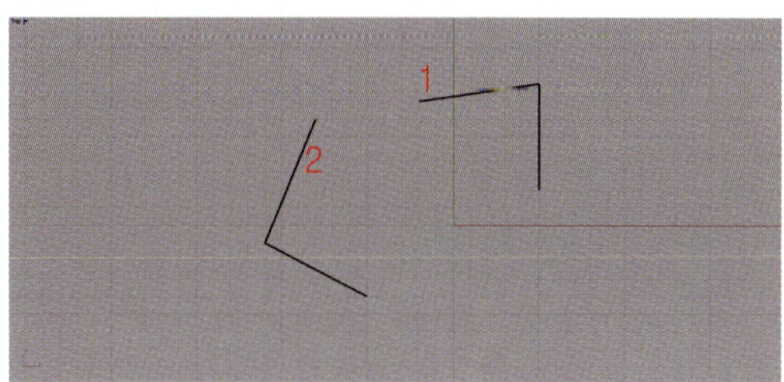

02. 다음 그림과 같이 떨어져있던 두 개의 직선 Curve개체가 연장되면서 하나의 Curve개체로 변형되는 것을 확인할 수 있다.

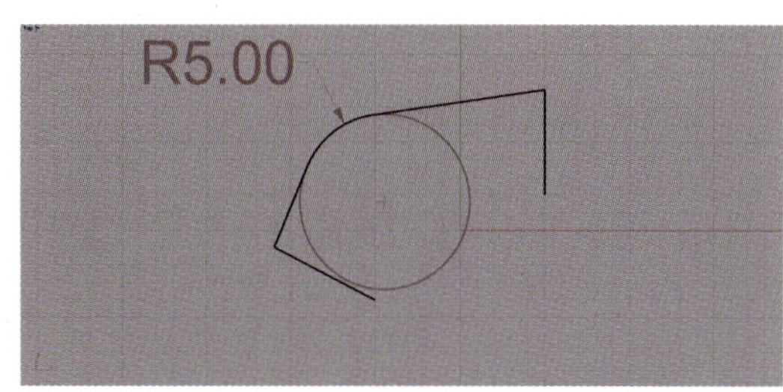

03. Chamfer Curves를 실행하고 Command Prompt 영역에서 Distance를 선택한다.

Select first curve to chamfer (Distances=*6,6* Join=*No* Trim=*Yes* ExtendArcsBy=*Arc*):

04. 첫 번째 선택할 직선 Curve개체의 Chamfer Distance값 4를 입력하고 Enter↵키를 누른다. 두 번째 선택할 직선 Curve개체의 Chamfer Distance값 6을 입력하고 Enter↵키를 누른다.

First chamfer distance <4.000>: 4	Second chamfer distance <4.000>: 6

05. 다음 그림과 같이 Curve개체의 1번과 2번을 순서대로 선택한다.

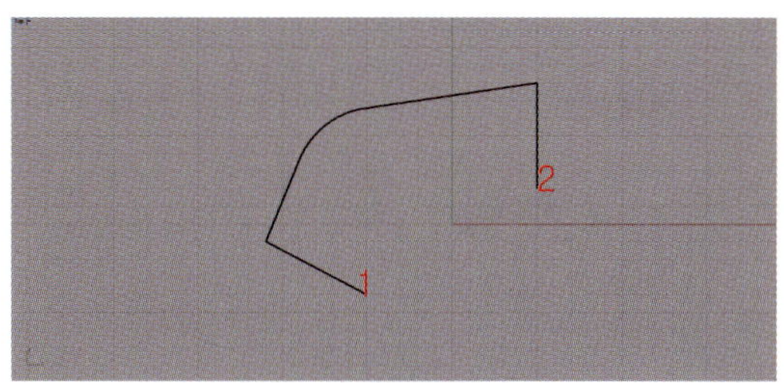

06. 다음 그림과 같이 입력한 Chamfer Distance값 4㎜와 6㎜로 각을 생성하는 것을 확인할 수 있다.

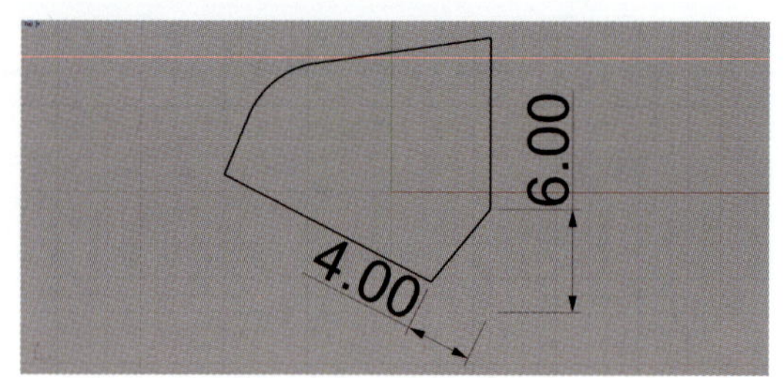

07. 다시 Chamfer Curves를 실행하고 Command Prompt 영역의 Distance를 클릭한다.
첫 번째 Chamfer Distance값 1을 입력하고 Enter↵키를 누른다. 두 번째 Chamfer Distance값도 1을 입력하고 Enter↵키를 누른다.

First chamfer distance <1.000>: 1	Second chamfer distance <1.000>: 1

08. 다음 그림과 같이 Curve개체의 1번과 2번을 순서대로 클릭한다.

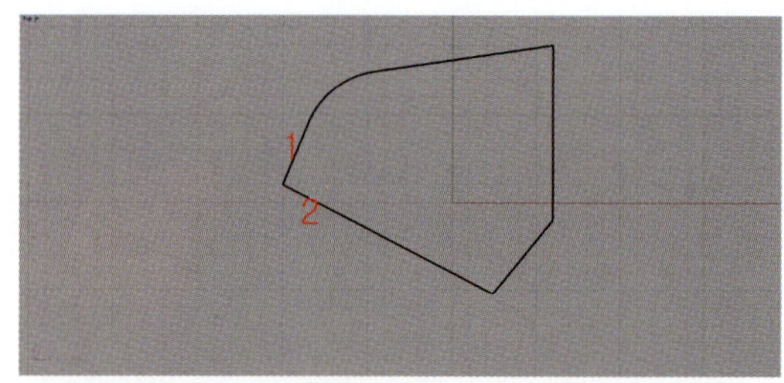

09. 다음 그림과 같이 1㎜, 1㎜로 Chamfer기능이 적용된 Curve개체를 확인할 수 있다.

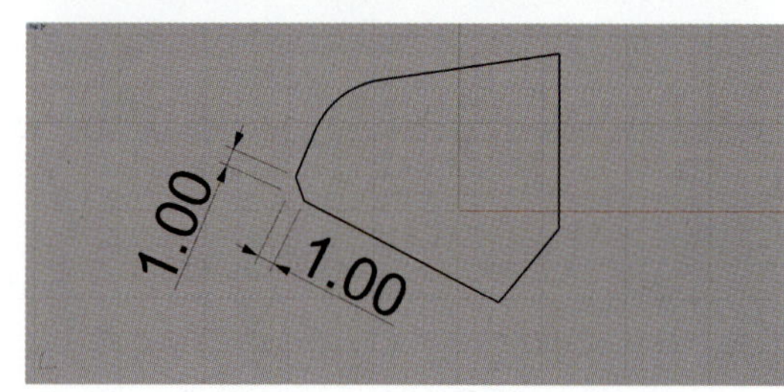

Basic Modeling - 09 Pattern Ring

01. Front Front Viewport에서 Circle: center, radius를 실행하여 다음 그림과 같은 지름 17㎜의 원형 Curve개체를 생성한다.

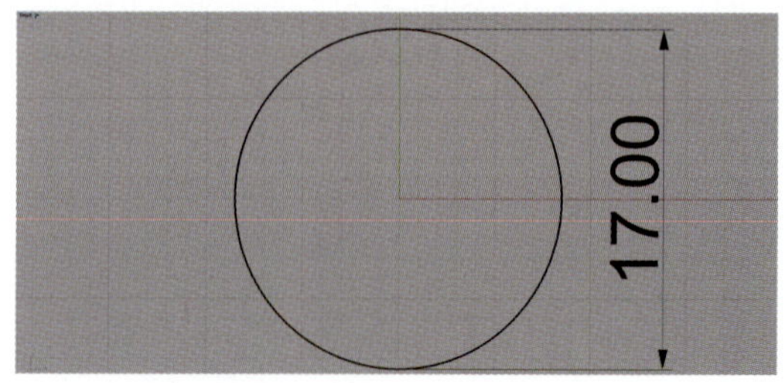

02. Offset curve를 실행하고, 생성된 원형 Curve개체를 선택한 후, Command Prompt 영역에 Distance값 0.7을 입력하고 Enter↵키를 누른다.
다음 그림과 같이 원형 Curve개체 바깥쪽으로 마우스를 움직인 후, 마우스 왼쪽 버튼을 클릭한다.

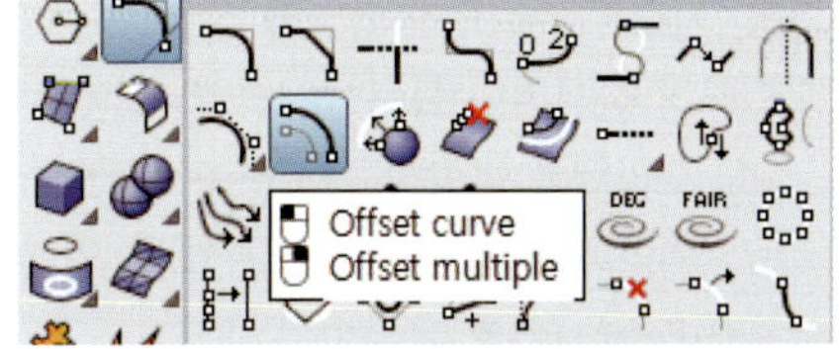

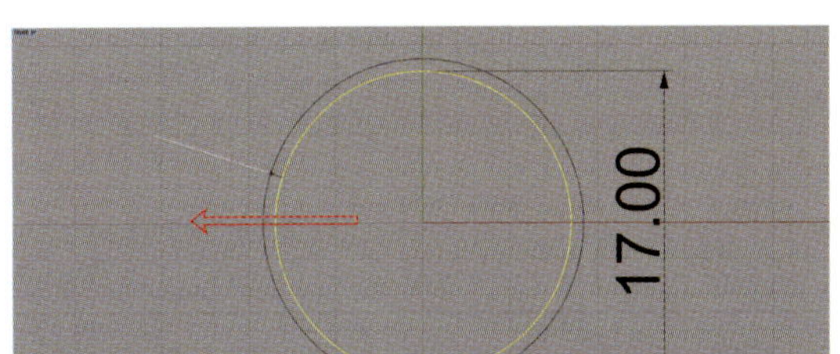

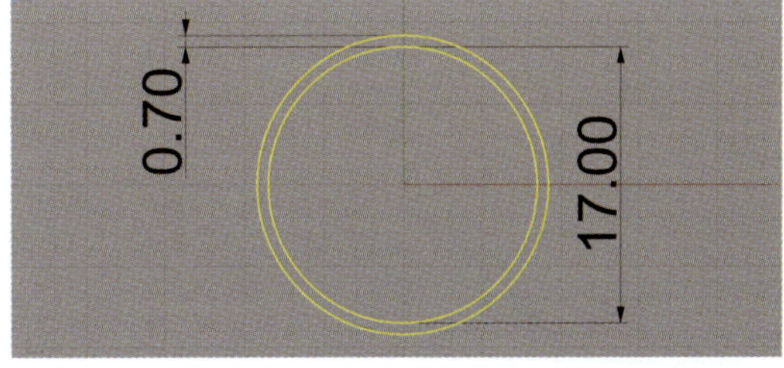

Side to offset (Distance=*6* Loose=*No* Corner=*Round* ThroughPoint Tolerance=*0.001* BothSides InCPlane=*Yes* Cap=*None*): 0.7

03. 바깥쪽 원형 Curve개체를 선택하고, Divide curve by number of segments를 실행한다. Command Prompt 영역에 Number Of Segments값 23을 입력하고 Enter↵키를 누른다.

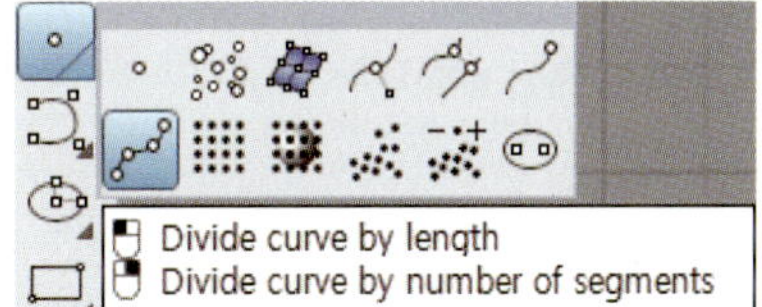

Number of segments <12> (Length Split=*No* MarkEnds=*Yes* GroupOutput=*No*): 23

04. 다음 그림과 같이 바깥쪽 원형 Curve개체에 23개의 Point개체가 일정한 간격을 유지하면서 생성된 것을 확인할 수 있다.

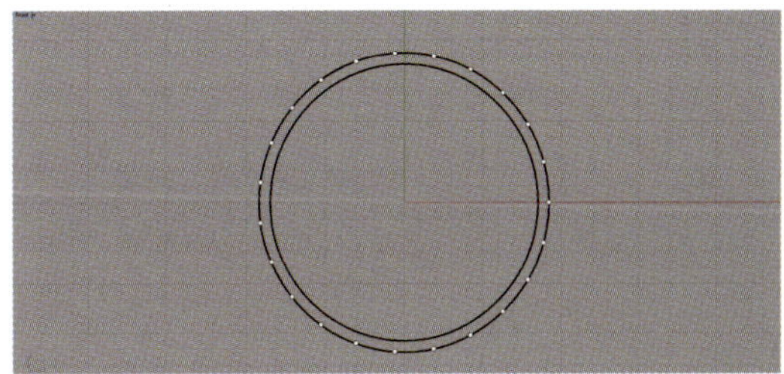

05. Osnap Toolbar에서 Point점에 체크한다. Single Line를 실행하고, 원점(0, 0) 또는 원형 Curve개체의 중심점을 기준으로 다음 그림과 같이 두 개의 직선 Curve개체를 생성한다.

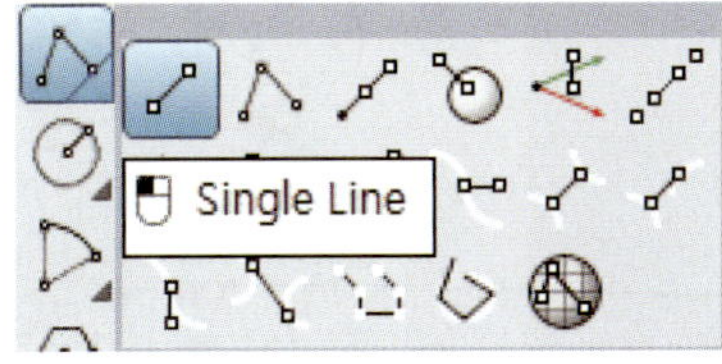

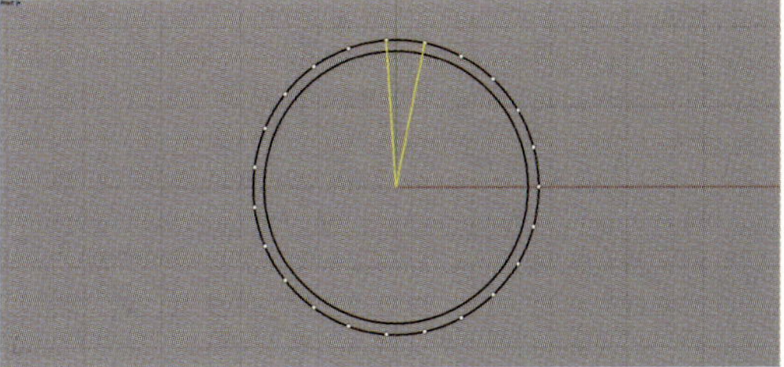

06. Line: Bisector를 실행하고, 다음 그림과 같은 순서대로 1번 원점(0, 0) 또는 원형 Curve개체의 중심점을 클릭한다. 2번 포인트와 3번 포인트를 클릭하고, Command Prompt 영역에 End Of Line값 10을 입력한 후, Enter↵키를 누른다.

마우스를 원형 Curve개체 바깥쪽으로 마우스를 움직이고 마우스 왼쪽 버튼을 클릭한다.

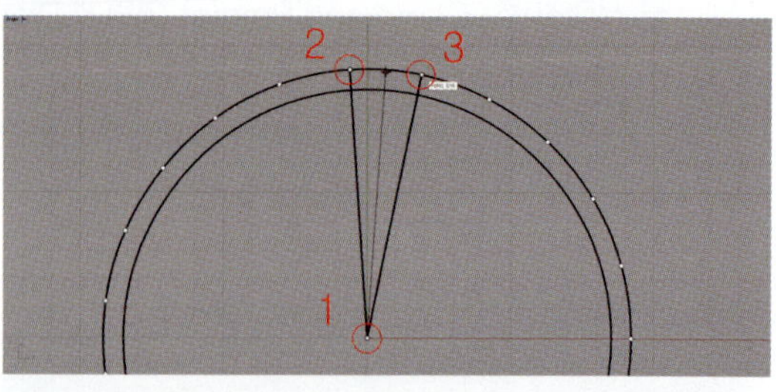

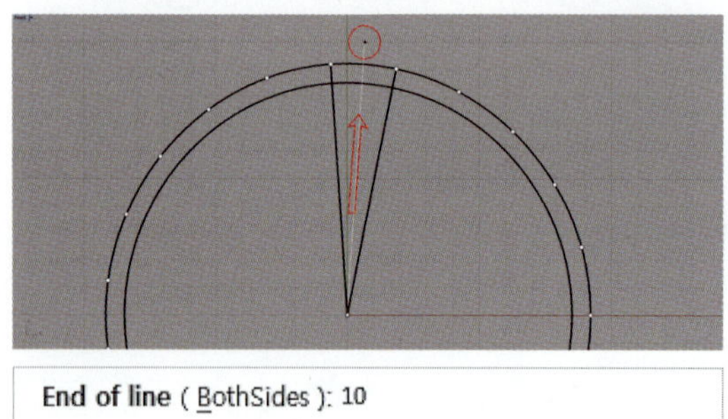

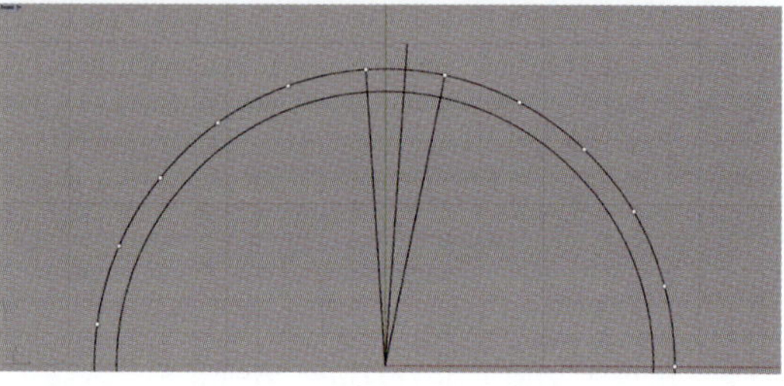

07. Arc: start, end, point on arc를 실행한다. Osnap toolbar에서 End점에 체크하고, 다음 그림의 순서대로 선택하여 Arc Curve개체를 생성한다.

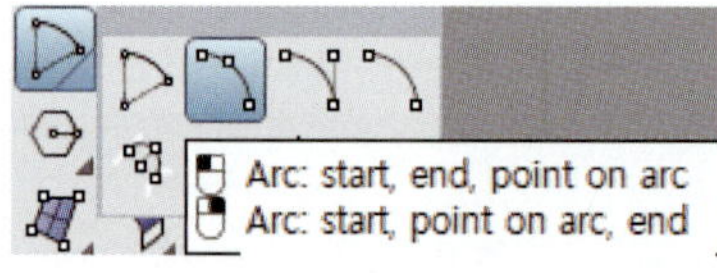

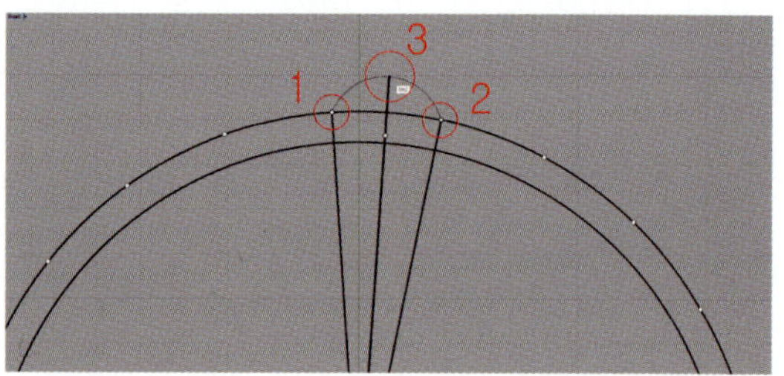

08. Shift키를 누른 상태로 생성한 Arc Curve개체와 17㎜ 안쪽 원형 Curve개체를 선택한다. Invert selection을 실행하여 선택한 두 개체를 제외하고 모든 개체를 선택한 후, Delete키를 눌러서 삭제한다. 다음 그림과 같이 처음에 선택한 두 개체만 남은 것을 확인할 수 있다.

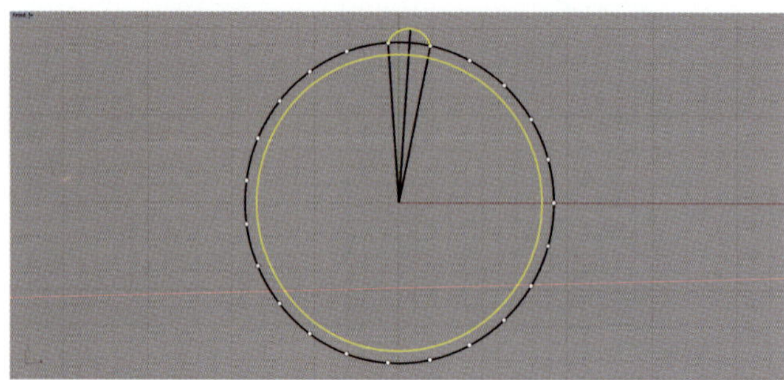

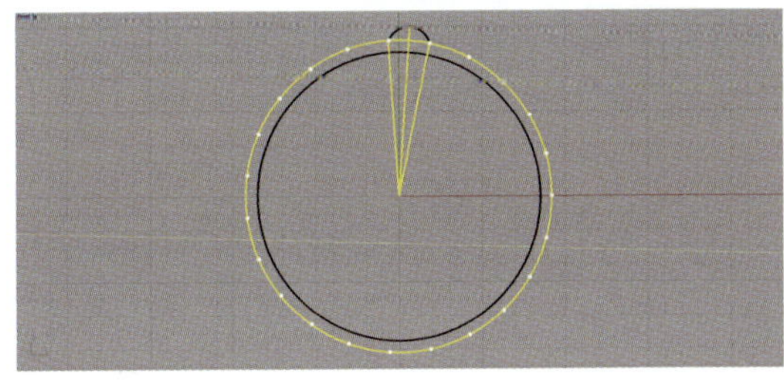

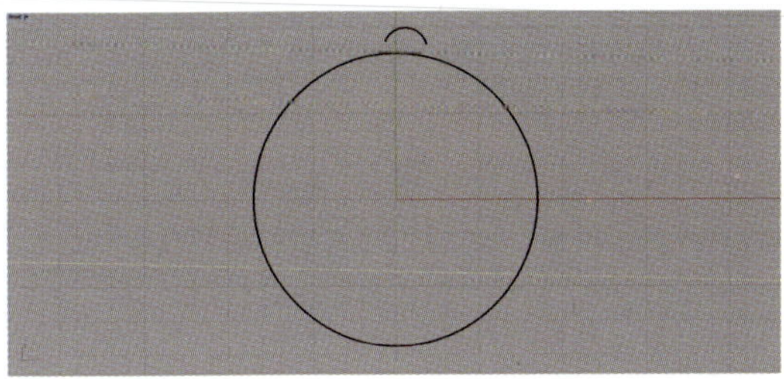

09. Arc Curve개체를 선택하고, Polar array를 실행한다. Center of polar array를 원점(0, 0) 또는 원형 Curve개체의 중심점으로 선택한다. Command prompt 영역에 Number of items값 23을 입력하고 Enter↵ 키를 누른다. Angle값 360을 입력하고 Enter↵ 키를 누른다. Press Enter to Accept에서 Enter↵ 키를 누르기 전에 생성될 형태를 미리 확인할 수 있고, 옵션을 변경할 수 있다.
다음 그림과 같다면 Enter↵ 키를 누른다.

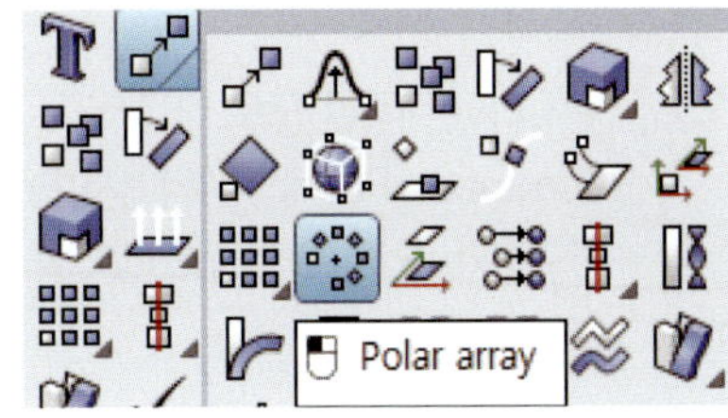

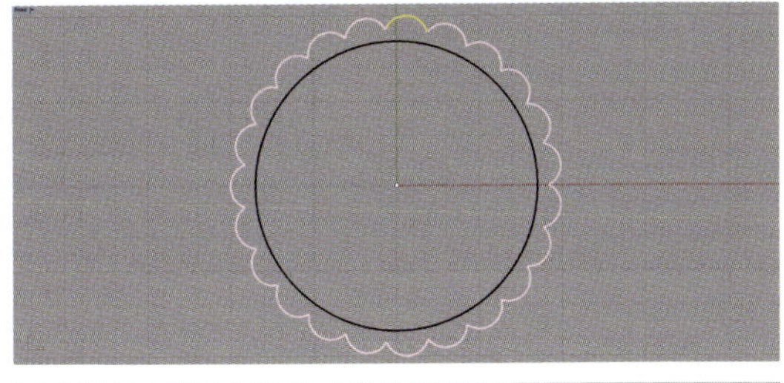

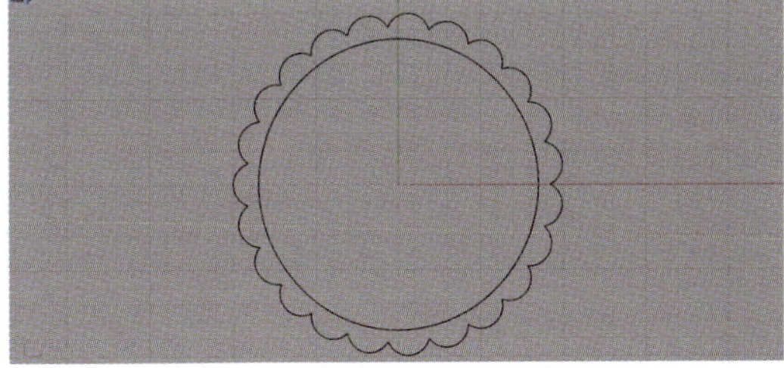

Number of items <23>: 23

Angle to fill or first reference point <360> (Preview=*Yes* StepAngle Rotate=*Yes* ZOffset=*0*): 360

Press Enter to accept. FillAngle = 360 (Items=*23* FillAngle Rotate=*Yes* ZOffset=*0*):

10. 복사된 Arc Curve개체들을 선택하고 Join을 실행하여 하나의 개체로 결합한다.

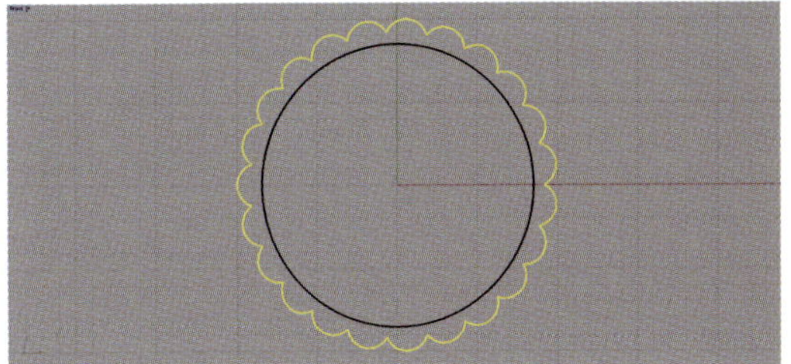

11. 결합된 Arc Curve개체를 선택하고 Fillet Corners를 실행한다. Command Prompt 영역에서 Fillet Radius값 0.1을 입력하고 Enter↵ 키를 누른다. 다음 그림과 같이 Arc Curve개체의 모서리가 모두 0.1㎜로 Fillet된 것을 확인할 수 있다.

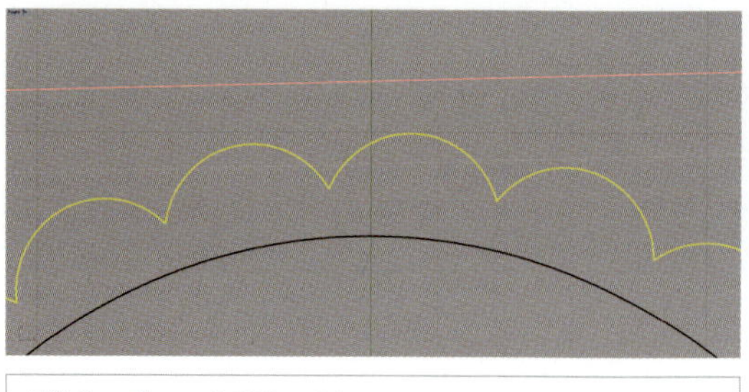
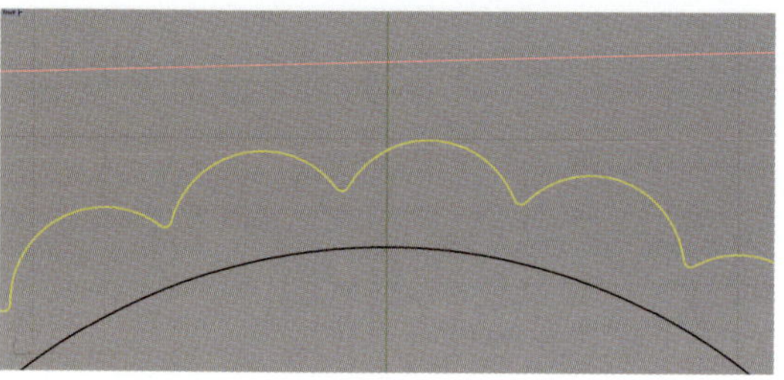

Fillet radius <1.000>: 0.1

12. 두 Curve개체를 모두 선택하고, Extrude Straight를 실행한다. Command Prompt 영역에서 Bothsides=Yes, Solid=Yes로 설정하고 Extrusion Distance값 3을 입력한 후, Enter↵키를 누른다.

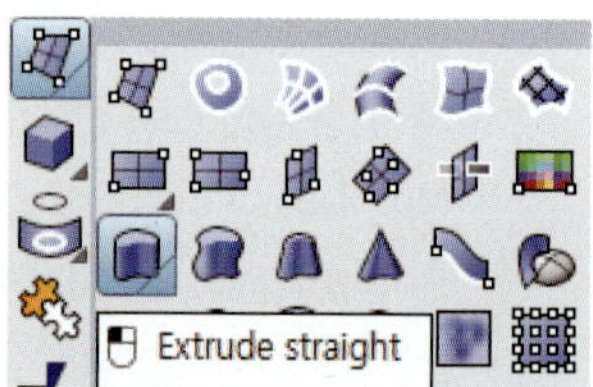

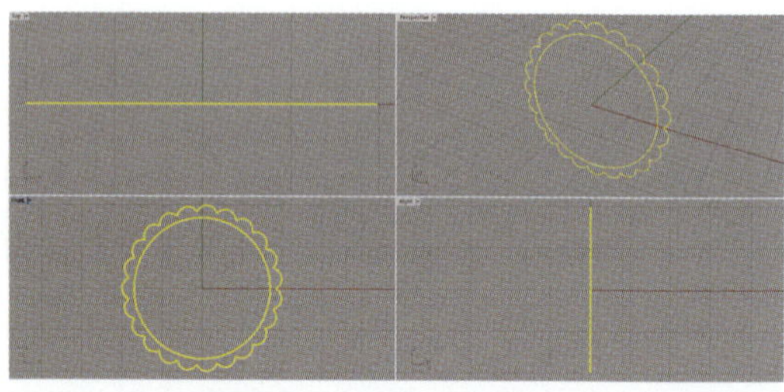
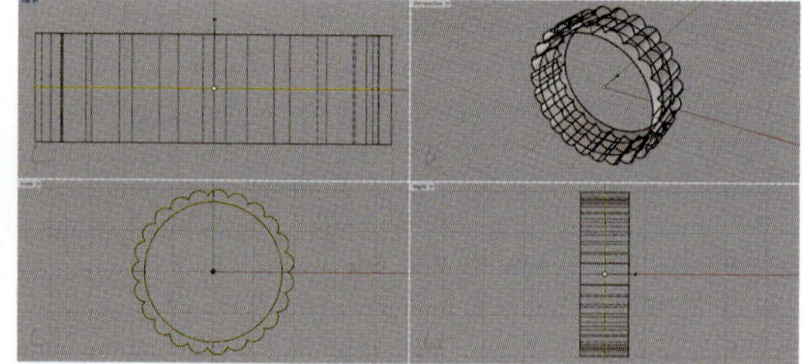

Extrusion distance <15> (Direction BothSides=Yes Solid=Yes DeleteInput=No ToBoundary SplitAtTangents=No SetBasePoint): 3

13. 다음 그림과 같이 닫힌 Poly Surface개체가 생성된 것을 확인할 수 있다.

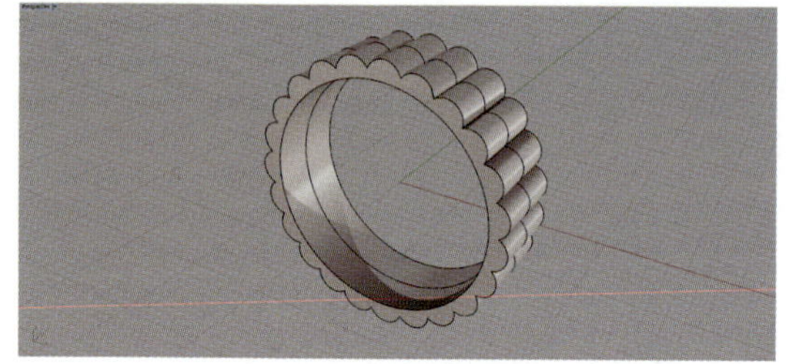

14. 생성된 Poly Surface개체를 선택하고, Volume centroid를 실행하여 개체의 중심에 중심점을 생성한다.

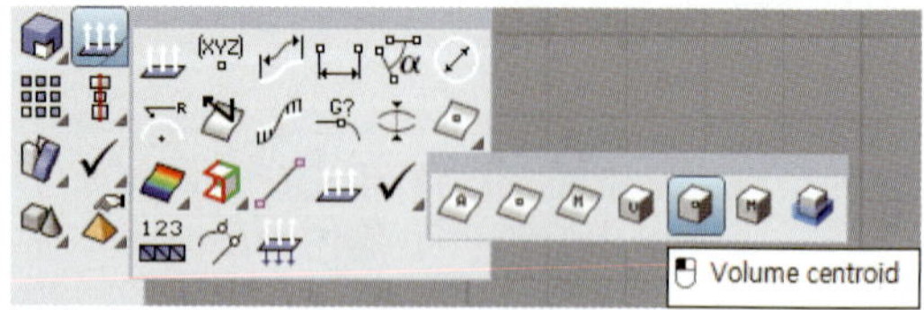

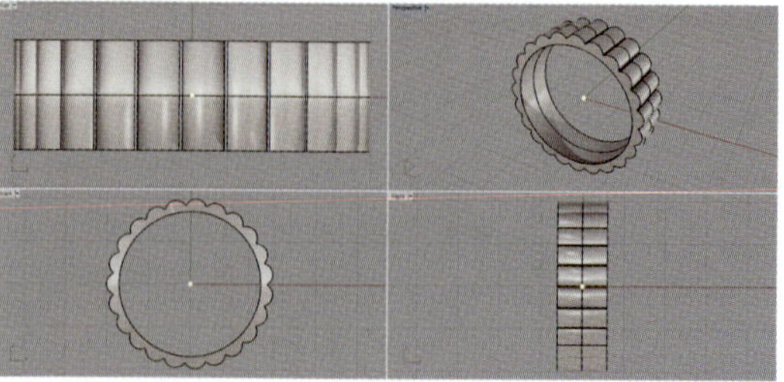

15. Rectangle: Center, Corner를 실행하고, Right Right viewport에서 생성한 중심점을 선택한다. Command Prompt 영역에서 Other corner or length값 2를 입력하고 Enter↵키를 누른다. Width. Press Enter to use length값 25를 입력하고 Enter↵키를 누른다.

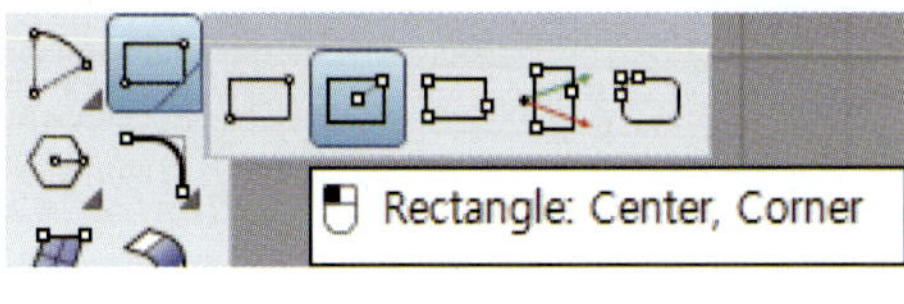

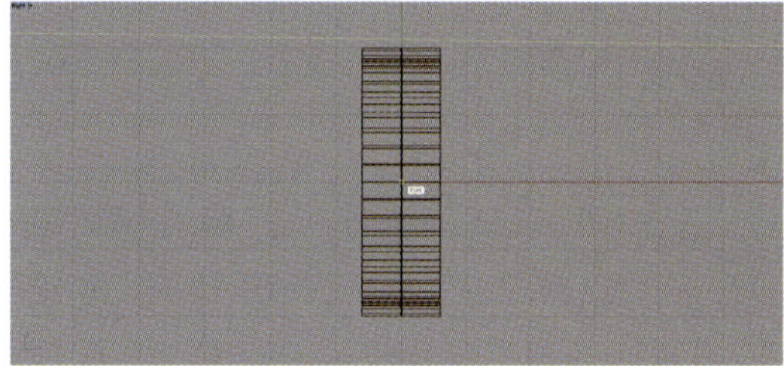

Other corner or length (3Point Rounded): 2

Width. Press Enter to use length (Rounded): 25

16. 다음 그림과 같이 Poly Surface개체 중심에 가로 2mm, 세로 25mm의 직사각형 Curve 개체가 생성된 것을 확인할 수 있다.

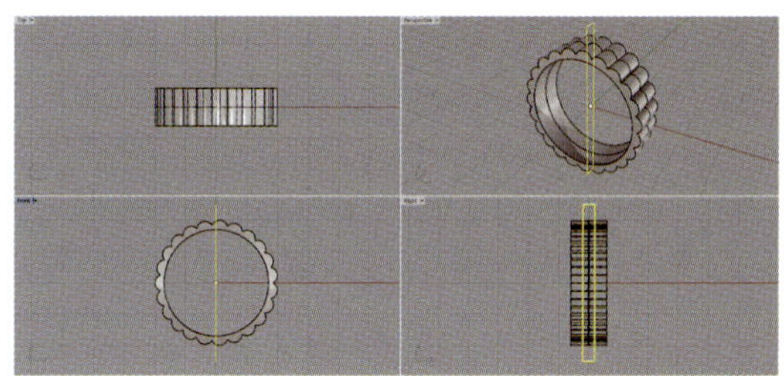

17. 직사각형 Curve개체를 선택하고, Extrude straight를 실행한다.
Command prompt 영역에서 Bothsides =Yes, Solid=Yes로 설정하고 Extrusion distance값 15를 입력하고 Enter↵키를 누른다.

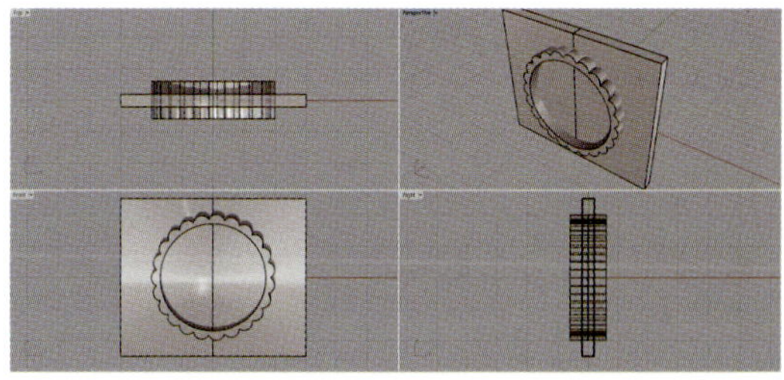

Extrusion distance <3> (Direction BothSides=Yes Solid=Yes DeleteInput=No ToBoundary SplitAtTangents=No SetBasePoint): 15

18. 두 개체를 모두 선택하고, Create solid를 실행하여 두 개체가 겹치는 부분들을 독립된 Solid개체로 생성한다.

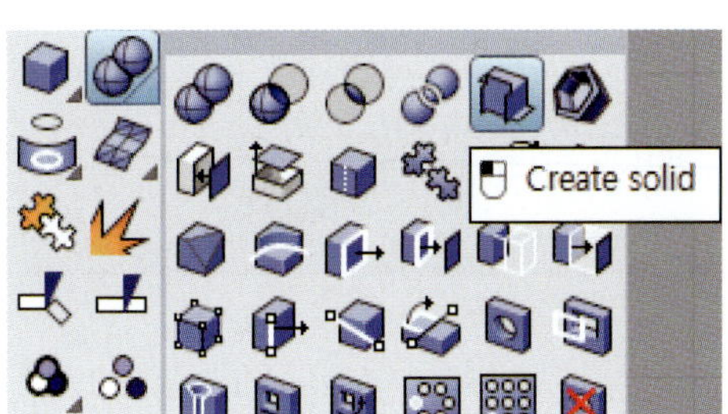

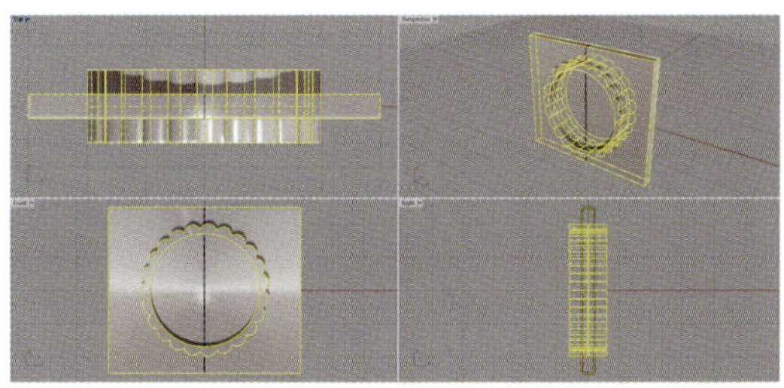

19. 다음 그림과 같이 불필요한 Solid개체를 삭제하고, Select curves를 실행하여 불필요한 Curve개체들도 삭제한다.

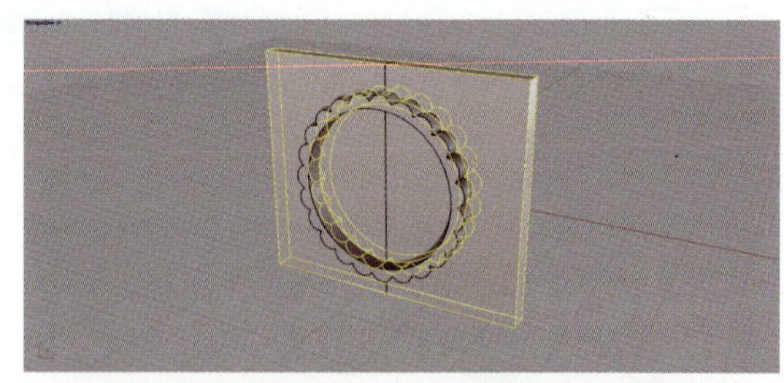

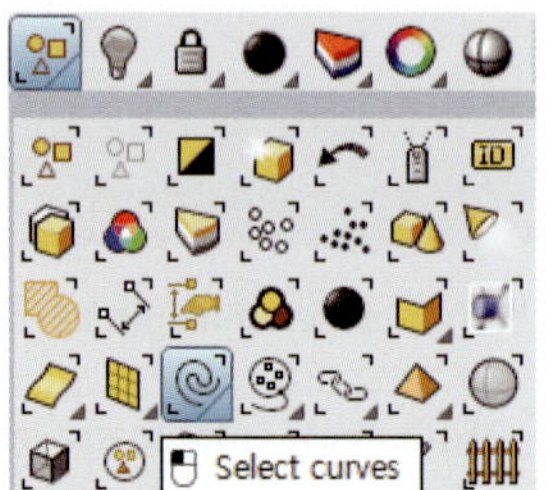

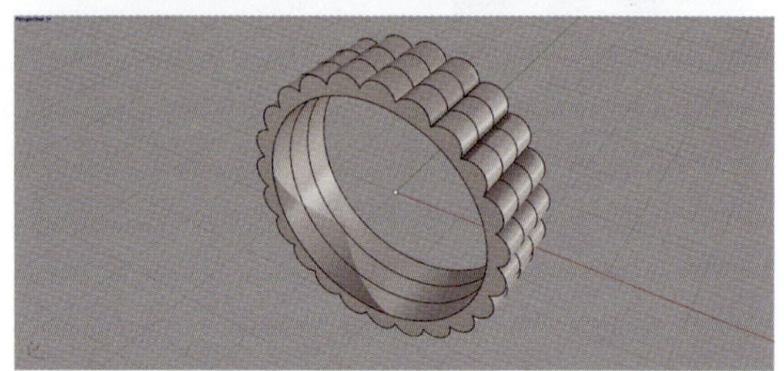

20. 가운데 Solid개체를 선택하고, Rotate 2-D를 실행한다. Command Prompt에서 Center of rotation은 원점(0, 0) 또는 원형 Curve개체의 중심점으로 선택한다. Angle or first reference point값은 7을 입력하고 Enter↵ 키를 누른다.

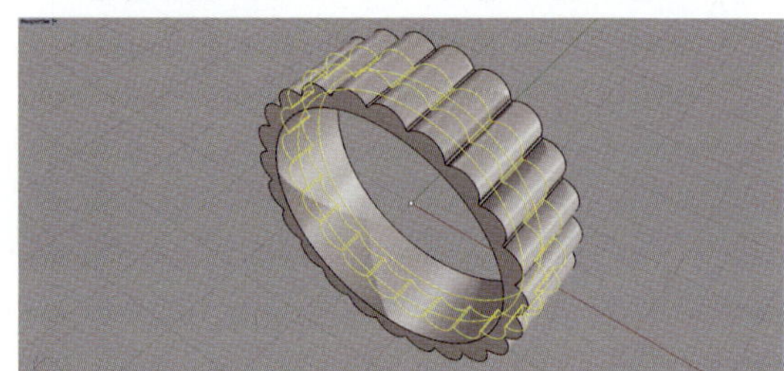

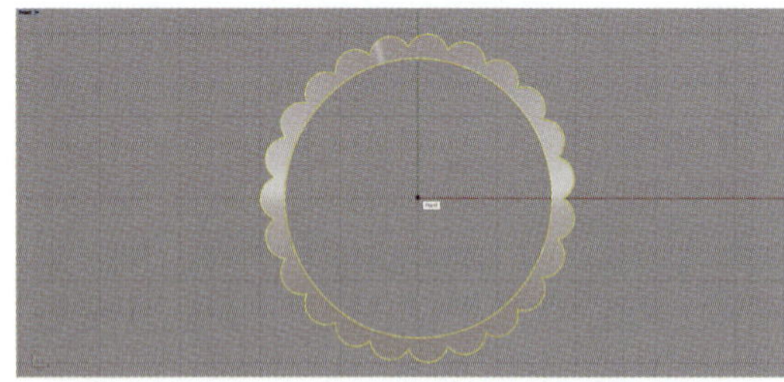

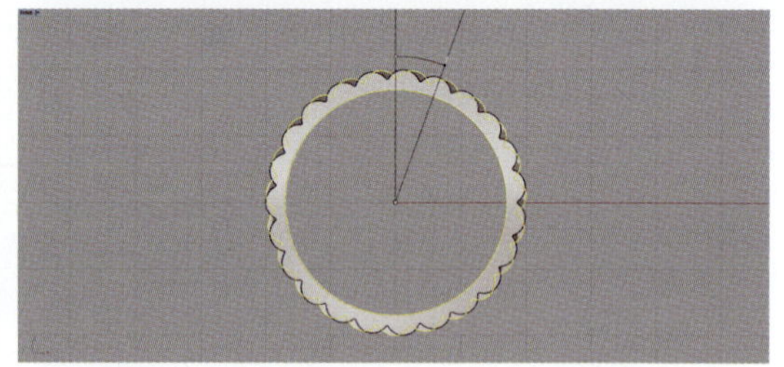

Angle or first reference point <7> (Copy=*No*): 7

21. 다음 그림과 같이 가운데 Solid개체가 7도 각도로 회전한 것을 확인할 수 있다.

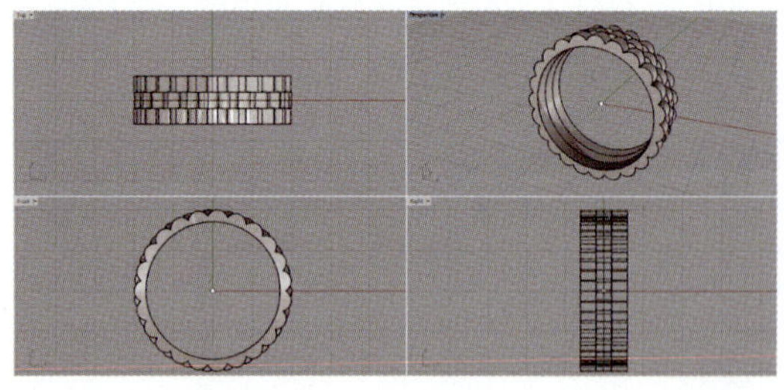

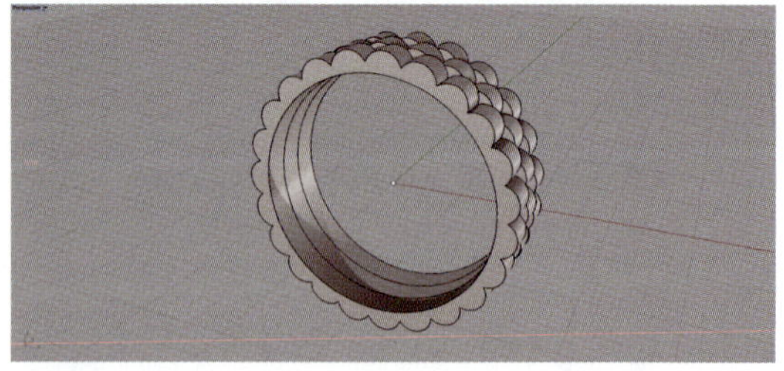

22. 3개의 Solid개체를 모두 선택하고, Boolean union을 실행하여 하나의 Solid개체로 결합한다.

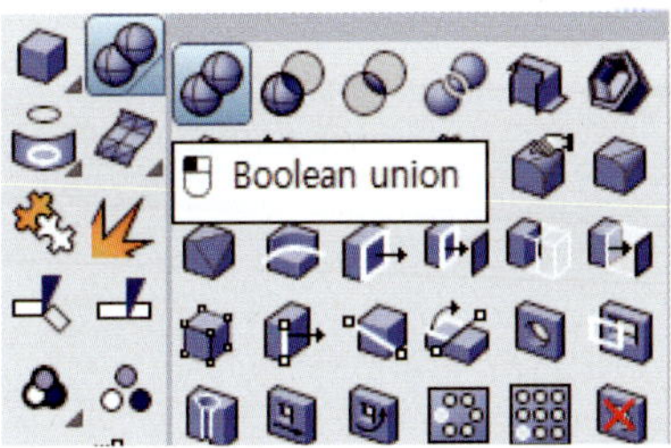

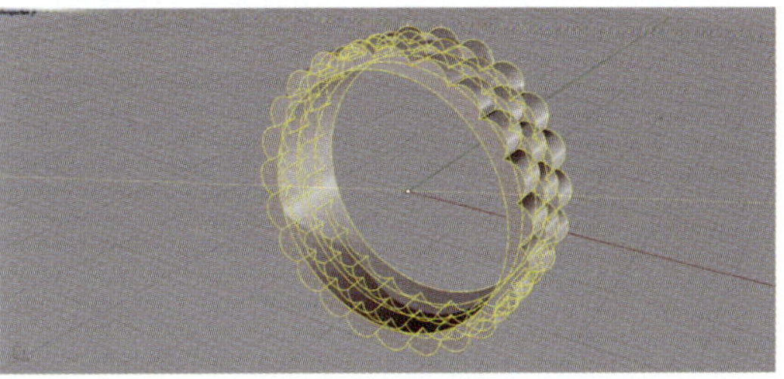

23. Extract surface 또는 Extract surface을 실행하고, 반지개체 안쪽 Surface개체 3개를 선택하고, Enter키를 누른다. 분리된 3개의 Surface개체는 Delete키로 삭제한다.

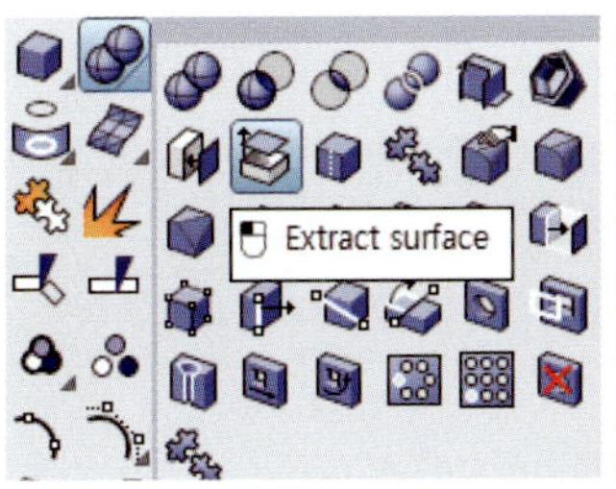

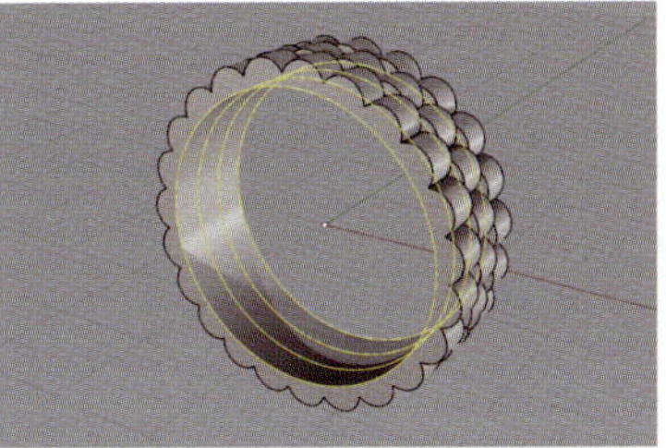

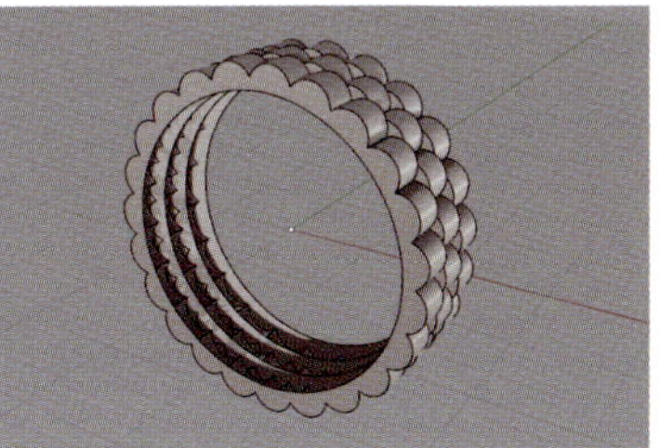

24. Loft를 실행하고, 다음 그림과 같이 반지개체의 안쪽 2개의 Edge를 선택하고 Enter키를 누른다. Loft Options 창이 나타나면 옵션을 설정하고 OK를 누른다.

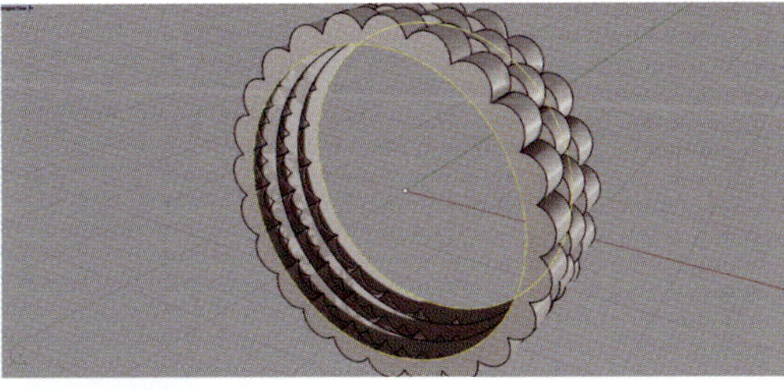

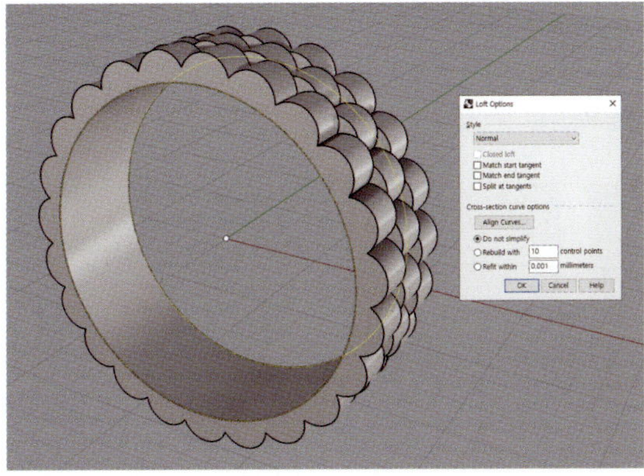

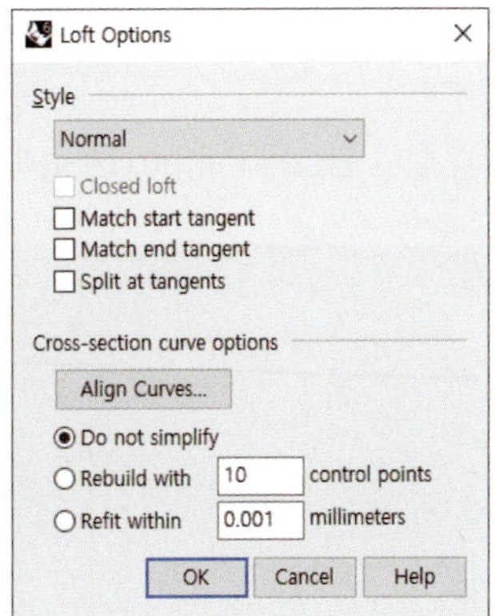

25. 다음 그림과 같이 반지개체 안쪽에 분리되지 않는 하나의 Surface개체가 생성된 것을 확인할 수 있다. 두 개의 개체를 모두 선택하고 Join을 실행하여 하나의 개체로 결합한다.

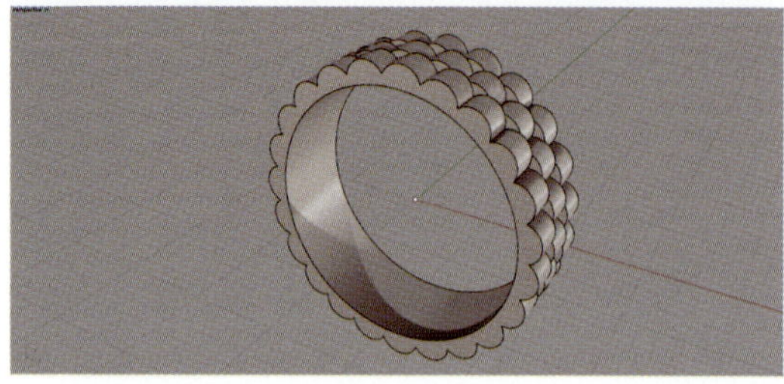

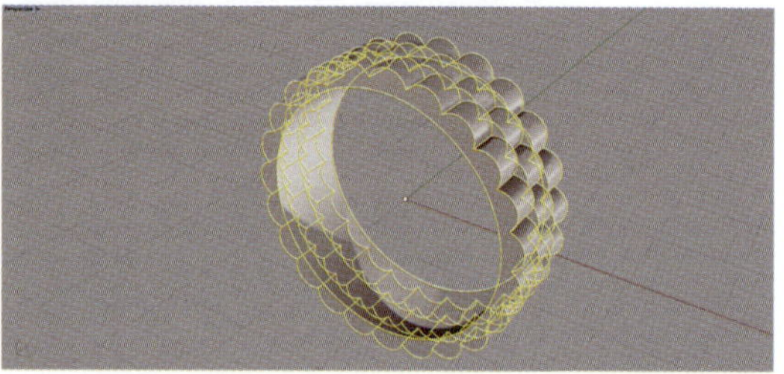

26. Fillet edges를 실행하고, 다음 그림과 같이 반지개체의 안쪽 2개의 Edge를 선택한 후, Enter↵키를 누른다. Command prompt 영역에서 SetAll을 클릭하고, Radius for all handles값 0.3을 입력한 후, Enter↵키를 누른다. Select fillet handle to edit. Press Enter when done에서 옵션을 설정하고 Enter↵키를 누른다.

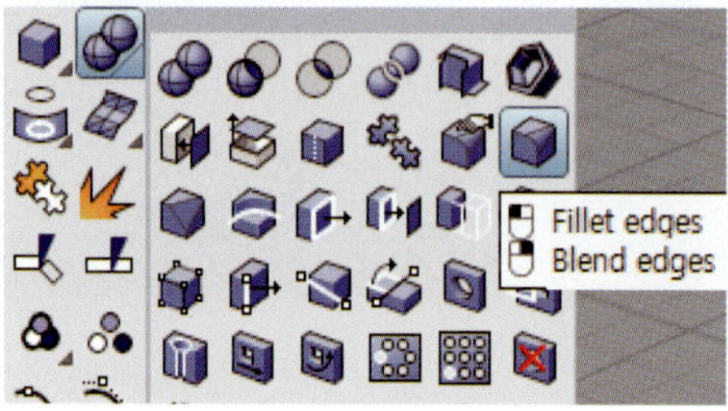

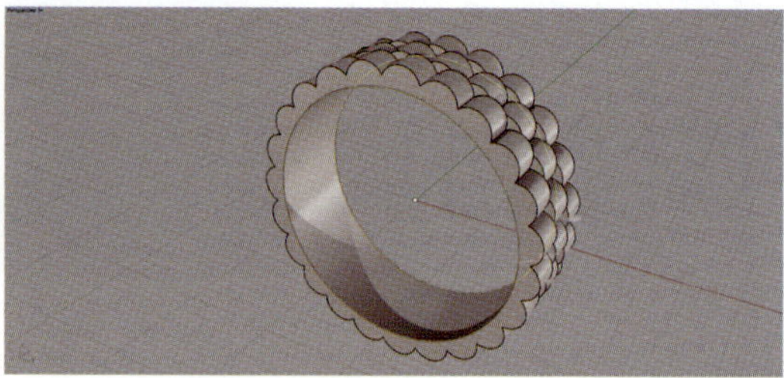

Select fillet handle to edit. Press Enter when done
(ShowRadius=*Yes* AddHandle CopyHandle SetAll LinkHandles=*No* RailType=*RollingBall* SelectEdges TrimAndJoin=*Yes* Preview=*No*):

Radius for all handles <0.300>: 0.3

27. 다음 그림과 같이 선택한 Edge부분이 반지름 0.3㎜로 Fillet된 것을 확인할 수 있다.

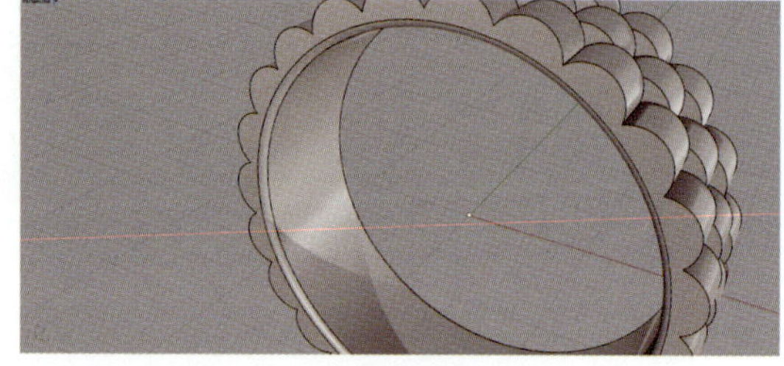

28. 다음 그림과 같이 완성된 Pattern Ring개체를 확인할 수 있다.

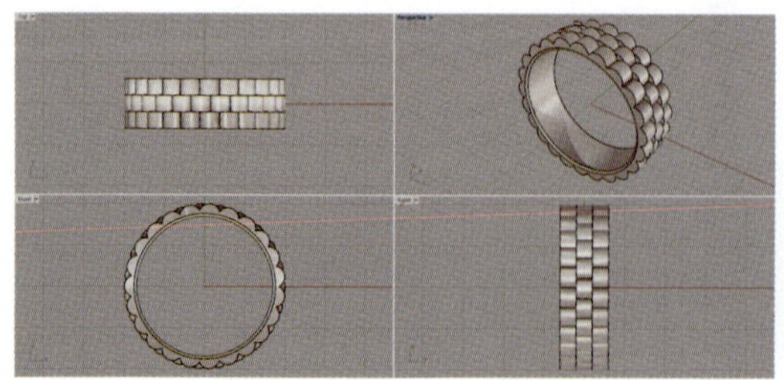

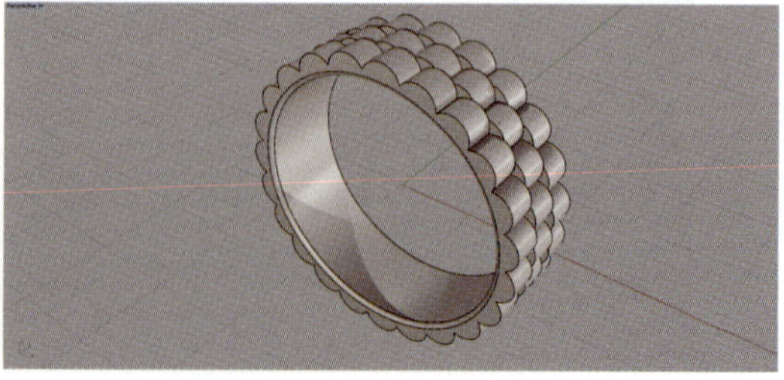

Rebuild Curve

→ 부록CD 〉 Rhino 예제 〉 Lesson 7 〉 Change Degree

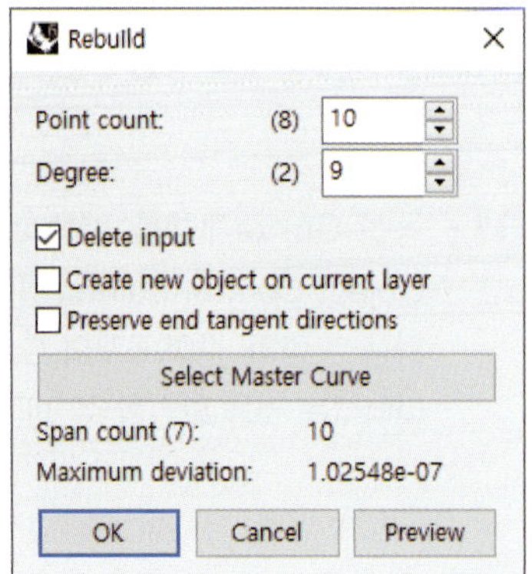

선택된 Curve개체를 지정된 Degree 와 Control Point 개수로 재구성하는 기능이다. 효율적인 작업을 위해서는 Control Point On과 Curvature Graph를 켜고 Curve개체 구조를 세밀하게 확인한다.
이 기능을 실행하면 결과물인 Curve개체의 Knot이 더욱 균등하게 배치되며(이러한 상태를 Uniform한 상태라고 한다.)
균등하지 않은 Knot의 간격을 가졌으나, 더욱 정확하게 Curve개체를 Rebuild하려면 Refit Curves명령을 사용한다.

Options

- **Point Count :** 선택된 Curve개체를 Rebuild하는데 사용되는 조절점의 개수를 설정하는 기능이다. 괄호 안에 표시된 숫자는 원래 Curve개체에 있는 조절점이다.

- **Degree :** 새로 만들 Curve개체의 차수를 지정하는 기능이다. Degree란 NURBS 다항식의 차수(방정식의 차수)를 말한다.
  즉, Degree=1은 1차 함수의 Curve를 말하는 것이며 Curve가 직선이 되는 것이다. 또한 Degree 3이라는 것은 조절점 하나를 움직였을 때, Curve가 변화하는 조절점 구간이 3번째까지라는 의미이다.

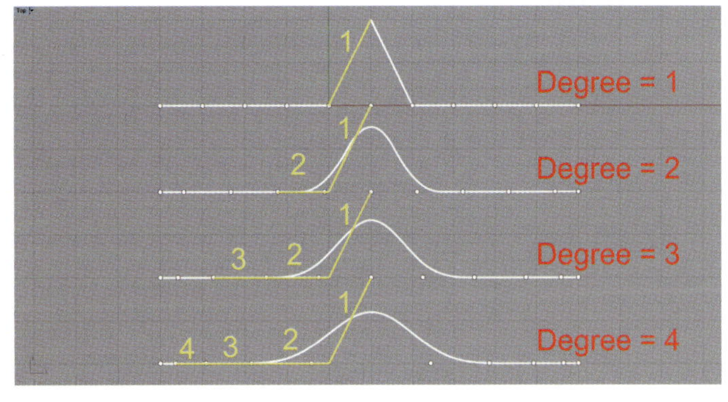

  Degree값은 1에서 최대 11까지 가능하며 대표적으로 Line, Polyline은 Degree가 1이고 Circle Ellipse, Parabola, Arc는 Degree가 2이다. 자유곡선은 기본적으로 3 이상의 것을 이용한다. Control Points Curve와 Interpolate Points Curve는 Command Prompt 영역에 있는 Degree옵션을 이용해 Degree값을 바꾸어 사용할 수 있다. Degree값이 높아지면 Curve는 보다 부드러워지지만 편집 작업이 복잡해지며 보통 1~5 정도까지의 Degree값을 일반적으로 사용한다. NURBS Curve개체와 Surface개체는 형태 변화없이 Degree값을 높여 사용할 수 있으나 값을 내리게 설정하면 형태가 달라지게 된다.

- **Delete Input :** 원래 개체를 삭제하는 기능이다.

- **Create New Curve On Current Layer :** 현재 Layer상에 새로운 Curve개체를 만드는 기능이다. 원래 Curve개체의 Layer 상에 있는 새 Curve개체를 배치하려면 이 확인란을 선택 해제한다.

Rebuild curve 기능

01. 곡선 Curve개체를 선택하고, Show Object Control Points(F10)를 실행한다. 다음 그림과 같이 6개의 Control Point가 나타나는 것을 확인할 수 있다.

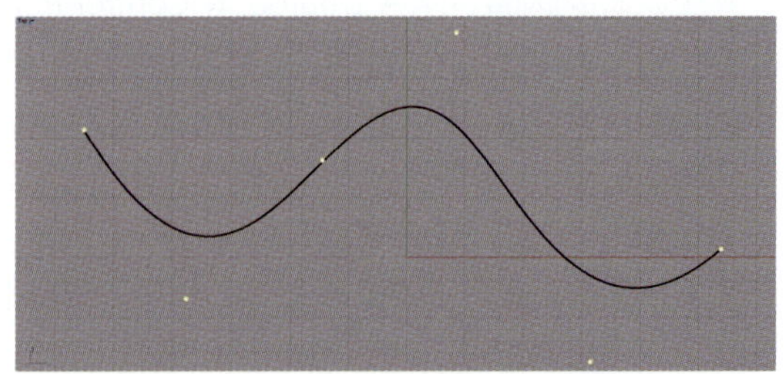

02. 곡선 Curve개체를 선택하고, Rebuild Curve를 실행하면 다음 그림과 같이 Rebuild Option창이 나타난다. Point Count값을 12로 설정하고, Degree값을 3으로 설정한 후, OK를 누른다.

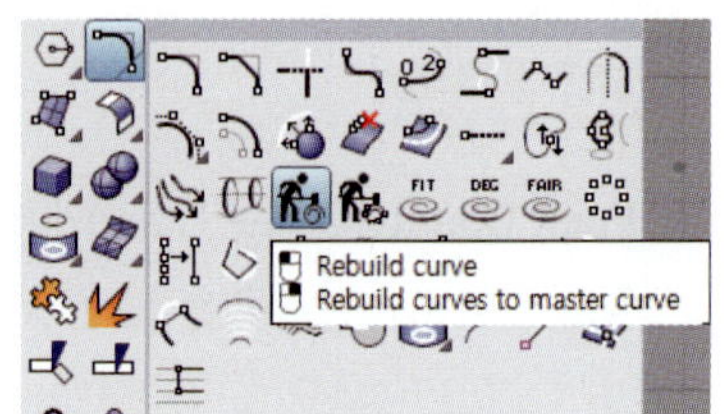

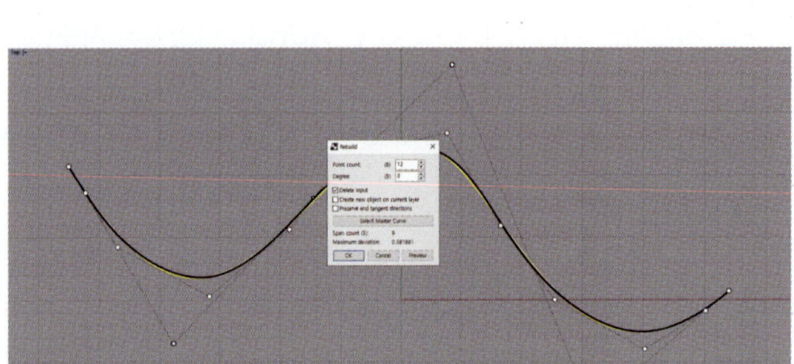

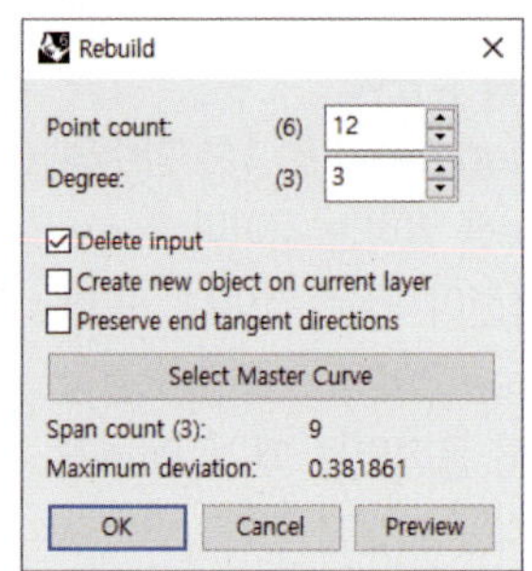

03. 다음 그림과 같이 Control Point가 12개로 Rebuild된 것을 확인할 수 있다.

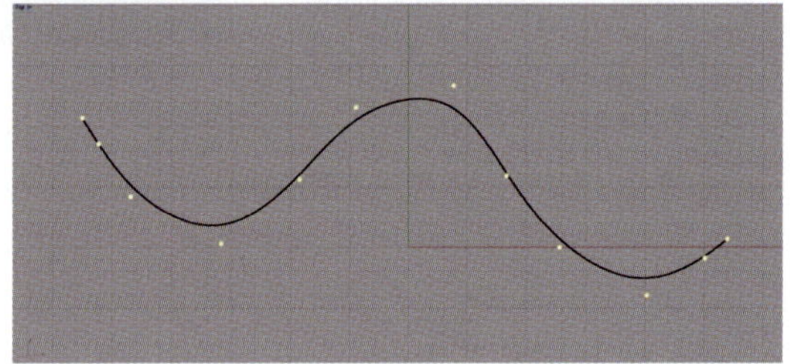

04. 다시 곡선 Curve개체를 선택하고, Rebuild Curve를 실행한다. Rebuild Option창이 나타나면 Point Count값을 12로 설정하고, Degree값을 1로 설정한 후, OK를 누른다.

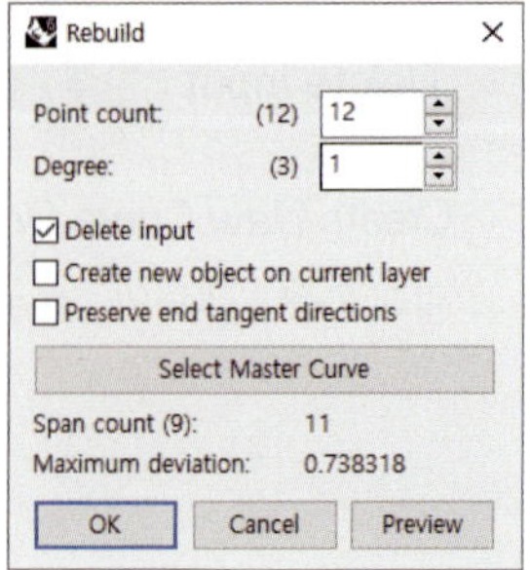

05. 다음 그림과 같이 곡선 Curve개체가 직선 Curve개체로 Rebuild된 것을 확인할 수 있다.

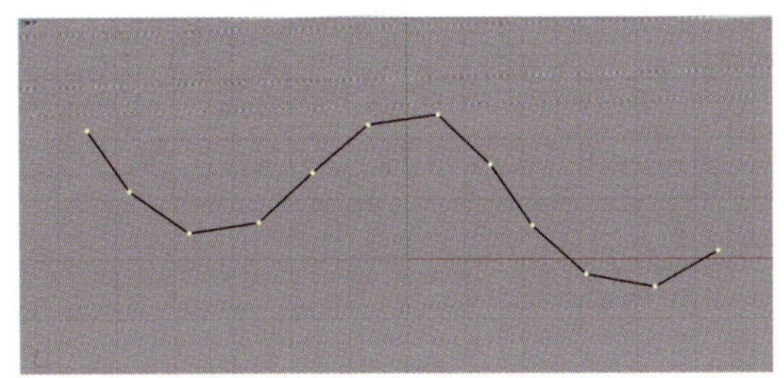

Knot 기능

NURBS 모델링에는 Knot Point가 있기 때문에 Degree가 2 이상의 자유로운 곡선과 Surface를 표현할 수 있다. 3차 형식의 Curve방정식이라면 S자 형태의 곡선만 표현할 수 있으나 NURBS 모델링에는 Knot로 3차의 Curve를 계속 이어나가 자유로운 Curve를 만들 수 있다. Knot은 0부터 시작되는 일렬의 숫자로 최대 Degree 수만큼 중첩되어지는 것이 가능하며 Degree 수만큼 중첩되면 그 점은 Kink가 된다. 또한 Curve의 시작점과 끝점에서는 Knot가 그 커브의 Degree 수만큼 중첩되어 있다. Knot의 가장 큰 기능은 Curve와 Surface 편집에서 1차 변형 없이 Control Point 수를 늘리거나 줄이는 기능이다.

원형 Curve개체를 통한 Knot 개념과 Kink 기능

01. 원형 Curve개체를 선택하고, Show Object Control Points를 실행하여 조절점을 보이게 한다. 다음 그림과 같이 8개의 Point Count(조절점)가 나타나는 것을 확인할 수 있다. Rebuild Curve를 실행하여 원형 Curve개체가 Point Count값이 8, Degree값이 2인 것을 확인할 수 있다.

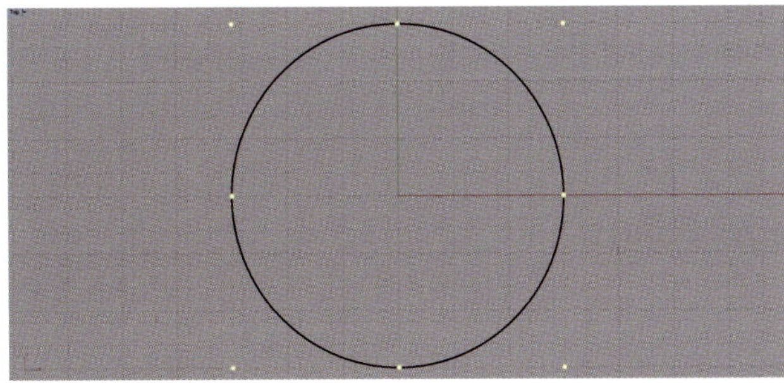

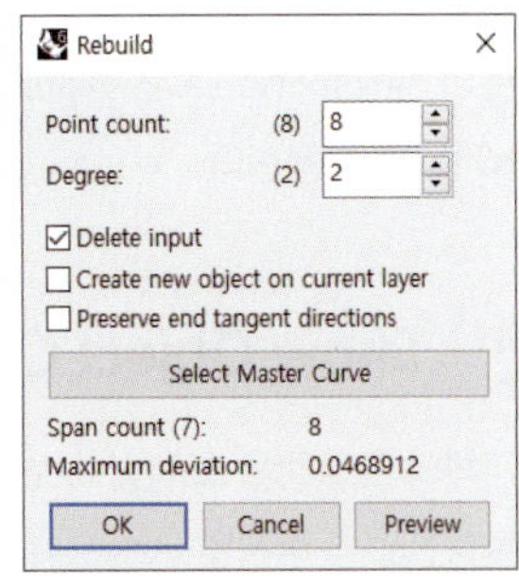

02. 다음 그림과 같이 4개의 Point를 Knot점이라고 한다. 4개의 Knot점이 있으므로 이 원형 Curve개체는 Degree(차수)값 2를 유지하며 Point Count(조절점)가 8개가 될 수 있는 것이다. 이 Knot점을 이동시키는 순간 Knot점은 Kink점이 된다.

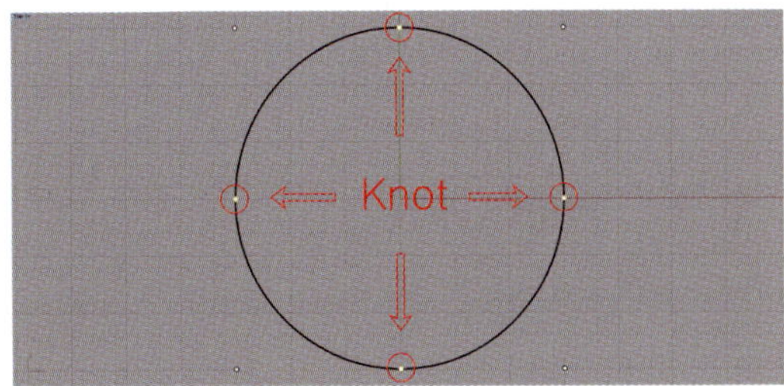

03. Kink점은 Curve상의 뾰족한 점이며, Tangent방향이 일치하지 않는 2개의 Curve가 결합된 지점을 말한다. (또는 Curve 중간에서 Tangent가 연속되지 않는 부분으로 Curve의 각이 진 부분을 의미한다.) Kink점이 움직이면 각이 생기므로 Explode가 가능해진다.

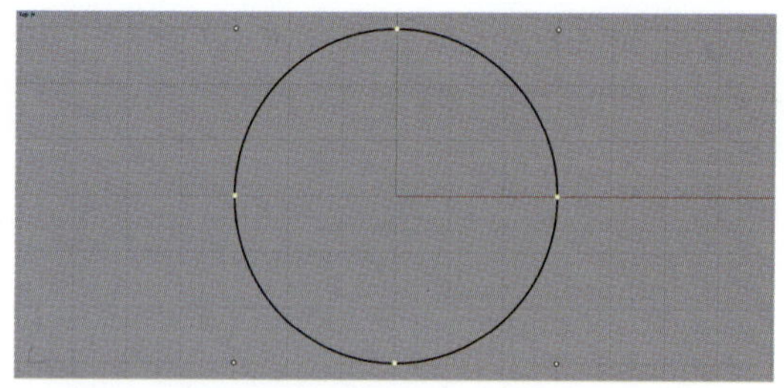

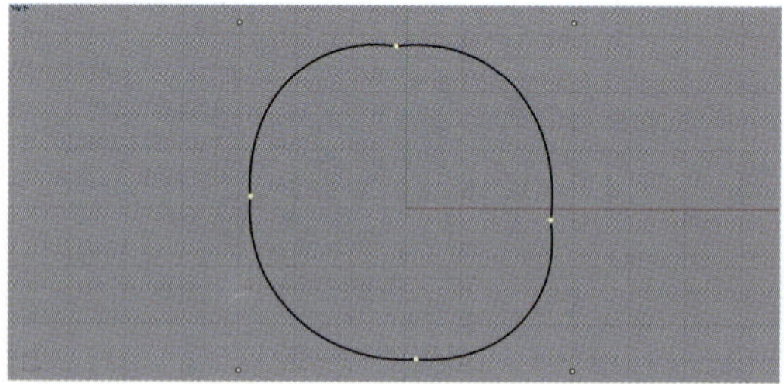

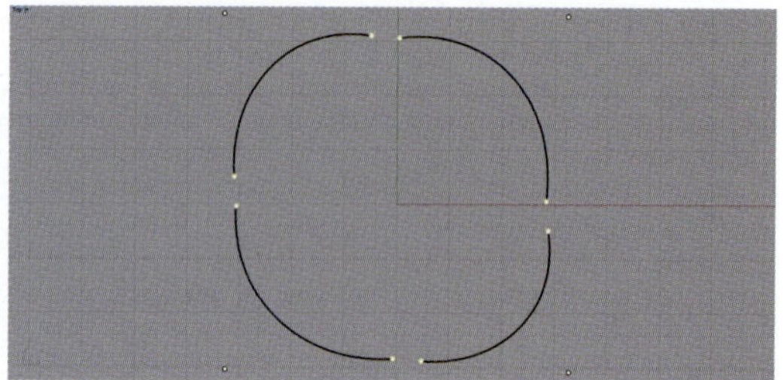

 Make Uniform

Curve개체 또는 Surface Knot 위치를 정렬시켜 균일하게 만드는 기능이다. Control Point의 위치는 유지하면서 Curve개체를 자연스럽게 만들어준다. 또한 Surface개체가 어떻게 편집되는지와 무관하게 모든 조절점이 Surface개체를 정확하게 동일한 방식으로 영향을 주는 것을 약속하는 기능이다. 서로 다른 Knot Domain 간격을 가지는 경우는 Non-Uniform(Knot의 불균일한 정렬)한 상태가 된다. 이것은 Knot 위치가 정렬이 되지 않게 된다는 뜻이다. Uniform(Knot의 균일한 정렬)한 Curve개체로 만들기 위해 Curve개체를 Rebuild하여 사용하는 것도 가능하지만 Rebuild의 경우 해당 Curve개체의 조절점 위치가 바뀌기 때문에 편집 작업 시 불편한 경우가 많다. 편집 작업 중 조절점의 위치는 유지하며 Curve개체를 Uniform한 상태로 바꾸고자 할 때 Make Uniform기능을 사용한다.

 Show Object Control Points

선택된 개체의 조절점을 화면상에 보이게 하는 기능이다. Curve개체는 단일 Curve와 Polycurve 모두 조절점을 보이게 할 수 있다. 하지만 Polysurface의 경우는 연결면(Seam)을 확인하기 위해 조절점을 켤 수 없다. 그 이유는 Polysurface는 Seam이 뜻하지 않게 분열되지 않도록 연결이 된 상태이기 때문이다. Surface개체 조절점을 편집하려면 개체를 각각의 Surface개체로 먼저 분해하거나 또는 Extract Surface를 실행하여 편집하고자 하는 Surface개체로 분리해야만 가능하다.

  Points Off

선택된 개체의 조절점을 끄는 기능이다.

Show object control points 와 Show curve edit points의 차이점

Control Points는 Curve와 Surface개체를 편집하기 위해 이용되는 조절점을 말한다. 위치에 따라 Curve개체나 Surface개체 형태가 달라지는데 각각의 Control Points는 Weight값을 가지게 된다. 이 Weight값에 비례하여 Curve개체나 Surface개체가 Control Point에서 멀어지거나 가까워지게 되는 것이다. 즉, Weight값이 커지면 Curve개체나 Surface개체는 그 Control Point에 가까워진다. Control Point는 Curve개체나 Surface개체 형태의 편집 작업에 있어 가장 중요한 요소라 할 수 있다.

Edit Point는 Curve개체의 조절점이므로 Control Point와 마찬가지로 Curve개체를 편집할 때 이용된다. Control Point는 Degree값에 따라 결정되는 일정한 구간만 변하게 된다. 하지만 Edit Point를 움직이면 Curve개체 형태 전체가 변하게 된다. Edit Point는 Curve개체 가운데 지점이 어떠한 특정 Point개체 또는 위치를 지나야하는 경우에 효율적으로 사용될 수 있다. Control Point는 Curve개체 형태를 자연스러운 상태로 유지하면서 변형할 때 효율적으로 사용될 수 있다. Control Point는 Curve개체 형태를 자연스러운 상태로 유지하면서 변형할 때 효율적으로 사용될 수 있다. 모델링 작업에 있어 형태를 변형시킬 때는 일반적으로 Control Point가 사용된다.

Insert Knot

매듭점을 Curve개체 또는 Surface개체에 삽입하는 기능이다.

Options

- **Automatic :** 조절점을 더욱 잘 끌어당기도록 매듭의 균등한 배분을 유지하면서 Curve개체 또는 Surface개체의 매듭점 밀도를 높여 조절점을 추가한다.
- **Symmetrical(대칭) :** Yes를 선택하면 Curve개체 또는 Surface개체의 가운데를 기준으로 양쪽에 매듭점이 추가된다.
- **Direction(방향) :** U방향, V방향 또는 두 방향 모두 지정한다.
- **Toggle(전환) :** 방향을 U방향 또는 V방향으로 전환한다.

Rebuild 와 Make-Uniform의 곡선 Curve개체 형태 변형 비교

→ 부록CD 〉 Rhino 예제 〉 Lesson 7 〉 Rebuild, Make-Uniform

- **1번 원본 곡선 Curve개체** (Control Point Curve를 실행하여 생성)
- **2번 원본 곡선 Curve개체를 Rebuild한 Curve개체** (Rebuild Curve를 실행하여 Point Count값 12, Degree값 3으로 설정)
- **3번 원본 곡선 Curve개체를 Insert Knot한 Curve개체** (Insert Knot를 실행하여 Knot를 추가)
- **4번 Insert Knot한 Curve개체를 Make Uniform한 Curve개체** (Insert Knot를 실행한 곡선 Curve개체에 Make Uniform을 실행)

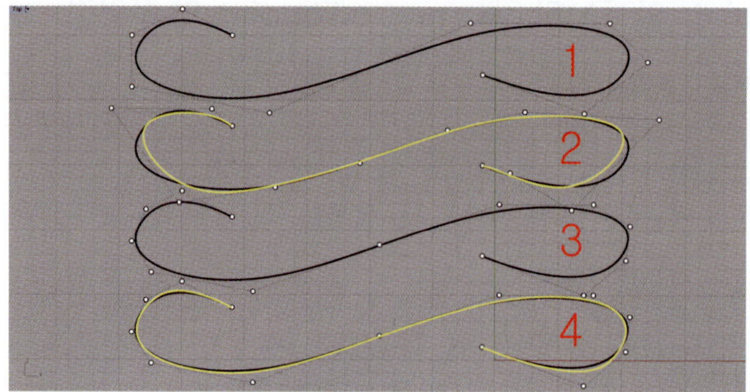

Insert A Control Point

→ 부록CD 〉 Rhino 예제 〉 Lesson 7 〉 Insert A Control Point

Curve개체 또는 Surface개체에 조절점을 추가하는 기능이다. 하지만 이 기능은 Curve개체 또는 Surface개체 형태를 변하게 영향을 준다. 반면 Insert Knot 기능은 Curve개체 또는 Surface개체 형태를 변하지 않게 한다.

Options

- **Direction(U V)** : 조절점의 방향을 U 또는 V 방향으로 선택 변경하는 기능이다
- **Toggle(전환)** : 조절점의 방향을 쉽게 전환하는 기능이다.
- **Extend(연장)** : Surface개체 형태 끝부분부터 다음 조절점까지 절반만큼 거리로 Surface개체를 연장하는 기능이다.
- **Midpoint(중간점)** : 두 조절점 사이 중간에 조절점을 배치하는 기능이다.

01. Insert A Control Point를 실행한다. Insert A Control Point의 위치는 다음 그림과 같이 두 곳에 배치되어있다.

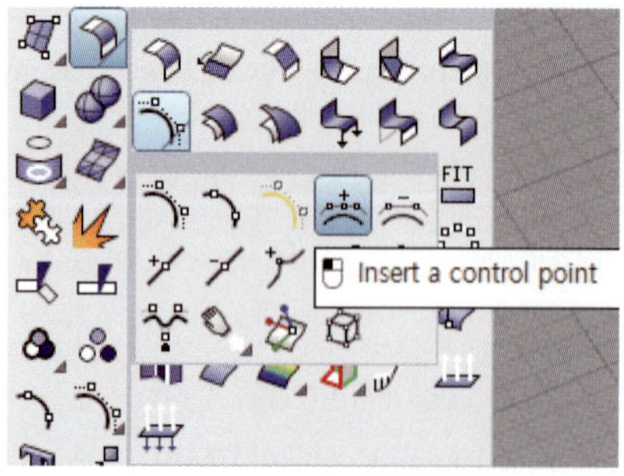

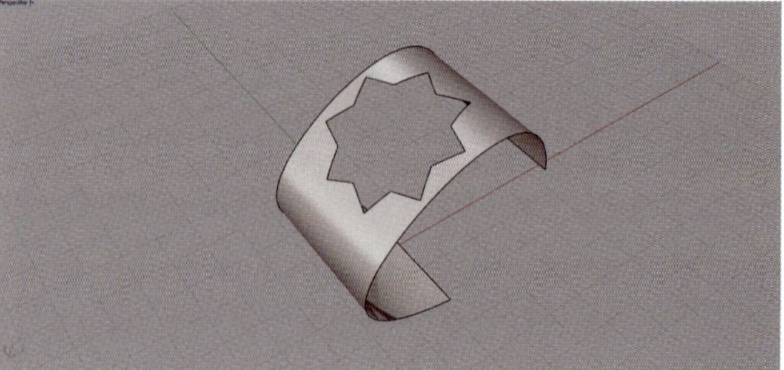

02. Surface개체를 선택하면 다음 그림과 같이 Wireframe 형태의 화면으로 변하는 것을 확인할 수 있다.

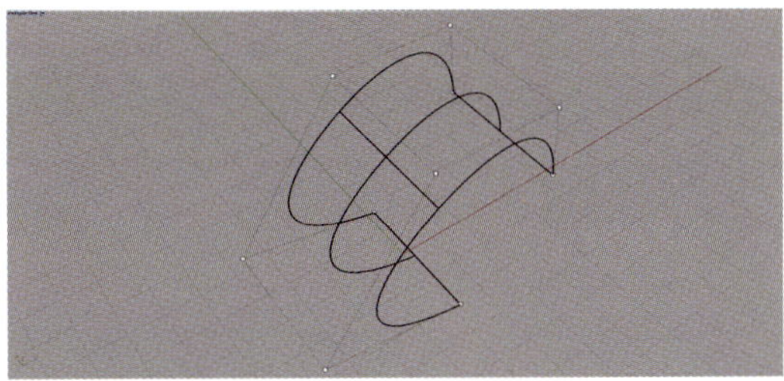

03. Command Prompt 영역에서 Direction=U를 선택하고, Surface개체의 U방향으로 조절점을 삽입한 후, Enter↵키를 누른다. 다음 그림과 같이 8각 별모양이 조절점을 삽입한 방향으로 변형된 것을 확인할 수 있다.

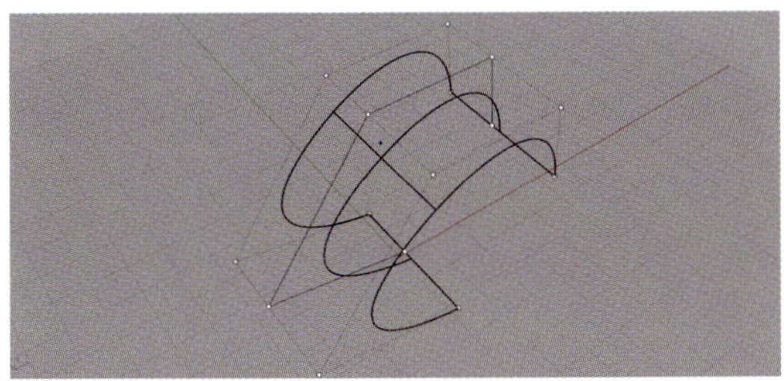

Point on surface to add control points (Direction=*U* Toggle Extend Midpoint=*No*):

04. 다시 Insert A Control Point를 실행한다. Direction을 V로 설정하고, V방향으로 조절점을 삽입한 후, Enter↵키를 누른다. 다음 그림과 같이 8각 별모양이 조절점을 삽입한 방향으로 변형된 것을 확인할 수 있다.

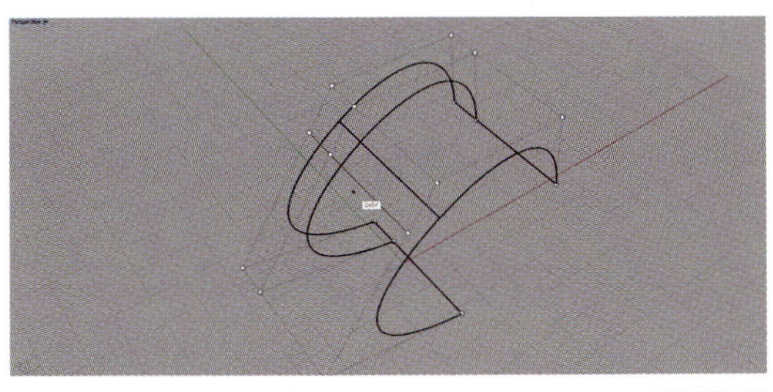
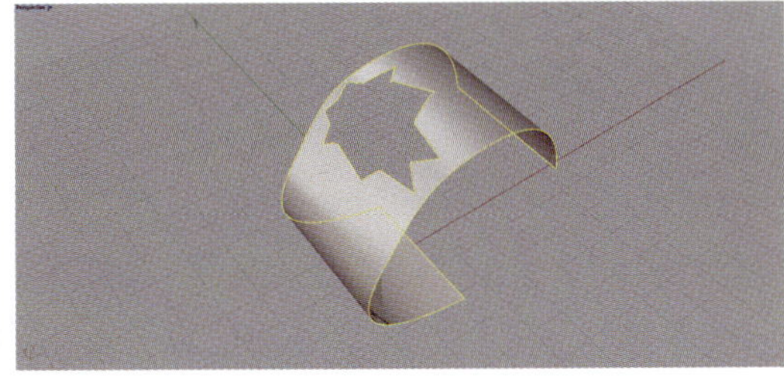

Direction <U> (U V):

Remove A Control Point

Curve개체 또는 Surface개체상의 조절점을 제거하는 기능이다. 이 기능을 사용하여 제어점을 제거하면 Curve개체 또는 Surface개체의 형태에 영향을 미친다.

Change Degree

Curve개체 또는 Surface개체의 Degree(차수)를 변경하는 기능이다. 개체의 Knot Domain을 균일하게 유지하면서 Control Point 수를 추가하거나 제거할 수 있다.

Options

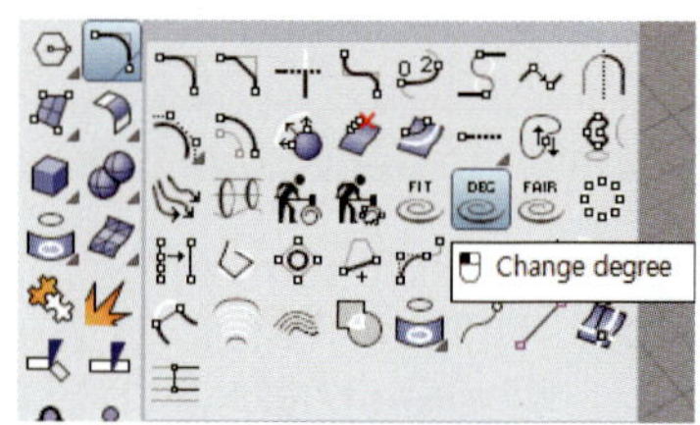

- **Deformable** : Yes를 선택하고, Curve개체 또는 Surface개체의 차수가 설정된 차수와 다를 때, 새로운 Curve개체 또는 Surface개체는 형태 변형을 가져온다. No를 선택하고 Curve개체 또는 Surface개체의 차수가 설정된 차수와 다를 때, 새로운 Curve개체 또는 Surface개체는 형태 변형을 가져오지 않는다.

Refit Curve To Tolerance

→ 부록CD 〉 Rhino 예제 〉 Lesson 7 〉 Refit Curve To Tolerance

Curve개체에 조절점 개수가 너무 많을 경우에 Curve개체의 형태는 유지하면서 허용 오차 내에서 해당 Curve개체의 조절점 개수를 줄여주는 기능이다.

이 기능은 Rebuild 기능과 유사하나 Curve개체를 새로 만들 때 조절점 개수가 아닌 Fitting Tolerance 옵션 기능을 이용하는 점이 다르다. 조절점 수가 너무 많아 Rebuild 기능을 실행하여 형태가 왜곡되는 경우와 여러 Curve개체를 한번에 Rebuild 기능을 적용할 때 사용된다. Refit 명령에 입력이 Poly line인 경우, Refit 명령은 Poly line의 정점을 일련의 점으로 간주하여 가능하면 그 점 가까이를 지나가면서도 적당한 수의 조절점을 갖는 Curve개체를 만들도록 한다. Refit명령은 인접한 많은 점을 갖는 Poly line에 사용되도록 고안되었다.

많은 조절점으로 인한 구불거림이 있는 경우에는 Refit 명령은 원래와 유사한 모양의 보다 적은 조절점을 가진 Curve개체를 만든다. 0을 입력하면 현재 설정된 절대 허용오차 값을 사용하게 된다.

Options

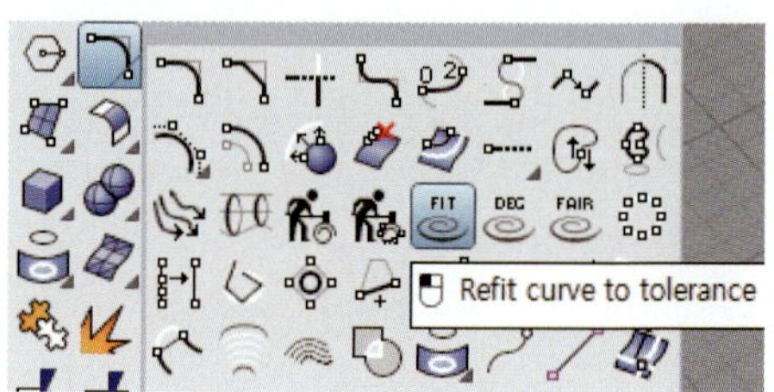

- **Delete Input** : 원래 개체를 삭제할 것인지를 묻는 기능이다.
- **Degree** : 차수가 높은 Curve개체를 생성할 때, Curve 형태가 아주 복잡하지 않으면 사용자가 원하는 차수가 되지 않는다. 최소한 차수보다 하나 더 많은 조절점을 생성시켜 만들어준다.

- **다음 그림은 Fitting Tolerance 값을 1과 2로 설정했을 때의 형태변화 비교이다.**

Fitting tolerance <0.001> (DeleteInput=*Yes* Degree=*3* OutputLayer=*Input* AngleTolerance=*1*): 1

Fitting tolerance <2> (DeleteInput=*Yes* Degree=*3* OutputLayer=*Input* AngleTolerance=*1*): 2

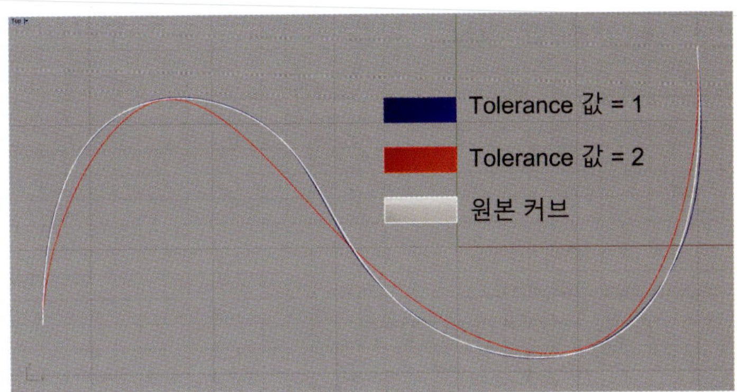

Fair Curve

→ 부록CD 〉 Rhino 예제 〉 Lesson 7 〉 Fair curve

Fair기능은 Rebuild, Refit과는 달리 조절점 개수를 유지하면서, 허용된 오차범위 내에서 Curve개체 형태를 매끄럽게 정리하는 기능이다. Fair는 차수 값이 3인 Curve개체에서 가장 잘 적용되며 곡률이 급격히 변하는 것을 막아준다. 또한, 이 기능은 곡률문제를 해결하기 위해 Fair 명령을 여러 번 실행해야하는 경우도 있다.

Curvature graph on을 실행하여 Fair 작업 시에 곡률을 통해 수치 값에 따른 구간 변동 상황을 볼 수 있다.

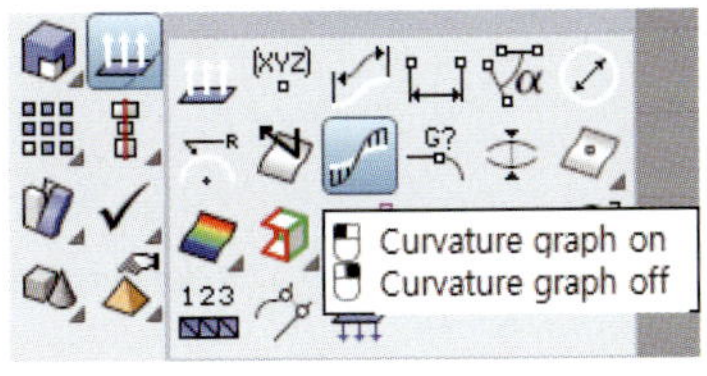

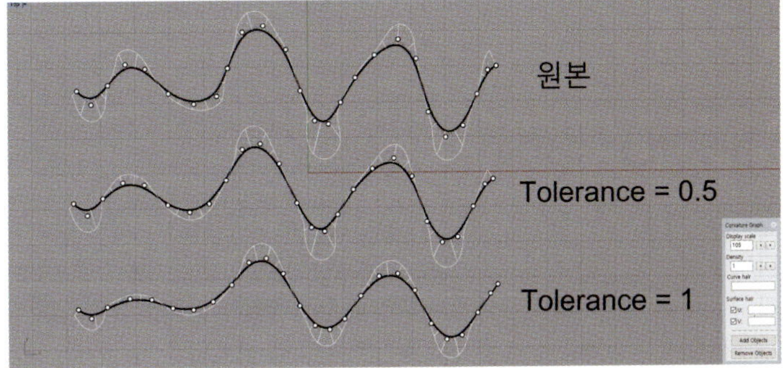

Delete Sub-Curve

Curve개체에 선택된 두 지점 위치 사이를 제거하는 기능이다.

Extract Sub-Curve

Poly Line 또는 Poly Curve개체에서 따로 분리하여 개별적으로 사용하고자 할 때 사용하는 기능이다.

Close Open Curves

직선 Segment를 사용하거나 시작점과 끝점이 서로 결합 허용오차 이내에 있으면 끝점을 시작점으로 이동시키는 방법으로 열린 Curve개체를 닫게 하는 기능이다.

Make Periodic

비주기적 Surface개체 또는 Curve개체를 주기적 Surface개체 또는 Curve개체로 변경하는 기능이며 Kink없이 부드럽게 변형시키는 기능이다. 폐곡선을 만들며 조절점을 편집하여도 부드러운 상태를 유지하게 한다. Periodic Curve는 Explode 되지 않는 속성이 있다.

Adjust Closed Curve Seam

Seam Point는 닫힌 Curve개체의 시작점과 끝점이 만나는 곳으로 여러 개의 닫힌 Curve개체의 Seam Point를 자동으로 조정하여 정렬한다. 1개의 닫힌 Curve Seam Point는 수동으로 조정할 수 있으며 Loft Surface 명령에는 자동으로 Seam Point를 정렬하는 기능이 있다.

Options

- **Flip** : 닫힌 Curve Seam 방향을 변경하는 기능이다.
- **Automatic** : 다수의 Curve Seam 방향을 한 번에 조정할 경우 Curve개체의 시작 위치와 방향을 모두 일치시켜주는 기능이다.
- **Natural** : Curve개체의 시작 위치와 방향을 최초의 상태로 원위치시키는 기능이다.

Offset Curve

→ 부록CD 〉 Rhino 예제 〉 Lesson 7 〉 Offset curve-1

Curve개체를 복사하여 복사된 Curve개체상의 모든 위치가 원래 Curve개체로부터 지정된 거리로 떨어져 있게 하는 기능이다. 기본적으로 Offset Curve는 원본 Curve개체와 Control Point 수가 다르게 생성된다. 적절하게 작은 Offset Distance 값과 Smooth Curve기능을 사용하면 가장 좋은 결과를 얻을 수 있다. 그렇지 않으면, 생성되는 Curve개체에 Kink 또는 형태가 심하게 왜곡될 수 있다.

Options

- **Distance** : Offset 거리를 설정하는 기능이다.
- **Corner** : 모서리를 Offset하는 방법을 변경하는 기능이다. 다음 그림과 같이 옵션들의 차이를 확인할 수 있다.
- **Corner – Sharp(모나게)** : Curve를 Offset하고 서로 교차할 때까지 직선으로 연장한다.

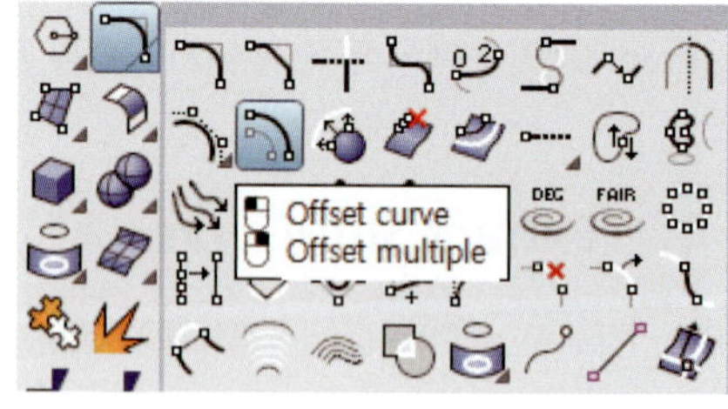

Side to offset (Distance=0.3 Loose=No Corner=Sharp ThroughPoint Tolerance=0.001 BothSides InCPlane=Yes Cap=None):

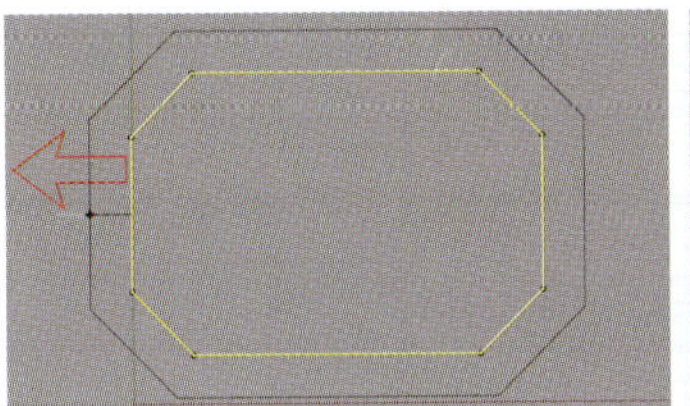

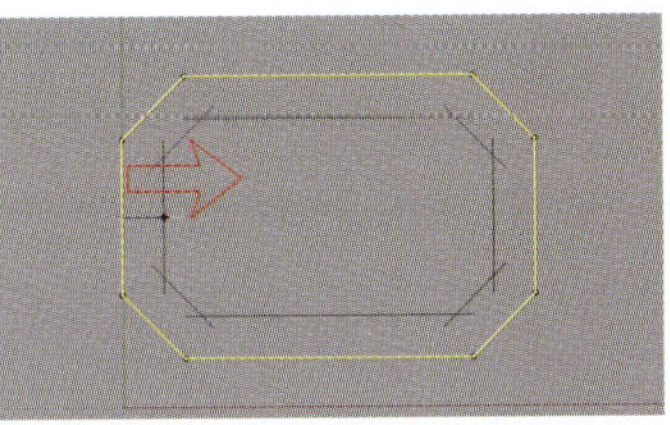

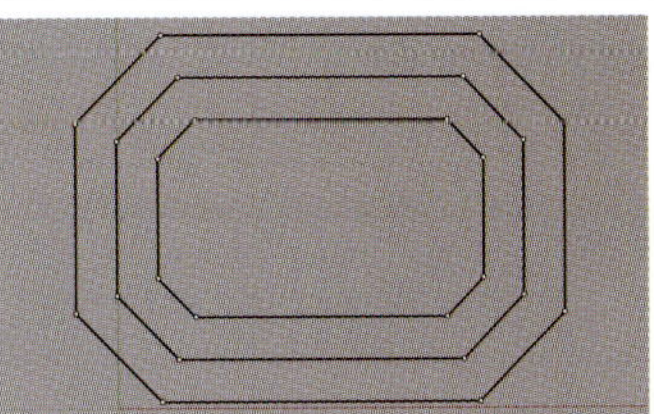

- **Corner – Round(둥글게) :** 모서리 바깥 방향의 Curve 간격 띄우기는 접선 연속성이 있는 Arc Segment로 채워진다. 다음 그림과 같이 Curve개체의 안쪽 방향으로는 Round로 Offset이 안되고 Sharp로 Offset되는 것을 확인할 수 있다.

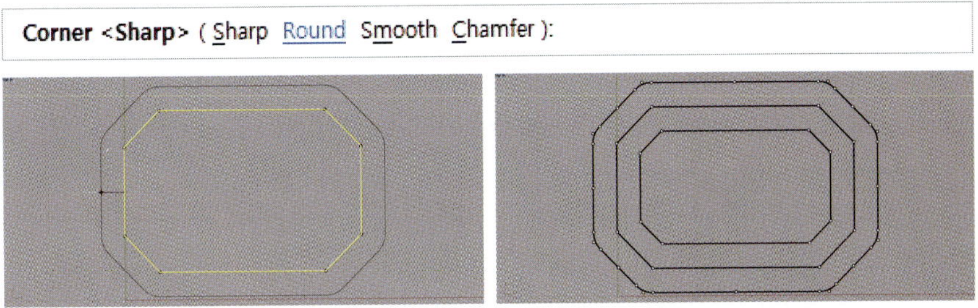

- **Corner – Smooth(매끄럽게) :** 모서리 바깥 방향의 Curve 간격띄우기는 곡률연속성이 있는 Blend Segment로 채워진다.

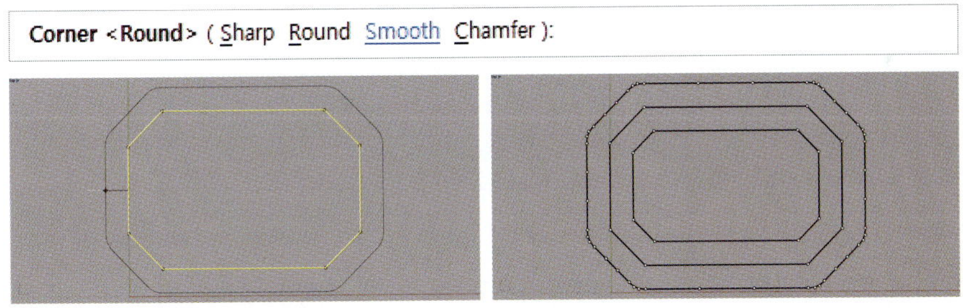

- **Corner – Chamfer(모따기) :** Curve개체를 Offset라고 끝점 사이를 직선으로 연결한다.

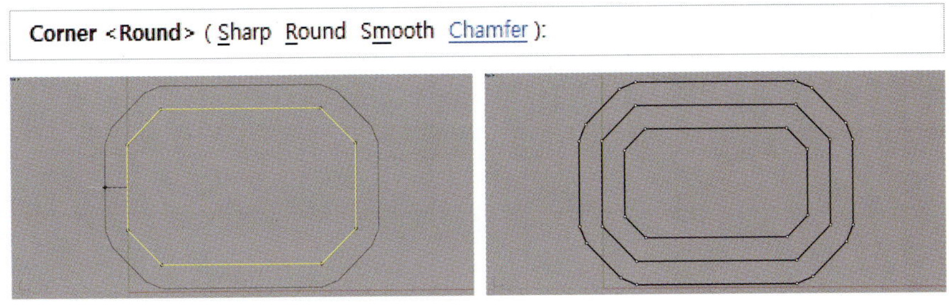

- **Bothsides :** 선택한 Curve개체의 양쪽에 Curve개체의 간격을 띄우는 기능이다.

Side to offset (Distance=*0.3* Loose=*No* Corner=*Sharp* ThroughPoint Tolerance=*0.001* BothSides InCPlane=*Yes* Cap=*None*):

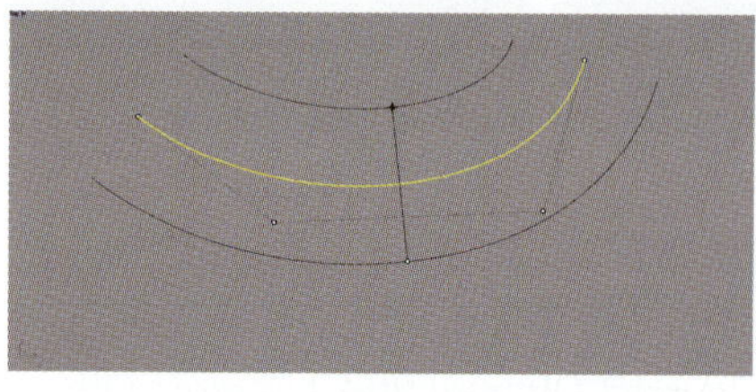
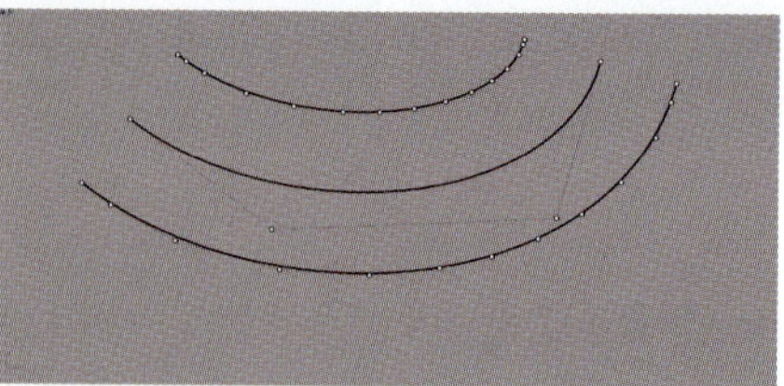

- **Cap :** Curve개체의 끝에 틈을 막는 기능이다. 다음 그림과 같이 옵션들의 차이를 확인할 수 있다.

Side to offset (Distance=*0.3* Loose=*No* Corner=*Sharp* ThroughPoint Tolerance=*0.001* BothSides InCPlane=*Yes* Cap=*None*):

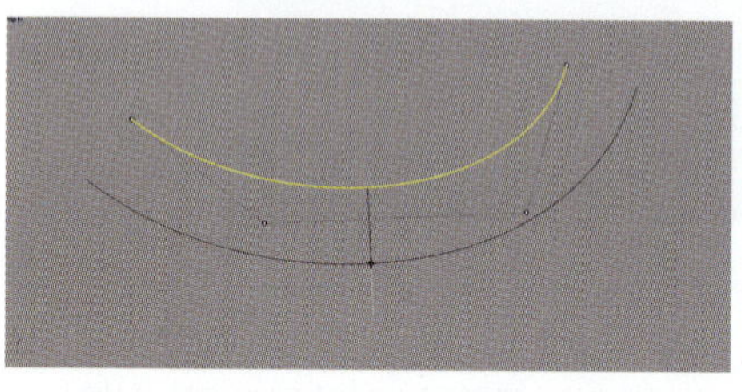

Side to offset (Distance=*0.3* Loose=*No* Corner=*Sharp* ThroughPoint Tolerance=*0.001* BothSides InCPlane=*Yes* Cap=*Flat*):

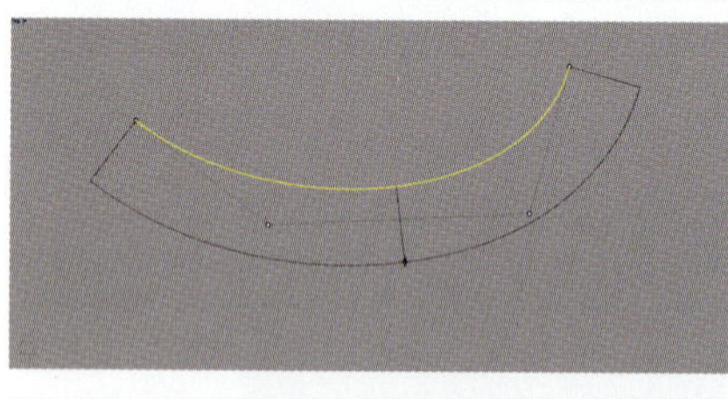
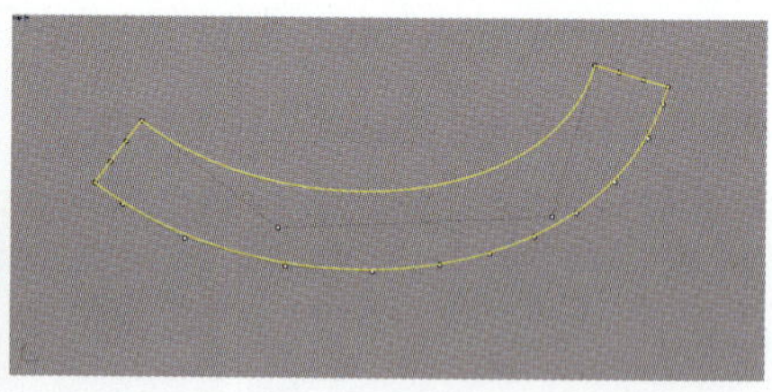

Side to offset (Distance=*0.3* Loose=*No* Corner=*Sharp* ThroughPoint Tolerance=*0.001* BothSides InCPlane=*Yes* Cap=*Round*):

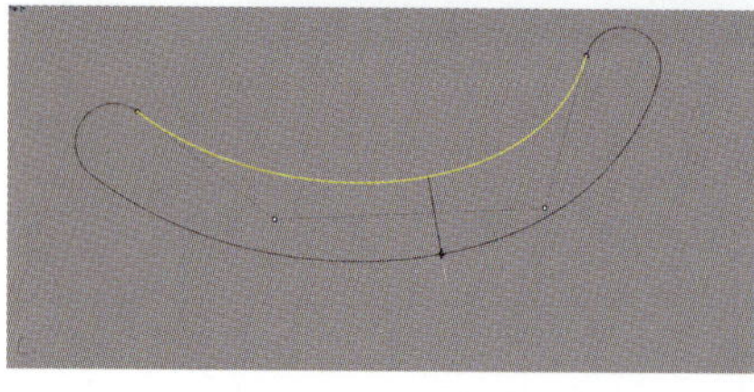
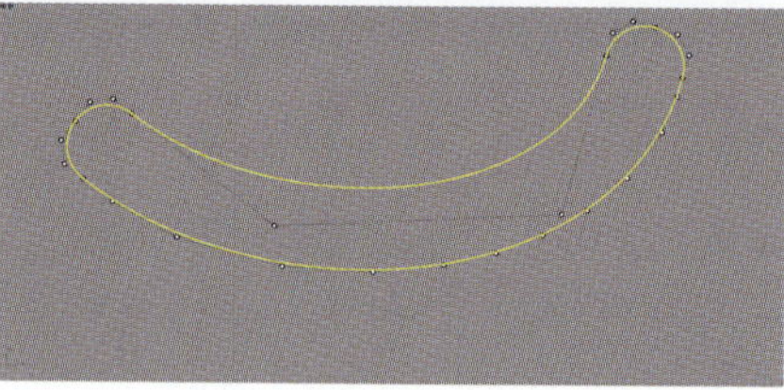

- **Through Point :** Offset 거리를 지정하는 대신 한 점을 지정하여 Offset하는 기능이다.
- **Tolerance :** Offset Curve의 허용오차를 설정한다. 0을 입력하면 기본 허용오차를 사용하게 된다.

Match Curve

서로 다른 두 개의 Curve개체를 Curve 연속성 범위 안에서 일치시키는 기능이다.

Options

- **Continuity**
  - **Position(G0)** : 변경할 Curve개체의 끝점이 다른 Curve개체의 끝점과 만나도록 수정된다.
  - **Tangency(G1)** : 변경할 Curve개체가 다른 Curve개체와 접선방향을 유지하면서 만나도록 수정된다.
  - **Curvature(G2)** : 변경할 Curve개체가 다른 Curve개체와 위치, 접선방향, 곡률방향을 유지하면서 만나도록 수정된다.

- **Preserve Other End** : 제어점이 6보다 적은 Curve개체를 작업 중일 때, Curve개체의 다른 한쪽 끝의 곡률이 일치하도록 조정되는 경우가 있다. Preserve Other End 옵션은 다른 쪽 끝의 곡률이 수정되지 않는 것을 보장한다.
- **Average Curve** : 두 개의 Curve개체가 같이 수정되게 하는 기능이다.
- **Join** : Match 작업한 Curve개체들을 한 개의 Curve개체로 결합한다.
- **Merge** : Curvature 옵션을 사용할 경우만 가능하다. Match할 Curve개체들을 병합시키며 Merge시킨 Curve개체는 Explode로 분해할 수 없으며, Continuity가 Curvature(G2)에서만 활성화된다.

옵션별 형태 변화 비교

→ 부록CD 〉 Rhino 예제 〉 Lesson 7 〉 Match Curve

Match Curve를 실행한다.
1번 Curve개체를 선택하고, 2번 Curve개체를 선택한 후, 다음 그림과 같이 옵션의 선택에 따라 Curve개체 형태가 변하는 것을 확인할 수 있다.

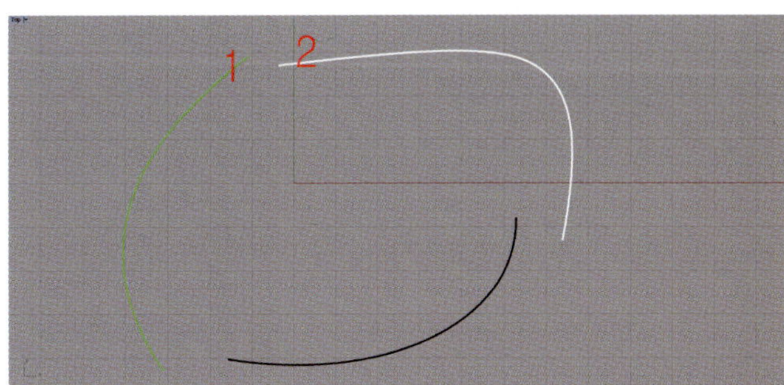

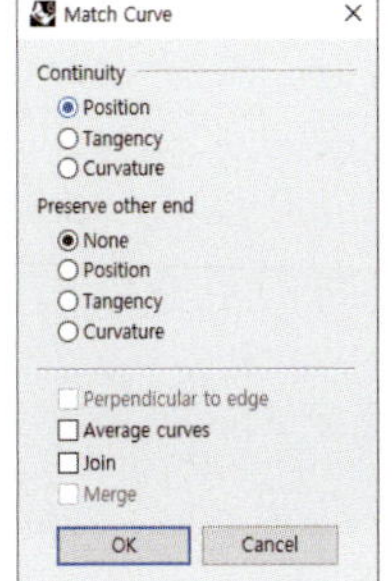

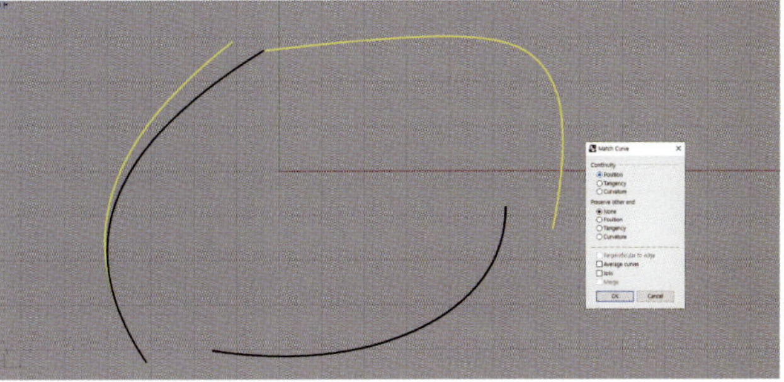

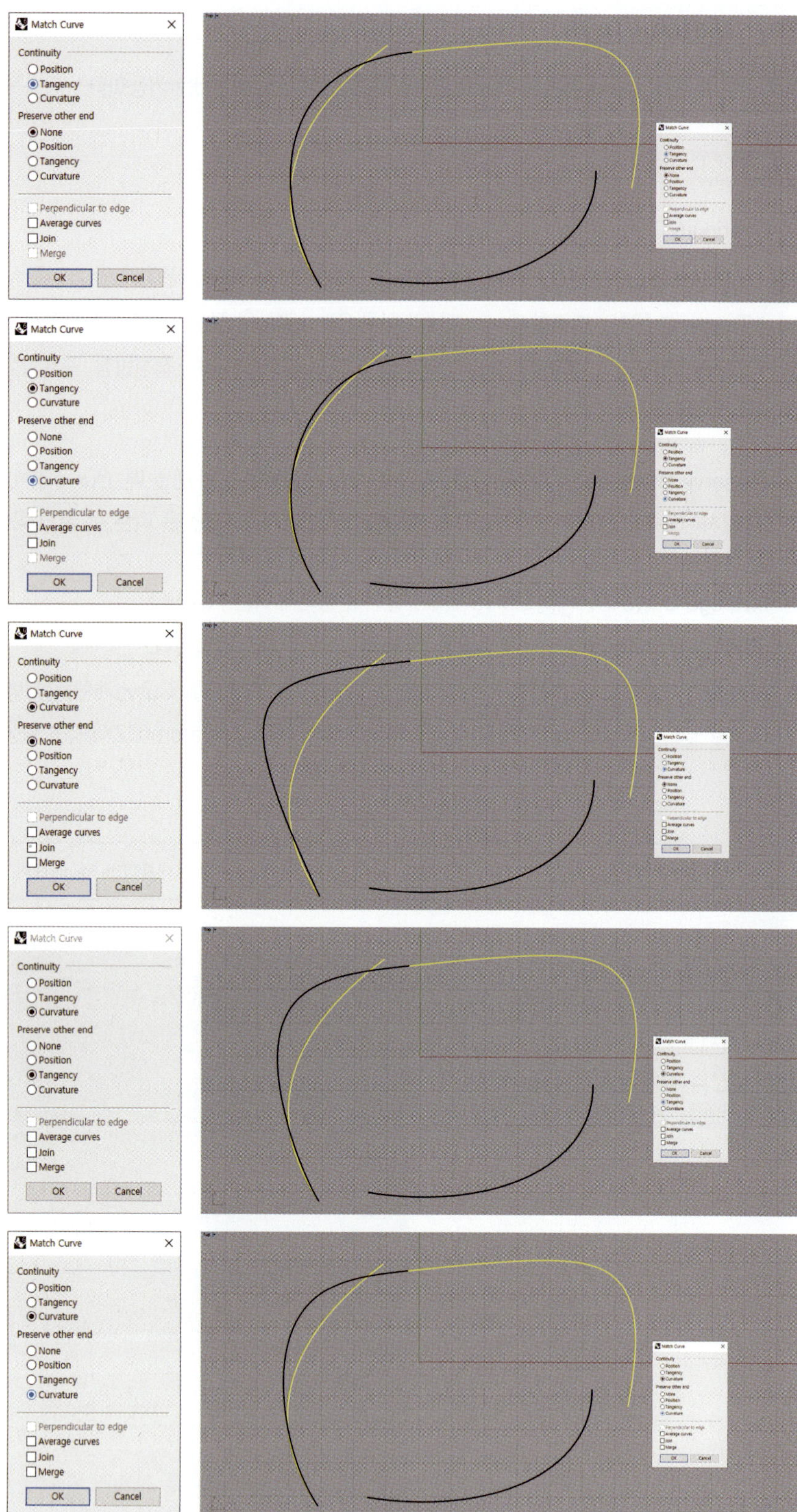
Match Curve
Continuity
Position
Tangency
Curvature
Preserve other end
None
Position
Tangency
Curvature
Perpendicular to edge
Average curves
Join
Merge
OK
Cancel
Match Curve
Continuity
Position
Tangency
Curvature
Preserve other end
None
Position
Tangency
Curvature
Perpendicular to edge
Average curves
Join
Merge
OK
Cancel
Match Curve
Continuity
Position
Tangency
Curvature
Preserve other end
None
Position
Tangency
Curvature
Perpendicular to edge
Average curves
Join
Merge
OK
Cancel
Match Curve
Continuity
Position
Tangency
Curvature
Preserve other end
None
Position
Tangency
Curvature
Perpendicular to edge
Average curves
Join
Merge
OK
Cancel
Match Curve
Continuity
Position
Tangency
Curvature
Preserve other end
None
Position
Tangency
Curvature
Perpendicular to edge
Average curves
Join
Merge
OK
Cancel

Adjustable Curve Blend

Blend Continuity를 제어하면서 Curve개체 또는 Surface개체 가장자리 사이에 Blend Curve를 생성하는 기능이다.

Options

- **Edges :** 선택을 Surface개체 가장자리로 제한하는 기능이다.

옵션별 형태 변화 비교

→ 부록CD 〉 Rhino 예제 〉 Lesson 7 〉 Adjustable Curve Blend 1

01. Adjustable Curve Blend를 실행한다.
두 개의 Curve개체를 순차적으로 클릭한다.

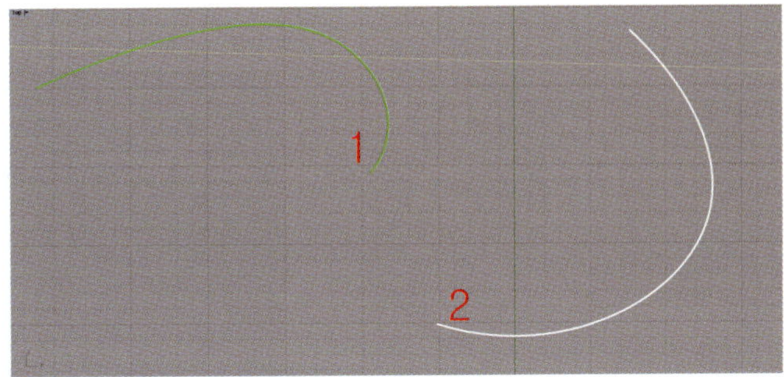

02. Adjust Curve Blend 창이 나타나면 다음 그림과 같이 설정한다. Continuity1 = Position(G0)로 설정하고 Continuity2 = Tangency(G1)로 설정한다.

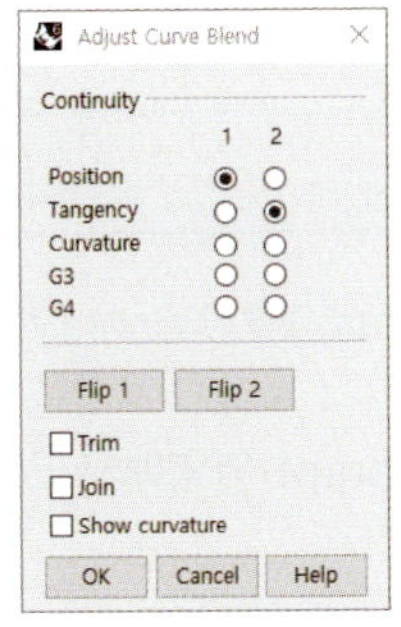

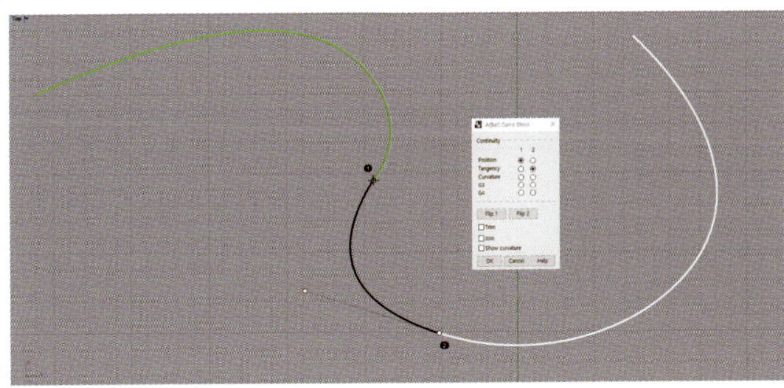

03. Continuity1 = Tangency(G1)로 설정하고, Continuity2 = Curvature(G2)로 설정한다.

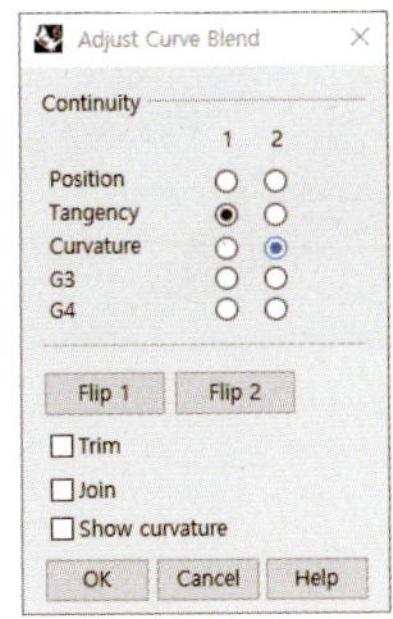

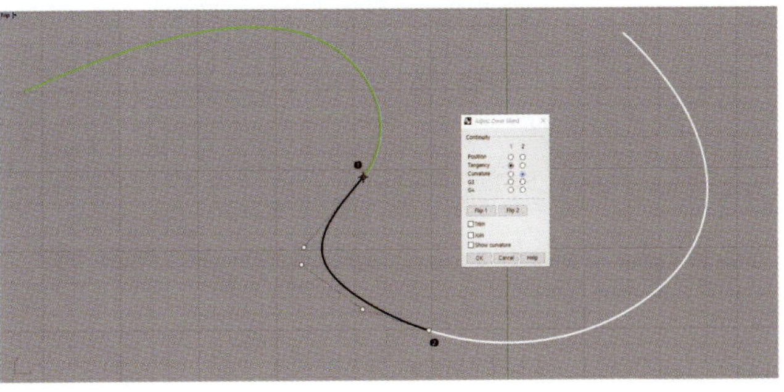

04. Continuity1 = Curvature(G2)로 설정하고 Continuity2 = G3으로 설정한다.

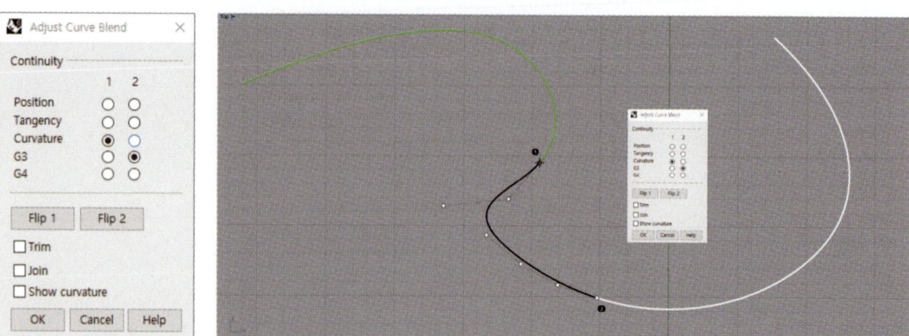

05. Continuity1 = G3으로 설정하고 Continuity2 = G4로 설정한다. Continuity 1과 2를 바꾸어 설정할 수 있다.

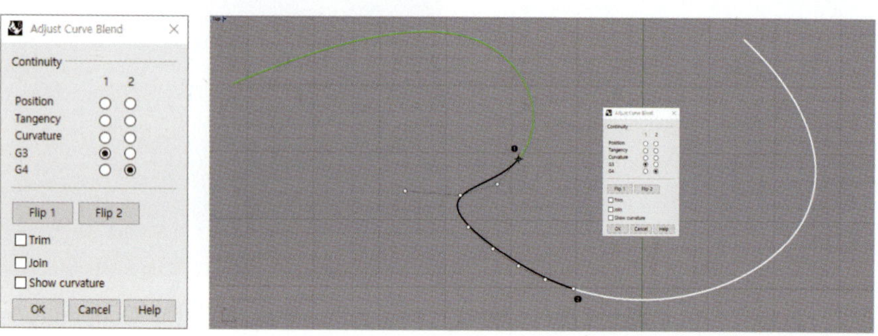

Surface개체에 Adjustable Curve Blend 기능 활용

→ 부록CD 〉 Rhino 예제 〉 Lesson 7 〉 Adjustable Curve Blend 2

01. Adjustable curve blend를 실행한다. Command Prompt 영역에서 Edges를 선택하고, 각 Surface의 가장자리를 선택한다.

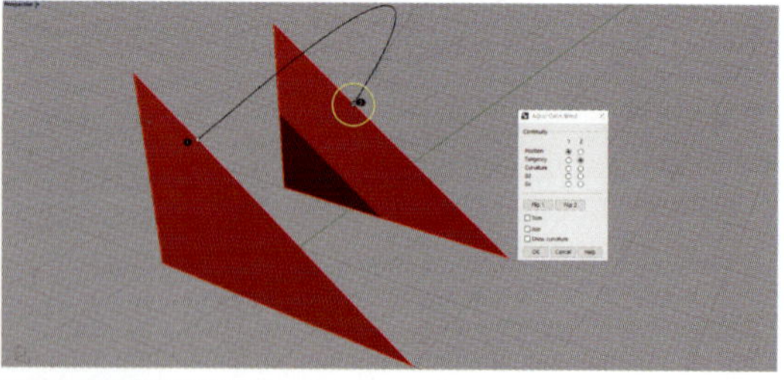

Select curve to blend (Edges BlendStart=*CurveEnd* Point Edit):

02. 조정할 조절점을 선택하여 이동시긴다.

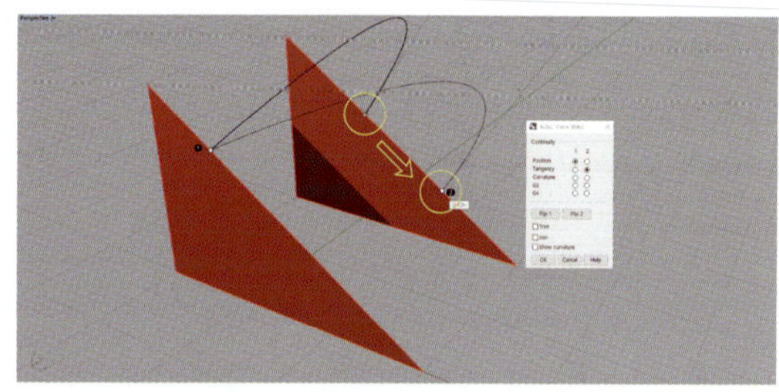

03. 나머지 조절점도 선택하여 이동시킨다.

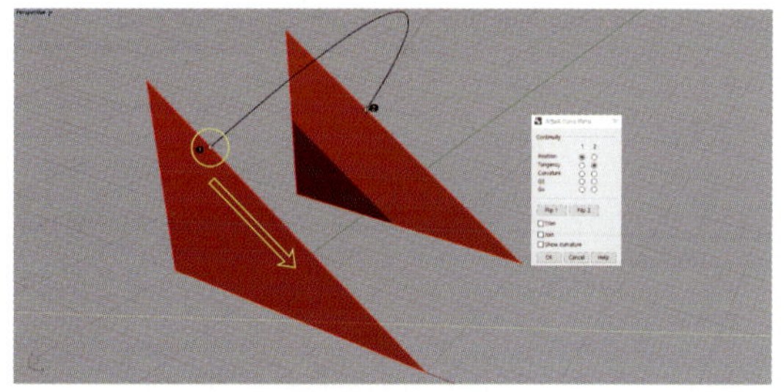

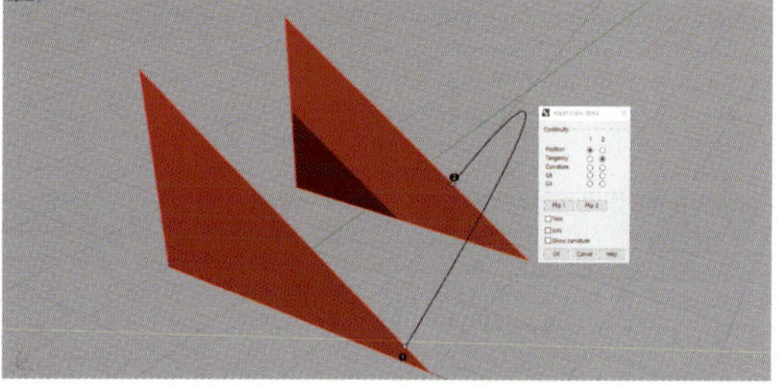

04. 다음 조절점으로 높이 조절을 해본다.

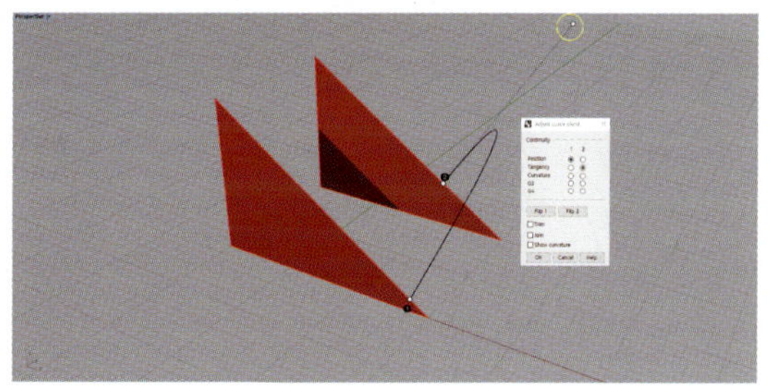

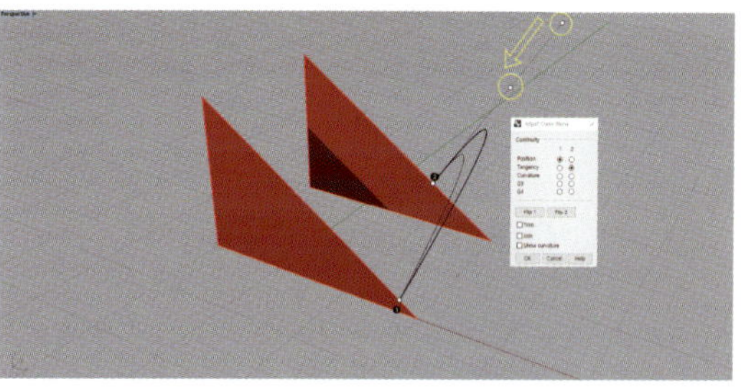

05. 위와 같은 방법으로 하나의 Curve개체를 더 생성한다.

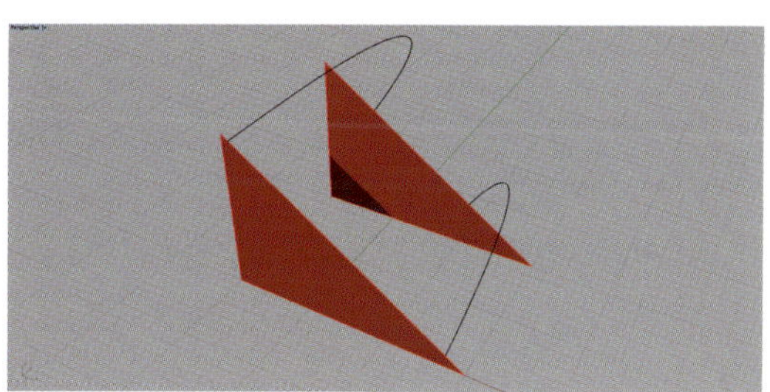

06. Surface from network of curves를 실행한다. 다음 그림의 순차대로 1번 Surface개체의 Edge 선택, 2번 Curve 선택, 3번 Surface의 Edge 선택, 4번 Curve개체를 선택하고, Enter↵키를 누른다.

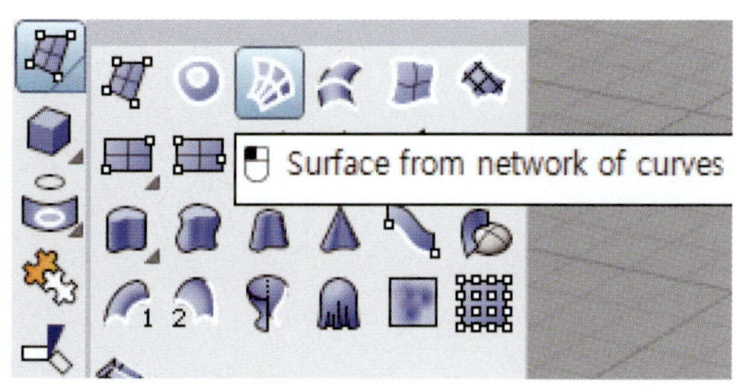

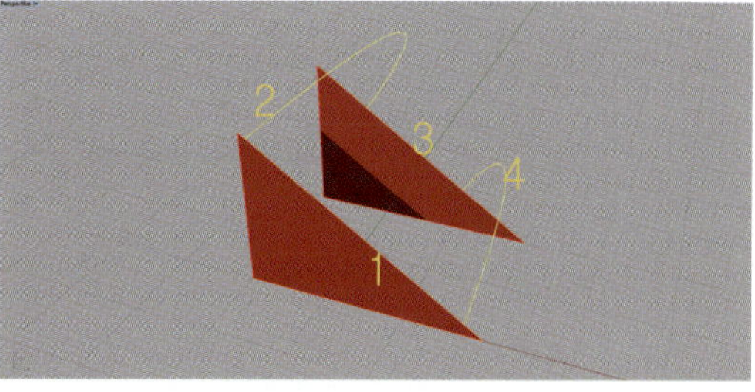

07. Surface From Curve Network 창이 나타나면 다음 그림과 같이 설정하고 OK를 누른다.

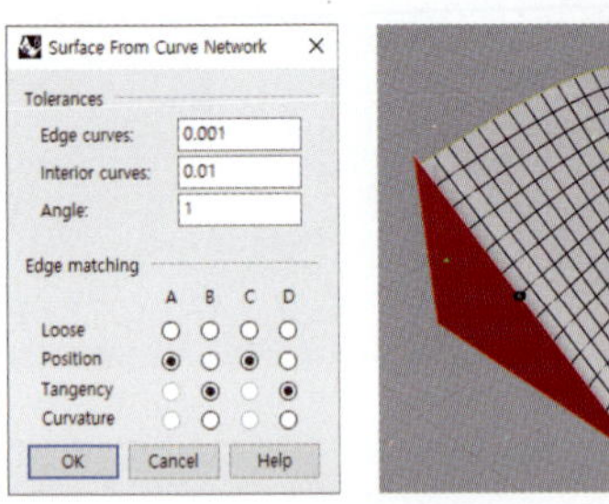

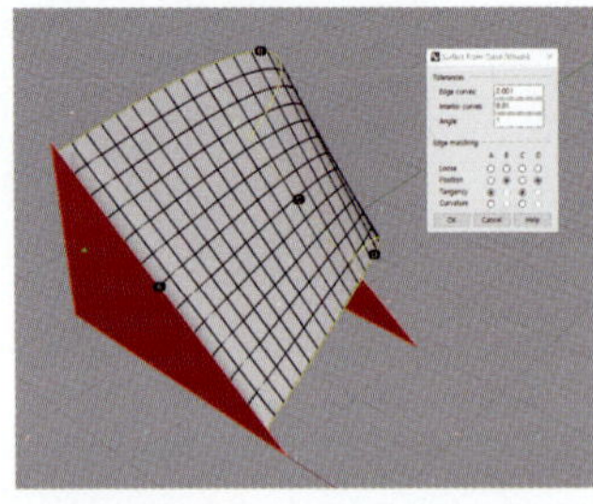

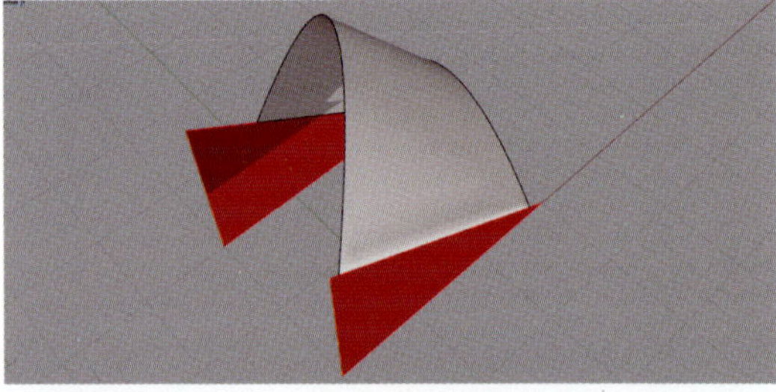

08. 3개의 Surface개체를 모두 선택하고, Join을 실행한다.

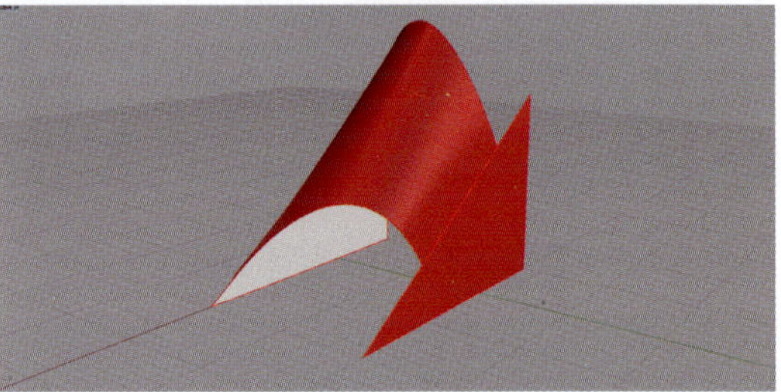

Quick Curve Blend

두 Curve개체의 연속성을 유지하면서 두 Curve를 혼합한 Curve개체를 생성하는 기능이다.

Options

- **Perpendicular(수직) :** Continuity(연속성)=Tangent(접선) 또는 Curvature(곡률)일 때, 연속성을 사용하여 Curve개체를 Surface개체에 수직인 Surface개체의 가장자리에 Blend할 수 있다.
- **At Angle(방향 지정) :** Continuity(연속성)=Tangent(접선) 또는 Curvature(곡률)일 때, Blend Curve를 가장자리에 수직 외의 방향으로 지정할 수 있다.

Quick curve blend를 실행하고, 1번 Curve개체와 2번 Curve개체를 순차대로 선택하면 다음 그림과 같이 두 Curve개체의 연속성을 유지하면서 두 Curve를 Blend한 Curve개체가 생성된다.

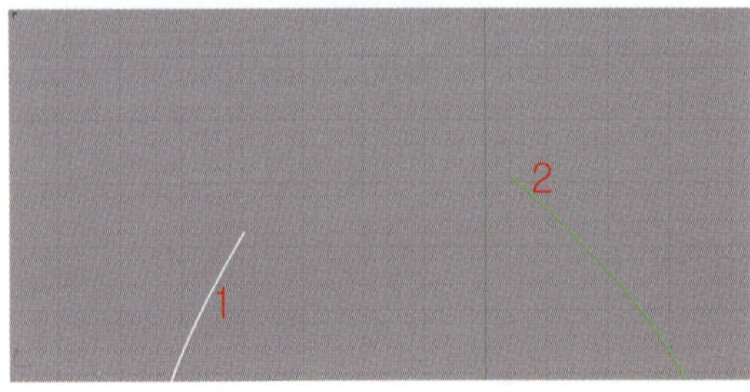

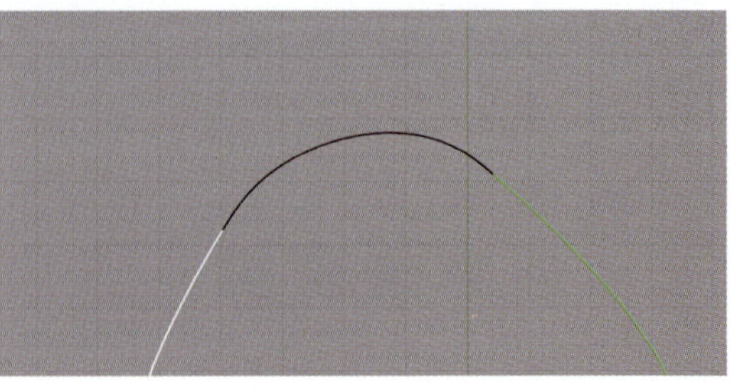

LESSON 08

Surface개체 이해 및 생성

1. Surface개체 이해
2. Surface 환경설정
3. Surface Toolbar (1)
   Basic Modeling - 10 Flat Ring
   Basic Modeling - 11 Finger
   Basic Modeling - 12 Polygon Ring ❶
   Basic Modeling - 13 Caterpillar Ring

Lesson 08 Surface개체 이해 및 생성

1. Surface개체 이해

NURBS Surface

NURBS형식은 간단히 형상뿐만이 아니라 자유형식, 조각된 Surface개체도 단일 Surface개체를 사용하여 표현할 수 있다. 라이노의 Surface개체 만들기 명령은 모두 같은 개체, 즉 NURBS Surface개체를 만든다.
라이노에는 직접 Surface개체를 만들거나, 기존의 Curve개체를 사용하여 Surface개체를 만들 수 있는 많은 도구가 있다. 모든 NURBS Surface개체 형태는 기본적으로 직사각형이다. 원통과 같은 닫힌 Surface개체도 직사각형의 종이를 동그랗게 말아 양쪽 끝이 만나게 한 것과 같다. Edge가 같이 만나는 부분을 Seam이라고 하며, Surface개체가 직사각형 형태가 아닌 경우에는 이것은 잘렸거나, Edge에 있는 제어점이 이동하여 서로 닫혀있는 경우이다.

Surface Normal

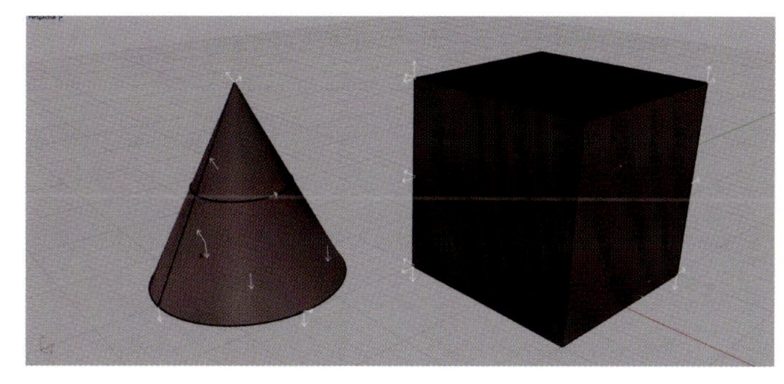

Surface개체는 각각의 Point에 방향 또는 법선이 있다. Normal은 Surface개체에 수직인 화살표로 표현한다.
닫힌 Surface개체의 Normal은 언제나 Surface개체의 외부를 향하며 열린 Surface개체의 Normal 방향은 알기 어려운 경우가 있다. 방향 정보를 사용하는 명령은 방향을 알리는 화살표를 표시하며, 이러한 방향을 변경할 수 있는 Option을 사용할 수 있다.

Surface Direction

Surface개체는 세 개의 Direction을 가지고 있다.
녹색 화살표 U-Direction, 빨간색 화살표 V-Direction, 흰색 화살표 Normal Direction이다.

U-Direction, V-Direction

모든 Surface개체는 펼치면 대략 사각형 모양이다. Surface상에서 방향을 표시할 때는 평면좌표계의 방향을 표시하는 X, Y 대신 U, V를 사용한다. 즉 모델링이 진행되는 월드좌표계의 평면 방향은 X, Y축으로 표시하고, Surface개체에서 Mapping 등을 위해 방향을 표시할 때는 U-Direction, V-Direction를 사용한다.

Normal Direction

Normal Direction은 Surface개체에 수직으로 표시되는 Surface개체의 바깥쪽을 표시하는 화살표이다. Surface Normal, Surface Direction이라고도 한다.

Surface Continuity

두 개의 Surface개체가 어떤 조건을 충족시키면서 만나는가에 따라 3가지로 구분한다.

- **Position Continuity(G0)** : 두 개의 Surface개체의 Edge가 같은 위치에서 만난다.
- **Tangency Continuity(G1)** : 두 개의 Surface개체의 Edge가 Tangent(접선)방향이 같은 상태에서 만나다.
- **Curvature Continuity(G2)** : 두 개의 Surface개체의 Edge가 Tangent(접선)방향과 곡률방향이 같은 상태에서 만난다.

Kink

Tangent 방향이 일치하지 않는 두 개의 Curve개체가 결합된 지점 또는 Curve개체 중간에서 Tangent가 연속되지 않는 부분, 즉 Curve개체의 각이 진 부분을 의미한다.
Kink Point가 있는 Curve개체로 Surface개체를 만들면, Kink Point에 Crease가 발생할 수 있다. Kink Point가 있으면 단일 Surface개체가 생성되는 대신 Poly-Surface가 생성된다.

Crease

Crease는 Surface개체에서 Tangent가 연속되지 않는 지점이다.
Kink Point가 있는 Curve개체로 Surface개체를 만들면 Kink Point에 Crease가 발생할 수 있다.

Seam

Surface개체가 시작되는 Edge부분과 끝나는 Edge부분이 만나서 연결된 곳이다.

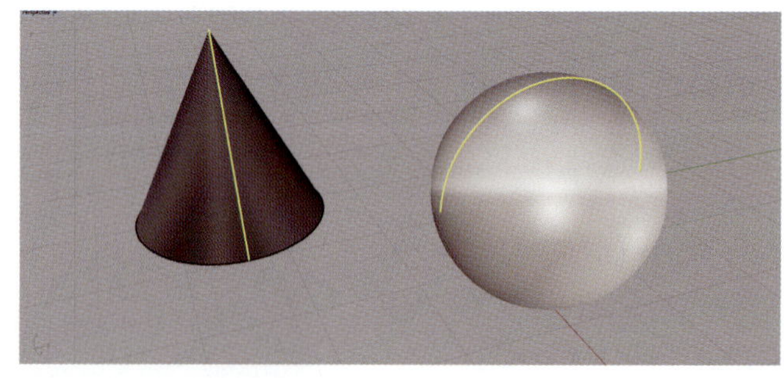

Isocurve

아이소커브(isoparametric curve: isocurve)는 Surface 상에서 일정한 U값, V값을 갖는 Curve개체이다. Isocurve와 Surface개체의 가장자리를 사용하여 NURBS Surface개체의 형태를 Wire frame으로 만든다. 기본적으로, Isocurve는 knot(매듭점) 위치에 그려진다.

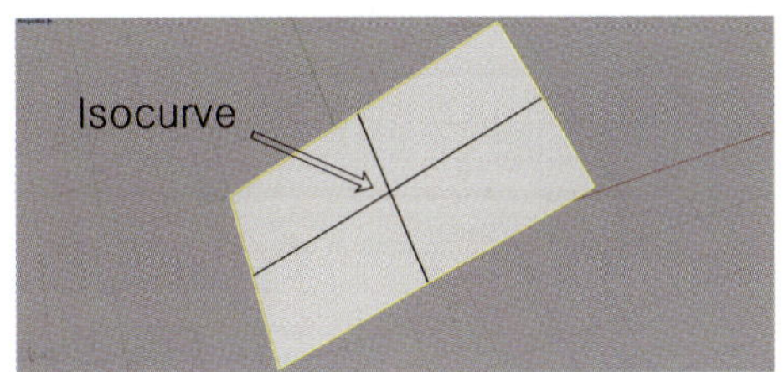

2. Surface 환경설정

Isocurve 색상 조정방법

01. 다음 그림과 같이 Menu bar에서 Tools /Options를 선택한다.

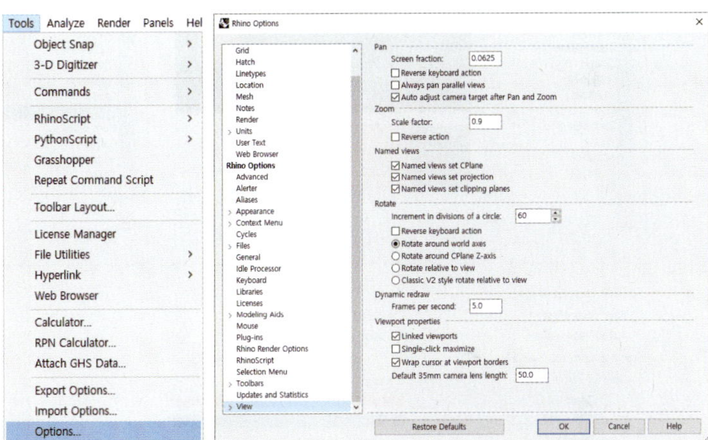

02. Rhino Options창이 나타나면 좌측 화면에서 View / Display Modes / Shaded / Objects / Surfaces 순서대로 선택한다.

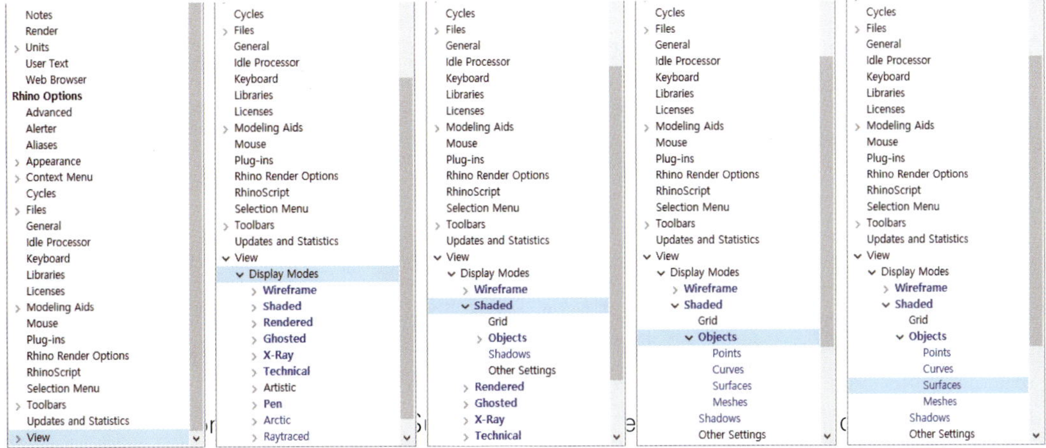

Specified UV Color로 설정한다. U Color와 V Color가 나타나면 U Color를 빨간색으로 V Color를 파란색으로 변경하고 OK를 누른다. 각자 원하는 색상을 사용해도 무관하다.

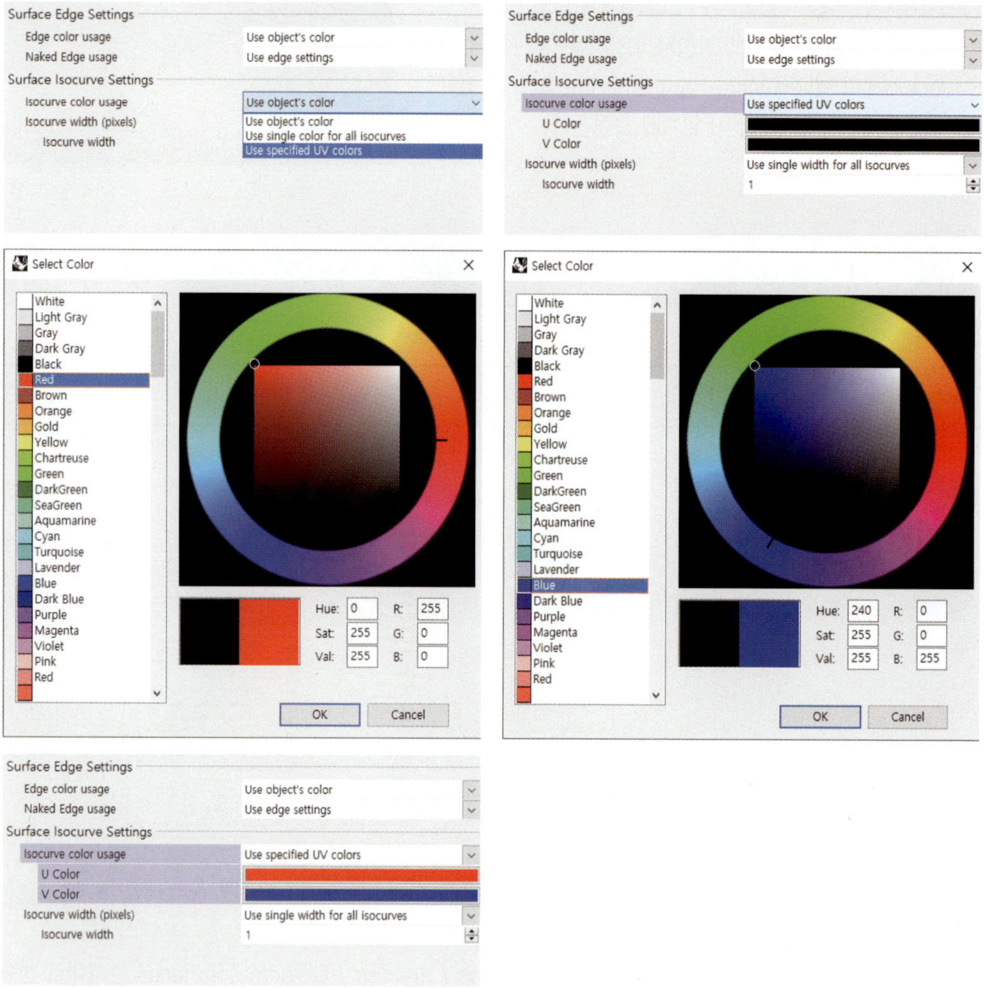

03. 다음 그림과 같이 Surface Isocurve색이 U방향 빨간색, V방향 파란색으로 변경된 것을 확인할 수 있다.

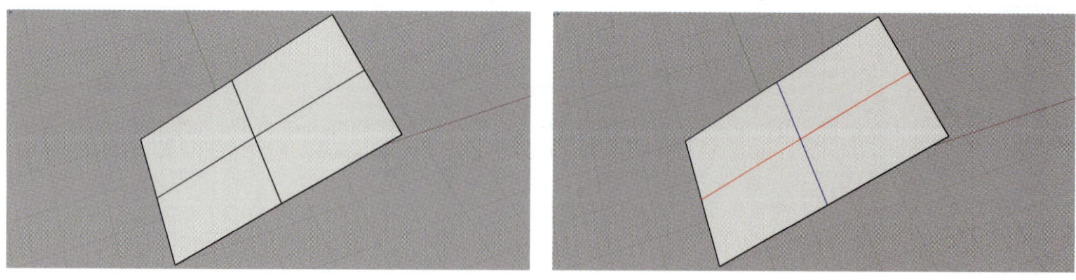

Surface개체 뒷면 색상 조정방법

01. Menu bar에서 Tools / Options를 선택한다. Rhino Options창이 나타나면 좌측화면에서 View / Display Modes / Shaded를 선택한다.

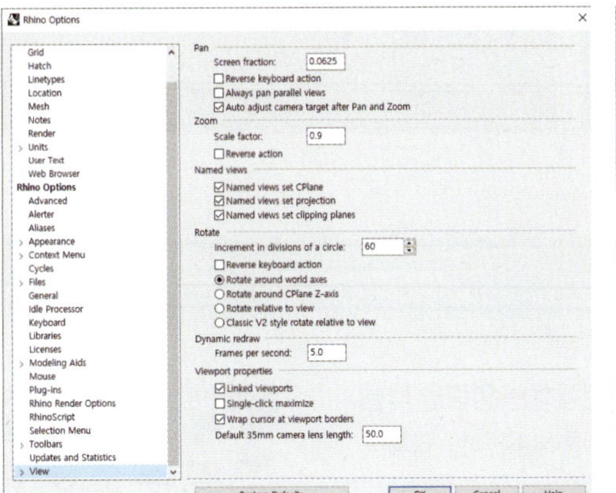

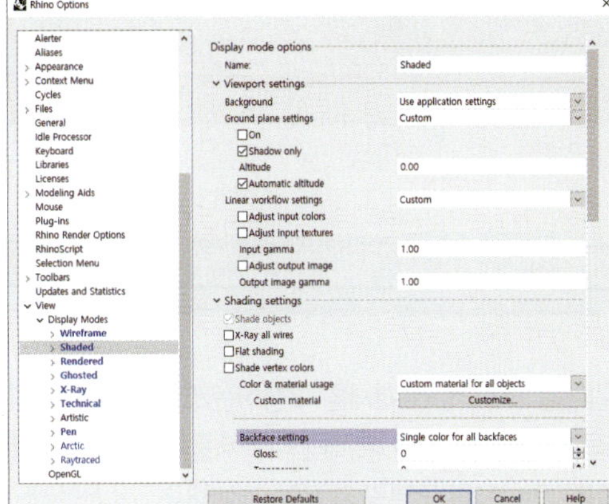

02. Shaded 우측화면에서 Backface settings를 Single color for all backfaces로 설정하고, Single backface color에서 원하는 색상으로 변경하고 OK를 누른다.

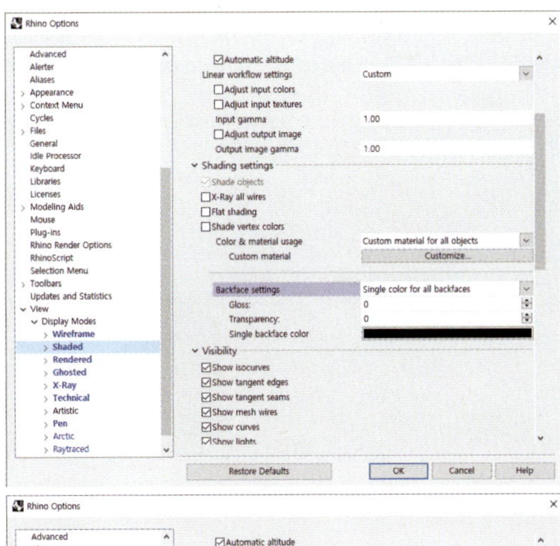

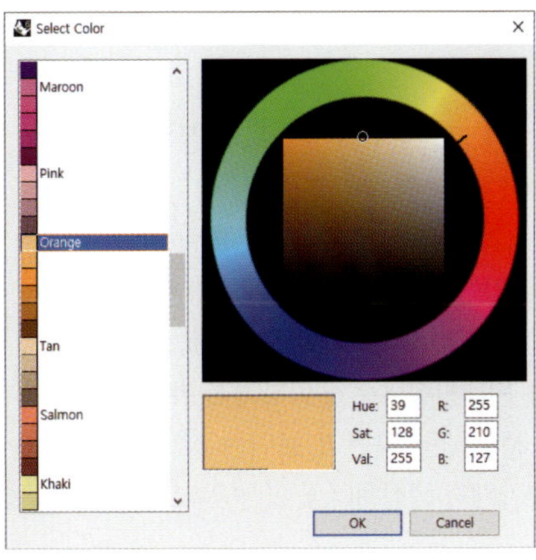

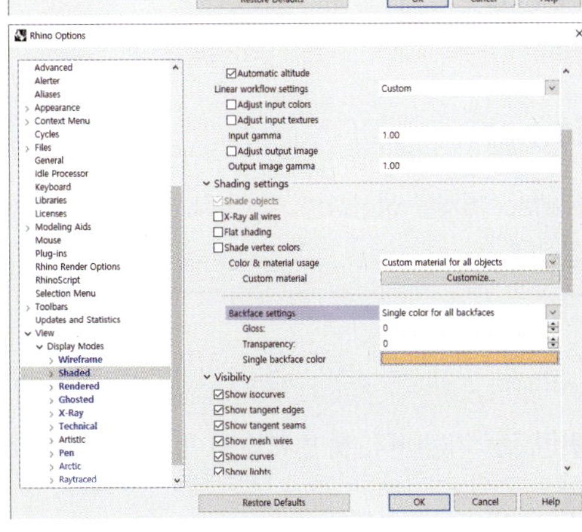

03. 다음 그림과 같이 Surface개체의 앞면과 뒷면을 뚜렷하게 구분할 수 있게 되었다.

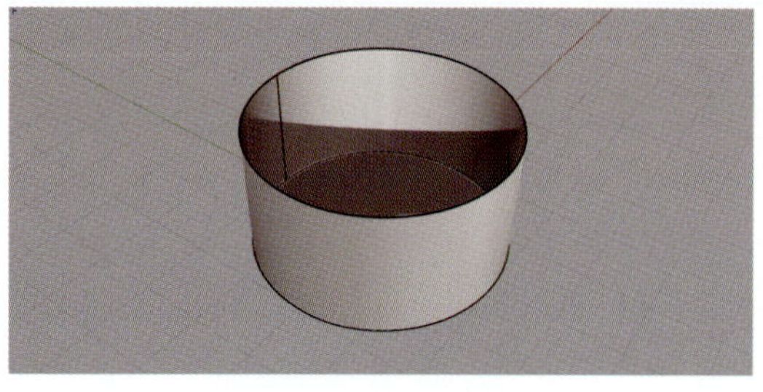

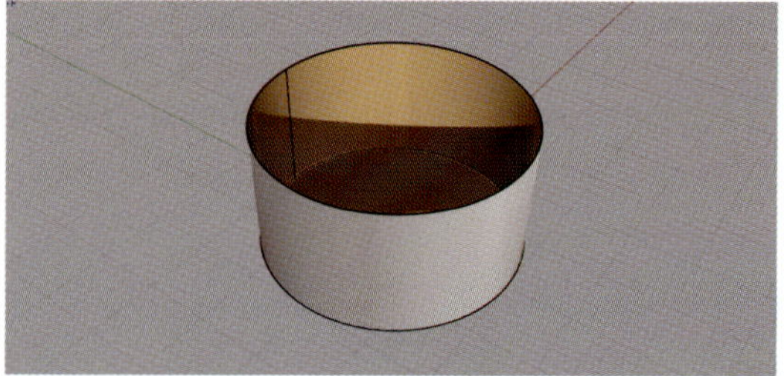

3. Surface Toolbar (1)

입체물의 Surface개체를 구성하는 요소를 만들거나 편집하는 명령을 다룬다. 단순한 Surface개체나 다면체를 제작하는 과정을 통해 다양한 입체적이고 조형적인 모델링 제작이 가능하다.

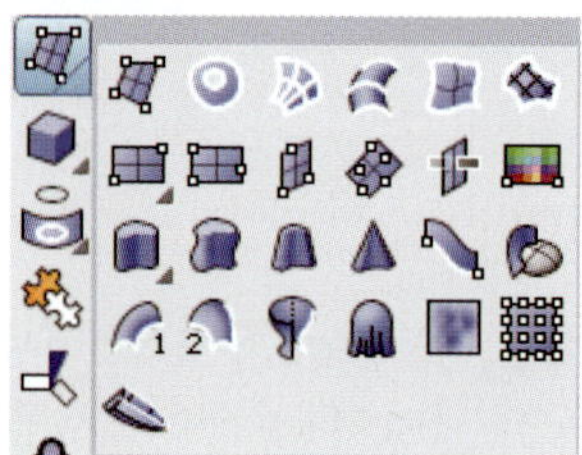

Surface From 3 Or 4 Corner Points

→ 부록CD 〉 Rhino 예제 〉 Lesson 8 〉 Surface from 3 or 4 corner points

3개 또는 4개의 모서리 끝점을 지정하여 Surface개체를 생성하는 기능이다.
다음 그림과 같이 시계방향으로 클릭하여 Surface개체를 생성하면 Cplane에 뒷면이 보이는 상태로 Surface개체가 생성되고, 시계 반대방향으로 클릭하여 Surface개체를 생성하면 앞면이 보이는 상태로 Surface개체가 생성된다.

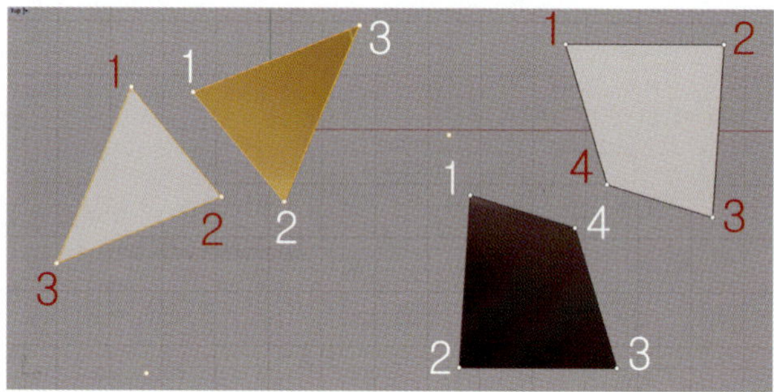

Rectangular Plane: Corner To Corner

두 개 Point를 이용하여 직사각형의 평면형 NURBS Surface개체를 생성하는 기능이다. 첫 번째 Point, 다음으로 대각선 방향 Point를 지정하여 Surface개체를 생성한다.

Rectangular Plane-3 Points

세 개 Point를 이용한 사각형 NURBS Surface개체를 만드는 기능이다. 첫 번째와 두 번째 Point는 Edge가 되며, 세 번째 Point는 Edge에 수직방향으로 만들어진다.

Vertical plane

세 개 Point를 이용한 NURBS Surface개체를 만드는 기능이다. 마지막 Point는 현재 활성화된 Cplane방향에 대해 수직으로 생성된다.

Cutting plane

선택된 Surface개체를 수직인 사각형 NURBS Surface를 생성한다. 개체를 절단하기 위해 사용할 절단면을 만드는 것으로 Trim 또는 Split명령을 사용하여 개체를 절단하는데 효율적이다.

01. 정육면체 개체를 선택하고 Cutting Plane를 실행한다. 1번을 클릭하고, 2번을 클릭하면 정육면체 개체를 절단하기에 적당한 크기의 Surface개체가 생성되는 것을 확인할 수 있다.

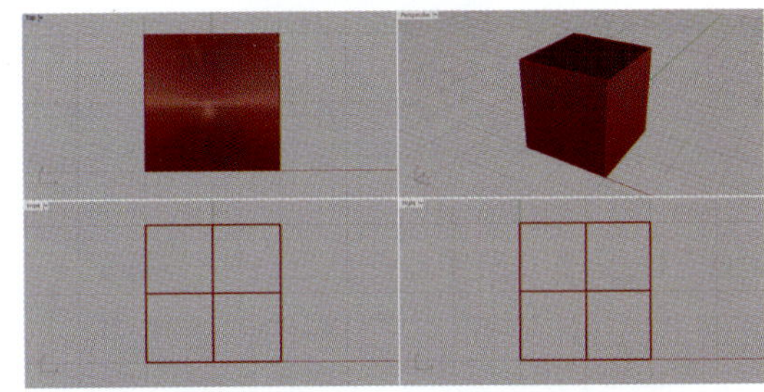

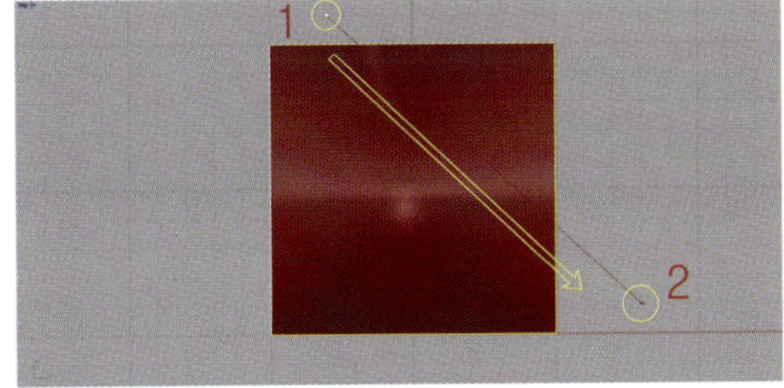

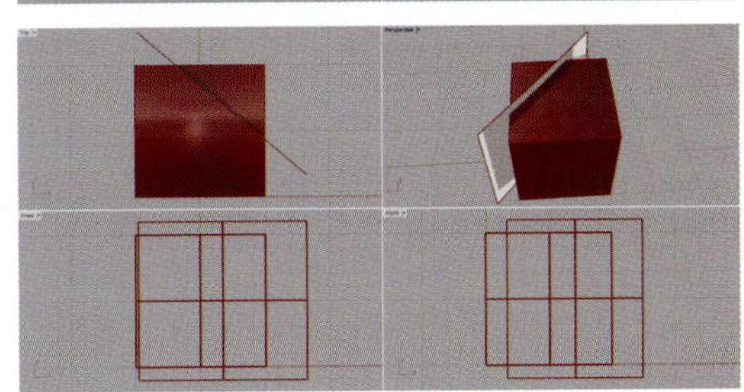

02. Split을 실행하고, 다음 그림의 순차대로 1번 정육면체 개체를 선택한 후, Enter↵ 키를 누른다. 2번 직사각형 Surface개체를 선택하고 Enter↵ 키를 누른다.

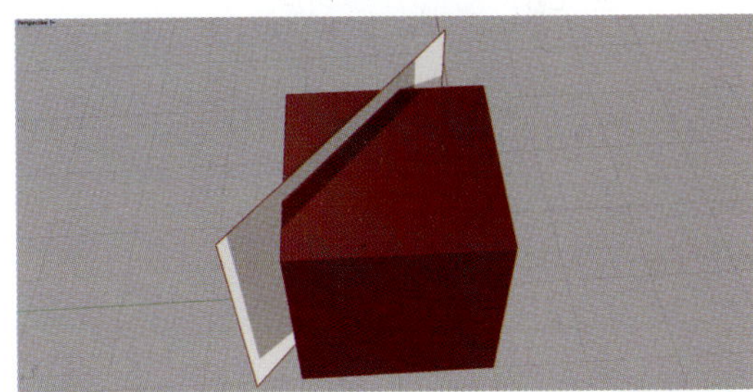

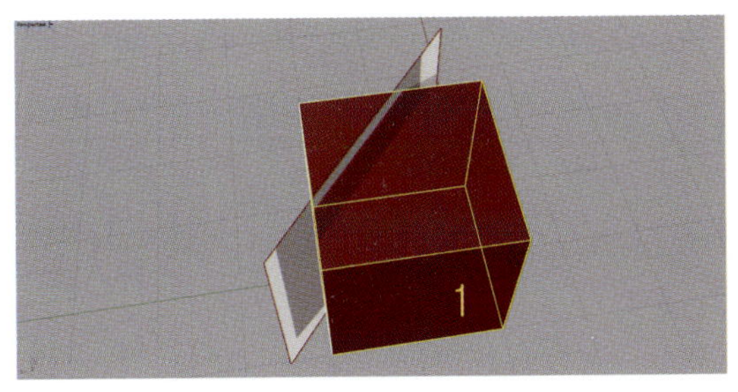

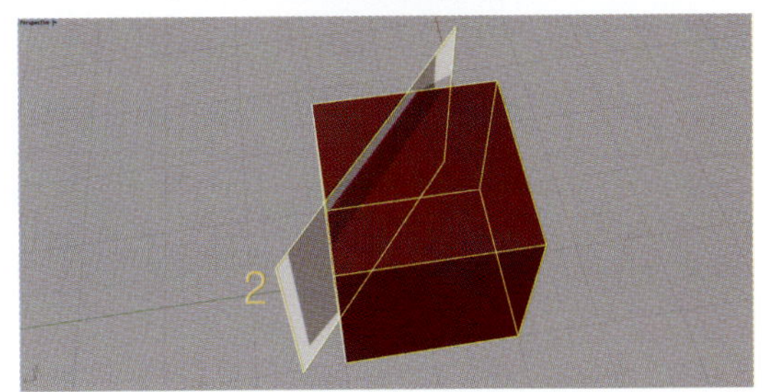

03. 다음 그림과 같이 정육면체 개체가 직사각형 Surface개체를 기준으로 Sprit(절단)된 것을 확인할 수 있다.

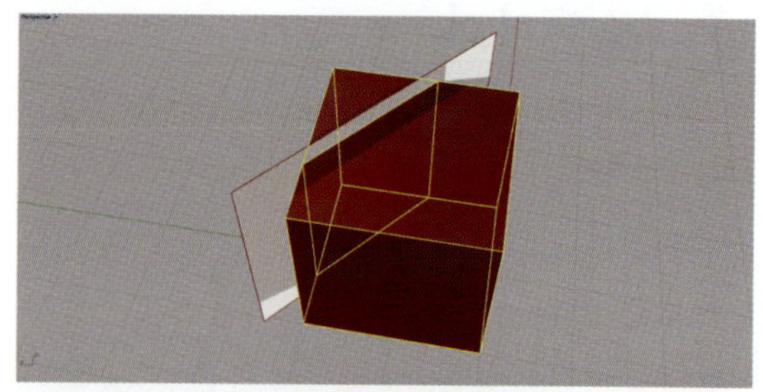

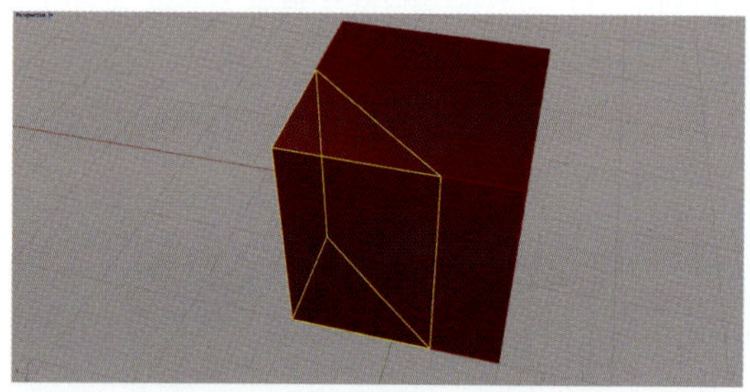

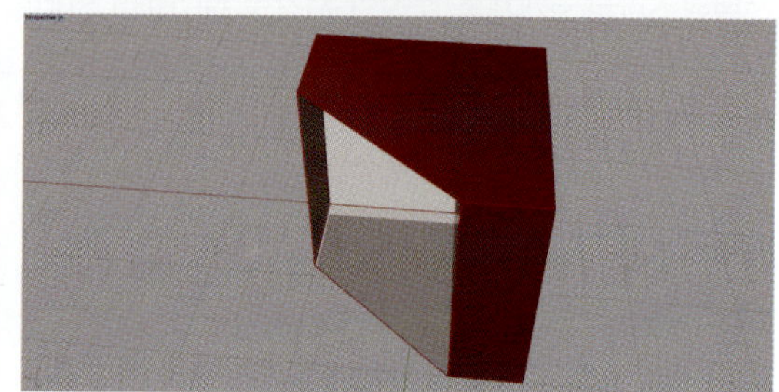

04. 다시 Split을 실행하고, 1번 직사각형 Surface개체를 선택한 후, Enter↵ 키를 누른다. 2번 절단된 정육면체 개체를 선택하고 Enter↵ 키를 누른다.

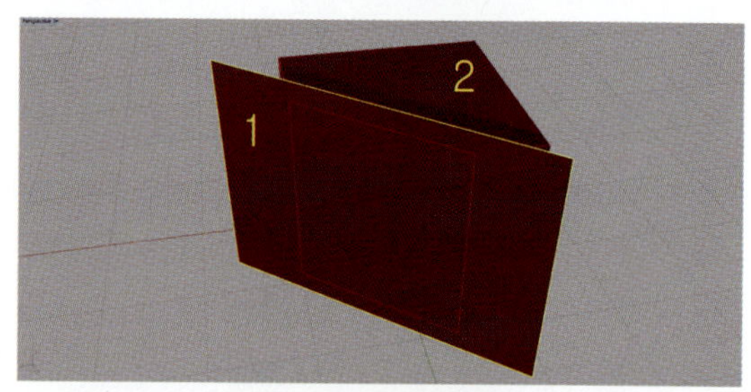

05. 다음 그림과 같이 정육면체 개체의 뚫린 부분에 맞는 크기의 직사각형 Surface개체가 생성된 것을 확인할 수 있다.

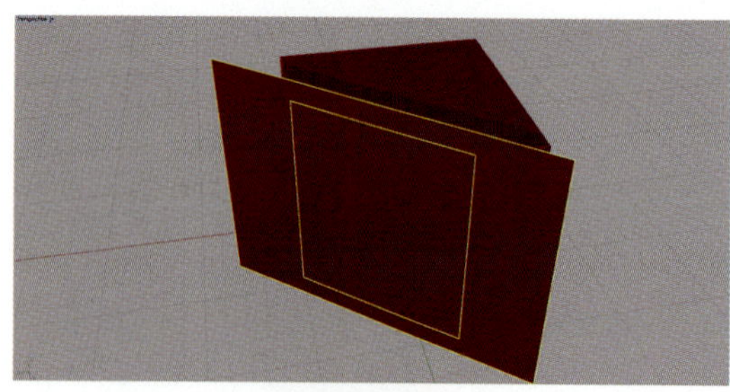

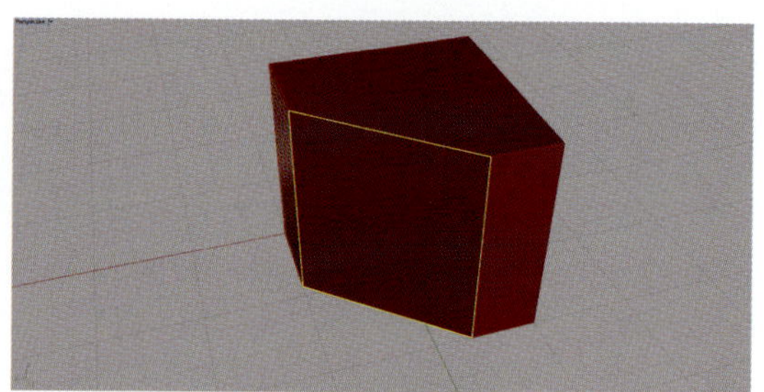

06. 두 개체를 모두 선택하고, Join을 실행하여 하나의 개체로 결합한다.

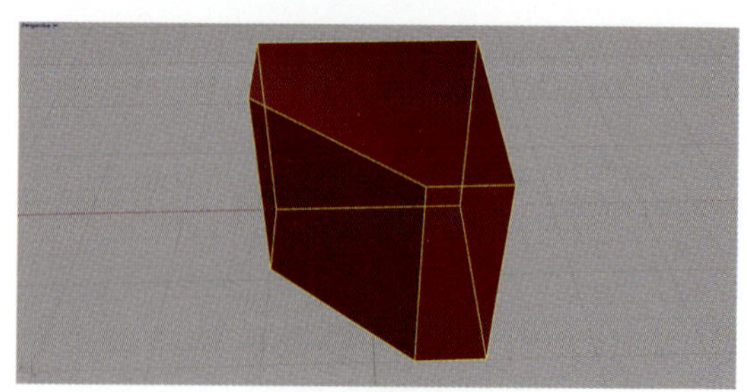

Add A Picture Plane

지정된 Bitmap Image를 Texture로 첨부하여 직사각형의 평면형 Surface개체를 만드는 기능이다.

01. Add A Picture Plane를 실행한다.

02. Open Bitmap 창이 열리면 원하는 이미지를 선택한다.

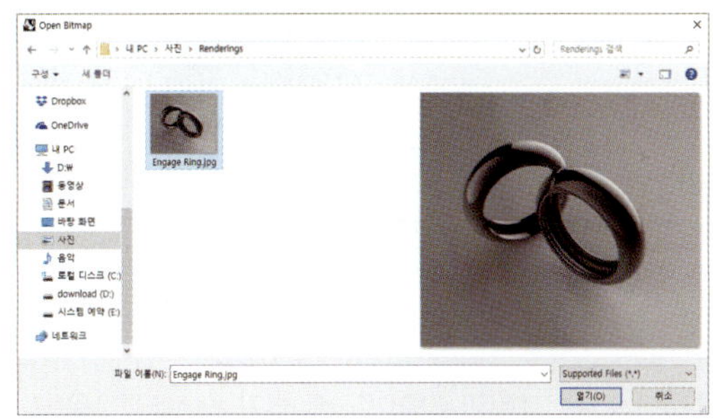

03. 다음 그림과 같이 1번을 클릭하고 원하는 크기만큼 마우스를 움직인 후, Enter↵ 키를 누른다. 평면 개체의 크기는 불러오는 이미지의 사이즈 비율에 맞춰서 생성된다.

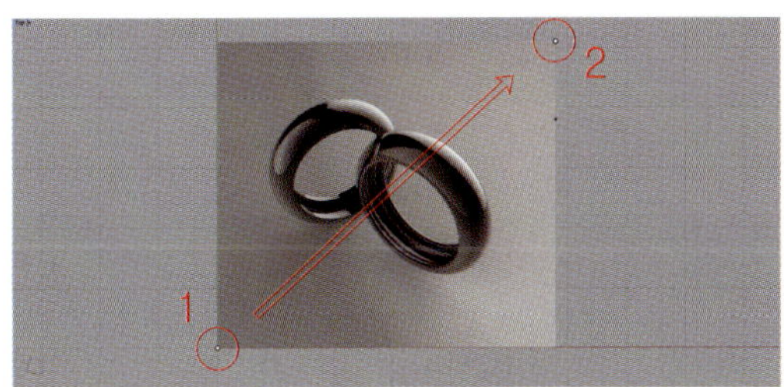

04. 다음 그림과 같이 선택한 이미지 사이즈 비율에 맞게 이미지가 생성된 것을 확인할 수 있다.

Surface From Planar Curves

Planar Curves는 동일한 Cplane상에 있는 Curve개체를 의미하며 서로 다른 Cplane에 있지 않다면 명령이 실행되지 않는다. Planar Curves를 이용하여 Surface개체를 생성한다. 평면형 폐곡선 안에 다시 평면형 폐곡선이 있다면 다음 이미지와 같은 구멍 경계로 처리되어 Surface개체가 생성된다.

Surface From Planar Curves 기능 적용

다음 그림과 같이 Surface Edge가 평면형의 폐곡선이라도 Surface를 생성시킬 수 있다.

01. Surface From Planar Curves를 실행하고, Surface의 Edge를 선택한 후, Enter↵ 키를 누른다.

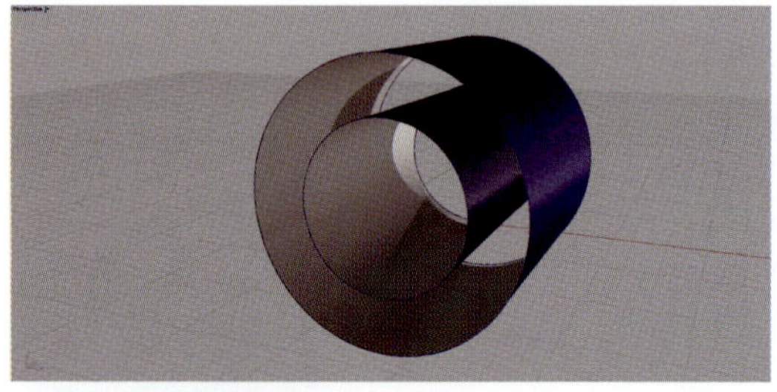

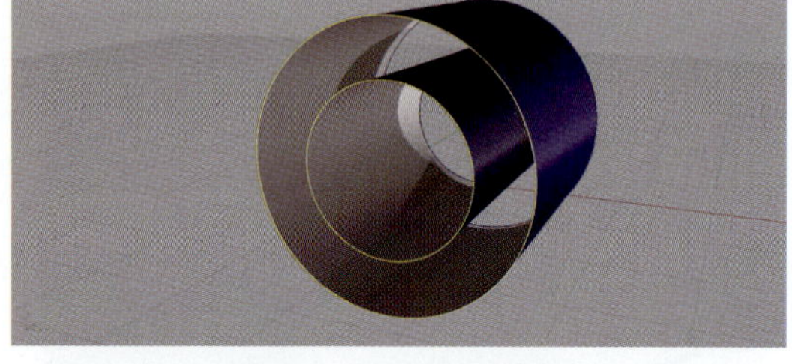

02. 다음 그림과 같이 Surface가 생성된 것을 확인할 수 있다.

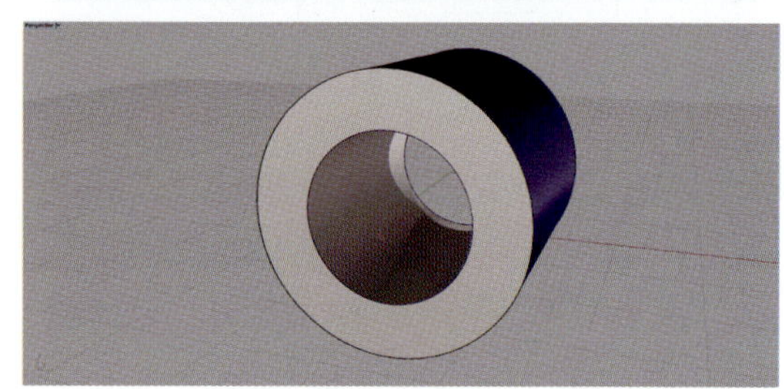

Basic Modeling - 10 Flat Ring

01. Front Front Viewport에서 Circle: center, radius를 실행하고, 지름 18㎜와 14㎜인 두 개의 원형 Curve개체를 생성한다.

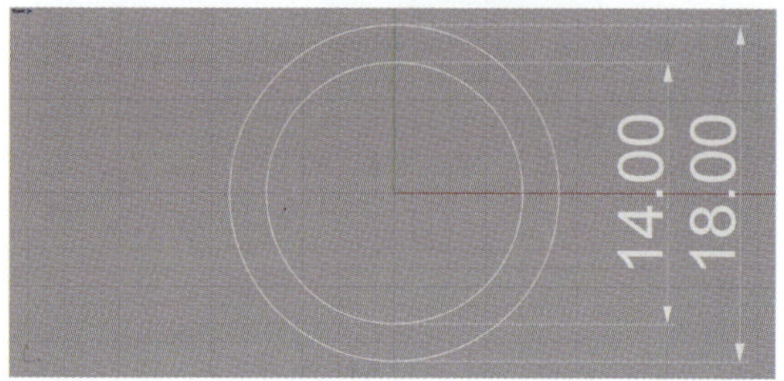

02. 생성된 두 개의 원형 Curve개체를 선택하고, Surface from planar curve를 실행한다. Select curves를 실행하여 불필요한 원형 Curve개체는 Delete 키를 눌러 삭제한다.

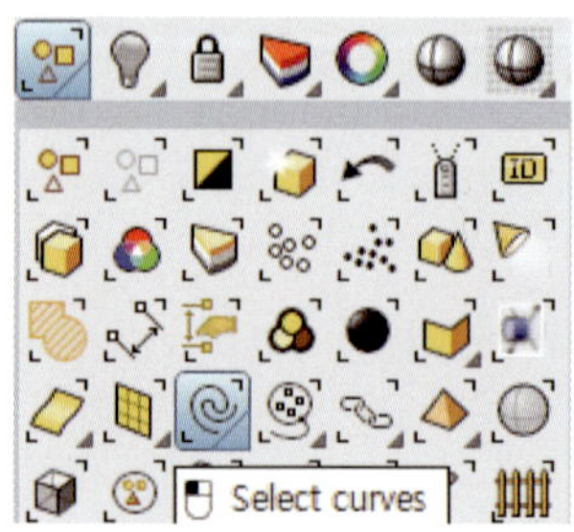

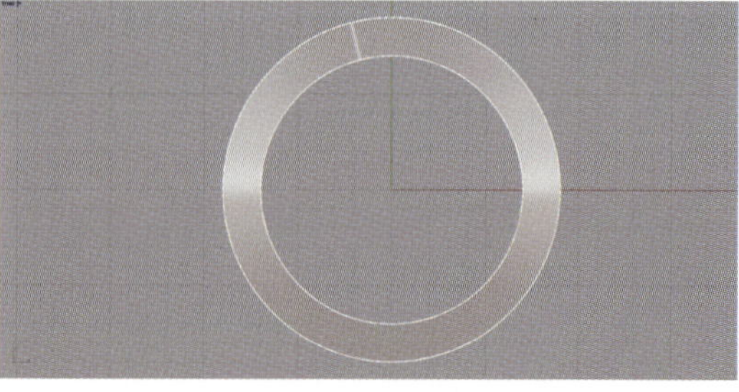

03. 생성된 Surface개체를 선택하고, Extrude surface를 실행한다. Command Prompt 영역에서 Solid=Yes, DeleteInput=Yes로 선택히고 Extrusion distance값 3을 입력한 후, Enter↵키를 누른다.

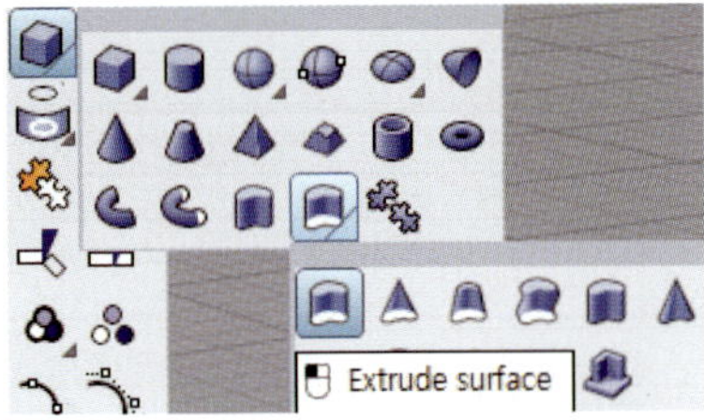

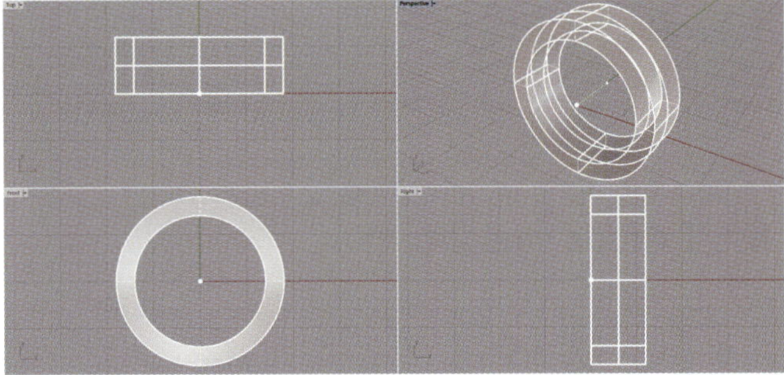

Extrusion distance <3> (Direction BothSides=No Solid=Yes DeleteInput=Yes ToBoundary SplitAtTangents=No SetBasePoint): 3

04. 다음 그림과 같이 평반지 개체가 생성된 것을 확인할 수 있다.

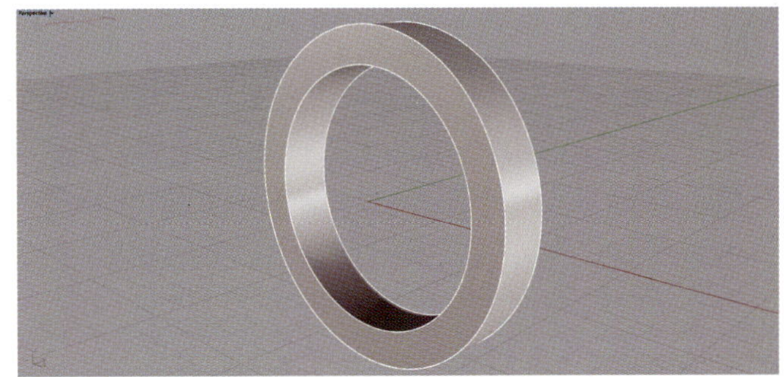

05. Fillet edges를 실행하고, Fillet시킬 평반지 개체이 Edge부분을 선택한 후, Enter↵키를 누른다. Command Prompt 영역에서 SetAll를 선택하고 Radius for all handles값 0.3을 입력한 후, Enter↵키를 두 번 누른다.

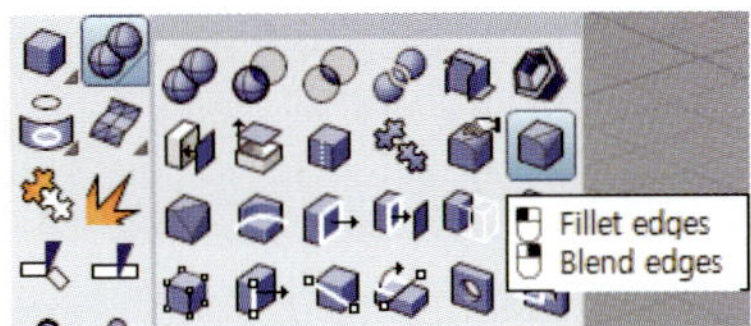

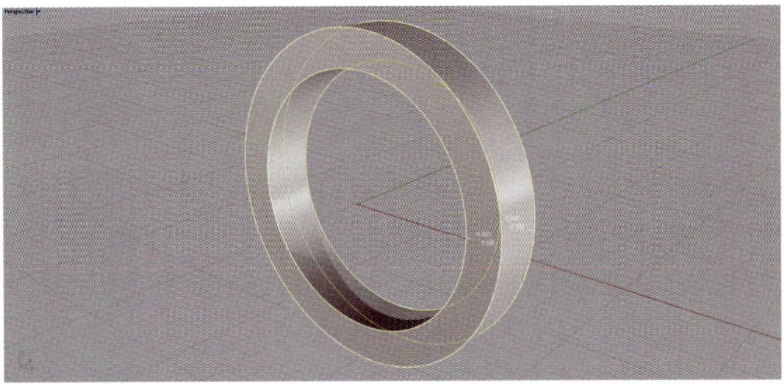

Select fillet handle to edit. Press Enter when done
(ShowRadius=Yes AddHandle CopyHandle SetAll LinkHandles=No RailType=RollingBall SelectEdges TrimAndJoin=Yes Preview=No):

Radius for all handles <1.000>: 0.3

06. 다음 그림과 같이 반지름 0.3mm로 Fillet된 Flat Ring개체를 확인할 수 있다.

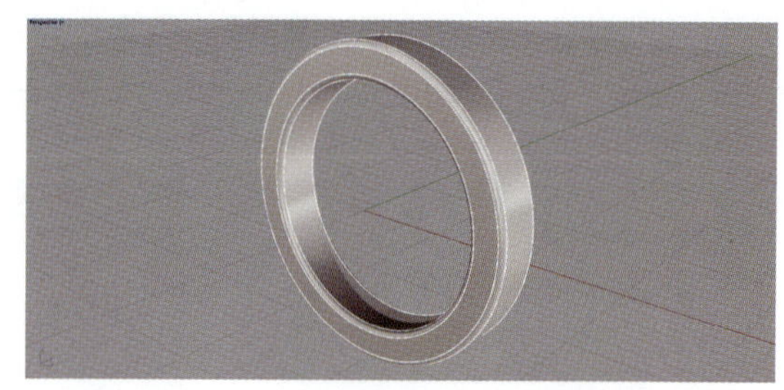

Extrude straight

CPlane에 대하여 수직인 Curve개체를 밀어내어 Solid 또는 Surface 개체를 만드는 기능이다. Loft Surface와 Sweep Surface 명령과 달리, Profile Curve 또는 Surface개체의 초기 방향은 Extrude 과정 중에도 유지된다.

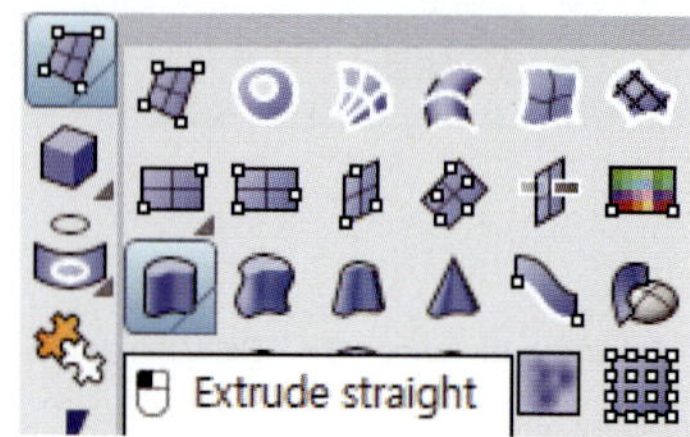

Options

- **Direction :** 일반적으로 Extrude의 기본 방향은 평면 Curve개체의 경우 그 평면에 대한 Normal 방향이 된다. 평면 Curve개체가 아니거나 Extrude되는 방향을 바꾸고자 할 때, 이 기능을 사용한다.
- **BothSides :** Curve개체를 중심으로 양쪽으로 대칭되며 Extrude된다.
- **Solid :** 평면의 폐곡선을 Extrude할 때, 이 기능을 실행하면 양쪽 끝나는 부분에 Surface개체를 생성시켜 Closed Polysurface를 생성한다.
- **Deleteinput :** 원래 개체를 삭제하는 기능이다.

01. Front Front Viewport에서 Circle: center, radius를 실행하여 18mm와 14mm의 원형 Curve개체를 생성한다.

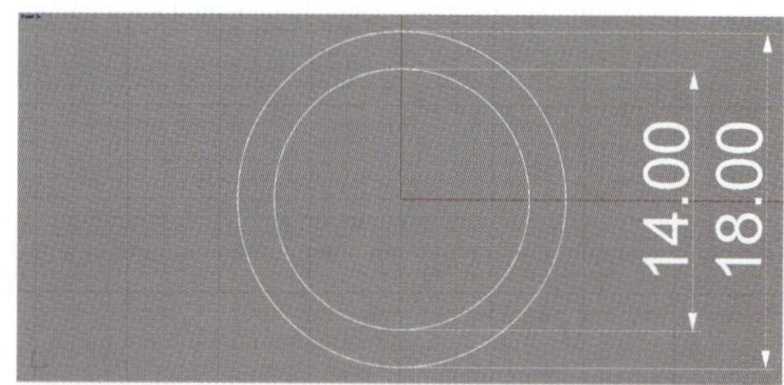

02. 생성된 두 개의 원형 Curve개체를 선택하고, Extrude straight를 실행한다.
마우스를 움직이는 대로 Surface개체가 확장되는 것을 확인할 수 있다.

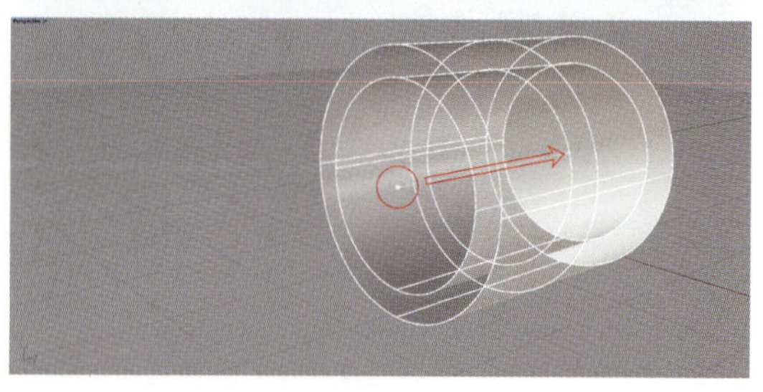

Extrusion distance <4> (Direction BothSides=No Solid=No DeleteInput=No ToBoundary SplitAtTangents=No SetBasePoint):

03. 대칭으로 확장하고자 한다면 Command Prompt 영역에서 Bothsides를 Yes로 설정하고, Enter↵키를 누른다.

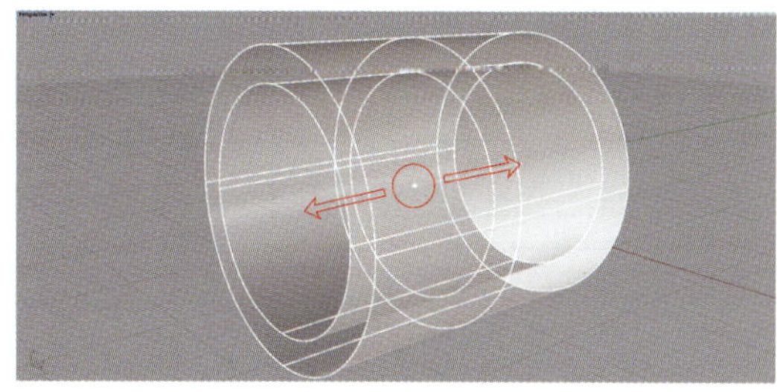

Extrusion distance <4> (Direction BothSides=*Yes* Solid=*No* DeleteInput=*No* ToBoundary SplitAtTangents=*No* SetBasePoint):

04. 다음 그림과 두 개의 Surface개체가 생성된 것을 확인할 수 있다.

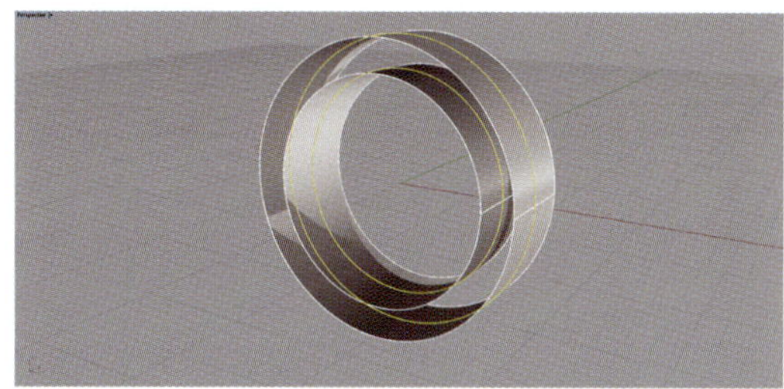

05. Undo(Ctrl+Z)를 실행하여 Surface 개체가 생성되기 전으로 되돌린다.
다시 두 개의 원형 Curve개체를 선택하고, Extrude straight를 실행한다.
Command Prompt 영역에서 Solid=Yes로 설정하고 Enter↵키를 누르면, 다음 그림과 같이 Poly Surface가 생성되는 것을 확인할 수 있다.

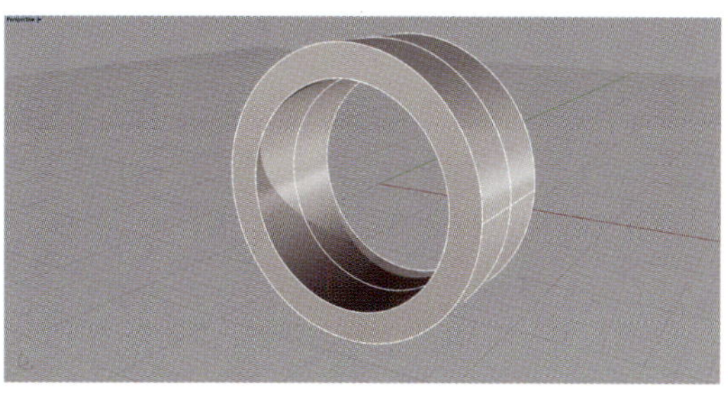

Extrusion distance <4> (Direction BothSides=*Yes* Solid=*Yes* DeleteInput=*No* ToBoundary SplitAtTangents=*No* SetBasePoint):

Extrude along curve

→ 부록CD 〉 Rhino 예제 〉 Lesson 8 〉 Extrude along curve

선택된 Curve개체가 경로 역할을 위한 Curve개체를 따라 Extrude되면서 Surface개체를 생성하는 기능이다.

Options

- **Solid** : Profile Curve가 닫혀 있는 경우, 돌출된 개체의 양쪽 끝은 Planar Surface로 채워지고 Join되어 Closed Polysurface를 생성한다.
- **Deleteinput** : 원래 개체를 삭제하는 기능이다.

01. 다음 그림과 같이 1번 Profile Curve개체와 2번 Path Curve개체를 생성한다. Extrude along curve를 실행하고, 1번 Profile Curve개체를 선택한 후, Enter↵키를 누른다. 2번 Path Curve개체의 아랫부분을 선택한다. 2번 Path Curve개체의 윗부분을 선택하면 다음 그림과 같이 원치 않는 곳으로 Surface개체가 생성되는 것을 확인할 수 있다.

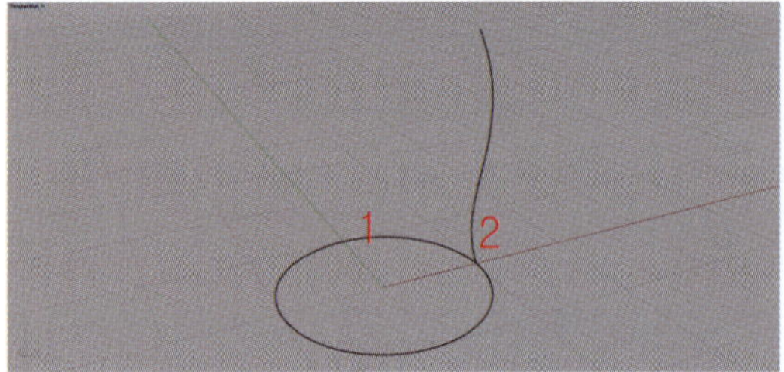

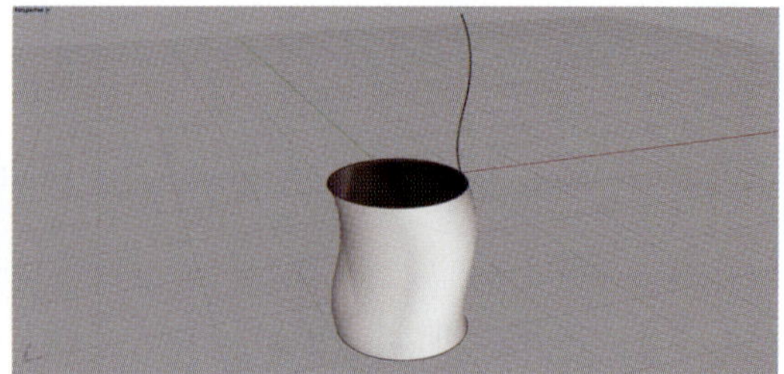

02. 다음 그림과 같이 Path Curve개체의 아랫부분을 선택하여 생성된 Surface개체를 확인할 수 있다.

03. Undo(Ctrl+Z)를 실행하여 Surface개체가 생성되기 전으로 되돌린다. 다시 Extrude along curve를 실행하고, 1번 Profile Curve개체를 선택한 후, Enter↵키를 누른다. Command Prompt 영역에서 Solid=Yes로 설정하고, 2번 Path Curve개체 아랫부분을 선택한다. 다음 그림과 같이 닫힌 Poly Surface가 생성된 것을 확인할 수 있다.

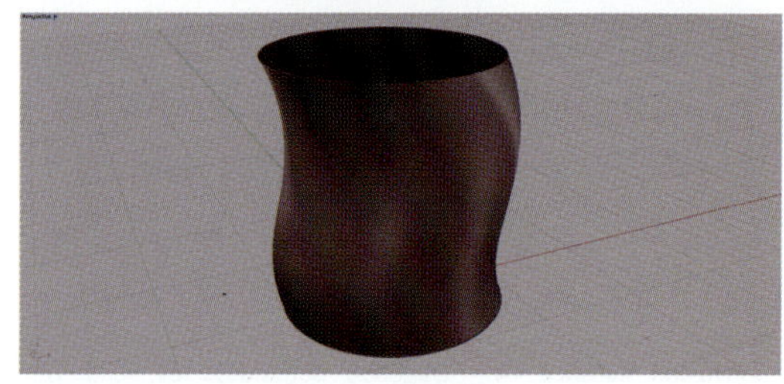

Select path curve near start (Solid=*Yes* DeleteInput=*No* SubCurve=*No* ToBoundary SplitAtTangents=*No*):

Extrude to point

Curve개체를 Point가 지정된 Surface개체까지 돌출시켜 Surface개체 또는 Closed Poly Surface를 생성시키는 기능이다. Loft Surface, Sweep Surface 명령과 달리, Profile Curve개체 또는 Surface개체의 초기 방향은 Extrude과정 중에도 유지된다.

Extrude curve tapered

기울기를 적용한 Surface개체를 생성시키는 기능으로 Extrude시킬 때 Extrude되는 각도를 설정된 값으로 지정할 수 있다. 이 기능은 Draft Angle 값으로 구배를 조절하게 되고 CornerOption에서 Corner형태를 정하게 된다.

Options

- **Direction** : 일반적으로 Extrude의 기본방향은 평면 Curve개체의 경우 그 평면에 대한 Normal방향이 된다. 평면 Curve개체가 아니거나 Extrude되는 방향을 바꾸고자 할 때, 이 Option 기능을 사용한다.
- **DraftAngle** : DraftAngle은 CPlaned의 Direction에 의존한다. Surface개체가 CPlane에 대하여 수직일 때, DraftAngle은 0이다. Surface개체가 CPlane에 평행일 때, DraftAngle은 90이다.
- **Solid** : 열린 부분에 Surface개체를 만들어 Closed Poly Surface를 생성한다.
- **Corners** : 모서리 부분 Offset하는 방법을 변경하는 기능이다.
- **Corners-Sharp** : Curve개체를 Offset한 다음 서로 교차할 때까지 직선으로 연장시키는 기능이다.
- **Corners-Round** : Curve개체를 Offset하고, Offset한 거리와 같은 반지름의 Arc로 Fillet한다.
- **Corners-Smooth** : Curve개체를 Offset하고, G1연속성 Curve개체로 연결한다. Round와 Smooth의 차이는 Round는 Arc개체로 생성되고, Smooth는 Conic형태의 Curve개체로 생성된다.
- **FLipAngle** : DraftAngle의 방향을 반대로 전환시키는 기능이다.

 Surface from 2, 3 or 4 edge curves

→ 부록CD 〉 Rhino 예제 〉 Lesson 8 〉 Surface from 2, 3 or 4 edge curves

2, 3, 4개의 가장자리 Curve개체를 이용하여 Surface개체를 만드는 기능이다.
두 개 이상의 Curve개체가 있어야 명령을 실행할 수 있고, 각 Curve개체의 End점이 정확히 만났을 때, Surface from 2, 3 or 4 edge curves기능이 적용된다.

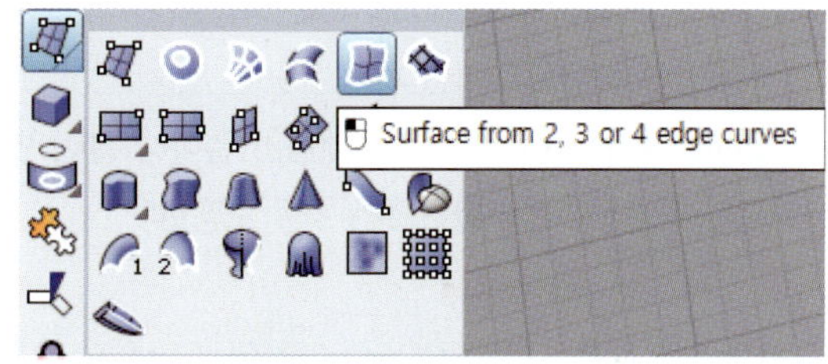

01. Surface from 2, 3 or 4 edge curves를 실행하고, 2개의 Curve개체, 3개의 Curve개체, 4개의 Curve개체를 다음 그림의 순서대로 선택한다.

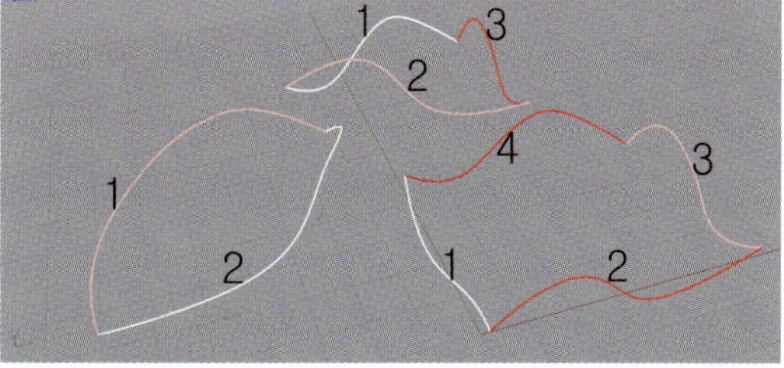

02. 다음 그림과 같이 Curve개체와 Surface개체의 가장자리가 정확히 일치하는 Surface개체가 생성된 것을 확인할 수 있다.

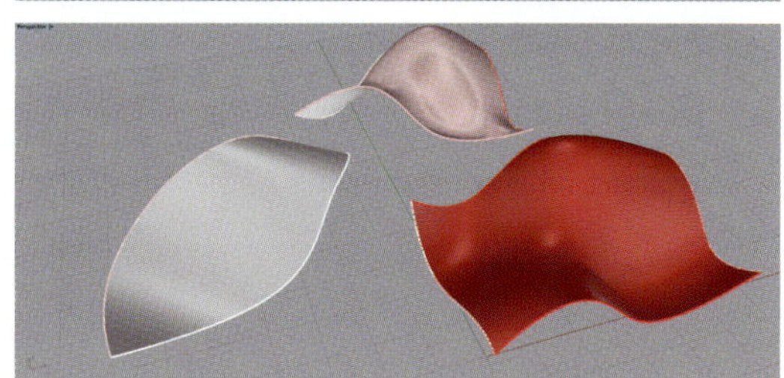

Loft

단면 Curve개체들을 연결하는 Surface개체 생성기능이며 유기체적 인 형상을 생성하는데 효율적이다.
Loft의 Option창에 있는 Section의 Simplify는 Sweep기능과 같으며 처음과 마지막의 단면이 Surface개체의 Edge인 경우에는 Match Start(End) Tangent기능이 활성화되어 연속적인 면을 생성할 수 있으며 Surface개체가 통과해야하는 순서대로 Curve개체를 선택한다.

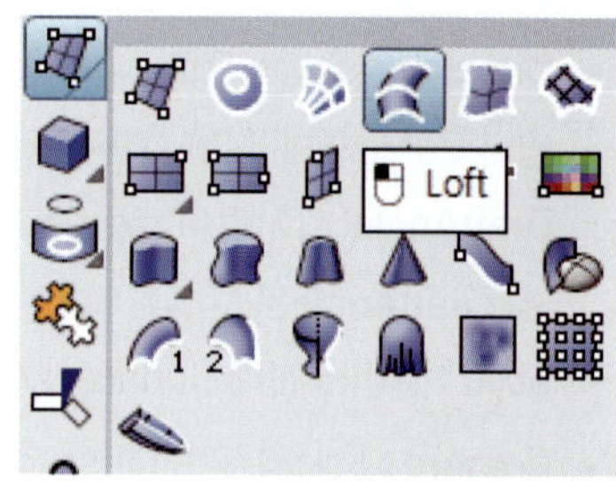

Options

- **Style** : Knot과 Surface개체의 조절점 구조를 결정하는 기능이다.
- **Style- Normal** : Loft에서 가장 일반적으로 Surface개체를 만드는 방법으로 해당 Curve개체가 비교적 직선인 경로로 처리되거나, Curve개체 사이에 많은 공간이 있을 때 효율적이다.
- **Style- Loose** : Surface개체 조절점이 Loft 입력 Curve개체의 조절점과 동일한 위치에서 만들어진다. 기능은 나중에 조절점을 편집하거나 Curve개체가 최종 형태를 조금 닮게 생성할 경우에 효율적이다.
- **Style- Tight** : Surface개체가 원래 Curve개체에 최대한 가까이 따라가게 하는 기능이다. 이 기능은 입력 Curve개체가 모서리를 지날 때 효율적이다.
- **Style- Straight Sections** : 직선방향을 가지는 Surface개체를 생성하는 기능으로 단면 사이의 Curve개체가 직선방향으로 나아간다.
- **Style- Uniform** : Surface개체가 얼마나 많이 편집되는지와 무관하게 각각의 조절점이 Surface개체에 동일한 방식으로 영향을 주는 것을 보장한다.

- **Closed Loft** : 마지막 Curve개체에서 멈추지 않고 계속되어 마지막 Curve개체와 첫 번째 결합하여 닫힌 Surface개체를 만드는 기능으로 최소한 셰이프 Curve개체를 세 개 선택한 경우에만 사용할 수 있다.
- **Match Start tangent** : Loft의 시작 Curve개체가 Surface개체 Edge일 때, 이웃하는 Surface개체와 Tangent를 유지하며 3개 이상의 Curve개체를 사용할 때 활성화된다.
- **Match End tangent** : Loft의 끝 Surface개체의 Edge일 때, 이웃하는 Surface개체와 Tangent를 유지한다. 3개 이상의 Curve개체를 사용할 때 활성화된다.

● Cross-section curve Options

- **Align Curves...** : Sweep Curve개체의 끝점을 클릭하여 방향을 바꿔주는 기능이다.
- **Do not simplify** : Curve개체가 재생성되지 않는 기능이다.
- **Rebuild with control Points** : Loft하기 전의 Sweep Curve개체를 재생성하는 기능이다.

옵션별 형태 변화 비교

→ 부록CD 〉 Rhino 예제 〉 Lesson 8 〉 Loft

Loft를 실행하고, 원하는 Viewport에서 다음 그림과 같이 만들고자 하는 순서대로 Curve개체를 선택한 후, Enter↵키를 누른다.

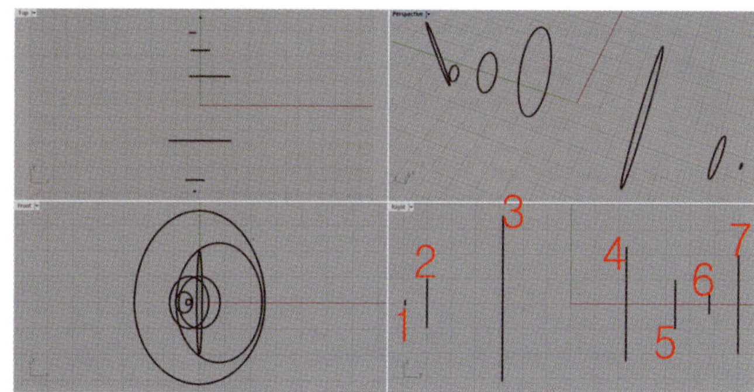

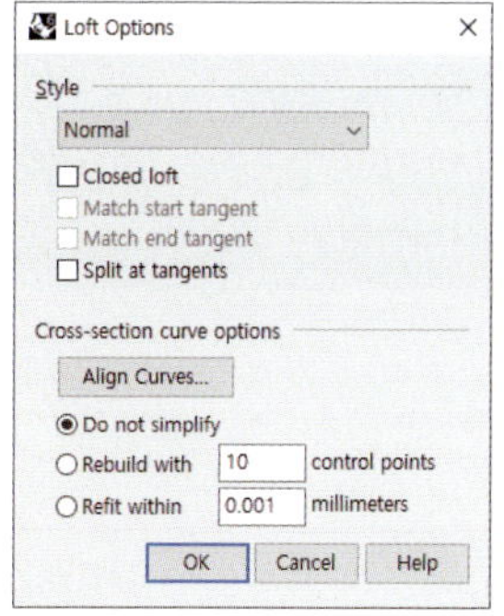

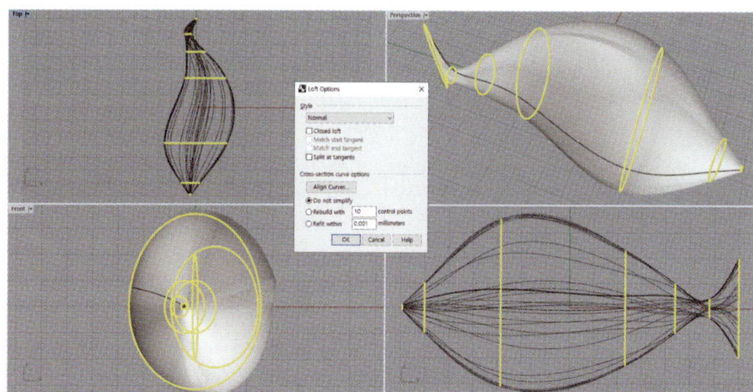

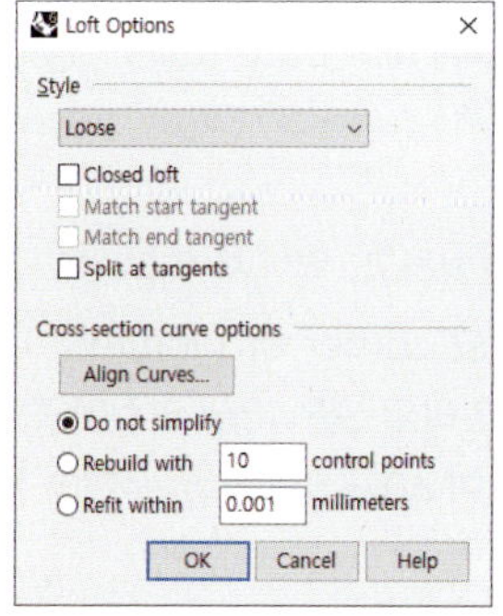

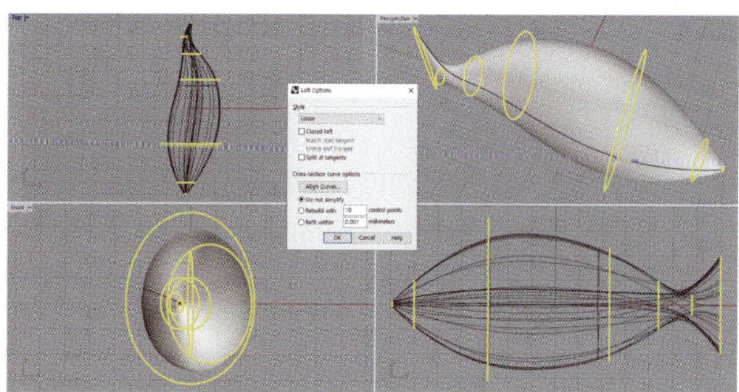

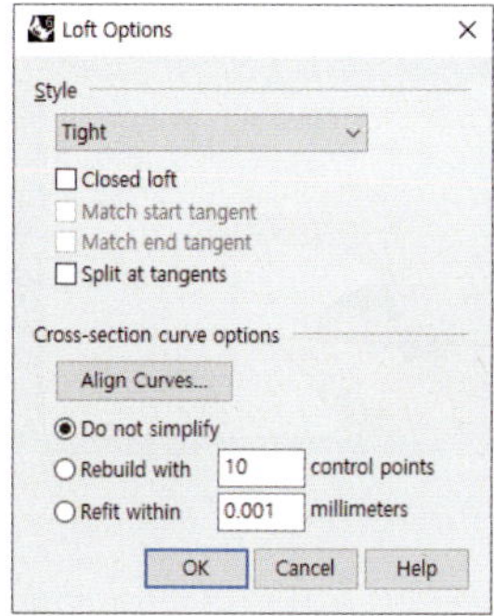

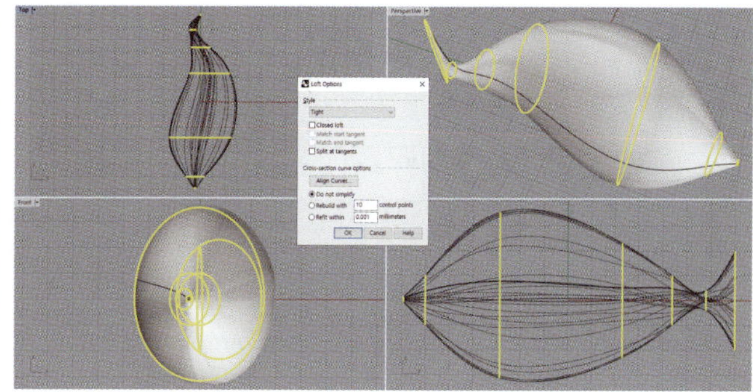

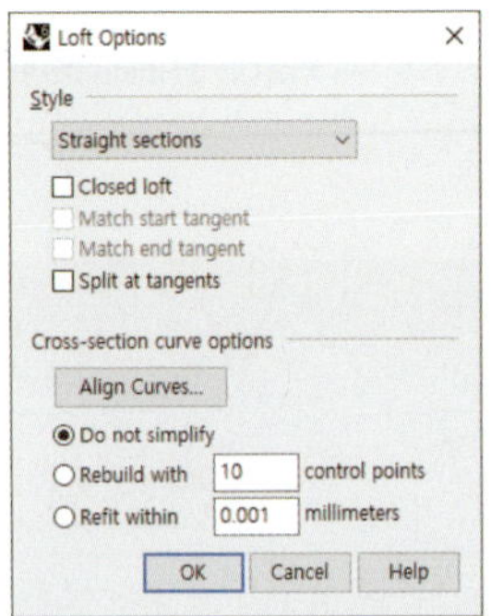

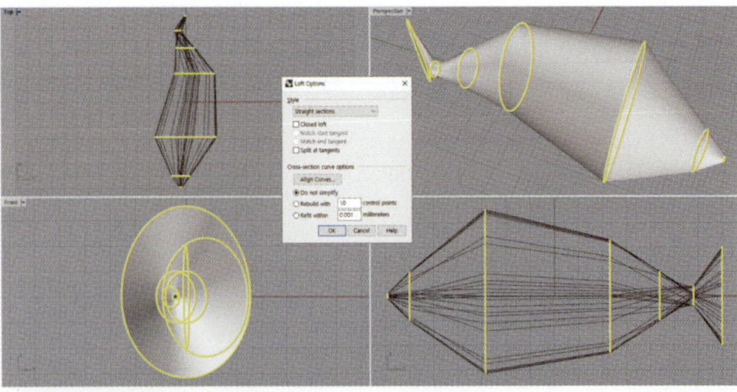

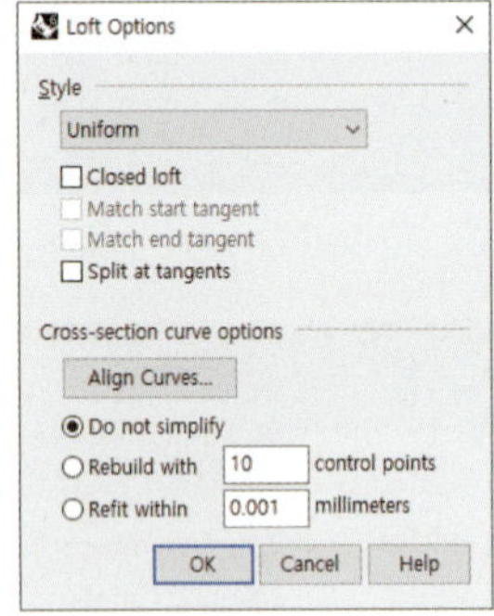

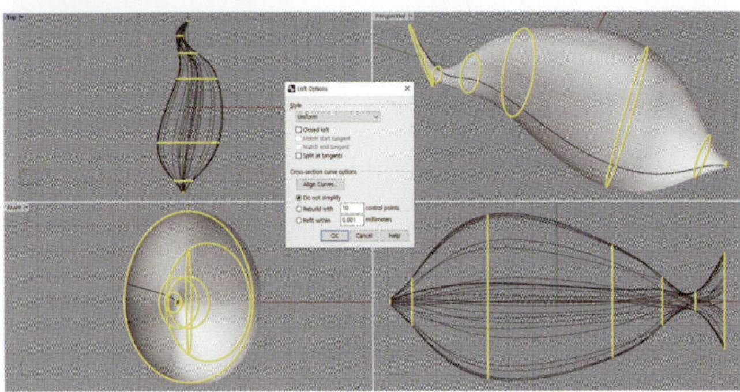

Basic Modeling - 11 Finger

→ 부록CD 〉 Rhino 예제 〉 Lesson 8 〉 Finger 〉 Finger Front Viewport
→ 부록CD 〉 Rhino 예제 〉 Lesson 8 〉 Finger 〉 Finger Top Viewport

01. Front Front Viewport에서 Add a picture plane를 실행하고, 옆에서 찍은 손가락 이미지를 선택한다. 다음 그림과 같이 Command Prompt 영역에서 First corner of picture값 0을 입력한 후, Enter↵키를 누른다. Other corner or length값 40을 입력하고 마우스를 40㎜ 위치에 클릭한다. (Other corner or length값 40을 입력하고 마우스를 움직여보면 40㎜ 이하로는 선택이 불가하나, 40㎜ 이상은 선택이 가능한 것을 확인할 수 있다.)

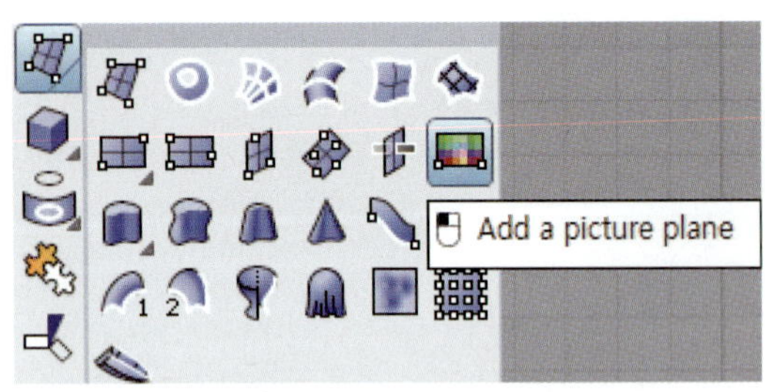

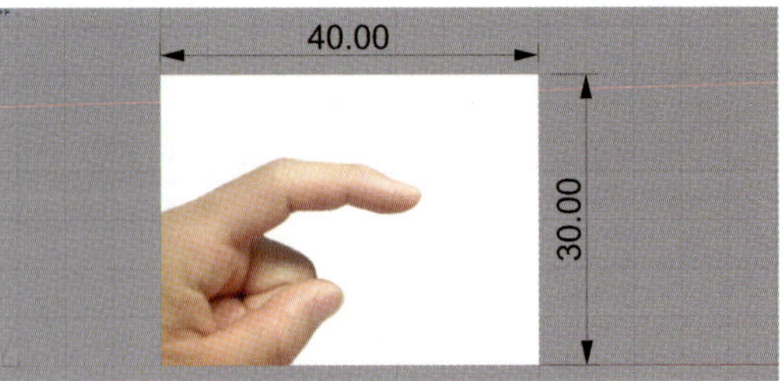

First corner of picture (3Point Vertical Center AroundCurve 1to1): 0
Other corner or length (3Point): 40

02. Top Top Viewport에서 Add a picture plane를 실행하고, 위에서 찍은 손가락 사진을 선택한다. 위와 같은 방법으로 원점 기준으로 가로 40mm, 세로 30mm의 손가락 이미지를 생성한다.

Other corner or length (3Point): 40,30

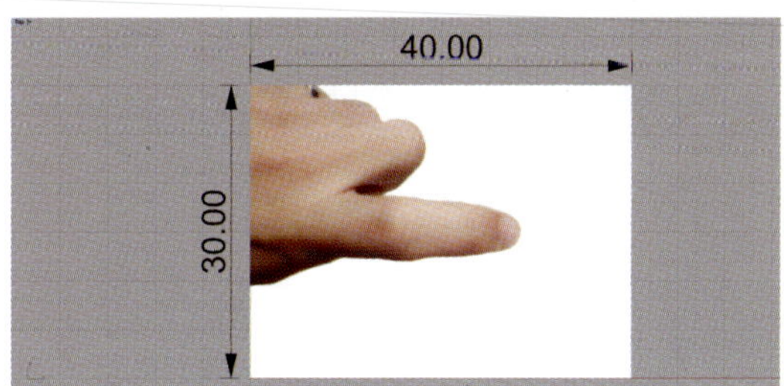

03. 다음 그림과 같이 두 개의 손가락 이미지가 생성된 것을 확인할 수 있다. 두 개의 손가락 이미지를 선택하고, Lock objects를 실행하여 잠시 잠가둔다.

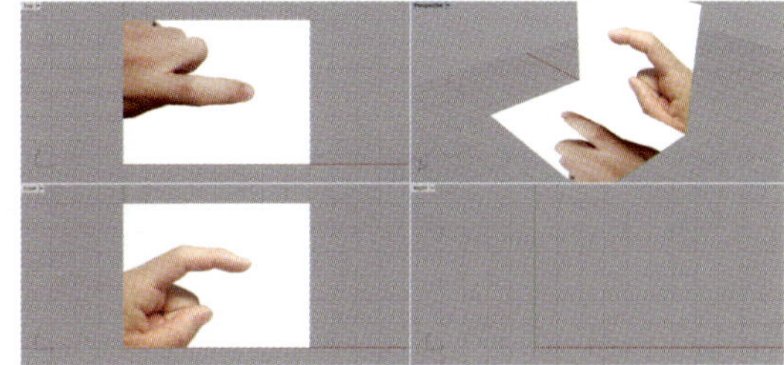

04. Top Top Viewport에서 Control Point Curve 또는 Curve: interpolate points를 실행하고, 다음 그림과 같이 손가락 모양의 Curve개체를 생성한다.

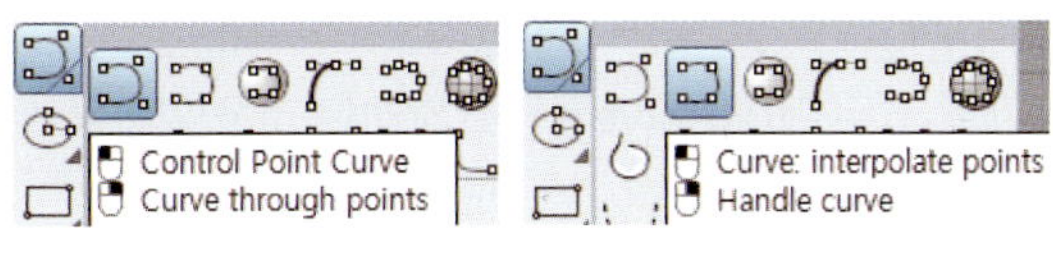

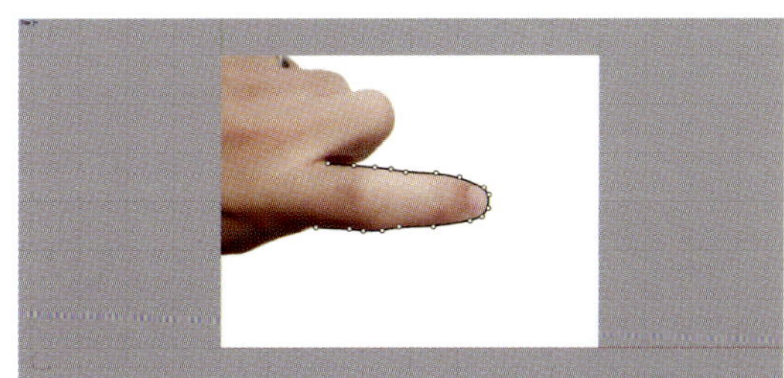

05. Front Front Viewport에서도 위와 같은 방법으로 손가락 모양의 Curve개체를 생성한다.

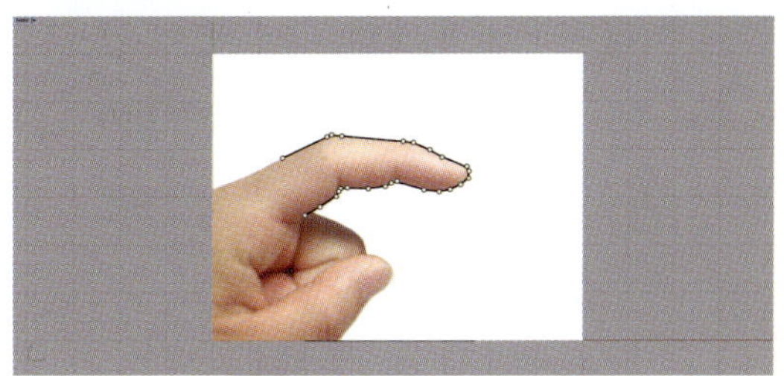

06. Unlock objects 또는 Unlock objects를 실행하고, 두 개의 손가락 이미지를 Unlock한다. 두 개의 손가락 이미지는 선택한 후, 삭제한다.

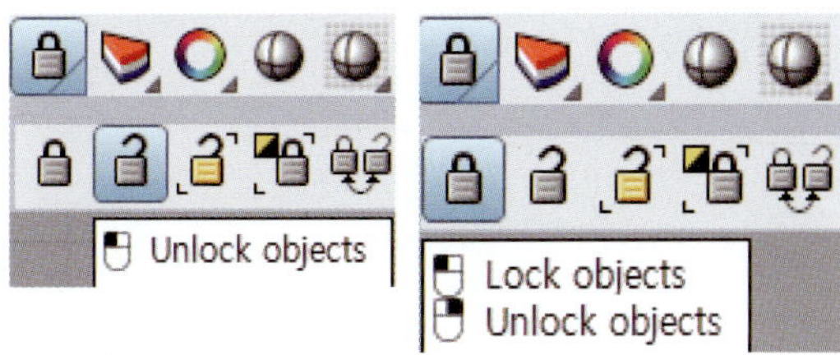

07. 다음 그림과 같이 두 개의 Curve개체만 남은 것을 확인할 수 있다.

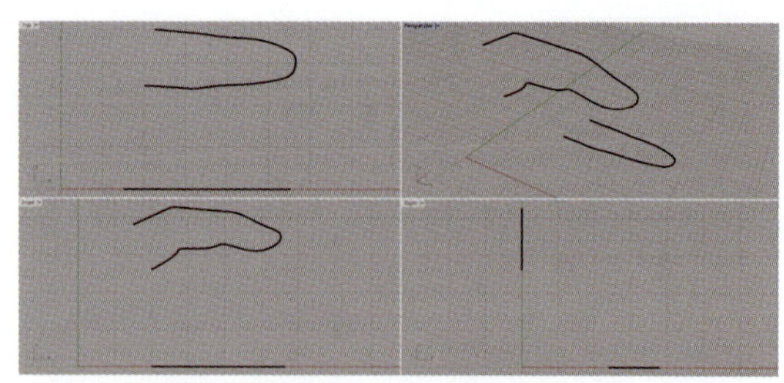

08. Top Top Viewport에서 Move를 실행하고, Osnap Toolbar에서 Quad점에 체크한다. 다음 그림과 같이 1번 Curve개체의 Quad점을 선택한 후, 2번 Curve개체의 Quad점으로 이동하여 두 Curve개체의 Quad점이 서로 만나게 한다.

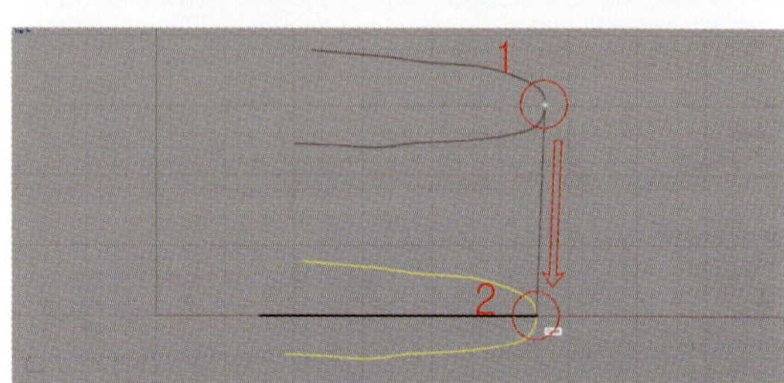

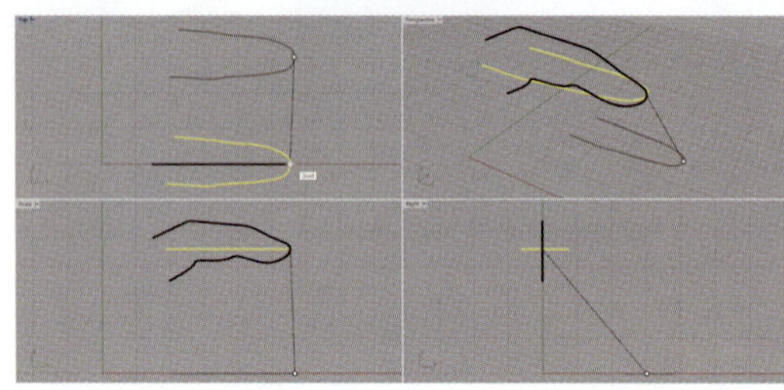

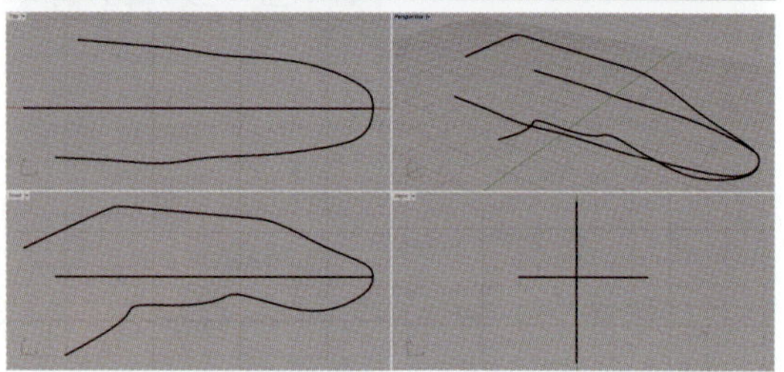

09. Split을 실행하고, 1번 Curve개체를 선택한 후, Enter↵키를 누른다. 2번 Curve개체를 선택하고 Enter↵키를 누르면, 다음 그림과 같이 1번 Curve개체가 두 개의 Curve개체로 Split된 것을 확인할 수 있다.

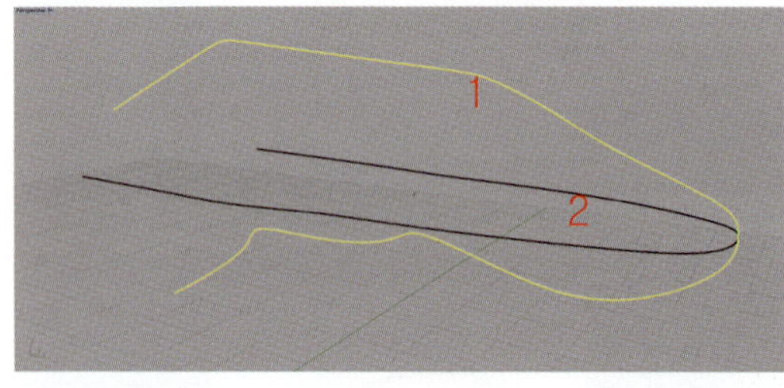

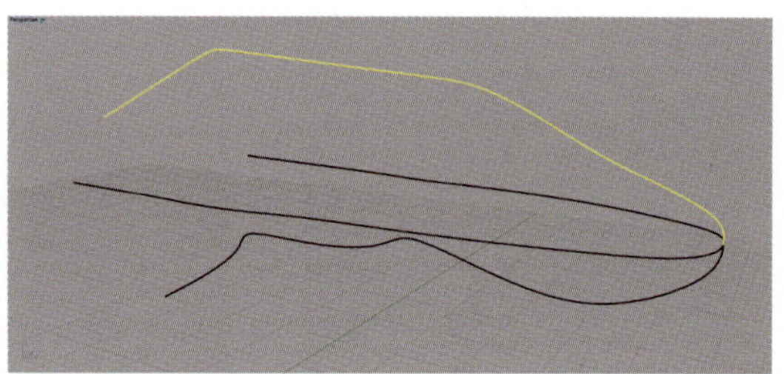

10. Split을 실행하고, 1번 Curve개체를 선택한 후, Enter↵키를 누른다. 2번 Curve개체를 선택하고 Enter↵키를 누르면, 다음 그림과 같이 1번 Curve개체가 두 개의 Curve개체로 Split된 것을 확인할 수 있다.

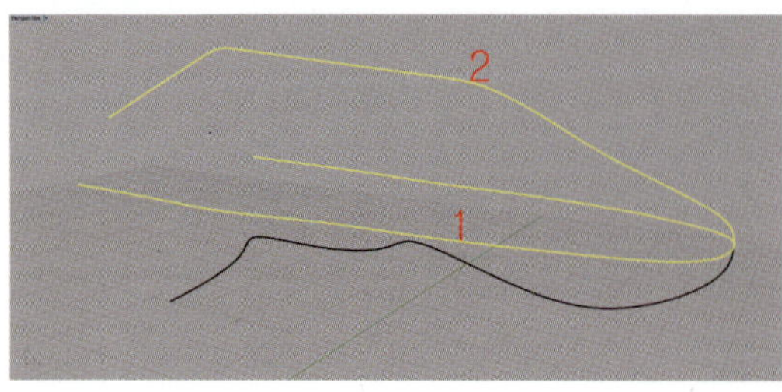

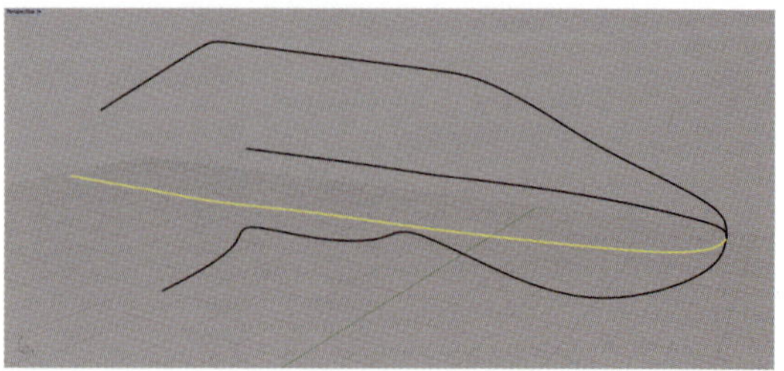

11. 다음 그림과 같이 모두 네 개의 Curve개체로 Split된 것을 확인할 수 있다.

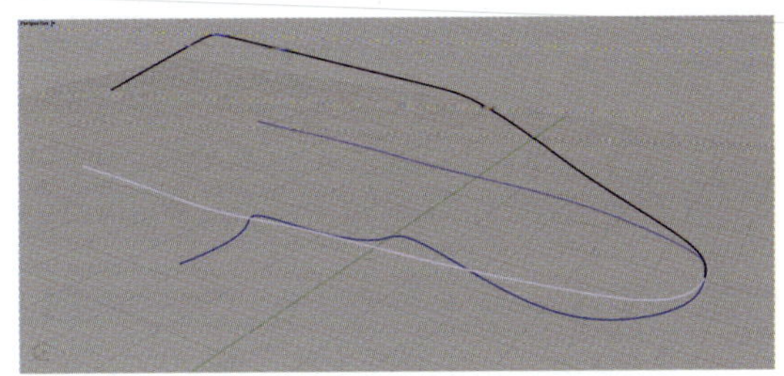

12. Curve from cross section profiles를 실행하고, 다음 그림과 같은 순서대로 Curve개체를 선택한 후, Enter↵ 키를 누른다.

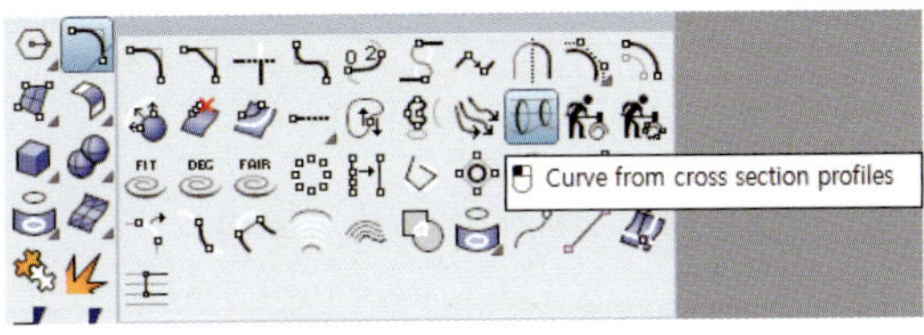

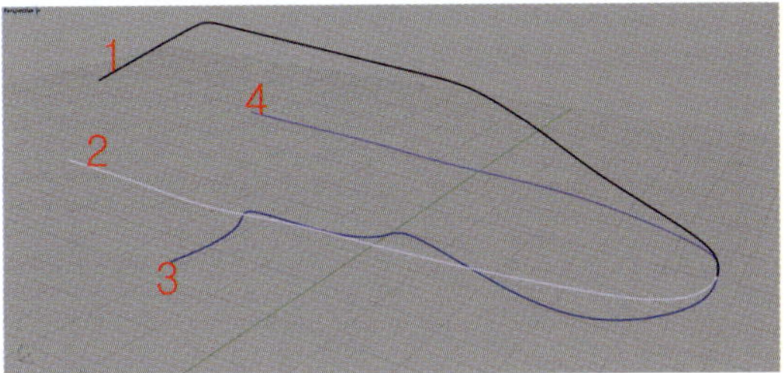

13. Front Front Viewport에서 Osnap Toolbar의 Near점에 체크하고, 다음 그림과 같이 1번 Near점을 선택하고, Shift 키를 누른 상태로 2번 Int점을 선택한다. 대략 1㎜ 간격으로 Profile Curve개체를 생성한다.

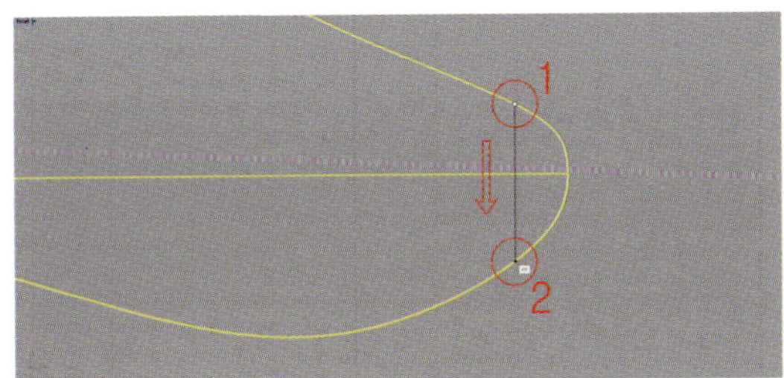

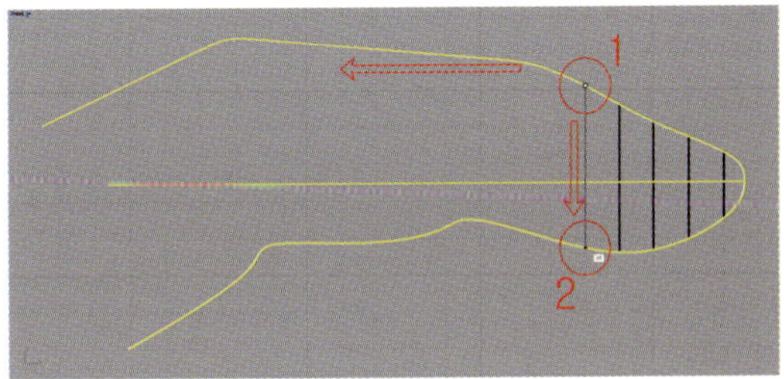

14. 다음 그림과 같이 17개의 Profile Curve개체가 생성된 것을 확인할 수 있다.

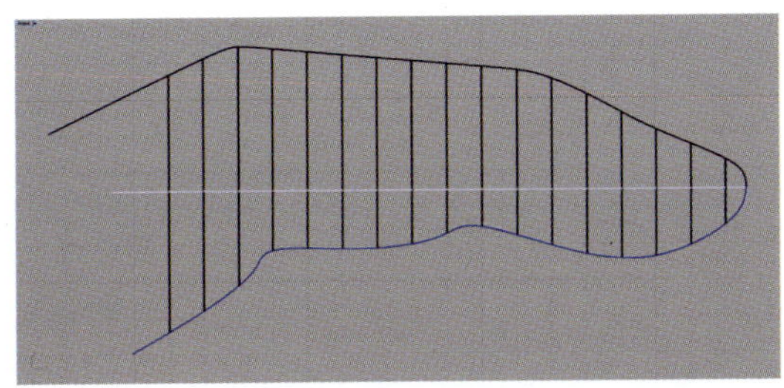

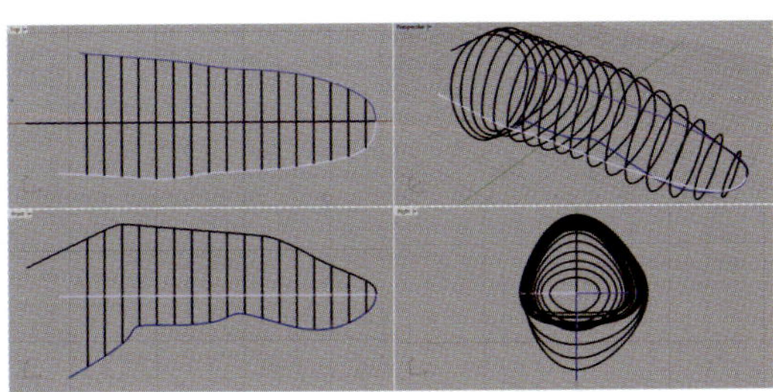

15. Loft를 실행하고, Command Prompt 영역에서 Point를 클릭한다. 다음 그림과 같이 4개의 Curve개체 End점이 만나는 교차점을 클릭하고, 화살표 방향으로 17개의 Profile Curve개체를 선택한 후, Enter↵키를 누른다. Seam방향을 확인하고 다시 Enter↵키를 누른다.

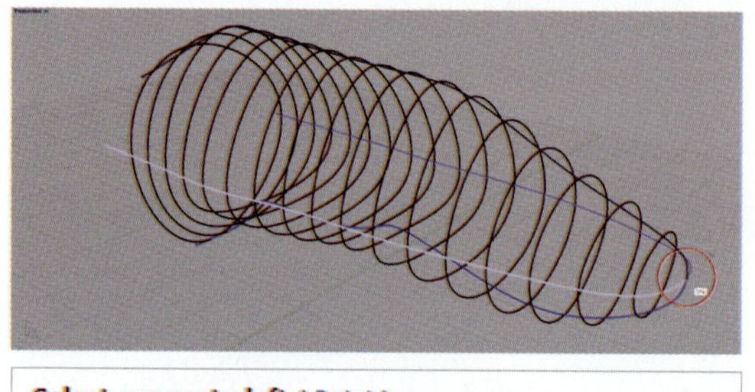

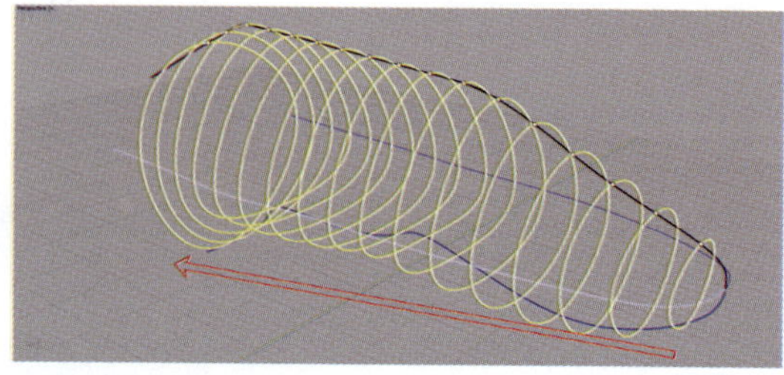

Select curves to loft (Point):

16. Loft Options창이 나타나면 다음 그림과 같이 Style에서 Normal을 설정하고, OK를 누른다.

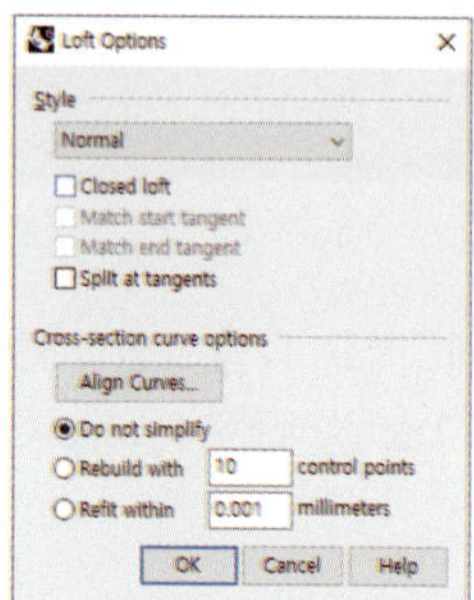

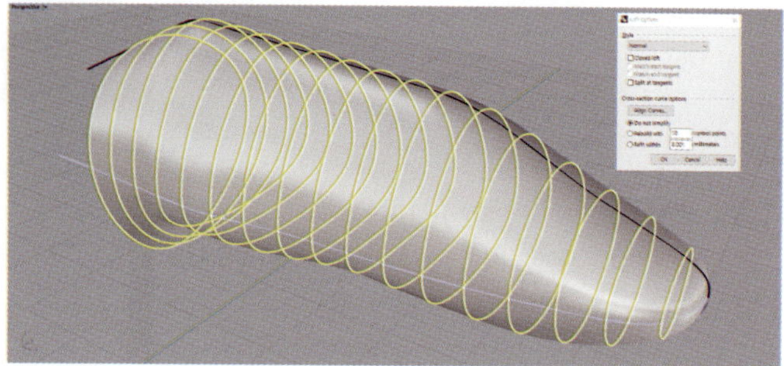

17. 다음 그림과 같이 손가락 형태의 Surface 개체가 생성된 것을 확인할 수 있다.

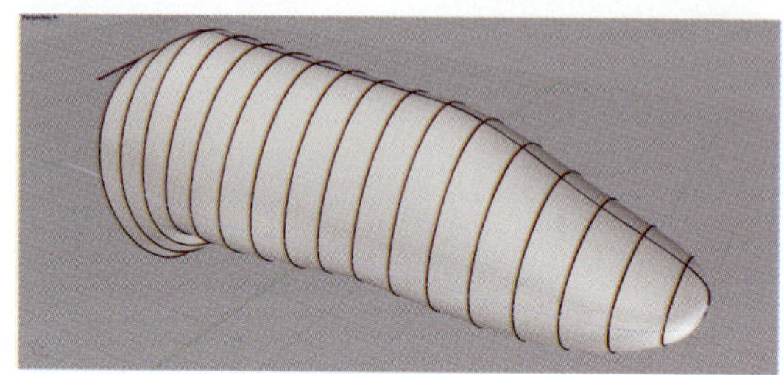

18. Select curves를 실행하고, Delete키로 선택된 Curve개체들을 삭제한다.

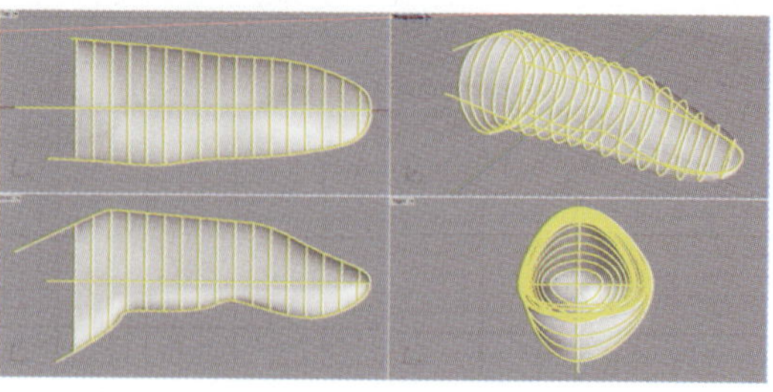

19. 다음 그림과 같이 완성된 손가락 형태의 Surface개체가 생성된 것을 확인할 수 있다.

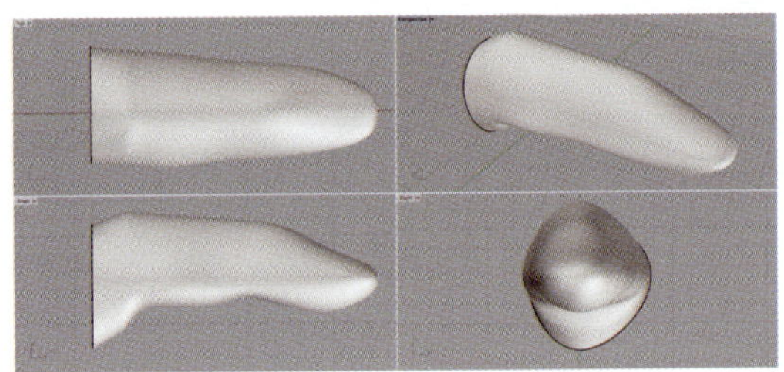
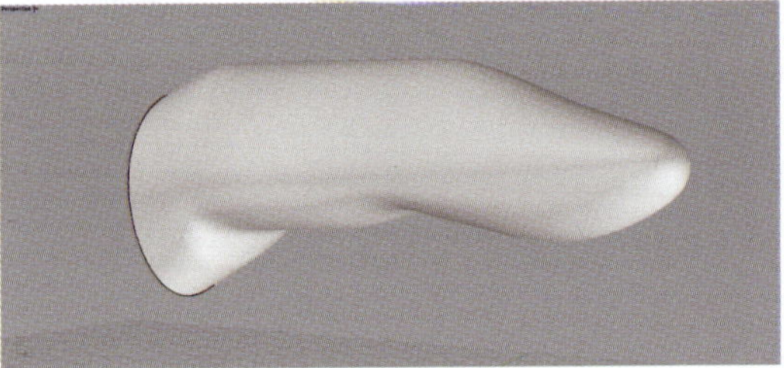

Basic Modeling - 12 Polygon Ring ❶

01. Front Front Viewport에서 Circle: center, radius를 실행한다. Command Prompt 영역에 Center of circle값 0을 입력한 후, Enter↵키를 누른 다음, Diameter값 17.1을 입력하고, Enter↵키를 누른다. 다시 Circle: center, radius를 실행하고, 원점(0, 0) 기준으로 Diameter값 21.7을 입력한 후, Enter↵키를 누르면 다음 그림과 같이 지름 17.1㎜와 21.7㎜의 원형 Curve개체가 생성된 것을 확인할 수 있다.

Center of circle (Deformable Vertical 2Point 3Point Tangent AroundCurve FitPoints): 0

Diameter <23.300> (Radius Orientation Circumference Area ProjectOsnap=*Yes*): 17.10

Diameter <17.100> (Radius Orientation Circumference Area ProjectOsnap=*Yes*): 21.7

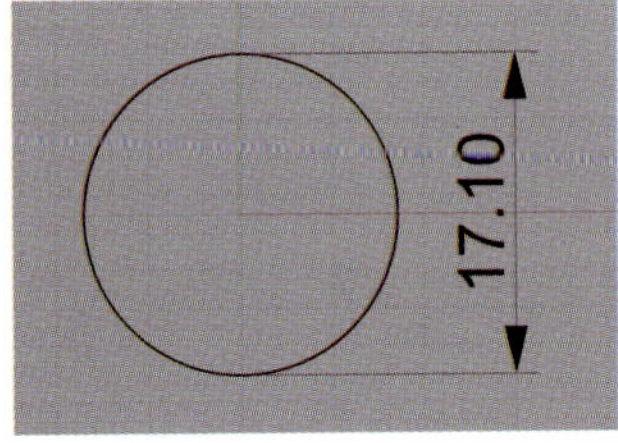

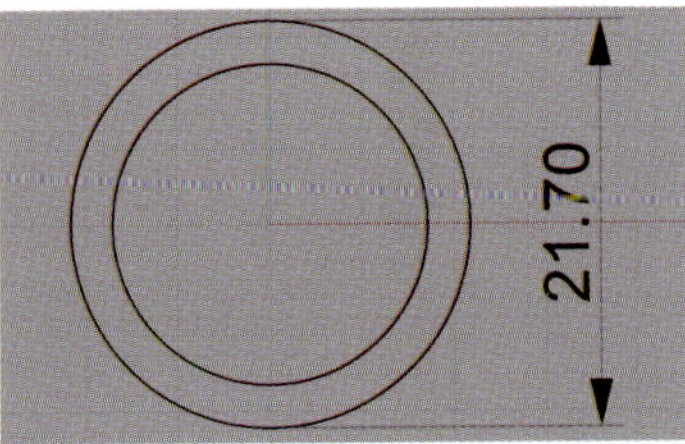

02. Polygon: Center, Radius를 실행하고, Osnap Toolbar에서 Quad점에 체크한다. Command Prompt 영역에 Center of inscribed polygon값 0을 입력한 후, Enter↵키를 누른다. NumberSides를 선택하여 Number of sides 값 9를 입력한 후, Enter↵키를 누른 다음, Corner of polygon을 지름 21.7㎜ 원형 Curve개체 상단의 Quad점으로 선택하여 다음 그림과 같이 9각형의 Curve개체를 생성한다.

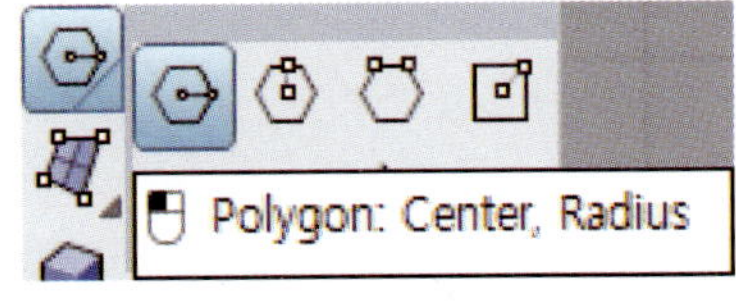

Center of inscribed polygon (NumSides=*6* Mode=*Inscribed* Edge Star Vertical AroundCurve): 0

Number of sides <6>: 9

Corner of polygon (NumSides=*9* Mode=*Inscribed*):

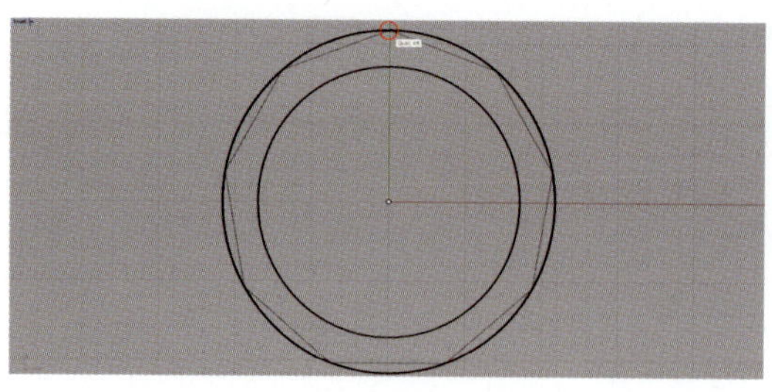

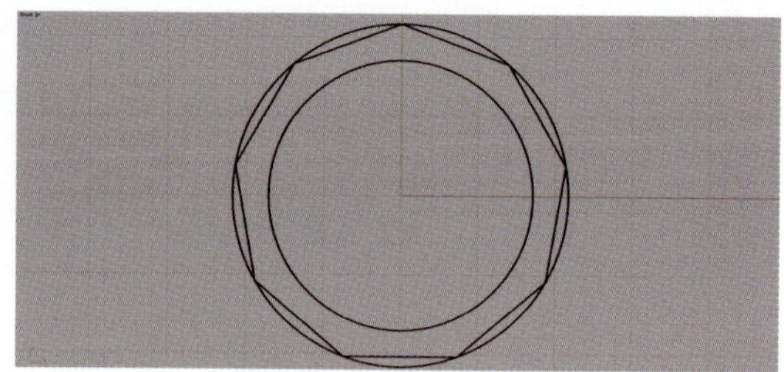

03. Osnap Toolbar에서 Mid점에 체크하고, 다시 Polygon: Center, Radius를 실행한다. 원점(0, 0) 기준으로 다음 그림과 같이 9각형 Curve개체 하단의 Mid점을 선택하여 9각형 Curve개체 안에 9각형 Curve개체를 생성한다.

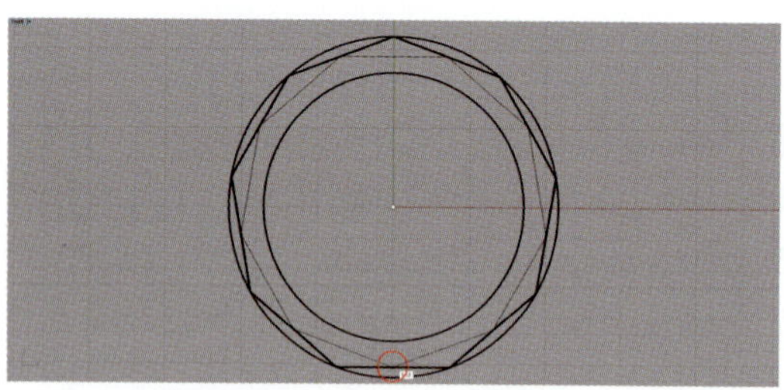

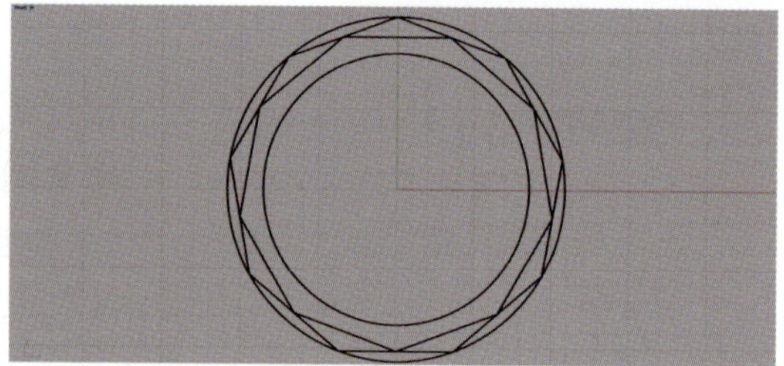

Center of inscribed polygon (NumSides=9 Mode=*Inscribed* Edge Star Vertical AroundCurve): 0

04. 지름 21.7㎜ 원형 Curve개체를 선택한 후, 삭제한다. 다음 그림과 같이 지름 17.1㎜ 원형 Curve개체와 안쪽 9각형 Curve개체를 선택하고, Move를 실행한다. Right Right Viewport에서 선택한 개체 상단의 End점을 선택하고, Command Prompt 영역에 Point to move to값 2를 입력한 후, Enter 키를 누른다. Shift 키를 누른 상태로 마우스 커서를 Y축 방향으로 이동한 다음 마우스 왼쪽버튼을 클릭하여, 선택한 개체를 Y축으로 2㎜ 이동시킨다.

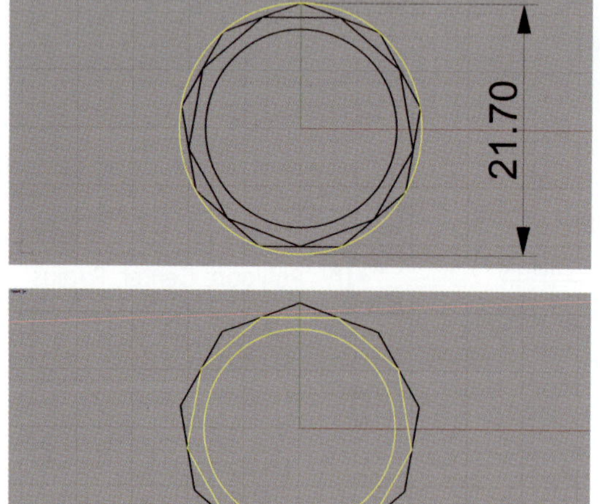

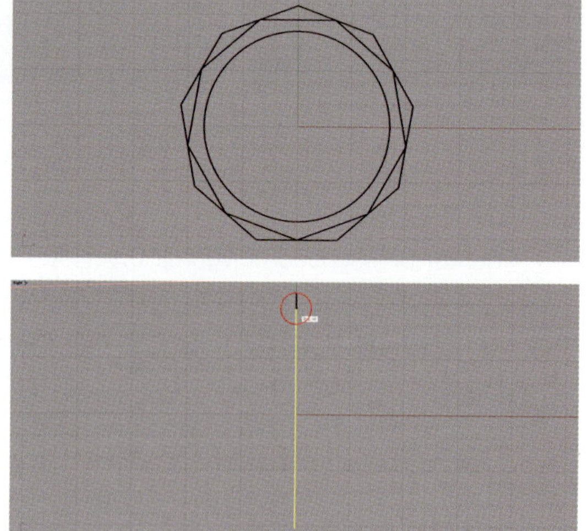

Point to move to <2.000>: 2

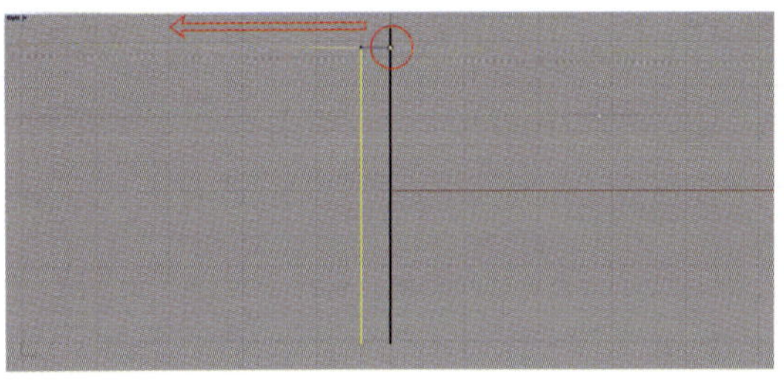
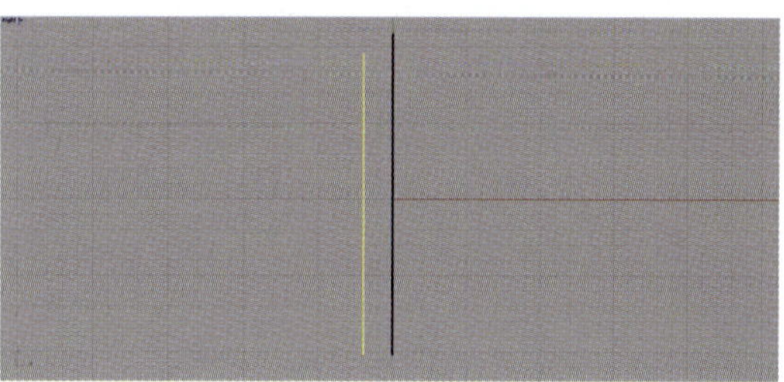

05. 이동시킨 2개의 Curve개체를 선택하고, Surface from planar curves를 실행하여 Surface개체를 생성한 다음, 이동시킨 2개의 Curve개체는 삭제한다.

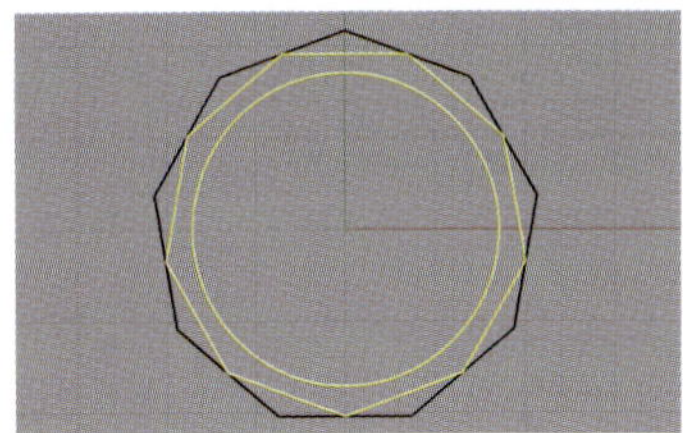
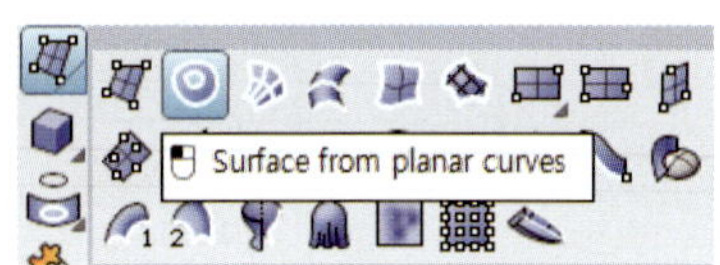

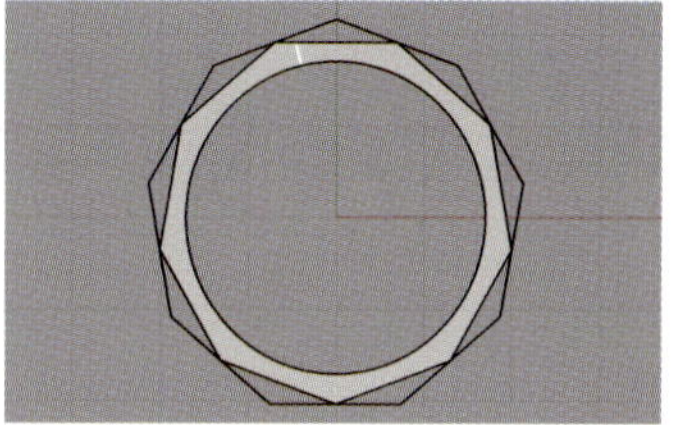

06. Single Line를 실행하여 다음 그림과 같이 Surface개체와 9각형 Curve개체 상단의 End점을 연결하는 2개의 직선 Curve개체를 생성한다.

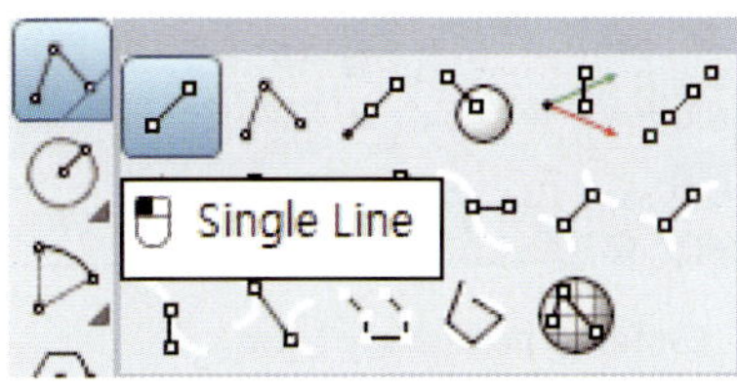

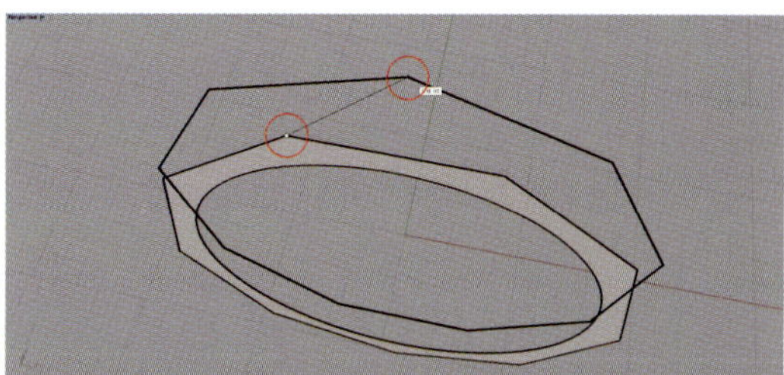
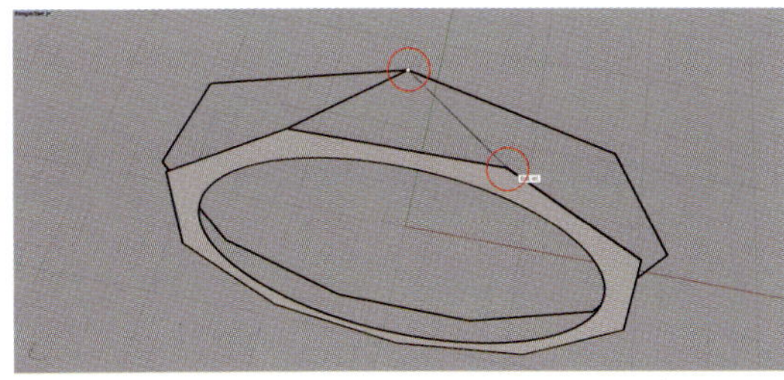
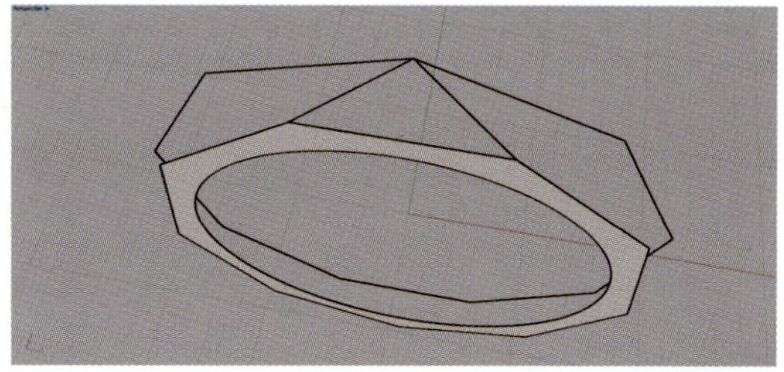

07. Surface from 2, 3 or 4 edge curves를 실행하고, 1번 직선 Curve개체, 2번 Edge, 3번 직선 Curve개체를 순서대로 선택한 후, Enter↵키를 누르면 다음 그림과 같이 삼각형 Surface개체가 생성된 것을 확인할 수 있다. 2개의 직선 Curve개체와 9각형 Curve개체는 삭제한다.

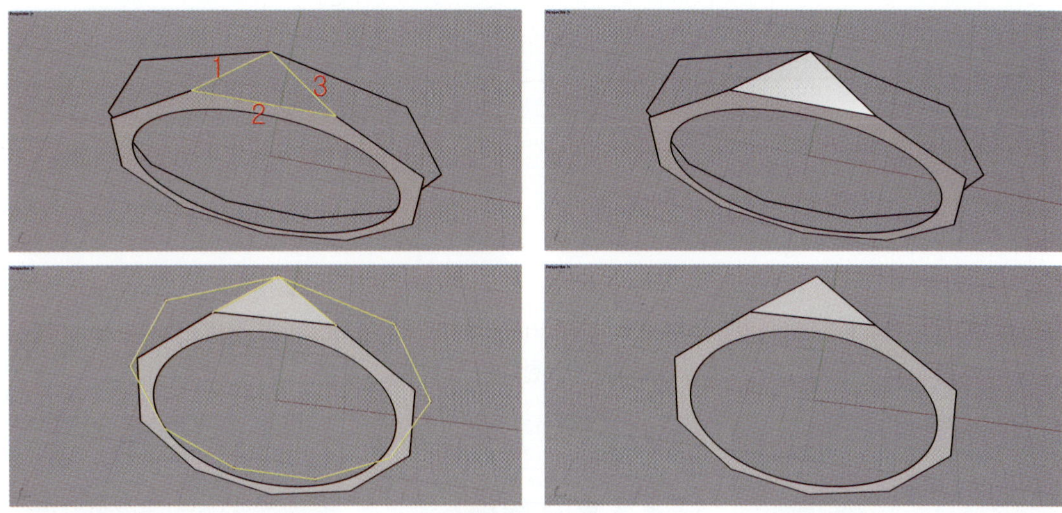

08. 생성된 삼각형 Surface개체를 선택하고, **Front** Front Viewport에서 Polar array를 실행한다. Command Prompt 영역에 Center of polar array값 0을 입력한 후, Enter키를 누른다. Number of items값 9를 입력하고, Enter키를 누른 다음, Angle to fill값 360을 입력한 후, Enter키를 누른다. 다음 그림과 같이 360도 각도로 회전하며 9개의 Surface개체가 생성된 것을 확인할 수 있다.

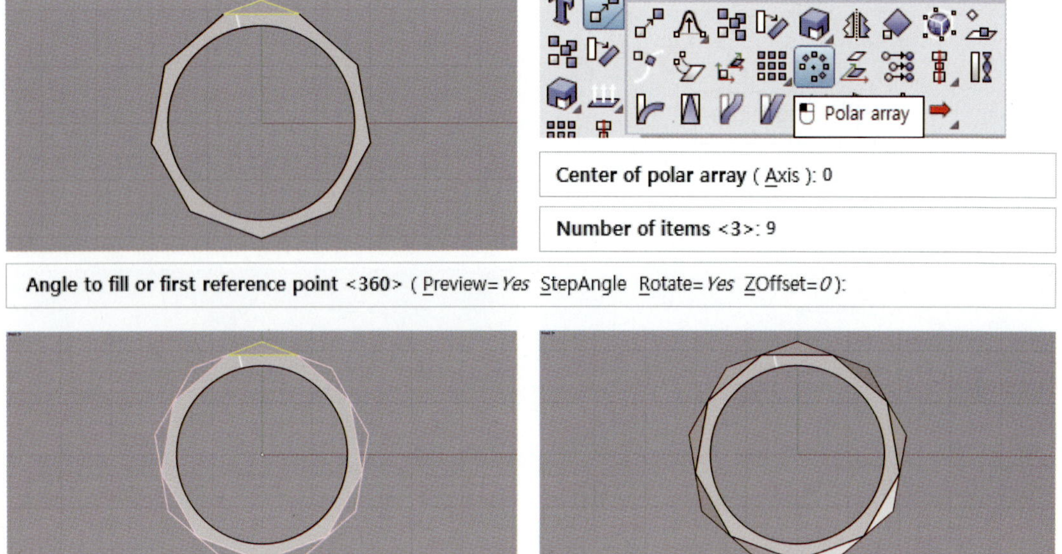

09. **Right** Right Viewport에서 모든 개체들을 선택하고, Mirror를 실행한다. Start of mirror plane을 선택한 개체 상단의 End점으로 선택하고, End of mirror plane을 개체 하단의 End점으로 선택하면 다음 그림과 같이 선택한 개체들이 대칭으로 복사된 것을 확인할 수 있다.

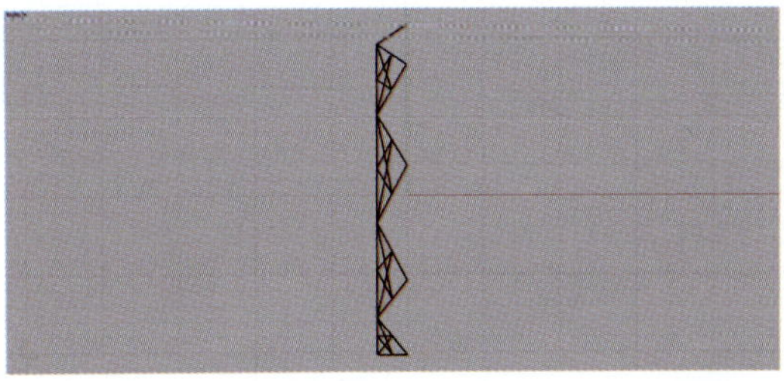

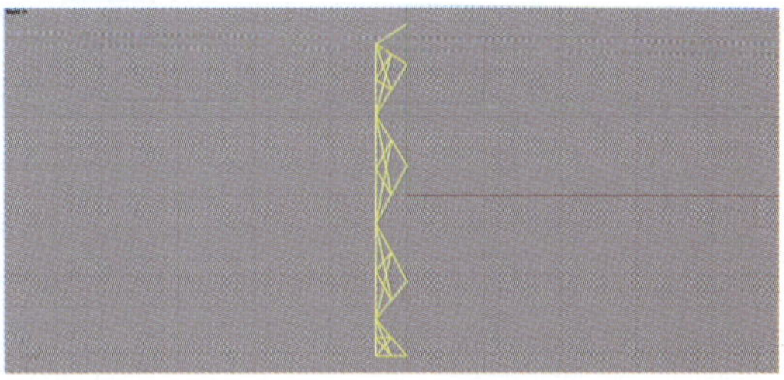

Mirror
Mirror on 3-point plane

Start of mirror plane (3Point Copy=*Yes* XAxis YAxis):

End of mirror plane (Copy=*Yes*):

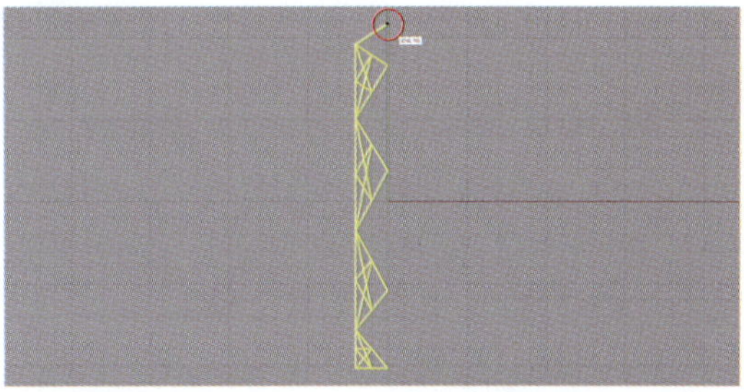

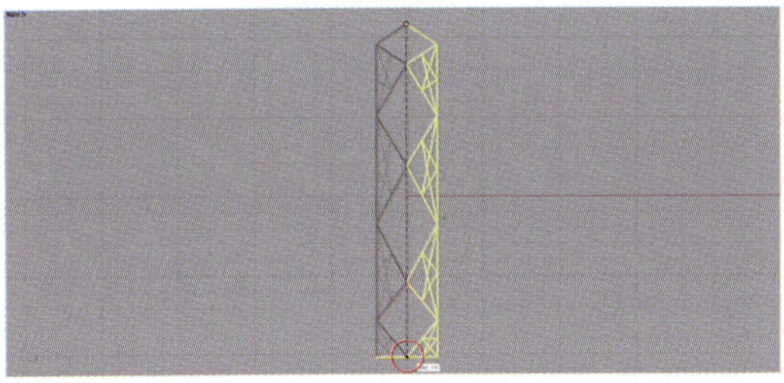

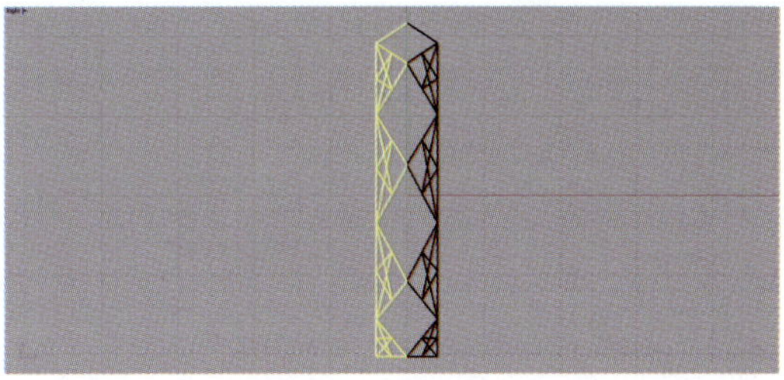

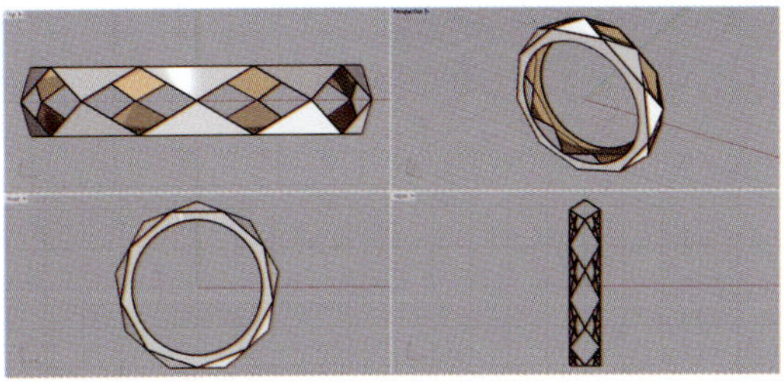

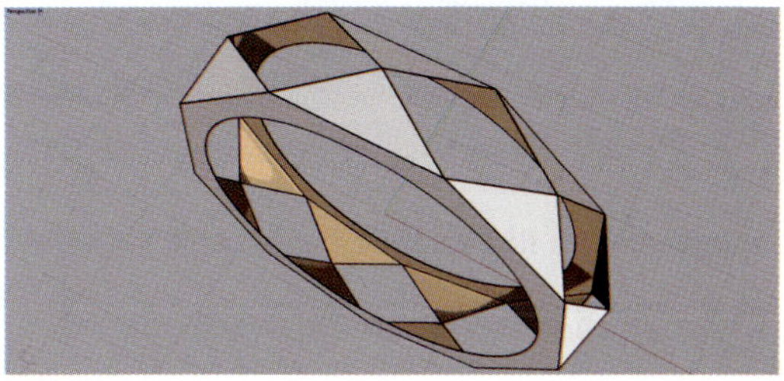

10. Sweep 2 rails를 실행하고, 다음 그림의 순서대로 Edge를 선택한 후, Enter↵ 키를 누른다. Sweep 2 Rail Options창이 나타나면 OK를 눌러서 마름모 형태의 Surface개체를 생성한다.

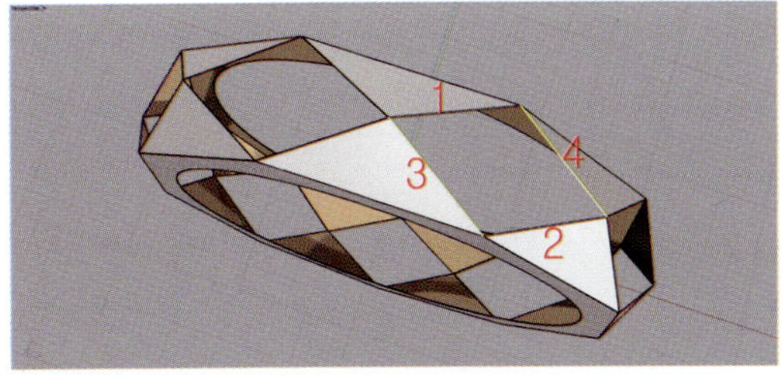

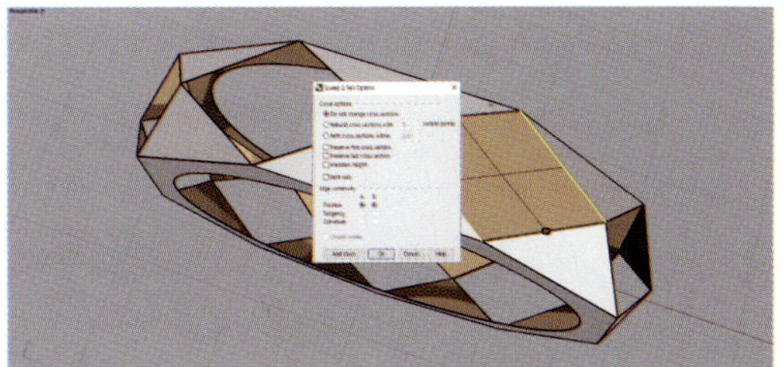

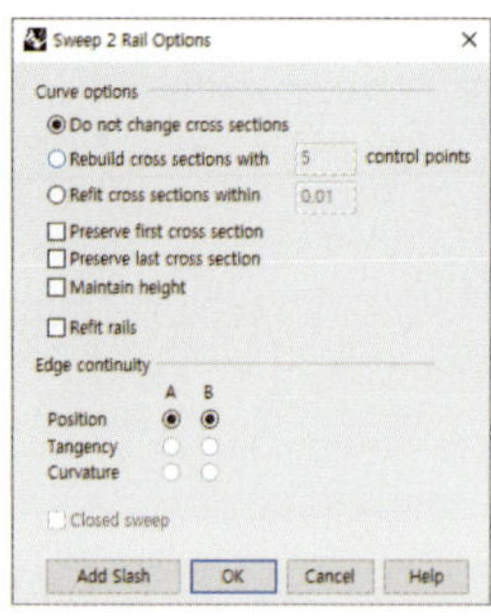

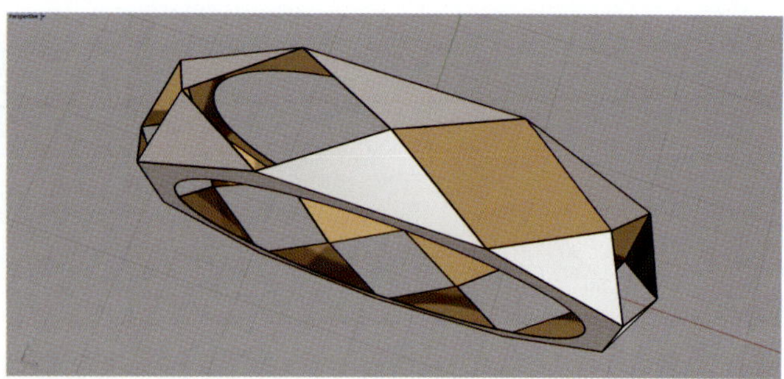

11. 생성된 Surface개체를 선택하고, **Front** Front Viewport에서 Polar array를 실행한다. Center of polar array를 원점(0, 0)으로 선택하고, Number of items값 9를 입력한 후, Enter 키를 누른 다음, Angle to fill값 360으로 설정하고 Enter 키를 누른다. 다음 그림과 같이 9개의 마름모 형태 Surface 개체가 생성된 것을 확인할 수 있다.

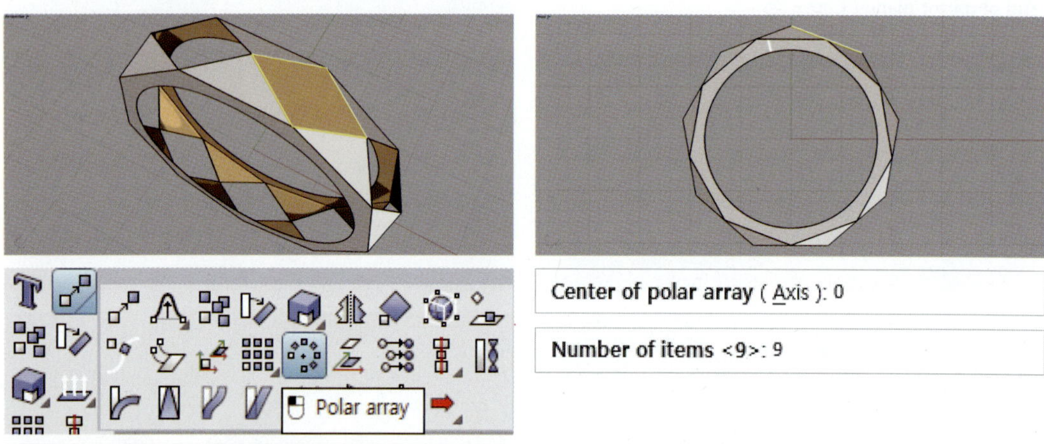

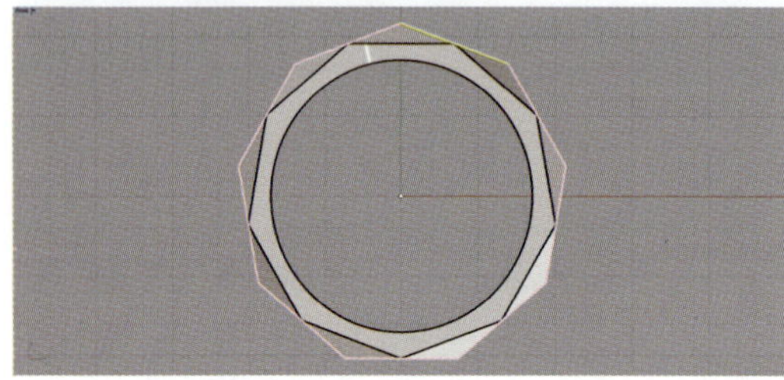

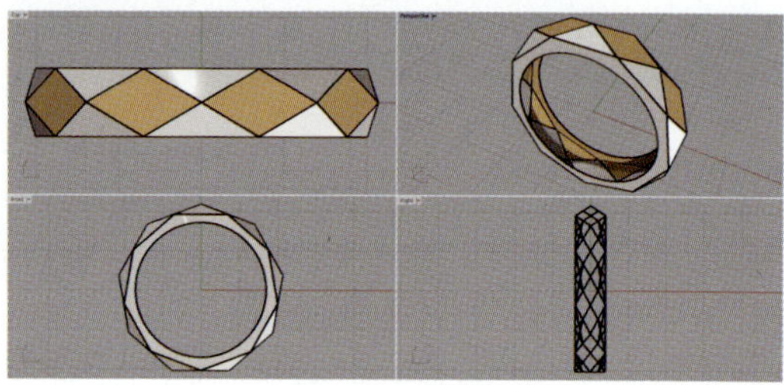

12. 모든 Surface개체를 선택하고, Join을 실행하여 하나의 개체로 결합한다.

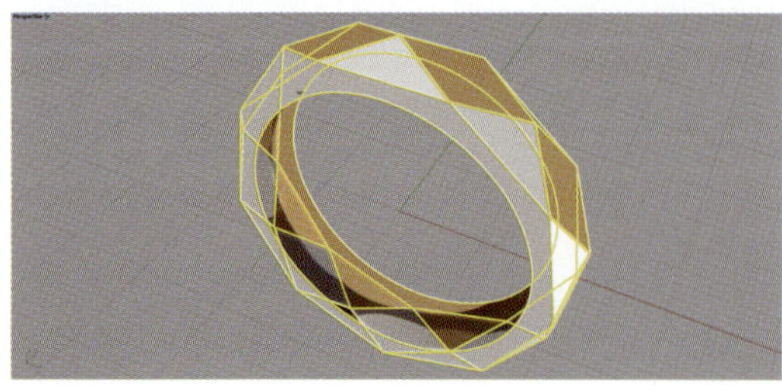

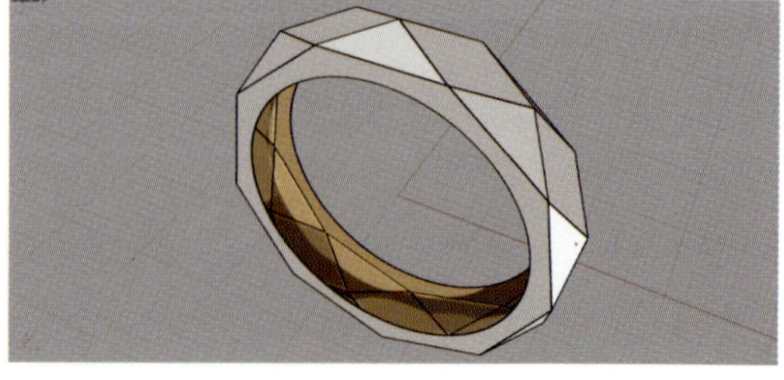

13. Loft를 실행하고, 1번 Edge와 2번 Edge를 선택한 후, Enter↵키를 누른다. Seam위치와 방향을 확인한 후, Enter↵키를 누르면 Loft Options창이 나타난다. 다음 그림과 같이 설정하고 OK를 누르면 1번 Edge와 2번 Edge를 연결하는 Surface개체가 생성된 것을 확인할 수 있다.

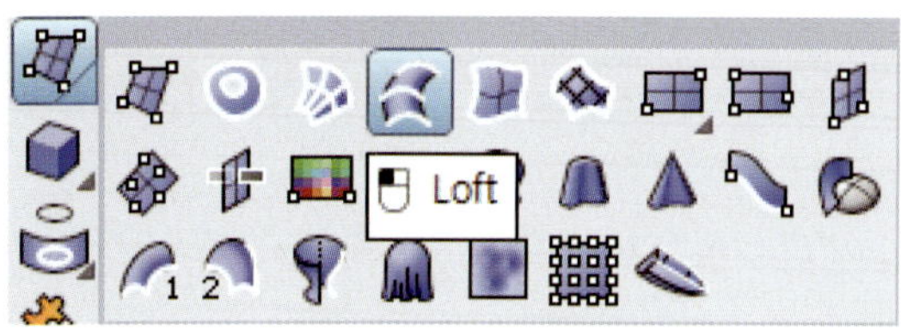

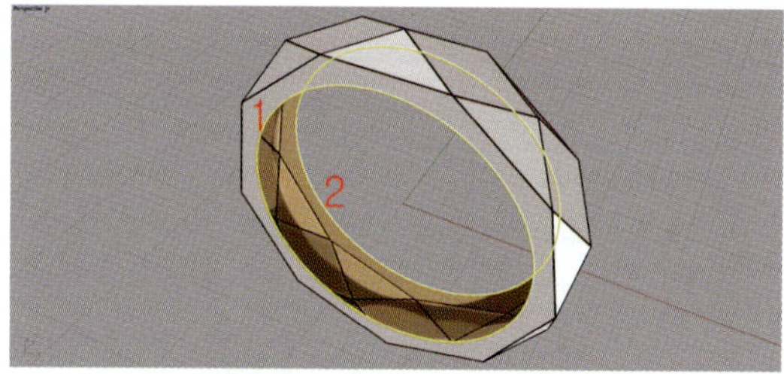

Drag seam point to adjust. Press Enter when done (Flip Automatic Natural):

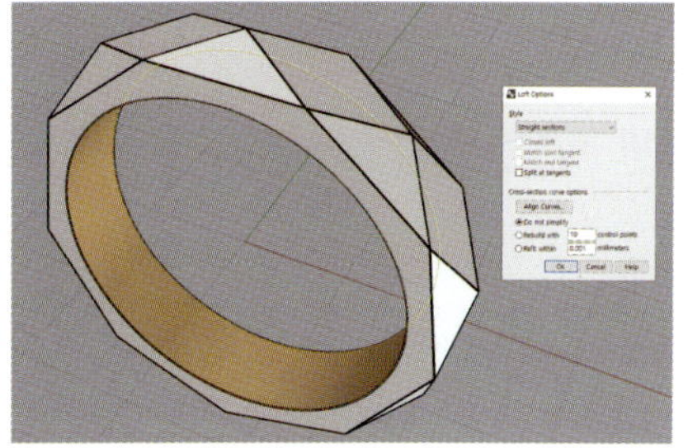

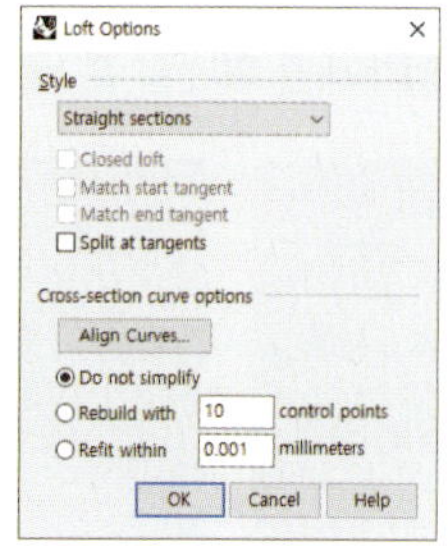

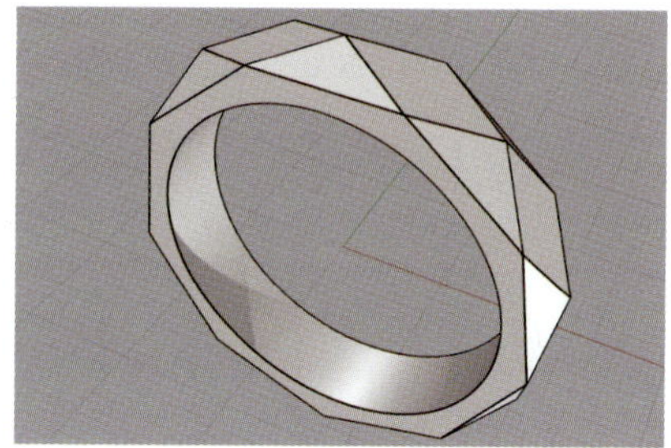

14. 개체들을 모두 선택하고, Join을 실행하여 하나의 Poly-Surface개체로 결합한다.

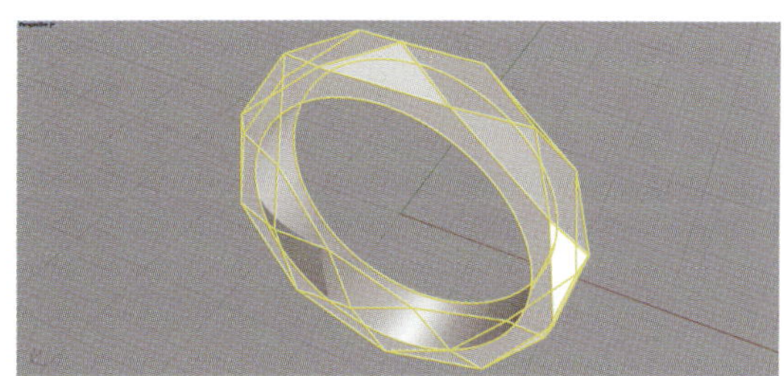

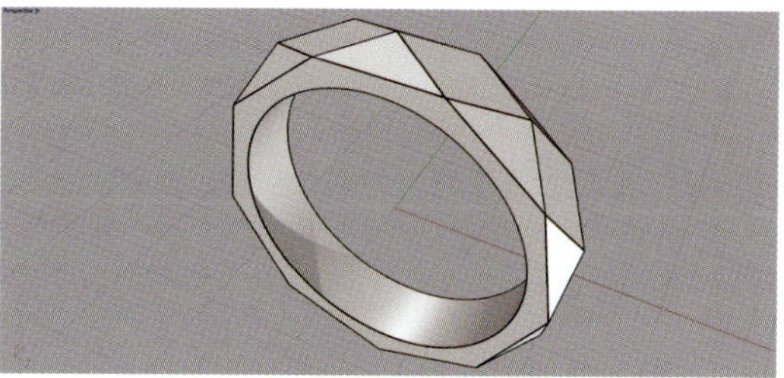

15. Fillet edges를 실행하고, 1번 Edge와 2번 Edge를 선택한 후, Enter↵키를 누른다. Command Prompt 영역에서 SetAll을 선택하고, Radius for all handles값 0.2를 입력한 후, Enter↵키를 누른 다음, 다시 Enter↵키를 누르면 다음 그림과 같이 Polygon Ring개체의 안쪽 Edge부분이 반지름 0.2㎜로 Fillet된 것을 확인할 수 있다.

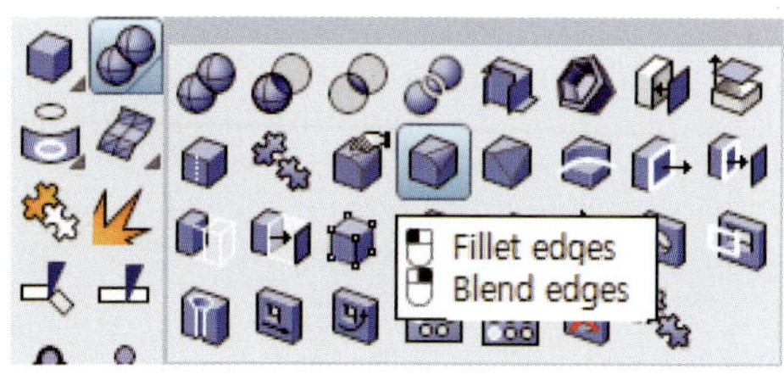

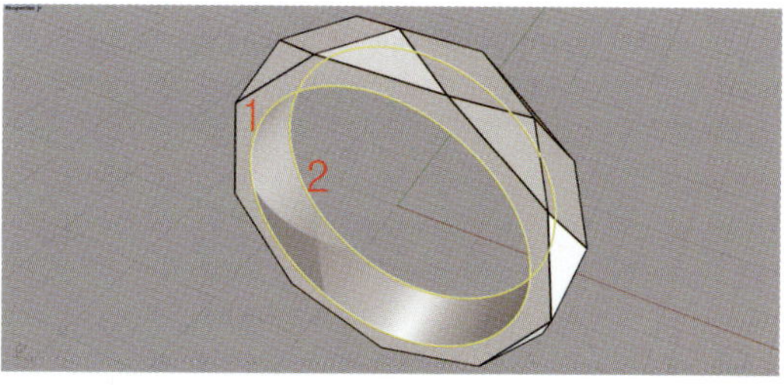

Select fillet handle to edit. Press Enter when done
(ShowRadius=*Yes* AddHandle CopyHandle SetAll LinkHandles=*No* RailType=*RollingBall* SelectEdges TrimAndJoin=*Yes* Preview=*No*):

Radius for all handles <1.000>: 0.2

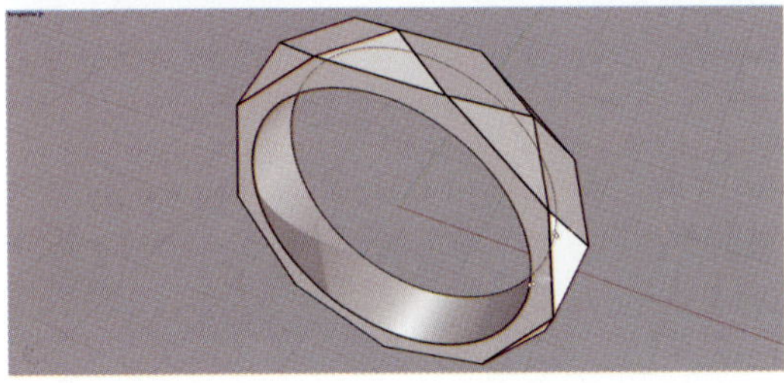

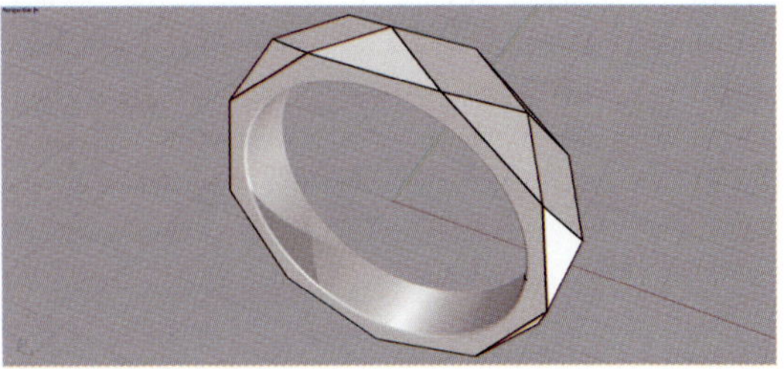

16. 다음 그림과 같이 완성된 Polygon Ring개체를 확인할 수 있다.

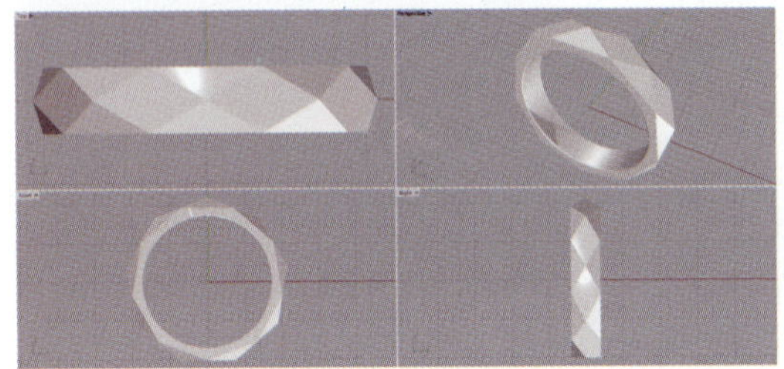

Basic Modeling - 13 Caterpillar Ring

01. Front Front Viewport에서 Circle: center, radius 기능을 실행한다.
다음 그림과 같이 원점(0, 0) 기준으로 지름 17㎜의 원형 Curve개체를 생성한다.

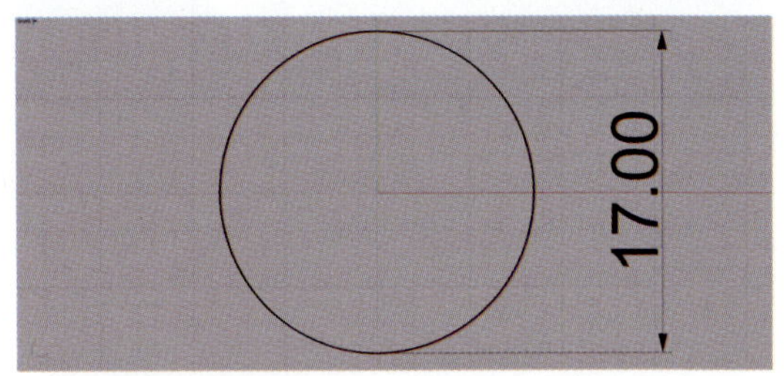

02. 생성한 17㎜ 원형 Curve개체를 선택하고, Extrude straight를 실행하여 20㎜ 이상의 원통형 Surface개체를 생성한다.

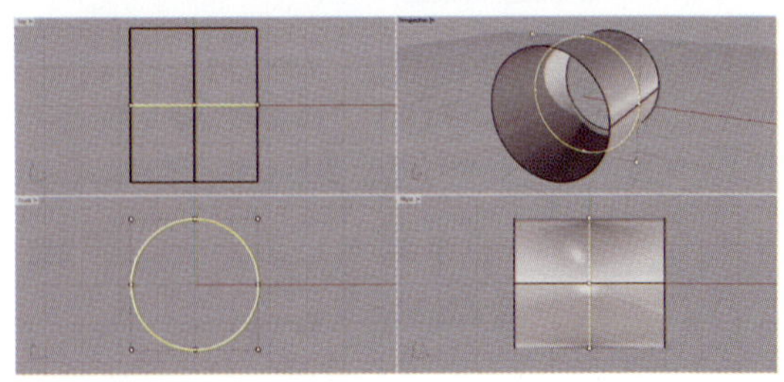

03. Top Top Viewport에서 Control Point Curve를 실행하고, 다음 그림과 같은 형태의 Curve개체를 생성한다.

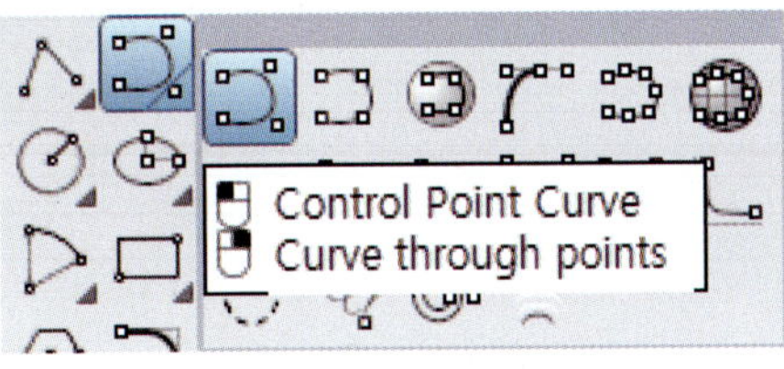

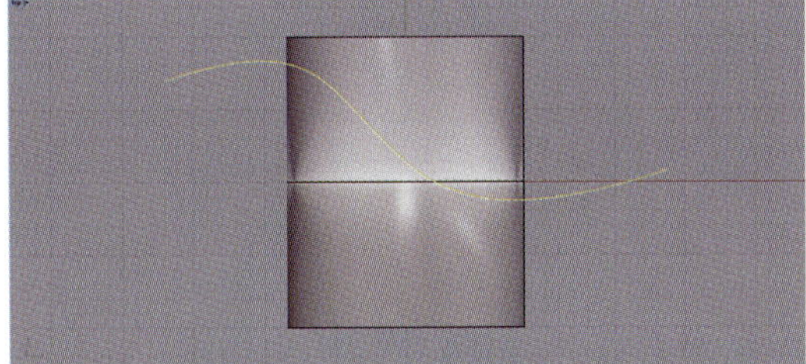

04. 생성한 Curve개체를 선택하고, Copy를 실행하여 6mm 간격으로 생성된 Curve개체를 복사한다.

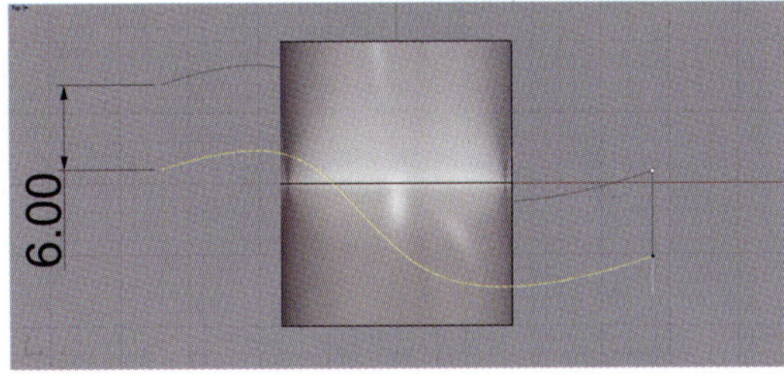

05. Project curves를 실행한다. 1번과 2번 두 Curve개체를 선택한 후, Enter↵ 키를 누르고, 3번 원통형 Surface개체를 선택하고 Enter↵ 키를 누른다.

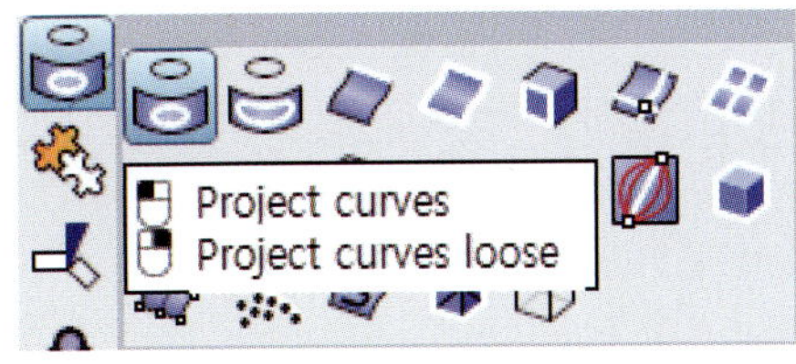

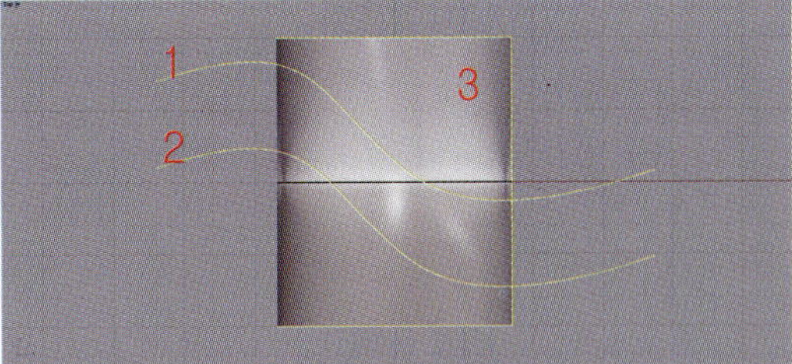

06. 다음 그림과 같이 두 Curve개체가 원통형 Surface개체에 투영된 것을 확인할 수 있다.

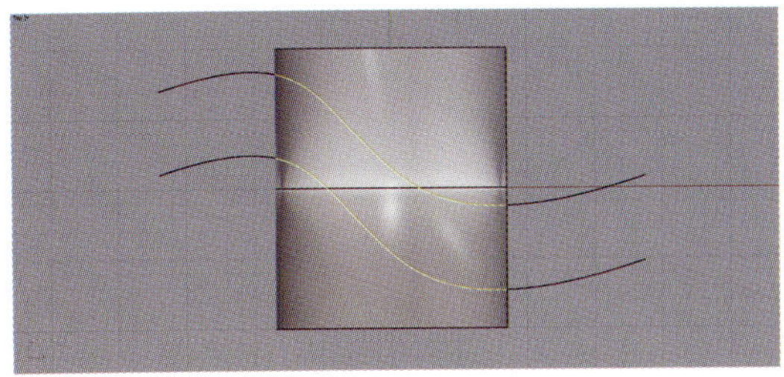

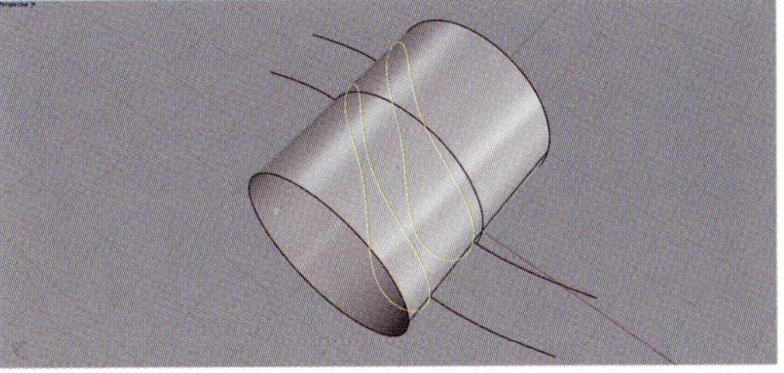

07. 투영된 두 Curve개체를 선택한다. Invert selection를 실행하여 두 Curve개체를 제외한 모든 개체를 선택하고 Delete 키로 삭제한다.

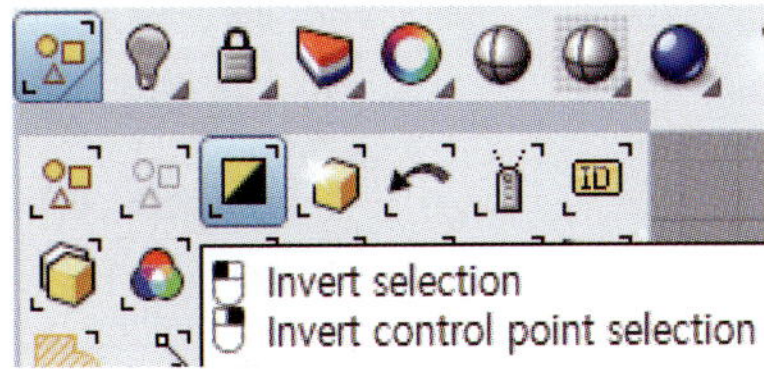

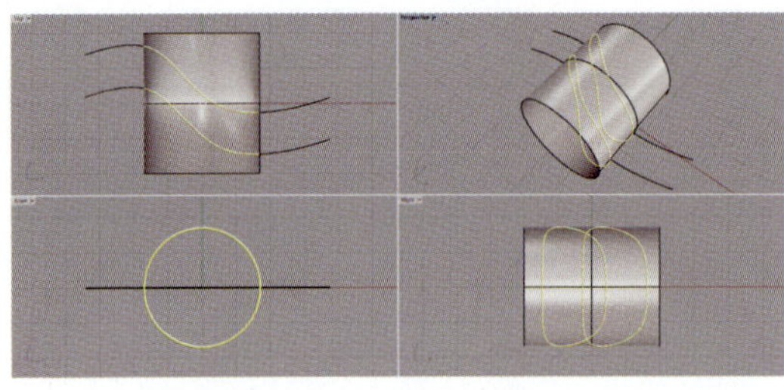
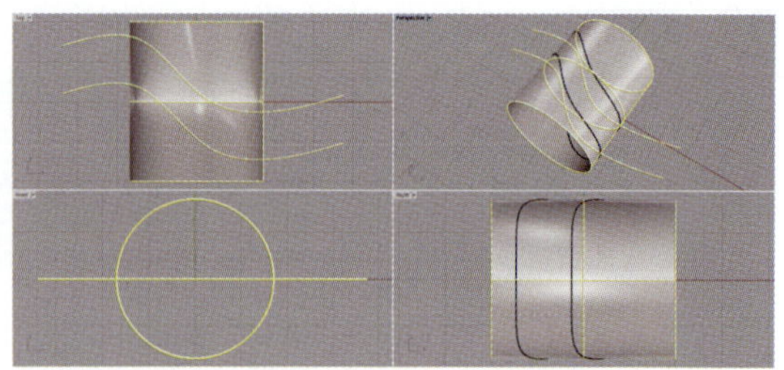

08. 다음 그림과 같이 두 Curve개체만 남고 모두 삭제된 것을 확인할 수 있다.

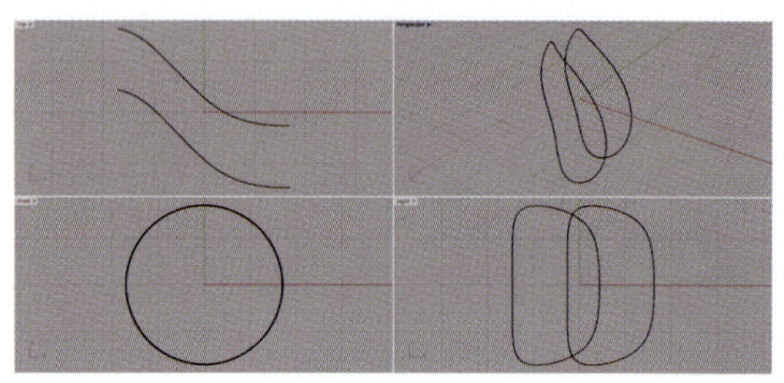

09. Right Right Viewport에서 Arc: start, end, direction at start를 실행한다. Osnap Toolbar에서 Quad점에 체크하고, 다음 그림과 같이 1번과 2번 두 Curve개체의 Quad점을 선택하고, Shift 키를 누른 상태로 3번 방향으로 클릭하여 Arc(호)개체를 생성한다.

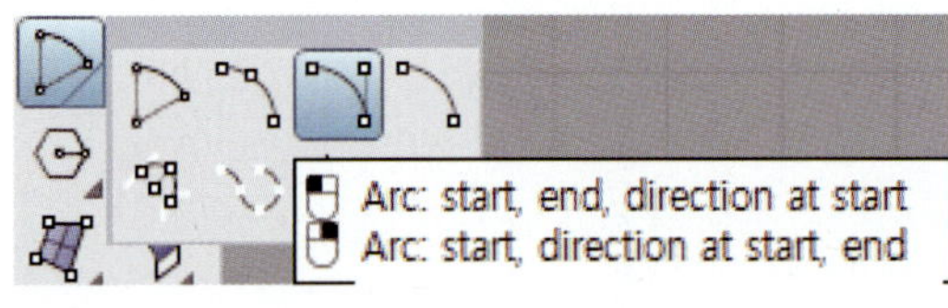

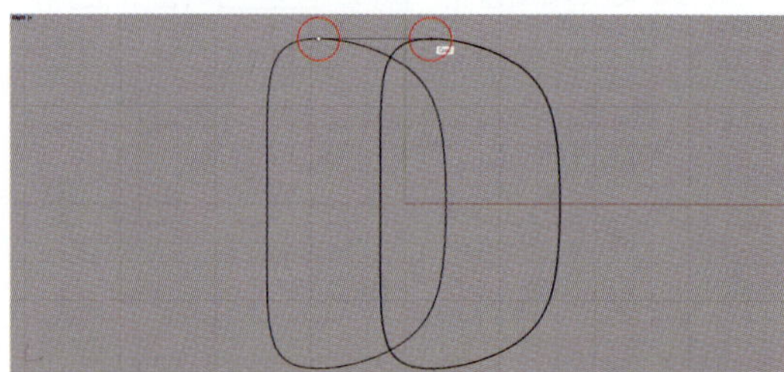
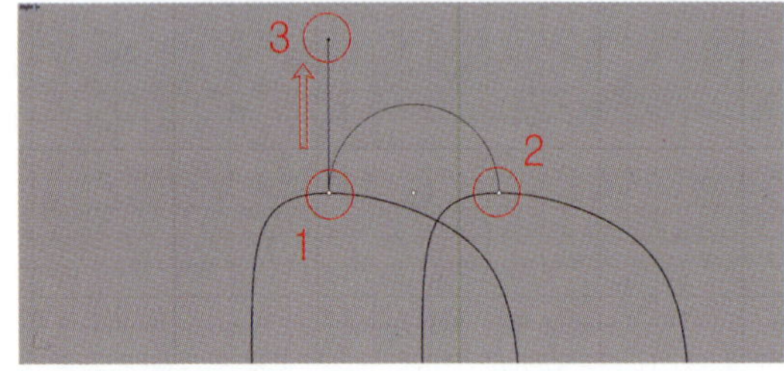

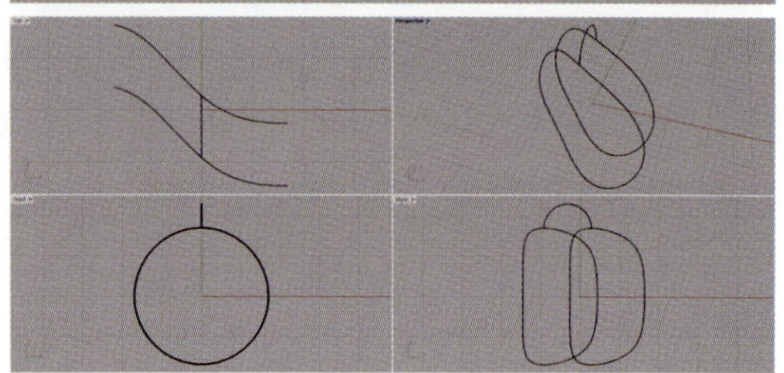

10. Sweep 2 rails를 실행한다. 1번과 2번 원형 Curve개체를 선택하고, 3번 Arc개체를 선택한 후, Enter 키를 누른다. Sweep 2 Rail Options창이 나타나면 Closed sweep에 체크하고 OK를 누른다.

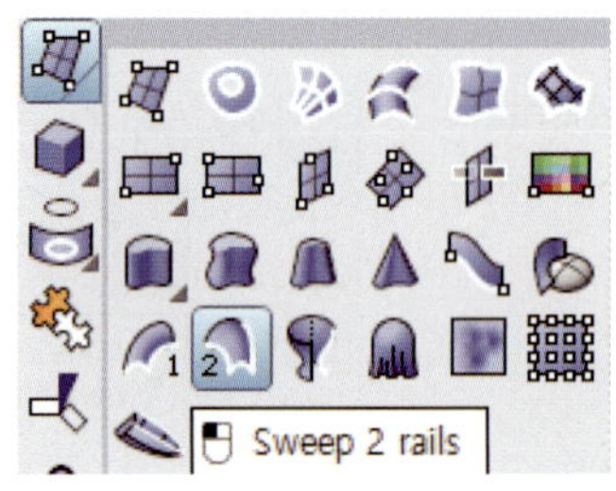

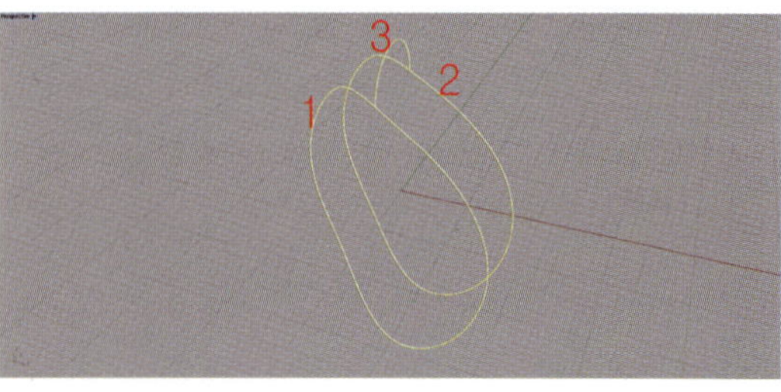

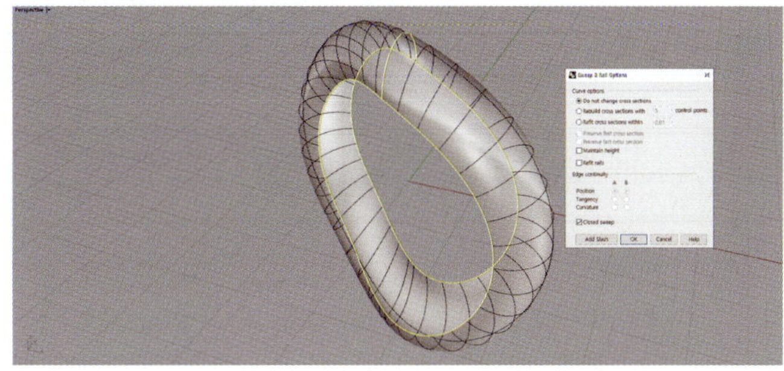

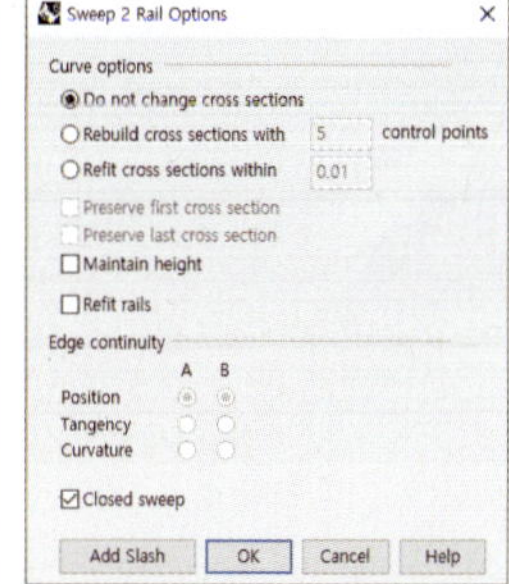

11. 다음 그림과 같이 반지형태의 surface가 생성된 것을 확인할 수 있다.
Select curves를 실행하여 불필요한 Curve개체들을 삭제한다.

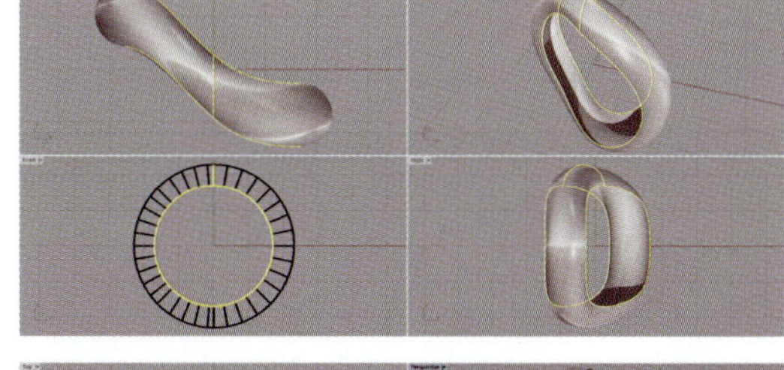

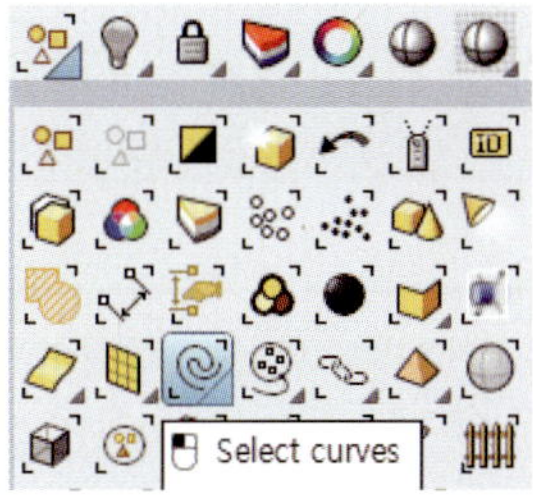

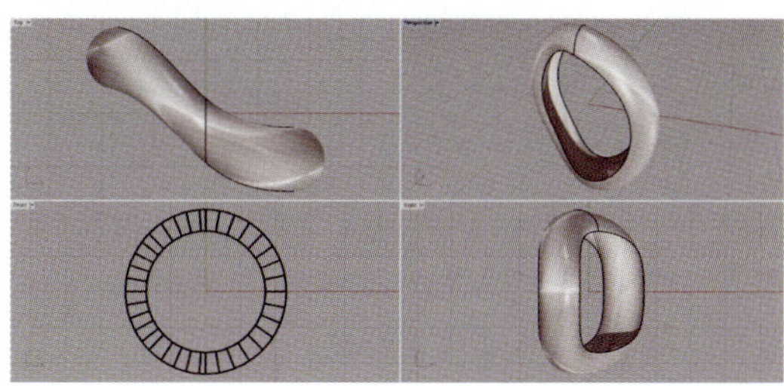

12. Create UV curves를 실행하고, 생성된 Surface개체를 선택한 후, Enter↵키를 누른다. 다음 그림과 같이 직사각형 Curve개체가 생성된 것을 확인할 수 있다.

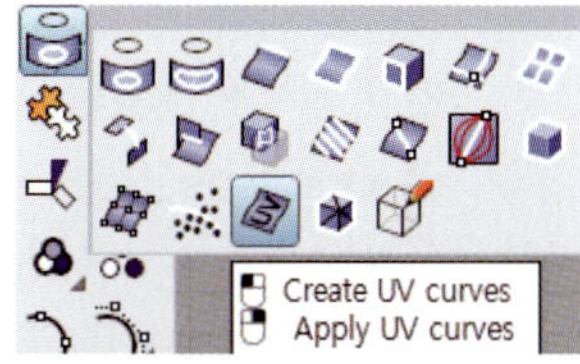

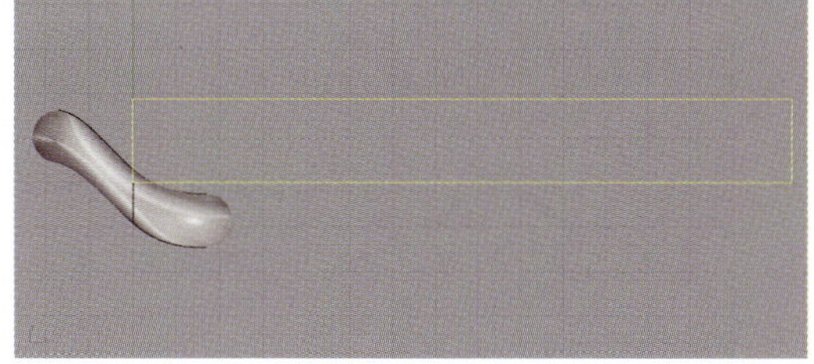

13. 생성된 직사각형 Curve개체를 선택하고, Surface from planar curves를 실행하여 직사각형 Surface개체를 생성한다.

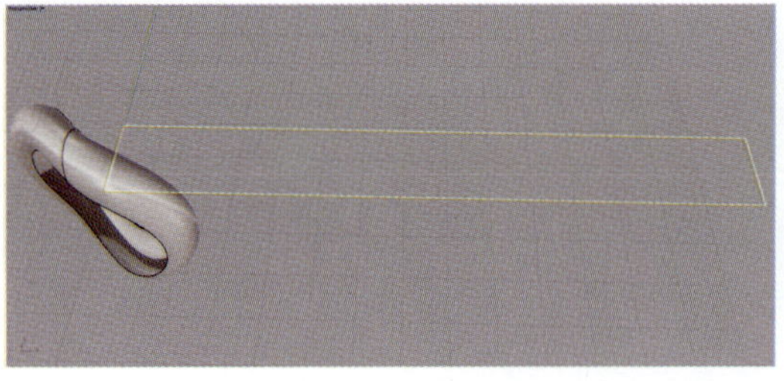

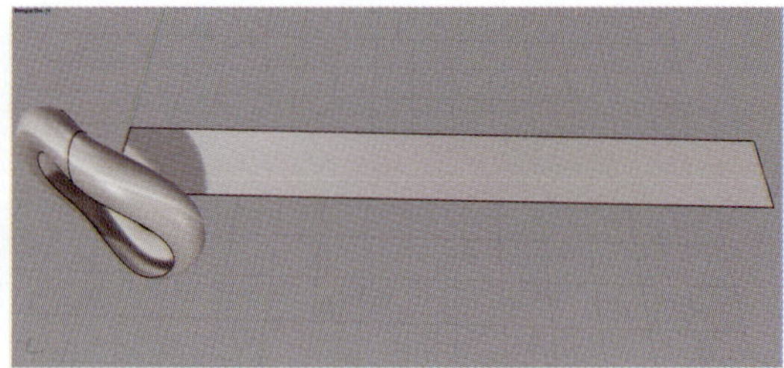

14. 직사각형 Curve개체를 제외한 두 개의 Surface개체를 선택하고, Hide objects를 실행하여 숨겨둔다.

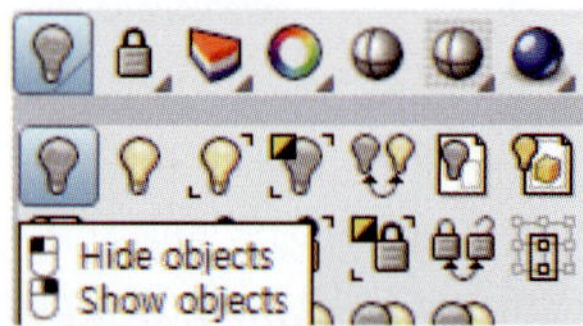

15 직사각형 Curve개체를 선택하고, Explode를 실행하여 분해시킨다. 다음 그림과 같이 직사각형 Curve개체의 상단에 위치한 직선 Curve개체를 선택하고, Divide curve by number of segments실행한다. number of segments값 20을 입력하고 Enter키를 누르면 21개의 Point개체들이 일정한 간격으로 생성된 것을 확인할 수 있다.

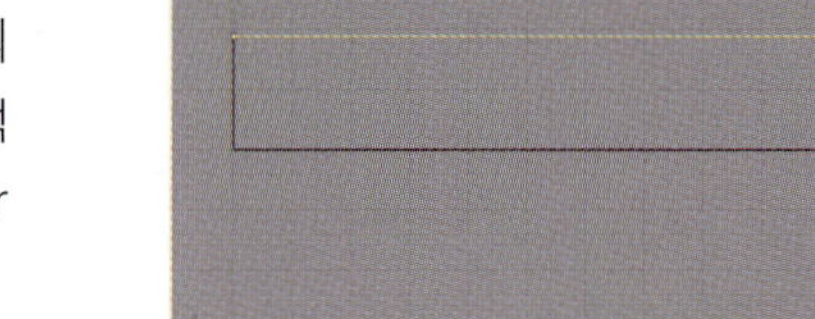

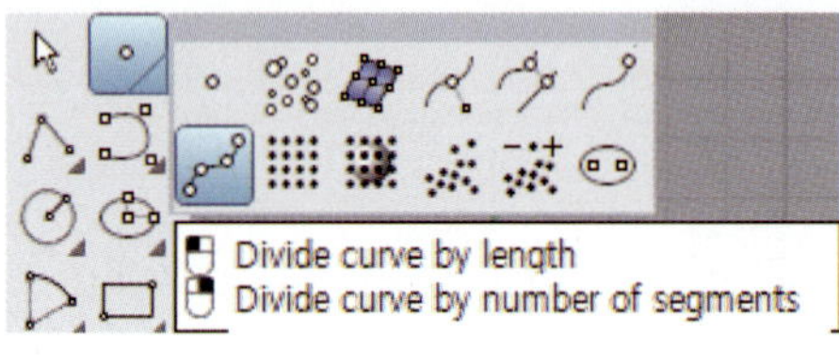

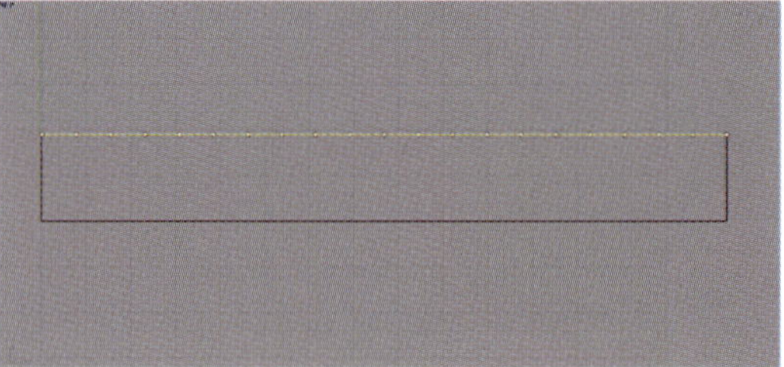

Number of segments <23> (Length Split=*No* MarkEnds=*Yes* GroupOutput=*No*): 20

16. Arc: start, end, direction at start를 실행하고, Osnap Toolbar에서 Point점을 체크한다. 1번 Point를 선택하고, 2번 Point를 선택한 후, Shift키를 누른 상태로 마우스를 화살표 방향으로 움직인 다음 Enter키를 누른다.

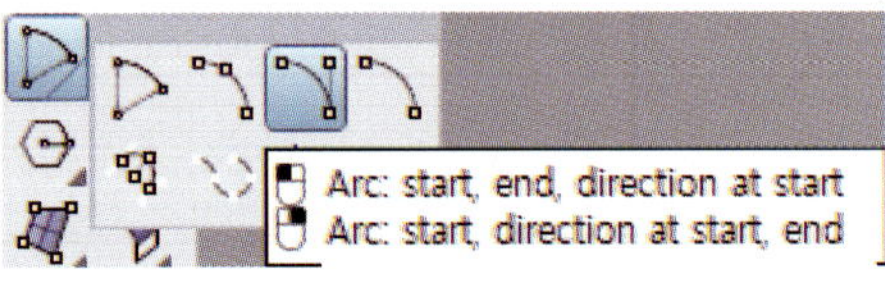

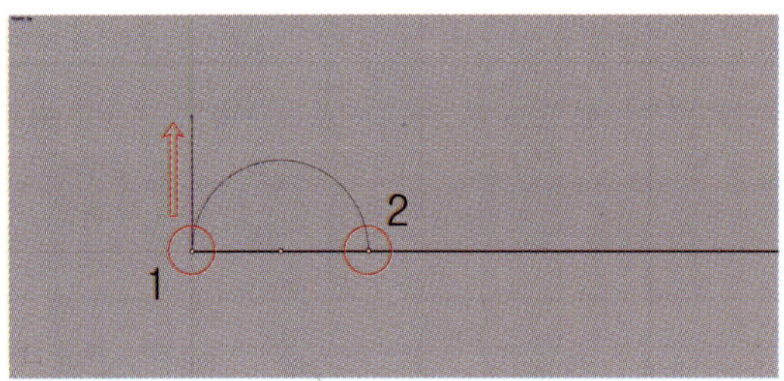

17. 생성된 Arc개체를 선택하고, Copy를 실행한다. Command Prompt 영역의 Point to copy from을 1번 Point로 선택하고, 우측 방향으로 2번 Point에 복사, 3번 Point에 복사하여 다음 그림과 같이 총 20개의 Arc개체를 복사한다.

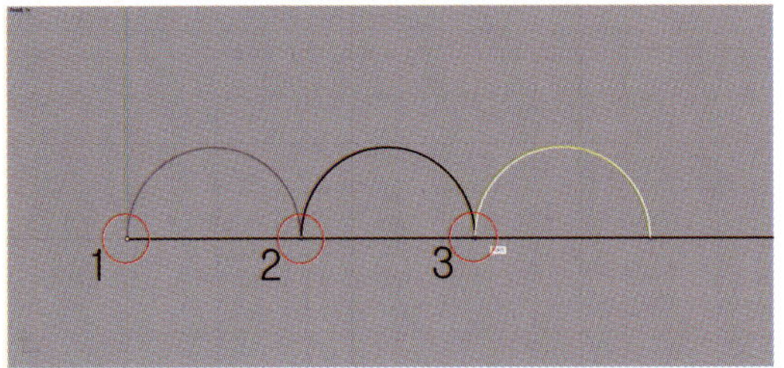

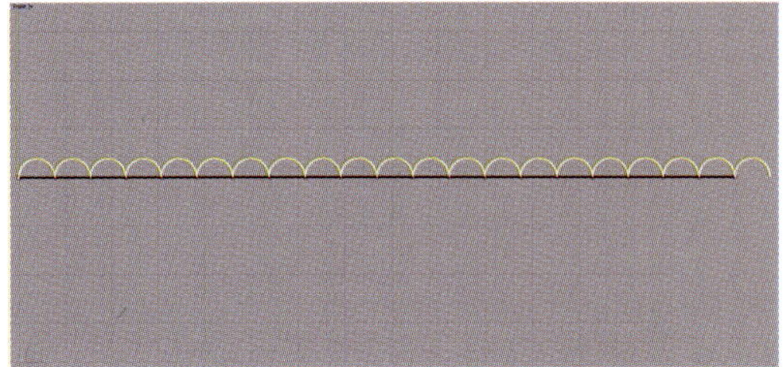

18. 21개의 Arc Curve개체를 선택하고, Rebuild curve를 실행한다. Rebuild Options 창이 나타나면 다음 그림과 같이 Point Count값 12, Degree값 6을 설정하고 OK를 누른다.

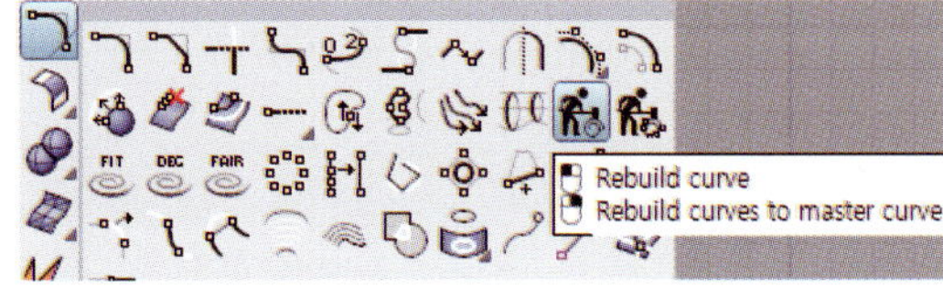

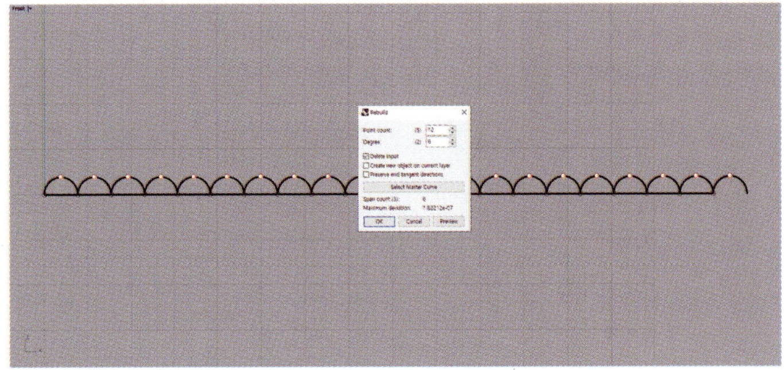

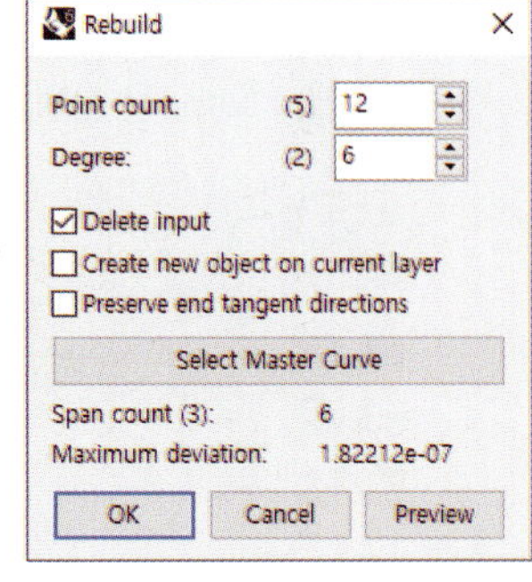

19. Show object control points(F10)를 실행하여 다음 그림과 같이 Arc Curve개체가 Rebuild된 것을 확인할 수 있다.

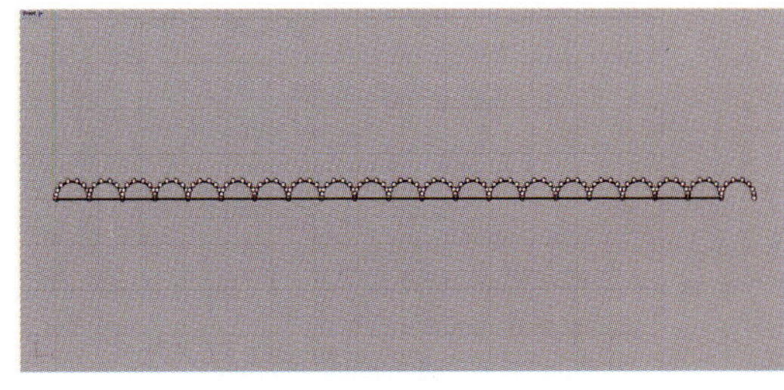

20. Front Front Viewport에서 Circle: center, radius를 실행하고, 다음 그림과 같이 Arc Curve개체와 Arc Curve개체 사이의 Point에 지름 1.5㎜의 원형 Curve개체를 생성한다.

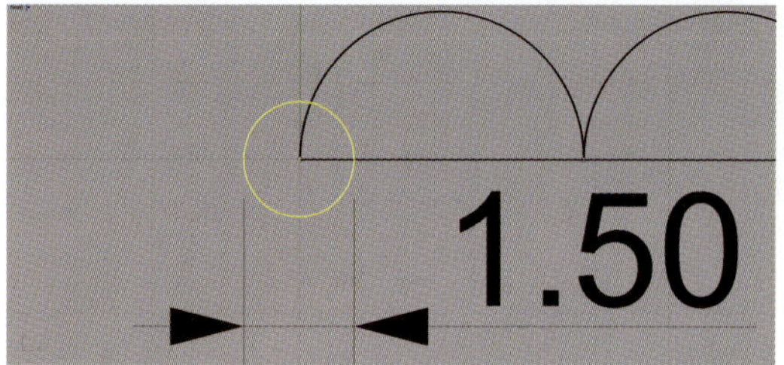

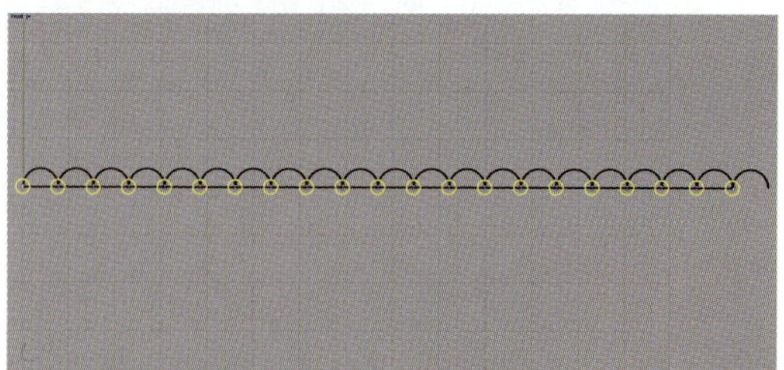

21. Trim을 실행하고 Arc Curve개체와 원형 Curve개체를 선택한 후, 다음 그림과 같이 삭제한다.

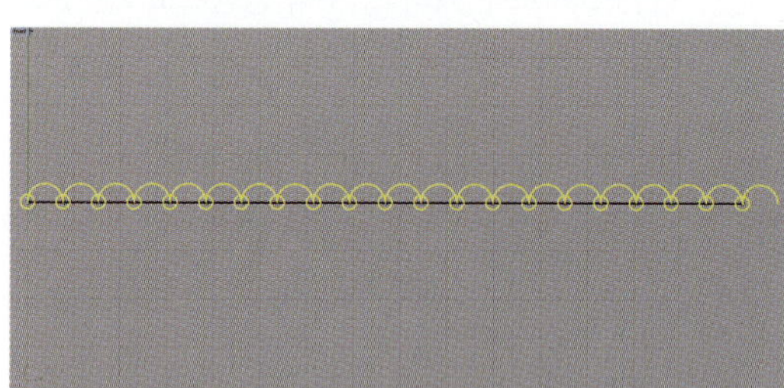

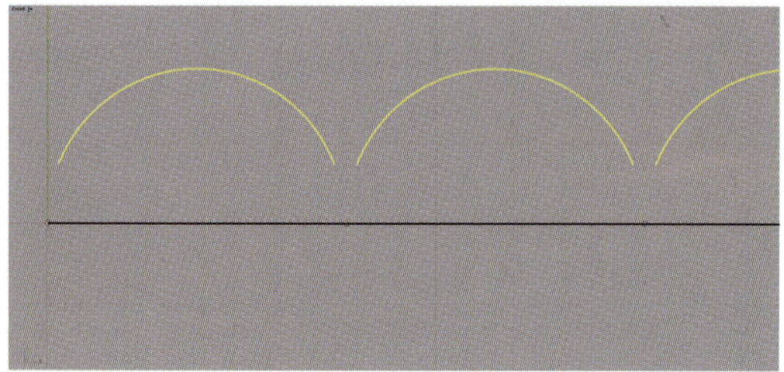

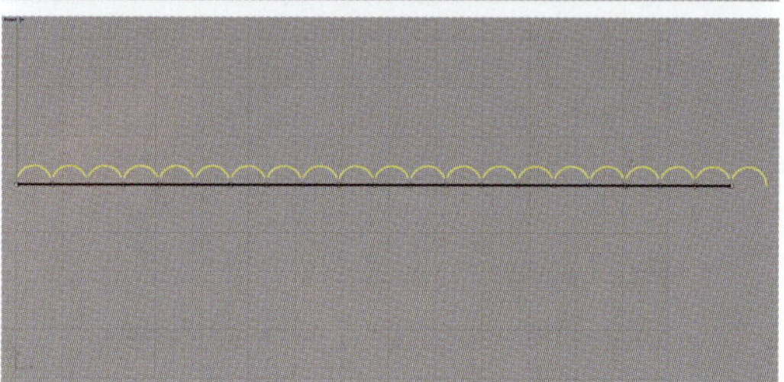

22. Match curve를 실행한다. Arc Curve개체의 1번 부분을 선택하고, 2번 부분을 선택한다. Match Curve Options창이 나타나면 다음 그림과 같이 Continuity에서 Curvature를 선택, Preserve other end에서 None을 선택, Average curves와 Merge에 체크하고 OK를 누른다.

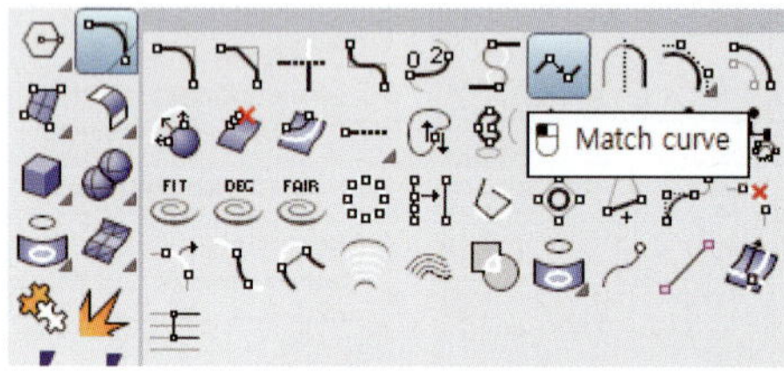

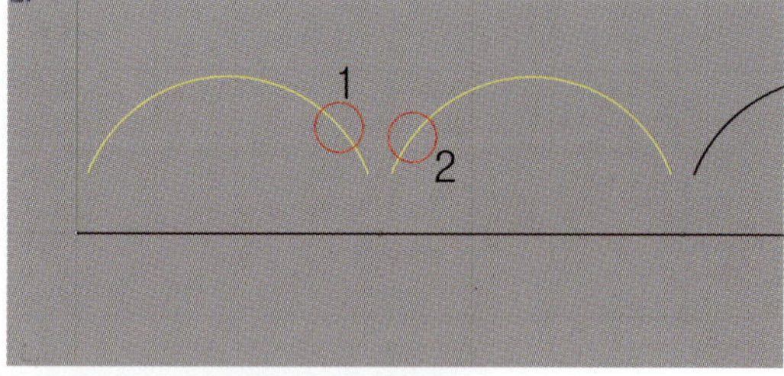

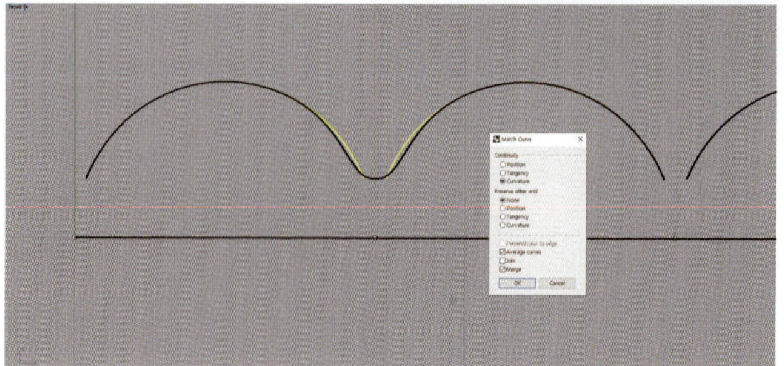

Match Curve
Continuity
Position
Tangency
Curvature
Preserve other end
None
Position
Tangency
Curvature
Perpendicular to edge
Average curves
Join
Merge
OK
Cancel

23. 다음 그림과 같이 Match작업이 진행된 Arc Curve개체를 확인할 수 있다. Merge기능이 적용된 Curve 개체는 Explode를 실행해도 분해되지 않는다.

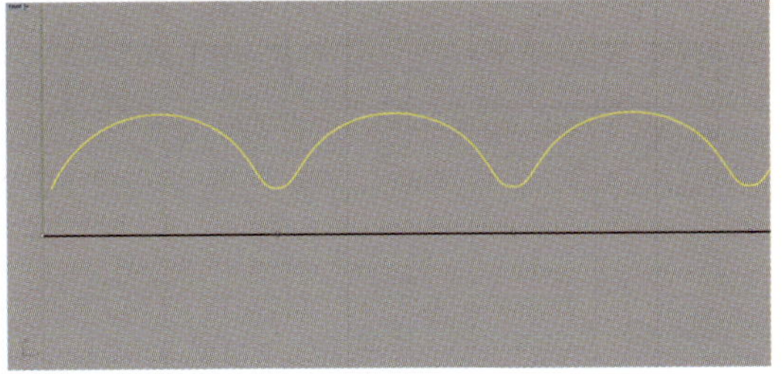
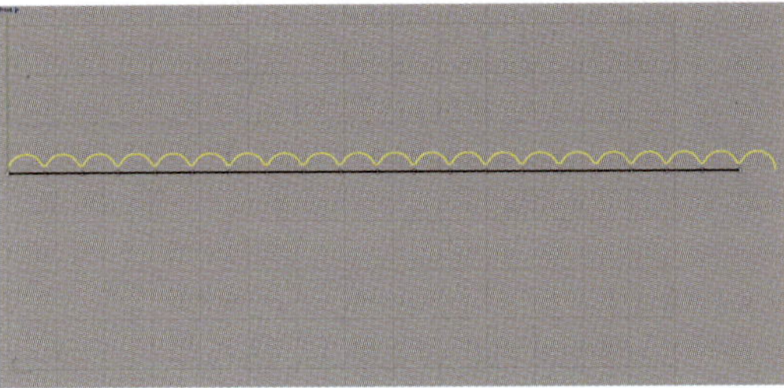

24. Single Line을 실행하고, 다음 그림과 같이 Shift 키를 누른 상태로 직선 Curve개체를 직각으로 생성한다.

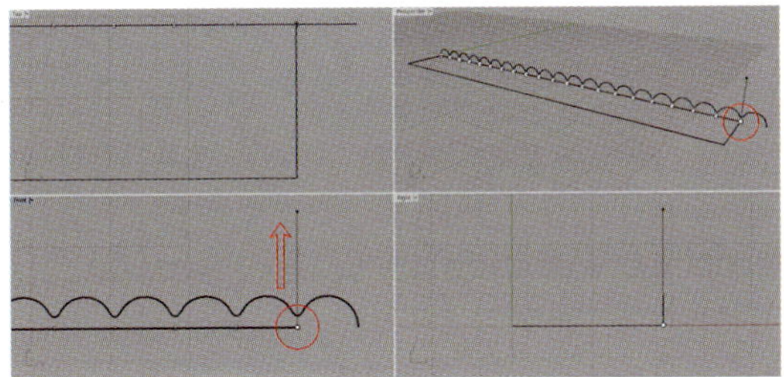
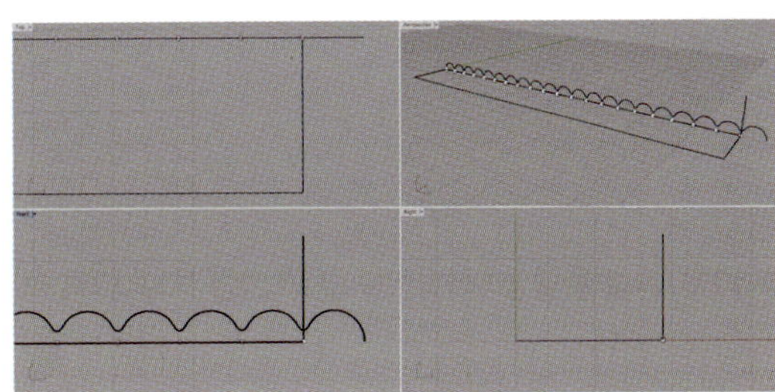

25. 직선 Curve개체와 Arc Curve개체를 모두 선택하고, Trim을 실행하여 다음 그림과 같이 잘라낸다.

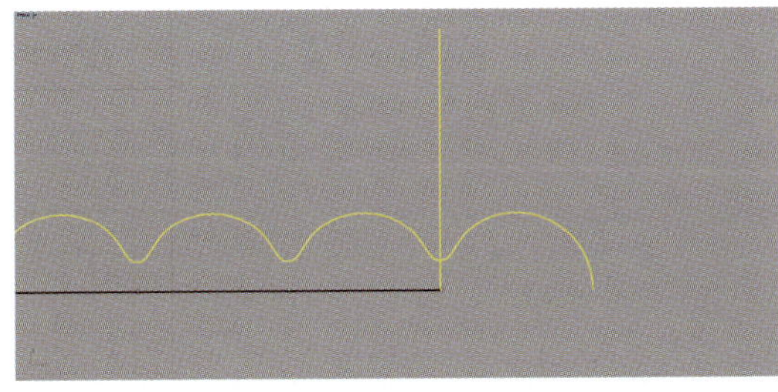
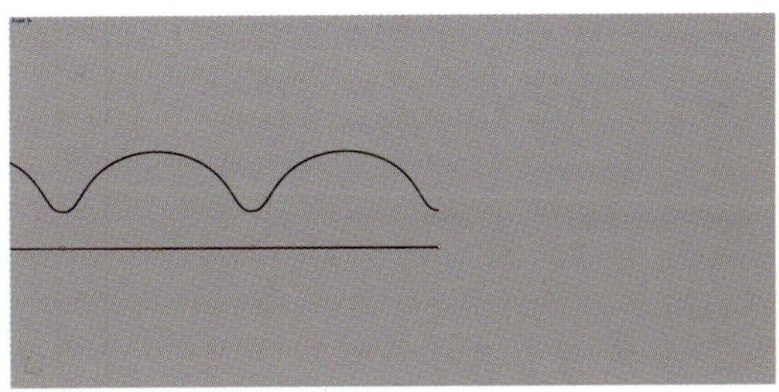

26. Arc Curve개체를 선택한 후, Extrude straight를 실행하고 Top Top Viewport에서 사각 Curve 개체 범위와 맞게 돌출시켜 생성한다.

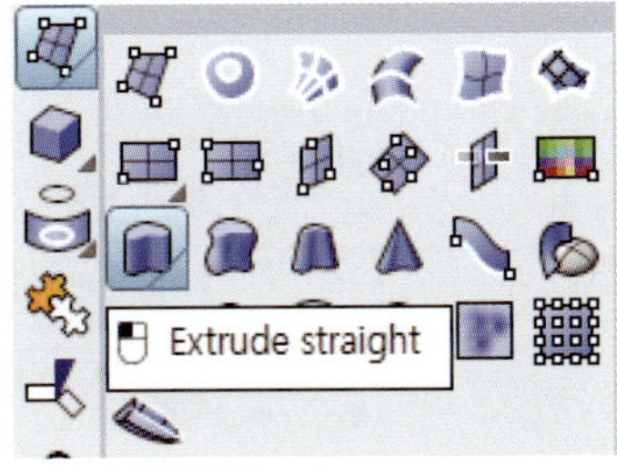

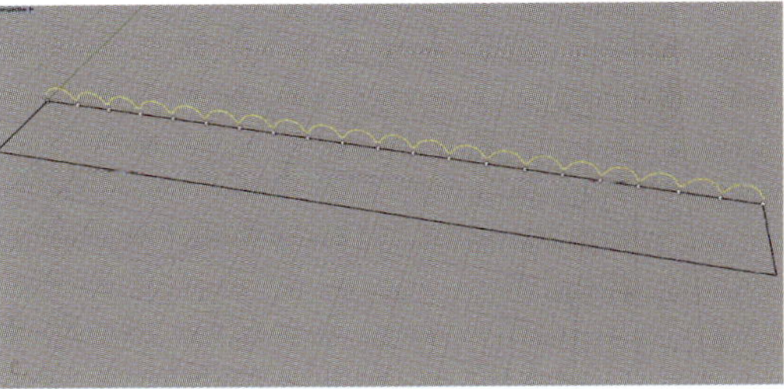

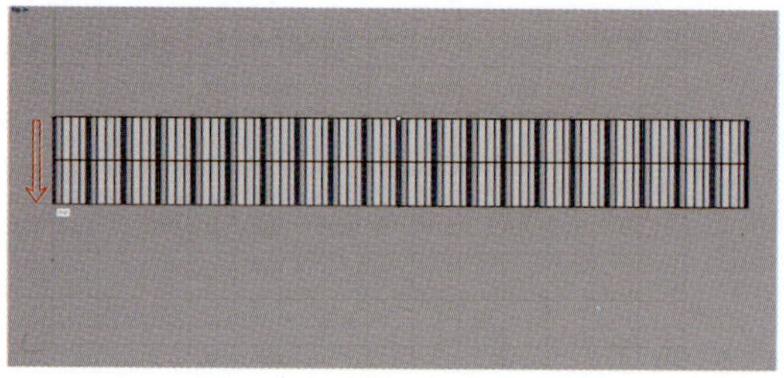
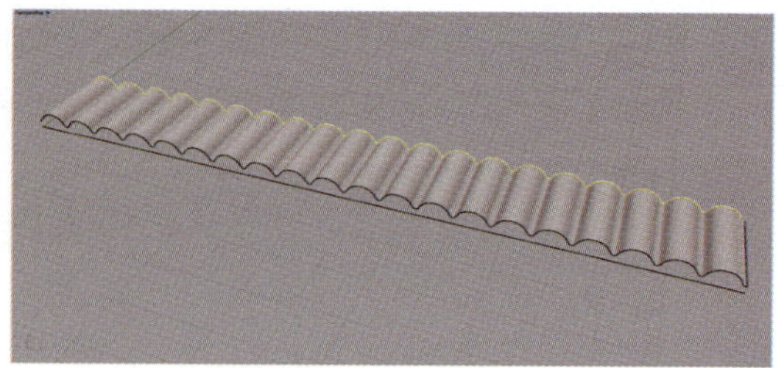

27. Surface개체를 선택하고, Offset Surface를 실행한다. Command Prompt 영역에 Distance값 1을 입력하고, Solid=Yes, DeleteInput=Yes로 설정한 후, Enter↵ 키를 누른다.

Select object to flip direction. Press Enter when done
(Distance=1 Corner=Round Solid=Yes Loose=No Tolerance=0.001 BothSides=No DeleteInput=Yes FlipAll): 1

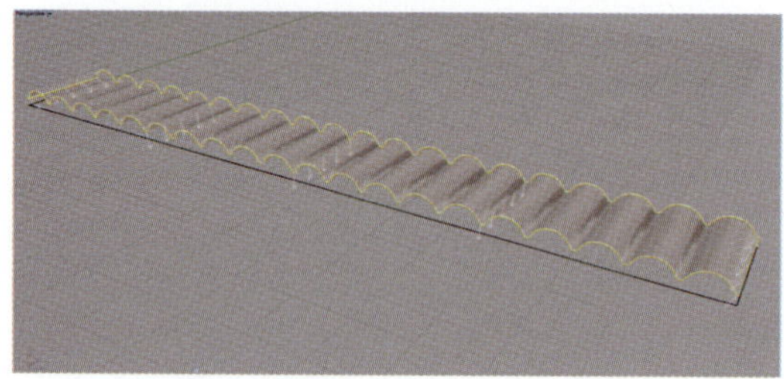
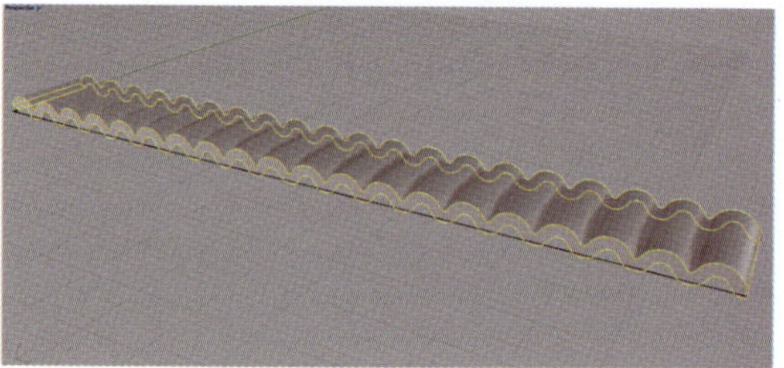

28. 생성된 Solid개체를 선택하고, Invert selection을 실행하여 Solid개체를 제외한 모든 개체를 삭제한다.

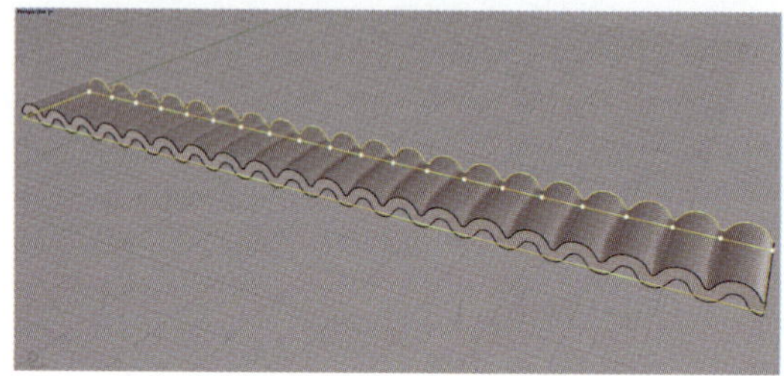
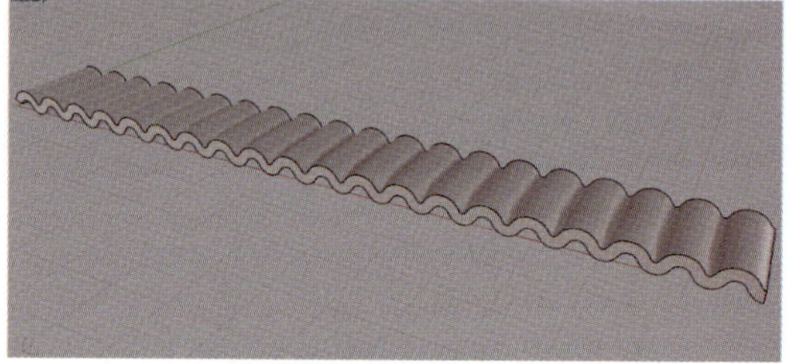

29. Extract surface를 실행하고, 다음 그림과 같은 위치의 Surface개체를 추출한 후, Delete 키를 눌러 삭제한다. 반대 방향에 위치한 Surface개체도 추출한 후, 삭제한다.

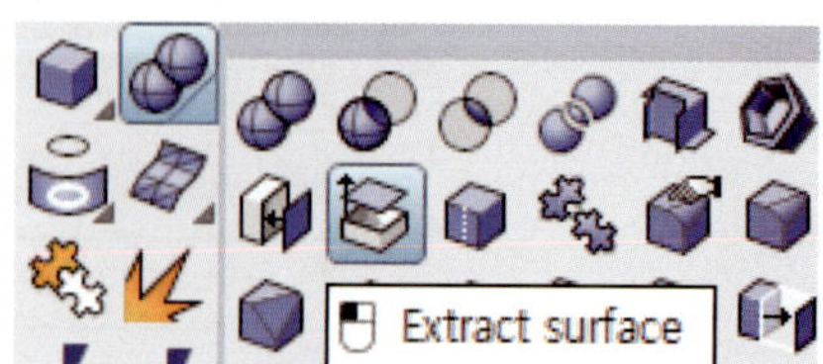

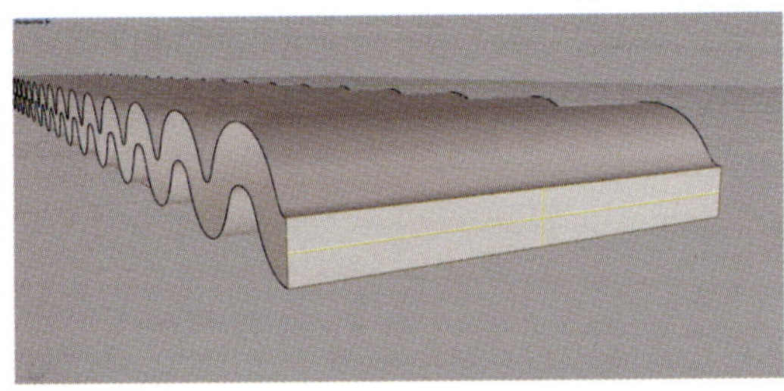

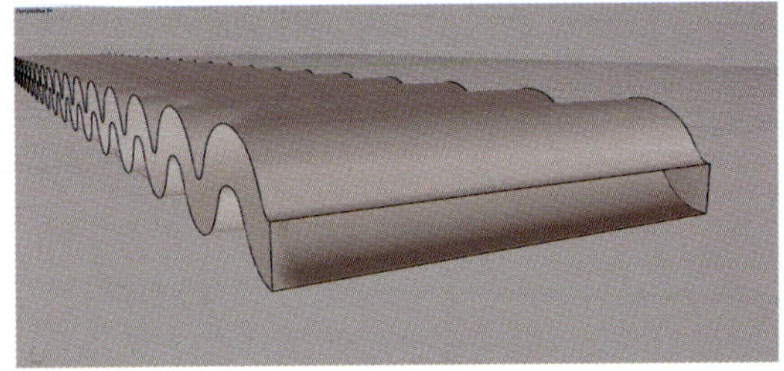

30. Fillet edges를 실행하고, 열린 Poly-Surface의 Edge 4개를 선택한 후, Enter↵ 키를 누른다. Command Prompt 영역에서 SetAll을 선택하고, Radius for all handles 값 0.3을 입력한 후, Enter↵ 키를 누른다. 옵션을 그림과 같이 설정하고 Enter↵ 키를 누른다.

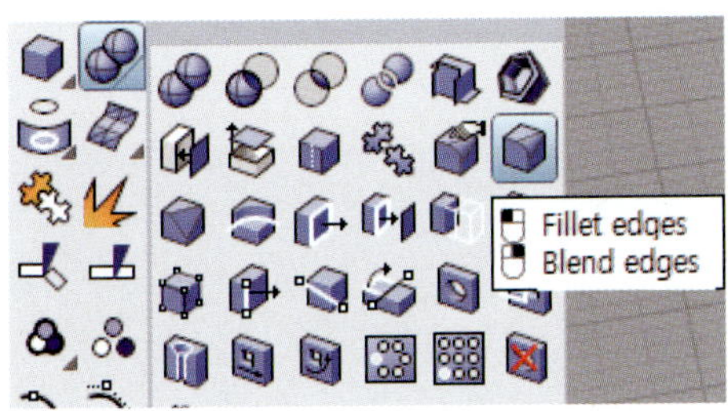

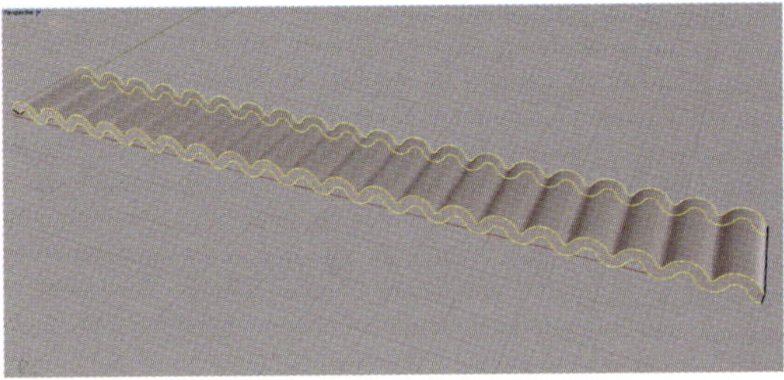

Select fillet handle to edit. Press Enter when done
(ShowRadius=Yes AddHandle CopyHandle SetAll LinkHandles=No RailType=RollingBall SelectEdges TrimAndJoin=Yes Preview=No):

Radius for all handles <1.000>: 0.3

31. 다음 그림과 같이 반지름 0.3㎜로 Fillet된 것을 확인할 수 있다.

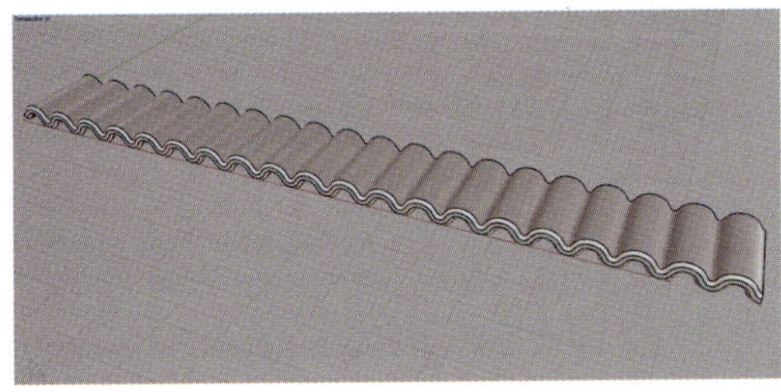

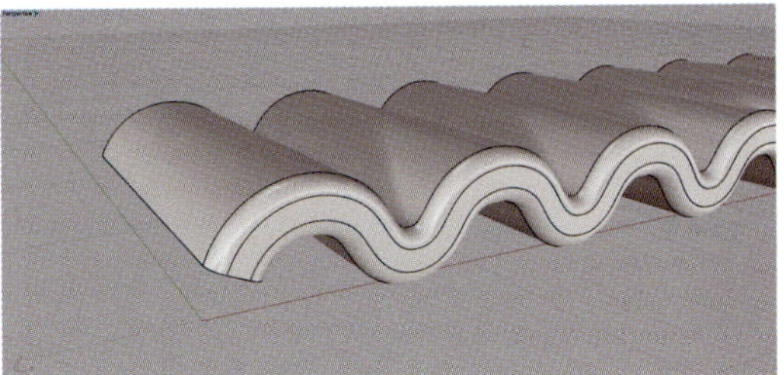

32. Show objects 또는 Show objects를 실행해 숨겨놨던 개체를 모두 화면상에 보이게 한다.

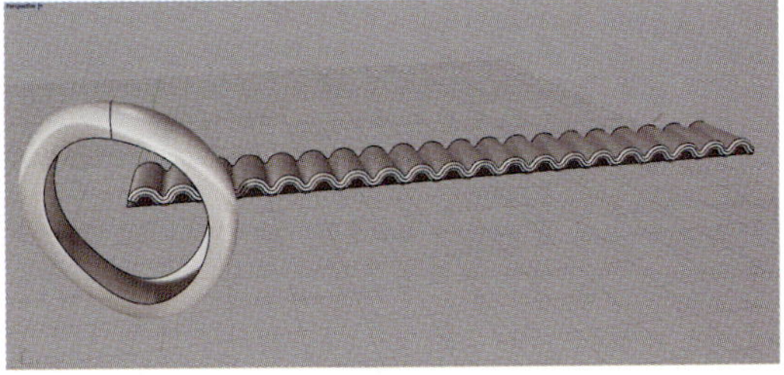

33. Flow along surface를 실행하고, 1번 Poly-Surface개체를 선택한 후, [Enter↵]키를 누른다. Base surface를 2번 사각형 Surface개체로 선택하고, Target surface를 반지 형태의 Surface개체로 선택한다. 이와 같은 작업순서는 Base surface와 Target surface의 어느 위치를 선택하냐에 따라서 결과가 달라진다. Seam의 위치에 영향을 받기 때문에 Base surface와 Target surface의 같은 위치부근을 선택하는 것이 중요하다.

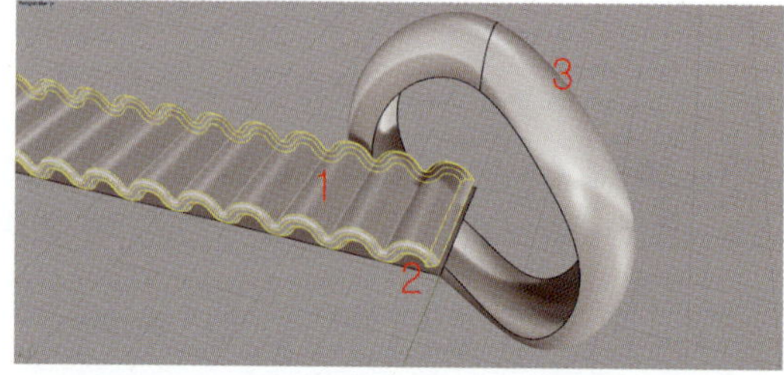

34. 다음 그림과 같이 Flow along surface된 반지 개체를 확인할 수 있다.
반지 개체를 선택하고, Invert selection을 실행하여 반지 개체를 제외한 모든 개체를 [Delete]키를 눌러서 삭제한다.

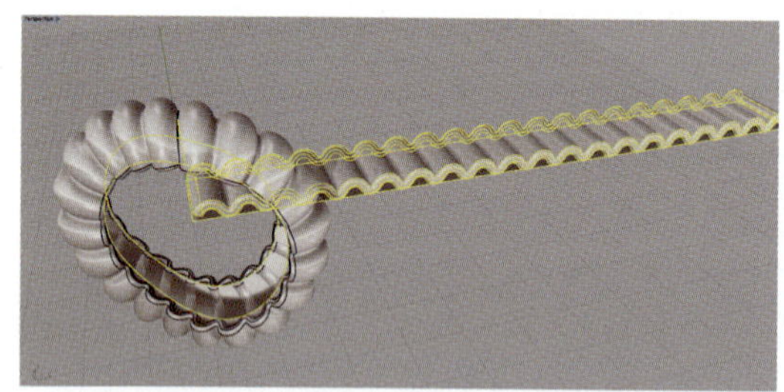

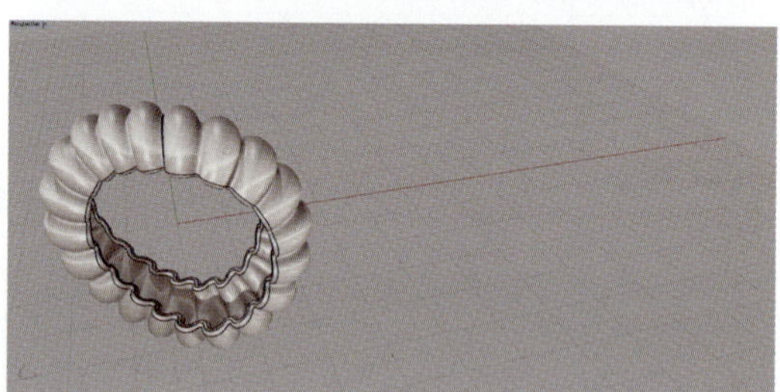

35. Show edges를 실행하고, 반지개체를 선택한 후, [Enter↵]키를 누른다. Edge Analysis창이 나타나면 Naked edges를 선택한다. Pink색으로 표시되는 부분이 열려있는 Edge부분이다. 다음 그림과 같이 아직 열려있는 Poly Surface개체이므로 미완성인 것을 확인할 수 있다.

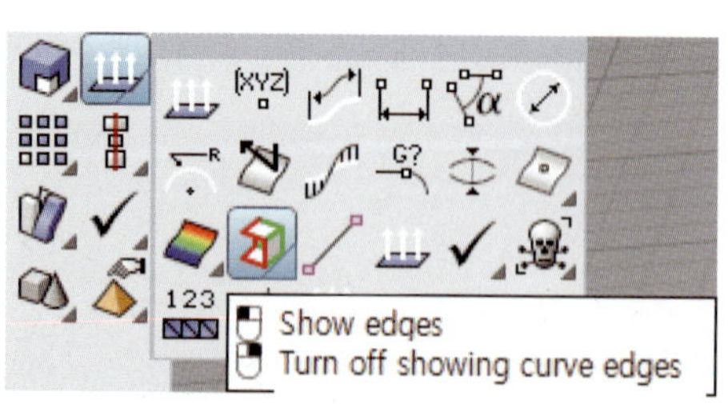

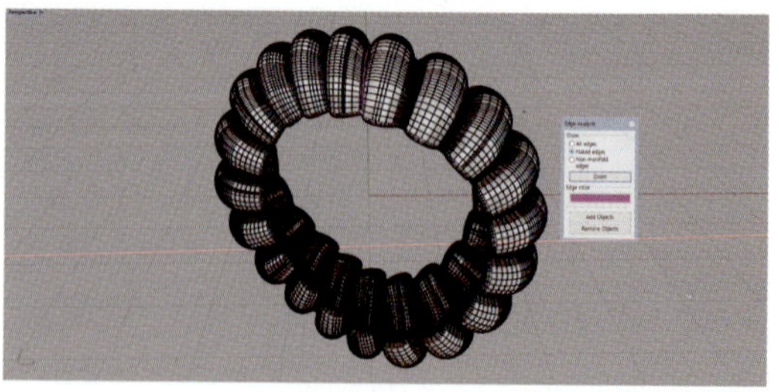

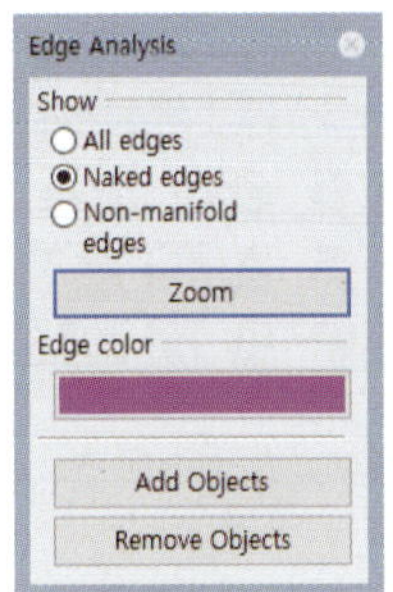

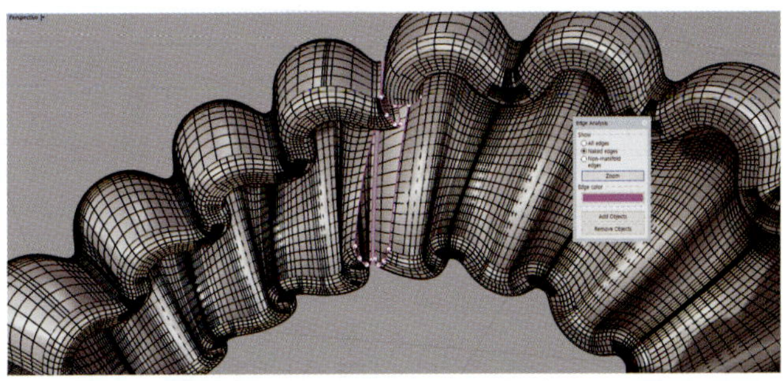

36. Adjustable curve blend를 실행한다. 1번 Curve개체를 선택하고, 2번 Curve개체를 선택하면 Adjustable curve blend Options창이 나타난다. Continuity1과 2를 Tangency로 선택하고 OK를 누른다.

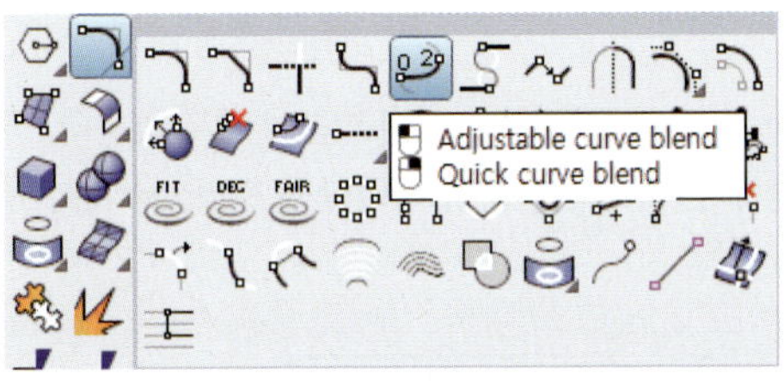

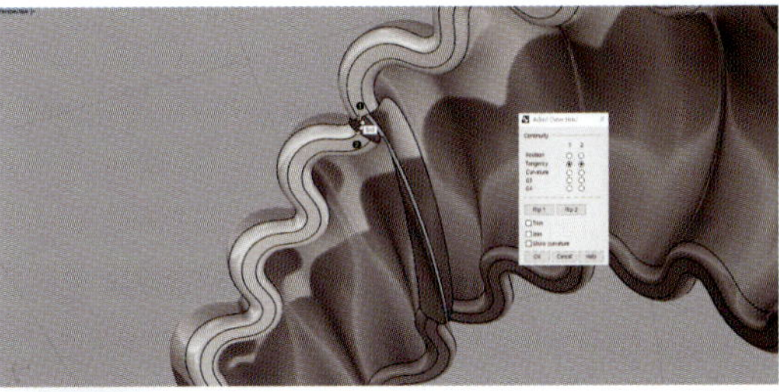

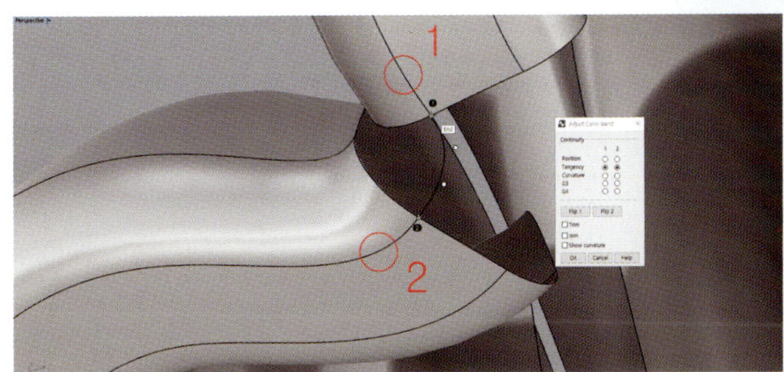

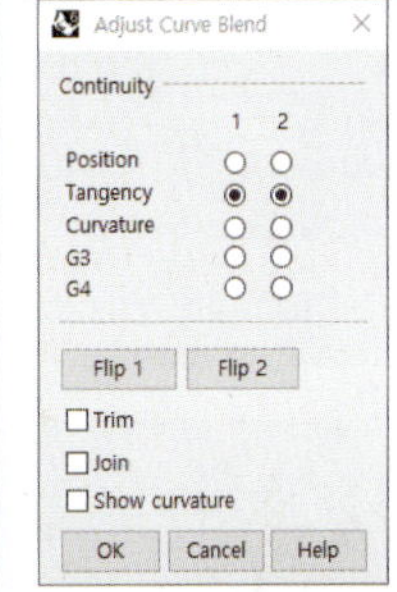

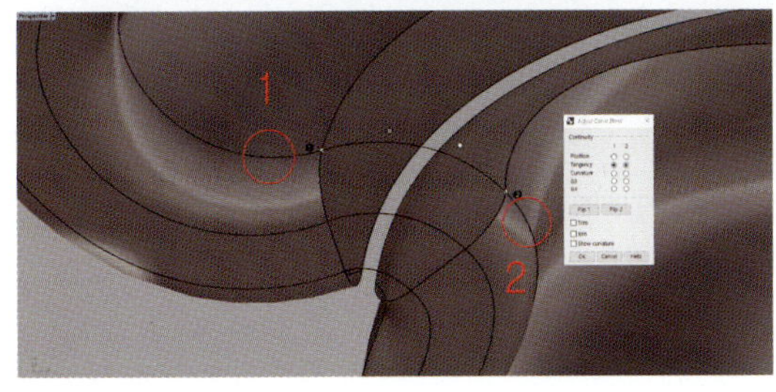

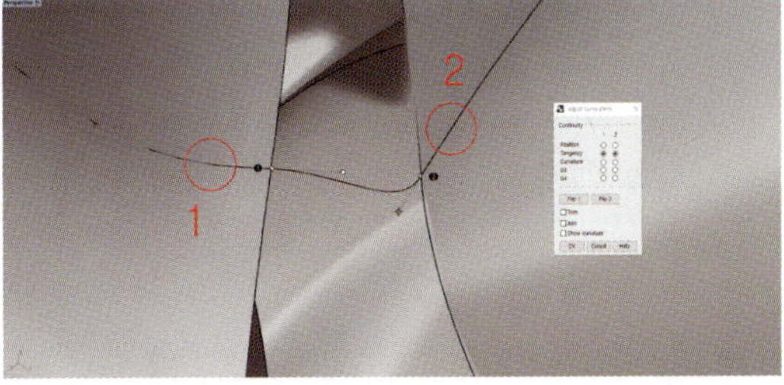

37. 다음 그림과 같이 4개의 Curve가 Blend된 것을 확인할 수 있다. 대칭 방향에도 위와 같은 방법으로 4개의 Curve를 Blend시킨다.

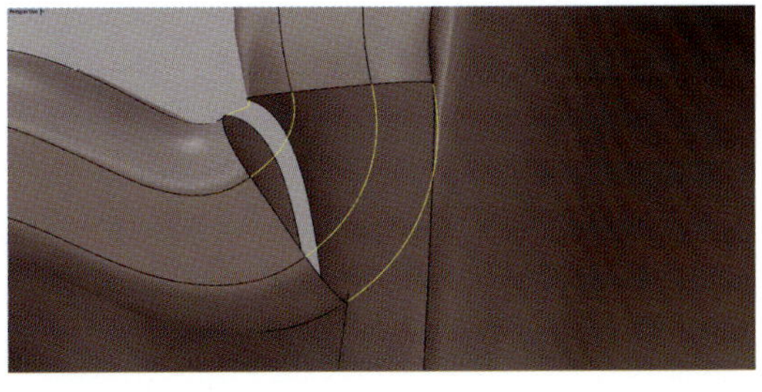

38. Surface from 2, 3 or 4 edge curves를 실행하고, 다음 그림의 순차대로 (시계 반대방향) 선택하여 Surface개체를 생성한다.

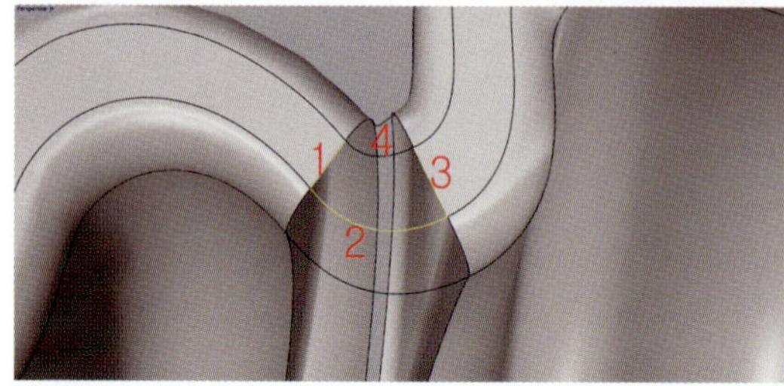

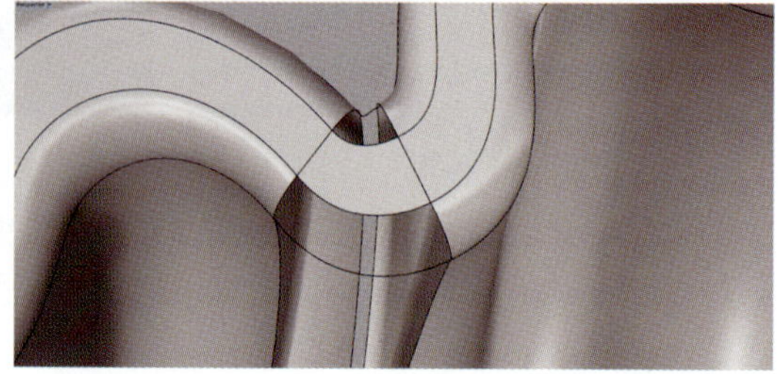

39. 다음 그림과 같이 Surface from 2, 3 or 4 edge curves실행하여 열린 부분을 모두 메운다. 4번을 선택할 경우 Curve 또는 Surface Edge 중에 선택하라는 창이 나타나면 Surface Edge를 선택하여 Surface를 완성한다.

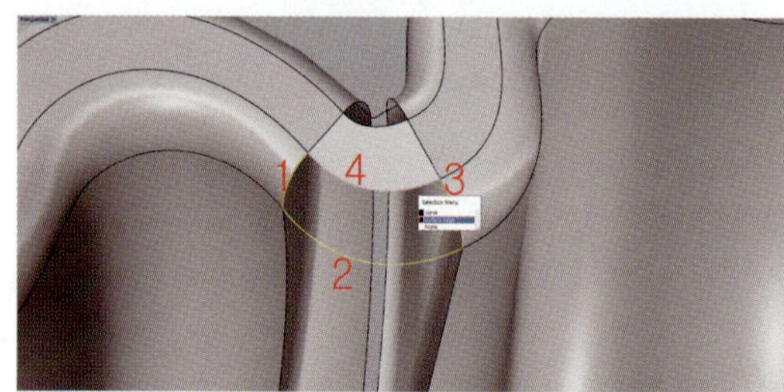

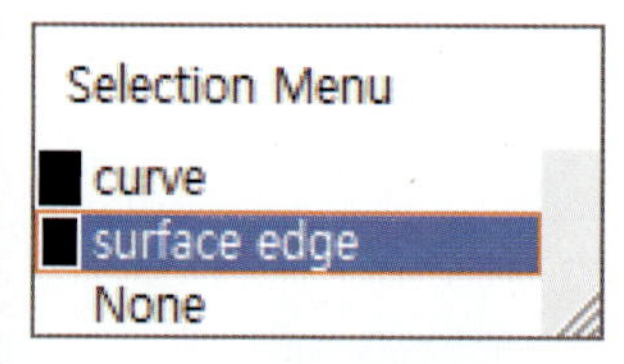

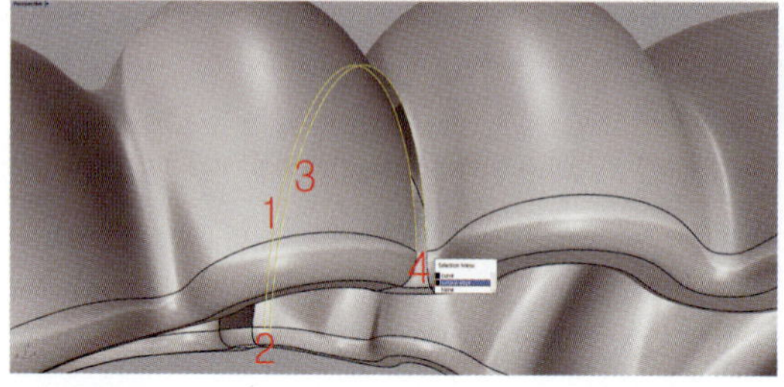

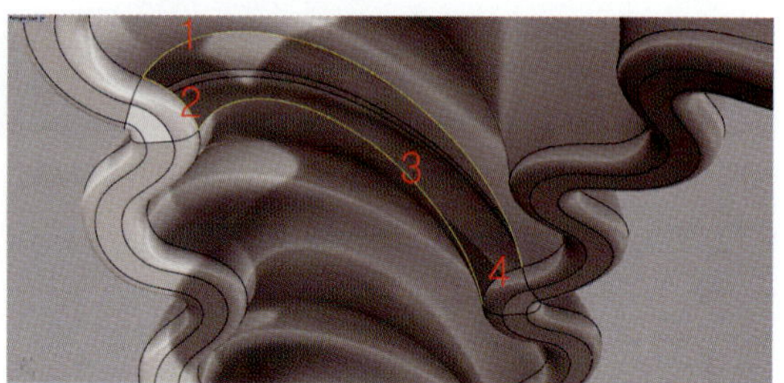

40. 모든 개체를 선택하고, Join을 실행하여 하나의 Poly Surface개체로 결합한다.

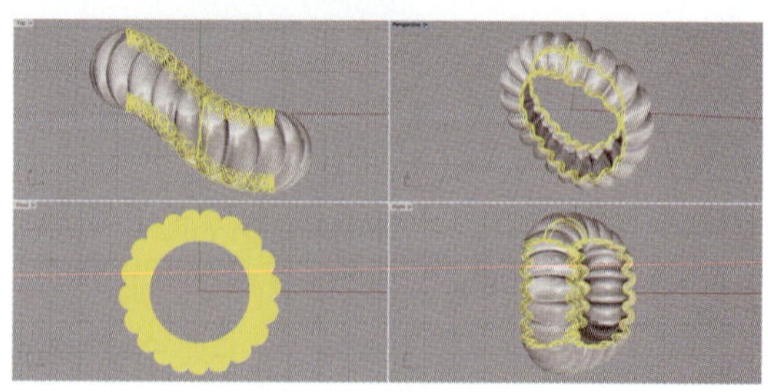

41. 반지개체를 선택하고, Show edges를 실행한다. 마우스 오른쪽 버튼을 누른 상태로 화면을 움직여서 Edge가 열린 곳이 있는지 확인한다.

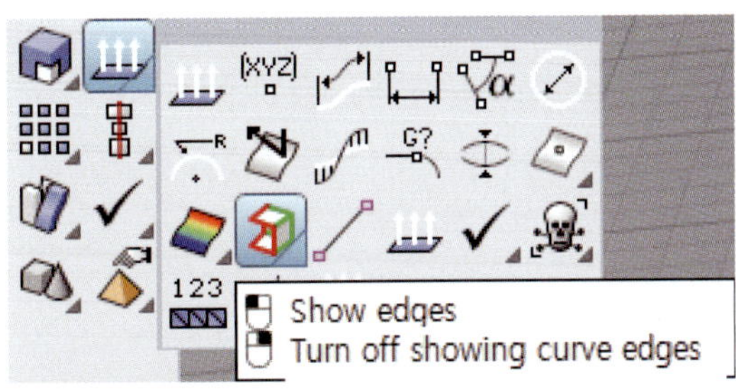

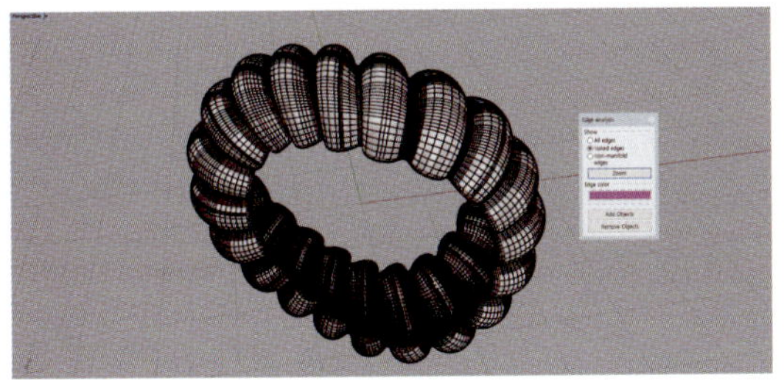

42. 다음 그림과 같이 완성된 Caterpillar Ring개체를 확인할 수 있다.

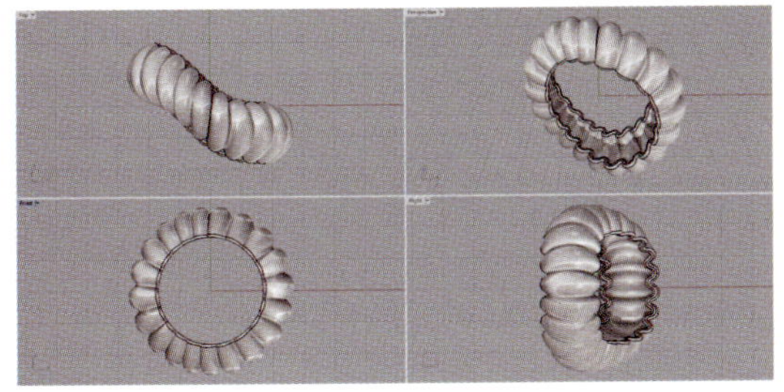

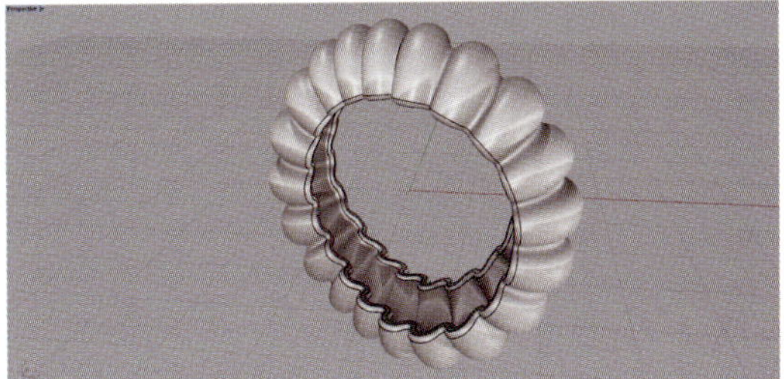

주얼리디자이너&주얼리모델러가 되기 위한

Rhino 3D Bible

LESSON 09

Surface개체 생성 및 편집

1. Surface Toolbar (2)
   - Basic Modeling - 14 Polygon Ring ❷
   - Basic Modeling - 15 Engage Ring ❻
   - Basic Modeling - 16 Engage Ring ❼
2. Surface Tools Toolbar

Lesson 09 Surface개체 생성 및 편집

1. Surface Toolbar (2)

 Sweep 1 Rail

Surface개체의 가장자리인 Rail Curve개체와 Surface 형태의 단면 Curve개체를 사용하여 Surface개체를 만드는 기능이다. 단면 Curve개체에 Kink가 있는 Curve 개체가 포함되어 있으면 Poly-Surface개체가 만들어진다.

Command Prompt 영역에서 Select Cross Section Curves의 Point Option은 시작이나 끝을 Point로 생성하는 기능이다.

```
Select cross section curves ( Point ):
```

Options

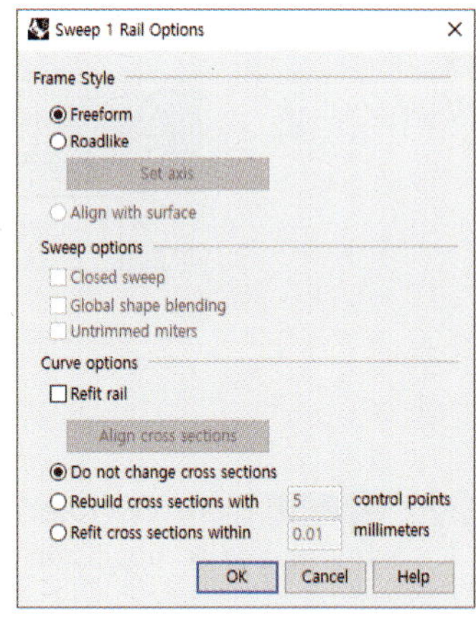

- **Frame Style-Freeform** : Shape역할 Curve개체가 Sweep Surface개체의 실행 중에 Rail에 대한 각도를 맞추어 회전한다.
- **Roadlike-Set axis** : Rail의 접선 방향과 구성평면에 대한 각도를 유지한다.
- **Align with surface** : Rail Curve개체가 Surface개체의 가장자리인 경우 Shape Curve개체가 Surface개체의 가장자리에 따라 형성된다.
- **Closed Sweep** : 첫 번째 Curve개체 주변의 마지막 Curve개체를 지나쳐 Surface개체가 계속되어 닫힌 Surface개체를 만드는 기능이다. 두 개의 Section(단면) Curve개체를 선택한 경우에만 활성화된다.
- **Global shape blending** : 이 기능을 체크하면 한쪽 끝에서 다른 쪽 끝까지 선적인 형태로 Blend되며 하나의 단면 Curve개체에서 다른 쪽으로 점차 줄어드는 테이퍼 형태를 만든다.
- **Untrimmed Miters** : Kink가 있는 Poly-Surface개체가 만들어지는 경우, 이 옵션기능을 체크하면 Surface개체들이 자동으로 Trim되어 생성된다.

Sweep 1 Rail 과 Extrude Along Curve의 조절점 비교

→ 부록CD 〉 Rhino 예제 〉 Lesson 9 〉 Sweep 1 Rail, Extrude Along Curve

Sweep 1과 Sweep 2의 Surface개체인 경우는 설정된 Tolerance값 범위로 인해 Rail Curve와 Surface개체의 가장자리가 완전히 일치하지 않는다. 단면 Curve개체의 경우는 가장자리와 일치하게 된다. 일반적으로 Sweep Surface개체는 Section(단면)을 많이 가질 수 있는 장점은 있으나 Control Point가 많이 생기는 단점이 있다. 그러므로 곡면의 변화가 많지 않은 경우에는 Extrude Along Curve기능을 사용하여 Surface개체를 생성하는 것이 효율적이다.

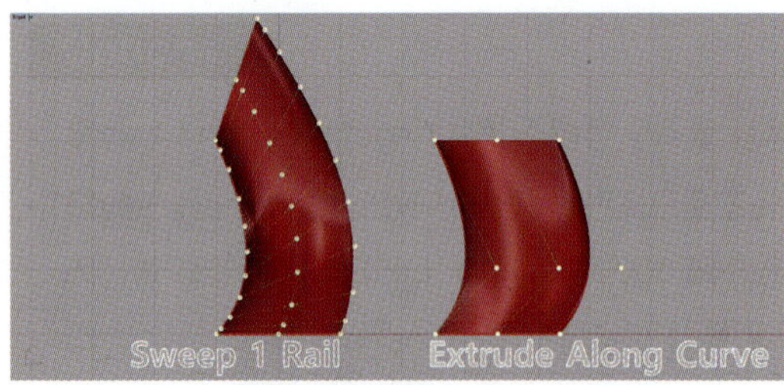

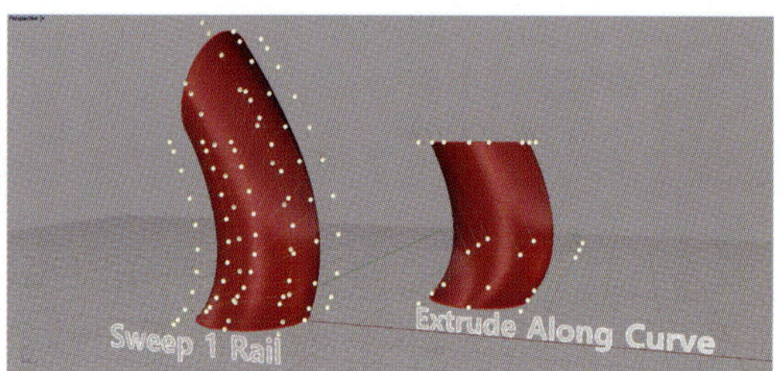

Basic Modeling - 14 Polygon Ring ❷

01. Front Front Viewport에서 Circle: center, radius를 실행하고, 다음 그림과 같이 원점(0, 0) 기준으로 지름 20㎜의 원형 Curve개체를 생성한다.

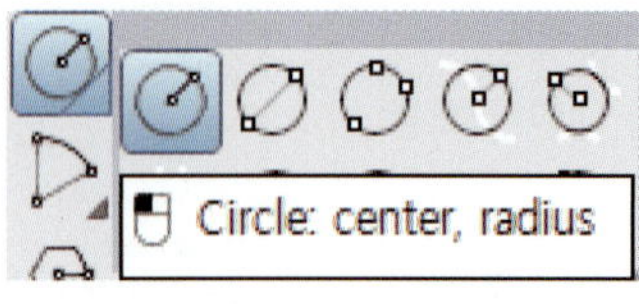

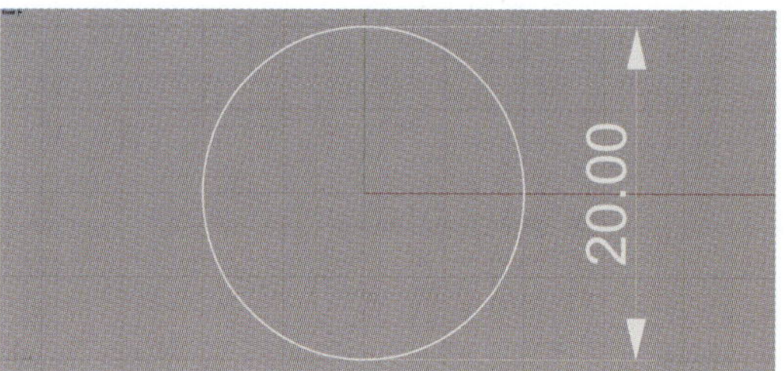

02. Right Right Viewport에서 Polygon: Center, Radius를 실행하고, Osnap Toolbar에서 Quad점에 체크한 후, 20㎜ 원형 Curve개체의 상단에 위치한 Quad점을 클릭한다.

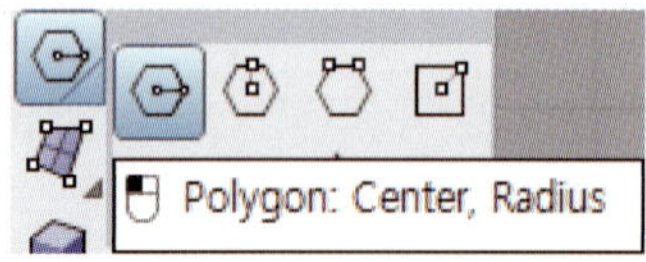

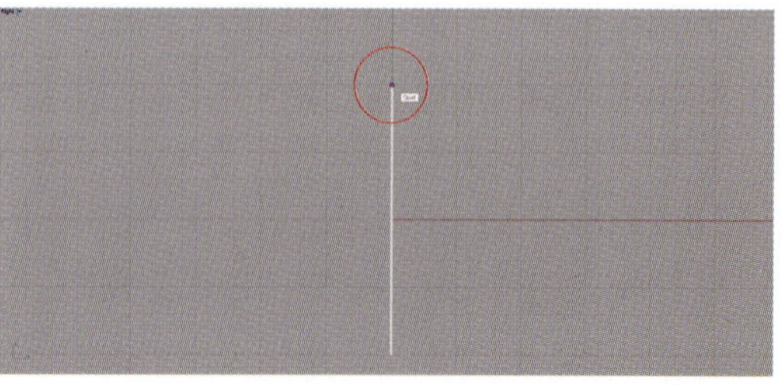

03. Command Prompt 영역에서 NumSides를 클릭하여 Number of sides값 5로 입력한 후, Enter↵ 키를 누른다. Corner of polygon값 3을 입력하여 반지름 3㎜의 다각형 Curve개체를 생성한다.

Corner of polygon (NumSides=*8* Mode=*Inscribed*):

Number of sides <8>: 5

Corner of polygon (NumSides=*5* Mode=*Inscribed*): 3

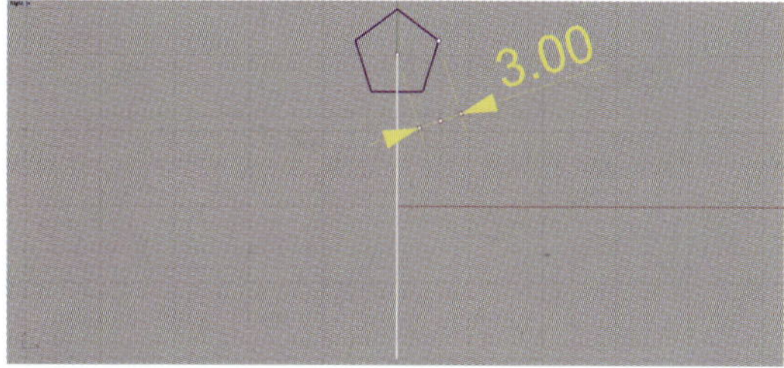

04. Circle: center, radius를 실행하고, 20㎜ 원형 Curve개체의 하단에 위치한 Quad점을 클릭한다. Command Prompt 영역에서 Diameter값 3을 입력하고 Enter↵ 키를 누른다.

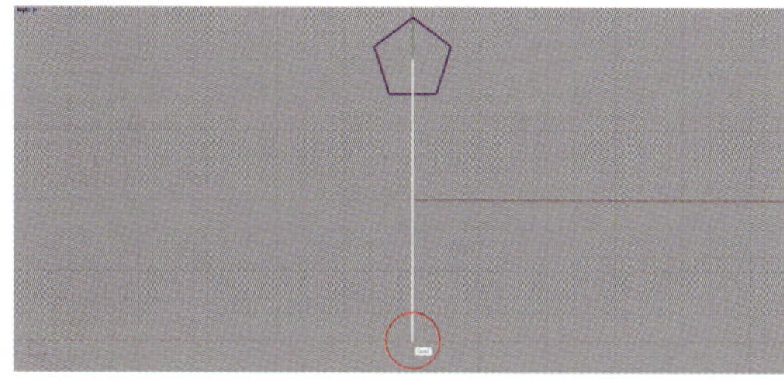

Diameter <2.000> (Radius Orientation Circumference Area ProjectOsnap=*Yes*): 3

05. 다음 그림과 같이 지름 3㎜의 원형 Curve 개체가 생성된 것을 확인할 수 있다.

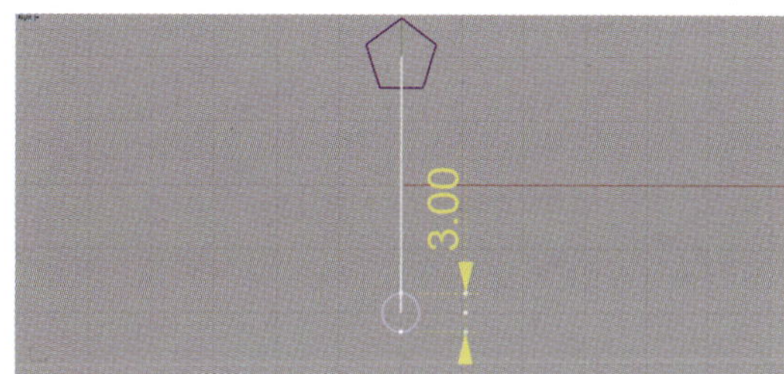

06. Sweep 1 rail를 실행하고, 1번 20㎜ 원형 Curve개체를 선택, 2번 다각형 Curve개체와 3번 3㎜ 원형 Curve개체를 순서대로 선택한 후, Enter↵ 키를 누른다. Seam의 화살표 방향이 같은 방향을 향하고 있는지 확인하고 Enter↵ 키를 누른다. (만약, Seam의 화살표 방향이 서로 다른 방향을 향하고 있다면 다음 그림과 같이 화살표를 클릭하여 방향을 바꿔준다.)

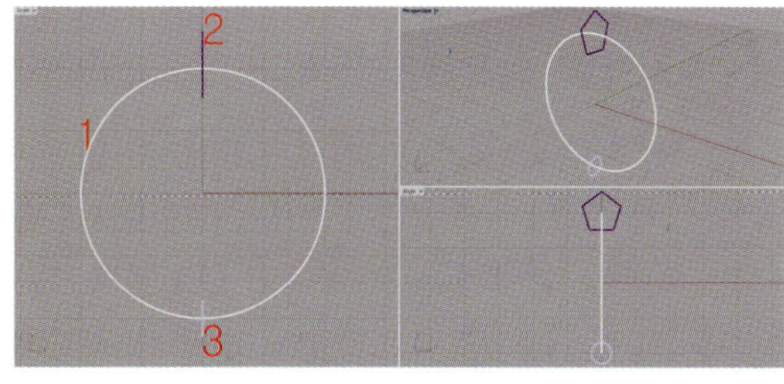

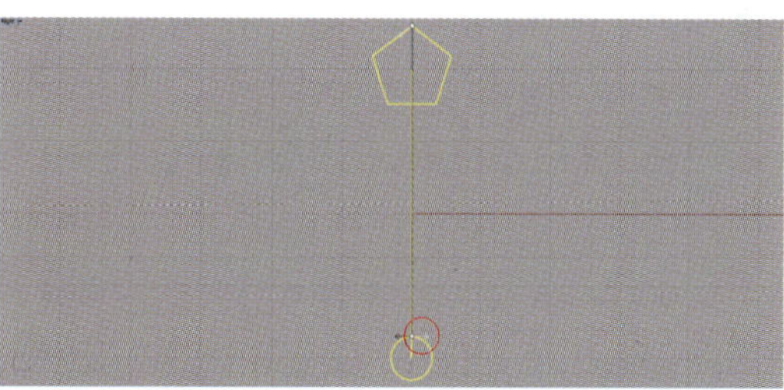

Drag seam point to adjust. Press Enter when done (Flip Automatic Natural):

07. 다음 그림과 같이 Sweep 1 Rail Options창이 나타나면 Closed Sweep에 체크하고 Enter↵ 키를 누른다.

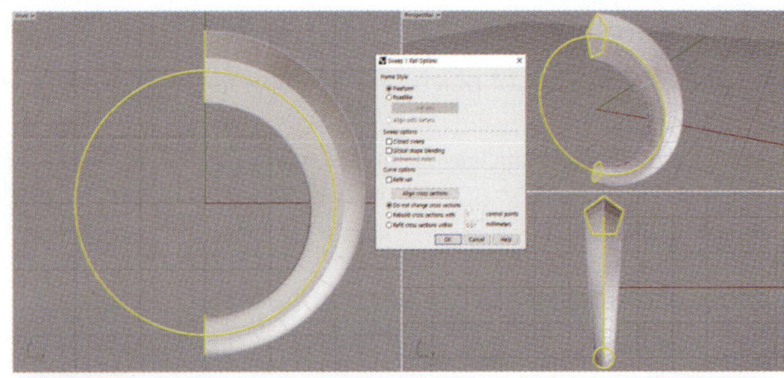

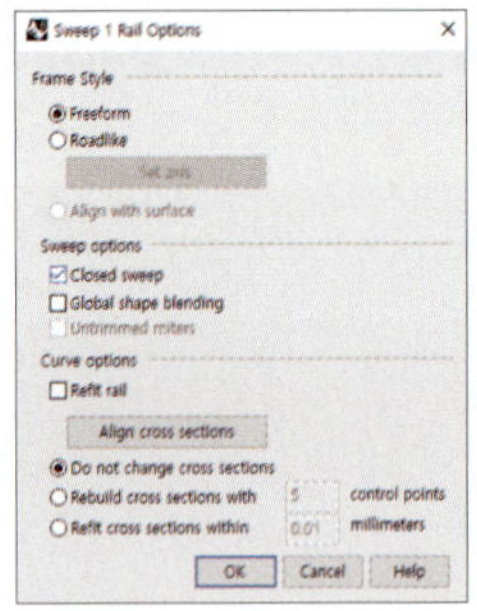

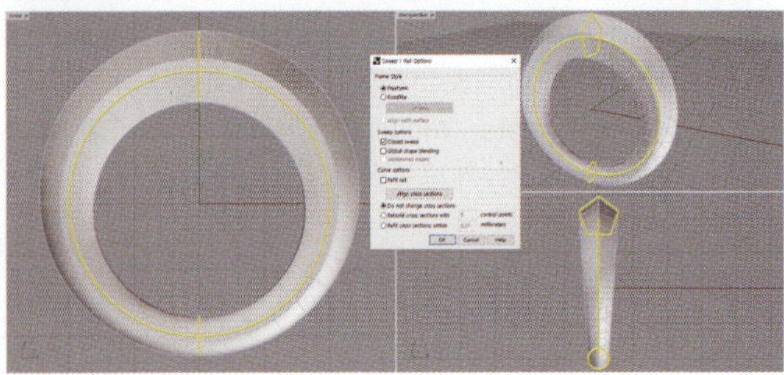

08. 다음 그림과 같이 완성된 Polygon Ring개체를 확인할 수 있다.

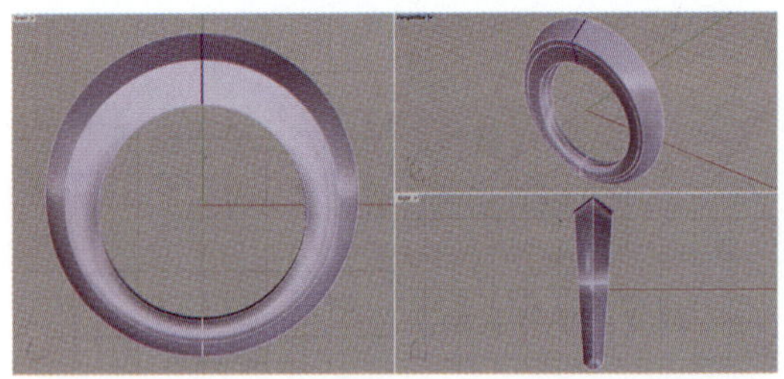

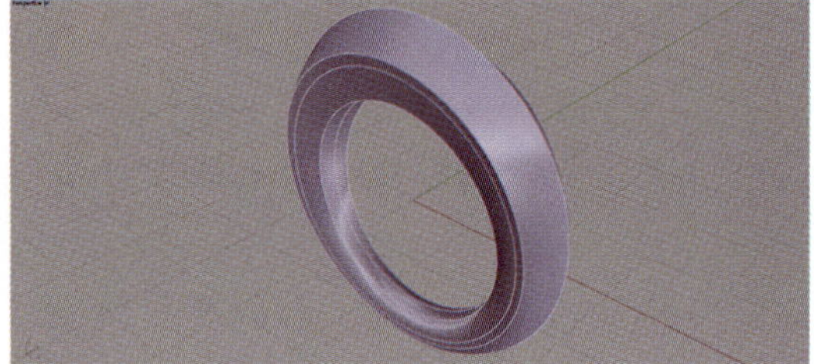

 Sweep 2 rails

→ 부록CD 〉 Rhino 예제 〉 Lesson 9 〉 Sweep 2 Rails Options

Surface개체 가장자리를 정의하는 두 개의 Curve개체와 생성시킬 Surface개체 형태의 Profile Curve개체를 사용하여 Surface개체를 생성하는 기능이다.

Options

● Curve options

- **Do not change cross sections** : 단면 Curve개체를 전혀 변경하지 않게 하는 기능이다.
- **Rebuild cross sections with control point** : Surface개체를 생성하기 전에 단면 Curve조절점을 재생성한다.
- **Refit cross sections within** : 설정된 오차 허용범위에서 단면 Curve개체를 다시 만드는 기능이다.
- **Preserve first cross section** : Surface개체의 가장자리와 Tangent 또는 Curvature를 일치시키고자 할 때, Surface개체가 당겨져서 단면 Curve개체로부터 벗어날 수 있다. 이때 이 기능은 Surface개체의 형태가 첫 번째 단면 Curve개체와 강제로 일치하게 해준다.

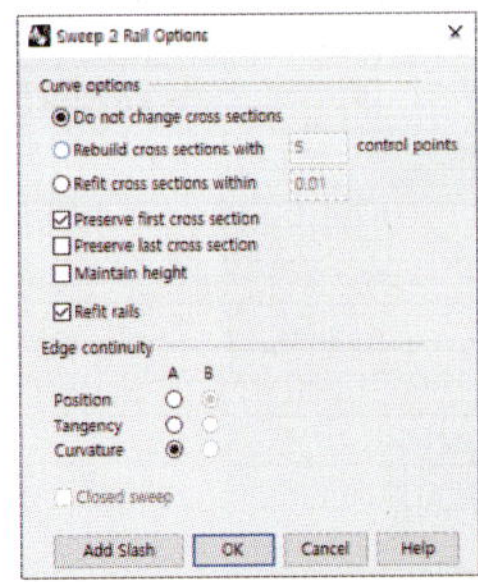

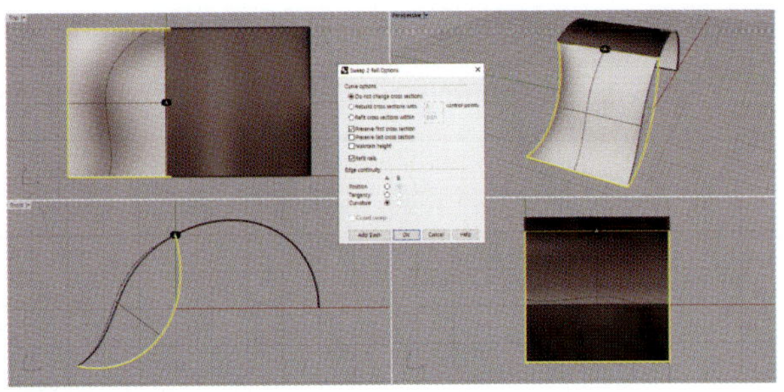

- **Preserve last cross section** : Surface개체의 가장자리와 Tangent 또는 Curvature를 일치시키고자 할 때, Surface개체가 당겨져서 단면 Curve개체로부터 벗어날 수 있다. 이때 이 기능은 Surface개체의 형태가 두 번째 단면 Curve개체와 강제로 일치하게 해준다.

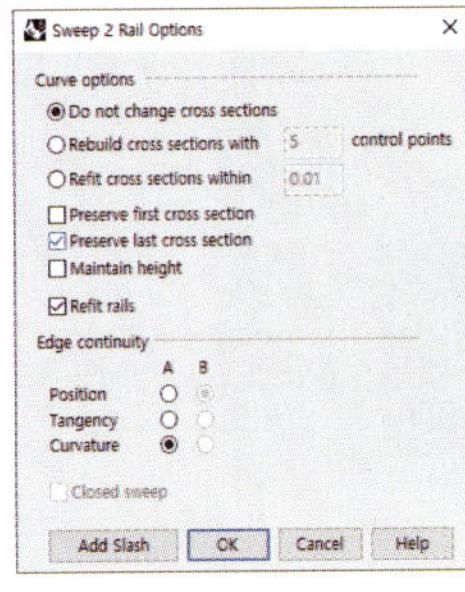

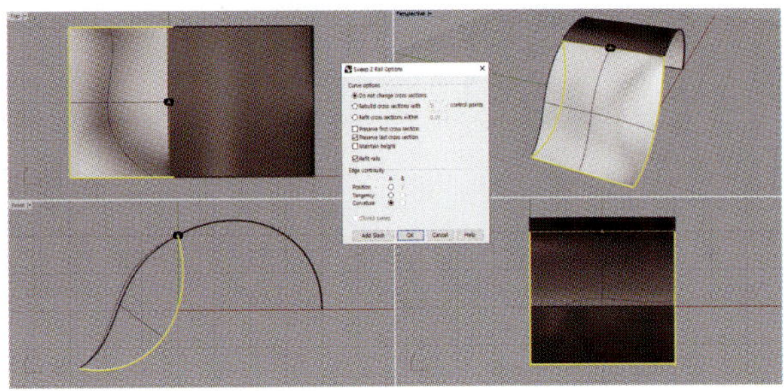

- **Preserve first cross section**과 **Preserve last cross section**를 모두 체크

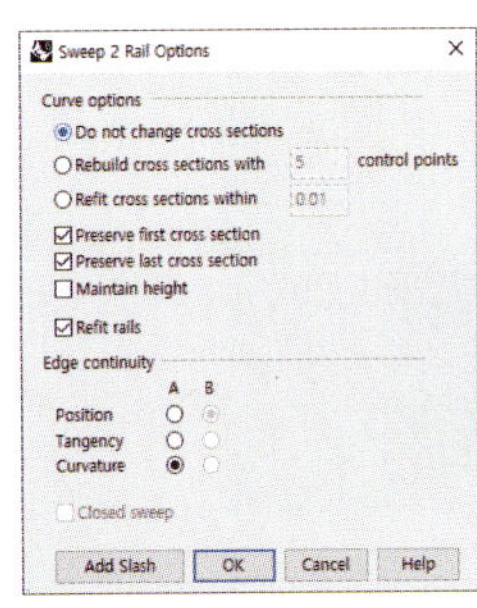

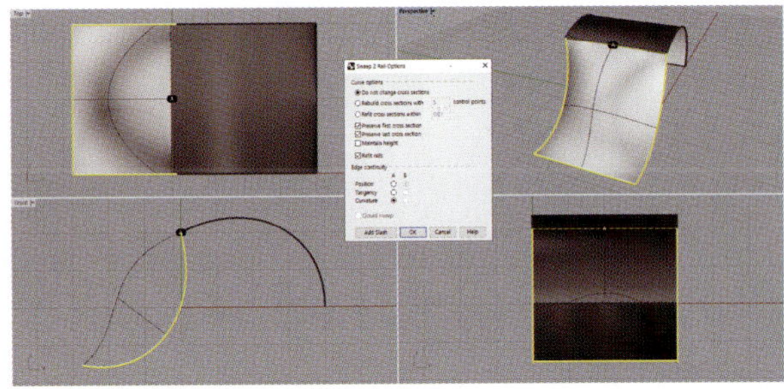

- **Maintain height** : 단면 Curve개체는 보통 높이와 폭, 양쪽으로 축소 및 확대되는 것이 기본 값이다. 너비 조정과 높이 조정을 분리하여 동시에 조정되지 않도록 하기 위해서 이 기능을 사용한다.

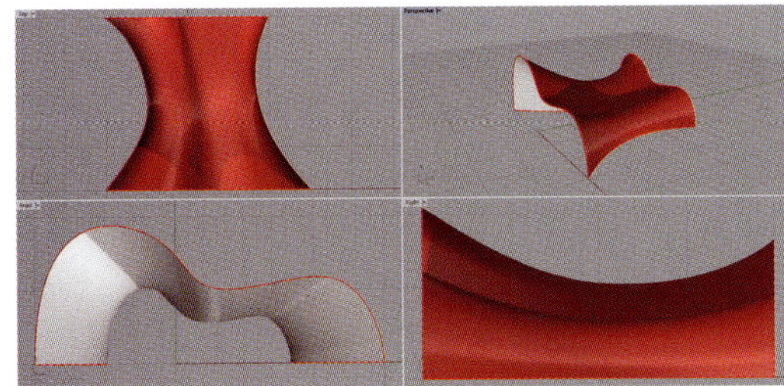

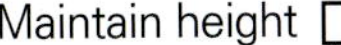
Maintain height ☐

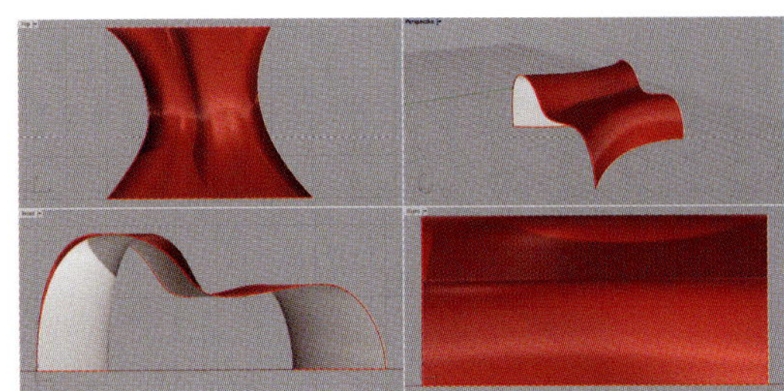
Maintain height ☑

- **Position** : 인접한 Surface개체 가장자리와 위치(G0)를 일치시키는 기능이다.

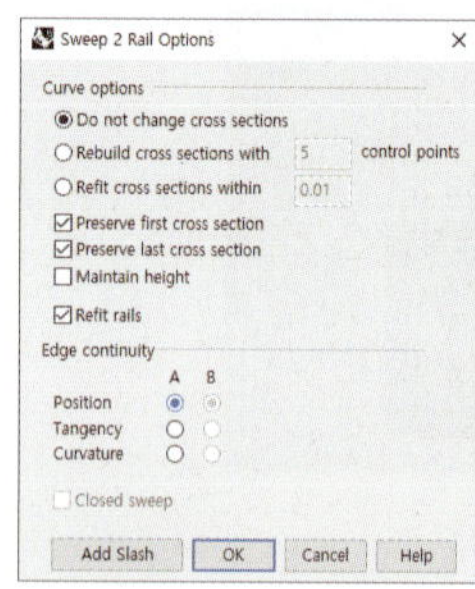

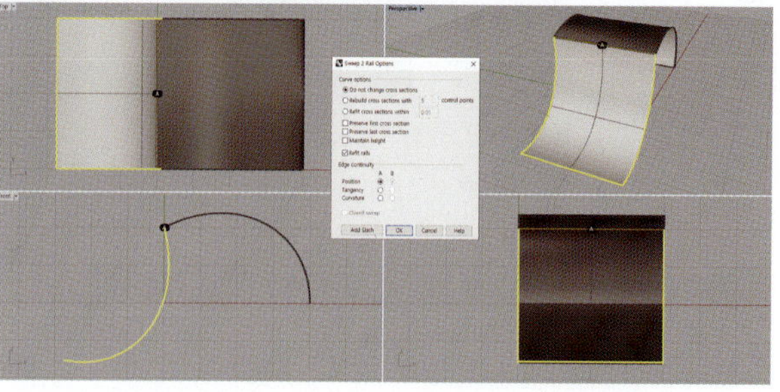

- **Tangent** : 인접한 Surface개체의 가장자리와 접선(G1)을 일치시키는 기능이다.

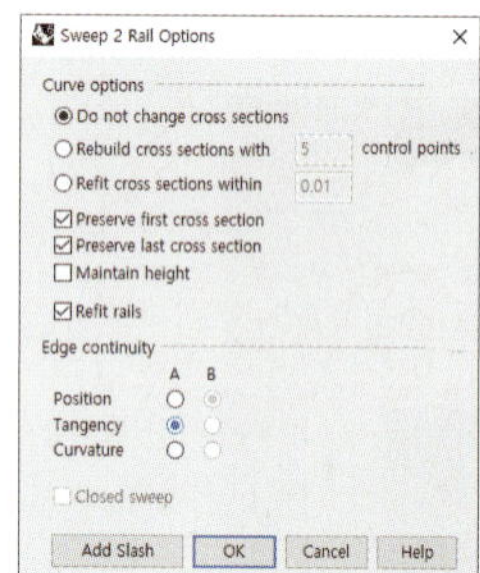

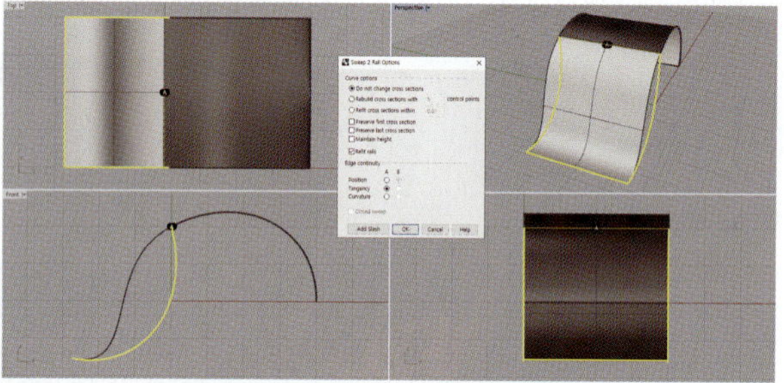

- **Curvature** : 인접한 Surface개체의 가장자리와 접선(G2)을 일치시키는 기능이다.

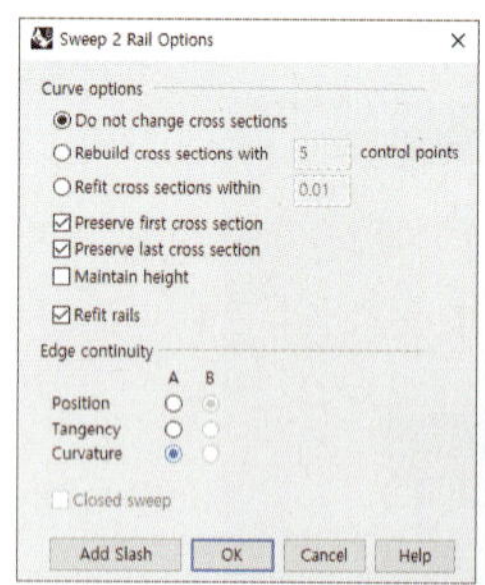

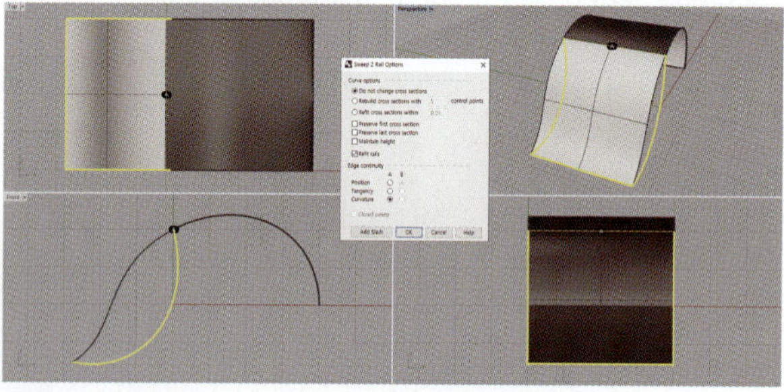

- **Closed Sweep** : 닫힌 Rail Curve개체와 첫 단면 Curve개체, 마지막 단면 Curve개체를 연결하여 닫힌 Surface개체를 만드는 기능이다.

Sweep 2 Rails 기능

→ 부록CD 〉 Rhino 예제 〉 Lesson 9 〉 Sweep 2 Rails

01. 다음 그림의 1번, 2번 Curve개체와 3번, 4번 Curve개체는 연속성이 없이 Position으로 End점만 맞춘 상태이다.
만약, Surface개체 생성 시 Tangent나 Curvature의 연속성을 갖는 Surface개체를 생성하려면 Match curve를 실행하여 연속성을 맞추면 된다.

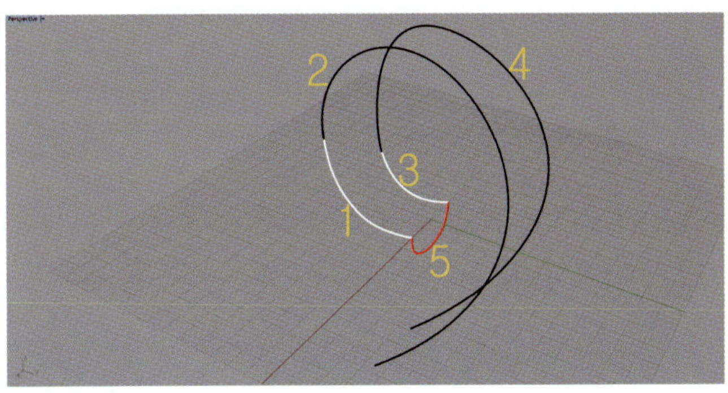

Command Prompt 영역에서 ChainEdges를 선택한다. Select Segment for first rail에서 Auto-Chain=Yes로 설정하고, 1번과 2번 Curve개체를 선택한 후, Enter↵키를 누른다. Select segment for second rail은 3번과 4번 Curve개체를 선택하고 Enter↵키를 누른다. Select cross section curves는 5번 Curve개체를 선택하고 Enter↵키를 누른다.

Select first rail (ChainEdges):
Select segment for first rail (AutoChain=*Yes* ChainContinuity=*Tangency* Direction=*Both* GapTolerance=*0.001* AngleTolerance=*1*):
Select segment for second rail (AutoChain=*Yes* ChainContinuity=*Tangency* Direction=*Both* GapTolerance=*0.001* AngleTolerance=*1*):
Select cross section curves (Point):

02. Sweep 2 Rail Options창이 나타나면 OK를 누른다.

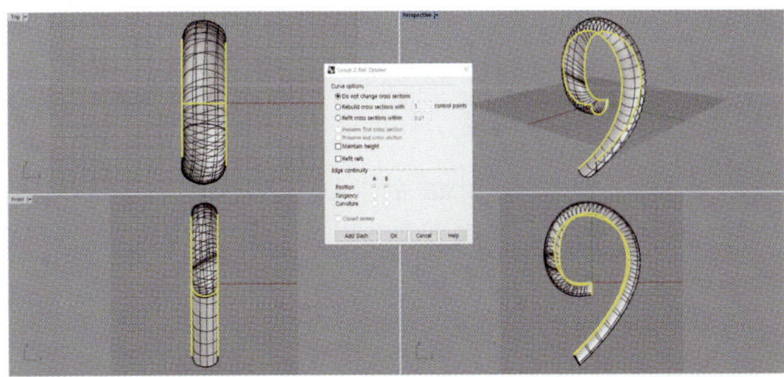

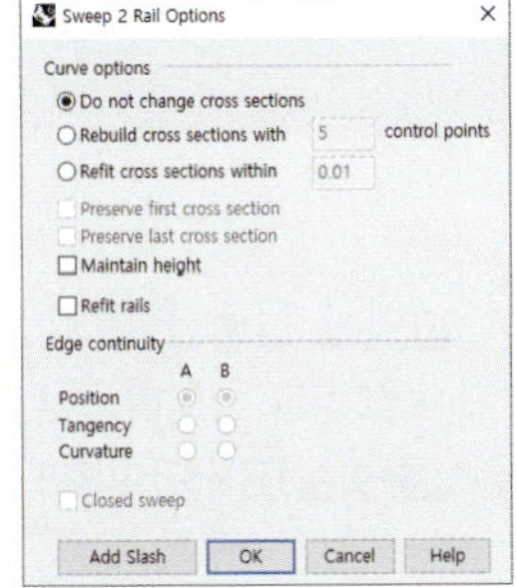

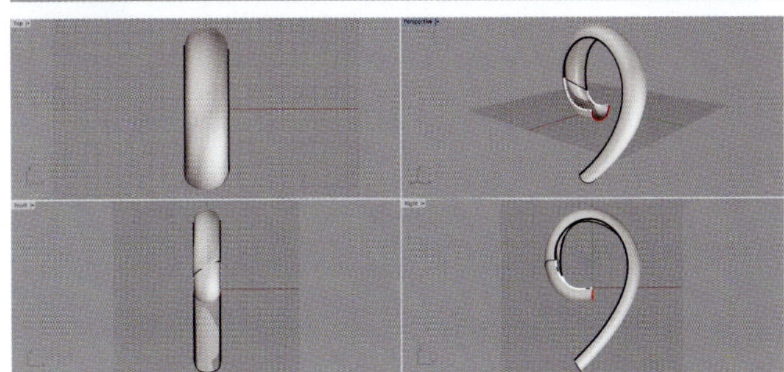

Basic Modeling - 15 Engage Ring ❻

※Sweep 2 Rail 기능을 이용한 Engage Ring생성

01. Front Front Viewport에서 Circle: center, radius를 실행하여 원점(0, 0) 기준으로 지름 17㎜와 25㎜의 원형 Curve 개체를 생성한다.

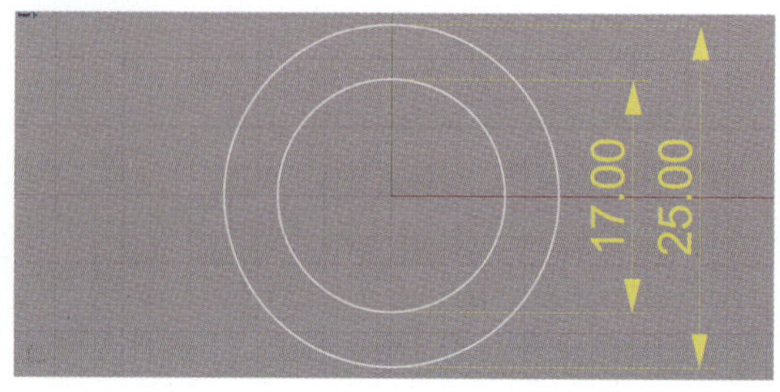

02. Move를 실행하고, Osnap Toolbar에서 Quad점에 체크한 후, 25㎜ 원형 Curve개체의 하단의 Quad점을 선택한다. Command Prompt 영역에서 Point to move to값 1.5를 입력하고 Enter↵키를 누른 후, 마우스를 화살표 방향(Z축)으로 움직여서 25㎜ 원형 Curve개체를 1.5㎜ 수직으로 이동시킨다.

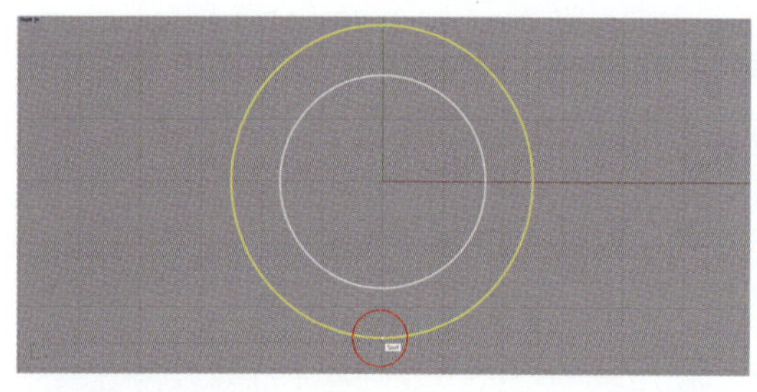

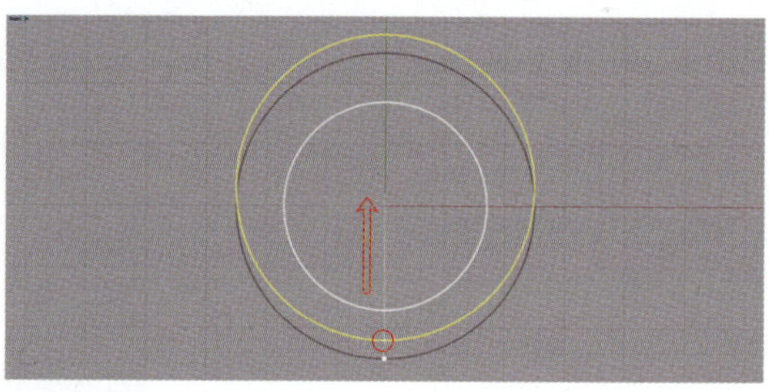

Point to move to <30.000>: 1.5

03. 다음 그림과 같이 1.5㎜ 수직으로 이동한 25㎜ 원형 Curve개체를 확인할 수 있다.

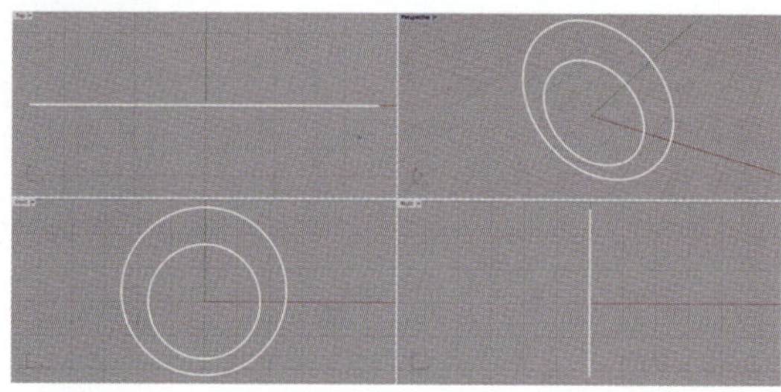

04. Line: from midpoint를 실행하고, Front Front Viewport에서 17㎜ 원형 Curve개체 상단의 Quad점을 선택한다. Command Prompt 영역에서 End of Line값 5를 입력하고 Enter↵키를 누른 후, Right Right Viewport에서 Shift키를 누른 상태로 마우스를 화살표(Y축) 방향으로 움직인 다음 Enter↵키를 누른다.

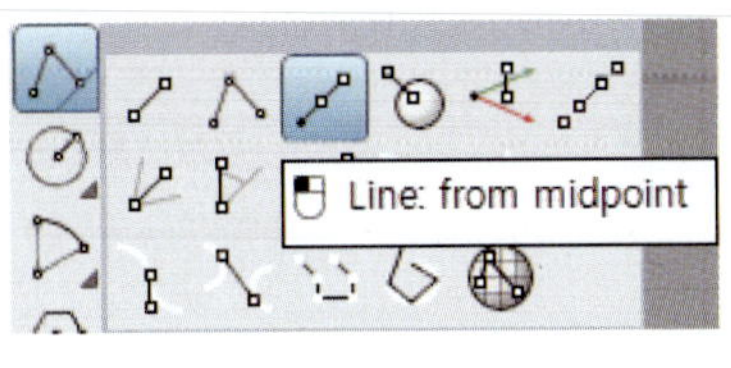

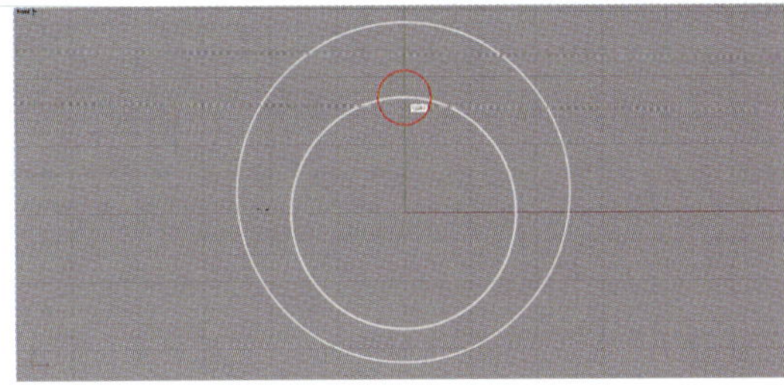

End of line: 5

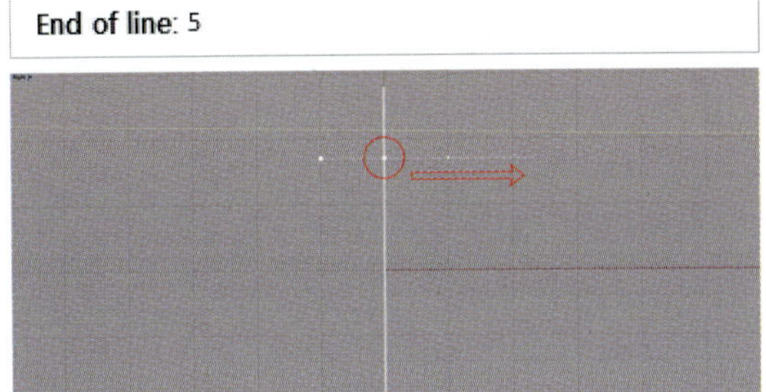

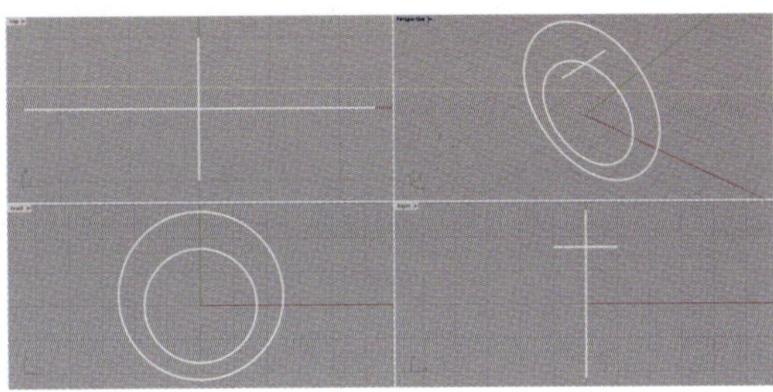

05. Arc: start, end, point on arc를 실행하고, 직선 Curve개체의 양쪽 1번과 2번의 End점을 선택한 후, 3번 25㎜ 원형 Curve개체 상단의 Quad점을 선택하여 다음 그림과 같이 Arc Curve개체를 생성한다.

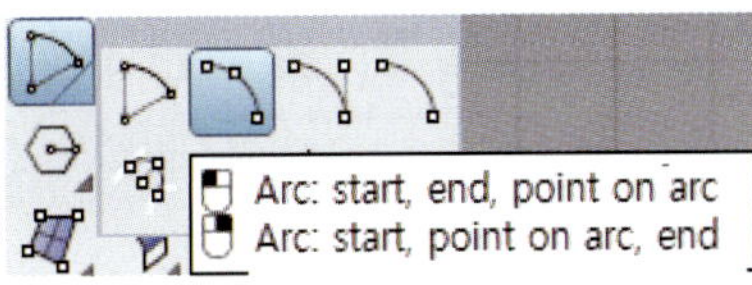

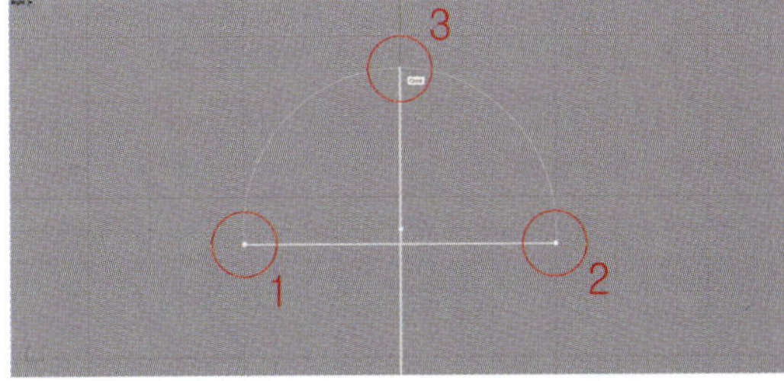

06. 생성된 Arc Curve개체와 직선 Curve개체를 모두 선택한 후, Join을 실행하여 결합시킨다.

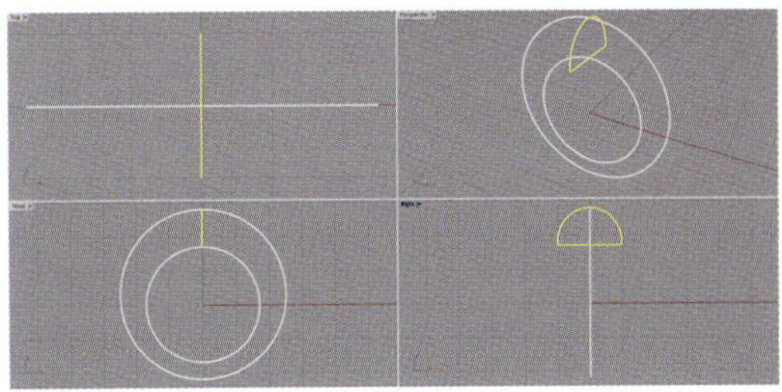

07. Circle: diameter를 실행하고, 다음 그림과 같이 17㎜와 25㎜ 두 원형 Curve개체 하단의 Quad을 연결하여 원형 Curve개체를 생성한다.

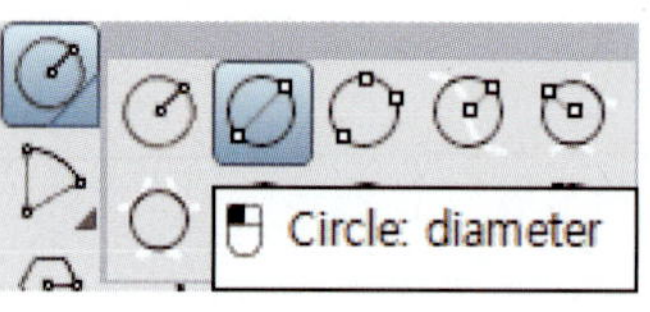

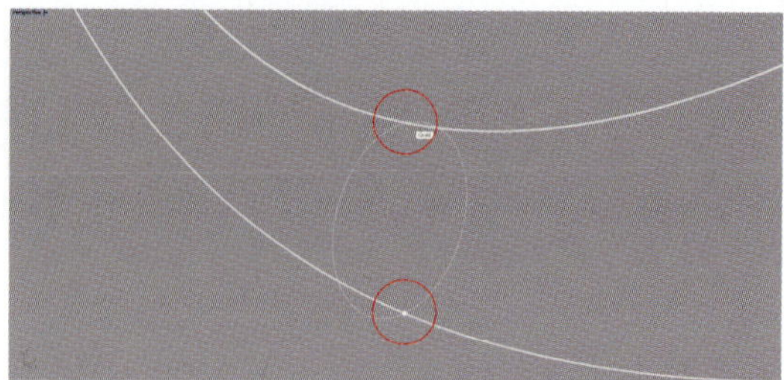

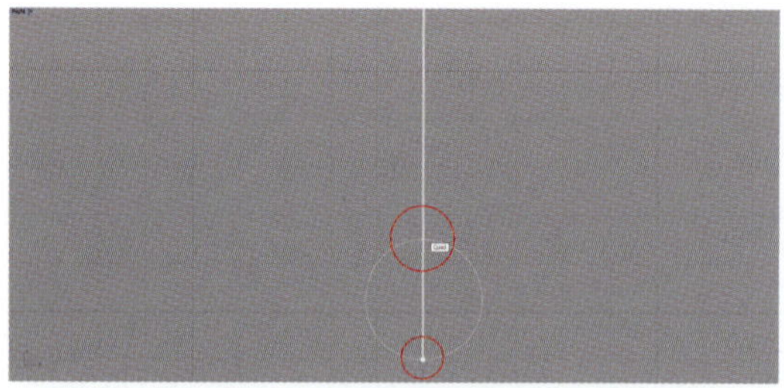

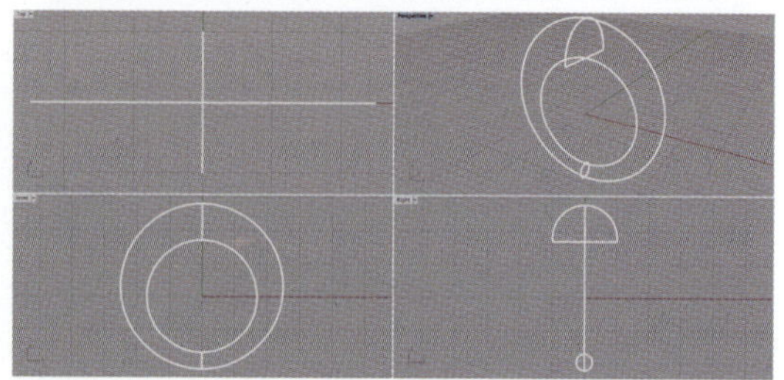

08. Sweep 2 rails를 실행한다. 다음 그림의 순서대로 1번 25㎜ 원형 Curve개체를 선택, 2번 17㎜ 원형 Curve개체를 선택, 3번 반원형 Curve개체를 선택, 4번 원형 Curve개체를 선택하고 Enter↵키를 누른다. Seam 위치와 방향을 확인하고 Enter↵키를 누른다.

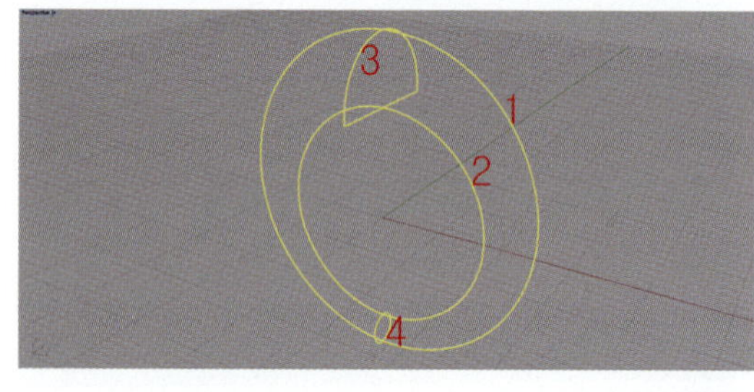

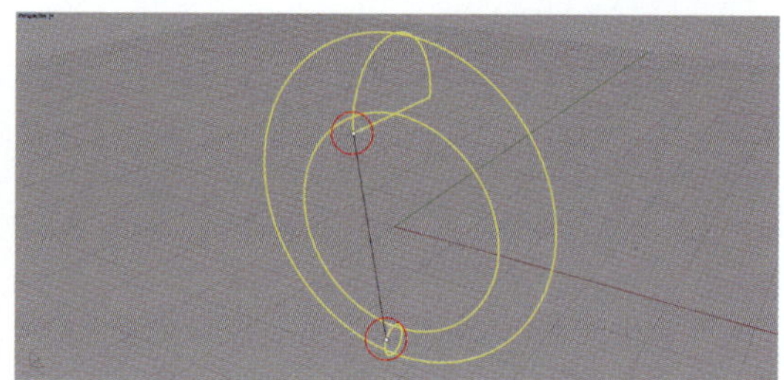

09. 다음 그림과 같이 Sweep 2 Rail Options가 나타나면 Closed sweep을 체크하고 OK를 누른다.

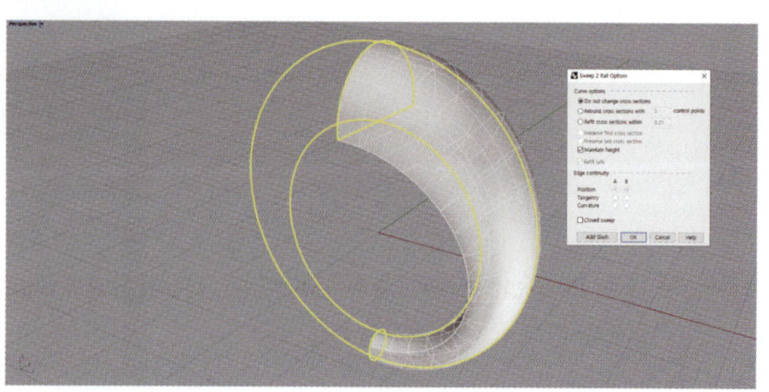

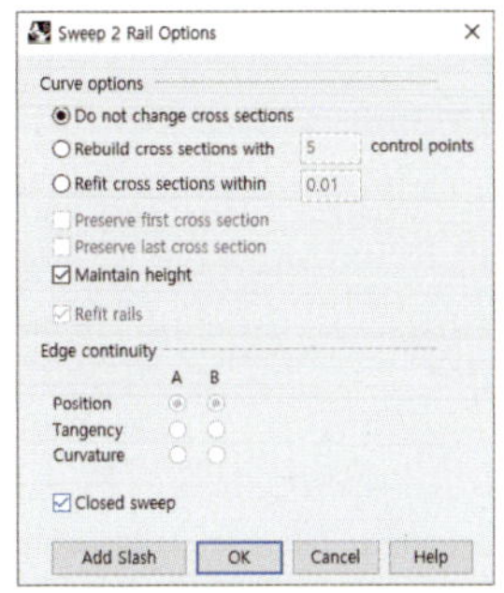

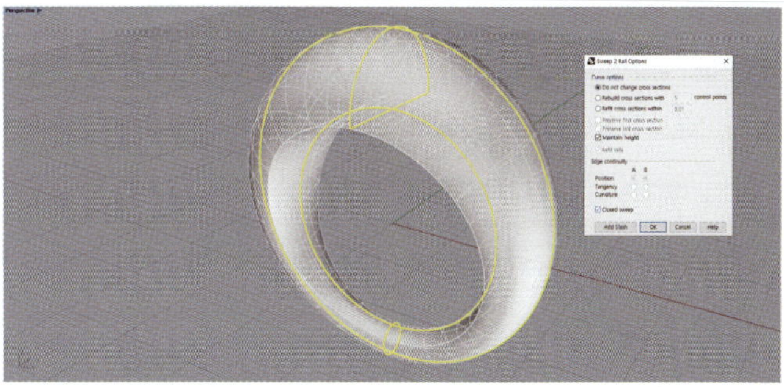

10. 다음 그림과 같이 완성된 Engage Ring개체를 확인할 수 있다.

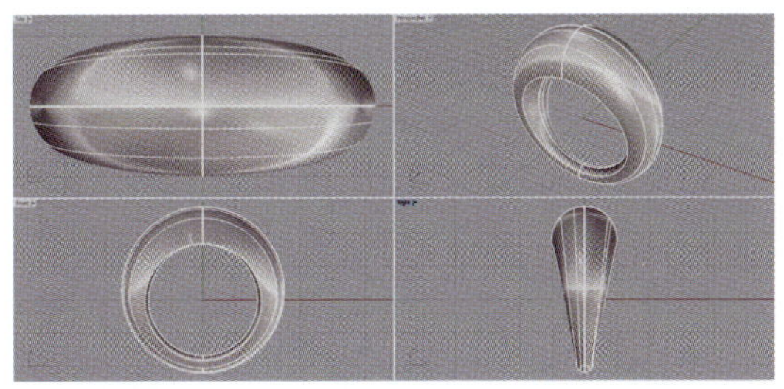

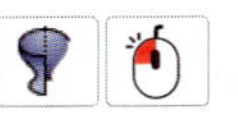

Revolve

→ 부록CD 〉 Rhino 예제 〉 Lesson 9 〉 Revolve

하나의 축을 중심으로 Profile Curve개체를 회전시켜 Surface개체를 생성하는 기능이다.

Options

- **Deleteinput :** 원본이 되는 개체를 삭제하는 기능이다.
- **Deformable :**
  - No- Quad점 위치에 다중 Knot을 가진 Surface개체를 생성하게 된다. 이러한 유형의 Surface개체는 조절점 편집방법으로 매끄럽게 형태를 변형하기가 쉽지가 않다.
  - Yes- Degree값이 3인 Surface개체의 방향을 중심으로 Surface개체가 재생성된다. 해당 방향에서 조절점 개수를 지정하며 변형 가능한 회전은 점 편집으로 매끄럽게 변형시킬 수 있다. 지정된 조절점 수로 Degree=3인 Surface개체가 생성되어 조절점을 편집하는 경우 다시 Surface개체를 Rebuild할 필요가 없어 효율적이다.

- **FullCircle** : 360도 각도로 회전하여 Surface개체를 생성하는 기능이다.
- **AskForStartAngle** : 시작 각도 값을 입력하는 기능이다.
  - No- 회전이 0도 각도에서 시작한다.
  - Yes- 각도를 지정하면 회전이 실행된다.
- **PointCount** : 조절점 개수를 지정하는 기능이다.
- **SplitAtTangents** :
  - No- 입력Curve개체가 접점 Curve개체에서 결합되었을 때, Poly-Surface개체를 만든다.
  - Yes- 하나의 Surface개체를 만든다.

01. Revolve를 실행하고, Curve개체를 선택한 후, Enter↵키를 누른다.

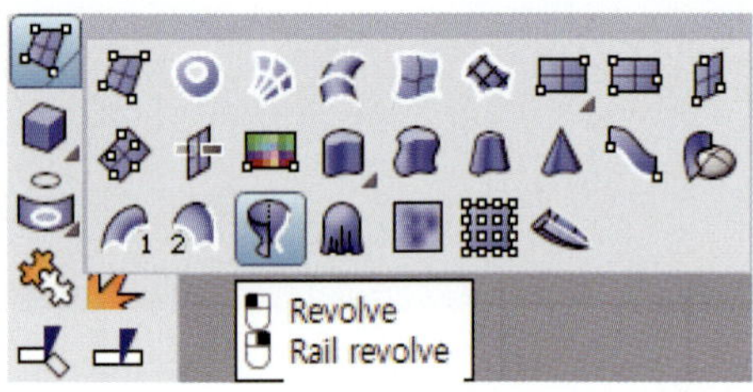

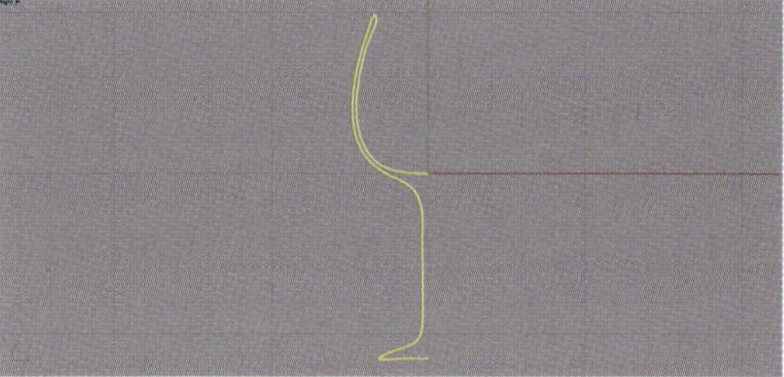

02. Command Prompt 영역에 Start of revolve axis를 1번 End점으로 선택하고, End of revolve axis를 2번 End점으로 선택한다.

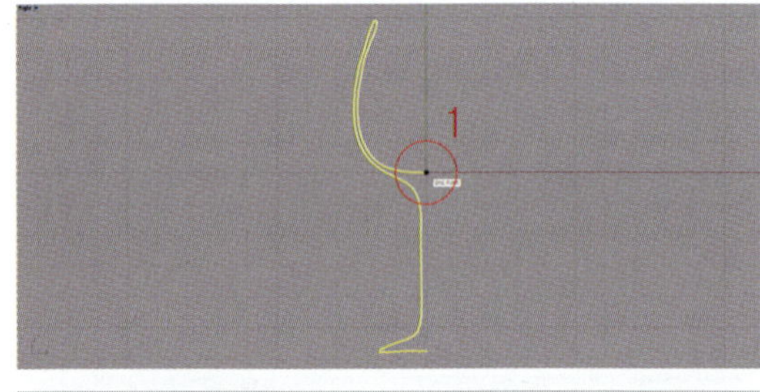

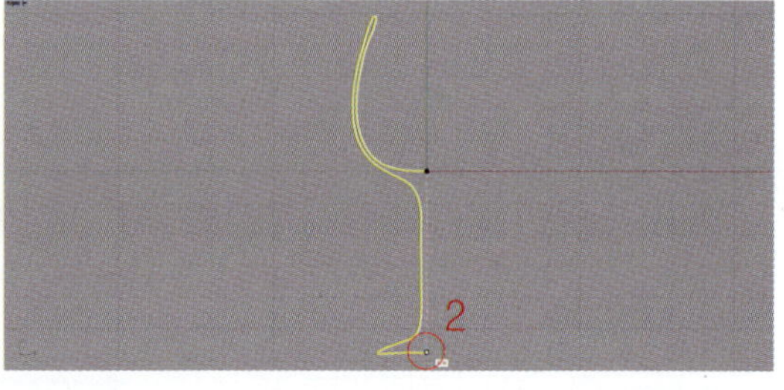

Start of revolve axis:

End of revolve axis (Press Enter to use CPlane z-axis direction):

03. 원하는 곳에 클릭하고 마우스를 움직이면, 다음 그림과 같이 Surface개체가 생성되는 것을 확인할 수 있다.

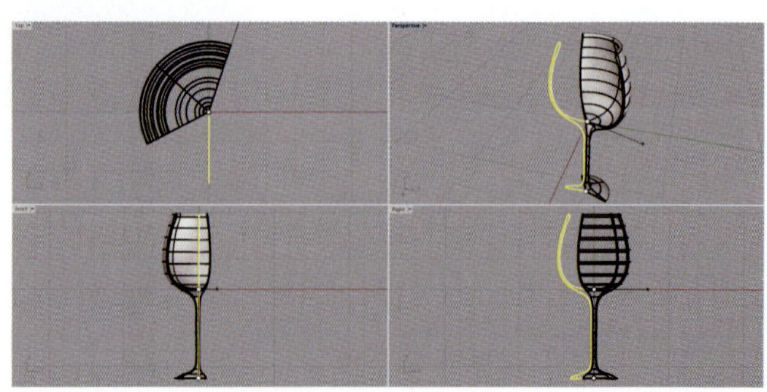

Basic Modeling - 16 Engage Ring ⑦

※Revolve기능을 이용한 Engage Ring 생성

01. Right Right Viewport에서 Line: from midpoint를 실행하고, Command Prompt 영역에 Middle of line값 0, 20을 입력한 후, Enter키를 누른다. End of line값 5를 입력하고 Enter키를 누른 후, Shift키를 누른 상태로 마우스를 화살표 방향으로 움직인 다음 마우스 왼쪽버튼을 누른다.

Middle of line (Normal Angled Vertical FourPoint Bisector Perpendicular Tangent Extension): 0,20

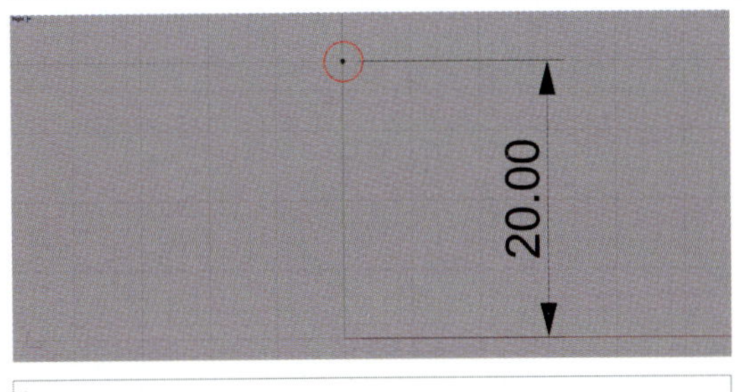

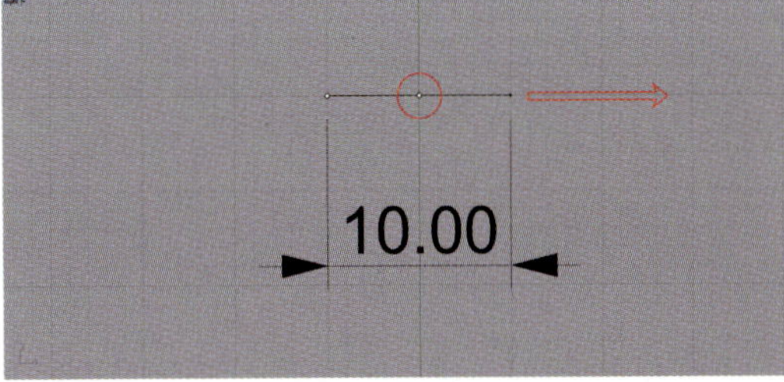

End of line: 5

02. Arc: start, end, direction at start를 실행하고, 직선 Curve개체의 양 끝점을 선택한다. Shift키를 누른 상태로 Z축 방향(마우스를 화살표 방향)으로 움직인 후, 마우스 왼쪽버튼을 누른다.

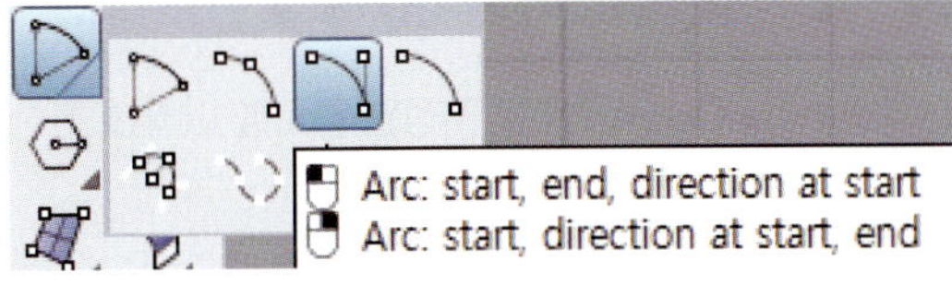

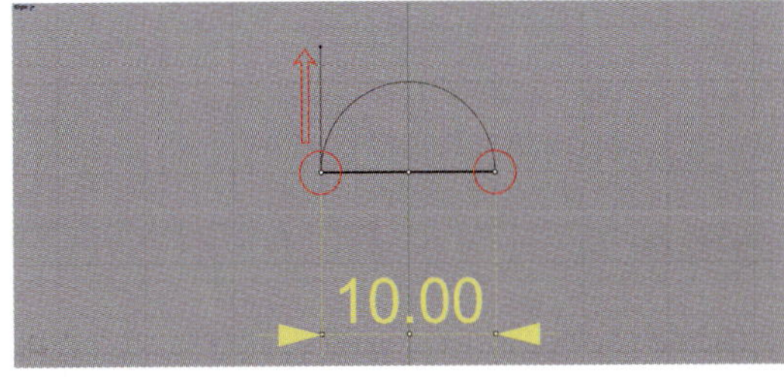

03. 생성된 Arc Curve개체와 직선 Curve개체를 모두 선택하고, Join을 실행하여 결합시킨다.

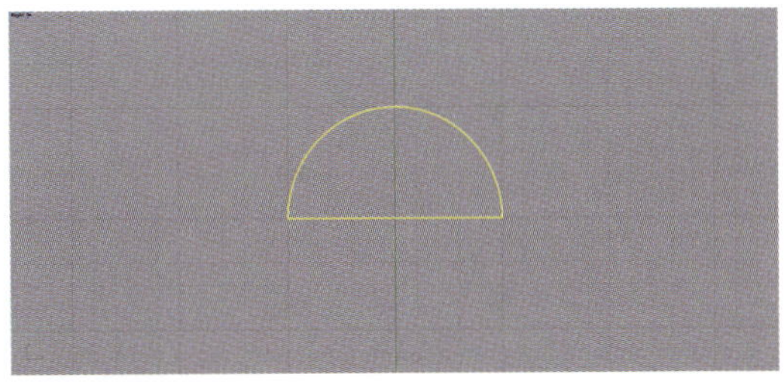

04. Revolve를 실행하고, Curve개체를 선택한 후, Enter키를 누른다. Command Prompt 영역에 Start of revolve axis값 0(0, 0)을 입력하고 Enter키를 누른다. Shift키를 누른 상태로 마우스를 Y축(화살표 방향)으로 움직인 후, 마우스 왼쪽버튼을 누른다.

Start of revolve axis: 0

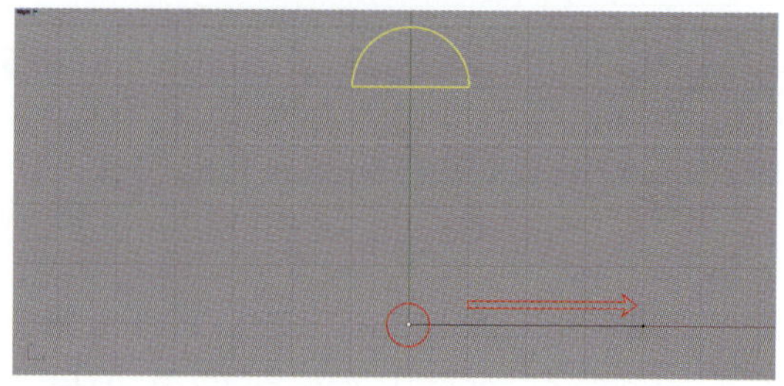

05. Command Prompt 영역에서 FullCircle을 선택하면, 다음 그림과 같이 360도 각도로 회전된 Engage Ring개체가 생성된 것을 확인할 수 있다.

Start angle <0> (DeleteInput=*No* Deformable=*Yes* FullCircle AskForStartAngle=*Yes* PointCount=*10* SplitAtTangents=*Yes*):

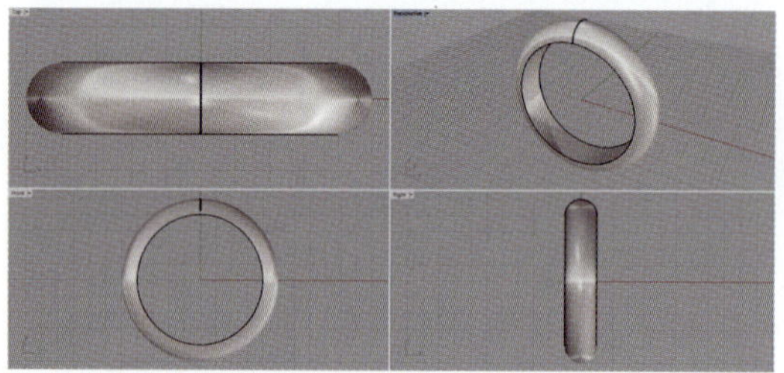

 Rail Revolve

→ 부록CD 〉 Rhino 예제 〉 Lesson 9 〉 Rail Revolve

Profile Curve개체를 지정한 축 중심으로 회전시킨다. 회전할 Profile Curve개체가 지정된 경로를 따라 회전하면서 Surface개체가 생성되는 기능이다.

Options

- **ScaleHeight :** Rail Curve개체가 회전축에 수직이 아닌 평면에 있어서 Profile Curve개체를 축에 따라 이동시키지 않고 , 일부를 회전시키려는 경우 사용한다.

01. Top Top Viewport에서 Circle: center, radius를 실행하고, 지름 20㎜의 원형 Curve개체를 생성한다.

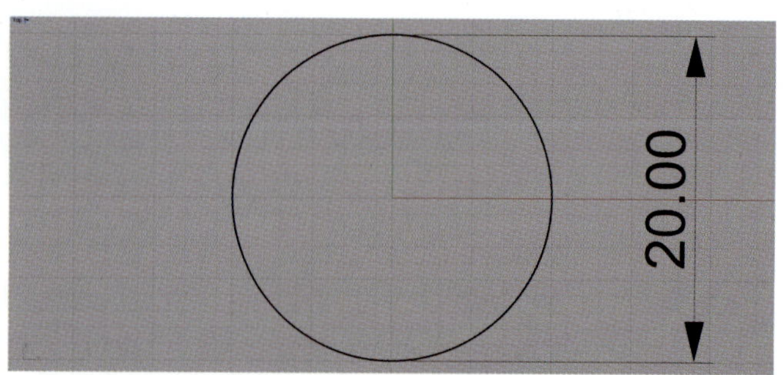

02. 생성된 원형 Curve개체를 선택하고, Rebuild curve를 실행한다. Rebuild창이 나타나면 Point count값 20을 입력하고, Degree값 3을 입력한 후, OK를 누른다.

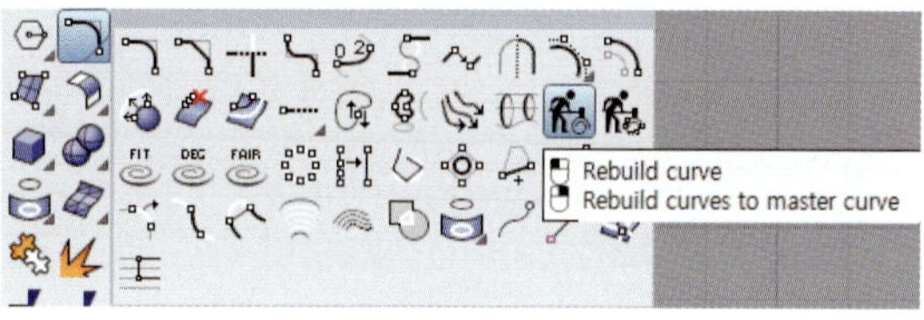

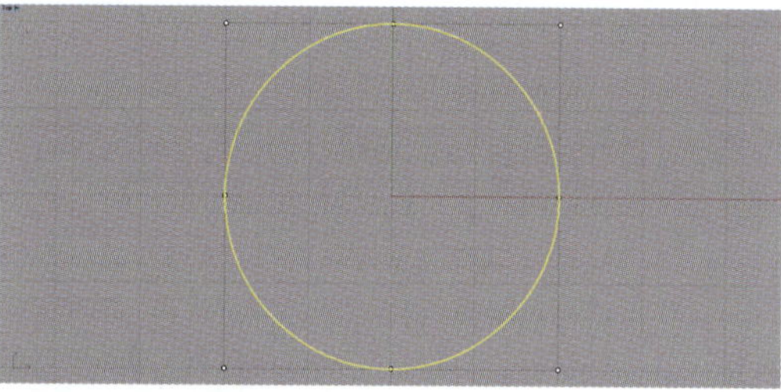

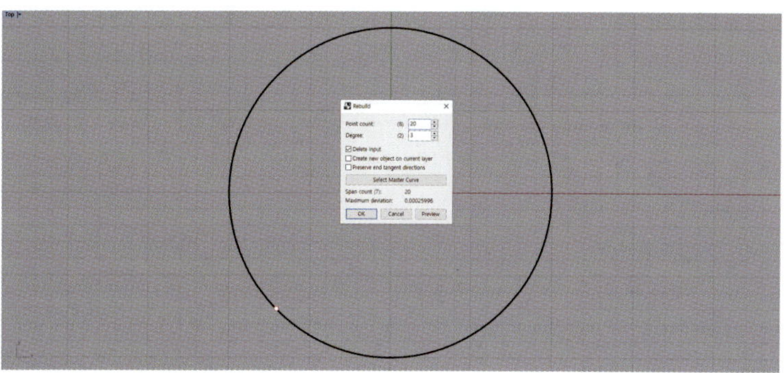

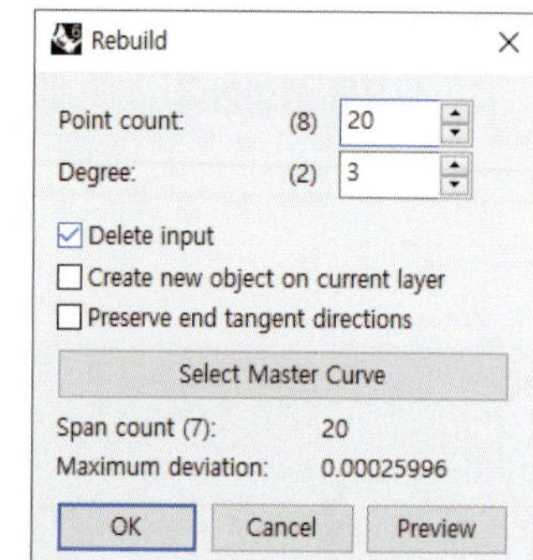

03. 원형 Curve개체를 선택하고, Show object control points(F10)를 실행하여 20개의 Point를 화면상에 나타나게 한다.

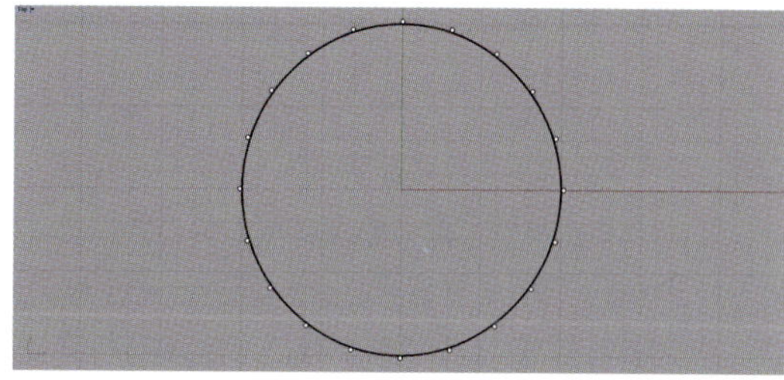

04. 조절점을 하나씩 건너뛰면서 선택하고, Scale 3-D를 실행한다. Base Point를 원점(0, 0)으로 선택하고, Shift키를 누른 상태로 마우스 커서를 X축(화살표 방향)으로 움직인 후, 마우스 왼쪽버튼을 클릭한다. 다시 Shift키를 누른 상태로 마우스 커서를 원형 Curve개체의 안쪽으로 움직인 후, 마우스 왼쪽 버튼을 클릭하여 다음 그림과 같은 형태로 조절한다.

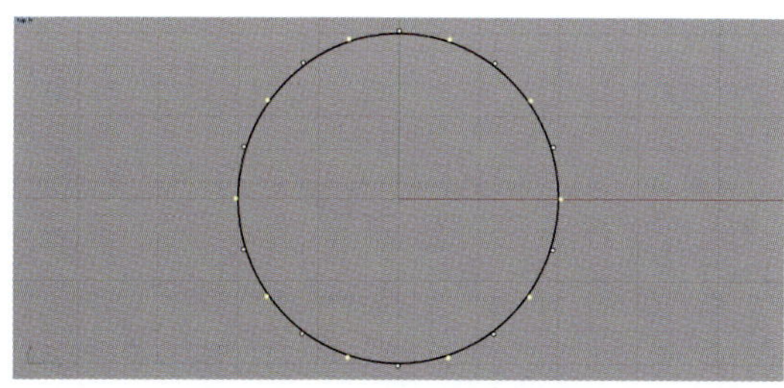

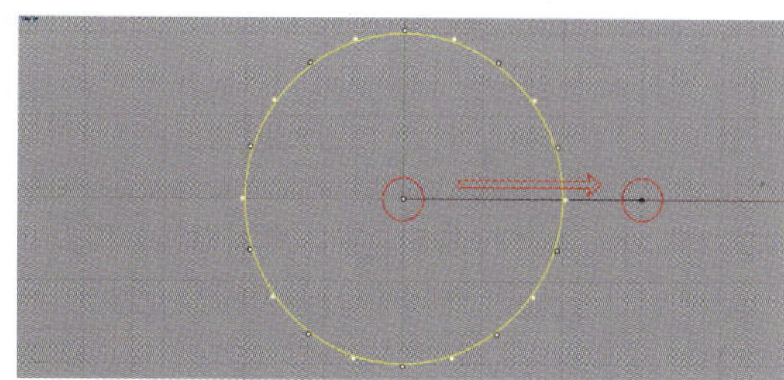

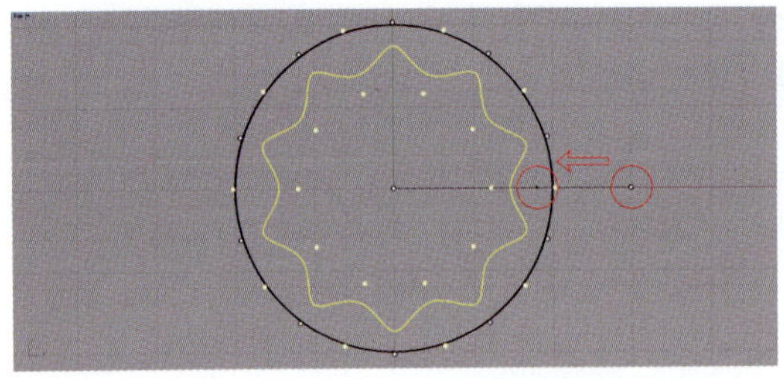
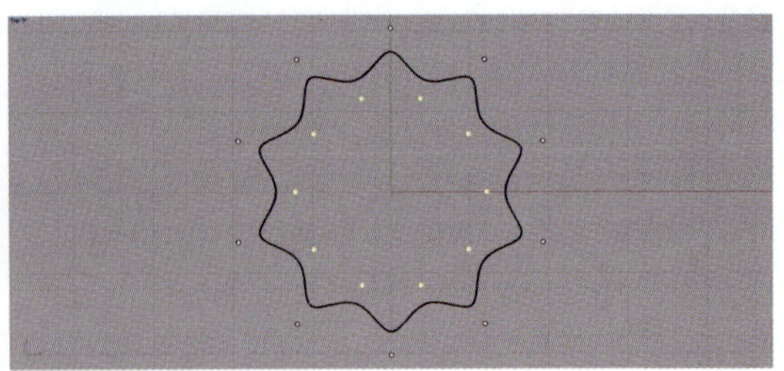

05. 생성된 Curve개체를 선택하고, Area centroid를 실행하여 Curve개체 중심에 중심점을 생성한다.

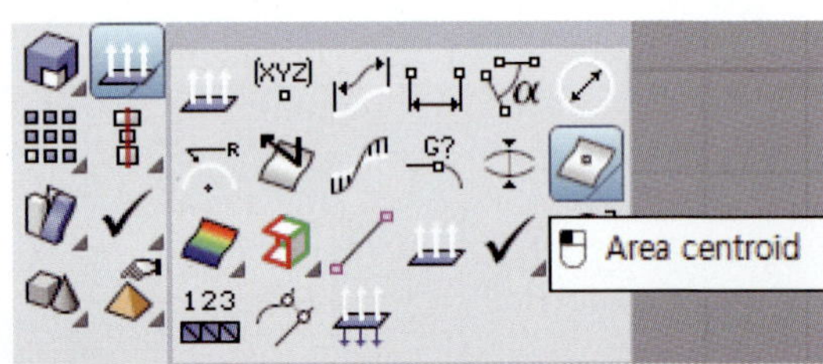

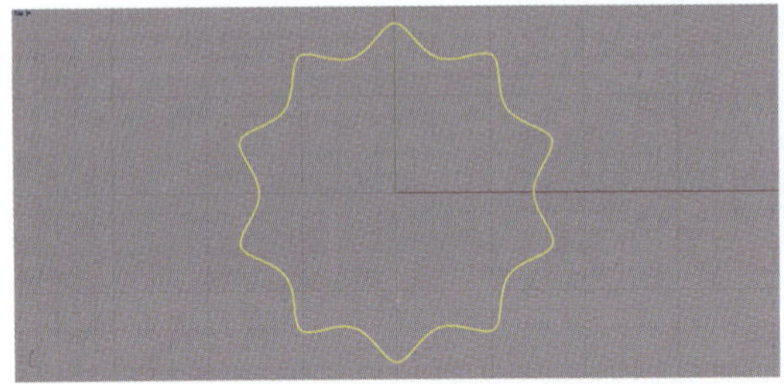
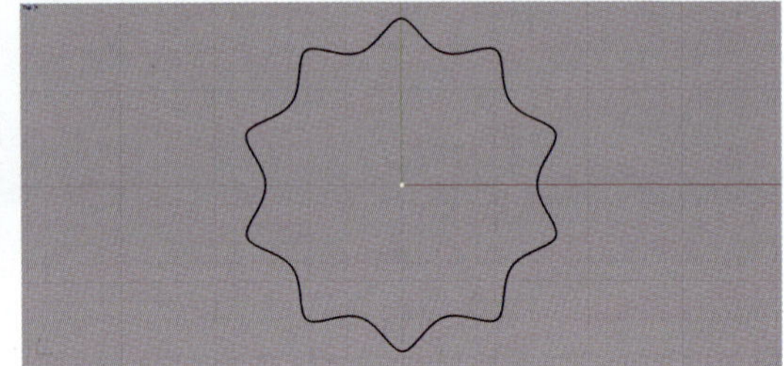

06. Single Line를 실행하고, Osnap Toolbar에서 Point를 체크한 후, 생성된 Point개체를 선택한다. 다음 그림과 같이 수직(Z축 방향)으로 7㎜의 직선 Curve개체를 생성한다.

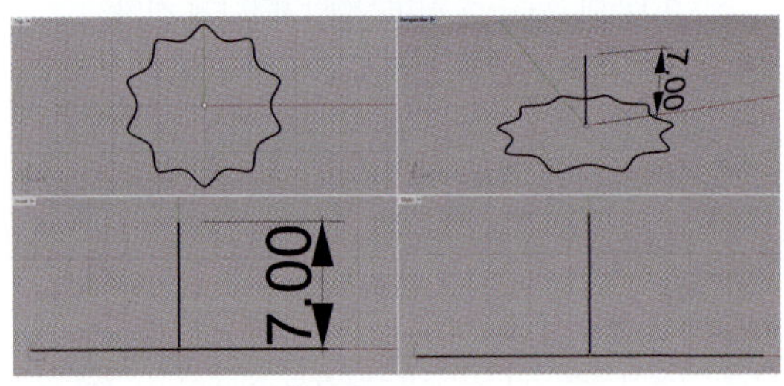

07. 다시 Single Line을 실행하고, Osnap toolbar에서 Quad를 체크한다. 다음 그림과 같이 생성한 7㎜ 직선 Curve개체 상단의 End점을 선택하고, 별 형태 Curve개체의 Quad점을 선택하여 직선 Curve개체를 생성한다.

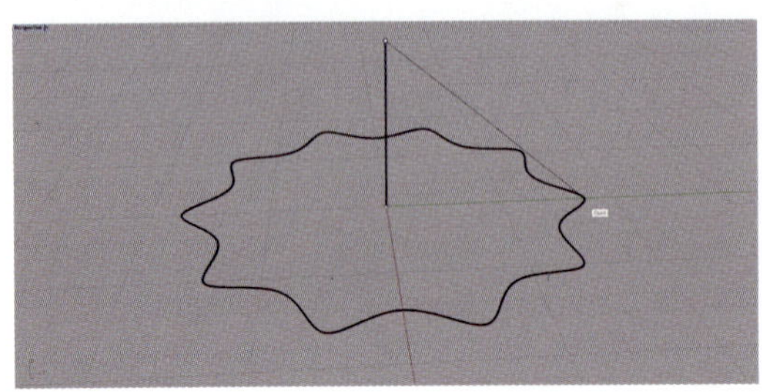
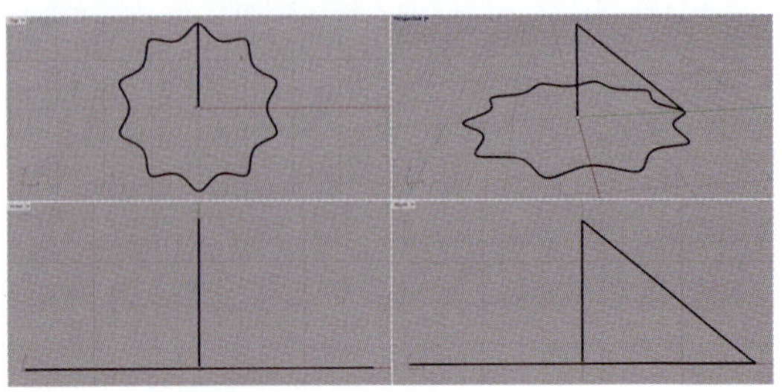

08. 생성한 직선 Curve개체를 선택하고, Rebuild curve를 실행한다. Rebuild 창이 나타나면 Point count값 5로 입력하고, Degree값 3을 입력한 후, OK를 누른다.

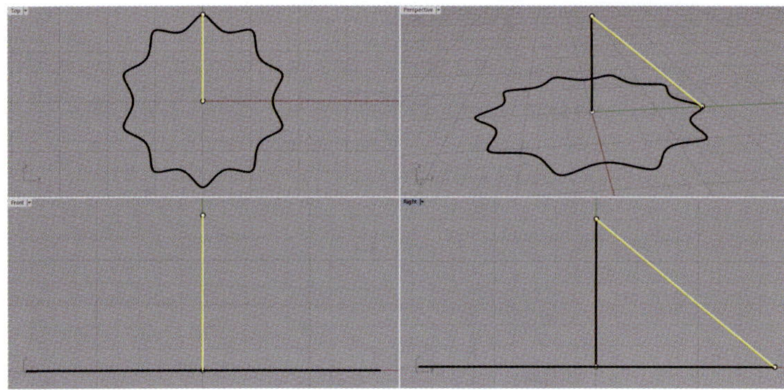

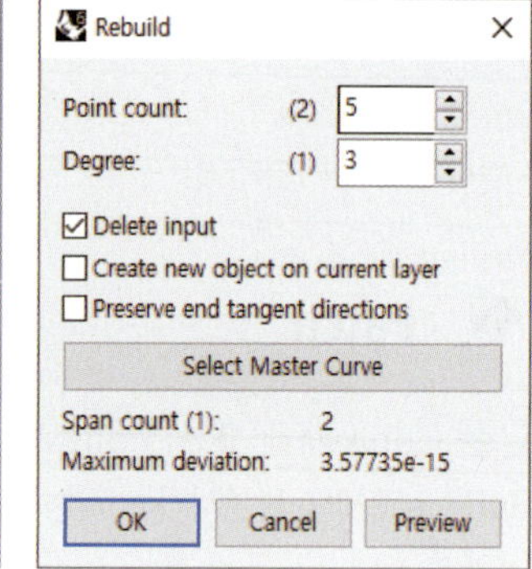

09. Rebuild한 Curve개체를 선택하고, Show object control points를 실행하여 조절점을 화면상에 나타나게 한 후, 조절점들을 다음 그림과 같이 이동시킨다.

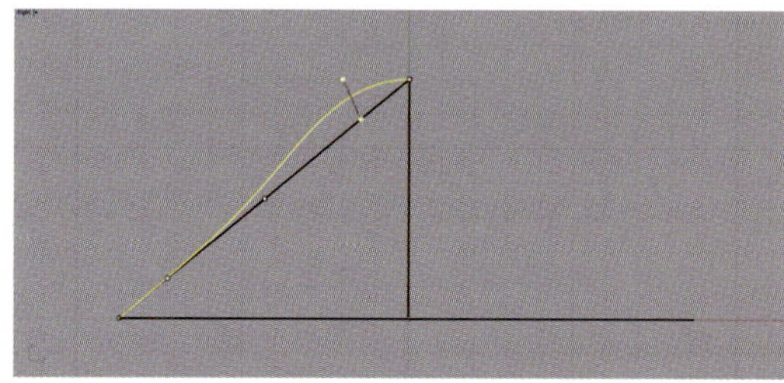

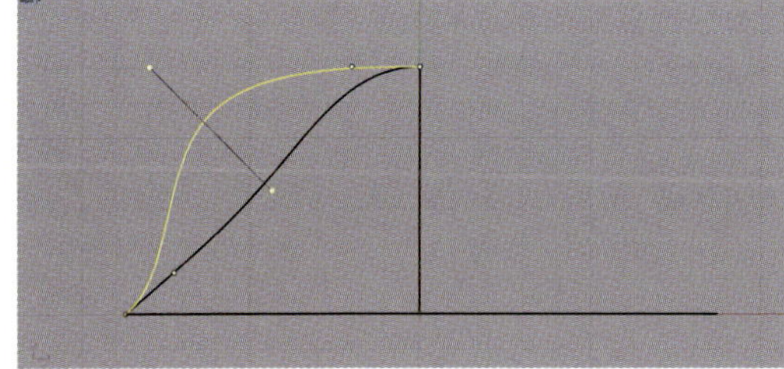

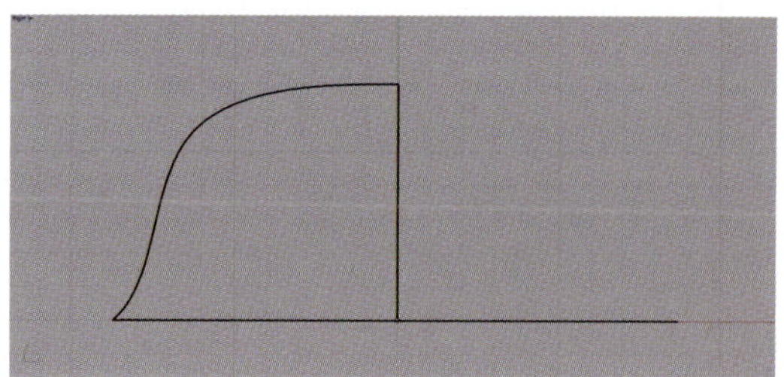

10. Rail Revolve를 실행하고, Profile curve를 선택한 후, Rail curve를 선택한다. Start of Rail Revolve axis를 1번 End점으로 선택하고, End of Rail Revolve axis를 2번 End점으로 선택한다.

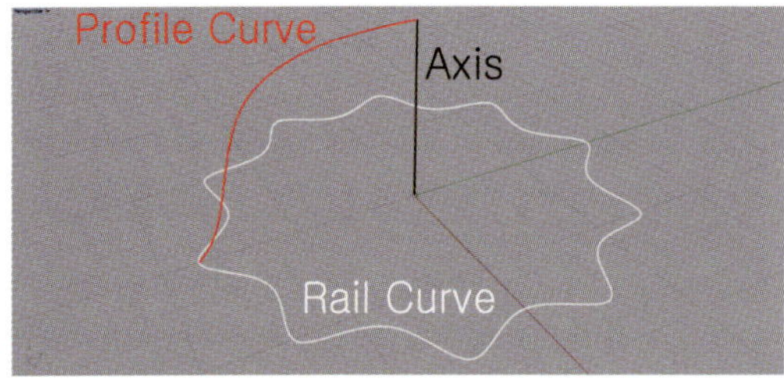

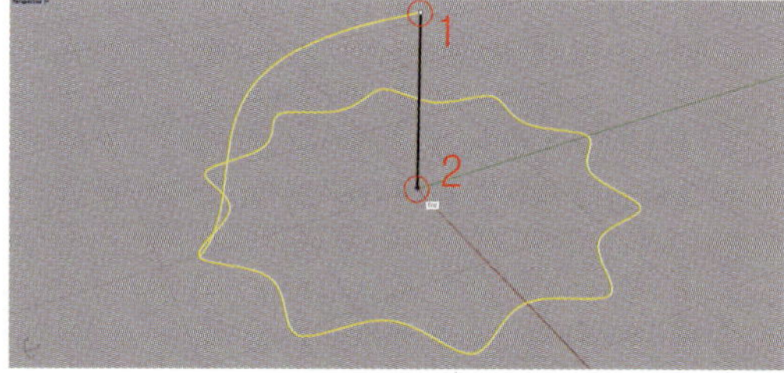

11. 다음 그림과 같이 경로에 따라 회전한 Surface개체가 생성된 것을 확인할 수 있다.

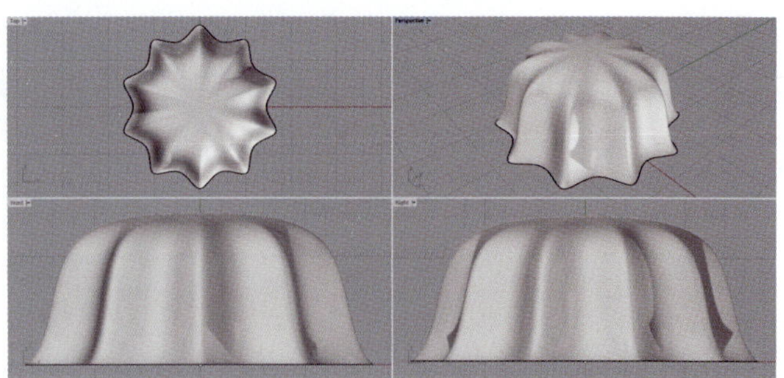

 Patch

→ 부록CD 〉 Rhino 예제 〉 Lesson 9 〉 Patch

닫힌 Curve개체 또는 Point개체를 이용하여 Surface개체를 생성시키는 기능이다.

Options

- **Sample Point spacing :** 입력된 Curve개체와 Sample Point개체 사이의 근사치의 3D 거리이다.
- **Surface U, V spans :** 자동적으로 만들어진 Surface개체의 U, V 방향 Span개수를 지정하는 기능이다. 시작 Surface개체가 1×1 분할인 평면의 경우에도 사용된다.
- **Stiffness :** Curve개체를 따라 선택한 Point개체와 Sample Point개체를 통과하는 최적의 맞춤 평면(Fit Plane Through Points)을 찾아, Patch Surface개체를 생성한다. 그 후, Point개체와 Sample Point개체에 맞도록 Surface개체가 변형된다. Stiffness의 설정은 최적으로 맞춘 평면을 어느 정도 변형시키는가를 나타낸다. 수치가 클수록 만들어지는 Surface개체는 경직되고, 보다 사각형에 가까운 평면이 된다.
- **Adjust tangency :** 입력된 Curve개체가 기존의 Surface개체의 가장자리인 경우, Surface개체의 Tangency방향에 일치시키는 기능이다.
- **Automatic Trim :** 외부의 Curve개체를 검색하여 Surface개체를 외부 Curve개체에 맞춰 자르는 기능이다.
- **Starting Surface**
- **Select starting surface :** 클릭하여 시작 Surface개체를 선택한다. 생성하려는 Surface개체와 모양이 유사한 시작 Surface개체를 만들려면 좋은 결과를 얻을 수 있다.
- **Starting Surface pull :** 시작 Surface개체에 적용된다. 끌어오는 정도가 클수록, 만들어지는 Surface개체의 형상이 시작 Surface개체의 형상에 가까워진다.
- **Preserve edges :** 시작 Surface개체의 가장자리를 고정한다. Curve개체 또는 Point개체를 사용하여 기존의 Surface개체를 변형시킬 때, 시작 Surface개체의 가장자리를 이동되지 않게 할 경우에 사용하면 효율적이다.
- **Delete input :** 원본 개체를 삭제하는 기능이다.

01. 다음 그림과 같이 Surface개체의 구멍 뚫린 부분에 원하는 형태의 Curve개체를 생성한다.

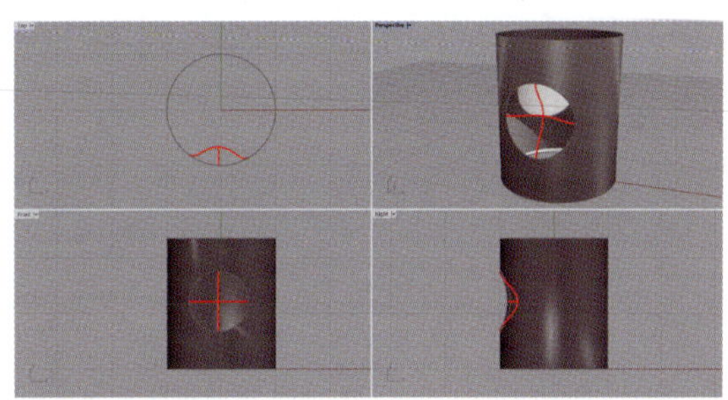

02. Patch를 실행한다. Surface개체 구멍 뚫린 부분의 Edge를 선택하고, 두 개의 Curve개체를 선택한 후, Enter↵키를 누른다.

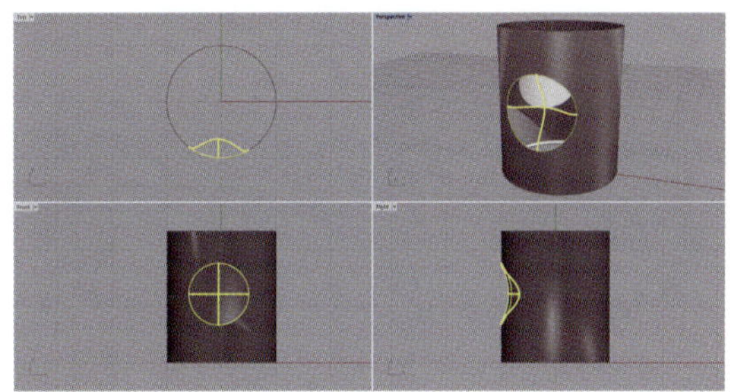

03. Patch Surface Options창이 나타나면 다음 그림과 같이 설정한 후, OK를 누른다.

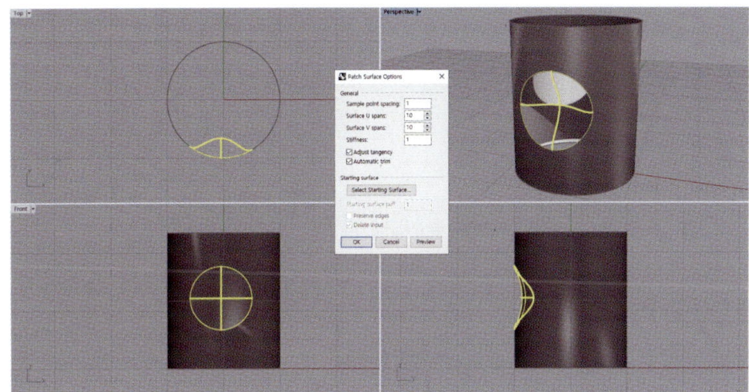

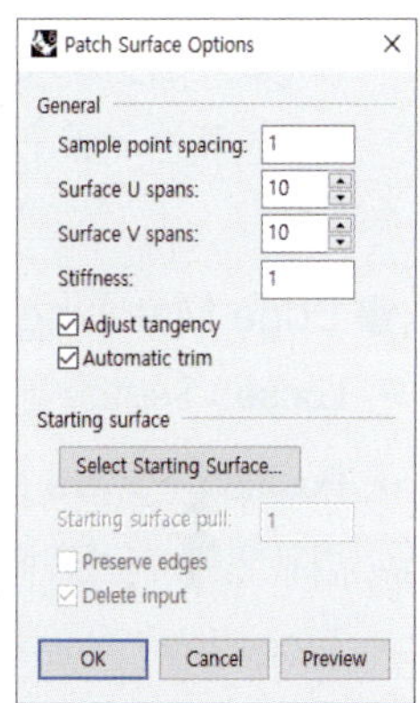

04. 다음 그림과 같이 Surface개체의 구멍 뚫린 부분에 Surface개체가 생성된 것을 확인할 수 있다.

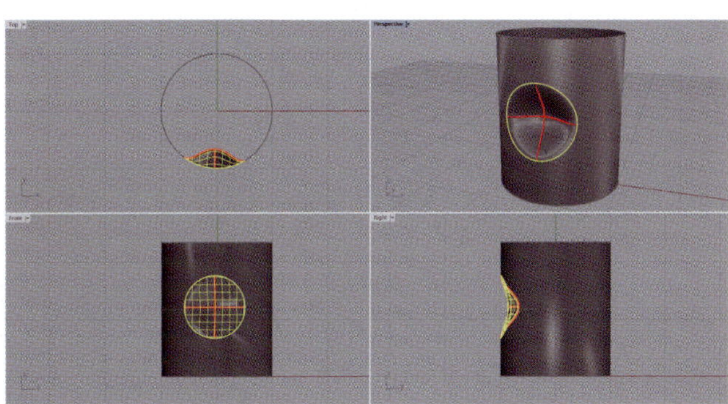

Surface from network of curves

→ 부록CD 〉 Rhino 예제 〉 Lesson 9 〉 Surface from Network of Curves

여러 개의 Curve개체로 Network Surface개체를 생성하는 기능이다. Loft Surface개체와 Sweep 2 Rail Surface개체의 장점들을 포함한 기능이며, 4개의 가장자리에 대해 모두 연속성을 조절할 수 있다. 한 방향의 모든 Curve개체가 다른 방향의 모든 Curve개체와 교차해야 하며, 같은 방향의 Curve개체는 서로 교차할 수 없다. U, V각 각 방향에 대해 2개 이상의 Curve개체가 필요하며 만약 한쪽 방향의 Curve개체가 폐곡선인 경우 다른 방향에는 3개 이상의 Curve개체를 생성해주어야만 한다.

Options

- **NoAutoSort** : 사용자가 직접 Curve개체를 선택할 수 있도록 자동정렬 기능을 해제하는 기능이다.

● Tolerances

- **Edge Curve** : 기본 값은 시스템 허용오차이다. 가장자리 Curve개체의 허용오차를 설정하는 기능이며 Surface개체의 가장자리는 가장자리 Curve개체로부터 이 값의 범위 안으로 유지된다.
- **Interior Curve** : 내부 Curve개체의 허용오차를 설정하는 기능이다. Surface개체의 내부는 내부 Curve개체로부터 이 값의 범위 안으로 유지되며 기본 값은 시스템 허용오차의 10배이다. Surface개체 자체가 허용오차 값 보다 서로 떨어져 있는 경우, 최적으로 간주되는 추측된 값이 Surface개체에서 실행된다.
- **Angle** : 가장자리 Curve개체가 Surface개체의 가장자리이고, Surface개체가 인접한 Surface개체와 접선 연속성 또는 곡률 연속성으로 일치하길 원할 때, 이 값이 Surface개체의 법선을 일치시킬 때 사용하는 정밀도이다.

● Edge Matching

- **Loose** : Surface개체가 입력 가장자리 Curve개체에 일치하지만 정확도가 떨어진다.
- **Position** : Curve Network로 만드는 Surface개체의 가장자리가 입력된 Surface개체의 가장자리와 오차 범위 안에서 만들어진다.
- **Tangency** : Curve Network로 만드는 Surface개체의 가장자리가 입력된 Surface개체의 가장자리와 Tangent를 유지한다.
- **Curvature** : Curve Network로 만드는 Surface개체의 가장자리가 입력된 Surface개체의 가장자리와 Curvature를 유지한다.

01. Surface from network of curves를 실행한다.
다음 그림의 순서대로 1번 원형 Curve개체를 선택, 2번 사각형 Curve개체 선택, 그리고 3번, 4번, 5번 Curve개체를 선택한 후, Enter↵키를 누른다.

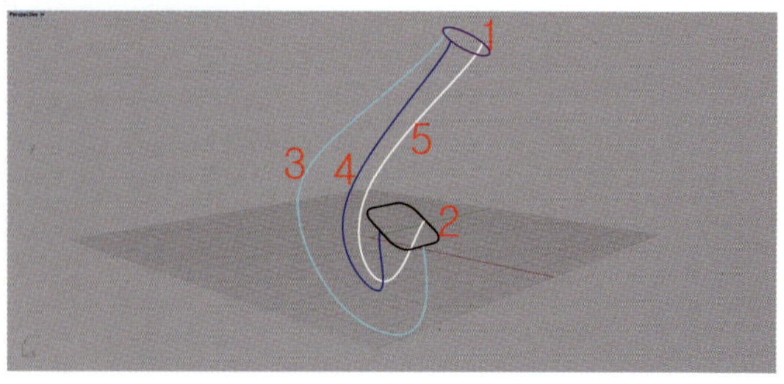

02. Surface From Curve Network 창이 나타나면 다음 그림과 같이 설정한 후, OK를 누른다.

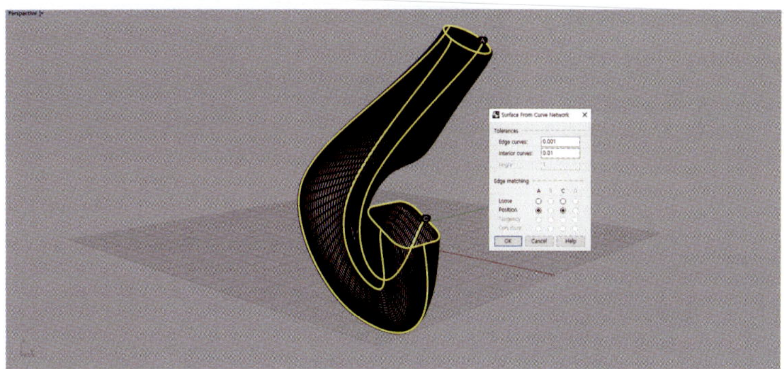

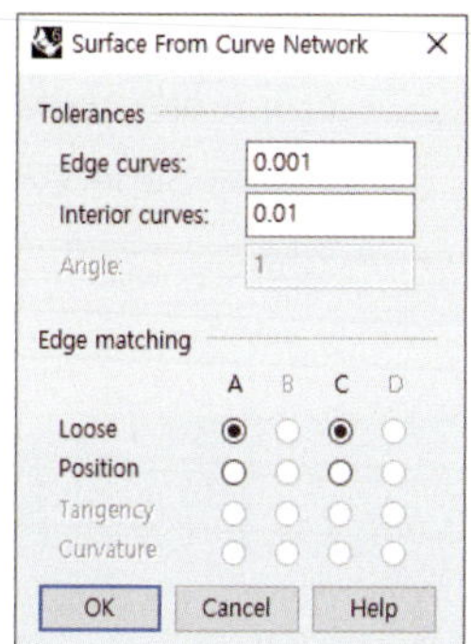

03. 다음 그림과 같이 Network Surface개체가 생성된 것을 확인할 수 있다.
한쪽 방향으로 폐곡선이 있는 경우 다른 방향으로 3개 이상의 Curve개체가 필요하게 된다. U, V방향 양쪽이 다 폐곡선인 경우에는 Torus형태와 같은 Surface개체를 생성할 수 있다.

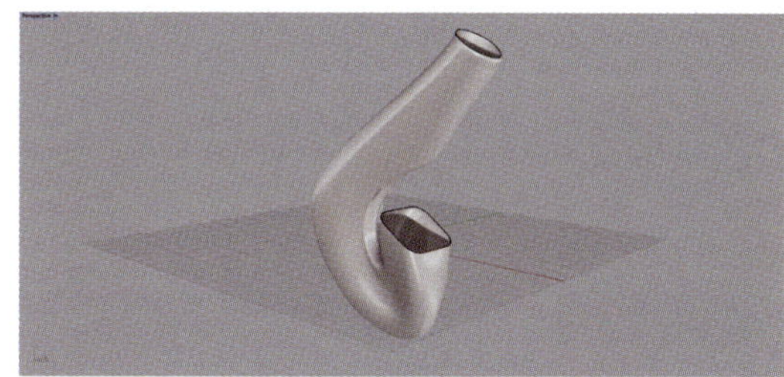

2. Surface Tools Toolbar

 Extend surface

→ 부록CD 〉 Rhino 예제 〉 Lesson 9 〉 Extend Untrimmed Surface

Trim되지 않은 Surface개체를 연장하는 기능이다. Surface개체의 연결방식은 Smooth방식과 Line방식 두 가지가 있으며 Smooth방식은 연장되는 부분의 곡률값을 점점 낮추는 방식으로 연장하며, Line방식은 연장되는 Surface개체의 곡률값이 0으로 만들어진다.

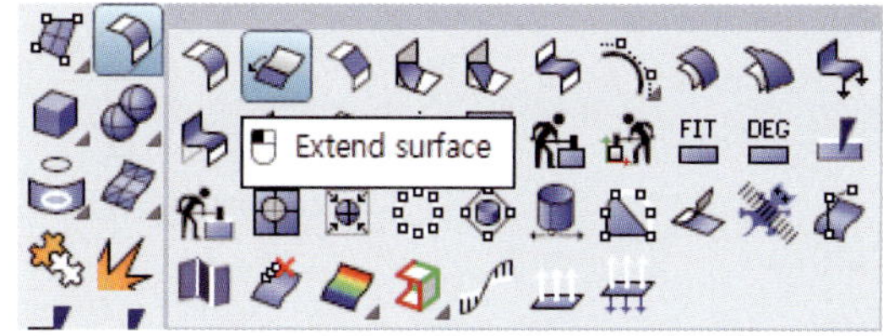

Options

- **Smooth :** 가장자리로부터 부드러운 곡선을 그리며 Surface개체를 연장하는 기능이다.
- **Line :** 가장자리로부터 직선으로 Surface개체를 연장하는 기능이다.

01. Extend surface를 실행하고, 다음 그림과 같이 원통형태 Solid개체를 다 통과하지 못하는 Surface개체에서 연장시키고자 하는 Surface개체의 Edge부분을 선택한다.

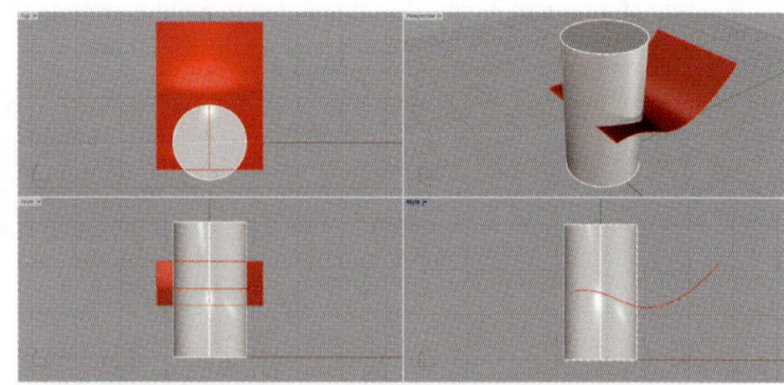

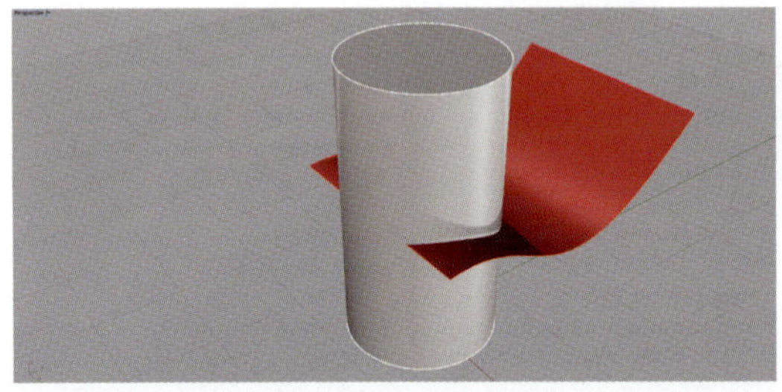

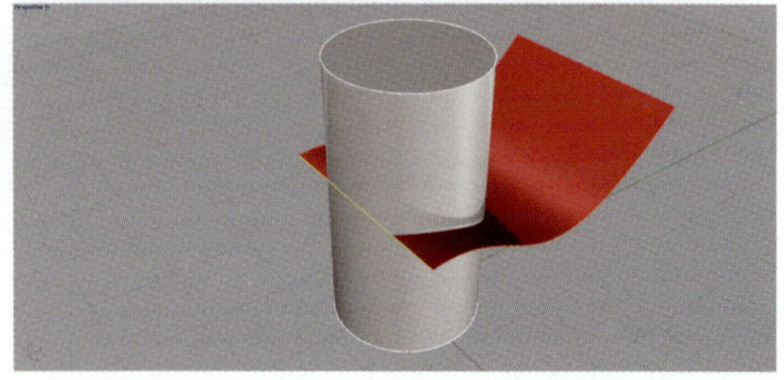

02. 마우스 커서를 움직여서 연장 또는 단축시키려는 곳을 선택한다. 또는 Command Prompt 영역에 원하는 값을 입력한다.

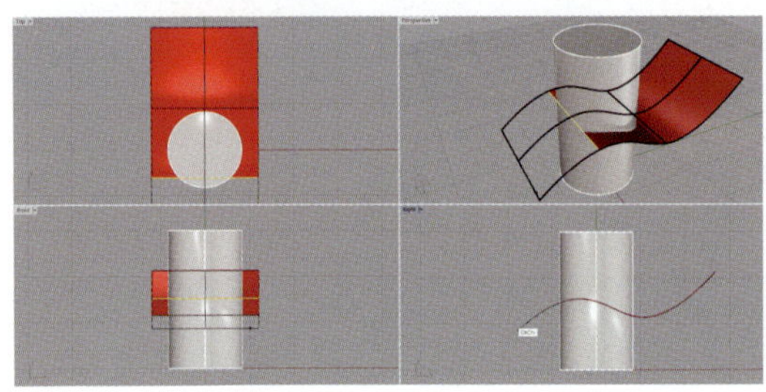

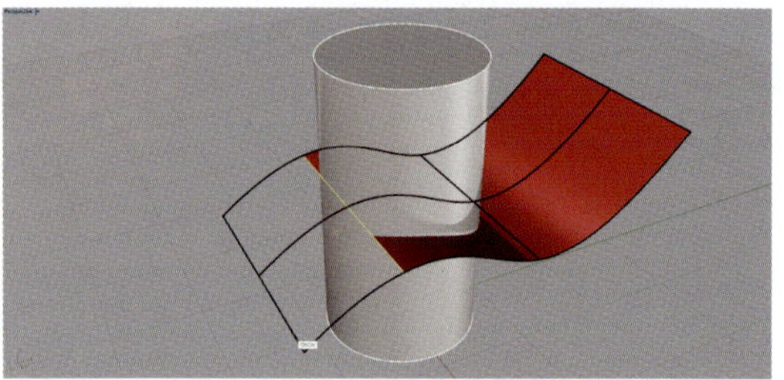

03. 다음 그림과 같이 Surface개체의 가장자리 부분이 연장된 것을 확인할 수 있다.

 Fillet Surface

→ 부록CD 〉 Rhino 예제 〉 Lesson 9 〉 Fillet Surface

2개의 Surface개체 가장자리 사이에 접하는 일정한 반지름 Profile을 가진 Surface개체를 생성하는 기능이다. 기존에 있던 Surface개체들과 새로 생성되는 Surface개체에 Trim작업과 결합작업을 진행할 수 있다. 이 기능은 지정한 반지름 값을 가진 구 개체를 Surface개체의 가장자리를 따라 굴리는 것과 같다.

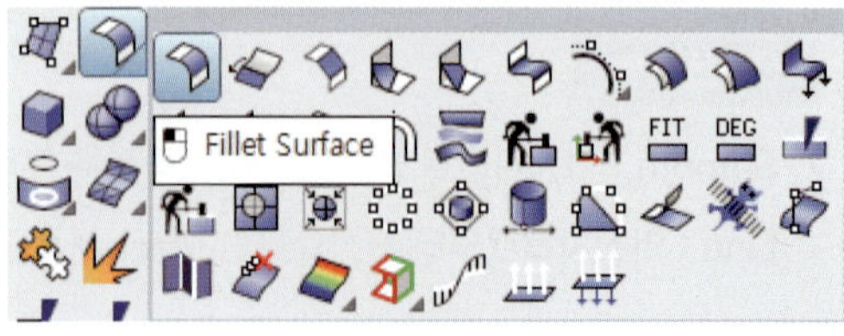

Options

- **Radius :** Fillet 반지름 값을 지정한다.
- **Extend :** 기존 Surface개체를 연장하여 Fillet한다.
- **Trim :** 기존 Surface개체들을 Trim한다.

01. Fillet Surface를 실행하고, Command Prompt 영역에서 Radius값 1을 입력한 후, [Enter↵]키를 누른다. 1번 Surface개체를 선택하고, 3번 원통형 Surface개체를 선택한다. 다시 Fillet Surface를 실행하고, 2번 Surface개체와 3번 원통형 Surface개체를 차례로 선택하면, 다음 그림과 같이 Radius값 1㎜로 Fillet된 것을 확인할 수 있다.

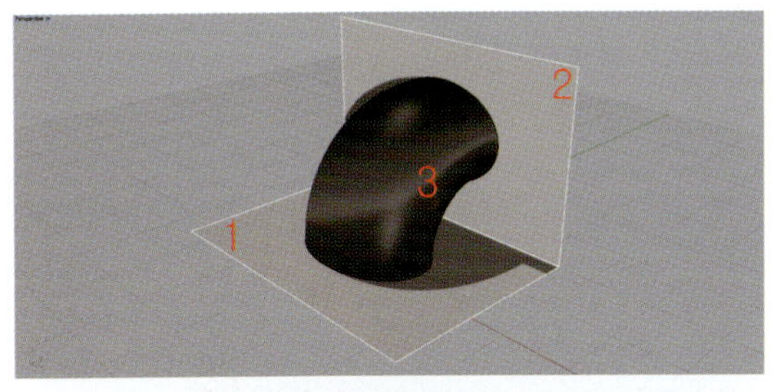

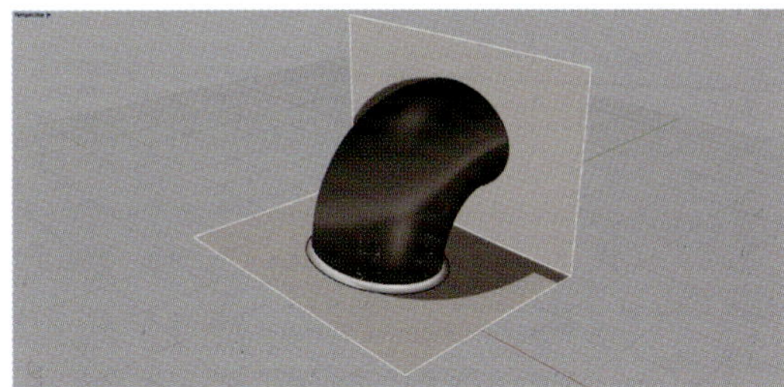

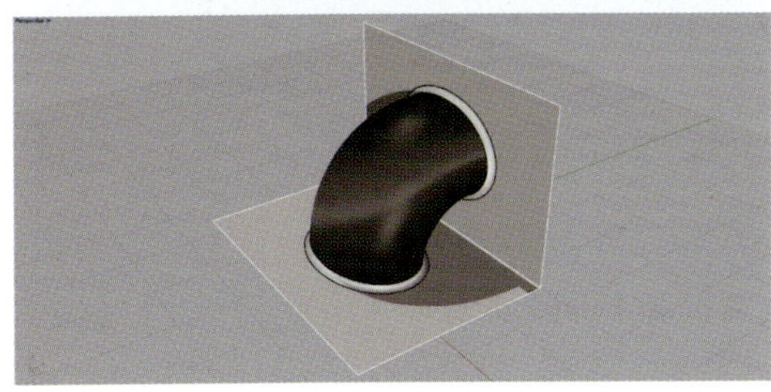

02. Fillet Surface을 실행하고, Command Prompt 영역에서 Radius값 1을 입력한 후, [Enter↵]키를 누른다.
Trim = No로 설정한 후, 1번 Surface개체를 선택하고, 2번 Surface개체를 선택한다. 다음 그림과 같이 Radius값 1㎜로 Fillet이 Trim되지 않은 상태로 생성된 것을 확인할 수 있다.

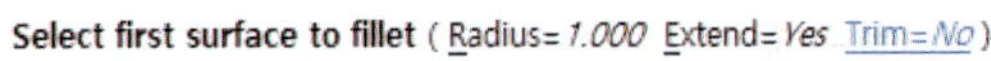

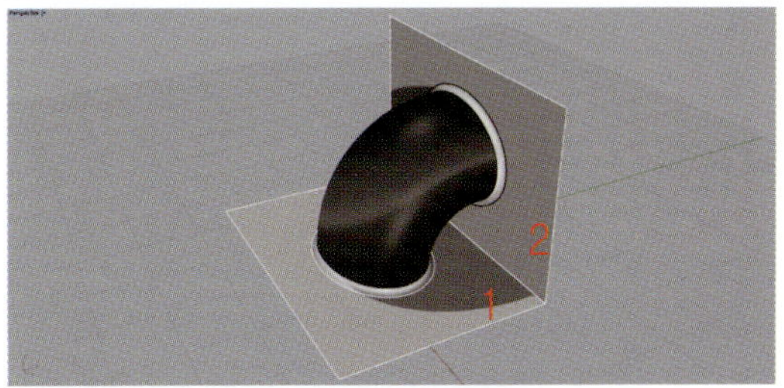

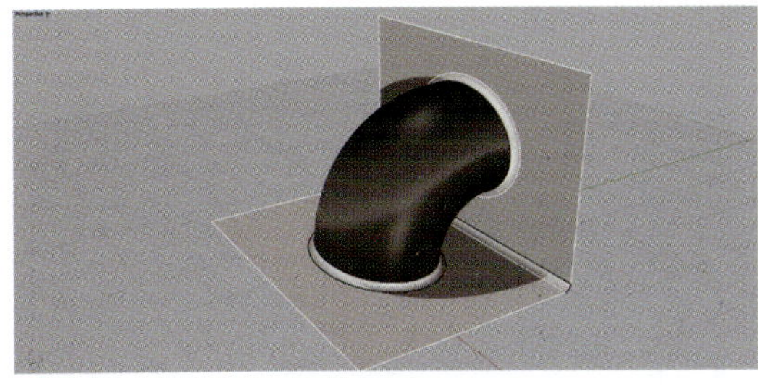

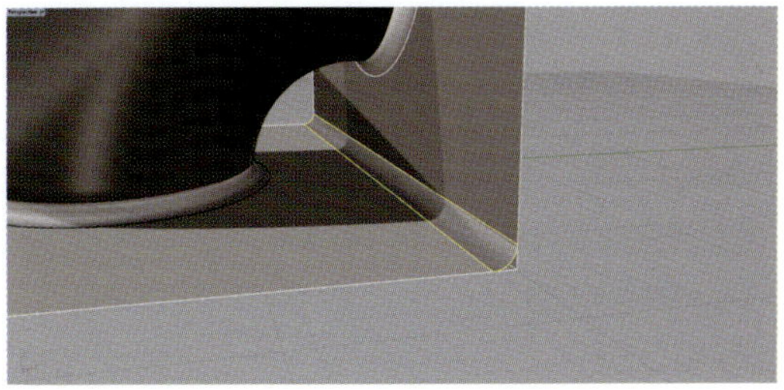

Chamfer Surface

2개의 Surface개체 가장자리 사이를 지정한 거리만큼 직선으로 모따기하는 기능이다.

Options

- **Distances** : Surface개체의 교차하는 점에서 모따기되는 가장자리까지의 거리 값을 지정하는 기능이다.
- **Extend** : Chamfer Surface개체를 Surface개체만큼 연장시키는 기능이다.
- **Trim** : 기존의 Surface개체를 Chamfer Surface개체와 교차되는 지점까지 Trim하는 기능이다.

01. Chamfer Surface를 실행하고, Command Prompt 영역에서 Distances를 선택한다. 첫 번째 선택할 Distances값 1을 입력하고, Enter↵키를 누른다. 두 번째 선택할 Distances값 1을 입력하고 Enter↵키를 누른 후, 1번과 2번 Surface개체를 차례로 선택한다.

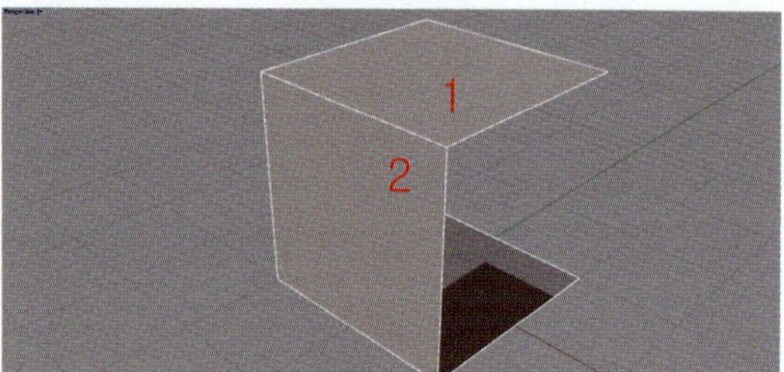

Select first surface to chamfer (Distances= *1.000,1.000* Extend= *Yes* Trim= *Yes*):

First chamfer distance <1.000>:

Second chamfer distance <1.000>:

02. 다음 그림과 같이 가로 1㎜, 세로 1㎜로 Chamfer된 것을 확인할 수 있다.

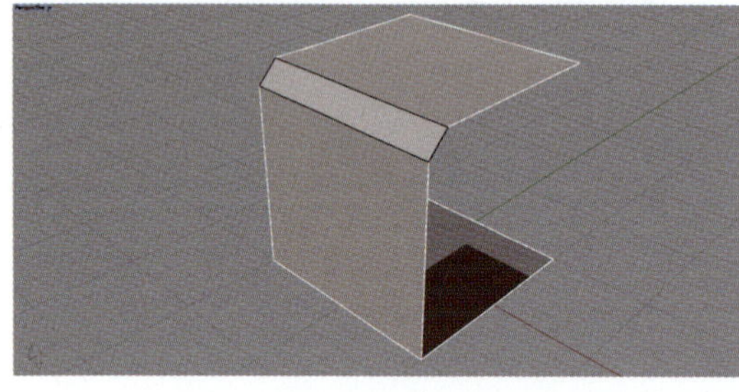

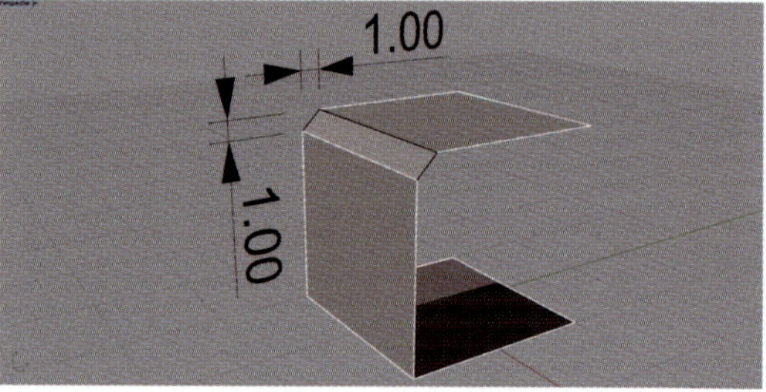

Variable radius surface fillet

Surface개체의 가장자리 사이에 다양한 반지름 값을 사용하여 접하는 Surface개체를 만들고, 기존의 Surface개체를 Trim하고, 결과물인 Surface개체를 결합한다.

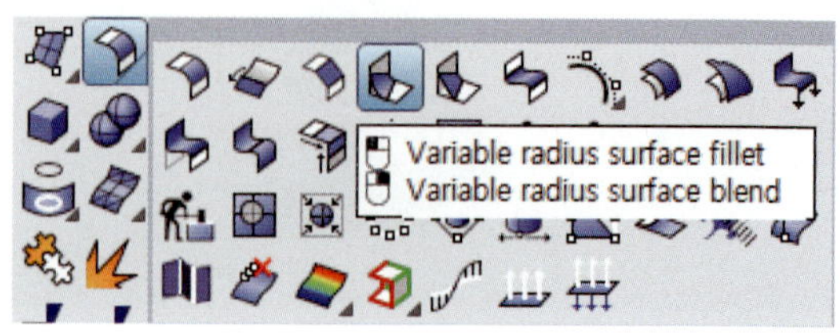

Options

- **CurrentRadius** : 현재 Handle의 Radius값을 지정하는 기능이다.
- **AddHandle** : 가장자리를 따라 Handle을 추가하는 기능이다
- **CopyHandle** : 선택된 Handle의 Radius값을 사용하여 새 Handle을 추가하는 기능이다.
- **SetAll** : 모든 Handle의 Radius 값을 설정하는 기능이다.
- **LinkHandles** : 하나의 Handle을 편집하면 모든 Handle이 Update되는 기능이다.

● RailType

- **DistBetweenRails** : 가장자리 Rail 사이의 거리로 교차를 결정한다.
- **DistFromEdge** : 가장자리 Curve개체로부터 지정된 거리가 교차를 결정한다.
- **RollingBall** : RollingBall의 반지름으로 교차를 결정한다.

- **TrimAndJoin** : Surface개체는 Trim하고 결합된다.

옵션별 변화 비교

→ 부록CD 〉 Rhino 예제 〉 Lesson 9 〉 Variable Radius Surface Fillet

01. Variable radius surface fillet를 실행하고, Radius값 2를 입력한 후, Enter↵키를 누른다.
1번 Surface개체와 2번 Surface개체를 차례로 선택한다.

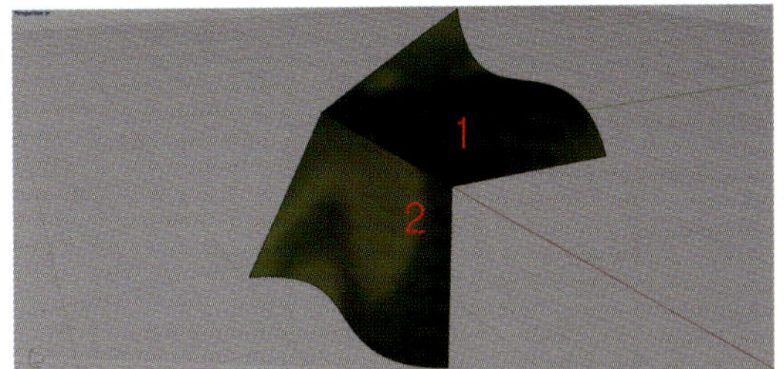

02. Command Prompt 영역에서 RailType을 선택하고, DistFromEdge를 선택한 후, Enter↵키를 누른다.
다음 그림과 같이 ○빨간 원 안의 조절점을 화살표 방향으로 마우스 왼쪽버튼을 누른 상태로 드래그해서 1㎜ 이동시키고 Enter↵키를 누른다.

Select fillet handle to edit. Press Enter when done
(AddHandle CopyHandle SetAll LinkHandles=*No* RailType=*RollingBall* TrimAndJoin=*Yes* Preview=*No*):

RailType <RollingBall> (DistFromEdge RollingBall DistBetweenRails):

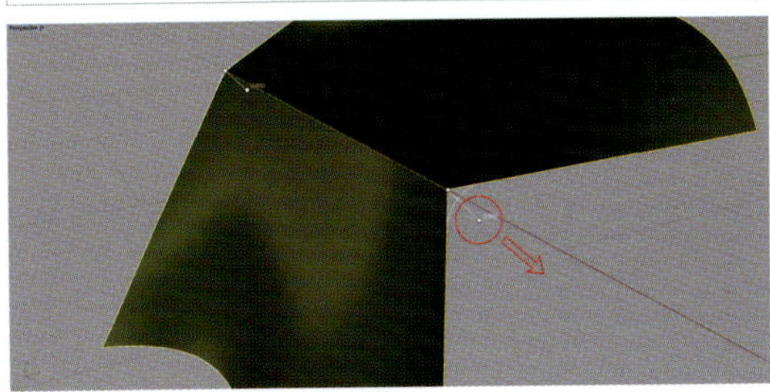

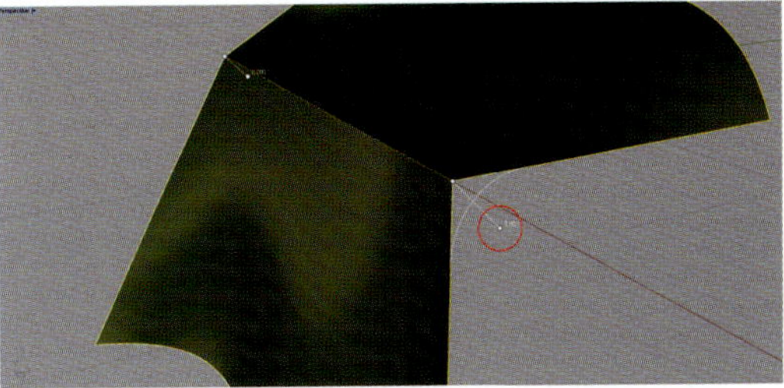

RailType <RollingBall> (DistFromEdge RollingBall DistBetweenRails):

RailType <DistFromEdge> (DistFromEdge RollingBall DistBetweenRails):

RailType <RollingBall> (DistFromEdge RollingBall DistBetweenRails):

Variable radius surface chamfer

Surface개체의 가장자리 사이에 다양한 거리 값을 사용하여 Chamfer Surface개체를 만들고, 기존의 Surface개체를 Trim하고, 결과물인 Surface개체를 결합한다.

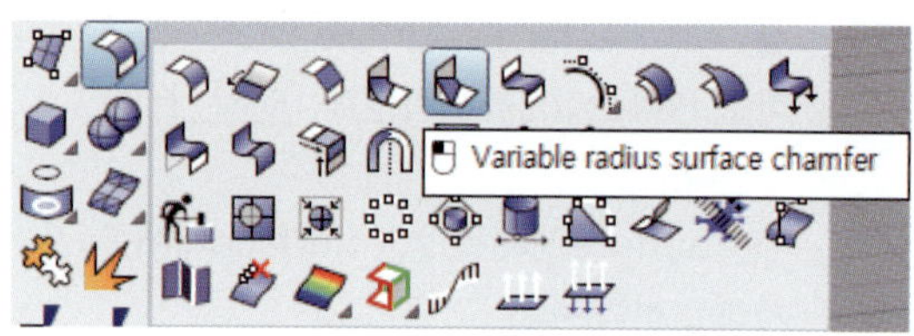

Blend Surface

→ 부록CD 〉 Rhino 예제 〉 Lesson 9 〉 Blend Surface

두 개의 Surface개체 사이에 연속적인 Blend Surface개체를 생성시키는 기능이다.

Options

● Adjust Curve Seams

- **Flip** : Curve개체의 방향을 바꾸는 기능이다.
- **Automatic** : Seam 위치와 방향을 사용자가 지정하는 것 없이 자동으로 정렬한다.
- **Natural** : 명령을 시작했을 때의 Seam 위치와 위치로 이동한다.

- **Continuity 1 / Continuity 2** : Blend Curve개체와 입력 Curve개체 또는 Edge사이에 연속성을 설정하는 기능이다.
- **Position(G0)** : 위치

- **Tangency(G1) :** 접선
- **Curvature(G2) :** 곡률 연속성
- **G3 :** 일정한 변경률을 가진 곡률 연속성
- **G4 :** 곡률이 연속적이고 변경률의 변경이 일정한 비율

● Key for Control

- **Alt :** 기본 값으로 형태 Curve개체는 Surface개체 가장자리에 대하여 수직이거나, Surface Isocurve에 대하여 평행하다. 가장자리가 Trim된 경우, 형태는 Surface개체의 가장자리에 대하여 수직이 된다. 가장자리가 Trim되지 않았다면, 형태는 Surface Isocurve에 대하여 평행이 된다. Alt 키를 누른 상태에서 핸들을 끌어서 형태 Curve개체와 Surface개체 가장자리 사이의 각도를 변경한다.
- **Shift :** 기본 값으로 형태 Curve개체는 각 끝점이 개별적으로 편집된다. Shift 키를 누른 상태에서는 대칭을 유지한다. 대칭을 사용하여 점을 편집하면 Curve개체의 다른 한 쪽에서도 Mirror가 실행된다.

- **PlanarSections :** 모든 형태의 Curve개체를 지정된 방향에 대하여 평행하도록 만드는 기능이다.
- **Add Shapes :** Curve profile Shape를 추가하여 Blend Surface Shape에 대한 제어를 증가시키는 기능이다. 입력된 Shape가 복잡하거나, 해당 Shape의 더 많은 위치를 제어하고자 할 때 특히 중요하다. 각 Surface개체의 가장자리 위치를 클릭하여 다른 형태의 Curve개체를 추가한다.
- **Same height :** Surface개체 사이의 틈이 일정하지 않은 경우, 이 옵션을 사용하여 Blend 시작에서 끝까지 Shape Curve개체 형태의 높이를 같은 높이로 유지한다.

01. Blend Surface를 실행하고, 1번 Surface개체 안쪽 Edge를 선택한 후, 2번 Surface개체 하단의 Edge를 선택하다. Seam의 방향을 같은 방향으로 하고, Enter↵ 키를 누른다.

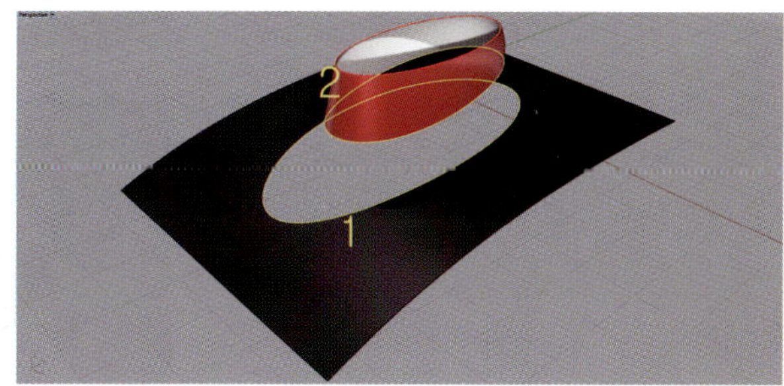

02. Adjust Surface Blend창이 나타나면 다음 그림과 같이 Continuity를 선택하는 것에 따라 변하는 Surface개체를 확인할 수 있다.

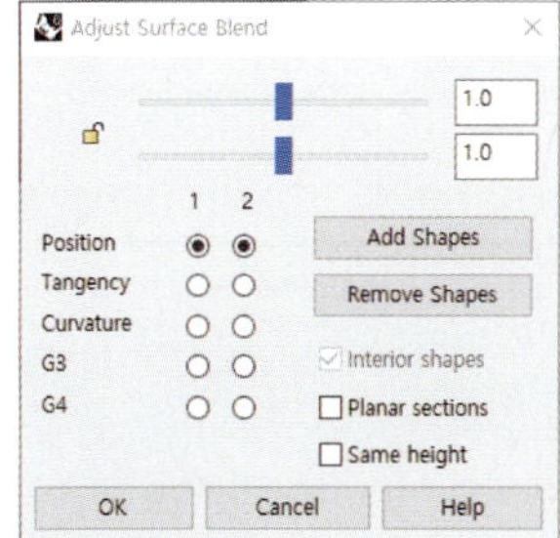

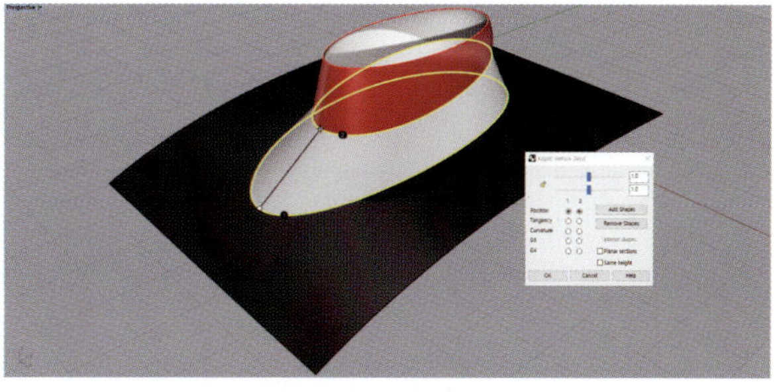

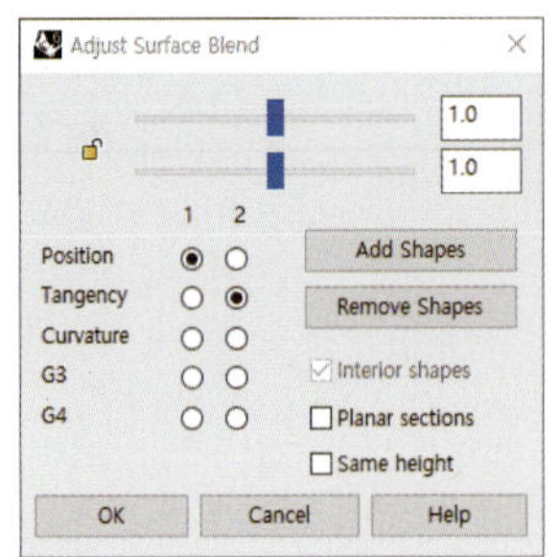
Adjust Surface Blend
1.0
1.0
1 2
Position
Tangency
Curvature
G3
G4
Add Shapes
Remove Shapes
Interior shapes
Planar sections
Same height
OK
Cancel
Help

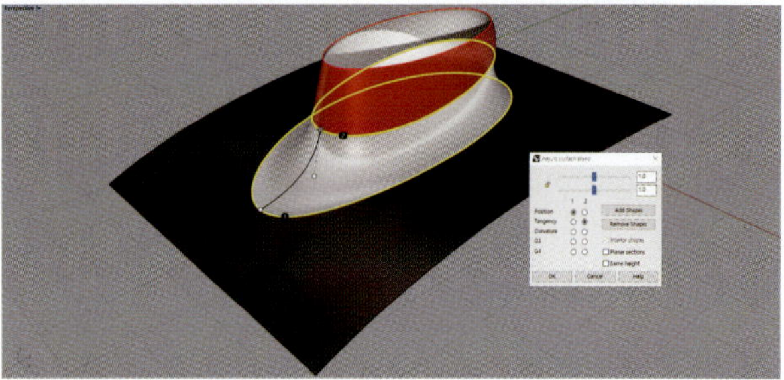

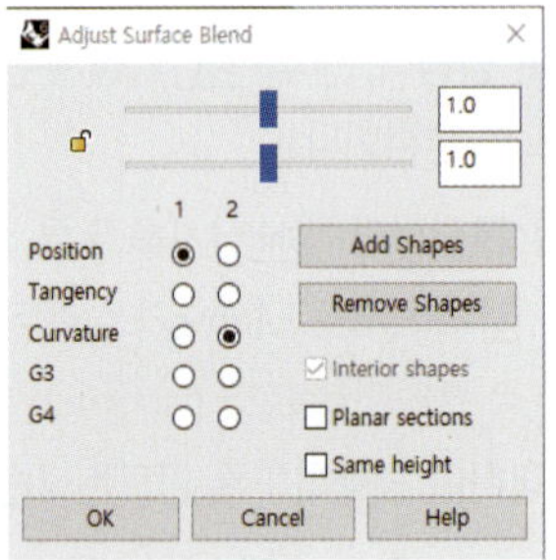
Adjust Surface Blend
1.0
1.0
1 2
Position
Tangency
Curvature
G3
G4
Add Shapes
Remove Shapes
Interior shapes
Planar sections
Same height
OK
Cancel
Help

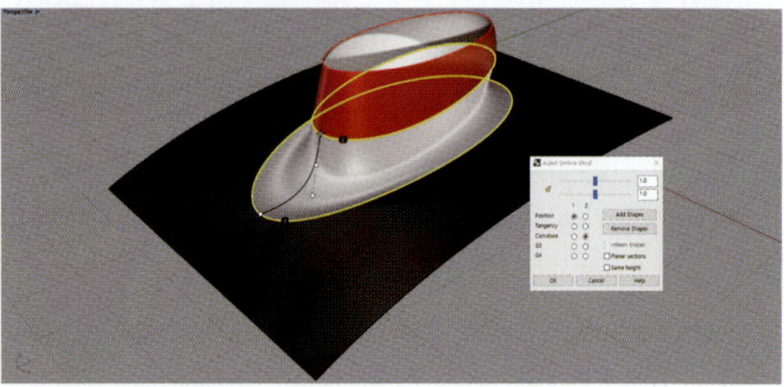

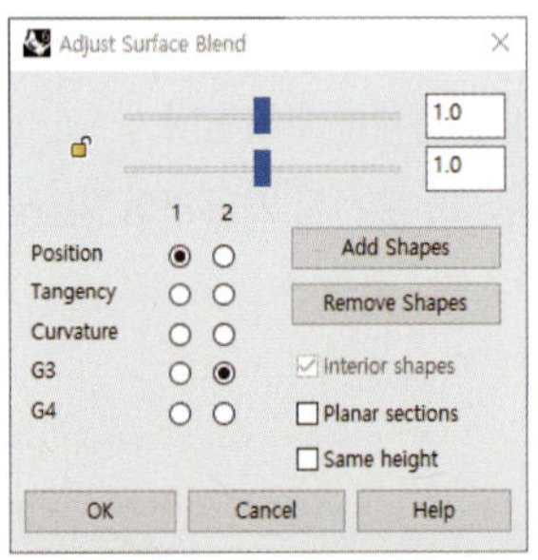
Adjust Surface Blend
1.0
1.0
1 2
Position
Tangency
Curvature
G3
G4
Add Shapes
Remove Shapes
Interior shapes
Planar sections
Same height
OK
Cancel
Help

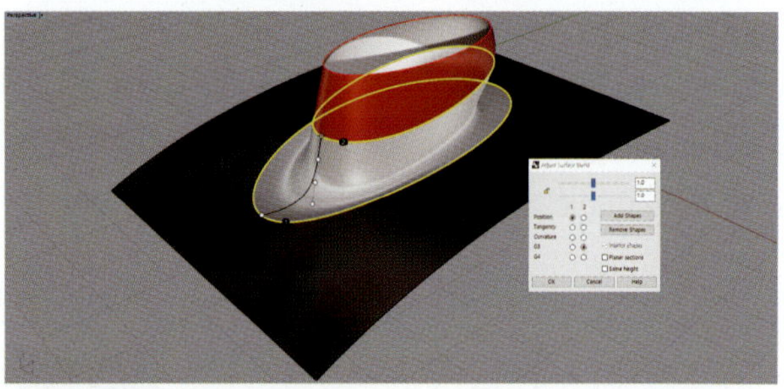

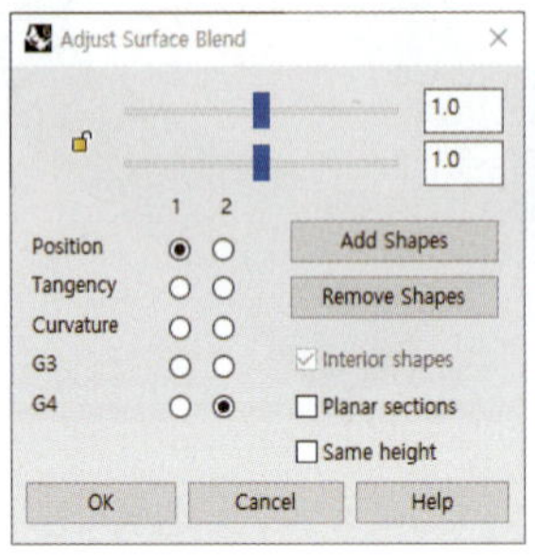
Adjust Surface Blend
1.0
1.0
1 2
Position
Tangency
Curvature
G3
G4
Add Shapes
Remove Shapes
Interior shapes
Planar sections
Same height
OK
Cancel
Help

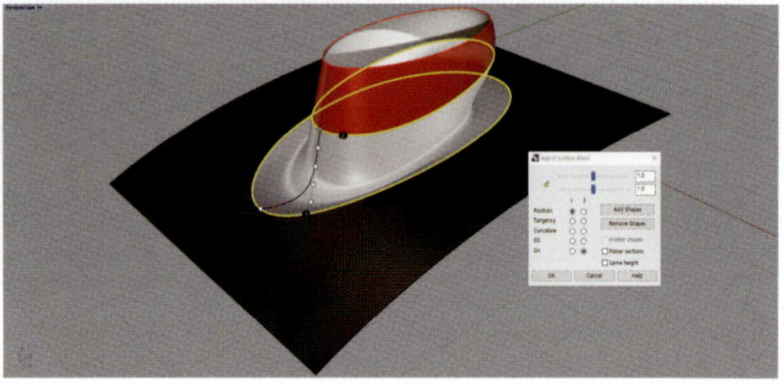

Blend Surface를 이용하여 Engage Ring 편집

01. Front Front Viewport에서 Circle: center, radius를 실행하고, 지름 17㎜의 원형 Curve개체를 생성한다.

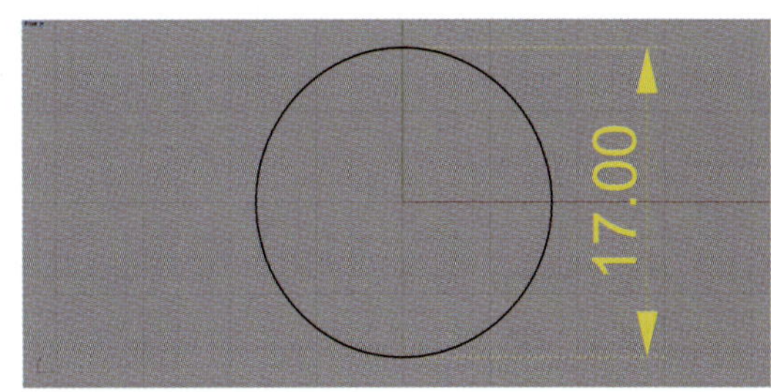

02. Right Right Viewport에서 Line: from midpoint를 실행한다. Osnap Toolbar에서 Quad점에 체크하고, 원형 Curve개체 상단의 Quad점을 선택한다. Command Prompt 영역에 End of Line 값 3을 입력하고, Enter 키를 누른다. Shift 키를 누른 상태로 마우스 커서를 Y축 방향(화살표 방향)으로 이동한 후, 마우스 왼쪽버튼을 클릭한다.

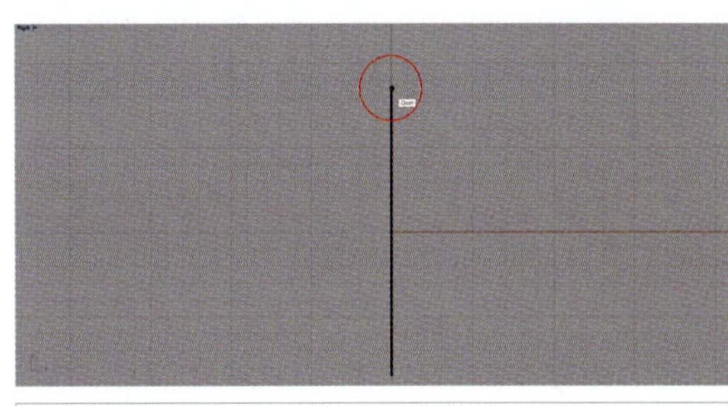

End of line: 3

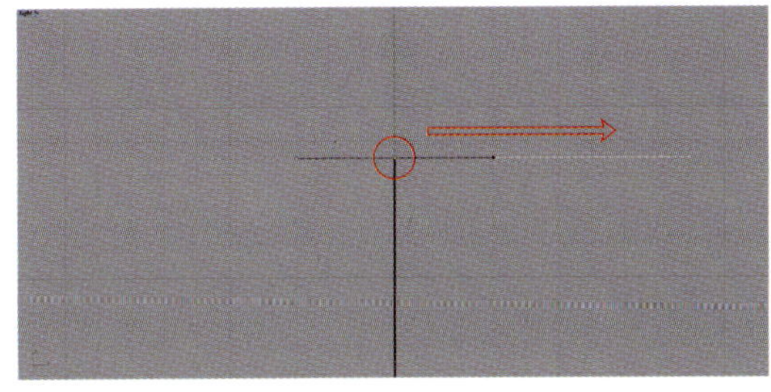

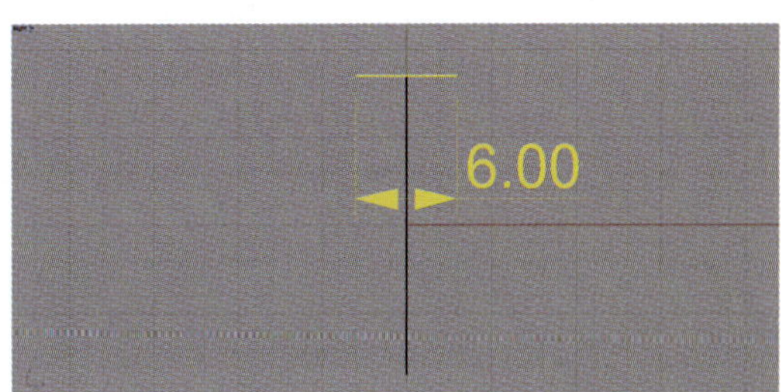

03. Arc: start, end, direction at start를 실행하고, 직선 Curve개체의 양 끝점을 선택한다. Shift 키를 누른 상태로 Z축(화살표 방향)으로 마우스 커서를 이동한 후, 마우스 왼쪽버튼을 클릭한다.

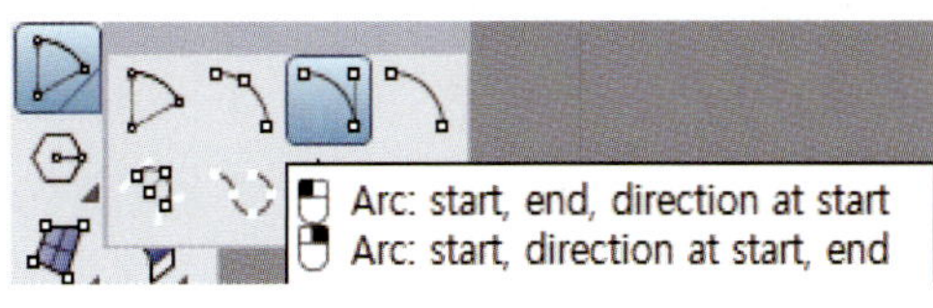

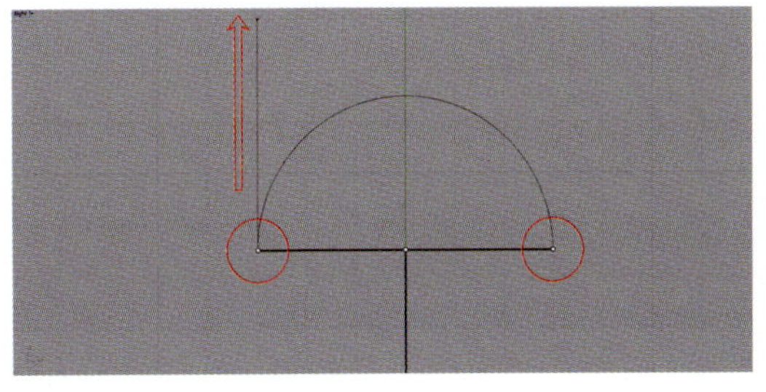

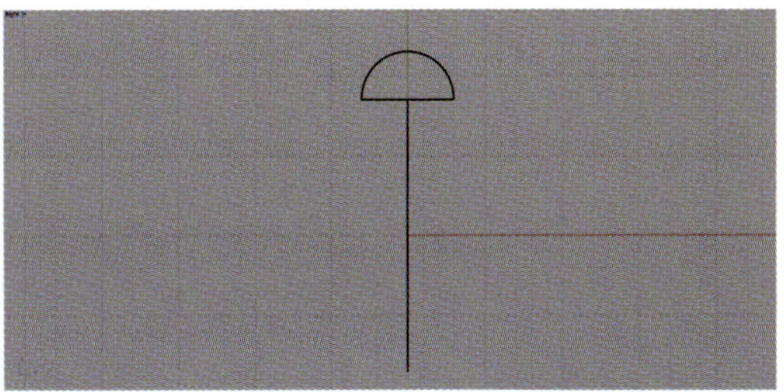

04. 생성된 Arc Curve개체와 직선 Curve개체를 모두 선택한 후, Join를 실행하여 두 Curve개체를 결합시킨다.

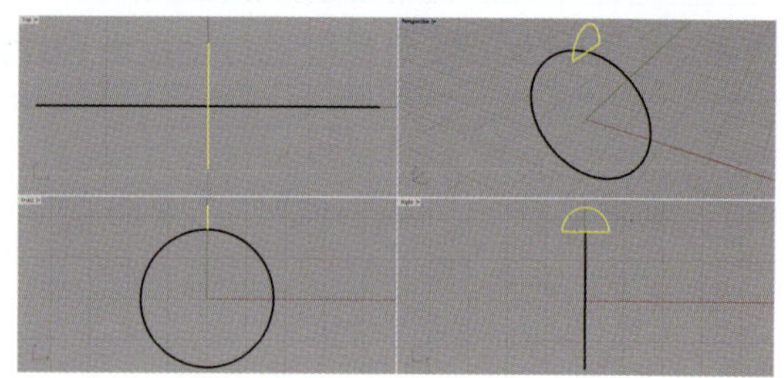

05. Sweep 1 rail를 실행한다. 1번 원형 Curve개체를 선택하고, 2번 반원형 Curve개체를 선택한 후, Enter↵키를 누른다. Seam 위치와 방향을 확인하고 Enter↵키를 누른다.

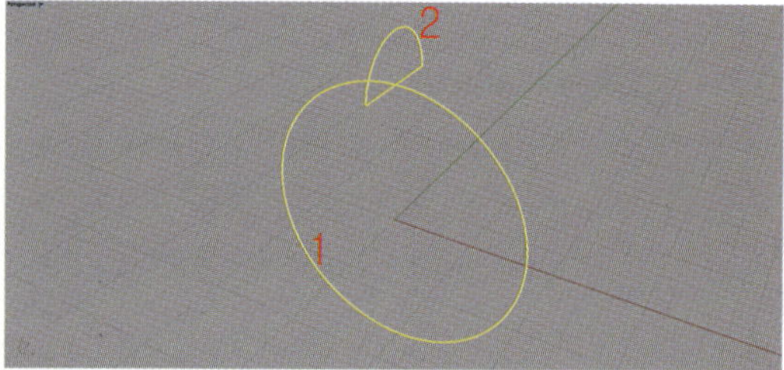

06. Sweep 1 Rail Options창이 나타나면 다음 그림과 같이 설정하고 OK를 누른다.

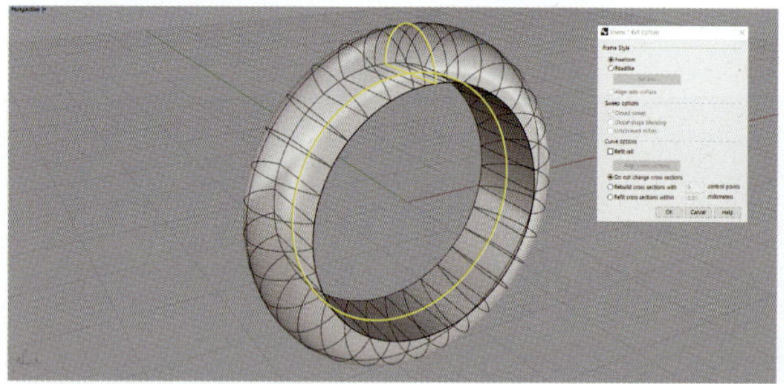

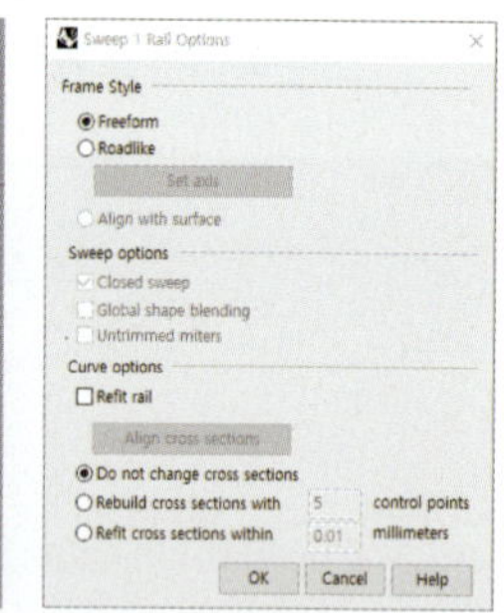

07. Select curves를 실행하고, Delete키를 눌러서 선택된 Curve개체를 삭제한다.

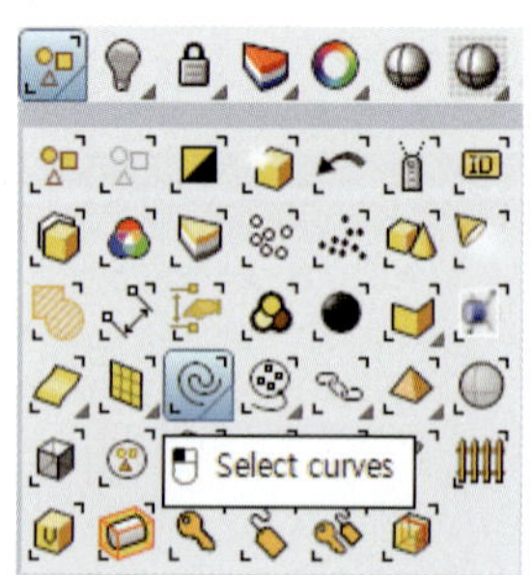

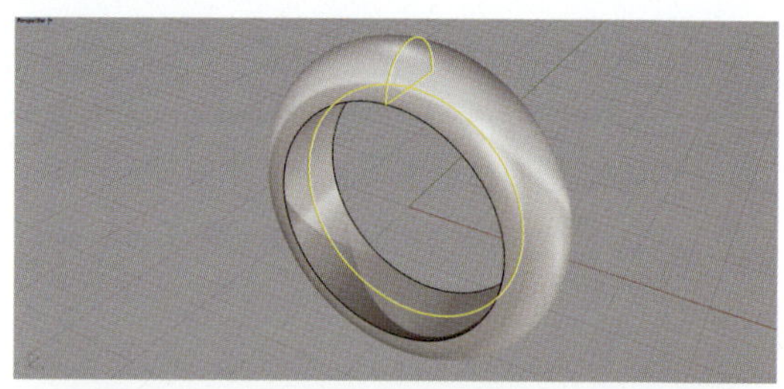

08. 완성된 반지 형태의 Poly-Surface개체를 선택하고, Volume centroid를 실행하여 반지개체의 중심에 중심점을 생성한다.

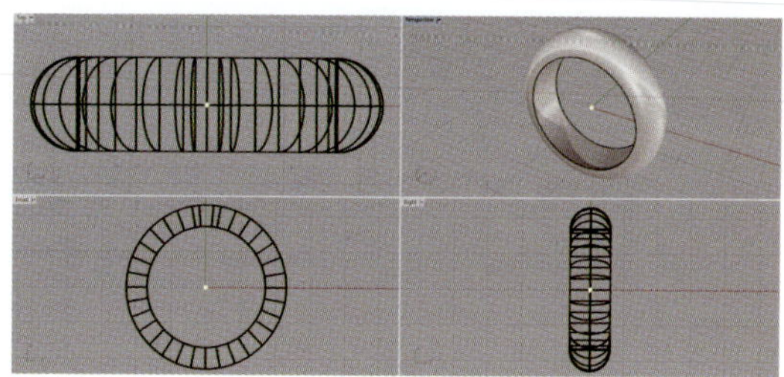

09. Extract Surface를 실행하고, 반지개체의 안쪽 Surface개체를 선택하여 반지개체에서 분리시킨다.

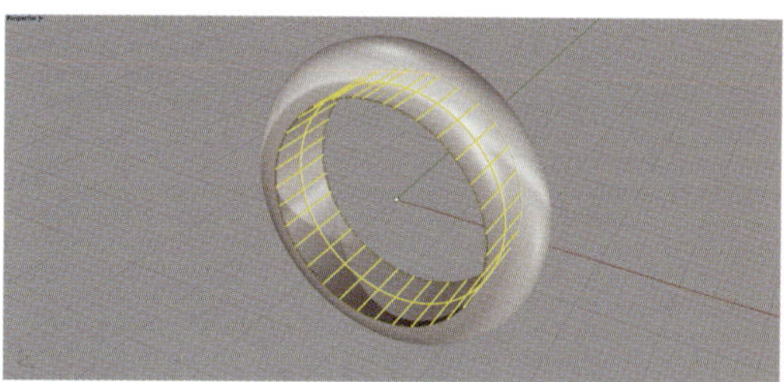

10. Osnap Toolbar에서 Point를 체크하고, 분리된 안쪽 Surface개체를 선택한다. Scale 3-D를 실행하고, Base Point를 반지개체의 중심점으로 선택한 후, Scale factor or first reference point값 0.8을 입력하고 Enter↵키를 누른다.

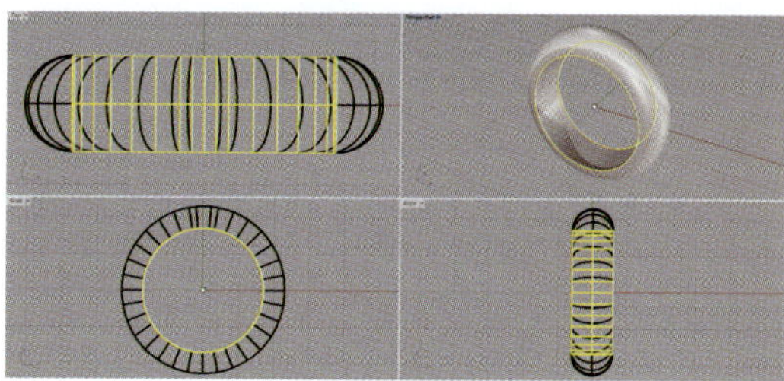

Base point. Press Enter for automatic. (Copy=*No* Rigid=*No*):

Scale factor or first reference point <1.000> (Copy=*No* Rigid=*No*): 0.8

11. 다음 그림과 같이 반지개체의 안쪽 Surface개체가 0.8배로 크기가 작게 조절된 것을 확인할 수 있다.

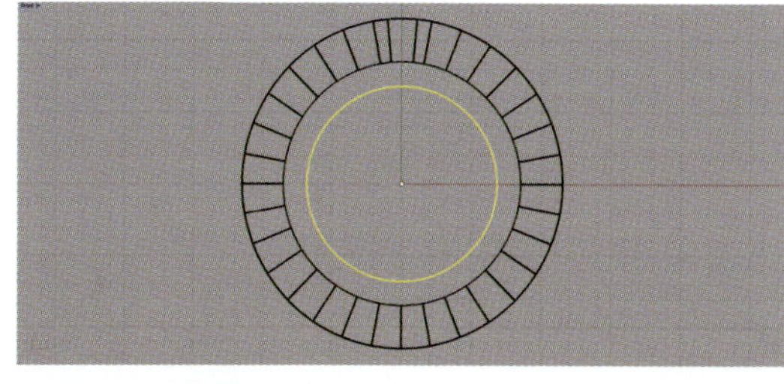

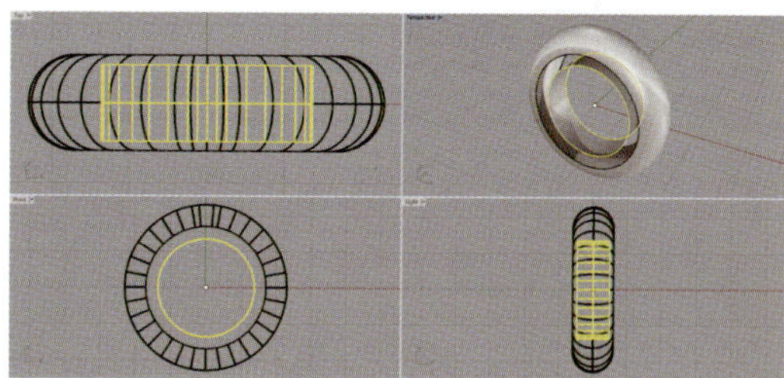

12. Blend Surface를 실행한다. 1번 Surface개체의 Edge를 선택하고, 2번 Surface개체의 Edge를 선택한 후, Enter↵키를 누른다.

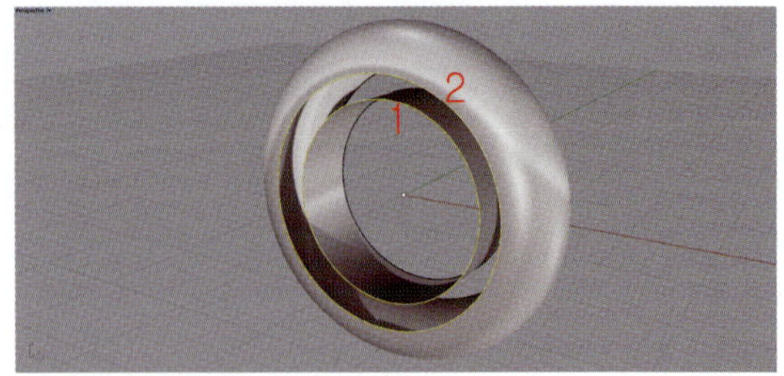

13. 만약, 다음 그림과 같이 오류가 난다면 Cancel을 누르고, 다시 Blend Surface를 실행한다. 1번 Surface개체의 Edge를 선택하고, 2번 Surface개체의 Edge를 선택한 후, Seam의 화살표 방향을 반대방향으로 바꿔주고 Enter↵키를 누른다.

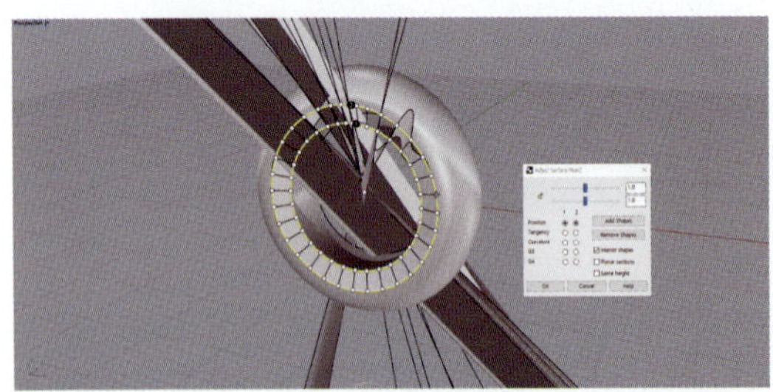

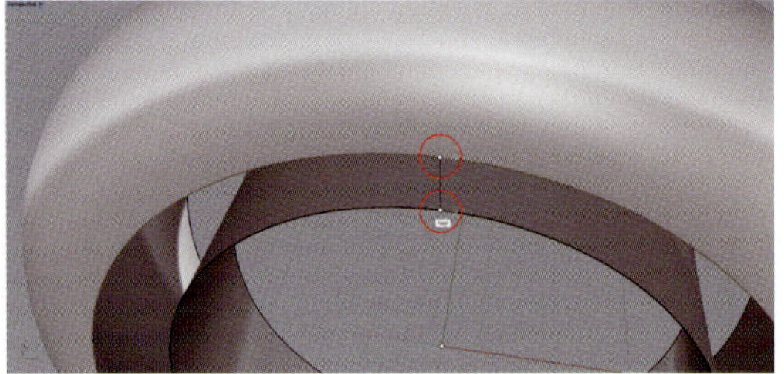

14. Adjust Surface Blend창이 나타나면 원하는 Continuity를 선택하고, OK를 누른다.

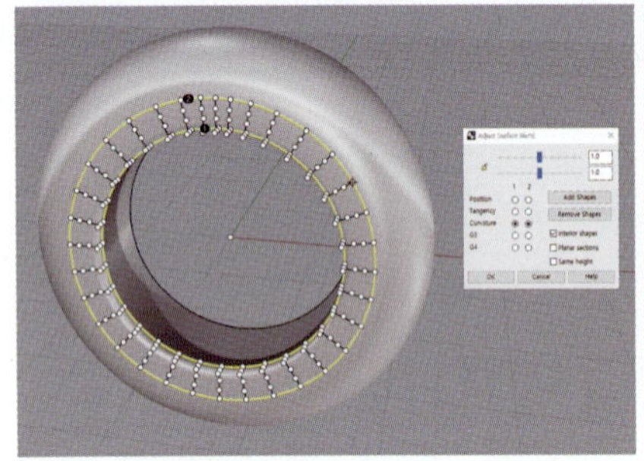

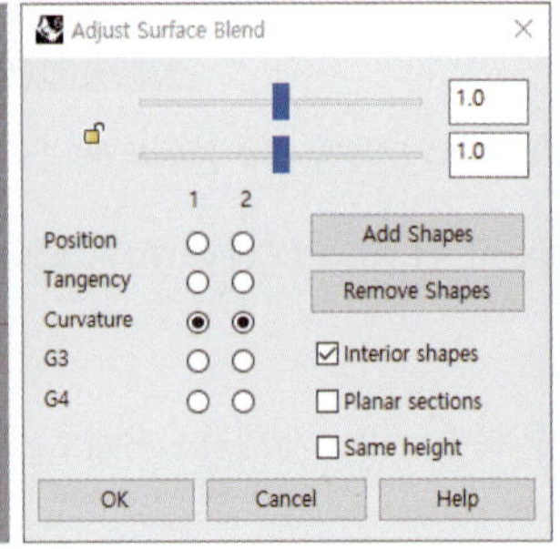

15. 반대 방향도 같은 방법으로 Surface개체를 생성시킨다.

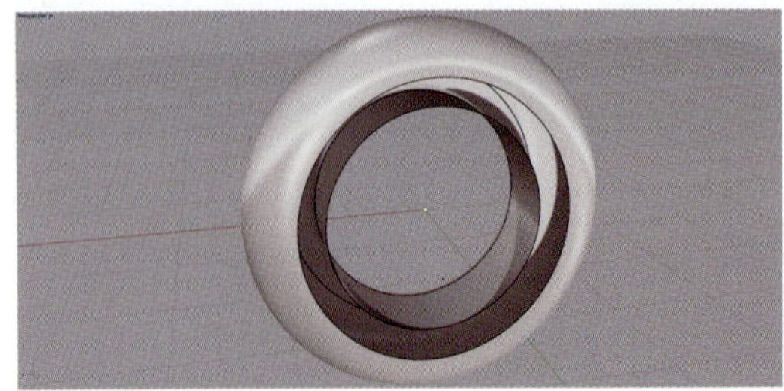

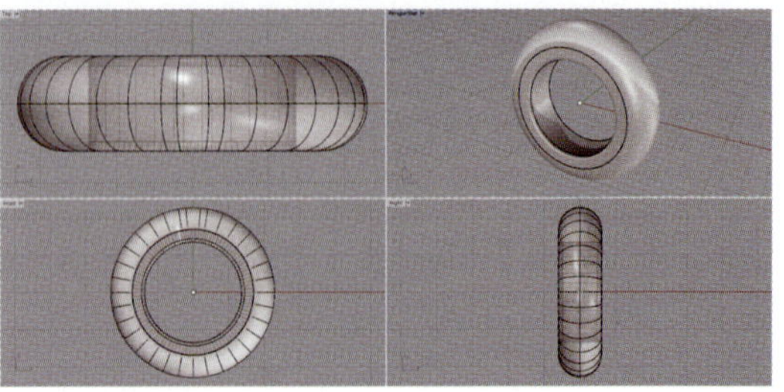

16. 모든 Surface개체를 선택하고, Join을 실행하여 모두 결합시킨다. 다음 그림과 같이 편집된 Engage Ring을 확인할 수 있다.

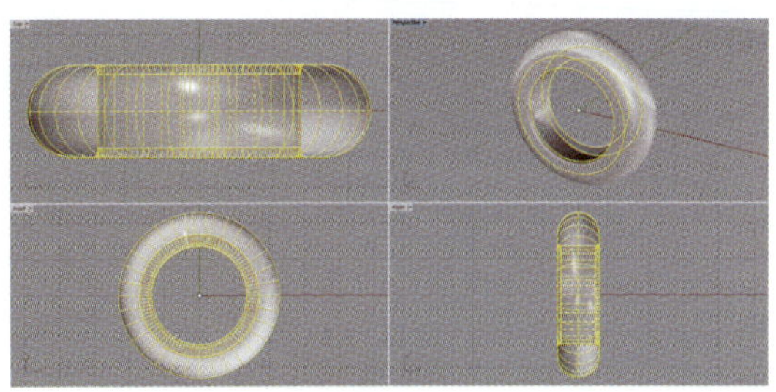

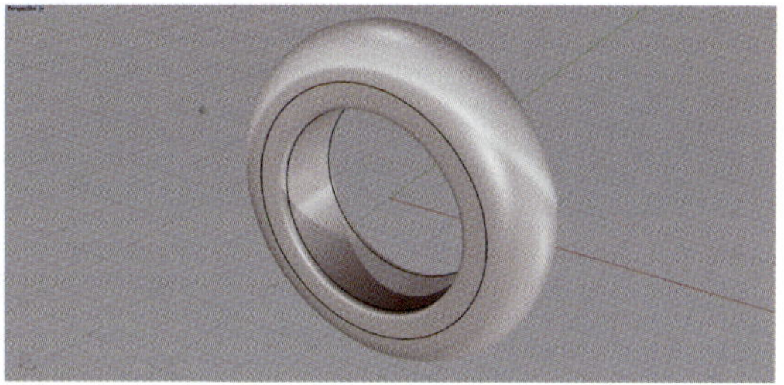

Offset Surface

→ 부록CD 〉 Rhino 예제 〉 Lesson 9 〉 Offset Surface

지정된 일정 거리만큼 Surface개체를 생성하는 기능이다. Surface개체의 Normal Direction 화살표가 표시되는 쪽으로 간격 띄우기가 된다.

Options

- **Solid** : 일치하는 가장자리 사이에서 Ruled Surface를 Loft시켜서 입력 Surface개체와 Offset시킨 Surface개체를 사용하여 닫힌 Solid개체를 생성하는 기능이다.
- **Loose** : 결과로 생기는 Surface개체의 조절점 구조가 기존 Surface개체의 조절점 구조와 동일하게 생성시키는 기능이다. 형태에 상관없이 기존 Surface개체의 조절점 수와 일치한다.
- **Tolerance** : Offset Surface개체의 허용오차 값을 설정하는 기능이다. 0을 입력하면 기본 허용오차 값을 사용하게 된다.
- **BothSide** : 두 방향으로 Offset 기능을 적용하는 기능이다.
- **FlipAll** : 선택된 모든 Surface개체의 Offset 방향을 반전하는 기능이다.

01. Offset Surface를 실행하고, Surface개체를 선택한 후, Enter↵키를 누른다.

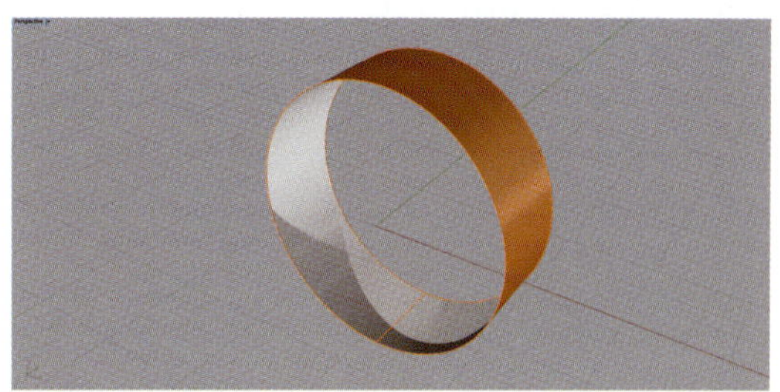

02. 다음 그림과 같이 Normal Direction 화살표가 표시되는 것을 확인할 수 있다. Command Prompt 영역에서 FlipAll을 선택 또는 화살표를 클릭하면 화살표 방향이 안쪽으로 향하게 된다.

Select object to flip direction. Press Enter when done (Distance=*2* Corner=*Round* Solid=*No* Loose=*Yes* BothSides=*No* FlipAll):

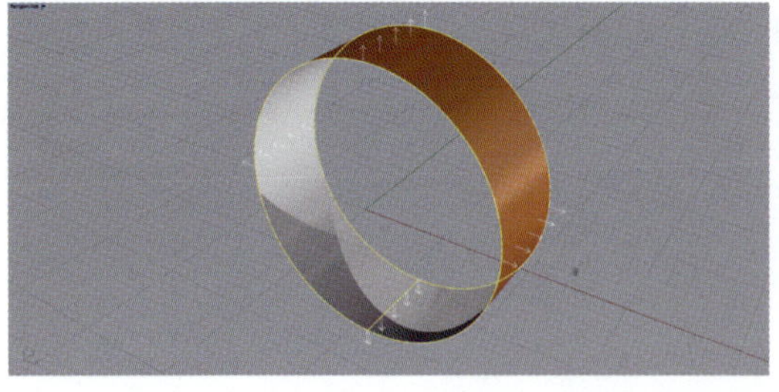

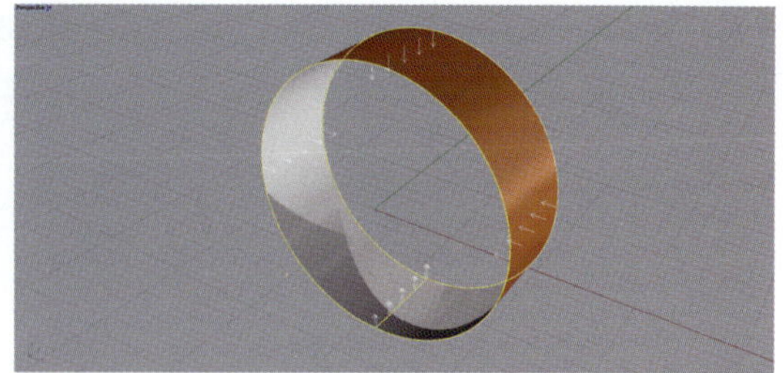

03. Command Prompt 영역에 2를 입력하고, Solid=No로 설정한 후, Enter↵키를 누른다.
다음 그림과 같이 Offset된 Surface개체를 확인할 수 있다.

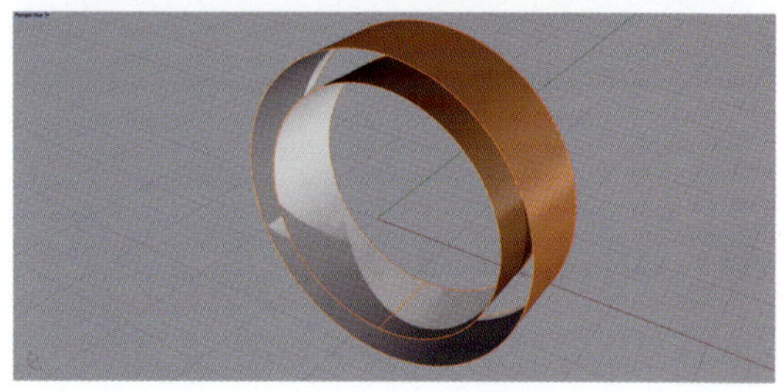

Select object to flip direction. Press Enter when done (Distance=3 Corner=Round Solid=Yes Loose=Yes BothSides=No DeleteInput=Yes FlipAll): 2

Select object to flip direction. Press Enter when done (Distance=2 Corner=Round Solid=No Loose=Yes BothSides=No FlipAll):

04. Command Prompt 영역에서 Solid=Yes로 설정하고 Enter↵키를 누른다. 다음 그림과 같이 반지 형태의 Solid개체가 생성된 것을 확인할 수 있다.

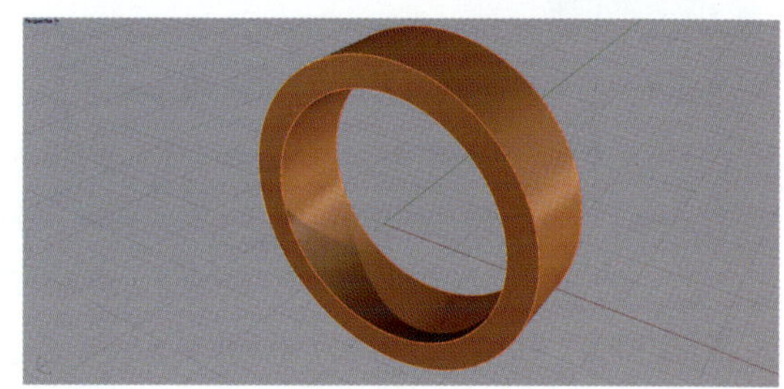

Select object to flip direction. Press Enter when done (Distance=2 Corner=Round Solid=Yes Loose=Yes BothSides=No DeleteInput=Yes FlipAll):

 Match surface

→ 부록CD 〉 Rhino 예제 〉 Lesson 9 〉 Match Surface

Surface개체의 가장자리에 Position(위치), Tangent(접선) 또는 Curvature Continuity(곡률 연속성)를 갖도록 조정하는 기능이다.

Options

- **MultipleMatches :** Match시킬 가장자리를 하나 이상 선택할 수 있다.
- **ChainEdges :** 가장자리 연속 선택기능이다.

● Continuity

- **Position :** 가장자리의 위치를 Target 가장자리에 일치시킨다. (G0 Continuity)

- **Tangency** : 가장자리의 위치를 Target 가장자리에 일치시킨다. (G1 Continuity)
- **Curvature** : 가장자리의 위치를 Target 가장자리에 일치시킨다. (G2 Continuity)

- **Average Surfaces** : 두 Surface개체가 두 개의 중간형상으로 수정된다. 대상 Surface개체가 Trim되지 않은 경우, Surface개체는 두 개의 Surface개체를 평균화하여 Match시킨다.
- **Match edges by closet Points** : 일치하기 위해 변경을 추가하는 Surface개체를 일치시키는 쪽의 가장자리에 정렬시키는 방법에는 두 가지 방법이 있다. 가장자리 전체 끝에서 신축 또는 압축하여 일치시키는 방법과 가장자리 각 점을 또 하나의 가장자리 가장 가까운 점으로 끌어오는 방법이다.
- **Refine Match** : 지정한 허용오차 안에서 Surface가 서로 일치하는지에 대한 테스트와 구체화해야 되는지를 결정한다. 필요한 경우, 허용오차 범위 안에 Surface개체가 포함되도록 수정된 Surface개체에 매듭선이 추가된다.

- **Isocurve direction adjustment** : 일치된 Surface개체의 매개변수화의 방식을 지정한다.
- **Automatic** : 일치되는 Surface개체가 Trim되지 않은 Surface개체인 경우, 대상 Isocurve 방향일치 옵션 기능처럼 실행된다. 일치되는 가장자리가 Trim된 가장자리인 경우, 대상 가장자리에 수직으로 만들기 옵션기능처럼 실행된다.
- **Preserve isocurve direction** : 기존 Isocurve방향을 변경하지 않는 기능이다.
- **Match target Isocurve direction** : Surface개체의 Isocurve는 대상Curve개체의 Isocurve와 평행이 된다.
- **Match Perpendicular to target edge** : Surface개체의 Isocurve가 대상 Surface개체 가장자리에 대하여 수직이 된다.

01. Match surface를 실행한다. 1번 Surface개체의 Edge를 선택하고, 2번 Surface개체의 Edge를 선택하면 Match Surface Options창이 나타난다. 다음 그림과 같이 Continuity를 선택하는 것에 따라 변하는 Surface 개체를 확인할 수 있다.

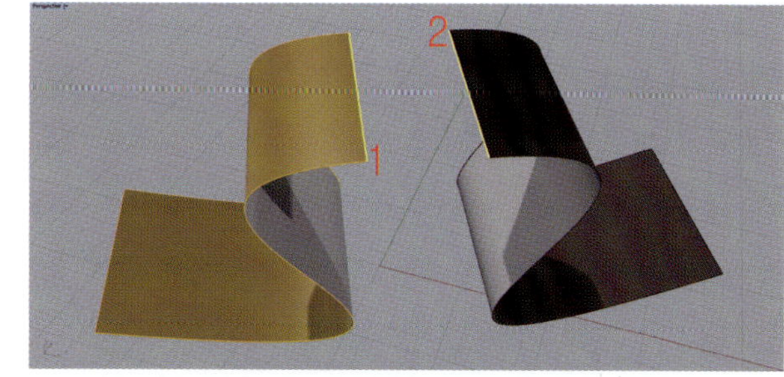

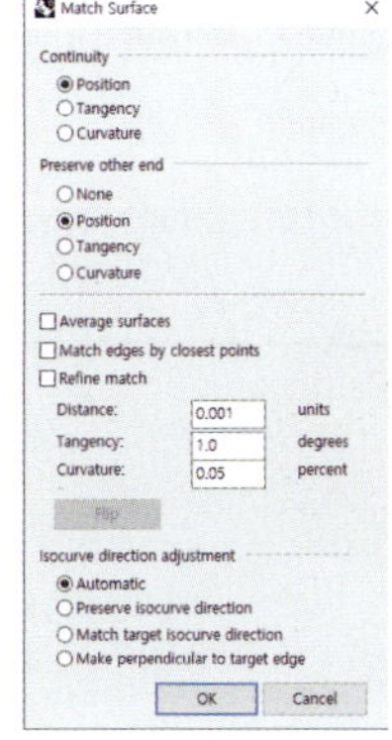

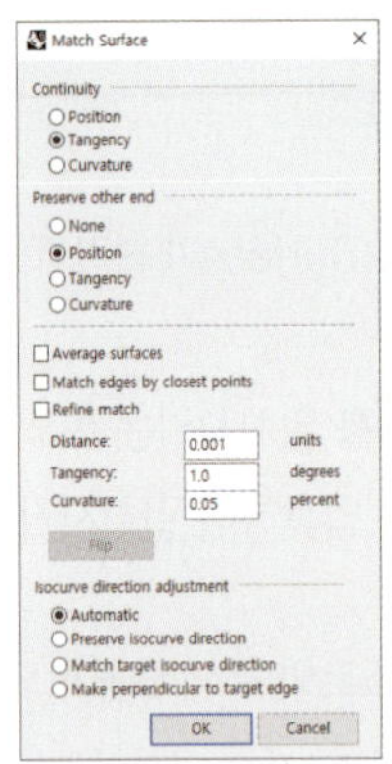

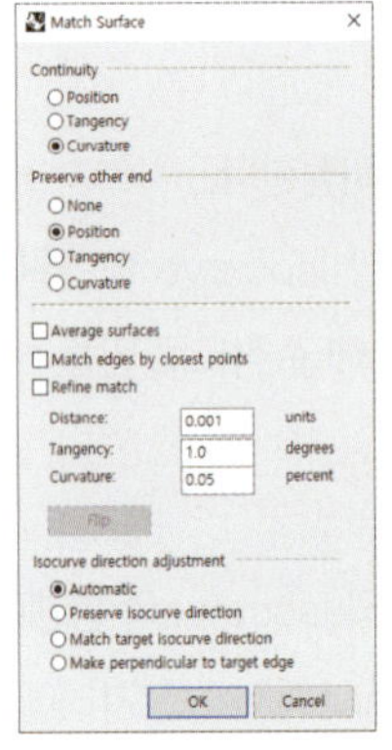

Shrink trimmed surface

→ 부록CD 〉 Rhino 예제 〉 Lesson 9 〉 Shrink trimmed surface

Trim되지 않은 Surface개체를 Trim된 경계와 가깝게 축소시키는 기능이다.

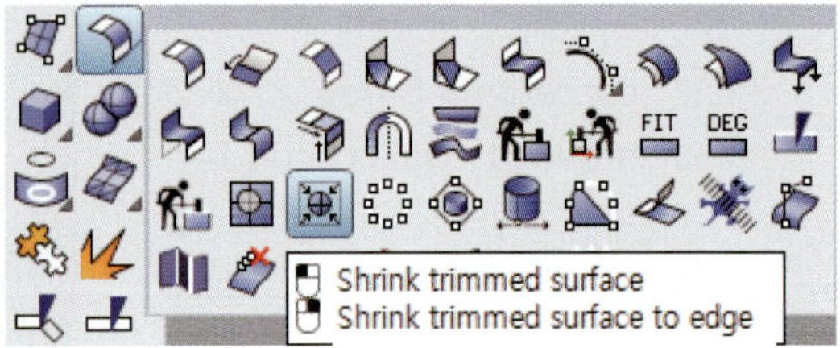

01. Surface개체와 원형 Curve개체를 모두 선택하고, Trim을 실행한 후, 직사각형 Surface개체를 선택하여 삭제한다.

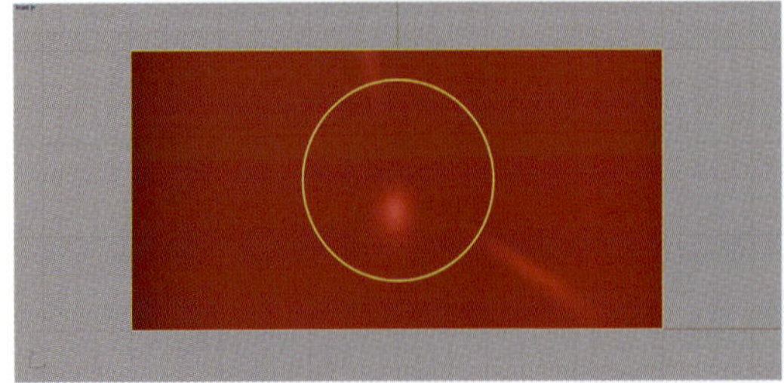

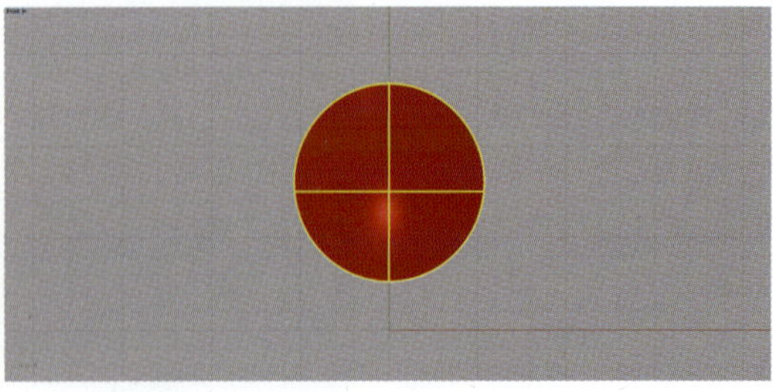

02. 원형 Surface개체를 선택하고, Show object control points(F10)를 실행한다. 다음 그림과 같이 원형 Surface개체의 조절점이 Trim된 직사각형 Surface개체의 형태로 남아있는 것을 확인할 수 있다.

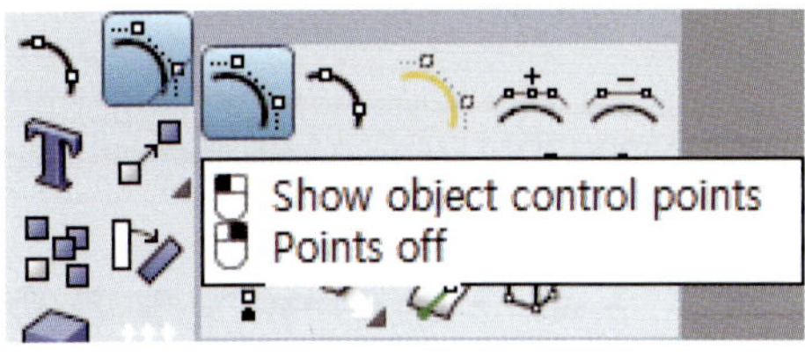

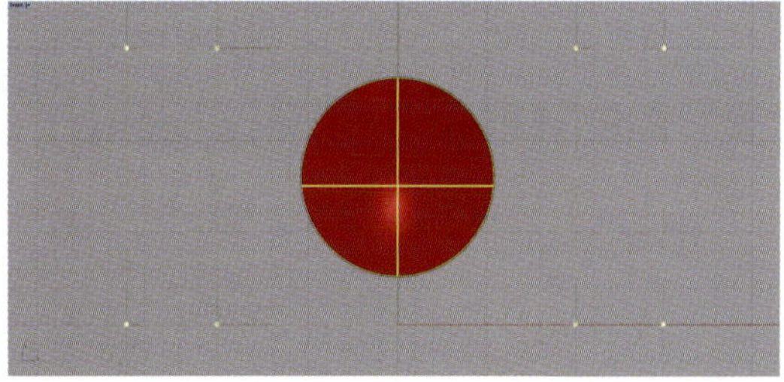

03. 원형 Surface개체를 선택하고, Shrink trimmed surface를 실행한다. 다음 그림과 같이 조절점이 원형 Surface개체에 맞춰진 것을 확인할 수 있다.

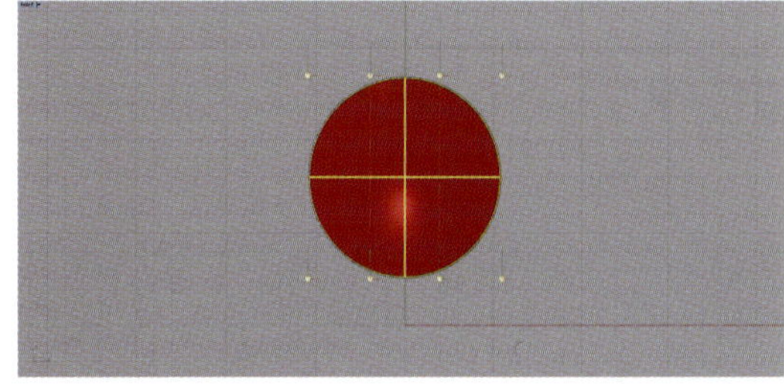

Rebuild surface

Surface개체의 Degree값과 조절점 개수를 변경하여 Surface개체를 다시 재생성하는 기능이다.

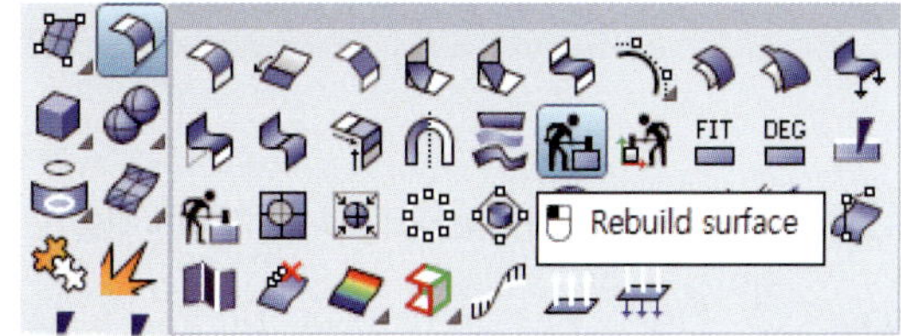

- **Point Count** : U, V-Direction으로 조절점의 게수를 설정하는 기능이다.
- **Degree** : U, V Degree 값을 설정하는 기능이다.

Options

- **Delete Input** : 기존의 개체를 삭제하는 기능이다.
- **Current Layer** : 현재 설정된 Layer에 맞춰 생성되는 새로운 Surface개체를 생성하는 기능이다. 원래 Surface개체의 Layer에 새로 생성되는 Surface개체를 배치하려면 이 확인란을 선택 해제해야 한다.
- **Retrim** : 이미 Trim된 Curve개체나 Surface개체를 Rebuild한다.

- **Maximum deviation** : 기존 Surface개체의 Knot과 Knot 사이의 거리 중간에 있는 점을 Sampling하여 Sample Point를 재생성한 Surface개체에 끌어와 그 편차를 계산한다.
- **Calculate** : 새로 생성된 Surface개체가 매듭선이 교차하는 곳과 매듭선 중간의 점에 얼마만큼 떨어져 있는지를 계산한다. 매듭선 교차와 매듭선 사이의 중간에서 테스트를 실행한다. 새로 생성되는 Surface개체가 얼마만큼 떨어져 있는가는 색으로 표시된다. 절대 허용오차 범위 안인 경우에는 녹색, 허용오차와 그의 10배

값 사이에 있으면 노랑, 그 이상이라면 빨강으로 점이 표시된다. 편차의 방향으로 계산된 편차의 10배의 길이로 선이 그려지게 된다.

Adjust closed surface seam

→ 부록CD 〉 Rhino 예제 〉 Lesson 9 〉 Adjust closed surface seam

Surface개체의 Seam방향과 위치를 바꿔주는 기능이다.

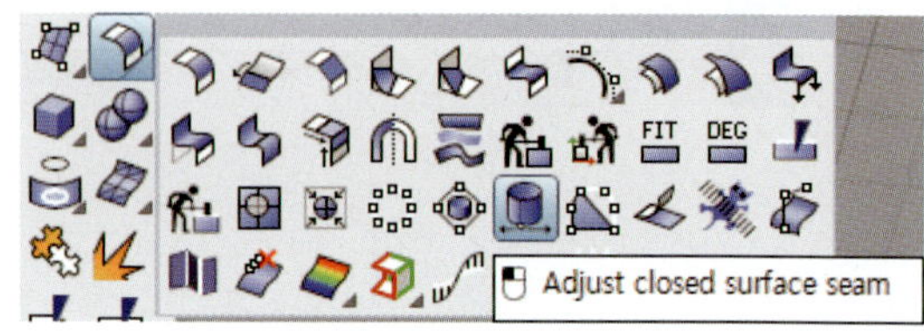

01. Adjust closed surface seam을 실행하고, Surface개체를 선택한다. Seam의 위치를 이동시킨 후, Enter↵키를 누른다.

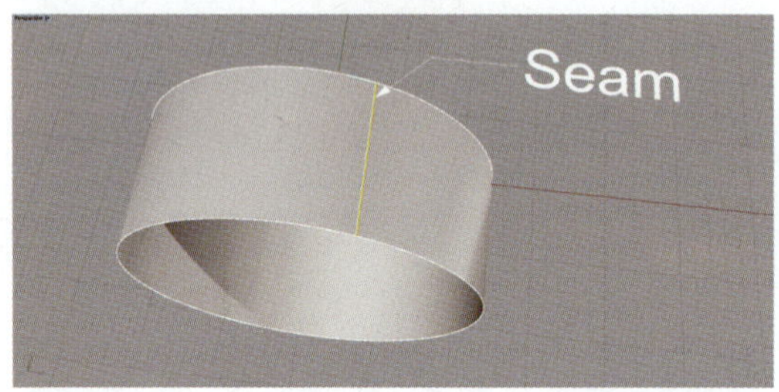

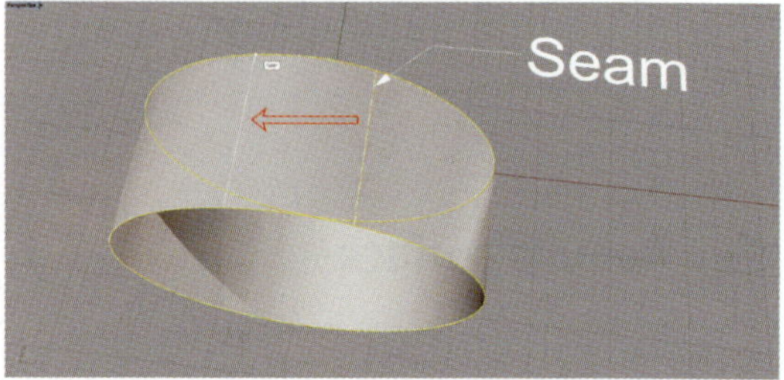

02. 다음 그림과 같이 Seam의 위치가 이동한 것을 확인할 수 있다.

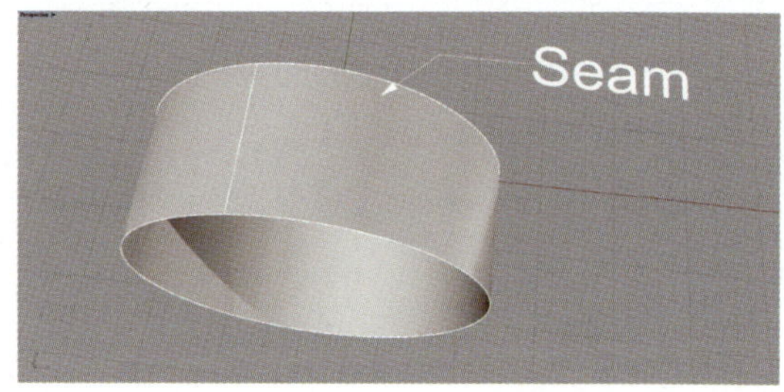

LESSON 10

Solid개체 생성 및 편집

1. Solid Toolbar
   Basic Modeling - 17 Capsule Ball
2. Solid Tools Toolbar
   Basic Modeling - 18 Bratticing Ring
   Basic Modeling - 19 Wire Ring

Lesson 10 Solid개체 생성 및 편집

1. Solid Toolbar

체적을 포함하는 Surface개체 또는 Poly-Surface개체를 Solid라고 한다. 이것은 Surface개체 또는 Poly-Surface개체가 완전히 닫힐 때, Solid가 만들어지는 것이다.
Surface개체가 완전히 밀폐된 상태가 되면 체적을 계산할 수 있는 Solid가 되고, Sphere, Ellipsoid 등은 Single Surface개체로 만든 Solid가 된다. Box, Cylinder 등의 Solid는 여러 개의 Surface개체가 결합된 Poly-Surface 개체이며, Poly-Surface개체는 두 개 이상의 Surface개체를 결합한 것이다.

Box: Corner to Corner, Height

두 개의 모서리 Point와 높이를 지정하여 육면체를 생성하는 기능이다.

Bounding box

→ 부록CD 〉 Rhino 예제 〉 Lesson 10 〉 Bounding box

3D 지오메트리 개체 중 Point개체를 제외한 모든 개체에 해당하는 기능이며 선택되어진 개체 형태 외곽에 정확히 맞는 육면체를 생성하는 기능이다.

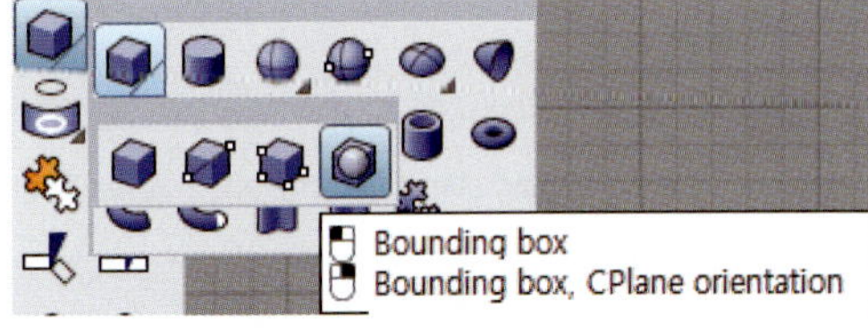

Bounding box를 실행하고, Box 안에 넣을 개체를 선택한다. 옵션을 선택하고 Enter↵ 키를 누르면 다음 그림과 같이 보석개체 외곽에 정확히 맞는 육면체 Solid 개체가 생성된 것을 확인할 수 있다.

Choose BoundingBox option. Press Enter when done (CoordinateSystem=*World* Output=*Solids*):

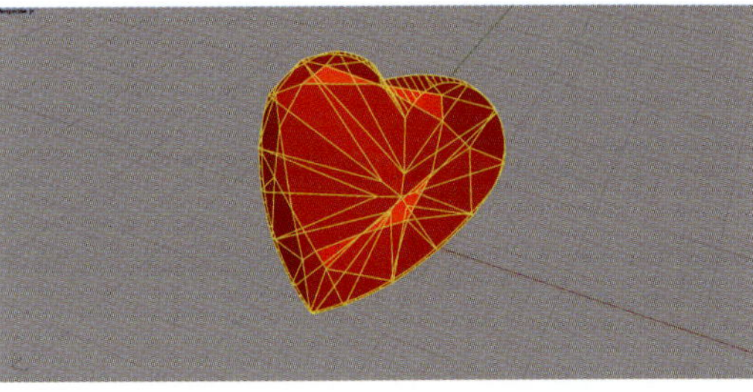

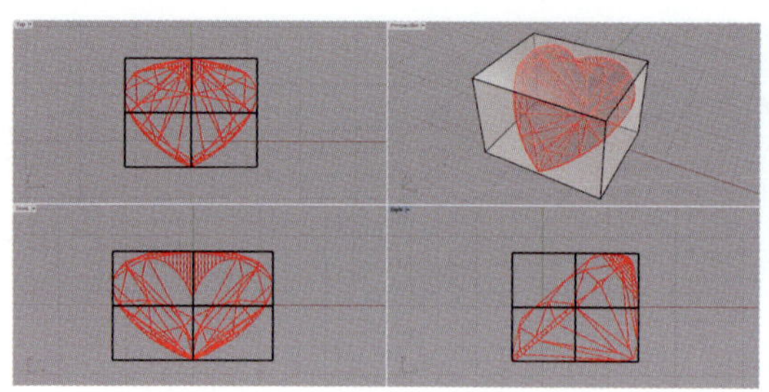

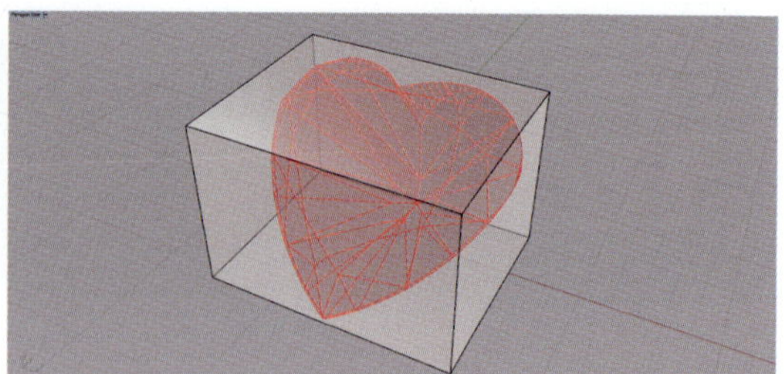

Sphere: Center, Radius

중심점과 반지름 값을 지정하여 구를 생성한다.

Sphere: Around curve

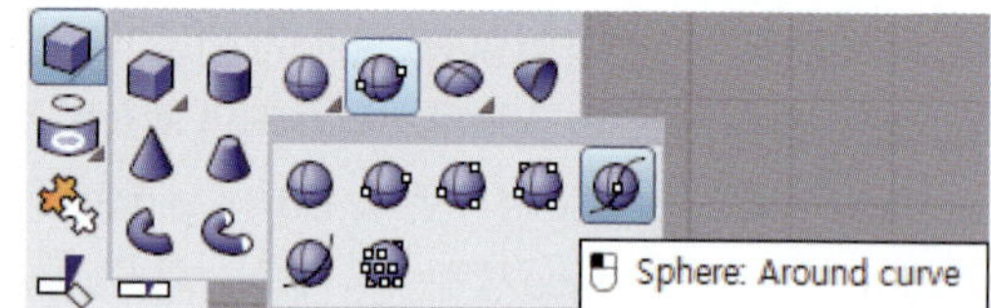

Curve개체의 지정한 점을 중심점으로 하는 구 개체를 생성하는 기능이다.

Sphere: Around curve를 실행하고, 원형 Curve개체의 Quad점을 선택한다. Command Prompt 영역에 Radius값 3을 입력한 후, Enter키를 누르면 다음 그림과 같이 Curve개체의 Quad점을 중심으로 구 개체가 생성되는 것을 확인할 수 있다.

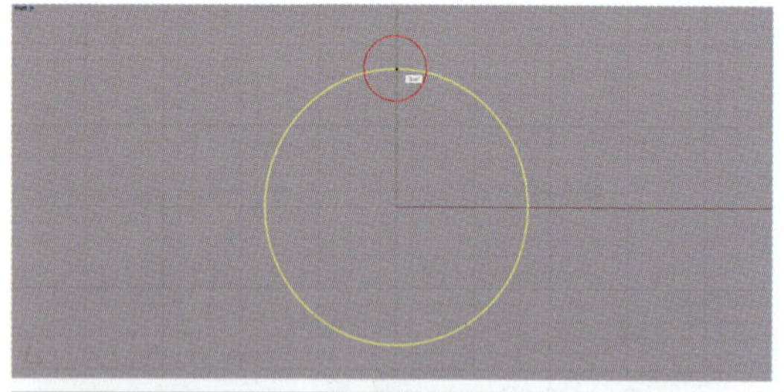

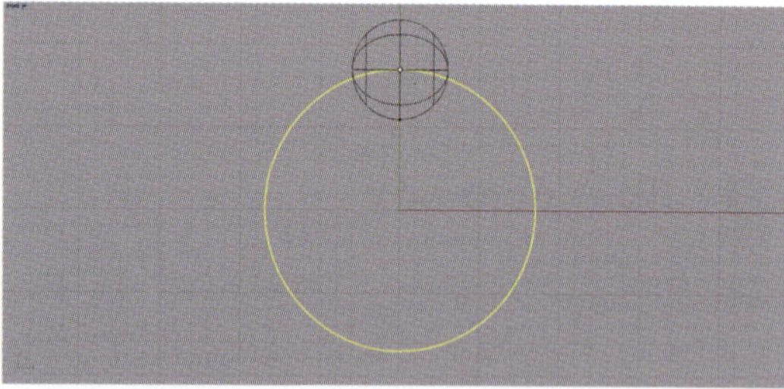

Radius <3.000> (Diameter Circumference Area ProjectOsnap=*Yes*): 3

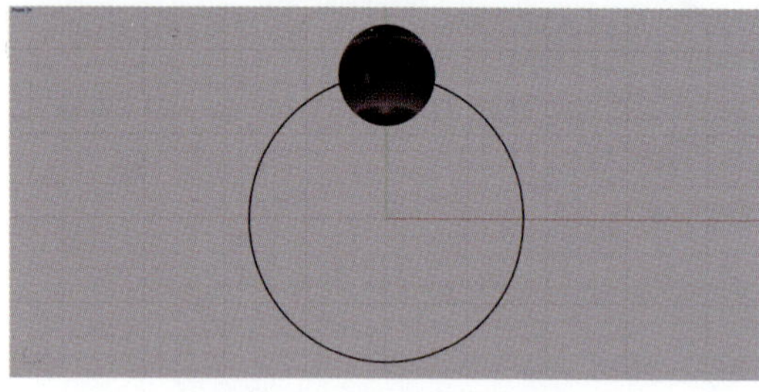

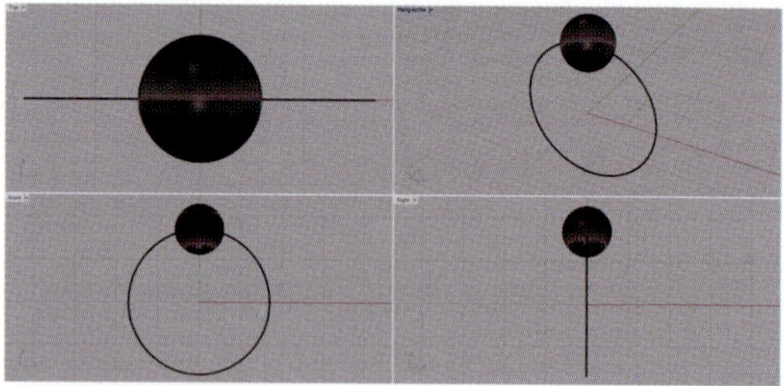

Ellipsoid: From center

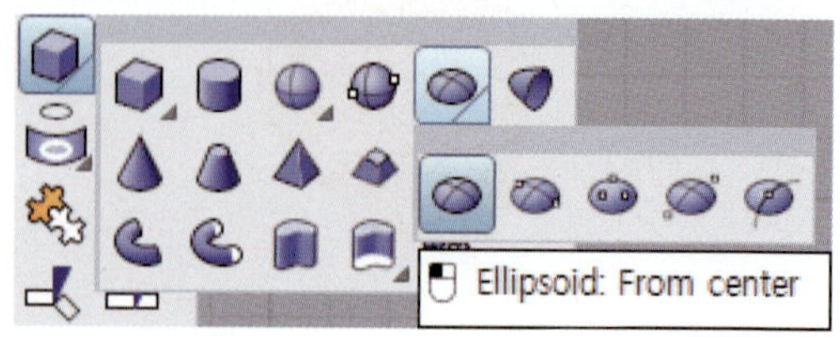

중심점과 세 개의 반지름을 지정하여 타원체를 생성하는 기능이다.

Cone

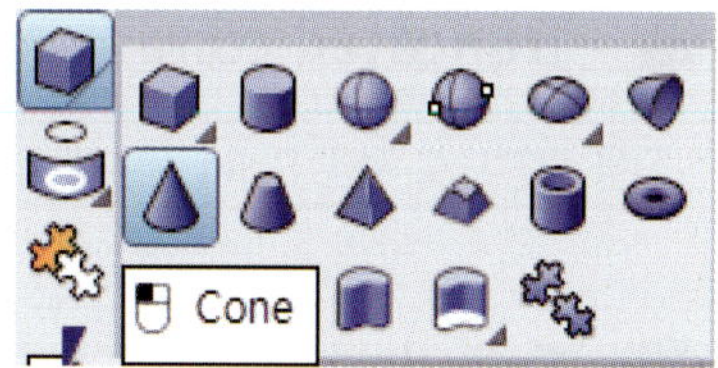

Solid개체의 원뿔개체를 중심점과 반지름 사용, 지름의 두 점 사용, 원주의 세 점 사용 등 기존의 Curve개체에 접하는 방법으로 생성시키는 기능이다.

Options

● DirectionConstraint

- **Vertical :** 선택한 Cplane에 수직으로 하여 원뿔을 생성하는 기능이다.
- **AroundCurve :** 기존의 Curve개체 주변을 이용하여 원뿔을 생성하는 기능이다.

- **2Point :** Circle개체의 지름을 이용하여 원뿔을 생성하는 기능이다.
- **3Point :** 세 개 Point를 지정하여 원뿔개체를 생성하는 기능이다.
- **Tangent :** Curve개체와 Tangent방향으로 접하는 원뿔개체를 생성하는 기능이다.
- **FitPoints :** 세 개 이상의 Point개체가 있어야 하며, 이 Point개체를 지나는 원뿔개체를 생성하는 기능이다.

 Pyramid

다양한 Polygon개체와 높이를 이용하여 파리미드 형태를 생성하는 기능이다.

Options

- **NumSides :** Polygon 수를 지정하여 생성할 수 있다.

● Mode

- **Inscribed :** 가장 기본적인 생성방식으로 Polygon 개체 중심점과 가장자리의 Corner Point를 이용하여 Solid개체를 생성하는 기능이다.
- **Circumscribed :** Polygon개체의 중심점을 기준으로 가장자리 중심점을 이용하여 Solid개체를 생성하는 기능이다.

- **Edge :** Polygon개체 가장자리를 기준으로 Solid개체를 생성하는 기능이다.
- **Star :** 별 모양 Solid개체를 생성하는 기능이다.

● DirectionConstraint

- **Vertical :** CPlane에 수직으로 피라미드 Solid개체를 생성하는 기능이다.
- **AroundCurve :** Curve개체에 지정한 위치를 중심점으로 피라미드 Solid개체를 생성하는 기능이다.

Truncated cone

정점을 평면으로 자른 Solid 원뿔대 개체를 생성하는 기능이다.

Cylinder

원통형의 Solid개체를 생성하는 기능이다.

Tube

구멍 뚫린 원통형 Solid개체를 생성하는 기능이다.

01. Tube를 실행하고, Command Prompt 영역에 Base of tube값 0을 입력한 후, Enter↵키를 누른다.

Base of tube (DirectionConstraint=*Vertical* Solid=*Yes* 2Point 3Point Tangent FitPoints): 0

02. 안쪽 원형 Curve개체의 Diameter값 17을 입력하고 Enter↵키를 누른다.

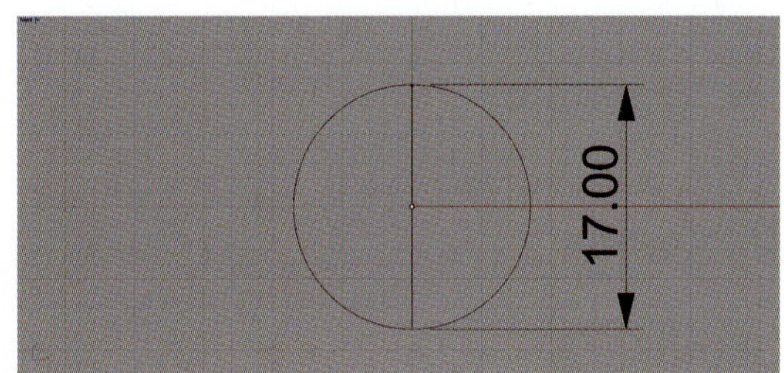

Diameter <17.000> (Radius Circumference Area ProjectOsnap=*Yes*): 17

03. 바깥쪽 원형 Curve개체의 Diameter값 22를 입력하고 Enter↵키를 누른다.

Diameter <22.000> (WallThickness=*1*): 22

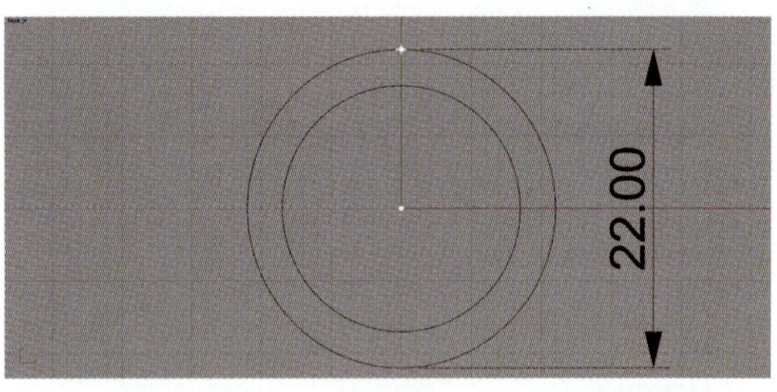

04. 원형 Surface개체의 End of tube 값 3을 입력한 후, Enter↵키를 누른다.

End of tube <3.000> (BothSides=*No*): 3

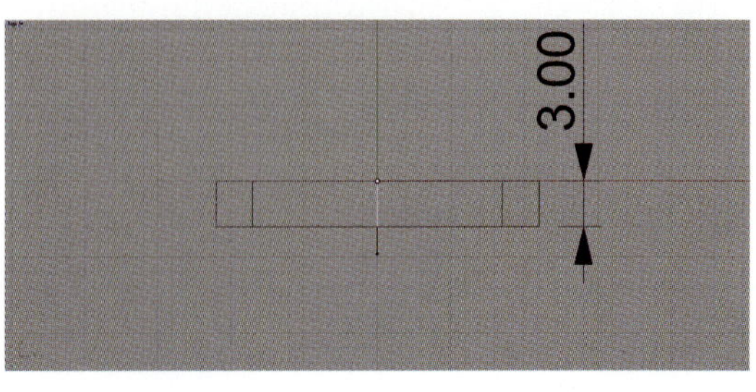

05. 다음 그림과 같이 반지형태의 Solid개체가 생성된 것을 확인할 수 있다.

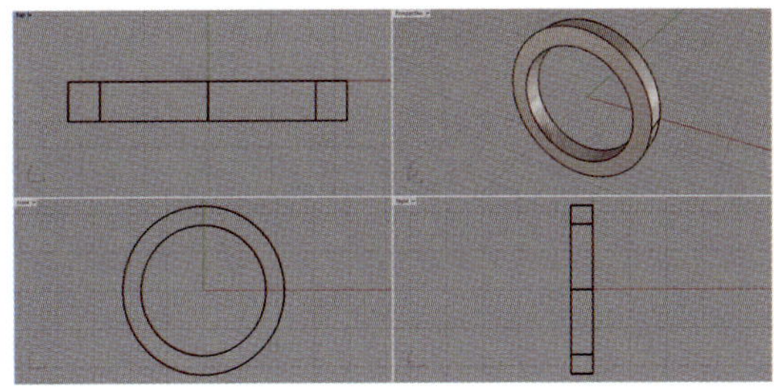

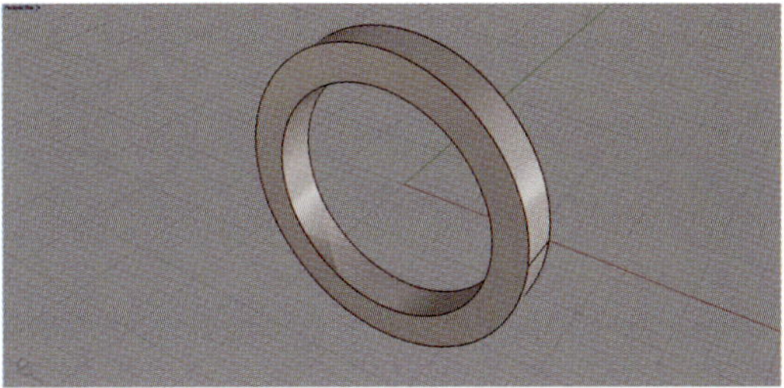

 **Torus**

도넛 형태의 Solid개체를 생성하는 기능이다.

Torus를 이용하여 Engage Ring 생성

01. Front Front Viewport에서 Torus를 실행한다. Command Prompt 영역에 Center of tours값 0을 입력하고, Enter↵키를 누른다.

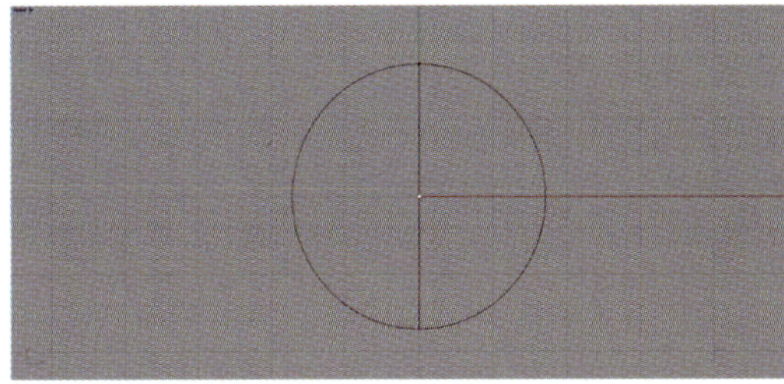

Center of torus (Vertical 2Point 3Point Tangent AroundCurve FitPoints): 0

02. Diameter값 18을 입력하고 Enter↵키를 누른 후, Second diameter값 4를 입력하고 Enter↵키를 누르면 다음 그림과 같이 도넛 형태의 Solid개체가 생성된 것을 확인할 수 있다.

Diameter <18.000> (Radius Orientation Circumference Area ProjectOsnap=*Yes*): 18

Second diameter <2.612> (Radius FixInnerDimension=*No*): 4

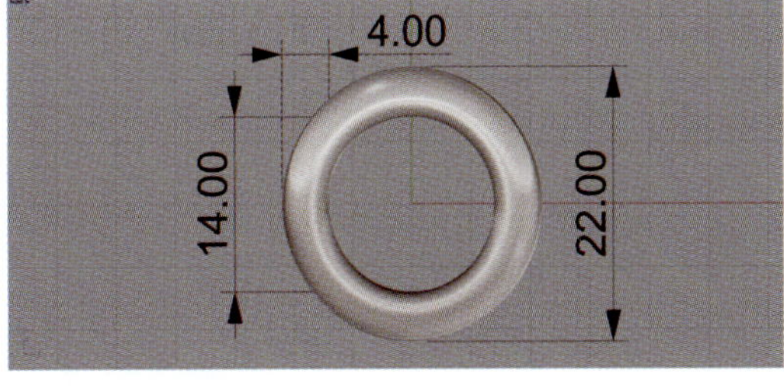

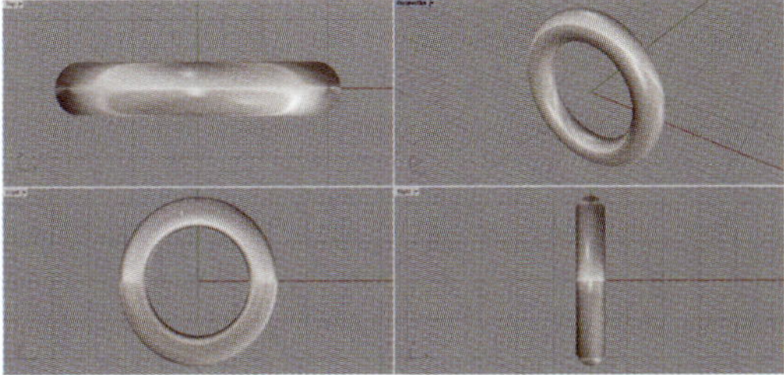

03. Circle: center, radius를 실행하고, 원점(0, 0) 기준으로 지름 16㎜의 원형 Curve개체를 생성한다.

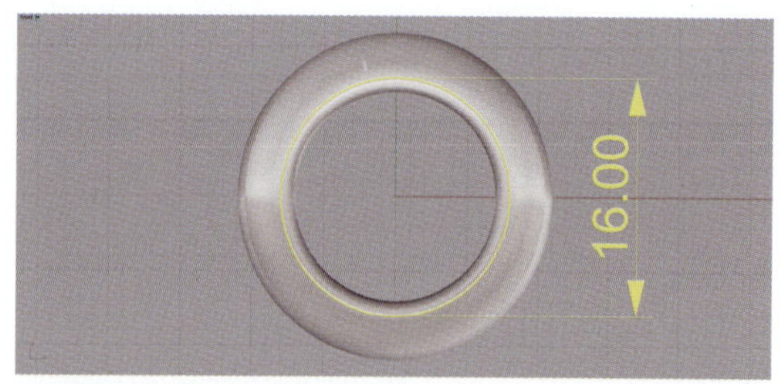

Diameter <16.000> (Radius Orientation Circumference Area ProjectOsnap=*Yes*): 16

04. 생성한 16㎜ 원형 Curve개체를 선택하고, Extrude straight를 실행한다. Command Prompt 영역에서 BothSides=Yes, Solid=Yes, DeleteInput=Yes로 설정하고 Extrusion distance값 5를 입력한 후, Enter↵키를 누른다.

Extrusion distance <15> (Direction BothSides=*Yes* Solid=*Yes* DeleteInput=*No* ToBoundary SetBasePoint): 5

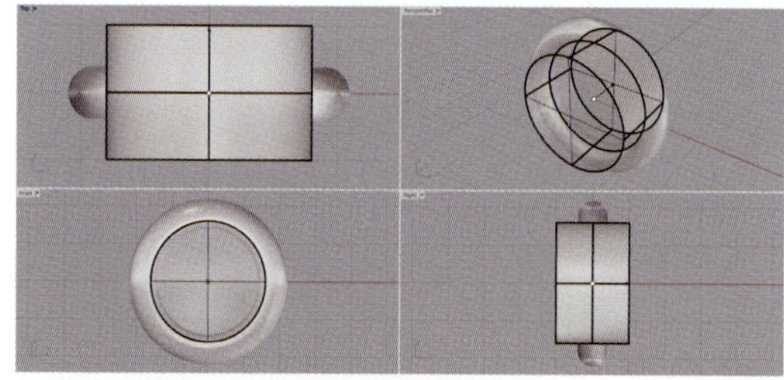

05. Boolean difference를 실행한다. 1번 반지개체를 선택한 후, Enter↵키를 누르고, 2번 원통 형태의 Solid개체를 선택한 후, Enter↵키를 누른다.

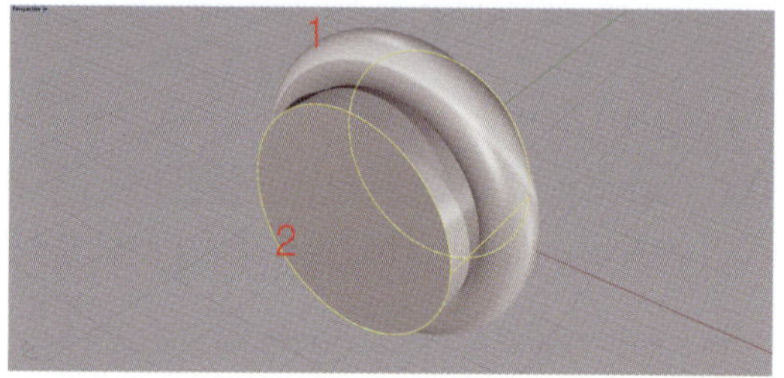

06. 다음 그림과 같이 완성된 Engage Ring을 확인할 수 있다.

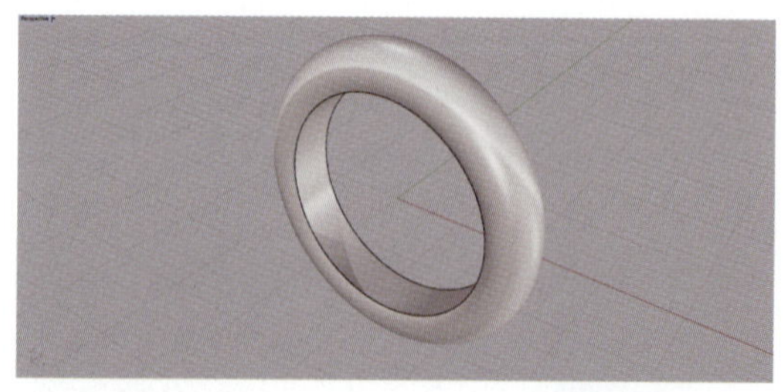

Slab from polyline

→ 부록CD 〉 Rhino 예제 〉 Lesson 10 〉 Slab from polyline

Polyline개체를 Offset, Extrude, Solid 작업을 실행하여 Solid개체를 보다 쉽게 생성하는 기능이다.

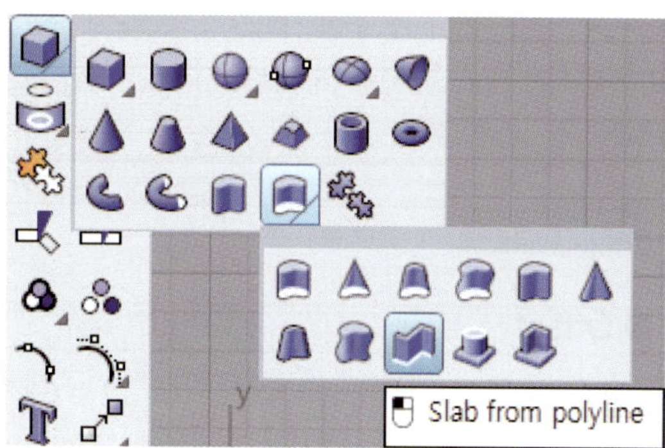

Options

- **Distance** : 수치를 입력하여 Offset기능을 적용하여 Solid개체를 생성하는 기능이다.
- **ThroughPoint** : 선택된 Curve개체가 Offset 기능이 적용되는 것을 확인하면서 Solid개체를 생성하는 기능이다.

01. Top Top Viewport에서 육각형 Curve개체를 선택하고, Slab from polyline을 실행한다. Command Prompt 영역에 Distance값 1을 입력하고 Enter↵키를 누른다. 마우스 커서를 육각 Curve 개체의 바깥쪽으로 이동한 후, 마우스 왼쪽버튼을 클릭하여 Offset시킨다.

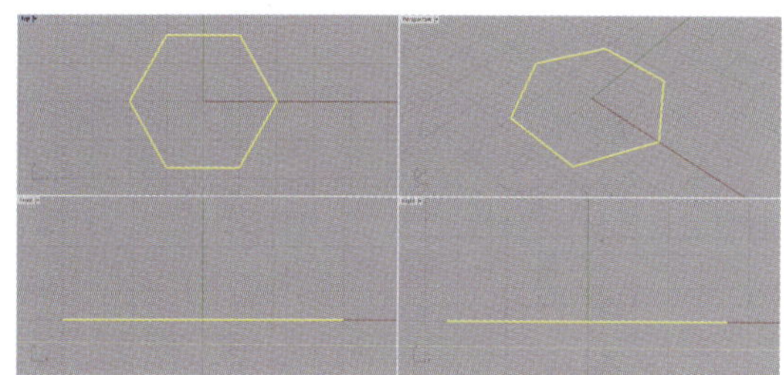

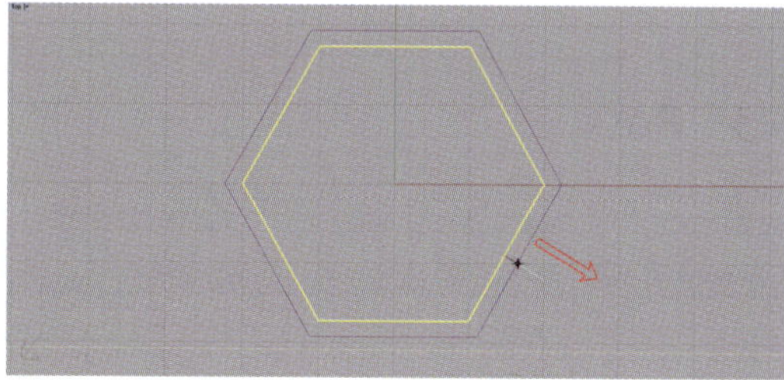

Side to offset (Distance= *1* Loose=*No* ThroughPoint BothSides InCPlane=*No*):

02. Front Front Viewport 또는 Right Right Viewport에서 Command Prompt 영역에 Height값 5를 입력하고 Enter↵키를 누른다.

Height <7.000>: 5

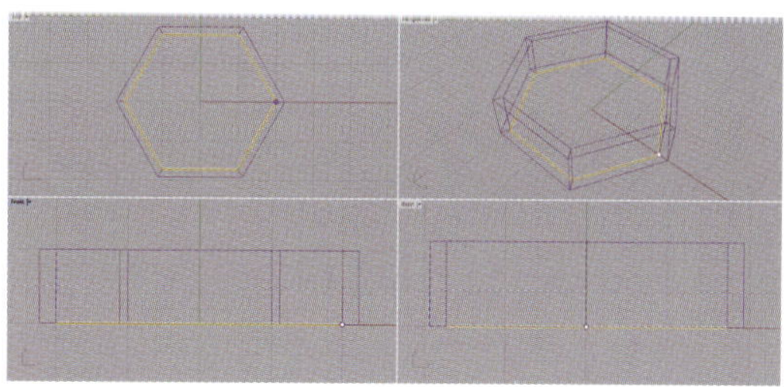

03. 다음 그림과 같이 육각형의 Solid개체가 생성된 것을 확인할 수 있다.

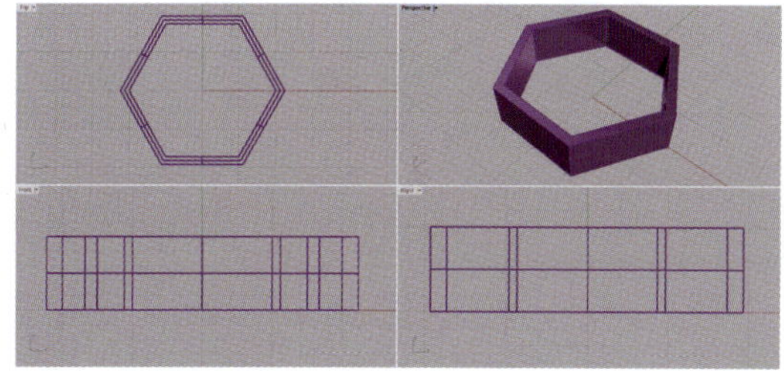

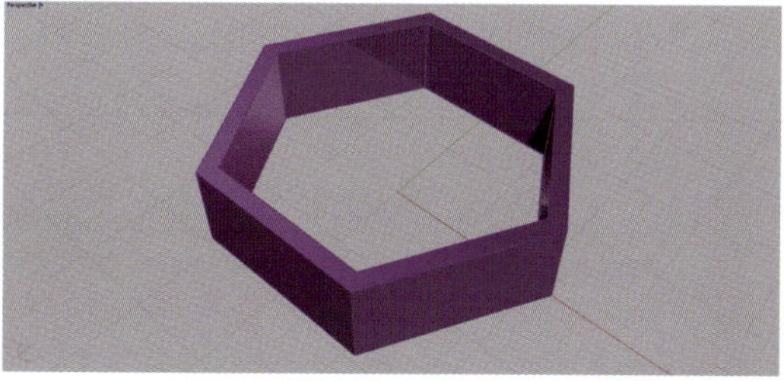

Rib

Target이 되는 Surface개체나 Poly-Surface개체에 같은 높이를 유지한 Curve개체를 Offset과 Extrude작업으로 Solid개체에 돌기를 생성하는 기능이다.

Options

● Offset

- **InCurvePlane :** 입력 Curve개체가 평면 View에서 Rib을 나타낼 때 사용하는 기능이다.
- **NormalToCurvePlane :** Rib Curve개체가 입면 View에서 Rib을 나타낼 때 사용하는 기능이다.

● Mode

- **Straight :** 직선 방향으로 Extrude하는 기능이다.
- **Tapered :** Curve개체에 Draft Angle값을 주고 Extrude하는 기능이다.

Boss

닫힌 Planar Curve개체를 이용하여 Surface개체나 Poly-Surface개체에 확장하여 Solid개체를 생성하는 기능이다.

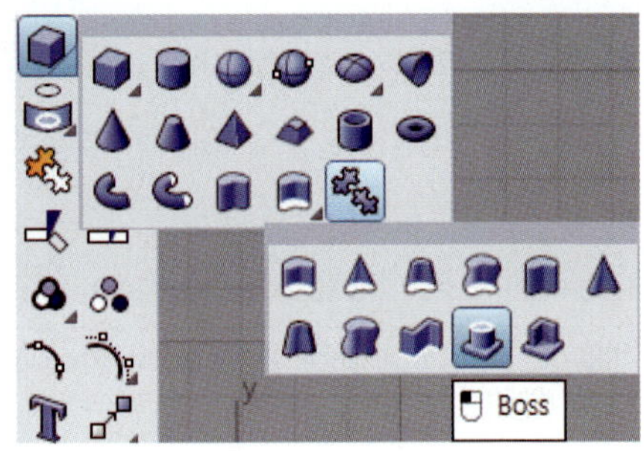

Basic Modeling - 17 Capsule Ball

※Rib & Boss를 이용한 조립형 Capsule Ball 생성

01. Sphere: Center, Radius를 실행하고, Command Prompt 영역에 Radius값 12를 입력한 후, Enter↵키를 누른다. 다음 그림과 같이 Sphere개체를 생성할 때, Surface개체의 Seam 위치가 수평이 되게 하여 지름 24㎜의 Sphere개체를 생성한다.

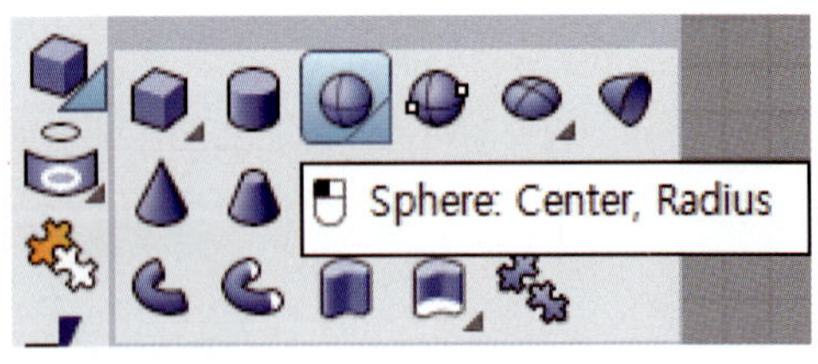

Radius <3.000> (Diameter Orientation Circumference Area ProjectOsnap=*Yes*): 12

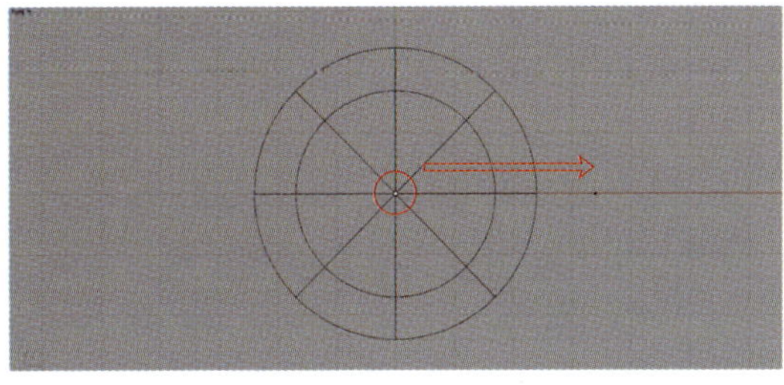

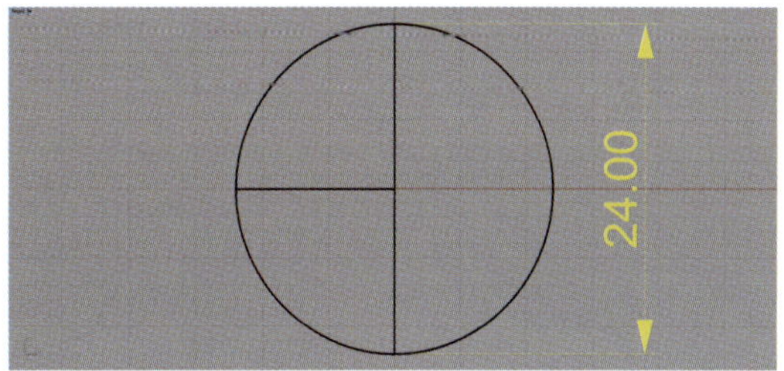

02. Top Top Viewport에서 Single Line를 실행하고, 다음 그림과 같이 Sphere개체 중심을 가로지르는 직선 Curve개체를 생성한다.

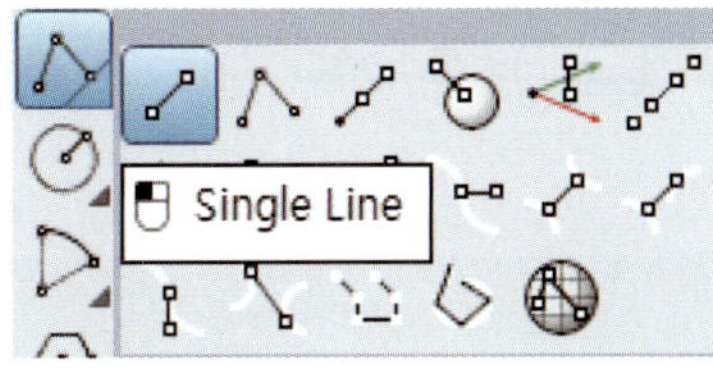

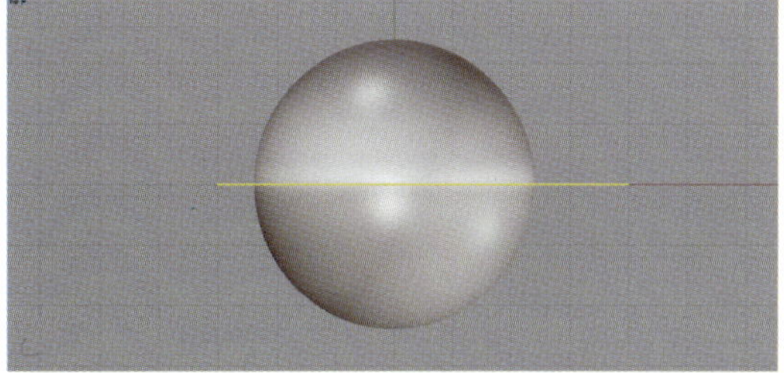

03. Split를 실행한다. 1번 Sphere개체를 선택하고, Enter↵키를 누른 후, 2번 직선 Curve개체를 선택하고 Enter↵키를 누른다.

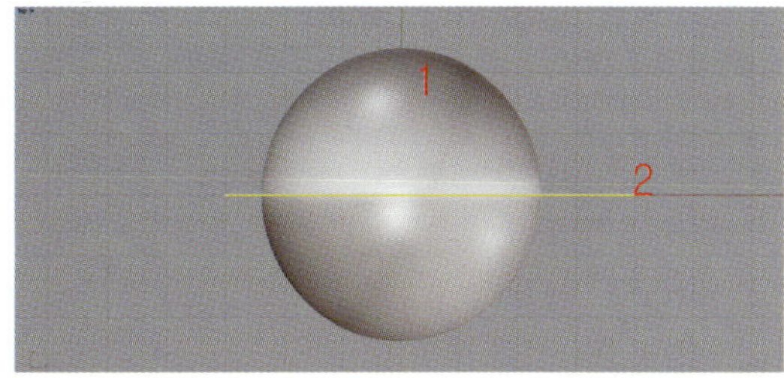

04. 다음 그림과 같이 직선 Curve개체를 경계로 Sphere개체가 두 개로 절단된 것을 확인할 수 있다. 절단된 두 개의 개체 중, 하나를 선택하고 Hide objects를 실행하여 숨겨둔다.

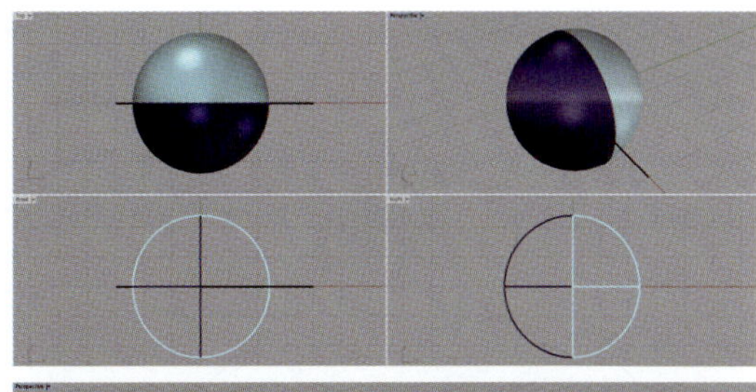

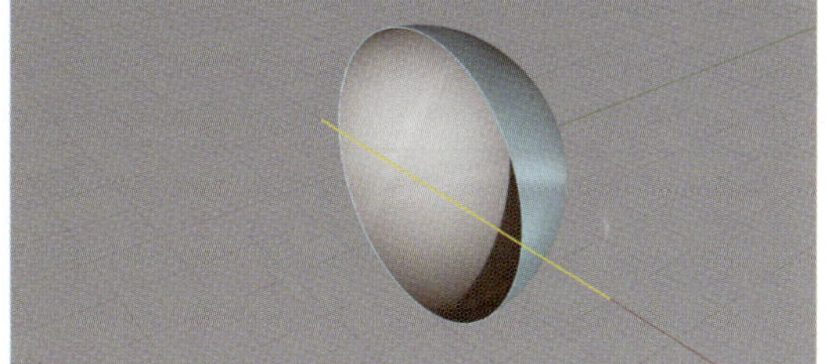

05. 더 이상 필요가 없는 직선Curve개체는 삭제하고, Surface개체를 선택한 후, Offset Surface를 실행한다.

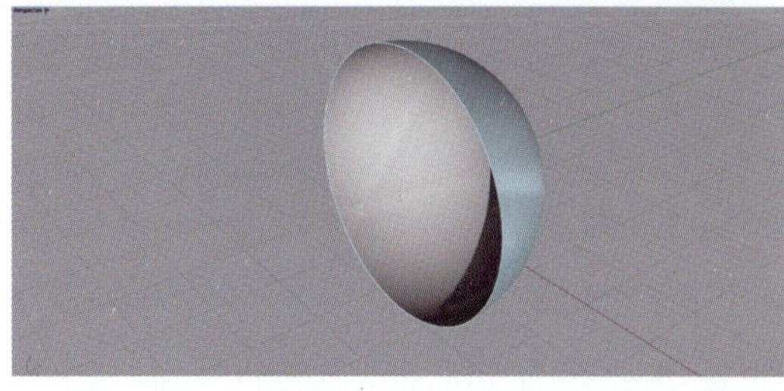

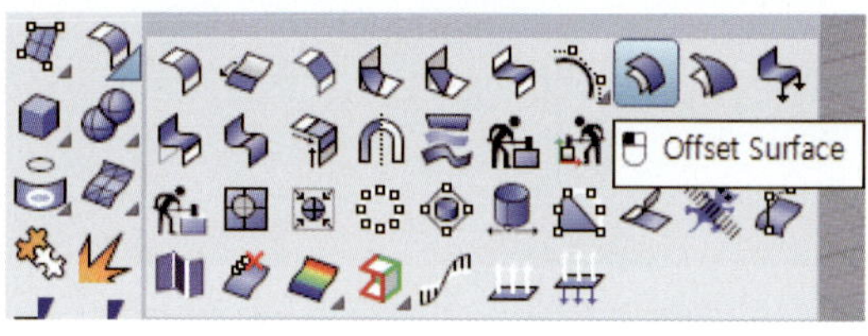

06. Command Prompt 영역에서 FlipAll를 선택하여 바깥쪽을 향하던 화살표 방향을 안쪽으로 바꿔준다. Solid=Yes로 설정하고, Distance값 2를 입력한 후, Enter↵키를 누른다. 다음 그림과 같이 Solid개체가 생성된 것을 확인할 수 있다.

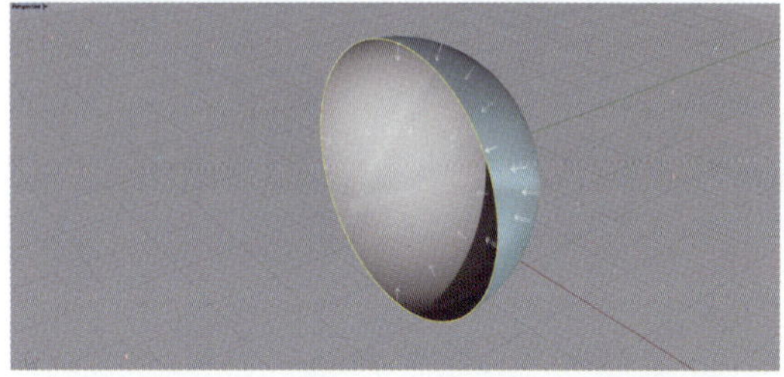

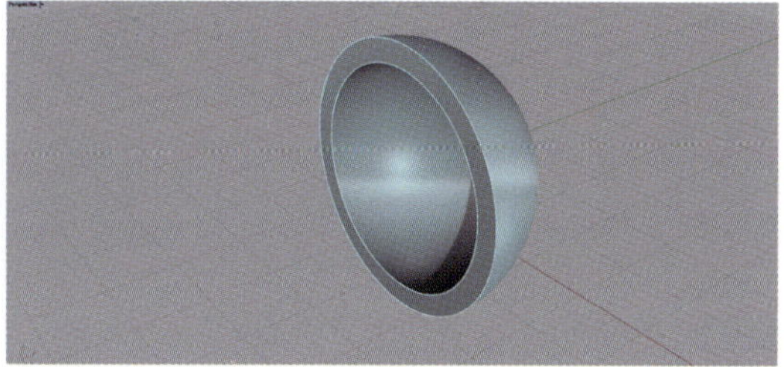

Select object to flip direction. Press Enter when done (Distance=*2* Corner=*Round* Solid=*No* Loose=*No* Tolerance=*0.001* BothSides=*No* FlipAll):

Select object to flip direction. Press Enter when done (Distance=*3* Corner=*Round* Solid=*Yes* Loose=*No* Tolerance=*0.001* BothSides=*No* DeleteInput=*Yes* FlipAll): 2

07. Front ▾ Front Viewport에서 Circle: center, radius를 실행하고, Osnap Toolbar에서 Quad점에 체크한 후, Solid개체의 안쪽 상단의 Quad점을 선택한다. Command Prompt 영역에 Radius값 1을 입력하고 Enter↵키를 누르면 다음 그림과 같이 지름 2㎜의 원형 Curve개체가 생성된 것을 확인할 수 있다.

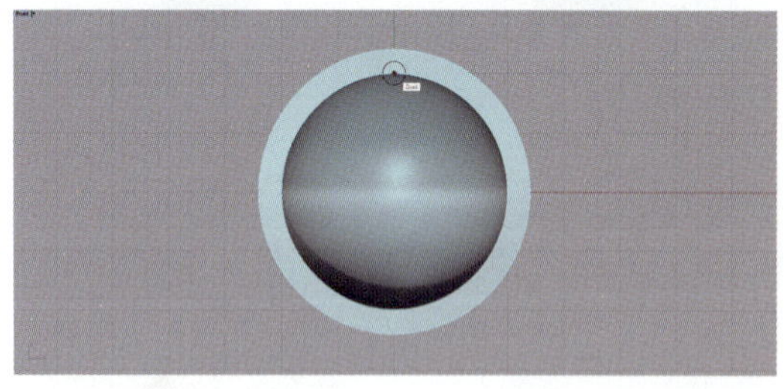

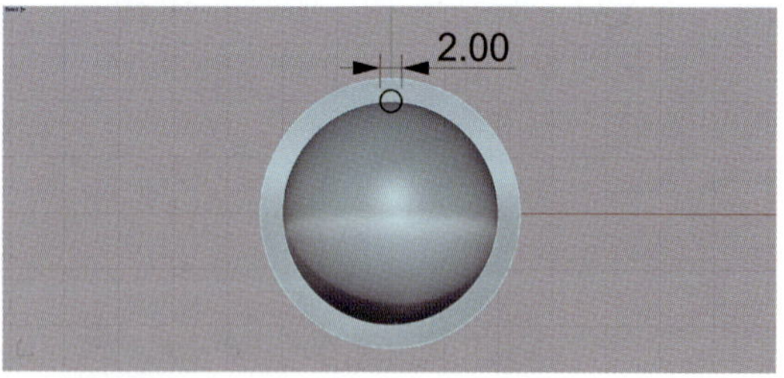

Radius <3.000> (Diameter Orientation Circumference Area ProjectOsnap=*Yes*): 1

08. 생성된 원형 Curve개체를 선택하고, Move를 실행한다. 생성된 원형 Curve개체의 상단 Quad점을 선택하고, Command Prompt 영역에 Point to move to값 2를 입력한 후, Enter↵키를 누른다. Shift키를 누른 상태로 마우스 커서를 화살표 방향으로 움직인 후, 마우스 왼쪽버튼을 클릭하여 2㎜ 이동시킨다.

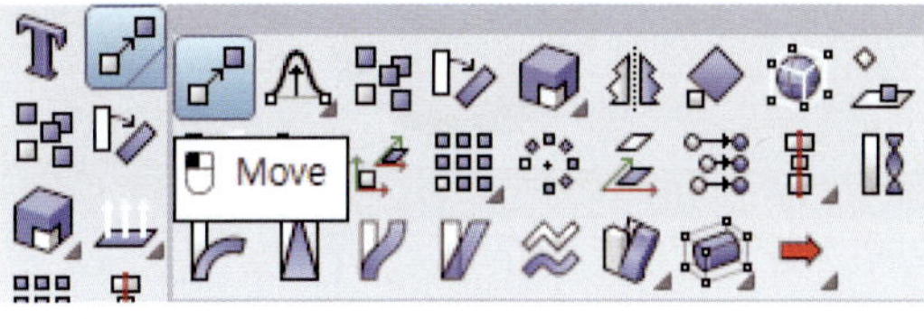

Point to move to: 2

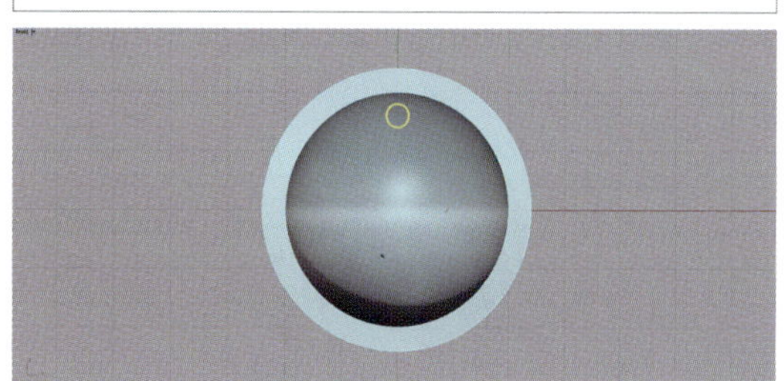

09. Right Right Viewport에서 원형 Curve개체를 선택하고, Move를 실행한 후, Command Prompt 영역에 Point to move to값 2를 입력하고 Enter↵키를 누른다. Shift키를 누른 상태로 마우스 커서를 화살표 방향으로 움직인 후, 마우스 왼쪽버튼을 클릭하여 2㎜ 이동시킨다.

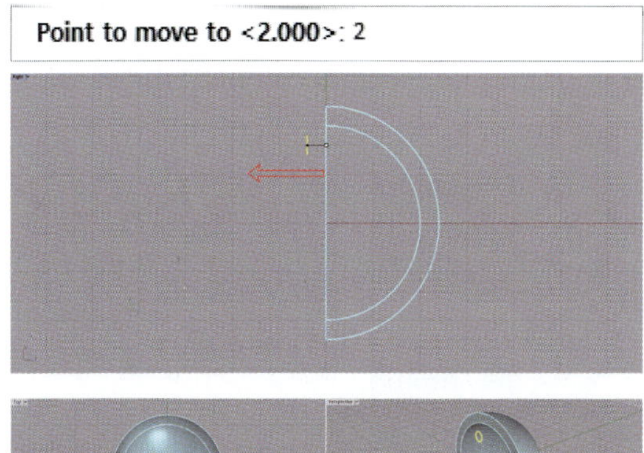

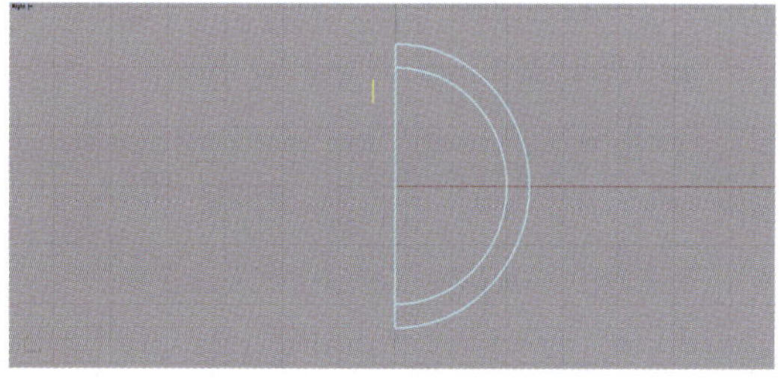

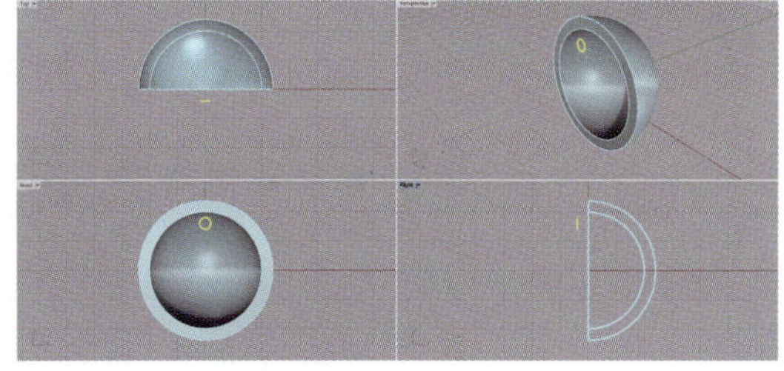

10. Solid개체를 선택하고, Volume centroid를 실행하여 Solid개체의 중심에 중심점을 생성한다.

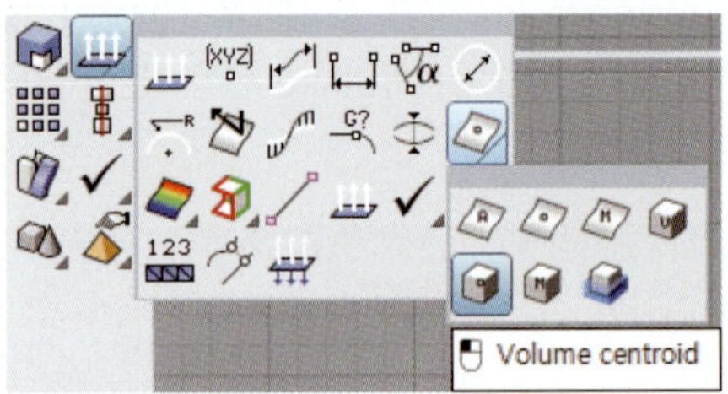

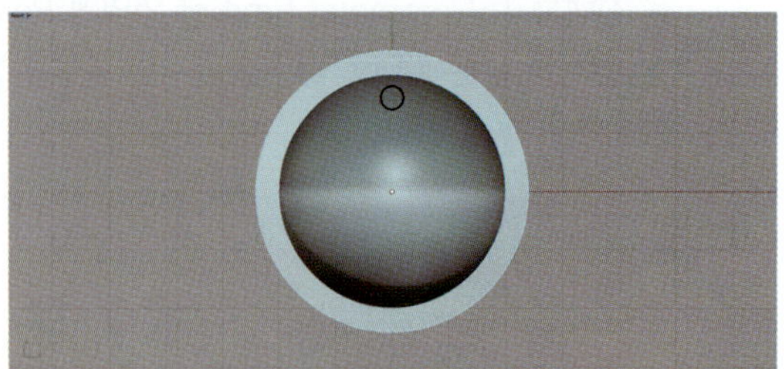

11. 원형 Curve개체를 선택하고, Polar array를 실행한다. Center of polar array를 Solid개체의 중심점으로 선택하고, Number of items값 4를 입력한 후, Enter↵키를 누른다. Angle to fill or first reference point값 360을 입력하고 Enter↵키를 누른다.

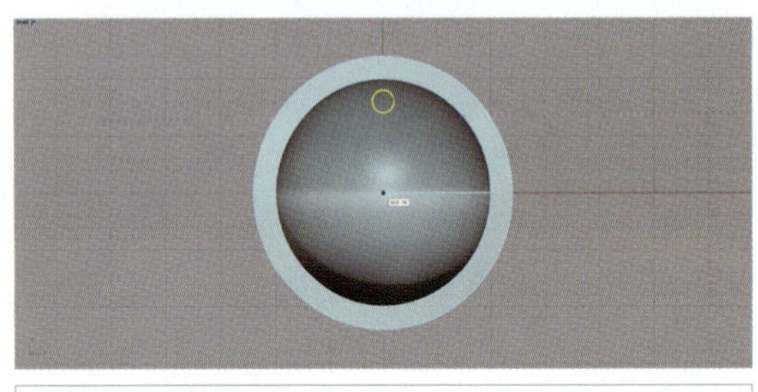

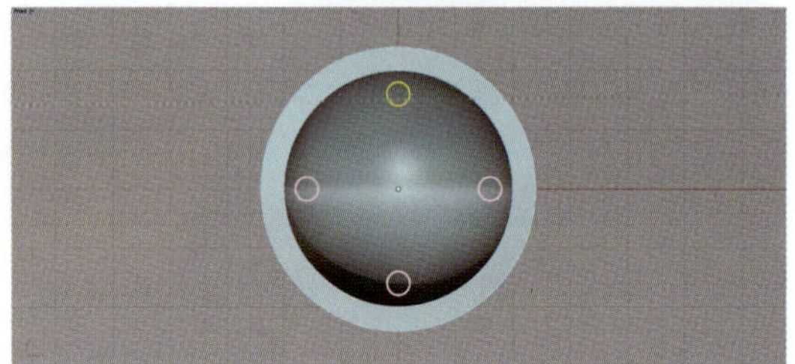

Number of items <3>: 4

Angle to fill or first reference point <360> (Preview=*Yes* StepAngle Rotate=*Yes* ZOffset=*0*):

12. 다음 그림과 같이 원형 Curve개체들이 생성된 것을 확인할 수 있다. 생성된 네 개의 원형 Curve개체를 선택하고, Copy Objects in Place를 실행한 후, Hide objects를 실행하여 같은 자리에 복사된 네 개의 원형 Curve개체를 숨겨둔다.

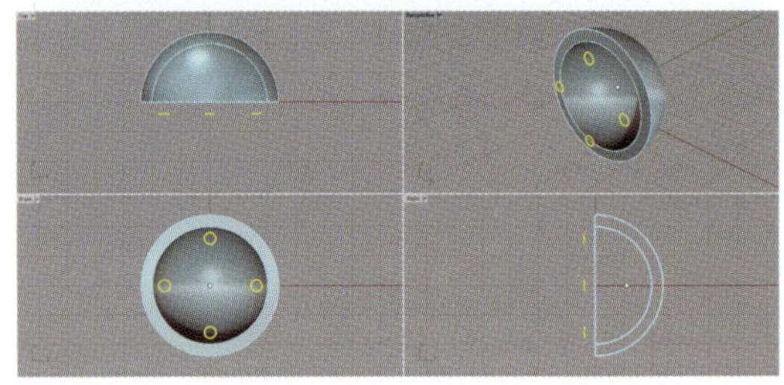

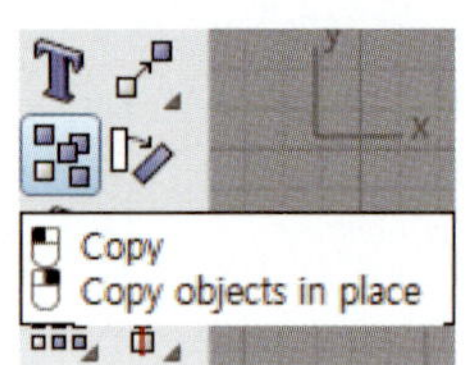

13. Boss를 실행한다. 네 개의 원형 Curve개체를 선택하고, Enter↵키를 누른 후, Solid개체를 선택한다. 다음 그림과 같이 Solid개체에 돌기가 생성된 것을 확인할 수 있다.

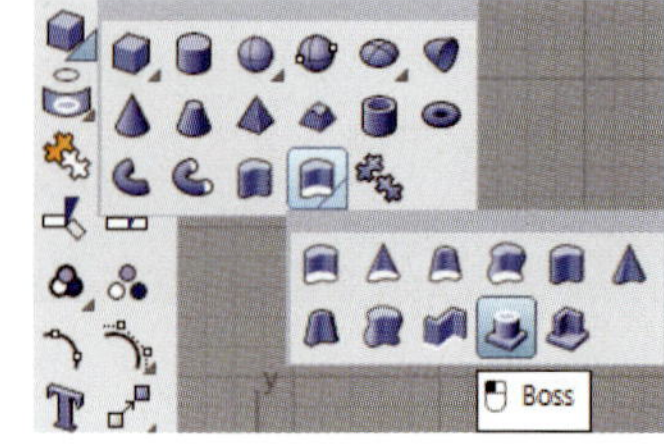

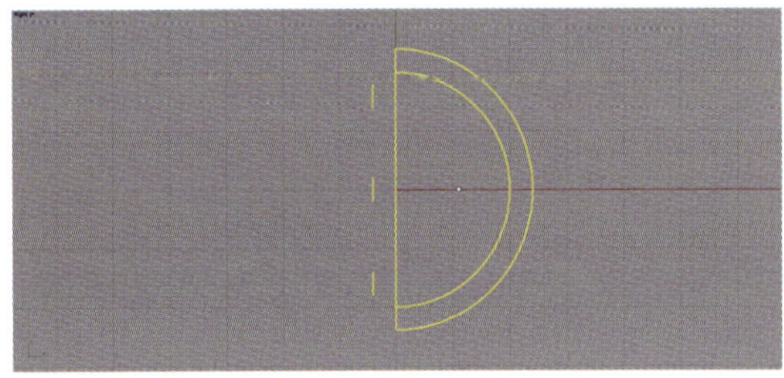

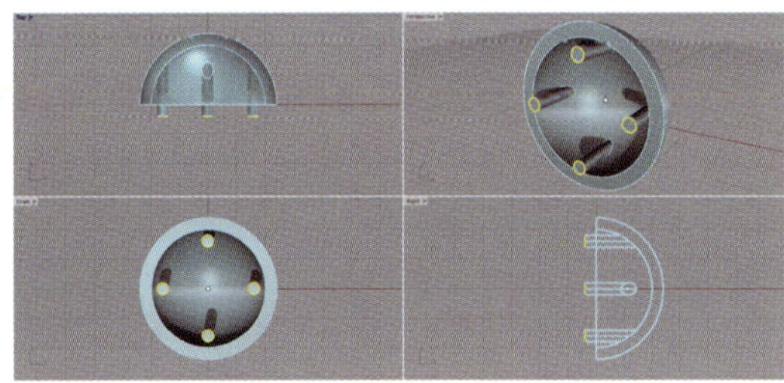

14. 네 개의 원형 Curve개체를 선택한 후, Delete 키를 눌러 삭제하고, Swap hidden and visible objects를 실행하여 화면상의 개체와 숨겨둔 개체를 서로 맞바꾼다.

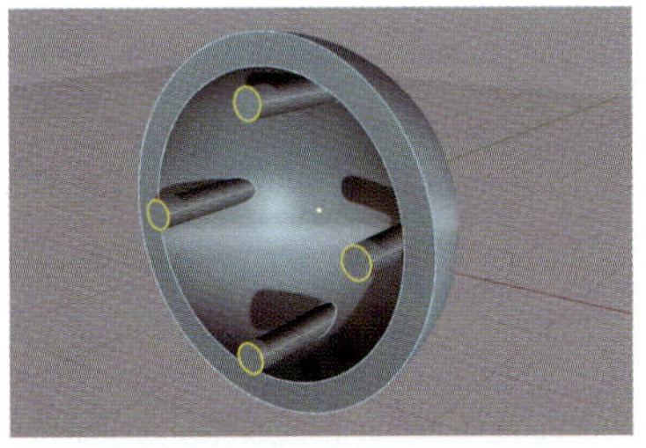

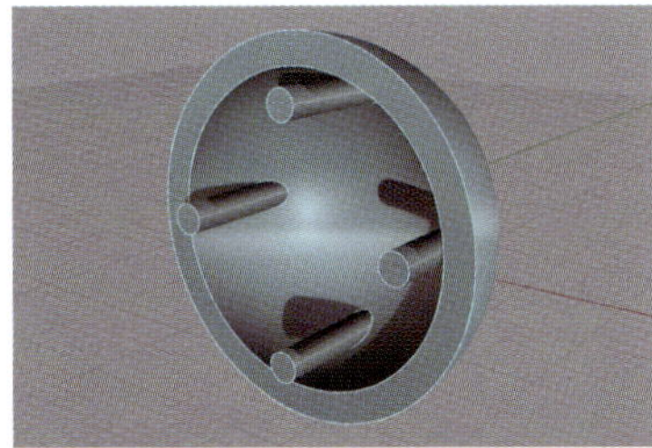

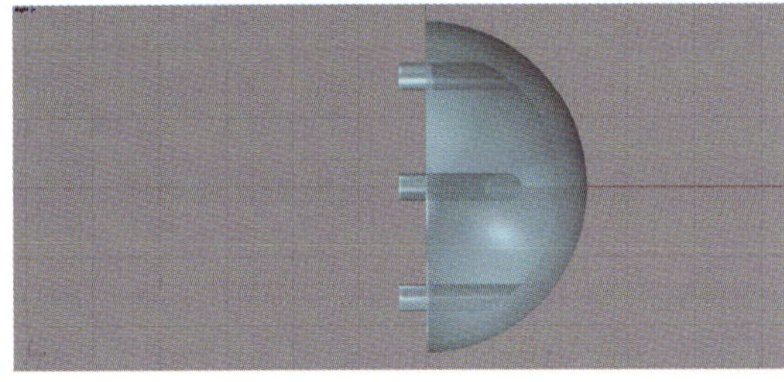

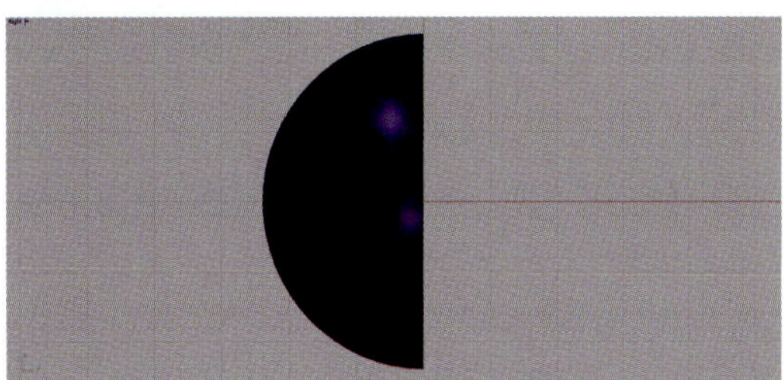

15. Solid개체를 선택하고, Move를 실행한다. Point to move to 값 4를 입력하고 Enter↵ 키를 누른 후, Shift 키를 누른 상태로 마우스 커서를 화살표 방향으로 움직인 다음 마우스 왼쪽 버튼을 클릭한다.

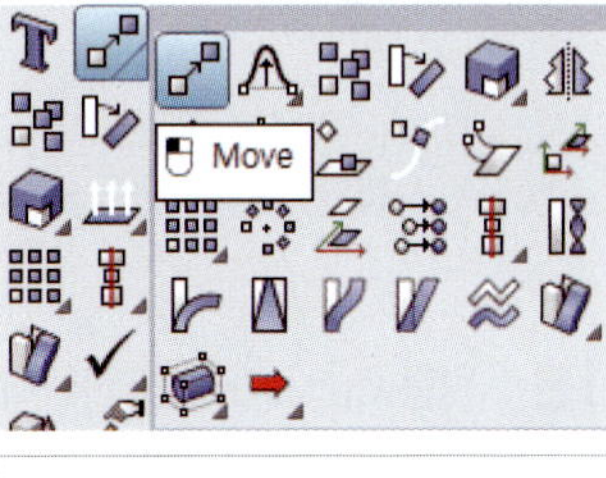

Point to move to <20.000>: 4

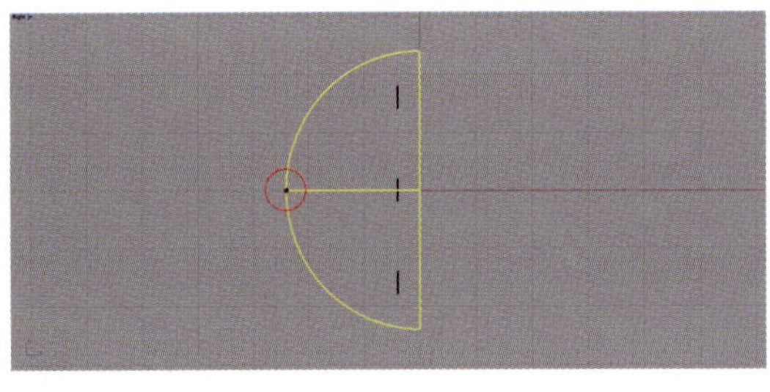

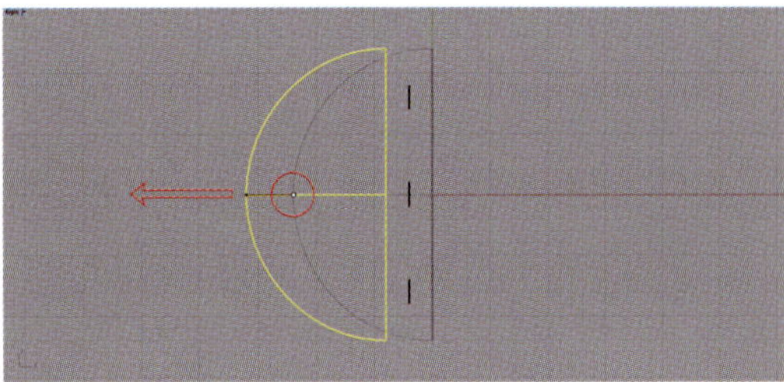

16. 다음 그림과 같이 Solid개체가 Y축 방향으로 4㎜ 이동한 것을 확인할 수 있다. Front Front Viewport에서 원형 Curve개체 하나를 선택하고, Offset curve를 실행한다. Command Prompt 영역에 Distance값 0.25를 입력하고 Enter키를 누른 후, 마우스 커서를 화살표 방향으로 움직인 다음 마우스 왼쪽버튼을 클릭한다.

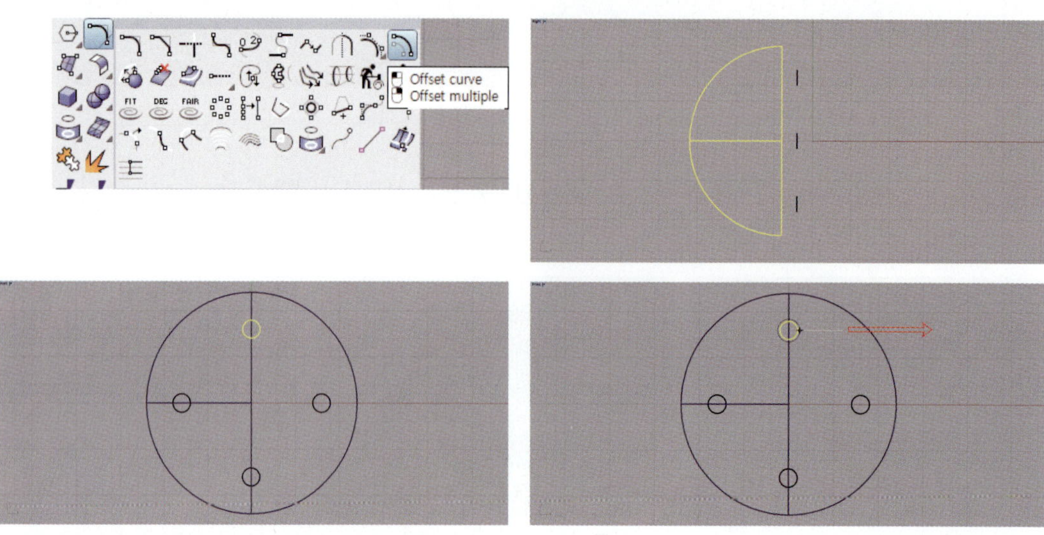

Side to offset (Distance=0.25 Loose=No Corner=Sharp ThroughPoint Tolerance=0.001 BothSides InCPlane=No Cap=None): 0.25

17. 생성된 원형 Curve개체를 제외한 기존의 원형 Curve개체 네 개를 선택한 후, Delete키를 눌러서 삭제한다.

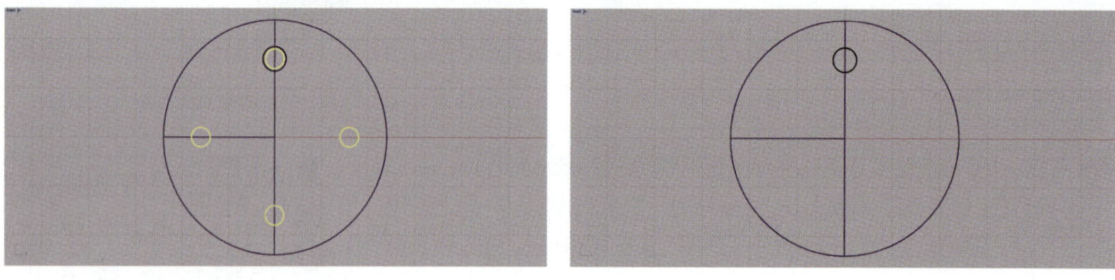

18. 원형 Curve개체를 선택하고, Polar array를 실행한다. Center of polar array를 Solid개체의 중심점으로 선택한다. 만약, 중심점을 삭제했다면 Command Prompt 영역에 Center of polar array값 0을 입력하고 Enter키를 누른다. Number of items값 4를 입력한 후, Enter키를 누르고 Angle to fill or first reference point값 360을 입력하고 Enter키를 누른다.

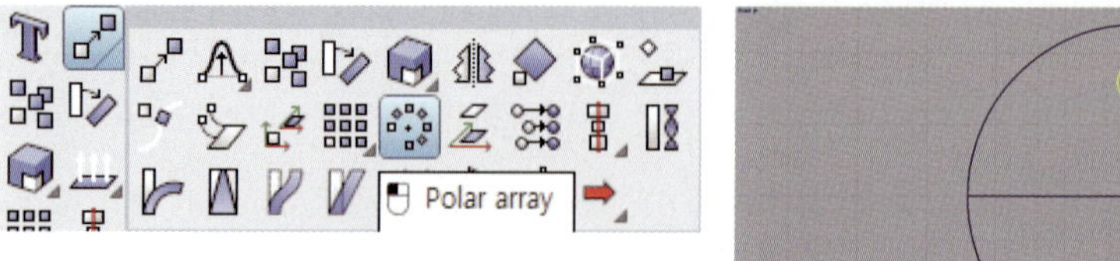

Center of polar array (AxIs): 0

Number of items <4>: 4

Angle to fill or first reference point <360> (Preview=*Yes* StepAngle Rotate=*Yes* ZOffset=*0*):

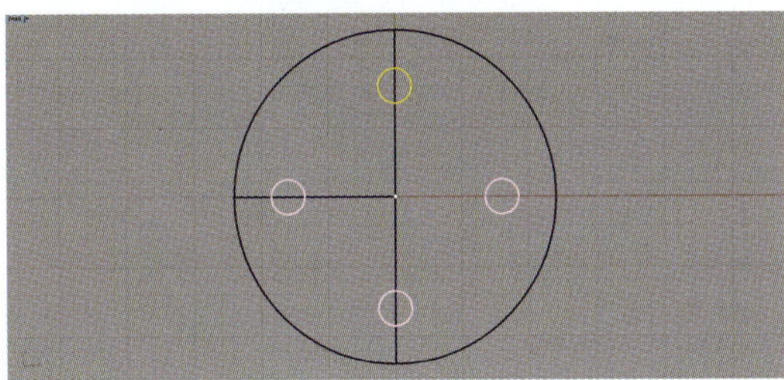

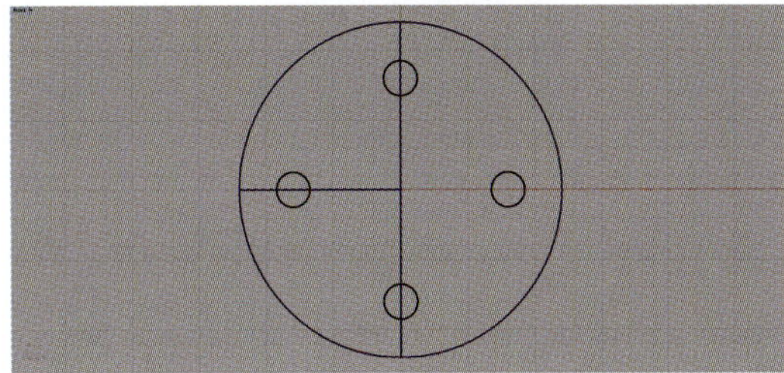

19. Surface개체를 선택하고, Offset Surface를 실행한다. Command Prompt 영역에서 FilpAll을 선택하여 화살표 방향을 바깥쪽에서 안쪽으로 향하게 바꾼다. Solid=Yes로 설정하고, Distance값 2를 입력한 후, Enter↵키를 누른다.

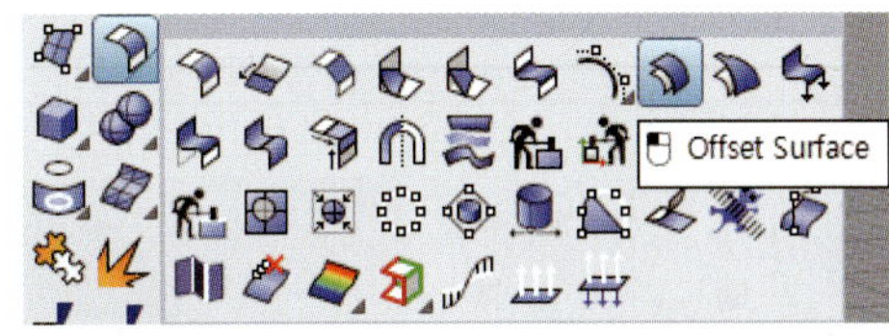

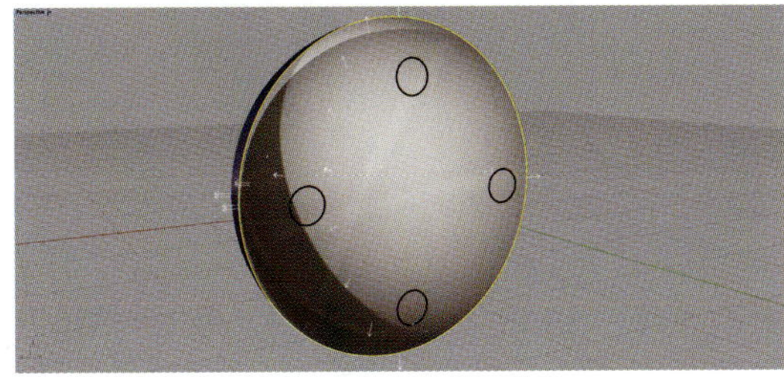

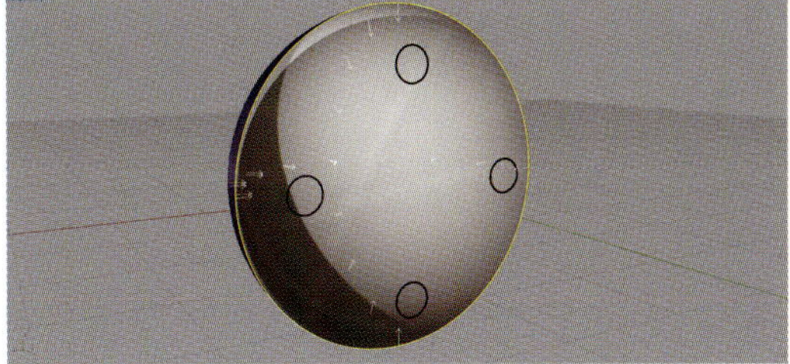

Select object to flip direction. Press Enter when done
(Distance=*2* Corner=*Round* Solid=*Yes* Loose=*No* Tolerance=*0.001* BothSides=*No* DeleteInput=*Yes* FlipAll):

20. 다음 그림과 같이 Solid개체가 생성된 것을 확인할 수 있다.

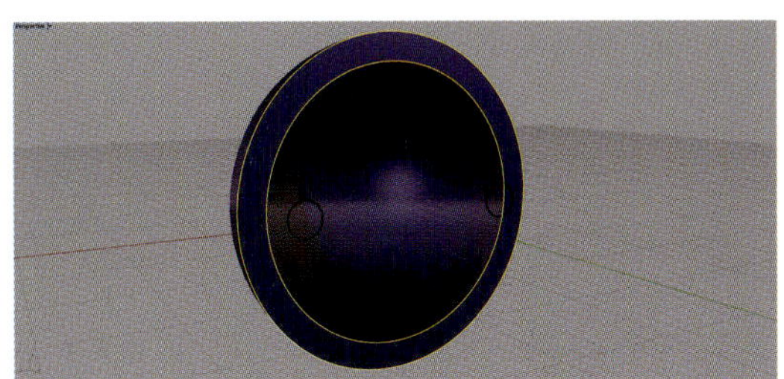

21. Rib를 실행하고, 원형 Curve개체를 선택한 후, Command Prompt 영역에 Distance값 0.5를 입력한 후, Enter↵키를 누른다. Select a boundary를 Solid개체로 선택하면 다음 그림과 같이 Solid개체에 구멍 뚫린 돌기가 생성된 것을 확인할 수 있다.

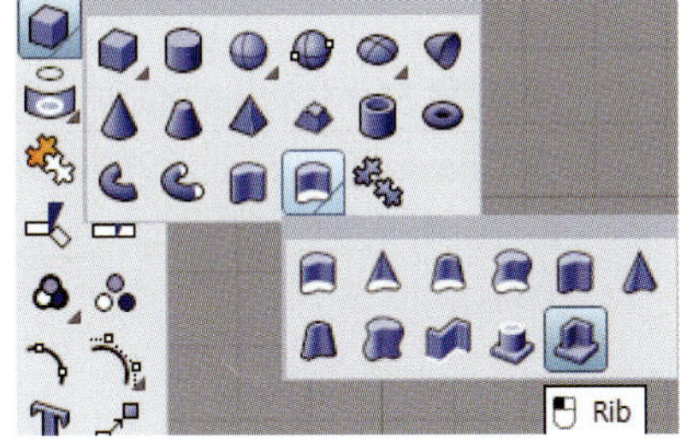

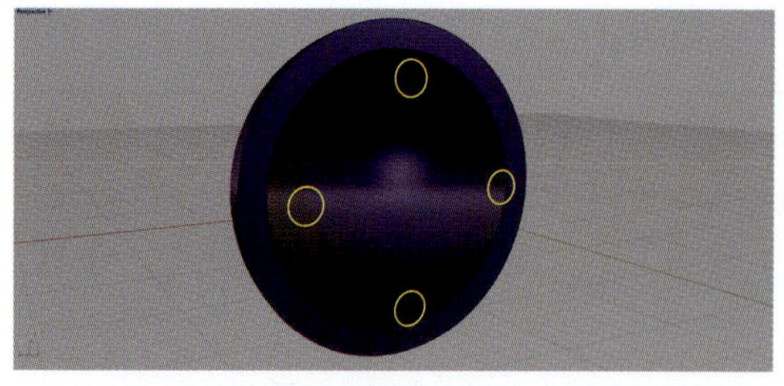

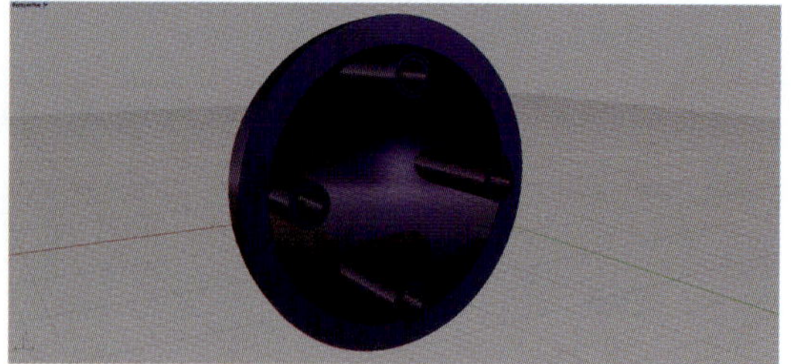

Select a planar curve to rib. Press Enter when done <0.500> (Offset=*InCurvePlane* Distance=*0.5* Mode=*Straight*): 0.5

Select a boundary <0.500> (Offset=*InCurvePlane* Distance=*0.5* Mode=*Straight*):

22. Select curves를 실행하여 불필요한 Curve개체를 선택한 후, Delete 키를 눌러서 삭제한다.

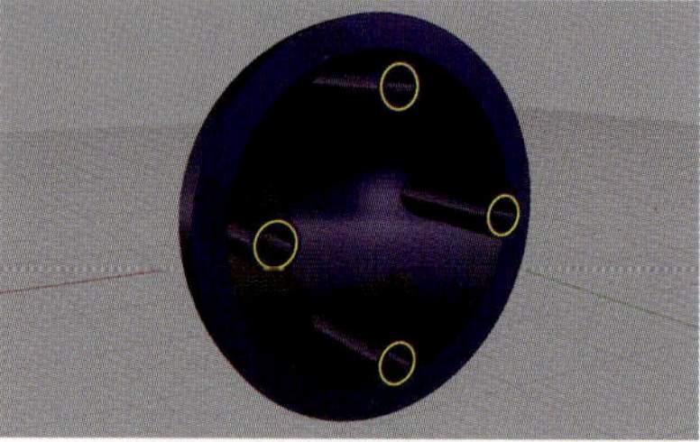

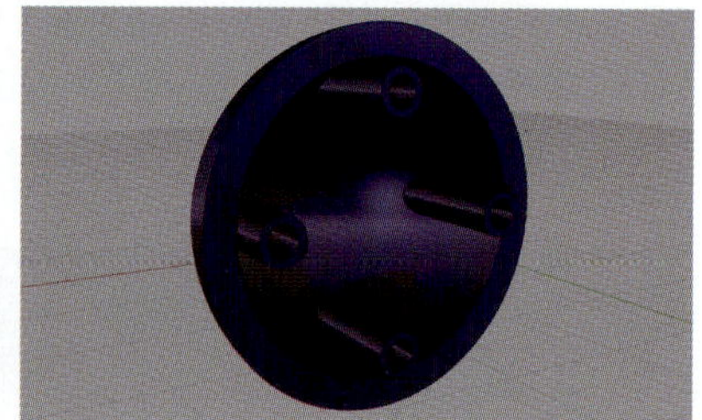

23. Show objects를 실행하여 숨겨둔 모든 개체들을 보이게 한다. 다음 그림과 같이 조립이 가능한 두 개의 완성된 Solid개체를 확인할 수 있다.

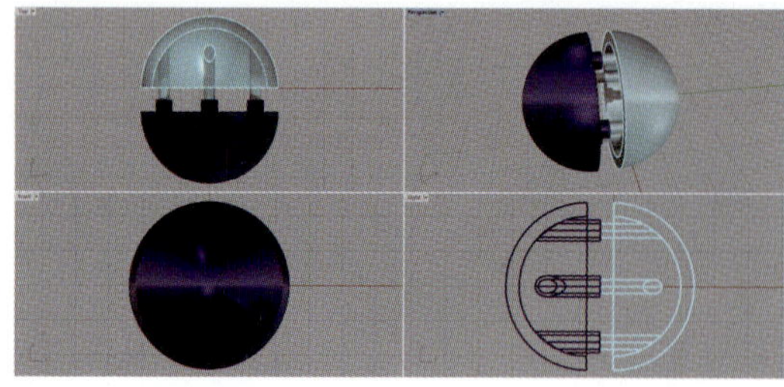

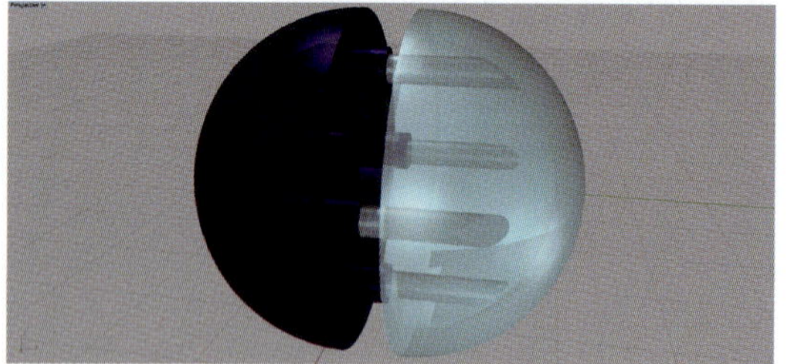

24. Right Right Viewport에서 Move를 실행하고, 다음 그림과 같이 좌측 Solid개체의 End점을 선택한 후, Command Prompt 영역에 Point to move to값 4를 입력하고 Enter 키를 누른다. 마우스 커서를 화살표 방향으로 이동한 후, Shift 키를 누른 상태로 마우스 왼쪽버튼을 클릭하여 우측으로 4㎜ 이동시킨다.

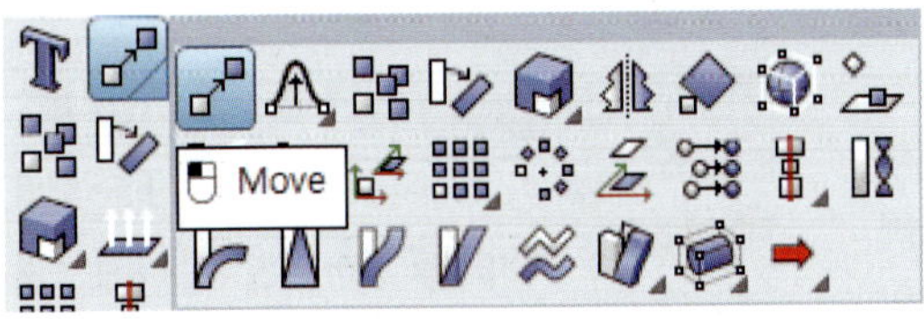

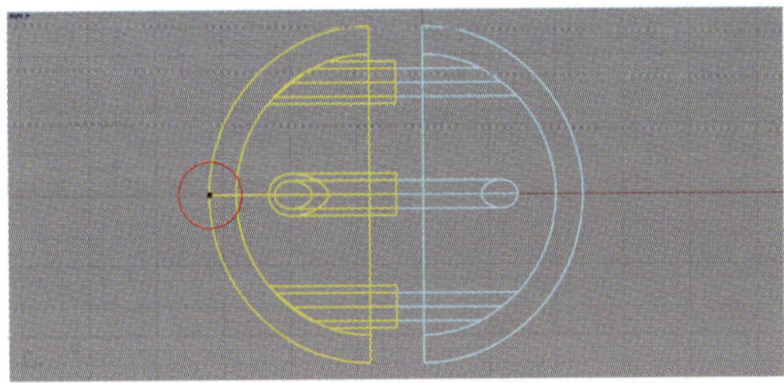

Point to move to <4.000>: 4

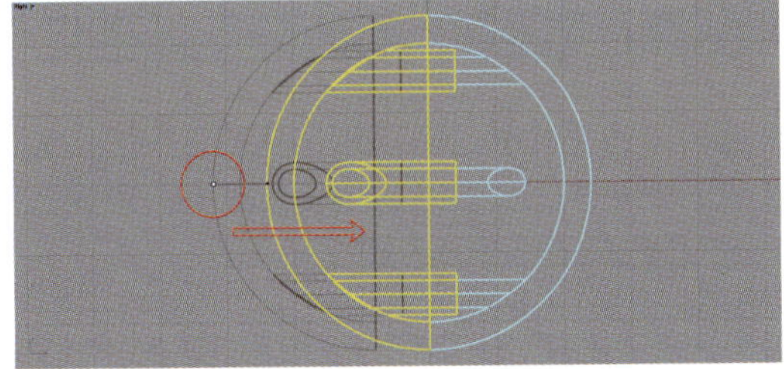

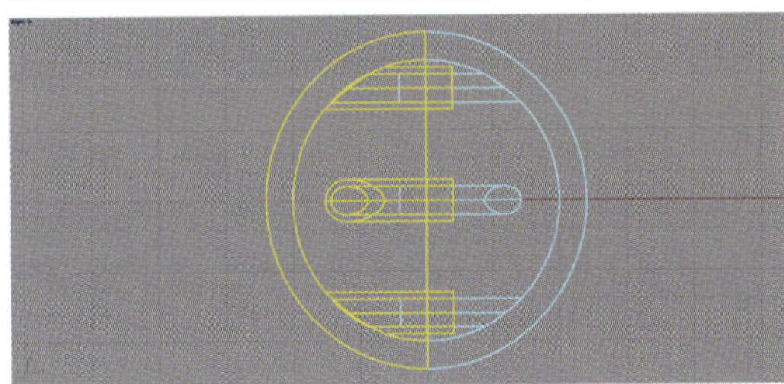

25. 다음 그림과 같이 조립이 완성된 형태의 Capsule Ball개체를 확인할 수 있다.

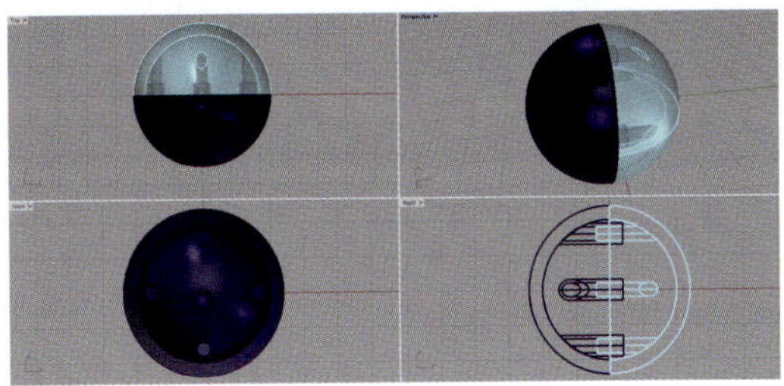

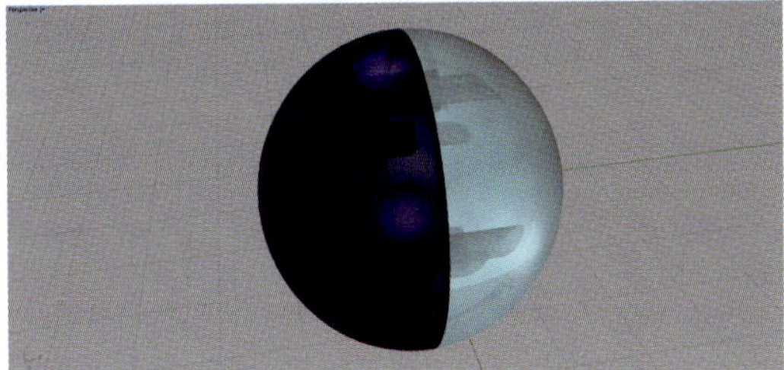

2. Solid Tools Toolbar

Boolean Operation

서로 겹친 Solid개체들을 더하거나, 하나의 Solid개체에서 겹친 다른 Solid개체를 빼거나 또는 Solid개체의 서로 겹친 부분을 새로운 Solid개체로 생성하는 기능이다. Solid개체와 Surface개체 간에도 Boolean Operation을 진행할 수 있다. 이때는 Surface개체의 Normal Direction이 작업에 중요한 영향을 미친다.

 Boolean union

선택된 Poly-Surface개체 또는 Surface개체의 공유 영역을 잘라내고, 공유하지 않는 영역을 단일 Poly-Surface개체로 생성하는 기능이다.

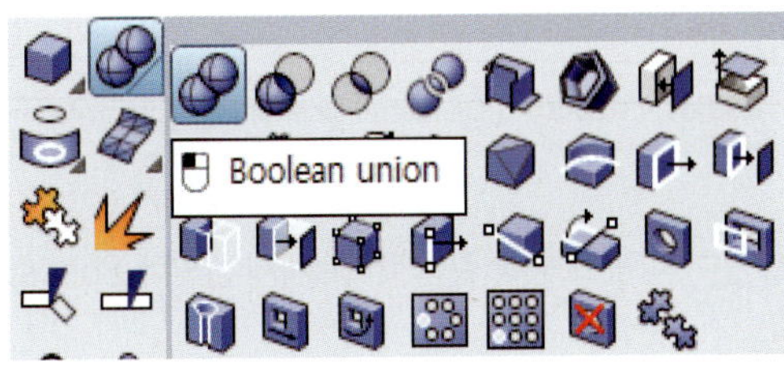

Boolean difference

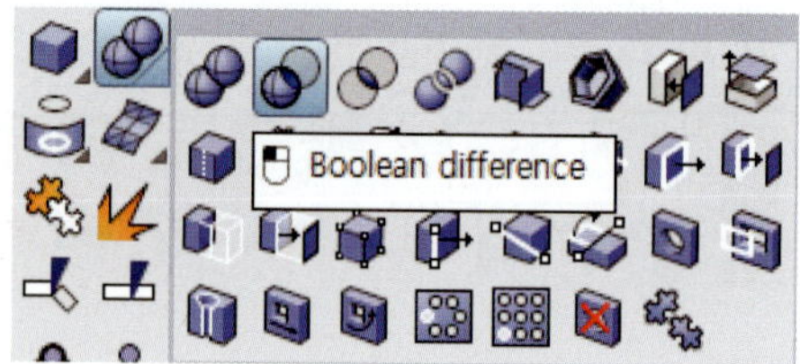

Poly-Surface개체 또는 Surface개체에서 서로 겹쳐진 부분이 있는 다른 Poly-Surface개체 또는 Surface개체를 빼는 기능이다. Poly-Surface개체와 Poly-Surface개체인 경우는 남겨질 Poly-Surface개체를 먼저 선택하고, 빼고자 하는 Poly-Surface개체를 두 번째로 선택한다. Poly-Surface개체와 Surface개체인 경우는 Surface개체의 Normal Direction에 따라 생성되는 결과가 다르게 나올 수 있다.

01. Front Front Viewport에서 Torus를 실행하고, Center of torus값 0을 입력한 후, Enter↵ 키를 누른다. Diameter값 21을 입력하고 Enter↵ 키를 누른 후, Second diameter값 5를 입력하고 Enter↵ 키를 누른다. 다음 그림과 같이 Torus개체가 생성된 것을 확인할 수 있다.

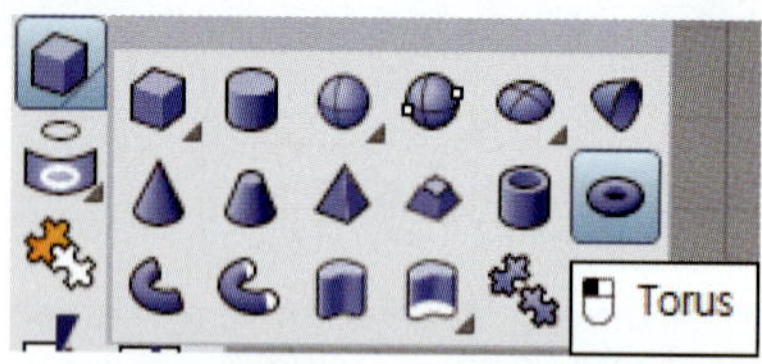

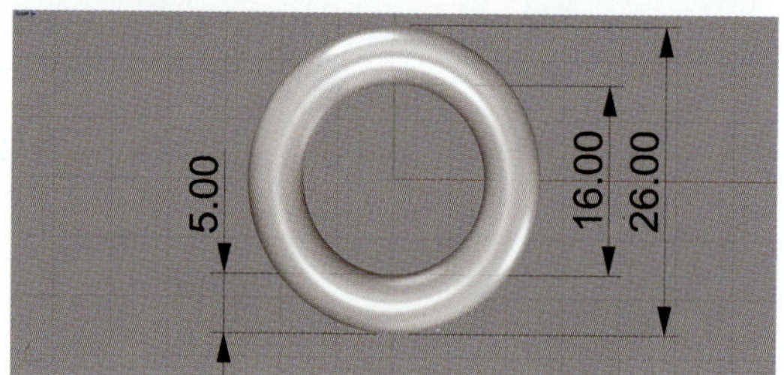

Center of torus (Vertical 2Point 3Point Tangent AroundCurve FitPoints): 0
Diameter <19.000> (Radius Orientation Circumference Area ProjectOsnap=*Yes*): 21
Second diameter <3.000> (Radius FixInnerDimension=*No*): 5

02. Osnap Toolbar에서 Quad점에 체크하고, Sphere: Center, Radius를 실행한다. 다음 그림과 같이 Torus개체 상단의 Quad점을 선택하고, Command Prompt 영역에 Radius값 2를 입력한 후, Enter↵ 키를 누른다.

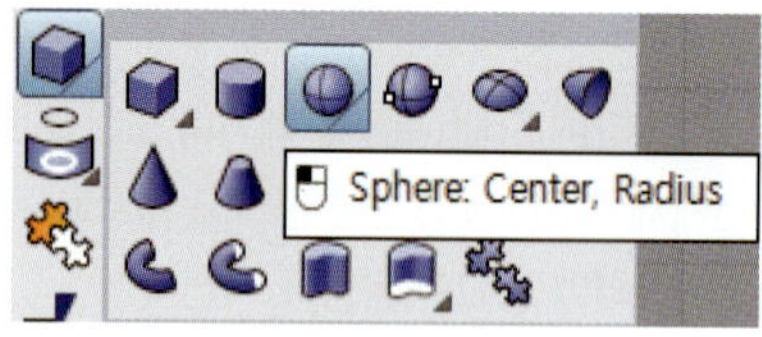

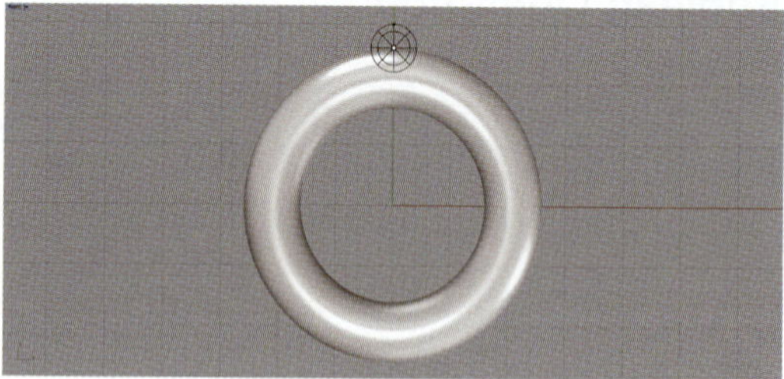

Radius <10.000> (Diameter Orientation Circumference Area ProjectOsnap=*Yes*): 2

03. 다음 그림과 같이 Torus개체 상단에 Sphere개체가 생성된 것을 확인할 수 있다.

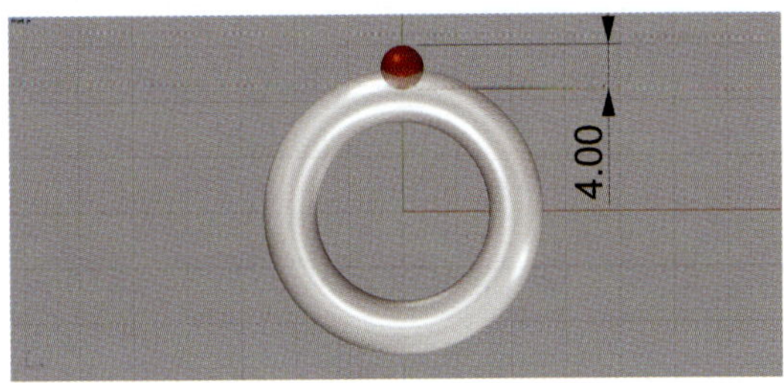

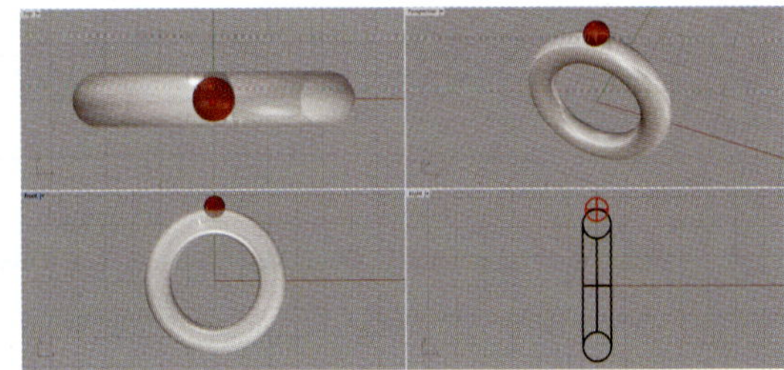

04. 생성된 Sphere개체를 선택하고, Polar array를 실행한다. Command Prompt 영역에 Center of polar array값 0을 입력하고, Enter↵키를 누른다. Number of items값 12를 입력하고 Enter↵키를 누른 후, Angle to fill or first reference point값 360을 입력한 다음, Enter↵키를 누른다.

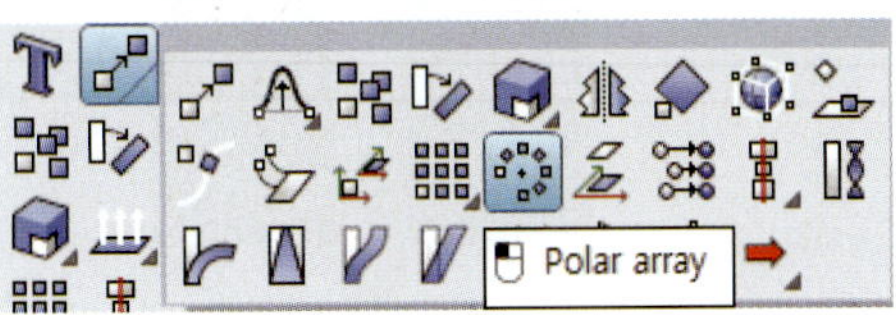

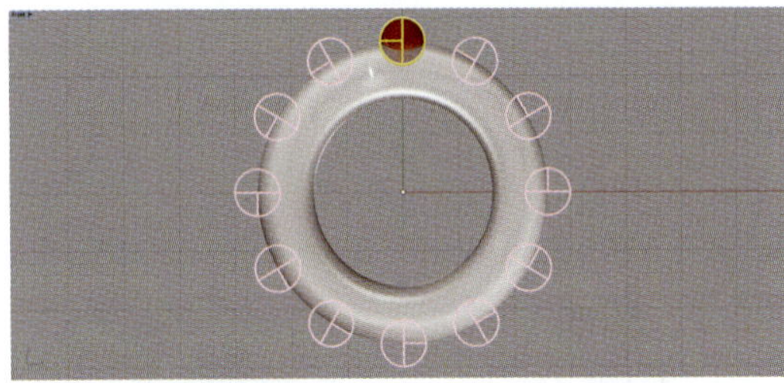

Center of polar array (Axis): 0	Number of items <3>: 12

Angle to fill or first reference point <360> (Preview=*Yes* StepAngle Rotate=*Yes* ZOffset=*0*):

Press Enter to accept. FillAngle = 360 (Items=*12* FillAngle Rotate=*Yes* ZOffset=*0*):

05. 다음 그림과 같이 Torus개체에 12개의 Sphere개체가 생성된 것을 확인할 수 있다.

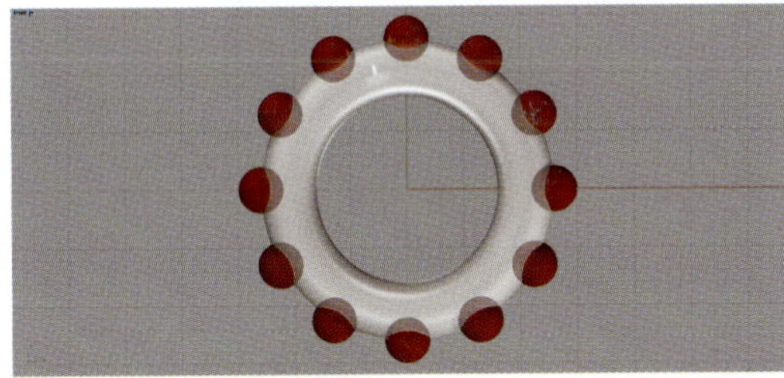

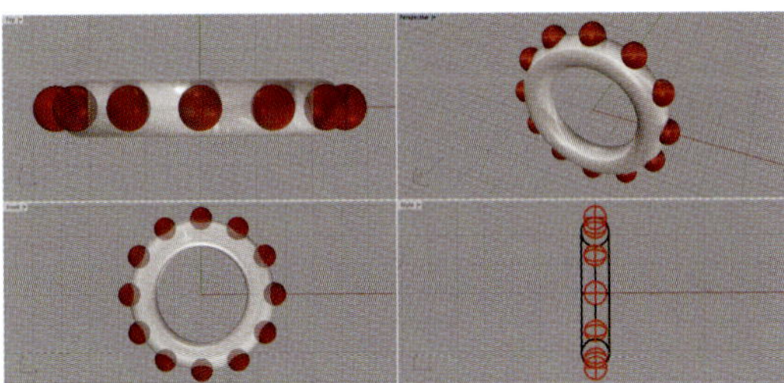

06. Cylinder를 실행하고, Command Prompt 영역에 Base of cylinder값 0을 입력한 후, Enter↵키를 누른다. Radius값 9를 입력하고 Enter↵키를 누른다.

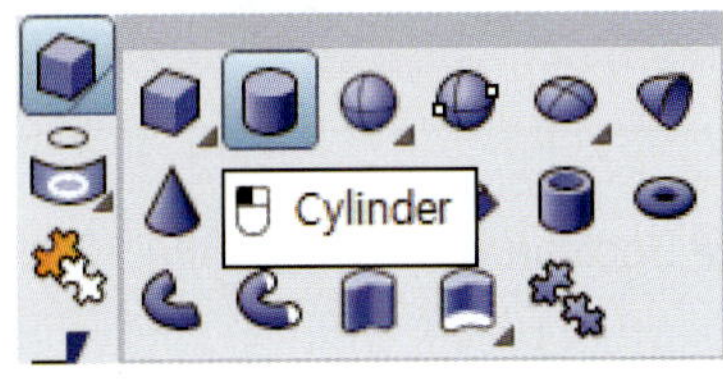

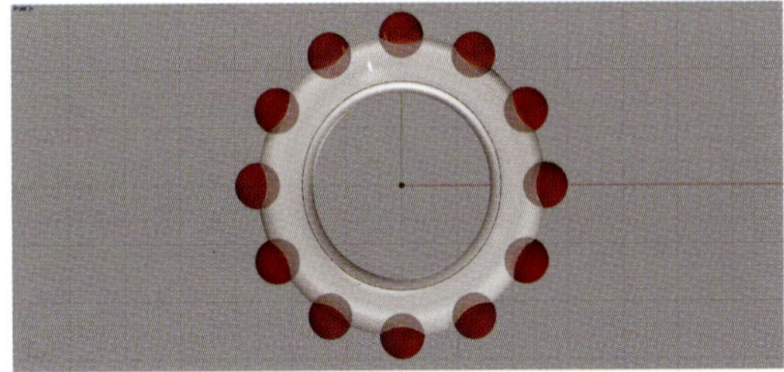

Base of cylinder (DirectionConstraint=*Vertical* Solid=*Yes* 2Point 3Point Tangent FitPoints): 0
Radius <9.000> (Diameter Circumference Area ProjectOsnap=*Yes*): 9

07. Right Right Viewport에서 Command Prompt 영역에서 Bothsides=Yes로 설정하고, End of Cylinder값 15를 입력한 후, Enter↵키를 누른다. 다음 그림과 같이 Torus개체 중앙으로 통과하는 지름 18㎜, 길이 15㎜의 Cylinder개체가 생성된 것을 확인할 수 있다.

End of cylinder <9.000> (DirectionConstraint=*Vertical* BothSides=*Yes*): 15

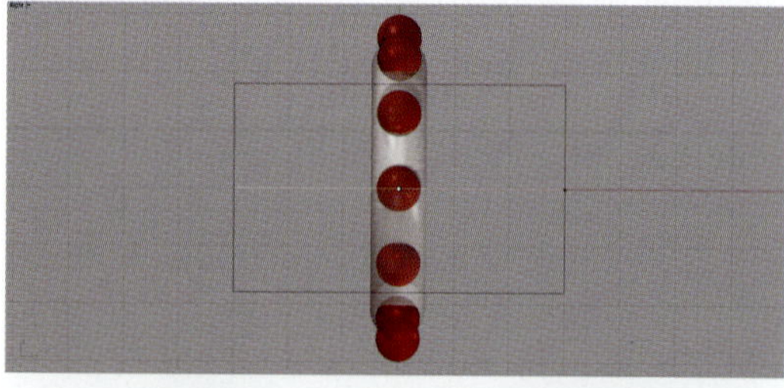

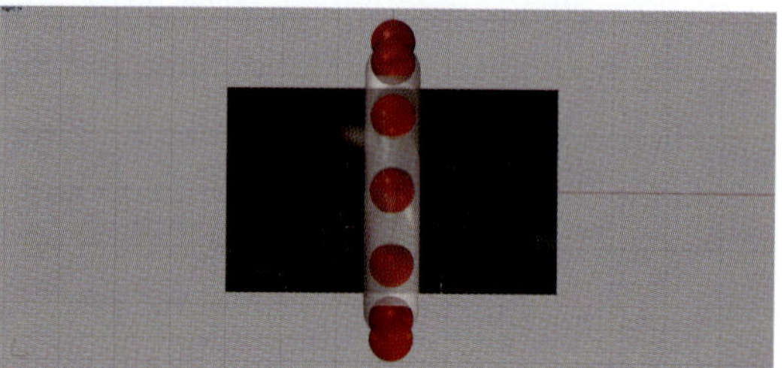

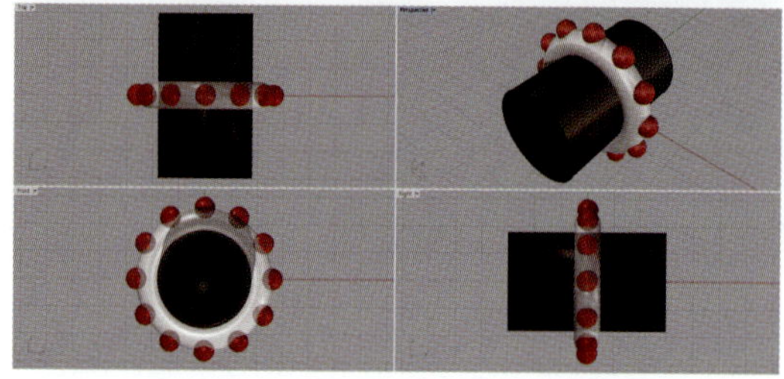

08. Select by color를 실행하고, Sphere개체 하나를 선택한 후, Enter↵키를 누른다. 다음 그림과 같이 같은 색상의 개체가 모두 선택된 것을 확인할 수 있다.

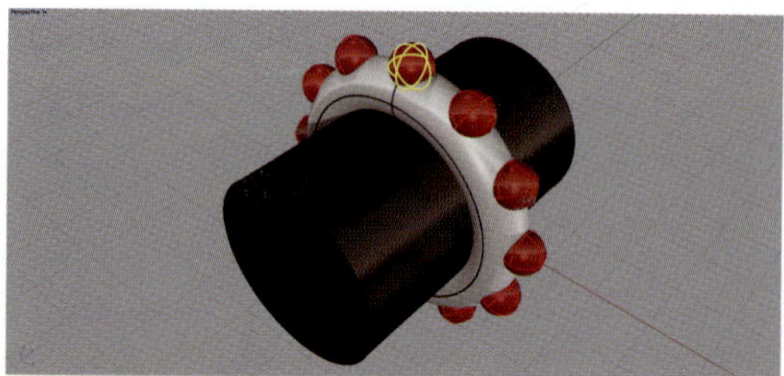

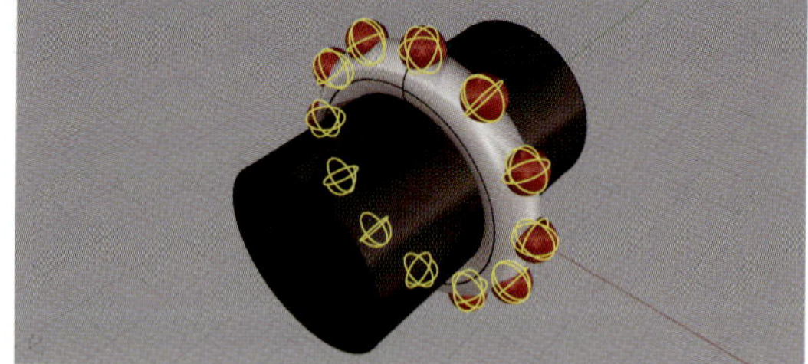

09. Shift키를 누른 상태로 Torus개체를 선택하고, Boolean union을 실행하여 12개의 Sphere개체와 Torus개체를 하나의 개체로 합친다.

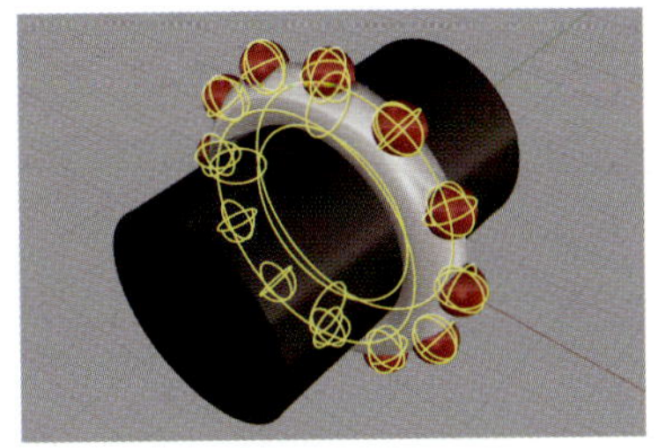

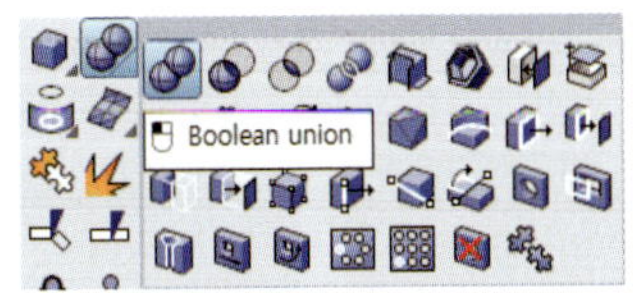

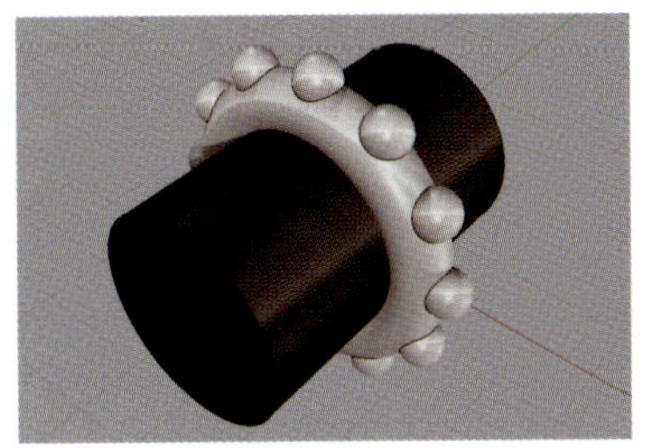

10. Boolean difference를 실행한다. 1번 반지개체를 선택하고, Enter↵키를 누른다. 2번 Cylinder개체를 선택하고, Enter↵키를 누르면 다음 그림과 같이 반지개체의 중앙으로 통과하는 지름 18㎜의 Cylinder개체만큼 홈이 파이는 것을 확인할 수 있다.

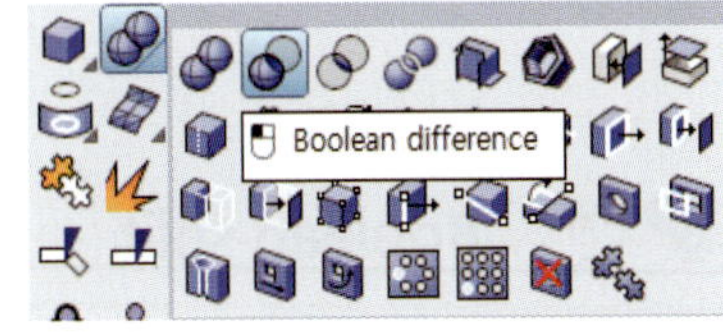

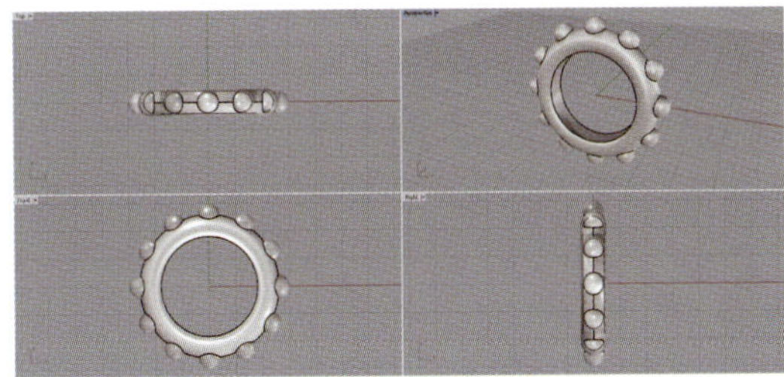

Boolean intersection

→ 부록CD 〉 Rhino 예제 〉 Lesson 10 〉 Boolean intersection & Boolean split

선택된 Poly-Surface개체 또는 Surface개체의 공유하지 않은 영역을 잘라내어 공유하는 부분만 생성시키는 기능이다.

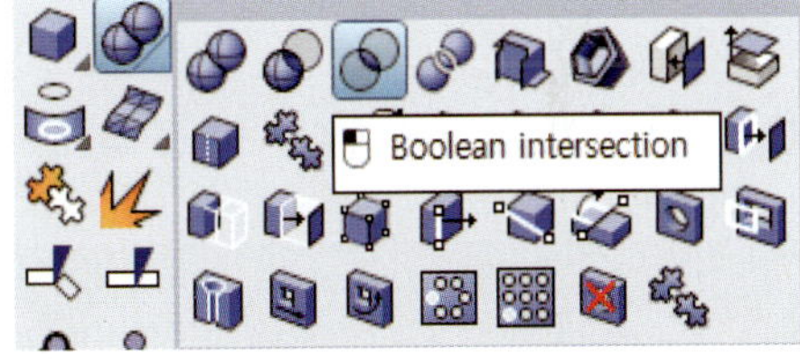

01. Boolean intersection를 실행한다. 1번 Sphere개체를 선택하고 Enter↵키를 누른 다음, 2번 원통개체를 선택하고, Enter↵키를 누른다.

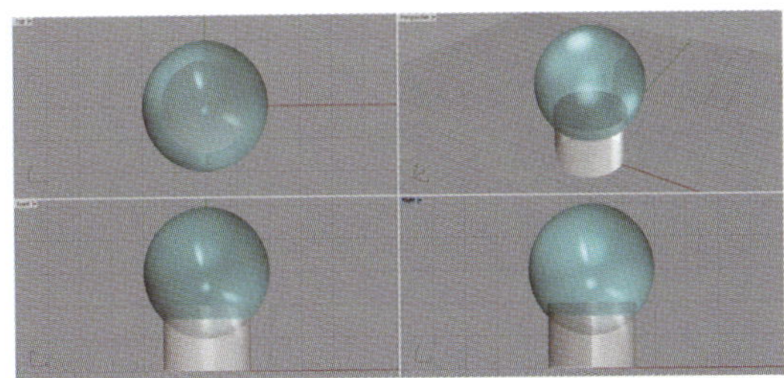

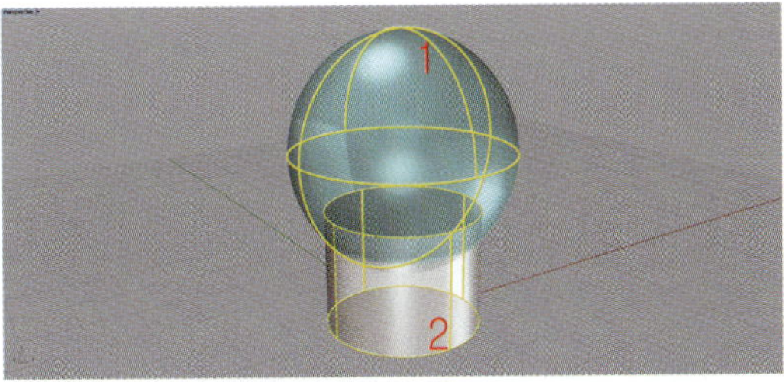

02. 다음 그림과 같이 두 개체의 겹치는 부분만 남은 것을 확인할 수 있다.

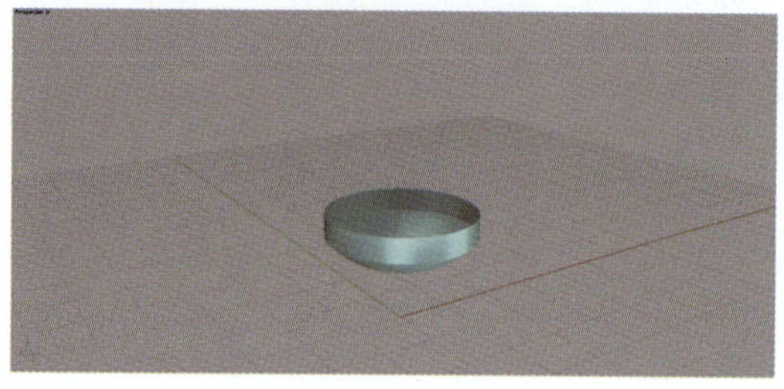

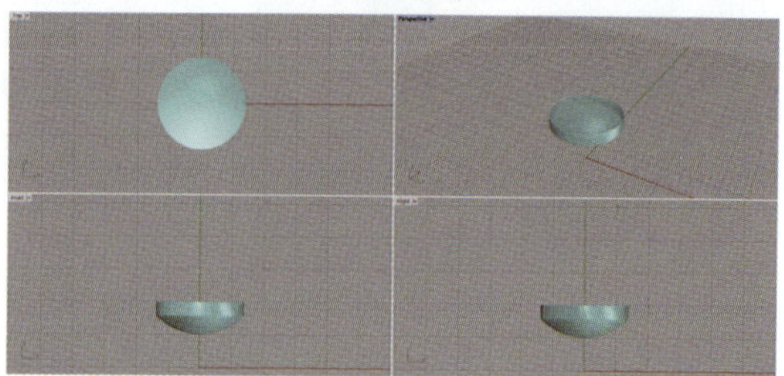

Boolean split

선택된 Poly-Surface개체나 Surface개체가 겹쳐져 있는 곳을 자르고, 겹쳐져 있는 부분과 겹쳐져 있지 않은 부분을 나누어 생성하는 기능이다.

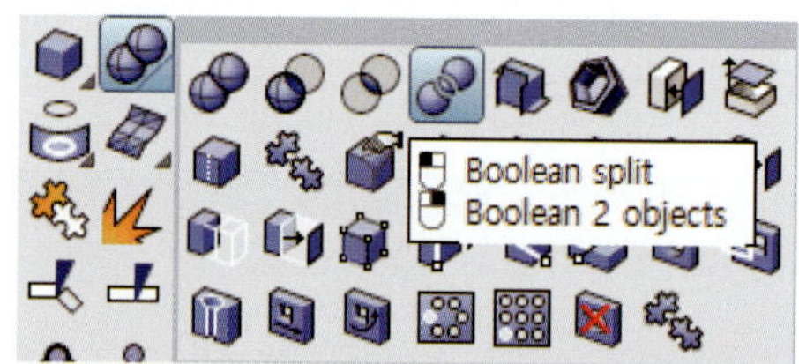

01. Boolean split를 실행한다. 1번 Sphere개체를 선택하고 Enter↵ 키를 누른 다음, 2번 원통개체를 선택하고, Enter↵ 키를 누른다.

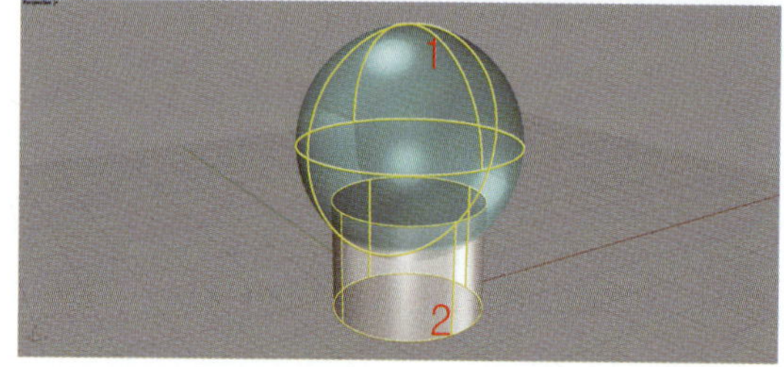

02. 다음 그림과 같이 개체들이 서로 겹치는 부분으로 분할된 Solid개체들을 확인할 수 있다.

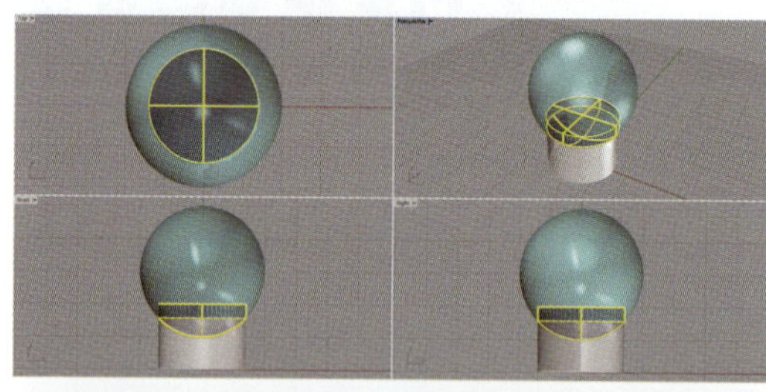

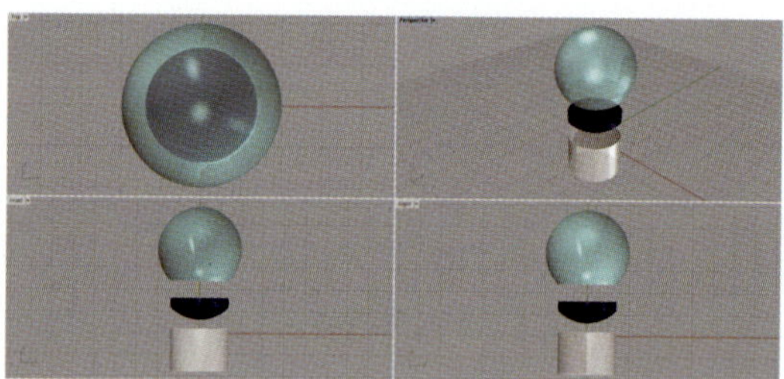

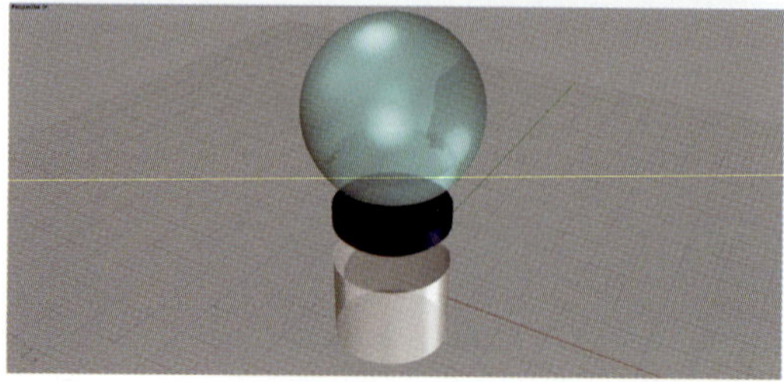

Boolean 2 objects

Boolean Operations 기능을 반복하게 한다. 순서는 Union, Intersection, Difference 순서로 진행되며 마우스 왼쪽버튼 클릭으로 반복해서 실행할 수 있다. 원하는 연삭작업이 나타나면 Enter↵키를 눌러서 명령을 종료한다.

Create solid

→ 부록CD 〉 Rhino 예제 〉 Lesson 10 〉 Create solid

선택된 Surface개체와 Poly-Surface개체로 닫힌 Poly-Surface개체를 생성하는 기능이다.

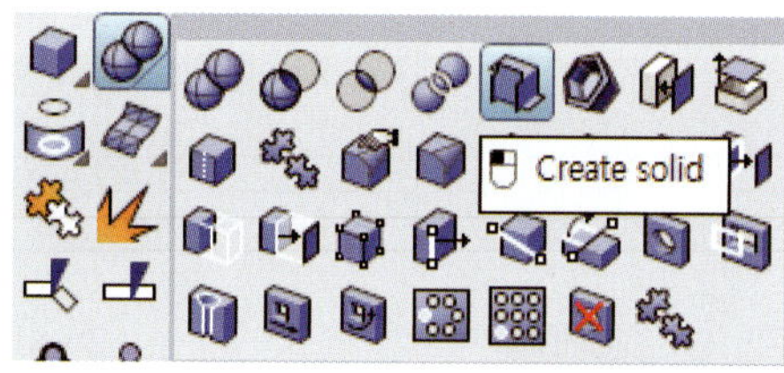

01. 세 개의 개체를 모두 선택하고, Create solid를 실행한다.

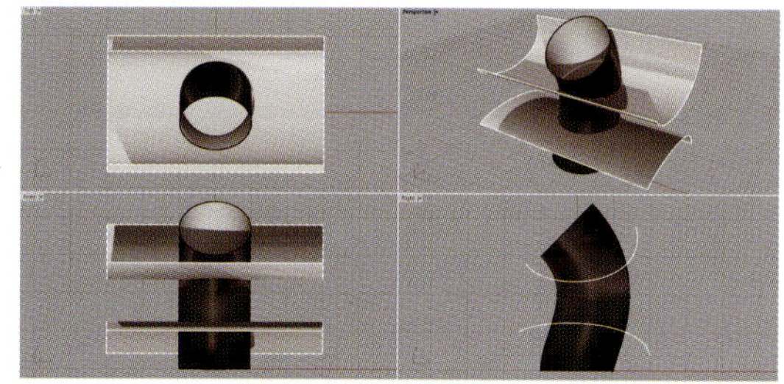

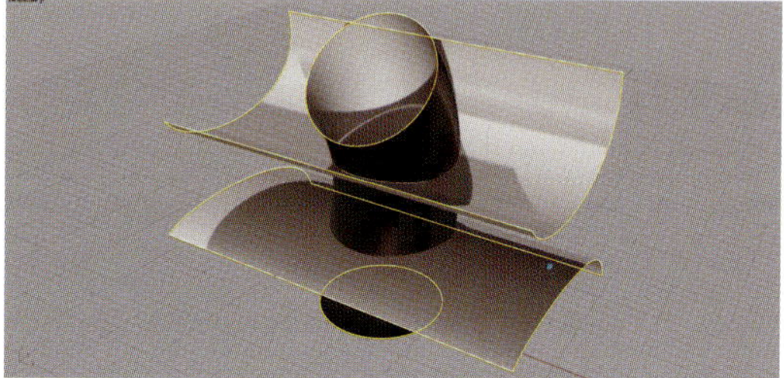

02. 다음 그림과 같이 원통개체가 Surface개체에 의해 잘린 후, Solid개체가 생성된 것을 확인할 수 있다.

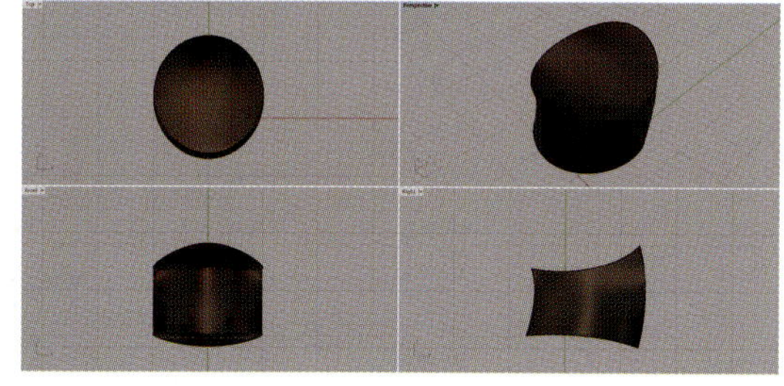

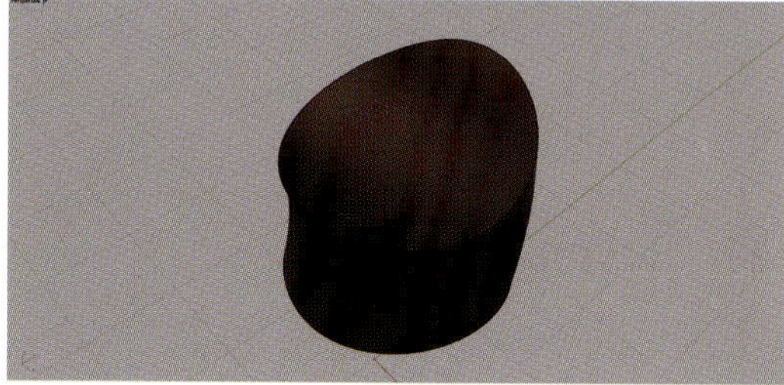

Cap planar holes

평면형 Surface개체를 구멍 가장자리에 결합시켜 Surface개체 또는 Poly-Surface개체의 열린 부분을 막는 기능이다.

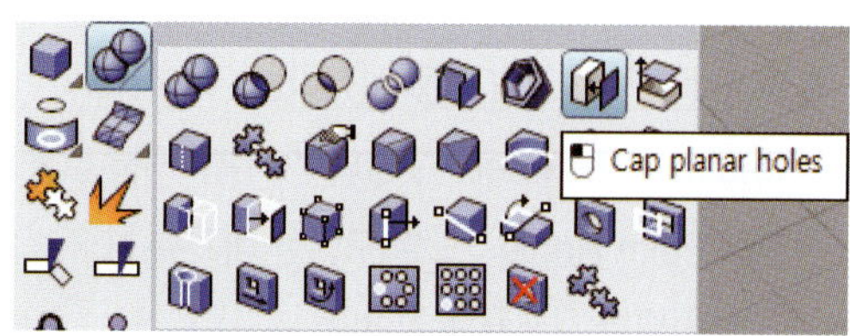

 Extract surface

→ 부록CD 〉 Rhino 예제 〉 Lesson 10 〉 Extract surface

Solid개체나 Poly-Surface개체에서 원하는 Surface개체를 분리하는 기능이다. 이 명령을 실행하면 Poly-Surface개체에서 원하는 Surface개체만을 추출할 수 있다.

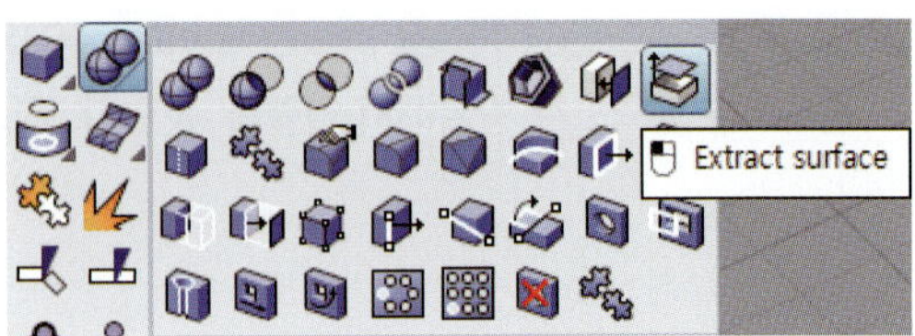

01. Extract surface를 실행하고, 다음 그림과 같이 Surface개체를 선택한 후, Enter↵키를 누른다.

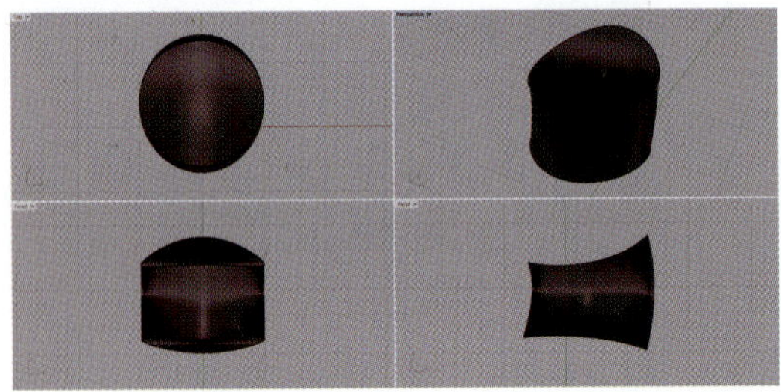

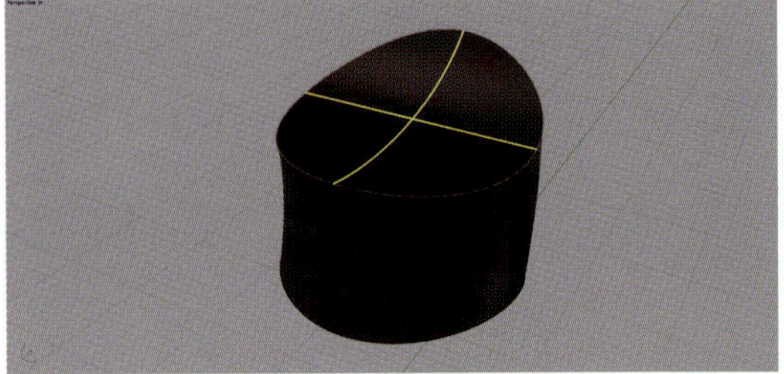

02. 다음 그림과 같이 선택한 Surface개체가 Solid개체에서 따로 분리된 것을 확인할 수 있다.

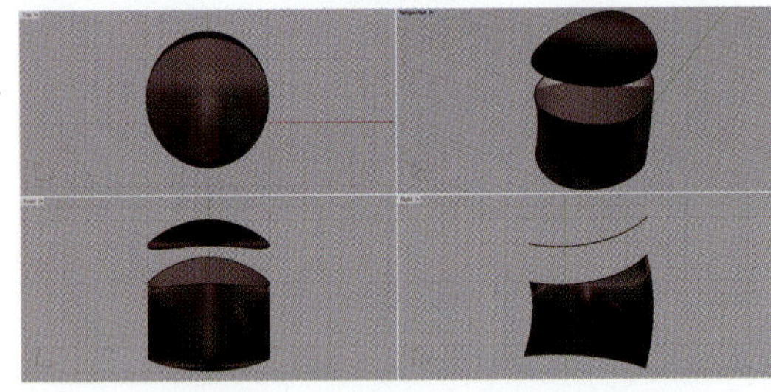

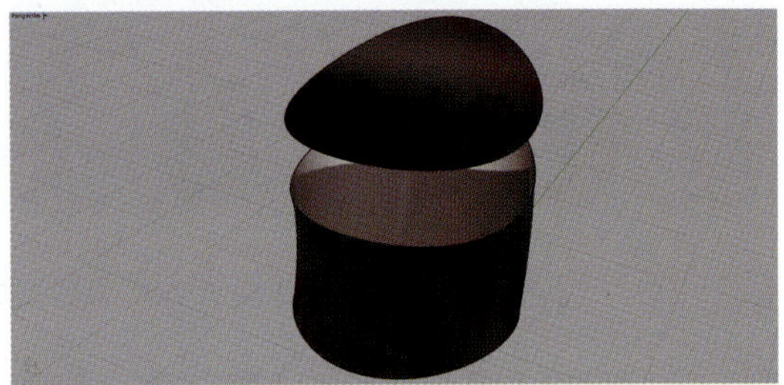

Round hole

Poly-Surface개체에서 원형 구멍을 만드는 기능이다.

Options

- **Depth :** 구멍 깊이 값을 설정하는 기능이다.
- **Radius/ Diameter :** 구멍의 반지름/ 지름 값을 설정하는 기능이다.
- **Drill Point Angle :** 드릴 구멍을 내기 위한 기능으로 180도 각도 이상은 평을 유지하며, 그 이하의 값을 통해 드릴 구멍의 각도를 설정한다.
- **Through :** 완벽하게 통과하는 구멍을 생성하는 기능이다.

01. Round hole를 실행하고, Box개체 상단의 면을 선택한다. Command Prompt 영역에서 Depth값을 5로 설정하고, Radius값을 4로 설정한 후, 구멍 뚫을 위치를 선택하고 Enter↵ 키를 누른다.

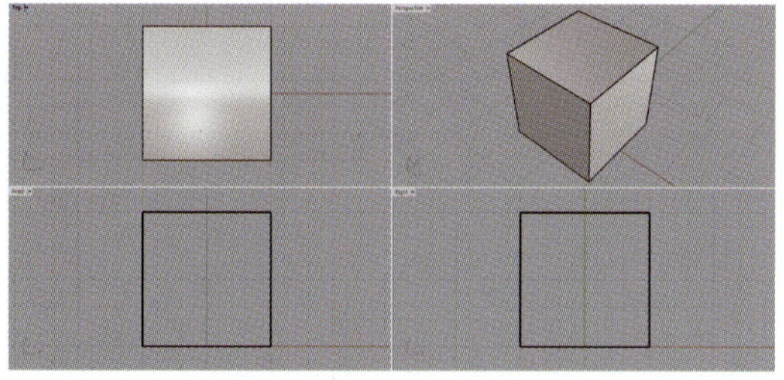

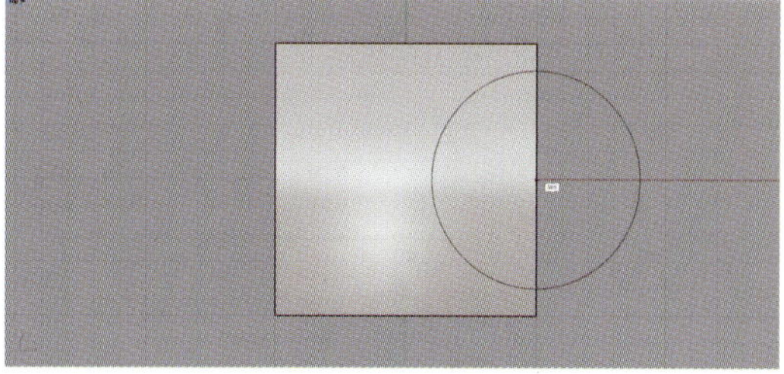

Center point (Depth=*5* Radius=*4* DrillPointAngle=*180* Through=*No* Direction=*CPlaneNormal*):

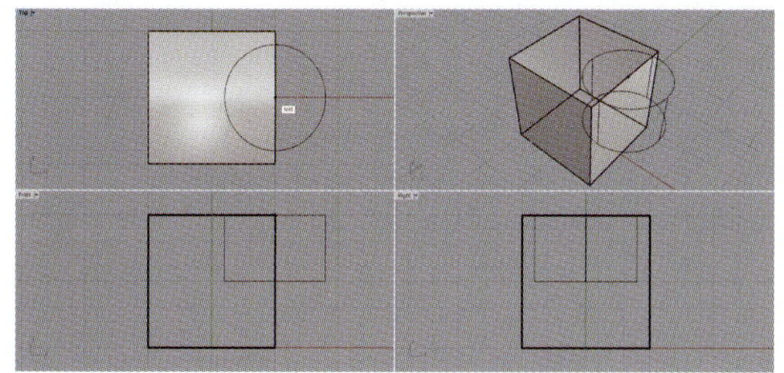

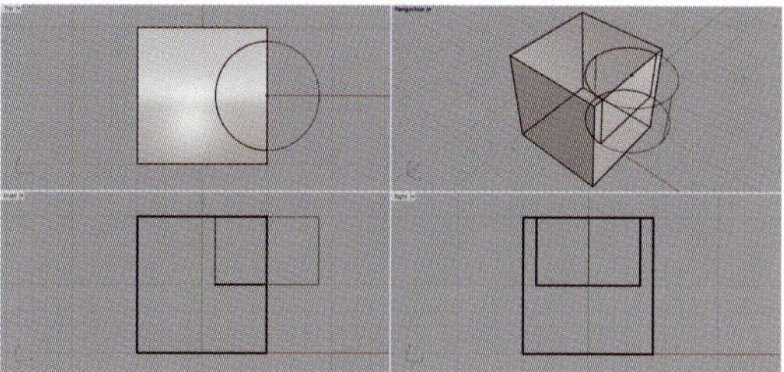

02. 다음 그림과 같이 지름 8㎜, 높이 5㎜의 Round hole이 생성된 것을 확인할 수 있다.

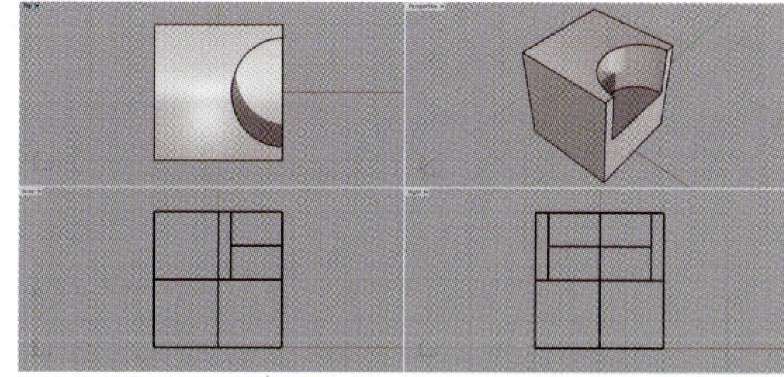

Revolved hole

Profile Curve개체를 회전시켜 Surface개체를 생성한 후, Poly-Surface개체에 구멍을 생성하는 기능이다. 보석의 난집 위치를 지정하거나 만들 때, 유용하게 쓰이는 기능이다.

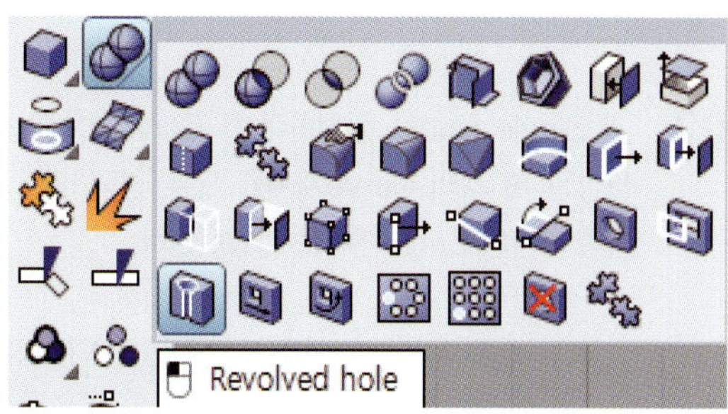

보석개체가 세팅된 난집 형태의 Solid개체 생성

01. Control Point Curve를 실행하고, 다음 그림과 같은 Curve개체를 생성한다.

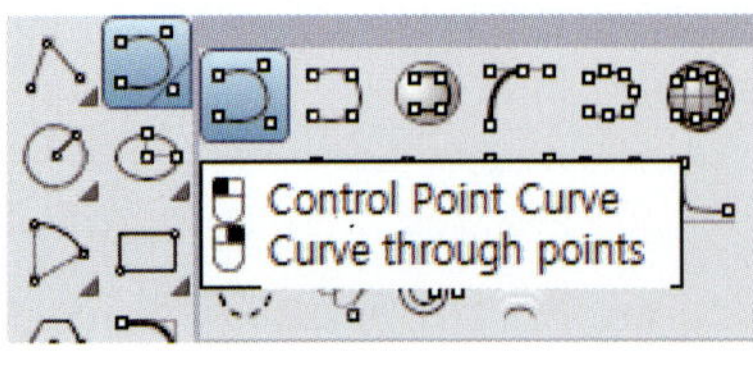

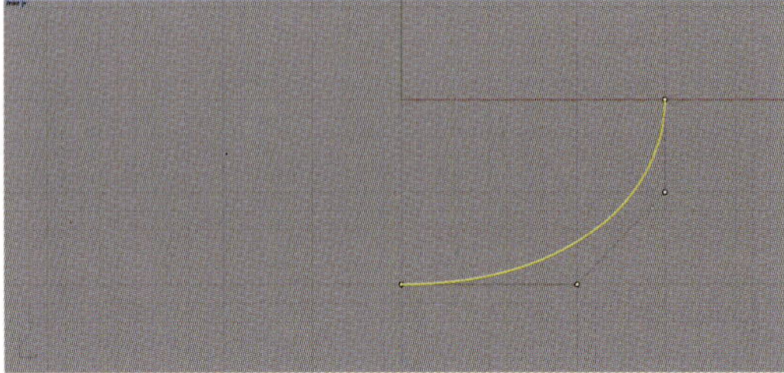

02. 생성된 Curve개체를 선택하고, Offset curve를 실행한 후, Command Prompt 영역에 Distance값 5를 입력하고 Enter↵ 키를 누른다. 마우스 커서를 Curve개체의 바깥쪽으로 향하게 하고 마우스 왼쪽버튼을 클릭한다.

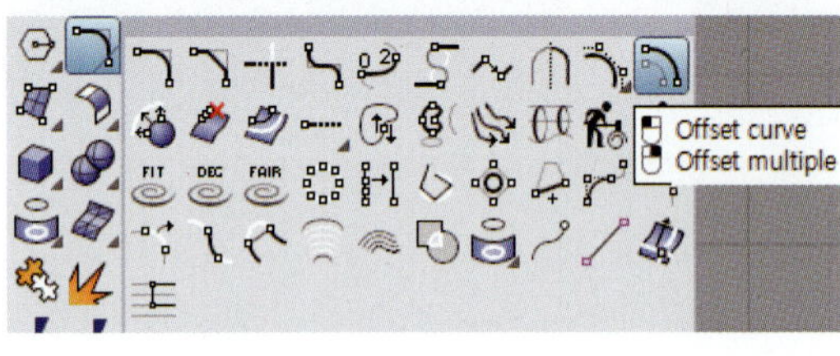

Side to offset (Distance=*5* Loose=*No* Corner=*Sharp* ThroughPoint Tolerance=*0.001* BothSides InCPlane=*No* Cap=*None*):

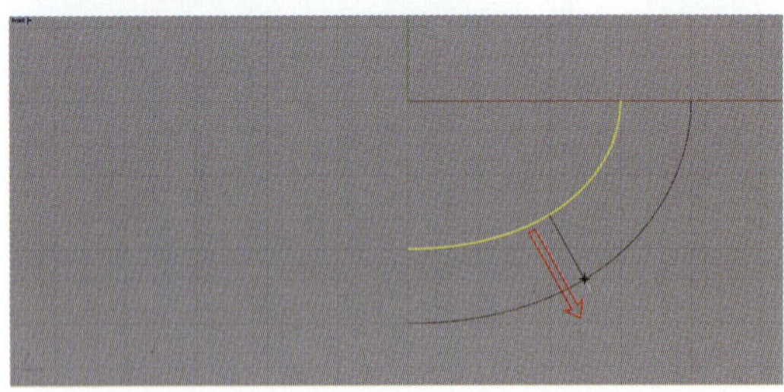

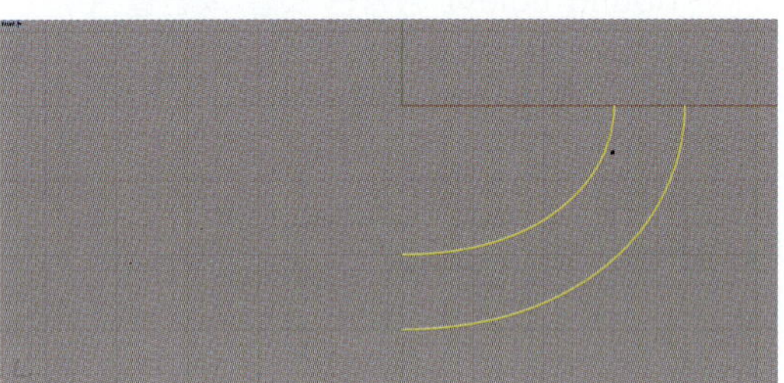

03. Single Line을 실행하여 두 Curve개체의 상단을 이어준다. 생성된 세 개의 Curve개체를 모두 선택하고, Join을 실행하여 하나의 Curve개체로 결합시킨다.

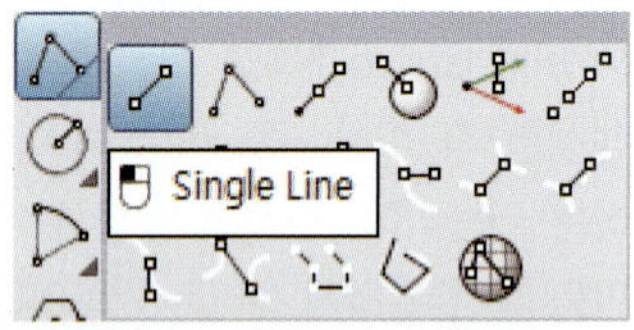

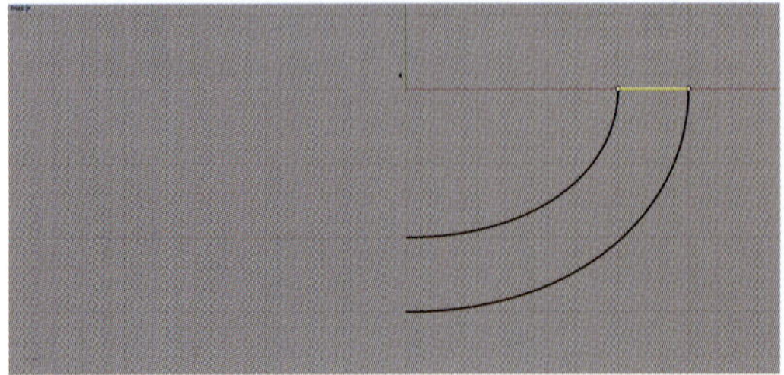

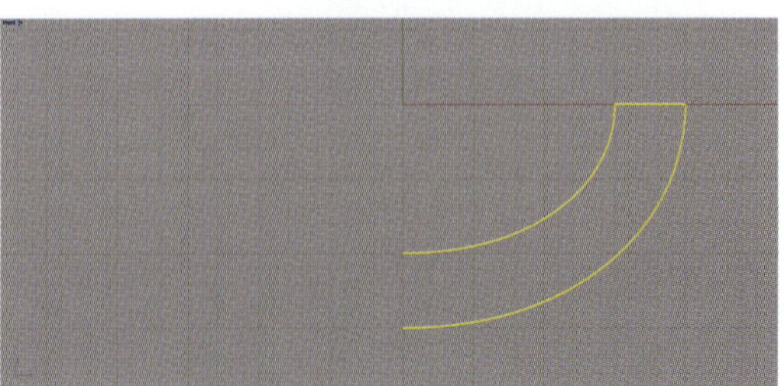

04. Curve개체를 선택하고, Revolve를 실행한다. Start of revolve axis를 Curve개체의 1번 End점으로 선택하고, End of revolve axis를 Curve개체의 2번 End점으로 선택한 후, Command Prompt 영역에서 FullCircle을 선택한다.

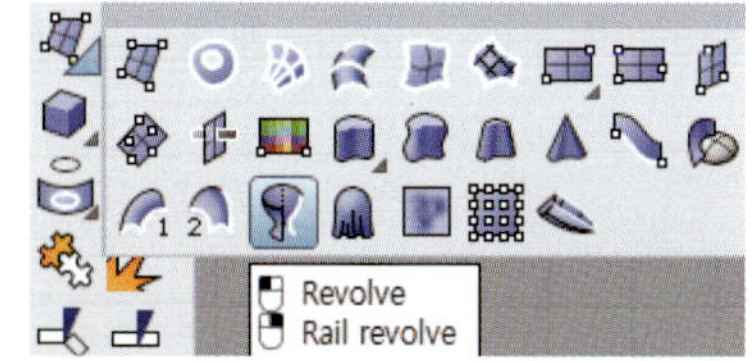

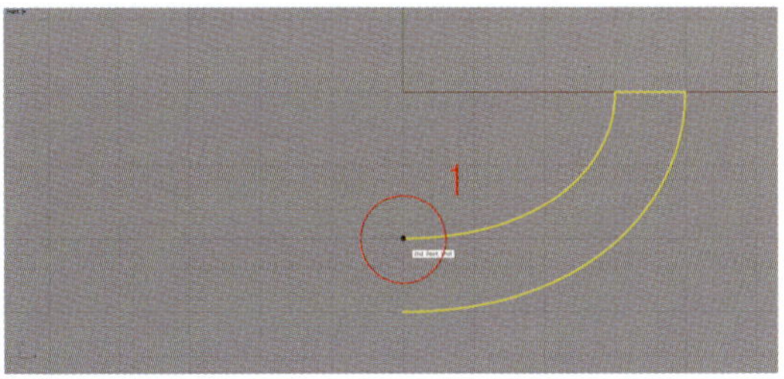

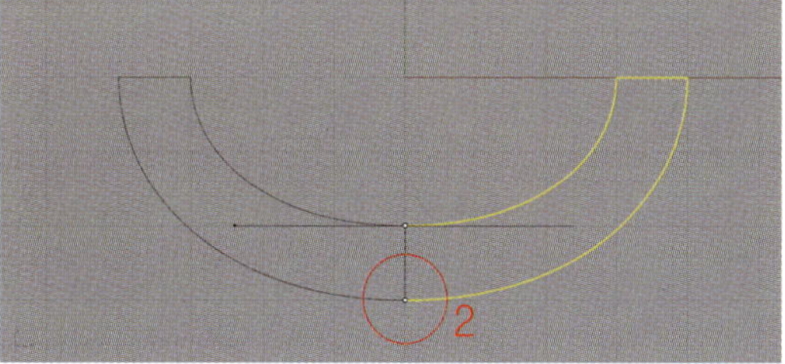

Start of revolve axis:

End of revolve axis (Press Enter to use CPlane z-axis direction):

Start angle <0> (DeleteInput=*No* Deformable=*No* FullCircle AskForStartAngle=*Yes* SplitAtTangents=*No*):

05. 다음 그림과 같이 Solid개체가 생성된 것을 확인할 수 있다. Curve개체는 선택한 후, 삭제한다.

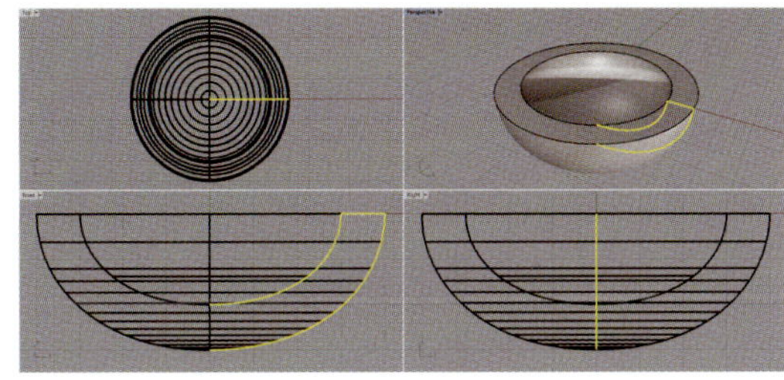

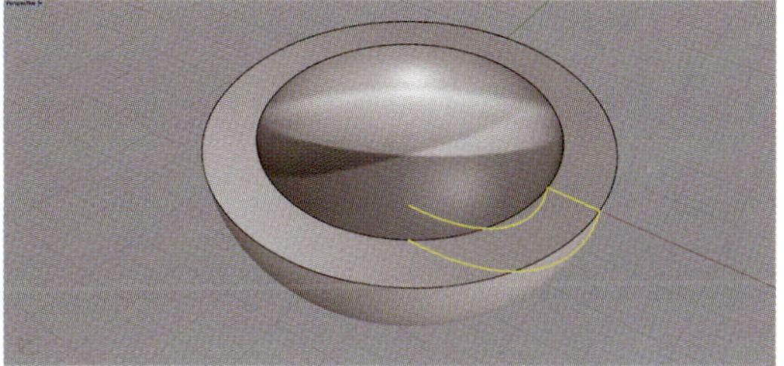

06. Extract surface를 실행하고, Solid개체 상단의 Surface를 선택하여 Surface개체를 추출한다.

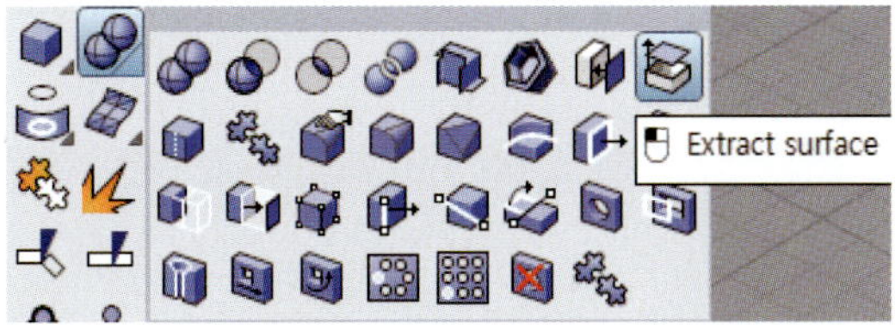

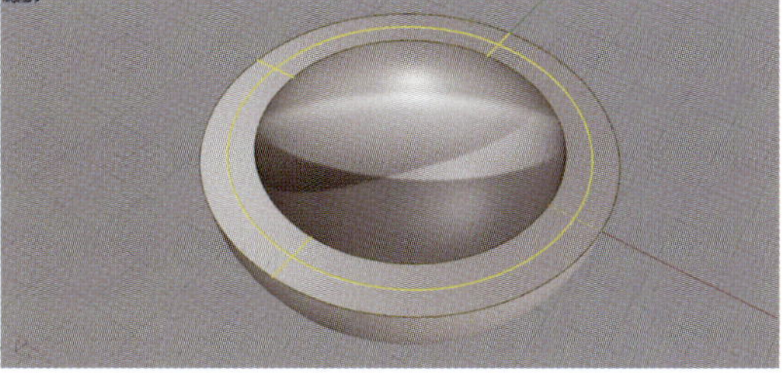

07. 추출한 Surface개체를 선택하고, Isolate objects를 실행하여 선택한 Surface개체만 남기고 나머지 개체는 숨긴다.

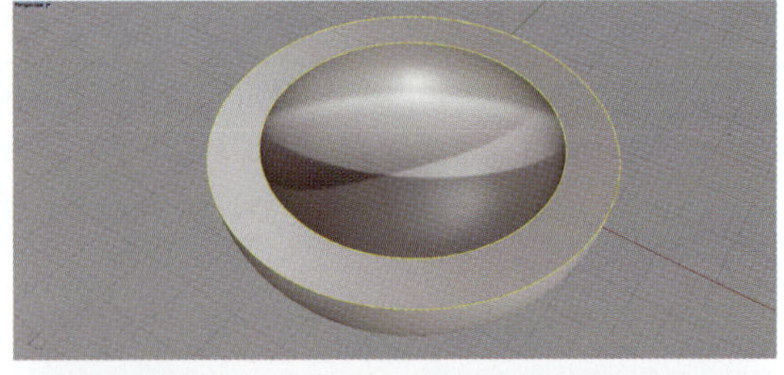

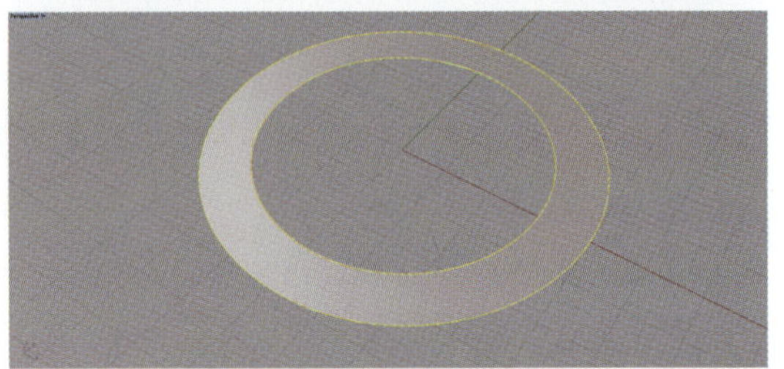

08. Extract Isocurve를 실행하고, Osnap Toolbar에서 Int점을 체크한 후, Surface개체의 중앙에 위치한 Isocurve를 선택하고 Enter↵키를 눌러서 Curve개체를 생성한다.

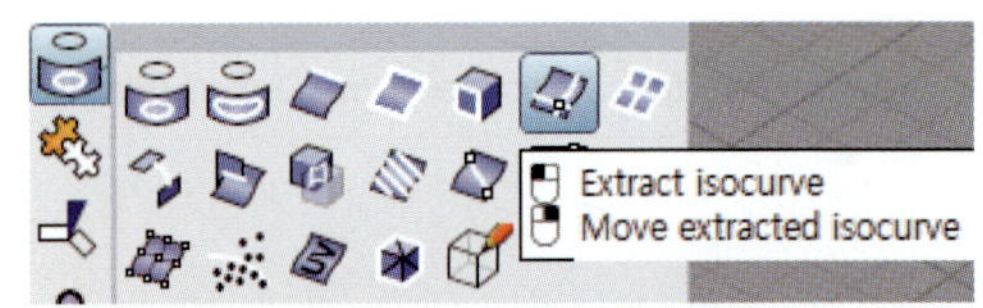

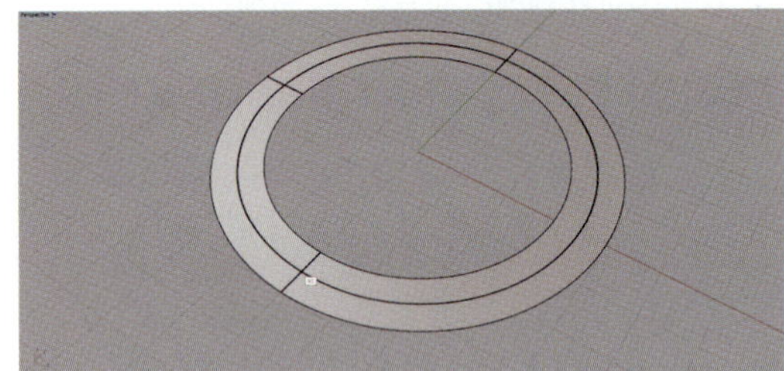

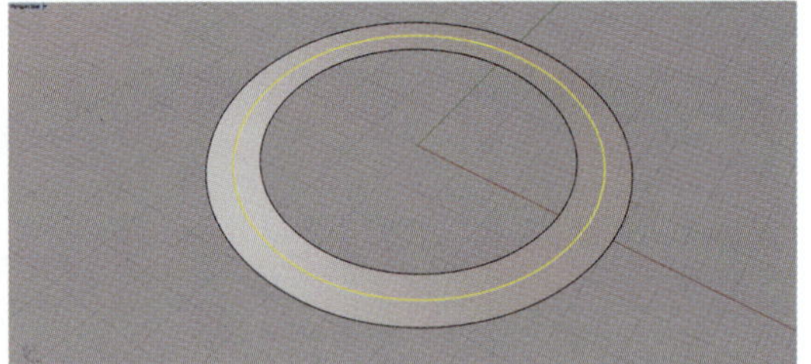

09. 생성된 원형 Curve개체를 선택하고, Divide curve by number of segments를 실행한다. Seam 위치를 확인하고 Enter↵키를 누른다. Number of segments값 14를 입력하고 Enter↵키를 누르면 다음 그림과 같이 원형 Curve개체에 14개의 Point개체가 일정한 간격을 유지하면서 생성된 것을 확인할 수 있다.

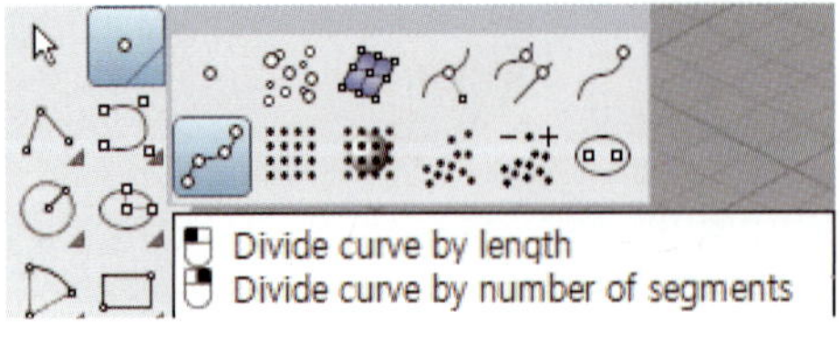

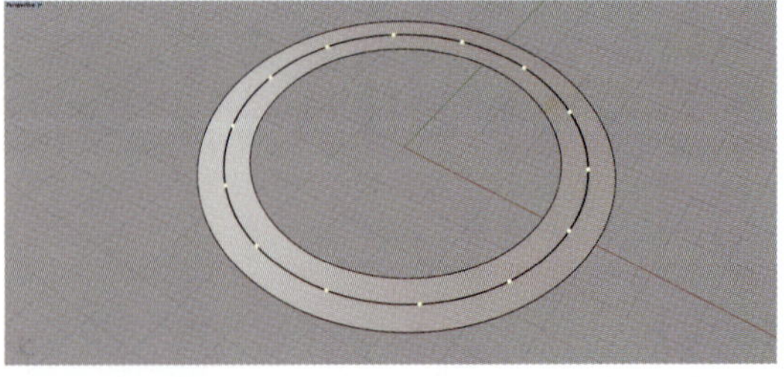

Drag seam point to adjust. Press Enter when done (Flip Automatic Natural):

Number of segments <20> (Length Split=*No* MarkEnds=*Yes* GroupOutput=*No*): 14

10. Show objects를 실행하여 숨겨뒀던 개체를 모두 화면상에 나타나게 한다. 추출한 Surface개체와 나머지 Surface개체를 모두 선택하고 Join을 실행하여 결합시킨다.

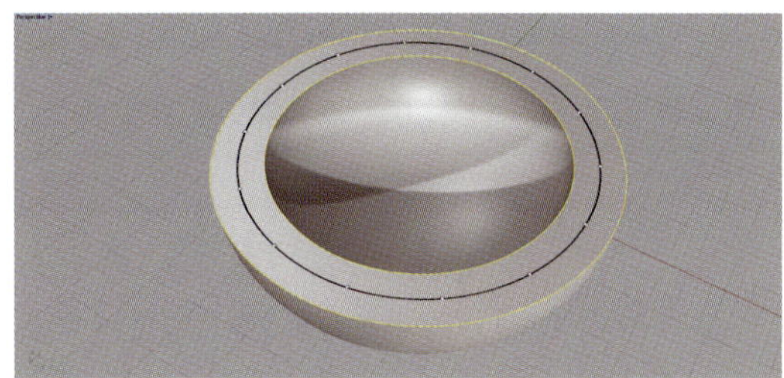

11. File메뉴에서 Insert(Ctrl+I)를 실행한다. 다음 그림과 같이 Insert Options창이 나타나면 Individual Objects를 선택하고, Name 우측의 폴더를 선택하여 보석개체를 다음 그림과 같이 **Top** Top Viewport에 불러온다.

→ 부록CD 〉 Rhino 예제 〉 Lesson 10 〉 3.0×1.8.3dm

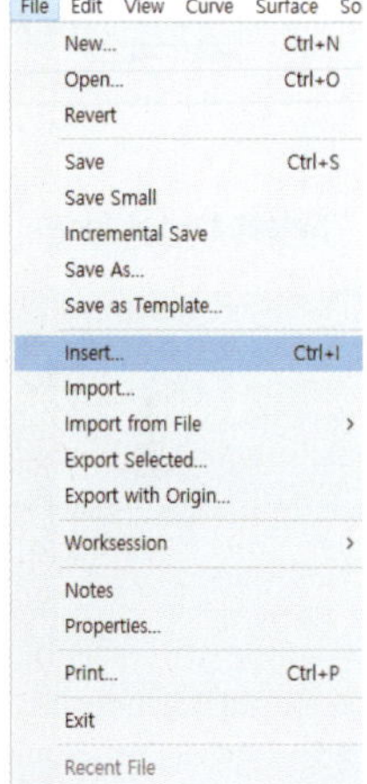

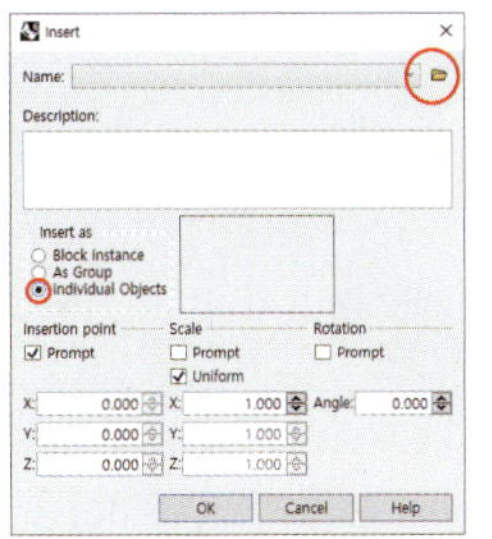

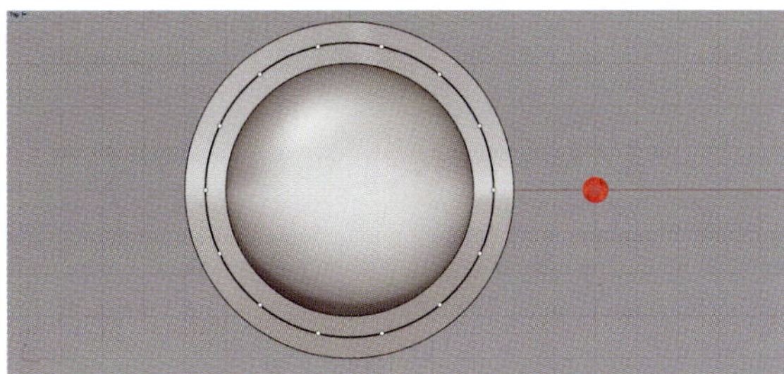

12. **Front** Front Viewport에서 보석개체를 확대하고, Polyline을 실행하여 다음 그림과 같은 Curve 개체를 생성한다.

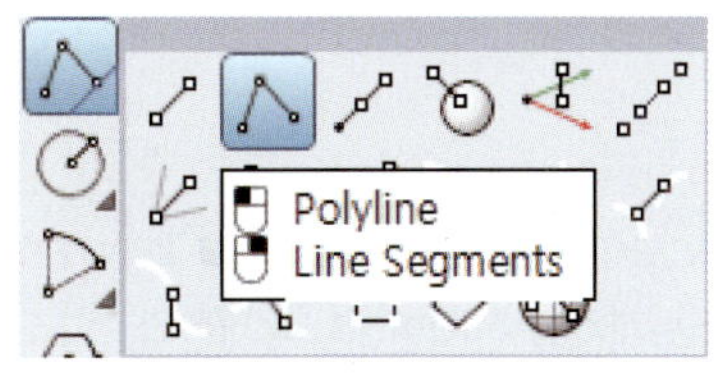

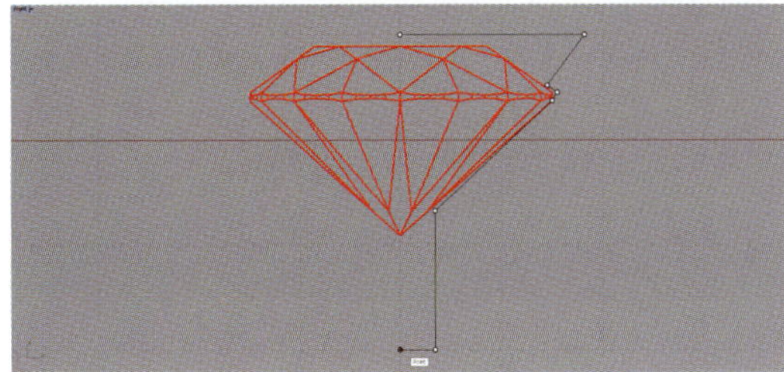

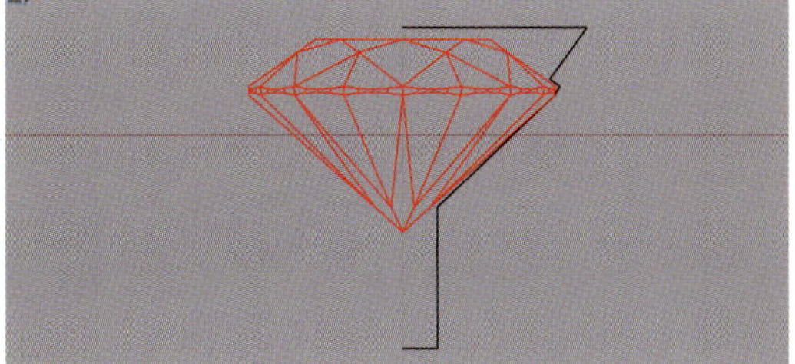

13. 생성된 Curve개체를 선택하고, Revolved hole를 실행한다. Curve base point를 Curve개체 상단의 End점으로 선택한다. Select target face는 Top Top Viewport에서 원형 Curve개체를 선택하고, Osnap Toolbar에서 Point점만 체크한 후, 14개의 점 개체를 마우스 왼쪽버튼으로 선택하여 구멍을 뚫어준다. 작업이 완료되면 Enter↵키를 누른다.

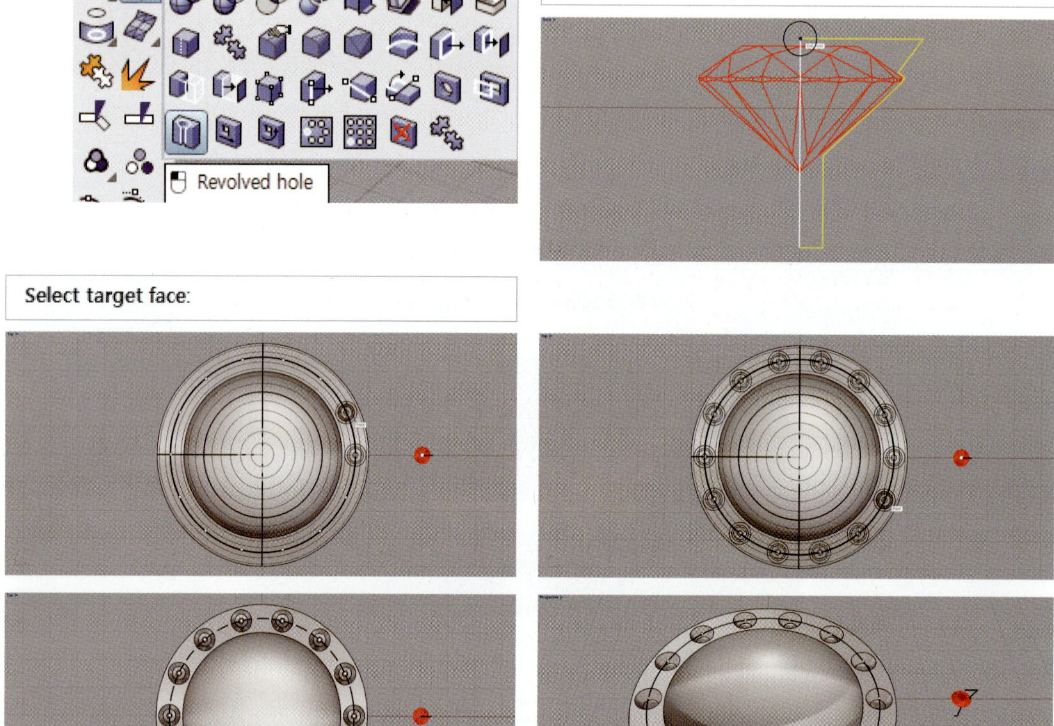

14. Solid개체와 보석개체를 선택하고, Invert selection를 실행하여 선택한 개체를 제외한 나머지 Point 개체와 Curve개체를 선택한 후, 삭제한다.

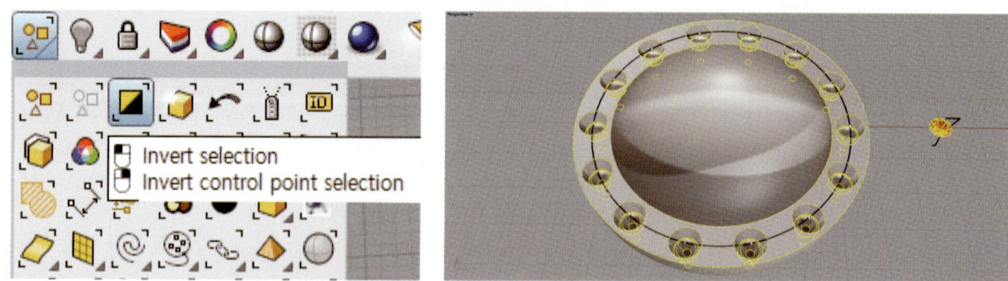

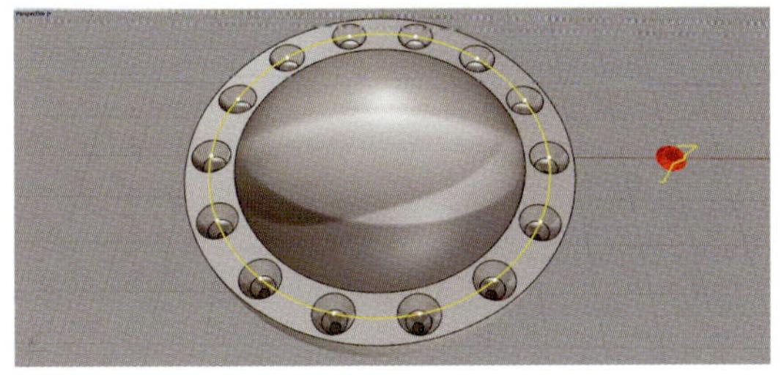

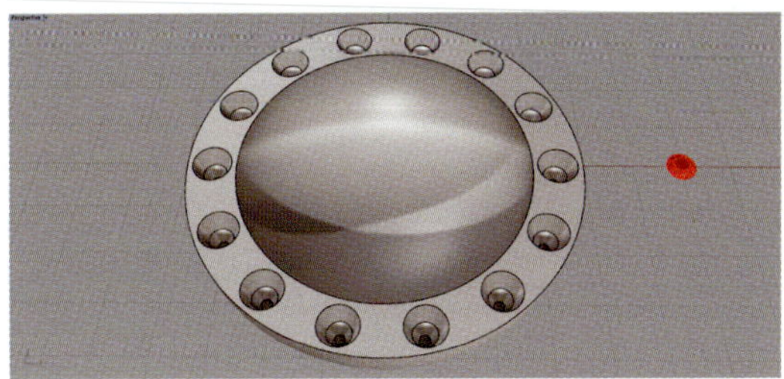

15. Front Front Viewport에서 Orient objects 3 points를 실행한다.

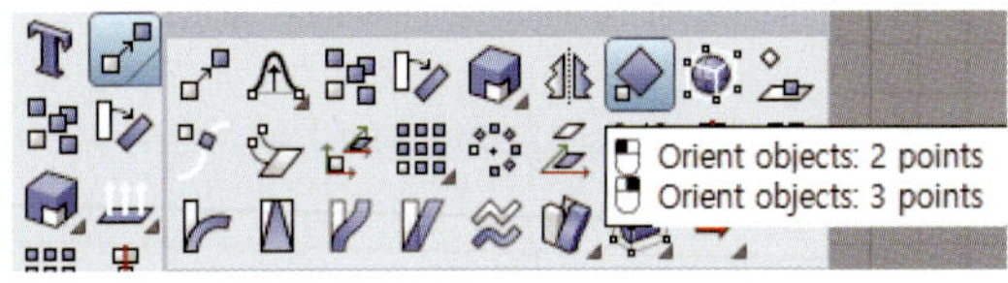

Osnap Toolbar에서 End점과 Mid점에 체크한 후, 다음 그림과 같이 1번 보석 좌측 아랫부분의 End점을 선택한 다음, 2번 보석 우측 아랫부분의 End점을 선택하고, 3번 보석의 끝부분 End점을 선택한다.

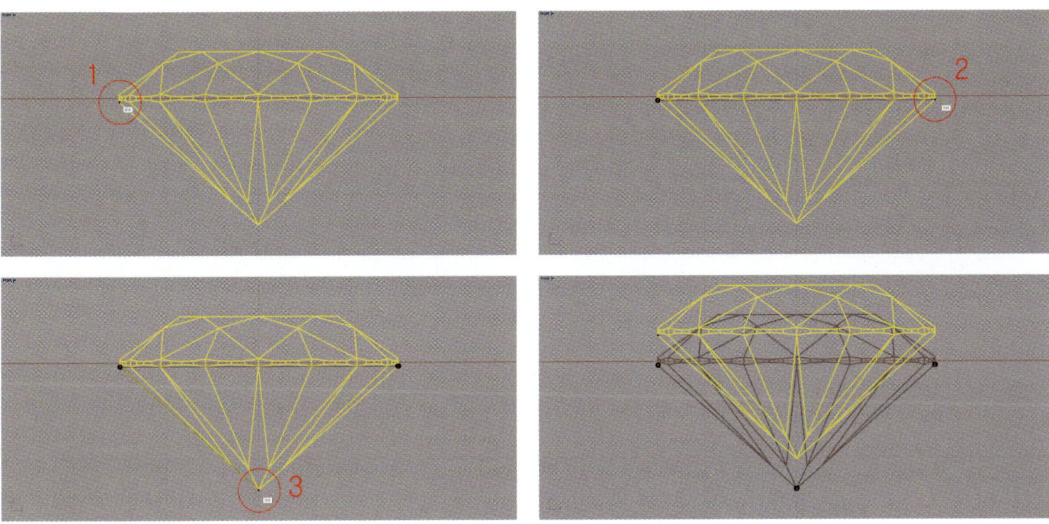

16. 이어서 Solid개체의 보석이 들어갈 위치에 1번 End점을 선택하고, 2번 Mid점을 선택한 후, 3번 End점을 선택한다. 보석이 안착될 곳이기 때문에 표시된 지점을 정확하게 선택해주는 것이 중요하다.

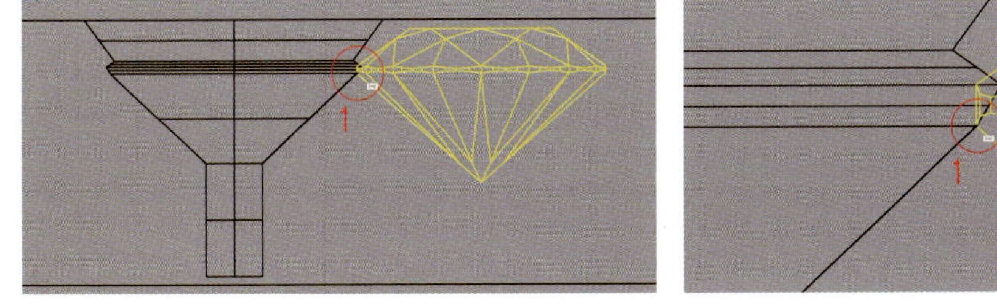

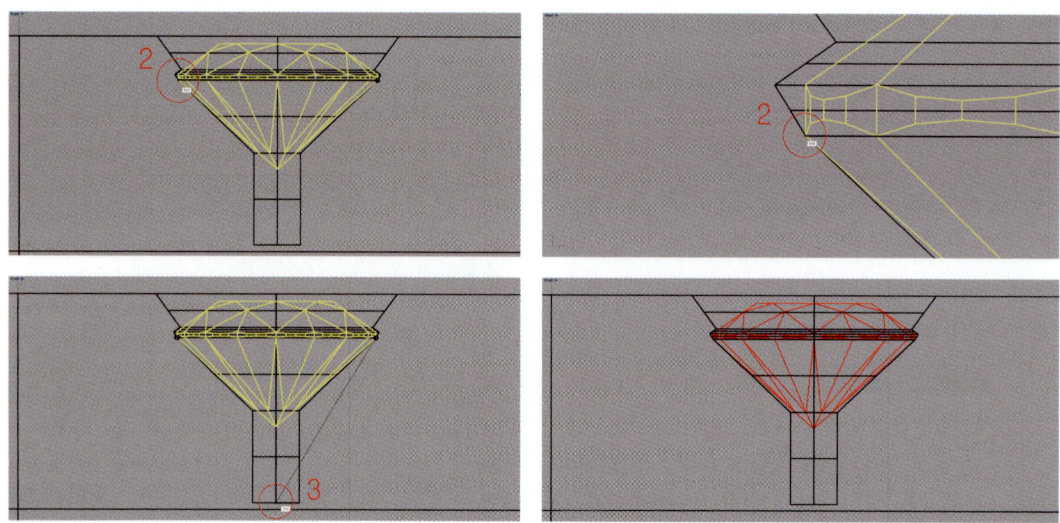

17. 다음 그림과 같이 보석이 구멍에 안착된 것을 확인할 수 있다.

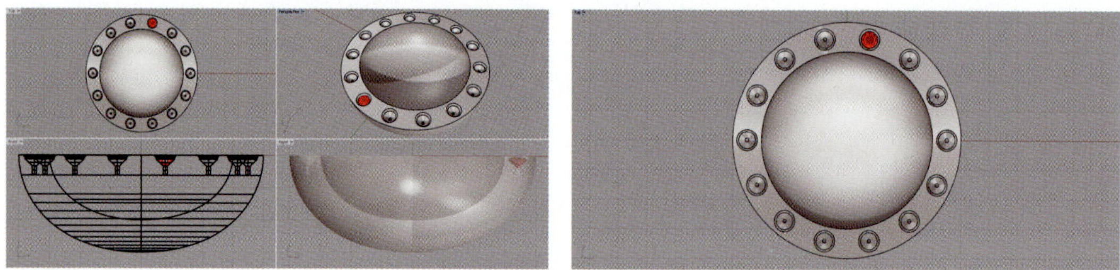

18. Solid개체를 선택하고, Volume centroid를 실행하여 Solid개체의 중심에 중심점을 생성한다.

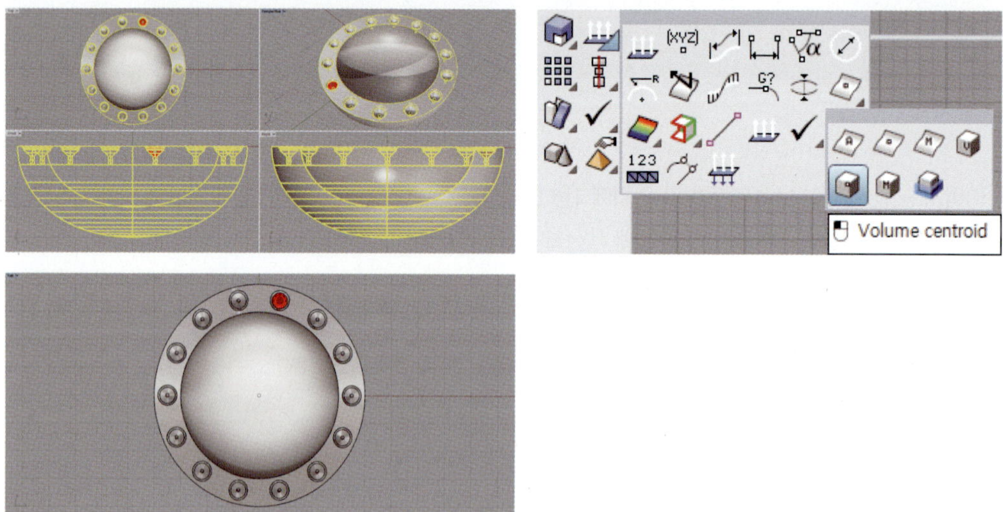

19. 보석개체를 선택하고, Polar array를 실행한다. Center of polar array를 중심점으로 선택하고, Number of Items값 14를 입력한 후, Enter↵키를 누른다. Angle to fill or first reference point값 360을 입력하고 Enter↵키를 누른다.
14개의 보석개체들이 생성되는 위치를 확인하고 Enter↵키를 누른다.

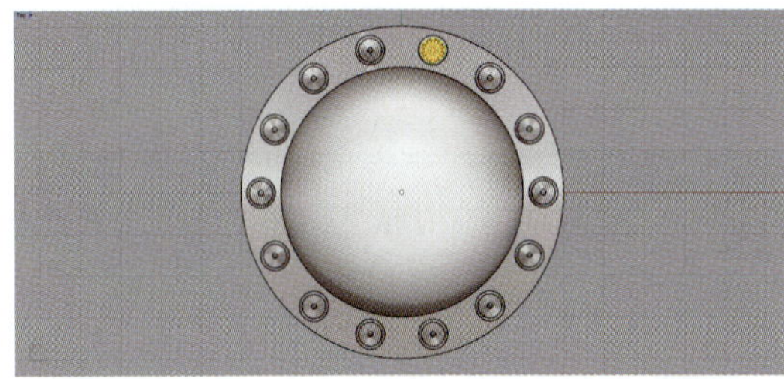

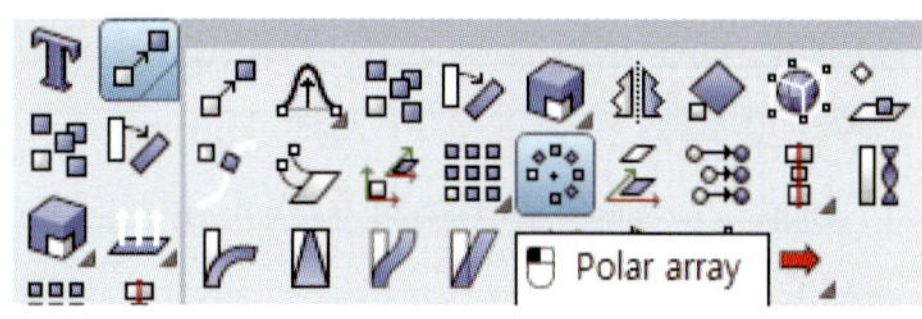

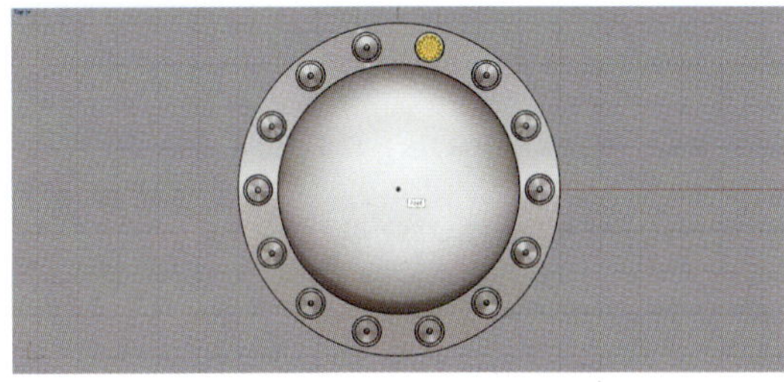

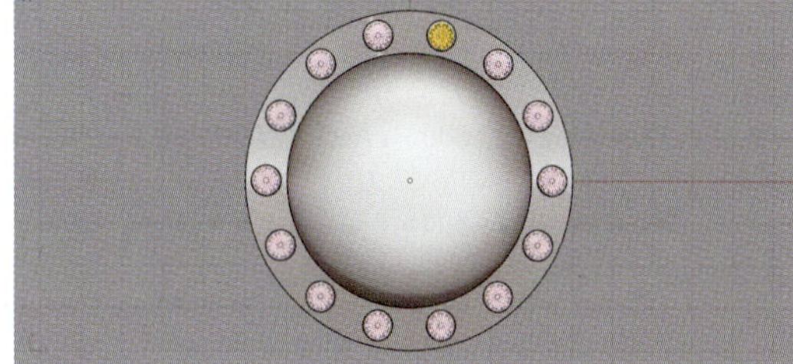

Center of polar array (Axis):

Number of items <3>: 14

Angle to fill or first reference point <360> (Preview=*Yes* StepAngle Rotate=*Yes* ZOffset=*0*):

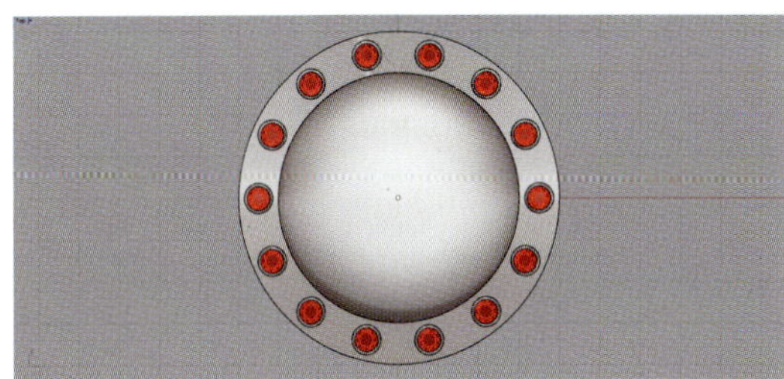

20. Solid개체의 중심점을 삭제하면, 다음 그림과 같이 난집 형태의 Solid개체에 보석개체들이 세팅된 것을 확인할 수 있다.

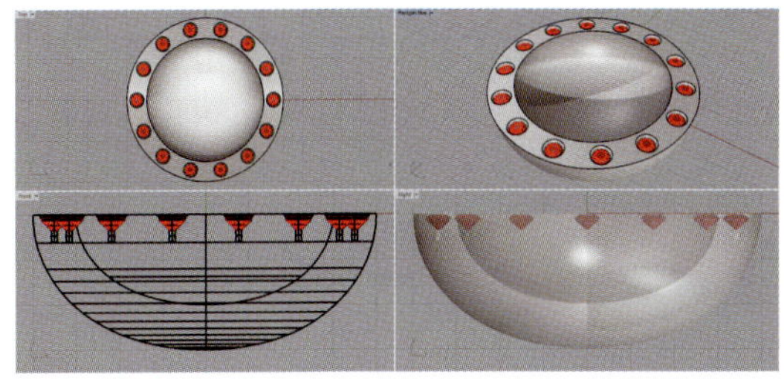

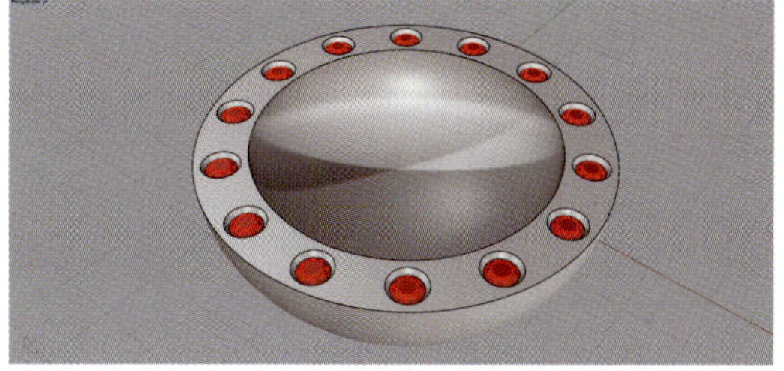

Basic Modeling - 18 Bratticing Ring

01. Front ▾ Front Viewport에서 Circle: center, radius를 실행하고, 원점(0, 0) 기준으로 다음 그림과 같이 지름 15.6㎜, 17.6㎜, 21.6㎜, 23.6㎜의 원형 Curve 개체를 생성한다.

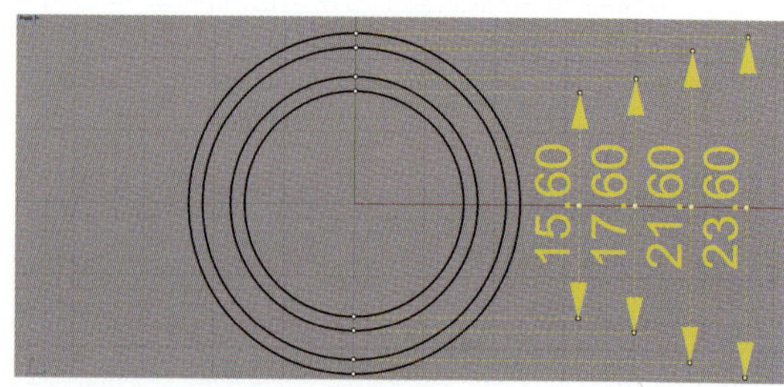

Center of circle (Deformable Vertical 2Point 3Point Tangent AroundCurve FitPoints): 0
Diameter <23.600> (Radius Orientation Circumference Area ProjectOsnap=*Yes*): 15.6
Diameter <23.600> (Radius Orientation Circumference Area ProjectOsnap=*Yes*): 17.6
Diameter <23.600> (Radius Orientation Circumference Area ProjectOsnap=*Yes*): 21.6
Diameter <23.600> (Radius Orientation Circumference Area ProjectOsnap=*Yes*): 23.6

02. Osnap Toolbar에서 Quad점에 체크하고, Move를 실행한다. 21.6㎜와 23.6㎜ 원형 Curve개체를 선택하고, 21.6㎜ 하단의 Quad점을 선택한 다음, Shift 키를 누른 상태로 마우스 커서를 화살표 방향으로 움직인 후, 마우스 왼쪽버튼을 클릭하여, 1.4㎜ 이동시킨다.

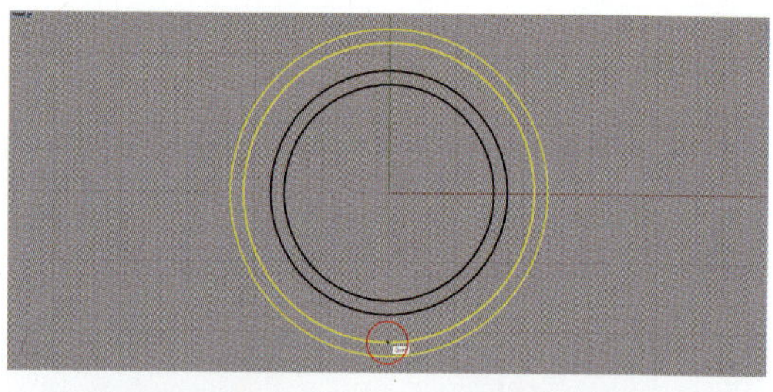

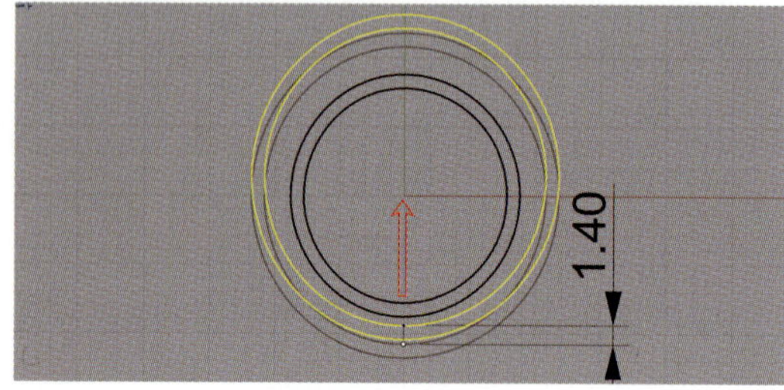

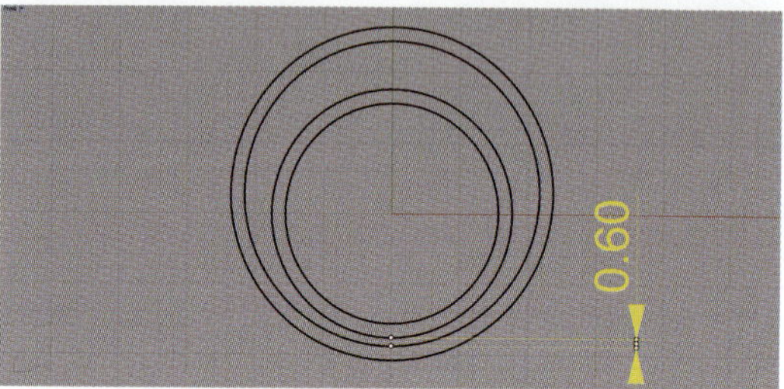

03. Single Line을 실행하고, 원점(0, 0) 기준으로 End of line값 15를 입력한 후, Enter↵ 키를 누른다. Shift 키를 누른 상태로 마우스 커서를 화살표 방향으로 이동한 후, 마우스 왼쪽버튼을 클릭하여 길이 15㎜의 직선 Curve개체를 생성한다.

Start of line (BothSides Normal Angled Vertical FourPoint Bisector Perpendicular Tangent Extension): 0
End of line (BothSides): 15

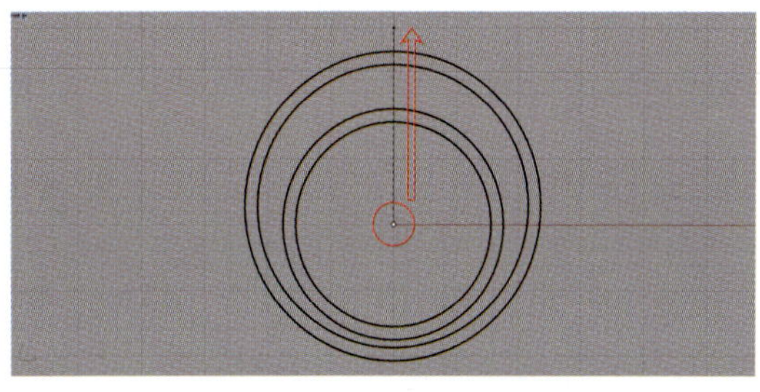

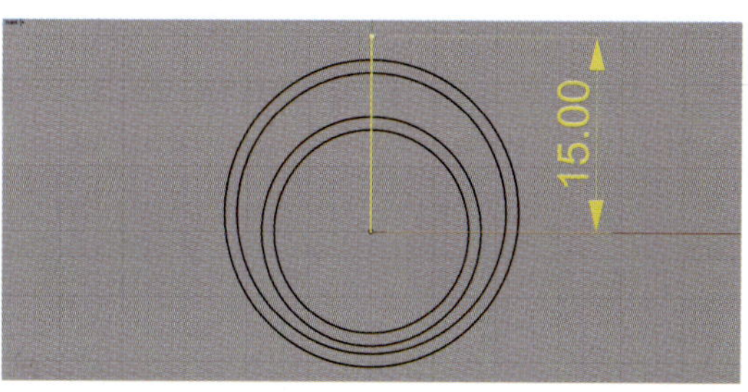

04. 생성된 직선 Curve개체를 선택하고, Rotate 2-D를 실행한다. 원점(0, 0) 기준으로 Angle or first reference point값 10을 입력한 후, Enter↵키를 누르면 다음 그림과 같이 직선 Curve개체가 10도 각도로 회전한 것을 확인할 수 있다.

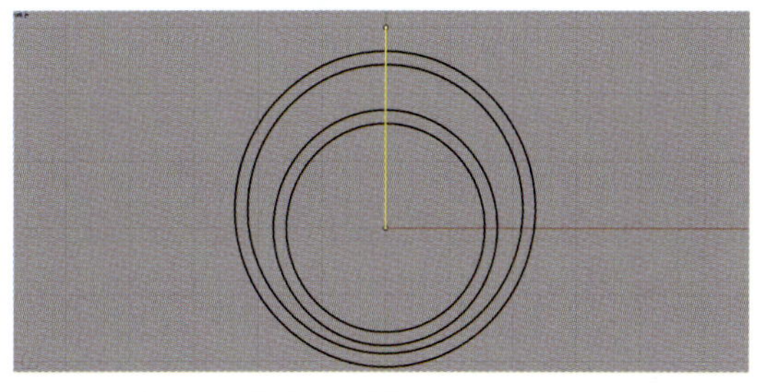

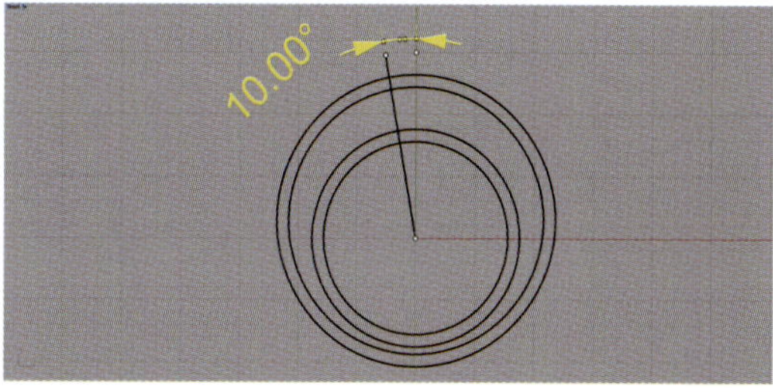

Center of rotation (Copy=*No* UseLastCenter): 0

Angle or first reference point <10> (Copy=*No*): 10

05. Mirror를 실행하고, 직선 Curve개체를 선택한 후, Enter↵키를 누른다. Start of mirror plane값 0을 누르고, Enter↵키를 누른 다음, Shift키를 누른 상태로 마우스 커서를 화살표 방향으로 이동한 후, 마우스 왼쪽버튼을 클릭하여 대칭 방향에 직선 Curve개체를 복사한다.

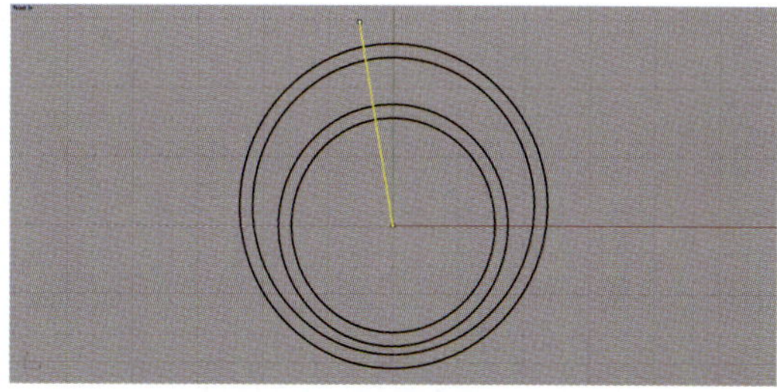

Start of mirror plane (3Point Copy=*Yes* XAxis YAxis): 0

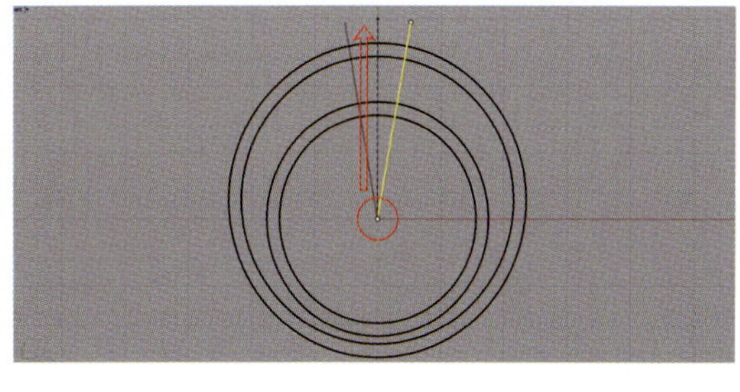

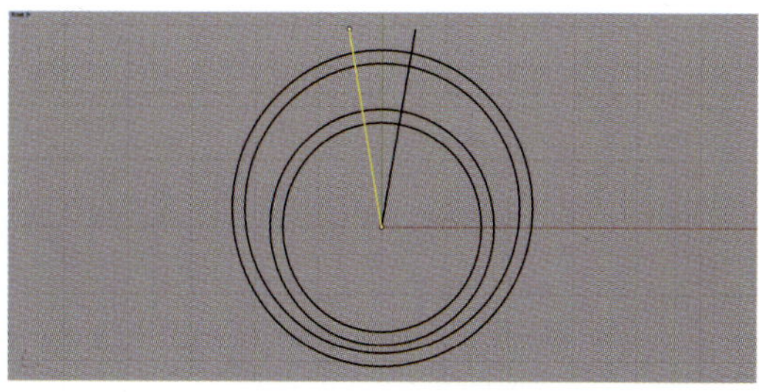

06. 모든 Curve개체를 선택하고, Trim을 실행한다. 다음 그림과 같이 원형 Curve개체들의 상단 부분을 삭제한 후, Enter↵키를 누른 다음, 2개의 직선 Curve개체도 삭제한다.

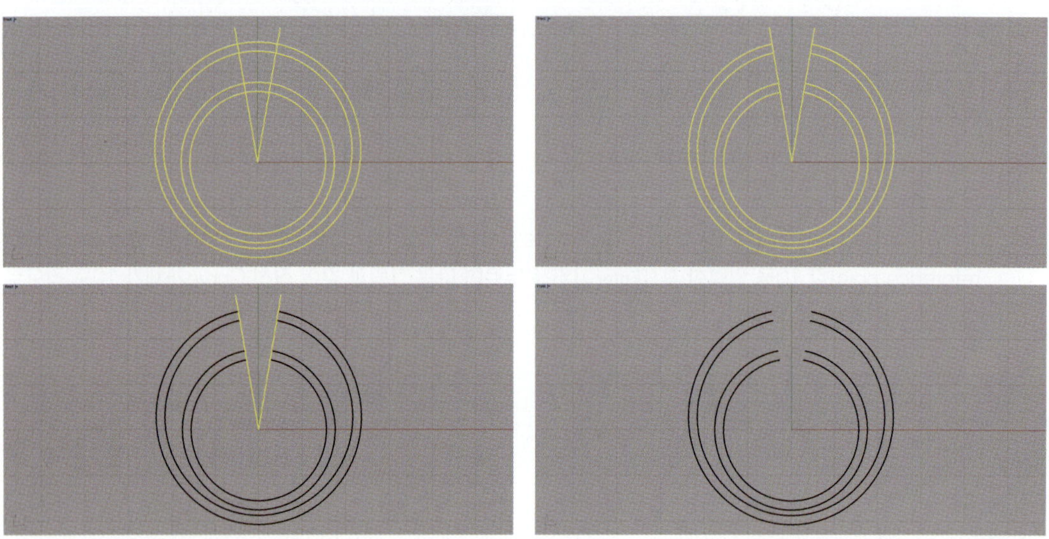

07. Circle: diameter를 실행하여 다음 그림과 같이 Curve개체의 End점과 End점을 연결하여 4개의 원형 Curve개체를 생성한다.

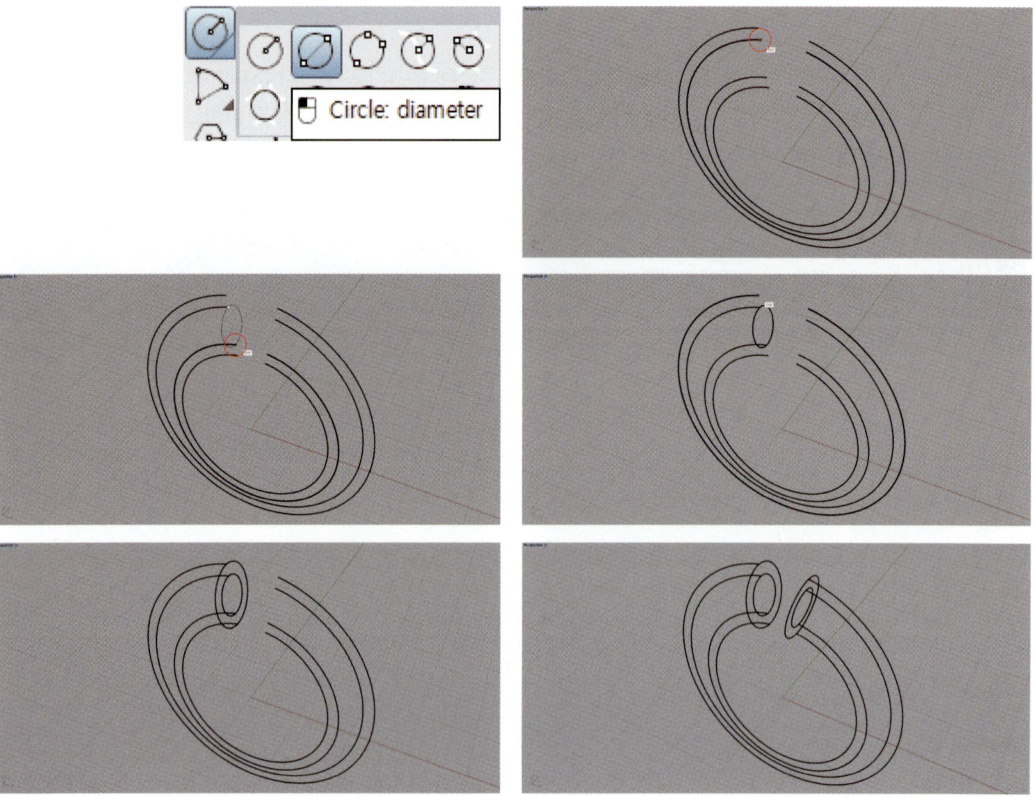

08. Sweep 2 rails를 실행하고, 다음 그림의 순서대로 선택한다. 1번, 2번 곡선 Curve개체를 선택하고, 3번, 4번 원형 Curve개체를 선택한 후, Enter↵ 키를 누른다. Sweep 2 rail Options창이 나타나면 OK를 누른다. 다음 그림과 같이 원통 Surface개체가 생성된 것을 확인할 수 있다.

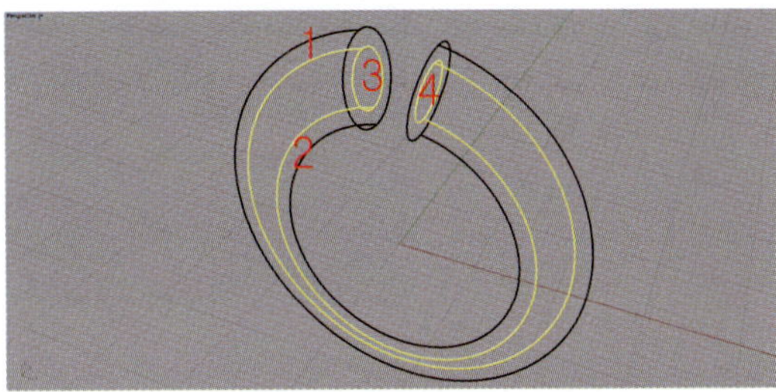

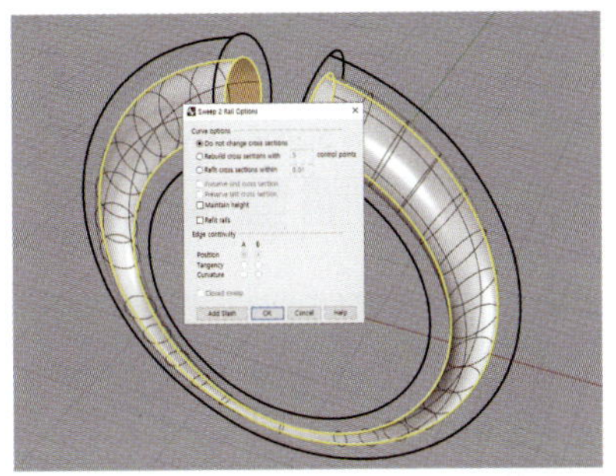

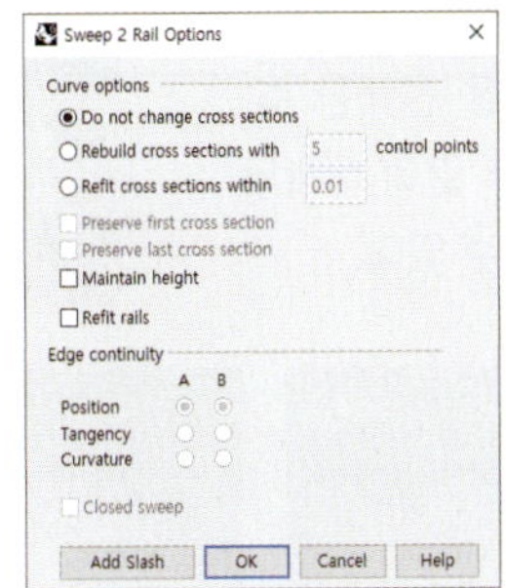

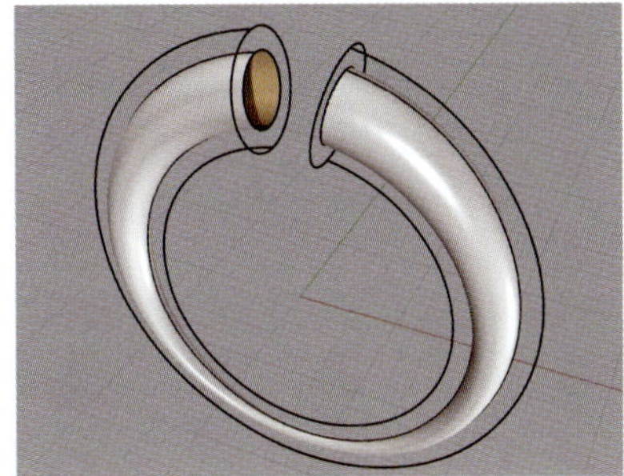

09. 다시 Sweep 2 rails를 실행하여 위와 같은 방법으로 1번, 2번 곡선 Curve개체를 선택하고, 3번, 4번 원형 Curve개체를 선택한 후, Enter↵ 키를 누른다. Sweep 2 rail Options창이 나타나면 OK를 눌러서 원통 Surface개체를 생성한다.

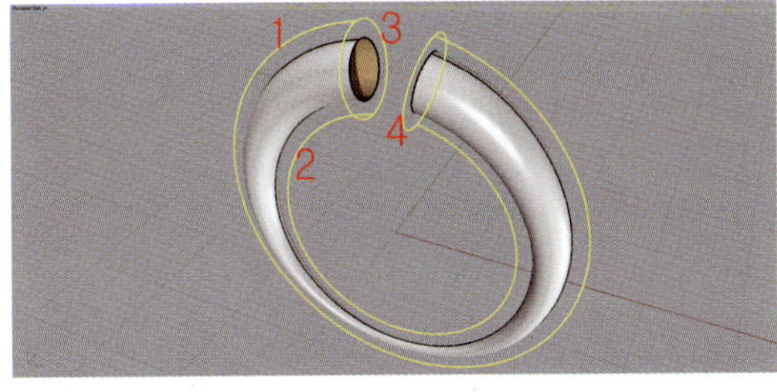

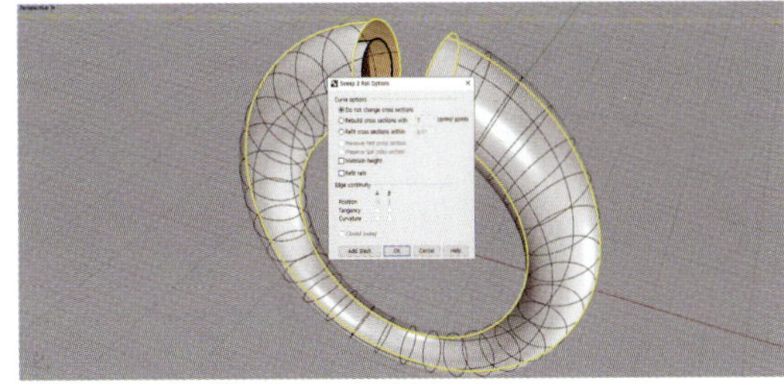

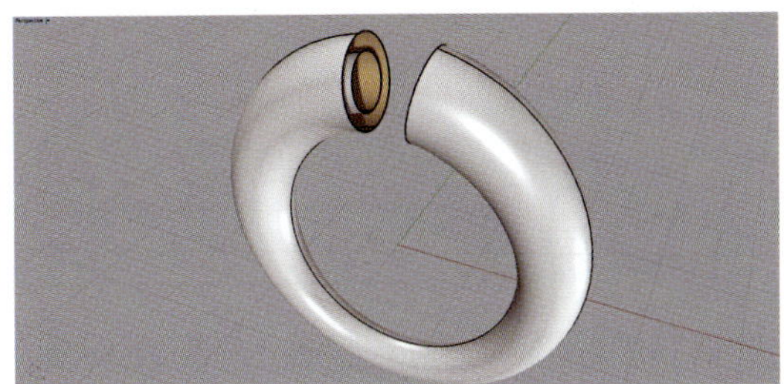

10. Select curves를 실행하여 모든 Curve개체들을 선택한 후, Hide objects를 실행하여 선택한 개체들을 숨겨둔다.

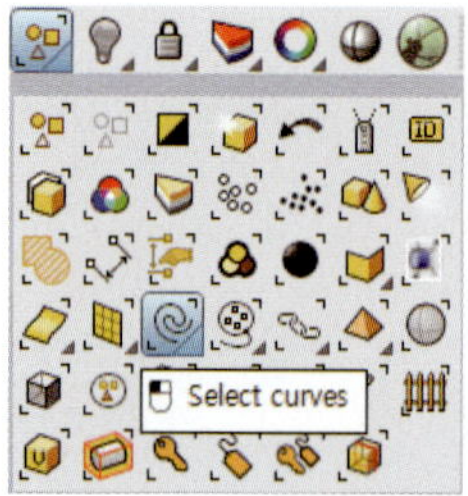

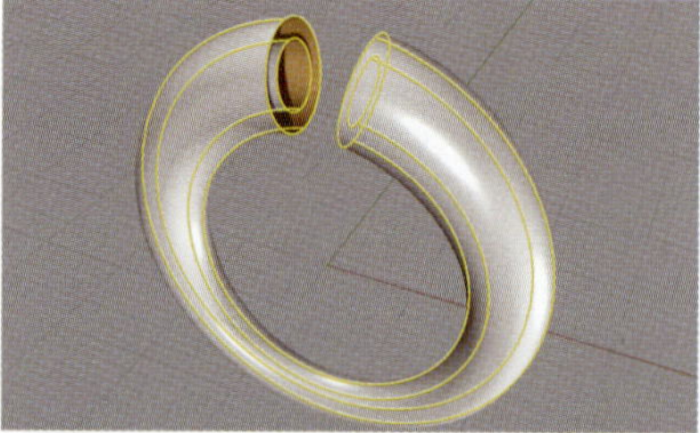
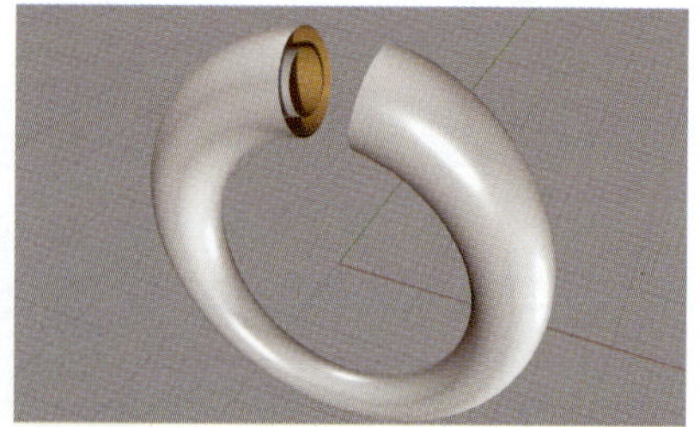

11. Surface from planar curves를 실행하고, Surface개체 4개의 Edge부분을 선택한 후, Enter↵ 키를 누르면, 다음 그림과 같이 2개의 Surface개체가 생성된 것을 확인할 수 있다.

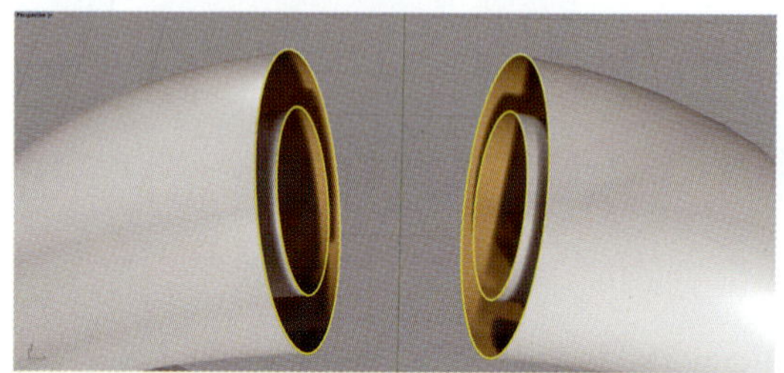
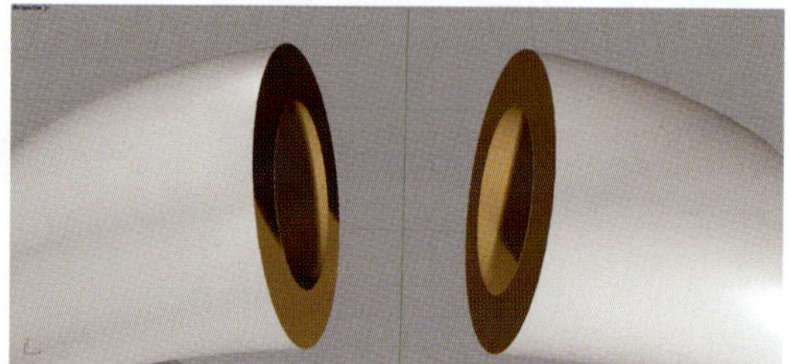

12. 4개의 Surface개체를 모두 선택하고, Join을 실행하여 하나의 Poly-Surface개체로 생성한다.

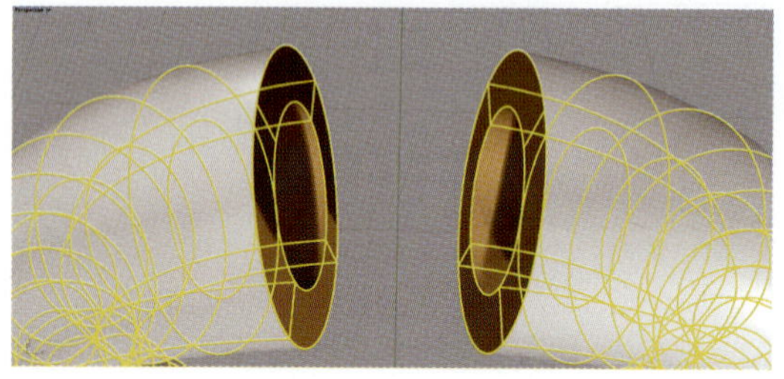
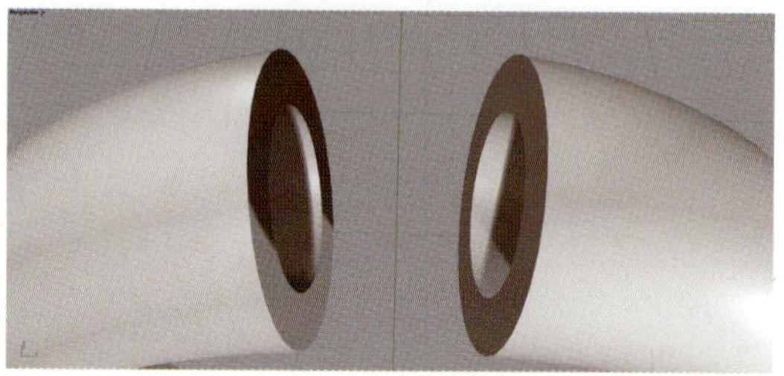

13. Front Front Viewport에서 Rectangle: Center, Corner를 실행하고, Command Prompt 영역에 Center of rectangle값 0, 10을 입력한 후, Enter↵키를 누른다. Other corner or length값 1을 입력하고, Enter↵키를 누른 다음, Width값 14를 입력한 후, Enter↵키를 누르면 다음 그림과 같이 0, 10을 기준으로 가로 1㎜, 세로 14㎜의 직사각형 Curve개체가 생성된 것을 확인할 수 있다.

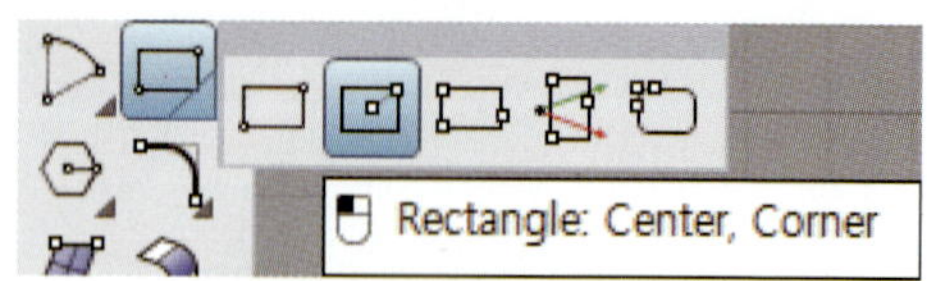

Center of rectangle (Rounded): 0,10

Other corner or length (3Point Rounded): 1

Width. Press Enter to use length (Rounded): 14

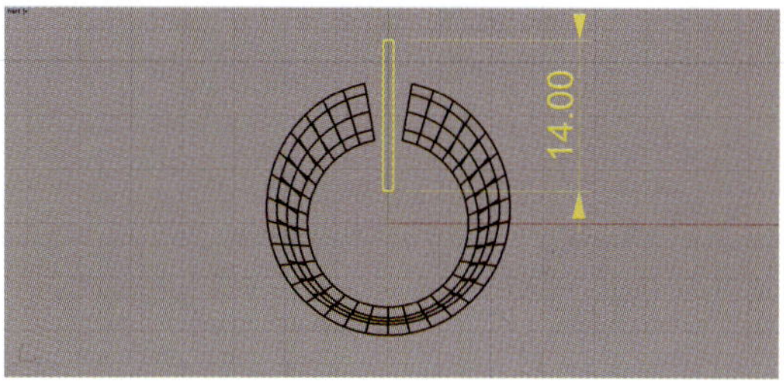

14. 생성된 직사각형 Curve개체를 선택하고, Polar array를 실행한다. Command Prompt 영역에 Center of polar array값 0을 입력하고, Enter↵키를 누른다.
Number of items값 18을 입력하고, Enter↵키를 누른 다음, Angle to fill값 360으로 설정한 후, Enter↵키를 누르면 다음 그림과 같이 원점 기준으로 360도 회전한 18개의 직사각형 Curve개체가 생성된 것을 확인할 수 있다.

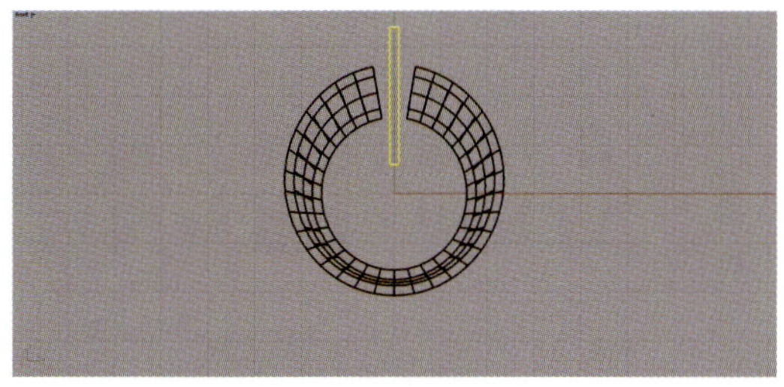

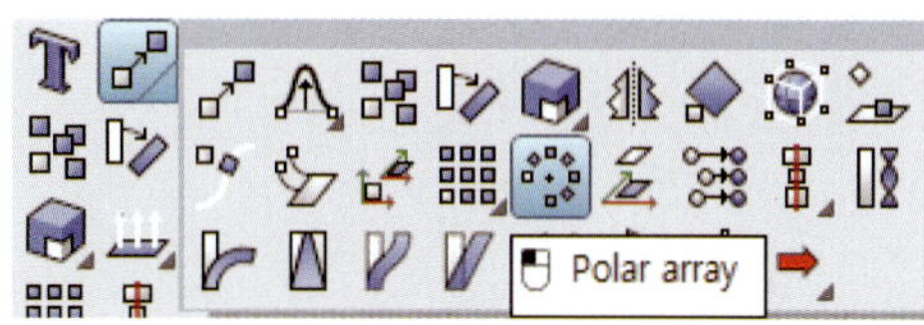

Center of polar array (Axis): 0

Number of items <3>: 18

Angle to fill or first reference point <360> (Preview=*Yes* StepAngle Rotate=*Yes* ZOffset=*0*):

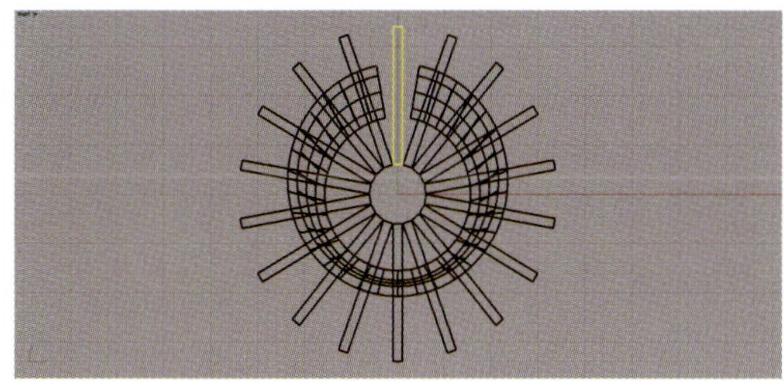

15. 생성된 18개의 직사각형 Curve개체를 모두 선택하고, Extrude straight를 실행한다. Command Prompt 영역에서 BothSides=Yes, Solid=Yes로 설정하고, Extrusion distance값 3 이상을 입력한 후, Enter↵키를 누른다.

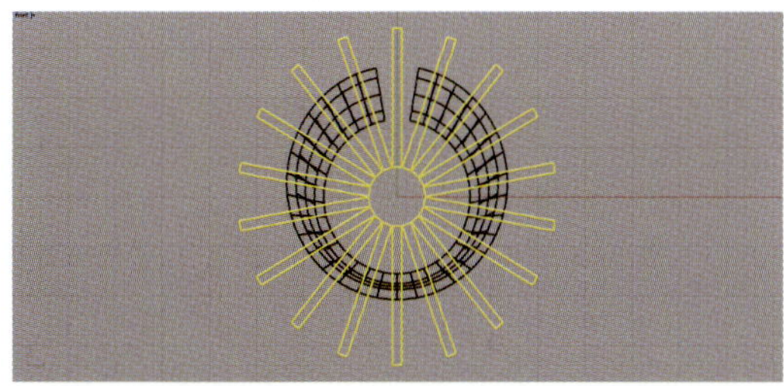

Extrusion distance <10> (Direction BothSides=*Yes* Solid=*Yes* DeleteInput=*Yes* ToBoundary SetBasePoint):

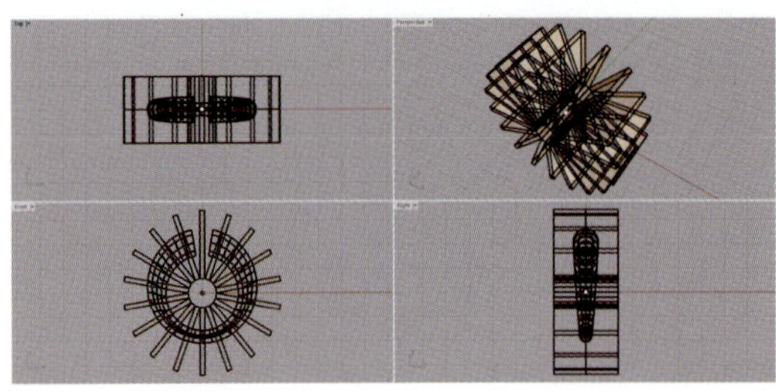

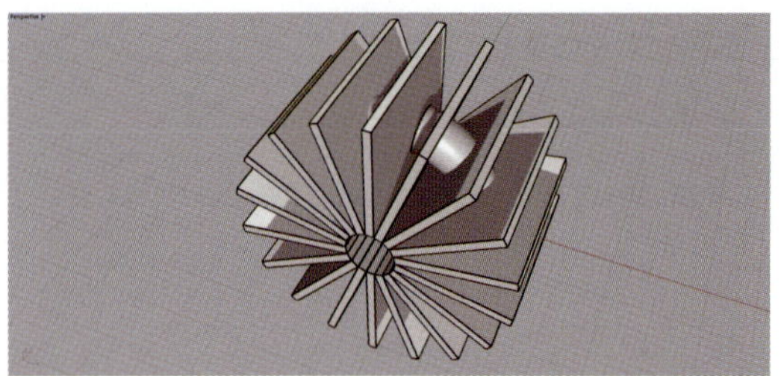

16. 반지 형태의 Poly-Surface개체를 선택하고, Boolean difference를 실행한 후, Extrude된 18개의 직사각형 Poly-Surface개체를 선택한 다음, Enter키를 누르면 다음 그림과 같이 Extrude된 직사각형 Poly-Surface개체의 형태에 맞추어 반지 형태의 개체가 나누어진 것을 확인할 수 있다.

17. Show objects를 실행하여 숨겨둔 Curve개체들을 화면상에 나타나게 한다. 곡선 Curve개체 4개만 남기고, 원형 Curve개체 4개는 삭제한다.

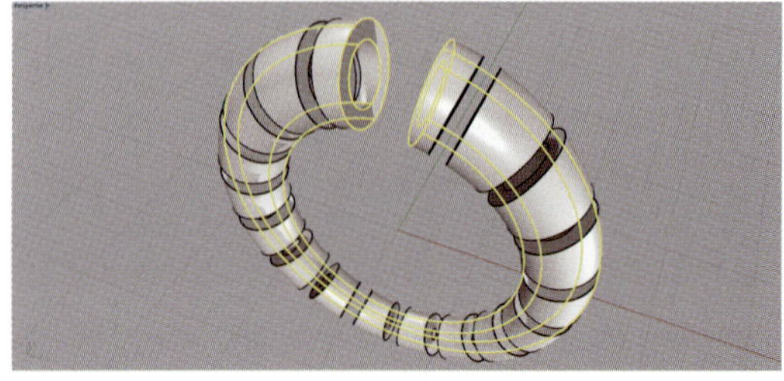

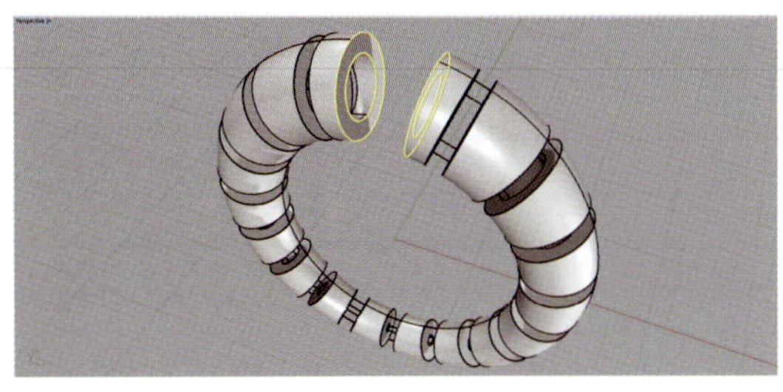
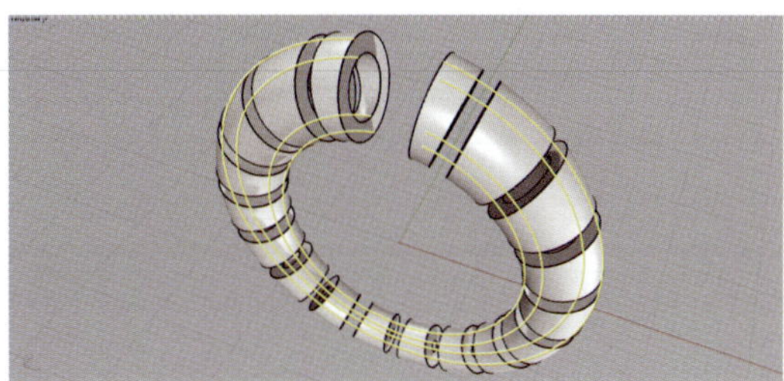

18. Front Front Viewport에서 Offset curve를 실행하고, Command Prompt 영역에서 Distance값 0.1로 설정한 후, 4개의 Curve개체를 각각 선택하여 안쪽 방향(화살표 방향)으로 향하게 한 후, 마우스 왼쪽버튼을 클릭한다. Offset으로 생성된 Curve개체는 남기고, 기존 Curve개체는 삭제한다.

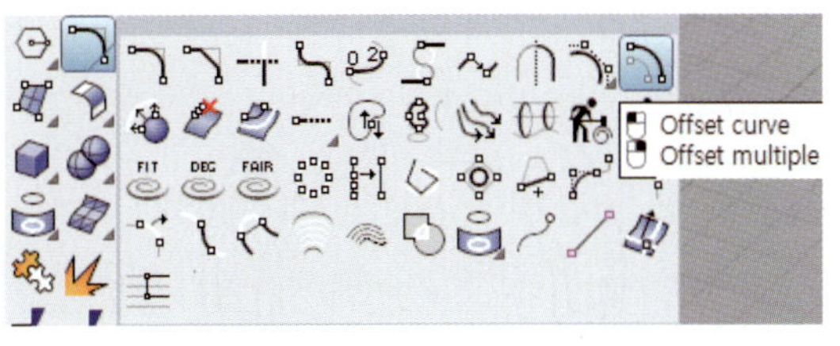

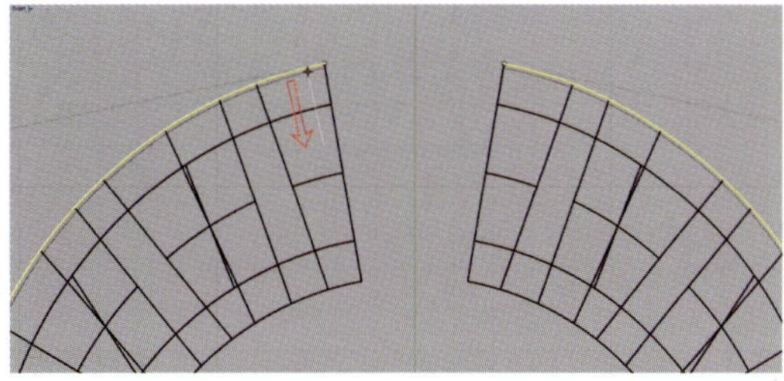
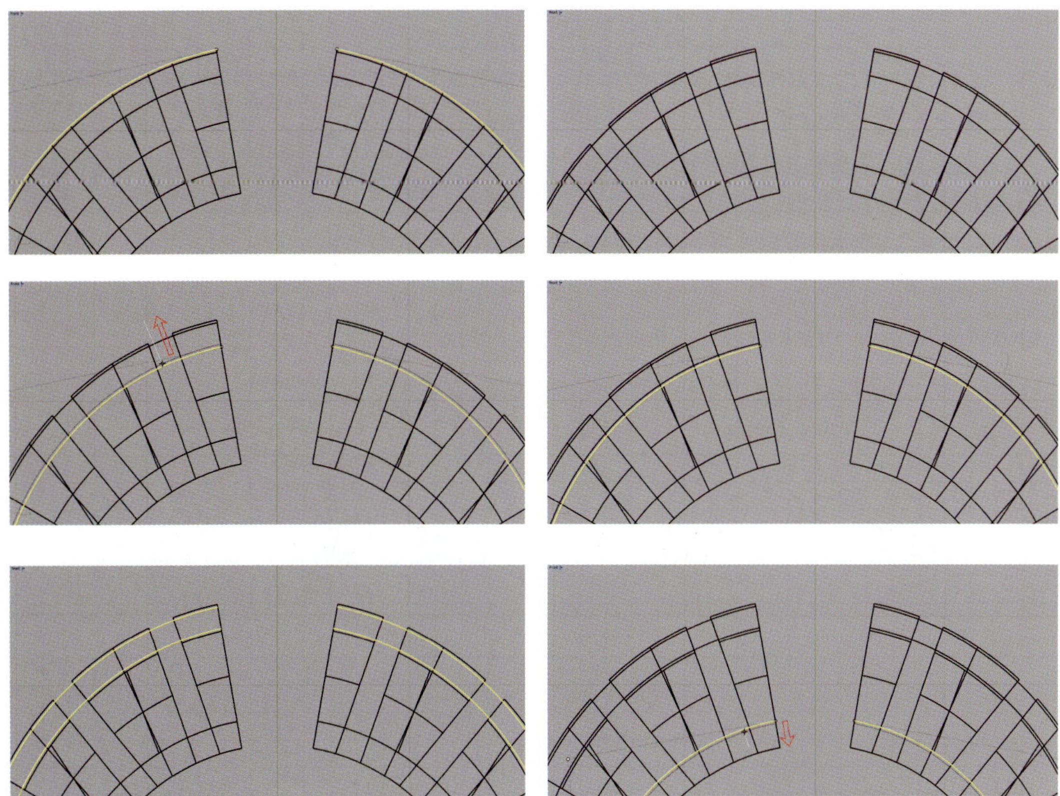

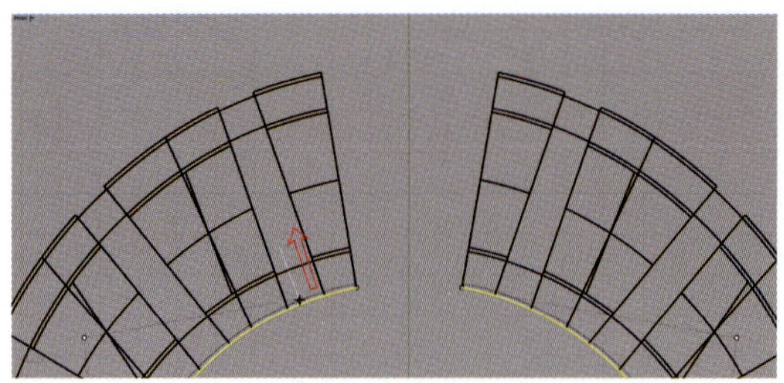

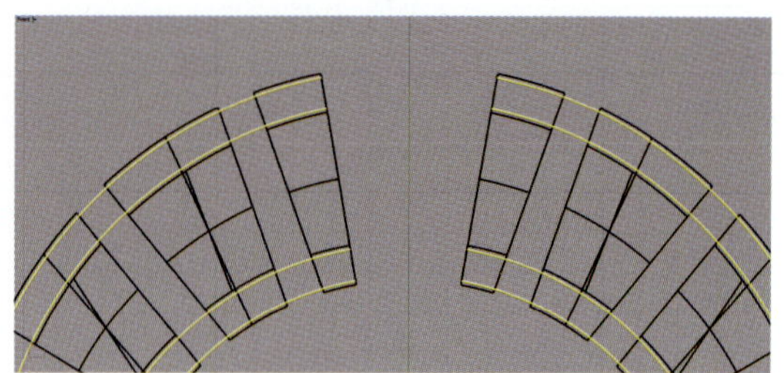

19. Single Line를 실행하고, Command Prompt 영역에 Start of line값 0,1을 입력한 후, Enter↵키를 누른 다음, 다음 그림과 같이 0,1기준으로 14.93도 각도의 길이 15.52㎜ 직선 Curve개체를 생성한다.

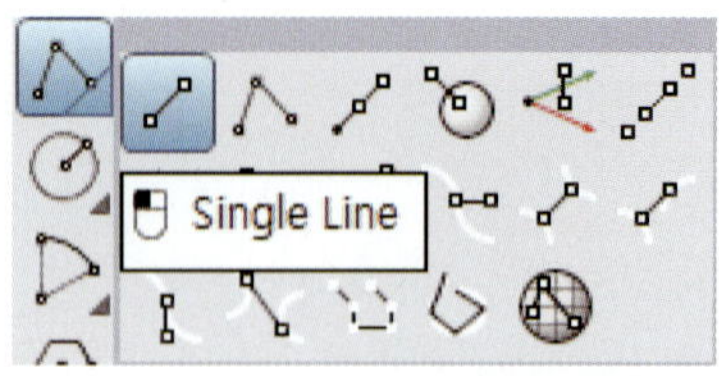

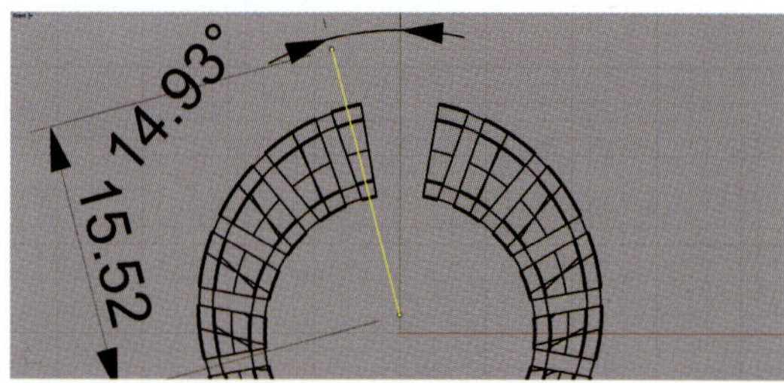

Start of line (BothSides Normal Angled Vertical FourPoint Bisector Perpendicular Tangent Extension): 0,1

20. 생성된 직선 Curve개체를 선택하고, Mirror를 실행한다.
원점(0, 0)기준 또는 0, 1기준으로 마우스 커서를 Z축 방향(화살표 방향)으로 이동한 후, 마우스 왼쪽버튼을 클릭하여 대칭방향에 직선 Curve개체를 복사한다.

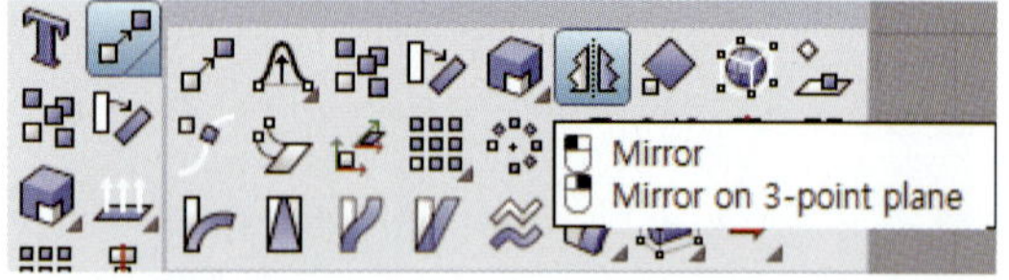

Start of mirror plane (3Point Copy=*Yes* XAxis YAxis): 0

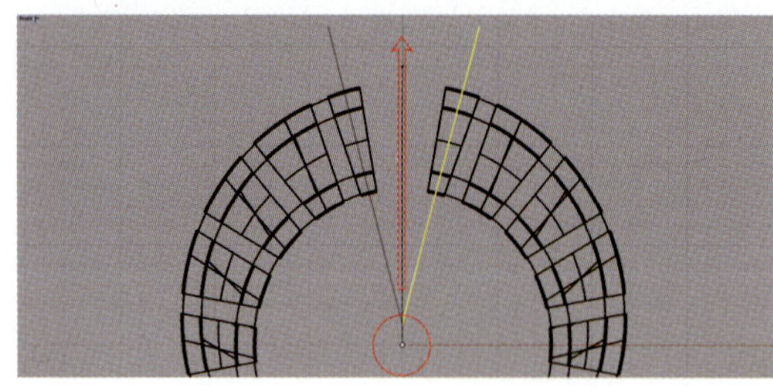

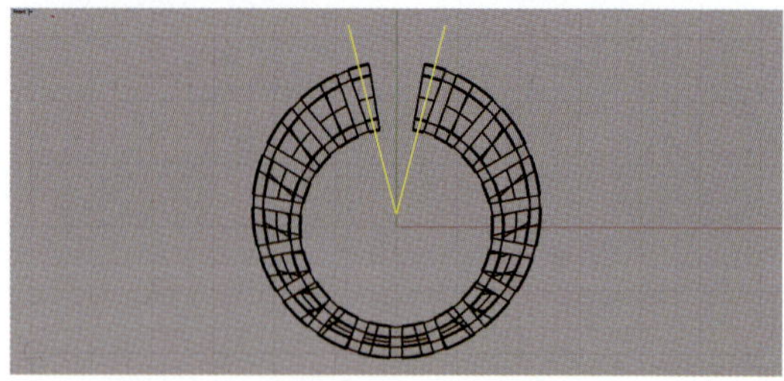

21. 다음 그림과 같이 2개의 Poly-Surface개체를 선택한 후, Hide objects를 실행하여 잠시 숨겨둔다.

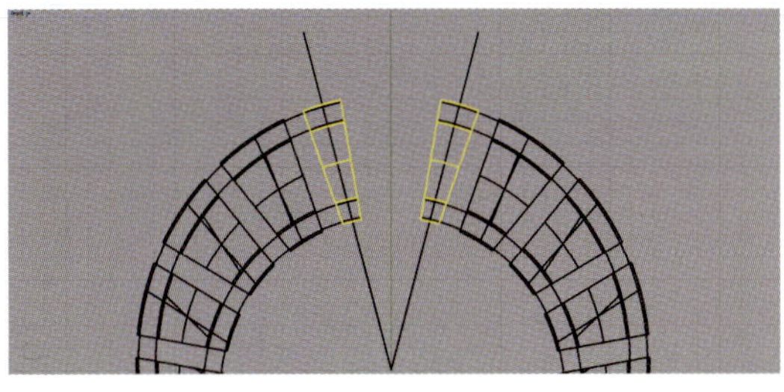

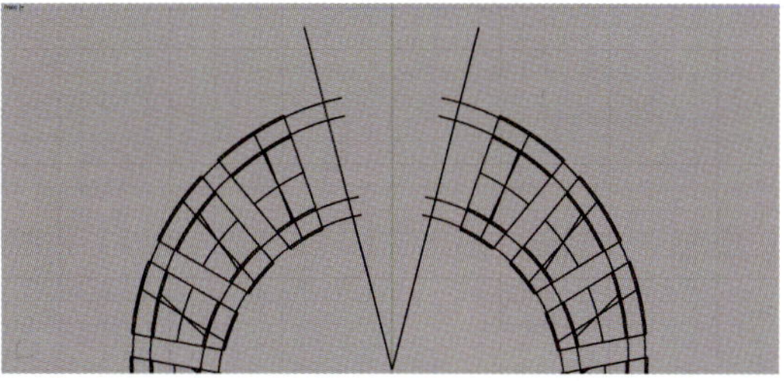

22. Curve개체를 모두 선택하고, Trim을 실행하여 다음 그림과 같이 직선 Curve개체를 기준으로 곡선 Curve개체의 돌출된 부분을 삭제한 다음, 2개의 직선 Curve개체도 삭제한다.

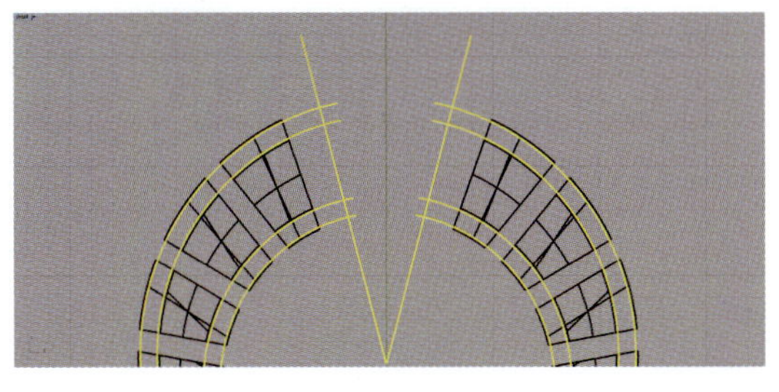

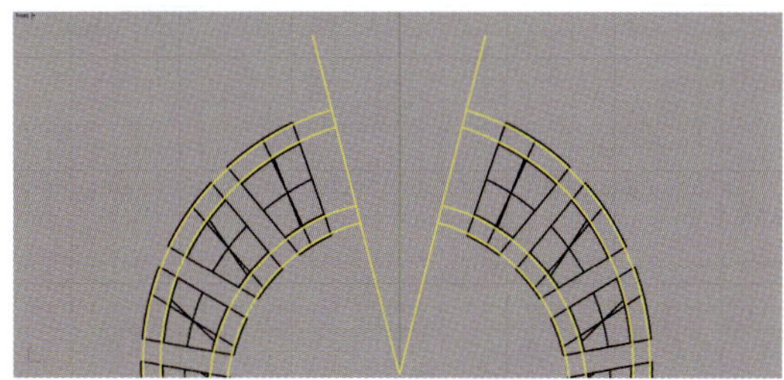

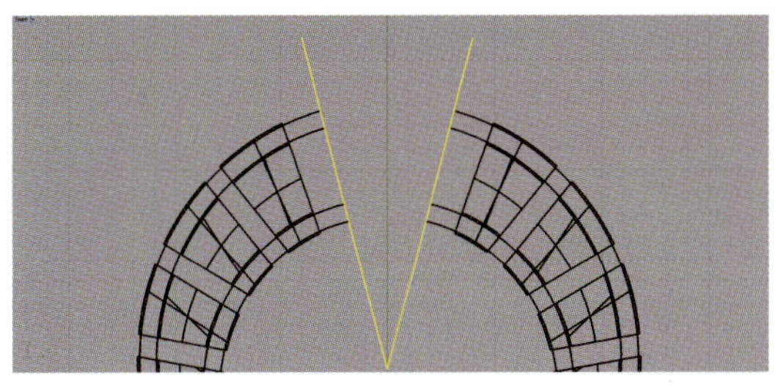

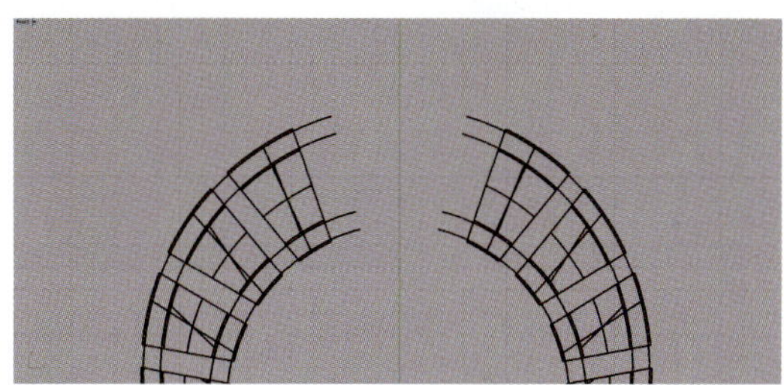

23. Circle: diameter를 실행하고, 곡선 Curve개체의 End점과 End점을 연결하여 다음 그림과 같이 4개의 원형 Curve개체를 생성한다.

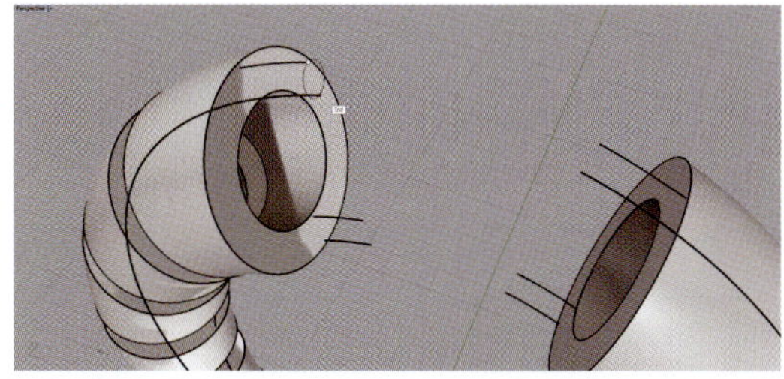

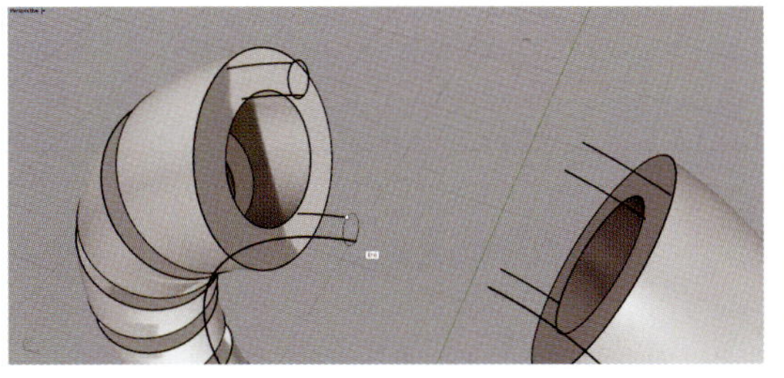

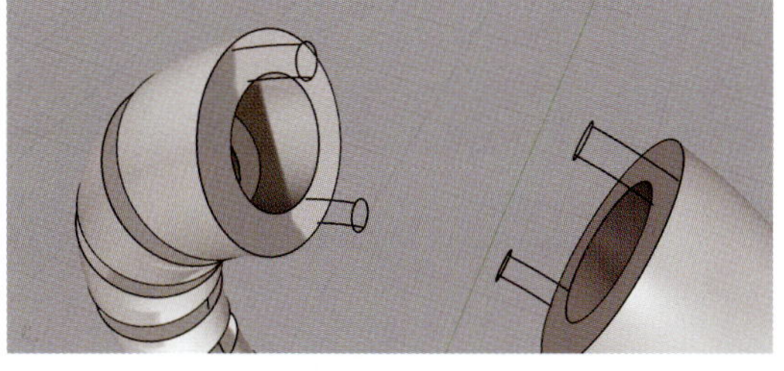

24. Sweep 2 rails를 실행한 다음 1번, 2번의 곡선 Curve개체를 선택하고, 3번, 4번의 원형 Curve개체를 선택한 후, Enter↵키를 누른다. Seam위치와 방향을 확인하고 Enter↵키를 누른 후, Sweep 2 rail Options창이 나타나면 OK를 누른다. 다음 그림과 같이 2개의 원통 Surface개체를 생성하고, Curve개체들은 모두 삭제한다.

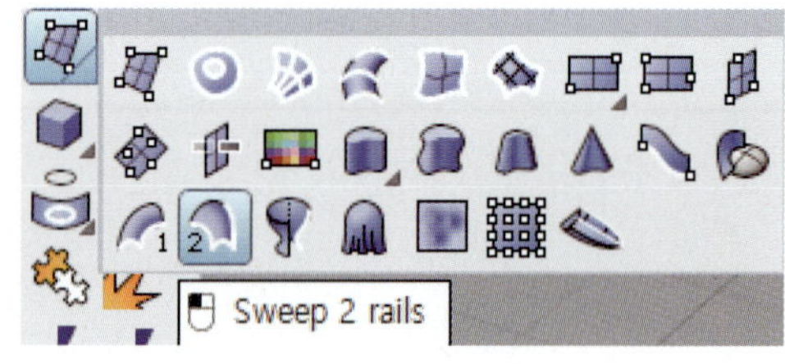

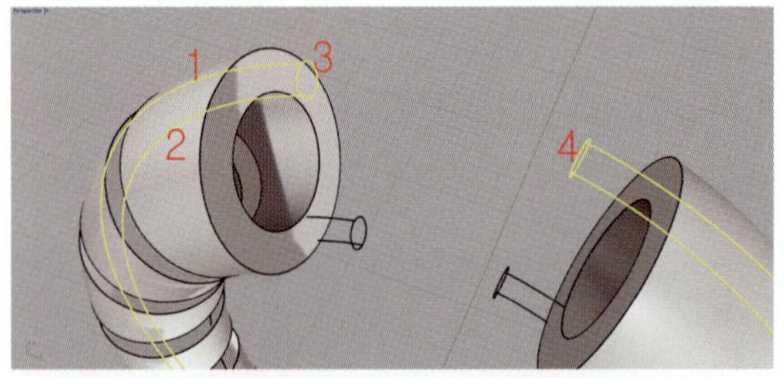

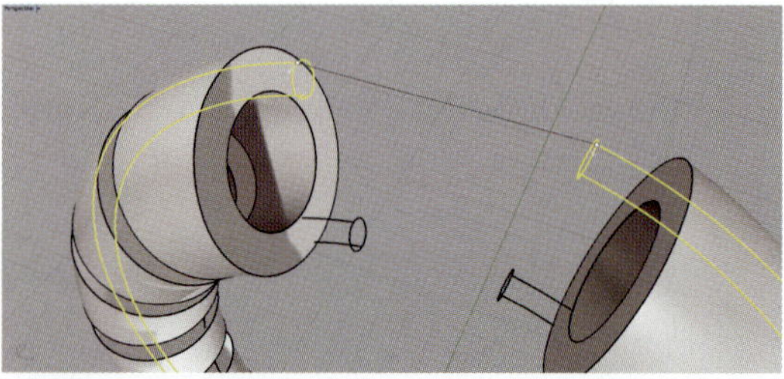

Drag seam point to adjust. Press Enter when done (Flip Automatic Natural):

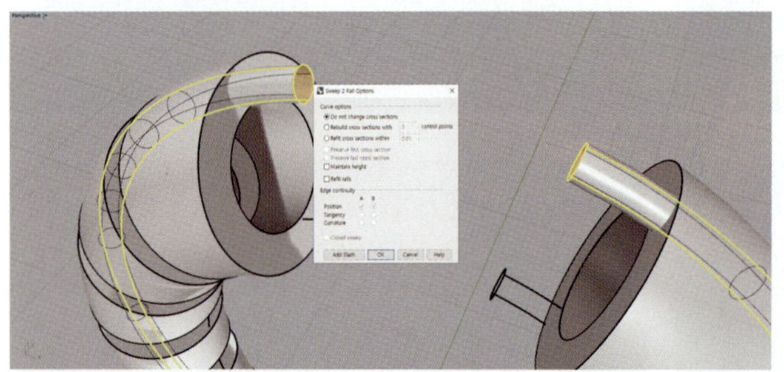

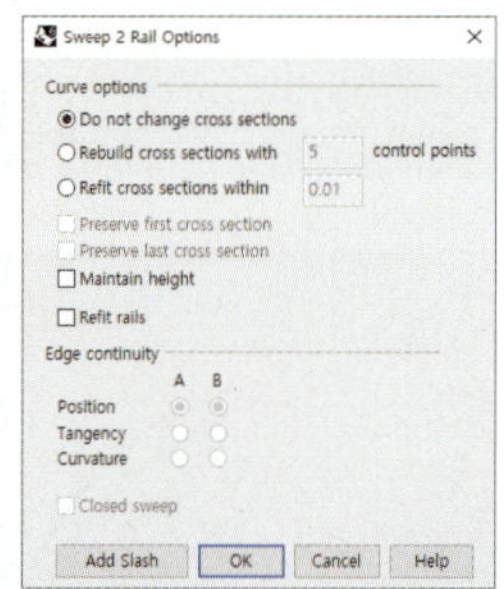

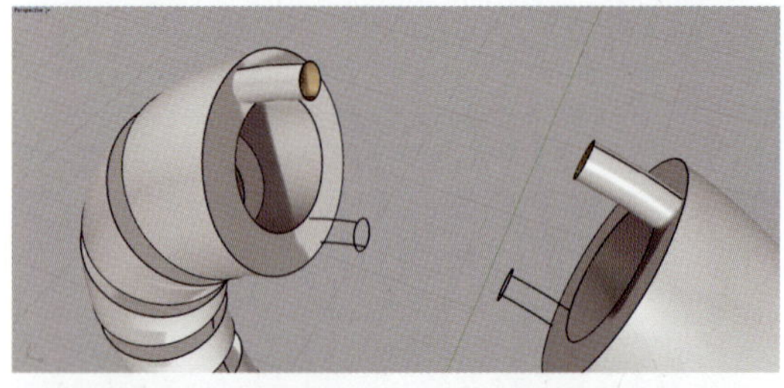

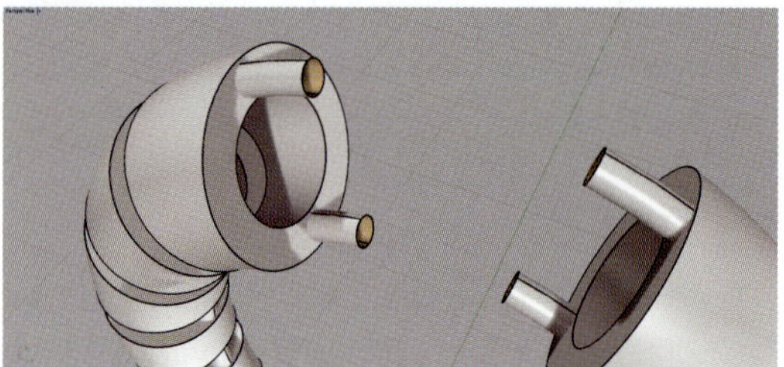

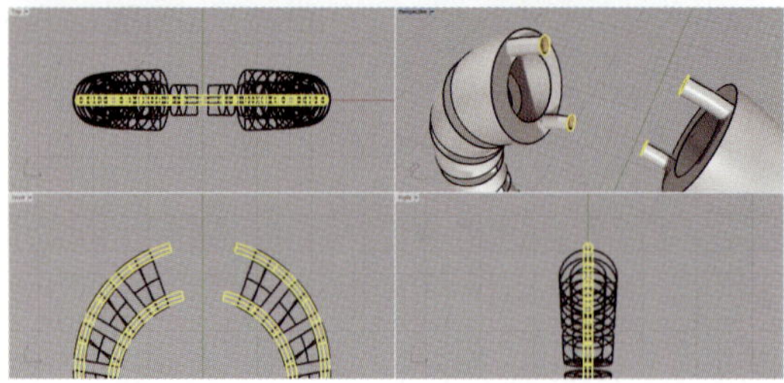

25. 생성된 2개의 원통 Surface개체를 선택하고, Cap planar holes를 실행하여 원통 Surface개체의 뚫린 부분을 막아준다.

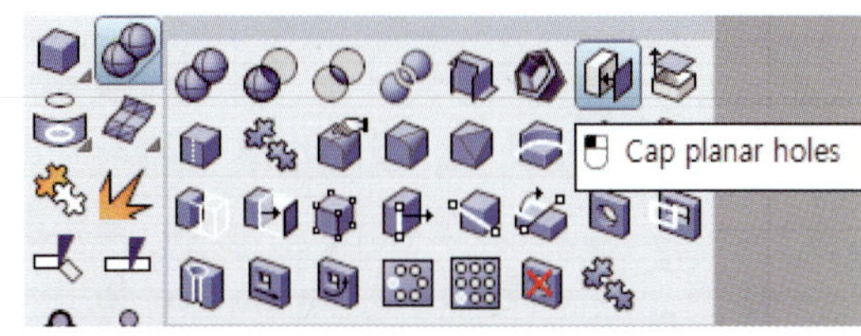

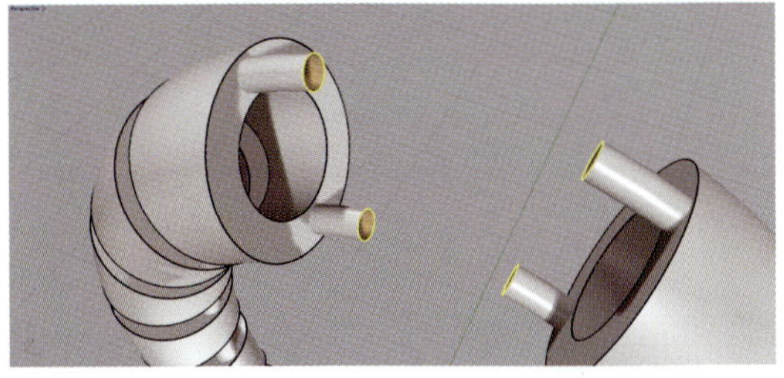

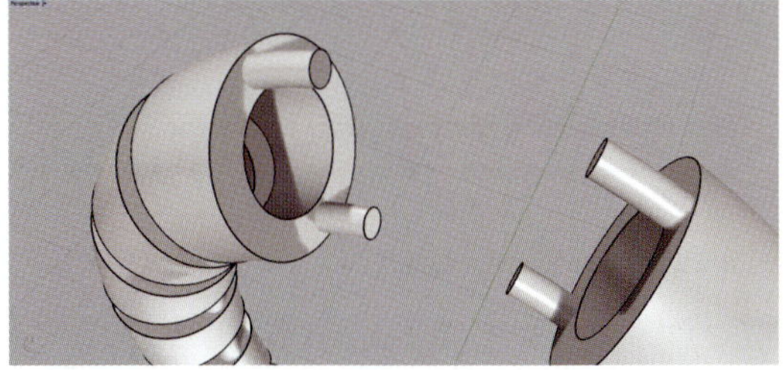

26. Show objects를 실행하여 Hide시켰던 2개의 Poly-Surface개체를 화면상에 나타나게 한다.

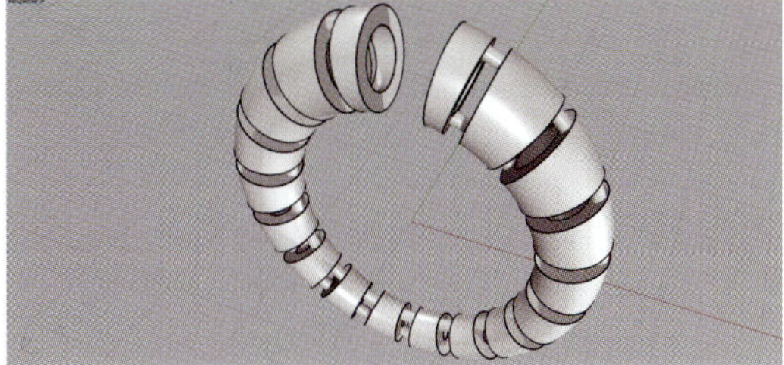

27. 다음 그림과 같이 2개의 원통 Poly-Surface개체를 선택하고, Hide objects를 실행하여 잠시 숨겨둔다.

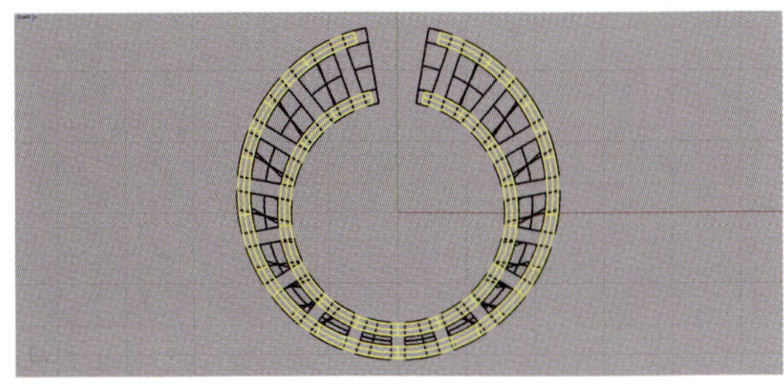

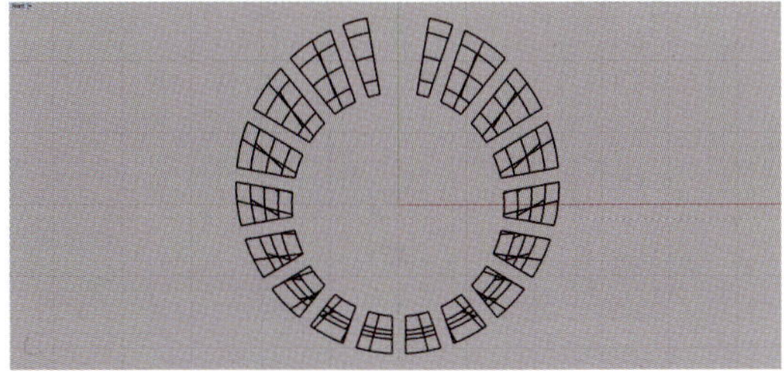

28. Fillet edges를 실행하고, 16개 Poly-Surface개체의 Edge들을 모두 선택한 후, Enter↵키를 누른다. Command Prompt 영역에서 SetAll을 선택하고, Radius for all handles값 0.1로 설정한 후, Enter↵키를 누르면 다음 그림과 같이 선택한 Edge부분들이 모두 반지름 0.1㎜로 Fillet된 것을 확인할 수 있다.

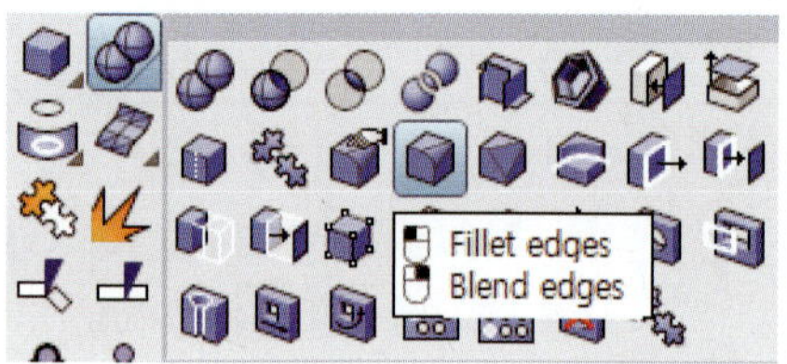

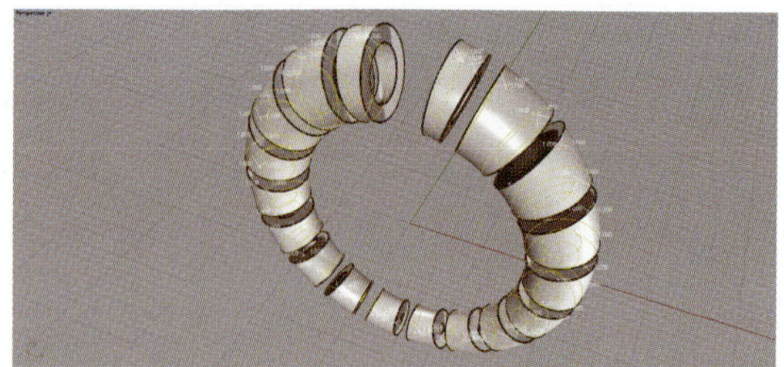

Select fillet handle to edit. Press Enter when done
(ShowRadius=*Yes* AddHandle CopyHandle SetAll LinkHandles=*No* RailType=*RollingBall* SelectEdges TrimAndJoin=*Yes* Preview=*No*):

Radius for all handles <1.000>: 0.1

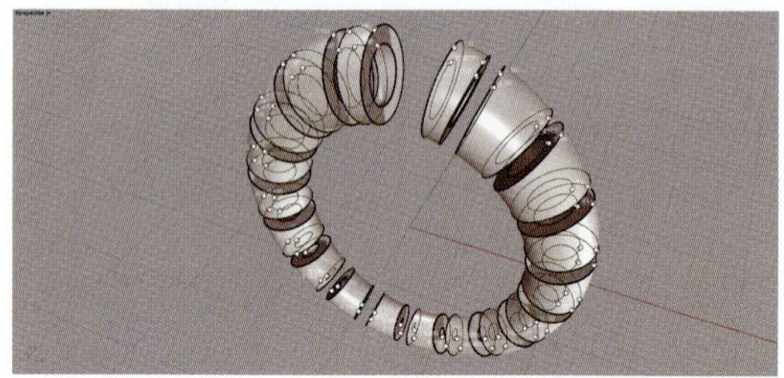

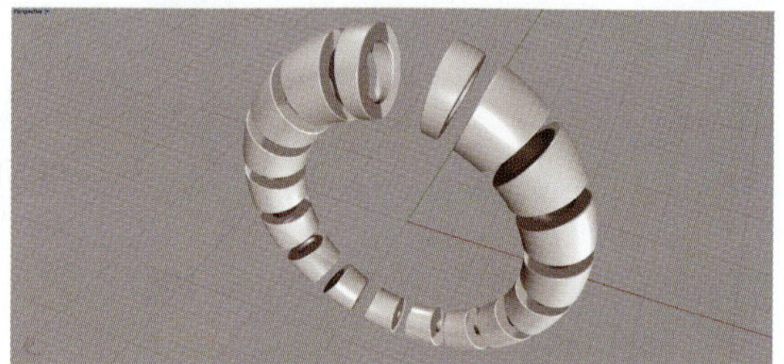

29. Show objects를 실행하여 숨겨둔 개체들을 모두 화면상에 나타나게 한 후, 단축키 Ctrl+A를 눌러서 모든 개체들을 선택한 다음, Boolean union을 실행하여 하나의 개체로 결합한다.

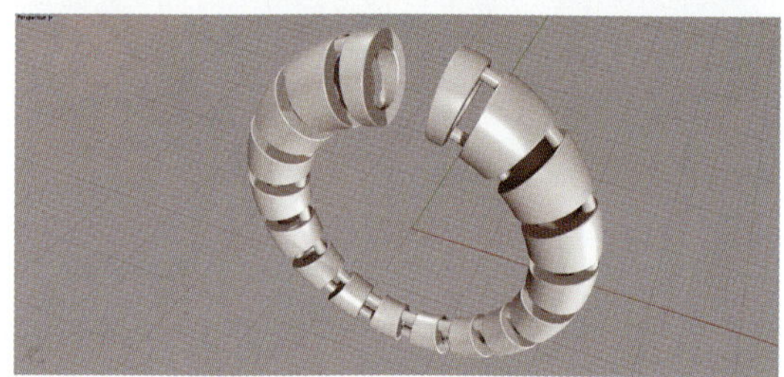

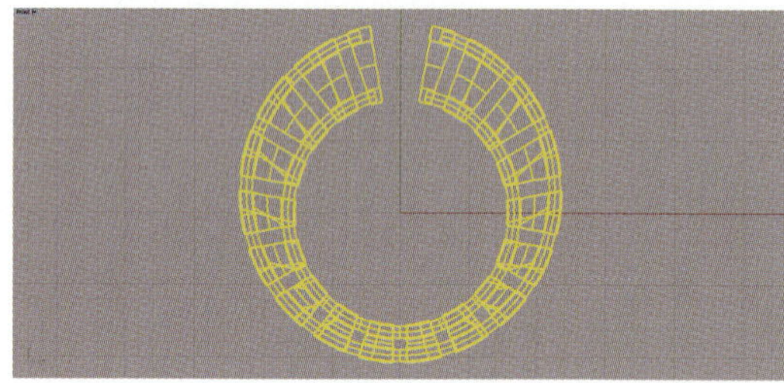

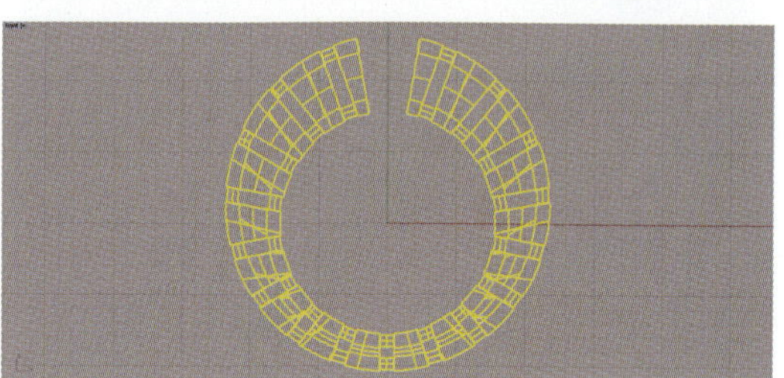

30. 다음 그림과 같이 완성된 Bratticing Ring 개체를 확인할 수 있다.

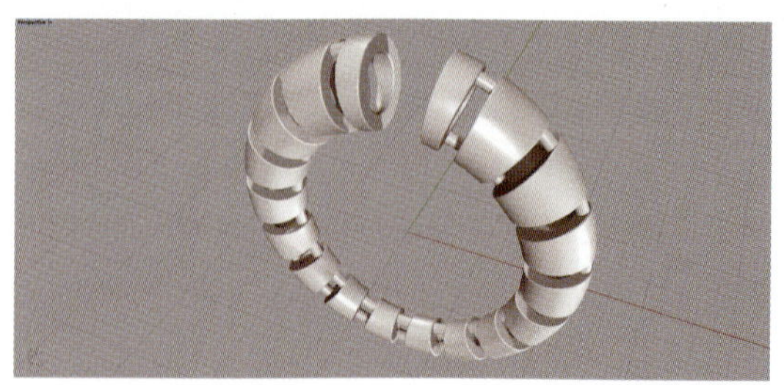

Basic Modeling - 19 Wire Ring

01. Front Front Viewport에서 Circle: center, radius를 실행한다. 원점(0, 0) 기준으로 Command Prompt 영역에 Diameter값 18을 입력한 후, Enter↵키를 눌러서 지름 18㎜의 원형 Curve개체를 생성한다.

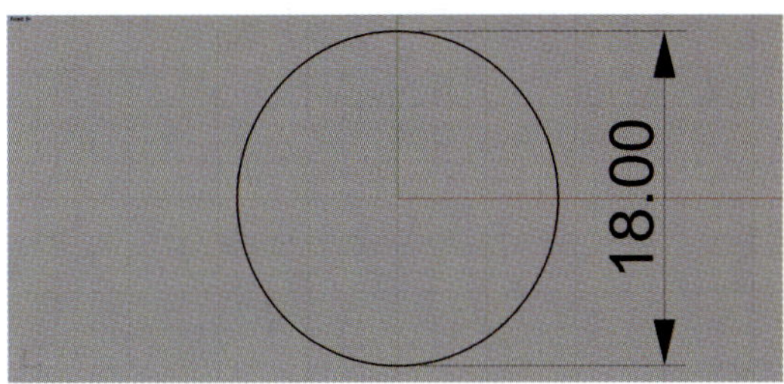

Center of circle (Deformable Vertical 2Point 3Point Tangent AroundCurve FitPoints): 0

Diameter <18.000> (Radius Orientation Circumference Area ProjectOsnap=*Yes*): 18

02. Osnap Toolbar에서 Quad점에 체크한 후, Right Right Viewport에서 생성된 원형 Curve개체를 선택하고, Move를 실행한다. 원형 Curve개체 하단의 Quad점을 선택한 다음, Command Prompt 영역에 Point to move to값 1.5를 입력하고, Enter↵키를 누른다. Shift키를 누른 상태로 마우스 커서를 화살표 방향으로 이동한 후, 마우스 왼쪽버튼을 클릭하여 원형 Curve개체를 1.5㎜ 이동시킨다.

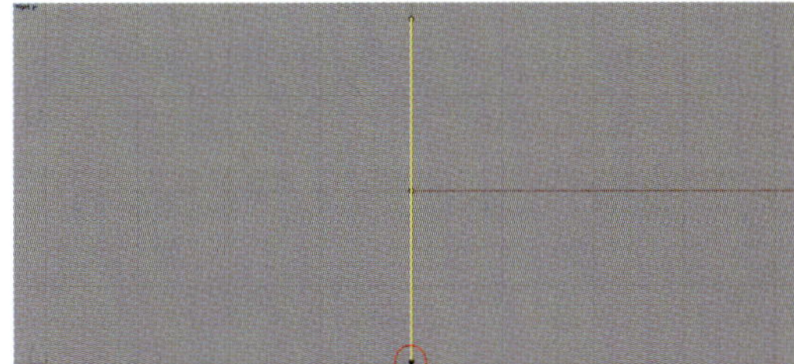

Point to move to <1.500>: 1.5

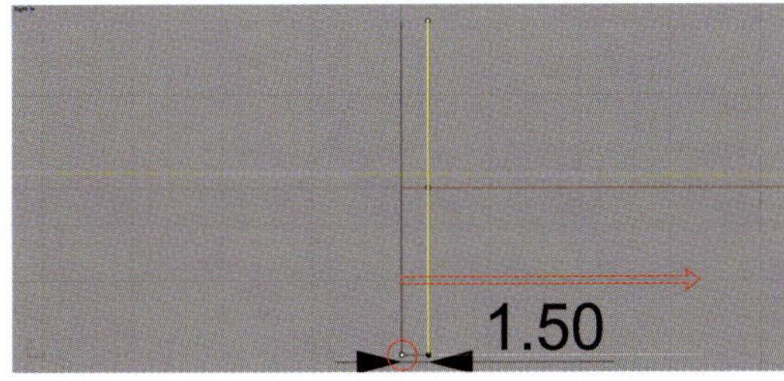

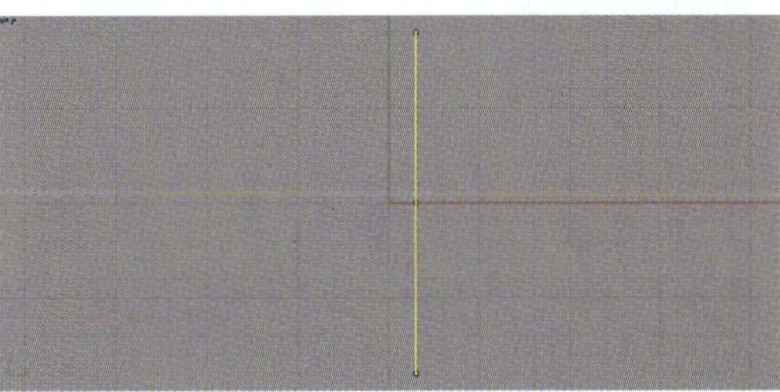

03. 원형 Curve개체를 선택하고, Rotate 2-D를 실행한다. Center of rotation을 원형 Curve개체 하단의 Quad점으로 선택하고, Command Prompt 영역에 Angle or first reference point값 -10을 입력한 후, Enter↵키를 누르면 다음 그림과 같이 원형 Curve개체가 -10도 각도로 회전한 것을 확인할 수 있다.

Center of rotation (Copy=*No* UseLastCenter):

Angle or first reference point <-10> (Copy=*No*): -10

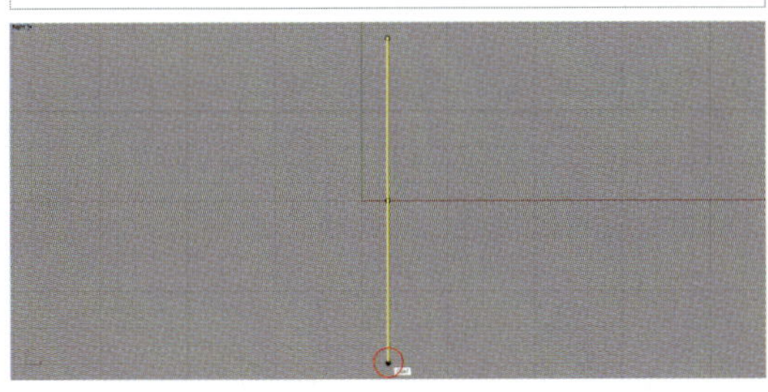

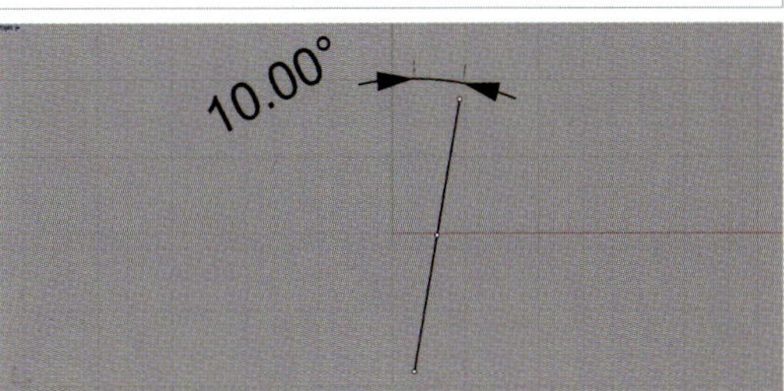

04. 원형 Curve개체를 선택하고, Mirror를 실행한다. Command Prompt 영역에 Start of mirror plane값 0을 입력한 후, Enter↵키를 누른다. Shift키를 누른 상태로 마우스 커서를 화살표 방향으로 이동한 후, 마우스 왼쪽버튼을 클릭하여 대칭 방향에 원형 Curve개체를 복사한다.

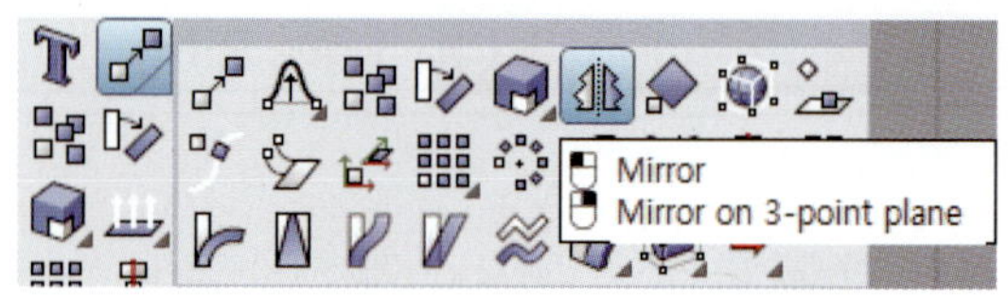

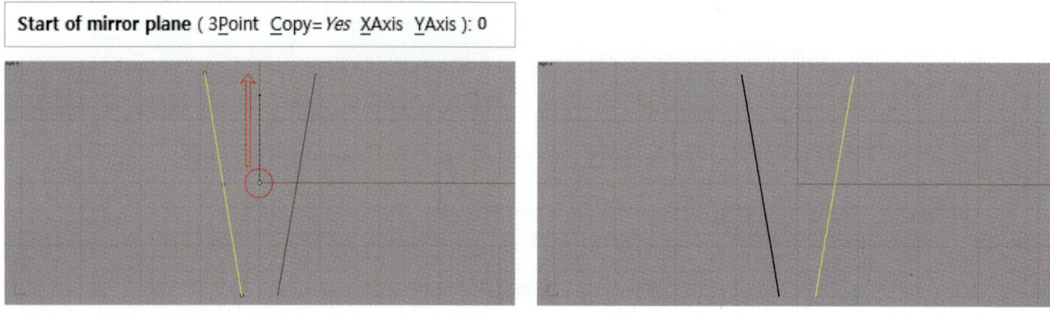

05. Arc: start, end, direction at start를 실행하고, 다음 그림과 같이 원형 Curve개체 상단의 Quad점과 Quad점을 선택한 다음, Shift키를 누른 상태로 마우스 커서를 화살표 방향으로 이동한 후, 마우스 왼쪽 버튼을 클릭하여 Arc(호) Curve개체를 생성한다.

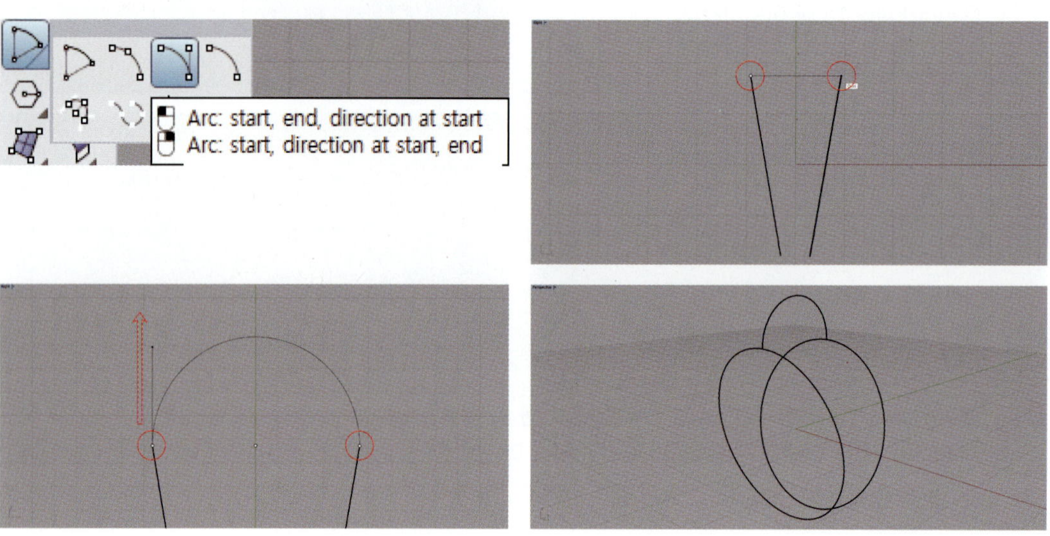

06. Sweep 2 rails를 실행하여 다음 그림의 순서대로 1번, 2번의 원형 Curve개체를 선택하고, 3번 Arc Curve개체를 선택한 후, Enter↵키를 누른다. Sweep 2 rail Options창이 나타나면 OK를 누른다.

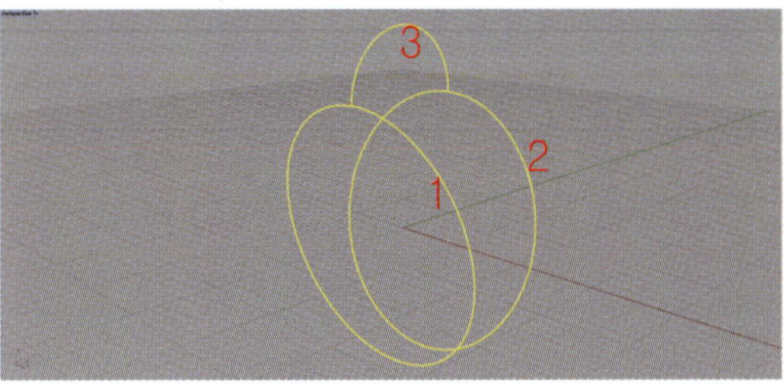

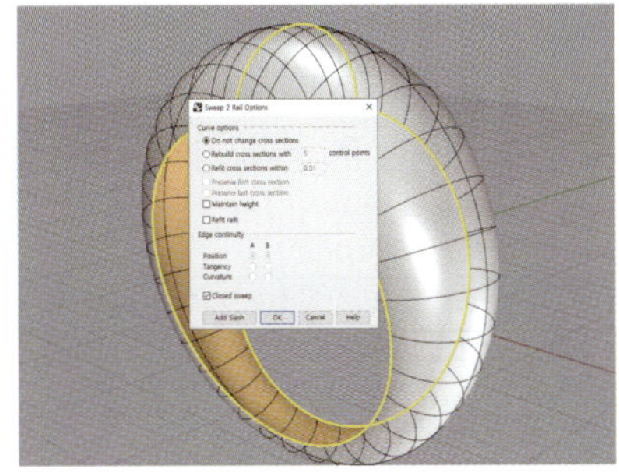

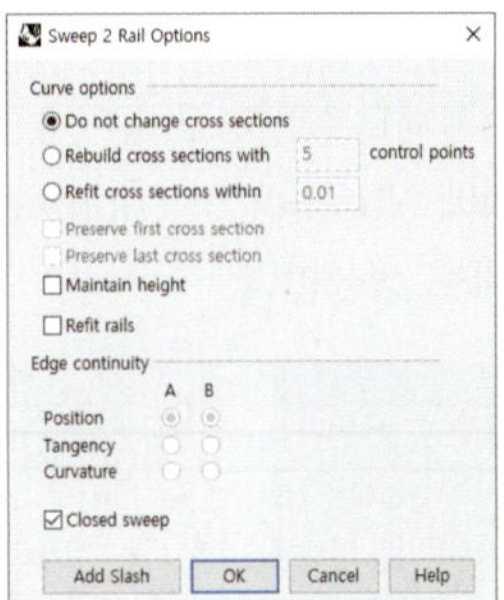

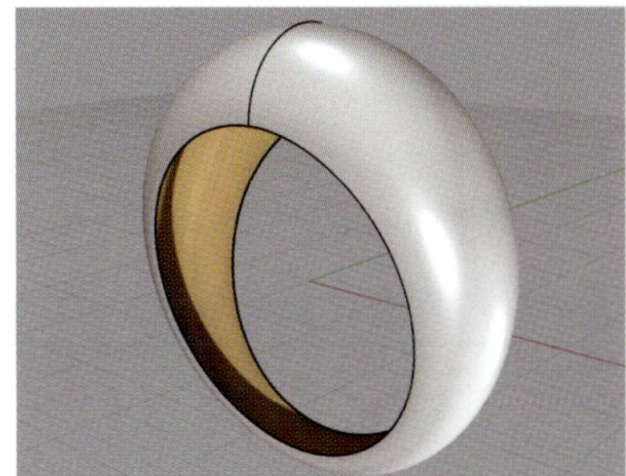

07. 더 이상 필요 없는 Arc Curve개체는 선택한 후, 삭제한다.

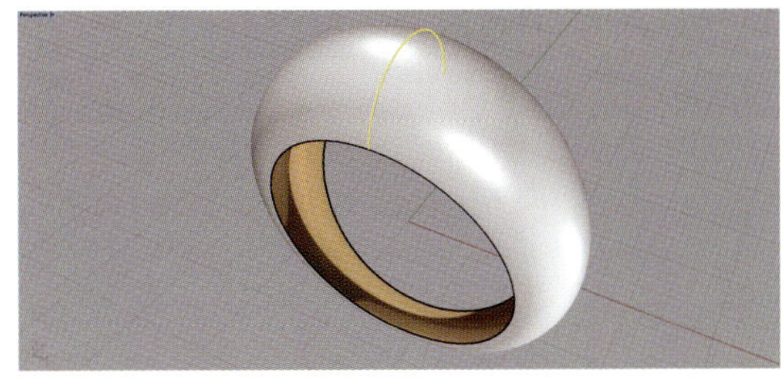

08. Top Top Viewport에서 Rectangle: Center, Corner를 실행하고, Command Prompt 영역에 Center of rectangle값 0을 입력한 후, Enter 키를 누른다. Other corner or length값 25를 입력하고 Enter 키를 누른 후, Width값 10을 입력한 다음 Enter 키를 누르면 다음 그림과 같이 원점 기준으로 가로 25㎜, 세로 10㎜의 직사각형 Curve개체가 생성된 것을 확인할 수 있다.

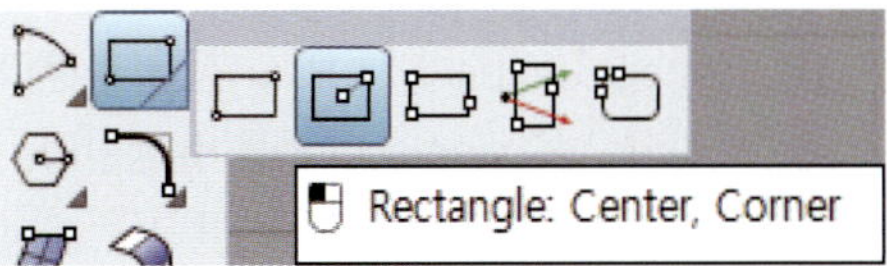

Center of rectangle (Rounded): 0

Other corner or length (3Point Rounded): 25

Width. Press Enter to use length (Rounded): 10

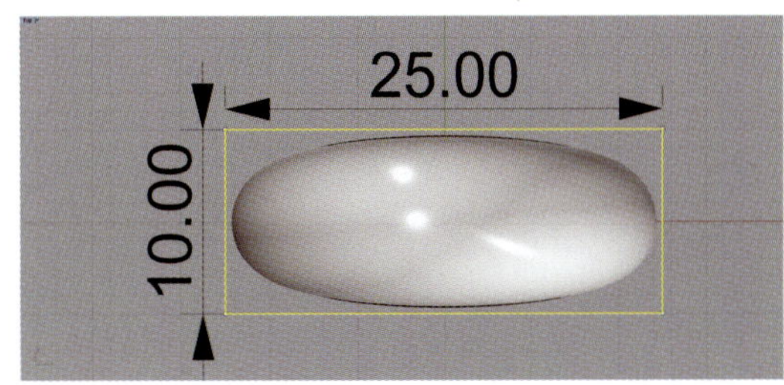

09. 생성된 직사각형 Curve개체만 남기고, Surface개체는 Hide objects를 실행하여 잠시 숨겨둔다. 직사각형 Curve개체를 선택하고, Explode를 실행하여 직사각형 Curve개체를 4개의 Single Line으로 분해시킨다.

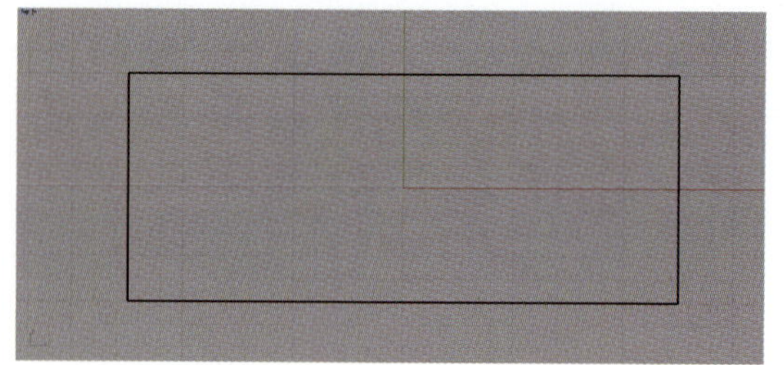

10. 다음 그림과 같이 상단의 직선 Curve개체를 선택하고, Divide curve by number of segments를 실행한다. Command Prompt 영역에 Number of segments값 13을 입력한 후, Enter↵키를 눌러서 직선 Curve개체에 14개의 Point개체를 생성한다.

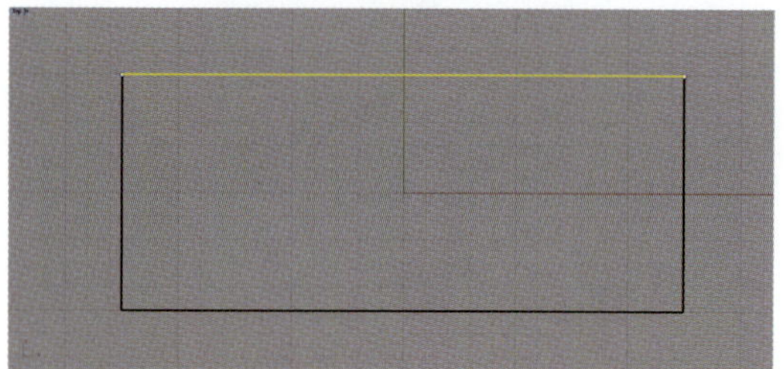

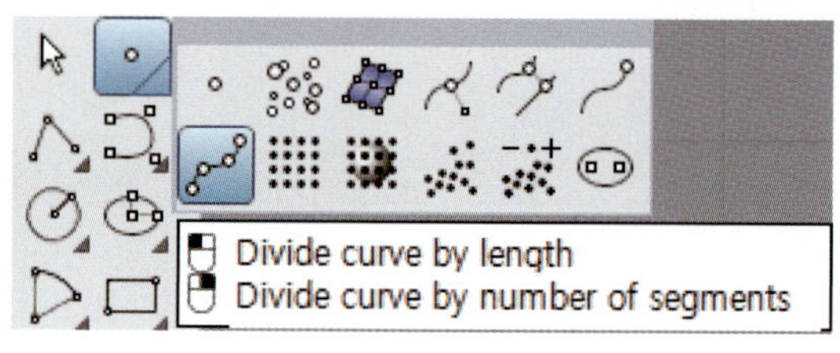

Number of segments <13> (Length Split=No MarkEnds=Yes GroupOutput=No): 13

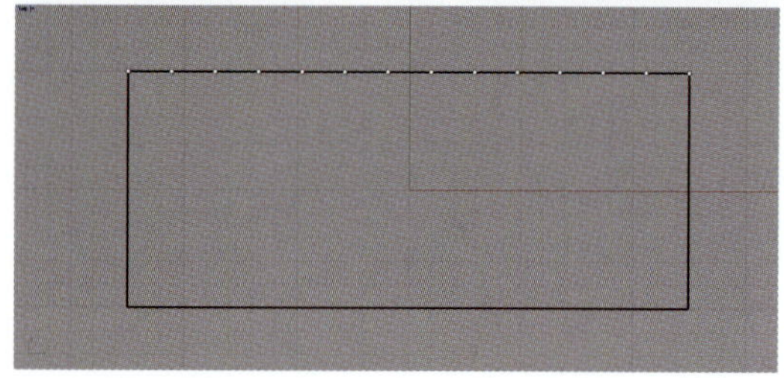

11. Osnap Toolbar에서 Point점과 Int점에 체크하고, Single Line을 실행한다. 다음 그림과 같이 Point개체를 선택하고, Shift키를 누른 상태로 마우스 커서를 화살표 방향으로 이동한 후, Int 위치에 마우스 왼쪽버튼을 클릭하여 직선 Curve개체를 생성한다.

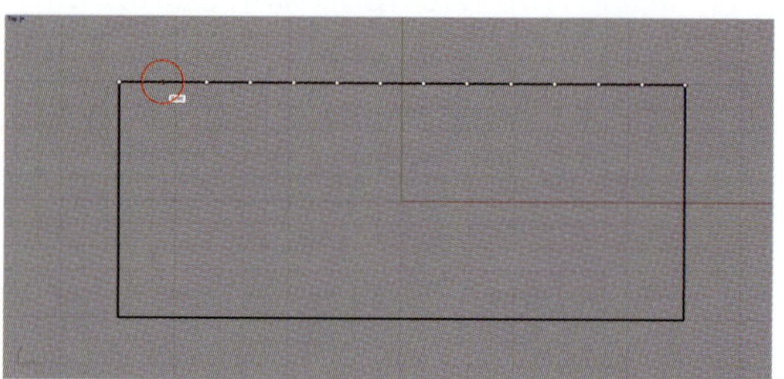

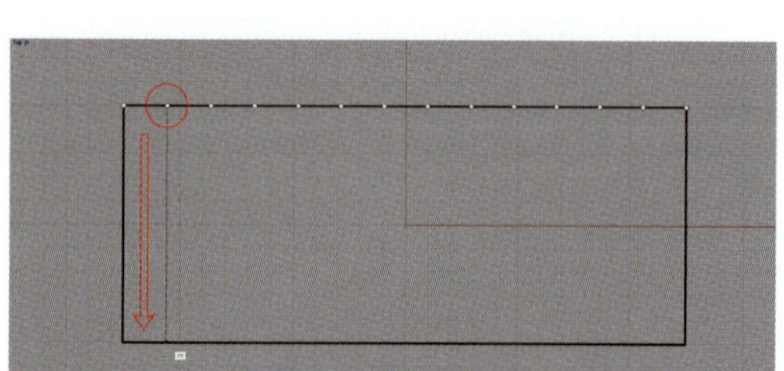

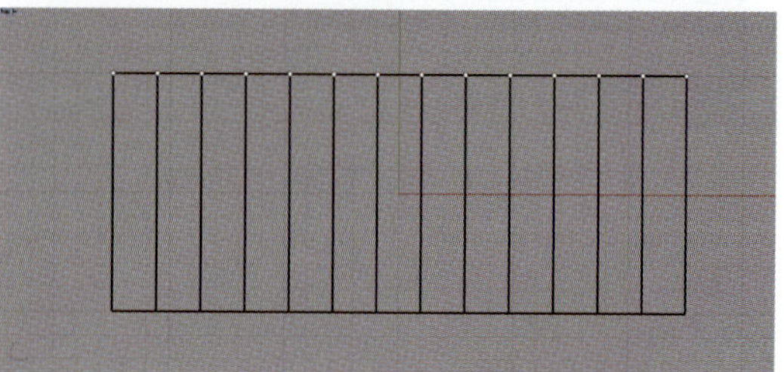

12. 다음 그림과 같이 우측에 있는 직선 Curve개체를 선택하고, 다시 Divide curve by number of segments를 실행한다. Command Prompt 영역에 Number of segments값 4를 입력한 후, Enter↵키를 눌러서 직선 Curve개체에 5개의 Point개체를 생성한다.

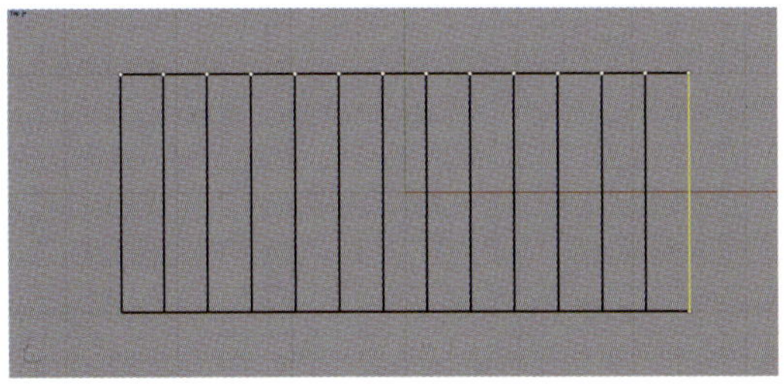

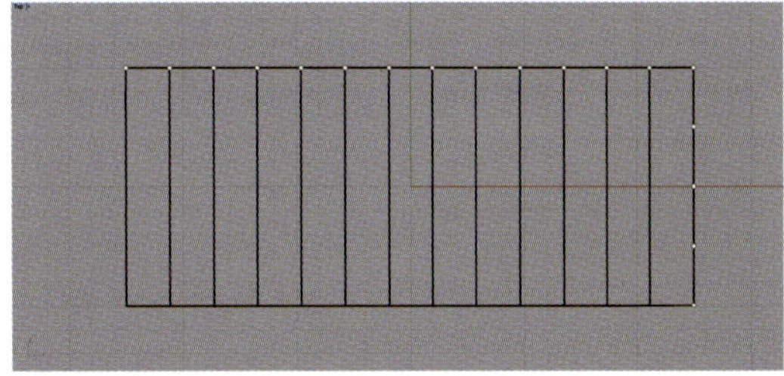

Number of segments <4> (Length Split=No MarkEnds=Yes GroupOutput=No): 4

13. Single Line을 실행한다. 다음 그림과 같이 Point개체를 선택하고, Shift키를 누른 상태로 마우스 커서를 화살표 방향으로 이동한 후, Int위치에 마우스 왼쪽버튼을 클릭하여 직선 Curve개체를 생성한다.

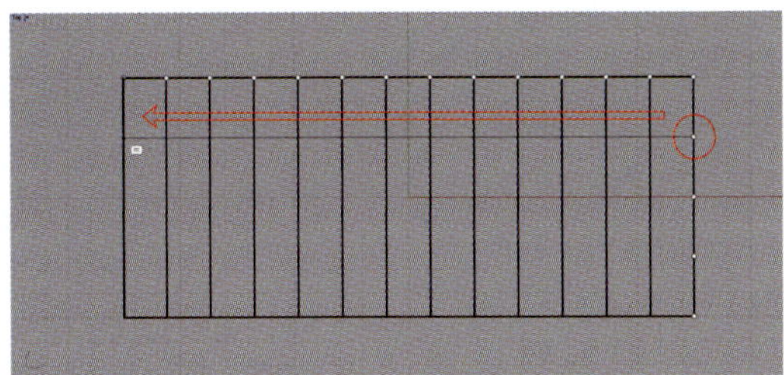

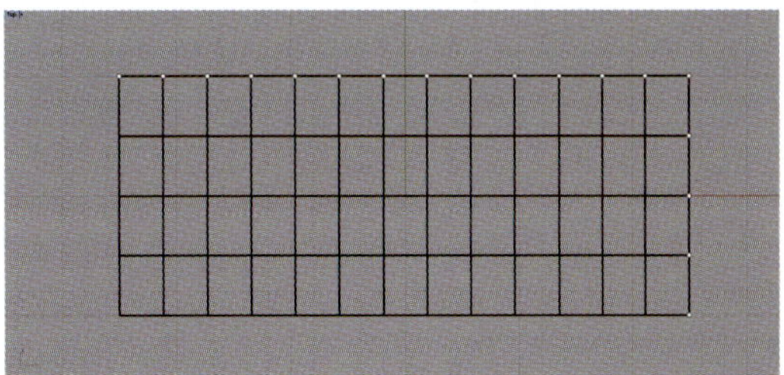

14. Select points를 실행하여 Point개체들을 모두 선택한 후, 삭제하고, Curve개체들을 모두 선택한 후, Group objects를 실행하여 하나의 그룹으로 설정한다.

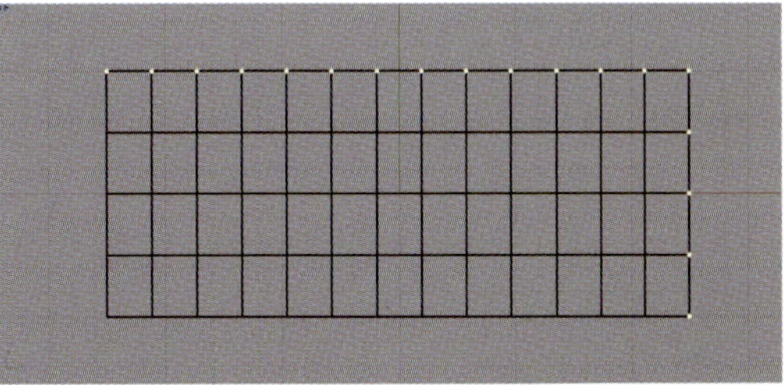

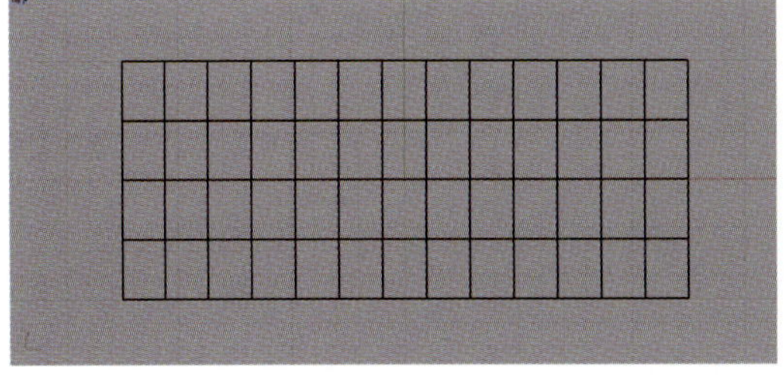

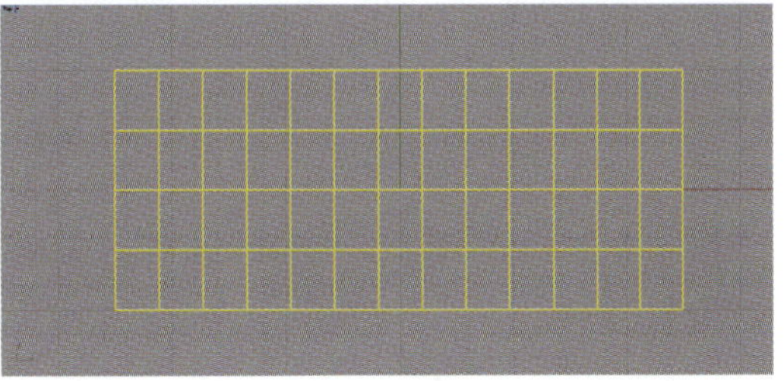

15. Show objects를 실행하여 숨겨둔 개체들을 모두 화면에 나타나게 한다. Project curves를 실행하고, 그룹으로 지정한 Curve개체를 선택한 후, Enter↵ 키를 누른 다음, Surface개체를 선택하고, Enter↵ 키를 누르면 다음 그림과 같이 Curve개체들이 Surface개체에 투영된 것을 확인할 수 있다.

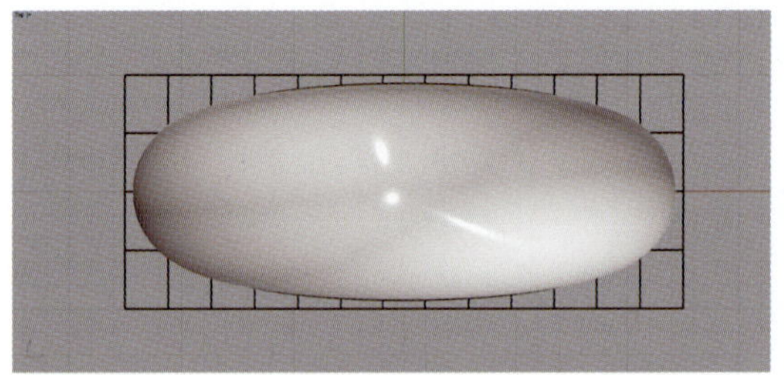

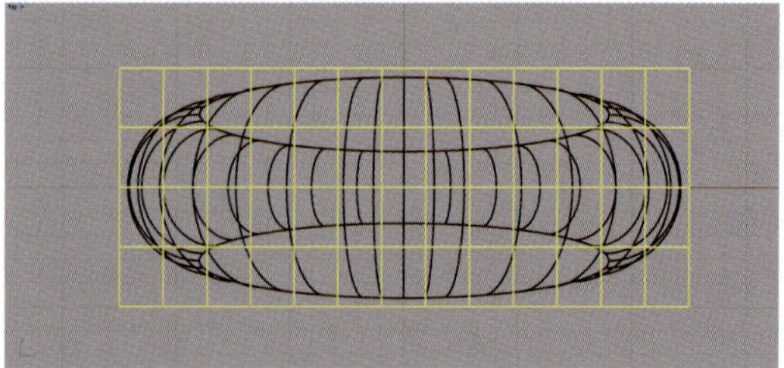

Select curves and points to project (Loose=*No* DeleteInput=*Yes* OutputLayer=*Current* Direction=*CPlaneZ*):

Select surfaces, polysurfaces and meshes to project onto (Loose=*No* DeleteInput=*Yes* OutputLayer=*Current* Direction=*CPlaneZ*):

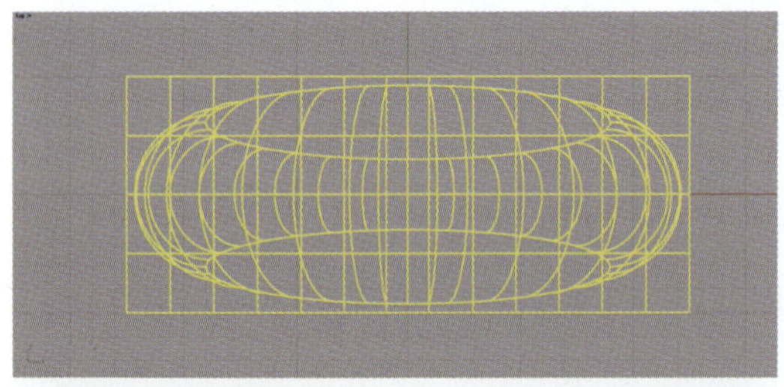

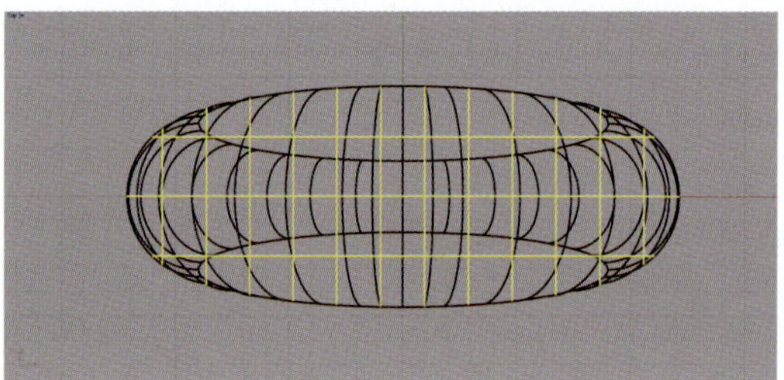

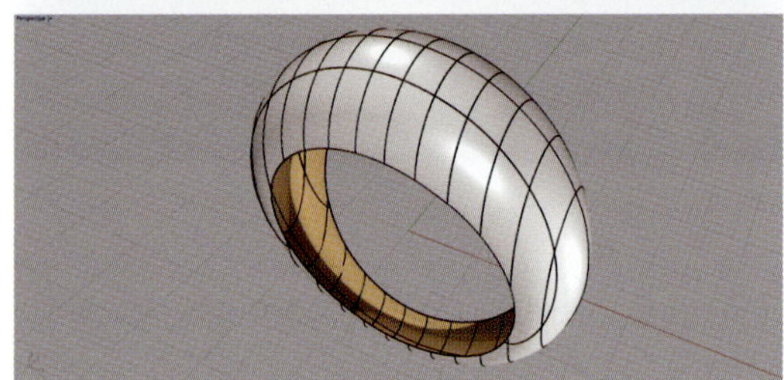

16. 더 이상 필요 없는 Surface개체는 삭제하고, 다음 그림과 같이 상단에 있는 3개의 Curve개체를 선택한 다음, Pipe: Flat caps를 실행한다. Command Prompt 영역에서 Cap=None으로 설정하고, Pipe radius값 0.5를 입력한 후, Enter↵ 키를 누르면 3개의 Curve개체가 반지름 0.5㎜의 Pipe개체로 생성된 것을 확인할 수 있다. 선택한 3개의 Curve개체는 삭제한다.

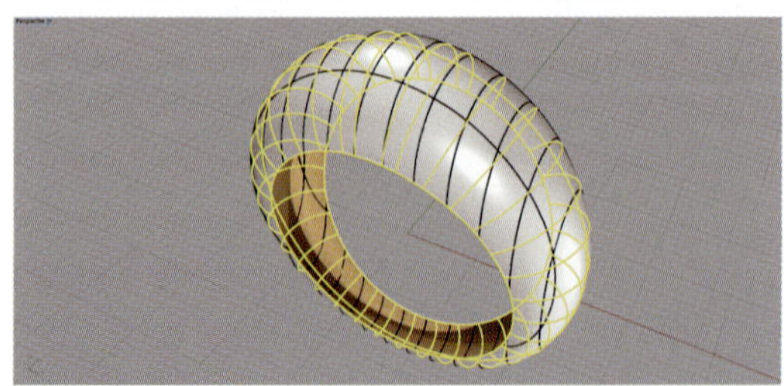

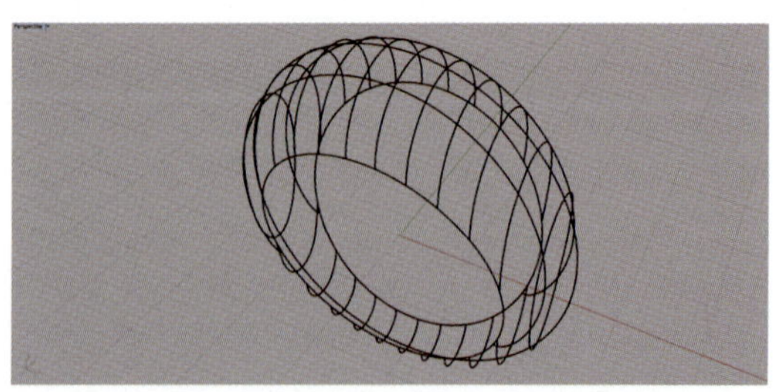

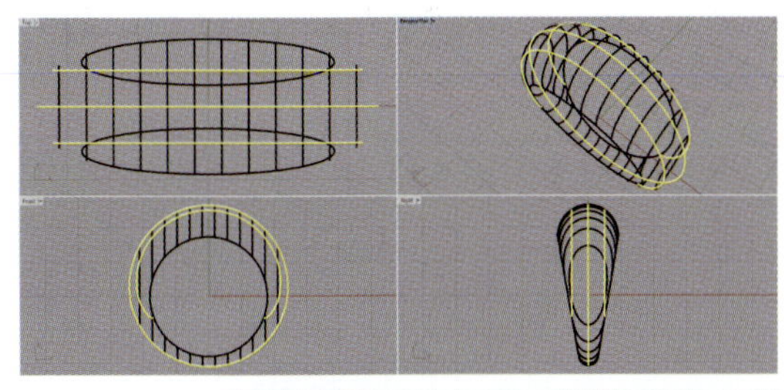

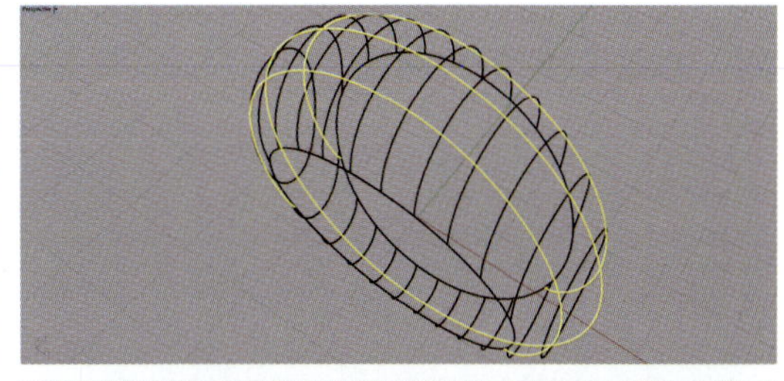

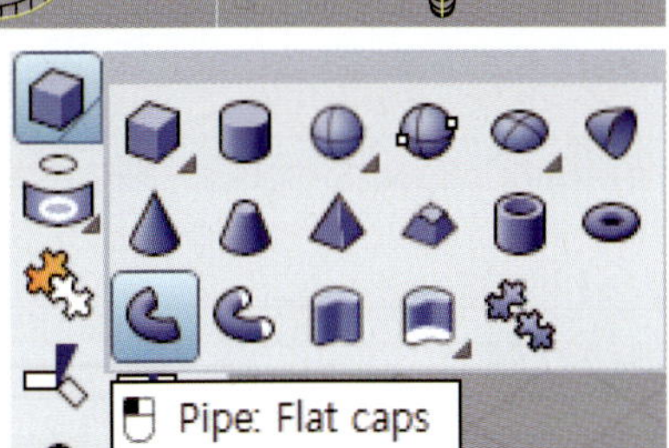

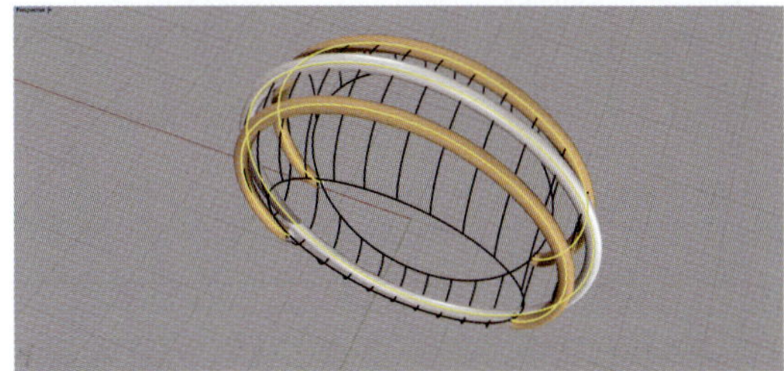

Cap <Flat> (None Flat Round):

Pipe radius <0.700> (Diameter Thick=*No* Cap=*None* FitRail=*No*): 0.5

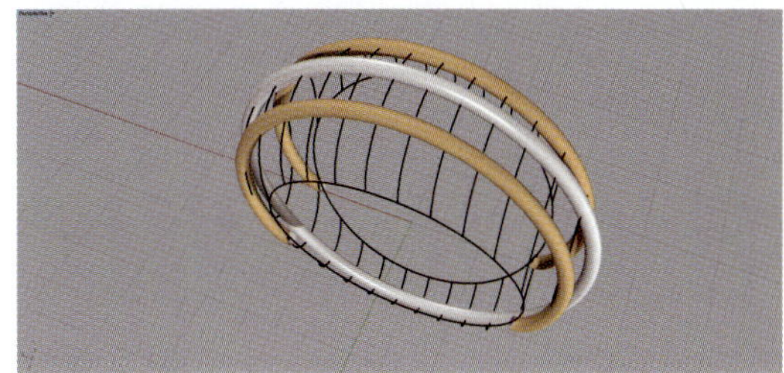

17. 겉과 속이 뒤집혀서 생성된 2개의 Surface 개체를 선택하고, Flip direction 또는 Flip direction을 실행하여 겉과 속을 뒤집는다.

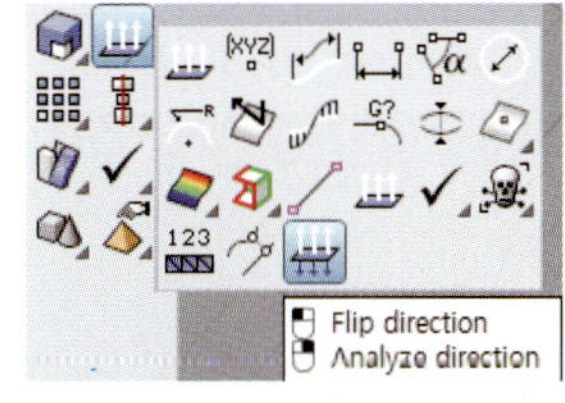

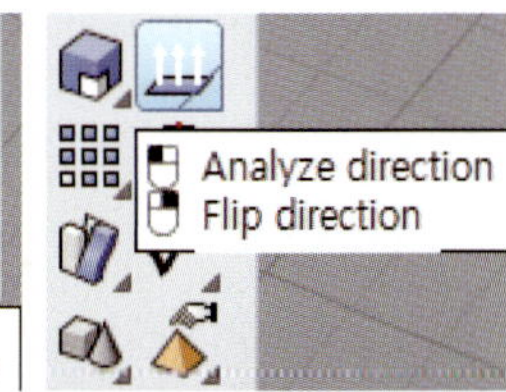

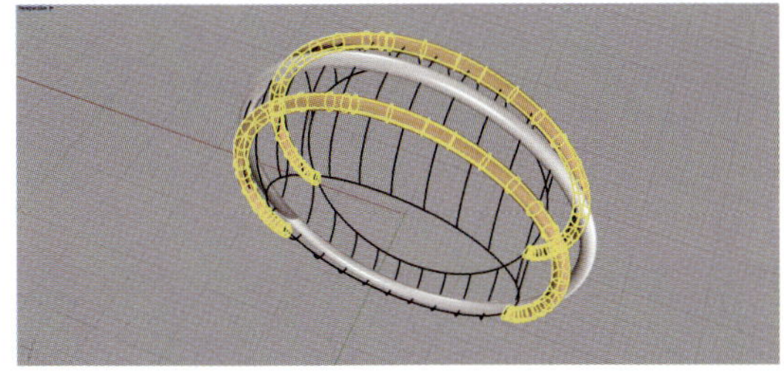

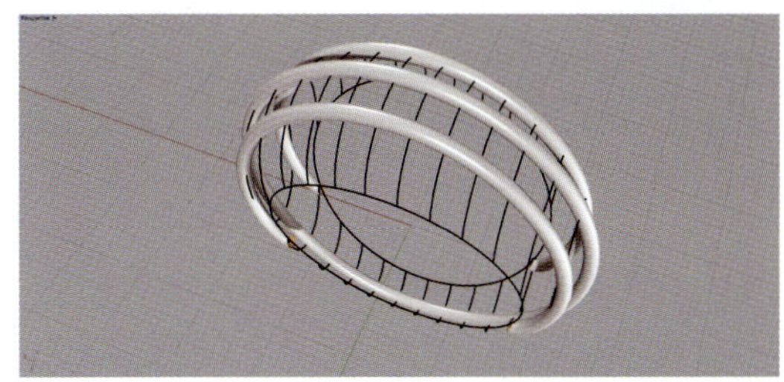

18. 다음 그림과 같이 상단과 하단의 세로방향에 있는 Curve개체들을 모두 선택하고, Pipe: Flat caps를 실행한다. Command Prompt 영역에서 Cap = None으로 설정하고, Pipe radius값 0.6을 입력한 후, Enter↵키를 누르면 선택한 세

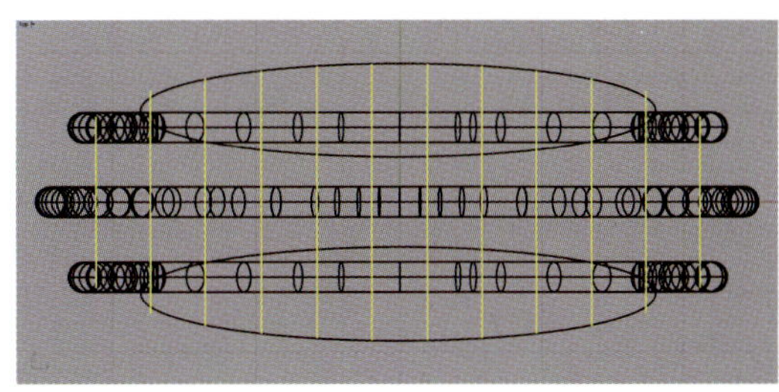

로 방향의 Curve개체들이 반지름 0.6㎜의 Pipe개체로 생성된 것을 확인할 수 있다. 선택한 세로 방향의 Curve개체들은 삭제한다.

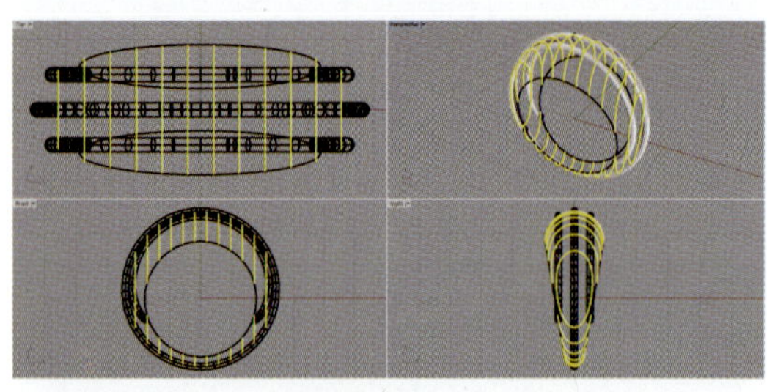

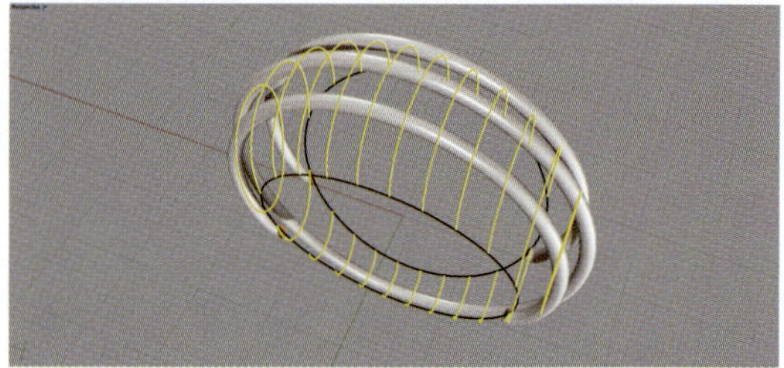

Cap <Flat> (None Flat Round):

Pipe radius <0.500> (Diameter Thick=*No* Cap=*None* FitRail=*No*): 0.6

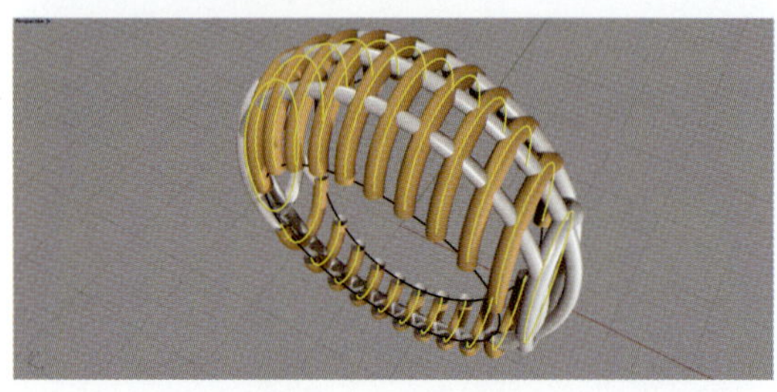

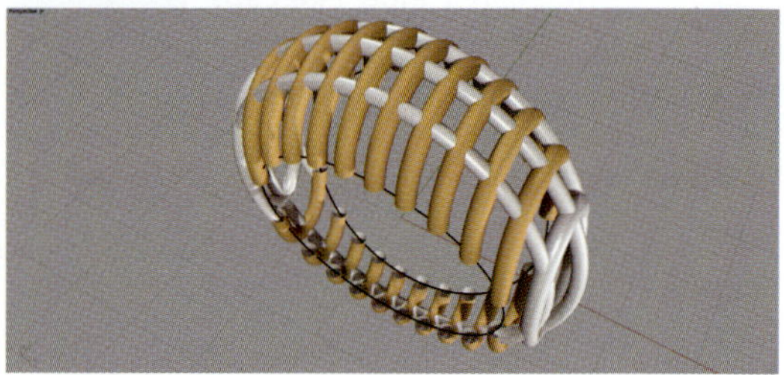

19. 겉과 속이 뒤집혀 있는 Surface개체들을 선택하고, Flip direction을 실행하여 겉과 속을 뒤집어준다.

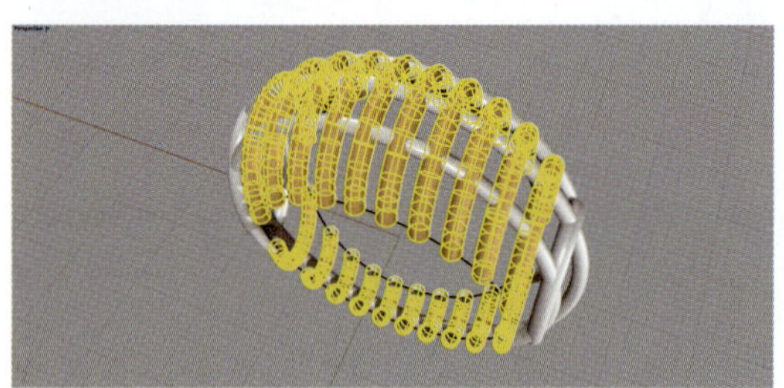

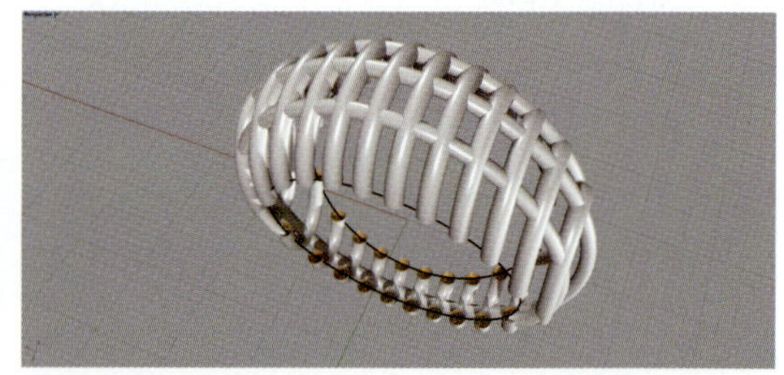

20. 남은 2개의 원형 Curve개체를 선택하고, Pipe: Flat caps를 실행한다. Command Prompt 영역에 Pipe radius 값 0.7을 입력한 후, Enter↵ 키를 누르면 선택한 2개의 원형 Curve개체들이 반지름 0.7㎜의 원형 Pipe개체로 생성된 것을 확인할 수 있다. 선택한 2개의 원형 Curve개체들은 삭제한다.

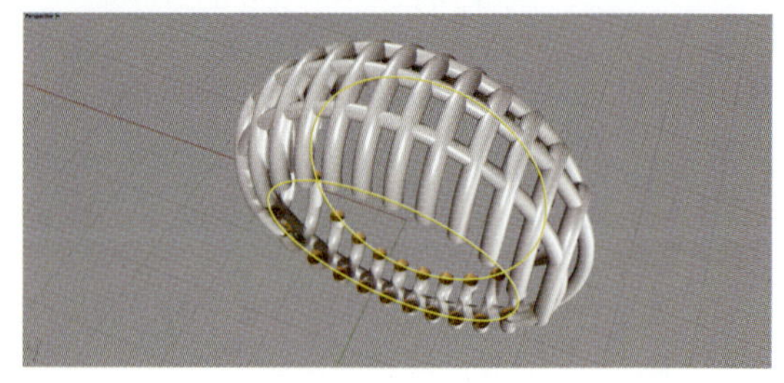

```
Pipe radius <0.600> ( Diameter  FitRail=No ): 0.7
```

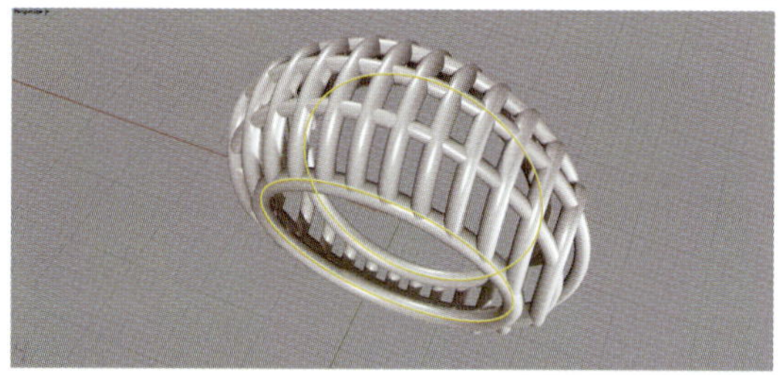

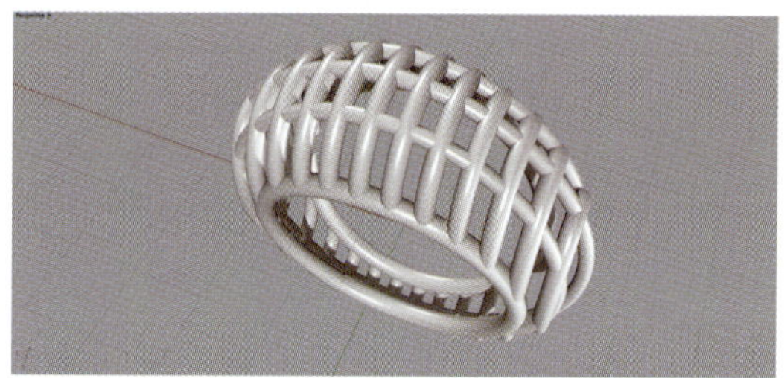

21. 모든 개체들을 선택하고, Join을 실행하여 Join이 가능한 Surface개체들을 결합한 후, Boolean union을 실행하여 모든 개체들을 하나의 개체로 결합한다.

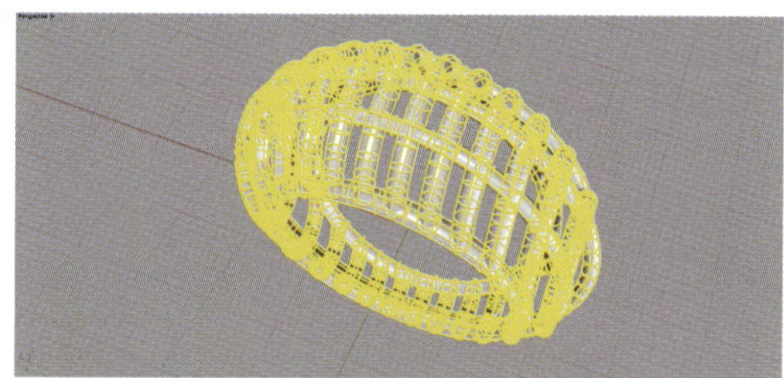

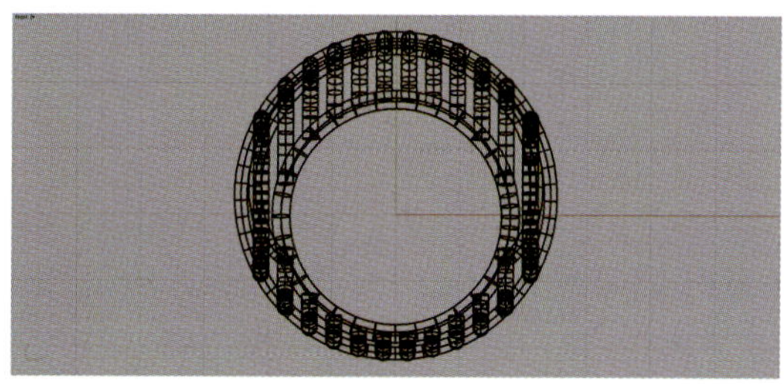

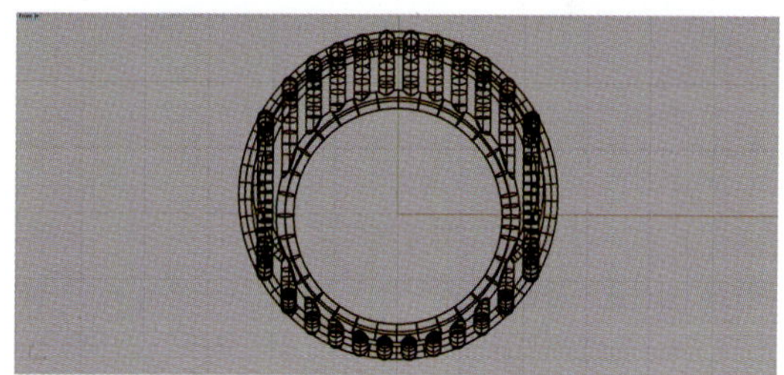

22. 다음 그림과 같이 완성된 Wire Ring개체를 확인할 수 있다.

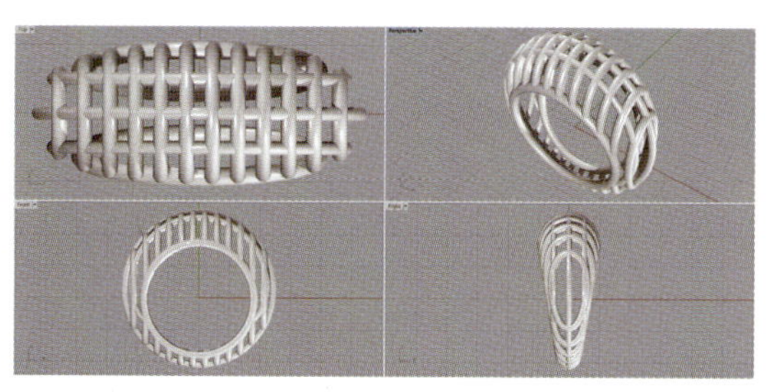

LESSON 11

다른 개체를 이용한 Curve개체 생성

1. Curve From Object Toolbar
   Basic Modeling - 20 Curved Ring
   Basic Modeling - 21 Signet Ring
   Basic Modeling - 22 Text Ring

Lesson 11 다른 개체를 이용한 Curve개체 생성

1. Curve From Object Toolbar

Project curves

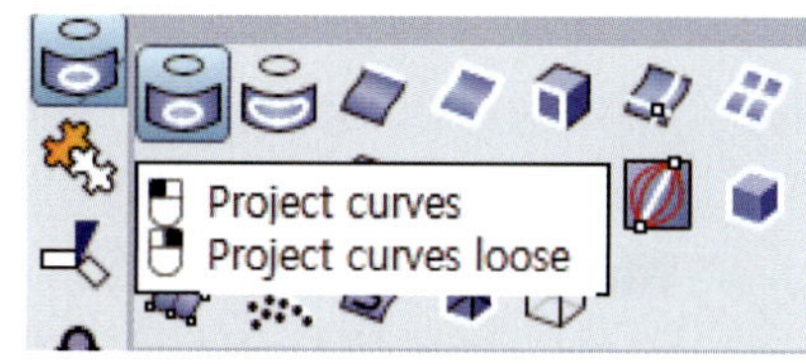

Curve개체가 CPlane에 대하여 수직으로 Surface개체 바로 위에 같은 형태로 투영되어 Curve개체 또는 Point개체를 생성하는 명령이다. 명령을 시작하기 전에 모든 투영개체와 대상 Surface개체를 선택할 수 있으며, Curve개체 선택이 완료되면 선택한 CPlane에 Curve개체와 수직으로 투영된다.
선택된 Surface개체와 Poly-Surface개체가 투영되지 못하면 Curve개체가 만들어지지 않으며, Curve개체를 선택할 때 올바른 CPlane이 선택되어있는지 확인한다.

Basic Modeling - 20 Curved Ring → 부록CD 〉 Rhino 예제 〉 Lesson 11 〉 Project curves

※Project curves를 이용한 Curved Ring 생성

01. Front Front Viewport에서 Circle: center, radius를 실행하고, Command Prompt 영역에 Diameter값 17을 입력한 후, Enter키를 누른다. 다음 그림과 같이 지름 17㎜의 원형 Curve개체가 생성된 것을 확인할 수 있다.

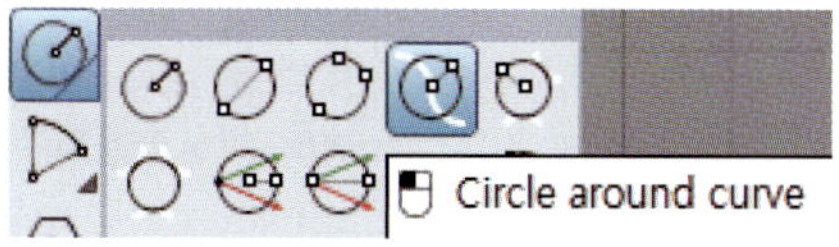

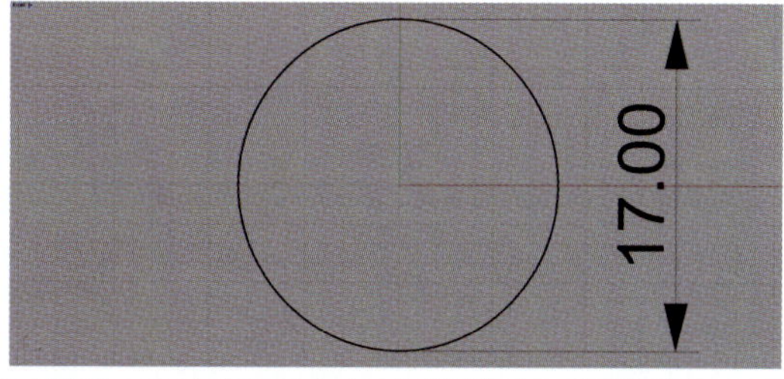

Diameter <10.000> (Radius Orientation Circumference Area ProjectOsnap=Yes): 17

02. Top Top Viewport에서 생성된 원형 Curve개체를 선택하고, Extrude straight를 실행한다. Command Prompt 영역에서 BothSides=Yes로 설정하고, Extrusion distance값 9를 입력한 후, Enter키를 누른다.

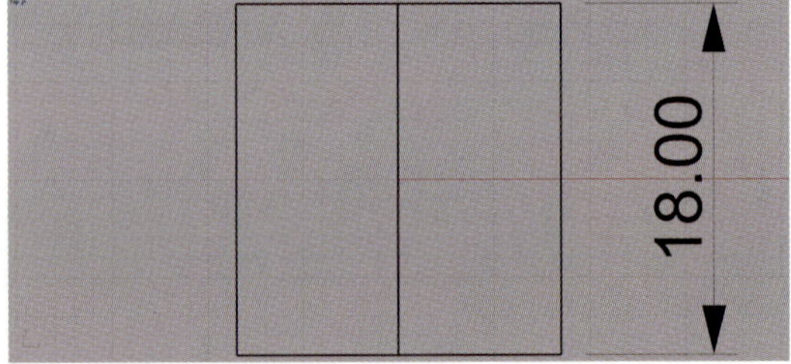

Extrusion distance <1> (Direction BothSides=Yes Solid=No DeleteInput=Yes ToBoundary SetBasePoint): 9

03. 다음 그림과 같이 생성된 길이 18㎜의 원통 Surface개체를 확인할 수 있다.
Top Top Viewport에서 Control Point Curve를 실행하고, 다음 그림과 같이 Curve개체를 생성한다.

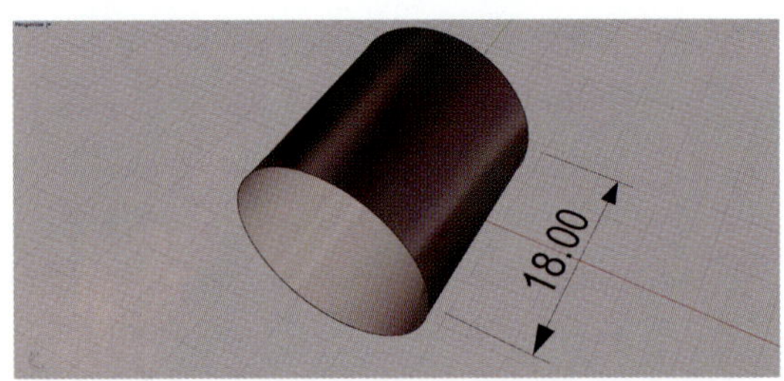

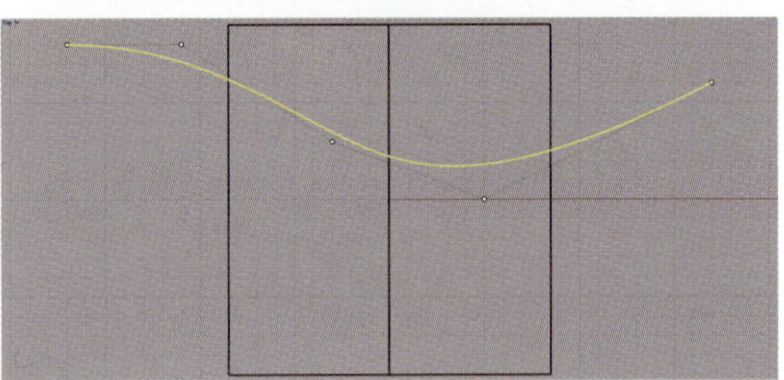

04. Copy를 실행한다. Curve개체의 End점을 선택하고, Command Prompt 영역에 Point to copy to값 5를 입력한 후, Enter키를 누르고 다음 그림과 같이 화살표 방향으로 5㎜ 간격으로 Curve개체 한 개를 복사한다.

Point to copy to: 5

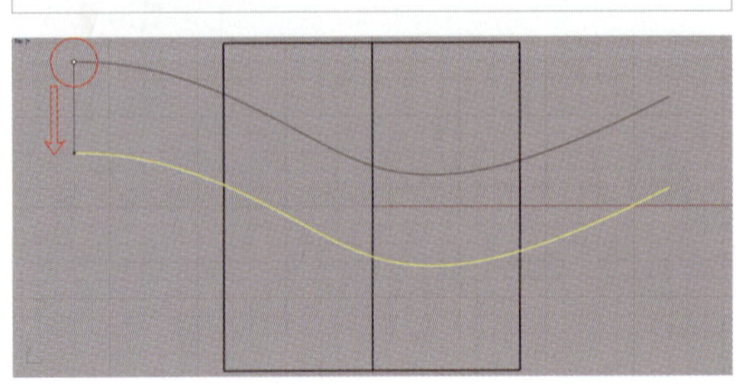

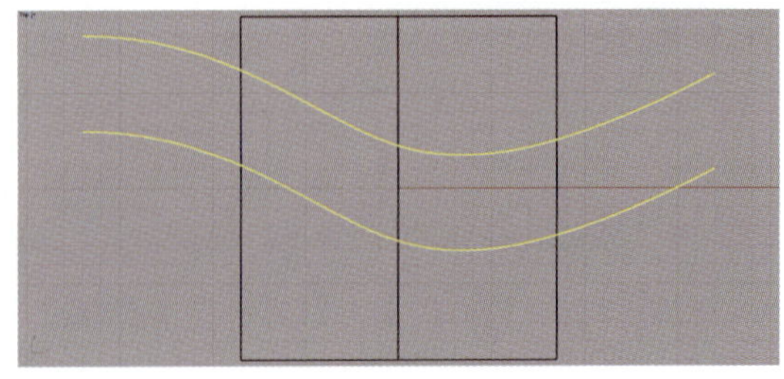

05. Project curves를 실행하고, 1번 Curve개체 두 개를 선택한 후, Enter↵키를 누른다. 2번 Surface개체를 선택하고 Enter↵키를 누르면 다음 그림과 같이 두 개의 Curve개체가 Surface개체에 투영된 것을 확인할 수 있다.

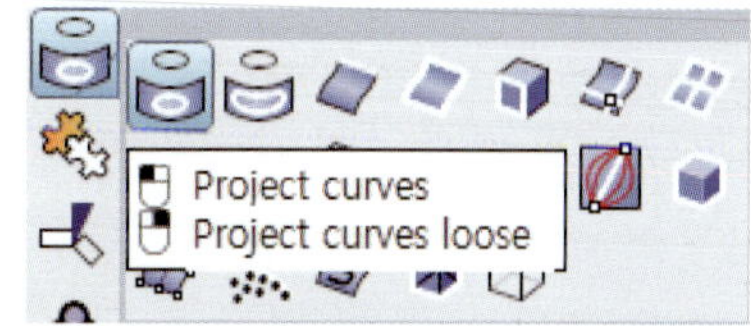

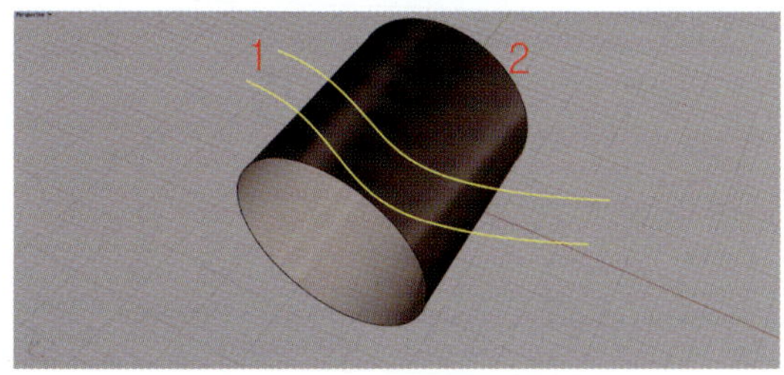

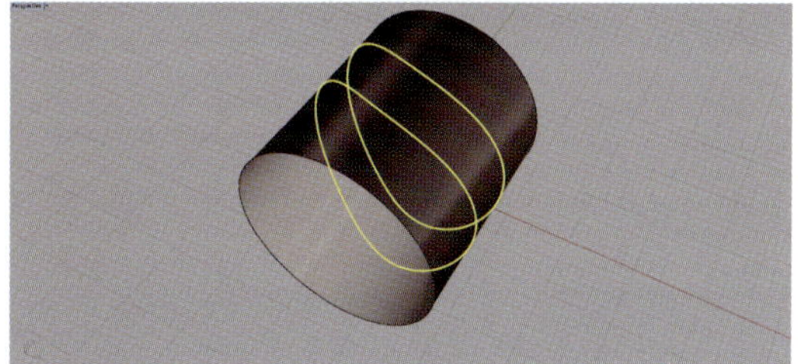

06. Surface개체를 선택하고 Delete키를 눌러서 삭제한다.

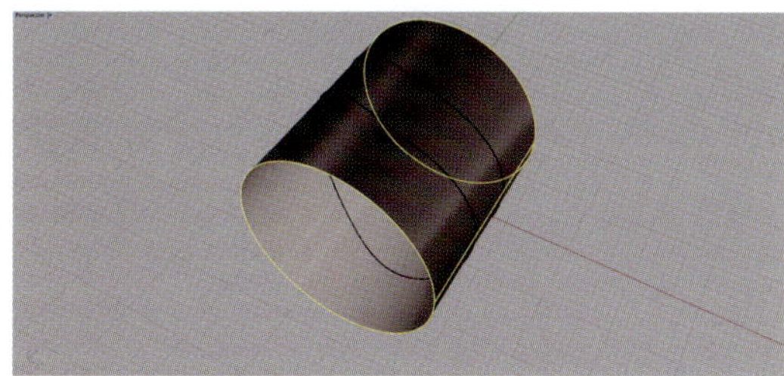

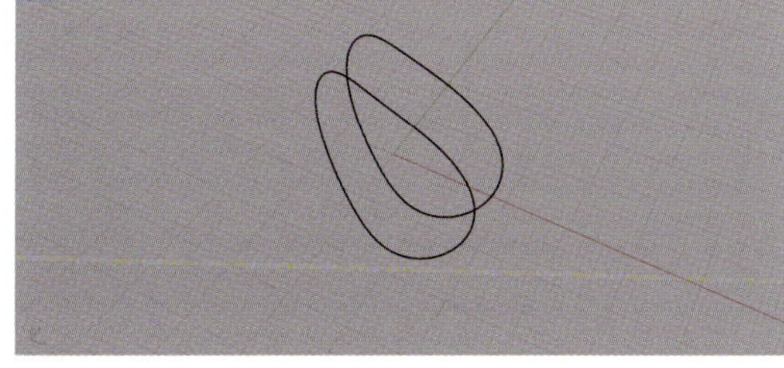

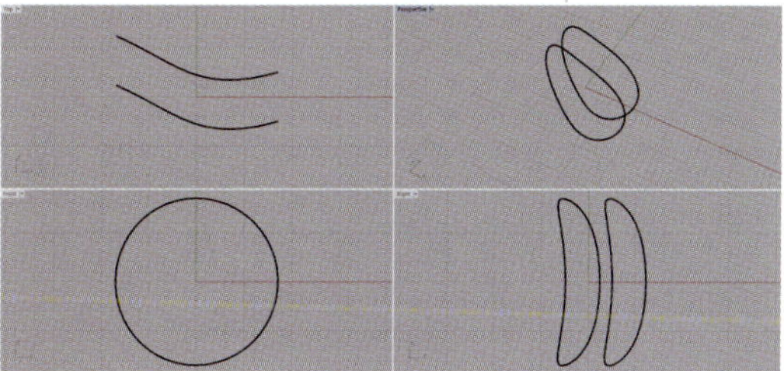

07. Arc: start, end, direction at start를 실행하고, Osnap Toolbar에서 Quad점을 체크한다. 원형 Curve개체 상단의 1번 Quad점을 선택하고, 2번 Quad점을 선택한 후, Shift키를 누른 상태로 마우스 커서를 화살표 방향으로 움직인 다음 마우스 왼쪽버튼을 클릭한다.

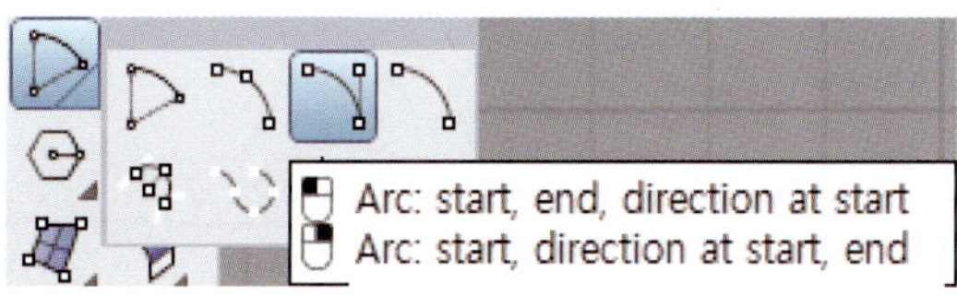

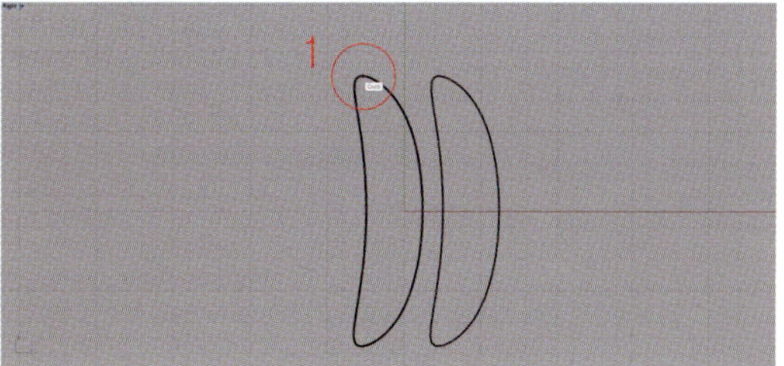

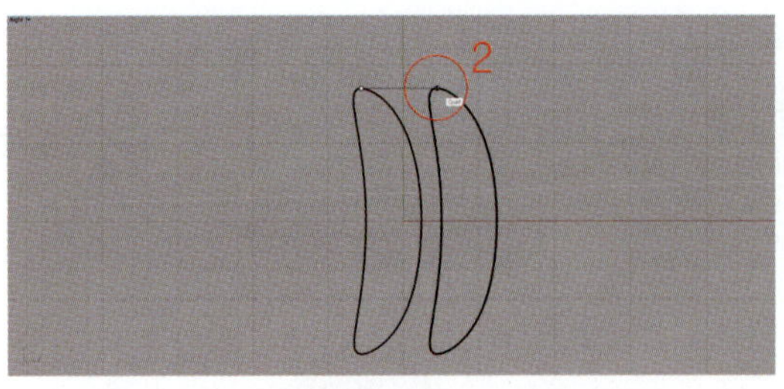

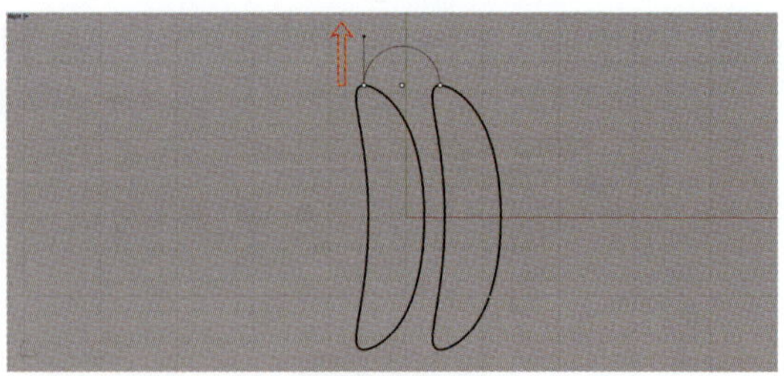

08. 다음 그림과 같이 두 원형 Curve개체 상단의 Quad점을 이어주는 Arc개체가 생성된 것을 확인할 수 있다.

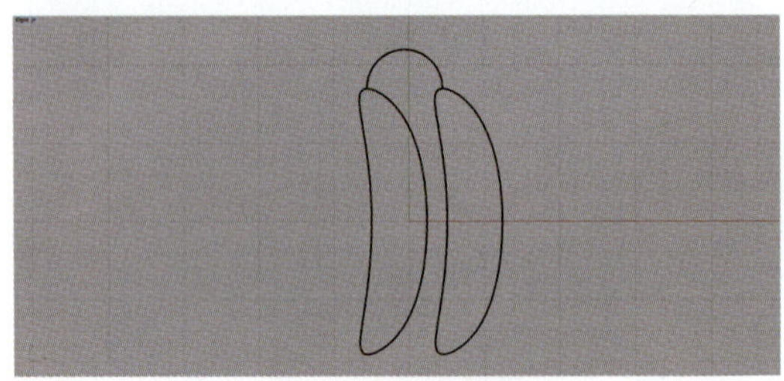

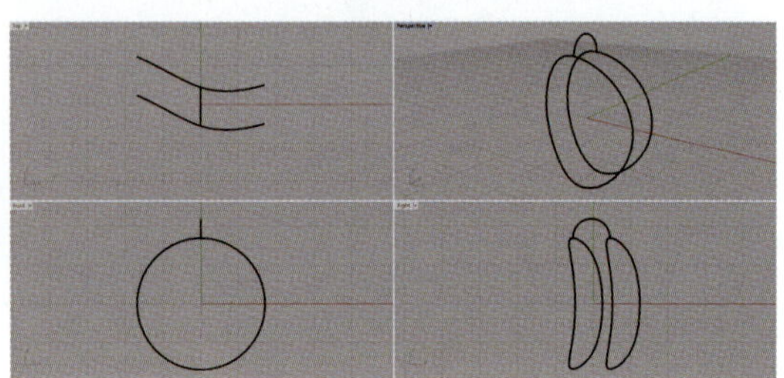

09. Sweep 2 rails를 실행한다. 1번 원형 Curve개체를 선택하고, 2번 원형 Curve개체를 선택한 후, 3번 Arc개체를 선택한 다음 Enter↵키를 누른다. Sweep 2 Rail Options창이 나타나면 Closed Sweep에 체크하고 OK를 누른다.

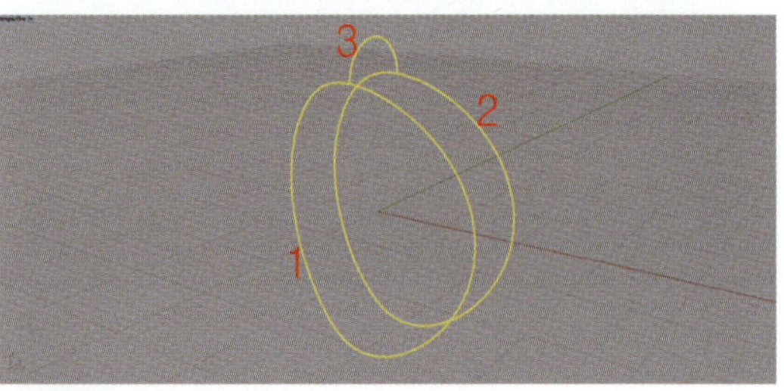

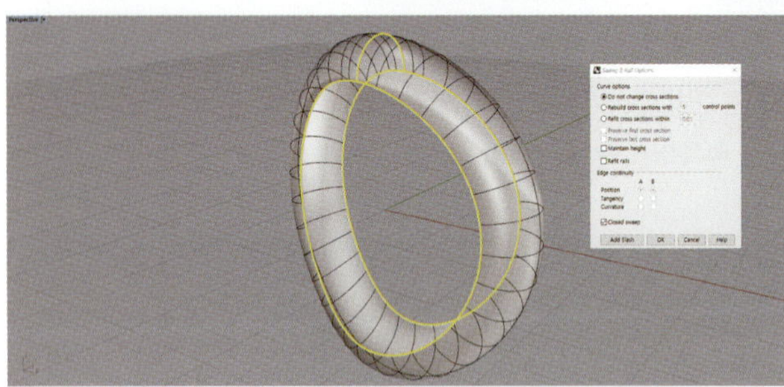

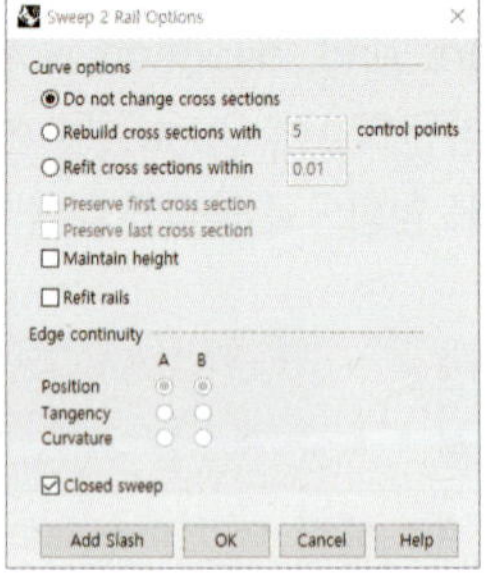

10. Select curves를 실행하고, Delete 키를 눌러서 Curve개체들을 삭제한다.

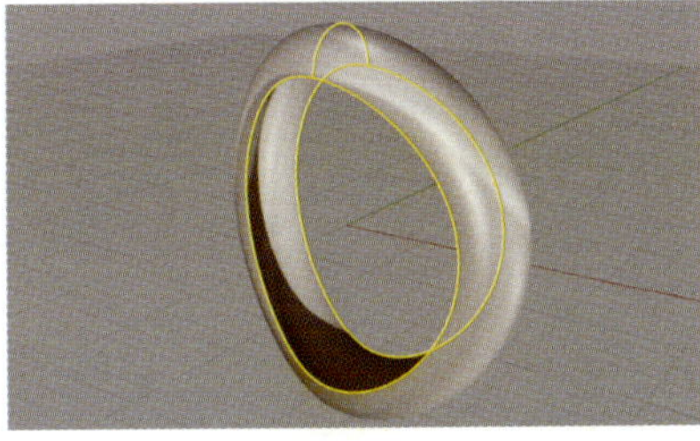

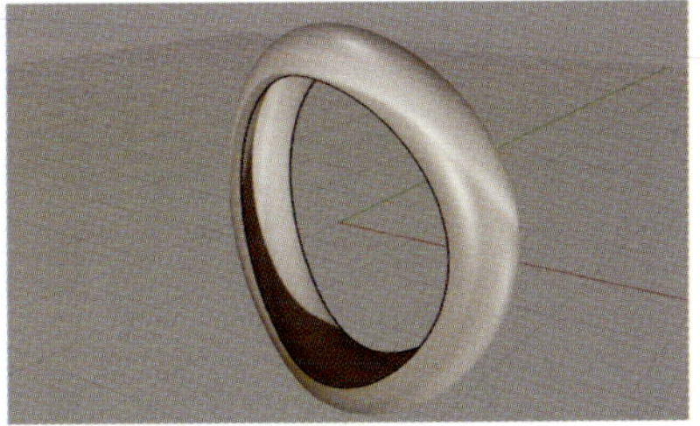

11. Loft를 실행하고, Surface개체 두 개의 Edge를 선택한 후, Enter↵ 키를 누른다. Seam의 화살표 방향이 같은 방향을 향하는지 확인한 후, Enter↵ 키를 누른다. Loft Options창이 나타나면 다음 그림과 같이 Style을 Normal로 설정하고 OK를 누른다.

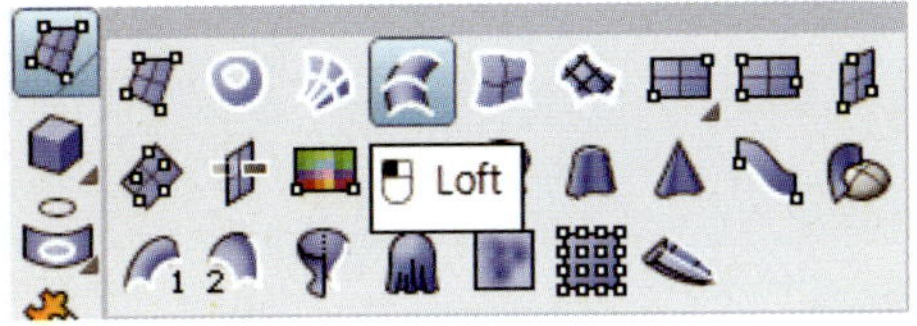

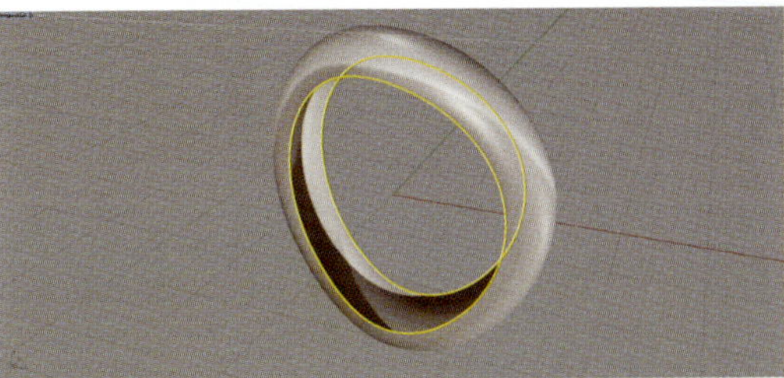

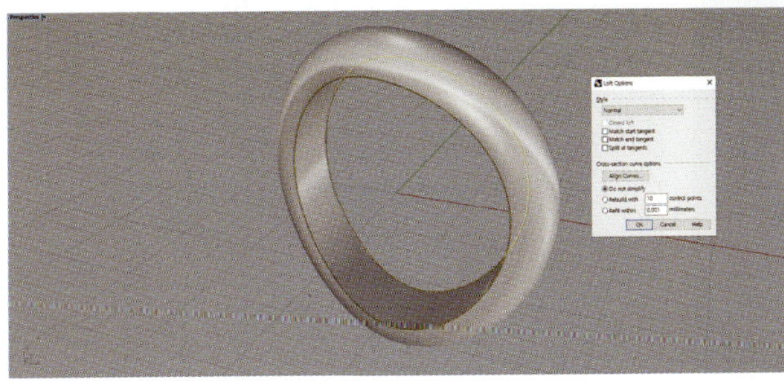

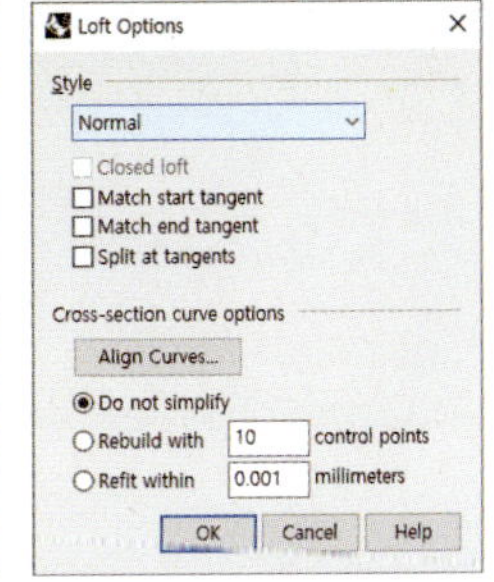

12. 두 Surface개체를 모두 선택하고 Join을 실행하여 닫힌 Poly-Surface개체로 생성시킨다.

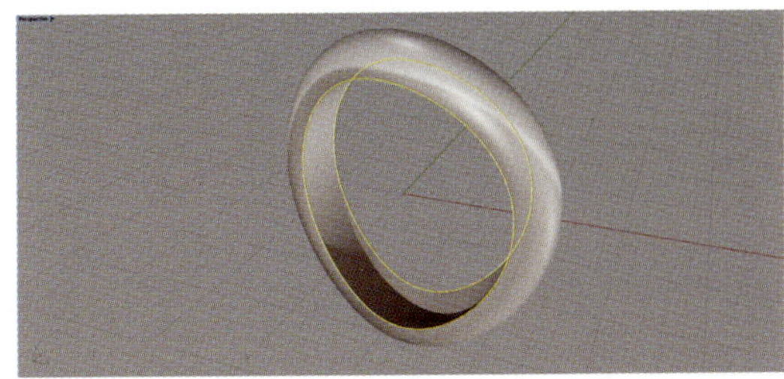

13. 다음 그림과 같이 완성된 Curved Ring 개체를 확인할 수 있다.

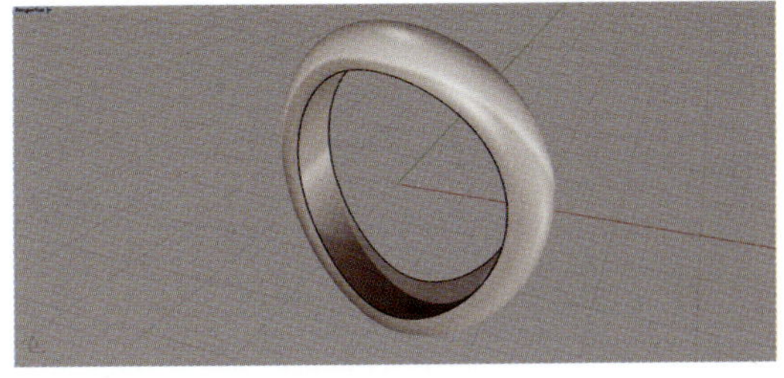

Pull curve

→ 부록CD 〉 Rhino 예제 〉 Lesson 11 〉 Pull curve

Surface Normal Direction에 맞춰지며 Curve개체 또는 Point 개체를 Normal Direction으로 끌어와 교차되는 Surface개체에 Curve개체와 Point개체를 생성시키는 기능이다. 일정한 Curve 개체를 늘어뜨리는 기능이라 할 수 있다.

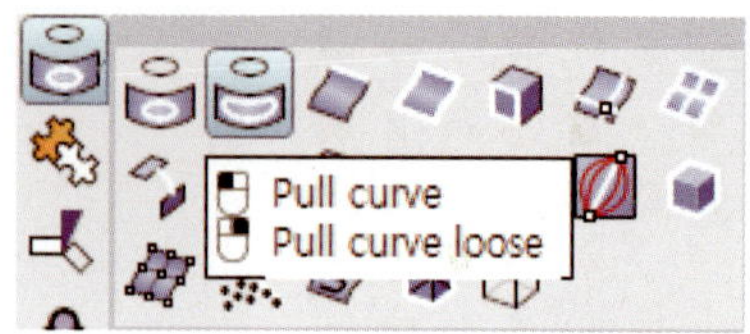

01. Pull curve를 실행한다. 1번 Curve개체를 선택하고 Enter↵키를 누른 후, 2번 Surface개체를 선택하고 Enter↵키를 누른다.

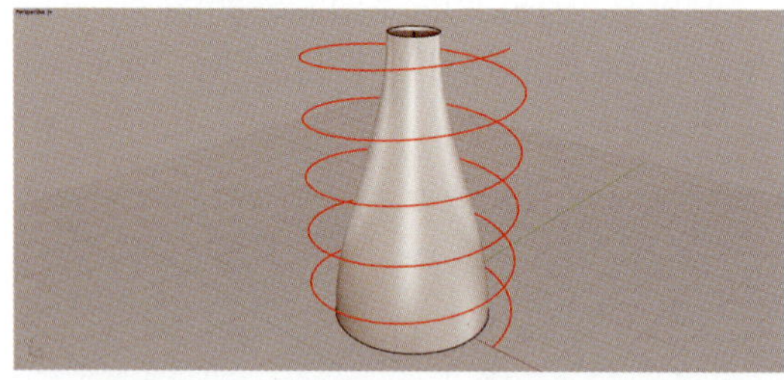

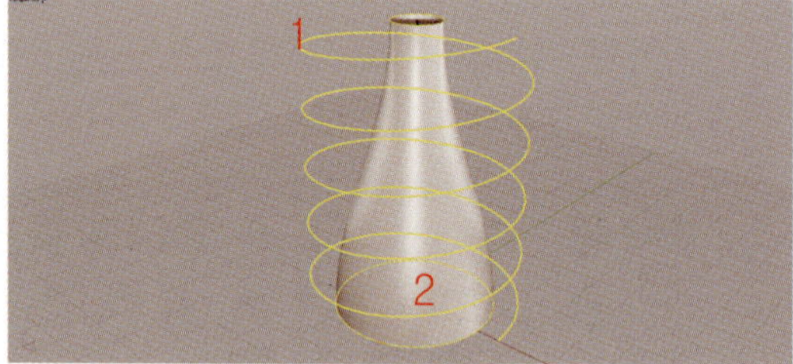

02. 다음 그림과 같이 Surface개체에 Curve개체가 투영된 것을 확인할 수 있다.

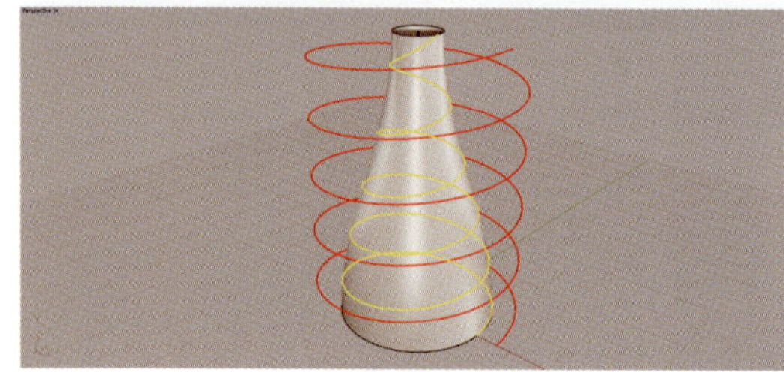

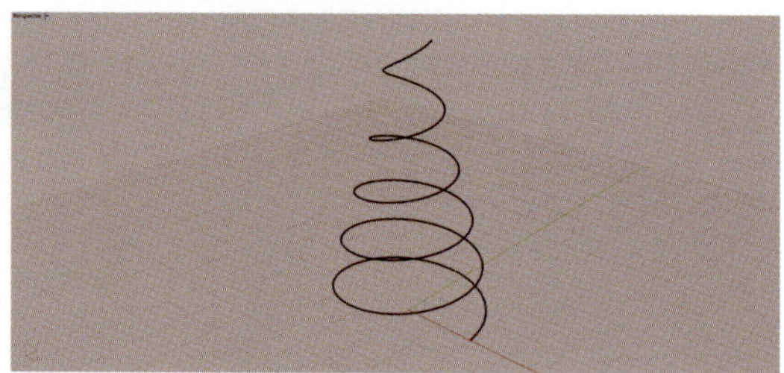

Duplicate edge

→ 부록CD 〉 Rhino 예제 〉 Lesson 11 〉 Extract isocurve

Surface개체 가장자리와 일치하는 Curve개체를 복사하여 생성하는 기능이다.

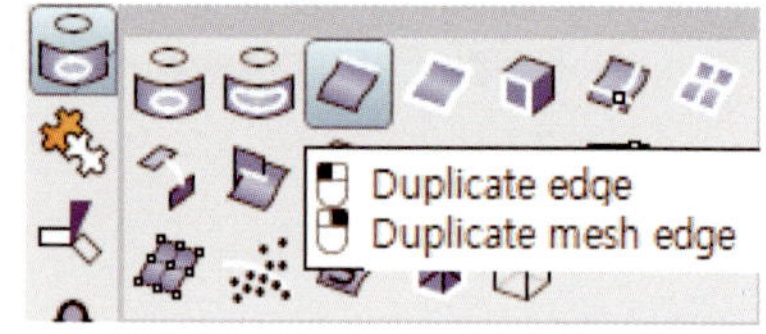

01. Duplicate edge를 실행하고, 원하는 Edge를 선택한 후, Enter↵키를 누른다.

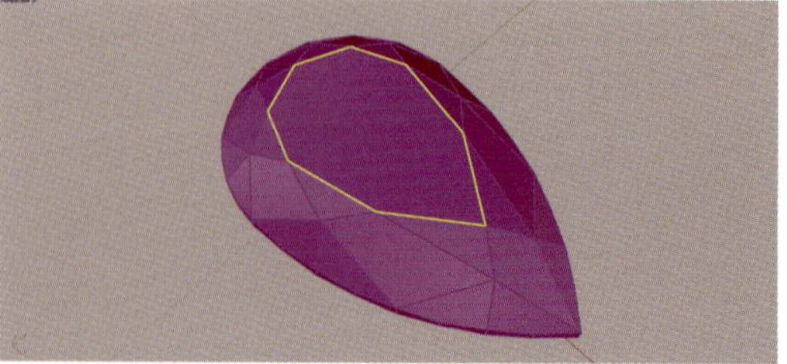

02. 보석개체를 선택하고, Hide objects를 실행하여 숨겨준다. 다음 그림과 같이 Duplicate edge로 생성된 8개의 Curve개체를 확인할 수 있다.

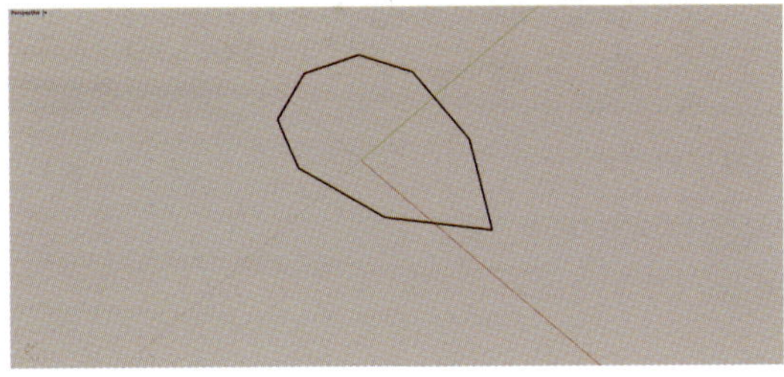
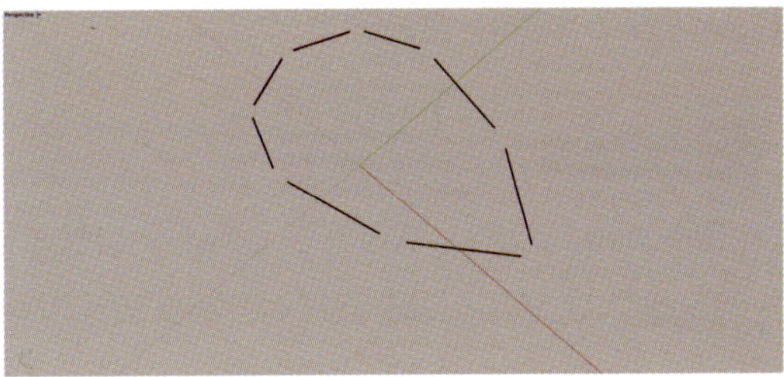

Duplicate border

열린 Surface개체, Poly-Surface개체 또는 Mesh개체 전체 테두리를 복제하여 테두리 형태와 같은 Curve개체를 생성하는 기능이다. 복제되어 생성되는 Curve개체는 자동으로 결합이 된 상태이다.

Duplicate face border

Poly-Surface개체 테두리를 따로 분해하지 않고 개별적인 Surface개체로 인식하여 쉽게 Curve개체를 생성하는 기능이다.

01. Duplicate face border를 실행하고, 원하는 Edge부분을 선택한 후, Enter↵키를 누른다.

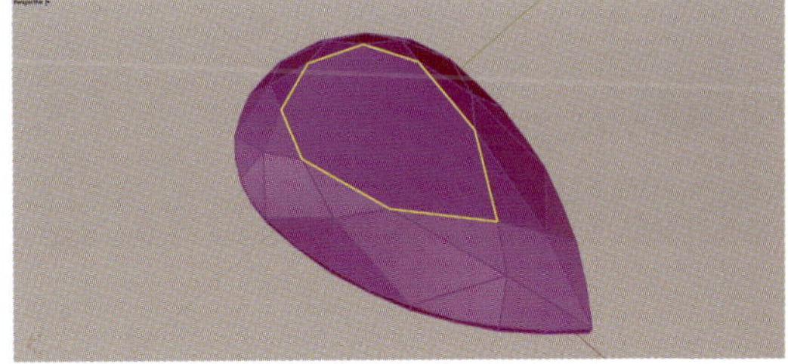

02. 보석개체를 선택하고, Hide objects를 실행하여 숨겨준다. 다음 그림과 같이 Duplicate face border로 생성된 1개의 Curve개체를 확인할 수 있다.

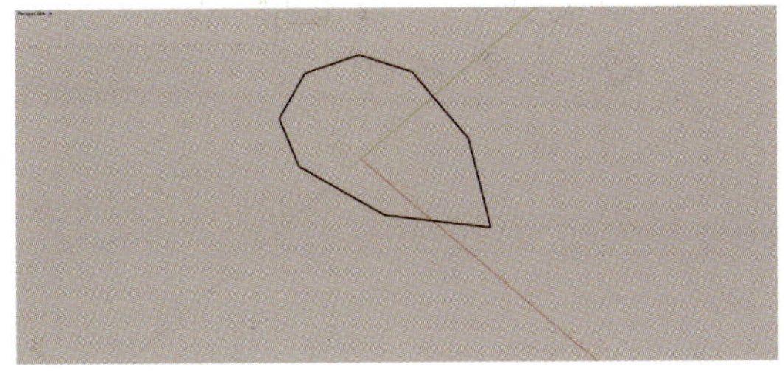
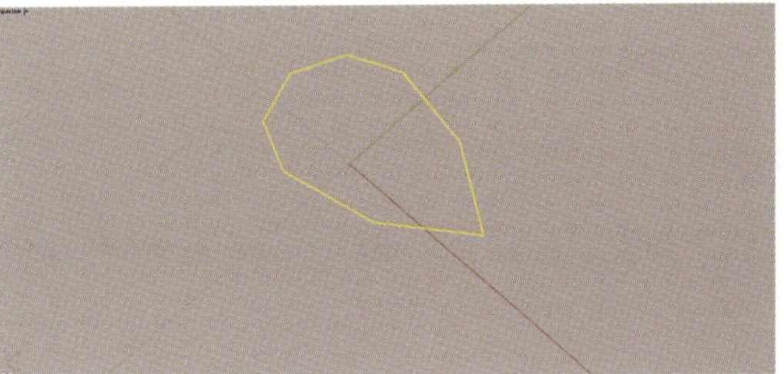

Extract isocurve

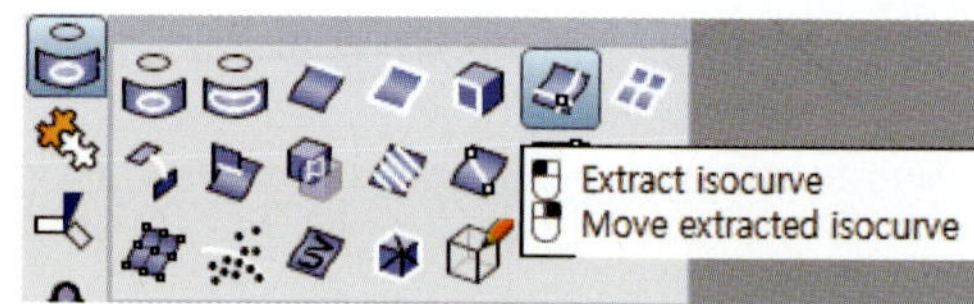

생성된 Surface개체에서 지정된 위치에 있는 Isocurve를 Curve개체로 추출하는 기능이다.

Options

- **Direction :** U방향, V방향 또는 동시에 두 방향 모두 지정하는 기능이다.
- **Toggle :** U, V 두 방향만 쉽게 전환할 수 있는 기능이다.

Direction 옵션 변경에 따른 변화

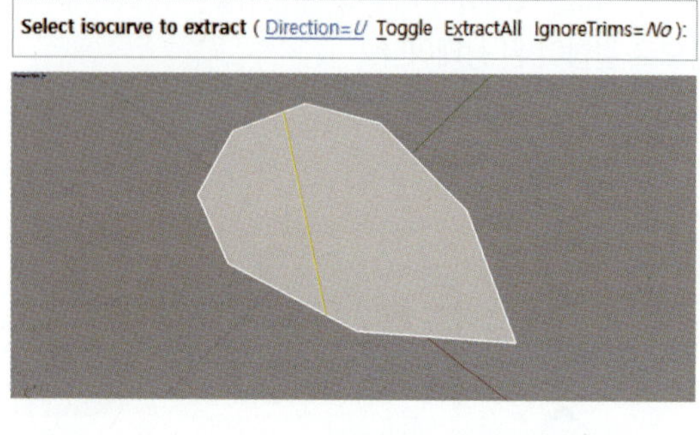

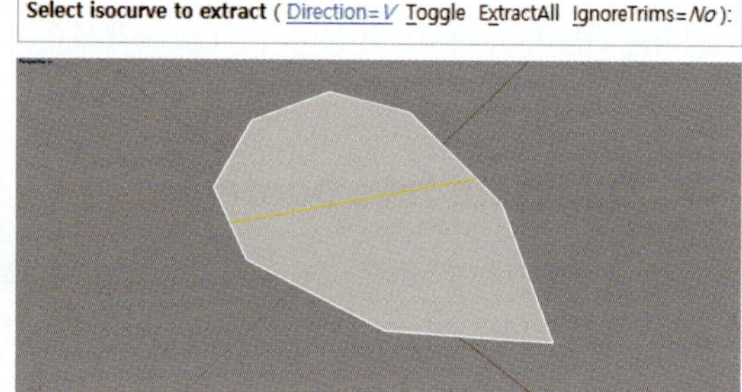

Extract wireframe

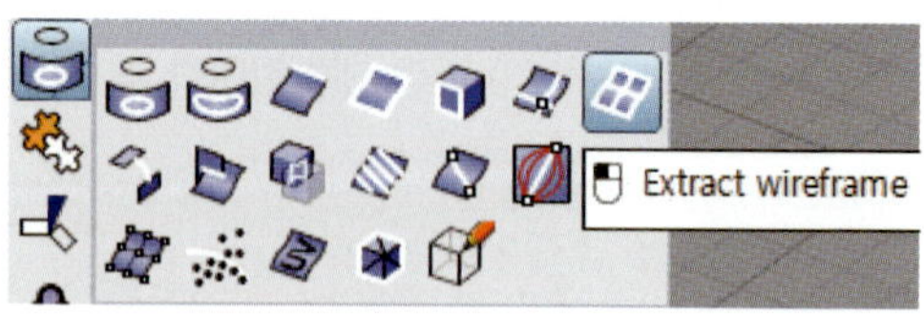

Display Mode에서 'Wireframe Mode'로 표시되는 Isocurve와 Surface개체 가장자리를 동시에 복제하여 Curve개체를 생성하는 기능이다.

01. 다음 그림과 같이 Torus를 실행하여 Torus개체를 생성한다. Torus개체를 선택하고, Extract wireframe를 실행한다.

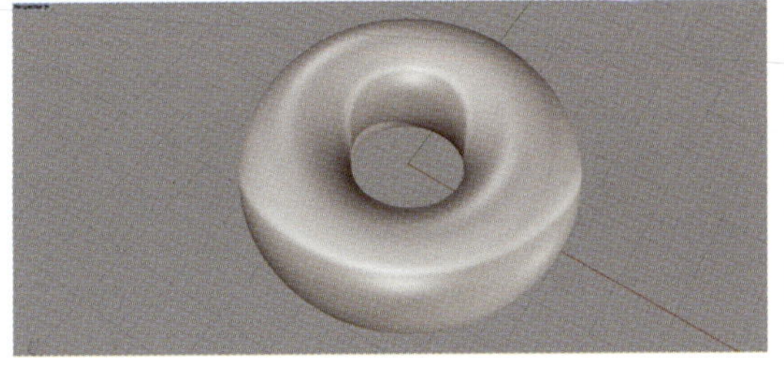
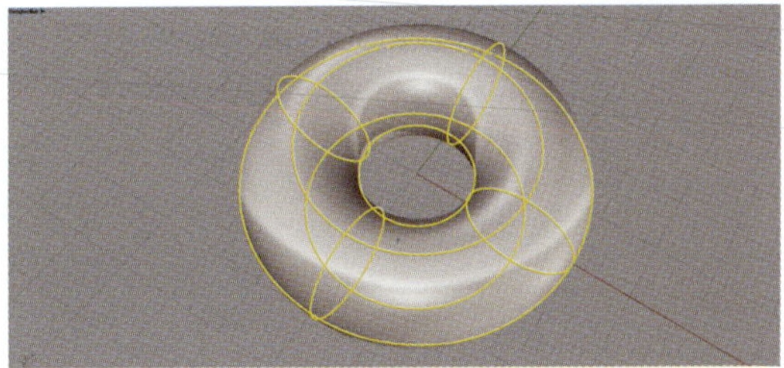

02. Torus개체를 삭제하면 다음 그림과 같이 Isocurve와 같은 Curve개체가 추출된 것을 확인할 수 있다.

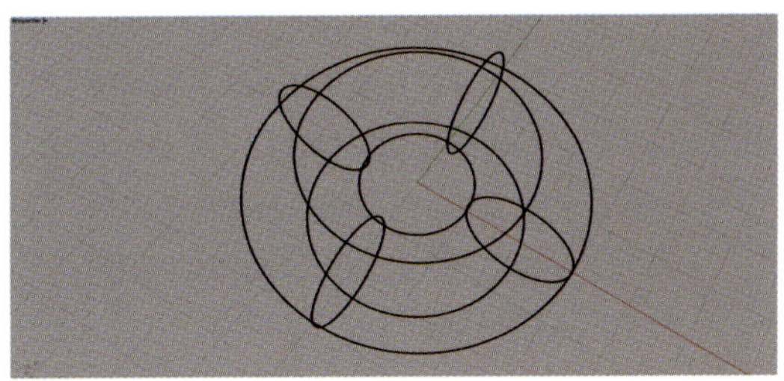

Quick curve blend perpendicular

→ 부록CD 〉 Rhino 예제 〉 Lesson 11 〉 Quick curve blend perpendicular

두 개의 Surface개체 가장자리에서 Blend curve개체를 생성시켜 주는 기능이다.

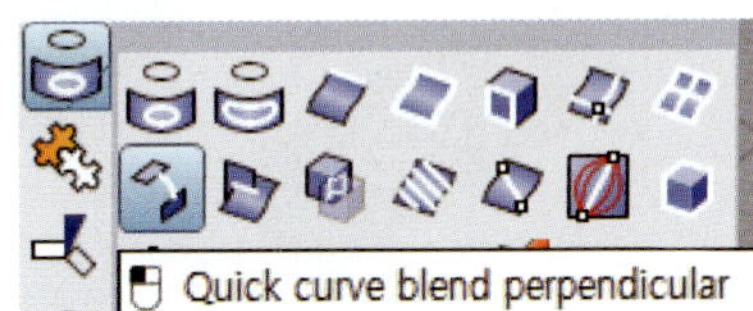

01. Quick curve blend perpendicular를 실행하고, Command Prompt 영역에서 Continuity=Curvature로 설정한다.

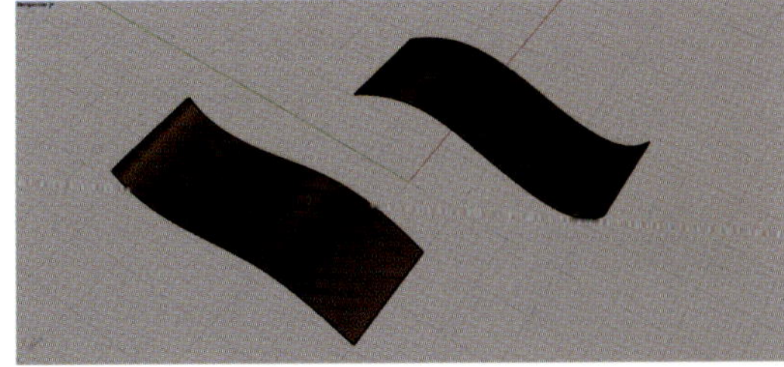

Select first curve to blend perpendicular from (Continuity=*Curvature*):

02. 다음 그림과 같이 Surface개체의 가장자리를 선택한 다음 가장자리에서 원하는 위치에 마우스 왼쪽버튼을 클릭한다. 연결할 Surface개체의 가장자리를 선택하고 원하는 위치에 마우스 왼쪽버튼을 클릭한다.

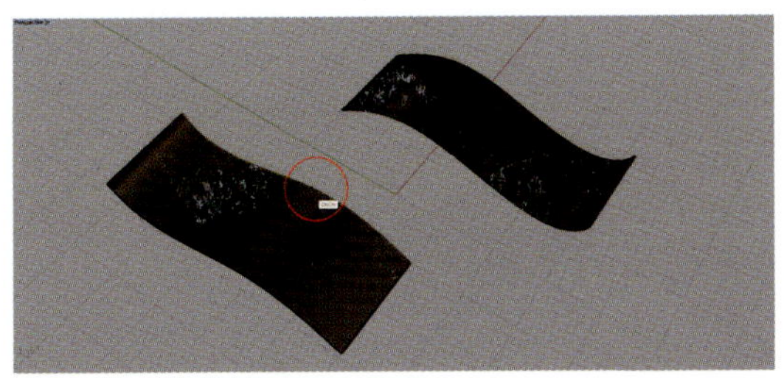
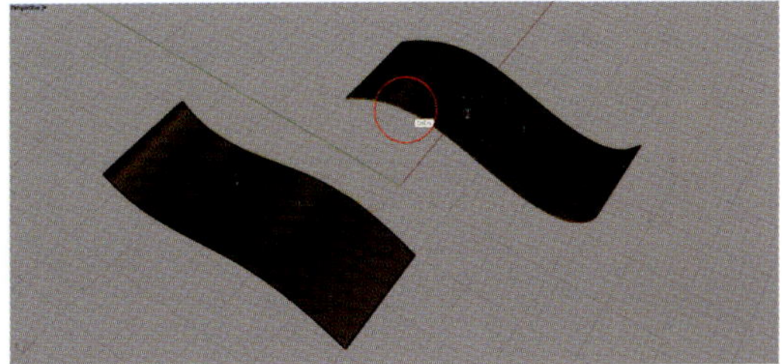

03. 다음 그림과 같이 두 Surface개체의 가장자리를 연결하는 Curve개체가 생성된 것을 확인할 수 있다.

04. 다시 Quick curve blend perpendicular를 실행하고, 다음 그림과 같이 1번 Surface개체의 가장자리를 선택한 다음 가장자리에서 End점에 마우스 왼쪽버튼을 클릭한다.
연결할 2번 Surface개체의 가장자리를 선택하고, 다시 1번 Surface개체의 End점에 마우스 왼쪽버튼을 클릭한다.

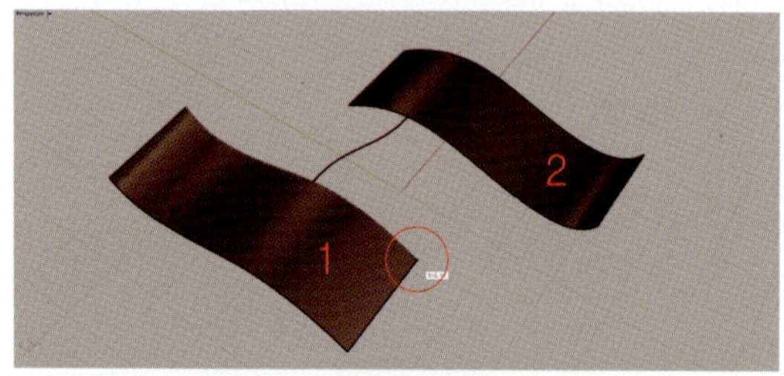

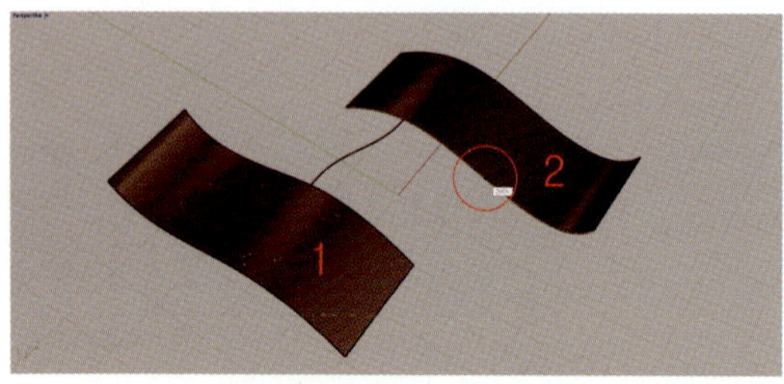

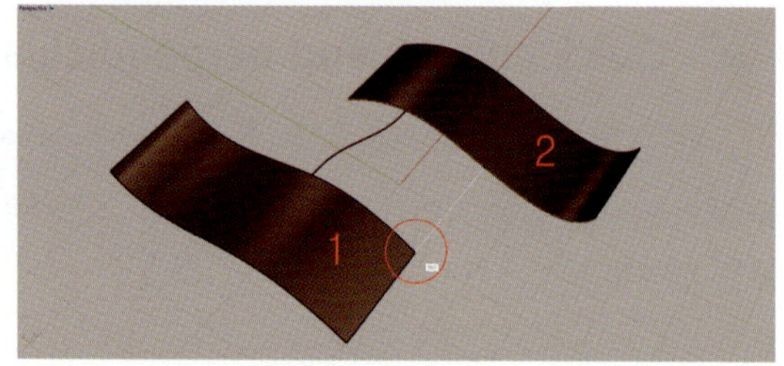

05. 다음 그림과 같이 두 Surface개체의 가장자리를 연결하는 직선 Curve개체가 생성된 것을 확인할 수 있다.

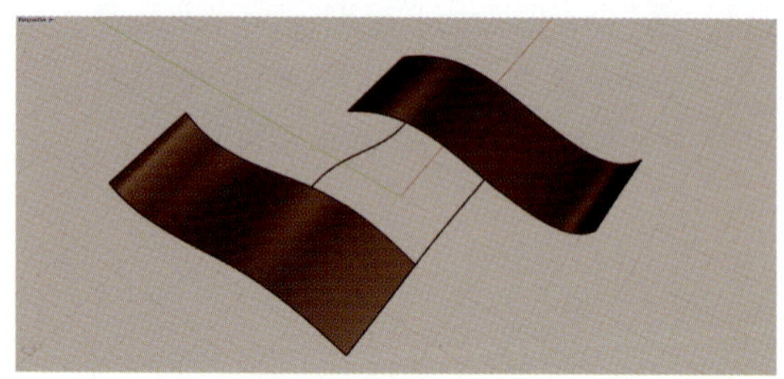

06. Surface from network of curves를 실행하고, 다음 그림과 같은 순서대로 Curve개체와 Edge를 선택한 후, Enter키를 누른다. Surface From Curve Network Options창이 나타나면 원하는 옵션을 선택하고 OK를 누른다.

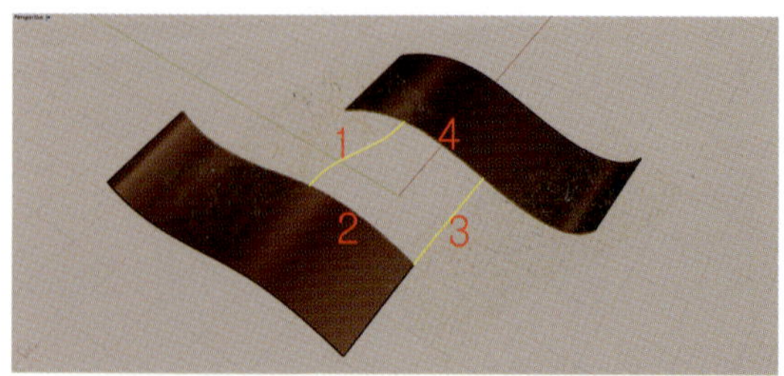

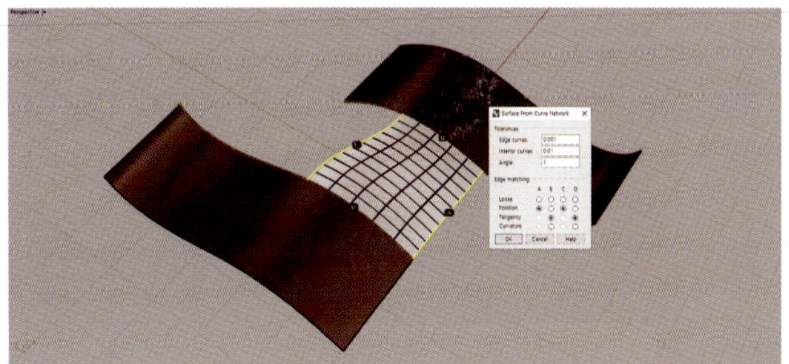

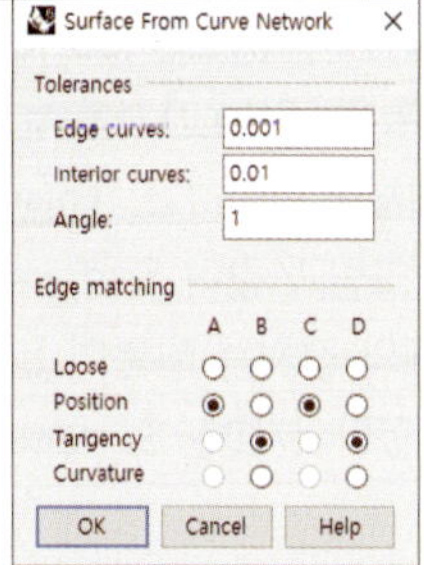

07. 다음 그림과 같이 생성된 Curve개체와 지정한 Surface개체의 가장자리를 연결해주는 Surface개체가 생성된 것을 확인할 수 있다.

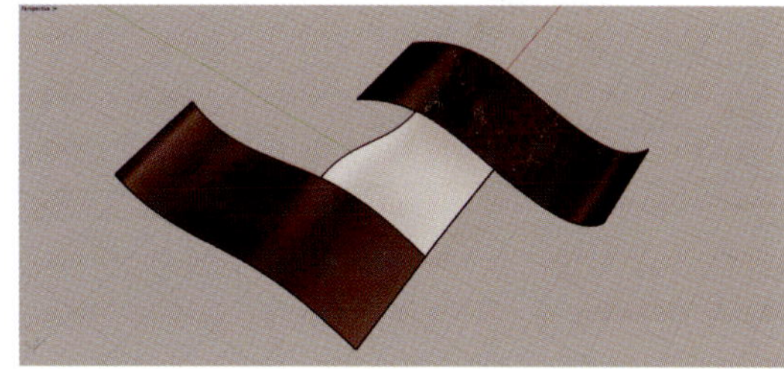

Object intersection

→ 부록CD 〉 Rhino 예제 〉 Lesson 11 〉 Object intersection & Quick curve blend perpendicular

Curve개체 또는 Surface개체들의 교차에서 Point개체 또는 Curve개체를 생성시키는 기능이다.

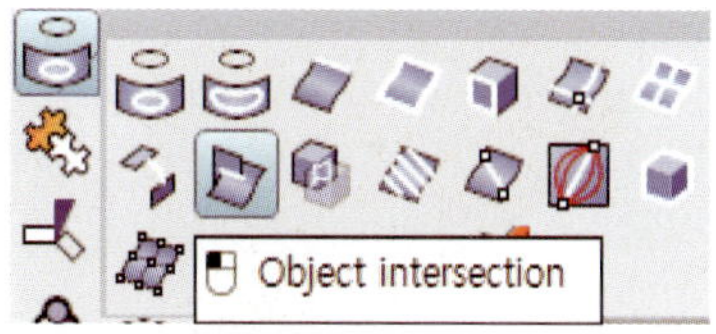

01. Object intersection를 실행하고, 1번 원통 Surface개체와 2번 Surface개체를 선택한 후, Enter↵키를 누른다.

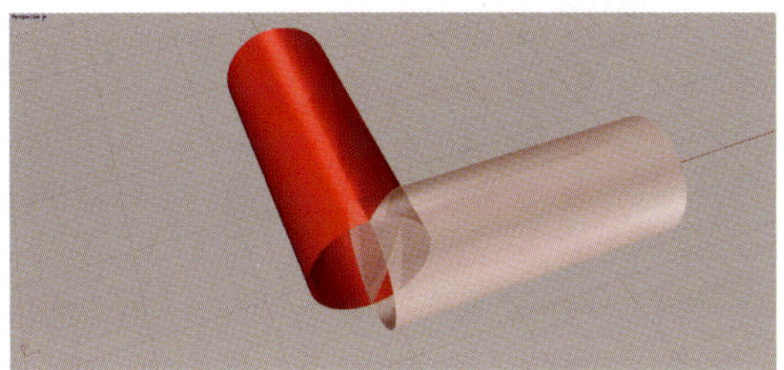

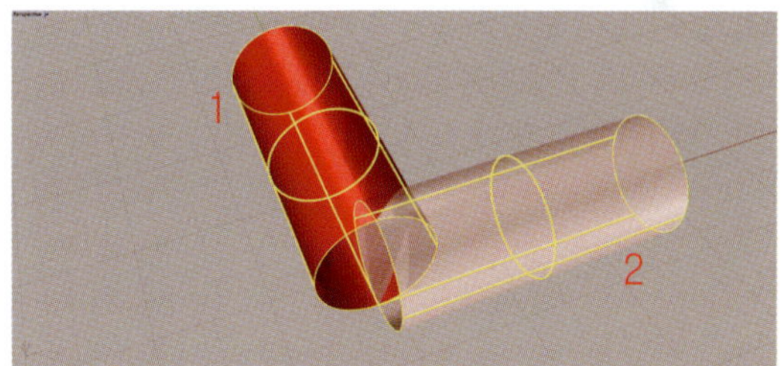

02. 다음 그림과 같이 Surface개체와 Surface개체가 교차하는 부분에 Curve개체가 생성된 것을 확인할 수 있다.

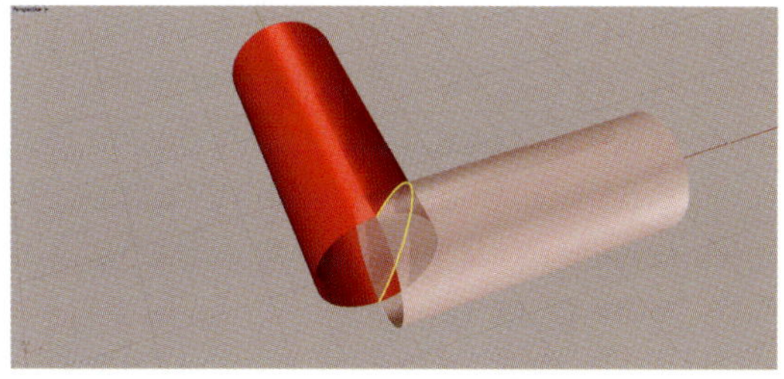

03. Split를 실행하고, 두 원통 Surface개체를 모두 선택한 후, Enter↵키를 누른다. 생성된 Curve개체를 선택하고, Enter↵키를 누르면 다음 그림과 같이 Surface개체와 Surface개체의 겹치는 부분이 분할된 것을 확인할 수 있다. 분할된 Surface개체는 삭제한다.

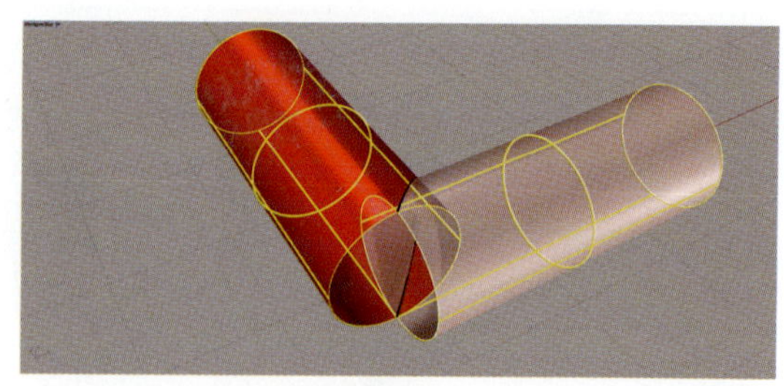

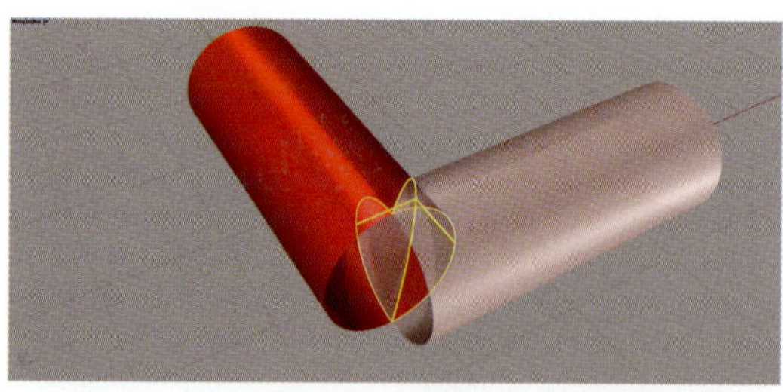

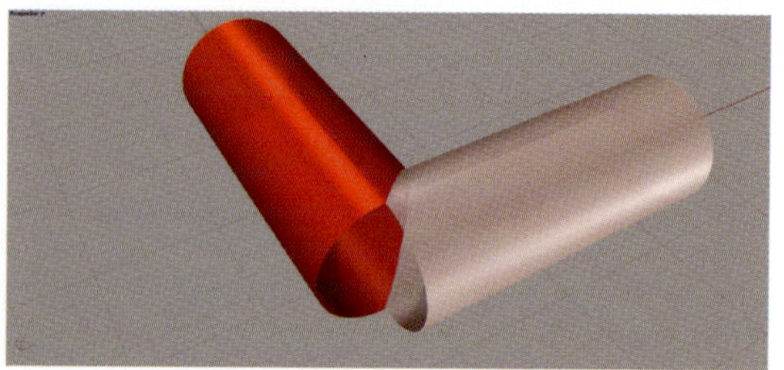

04. Quick curve blend perpendicular를 실행하고, Osnap Toolbar에서 Quad점에 체크한다. 1번 Surface개체의 가장자리를 선택한 다음 가장자리에서 Quad점에 마우스 왼쪽버튼을 클릭한다. 연결할 2번 Surface개체의 가장자리를 선택하고 가장자리에서 Quad점에 마우스 왼쪽버튼을 클릭한다.

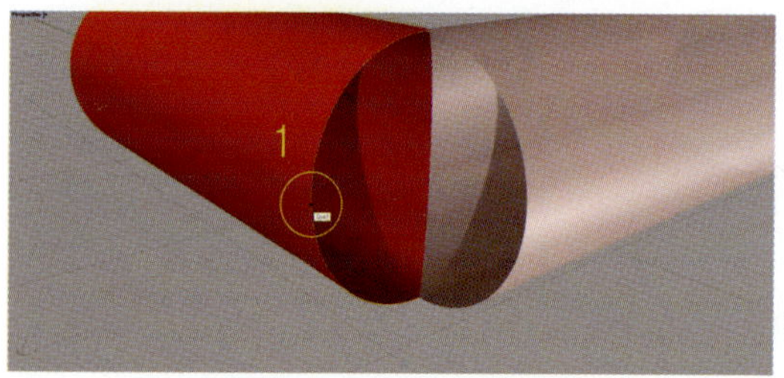

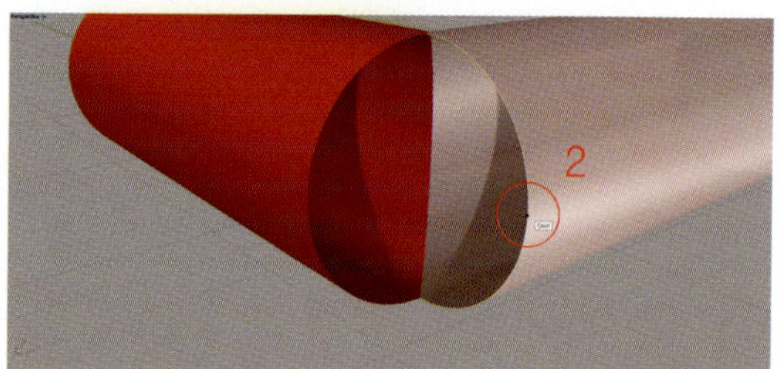

05. 다음 그림과 같이 두 Surface개체의 가장자리를 연결하는 Curve개체가 생성된 것을 확인할 수 있다.

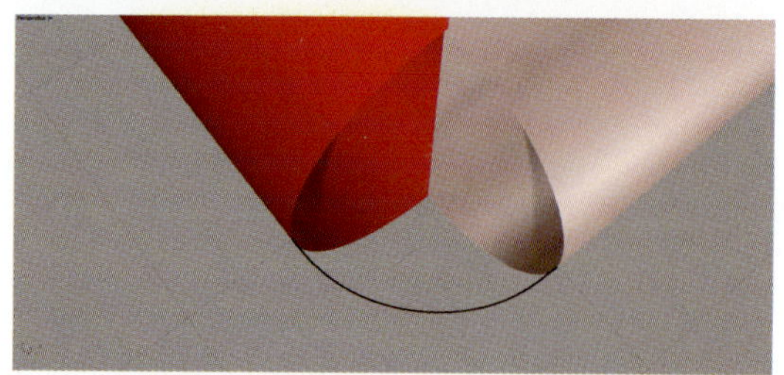

06. Sweep 2 rails를 실행하고, 다음 그림과 같이 1, 2번 Surface개체의 Edge를 선택하고, 3번 Curve개체를 순서대로 선택한 후, Enter↵키를 누른다. Sweep 2 Rail Options창이 나타나면 Edge continuity에서 A, B 모두 Curvature를 선택한 후, OK를 누른다.

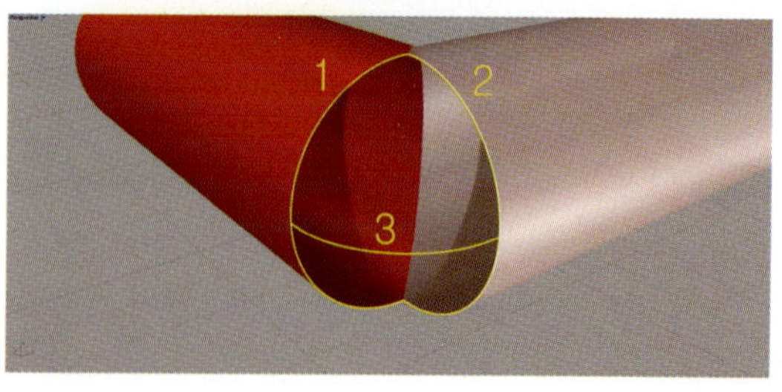

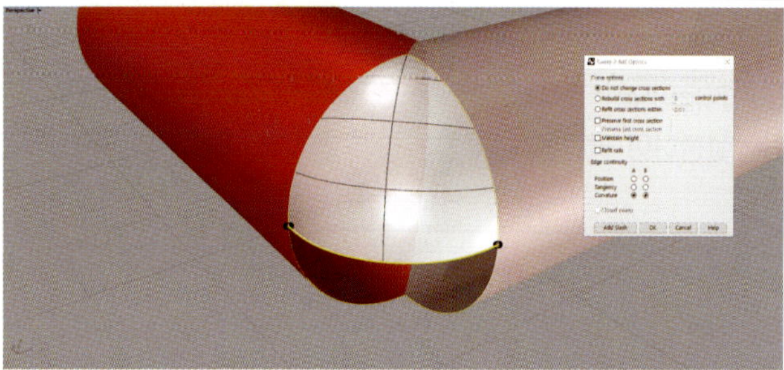

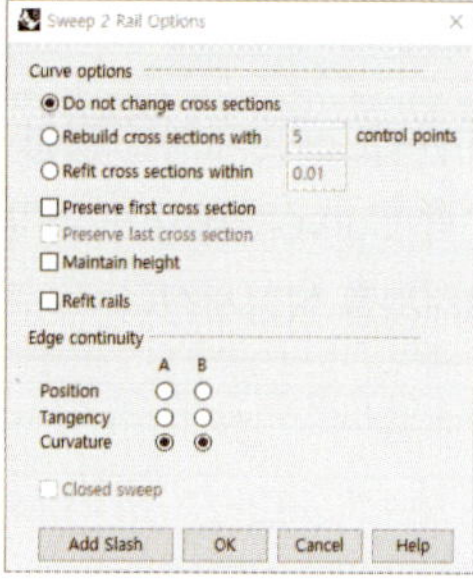

07. 다음 그림과 같이 Surface개체가 생성된 것을 확인할 수 있다. 아랫부분도 위와 같은 방법으로 Surface 개체를 생성한다.

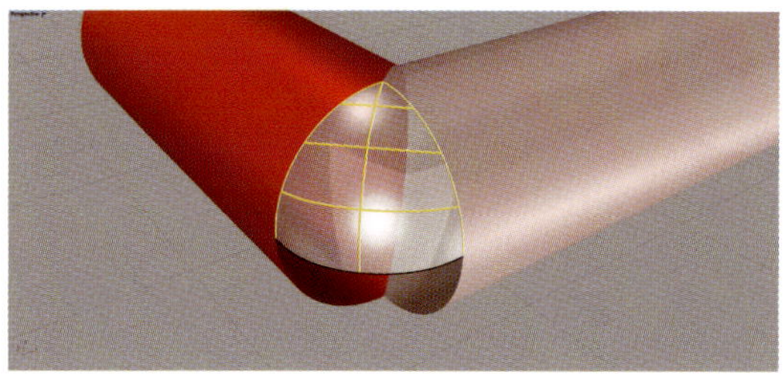

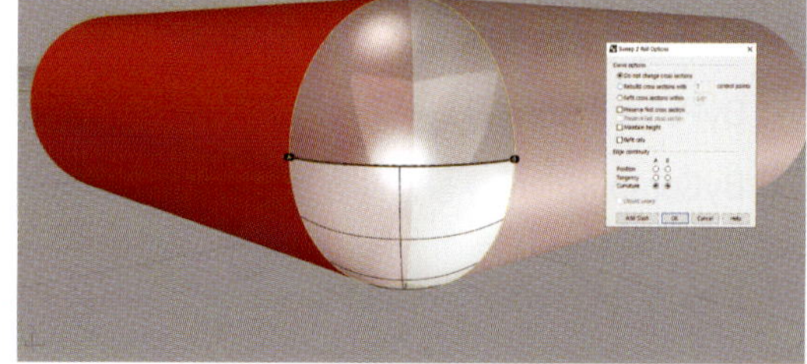

08. Quick curve blend perpendicular로 생성한 Curve개체는 삭제하고, 네 개의 Surface개체를 모두 선택한 후, Join을 실행하여 하나의 Surface개체로 결합한다.

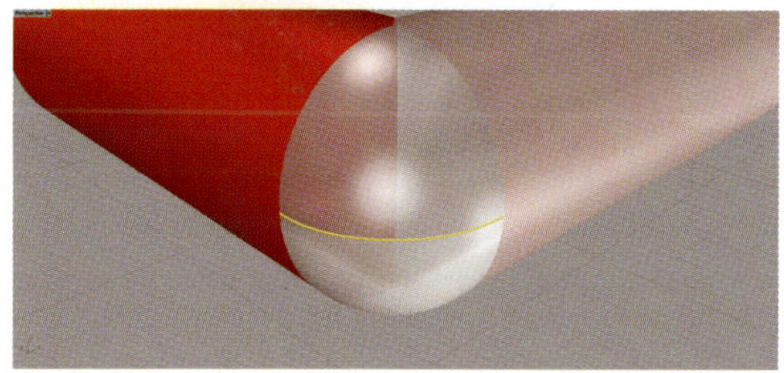

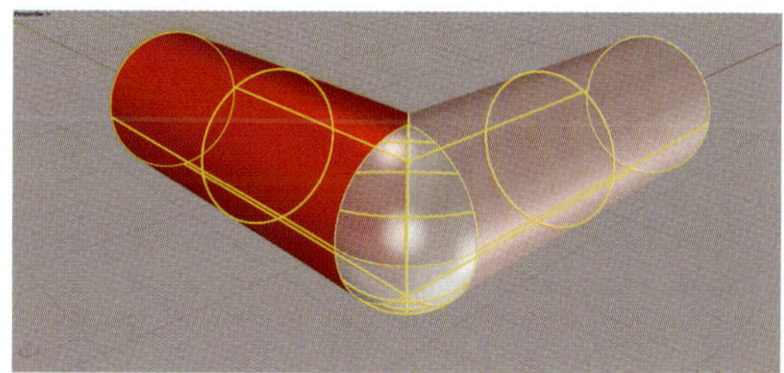

09. 다음 그림과 같이 완성된 Surface개체를 확인할 수 있다.

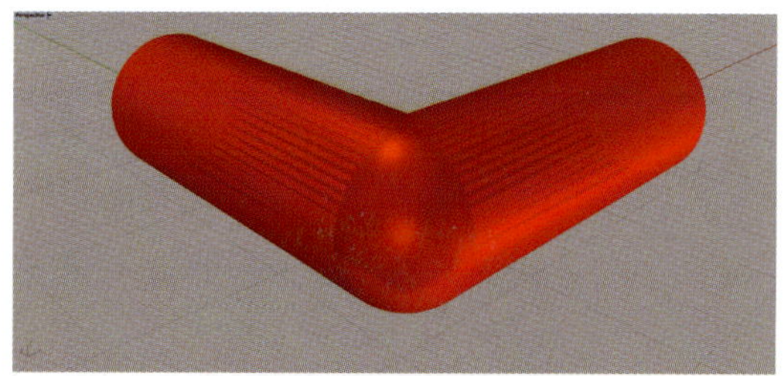

Contour

Surface개체로부터 윤곽Curve개체를 생성시키는 기능이다.
윤곽 평면방향과 윤곽 Curve개체사이 거리 값을 설정하여 평면형 Curve개체와 Point개체를 생성시킨다.

Options

● AssignLayersBy

- **CurrentLayer :** 윤곽 Curve개체와 Point개체가 현재 Layer상에 있게 된다.
- **InputObject :** 윤곽 Curve개체와 Point개체가 입력개체와 동일한 Layer에 있게 된다.

● JoinCurves

- **None :** Curve개체가 결합되지 않는다.
- **ByPolysurface :** Poly-Surface개체로 만든 동일한 평면상의 Curve개체가 결합되는 기능이다.
- **ByContourPlane :** 동일한 평면상의 모든 Curve개체가 결합는 기능이다.

- **GroupObjectsByContourPlane :** 동일한 윤곽 Curve개체를 그룹화 하는 기능이다 .

01. 다음 그림과 같이 Ellipsoid: From center로 생성된 Ellipsoid개체를 선택하고, Contour를 실행한다. Contour plane base point(윤곽 평면 기준점)과 Direction perpendicular to contour planes를 윤곽 Curve개체가 생성될 원하는 방향으로 선택한다.

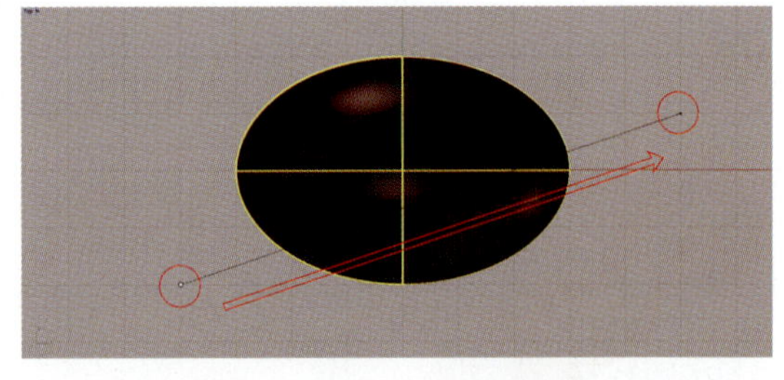

Contour plane base point (Range AssignLayersBy=*CurrentLayer* JoinCurves=*ByContourPlane* GroupObjectsByContourPlane=*No*):

02. Command Prompt 영역에 Distance between contours값 1을 입력하고 Enter↵ 키를 누른다. Ellipsoid개체를 삭제하면 다음 그림과 같이 1㎜간격으로 윤곽 Curve개체가 생성된 것을 확인할 수 있다.

Distance between contours <2.000> (AssignLayersBy=*CurrentLayer* JoinCurves=*ByContourPlane* GroupObjectsByContourPlane=*No*): 1

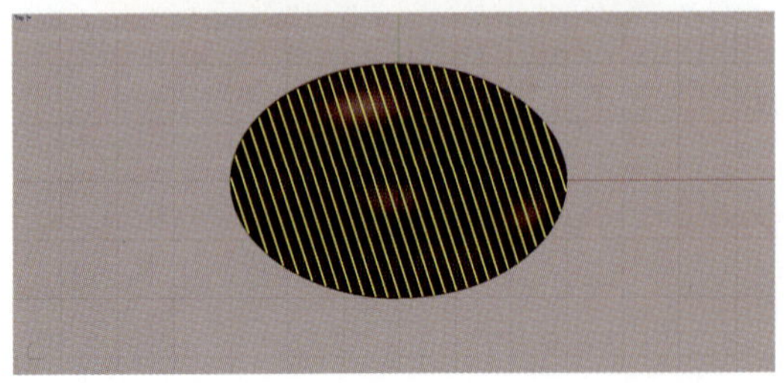

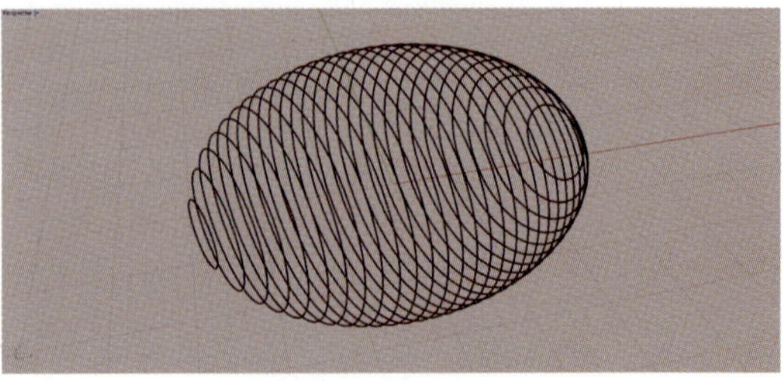

Create UV curves

경계를 복제하는 Trim되지 않은 Curve개체와 절대좌표 X-Y 평면상에 평면형 Curve개체를 생성하는 기능이다.

  Apply UV curves

→ 부록CD 〉 Rhino 예제 〉 Lesson 11 〉 UV Curve개체

생성된 UV Curve개체와 그 안에 작업된 Curve개체를 해당 Surface개체에 적용시키는 기능이다.

01. Extract surface를 실행한다. Tube Solid개체의 옆면을 선택하고, Enter↵키를 눌러서 Surface개체를 추출한다.

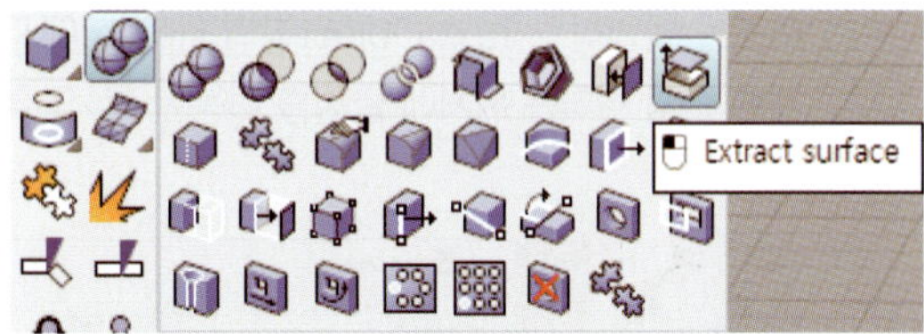

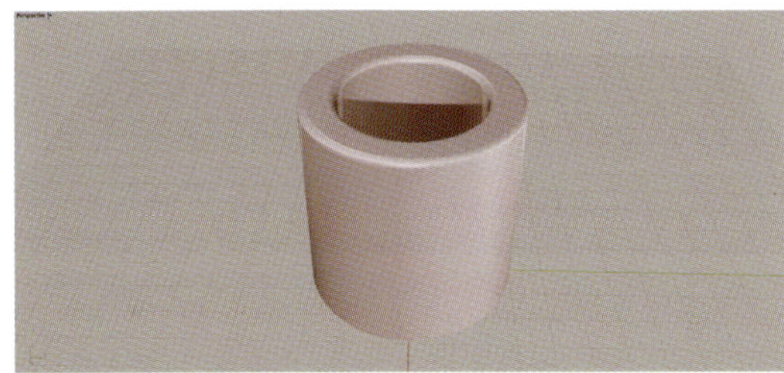

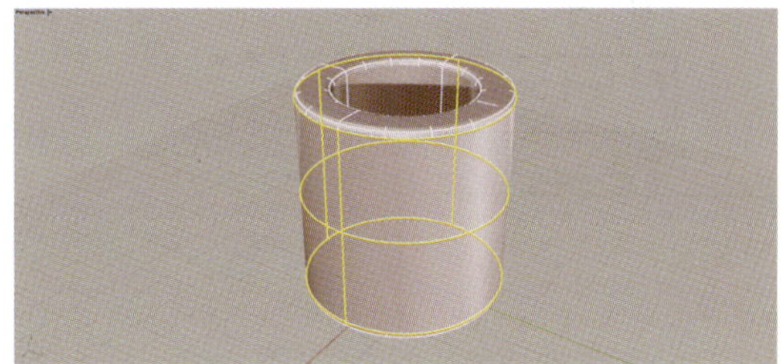

02. 추출한 Surface개체를 선택하고 Shrink trimmed surface를 실행한다.

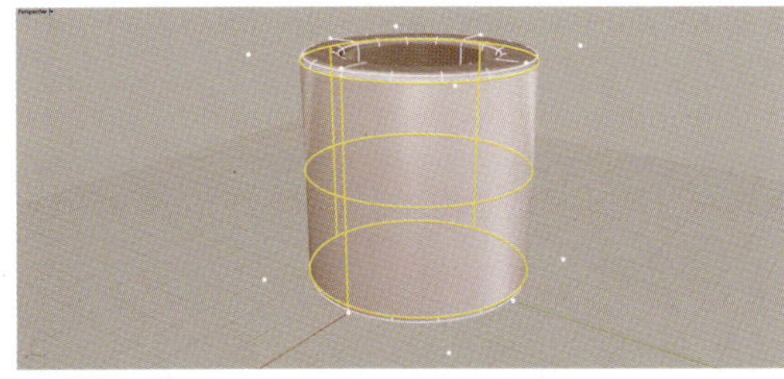

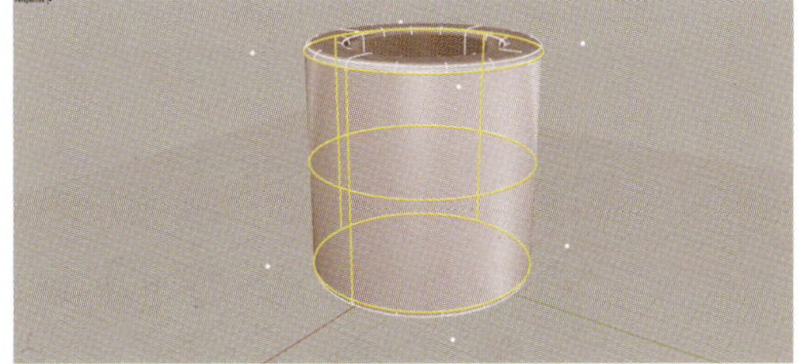

03. Create UV curves를 실행하고, 추출한 Surface개체를 선택한 후, Enter↵키를 누른다. 다음 그림과 같이 Surface개체가 평면형 UV Curve개체로 생성된 것을 확인할 수 있다.

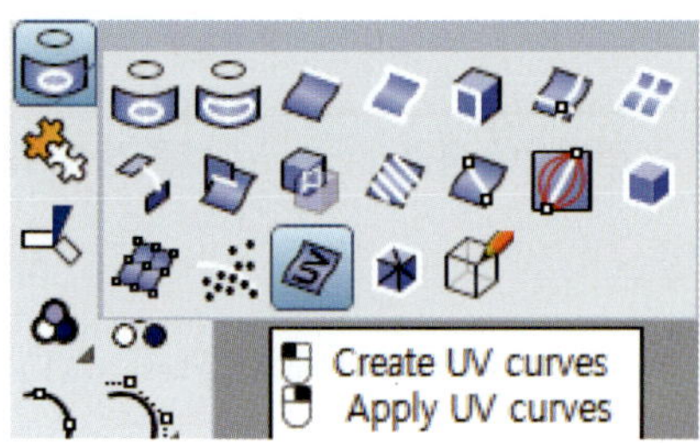

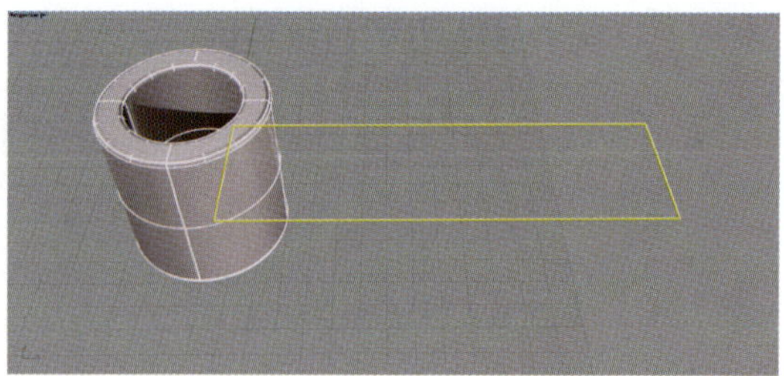

04. Top Top Viewport에서 Text object를 실행한다. Text Object창이 나타나면 Create geometry에서 Curves로 설정하고 Group Output에 체크한 후, 원하는 문구를 입력한다. OK를 누른 후, 글씨 사이즈를 확인하고 Text Object창의 Height에서 글씨 사이즈를 맞춘 다음, OK를 누른다. 평면형 Curve개체 안의 원하는 위치에 글씨를 이동한 후, 마우스 왼쪽버튼을 눌러서 작업을 마무리한다.

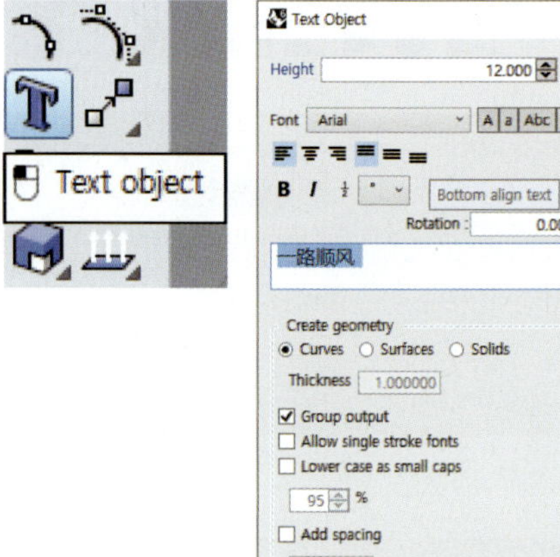

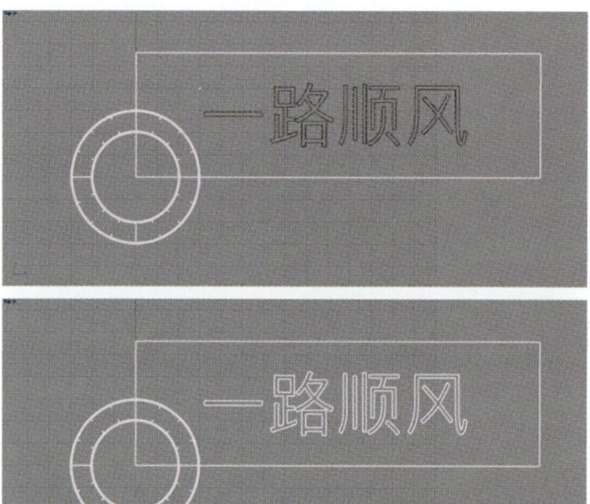

05. Apply UV Curves를 실행한다. 생성한 Text Curve개체와 평면형 Curve개체를 모두 선택하고 Enter↵키를 누른다. Tube개체의 추출했던 부분을 선택하면 다음 그림과 같이 Tube개체의 Surface에 Text Curve개체가 적용된 것을 확인할 수 있다.

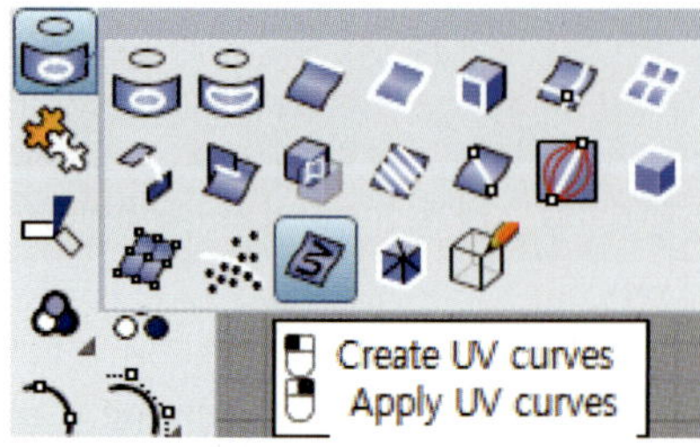

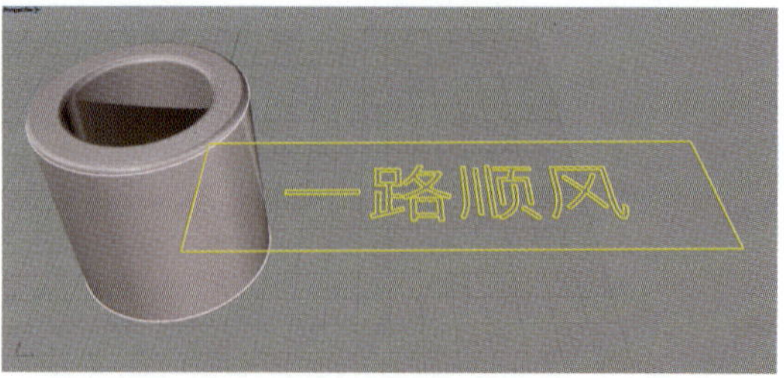

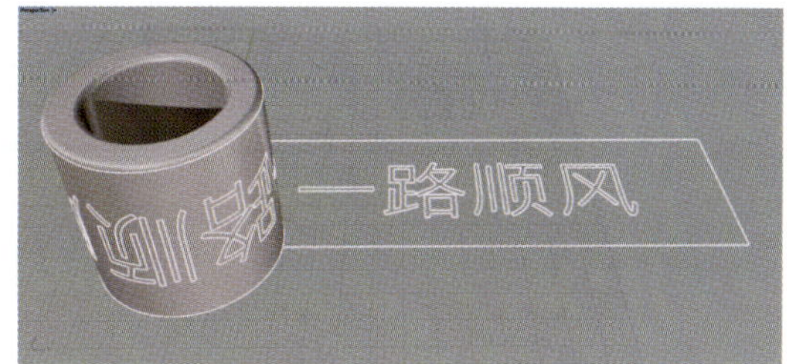

06. 위 그림과 같이 Apply UV Curves를 실행하여 Surface개체에 적용한 Text Curve개체가 뒤집혀서 적용되는 경우는 Solid개체에서 분리되어 나오는 Surface개체의 Isocuve U, V는 방향이 정해진 상태로 설정되는 것이 아니라 무작위로 설정되기 때문이다.

Undo(Ctrl+Z)를 실행하여 작업 전으로 되돌린다. Isocurve U, V가 화면상에 안 보인다면 Menu bar의 Panels에서 Display에 체크한다. 화면 우측 Toggle display panel에서 Surface Isocurves에 체크한다.

(Isocurve U, V의 색상이 검정색이라면 Menu bar / Tools / Options창의 View / Display Mode / Shaded / Objects / Surfaces 우측화면에서 Surface Isocurve Settings의 Isocurve color usage를 Use Specified U V Color로 설정한다. U Color와 V Color가 나타나면 U Color를 빨간색으로 V Color를 파란색으로 변경하고 OK를 누른다.)

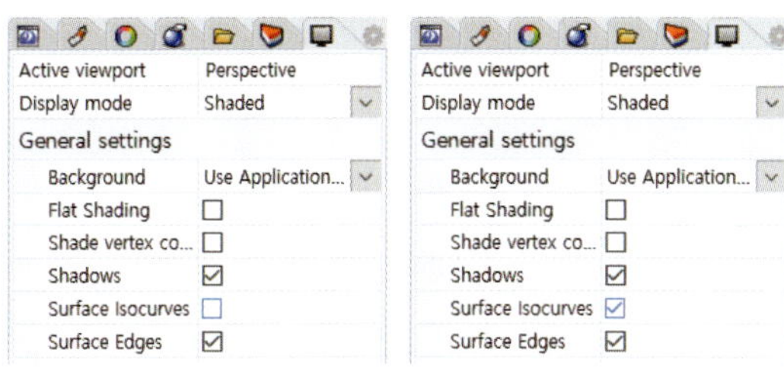

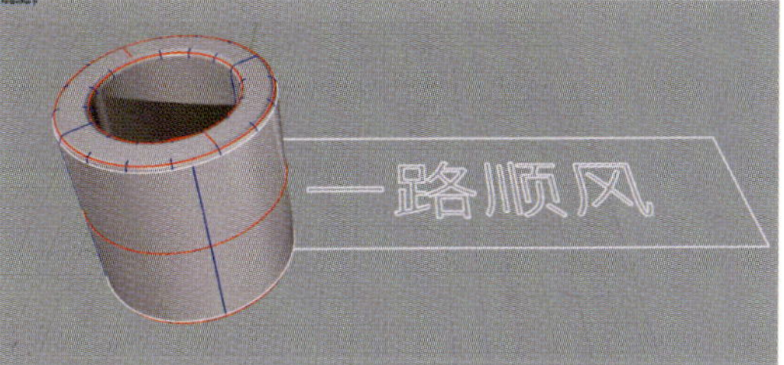

07. Analyze direction를 실행하고, Surface개체를 선택한 후, Enter↵키를 누른다. Command Prompt 영역에 UReverse를 선택하면 다음 그림과 같이 빨간색 화살표 방향이 우측방향에서 좌측방향으로 바뀌는 것을 확인할 수 있다. Apply UV Curves를 실행하고, 생성한 Text Curve개체와 평면형 Curve개체를 모두 선택한 후, Enter↵키를 누른다. Surface개체를 선택하면 Tube개체의 Surface에 Text Curve개체의 방향이 바뀐 것을 확인할 수 있다.

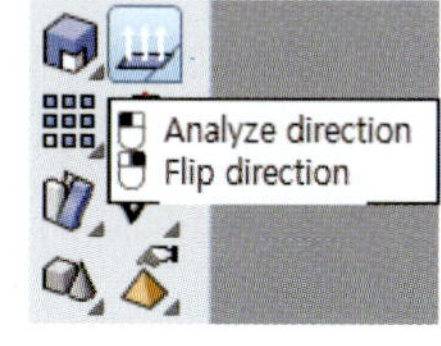

Press Enter when done (UReverse VReverse SwapUV Flip):

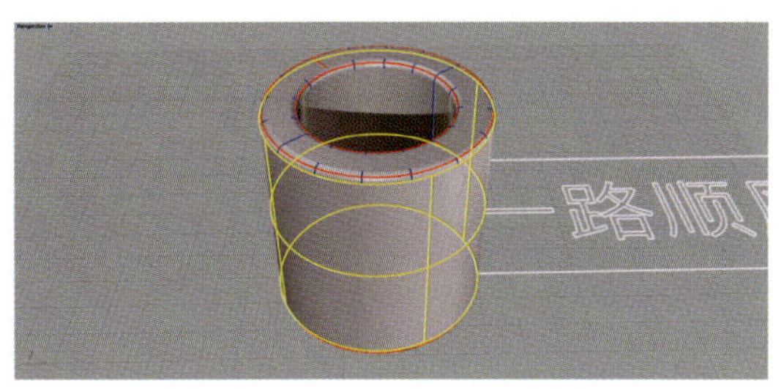

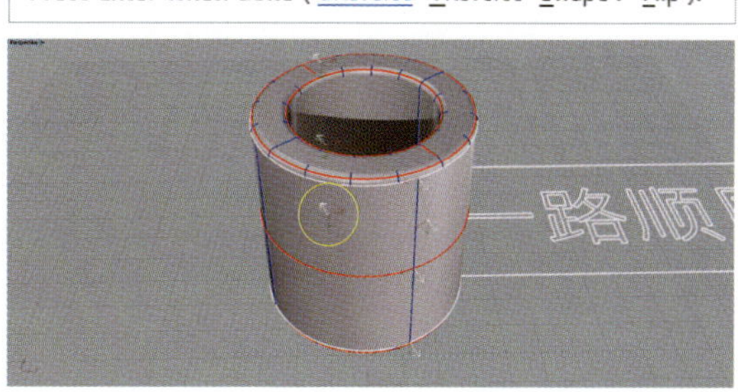

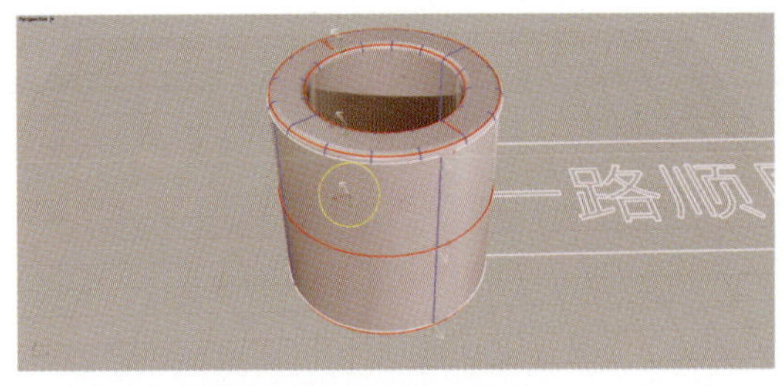

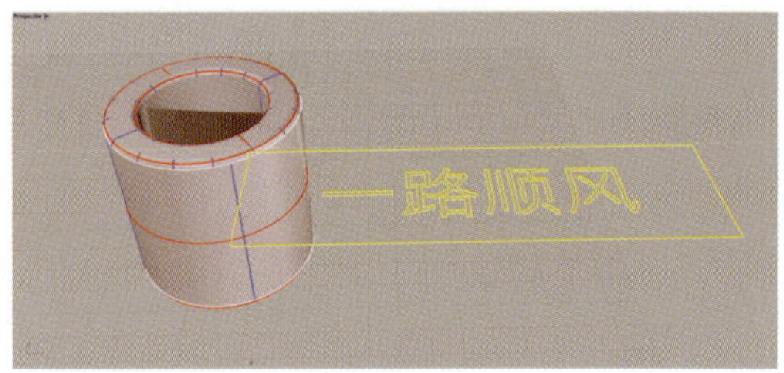

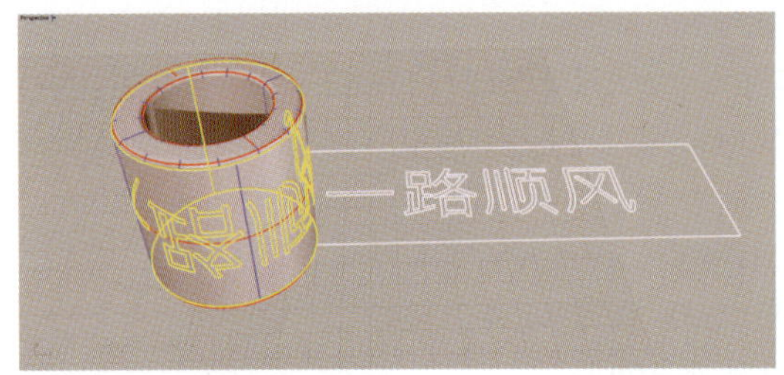

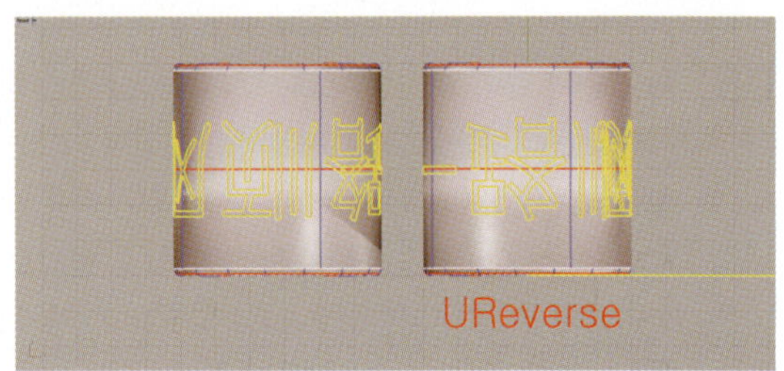

08. 다시 Analyze direction를 실행하고, Surface개체를 선택한 후, Enter↵키를 누른다. Command Prompt 영역에 VReverse를 선택하면 다음 그림과 같이 초록색 화살표 방향이 아래에서 위로 바뀌는 것을 확인할 수 있다.

Apply UV Curves를 실행하고, 생성한 Text Curve개체와 평면형 Curve개체를 모두 선택한 후, Enter↵키를 누른다. Surface개체를 선택하면 Tube개체의 Surface에 Text Curve개체의 방향이 원하는 방향으로 바뀐 것을 확인할 수 있다.

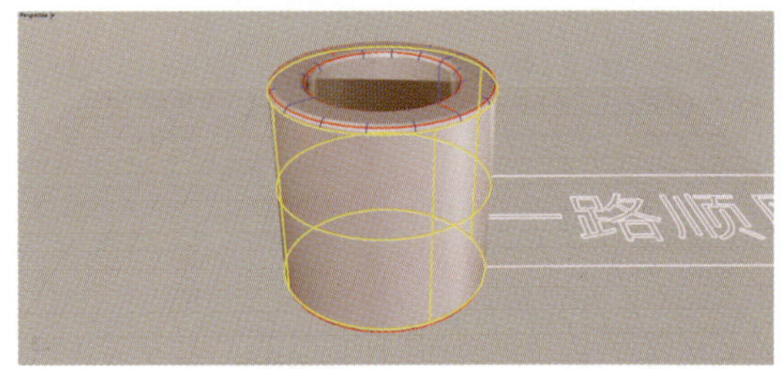

Press Enter when done (UReverse VReverse SwapUV Flip):

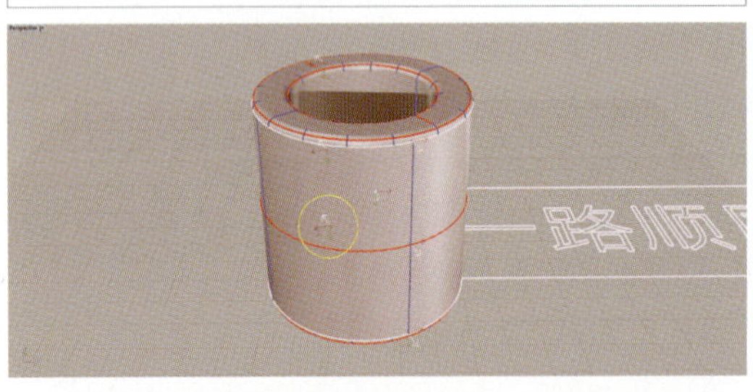

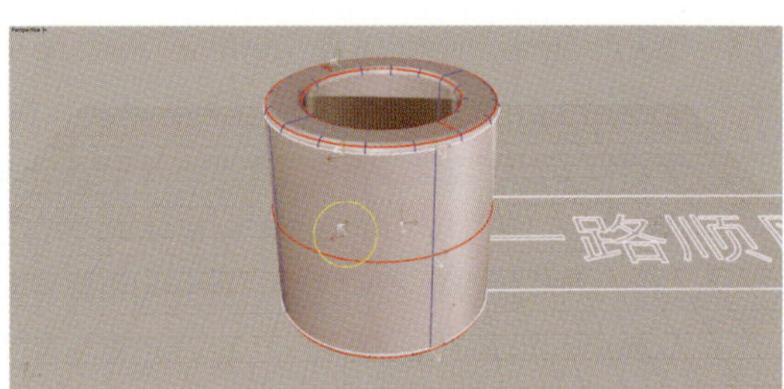

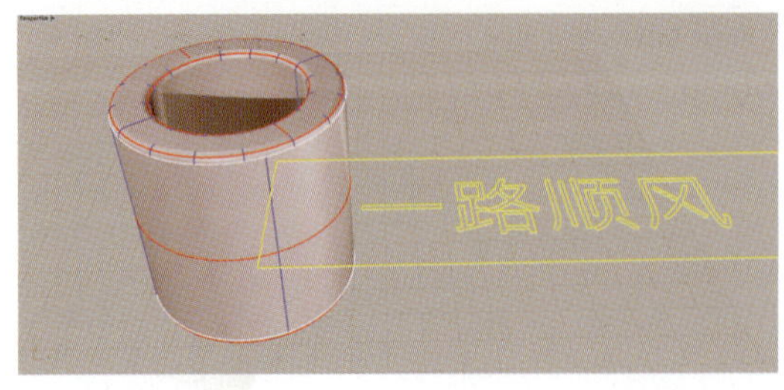

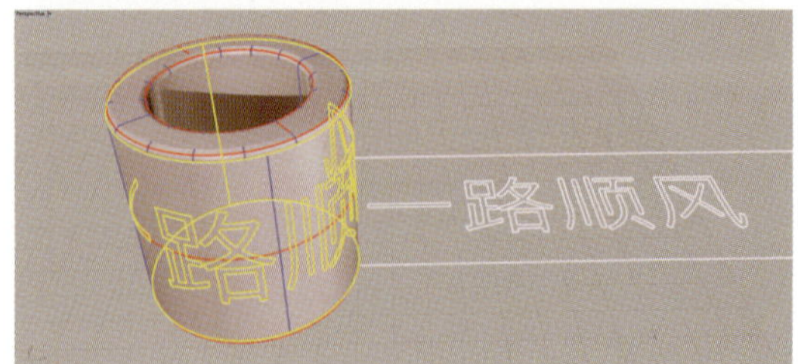

09. 다음 그림과 같이 Analyze direction을 실행하고, Isocurve U, V를 이용하여 원하는 위치, 원하는 방향으로 변경이 가능하다.

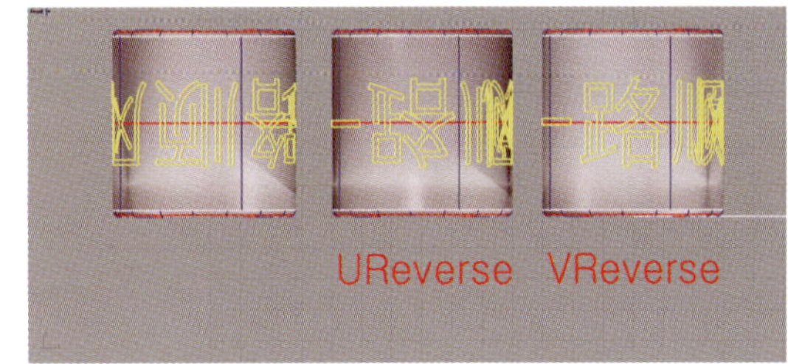

10. 더 이상 필요 없는 Curve개체들을 선택한 후, 삭제한다. Split를 실행하고 Surface개체를 선택한 후, Enter 키를 누른다. Select curves를 실행하여 Text Curve개체를 선택한 후, Enter 키를 눌러 Surface개체에 Text Curve개체 형태로 Surface를 절단한다. 다시 Select curves를 실행하여 Text Curve개체를 선택한 후, 삭제한다.

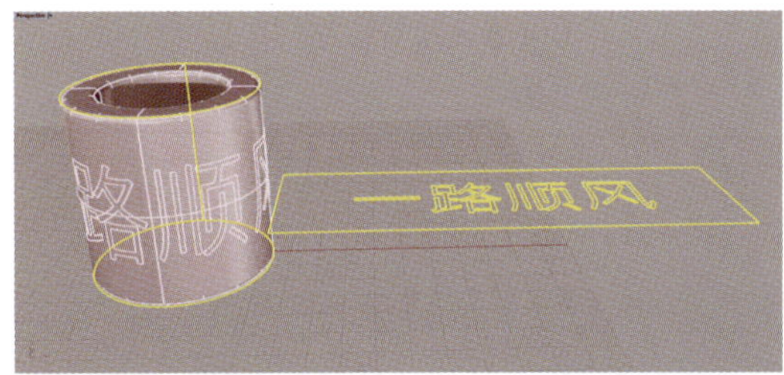

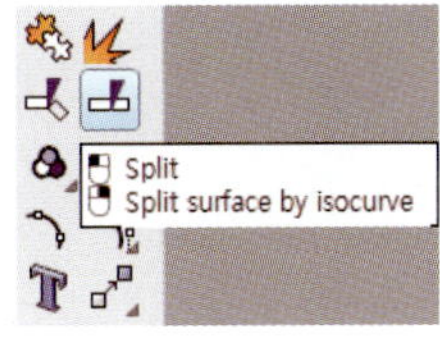

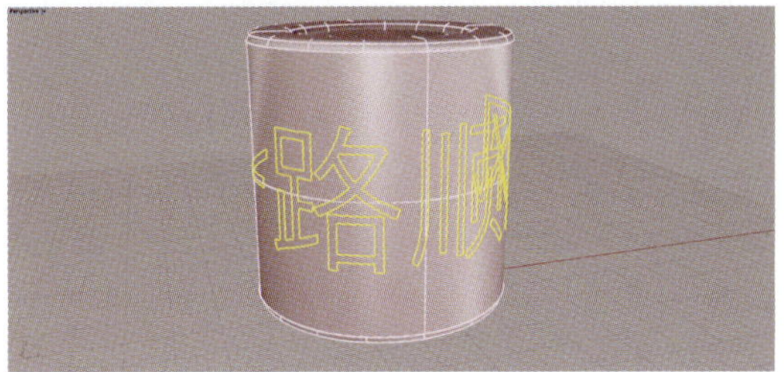

11. Select surfaces를 실행한다. Ctrl 키를 누른 상태로 1번 Surface개체를 선택하고, 2번, 3번, 4번의 Surface개체를 선택한 후, Offset Surface를 실행한다.
다음 그림과 같이 Normal Direction(하얀색 화살표)이 바깥쪽으로 향하게 하고, Command Prompt 영역에서 Solid=Yes, Loose=Yes로 설정한 다음, Distance값 2를 입력한 후, Enter 키를 누른다.

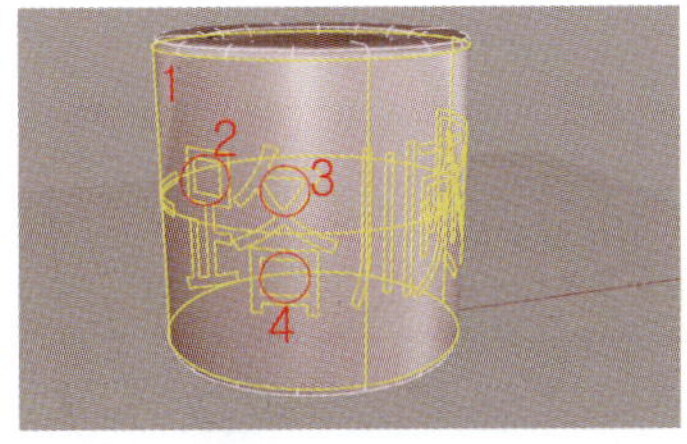

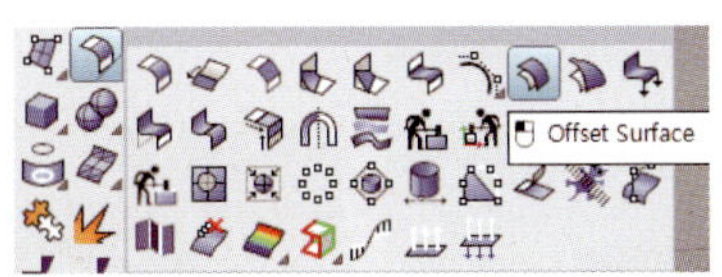

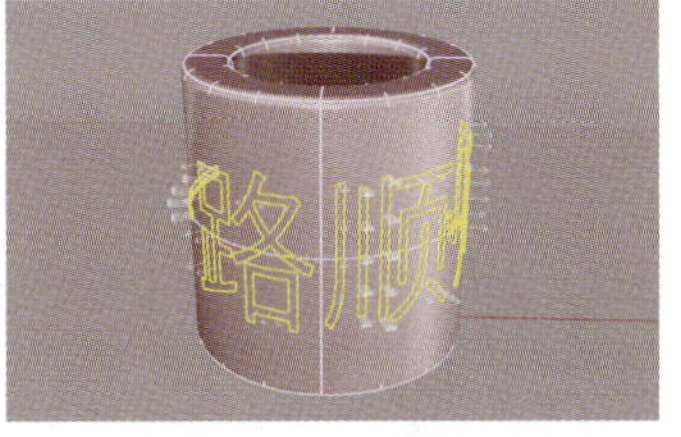

Select object to flip direction. Press Enter when done (Distance=2 Corner=Round Solid=Yes Loose=Yes BothSides=No DeleteInput=Yes FlipAll): 2

12. 다음 그림과 같이 Text Solid개체로 생성된 것을 확인할 수 있다.

13. 다음 그림과 같이 분리되어 있는 Tube개체의 Poly-Surface개체와 Surface개체를 선택하고 Hide objects를 실행하여 숨겨둔다.

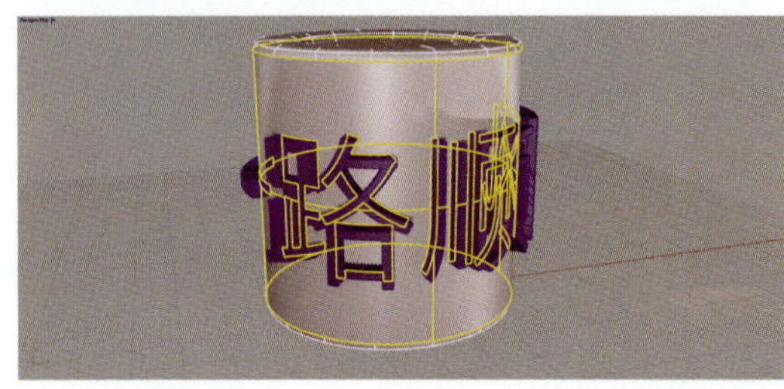

14. 마우스 오른쪽 버튼을 누른 상태로 드래그하여 Text Solid개체의 뒷면을 화면상에 보이게 한다. Extract surface를 실행하여 Text Solid개체의 뒷면을 하나하나 선택한 후, Enter↵키를 누른 다음 Delete키를 눌러 삭제한다.

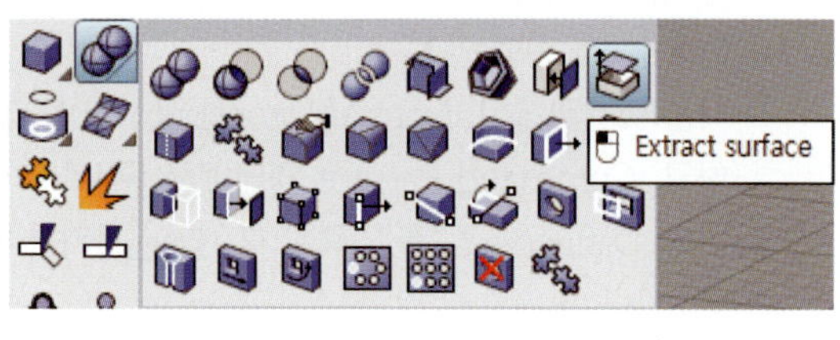

15. Show objects를 실행하여 숨겨뒀던 개체들을 화면상에 보이게 한다. 모든 개체들을 선택하고, Join을 실행하여 하나의 개체로 결합한다.

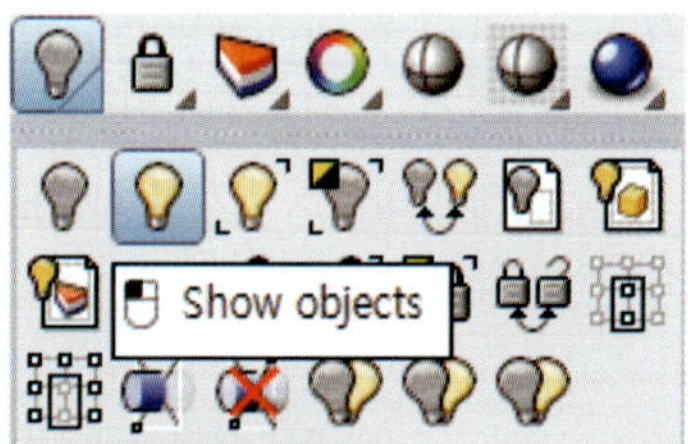

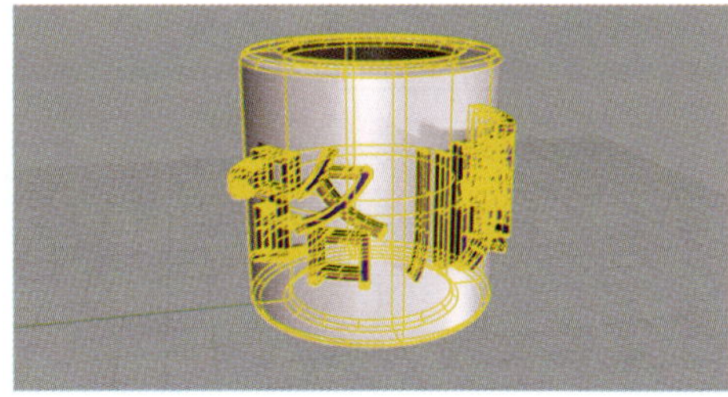

16. 다음 그림과 같이 완성된 Poly-Surface 개체를 확인할 수 있다.

Basic Modeling - 21 Signet Ring

01. Front Front Viewport에서 Circle: center, radius를 실행하고, Command Prompt 영역에 Center of circle값 0을 입력한 후, Enter↵키를 누르고, Diameter값 17을 입력한 다음, Enter↵키를 눌러서 지름 17㎜의 원형 Curve개체를 생성한다. 다시 Circle: center, radius를 실행하고, 원점 기준으로 지름 20㎜의 원형 Curve개체를 생성한다.

Center of circle (Deformable Vertical 2Point 3Point Tangent AroundCurve FitPoints): 0

Diameter <18.000> (Radius Orientation Circumference Area ProjectOsnap=*Yes*): 17

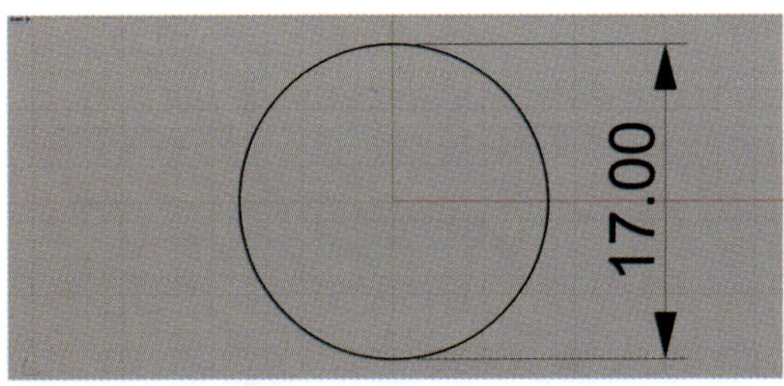

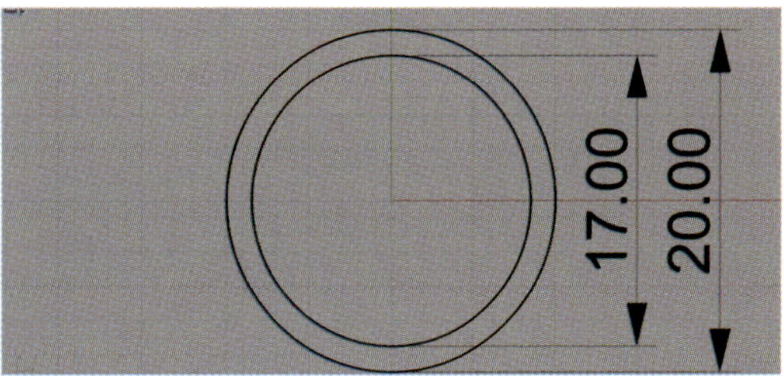

Diameter <17.000> (Radius Orientation Circumference Area ProjectOsnap=*Yes*): 20

02. Osnap Toolbar에서 Quad점에 체크하고, Single Line을 실행한다. 지름 17㎜ 원형 Curve개체 상단의 Quad점을 선택하고, Command Prompt 영역에 End of line값 4를 입력한 다음, Shift 키를 누른 상태로 마우스 커서를 화살표 방향으로 이동한 후, 마우스 왼쪽버튼을 클릭하여 지름 4㎜의 직선 Curve 개체를 생성한다.

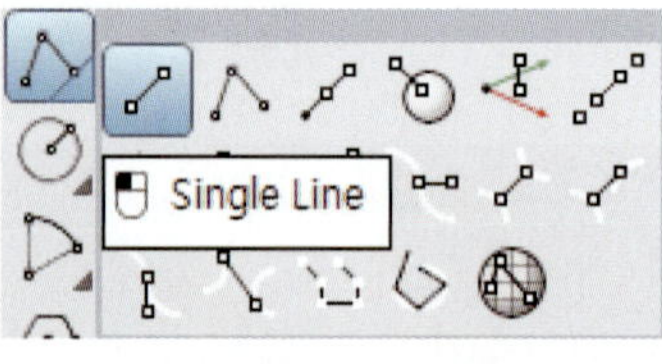

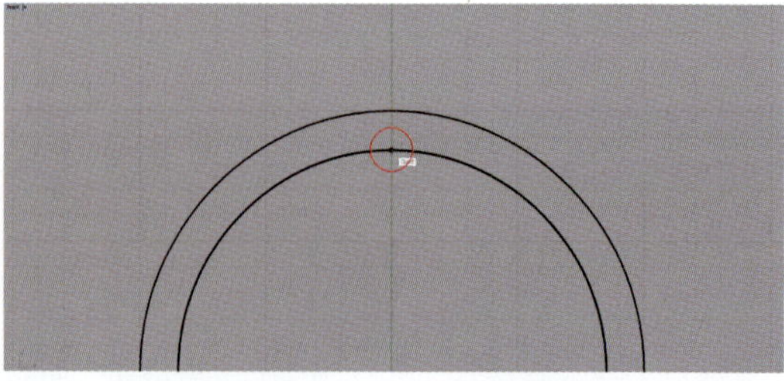

End of line (BothSides): 4

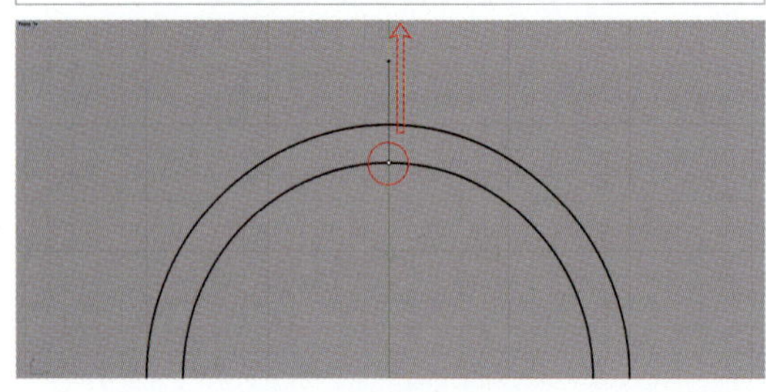

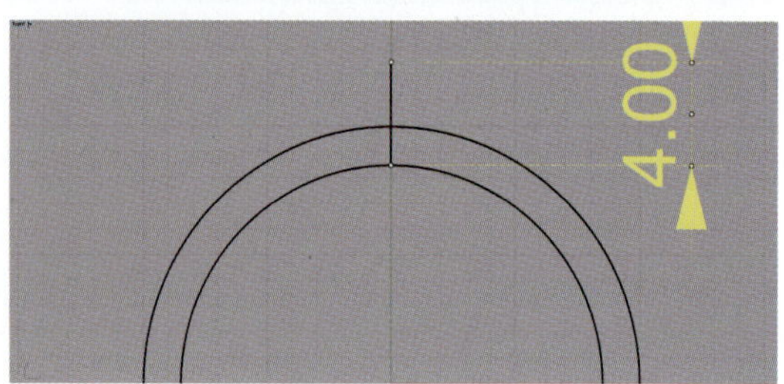

03. Line: from midpoint를 실행하고, Middle of line을 4㎜ 직선 Curve개체 상단의 End점으로 선택한다. End of line값 8.5를 입력한 후, Enter↵ 키를 누른 다음, Shift 키를 누른 상태로 마우스 커서를 화살표 방향으로 이동한 후, 마우스 왼쪽버튼을 클릭하여 길이 17㎜의 직선 Curve개체를 생성한다.

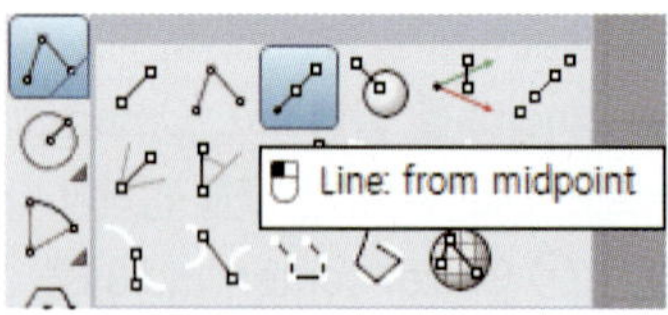

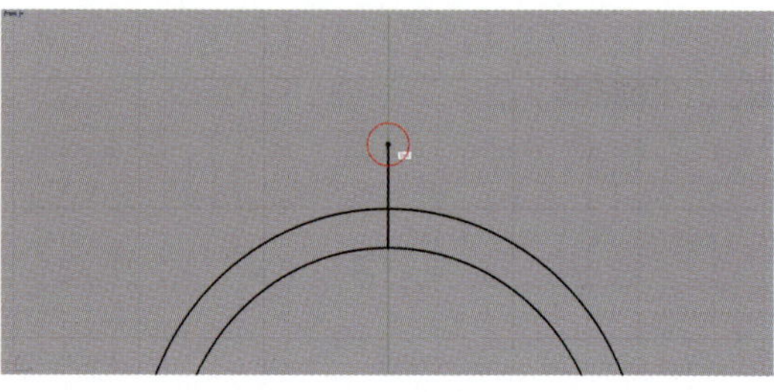

Middle of line (Normal Angled Vertical FourPoint Bisector Perpendicular Tangent Extension):

End of line: 8.5

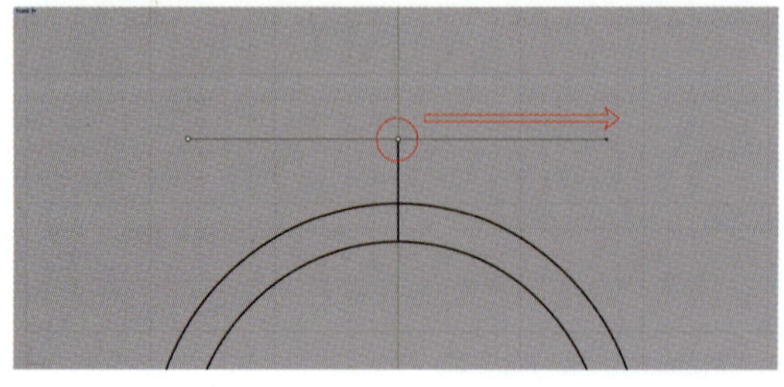

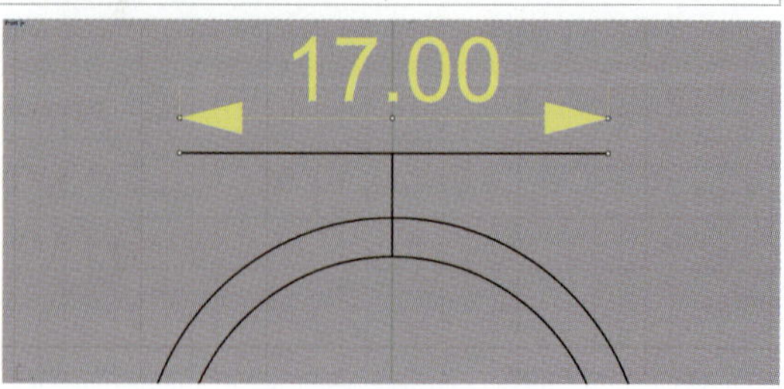

04. Osnap Toolbar에서 Mid점에 체크한 후, 생성된 17㎜ 직선 Curve개체를 선택하고, Move를 실행한다. Point to move from을 17㎜ 직선 Curve개체의 Mid점으로 선택하고, Point to move to값 0.5를 입력한 다음, Shift키를 누른 상태로 마우스 커서를 화살표 방향으로 이동한 후, 마우스 왼쪽버튼을 클릭하여 17㎜ 직선 Curve개체를 0.5㎜ 이동시킨다.

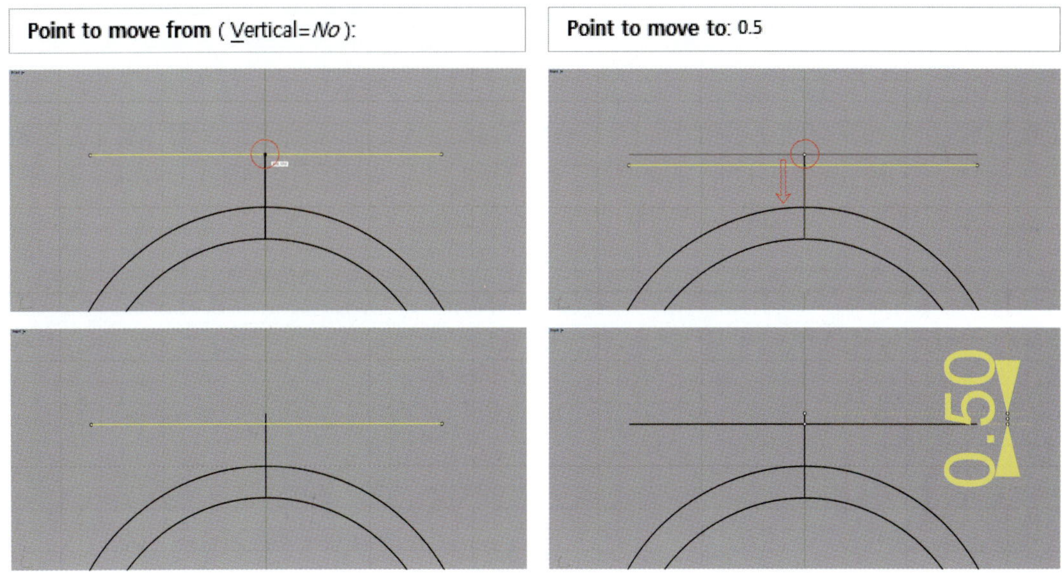

05. 17㎜ 직선 Curve개체를 선택하고, Arc: start, end, point on arc를 실행한 후, Start of arc를 직선 Curve개체의 1번 End점으로 선택한다. End of arc를 2번 End점으로 선택한 다음, Point on arc를 3번 4㎜ 직선 Curve개체 상단의 End점으로 선택하면 다음 그림과 같이 Arc Curve개체가 생성된 것을 확인할 수 있다. 4㎜ 직선 Curve개체와 17㎜ 직선 Curve개체는 삭제한다 .

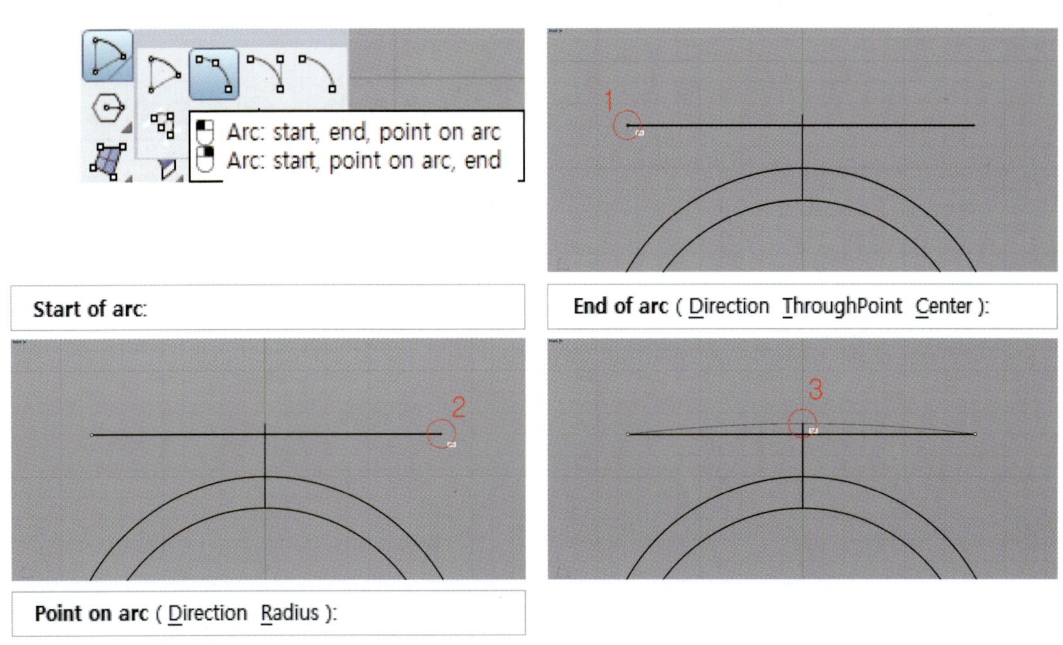

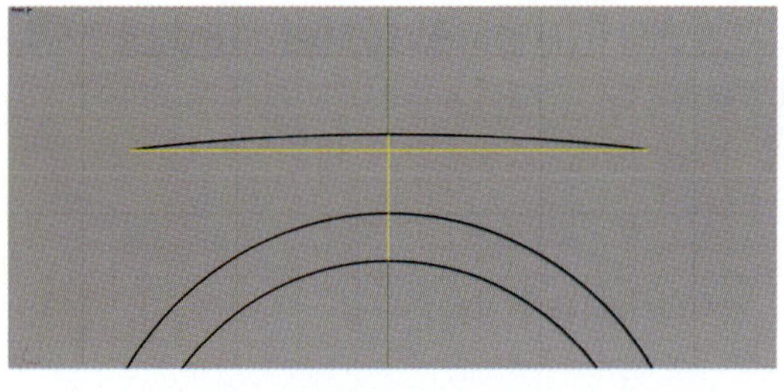

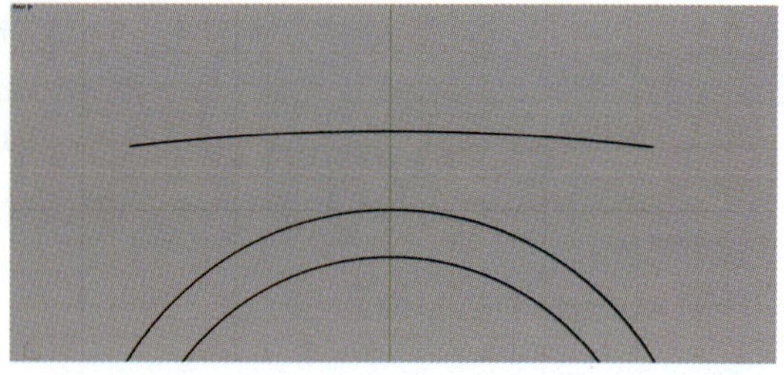

06. Osnap Toolbar에서 Quad점에 체크한 후, 다시 Arc: start, end, point on arc를 실행하고, Start of arc를 다음 그림과 같이 지름 20㎜ 원형 Curve개체의 1번 Quad점으로 선택한다. End of arc를 직선 Curve개체의 2번 End점으로 선택하고, 마우스 커서를 이동시켜서 Arc개체를 생성한다.

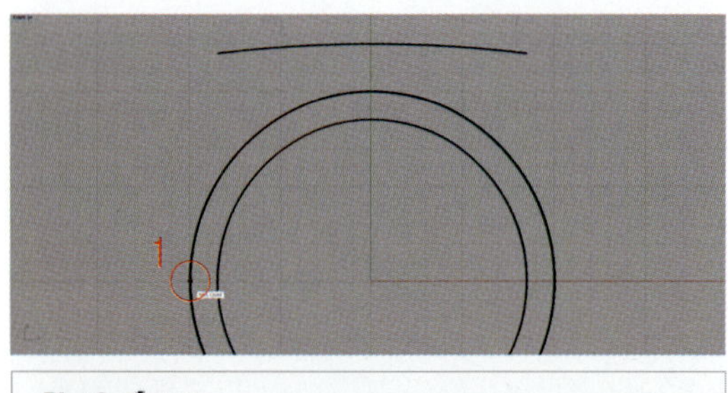

Start of arc:

End of arc (Direction ThroughPoint Center):

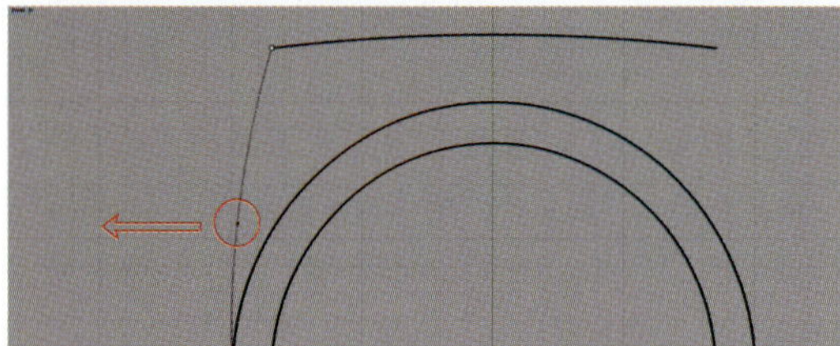

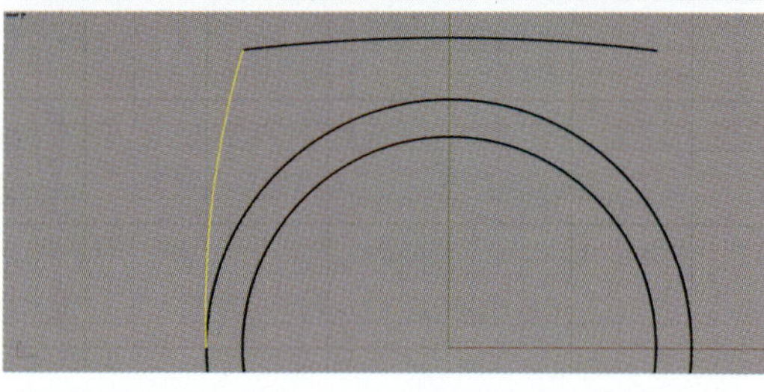

07. 생성된 Arc개체를 선택하고, Mirror를 실행한다.
Command Prompt 영역에 Start of mirror plane값 0을 입력하고, Enter↵키를 누른 다음, Shift키를 누른 상태로 마우스 커서를 화살표 방향으로 이동한 후, 마우스 왼쪽버튼을 클릭하여 대칭 방향에 Arc개체를 복사한다.

Start of mirror plane (3Point Copy=*Yes* XAxis YAxis): 0

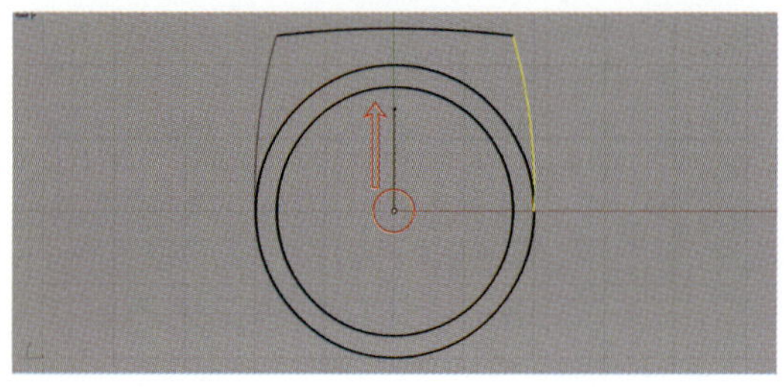

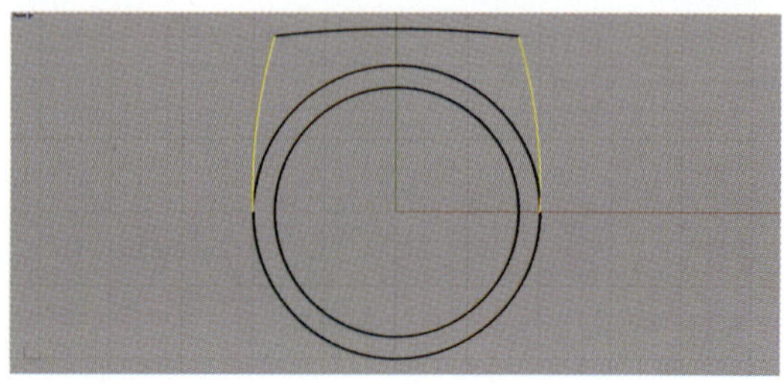

08. 2개의 Arc개체와 20㎜ 원형 Curve개체를 선택하고, Trim을 실행한 후, 다음 그림과 같이 20㎜ 원형 Curve개체의 상단부분을 삭제한다.

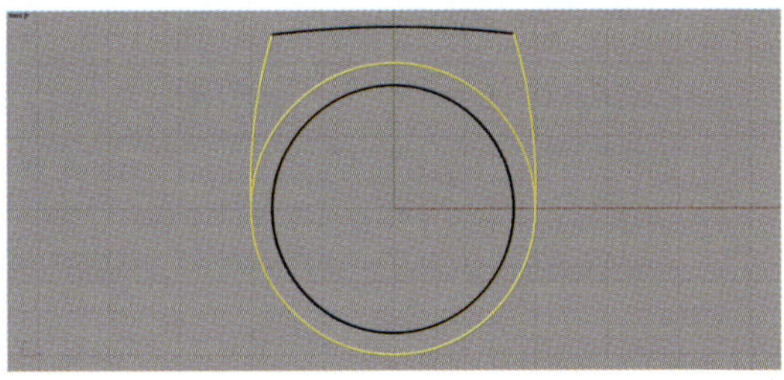

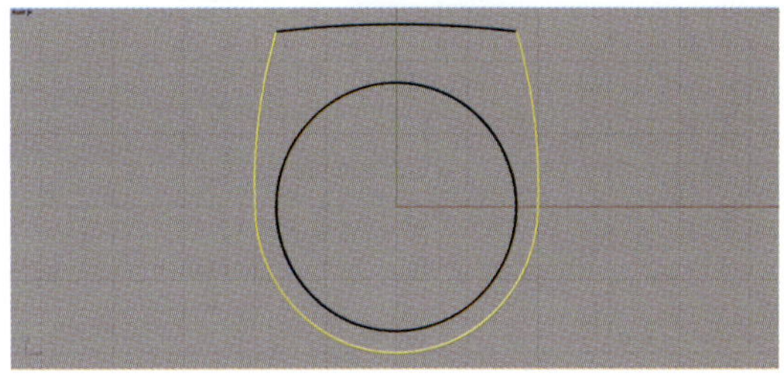

09. Match curve를 실행하고, 반원형 Curve개체의 1번 부분을 선택한 후, 2번 Arc개체를 선택한다. Match curve창이 나타나면 Continuity에서 Tangency를 설정하고, Preserve other end는 None으로 설정한 후, Average curves와 Join에 체크한 다음 OK를 누르면 다음 그림과 같이 선택한 2개의 Curve 개체가 자연스러운 형태로 결합된 것을 확인할 수 있다.

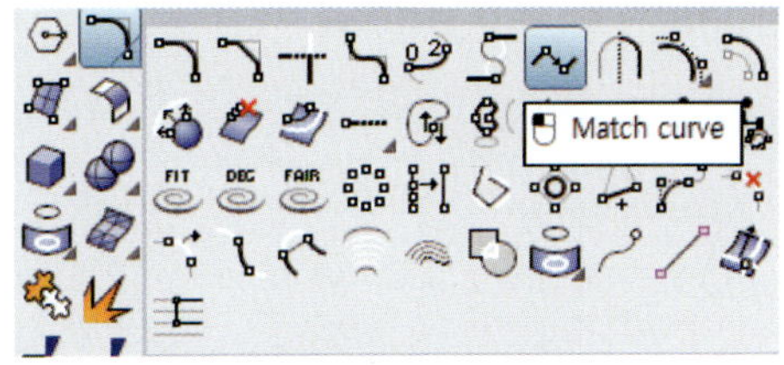

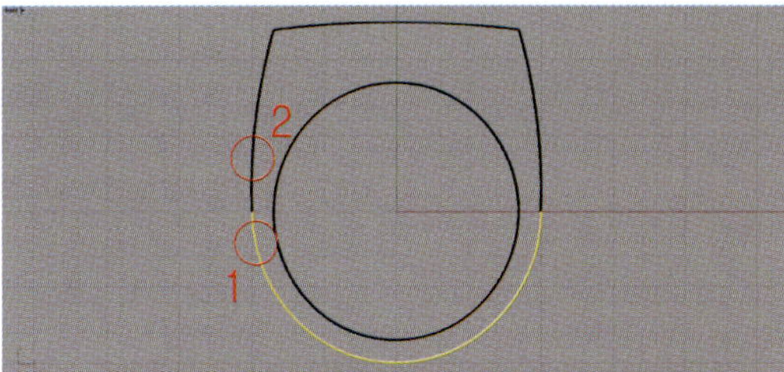

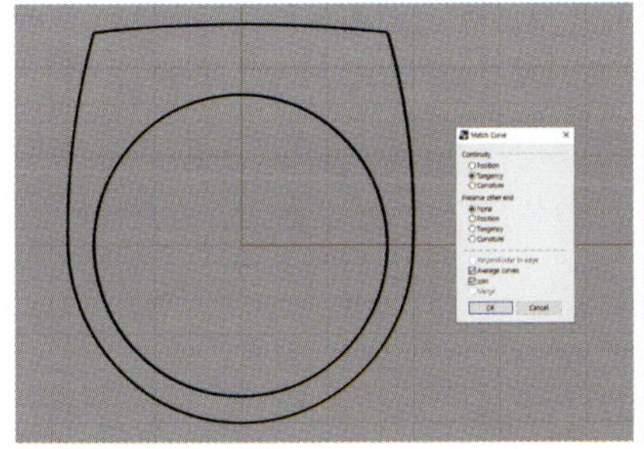

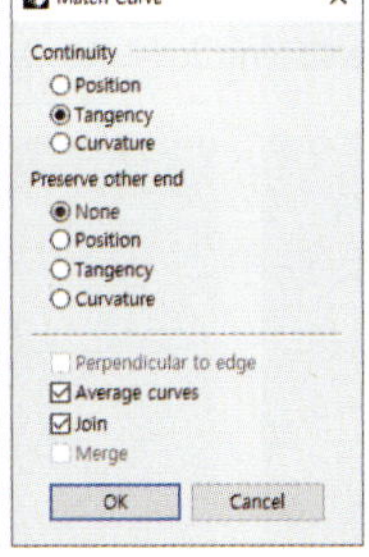

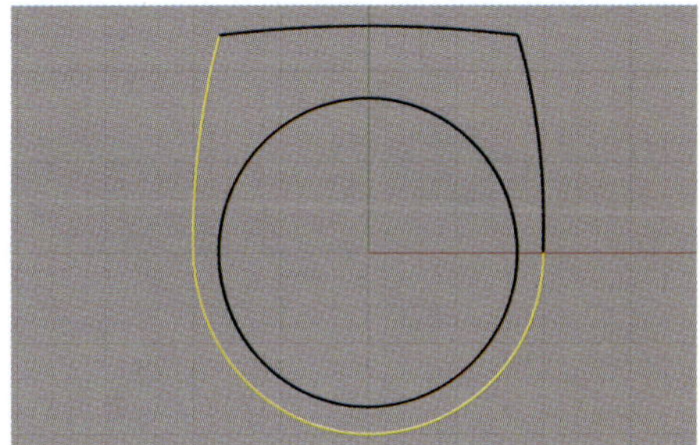

10. 다시 Match curve를 실행하고, 위와 같은 방법으로 결합된 Curve개체의 1번 부분을 선택한 후, 2번 Arc개체를 선택한다. Match curve창이 나타나면 Continuity에서 Tangency를 설정하고, Preserve other end는 None으로 설정한 후, Average curves와 Join에 체크한 다음 OK를 누르면 다음 그림과 같이 선택한 2개의 Curve개체가 자연스러운 U자 형태로 결합된 것을 확인할 수 있다.

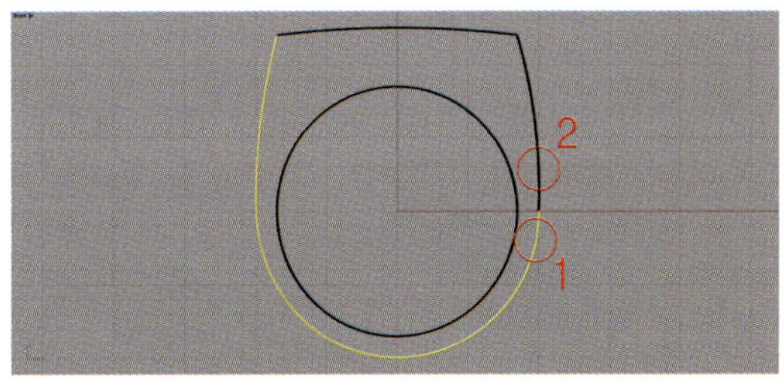

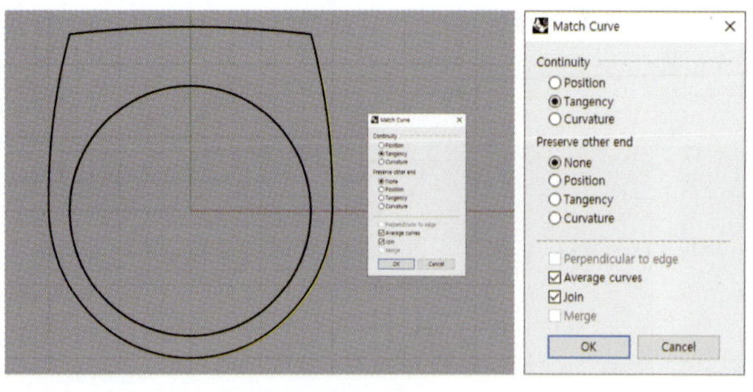

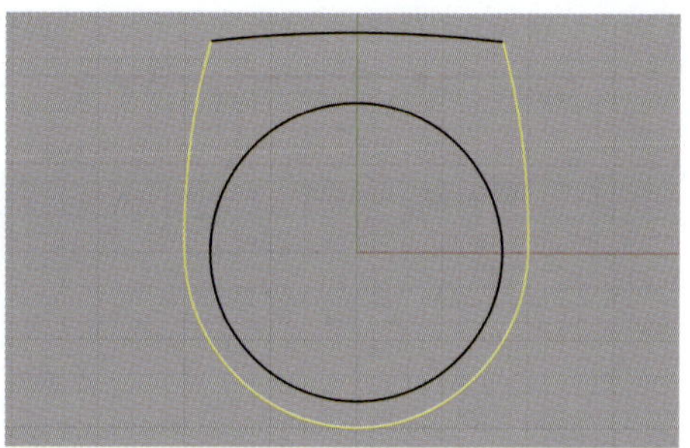

11. Polyline를 실행하고, Start of polyline을 1번 End점으로 선택한 후, Command Prompt 영역에 Next point of polyline값 0을 입력한 다음, Enter↵ 키를 누른다. Next Point of polyline을 2번 End점으로 선택한 후, Enter↵ 키를 눌러서 작업을 완료한다.

Start of polyline (PersistentClose=*No*):

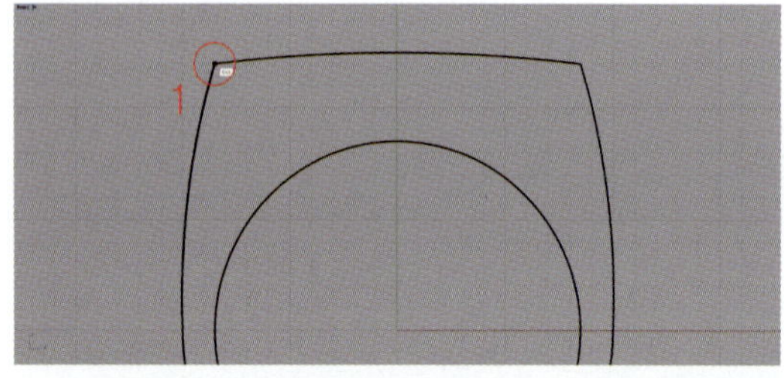

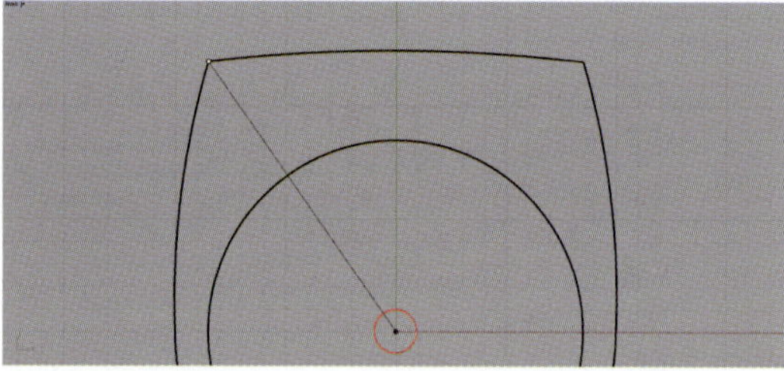

Next point of polyline (PersistentClose=*No* Mode=*Line* Helpers=*No* Undo): 0

Next point of polyline. Press Enter when done (PersistentClose=*No* Mode=*Line* Helpers=*No* Length Undo):

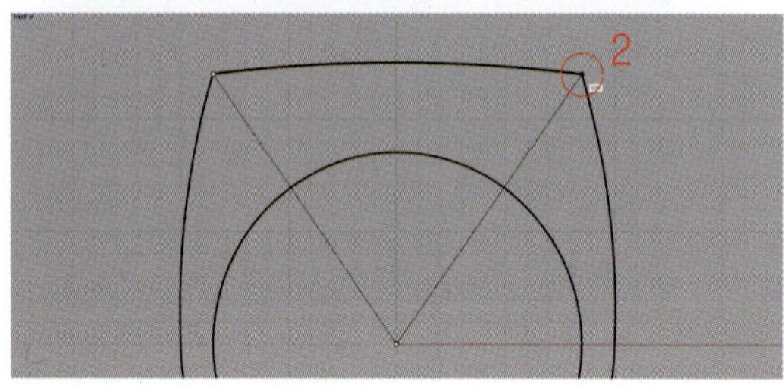

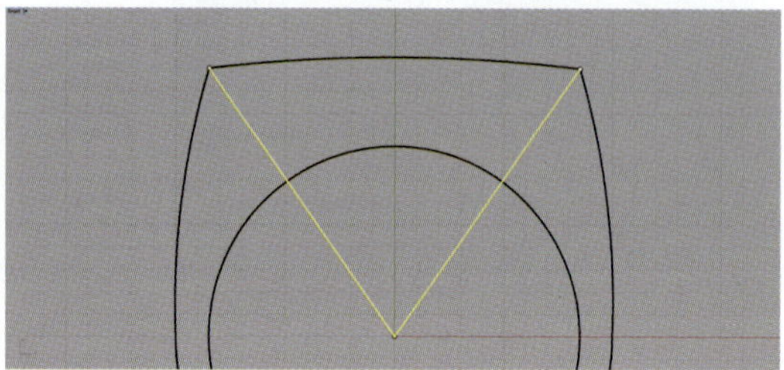

12. 생성된 V형태의 Curve개체와 17㎜ 원형 Curve개체를 선택하고, Trim을 실행한 후, 다음 그림과 같이 17㎜ 원형 Curve개체 안쪽 부분의 Curve개체들을 선택하여 삭제한다.

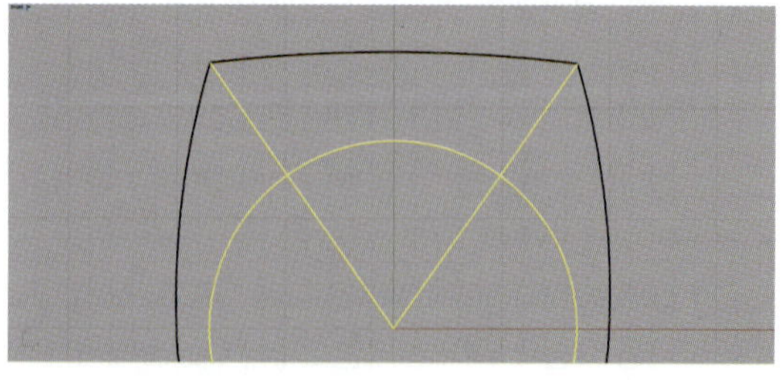

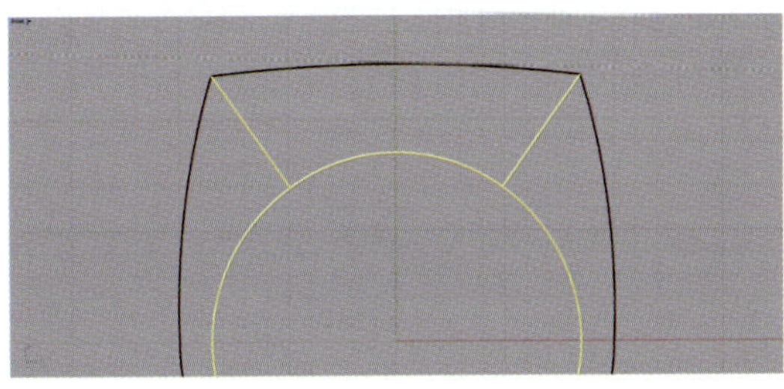

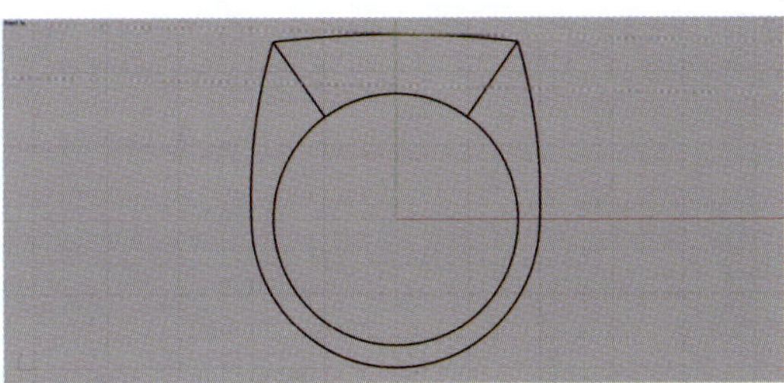

13. 17㎜ 원형 Curve개체를 선택하고, Split을 실행한 후, 1번과 2번 Curve개체를 선택한 다음, Enter↵키를 누르면 다음 그림과 같이 원형 Curve개체 상단부분이 2개의 직선 Curve개체로 인해 Split된 것을 확인할 수 있다.

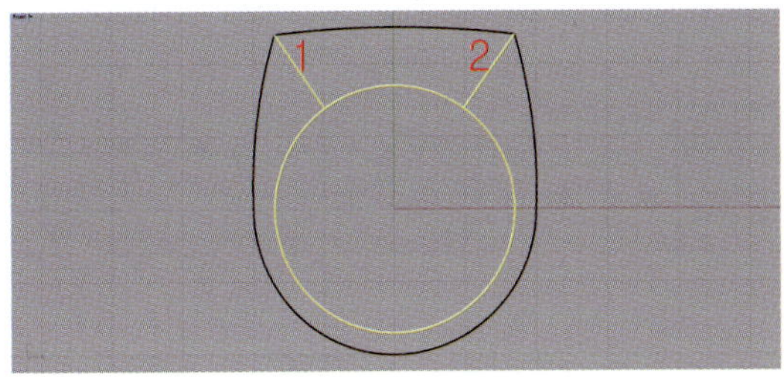

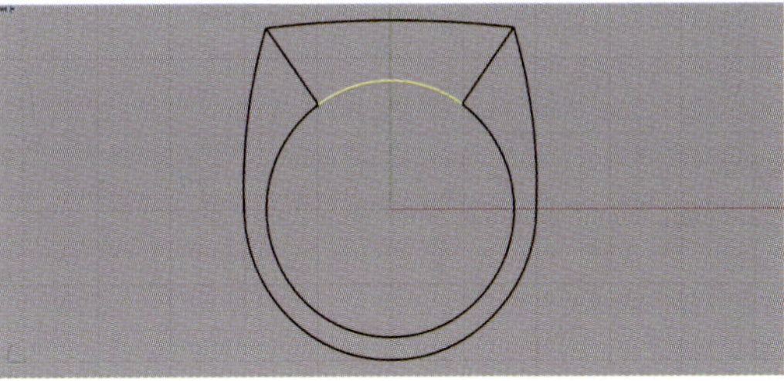

14. 다음 그림과 같이 4개의 직선 Curve개체를 선택하고, Extrude straight를 실행한다. Command Prompt 영역에서 BothSides=Yes, Solid=Yes, Deleteinput=Yes로 설정하고, Extrusion distance값 6.5를 입력한 후, Enter↵키를 누르면 생성된 세로 13㎜의 Solid개체를 확인할 수 있다.

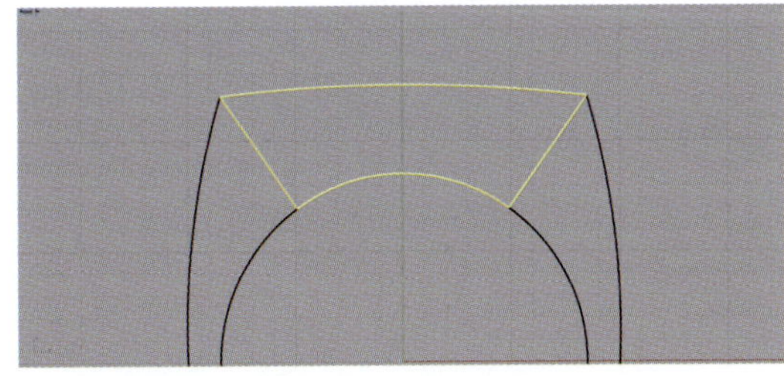

Extrusion distance <15> (Direction BothSides=Yes Solid=Yes DeleteInput=Yes ToBoundary SetBasePoint): 6.5

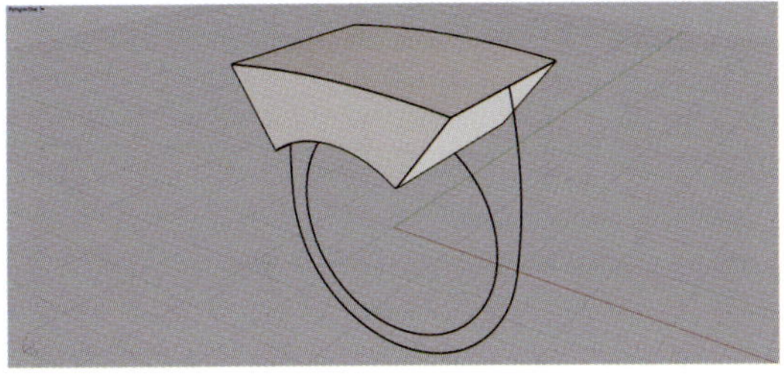

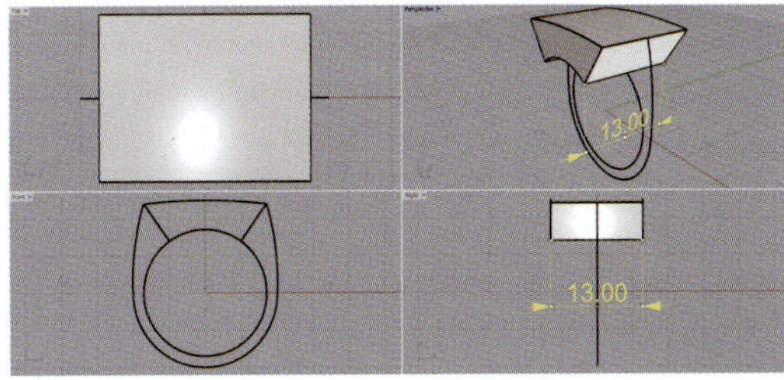

15. 외경 Curve개체를 선택하고, Move를 실행한다. Curve개체의 End점을 선택한 후, 마우스 커서를 화살표 방향으로 이동하여 Solid개체 상단의 End점을 선택한다. 다음 그림과 같이 외경 Curve개체가 Solid개체 상단의 End점으로 이동한 것을 확인할 수 있다.

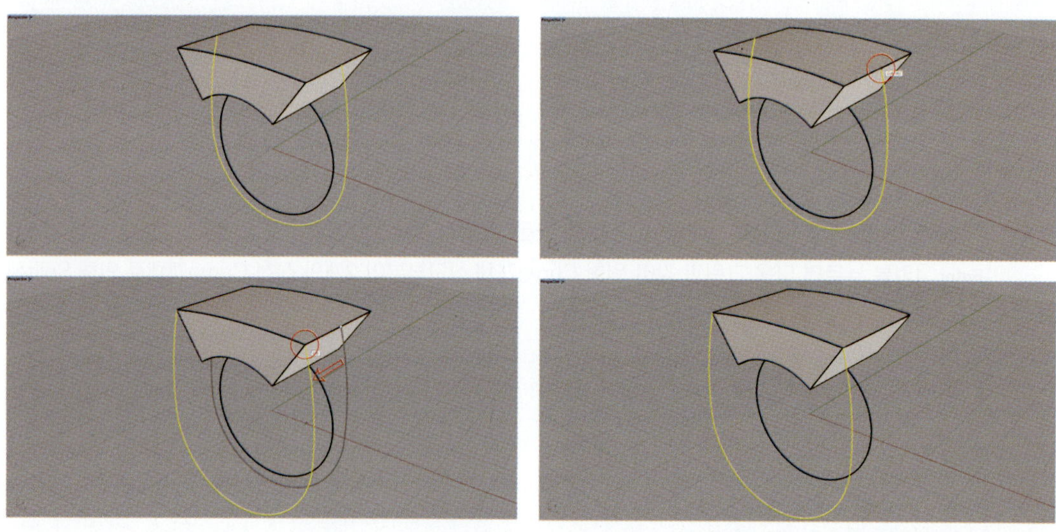

16. 내경 Curve개체를 선택하고, Move를 실행한다. 위와 같은 방법으로 Curve개체의 End점을 선택한 후, 마우스 커서를 화살표 방향으로 이동하여 Solid개체 하단의 End점을 선택한다. 다음 그림과 같이 내경 Curve개체가 Solid개체 하단의 End점으로 이동한 것을 확인할 수 있다.

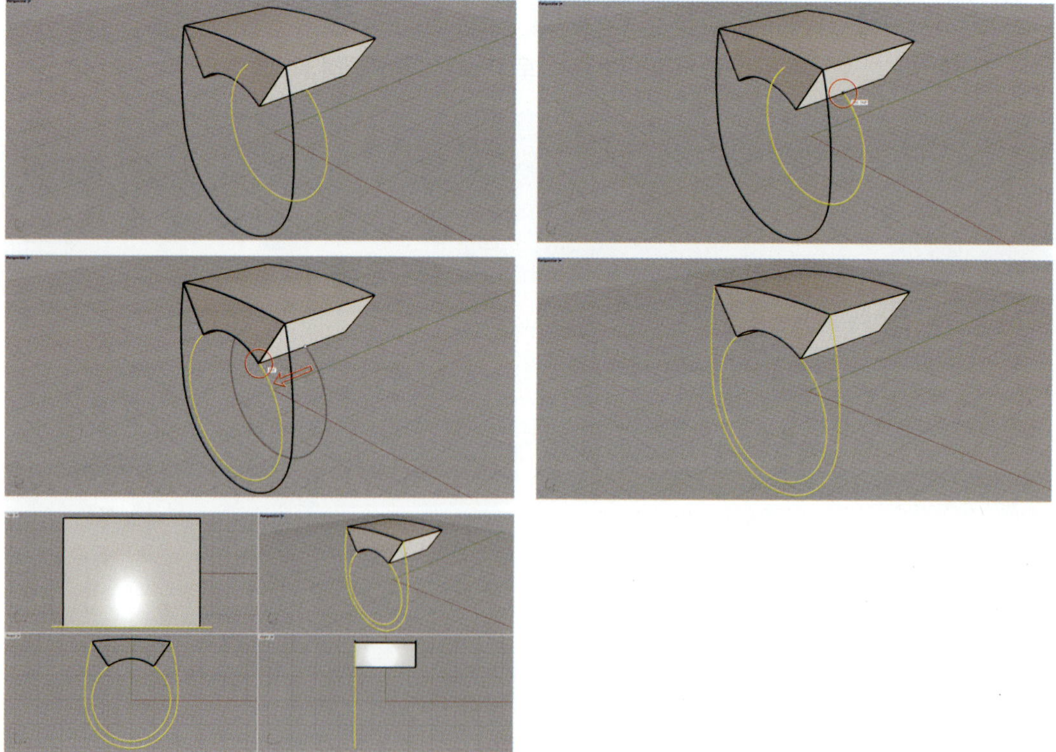

17. 다음 그림과 같이 외경 Curve개체를 선택하고, Right ▾ Right Viewport에서 Rotate 2-D를 실행한 다음, Center of rotation을 외경 Curve개체 상단의 End점으로 선택한다.

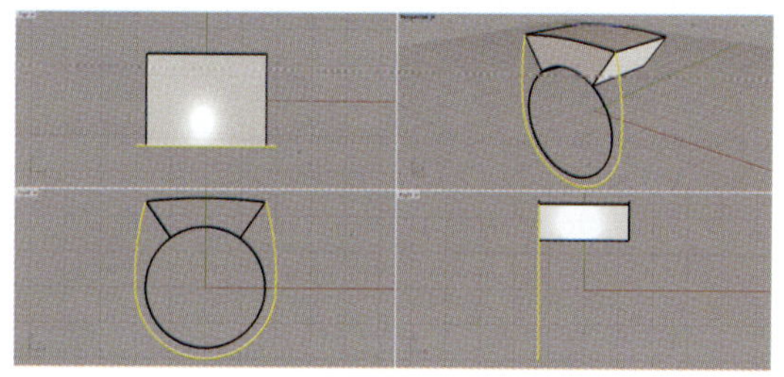

Command Prompt 영역에 Angle or first reference point값 7을 입력한 후, Enter↵ 키를 누르면 다음 그림과 외경 Curve개체가 7도 각도로 회전한 것을 확인할 수 있다.

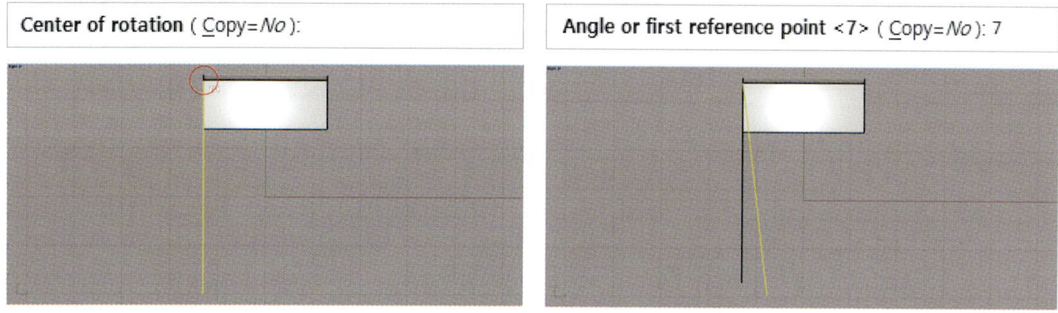

18. 내경 Curve개체를 선택하고, Rotate 2-D를 실행한 후, Center of rotation을 내경 Curve개체 상단의 End점으로 선택한다. Osnap Toolbar에서 Mid점과 Quad점에 체크하고, Angle or first reference point를 내경 Curve개체 하단의 Quad점으로 선택한 후, 마우스 커서를 이동하여 외경 Curve개체의 Mid점을 선택한다. 다음 그림과 같이 내경 Curve개체가 회전한 것을 확인할 수 있다.

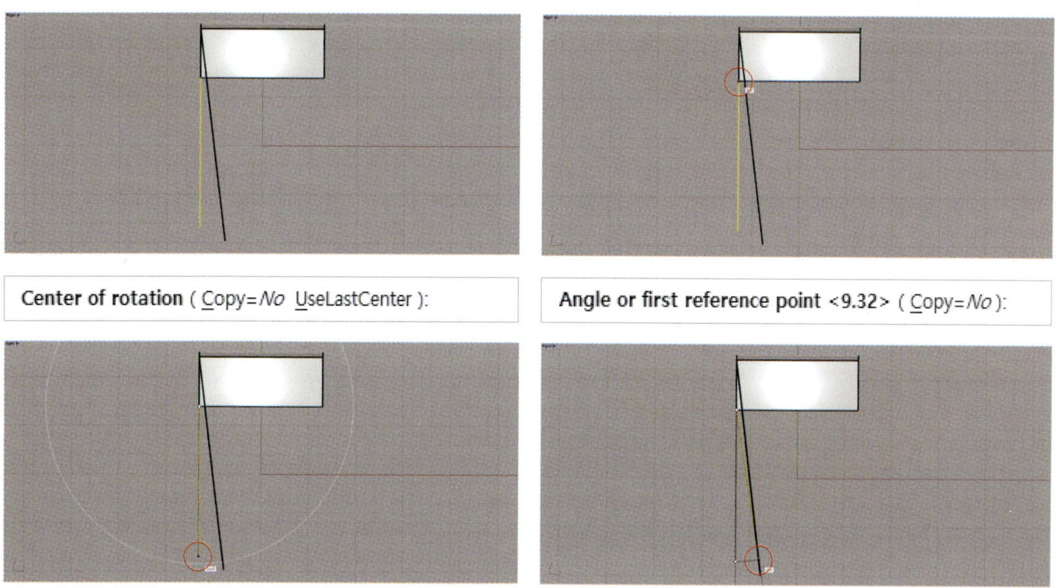

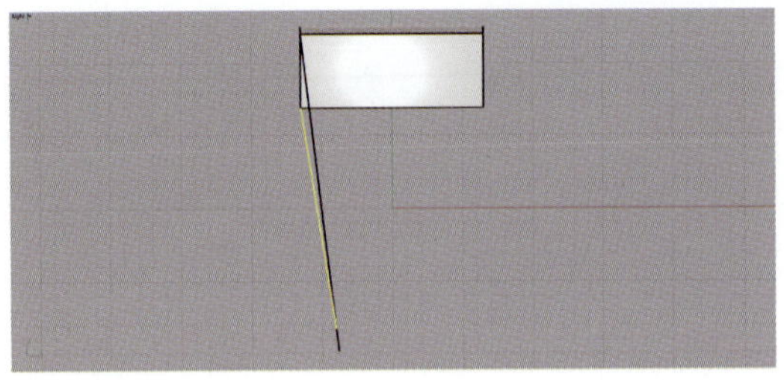
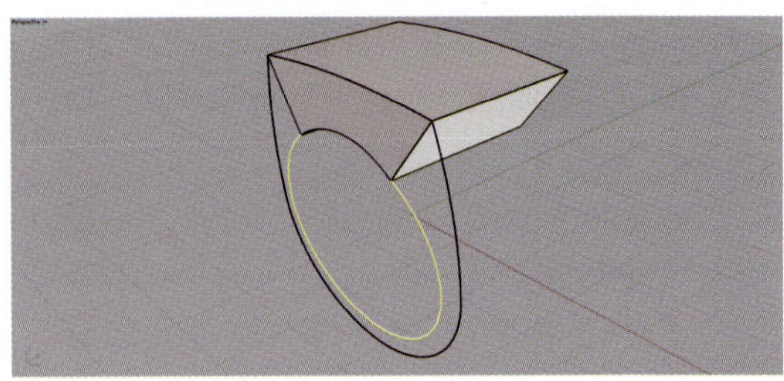

19. Sweep 2 rails를 실행하고, 다음 그림과 같이 1번 외경 Curve개체, 2번 내경 Curve개체, 3번과 4번의 Edge를 순서대로 선택한 뒤, Enter↵ 키를 누른다. Sweep 2 rail Options창이 나타나면 OK를 누른다.

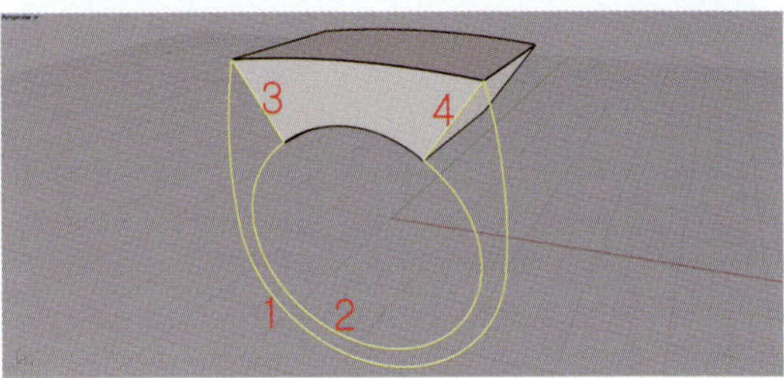

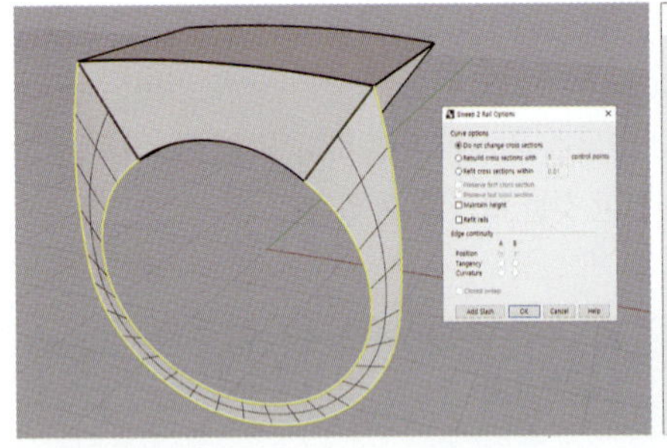
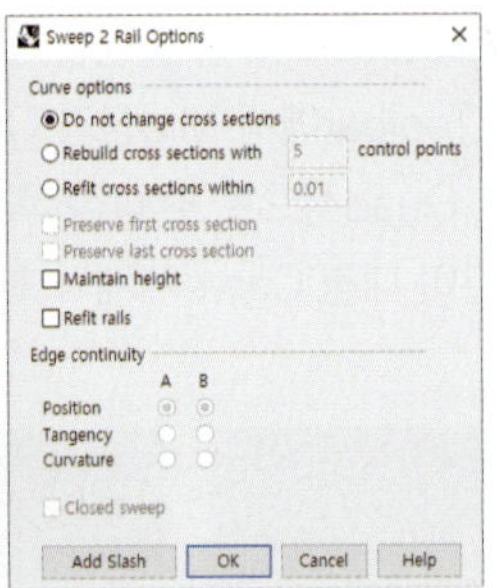

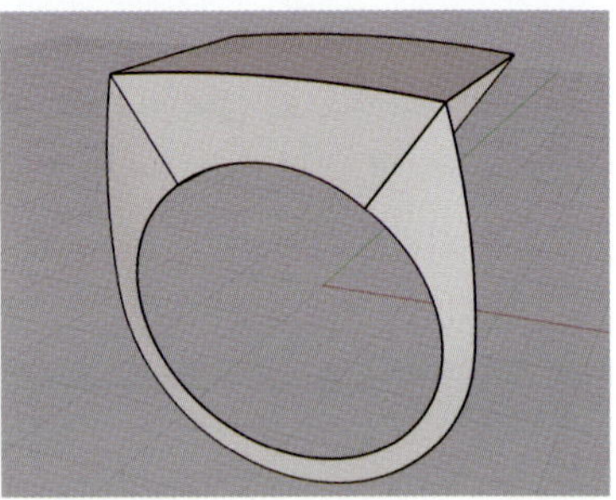

20. 생성된 Surface개체를 선택하고, Right Right Viewport에서 Mirror를 실행한다. Command Prompt 영역에 Start of mirror plane값 0을 입력한 후, Enter↵ 키를 누른 다음, Shift 키를 누른 상태로 마우스 커서를 화살표 방향으로 이동한 후, 마우스 왼쪽버튼을 클릭하여 대칭 방향에 선택한 Surface개체를 복사한다.

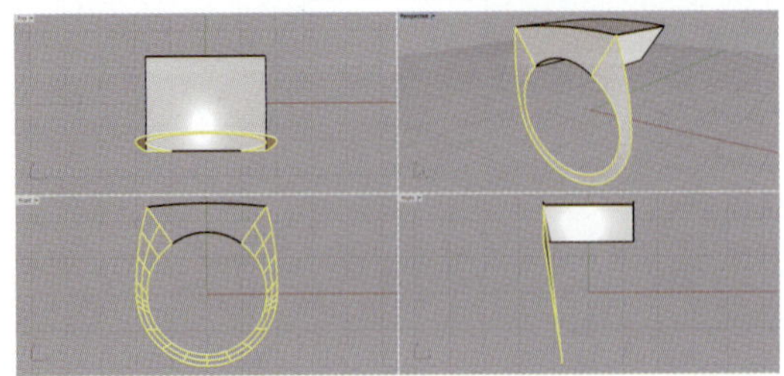
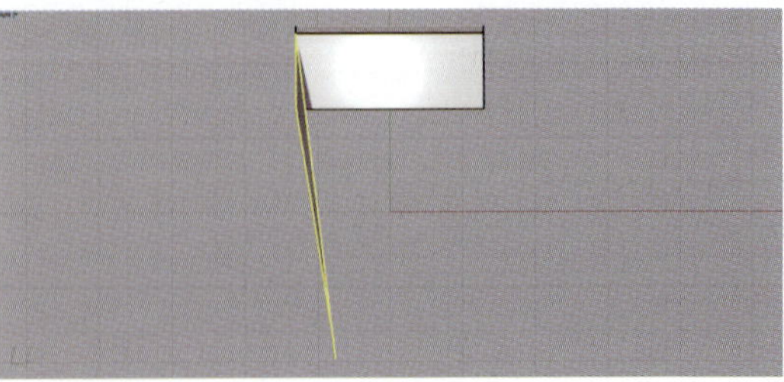

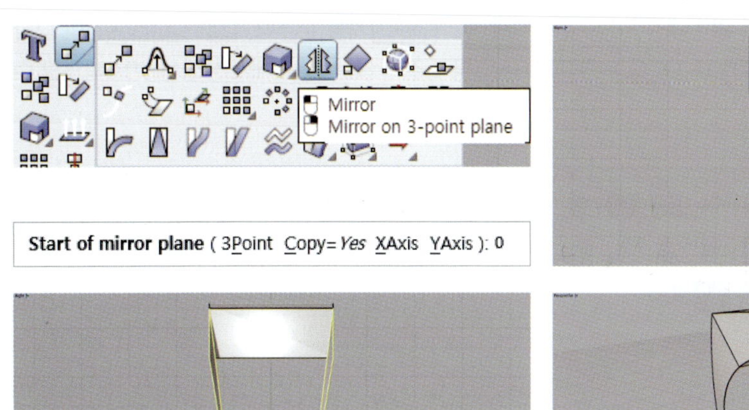

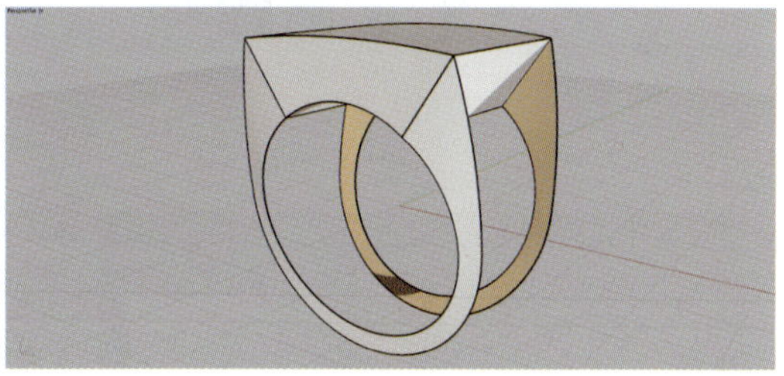

21. Select curves를 실행한 후, 선택된 Curve개체들을 모두 삭제한다.

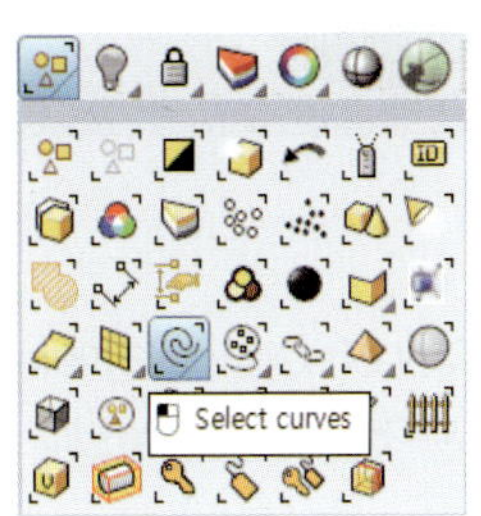

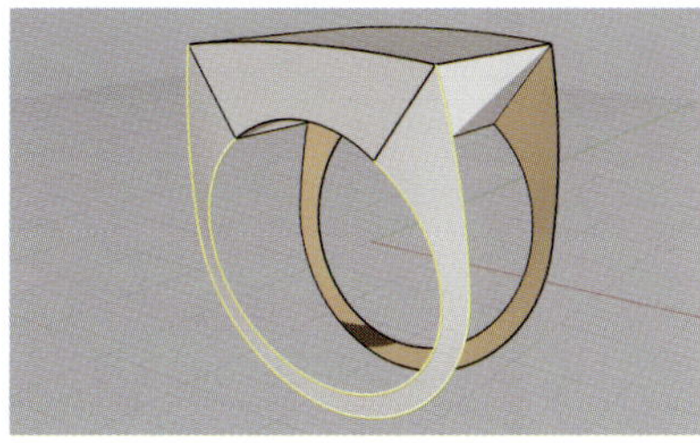

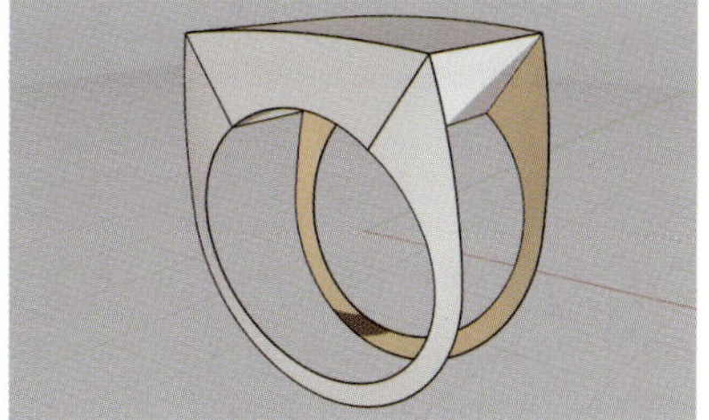

22. Extract surface를 실행하고, 다음 그림과 같이 Solid개체의 양쪽 Surface를 선택한 후, Enter↵ 키를 누른다. Delete 키를 눌러서 분리된 2개의 Surface개체는 삭제한다.

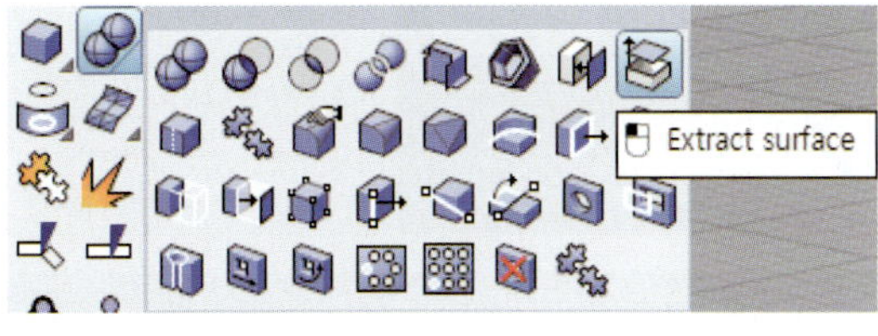

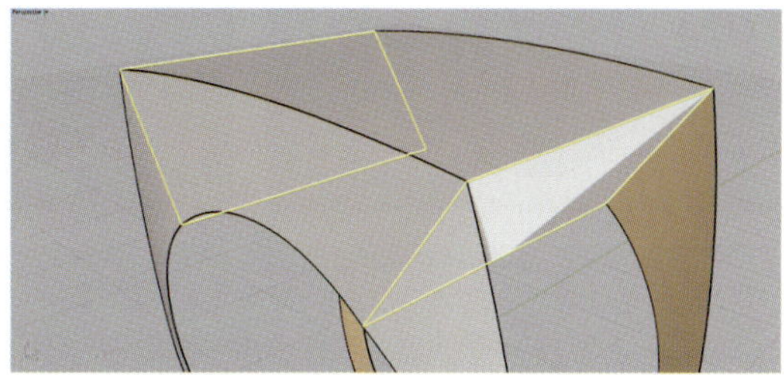

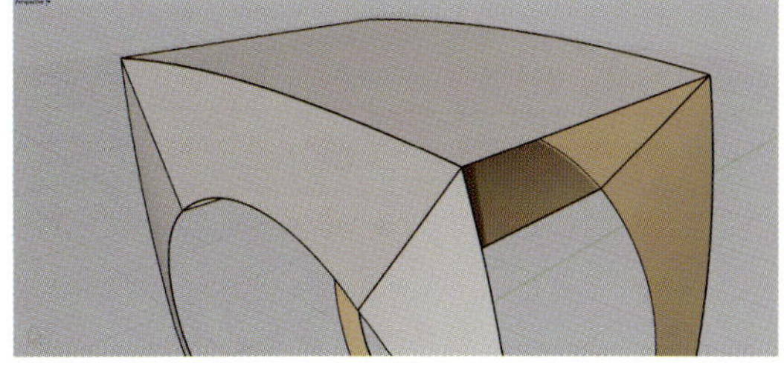

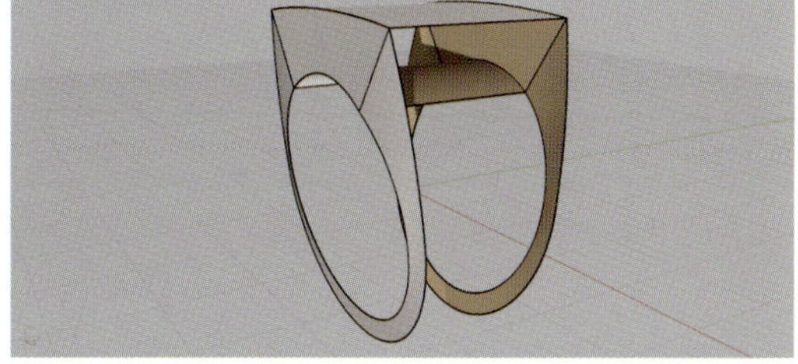

23. Loft를 실행하고, 1번과 2번 내경 Edge를 선택한 후, Enter↵키를 누른다. Loft Options창이 나타나면 Style을 Loose로 선택하고, OK를 누른다. 다음 그림과 같이 Surface개체가 생성된 것을 확인할 수 있다.

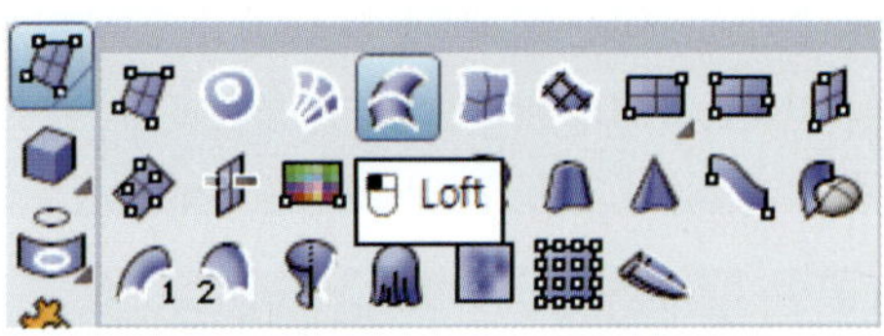

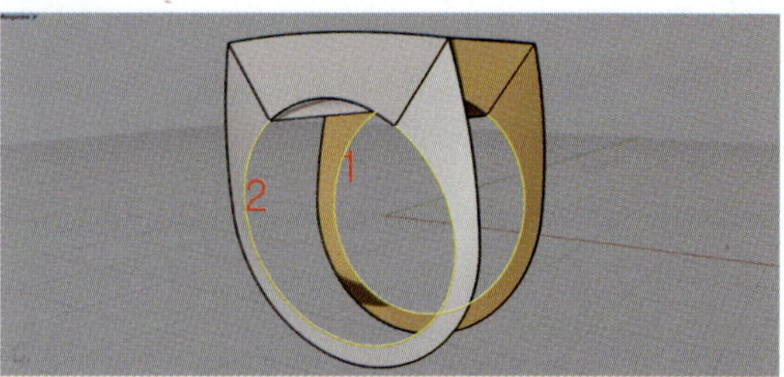

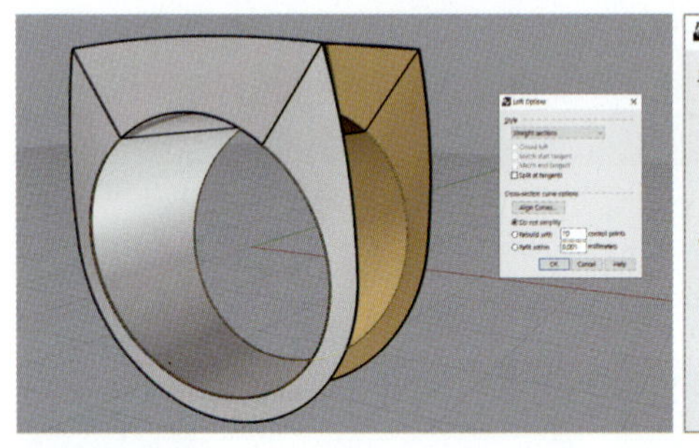

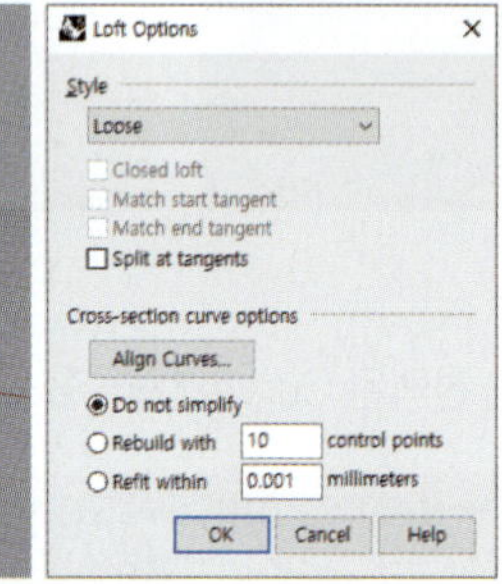

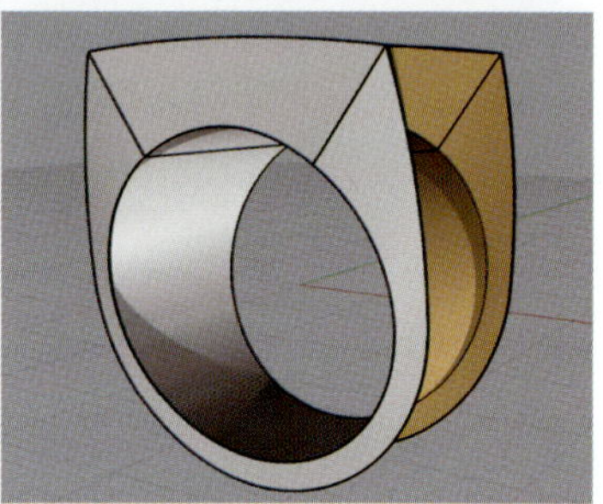

24. 다시 Loft를 실행하고, 1번과 2번 외경 Edge를 선택한 후, Enter↵키를 누른다. Loft Options창에서 Style을 Loose로 선택하고, OK를 누르면 다음 그림과 같이 Surface개체가 생성된 것을 확인할 수 있다. 개체들을 모두 선택하고, Join을 실행하여 하나의 개체로 결합한다.

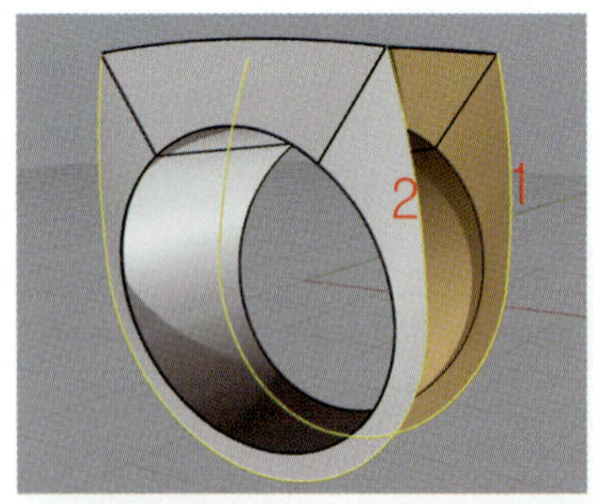

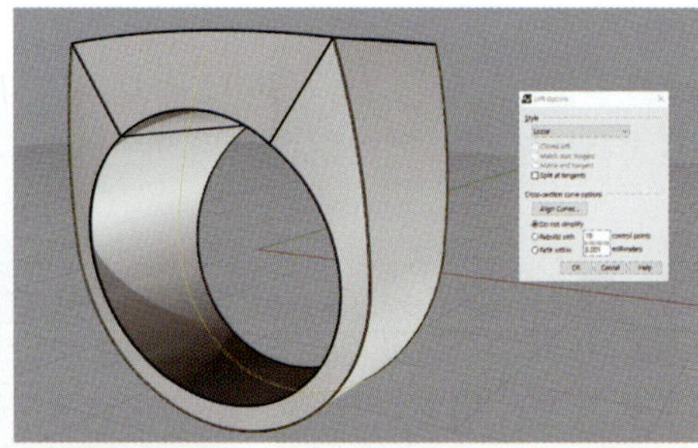

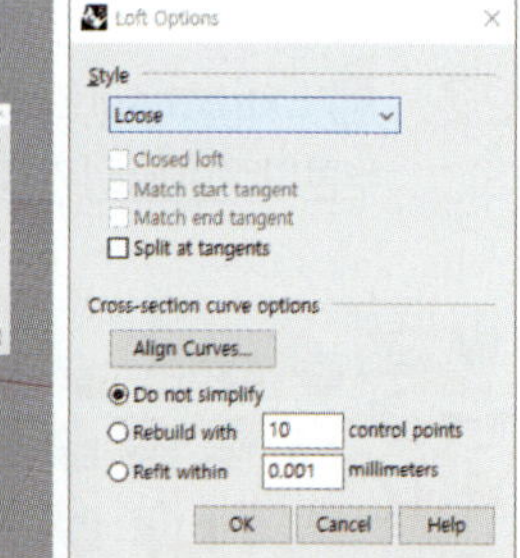

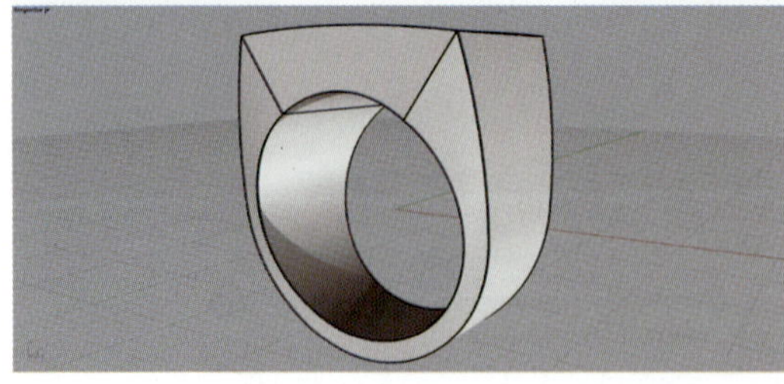

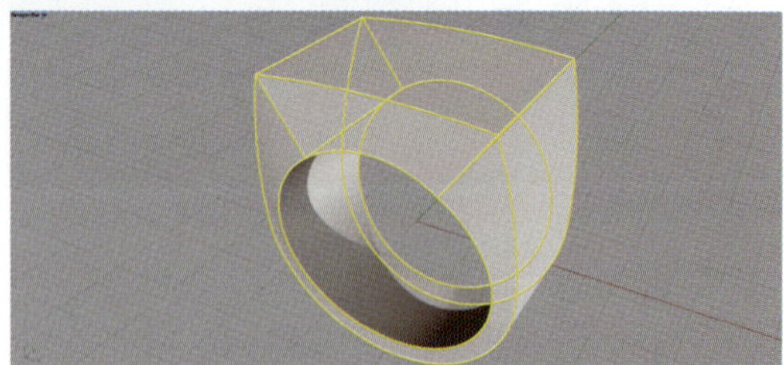

25. Front Front Viewport에서 반지개체를 선택하고, Volume centroid를 실행하여 반지개체 중심에 Point개체(중심점)를 생성한다.

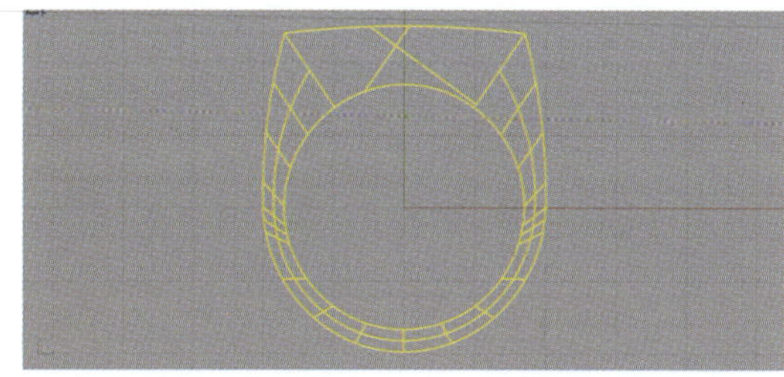

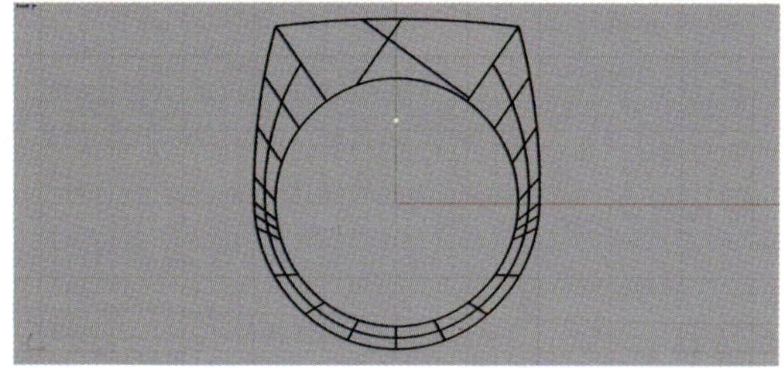

26. Osnap Toolbar에서 Point점에 체크한 후, 반지개체를 선택하고, Scale 3-D를 실행한다. Base point를 생성된 Point개체로 선택하고, Command Prompt 영역에서 Copy=Yes로 설정한 후, Scale factor or first reference point값 0.8을 입력한 다음, Enter↵키를 누른다. 다음 그림과 같이 20% 축소된 반지개체가 생성된 것을 확인할 수 있다.

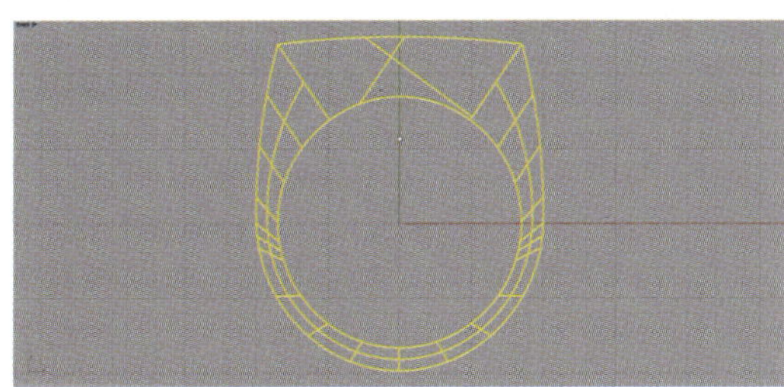

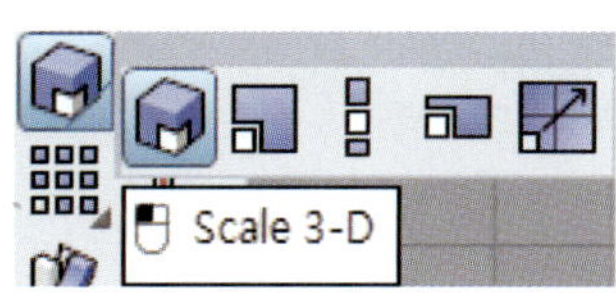

Base point. Press Enter for automatic. (Copy=*No* Rigid=*No*):
Scale factor or first reference point <0.800> (Copy=*Yes* Rigid=*No*): 0.8

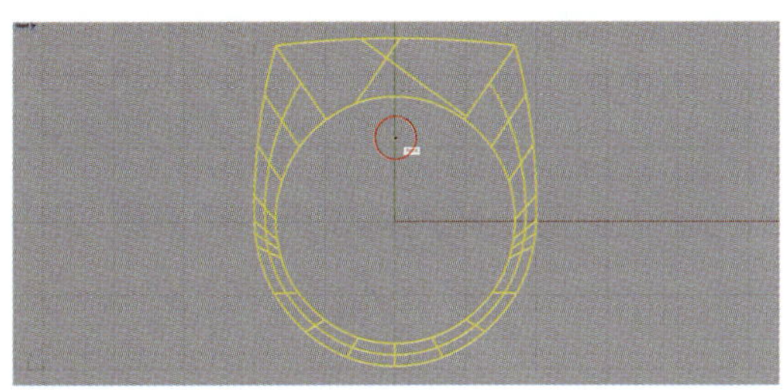

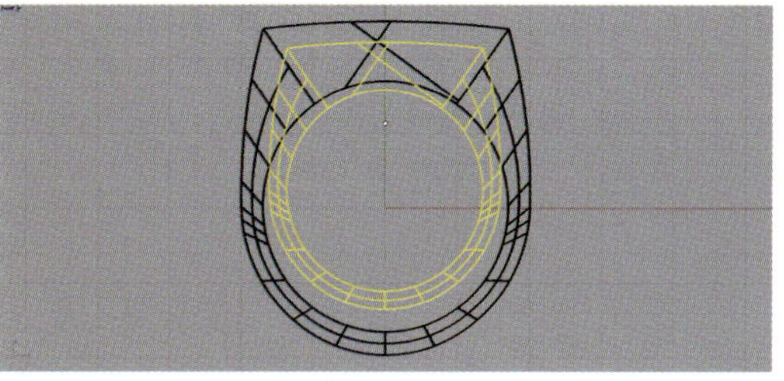

27. 원본 반지개체를 선택하고, Boolean difference를 실행한다. Command Prompt 영역에서 DeleteInput=Yes로 설정하고, 축소된 반지개체를 선택한 다음, Enter↵키를 누르면 다음 그림과 같이 원본 반지개체 내에 축소된 반지개체 형태만큼 홈이 파인 것을 확인할 수 있다.

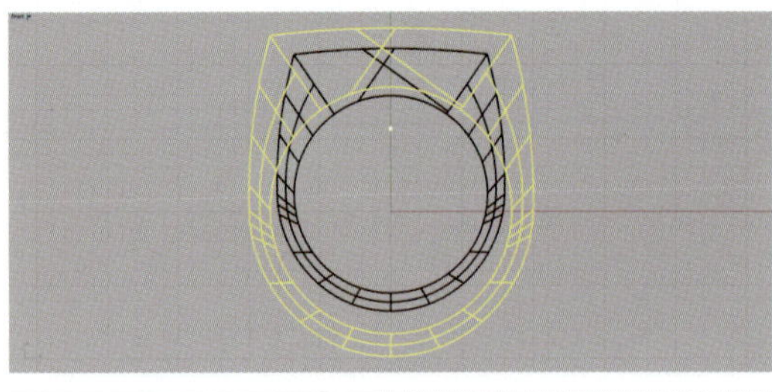

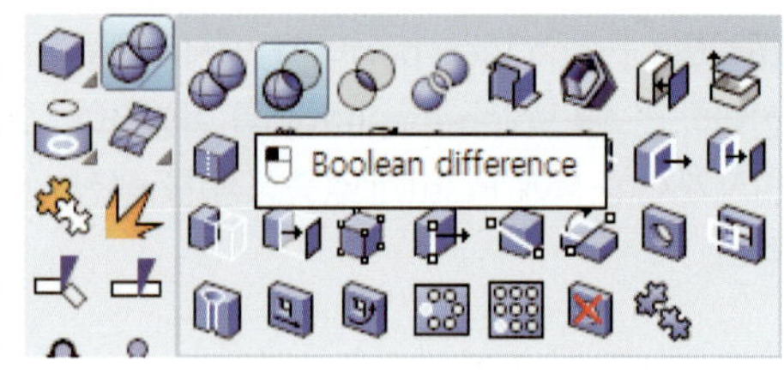

Select surfaces or polysurfaces to subtract with (DeleteInput=*Yes*):

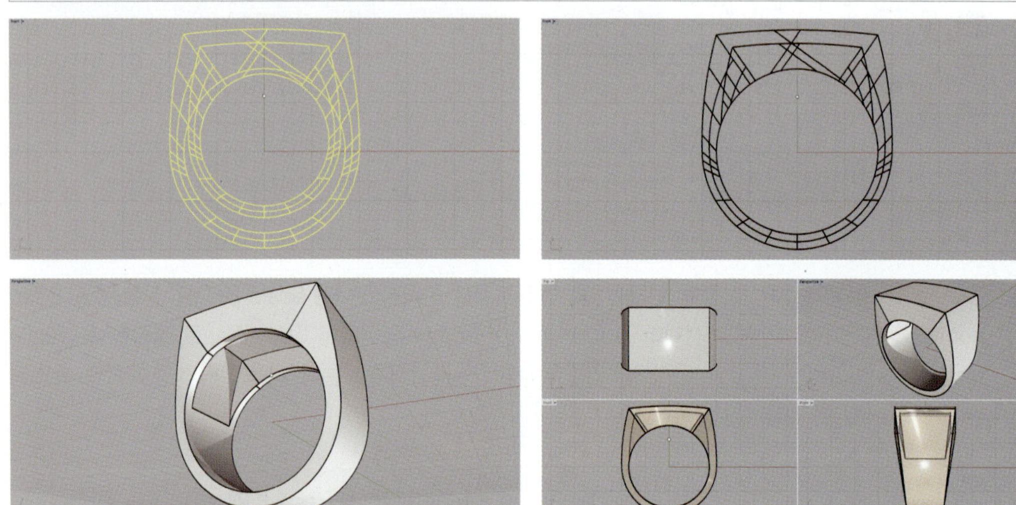

28. Extract surface를 실행하고, 반지개체 상단의 Surface개체를 선택한 후, Enter↵키를 누른다. 추출된 Surface개체를 선택하고, Isolate objects를 실행하여 선택한 Surface개체를 제외한 모든 개체들을 Hide시킨다.

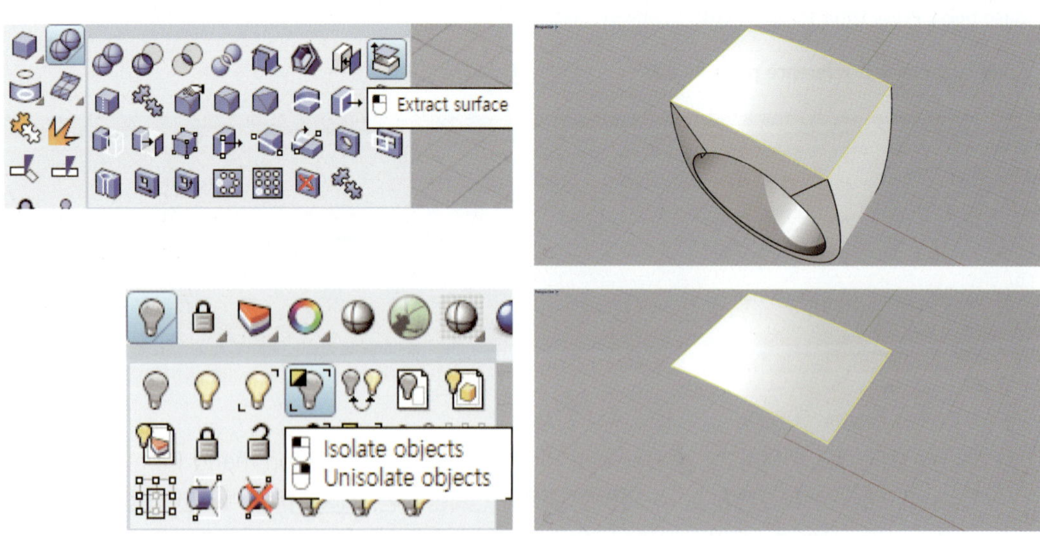

29. Top Top Viewport에서 Text object를 실행한다. Text object Options창이 나타나면 원하는 글씨와 사이즈로 입력하고, Create geometry에서 Curves를 설정한 후, OK를 누른다. 마우스 커서를 움직여서 Text Curve개체의 위치를 Surface개체의 중앙에 오게 한 다음, 마우스 왼쪽버튼을 클릭하여 Text Curve개체를 생성한다.

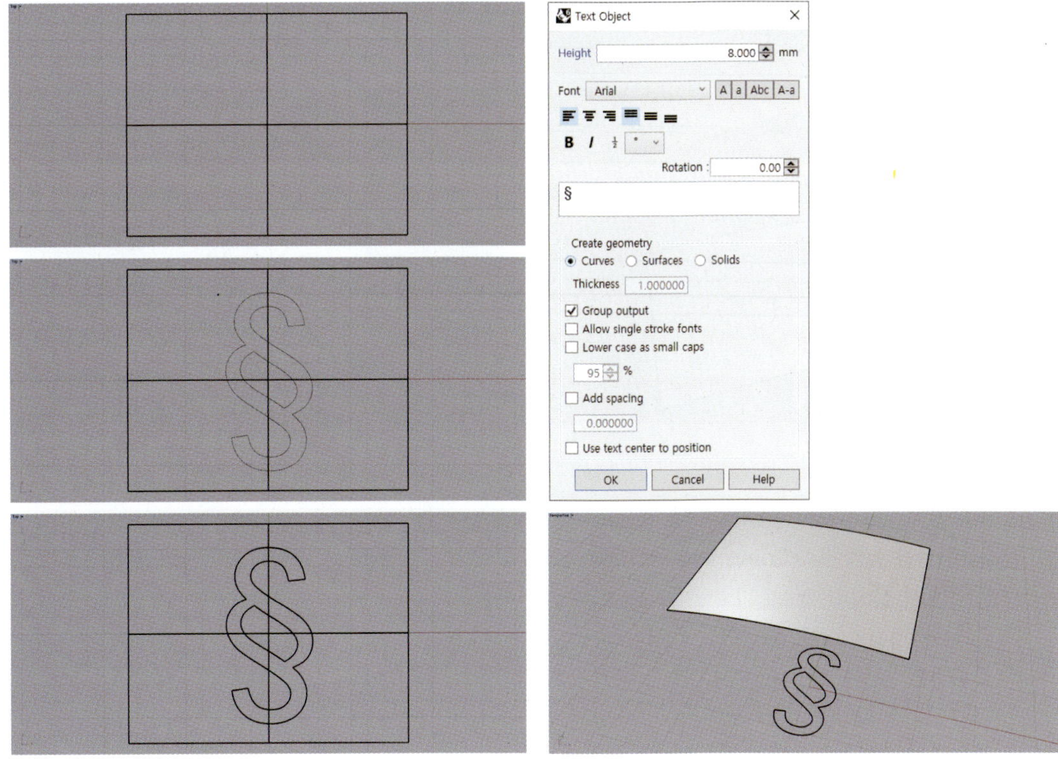

30. 생성된 Text Curve개체를 선택하고, Project curves를 실행한다. Command Prompt 영역에서 DeleteInput=Yes로 설정하고, Surface개체를 선택한 후, Enter↵ 키를 누르면 다음 그림과 같이 Surface개체에 Text Curve개체가 투영된 것을 확인할 수 있다.

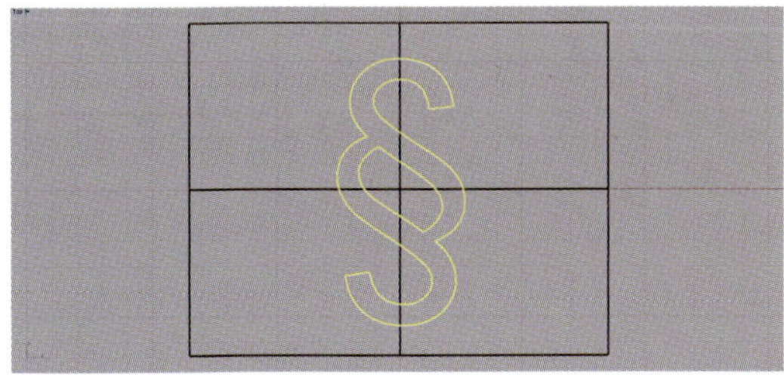

Select surfaces, polysurfaces and meshes to project onto (Loose=*No* DeleteInput=*Yes* OutputLayer=*Current* Direction=*CPlaneZ*):

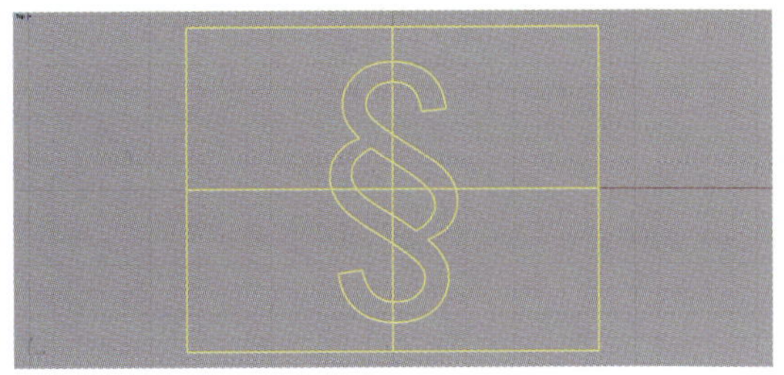

31. Surface개체를 선택하고, Split을 실행한 다음, Text Curve개체를 선택한 후, [Enter↵]키를 누른다. Select curves를 실행하여 Text Curve개체를 선택한 후, 삭제한다.

32. Text Surface개체를 선택하고, Offset Surface를 실행한다. Command Prompt 영역에서 Solid=Yes, Loose=Yes, DeleteInput=Yes로 설정하고 Distance 값 0.5를 입력한 후, [Enter↵]키를 누르면 다음 그림과 같이 높이 0.5mm의 Text Solid 개체가 생성된 것을 확인할 수 있다.

Select object to flip direction. Press Enter when done (Distance=0.5 Corner=Round Solid=Yes Loose=Yes BothSides=No DeleteInput=Yes FlipAll): 0.5

33. [Perspective] Perspective Viewport에서 다음 그림과 같이 Surface개체의 뒷부분을 보이게 한다. Extract surface를 실행하고, Text Solid개체의 Surface를 선택한 후, [Enter↵]키를 누른다. 추출된 Text Surface개체는 삭제한다.

34. Text개체와 Surface개체를 선택하고, Join을 실행하여 하나의 개체로 결합한다. Show objects를 실행해서 숨겨둔 개체들을 모두 화면상에 나타나게 하고, Ctrl+A로 모든 개체를 선택한 후, 다시 Join을 실행하여 하나의 반지개체로 결합한다.

35. 다음 그림과 같이 완성된 Signet Ring개체를 확인할 수 있다.

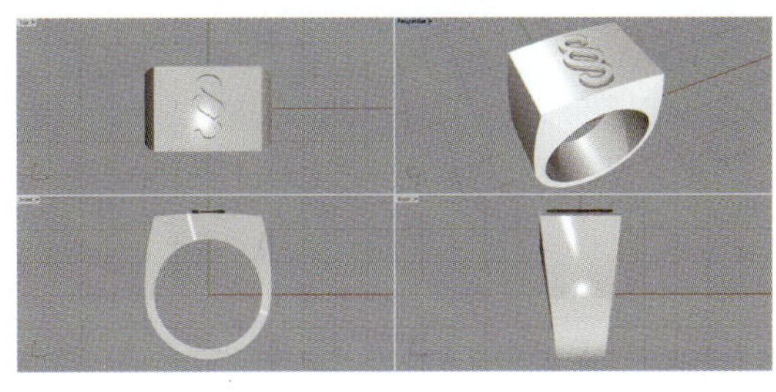

Basic Modeling - 22 Text Ring

01. Right Right Viewport에서 Single Line을 실행하고, 원점(0, 0) 기준으로 Command Prompt 영역에 End of line 값 8.5를 입력한 후, Enter↵키를 누른다.
Shift키를 누른 상태로 마우스 커서를 Z축 방향(화살표 방향)으로 이동한 다음, 마우스 왼쪽버튼을 클릭하여 길이 8.5㎜의 직선 Curve개체를 생성한다.

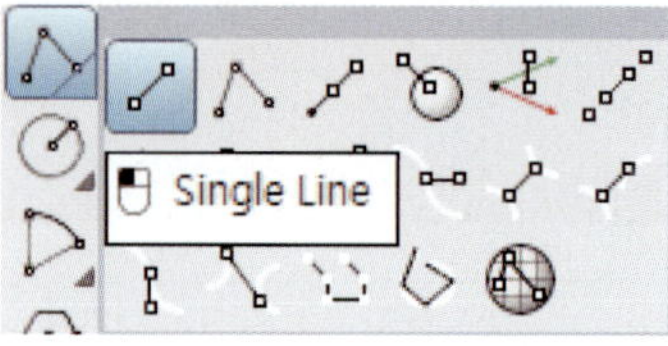

Start of line (BothSides Normal Angled Vertical FourPoint Bisector Perpendicular Tangent Extension): 0

End of line (BothSides): 8.5

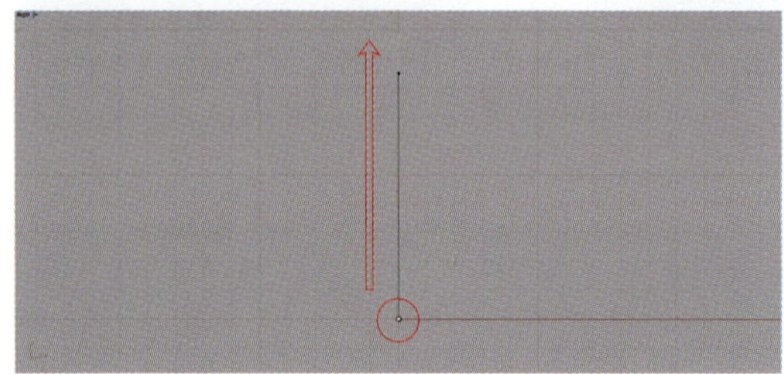

02. Line: from midpoint를 실행하고, Middle of line을 생성된 직선 Curve개체 상단의 End점으로 선택한 후, Command Prompt 영역에 End of line값 3을 입력한 다음 Enter↵키를 누른다. Shift키를 누른 상태로 마우스 커서를 Y축 방향(화살표 방향)으로 이동한 후, 마우스 왼쪽버튼을 클릭하여 6㎜ 길이의 직선 Curve개체를 생성한다.

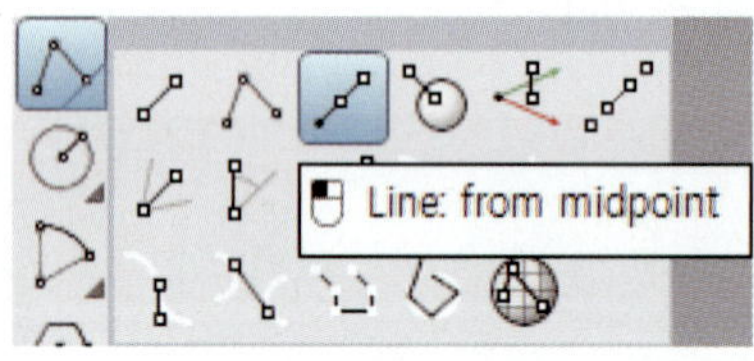

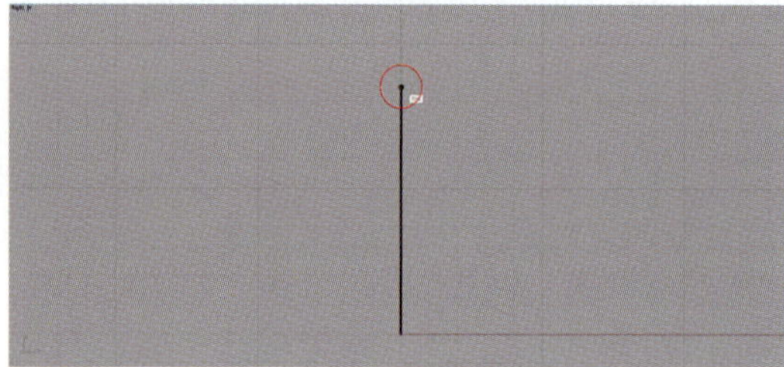

Middle of line (Normal Angled Vertical FourPoint Bisector Perpendicular Tangent Extension):

End of line: 3

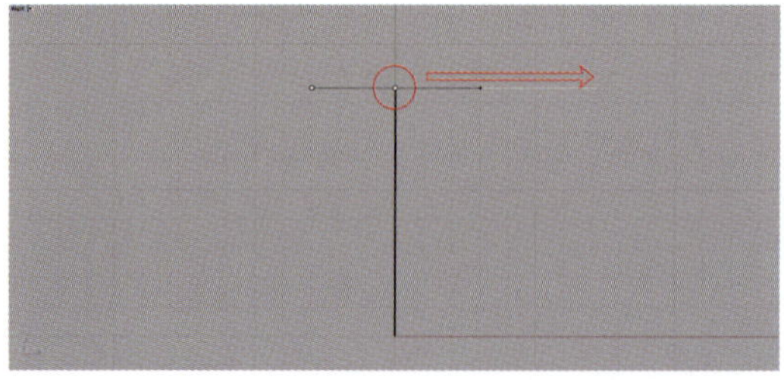

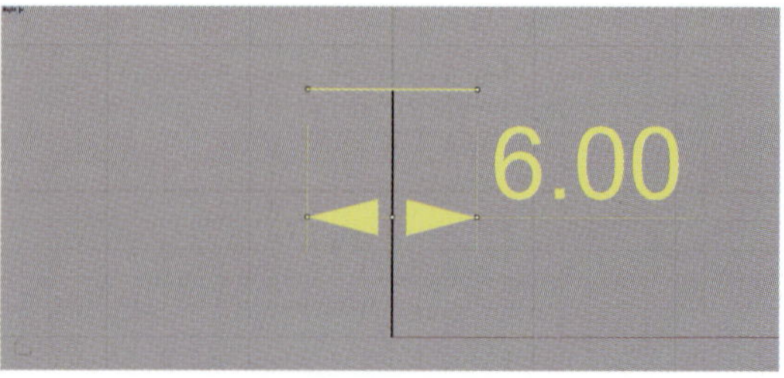

03. 생성된 6㎜ 직선 Curve개체를 선택하고, Rebuild curve를 실행한다. Rebuild Options창이 나타나면 Point count값 6, Degree값 3으로 입력한 후, OK를 누른다.

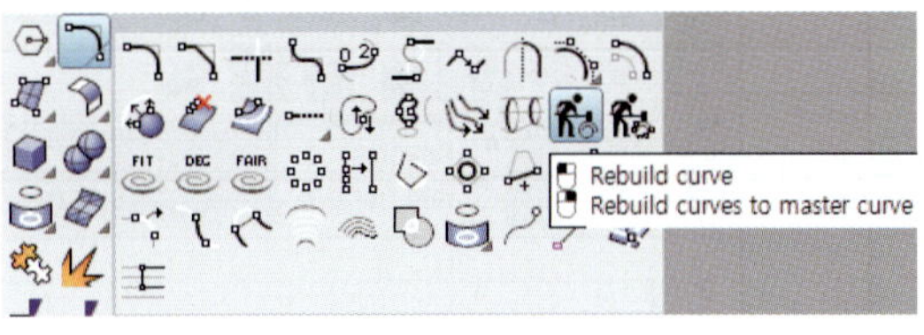

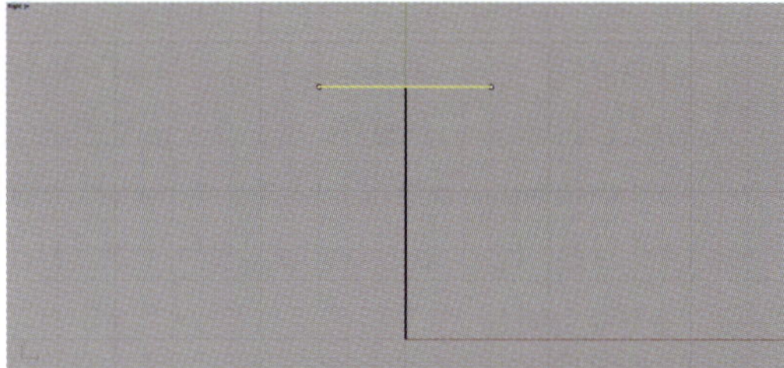

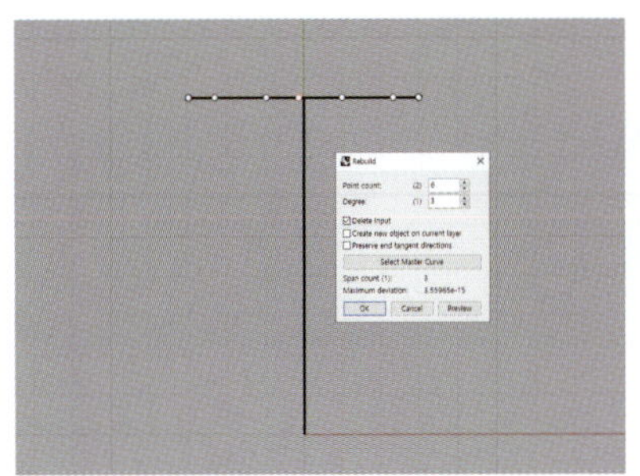

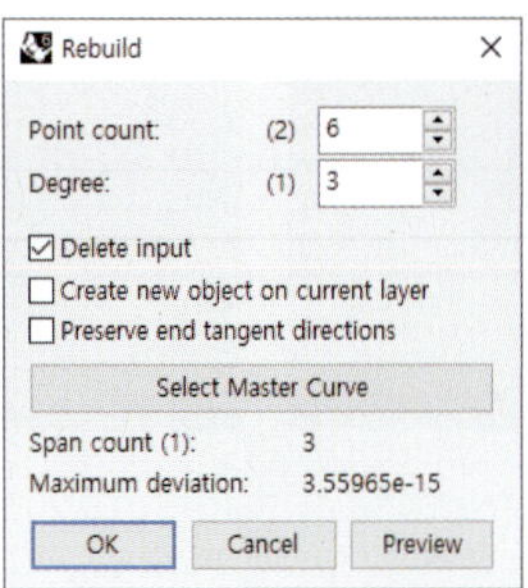

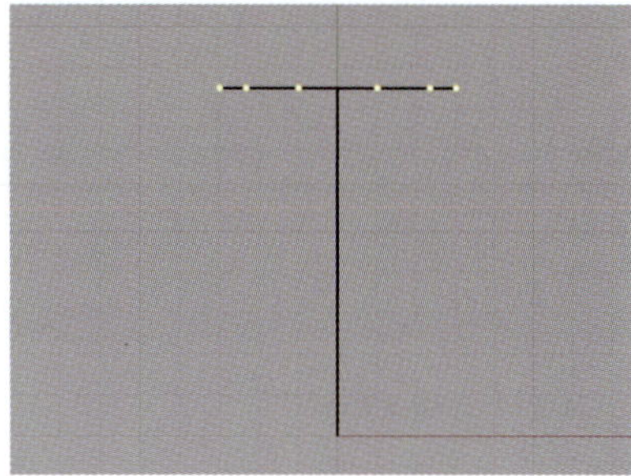

04. 6㎜ 직선 Curve개체를 선택하고, 다음 그림과 같이 Shift키를 누른 상태로 가운데 4개의 Point개체를 선택한다. Move를 실행하고, Osnap Toolbar에서 Int점에 체크한 후, 6㎜ 직선 Curve개체와 8.5㎜ 직선 Curve개체의 교차점을 선택한다. Command Prompt 영역에 Point to move to값 2를 입력하고, Enter↵키를 누른 다음, Shift키를 누른 상태로 마우스 커서를 화살표 방향으로 이동한 후, 마우스 왼쪽 버튼을 클릭하여 6㎜ 직선 Curve개체의 형태를 변형시킨다.

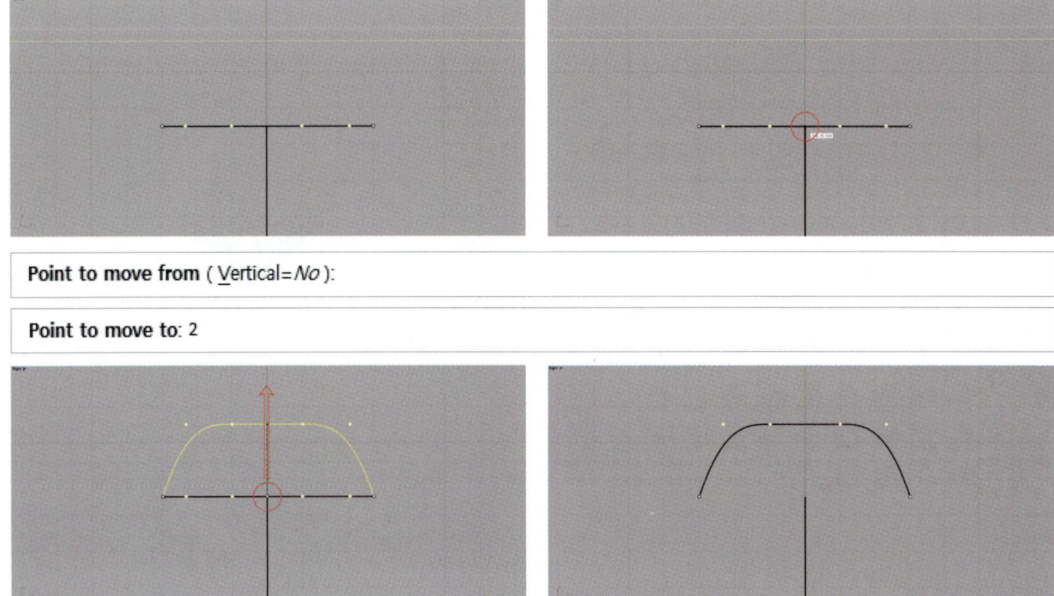

05. 변형된 6mm 직선 Curve개체를 선택하고, Revolve를 실행한다. Command Prompt 영역에 Start of revolve axis값 0을 입력한 후, Enter↵키를 누르고, Shift키를 누른 상태로 마우스 커서를 Y축 방향(화살표 방향)으로 이동한 후, 마우스 왼쪽버튼을 클릭한다. Command Prompt 영역에서 Fullcircle을 선택하면 다음 그림과 같이 Surface개체가 생성된 것을 확인할 수 있다.

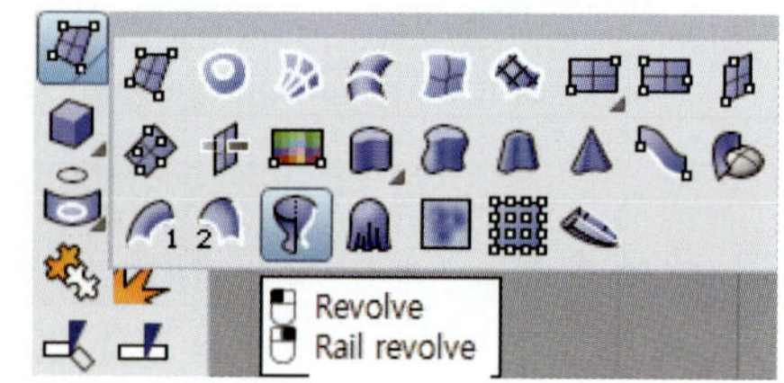

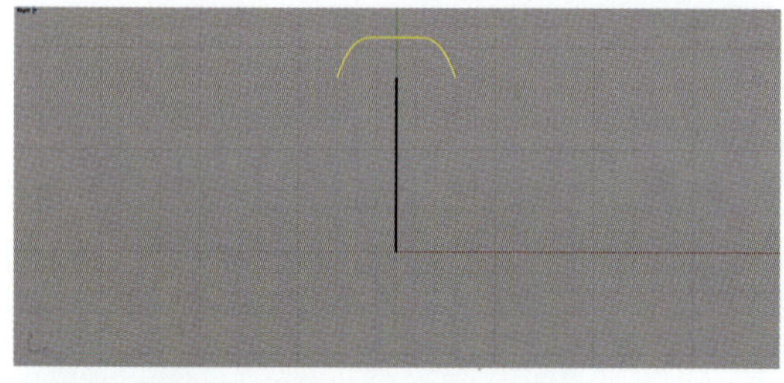

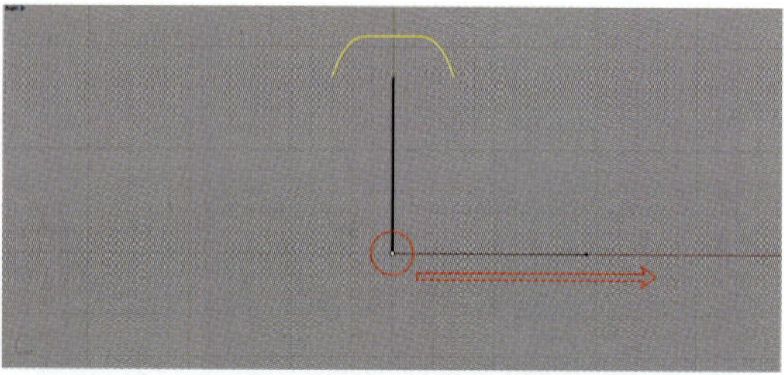

Start of revolve axis: 0

Start angle <0> (DeleteInput=*No* Deformable=*No* FullCircle AskForStartAngle=*Yes* SplitAtTangents=*Yes*):

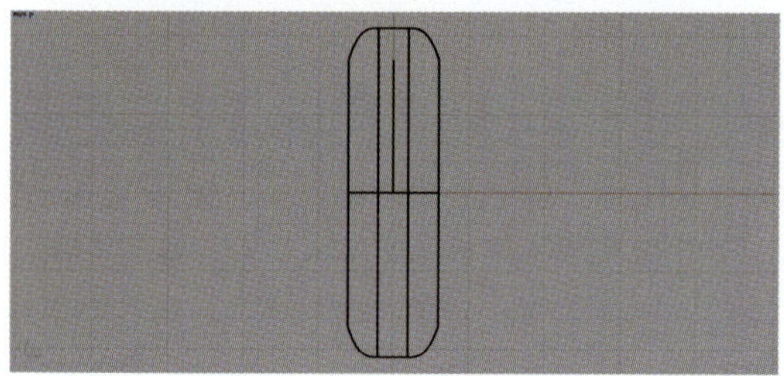

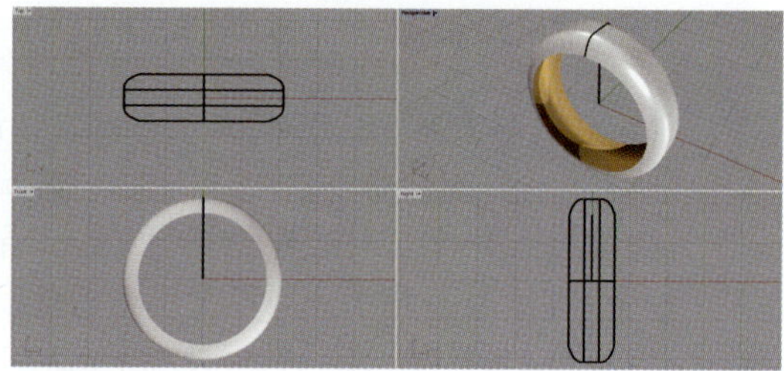

06. 변형된 6mm 직선 Curve개체와 8.5mm 직선 Curve개체를 선택한 후, 삭제한다.
Adjust closed surface seam을 실행하고, Surface개체를 선택한 후, Seam의 위치를 Surface개체 하단의 Int점을 선택하여 이동시킨다.

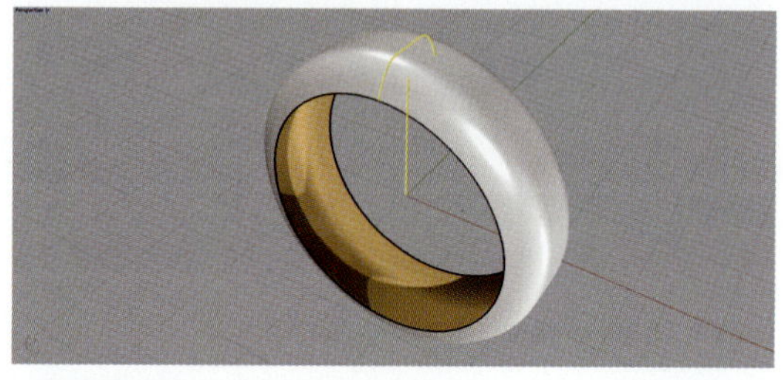

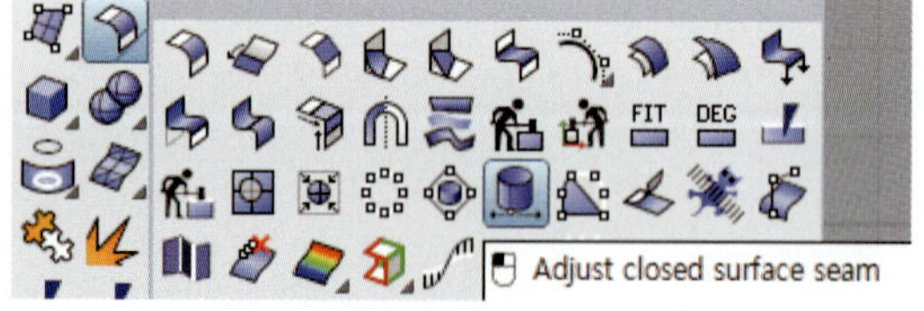

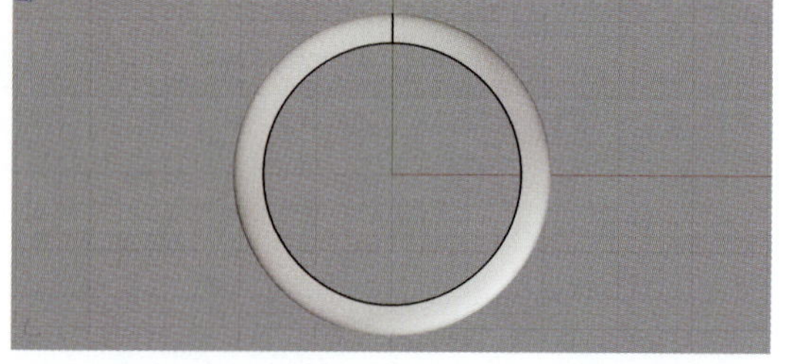

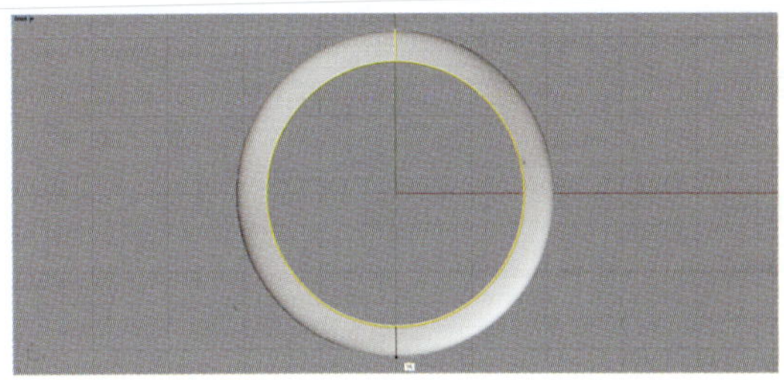
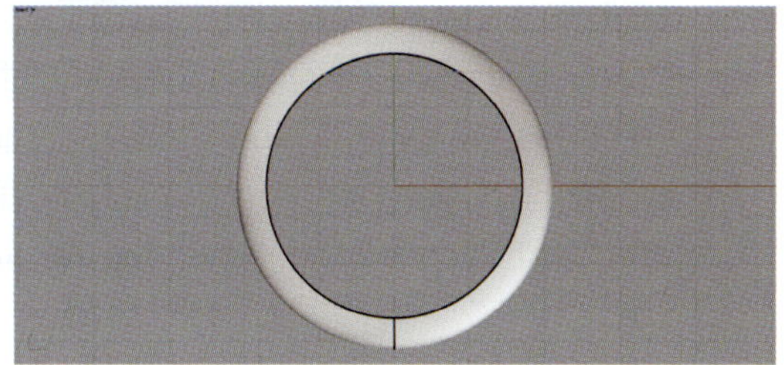

07. Right Right Viewport에서 Control Point Curve를 실행하고, 다음 그림과 최대한 비슷한 곡선 Curve개체를 생성한다.

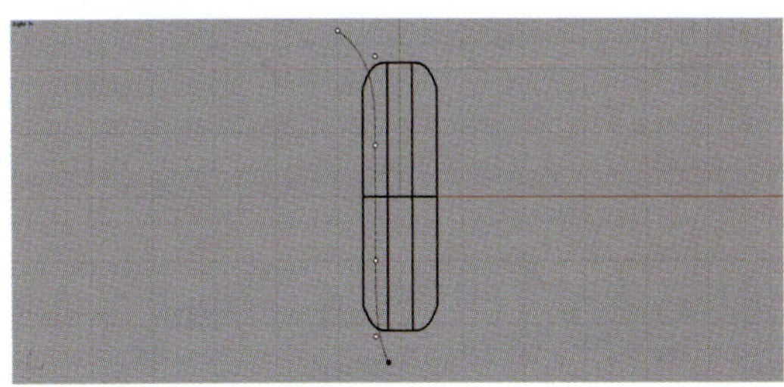
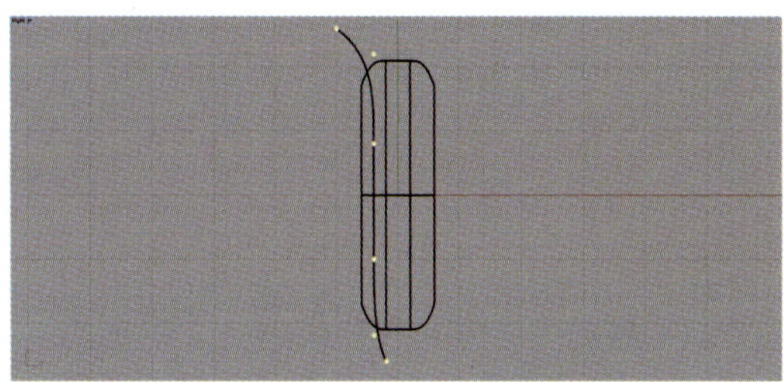

08. 생성된 곡선 Curve개체를 선택하고, Mirror를 실행한다. Command Prompt 영역에 Start of mirror plane값 0을 입력한 후, Enter 키를 누르고, Shift 키를 누른 상태로 마우스 커서를 Z축 방향(화살표 방향)으로 이동한 후, 마우스 왼쪽버튼을 클릭하여 대칭 방향에 곡선 Curve개체를 복사한다.

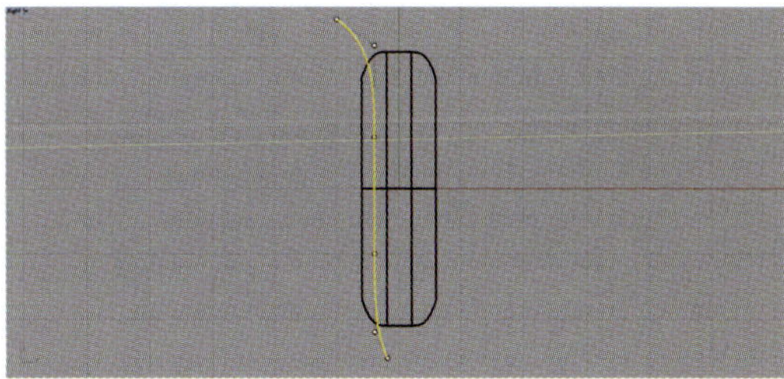

Start of mirror plane (3Point Copy=Yes XAxis YAxis): 0

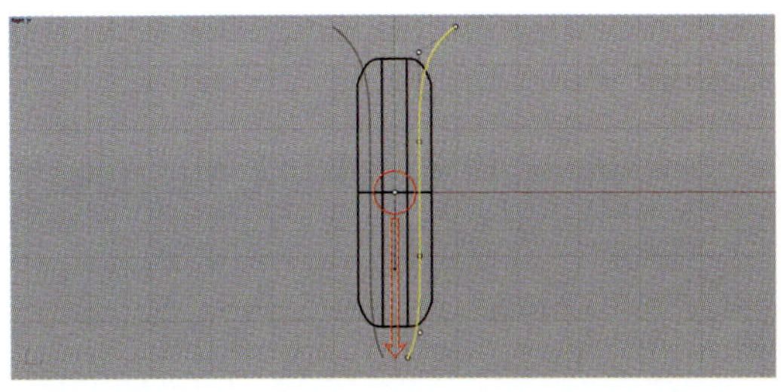
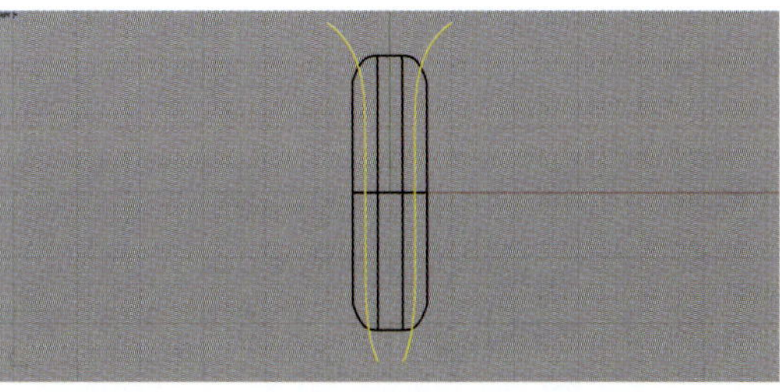

09. 2개의 곡선 Curve개체를 선택하고, Extrude straight를 실행한다. Command Prompt 영역에서 BothSides=Yes로 설정하고, Extrusion distance 값 15를 입력한 후, Enter↵키를 누르면 다음 그림과 같이 2개의 Surface개체가 생성된 것을 확인할 수 있다.

Extrusion distance <3> (Direction BothSides=Yes Solid=No DeleteInput=Yes ToBoundary SetBasePoint): 15

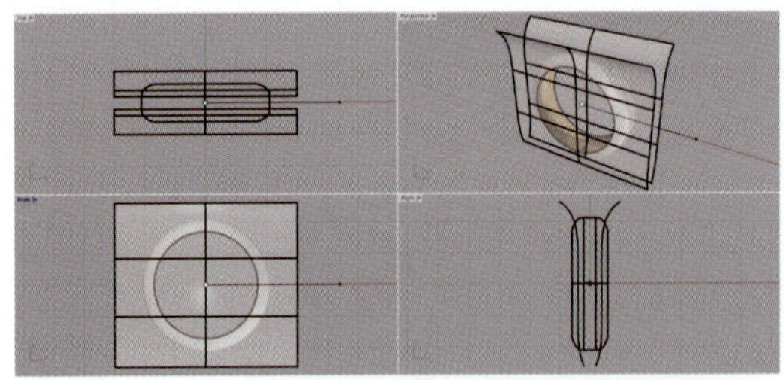

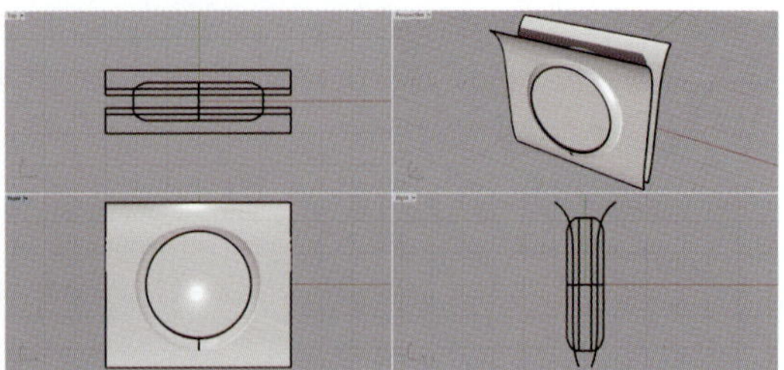

10. 2개의 Surface개체와 반지 형태의 Surface개체를 모두 선택한 후, Create solid를 실행하면 다음 그림과 같이 하나의 Poly-Surface개체로 생성된 것을 확인할 수 있다.

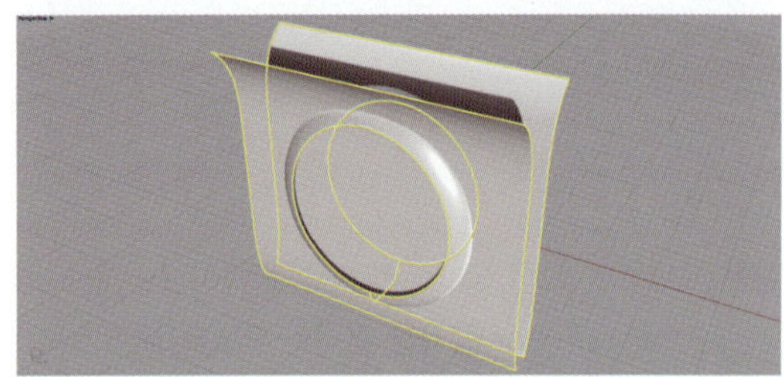

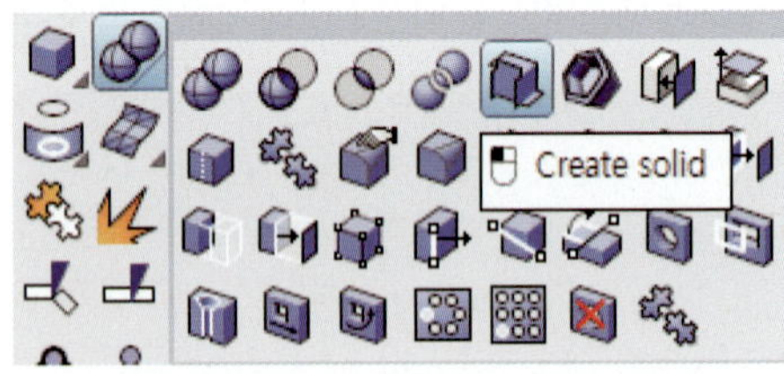

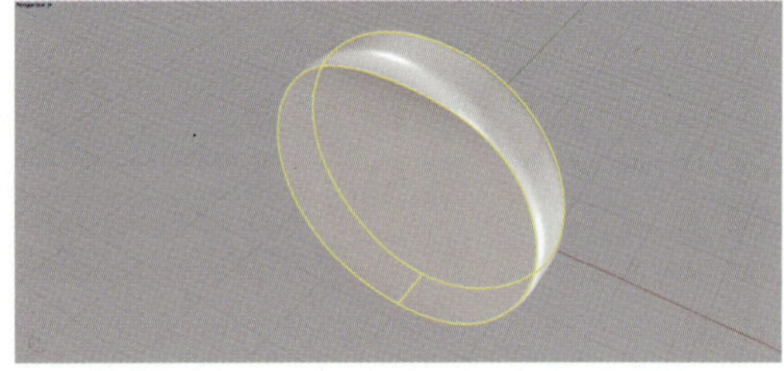

11. Extract surface를 실행하고, Poly-Surface개체의 양쪽 Surface개체를 선택한 다음, Enter↵키를 누르면 다음 그림과 같이 Poly-Surface개체에서 양쪽 Surface개체가 분리된 것을 확인할 수 있다. 분리된 2개의 Surface개체는 Delete키를 눌러서 삭제한다.

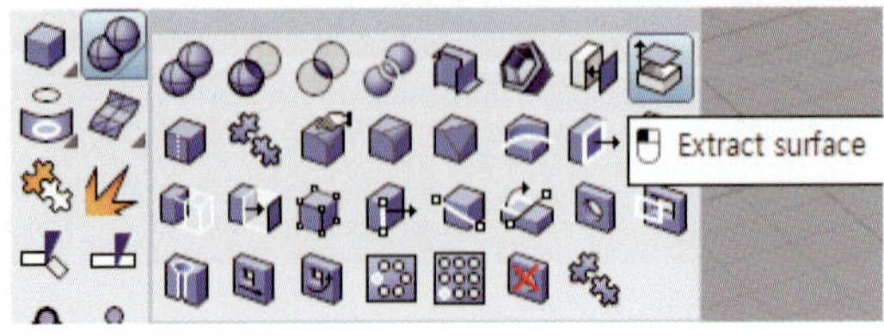

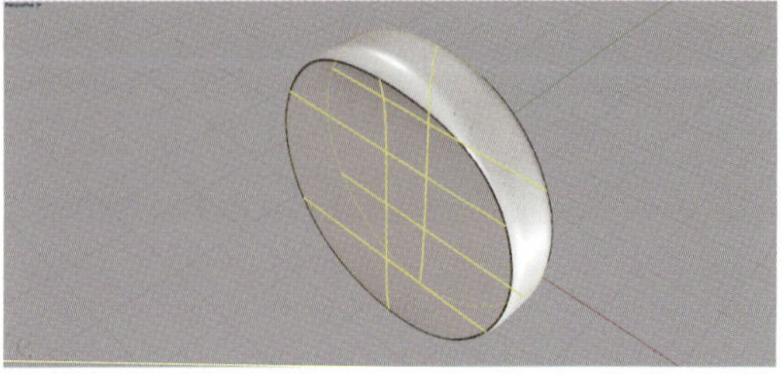

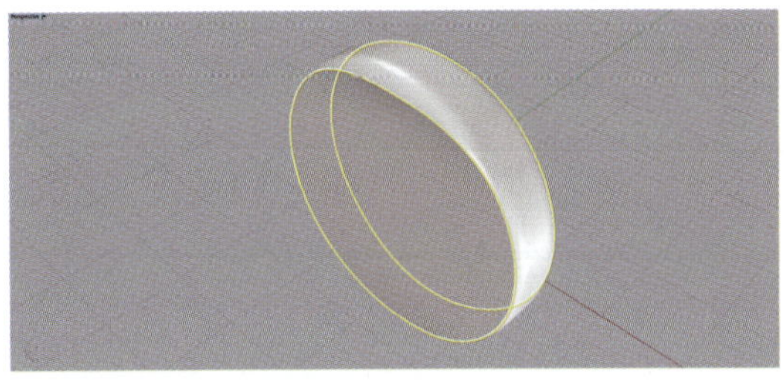

12. Surface개체를 선택하고, Offset Surface를 실행한다. Command Prompt 영역에서 Solid=No, Loose=No로 설정하고, Distance값 2를 입력한 후, Enter↵ 키를 누른다. 다음 그림과 같이 반지 형태의 Poly-Surface개체가 생성된 것을 확인할 수 있다.

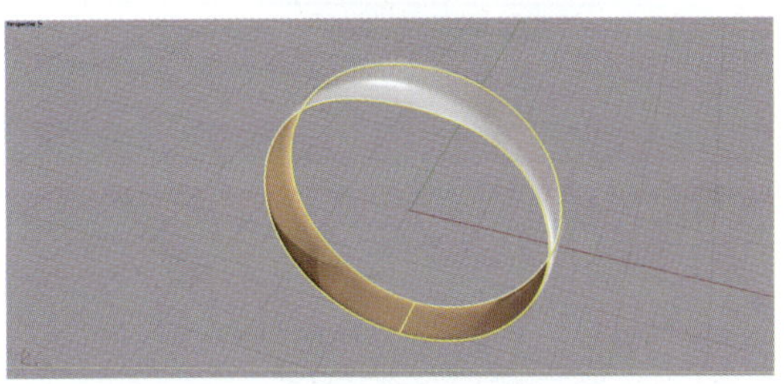
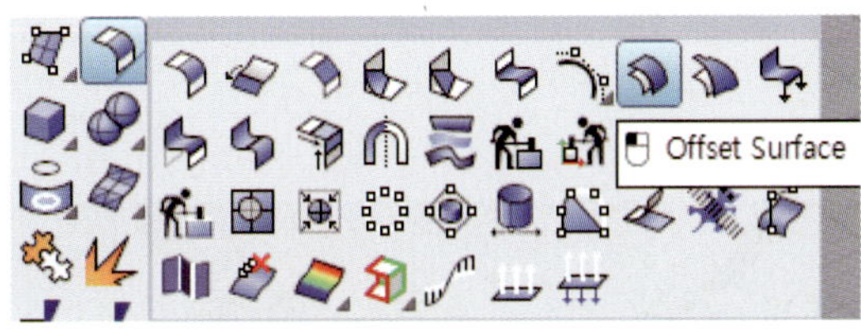

Select object to flip direction. Press Enter when done (Distance=2 Corner=Round Solid=No Loose=No Tolerance=0.001 BothSides=No FlipAll): 2

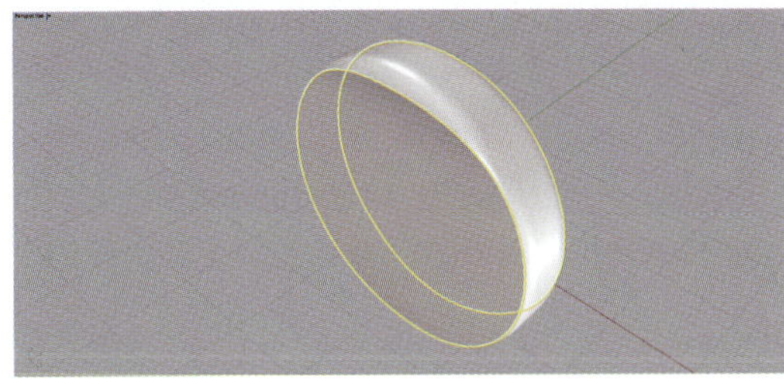
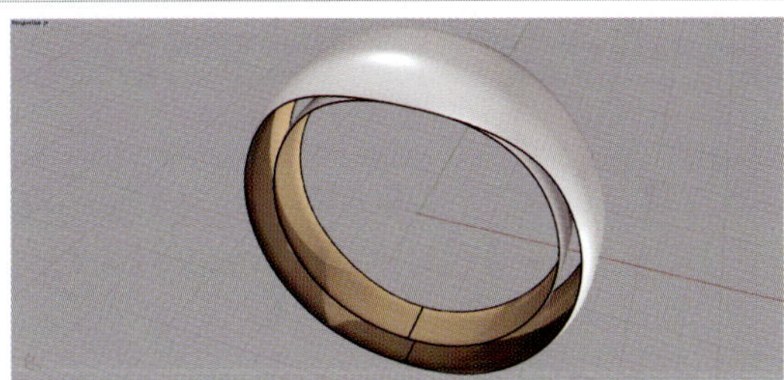

13. Front Front Viewport에서 Offset된 Surface를 선택하고, Move를 실행한 후, Surface개체 하단의 End점을 선택한다. Command Prompt 영역에 Point to move to값 1을 입력하고, Enter↵ 키를 누른 다음, Shift 키를 누른 상태로 마우스 커서를 화살표 방향으로 이동한 후, 마우스 왼쪽버튼을 클릭하여 Surface개체를 1㎜ 이동시킨다.

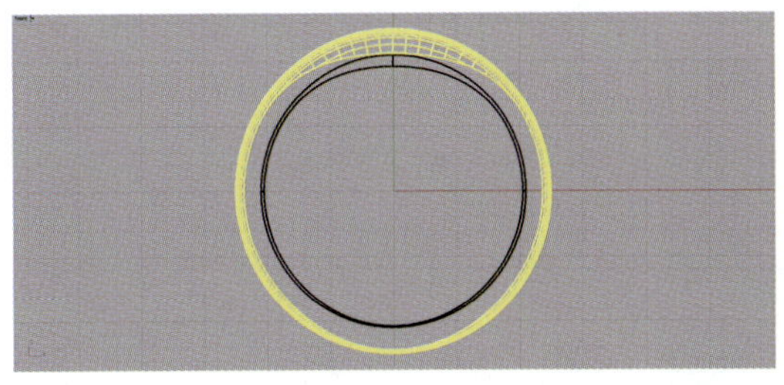
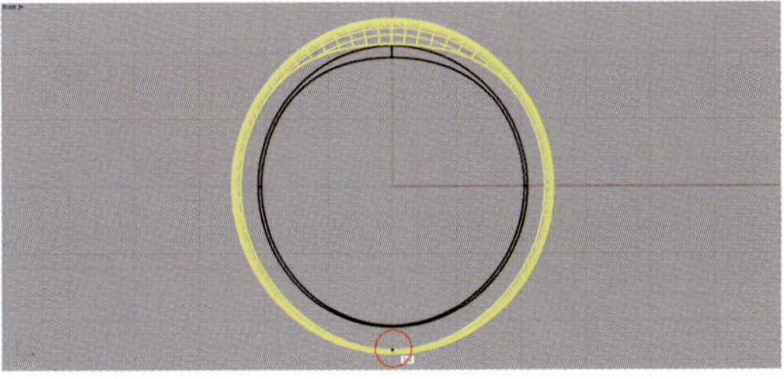

Point to move to <1.307>: 1

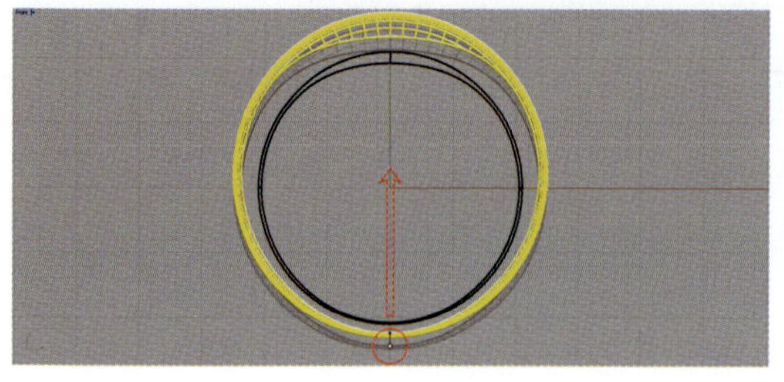

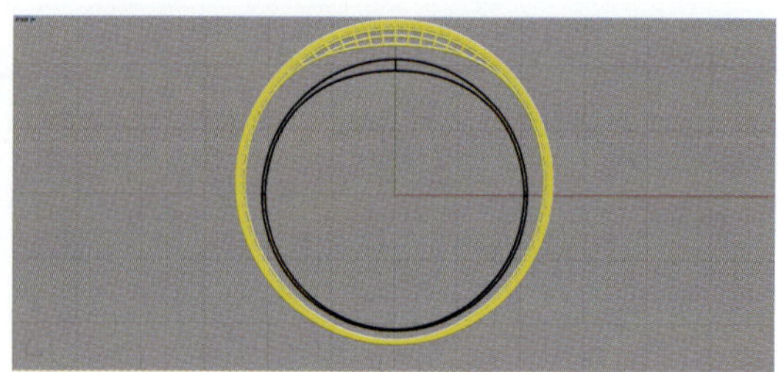

14. Osnap Toolbar에서 Quad점에 체크하고, Single Line을 실행한다. 다음 그림과 같이 Surface개체들의 Quad점과 Quad점을 연결하는 직선 Curve개체를 생성한다.

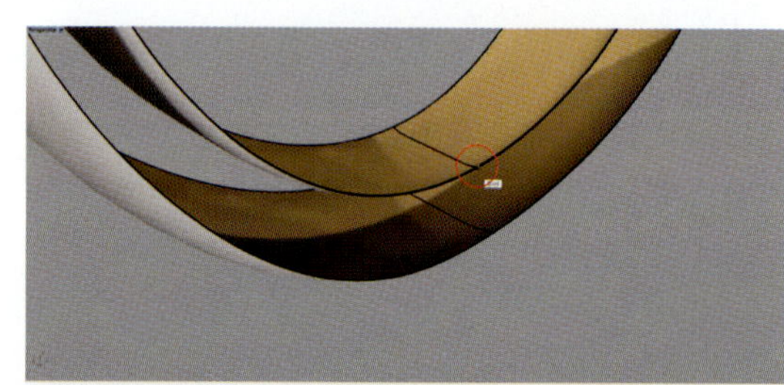

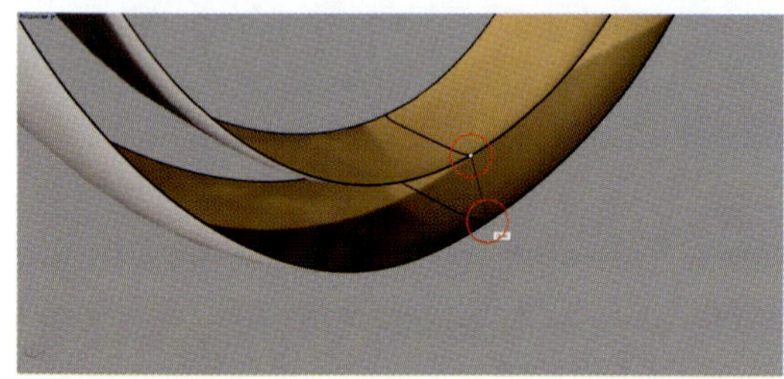

15. Sweep 2 rails를 실행하고, 1번 Edge와 2번 Edge를 선택한 후, 3번 직선 Curve개체를 선택한 다음, Enter↵키를 누르면 Sweep 2 rail Options창이 나타난다. OK버튼을 누르면 다음 그림과 같이 Surface개체가 생성된 것을 확인할 수 있다.

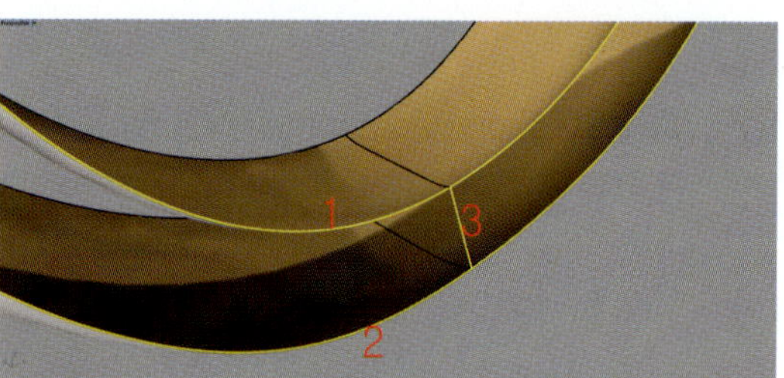

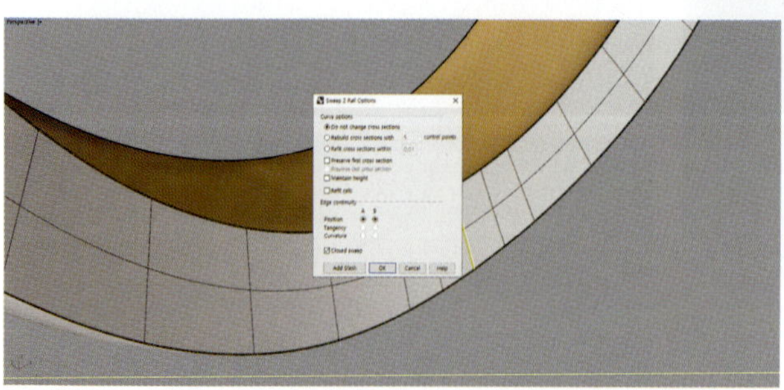

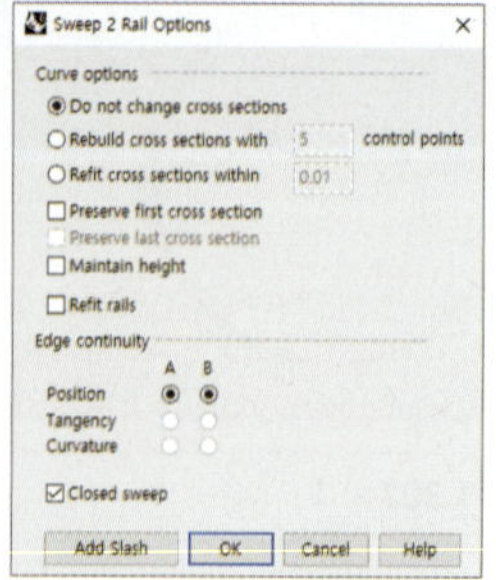

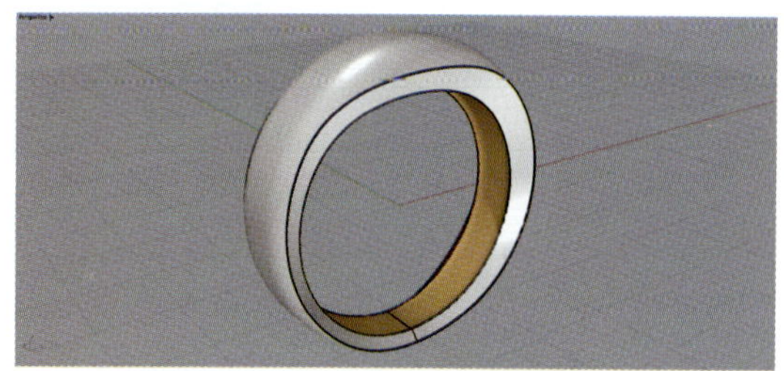

16. 생성된 Surface개체를 선택하고, Mirror를 실행한다. Command Prompt 영역에 Start of mirror plane값 0을 입력한 다음, Enter↵키를 누르고, Shift키를 누른 상태로 마우스 커서를 화살표 방향으로 이동한 후, 마우스 왼쪽버튼을 클릭하여 대칭 방향에 Surface개체를 복사한다.

Start of mirror plane (3Point Copy=*Yes* XAxis YAxis): 0

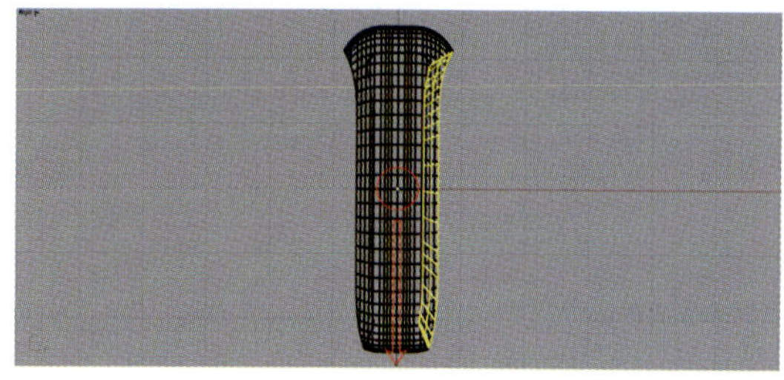

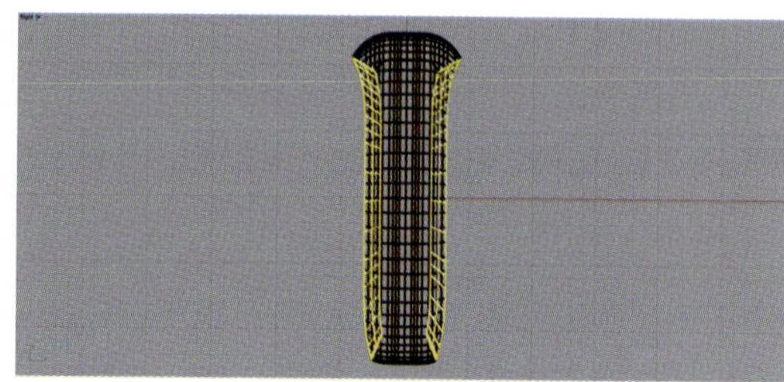

17. 개체들을 모두 선택하고, Join을 실행하여 하나의 Poly-Surface개체로 결합한다.

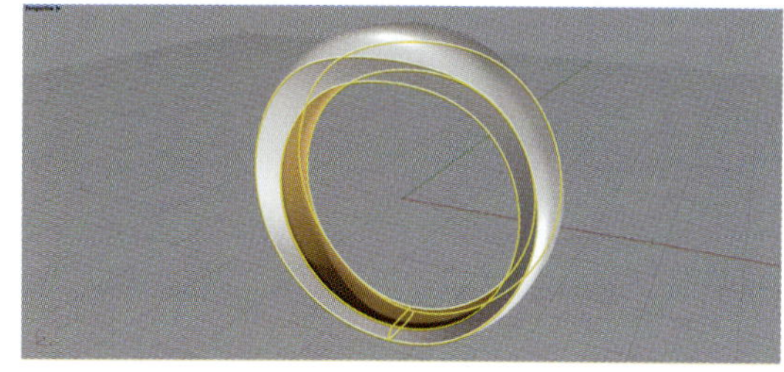

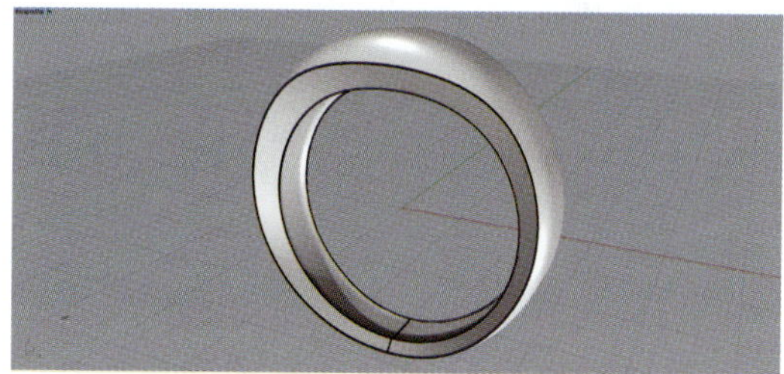

18. Extract surface를 실행하고, Poly-Surface개체 상단의 Surface개체를 선택한 후, Enter↵키를 누른다. 추출된 Surface개체를 선택하고, Create UV curves를 실행한 다음, Enter↵키를 누르면 다음 그림과 같이 UV Curve개체가 생성된 것을 확인할 수 있다.

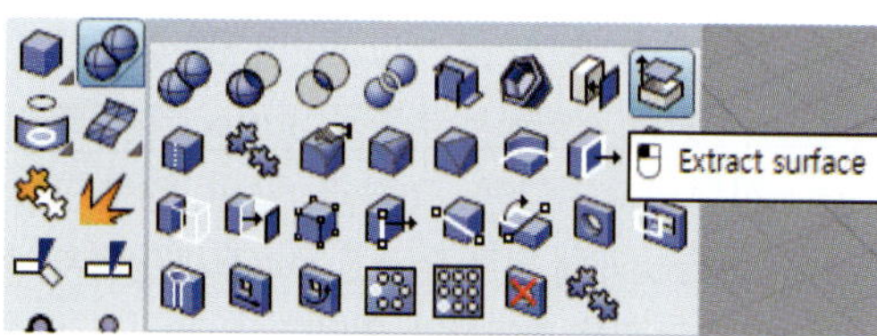

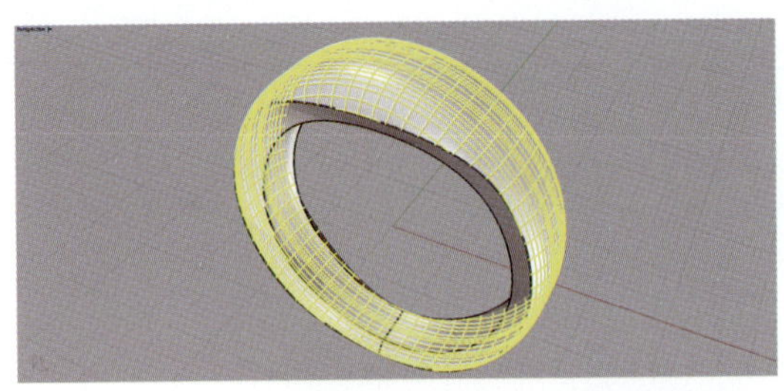

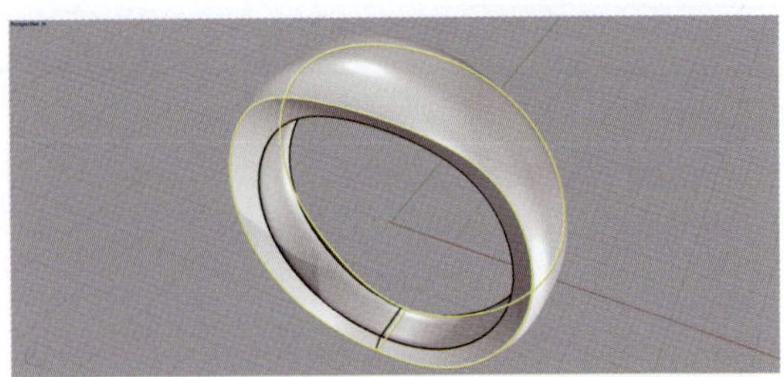

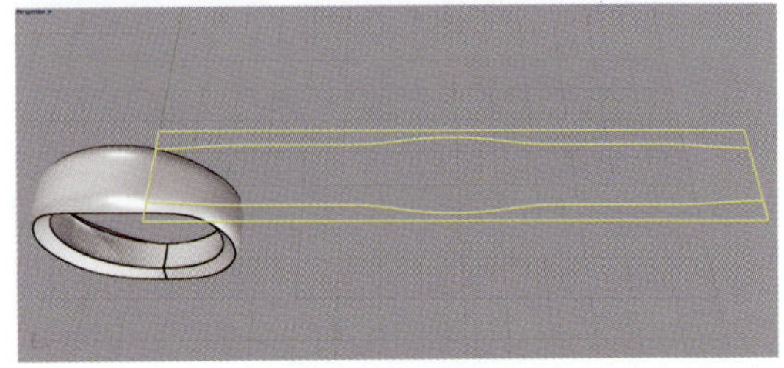

19. 생성된 UV Curve개체를 선택하고, Text object를 실행한다. Text object Options창이 나타나면 다음 그림과 같이 설정하고 OK를 누른 후, 마우스 커서를 움직여서 원하는 위치에 마우스 왼쪽버튼을 누르면 Curve개체 형태의 Text Curve개체가 생성된 것을 확인할 수 있다.

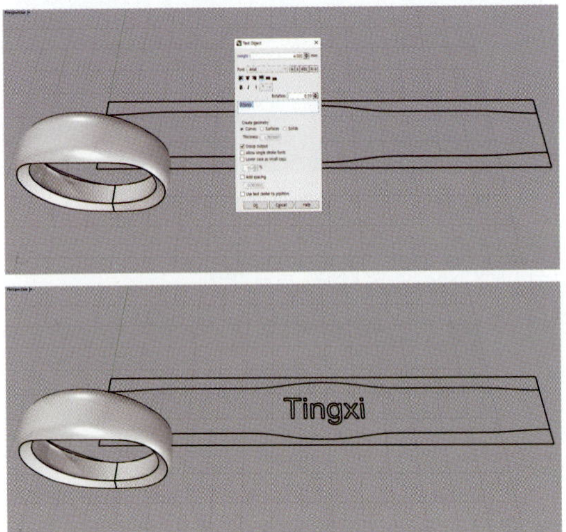

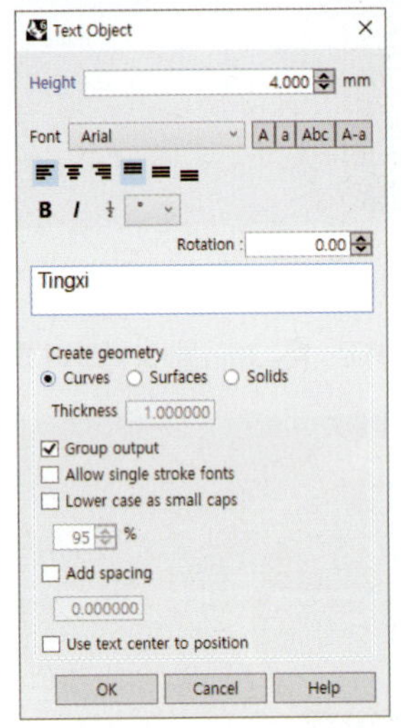

20. UV Curve개체와 Text Curve개체를 선택하고, Apply UV curves를 실행한 후, 반지 개체에서 추출된 Surface개체를 선택한다. 다음 그림과 같이 선택한 Surface개체 위로 Text Curve개체가 위치되어진 것을 확인할 수 있다.

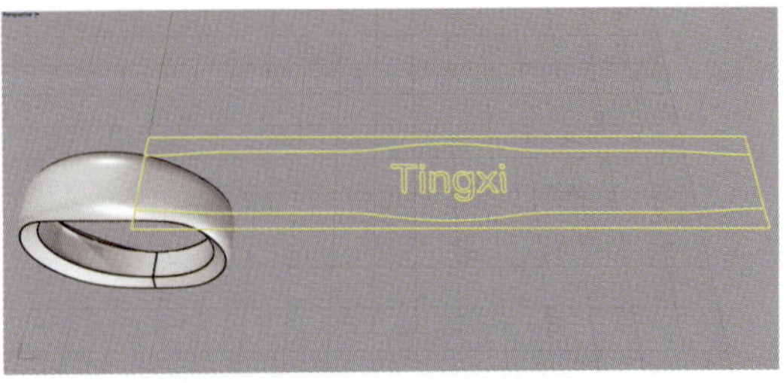

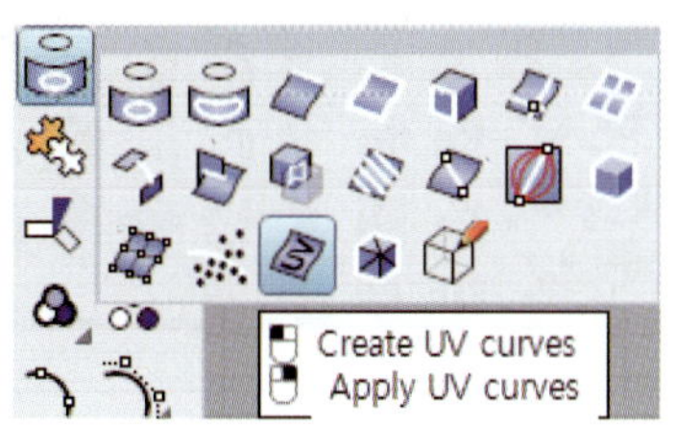

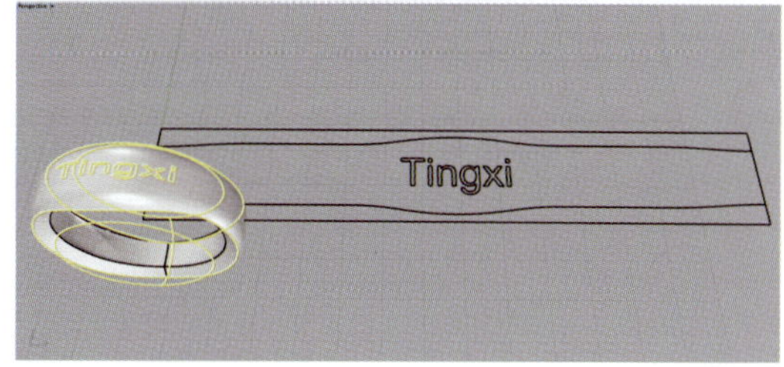

21. 다음 그림과 같이 추출한 Surface개체, Poly-Surface개체와 Text Curve개체만 남기고, 나머지 Curve 개체들은 선택한 후, 삭제한다. 추출한 Surface개체를 선택하고, Split를 실행한 후, Select curves를 실행하여 Text Curve개체를 선택한 다음, Enter↵키를 누른다.

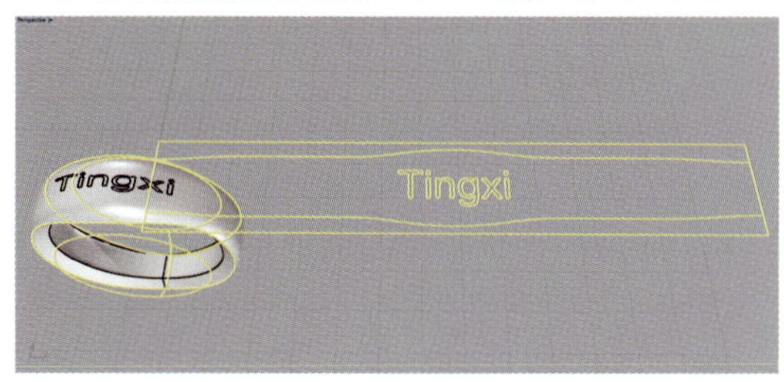

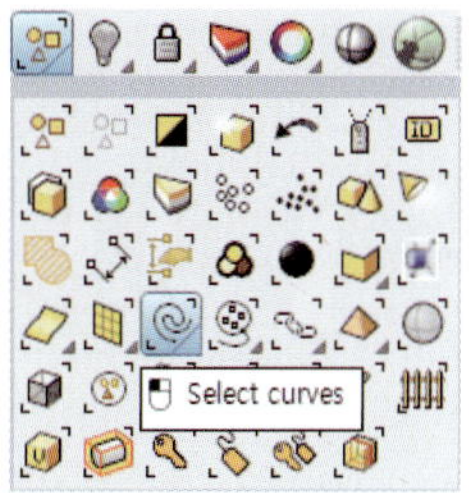

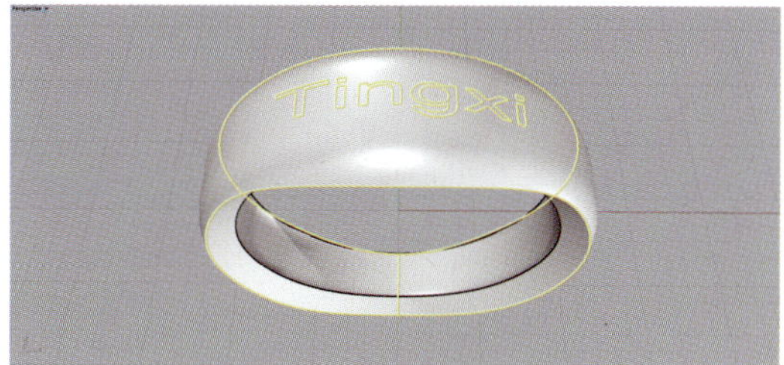

22. Split된 Text형태의 Surface개체만 남기고 모두 선택한 후, Hide objects를 실행하여 숨겨둔다.

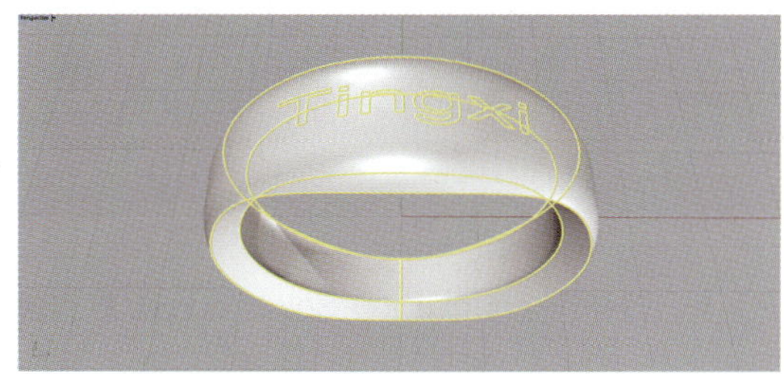

23. Text Surface개체를 선택하고, Offset Surface를 실행한다. Command Prompt 영역에서 Solid=Yes, Loose=Yes로 설정하고 Distance값 0.5를 입력한 후, Enter↵키를 누른다. Direction방향을 확인한 후, 다시 Enter↵키를 누르면 다음 그림과 같이 0.5㎜ 높이의 Text Solid개체가 생성된 것을 확인할 수 있다.

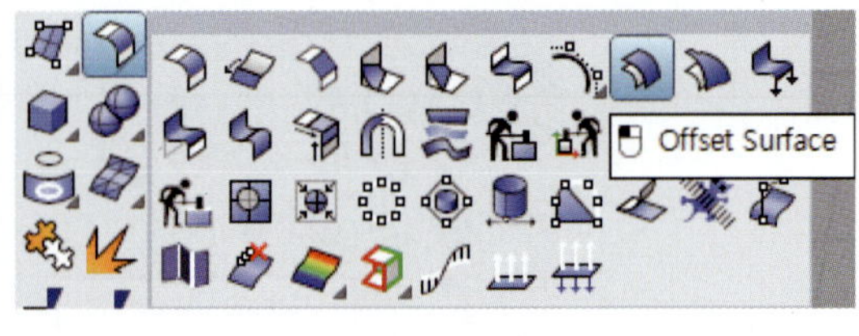

Select object to flip direction. Press Enter when done (Distance=*2* Corner=*Round* Solid=*Yes* Loose=*Yes* BothSides=*No* DeleteInput=*Yes* FlipAll): 0.5

24. 마우스 오른쪽버튼을 누른 상태로 드래그하여 생성된 Text Solid개체의 아랫부분이 보이게 한다. Extract surface를 실행하고, 다음 그림과 같이 Text Solid개체의 바닥부분의 Surface개체를 선택한 후, Enter↵ 키를 눌러서 추출한 다음 삭제한다.

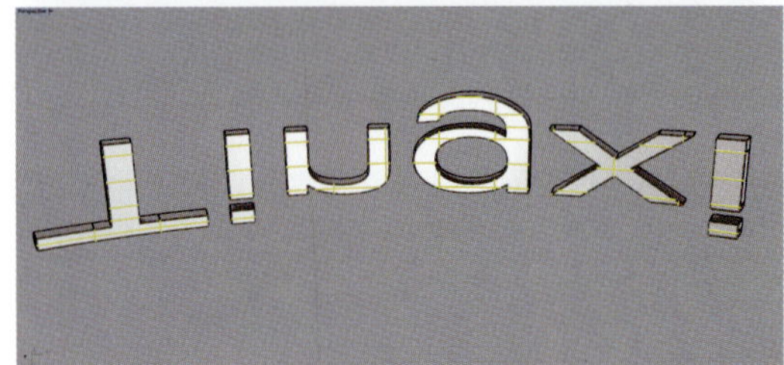

25. Show objects를 실행하여 숨겨둔 개체들을 모두 화면에 나타나게 하고, Select curves를 실행하여 Text Curve개체를 선택한 후, 삭제한다.

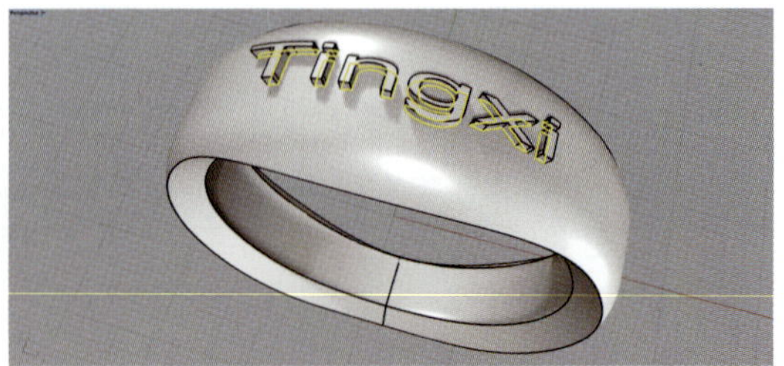

26. 모든 개체들을 선택하고, Join을 실행하여 하나의 개체로 결합한다.

27. 다음 그림과 같이 완성된 양각형태의 Text Ring개체를 확인할 수 있다.

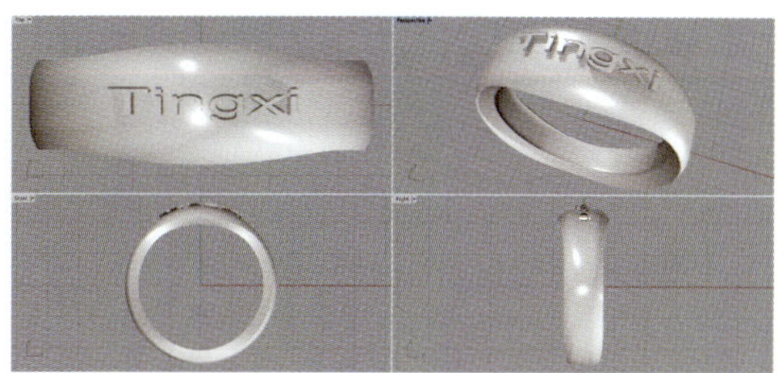

LESSON 12

개체 변형 및 응용 편집

1. Transform Toolbar
2. Deformation Toolbar
3. Cage Toolbar

Lesson 12

개체 변형 및 응용 편집

1. Transform Toolbar

  Orient objects: 2 points

두 개의 Reference Point와 두 개의 Target Point를 이용하여 개체를 Move, Copy, Ratate, Scale 기능을 동시에 조정하는 기능이다.

  Orient objects: 3 points

세 개의 Reference Point와 세 개의 Target Point를 이용하여 개체를 Move, Copy, Ratate 기능을 동시에 조정하는 기능이다.

Orient objects: 2 points & 3 Points 기능 비교

→ 부록CD 〉 Rhino 예제 〉 Lesson 12 〉 Orient objects 2 points & 3 Points

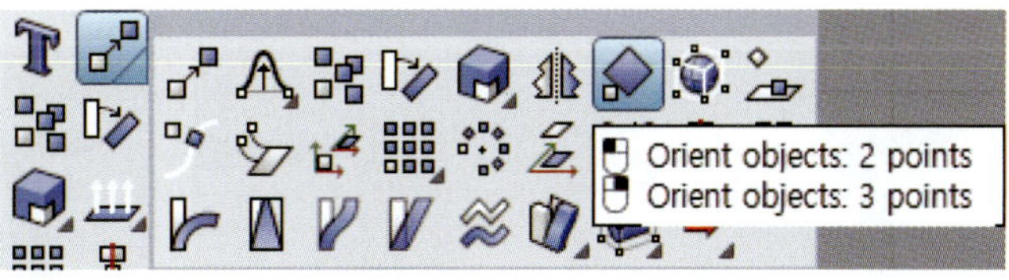

Orient objects: 3 points는 개체들이 배치되어 있는 각도가 일치하지 않더라도 위치를 일치시킬 수 있다. 하지만 Orient objects: 2 points는 배치되어 있는 개체들의 각도가 일치되어 있어야만 한다. 또한, Orient objects: 3 points는 이동시킬 개체가 배치될 위치와 크기가 일치되어야만 한다. Orient objects: 2 points는 Scale기능이 있는가 하면 Orient objects: 3 points는 Scale기능이 없기 때문이다.

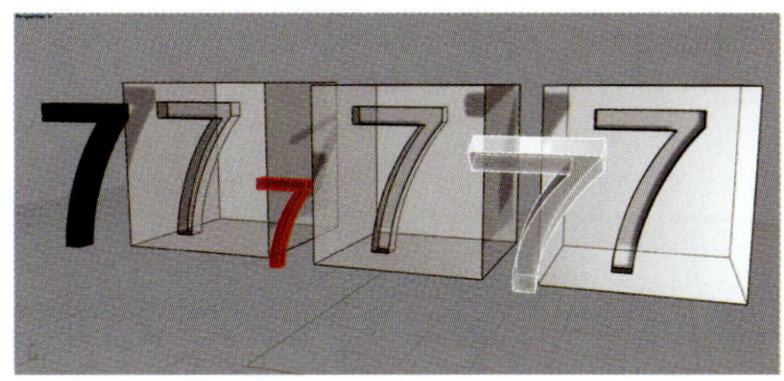

01. Orient objects: 2 points를 실행하고, Text Solid개체를 선택한 후, Enter↵키를 누른다.
다음 그림과 같은 순서대로 1번 Text Solid 개체의 End점을 선택하고, 2번 Text Solid 개체의 End점을 선택한다. 3번 Box개체의 End점을 선택하고, 4번 Box개체의 End점을 선택하면 Text Solid개체가 Box개체에 정확하게 이동한 것을 확인할 수 있다.

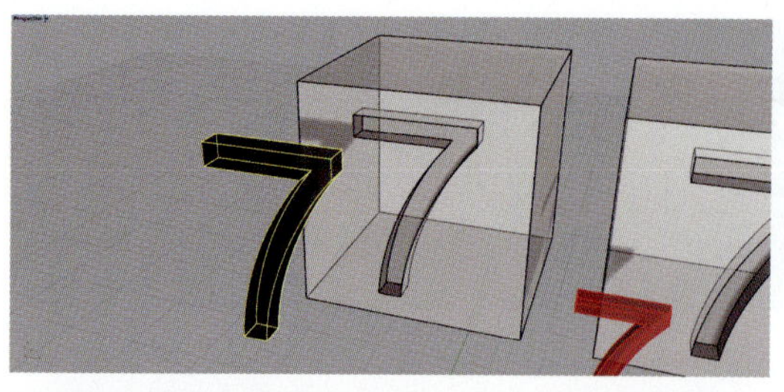

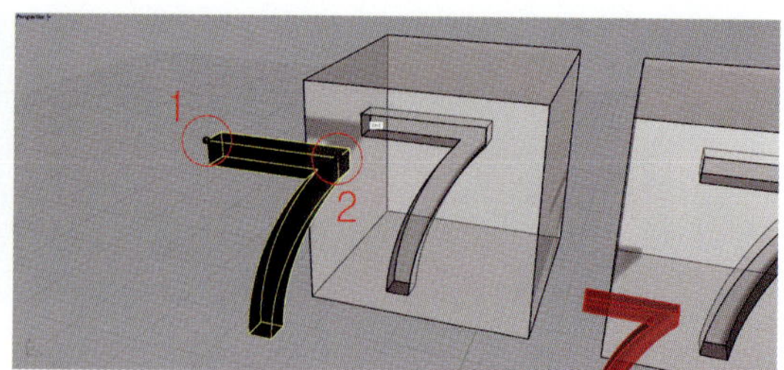

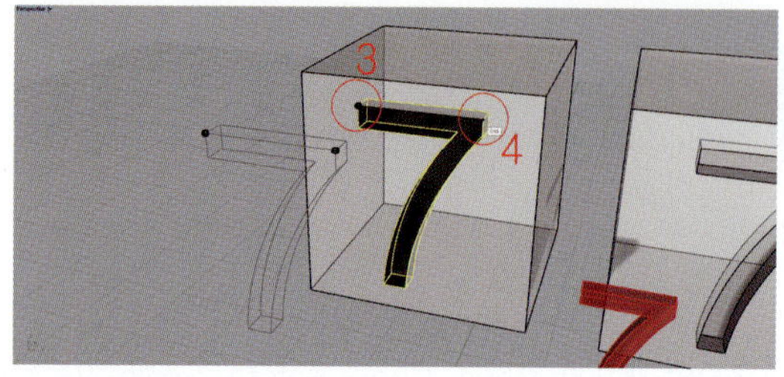

02. Orient objects: 2 points를 실행한다. Command Prompt 영역에서 Scale=3D로 설정하고, Text Solid개체를 선택한 후, Enter↵키를 누른다.
다음 그림과 같은 순서대로 1번 Text Solid 개체의 End점을 선택하고, 2번 Text Solid 개체의 End점을 선택한다. 3번 Box개체의 End점을 선택하고, 4번 Box개체의 End점을 선택하면 Text Solid개체가 크기조절 되면서 Box개체에 정확하게 이동한 것을 확인할 수 있다.

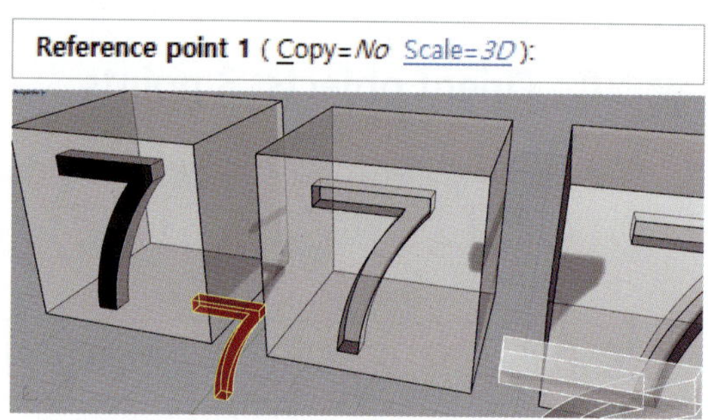

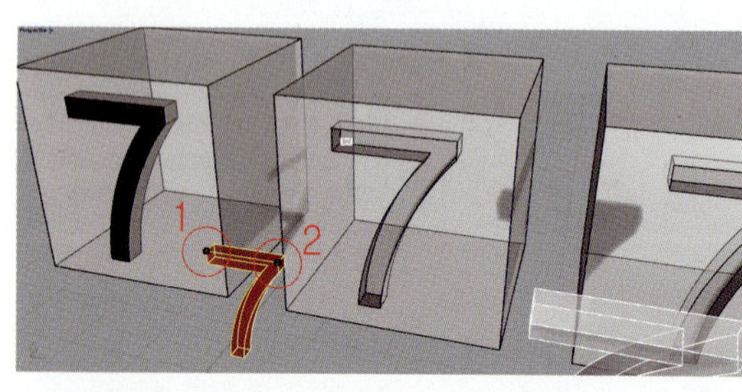

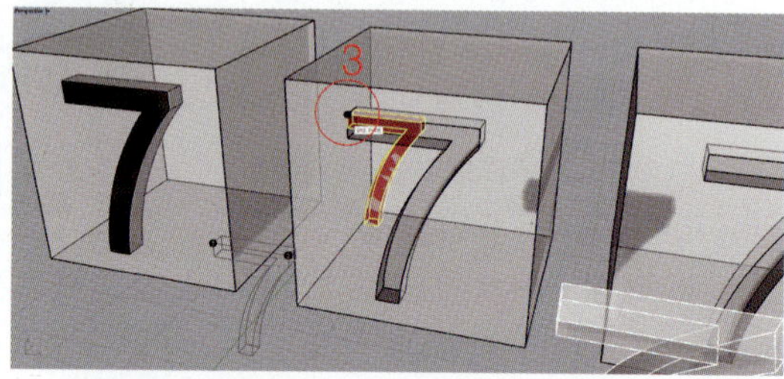

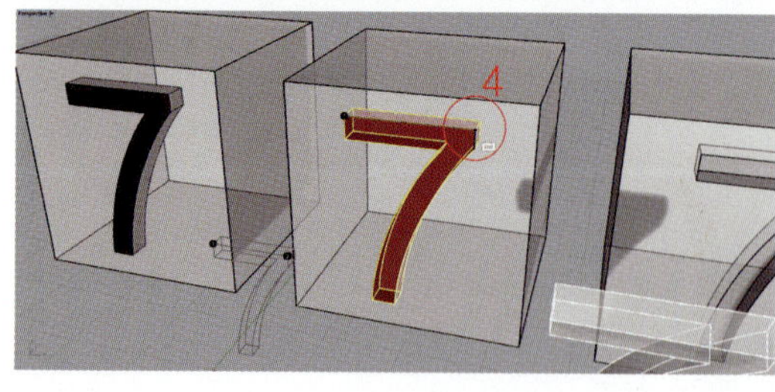

03. Orient objects: 3 points를 실행한다. Text Solid개체를 선택한 후, Enter↵키를 누른다. 다음 그림과 같은 순서대로 1번 Text Solid개체의 End점을 선택하고, 2번 Text Solid개체의 End점을 선택한 후, 3번 Text Solid개체의 End점을 선택한다. 4번 Box개체의 End점을 선택하고, 5번 Box개체의 End점을 선택한 후, 6번 Box개체의 End점을 선택하면 Text Solid개체가 Box개체에 정확하게 이동한 것을 확인할 수 있다.

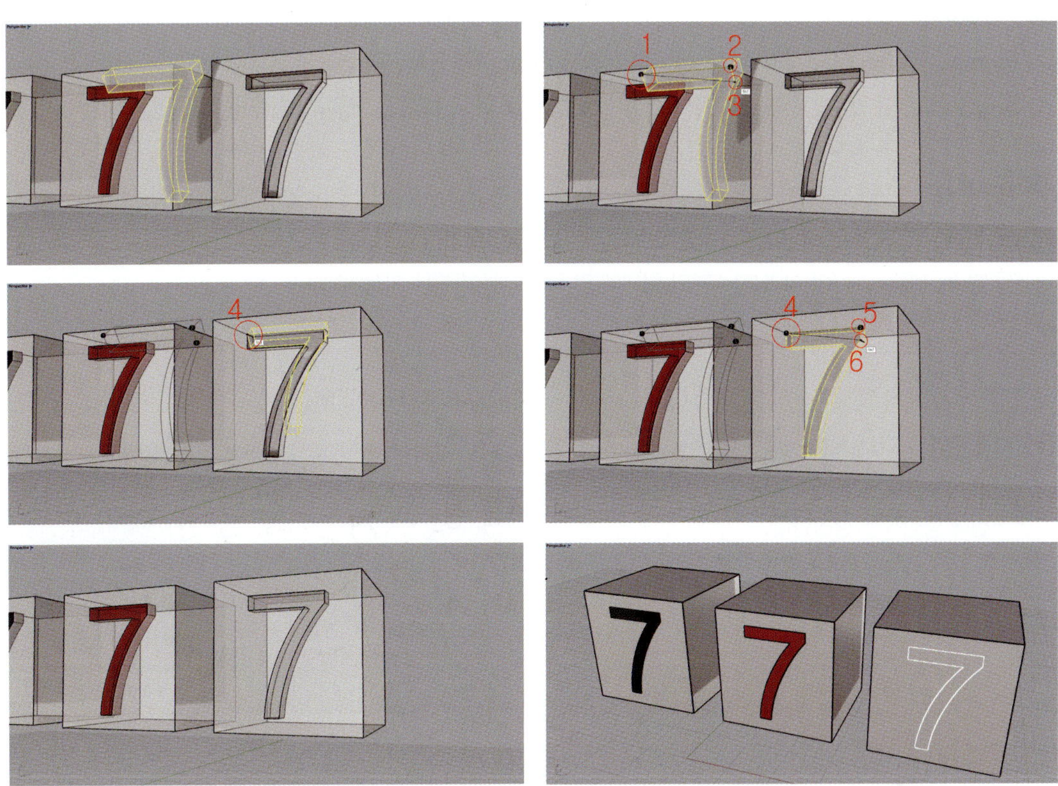

Orient objects on surface

→ 부록CD 〉 Rhino 예제 〉 Lesson 12 〉 Orient objects on surface

선택한 Surface개체 범위에 어떠한 개체를 복사해 배치시키는 기능이다. 개체와 Reference Point의 이격되는 거리를 계산하고, 클릭할 수 있는 지점은 선택한 Surface 범위에서만 가능하다. 마우스 커서를 Surface로 가져가면 개체가 Surface Normal방향에 따라 변형되는 상황을 확인할 수 있다.

Options

- **Orient on Surface :** 배치할 Target Surface개체에 초기 Base Point를 설정하는 기능으로 이 기능은 개체가 이미 Target Surface개체 상에 있을 때 유용하며 반드시 복사 또는 이동해야한다. Target Surface개체의 초기 Base Point를 사용하고, CPlane Normal이 아닌 Surface Normal을 사용하여 개체의 초기 Orient를 결정하게 된다.

● Scale

- **Prompt :** 각각의 복사 개체 배율을 지정하라는 Prompt가 표시된다.
- **Uniform :** X, Y, Z축을 기준으로 같은 비율로 크기 조절할 수 있는 기능이다.
- **X / Y / Z :** X, Y, Z축 방향을 개별적으로 나누어 크기 설정할 수 있는 기능이다.

● Rotation

- **Prompt :** 각각의 복사 개체의 배율을 지정하라는 Prompt가 표시된다.
- **Angle :** 지정된 각도로 Orient시키는 기능이며, Target Point에서 Surface Normal을 중심으로 회전한다.

● Regid

- ☑ 물체의 변형 없이 Surface개체에 Orient시키는 기능이다.
- ☐ Orient되는 개체가 달라붙는 면의 형태에 맞추어 변형이 되는 기능이다.

01. 꽃문양 Solid개체를 선택하고, Volume centroid를 실행하여 꽃문양 Solid개체 중심에 중심점을 생성한다.

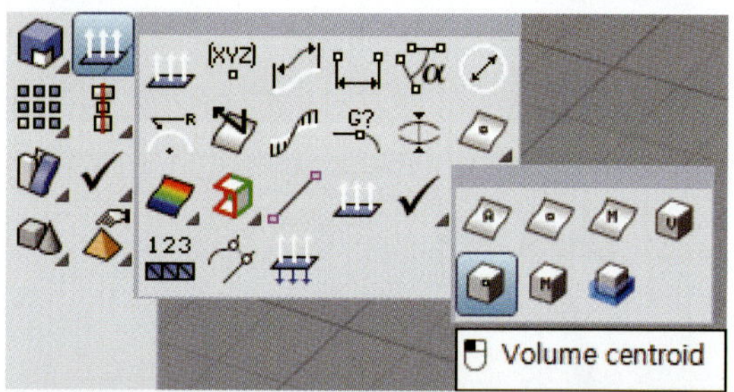

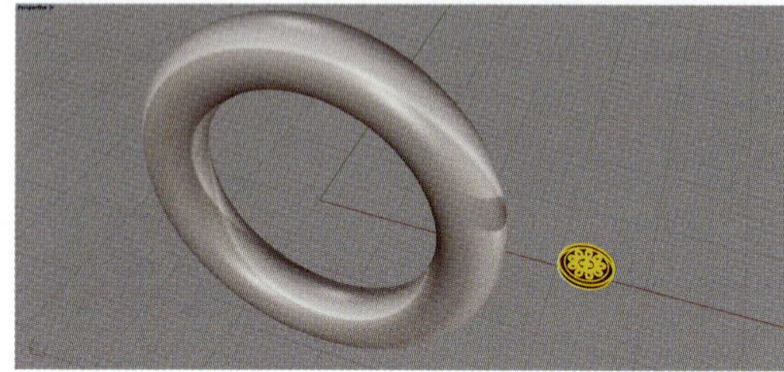

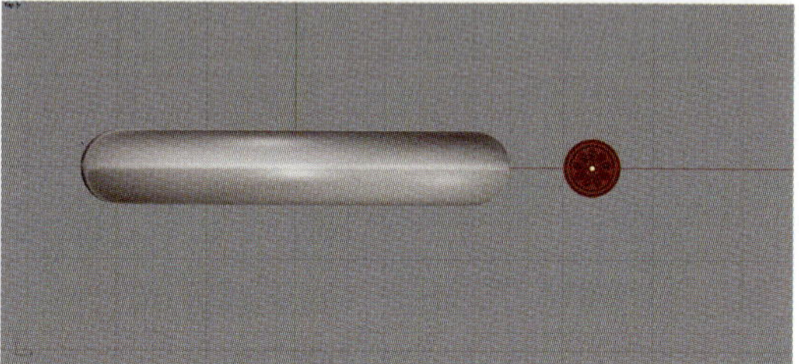

02. Orient objects on surface를 실행하고, 꽃문양 Solid개체와 중심점을 선택한 후, Enter↵ 키를 누른다. Osnap Toolbar에서 Point에 체크하고, Base Point를 생성한 Point개체로 선택한다. Reference point for scaling and rotation을 다음 그림과 같이 Shift를 누른 상태로 화살표 방향으로 움직인 후, 마우스 왼쪽버튼을 누른다. Surface to orient on은 반지 개체를 선택한다.

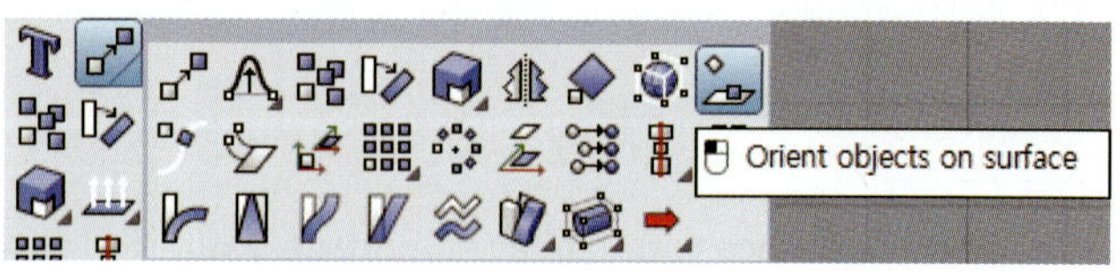

Base point (OnSurface):

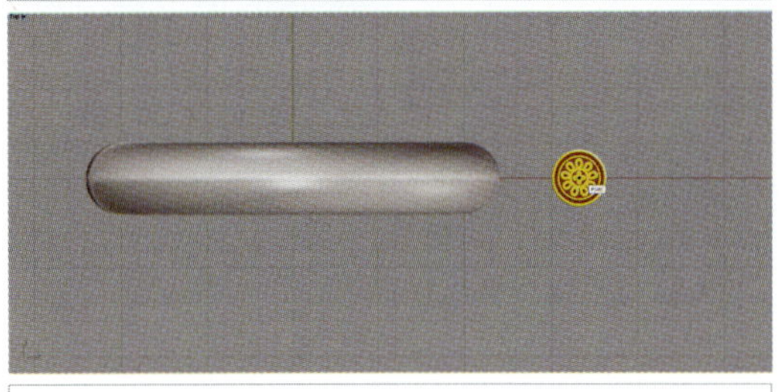

Surface to orient on:

Reference point for scaling and rotation:

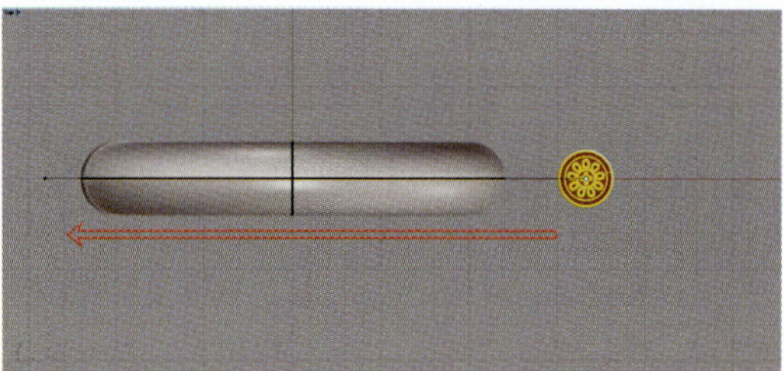

03. 다음 그림과 같이 Orient on Surface창이 나타나면 Uniform을 체크한 후, OK를 누른다. Command Prompt 영역에서 Copy=Yes로 설정하고 Enter↵키를 누르면 반지개체 표면에 꽃문양 Solid개체가 나타나는 것을 확인할 수 있다. 원하는 위치에서 마우스 왼쪽버튼을 클릭하면 꽃문양 Solid개체가 반지개체 표면 위에 배치되는 것을 확인할 수 있다.

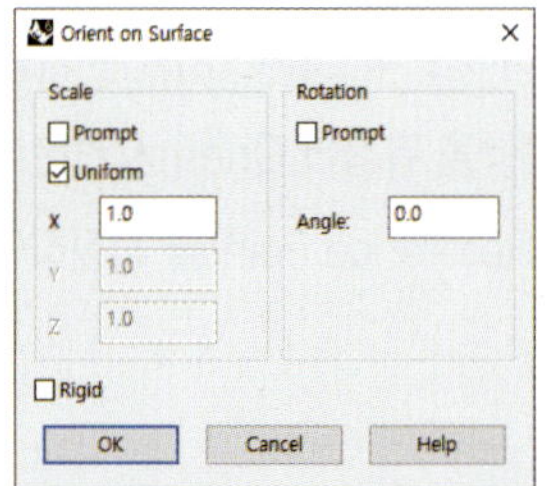

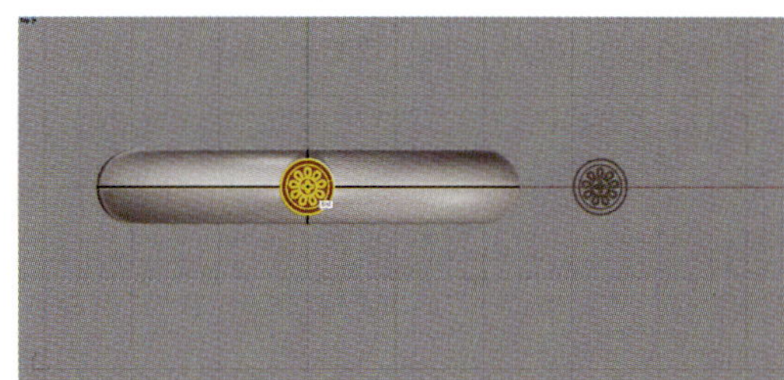

Point on surface to orient to (Copy=*Yes* Flip=*No* IgnoreTrims=*No* ConstrainNormal=*No*):

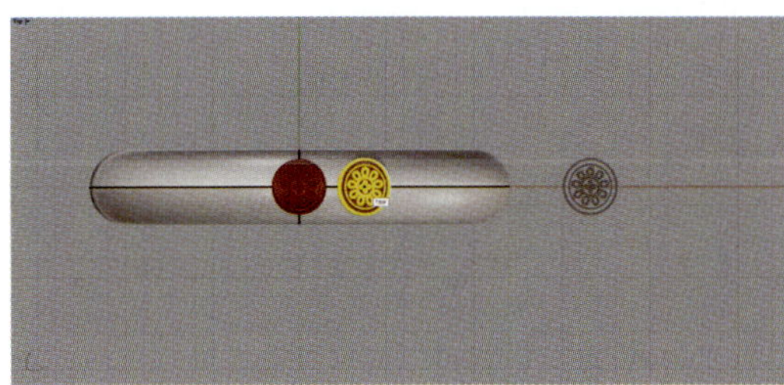

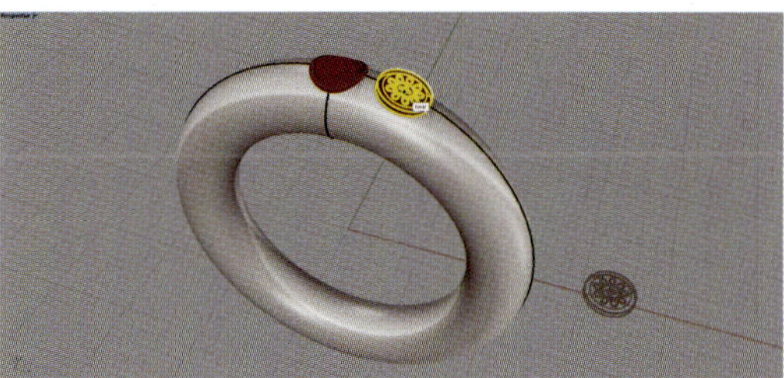

04. 위와 같은 방법으로 Orient on Surface창이 나타났을 때, Scale에서 Prompt에 체크를 한 후, OK를 누르면 다음 그림과 같이 원하는 위치에 마우스 왼쪽버튼을 클릭했을 때, 마우스 커서를 좌우로 움직이면 꽃문양 Solid개체의 크기가 확대 또는 축소되는 것을 확인할 수 있다.

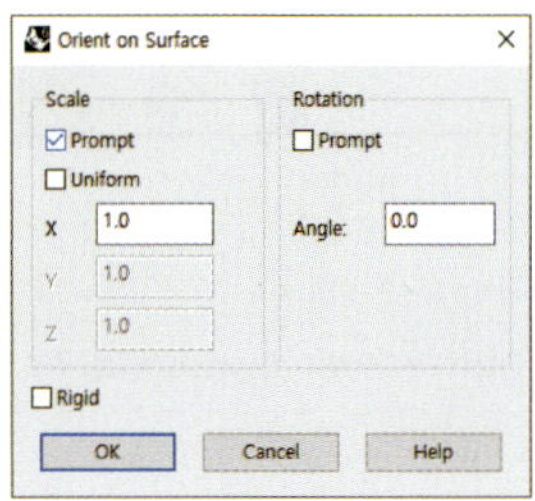

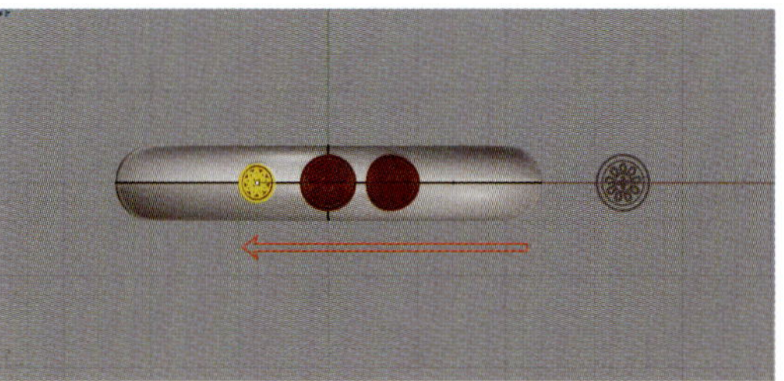

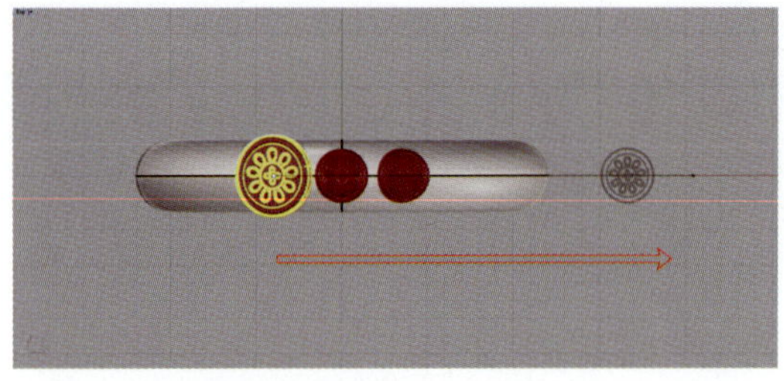

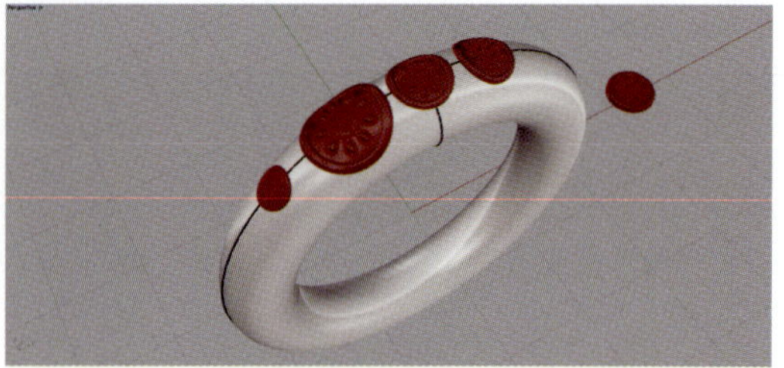

Orient perpendicular to curve

→ 부록CD 〉 Rhino 예제 〉 Lesson 12 〉 Orient perpendicular to curve

특정 Curve개체 방향을 Orient로 사용하여 특정 Curve개체를 따라 개체를 이동 또는 복사하고 회전시키는 기능이다.

Options

- **Perpendicular :** 개체가 특정 Curve개체에 대해 수직이 되도록 Orient시키는 기능이다.
- **XFlip / YFlip :** CPlane을 기준으로 X축 방향과 Y축 방향을 뒤집어 Orient시키는 기능이다.
- **Rotate :** 지정된 특정 Curve개체에 각도 또는 두 개의 Reference Point를 지정하여 Orient되는 물체를 회전시키는 기능이다. Rotate 3-D기능과 유사하다.

01. Circle: center, radius를 실행하고, 원점(0, 0)을 기준으로 지름 19㎜의 원형 Curve개체를 생성한다.

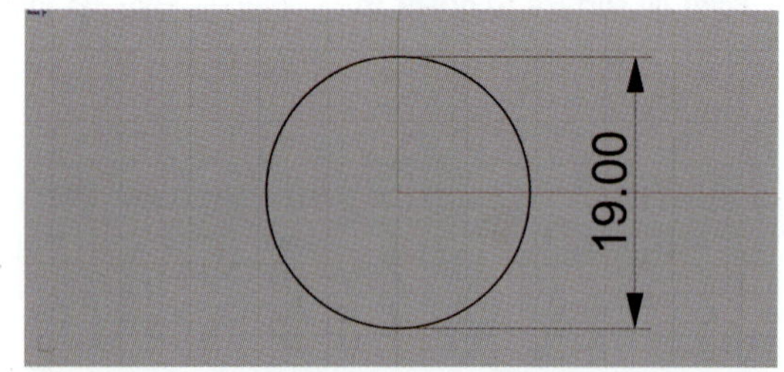

02. Helix를 실행하고, Command Prompt 영역에서 Aroundcurve를 선택한 후, 생성한 원형 Curve개체를 선택한다. Command Prompt 영역에서 다음 그림과 같이 설정하고, Radius and start point값 1을 입력한 후, Enter키를 누른 다음 마우스 커서를 움직여서 방향을 맞추고 왼쪽 버튼을 클릭한다.

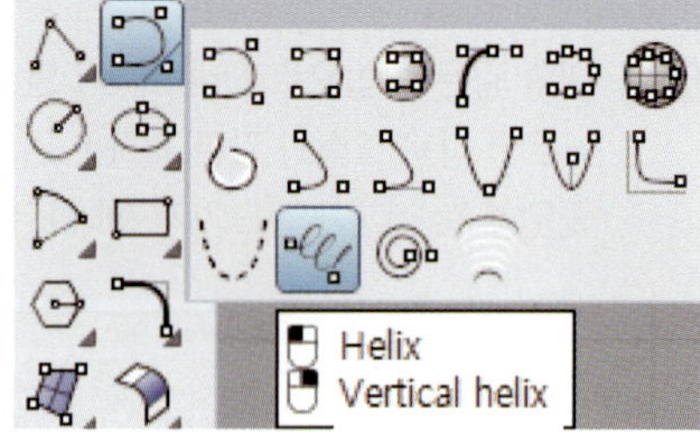

Start of axis (Vertical AroundCurve):

Radius and start point <1.000> (Diameter Mode=*Turns* Turns=*5* Pitch=*11.9381* ReverseTwist=*No* NumPointsPerTurn=*12*): 1

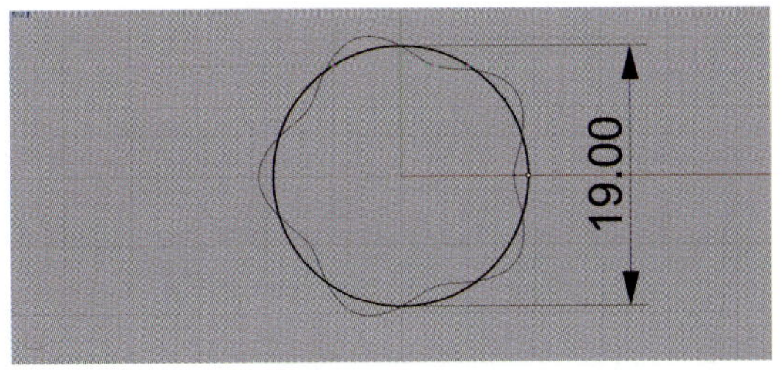

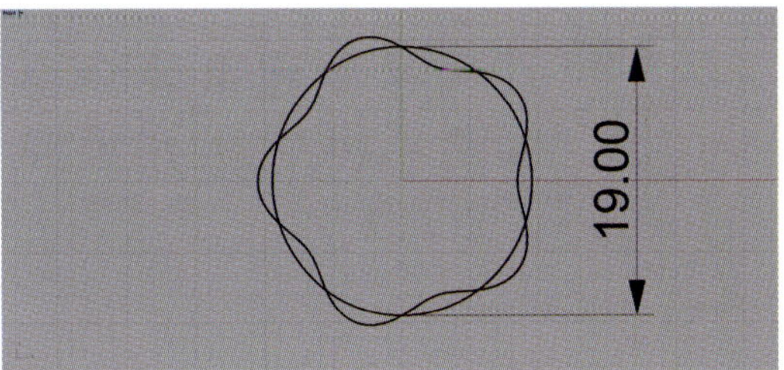

03. Polygon: Center, Radius를 실행하고, 원점(0, 0) 기준으로 Command Prompt 영역에서 다음 그림과 같이 Numsides=6, Mode=Inscribed로 설정하고, Corner of polygon값 2를 입력한 후, Enter↵키를 누른다. 마우스 커서를 움직여서 방향을 맞추고 마우스 왼쪽버튼을 클릭하여 반지름 2㎜의 육각형 Curve개체를 생성한다.

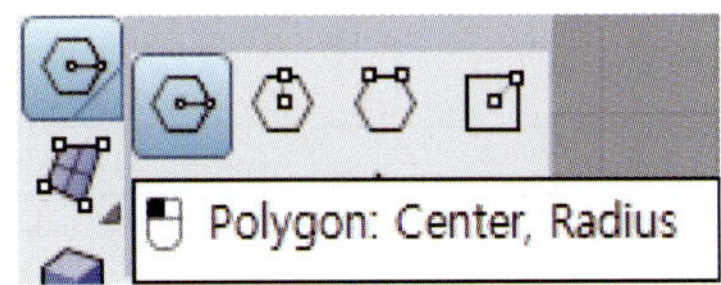

Corner of polygon (NumSides=*6* Mode=*Inscribed*): 2

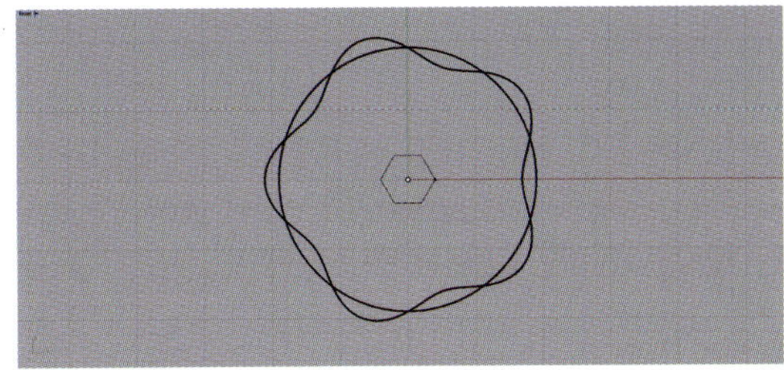
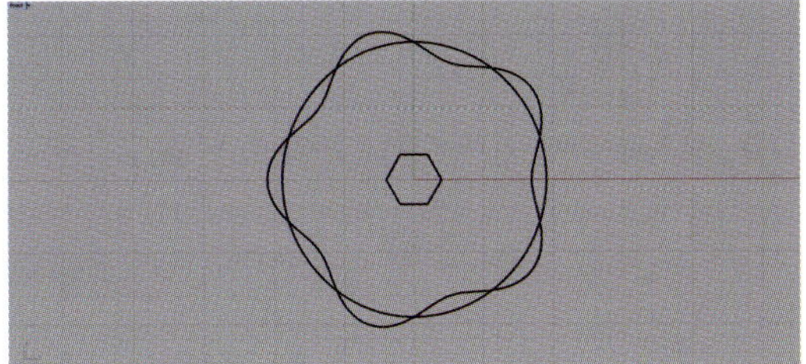

04. 생성된 육각형 Curve개체를 선택하고, Area centroid를 실행하여 육각형 Curve개체의 중심에 중심점을 생성한다.

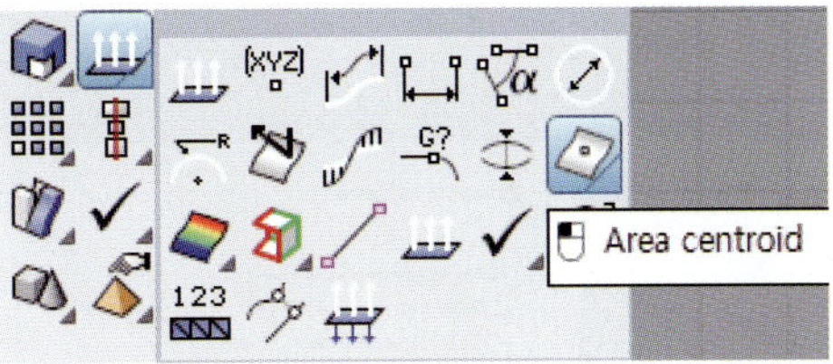

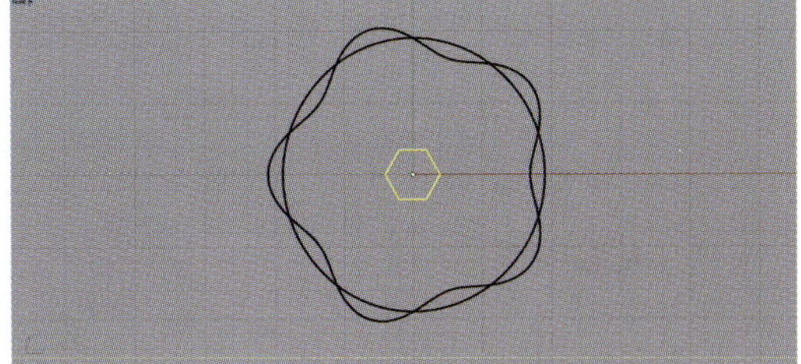

05. Orient perpendicular to curve를 실행하고, 육각형 Curve개체를 선택한다. Osnap Toolbar에서 Point와 Quad점에 체크하고, Base Point를 육각형 Curve개체의 중심점으로 선택한 후, Select orientation curve는 19㎜ 원형 Curve개체를 선택한다. New base point on curve는 19㎜ 원형 Curve개체의 우측 Quad점으로 선택한다.

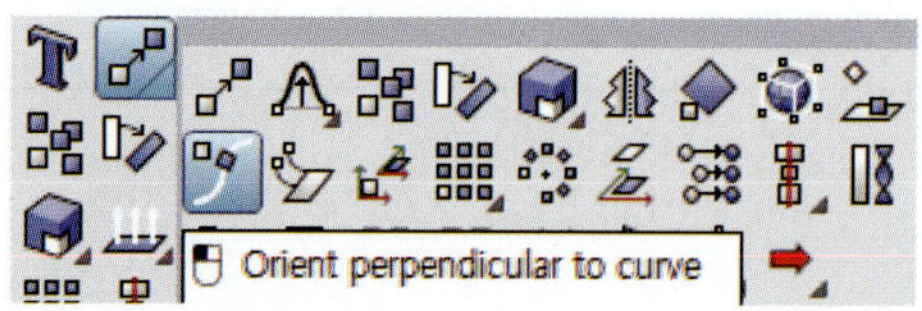

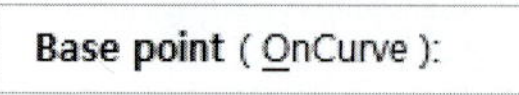

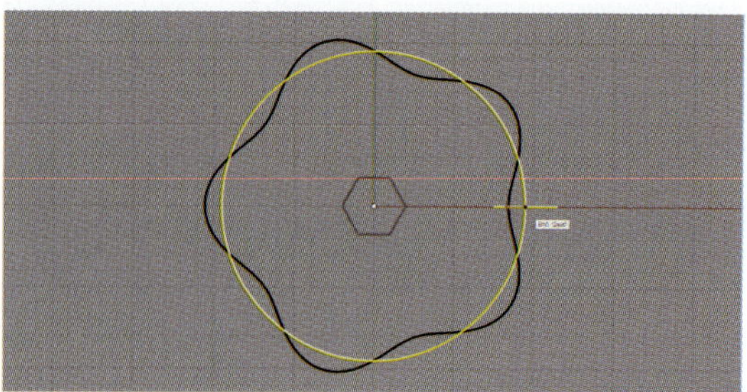

Select orientation curve:

New base point on curve (Copy=*No* XFlip=*No* YFlip=*No* Rotate=*No*):

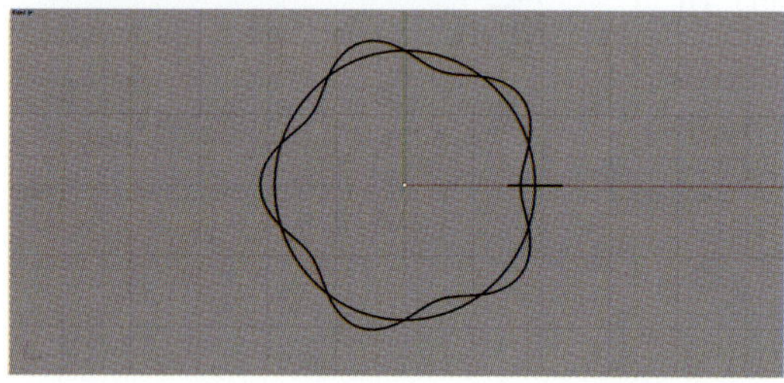

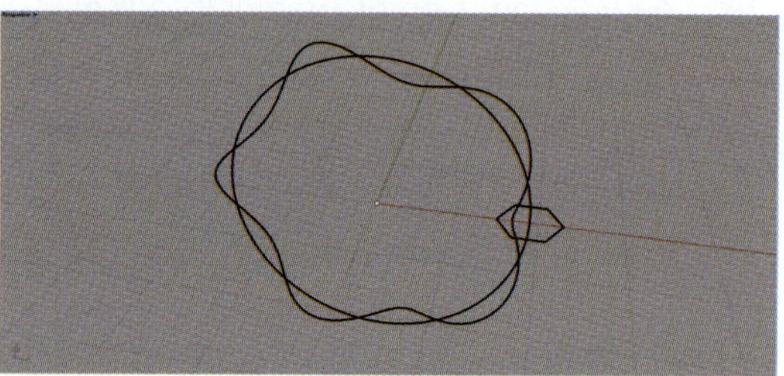

06. Sweep 2 rails를 실행하고, 다음 그림과 같은 순서대로 1번 19㎜ 원형 Curve개체를 선택하고, 2번 Helix Curve개체를 선택한 후, 3번 육각형 Curve개체를 선택한 다음 Enter↵키를 누른다. Seam방향을 확인하고 Enter↵키를 누르면 Sweep 2 Rail Options창이 나타나면 Closed Sweep에 체크한 후, OK를 누른다.

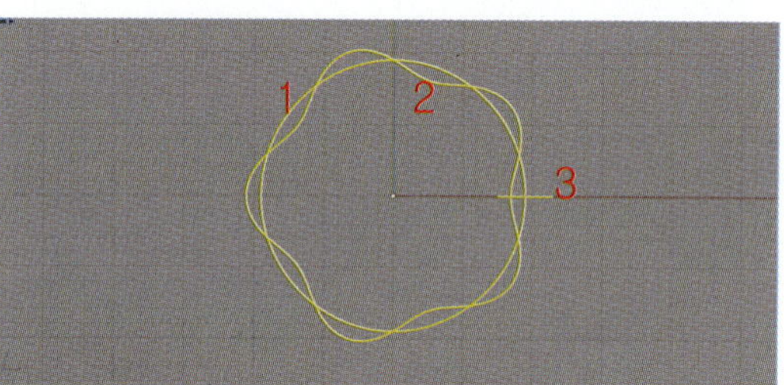

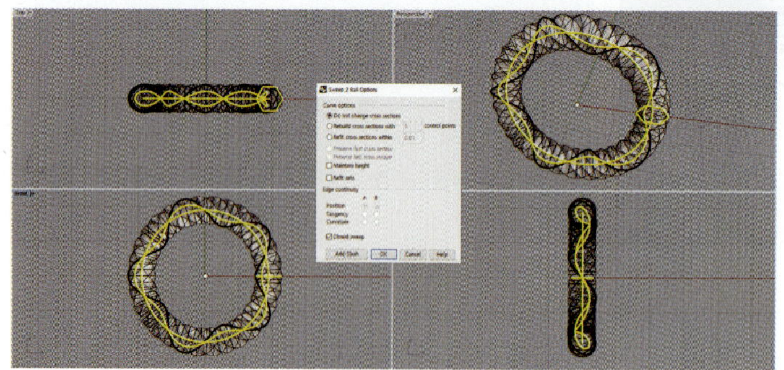

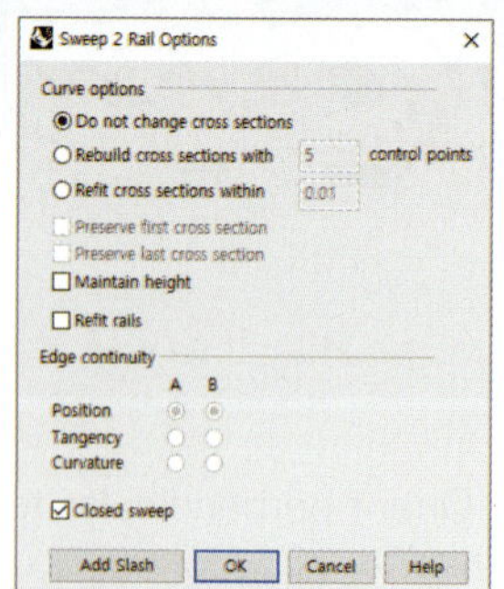

07. 다음 그림과 같이 Solid개체가 생성된 것을 확인할 수 있다.

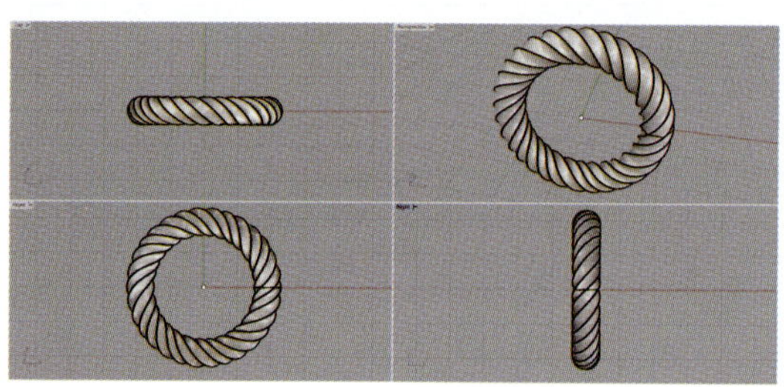

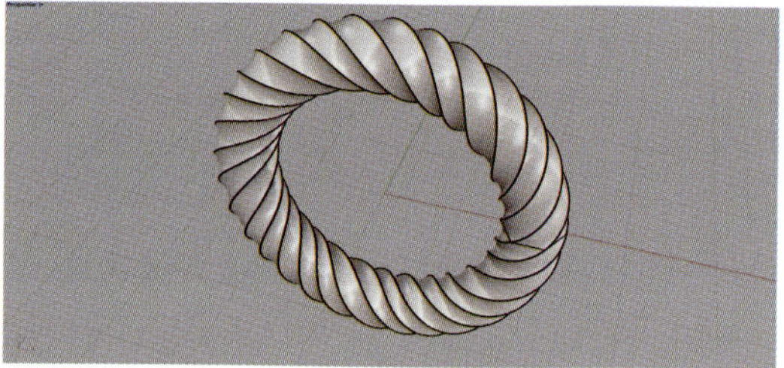

Orient curve to edge

→ 부록CD 〉 Rhino 예제 〉 Lesson 12 〉 Orient curve to edge

선택한 Curve개체를 Surface개체의 가장자리에 복사하고 정렬시키는 기능이다. 이 기능은 Surface Normal Direction에 의해 정렬되며 Curve개체 방향이 반대로 정렬되는 경우에는 Analyze Direction 명령으로 Surface 개체의 Normal Direction을 변경한 다음 정렬한다.

01. Orient curve to edge를 실행하고, Curve개체를 선택한 후, Surface개체의 Edge를 선택한다. Command Prompt 영역에서 Copy=Yes로 설정한 후, 원하는 위치에 마우스 왼쪽버튼을 클릭하여 Curve개체를 복사한다.

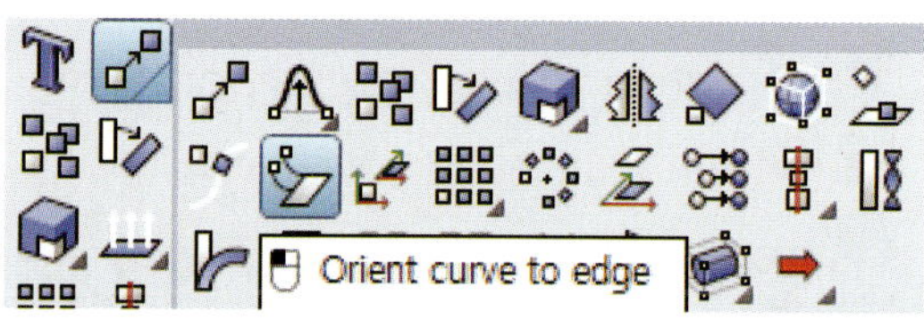

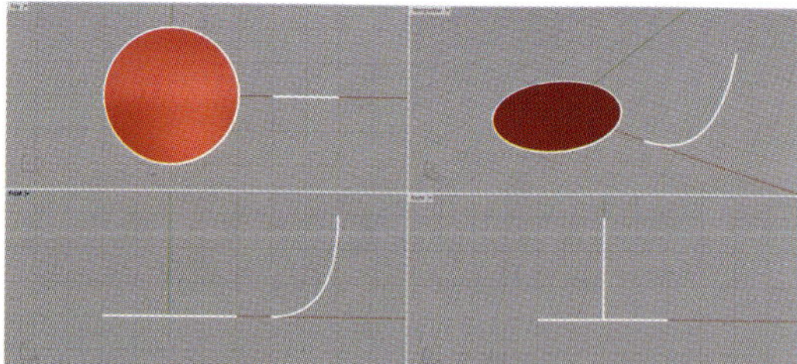

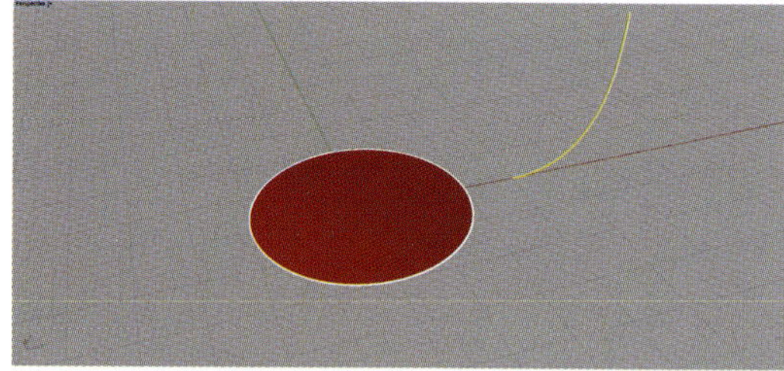

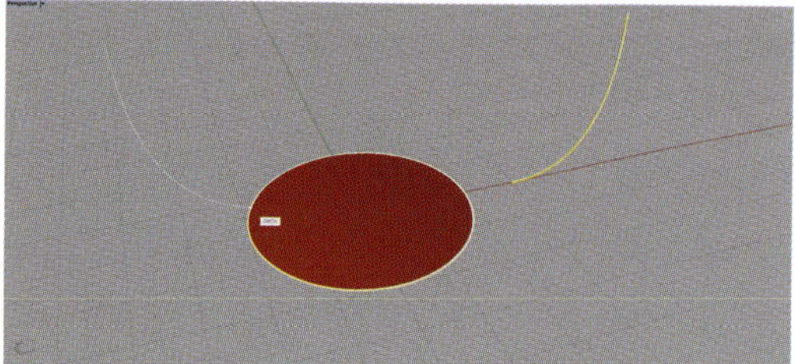

Pick target edge point (Copy=*Yes* FlipSurface=*No* ReverseCurve=*No*):

02. Enter↵키를 누르면 작업이 완료된다. 또는 마지막 Curve개체를 복사하기 전에 Command Prompt 영역에서 Copy=No로 설정한 후, 마지막 위치에 마우스 왼쪽버튼을 클릭하여 Curve개체를 이동시키고 작업을 완료할 수 있다.

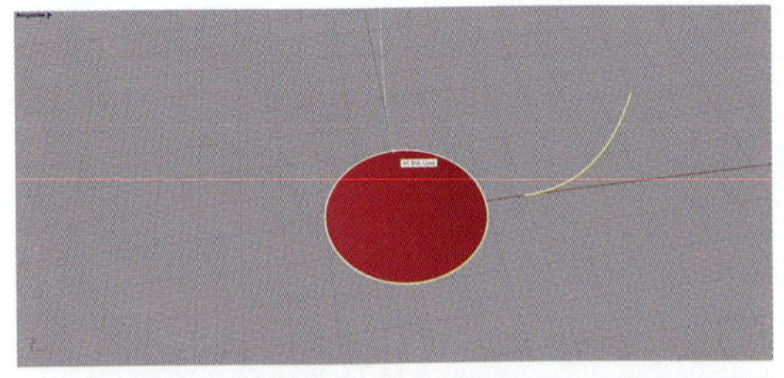
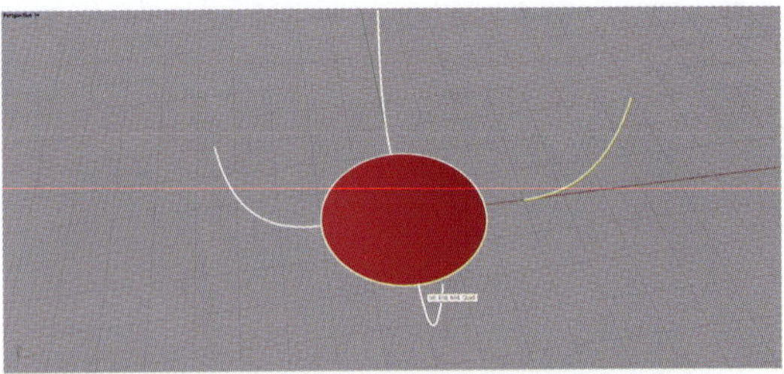

Pick target edge point (Copy=No FlipSurface=No ReverseCurve=No):

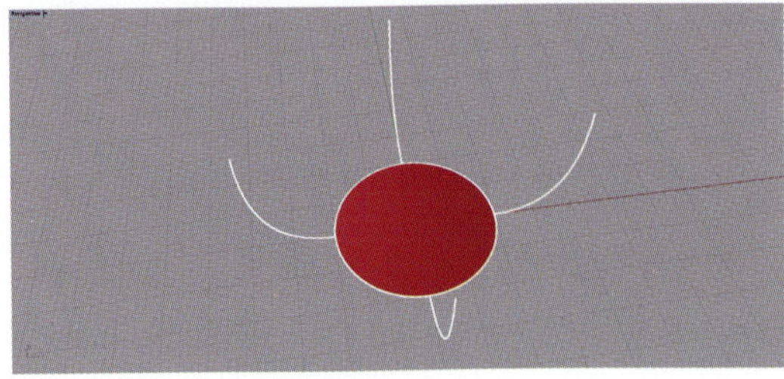
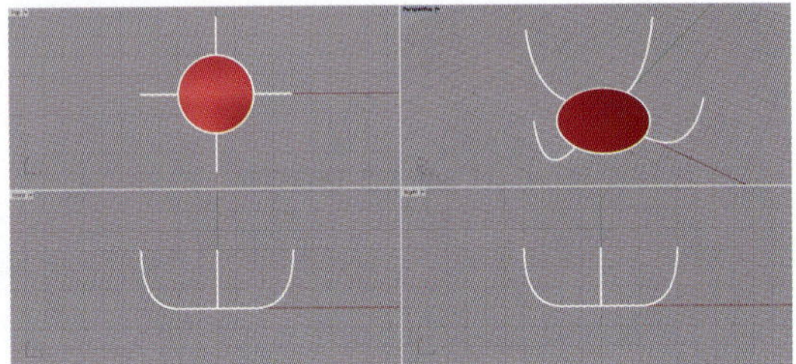

Remap to CPlane

선택한 개체의 CPlane에서 지정한 다른 CPlane으로 변경하여 정렬시키는 기능이다.

01. Remap to CPlane을 실행하고, Top Top Viewport에서 Tube개체를 선택한 후, Enter 키를 누른다.
Front Front Viewport의 아무 공간이나 선택하면 다음 그림과 같이 선택한 개체의 CPlane 좌표값을 지정한 다른 CPlane 좌표값과 같게 맞추어 변경 및 정렬시켜주는 것을 확인할 수 있다.

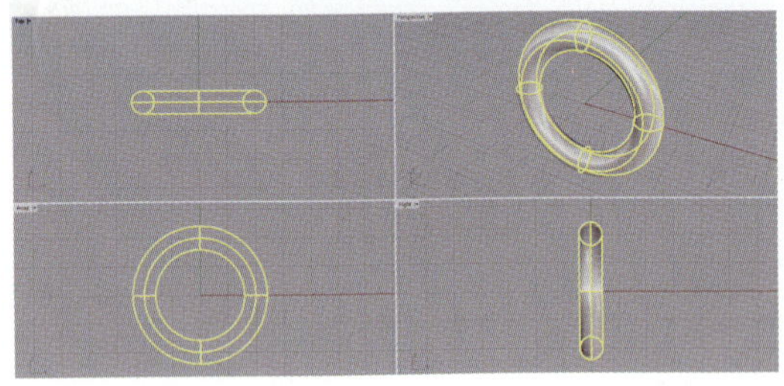
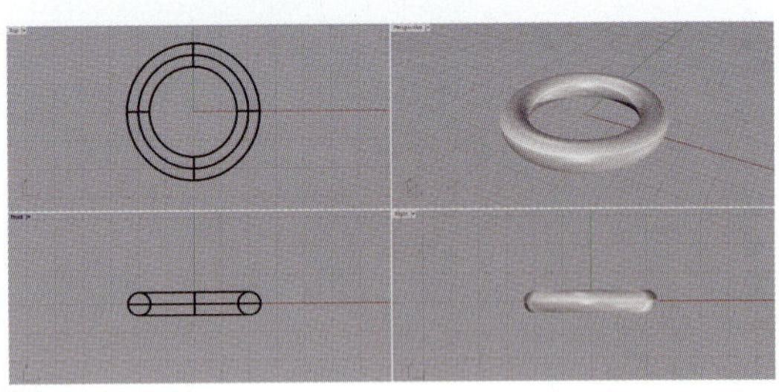

Click on CPlane to map to (Copy=No CPlane View):

02. 다시 Remap to CPlane를 실행하고, Front Front Viewport에서 Tube개체를 선택한 후, Enter 키를 누른다. Command Prompt 영역에서 Copy=Yes로 설정하고, Top Top Viewport의

아무 공간이나 선택한다. 다음 그림과 같이 선택한 개체의 CPlane 좌표값을 지정한 다른 CPlane 좌표값과 같게 맞추어 복사된 것을 확인할 수 있다.

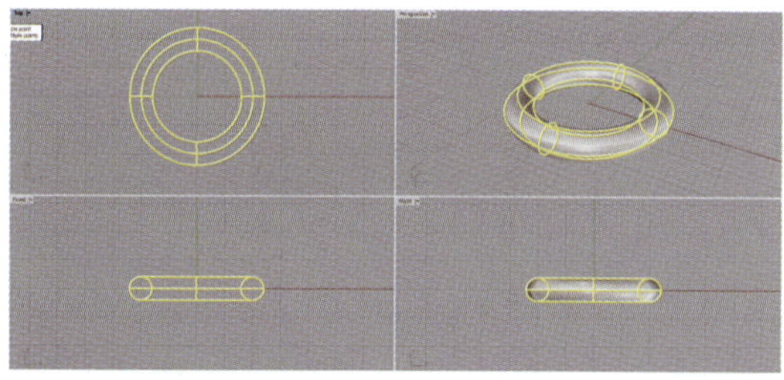
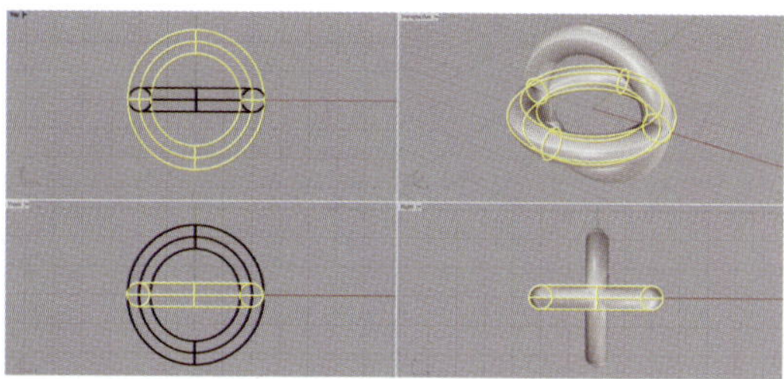

Click on CPlane to map to (Copy=Yes CPlane View):

03. 다시 Remap to CPlane를 실행하고, **Top** Top Viewport에서 Tube개체 하나를 선택한 후, Enter↵키를 누른다.

Right Right Viewport의 아무 공간이나 선택하면 다음 그림과 같이 선택한 개체의 CPlane 좌표값을 지정한 다른 CPlane 좌표값과 같게 맞추어 복사된 것을 확인할 수 있다.

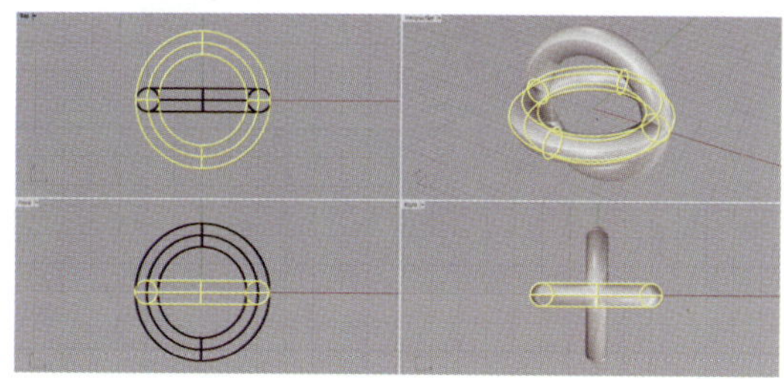

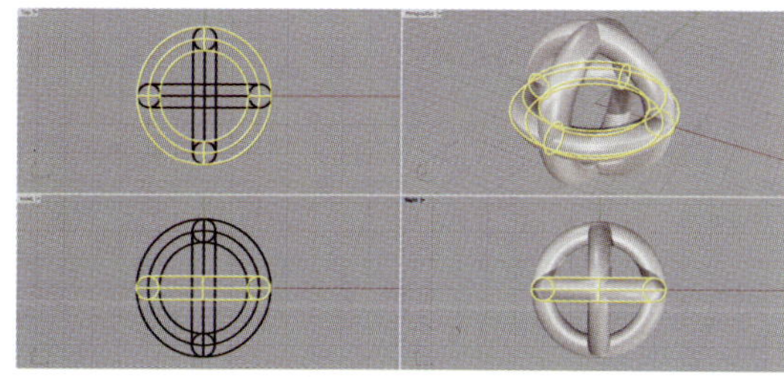
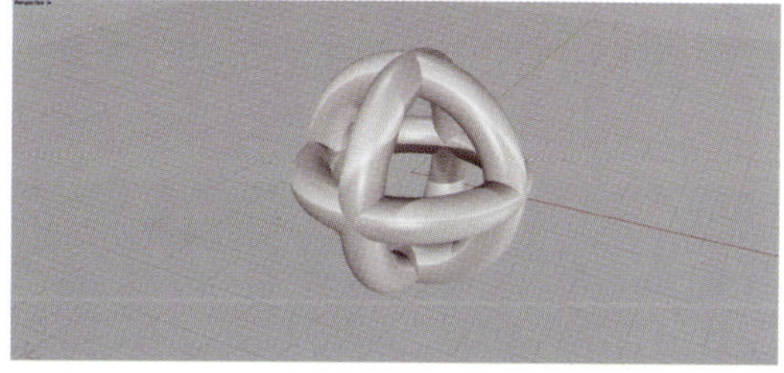

Set XYZ coordinates

→ 부록CD 〉 Rhino 예제 〉 Lesson 12 〉 Set XYZ coordinates

Curve개체나 3차원 개체의 Point와 조절점을 X, Y, Z 방향의 지정된 위치로 이동하게 하는 기능이다.

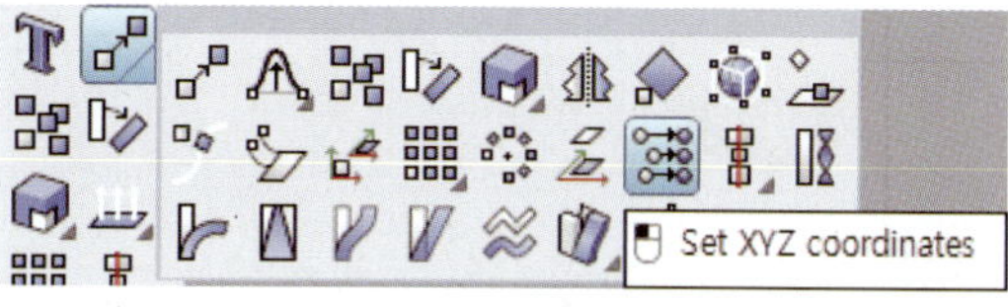

Options

- **Set X / Set Y / Set Z :** 개체를 X, Y, Z축 방향으로 정렬시키는 기능이다.
- **Align to World / Align to CPlane :** Align to Construction Plane좌표를 사용하여 정렬시키는 기능이다.
- **Copy :** 명령을 실행하는 사이 원본개체를 복사하는 기능이다.

01. Surface개체를 선택하고, Show object control points(F10)를 실행하여 다음 그림과 같이 Surface개체의 조절점이 나타나게 한다.

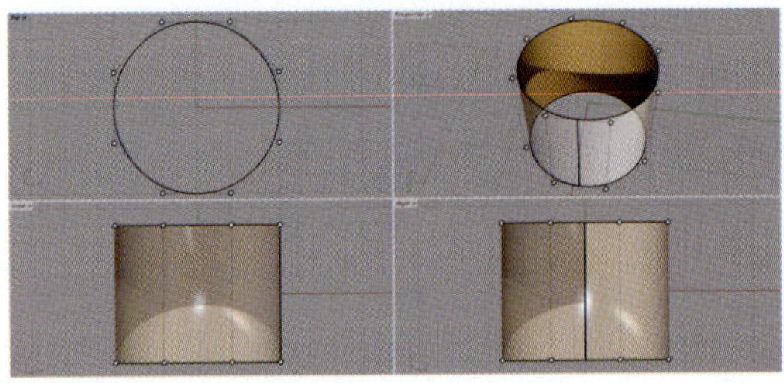

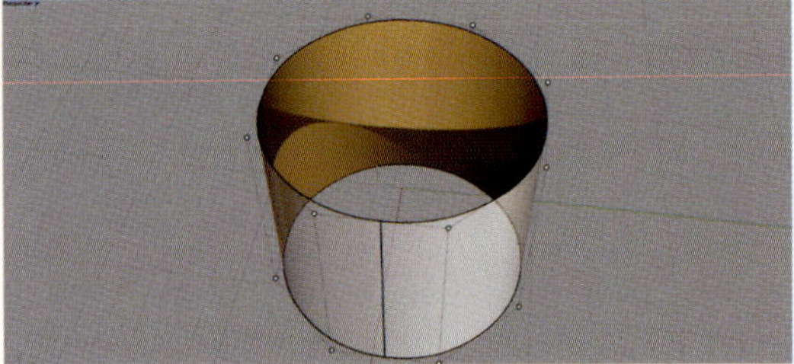

02. Set XYZ coordinates를 실행하고, 다음 그림과 같이 Surface개체의 아랫부분 조절점을 선택한 후, Enter↵키를 누른다.

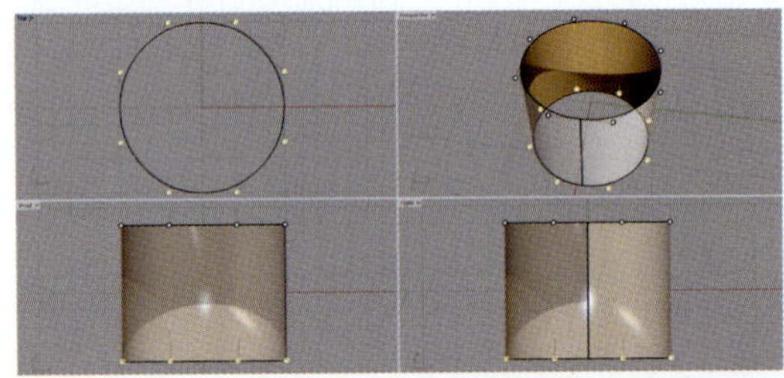

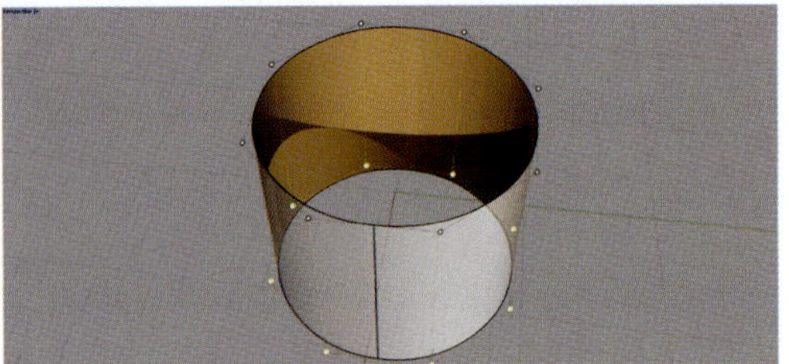

03. Set Points Options창이 나타나면 Set X와 Align to World에 체크한 후, OK를 누른다. 다음 그림과 같이 X축 방향으로만 이동이 가능한 것을 확인할 수 있다. (만약, Set X와 Set Y를 체크하면 X축과 Y축 두 방향으로만 이동이 가능하다.) 원하는 위치에 마우스 왼쪽버튼을 클릭한다.

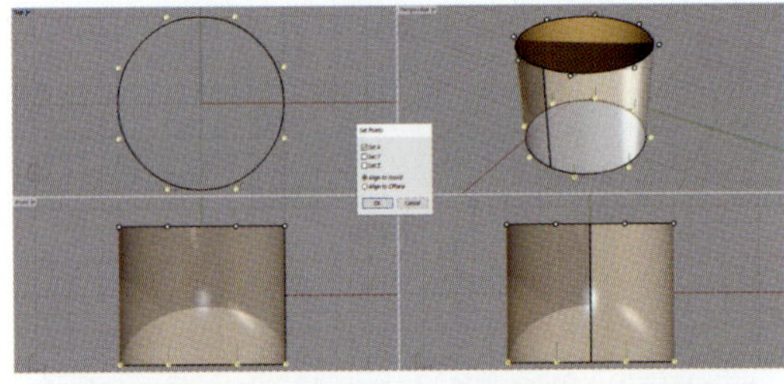

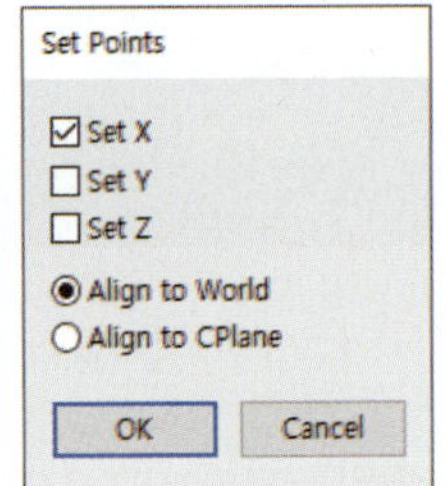

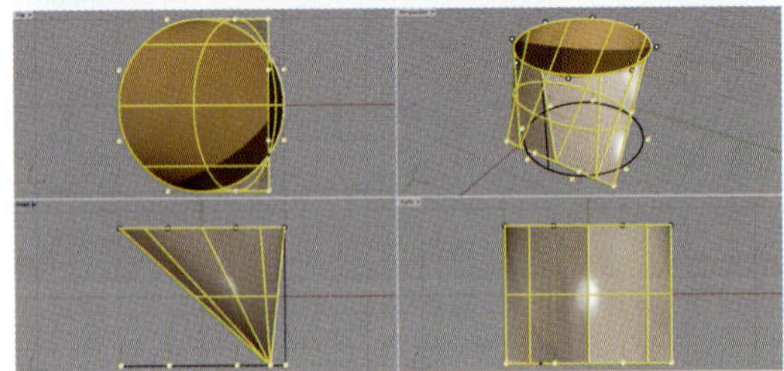

04. 다음 그림과 같이 Surface개체의 아랫부분이 변형된 것을 확인할 수 있다. Points Off(F11)를 실행하여 조절점을 Off시키고 작업을 완료한다.

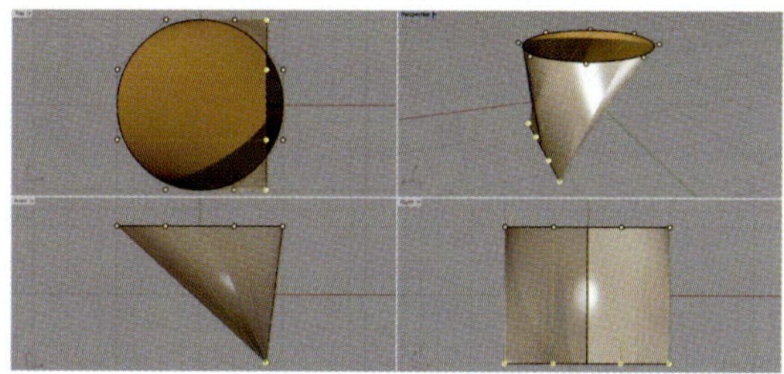

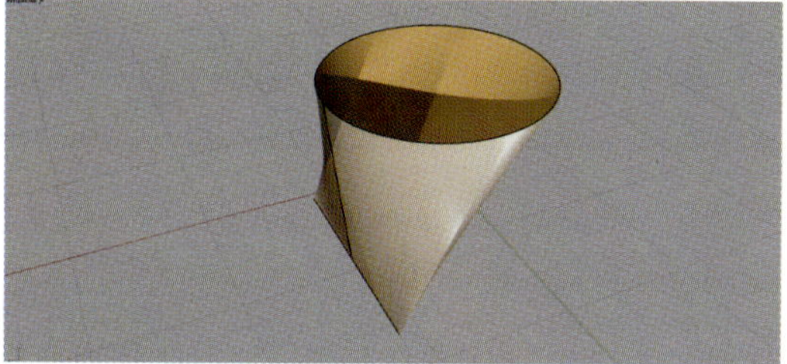

Rectangular array

→ 부록CD 〉 Rhino 예제 〉 Lesson 12 〉 Rectangular array

선택한 개체를 기준으로 복사되는 개수와 간격을 지정하여 배치하는 기능이다.

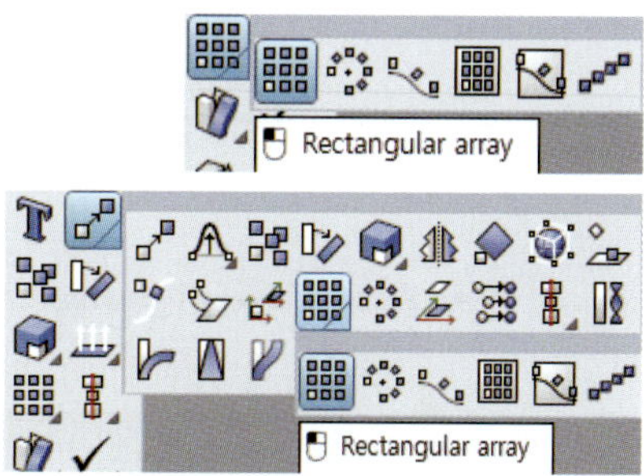

Options

- **X Number / Y Number / Z Number :** X, Y, Z축 방향으로 배열되는 개체 개수를 설정하는 기능이다.
- **X Spacing / Y Spacing / Z Spacing :** X, Y, Z축 방향으로 배열되는 개체간의 간격을 설정하는 기능이다.

01. Rectangular array를 실행하고, 보석개체를 선택한 후, Enter↵키를 누른다.

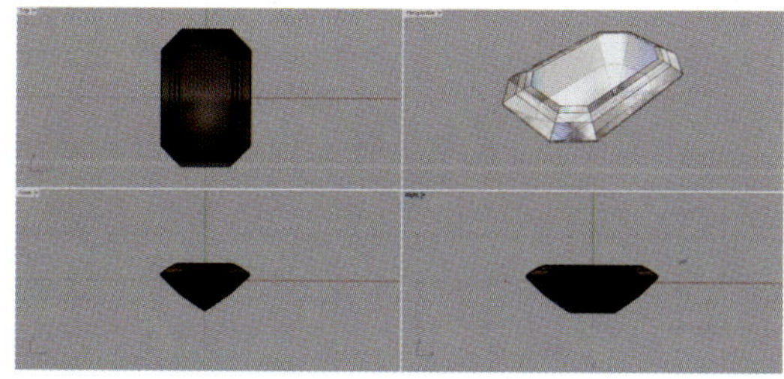

02. Command Prompt 영역에 X축 방향으로 배열하고자 하는 개체의 수 5를 입력하고 Enter↵키를 누른다.

```
Number in X direction <1>: 5
```

03. Y축 방향으로 배열하고자 하는 개체의 수 5를 입력하고 Enter↵키를 누른다.

```
Number in Y direction <1>: 5
```

04. Z축 방향으로 배열하고자 하는 개체의 수 5를 입력하고 Enter↵키를 누른다.

```
Number in Z direction <1>: 5
```

05. X축 방향으로 배열하고자 하는 개체간의 간격 5를 입력하고 Enter↵키를 누른다.

Unit cell or X spacing (Preview=*Yes* XNumber=*5* YNumber=*5* ZNumber=*5*): 5

06. Y축 방향으로 배열하고자 하는 개체간의 간격 5를 입력하고 Enter↵키를 누른다.

Y spacing or first reference point (Preview=*Yes* XNumber=*5* YNumber=*5* ZNumber=*5*): 5

07. Z축 방향으로 배열하고자 하는 개체간의 간격 5를 입력하고 Enter↵키를 누른다.

Z spacing or first reference point (Preview=*Yes* XNumber=*5* YNumber=*5* ZNumber=*5*): 5

08. 다음 그림과 같이 입력된 값의 보석개체가 배열된 것을 미리 확인할 수 있다. Enter↵키를 누르고 작업을 완료한다.

Press Enter to accept (XNumber=*5* XSpacing=*5* YNumber=*5* YSpacing=*5* ZNumber=*5* ZSpacing=*5*):

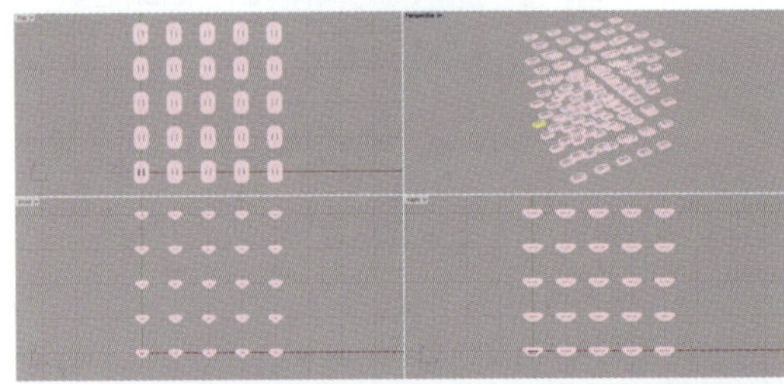

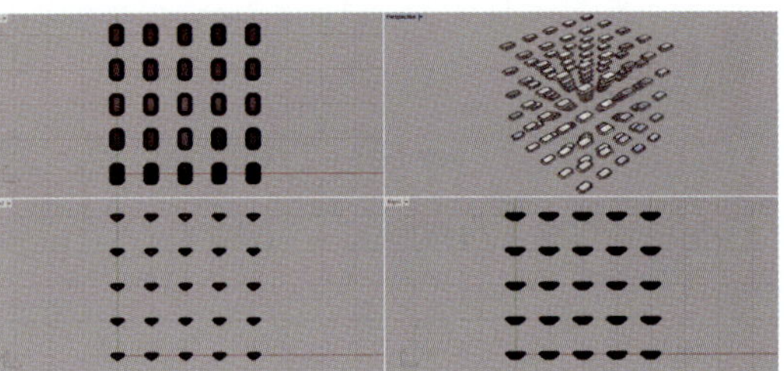

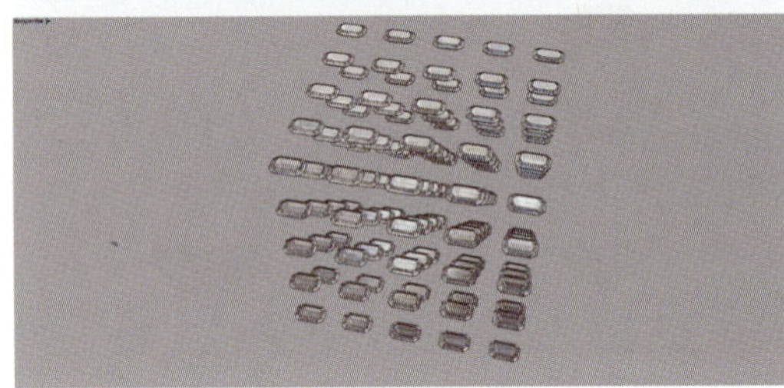

Array along curve

→ 부록CD 〉 Rhino 예제 〉 Lesson 12 〉 Array along curve

선택한 개체를 특정 경로를 따라 회전하고 복사하며 배치시키는 기능이다.

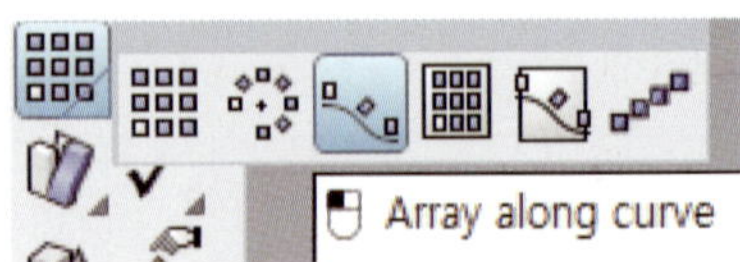

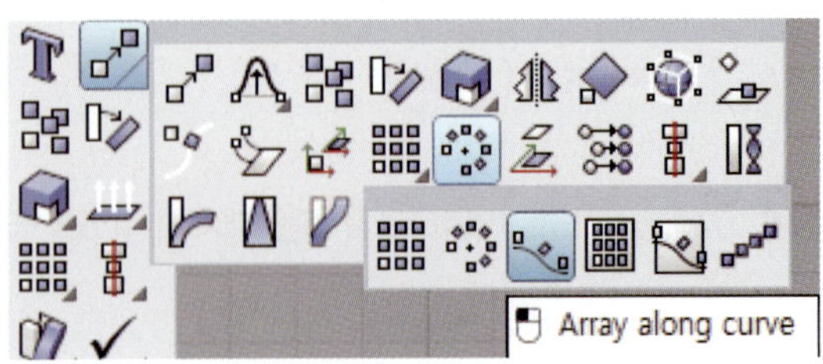

Options

- **Basepoint :** 배치시킬 개체가 특정 Curve개체에 있지 않을 때에는 배치하기 전에 Curve개체를 이동해야 하며, Basepoint는 일반적으로 배치할 개체에 지정한다.

● Method

- **Number of items :** 특정 Curve개체를 따라 배치할 항목의 개수를 입력하는 기능이다.
- **Distance between items :** 배치할 개체의 간격을 치수로 지정하는 기능이다.

● Orientation

- **No rotation :** 개체가 배치되는 동안 회전하지 않고, 위치를 유지하며 배열시키는 기능이다.
- **Freeform :** 배치할 개체가 특정 Curve개체를 따라가면서, 3차원 공간에서 회전되며 배열시키는 기능이다.
- **Roadlike :** 개체가 특정 Curve개체를 따라가지만, CPlane에 대하여 상대적인 위쪽 방향을 일정하게 유지시키는 기능이다.

01. Array along curve를 실행하고, Sphere개체와 Sphere개체의 중심점을 모두 선택한 후, Enter↵키를 누른다. Command Prompt 영역에서 Basepoint를 선택하고, Base point for objects to array는 Sphere개체의 중심점을 선택한 후, 곡선 Curve개체를 선택한다.

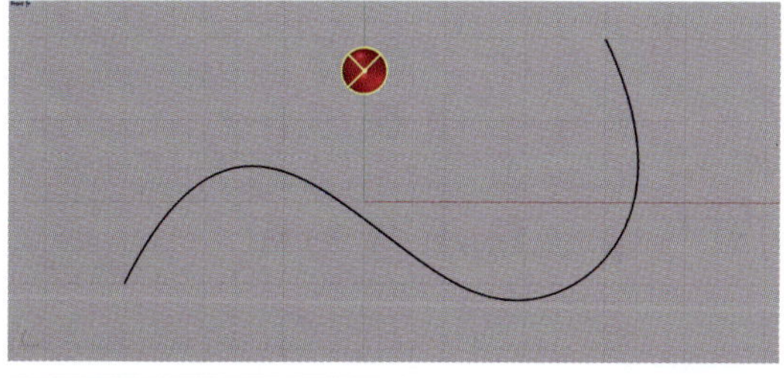

Select path curve (Basepoint):

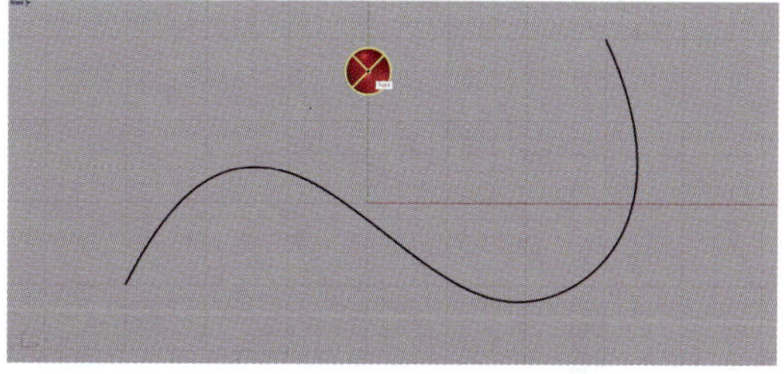

Select path curve:

02. 다음 그림과 같이 Array Along Curve Options창이 나타나면 Number of items값 8을 입력하고, Freeform을 선택한.후, OK를 누른다.

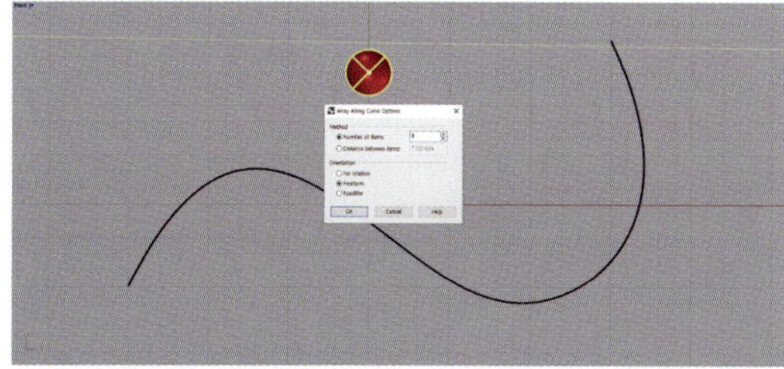

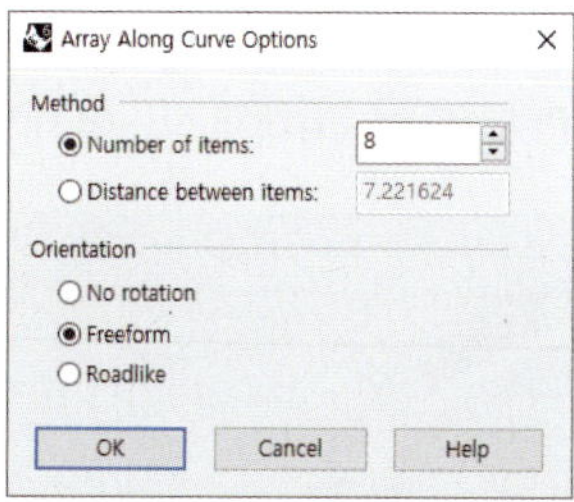

03. 다음 그림과 같이 곡선 Curve개체를 따라 8개의 Sphere개체가 배열된 것을 확인할 수 있다.

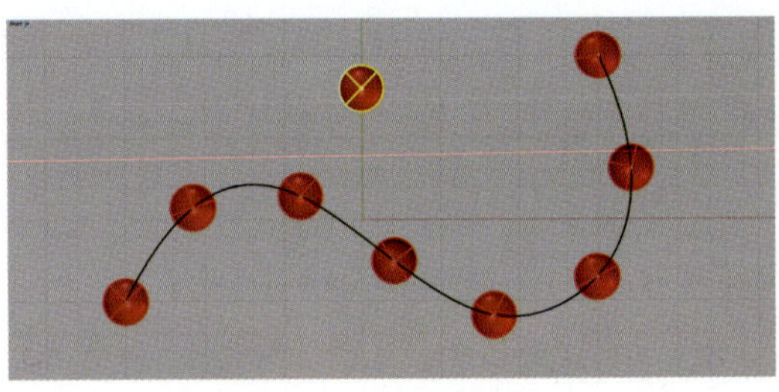

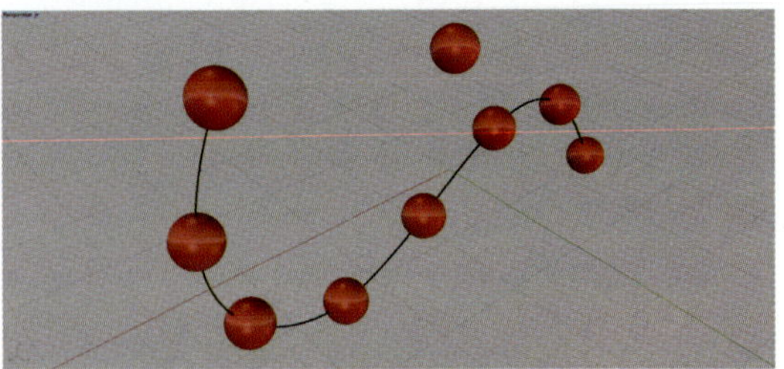

Array on surface

→ 부록CD 〉 Rhino 예제 〉 Lesson 12 〉 Array on Surface

개체의 위치를 지정하기 위해 Surface Normal 방향을 사용하고, 복사개체를 Surface개체에 설정된 행과 열 수치로 배치시키는 기능이다.

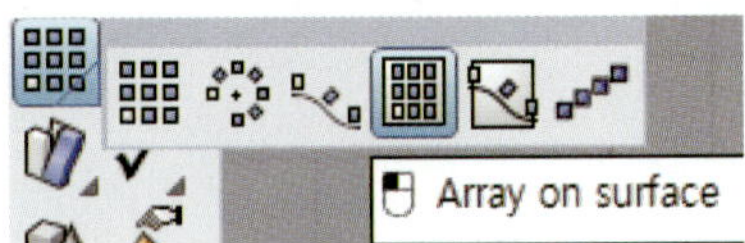

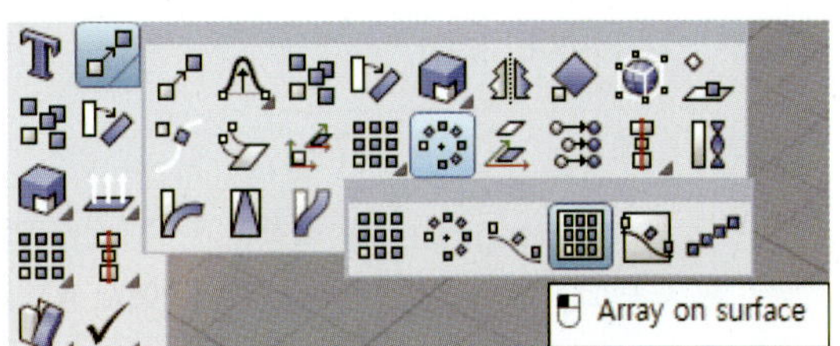

01. Extract surface를 실행하고, 다음 그림과 같이 Poly-Surface개체 상단에 위치한 Surface를 선택한 후, Enter키를 누른다.

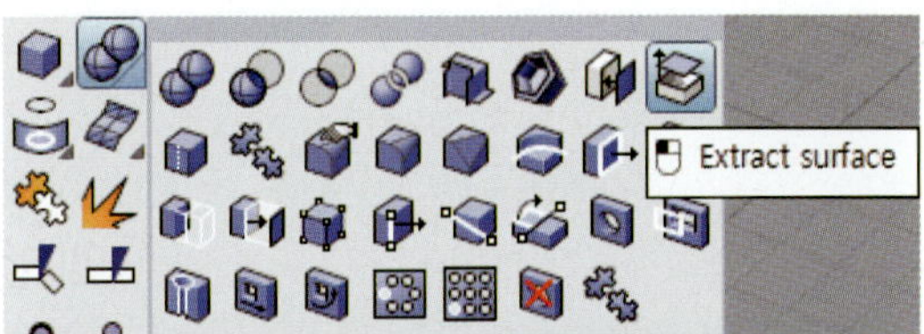

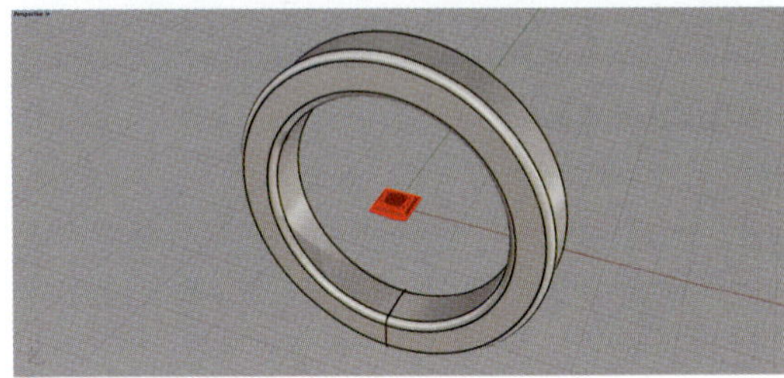

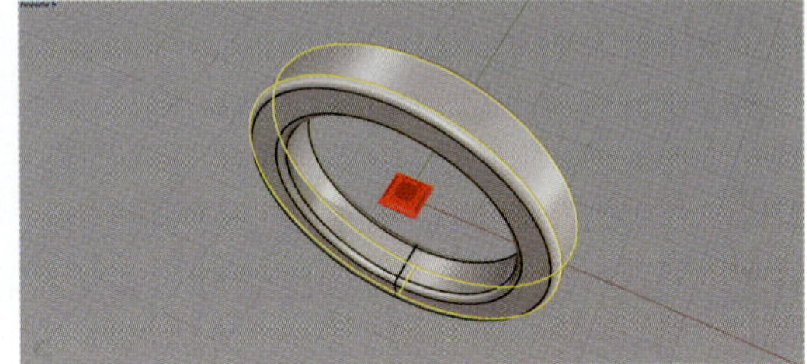

02. 다음 그림과 같이 Poly-Surface개체 상단에서 Surface개체가 분리된 것을 확인할 수 있다.

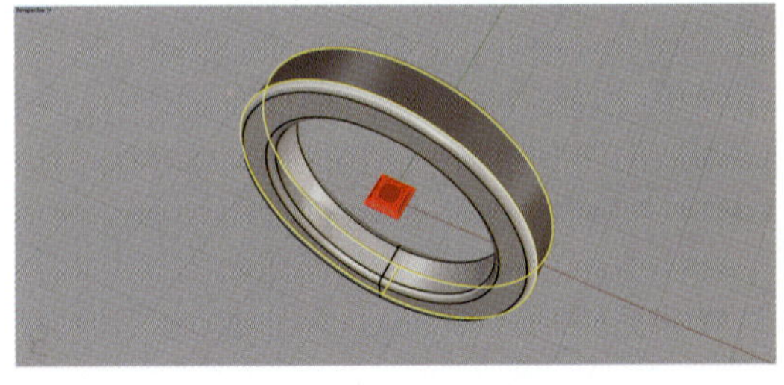

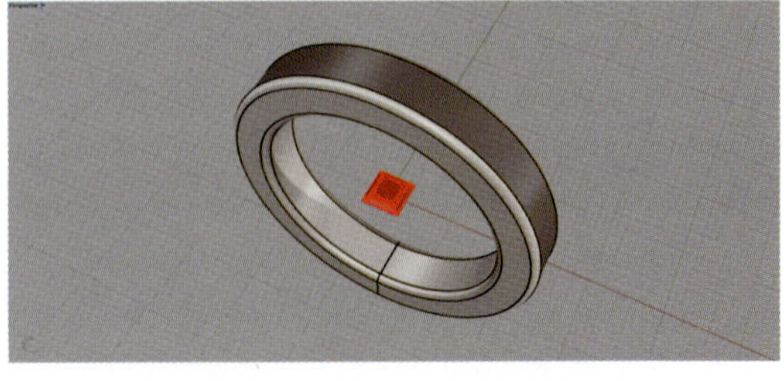

03. 보석개체를 선택하고, Volume centroid를 실행하여 보석개체 중심에 중심점을 생성한다.

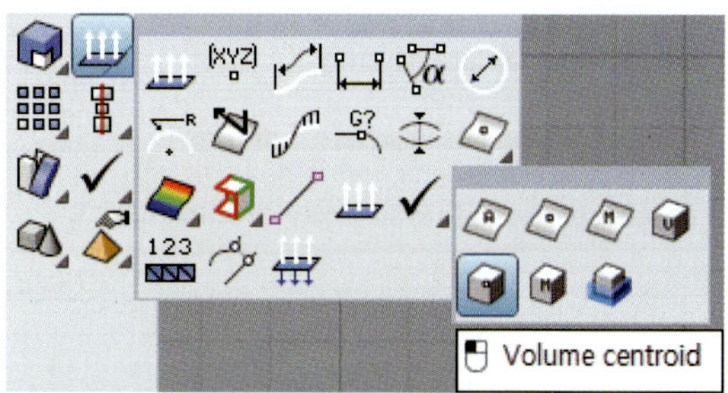

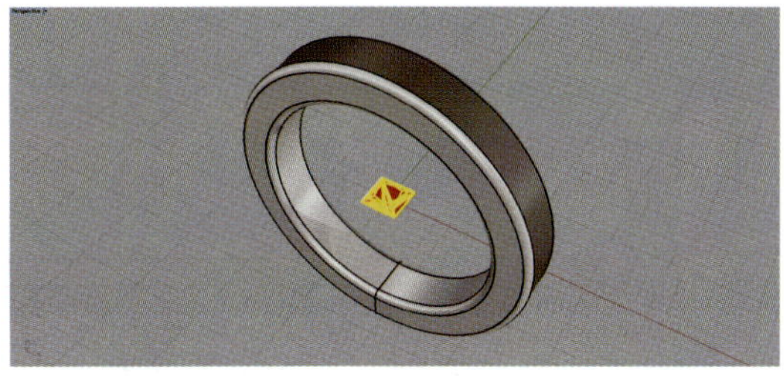

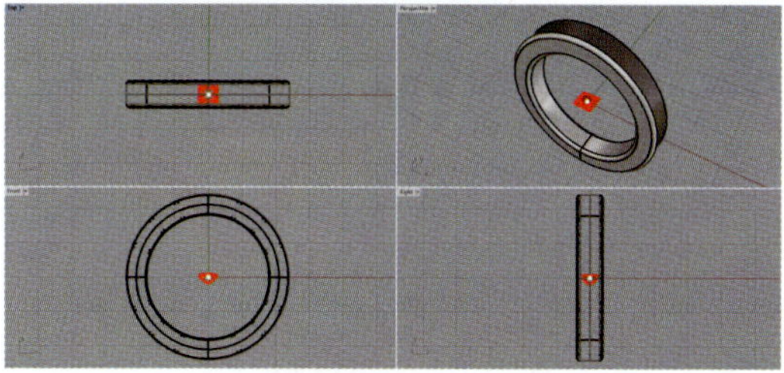

04. Array on surface를 실행하고, 보석개체와 보석개체의 중심점을 선택한 후, Enter↵키를 누른다.
Base Point for objects to array는 Osnap Toolbar에서 Point에 체크하고, 보석개체의 중심에 있는 중심점으로 선택한다.
Reference normal for objects to array. Press Enter to use CPlane Z-axis는 다음 그림과 같이 Shift키를 누른 상태로 마우스 커서를 화살표 방향으로 움직인 후, 마우스 왼쪽버튼을 클릭한다.

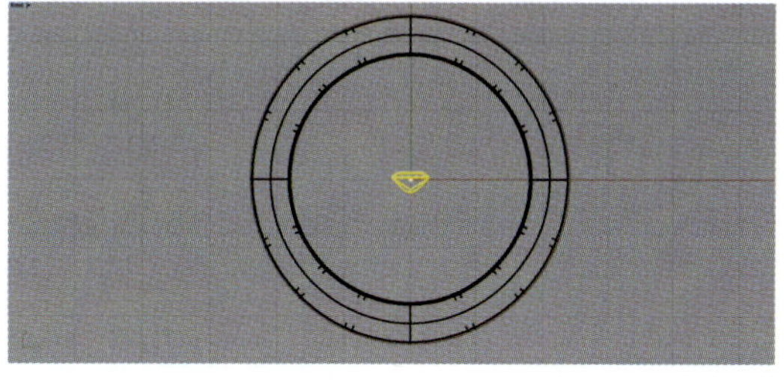

Base point for objects to array:

Reference normal for objects to array. Press Enter to use CPlane Z-axis:

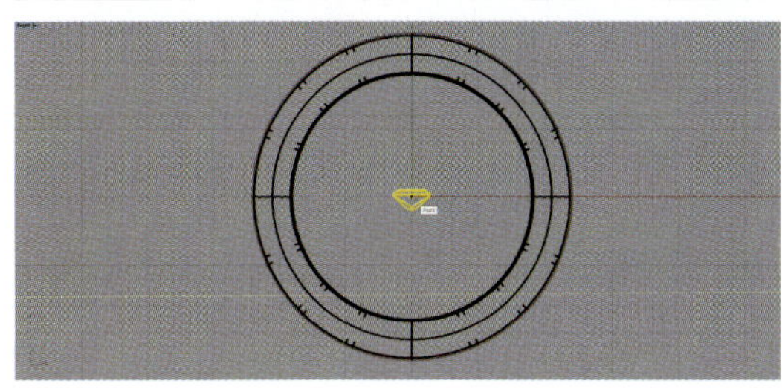

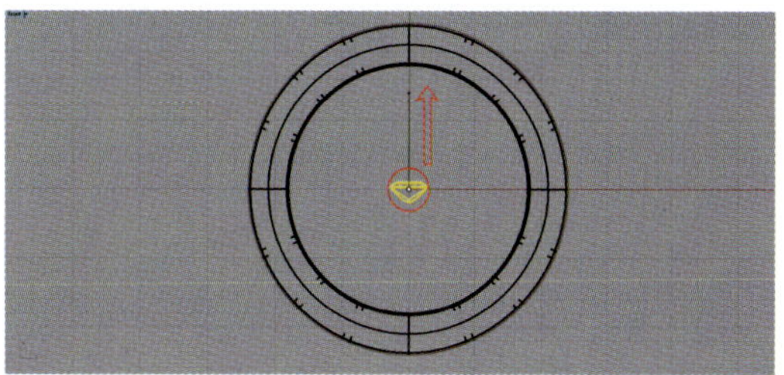

05. Select target surface for array는 분리시킨 Surface개체를 Target Surface개체로 선택한다. Command Prompt 영역에서 Number of elements in Surface U direction값은 Target Surface개체에 U방향으로 배열시키고자 하는 개수 30을 입력한 후, Enter↵키를 누르고, Number of elements in Surface V direction값은 V방향으로 배열시키고자 하는 개체 개수 3을 입력한 후, Enter↵키를 누른다.

Select target surface for array:

Number of elements in surface u direction <2>: 30

Number of elements in surface v direction <2>: 3

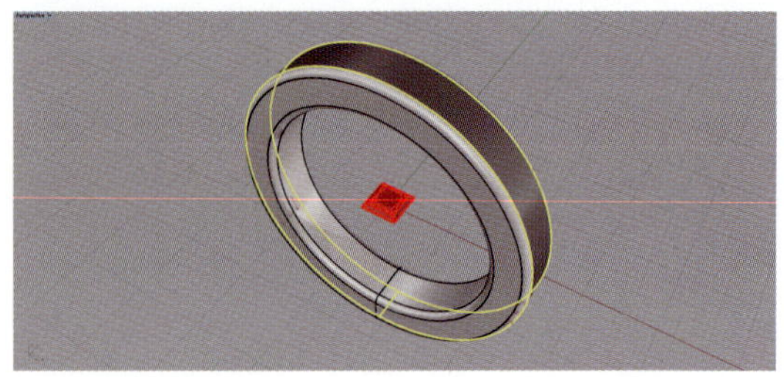

06. 다음 그림과 같이 추출된 Target Surface개체에 보석개체들이 배열된 것을 확인할 수 있다. Top Top Viewport 또는 Right Right Viewport에서 중간위치에 배열된 보석개체만 남기고, 좌우로 배열된 보석개체들을 선택한 후, 삭제한다. Select points를 실행하여 Point개체들도 선택한 후, 삭제한다.

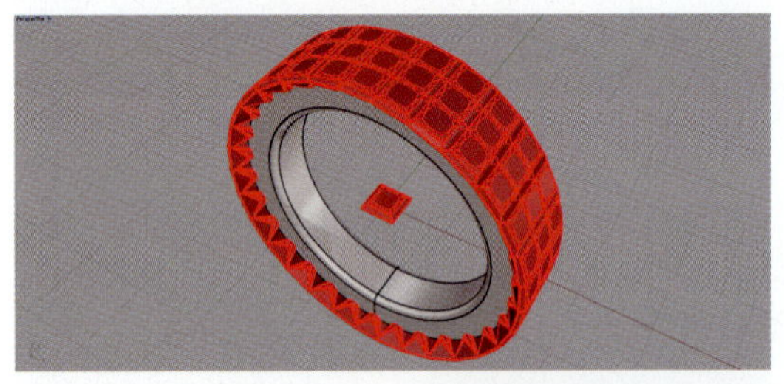

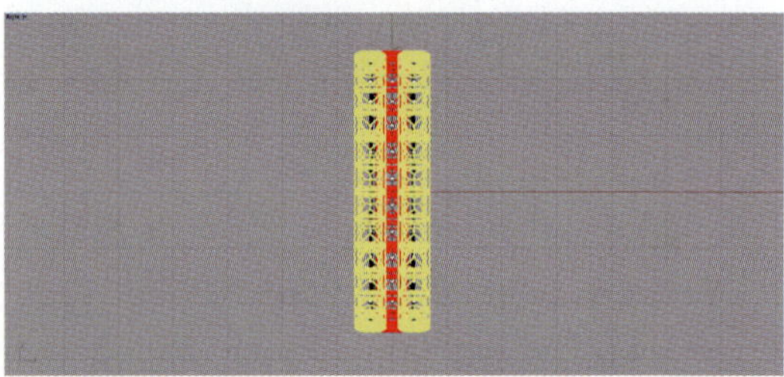

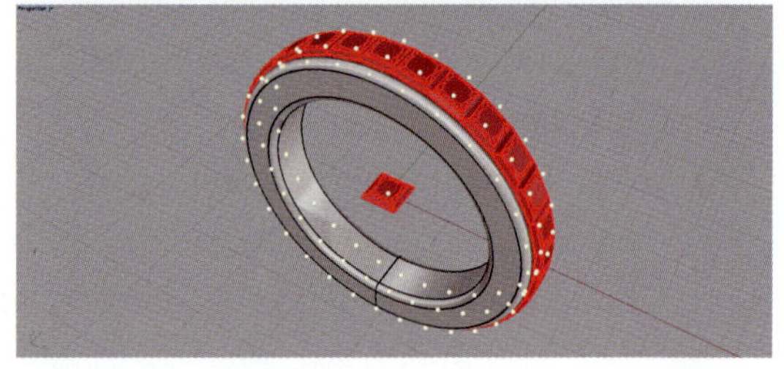

07. 추출된 Surface개체와 Poly-Surface개체를 선택하고, Join을 실행하여 다시 하나의 Solid개체로 결합한다.

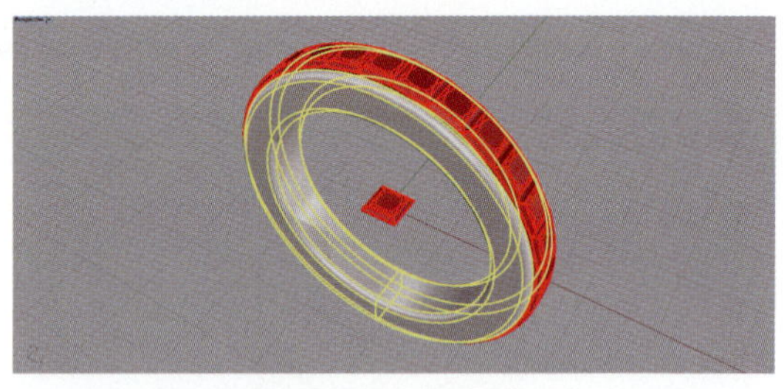

08. 다음 그림과 같이 완성된 반지개체를 확인할 수 있다.

Array along curve on surface

→ 부록CD 〉 Rhino 예제 〉 Lesson 12 〉 Array along curve on surface

Surface Normal을 사용하여 복사되는 개체를 Surface상의 Curve개체를 따라 회전과 지정된 간격으로 배치시키는 기능이다.

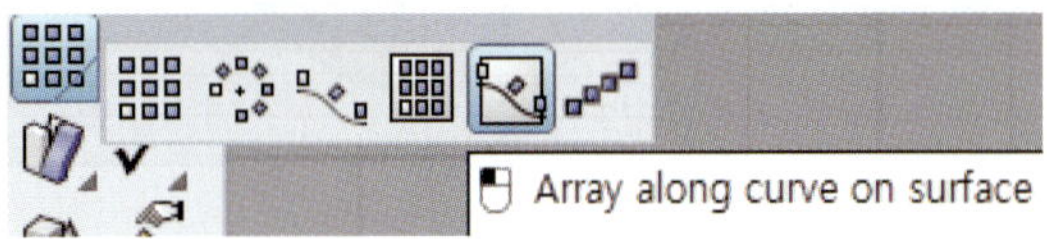

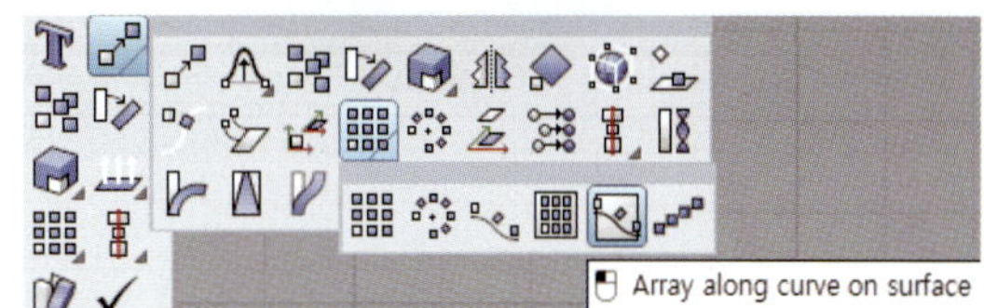

Options

- **Divide** : 개체 개수를 지정하여 배치시키는 기능이다.
- **Multiple** : 개체 사이의 거리를 입력하는 기능이다.

01. 보석개체를 선택하고, Volume centroid를 실행하여 보석개체 중심에 중심점을 생성한다.

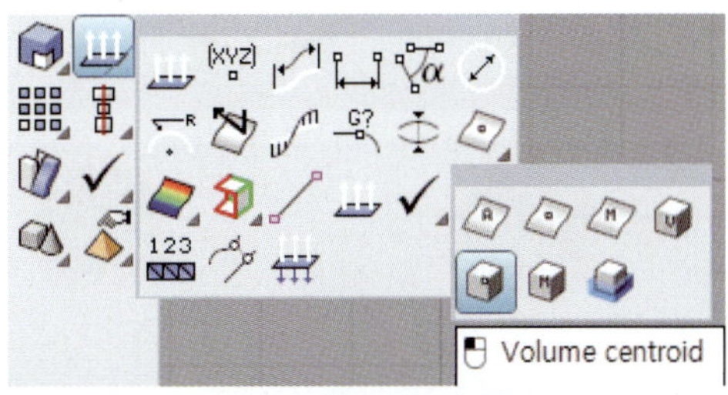

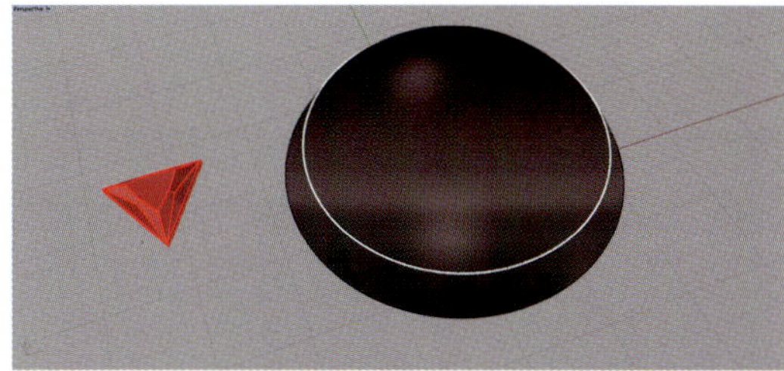

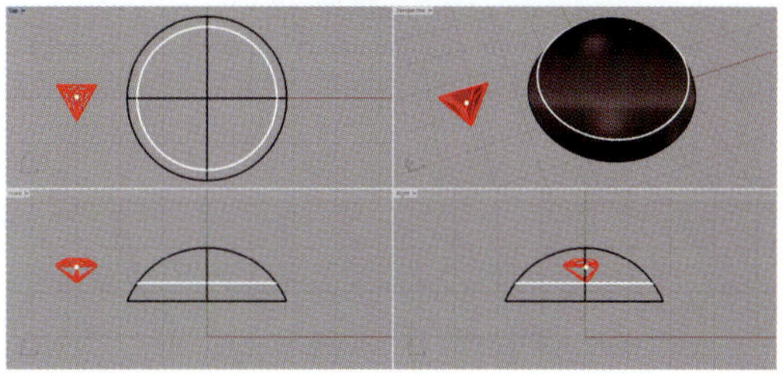

02. Array along curve on surface를 실행하고, 보석개체와 보석개체의 중심점을 모두 선택한 후, Enter↵키를 누른다. Base Point를 보석개체의 중심점으로 선택하고, 원형 Curve개체를 선택한 후, Surface개체를 선택하면 다음 그림과 같이 보석개체가 Curve개체에 붙어서 움직이는 것을 확인할 수 있다.

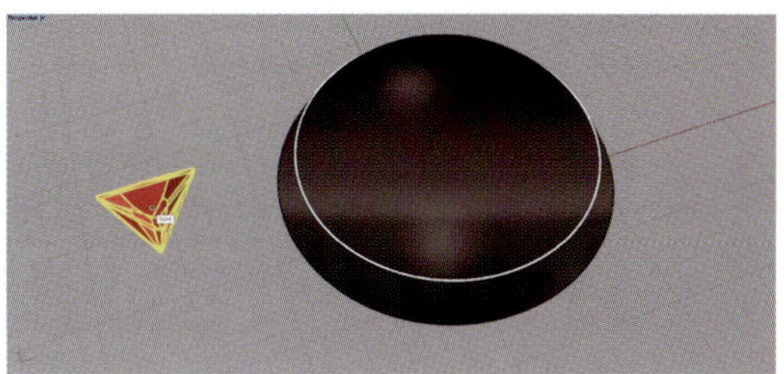

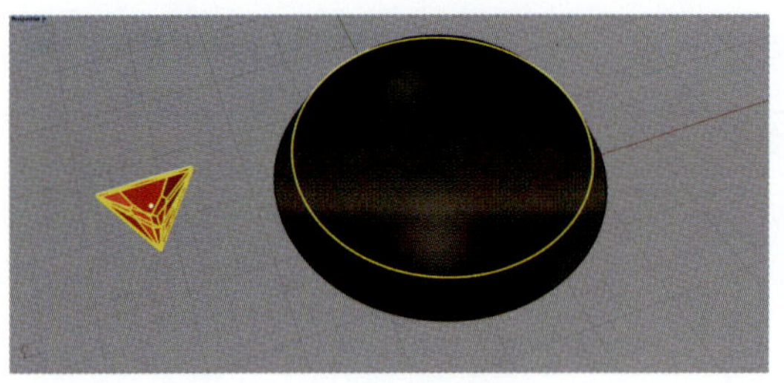

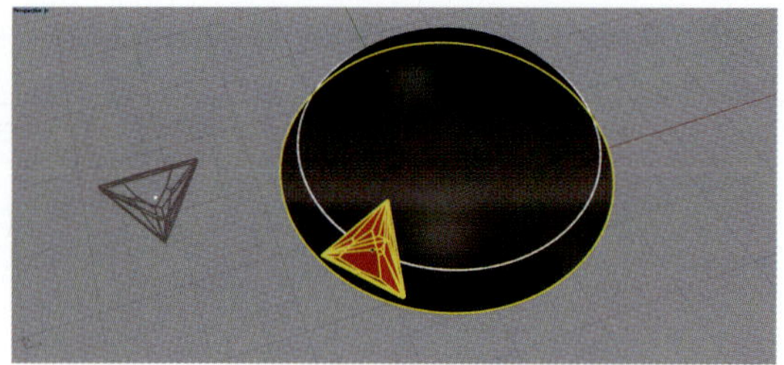

03. Command Prompt 영역에서 Divide를 선택하고, Number of objects값 12를 입력한 후, Enter↵키를 누른다. 다음 그림과 같이 Curve개체에 12개의 보석개체가 생긴 것을 확인할 수 있다. Enter↵키를 누르면 작업이 완료된다.

Position objects or distance from last (Divide Multiple):

Number of objects <12>: 12

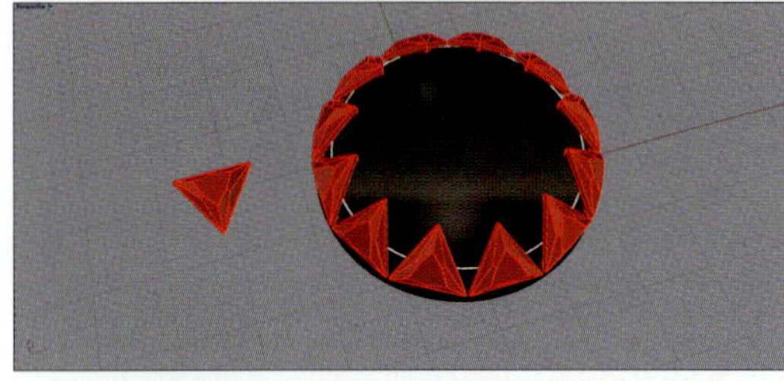

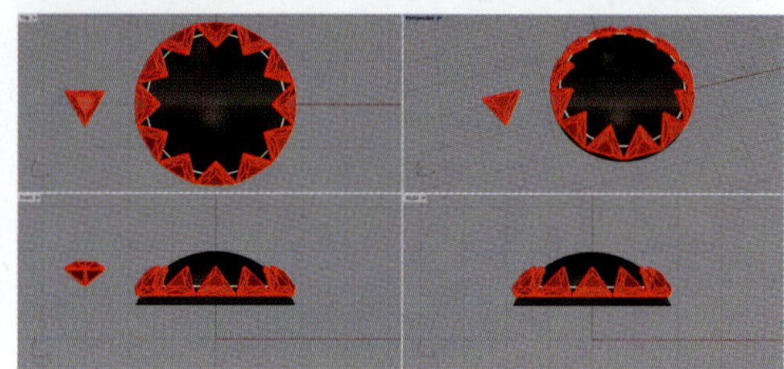

2. Deformation Toolbar

Flow along curve

Base Curve에서 Target Curve까지 개체 또는 개체그룹을 다시 정렬시키는 기능이다. 이 기능은 평평하고 직선 형태를 곡면형태에 Mapping할 때 주로 사용한다. Curve개체 주변에 복잡한 형태를 생성하는 것보다 Curve 개체와 형태가 정렬되었을 때 더 생성하기 쉽다.

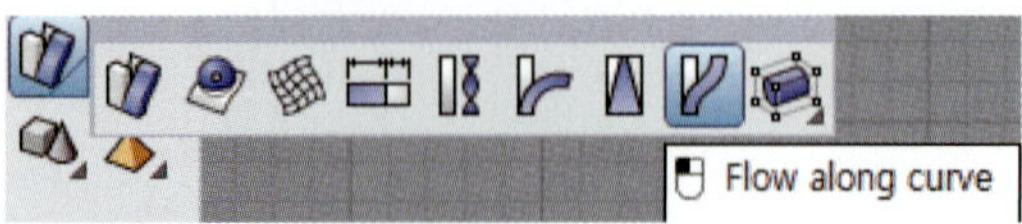

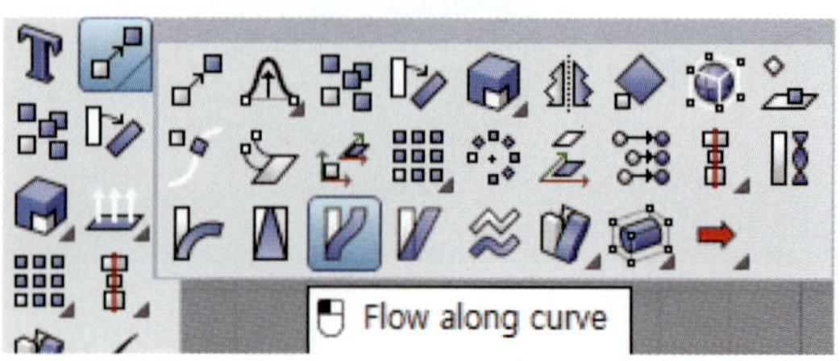

Options

- **Copy :** 명령을 실행하는 사이 원본개체를 복사하는 기능이다.

● **Rigid**

- **No :** 각각의 선택된 개체가 변형된다.
- **Yes :** 개별적인 개체는 변형되지 않으나, 설정된 축 방향에 따라 회전한다.

- **Line :** 원래 기준 Curve개체가 될 선을 그리는 기능이다.

● **Local**

- **No :** 모든 공간이 변형된다.
- **Yes :** 입력 Curve개체를 중심으로 영향력의 Tube를 정의하는 원을 지정한다.

● **Stretch**

- **No :** Curve개체 방향을 따르는 개체의 길이는 변형되지 않게 하는 기능이다.
- **Yes :** Curve개체 방향에서 개체가 Stretch되거나 압축되어 Target Curve개체에 대한 관계는 Base Curve개체에 대한 관계와 동일하다.

- **Roadlike :** 개체가 특정 Curve개체를 따라가지만, CPlane에 대하여 상대적인 위쪽 방향을 일정하게 유지시키는 기능이다.

01. Circle: center, radius를 실행하고, 원점(0, 0) 기준으로 지름 17㎜의 원형 Curve개체를 생성한다.

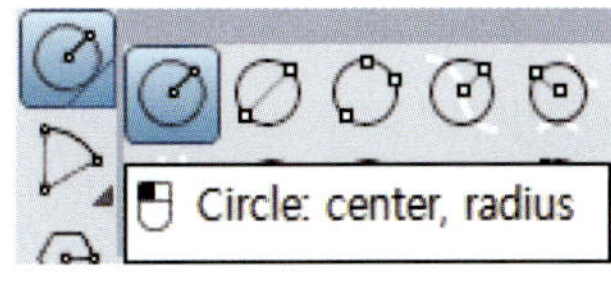

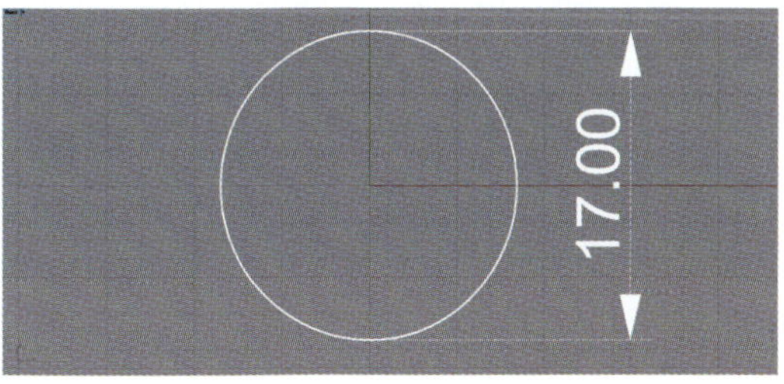

02. 생성된 원형 Curve개체를 선택하고, Measure length를 실행하면 Command Prompt 영역에 원형 Curve개체의 길이 값 53.407이 나타난다.

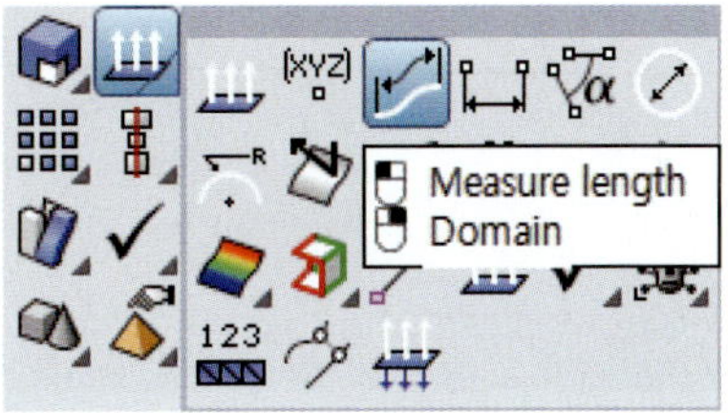

Length = 53.407 millimeters

03. **Front** ▾ Front Viewport에서 Single Line를 실행하고, 다음 그림과 같이 원형 Curve개체의 윗부분 공간에 Start of line을 선택한다. Command Prompt 영역에 End of line값 53.407을 입력하고 [Enter↵]키를 누른 후, [Shift]키를 누른 상태로 마우스 커서를 화살표 방향으로 움직인 다음 마우스 왼쪽 버튼을 클릭하여 길이 53.407㎜의 직선 Curve개체를 생성한다.

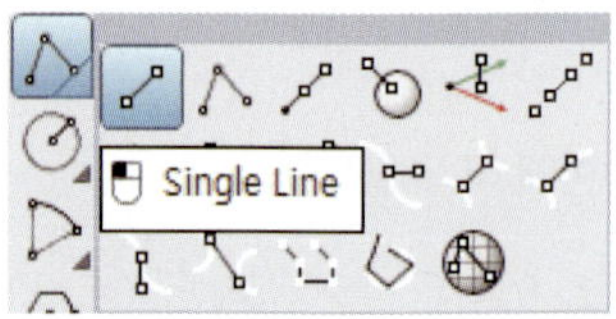

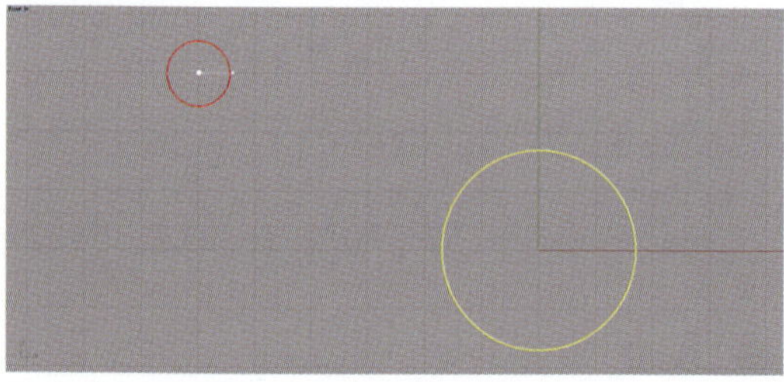

Start of line (BothSides Normal Angled Vertical FourPoint Bisector Perpendicular Tangent Extension):

End of line (BothSides): 53.407

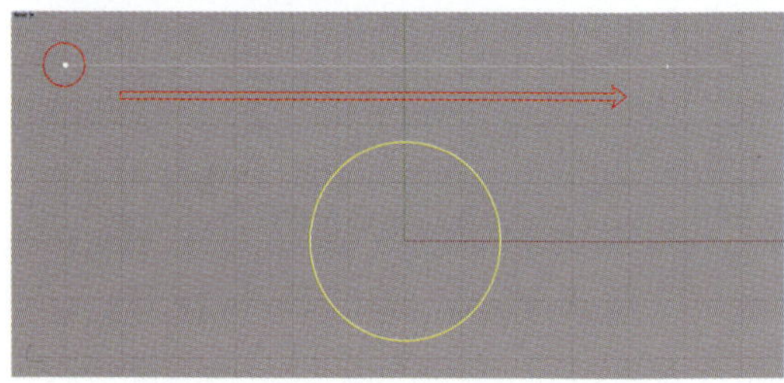

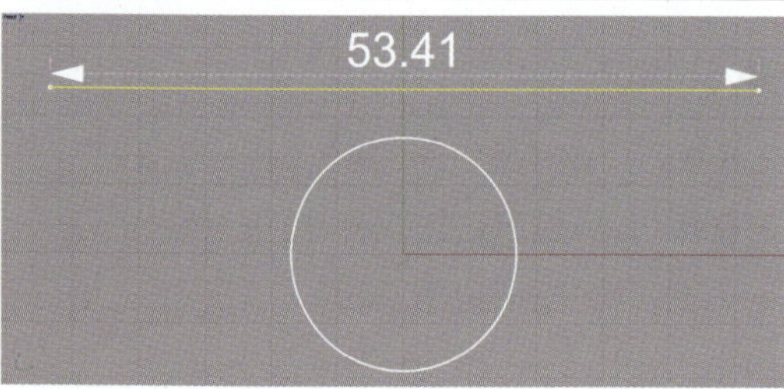

04. **Right** ▾ Right Viewport에서 직선 Curve개체의 End점을 선택하고, Rectangle: Center, Corner를 실행한다. Command Prompt 영역에서 Other corner or length값 4를 입력한 후, [Enter↵]키를 누르고, Width. Press enter to use length값 4를 입력한 후, [Enter↵]키를 누른다. 다음 그림과 같이 가로 4㎜, 세로 4㎜의 정사각형 Curve개체가 직선 Curve개체의 End점에 생성된 것을 확인할 수 있다.

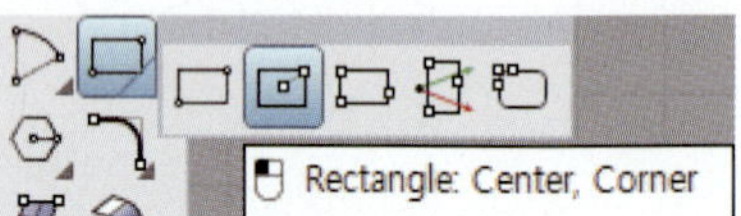

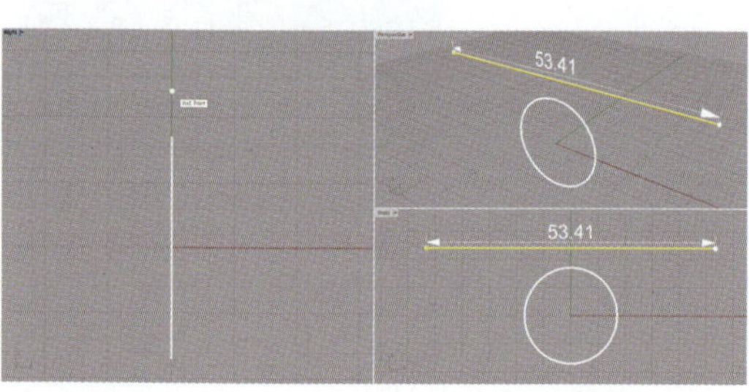

Other corner or length (3Point Rounded): 4

Width. Press Enter to use length (Rounded): 4

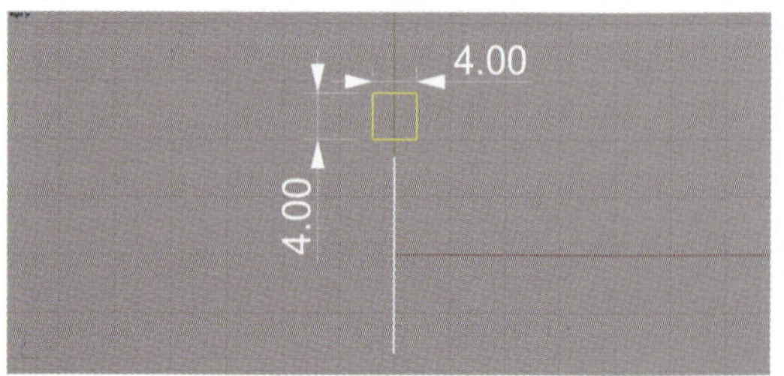

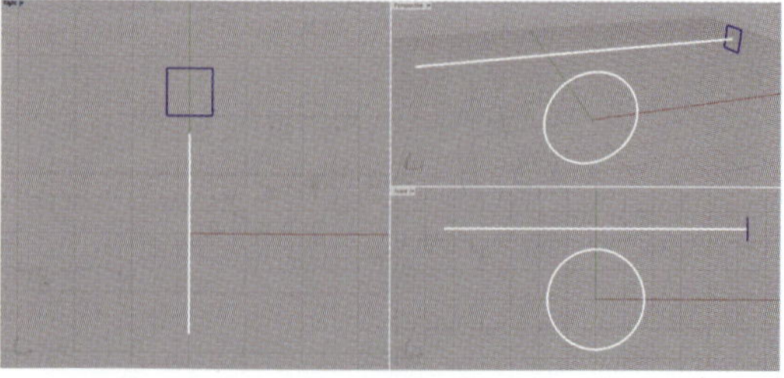

05. Sweep 1 rail를 실행하고, 1번 직선 Curve개체를 선택한 다음, 2번 정사각형 Curve개체를 선택한 후, Enter↵ 키를 누른다. Seam방향과 위치를 확인하고 Enter↵ 키를 누른 다음, Sweep 1 Rail Options 창이 나타나면 OK를 누른다.

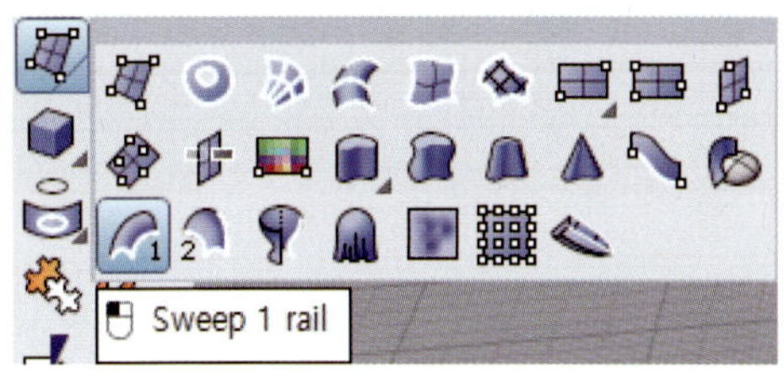

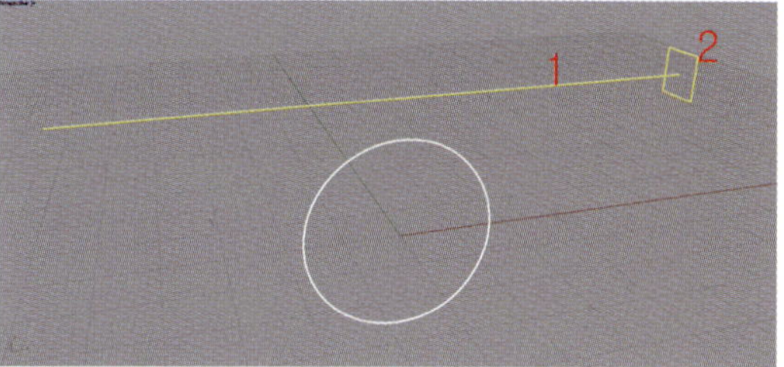

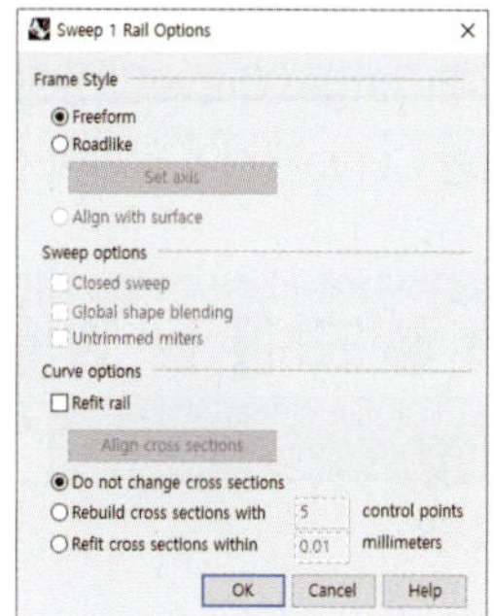

06. 다음 그림과 같이 Poly-Surface개체가 생성된 것을 확인할 수 있다.

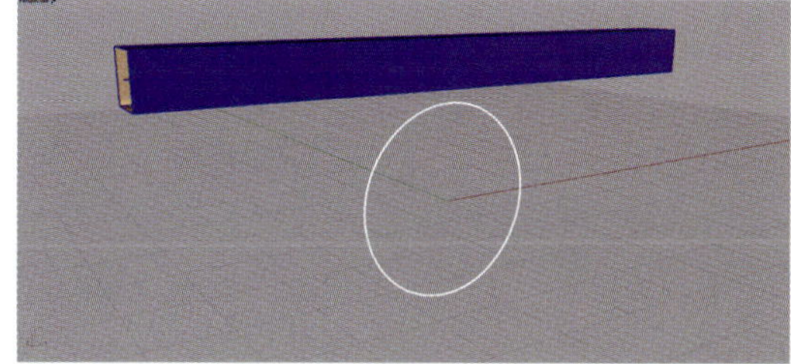

07. Osnap Toolbar에서 End점과 Mid점에 체크한 후, 직선 Curve개체를 선택한다. Move를 실행하고, Right Right Viewport에서 직선 Curve개체의 End점을 선택한 다음, Poly-Surface개체 아랫부분의 Mid점으로 이동시킨다.

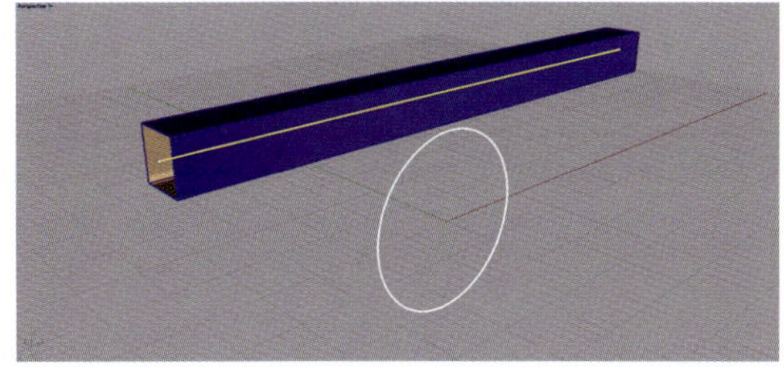

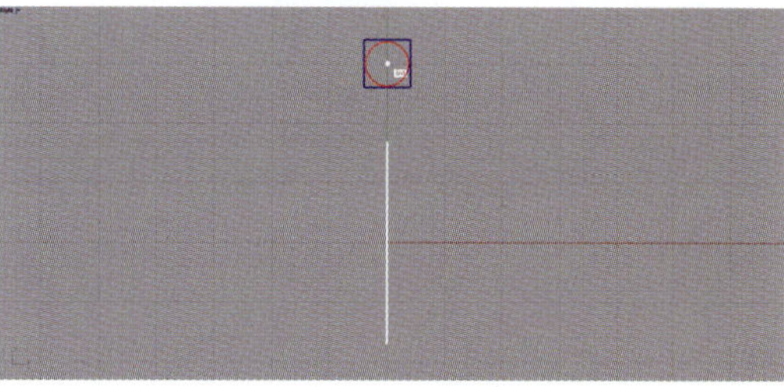

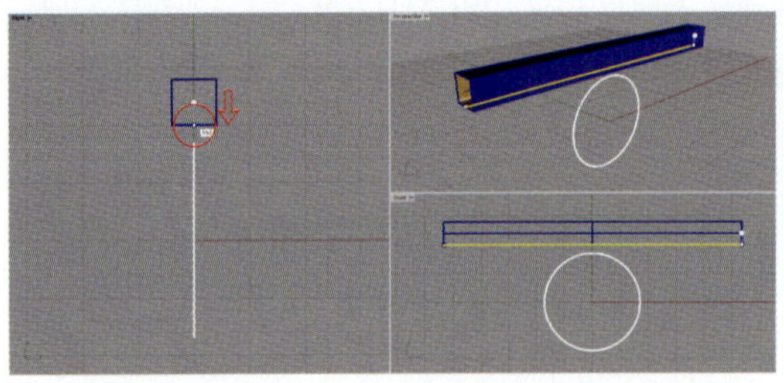

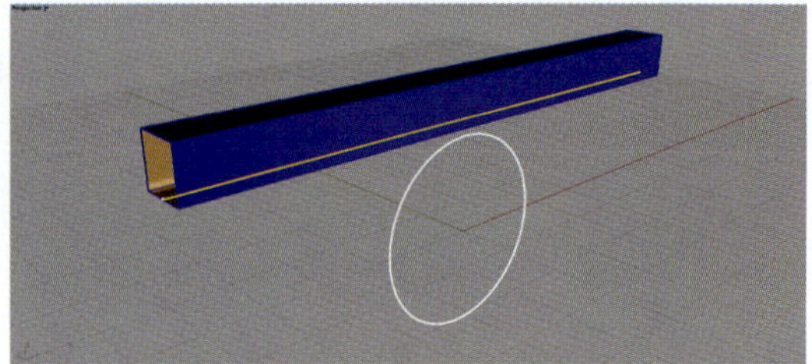

08. Flow along curve를 실행하고, Select objects to flow along a curve를 Poly-Surface개체로 선택한다. Command Prompt 영역에서 Copy=No로 설정하고, Base Curve를 직선 Curve개체로 선택한 후, Target Curve인 원형 Curve개체를 선택하면 다음 그림과 같이 직선 형태의 Poly-Surface개체가 원형 Curve개체에 맞추어 생성된 것을 확인할 수 있다. 모든 Curve개체를 선택한 후, 삭제한다.

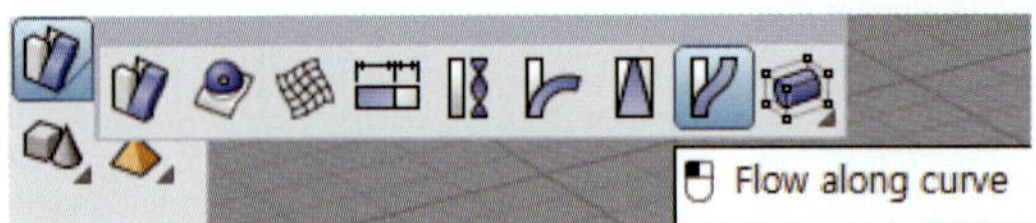

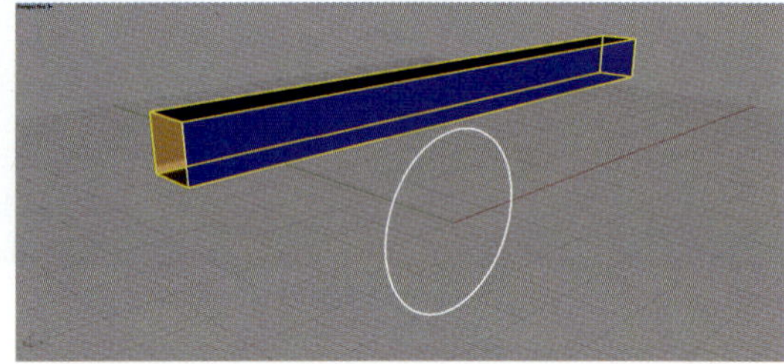

Select objects to flow along a curve:

Base curve - select near one end (Copy=No Rigid=No Line Local=No Stretch=No PreserveStructure=No Roadlike=No):

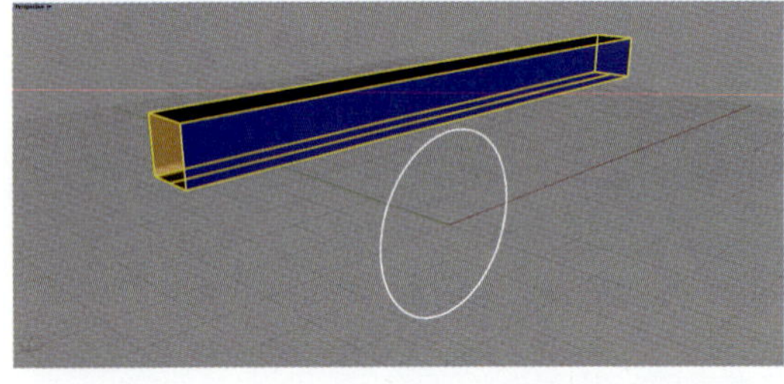

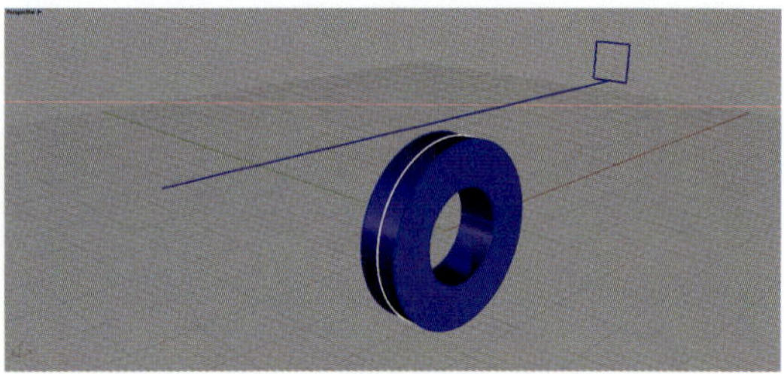

Target curve - select near matching end (Copy=No Rigid=No Line Local=No Stretch=No PreserveStructure=No Roadlike=No):

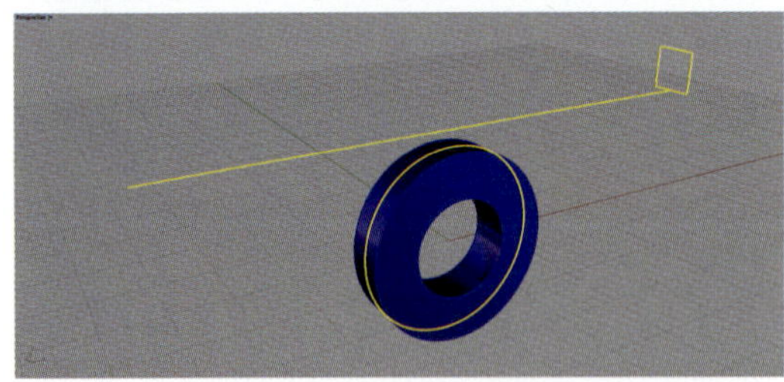

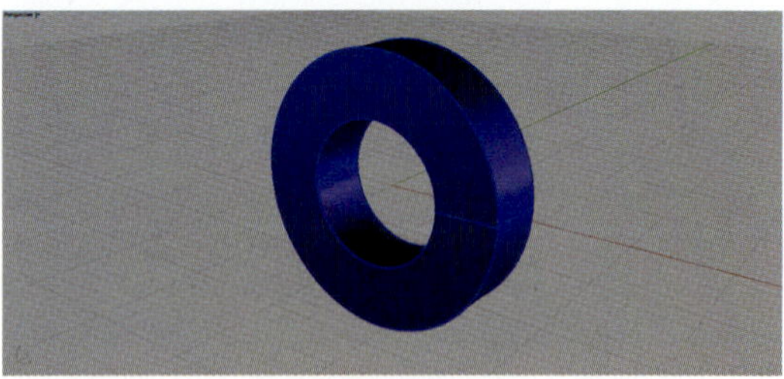

Flow along surface

→ 부록CD 〉 Rhino 예제 〉 Lesson 12 〉 Flow along surface

Base Surface개체의 범위 안에 있는 어떠한 개체를 Target Surface개체에 맞춰 변형시키면서 이동시키는 기능이다.

Options

● Rigid

- **No** : 각각의 선택된 개체가 변형되게 하는 기능이다.
- **Yes** : 개별적인 개체는 변형되지 않으나, Target Surface개체를 따라 회전되게 하는 기능이다.
- **Plane** : 기존 개체를 기존 Surface개체가 아닌 평면을 생성하여 사용하는 기능이다.

01. Flow along surface를 실행하고, Select objects to flow along a Surface를 1번 반원 형태의 Surface개체로 선택한 후, Enter↵ 키를 누른다.

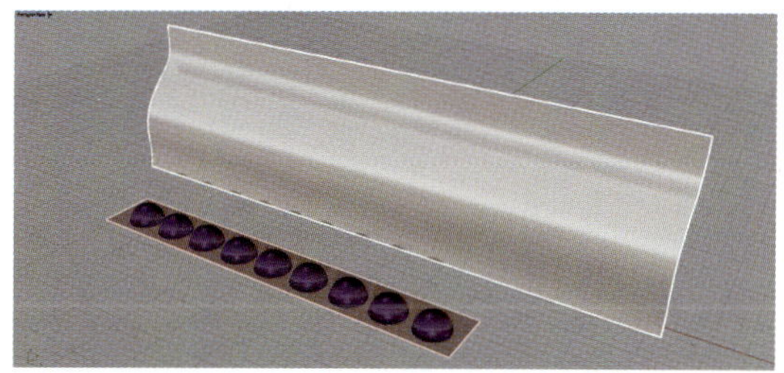

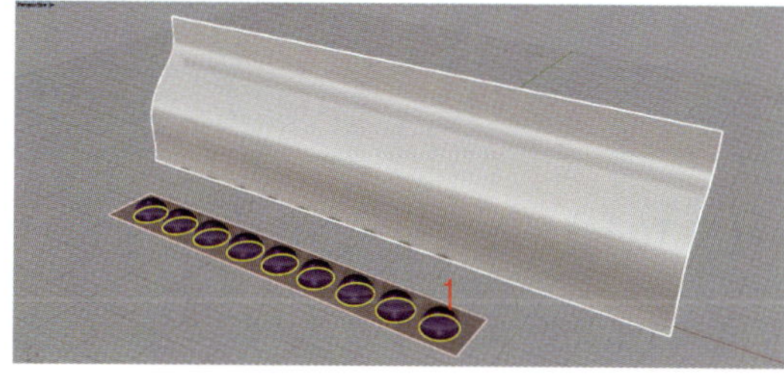

Select objects to flow along a surface:

02. Command Prompt 영역에서 Rigid=No로 설정한다. Base Surface는 반원 형태의 Surface개체 바닥에 깔려있는 2번 직사각형 Surface개체로 선택하고, Target Surface를 3번 Surface개체로 선택한다.

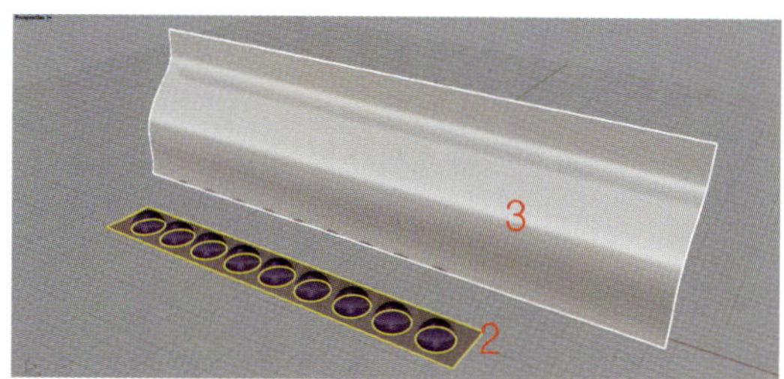

Base surface - select edge near a corner (Copy=Yes Rigid=No Plane ConstrainNormal=No AutoAdjust=Yes PreserveStructure=No):

Target surface - select edge near matching corner (Copy=Yes Rigid=No Plane ConstrainNormal=No AutoAdjust=Yes PreserveStructure=No):

03. 다음 그림과 같이 Base Surface개체 범위 안에 있는 개체들이 Target Surface개체로 변형되며 복사된 것을 확인할 수 있다.

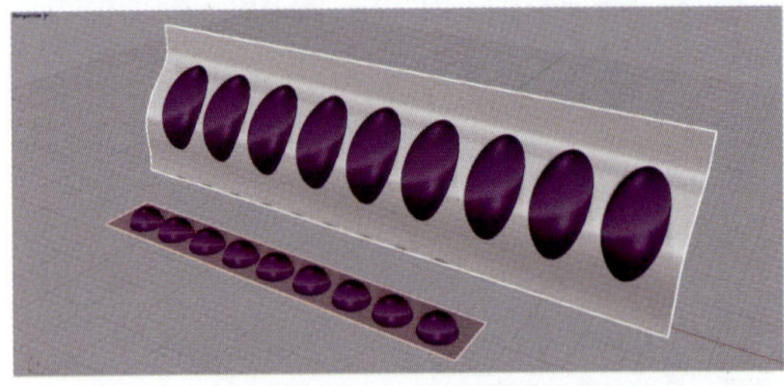

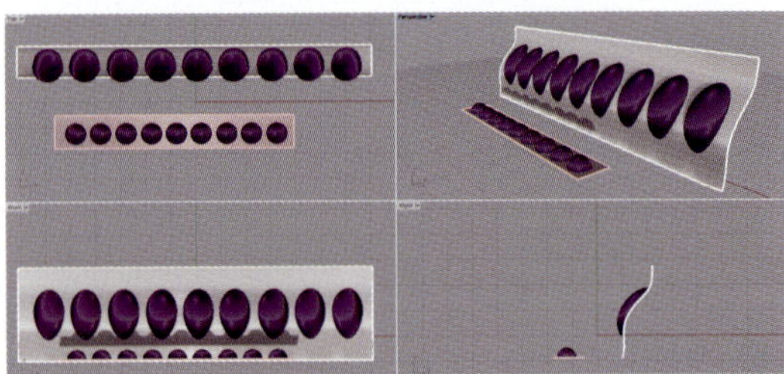

04. Command Prompt 영역에서 Rigid=Yes로 설정하면 다음 그림과 같이 반원 형태의 Surface개체가 변형되지 않고 복사되는 것을 확인할 수 있다.

Target surface - select edge near matching corner (Copy=*Yes* Rigid=*Yes* Plane ConstrainNormal=*No* AutoAdjust=*Yes* PreserveStructure=*No*):

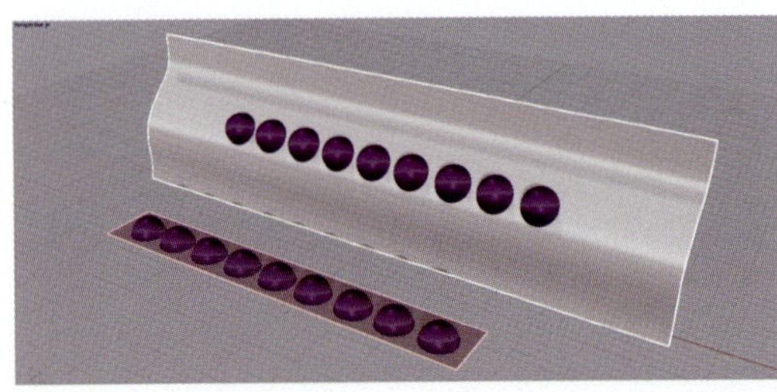

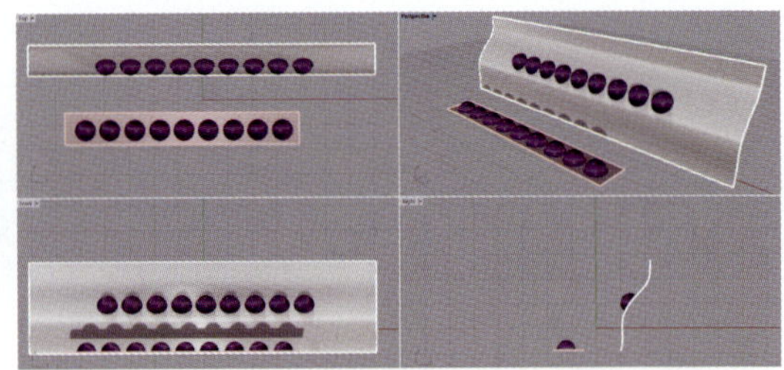

Twist

→ 부록CD 〉 Rhino 예제 〉 Lesson 12 〉 Twist

축을 중심으로 개체를 회전시켜 개체를 변형시키는 기능이다.

Options

● Rigid

- **No** : 각각의 선택된 개체가 변형된다.
- **Yes** : 개별적인 개체는 변형되지 않으나 설정된 축 방향에 따라 회전한다.

● Infinite

- **No** : 축이 개체보다 짧으면 변형이 개체의 해당 부분만 적용하게 된다.
- **Yes** : 축이 개체보다 길이가 짧아도 변형이 개체 전체에 일정하게 실행된다.

01. Front ▾ Front Viewport에서 Twist를 실행하고, 3개의 파이프 형태 Solid개체를 선택한 후, Enter↵키를 누른다.

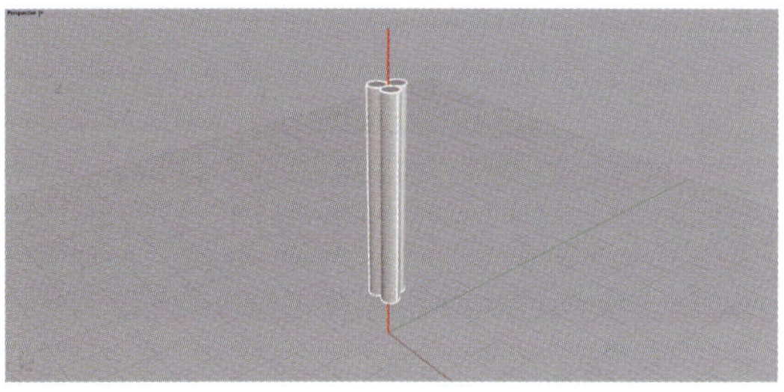

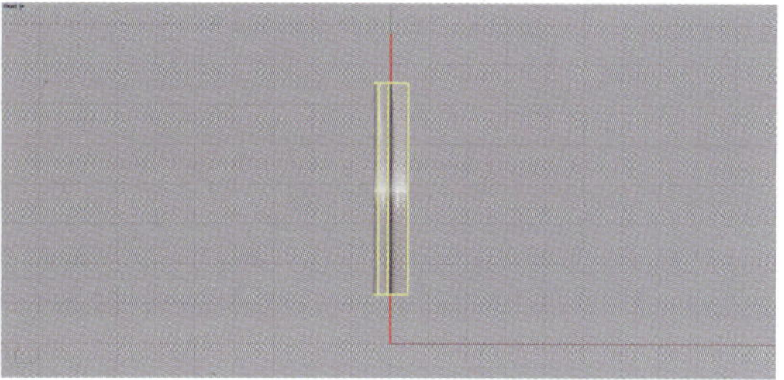

02. Osnap Toolbar에서 End점에 체크하고, Start of twist axis를 직선 Curve개체의 1번 End점으로 선택한 다음, End of twist axis를 직선 Curve개체의 2번 End점으로 선택한다.

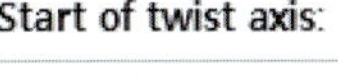
Start of twist axis:

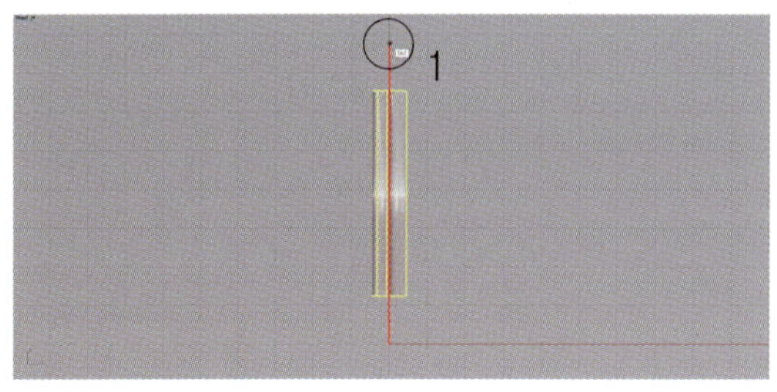

End of twist axis:

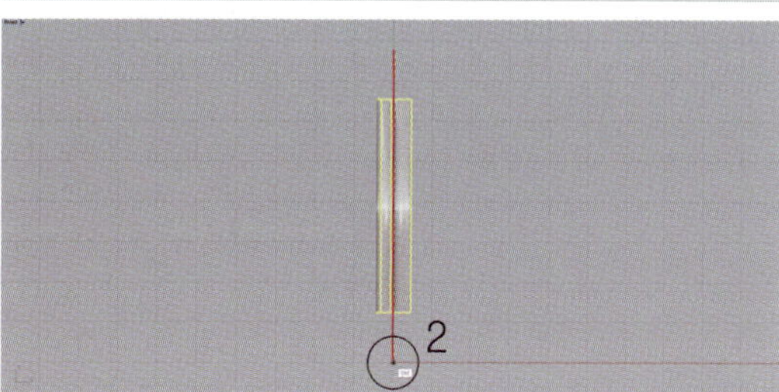

03. Top ▾ Top Viewport에서 Angle or first reference point는 3번 위치 또는 원하는 위치를 선택하고, 다음 그림과 같이 마우스 커서를 시계방향으로 두 바퀴 회전시킨 후, 마우스 왼쪽버튼을 클릭한다.

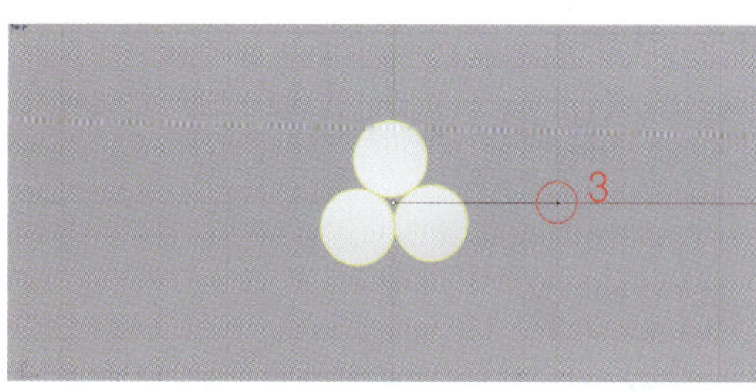

Angle or first reference point (Copy=*No* Rigid=*No* Infinite=*No* PreserveStructure=*No*):

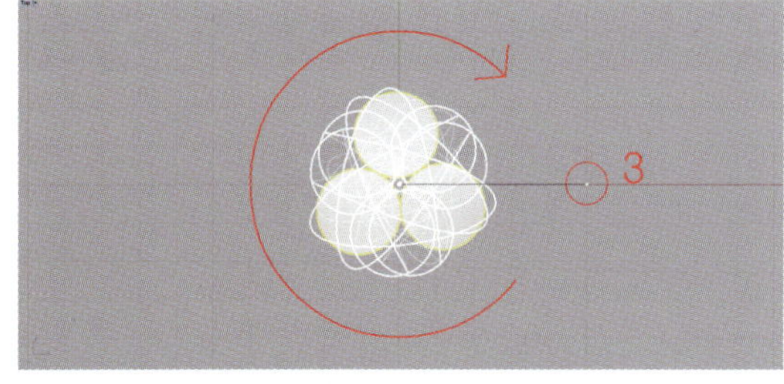

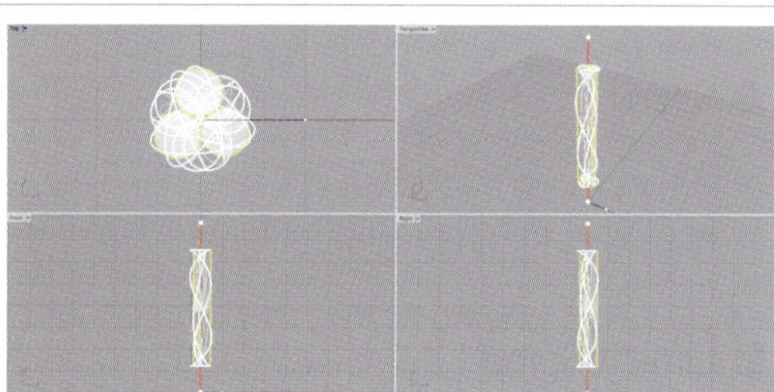

04. 다음 그림과 같이 파이프 형태의 Solid개체가 Twist된 것을 확인할 수 있다.

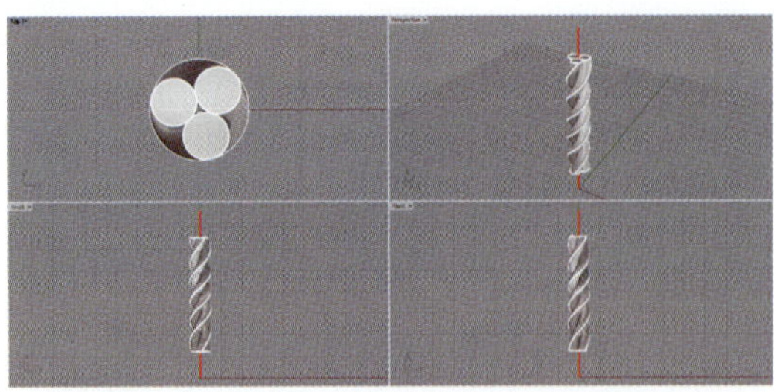

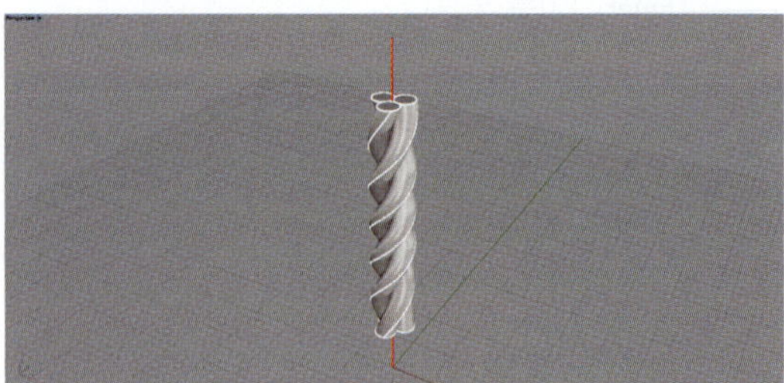

05. Command Prompt 영역에서 Infinite=Yes로 설정하면 다음 그림과 같이 일정한 간격으로 Twist되는 것을 확인할 수 있다.

Angle or first reference point (Copy=*No* Rigid=*No* Infinite=*Yes* PreserveStructure=*No*):

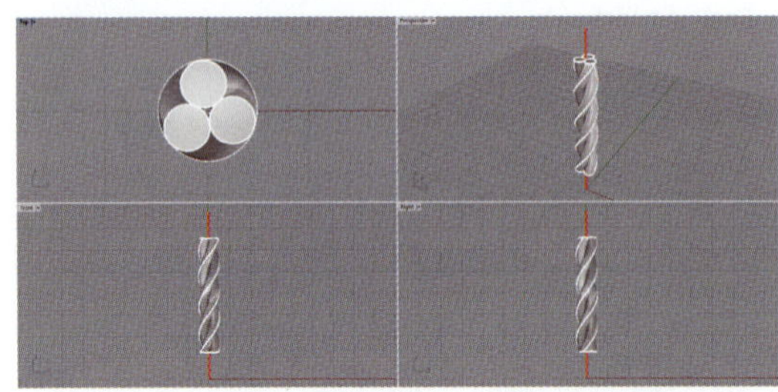

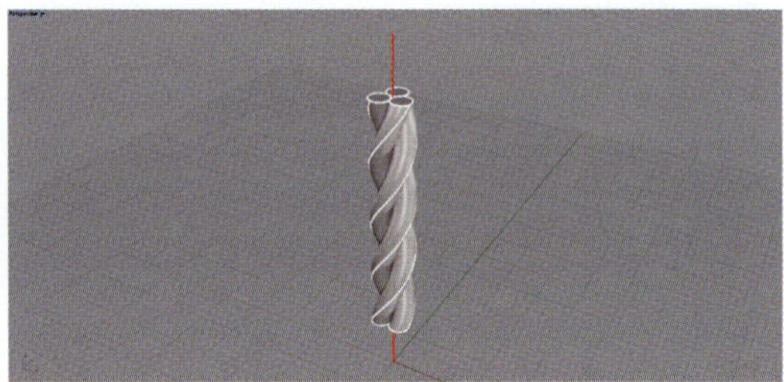

Bend

→ 부록CD 〉 Rhino 예제 〉 Lesson 12 〉 Bend

개체를 구부려 변형시키는 기능이다.

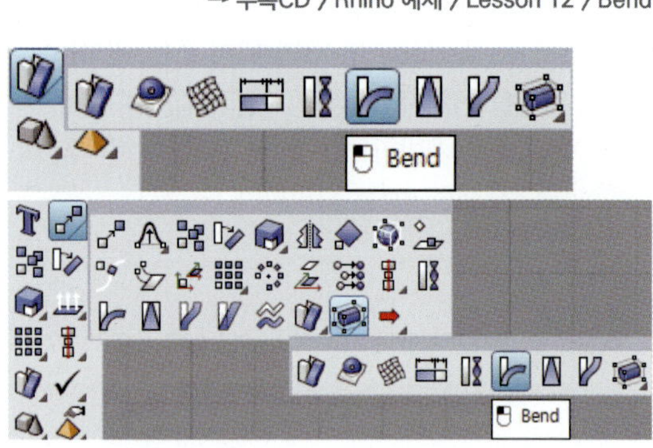

Options

- **Copy :** 명령을 실행하는 사이 원본개체를 복사하는 기능이다.

● Rigid

- **No :** 각각의 선택된 개체가 변형된다.
- **Yes :** 개별적인 개체는 변형되지 않으나 설정된 축 방향에 따라 회전한다.

● LimitToSpine

- **No :** 마우스 커서로 지정되는 점에 영향을 받으면서 구부려지게 하는 기능이다.
- **Yes :** 오직 설정된 Spine 구간만 구부려지게 하는 기능이다.

- **Angle** : 구부러지는 정도를 설정하고 각도를 입력하는 기능이다.

● Symmetric

- **No** : 개체의 한쪽 끝만 구부리는 기능이다.
- **Yes** : 개체 중간에서 Spine을 구부리기 시작하여 중심점을 중심으로 양쪽 끝을 대칭으로 구부리는 기능이다.

● PreserveStructure

- **No** : 정확한 변형을 위해 더 많은 수의 조절점으로 개체를 다시 맞추는 기능이다.
- **Yes** : Surface개체의 조절점 구조를 유지한다. 개체 상에 지나치게 적은 수의 조절점이 있는 경우, 변형의 정확도가 떨어질 수 있다.

01. Front Front Viewport에서 Bend를 실행하고, 두 개의 Poly-Surface개체를 선택한다. Osnap Toolbar에서 End점에 체크한 후, Start of Spine을 1번 End점으로 선택하고, End of Spine을 2번 End 점으로 선택한다.

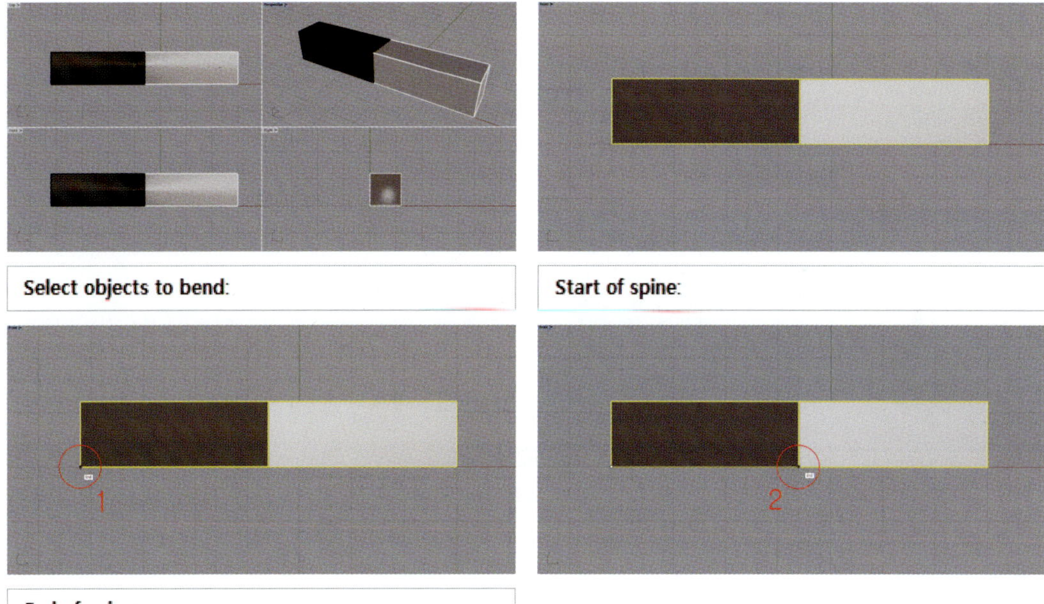

02. Command Prompt 영역에서 LimitToSpine=No로 설정하고, 마우스 커서를 움직이는 지점에 영향을 받으며 구부려지는 것을 확인할 수 있다. 마우스 왼쪽버튼을 클릭하면 작업이 완료된다. LimitToSpine =Yes로 설정하고, 마우스 커서를 움직이면 오직 설정된 구간만 구부려지는 것을 확인할 수 있다.

Point to bend through (Copy=*No* Rigid=*No* LimitToSpine=*No* Angle Symmetric=*No* PreserveStructure=*No*):

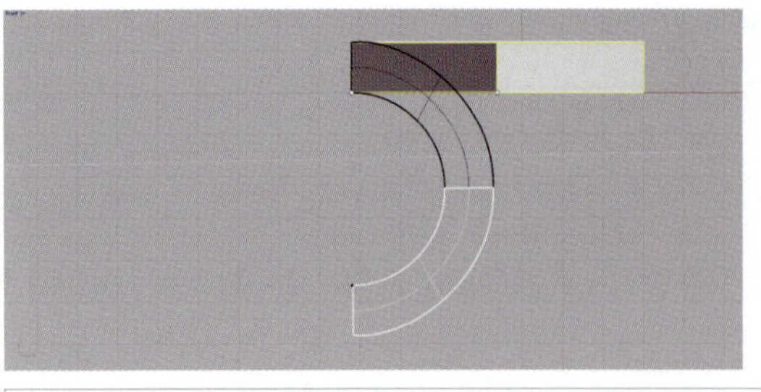

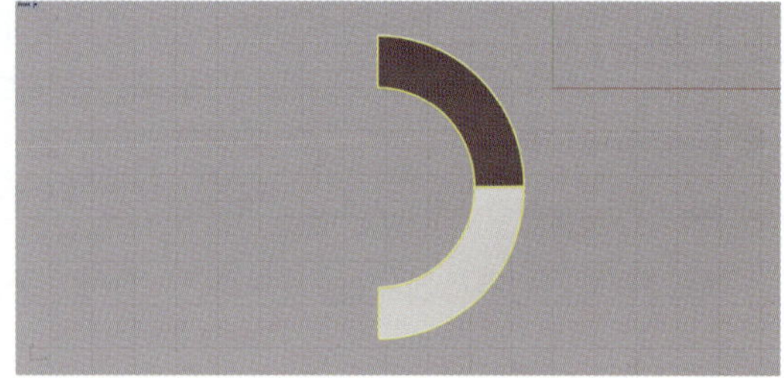

Point to bend through (Copy=*No* Rigid=*No* LimitToSpine=*Yes* Angle Symmetric=*No* PreserveStructure=*No*):

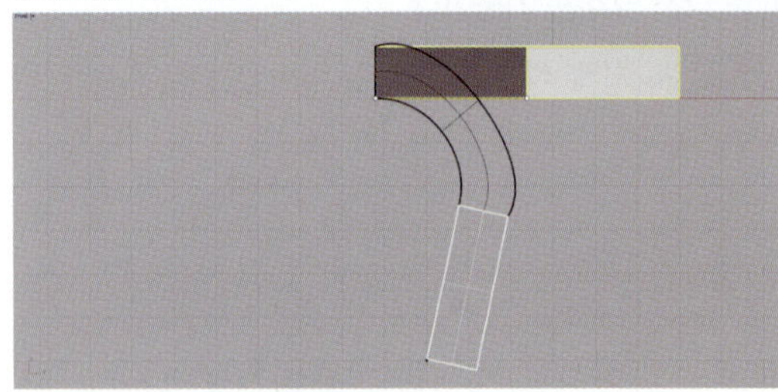

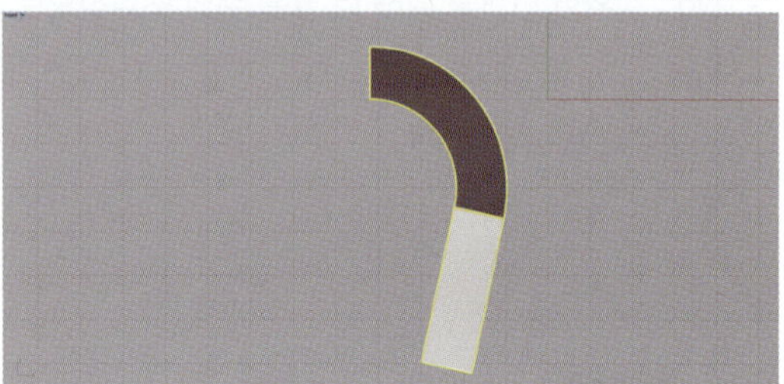

03. Undo(Ctrl+Z)를 실행하여 작업 전으로 되돌린다. Bend를 실행하고, 두 개의 Poly-Surface 개체를 선택한다. Start of Spine을 2번 End점으로 선택하고, End of Spine을 3번 End점으로 선택한다.

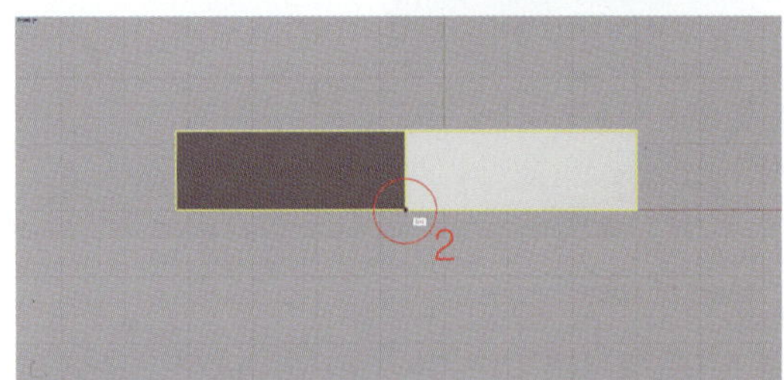

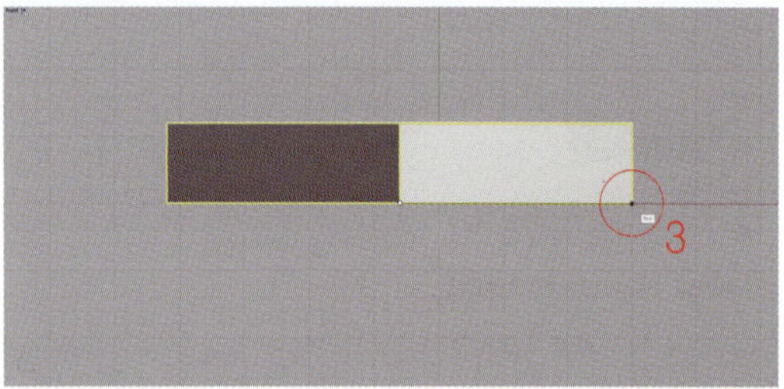

04. Command Prompt 영역에서 Symmetric=No로 설정하고, 마우스 커서를 움직이면 오직 설정된 구간만 구부려지는 것을 확인할 수 있다. 마우스 왼쪽버튼을 클릭하면 작업이 완료된다. Symmetric=Yes로 설정하고, 마우스 커서를 움직이면 양쪽이 대칭으로 구부러지는 것을 확인할 수 있다.

Point to bend through (Copy=*No* Rigid=*No* LimitToSpine=*No* Angle Symmetric=*No* PreserveStructure=*No*):

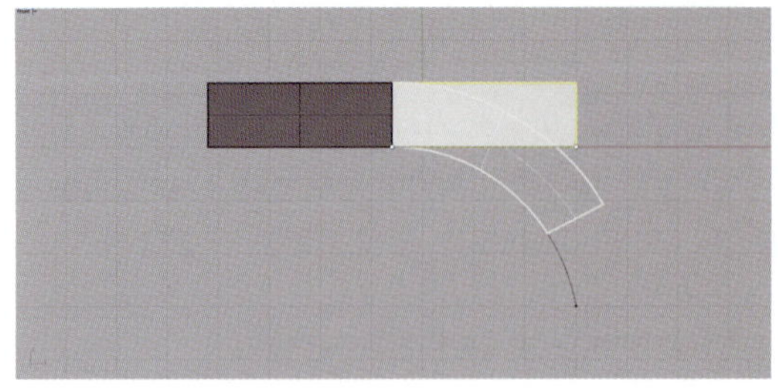

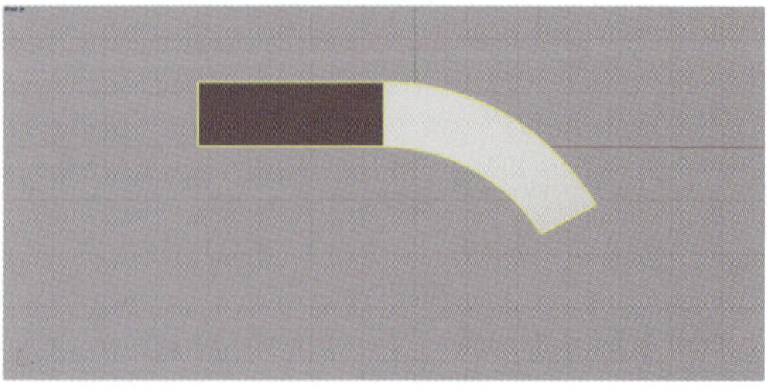

Point to bend through (Copy=No Rigid=No LimitToSpine=No Angle Symmetric=Yes PreserveStructure=No):

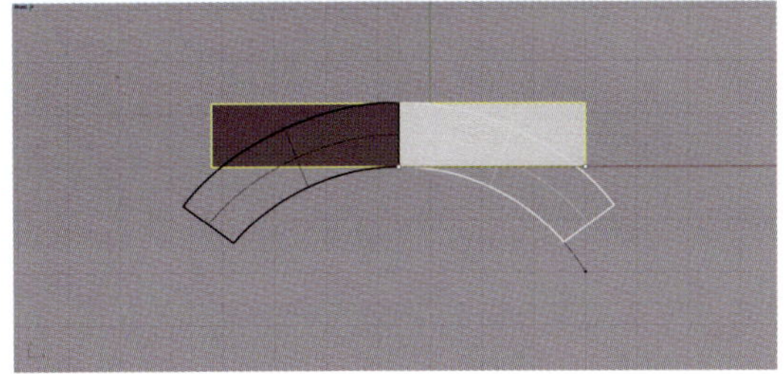

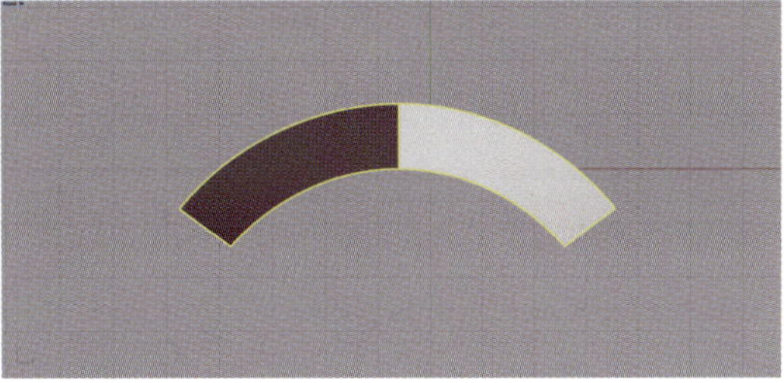

Taper

→ 부록CD 〉 Rhino 예제 〉 Lesson 12 〉 Taper

개체를 지정된 축 방향 기준으로 이동시킨 후, Taper형태로 변형시키는 기능이다.

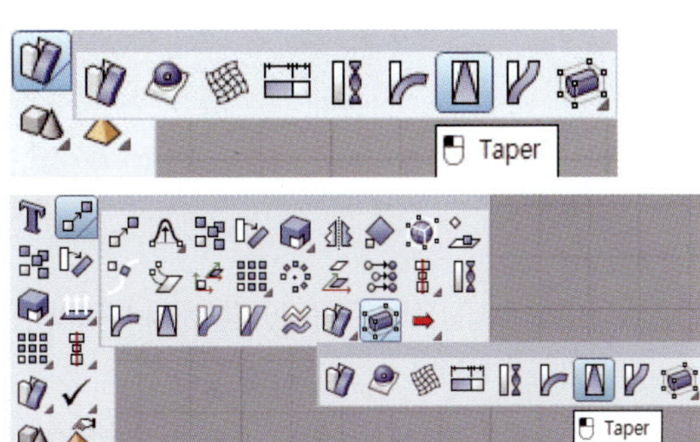

Options

- **Copy** : 명령을 실행하는 사이 원본개체를 복사하는 기능이다.

● Rigid

- **No** : 각각의 선택된 개체가 변형된다.
- **Yes** : 개별적인 개체는 변형되지 않으나 설정된 축 방향에 따라 회전한다.

● Flat

- **No** : 여러 방향으로 Taper형태를 생성하는 기능이다.
- **Yes** : 한 방향으로 Taper형태를 생성하는 기능이다.

● Infinite

- **No** : 축의 길이만큼만 변형이 실행되는 기능이다.
- **Yes** : 축이 짧더라도 개체 전체에 변형이 이루어지는 기능이다.

01. 반지개체를 선택하고, Taper를 실행한다. **Right** Right Viewport에서 Start of taper axis를 반지개체 하단의 1번 위치로 선택하고, End of taper axis를 반지개체 상단의 2번 위치로 선택한 후, 마우스 커서를 우측으로 이동한 다음, Start distance를 3번 위치로 선택한다.

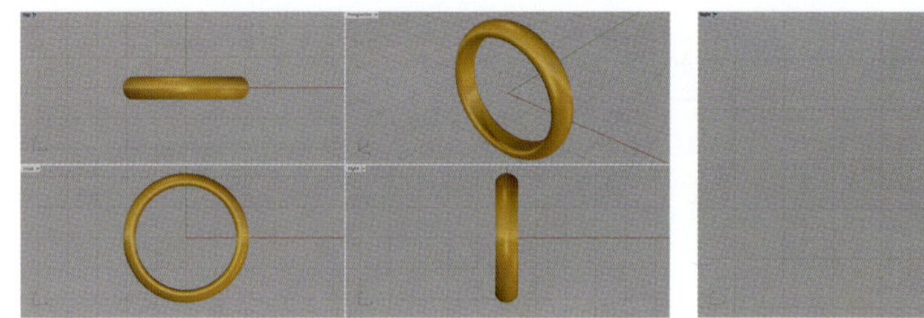

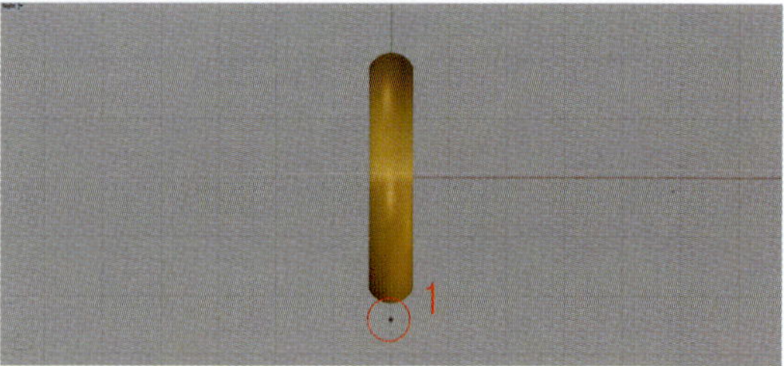

Start of taper axis (BothSides Normal Angled Vertical FourPoint Bisector Perpendicular Tangent Extension):

End of taper axis (BothSides):

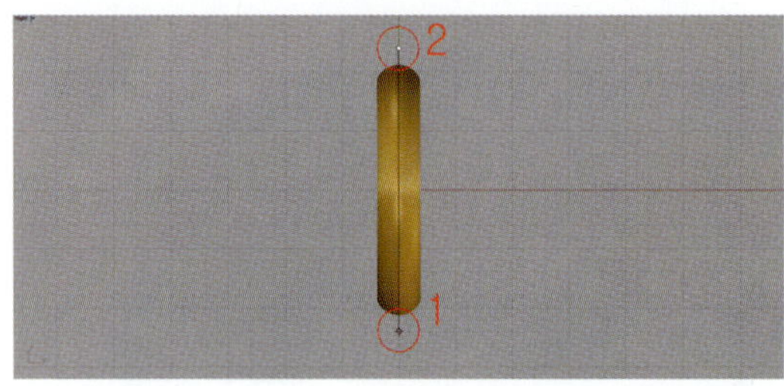

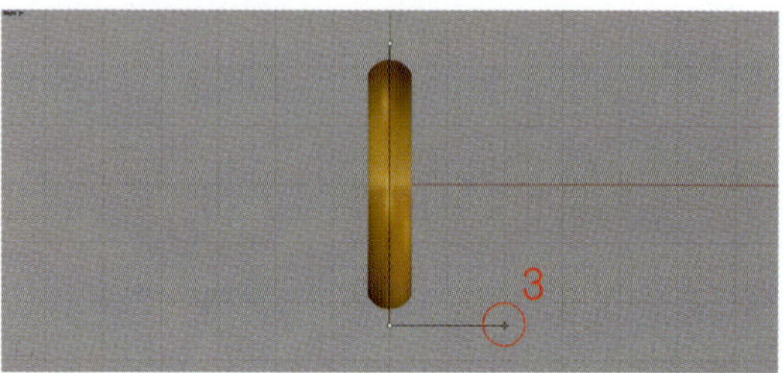

Start distance (Copy=*No* Rigid=*No* Flat=*No* Infinite=*No* PreserveStructure=*No*):

02. 마우스 커서를 좌우로 움직이면 Taper형태가 변형되는 것을 확인할 수 있다. 마우스 왼쪽버튼을 클릭하면 작업이 완료된다.

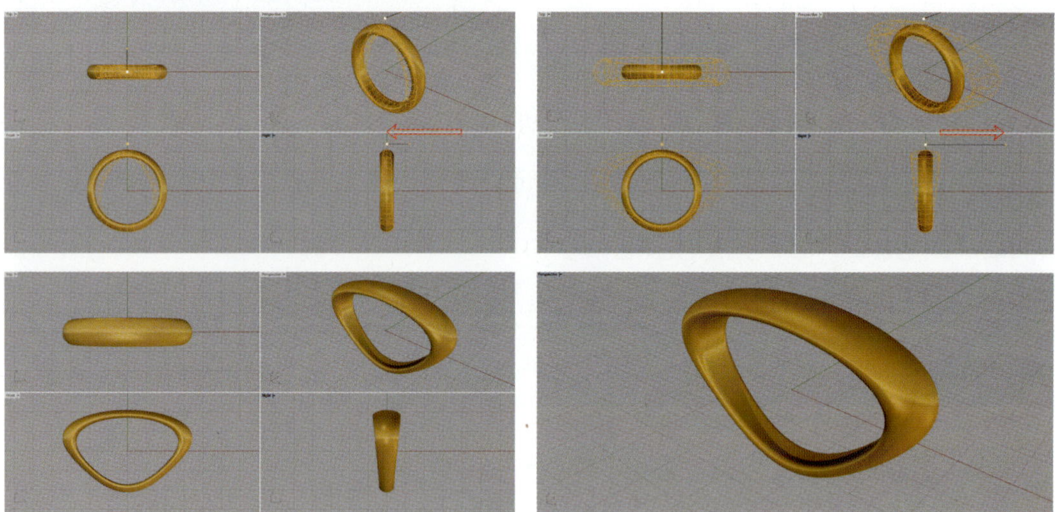

03. Command Prompt 영역에서 Flat=Yes로 설정하면 다음 그림과 같이 반지개체가 한쪽 방향으로만 변형되는 것을 확인할 수 있다.

End distance (Copy=*No* Rigid=*No* Flat=*Yes* Infinite=*No* PreserveStructure=*No*):

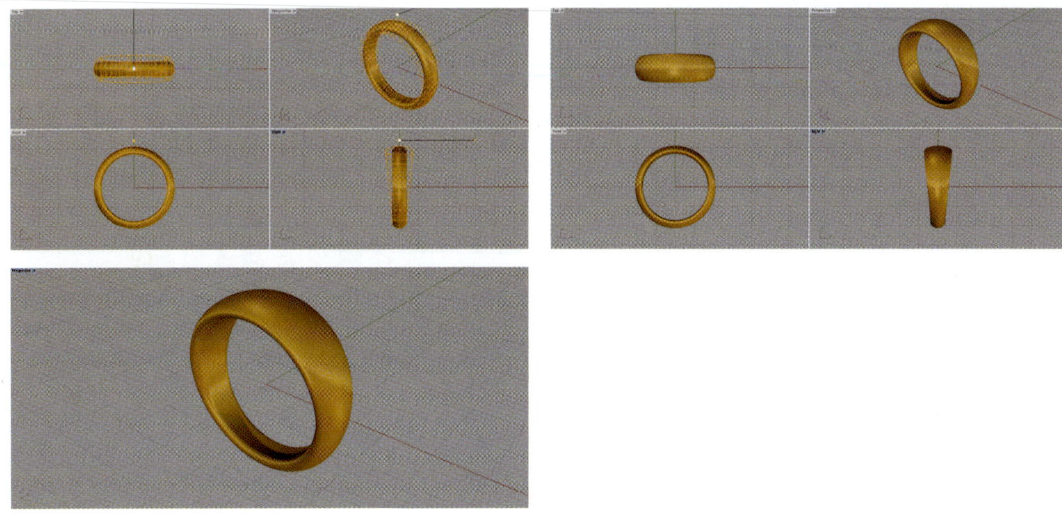

04. Taper를 실행하고, Start of taper axis를 반지개체 하단의 1번 위치로 선택하고, End of taper axis를 Shift 키를 누른 상태로 반지개체 중간 부분의 2번 위치로 선택한 후, 마우스 커서를 우측으로 이동한 다음, Start distance를 3번 위치로 선택한다. Command Prompt 영역에서 infinite =Yes로 설정한 후, 마우스를 좌우로 움직이면 축이 짧더라도 반지개체 전체가 변형되는 것을 확인할 수 있다.

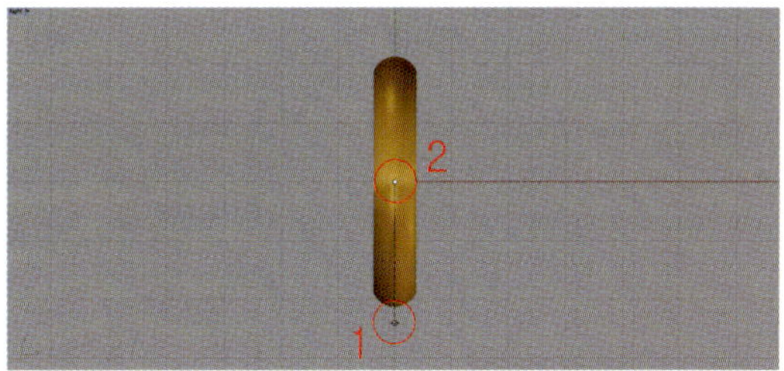

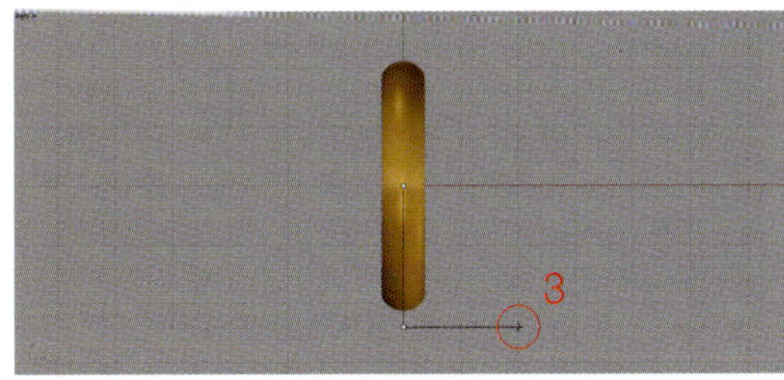

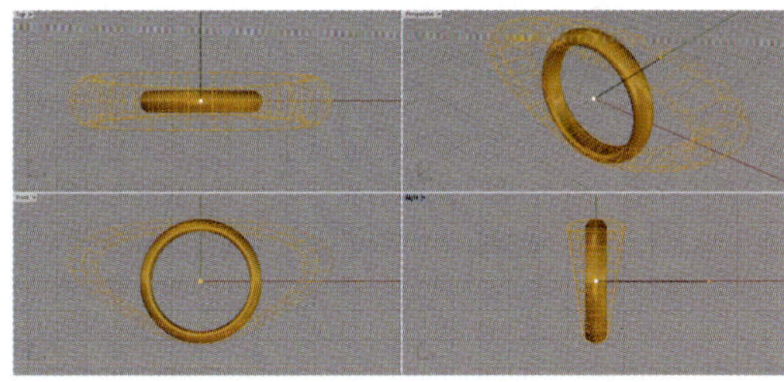

End distance (Copy=*No* Rigid=*No* Flat=*No* Infinite=*Yes* PreserveStructure=*No*):

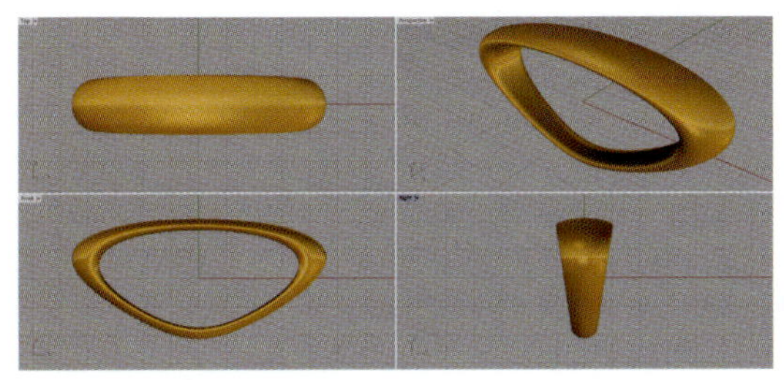

 Splop

선택한 개체를 Copy, Rotate, Scale하여 특정한 개체에 덮는 기능이다.

Options

- **Copy** : 명령을 실행하는 사이 원본개체를 복사하는 기능이다.

● **Rigid**

- **No** : 각각의 선택된 개체가 변형된다.
- **Yes** : 개별적인 개체는 변형되지 않으나, 설정된 축 방향에 따라 회전한다.

- **Flip** : 덮는 개체가 위와 아래 방향이 뒤집혔을 때, 사용하는 기능이다.

3. Cage Toolbar

 Cage edit

→ 부록CD 〉 Rhino 예제 〉 Lesson 12 〉 Cage edit

아무리 복잡한 개체라도 사용자가 지정한 조절점 개수로 개체를 매끄럽게 변형시키는 기능이다. Poly-Surface개체는 Cage Edit로 Seam 위치가 어긋나지 않는다.

제어개체는 Cage명령으로 만든 Cage개체가 될 수 있으며 또는 기존 Surface개체나 Curve개체가 될 수도 있다. 상자, 평면, 선 제어개체는 해당 개체를 만드는 명령을 사용하여 보다 유연하게 초기형태를 설정하여 만들 수 있다.

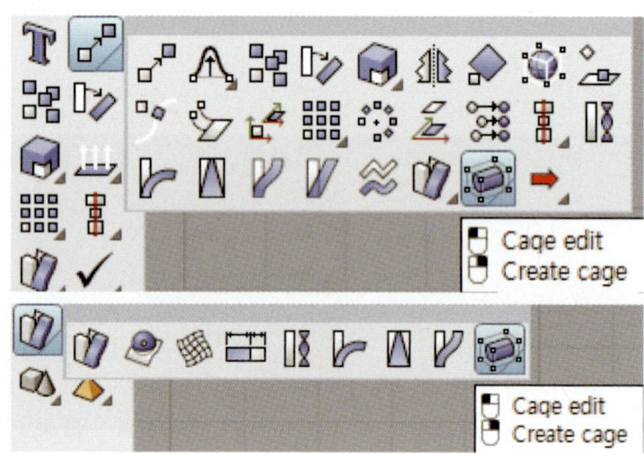

Options

- **BoundingBox** : 개체의 경계 상자를 생성한다.
- **CPlane** : 구성평면
- **World** : 절대좌표
- **3Point** : 좌표계를 구축하기 위해 세 Point를 지정한다.

- **Line** : 개체로 사용될 선 개체를 이용한다.
- **Rectangle** : 개체로 사용될 사각 평면을 지정하는 기능이다.
- **Box** : 원하는 사이즈의 경계 상자를 생성한다.

● Deformation

- **Accurate** : 변형된 개체를 다시 맞춘 경우, 정확한 옵션기능을 사용하면 업데이트에 시간이 소요되고 보다 밀도가 높은 Surface개체를 결과물로 얻게 될 수 있다.
- **Fast** : 보다 적은 수의 조절점으로 정확도가 떨어지는 Surface개체를 생성하는 기능이다.

● PreserveStructure

- **No** : 정확한 변형을 위해 더 많은 수의 조절점으로 개체를 다시 맞추는 기능이다.
- **Yes** : Surface개체의 조절점구조를 유지한다. 개체 상에 지나치게 적은 수의 조절점이 있는 경우, 변형의 정확도가 떨어질 수 있다.

● Region Options

- **Global** : 개체의 변형은 3D공간에서 이루어지는데 종속개체에 대한 제어 개체의 영향력은 Cage개체 또는 인접한 제어 Curve개체와 Surface개체의 내부 영역으로만 제한되는 것이 아니다. Cage에 일부만 포함된 개체도 전체적으로 변형된다. 제어개체의 영향력은 멀리 있는 종속개체가 외부에 있는 경우 더욱 증폭된다.
- **Local** : 제어개체와 그를 둘러싼 공간 사이의 Falloff 거리를 지정하는 기능이다. 종속개체 또는 종속개체의 일부가 Falloff 거리 바깥에 떨어지는 경우 변형되지 않는다.
- **Other** : 공간에서 종속개체에 대하여 제어개체가 가지는 영향력에 제한을 두는 상자, 구, 원통을 정의하는 기능이다. Falloff 거리를 지정하며 거대한 Cage를 사용하여 Cage보다 작은 개체를 변형할 수 있다.

01. Text Solid개체를 선택하고, Cage edit를 실행한다.
Command Prompt 영역에서 Bounding-Box를 선택한 후, Coordinate system을 World로 선택한다. Cage Points는 다음 그림과 같이 설정하고, Region to edit은 Global로 선택하면 Text Solid개체 전체 범위에 정확히 맞는 BoundingBox와 설정된 개수만큼 조절점들이 생성된 것을 확인할 수 있다.

Select control object (BoundingBox Line Rectangle Box Deformation=*Accurate* PreserveStructure=*No*):

Coordinate system <World> (CPlane World 3Point):

Cage parameters (XPointCount=*4* YPointCount=*4* ZPointCount=*4* XDegree=*3* YDegree=*3* ZDegree=*3*):

Region to edit <Global> (Global Local Other):

02. 다음 그림과 같이 Text Solid개체 상단의 조절점 8개를 선택하고, 조절점들을 Z축 방향으로 드래그하여 이동시키면 드래그 되는 방향으로 Text Solid개체 형태가 변형되는 것을 확인할 수 있다.

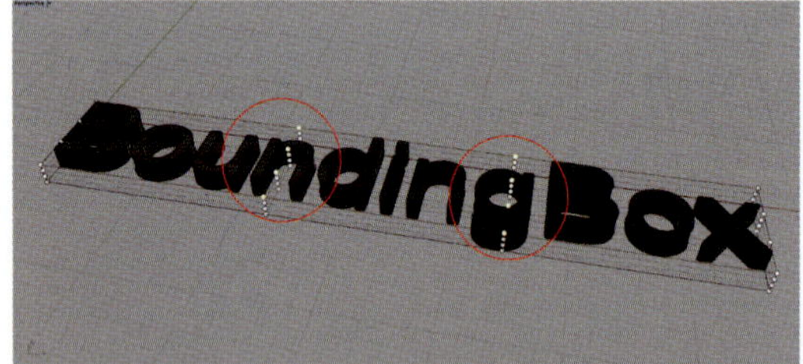

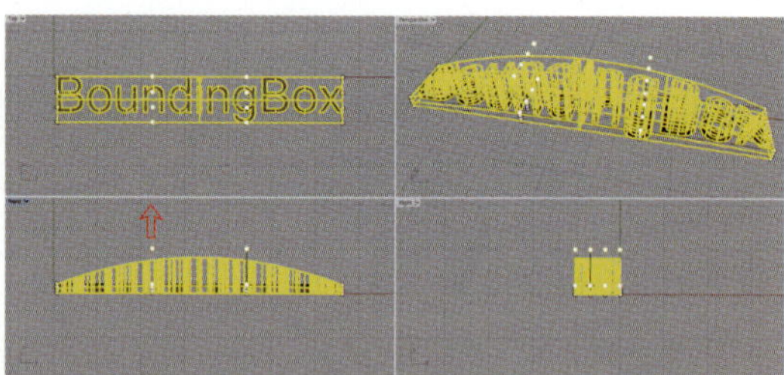

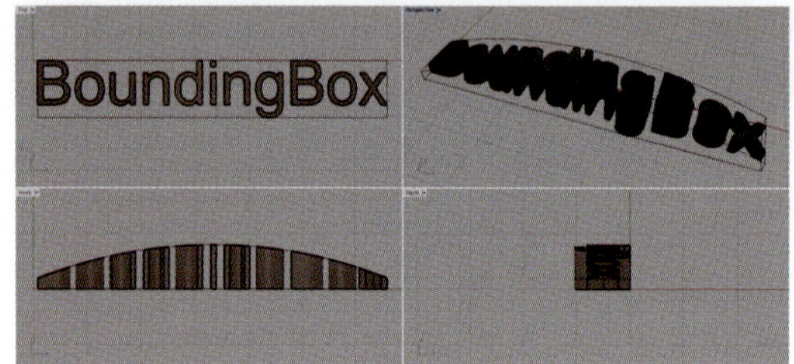

03. Undo(Ctrl+Z)를 실행하여 작업 전으로 되돌린다. Text Solid개체를 선택하고, Cage edit을 실행한 후, Command Prompt 영역에서 Line을 선택한다. 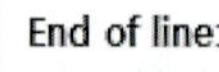 Front Viewport에서 Start of line을 1번 위치로 선택하고, End of line을 2번 위치로 선택한다.

Select control object (BoundingBox Line Rectangle Box Deformation=*Accurate* PreserveStructure=*No*):

Start of line:	**End of line**:

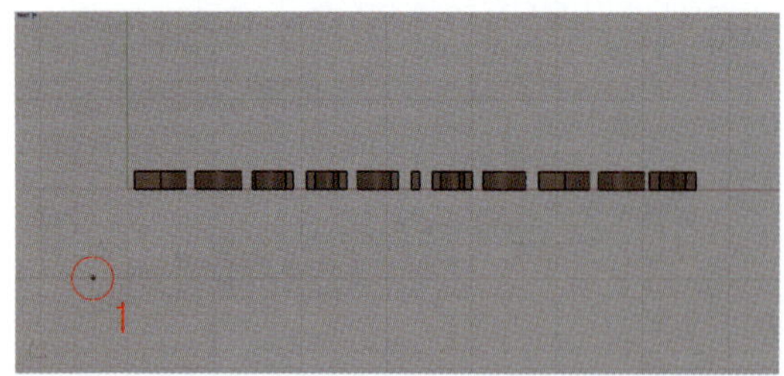

04. Command Prompt 영역에서 Cage parameters값 PointCount=4, Degree=3으로 설정하고, Enter↵ 키를 누른다. Region to edit를 Global로 설정하면 다음 그림과 같이 Line개체와 설정된 개수만큼 조절점이 나타난 것을 확인할 수 있다.

Cage parameters (PointCount=*4* Degree=*3*):

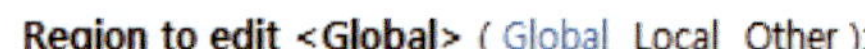

05. 가운데 두 개의 조절점을 선택하고, 조절점들을 Z축 방향으로 드래그하여 이동시키면 드래그 되는 방향으로 Text Solid개체의 형태가 변형되는 것을 확인할 수 있다.

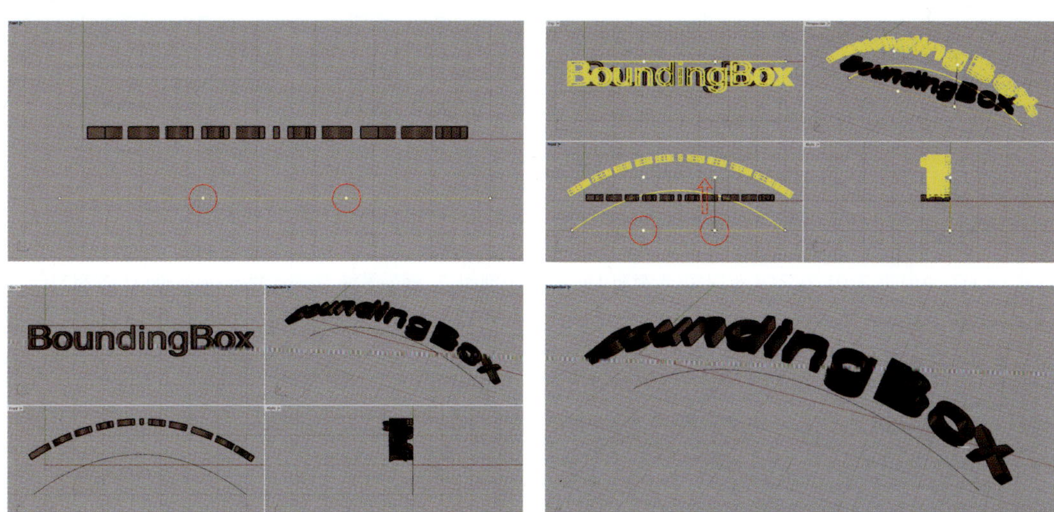

06. Undo(Ctrl+Z)를 실행하여 작업 전으로 되돌린다. 다시 Text Solid개체를 선택하고, Cage edit을 실행한 후, Command Prompt 영역에서 Rectangle을 선택한다. Top Top Viewport에서 First corner of rectangle을 1번 위치로 선택하고, Other corner or length를 2번 위치로 선택한다.

Select control object (BoundingBox Line Rectangle Box Deformation=*Accurate* PreserveStructure=*No*):

First corner of rectangle (3Point Vertical Center AroundCurve):

Other corner or length (3Point):

07. Command Prompt 영역에서 Cage parameters값을 다음 그림과 같이 설정하고, Region to edit를 Global로 설정한다. Rectangle개체와 설정된 개수만큼 조절점이 나타난 것을 확인할 수 있다.

Cage parameters (UPointCount=*4* VPointCount=*4* UDegree=*3* VDegree=*3*):

Region to edit <Global> (Global Local Other):

08. 다음 그림과 같이 가운데 상단의 조절점 네 개를 선택하고, **Right** Right Viewport에서 조절점들을 Z축 방향으로 드래그하여 이동시키면 드래그 되는 방향으로 Text Solid개체의 형태가 변형되는 것을 확인할 수 있다.

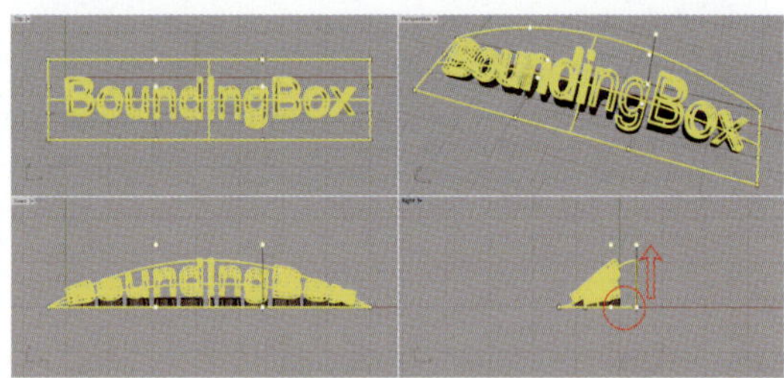

주얼리디자이너 & 주얼리모델러가 되기 위한

Rhino 3D Bible

LEVEL 01~03

LEVEL 01

Design Modeling 1
Design Modeling 2
Design Modeling 3
Design Modeling 4
Design Modeling 5

LEVEL 02

Design Modeling 1
Design Modeling 2
Design Modeling 3
Design Modeling 4
Design Modeling 5

LEVEL 03

Design Modeling 1
Design Modeling 2
Design Modeling 3
Design Modeling 4
Design Modeling 5

Level 01 Design Modeling 1

출처: 이 예제는 이지현 디자이너님의 디자인임을 밝힙니다.

01. Menu bar에서 File을 선택하고, Insert를 선택한다. 또는 Ctrl+I를 누른다. Insert창이 나타나면 Individual Objects를 선택하고, 오른쪽 위에 있는 폴더를 선택하여 5.25×3.17 사이즈의 보석을 Top ▾ Top Viewport 원점(0, 0) 위치에 불러온다. → 부록CD 〉 Rhino 예제 〉 Level 1 - Design Modeling 1 〉 5.25×3.17

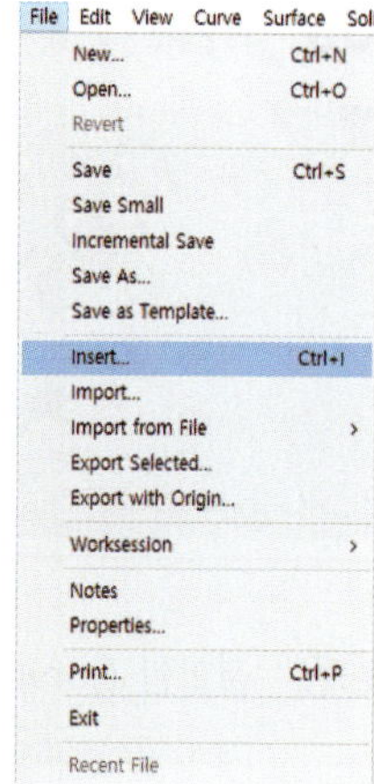

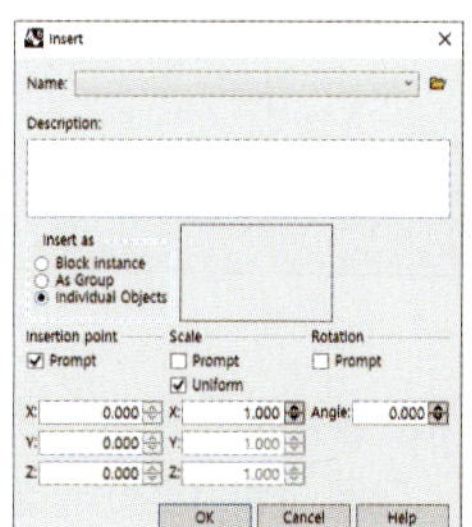

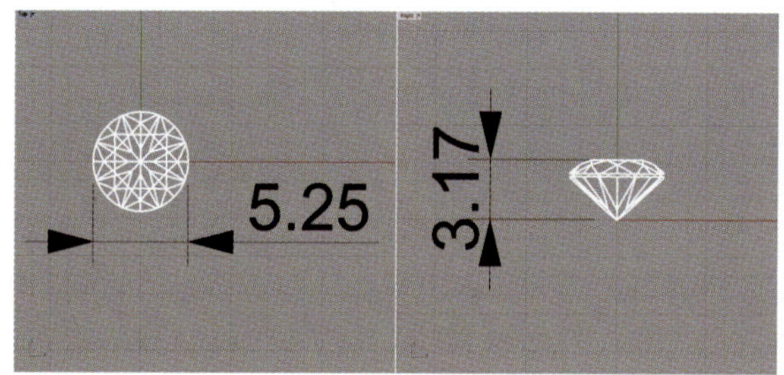

02. Circle: center, radius를 실행하고, 원점(0, 0) 기준으로 지름 5.30㎜의 원형 Curve개체를 생성한다.

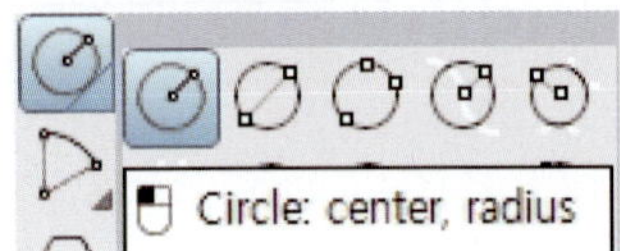

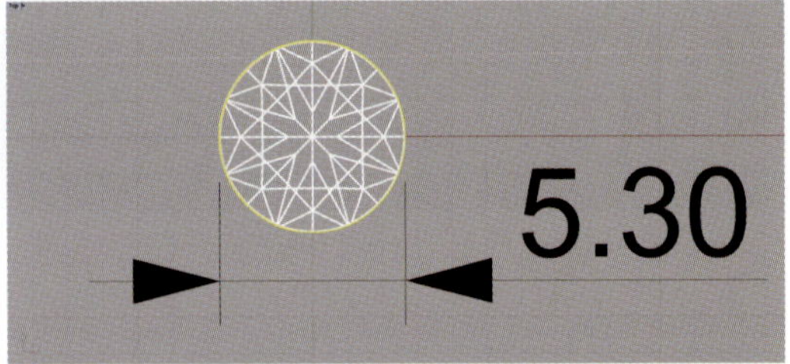

03. Front Front Viewport에서 다음 그림과 같이 Single Line을 실행하여 보석개체와 0.05㎜의 간격을 두고, 대략 1㎜의 직선 Curve개체를 생성한다.

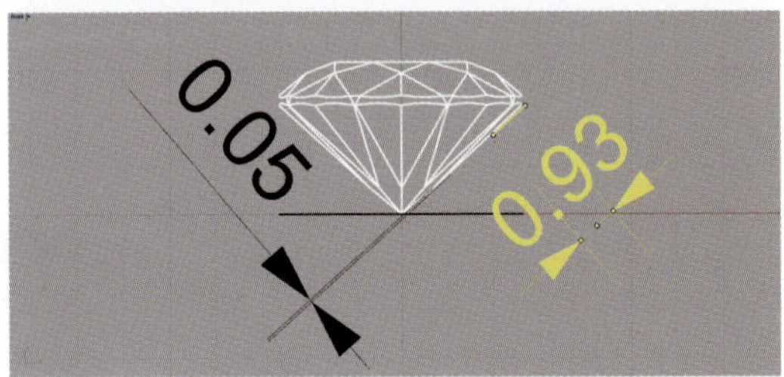

04. Control Point Curve 또는 Curve: interpolate points를 실행하고, 최대한 그림과 비슷한 형태의 두 Curve개체를 생성한다.

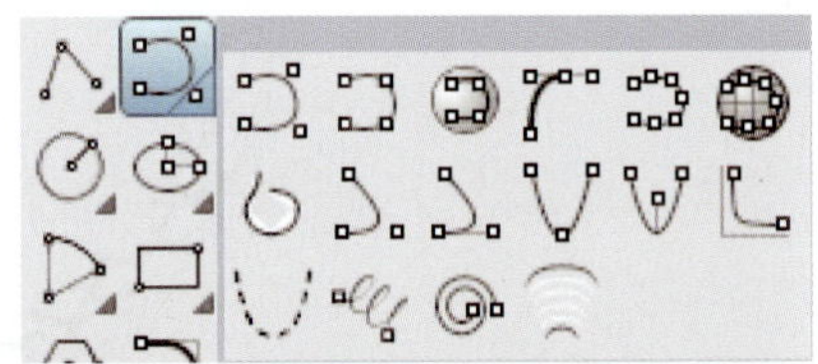

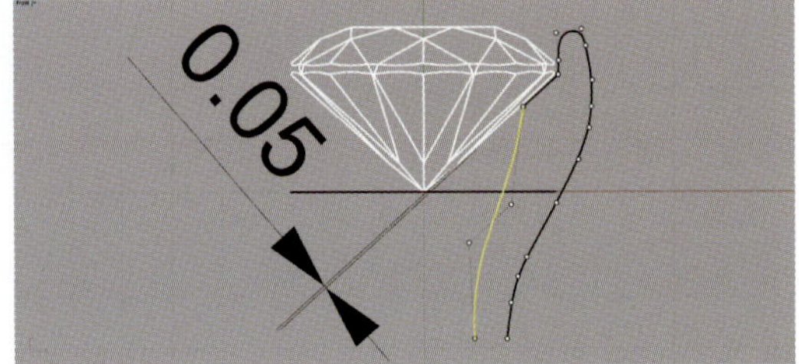

05. 생성한 세 개의 Curve개체를 선택하고, Join을 실행하여 하나의 Curve개체로 결합한다.

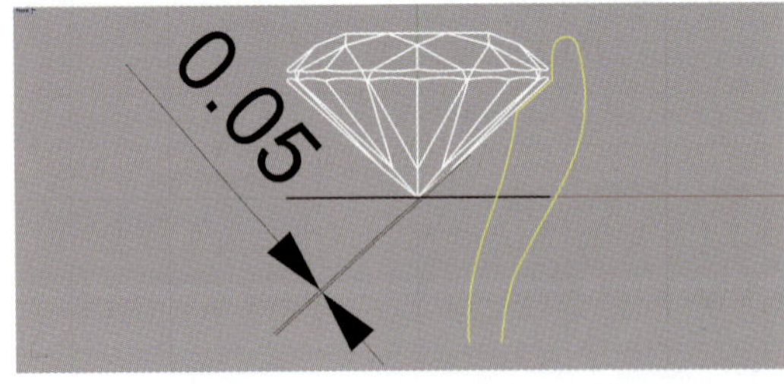

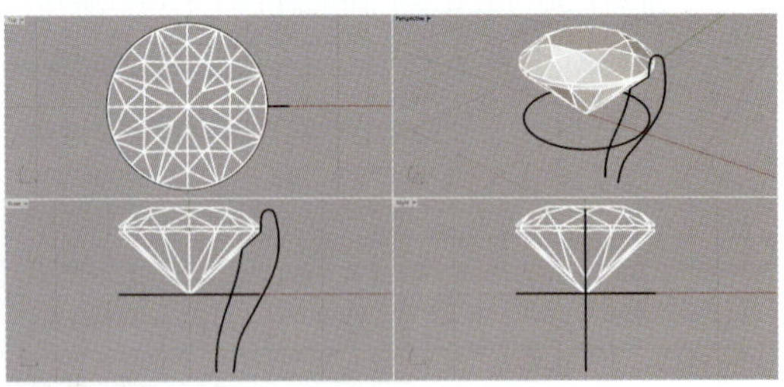

06. 결합한 Curve개체를 선택하고, Revolve를 실행한다. Command Prompt 영역에서 Start of revolve axis값 0(원점)을 입력하고, Enter↵키를 누른다. End of revolve axis는 다음 그림과 같이 z축 방향으로 Shift키를 누른 상태로 마우스 커서를 움직인 후, 마우스 왼쪽버튼을 클릭한다.

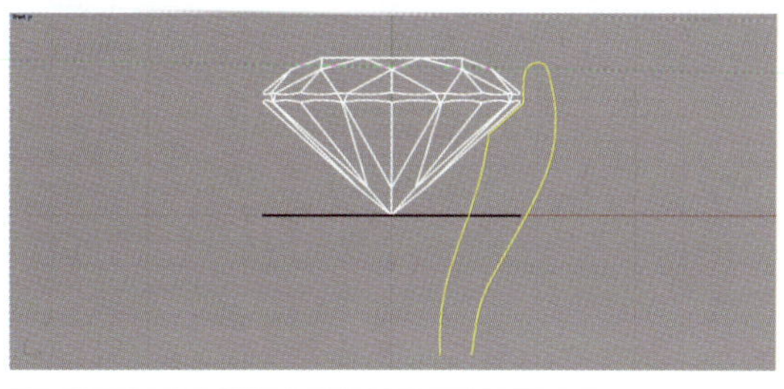

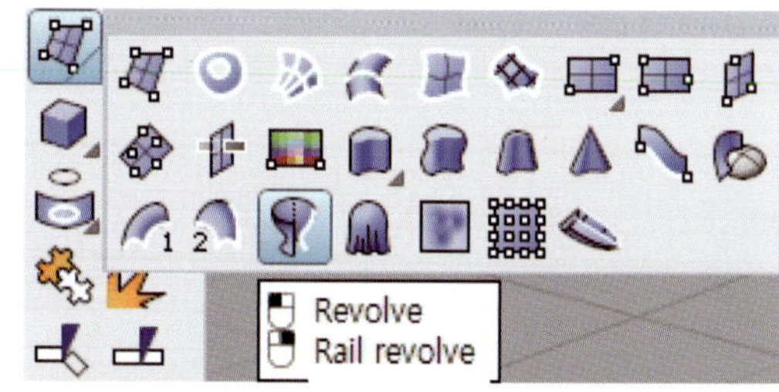

Start of revolve axis: 0

End of revolve axis (Press Enter to use CPlane z-axis direction):

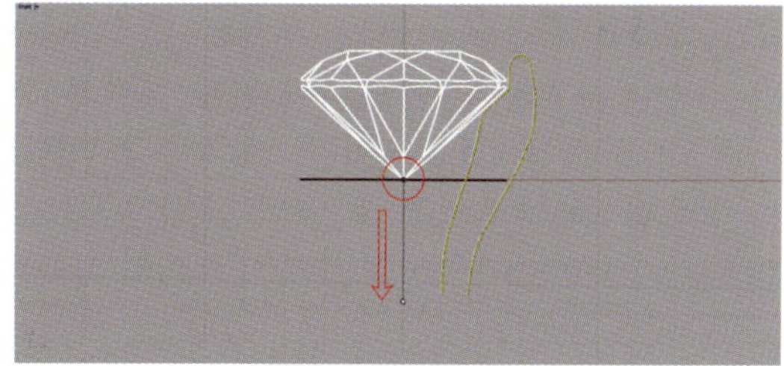

07. Start angle은 FullCircle로 선택한다. 다음 그림과 같이 난집이 생성된 것을 확인할 수 있다.

Start angle <0> (DeleteInput=*No* Deformable=*No* FullCircle AskForStartAngle=*Yes* SplitAtTangents=*Yes*):

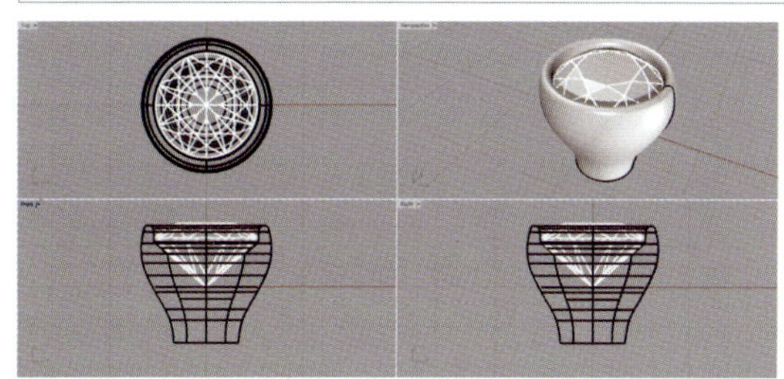

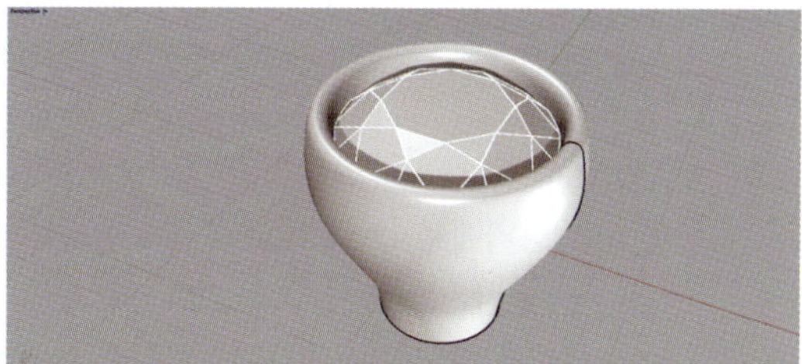

08. Circle: center, radius을 실행한다. Command Prompt 영역에서 Center of circle값 0을 입력하고, [Enter↵] 키를 누른 후, Diameter값 24.6을 입력하고 [Enter↵]키를 누른다.
다음 그림과 같이 지름 24.6㎜의 원형 Curve개체가 생성된 것을 확인할 수 있다.

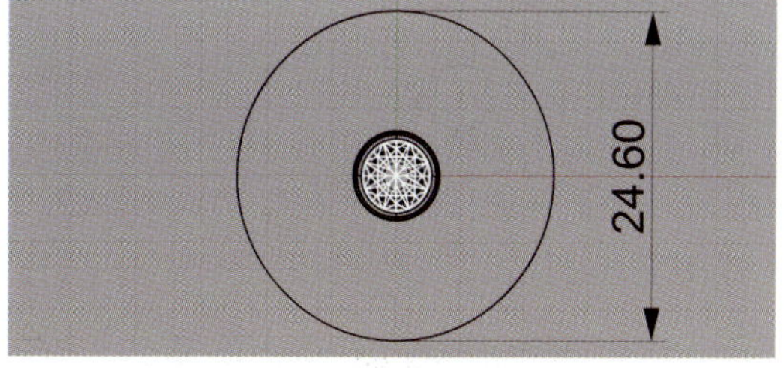

Center of circle (Deformable Vertical 2Point 3Point Tangent AroundCurve FitPoints): 0

Diameter <5.300> (Radius Orientation Circumference Area ProjectOsnap=*Yes*): 24.6

09. ∘ Single point를 실행하고, Command Prompt 영역에 Location of point object값 0을 입력한 후, [Enter↵]키를 누르면 다음 그림과 같이 원점(0, 0)위치에 Point개체가 생성된 것을 확인할 수 있다.

Location of point object:

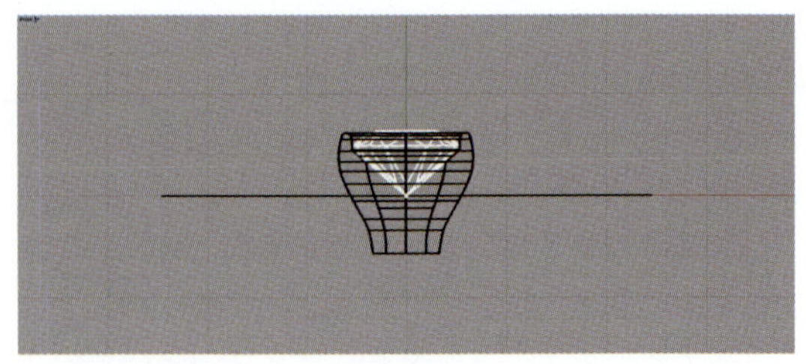

10. Top Top Viewport에서 24.6㎜ 원형 Curve개체를 제외한 모든 개체들을 선택하고, Move를 실행한다. 원점에 생성한 Point개체를 선택한 후, Command Prompt 영역에 Point to move to값 -6.01, 10.39를 입력하고, Enter↵ 키를 누른다. 다음 그림과 같이 x축으로 -6.01㎜, y축으로 10.39㎜ 이동한 것을 확인할 수 있다.

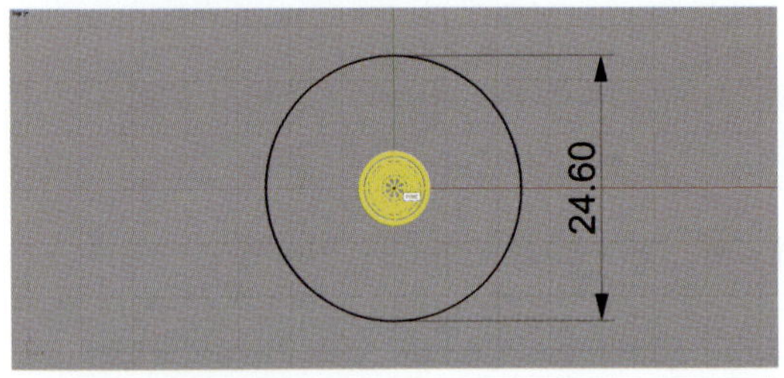

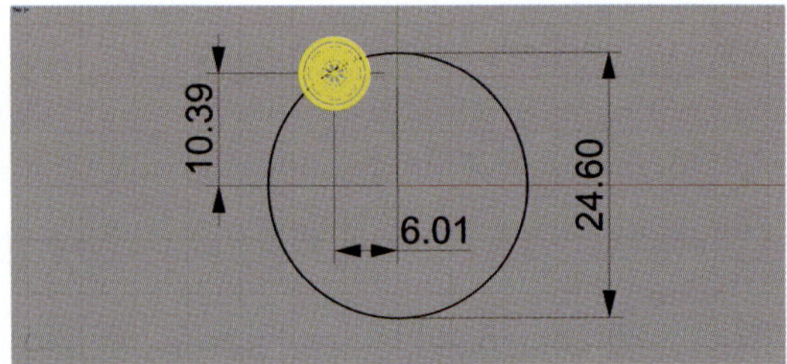

Point to move to: -6.01,10.39

11. Offset curve을 실행하고, Command Prompt 영역에서 Distance값 1.3을 입력한 후, Enter↵ 키를 누른 다음, 24.6㎜ 원형 Curve개체를 선택한다. 마우스 커서를 원형 Curve개체 안쪽으로 향하게 한 후, 마우스 왼쪽버튼을 클릭하여 22㎜ 원형 Curve개체를 생성한다.

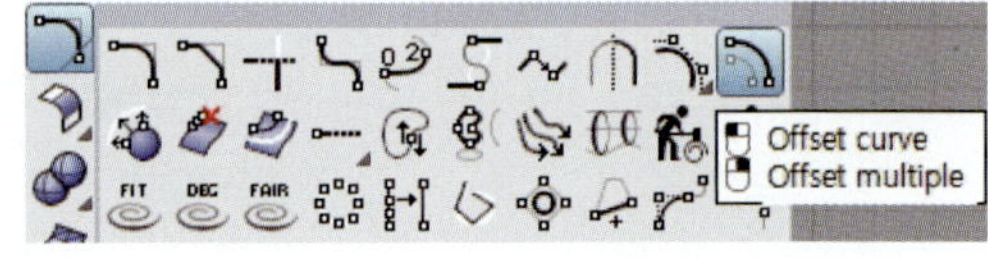

Side to offset (Distance=5 Loose=No Corner=Round ThroughPoint Tolerance=0.001 BothSides InCPlane=No Cap=None): 1.3

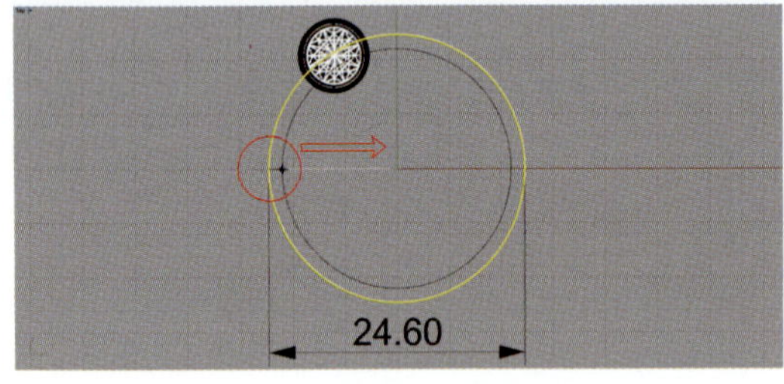

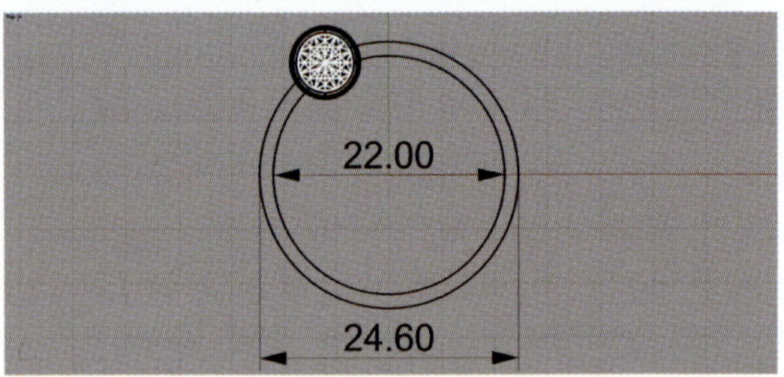

12. 두 원형 Curve개체를 선택하고, Surface from planar curves를 실행하여 Surface 개체를 생성한다.

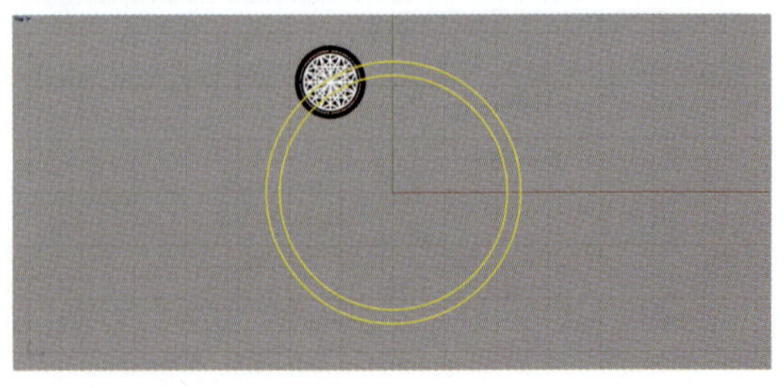

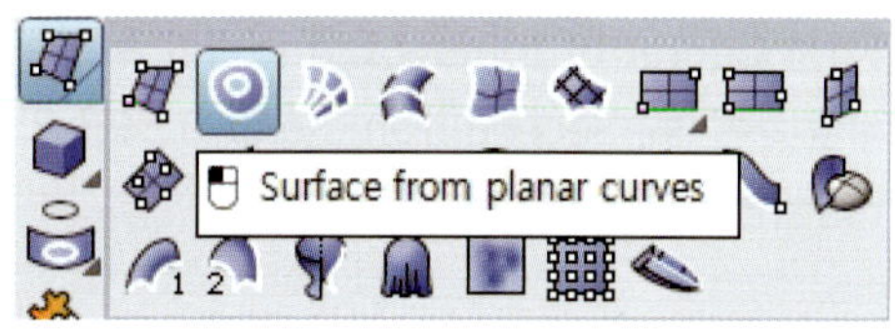

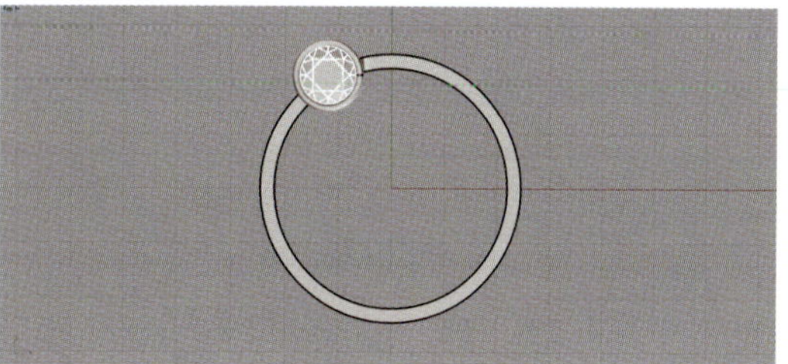

13. 생성된 Surface개체를 선택하고, Offset Surface를 실행한다. Front Front Viewport에서 Normal Direction(하얀색 화살표)방향이 위쪽 방향을 향하고 있으면 Command Prompt 영역에서 FlipAll을 클릭하여 화살표 방향을 아래쪽 방향으로 바꿔준다. 1.5를 입력하고 Enter 키를 눌러서 Distance값이 1.5로 바뀐 것을 확인하고 Solid=Yes로 설정한 후, Enter 키를 누른다.

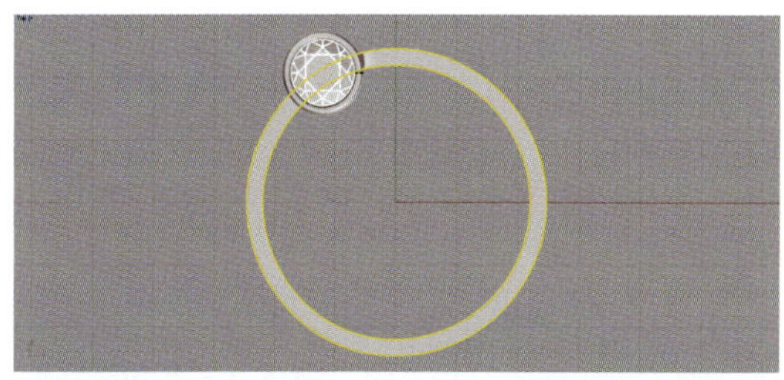

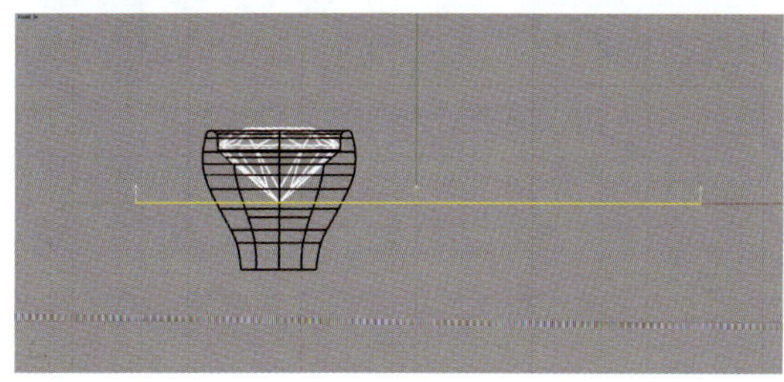

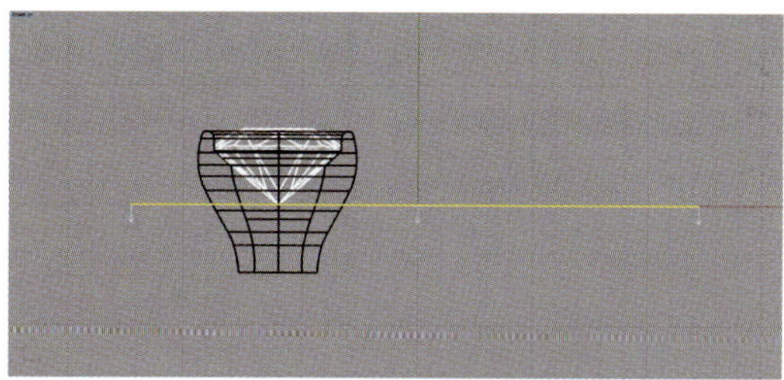

Select object to flip direction. Press Enter when done (Distance=1 Corner=Round Solid=Yes Loose=No Tolerance=0.001 BothSides=No DeleteInput=Yes FlipAll):

Select object to flip direction. Press Enter when done (Distance=1 Corner=Round Solid=Yes Loose=No Tolerance=0.001 BothSides=No DeleteInput=Yes FlipAll): 1.5

Select object to flip direction. Press Enter when done (Distance=1.5 Corner=Round Solid=Yes Loose=No Tolerance=0.001 BothSides=No DeleteInput=Yes FlipAll):

14. 다음 그림과 같이 Poly-Surface개체가 생성된 것을 확인할 수 있다.

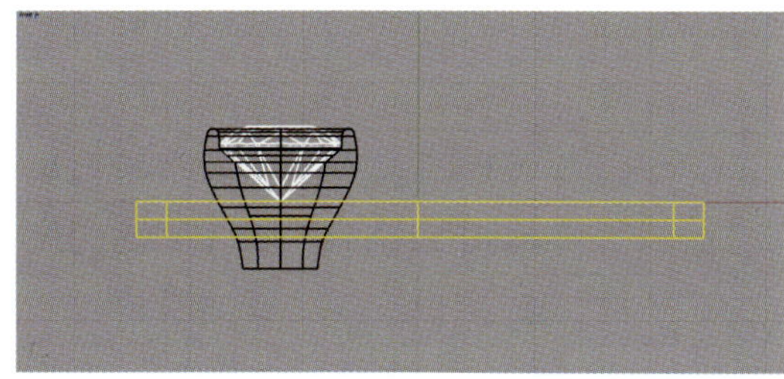

15. Torus를 실행하고, Command Prompt 영역에서 Center of tours값 0을 입력한 후, Enter↵키를 누른다. Diameter값 1.7을 입력하고, Enter↵키를 누른 후, Second diameter값 0.54를 입력하고, Enter↵키를 누르면 다음 그림과 같이 Torus개체가 생성된 것을 확인할 수 있다.

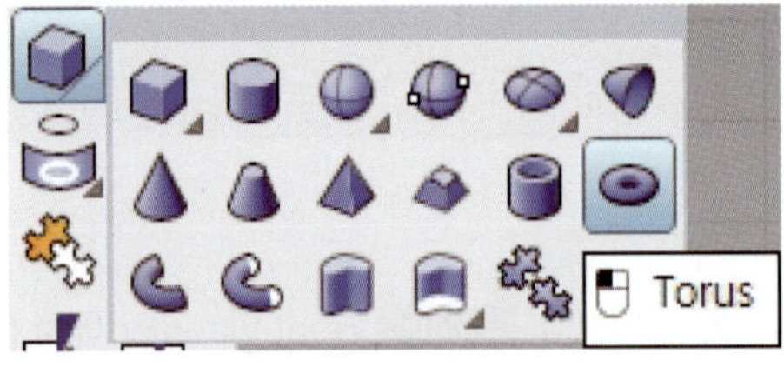

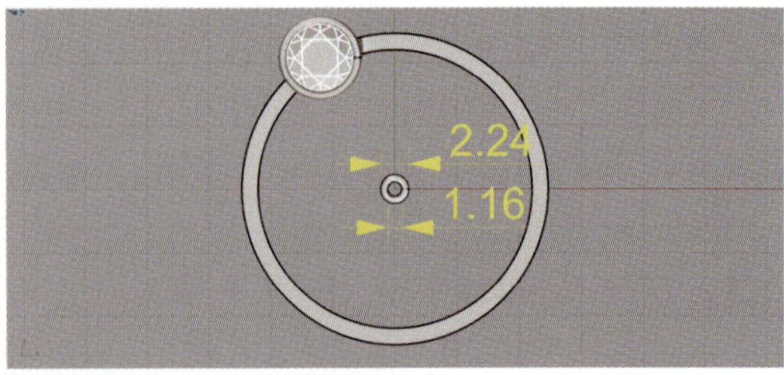

Center of torus (Vertical 2Point 3Point Tangent AroundCurve FitPoints): 0

Diameter <20.000> (Radius Orientation Circumference Area ProjectOsnap=*Yes*): 1.7

Second diameter <2.042> (Radius FixInnerDimension=*No*): 0.54

16. 생성된 Torus개체를 선택하고, Copy objects in place를 3번 눌러서 3개의 Torus개체를 복사한다. Torus개체 1개는 Hide objects를 실행하여 숨겨둔다.

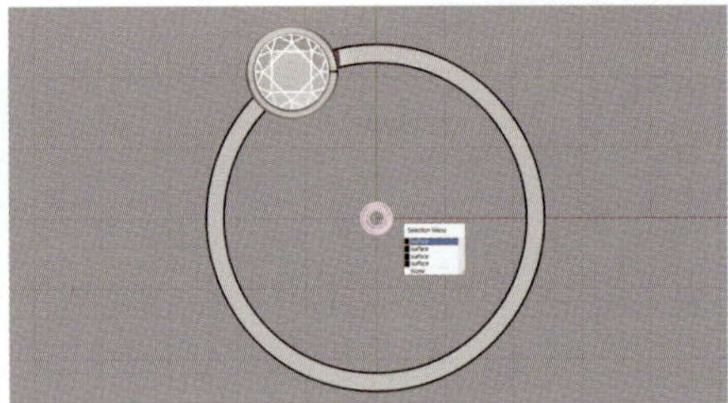

17. Torus개체를 선택하고, Volume centroid를 실행하여 Torus개체 중심에 중심점을 생성한다.

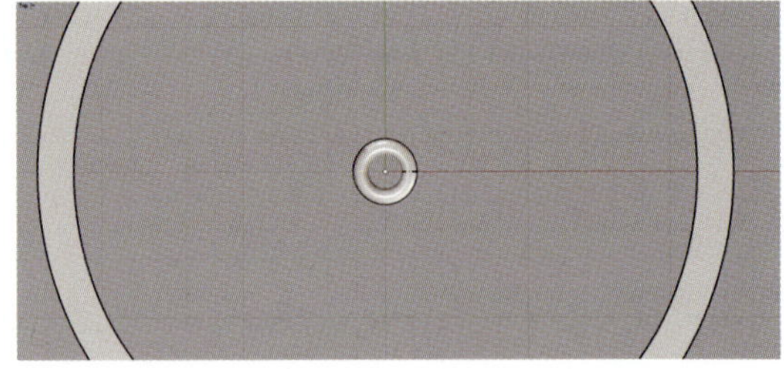

18. Torus개체 1개와 Point개체를 선택하고, Move를 실행한 후, Point to move from을 Point개체로 선택한 다음, 50.19도 각도로 13㎜ 이동시킨다.

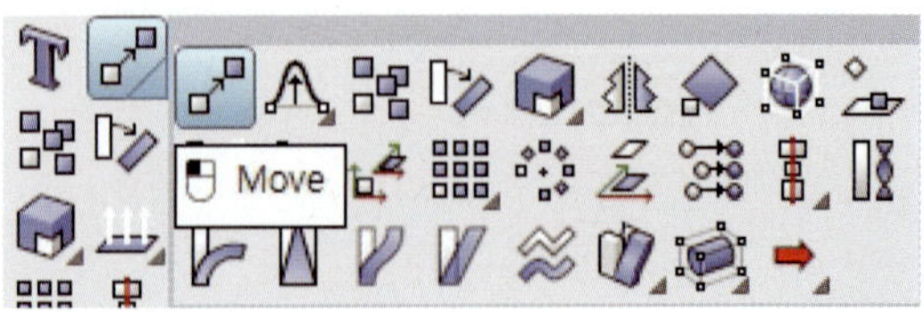

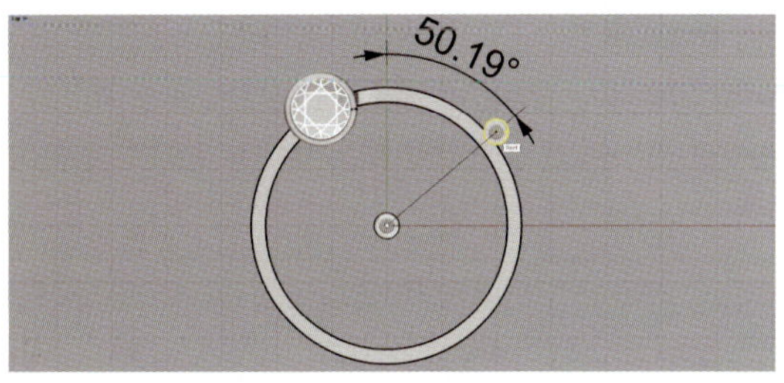

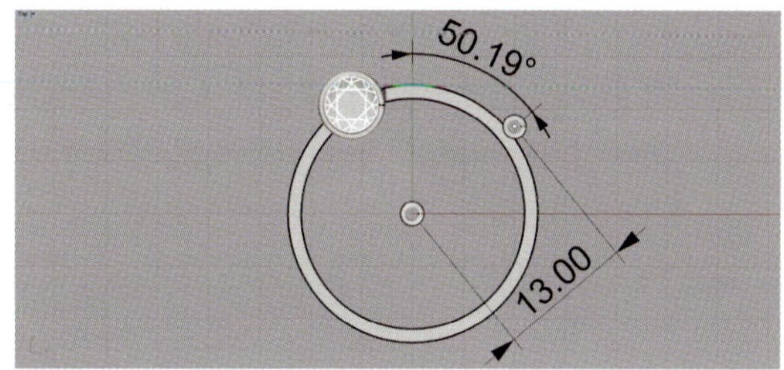

19. 다시 Torus개체를 선택하고, Volume centroid를 실행하여 Point개체를 생성한다.

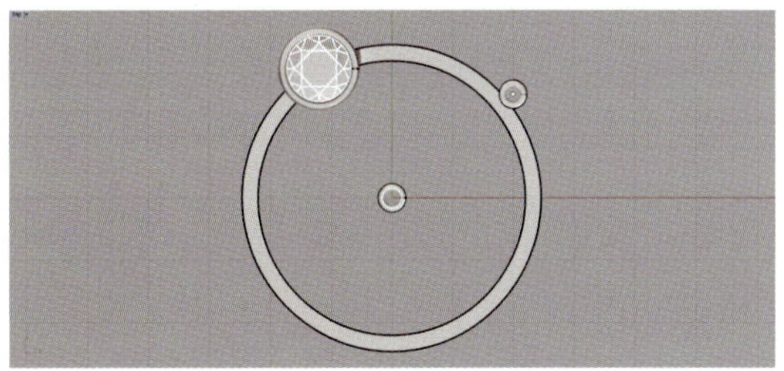
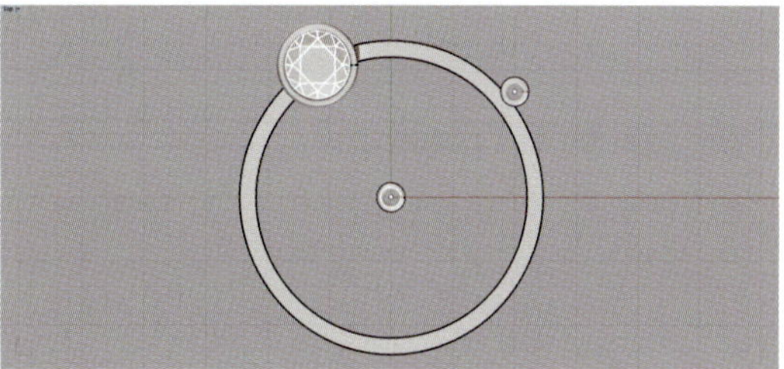

20. Torus개체와 Point개체를 선택하고, Move를 실행한 후, Point to move from을 Point개체로 선택한 다음, 89.47도 각도로 13㎜ 이동시킨다.

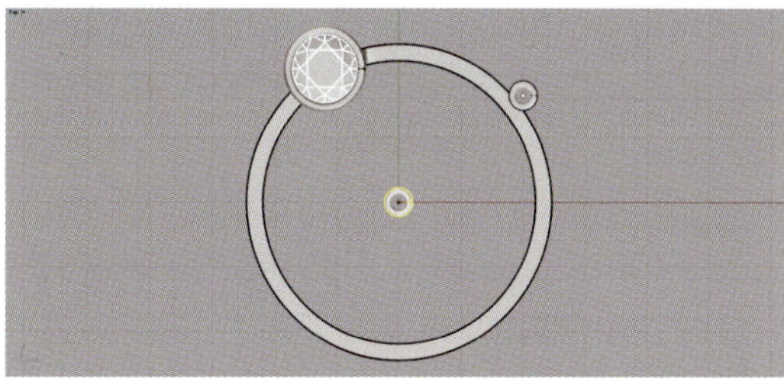
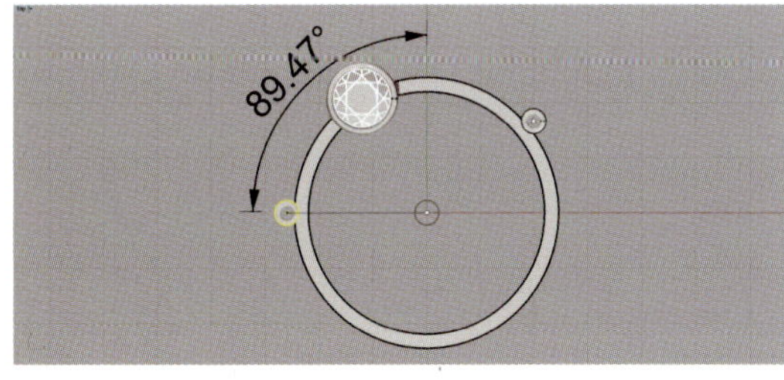

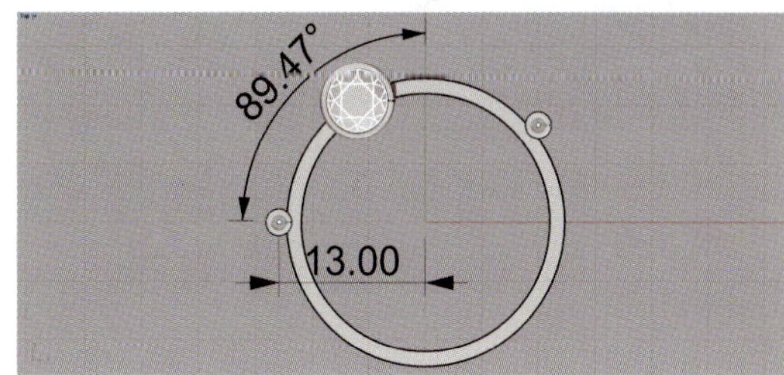

21. 다음 그림과 같이 두 Torus개체가 이동한 것을 확인할 수 있다.

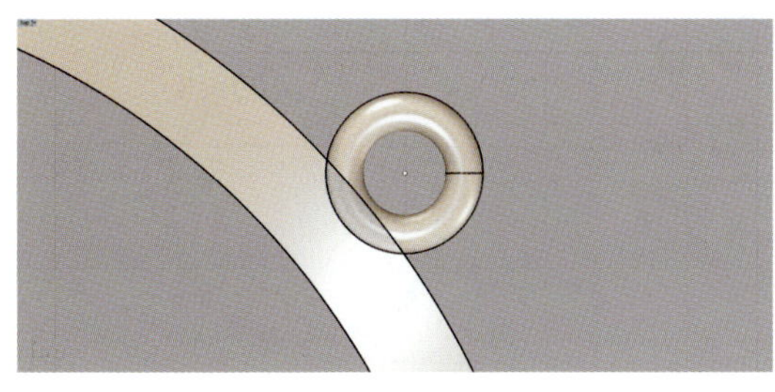
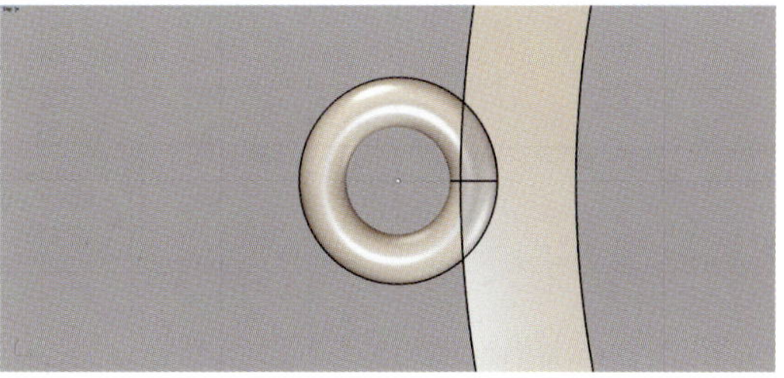

22. 두 개의 Torus개체와 두 개의 Point개체를 선택하고, Front Front Viewport에서 Move를 실행한 후, Point개체 한 개를 선택한다. Command Prompt 영역에서 Point to move to값 0.6을 입력한 후, Enter키를 누르고 Shift키를 누른 상태로 마우스 커서를 화살표 방향으로 이동한 다음 마우스 왼쪽버튼을 클릭한다.

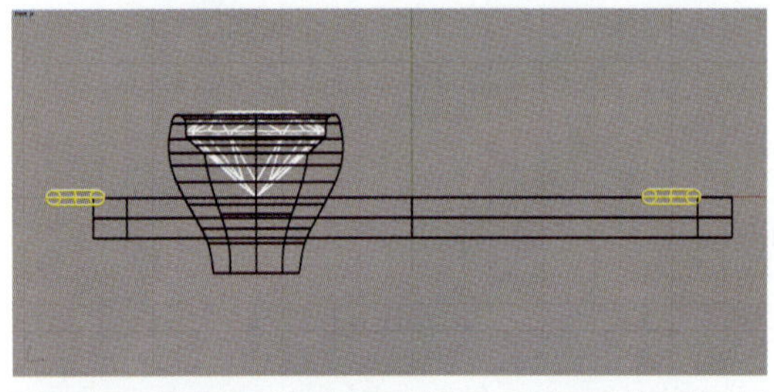

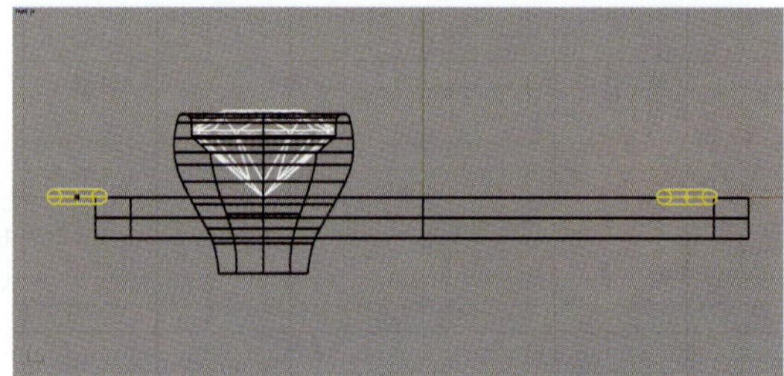

Point to move to <13.000>: 0.6

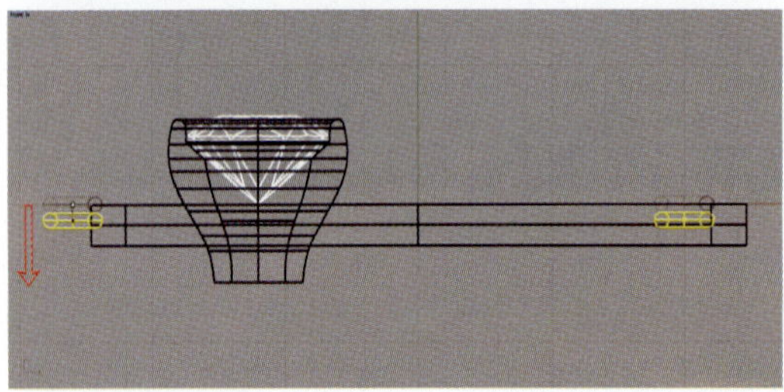

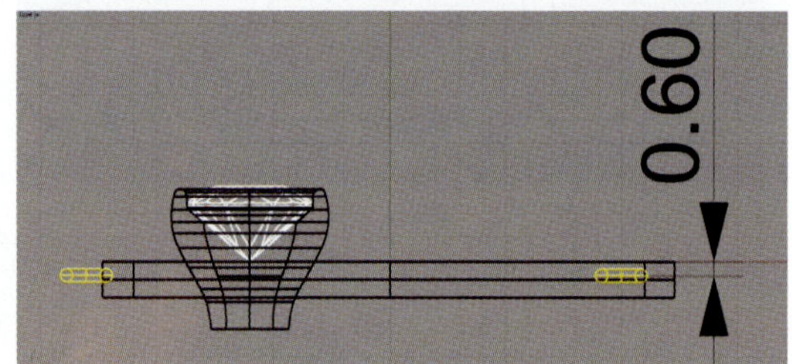

23. 두 개의 Torus개체와 원형 Poly-Surface개체를 모두 선택하고, Boolean union을 실행하여 하나의 개체로 결합한다.

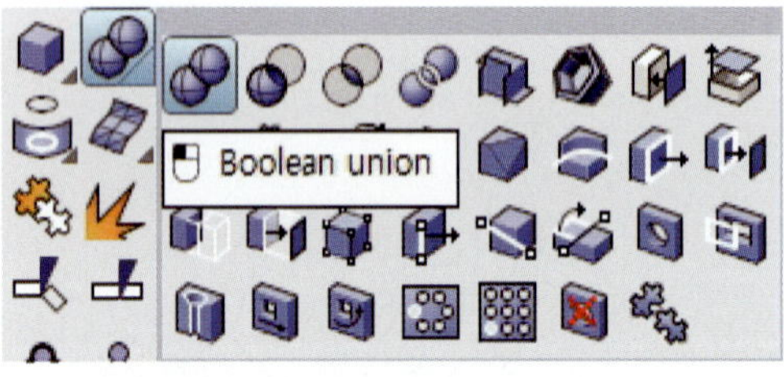

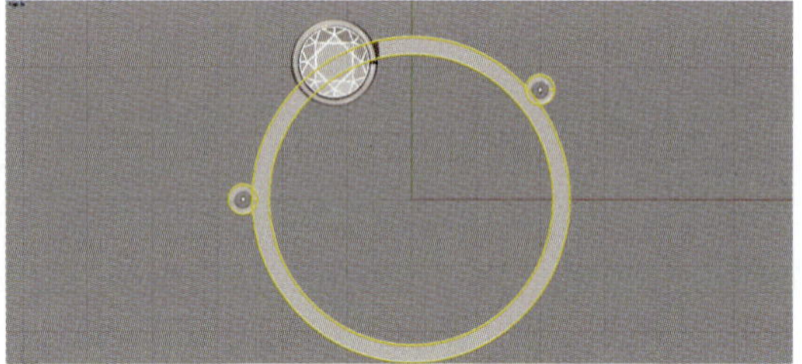

24. Ctrl + A를 눌러서 모든 개체를 선택하고, Lock objects를 실행하여 모든 개체들을 잠가둔다.

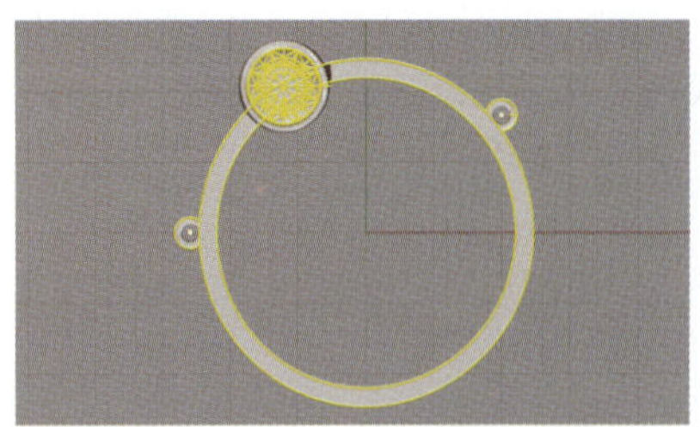

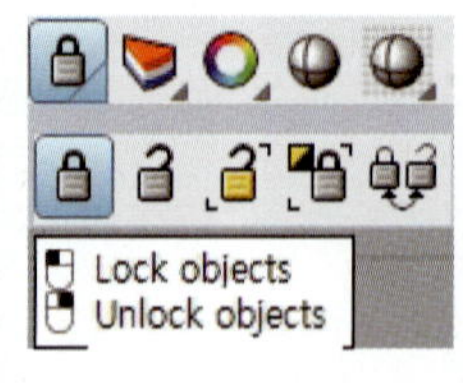

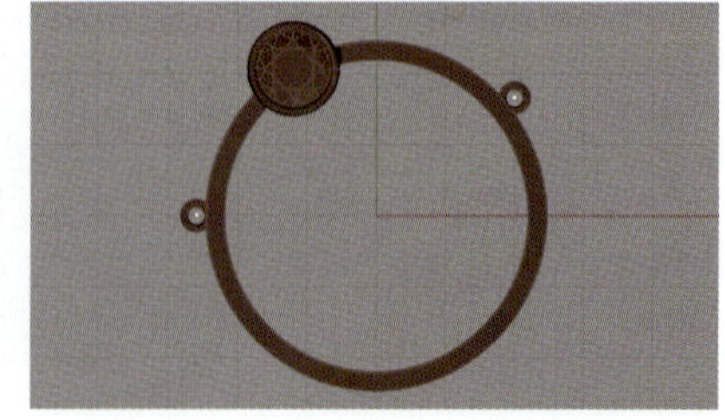

25. Single Line을 실행하여 다음 그림과 같은 Curve개체들을 최대한 비슷한 위치에 생성한다.

→ 부록CD 〉 Rhino 예제 〉 Level 1 – Design Modeling 1 〉 Curves.3dm

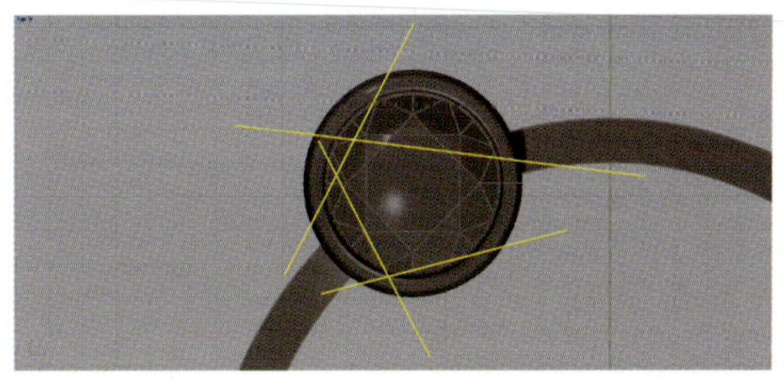

26. Offset curve를 실행하고, Command Prompt 영역에 1.2를 입력한 후, Enter↵ 키를 누른 다음, Curve개체를 선택한다. 마우스 커서를 화살표 방향으로 움직인 후, 마우스 왼쪽버튼을 클릭한다.

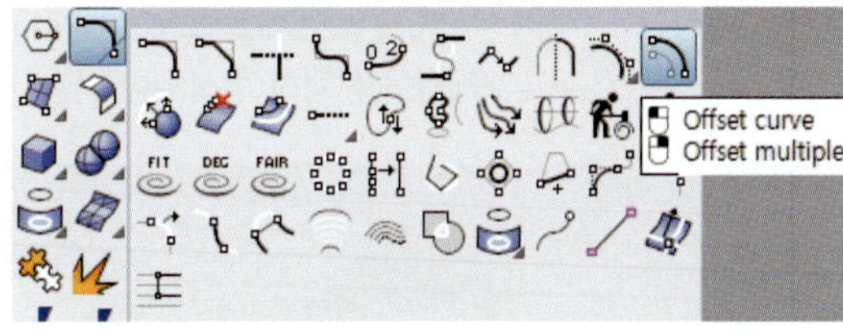

Side to offset (Distance= *1.2* Loose=*No* Corner=*Round* ThroughPoint Tolerance=*0.001* BothSides InCPlane=*No* Cap=*None*): 1.2

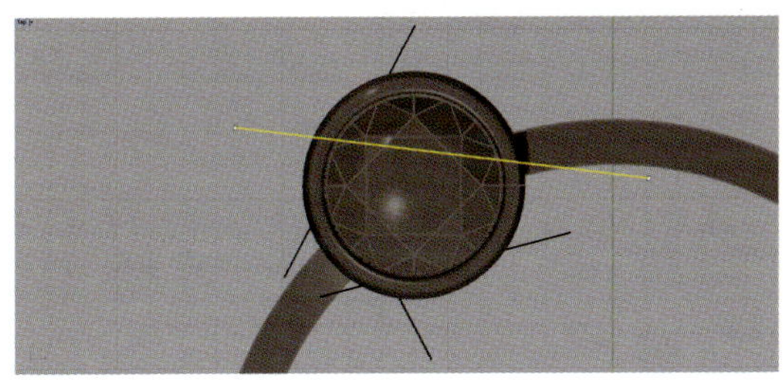

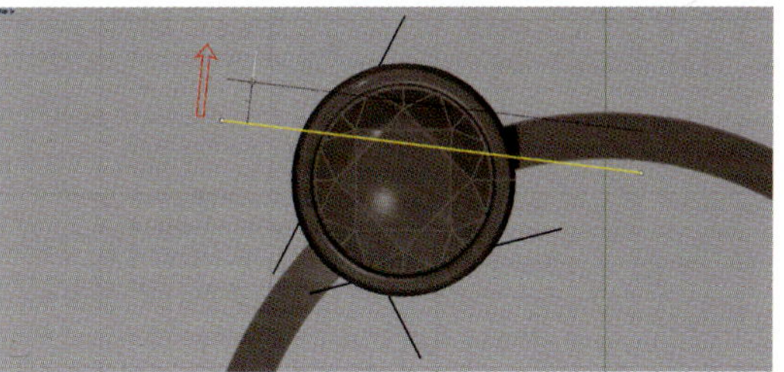

27. 남은 세 개의 직선 Curve개체도 Offset curve를 실행하고, Command Prompt 영역에 1.2를 입력한 후, Enter↵ 키를 누른 다음, 마우스 커서를 화살표 방향으로 움직인 후, 마우스 왼쪽버튼을 클릭한다. 다음 그림과 같이 총 8개의 직선 Curve개체를 생성한다.

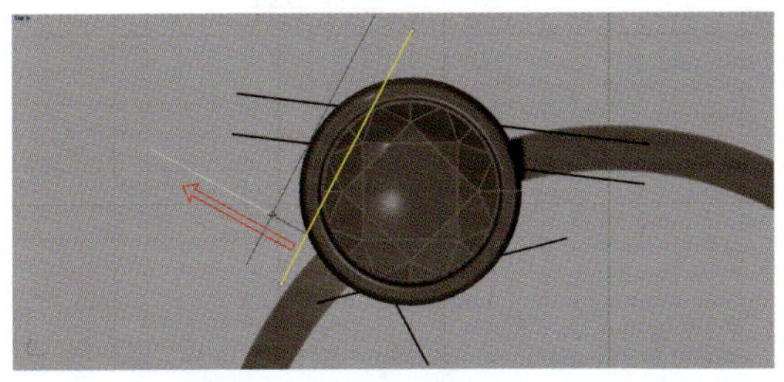

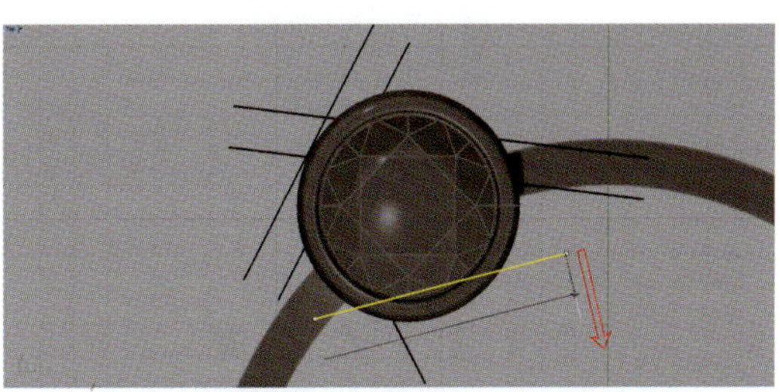

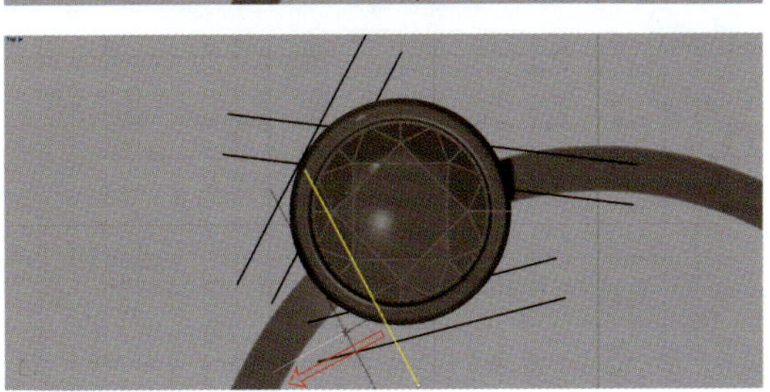

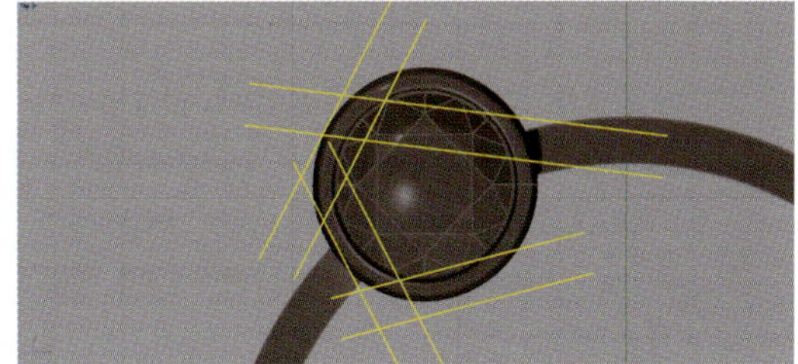

28. Single Line을 실행하여 다음 그림과 같이 직선 Curve개체 4개를 생성한다.

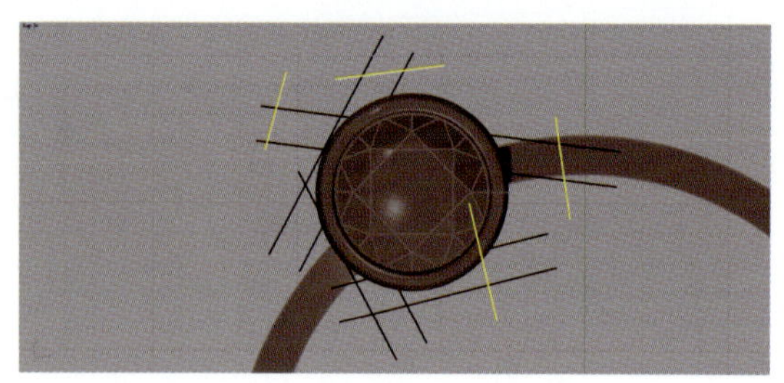

29. 생성한 12개의 직선 Curve개체를 모두 선택하고, Trim을 실행한 후, 다음 그림과 같이 안쪽과 바깥쪽의 직선 Curve개체들을 선택하여 삭제한 다음 Enter↵키를 눌러 작업을 완료한다.

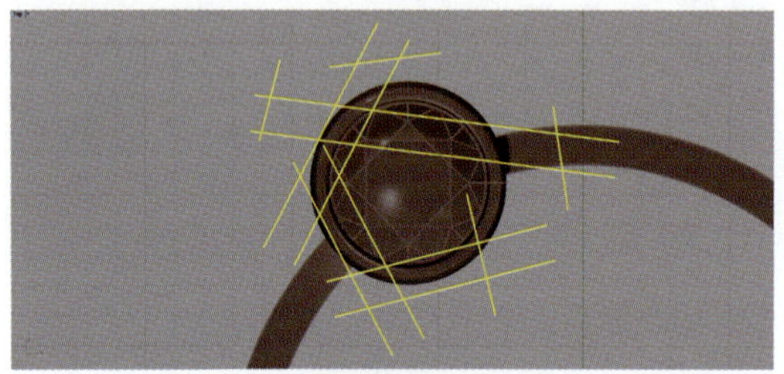

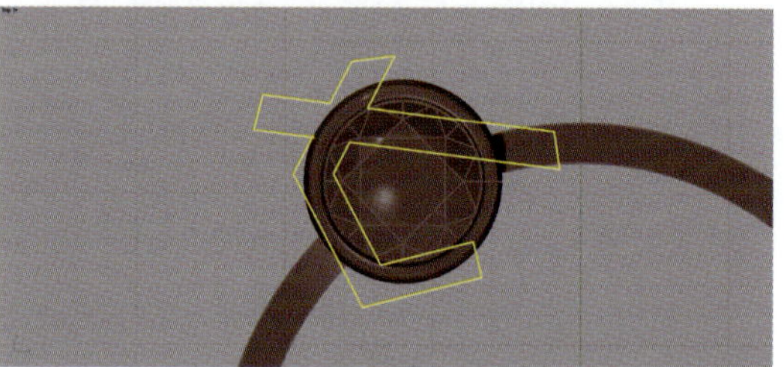

30. 16개의 Curve개체를 모두 선택하고, Join을 실행하여 하나의 Curve개체로 결합한 후, Surface from planar curves를 실행하여 Surface개체를 생성한다.

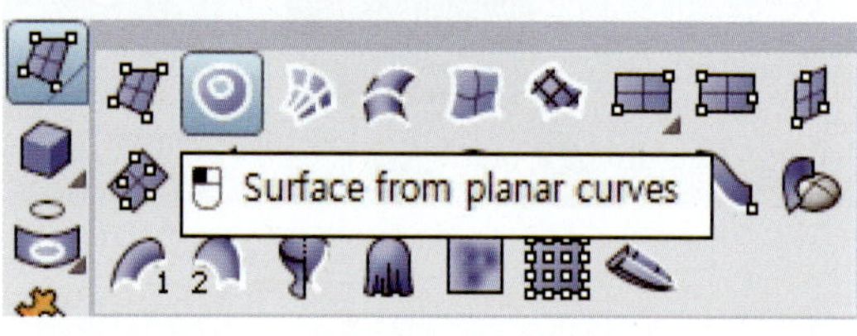

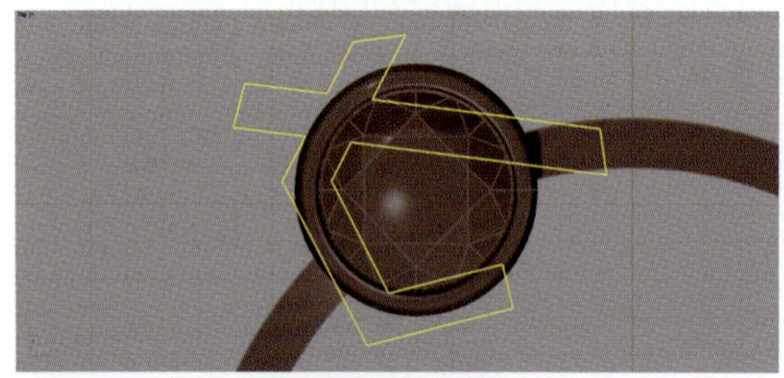

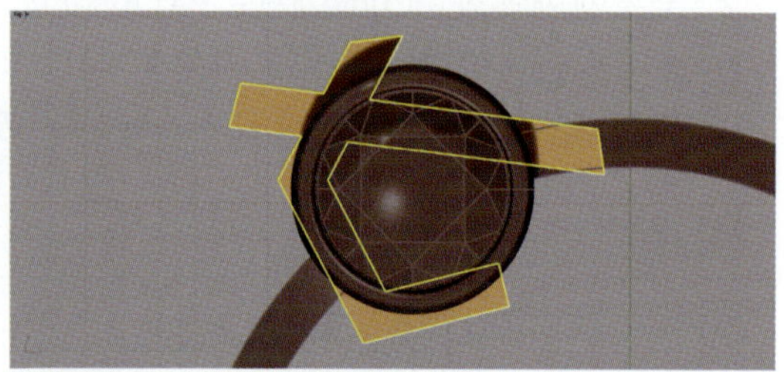

31. Surface개체를 선택하고, Offset Surface를 실행한다. Front ▾ Front Viewport에서 Normal Direction(하얀색 화살표)방향이 아래로 향하고 있으면 Command Prompt 영역에서 FlipAll을 선택하여 화살표 방향을 위로 향하게 바꿔준다. Solid=Yes로 설정하고, 1.3을 입력한 후, Enter↵키를 눌러서 Distance값 1.3으로 설정한 다음, Enter↵키를 누른다.

다음 그림과 같이 Surface개체가 Poly-Surface개체로 생성된 것을 확인할 수 있다.

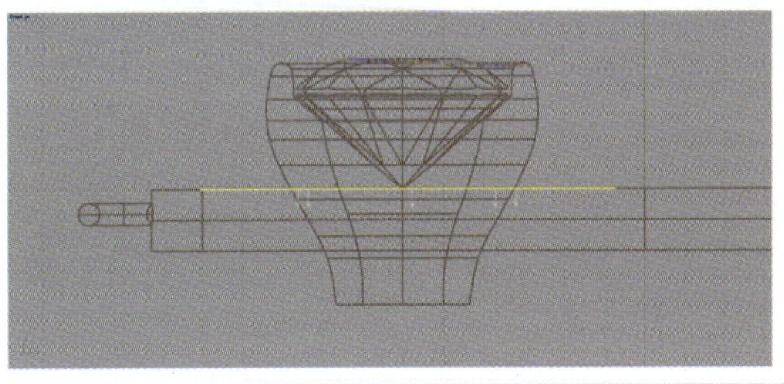

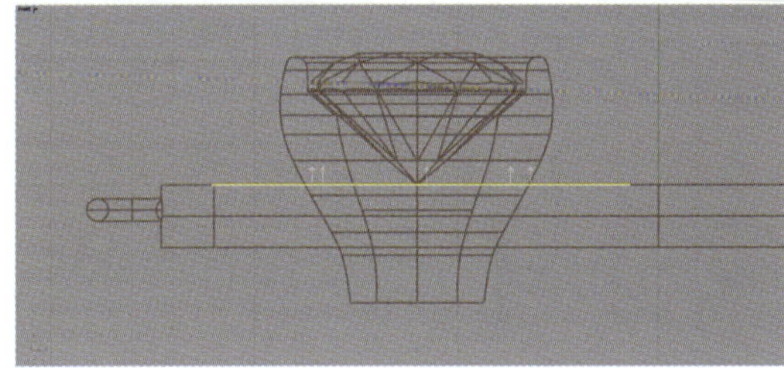

Select object to flip direction. Press Enter when done (Distance= *1.5* Corner=*Round* Solid=*Yes* Loose=*No* Tolerance=*0.001* BothSides=*No* DeleteInput=*Yes* FlipAll):

Select object to flip direction. Press Enter when done (Distance= *1.5* Corner=*Round* Solid=*Yes* Loose=*No* Tolerance=*0.001* BothSides=*No* DeleteInput=*Yes* FlipAll): 1.3

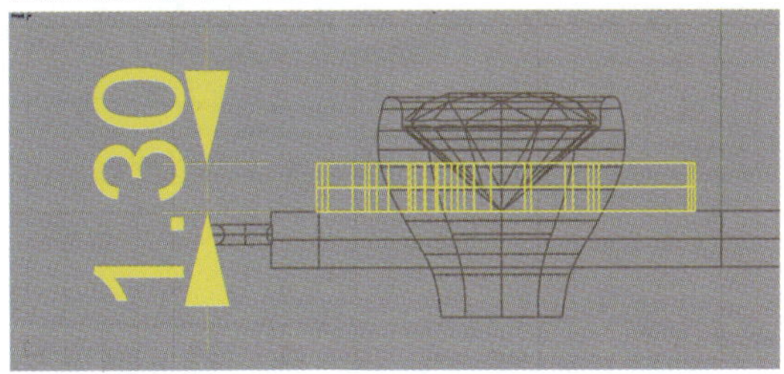

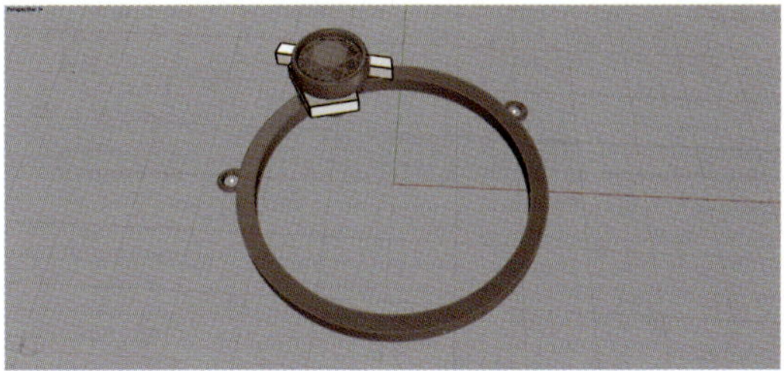

32. Unlock selected objects를 실행하고, 잠가둔 개체들 중에서 난집을 선택한 후, Enter↵키를 누른다. 다음 그림과 같이 선택한 난집만 Unlock된 것을 확인할 수 있다.

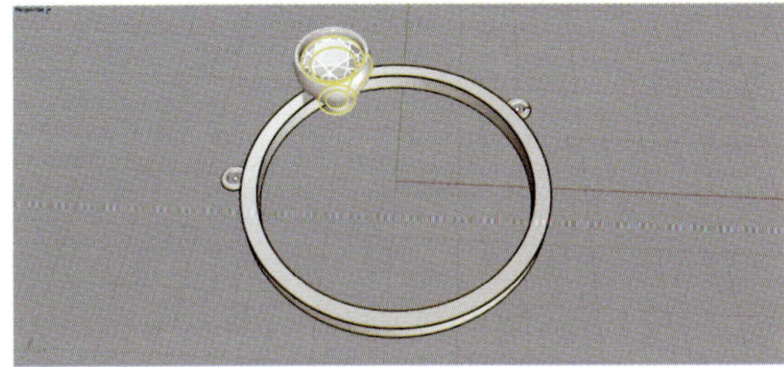

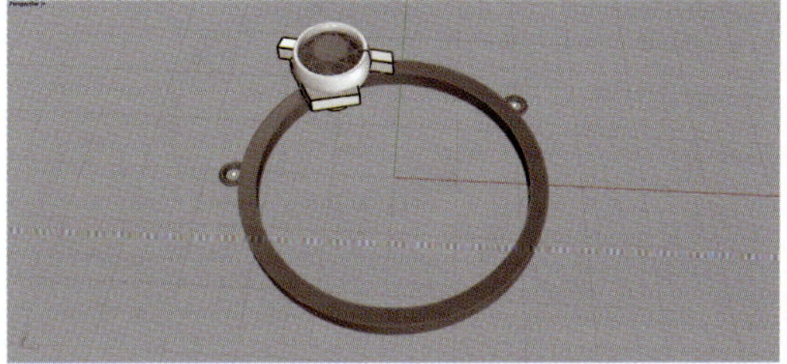

33. Box: Corner to Corner, Height를 실행하고, Command Prompt 영역에서 First corner of base 값 0을 입력한 후, Enter↵키를 누른다. Top Top Viewport에서 마우스 커서를 화살표 방향으로 이동하여 난집과 Poly-Surface개체가 덮이는 사이즈에 마우스 왼쪽버튼을 누른 후, Front Front Viewport에서 마우스 커서를 화살표 방향으로 이동하여 난집 아랫부분이 덮이게 한 후, 마우스 왼쪽버튼을 클릭하여 직사각형 Solid개체를 생성한다.

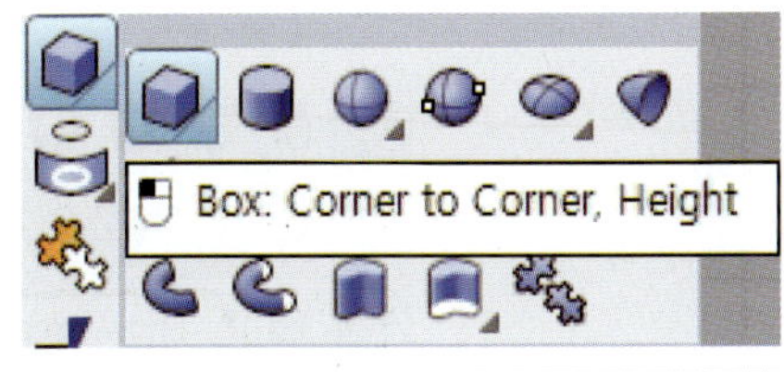

First corner of base (Diagonal 3Point Vertical Center): 0

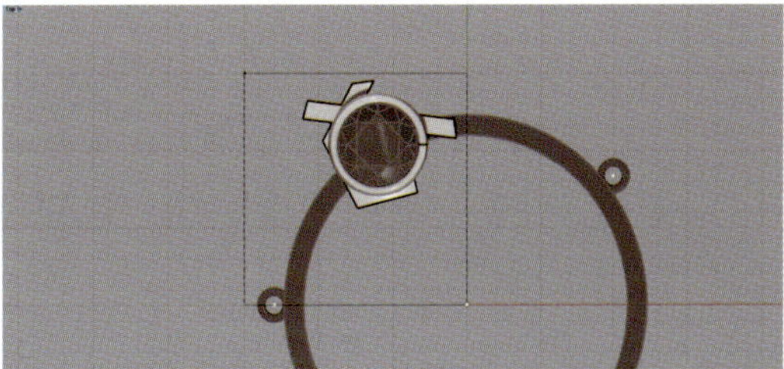

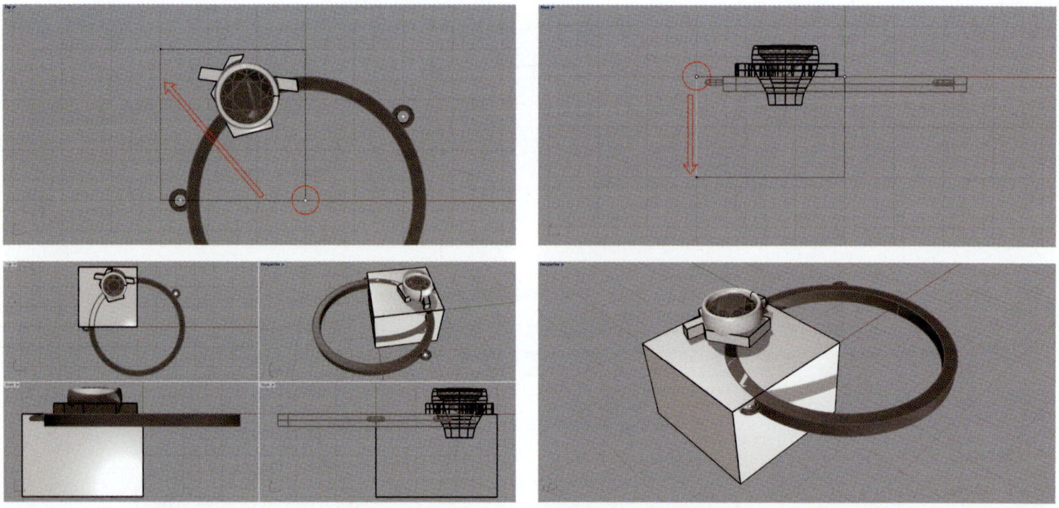

34. Boolean difference를 실행하고, 난집 개체를 선택한 후, Enter↵키를 누른다. 직사각형 Solid개체를 선택한 후, Enter↵키를 누르면 다음 그림과 같이 난집개체의 아랫부분과 겹쳐지는 직사각형 Solid개체가 모두 삭제된 것을 확인할 수 있다.

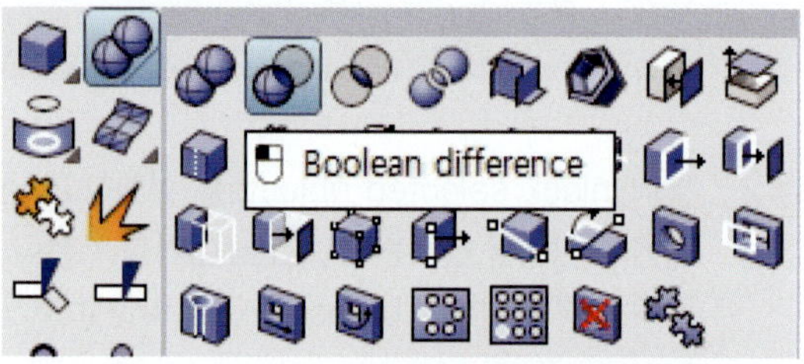

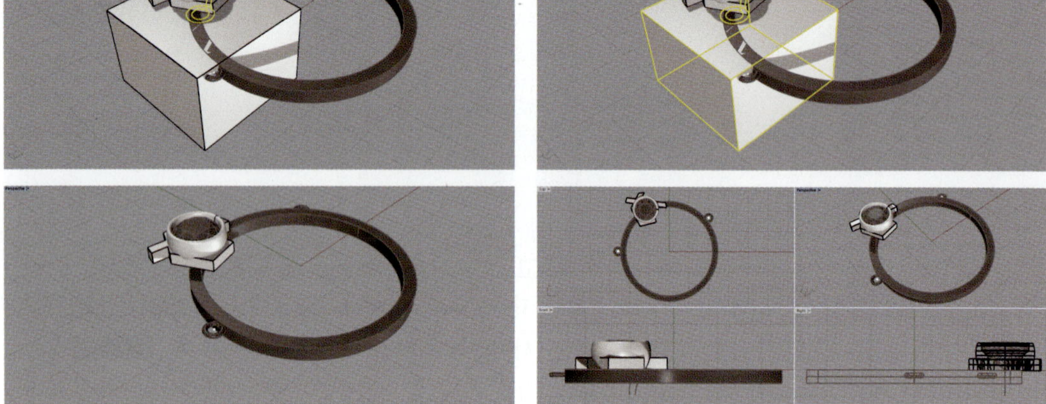

35. Unlock objects를 실행하여 잠가둔 개체들을 모두 Unlock한 다음, Show selected objects를 실행하여 숨겨둔 Torus 개체를 선택하고, Enter↵키를 눌러서 화면에 나타나게 한다.

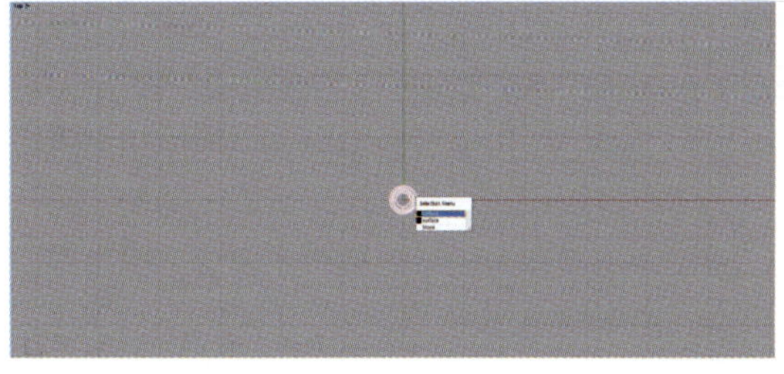

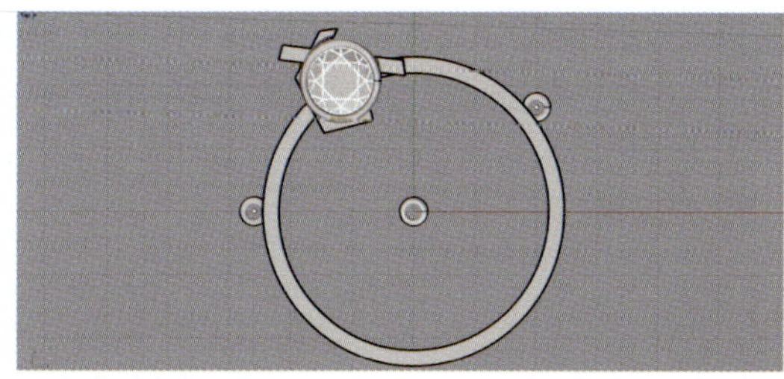

36. Torus개체를 선택하고, Volume centroid를 실행하여 Torus개체 중심에 중심점을 생성한다. Torus개체와 생성한 Point개체를 선택하고, Move를 실행하여 Point to move from을 Point개체로 선택한 후, Point to move to값 7.81을 입력한 다음, Enter↵키를 누른다.
다음 그림과 같이 39.81도 각도로 회전한 후, 마우스 왼쪽버튼을 클릭하여 개체를 이동시킨다.

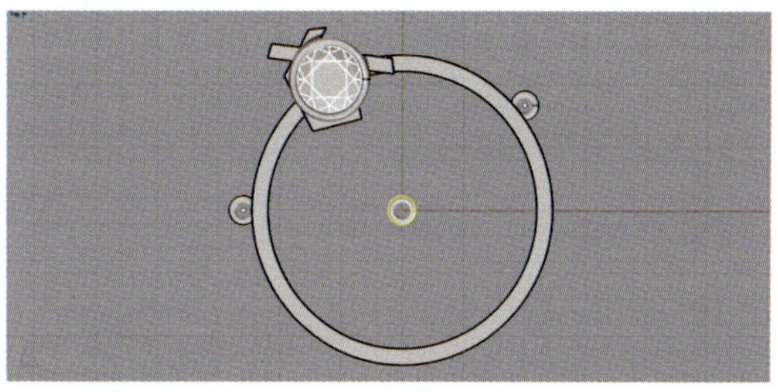

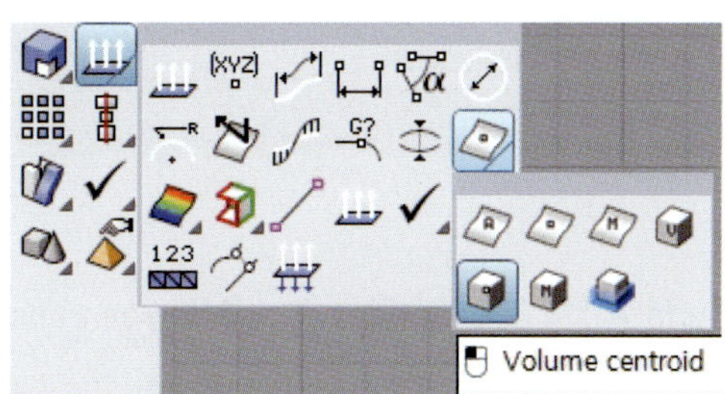

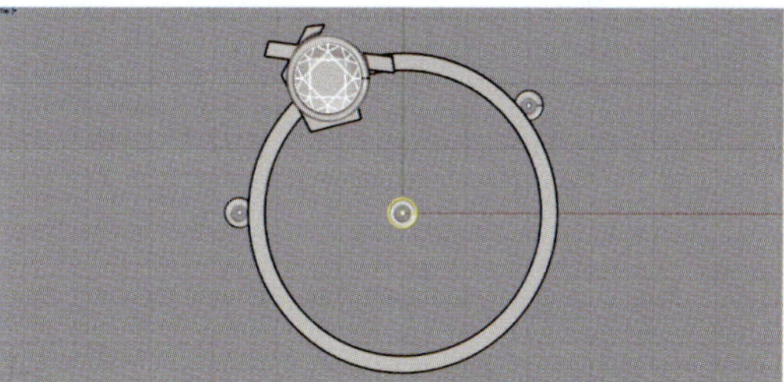

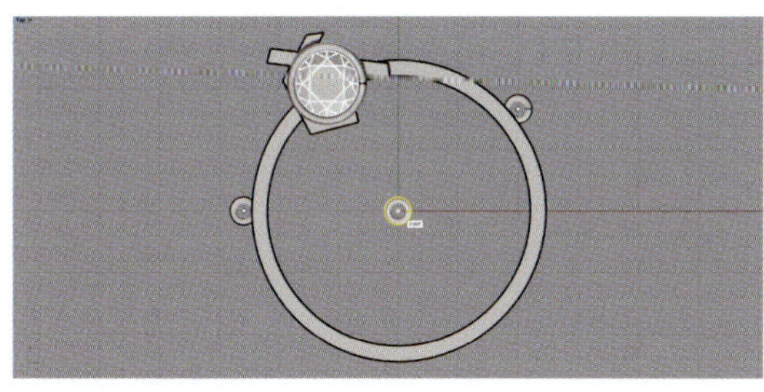

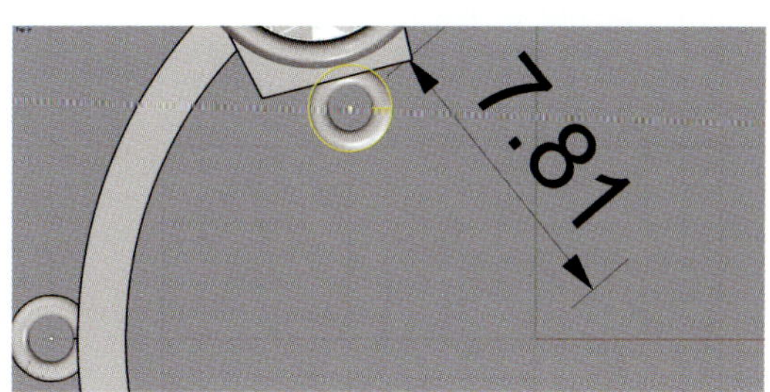

Point to move to <7.810>: 7.81

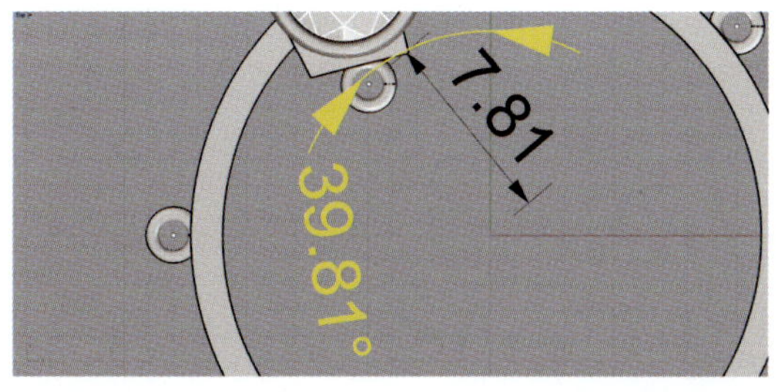

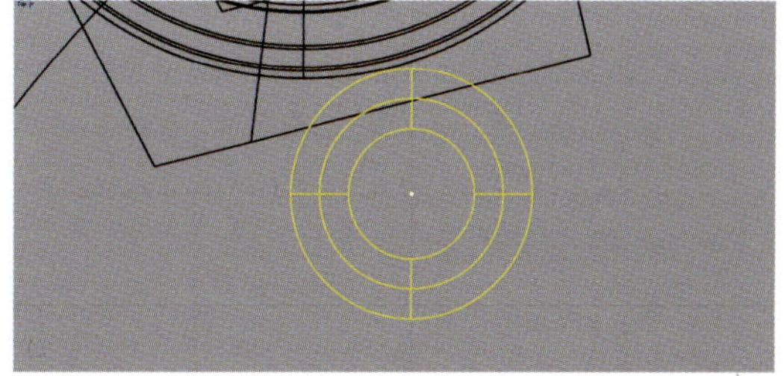

37. Torus개체와 생성한 Point개체를 선택하고, Front Front Viewport에서 Move를 실행하여 Point to move from을 Point개체로 선택한 후, Point to move to값 0.8을 입력한 다음, Enter 키를 누른다. Shift 키를 누른 상태로 마우스 커서를 화살표 방향으로 이동한 후, 마우스 왼쪽버튼을 클릭하여 개체를 이동시킨다.

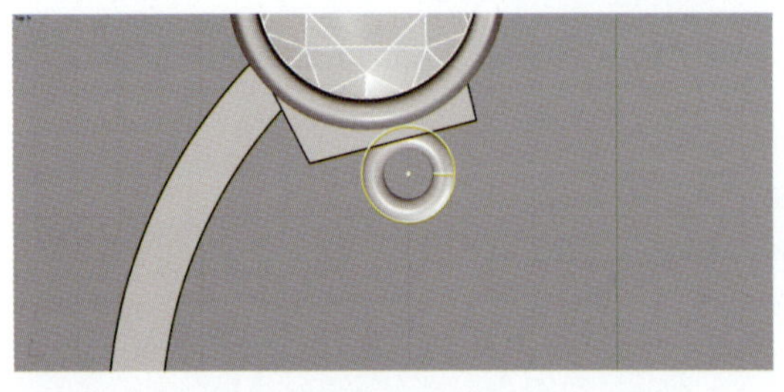

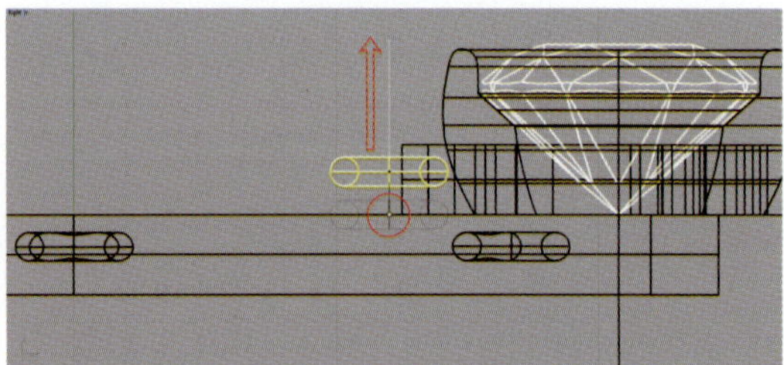

Point to move to <0.600>: 0.8

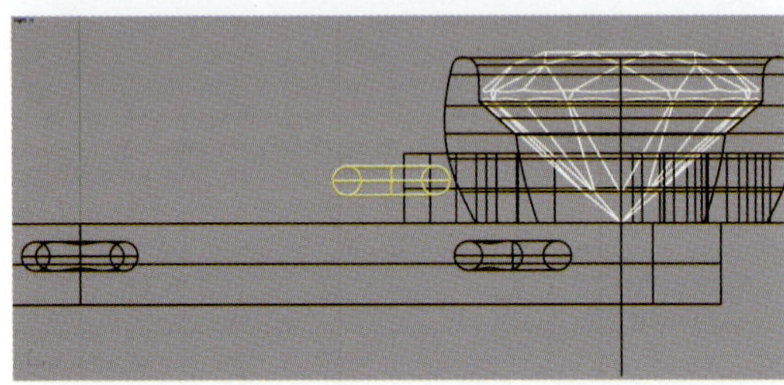

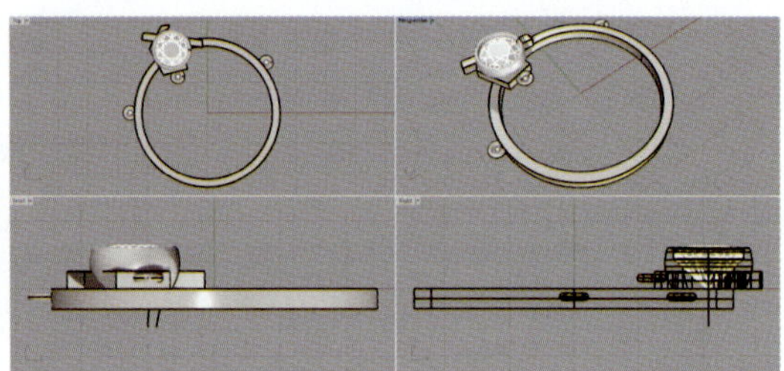

38. 다음 그림과 같이 난집개체, Torus개체와 Poly-Surface개체 3개를 선택한 후, Boolean union를 실행하여 하나의 개체로 결합한다.

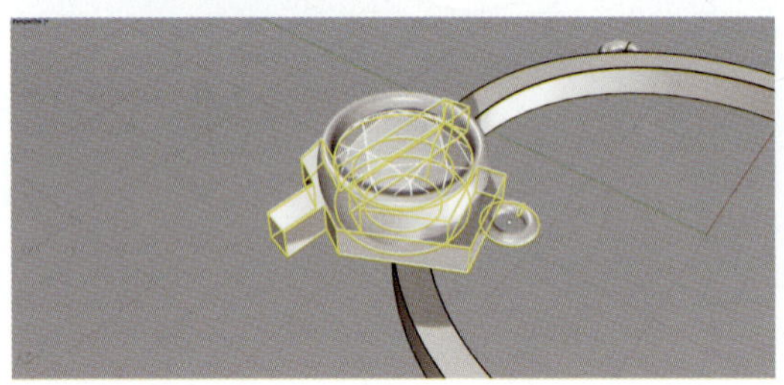

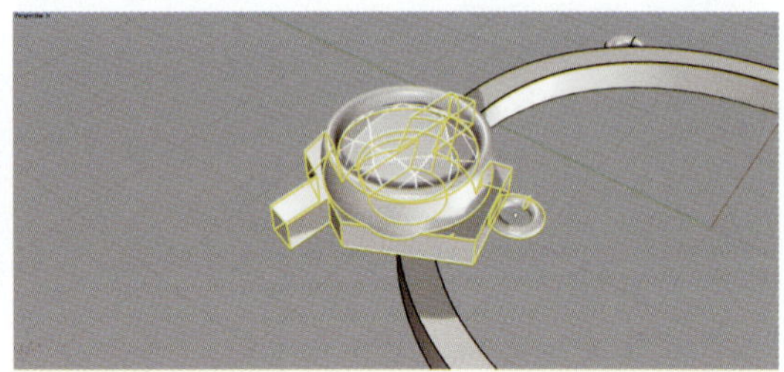

39. 원형 Poly-Surface개체를 선택한 후, Hide objects를 실행하여 숨겨두고, 더 이상 필요 없는 원형 Curve개체와 Point개체는 삭제한다.

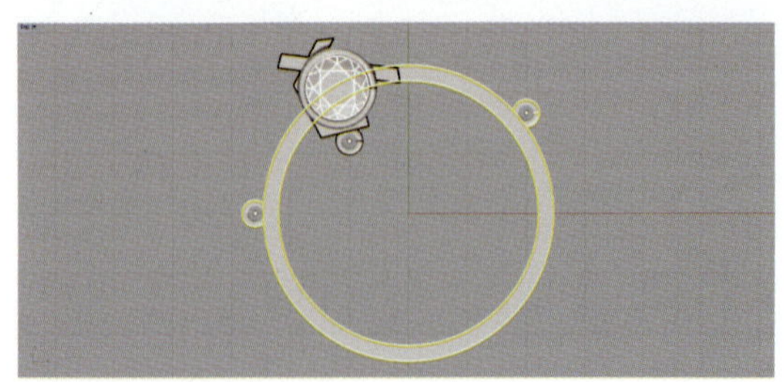

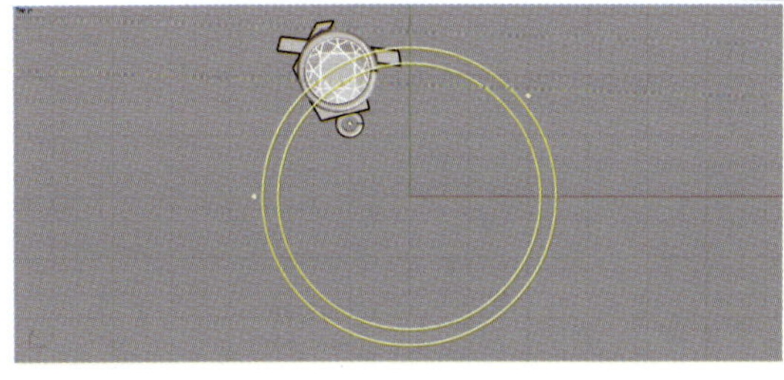

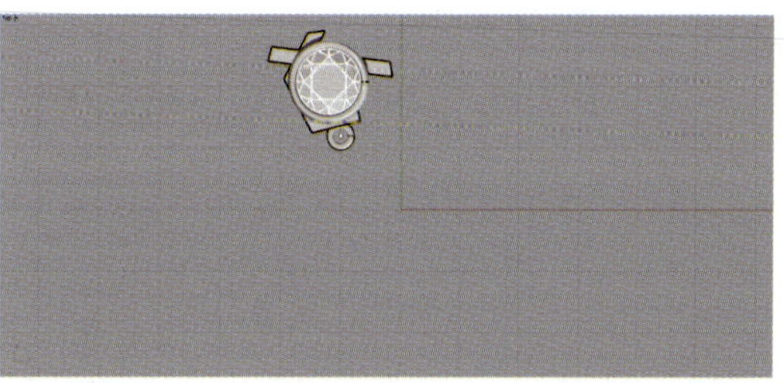

40. Insert (Ctrl + I)를 실행한다. Insert 창이 나타나면 Individual Objects에 체크한 후, 1.30×0.78 보석개체를 불러온다. Top Top Viewport에서 Command Prompt 영역에 Insertion point값 0을 입력한 다음, Enter↵키를 누르면 지름 1.30㎜ 높이 0.78㎜의 보석개체가 원점에 생성된 것을 확인할 수 있다.

→ 부록CD 〉 Rhino 예제 〉 Level 1 - Design Modeling 1 〉 1.30×0.78

Insertion point: 0

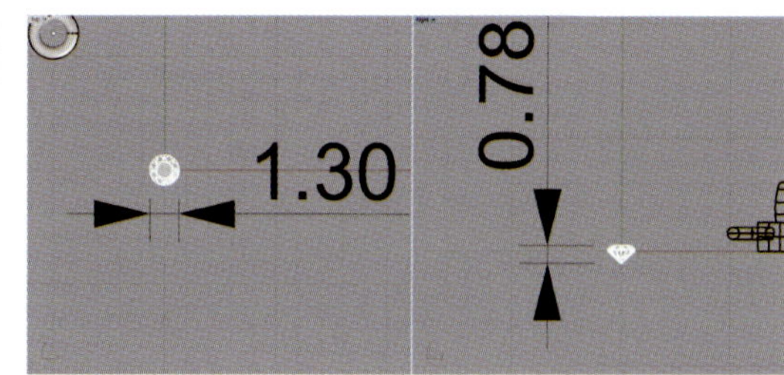

41. 보석개체를 선택하고, Volume centroid를 실행하여 보석개체 중심에 중심점을 생성한다.

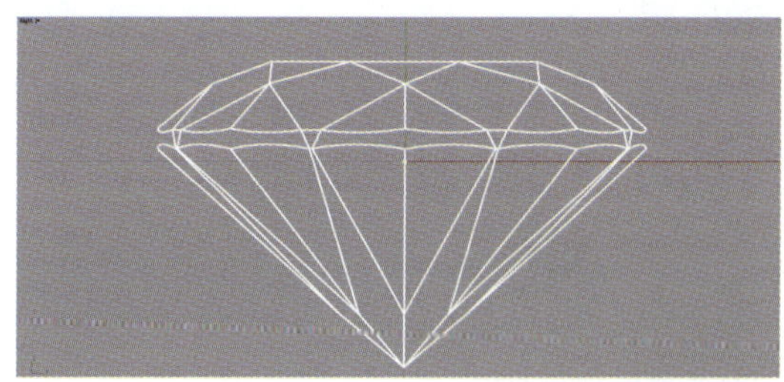

42. Line: from midpoint을 실행하고, Middle of line을 생성한 Point개체로 선택한 후, 다음 그림과 같이 z축 방향으로 보석개체를 통과하는 사이즈의 직선 Curve개체를 생성한다.

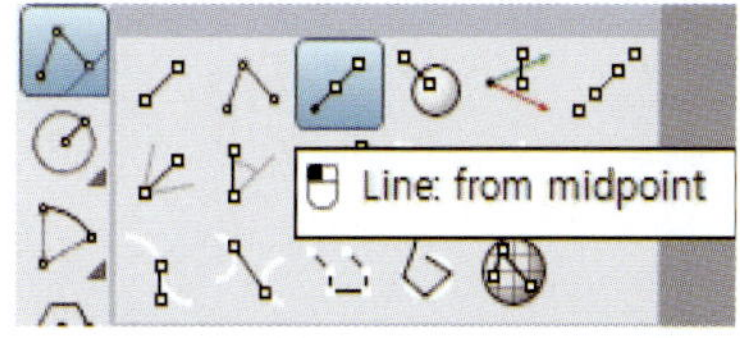

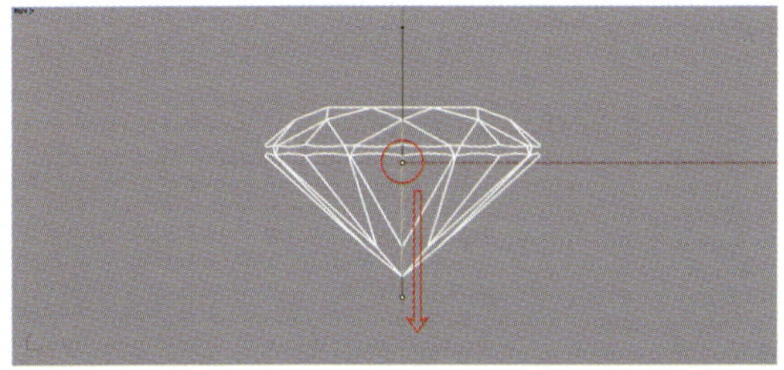

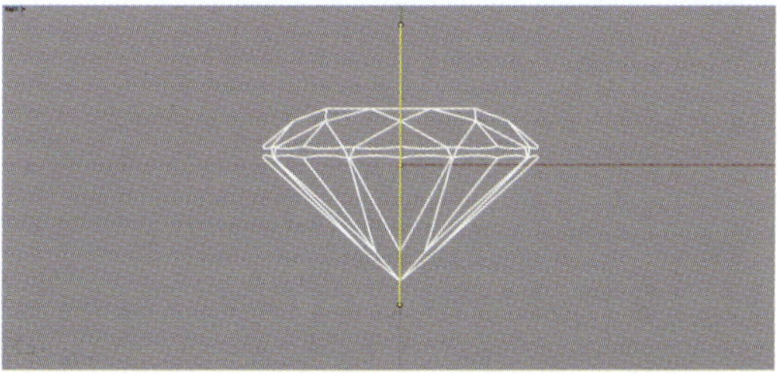

43. Polyline을 실행하고, Osnap Toolbar에서 Near점에 체크를 상황에 맞게 On/Off하며, 다음 그림과 같이 보석개체와 대략 0.02~0.03㎜의 간격을 두고 Curve개체를 생성한다.

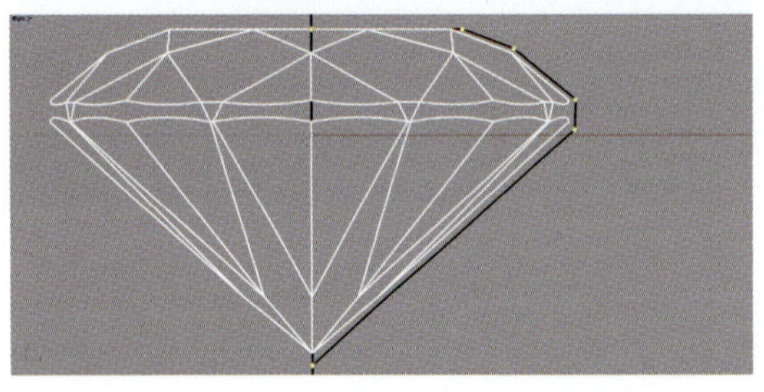

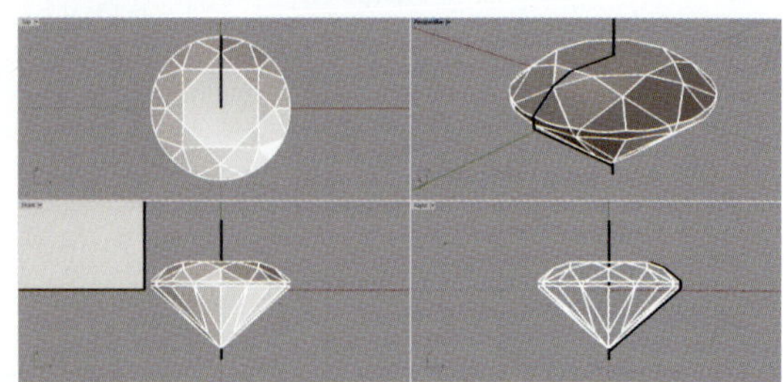

44. 생성한 Curve개체를 선택하고, Revolve를 실행한다. Osnap Toolbar에서 End점에 체크한 다음, Start of revolve axis를 직선 Curve개체의 1번 End점으로 선택하고, End of revolve axis를 직선 Curve개체의 2번 End점으로 선택한 후, Command Prompt 영역에서 FullCircle을 선택하면 다음 그림과 같이 보석개체 형태의 Poly-Surface개체가 생성된 것을 확인할 수 있다.

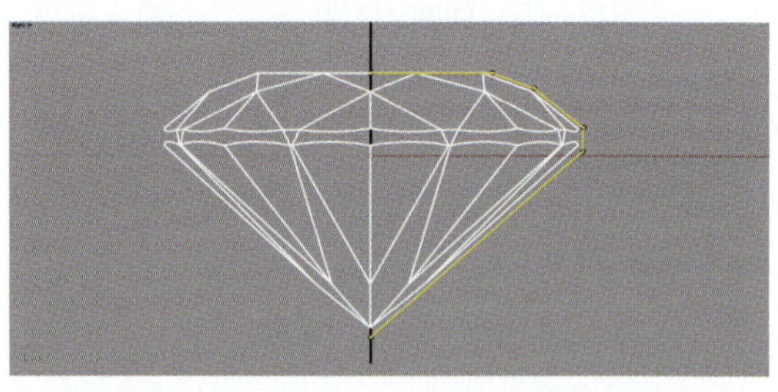

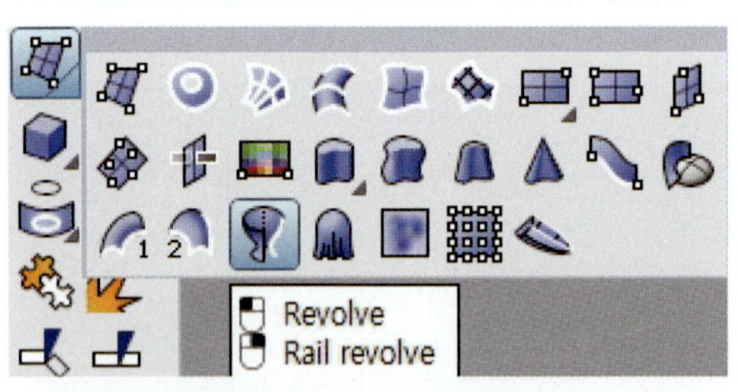

Start of revolve axis:

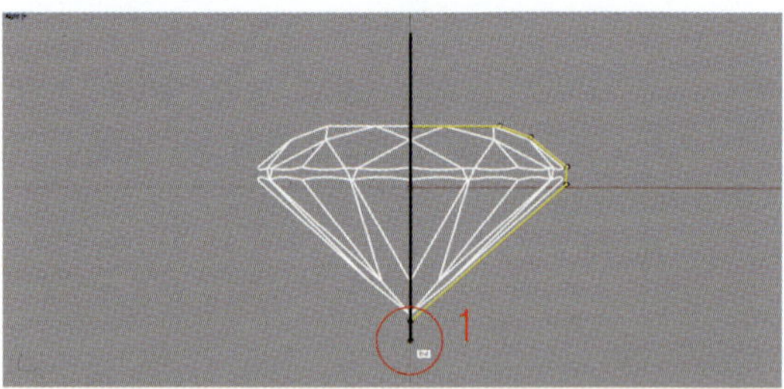

End of revolve axis (Press Enter to use CPlane z-axis direction):

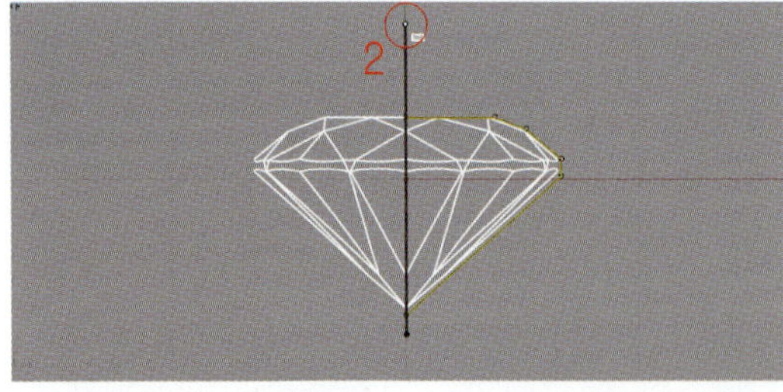

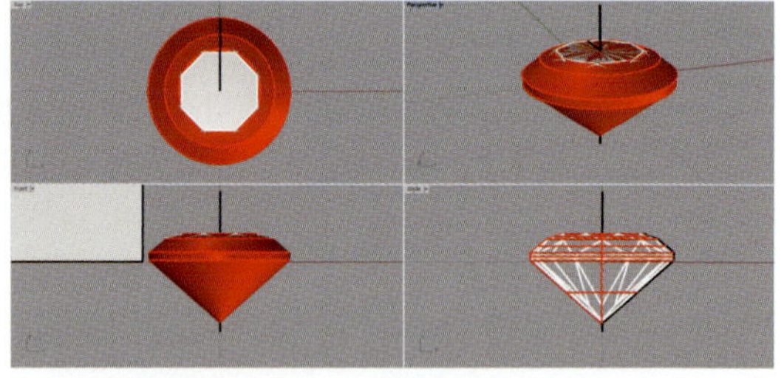

Start angle <0> (DeleteInput=*No* Deformable=*No* FullCircle AskForStartAngle=*Yes* SplitAtTangents=*Yes*):

45. Tube를 실행하고, Command Prompt 영역에서 Solid=Yes로 설정한 후, Base of tube값 0을 입력한 다음, Enter↵키를 누른다. Tube개체의 바깥쪽 Diameter값 1.33을 입력한 후, Enter↵키를 누르고, 다시 Tube개체의 안쪽 Diameter값 0.53을 입력한 다음, Enter↵키를 누른다. Tube개체의 높이

End of tube값 -0.72를 입력하고 Enter↵ 키를 누르면 다음 그림과 같이 보석개체의 난집으로 사용할 Tube개체가 생성된 것을 확인할 수 있다.

Base of tube (DirectionConstraint=*Vertical* Solid=*Yes* 2Point 3Point Tangent FitPoints): 0

Diameter <20.000> (Radius Circumference Area ProjectOsnap=*Yes*): 1.33

Diameter <1.330> (WallThickness=*1*): 0.53

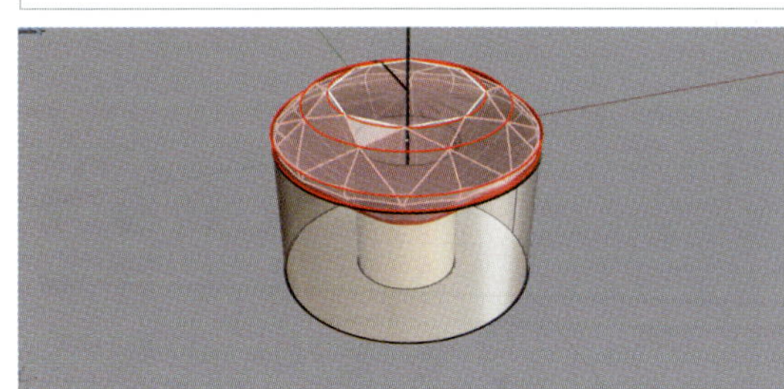

End of tube <0.000> (BothSides=*No*): -0.72

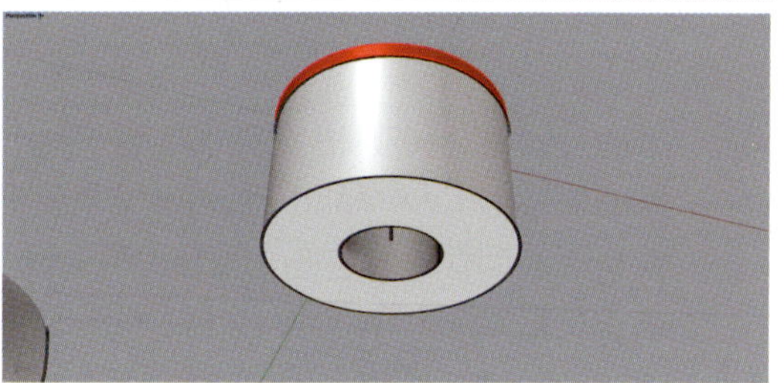

46. Front Front Viewport에서 생성된 Tube개체를 선택하고, Move를 실행한다. Tube개체의 오른쪽 상단의 End점을 선택하고, Command Prompt 영역에 Point to move to값 0.06을 입력한 후, Shift 키를 누른 상태로 마우스 커서를 화살표 방향으로 이동한 다음, 마우스 왼쪽버튼을 클릭하여 Tube개체를 0.06㎜ 이동시킨다.

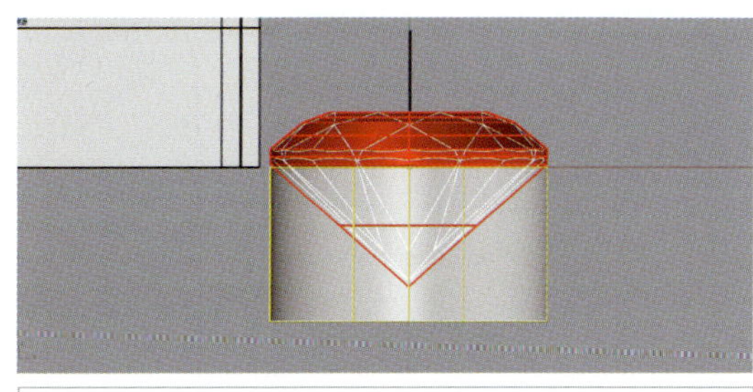

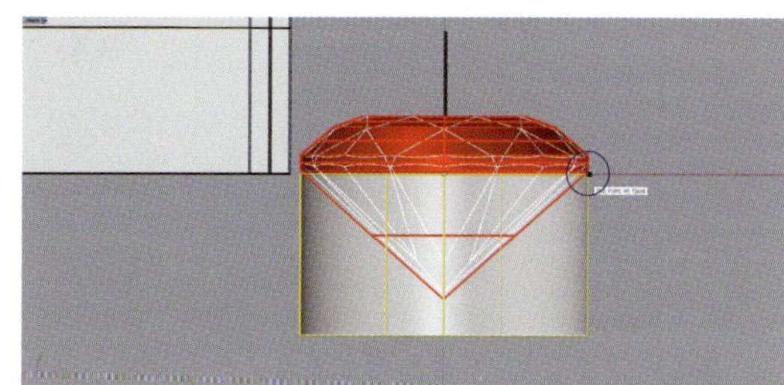

Point to move to <0.060>: 0.06

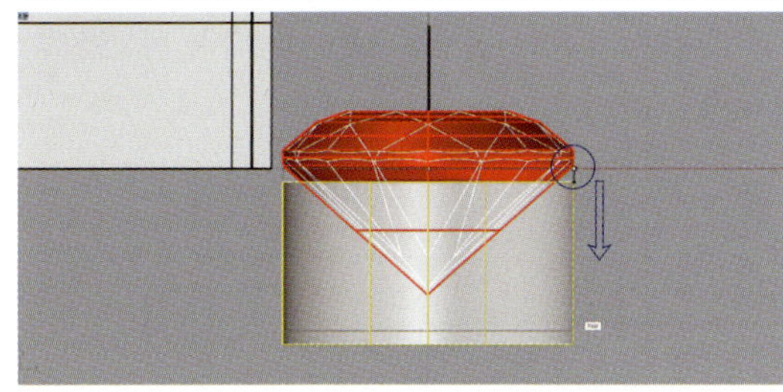

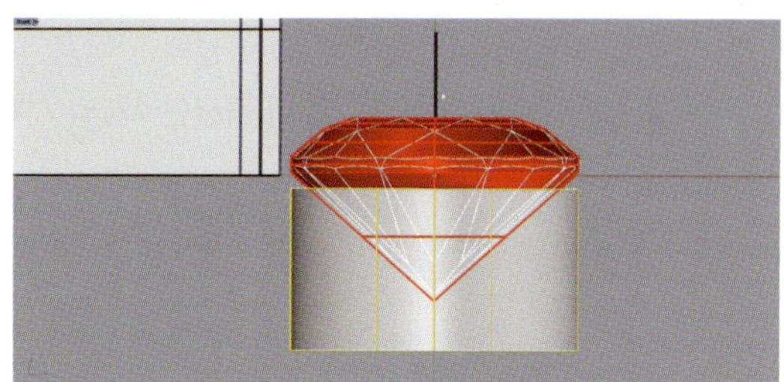

47. Single Line을 실행하여 다음 그림과 같이 Tube개체에서 0.12㎜ 간격을 두고, 1.02㎜ 직선 Curve개체를 생성한다.

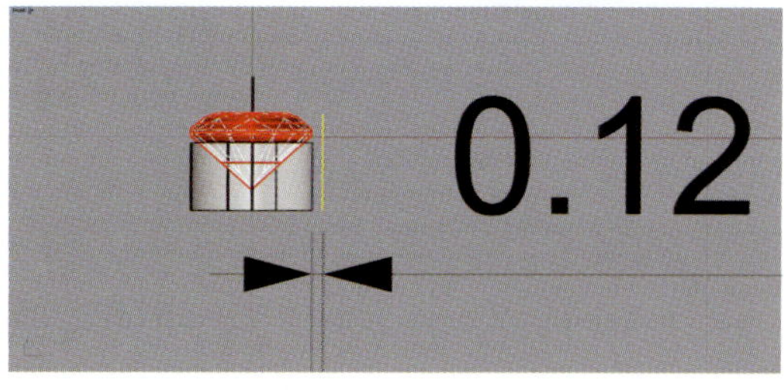

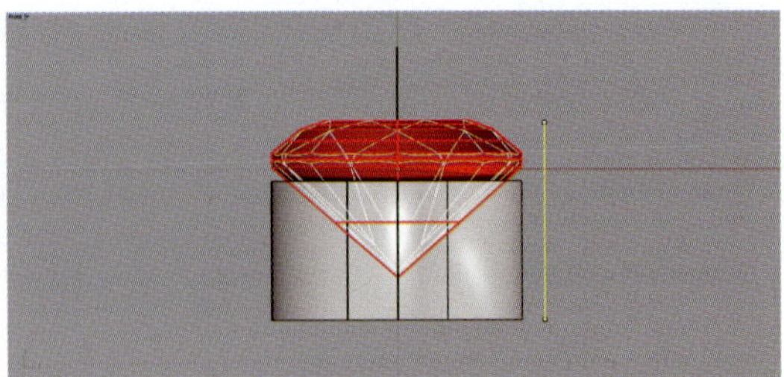

48. 생성된 직선 Curve개체를 선택하고, Pipe: Round caps를 실행한다. Command Prompt 영역에 Start radius 값 0.25를 입력하고, Enter↵키를 누른 다음, End radius 값 0.25를 입력한 후, Enter↵키를 누른다. Point for next radius는 Enter↵키를 누르면 다음 그림과 같이 Round cap의 Pipe개체인 난발이 생성된 것을 확인할 수 있다.

Start radius <**0.250**> (Diameter Thick=*No* Cap=*Round* ShapeBlending=*Global* FitRail=*No*): 0.25

End radius <**0.250**> (Diameter ShapeBlending=*Global* FitRail=*No*): 0.25

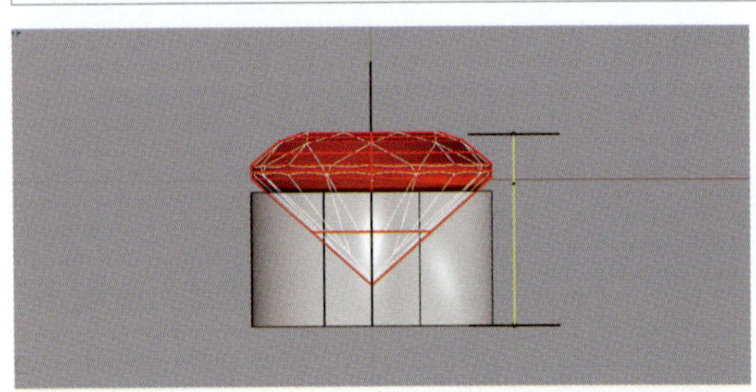

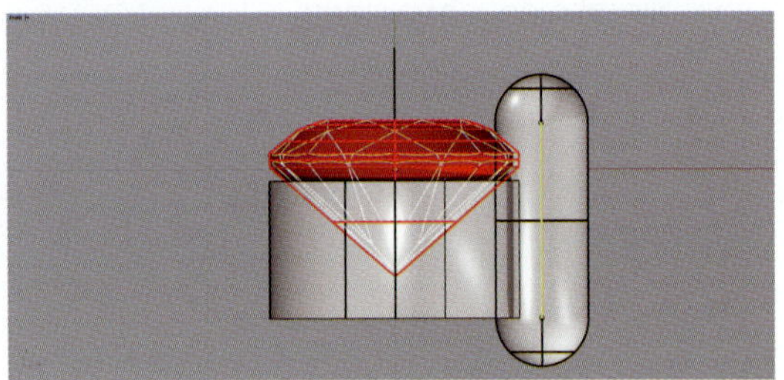

49. 더 이상 필요없는 Curve개체들은 삭제하고, 다음 그림과 같이 보석개체, 보석형태의 Poly-Surface개체, 난집, 난발 4개의 개체를 모두 선택한 다음, Copy objects in place를 실행하여 복사한 후, Hide objects를 실행하여 복사한 4개의 개체를 숨겨둔다.

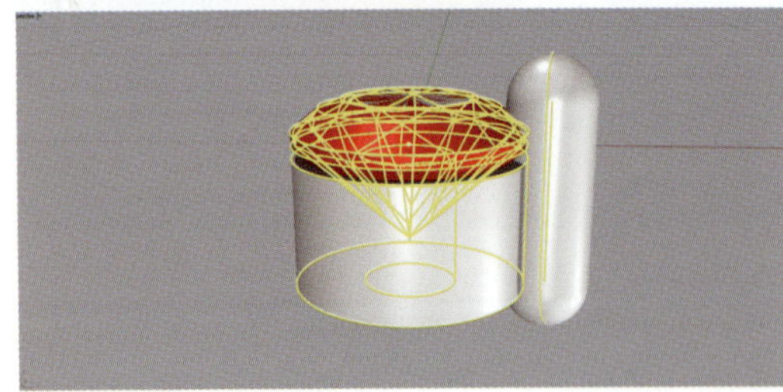

50. Top Top Viewport에서 난발을 선택하고, Polar array를 실행한다. Command Prompt 영역에서 Center of polar array값 0을 입력하고, Enter↵키를 누른다. Number of items값 3을 입력한 후,

Enter↵키를 누른 다음 Angle to fill값 360을 입력하고, Enter↵키를 누르면 다음 그림과 같이 총 3개의 난발이 생성된 것을 확인할 수 있다.

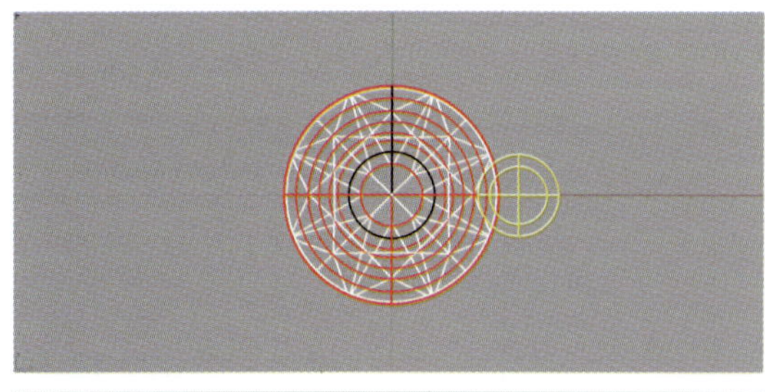

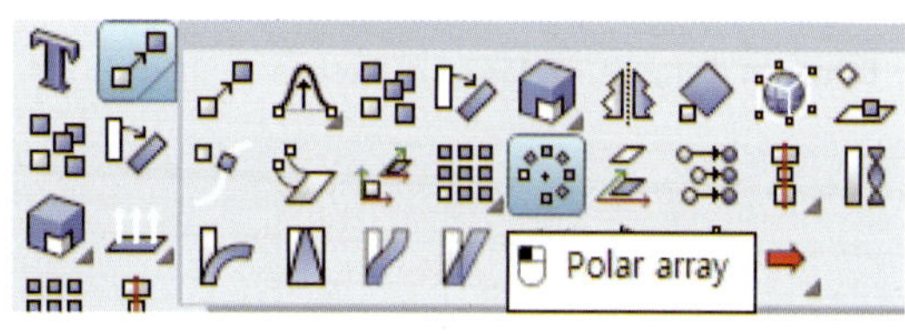

Center of polar array (Axis): 0

Number of items <3>: 3

Angle to fill or first reference point <360> (Preview=*Yes* StepAngle Rotate=*Yes* ZOffset=*0*):

51. Right Right Viewport에서 Line: from midpoint를 실행하고, 난집 하단의 End점을 선택한다. Shift키를 누른 상태로 마우스 커서를 y축 방향으로 이동하여 3개의 난발개체가 통과되는 직선 Curve 개체를 생성한다.

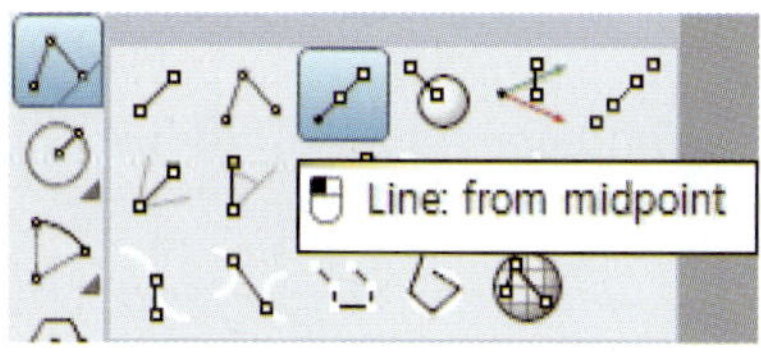

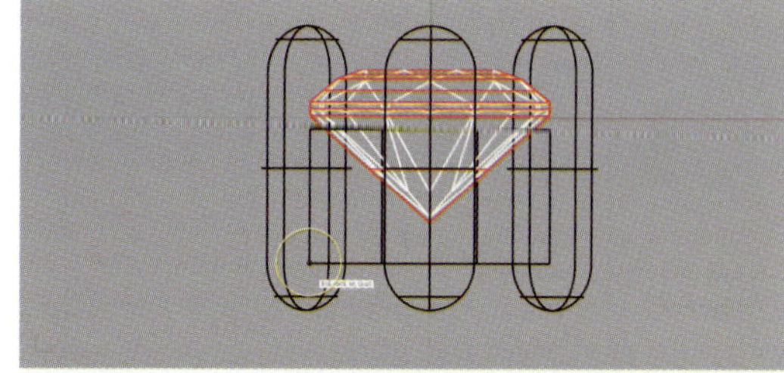

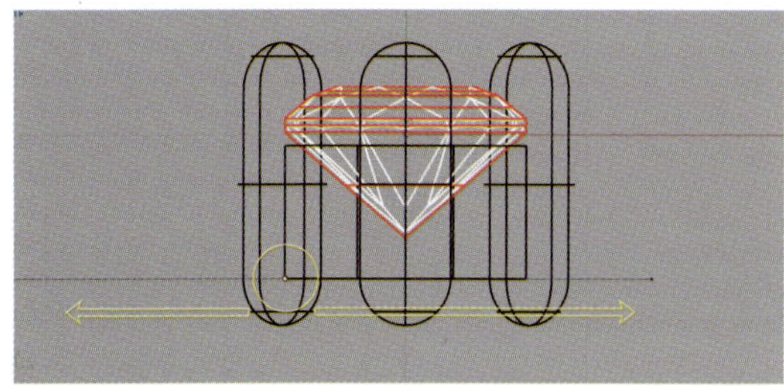

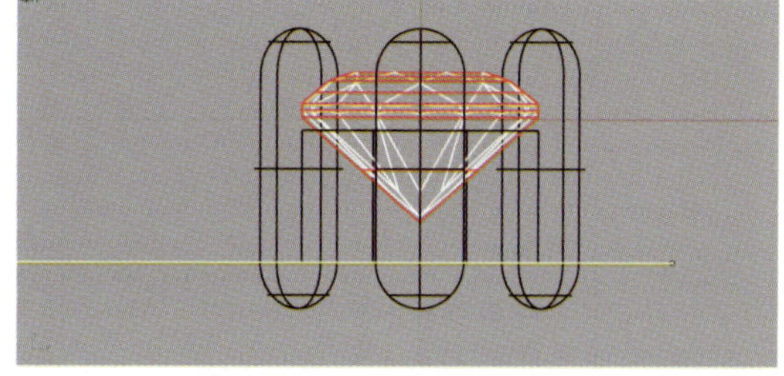

52. Right Right Viewport에서 생성된 직선 Curve 개체를 선택하고, Extrude straight를 실행한다.

Command Prompt 영역에서 BothSides=Yes로 설정하고, Top Top Viewport에서 다음 그림과 같이 3개의 난발이 덮이는 Surface개체를 생성한다.

Extrusion distance <2.4562> (Direction BothSides=Yes Solid=No DeleteInput=Yes ToBoundary SetBasePoint):

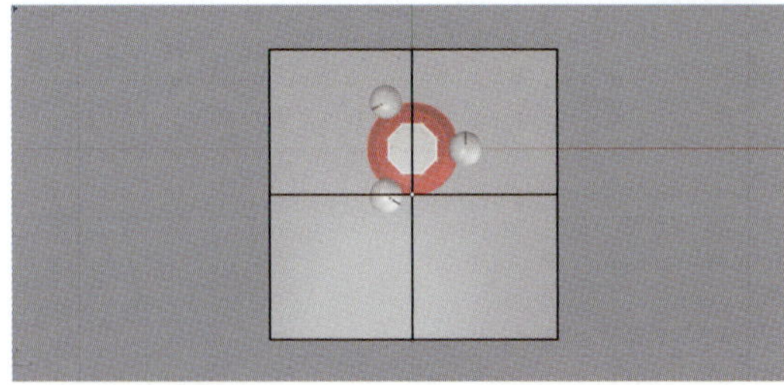

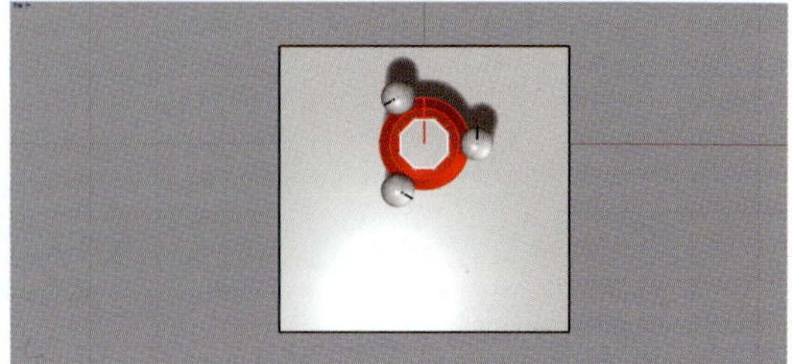

53. Right Right Viewport에서 생성된 Surface개체와 3개의 난발을 선택하고, Create solid를 실행한다. 다음 그림과 같이 3개의 난발이 Surface개체로 인해 잘려진 것을 확인할 수 있다. 잘려진 아랫부분 3개는 선택한 후, 삭제한다.

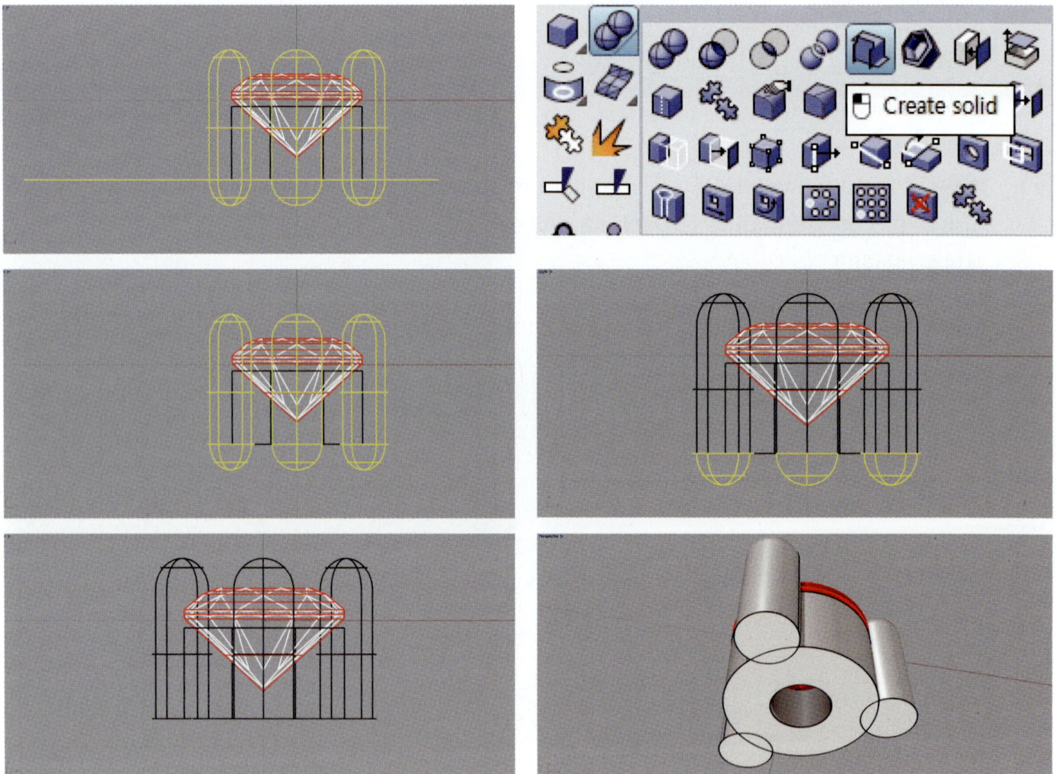

54. 다음 그림과 같이 개체들을 선택하고, Move를 실행한 다음, 개체의 좌측하단에 있는 End점을 선택하고, Command Prompt 영역에 Point to move to값 0을 입력한 후, Enter↵키를 눌러서 개체들을 원점(0, 0)으로 이동시킨다.

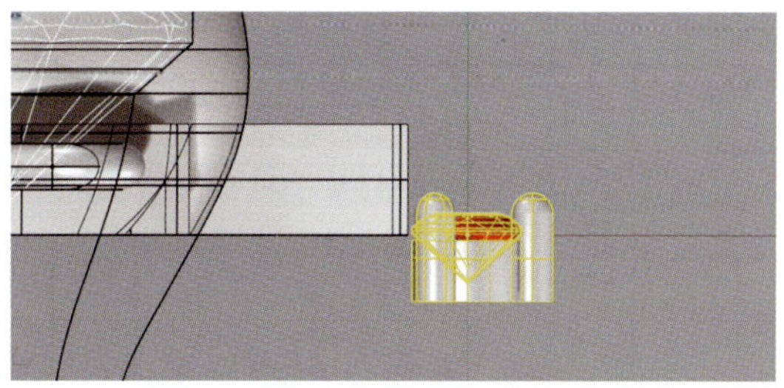

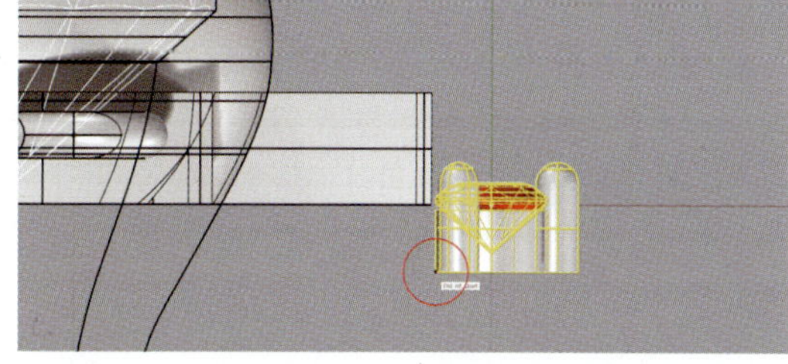

Point to move to <1.025>: 0

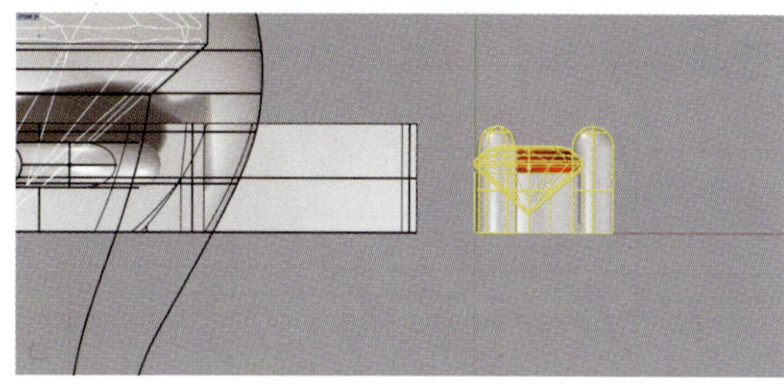

55. Osnap Toolbar에서 Point점만 체크한 후, Top Top Viewport에서 개체들을 모두 선택하고, Move를 실행한 다음, 보석 개체 중심에 있는 Point점을 선택한다. 마우스 커서를 이동하여 개체들을 다음 그림과 같은 위치로 이동시킨 후, 마우스 왼쪽 버튼을 클릭하여 작업을 완료한다.

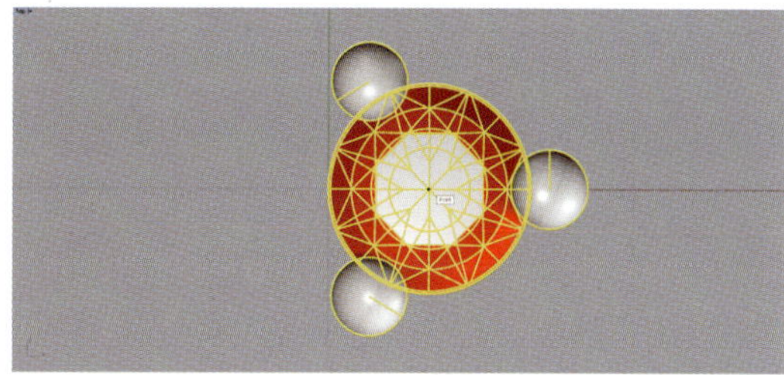

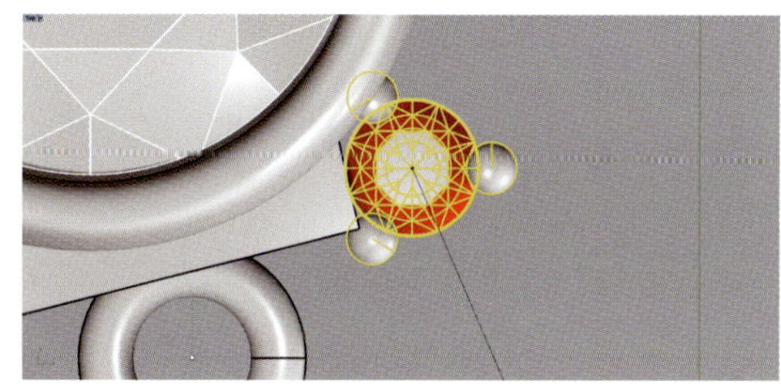

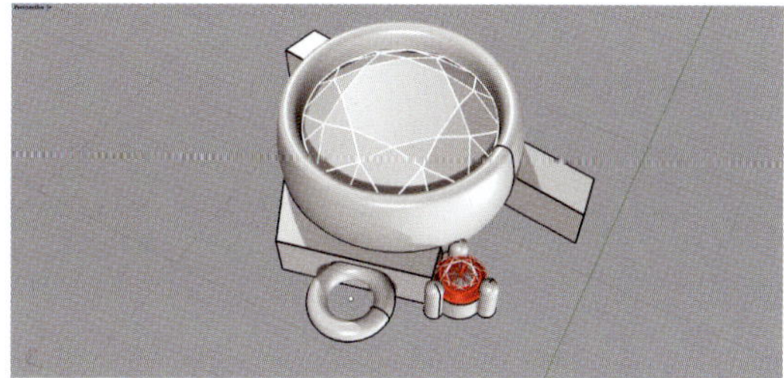

56. 다음 그림과 같이 2개의 보석개체와 보석형태의 Poly-Surface개체를 제외한 2개의 난집과 3개의 난발을 선택하고, Boolean union을 실행하여 하나의 개체로 결합한다.

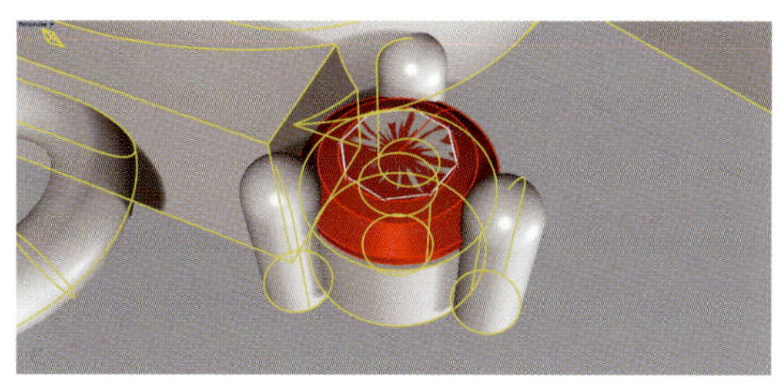

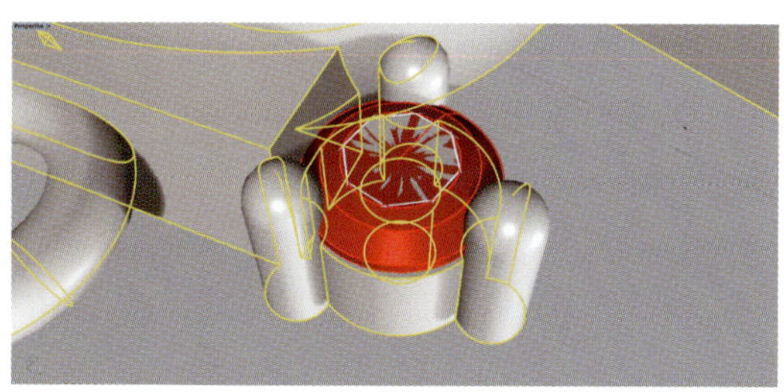

57. 결합된 난집개체를 선택하고, Boolean difference를 실행한 후, 보석형태의 Poly-Surface개체를 선택한 다음, Enter↵키를 누른다. 다음 그림과 같이 난집개체에 보석형태의 홈이 파인 것을 확인할 수 있다.

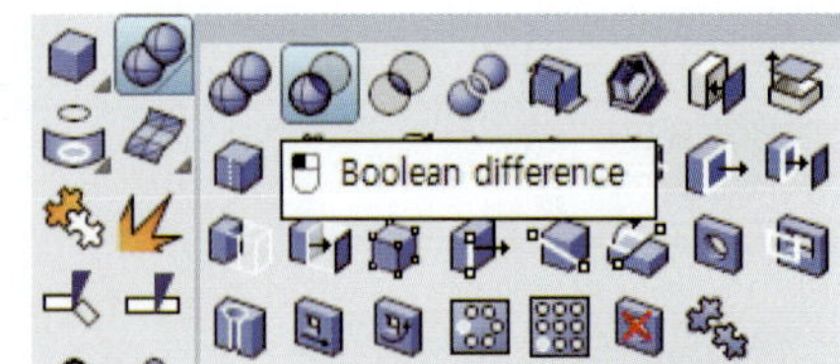

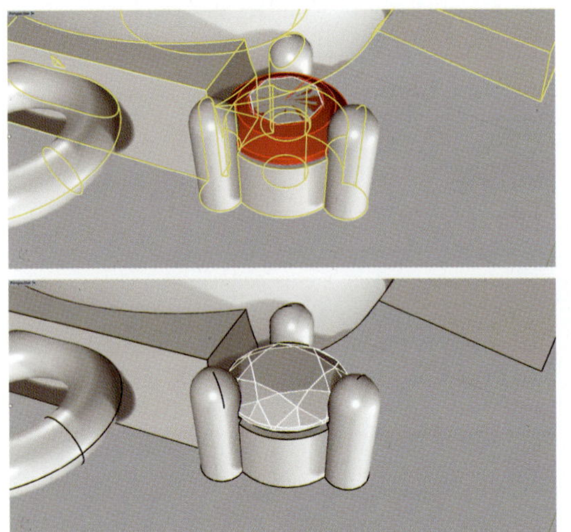

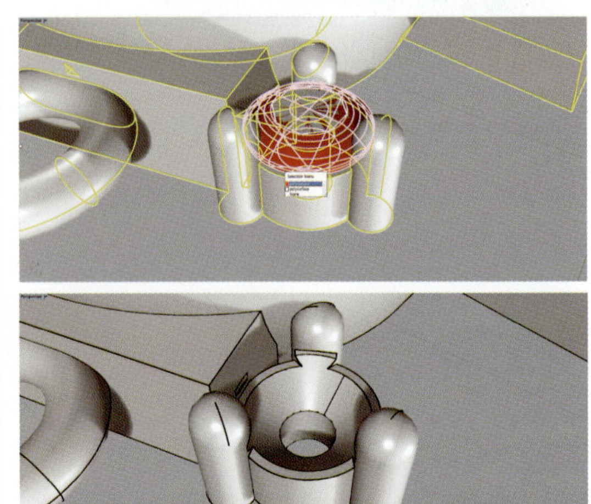

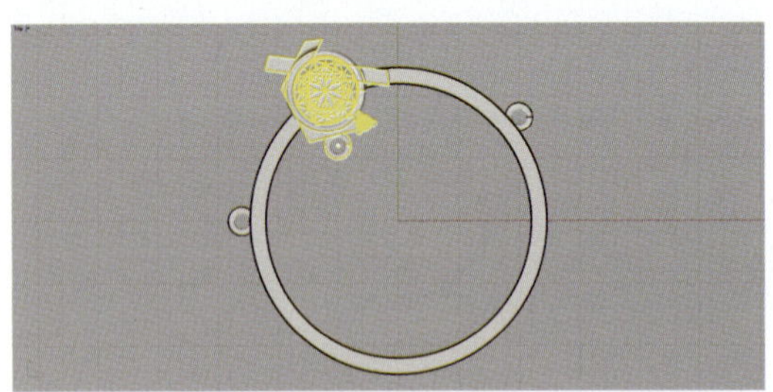

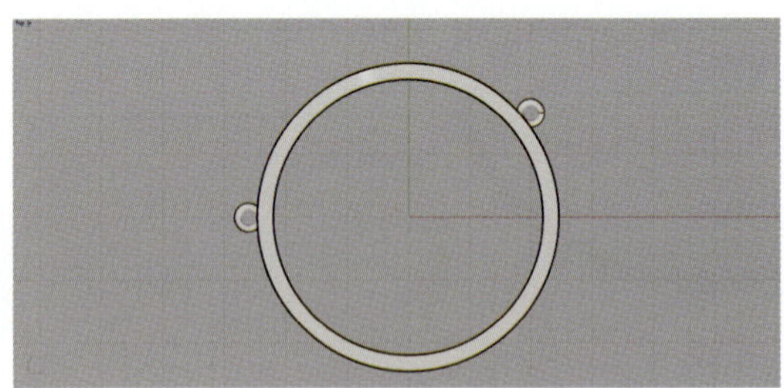

58. 원형 Poly-Surface개체만 제외하고 모든 개체들을 선택한 후, Hide objects를 실행하여 숨겨둔다.

59. Rectangle: Center, Corner를 실행하고, Command Prompt 영역에서 Center of rectangle값 0을 입력한 후, Enter↵키를 누른다. Other corner or length값 2를 입력하고, Enter↵키를 누른 다음, Width값 4를 입력한 후, Enter↵키를 누른다. 다음 그림과 같이 원점 위치에 가로 2㎜, 세로 4㎜의 직사각형 Curve개체가 생성된 것을 확인할 수 있다.

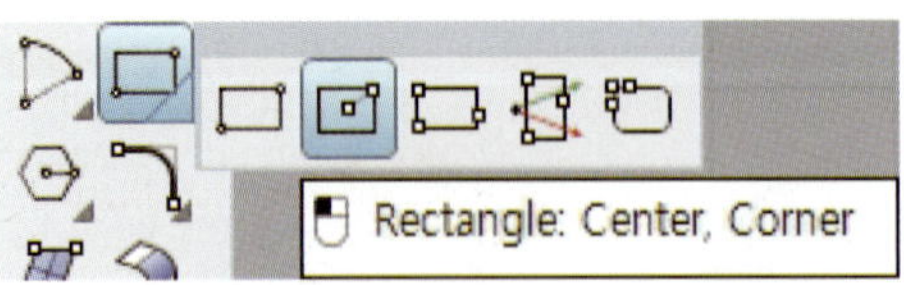

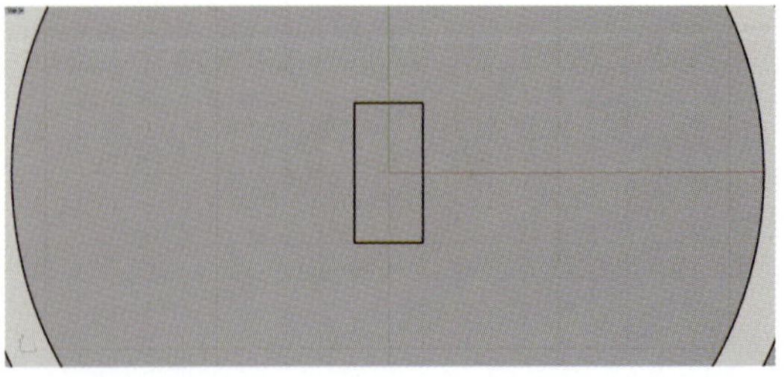

Center of rectangle (Rounded): 0	Other corner or length (3Point Rounded): 2
Width. Press Enter to use length (Rounded): 4	

60. 생성된 직사각형 Curve개체를 선택하고, Area centroid를 실행하여 직사각형 Curve개체 중심에 중심점을 생성한다.

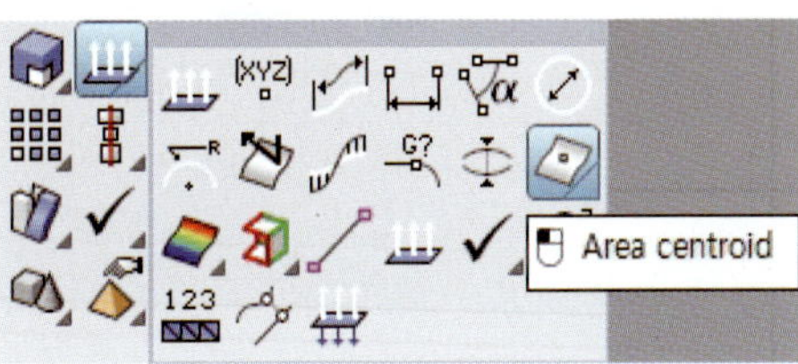

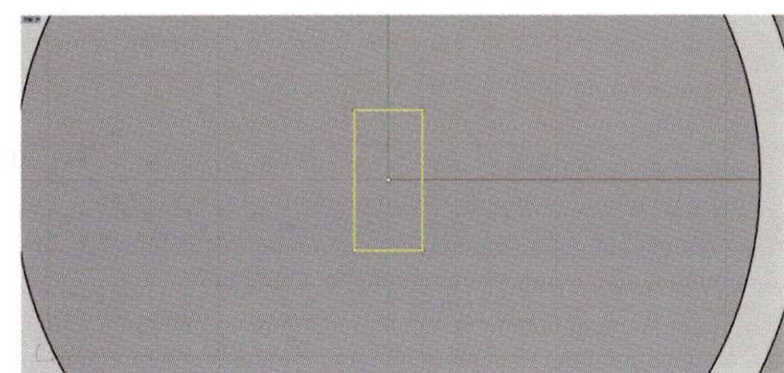

61. 생성된 Point개체를 선택하고, Copy를 실행한다. Command Prompt 영역에 Point to copy from값 0을 입력하고, Enter↵키를 누른 다음, Point to copy to값 1.11을 입력한 후, Enter↵키를 누른다. Shift키를 누른 상태로 마우스 커서를 화살표 방향으로 이동한 후, 마우스 왼쪽버튼을 클릭하여 Point개체를 복사한 후, Enter↵키를 눌러서 작업을 완료한다.

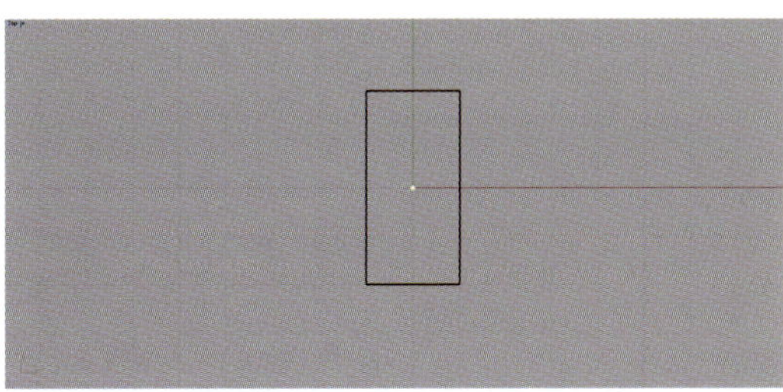

Point to copy from (Vertical=No InPlace): 0	Point to copy to: 1.11

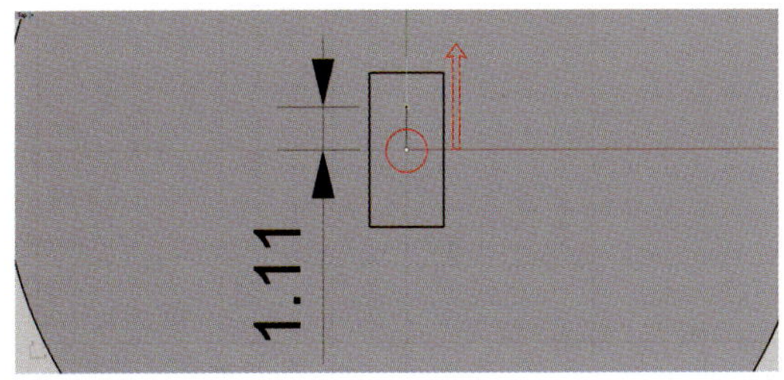

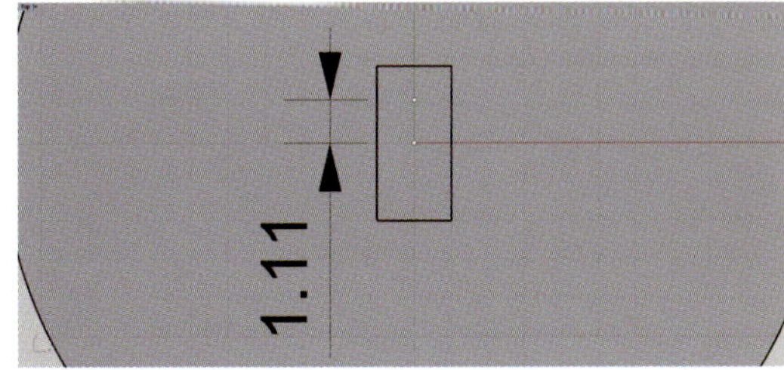

62. Circle: center, radius를 실행하고, 복사한 Point개체를 선택한다. Command Prompt 영역에 Diameter값 0.68을 입력한 후, Enter↵키를 누른다.
다시 Circle: center, radius를 실행하고, Command Prompt 영역에 Diameter

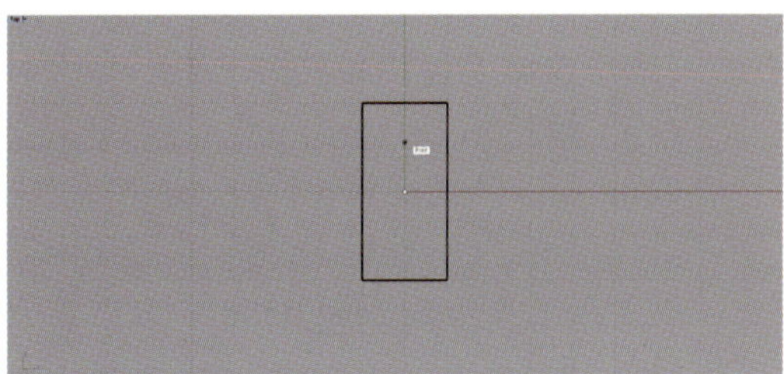

값 0.87을 입력한 후, Enter↵키를 누르면 다음 그림과 같이 지름 0.68㎜와 0.87㎜의 원형 Curve개체가 생성된 것을 확인할 수 있다.

Diameter <1.160> (Radius Orientation Circumference Area ProjectOsnap=Yes): 0.68

Diameter <0.680> (Radius Orientation Circumference Area ProjectOsnap=Yes): 0.87

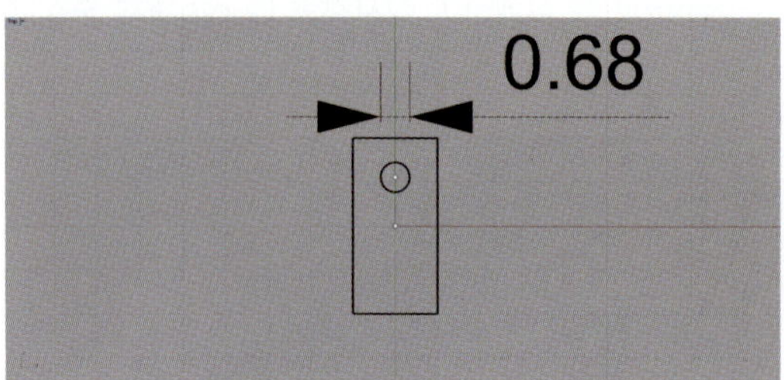

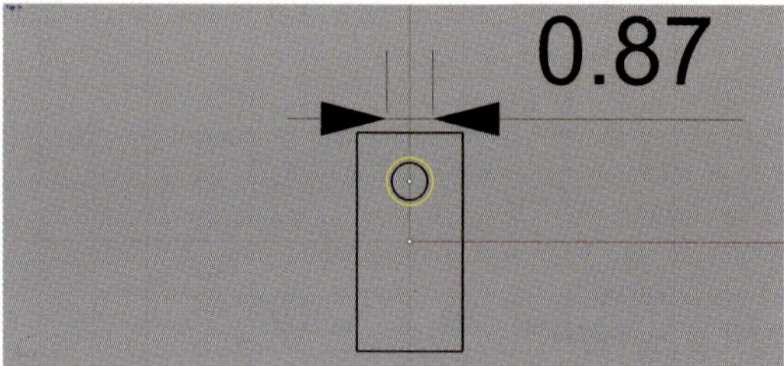

63. 생성된 두 원형 Curve개체를 선택하고, Mirror를 실행한다. Start of mirror plane을 직사각형 Curve 개체의 중심점으로 선택한다. (또는 Command Prompt 영역에 Start of mirror plane값 0을 입력하고 Enter↵키를 누른다.) Shift키를 누른 상태로 마우스 커서를 x축 방향으로 이동한 후, 마우스 왼쪽버튼을 클릭하여 대칭방향에 2개의 원형 Curve개체를 복사한다.

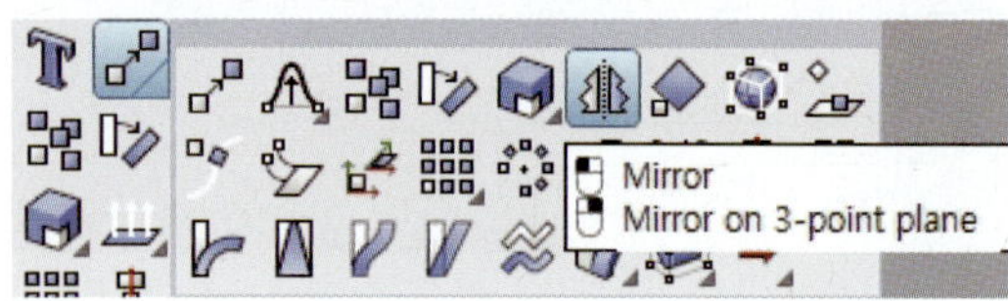

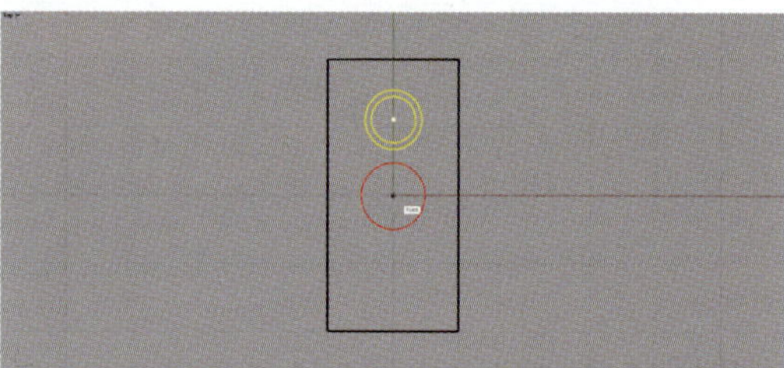

Start of mirror plane (3Point Copy=Yes XAxis YAxis): 0

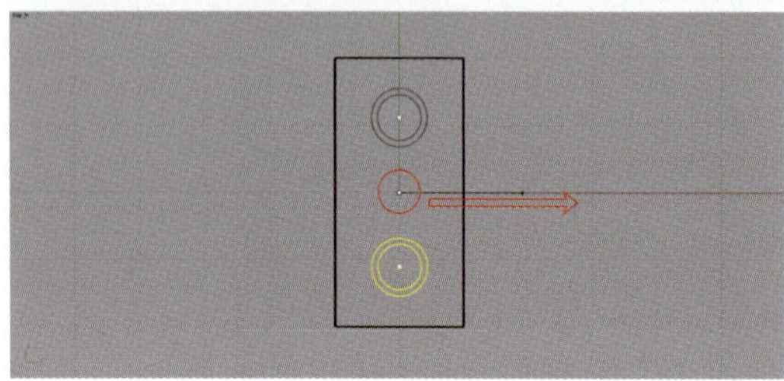

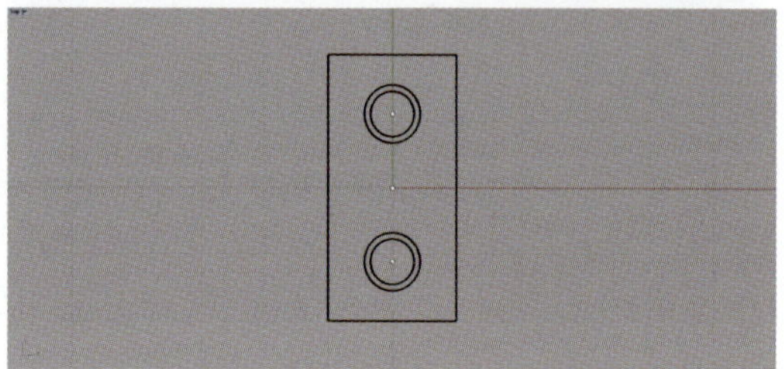

64. 지름 0.68㎜ 원형 Curve개체 2개를 선택하고, Extrude straight를 실행한다. Command Prompt 영역에서 Solid=Yes로 설정하고, Extrusion distance값 -2.82를 입력한 후, Enter↵키를 누른다.

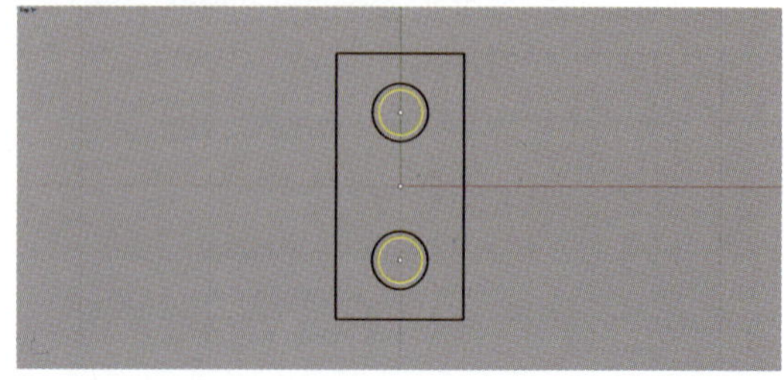

Extrusion distance <2.82> (Direction BothSides=No Solid=Yes DeleteInput=Yes ToBoundary SetBasePoint): -2.82

65. 생성된 2개의 원통 Poly-Surface개체를 선택하고, Move를 실행한다.

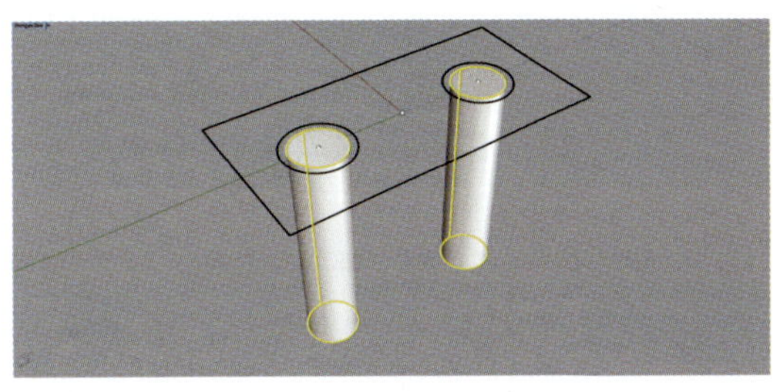

Front Front Viewport에서 원통 Poly -Surface개체 상단의 End점 또는 Point점을 선택하고, Command Prompt 영역에 Point to move to값 0.62를 입력한 다음 Enter↵키를 누른다. Shift키를 누른 상태로 마우스 커서를 화살표 방향으로 이동시킨 후, 마우스 왼쪽버튼을 클릭하여 2개의 원통 Poly-Surface 개체를 0.62㎜ 이동시킨다.

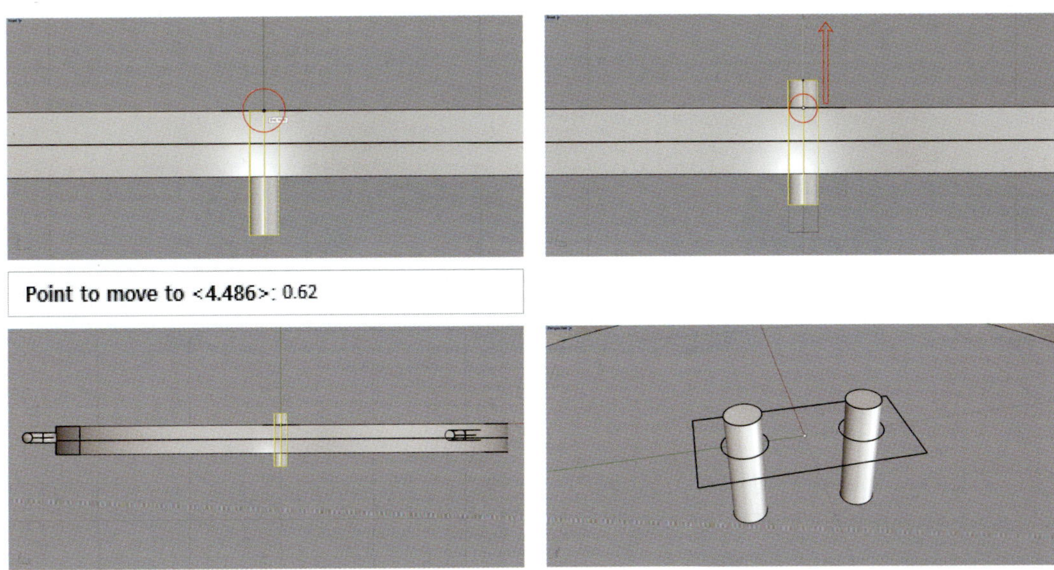

66. 0.87㎜ 원형 Curve개체 2개를 모두 선택하고, Extrude straight를 실행한다. Command Prompt 영역에서 BothSides=Yes로 설정하고, Extrusion distance값 4를 입력한 후, Enter↵키를 누른다. 다음 그림과 같이 2개의 원통 Poly-Surface개체가 생성된 것을 확인할 수 있다.

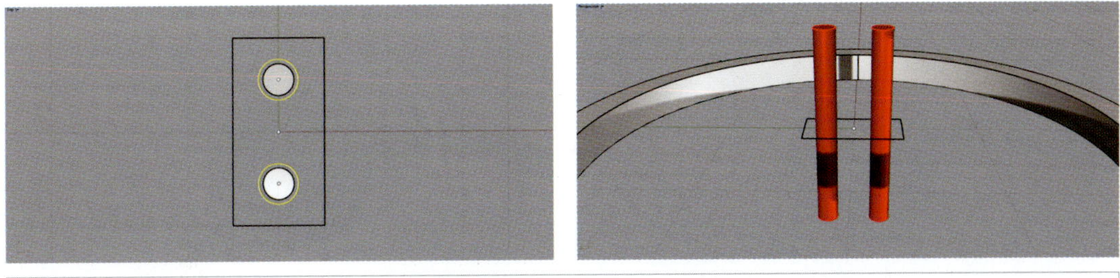

Extrusion distance <2.2> (Direction BothSides=Yes Solid=Yes DeleteInput=Yes ToBoundary SetBasePoint): 4

67. Fillet curves를 실행하고, Command Prompt 영역에 1을 입력한 후, Enter↵ 키를 눌러서 Radius값을 1로 설정한 다음, 1번 Curve개체를 선택하고, 2번 Curve개체를 선택하면 다음 그림과 같이 선택한 두 Curve개체의 모서리 부분이 반지름 1㎜로 Fillet된 것을 확인할 수 있다.

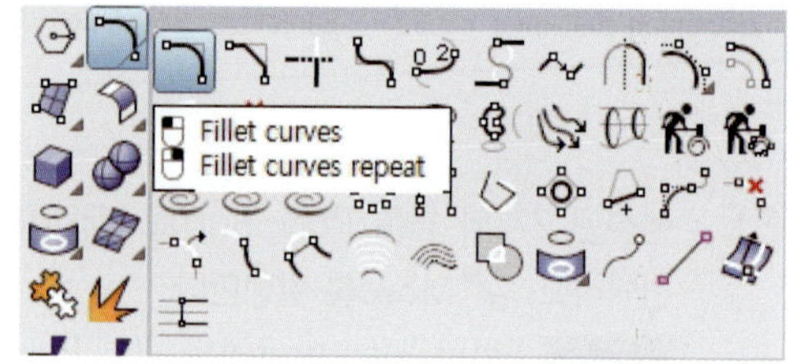

Select first curve to fillet (Radius= *1* Join=*No* Trim=*Yes* ExtendArcsBy=*Arc*): 1

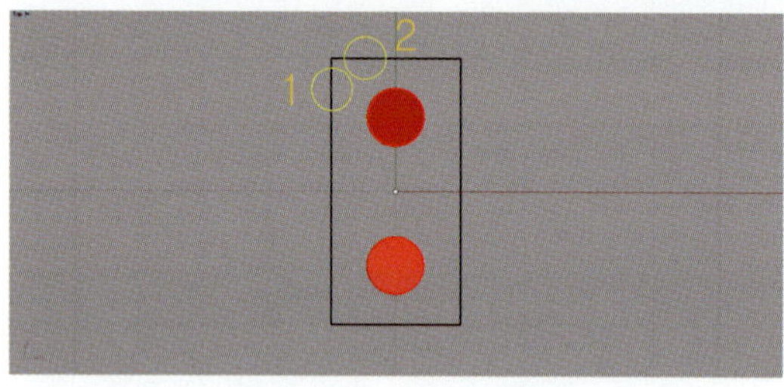

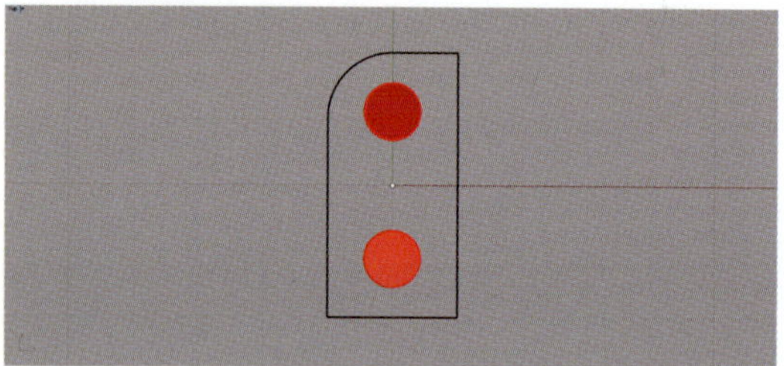

68. 다시 Fillet curves를 실행하여, 직사각형 Curve개체의 모서리 부분을 모두 반지름 1㎜로 Fillet한다.

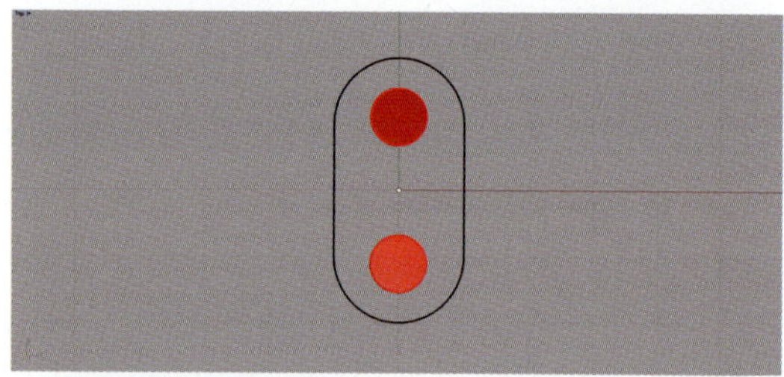

69. Fillet된 Curve개체를 선택하고, Extrude straight를 실행한다.
Command Prompt 영역에서 Solid=Yes로 설정하고, Extrusion distance값 -1.5를 입력한 후, Enter↵ 키를 누르면 다음 그림과 같이 높이 1.5㎜의 Poly-Surface개체가 생성된 것을 확인할 수 있다.

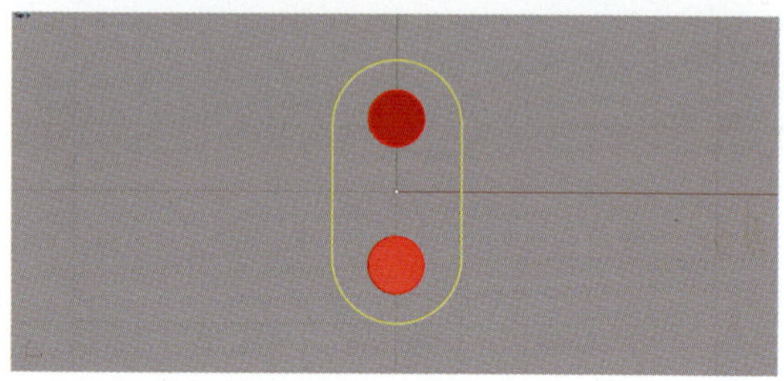

Extrusion distance <-1.5> (Direction BothSides=*No* Solid=*Yes* DeleteInput=*Yes* ToBoundary SetBasePoint): -1.5

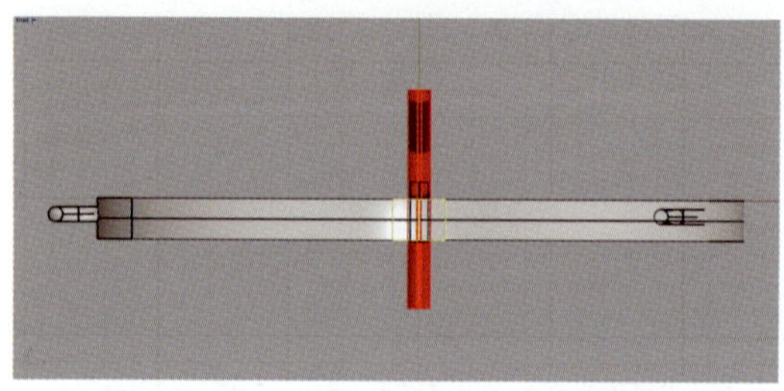

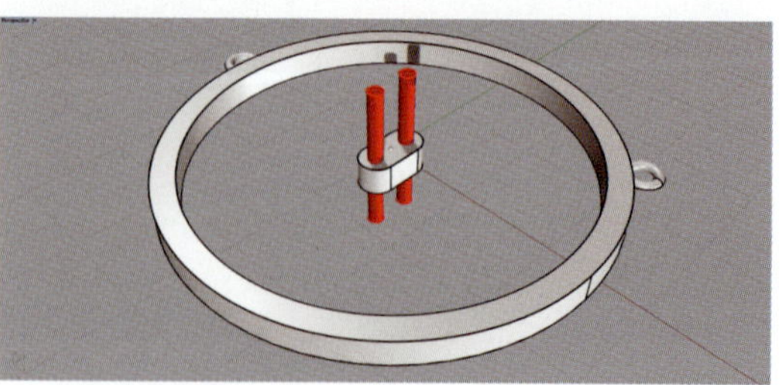

70. 원점(0, 0) 위치에 생성된 개체들을 모두 선택하고, Rotate 2-D를 실행한다. Command Prompt 영역에 Center of rotation값 0을 입력한 후, Enter↵ 키를 눌러서 Center of rotation을 원점으로 선택한다. Angle or first reference point는 Shift 키를 누른 상태로 마우스 커서를 y축으로 이동시킨 후, 마우스 왼쪽버튼을 클릭한다. Second reference point값 29를 입력하고, Enter↵ 키를 누르면 다음 그림과 같이 선택한 개체들이 29도 각도로 회전하는 것을 확인할 수 있다.

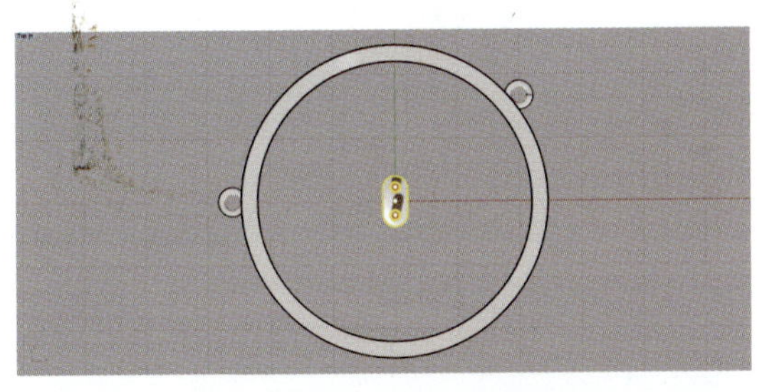

Center of rotation (Copy=*No*): 0

Angle or first reference point (Copy=*No*):

Second reference point (Copy=*No*): 29

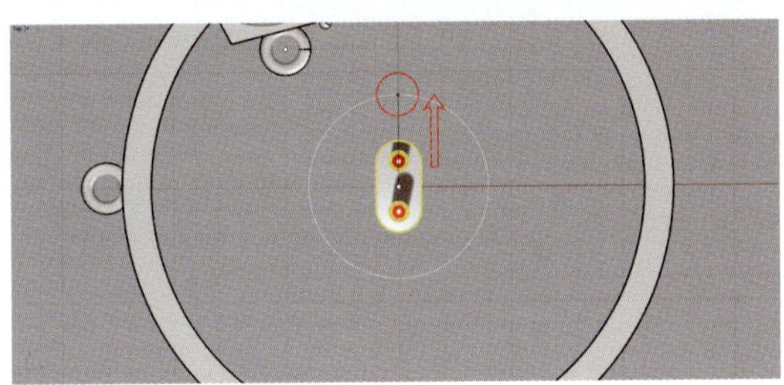

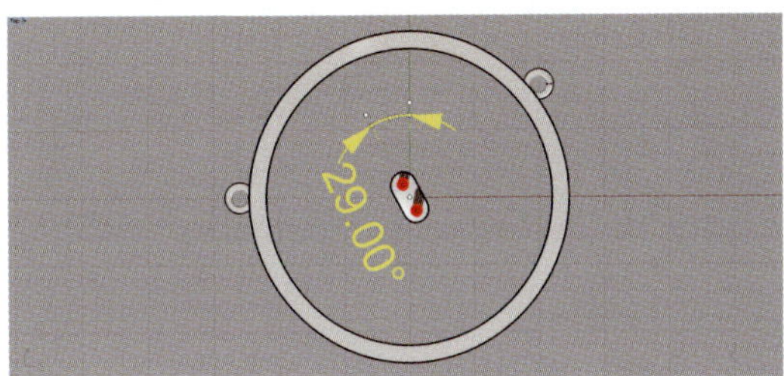

71. 회전시킨 개체들을 모두 선택하고, Move를 실행한다. Command Prompt 영역에 Point to move from값 0을 입력하고, Enter↵ 키를 누른 다음, Point to move to값 -7.67, 8.77을 입력한 후, Enter↵ 키를 누르면 다음 그림과 같이 선택한 개체들이 x축으로 -7.67㎜, y축으로 8.77㎜ 이동한 것을 확인할 수 있다.

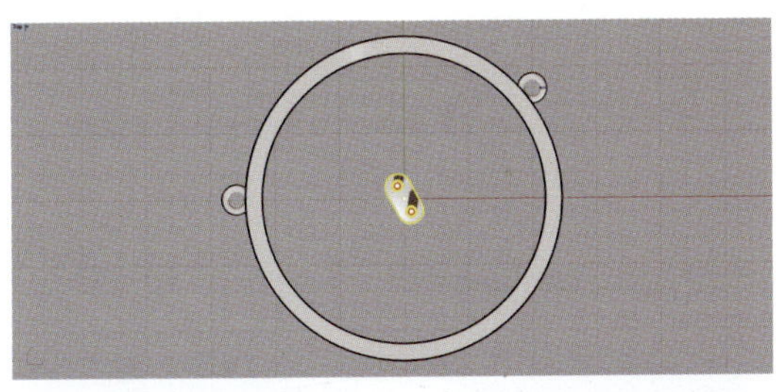

Point to move from (Vertical=*No*): 0

Point to move to <**11.651**>: -7.67,8.77

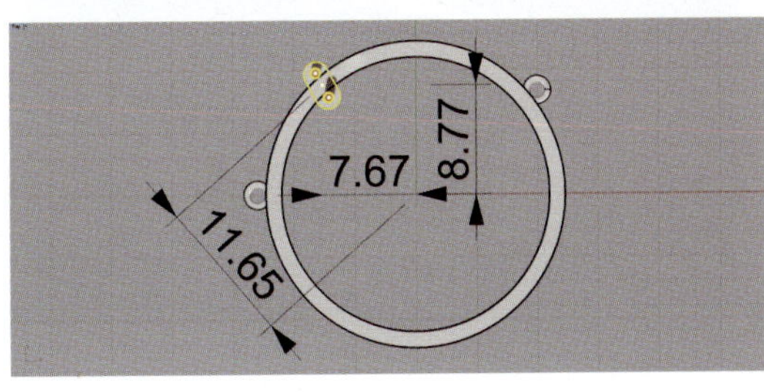

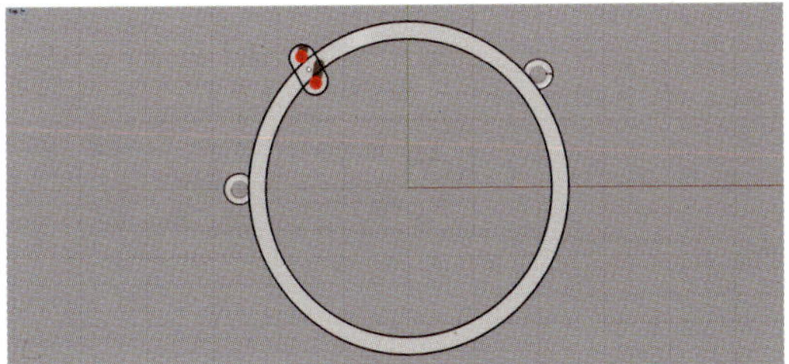

72. Boolean difference를 실행하고, 1번 타원통 Poly-Surface개체를 선택한 후, Enter↵키를 누른다. 2번 원통 Poly-Surface개체 2개를 모두 선택하고, Enter↵키를 누르면 다음 그림과 같이 타원통 Poly-Surface개체에 2개의 원통 Poly-Surface개체의 크기만큼 홈이 파인 것을 확인할 수 있다.

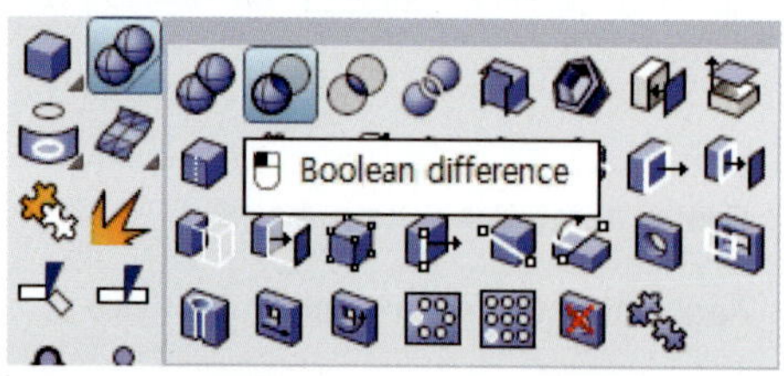

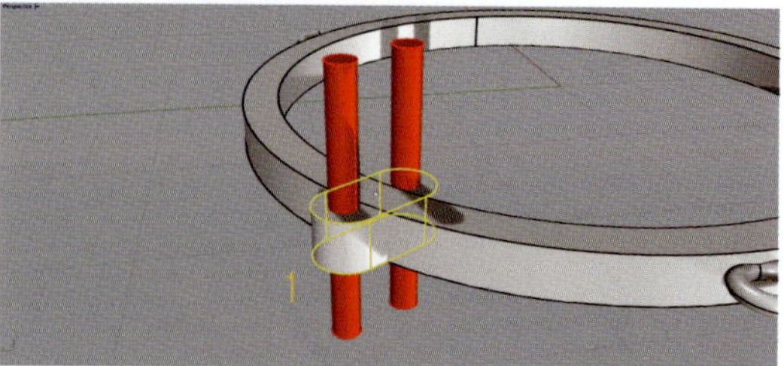

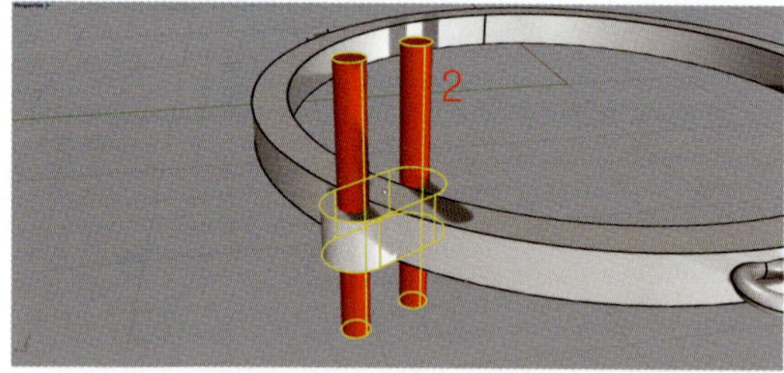

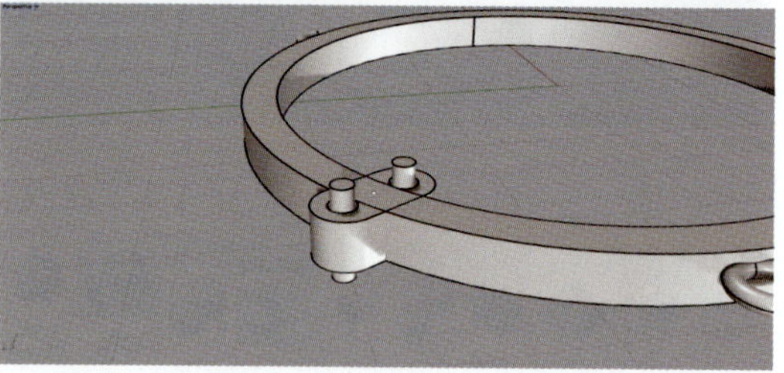

73. 다음 그림과 같이 2개의 원통 Poly-Surface개체를 제외하고, 타원통 Poly-Surface개체와 원형 Poly-Surface개체를 모두 선택한 후, Boolean union을 실행하여 하나의 Poly-Surface개체로 결합한다.

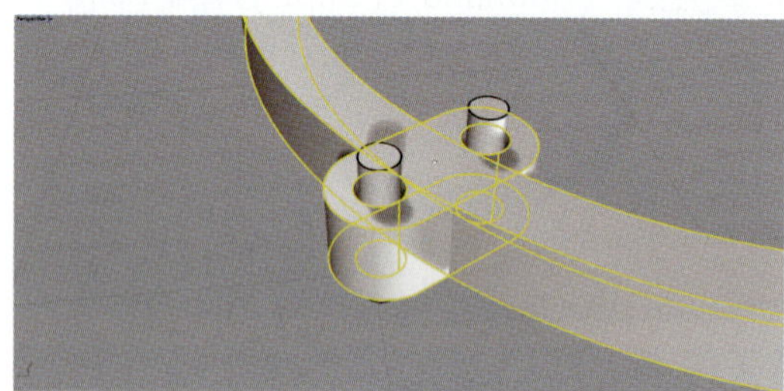

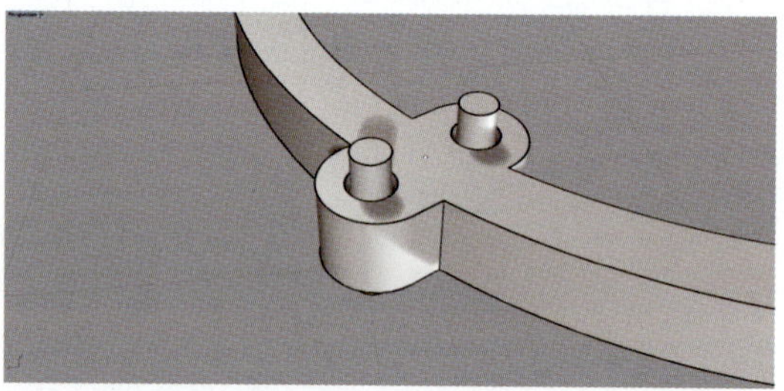

74. Show objects를 실행하여 숨겨둔 개체들을 모두 화면상에 나타나게 한다.

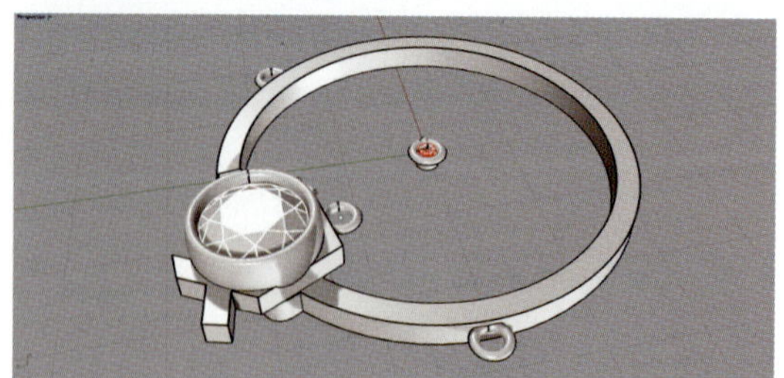

75. 다음 그림과 같이 원형 Poly-Surface개체는 Hide objects를 실행하여 숨겨두고, 난집개체와 2개의 원통 Poly-Surface개체를 모두 선택한 후, Boolean union을 실행하여 하나의 난집개체로 결합한다.

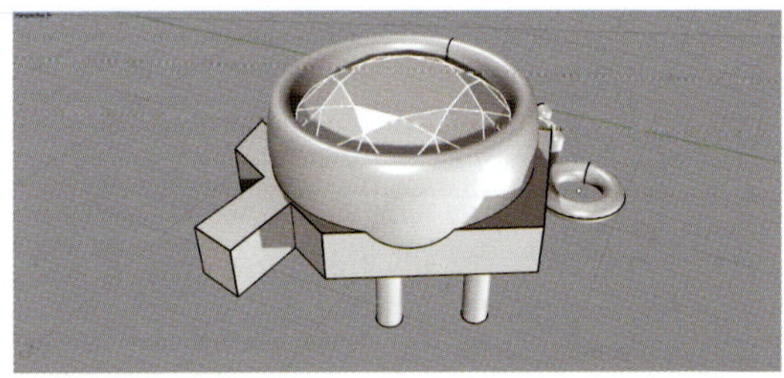

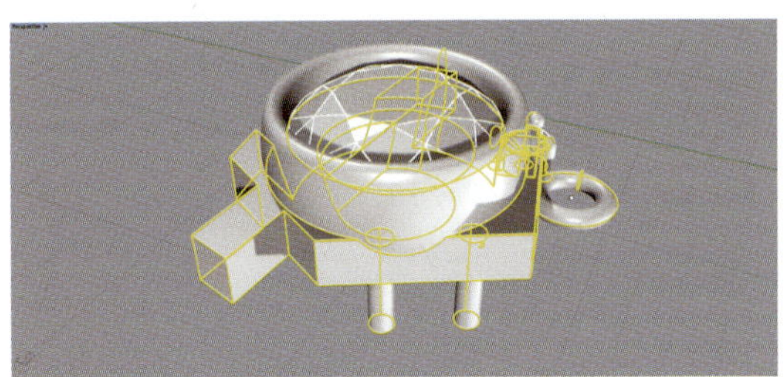

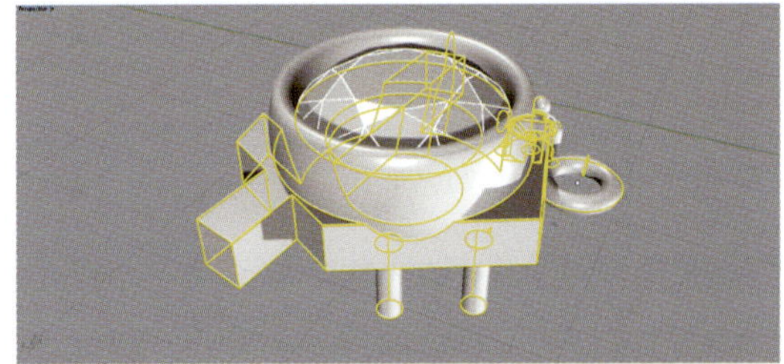

76. 보석개체와 난집개체는 다시 Hide objects를 실행하여 숨겨둔다.
다음 그림과 같이 화면상에 보석개체와 난집, 난발, Torus개체가 남아있는 것을 확인할 수 있다.

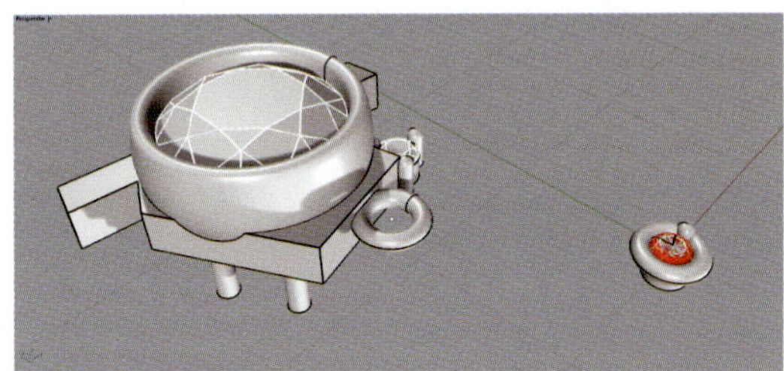

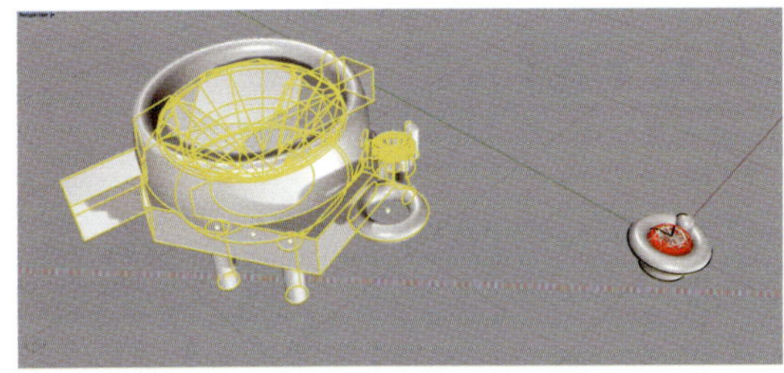

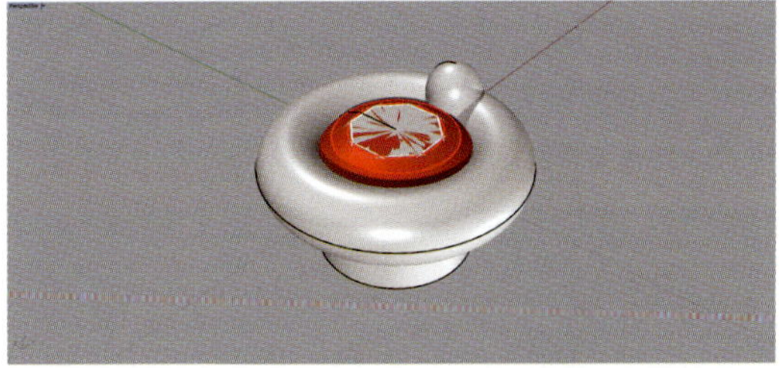

77. Top Top Viewport에서 다음 그림과 같이 Torus개체를 선택한 후, Shift키를 누른 상태로 수직방향으로 이동시킨다.

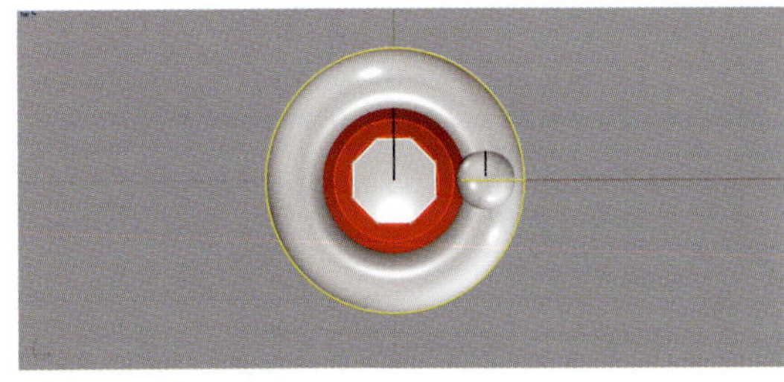

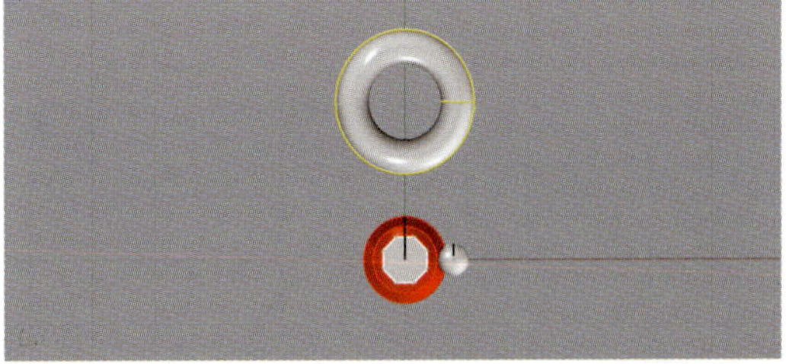

78. 난발을 선택하고, Polar array를 실행한 후, Command Prompt 영역에 Center of polar array값 0을 입력한 다음, Enter↵키를 누른다. Number of items값 4를 입력한 후, Enter↵키를 누르고, Angle to fill값 360을 입력한 다음 Enter↵키를 누른다. 난발이 복사되는 위치를 확인한 후, Enter↵키를 눌러서 작업을 완료한다.

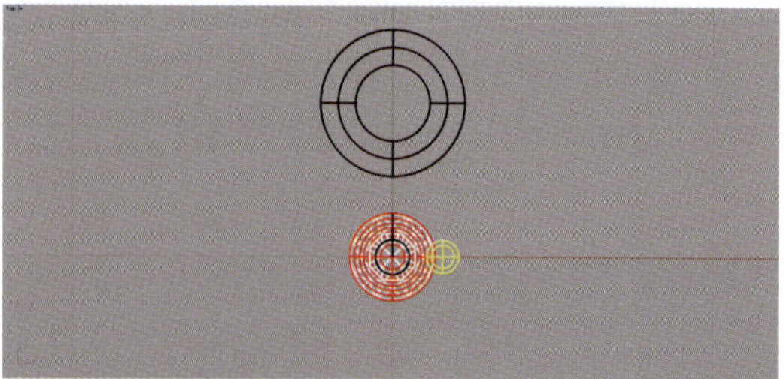

Center of polar array (Axis): 0

Number of items <3>: 4

Angle to fill or first reference point <360> (Preview=*Yes* StepAngle Rotate=*Yes* ZOffset=*0*):

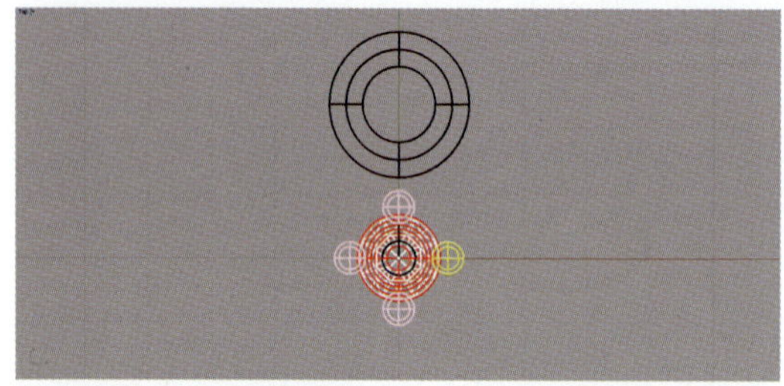

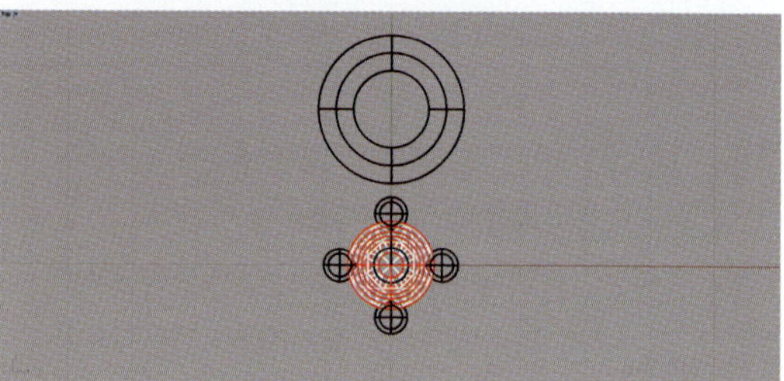

79. 다음 그림과 같이 Torus개체를 제외한 모든 개체를 선택한 다음, Rotate 2-D를 실행한다. Command Prompt 영역에 Center of rotation값 0을 입력하고, Enter↵키를 누른 후, Angle or first reference point값 45를 입력한 다음, Enter↵키를 누르면 선택한 개체가 45도 각도로 회전한 것을 확인할 수 있다.

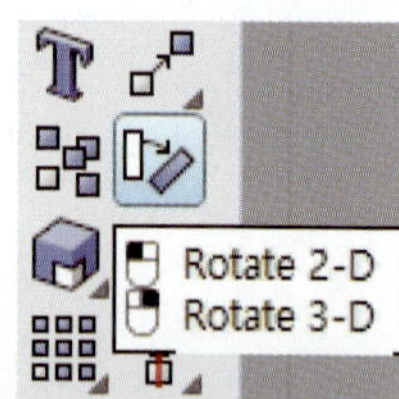

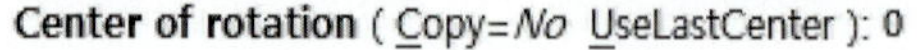

Center of rotation (Copy=*No* UseLastCenter): 0

Angle or first reference point <0> (Copy=*No*): 45

80. Line: from midpoint를 실행하고, 난집 하단의 End점을 선택한 다음, Shift키를 누른 상태로 마우스 커서를 x축 방향으로 이동한 후, 마우스 왼쪽버튼을 클릭하여 직선 Curve개체를 생성한다.

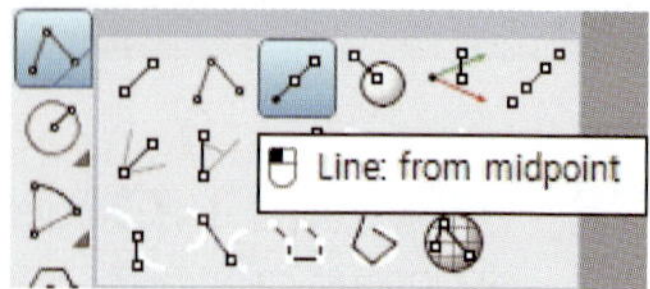

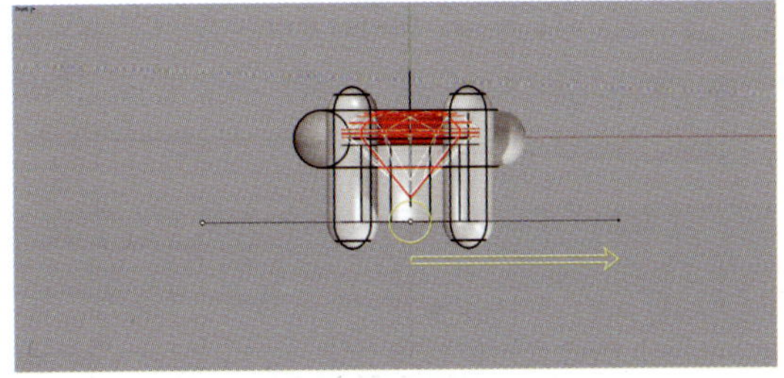

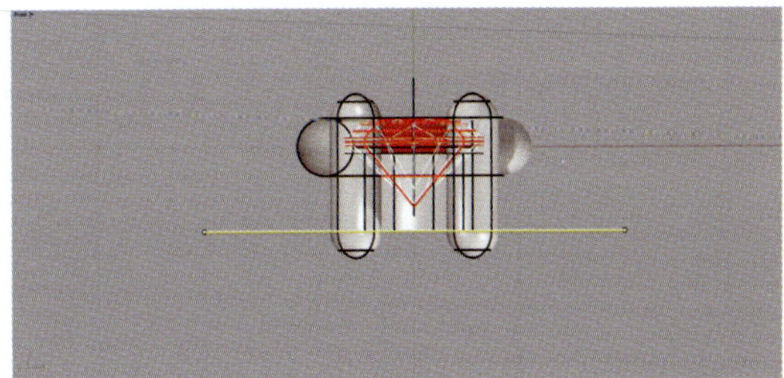

81. 생성된 직선 Curve개체를 선택하고, Extrude straight를 실행한다. Top Top Viewport에서 Command Prompt 영역의 BothSides=Yes로 설정한 후, 다음 그림과 같이 4개의 난발이 모두 덮이는 Surface개체를 생성한다.

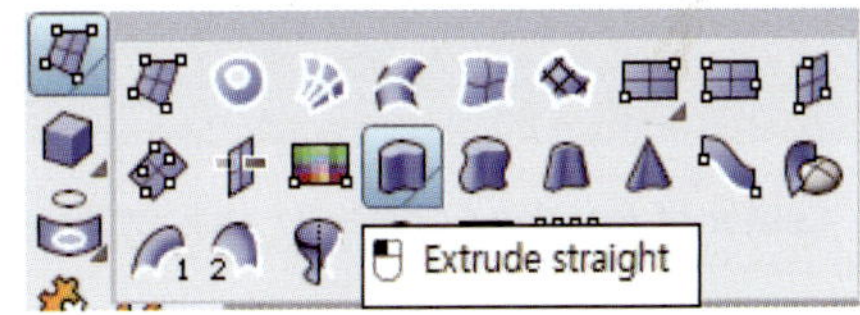

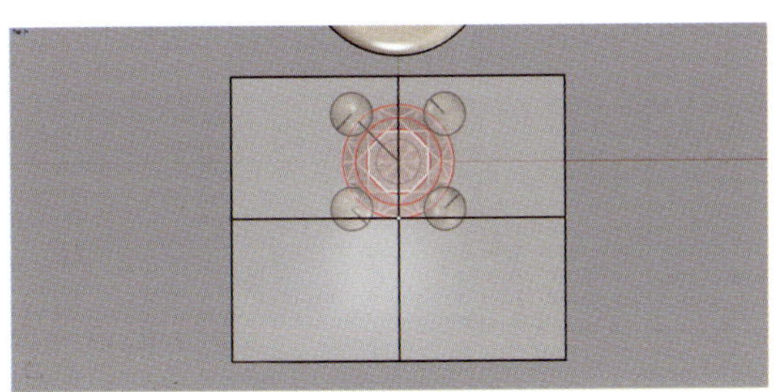

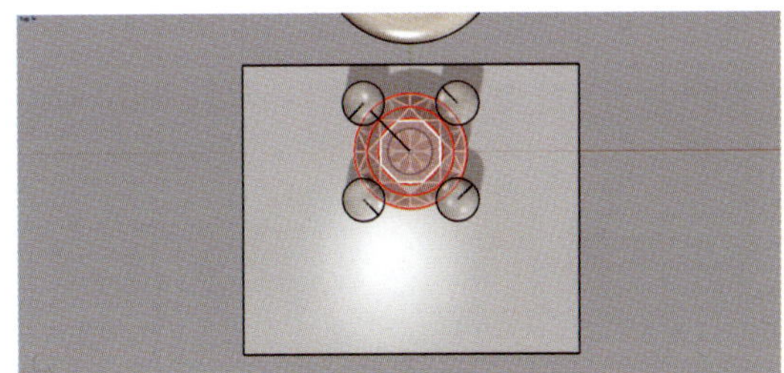

82. 4개의 난발과 생성된 Surface개체를 선택한 다음, Create solid를 실행한다.
분리된 4개의 난발 아랫부분을 선택한 후, 삭제한다.

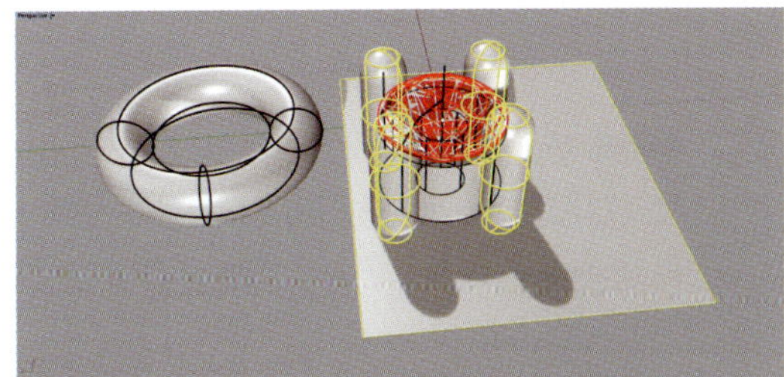

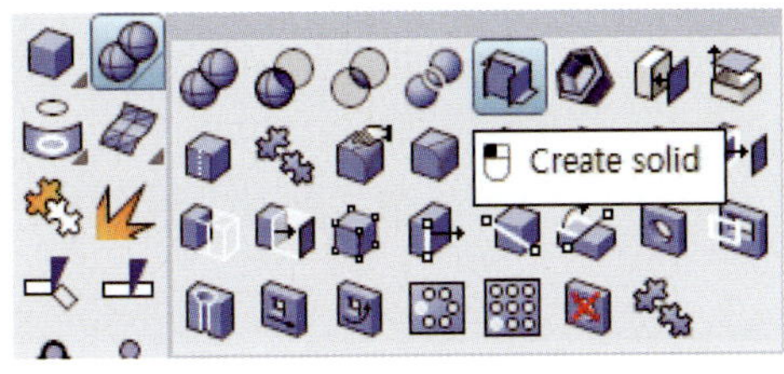

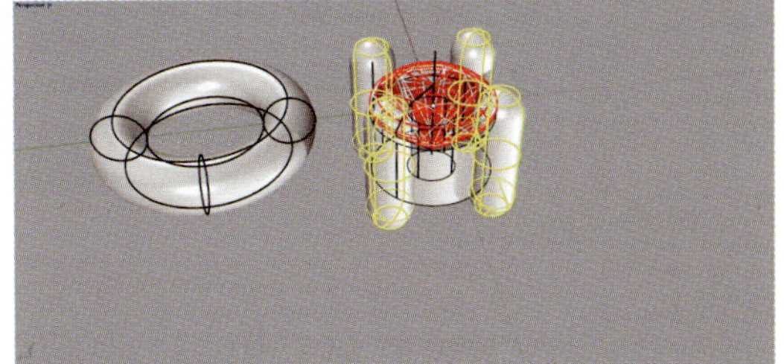

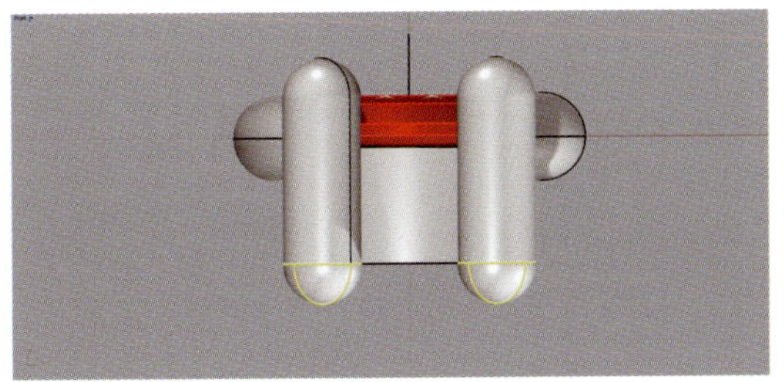

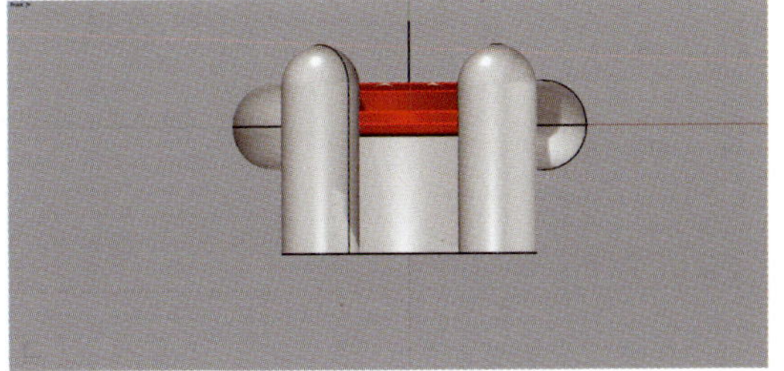

83. Torus개체를 선택하고, Rotate 2-D를 실행한다. Command Prompt 영역에 Center of rotation값 0을 입력하고, Enter↵키를 누른 후, Angle or first reference point값 90을 입력한 다음, Enter↵키를 누르면 다음 그림과 같이 선택한 Torus개체가 90도 각도로 회전한 것을 확인할 수 있다.

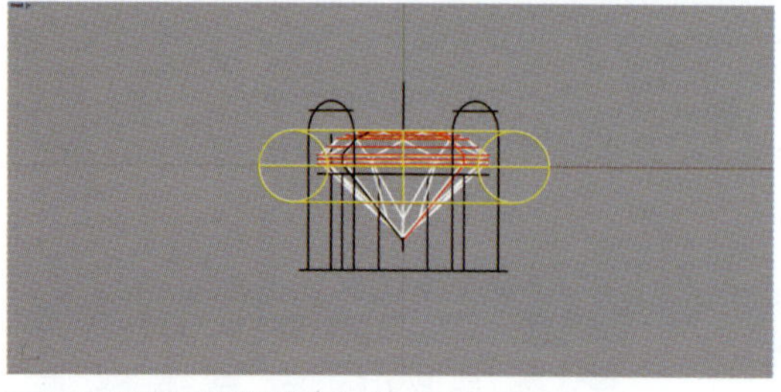

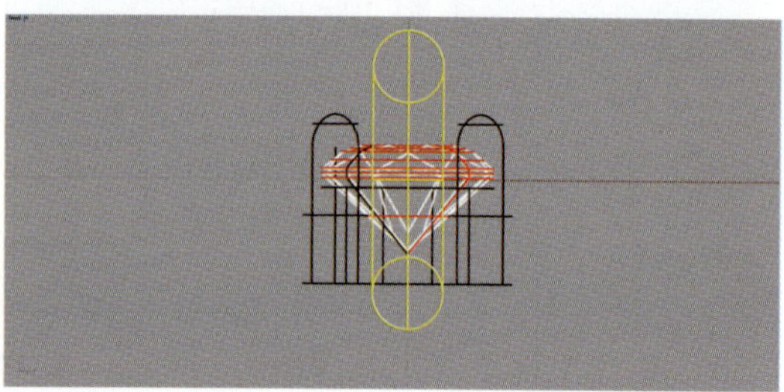

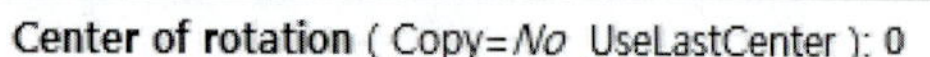

Angle or first reference point <90> (Copy=No): 90

84. Torus개체를 선택하고, Volume centroid를 실행하여 Torus개체의 중심에 중심점을 생성한다.

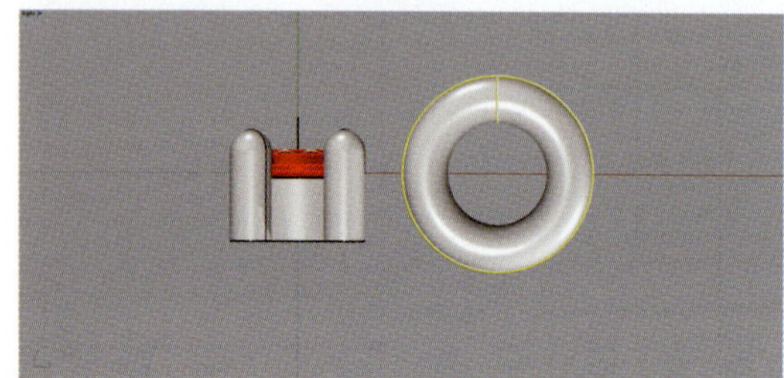

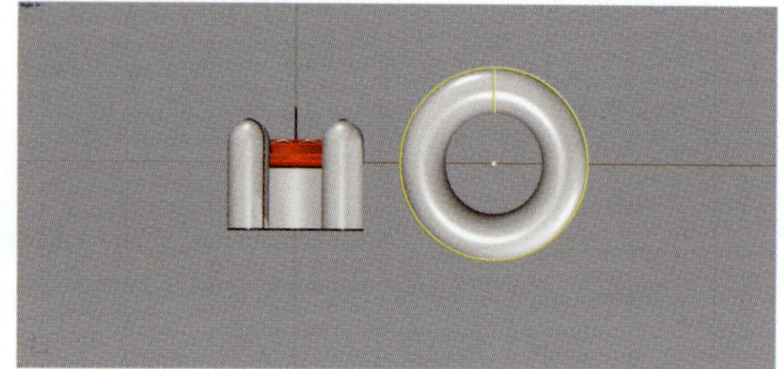

85. Top Top Viewport에서 Sphere: Center, Radius를 실행하고, Osnap Toolbar에서 Quad점에 체크한다. Torus개체 하단의 Quad점을 선택하고, Command Prompt 영역에 Radius값 0.4를 입력한 후, Enter↵키를 누르면 다음 그림과 같이 반지름 0.4㎜의 Sphere가 생성된 것을 확인할 수 있다.

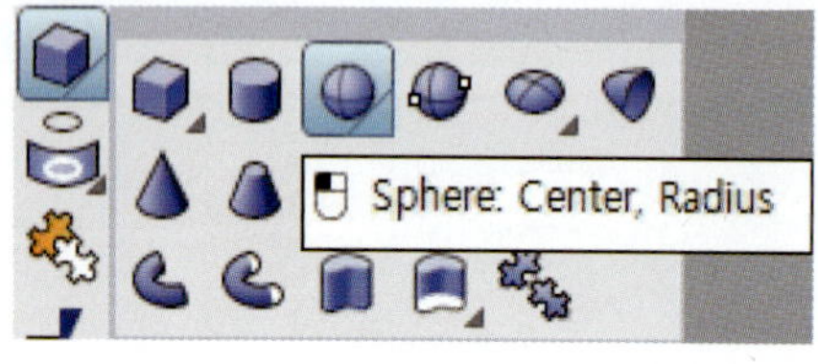

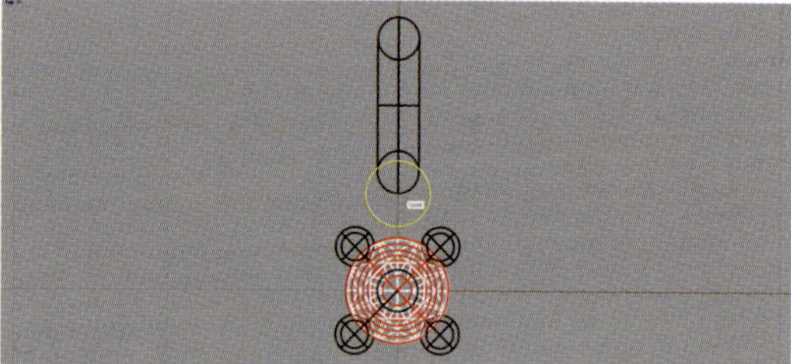

Radius <0.308> (Diameter Orientation Circumference Area ProjectOsnap=Yes): 0.4

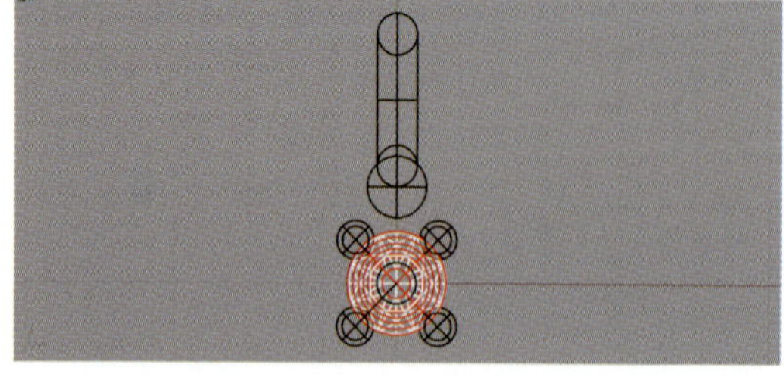

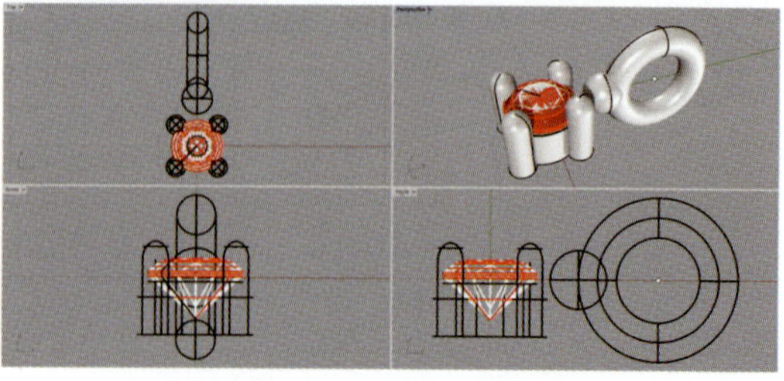

86. 생성된 Sphere개체와 Torus개체를 선택하고, Boolean union을 실행하여 하나의 개체로 결합한다.

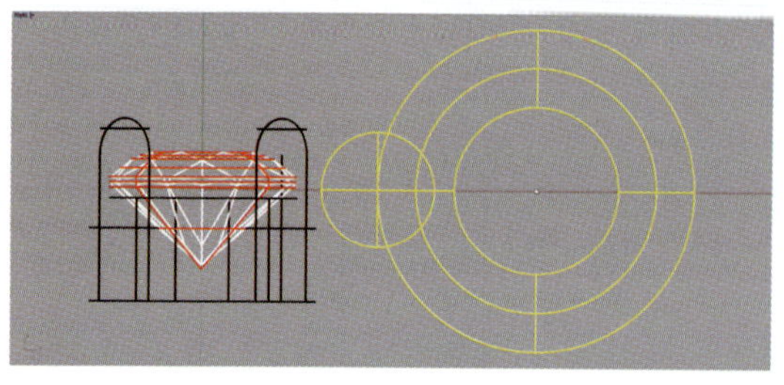
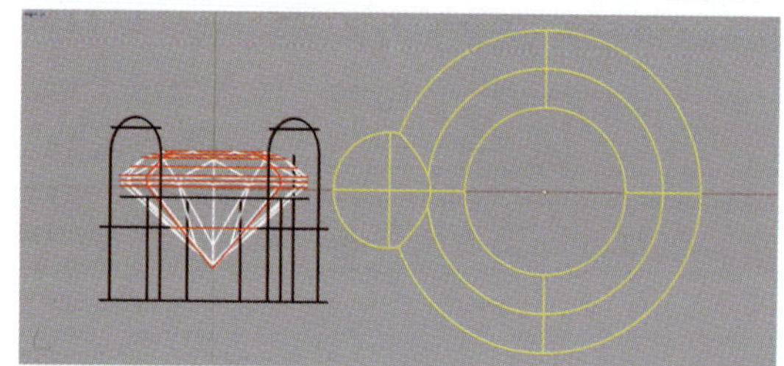

87. 결합된 Torus개체와 중심에 있는 Point 개체를 선택하고, Rotate 2-D를 실행한다. Center of rotation을 Point개체로 선택하고, Command Prompt 영역에 Angle or first reference point값 10을 입력한 후, Enter↵키를 누르면 다음 그림과 같이 Torus개체가 10도 각도로 회전한 것을 확인할 수 있다.

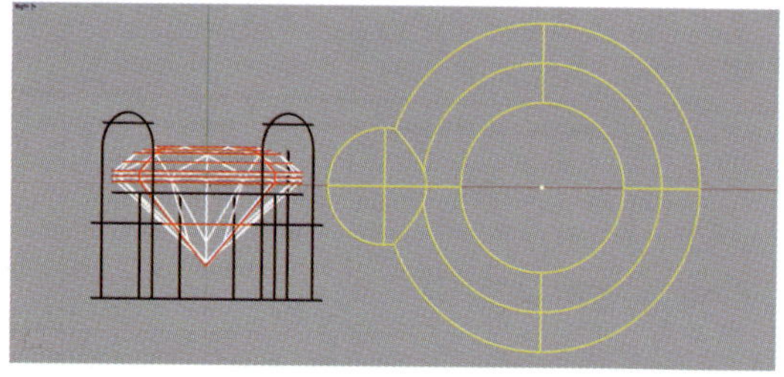

Center of rotation (Copy=*No* UseLastCenter):

Angle or first reference point <10> (Copy=*No*): 10

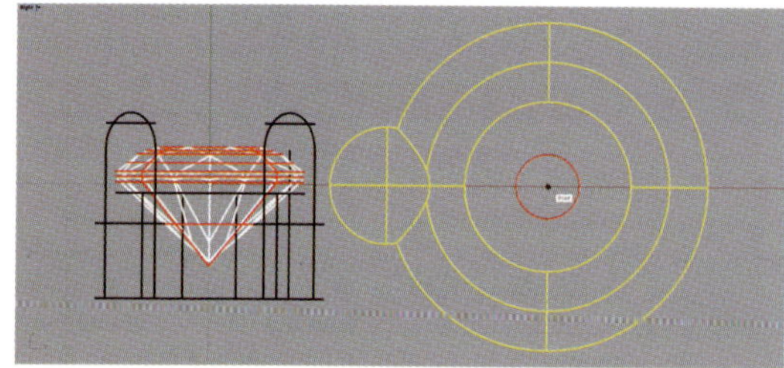
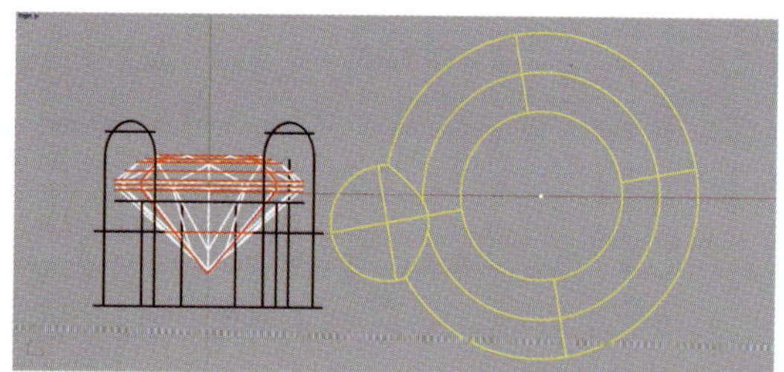

88. 다시 Torus개체와 Point개체를 선택하고, Move를 실행한다. Point개체를 선택하고, Command Prompt 영역에 Point to move to값 0.2를 입력한 후, Shift키를 누른 상태로 마우스 커서를 화살표 방향으로 이동시킨 다음 마우스 왼쪽버튼을 클릭하여 개체를 0.2㎜ 이동시킨다.

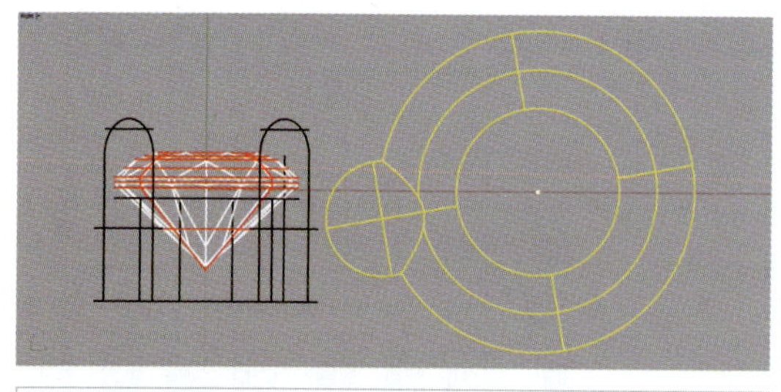
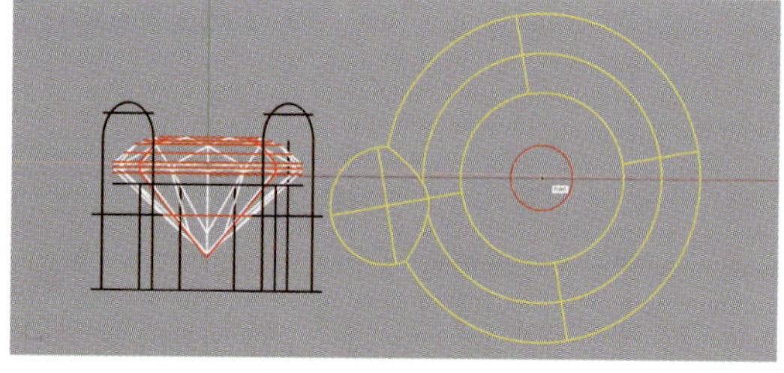

Point to move to <0.400>: 0.2

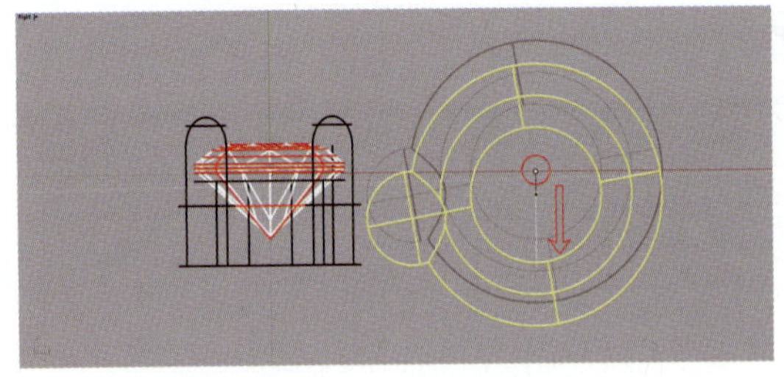
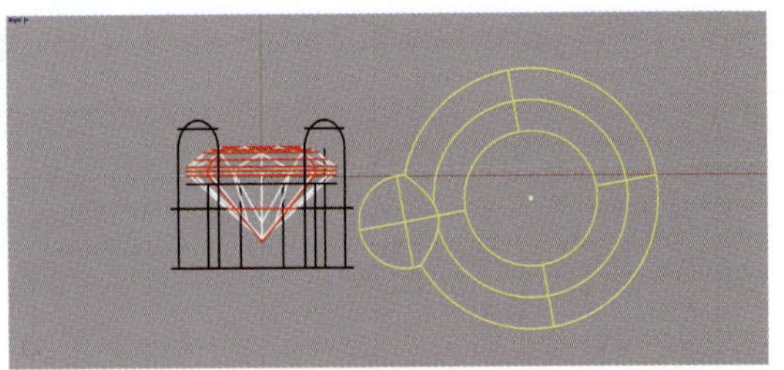

89. 다시 Move를 실행하고, Point개체를 선택한 후, Command Prompt 영역에 Point to move to값 0.4를 입력한 후, Shift 키를 누른 상태로 마우스 커서를 화살표 방향으로 이동시킨 다음 마우스 왼쪽 버튼을 클릭하여 개체를 0.4㎜ 이동시킨다.

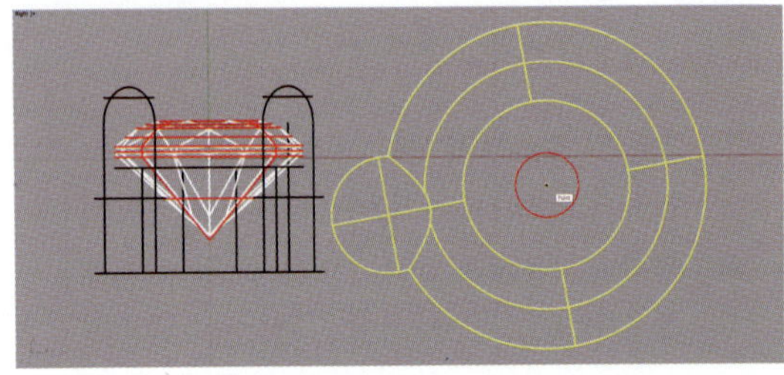

Point to move to <0.200>: 0.4

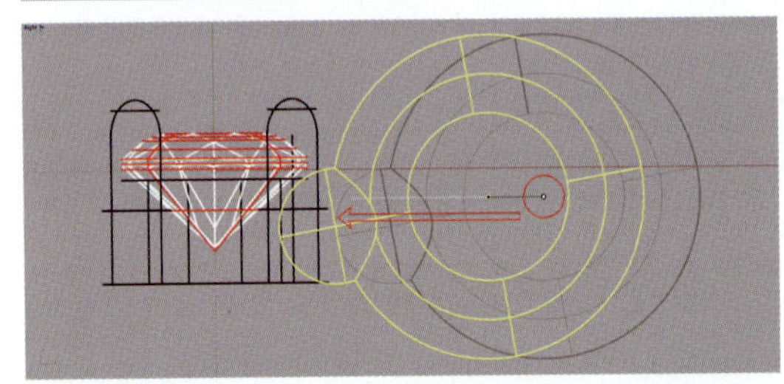
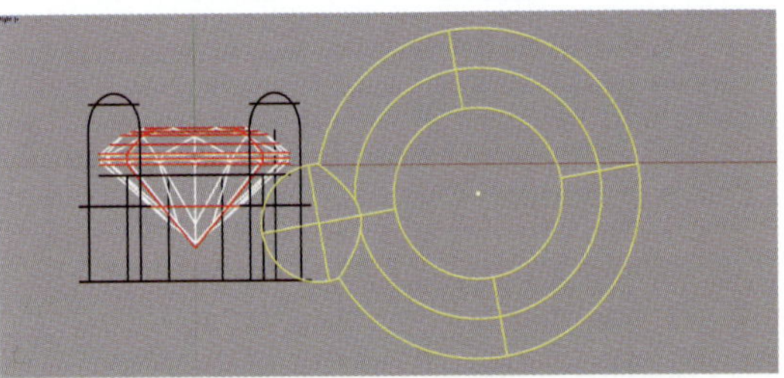

90. 다음 그림과 같이 보석개체와 보석형태의 Poly-Surface개체를 제외한 난집, 난발과 Torus개체를 선택한 후, Boolean union를 실행하여 하나의 개체로 결합한다.

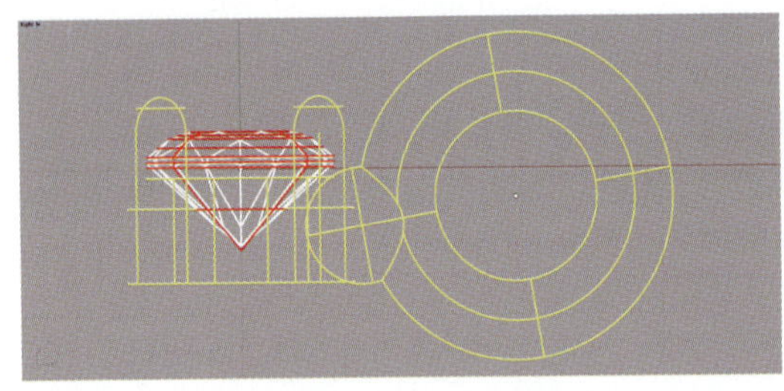
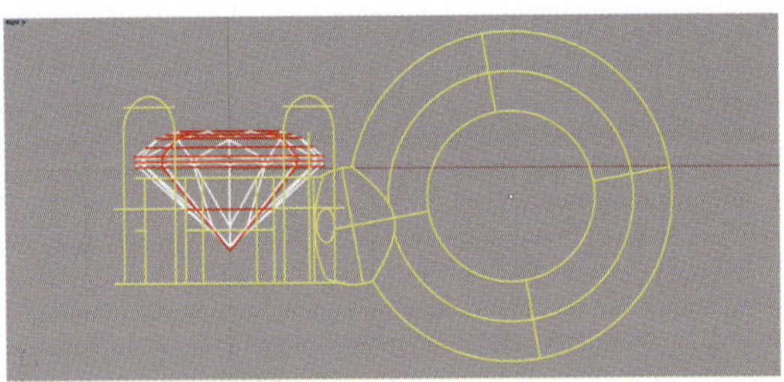

91. 결합된 난집개체를 선택하고, Boolean difference를 실행한 후, 보석형태의 Poly-Surface개체를 선택한 다음, Enter 키를 누른다.
다음 그림과 같이 난집개체에 보석형태의 Poly-Surface 개체 크기만큼 홈이 파인 것을 확인할 수 있다.

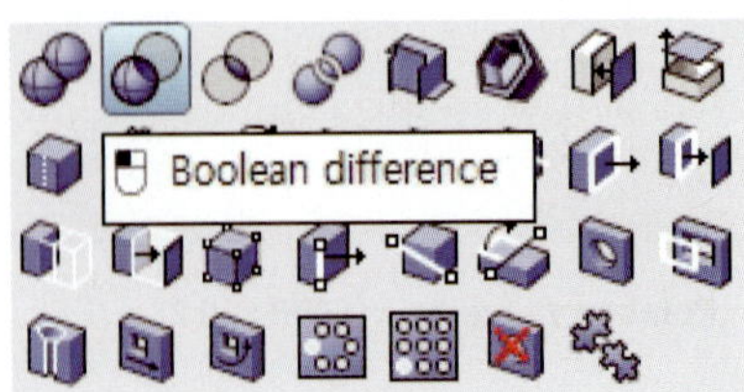

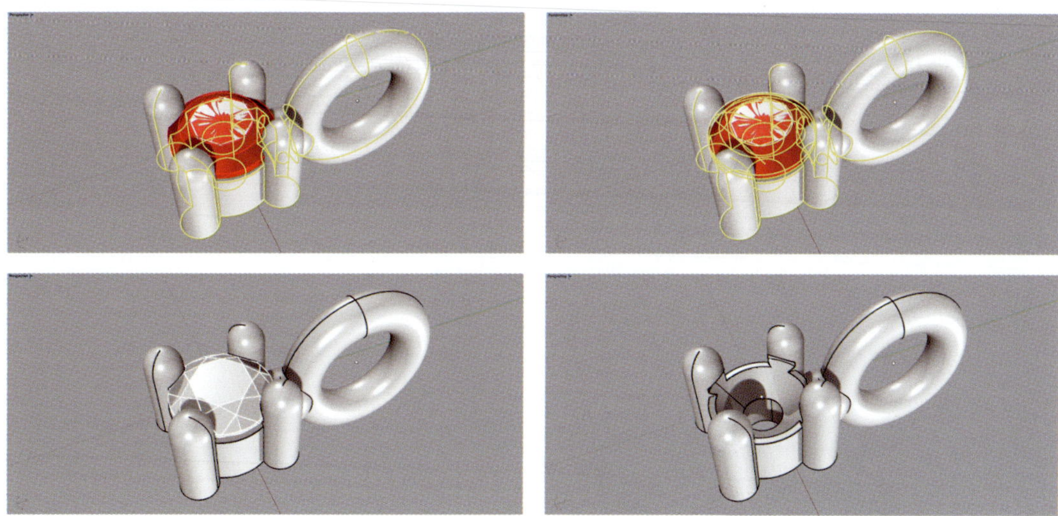

92. Show objects를 실행하여 숨겨둔 개체들을 모두 화면상에 나타나게 한 후, Select curves를 실행하여 Curve개체들을 삭제하고, Select points를 실행하여 Point개체들을 삭제한다.

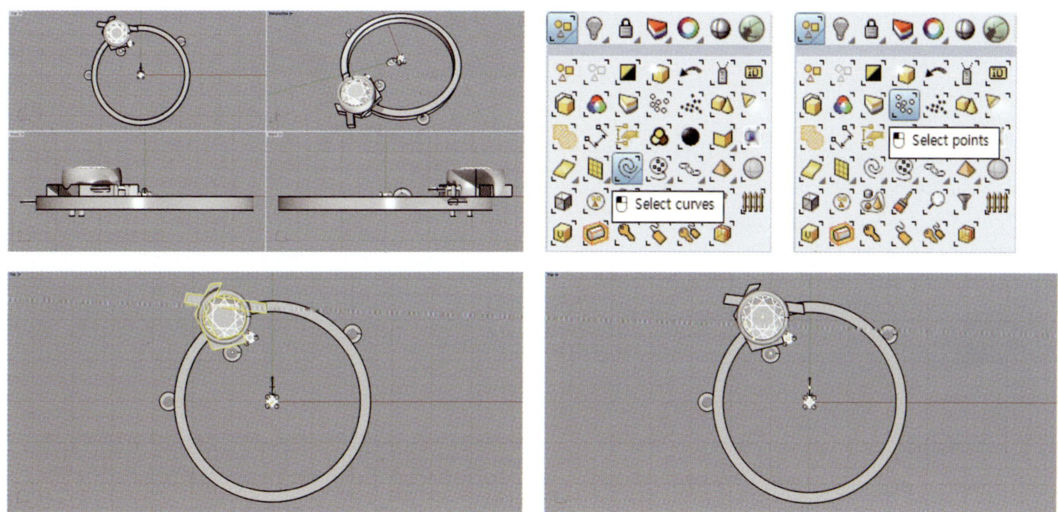

93. 다음 그림과 같이 완성된 Design Modeling 1 목걸이 펜던트개체를 확인할 수 있다.

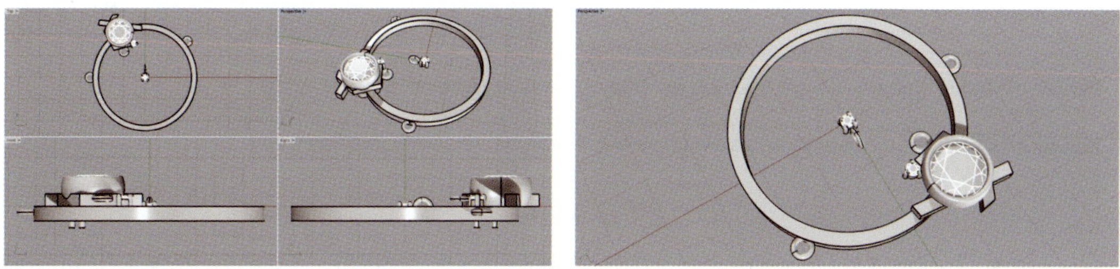

Level 01 | Design Modeling 2

출처: 이 예제는 이지현 디자이너님의 디자인임을 밝힙니다.

01. Front Front Viewport에서 Circle: center, radius를 실행하고, 원점(0, 0) 기준으로 지름 20.7㎜ 원형 Curve개체를 생성한다.

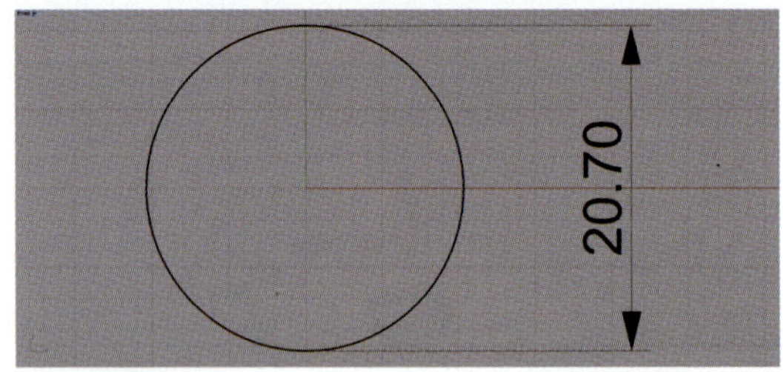

Center of circle (Deformable Vertical 2Point 3Point Tangent AroundCurve FitPoints): 0

Diameter <17.700> (Radius Orientation Circumference Area ProjectOsnap=*Yes*): 20.7

02. Osnap Toolbar에서 Quad점에 체크하고, Single Line을 실행한다. 원형 Curve개체 우측의 Quad

점을 선택하고, Shift 키를 누른 상태로 마우스 커서를 화살표 방향(z축 방향)으로 이동한 후, 마우스 왼쪽 버튼을 클릭하여 길이 11.43㎜의 직선 Curve개체를 생성한다.

Start of line (BothSides Normal Angled Vertical FourPoint Bisector Perpendicular Tangent Extension):
End of line (BothSides): 11.43

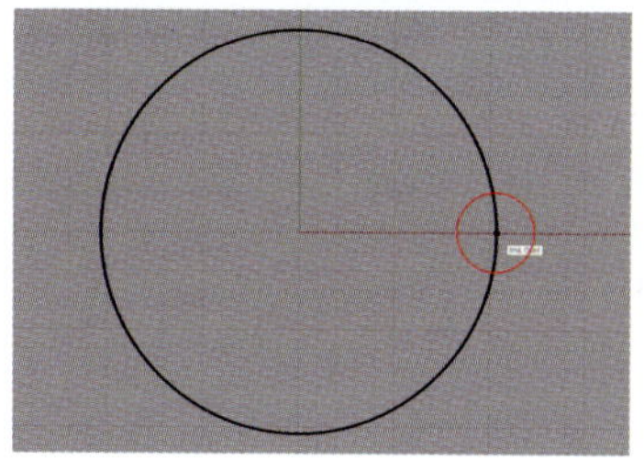

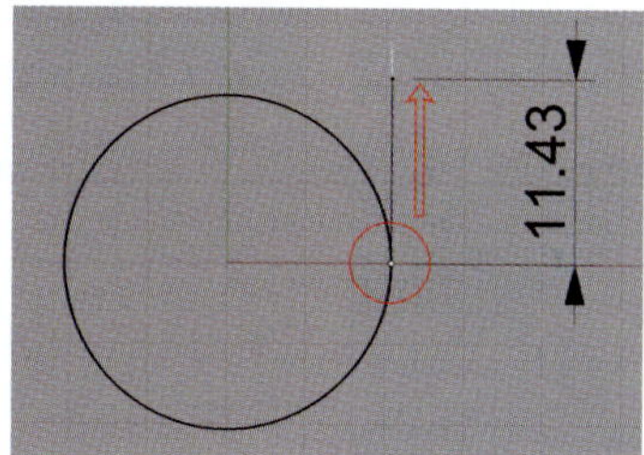

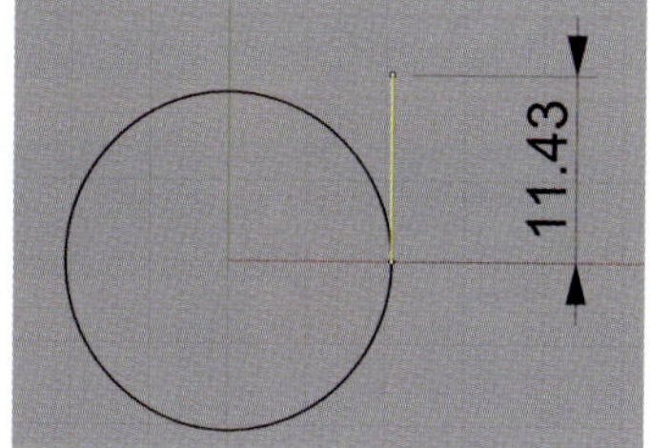

03. 생성된 직선 Curve개체를 선택하고, Mirror를 실행한다. 원점(0, 0)을 선택하고, Shift 키를 누른 상태로 마우스 커서를 화살표 방향으로 이동한 후, 마우스 왼쪽버튼을 클릭하여 대칭 방향에 직선 Curve개체를 복사한다.

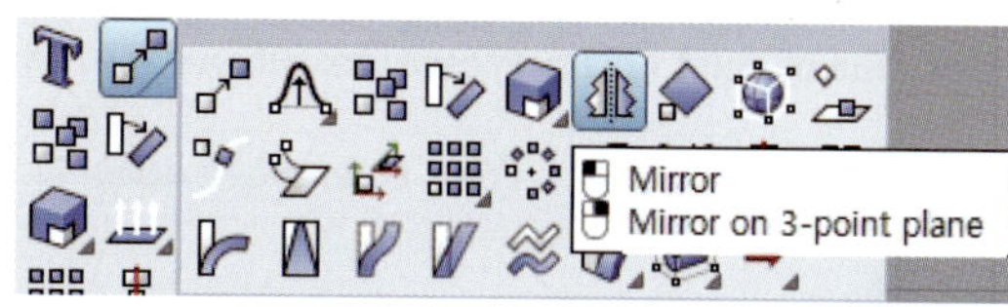

Start of mirror plane (3Point Copy=*Yes* XAxis YAxis): 0

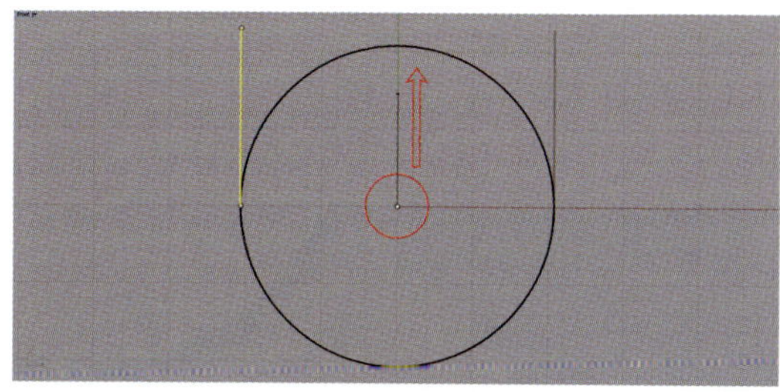

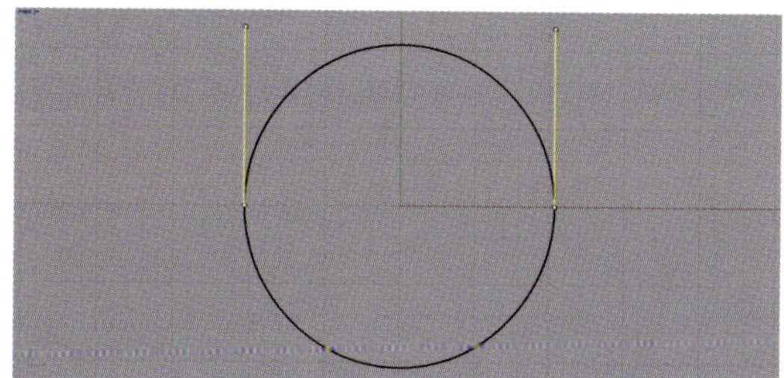

04. 2개의 직선 Curve개체와 원형 Curve개체를 모두 선택하고, Trim을 실행한 후, 원형 Curve개체의 상단을 클릭하여 잘라낸다. 3개의 Curve개체를 선택하고, Lock objects를 실행하여 잠시 잠궈둔다.

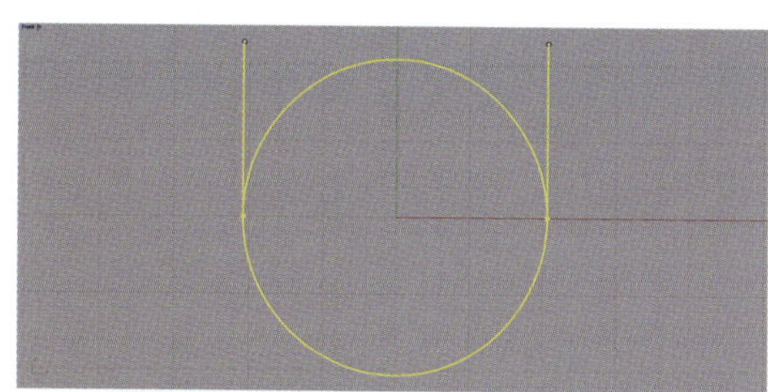

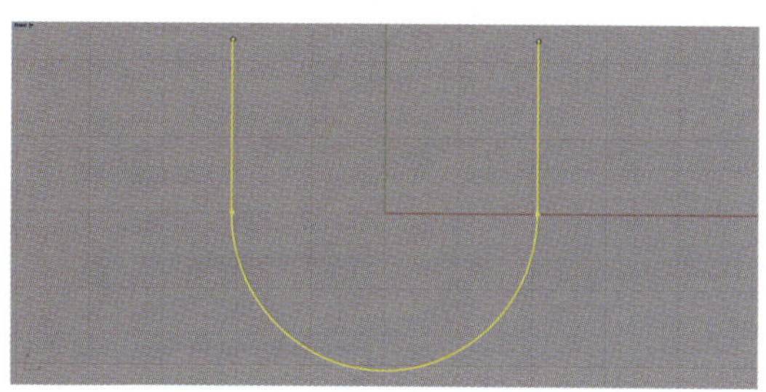

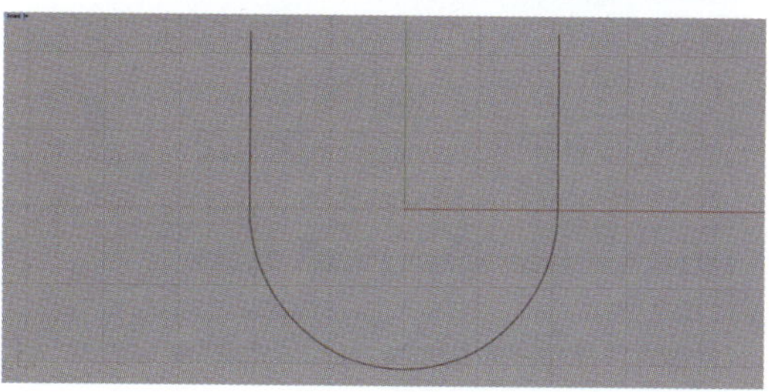

05. Front ▾ Front Viewport에서 Multiple points를 실행하고, Command Prompt 영역에 Location of point object값 -11.22, 7.86, -0.64를 입력한 후, Enter↵키. 1.84, 10.51, -5.42를 입력한 후, Enter↵키. 11.22, 7.86, -1.99를 입력한 다음 Enter↵키를 누르면 다음 그림과 같이 3개의 Point개체가 생성된 것을 확인할 수 있다.

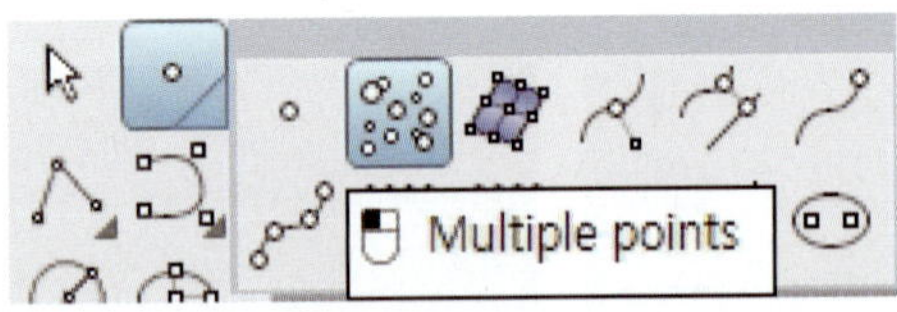

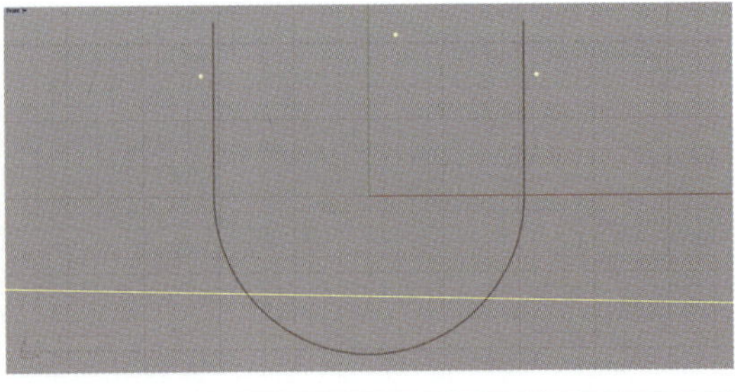

Location of point object: -11.22,7.86,-0.64

Location of point object. Press Enter when done: 1.84,10.51,-5.42

Location of point object. Press Enter when done: 11.22,7.86,-1.99

06. Osnap Toolbar에서 Point점에 체크하고, Top ▾ Top Viewport에서 Polyline을 실행하여 3개의 Point개체를 연결하는 Curve개체를 생성한다.

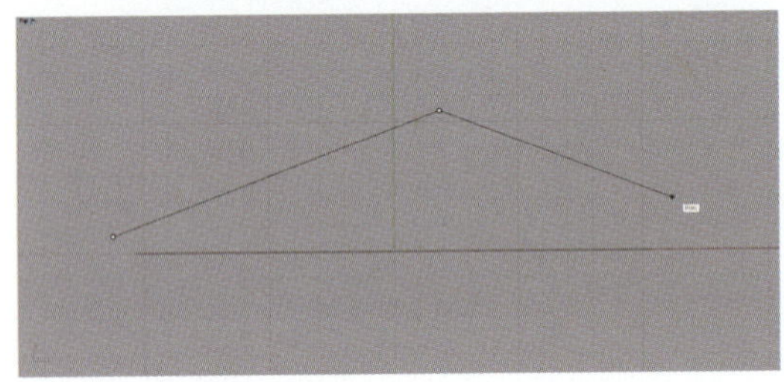

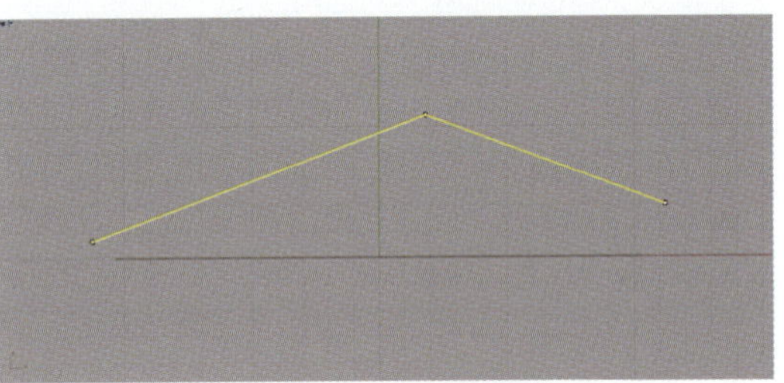

07. Front ▾ Front Viewport에서 Multiple points를 실행하고, Command Prompt 영역에 -11.22, 7.86, 0.64를 입력하고, Enter↵키.
1.84, 10.51, 5.41을 입력하고, Enter↵키.
11.22, 7.86을 입력하고, Enter↵키.
1.84, 10.51, 1.08을 입력하고 Enter↵키를 누르면 다음 그림과 같이 4개의 Point개체가 생성된 것을 확인할 수 있다.

Location of point object: -11.22,7.86,0.64	Location of point object. Press Enter when done: 1.84,10.51,5.41
Location of point object. Press Enter when done: 11.22,7.86	Location of point object. Press Enter when done: 1.84,10.51,1.08

08. Top Viewport에서 Single Line를 실행하고, 다음 그림과 같이 Point개체와 Point개체를 연결하는 2개의 직선 Curve개체를 생성한다. Point개체들을 모두 선택한 후, 삭제한다.

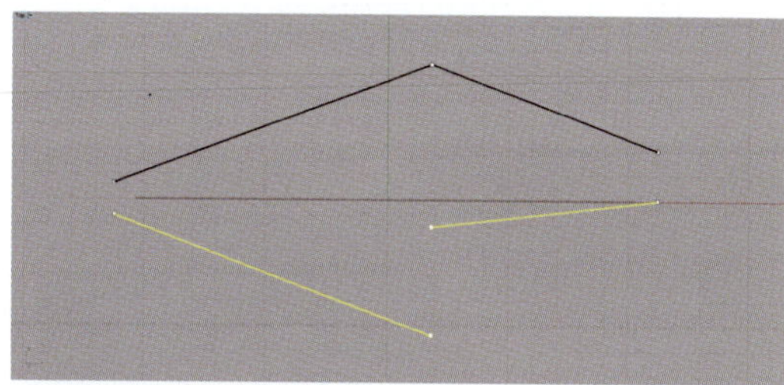

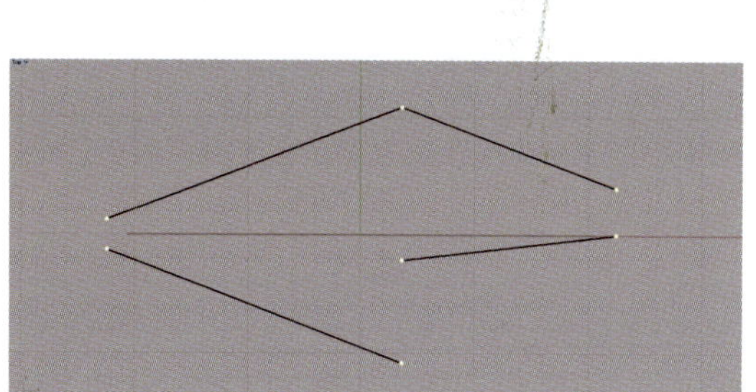

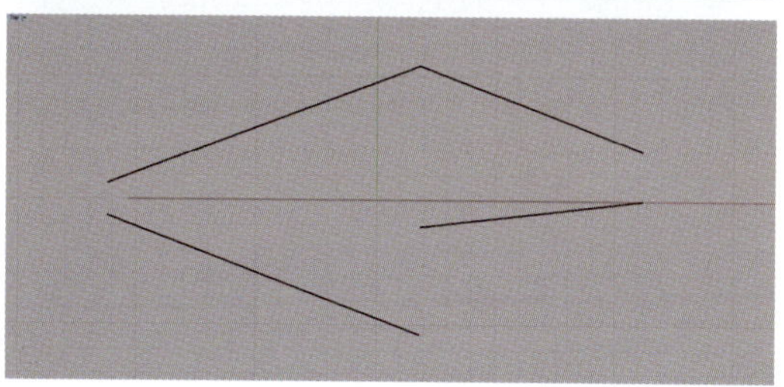

09. Copy를 실행하고, 1번 Curve개체를 선택한 후, Enter↵키를 누른다. Osnap Toolbar에서 End점에 체크하고, Curve개체의 End점을 선택한 다음, Command Prompt 영역에 Point to curve to값 1.5를 입력하고 Enter↵키를 누른다.
Shift키를 누른 상태로 마우스 커서를 화살표 방향으로 이동한 후, 마우스 왼쪽버튼을 클릭하여 Curve개체를 복사하고, Enter↵키를 눌러서 작업을 완료한다.

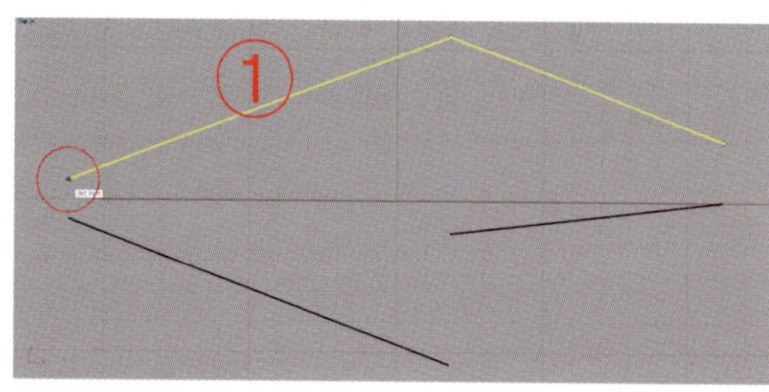

Point to copy to: 1.5

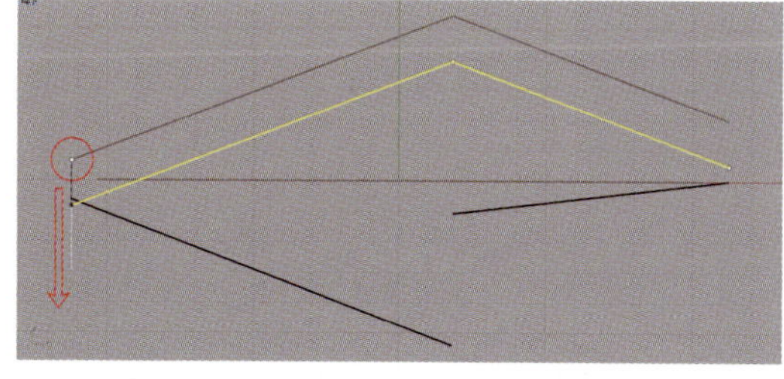

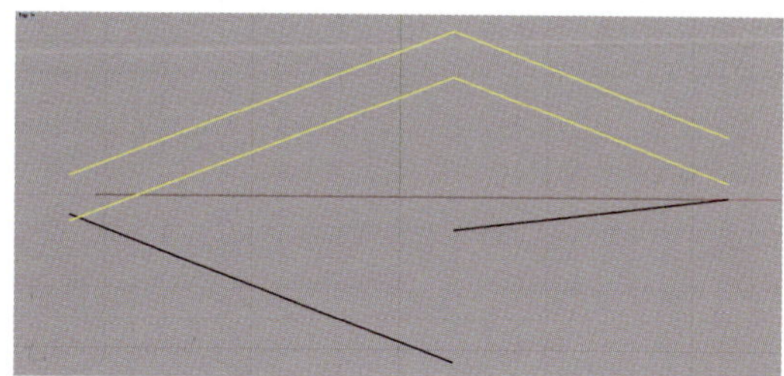

10. 다시 Copy를 실행하고, 2번 Curve개체와 3번 Curve개체를 위와 같은 방법으로 Curve개체의 End점을 선택한 다음, Command Prompt 영역에 Point to curve to값 1.5를 입력하고 Enter↵키를 누른다. Shift키를 누른 상태로 마우스 커

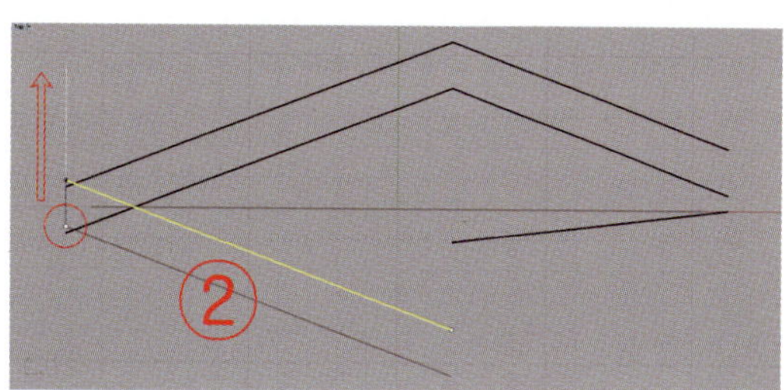

서를 화살표 방향으로 이동한 후, 마우스 왼쪽버튼을 클릭하여 Curve개체를 복사하고, Enter↵키를 눌러서 작업을 완료한다.

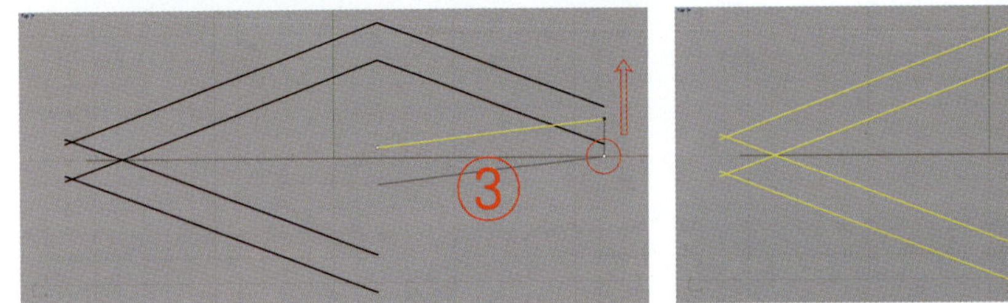

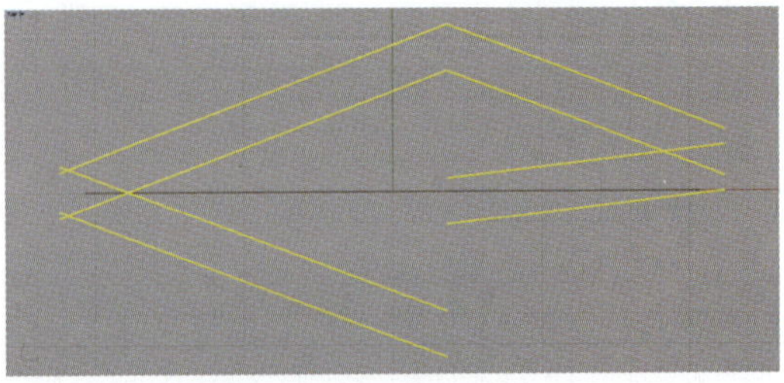

11. Loft를 실행하고, 다음 그림과 같이 3개의 Surface개체를 생성한다. Curve개체들은 모두 선택한 후, 삭제한다.

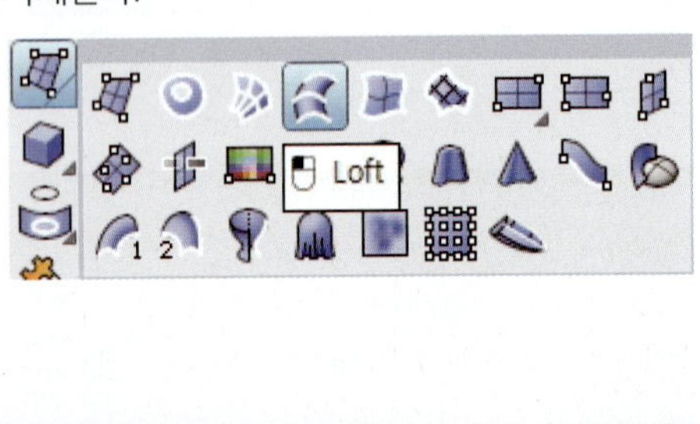

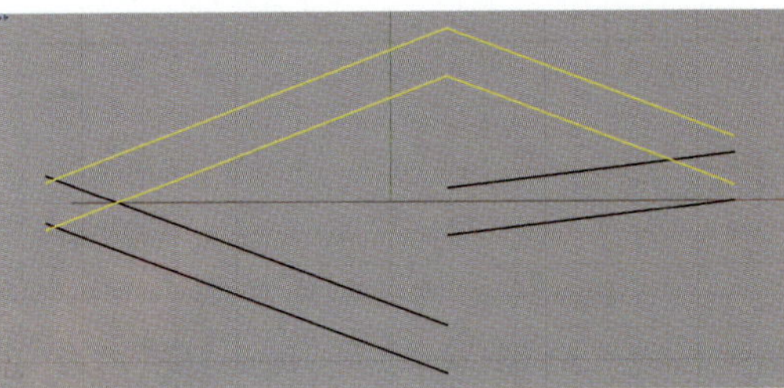

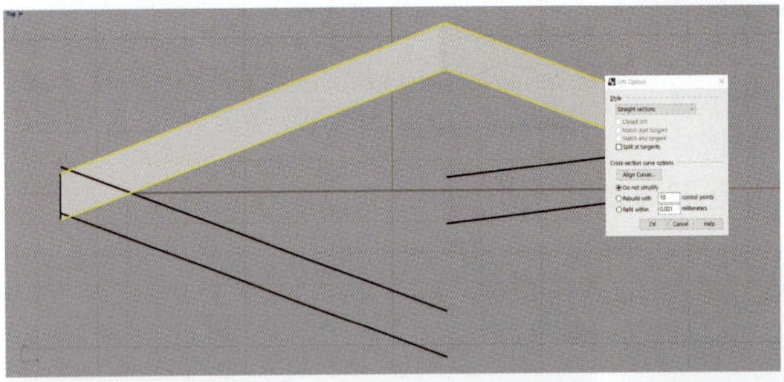

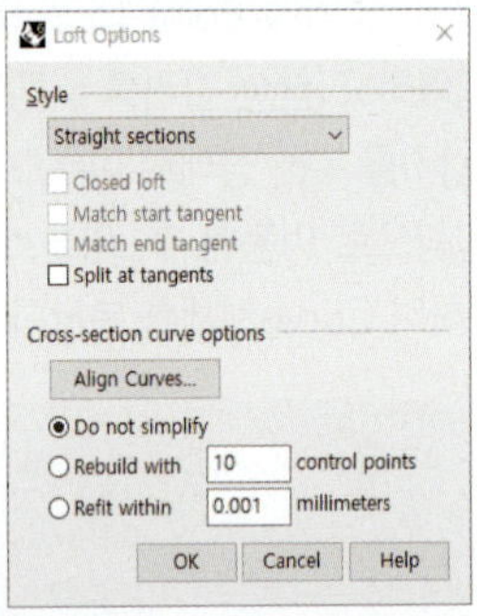

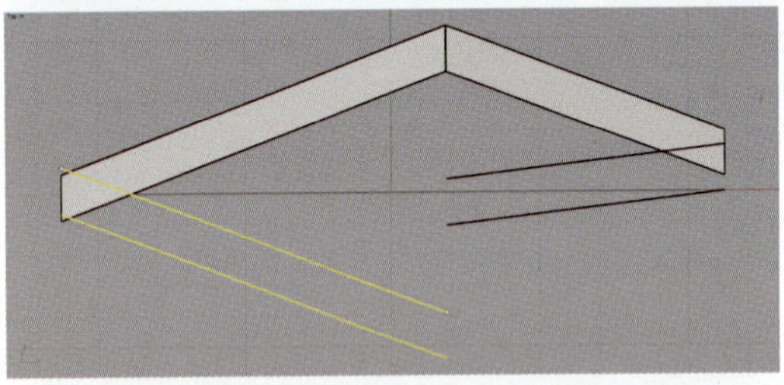

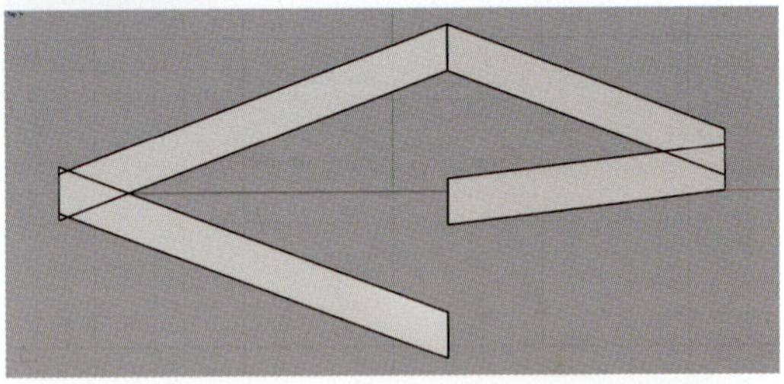

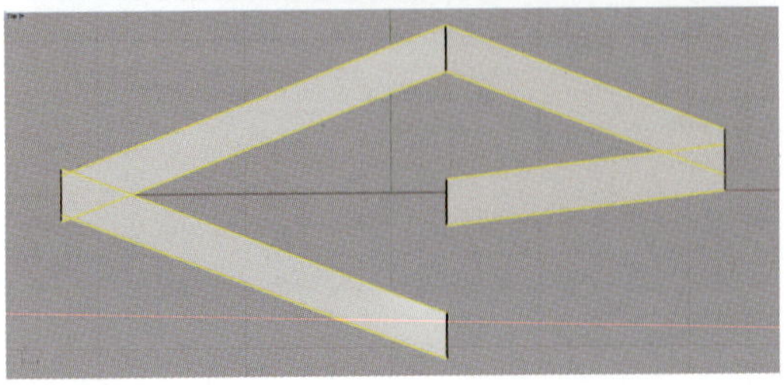

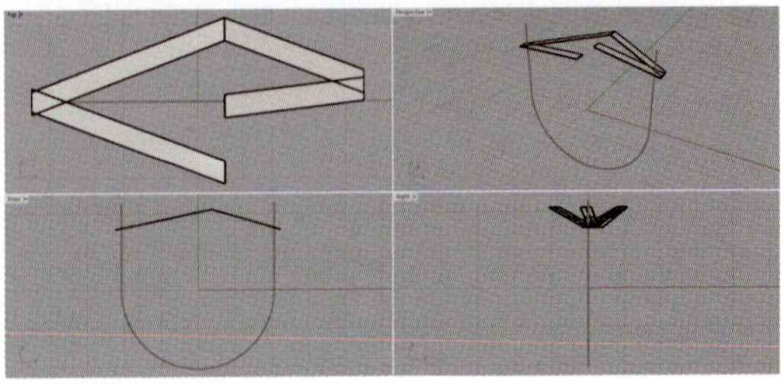

12. Top Top Viewport에서 Extrude surface를 실행하고, 1번과 2번 Surface개체를 선택한 후, Enter↵키를 누른다. Command Prompt 영역에서 Deleteinput=Yes로 설정하고, Extrusion distance값 -1.5를 입력한 다음 Enter↵키를 누르면 다음 그림과 같이 윗면이 열린 Poly-Surface개체가 생성된 것을 확인할 수 있다.

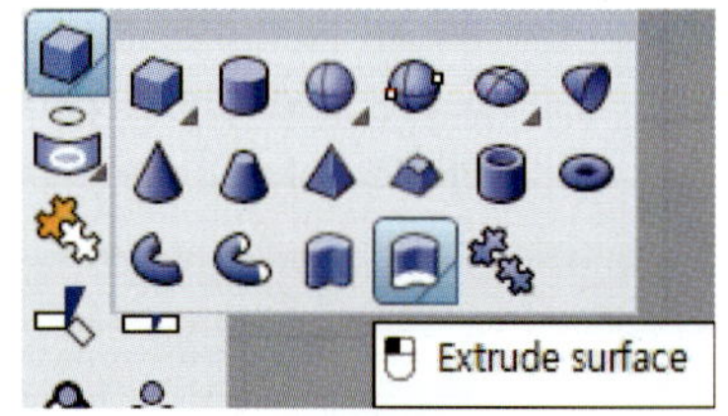

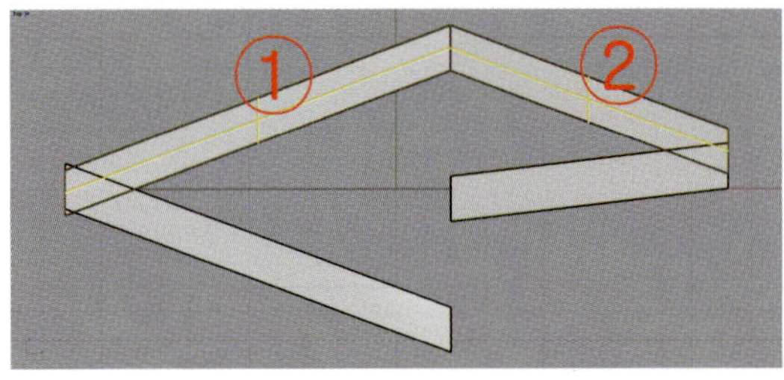

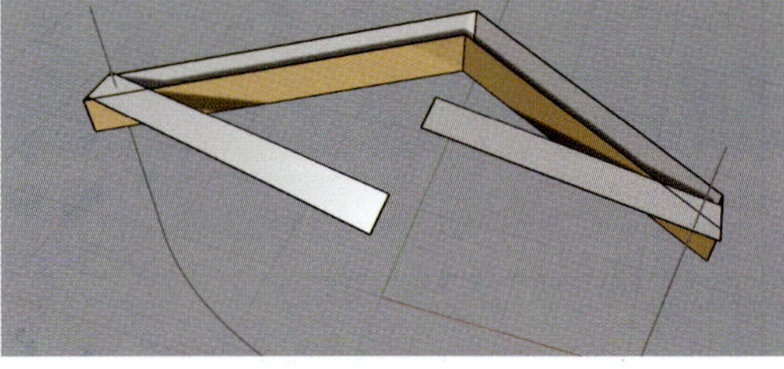

Extrusion distance <-1.5> (Direction BothSides=No Solid=Yes DeleteInput=Yes ToBoundary SplitAtTangents=No SetBasePoint): -1.5

13. Perspective Perspective Viewport에서 Single Line을 실행하고, 1번 Poly-Surface개체의 End점과 2번 Poly-Surface개체의 End점을 연결하는 직선 Curve개체를 생성한다.

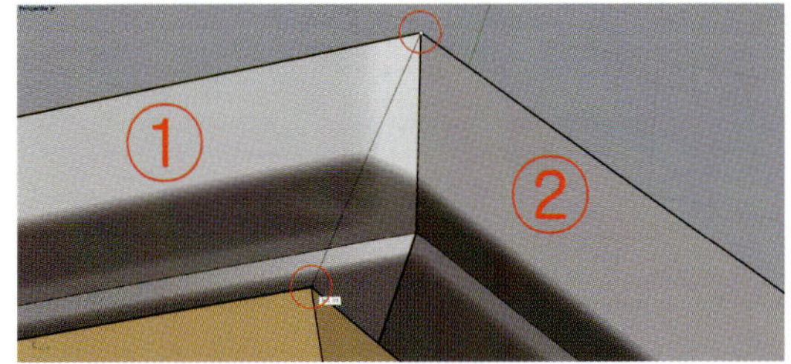

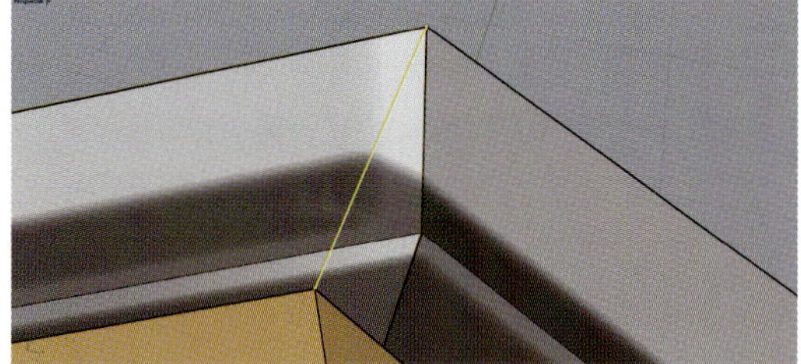

14. Surface from 2, 3 or 4 edge curves를 실행하고, 1번 Edge를 선택하고, 2번 Curve개체를 선택한 후, 3번 Edge와 4번 Edge를 선택하면 다음 그림과 같이 Surface개체가 생성되는 것을 확인할 수 있다. 생성한 직선 Curve개체는 삭제한다.

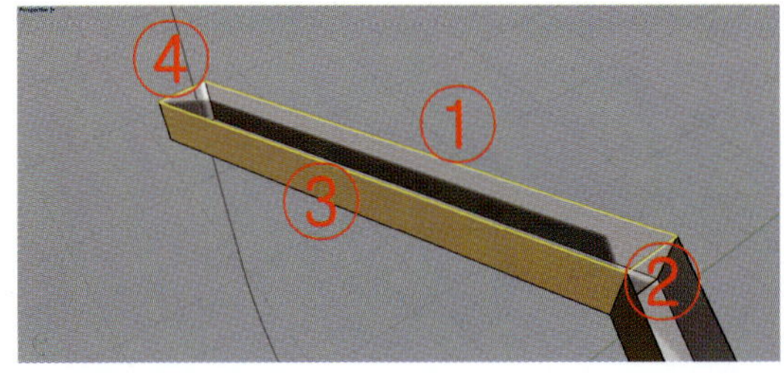

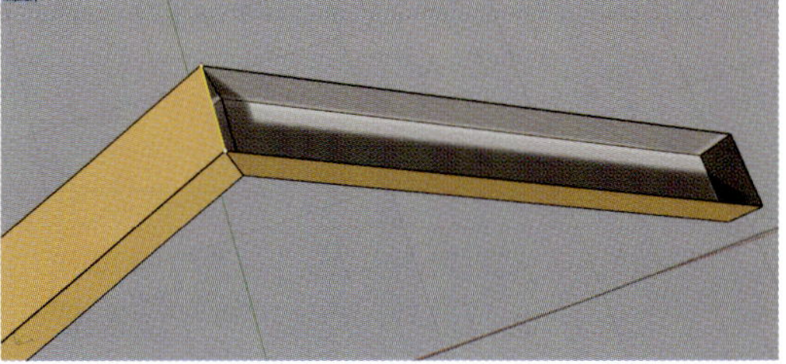

15. 다시 Surface from 2, 3 or 4 edge curves를 실행하고, 다음 그림의 순서대로 선택하여 Surface 개체를 생성한다. 생성된 2개의 Surface개체와 Poly-Surface개체를 모두 선택한 후, Join을 실행하여 하나의 Poly-Surface개체로 결합한다.

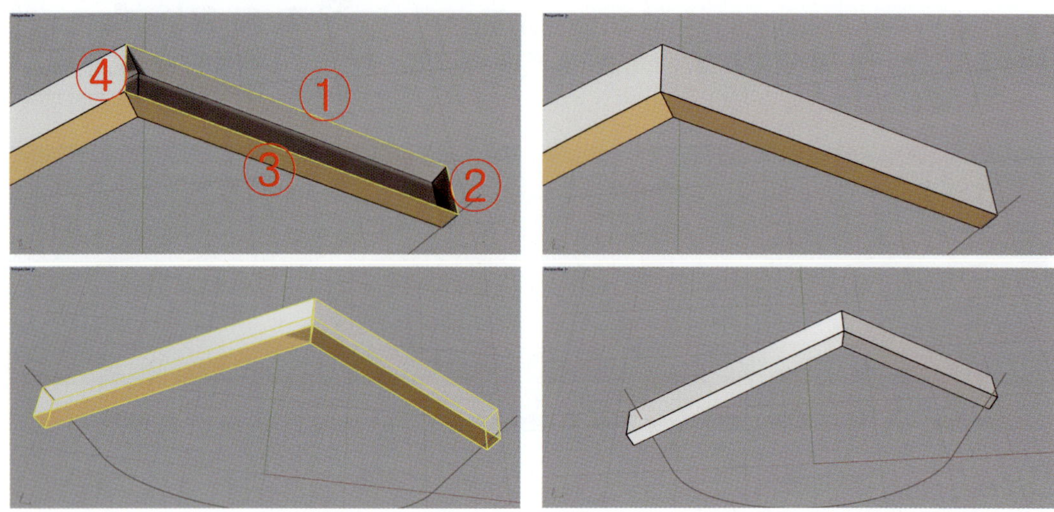

16. Top Top Viewport에서 Extrude surface를 실행하고, 2번 Surface개체를 선택한 후, Enter↵ 키를 누른다.
Command Prompt 영역에 Extrusion distance값 1.47을 입력한 후, Front Front Viewport에서 화살표 방향(아래 방향)으로 향하게 하고, 마우스 왼쪽버튼을 클릭하여 높이 1.47㎜의 Poly-Surface개체를 생성한다.

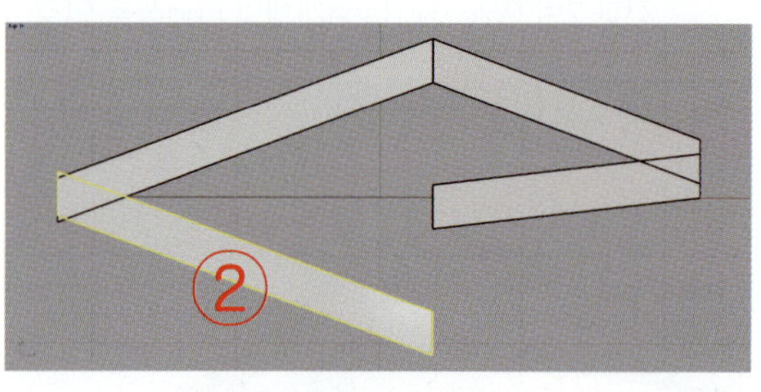

Extrusion distance <1.5> (Direction BothSides=No Solid=Yes DeleteInput=Yes ToBoundary SplitAtTangents=No SetBasePoint): 1.47

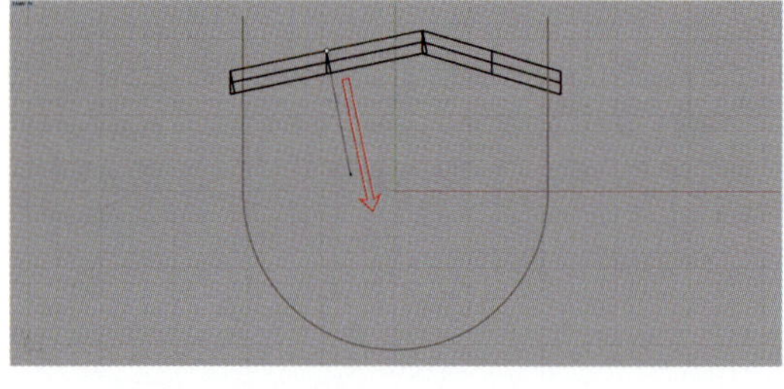

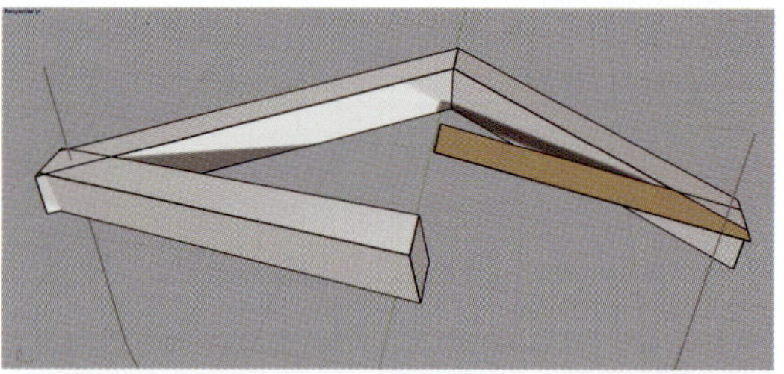

17. 3번 Surface개체도 위와 같은 방법으로 Command Prompt 영역에 Extrusion distance값 1.44을 입력한 후, Front Front Viewport에서 화살표 방향(아래 방향)으로 향하게 하고, 마우스 왼쪽버튼을 클

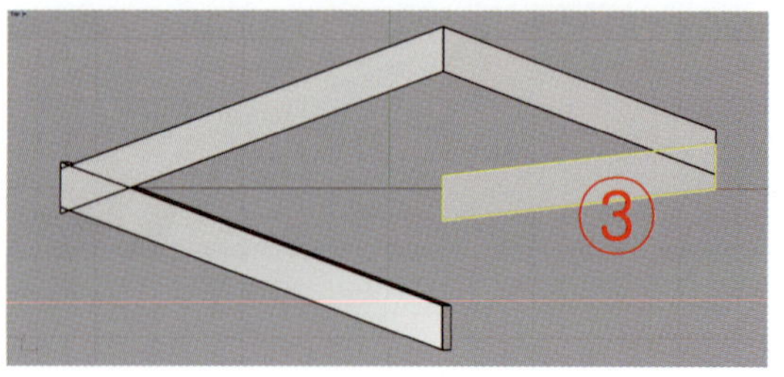

릭하여 높이 1.44㎜의 Poly-Surface개체를 생성한다.

Extrusion distance <1.47> (Direction BothSides=*No* Solid=*Yes* DeleteInput=*Yes* ToBoundary SplitAtTangents=*No* SetBasePoint): 1.44

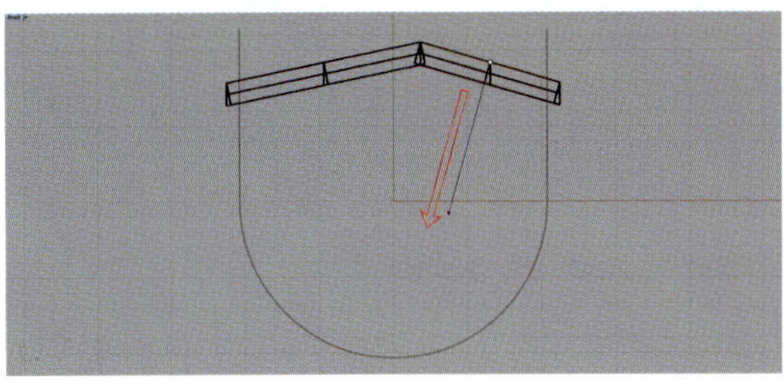

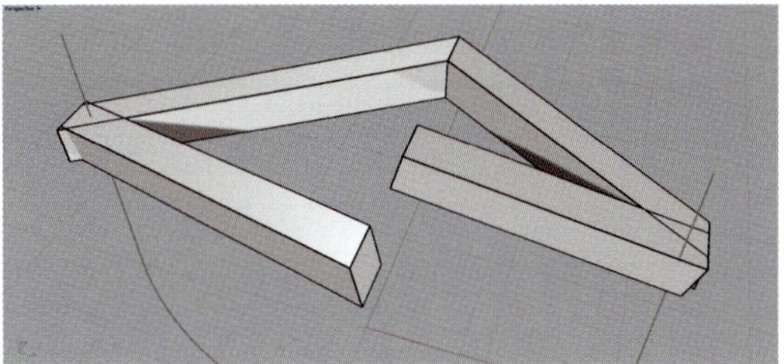

18. 생성된 3번 Poly-Surface개체를 선택하고, Copy objects in place를 실행하여 3번 Poly-Surface 개체와 같은 자리에 복사한다.

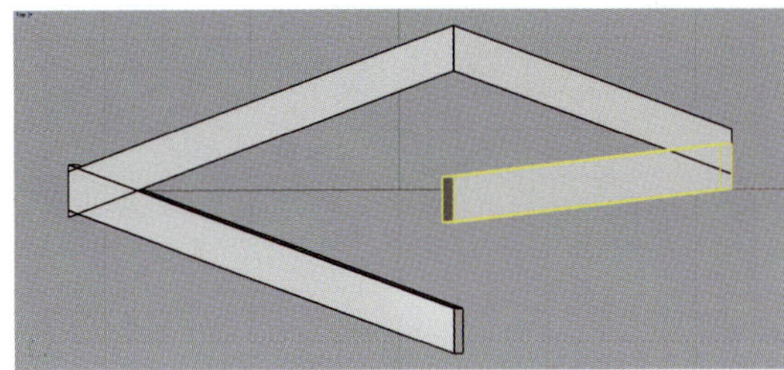

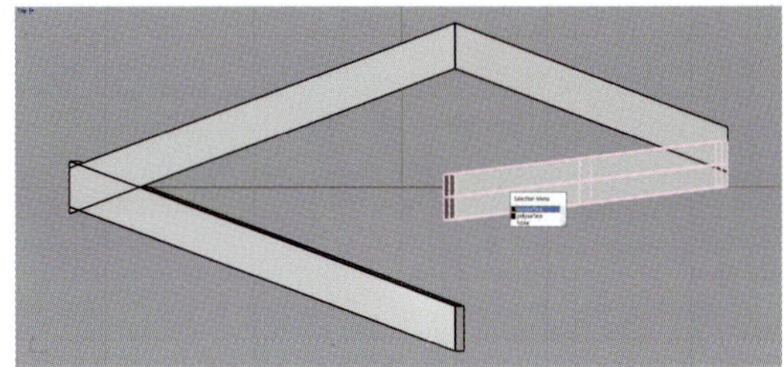

19. 우측 Panels의 Layers에서 새 Layer를 생성하고, 복사한 Poly-Surface개체를 선택한 후, 새 Layer로 설정한다. 다음 그림과 같이 Layer 01의 색깔을 바꿔주고 Hide Object 아이콘을 클릭하여 숨겨둔다.

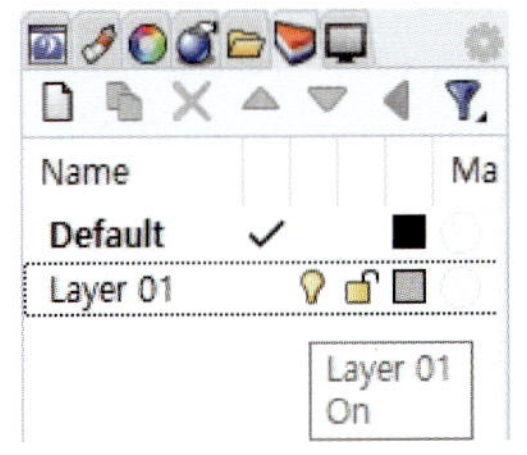

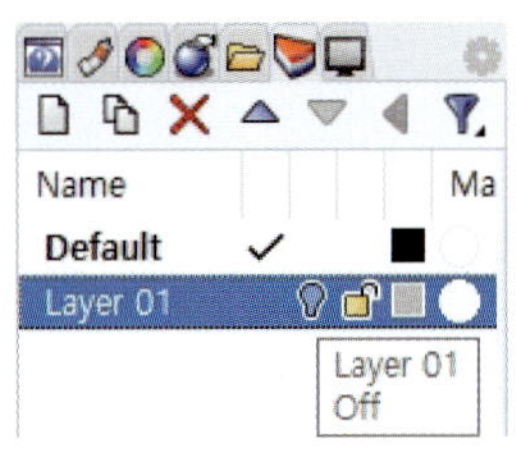

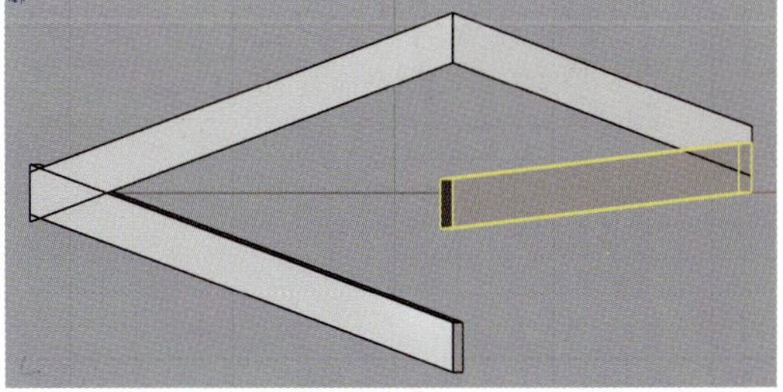

20. 3개의 Poly-Surface개체를 모두 선택하고, Boolean union을 실행하여 하나의 Poly-Surface개체로 결합한다.

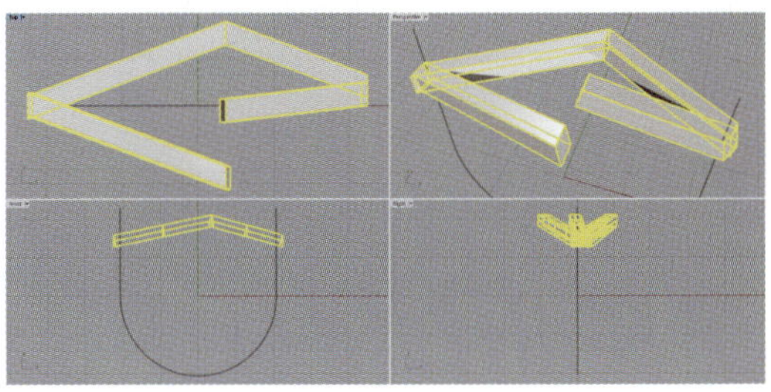

21. Unlock objects를 실행하여 Curve개체를 잠금 해제한다. 우측 직선 Curve개체를 선택하고, Right Right Viewport에서 Move를 실행한 다음, 직선 Curve개체의 End점을 선택한다.
Command Prompt 영역에 Point to move to값 1.3을 입력하고, Enter키를 누른 다음, Shift키를 누른 상태로 마우스 커서를 화살표 방향으로 이동한 후, 마우스 왼쪽버튼을 클릭하여 직선 Curve개체를 우측으로 1.3㎜ 이동시킨다.

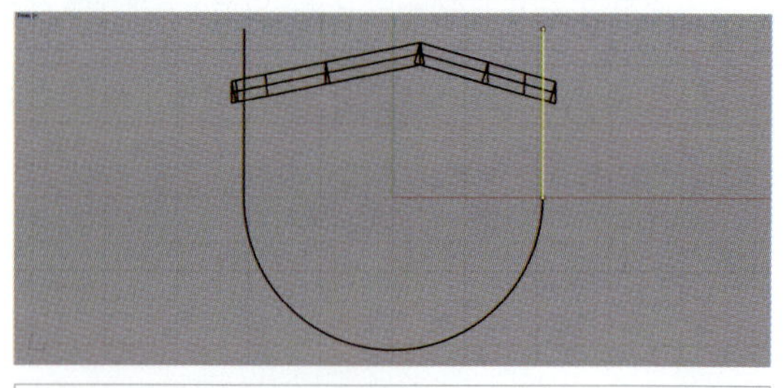

Point to move to <1.300>: 1.3

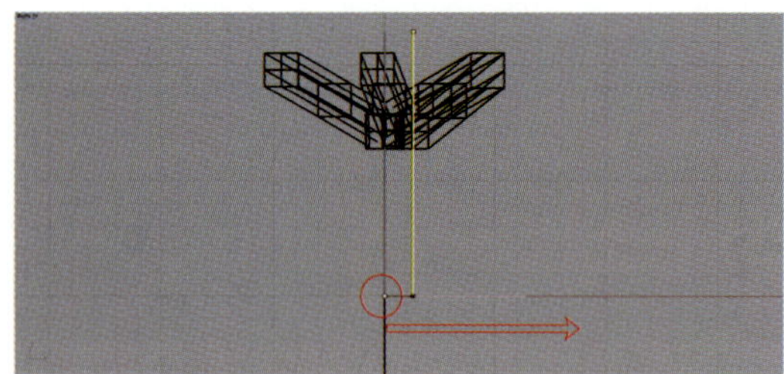

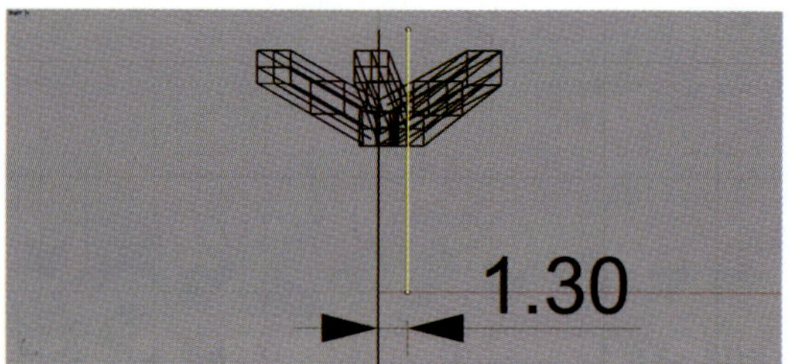

22. Match curve를 실행하고, 1번 Curve개체의 끝부분과 2번 Curve개체의 끝부분을 선택한다. Match curve Options창이 나타나면 Continuity를 Position으로 설정하고, Preserve other end는 None으로 설정한 다음, Average curves와 Join에 체크한 후, OK를 누른다. 다음 그림과 같이 2개의 Curve개체가 Position을 유지하며 자연스럽게 하나의 Curve개체로 결합된 것을 확인할 수 있다.

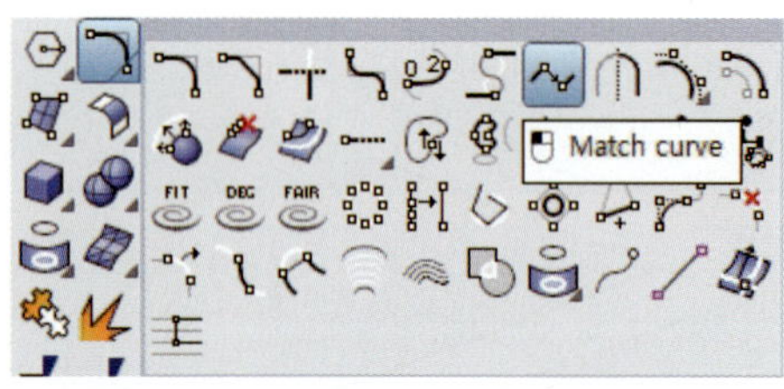

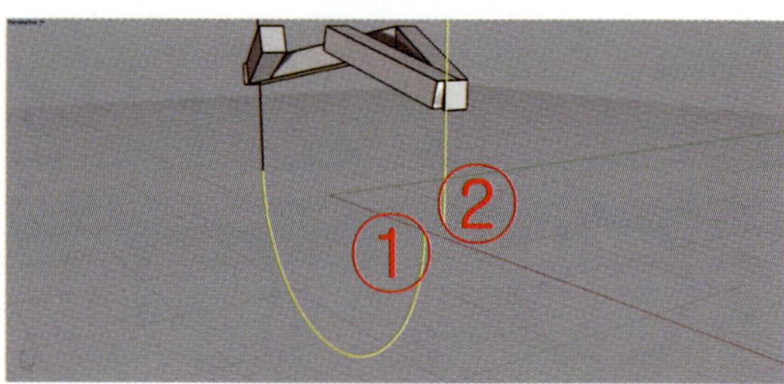

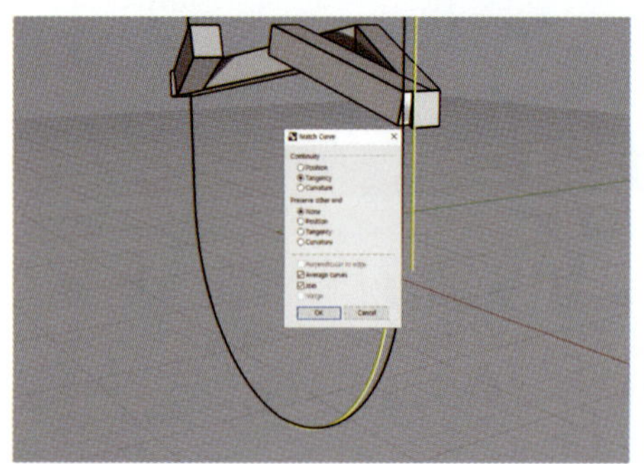

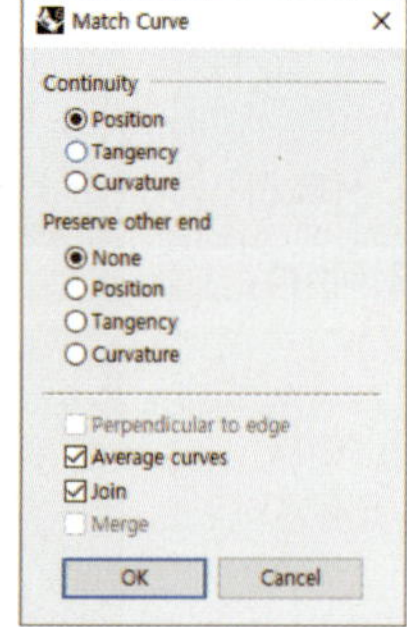

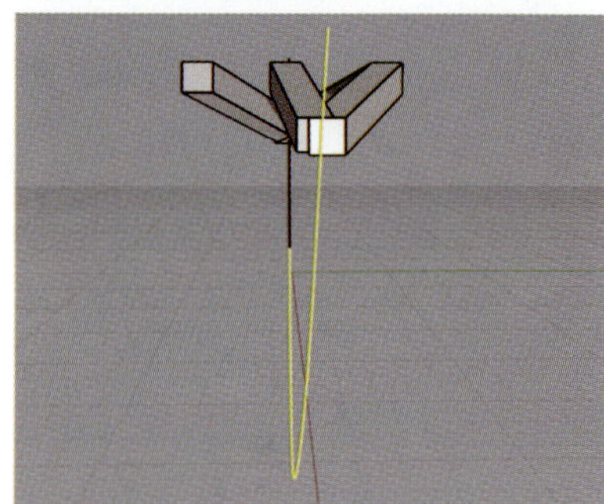

23. 다시 Match curve를 실행하고, 1번 Curve개체의 끝부분과 3번 Curve개체의 끝부분을 선택한다. Match curve Options 창이 나타나면 위와 같이 설정하고, OK를 누른다.

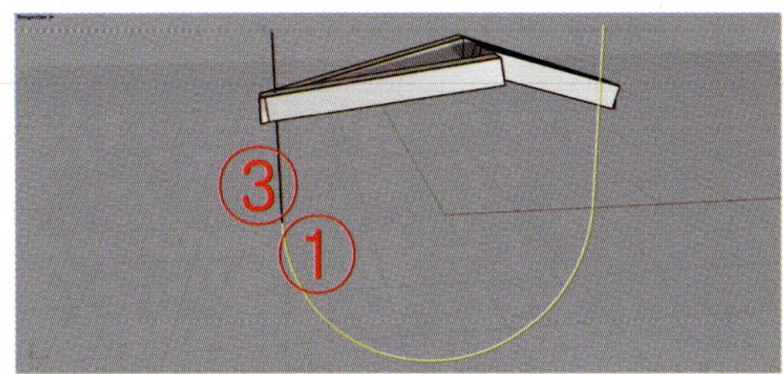

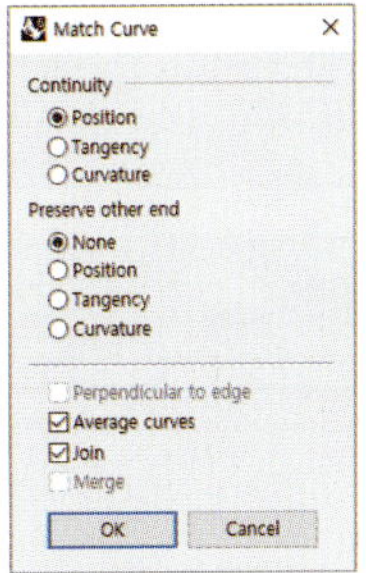

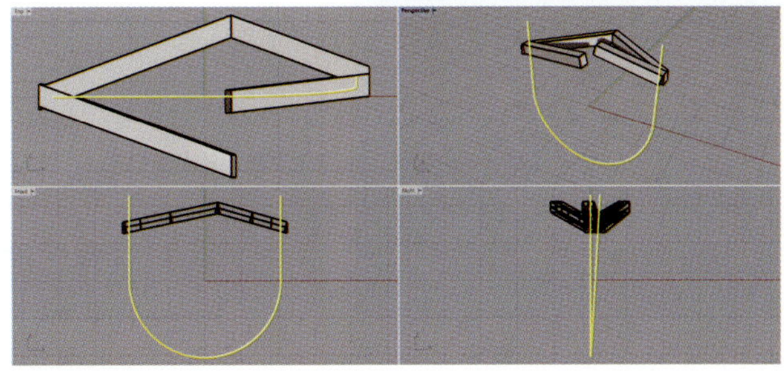

24. Front Front Viewport에서 하나로 결합된 Curve개체를 선택하고, Extrude straight를 실행한다. Command Prompt 영역에서 BothSides = Yes, DeleteInput = No로 설정하고, Extrusion distance값 10을 입력한 후, Enter↵ 키를 누르면 다음 그림과 같이 생성된 Surface개체를 확인할 수 있다.

Extrusion distance <10> (Direction BothSides=*Yes* Solid=*No* DeleteInput=*No* ToBoundary SetBasePoint): 10

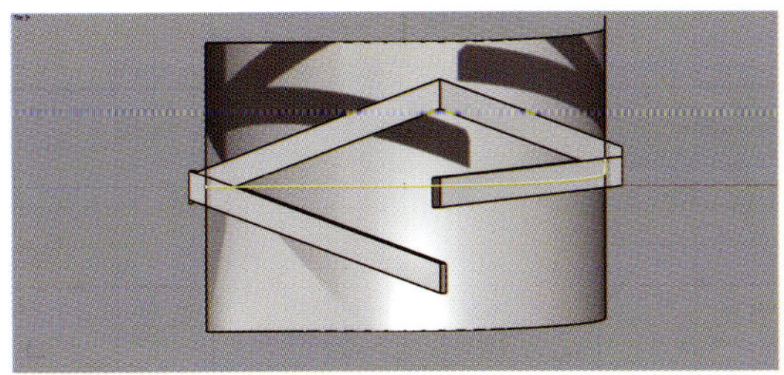

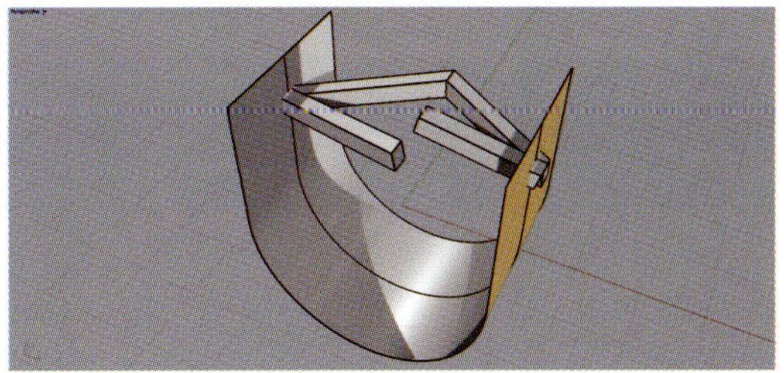

25. Poly-Surface개체를 선택하고, Boolean difference를 실행한 후, 생성된 Surface개체를 선택한다. 다음 그림과 같이 Poly-Surface개체가 Surface개체에 맞춰 바깥부분이 잘린 것을 확인할 수 있다.

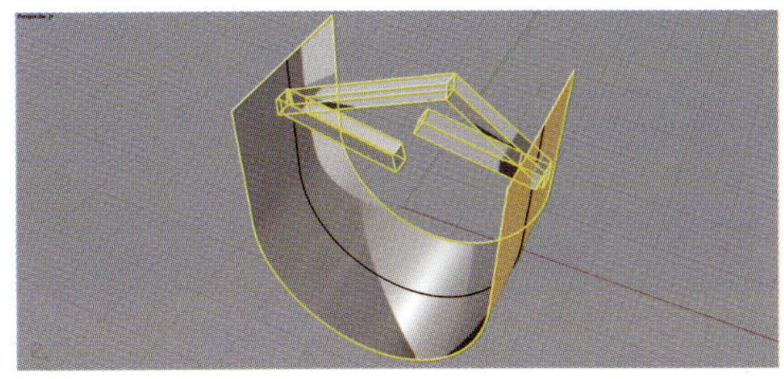

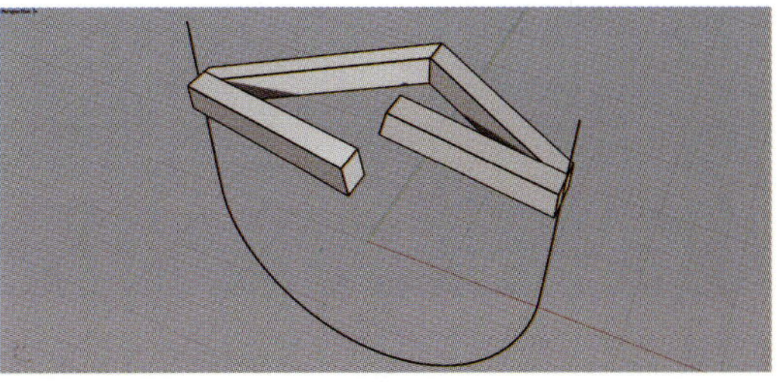

26. **Front** Front Viewport에서 Curve개체를 선택하고, Split을 실행한 후, Poly-Surface개체를 선택한다. 다음 그림과 같이 잘린 직선 Curve개체 4개를 선택한 후, 삭제한다.

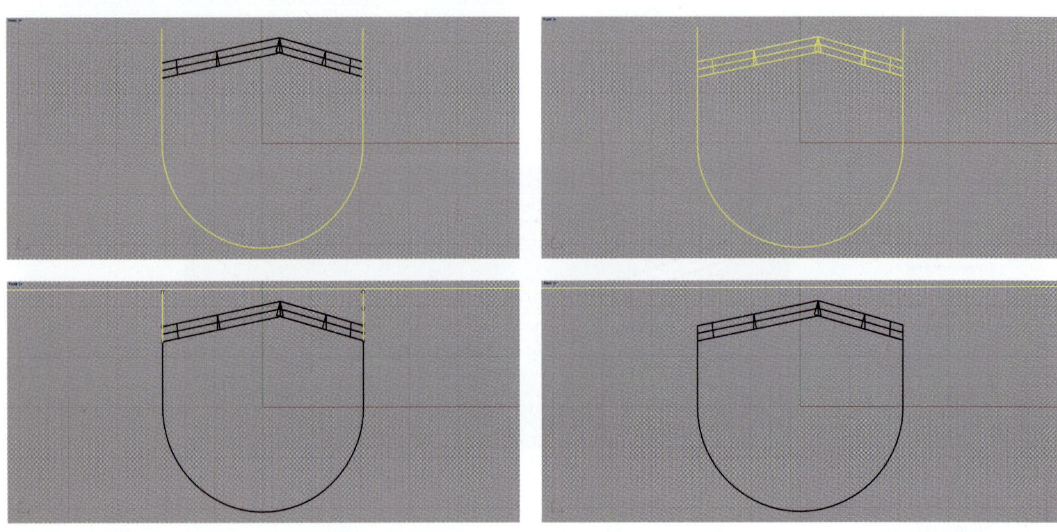

27. **Right** Right 글씨 위에 마우스 우측버튼을 클릭하고, Set View에서 Left를 선택하여 Right Viewport를 Left Viewport로 바꿔준다. **Left** Left Viewport에서 Copy를 실행하고, Curve개체의 End점을 선택한 후, 다음 그림과 같이 Poly-Surface개체의 양쪽 하단의 End점에 Curve개체를 복사한다.

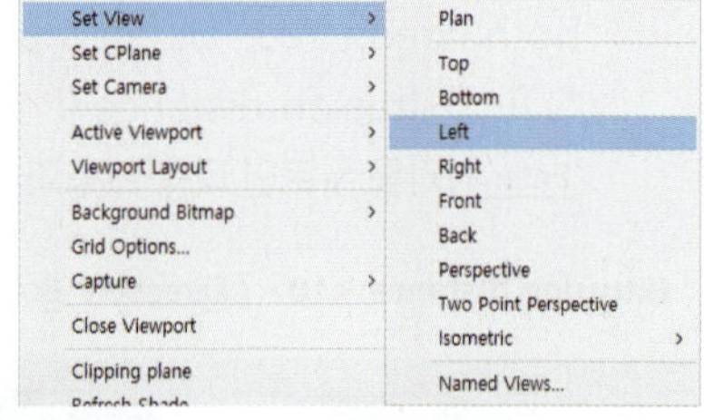

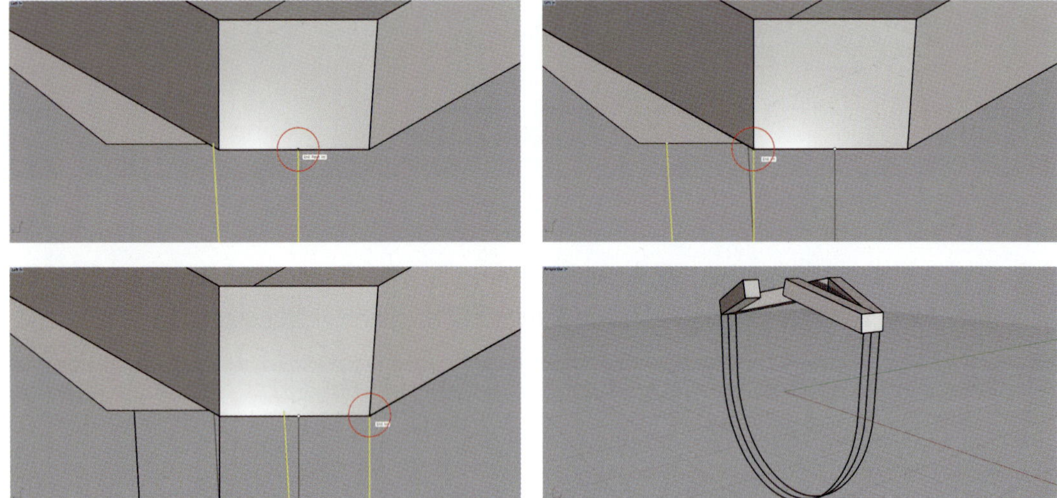

28. 복사된 2개의 Curve개체를 남기고, 가운데 Curve개체는 선택한 후, 삭제한다.

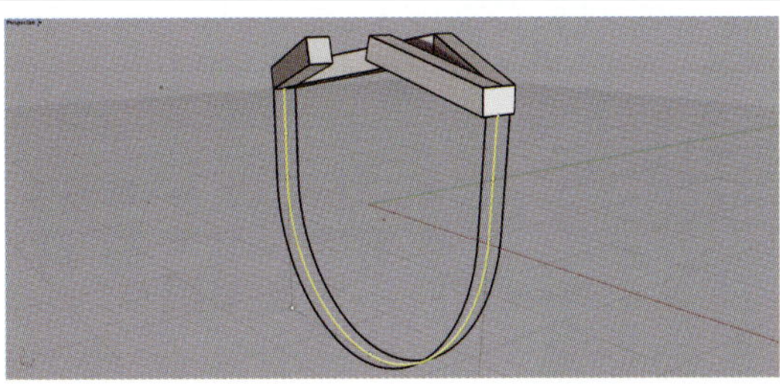

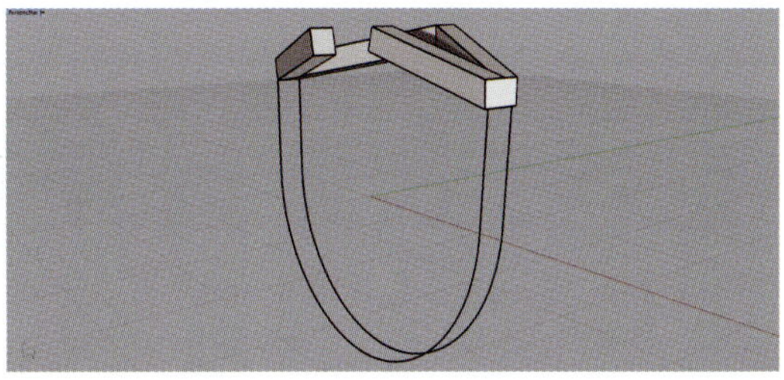

29. **Left ▾** Left Viewport를 다시 **Right ▾** Right Viewport로 바꾸고, 2개의 Curve개체를 선택한 후, Show object control points(F10)을 실행하여 Curve개체의 조절점이 보이게 한다. 1번 조절점을 선택하고, Move 또는 마우스를 드래그하여 Curve개체 End점을 Poly-Surface개체 End점으로 이동시킨다.

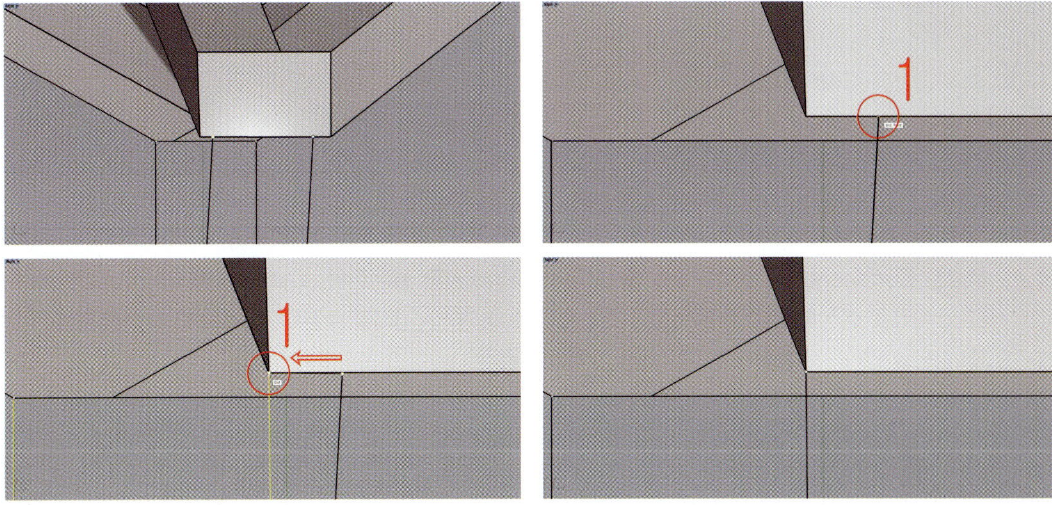

30. 우측 Curve개체도 2번 조절점을 선택하고, Move 또는 마우스를 드래그하여 Curve개체 End점을 Poly-Surface개체 End점으로 이동시킨다.

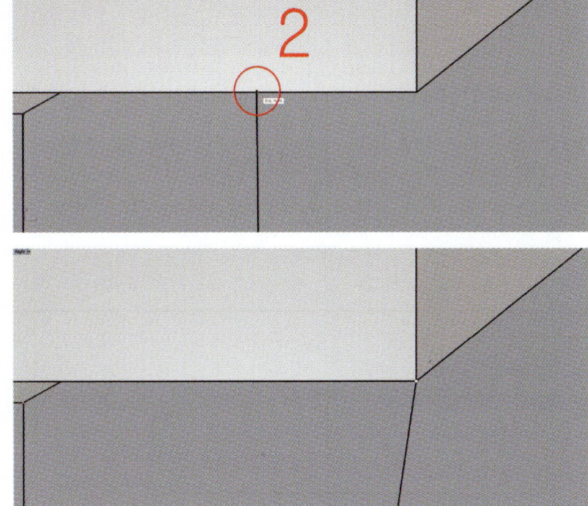

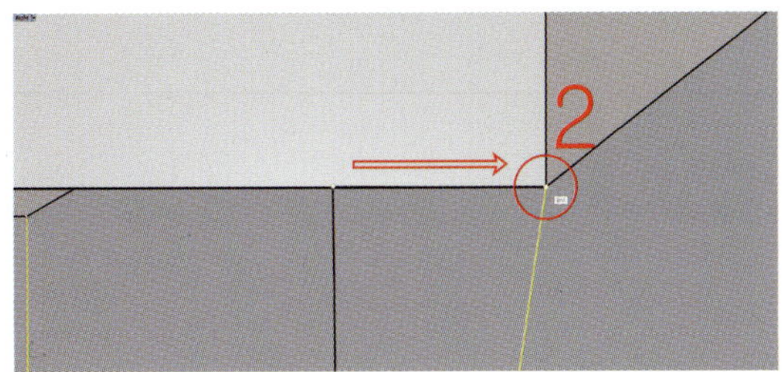

31. Point Off(F11)를 실행하여 조절점을 숨겨둔다. 2개의 Curve개체를 선택하고, Loft를 실행한 후, Loft Options창이 나타나면 Style을 Straight Sections로 설정하고 OK를 누른다. 다음 그림과 같이 생성된 Surface개체를 확인할 수 있다. 2개의 Curve개체는 선택한 후, 삭제한다.

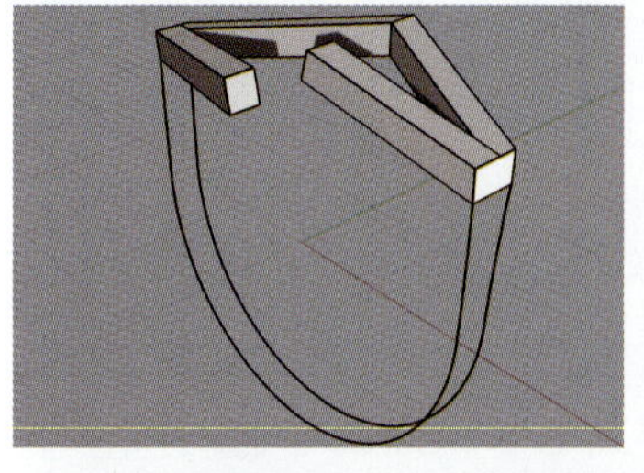

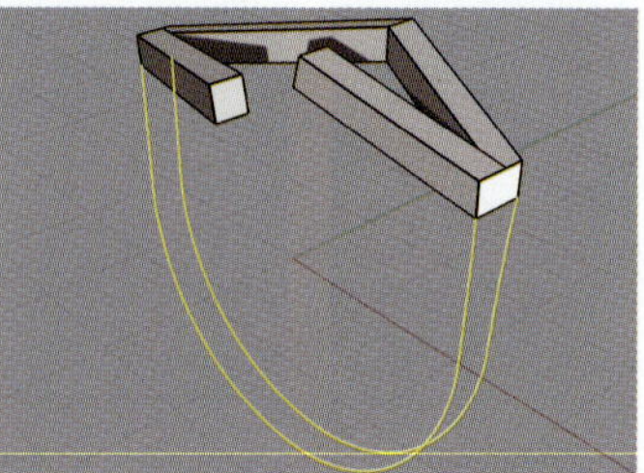

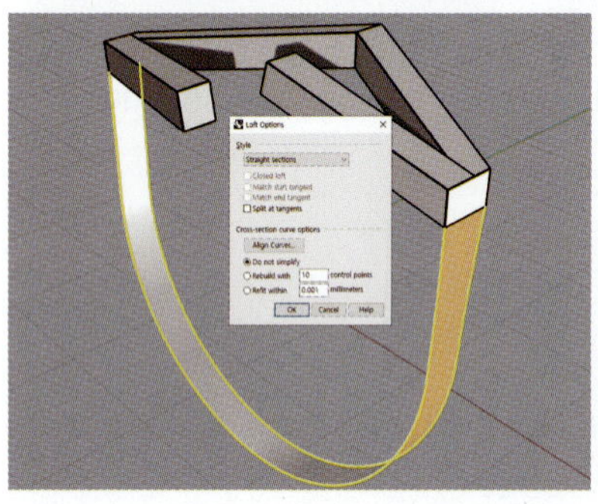

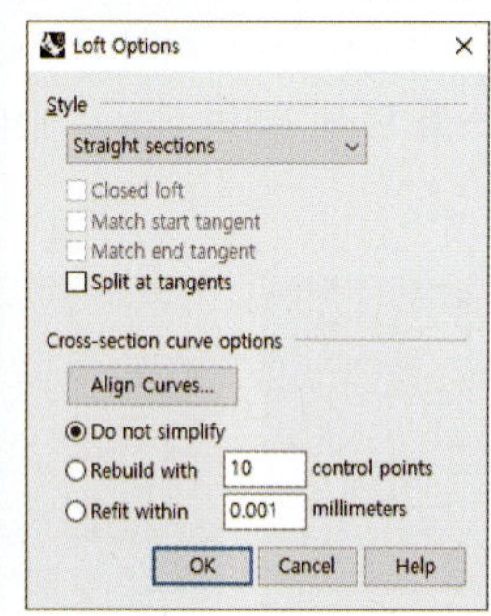

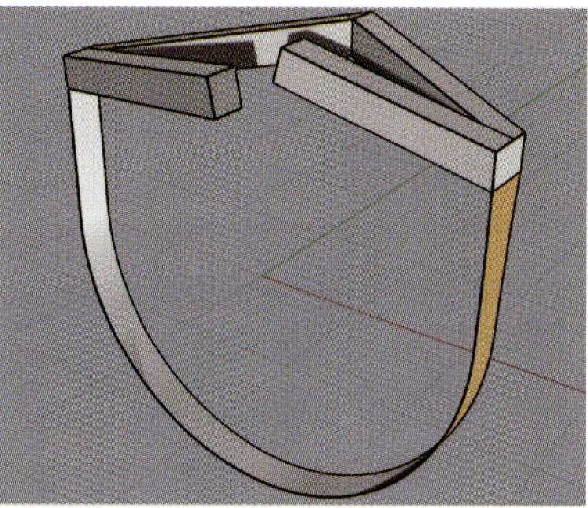

32. 생성된 Surface개체를 선택하고, Offset Surface를 실행한다. Command Prompt 영역에서 Solid=No로 설정하고, Distance값 1.2를 입력한 후, Enter키를 누른다. Surface normal(흰색 화살표) 방향을 안쪽으로 향하게 한 후, Enter키를 누른다.

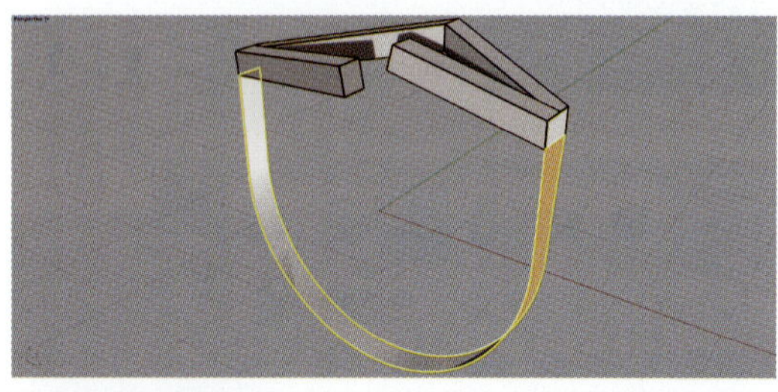

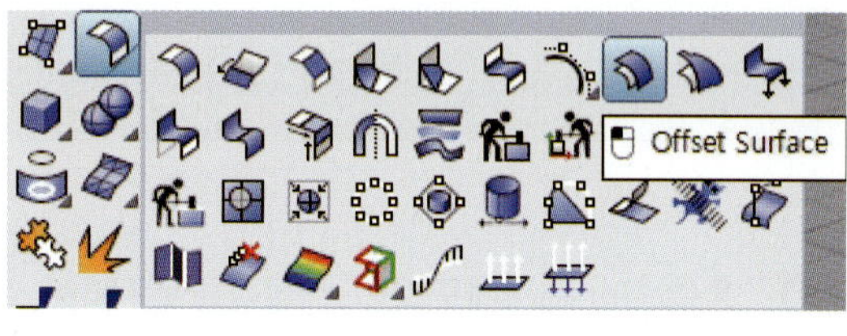

Select object to flip direction. Press Enter when done (Distance=1.2 Corner=Round Solid=No Loose=No Tolerance=0.001 BothSides=No FlipAll): 1.2

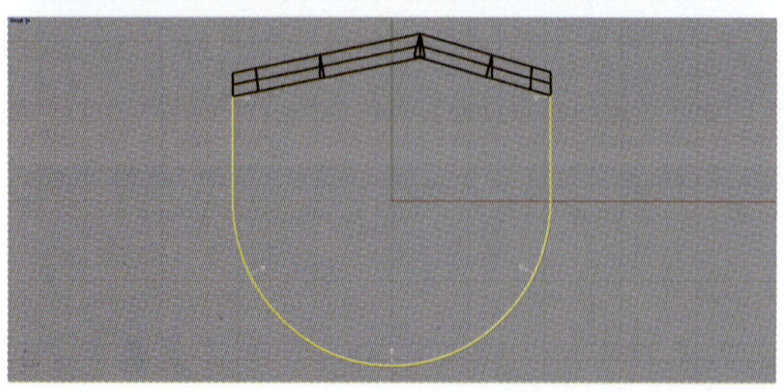

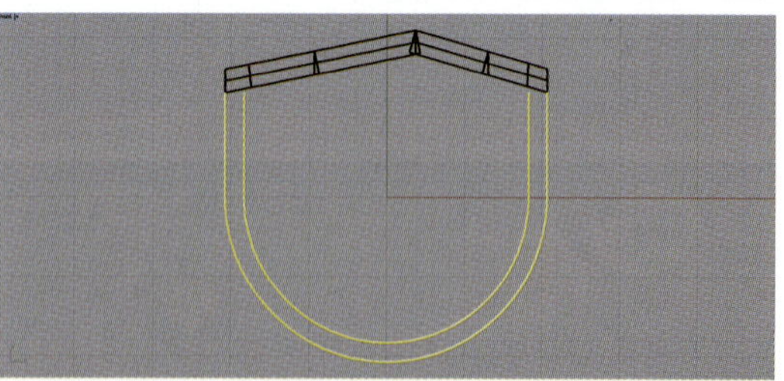

33. Extend surface를 실행하고, 나음 그림과 같이 Offset된 Surface개체 상단의 Edge를 선택한다. Command Prompt 영역에 Extension Point값 0.5를 입력한 후, Enter↵키를 누르면 Surface개체의 Edge로 부터 0.5㎜ 연장된 것을 확인할 수 있다.

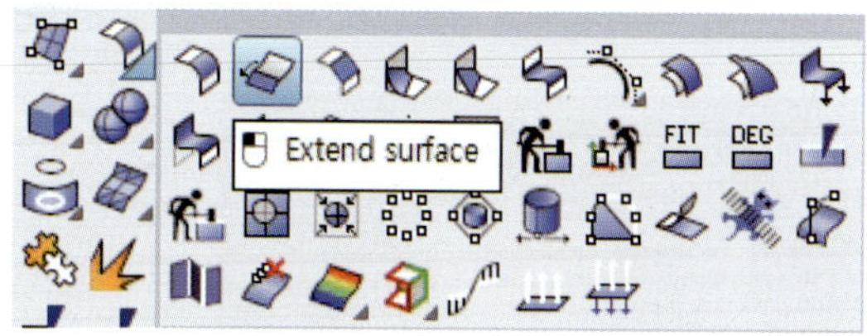

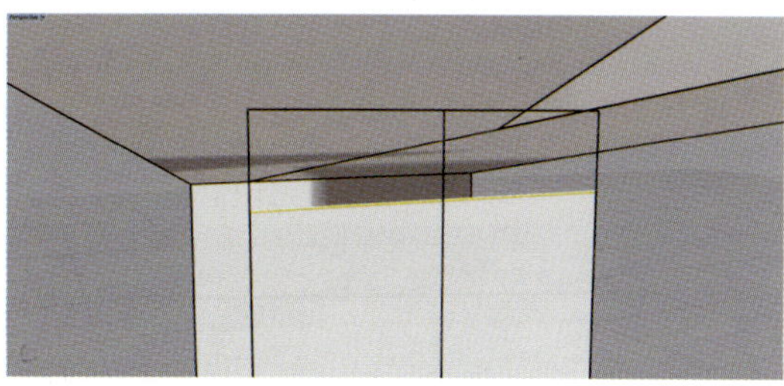

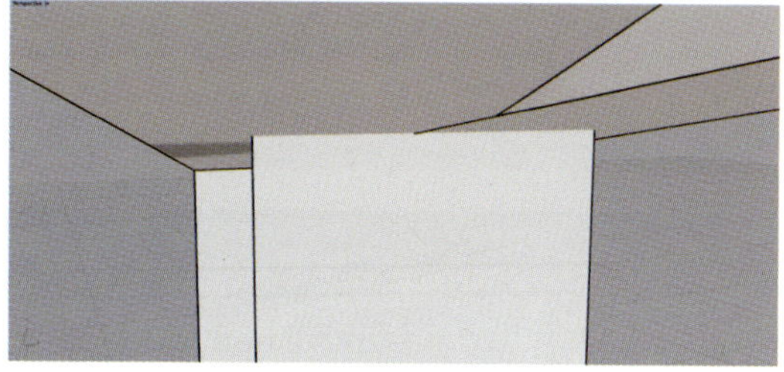

Extension point <0.100> (SetBasePoint Type=*Smooth* Merge=*Yes*): 0.5

34. 대칭 방향도 위와 같은 방법으로 Surface개체 상단의 Edge로부터 0.5㎜ 연장시킨다.

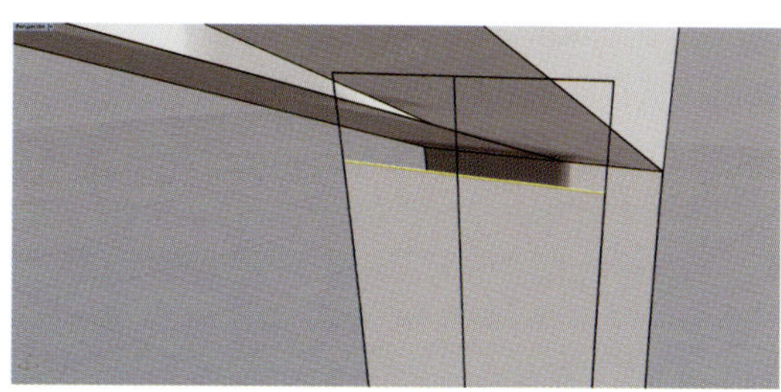

Extension point <0.100> (SetBasePoint Type=*Smooth* Merge=*Yes*): 0.5

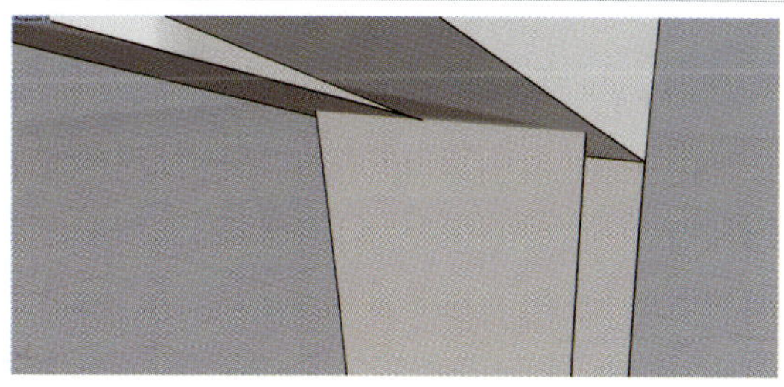

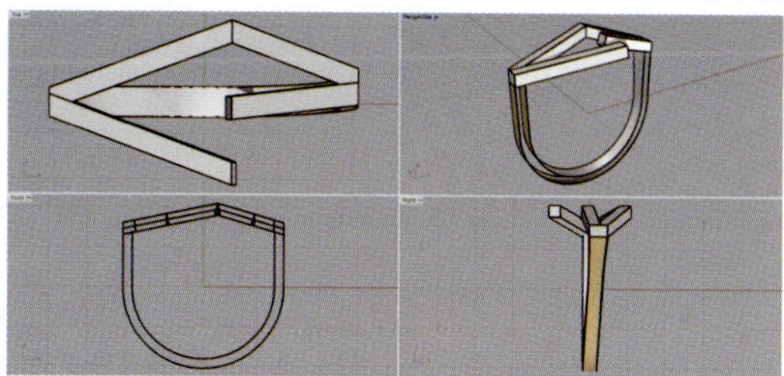

35. Loft를 실행하고, 1번 Surface개체의 Edge와 2번 Surface개체의 Edge를 선택한 후, Enter↵키를 누른다.
Loft Options창이 나타나면 Style을 Straight Sections로 설정하고 OK를 누르면 다음 그림과 같이 Surface개체가 생성된 것을 확인할 수 있다.

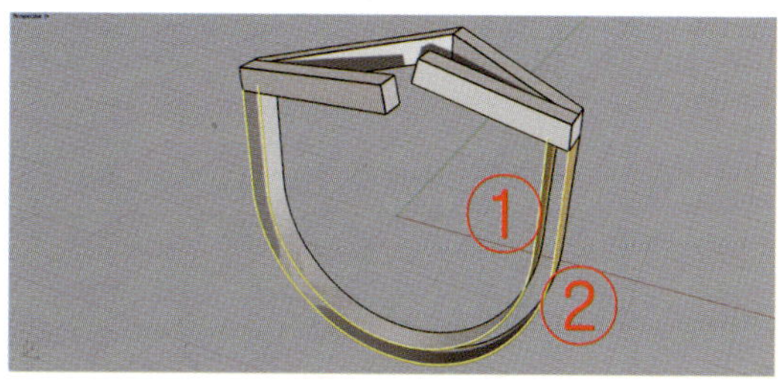

대칭 방향도 같은 방법으로 Surface개체를 생성한다.

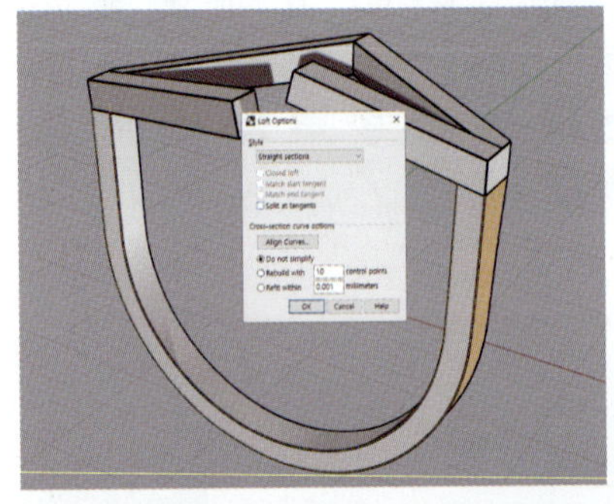
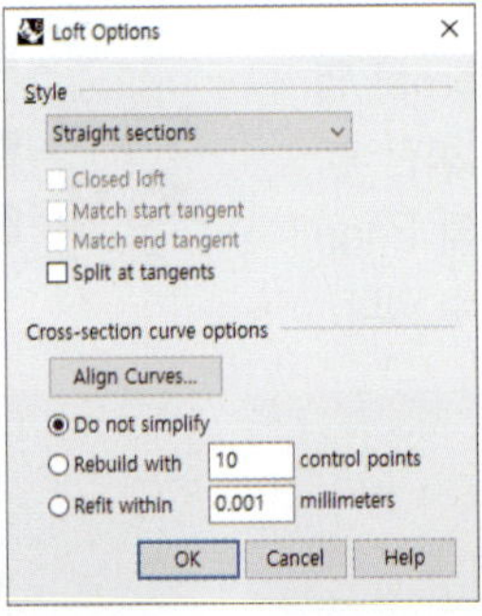

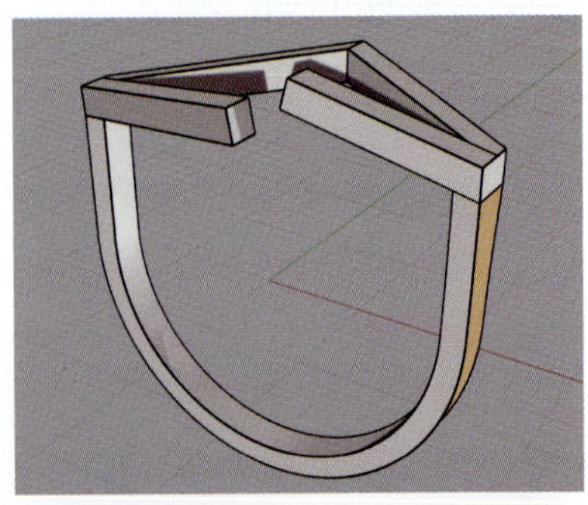
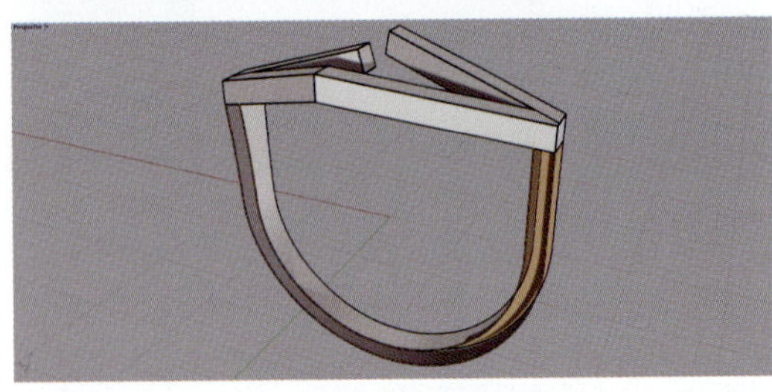
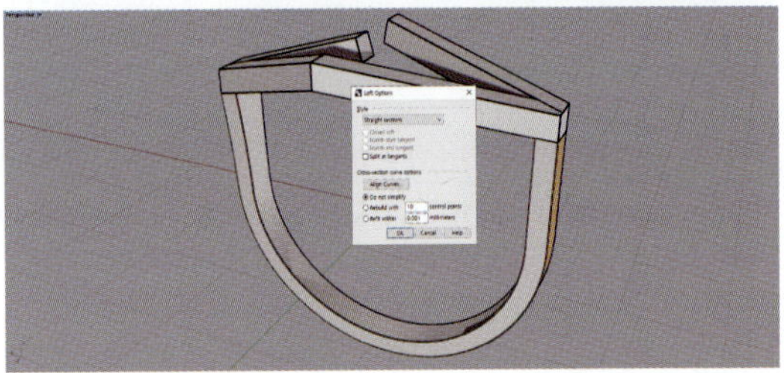

36. 다음 그림과 같이 4개의 Surface개체를 모두 선택하고, Join을 실행하여 하나의 Poly-Surface개체로 결합한 후, 2개의 Poly-Surface개체를 모두 선택하고, Boolean union을 실행하여 하나의 개체로 결합한다.

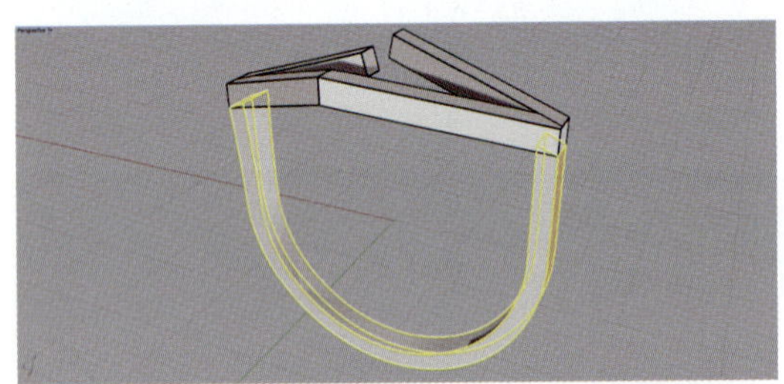
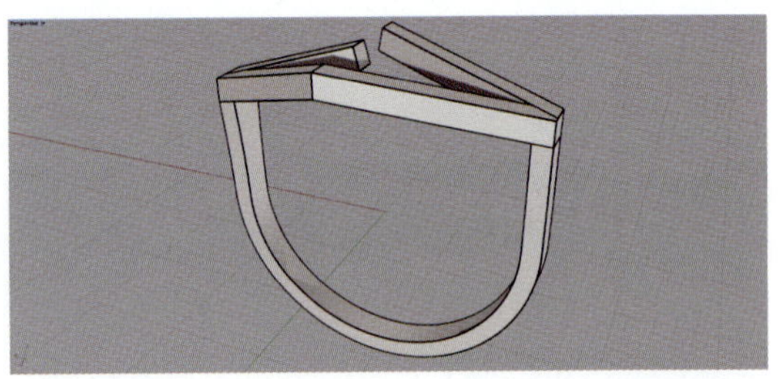

37. 다음 그림과 같이 하나의 Poly-Surface 개체로 결합에 실패했다는 메시지를 Command Area 영역에서 확인할 수 있다.

Boolean union in progress... Press Esc to cancel
Boolean union failed.

38. Extract surface를 실행하고, 좌측상단 Poly-Surface개체의 사각형 Surface개체를 선택한 후, Enter↵키를 누르면 다음 그림과 같이 선택한 사각형 Surface개체가 추출된 것을 확인할 수 있다.

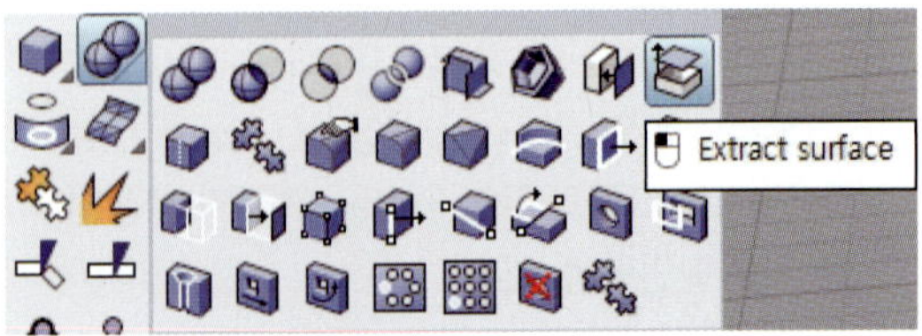

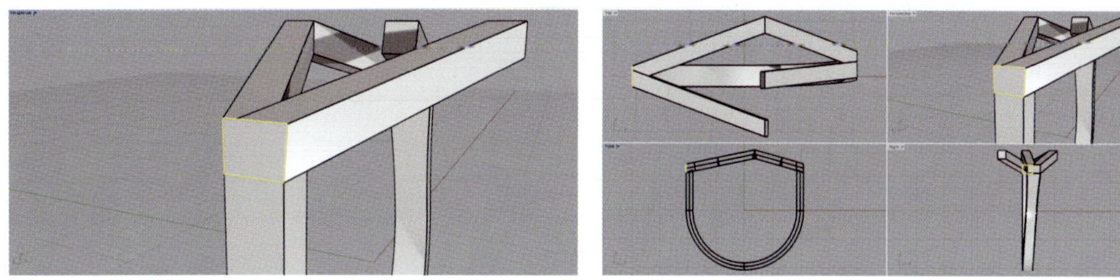

39. 추출한 사각형 Surface개체와 U자형 Poly-Surface개체를 선택하고, Join을 실행하여 결합한다. 2개의 Poly-Surface개체를 모두 선택하고, Boolean union을 실행하여 하나의 Poly-Surface개체로 결합한다.

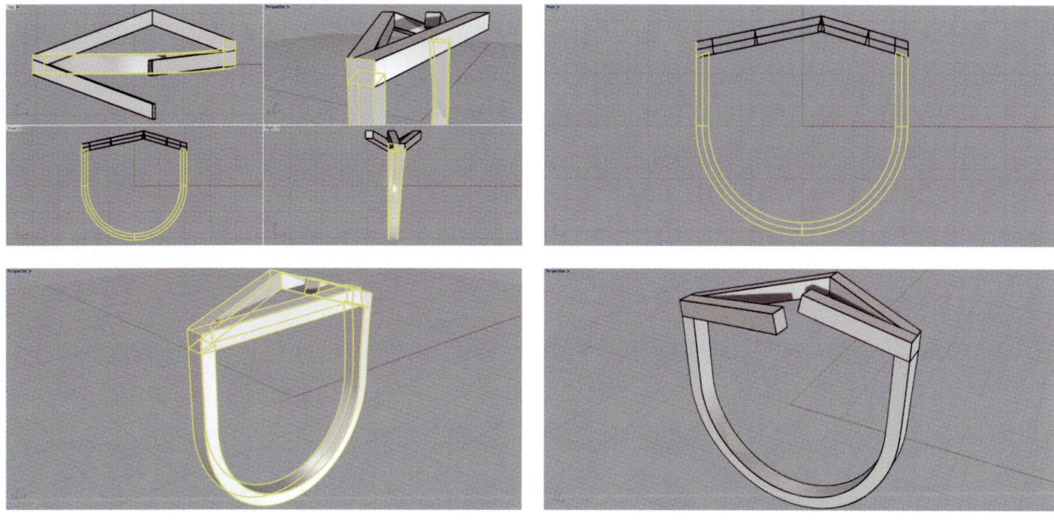

40. 반지 모형의 Poly-Surface개체를 선택하고, Show edges를 실행한다. Edge Analysis Options창이 나타나면 Naked edges로 설정하고, Edge color를 잘 보이는 색상으로 바꿔주면 반지 개체 Edge에 Error가 있는 부분이 선택한 색상으로 표시된다.

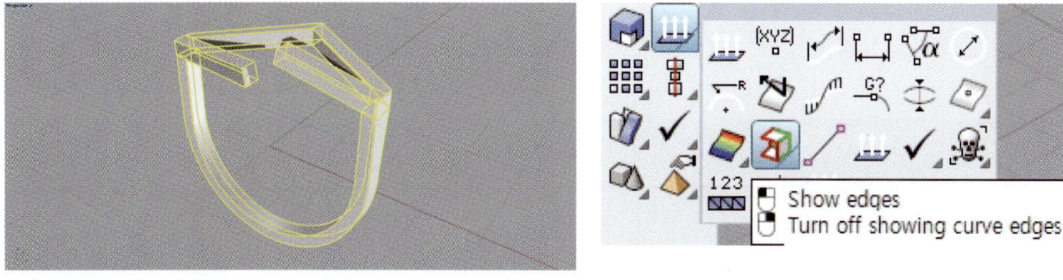

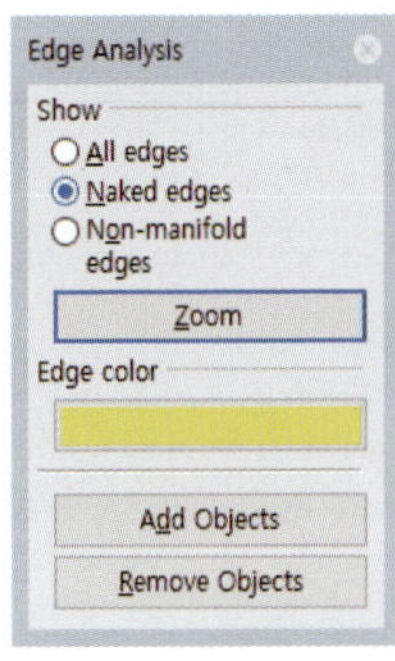

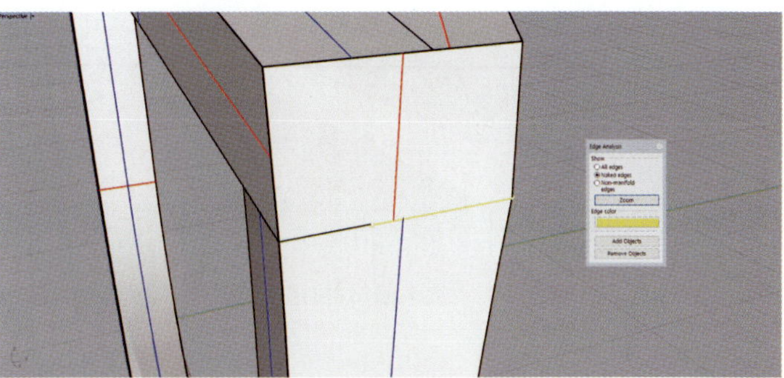

Command: _ShowEdges
Found 59 edges total; 1 naked edges, no non-manifold edges.

41. Extract surface를 실행하고, Error가 있는 부분의 우측 직사각형 Surface개체와 U자 Poly-Surface개체의 바깥 Surface개체를 선택한 후, Enter↵ 키를 눌러서 추출한다. 추출된 2개의 Surface개체는 삭제한다.

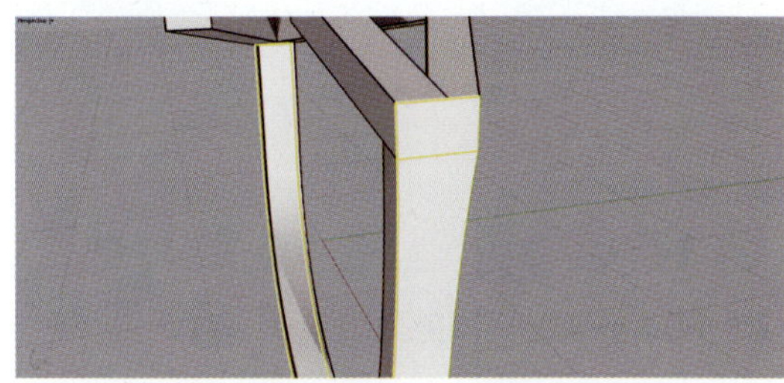

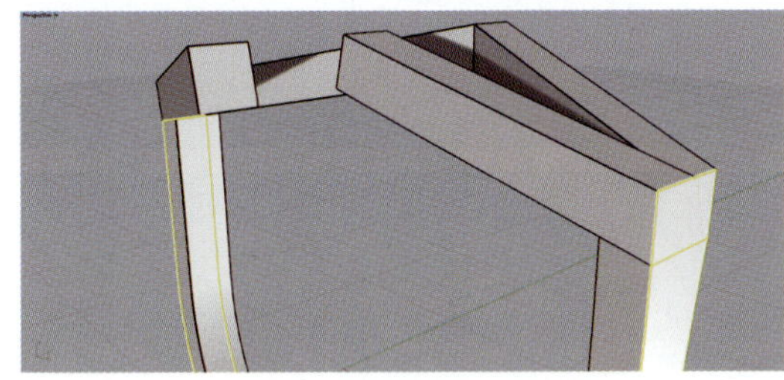

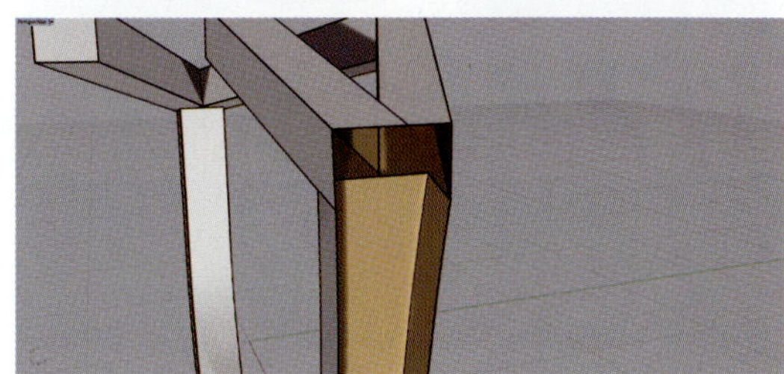

42. Single Line을 실행하고, 다음 그림과 같이 Poly-Surface개체의 1번 End점, Int점과 2번 End점 또는 Int점을 연결하는 직선 Curve개체를 생성한다.

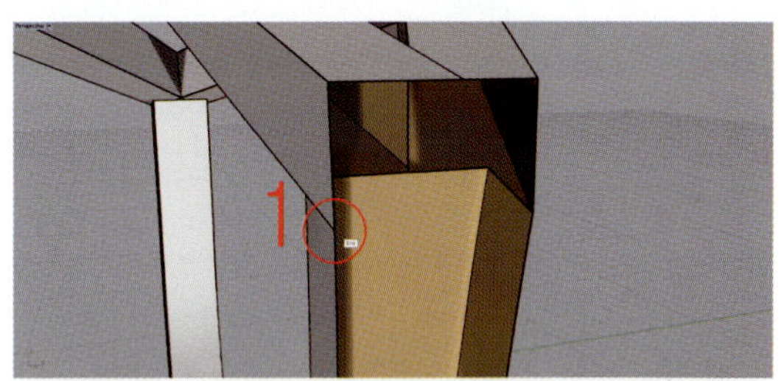

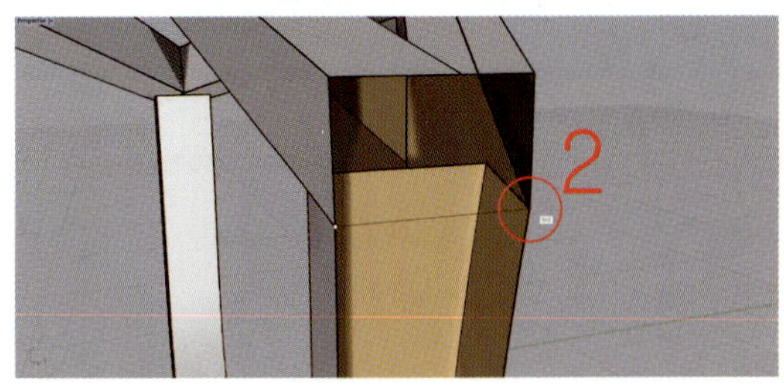

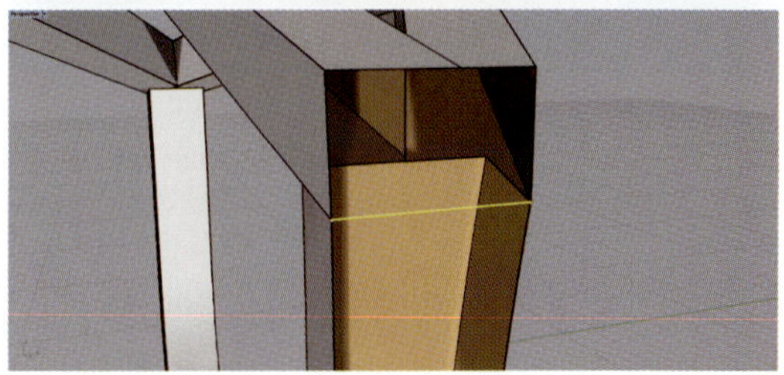

43. Surface from planar curves를 실행하고, Edge와 직선 Curve개체를 차례대로 선택한 후, Enter↵키를 누르면 다음 그림과 같이 Surface개체가 생성된 것을 확인할 수 있다. 직선 Curve개체는 선택한 후, 삭제한다.

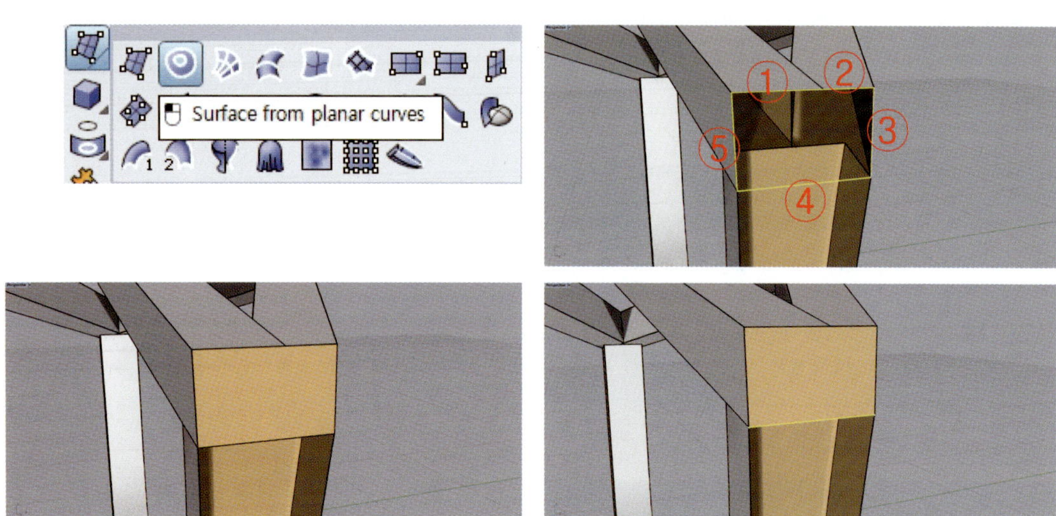

44. Surface from 2, 3 or 4 edge curves를 실행하고, 4개의 Edge를 차례대로 선택하면 다음 그림과 같이 Surface개체가 생성된 것을 확인할 수 있다. 생성된 Surface개체와 Poly-Surface개체를 모두 선택한 후, Join을 실행하여 하나의 개체로 결합한다.

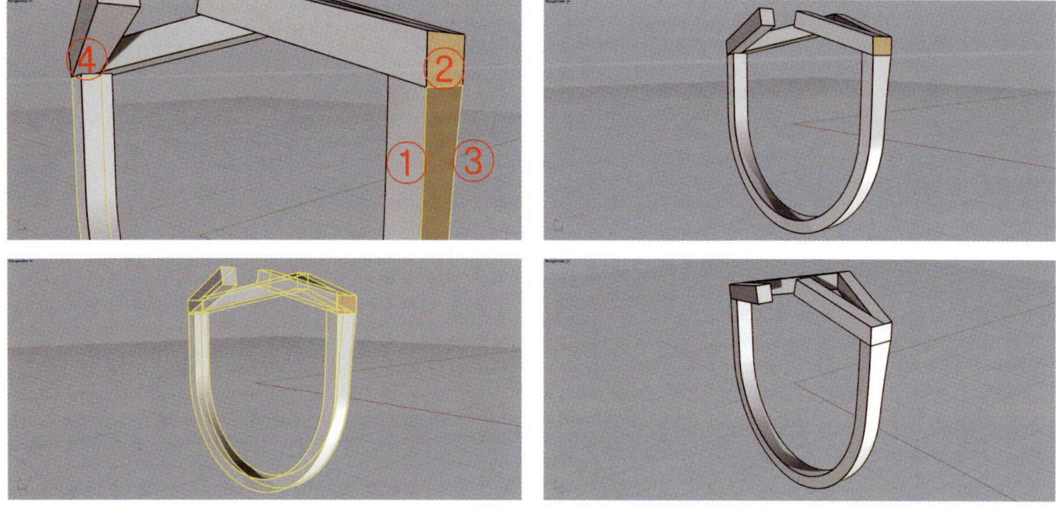

45. Show edges를 실행하고, 결합된 반지개체를 선택하면 Command Area 영역에서 더 이상 Error가 없다는 메시지를 확인할 수 있다.

Select surfaces, polysurfaces or meshes for edge display. Press Enter when done
Found 57 edges total; no naked edges, no non-manifold edges.

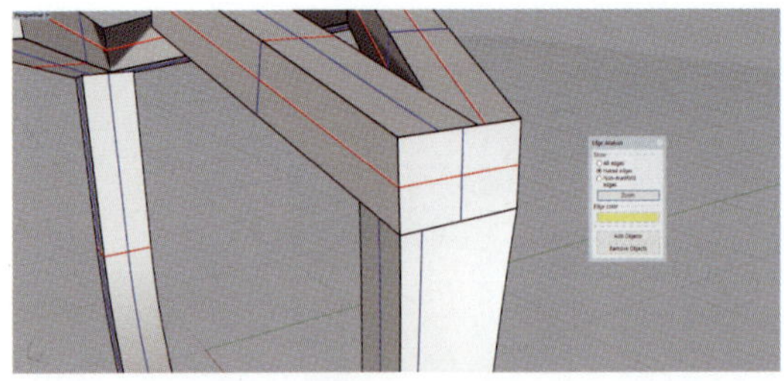

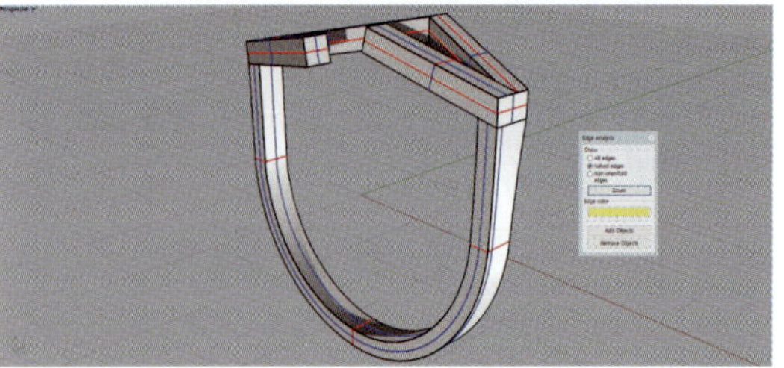

46. Fillet edges를 실행하고, 반지개체의 안쪽 Edge를 선택한다.
Command Prompt 영역에서 SetAll을 선택한 후, Radius for all handles값 0.3을 입력한 다음 Enter↵ 키를 누른다. 다음 그림과 같이 선택한 2개의 Edge부분이 반지름 0.3㎜로 Fillet된 것을 확인할 수 있다.

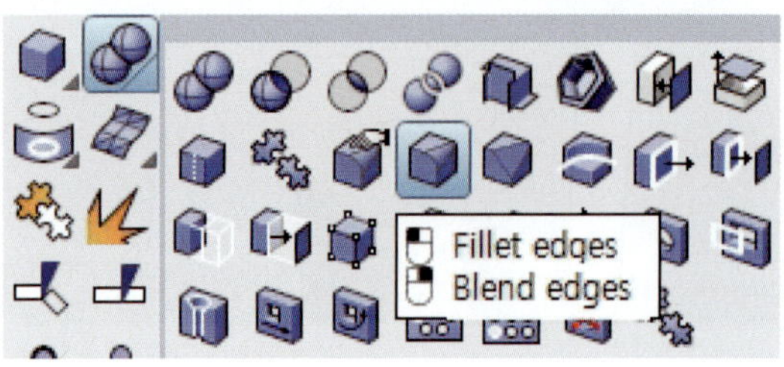

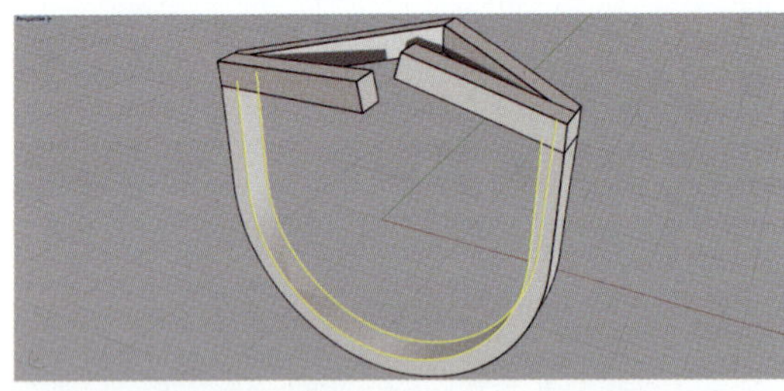

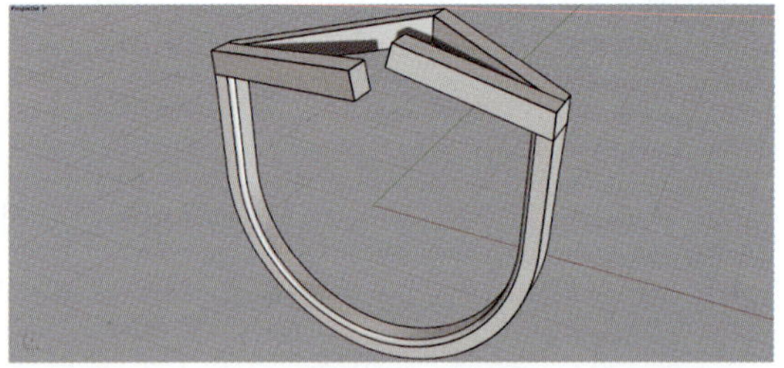

Select fillet handle to edit. Press Enter when done
(ShowRadius=*Yes* AddHandle CopyHandle SetAll LinkHandles=*No* RailType=*RollingBall* SelectEdges TrimAndJoin=*Yes* Preview=*No*):

Radius for all handles <0.300>: 0.3

47. 우측 Panels의 Layers에서 새 Layer를 생성하고, 이름을 ring으로 변경한 후, 반지개체를 생성한 Ring Layer로 설정한다. Hide Objects를 선택하여 반지개체를 숨겨둔다.

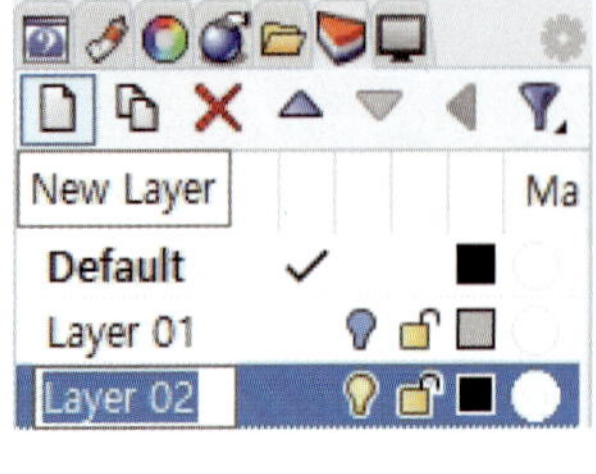

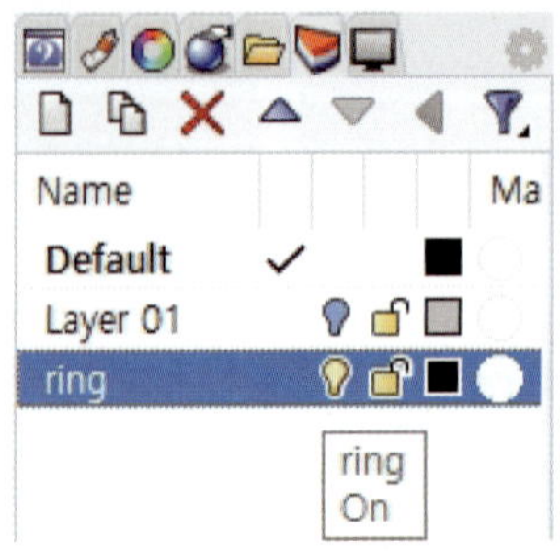

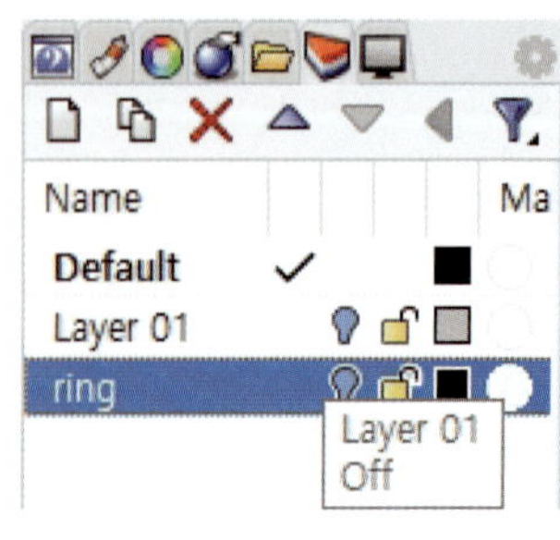

48. Ctrl+I로 Insert Options창이 화면상에 나타나게 한다. Insert as에서 Individual Objects를 선택하고, 우측 상단의 폴더 아이콘을 선택하여 5.25×3.17 파일을 불러온 후, Top Top Viewport에서 Command Prompt 영역에 Insertion point값 0을 입력하여 보석개체를 원점에 불러온다.

→ 부록CD 〉 Rhino 예제 〉 Level 1 – Design Modeling 2 〉 5.25×3.17

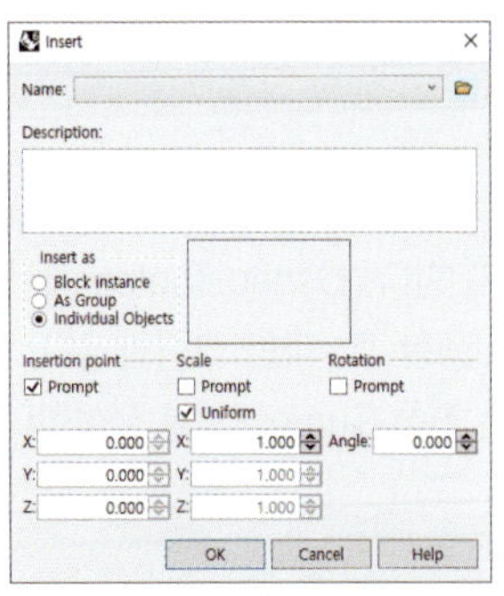

Insertion point: 0

49. 불러온 보석개체와 보석 모형개체는 Hide objects를 실행하여 잠시 숨겨둔다. Top Top Viewport에서 Circle: center, radius를 실행하고, 원점(0, 0) 기준으로 지름 1.99㎜, 3.29㎜, 3.97㎜, 5.38㎜의 원형 Curve개체 4개를 생성한다.

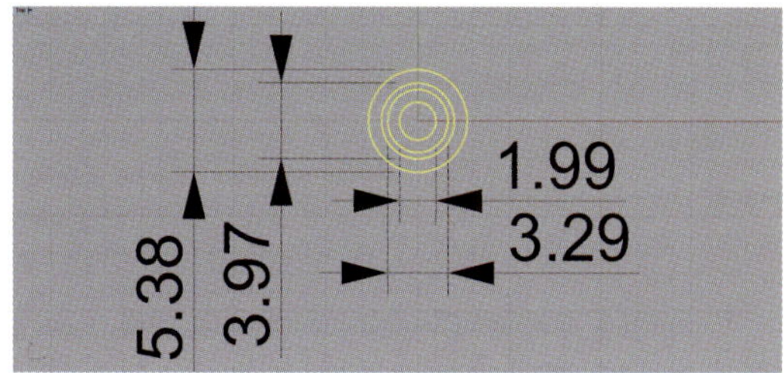

50. 5.38㎜ 원형 Curve개체를 선택하고, Front Front Viewport에서 Move를 실행한 후, Command Prompt 영역에 Point to move to값 0.12를 입력한 다음, Enter 키를 누른다.
Shift 키를 누른 상태로 마우스 커서를 화살표 방향으로 이동한 후, 마우스 왼쪽버튼을 클릭하여 5.38㎜ 원형 Curve개체를 수직으로 0.12㎜ 이동시킨다.

51. 위와 같은 방법으로 3.97㎜ 원형 Curve개체를 화살표 방향으로 0.49㎜ 이동시키고, 3.29㎜와 1.99㎜의 원형 Curve개체는 화살표 방향으로 4.96㎜ 이동시킨다.
다음 그림과 같은 형태로 원형 Curve개체들이 이동한 것을 확인할 수 있다.

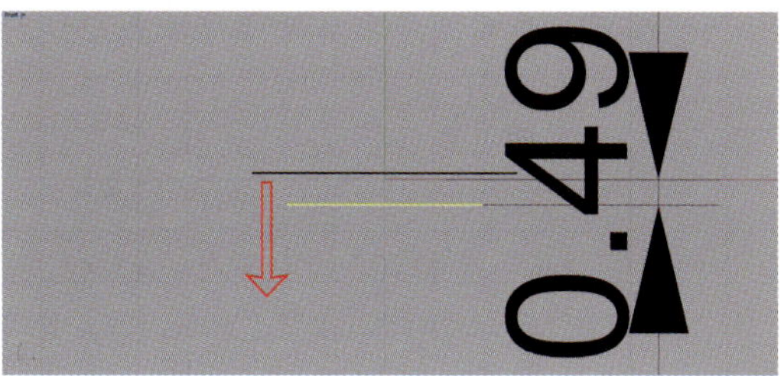

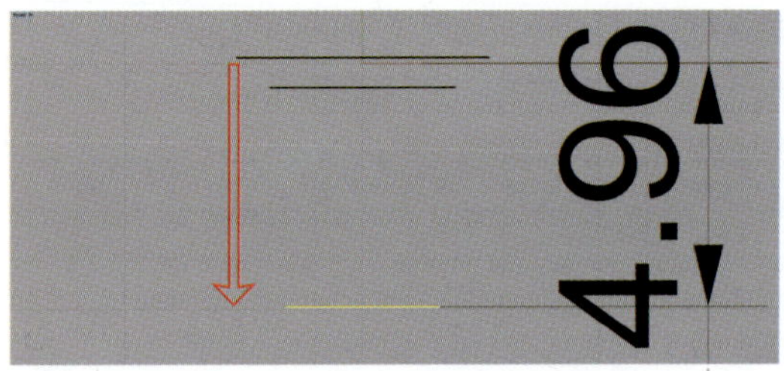

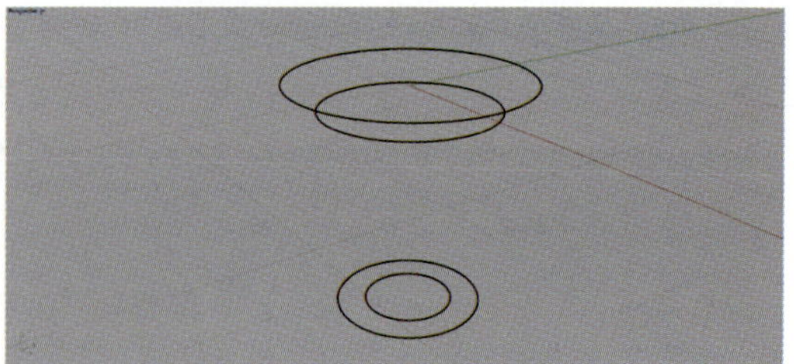

52. Show objects를 실행하여 숨겨둔 보석개체를 화면상에 나타나게 한다. Osnap Toolbar에서 Quad 점에 체크하고, Front Front Viewport에서 Single Line을 실행한 후, 다음 그림과 같이 5.38㎜ 원형 Curve개체와 3.97㎜ 원형 Curve개체의 우측 Quad를 연결하는 직선 Curve개체를 생성한다.

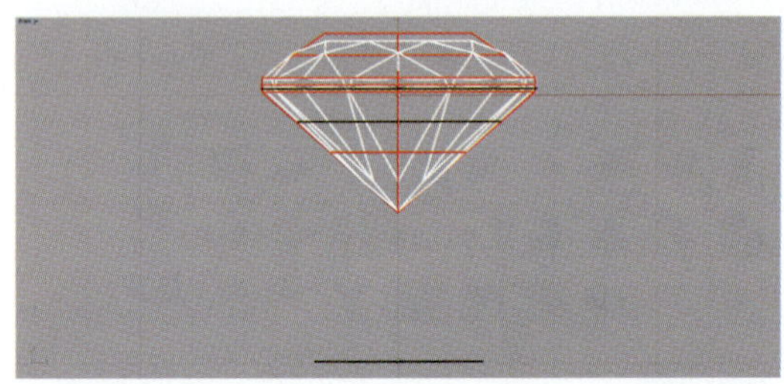
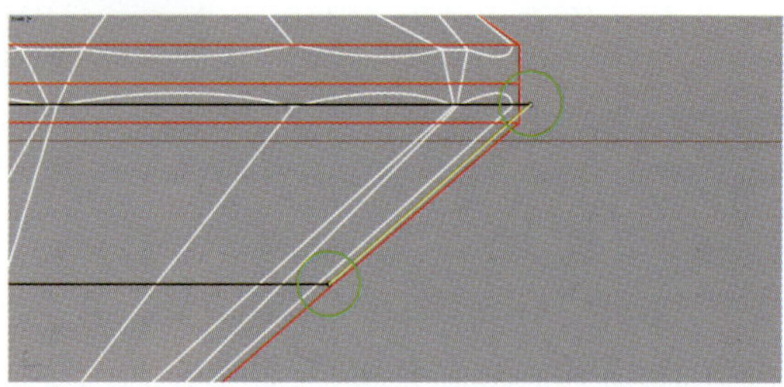

53. Curve: interpolate points를 실행하고, 다음 그림과 같이 곡선 Curve개체의 안쪽 End점을 1.99㎜ 원형 Curve개체의 우측 Quad점에 맞추고, 바깥쪽 곡선 Curve개체의 End점은 3.29㎜ 원형 Curve개체의 우측 Quad점에 맞춰서 생성한다.

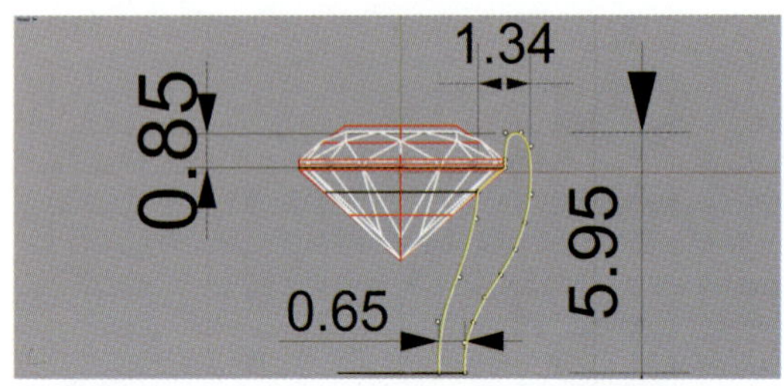

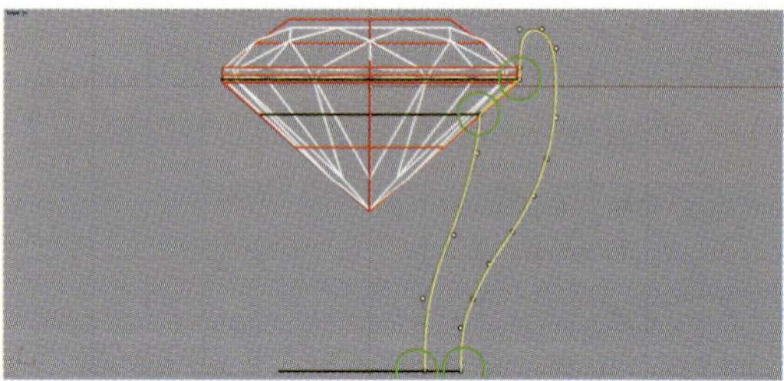

54. 생성된 곡선 Curve개체들을 선택하고, Join을 실행하여 하나의 곡선 Curve개체로 결합한다. 결합된 곡선 Curve개체를 선택하고, Revolve를 실행한 후, Command Prompt 영역에 Start of revolve axis 값 0을 입력한 다음, Enter↵키를 누른다. Shift키를 누른 상태로 마우스 커서를 화살표 방향으로 이동한 후, 마우스 왼쪽버튼을 클릭하고, Command Prompt 영역에서 FullCircle을 선택하

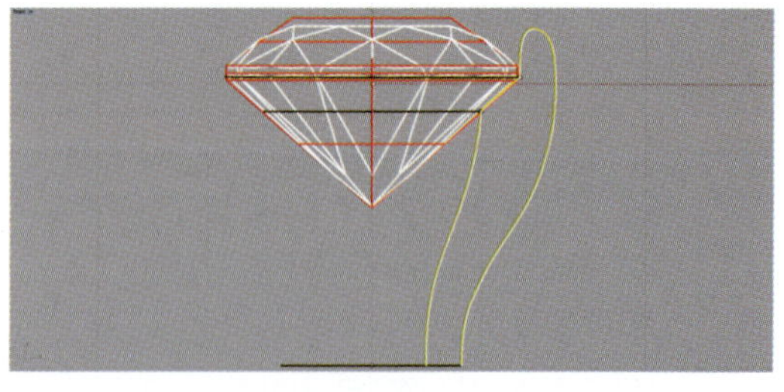

면 다음 그림과 같이 난집 모형의 Poly-Surface개체가 생성된 것을 확인할 수 있다. Curve개체들은 모두 삭제한다.

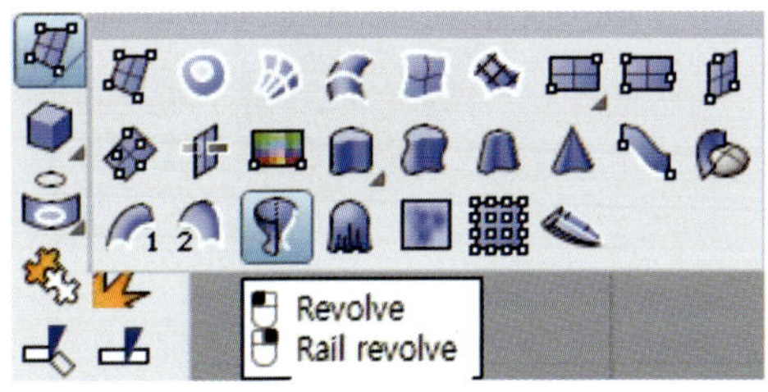

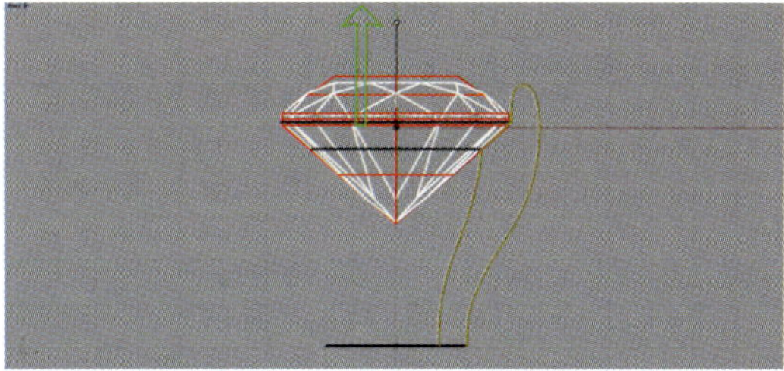

Start of revolve axis: 0

Start angle <0> (DeleteInput=No Deformable=No FullCircle AskForStartAngle=Yes SplitAtTangents=Yes):

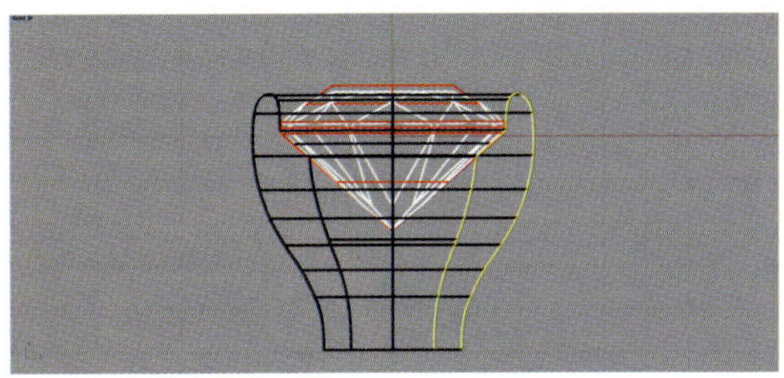

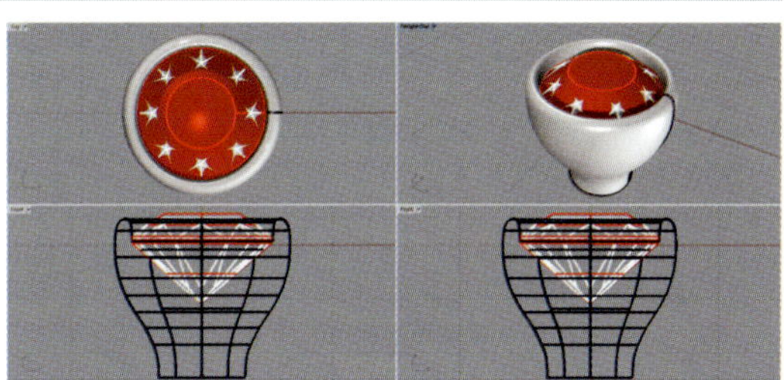

55. Front Front Viewport에서 Move를 실행하고, 개체들을 모두 선택한 후, Enter↵ 키를 누른다. Osnap Toolbar에서 Point점에만 체크하고, Point to move from을 보석개체 중심에 있는 Point개체로 선택한다. Command Prompt 영역에 Point to move to값 0.31, 11.4를 입력한 후, Enter↵ 키를 누르면 다음 그림과 같이 x축으로 0.31㎜, z축으로 11.4㎜ 이동한 것을 확인할 수 있다.

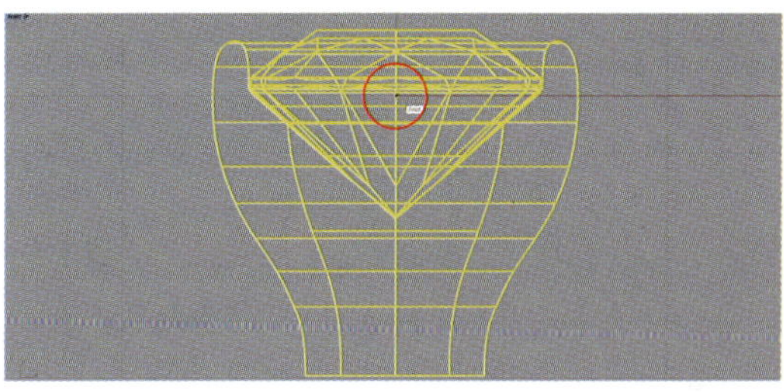

Point to move to <11.404>: 0.31,11.4

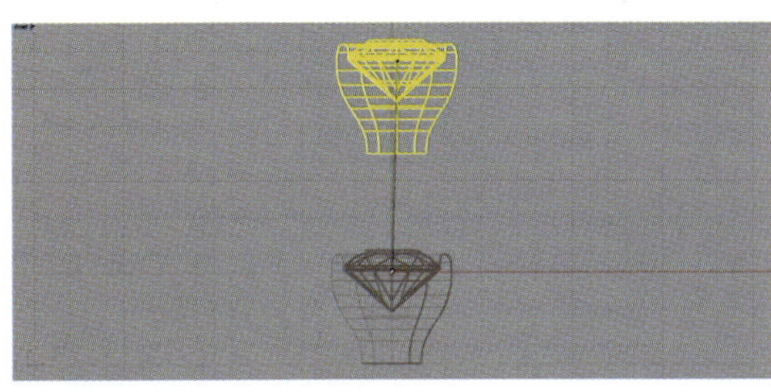

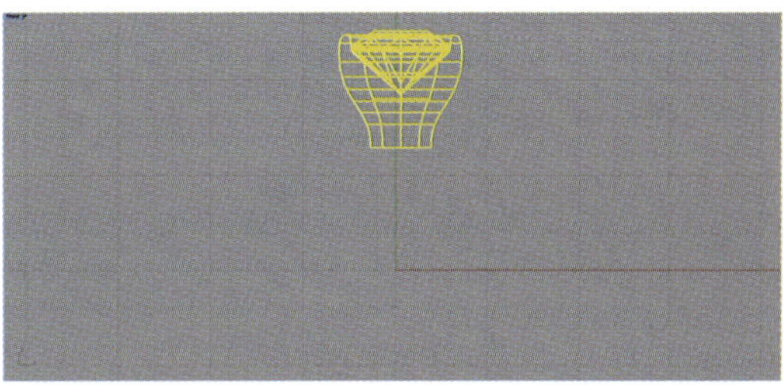

56. Extract surface를 실행하고, Command Prompt 영역에서 Copy=Yes로 설정한 후, 다음 그림과 같이 난집개체의 안쪽 Surface개체를 선택한 다음, 추출한다. 추출한 안쪽 Surface개체는 Hide objects를 실행하여 잠시 숨겨둔다.

Select surfaces to extract (OutputLayer=*Input* Copy=*Yes*):

57. Line: from midpoint를 실행하고, Command Prompt 영역에 Middle of line값 0.31, 9.13을 입력한 후, Enter↵키를 누른다. End of line값 5를 입력하고, Enter↵키를 누른 다음, Shift키를 누른 상태로 마우스 커서를 화살표 방향으로 이동한 후, 마우스 왼쪽버튼을 클릭하여 직선 Curve개체를 생성한다.

Middle of line (Normal Angled Vertical FourPoint Bisector Perpendicular Tangent Extension): 0.31,9.13

End of line: 5

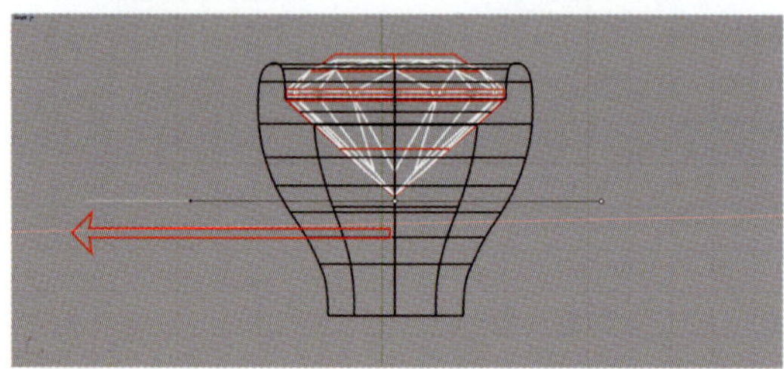

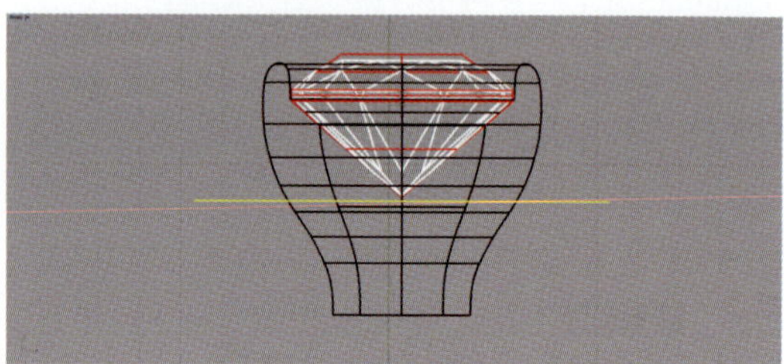

58. 생성된 직선 Curve개체를 선택하고, Extrude straight를 실행한다. Command Prompt 영역에서 BothSides = Yes, DeleteInput=Yes로 설정하고, Top Top Viewport에서 마우스 커서를 화살표 방향으로 움직인 후, 난집개체가 완전히 덮이는 크기의 Surface개체를 생성한다.

Extrusion distance <5.7016> (Direction BothSides=*Yes* Solid=*No* DeleteInput=*Yes* ToBoundary SetBasePoint):

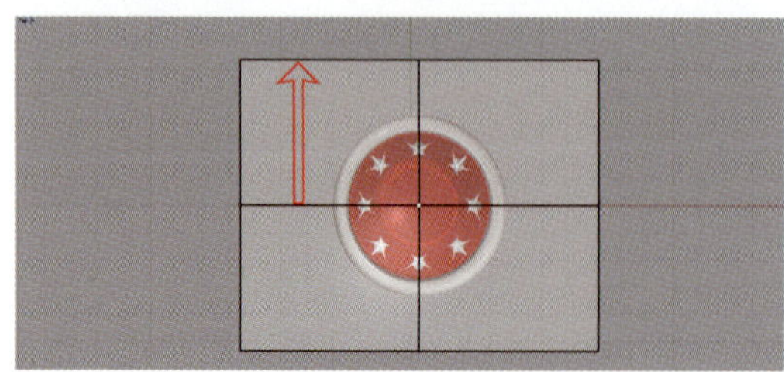

59. 난집개체를 선택하고, Boolean difference를 실행한다. Command Prompt 영역에서 DeleteInput=Yes로 설정하고, Surface개체를 선택한 후, Enter↵키를 누른다.
다음 그림과 같이 난집개체가 Surface개체에 맞춰 잘린 것을 확인할 수 있다.

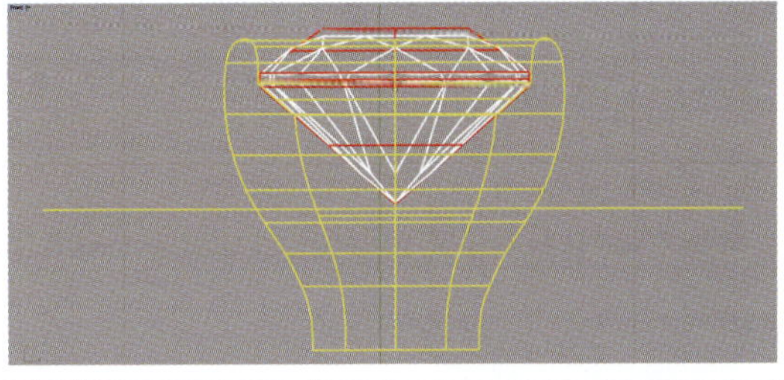

Select surfaces or polysurfaces to subtract with (DeleteInput=Yes):

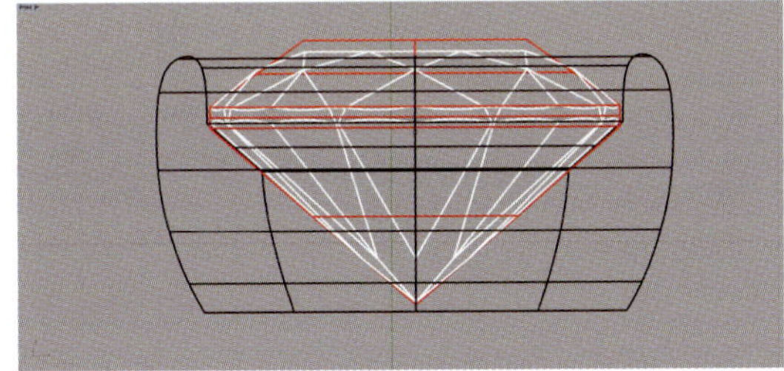

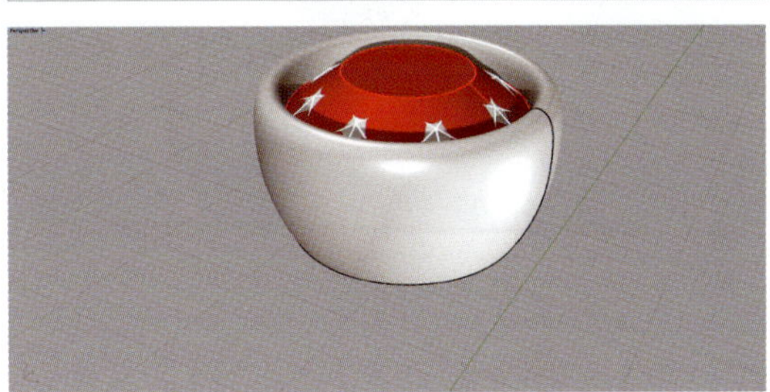

60. Swap hidden and visible objects를 실행하여 숨겨놓은 개체와 화면상의 개체를 바꾸고, 우측 Panels의 Layers에서 ring Layer를 화면상에 나타나게 한다.

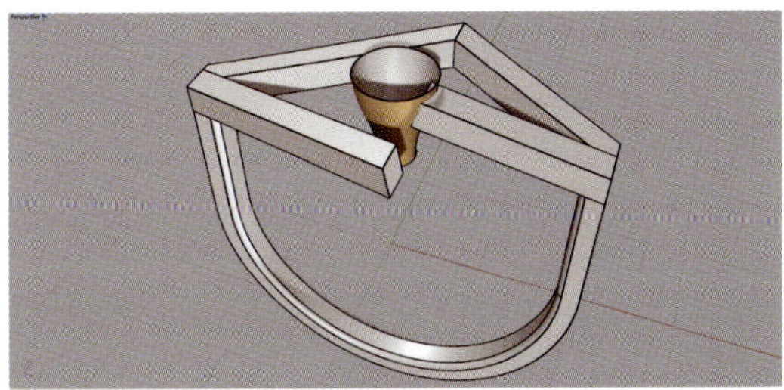

61. Surface개체를 선택하고, Flip direction을 실행하여 Surface개체의 앞면과 뒷면을 바꿔준다.

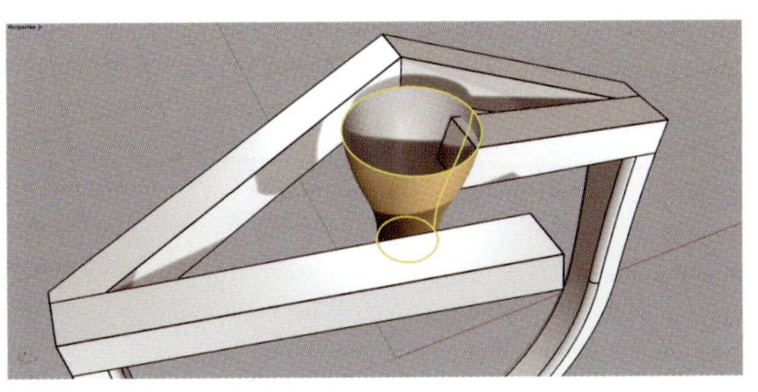

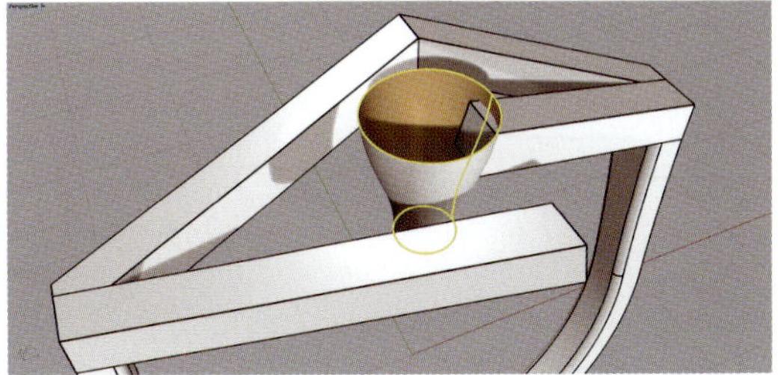

62. 반지개체를 선택하고, Boolean difference를 실행한 다음, Command Prompt 영역에서 Deleteinput =Yes로 설정한다. Surface개체를 선택한 후, Enter↵키를 누르면 다음 그림과 같이 Surface개체와 Surface개체 안쪽의 반지개체 부분이 함께 잘린 것을 확인할 수 있다.

Select surfaces or polysurfaces to subtract with (DeleteInput= *Yes*):

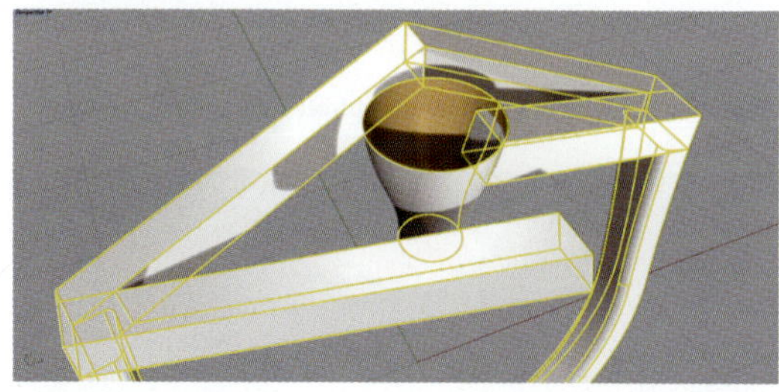

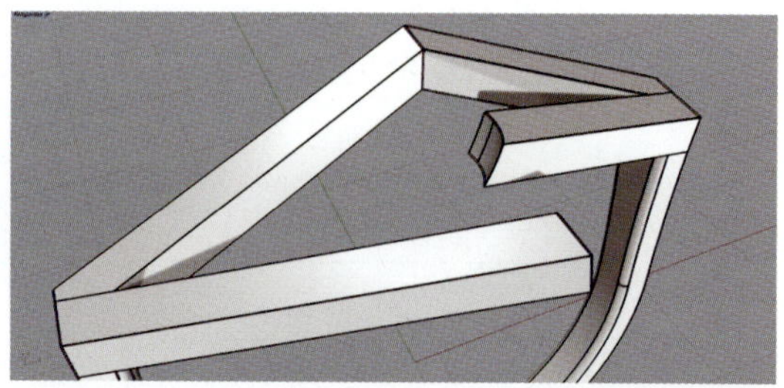

63. 반지개체는 다시 우측 Panels의 Layers에 있는 Hide objects를 실행하여 숨겨두고, Layer 01을 Show objects를 실행하여 화면상에 나타나게 한다.

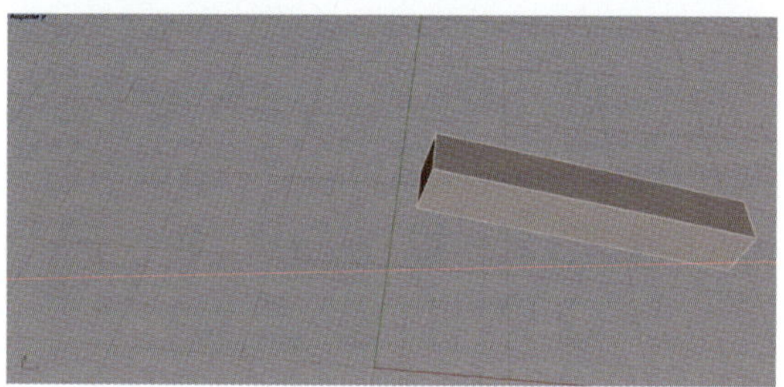

64. Standard Toolbar에 있는 Show objects를 실행하여 보석개체와 난집 개체도 화면상에 나타나게 한다. 난집 개체를 선택하고, Boolean difference을 실행한 다음, 직사각형 Poly-Surface개체를 선택한 후, Enter↵키를 누르면 다음 그림과 같이 난집 개체와 겹쳐있던 직사각형 Poly-Surface개체 형태의 홈이 파인 것을 확인할 수 있다.

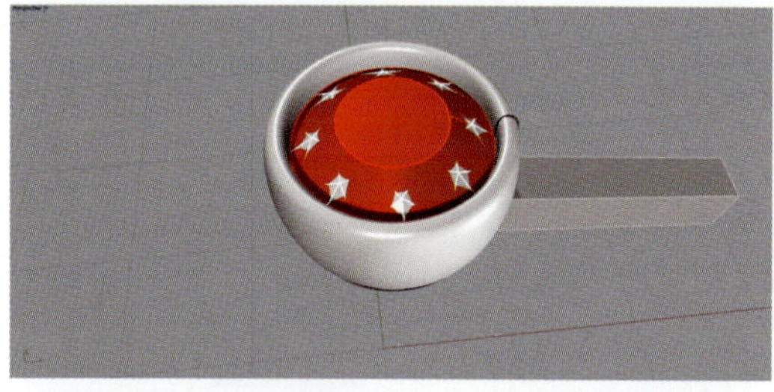

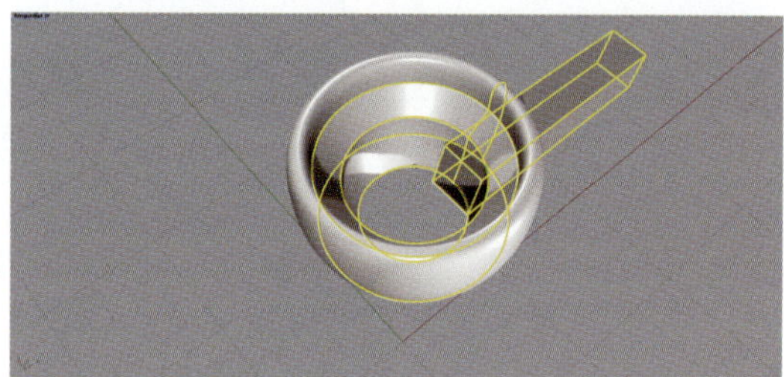

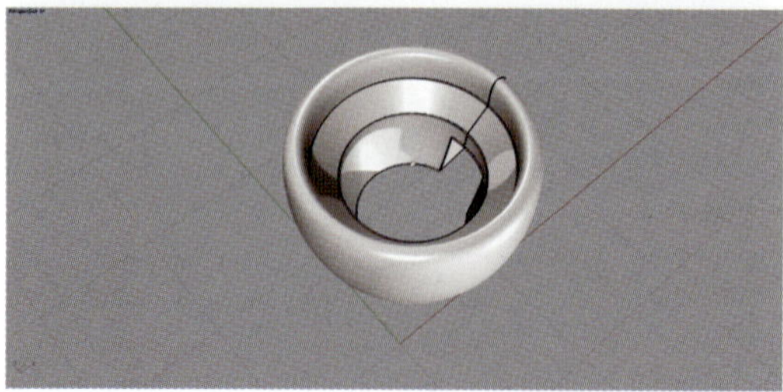

65. 난집 개체와 보석개체는 다시 Hide objects를 실행하여 숨겨둔다.
Top Top Viewport에서 Circle: center, radius를 실행하고, 원점(0, 0) 기준으로 지름 0.84㎜와 0.74㎜의 원형 Curve개체를 생성한다.
생성된 원형 Curve개체를 선택하고, Area centroid를 실행하여 중심점을 생성한다.

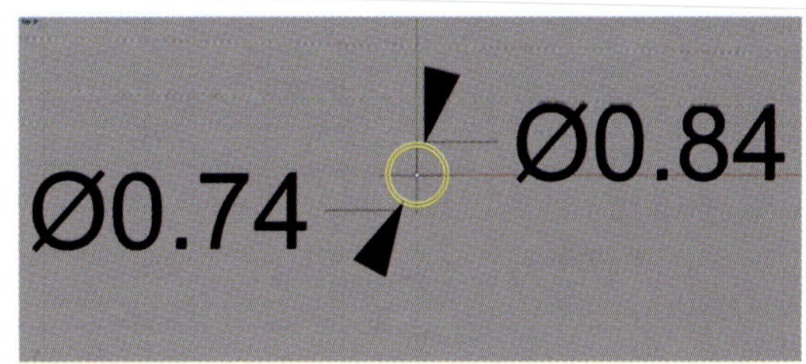

66. Front Front Viewport에서 생성된 2개의 원형 Curve개체와 Point개체를 선택하고, Move를 실행한다. Point to move from을 Point개체로 선택하고, Command Prompt 영역에 Point to move to값 2.71, 8.91, 0.23을 입력한 후, Enter↵키를 누르면 다음 그림과 같이 개체들이 이동한 것을 확인할 수 있다.

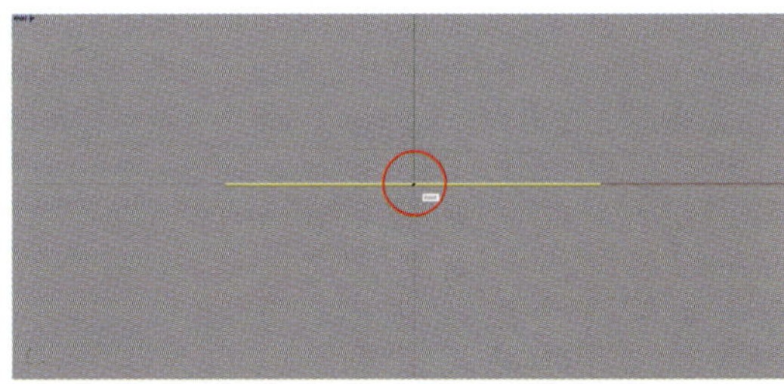

Point to move to: 2.71,8.91,0.23

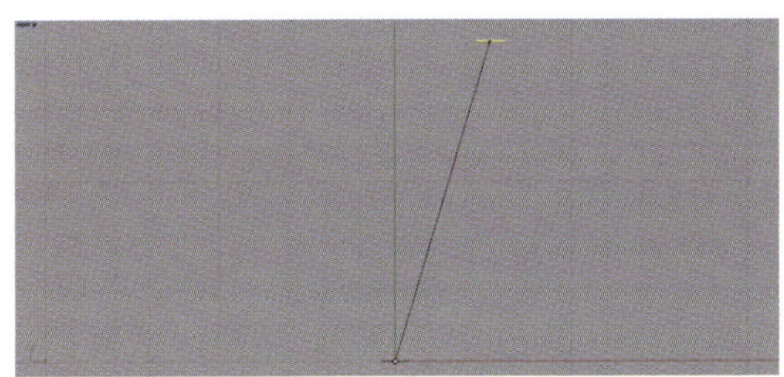

67. 0.74㎜ 원형 Curve개체를 선택하고, Extrude straight를 실행한다. Command Prompt 영역에서 BothSides=Yes, Solid=Yes, DeleteInput=Yes로 설정하고, Extrusion distance값 1.5를 입력한 후, Enter↵키를 누른다. 0.84㎜ 원형 Curve개체를 선택하고, 다시 Extrude straight를 실행한 후, Extrusion distance값 4를 입력한 다음, Enter↵키를 누르면 다음 그림과 같이 2개의 원통 Poly-Surface개체가 생성된 것을 확인할 수 있다.

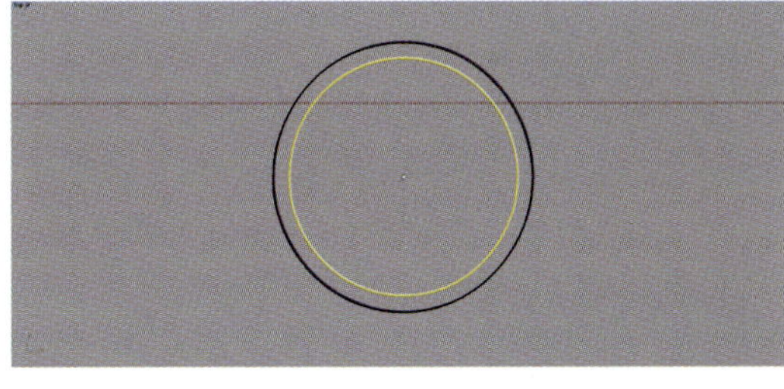

Extrusion distance <5.7993> (Direction BothSides=*Yes* Solid=*Yes* DeleteInput=*Yes* ToBoundary SetBasePoint): 1.5

Extrusion distance <1.5> (Direction BothSides=*Yes* Solid=*Yes* DeleteInput=*Yes* ToBoundary SetBasePoint): 4

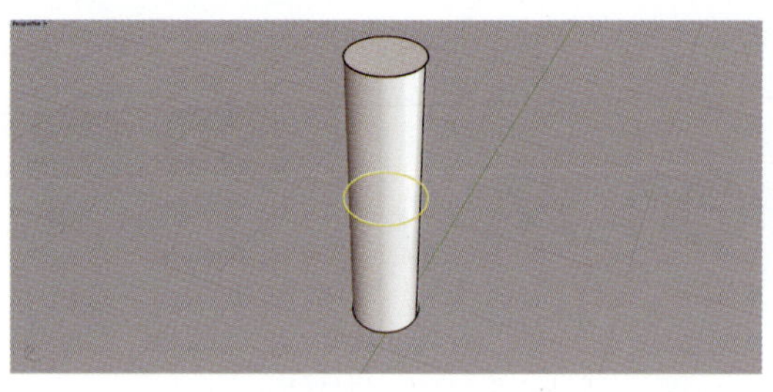
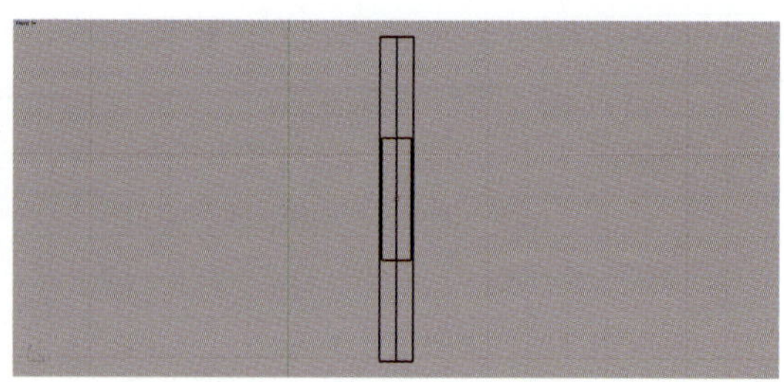

68. 우측 Panels에서 ring Layer의 Show objects를 실행하여 반지개체를 화면상에 나타나게 한다. 반지개체를 선택하고, Boolean difference를 실행한 후, 지름 0.84㎜ 길이 8㎜의 원통 Poly-Surface개체를 선택한 다음, Enter↵키를 누른다. 다음 그림과 같이 반지개체에 홈이 파인 것을 확인할 수 있다.

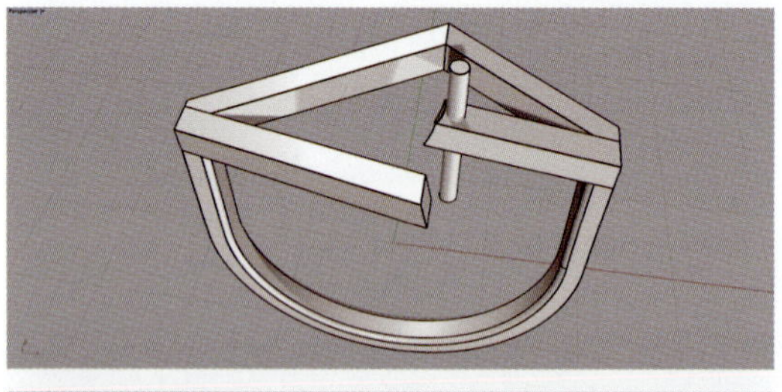
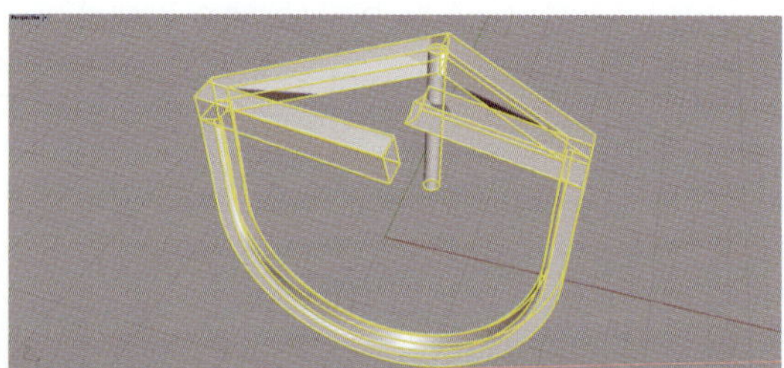
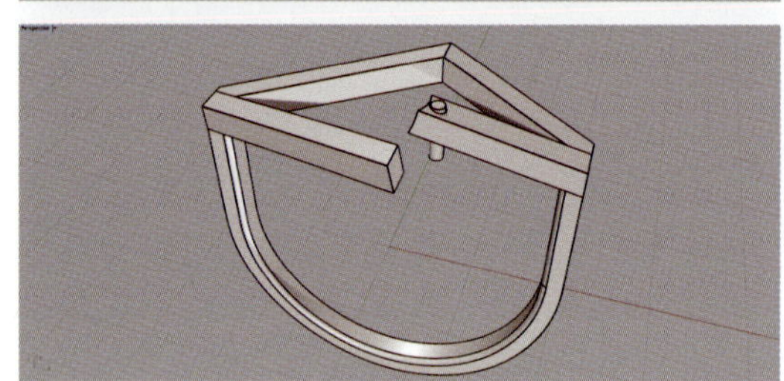
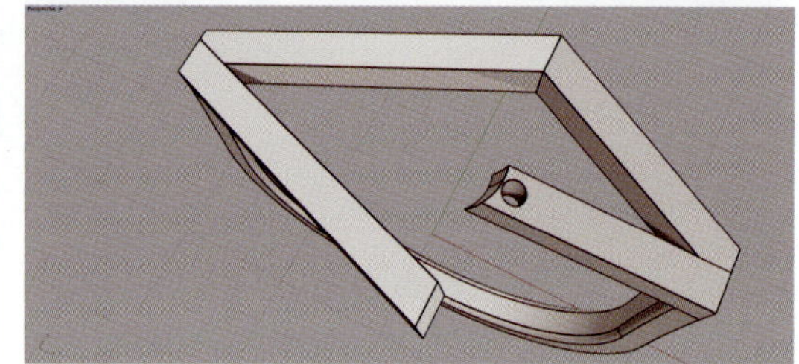

69. 반지개체는 다시 숨겨두고, 난집 개체를 화면상에 나타나게 한다. 난집 개체와 지름 0.74㎜의 원통 Poly-Surface개체를 선택하고, Boolean union을 실행하여 하나의 개체로 결합한다.

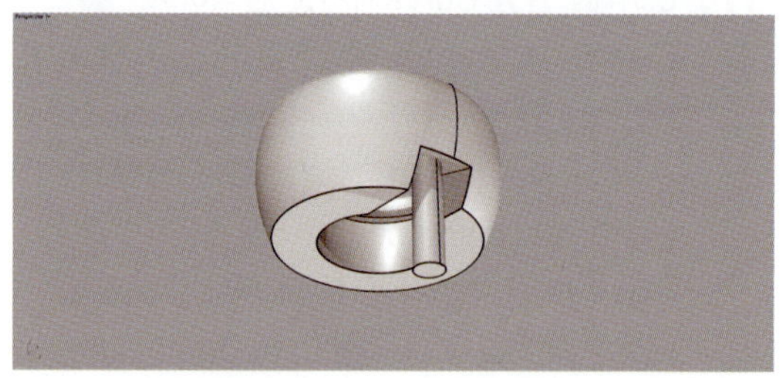

70. 보석형태의 Poly-Surface개체를 화면상에 나타나게 한다. 난집 개체를 선택하고, Boolean difference를 실행한 후, 보석형태의 Poly-Surface개체를 선택한 다음, Enter↵키를 누르면 다음 그림과 같이 보석

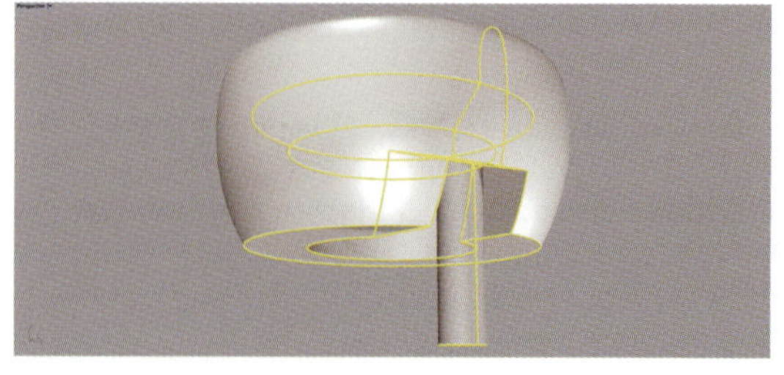

형태의 Poly-Surface개체만큼 난집 개체에 홈이 파인 것을 확인할 수 있다.

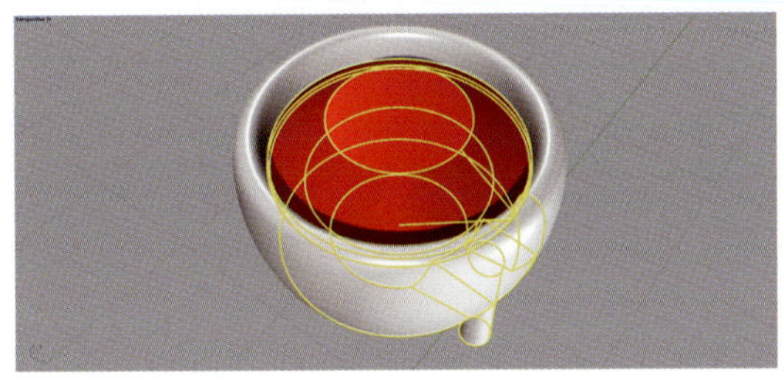

71. 난집 개체를 선택하고, Hide objects를 실행하여 숨겨둔다. Ctrl+I로 Insert Options창을 열고, Insert as에서 Individual Objects를 선택한 후, 우측 상단의 폴더 아이콘을 선택하여 2.28×1.37.3dm 파일을 불러온다. Top Top Viewport에서 Command Prompt 영역에 Insertion point값 0을 입력한 후, Enter키를 누른다.

→ 부록CD 〉 Rhino 예제 〉 Level 1 – Design Modeling 2 〉 2.28×1.37.3dm

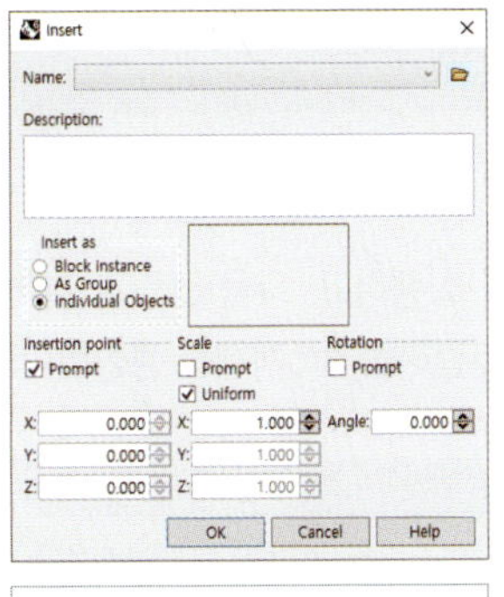

Insertion point: 0

72. Circle: center, radius를 실행하고, 원점 (0, 0) 기준으로 지름 0.95㎜와 1.6㎜ 원형 Curve개체를 생성한다. 생성된 원형 Curve 개체를 선택하고, Area centroid를 실행하여 중심점을 생성한다.

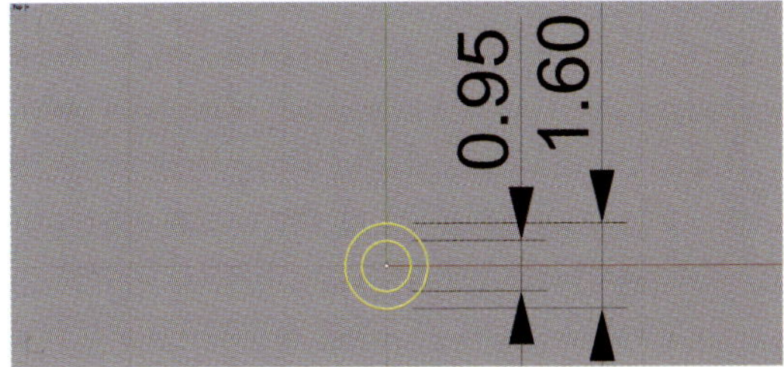

73. 보석개체는 잠시 숨겨두고, 생성된 2개의 원형 Curve개체와 Point개체를 선택한 후, Move를 실행한다. Point to move from을 원형 Curve개체의 중심점으로 선택하고, Point to move to값 1.5를 입력한 후, Enter키를 누른다. Shift키를 누른 상태로 마우스 커서를 화살표 방향으로 이동한 후, 마우스 왼쪽 버튼을 클릭하여 원형 Curve개체를 1.5㎜ 이동시킨다.

Point to move to <1.281>: 1.5

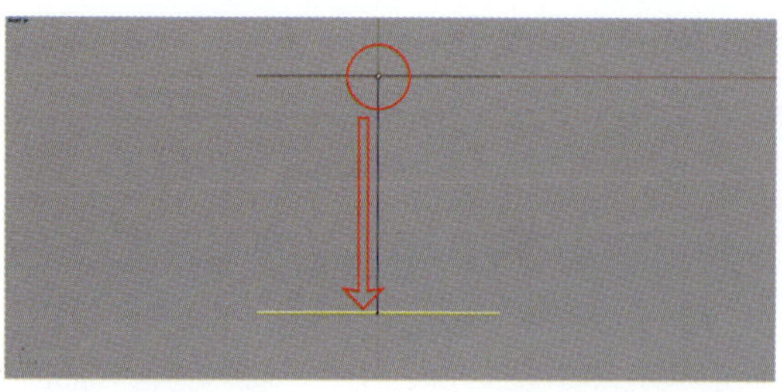

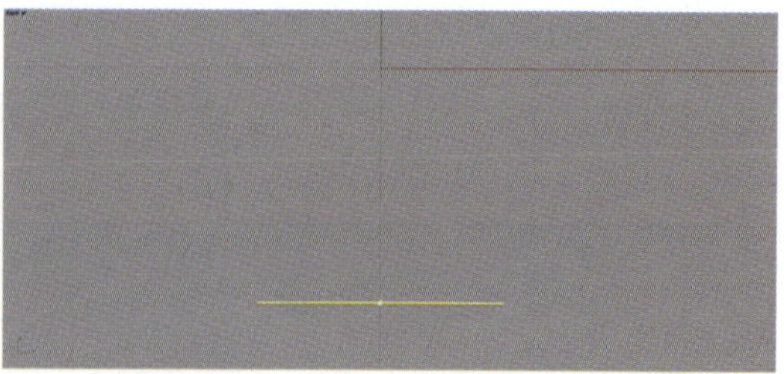

74. Top Top Viewport에서 다시 Circle: center, radius를 실행하고, 원점(0, 0) 기준으로 지름 0.95㎜와 2.3㎜ 원형 Curve개체를 생성한다.

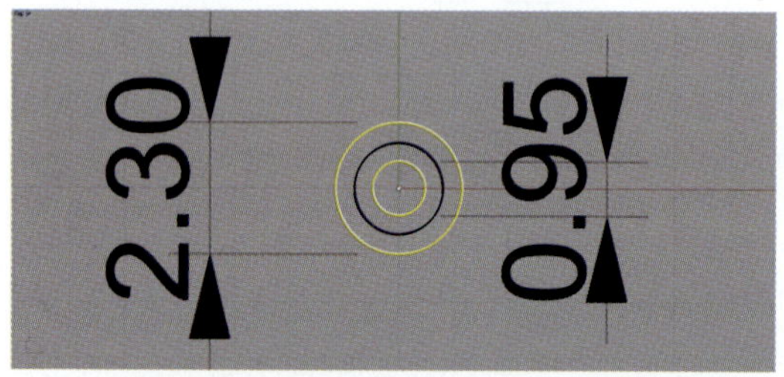

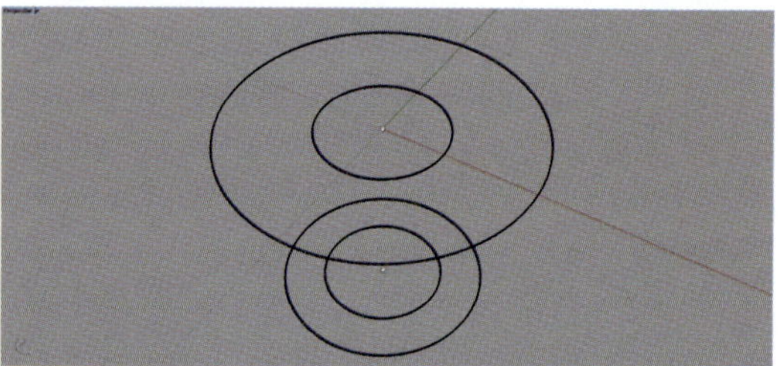

75. Front Front Viewport에서 Arc: start, end, point on arc를 실행하고, 다음 그림과 같이 2.3㎜ 원형 Curve개체의 Quad점과 1.6㎜ 원형 Curve개체의 Quad점을 연결하는 Arc개체를 생성한다.

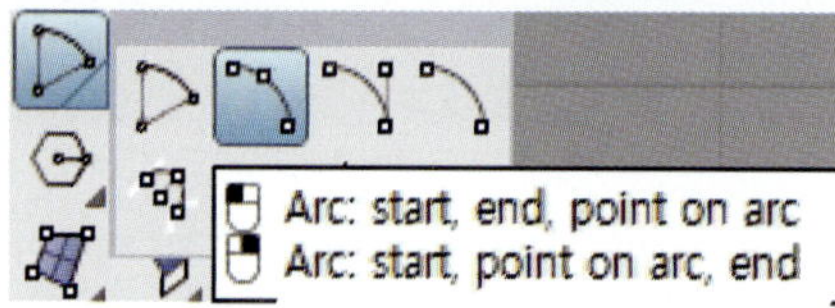

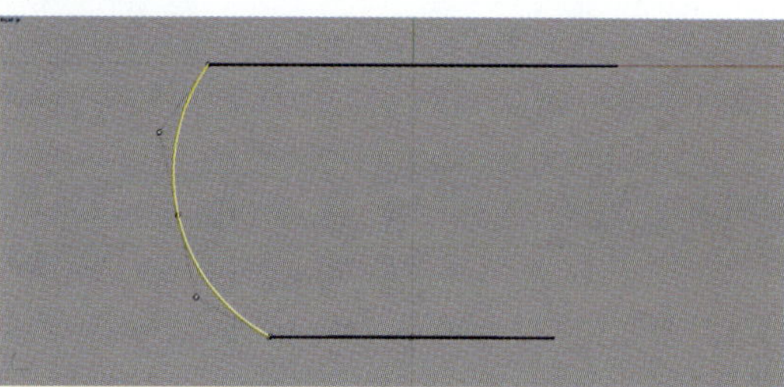

76. Loft를 실행하고, 상단 0.95㎜ 원형 Curve개체와 하단 0.95㎜ 원형 Curve개체를 선택한 후, Enter↵키를 누른다. Seam 방향을 확인하고, Enter↵키를 누른 후, Loft Options창이 나타나면 Style에서 Straight sections로 설정하고, OK를 누른다.

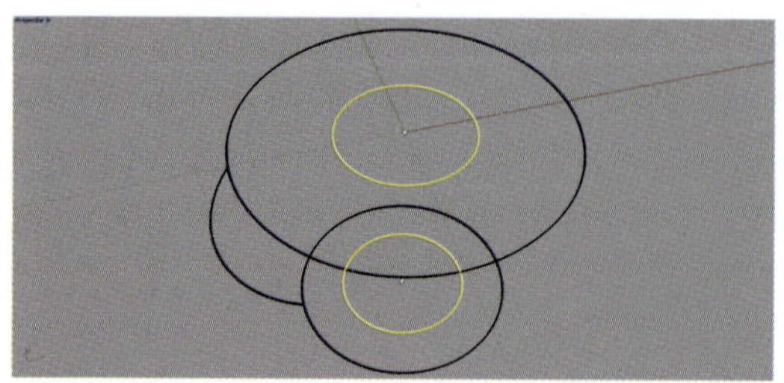

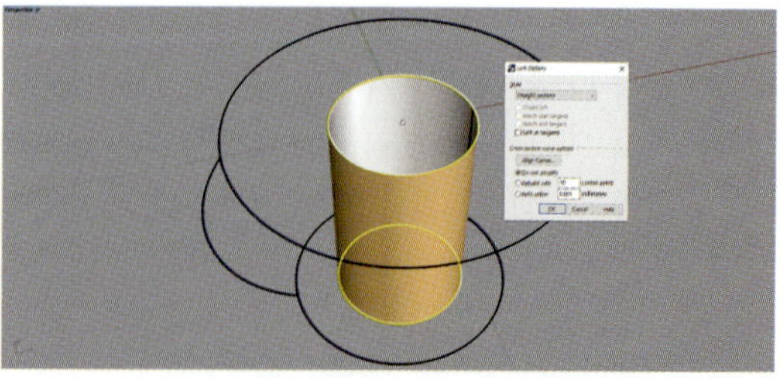

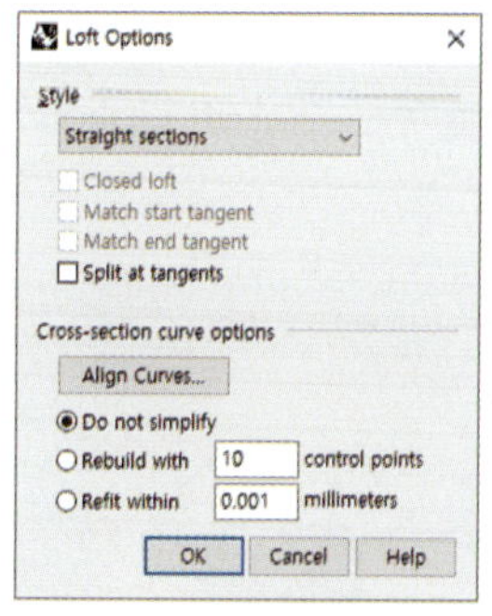

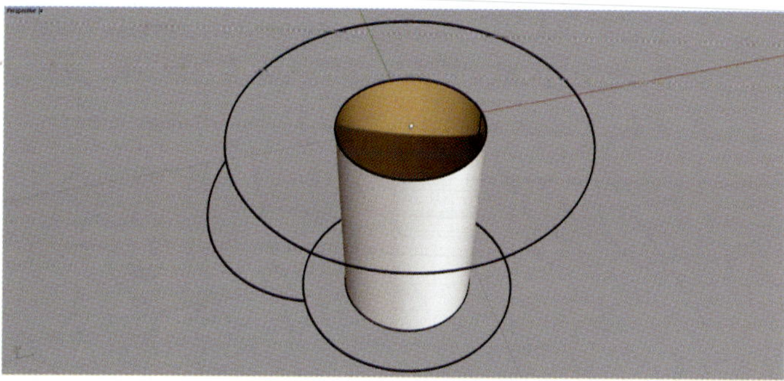

77. Sweep 2 rails를 실행하고, 다음 그림의 순서대로 선택한 후, Enter↵키를 누른다. Sweep 2 rails Options창이 나타나면 Closed sweep에 체크한 후, OK를 누른다.

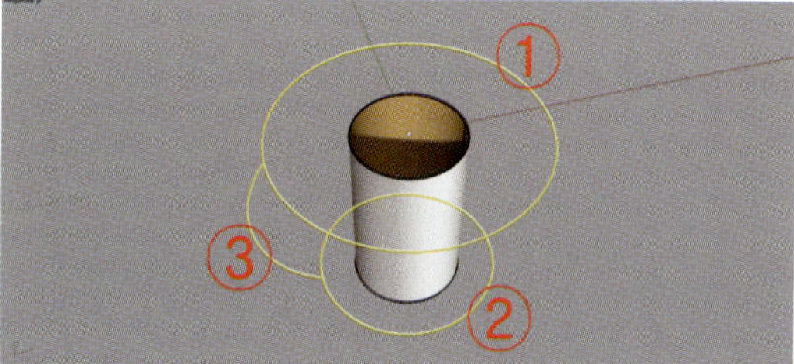

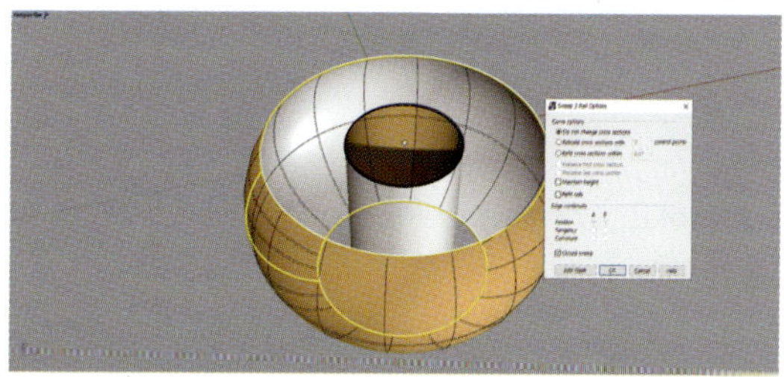

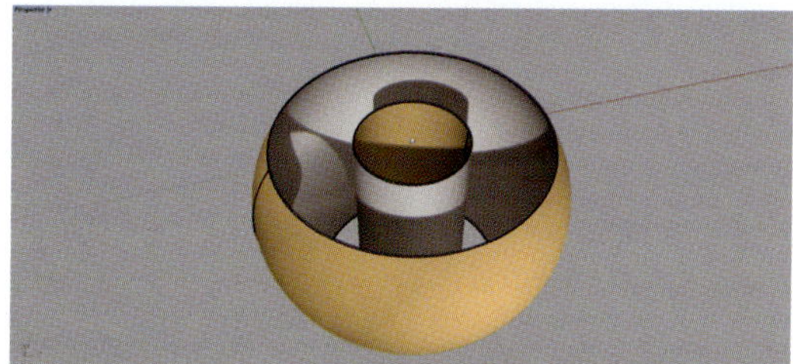

78. Select curves를 실행하여 Curve개체를 모두 선택한 후, 삭제한다.
Loft를 실행하고, Surface개체 상단의 바깥쪽 Edge와 Surface개체 상단의 안쪽 Edge를 선택한 후, Enter↵키를 누른다.
Seam방향을 확인한 다음, Enter↵키를 누른 후, Loft Options창이 나타나면 Style에서 Straight sections로 설정하고, OK를 누른다.

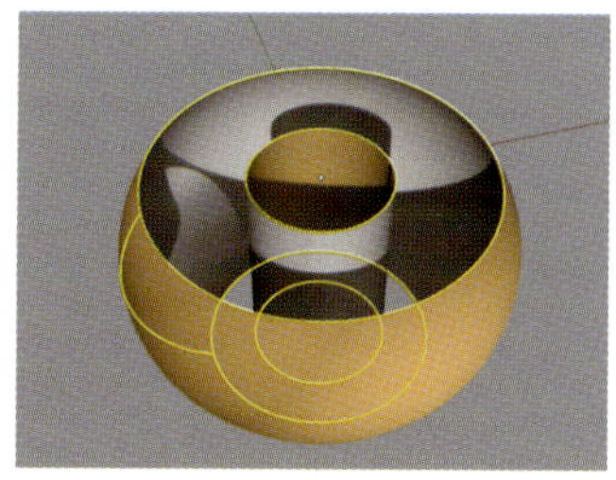

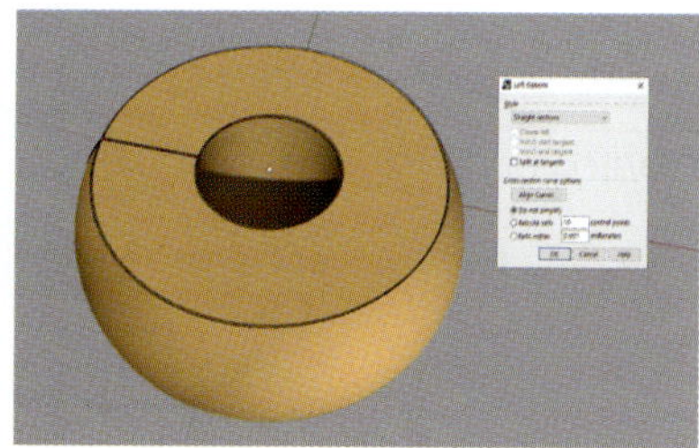

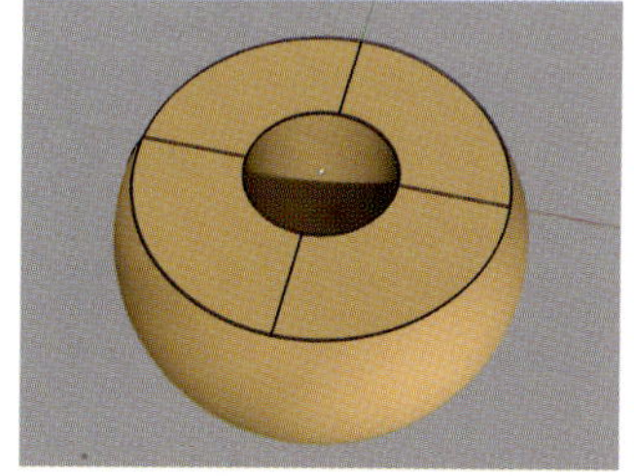

79. 다시 Loft를 실행하고, Surface개체 하단의 바깥쪽 Edge와 Surface개체 하단의 안쪽 Edge를 선택한 후, Enter↵키를 누른다. Seam방향을 확인한 다음, Enter↵키를 누른 후, Loft Options창이 나타나면 Style에서 Straight sections로 설정하고, OK를 누른다.

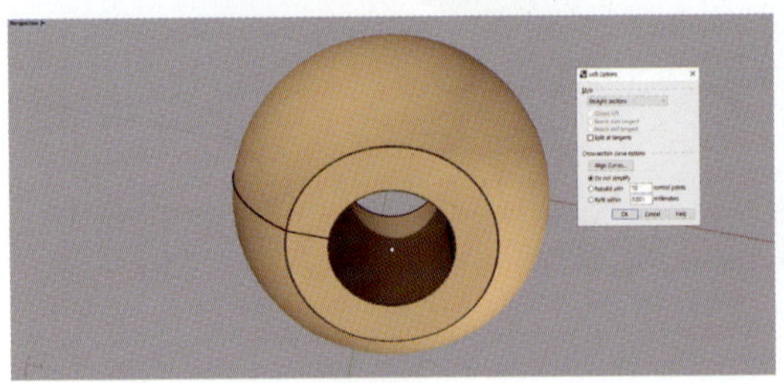

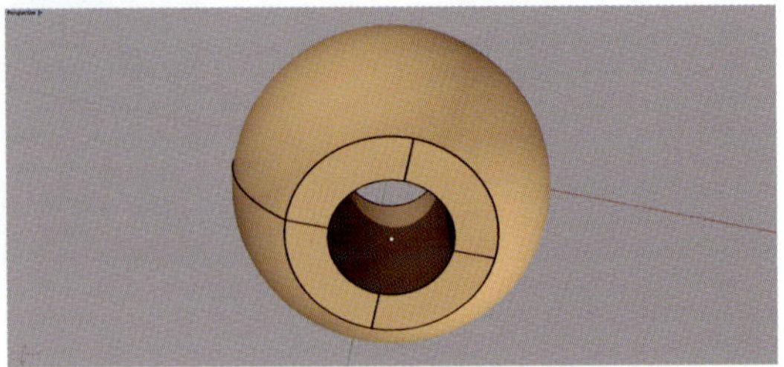

80. 생성된 Surface개체들을 모두 선택하고, Join을 실행하여 하나의 Poly-Surface개체로 결합한다.

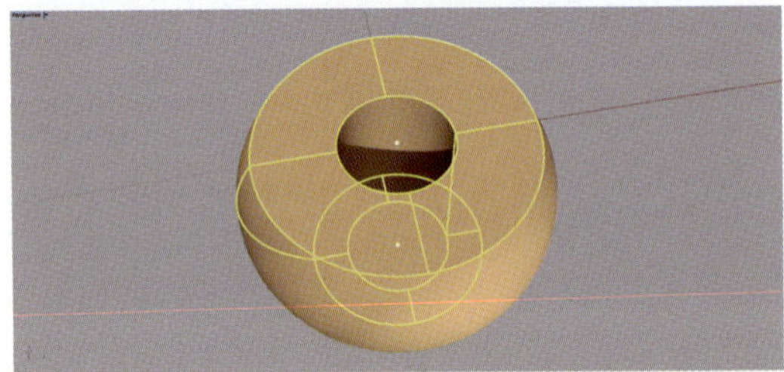

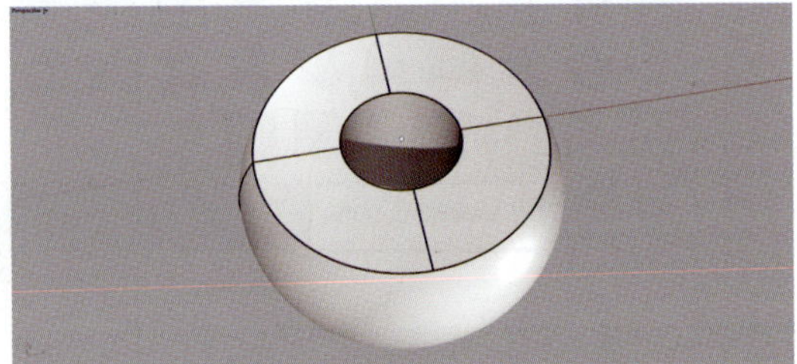

81. Front Front Viewport에서 ∘ Single point를 실행하고, Command Prompt 영역에 Location of point object값 1.25, 0.4를 입력한 후, Enter↵키를 누른다.

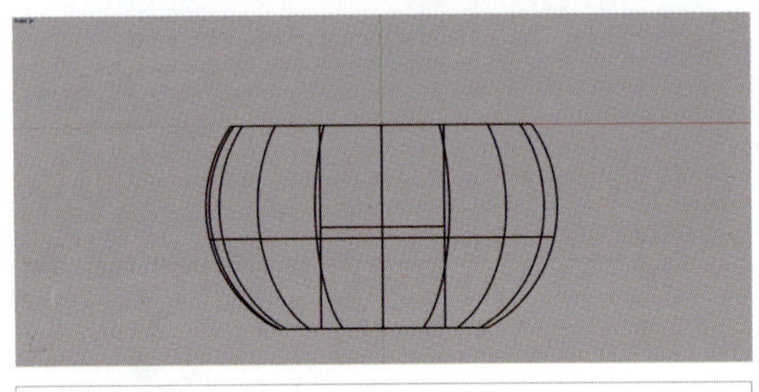

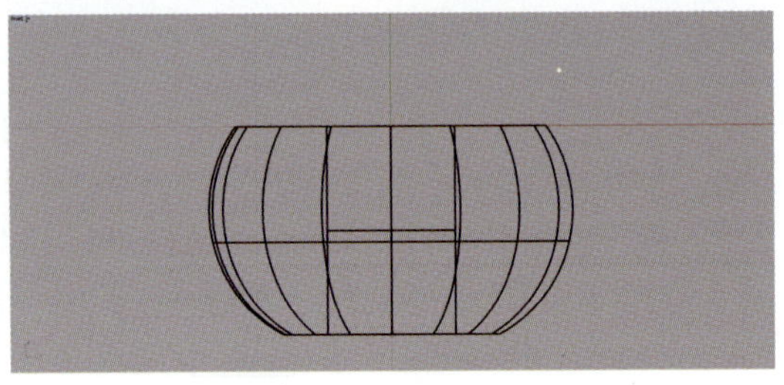

82. Control Point Curve를 실행하고, Osnap Toolbar에서 Quad점과 Point점에 체크한 후, 다음 그림과 같이 곡선 Curve개체를 생성한다.

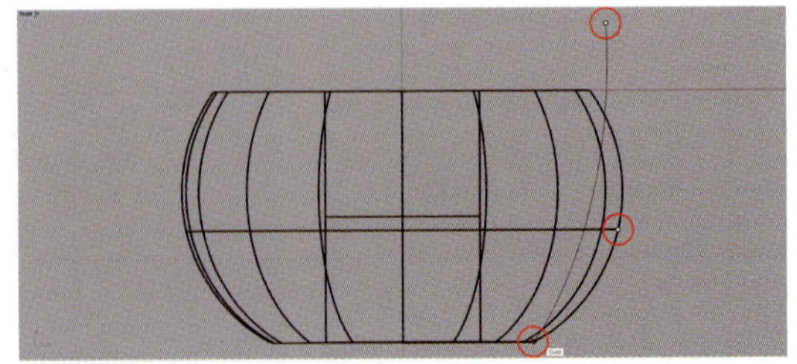

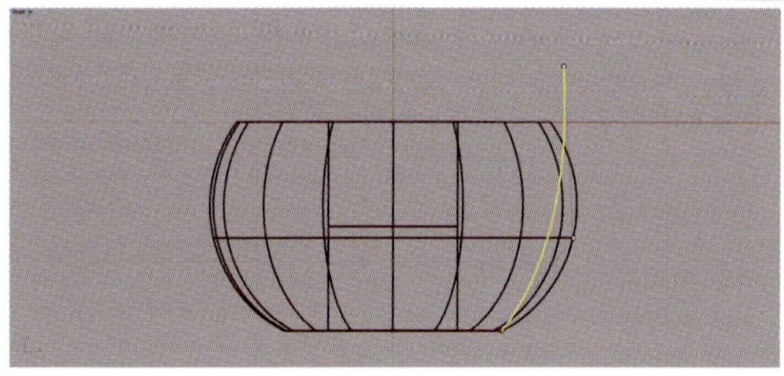

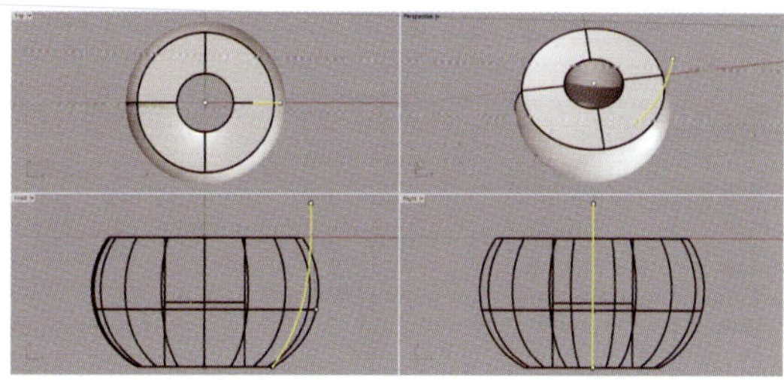

83. Pipe: Round caps를 실행하고, 생성된 곡선 Curve개체를 선택한다. Command Prompt 영역에 Start radius값 0.35를 입력하고, Enter↵키를 누른 다음, End radius값 0.25를 입력한 후, Enter↵키를 누른다. 다시 Enter↵키를 누르면 다음 그림과 같이 Pipe개체가 생성된 것을 확인할 수 있다. 곡선 Curve 개체는 삭제한다.

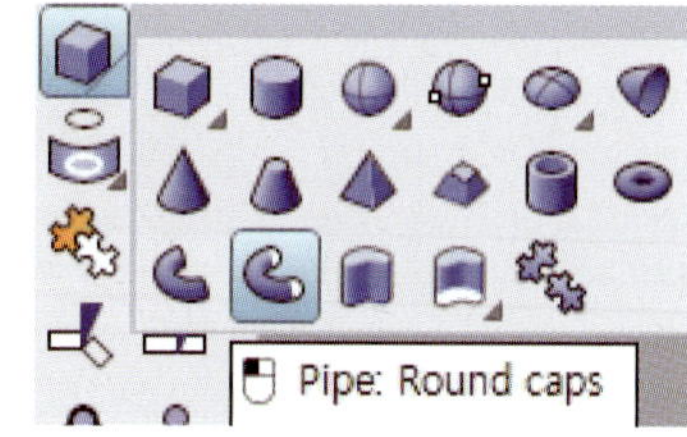

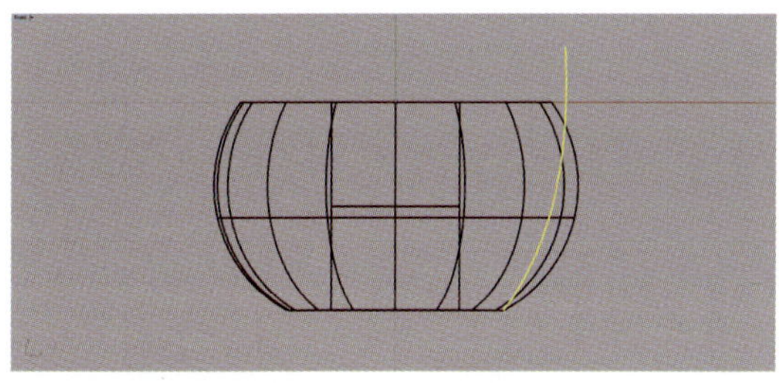

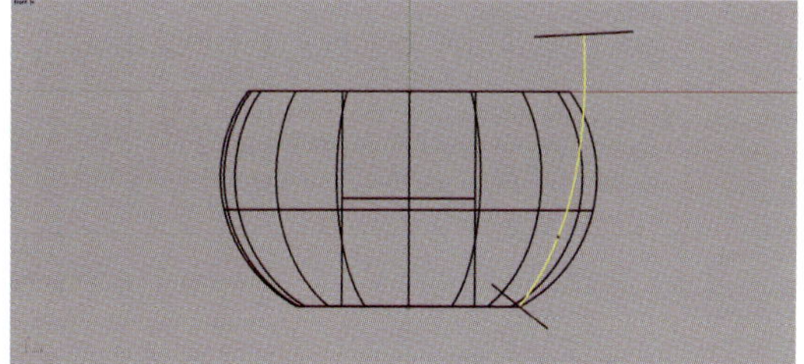

Start radius <1.000> (Diameter Thick=*No* Cap=*Round* ShapeBlending=*Local* FitRail=*No*): 0.35

End radius <0.350> (Diameter ShapeBlending=*Local* FitRail=*No*): 0.25

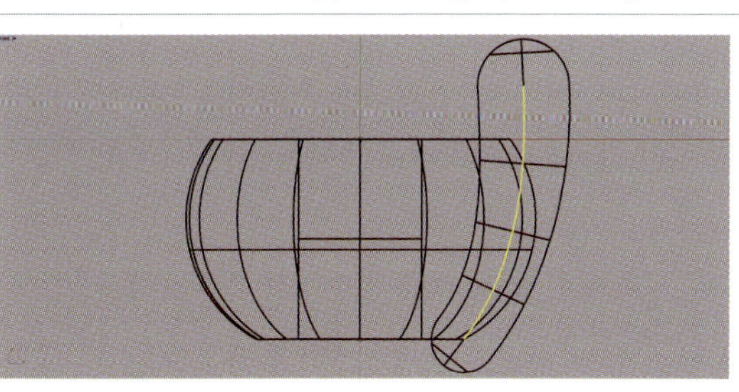

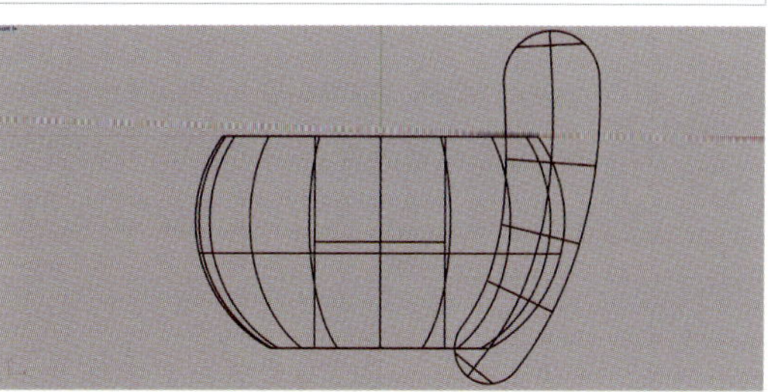

84. Top Top Viewport에서 생성된 Pipe개체를 선택하고, Polar array를 실행한다. Command Prompt 영역에 Center of polar array값 0을 입력하고, Enter↵키를 누른 후, Number of items값 3을 입력한 다음, Enter↵키를 누른다.

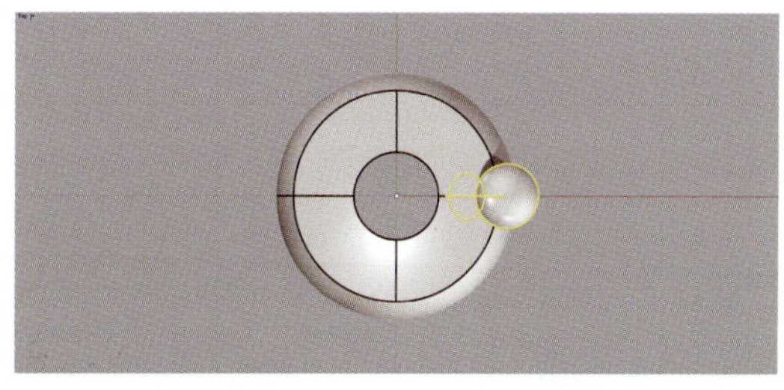

Angle to fill or first reference point값 360으로 입력하고, Enter↵키를 누른 후, 복사될 개체들의 위치를 확인한 다음, 다시 Enter↵키를 누른다.

다음 그림과 같이 360도 각도로 회전하며 복사된 Pipe개체들을 확인할 수 있다.

Center of polar array (Axis): 0

Number of items <3>: 3

Angle to fill or first reference point <360> (Preview=*Yes* StepAngle Rotate=*Yes* ZOffset=*0*):

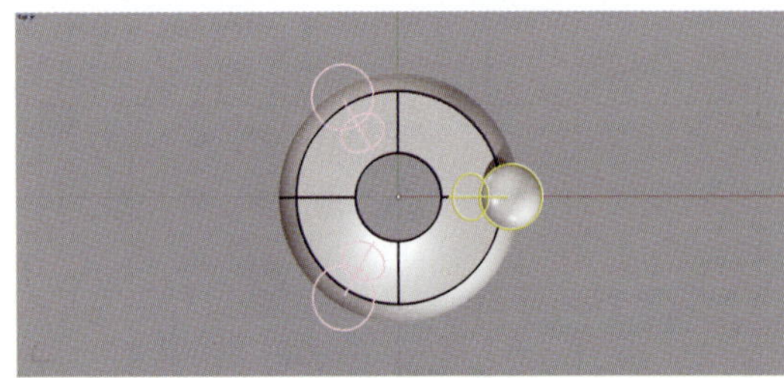

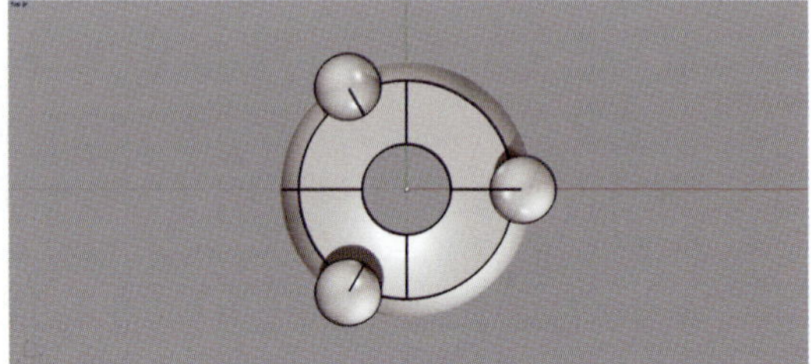

85. 3개의 Pipe개체와 난집 개체를 모두 선택하고, Boolean union를 실행하여 하나의 개체로 결합한다.

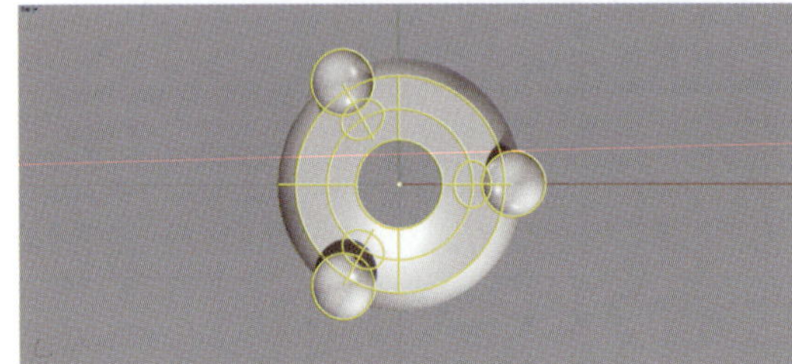

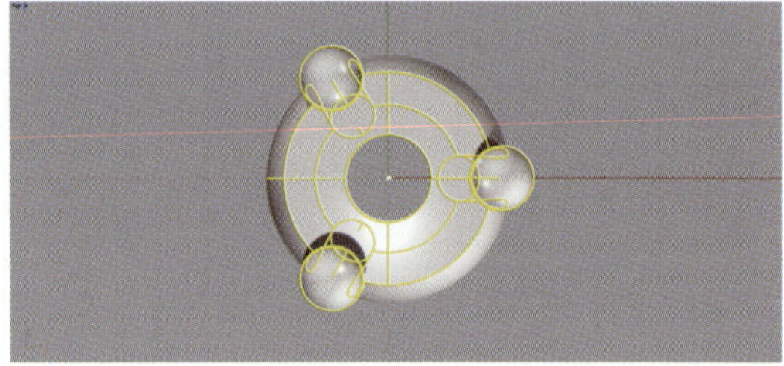

86. 숨겨둔 보석개체와 보석형태의 개체를 화면상에 나타나게 한다. 난집 개체를 선택하고, Boolean difference를 실행한 후, 보석형태의 개체를 선택한 다음, Enter↵ 키를 누르면 다음 그림과 같이 난집 개체에 보석형태의 홈이 파인 것을 확인할 수 있다.

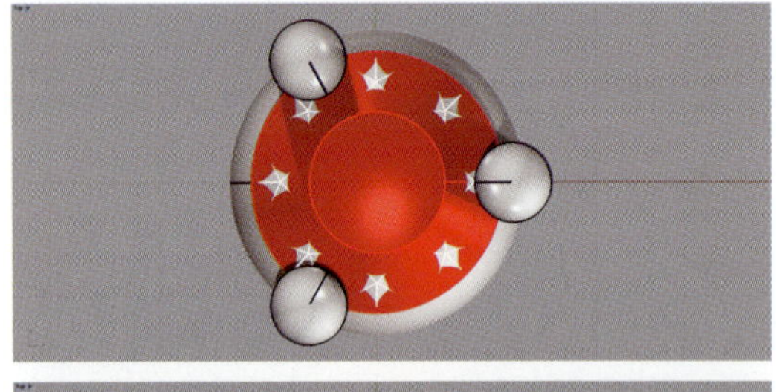

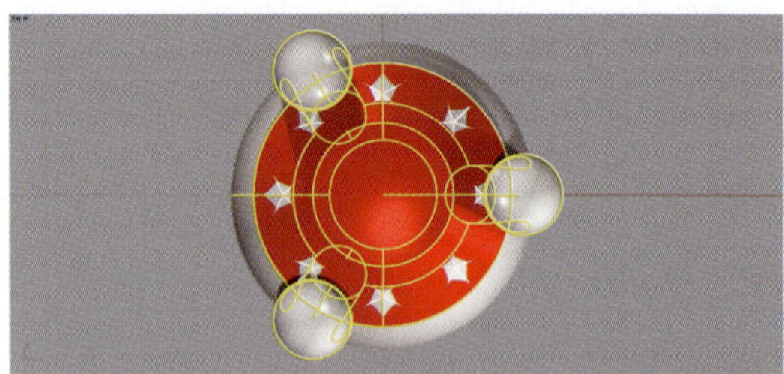

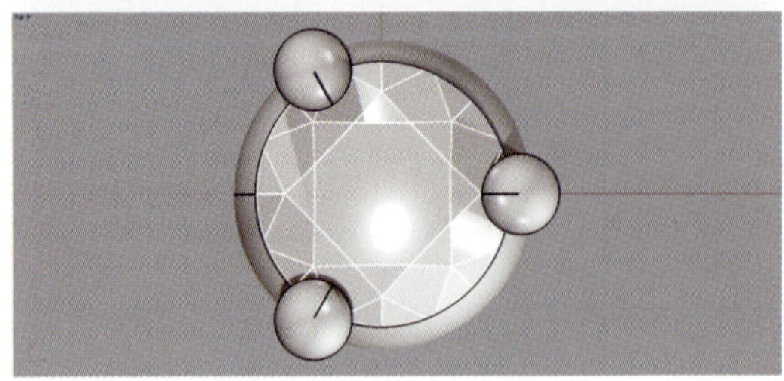

87. Front Front Viewport에서 Line: from midpoint를 실행하고, 다음 그림과 같이 난집 개체 하단의 Quad점을 선택한 다음, Shift 키를 누른 상태로 마우스 커서를 화살표 방향으로 이동한 후, 마우스 왼쪽버튼을 클릭하여 직선 Curve개체를 생성한다.

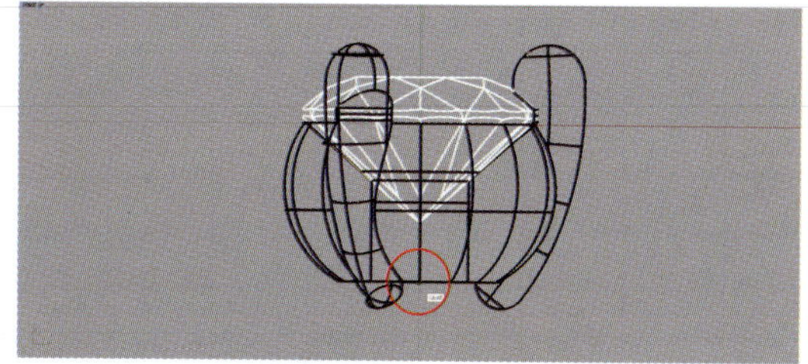

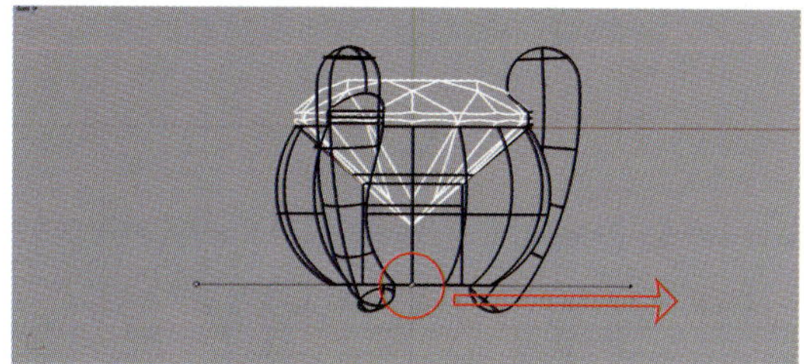

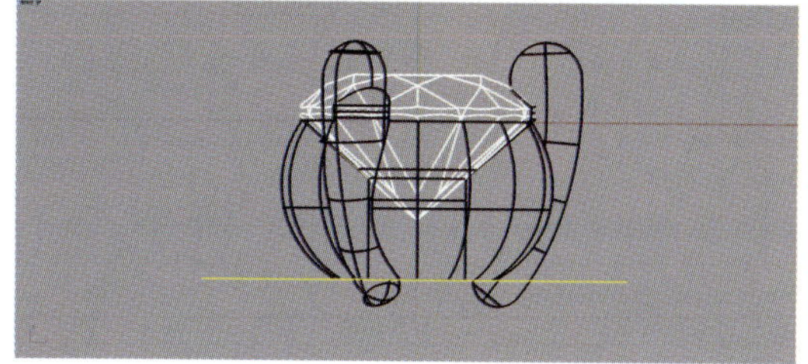

88. Front Front Viewport에서 생성된 Curve개체를 선택하고, Extrude straight를 실행한 후, Top Top Viewport에서 난집 개체 전체가 덮이는 크기의 Surface개체를 생성한다.

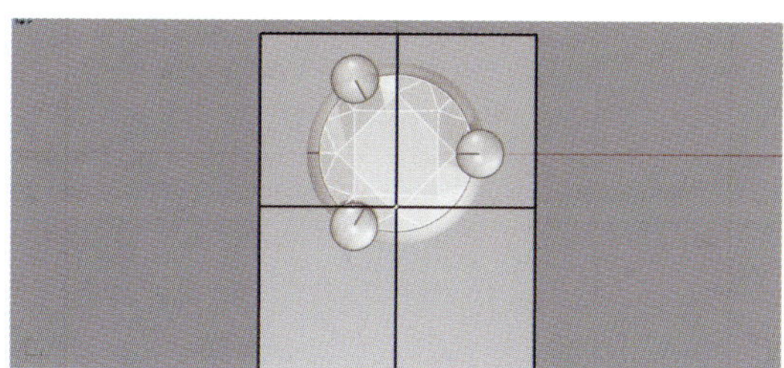

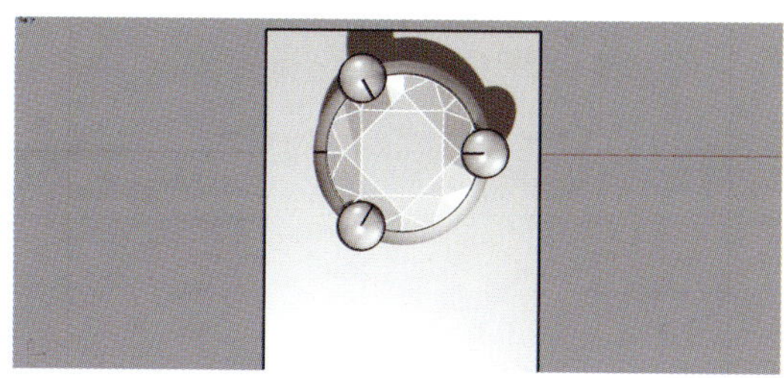

89. 난집 개체를 선택하고, Boolean difference를 실행한 후, 생성된 Surface개체를 선택한 다음, Enter 키를 누른다. 다음 그림과 같이 Surface개체를 기준으로 난집 개체의 하단부분을 잘라낸다.

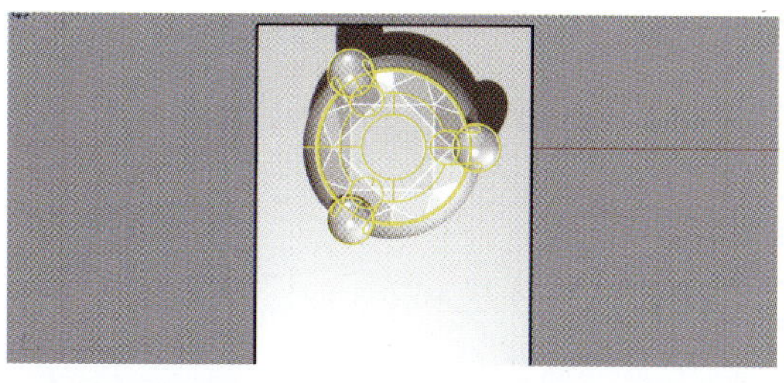

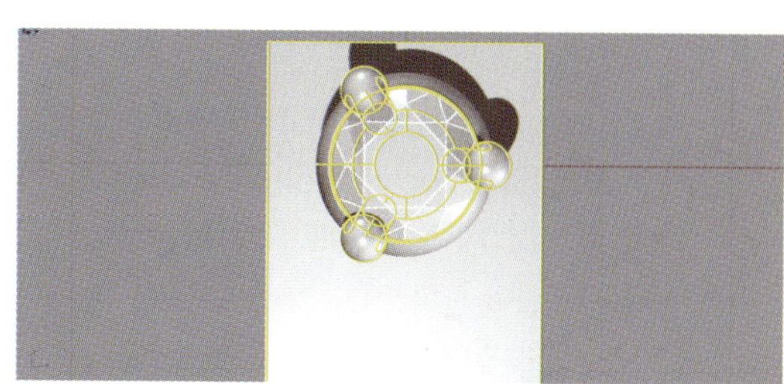

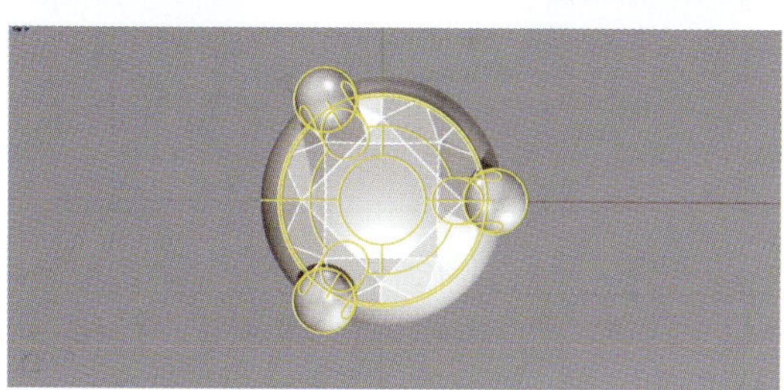

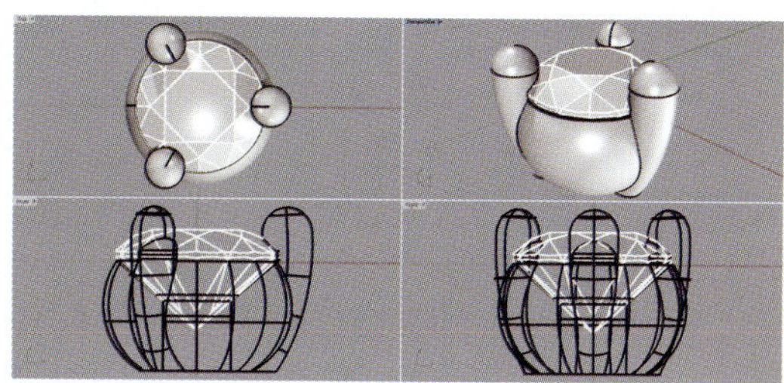

90. Top ▾ Top Viewport에서 보석개체와 난집 개체를 모두 선택하고, Rotate 2-D를 실행한다. Command Prompt 영역에 Center of rotation을 원점인 0으로 입력하고, Enter↵ 키를 누른 후, Angle or first reference point값 -10을 입력한 다음, Enter↵ 키를 누르면 다음 그림과 같이 개체가 -10도 각도로 회전한 것을 확인할 수 있다.

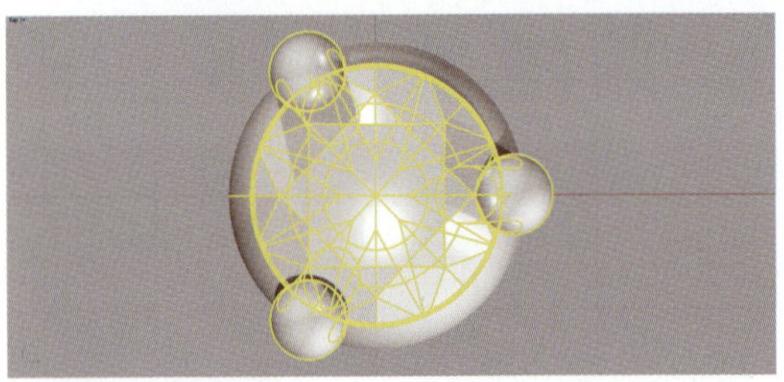

Center of rotation (Copy=*No*): 0

Angle or first reference point (Copy=*No*): -10

91. Front ▾ Front Viewport에서 보석개체와 난집 개체를 모두 선택하고, Rotate 2-D를 실행한다. Command Prompt 영역에 Center of rotation을 원점인 0으로 입력하고, Enter↵ 키를 누른 후, Angle or first reference point값 -8.37을 입력한 다음, Enter↵ 키를 누르면 다음 그림과 같이 개체가 -8.37도 각도로 회전한 것을 확인할 수 있다.

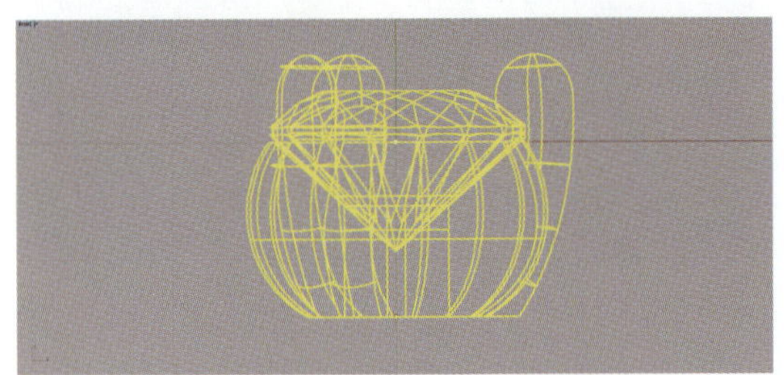

Center of rotation (Copy=*No* UseLastCenter): 0

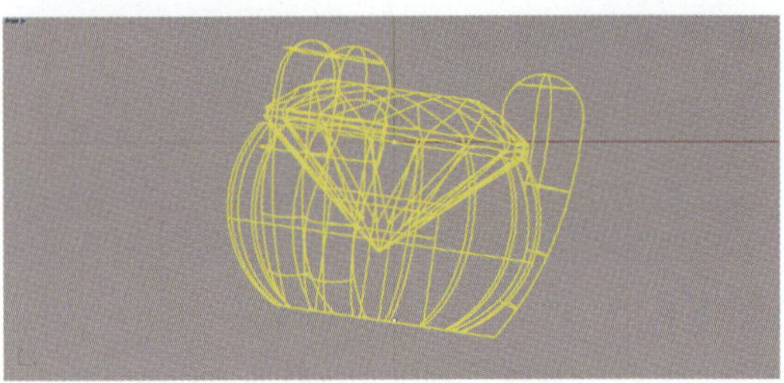

Angle or first reference point <-10> (Copy=*No*): -8.37

92. ∘ Single point를 실행하고, Command Prompt 영역에 Location of point object 값 2.97, 10.35, 3.99를 입력한 후, Enter↵ 키를 누른다.
다음 그림과 같이 Command Prompt 영역에 입력한 위치에 생성된 Point개체를 확인할 수 있다.

Location of point object: 2.97,10.35,3.99

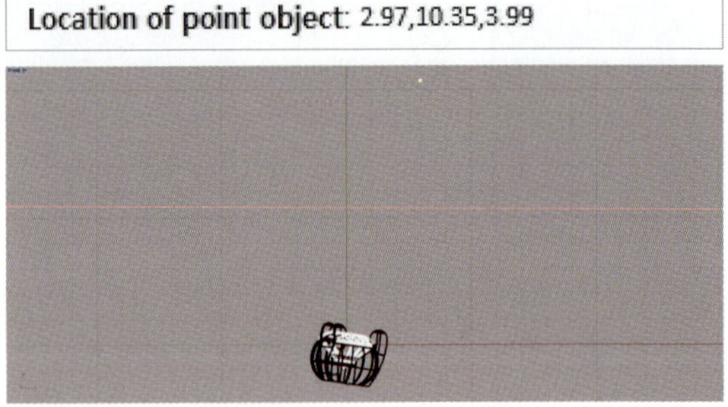

93. Osnap Toolbar에서 Point점만 체크하고, 보석개체와 난집을 모두 선택한 후, Move를 실행한다. Point to move from을 보석개체 중심의 Point개체로 선택하고, 마우스 커서를 움직여서 2.97, 10.35, 3.99 위치의 Point개체를 선택하여, 개체들을 이동시킨다.

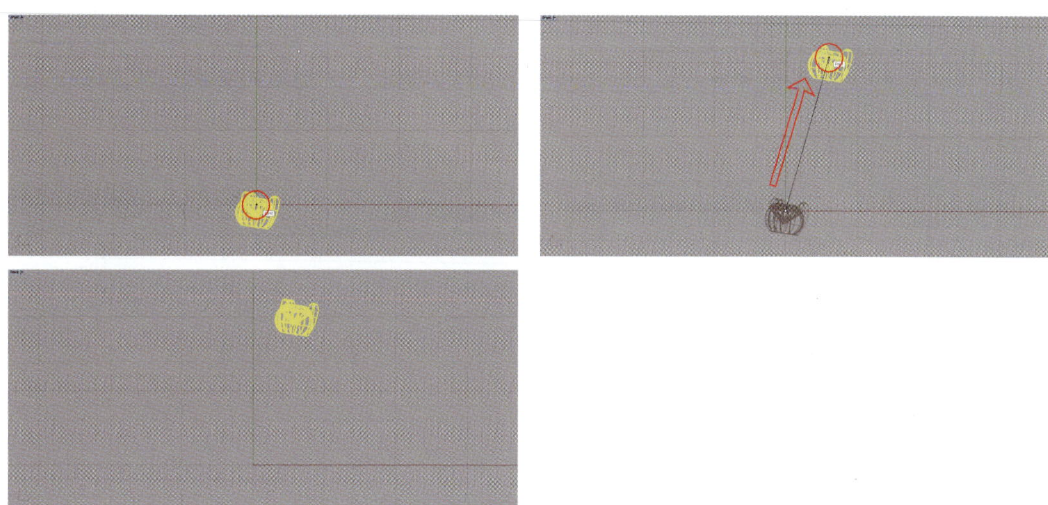

94. Point개체들을 모두 선택한 후, 삭제한다. 다음 그림과 같이 모든 개체들을 화면상에 나타나게 하고, 이동시킨 난집과 반지개체를 선택한 후, Boolean union을 실행하여 하나의 반지개체로 결합한다.

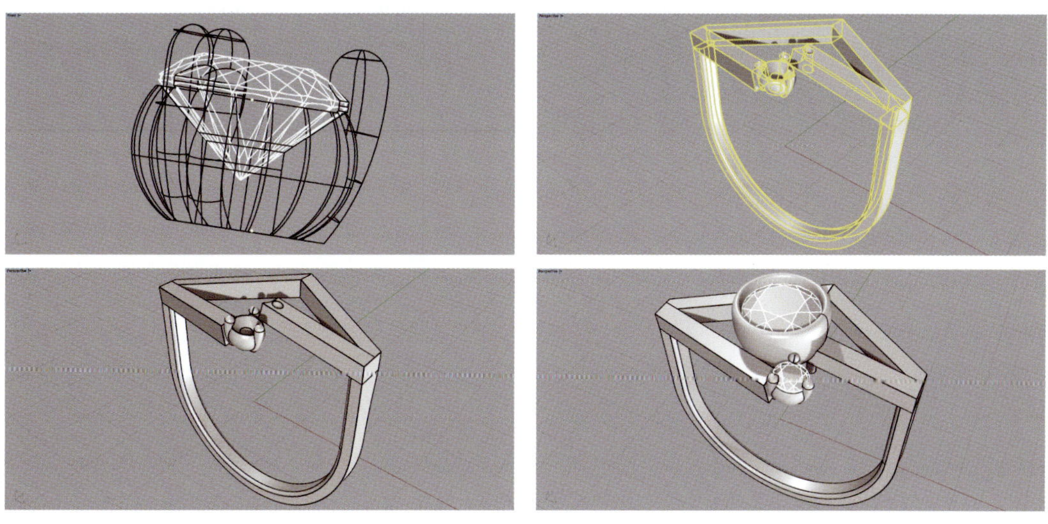

95. Fillet edges를 실행하고, 다음 그림의 Edge를 선택한다. Command Prompt 영역에서 SetAll을 선택하고, Radius for all handles값 0.1을 입력한 후, Enter↵키를 누른다. 다음 그림과 같이 반지름 0.1㎜로 Fillet된 것을 확인할 수 있다.

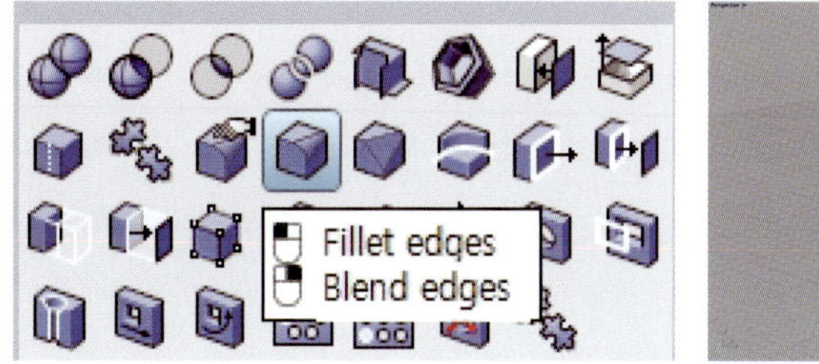

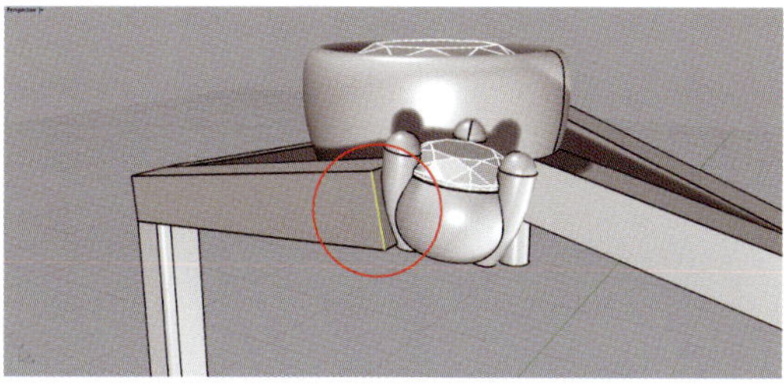

```
Select fillet handle to edit. Press Enter when done
( ShowRadius=Yes AddHandle CopyHandle SetAll LinkHandles=No RailType=RollingBall SelectEdges TrimAndJoin=Yes Preview=No ):
```

```
Radius for all handles <0.100>: 0.1
```

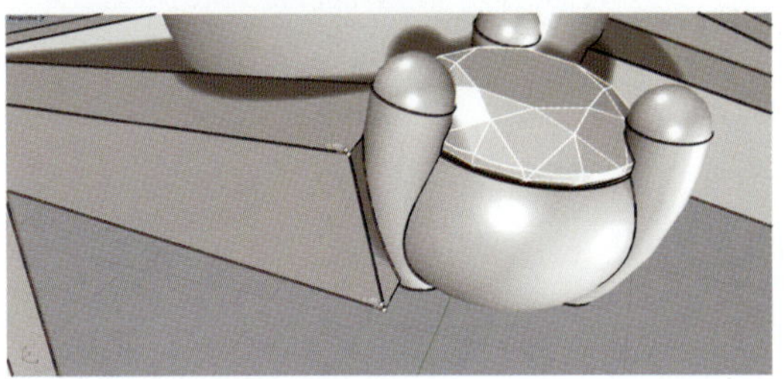

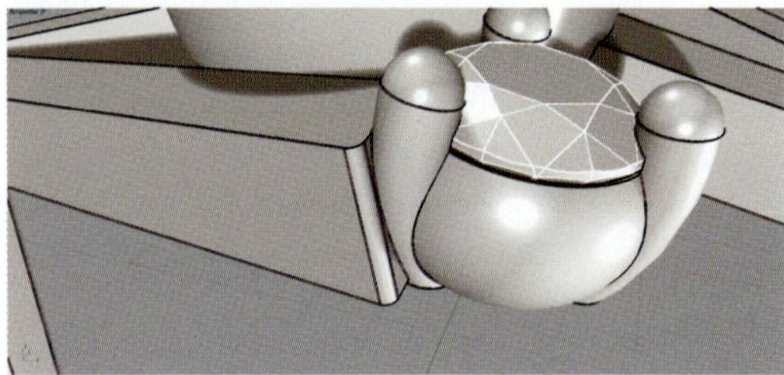

96. 다음 그림과 같이 완성된 Design Modeling 2 반지개체를 확인할 수 있다.

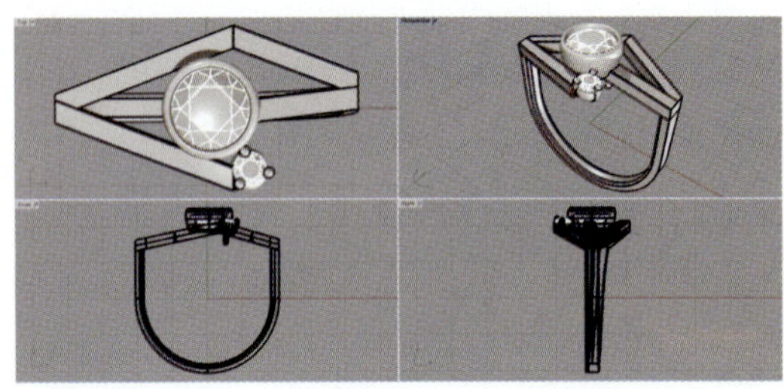

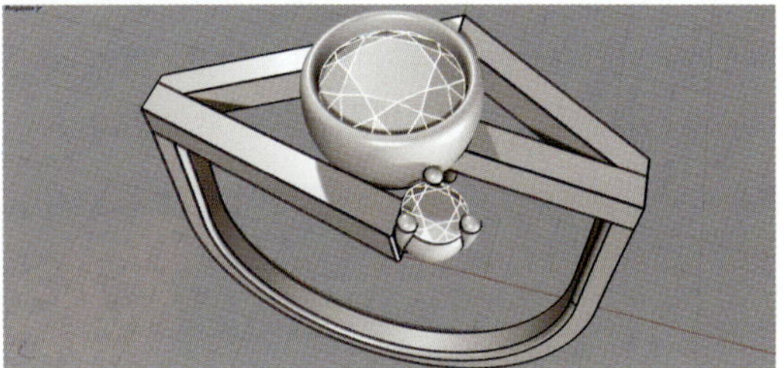

Level 01 Design Modeling 3

01. Top Top Viewport에서 Ctrl+I(Insert)를 실행하여 Insert창이 나타나면 Insert as에서 Individual Objects를 선택하고, 우측 상단의 폴더 아이콘을 선택한다. 2.73×6.00.3dm파일을 선택하고, 열기를 누른 후, Command Prompt 영역에 Insertion point값 0을 입력하여 원점 (0, 0) 위치에 보석개체를 불러온다.

→ 부록CD 〉 Rhino 예제 〉 Level 1 - Design Modeling 3 〉 2.73×6.00.3dm

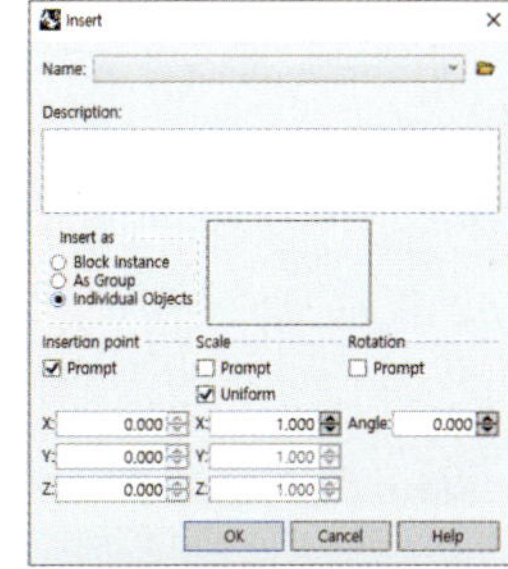

Insertion point: 0

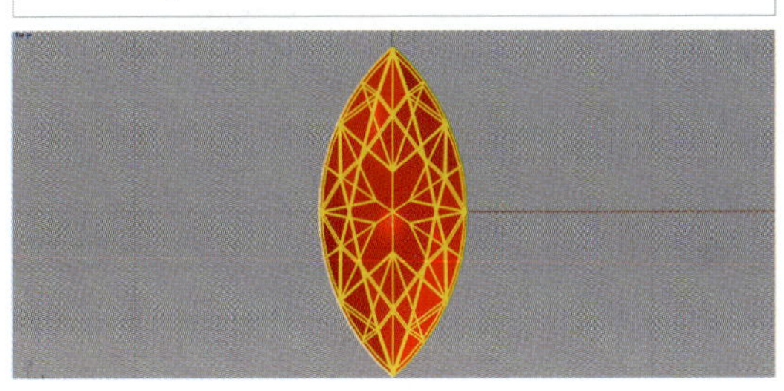

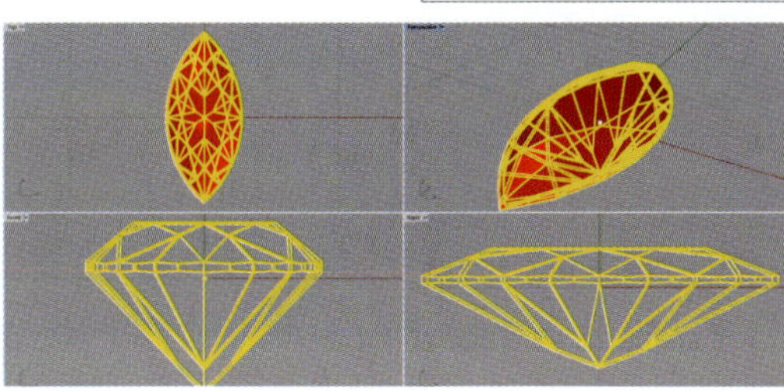

02. Front Front Viewport에서 불러온 보석개체를 선택하고, Move를 실행한다. Point to move from을 보석개체 하단의 End점으로 선택하고, Command Prompt 영역에 Point to move to값 2.26을 입력한 후, Enter↵키를 누른다.
Shift키를 누른 상태로 마우스 커서를 화살표 방향으로 이동한 후, 마우스 왼쪽버튼을 클릭하여 보석개체를 2.26㎜ 수직으로 이동시킨다.

Point to move to: 2.26

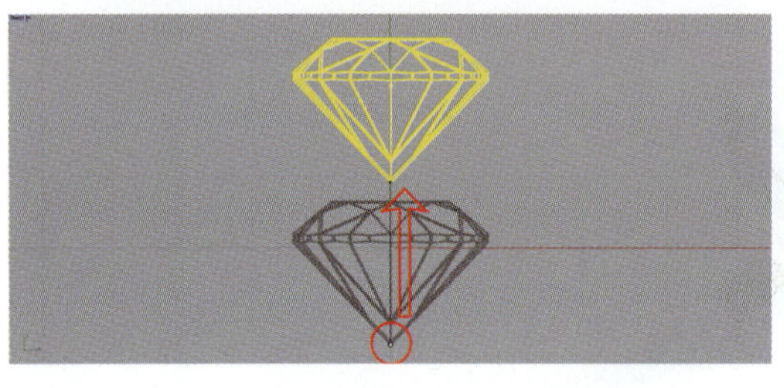

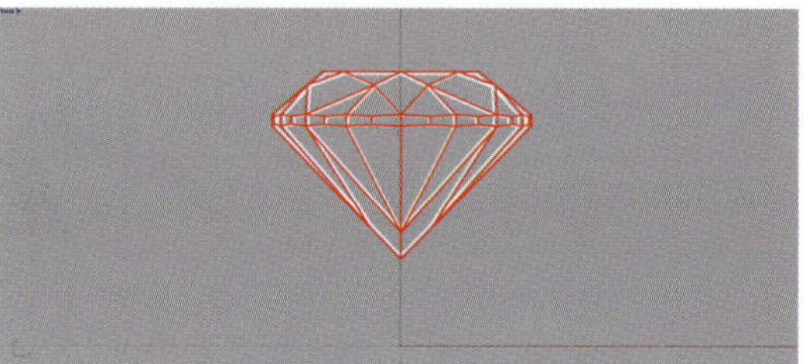

03. Osnap Toolbar에서 Project에 체크하고, Top Top Viewport에서 Arc: Center, Start, Angle를 실행한다.
Command Prompt 영역에서 StartPoint를 선택하고, 보석개체 상단의 Projected End점을 선택한 후, 보석개체 하단의 Projected End점을 선택한 다음, Shift키를 누른 상태로 보석개체 우측의 Projected End점을 선택한다. 다음 그림과 같이 생성된 곡선 Curve개체를 확인할 수 있다.

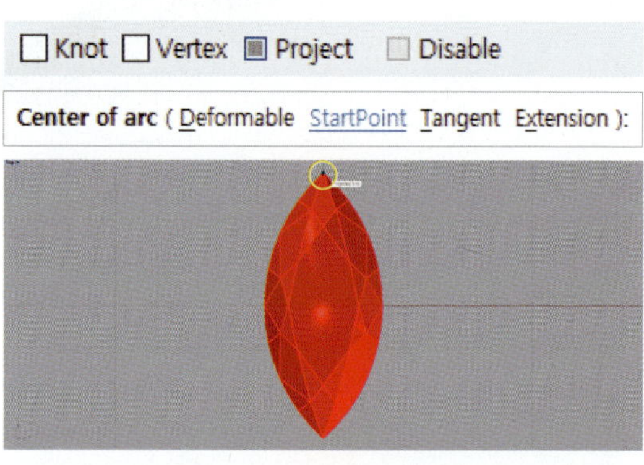

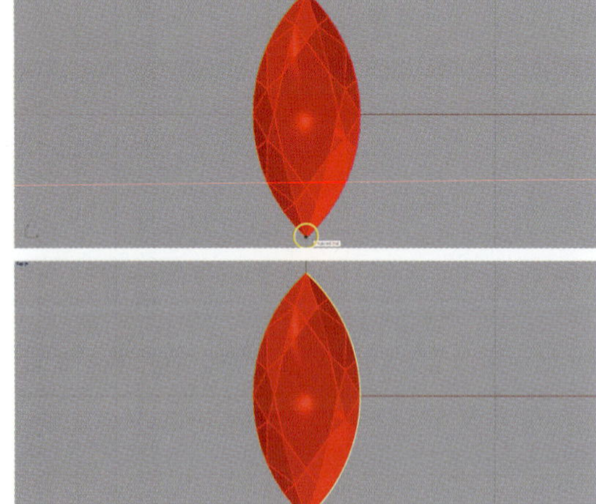

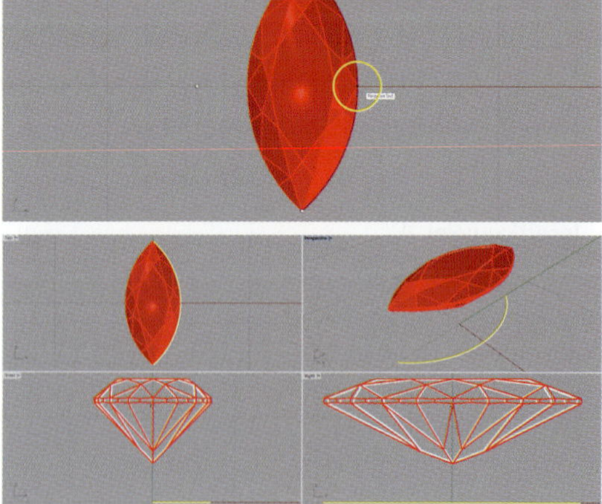

04. Front Front Viewport에서 Single Line를 실행하고, 다음 그림과 같이 보석개체와 대략 0.02mm의 간격을 두고, 1.07mm의 직선 Curve개체를 생성한다. 다시 Single Line를 실행하고, 생성된 직선 Curve개체 하단의 End점을 선택한 다음, Shift 키를 누른 상태로 마우스 커서를 화살표 방향으로 이동한 후, 마우스 왼쪽버튼을 클릭하여 1.46mm의 직선 Curve개체를 생성한다.

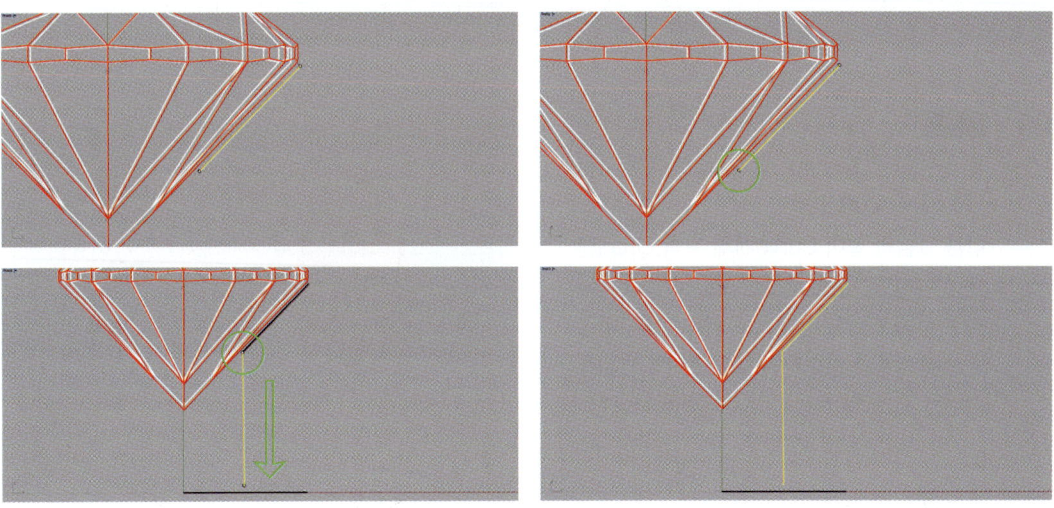

05. Control Point Curve를 실행하고, 다음 그림과 같이 1번 직선 Curve개체 상단의 End점을 기점으로 2번 직선 Curve개체 하단의 End점에 연결되는 곡선 Curve개체를 생성한다.

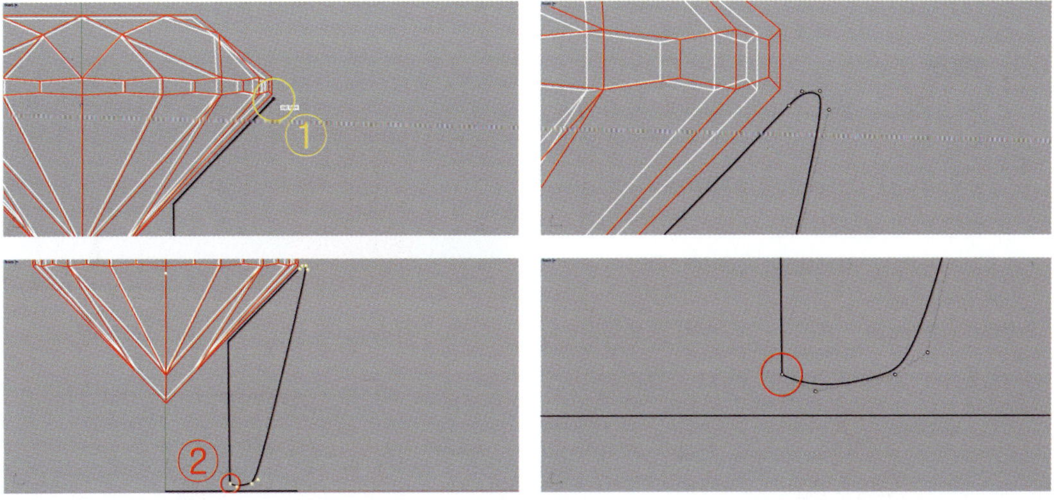

06. 생성된 Curve개체를 모두 선택하고, Join을 실행하여 하나의 Curve개체로 결합한다. 다음 그림과 같이 Move를 실행하고, Curve개체를 Shift 키를 누른 상태로 드래그하여 화살표 방향으로 이동한 후, 마우스 왼쪽버튼을 클릭하여 대략 1.6mm 이동시킨다.

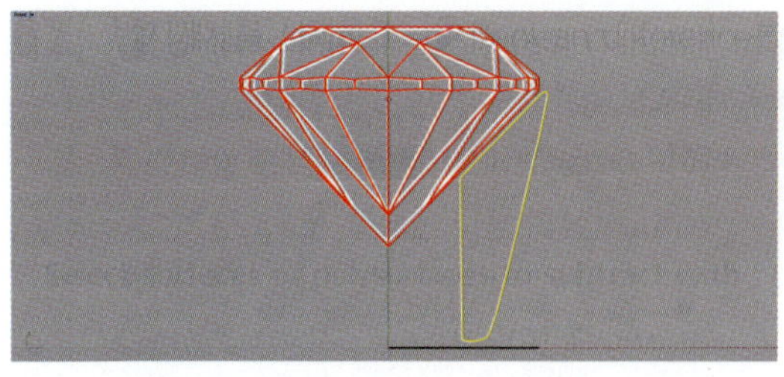

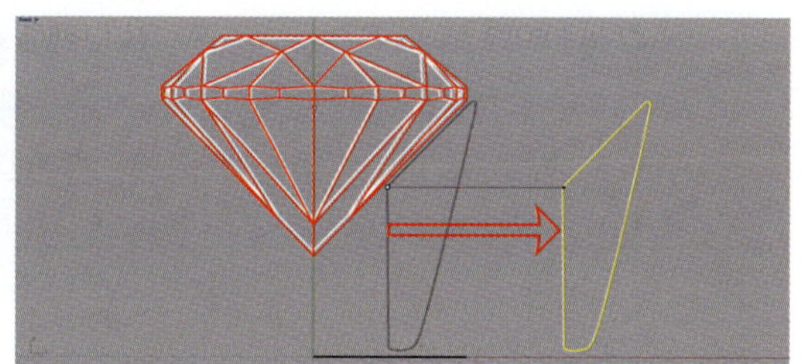

07. Top Top Viewport에서 Single Line를 실행하고, Osnap Toolbar에서 Quad점과 Project에 체크한다.
다음 그림과 같이 Curve개체 우측 Quad점을 선택하고, Shift 키를 누른 상태로 마우스 커서를 화살표 방향으로 이동한 후, 마우스 왼쪽버튼을 클릭하여 보석개체의 반지름 길이인 3.1㎜의 직선 Curve개체를 생성한다.

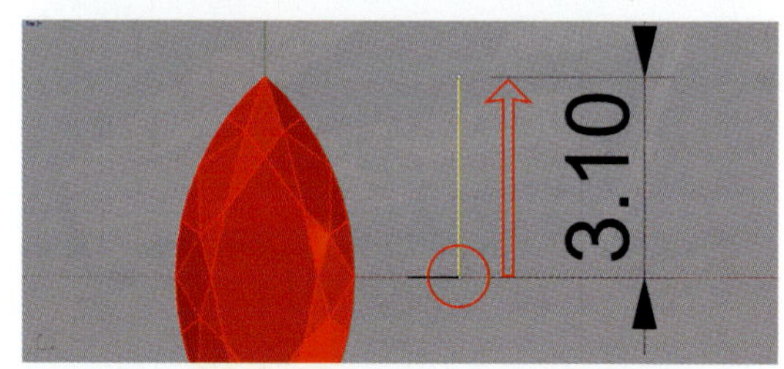

08. 화면 하단의 Status Bar(상태 표시줄)에서 Record History에 마우스 오른쪽 버튼을 누르고, Always Record History에 체크하여 Record History를 ON시킨다.

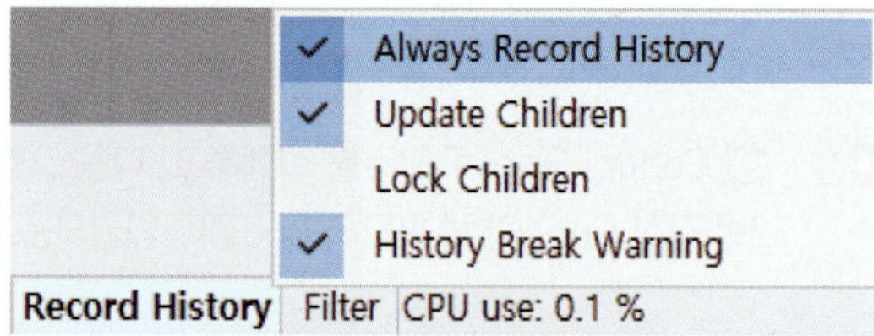

09. Top Top Viewport에서 곡선 Curve개체를 선택하고, Extrude straight를 실행한다.
Command Prompt 영역에서 모두 NO로 설정하고, 생성한 직선 Curve개체와 같은 길이의 Poly-Surface개체를 생성한다.

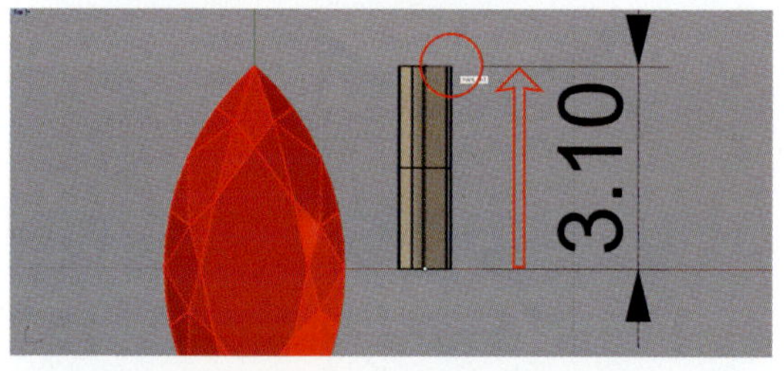

Extrusion distance <10.08> (Direction BothSides=*No* Solid=*No* DeleteInput=*No* ToBoundary SetBasePoint):

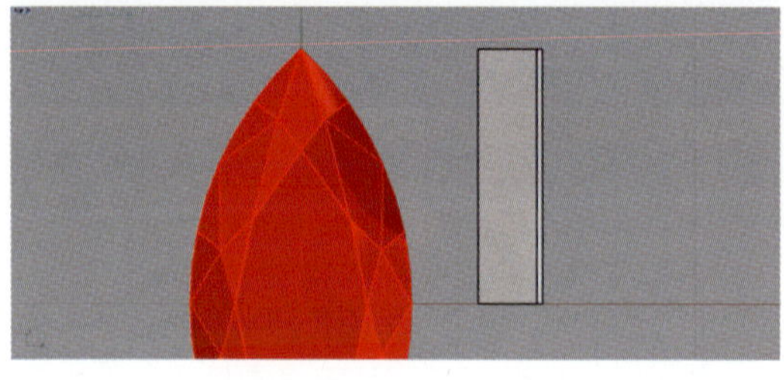

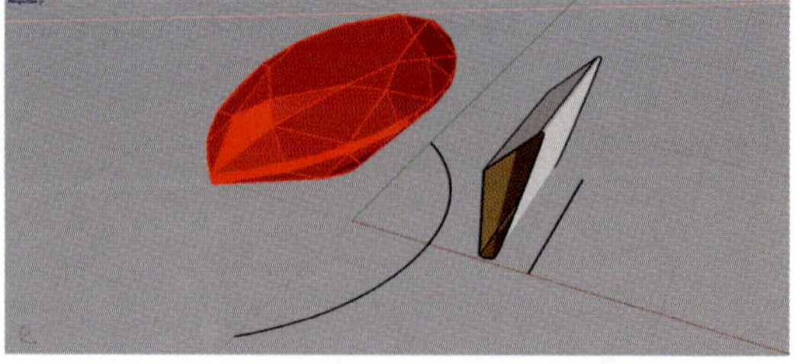

10. 생성된 Poly-Surface개체를 선택하고, Flow along curve를 실행한다. Command Prompt 영역에

서 Stretch=Yes로 설정하고, 1번 직선 Curve개체를 Base Curve로 선택한 후, 2번 곡선 Curve개체를 Target curve로 선택하면 다음 그림과 같이 곡선 Curve개체 위로 복사된 곡선 형태의 Poly-Surface개체를 확인할 수 있다.

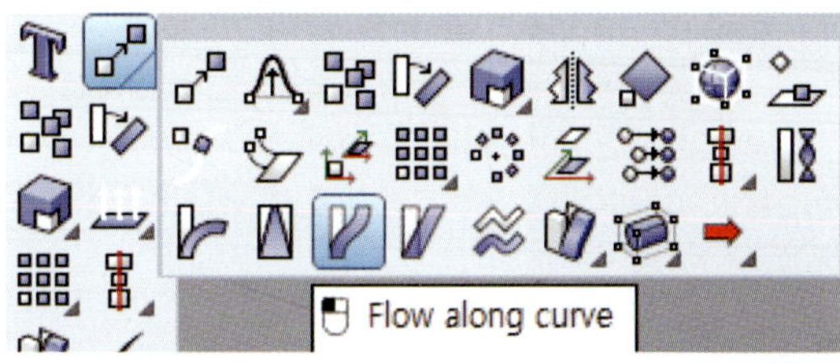

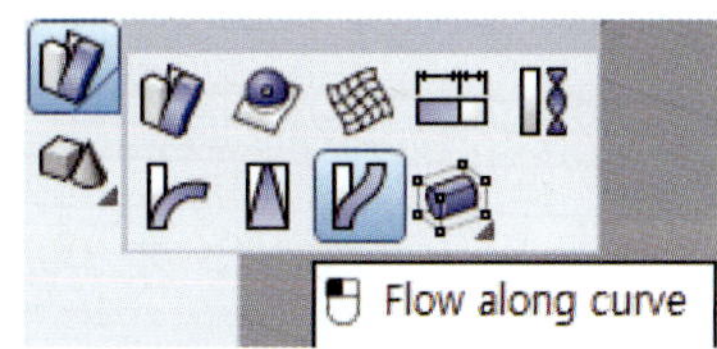

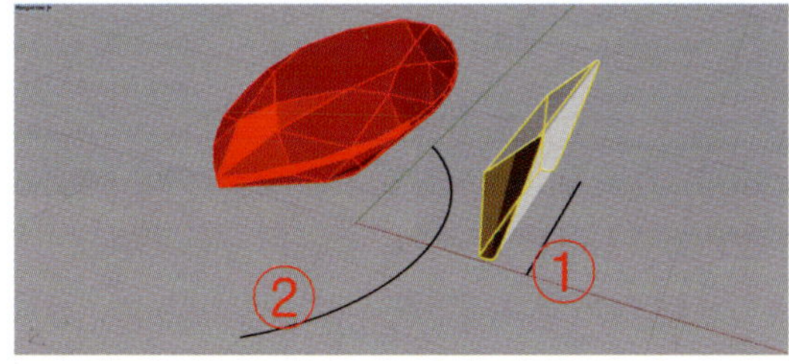

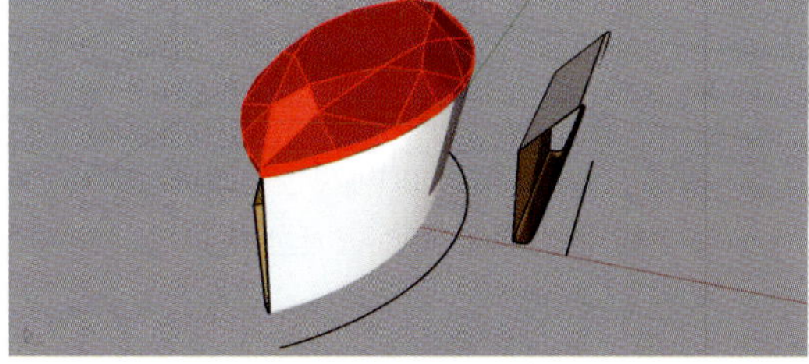

Base curve - select near one end (Copy=*Yes* Rigid=*No* Line Local=*No* Stretch=*Yes* PreserveStructure=*No* Roadlike=*No*):

11. **Front** Front Viewport에서 Curve개체를 선택하고, Show object control points(F10)을 실행하여 조절점을 화면상에 나타나게 한다. 조절점을 선택하고, 마우스 왼쪽버튼을 누른 상태로 드래그하여 원하는 위치로 이동하면, 변형되는 Curve개체와 같이 Poly-Surface개체가 변형되는 것을 확인할 수 있다.

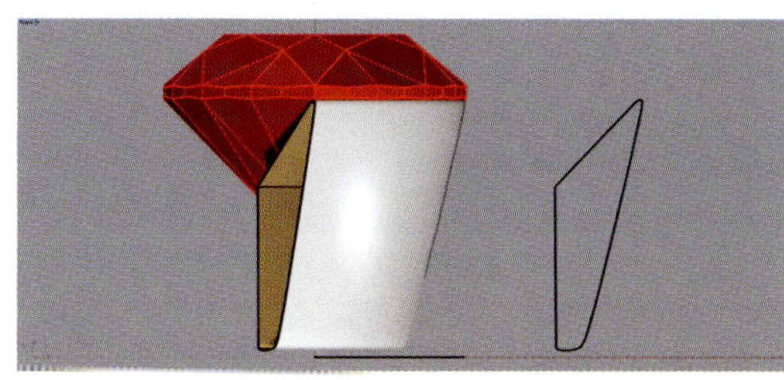

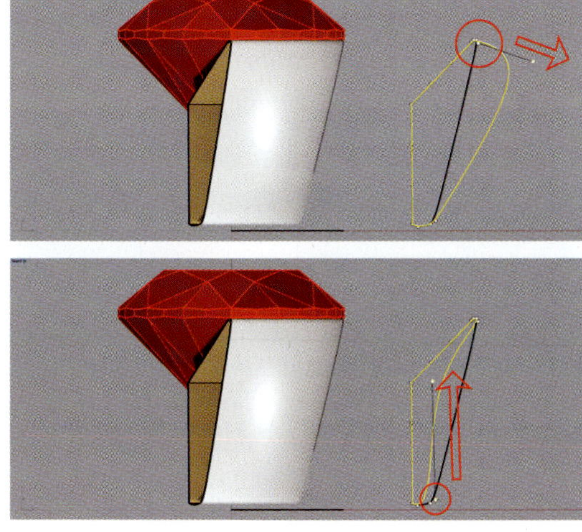

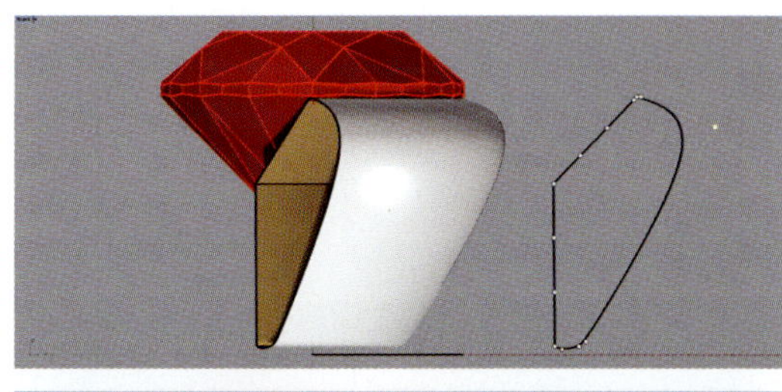

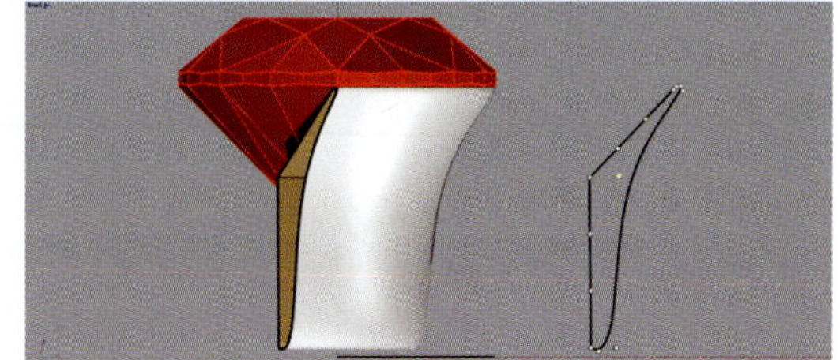

12. 우측 Panels의 Layers에서 Layer 01과 Layer 05의 Hide objects를 선택하여 잠시 숨겨두고, 곡선 형태의 Poly-Surface개체와 Point개체를 제외한 나머지 개체들은 삭제한다. Rhinoceros 6 History Warning창이 나타나면 확인을 누른다.

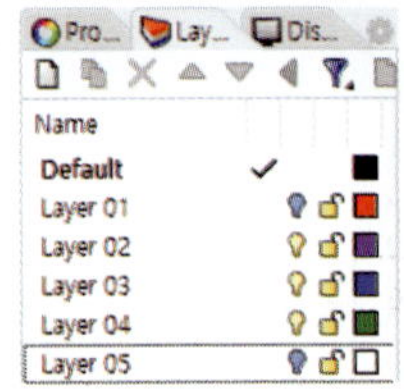

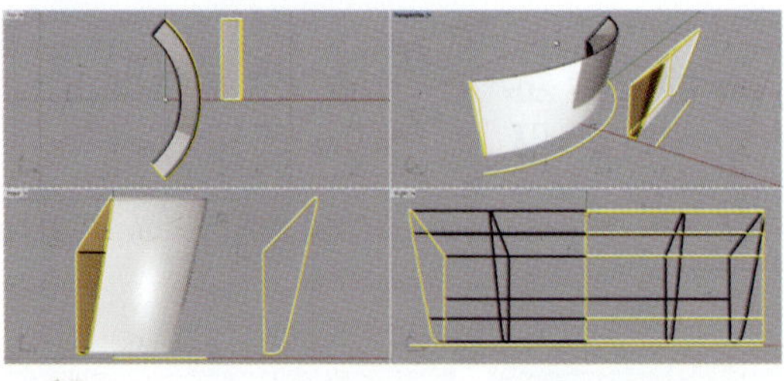

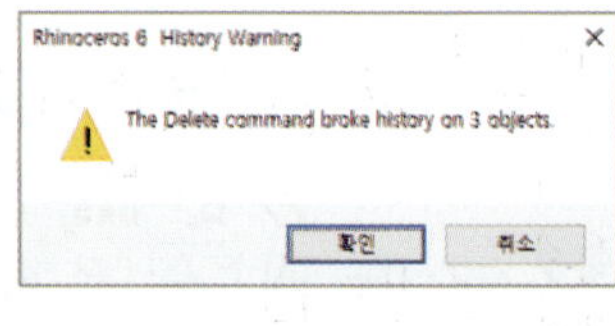

13. Top Top Viewport에서 Line: from midpoint를 실행하고, Command Prompt 영역에 Middle of line값 0을 입력한 후, Enter↵키를 누른다. Shift키를 누른 상태로 마우스 커서를 화살표 방향으로 이동한 후, 마우스 왼쪽버튼을 클릭하여 8㎜ 이상의 직선 Curve개체를 생성한다.

Middle of line (Normal Angled Vertical FourPoint Bisector Perpendicular Tangent Extension): 0

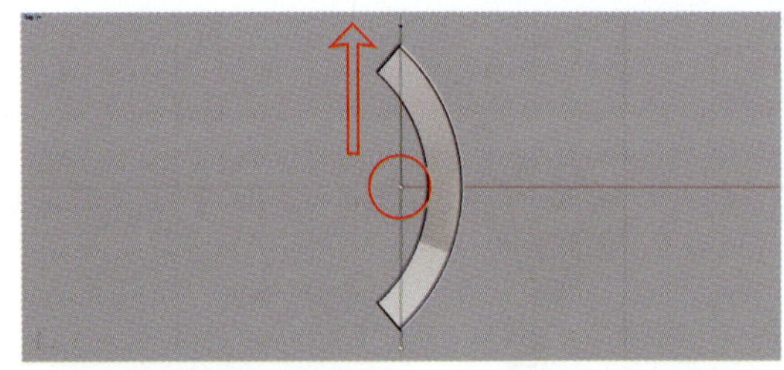

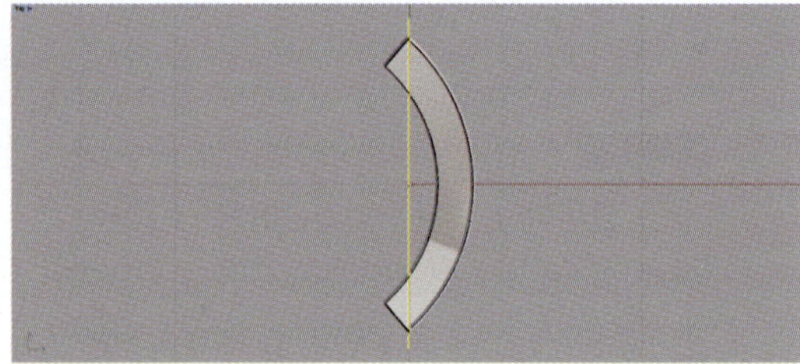

14. 생성된 Curve개체와 Poly-Surface개체를 모두 선택하고, Trim을 실행한다.
직선 Curve개체 좌측의 Poly-Surface개체 부분을 선택하여 삭제하고, 직선 Curve개체도 삭제한다.

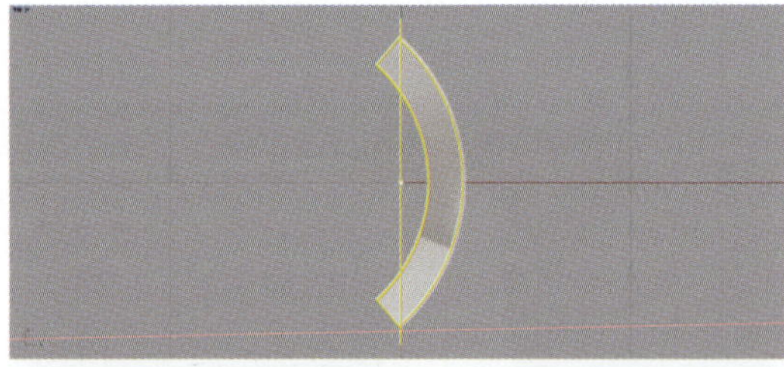

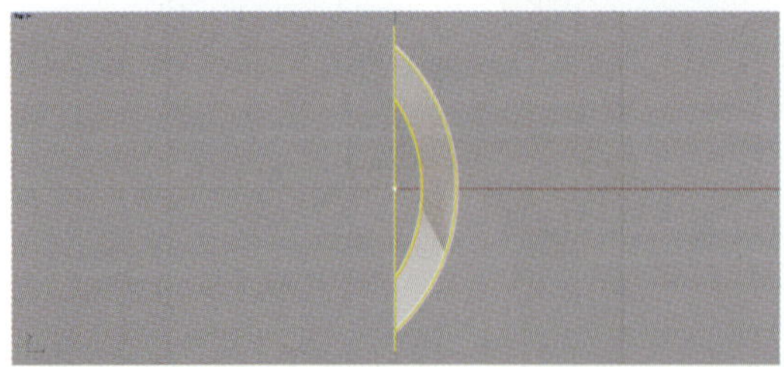

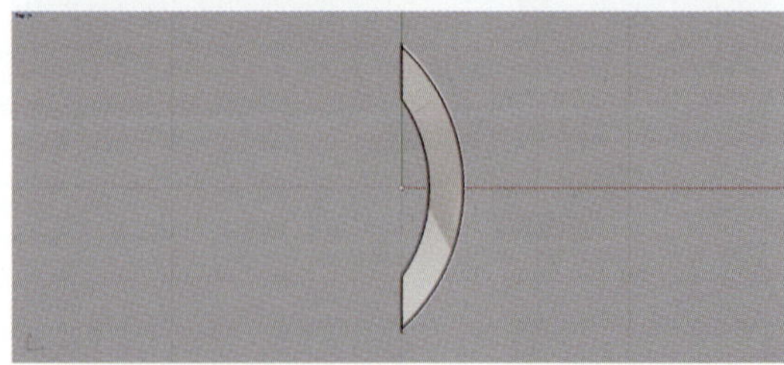

15. Poly-Surface개체를 선택하고, Mirror를 실행한 다음, Command Prompt 영역에 Start of mirror plane값 0을 입력한 후, Enter↵ 키를 누른다. Shift 키를 누른 상태로 마우스 커서를 화살표 방향으로 이동한 후, 마우스 왼쪽버튼을 클릭하여 Poly-Surface개체를 대칭방향에 복사한다.

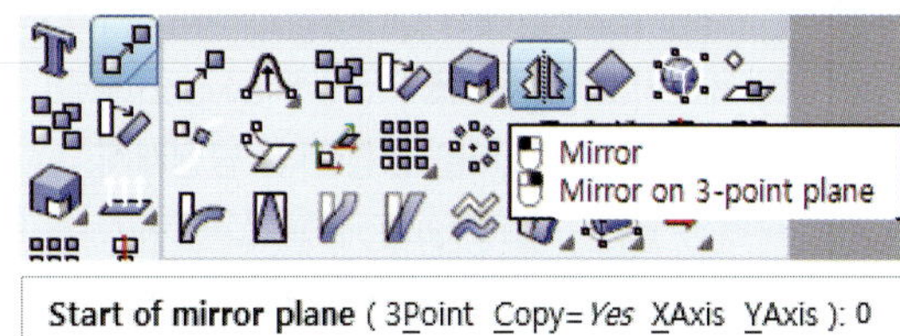

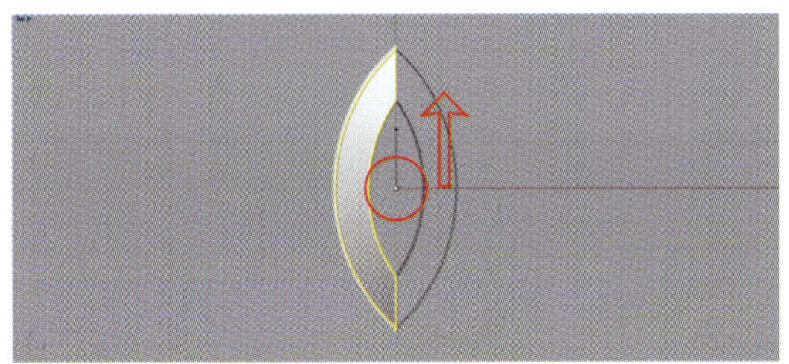

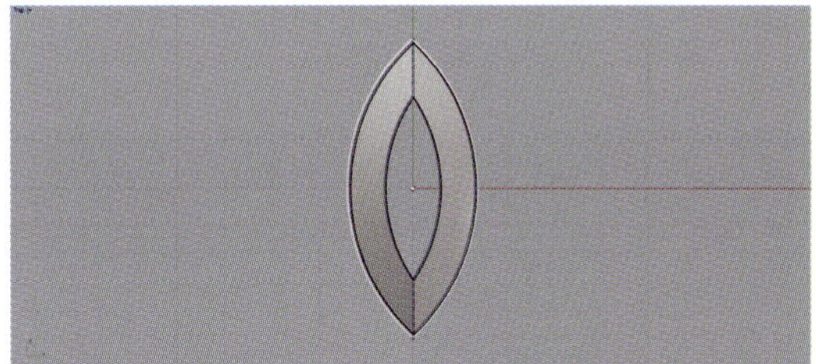

16. 2개의 Poly-Surface개체를 선택하고, Join을 실행하여 하나의 Poly-Surface개체로 결합한다.

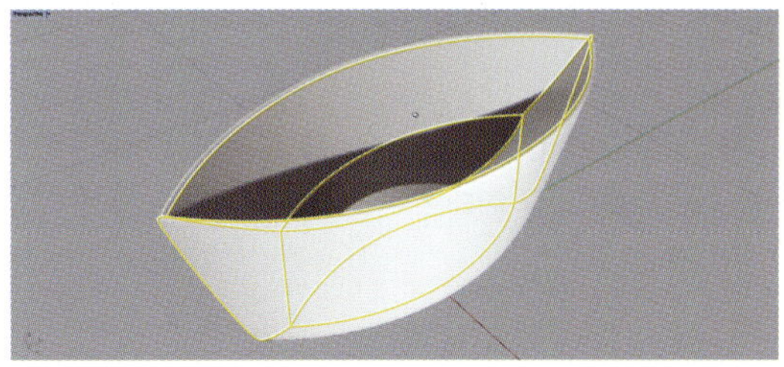

17. 결합된 Poly-Surface개체를 선택하고, Show edges를 실행하여 Poly-Surface개체에 Error가 있는지 확인한다. 다음 그림과 같이 Poly-Surface개체에 Error가 없는 것을 확인할 수 있다.

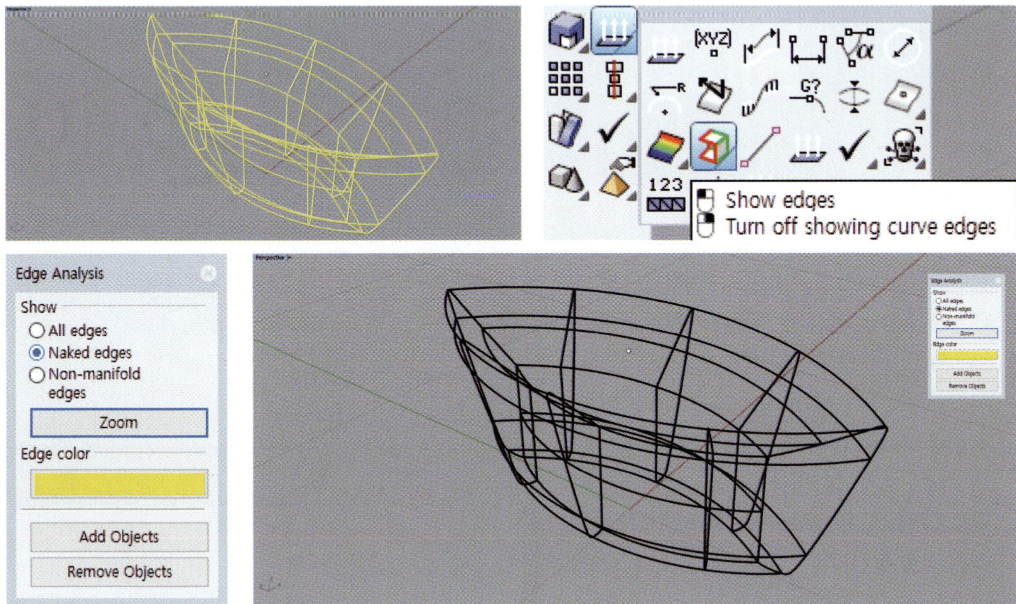

18. Osnap Toolbar에서 Quad점과 Project에 체크하고, Front Front Viewport에서 Single Line을 실행한다. 난집개체 하단의 Projected Quad점을 선택하고, Command Prompt 영역에 End of line값 3.1을 입력한 다음, Shift 키를 누른 상태로 마우스 커서를 화살표 방향으로 이동한 후, 마우스 왼쪽버튼을 클릭하여 3.1㎜ 길이의 직선 Curve개체를 생성한다.

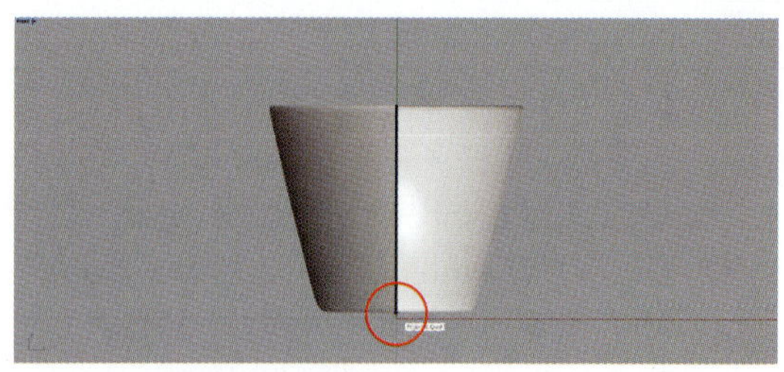

End of line (BothSides): 3.1

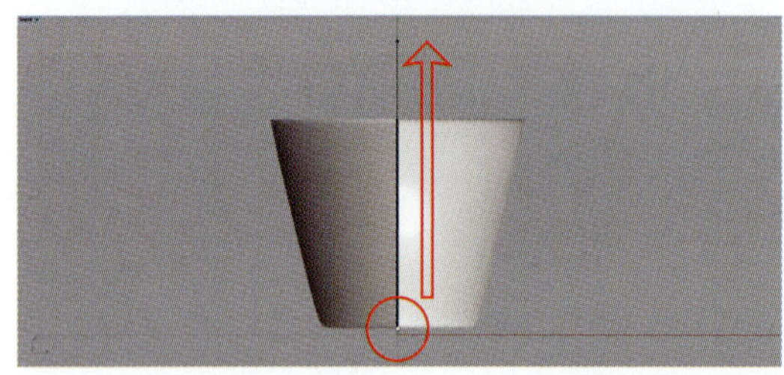

19. Control Point Curve를 실행하고, 다음 그림과 같은 형태의 곡선 Curve개체를 생성한다.

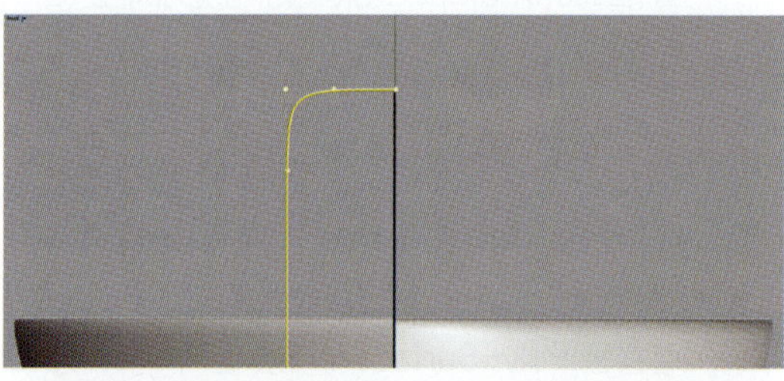

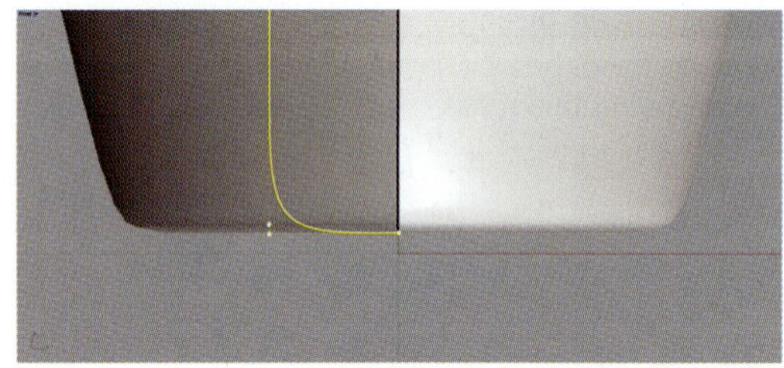

20. 생성된 곡선 Curve개체를 선택하고, Revolve를 실행한다. Start of revolve axis를 Curve개체 상단의 End점으로 선택하고, End of revolve axis를 Curve개체 하단의 End점으로 선택한 후, Command Prompt 영역에서 FullCircle을 선택하면 다음 그림과 같이 Poly-Surface개체가 생성된 것을 확인할 수 있다. 곡선 Curve개체와 직선 Curve개체는 삭제한다.

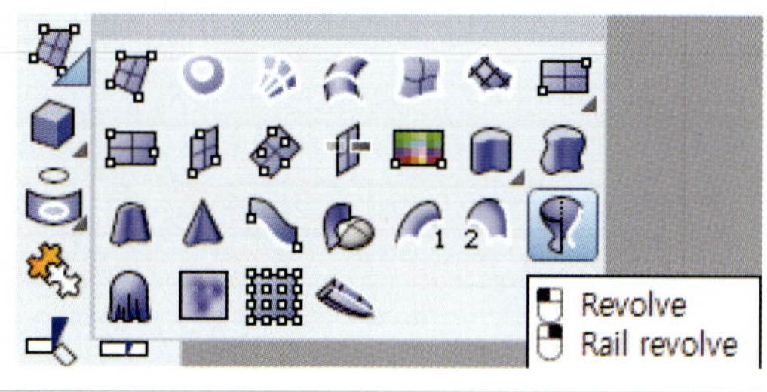

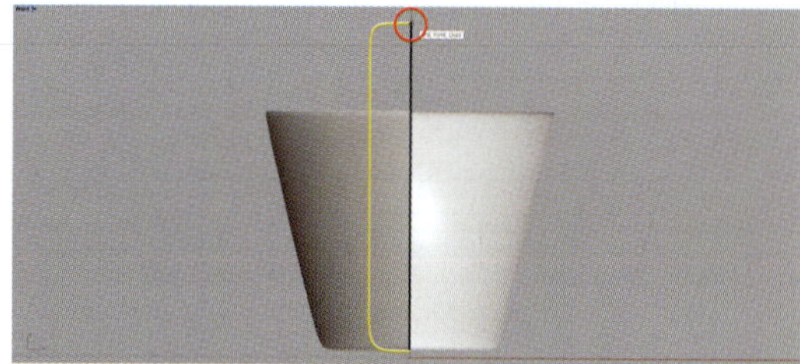

Start of revolve axis:

End of revolve axis (Press Enter to use CPlane z-axis direction):

Start angle <0> (DeleteInput=Yes Deformable=No FullCircle AskForStartAngle=Yes SplitAtTangents=No):

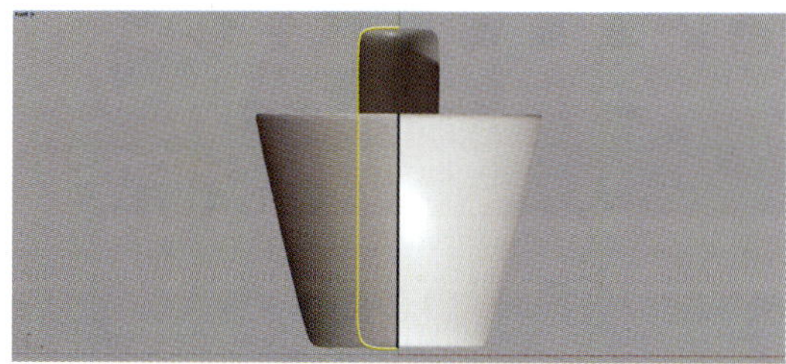

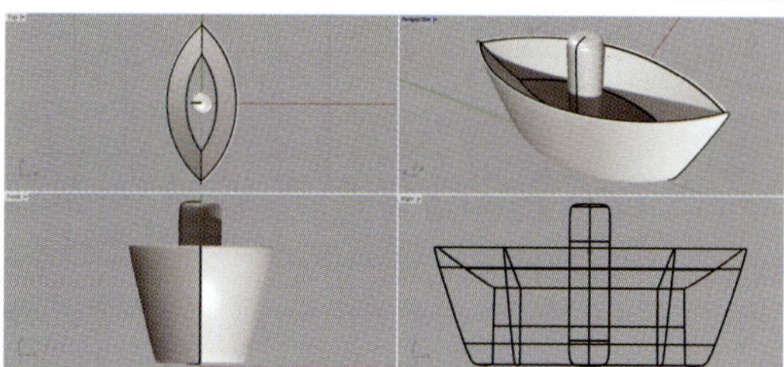

21. Right Right Viewport에서 생성된 난발 개체를 선택하고, Move를 실행한다. Point to movc from을 생성된 난발 개체 하단의 End점으로 선택한 다음, Command Prompt 영역에 Point to move to값 2.28을 입력한 후, Enter↵키를 누른다. Shift키를 누른 상태로 마우스 커서를 화살표 방향으로 이동한 후, 마우스 왼쪽버튼을 클릭하여 난발 개체를 2.28㎜ 이동시킨다.

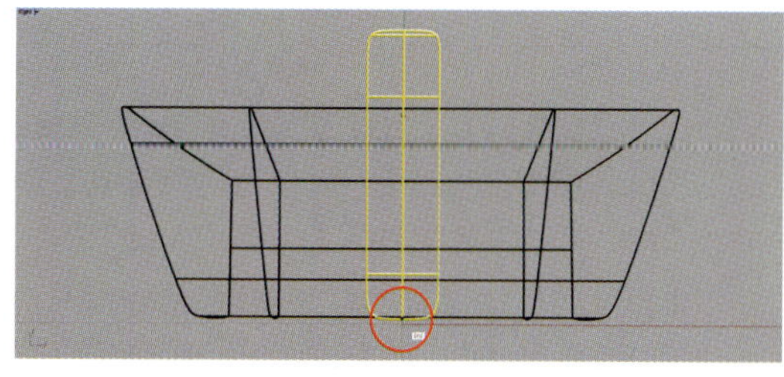

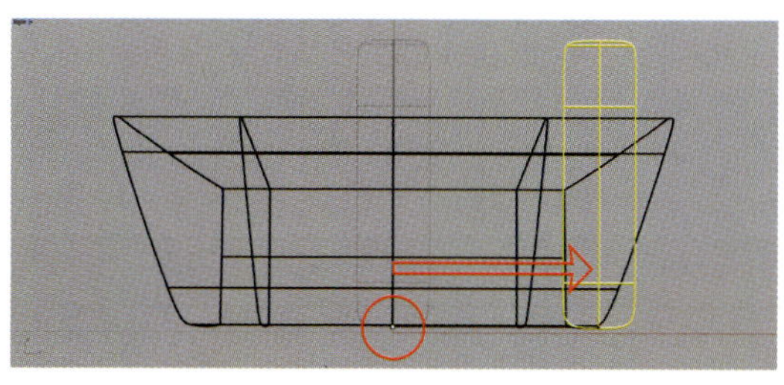

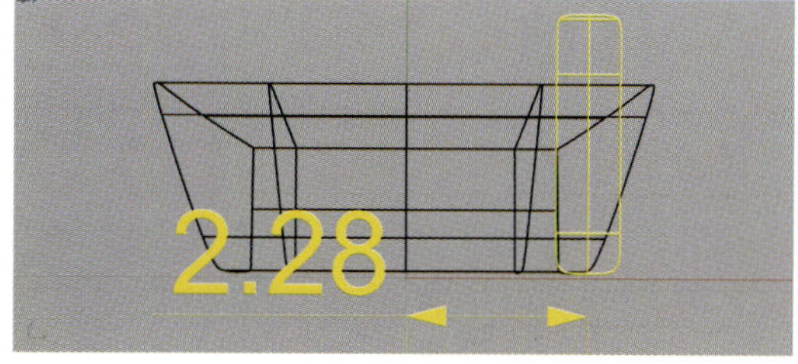

22. 이동시킨 난발 개체를 선택하고, Rotate 2-D를 실행한다. Center of rotation을 난발 개체 하단의 End점으로 선택하고, Angle or first reference point값 -19를 입력한 다음, Enter↵키를 누르면 난발

개체가 -19도 각도로 회전한 것을 확인할 수 있다.

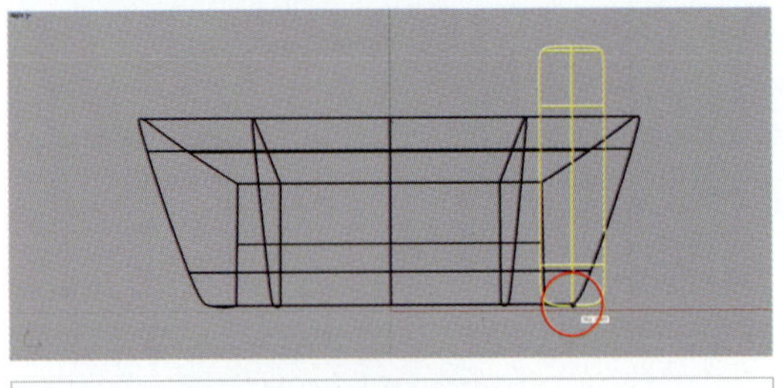

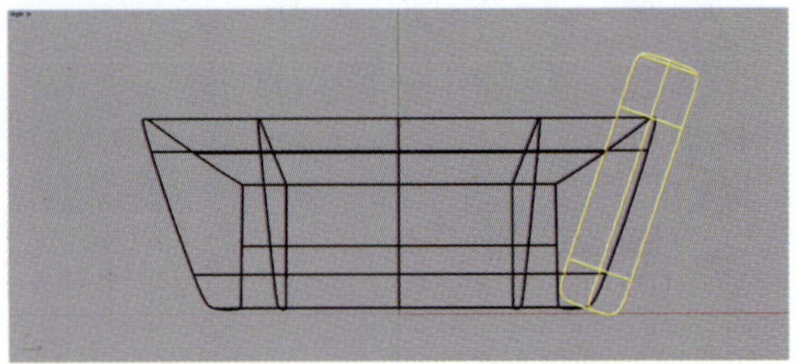

Angle or first reference point (Copy=*No*): -19

23. 난발 개체를 선택하고, Mirror를 실행한다. Command Prompt 영역에 Start of mirror plane값 0을 입력하고, Enter↵키를 누른 다음, Shift키를 누른 상태로 마우스 커서를 화살표 방향으로 이동한 후, 마우스 왼쪽버튼을 클릭하여 난발 개체를 대칭 방향에 복사한다.

Start of mirror plane (3Point Copy=*Yes* XAxis YAxis): 0

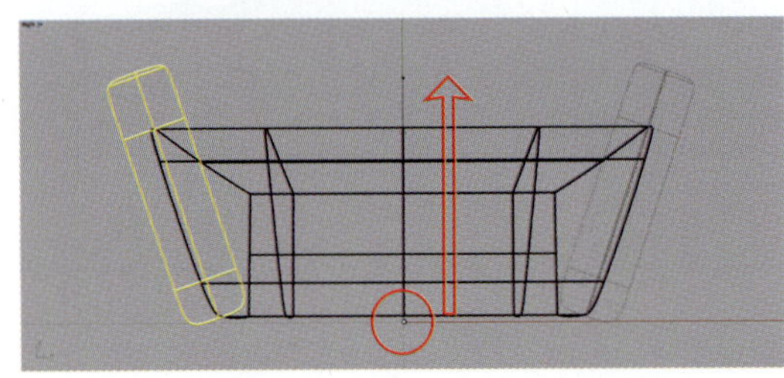

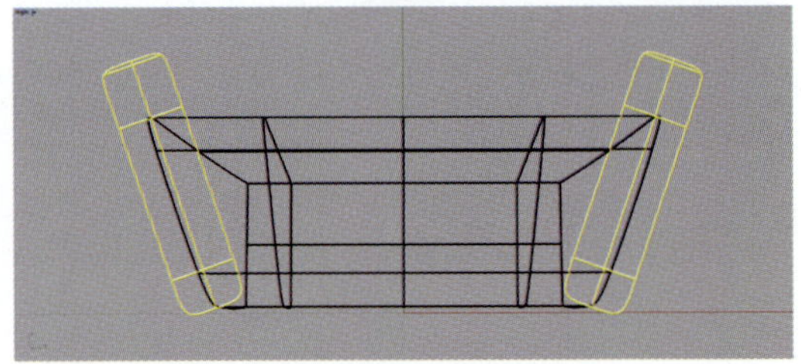

24. 난집개체와 2개의 난발 개체를 모두 선택하고, Boolean union를 실행하여 하나의 난집개체로 결합하고, 우측 Panels의 Layers에서 Layer 01의 Hide objects 아이콘을 클릭하여 화면상에 나타나게 한다.

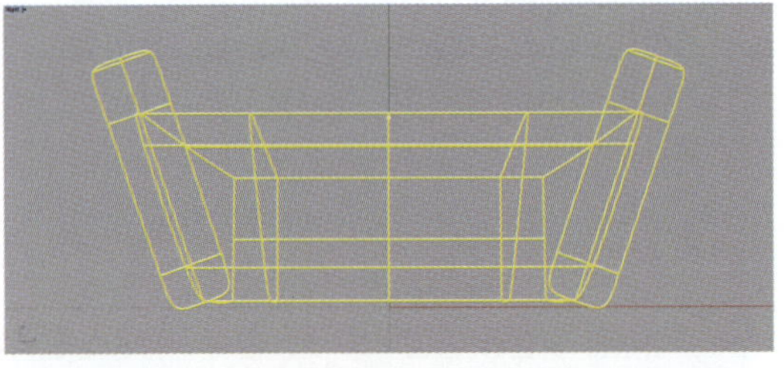

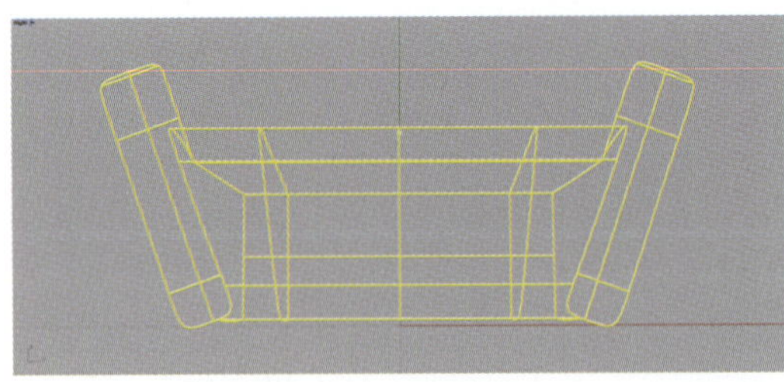

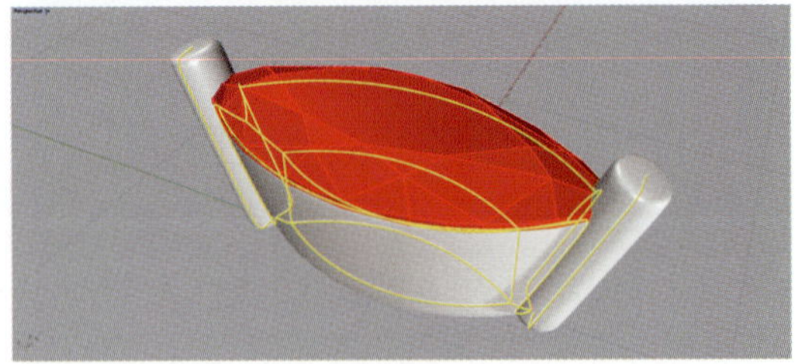

25. 난집개체를 선택하고, Boolean difference를 실행한 후, 보석형태의 Poly-Surface개체를 선택한 다음, Enter↵키를 누르면 다음 그림과 같이 난집개체에 보석형태의 홈이 파인 것을 확인할 수 있다.

26. 개체들을 모두 선택한 후, Hide objects를 실행하여 숨겨둔다. **Front** Front Viewport에서 Arc: Center, Start, Angle를 실행하고, 다음 그림과 같이 z축으로 8㎜, x축으로 8㎜인 Arc Curve 개체를 생성한다.

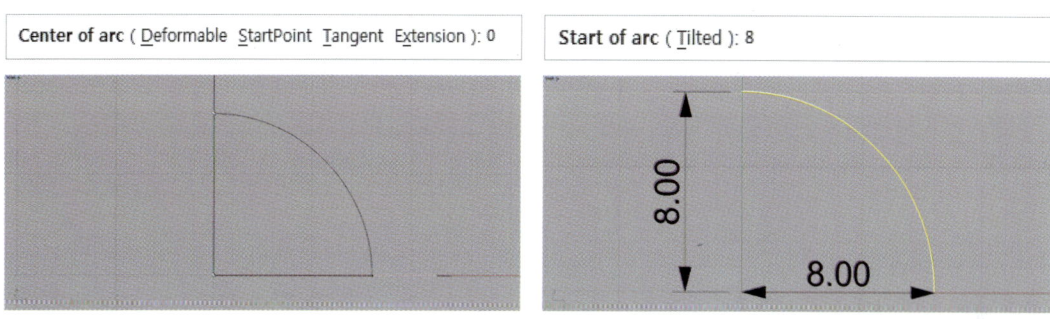

27. 생성된 Arc Curve개체를 선택하고, Rebuild curve를 실행한다. Rebuild Options창이 나타나면 Point count값 4, Degree값 2로 입력하고, Delete input에 체크한 후, OK를 누른다.

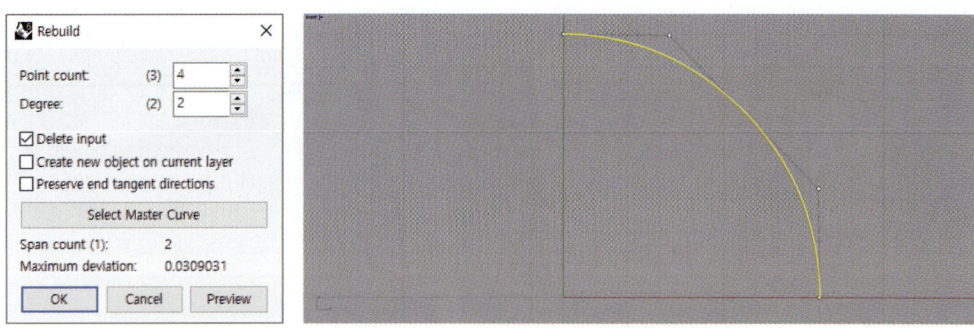

28. Top Top Viewport에서 생성된 Arc Curve개체를 선택하고, Show object control points(F10)를 실행하여 조절점이 화면상에 나타나게 한다. 프로그램 하단의 Status Bar(상태표시줄)에 있는 Grid Snap을 ON시킨 후, 다음 그림과 같이 1번 조절점을 선택하여 y축 방향으로 1㎜ 이동시키고, 2번 조절점을 선택하여 y축 방향으로 3㎜ 이동시킨다.

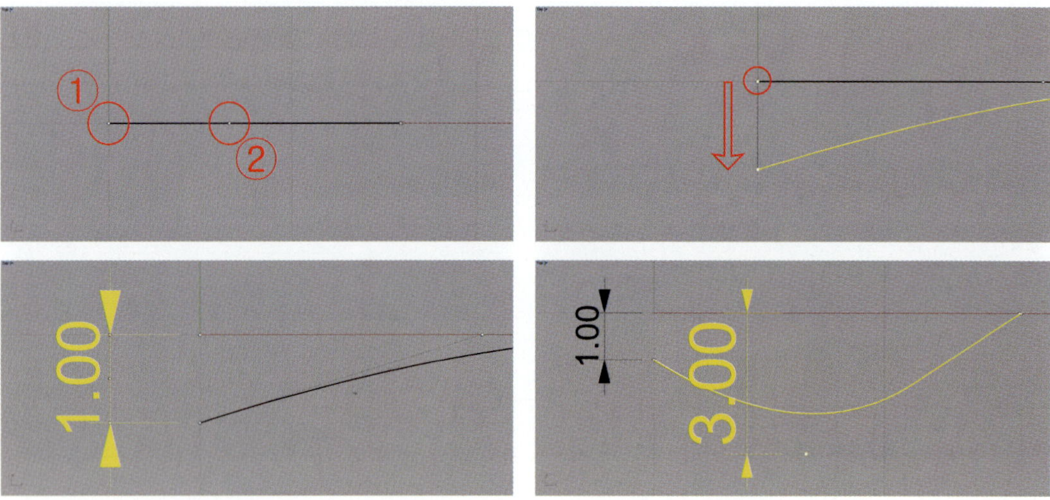

29. Front Front Viewport에서 Arc: Center, Start, Angle를 실행하여 다음 그림과 같은 z축 8㎜, y축 8㎜의 Arc Curve개체를 생성한다. 2개의 Arc Curve개체를 선택하고, Join을 실행하여 하나의 Curve개체로 결합한다.

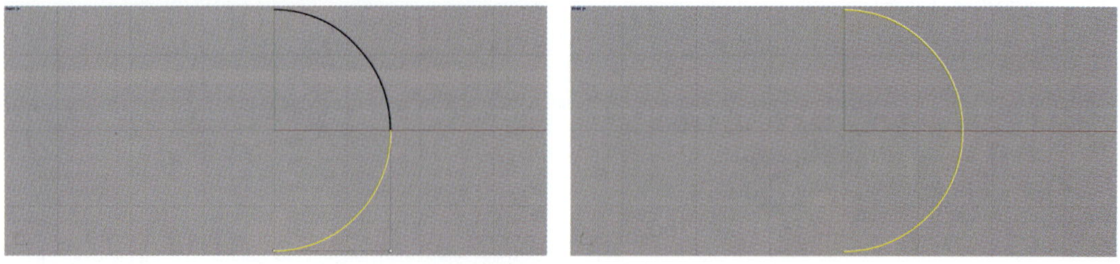

30. Right Right Viewport에서 Rectangle: Corner to Corner를 실행하고, 다음 그림과 같이 Curve개체 하단의 End점에 가로 2㎜, 세로 1㎜의 직사각형 Curve개체를 생성한다.

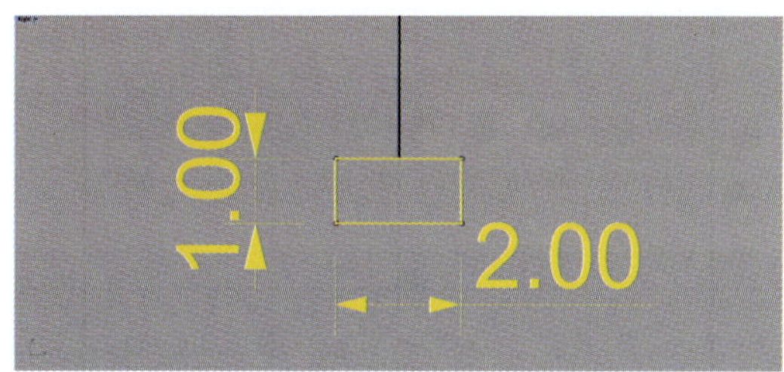

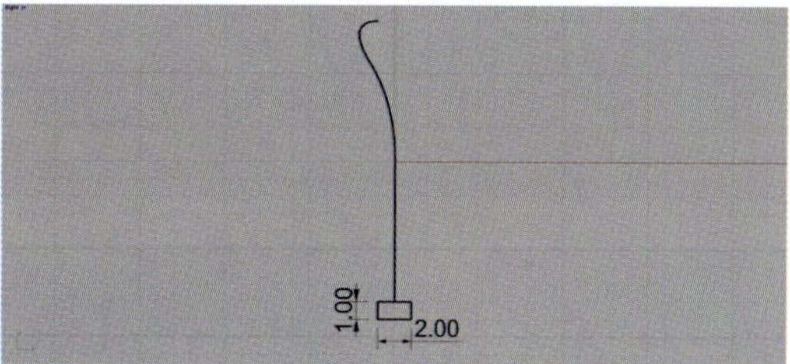

31. Fillet curves를 실행하고, Command Prompt 영역에 Radius값 0.4를 입력한 후, Enter↵키를 누른다. 1번 Curve개체와 2번 Curve개체를 선택하여 다음 그림과 같이 직사각형 Curve개체의 모서리 부분을 반지름 0.4㎜로 Fillet한다. 3번과 4번 모서리 부분도 0.4㎜로 Fillet 시킨다.

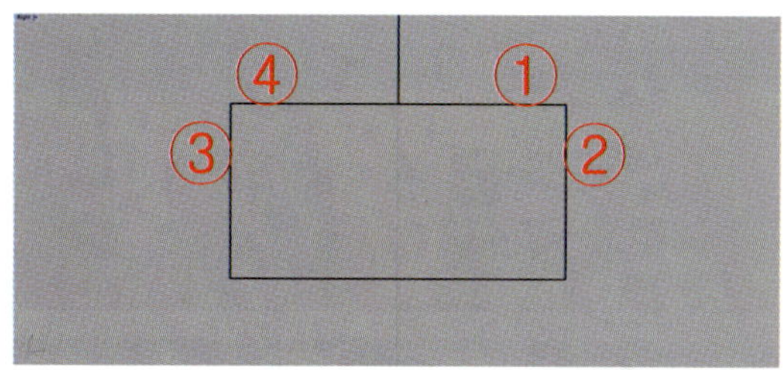

Select first curve to fillet (Radius=1 Join=No Trim=Yes ExtendArcsBy=Arc): 0.4

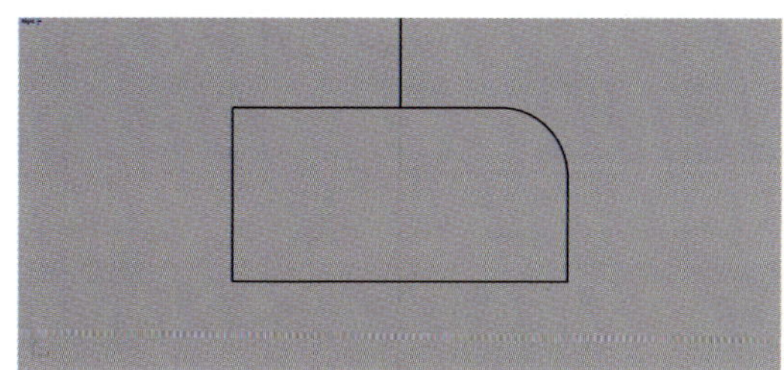

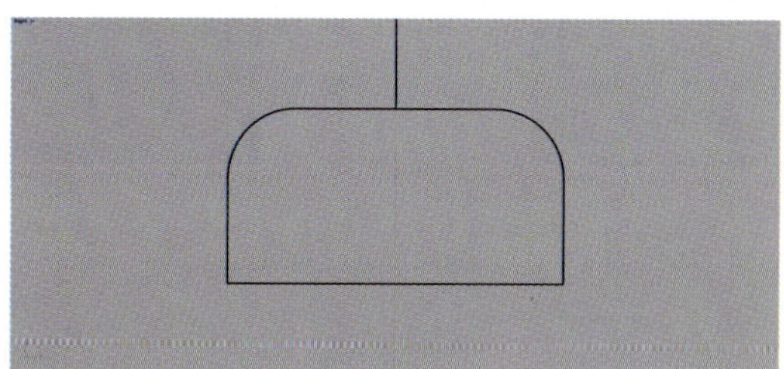

32. Chamfer curves를 실행하고, Command Prompt 영역에서 Distances를 선택한다. First Chamfer distance값 0.4를 입력하고, Enter↵키를 누른 후, Second chamfer distance값 0.4를 입력한 다음, Enter↵키를 누른다. Select first curve to chamfer를 1번 Curve개체로 선택하고, Select Second curve to chamfer를 2번 Curve개체로 선택하면 다음 그림과 같이 모서리 부분이 0.4㎜, 0.4㎜로 Chamfer된 것을 확인할 수 있다. 3번과 4번 모서리 부분도 0.4㎜로 Chamfer시킨다.

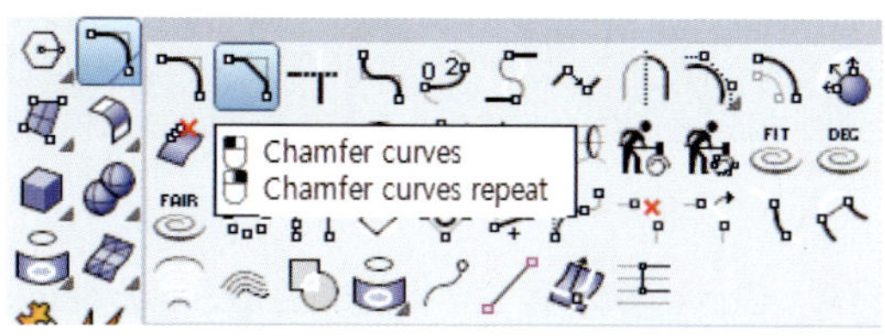

Select first curve to chamfer (Distances=0.4,0.4 Join=No Trim=Yes ExtendArcsBy=Arc):

First chamfer distance <0.400>: 0.4	Second chamfer distance <0.400>: 0.4

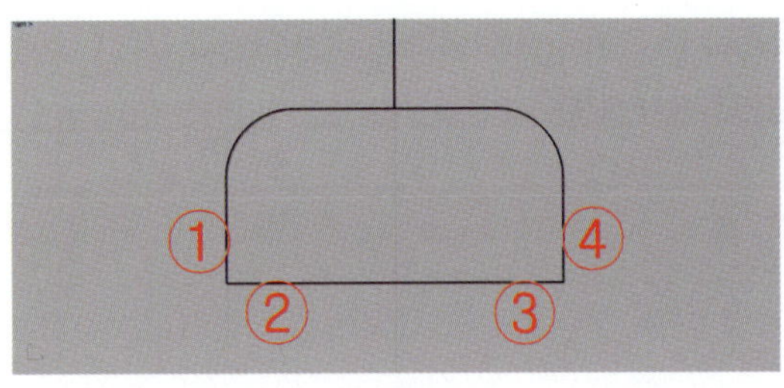

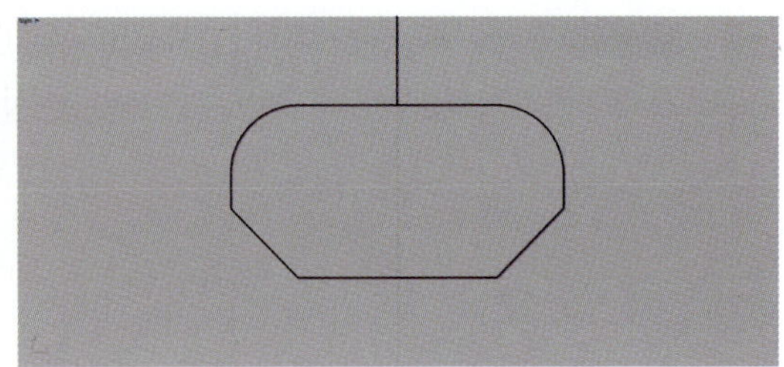

33. Sweep 1 rail를 실행하고, 1번 Curve개체와 2번 Curve개체를 순서대로 선택한 후, Enter↵ 키를 누른다. Seam방향(하얀색 화살표)이 아래를 향하고 있으면 화살표를 클릭하여 방향을 위로 향하게 바꿔준 후, Enter↵ 키를 누르고, Sweep 1 rail Options창이 나타나면 OK를 누른다.

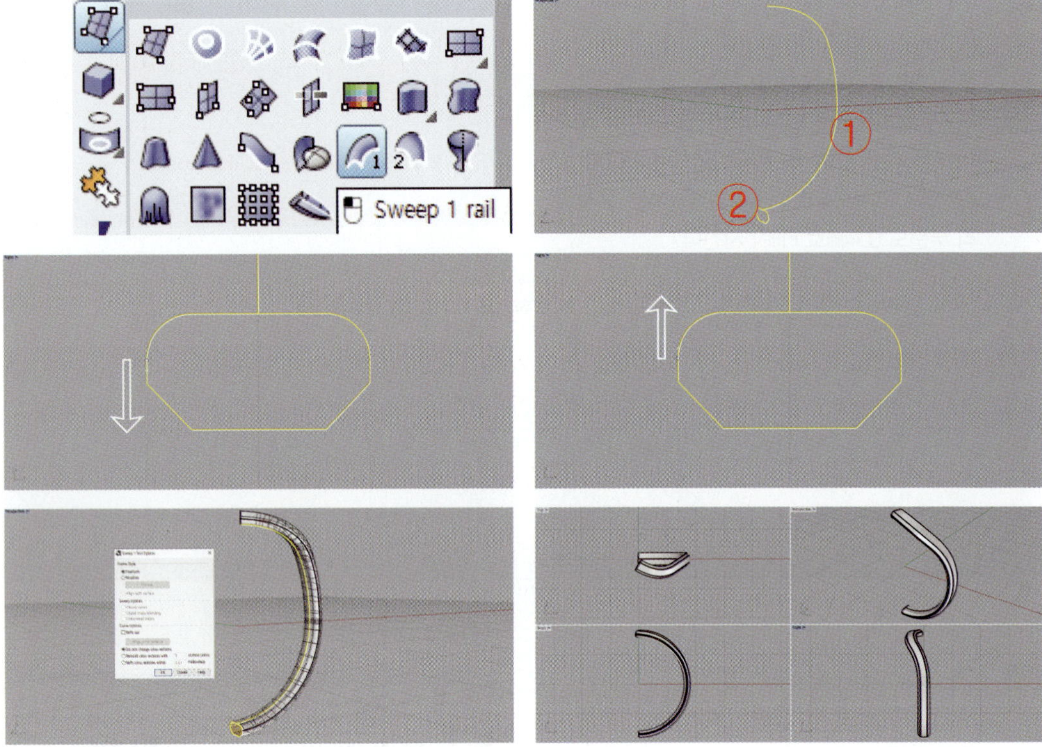

34. Curve개체들을 모두 삭제하고, Show objects를 실행하여 보석개체와 난집개체를 화면상에 나타나게 한다.

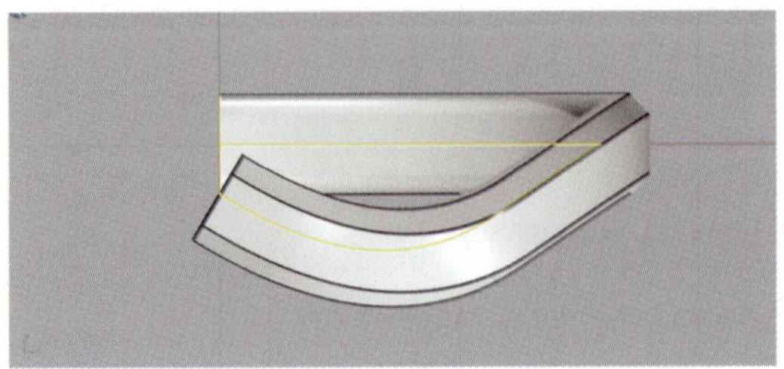
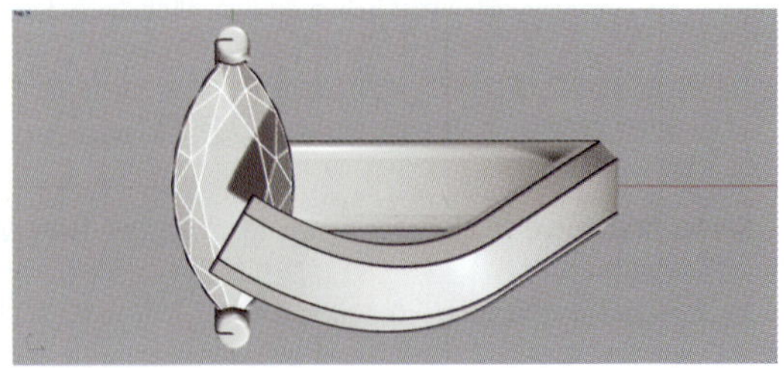

35. Top Top Viewport에서 보석개체와 난집개체를 선택하고, Rotate 2-D를 실행한다. Command Prompt 영역에 Center of rotation값 0을 입력하고, Enter↵키를 누른 후, Angle or first reference point값 -15를 입력한 다음, Enter↵키를 누르면 다음 그림과 같이 보석개체와 난집개체가 -15도 각도로 회전한 것을 확인할 수 있다.

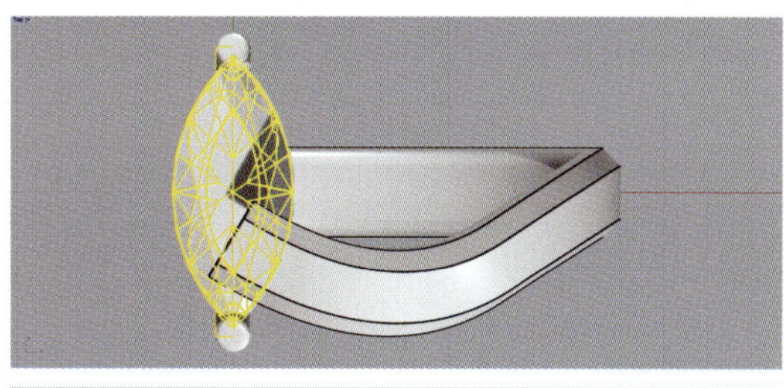

Center of rotation (Copy=*No* UseLastCenter): 0

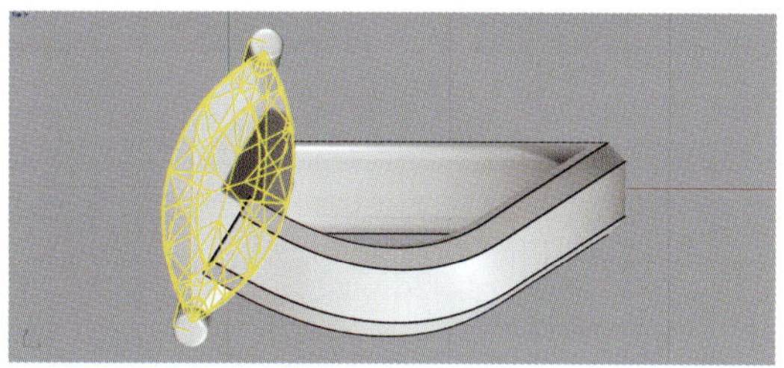

Angle or first reference point <-19> (Copy=*No*): -15

36. Front Front Viewport에서 보석개체, 난집개체와 보석개체 중심에 있는 Point개체를 선택한다. (만약, Point개체가 없다면 보석개체를 선택하고, Volume centroid를 실행하여 보석개체 중심에 Point개체를 생성한다.)

Osnap Toolbar에서 Point점에만 체크하고, Move를 실행한 후, Point to move from을 보석개체 중심에 있는 Point개체로 선택한다. Command Prompt 영역에 Point to move to값 7.8을 입력하고, Enter↵키를 누른 다음, Shift키를 누른 상태로 마우스 커서를 화살표 방향으로 이동한 후, 마우스 왼쪽 버튼을 클릭하여 보석개체와 난집개체를 수직으로 7.8㎜ 이동시킨다.

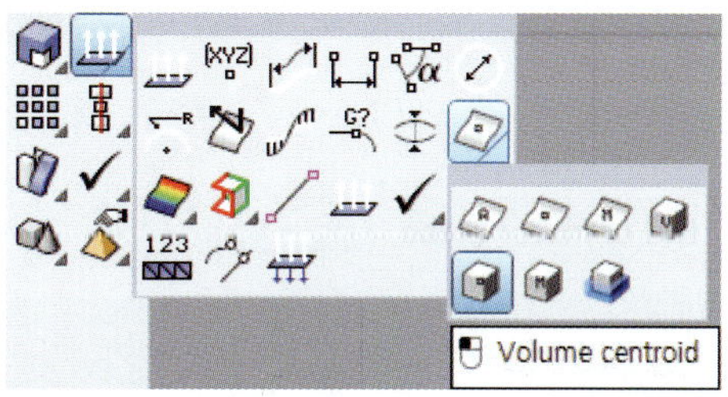

Point to move to <3.000>: 7.8

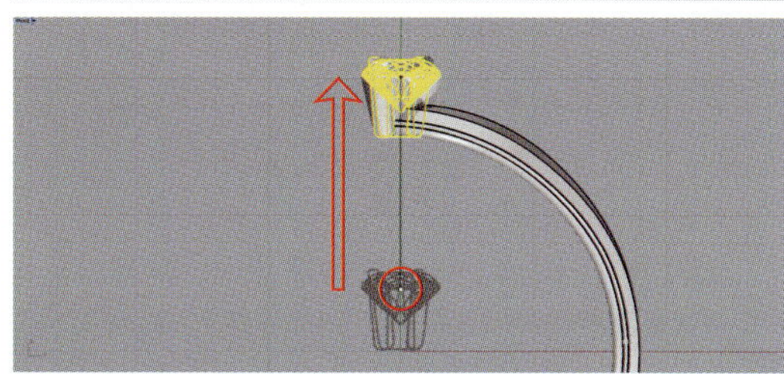

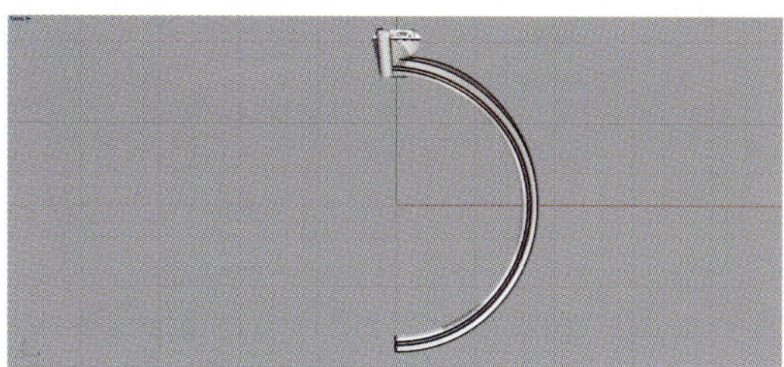

37. Top Top Viewport에서 곡선 형태의 Poly-Surface개체를 선택하고, Mirror를 실행한다. Command Prompt 영역에 Start of mirror plane값 0을 입력하고, Enter↵키를 누른다. 또는 보석개체 중심에 있는 Point개체를 선택한다. Shift키를 누른 상태로 마우스 커서를 화살표 방향으로 이동한 후,

마우스 왼쪽버튼을 클릭하여 대칭 방향에 Poly-Surface개체를 복사한다.

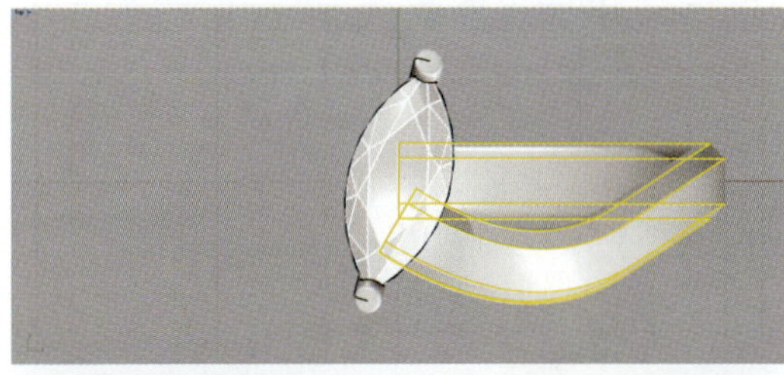

Start of mirror plane (3Point Copy=*Yes* XAxis YAxis): 0

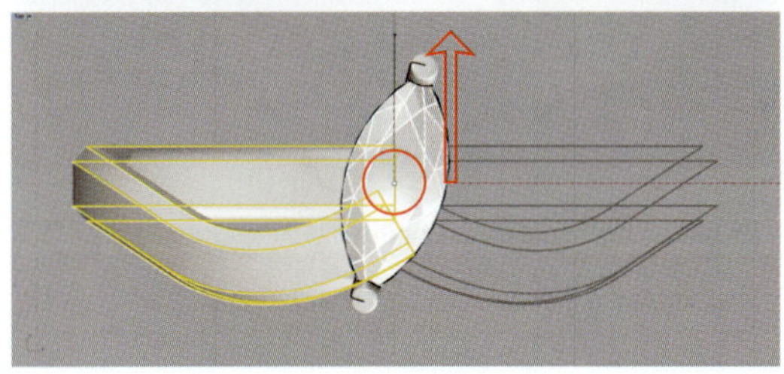

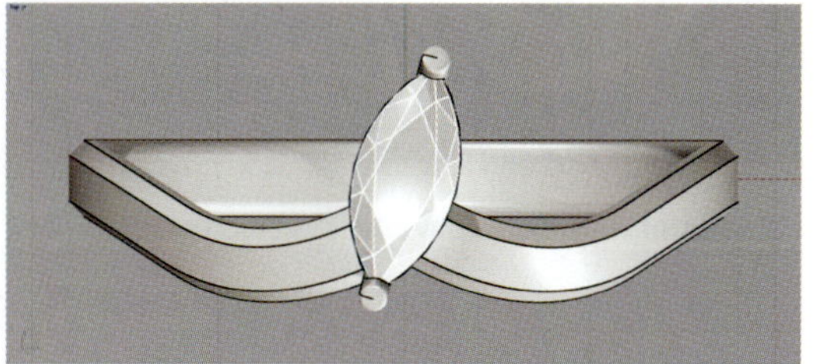

38. 복사된 Poly-Surface개체를 선택하고, Mirror를 실행한다. Command Prompt 영역에 Start of mirror plane 값 0을 입력하고, Enter↵키를 누른 다음, Copy=No로 설정한다.
Shift키를 누른 상태로 마우스 커서를 화살표 방향으로 이동한 후, 마우스 왼쪽버튼을 클릭하여 대칭 방향에 Poly-Surface개체를 복사한다.

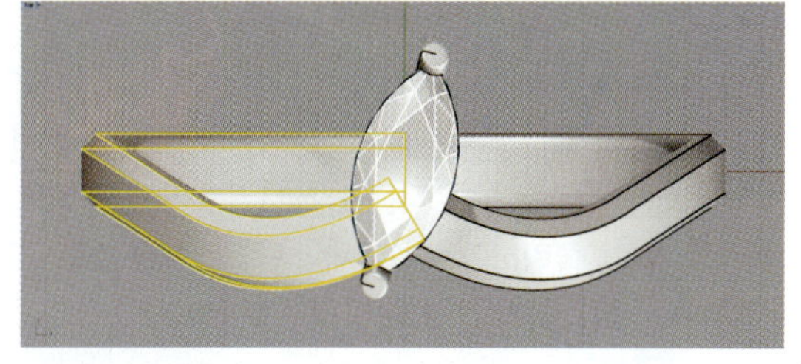

Start of mirror plane (3Point Copy=*Yes* XAxis YAxis): 0

End of mirror plane (Copy=*No*):

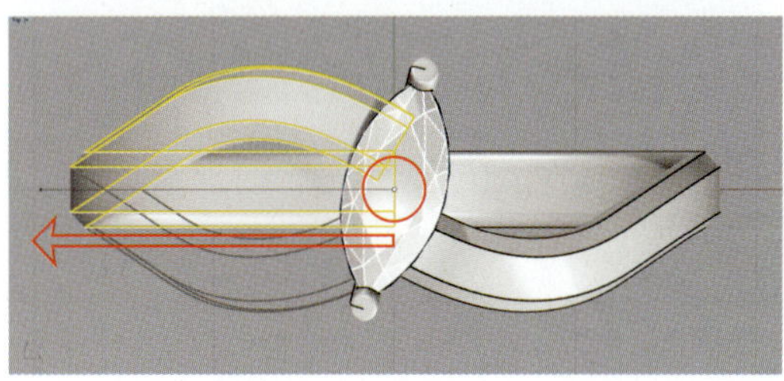

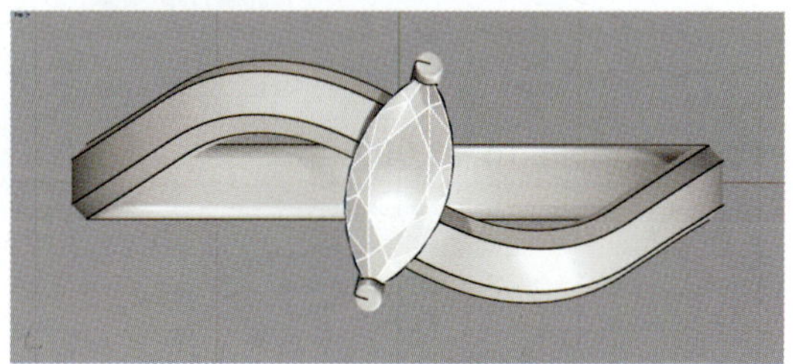

39. 다음 그림과 같이 2개의 Poly-Surface개체를 선택하고, Join을 실행하여 반지 형태의 Poly-Surface개체로 결합한다.

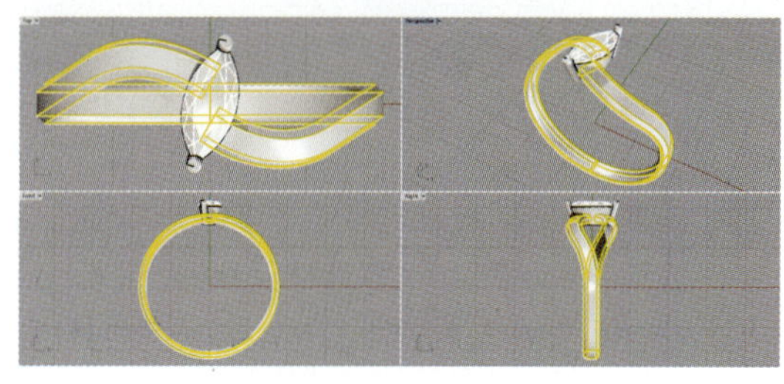

40. 1번 반지 개체를 선택하고, Split을 실행한 후, 2번 난집 개체를 선택한 다음, Enter↵키를 누른다. 보석개체와 난집개체를 선택하고, Hide objects를 실행하여 잠시 숨겨두면 다음 그림과 같이 반지 개체의 잘린 부분을 확인할 수 있다. 잘린 부분은 선택한 후, 삭제한다.

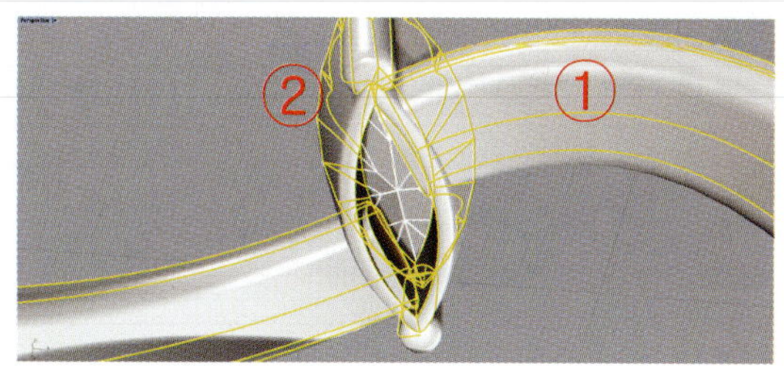

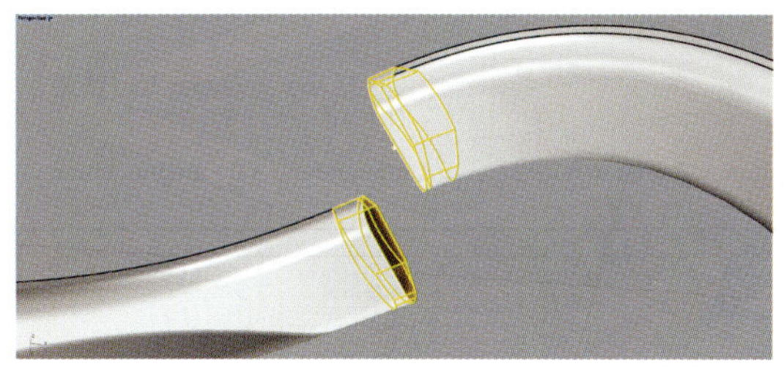

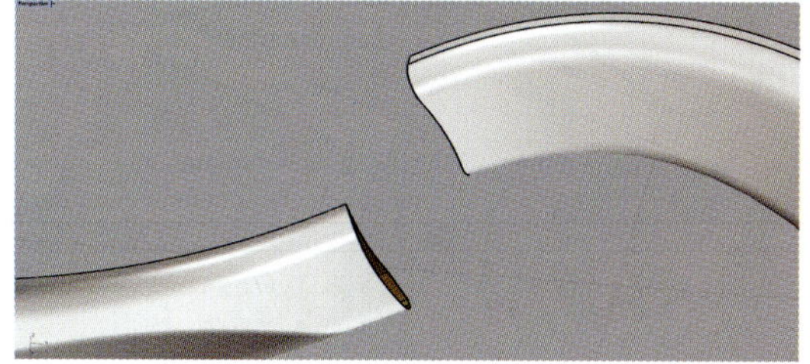

41. Show objects를 실행하여 보석개체와 난집개체를 화면상에 나타나게 하고, 난집개체와 반지개체를 선택한 후, Boolean union을 실행하여 하나의 반지개체로 결합한다.

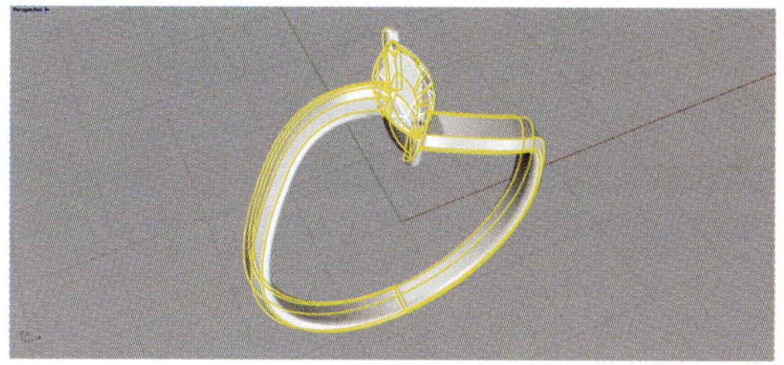

42. 다음 그림과 같이 완성된 Design Modeling 3 반지개체를 확인할 수 있다.

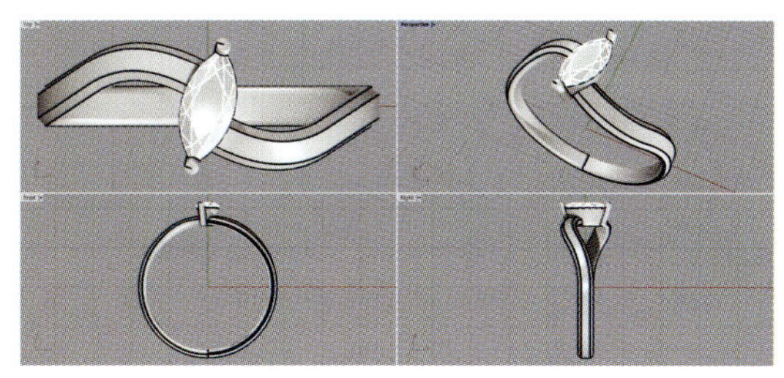

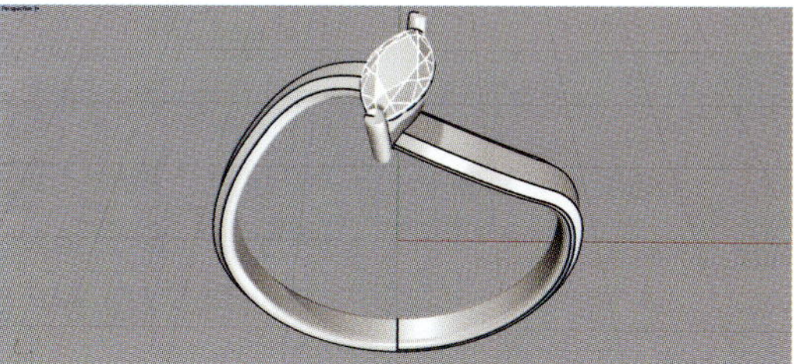

Level 01 Design Modeling 4

출처: 이 예제는 2016년 프로젝트 일환으로 진행된 부산 〈위유〉 업체의 디자인 제품임을 밝힙니다.

01. Top Top Viewport에서 Ctrl+I(Insert)를 실행하여 Insert창이 나타나면 Insert as에서 Individual Objects를 선택하고, 우측 상단의 폴더 아이콘을 선택한다. 5.30×3.20.3dm파일을 선택하고, 열기를 누른 후, Command Prompt 영역에 Insertion point값 0을 입력하여 원점(0, 0) 위치에 보석개체를 불러온다. → 부록CD 〉 Rhino 예제 〉 Level 1 – Design Modeling 4 〉 5.30×3.20.3dm

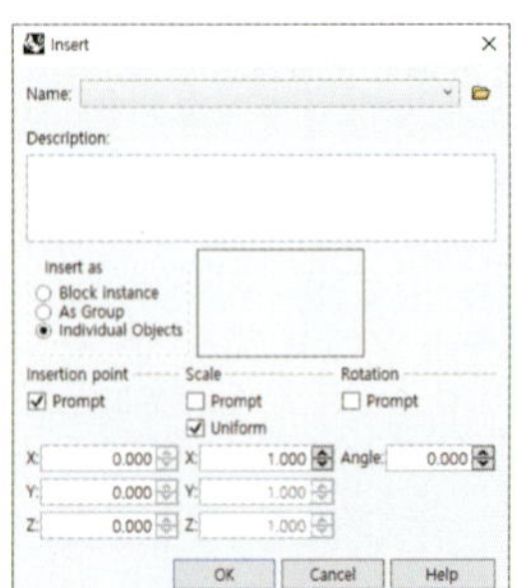

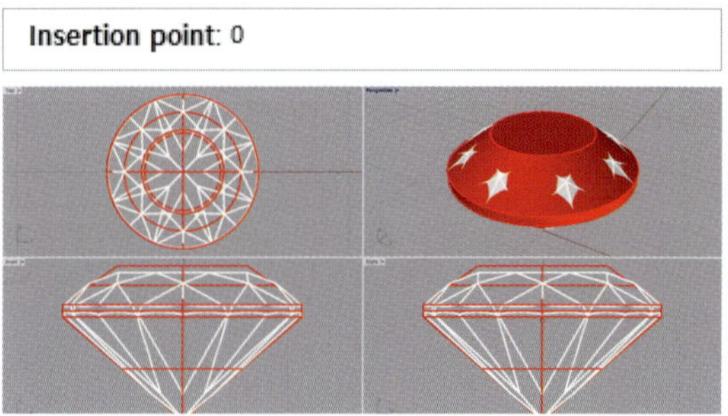

02. 불러온 반지 개체들을 선택하고, Lock objects를 실행하여 잠가둔다.
Top ▾ Top Viewport에서 Circle: center, radius를 실행하여 원점(0,0) 기준으로 3.19㎜ 원형 Curve개체와 1.61㎜의 원형 Curve개체를 생성한다.

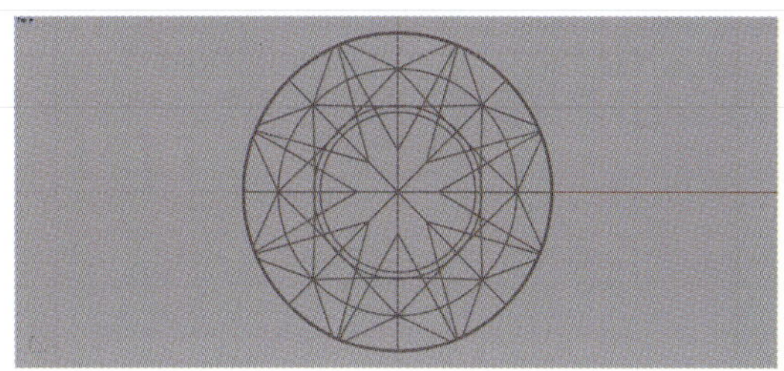

Center of circle (Deformable Vertical 2Point 3Point Tangent AroundCurve FitPoints): 0

Diameter <19.800> (Radius Orientation Circumference Area ProjectOsnap=*Yes*): 3.19

Diameter <3.190> (Radius Orientation Circumference Area ProjectOsnap=*Yes*): 1.61

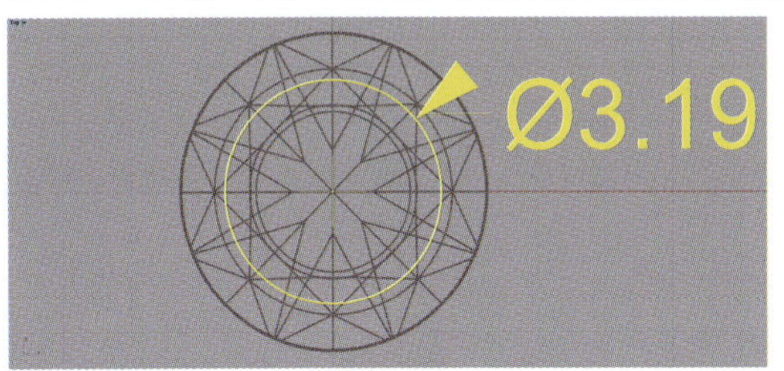

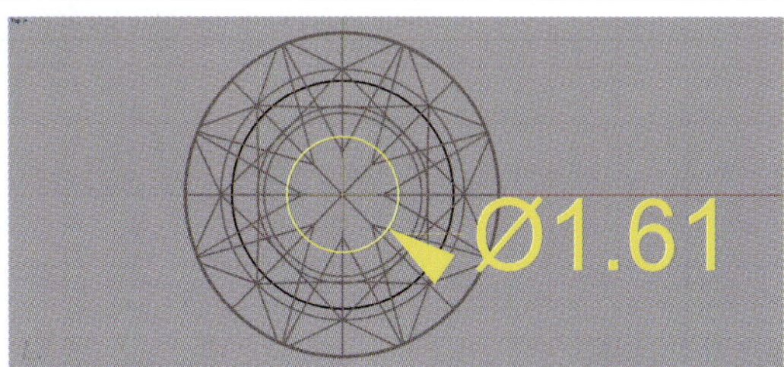

03. **Right** ▾ Right Viewport에서 Circle: diameter를 실행하고, 다음 그림과 같이 3.19㎜ 원형 Curve개체의 Quad점과 1.61㎜의 원형 Curve개체의 Quad점을 선택하여, 원형 Curve개체를 생성한다.

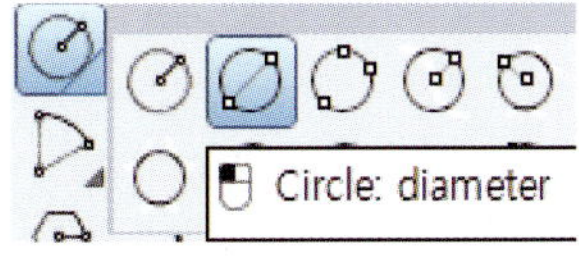

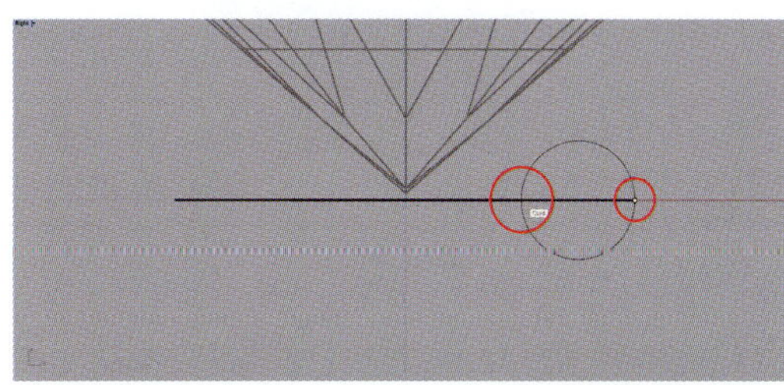

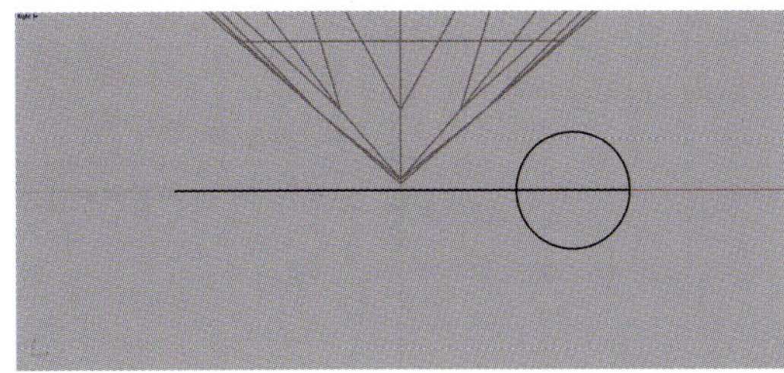

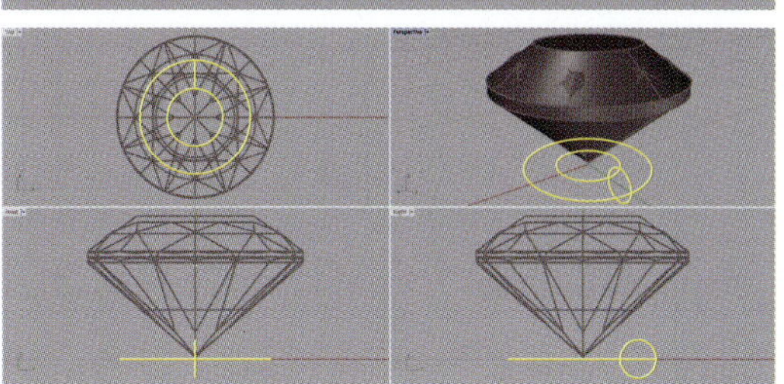

04. Sweep 2 rails를 실행하고, 1번, 2번, 3번의 원형 Curve개체를 순서대로 선택한 후, Enter↵ 키를 누른다.
Sweep 2 rail Options창이 나타나면 Closed sweep에 체크하고 OK를 누른 후, 사용한 3개의 원형 Curve개체는 삭제한다.

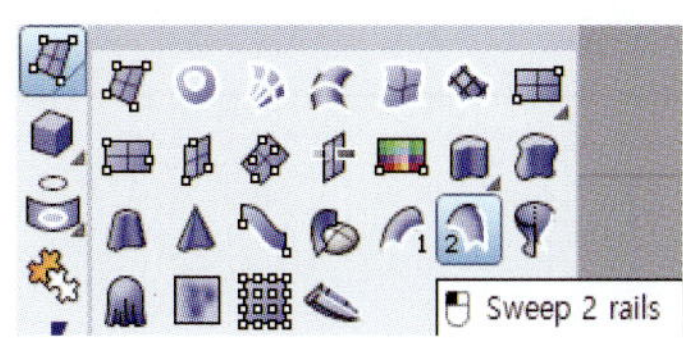

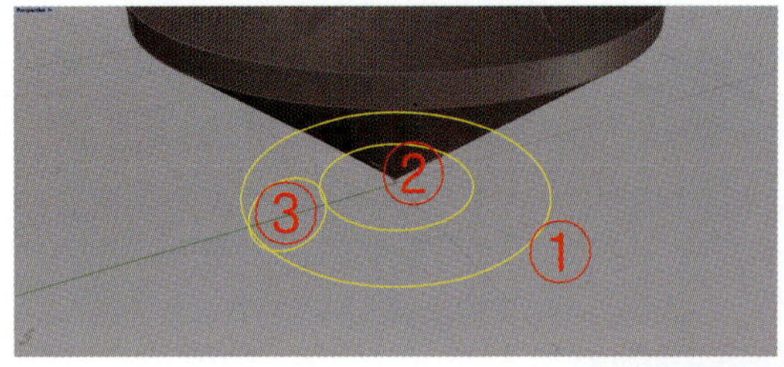

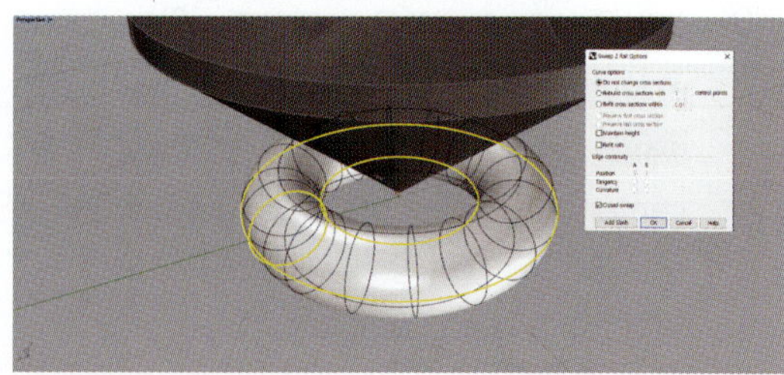

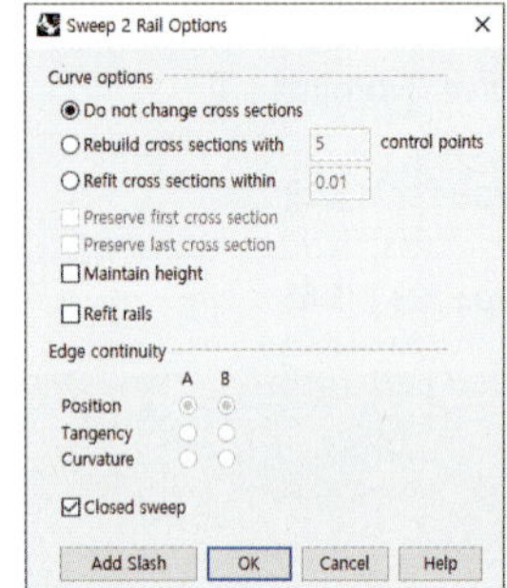

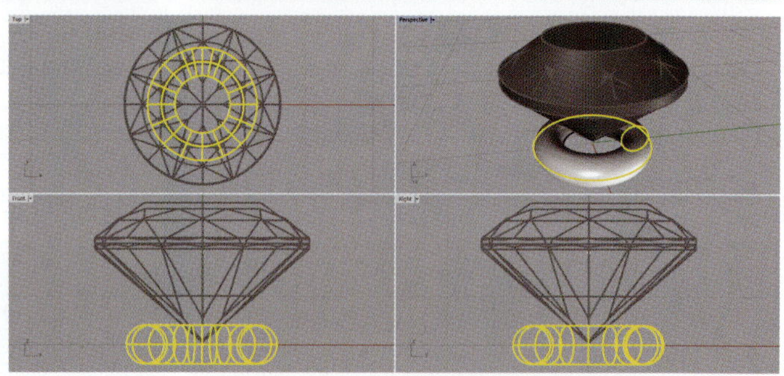

05. 생성된 Torus개체는 Hide objects를 실행하여 잠시 숨겨둔다. **Front** Front Viewport에서 Control Point Curve를 실행하고, 다음 그림과 같은 곡선 Curve개체를 생성한다.

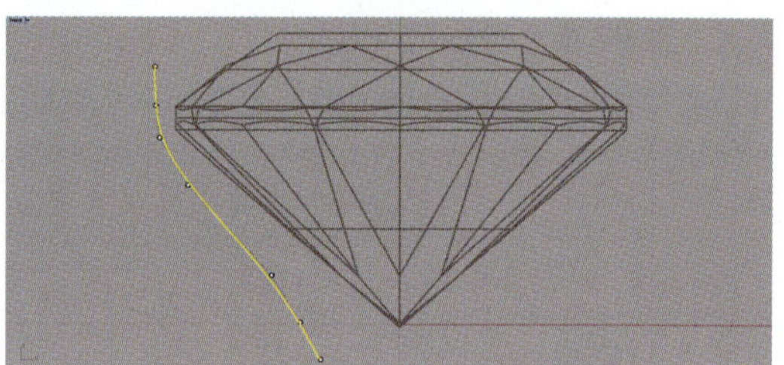

06. 생성된 곡선 Curve개체를 선택하고, Pipe: Round caps를 실행한다. Command Prompt 영역에 Start radius값 0.5를 입력한 후, Enter↵키를 누르고, End radius값 0.35를 입력한 다음, Enter↵키를 누른다. 다음 그림과 같이 생성된 Pipe개체를 확인할 수 있다.

Start radius <1.000> (Diameter Thick=*No* Cap=*Round* ShapeBlending=*Local* FitRail=*No*): 0.5

End radius <0.500> (Diameter ShapeBlending=*Local* FitRail=*No*): 0.35

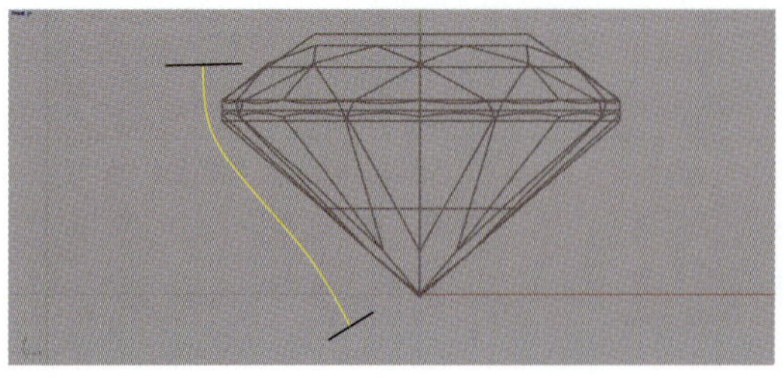

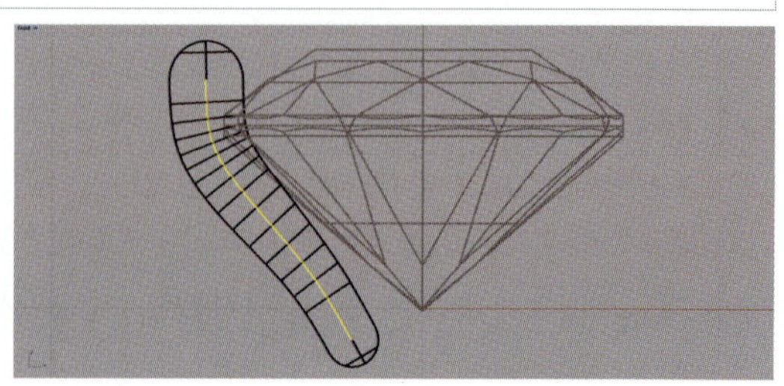

07. 사용한 곡선 Curve개체는 삭제하고, Show objects를 실행하여 숨겨둔 Torus 개체를 화면상에 나타나게 한다.

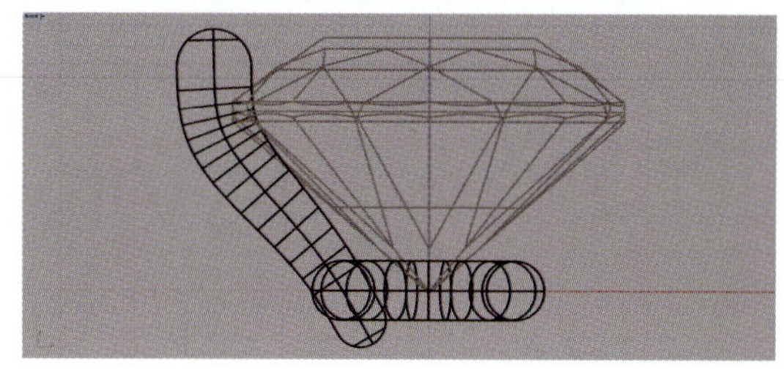

08. Top Top Viewport에서 Pipe개체를 선택하고, Polar array를 실행한다. Command Prompt 영역에 Center of polar array값 0을 입력하고, Enter↵키를 누른 다음, Number of items값 4를 입력한 후, Enter↵키를 누른다. 다음 그림과 같이 복사된 4개의 Pipe개체를 확인할 수 있다.

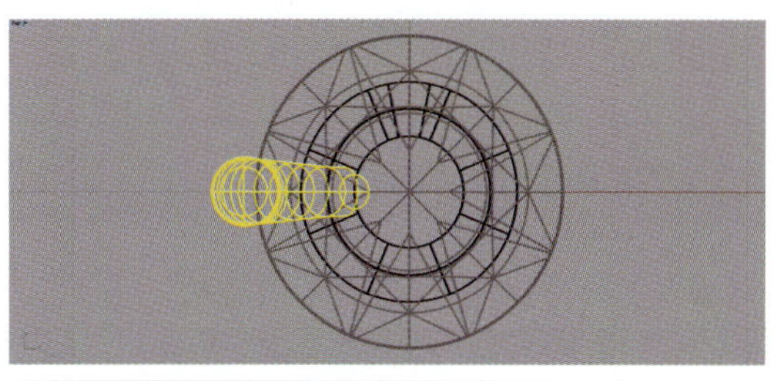

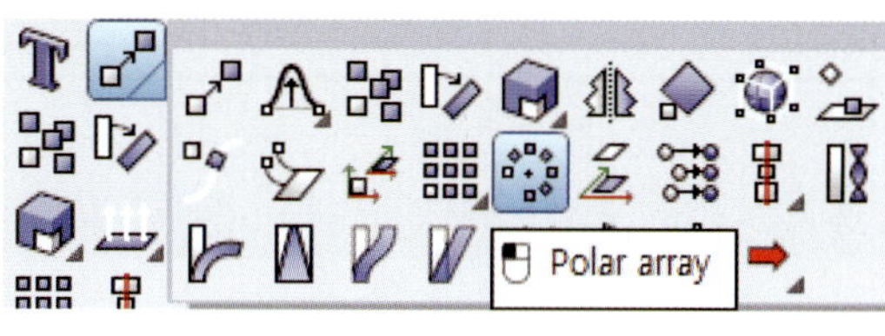

Center of polar array (Axis): 0

Number of items <3>: 4

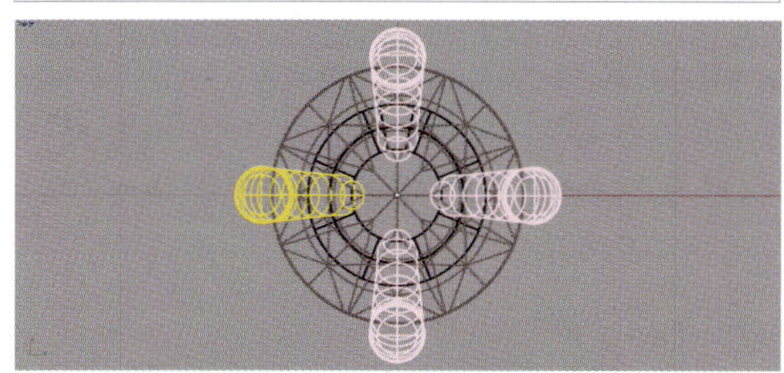

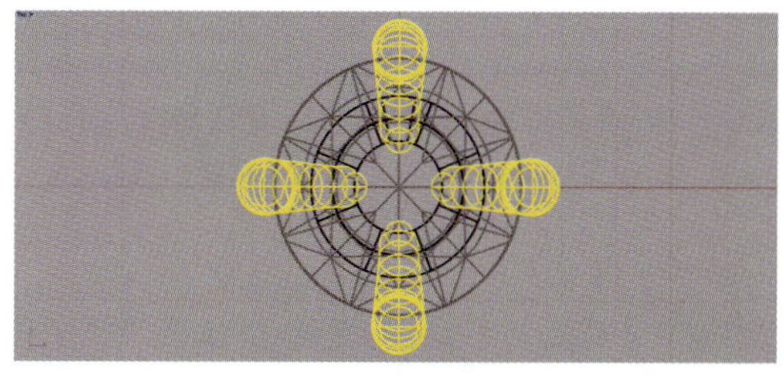

09. 복사된 4개의 Pipe개체를 선택하고, Rotate 2-D를 실행한다. 원점 기준으로 Command Prompt 영역에 Angle or first reference point값 45를 입력하고, Enter↵키를 누르면 다음 그림과 같이 4개의 Pipe개체가 45도 각도로 회전한 것을 확인할 수 있다.

Center of rotation (Copy=No): 0

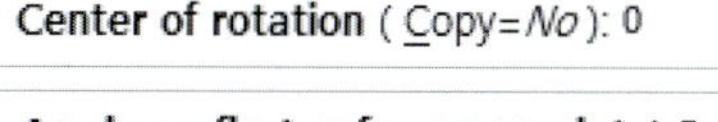

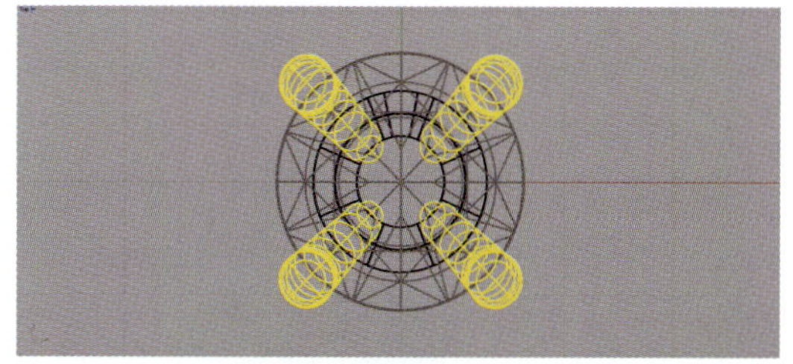

10. Front Front Viewport에서 4개의 Pipe개체와 Torus개체를 선택하고, Trim을 실행한 후, 다음 그림과 같이 Torus개체 아래로 튀어나온 부분의 Pipe개체를 선택하여 잘라준다.

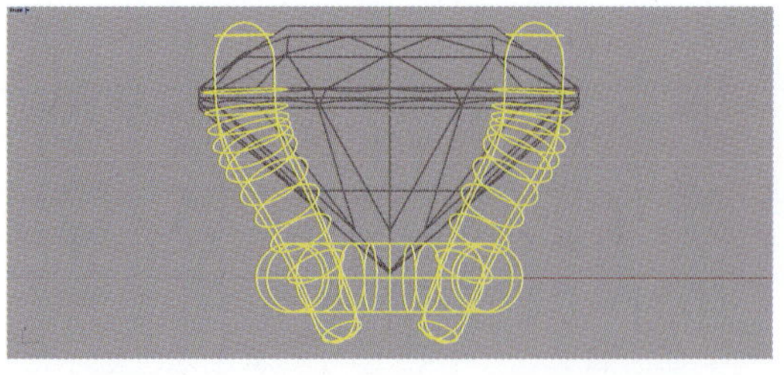
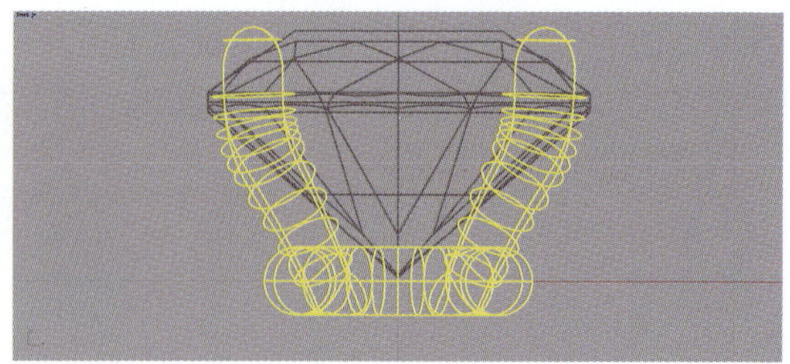

11. 잘린 4개의 Pipe개체와 Torus개체를 선택하고, Boolean union을 실행하여 하나의 개체로 결합한다.

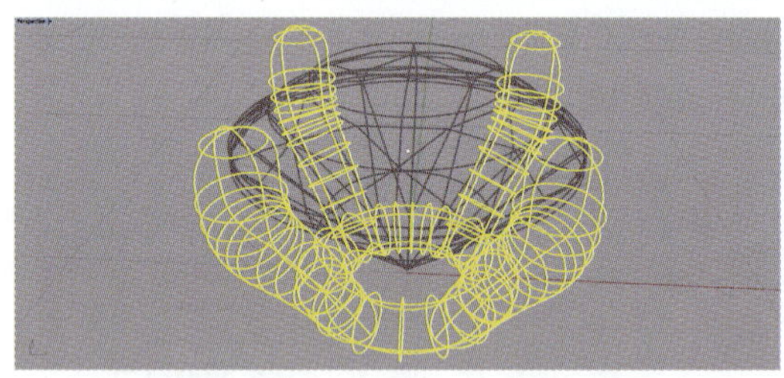
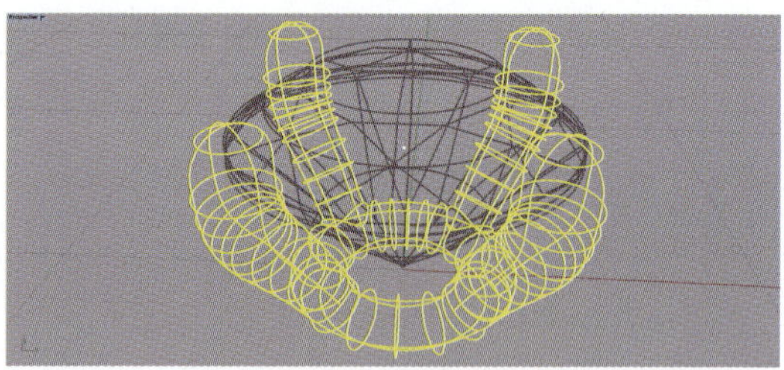

12. Top Top Viewport에서 Ctrl+I(Insert)를 실행하여 Insert창이 나타나면 Insert as에서 Individual Objects를 선택하고, 우측 상단의 폴더 아이콘을 선택한다. 꽃잎 Curves.3dm파일을 선택하고, 열기를 누른 후, Command Prompt 영역에 Insertion point값 0을 입력하여 원점 (0, 0) 위치에 꽃잎 Curves개체를 불러온다.

→ 부록CD 〉 Rhino 예제 〉 Level 1 – Design Modeling 4 〉 꽃잎 Curves.3dm

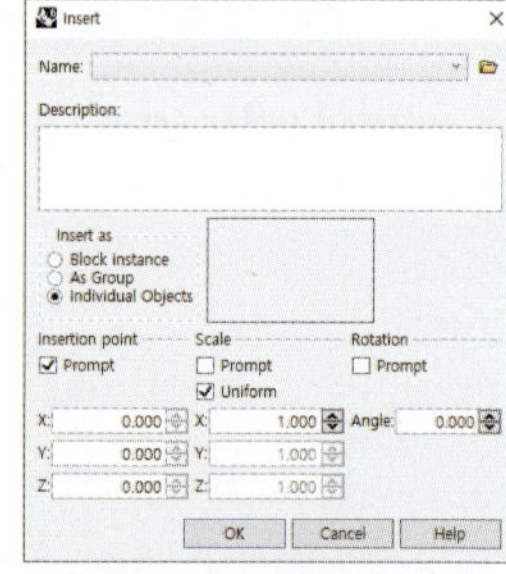


```
Insertion point: 0
```

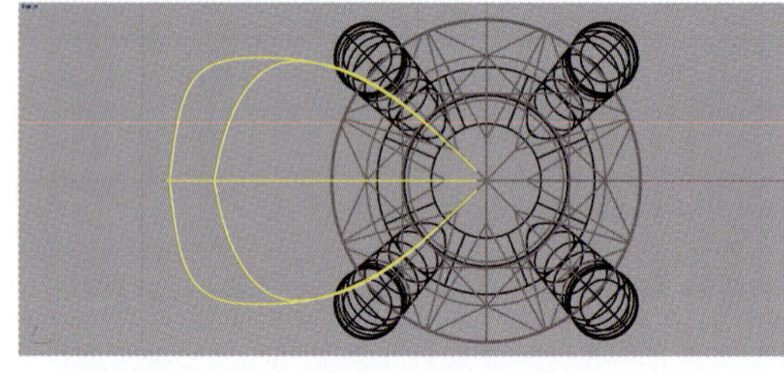
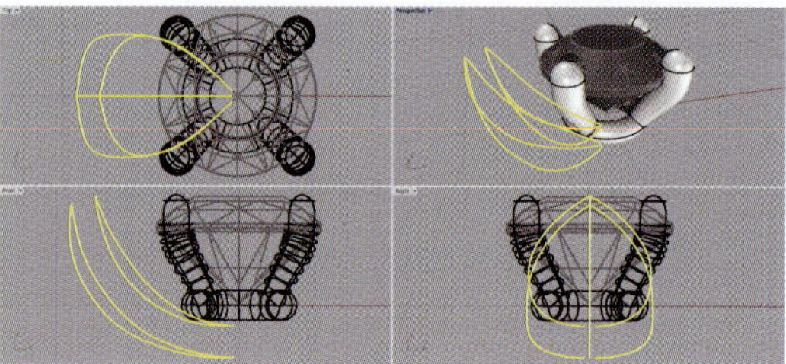

13. Loft를 실행하고 1번, 2번, 3번의 Curve개체를 순서대로 선택한 후, Enter↵키를 누른다. Loft Options 창이 나타나면 Style에서 Normal을 선택하고, OK를 누르면 다음 그림과 같이 꽃잎 형태의 Surface개체가 생성된 것을 확인할 수 있다.

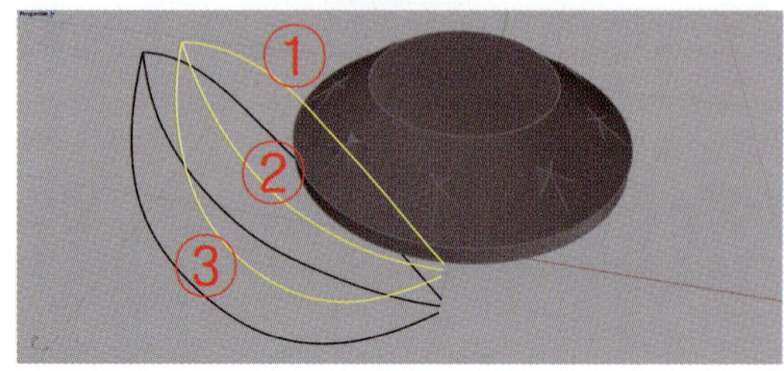

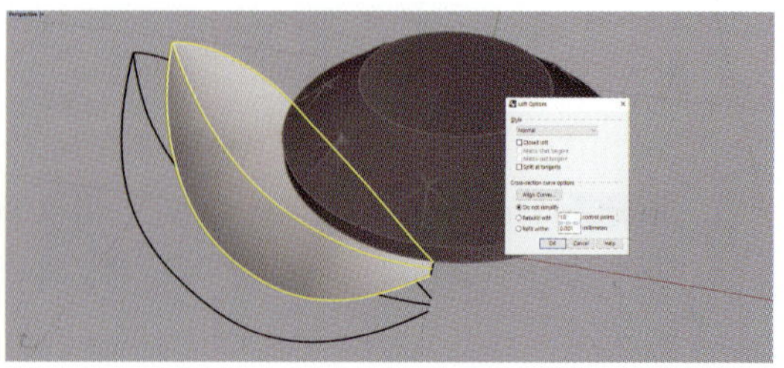

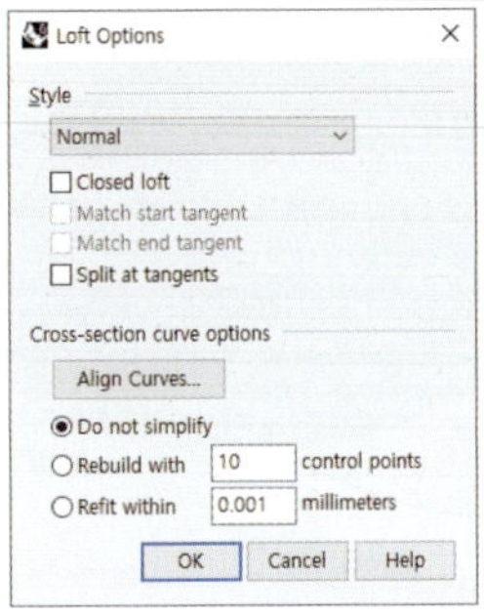

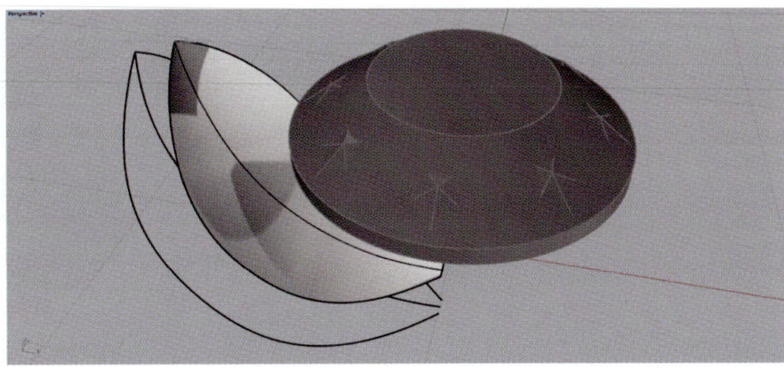

14. 다시 Loft를 실행하고, 남은 꽃잎 Curve개체도 위와 같은 방법으로 꽃잎 형태의 Surface개체를 생성한다.

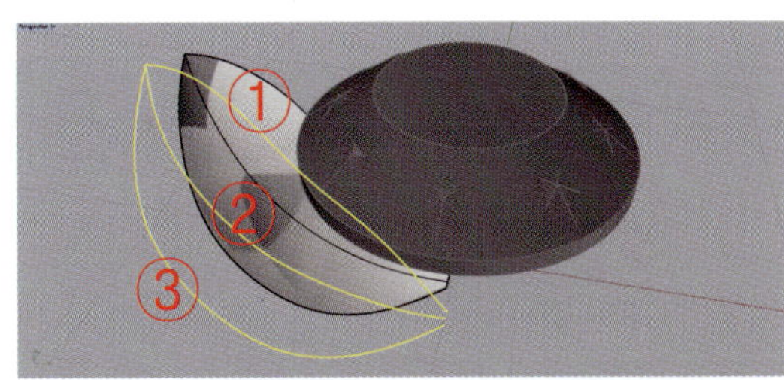

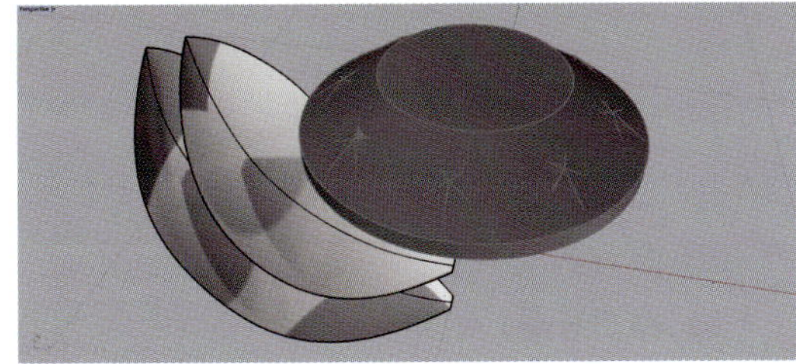

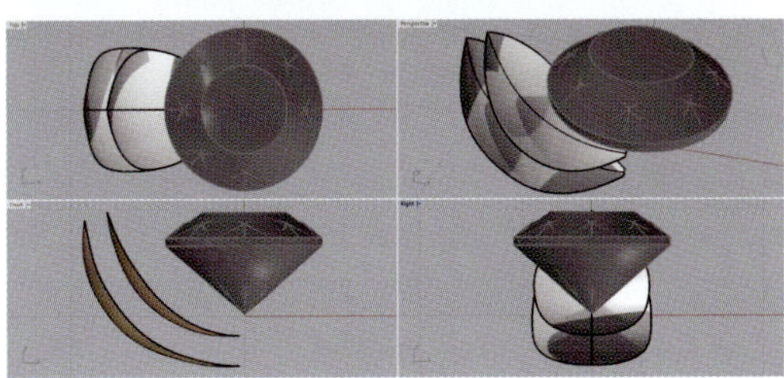

15. 사용한 꽃잎 Curve개체들은 Hide objects를 실행하여 잠시 숨겨둔다. Loft를 실행하고, 두 꽃잎 Surface개체의 Edge와 Edge를 선택하고, Enter↵ 키를 누른 후, Loft Options창이 나타나면 Style에서 Normal을 선택하고, OK를 누른다. 다음 그림과 같이 Surface개체가 생성된 것을 확인할 수 있다.

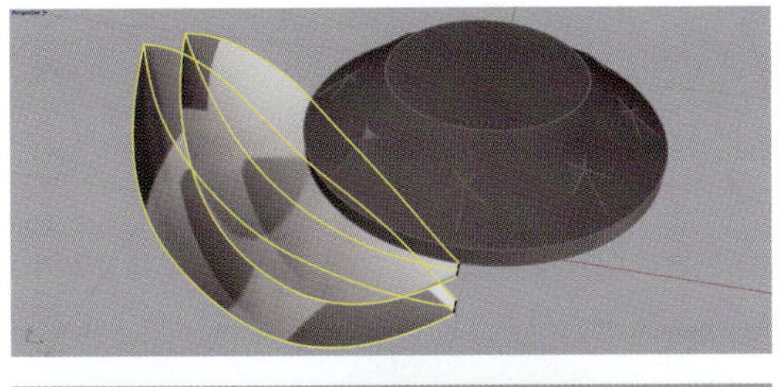

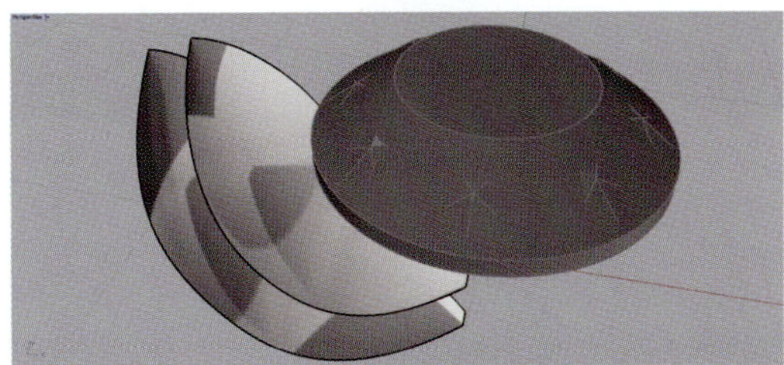

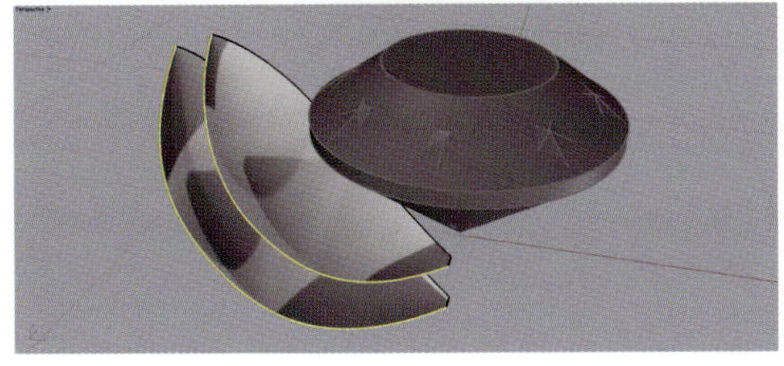

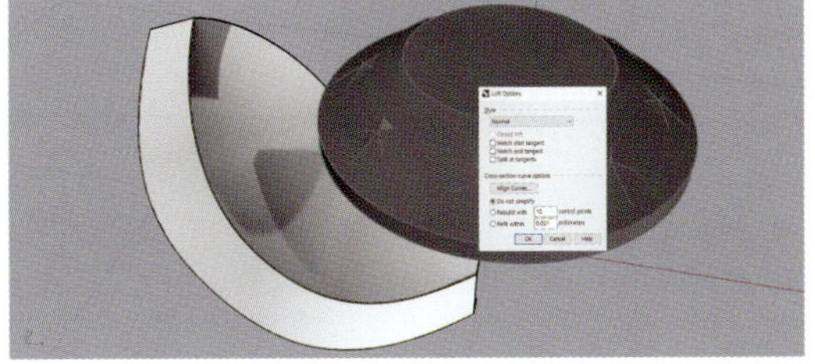

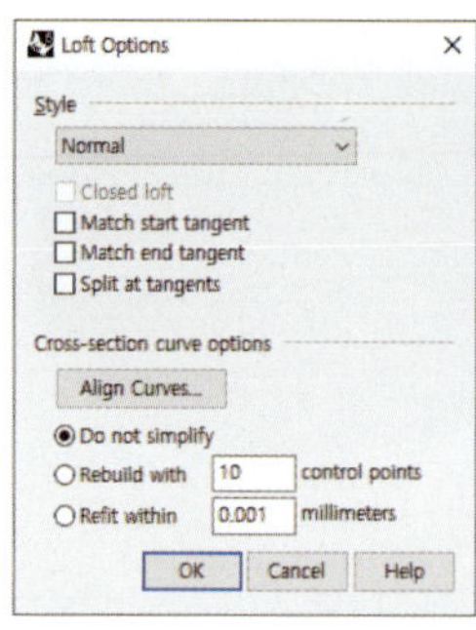

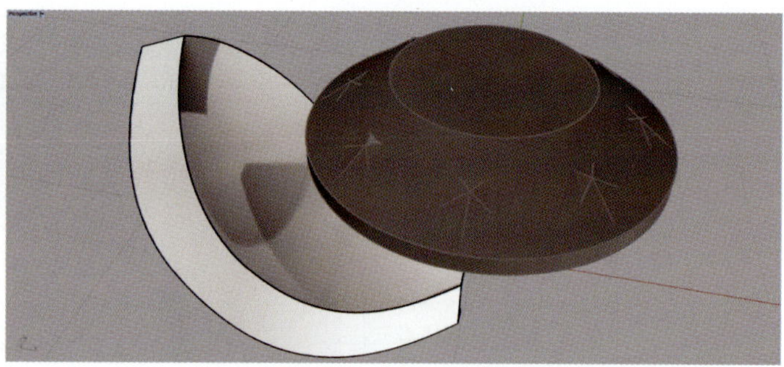

16. 두 꽃잎 Surface개체 대칭 방향의 Edge와 Edge도 위와 같은 방법으로 Surface개체를 생성한다.

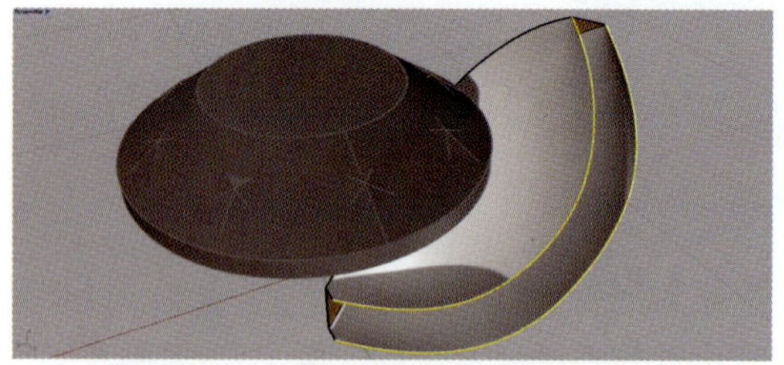
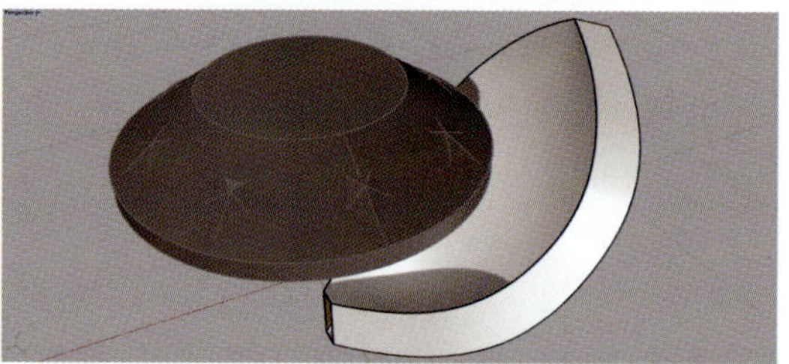

17. Surface from 2, 3 or 4 edge curves를 실행하고, 생성된 꽃잎 Poly-Surface개체 하단의 1번, 2번, 3번, 4번 Edge를 선택하여 Surface개체를 생성한다.

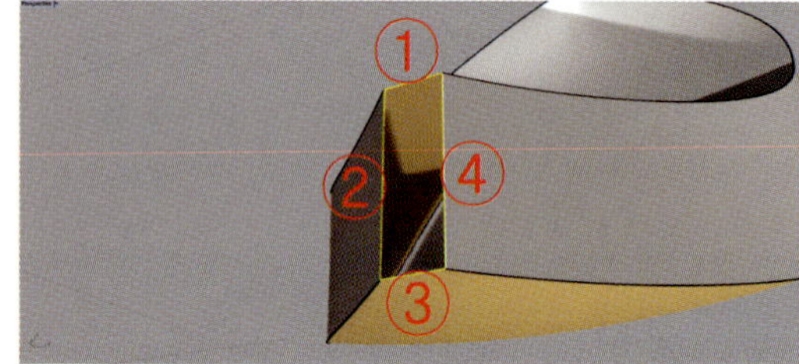

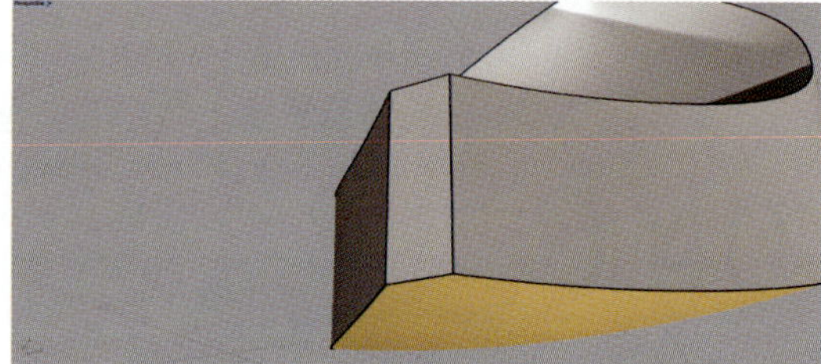

18. 생성된 5개의 Surface개체를 선택하고, Join을 실행하여 하나의 꽃잎 Poly-Surface개체로 결합한다.

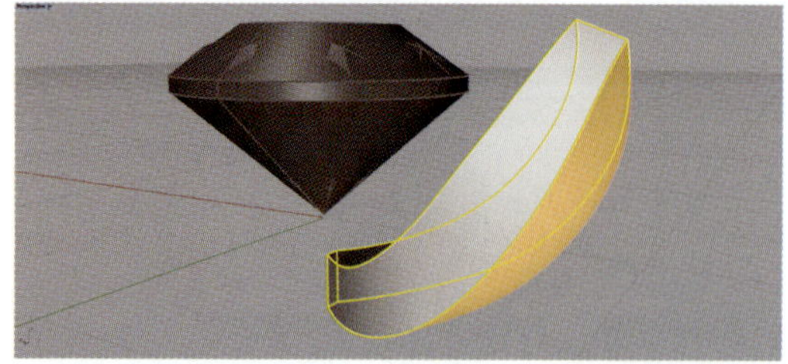
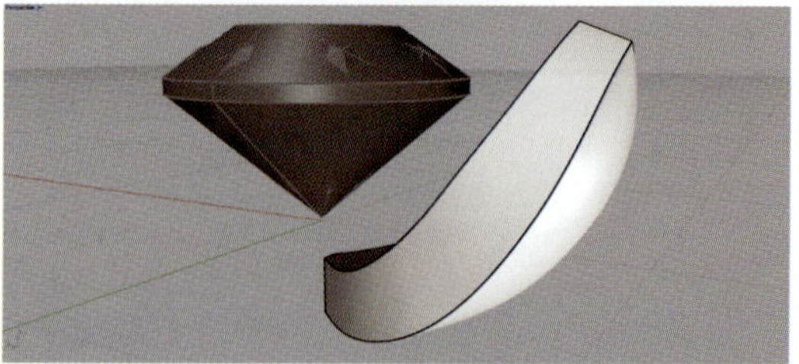

19. Fillet edges를 실행하고, 다음 그림과 같이 꽃잎 Poly-Surface개체 상단의 Edge를 선택한 후, Enter↵키를 누른다. Command Prompt 영역에서 SetAll을 선택하고, Radius for all handles값 0.3을 입력한 후, Enter↵키를 누른다.

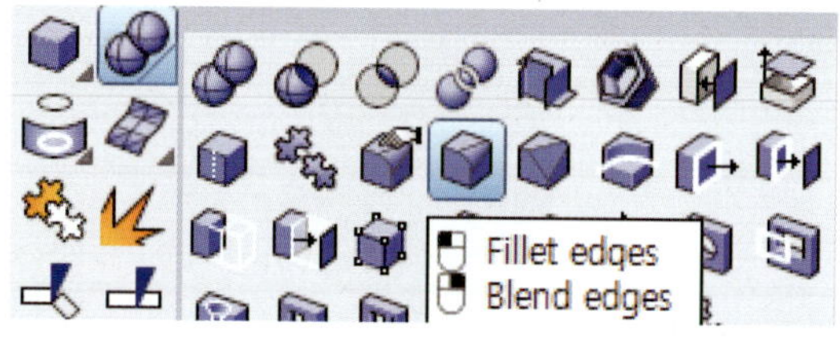

다음 그림과 같이 선택된 꽃잎 Poly-Surface개체 상단의 Edge가 반지름 0.3㎜로 Fillet된 것을 확인할 수 있다.

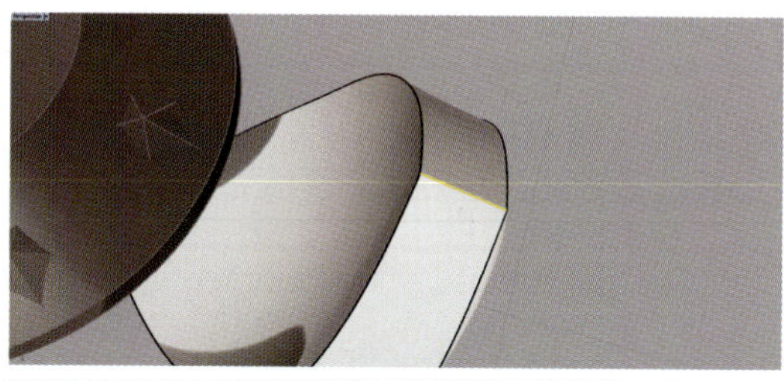

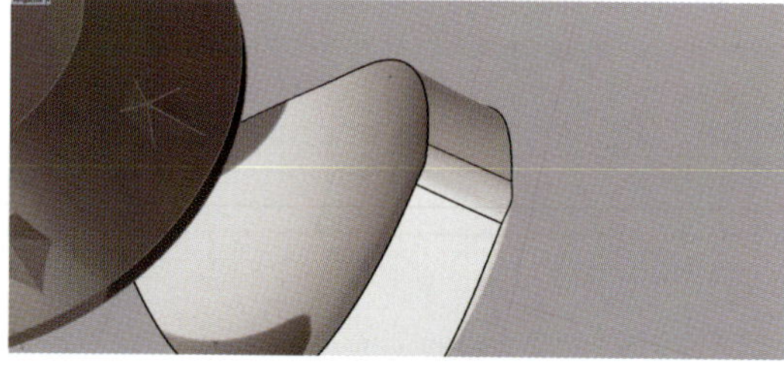

Select fillet handle to edit. Press Enter when done
(ShowRadius=*Yes* AddHandle CopyHandle SetAll LinkHandles=*No* RailType=*RollingBall* SelectEdges TrimAndJoin=*Yes* Preview=*No*):

Radius for all handles <1.000>: 0.3

20. 다시 Fillet edges를 실행하고, 꽃잎 Poly-Surface개체의 모든 Edge를 선택한 후, Enter↵키를 누른다. Command Prompt 영역에서 SetAll을 선택하고, Radius for all handles값 0.2를 입력한 후, Enter↵키를 누른다. 다음 그림과 같이 선택된 꽃잎 Poly-Surface개체의 모든 Edge가 반지름 0.2㎜로 Fillet된 것을 확인할 수 있다.

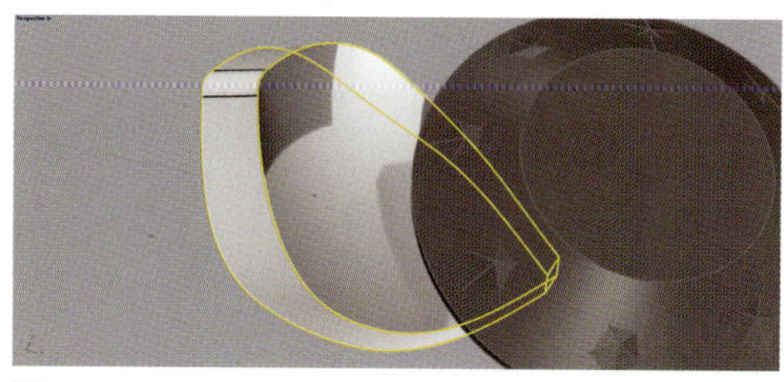

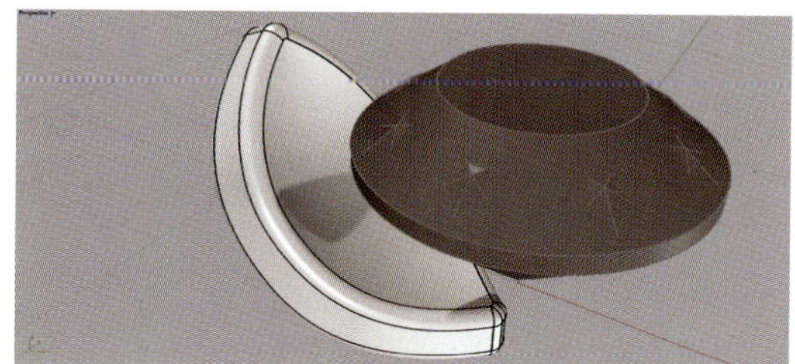

Select fillet handle to edit. Press Enter when done
(ShowRadius=*Yes* AddHandle CopyHandle SetAll LinkHandles=*No* RailType=*RollingBall* SelectEdges TrimAndJoin=*Yes* Preview=*No*):

Radius for all handles <0.300>: 0.2

21. Top Top Viewport에서 꽃잎 Poly-Surface개체를 선택하고, Polar array를 실행한다. 원점(0, 0) 기준으로 Command Prompt 영역에 Number of items값 4를 입력한 후, Enter↵키를 누른다. Angle to fill or first reference point값을 360으로 입력하고, Enter↵키를 누르면 다음 그림과 같이 복사된 4개의 꽃잎 Poly-Surface개체를 확인할 수 있다.

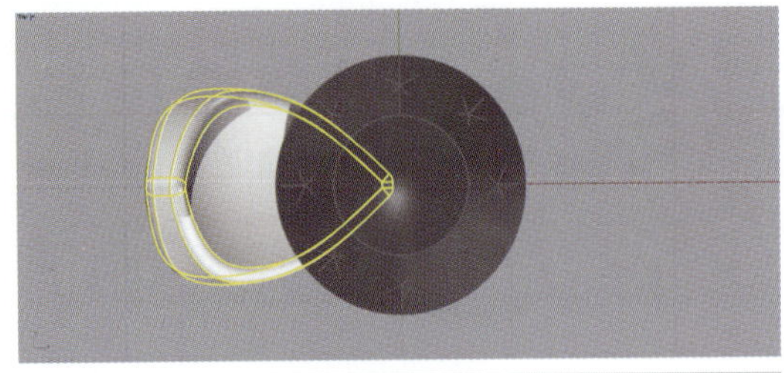

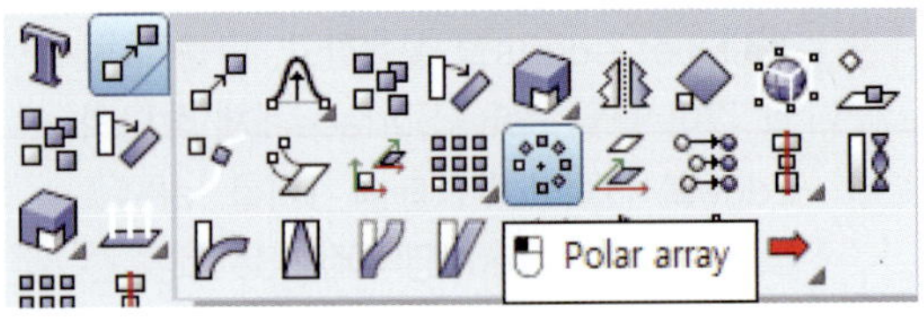

Center of polar array (Axis): 0

Number of items <4>: 4

Angle to fill or first reference point <360> (Preview=*Yes* StepAngle Rotate=*Yes* ZOffset=*0*):

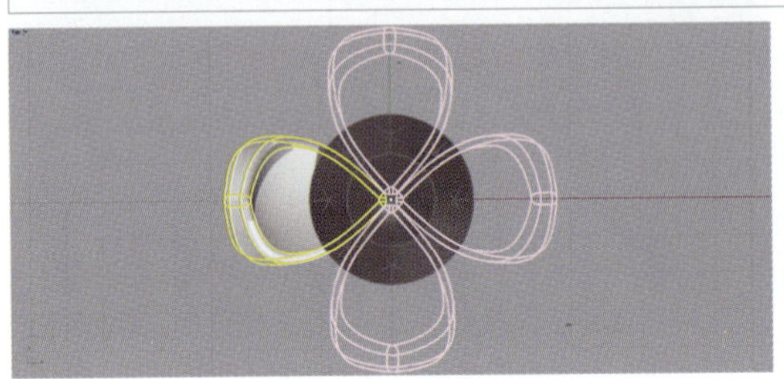

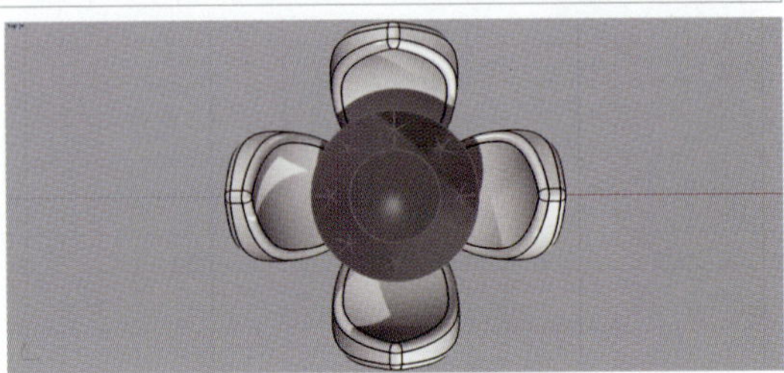

22. 4개의 꽃잎 Poly-Surface개체를 선택하고, Lock objects를 실행하여 잠시 잠가둔다. 우측 Panels의 Layers에서 Cilinder difference와 보석의 Hide objects를 선택하여 보석개체들을 숨겨둔다.

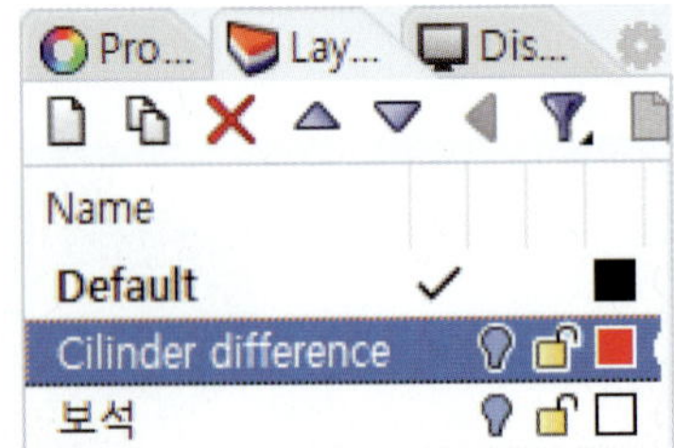

23. Top Top Viewport에서 Cylinder를 실행하고, Command Prompt 영역에 Base of cylinder값 1.24, 0을 입력한 후, Enter키를 누른다. Diameter값 0.65를 입력하고, Enter키를 누른 후, End of cylinder값 -3.32를 입력한 다음, Enter키를 누르면 다음 그림과 같은 위치에 Cylinder개체가 생성된 것을 확인할 수 있다.

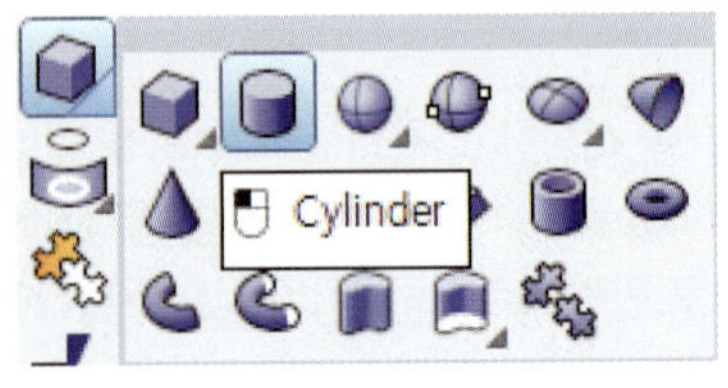

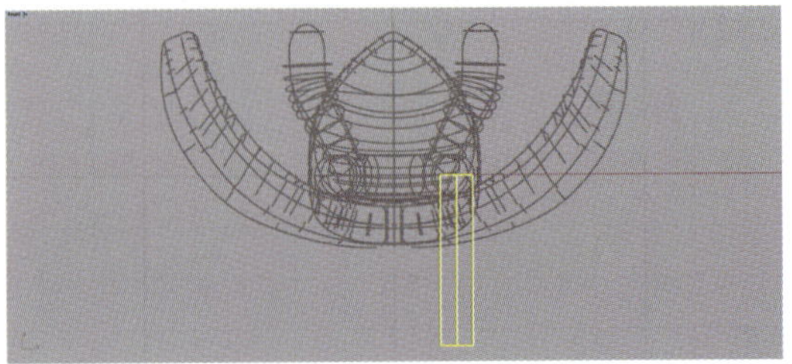

Base of cylinder (DirectionConstraint=*Vertical* Solid=*Yes* 2Point 3Point Tangent FitPoints): 1.24,0
Diameter <0.800> (Radius Circumference Area ProjectOsnap=*Yes*): 0.65
End of cylinder <-3.320> (DirectionConstraint=*Vertical* BothSides=*No*): -3.32

24. 다시 Cylinder를 실행하고, Command Prompt 영역에 Base of cylinder값 1.24, 0을 입력한 후, Enter↵키를 누른다. Diameter값 0.8을 입력하고, Enter↵키를 누른 후, End of cylinder값 -10을 입력한 다음, Enter↵키를 누르면 다음 그림과 같은 위치에 Cylinder개체가 생성된 것을 확인할 수 있다.

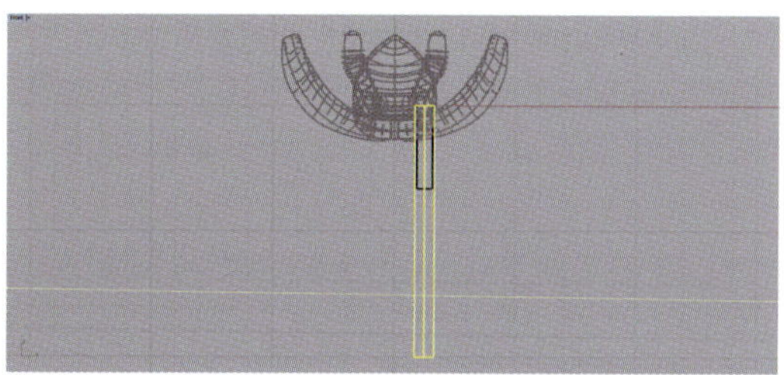

Base of cylinder (DirectionConstraint=*Vertical* Solid=*Yes* 2Point 3Point Tangent FitPoints): 1.24,0
Diameter <0.650> (Radius Circumference Area ProjectOsnap=*Yes*): 0.8
End of cylinder <-3.320> (DirectionConstraint=*Vertical* BothSides=*No*): -10

25. Show objects를 실행하여 숨겨둔 꽃잎 Curve개체를 화면상에 나타나게 한다. 다음 그림과 같이 꽃잎 Curve개체 안쪽 Curve개체 2개만 남기고, 바깥쪽 Curve개체는 삭제한다.

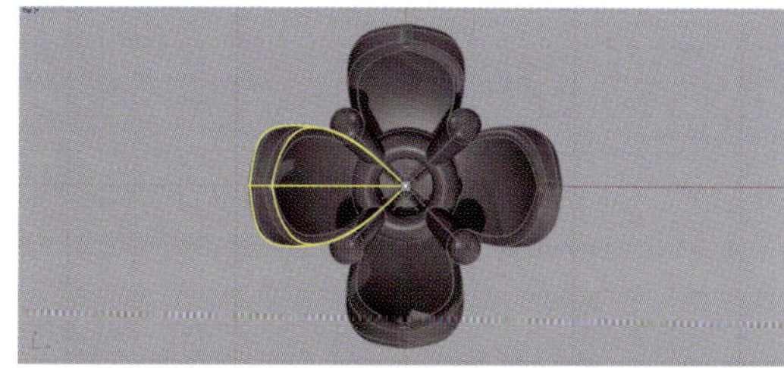

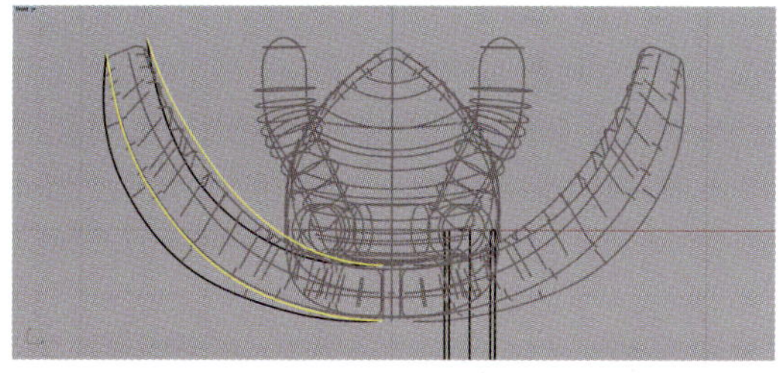

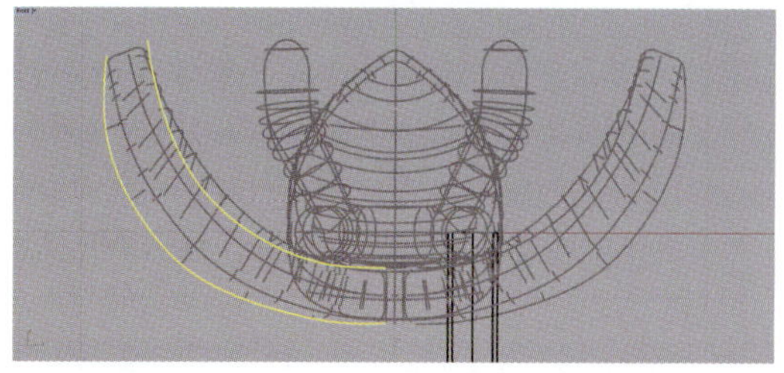

26. Single Line를 실행하고, 두 곡선 Curve개체 상단의 End점과 End점을 직선 Curve개체로 연결한 후, Join을 실행하여 하나의 Curve개체로 결합한다.

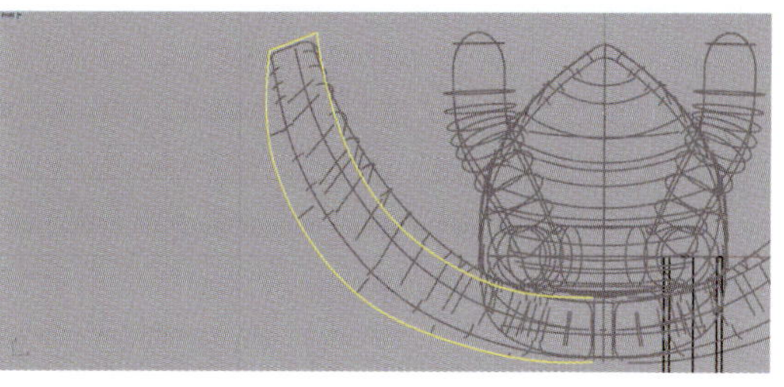

27. Curve개체를 선택하고, Show object control points (F10)를 실행하여 Curve 개체의 조절점을 화면상에 나타나게 한다. 다음 그림과 같이 상단의 조절점 3개를 선택하고, Move를 실행한 후, Point to move from을 오른쪽 조절점으로 선택한다. Command Prompt 영역에 Point to move to값 0.1을 입력하고, Enter↵키를 누른 다음, Shift키를 누른 상태로 마우스 커서를 화살표 방향으로 이동한 후, 마우스 왼쪽버튼을 클릭하여 Curve개체를 0.1㎜ 변형시킨다.

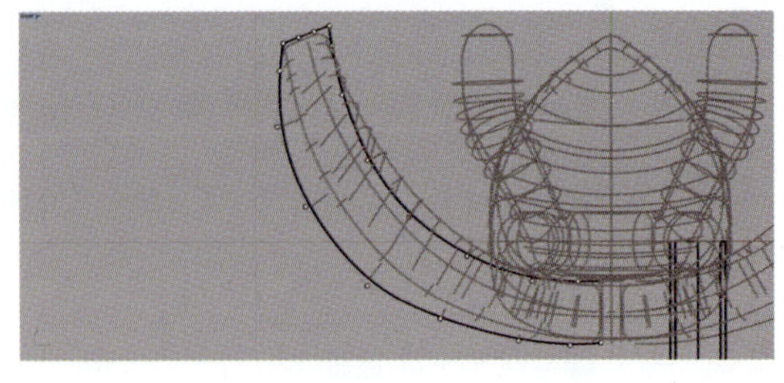

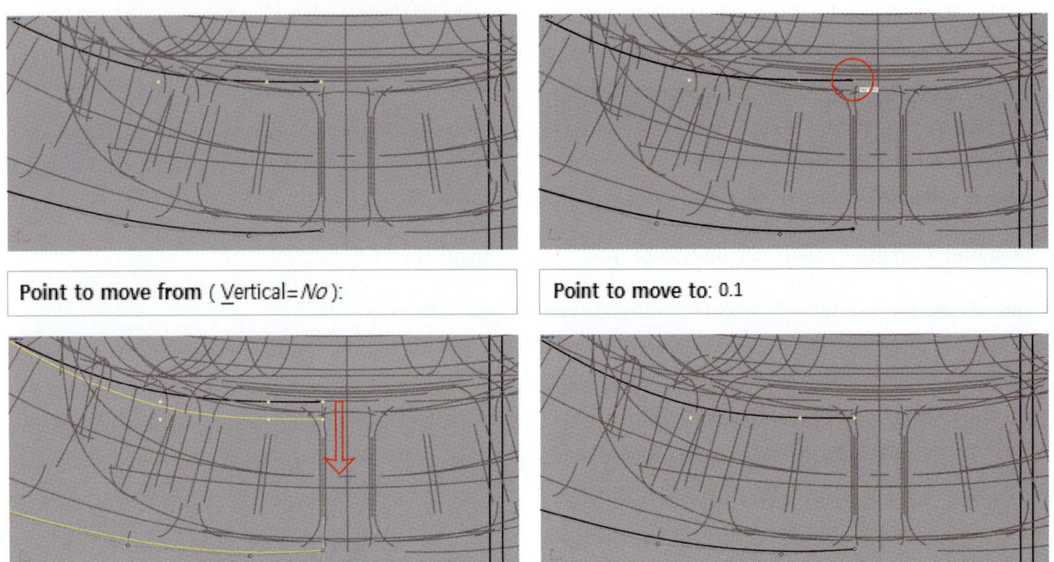

28. 위와 같은 방법으로 하단의 조절점 3개를 선택하고, Move를 실행한 후, Point to move from을 오른쪽 조절점으로 선택한다. Command Prompt 영역에 Point to move to값 0.1을 입력하고, Enter↵키를 누른 다음, Shift키를 누른 상태로 마우스 커서를 화살표 방향으로 이동한 후, 마우스 왼쪽 버튼을 클릭하여 Curve개체를 0.1㎜ 변형시킨다.

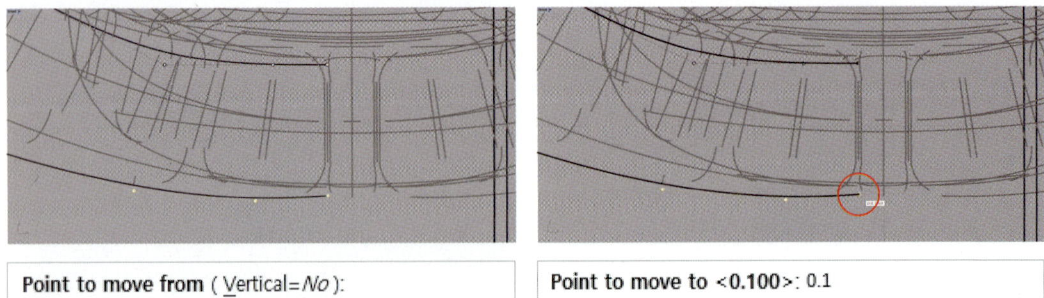

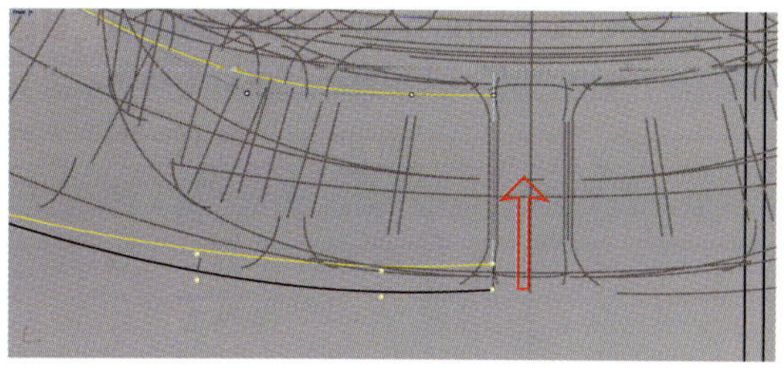

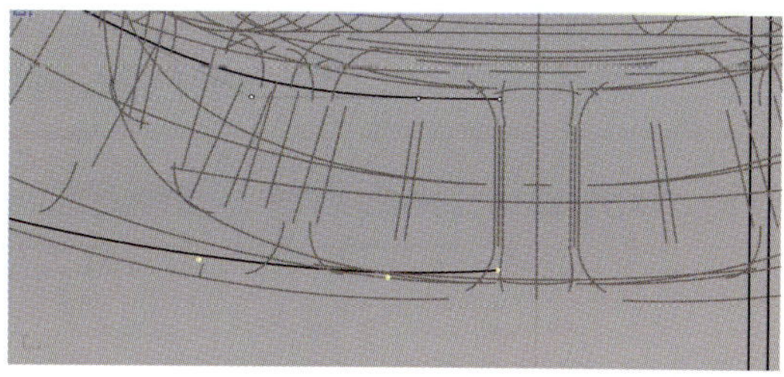

29. 변형된 Curve개체를 선택하고, Revolve를 실행한다. Start of revolve axis를 보석개체 중심의 Point개체로 선택하고, Command Prompt 영역에 End of revolve axis값 0을 입력한 후, Enter↵키를 누른다. Deleteinput=Yes로 설정하고, FullCircle를 선택하면 다음 그림과 같이 반원형 Poly-Surface 개체가 생성된 것을 확인할 수 있다.

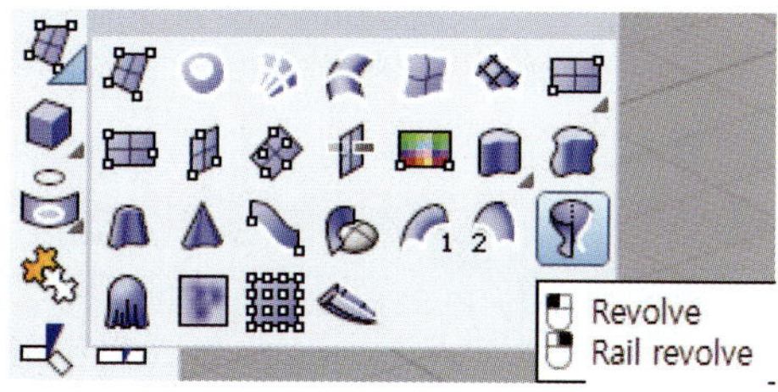

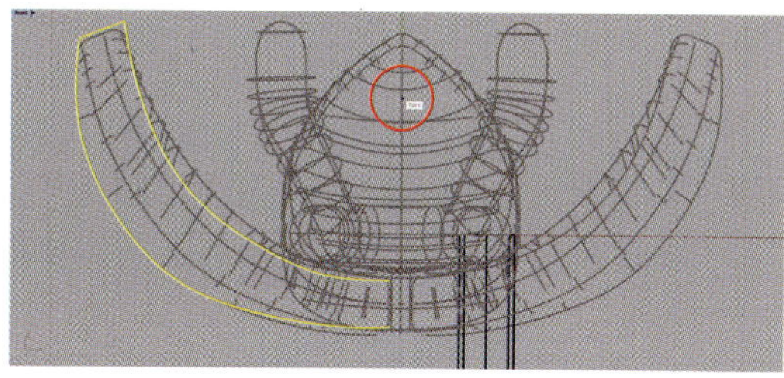

Start of revolve axis:

End of revolve axis (Press Enter to use CPlane z-axis direction): 0

Start angle <0> (DeleteInput=*Yes* Deformable=*No* FullCircle AskForStartAngle=*Yes* SplitAtTangents=*No*):

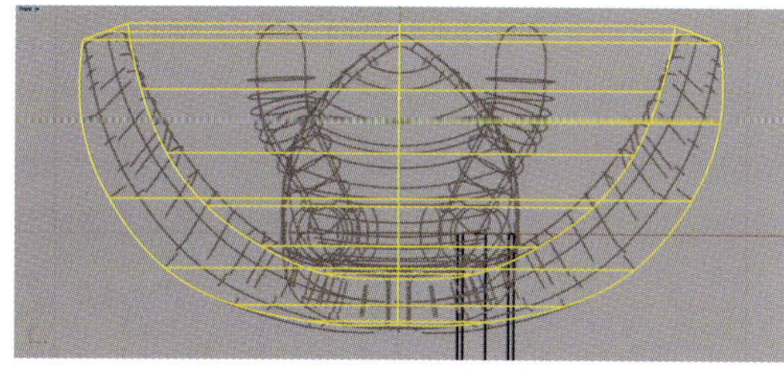

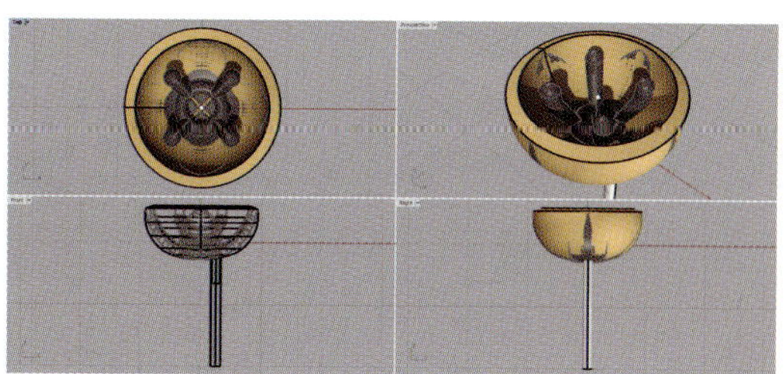

30. 생성된 개체들은 모두 숨겨두고, Top Top Viewport에서 Circle: center, radius를 실행한 후, 원점(0, 0) 기준으로 지름 3.15mm와 5mm의 원형 Curve개체를 생성한다.

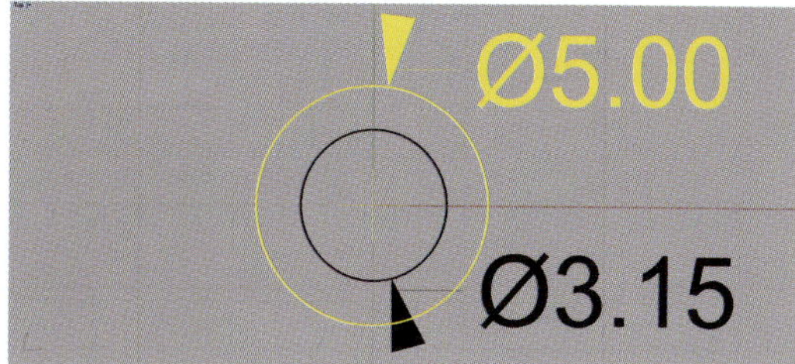

Center of circle (Deformable Vertical 2Point 3Point Tangent AroundCurve FitPoints): 0

Diameter <1.610> (Radius Orientation Circumference Area ProjectOsnap=*Yes*): 3.15

Diameter <3.150> (Radius Orientation Circumference Area ProjectOsnap=*Yes*): 5

31. 5㎜원형 Curve개체를 선택하고, **Front** Front Viewport에서 Move를 실행한다. 원형 Curve개체의 Quad점을 선택하고, Command Prompt 영역에 1.17을 입력한 후, Enter↵키를 누른다. Shift키를 누른 상태로 마우스 커서를 화살표 방향으로 이동한 후, 마우스 왼쪽버튼을 클릭하여 5㎜ 원형 Curve개체를 1.17㎜ 이동시킨다.

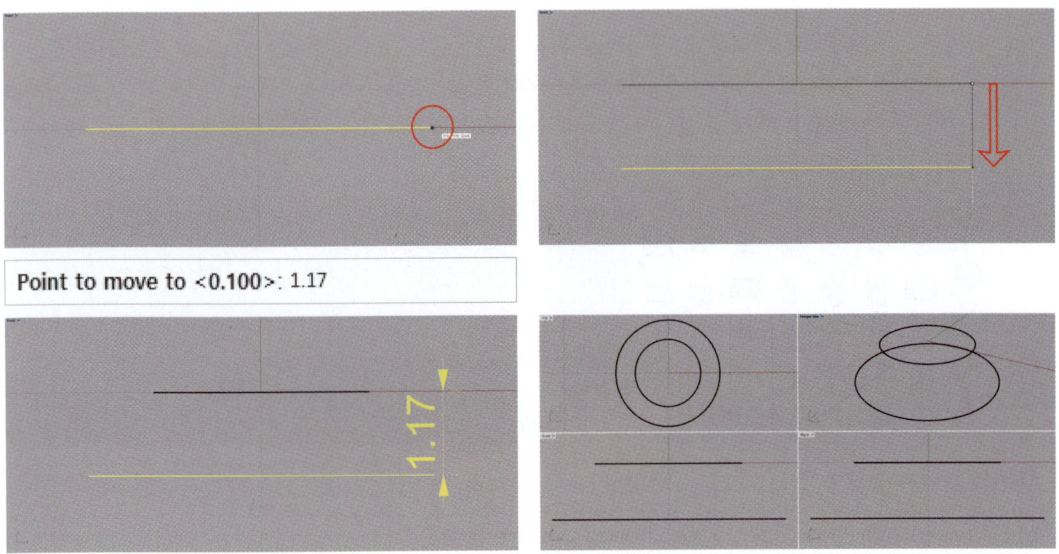

32. Loft를 실행하고, 1번 원형 Curve개체와 2번 원형 Curve개체를 순서대로 선택한 후, Enter↵키를 누른다. Loft Options창이 나타나면 Style에서 Normal을 선택하고, OK를 누르면 다음 그림과 같이 생성된 Surface개체를 확인할 수 있다. 사용한 Curve개체는 삭제한다.

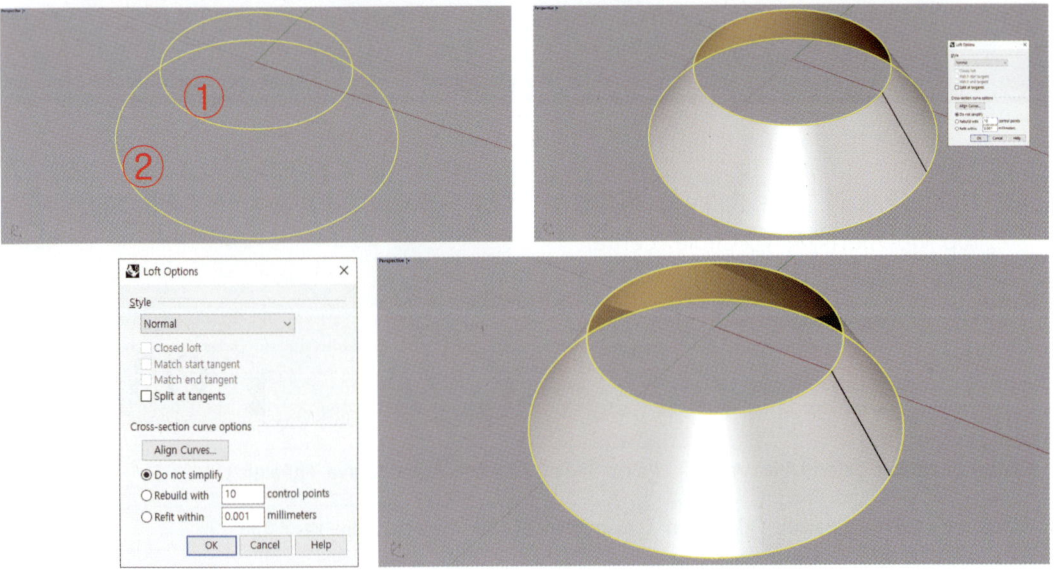

33. Show selected objects를 실행하고, 숨겨둔 개체들 중에서 반원형 Poly-Surface개체를 선택한 후, Enter↵키를 누른다.

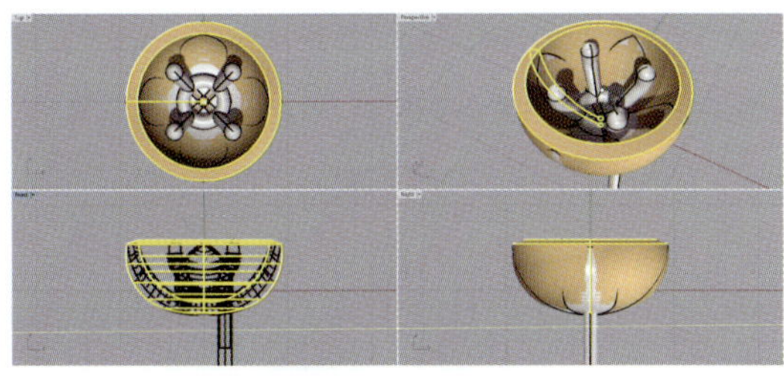

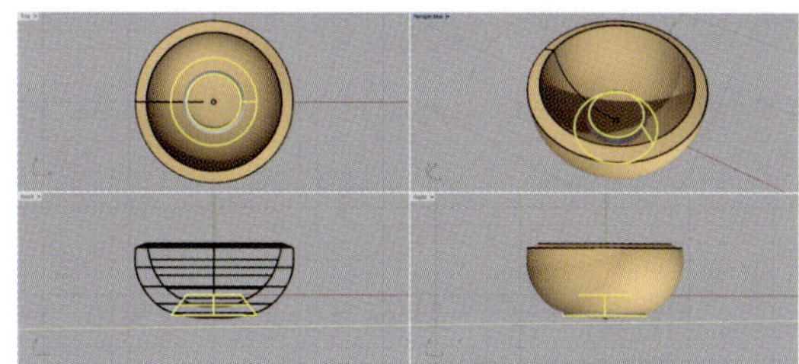

34. Surface개체를 선택하고, Boolean difference를 실행한다. 반원형 Poly-Surface개체를 선택하고, Command Prompt 영역에서 Deleteinput=Yes로 설정한 후, Enter↵키를 누른다.

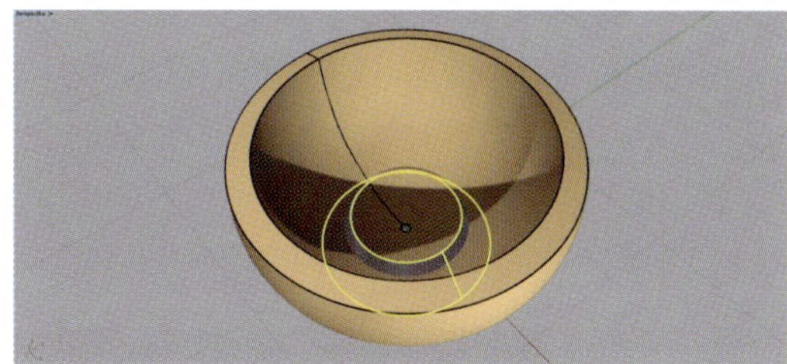

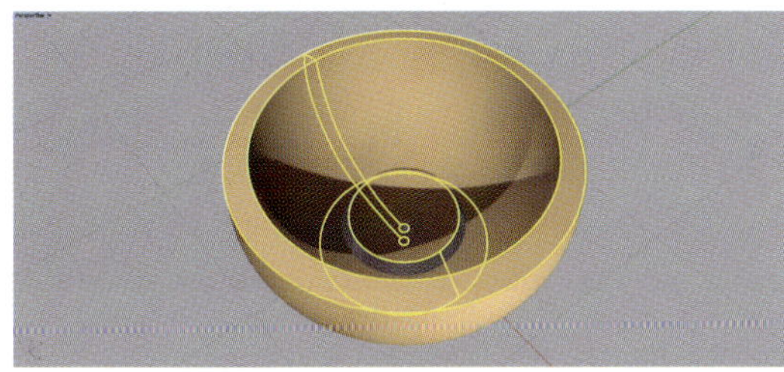

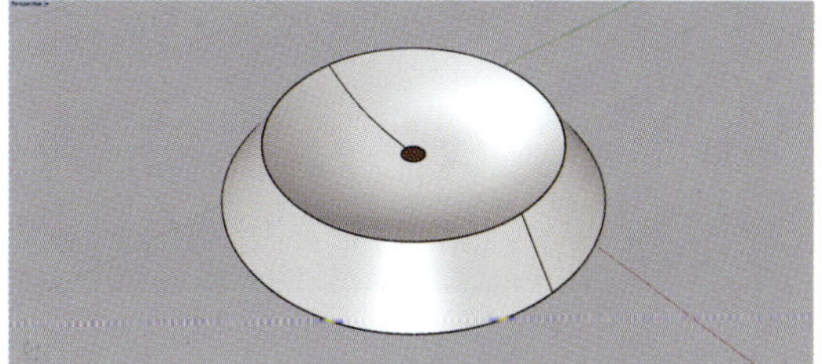

35. Show selected objects를 실행하고, 숨겨둔 개체들 중에서 4개의 꽃잎을 선택한 후, Enter↵키를 누른다. 5개의 Poly-Surface개체를 모두 선택하고, Rotate 2-D를 실행한 후, 원점(0, 0) 기준으로 Command Prompt 영역에 Angle or first reference point값 45를 입력한 다음, Enter↵키를 누르면 다음 그림과 같이 선택한 개체들이 45도 각도로 회전한 것을 확인할 수 있다.

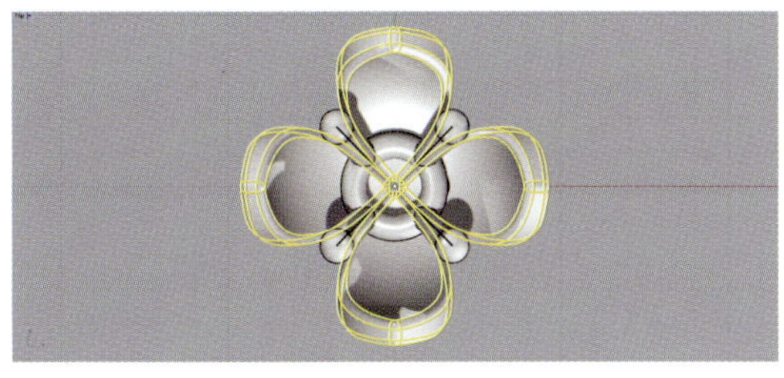

Center of rotation (Copy=*No* UseLastCenter): 0

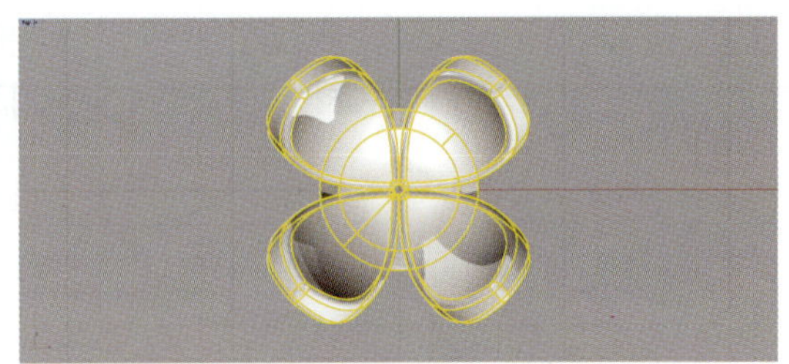

Angle or first reference point <45> (Copy=*No*): 45

36. 회전한 개체들은 Lock objects를 실행하여 잠시 잠가둔다.
Osnap Toolbar에서 Project에 체크하고, Top Top Viewport에서 Circle: center, radius를 실행한다.
Center of Circle을 다음 그림과 같이 Poly-Surface개체 좌측의 Projected Quad점으로 선택하고, Command Prompt 영역에 Diameter값 2를 입력한 후, Enter↵키를 누른다.

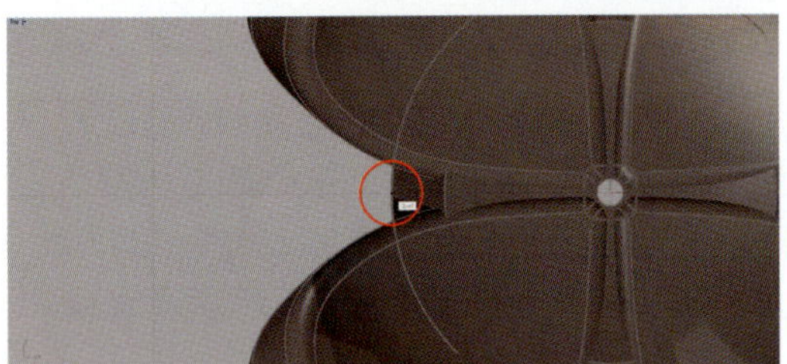

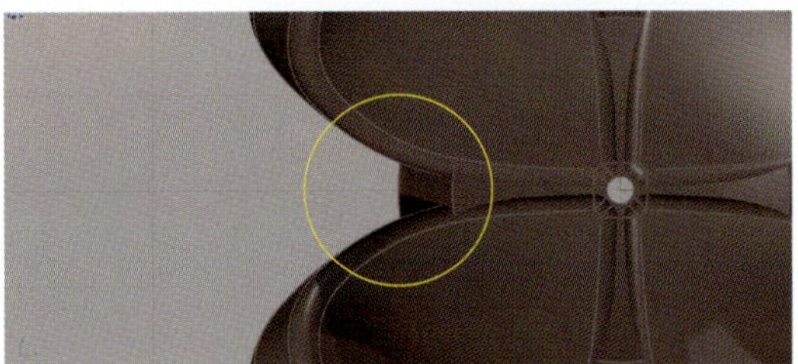

Center of circle (Deformable Vertical 2Point 3Point Tangent AroundCurve FitPoints):

Diameter <5.000> (Radius Orientation Circumference Area ProjectOsnap=*Yes*): 2

37. 생성된 지름 2mm의 원형 Curve개체를 선택하고, Front Front Viewport에서 Rotate 2-D를 실행한다.
Center of rotation을 원형 Curve개체 우측의 Quad점으로 선택하고, Command Prompt 영역에 Angle or first reference point값 -15.73을 입력한 다음, Enter↵키를 누르면 다음 그림과 같이 원형 Curve개체가 -15.73도 각도로 회전한 것을 확인할 수 있다.

Center of rotation (Copy=*No* UseLastCenter):

Angle or first reference point <45> (Copy=*No*): -15.73

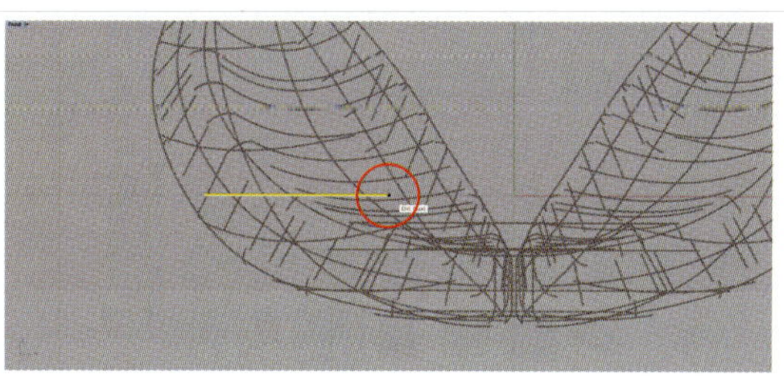

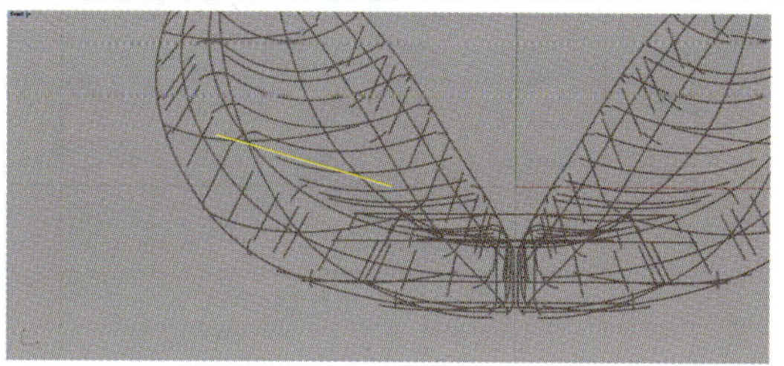

38. 회전된 원형 Curve개체를 선택하고, Extrude straight를 실행한 후, Command Prompt 영역에서 BothSides=Yes, DeleteInput=Yes로 설정한 다음, 그림과 같은 원통 Surface개체를 생성한다.

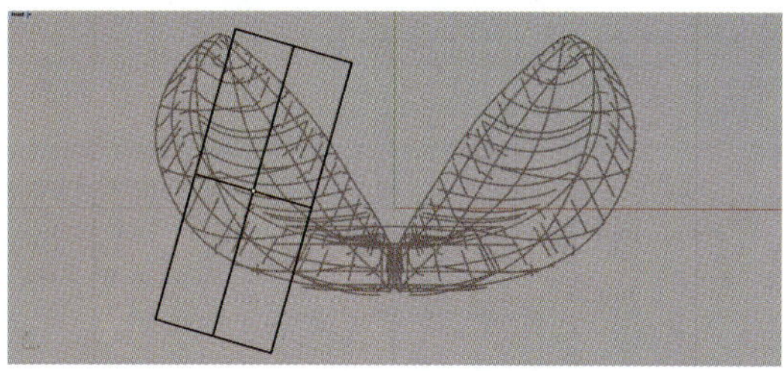

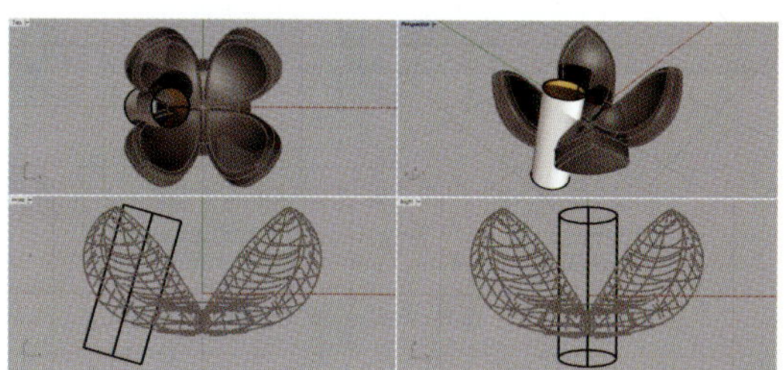

39. Top Top Viewport에서 원통 Surface개체를 선택하고, Polar array를 실행한다. 원점(0, 0) 기준으로 Command Prompt 영역에 Number of items값 4를 입력하여 다음 그림과 같이 4개의 원통 Surface개체를 복사한다.

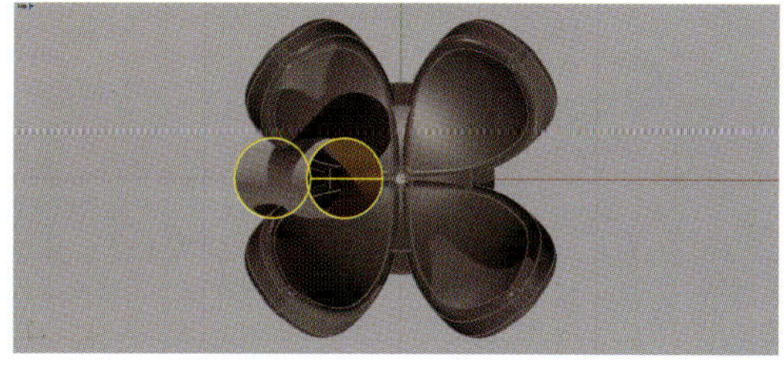

Center of polar array (Axis): 0

Number of items <4>: 4

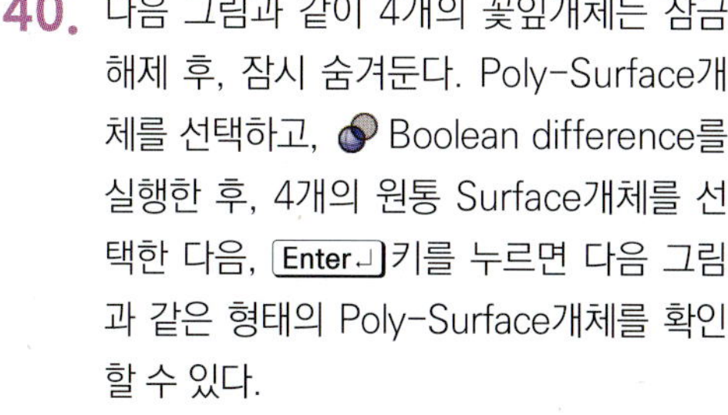

40. 다음 그림과 같이 4개의 꽃잎개체는 잠금해제 후, 잠시 숨겨둔다. Poly-Surface개체를 선택하고, Boolean difference를 실행한 후, 4개의 원통 Surface개체를 선택한 다음, Enter 키를 누르면 다음 그림과 같은 형태의 Poly-Surface개체를 확인할 수 있다.

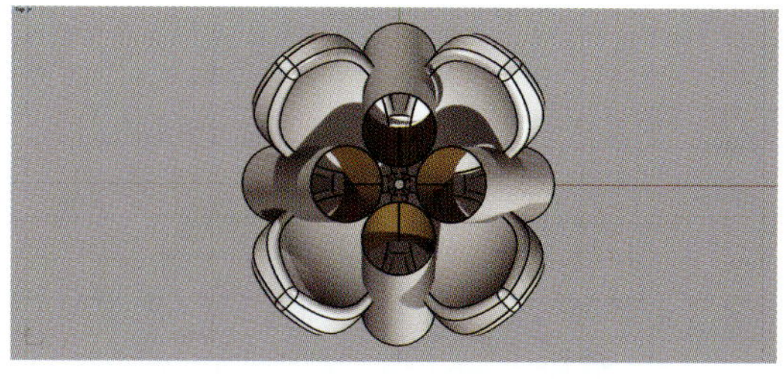

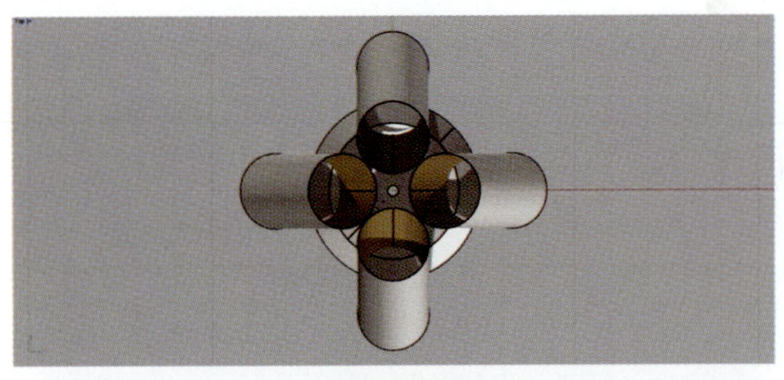
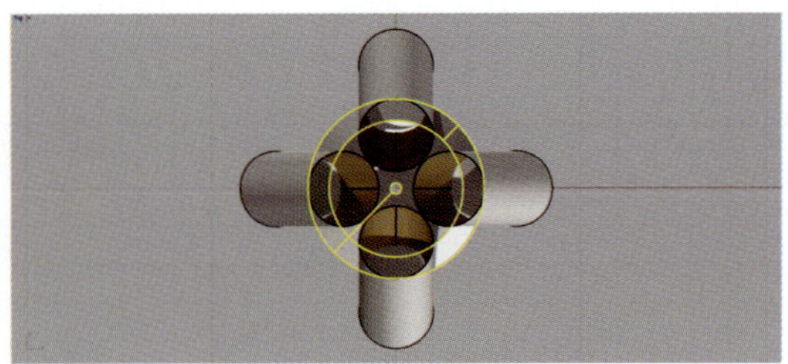
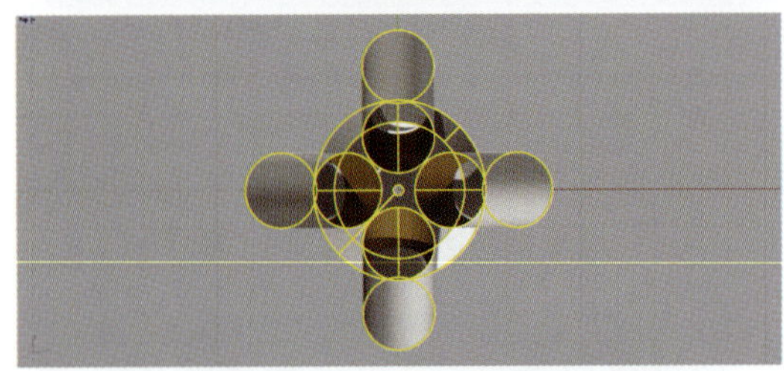
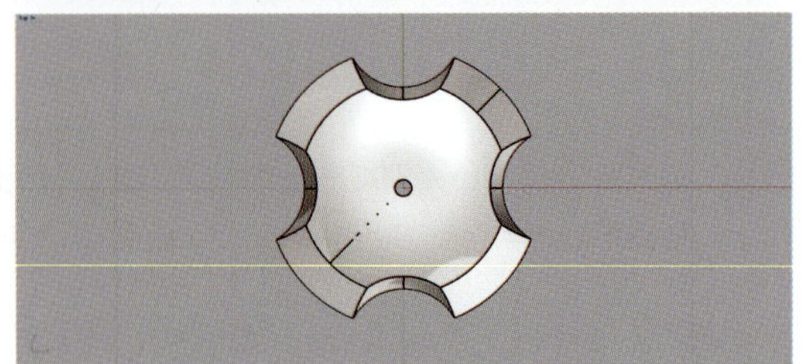

41. Poly-Surface개체를 선택하고, Cap planar holes를 실행하여 구멍 뚫린 부분을 막아준다. Fillet edges를 실행하고, Poly-Surface개체의 Edge부분을 모두 선택한 다음, Enter↵키를 누른다. Command Prompt 영역에서 SetAll을 선택하고, Radius for all handles값 0.2를 누른 후, Enter↵키를 누른다. 다음 그림과 같이 선택한 Edge 부분이 반지름 0.2㎜로 Fillet된 것을 확인할 수 있다.

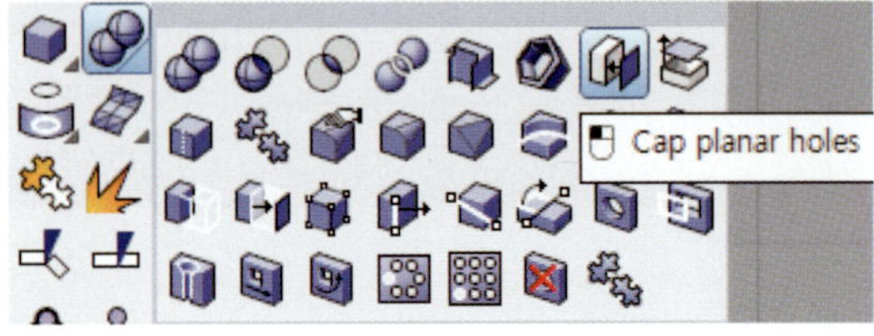

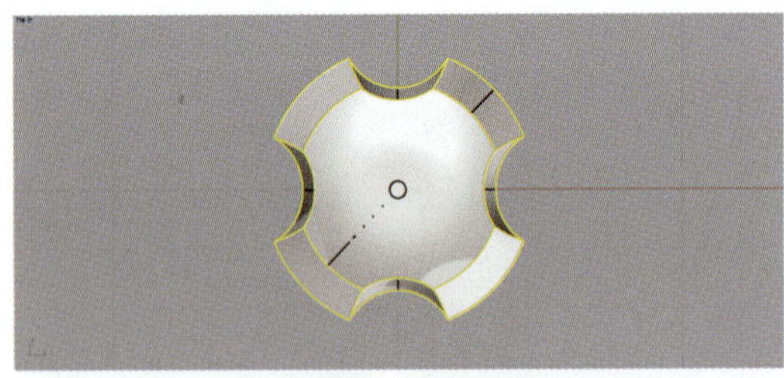
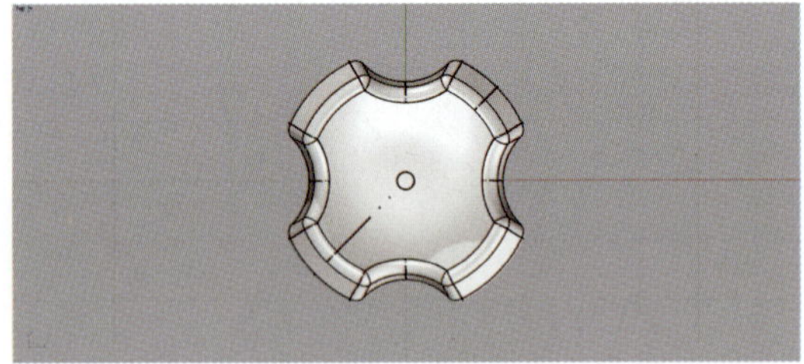

Select fillet handle to edit. Press Enter when done
(ShowRadius=Yes AddHandle CopyHandle SetAll LinkHandles=No RailType=RollingBall SelectEdges TrimAndJoin=Yes Preview=No):

Radius for all handles <0.200>: 0.2

42. 다음 그림과 같이 Show selected objects를 실행하여 4개의 꽃잎 Poly-Surface개체를 화면상에 나타나게 하고, 5개의 Poly-Surface개체를 모두 선택한 후, Boolean union을 실행하여 하나의 개체로 결합한다.

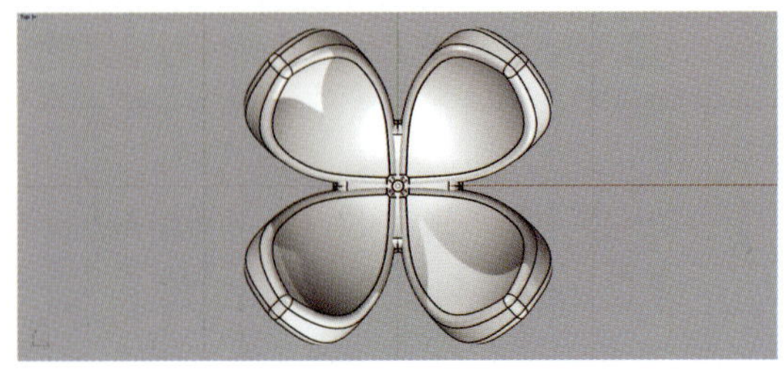

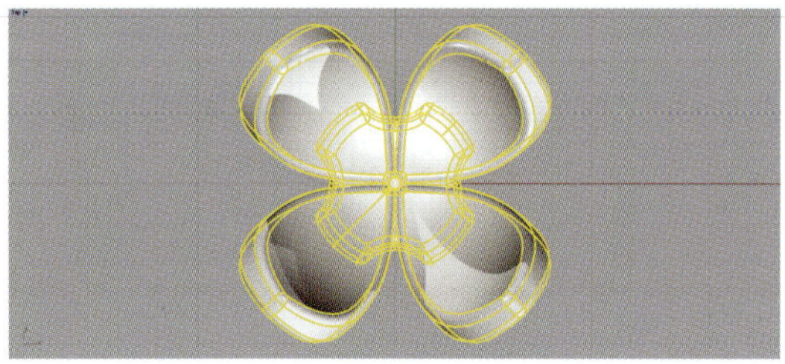

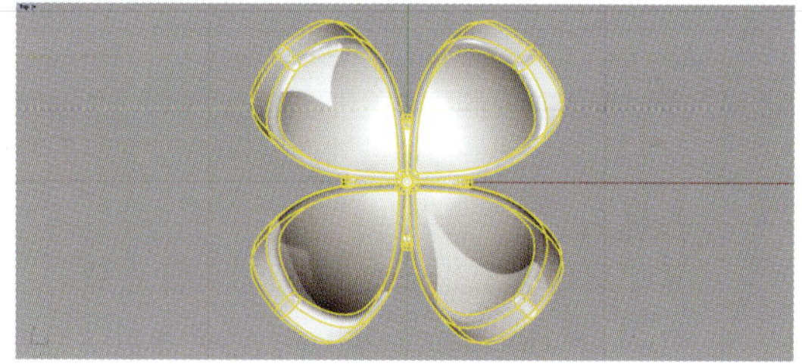

43. 하나로 결합된 꽃잎 Poly-Surface개체를 선택하고, Rotate 2-D를 실행한다. 원점(0, 0) 기준으로 Command Prompt 영역에 Angle or first reference point값 45를 입력하고, Enter↵ 키를 누르면 다음 그림과 같이 꽃잎 Poly-Surface개체가 45도 각도로 회전한 것을 확인할 수 있다.

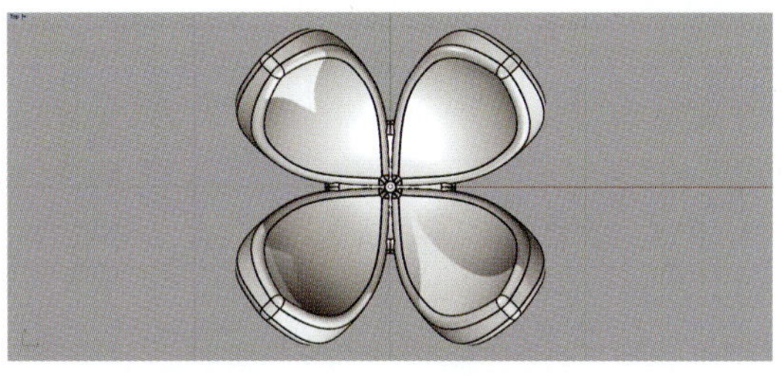

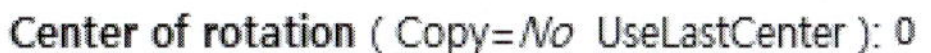

Angle or first reference point <-15.73> (Copy=No): 45

44. Show objects를 실행하여 숨겨둔 모든 개체들을 화면상에 나타나게 하고, Front Front Viewport에서 3.32㎜ Cylinder개체와 10㎜ Cylinder개체를 선택한 후, Mirror를 실행한다.
Command Prompt 영역에 Start of mirror plane값 0을 입력하고, Enter↵ 키를 누른 다음, Shift 키를 누른 상태로 마우스 커서를 화살표 방향으로 이동한 후, 마우스 왼쪽버튼을 클릭하여 대칭 방향에 2개의 Cylinder개체를 복사한다.

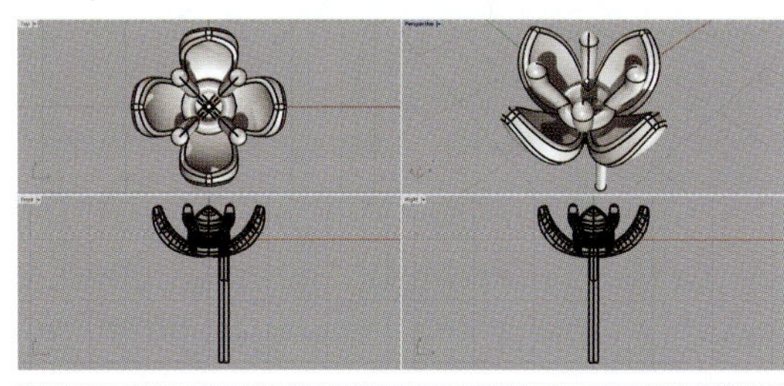

Start of mirror plane (3Point Copy=Yes XAxis YAxis): 0

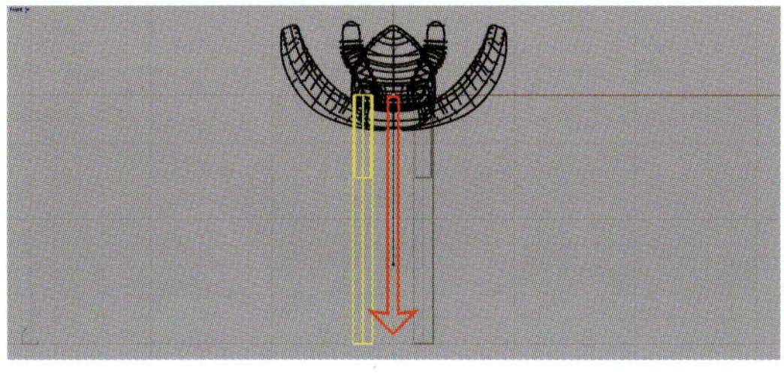

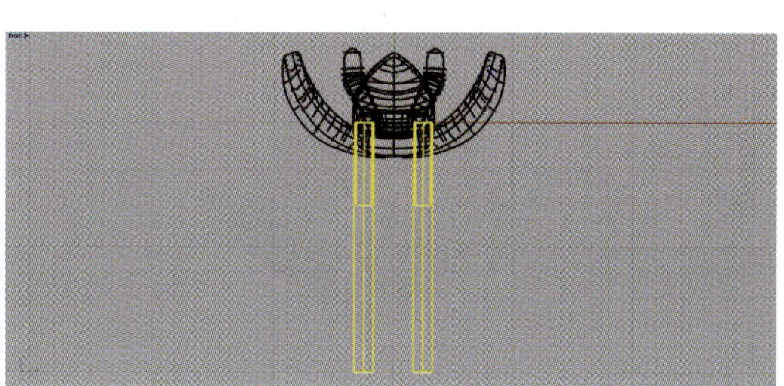

45. 꽃잎 Poly-Surface개체를 선택하고, Boolean difference를 실행한 후, 10mm Cylinder개체 2개를 선택한 다음, Enter↵키를 누른다.
난발 개체와 3.32mm Cylinder개체를 선택하고, Boolean union을 실행하여 하나의 개체로 결합한다.

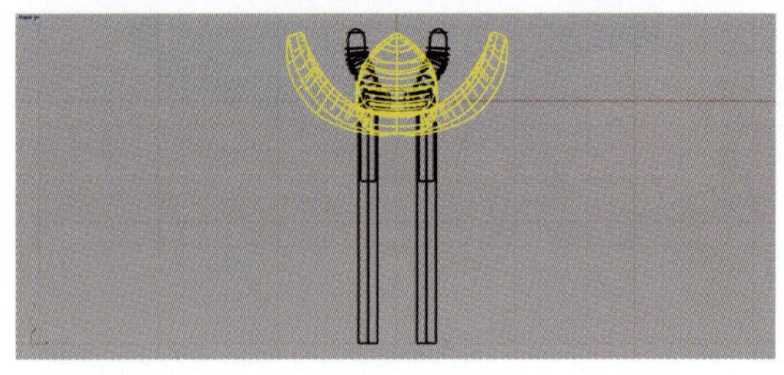

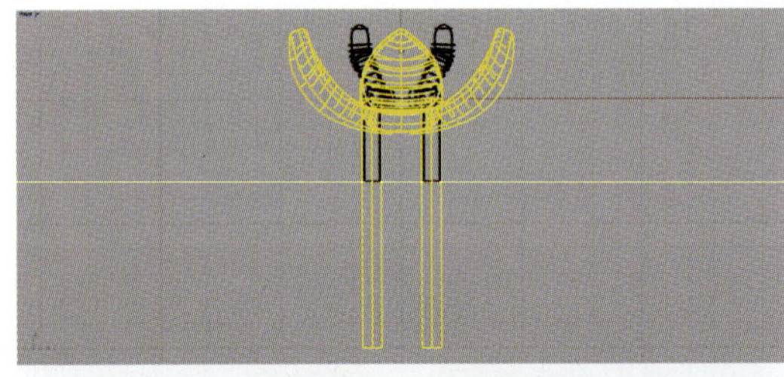

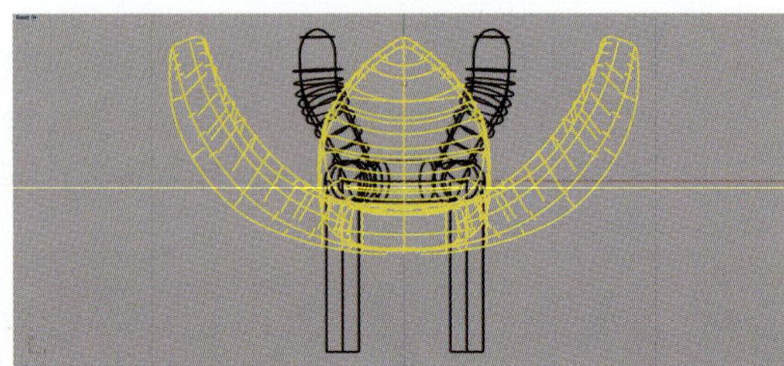

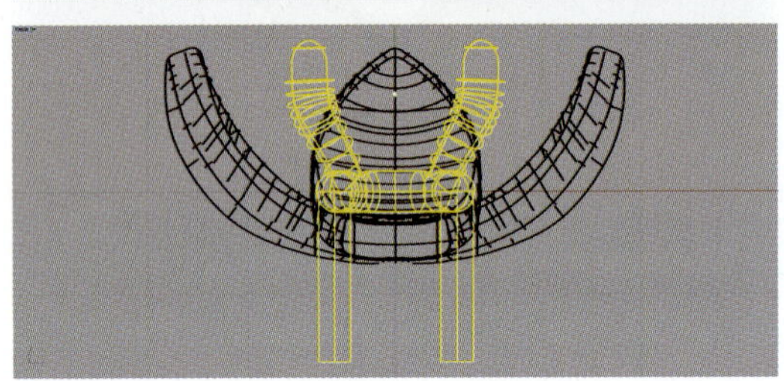

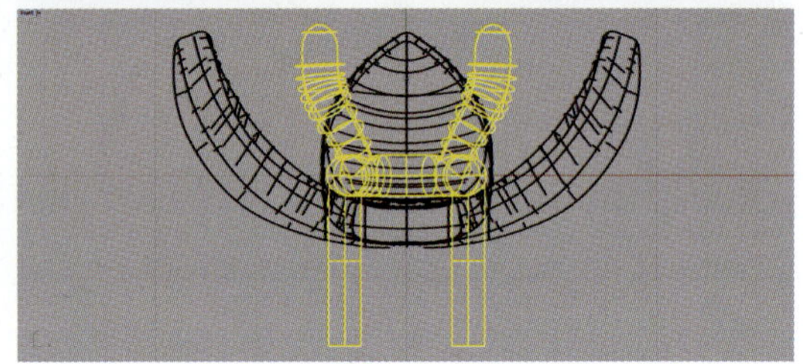

46. 다음 그림과 같이 구멍 뚫린 꽃잎 Poly-Surface개체와 난발 개체를 확인할 수 있다.

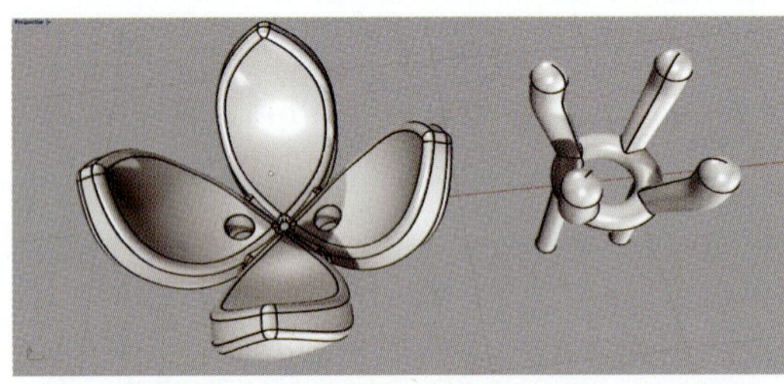

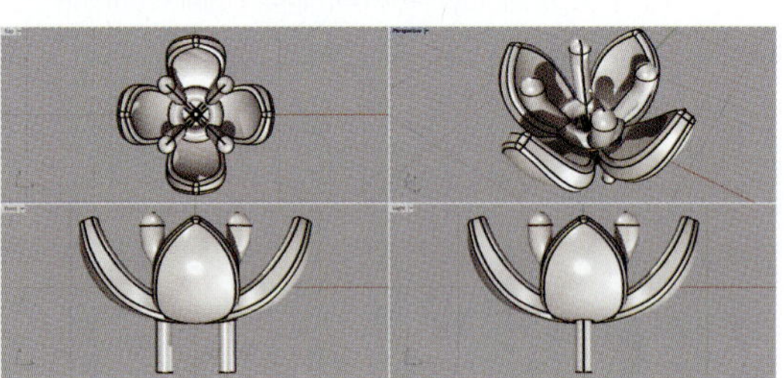

47. 우측 Panels의 Layers에서 Cilinder difference를 화면상에 나타나게 한다. 난발 개체를 선택하고, Boolean difference를 실행한 후, 보석 형태의 Poly-Surface개체를 선택한 다음, Enter↵키를 누르면 다음 그림과 같이 난발 개체에 보석형태의 홈이 파인 것을 확인할 수 있다.

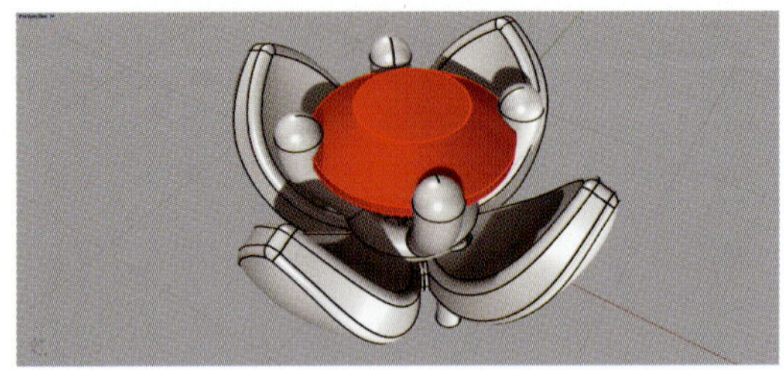

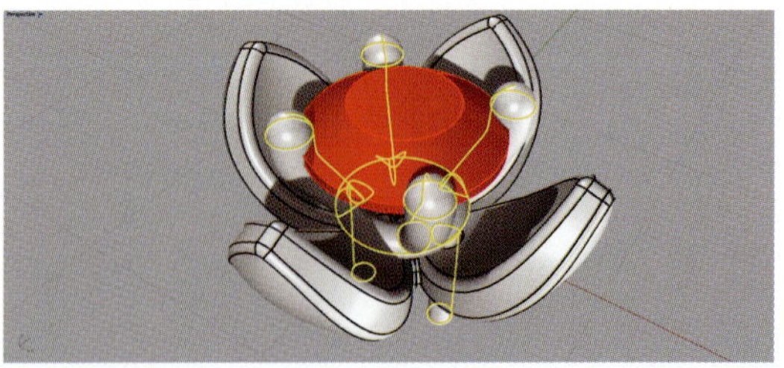

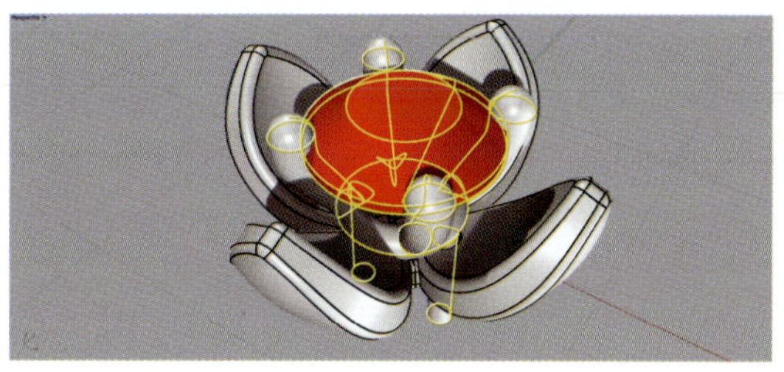

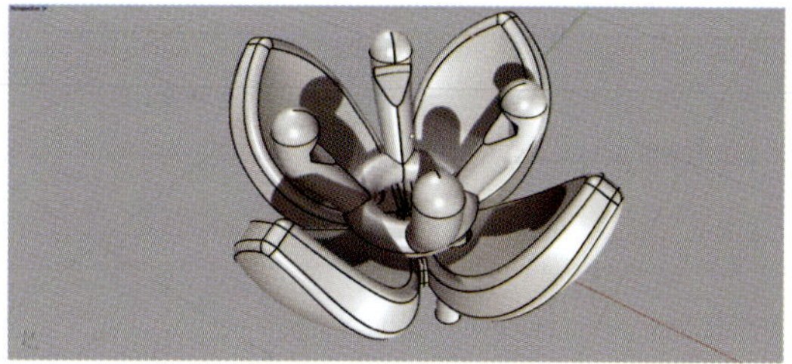

48. 우측 Panels의 Layers에서 보석을 화면상에 나타나게 하고, 모든 개체들을 선택한 후, Hide objects를 실행하여 화면상에서 잠시 숨겨둔다.

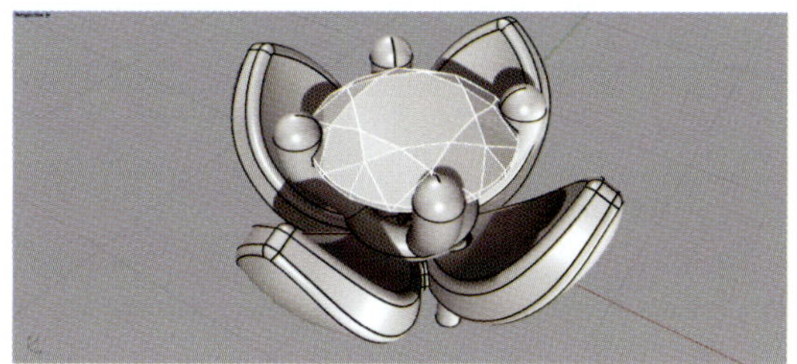

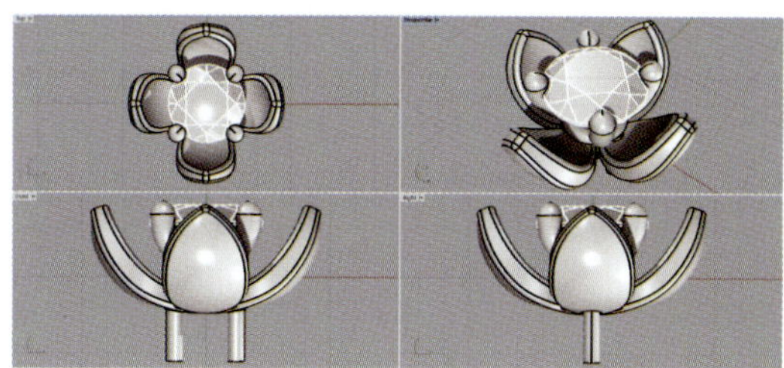

49. Front Front Viewport에서 Circle: center, radius를 실행하고, 원점(0, 0) 기준으로 지름 16.5㎜의 원형 Curve개체를 생성한다.

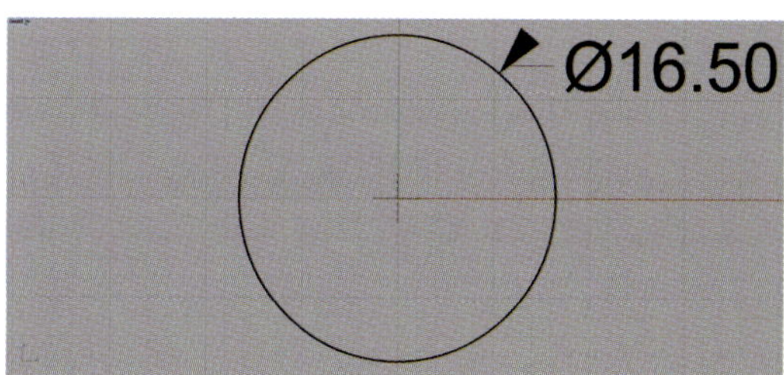

Center of circle (Deformable Vertical 2Point 3Point Tangent AroundCurve FitPoints): 0
Diameter <2.000> (Radius Orientation Circumference Area ProjectOsnap=*Yes*): 16.5

50. Ellipse: diameter를 실행하고, Command Prompt 영역에 Start of first axis값 0, 10.28을 입력한 후, Enter↵키를 누른다. End of first axis값 0, -9.85를 입력하고, Enter↵키를 누른 후, End of Second axis값 10.06, 0.21을 입력한 다음, Enter↵키를 누르면 다음 그림과 같은 대략 20.13㎜의 타원형 Curve개체가 생성된 것을 확인할 수 있다.

Start of first axis (Vertical): 0,10.28
End of first axis: 0,-9.85
End of second axis: 10.06,0.21

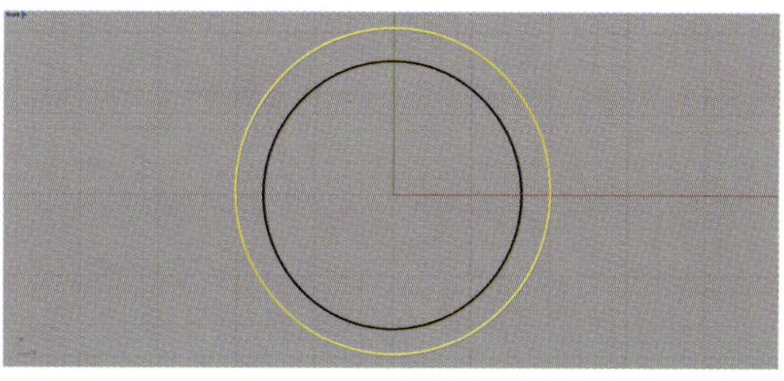

51. Osnap Toolbar에서 Quad점과 Project에 체크한 후, **Right** Right Viewport에서 Ellipse: diameter를 실행한다. 타원형 Curve개체 상단의 Quad점을 선택하고, 16.5㎜ 원형 Curve개체 상단의 Quad점을 선택한 다음, Command Prompt 영역에 End of Second axis값 0.735, 0을 입력한 후, Enter↵ 키를 누르면 다음 그림과 같이 타원형 Curve개체가 생성된 것을 확인할 수 있다.

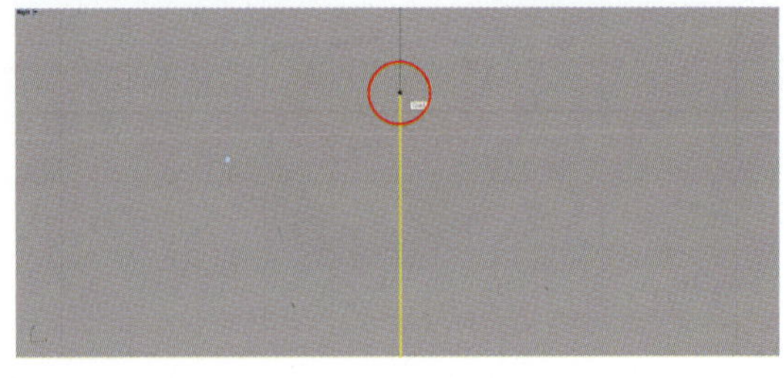

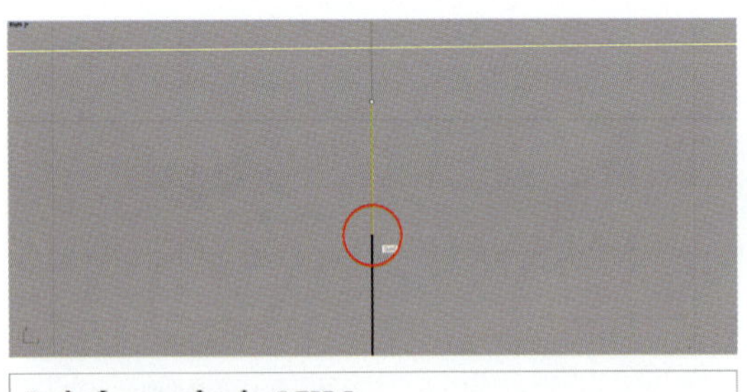

End of second axis: 0.735,0

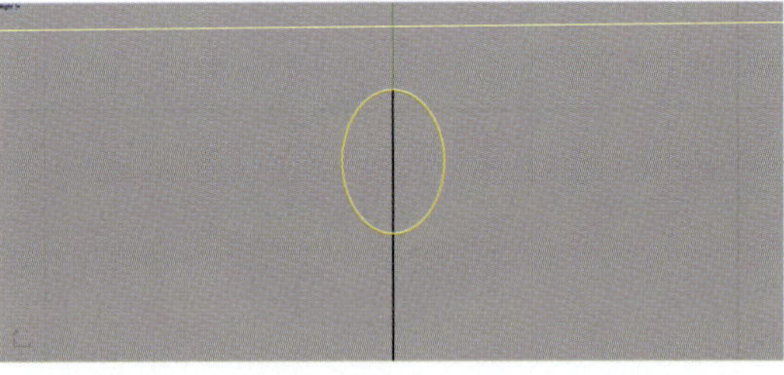

52. 다시 Ellipse: diameter를 실행한다. 타원형 Curve개체 하단의 Quad점을 선택하고, 16.5㎜ 원형 Curve개체 하단의 Quad점을 선택한 다음, Command Prompt 영역에 End of Second axis값 1.355, 0을 입력한 후, Enter↵ 키를 누르면 다음 그림과 같이 타원형 Curve개체가 생성된 것을 확인할 수 있다.

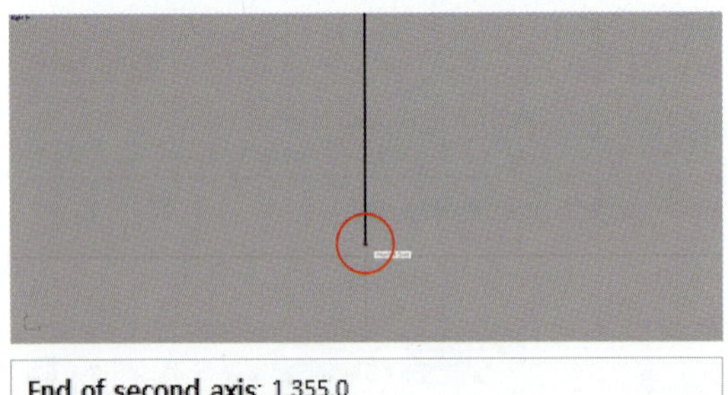

End of second axis: 1.355,0

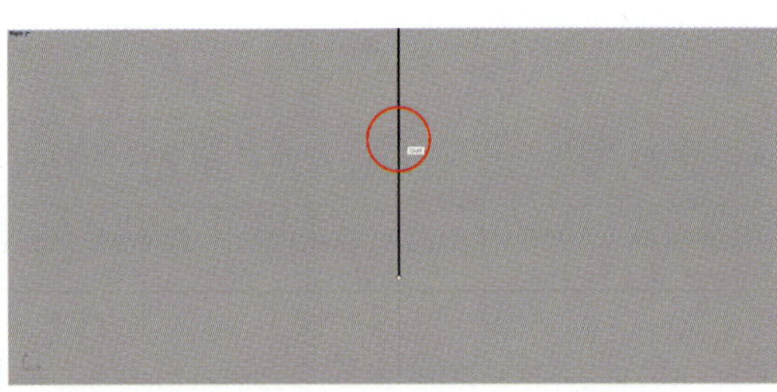

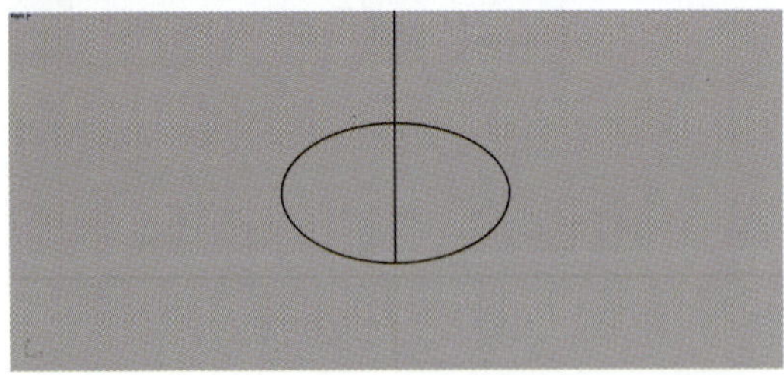

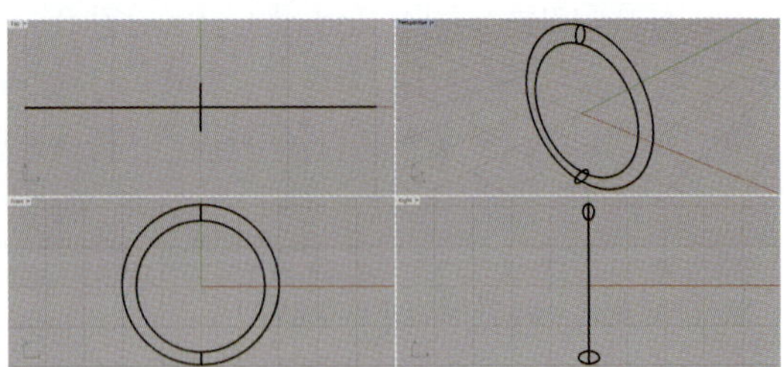

53. Sweep 2 rails를 실행하고 1번 디원형 Curve개체, 2번 16.5㎜ 원형 Curve개체, 3번 상단의 타원형 Curve개체와 4번 하단의 타원형 Curve개체를 선택한 다음, Enter↵키를 누른다. Sweep 2 rail Options창이 나타나면 Closed sweep에 체크한 후, OK를 누르면 다음 그림과 같이 반지개체가 생성된 것을 확인할 수 있다. 사용한 Curve개체들은 모두 삭제한다.

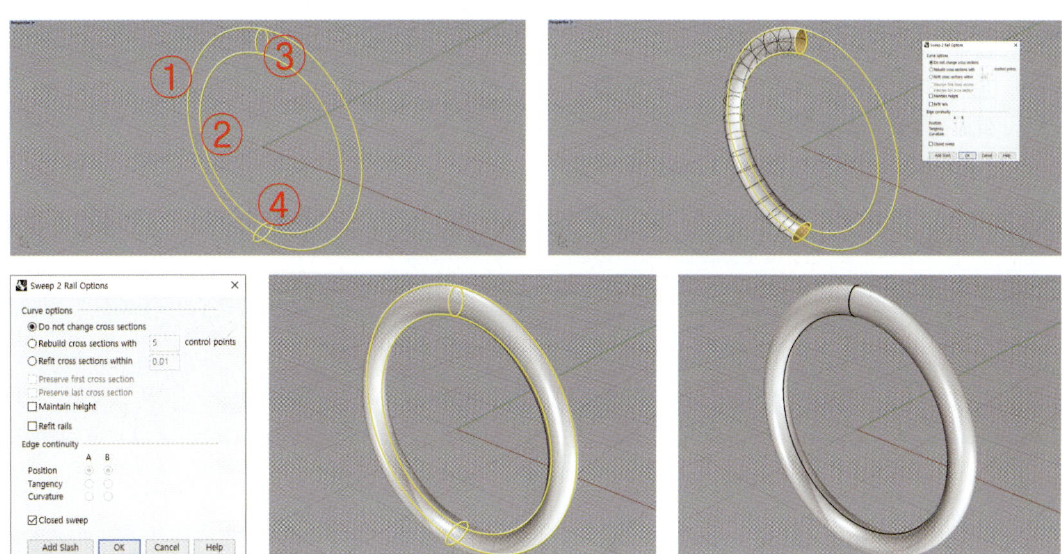

54. Show objects를 실행하여 꽃잎개체와 보석개체를 화면상에 나타나게 한다. Top Top Viewport에서 반지개체를 제외한 모든 개체를 선택하고, Rotate 2-D를 실행한다. Command Prompt 영역에 Center of rotation값 0을 입력한 후, Enter↵키를 누르고, Angle or first reference point값 90을 입력한 다음, Enter↵키를 누르면 다음 그림과 같이 선택한 개체들이 90도 각도로 회전한 것을 확인할 수 있다.

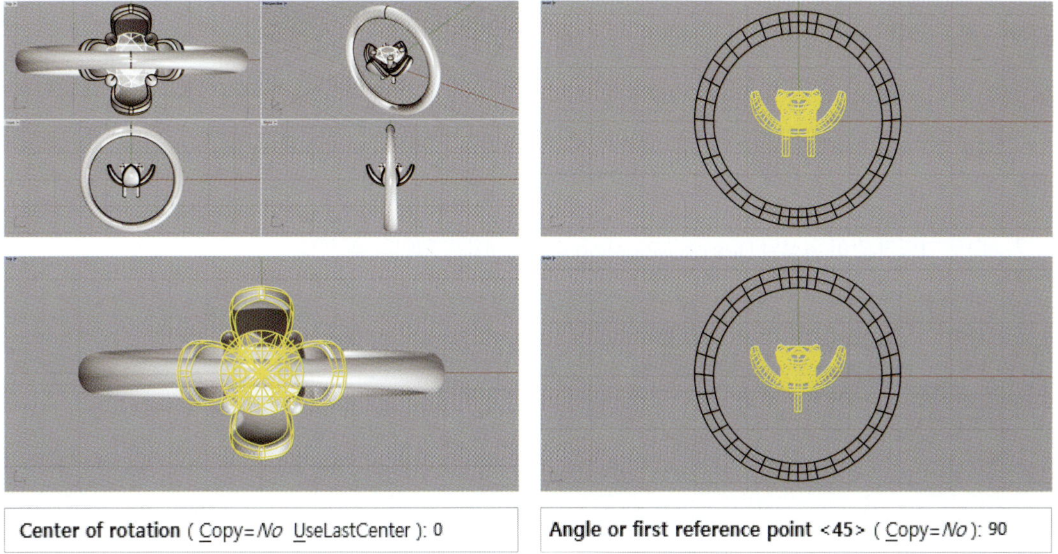

55. 다음 그림과 같이 반지개체를 제외한 모든 개체들을 선택하고, Move를 실행한다. Point to move from을 보석개체 중심의 Point개체로 선택하고, Command Prompt 영역에 Point to move to값 11을 입력한 후, Enter↵키를 누른다. Shift키를 누른 상태로 마우스 커서를 화살표 방향으로 이동한 후, 마우스 왼쪽버튼을 클릭하여 선택한 개체들을 11㎜ 이동시킨다.

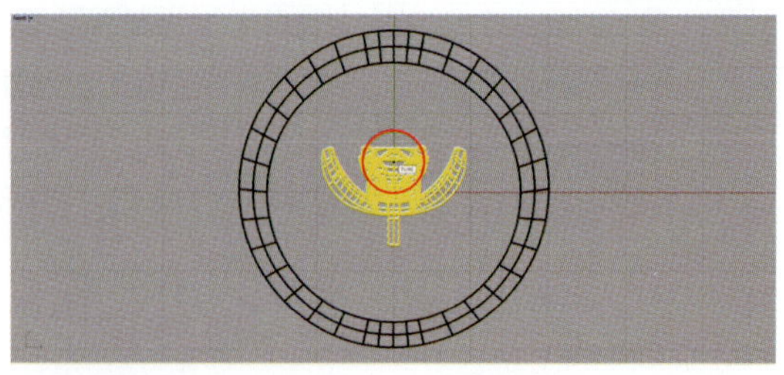

Point to move to <1.170>: 11

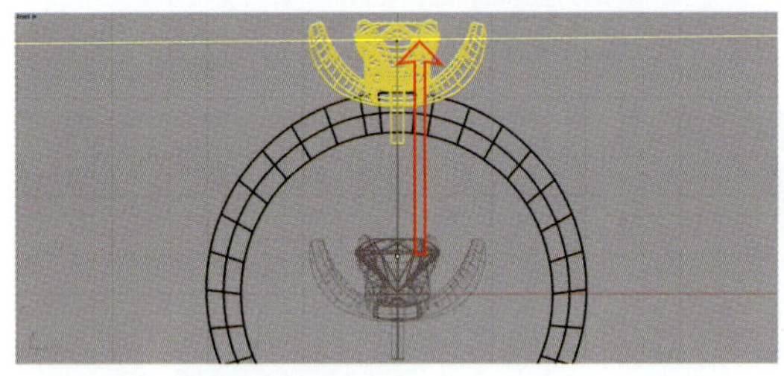

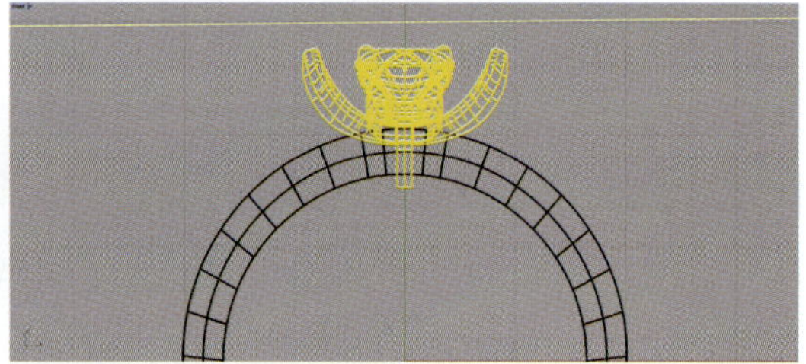

56. 반지개체와 꽃잎개체를 선택하고, Boolean union을 실행하여 하나의 개체로 결합한다. Point개체와 Curve개체를 모두 선택한 후, 삭제한다.

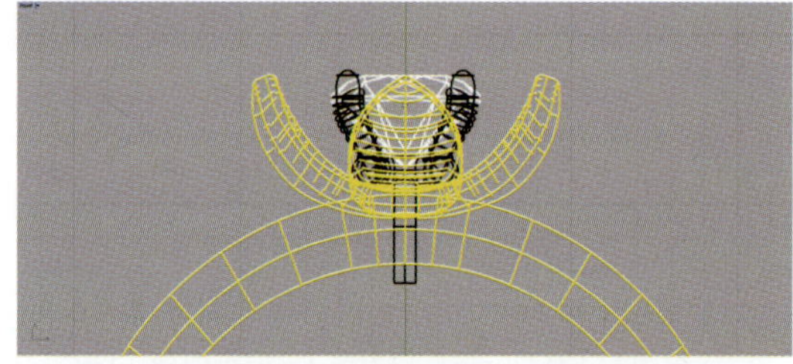

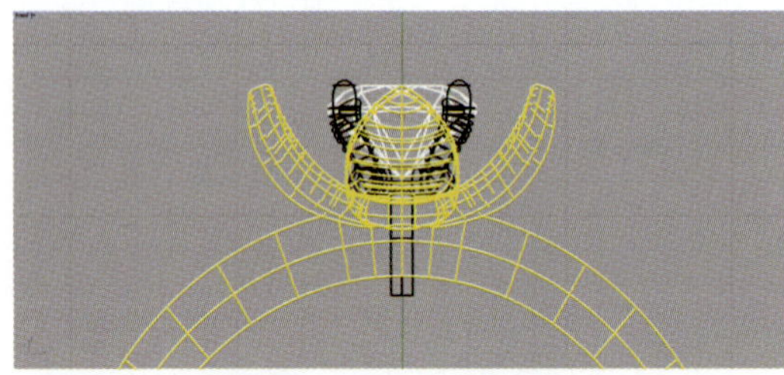

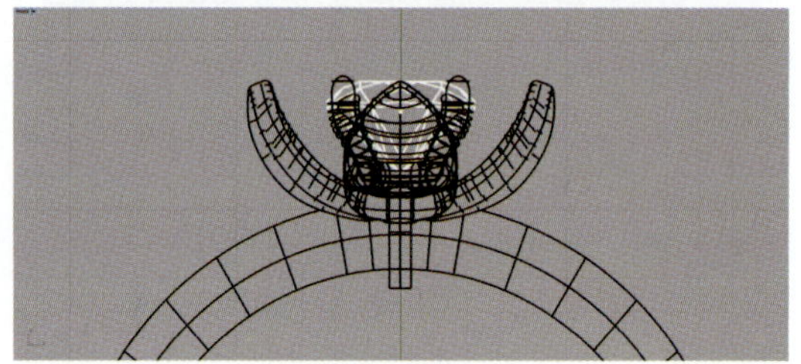

57. 다음 그림과 같이 완성된 Design Modeling 4 반지개체를 확인할 수 있다.

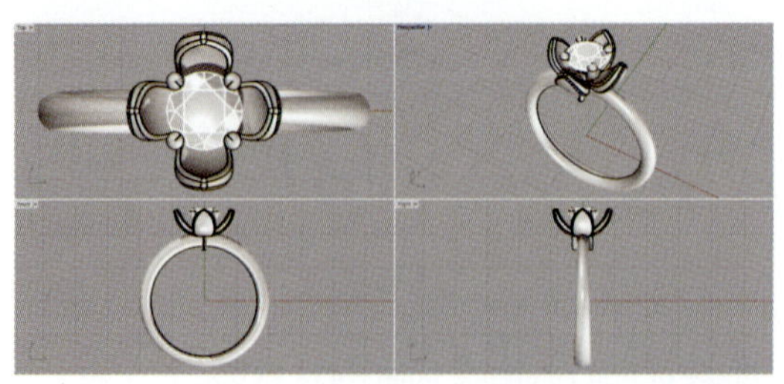

Level 01 Design Modeling 5

01. Top Top Viewport에서 Ctrl+I(Insert)를 실행하여 Insert창이 나타나면 Insert as에서 Individual Objects를 선택하고, 우측 상단의 폴더 아이콘을 선택한다. 1.88×3.00.3dm파일을 선택하고, 열기를 누른 후, Command Prompt 영역에 Insertion point값 0을 입력하여 원점(0, 0) 위치에 보석개체를 불러온다. → 부록CD 〉 Rhino 예제 〉 Level 1 - Design Modeling 5 〉 1.88×3.00.3dm

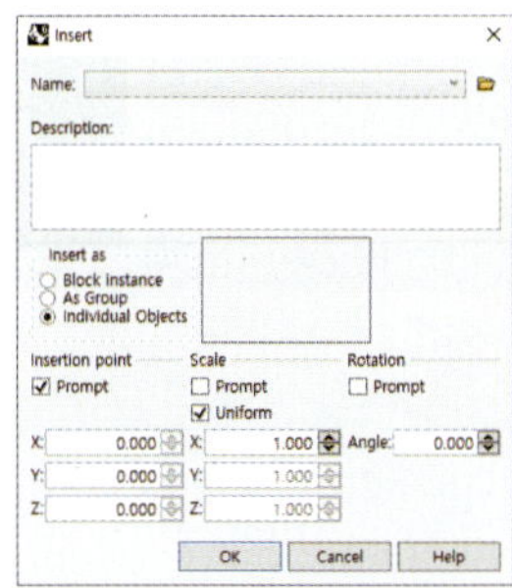

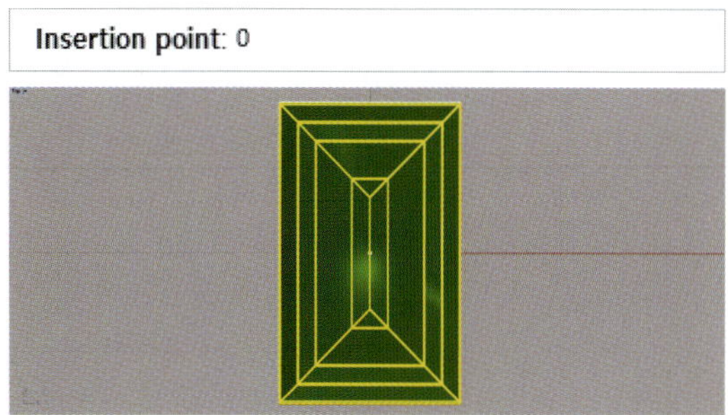

02. Duplicate edge를 실행하고, 다음 그림과 같이 보석형태 Poly-Surface개체의 가장자리 Curve개체를 추출한다. 추출한 4개의 Curve개체를 모두 선택한 후, Join을 실행하여 하나의 직사각형 Curve개체로 결합한다.

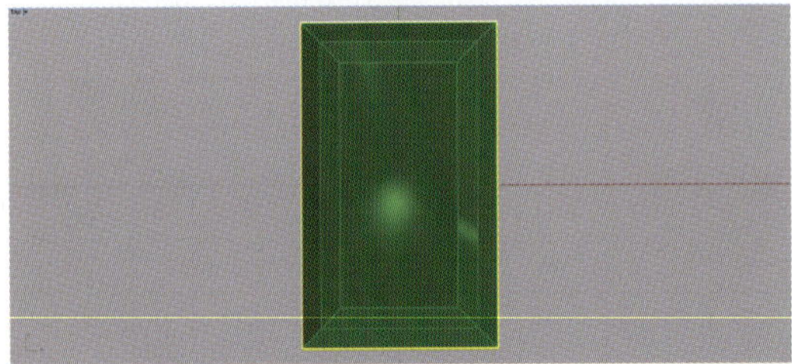

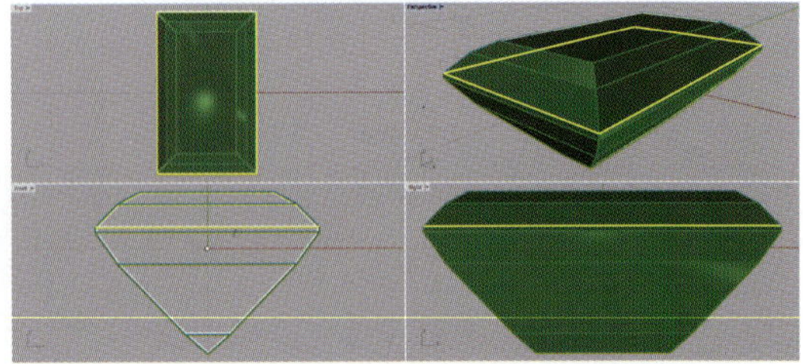

03. 생성된 직사각형 Curve개체를 선택하고, Offset curve을 실행한다. Command Prompt 영역에 Distance값 0.2를 입력한 후, Enter↵키를 누르고, 직사각형 Curve개체의 바깥방향으로 0.2mm Offset시킨다.

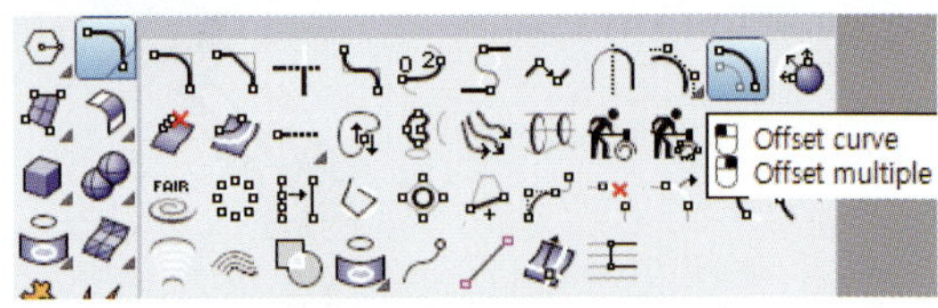

Select curve to offset (Distance=0.26 Loose=No Corner=Sharp ThroughPoint Tolerance=0.001 BothSides InCPlane=No Cap=None): 0.2

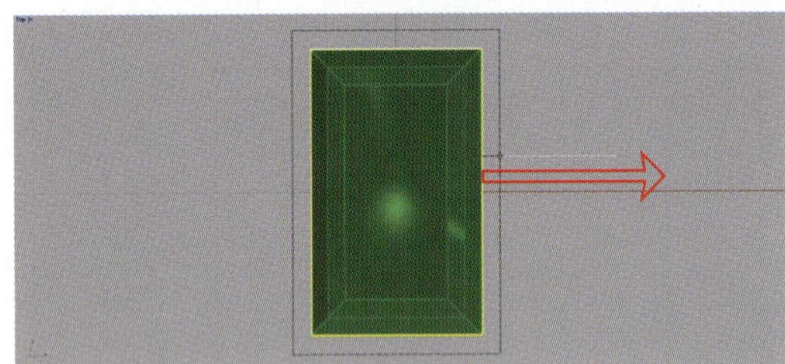

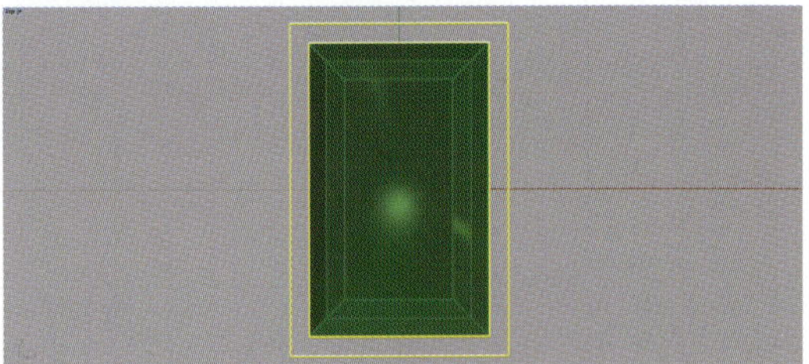

04. 2개의 직사각형 Curve개체를 선택하고, Surface from planar curves를 실행하여 다음 그림과 같은 Surface개체를 생성한 후, 2개의 직사각형 Curve개체는 삭제한다.

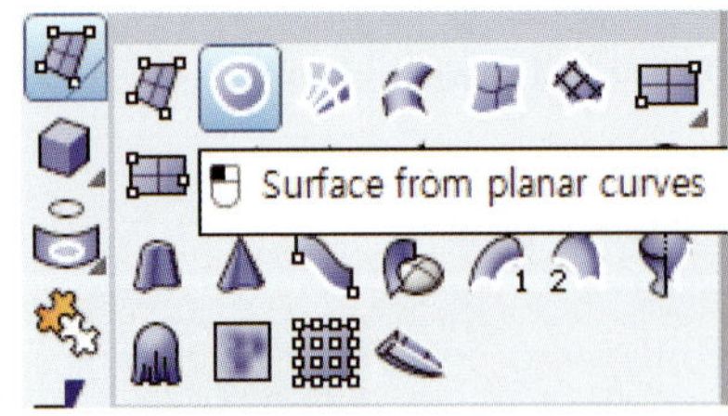

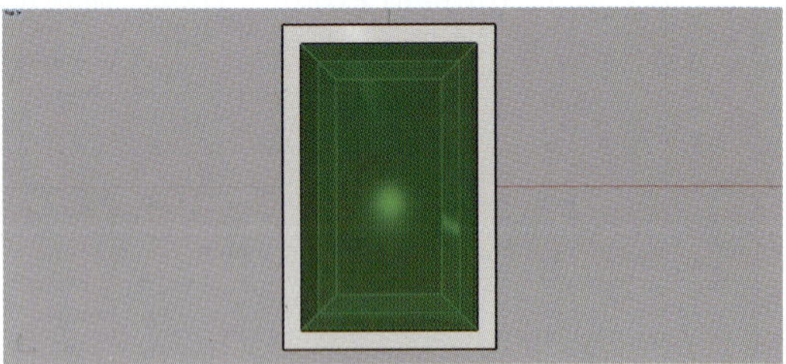

05. Front Front Viewport에서 생성된 Surface개체를 선택하고, Move를 실행한 후, Surface개체의 End점을 선택한다. Command Prompt 영역에 Point to move to값 0.14를 입력하고, Enter키를 누른 다음, Shift키를 누른 상태로 마우스 커서를 화살표 방향(아래 방향)으로 이동한 후, 마우스 왼쪽버튼을 클릭하여 Surface개체를 0.14㎜ 이동시킨다.

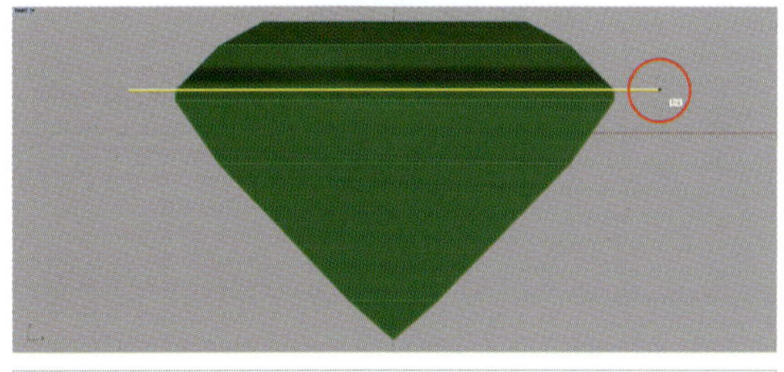

Point to move to: 0.14

06. 보석개체들을 선택하고, Lock objects를 실행하여 잠시 잠가놓는다.
Top Top Viewport에서 Extrude to point를 실행하고, Surface개체 안쪽 4개의 Edge를 선택한 후, Enter키를 누른다. Front Front Viewport에서 Shift키를 누른 상태로 마우스 커서를 화살표 방향으로 이동한 후, 마우스 왼쪽버튼을 클릭하여 다음 그림과 같이 3.04㎜ 돌출시킨다.

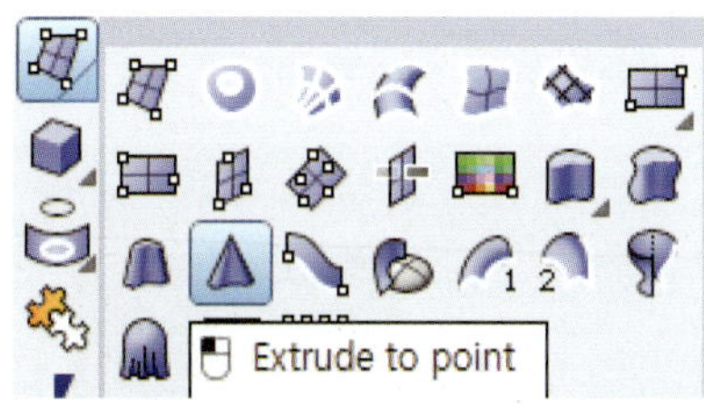

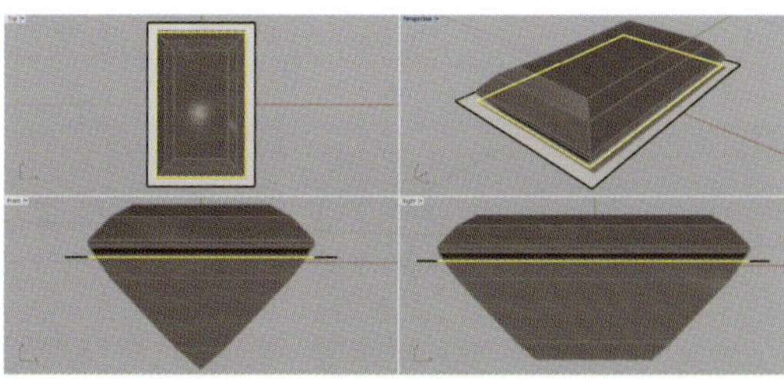

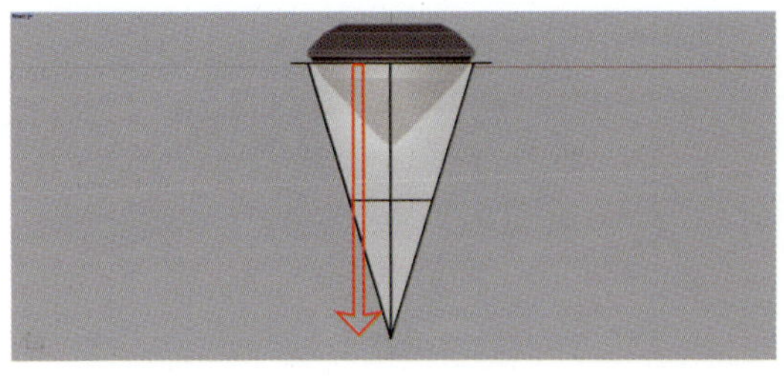

07. Top Top Viewport에서 다시 Extrude to point를 실행하고, Surface 개체 바깥쪽 4개의 Edge를 선택한 후, Enter 키를 누른다.

Front Front Viewport에서 Shift 키를 누른 상태로 마우스 커서를 화살표 방향으로 이동한 후, 마우스 왼쪽버튼을 클릭하여 다음 그림과 같이 3.04㎜ 돌출시킨다.

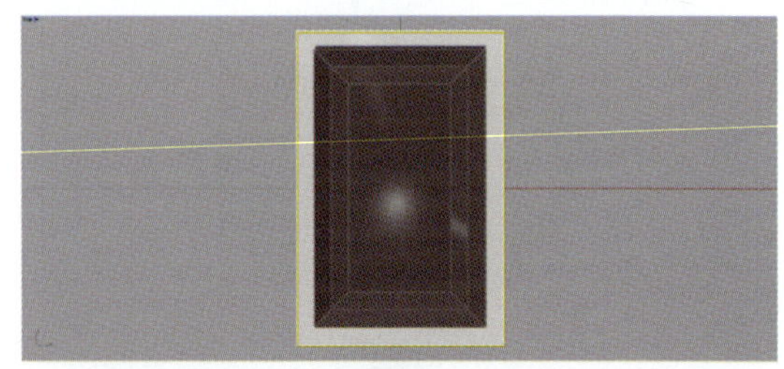

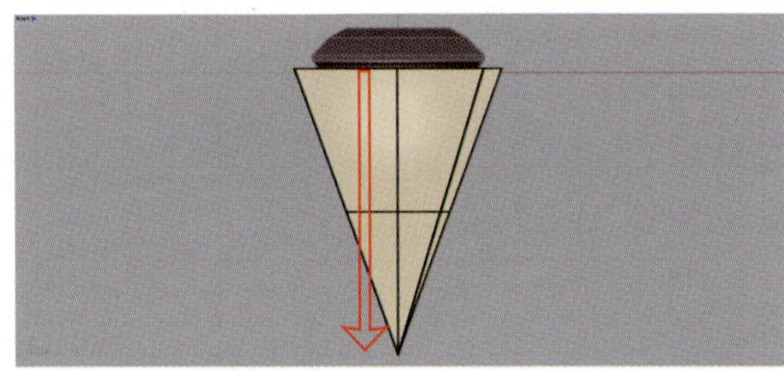

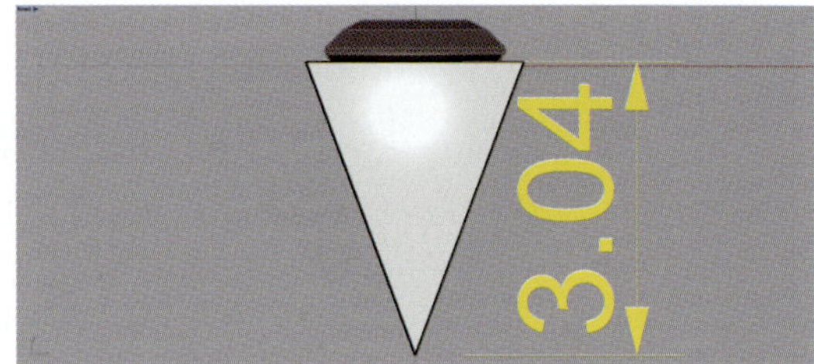

08. 3개의 Surface개체를 모두 선택하고, Join을 실행하여 하나의 Poly-Surface개체로 결합한다. Unlock objects를 실행하여 보석개체들을 잠금 해제한다.

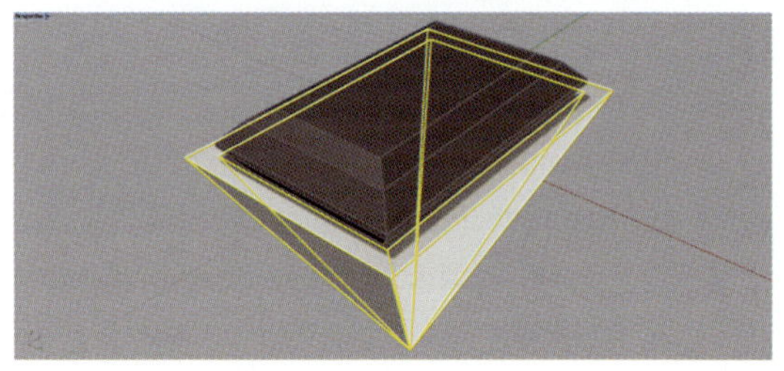

09. Top Top Viewport에서 모든 개체들을 선택하고, Rotate 2-D을 실행한다. Command Prompt 영역에 Center of rotation을 원점(0, 0)으로 선택하고, Angle or first reference point값 90을 입력한 후, Enter 키를 누른다. 다음 그림과 같이 선택한 개체들이 90도 각도로 회전한 것을 확인할 수 있다.

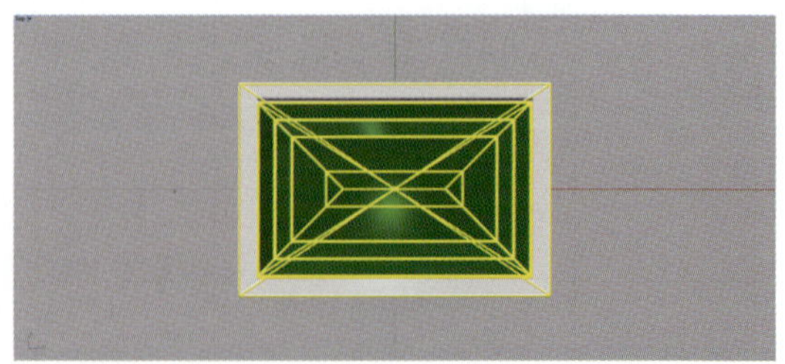

Center of rotation (Copy=*No*): 0	Angle or first reference point (Copy=*No*): 90

10. Front Front Viewport에서 Circle: center, radius를 실행하고, 원점(0, 0) 기준으로 지름 18㎜의 원형Curve개체를 생성한다.

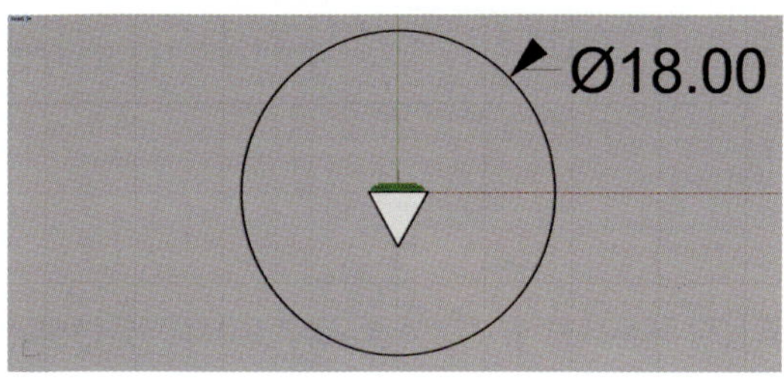

Center of circle (Deformable Vertical 2Point 3Point Tangent AroundCurve FitPoints): 0
Diameter <16.500> (Radius Orientation Circumference Area ProjectOsnap=*Yes*): 18

11. Osnap Toolbar에서 Point점에만 체크하고, 보석개체들과 Poly-Surface개체를 선택한다. Move를 실행하고, 보석개체 중심의 Point개체를 선택한 후, Command Prompt 영역에 Point to move to값 8.5를 입력한 다음, Enter↵키를 누른다. Shift키를 누른 상태로 마우스 커서를 화살표 방향으로 이동한 후, 마우스 왼쪽버튼을 클릭하여 선택한 개체들을 8.5㎜ 이동시킨다.

Point to move to <0.140>: 8.5

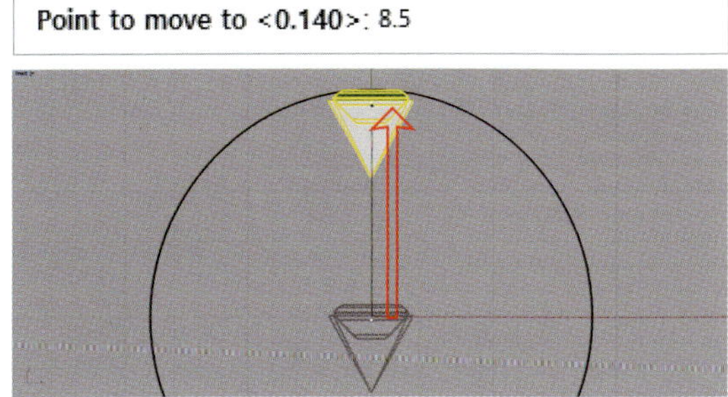

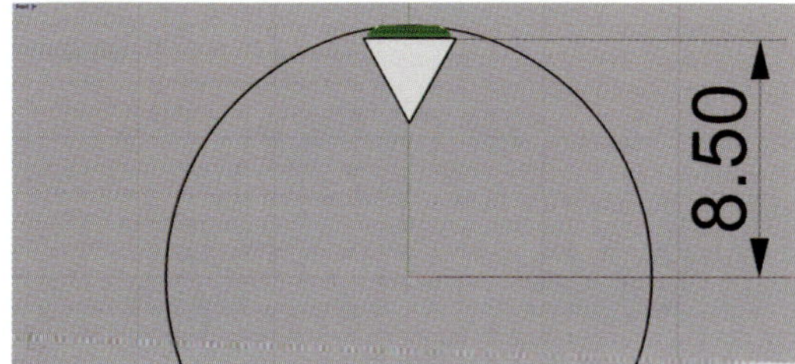

12. 이동시킨 보석개체들을 선택하고, Polar array를 실행한 후, 원점(0, 0) 기준으로 Command Prompt 영역에 Number of items값 15를 입력한 다음, Enter↵키를 누른다. 다음 그림과 같이 15개의 보석개체들이 복사된 것을 확인할 수 있다.

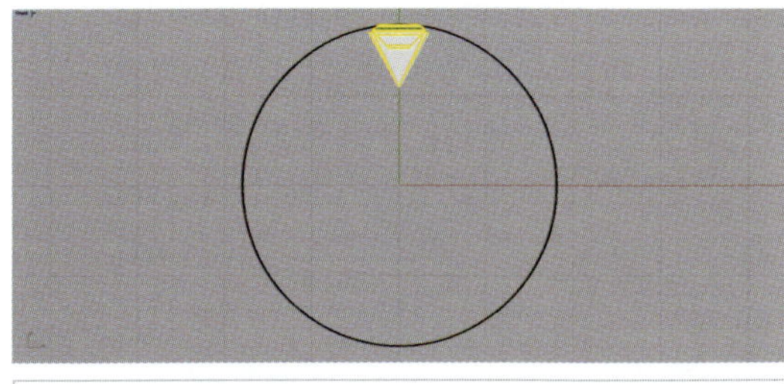

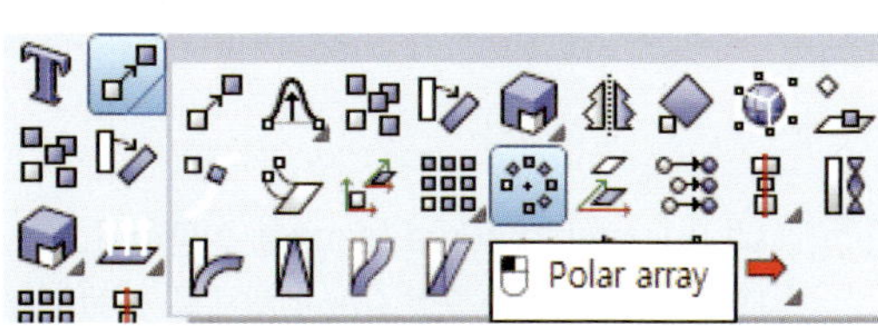

Center of polar array (Axis): 0	Number of items <3>: 15

Angle to fill or first reference point <360> (Preview=*Yes* StepAngle Rotate=*Yes* ZOffset=*0*):

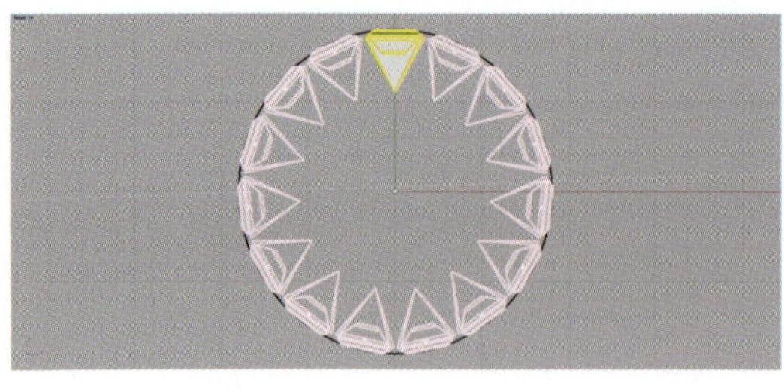
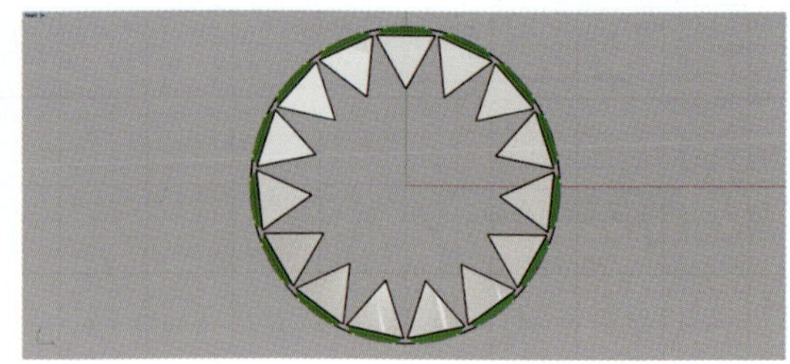

13. 다음 그림과 같이 상단 3개의 보석개체들을 남기고, 모두 삭제한다.

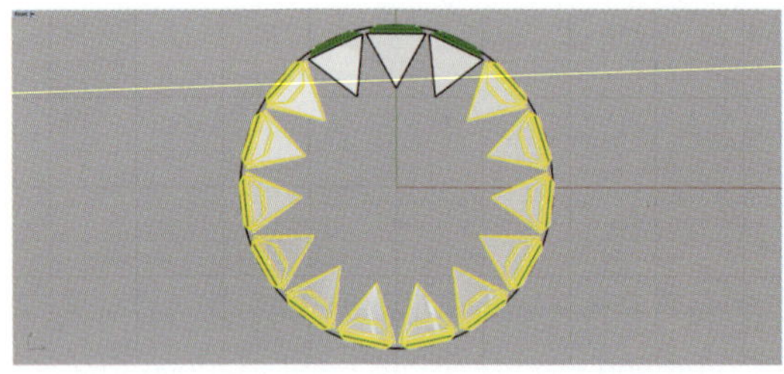
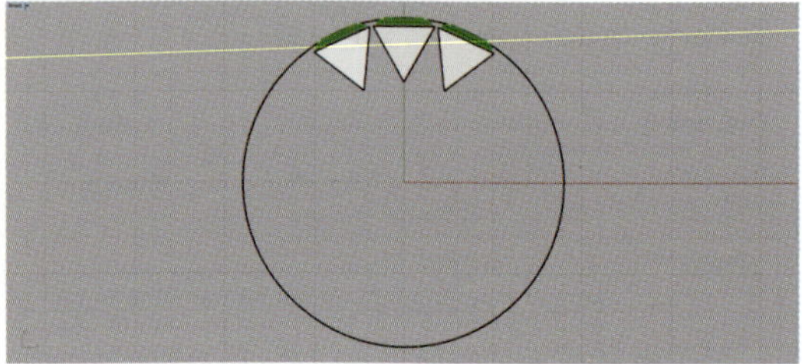

14. Duplicate edge를 실행하고, 다음 그림과 같이 Poly-Surface개체 안쪽의 Edge를 추출한다. 3개의 Poly-Surface개체는 Hide objects를 실행하여 잠시 숨겨둔다.

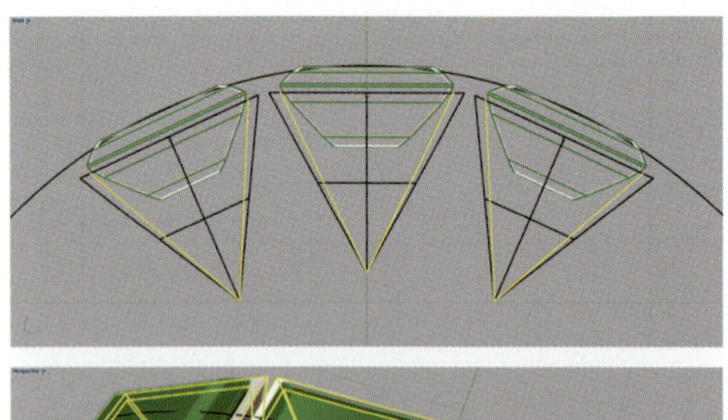
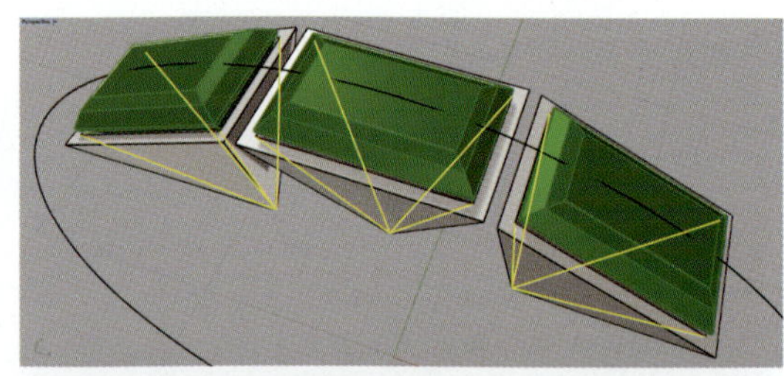
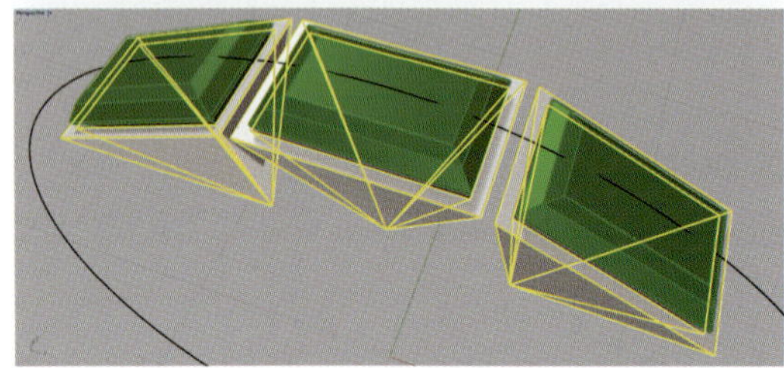
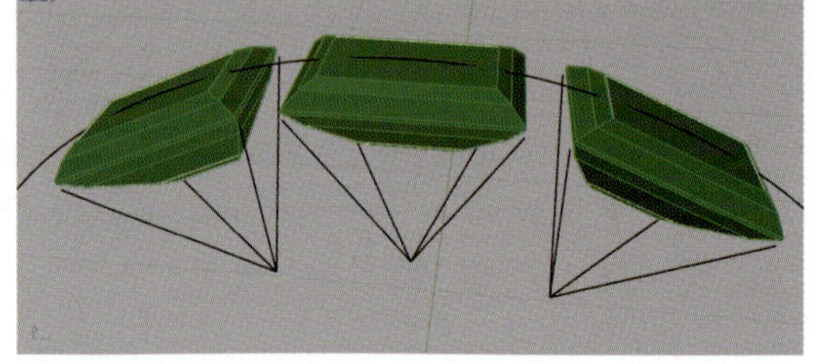

15. Adjustable curve blend를 실행하고, 1번 Curve개체와 2번 Curve개체를 선택한다. Adjust curve blend Options 창이 나타나면 Continuity에서 1, 2 모두 Tangency로 설정하고, Join에 체크한 후, OK를 누른다. 남은 3곳도 같은 방법으로 Curve개체를 결합한다.

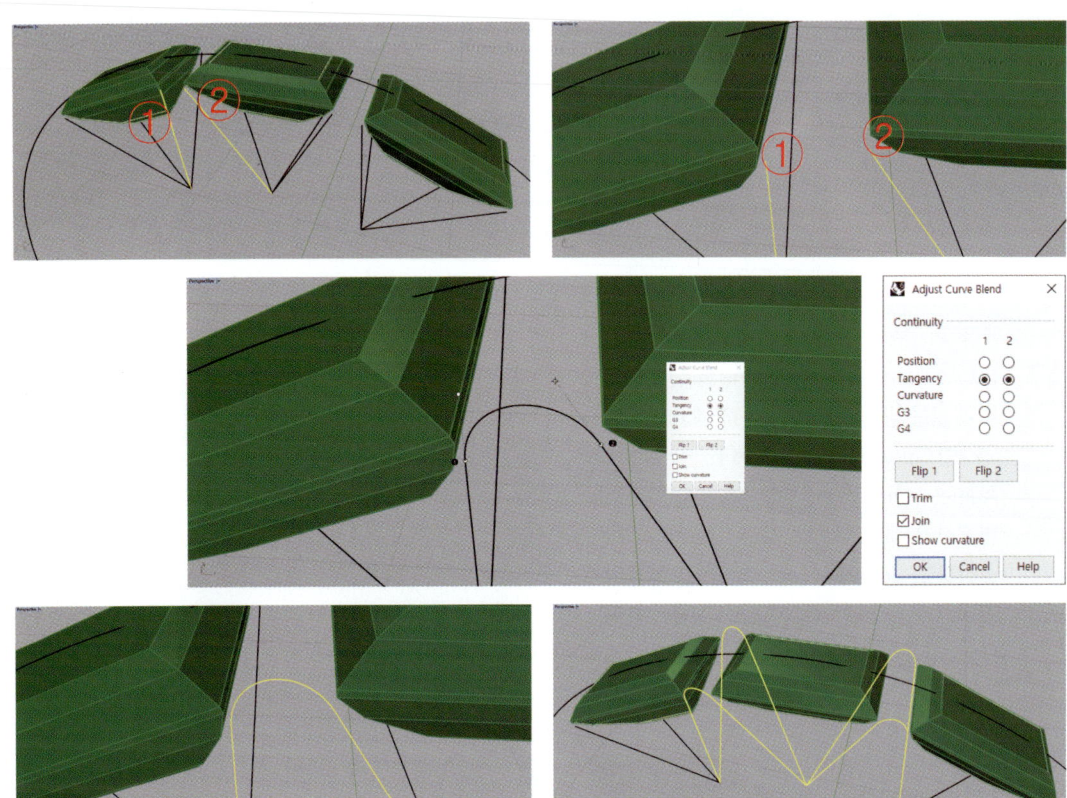

16. 다음 그림과 같이 결합된 Curve개체를 선택하고, Pipe: Flat caps를 실행한다. Command Prompt 영역에 Start radius값 0.3을 입력하고, Enter↵키를 누른 후, End radius값 0.3을 입력한 다음, Enter↵키를 누른다. 남은 3개의 Curve개체도 같은 방법으로 반지름 0.3mm의 Pipe 개체를 생성한다.

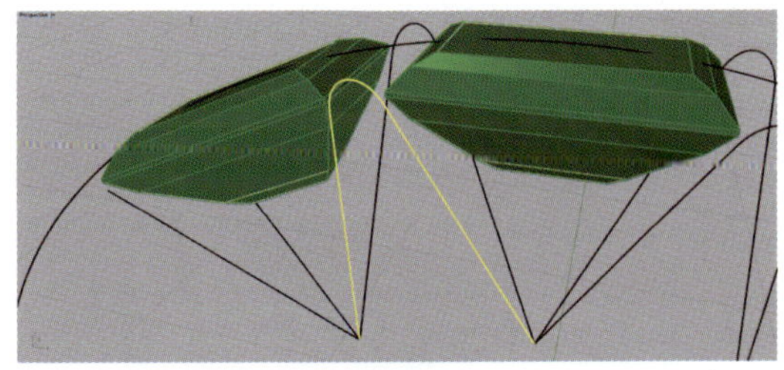

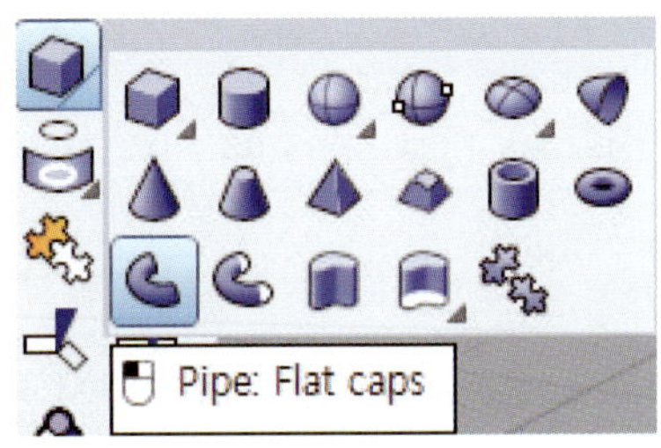

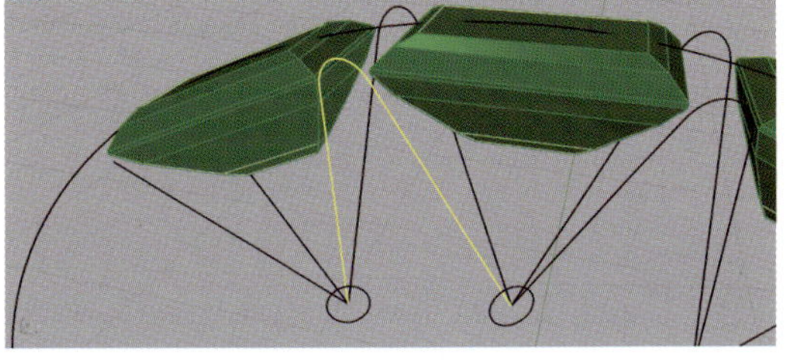

Start radius <1.000> (Diameter Thick=*No* Cap=*Flat* ShapeBlending=*Local* FitRail=*No*): 0.3

End radius <0.300> (Diameter ShapeBlending=*Local* FitRail=*No*): 0.3

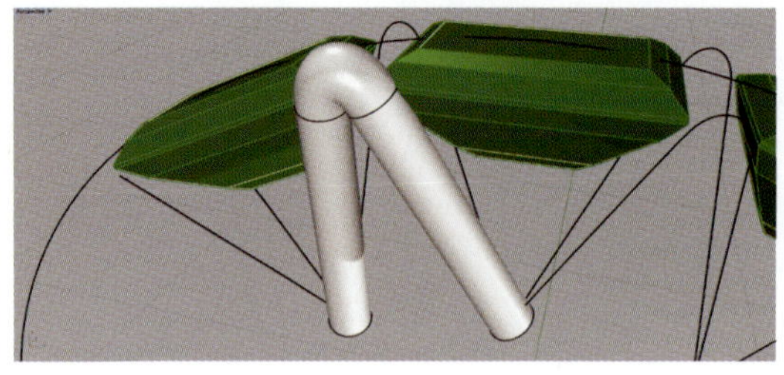

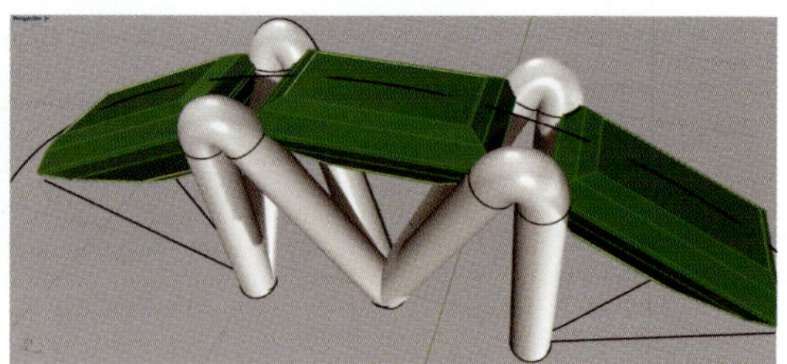

17. Adjustable curve blend를 실행하고, 위와 같은 방법으로 바깥쪽 1번 Curve개체와 2번 Curve개체를 선택한다. Adjust curve blend Options창이 나타나면 Continuity에서 1, 2 모두 Tangency로 설정하고, Join에 체크한 후, OK를 누른다. 결합된 Curve개체를 선택하고, Pipe: Flat caps를 실행한다. Command Prompt영역에서 FitRail=Yes로 설정하고, Radius for closed pipe 값 0.3을 입력한 후, Enter키를 누른다.

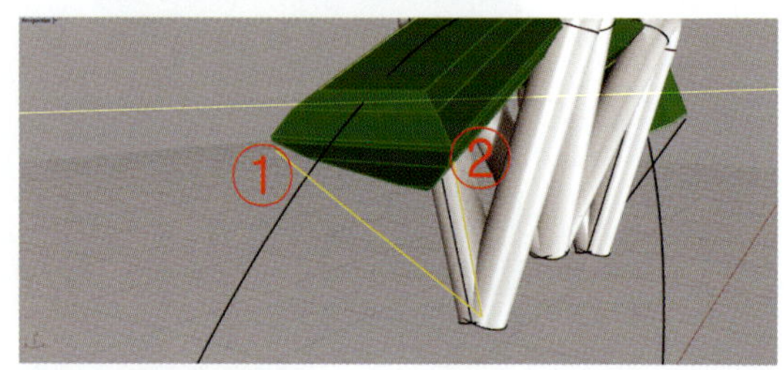

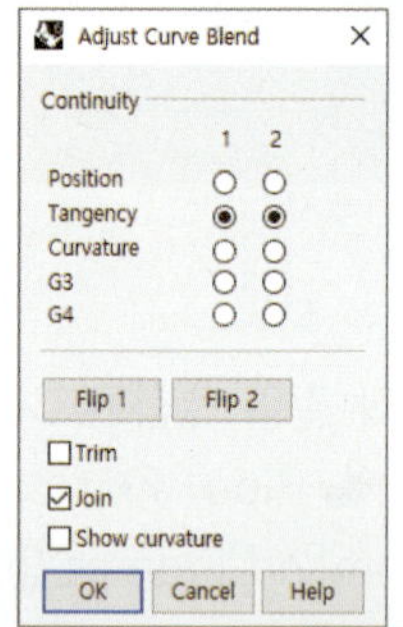

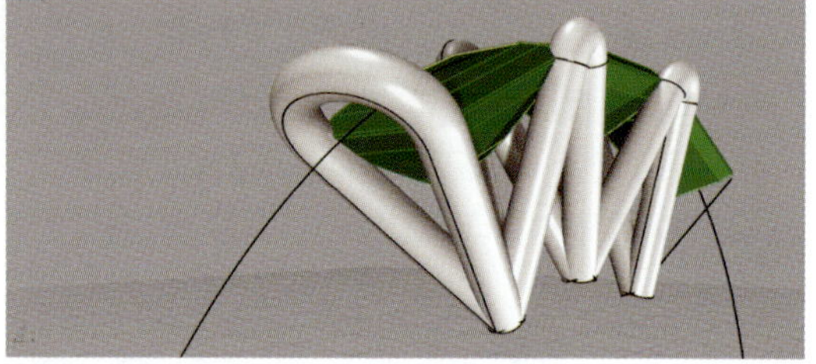

Radius for closed pipe <0.300> (Diameter ShapeBlending=Local FitRail=Yes): 0.3

18. Osnap Toolbar에서 Mid점과 Quad점에 체크하고, Front Front Viewport에서 생성된 Pipe개체를 선택한 후, Move를 실행한다. 다음 그림과 같이 Mid점을 선택하고, Command Prompt 영역에 Point to move to값 0.5를 입력한 후, Enter키를 누른다. 마우스 커서를 화살표 방향으로 이동한 후, Quad점에 마우스 왼쪽버튼을 클릭하여 0.5㎜ 이동시킨다.

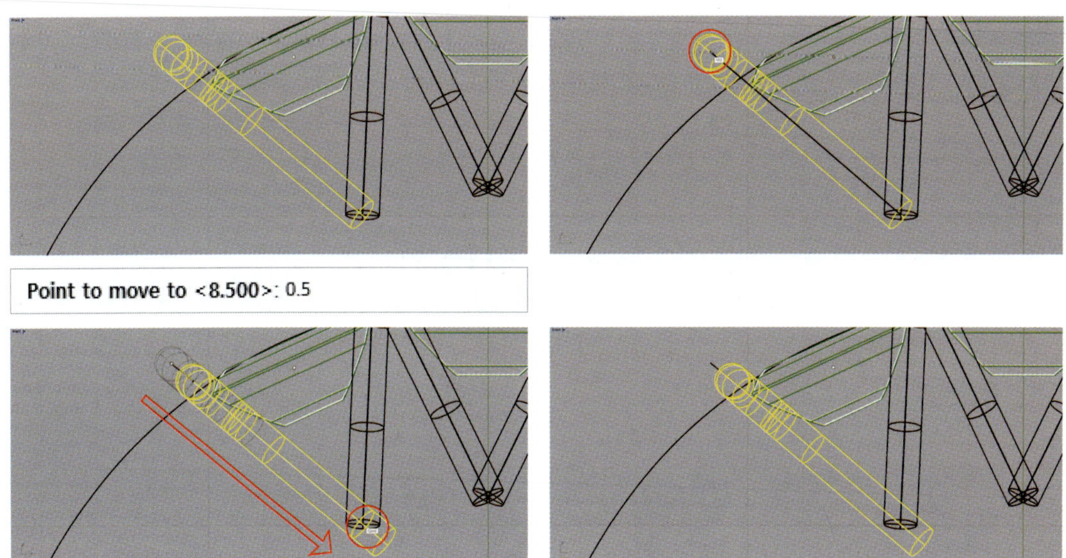

19. 이동시킨 Pipe개체를 선택하고, Mirror를 실행한다. 원점(0, 0)기준으로 Shift키를 누른 상태로 마우스 커서를 화살표 방향으로 이동한 후, 마우스 왼쪽버튼을 클릭하여 대칭 방향에 Pipe개체를 복사한다.

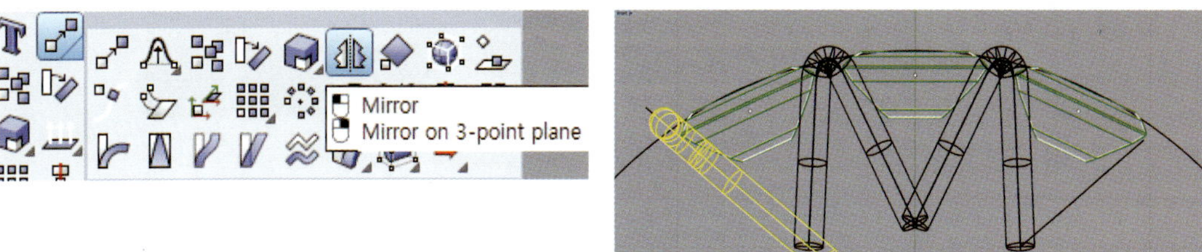

Start of mirror plane (3Point Copy=*Yes* XAxis YAxis): 0

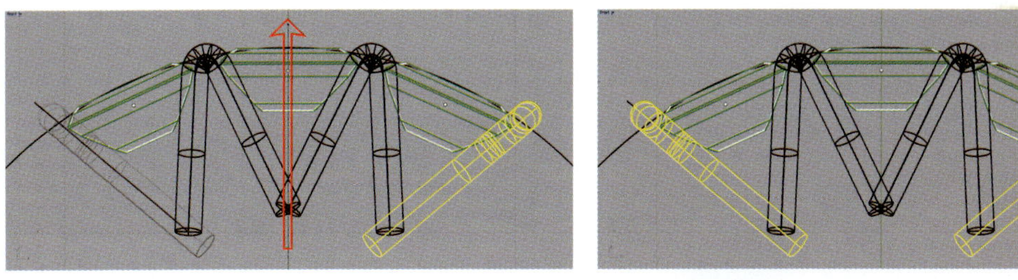

20. Curve개체는 모두 선택한 후, 삭제한다. Circle: center, radius를 실행하고, 원점(0, 0) 기준으로 지름 15.2㎜의 원형 Curve개체를 생성한다.

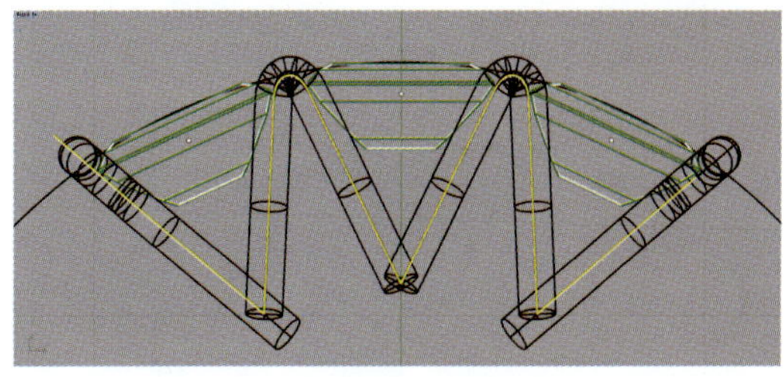

Center of circle (Deformable Vertical 2Point 3Point Tangent AroundCurve FitPoints): 0

Diameter <18.000> (Radius Orientation Circumference Area ProjectOsnap=*Yes*): 15.2

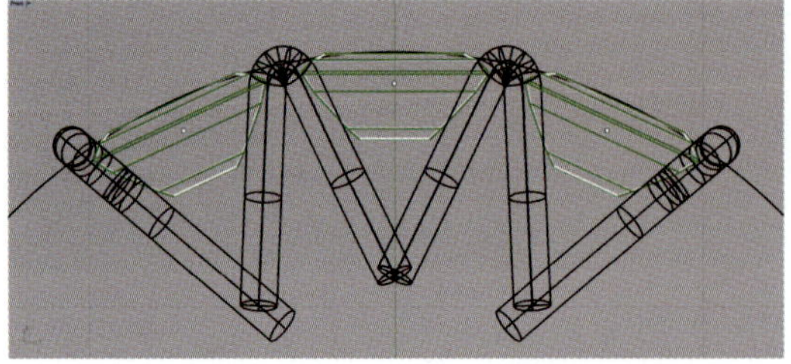

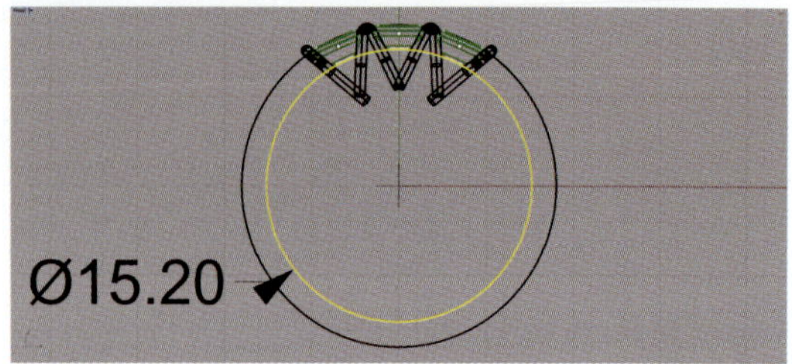

21. Front Front Viewport에서 생성한 15.2㎜ 원형 Curve개체를 선택하고, Top Top Viewport에서 Extrude straight를 실행한다. Command Prompt 영역에서 DeleteInput=Yes로 설정하고, 다음 그림과 같이 보석개체들이 모두 덮이는 크기의 Surface개체를 생성한다.

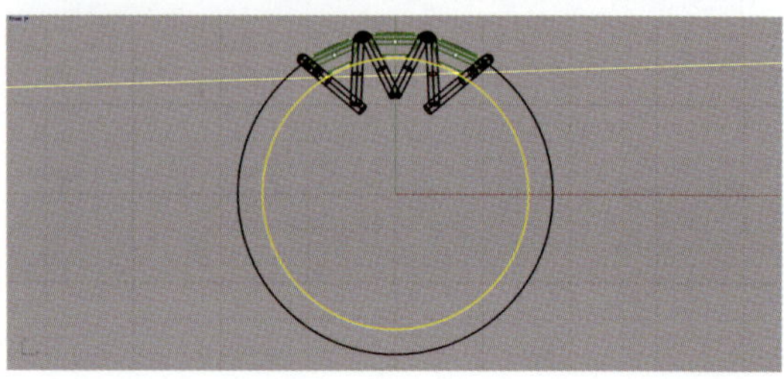

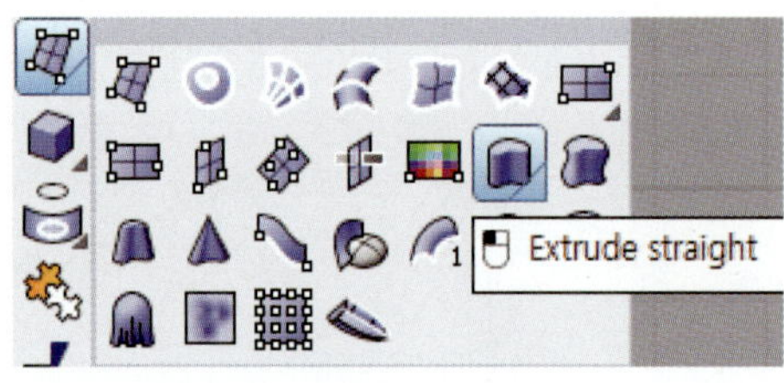

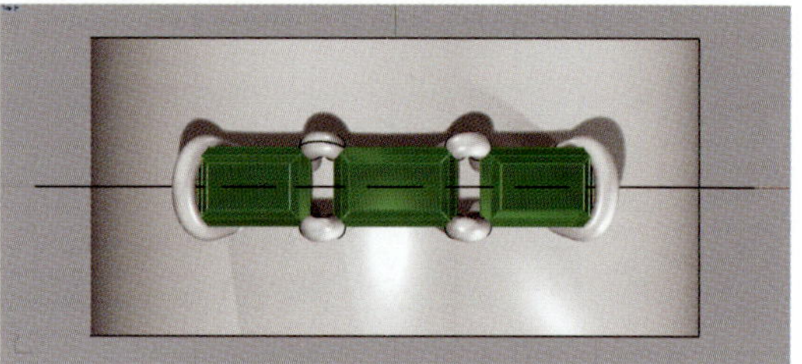

Extrusion distance <2.4404> (Direction BothSides=*Yes* Solid=*No* DeleteInput=*Yes* ToBoundary SetBasePoint):

22. 생성된 Surface개체와 Pipe개체들을 선택하고, Create solid를 실행한다. (또는, Boolean difference를 실행하여 잘라낸다.) 다음 그림과 같이 분리된 Pipe개체 하단부분은 삭제한다.

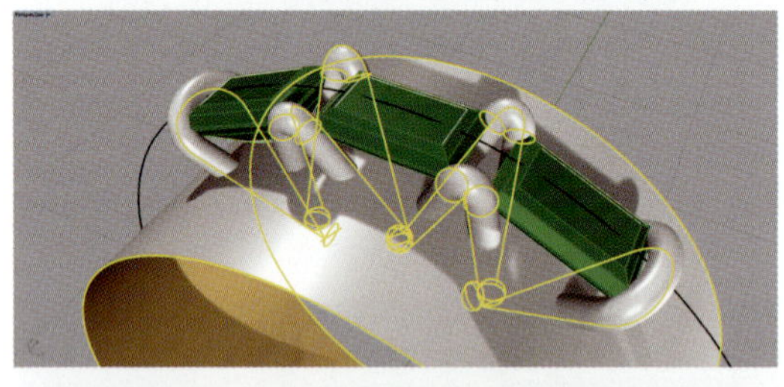

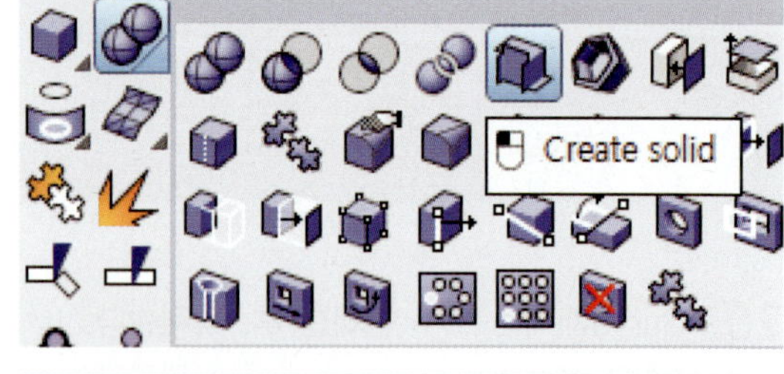

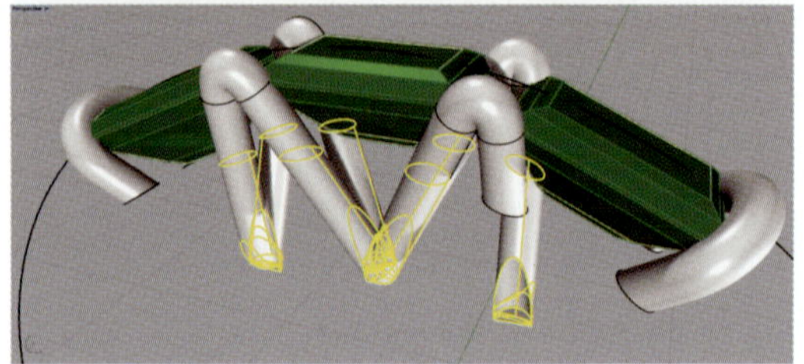

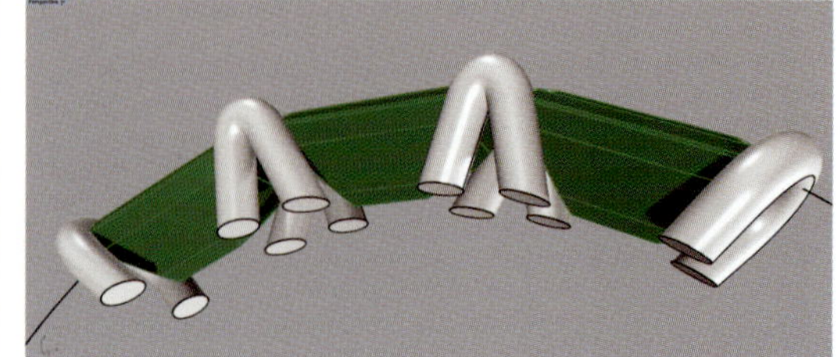

23. Show objects를 실행하여 숨겨둔 개체들을 화면상에 나타나게 한다. Front Front Viewport에서 Circle: center, radius를 실행하고, 원점(0, 0) 기준으로 지름 15.23㎜의 원형 Curve개체를 생성한다. 생성된 원형 Curve개체를 선택하고, Top Top Viewport에서 Extrude straight를 실행한다. Command Prompt 영역에서 DeleteInput=Yes로 설정하고, 다음 그림과 같이 보석개체들이 모두 덮이는 크기의 Surface개체를 생성한다.

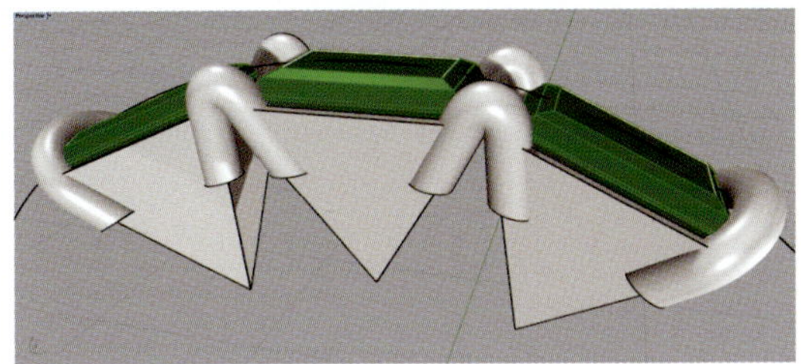

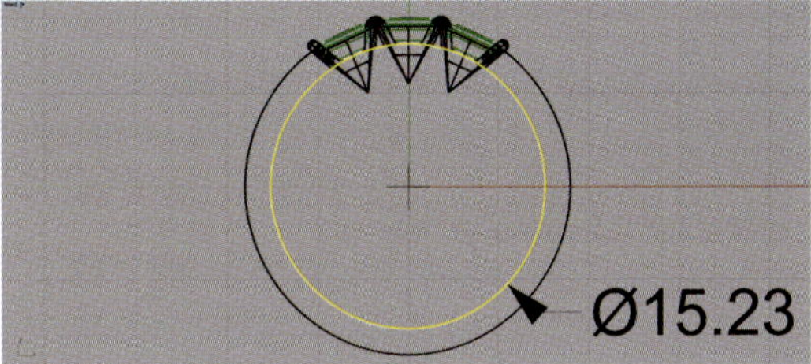

Center of circle (Deformable Vertical 2Point 3Point Tangent AroundCurve FitPoints): 0

Diameter <15.200> (Radius Orientation Circumference Area ProjectOsnap=*Yes*): 15.23

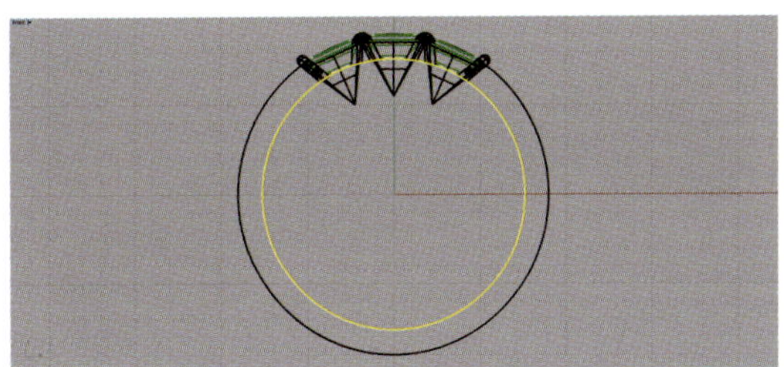

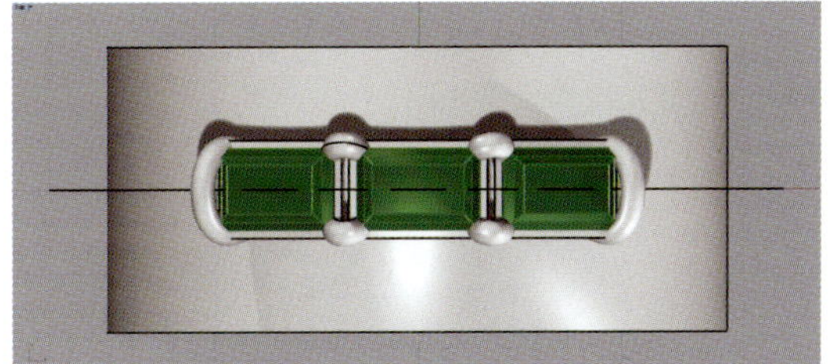

24. 다음 그림과 같이 생성된 Surface개체와 3개의 역삼각형 Poly-Surface개체를 선택하고, Create solid를 실행한 후, 문리된 하단부분은 모두 삭제한다.

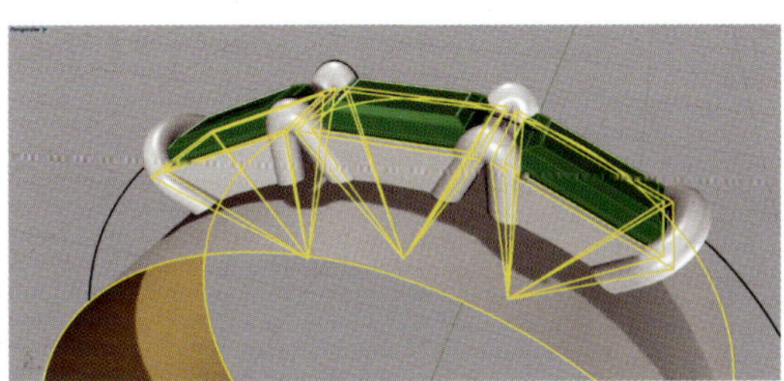

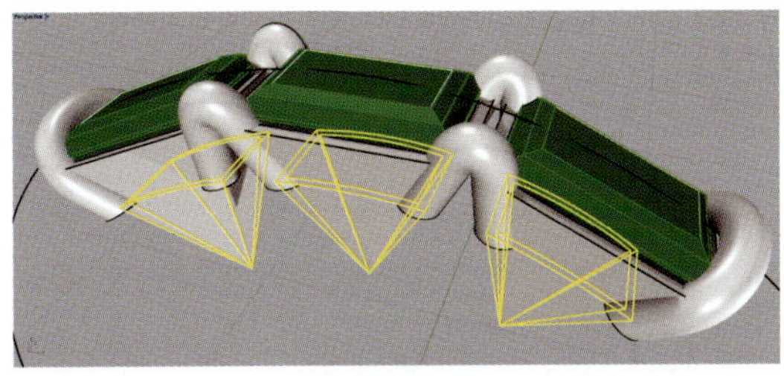

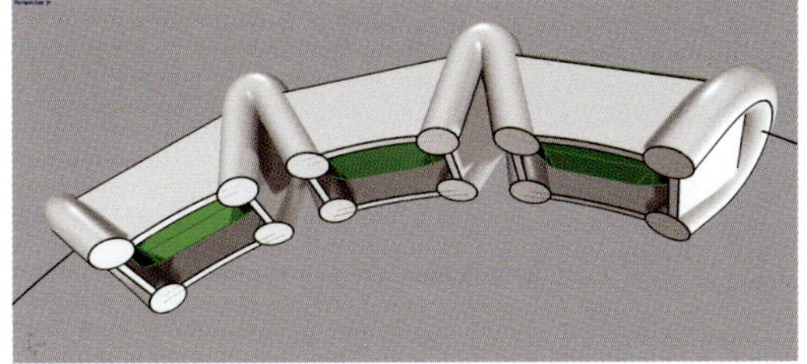

25. Fillet edges을 실행하고, 다음 그림과 같이 Pipe개체의 Edge와 난집개체 하단의 바깥쪽 Edge부분을 선택한다. Command Prompt 영역에서 SetAll을 선택하고, Radius for all handles값 0.09를 입력한 다음, Enter↵키를 누른다. 선택한 Edge들이 반지름 0.09㎜로 Fillet된 것을 확인할 수 있다.

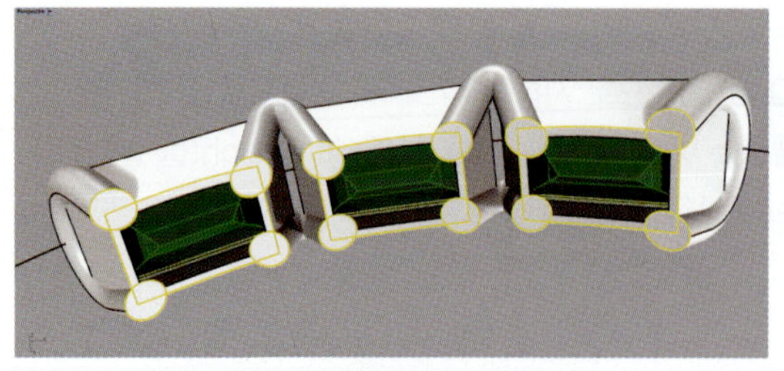
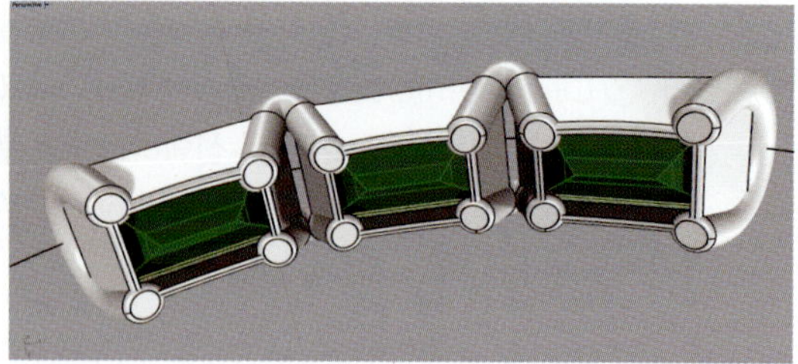

Select fillet handle to edit. Press Enter when done
(ShowRadius=*Yes* AddHandle CopyHandle SetAll LinkHandles=*No* RailType=*RollingBall* SelectEdges TrimAndJoin=*Yes* Preview=*No*):

Radius for all handles <1.000>: 0.09

26. 다시 Fillet edges를 실행하고, 다음 그림과 같이 난집개체 상단의 바깥쪽 Edge부분을 선택한다. Command Prompt 영역에서 SetAll을 선택하고, Radius for all handles값 0.09를 입력한 다음, Enter↵키를 누른다. 선택한 Edge들이 반지름 0.09㎜로 Fillet된 것을 확인할 수 있다.

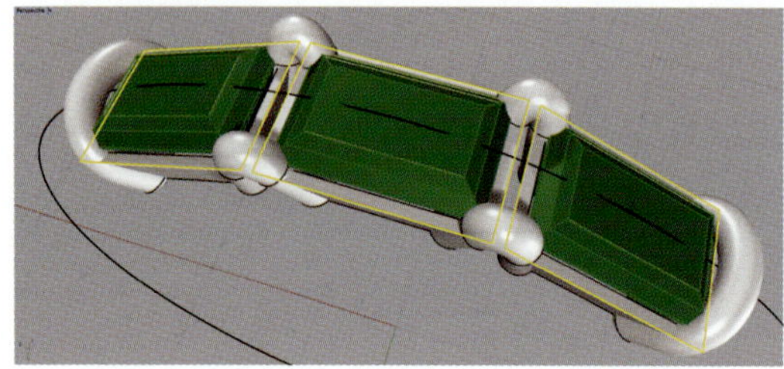
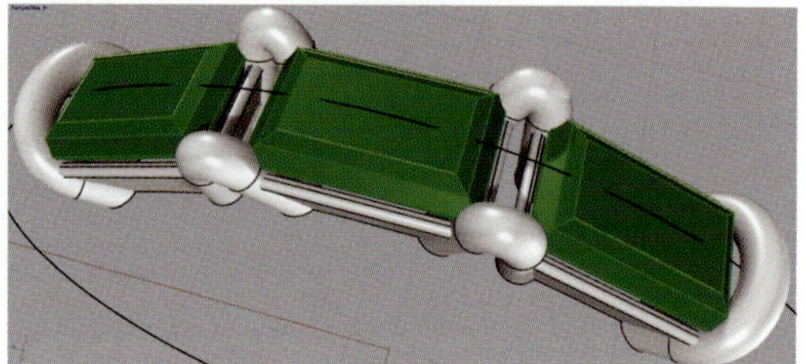

27. 보석개체들을 제외하고, Pipe개체와 난집개체를 모두 선택한 후, Boolean union을 실행하여 하나의 개체로 결합한다.

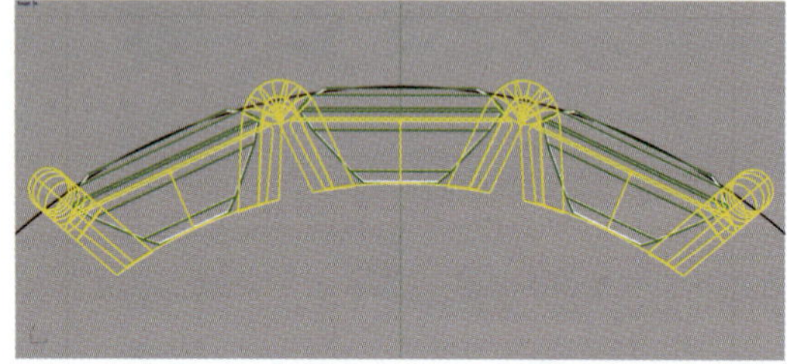
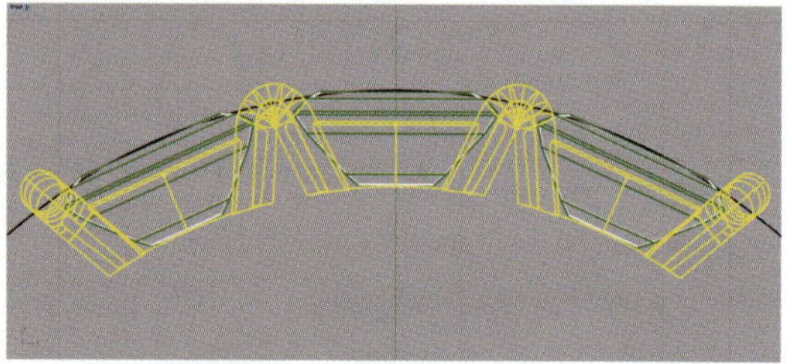

28. 결합된 난집개체를 선택하고, Boolean difference를 실행한 후, 보석형태의 Poly-Surface개체 3개를 선택한 다음, Enter↵키를 누른다. 다음 그림과 같이 난집개체에 보석형태의 홈이 파인 것을 확인할 수 있다.

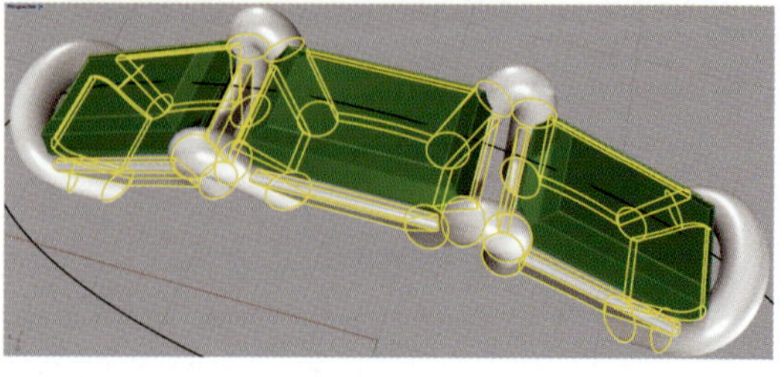

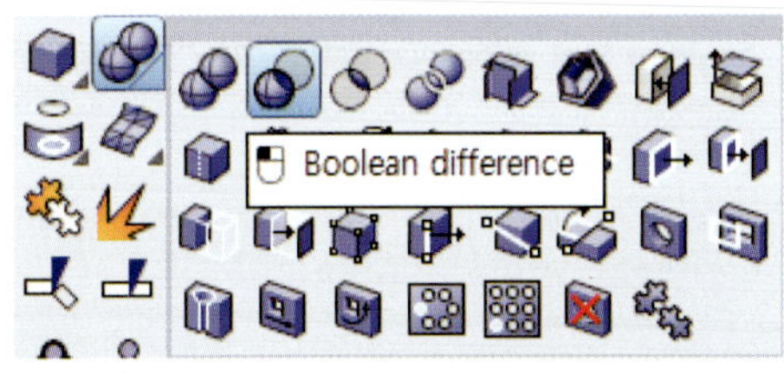

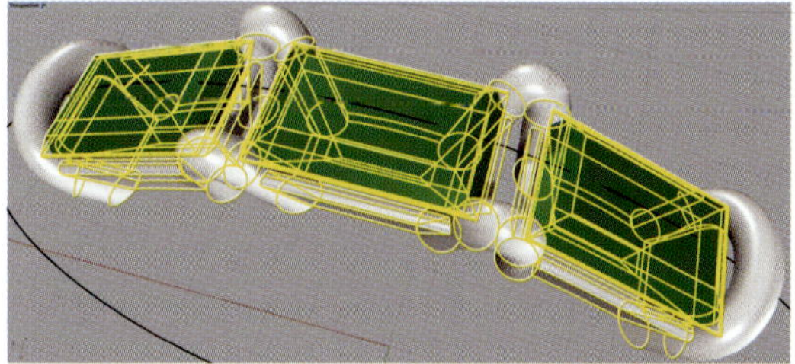

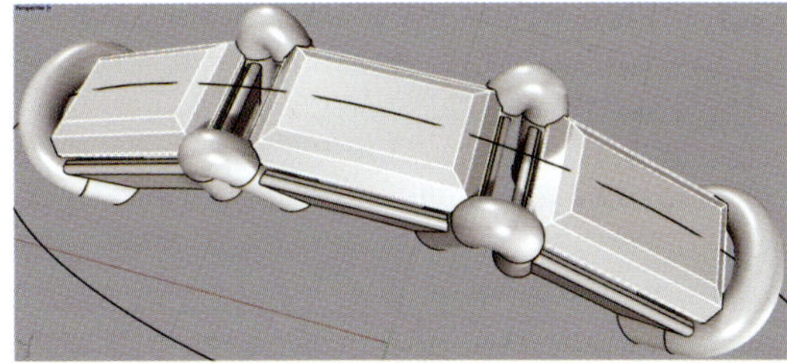

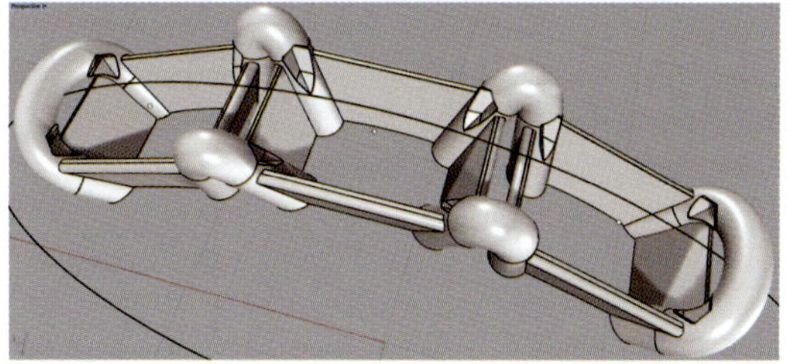

29. Front Front Viewport에서 Circle: center, radius를 실행하고, 원점(0, 0)기준으로 지름 15㎜의 원형 Curve개체를 생성한다.

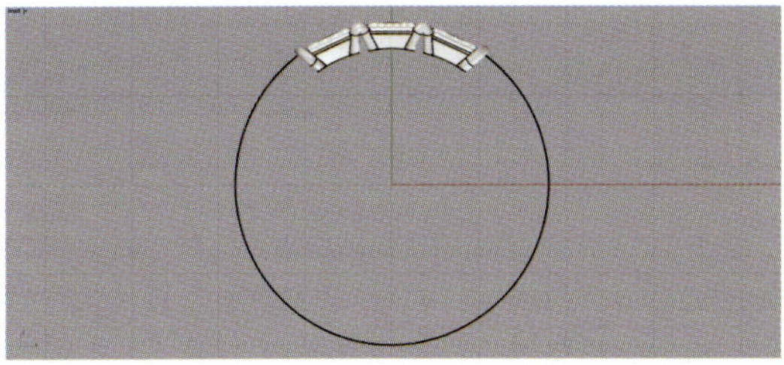

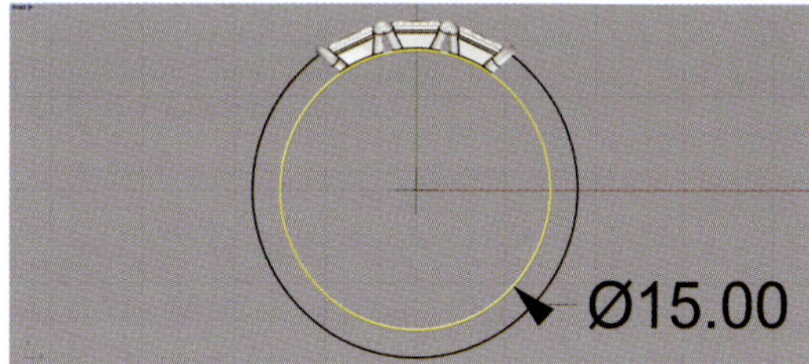

Center of circle (Deformable Vertical 2Point 3Point Tangent AroundCurve FitPoints): 0

Diameter <15.230> (Radius Orientation Circumference Area ProjectOsnap=*Yes*): 15

30. 18㎜ 원형 Curve개체를 선택하고, Right Right Viewport에서 Rotate 2-D를 실행한다. Center of rotation을 18㎜ 원형 Curve개체 하단의 Quad점으로 선택하고, Command Prompt 영역에 Angle or first reference point값 0.82를 입력한 후, Enter↵키를 누르면 다음 그림과 같이 18㎜ 원형 Curve개체가 0.82도 각도로 회전한 것을 확인할 수 있다.

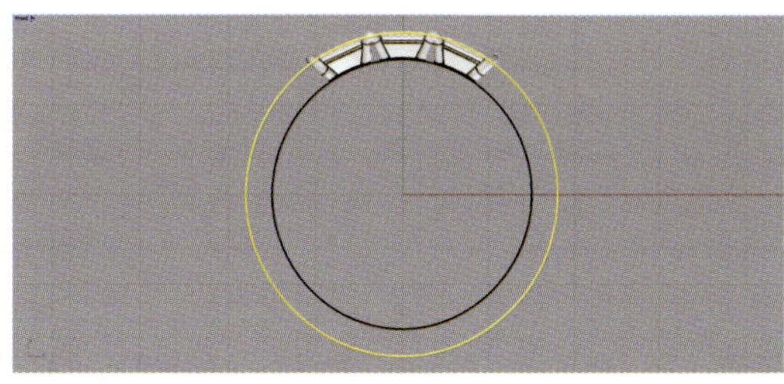

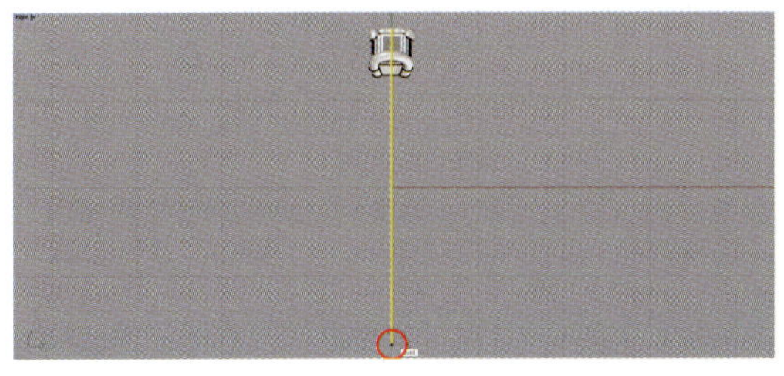

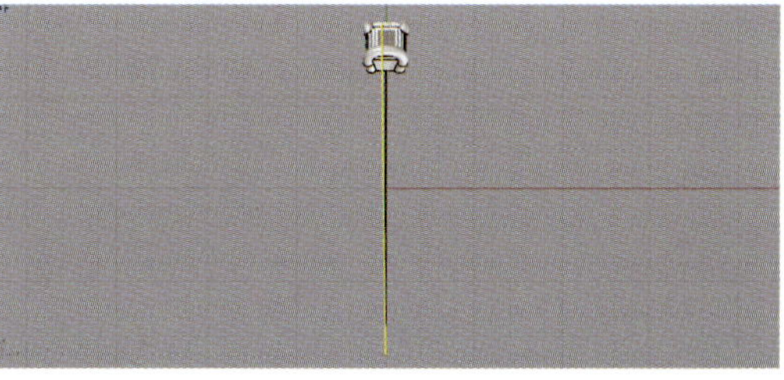

Center of rotation (Copy=*No* UseLastCenter):

Angle or first reference point <90> (Copy=*No*): 0.82

31. 18㎜ 원형 Curve개체를 선택하고, Move를 실행한다. Point to move from을 원형 Curve개체 하단의 Quad점으로 선택하고, Command Prompt 영역에 Point to move to값 1을 입력한 후, Enter↵키를 누른다. Shift키를 누른 상태로 마우스 커서를 화살표 방향으로 이동한 후, 마우스 왼쪽버튼을 클릭하여 원형 Curve개체를 1㎜ 이동시킨다.

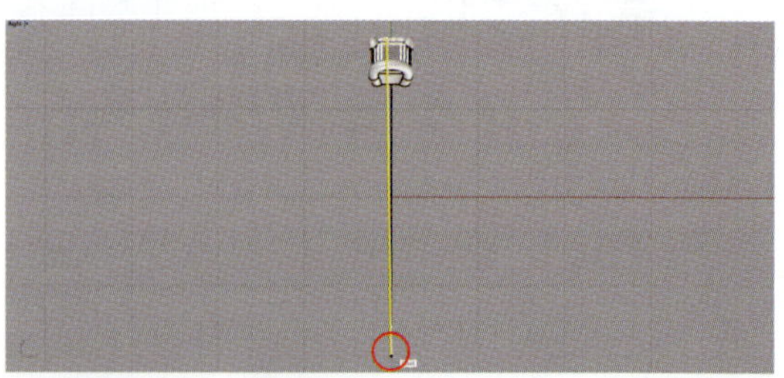

Point to move to <0.500>: 1

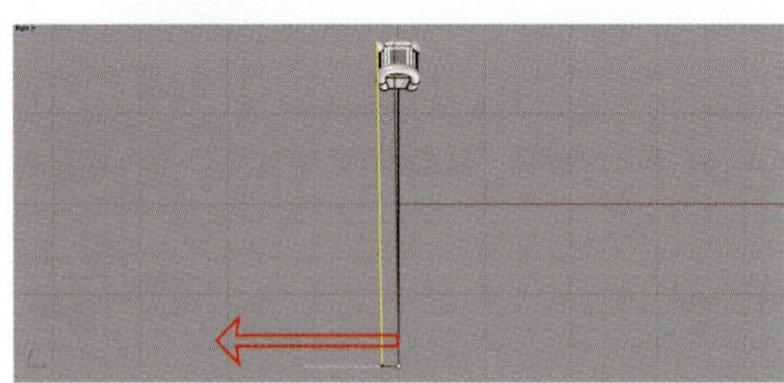

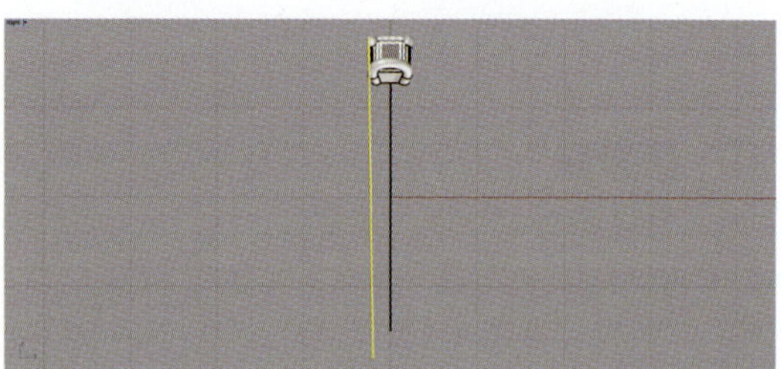

32. 18㎜ 원형 Curve개체를 선택하고, Mirror를 실행한다. Command Prompt 영역에 Start of mirror plane값 0을 입력하고, Enter↵키를 누른 다음, Shift키를 누른 상태로 마우스 커서를 화살표 방향으로 이동한 후, 마우스 왼쪽버튼을 클릭하여 대칭 방향에 18㎜ 원형 Curve개체를 복사한다.

Start of mirror plane (3Point Copy=*Yes* XAxis YAxis): 0

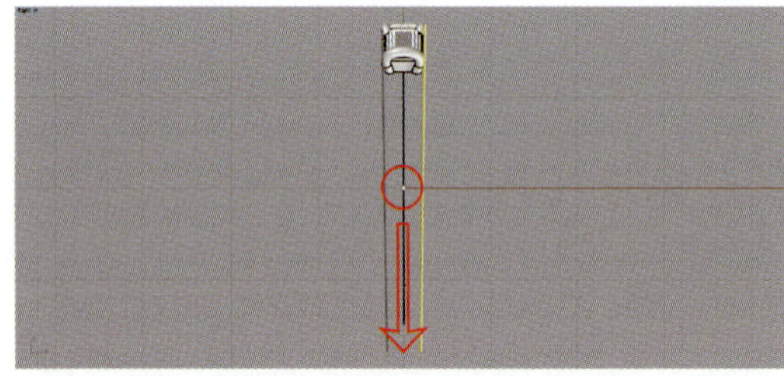

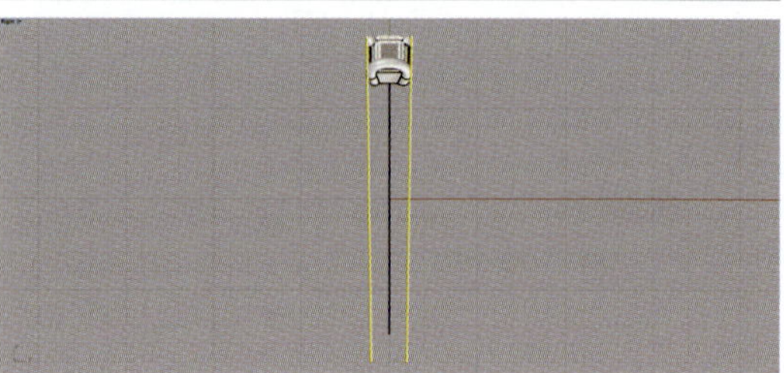

33. Arc: start, end, point on arc를 실행하고, 1번 Quad점, 2번 Quad점, 3번 Quad점을 순서대로 선택하여 다음 그림과 같이 Arc개체를 생성한다.

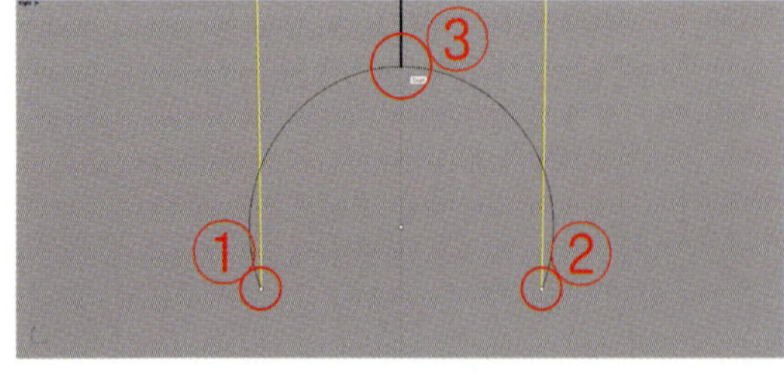

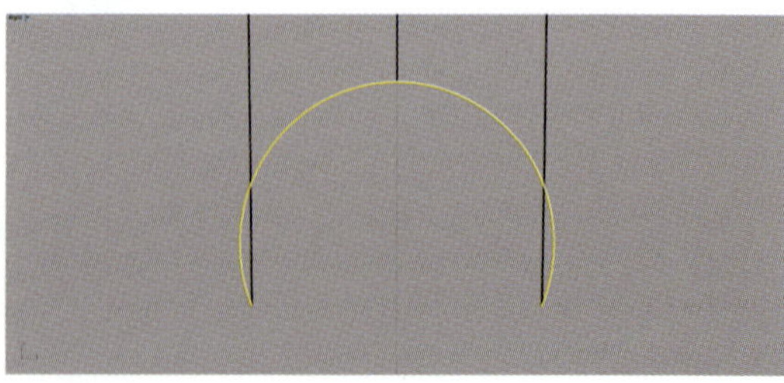

34. Sweep 2 rails를 실행하고, 1번 18mm 원형 Curve개체, 2번 18mm 원형 Curve개체와 3번 Arc개체를 순서대로 선택한 후, Enter↵키를 누른다. Sweep 2 rails Options창이 나타나면 Closed sweep에 체크하고, OK를 누른 다음, Curve개체들은 모두 삭제한다.

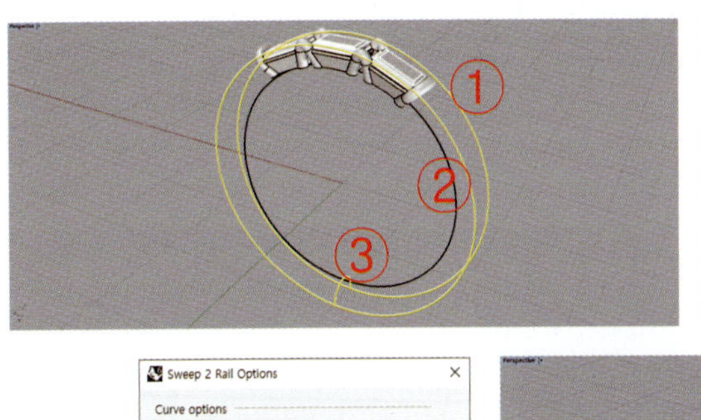

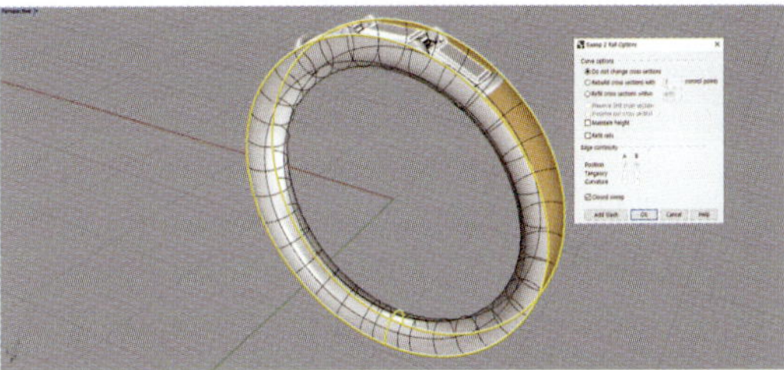

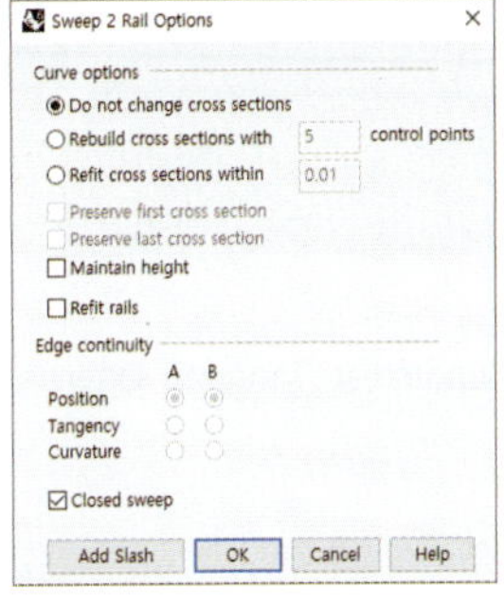

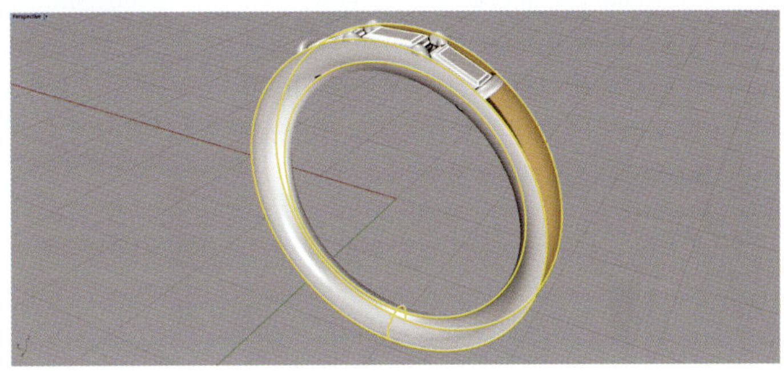

35. Loft를 실행하고, 생성된 Surface개체의 1번 Edge와 2번 Edge를 선택한 다음, Enter↵키를 누른다. Loft Options창이 나타나면 Style에서 Straight sections로 설정한 후, OK를 누르면 다음 그림과 같이 Surface개체가 생성된 것을 확인할 수 있다. 2개의 Surface개체를 선택하고, Join을 실행하여 하나의 Poly-Surface개체로 결합한다.

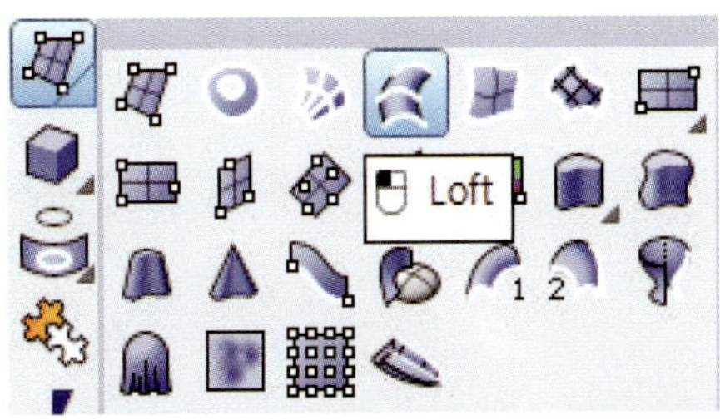

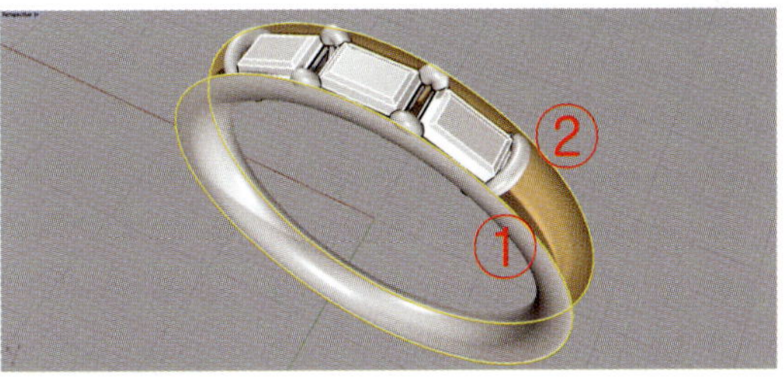

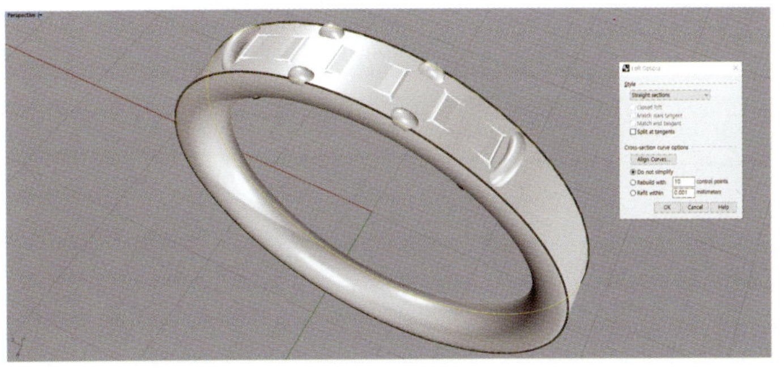

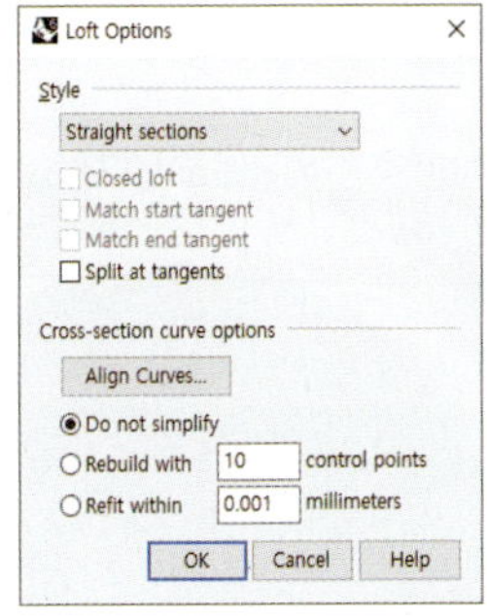

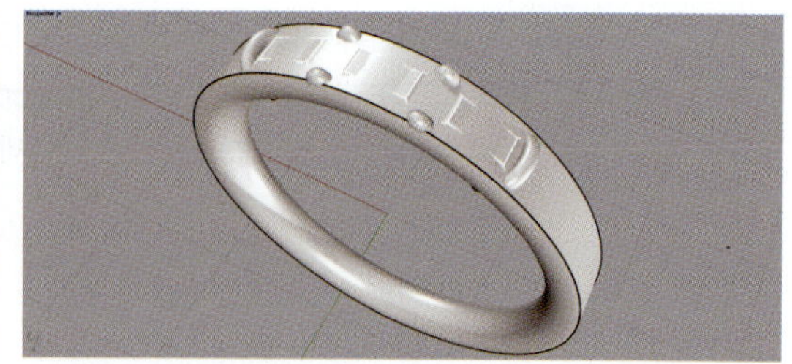

36. Front Front Viewport에서 Single Line을 실행하고, Command Prompt 영역에 Start of line값 0, 3을 입력한 후, Enter↵ 키를 누른다. Shift 키를 누른 상태로 마우스 커서를 화살표 방향으로 이동한 후, 마우스 왼쪽버튼을 클릭하여 길이 9㎜의 직선 Curve개체를 생성한다.

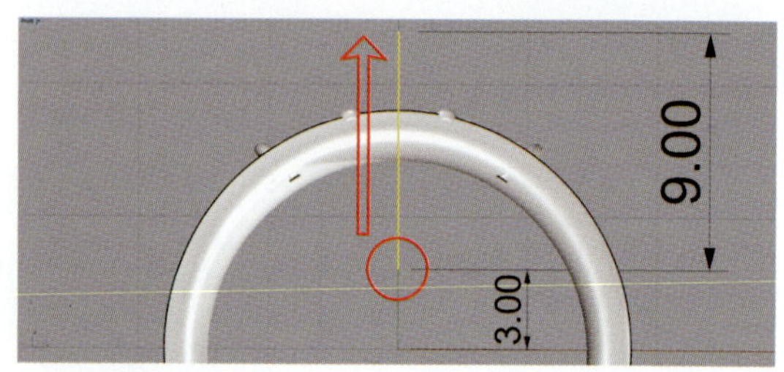

Start of line (BothSides Normal Angled Vertical FourPoint Bisector Perpendicular Tangent Extension): 0,3

37. 생성된 직선 Curve개체를 선택하고, Rotate 2-D를 실행한 다음, Command Prompt 영역에 Center of rotation값 0, 3을 입력한 후, Enter↵ 키를 누른다. (또는, 직선 Curve개체 하단의 End점으로 선택한다.) Angle or first reference point값 50.71을 입력하고, Enter↵ 키를 누르면 다음 그림과 같이 직선 Curve개체가 50.71도 각도로 회전한 것을 확인할 수 있다.

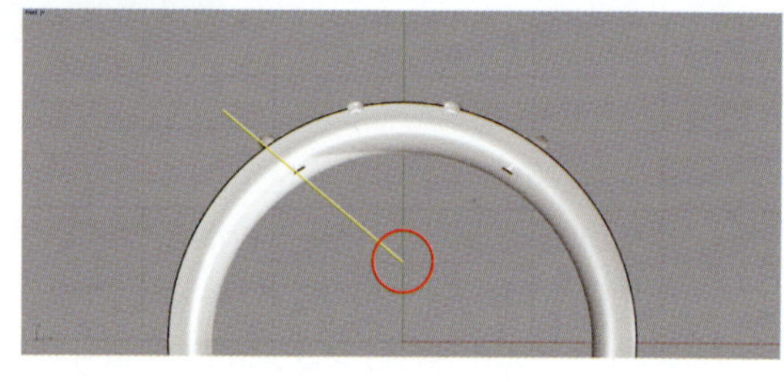

Center of rotation (Copy=*No* UseLastCenter): 0,3

Angle or first reference point <0.82> (Copy=*No*): 50.71

38. 직선 Curve개체를 선택하고, Mirror를 실행한다. 원점(0, 0)을 기준으로 Shift 키를 누른 상태로 마우스 커서를 화살표 방향으로 이동한 후, 마우스 왼쪽버튼을 클릭하여 대칭 방향에 직선 Curve개체를 복사한다.

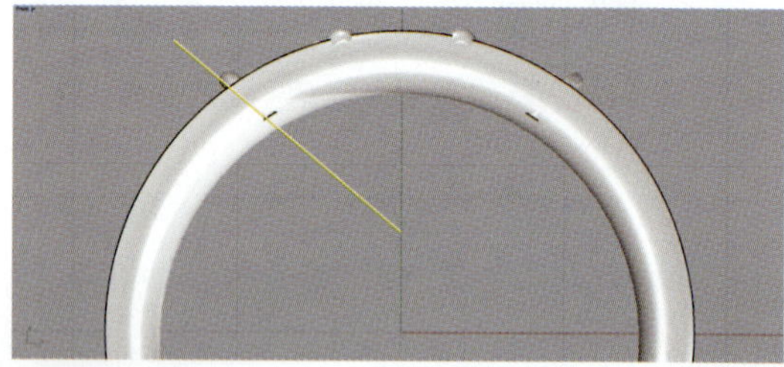

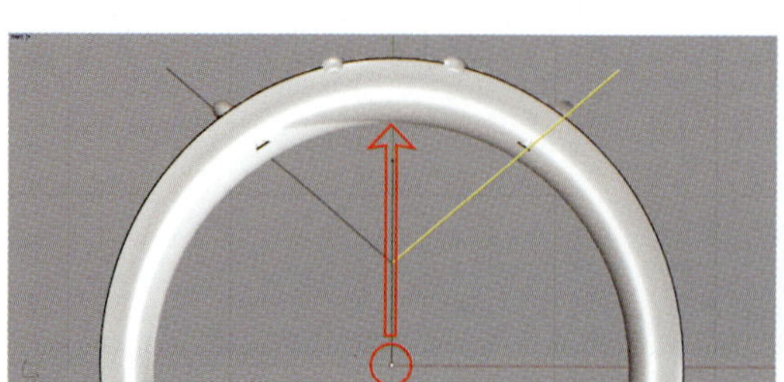

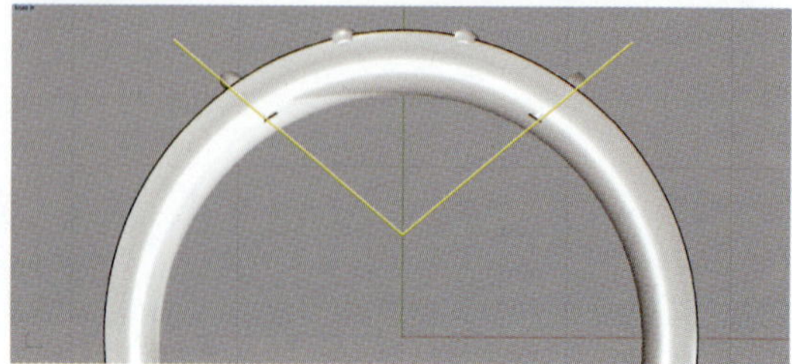

39. 반지 개체를 선택하고, Split을 실행한 후, 2개의 직선 Curve개체를 선택한 다음, Enter↵ 키를 누른다. 다음 그림과 같이 2개의 직선 Curve개체와 잘린 Poly-Surface개체 상단 부분을 선택한 후, 삭제한다.

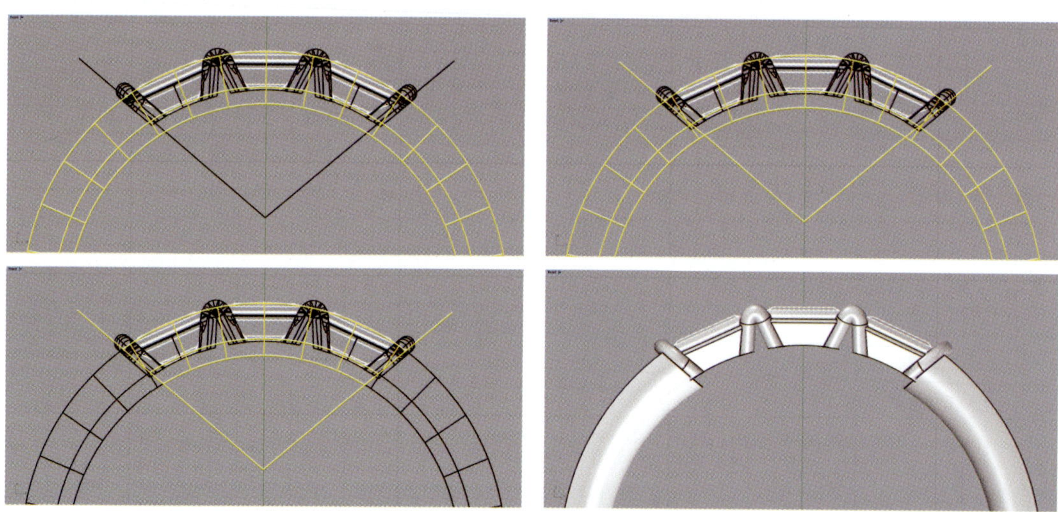

40. 보석개체와 난집개체를 선택하고, Hide objects를 실행하여 잠시 숨겨둔다. 반지 형태의 Poly-Surface개체를 선택하고, Cap planar holes를 실행하면 다음 그림과 같이 열려있던 Poly-Surface 개체가 닫히는 것을 확인할 수 있다.

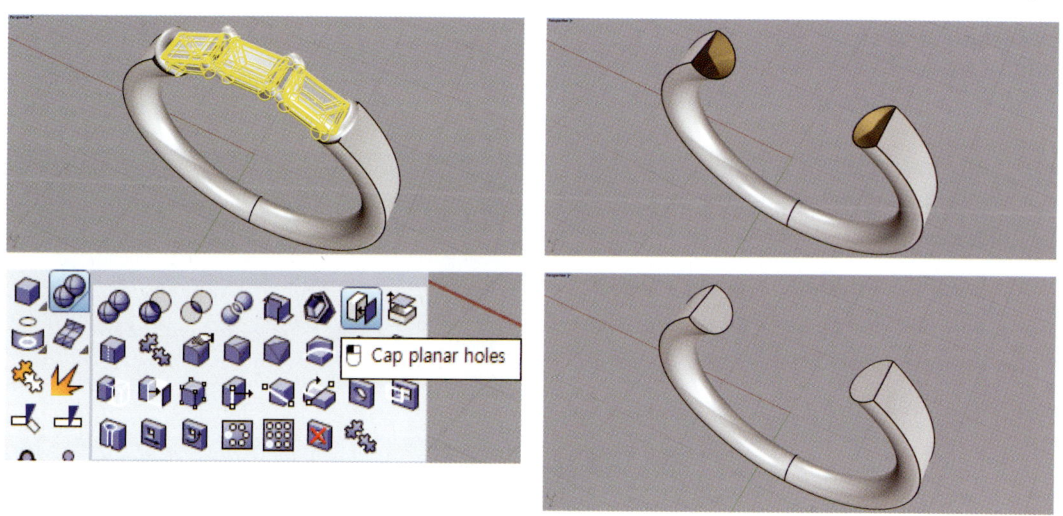

41. Fillet edges를 실행하고, 반지개체의 1번 Edge와 2번 Edge를 선택한 후, Enter↵ 키를 누른다. Command Prompt 영역에서 SetAll을 선택하고, Radius for all handles값 0.5를 입력한 다음, Enter↵ 키를 누르면 다음 그림과 같이 선택한 Edge가 반지름 0.5㎜로 Fillet된 것을 확인할 수 있다.

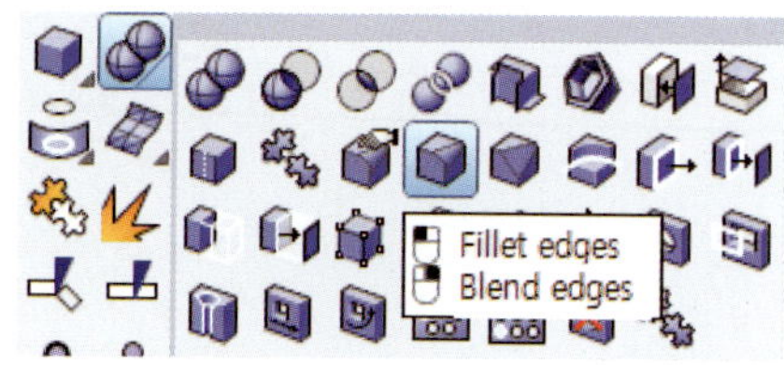

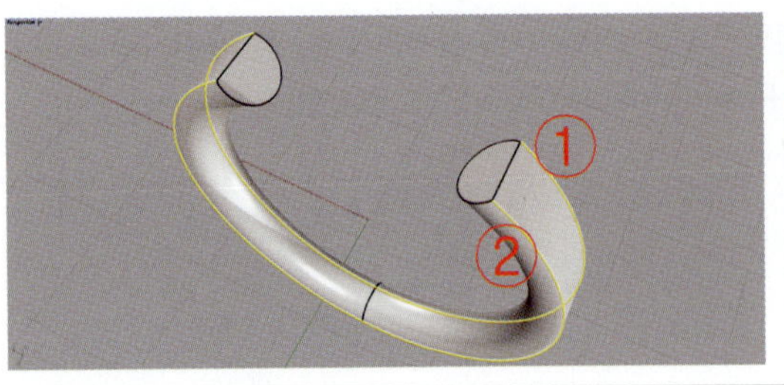

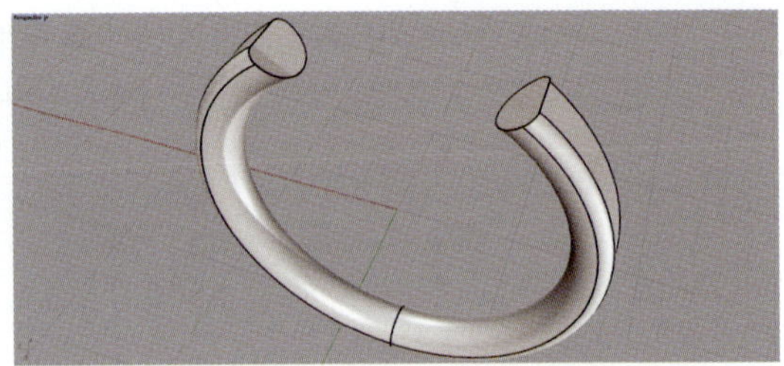

Select fillet handle to edit. Press Enter when done
(ShowRadius=*Yes* AddHandle CopyHandle SetAll LinkHandles=*No* RailType=*RollingBall* SelectEdges TrimAndJoin=*Yes* Preview=*No*):

Radius for all handles <0.090>: 0.5

42. 다시 Fillet edges를 실행하고, 다음 그림과 같이 반지개체 Edge들을 선택한다. Radius for all handles값 0.4를 입력하여 선택한 Edge들을 반지름 0.4㎜로 Fillet시킨다.

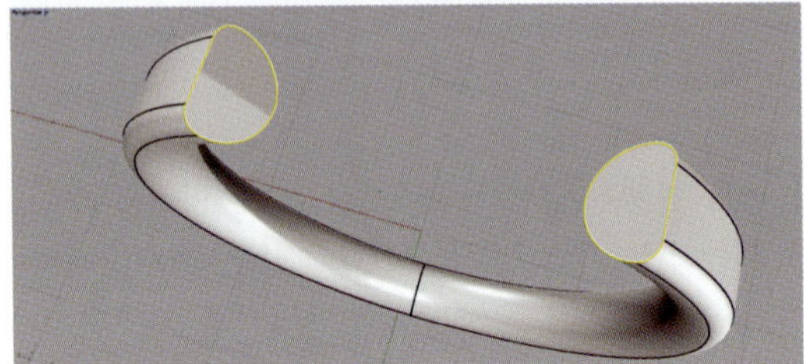

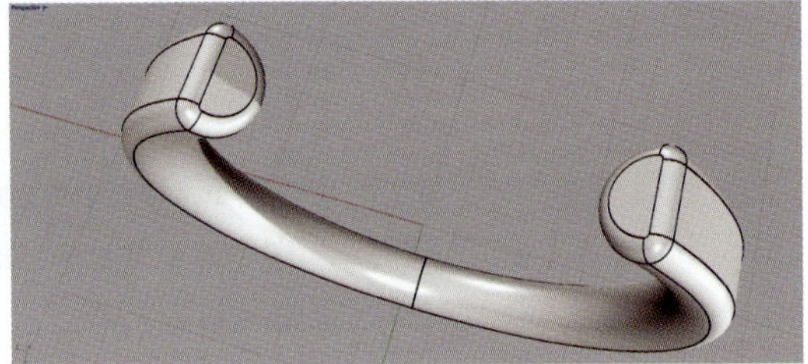

Radius for all handles <0.500>: 0.4

43. Show objects를 실행하여 숨겨둔 개체들을 모두 화면상에 나타나게 한다. 보석개체를 제외하고, 난집개체와 반지개체를 선택한 후, Boolean union을 실행하여 하나의 개체로 결합한다. Select points를 실행하여 Point개체들을 선택한 후, 삭제한다.

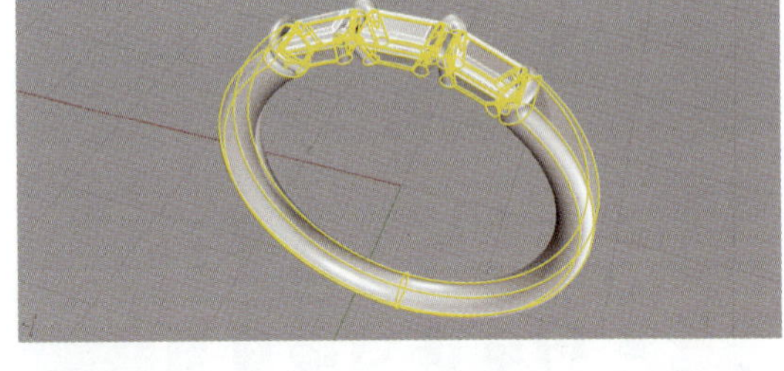

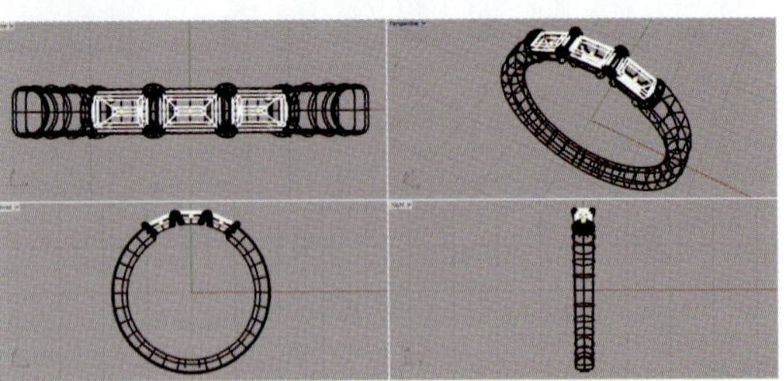

44. 다음 그림과 같이 완성된 Design Modeling 5를 확인할 수 있다.

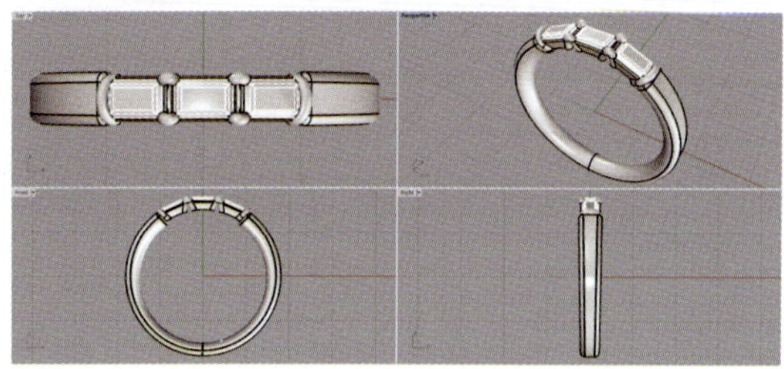

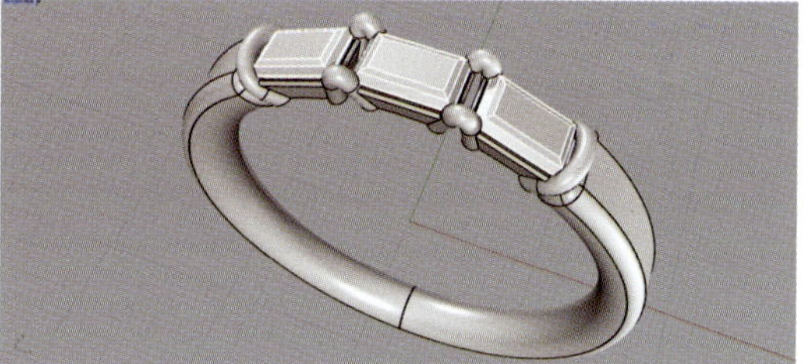

Level 02 Design Modeling 1

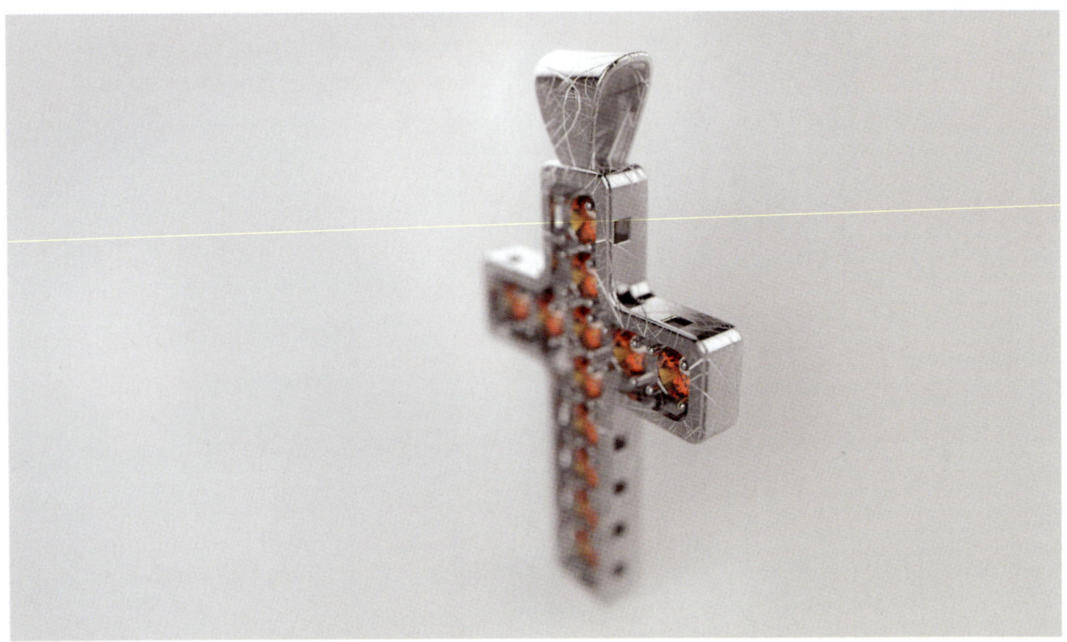

01. Top Top Viewport에서 Ctrl+I(Insert)를 실행하여 Insert창이 나타나면 Insert as에서 Individual Objects를 선택하고, 우측 상단의 폴더 아이콘을 선택한다. 3.00×1.80.3dm파일을 선택하고, 열기를 누른 후, Command Prompt 영역에 Insertion point값 0을 입력하여 원점(0, 0) 위치에 보석개체를 불러온다.

→ **부록CD** 〉 Rhino **예제** 〉 Level 2 - Design Modeling 1 〉 3.00×1.80.3dm

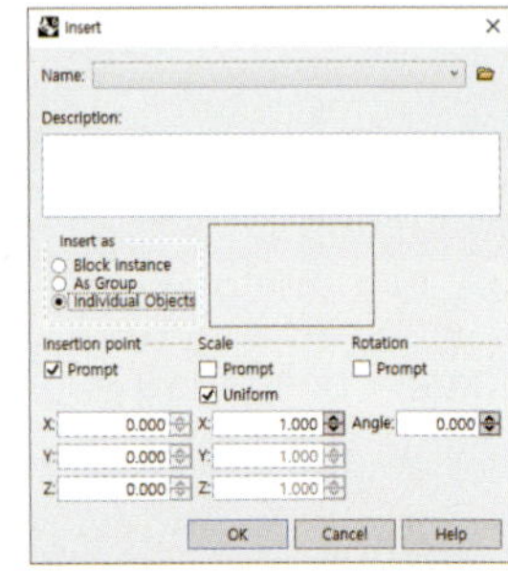

Insertion point: 0

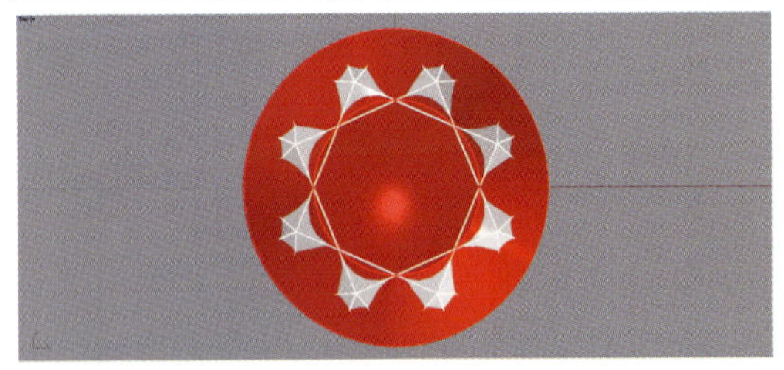

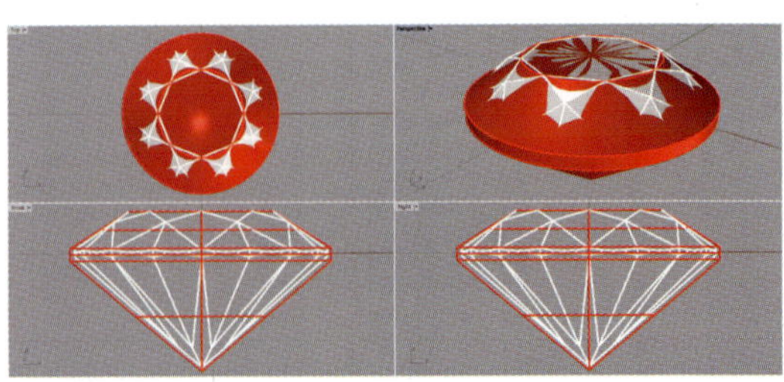

02. Front Viewport에서 Single Line을 실행한다. Command Prompt 영역에 Start of line값 0, 1을 입력하고, Enter↵키를 누른 후, End of line값 0, -4를 입력한 다음, Enter↵키를 누른다.
다음 그림과 같이 길이 5mm의 직선 Curve 개체가 생성된 것을 확인할 수 있다.

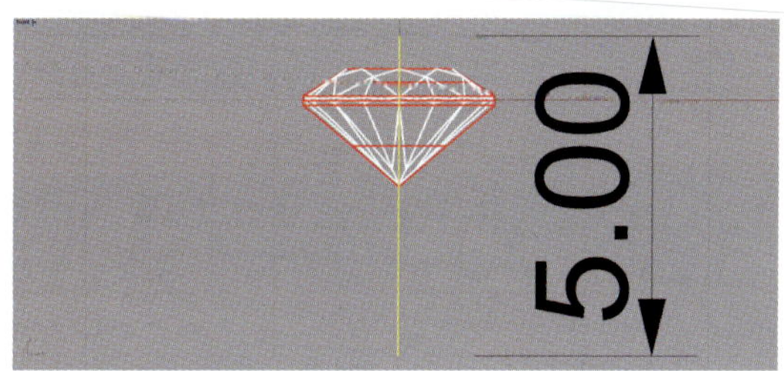

Start of line (BothSides Normal Angled Vertical FourPoint Bisector Perpendicular Tangent Extension): 0,1

End of line (BothSides): 0,-4

03. 생성된 직선 Curve개체를 선택하고, Pipe: Flat caps를 실행한다. Command Prompt 영역에 Start diameter값 2를 입력하고, Enter↵키를 누른 후, End diameter값 3을 입력한 다음, Enter↵키를 누르면 다음 그림과 같이 Pipe개체가 생성된 것을 확인할 수 있다. 사용한 직선 Curve개체는 삭제한다.

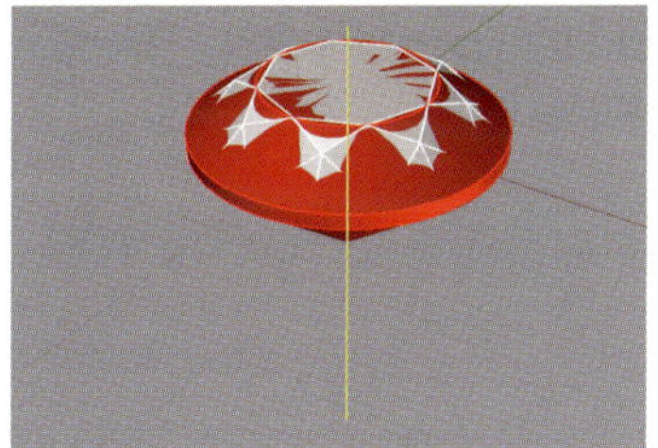

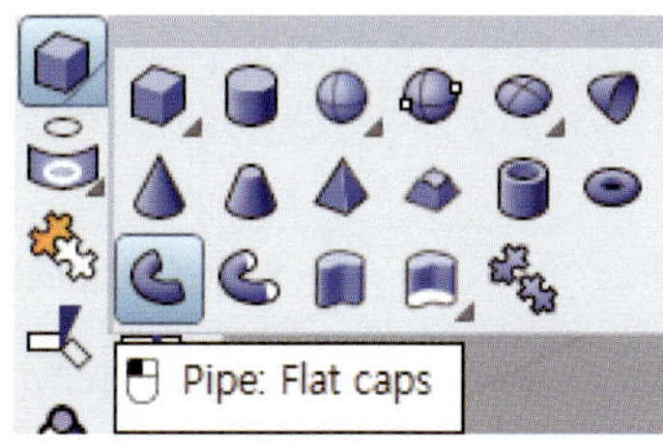

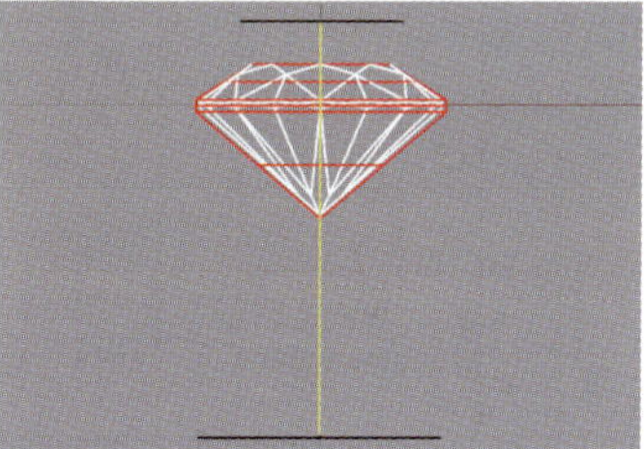

Start diameter <6.000> (Radius Thick=*No* Cap=*Flat* ShapeBlending=*Local* FitRail=*No*): 2

End diameter <2.000> (Radius ShapeBlending=*Local* FitRail=*No*): 3

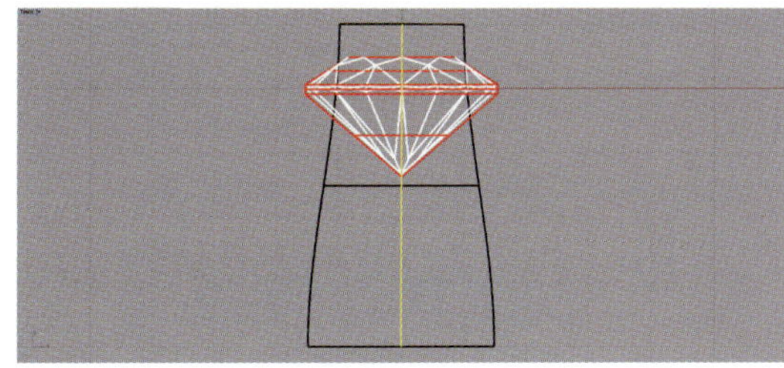

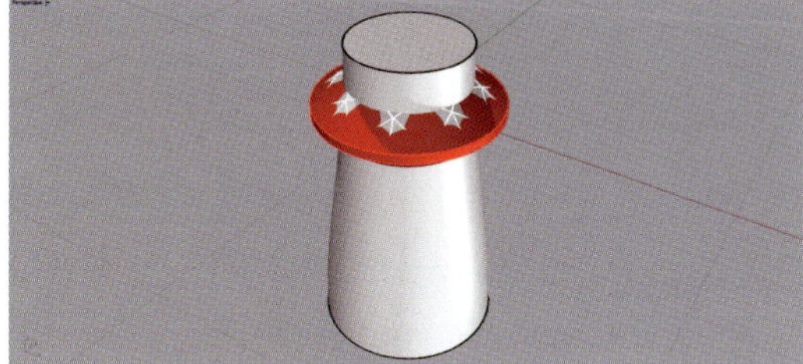

04. 생성된 Pipe개체와 보석 형태의 Poly-Surface개체(Layer 01)을 선택하고, Group objects를 실행하여 하나의 그룹으로 지정한다.

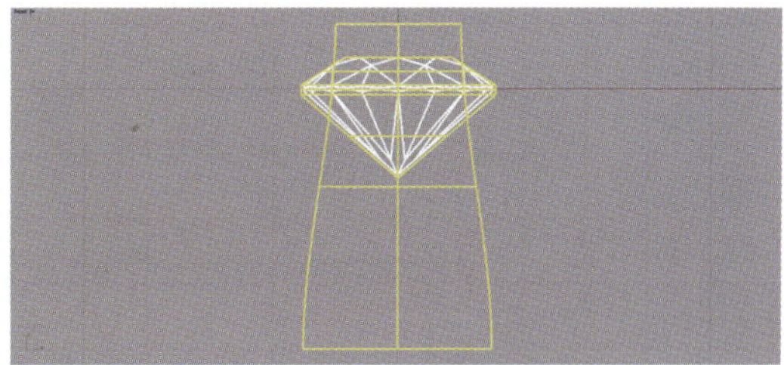

05. Front Front Viewport에서 Single line을 실행한다.
Command Prompt 영역에 Start of line값 1.64, 0.52를 입력하고, Enter↵키를 누른 후, End of line값 1.64, -0.48을 입력한 다음, Enter↵키를 누르면 다음 그림과 같이 Layer 01과 0.09mm의 간격을 두고 1mm의 직선 Curve개체가 생성된 것을 확인할 수 있다.

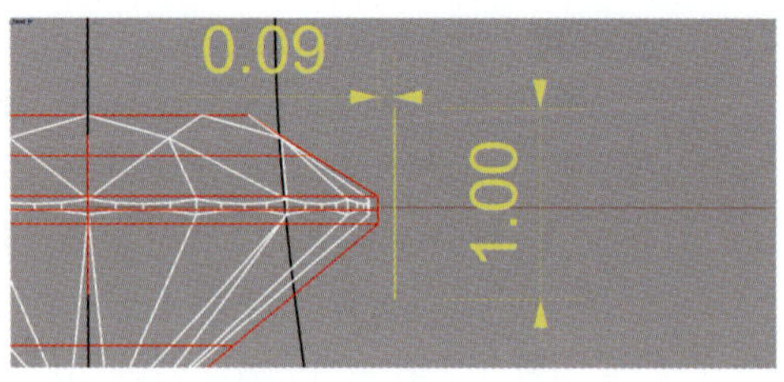

Start of line (BothSides Normal Angled Vertical FourPoint Bisector Perpendicular Tangent Extension): 1.64,0.52

End of line (BothSides): 1.64,-0.48

06. 생성된 직선 Curve개체를 선택하고, Pipe: Round caps를 실행한다. Command Prompt 영역에 Start diameter값 0.6을 입력하고, Enter↵키를 누른 후, End diameter값 0.6을 입력한 다음, Enter↵키를 누르면 다음 그림과 같이 지름 0.6mm Round caps형태의 난발개체가 생성된 것을 확인할 수 있다. 사용한 직선 Curve개체는 삭제한다.

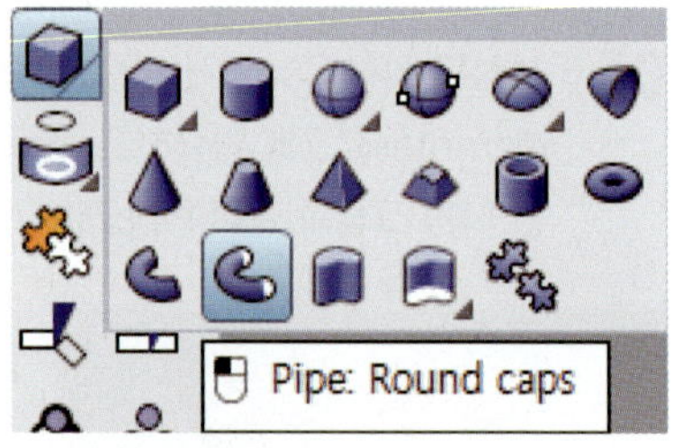

Start diameter <3.000> (Radius Thick=*No* Cap=*Round* ShapeBlending=*Local* FitRail=*No*): 0.6

End diameter <0.600> (Radius ShapeBlending=*Local* FitRail=*No*): 0.6

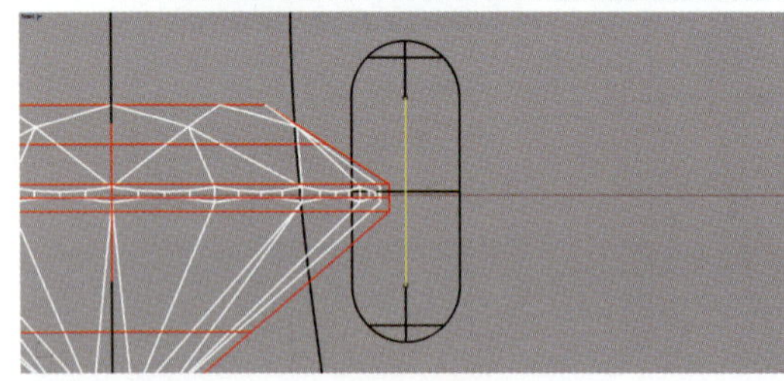

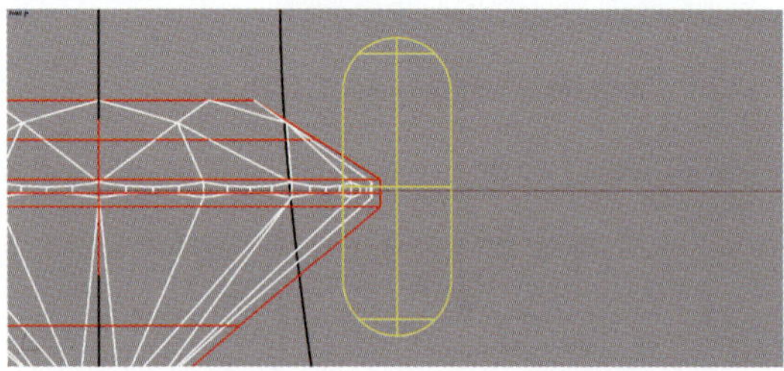

07. Top Top Viewport에서 생성된 난발개체를 선택하고, Polar array를 실행한다. 원점(0, 0) 기준으로 Command Prompt 영역에 Number of items값 8을 입력하고, Enter↵키를 누른 후, Angle to fill or first reference point값 360을 입력한 다음, Enter↵키를 누른다. 다음 그림과 같이 360도 각도로 회전하며 복사된 8개의 난발을 확인할 수 있다.

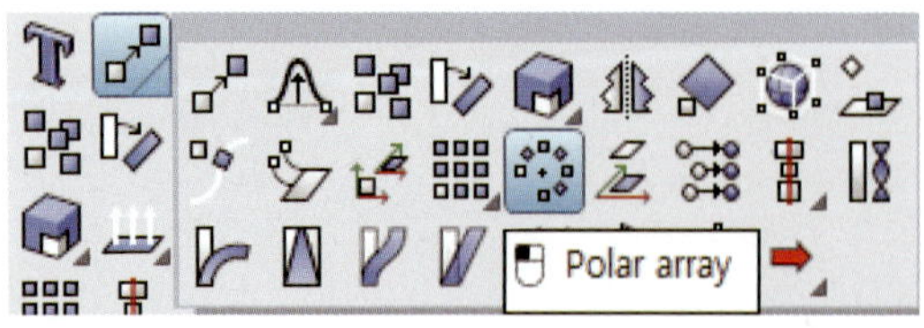

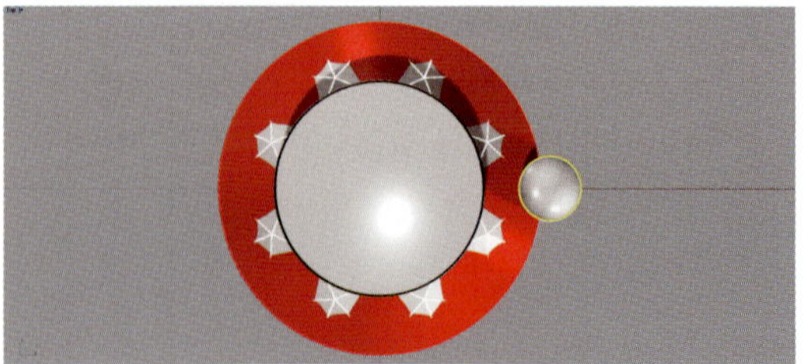

Center of polar array (Axis): 0

Number of items <3>: 8

Angle to fill or first reference point <360> (Preview=*Yes* StepAngle Rotate=*Yes* ZOffset=*0*):

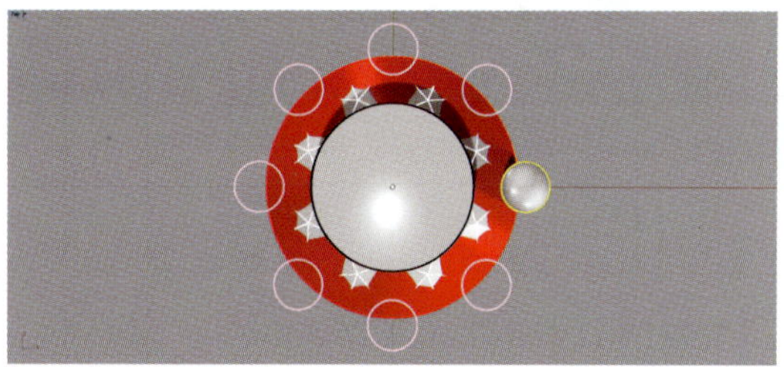

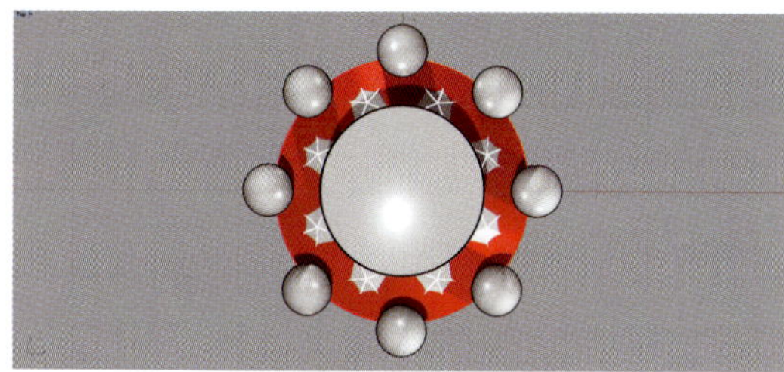

08. 다음 그림과 같이 4개의 난발을 선택한 후, 삭제한다. 남은 4개의 난발은 Group objects를 실행하여 하나의 그룹으로 지정한다.

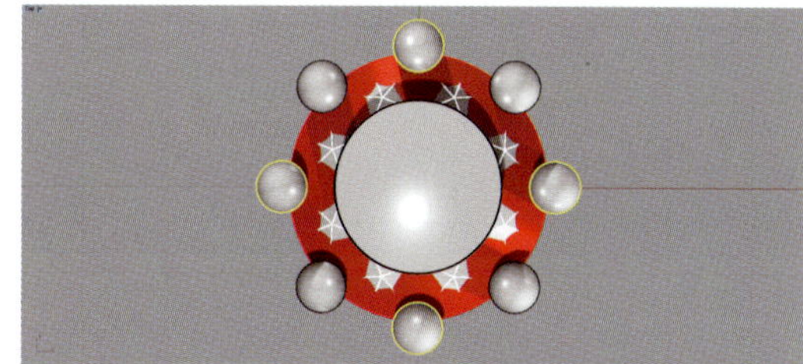

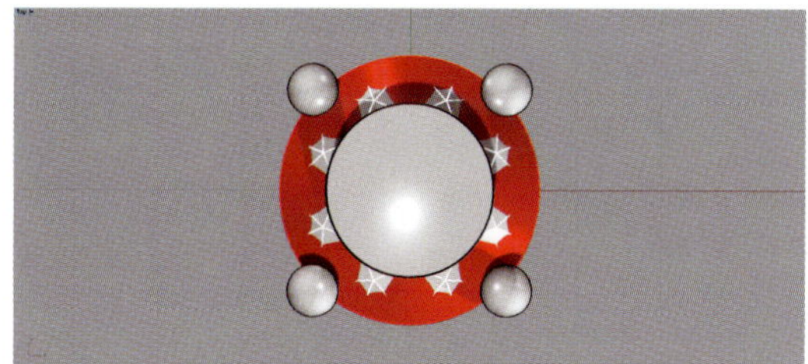

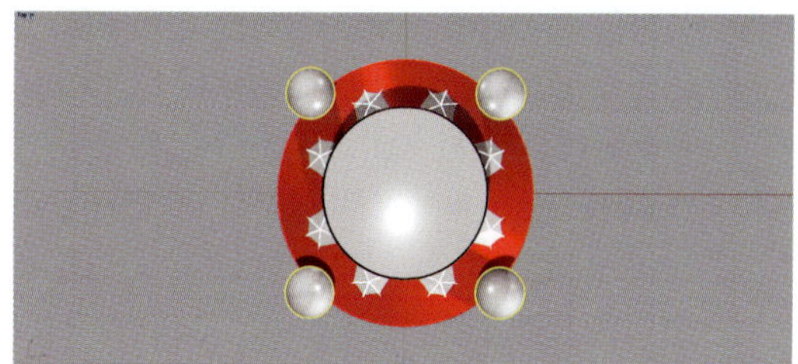

09. Right Right Viewport에서 보석개체를 선택하고, Volume centroid를 실행하여 보석개체 중심에 Point개체를 생성한다.

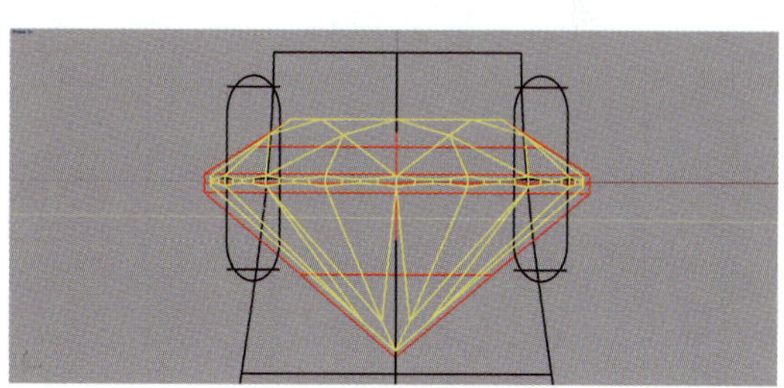

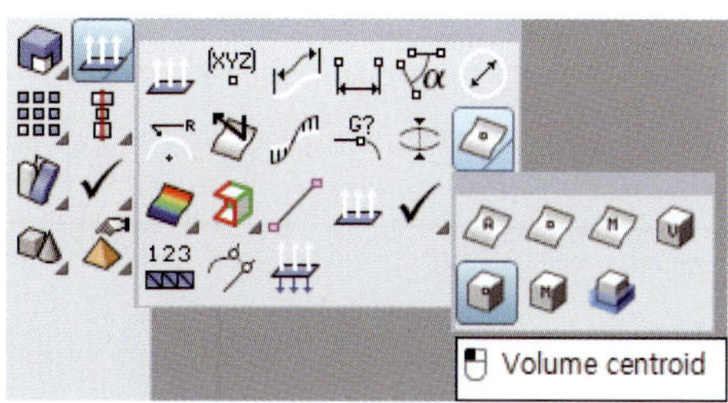

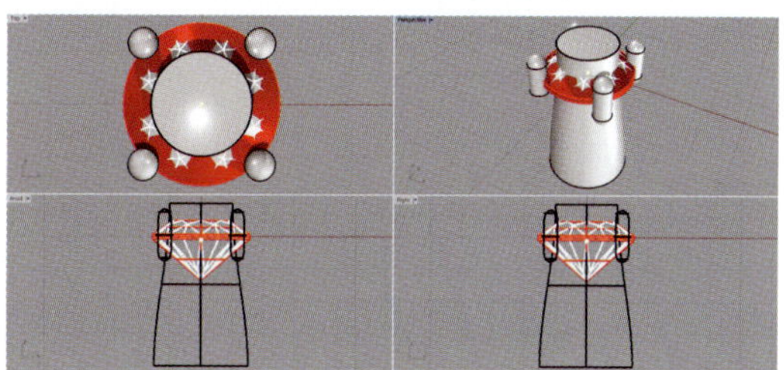

10. Rectangle: Center, Corner를 실행하고, Center of Rectangle를 보석개체 중심의 Point개체로 선택한다.

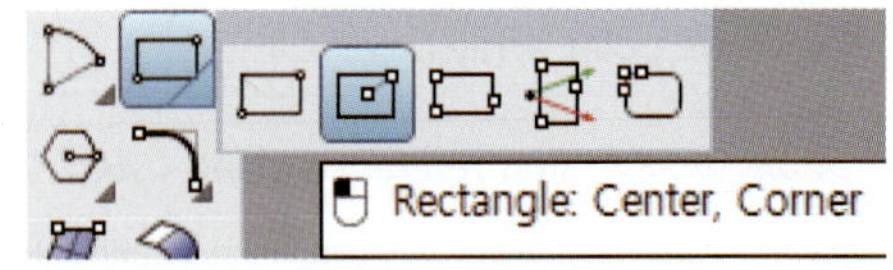

Command Prompt 영역에 Other corner or length값 1.19를 입력하고, Enter↵키를 누른 후, Width값 1.05를 입력한 다음, Enter↵키를 누르면 다음 그림과 같이 가로 1.19㎜, 세로 1.05㎜의 직사각형 Curve개체가 생성된 것을 확인할 수 있다.

Center of rectangle (Rounded):

Other corner or length (3Point Rounded): 1.19

Width. Press Enter to use length (Rounded): 1.05

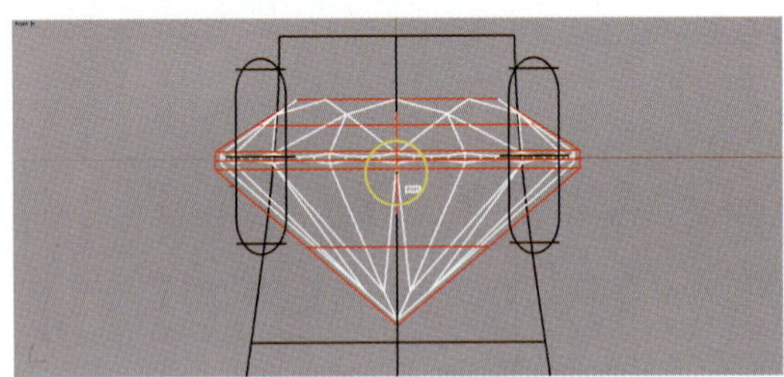

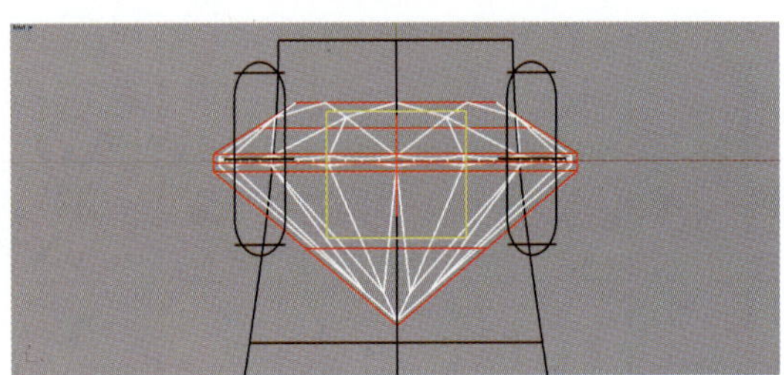

11. 생성된 직사각형 Curve개체를 선택하고, Extrude straight를 실행한다. Command Prompt 영역에서 BothSides=Yes, Solid=Yes, DeleteInput=Yes로 설정하고, Extrusion distance값 6.18을 입력한 후, Enter↵키를 누르면 다음 그림과 같이 12.36㎜ 길이의 직사각형 Poly-Surface개체를 확인할 수 있다.

Extrusion distance <2.4404> (Direction BothSides=*Yes* Solid=*Yes* DeleteInput=*Yes* ToBoundary SetBasePoint): 6.18

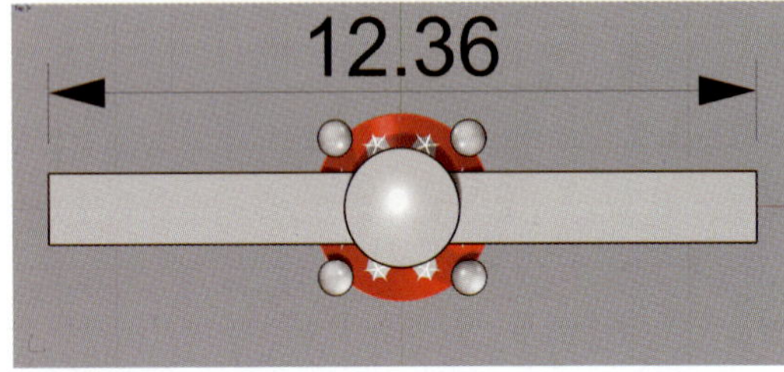

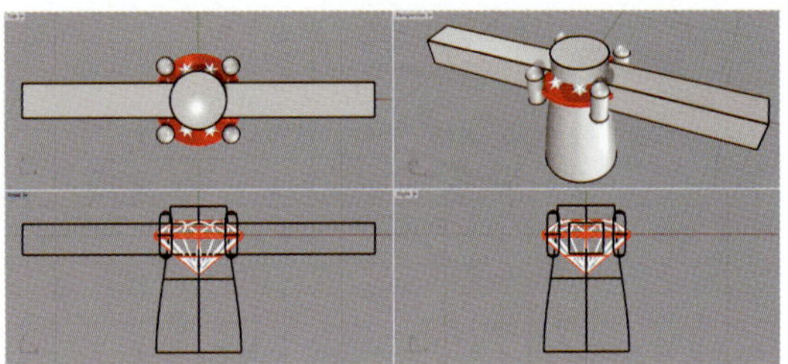

12. 생성된 모든 개체들을 선택하고, Hide objects를 실행하여 잠시 숨겨둔다. Top Top Viewport에서 Rectangle: Center, Corner를 실행하고, Command Prompt 영역에 Center of Rectangle값 0, -0.5를 입력한 후, Enter↵키를 누른다.

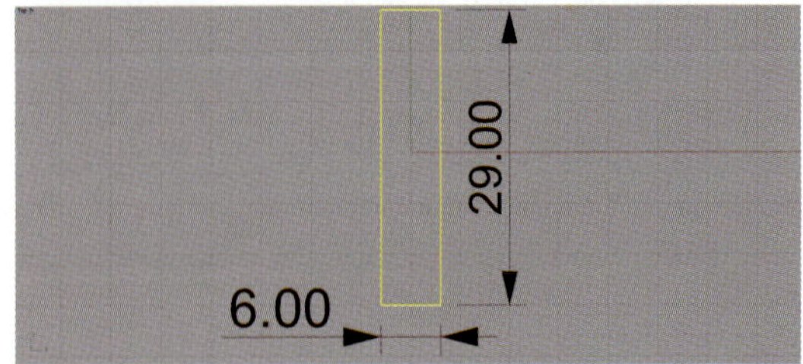

Other corner or length값 6을 입력하고, Enter↵키를 누른 후, Width값 29를 입력한 다음 Enter↵키를 누르면 다음 그림과 같이 가로 6㎜, 세로 29㎜의 직사각형 Curve개체가 생성된 것을 확인할 수 있다.

Center of rectangle (Rounded): 0,-0.5

Other corner or length (3Point Rounded): 6

Width. Press Enter to use length (Rounded): 29

13. 다시 Rectangle: Center, Corner를 실행하고, Command Prompt 영역에 Center of Rectangle값 0, 4를 입력한 후, Enter↵키를 누른다. Other corner or length값 20을 입력하고, Enter↵키를 누른 후, Width값 6을 입력한 다음 Enter↵키를 누르면 다음 그림과 같이 가로 20㎜, 세로 6㎜의 직사각형 Curve개체가 생성된 것을 확인할 수 있다.

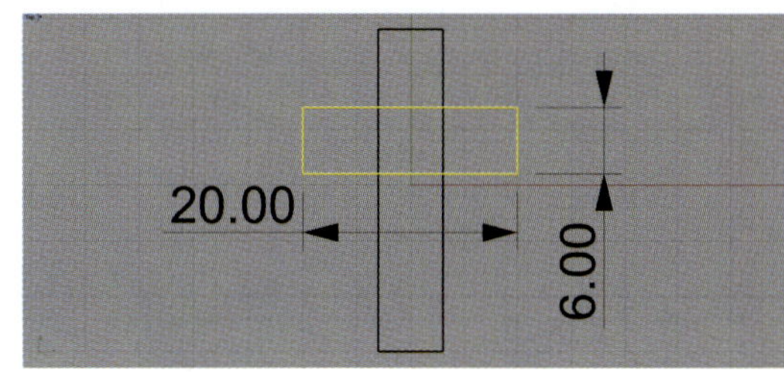

Center of rectangle (Rounded): 0,4

Other corner or length (3Point Rounded): 20

Width. Press Enter to use length (Rounded): 6

14. 생성된 2개의 직사각형 Curve개체를 모두 선택하고, Trim을 실행한 후, 다음 그림과 같이 안쪽 Curve개체들을 선택하여 삭제한다. 잘린 Curve개체들을 모두 선택하고, Join을 실행하여 하나의 Curve개체로 결합한다.

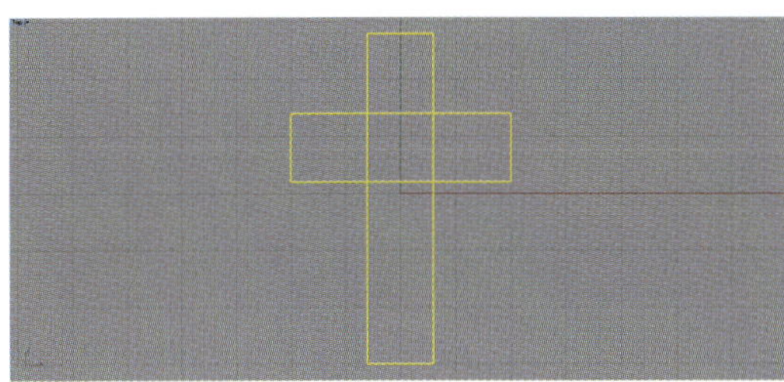

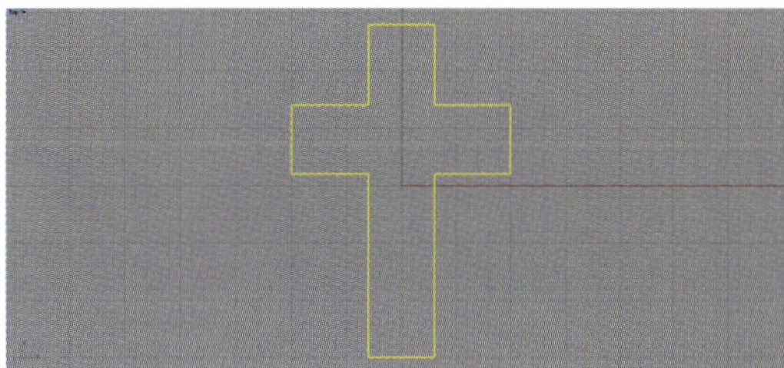

15. Fillet curves를 실행하고, Command Prompt 영역에 Radius값 1을 입력한 후, Enter↵키를 누른다. Fillet시킬 모서리 부분의 1번 Curve개체와 2번 Curve개체를 선택하면 다음 그림과 같이 Curve개체의 모서리 부분이 반지름 1㎜로 Fillet된 것을 확인할 수 있다. 십자가 형태의 Curve개체 모서리 부분을 모두 반지름 1㎜로 Fillet시킨다.

Select first curve to fillet (Radius=*0.4* Join=*No* Trim=*Yes* ExtendArcsBy=*Arc*): 1

Select second curve to fillet (Radius= *1* Join=*No* Trim=*Yes* ExtendArcsBy=*Arc*):

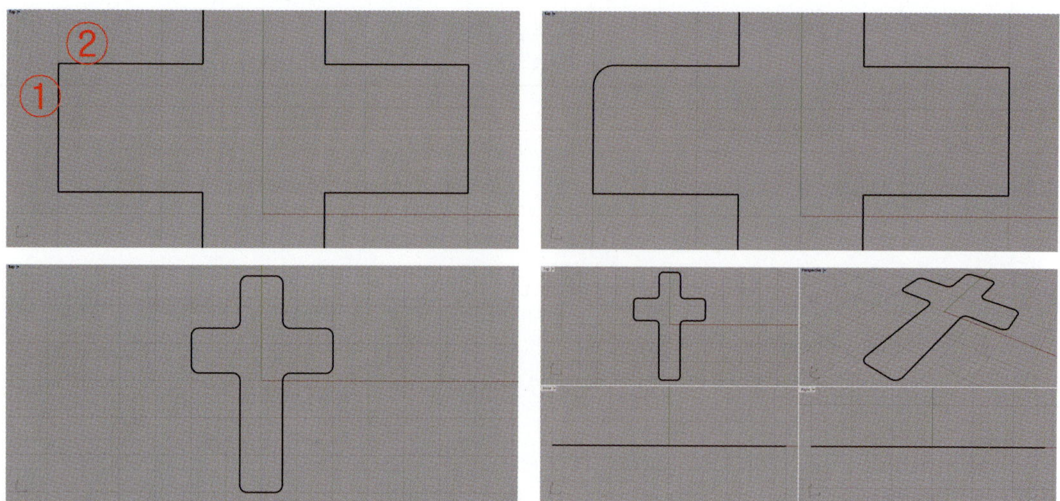

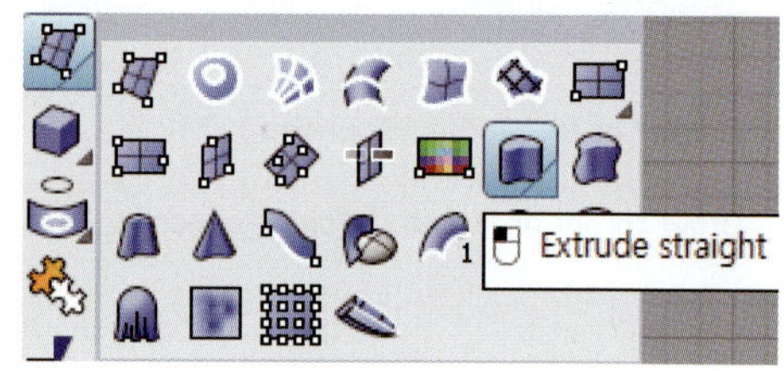

16. 십자가 형태의 Curve개체를 선택하고, Extrude straight를 실행한다. Command Prompt 영역에서 BothSides=No, Solid=Yes, DeleteInput=No로 설정하고, Extrusion distance값 3을 입력한 후, 마우스 커서를 화살표 방향으로 이동한 다음, Enter↵키를 누른다.

Extrusion distance <6.18> (Direction BothSides=No Solid=Yes DeleteInput=No ToBoundary SetBasePoint): 3

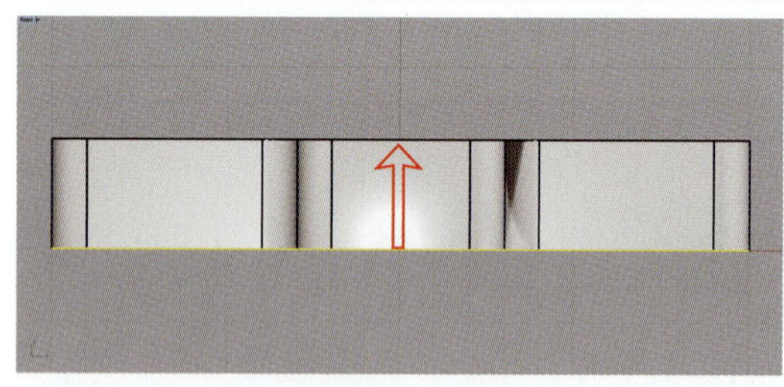

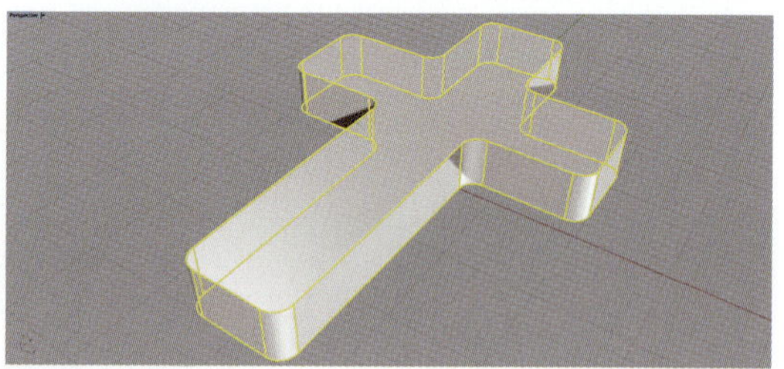

17. 생성된 십자가 Solid개체를 선택하고, Hide objects를 실행하여 잠시 숨겨둔다. 십자가 형태의 Curve개체를 선택하고, Offset curve를 실행한다. Command Prompt 영역에 Distance값 1을 입력한 후, Enter↵키를 누르고, 마우스 커서를 이동하여 십자가 형태의 Curve개체 안쪽으로 1㎜ Offset 시킨다.

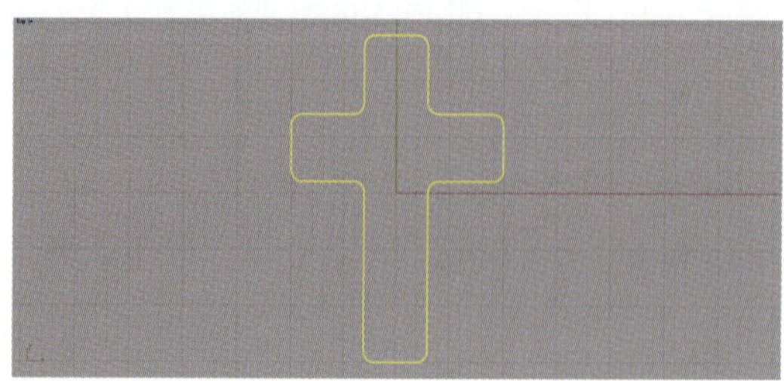

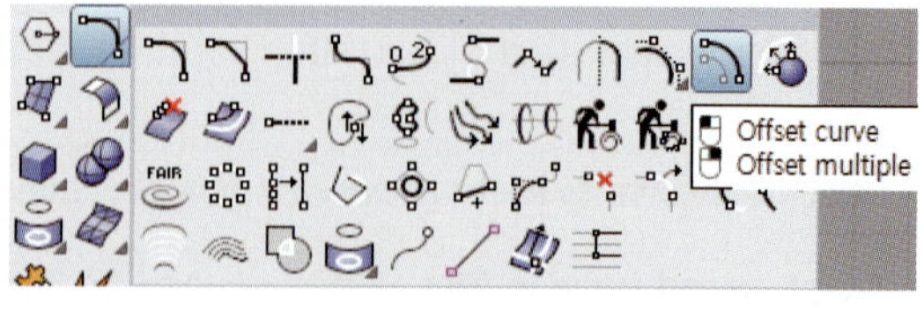

Side to offset (Distance=*0.26* Loose=*No* Corner=*Sharp* ThroughPoint Tolerance=*0.001* BothSides InCPlane=*No* Cap=*None*): 1

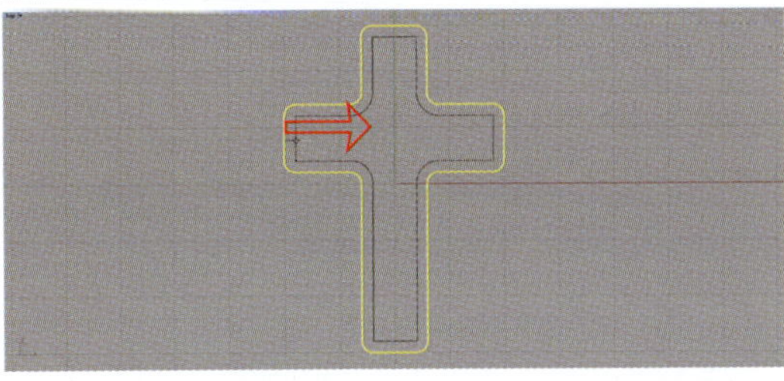

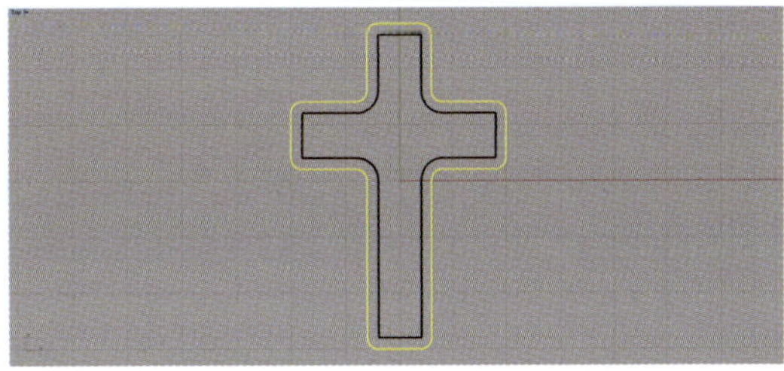

18. Fillet curves를 실행하고, Offset된 십자가 형태의 Curve개체 모서리 부분을 모두 반지름 1㎜로 Fillet시킨다.

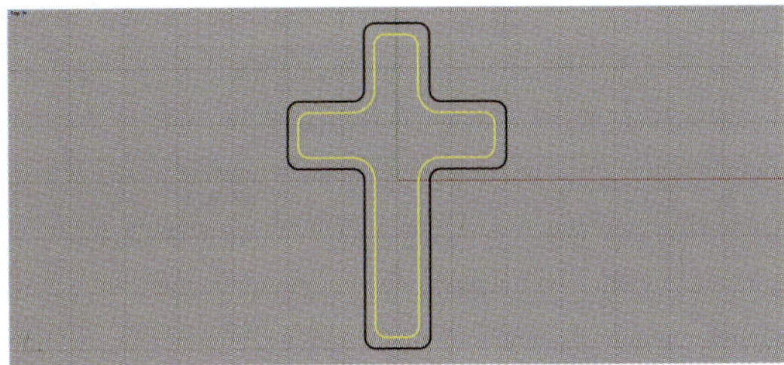

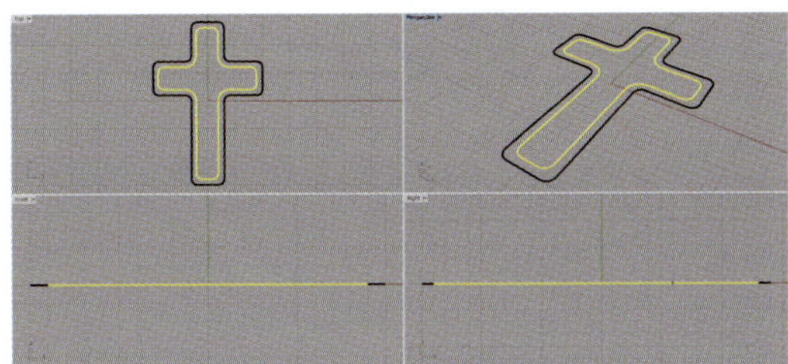

19. Offset된 십자가 형태의 Curve개체를 선택하고, Extrude straight를 실행한다. Command Prompt 영역에서 Solid=Yes, DeleteInput=Yes로 설정하고, Extrusion distance값 3을 입력한 후, 마우스 커서를 화살표 방향으로 이동한 다음, Enter↵키를 누른다.

Extrusion distance <3> (Direction BothSides=*No* Solid=*Yes* DeleteInput=*Yes* ToBoundary SetBasePoint): 3

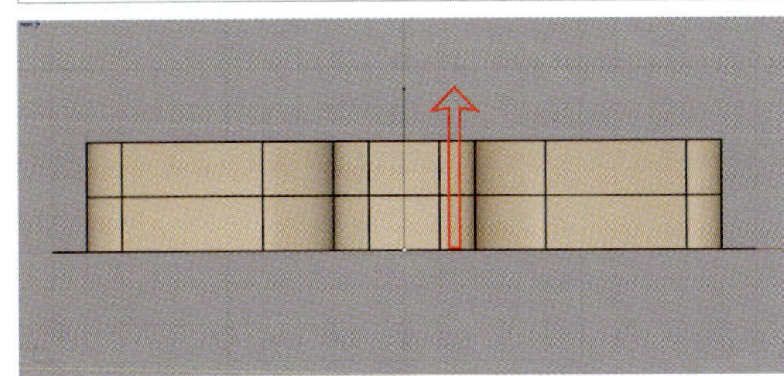

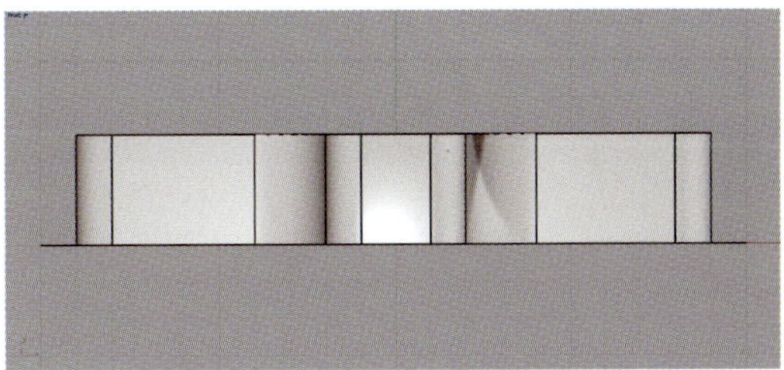

20. 생성된 십자가 Solid개체를 선택하고, Move를 실행한다. Command Prompt 영역에 Point to move to값 2를 입력하고, Enter↵키를 누른 다음, Shift키를 누른 상태로 마우스 커서를 화살표 방향으로 이동한 후, 마우스 왼쪽버튼을 클릭하여 수직 방향으로 2㎜ 이동시킨다.

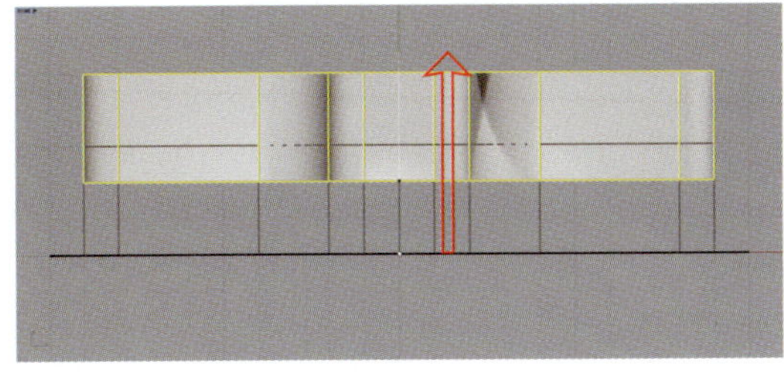

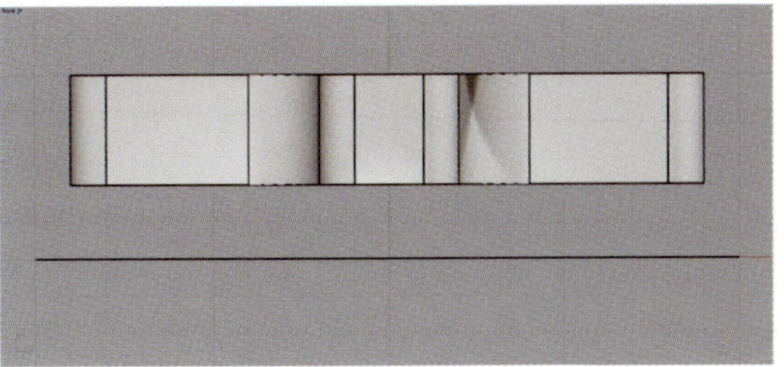

Point to move to: 2

21. Show selected objects를 실행하고, 십자가 Solid개체를 선택한 후, Enter↵키를 누른다. 큰 십자가 Solid개체를 선택하고, Boolean difference를 실행한 후, 작은 십자가 Solid개체를 선택한 다음, Enter↵키를 누르면 다음 그림과 같이 큰 십자가 Solid개체에 작은 십자가 Solid개체 크기의 홈이 파인 것을 확인할 수 있다.

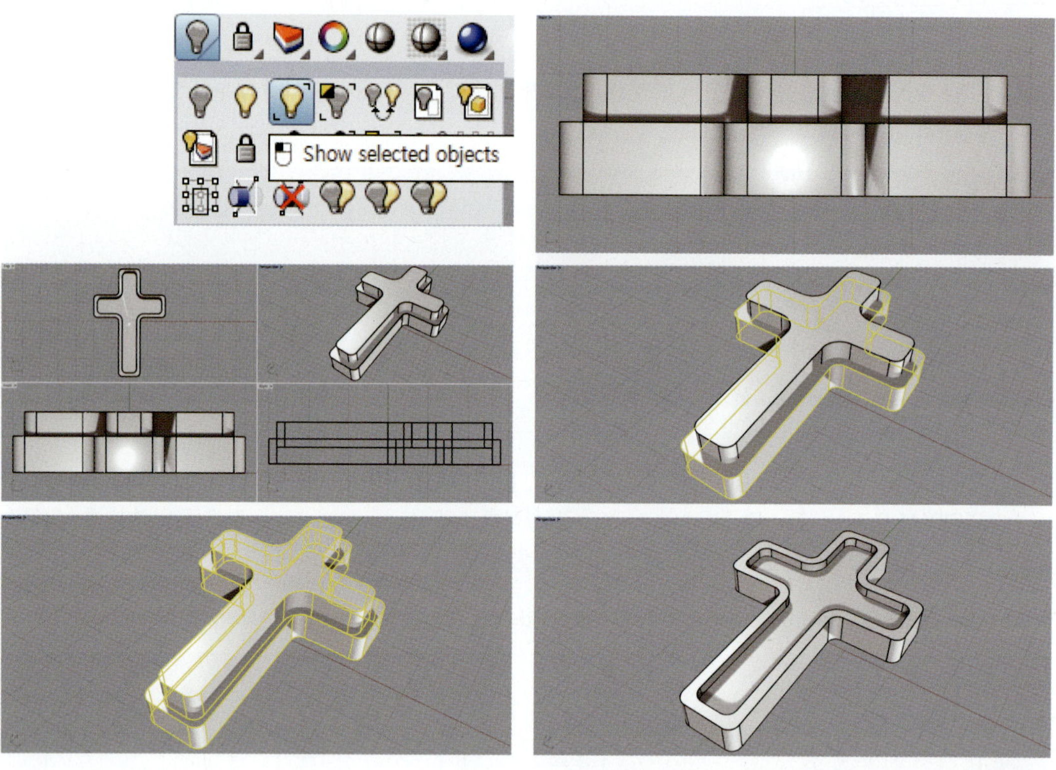

22. Extract surface를 실행하고, 십자가 개체의 안쪽 Surface를 선택한 후, Enter↵키를 누른다. 분리된 십자가 개체만 Hide objects를 실행하여 잠시 숨겨두고, 나머지 개체들은 모두 화면상에 나타나게 한다.

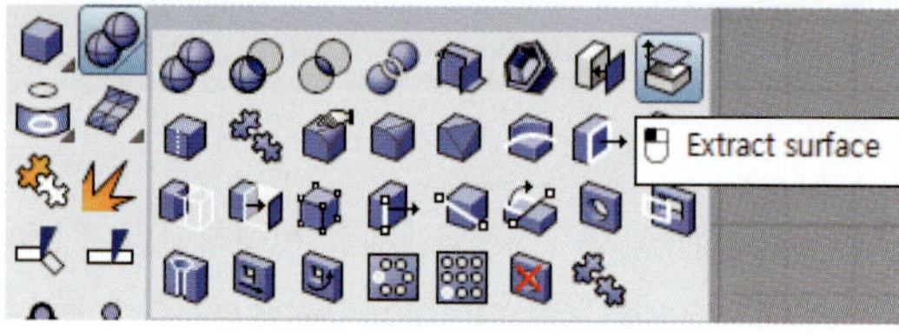

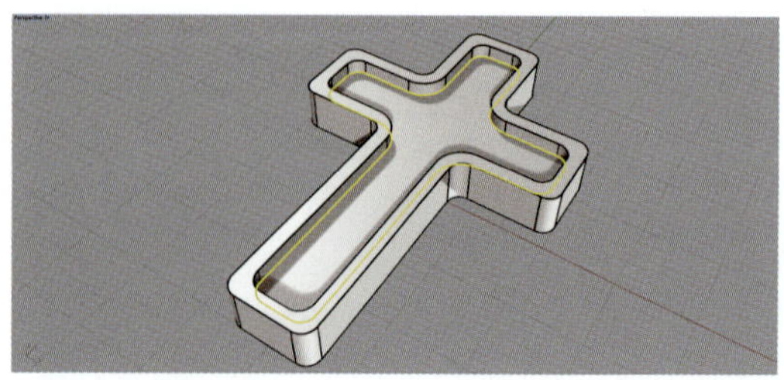

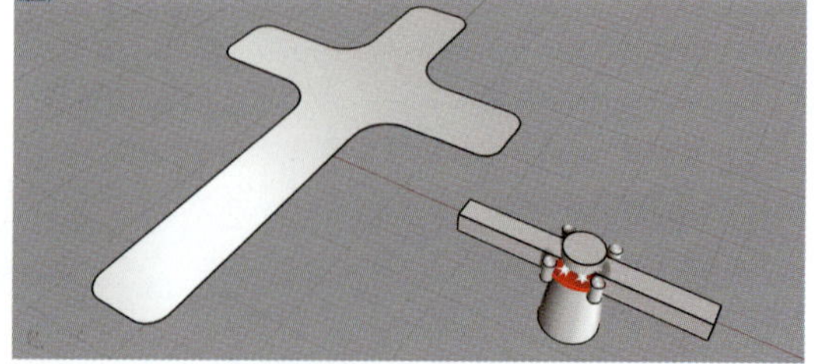

23. Osnap Toolbar에서 Mid점에만 체크한 후, Top ▾ Top Viewport에서 Extract isocurve를 실행한다. Command Prompt 영역에서 Direction=U로 선택하고, 좌측 또는 우측의 Mid점을 선택하여 직선 Curve개체를 생성한다. 다시 Command Prompt 영역에서 Direction=V로 선택하고, 상, 하단 또는 중앙의 Mid점을 선택하여 직선 Curve개체를 생성한다.

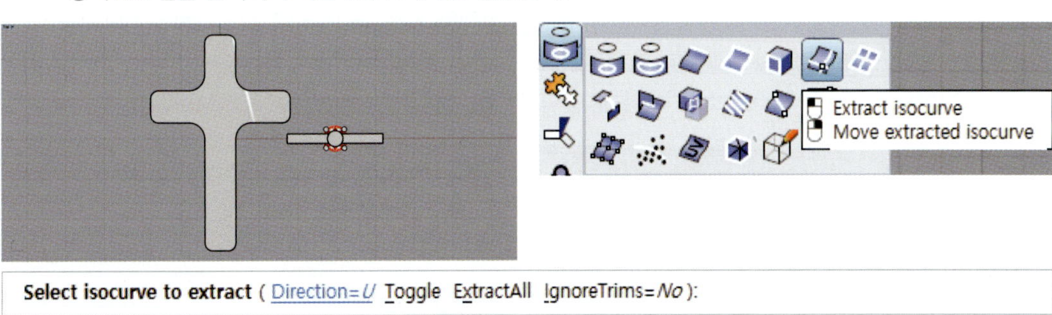

Select isocurve to extract (Direction=*U* Toggle ExtractAll IgnoreTrims=*No*):

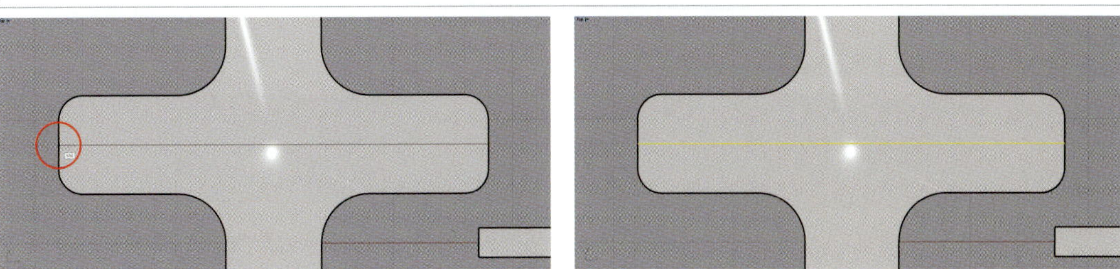

Select isocurve to extract (Direction=*V* Toggle ExtractAll IgnoreTrims=*No*):

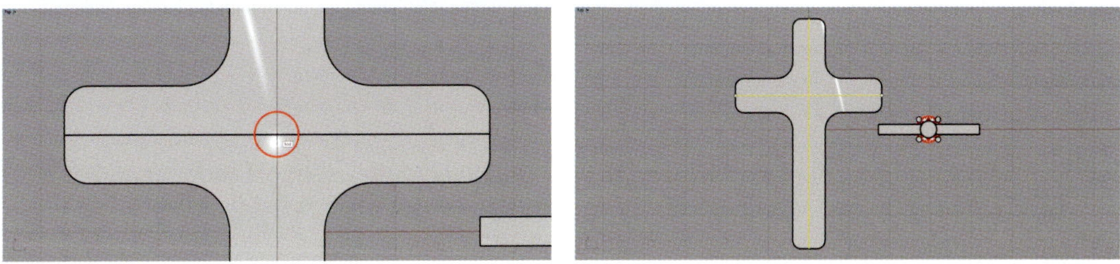

24. Y축에 생성된 직선 Curve개체를 선택하고, Divide curve by number of segments를 실행한다. Command Prompt 영역에 Number of segments값 25를 입력한 후, Enter↵키를 누르면 다음 그림과 같이 선택한 Curve개체에 26개의 Point개체가 생성된 것을 확인할 수 있다.

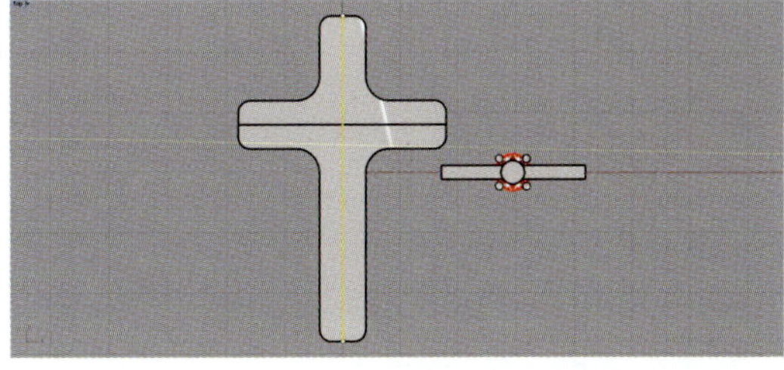

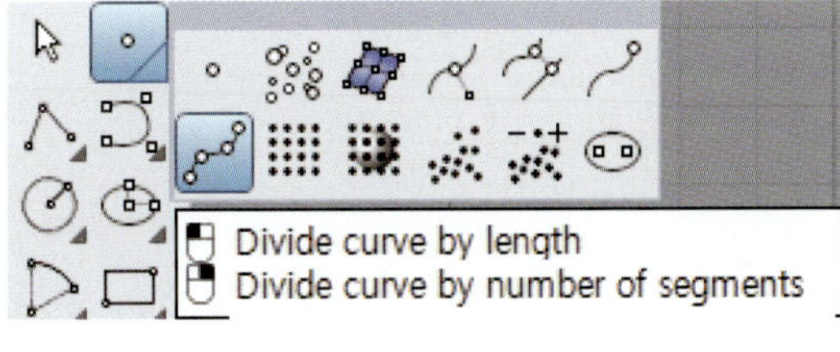

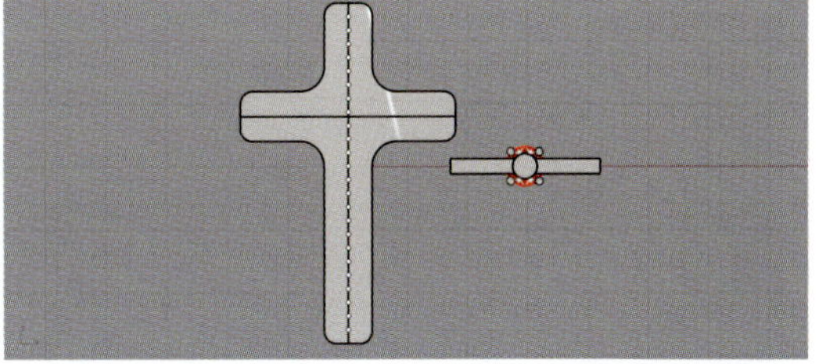

Number of segments <10> (Length Split=*No* MarkEnds=*Yes* GroupOutput=*No*): 25

25. Osnap Toolbar에서 Point점에만 체크한 후, 다음 그림과 같이 보석개체와 Group으로 지정된 개체들을 모두 선택하고, Orient objects on surface를 실행한다. Base Point를 보석개체 중심의 Point개체로 선택하고, Reference point for scaling and rotation은 Shift 키를 누른 상태로 마우스 커서를 화살표 방향으로 이동한 후, 마우스 왼쪽버튼을 클릭한 다음, 십자가 Surface개체를 선택한다.

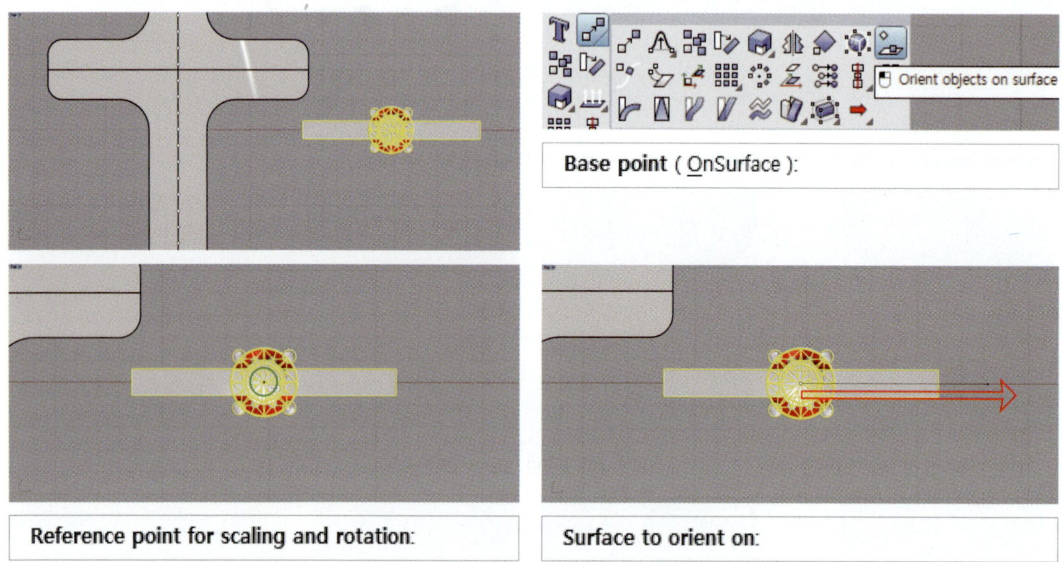

26. Orient on Surface창이 나타나면 OK를 누르고, Command Prompt 영역에서 Copy=Yes로 설정한 후, 다음 그림과 같이 십자가 Surface개체 위의 Point개체를 선택하여 8개의 개체들을 복사한다.

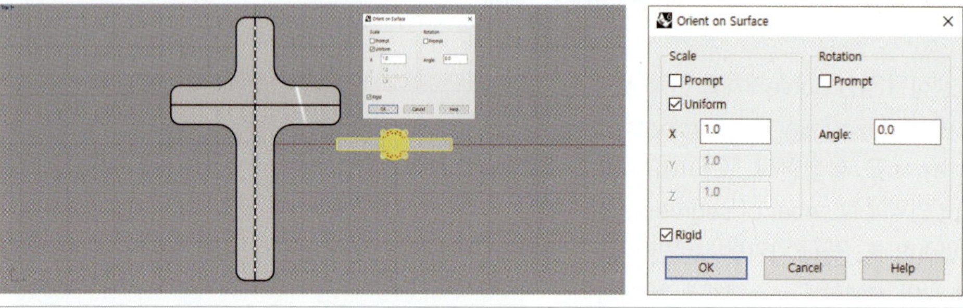

Point on surface to orient to (Copy=*Yes* Flip=*No* IgnoreTrims=*No*):

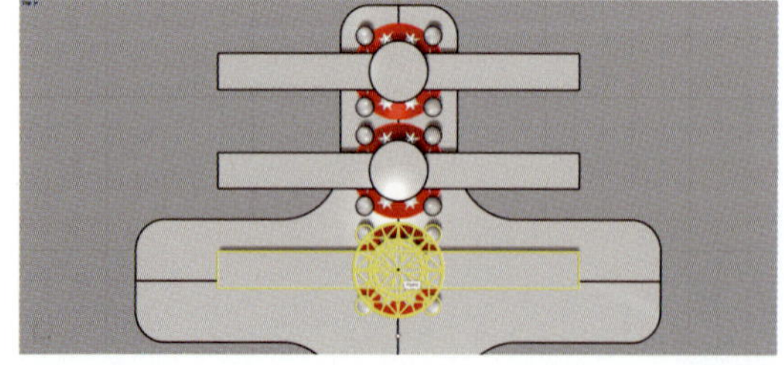

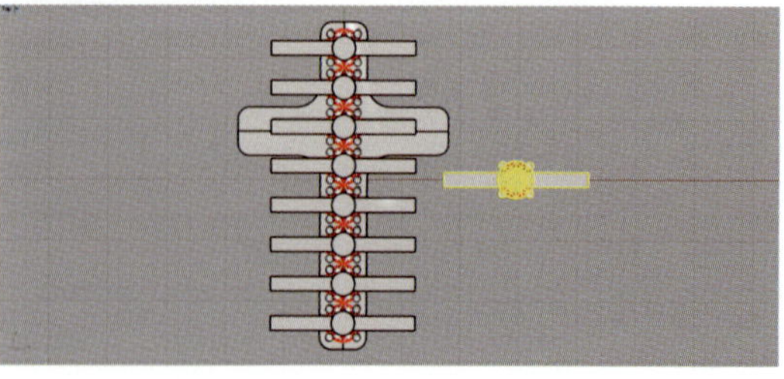

27. 다음 그림과 같이 3개의 직사각형 Solid개체를 선택한 후, 삭제한다.

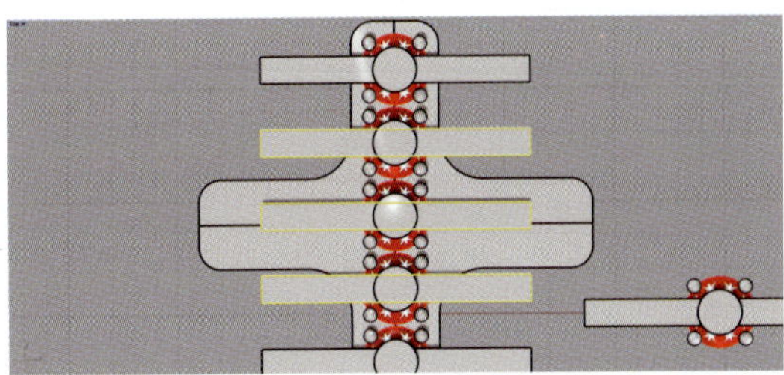

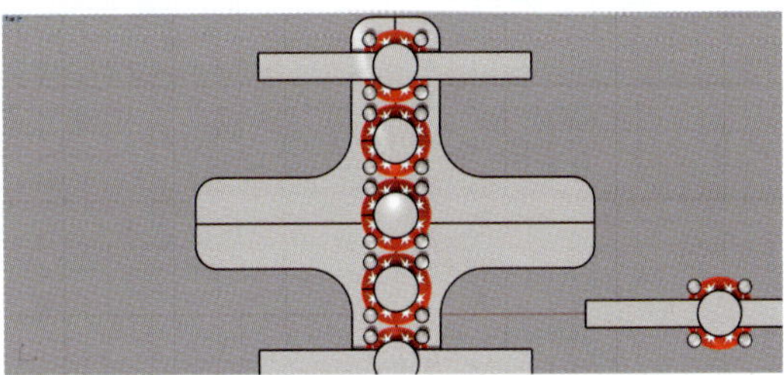

28. X축에 생성된 직선 Curve개체를 선택하고, Divide curve by number of segments를 실행한다. Command Prompt 영역에 Number of segments값 10을 입력한 후, Enter↵ 키를 누르면 다음 그림과 같이 선택한 Curve개체에 11개의 Point개체가 생성된 것을 확인할 수 있다.

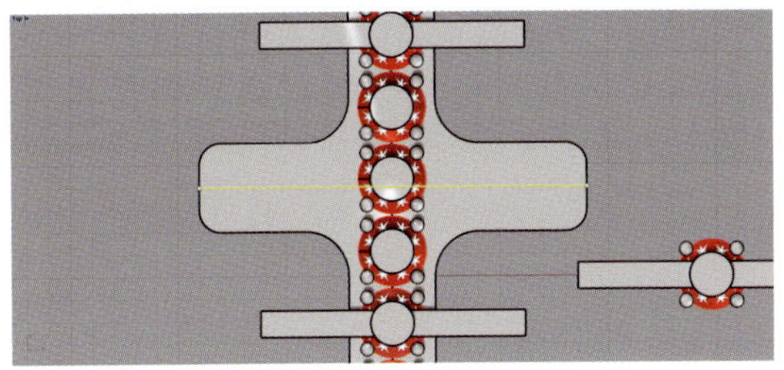

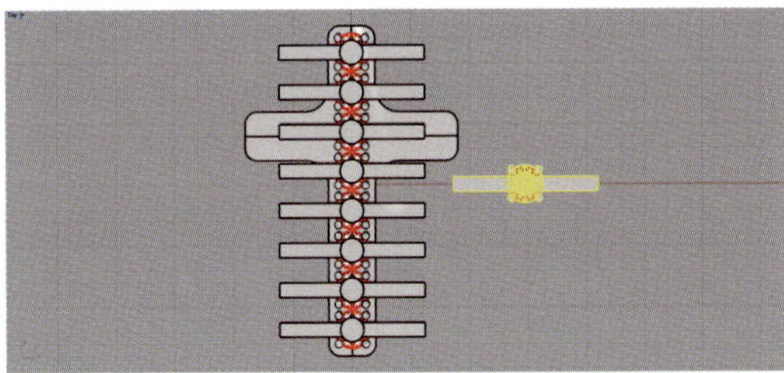

Number of segments <25> (Length Split=*No* MarkEnds=*Yes* GroupOutput=*No*): 10

29. 위와 같은 방법으로 보석개체와 Group으로 지정된 개체들을 모두 선택하고, Orient objects on surface를 실행한다. Base Point를 보석개체 중심의 Point개체로 선택하고, Reference point for scaling and rotation은 Shift 키를 누른 상태로 마우스 커서를 화살표 방향으로 이동한 후, 마우스 왼쪽버튼을 클릭한 다음, 십자가 Surface개체를 선택한다.

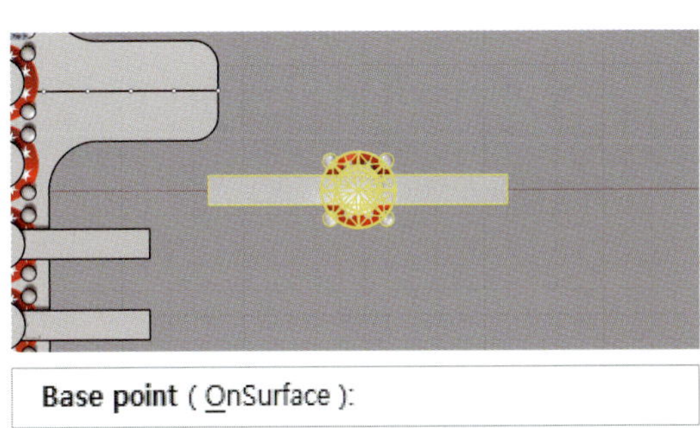

Base point (OnSurface):

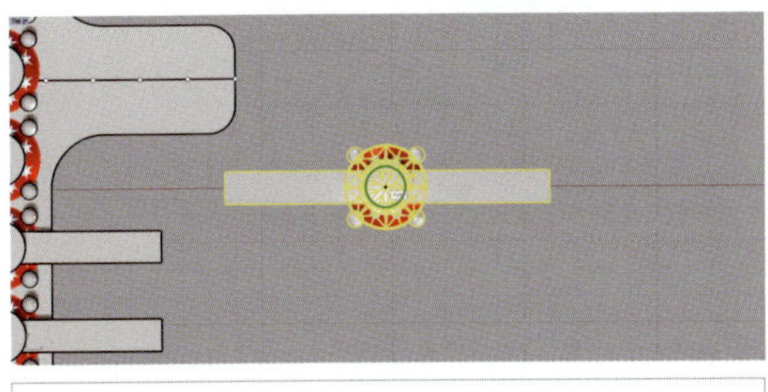

Reference point for scaling and rotation:

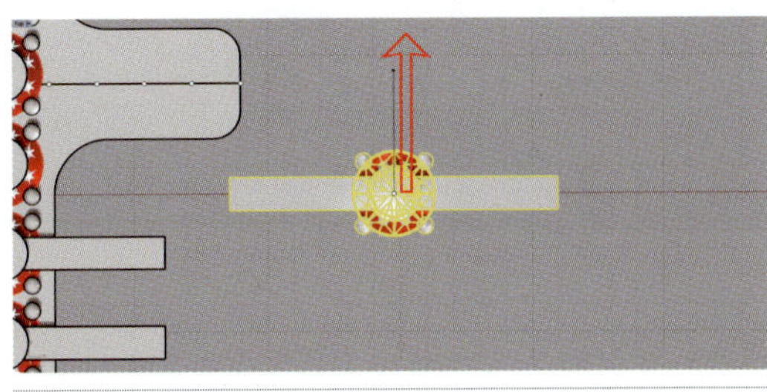

Surface to orient on:

30. Orient on Surface창이 나타나면 OK를 누르고, 십자가 Surface개체 위의 Point개체를 선택하여 다음 그림과 같이 좌측에 2개, 우측에 2개를 복사한다.

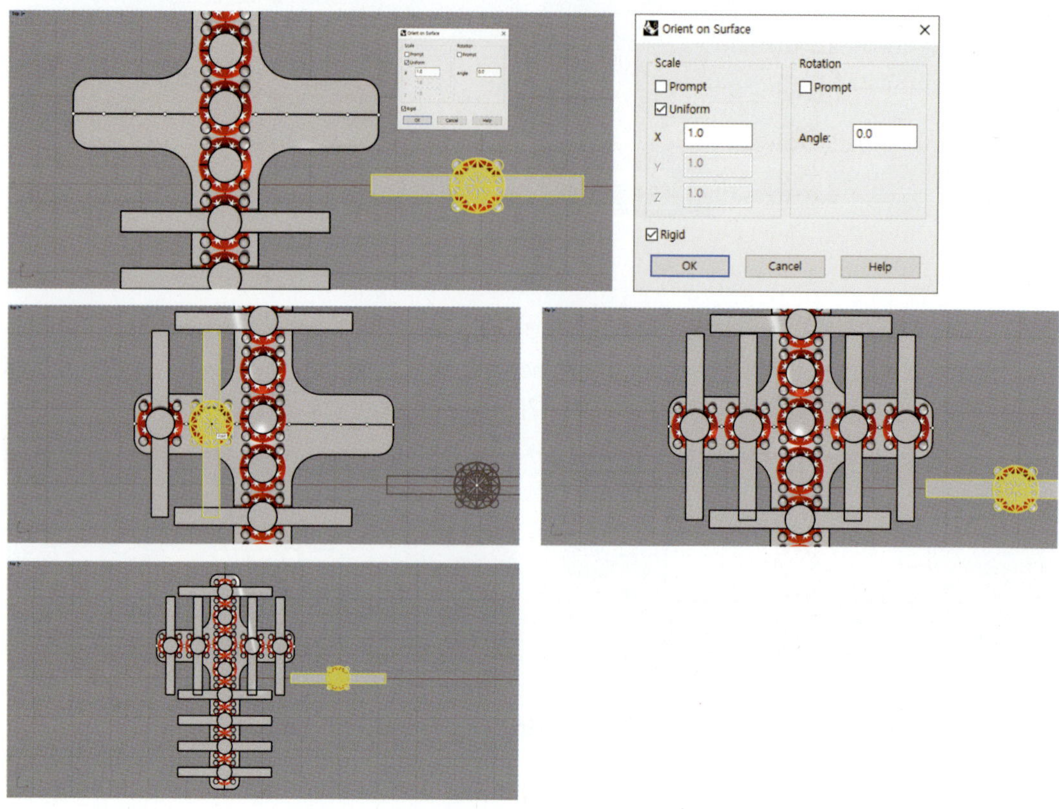

31. 십자가 Surface개체와 12Group의 난발개체를 선택하고, Boolean union을 실행하여 하나의 개체로 결합한다.

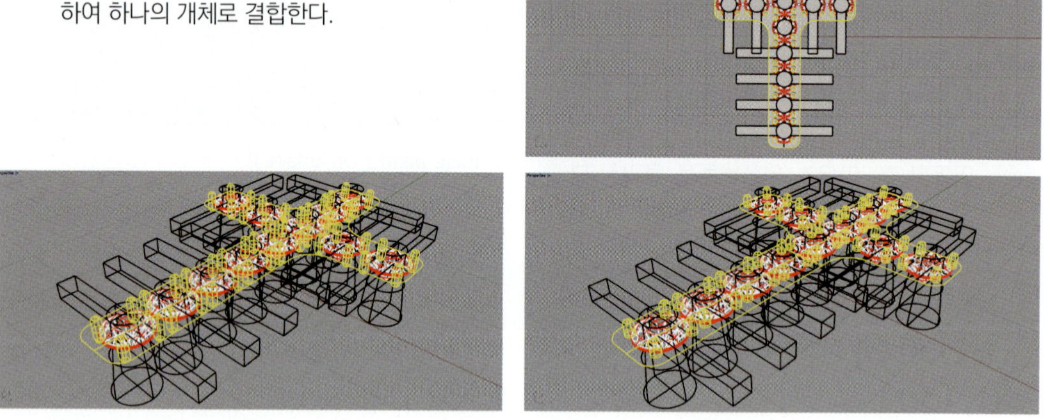

32. Show objects를 실행하여 숨겨둔 개체들을 모두 화면상에 나타나게 한다. 십자가 Surface개체와 십자가 Poly-Surface개체를 선택하고, Join을 실행하여 하나의 십자가 개체로 결합한다.

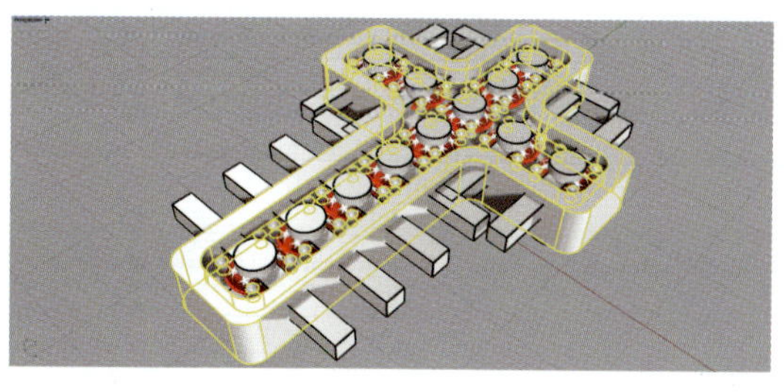

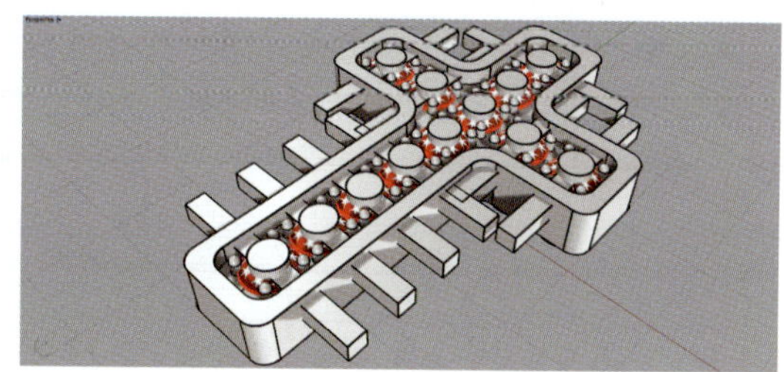

33. 십자가 개체를 선택하고, Boolean difference를 실행한 후, 직사각형 Solid개체를 모두 선택한 다음, Enter↵키를 누른다. 다음 그림과 같이 십자가 개체에 직사각형 Solid개체 크기의 홈이 파인 것을 확인할 수 있다.

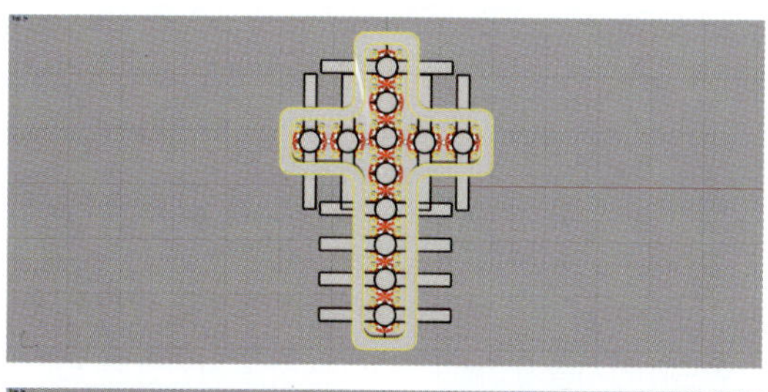

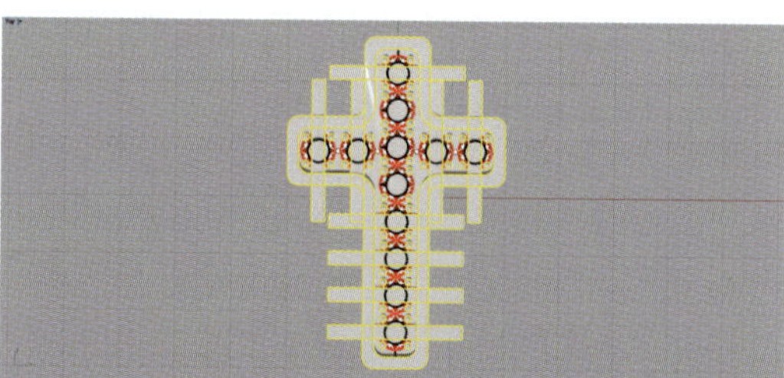

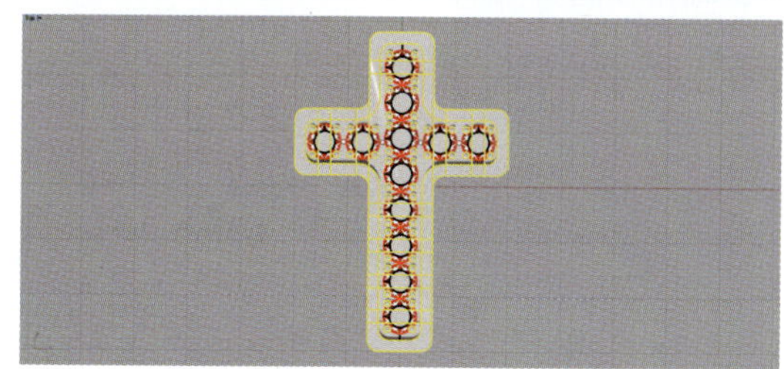

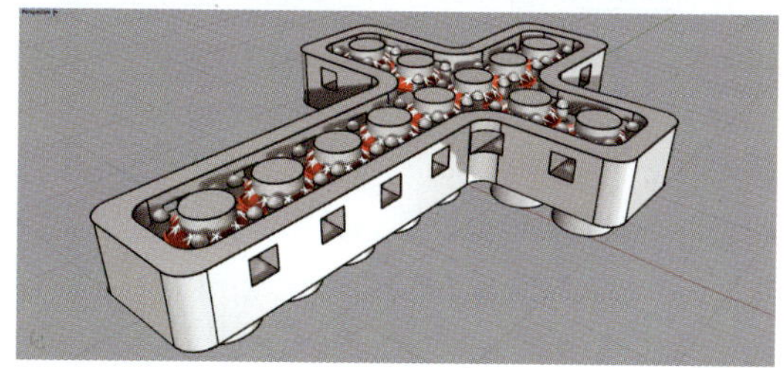

34. 다시 십자가 개체를 선택하고, Boolean difference를 실행한 후, Pipe개체들을 모두 선택한 다음, Enter↵키를 누른다. 다음 그림과 같이 보석 형태와 Pipe개체 크기의 홈이 파인 것을 확인할 수 있다.

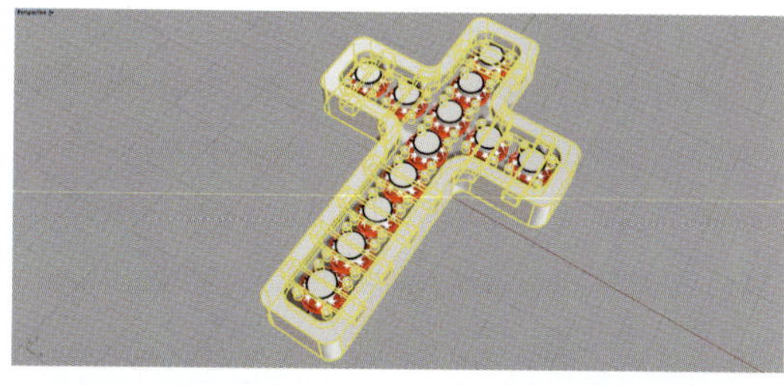

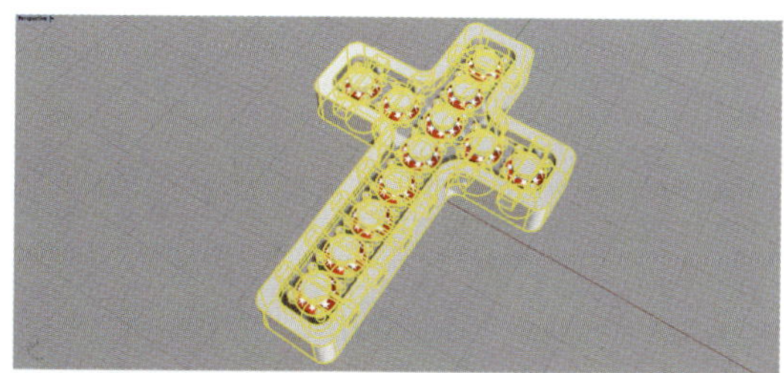

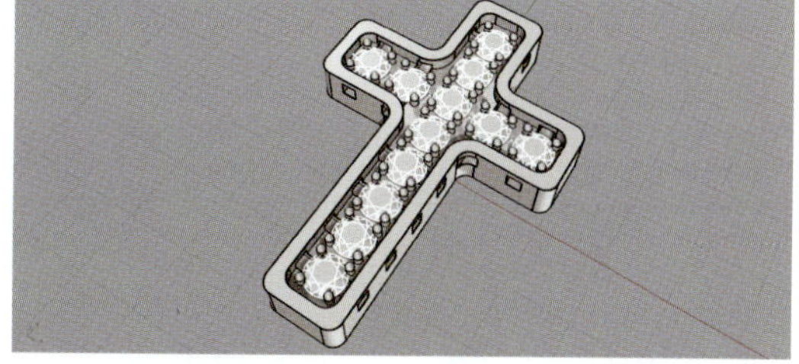

35. Fillet edges을 실행하고, 십자가 개체 상단과 하단의 Edge부분을 선택한 후, Enter↵키를 누른다. Command Prompt 영역에서 SetAll을 선택하고, Radius for all handles값 0.3을 입력한 후, Enter↵키를 누르면 다음 그림과 같이 선택한 Edge부분이 반지름 0.3㎜로 Fillet된 것을 확인할 수 있다.

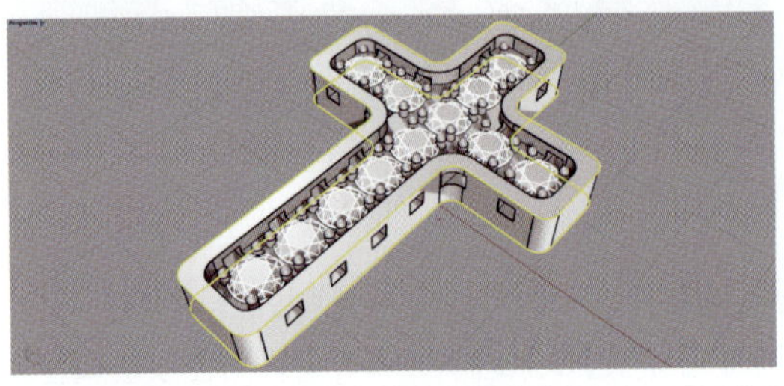

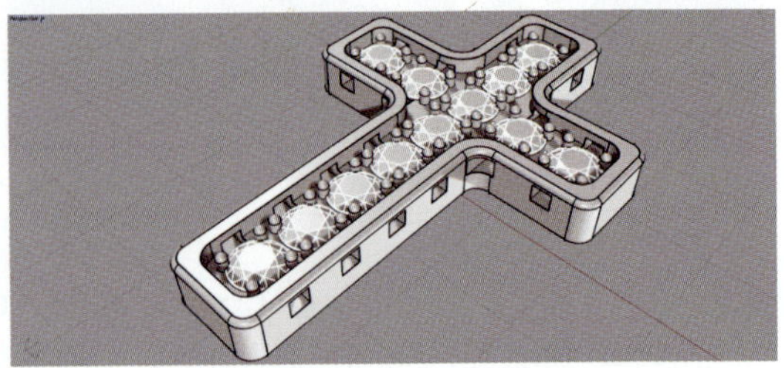

Select fillet handle to edit. Press Enter when done
(ShowRadius=*Yes* AddHandle CopyHandle SetAll LinkHandles=*No* RailType=*RollingBall* SelectEdges TrimAndJoin=*Yes* Preview=*No*):

Radius for all handles <1.000>: 0.3

36. Fillet edges을 실행하고, 십자가 개체 밑면의 Edge를 모두 선택한 후, Enter↵키를 누른다. Command Prompt 영역에서 SetAll을 선택하고, Radius for all handles값 0.3을 입력한 후, Enter↵키를 누르면 다음 그림과 같이 선택한 Edge부분이 반지름 0.3㎜로 Fillet된 것을 확인할 수 있다.

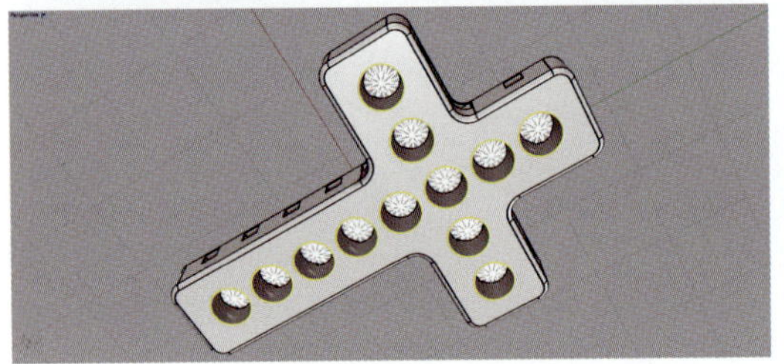

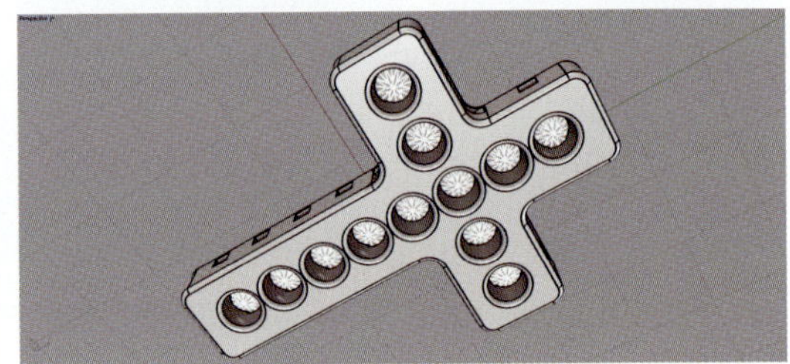

37. 다시 Fillet edges을 실행하고, 십자가 개체 옆면의 Edge를 모두 선택한 후, Enter↵키를 누른다. Command Prompt 영역에서 SetAll을 선택하고, Radius for all handles값 0.1을 입력한 후, Enter↵키를 누르면 다음 그림과 같이 선택한 Edge부분이 반지름 0.1㎜로 Fillet된 것을 확인할 수 있다.

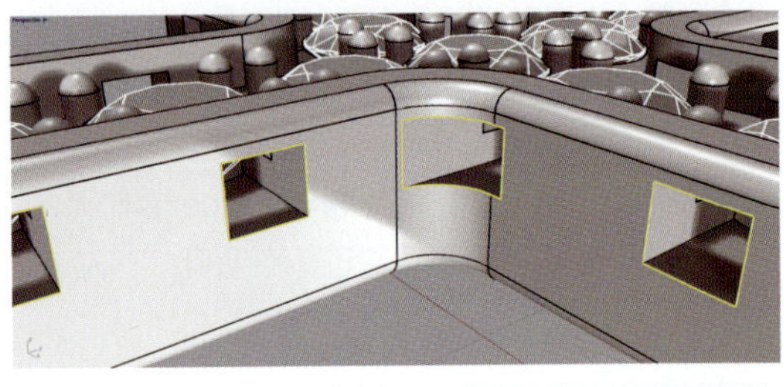

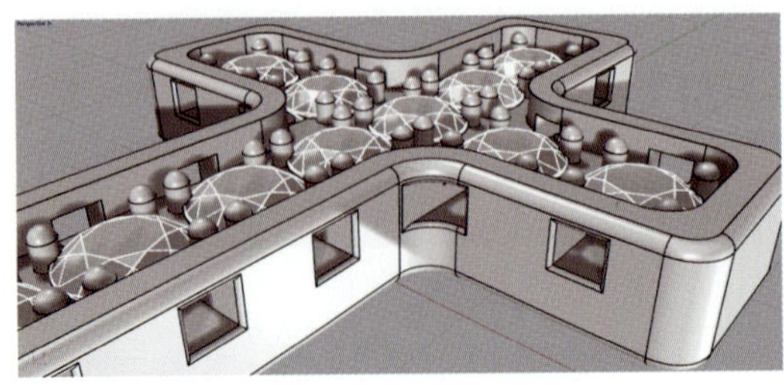

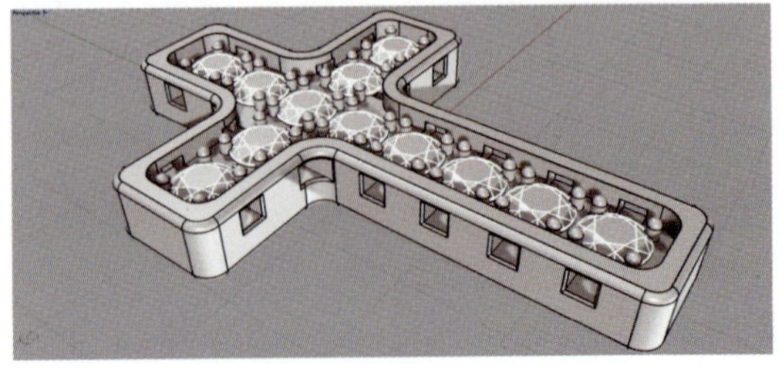

Select fillet handle to edit. Press Enter when done
(ShowRadius=*Yes* AddHandle CopyHandle SetAll LinkHandles=*No* RailType=*RollingBall* SelectEdges TrimAndJoin=*Yes* Preview=*No*):

Radius for all handles <0.300>: 0.1

38. Right Right Viewport에서 Control Point Curve를 실행하고, 다음 그림과 같은 곡선 Curve개체를 생성한다.

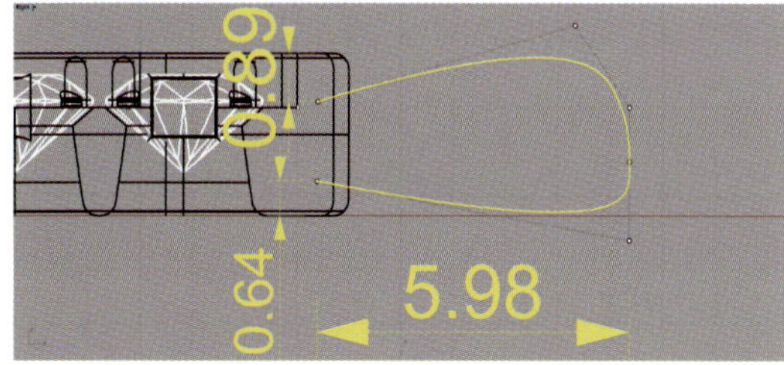

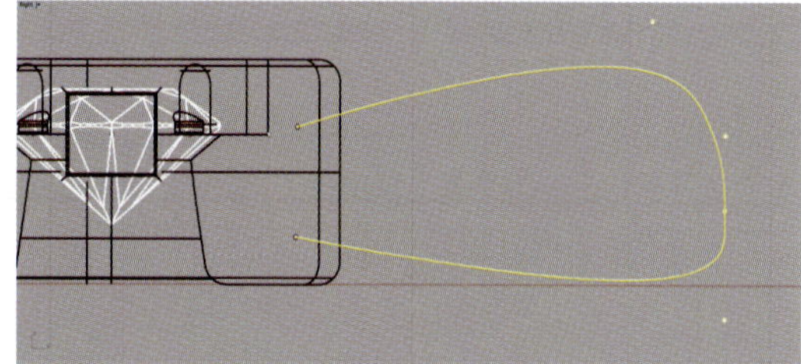

39. Top Top Viewport에서 생성된 곡선 Curve개체를 선택하고, Rotate 2-D를 실행한다. Center of rotation을 곡선 Curve개체 하단의 End점으로 선택하고, Command Prompt 영역에 Angle or first reference point값 18.43을 입력한 후, Enter키를 누르면 다음 그림과 같이 곡선 Curve개체가 18.43도 각도로 회전한 것을 확인할 수 있다.

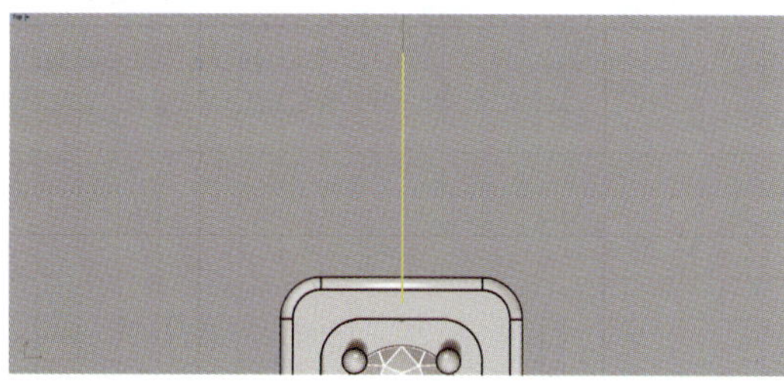

Center of rotation (Copy=*No*):

Angle or first reference point (Copy=*No*): 18.43

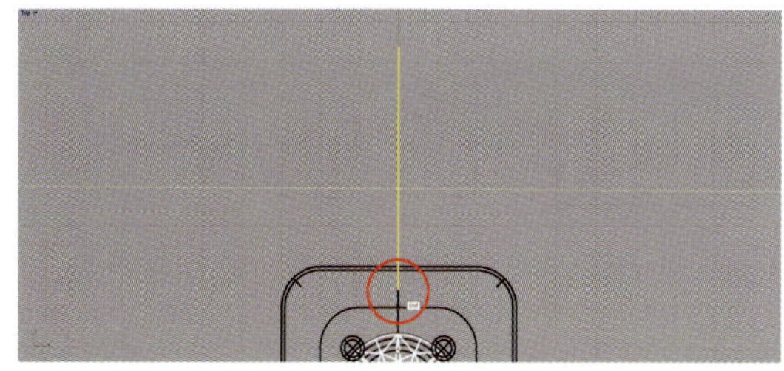

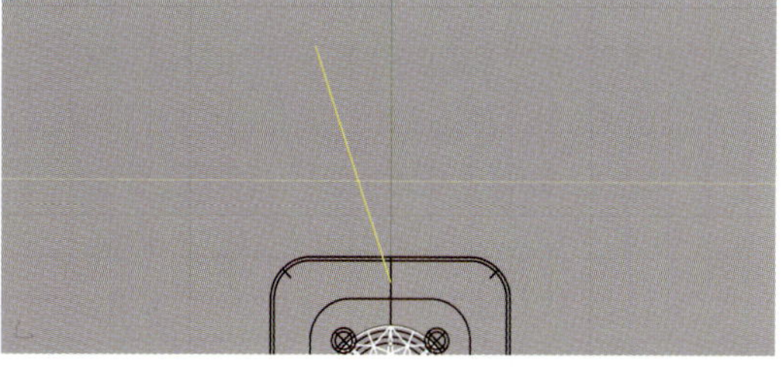

40. 곡선 Curve개체를 선택하고, Move를 실행한다. Point to move from을 곡선 Curve개체 하단의 End점으로 선택하고, Command Prompt 영역에 Point to move to값 1.11을 입력한 후, Enter키를 누른다. Shift키를 누른 상태로 마우스

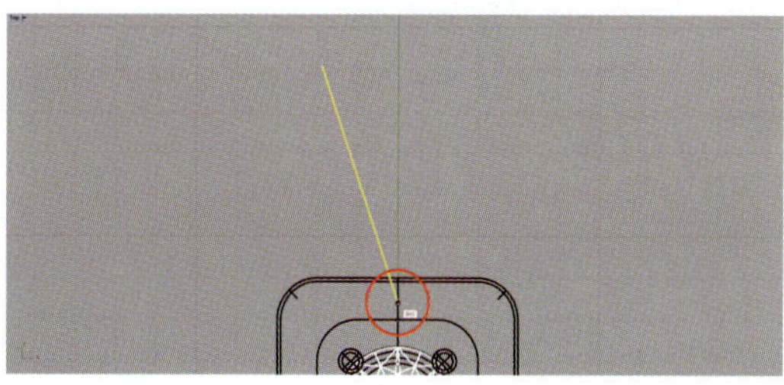

커서를 화살표 방향으로 이동한 후, 마우스 왼쪽버튼을 클릭하여 곡선 Curve개체를 1.11㎜ 이동시킨다.

Point to move from (Vertical=*No*):

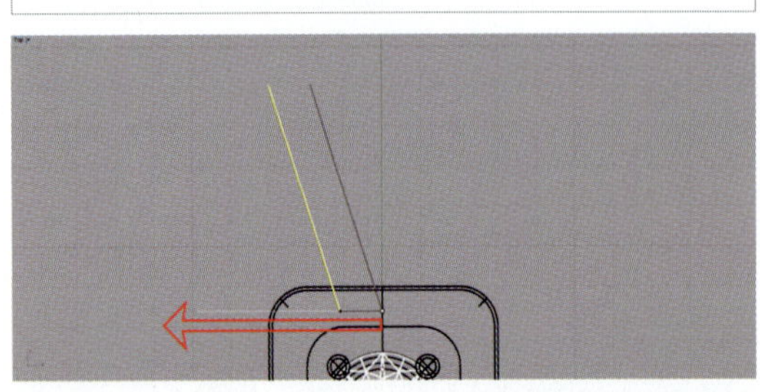

Point to move to <**2.000**>: 1.11

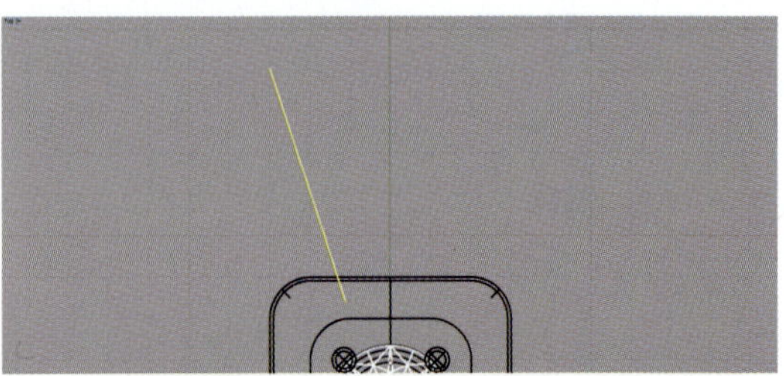

41. 곡선 Curve개체를 선택하고, Mirror를 실행한다. Command Prompt 영역에 Start of mirror plane 값 0을 입력한 다음, Enter↵키를 누르고, Shift키를 누른 상태로 마우스 커서를 화살표 방향으로 이동한 후, 마우스 왼쪽버튼을 클릭하여 대칭 방향에 곡선 Curve개체를 복사한다.

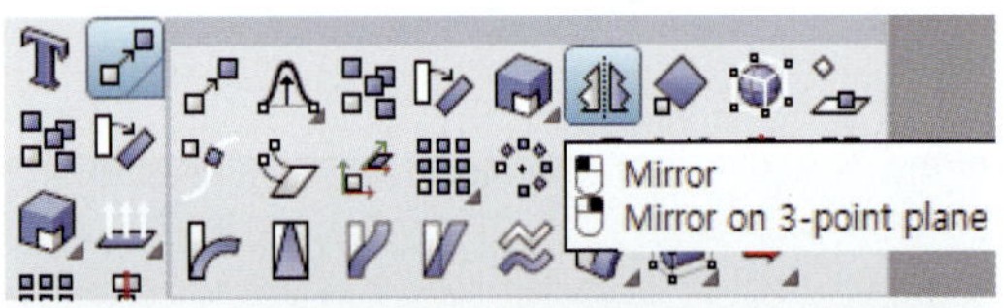

Start of mirror plane (3Point Copy=*Yes* XAxis YAxis): 0

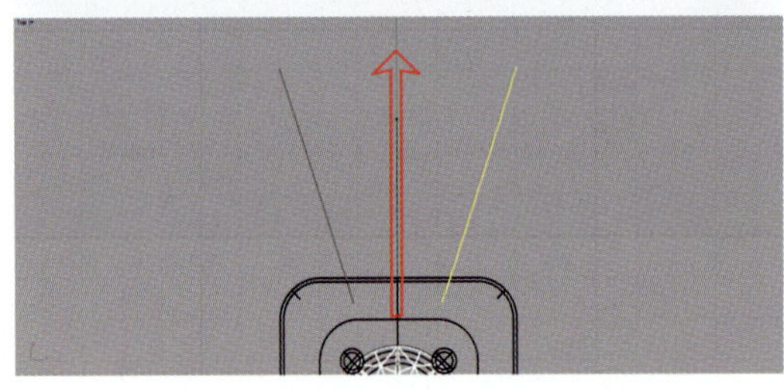

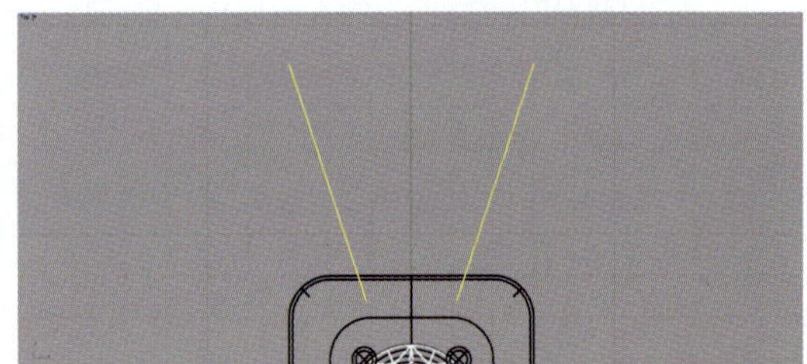

42. 2개의 곡선 Curve개체를 선택하고, Loft를 실행한다. Loft Options창이 나타나면 Style에서 Normal로 설정하고, OK를 누르면 다음 그림과 같이 생성된 Surface 개체를 확인할 수 있다. 2개의 곡선 Curve 개체는 삭제한다.

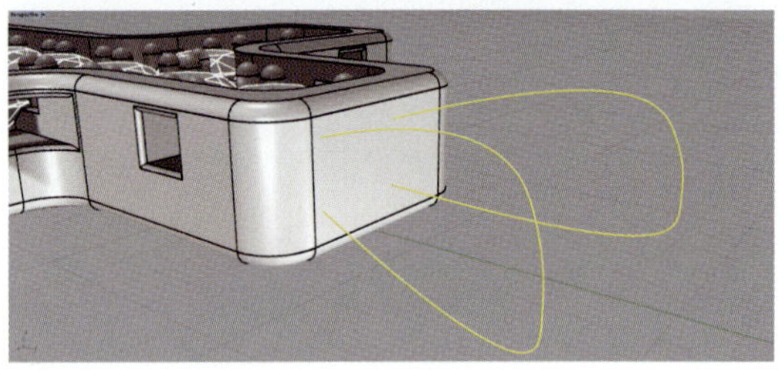

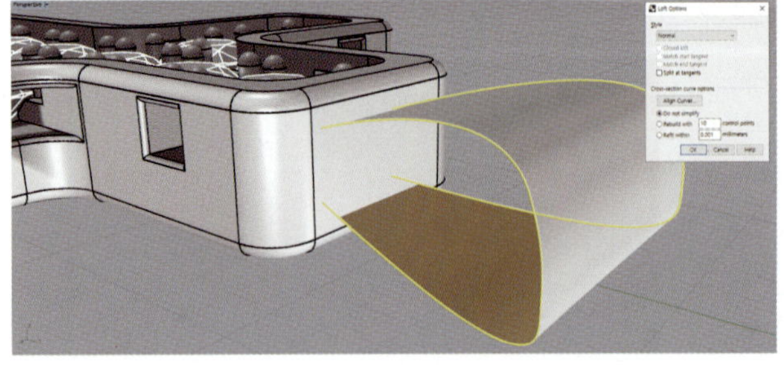

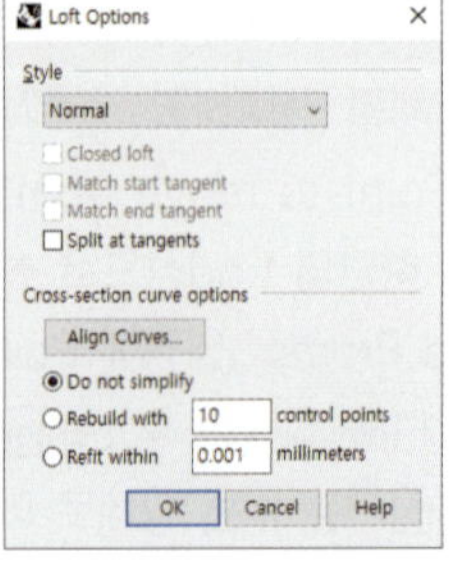

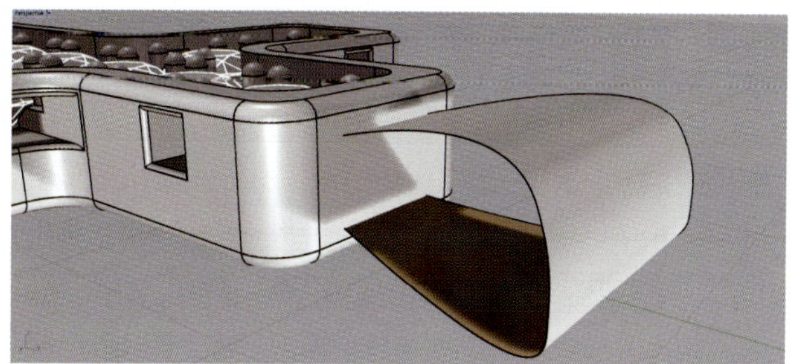

43. 생성된 Surface개체를 선택하고, Offset Surface를 실행한다.
Command Prompt 영역에서 Solid=Yes, DeleteInput=Yes로 설정하고, Distance값 0.5를 입력한 다음, Enter↵키를 누른다.

Select object to flip direction. Press Enter when done
(Distance=*1.2* Corner=*Round* Solid=*Yes* Loose=*No* Tolerance=*0.001* BothSides=*No* DeleteInput=*Yes* FlipAll): 0.5

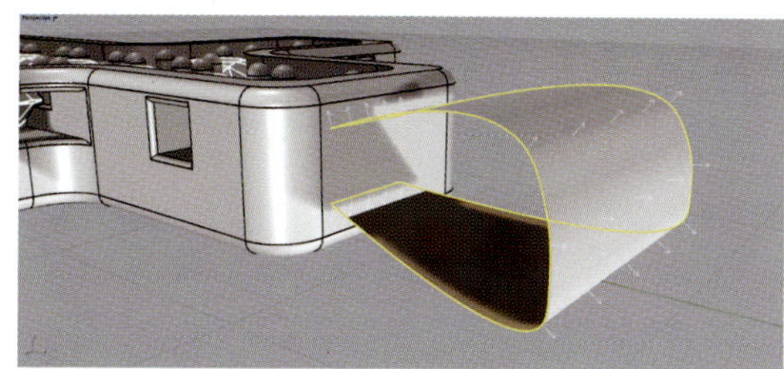

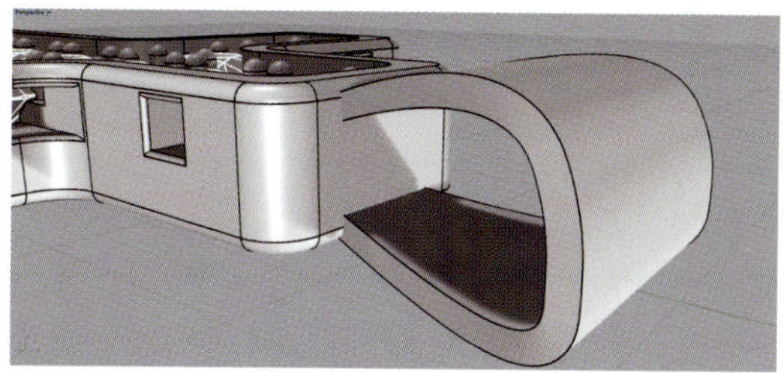

44. Fillet edges를 실행하고, 다음 그림과 같이 생성된 Solid개체의 Edge부분을 선택한 다음, Enter↵키를 누른다. Command Prompt 영역에서 SetAll을 선택하고, Radius for all handles값 0.2를 입력한 후, Enter↵키를 누른다.

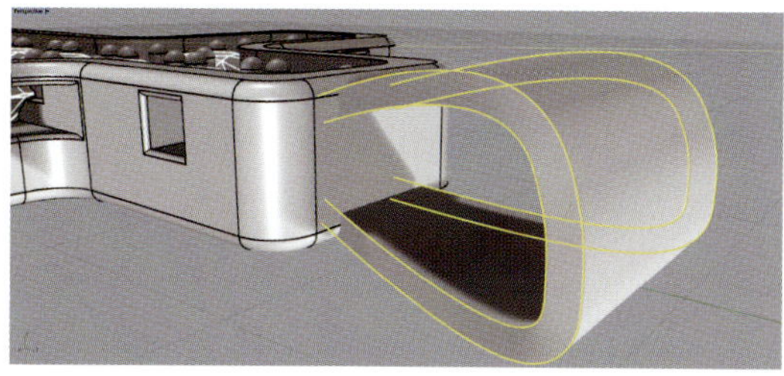

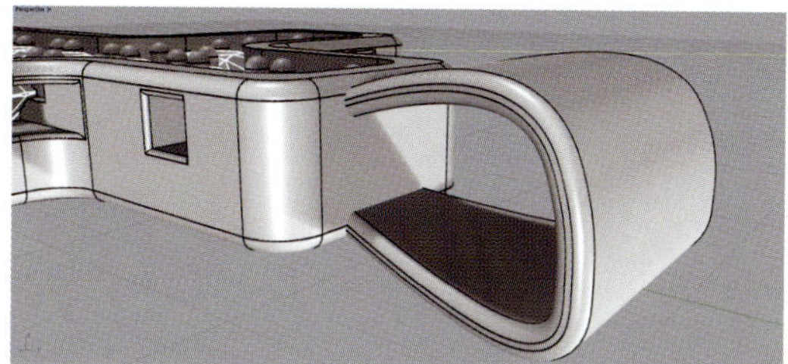

Select fillet handle to edit. Press Enter when done
(ShowRadius=*Yes* AddHandle CopyHandle SetAll LinkHandles=*No* RailType=*RollingBall* SelectEdges TrimAndJoin=*Yes* Preview=*No*):

Radius for all handles <0.300>: 0.2

45. 십자가 개체와 연결고리 형태의 Solid개체를 선택하고, Boolean union를 실행하여 하나의 개체로 결합한다.

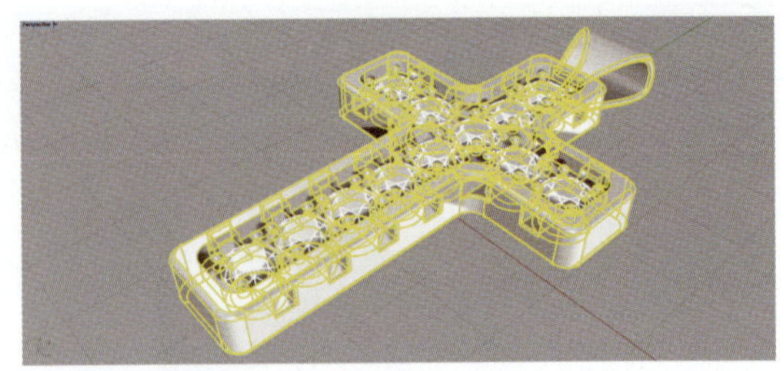

46. 다음 그림과 같이 완성된 Design Modeling 1 목걸이 펜던트 개체를 확인할 수 있다.

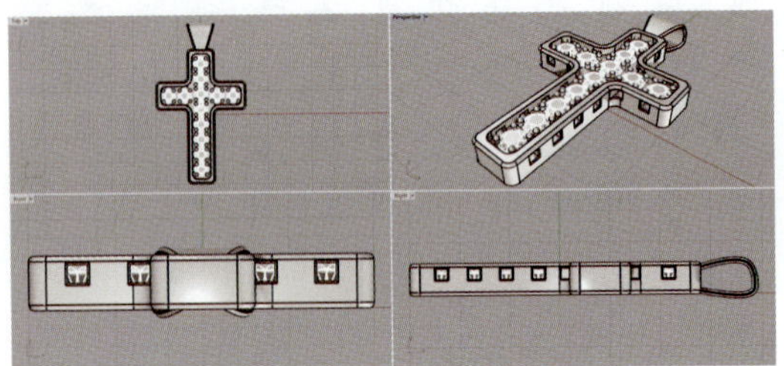

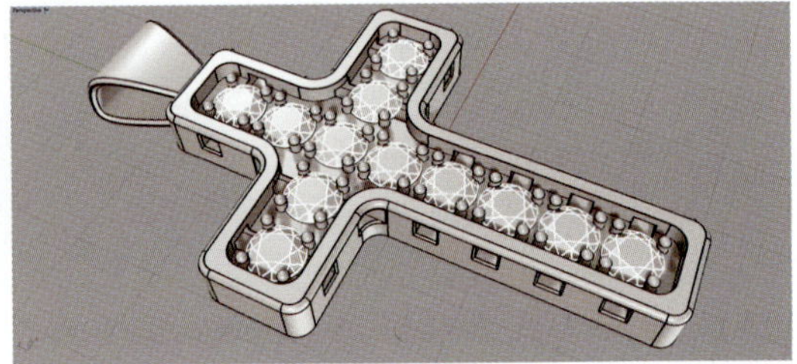

Level 02 Design Modeling 2

출처: 이 예제는 2016년 프로젝트 일환으로 진행된 부산 〈위유〉 업체의 디자인 제품임을 밝힙니다.

01. Top Top Viewport에서 Ctrl+I(Insert)를 실행하여 Insert창이 나타나면 Insert as에서 Individual Objects를 선택하고, 우측 상단의 폴더 아이콘을 선택한다. 4.50×2.72.3dm파일을 선택하고, 열기를 누른 후, Command Prompt 영역에 Insertion point값 0을 입력하여 원점(0, 0) 위치에 보석개체를 불러온다.

→ 부록CD 〉 Rhino 예제 〉 Level 2 - Design Modeling 2 〉 4.50×2.72.3dm

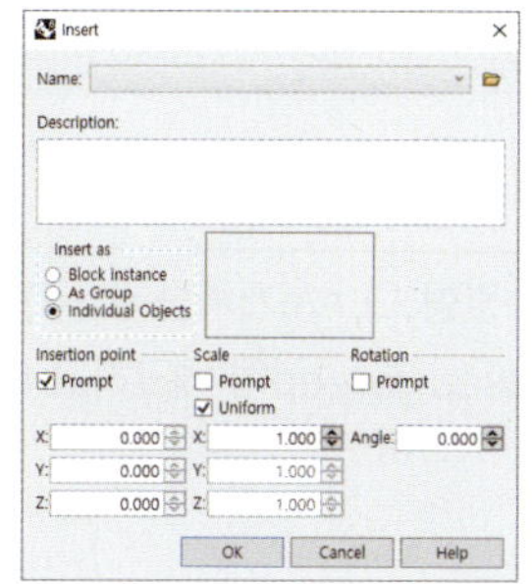

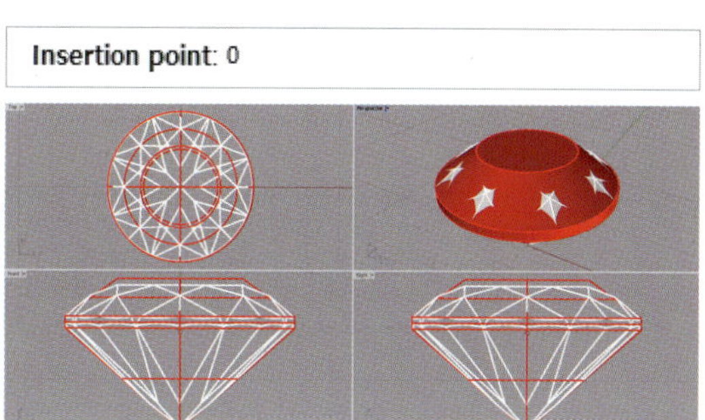

02. 불러온 반지 개체들을 선택하고, Lock objects를 실행하여 잠가둔다.
Top Top Viewport에서 Circle: center, radius를 실행하여 원점(0,0) 기준으로 3.19㎜ 원형 Curve개체와 1.61㎜의 원형 Curve개체를 생성한다.

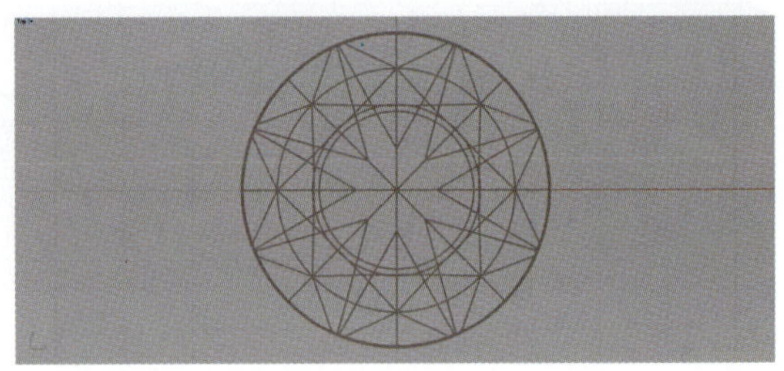

Center of circle (Deformable Vertical 2Point 3Point Tangent AroundCurve FitPoints): 0
Diameter <19.800> (Radius Orientation Circumference Area ProjectOsnap=*Yes*): 3.19
Diameter <3.190> (Radius Orientation Circumference Area ProjectOsnap=*Yes*): 1.61

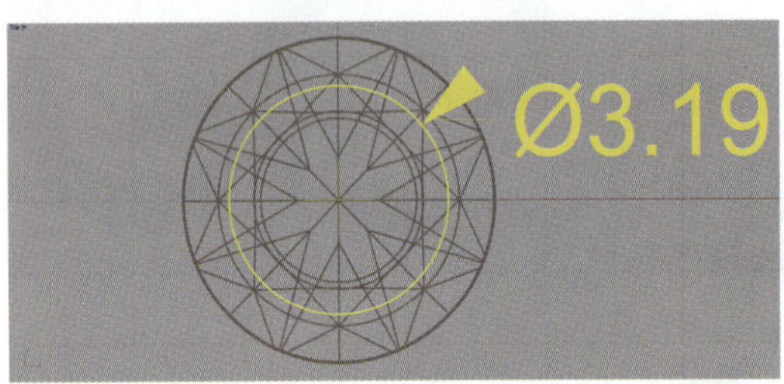

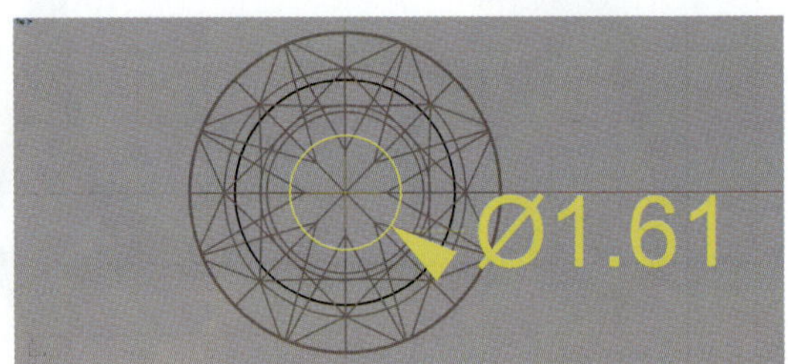

03. Right Right Viewport에서 Circle: diameter를 실행하고, 다음 그림과 같이 3.19㎜ 원형 Curve개체의 Quad점과 1.61㎜의 원형 Curve개체의 Quad점을 선택하여, 원형 Curve개체를 생성한다.

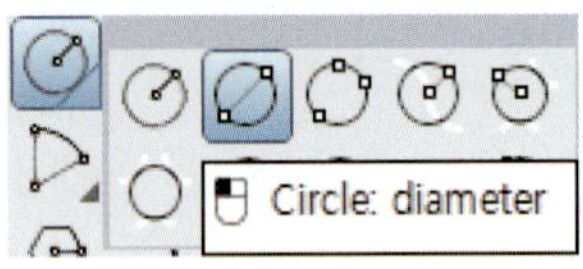

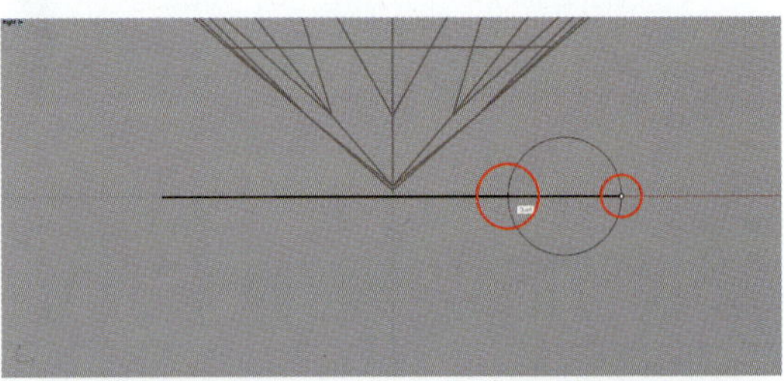

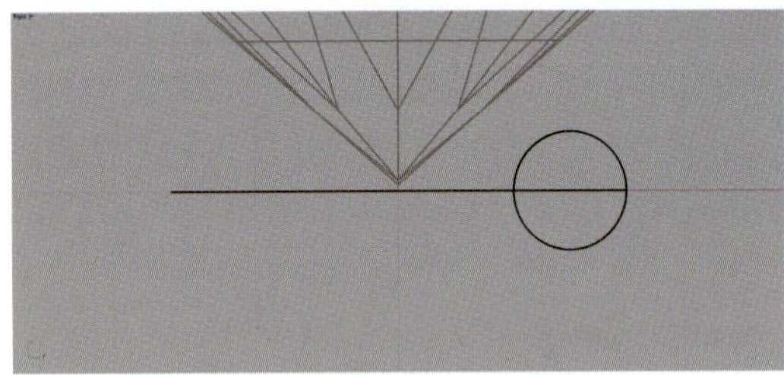

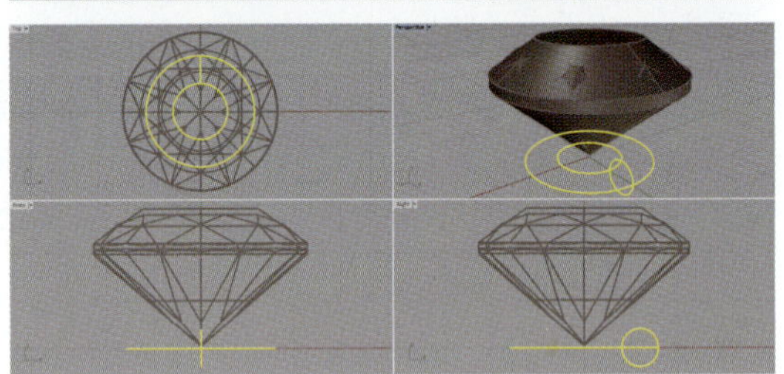

04. Sweep 2 rails를 실행하고, 1번, 2번, 3번의 원형 Curve개체를 순서대로 선택한 후, Enter↵ 키를 누른다. Sweep 2 rail Options창이 나타나면 Closed sweep에 체크하고 OK를 누른다. 사용한 3개의 원형 Curve개체는 삭제한다.

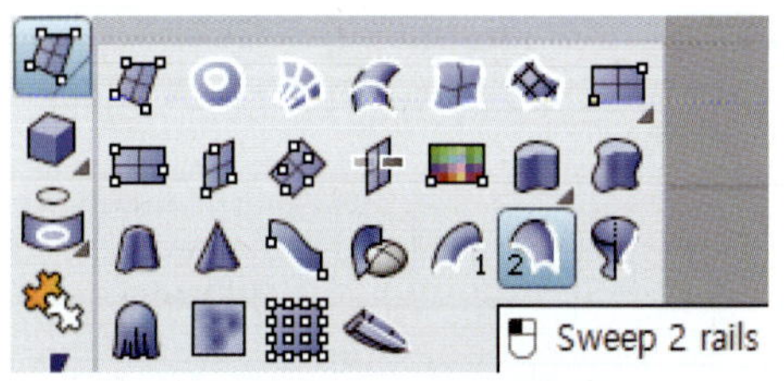

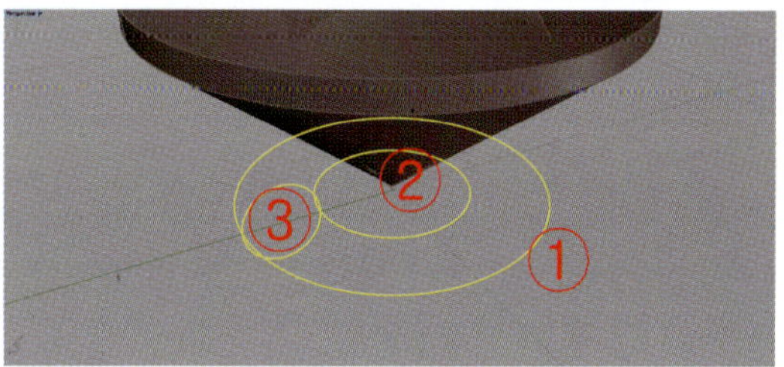

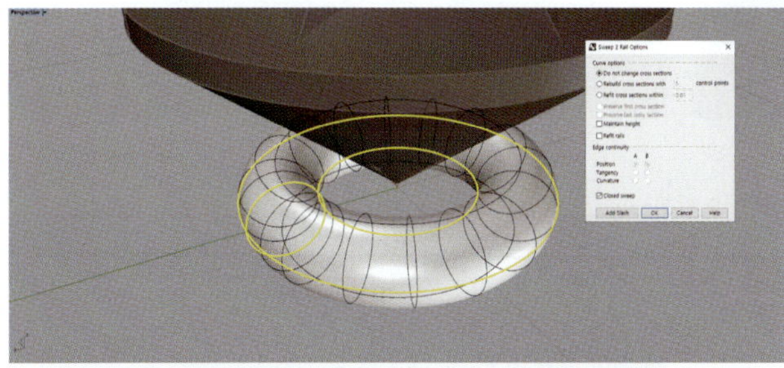

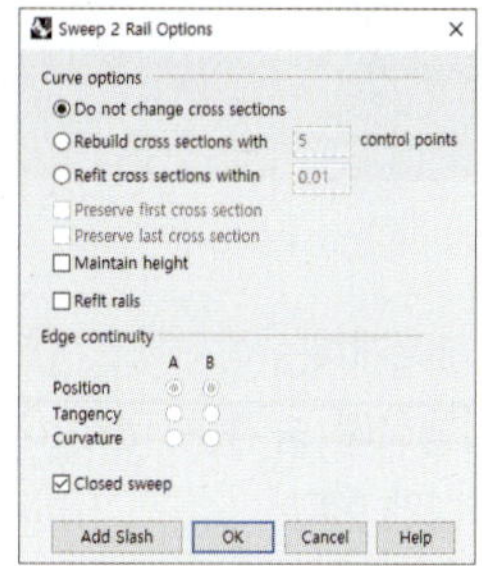

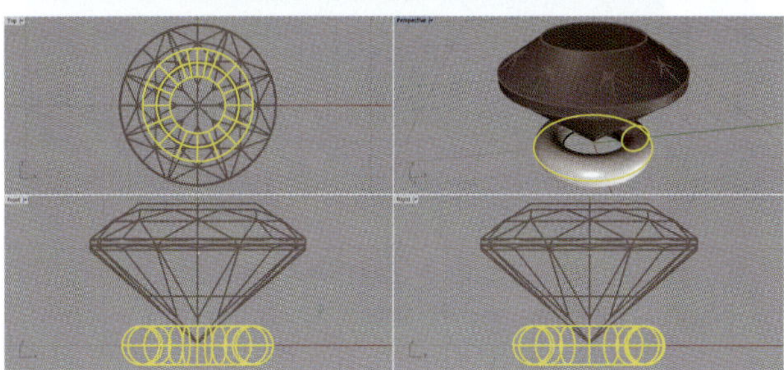

05. 생성된 Torus개체는 Hide objects를 실행하여 잠시 숨겨둔다. **Front** Front Viewport에서 Control Point Curve를 실행하고, 다음 그림과 같은 곡선 Curve개체를 생성한다.

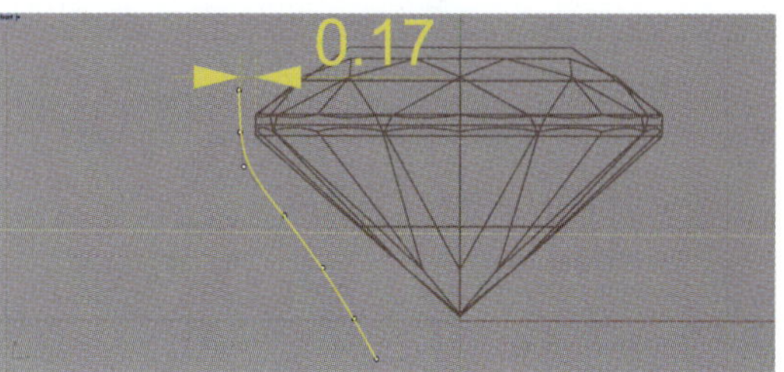

06. 생성된 곡선 Curve개체를 선택하고, Pipe: Round caps를 실행한다. Command Prompt 영역에 Start radius값 0.5를 입력한 후, Enter↵키를 누르고, End radius값 0.35를 입력한 다음, Enter↵키를 누른다. 다음 그림과 같이 생성된 Pipe개체를 확인할 수 있다.

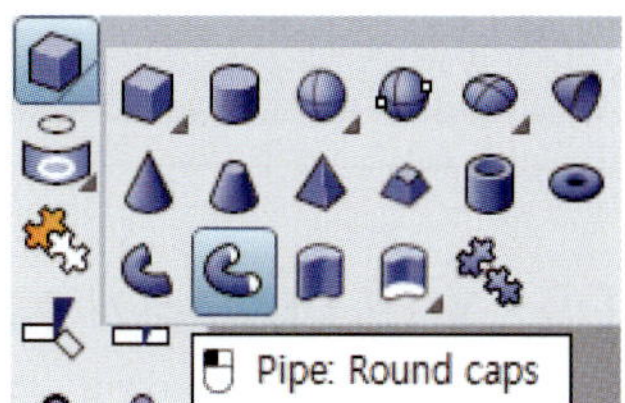

Start radius <1.000> (Diameter Thick=*No* Cap=*Round* ShapeBlending=*Local* FitRail=*No*): 0.5

End radius <0.500> (Diameter ShapeBlending=*Local* FitRail=*No*): 0.35

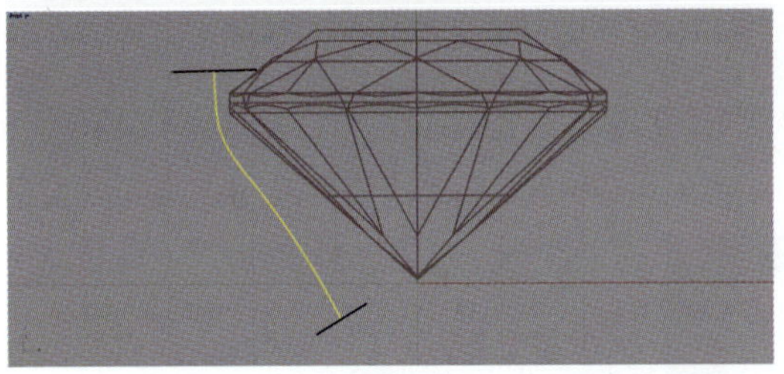

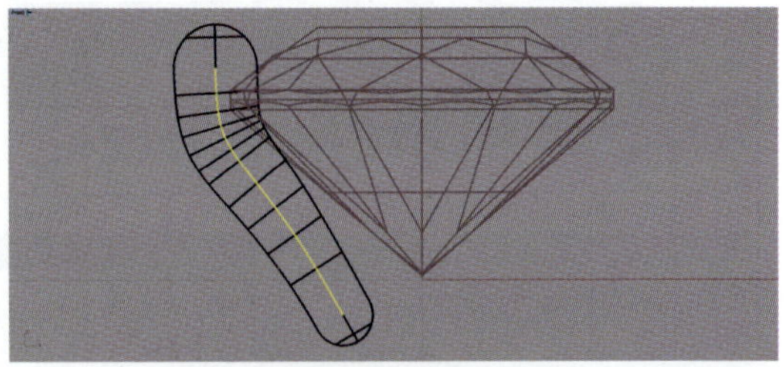

07. 사용한 곡선 Curve개체는 삭제하고, Show objects를 실행하여 숨겨둔 Torus개체를 화면상에 나타나게 한다.

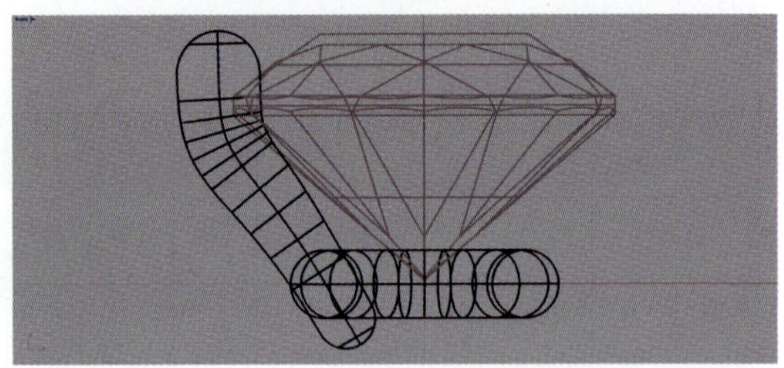

08. Top Top Viewport에서 Pipe개체를 선택하고, Polar array를 실행한다. Command Prompt 영역에 Center of polar array값 0을 입력하고, Enter↵키를 누른 다음, Number of items값 4를 입력한 후, Enter↵키를 누른다. 다음 그림과 같이 복사된 4개의 Pipe개체를 확인할 수 있다.

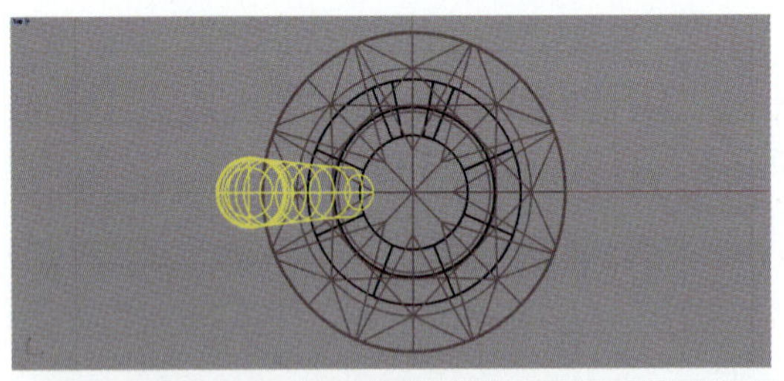

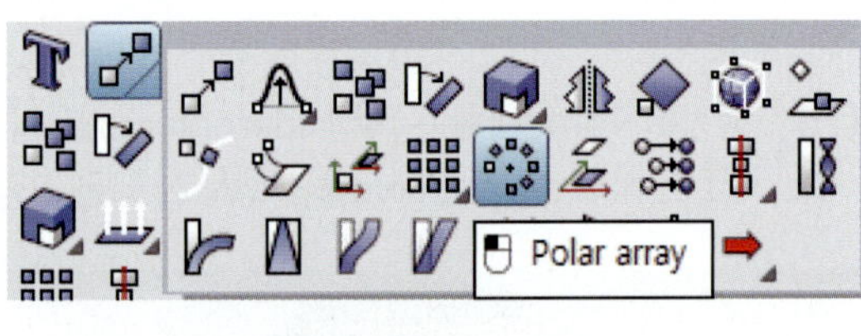

Center of polar array (Axis): 0

Number of items <3>: 4

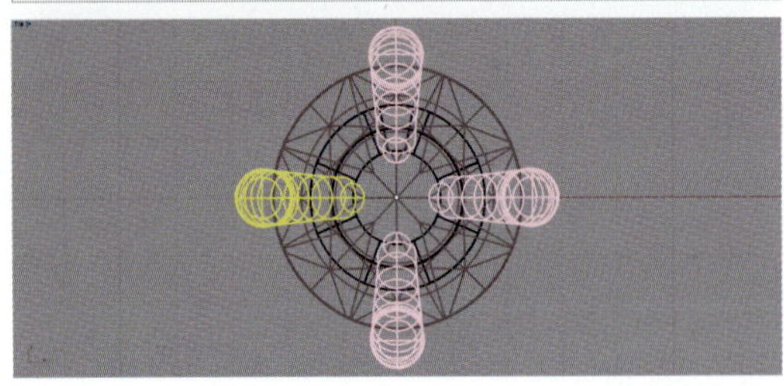

09. 복사된 4개의 Pipe개체를 선택하고, Rotate 2-D를 실행한다. 원점 기준으로 Command Prompt 영역에 Angle or first reference point값 45를 입력하고, Enter↵키를 누르면 다음 그림과 같이 4개의 Pipe개체가 45도 각도로 회전한 것을 확인할 수 있다.

Center of rotation (Copy=*No*): 0

Angle or first reference point (Copy=*No*): 45

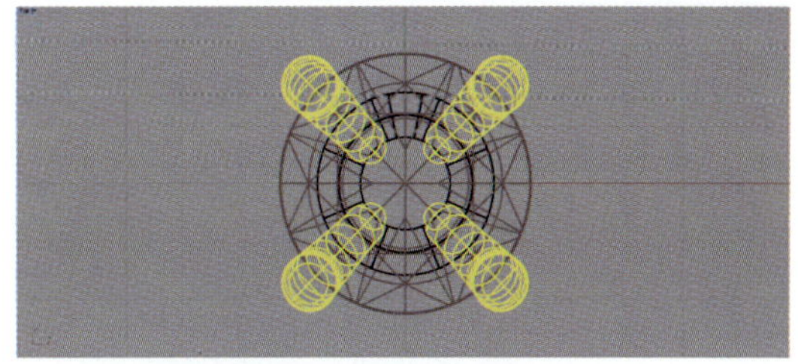

10. **Front** Front Viewport에서 4개의 Pipe개체와 Torus개체를 선택하고, Trim을 실행한 후, 다음 그림과 같이 Torus개체 아래로 튀어나온 부분의 Pipe개체를 선택하여 잘라준다.

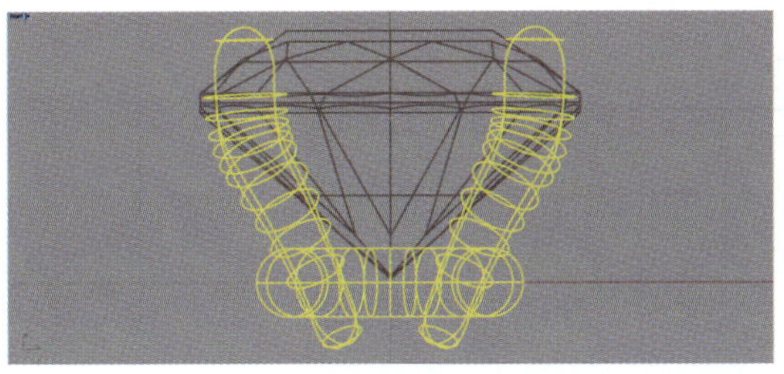

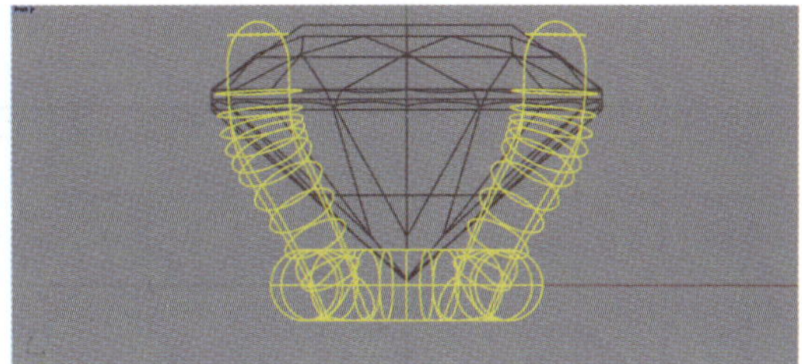

11. 잘린 4개의 Pipe개체와 Torus개체를 선택하고, Boolean union을 실행하여 하나의 개체로 결합한다.

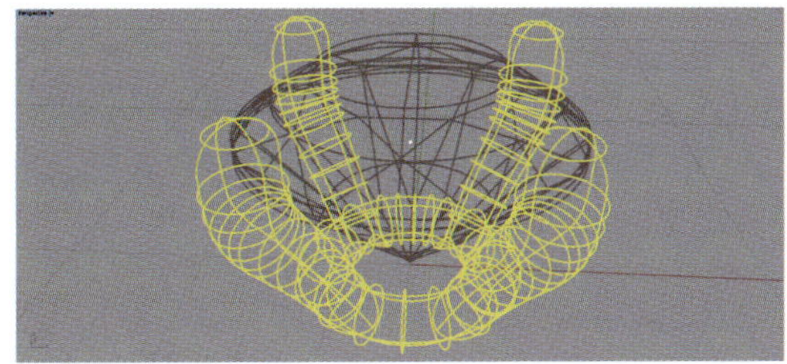

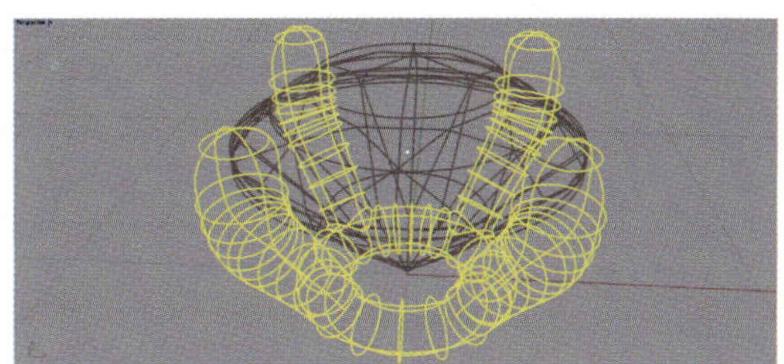

12. **Top** Top Viewport에서 Ctrl+I(Insert)를 실행하여 Insert창이 나타나면 Insert as에서 Individual Objects를 선택하고, 우측 상단의 폴더 아이콘을 선택한다. 꽃잎 Curves.3dm파일을 선택하고, 열기를 누른 후, Command Prompt 영역에 Insertion point값 0을 입력하여 원점(0, 0) 위치에 꽃잎 Curves개체를 불러온다.

→ 부록CD > Rhino 예제 > Level 2 - Design Modeling 2 > 꽃잎 Curves.3dm

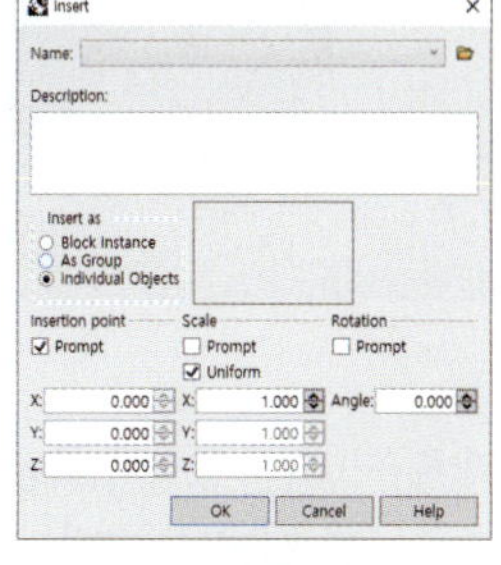

Insertion point: 0

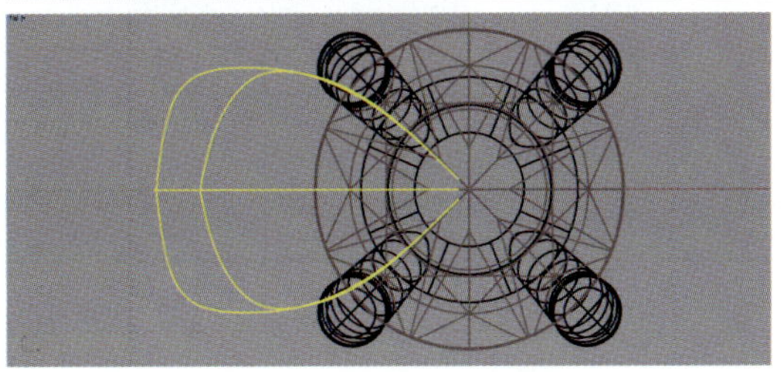

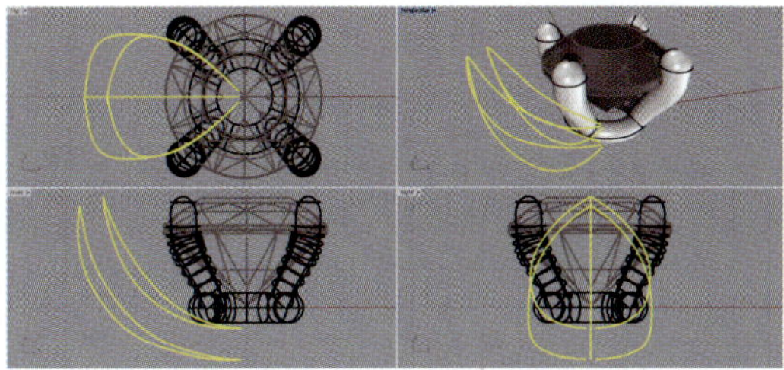

13. Loft를 실행하고 1번, 2번, 3번의 Curve개체를 순서대로 선택한 후, Enter↵ 키를 누른다.
Loft Options창이 나타나면 Style에서 Normal을 선택하고, OK를 누르면 다음 그림과 같이 꽃잎 형태의 Surface개체가 생성된 것을 확인할 수 있다.

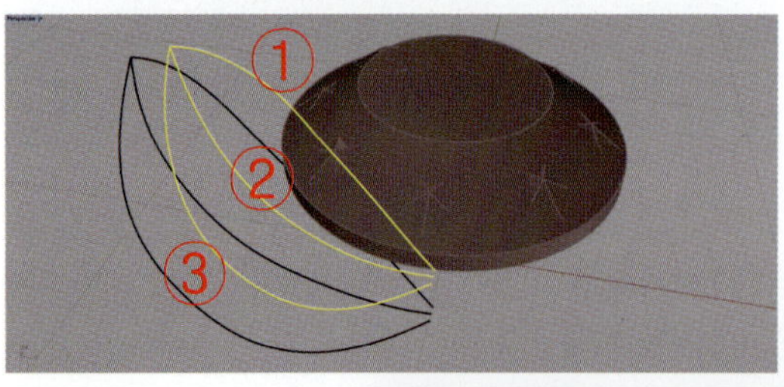

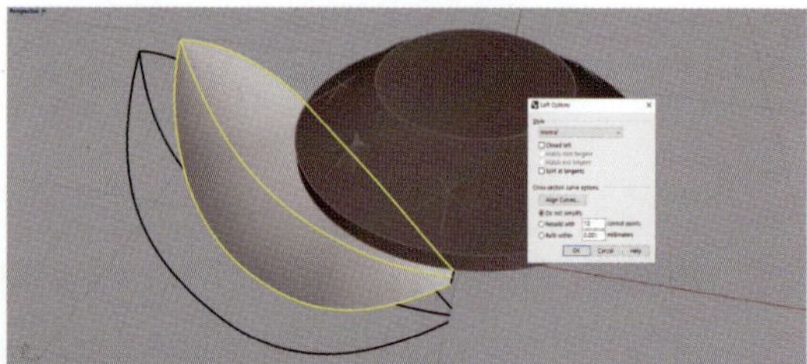

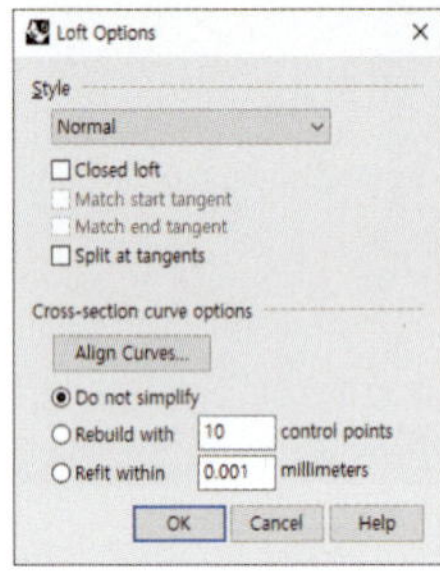

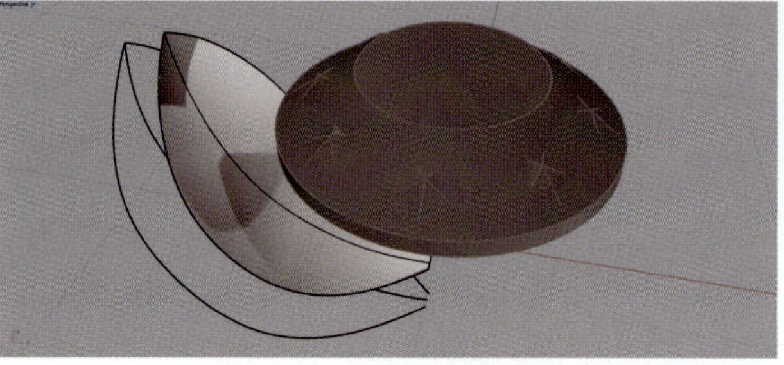

14. 다시 Loft를 실행하고, 남은 꽃잎 Curve 개체도 위와 같은 방법으로 꽃잎 형태의 Surface개체를 생성한다.

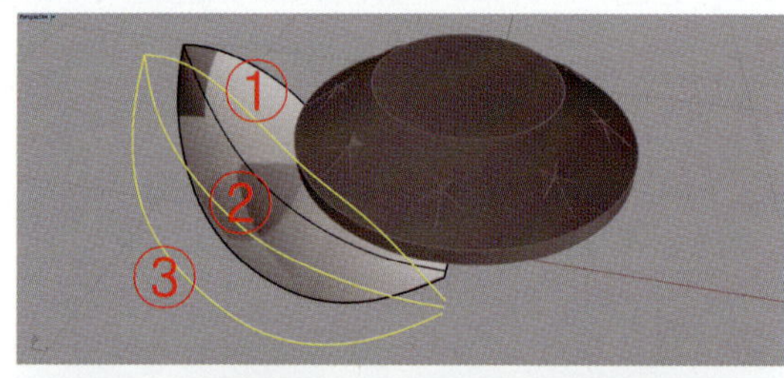

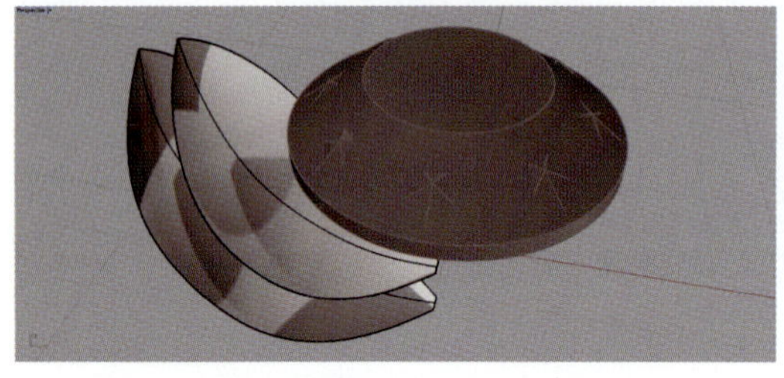

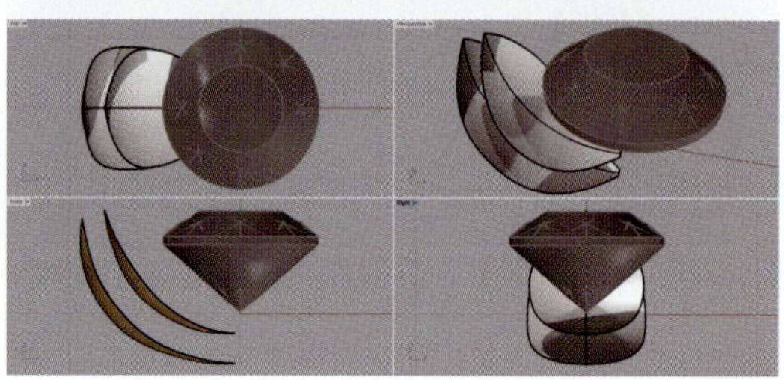

15. 사용한 꽃잎 Curve개체들은 Hide objects를 실행하여 잠시 숨겨둔다. Loft를 실행하고, 두 꽃잎 Surface개체의 Edge와 Edge를 선택하고, Enter↵ 키를 누른 후, Loft Options창이 나타나면 Style에서 Normal을 선택하고, OK를 누른다.
다음 그림과 같이 Surface개체가 생성된 것을 확인할 수 있다.

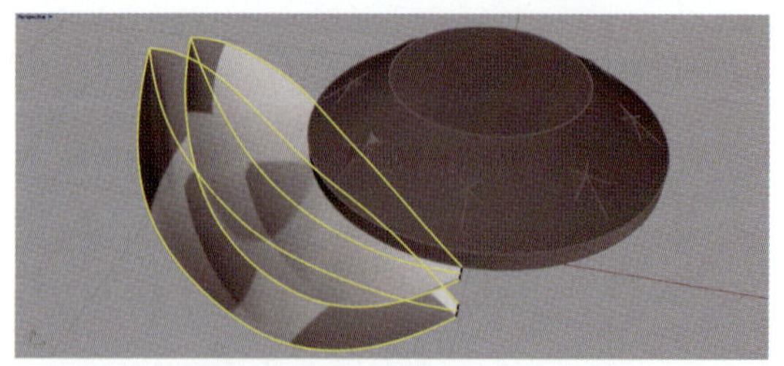

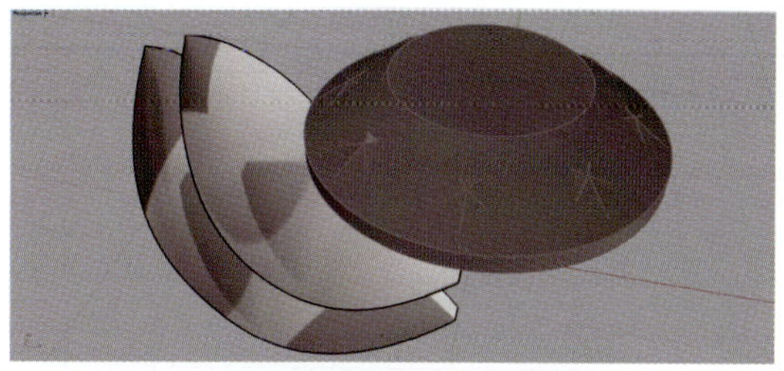

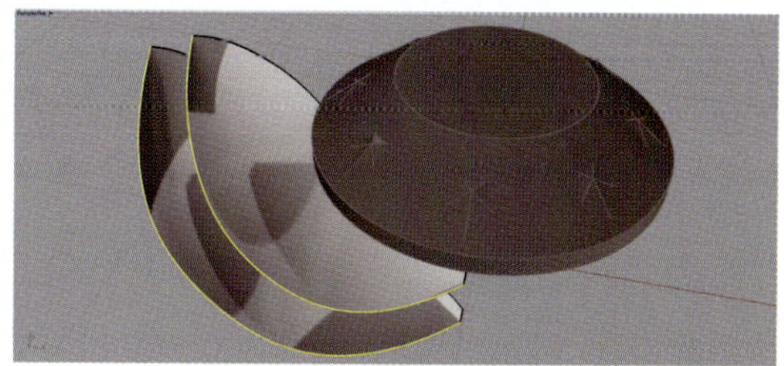

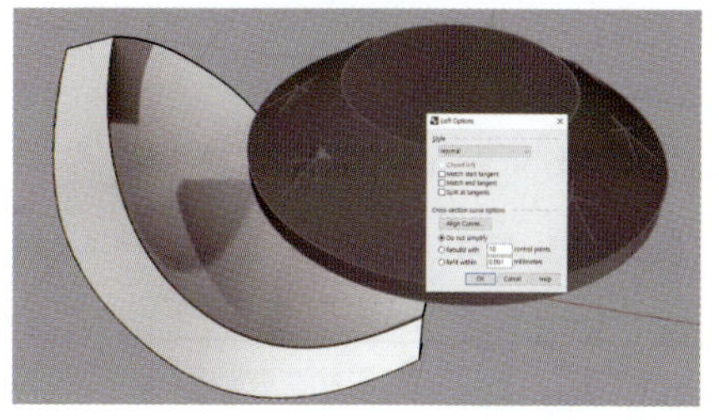

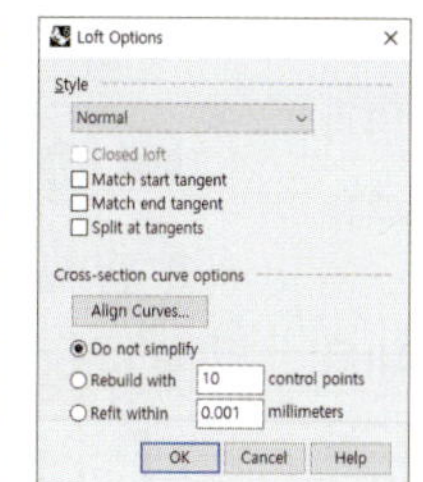

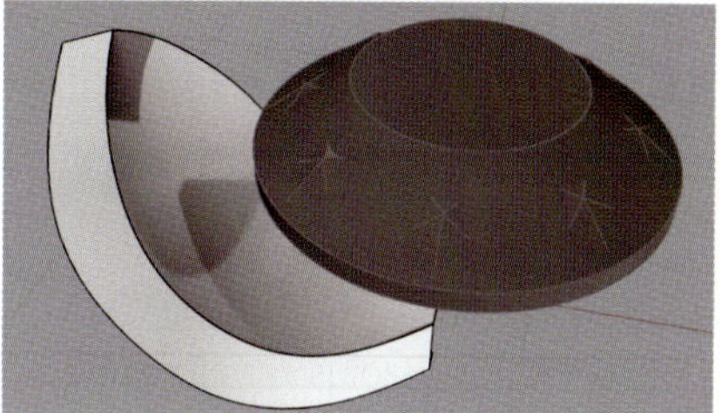

16. 두 꽃잎 Surface개체 대칭 방향의 Edge와 Edge도 위와 같은 방법으로 Surface개체를 생성한다.

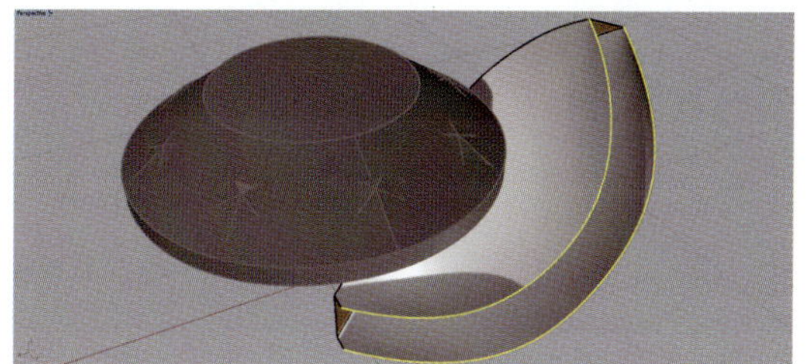

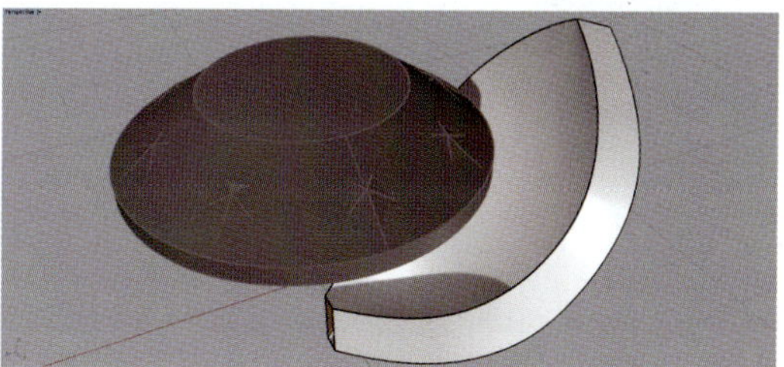

17. Surface from 2, 3 or 4 edge curves를 실행하고, 생성된 꽃잎 Poly-Surface개체 하단의 1번, 2번, 3번, 4번 Edge를 선택하여 Surface개체를 생성한다.

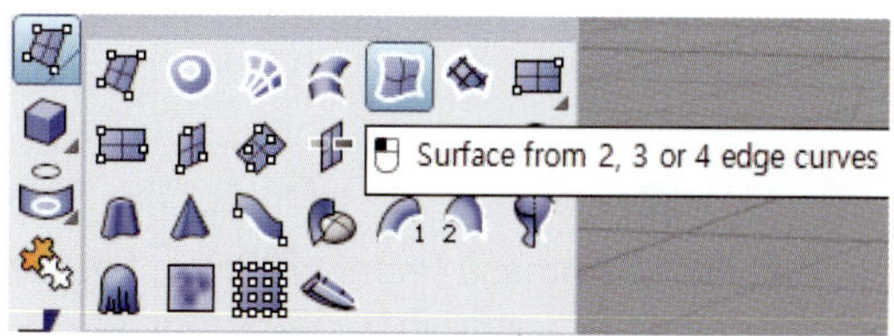

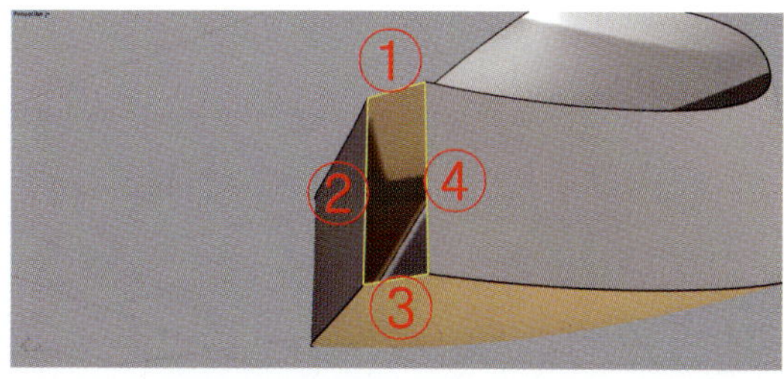

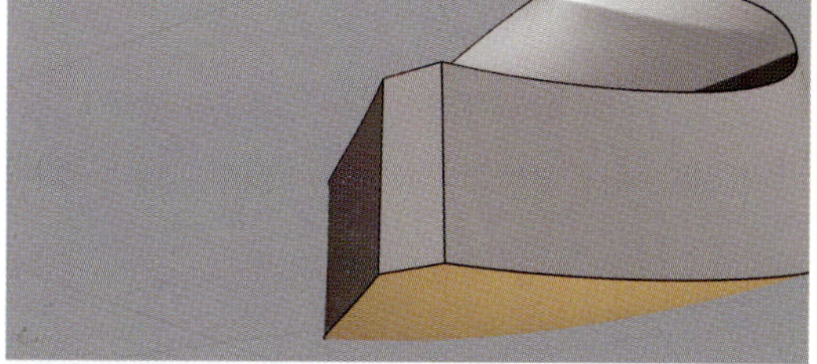

18. 생성된 5개의 Surface개체를 선택하고, Join을 실행하여 하나의 꽃잎 Poly-Surface개체로 결합한다.

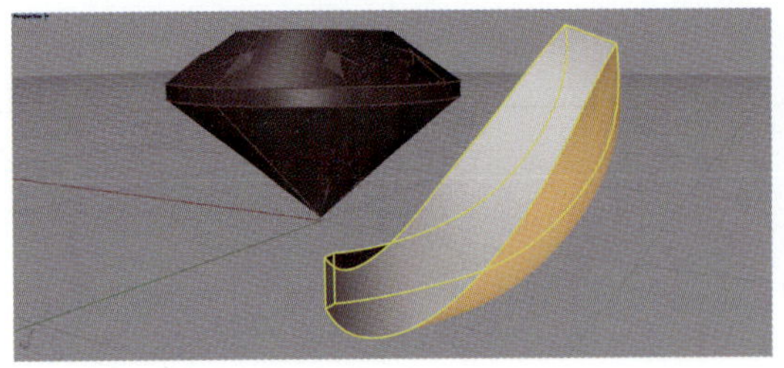

19. Fillet edges를 실행하고, 다음 그림과 같이 꽃잎 Poly-Surface개체 상단의 Edge를 선택한 후, Enter↵키를 누른다.
Command Prompt 영역에서 SetAll을 선택하고, Radius for all handles값 0.3을 입력한 후, Enter↵키를 누른다.
다음 그림과 같이 선택된 꽃잎 Poly-Surface 개체 상단의 Edge가 반지름 0.3㎜로 Fillet된 것을 확인할 수 있다.

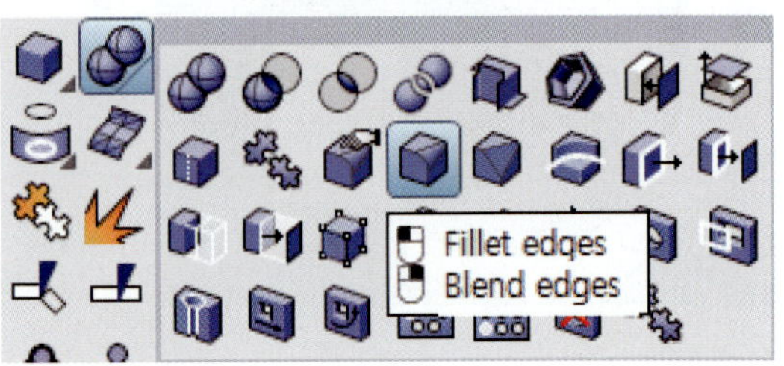

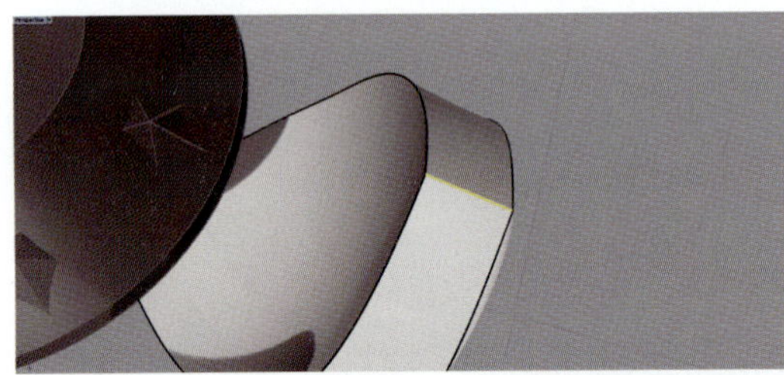

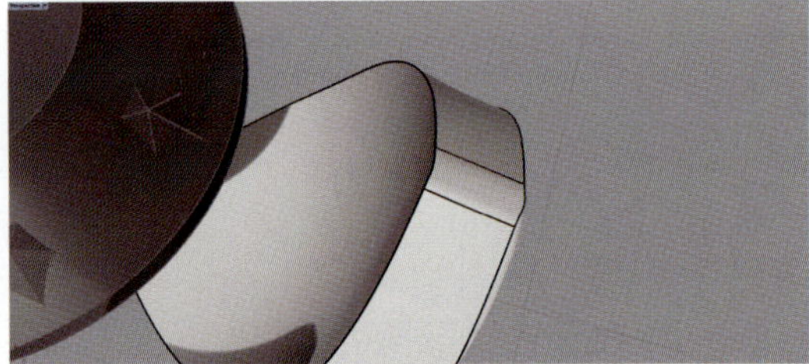

Select fillet handle to edit. Press Enter when done
(ShowRadius=*Yes* AddHandle CopyHandle SetAll LinkHandles=*No* RailType=*RollingBall* SelectEdges TrimAndJoin=*Yes* Preview=*No*):

Radius for all handles <1.000>: 0.3

20. 다시 Fillet edges를 실행하고, 꽃잎 Poly-Surface개체의 모든 Edge를 선택한 후, Enter↵키를 누른다. Command Prompt 영역에서 SetAll을 선택하고, Radius for all handles값 0.2를 입력한 후, Enter↵키를 누른다. 다음 그림과 같이 선택된 꽃잎 Poly-Surface개체의 모든 Edge가 반지름 0.2㎜로 Fillet된 것을 확인할 수 있다.

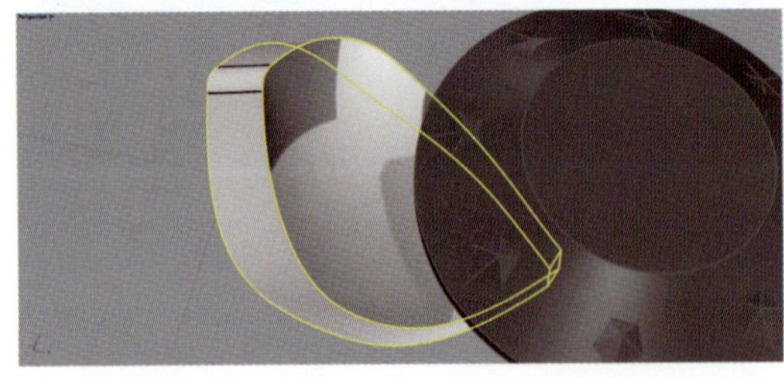

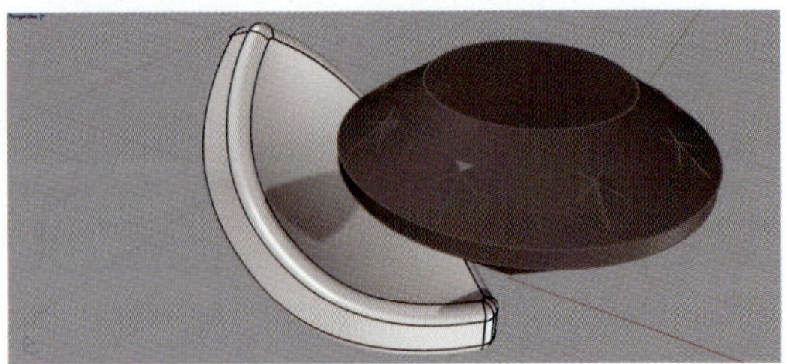

Select fillet handle to edit. Press Enter when done
(ShowRadius=*Yes* AddHandle CopyHandle SetAll LinkHandles=*No* RailType=*RollingBall* SelectEdges TrimAndJoin=*Yes* Preview=*No*):

Radius for all handles <0.300>: 0.2

21. Top Top Viewport에서 꽃잎 Poly-Surface개체를 선택하고, Polar array를 실행한다. 원점(0, 0) 기준으로 Command Prompt 영역에 Number of items값 4를 입력한 후, Enter↵ 키를 누른다. Angle to fill or first reference point값을 360으로 입력하고, Enter↵ 키를 누르면 다음 그림과 같이 복사된 4개의 꽃잎 Poly-Surface개체를 확인할 수 있다.

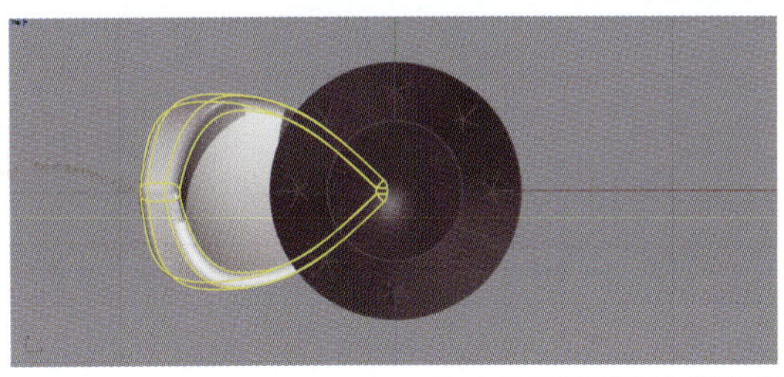

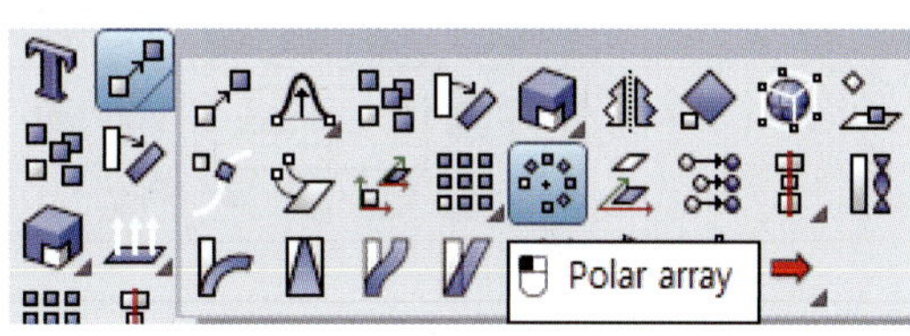

Center of polar array (Axis): 0

Number of items <4>: 4

Angle to fill or first reference point <360> (Preview=*Yes* StepAngle Rotate=*Yes* ZOffset=*0*):

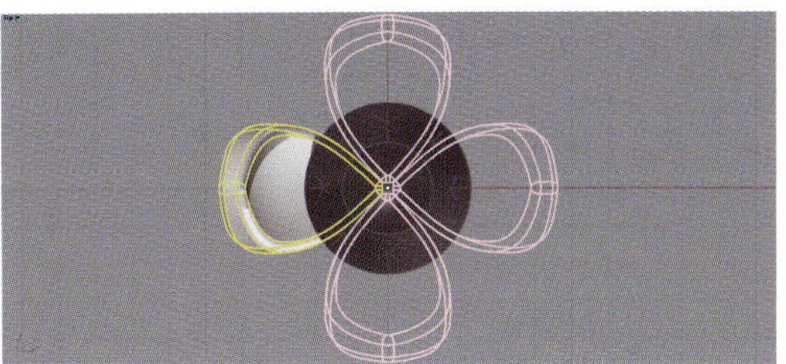

22. 4개의 꽃잎 Poly-Surface개체를 선택하고, Lock objects를 실행하여 잠시 잠가둔다. 우측 Panels의 Layers에서 Cilinder difference와 보석의 Hide objects를 선택하여 보석개체들을 숨겨둔다.

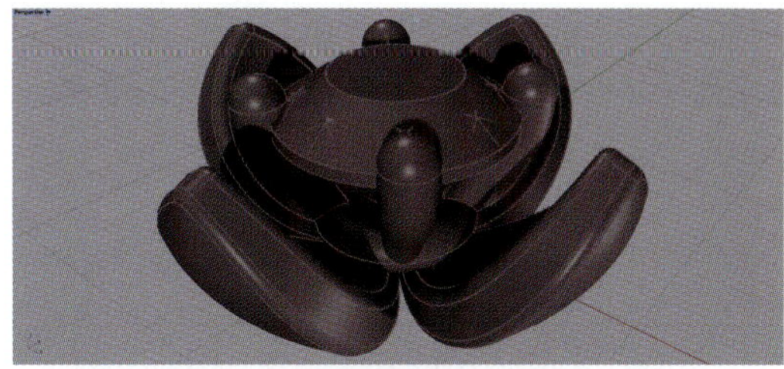

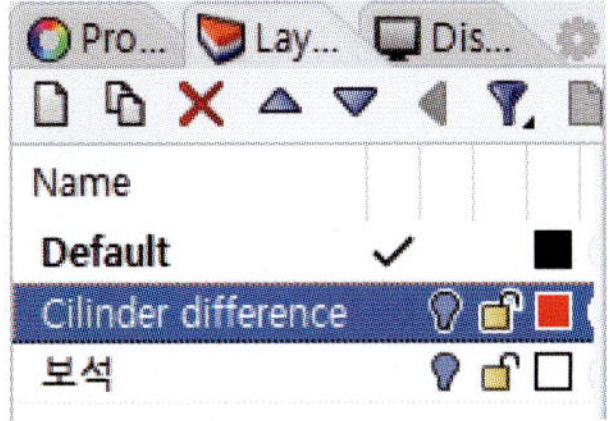

23. Top Top Viewport에서 Cylinder를 실행하고, Command Prompt 영역에 Base of cylinder값 1.24, 0을 입력한 후, Enter↵ 키를 누른다. Diameter값 0.65를 입력하고, Enter↵ 키를 누른 후, End of cylinder값 -3.32를 입력한 다음, Enter↵ 키를 누르면 다음 그림과 같은 위치에 Cylinder개체가 생성된 것을 확인할 수 있다.

Base of cylinder (DirectionConstraint=*Vertical* Solid=*Yes* 2Point 3Point Tangent FitPoints): 1.24,0

Diameter <0.800> (Radius Circumference Area ProjectOsnap=*Yes*): 0.65

End of cylinder <-3.320> (DirectionConstraint=*Vertical* BothSides=*No*): -3.32

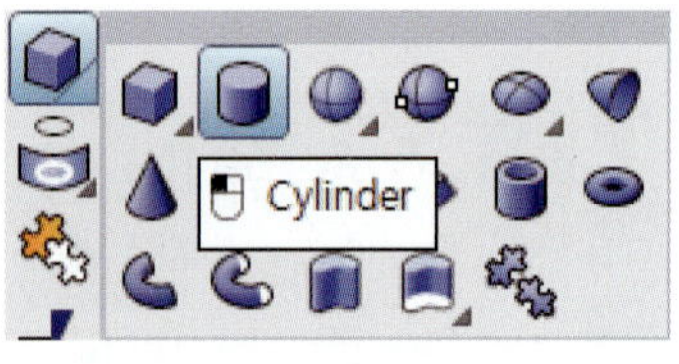

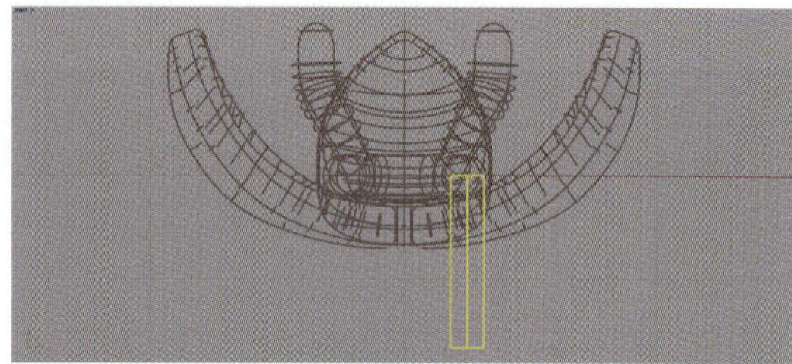

24. 다시 Cylinder를 실행하고, Command Prompt 영역에 Base of cylinder값 1.24, 0을 입력한 후, Enter↵ 키를 누른다. Diameter값 0.8을 입력하고, Enter↵ 키를 누른 후, End of cylinder값 -10을 입력한 다음, Enter↵ 키를 누르면 다음 그림과 같은 위치에 Cylinder개체가 생성된 것을 확인할 수 있다.

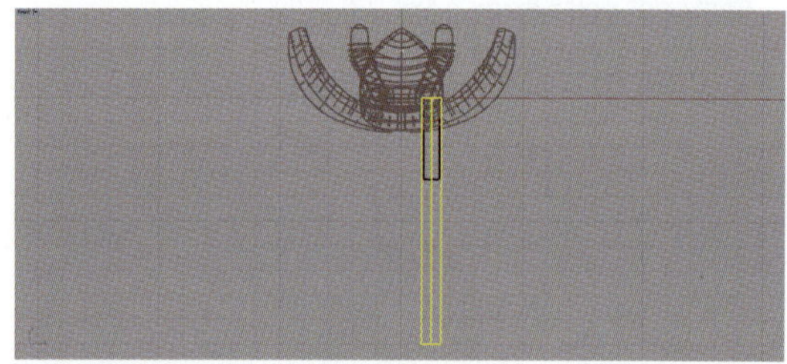

Base of cylinder (DirectionConstraint=*Vertical* Solid=*Yes* 2Point 3Point Tangent FitPoints): 1.24,0

Diameter <0.650> (Radius Circumference Area ProjectOsnap=*Yes*): 0.8

End of cylinder <-3.320> (DirectionConstraint=*Vertical* BothSides=*No*): -10

25. Show objects를 실행하여 숨겨둔 꽃잎 Curve개체를 화면상에 나타나게 한다. 다음 그림과 같이 꽃잎 Curve개체 안쪽 Curve개체 2개만 남기고, 바깥쪽 Curve 개체는 삭제한다.

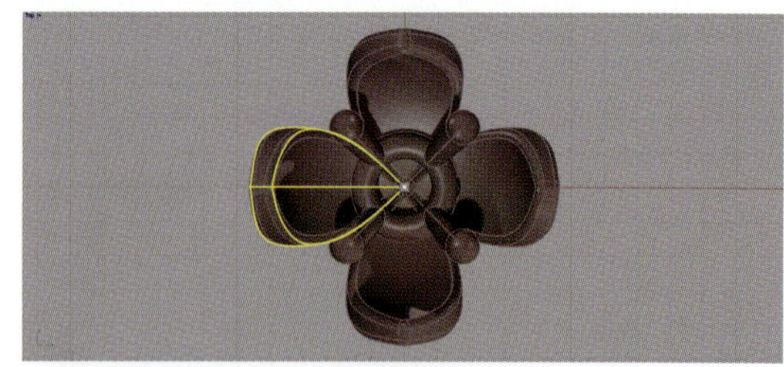

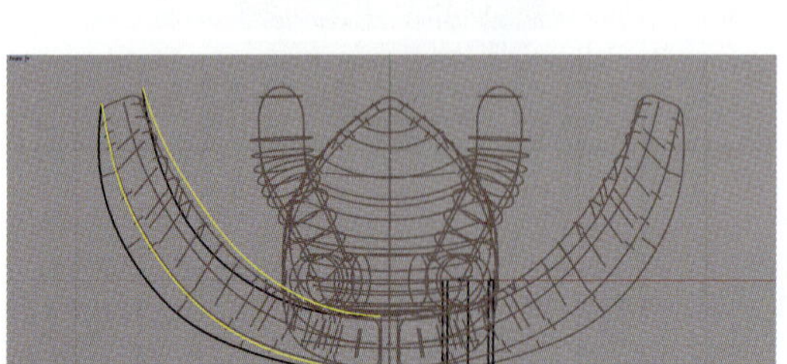

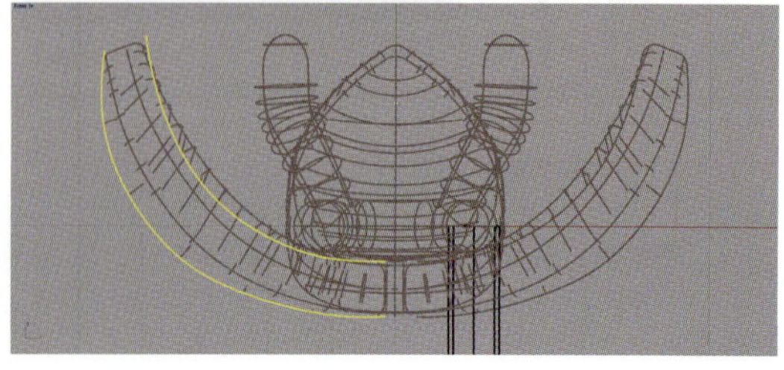

26. Single Line를 실행하고, 두 곡선 Curve개체 상단의 End점과 End점을 직선 Curve개체로 연결한 후, Join을 실행하여 하나의 Curve개체로 결합한다.

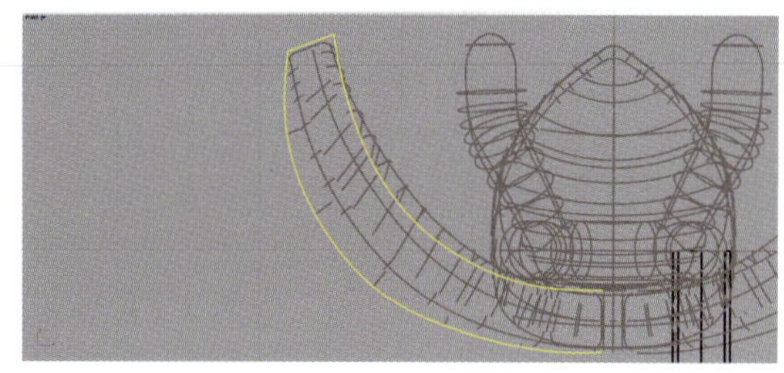

27. Curve개체를 선택하고, Show object control points (F10)를 실행하여 Curve 개체의 조절점을 화면상에 나타나게 한다. 다음 그림과 같이 상단의 조절점 3개를 선택하고, Move를 실행한 후, Point to move from을 오른쪽 조절점으로 선택한다. Command Prompt 영역에 Point to move to값 0.1을 입력하고, Enter↵키를 누른 다음, Shift키를 누른 상태로 마우스 커서를 화살표 방향으로 이동한 후, 마우스 왼쪽버튼을 클릭하여 Curve개체를 0.1㎜ 변형시킨다.

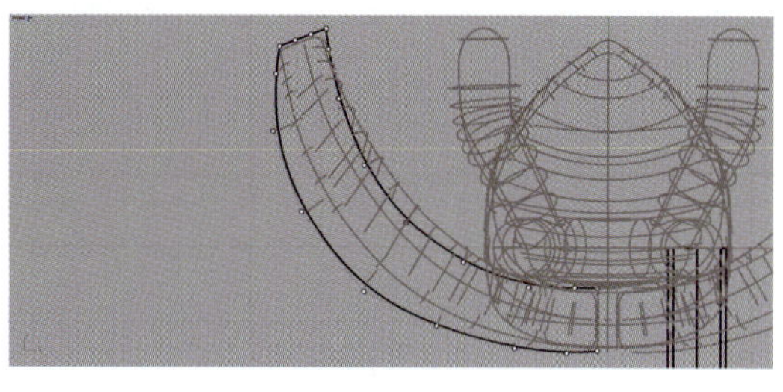

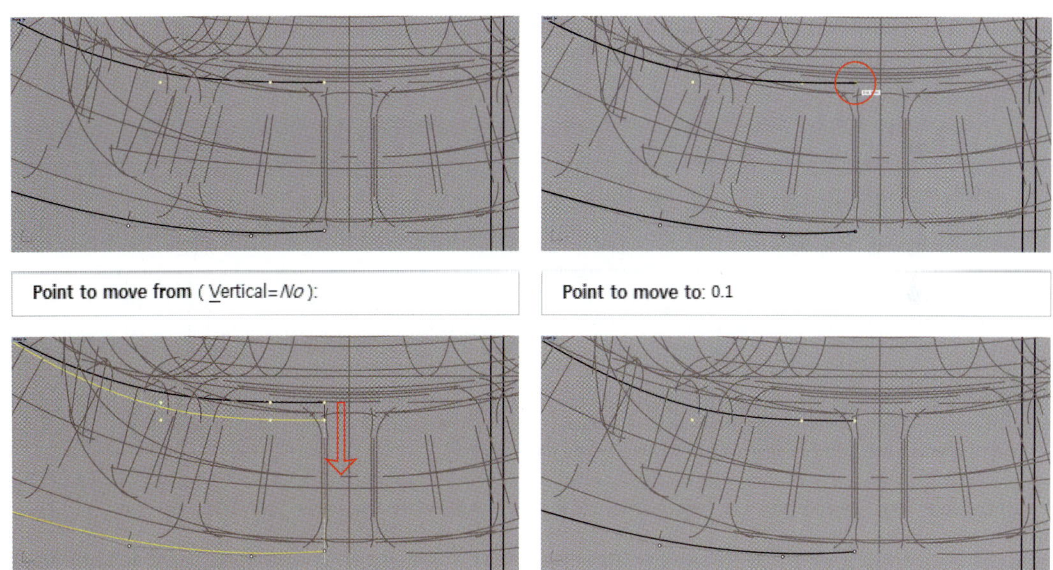

28. 위와 같은 방법으로 하단의 조절점 3개를 선택하고, Move를 실행한 후, Point to move from을 오른쪽 조절점으로 선택한다. Command Prompt 영역에 Point to move to값 0.1을 입력하고, Enter↵키를 누른 다음, Shift키를 누른 상태로 마우스 커서를 화살표 방향으로 이동한 후, 마우스 왼쪽버튼을 클릭하여 Curve개체를 0.1㎜ 변형시킨다.

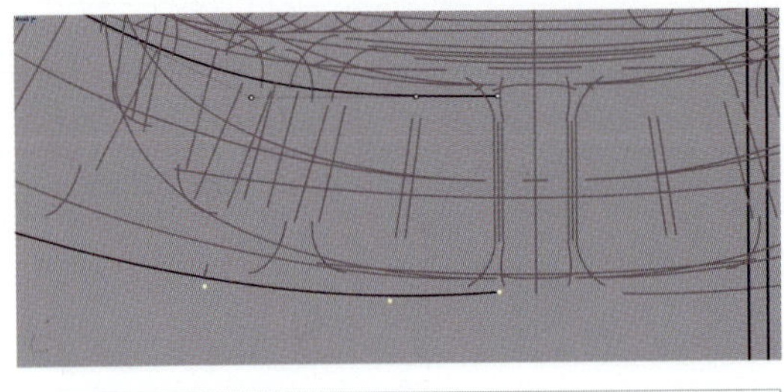

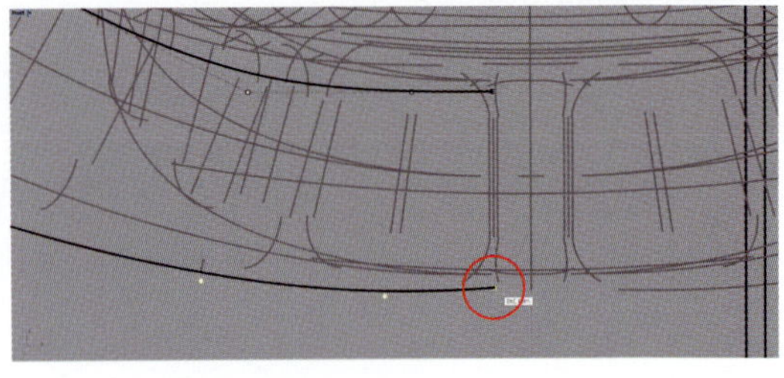

Point to move from (Vertical=*No*):

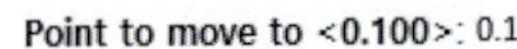

Point to move to <0.100>: 0.1

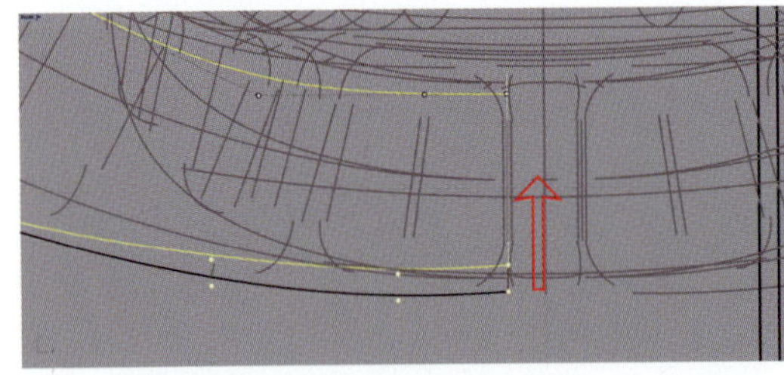

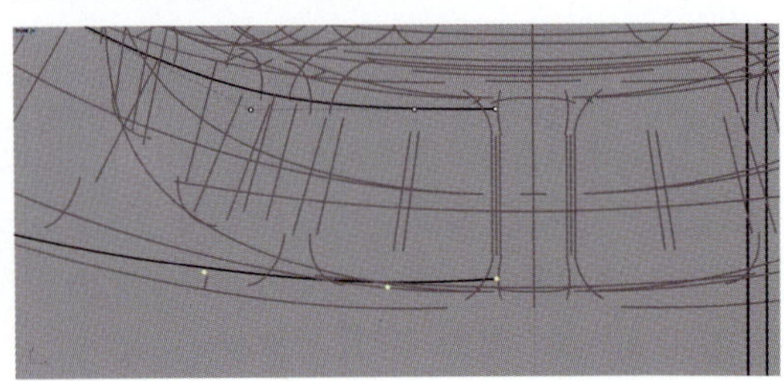

29. 변형된 Curve개체를 선택하고, Revolve를 실행한다. Start of revolve axis를 보석개체 중심의 Point개체로 선택하고, Command Prompt 영역에 End of revolve axis값 0을 입력한 후, Enter↵키를 누른다. Deleteinput=Yes로 설정하고, FullCircle를 선택하면 다음 그림과 같이 반원형 Poly-Surface 개체가 생성된 것을 확인할 수 있다.

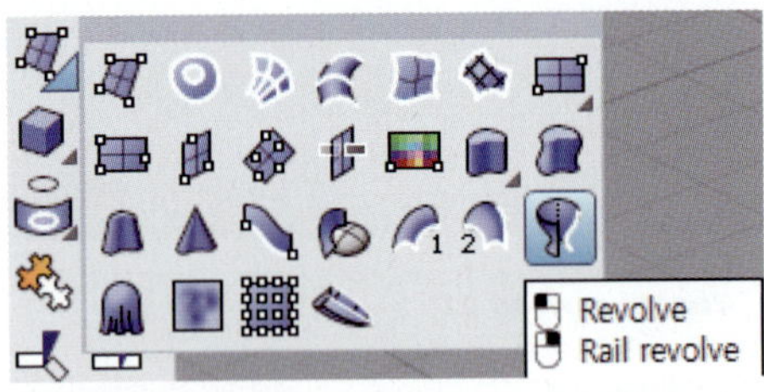

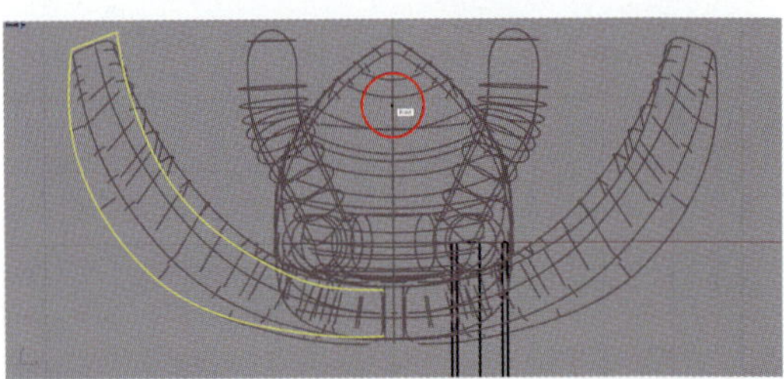

Start of revolve axis:

End of revolve axis (Press Enter to use CPlane z-axis direction): 0

Start angle <0> (DeleteInput=*Yes* Deformable=*No* FullCircle AskForStartAngle=*Yes* SplitAtTangents=*No*):

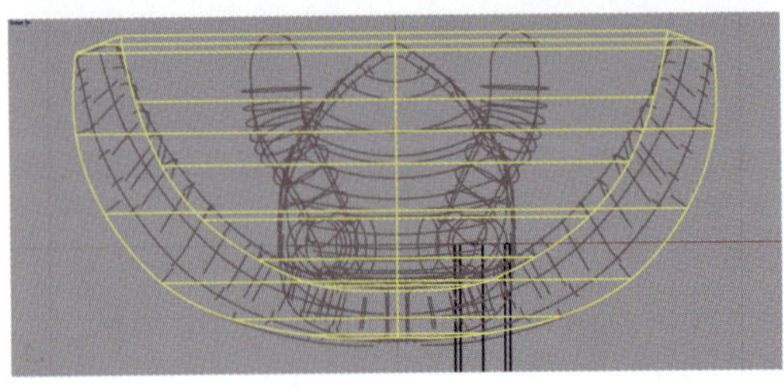

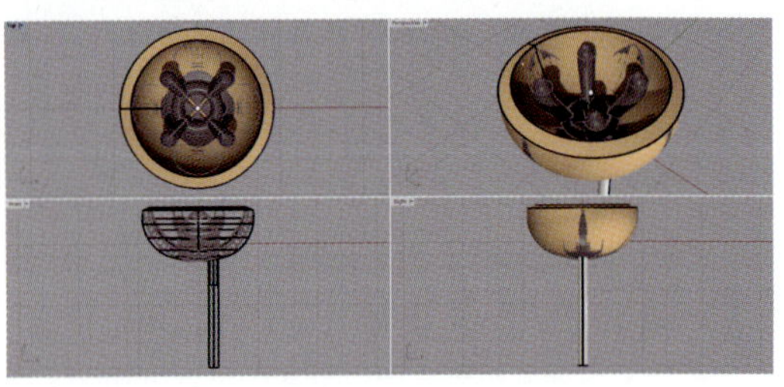

30. 생성된 개체들은 모두 숨겨두고, **Top** Top Viewport에서 Circle: center, radius를 실행한 후, 원점(0, 0) 기준으로 지름 3.15mm와 5mm의 원형 Curve개체를 생성한다.

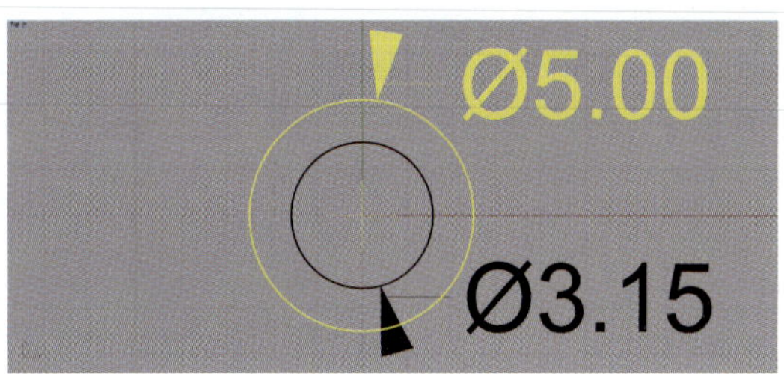

Center of circle (Deformable Vertical 2Point 3Point Tangent AroundCurve FitPoints): 0
Diameter <1.610> (Radius Orientation Circumference Area ProjectOsnap=*Yes*): 3.15
Diameter <3.150> (Radius Orientation Circumference Area ProjectOsnap=*Yes*): 5

31. 5mm원형 Curve개체를 선택하고, **Front** Front Viewport에서 Move를 실행한다. 원형 Curve개체의 Quad점을 선택하고, Command Prompt 영역에 1.17을 입력한 후, Enter↵키를 누른다. Shift키를 누른 상태로 마우스 커서를 화살표 방향으로 이동한 후, 마우스 왼쪽버튼을 클릭하여 5mm 원형 Curve개체를 1.17mm 이동시킨다.

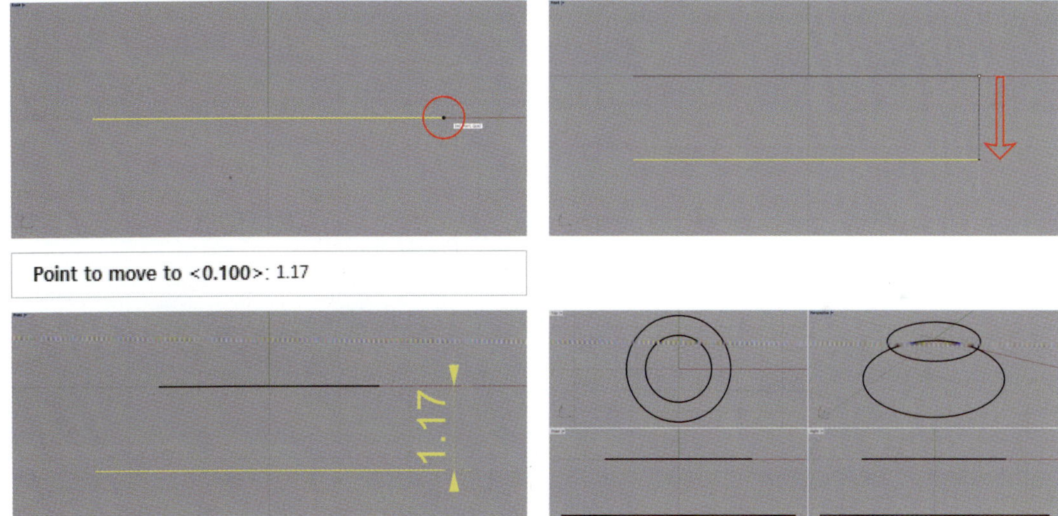

Point to move to <0.100>: 1.17

32. Loft를 실행하고, 1번 원형 Curve개체와 2번 원형 Curve개체를 순서대로 선택한 후, Enter↵키를 누른다. Loft Options 창이 나타나면 Style에서 Normal을 선택하고, OK를 누르면 다음 그림과 같이 생성된 Surface개체를 확인할 수 있다. 사용한 Curve개체는 삭제한다.

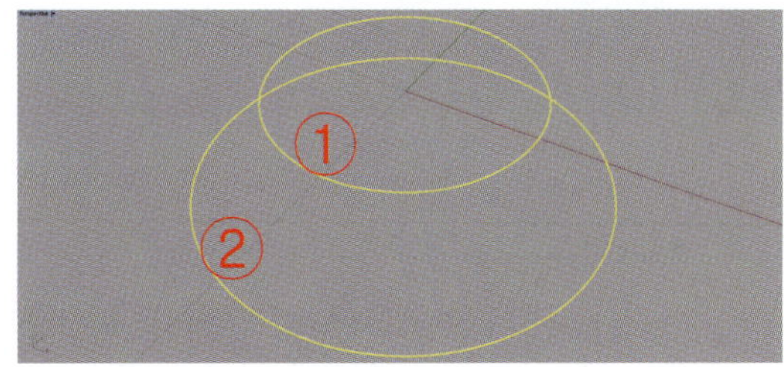

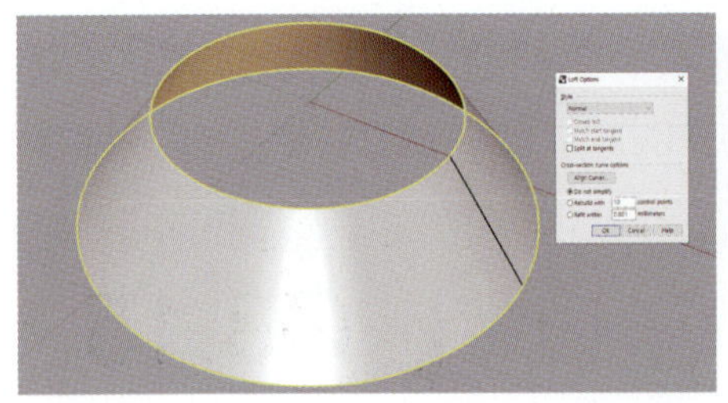
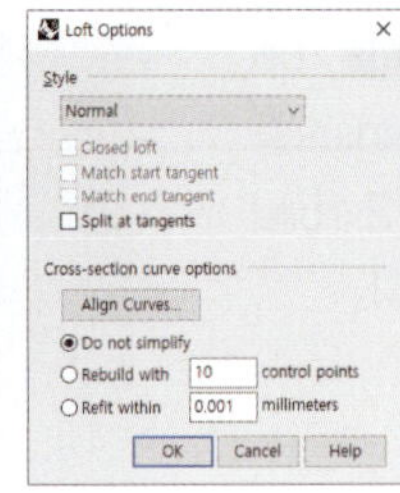

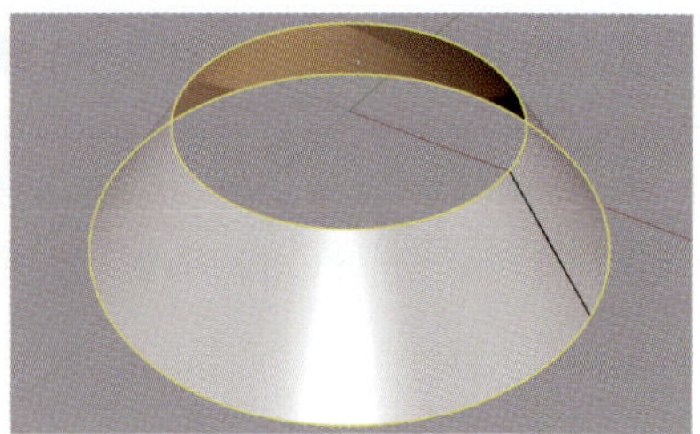

33. Show selected objects를 실행하고, 숨겨둔 개체들 중에서 반원형 Poly-Surface개체를 선택한 후, Enter↵키를 누른다.

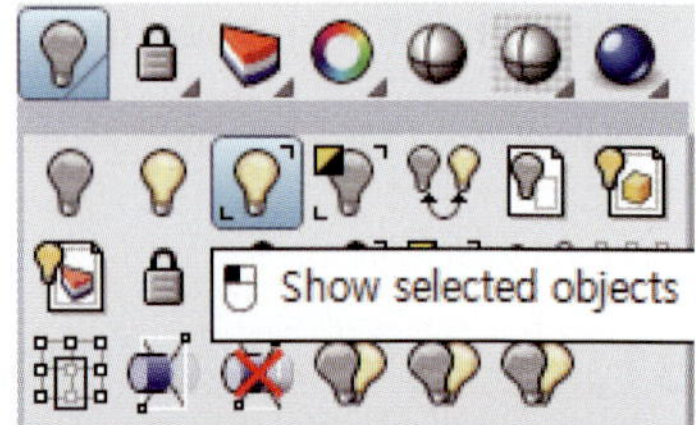

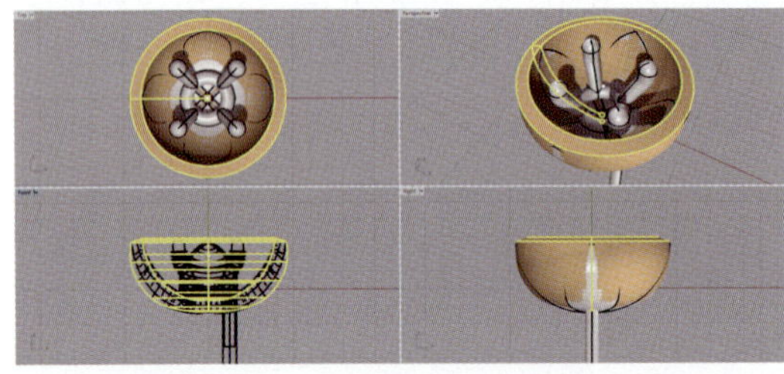
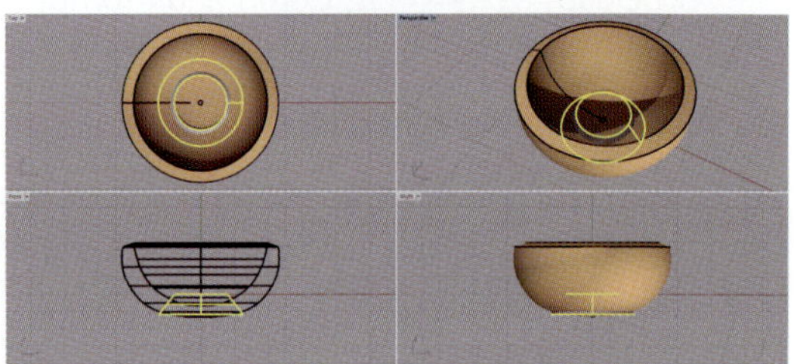

34. Surface개체를 선택하고, Boolean difference를 실행한다.
반원형 Poly-Surface개체를 선택하고, Command Prompt 영역에서 Deleteinput =Yes로 설정한 후, Enter↵키를 누른다.

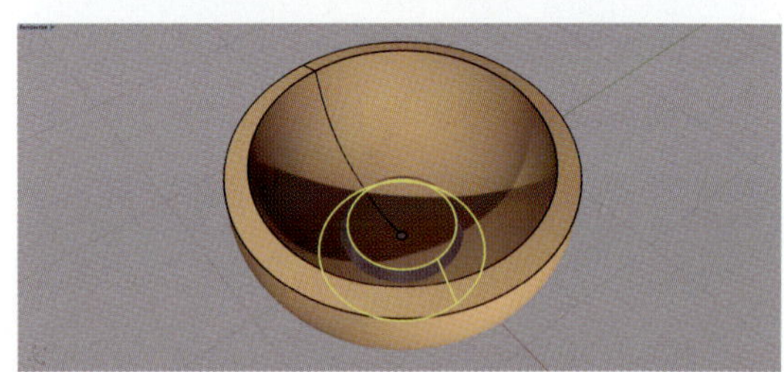

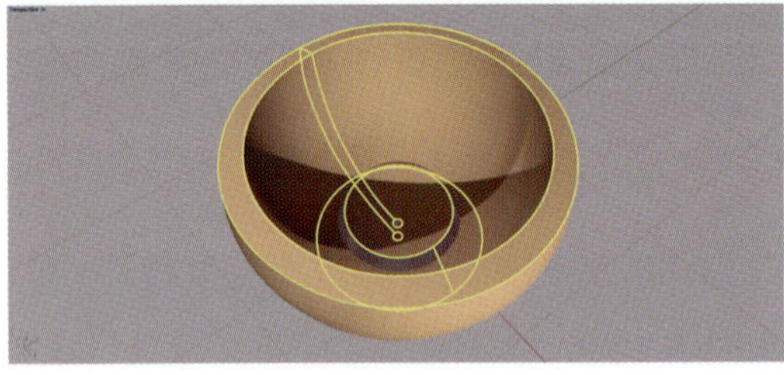
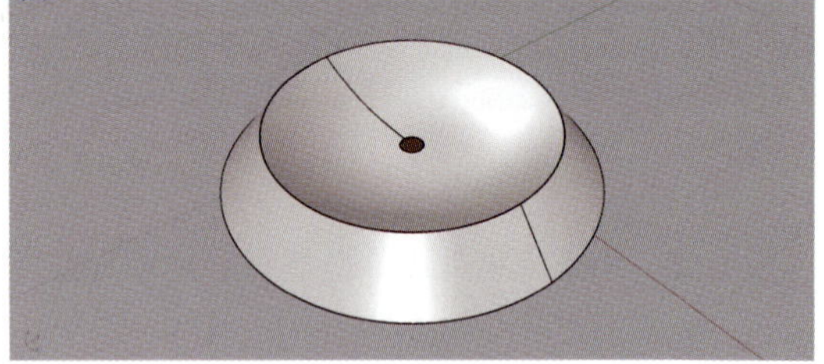

35. Show selected objects를 실행하고, 숨겨둔 개체들 중에서 4개의 꽃잎을 선택한 후, Enter↵키를 누른다. 5개의 Poly-Surface개체를 모두 선택하고, Rotate 2-D를 실행한 후, 원점(0, 0) 기준으로 Command Prompt 영역에 Angle or first reference point값 45를 입력한 다음, Enter↵키를 누르면 다음 그림과 같이 선택한 개체들이 45도 각도로 회전한 것을 확인할 수 있다.

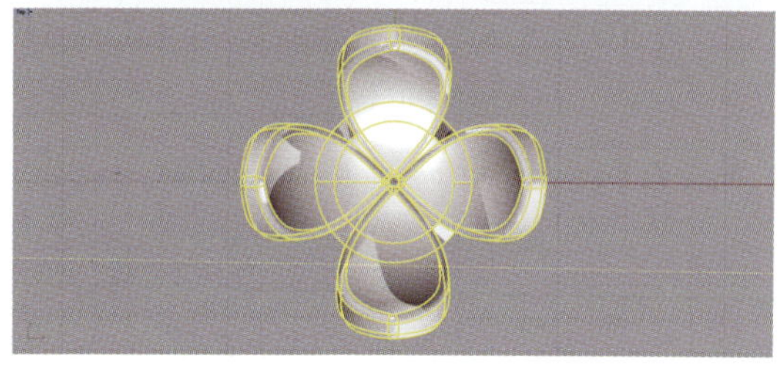

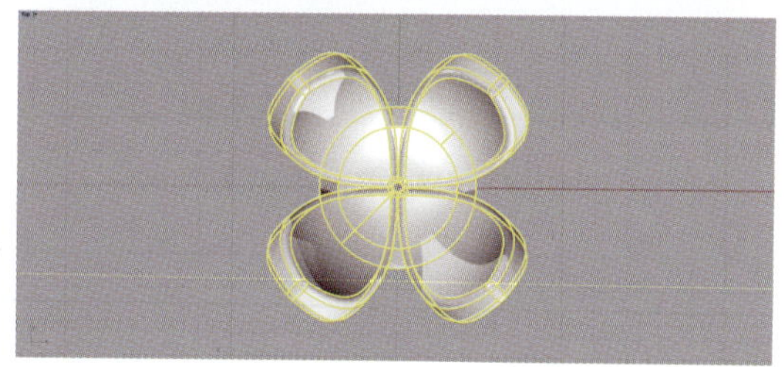

Center of rotation (Copy=No UseLastCenter): 0

Angle or first reference point <45> (Copy=No): 45

36. 회전한 개체들은 Lock objects를 실행하여 잠시 잠가둔다.
Osnap Toolbar에서 Project에 체크하고, Top Top Viewport에서 Circle: center, radius를 실행한다. Center of Circle을 다음 그림과 같이 Poly-Surface 개체 좌측의 Projected Quad점으로 선택하고, Command Prompt 영역에 Diameter값 2를 입력한 후, Enter 키를 누른다.

Center of circle (Deformable Vertical 2Point 3Point Tangent AroundCurve FitPoints):

Diameter <5.000> (Radius Orientation Circumference Area ProjectOsnap=Yes): 2

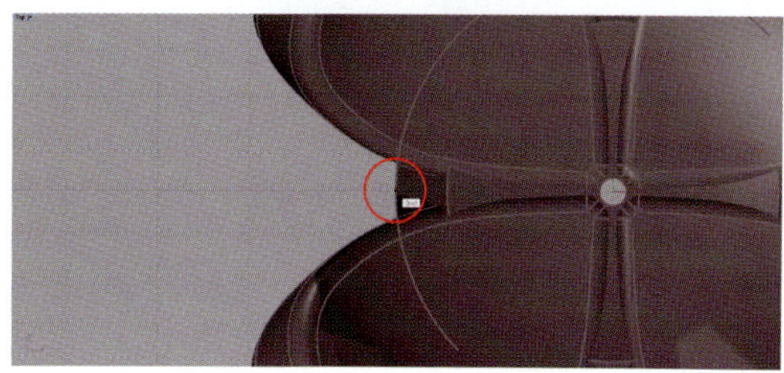

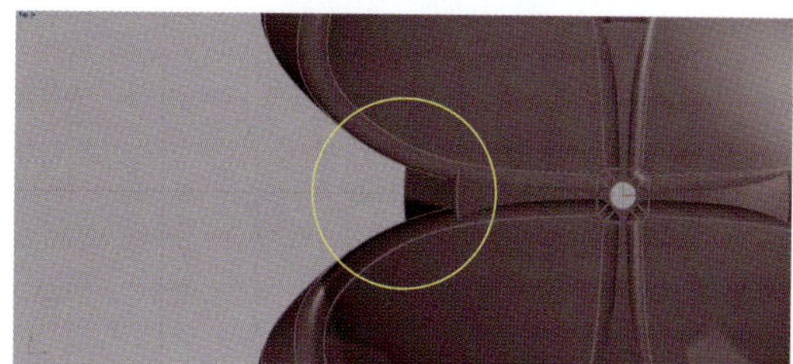

37. 생성된 지름 2㎜의 원형 Curve개체를 선택하고, Front Front Viewport에서 Rotate 2-D를 실행한다. Center of rotation을 원형 Curve개체 우측의 Quad점으로 선택하고, Command Prompt 영

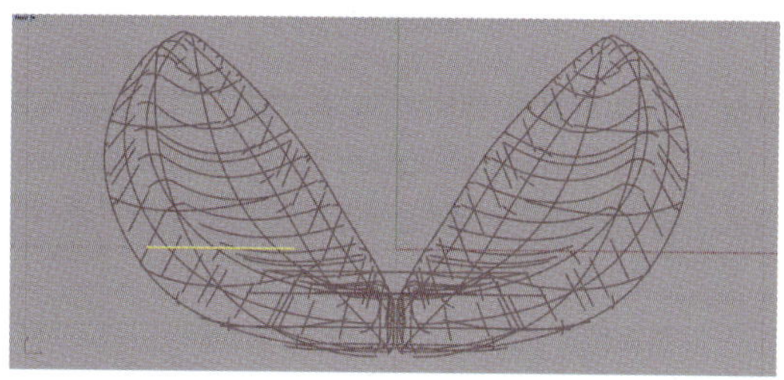

역에 Angle or first reference point값 -15.73을 입력한 다음, Enter↵키를 누르면 다음 그림과 같이 원형 Curve개체가 -15.73도 각도로 회전한 것을 확인할 수 있다.

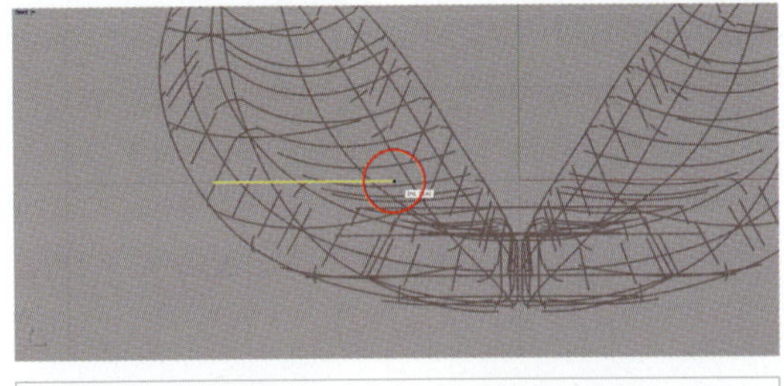

Center of rotation (Copy=*No* UseLastCenter):

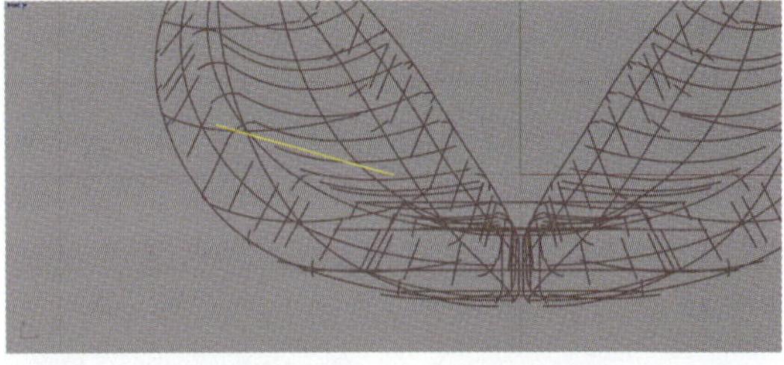

Angle or first reference point <45> (Copy=*No*): -15.73

38. 회전된 원형 Curve개체를 선택하고, Extrude straight를 실행한 후, Command Prompt 영역에서 BothSides=Yes, DeleteInput=Yes로 설정한 다음, 그림과 같은 원통 Surface개체를 생성한다.

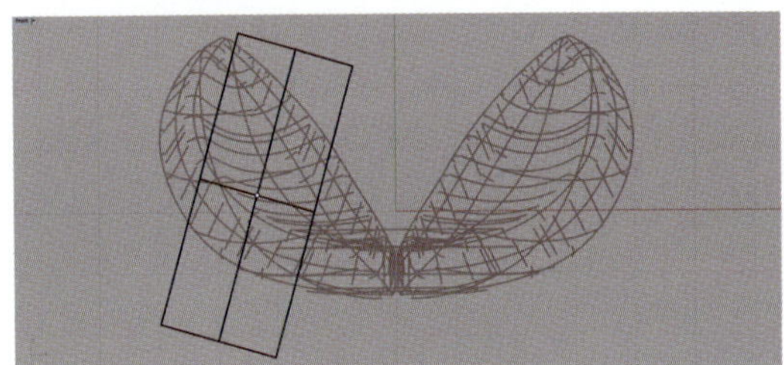

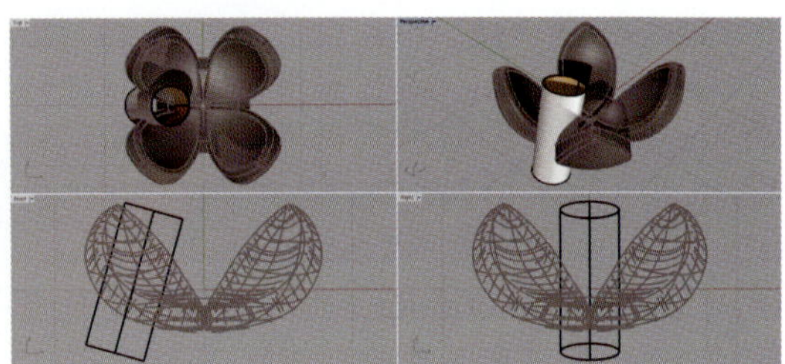

39. Top ▾ Top Viewport에서 원통 Surface개체를 선택하고, Polar array를 실행한다. 원점(0, 0) 기준으로 Command Prompt 영역에 Number of items값 4를 입력하여 다음 그림과 같이 4개의 원통 Surface개체를 복사한다.

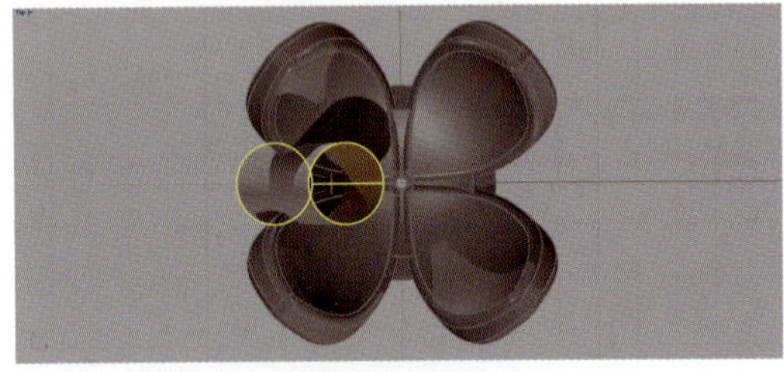

Center of polar array (Axis): 0

Number of items <4>: 4

40. 다음 그림과 같이 4개의 꽃잎개체는 잠금 해제 후, 잠시 숨겨둔다. Poly-Surface개체를 선택하고, Boolean difference를 실행한 후, 4개의 원통 Surface개체를 선택한 다음, Enter↵키를 누르면 다음 그림과

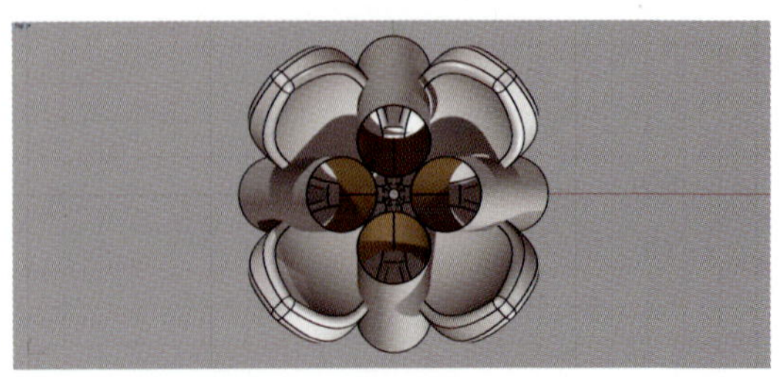

같은 형태의 Poly-Surface개체를 확인할 수 있다.

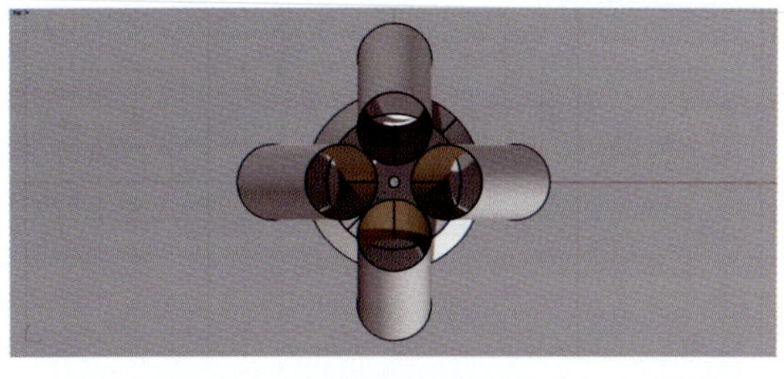

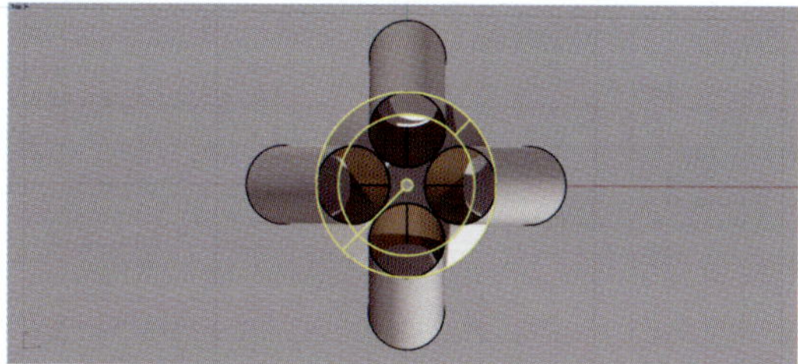

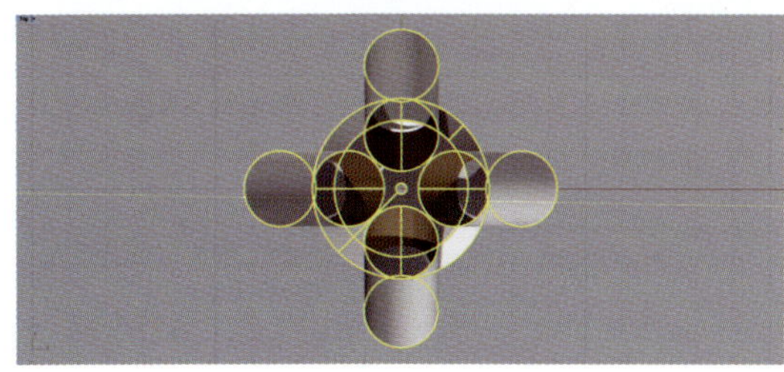

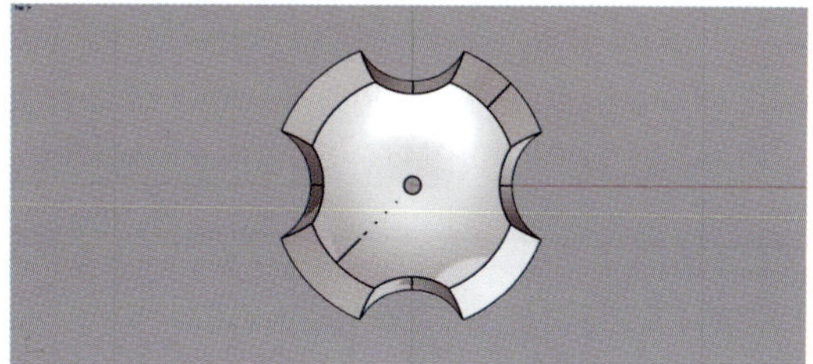

41. Poly-Surface개체를 선택하고, Cap planar holes를 실행하여 구멍 뚫린 부분을 막아준다. Fillet edges를 실행하고, Poly-Surface개체의 Edge부분을 모두 선택한 다음, Enter↵키를 누른다. Command Prompt 영역에서 SetAll을 선택하고, Radius for all handles값 0.2를 누른 후, Enter↵키를 누른다. 다음 그림과 같이 선택한 Edge부분이 반지름 0.2㎜로 Fillet된 것을 확인할 수 있다.

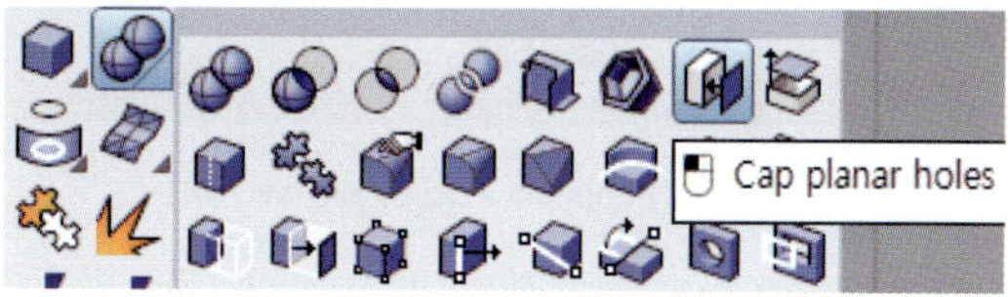

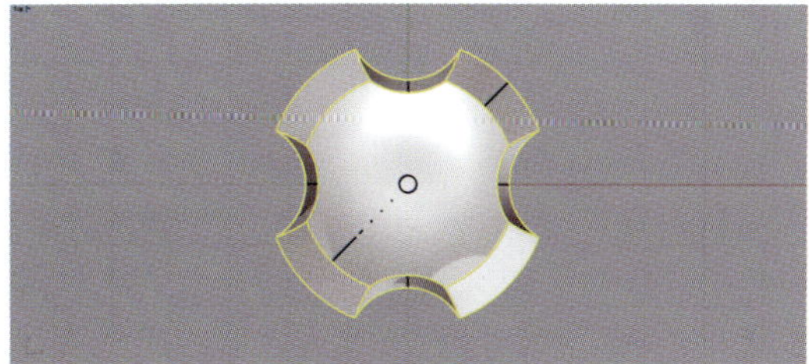

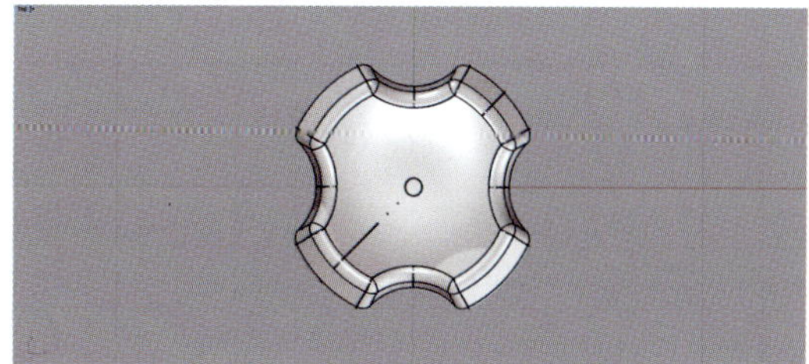

Select fillet handle to edit. Press Enter when done
(ShowRadius=*Yes* AddHandle CopyHandle SetAll LinkHandles=*No* RailType=*RollingBall* SelectEdges TrimAndJoin=*Yes* Preview=*No*):

Radius for all handles <0.200>: 0.2

42. 다음 그림과 같이 Show selected objects를 실행하여 4개의 꽃잎 Poly-Surface개체를 화면상에 나타나게 하고, 5개의 Poly-Surface개체를 모두 선택한 후, Boolean union을 실행하여 하나의 개체로 결합한다.

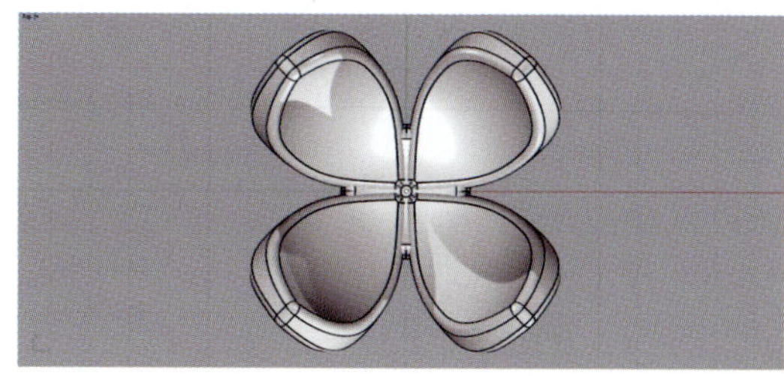

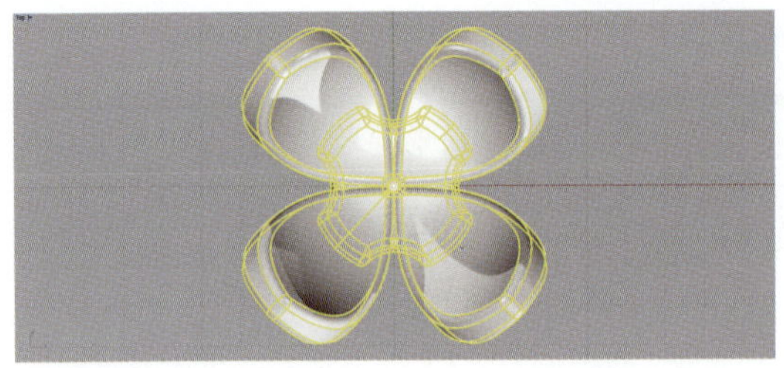

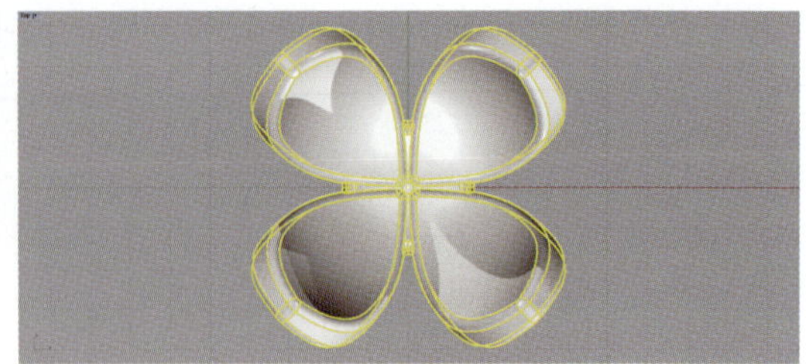

43. 하나로 결합된 꽃잎 Poly-Surface개체를 선택하고, Rotate 2-D를 실행한다. 원점(0, 0) 기준으로 Command Prompt 영역에 Angle or first reference point값 45를 입력하고, Enter↵ 키를 누르면 다음 그림과 같이 꽃잎 Poly-Surface개체가 45도 각도로 회전한 것을 확인할 수 있다.

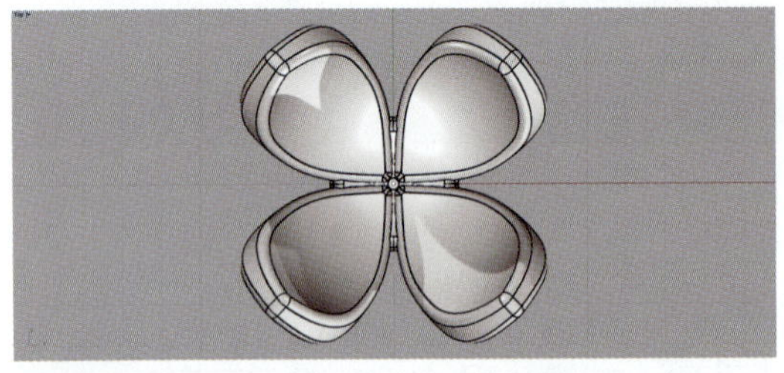

Center of rotation (Copy=*No* UseLastCenter): 0

Angle or first reference point <-15.73> (Copy=*No*): 45

44. Show objects를 실행하여 숨겨둔 모든 개체들을 화면상에 나타나게 하고, Front Front Viewport에서 3.32㎜ Cylinder개체와 10㎜ Cylinder개체를 선택한 후, Mirror를 실행한다.
Command Prompt 영역에 Start of mirror plane값 0을 입력하고, Enter↵ 키를 누른 다음, Shift 키를 누른 상태로 마우스 커서를 화살표 방향으로 이동한 후, 마우스 왼쪽버튼을 클릭하여 대칭 방향에 2개의 Cylinder개체를 복사한다.

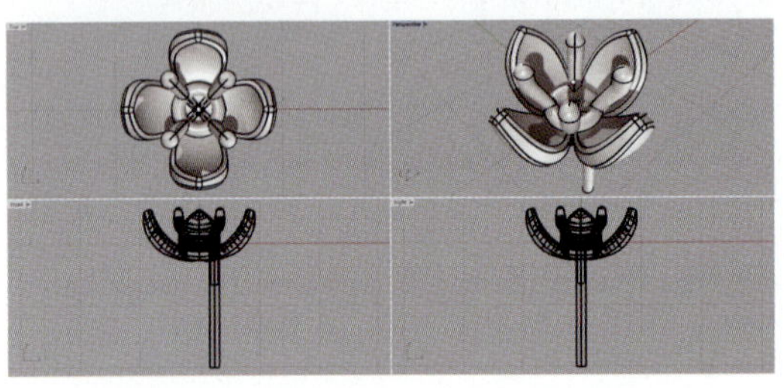

Start of mirror plane (3Point Copy=*Yes* XAxis YAxis): 0

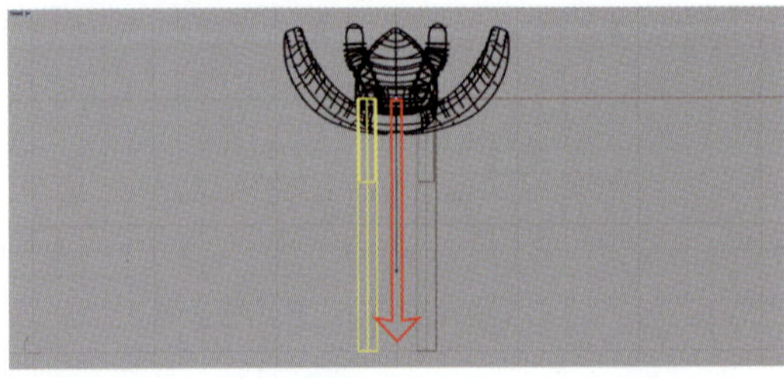

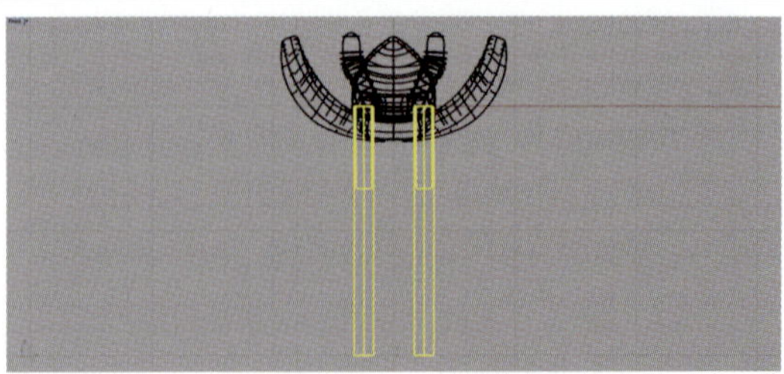

45. 생성된 개체들을 모두 선택하고, Lock objects를 실행하여 잠시 잠가둔다. Front Front Viewport에서 Curve: interpolate points를 실행하고, 다음 그림과 같이 곡선 Curve개체를 생성한다.

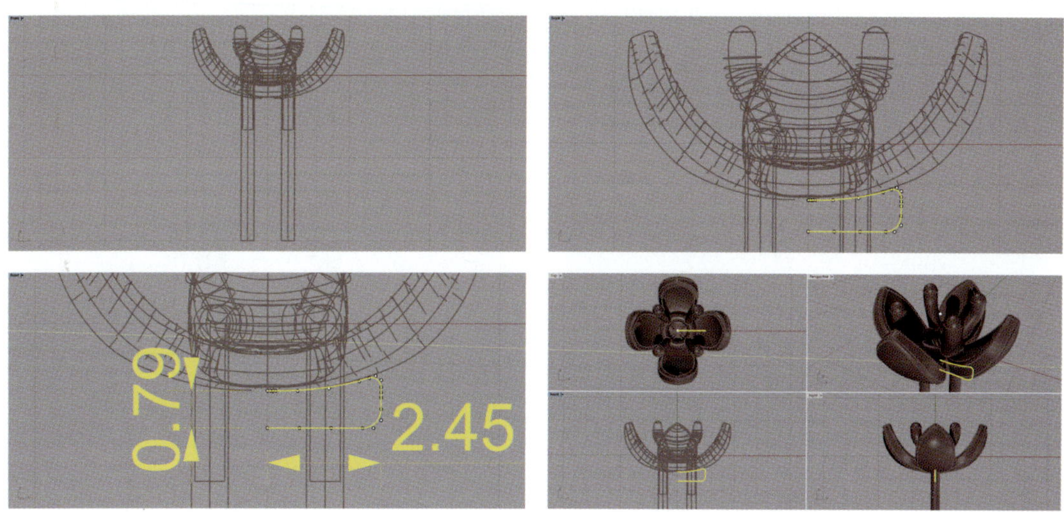

46. 생성된 곡선 Curve개체를 선택하고, Revolve를 실행한다. Command Prompt 영역에 Start of revolve axis값 0을 입력한 다음, Enter 키를 누르고, Shift 키를 누른 상태로 마우스 커서를 화살표 방향으로 이동한 후, 마우스 왼쪽버튼을 클릭한다. Deleteinput=Yes로 설정하고, FullCircle을 선택하면 다음 그림과 같이 꽃받침 형태의 Poly-Surface개체가 생성된 것을 확인할 수 있다.

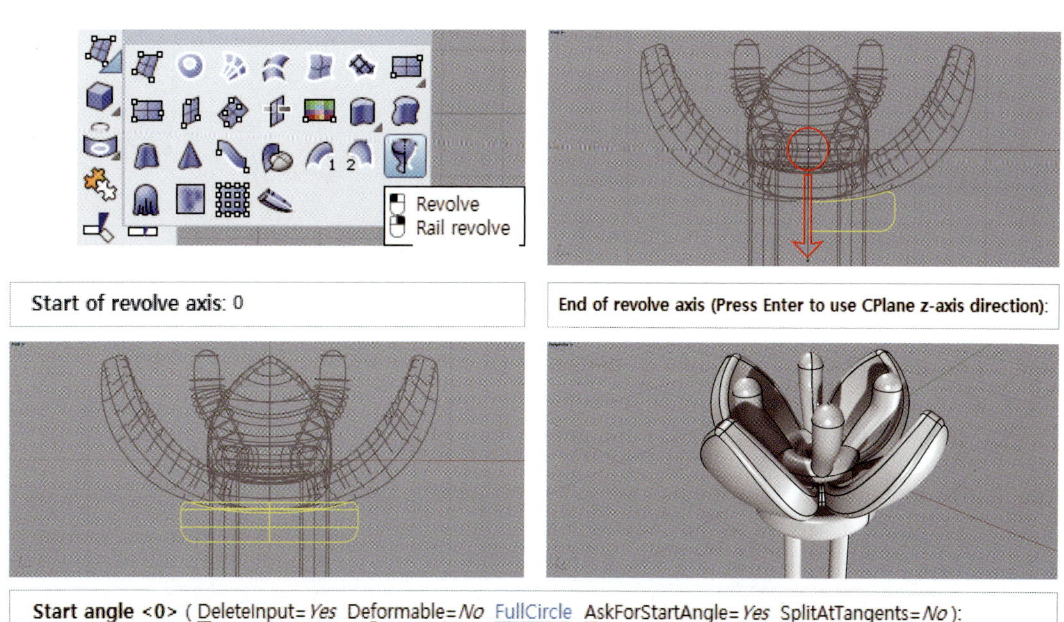

47. 꽃잎 Poly-Surface개체와 꽃받침 개체를 선택하고, Boolean difference를 실행한 후, 10㎜ Cylinder개체 2개를 선택한 다음, Enter↵키를 누른다.
난발 개체와 3.32㎜ Cylinder개체를 선택하고, Boolean union을 실행하여 하나의 개체로 결합한다.

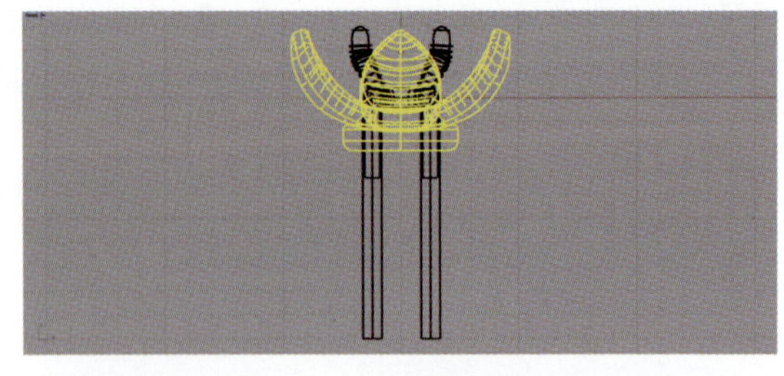

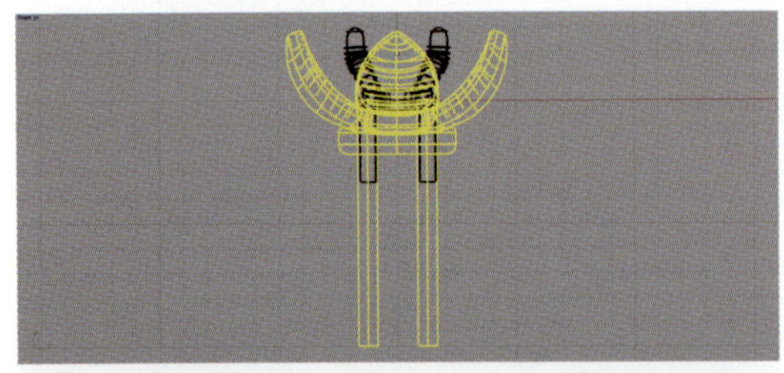

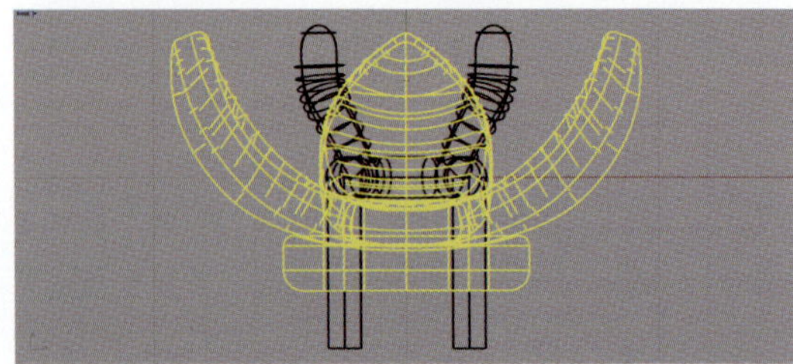

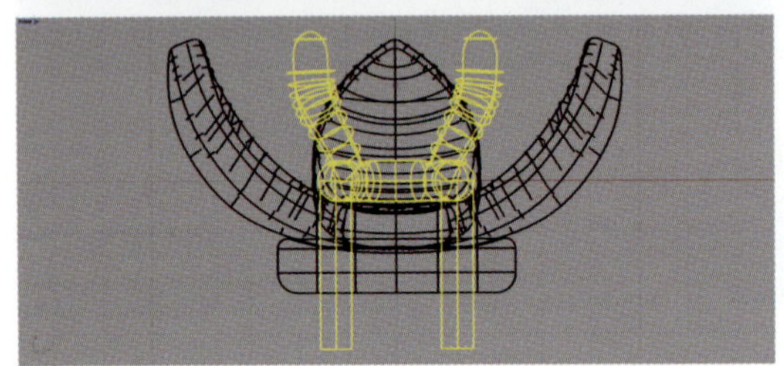

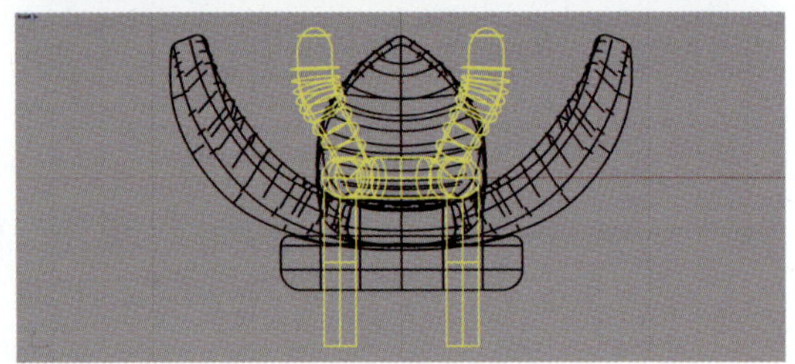

48. 다음 그림과 같이 구멍 뚫린 꽃받침, 꽃잎 Poly-Surface개체와 난발 개체를 확인할 수 있다.

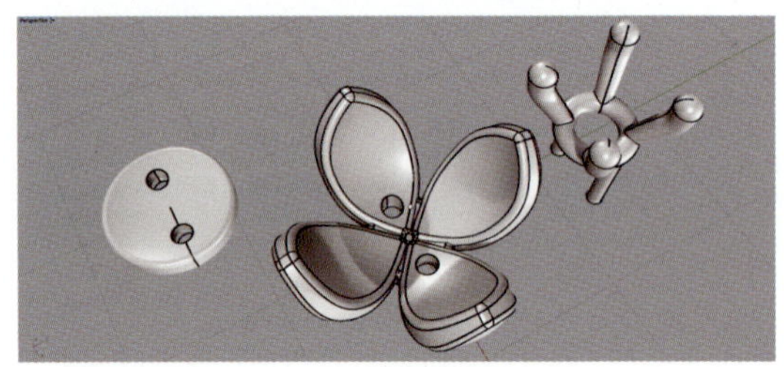

49. 우측 Panels의 Layers에서 Cilinder difference를 화면상에 나타나게 한다. 난발 개체를 선택하고, Boolean difference를 실행한 후, 보석 형태의 Poly-Surface개체를 선택한 다음, Enter↵키를 누르면 다음 그림과 같이 난발 개체에 보석형태의 홈이 파인 것을 확인할 수 있다.

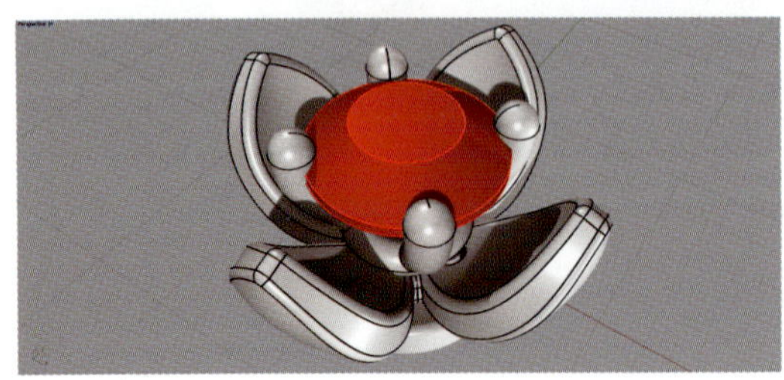

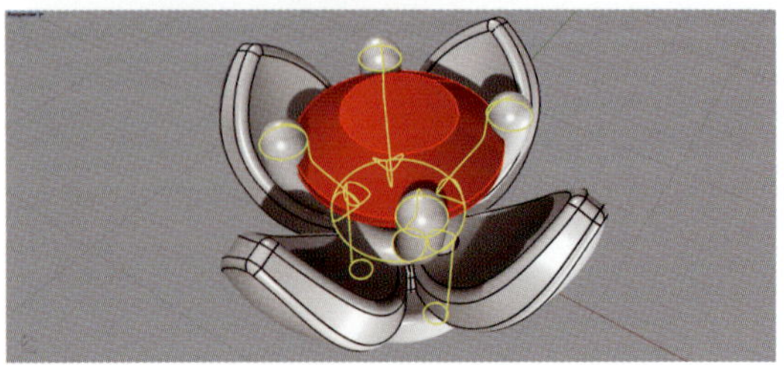

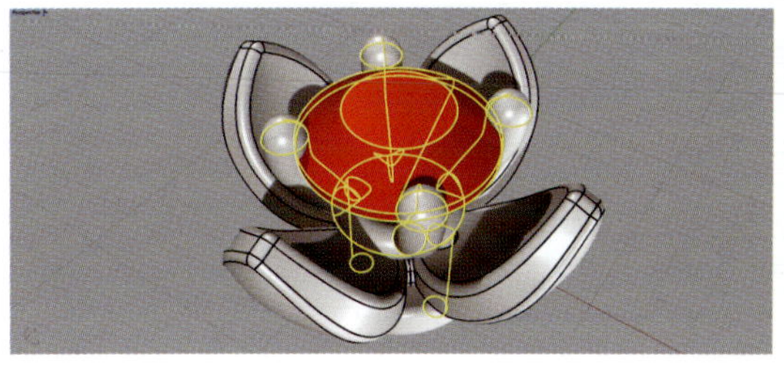
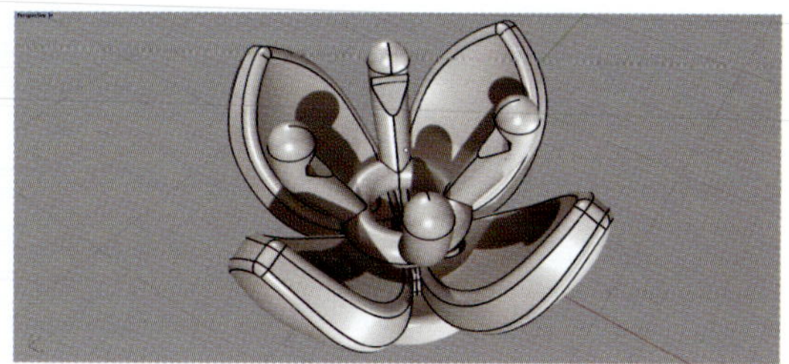

50. 우측 Panels의 Layers에서 보석을 화면상에 나타나게 하고, 모든 개체들을 선택한 후, Lock objects를 실행하여 화면상에서 잠시 잠가둔다.

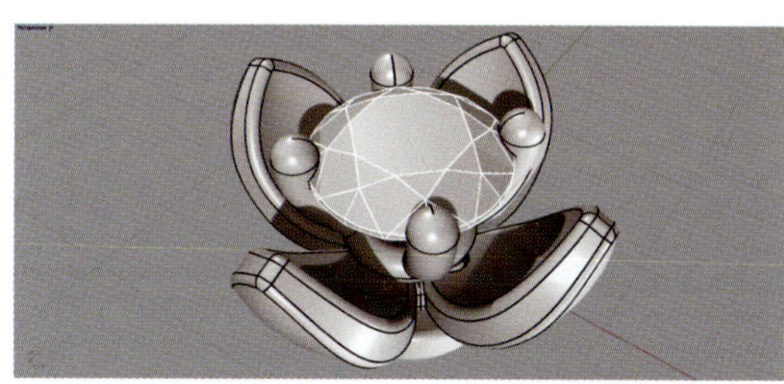
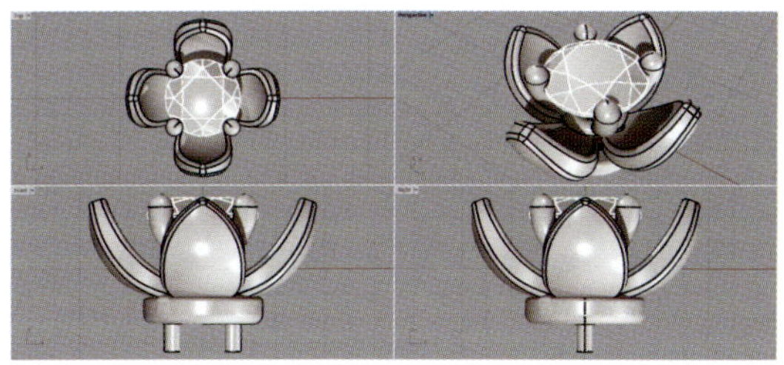
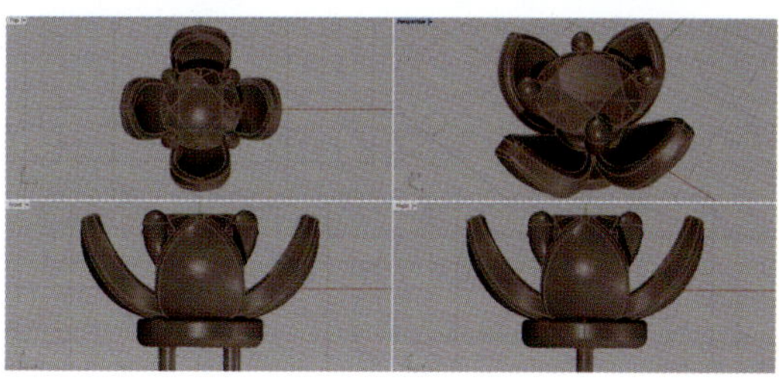

51. Top Top Viewport에서 Curve: interpolate points를 실행하고, 다음 그림과 같이 2개의 곡선 Curve개체를 생성한다.

→ 부록CD 〉 Rhino 예제 〉 Level 2 - Design Modeling 2 〉 곡선 Curves.3dm

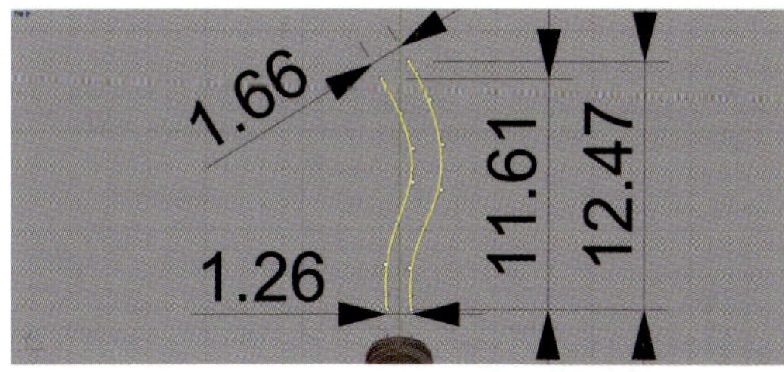

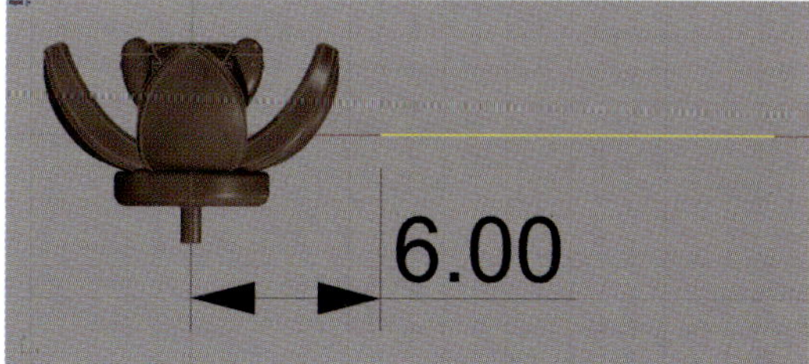

52. 생성된 2개의 곡선 Curve개체를 선택하고, Loft를 실행한다. Loft Options창이 나타나면 Style에서 Normal로 설정하고, OK를 누른다. 다음 그림과 같이 Surface개체가 생성된 것을 확인할 수 있다. 사용한 곡선 Curve개체는 삭제한다.

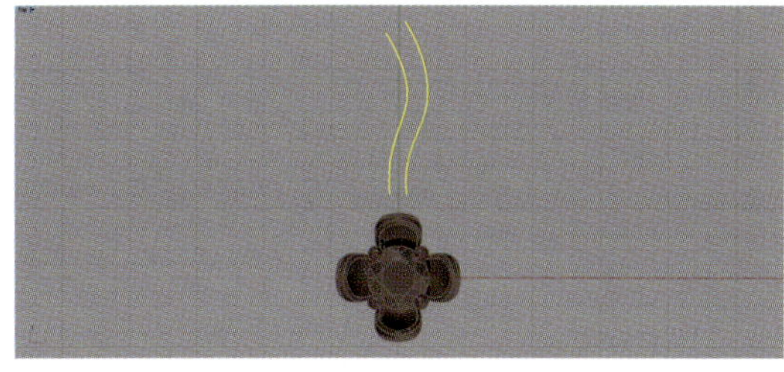
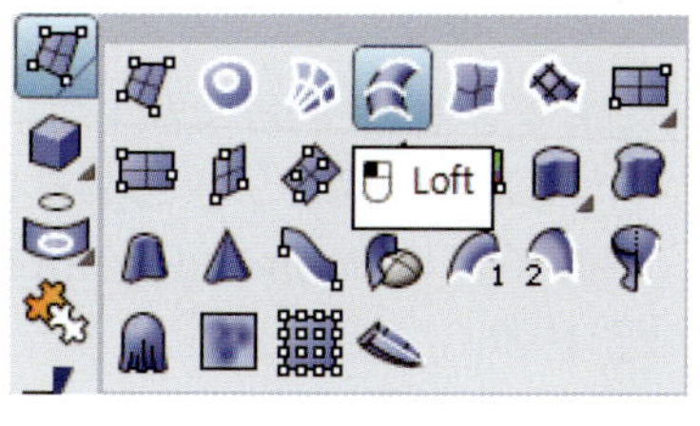

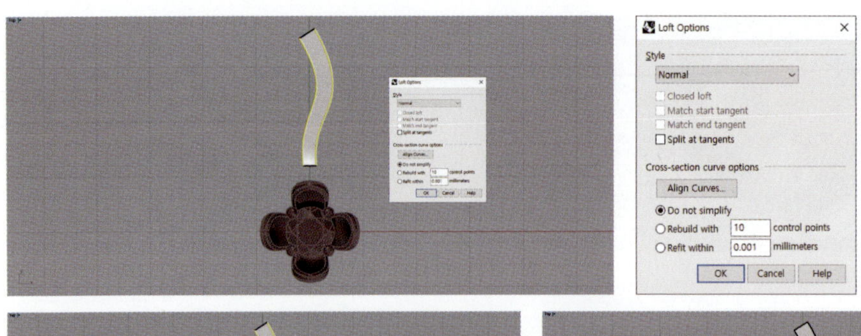

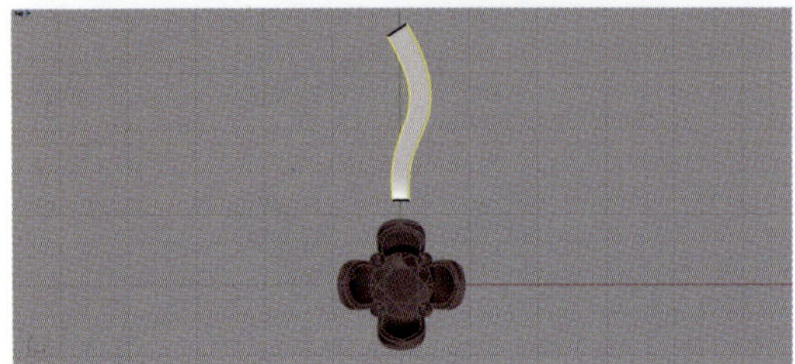

53. 생성된 Surface개체를 선택하고, Extrude surface를 실행한다. Command Prompt 영역에서 Solid=Yes, DeleteInput=Yes로 설정하고, Extrusion distance값 1.2를 입력한 후, Enter↵ 키를 누른다. **Right** Right Viewport에서 마우스 커서를 화살표 방향으로 움직인 후, 마우스 왼쪽버튼을 클릭하여 다음 그림과 같이 Solid개체를 생성한다.

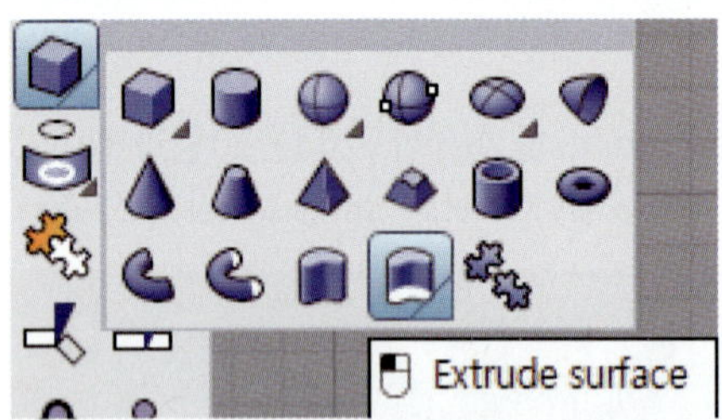

Extrusion distance <1.5> (Direction BothSides=*No* Solid=*Yes* DeleteInput=*Yes* ToBoundary SplitAtTangents=*No* SetBasePoint): 1.2

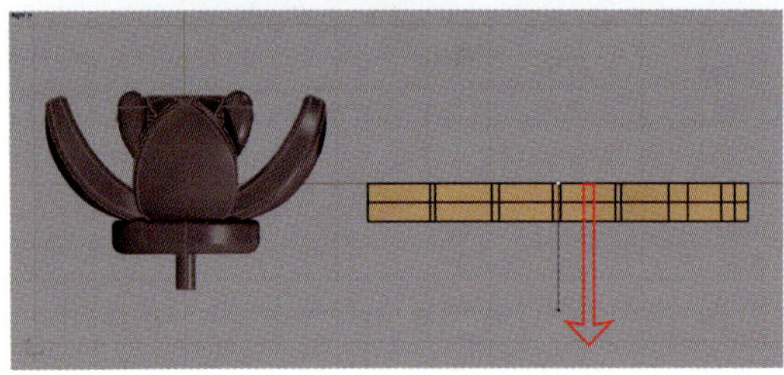

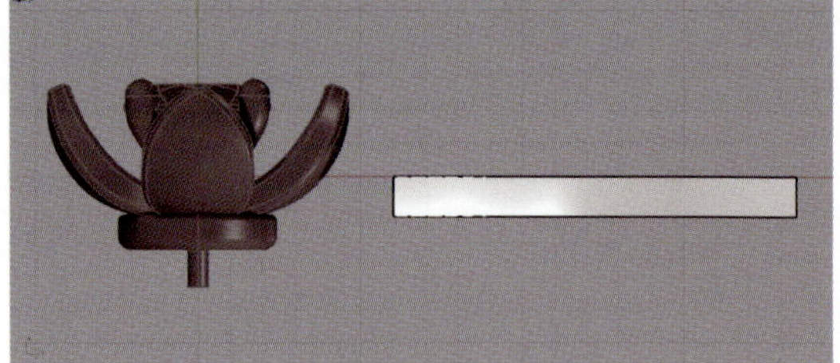

54. Fillet edges를 실행하고, 다음 그림과 같이 Solid 개체 상단 4개의 Edge를 제외한 모든 Edge를 선택한 후, Enter↵ 키를 누른다. Command Prompt 영역에서 SetAll을 선택하고, Radius for all handles값 0.4를 입력한 후, Enter↵ 키를 누른다. 다음 그림과

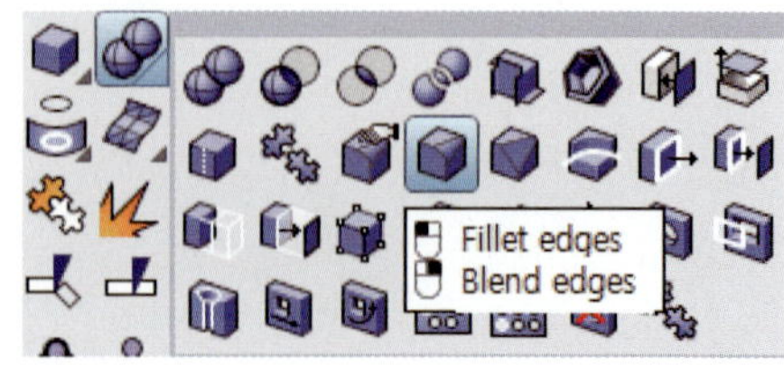

같이 선택한 Edge들이 반지름 0.4mm로 Fillet된 것을 확인할 수 있다.

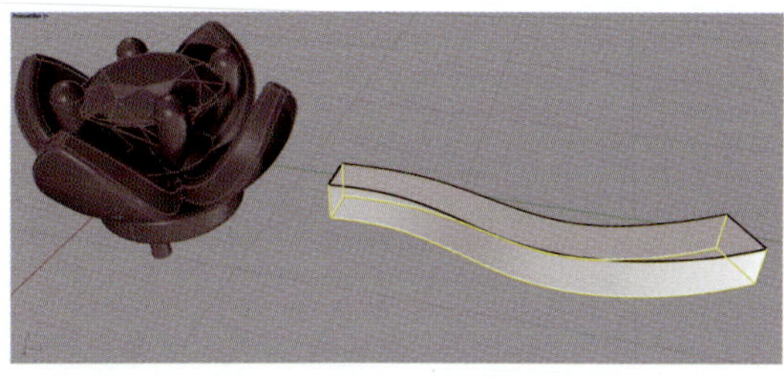

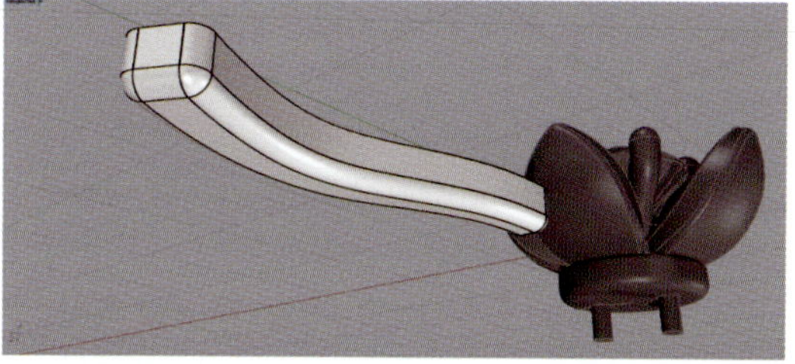

Select fillet handle to edit. Press Enter when done
(ShowRadius=*Yes* AddHandle CopyHandle SetAll LinkHandles=*No* RailType=*RollingBall* SelectEdges TrimAndJoin=*Yes* Preview=*No*):

Radius for all handles <0.200>: 0.4

55. 다시 Fillet edges를 실행하고, Solid개체 상단 4개의 Edge를 선택한 후, Enter↵키를 누른다. Command Prompt 영역에서 SetAll을 선택하고, Radius for all handles값 0.2를 입력한 후, Enter↵키를 누르면 다음 그림과 같이 선택한 Edge들이 반지름 0.2mm로 Fillet된 것을 확인할 수 있다.

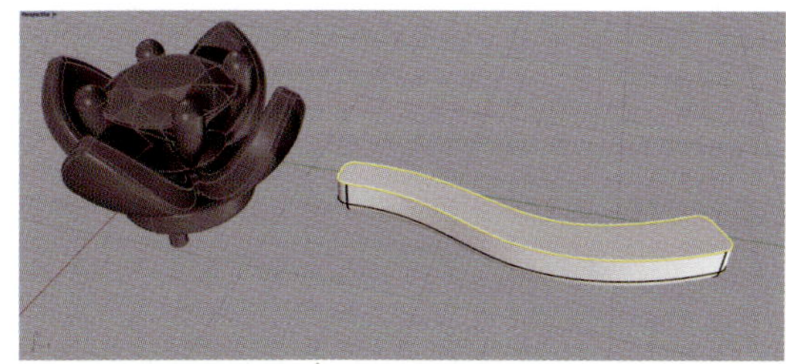

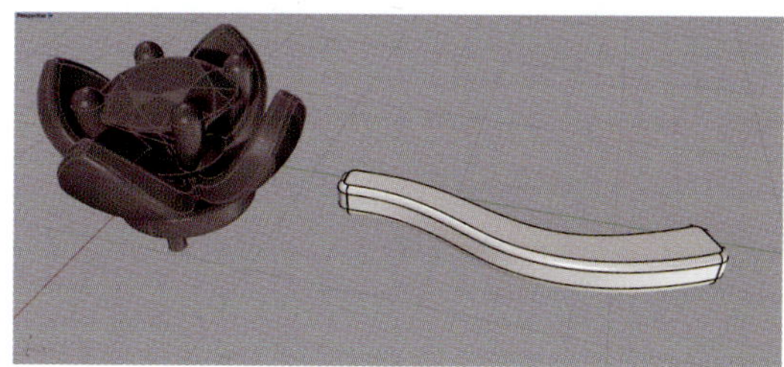

Select fillet handle to edit. Press Enter when done
(ShowRadius=*Yes* AddHandle CopyHandle SetAll LinkHandles=*No* RailType=*RollingBall* SelectEdges TrimAndJoin=*Yes* Preview=*No*):

Radius for all handles <0.400>: 0.2

56. Top Top Viewport에서 Circle: center, radius를 실행한다. Command Prompt 영역에 Center of circle값 0, 5를 입력하고, Enter↵키를 누른 후, Diameter 값 0.6을 입력한 다음, Enter↵키를 누르면 다음 그림과 같이 지름 0.6mm의 원형 Curve 개체가 생성된 것을 확인할 수 있다.

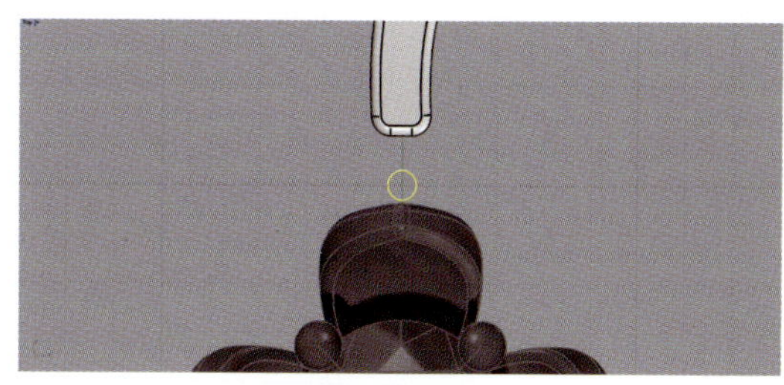

Center of circle (Deformable Vertical 2Point 3Point Tangent AroundCurve FitPoints): 0,5

Diameter <16.500> (Radius Orientation Circumference Area ProjectOsnap=*Yes*): 0.6

57. Right Right Viewport에서 Circle: diameter를 실행하고, Start of diameter를 생성한 원형 Curve개체 우측의 Quad점으로 선택한 후, Command Prompt 영역에 End of diameter값 2.4를 입력한 다음, Enter↵키를 누른다.
Shift키를 누른 상태로 마우스 커서를 화살표 방향으로 이동한 후, 마우스 왼쪽버튼을 클릭하여 지름 2.4㎜의 원형 Curve개체를 생성한다.

Start of diameter (Vertical):

End of diameter (Vertical): 2.4

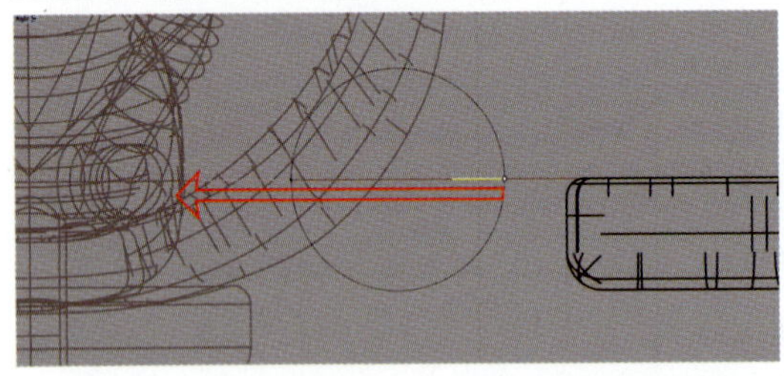

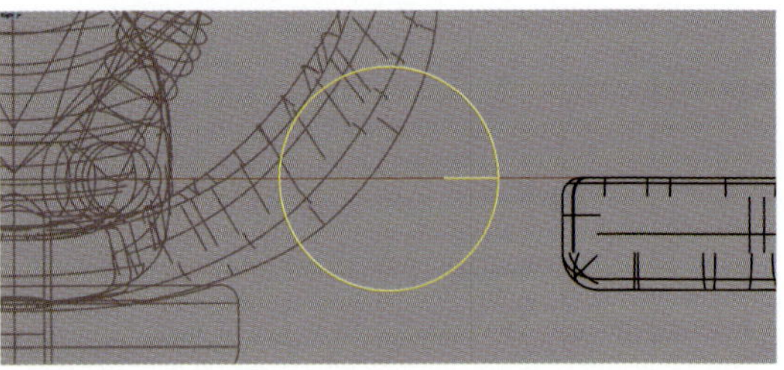

58. 생성된 2개의 원형 Curve개체를 선택하고, Move를 실행한다. Point to move from을 원형 Curve개체의 Int점 또는 Quad점으로 선택하고, Command Prompt 영역에 Point to move to값 0.5를 입력한 다음, Enter↵키를 누른다.
Shift키를 누른 상태로 마우스 커서를 화살표 방향으로 이동한 후, 마우스 왼쪽버튼을 클릭하여 2개의 원형 Curve개체를 0.5㎜ 이동시킨다.

Point to move from (Vertical=*No*):

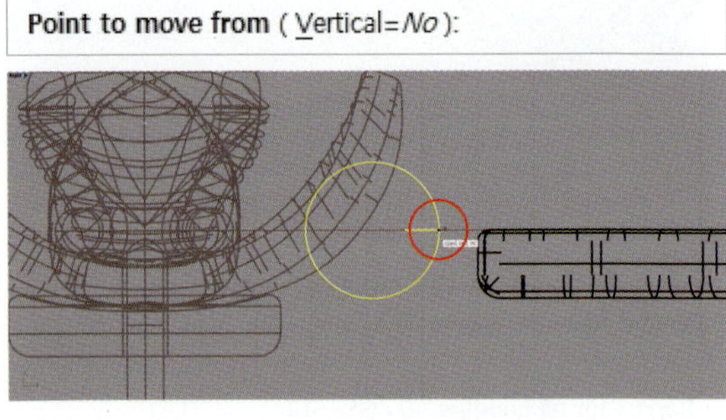

Point to move to: 0.5

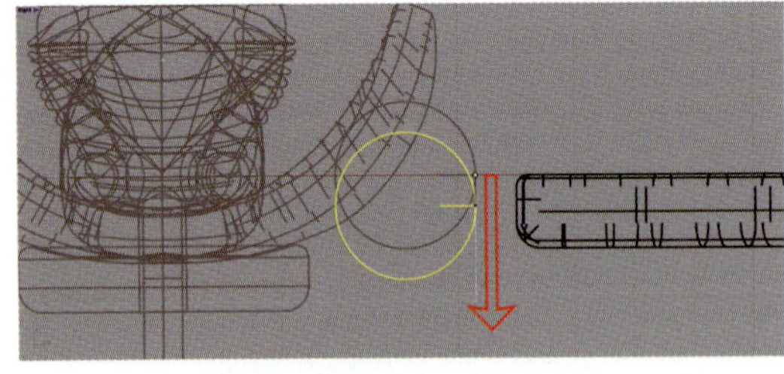

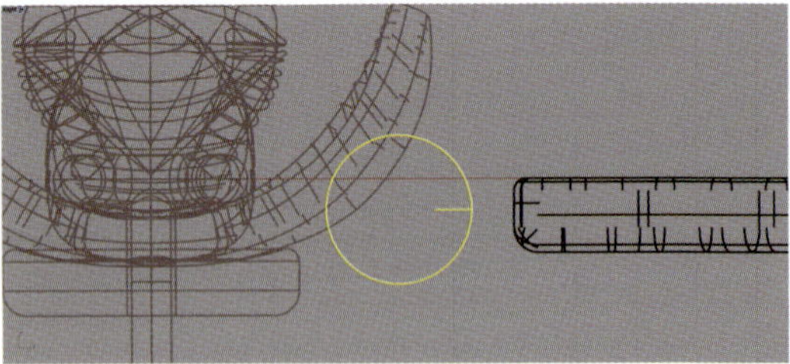

59. Sweep 1 rail를 실행하고, 1번 원형 Curve개체와 2번 원형 Curve개체를 순서대로 선택한 후, Enter↵키를 누른 다음, Sweep 1 rail Options창이 나타나면 OK를 누른다. 다음 그림과 같이 Torus

개체가 생성된 것을 확인할 수 있다. 2개의 원형 Curve개체는 삭제하고, 생성된 Torus개체는 Lock objects를 실행하여 잠시 잠가둔다.

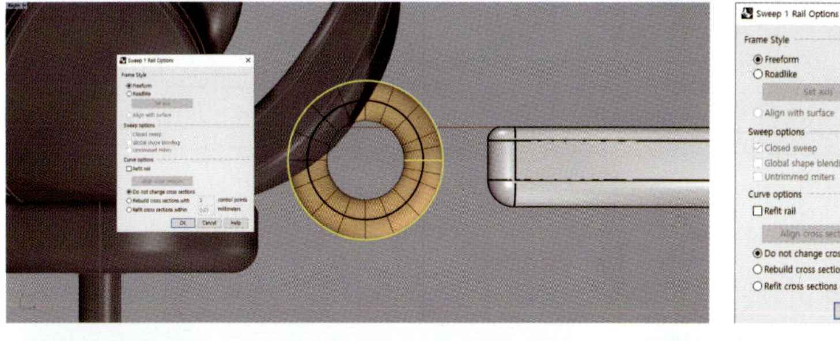

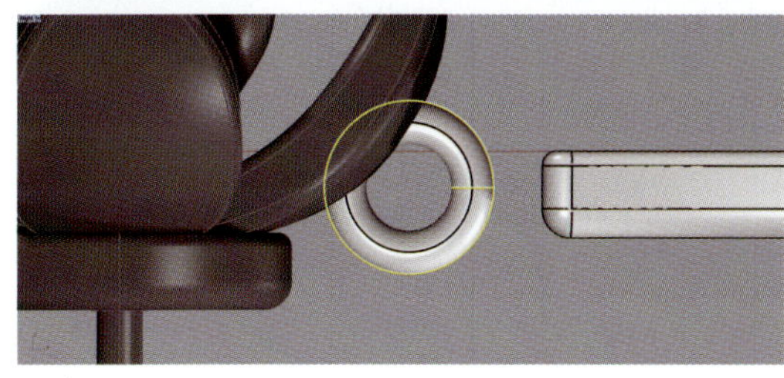

60. Top Top Viewport에서 Circle: center, radius를 실행하고, Command Prompt 영역에 Center of circle값 0, 5를 입력하고, Enter↵키를 누른 후, Diameter값 1.6을 입력한 다음, Enter↵키를 누르면 다음 그림과 같이 지름 1.6㎜의 원형 Curve개체가 생성된 것을 확인할 수 있다.

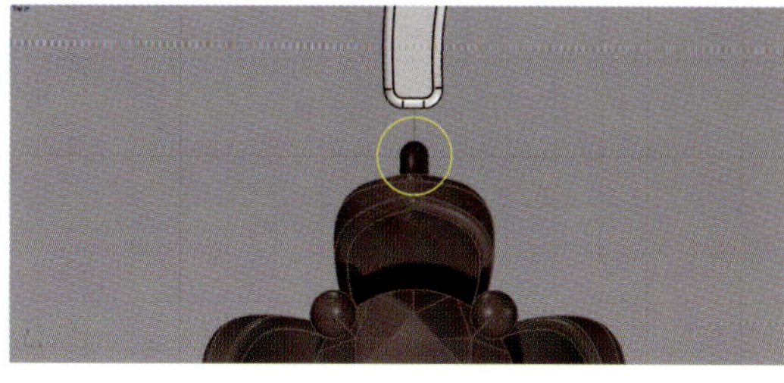

Center of circle (Deformable Vertical 2Point 3Point Tangent AroundCurve FitPoints): 0,5

Diameter <0.600> (Radius Orientation Circumference Area ProjectOsnap=*Yes*): 1.6

61. Front Front Viewport에서 Circle: diameter를 실행하고, Start of diameter를 생성한 원형 Curve개체 우측의 Quad점으로 선택한 후, Command Prompt 영역에 End of diameter값 0.53을 입력한 다음, Enter↵키를 누른다. Shift키를 누른 상태로 마우스 커서를 화살표 방향으로 이동한 후, 마우스 왼쪽버튼을 클릭하여 지름 0.53㎜의 원형 Curve개체를 생성한다.

Start of diameter (Vertical):

End of diameter (Vertical): 0.53

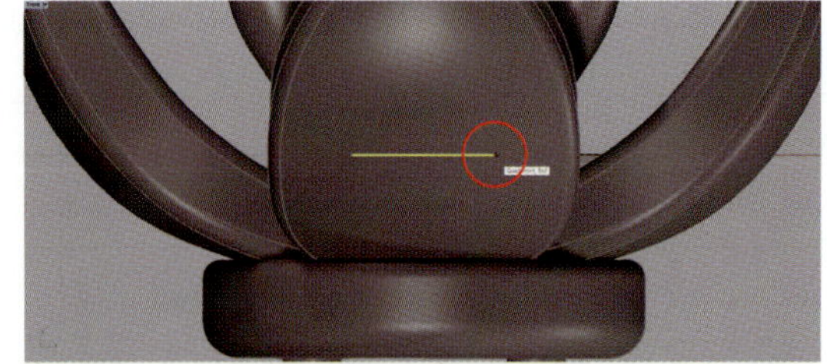

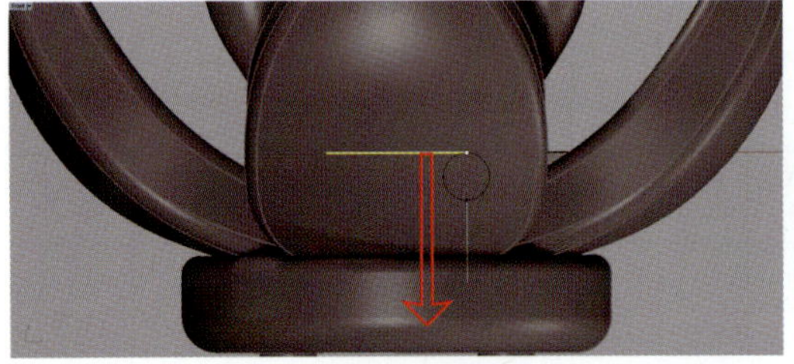

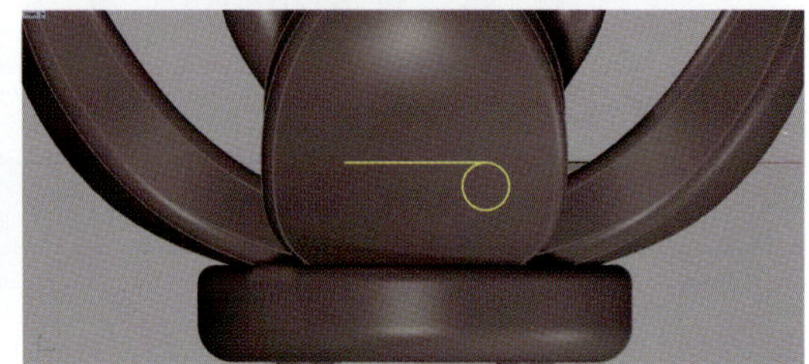

62. Sweep 1 rail를 실행하고, 1번 원형 Curve개체와 2번 원형 Curve개체를 순서대로 선택한 후, Enter↵ 키를 누른 다음, Sweep 1 rail Options창이 나타나면 OK를 누른다. 다음 그림과 같이 Torus개체가 생성된 것을 확인할 수 있다. 사용한 2개의 원형 Curve개체는 삭제한다.

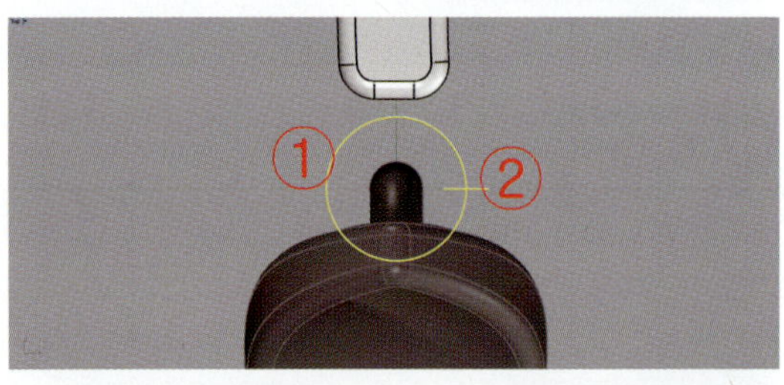

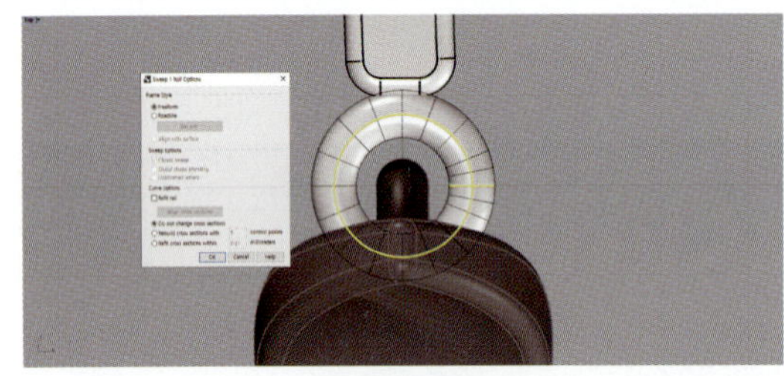

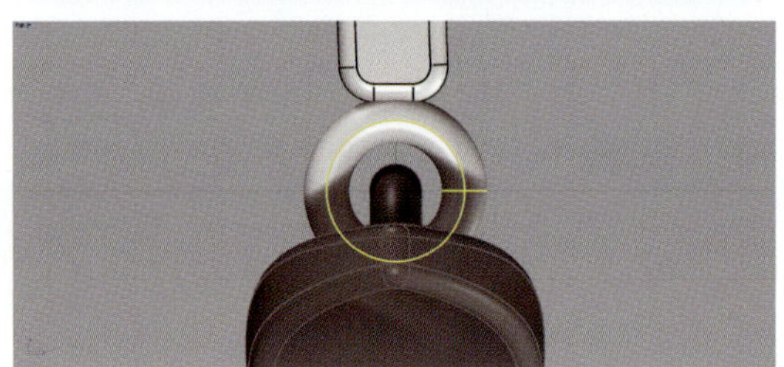

63. 생성된 Torus개체를 선택하고, Move를 실행한다. Point to move from을 Torus 개체 Quad점으로 선택하고, Command Prompt 영역에 Point to move to값 0.27을 입력한 후, Enter↵ 키를 누른다.
Shift 키를 누른 상태로 마우스 커서를 화살표 방향으로 이동한 후, 마우스 왼쪽버튼을 클릭하여 Torus개체를 0.27㎜ 이동시킨다.

Point to move to <0.270>: 0.27

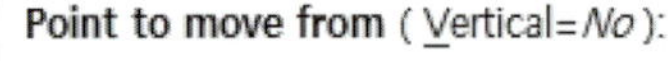
Point to move from (Vertical=*No*):

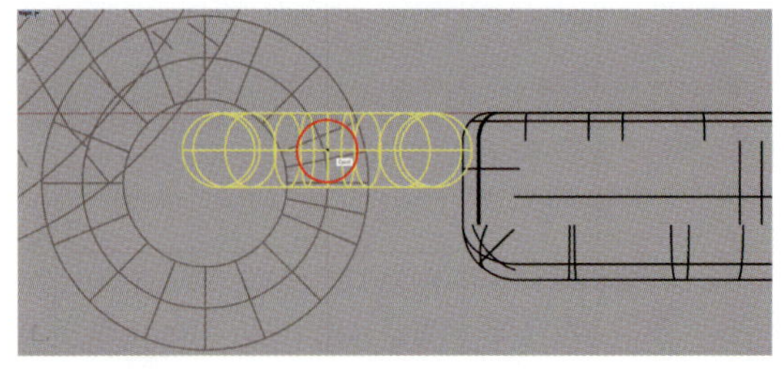

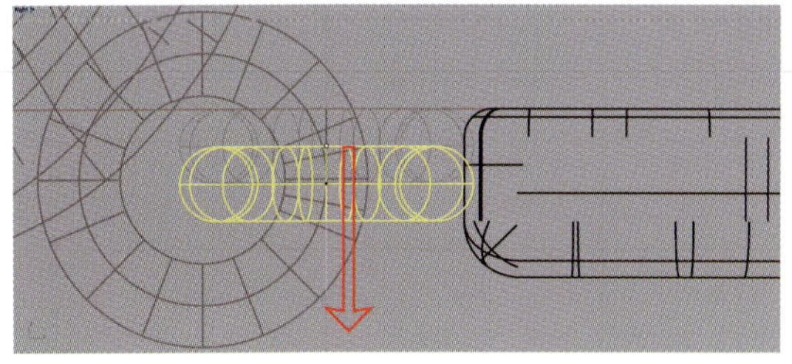

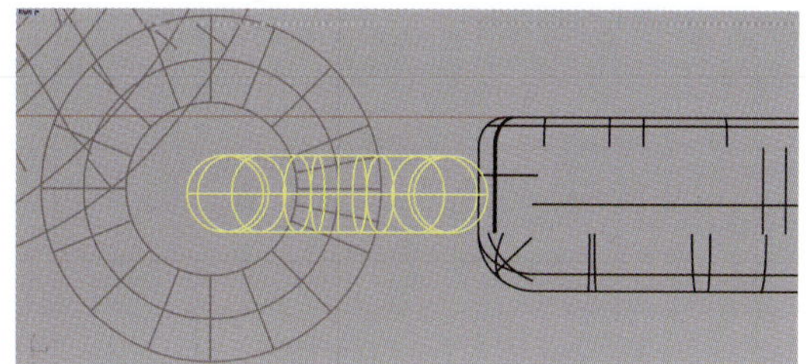

64. Osnap Toolbar에서 Project에 체크하고, 곡선 Solid개체를 선택한 후, Move를 실행한다. Point to move from을 곡선 Solid개체의 Projected Int점으로 선택하고, Point to move to값 0.4를 입력한 후, Enter↵키를 누른다. Shift키를 누른 상태로 마우스 커서를 화살표 방향으로 이동한 후, 마우스 왼쪽버튼을 클릭하여 0.4㎜ 이동시킨다.

Point to move from (Vertical=*No*):

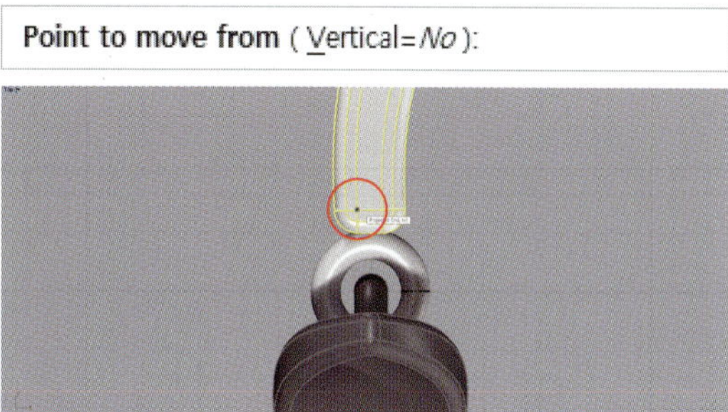

Point to move to <0.341>: 0.4

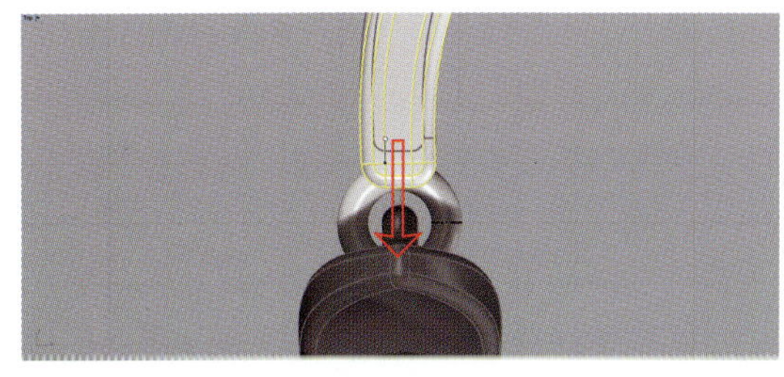

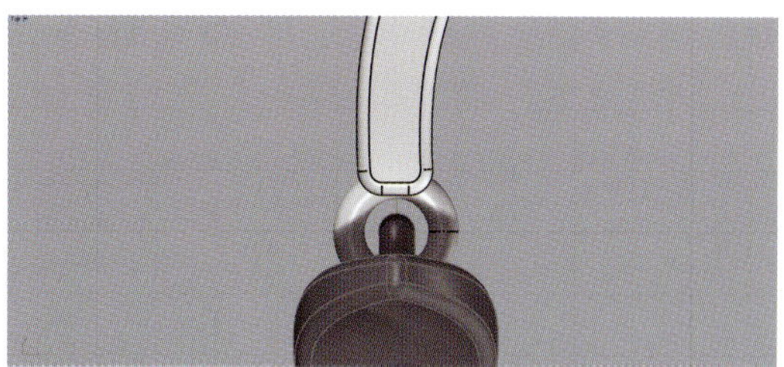

65. Unlock selected objects를 실행하여 잠가둔 Torus개체를 잠금 해제한다. 2개의 Torus개체와 곡선 Solid개체를 선택하고, 프로그램 하단의 Status Bar(상태표시줄)에서 Gumball을 선택하여 Gumball을 화면상에 나타나게 한다.

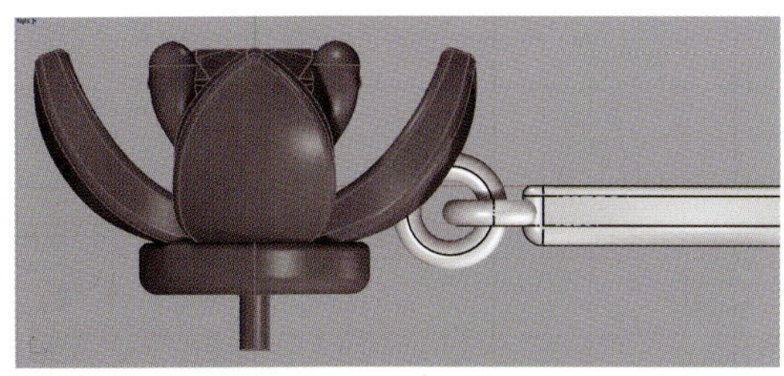

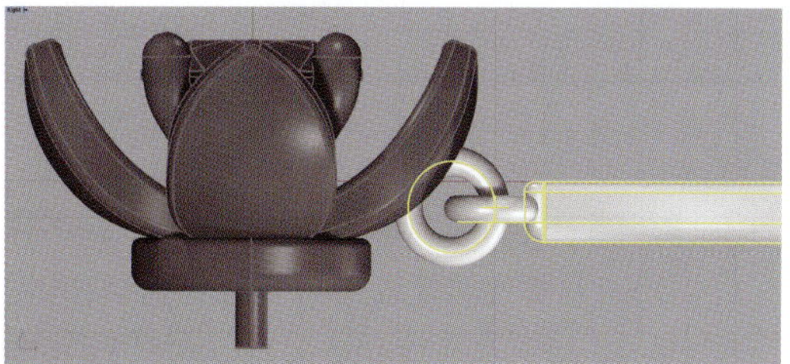

Grid Snap	Ortho	Planar	Osnap	SmartTrack	Gumball	Record History

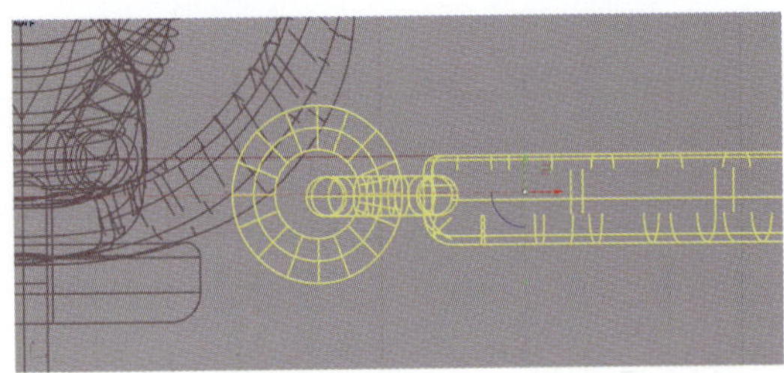

66. 빨간 화살표를 클릭하고, -0.44를 입력한 후, Enter↵키를 누른다. 다음 그림과 같이 빨간 화살표(y축) 방향으로 -0.44㎜ 이동한 것을 확인할 수 있다.

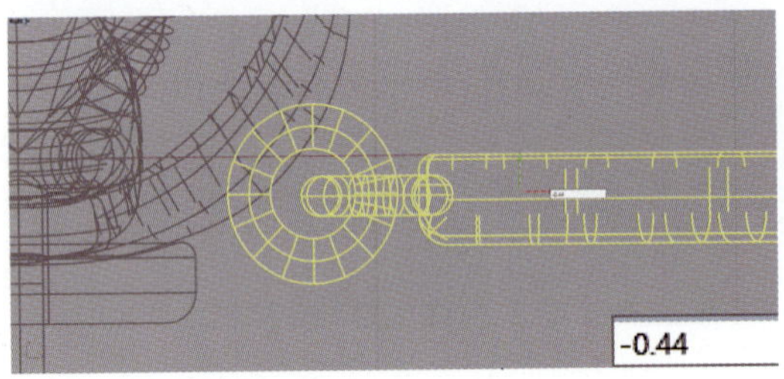

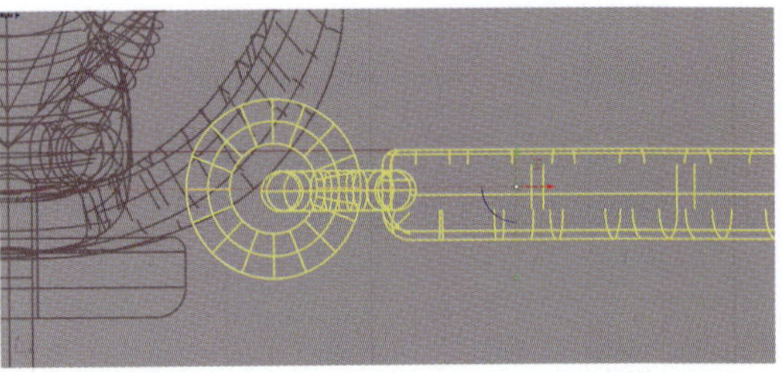

67. 초록 화살표를 클릭하고, -0.52를 입력한 후, Enter↵키를 누른다. 다음 그림과 같이 초록 화살표(z축) 방향으로 -0.52㎜ 이동한 것을 확인할 수 있다.

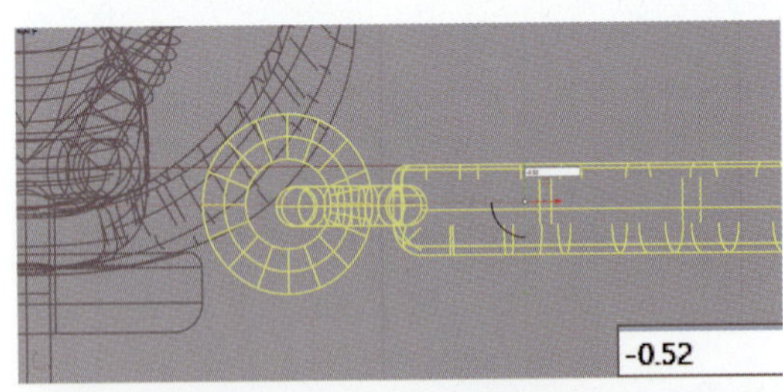

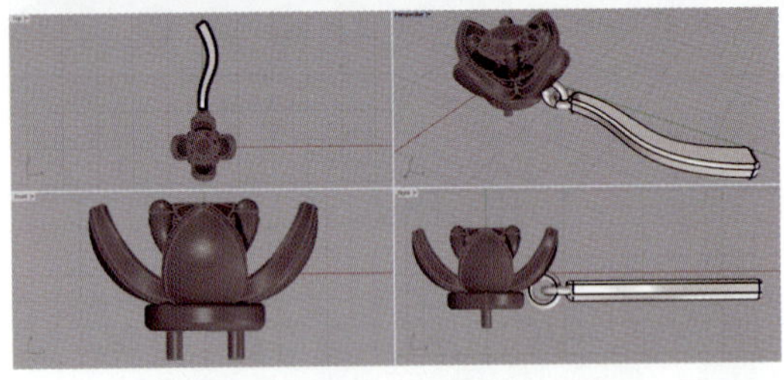

68. Top ▾ Top Viewport에서 Ctrl+I(Insert)를 실행하여 Insert창이 나타나면 Insert as에서 Individual Objects를 선택하고, 우측 상단의 폴더 아이콘을 선택한다. 1.30&1.10&0.47.3dm파일을 선택하고, 열기를 누른 후, Command Prompt 영역에 Insertion point값 0,7을 입력한 다음, Enter↵키를 눌러서 보석개체를 불러온다.

→ 부록CD 〉 Rhino 예제 〉 Level 2 - Design Modeling 2 〉 1.30&1.10&0.47.3dm

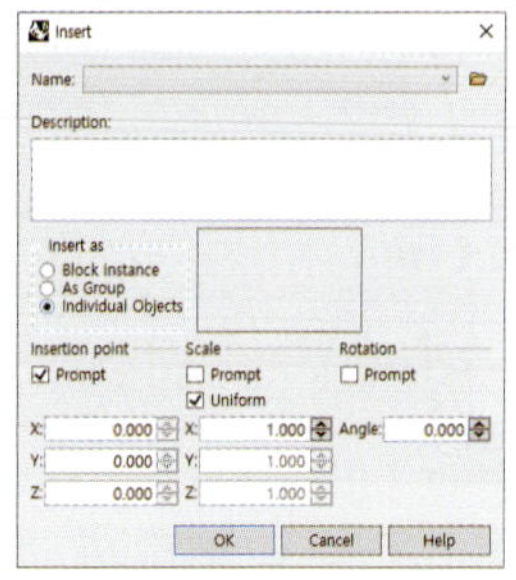

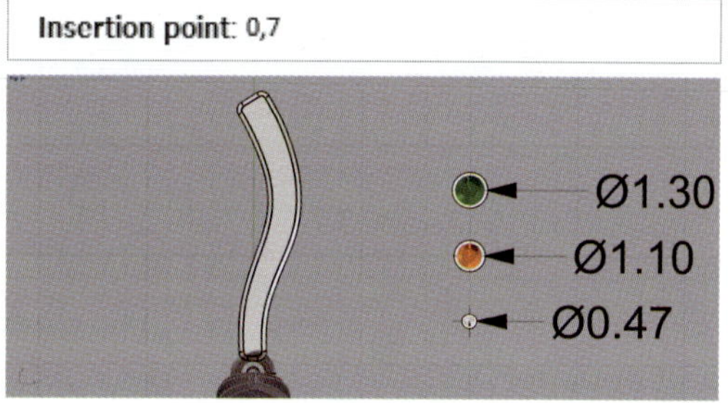

69. Extract isocurve를 실행하고, 곡선 Solid개체의 Surface를 선택한다. Command Prompt 영역에서 Direction=V로 설정하고, 곡선 Solid개체 상단의 Mid점을 선택하면 다음 그림과 같이 곡선 Curve 개체가 생성된 것을 확인할 수 있다.

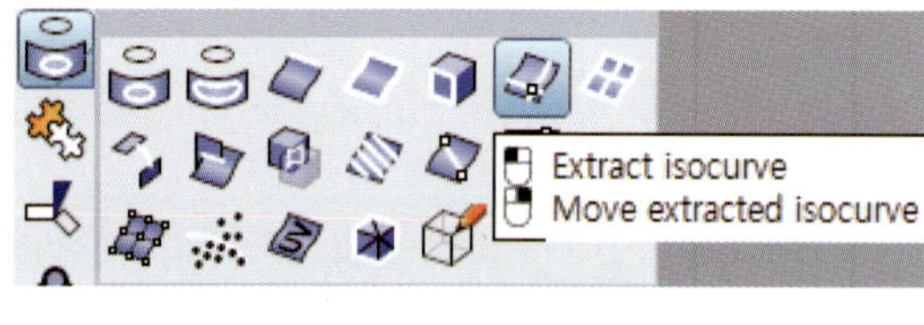

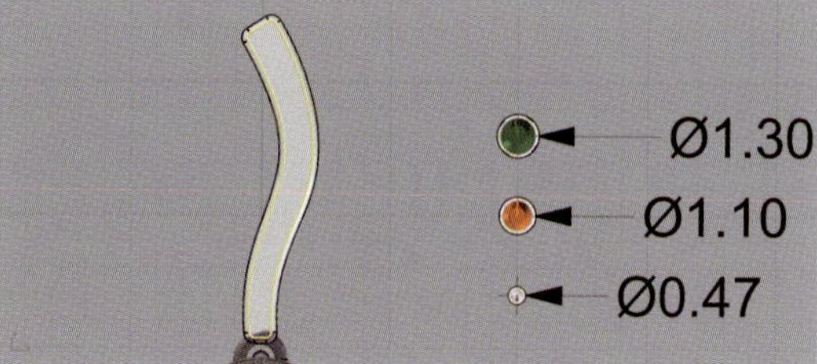

Select isocurve to extract (Direction=V Toggle ExtractAll IgnoreTrims=No):

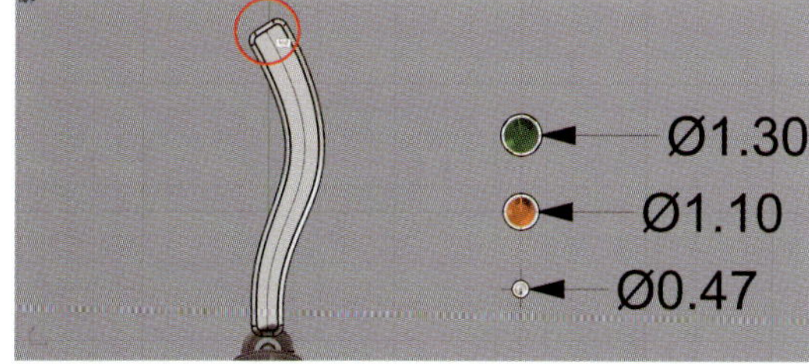

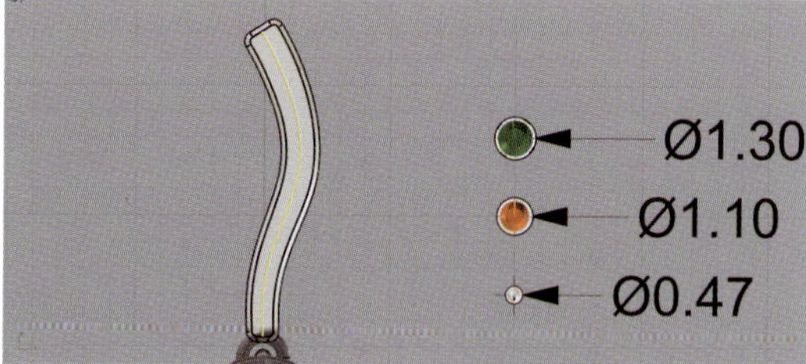

70. Osnap Toolbar에서 Near점과 Point점에 체크한 후, 지름 1.10㎜ 원형 Curve개체 그룹을 선택하고, Copy를 실행한다. Point to copy from을 원형 Curve개체 그룹 중심의 Point개체로 선택하고, 다음 그림과 같이 생성된 곡선 Curve개체 하단에서부터 6개의 원형 Curve개체 그룹을 일정한 간격으로 복사한다.

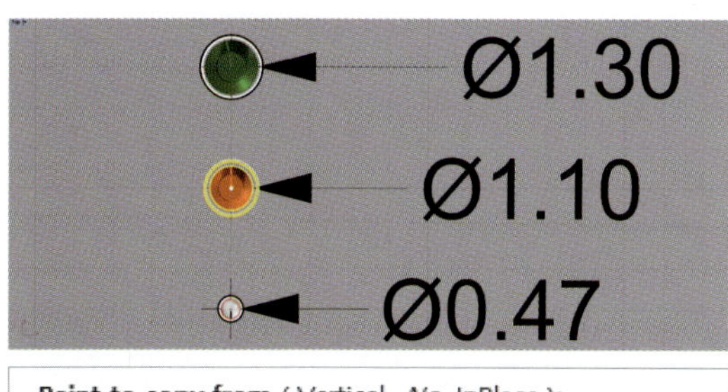

Point to copy from (Vertical=No InPlace):

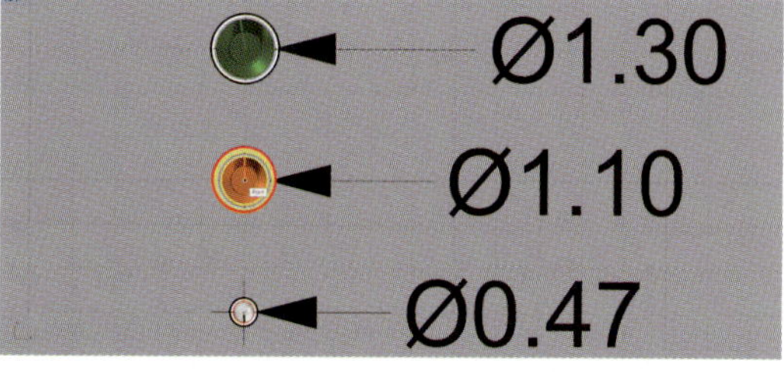

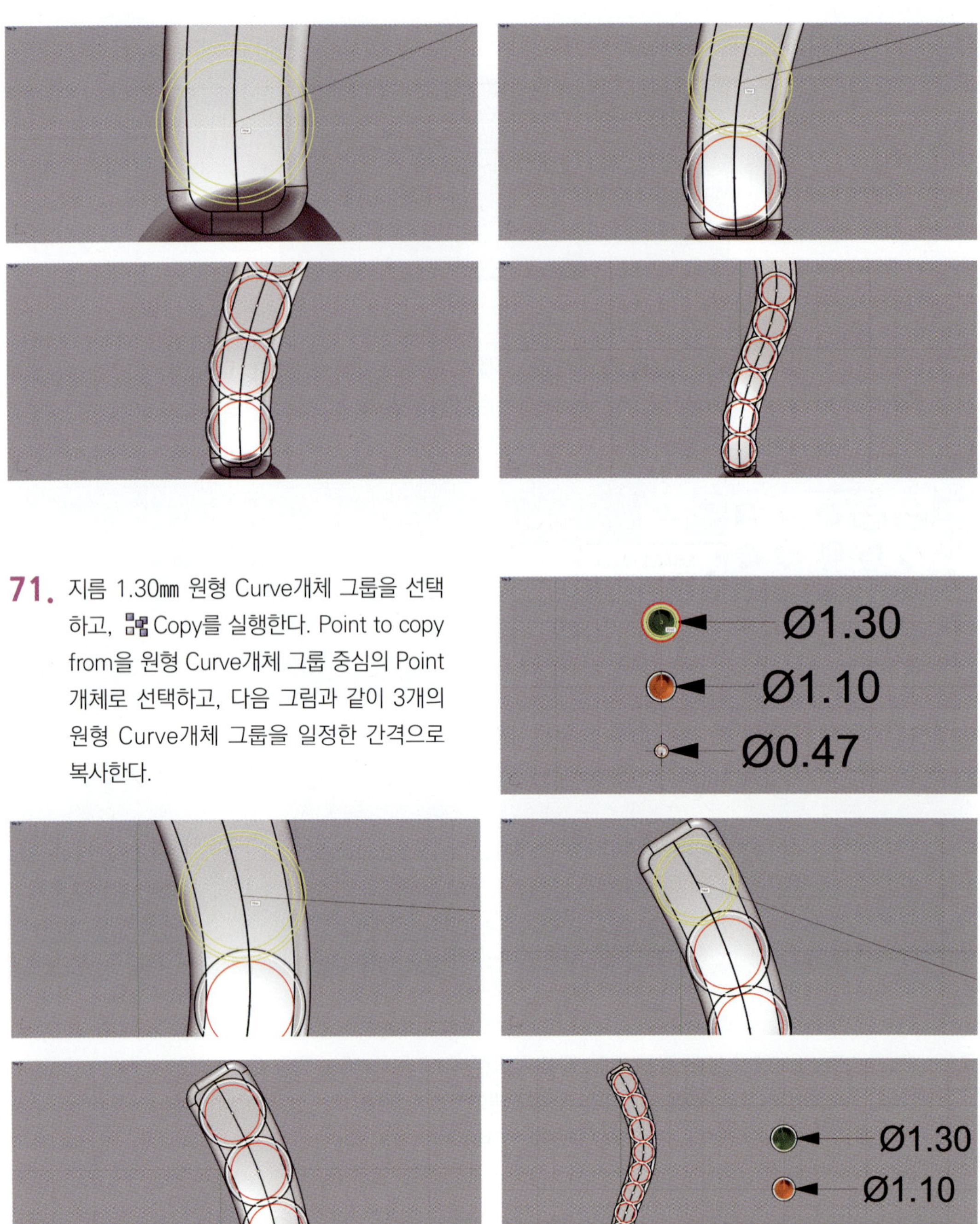

71. 지름 1.30㎜ 원형 Curve개체 그룹을 선택하고, Copy를 실행한다. Point to copy from을 원형 Curve개체 그룹 중심의 Point개체로 선택하고, 다음 그림과 같이 3개의 원형 Curve개체 그룹을 일정한 간격으로 복사한다.

72. Orient objects on surface를 실행하고, 지름 0.47㎜ 원형 Curve개체 그룹을 선택한다. Base Point를 원형 Curve개체 그룹 중심의 Point개체로 선택하고, Reference point for scaling and rotation은 Shift 키를 누른 상태로 마우스 커서를 화살표 방향으로 이동한 후, 마우스 왼쪽버튼을 클릭한다. Surface to orient on은 복사할 곡선 Solid개체의 Surface로 선택한다.

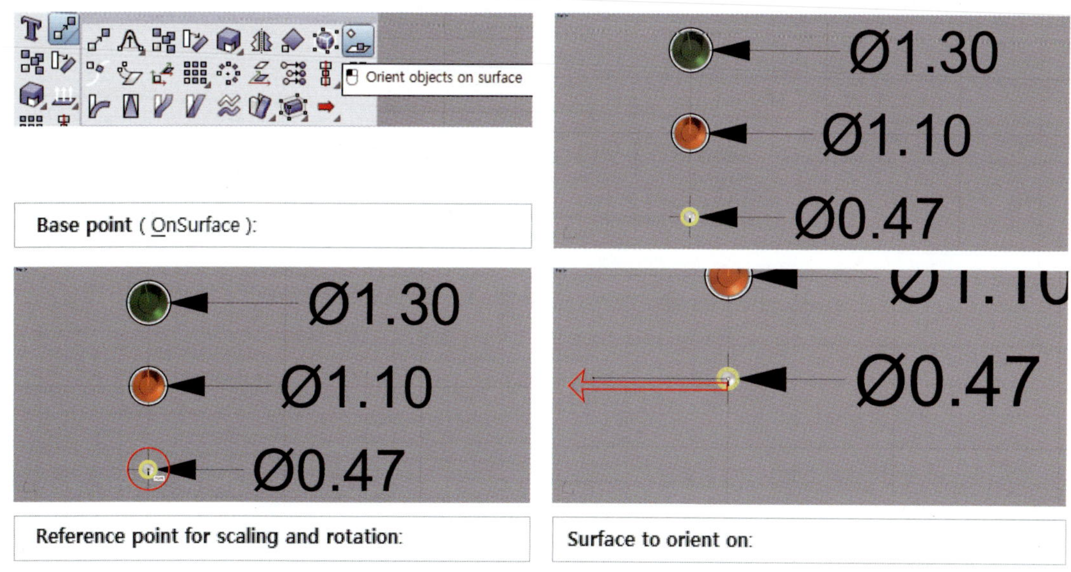

73. Orient on Surface Options창이 나타나면 OK를 누르고, Command Prompt 영역에서 Copy=Yes로 설정한 후, 다음 그림과 같이 난발이 들어갈 위치에 복사한다.

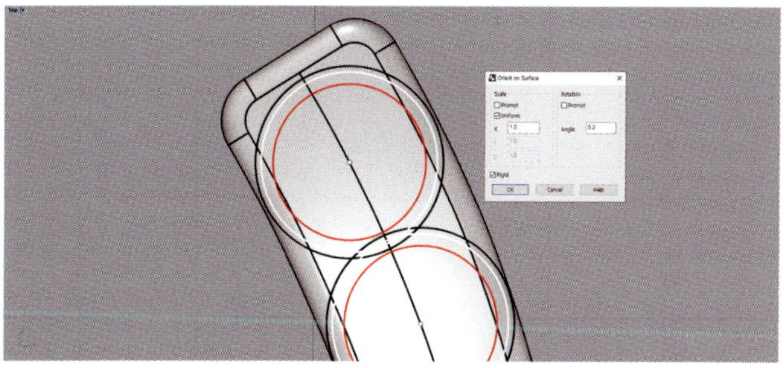

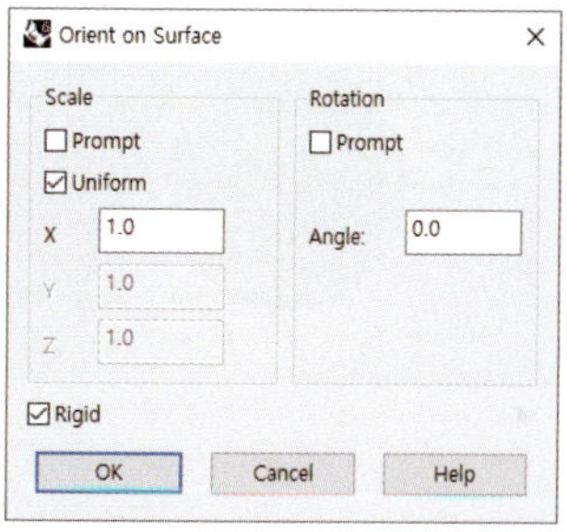

Orient on Surface

Scale: Prompt, Uniform, X 1.0, Y 1.0, Z 1.0

Rotation: Prompt, Angle: 0.0

Rigid

OK Cancel Help

Point on surface to orient to (Copy=*Yes* Flip=*No* IgnoreTrims=*No*):

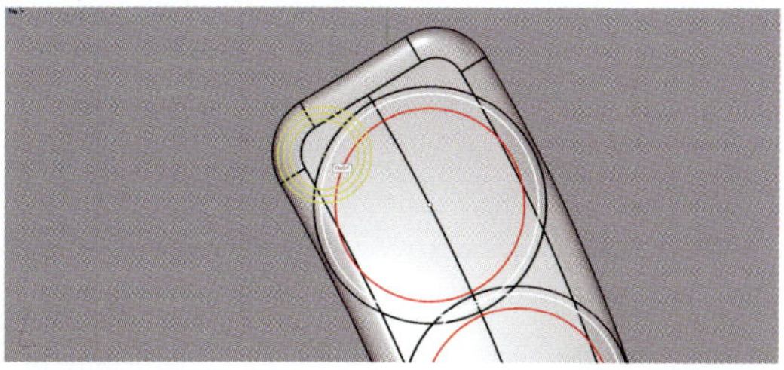

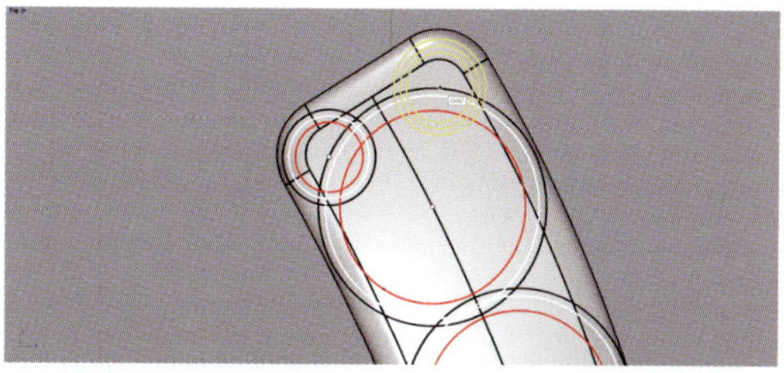

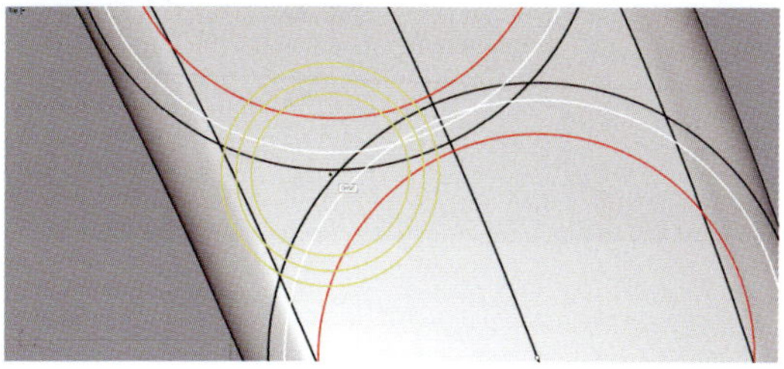

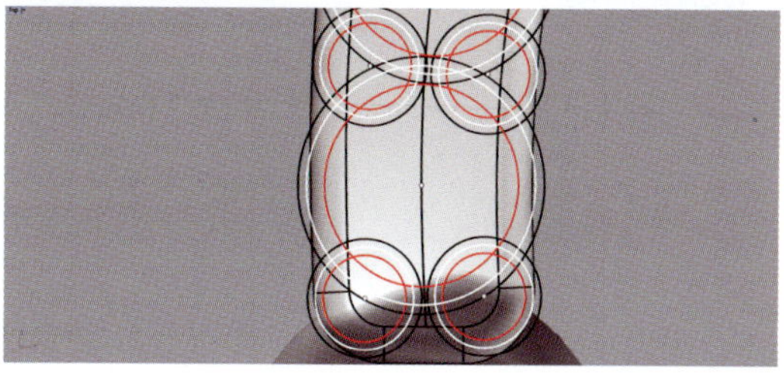

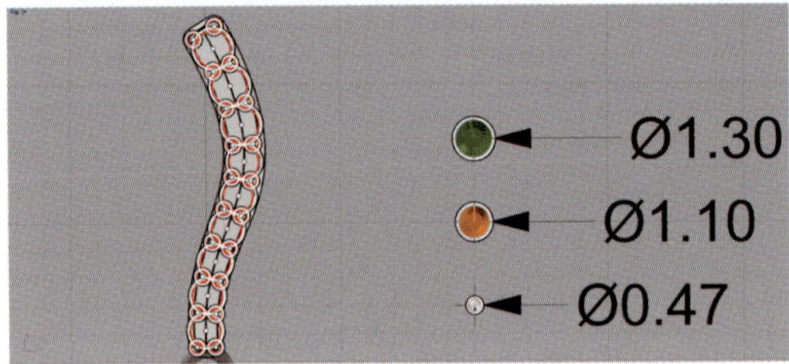

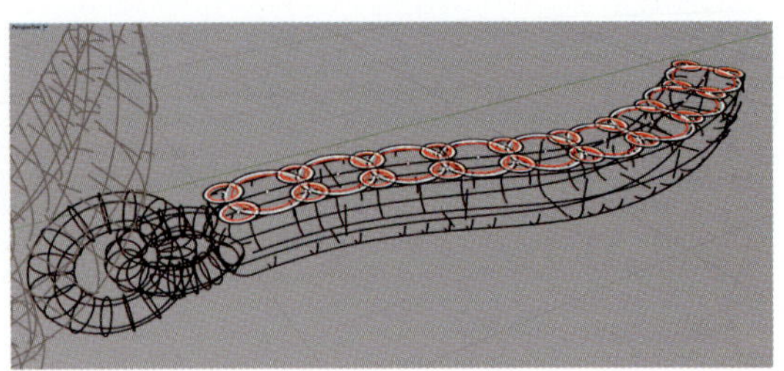

74. Osnap Toolbar에서 Point에만 체크하고, 지름 1.30㎜ 개체들을 모두 선택한 후, Copy를 실행한다. Point to copy from을 선택한 개체들 중심의 Point개체로 선택하고, 다음 그림과 같이 3개의 1.30㎜ 개체들을 복사한다.

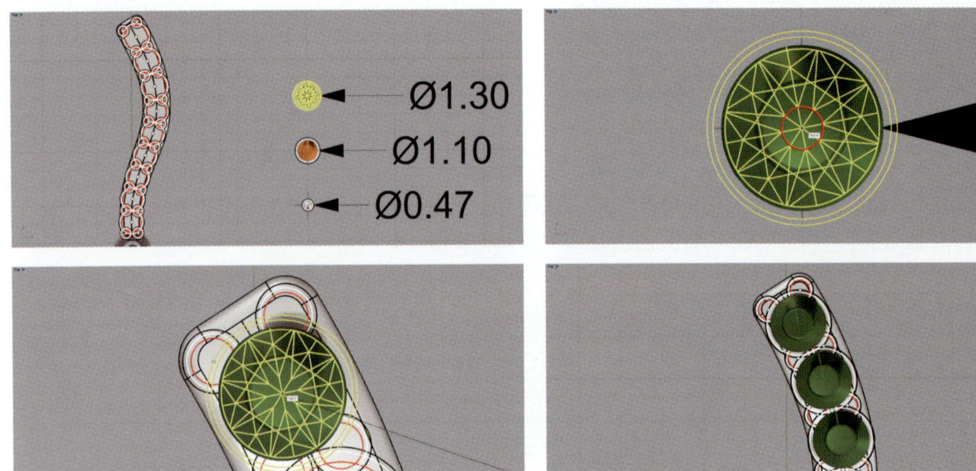

75. 위와 같은 방법으로 지름 1.10㎜ 개체들도 다음 그림과 같이 복사한다.

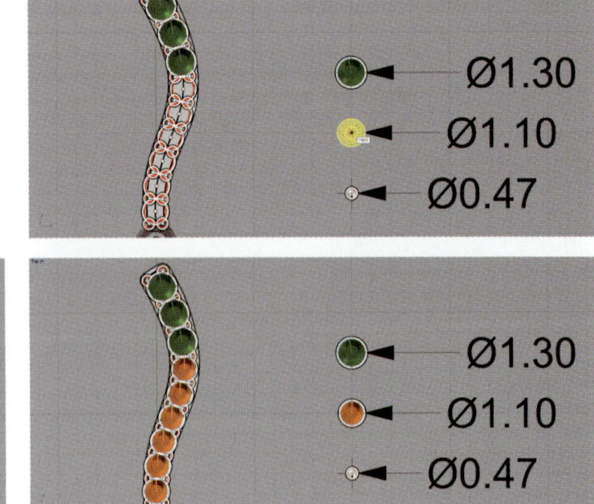

76. 시름 0.47㎜ 개체들을 모두 선택한 후, Copy를 실행한다. Point to copy from을 선택한 개체들 중심의 Point개체로 선택하고, 다음 그림과 같이 0.47㎜ 개체들을 복사한다.

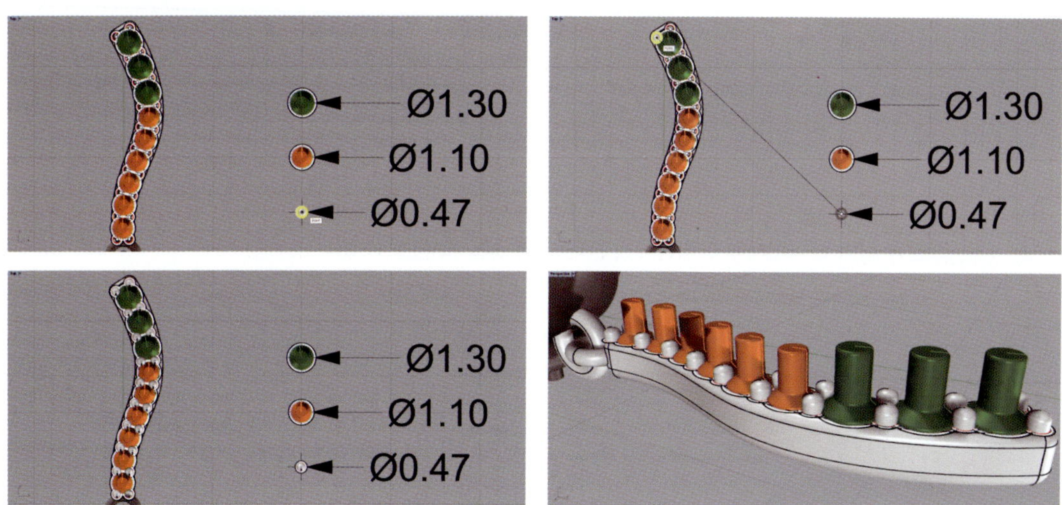

77. Select curves를 실행하여 Curve개체들을 모두 선택한 후, 삭제한다. 다음 그림과 같이 곡선 Solid 개체, Torus개체와 난발개체를 선택하고, Boolean union를 실행하여 하나의 개체로 결합한다.

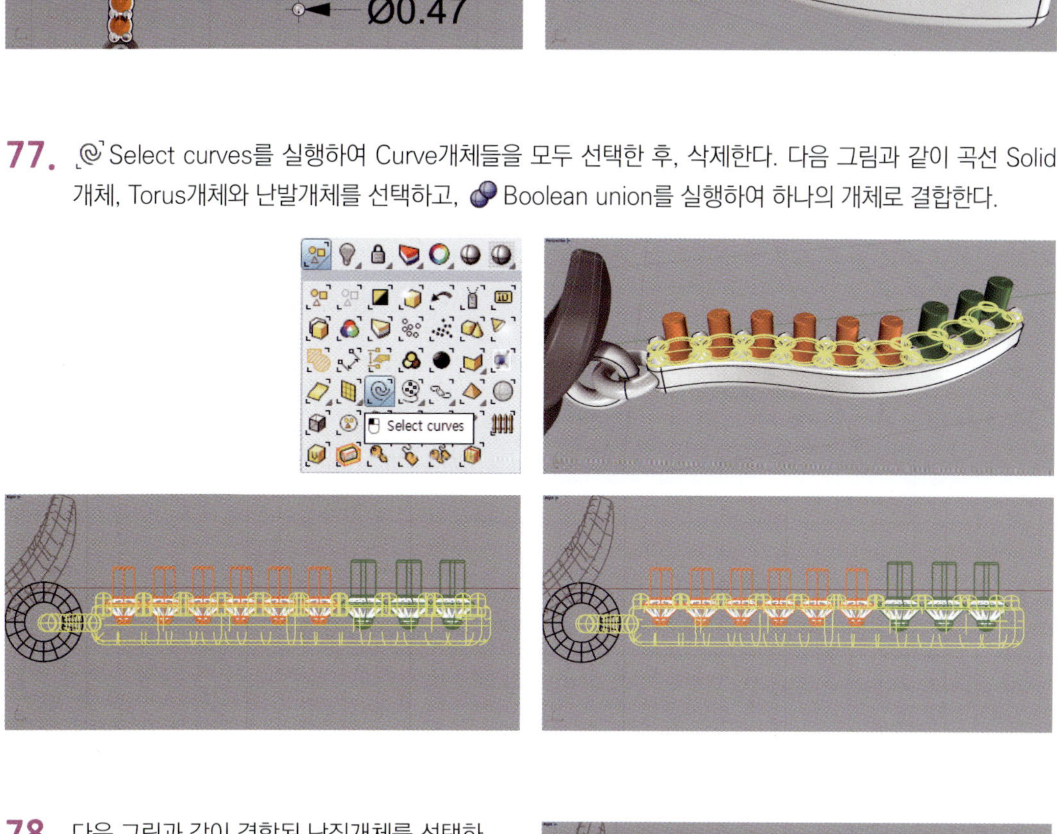

78. 다음 그림과 같이 결합된 난집개체를 선택하고, Boolean difference를 실행한 후, 드릴용 보석형태의 개체들을 선택한 다음, Enter↵ 키를 누른다.

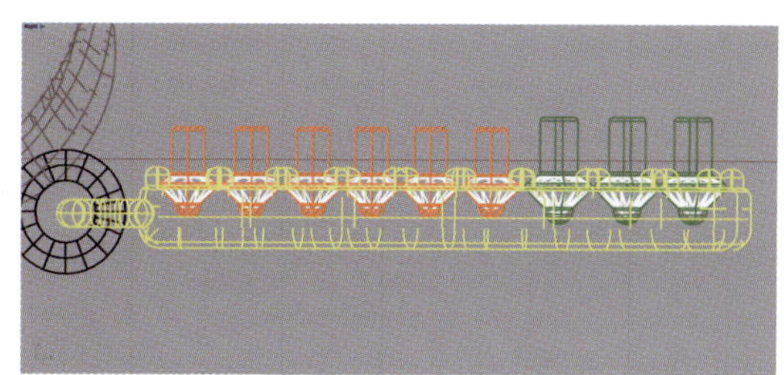

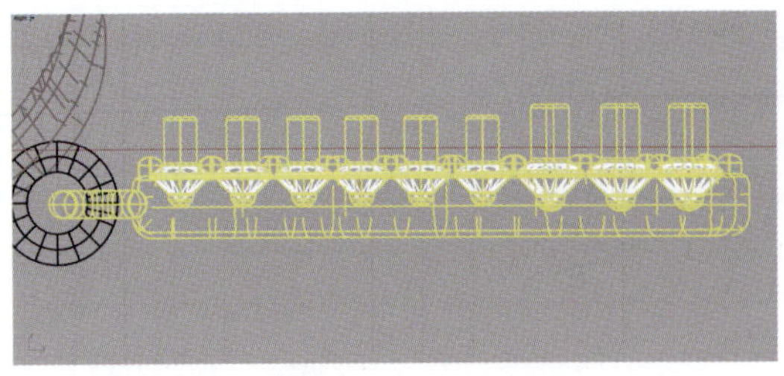

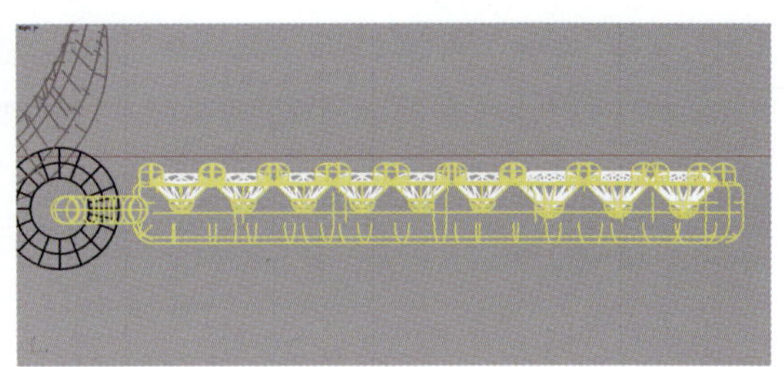

79. 다음 그림과 같이 난집개체에 보석형태의 홈이 파인 것을 확인할 수 있다.

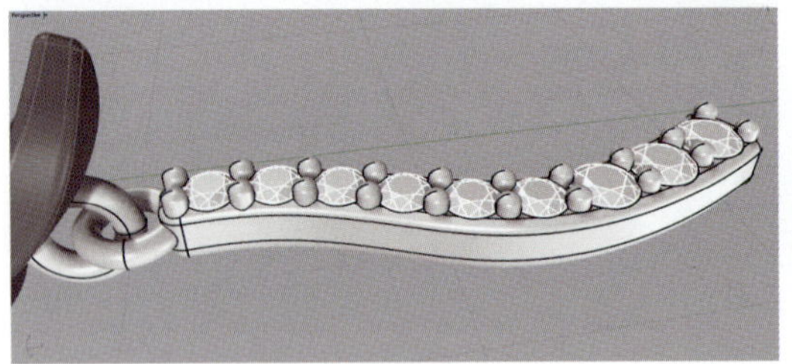

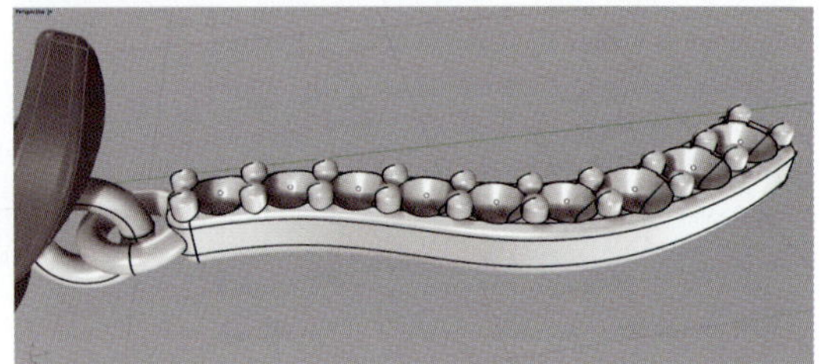

80. Unlock objects를 실행하여 개체들을 모두 잠금 해제하고, 꽃잎개체와 Torus개체를 선택한 후, Boolean union을 실행하여 하나의 개체로 결합한다.

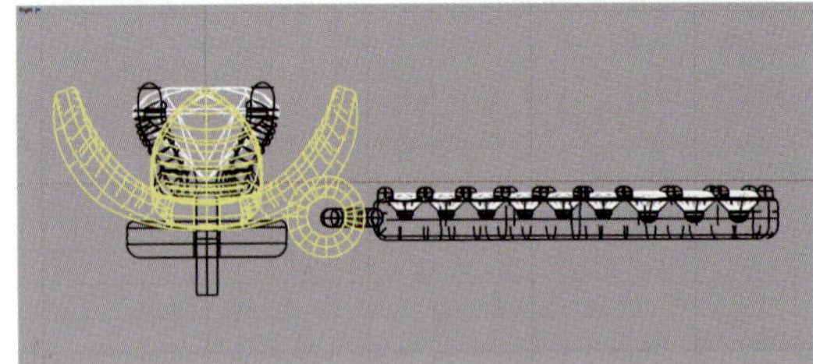

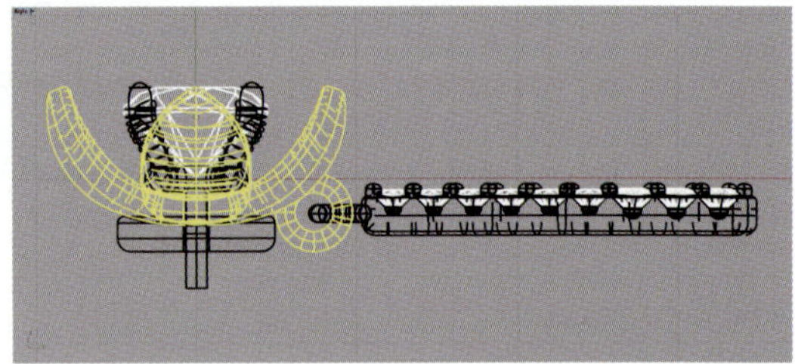

81. Select points를 실행하여 Point개체들을 모두 선택한 후, 삭제하면 다음 그림과 같이 완성된 Design Modeling 2 귀걸이 개체를 확인할 수 있다.

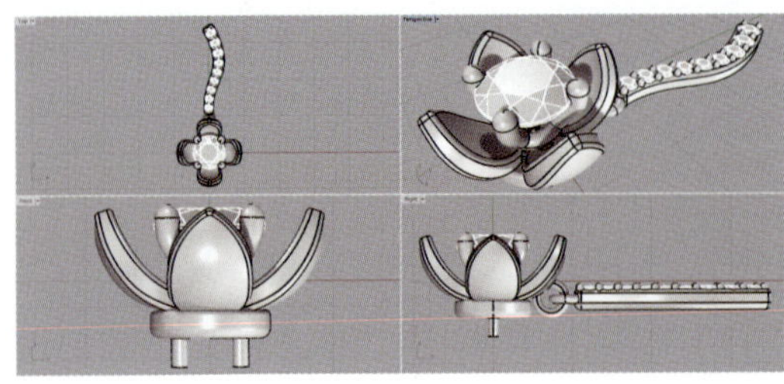

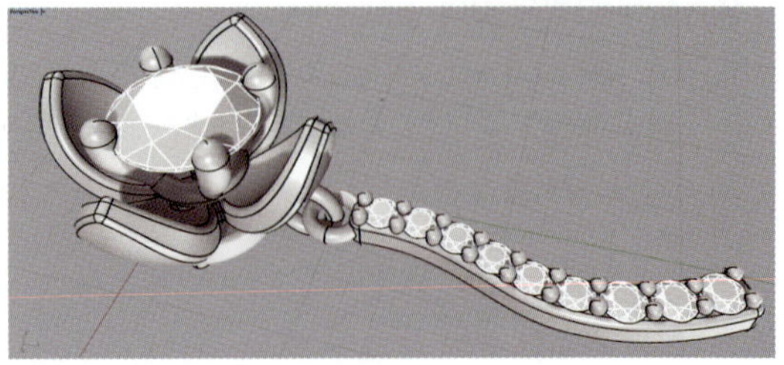

Level 02 Design Modeling 3

출처: 이 예제는 2016년 프로젝트 일환으로 진행된 부산 〈주얼바이문〉 업체의 디자인 제품임을 밝힙니다.

01. Top Top Viewport에서 Ctrl+I(Insert)를 실행하여 Insert창이 나타나면 Insert as에서 Individual Objects를 선택하고, 우측 상단의 폴더 아이콘을 선택한다. Shield Curve.3dm파일을 선택하고, 열기를 누른 후, Command Prompt 영역에 Insertion point값 0을 입력하여 원점(0, 0) 위치에 Shield Curve를 불러온다.

→ 부록CD 〉 Rhino 예제 〉 Level 2 – Design Modeling 3 〉 Shield Curve.3dm

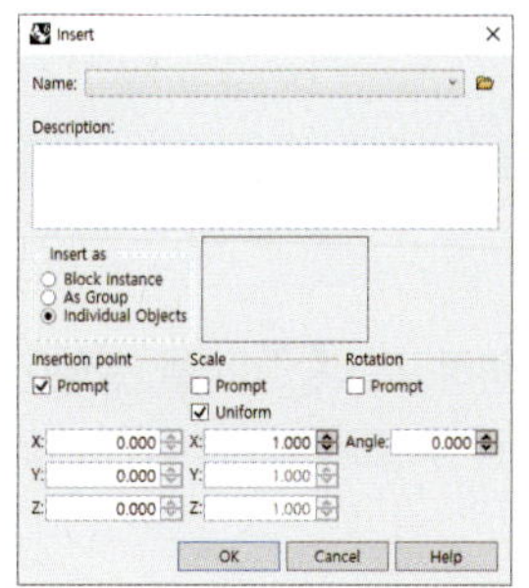

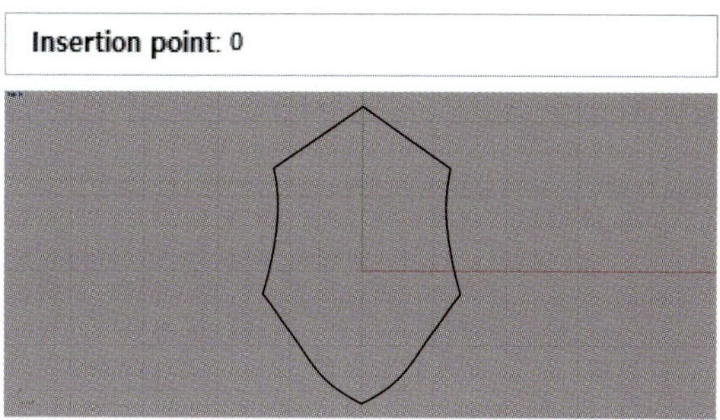

02. Front Front Viewport에서 Circle: center, radius를 실행한다. Command Prompt 영역에 Center of circle값 0, 3을 입력하고, Enter↵ 키를 누른 후, Diameter 값 23을 입력한 다음, Enter↵ 키를 누른다.

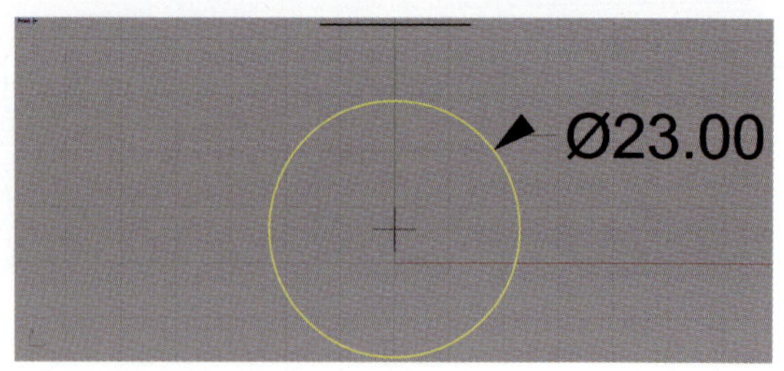

Center of circle (Deformable Vertical 2Point 3Point Tangent AroundCurve FitPoints): 0,3

Diameter <22.395> (Radius Orientation Circumference Area ProjectOsnap=*Yes*): 23

03. Single Line을 실행하고, 다음 그림과 같이 원점(0, 0) 기준으로 36.82도 각도의 직선 Curve개체를 생성한다.

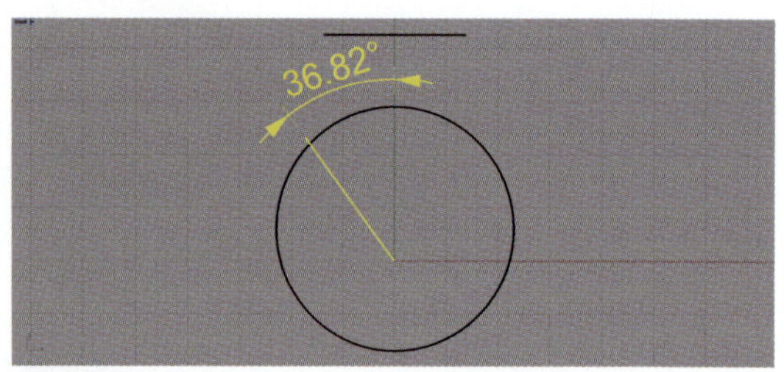

04. 생성된 직선 Curve개체를 선택하고, Mirror를 실행한다. 원점(0, 0) 기준으로 Shift 키를 누른 상태로 마우스 커서를 화살표 방향으로 이동한 후, 마우스 왼쪽버튼을 클릭하여 대칭방향에 직선 Curve개체를 복사한다.

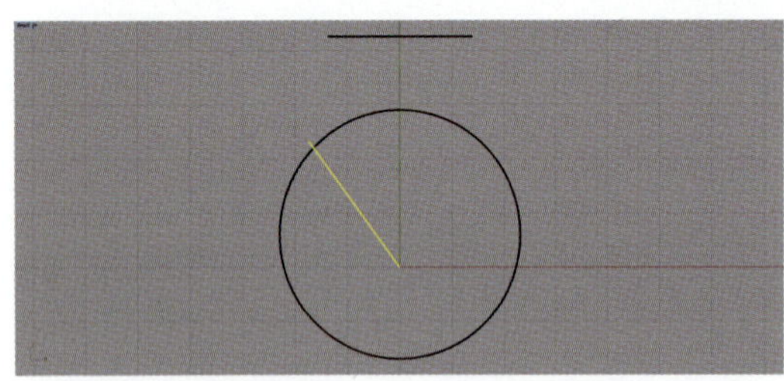

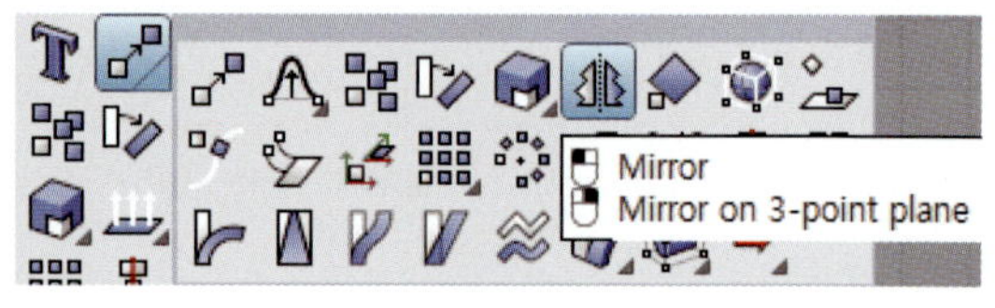

Start of mirror plane (3Point Copy=*Yes* XAxis YAxis): 0

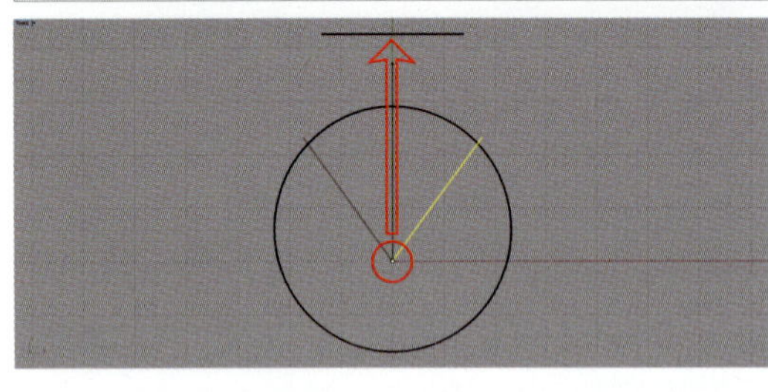

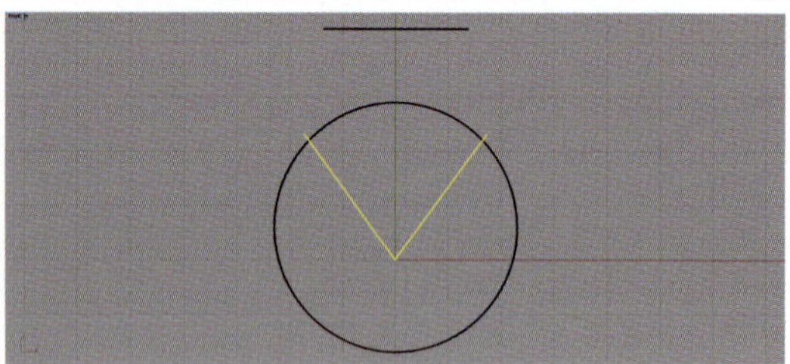

05. 2개의 직선 Curve개체와 원형 Curve개체를 선택하고, Trim을 실행한다. 다음 그림과 같이 원형 Curve개체 하단을 선택하여 삭제한 후, Enter↵ 키를 누르고, 2개의 직선 Curve개체를 삭제한다.

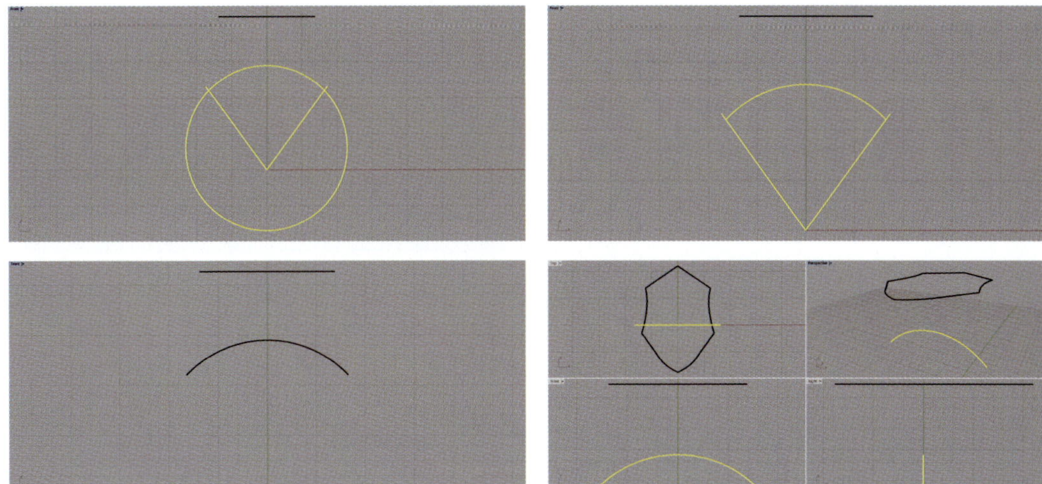

06. 곡선 Curve개체를 선택하고, Extrude straight를 실행한다. Command Prompt 영역에서 BothSides=Yes, Deleteinput =Yes로 설정하고, 마우스 커서를 움직여서 Shield Curve개체가 덮이는 크기의 Surface 개체를 생성한다.

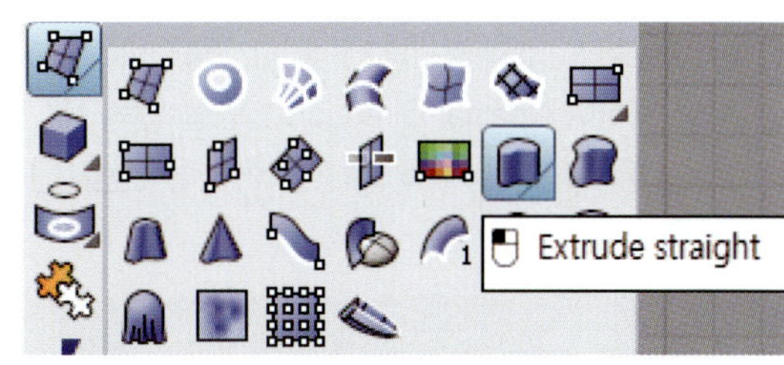

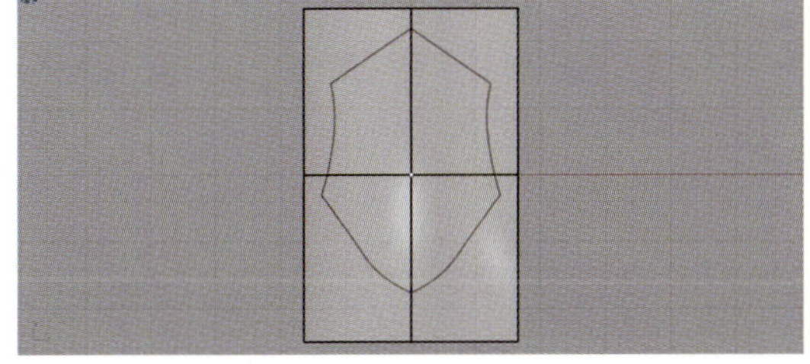

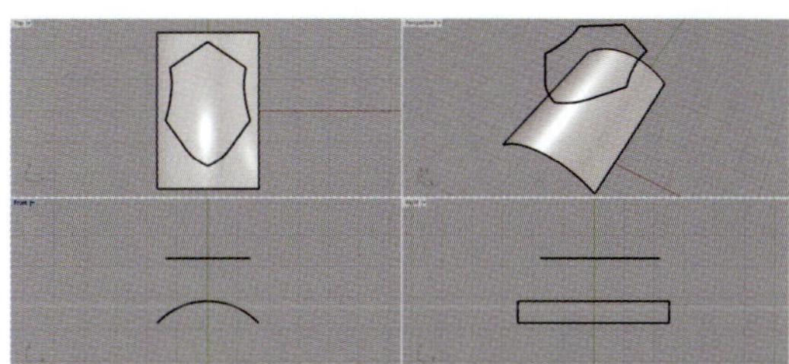

07. Shield Curve개체를 선택하고, Project curves를 실행한 후, Surface개체를 선택하면 다음 그림과 같이 Shield Curve개체가 Surface개체에 투영된 것을 확인할 수 있다.

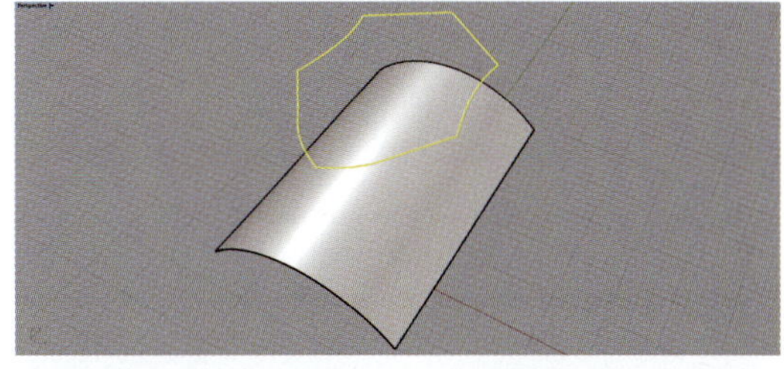

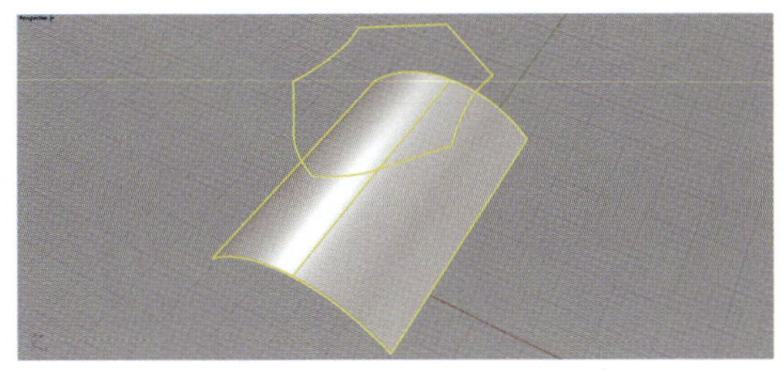

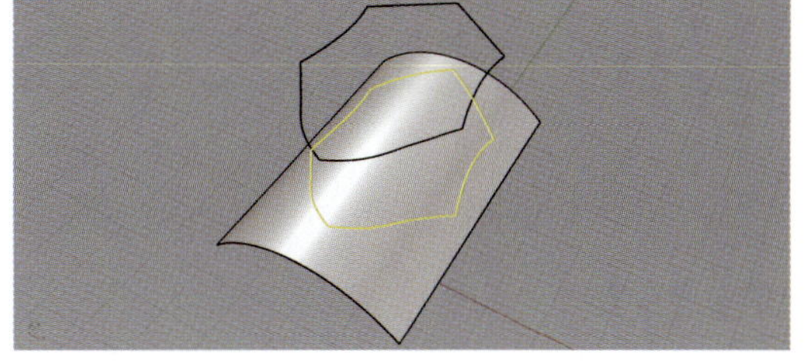

08. Surface개체를 선택하고, Split을 실행한 다음, 투영된 Curve개체를 선택한 후, Enter↵키를 누른다. 다음 그림과 같이 잘린 Surface개체 바깥 부분과 Curve개체는 삭제한다.

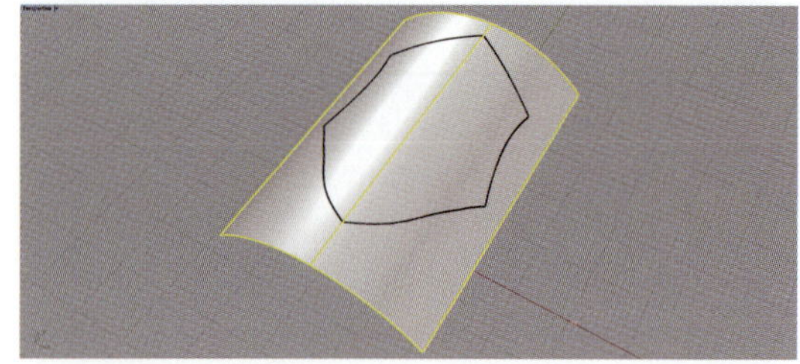

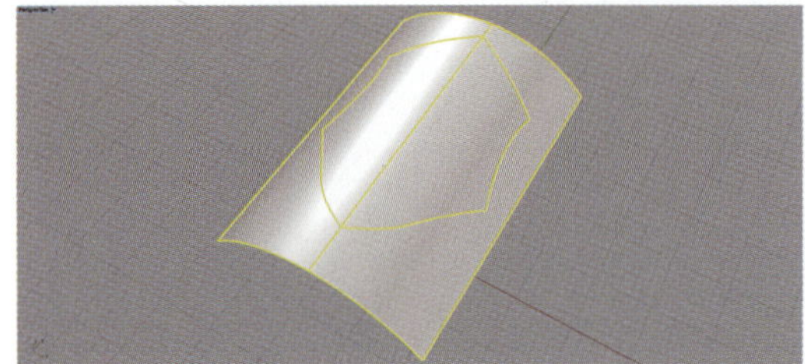

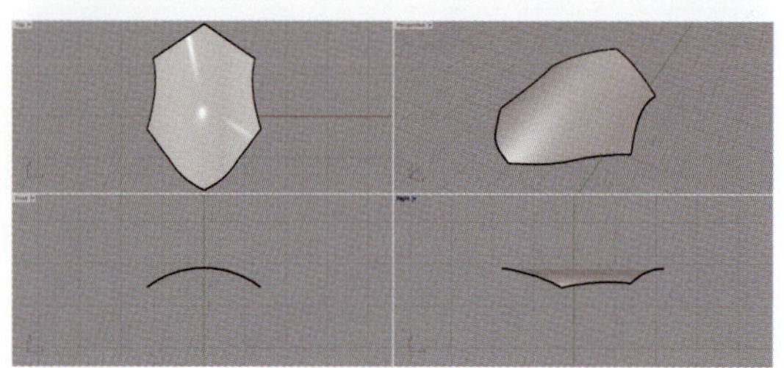

09. Shield Surface개체를 선택하고, Offset Surface를 실행한다. Command Prompt 영역에서 FlipAll을 선택하여 Normal Direction 방향을 안쪽으로 향하게 바꿔주고, Solid=Yes, Deleteinpu=Yes로 설정한 후, Distance값 5.5를 입력한 다음, Enter↵키를 누르면 다음 그림과 같이 생성된 Solid개체를 확인할 수 있다.

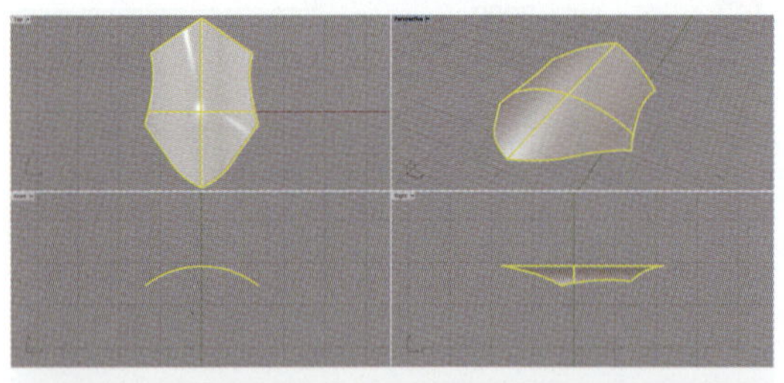

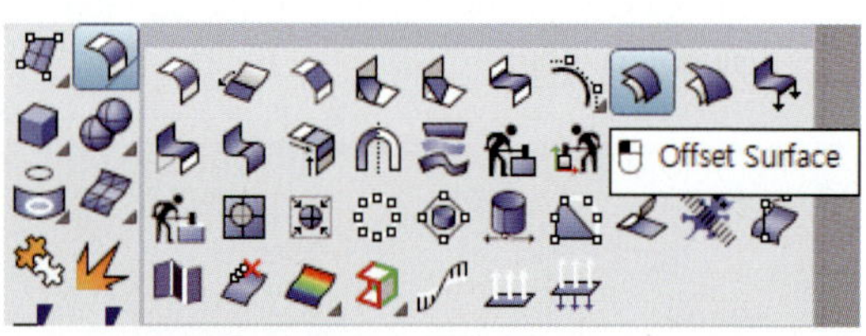

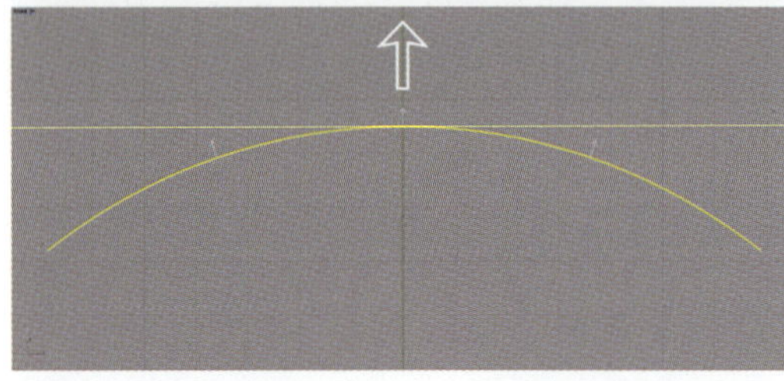

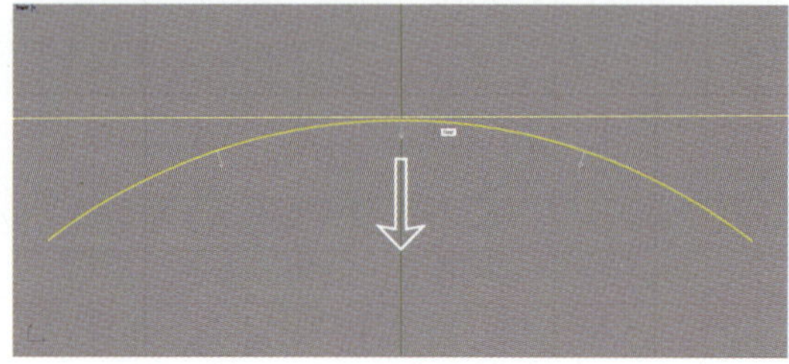

Select object to flip direction. Press Enter when done (Distance= *1.2* Corner=*Round* Solid=*Yes* Loose=*No* Tolerance=*0.001* BothSides=*No* DeleteInput=*Yes* FlipAll):

Select object to flip direction. Press Enter when done (Distance= *1.2* Corner=*Round* Solid=*Yes* Loose=*No* Tolerance=*0.001* BothSides=*No* DeleteInput=*Yes* FlipAll): 5.5

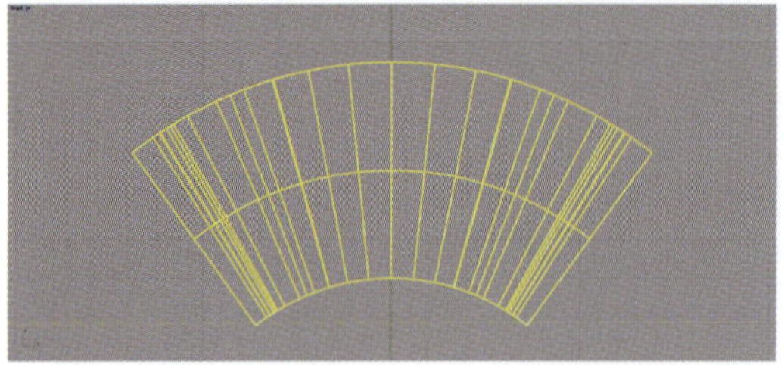

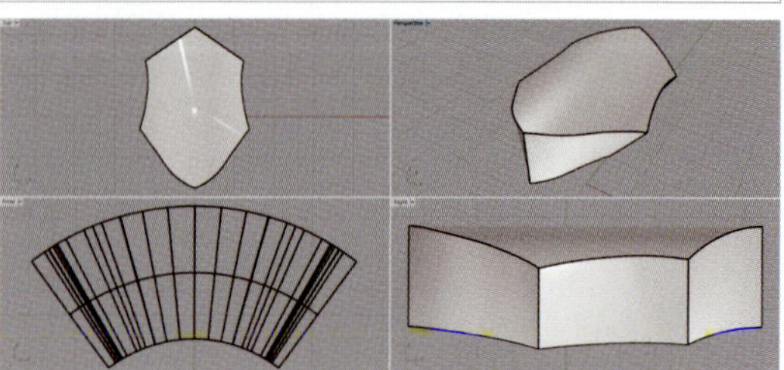

10. Top Top Viewport에서 Ctrl+I(Insert)를 실행하여 Insert창이 나타나면 Insert as에서 Individual Objects를 선택하고, 우측 상단의 폴더 아이콘을 선택한다. 곡선 Curve.3dm파일을 선택하고, 열기를 누른 후, Command Prompt 영역에 Insertion point값 0을 입력하여 원점(0, 0) 위치에 곡선 Curve개체를 불러온다.

→ 부록CD 〉 Rhino 예제 〉 Level 2 – Design Modeling 3 〉 곡선 Curve.3dm

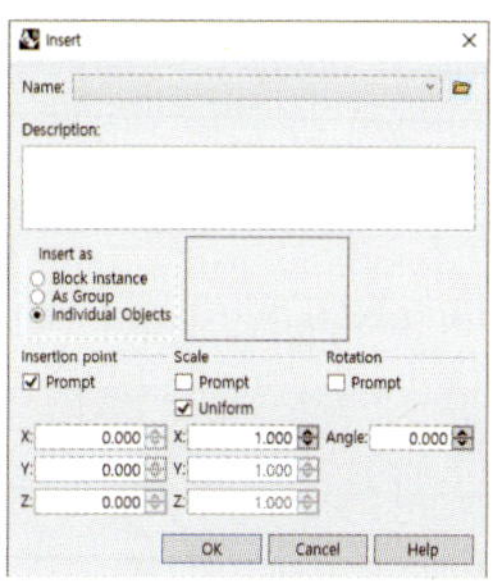

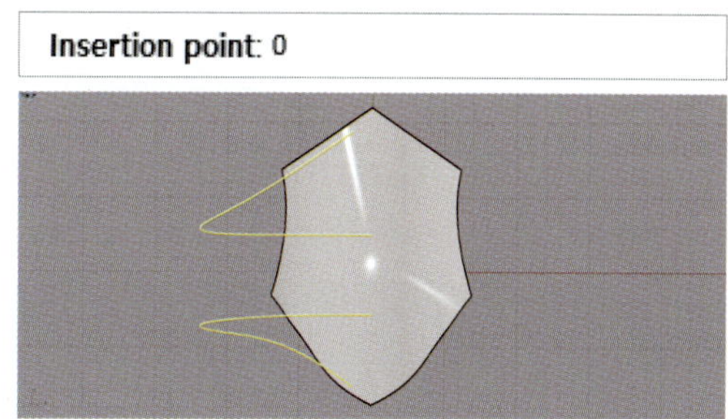

11. 불러온 2개의 곡선 Curve개체를 선택하고, Loft를 실행하여 Surface개체를 생성한다. Loft Options 창이 나타나면 Style에서 Normal로 설정하고, OK를 누른다.

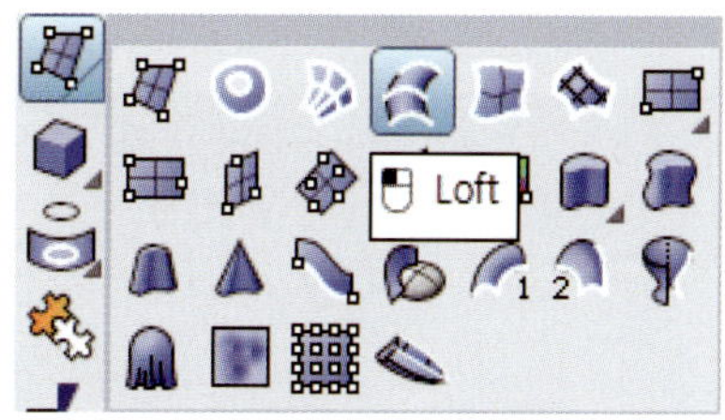

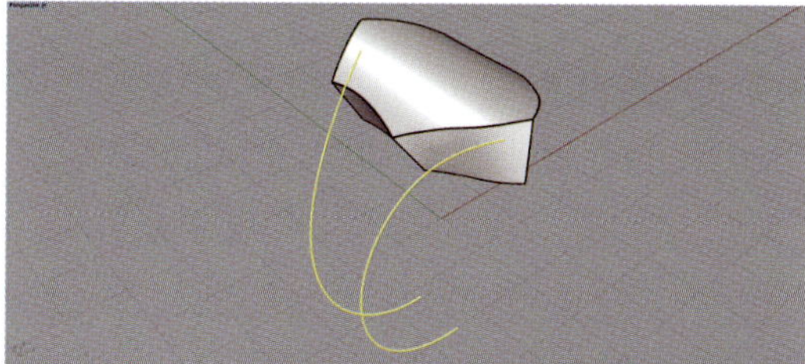

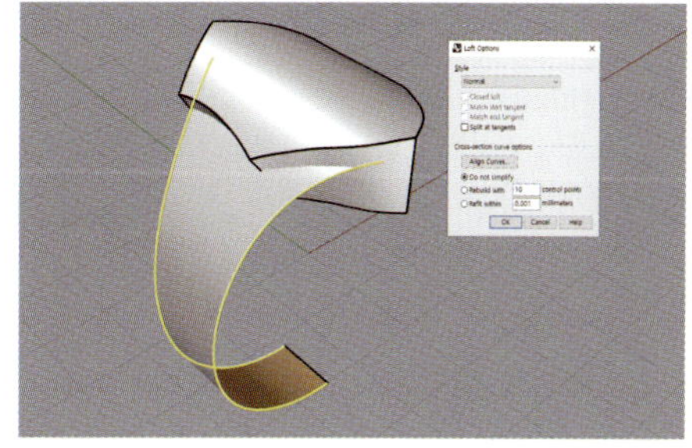

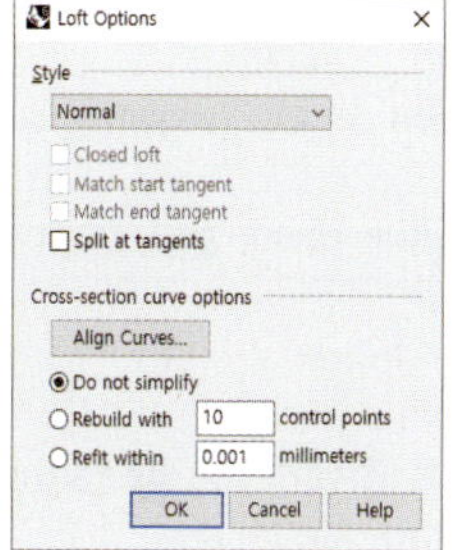

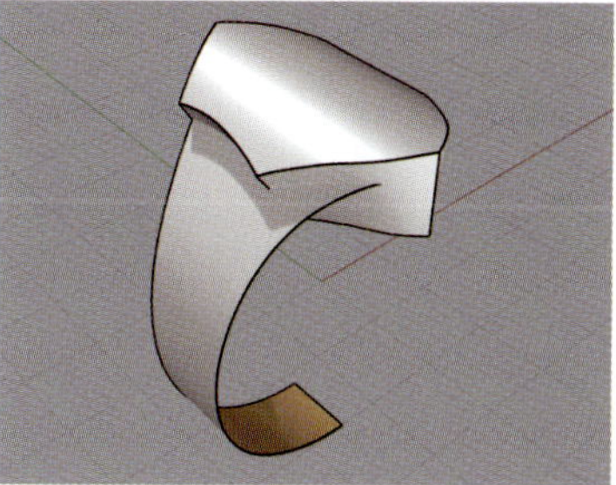

12. 생성된 Surface개체를 선택하고, Offset Surface를 실행한다. Command Prompt 영역에서 FlipAll을 선택하여 Normal Direction 방향을 안쪽으로 향하게 바꿔주고, Solid=Yes로 설정한 후, Distance값 4.5를 입력한 다음, Enter키를 누르면 다음 그림과 같이 생성된 Poly-Surface개체를 확인할 수 있다.

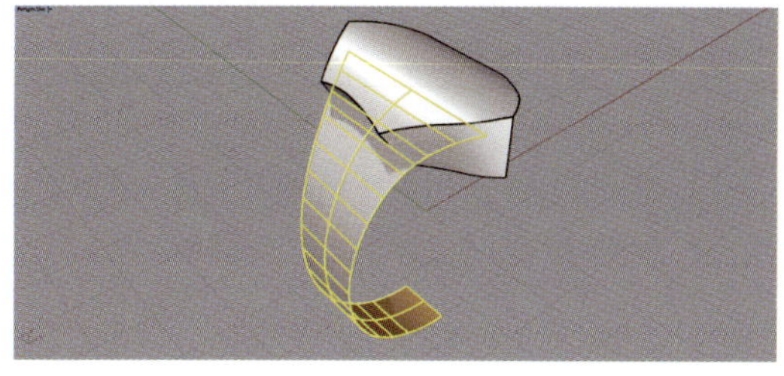

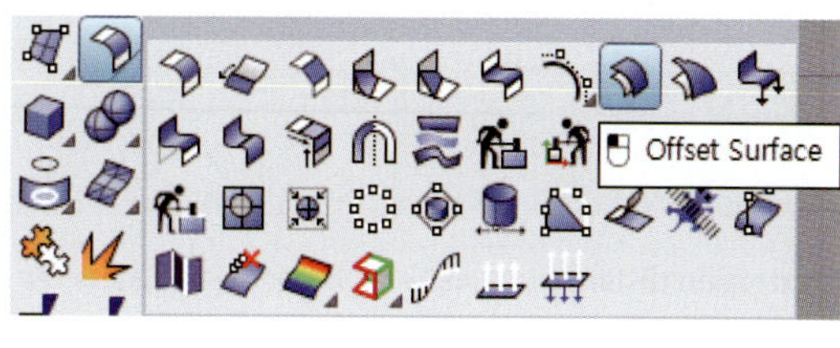

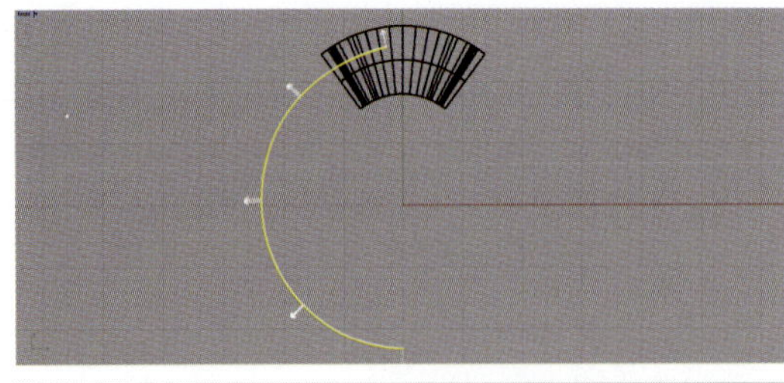
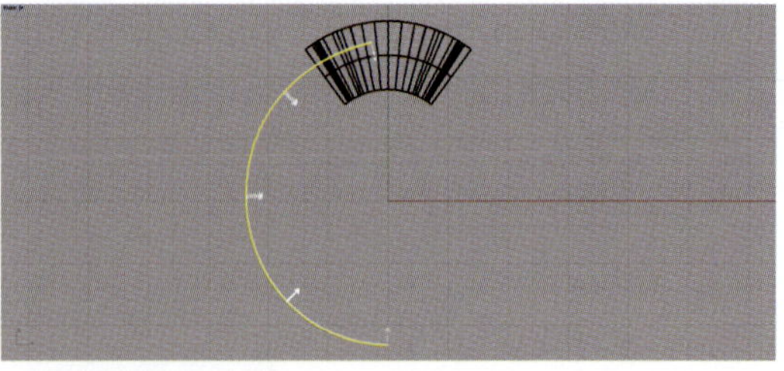

Select object to flip direction. Press Enter when done (Distance=5.5 Corner=Round Solid=Yes Loose=No Tolerance=0.001 BothSides=No DeleteInput=Yes FlipAll):

Select object to flip direction. Press Enter when done (Distance=5.5 Corner=Round Solid=Yes Loose=No Tolerance=0.001 BothSides=No DeleteInput=Yes FlipAll): 4.5

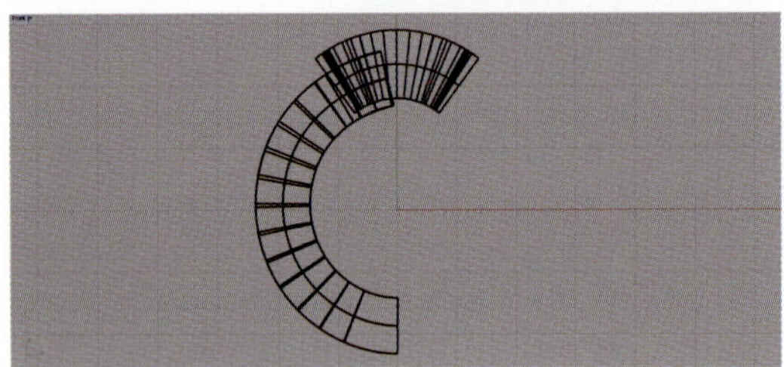
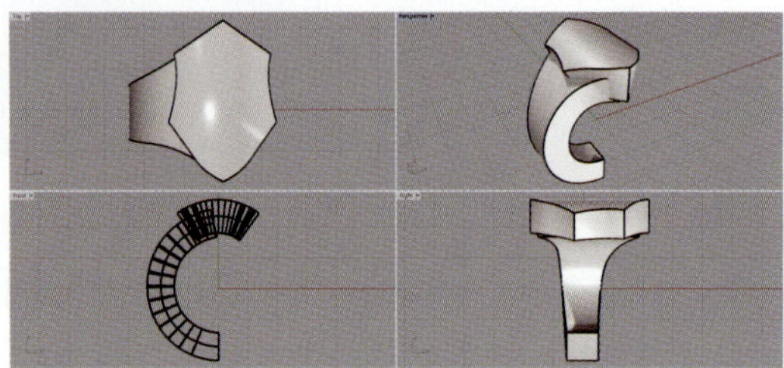

13. Front Front Viewport에서 Circle: center, radius를 실행하고, 원점(0, 0) 기준으로 지름 19.8㎜의 원형 Curve개체를 생성한다.

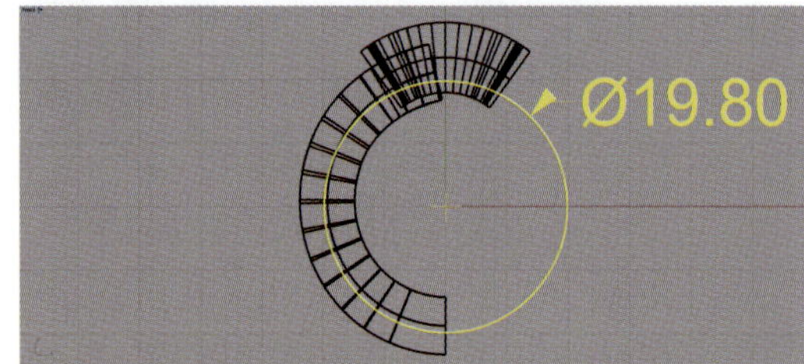

Center of circle (Deformable Vertical 2Point 3Point Tangent AroundCurve FitPoints): 0

Diameter <23.000> (Radius Orientation Circumference Area ProjectOsnap=Yes): 19.8

14. 생성된 19.8㎜ 원형 Curve개체를 선택하고, Extrude straight를 실행한다. Command Prompt 영역에서 BothSides=Yes, Solid=Yes, DeleteInput=Yes로 설정하고, 마우스 커서를 움직여서 Shield Solid개체가 모두 덮이는 크기의 원통 Solid개체를 생성한다.

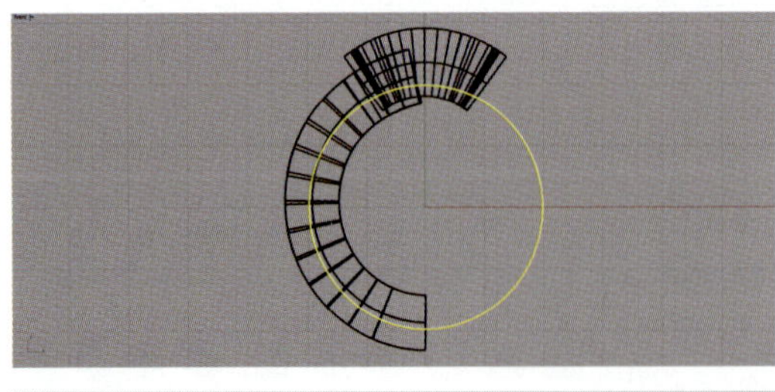
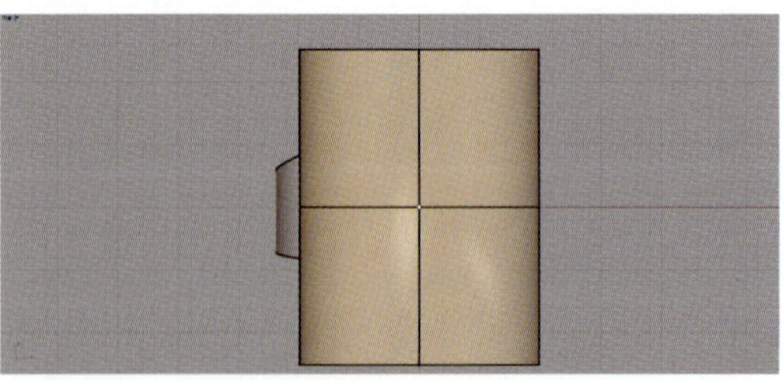

Extrusion distance <12.499> (Direction BothSides=Yes Solid=Yes DeleteInput=Yes ToBoundary SetBasePoint):

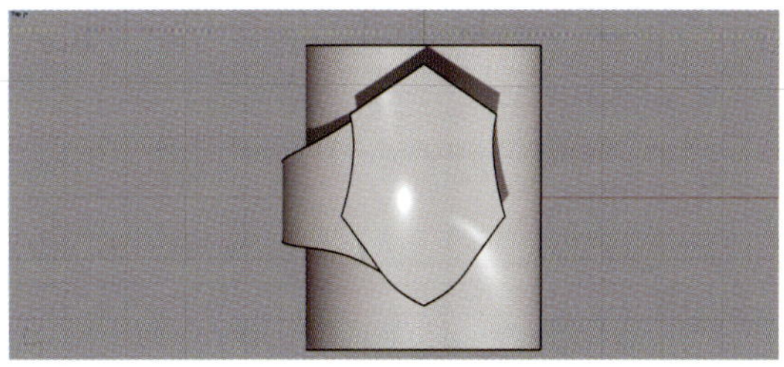

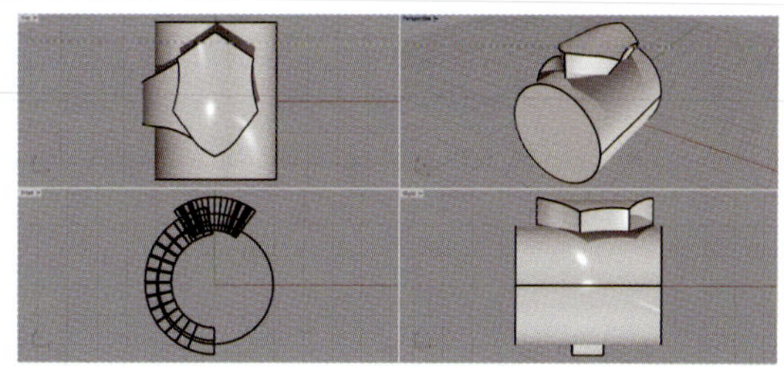

15. Shield Solid개체와 반원 형태의 Solid개체를 선택하고, Boolean difference를 실행한 후, 원통 Solid개체를 선택한 다음, Enter키를 누른다. 다음 그림과 같이 선택한 Shield Solid개체와 반원 형태의 Solid개체에 원통 Solid개체 크기의 홈이 파인 것을 확인할 수 있다.

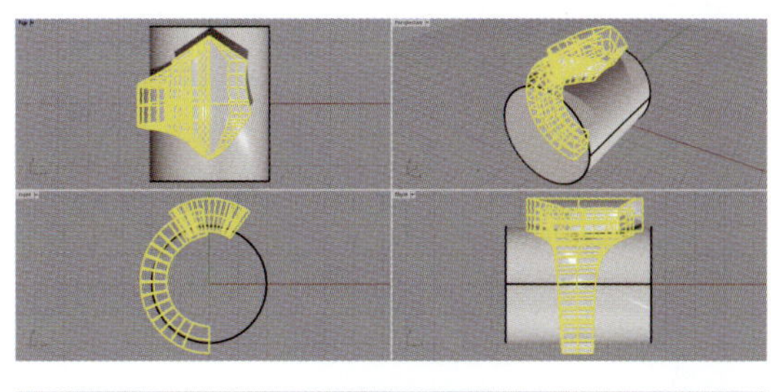

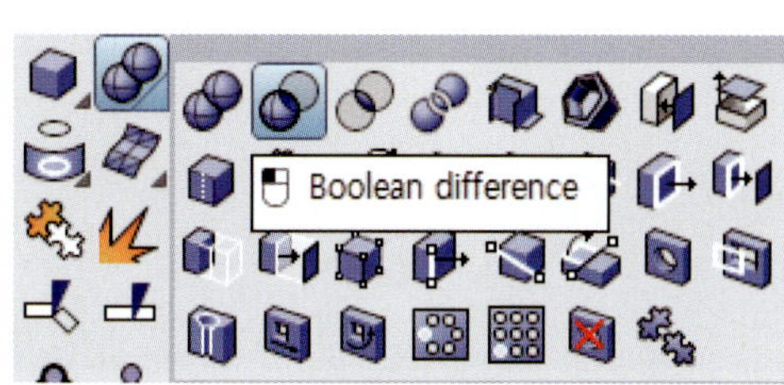

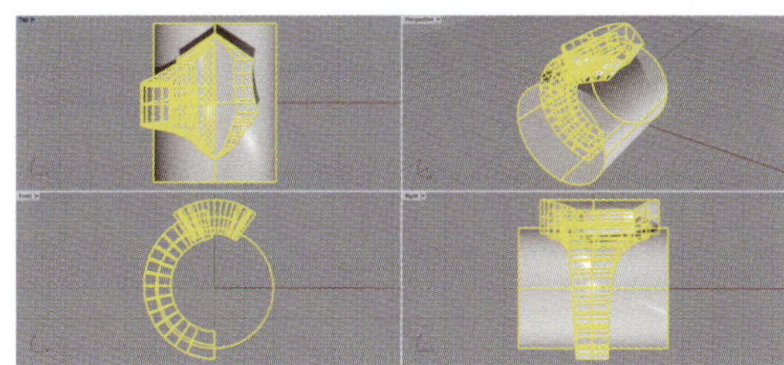

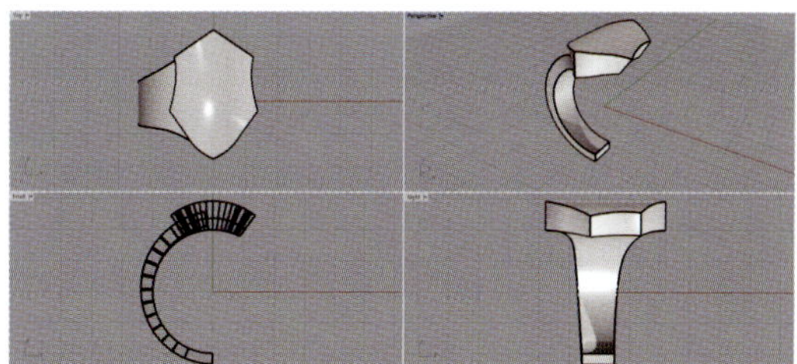

16. 반원 형태의 Solid개체를 선택하고, Top Top Viewport에서 Mirror를 실행한다. 원점(0, 0) 기준으로 Shift키를 누른 상태로 마우스 커서를 화살표 방향으로 이동한 후, 마우스 왼쪽버튼을 클릭하여 대칭방향에 반원 형태의 Solid개체를 복사한다.

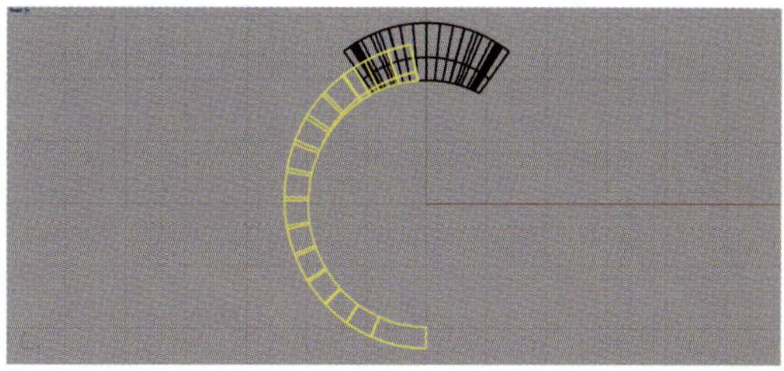

Start of mirror plane (3Point Copy=*Yes* XAxis YAxis): 0

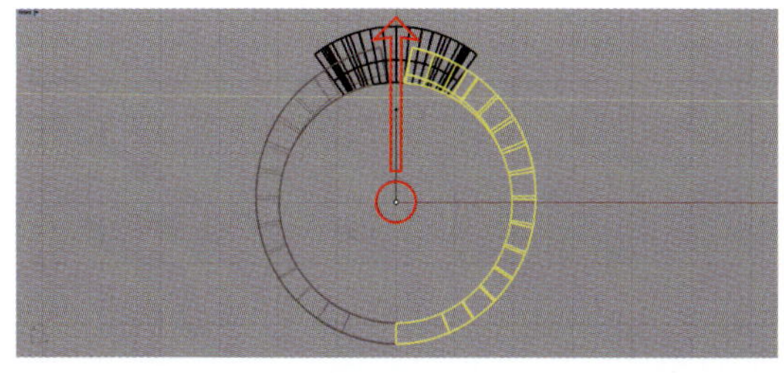

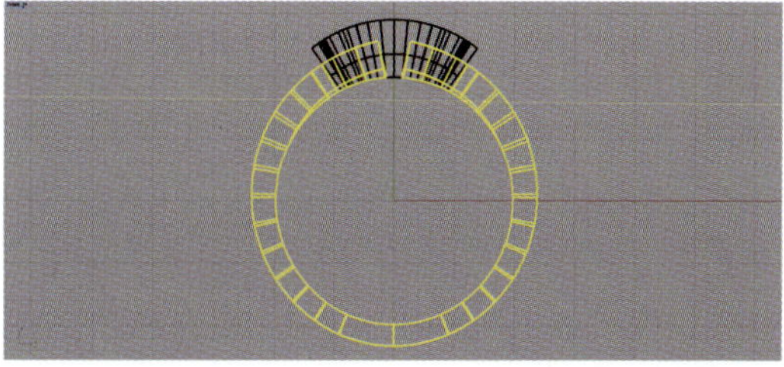

17. 반원 형태의 Solid개체 2개를 선택하고, Boolean union을 실행하여 하나의 Solid개체로 결합한다. Extract surface를 실행하고, Command Prompt 영역에서 Copy=Yes로 설정한 후, Shield Solid 개체 상단의 Surface를 추출한다. 추출한 Shield Surface개체만 화면에 남기고, 다른 개체들은 모두 숨겨둔다.

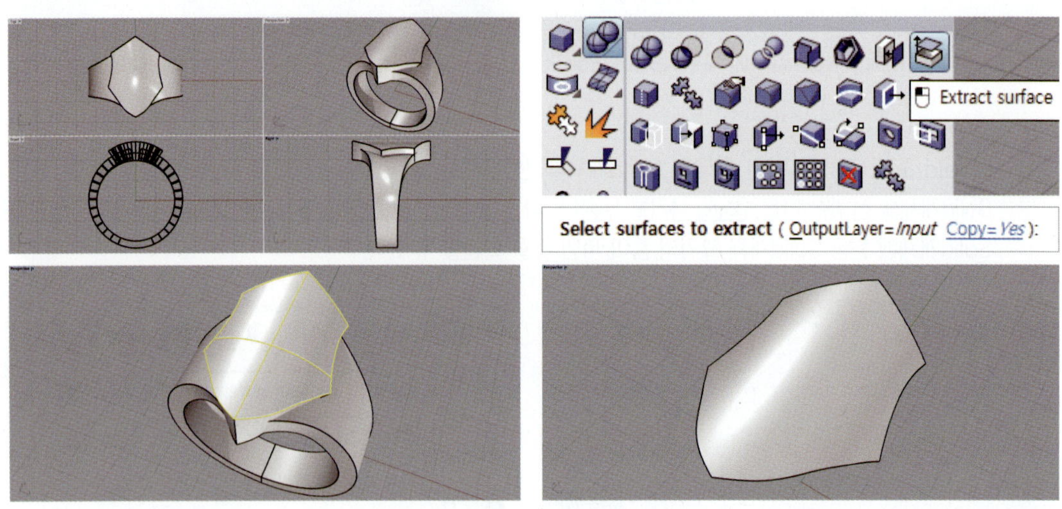

18. Top Top Viewport에서 Ctrl+I(Insert)를 실행하여 Insert창이 나타나면 Insert as에서 Individual Objects를 선택하고, 우측 상단의 폴더 아이콘을 선택한다. Helmet curve.3dm파일을 선택하고, 열기를 누른 후, Command Prompt 영역에 Insertion point값 0을 입력하여 원점(0, 0) 위치에 Helmet curve 개체를 불러온다.

→ 부록CD 〉 Rhino 예제 〉 Level 2 – Design Modeling 3 〉 Helmet curve.3dm

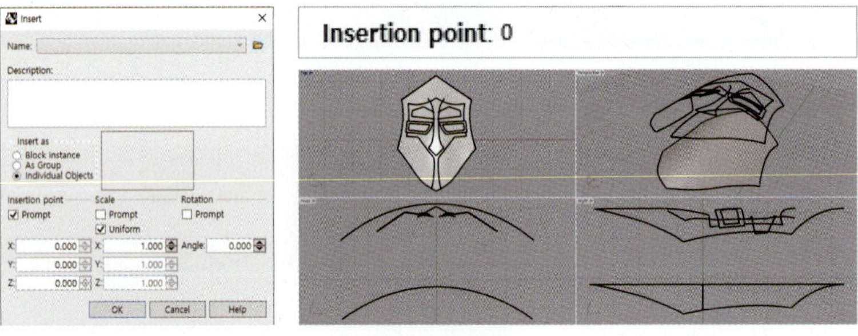

19. 불러온 Helmet curve개체를 선택하고, Project curves를 실행한 후, Shield Surface개체를 선택하면 다음 그림과 같이 Helmet curve개체가 Shield Surface개체에 투영된 것을 확인할 수 있다.

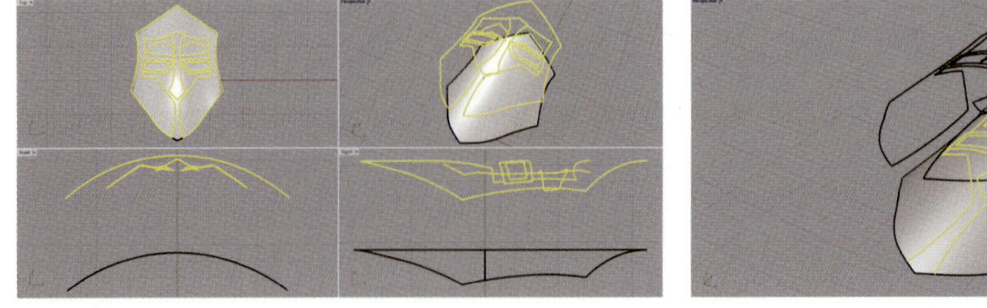

20. Shield Surface개체를 선택하고, Split을 실행한 다음, 투영된 Curve개체를 선택한 후, Enter↵ 키를 누른다.
Select curves를 실행하여 Curve개체들을 모두 선택한 후, 삭제한다.

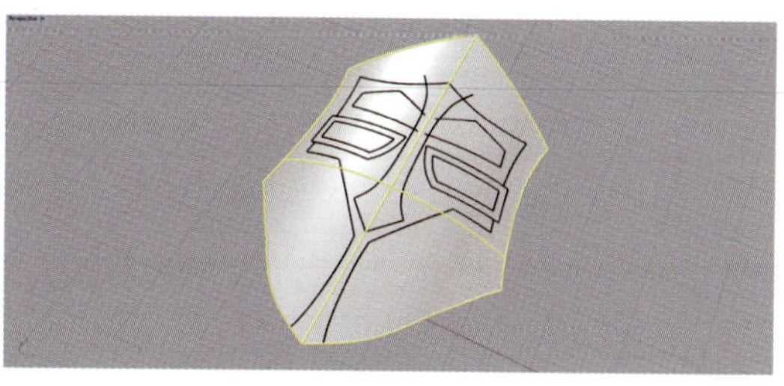

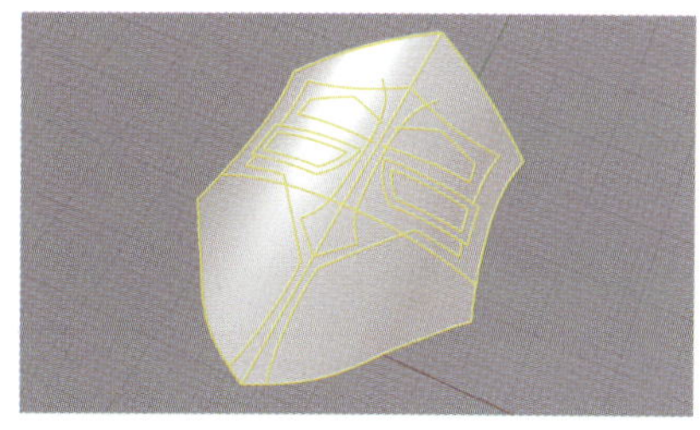

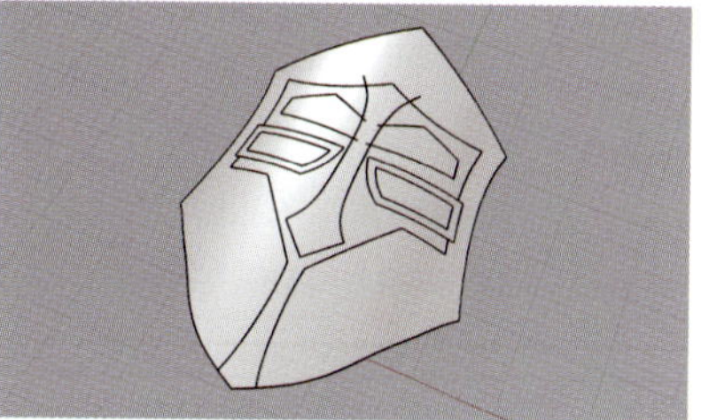

21. 다음 그림과 같이 분리된 눈, 눈썹, 코와 얼굴부분 Surface개체를 선택하고, Offset Surface를 실행한다. Command Prompt 영역에서 FlipAll을 선택하여 Normal Direction 방향을 아래 방향으로 향하게 바꿔주고, Solid=Yes로 설정한 후, Distance값 1.35를 입력한 다음, Enter↵ 키를 누르면 다음 그림과 같이 생성된 Poly-Surface개체를 확인할 수 있다.

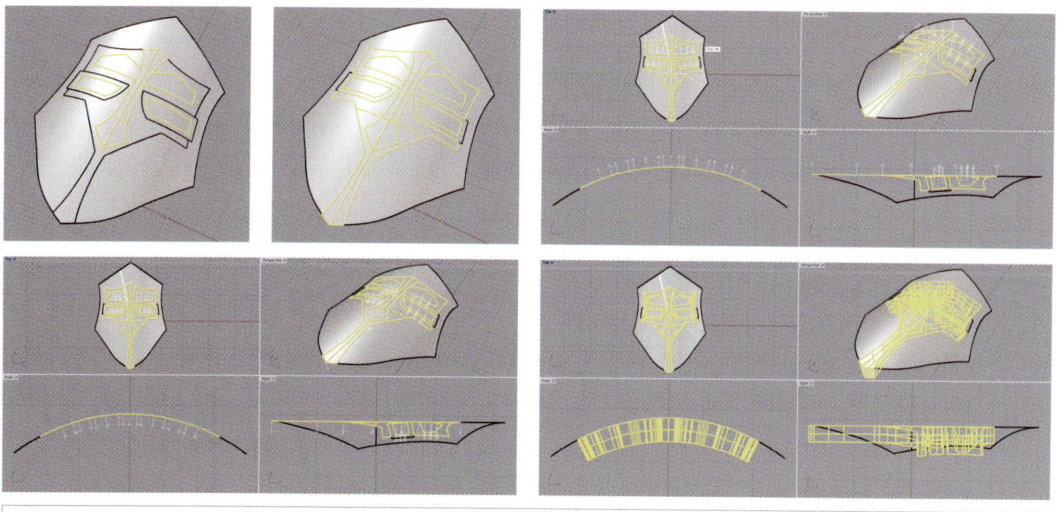

Select object to flip direction. Press Enter when done (Distance=*1* Corner=*Round* Solid=*Yes* Loose=*No* Tolerance=*0.001* BothSides=*No* DeleteInput=*Yes* FlipAll):

Select object to flip direction. Press Enter when done (Distance=*1* Corner=*Round* Solid=*Yes* Loose=*No* Tolerance=*0.001* BothSides=*No* DeleteInput=*Yes* FlipAll): 1.35

22. 다음 그림과 같이 Surface개체는 삭제하고, Shield Solid개체를 화면상에 나타나게 한다.

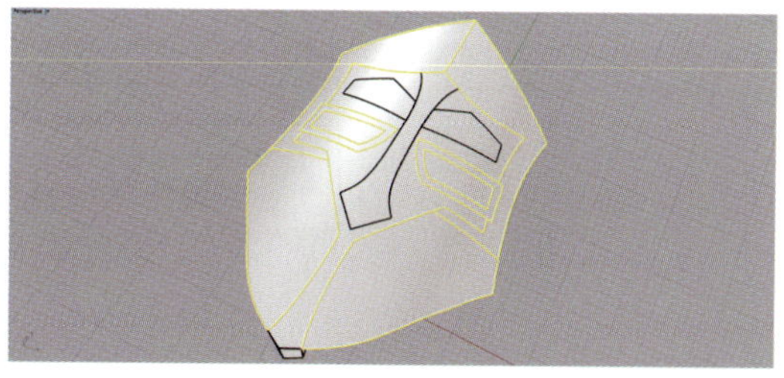

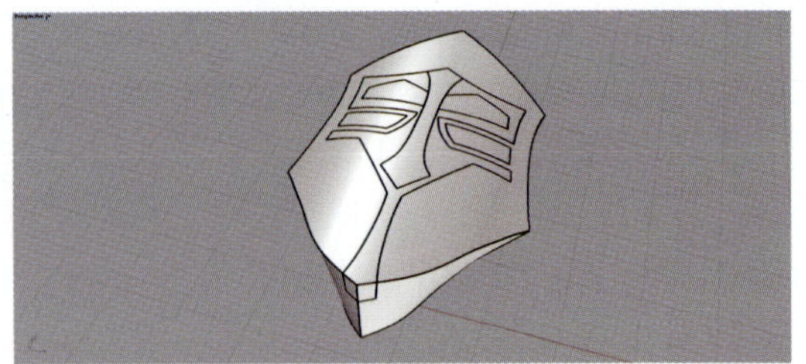

23. Shield Solid개체를 선택하고, Boolean difference를 실행한다.
Command Prompt 영역에서 Deleteinput = Yes로 설정하고, 이목구비 Solid개체를 선택한 후, Enter↵키를 누른다. 다음 그림과 같이 Shield Solid개체에 홈이 파인 것을 확인할 수 있다.

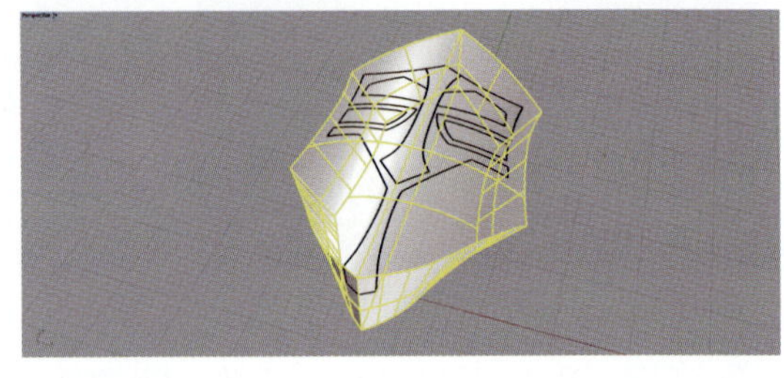

Select surfaces or polysurfaces to subtract with (DeleteInput=*Yes*):

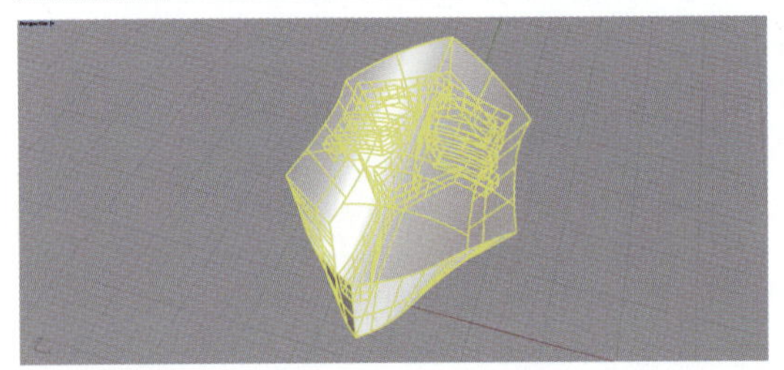

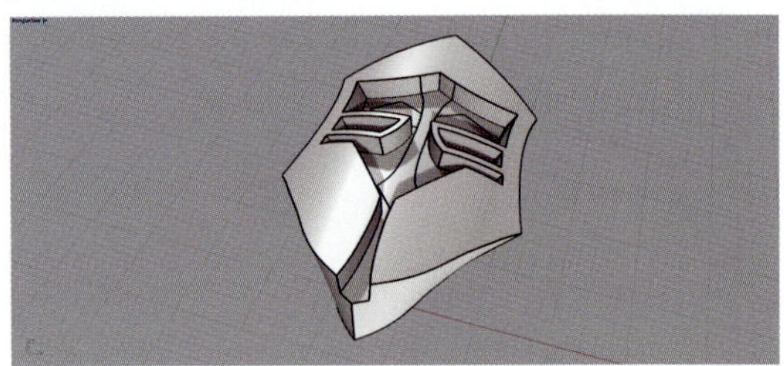

24. Extract surface를 실행하고, Command Prompt 영역에서 Copy=No로 설정한 후, Shield Solid개체의 홈이 파인 Surface부분을 선택하여 Surface개체를 추출한다. 추출한 Surface개체를 선택하고, Isolate objects를 선택하여 나머지 부분은 다시 숨겨둔다.

Select surfaces to extract (OutputLayer=*Input* Copy=*No*):

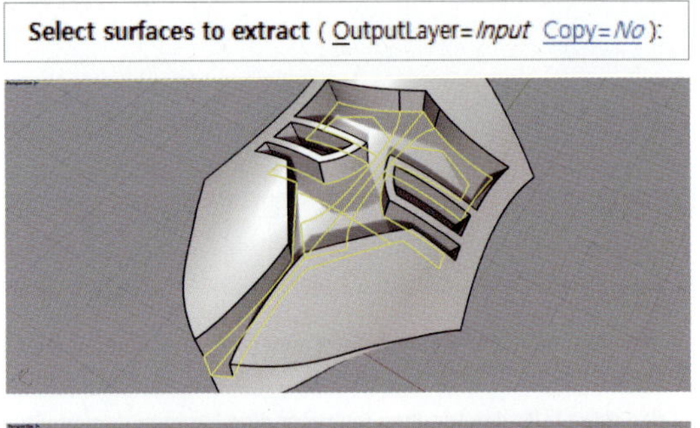

25. 다음 그림과 같이 코 Surface개체를 선택하고, Extrude surface를 실행한다. Command Prompt 영역에서 BothSides=Yes, Solid=Yes로 설정하고, Extrusion distance값 1.3을 입력한 다음, 마우스 커서를 화살표 방향으로 움직인 후, Enter↵키를 누른다.

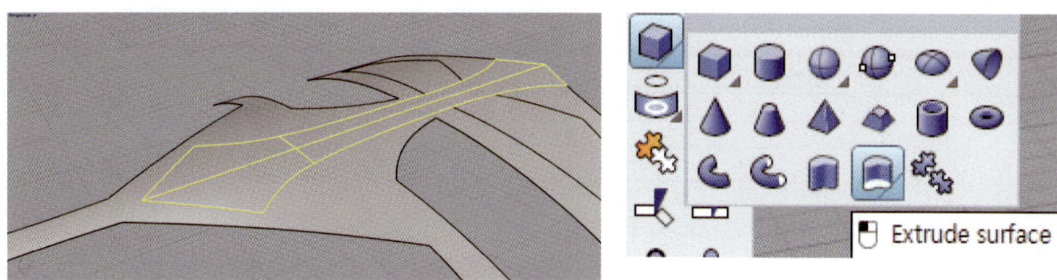

Extrusion distance <1.3> (Direction BothSides=*No* Solid=*Yes* DeleteInput=*Yes* ToBoundary SplitAtTangents=*No* SetBasePoint): 1.3

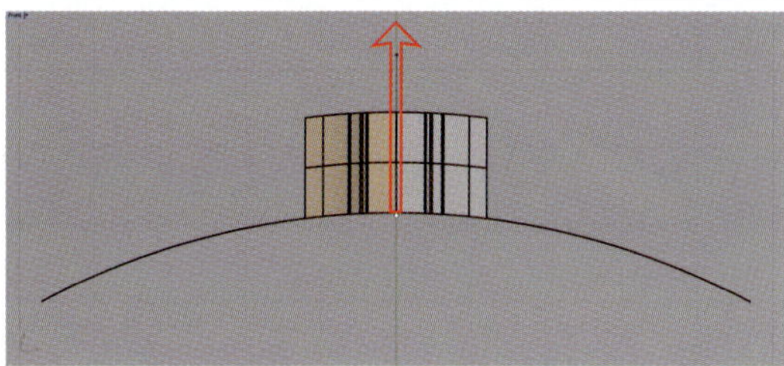

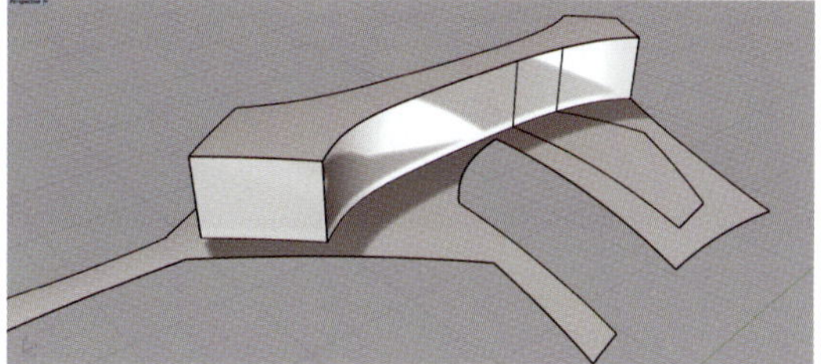

26. Front Front Viewport에서 Polyline을 실행한다. Osnap Toolbar에서 End, Mid, Project에 체크하고, 다음 그림과 같이 Curve개체를 생성한다.

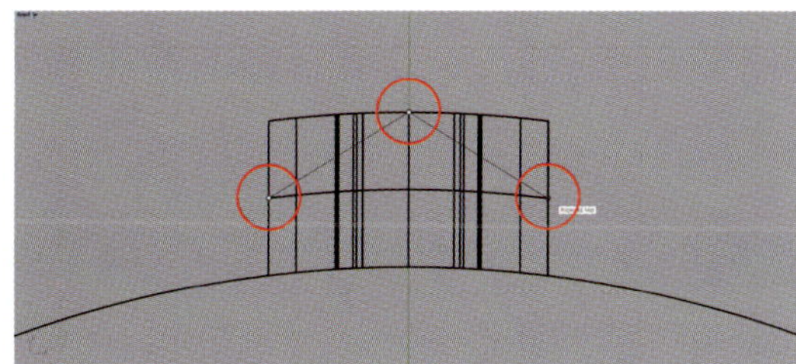

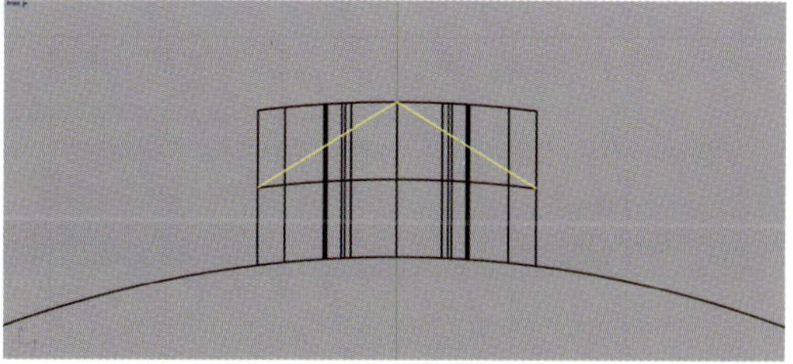

27. 생성된 Curve개체를 선택하고, Extrude straight를 실행한다. Command Prompt 영역에서 BothSides=Yes, Deleteinput=Yes로 설정하고, 다음 그림과 같이 마우스 커서를 움직여서 코 Solid개체가 전부 덮이는 크기의 Surface개체를 생성한다.

Extrusion distance <8.8733> (Direction BothSides=*Yes* Solid=*No* DeleteInput=*Yes* ToBoundary SetBasePoint):

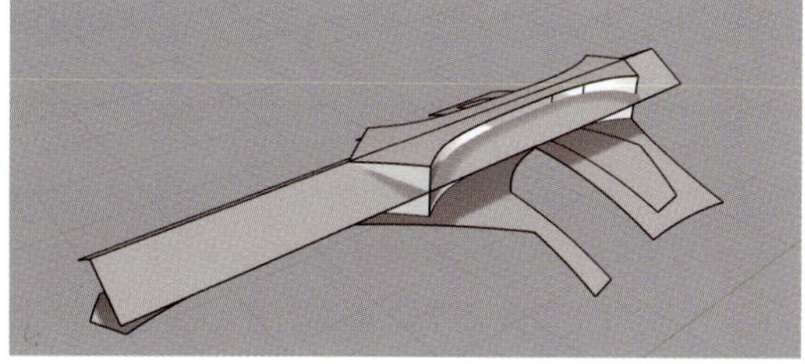

28. 생성된 Surface개체와 코 Solid개체를 선택하고, Create solid를 실행한 후, 잘린 윗부분의 Solid개체는 삭제한다.

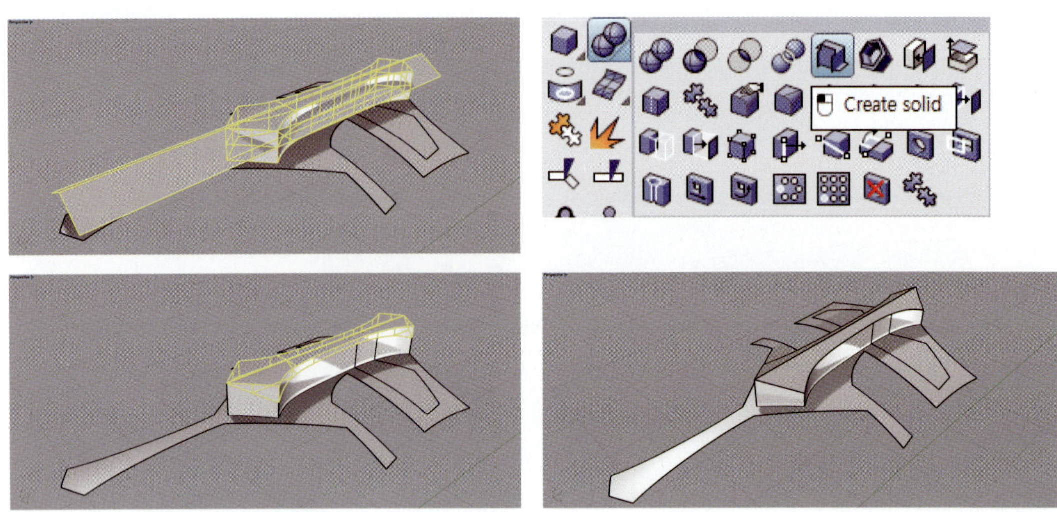

29. 눈썹 Surface개체를 선택하고, Line: Normal To Surface를 실행한다. Osnap Toolbar에서 End, Mid, Int점에 체크하고, Start of line을 다음 그림과 같이 눈썹 Surface개체 상단의 End, Int점으로 선택한다. Command Prompt 영역에 End of line값 1.2를 입력하고, 마우스 커서를 화살표 방향으로 움직인 후, Enter↵키를 누른다.

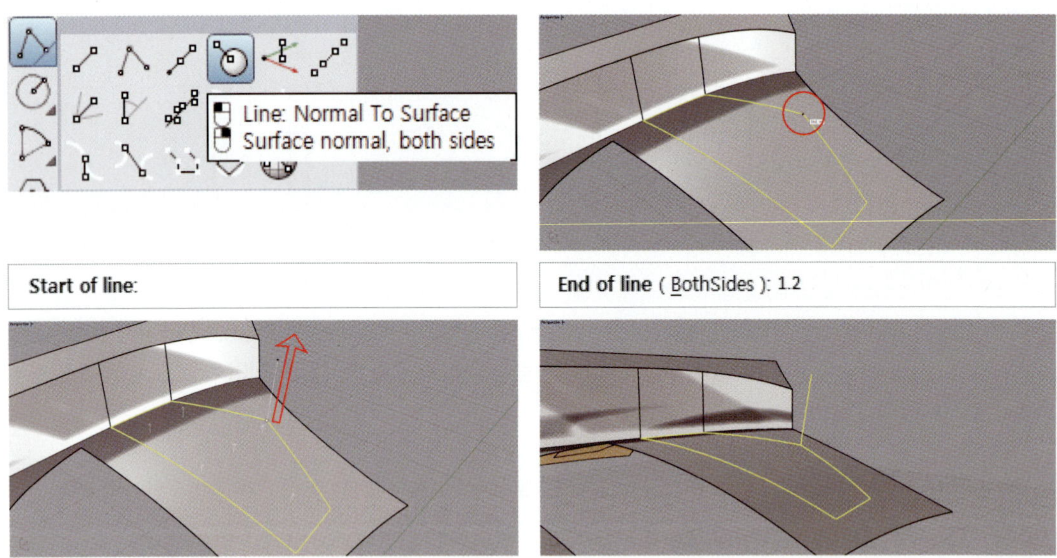

30. 눈썹 Surface개체를 선택하고, Line: Normal To Surface를 실행한다. Start of line을 다음 그림과 같이 눈썹 Surface개체 하단의 Mid점으로 선택한다. Command Prompt 영역에 End of line값 1.2를 입력하고, 마우스 커서를 화살표 방향으로 움직인 후, Enter↵키를 누른다.

Start of line:

End of line (BothSides): 1.2

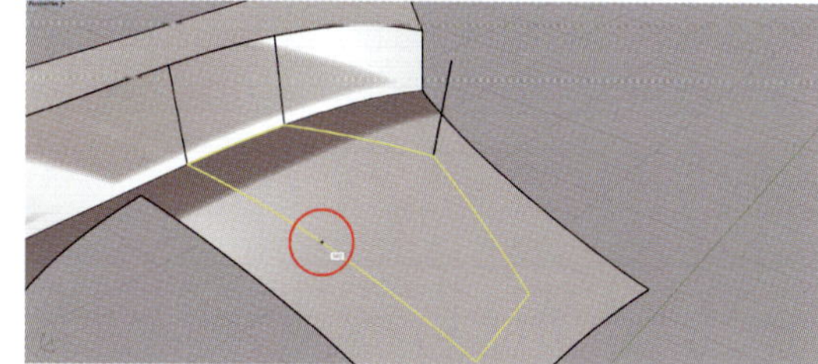

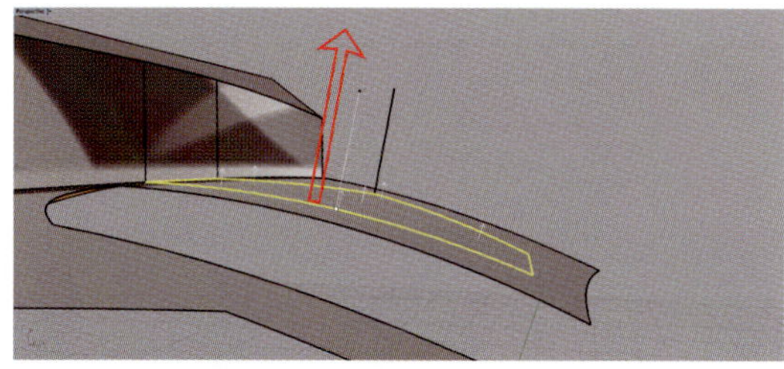

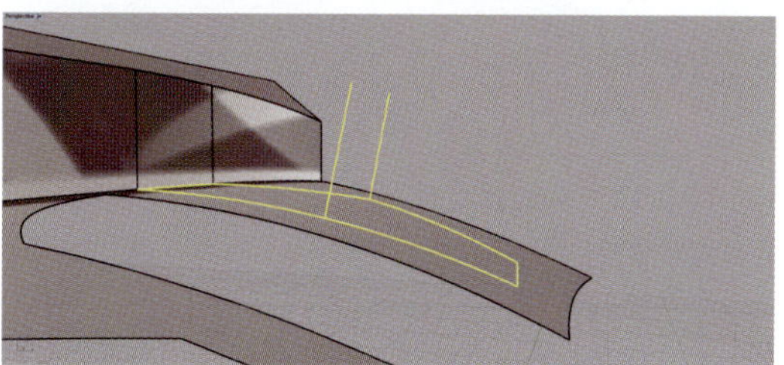

31. 다시 눈썹 Surface개체를 선택하고, Line : Normal To Surface를 실행한다.
Osnap Toolbar에서 End, Mid, Int점에 체크하고, Start of line을 다음 그림과 같이 눈썹 Surface개체 모서리 부분의 End으로 선택한다.
Command Prompt 영역에 End of line값 1을 입력하고, 마우스 커서를 화살표 방향으로 움직인 후, Enter↵키를 누른다. 모서리 4곳 모두 1㎜ 직선 Curve개체를 생성한다.

End of line (BothSides): 1

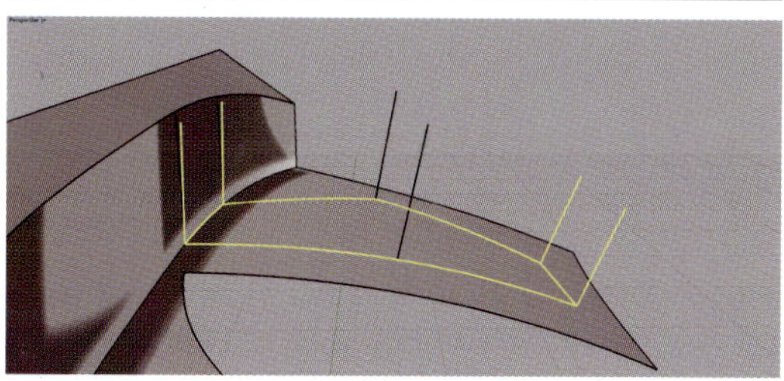

32. Line Segments를 실행하고, 다음 그림과 같이 생성한 직선 Curve개체의 End점을 모두 연결한다.

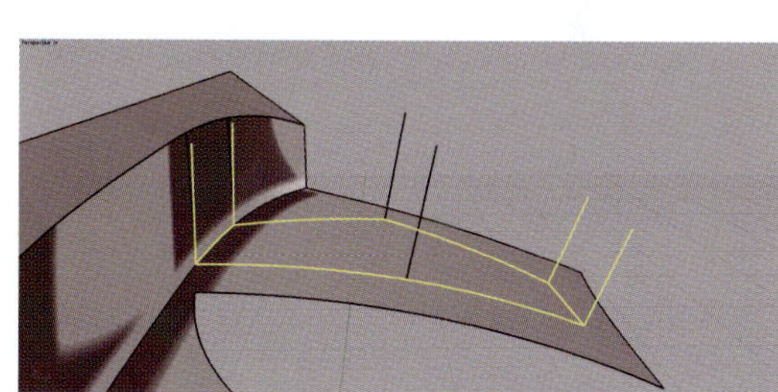

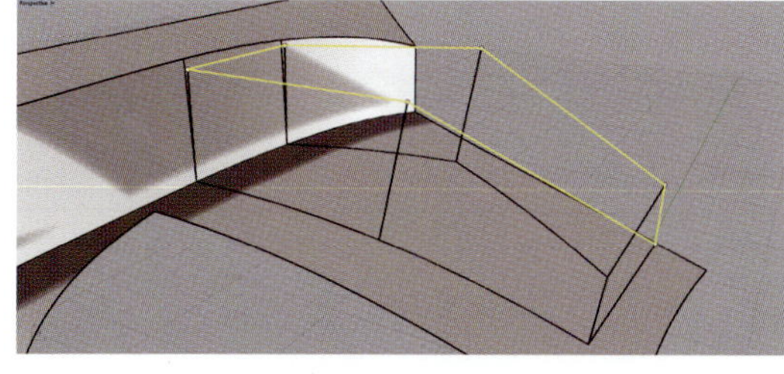

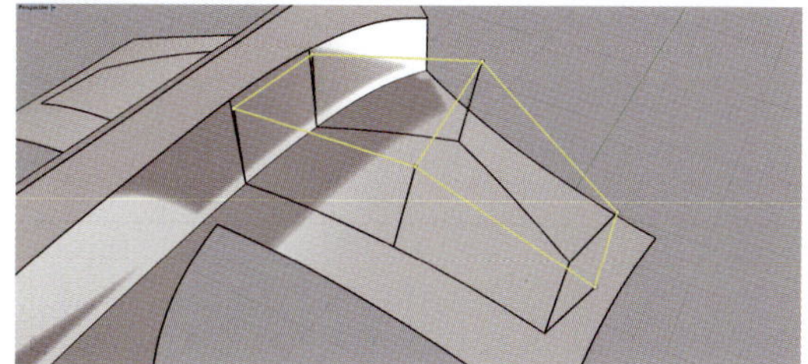

33. Surface from 2, 3 or 4 edge curves를 실행하고, 다음 그림과 같은 순서대로 선택하여 Surface개체를 생성한다.

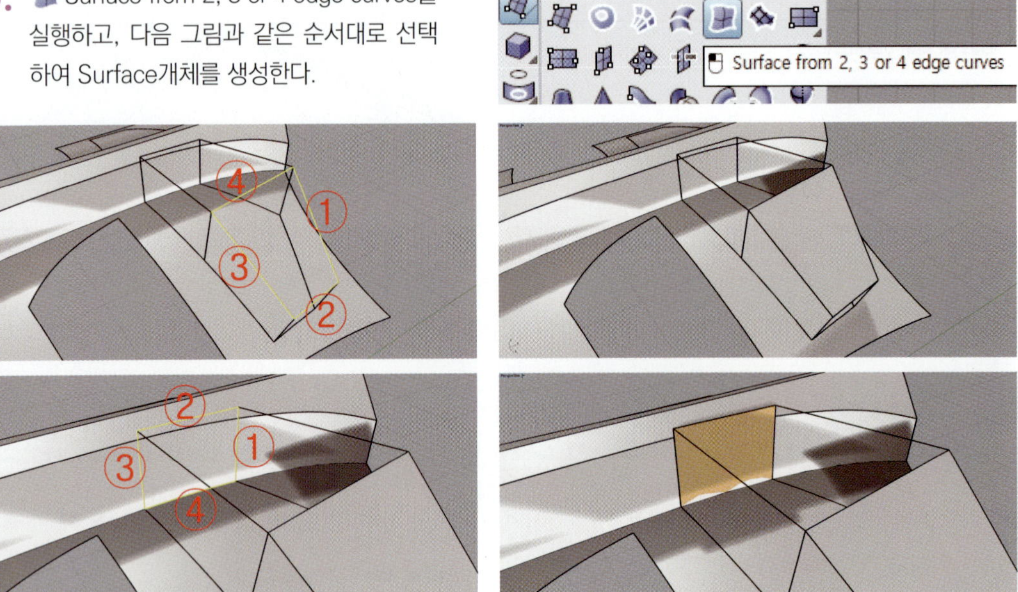

34. 남은 부분도 위와 같은 방법으로 Surface from 2, 3 or 4 edge curves를 실행하여 Surface개체를 생성한다. 생성된 Surface개체를 모두 선택하고, Join을 실행하여 하나의 개체로 결합한다.

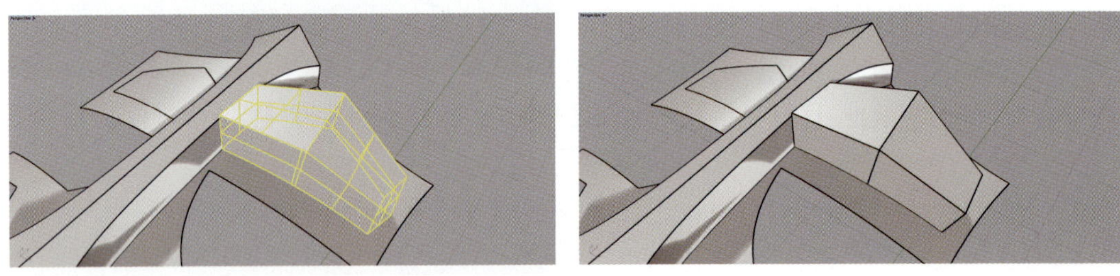

35. Top Top Viewport에서 생성된 눈썹개체를 선택하고, Mirror를 실행한다. Command Prompt 영역에 Start of mirror plane값 0을 입력한 다음, Enter 키를 누르고, Shift 키를 누른 상태로 마우스 커서를 화살표 방향으로 이동한 후, 마우스 왼쪽버튼을 클릭하여 대칭방향에 복사한다.

Start of mirror plane (3Point Copy=*Yes* XAxis YAxis): 0

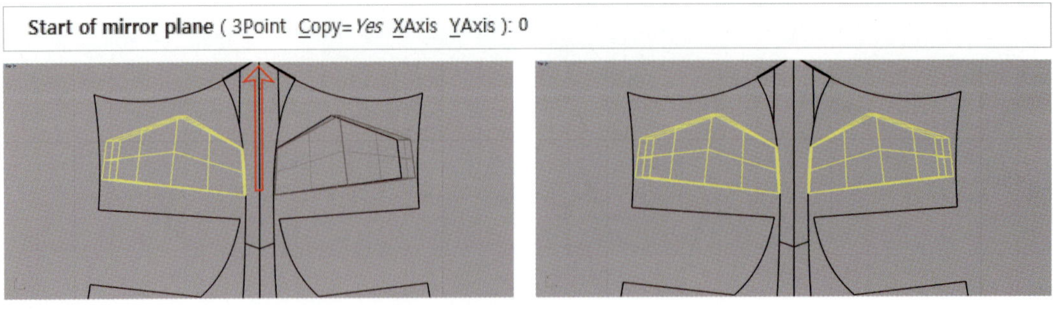

36. Extract surface를 실행하고, 다음 그림과 같이 개체의 뒷면에서 눈썹과 코 Surface를 선택하여 Surface개체를 추출한 후, 삭제한다. 개체들을 모두 선택하고, Join을 실행하여 하나의 개체로 결합한다.

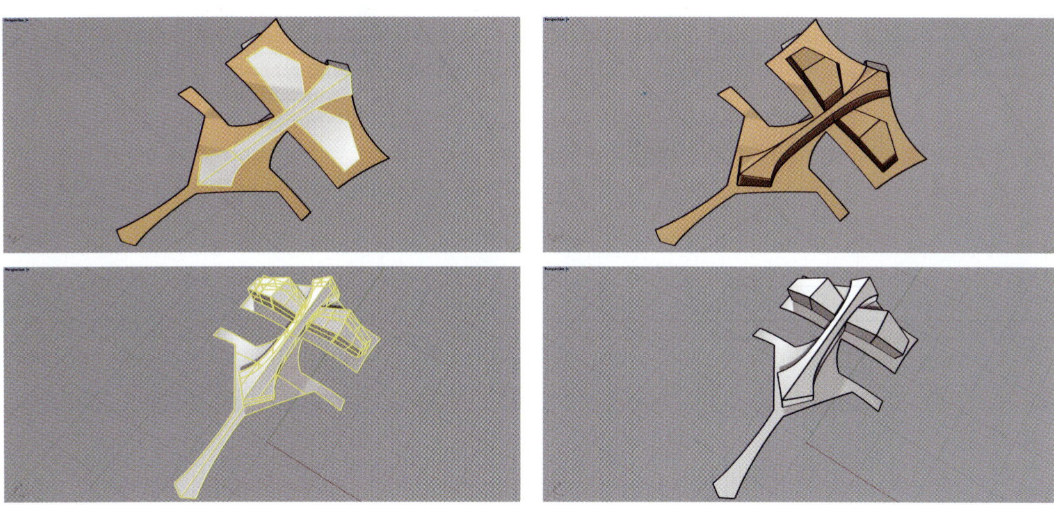

37. 숨겨둔 개체들을 모두 화면상에 나타나게 하고, 2개의 Poly-Surface개체를 선택한 후, Join을 실행하여 하나의 Shield Solid개체로 결합한다. Shield Solid개체와 반지개체를 선택하고, Boolean union을 실행하여 하나의 반지개체로 결합한다.

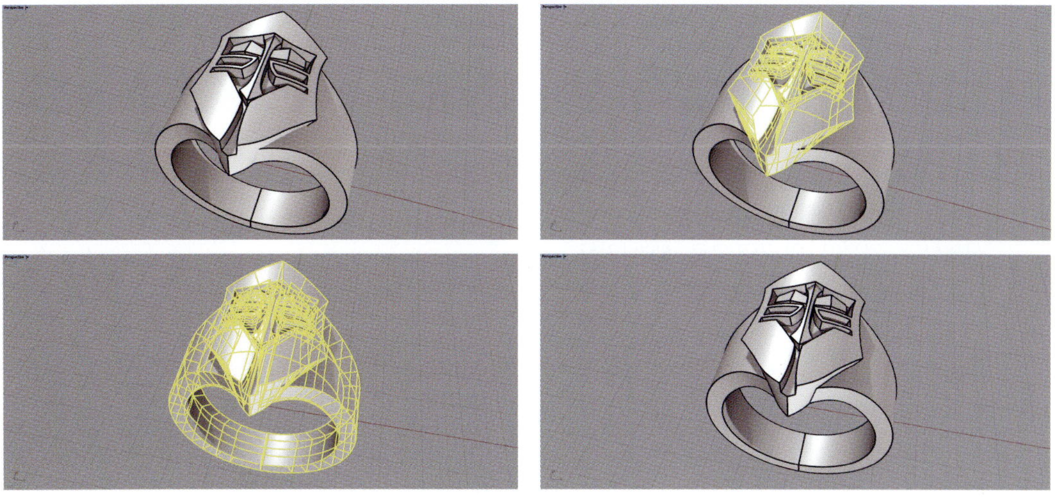

38. Duplicate edge를 실행하고, 다음 그림과 같이 반지개체 안쪽의 Edge를 선택한 후, Enter↵키를 누른다.
추출된 Curve개체를 선택하고, Isolate objects를 실행하여 추출된 Curve개체만 화면상에 남기고 다른 개체들은

모두 숨겨둔다. 추출된 Curve개체들은 Lock objects를 실행하여 잠가둔다.

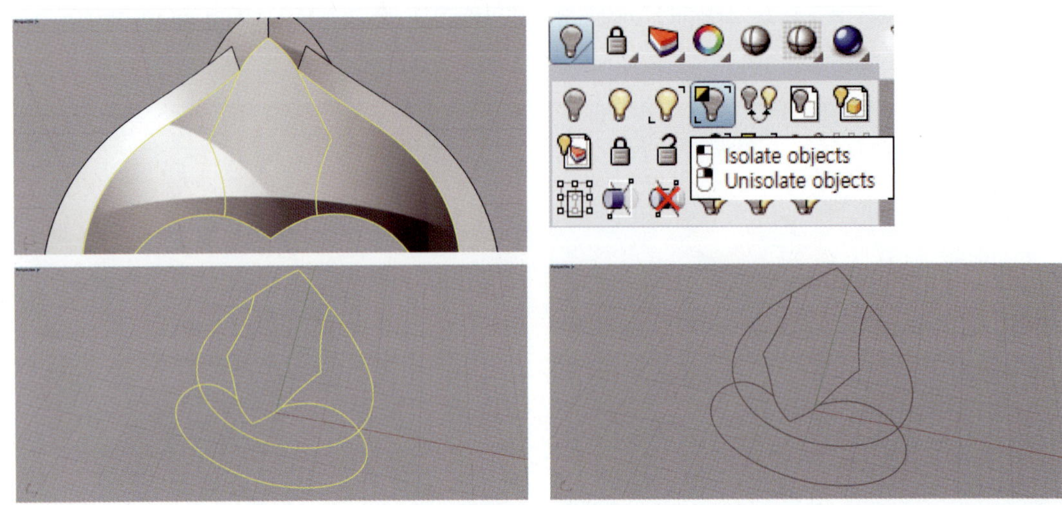

39. Top Top Viewport에서 Control Point Curve를 실행한다. Osnap Toolbar에서 End점과 Near점에 체크하고, 다음 그림과 같이 잠겨있는 Curve개체를 따라서 Curve개체를 생성한다.

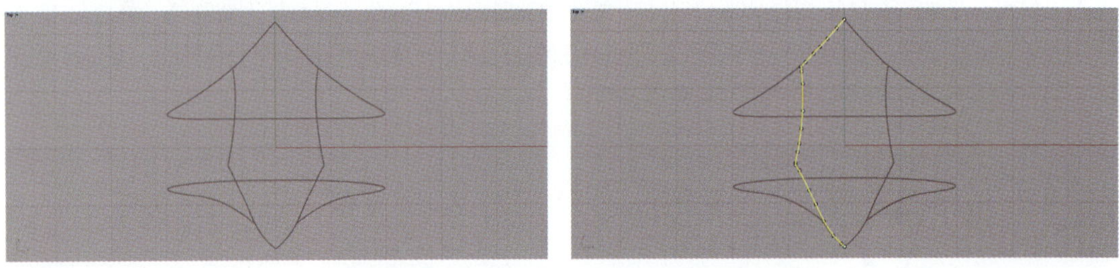

40. 생성된 Curve개체를 선택하고, Mirror를 실행한다. 원점(0, 0) 기준으로 Shift 키를 누른 상태로 마우스 커서를 화살표 방향으로 이동한 후, 마우스 왼쪽버튼을 클릭하여 대칭방향에 Curve개체를 복사한다. 2개의 Curve개체는 잠시 숨겨둔다.

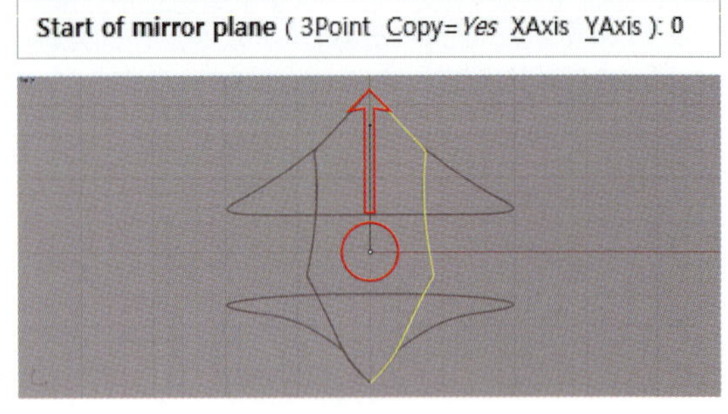

41. 다시 Control Point Curve를 실행하고, Osnap Toolbar에서 Quad점에도 체크한 후, 다음 그림과 같은 Curve개체를 생성한다. 생성된 2개의 Curve개체를 선택하고, Mirror를 실행한 다음, 원점(0, 0) 기준으로 Shift 키를 누른 상태로 마우스 커서를 화살표 방향으로 이동한 후, 마우스 왼쪽버튼을 클릭하여 대칭방향에 Curve개체를 복사한다. 4개의 Curve개체를 선택하고, Join을 실행하여 2개의 Curve개체로 결합한다.

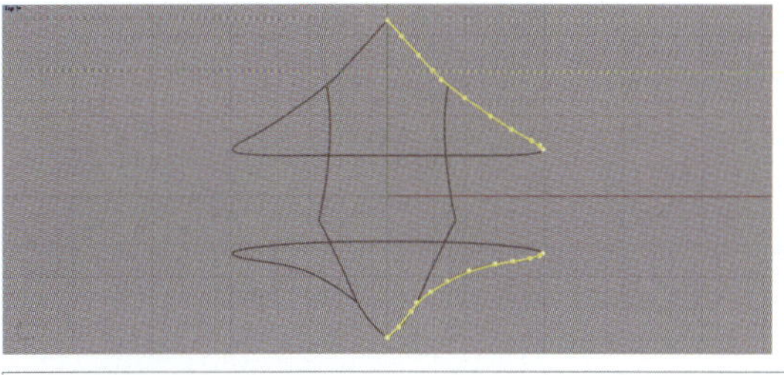

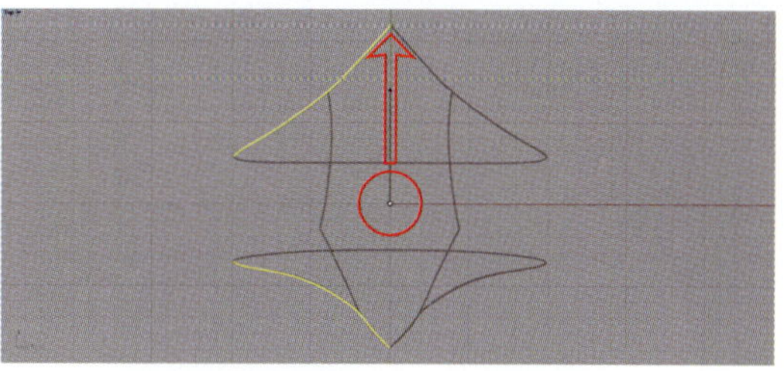

Start of mirror plane (3Point Copy=*Yes* XAxis YAxis): 0

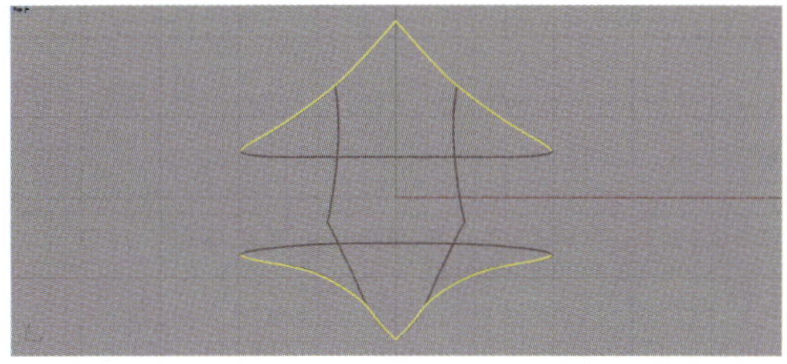

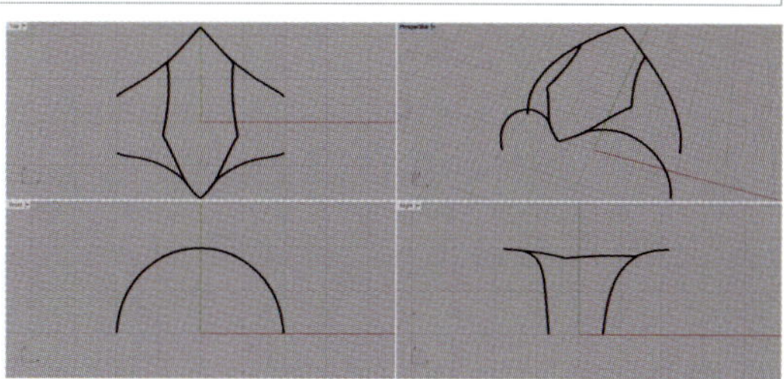

42. 잠겨있는 추출한 Curve개체들은 삭제하고, 숨겨둔 Curve개체들은 화면상에 나타나게 한다. **Right** Right Viewport에서 Single Line을 실행하여, 다음 그림과 같이 Shield Curve개체의 End점과 End점을 연결하는 직선 Curve개체를 생성한다.

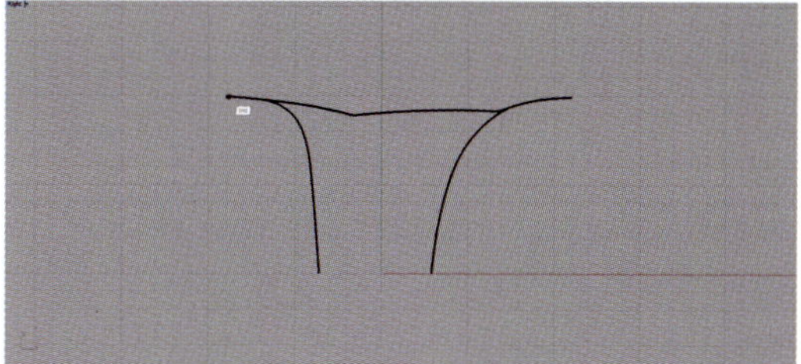

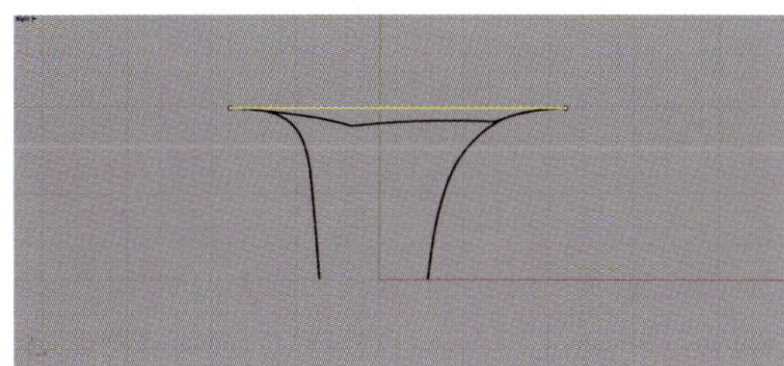

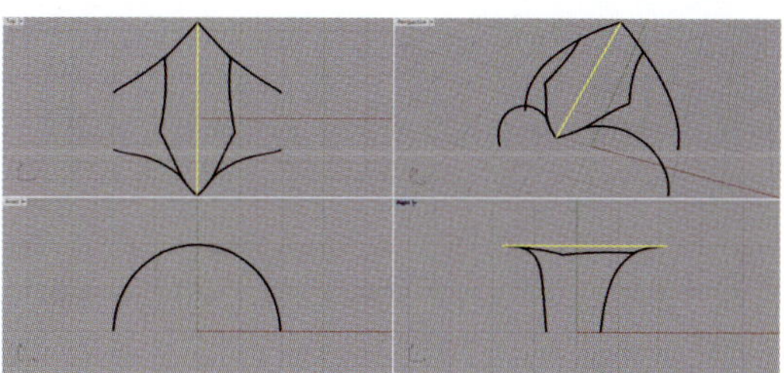

43. Loft를 실행하고, 다음 그림과 같이 1번, 2번, 3번 Curve개체를 차례대로 선택한 후, Enter↵ 키를 누른다. Loft Options창이 나타나면 Style에서 Normal로 설정하고, OK를 누른다. Shield형태의 Curve개체는 삭제한다.

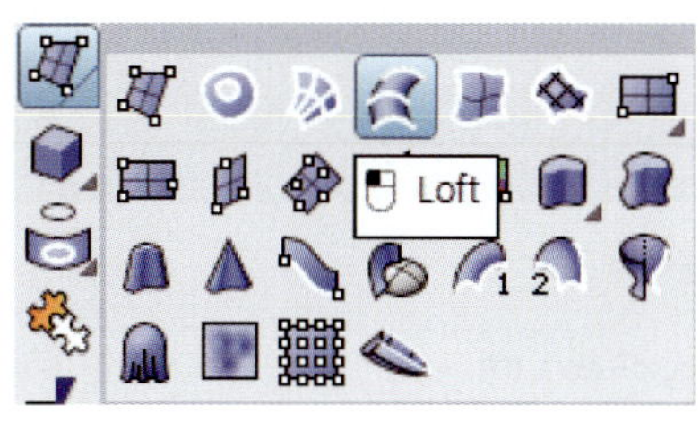

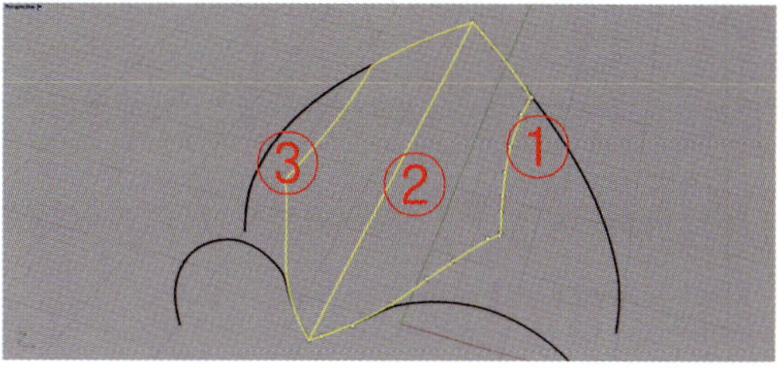

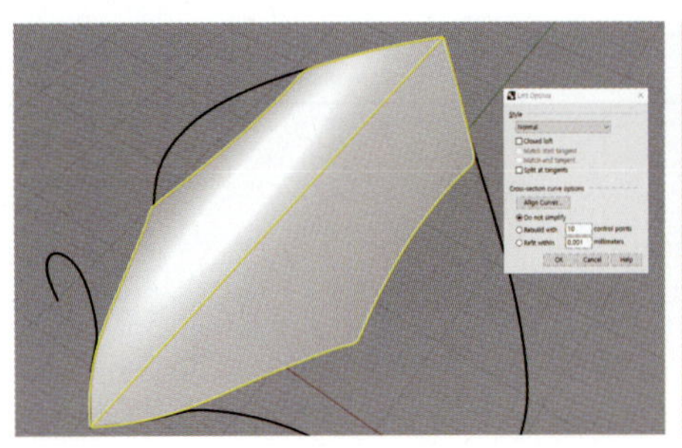

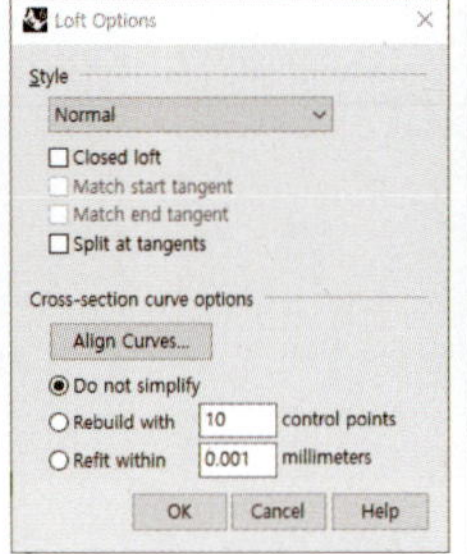

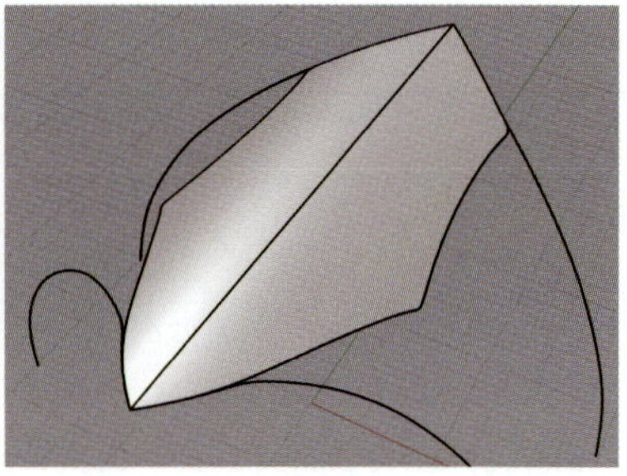

44. 다시 Loft를 실행하고, 1번 Curve개체와 2번 Curve개체를 선택한 후, Enter↵키를 누른 다음, Loft Options창이 나타나면 OK를 누른다. Curve개체들은 모두 삭제한다.

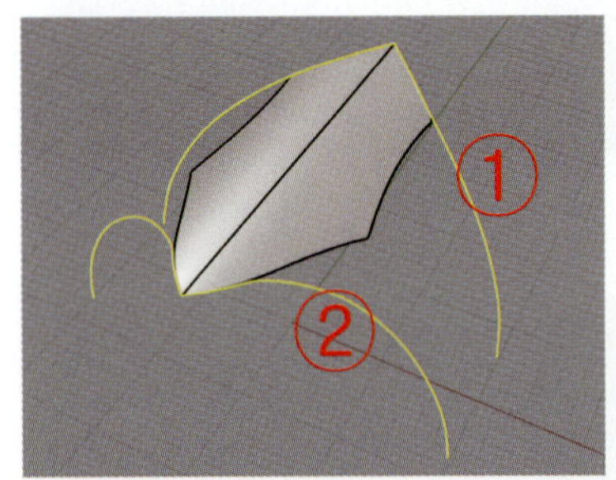

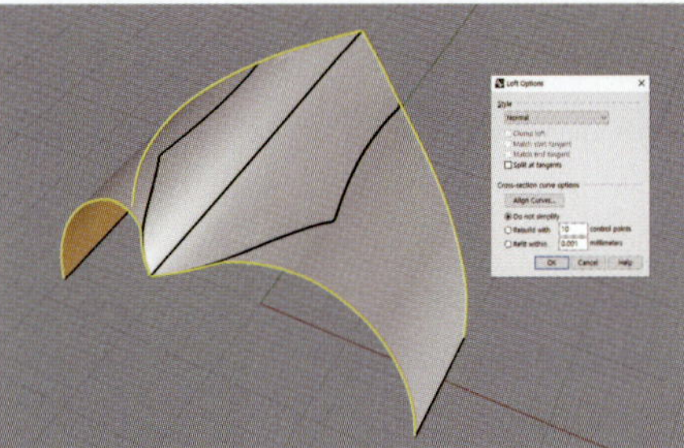

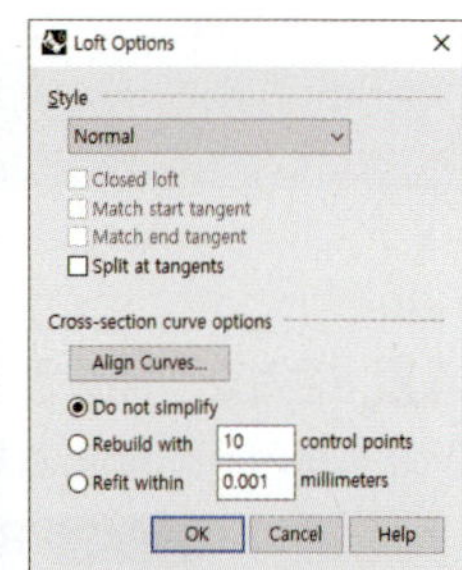

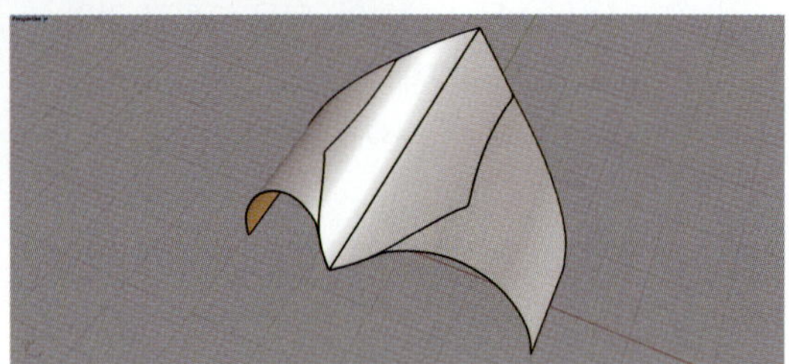

45. 생성된 2개의 Surface개체를 선택하고, Scale 3-D를 실행한다. Command Prompt 영역에 Base Point값 0을 입력하고, Enter↵키를 누른 후, Scale factor or first reference point값 0.9를 입력한 다음, Enter↵키를 누르면 다음 그림과 같이 선택한 2개의 Surface개체가 10% 축소된 것을 확인할 수 있다.

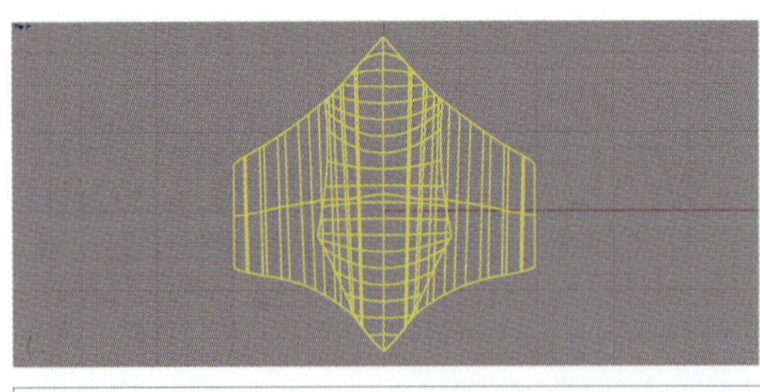

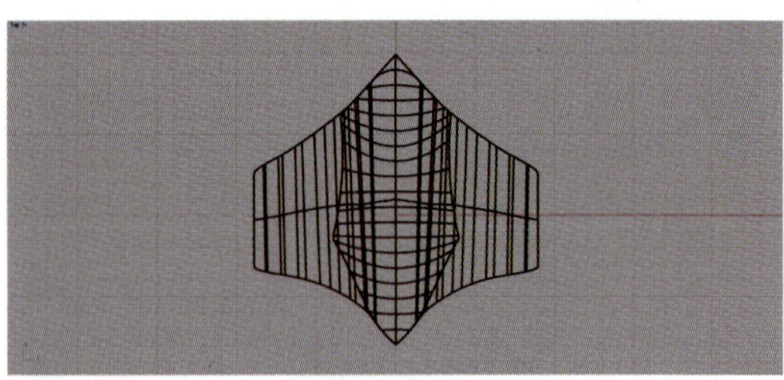

Base point. Press Enter for automatic. (Copy=*No* Rigid=*No*): 0

Scale factor or first reference point <1.000> (Copy=*No* Rigid=*No*): 0.9

46. Show objects를 실행하여 숨겨둔 개체들을 모두 화면상에 나타나게 한다. 다음 그림과 같이 반지 둘레의 Surface개체를 선택하고, Offset Surface를 실행한다. Command Prompt 영역에서 Solid =Yes, DeleteInput=Yes로 설정하고, Distance값 2.5를 입력한 후, Enter↵키를 누른다.

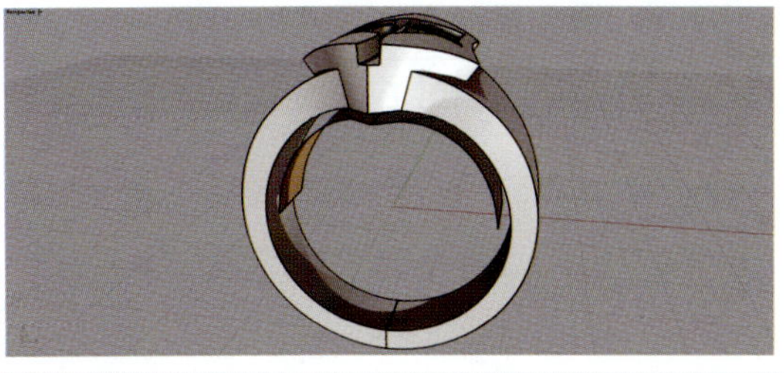

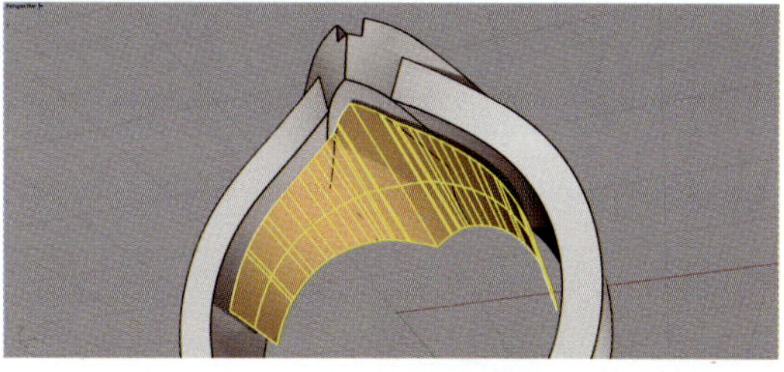

Select object to flip direction. Press Enter when done (Distance=*1.2* Corner=*Round* Solid=*Yes* Tolerance=*0.001* DeleteInput=*Yes* FlipAll): 2.5

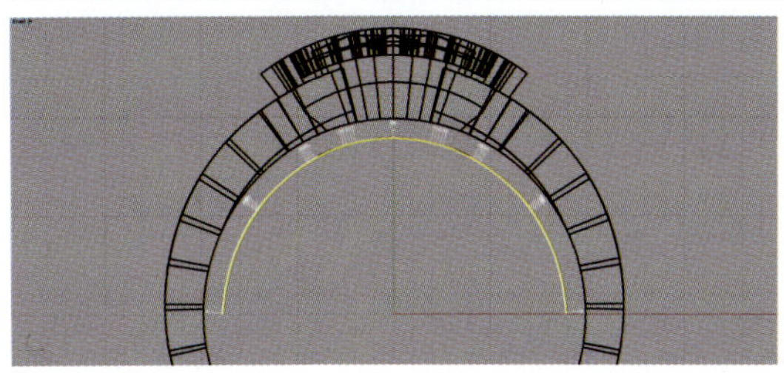

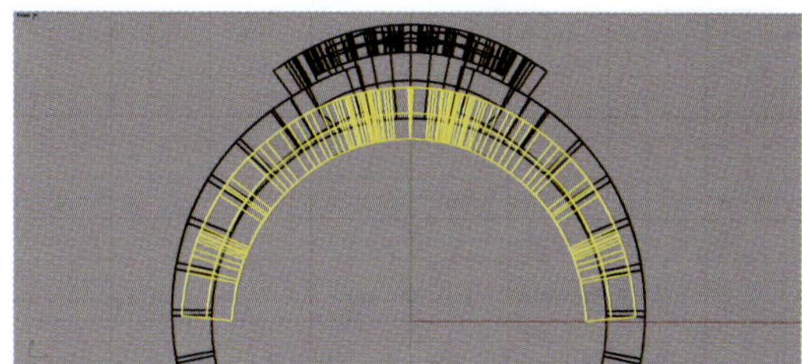

47. 반지개체를 선택하고, Boolean difference를 실행한 후, 생성된 반지둘레 Solid 개체를 선택한 다음, Enter↵키를 누르면 다음 그림과 같이 반지개체 안쪽으로 홈이 파인 것을 확인할 수 있다.

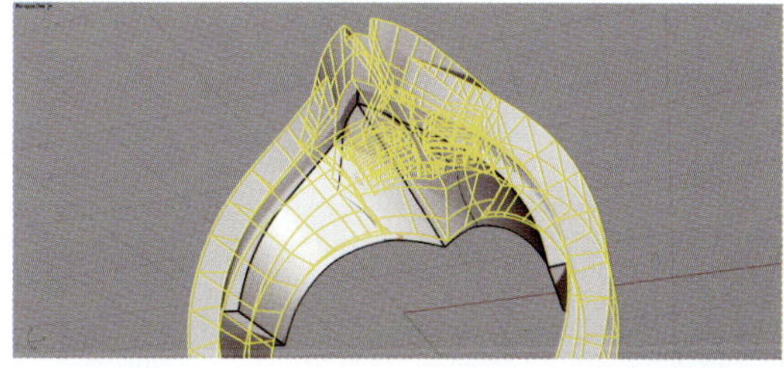

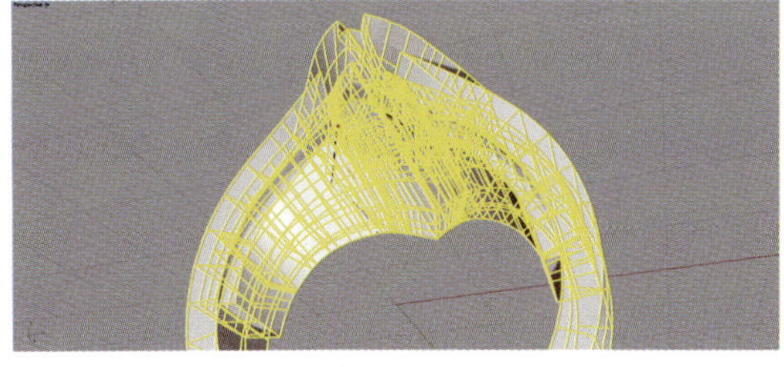

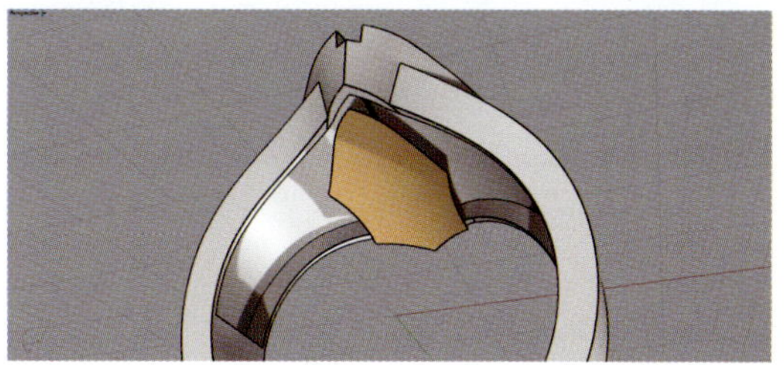

48. Shield Surface개체를 선택하고, Extrude surface를 실행한다. Command Prompt 영역에서 Solid=Yes, DeleteInput=Yes로 설정하고, Extrusion distance 값 3.5를 입력한 후, 마우스 커서를 화살표 방향으로 움직인 다음, Enter↵키를 누른다.

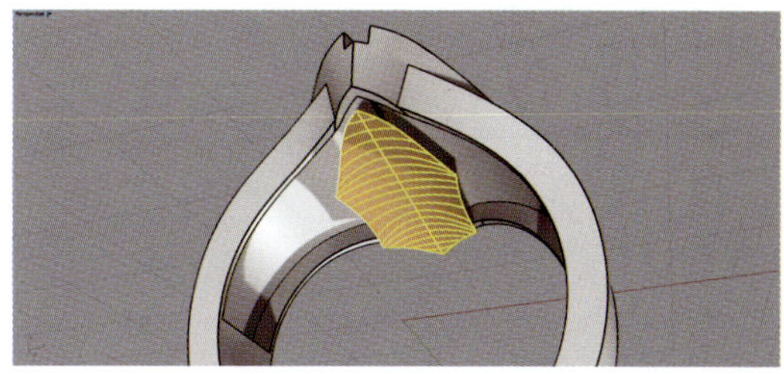

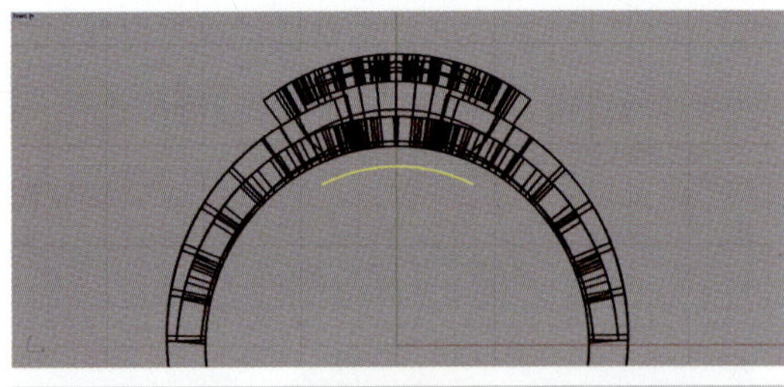

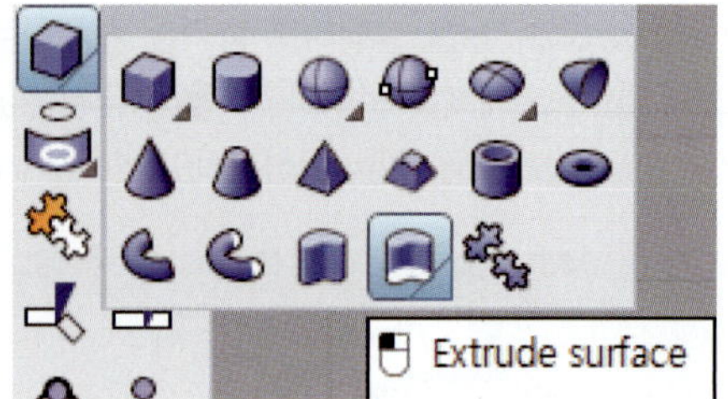

Extrusion distance <3.5> (Direction BothSides=*No* Solid=*Yes* DeleteInput=*Yes* ToBoundary SplitAtTangents=*No* SetBasePoint): 3.5

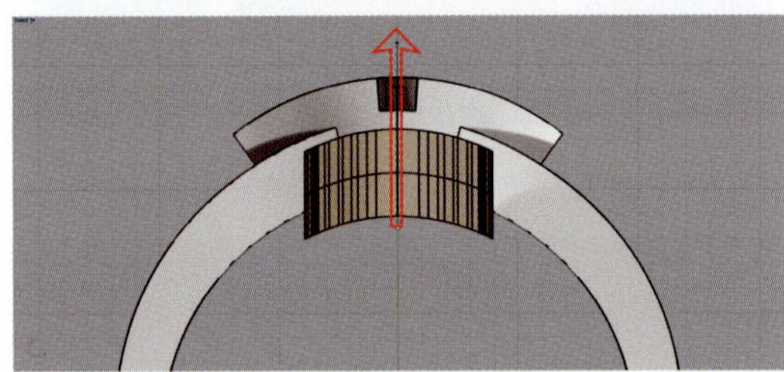

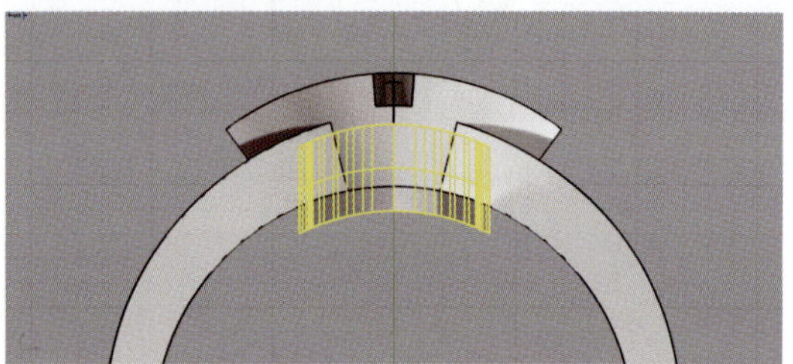

49. 반지개체를 선택하고, Boolean difference를 실행한 후, 생성된 Shield Solid개체를 선택한 다음, Enter↵ 키를 누르면 다음 그림과 같이 반지개체 안쪽으로 홈이 파인 것을 확인할 수 있다.

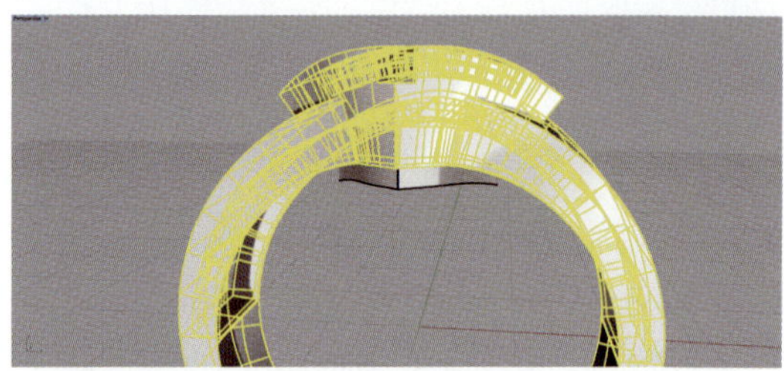

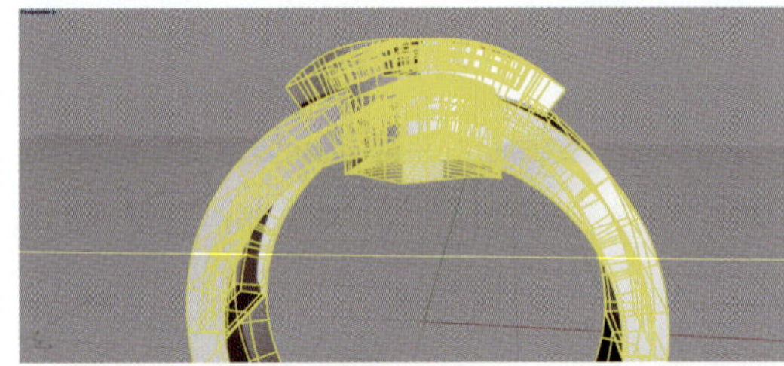

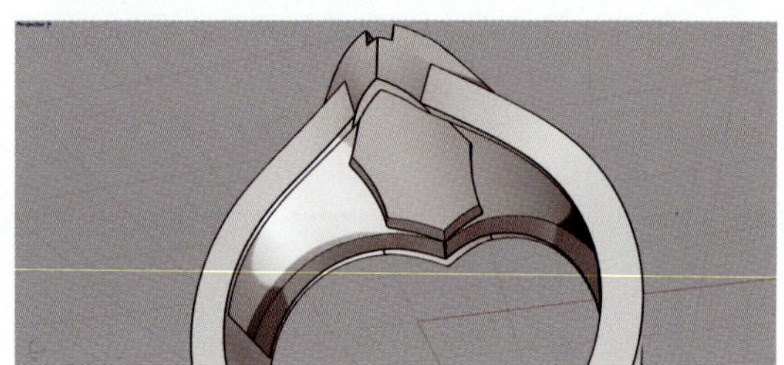

50. Duplicate edge를 실행하고, 다음 그림과 같이 반지개체 홈이 파인 부분의 안쪽 Edge를 선택한 후, Enter↵ 키를 누른 다음, Join을 실행하여 추출된 Curve개체들을 하나의 Curve개체로 결합한다.

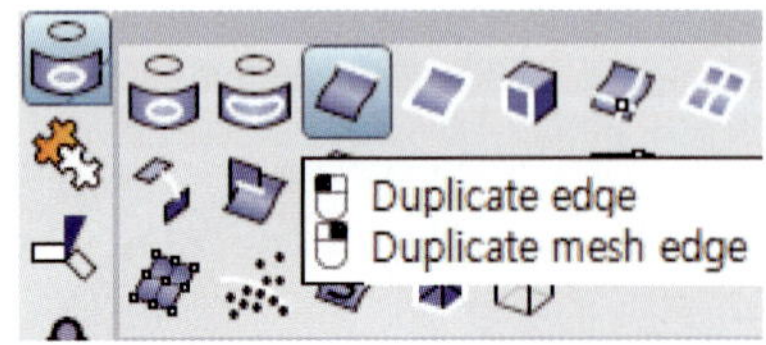

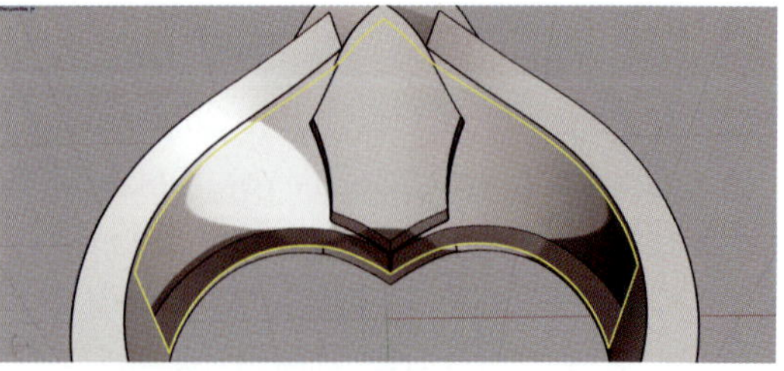

51. Front Front Viewport에서 Circle: center, radius를 실행하고, 원점(0, 0) 기준으로 지름 19.8㎜의 원형 Curve개체를 생성한다. 생성된 원형 Curve개체를 선택하고, Extrude straight를 실행한다. Command Prompt 영역에서 BothSides=Yes, DeleteInput=Yes로 설정하고, 마우스 커서를 움직여서 Curve개체가 모두 덮이는 크기의 원통 Surface개체를 생성한다.

Center of circle (Deformable Vertical 2Point 3Point Tangent AroundCurve FitPoints): 0

Diameter <19.800> (Radius Orientation Circumference Area ProjectOsnap=Yes): 19.8

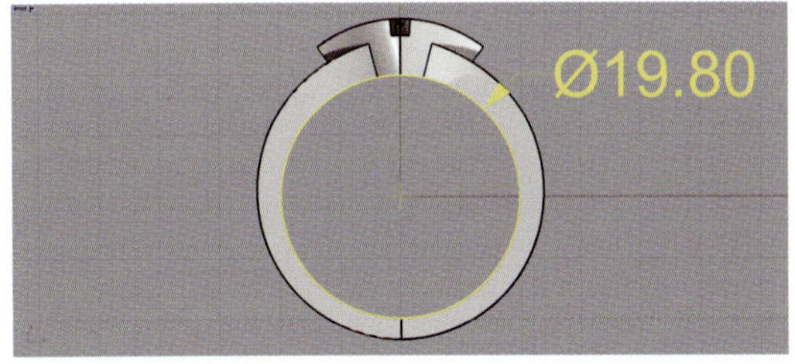

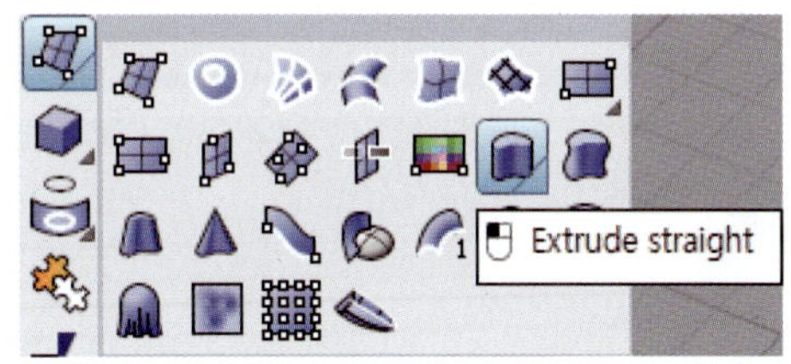

Extrusion distance <12.005> (Direction BothSides=Yes Solid=No DeleteInput=Yes ToBoundary SetBasePoint):

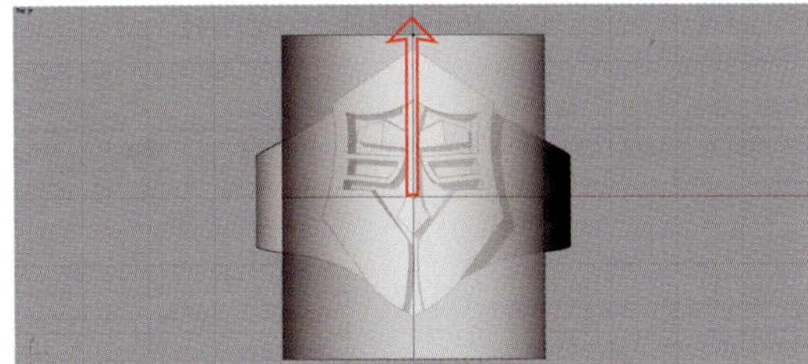

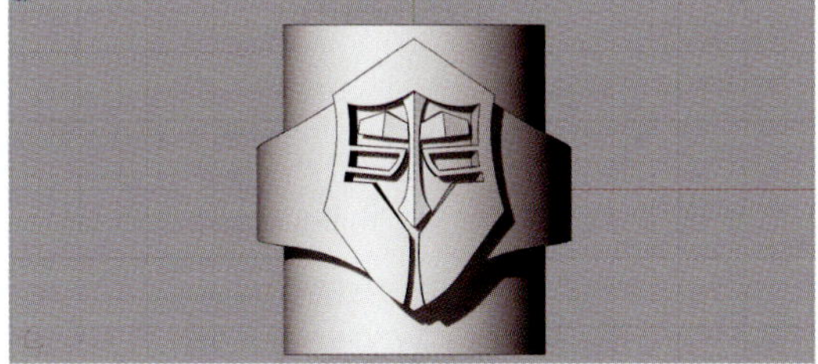

52. 반지개체는 잠시 숨겨둔다. 원통 Surface개체를 선택하고, Split을 실행한 다음, Curve개체를 선택한 후, Enter↵키를 누른다. 다음 그림과 같이 잘린 원통 Surface개체의 바깥부분과 Curve개체는 삭제한다.

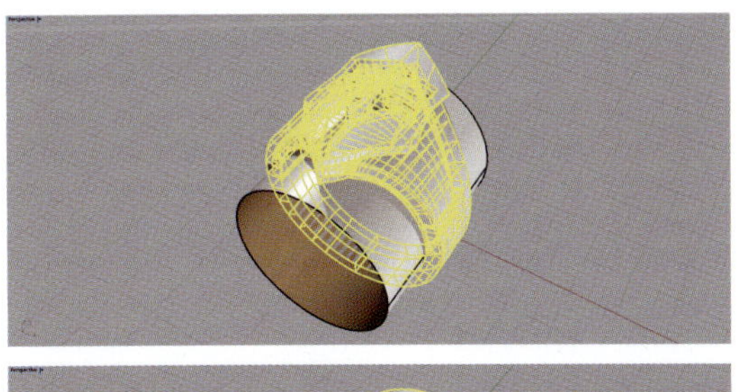

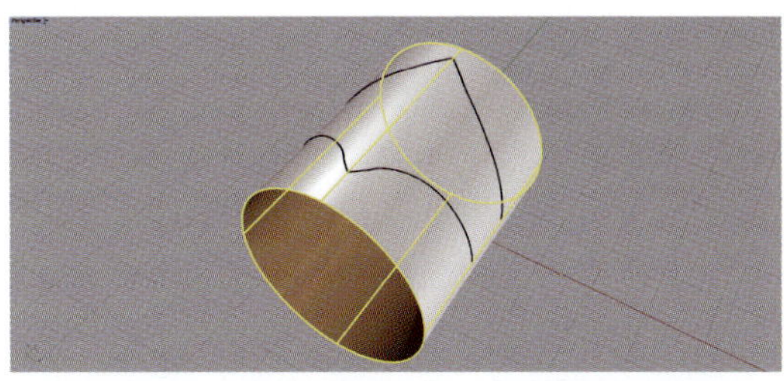

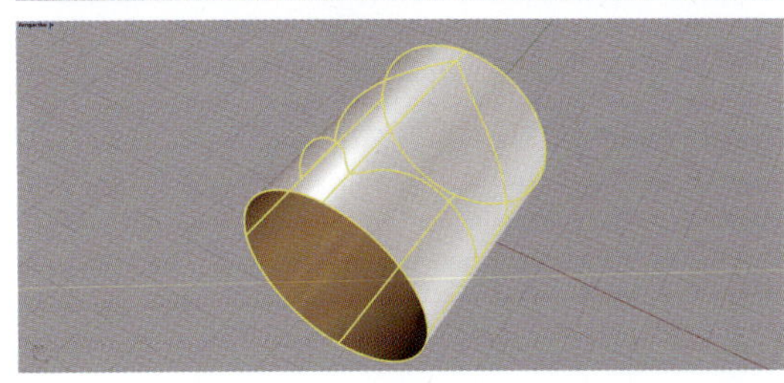

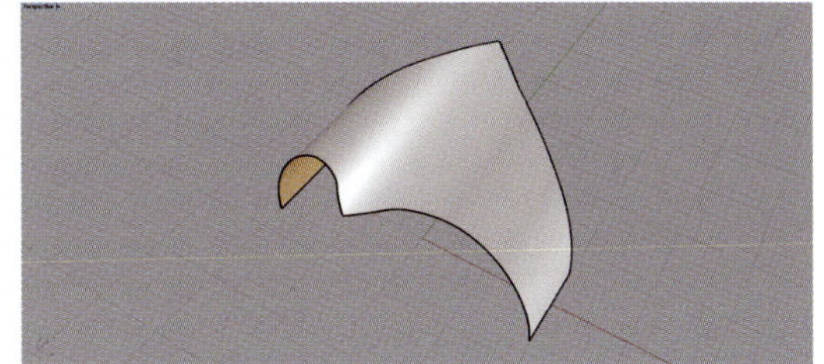

53. Surface개체를 선택한 후, Show object control points를 실행한다. 분리된 Surface개체의 경계선이

아직 분리되기 전의 경계선으로 남아있는 것을 확인할 수 있다. Shrink trimmed surface를 실행하여 분리된 Surface개체에 맞게 경계선을 축소시킨다.

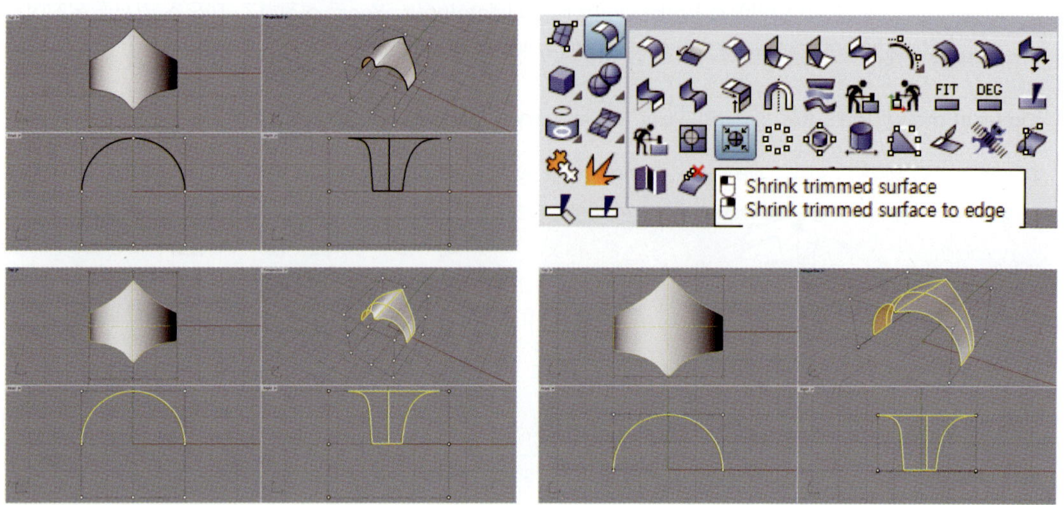

54. Points off(F11)를 실행하여 조절점은 화면상에서 숨겨둔다. Surface개체를 선택하고, Create UV curves를 실행한 후, Enter↵키를 누른다.

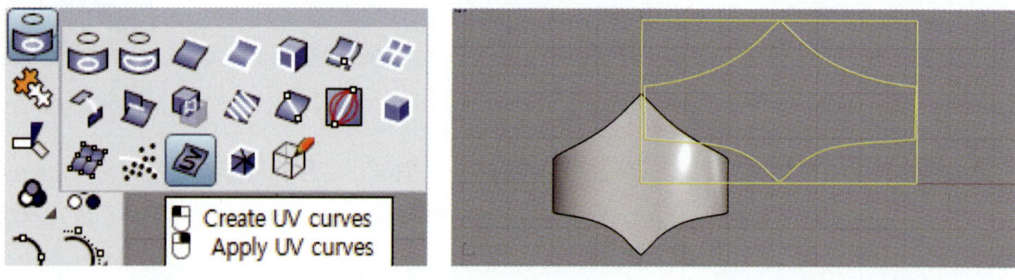

55. Top Top Viewport에서 Ctrl+I(Insert)를 실행하여 Insert창이 나타나면 Insert as에서 Individual Objects를 선택하고, 우측 상단의 폴더 아이콘을 선택한다. Logo Curve.3dm파일을 선택하고, 열기를 누른 후, Command Prompt 영역에 Insertion point값 0을 입력하여 원점(0, 0) 위치에 Logo Curve 개체를 불러온다. → 부록CD 〉 Rhino 예제 〉 Level 2 - Design Modeling 3 〉 Logo Curve.3dm

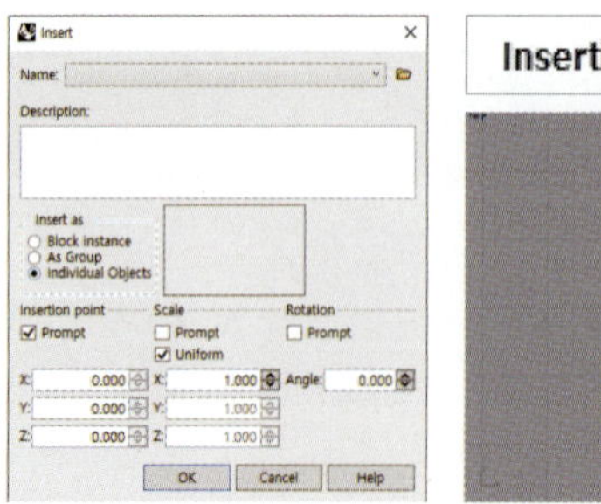

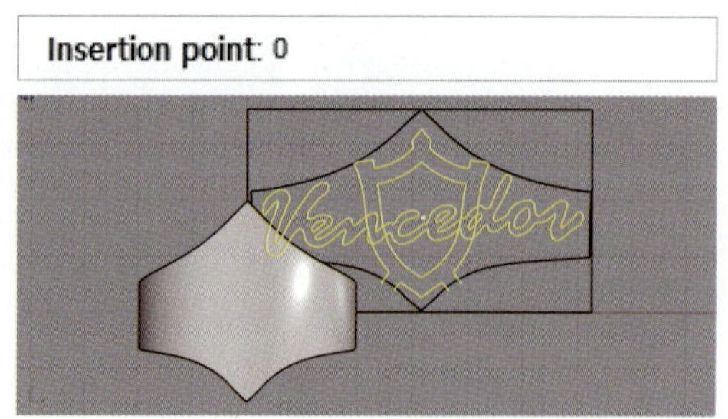

56. Curve개체들을 모두 선택하고, Apply UV curves를 실행한 후, Surface개체를 선택하면 다음 그림과 같이 Logo Curve개체가 Surface개체 위에 위치한 것을 확인할 수 있다.

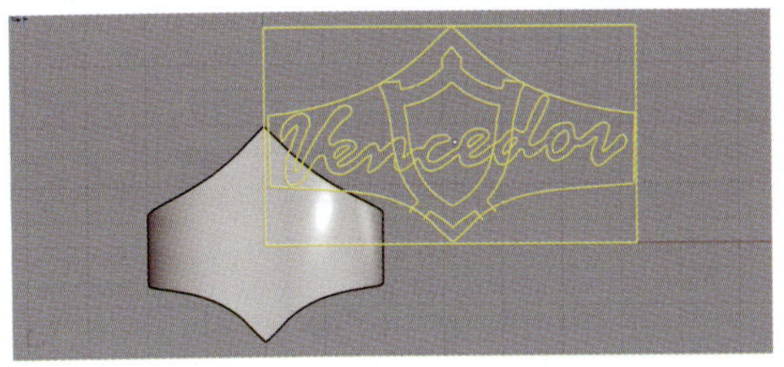
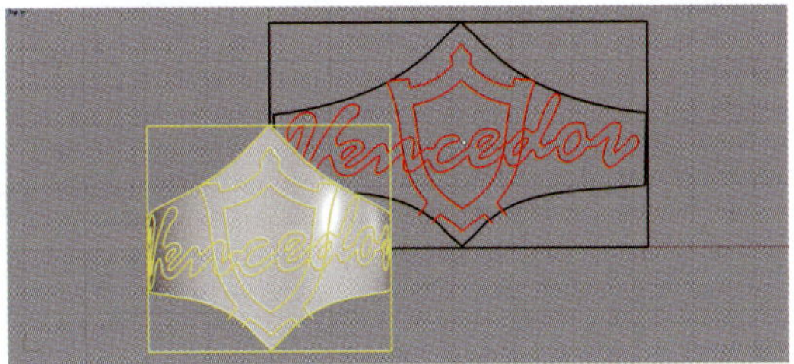

57. Logo Curve개체의 방향을 바꾸기 위해서 Undo(Ctrl+Z)를 실행하여 이전으로 되돌린다. Surface개체를 선택하고, Analyze direction을 실행한다. Command Prompt 영역에서 UReverse를 선택하여 빨간색 화살표 방향을 반대 방향으로 바꿔준다.

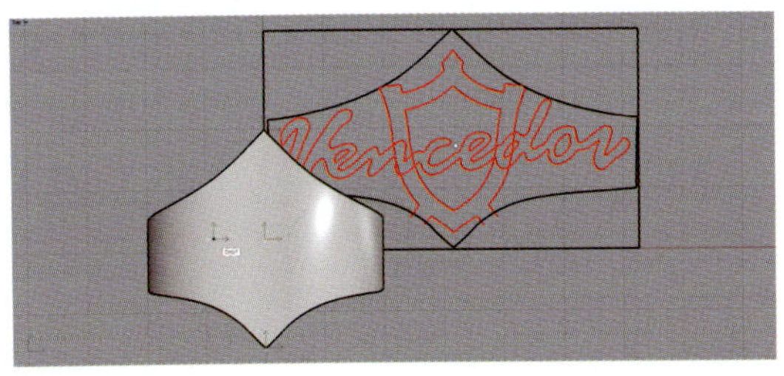

Press Enter when done (UReverse VReverse SwapUV Flip):

58. 다시 Curve개체들을 모두 선택하고, Apply UV curves를 실행한 후, Surface개체를 선택하면 다음 그림과 같이 Logo Curve개체가 Surface개체 위에 위치한 것을 확인할 수 있다.

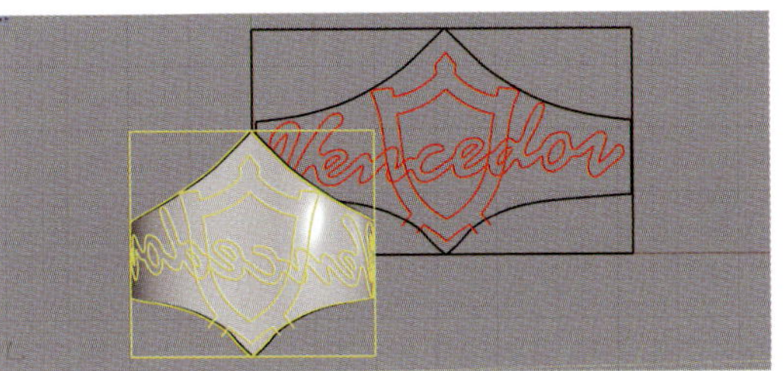

59. Surface개체를 선택하고, Split를 실행한 후, Surface개체 위에 있는 Logo Curve개체를 선택한 다음, Enter키를 누른다. Surface개체와 Curve개체를 삭제하고, 분리된 Logo Surface개체만 남긴다. 분리된 Logo Surface개체를 모두 선택한 후, Join을 실행하여 하나의 Logo Surface개체로 결합한다.

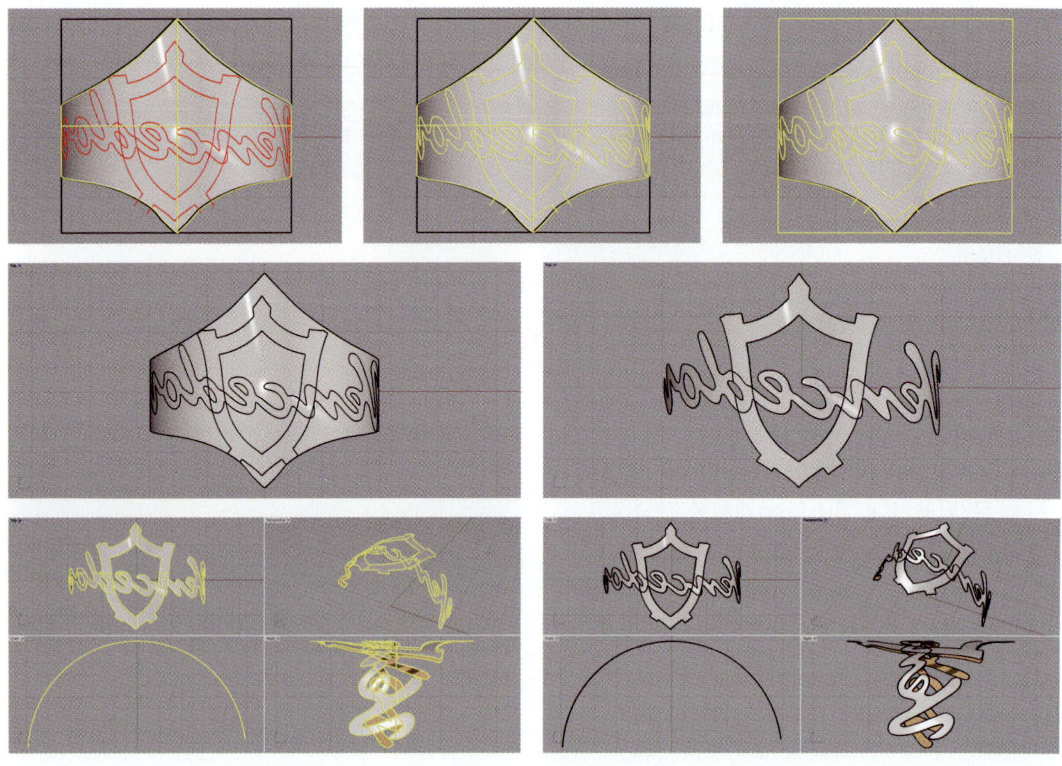

60. 결합된 Logo Surface개체를 선택하고, Offset Surface를 실행한다. Command Prompt 영역에서 Solid=Yes, DeleteInput=Yes로 설정하고, Distance값 1.2를 입력한 다음, Enter↵ 키를 누른다.

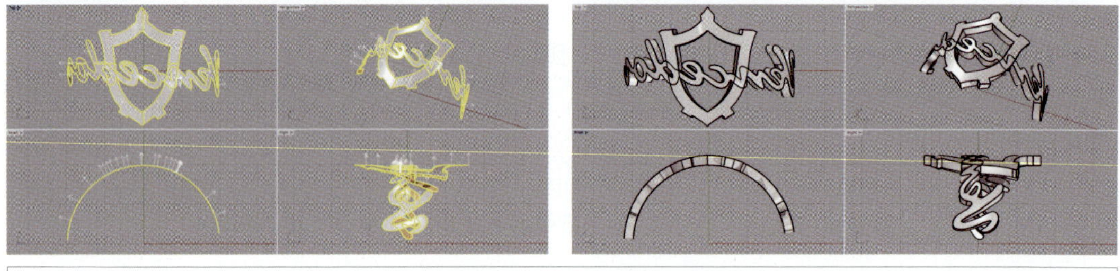

Select object to flip direction. Press Enter when done (Distance=*1.2* Corner=*Round* Solid=*Yes* Tolerance=*0.001* DeleteInput=*Yes* FlipAll): 1.2

61. 숨겨둔 반지개체를 화면상에 나타나게 하면, 다음 그림과 같이 완성된 Level 2 - Design Modeling 3 반지개체를 확인할 수 있다.

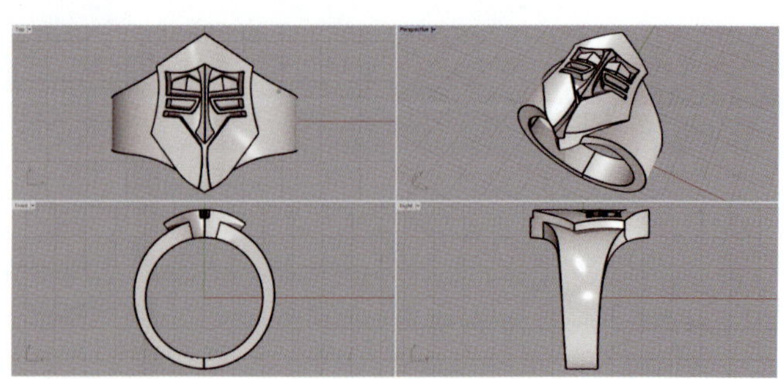

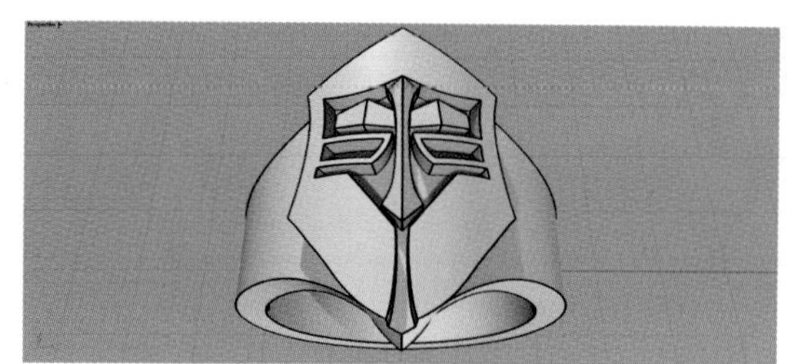

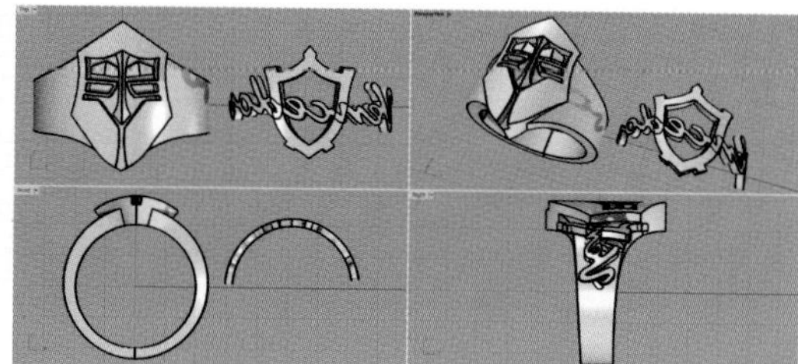

Level 02 Design Modeling 4

출처: 이 예제는 2016년 프로젝트 일환으로 진행된 부산 〈OK골드〉 업체의 디자인 제품임을 밝힙니다.

01. Top Top Viewport에서 Ctrl+I(Insert)를 실행하여 Insert창이 나타나면 Insert as에서 Individual Objects를 선택하고, 우측 상단의 폴더 아이콘을 선택한다. Spearhead Curve.3dm파일을 선택하고, 열기를 누른 후, Command Prompt 영역에 Insertion point값 0을 입력하여 원점(0, 0) 위치에 Spearhead Curve개체를 불러온다.

→ 부록CD 〉 Rhino 예제 〉 Level 2 – Design Modeling 4 〉 Spearhead Curve.3dm

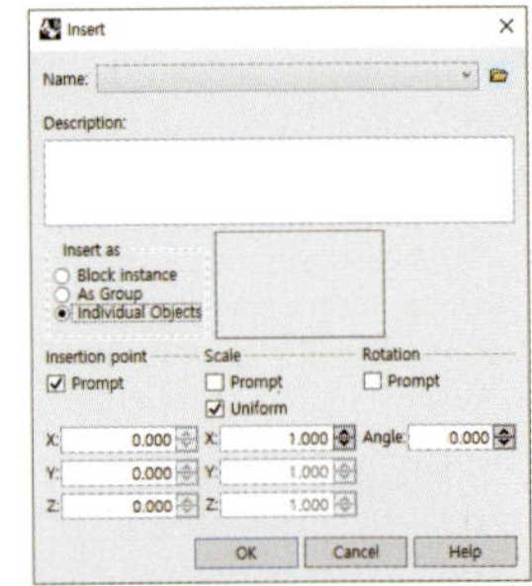

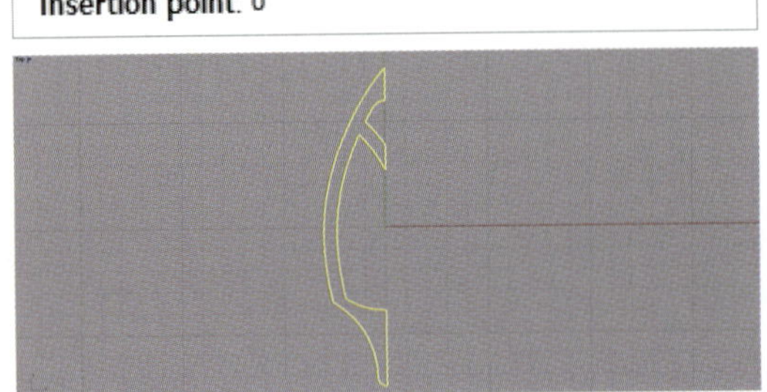

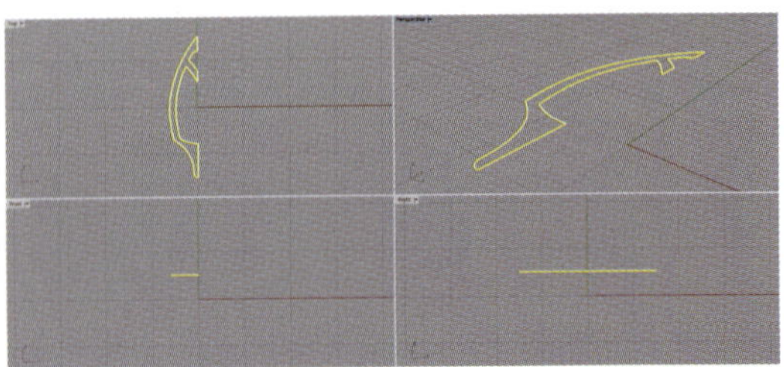

02. Front Front Viewport에서 ∘ Single point를 실행하고, Command Prompt 영역에 Location of point object값 1.630, -6.192를 입력한 후, Enter↵키를 누른다.

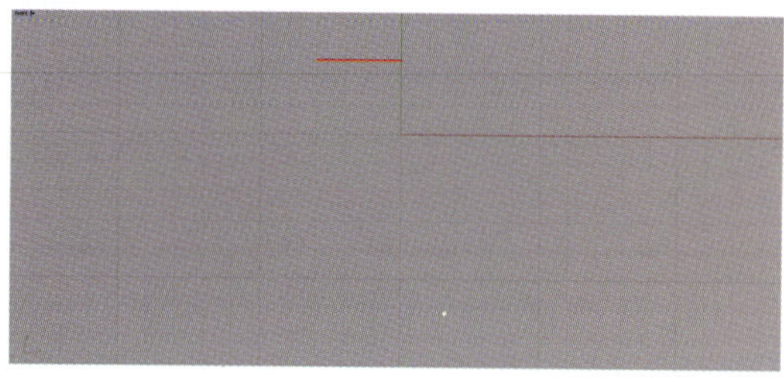

Location of point object: 1.630,-6.192

03. Circle: center, radius를 실행하고, Center of circle를 생성된 Point개체로 선택한 후, Command Prompt 영역에 Diameter값 14.33을 입력한 다음, Enter↵키를 누른다.

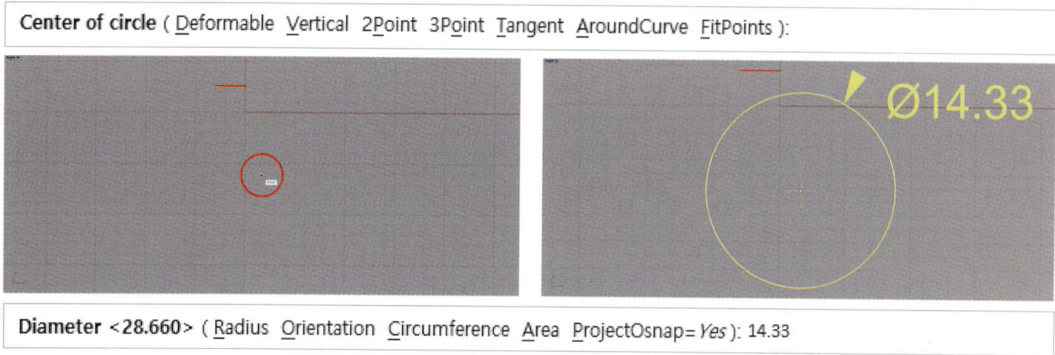

04. 생성된 14.33㎜ 원형 Curve개체를 선택하고, Extrude straight를 실행한다. Command Prompt 영역에 BothSides=Yes, Deleteinput=Yes로 설정하고, Extrusion distance값 10.115를 입력한 후, Enter↵키를 누른다.

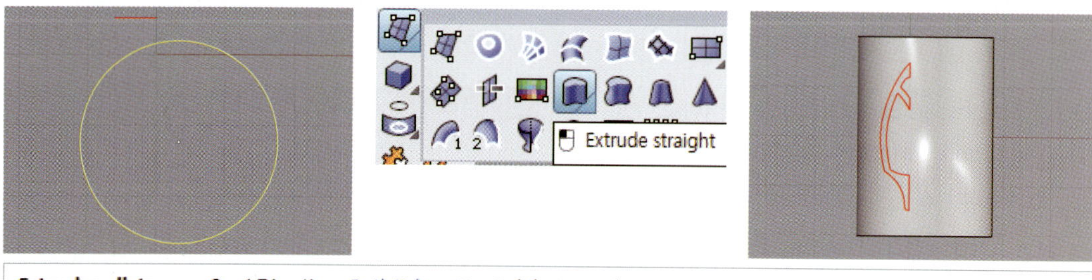

Extrusion distance <0> (Direction BothSides=Yes Solid=No DeleteInput=Yes ToBoundary SetBasePoint): 10.115

05. Spearhead Curve개체를 선택하고, Project curves를 실행한다. Command Prompt 영역에서 Deleteinput=Yes로 설정한 다음, 원통 Surface개체를 선택하고, Enter↵키를 누르면 다음 그림과 같이

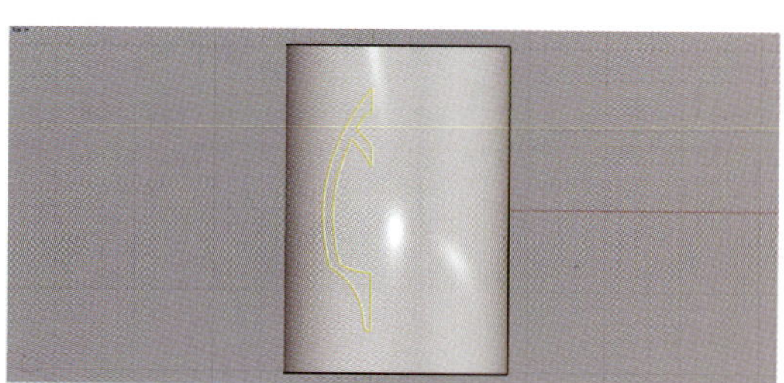

Spearhead Curve개체가 원통 Surface개체에 투영된 것을 확인할 수 있다.

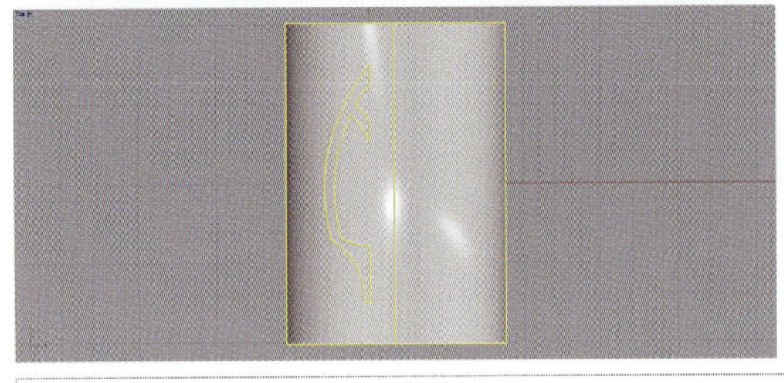

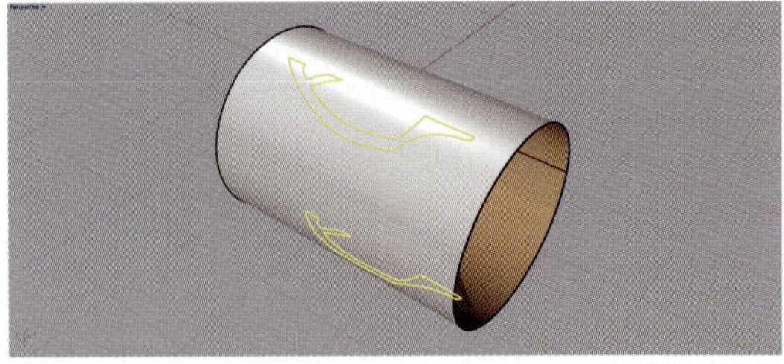

Select surfaces, polysurfaces and meshes to project onto. Press Enter when done (Loose=*No* DeleteInput=*Yes* OutputLayer=*Current* Direction=*CPlaneZ*):

06. 원통 Surface개체를 선택하고, Split을 실행한 후, Spearhead Curve개체를 선택한 다음, Enter↵키를 누른다. 분리된 Spearhead Surface개체만 남기고, 원통 Surface개체와 Curve개체는 모두 삭제한다.

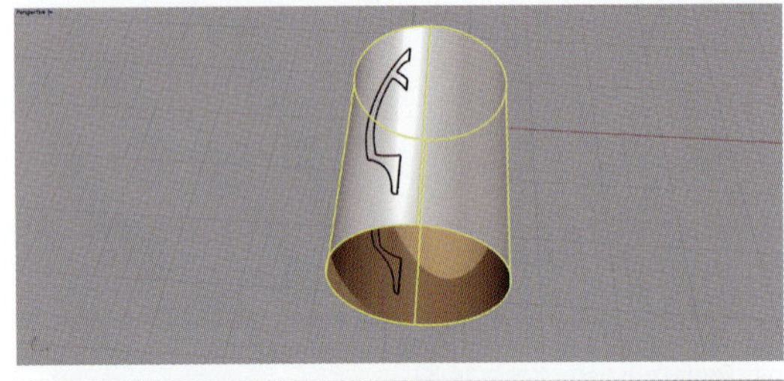

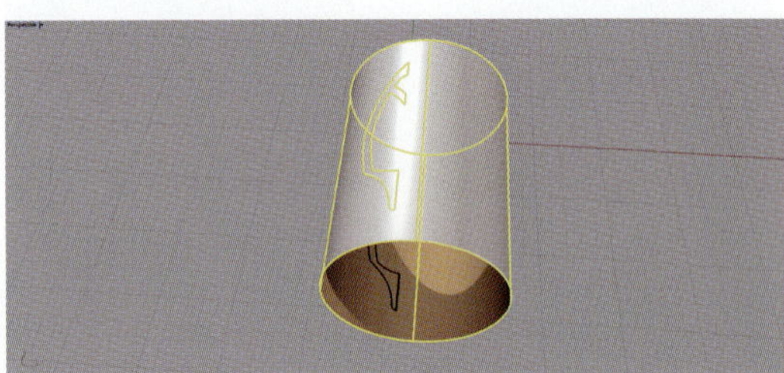

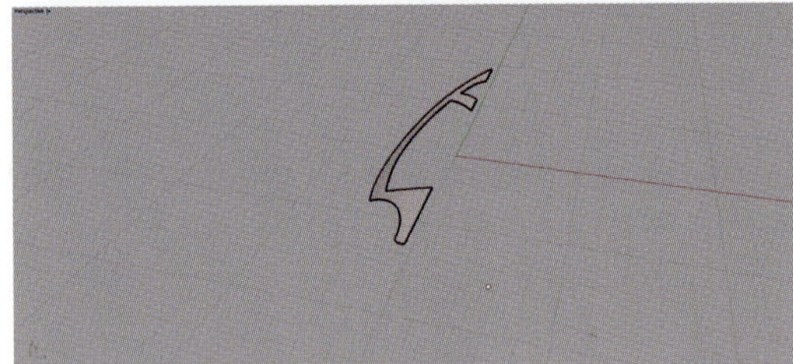

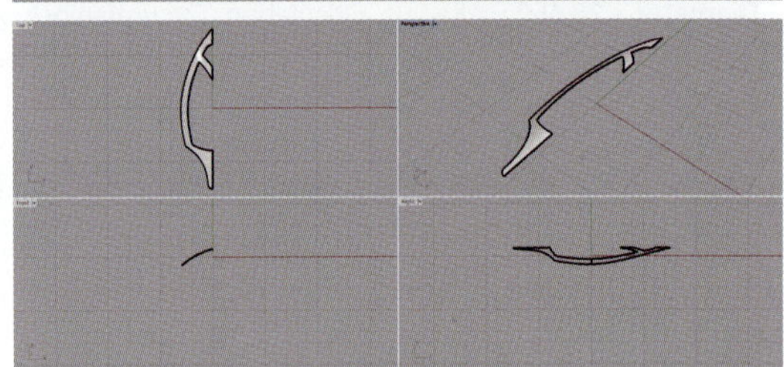

07. Spearhead Surface개체를 선택하고, Extrude surface를 실행한다. Command Prompt 영역에 Solid=Yes, Deleteinput =Yes로 설정하고, Extrusion distance값 0.9를 입력한 후, 마우스 커서를 화살표 방향으로 움직인 다음, Enter↵키를 누른다.

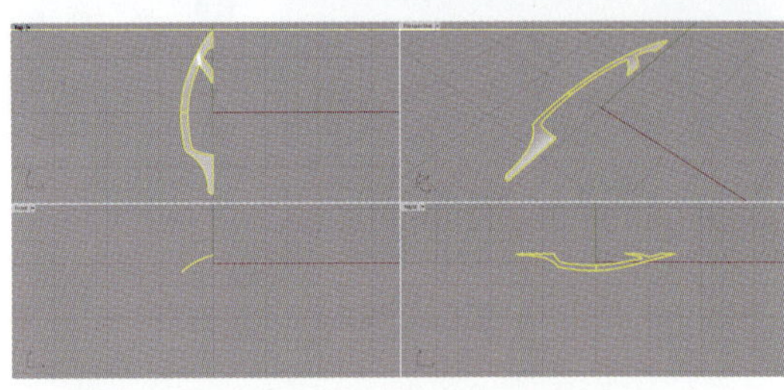

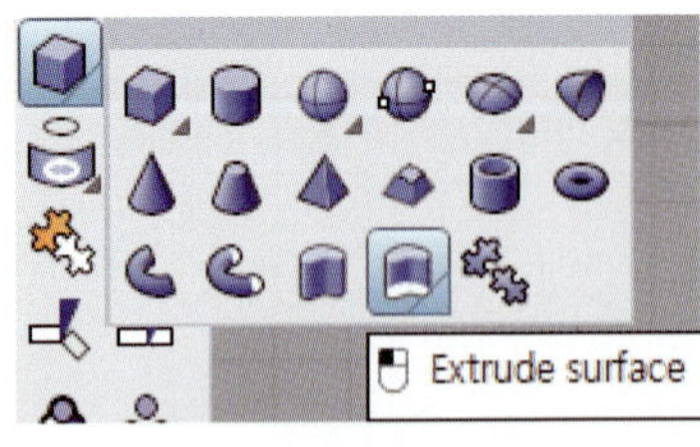

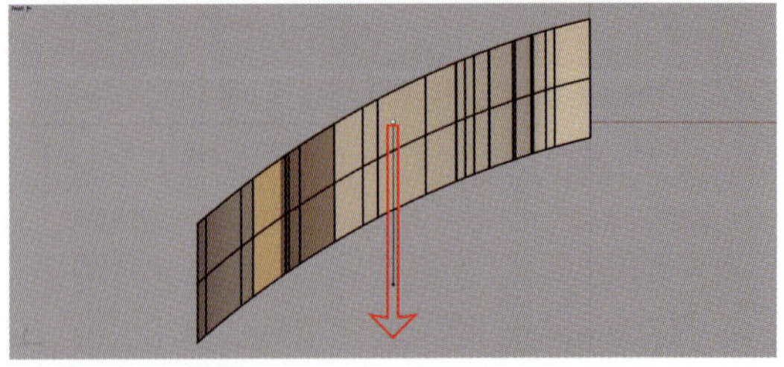

Extrusion distance <0.9> (Direction BothSides=*No* Solid=*Yes* DeleteInput=*Yes* ToBoundary SplitAtTangents=*No* SetBasePoint): 0.9

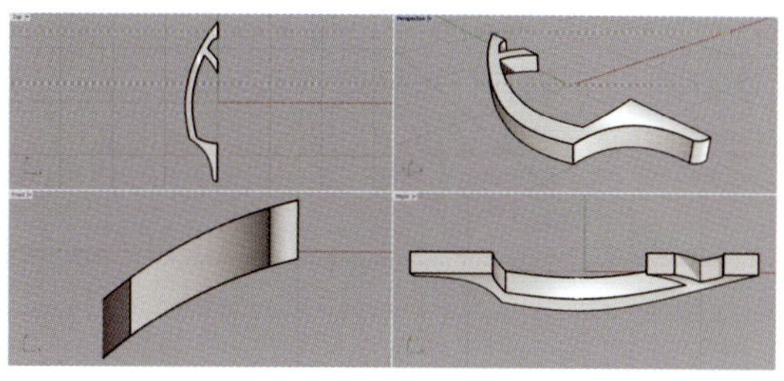

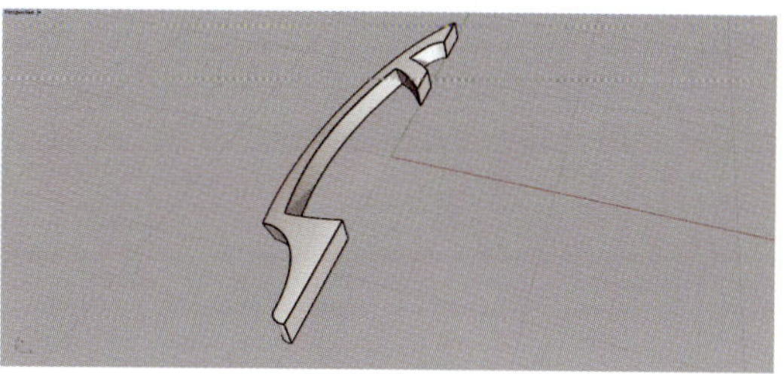

08. Top Top Viewport에서 생성된 Spearhead Solid개체를 선택하고, Mirror를 실행한다. Command Prompt 영역에 Start of mirror plane값 0을 입력한 후, Enter키를 누르고, Shift키를 누른 상태로 마우스 커서를 화살표 방향으로 이동한 후, 마우스 왼쪽버튼을 클릭하여 대칭 방향에 Spearhead Solid 개체를 복사한다.

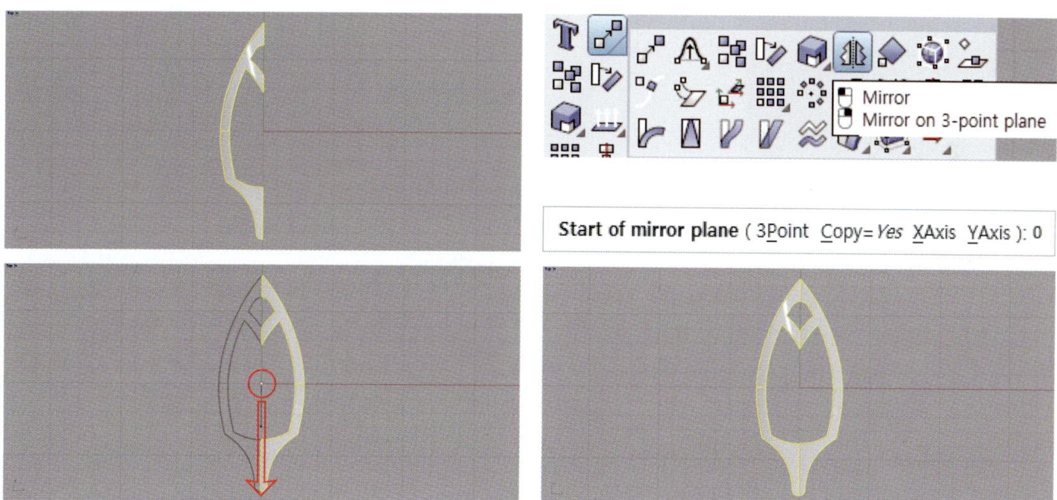

09. 2개의 Spearhead Solid개체를 선택하고, Boolean union을 실행하여 하나의 Spearhead Solid 개체로 결합한다.

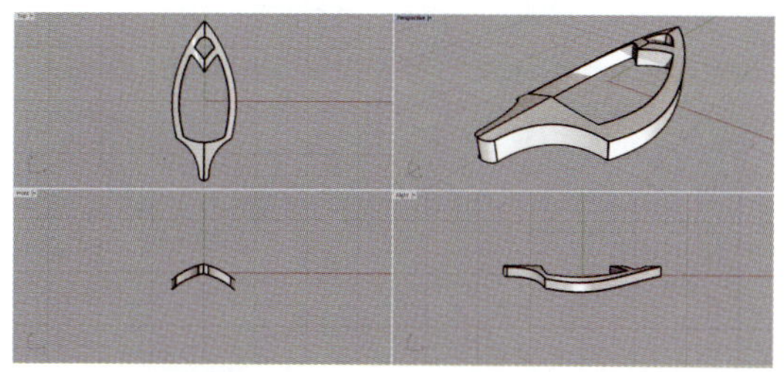

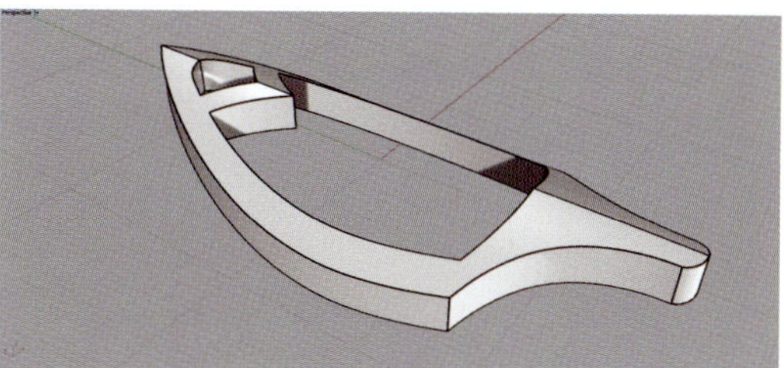

10. Front Front Viewport에서 Circle: center, radius를 실행한다. Command Prompt 영역에 Center of circle값 0, -3을 입력하고, Enter키를 누른 후, Radius값 3.2를 입력한 다음, Enter키를 누른다. 다음 그림과 같이 0, -3 위치에 지름 6.4㎜의 원형 Curve개체가 생성된 것을 확인할 수 있다.

Center of circle (Deformable Vertical 2Point 3Point Tangent AroundCurve FitPoints): 0,-3

Radius <2.476> (Diameter Orientation Circumference Area ProjectOsnap=*Yes*): 3.2

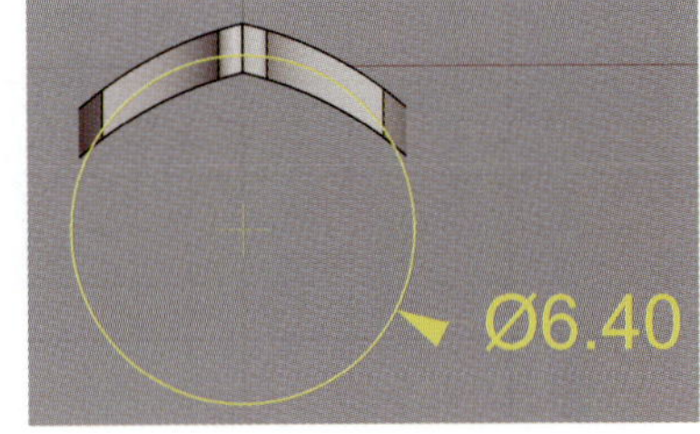

11. Top Top Viewport에서 Spearhead Solid개체를 선택하고, Lock objects를 실행하여 잠시 잠가 둔다. Osnap Toolbar에서 Project에 체크하고, Arc: start, end, point on arc를 실행한 후, 다음 그림과 같이 2개의 Arc개체를 생성한다.

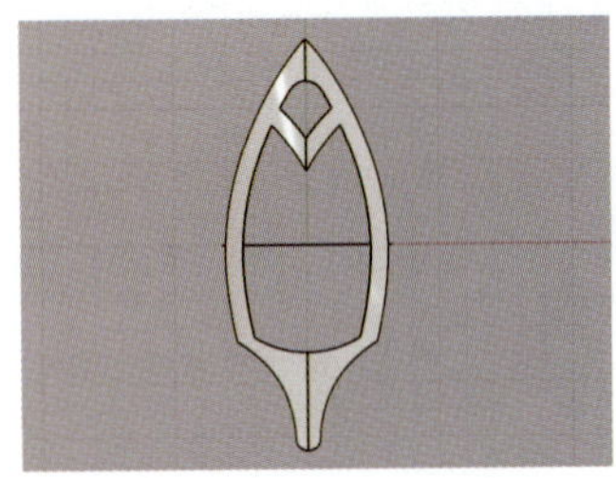

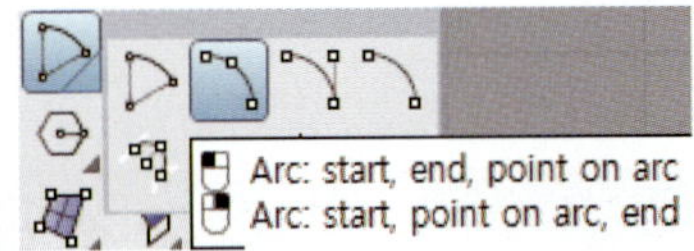

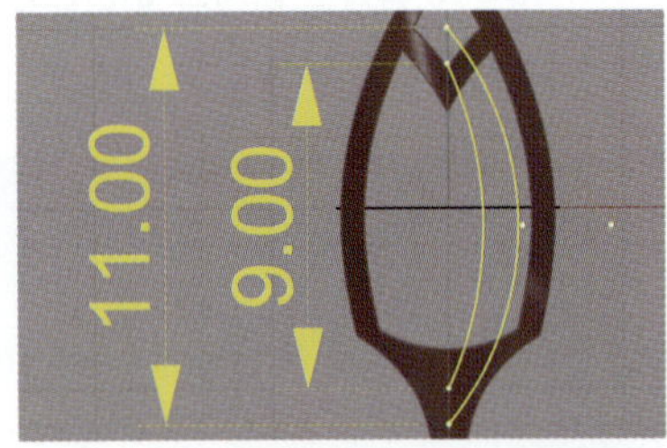

12. Curve from 2 views를 실행하고, 1번 Arc Curve개체를 선택한 후, 원형 Curve개체를 선택한다. 다시 Curve from 2 views를 실행하고, 2번 Arc Curve개체를 선택한 후, 원형 Curve개체를 선택한다. 생성된 Curve개체 2개만 남겨두고 1, 2번 Arc개체와 원형 Curve개체는 삭제한다.

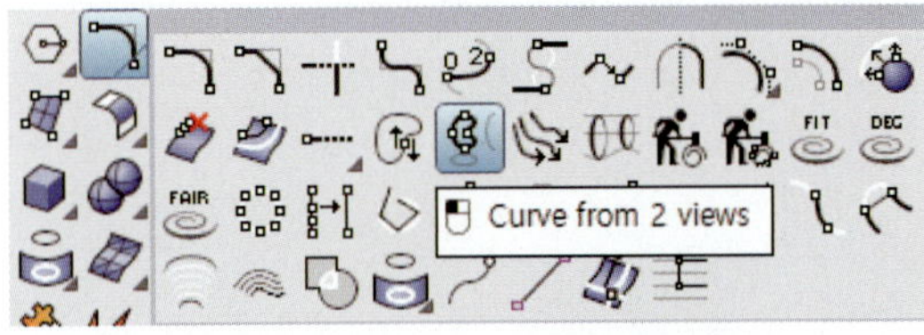

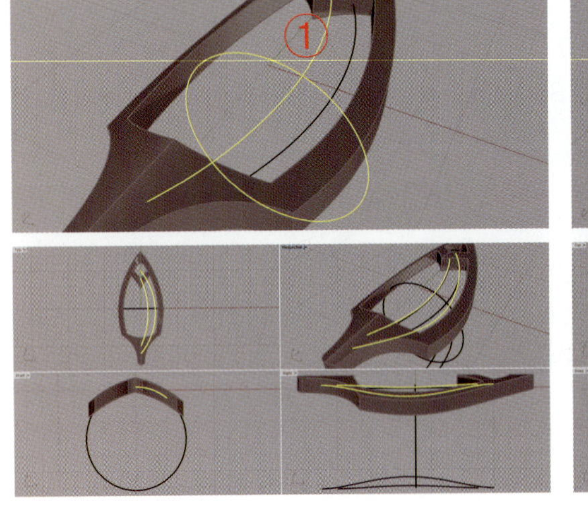

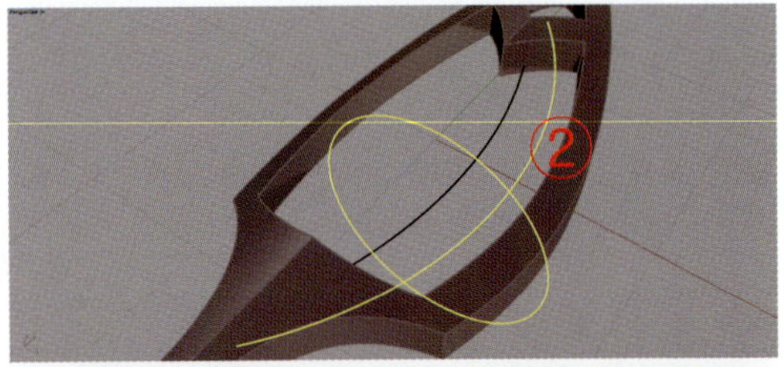

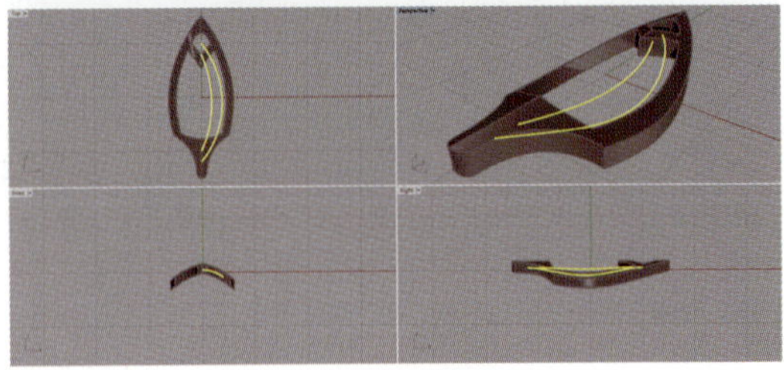

13. Top Top Viewport에서 Single Line을 실행하고, 다음 그림과 같이 직선 Curve개체를 생성한다. Front Front Viewport에서 프로그램 하단의 Status Bar(상태표시줄)에서 Gumball을 선택하여

Gumball을 화면상에 나타나게 하고, 초록색 화살표를 선택한 다음, 0.3을 입력한 후, Enter↵키를 누른다. 다음 그림과 같이 직선 Curve개체가 0.3㎜ 이동한 것을 확인할 수 있다.

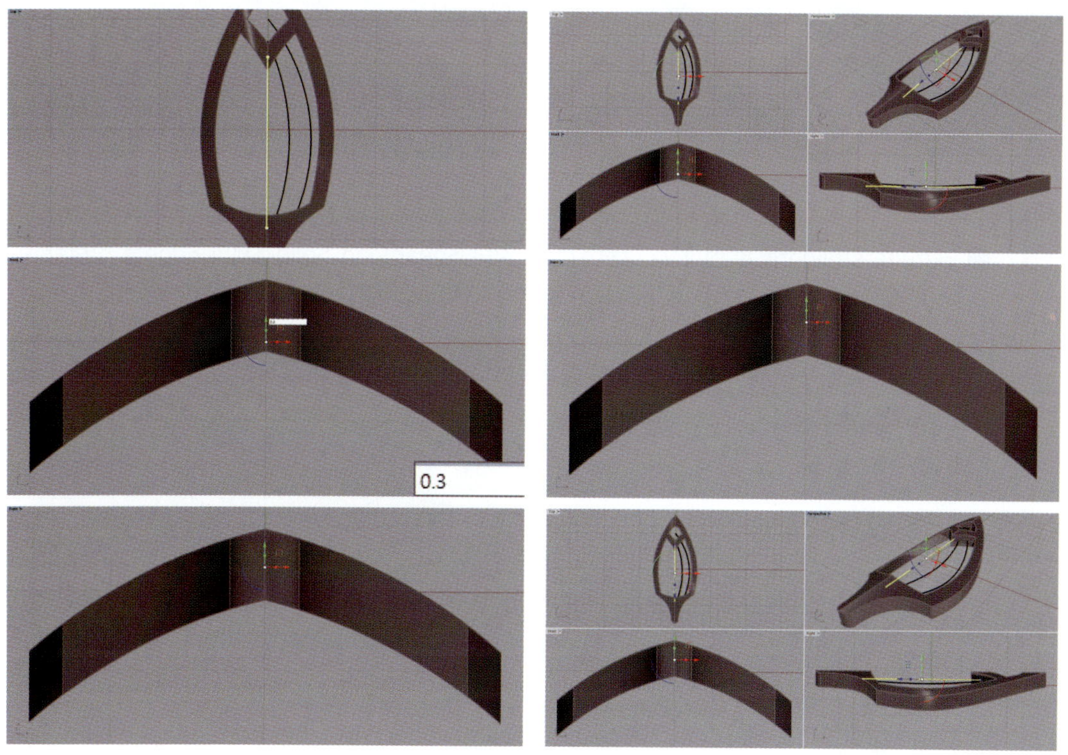

14. 곡선 Curve개체를 선택하고, Pipe: Flat caps를 실행한다. Command Prompt 영역에 Start radius값 0.3을 입력하고, Enter↵키를 누른 후, End radius값 0.3을 입력한 다음, Enter↵키를 누른다. 다음 그림과 같이 반지름 0.3㎜의 Pipe개체가 생성된 것을 확인할 수 있다. 남은 2개의 곡선 Curve개체도 Pipe : Flat caps를 실행하여 반지름 0.3㎜의 Pipe개체를 생성한다. 사용한 Curve개체들은 모두 삭제한다.

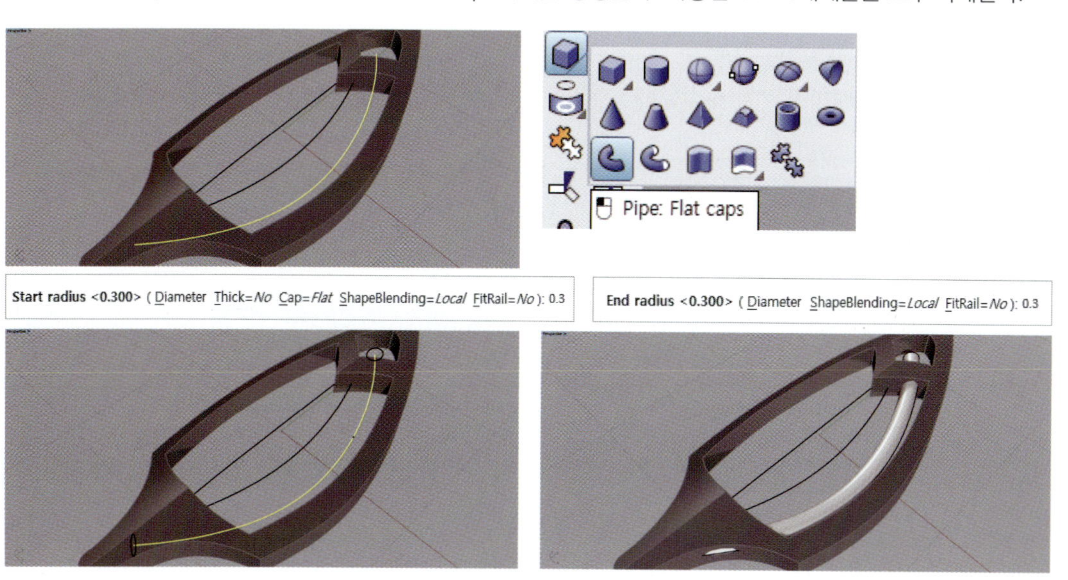

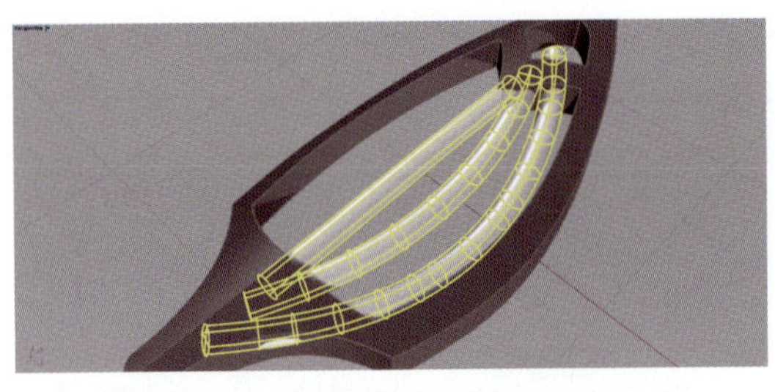

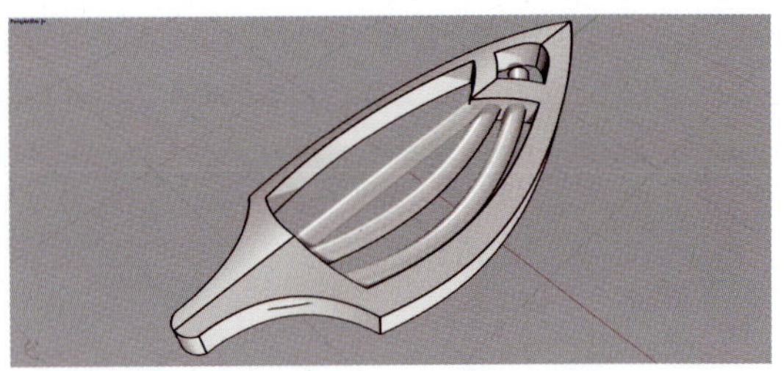

15. Extrude straight를 실행하고, 다음 그림과 같이 Spearhead Solid개체의 Edge를 선택한 후, Enter↵키를 누른다. 마우스 커서를 화살표 방향(아래 방향)으로 움직이고, 마우스 왼쪽버튼을 클릭한다.

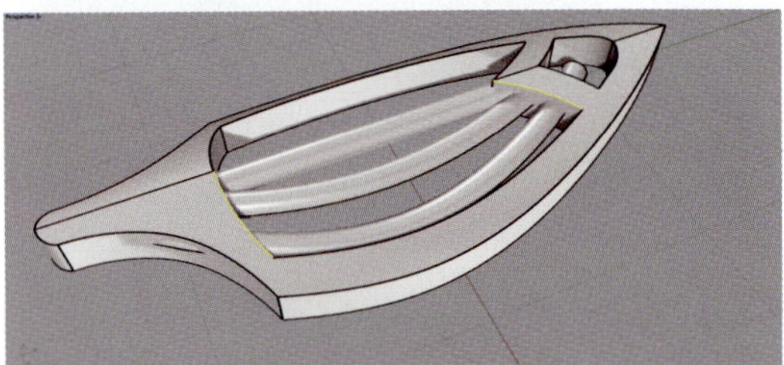

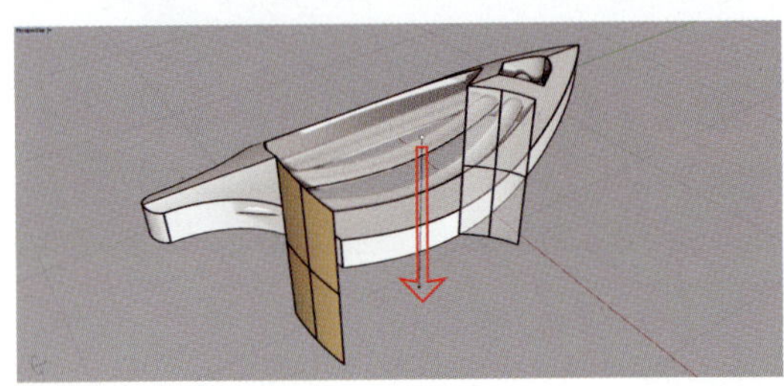

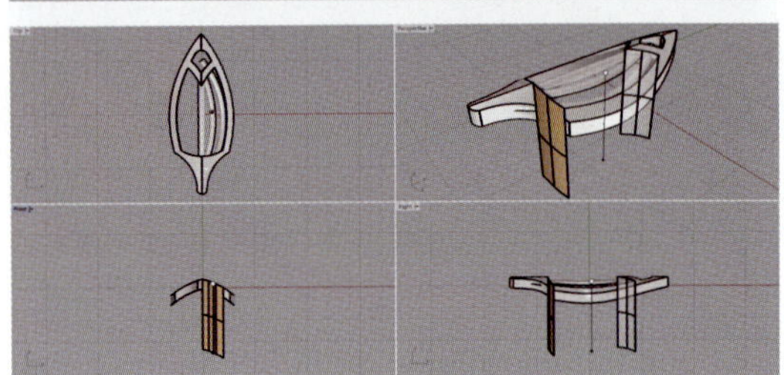

16. 다음 그림과 같이 Pipe개체 2개를 선택하고, Boolean difference를 실행한 후, 생성한 Surface개체 2개를 선택한 다음, Enter↵키를 누른다.

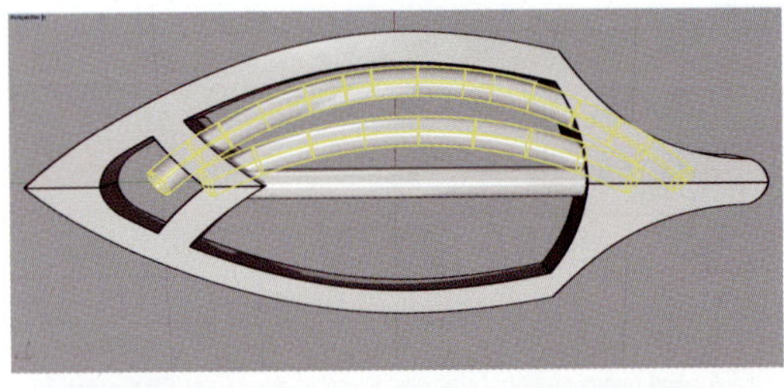

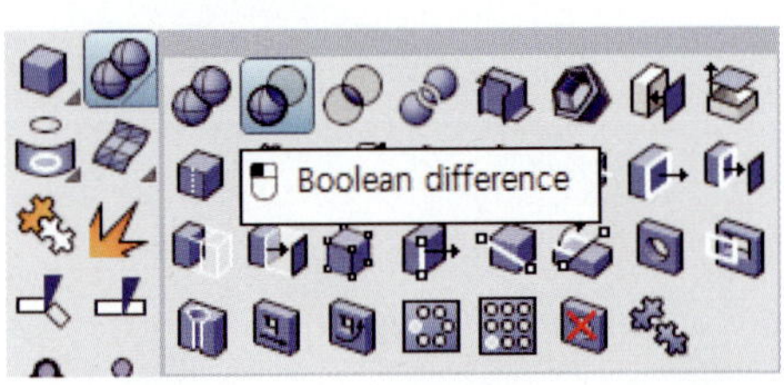

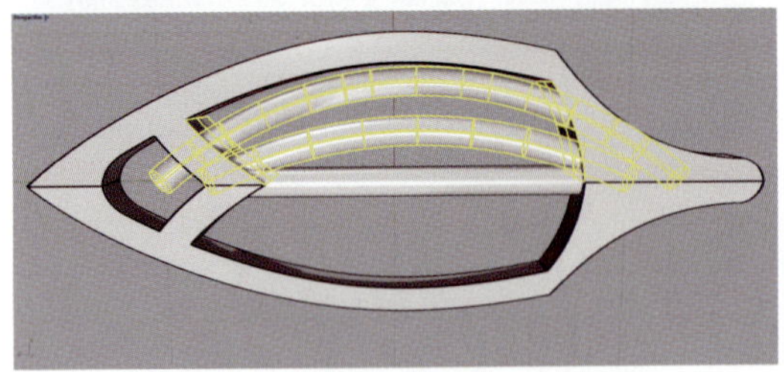

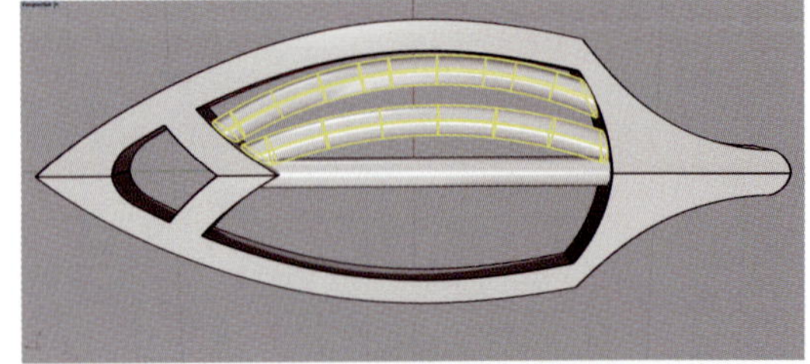

17. Top ▾ Top Viewport에서 Pipe개체 2개를 선택하고, Mirror를 실행한다. 원점 (0, 0) 기준으로 [Shift]키를 누른 상태로 마우스 커서를 화살표 방향으로 이동한 후, 마우스 왼쪽버튼을 클릭하여 대칭 방향에 Pipe개체를 복사한다.

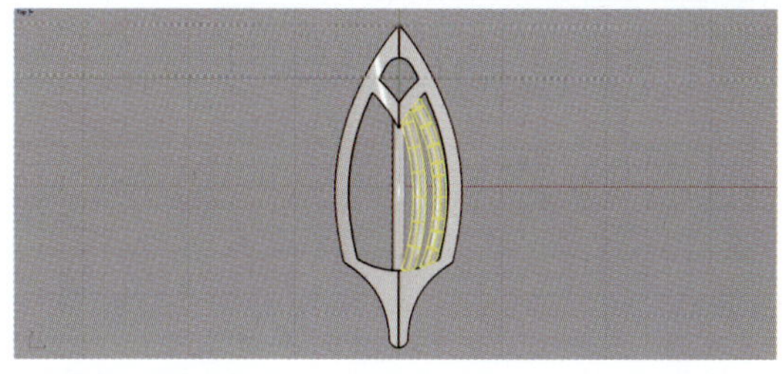

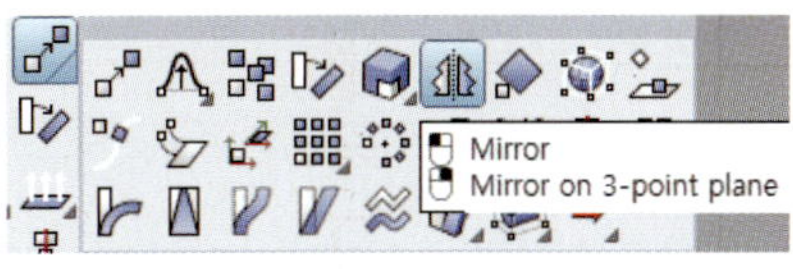

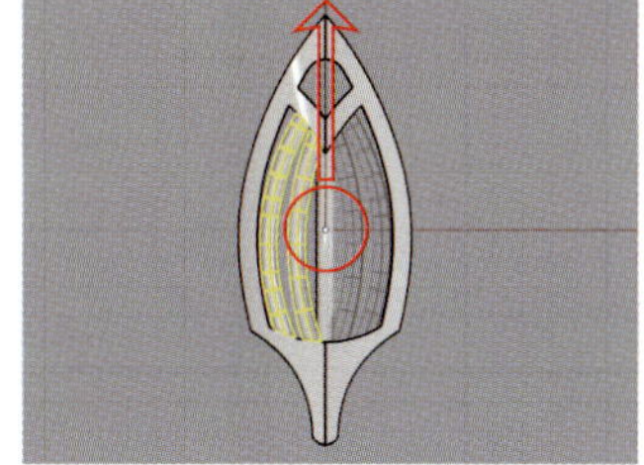

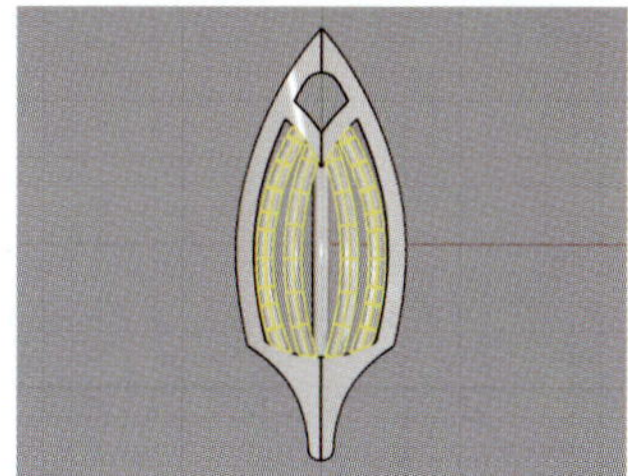

Start of mirror plane (3Point Copy=*Yes* XAxis YAxis): 0

18. 5개의 Pipe개체와 Spearhead Solid개체를 모두 선택하고, Boolean union을 실행하여 하나의 Spearhead Solid개체로 결합한다. 결합된 Spearhead Solid개체는 Lock objects를 실행하여 잠시 잠가 둔다.

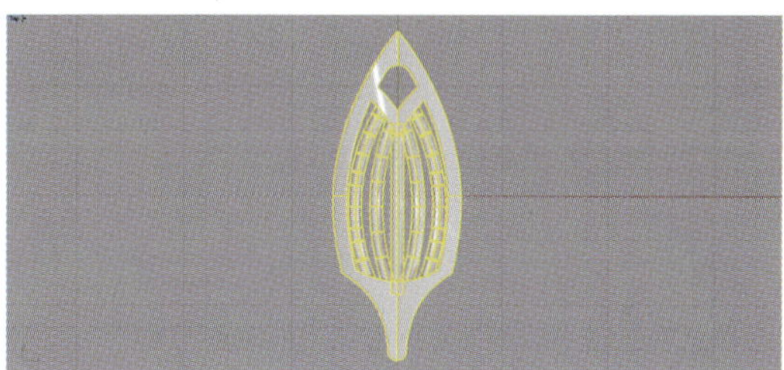

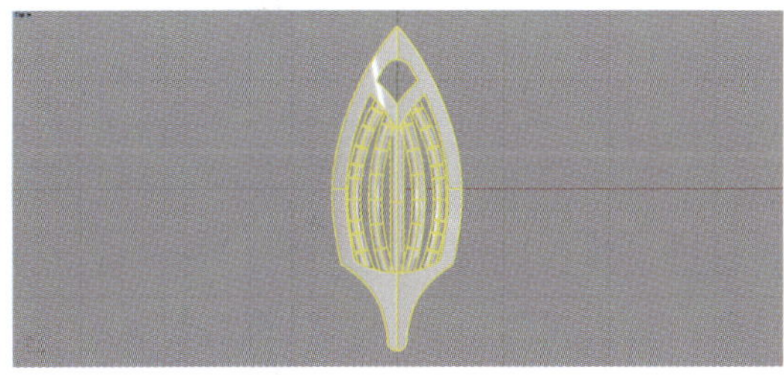

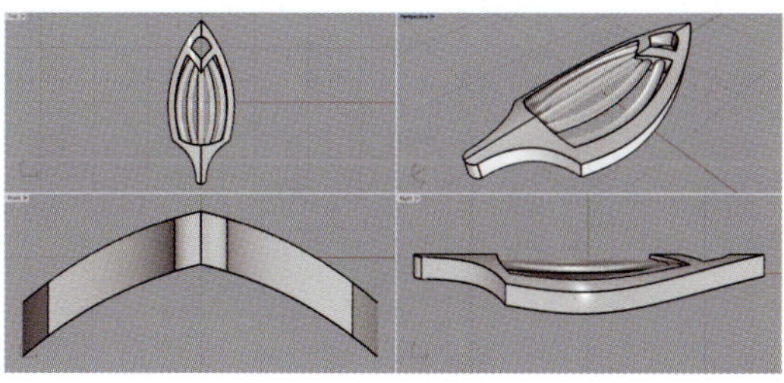

19. Right ▾ Right Viewport에서 Circle: center, radius를 실행한다.
Osnap Toolbar에서 Mid점에 체크하고, Center of circle을 다음 그림과 같이 Spearhead Solid개체의 Mid점으로 선택한다. Command Prompt 영역에 Radius 값 1.4를 입력한 후, [Enter↵]키를 누른다.

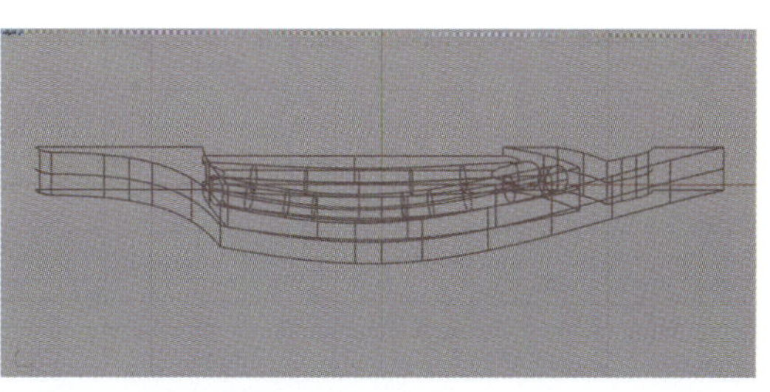

Center of circle (Deformable Vertical 2Point 3Point Tangent AroundCurve FitPoints):

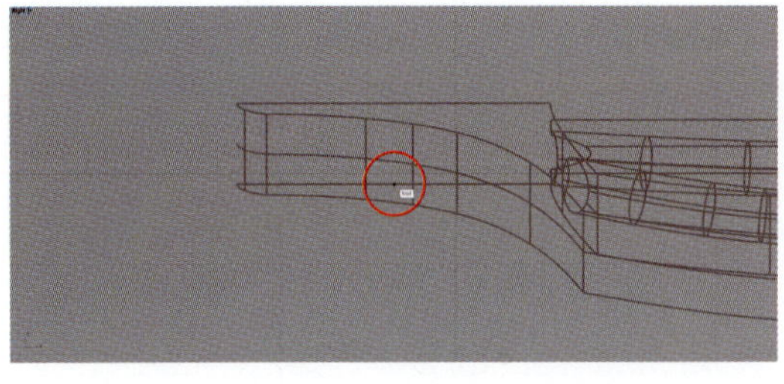

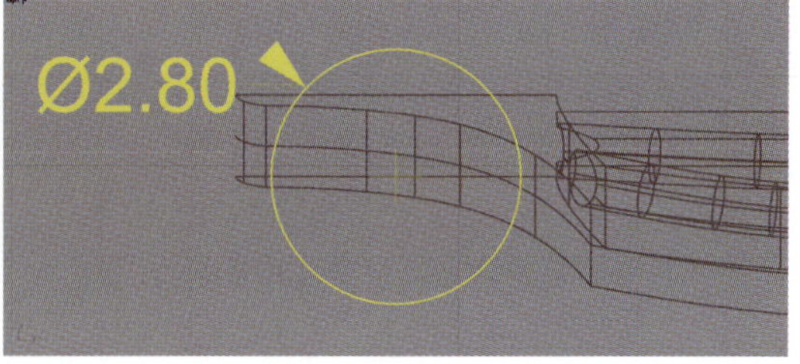

Radius <1.500> (Diameter Orientation Circumference Area ProjectOsnap=Yes): 1.4

20. 생성된 지름 2.8㎜ 원형 Curve개체를 선택하고, Pipe: Flat caps를 실행한다. Command Prompt 영역에 Radius for closed pipe값 0.3을 입력하고, Enter↵키를 누르면 다음 그림과 같이 반지름 0.3㎜의 Torus개체가 생성된 것을 확인할 수 있다.

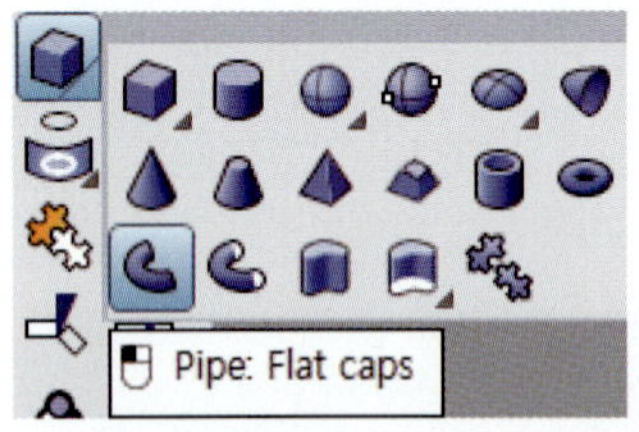

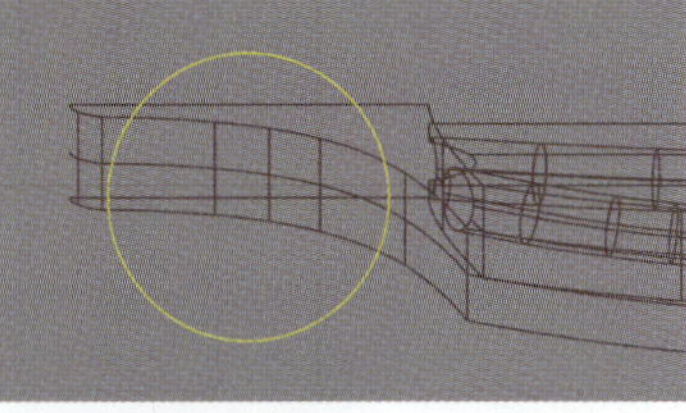

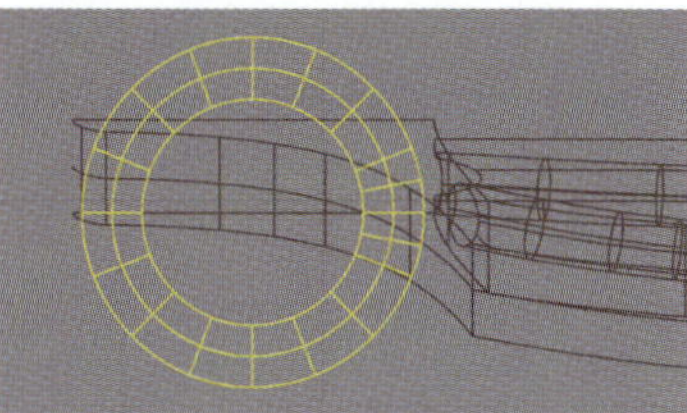

Radius for closed pipe <0.300> (Diameter ShapeBlending=Local FitRail=No): 0.3

21. 생성된 Torus개체를 선택하고, Volume centroid를 실행하여 Torus개체 중심에 Point개체를 생성한다.

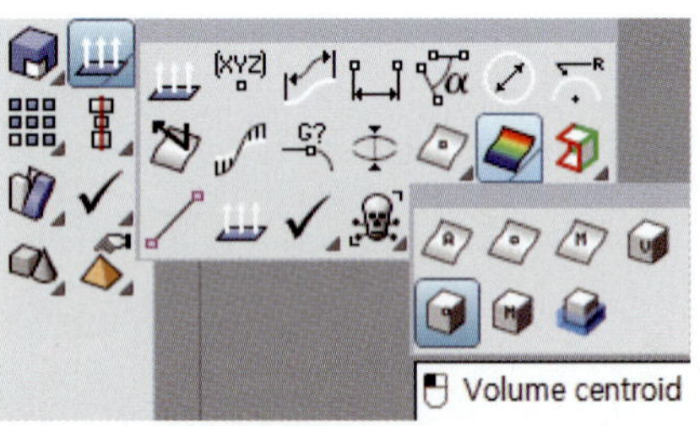

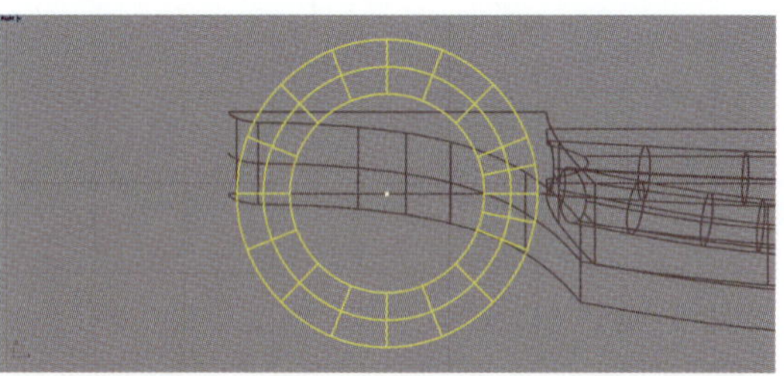

22. 생성된 Torus개체와 Point개체를 선택하고, Move를 실행한다. Point to move from을 Point개체로 선택하고, Command Prompt 영역에 Point to move to값 0.4를 입력한 후, Enter↵키를 누른다. Shift키를 누른 상태로 마우스 커서를 화살표 방향으로 이동한 후, 마우스 왼쪽버튼을 클릭하여 선택한 개체들을 0.4㎜ 이동시킨다.

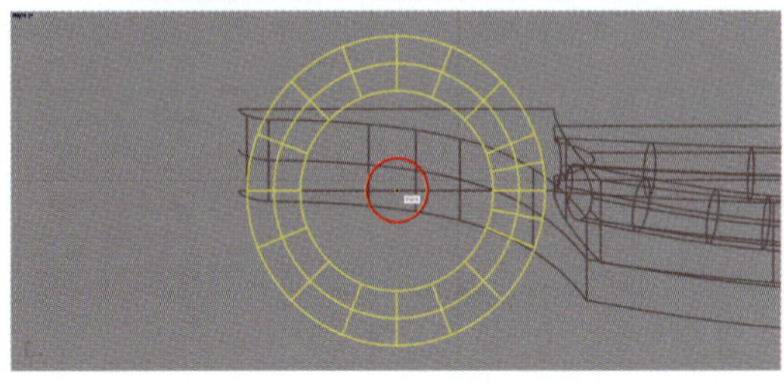

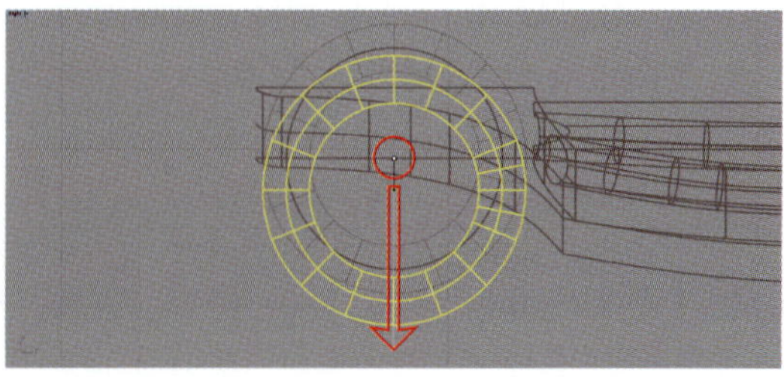

Point to move from (Vertical=*No*):

Point to move to <0.400>: 0.4

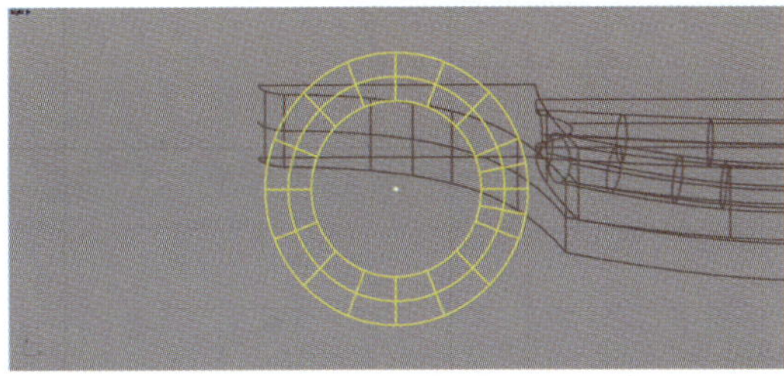

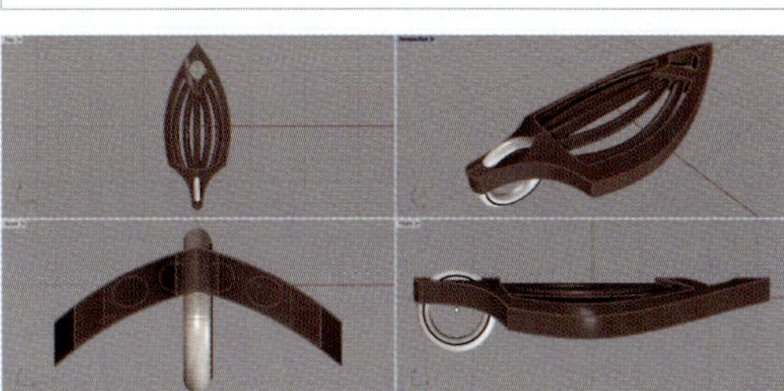

23. Unlock objects를 실행하여 Spearhead Solid개체를 잠금 해제한다.
Extract surface를 실행하고, Command Prompt 영역에서 Copy = Yes로 설정한 후, Spearhead Solid개체 밑면을 선택하여 Surface개체를 추출한 다음, Spearhead Solid개체는 다시 잠가둔다.

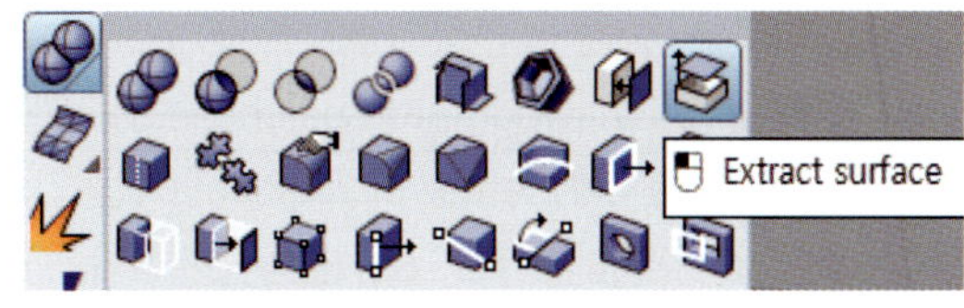

Select surfaces to extract (OutputLayer=*Input* Copy=*Yes*):

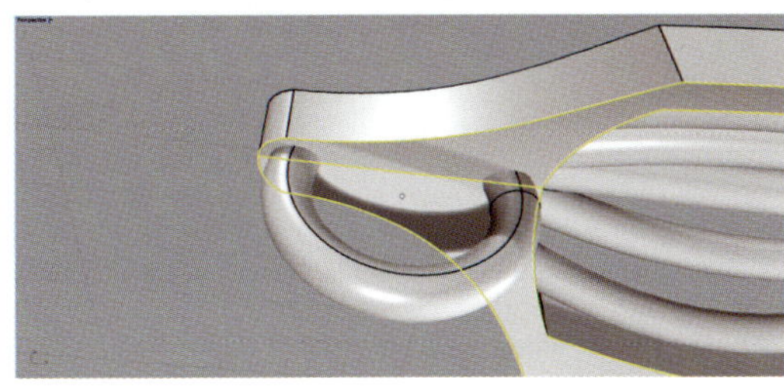

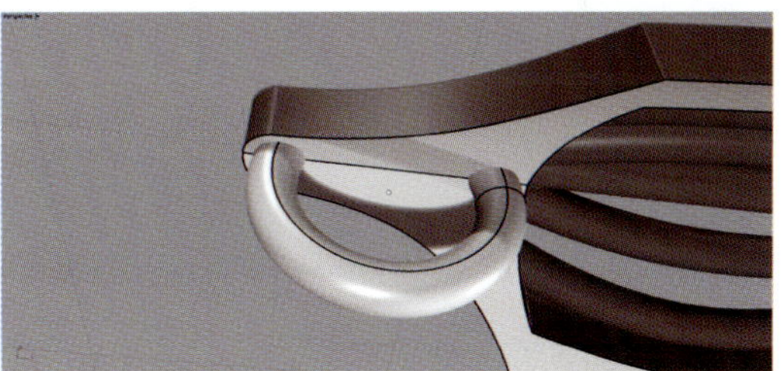

24. Torus개체를 선택하고, Boolean difference를 실행한 후, 추출된 Surface개체를 선택한 다음, Enter↵ 키를 누른다.

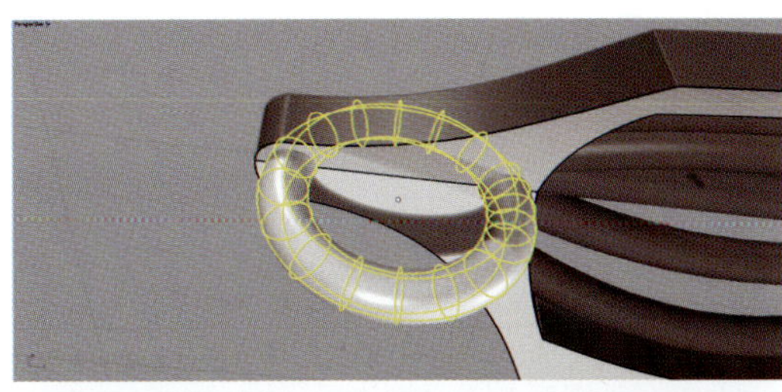

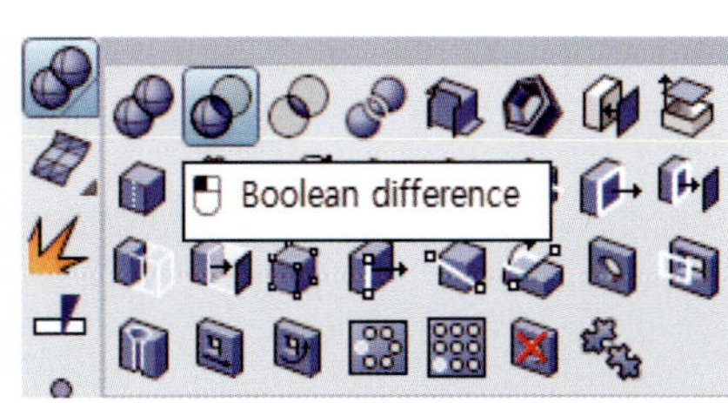

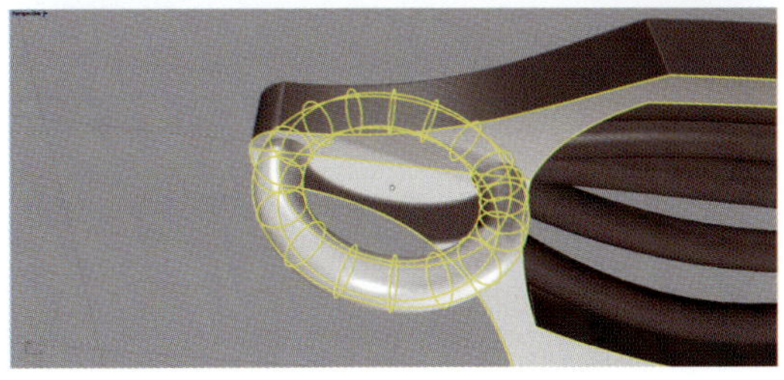

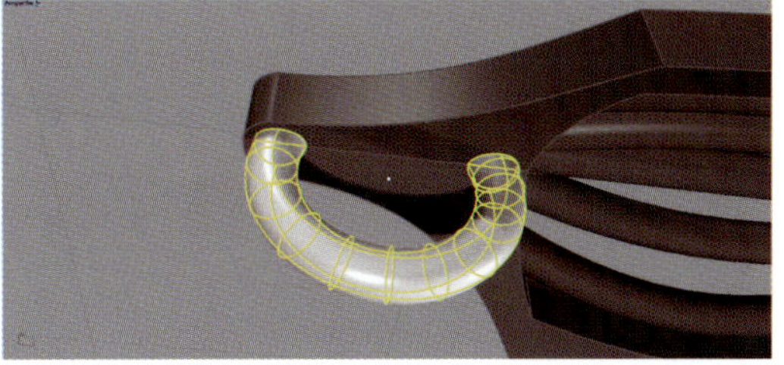

25. Unlock objects를 실행하여 Spearhead Solid개체를 잠금 해제하고, 잘린 Torus개체와 Spearhead Solid개체를 선택한 후, Boolean union을 실행하여 하나의 개체로 결합한다.

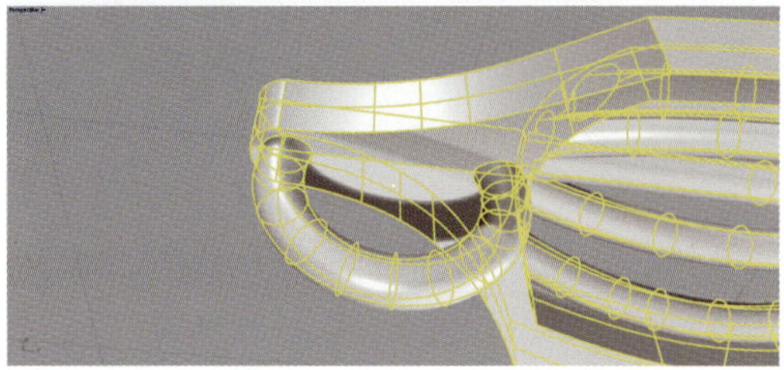

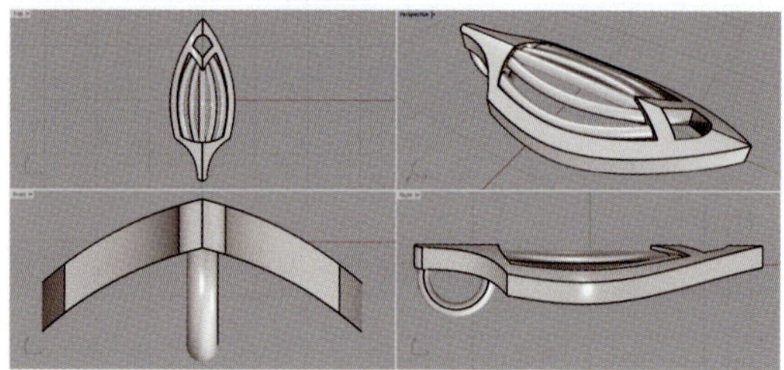

26. Top Top Viewport에서 Spearhead Solid개체를 선택하고, Rotate 2-D를 실행한다. Command Prompt 영역에 Center of rotation값 0을 입력한 후, Enter↵ 키를 누르고, Angle or first reference point값 -90을 입력한 다음, Enter↵ 키를 누르면 다음 그림과 같이 선택한 Spearhead Solid개체가 -90도 각도로 회전한 것을 확인할 수 있다.

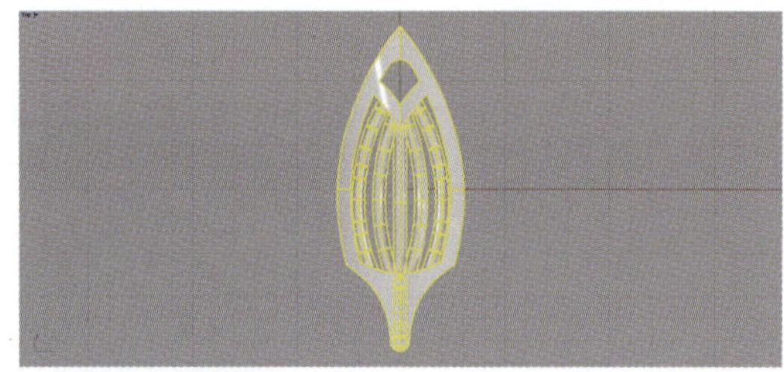

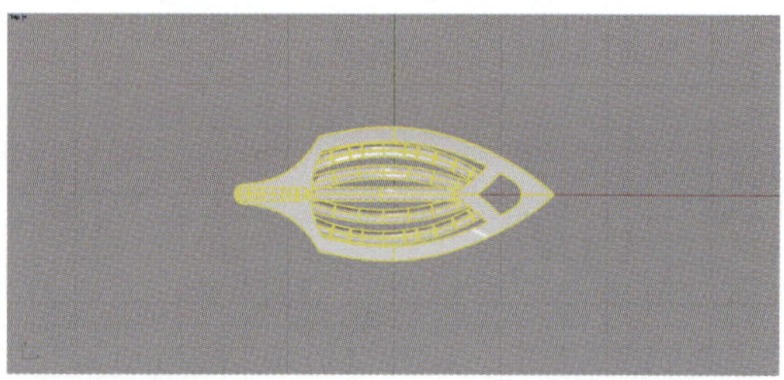

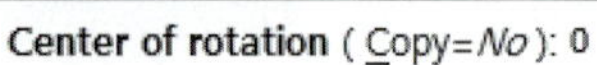
Center of rotation (Copy=*No*): 0

Angle or first reference point <90> (Copy=*No*): -90

27. Front Front Viewport에서 Spearhead Solid개체를 선택하고, 다시 Rotate 2-D를 실행한다. Command Prompt 영역에 Center of rotation값 0을 입력한 후, Enter↵ 키를 누르고, Angle or first reference point값 -5.5를 입력한 다음, Enter↵ 키를 누르면 다음 그림과 같이 선택한 Spearhead Solid개체가 -5.5도 각도로 회전한 것을 확인할 수 있다.

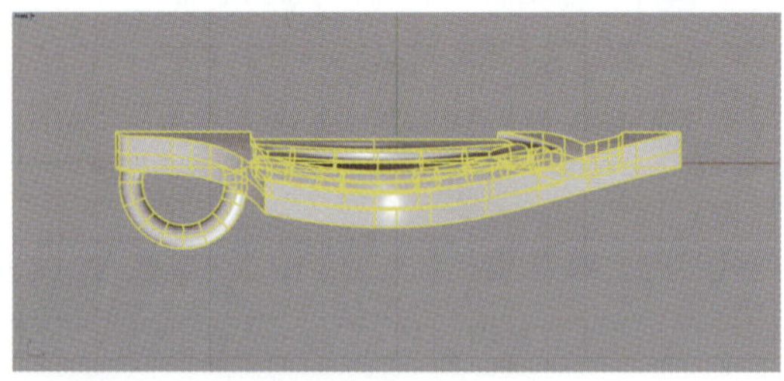

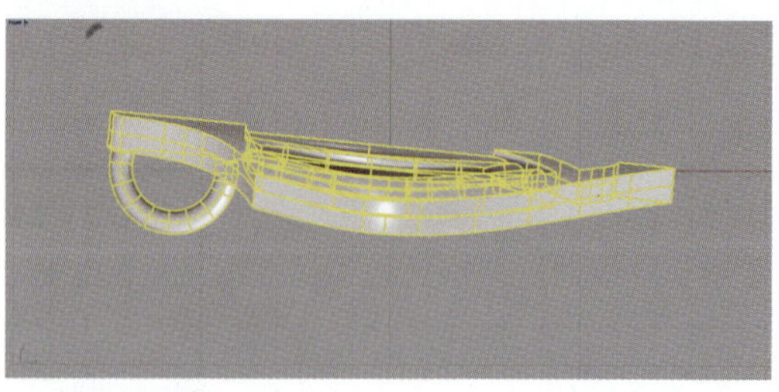

Center of rotation (Copy=*No* UseLastCenter): 0

Angle or first reference point <-6> (Copy=*No*): -5.5

28. Spearhead Solid개체를 선택하고, Volume centroid를 실행하여 Spearhead Solid개체 중심에 Point개체를 생성한다.

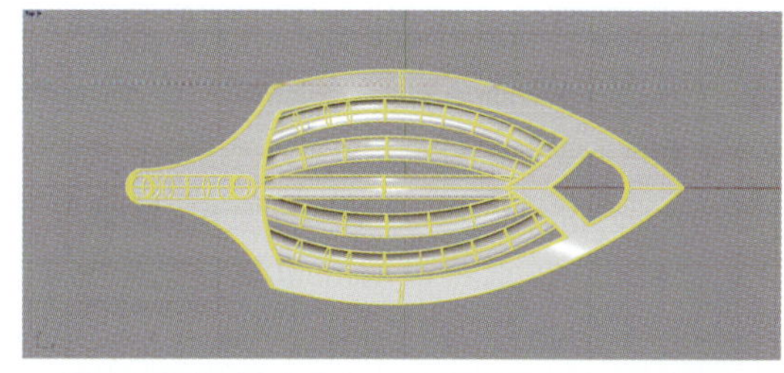

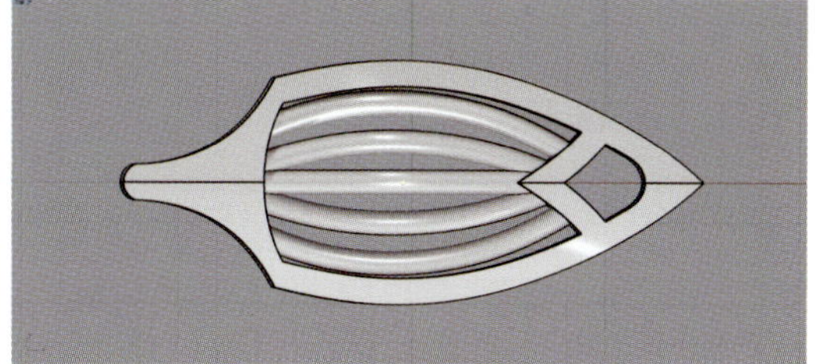

29. Front Front Viewport에서 Circle: center, radius를 실행하고, 원점(0, 0) 기준으로 지름 143mm 원형 Curve개체를 생성한다.

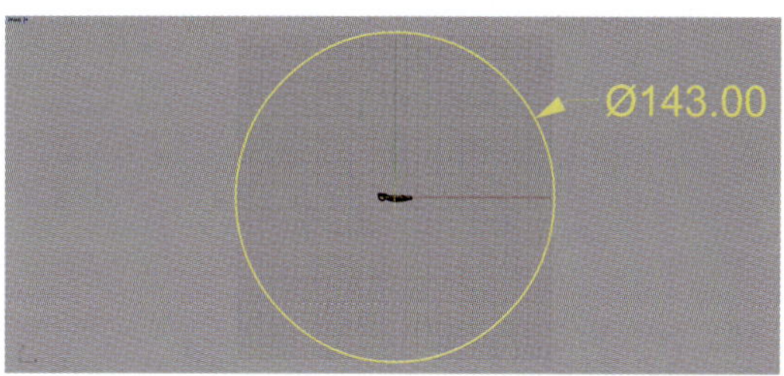

Center of circle (Deformable Vertical 2Point 3Point Tangent AroundCurve FitPoints): 0

Diameter <143.000> (Radius Orientation Circumference Area ProjectOsnap=*Yes*): 143

30. Spearhead Solid개체와 Point개체를 선택하고, Move를 실행한다.
Osnap Toolbar에서 Point점과 Quad점에 체크하고, Point to move from을 Point 개체로 선택한다. Point to move to는 143mm 원형 Curve개체 상단의 Quad점으로 선택하여 개체들을 이동시킨다.

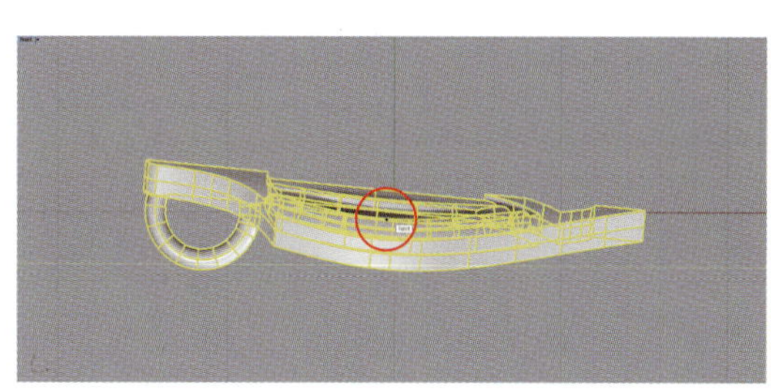

Point to move from (Vertical=*No*):

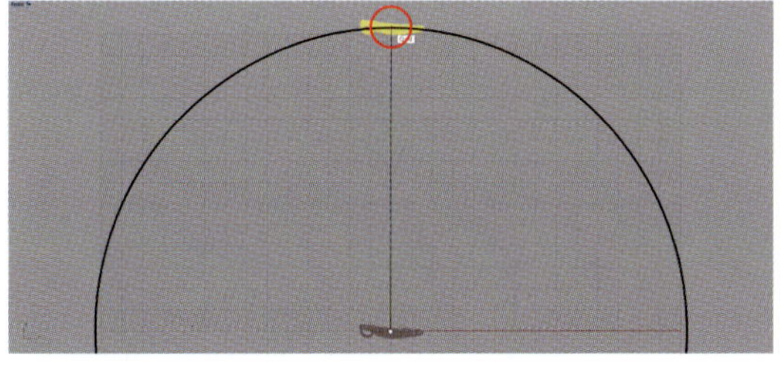

Point to move to:

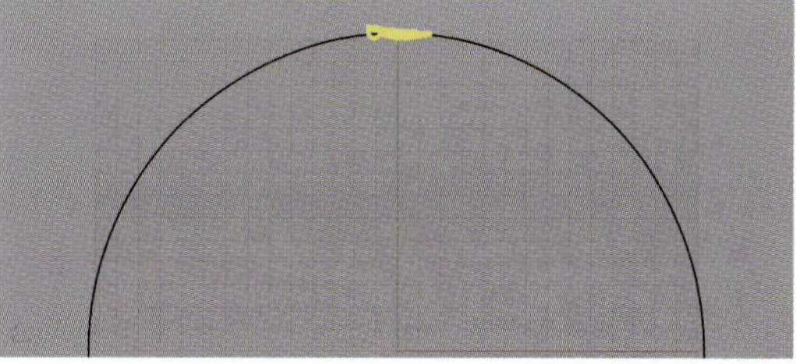

31. 이동시킨 Spearhead Solid개체를 선택하고, Polar array를 실행한다. Command Prompt 영역에 Center of polar array값 0을 입력한 후, Enter 키를 누르고, Number of items값 36을 입력한 다음, Enter 키를 누른다. 360도 각도를 확인한 후, Enter 키를 누르면 다음 그림과 같이 Spearhead Solid개체 36개가 360도 각도로 회전하여 생성된 것을 확인할 수 있다.

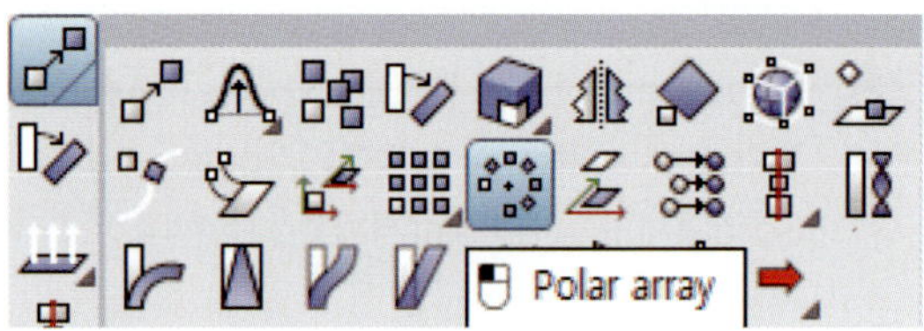

Center of polar array (Axis): 0

Number of items <36>: 36

Press Enter to accept. FillAngle = 360 (Items=*36* FillAngle Rotate=*Yes* ZOffset=*0*):

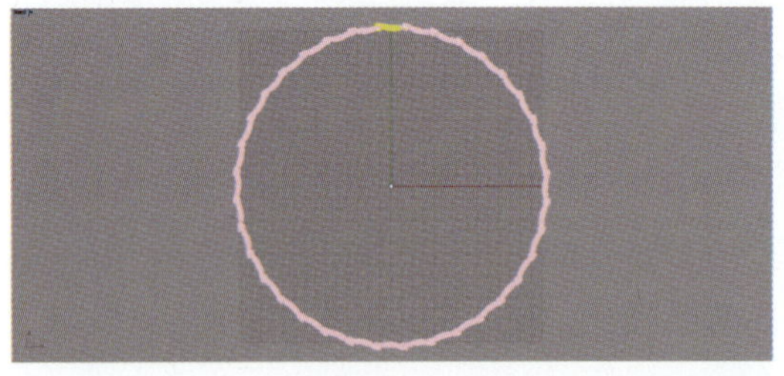

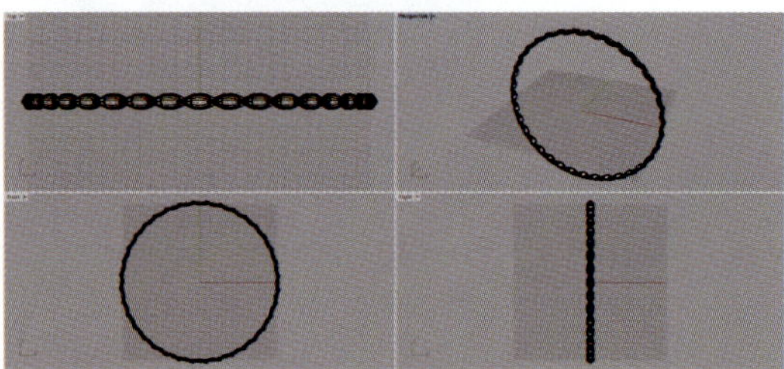

32. Curve개체와 Point개체를 모두 선택한 후, 삭제하면 다음 그림과 같이 완성된 Level 2 - Design Modeling 4 팔찌개체를 확인할 수 있다.

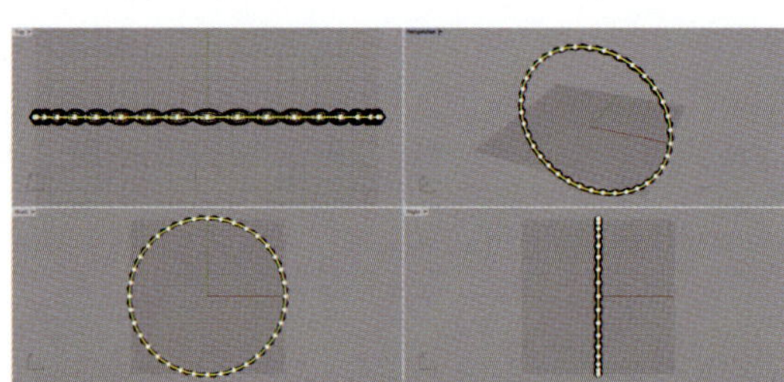

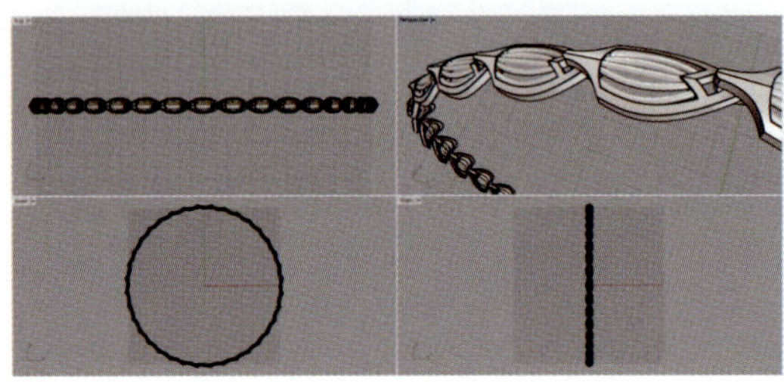

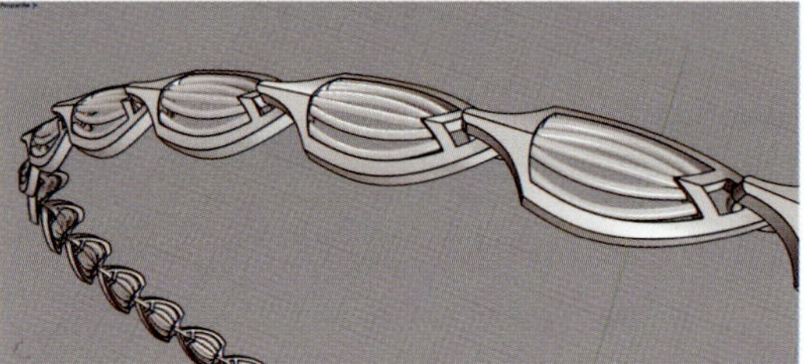

Level 02

Design Modeling 5

출처: 이 예제는 2016년 프로젝트 일환으로 진행된 부산 〈주얼바이문〉 업체의 디자인 제품임을 밝힙니다.

01. Top ▾ Top Viewport에서 Ctrl+I(Insert)를 실행하여 Insert창이 나타나면 Insert as에서 Individual Objects를 선택하고, 우측 상단의 폴더 아이콘을 선택한다. Shield Curve2.3dm파일을 선택하고, 열기를 누른 후, Command Prompt 영역에 Insertion point값 0을 입력하여 원점(0, 0) 위치에 Shield Curve2 개체를 불러온다. → 부록CD 〉 Rhino 예제 〉 Level 2 – Design Modeling 5 〉 Shield Curve2.3dm

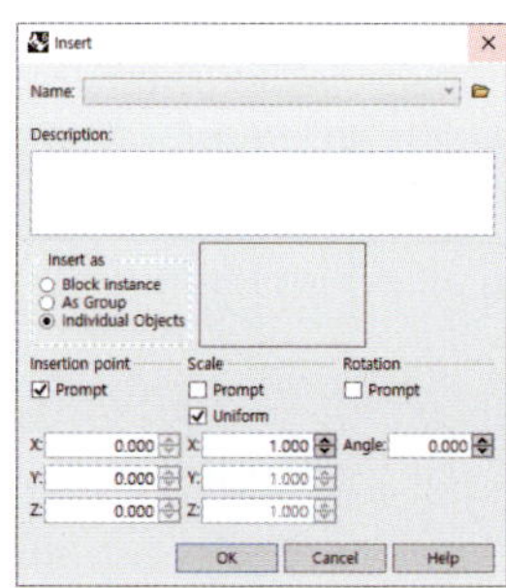

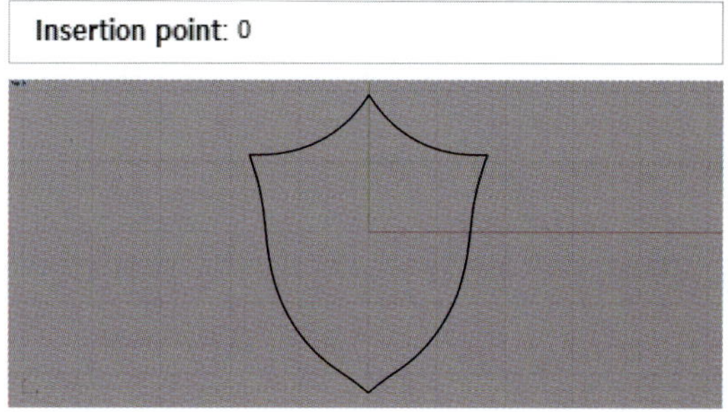

02. Front Front Viewport에서 Circle: center, radius를 실행하고, 원점(0, 0) 기준으로 Command Prompt 영역에 19.8을 입력한 후, Enter↵키를 누른다.

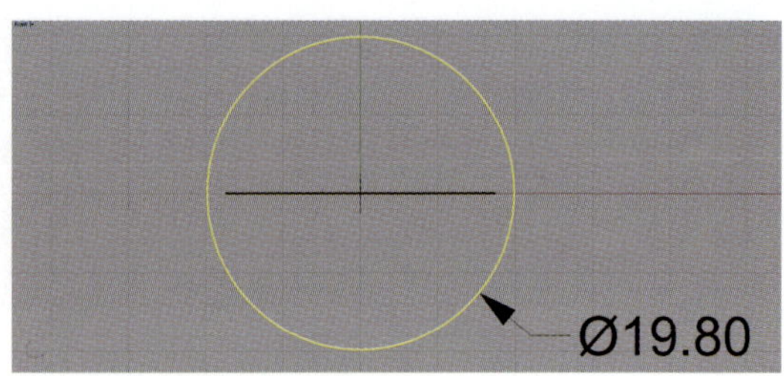

Center of circle (Deformable Vertical 2Point 3Point Tangent AroundCurve FitPoints): 0

Diameter <1.600> (Radius Orientation Circumference Area ProjectOsnap=*Yes*): 19.8

03. Ellipse: diameter를 실행하고, Command Prompt 영역에 Start of first axis값 -12, 0을 입력한 후, Enter↵키를 누른다. End of first axis값 12, 0을 입력하고, Enter↵키를 누른 후, End of second axis값 25.95를 입력한 다음 Enter↵키를 누른다. 마우스 커서를 움직인 후, 마우스 왼쪽버튼을 클릭하여 타원형 Curve개체를 생성한다.

Start of first axis (Vertical): -12,0

End of first axis: 12,0

End of second axis: 25.95

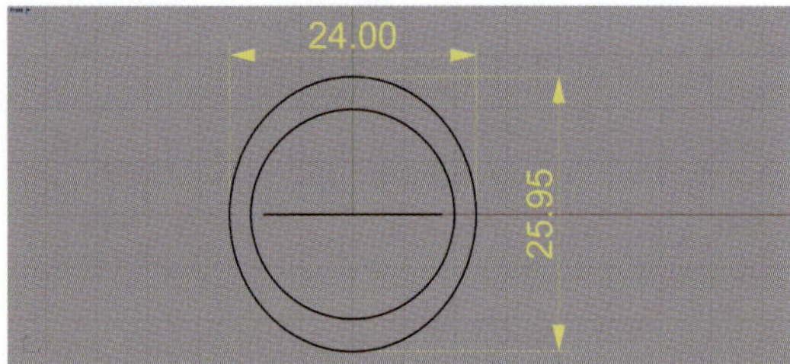

04. 생성된 타원형 Curve개체를 선택하고, Extrude straight를 실행한다. Command Prompt 영역에서 BothSides=Yes로 설정하고, 마우스 커서를 움직여서 Shield Curve개체가 덮이는 크기의 원통 Surface개체를 생성한다.

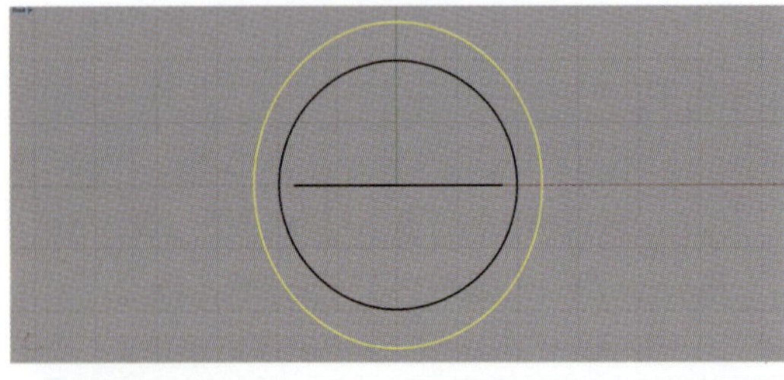

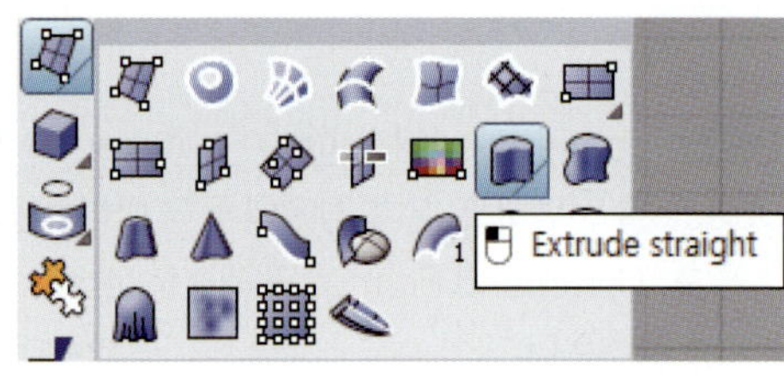

Extrusion distance <15> (Direction BothSides=*Yes* Solid=*No* DeleteInput=*Yes* ToBoundary SetBasePoint):

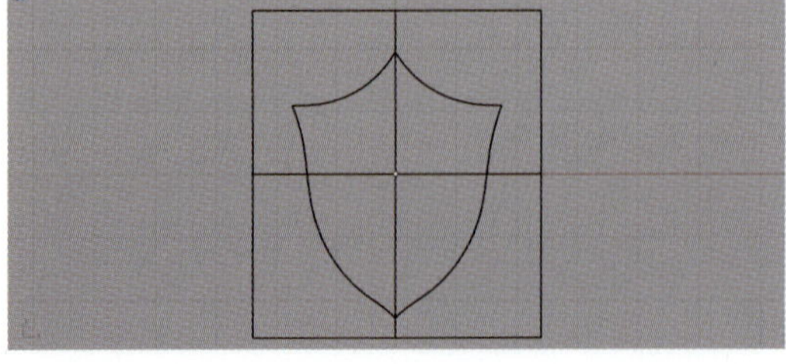

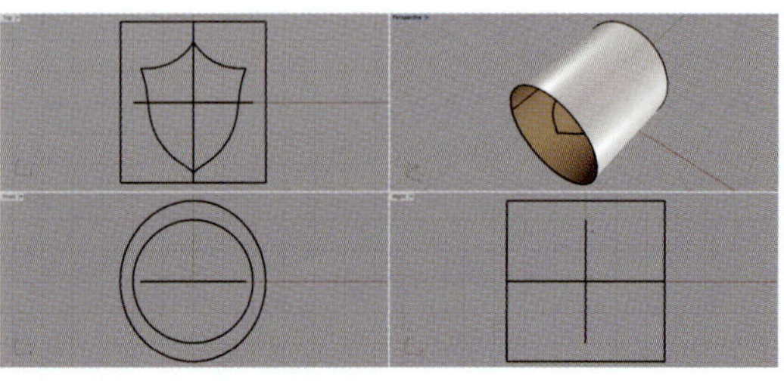

05. Shield Curve개체를 선택하고, Project curves를 실행한 후, 원통 Surface개체를 선택하면 다음 그림과 같이 Shield Curve개체가 원통 Surface개체에 투영된 것을 확인할 수 있다.

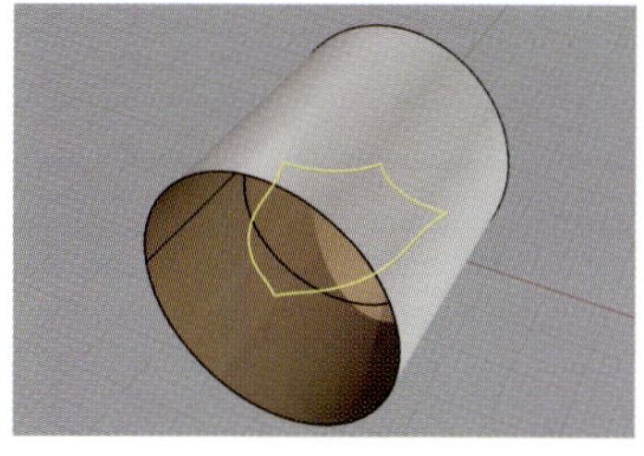
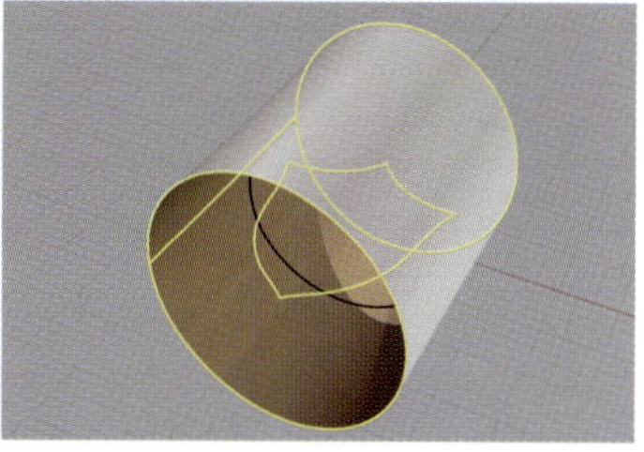
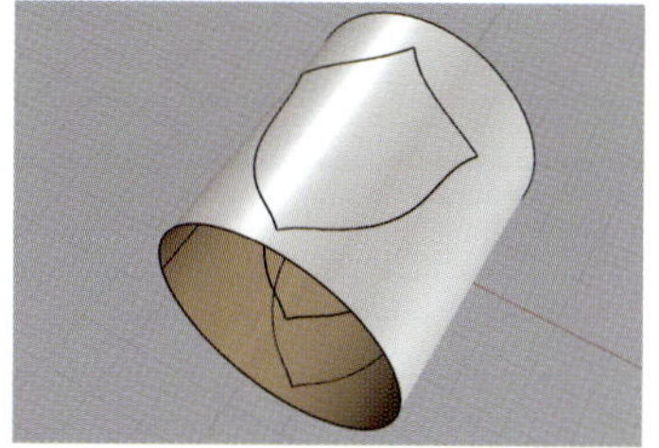

06. 원통 Surface개체를 선택하고, Split을 실행한 다음, 투영된 Curve개체를 선택한 후, Enter↵ 키를 누른다. 원통 Surface개체는 삭제하고, Curve개체들과 분리된 Shield Surface개체는 잠시 숨겨둔다.

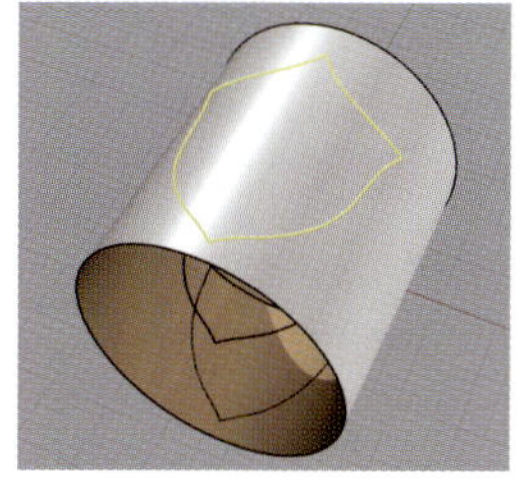
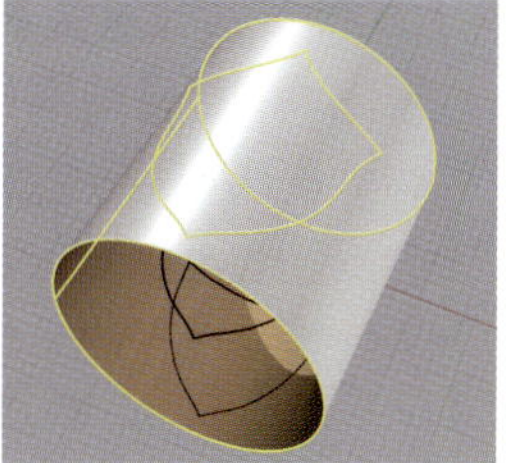
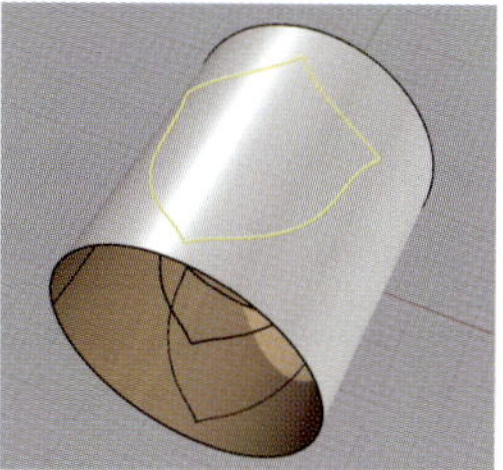
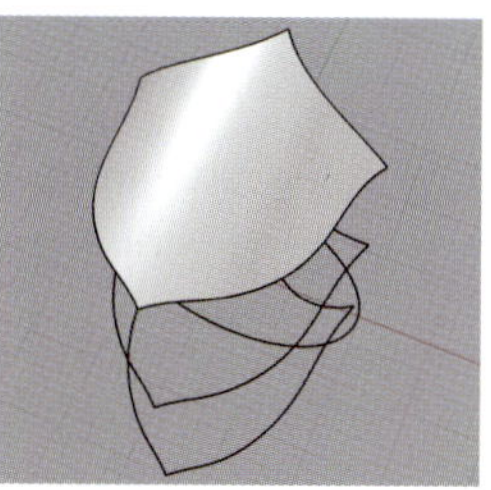

07. Front Front Viewport에서 Ellipse: diameter를 실행하고, Command Prompt 영역에 Start of first axis 값 0, 13을 입력한 후, Enter↵ 키를 누른다.
End of first axis값 0, -11.6을 입력하고, Enter↵ 키를 누른 후, End of second axis값 23.79를 입력한 다음 Enter↵ 키를 누른다. 마우스 커서를 움직인 후, 마우스 왼쪽 버튼을 클릭하여 타원형 Curve개체를 생성한다.

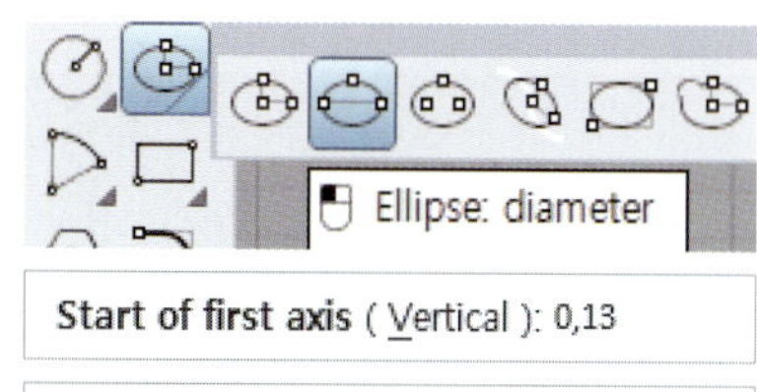

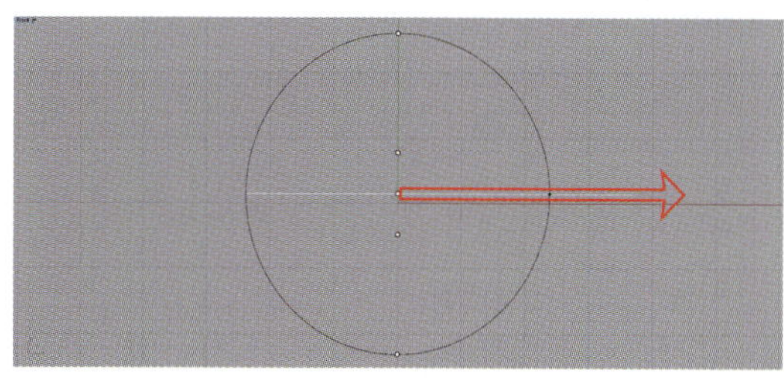
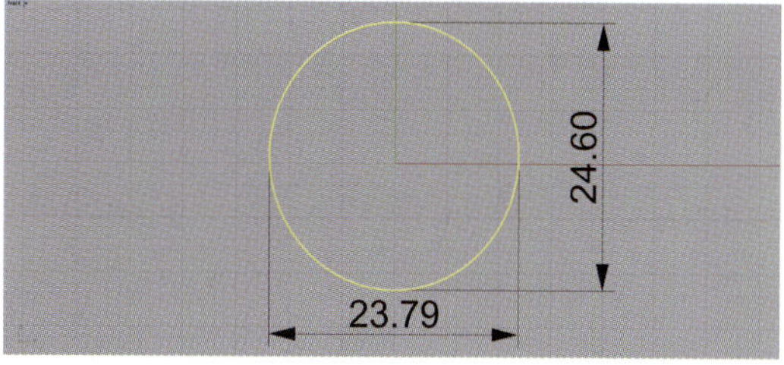

08. Top Top Viewport에서 Ctrl+I(Insert)를 실행하여 Insert창이 나타나면 Insert as에서 Individual Objects를 선택하고, 우측 상단의 폴더 아이콘을 선택한다. 곡선 Curve.3dm파일을 선택하고, 열기를 누른 후, Command Prompt 영역에 Insertion point값 0을 입력하여 원점(0, 0) 위치에 곡선 Curve개체를 불러온다.

→ 부록CD 〉 Rhino 예제 〉 Level 2 - Design Modeling 5 〉 곡선 Curve.3dm

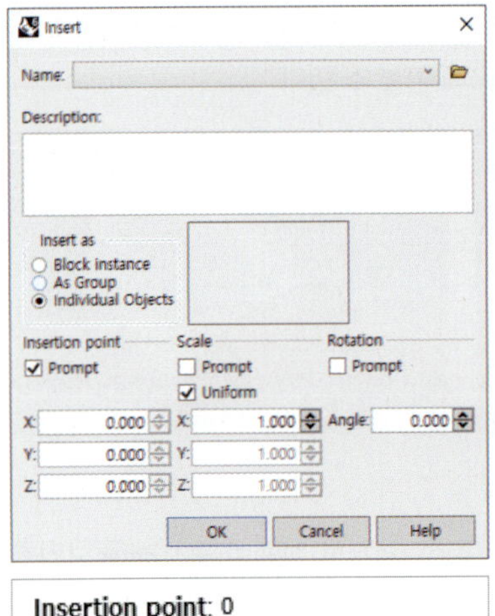

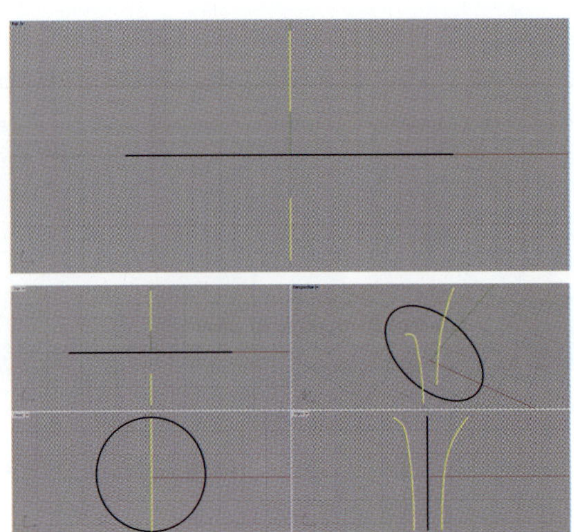

09. Curve from 2 views를 실행하고, 타원형 Curve개체를 선택한 후, 곡선 Curve개체를 선택하면 다음 그림과 같이 타원형 Curve개체가 곡선 Curve개체 형태로 변형되어 생성되는 것을 확인할 수 있다. 양쪽 방향 모두 생성하고, 곡선 Curve개체는 삭제한다.

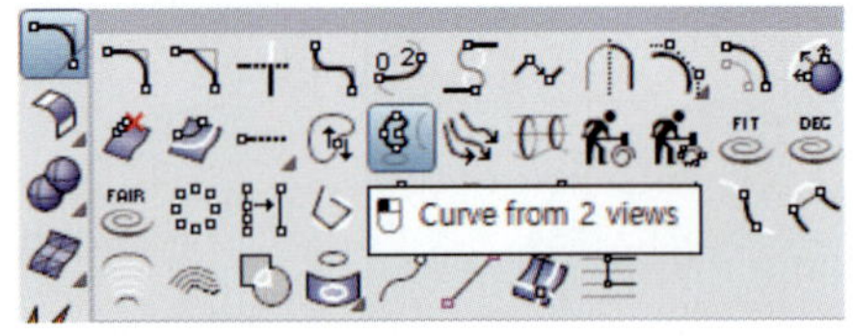

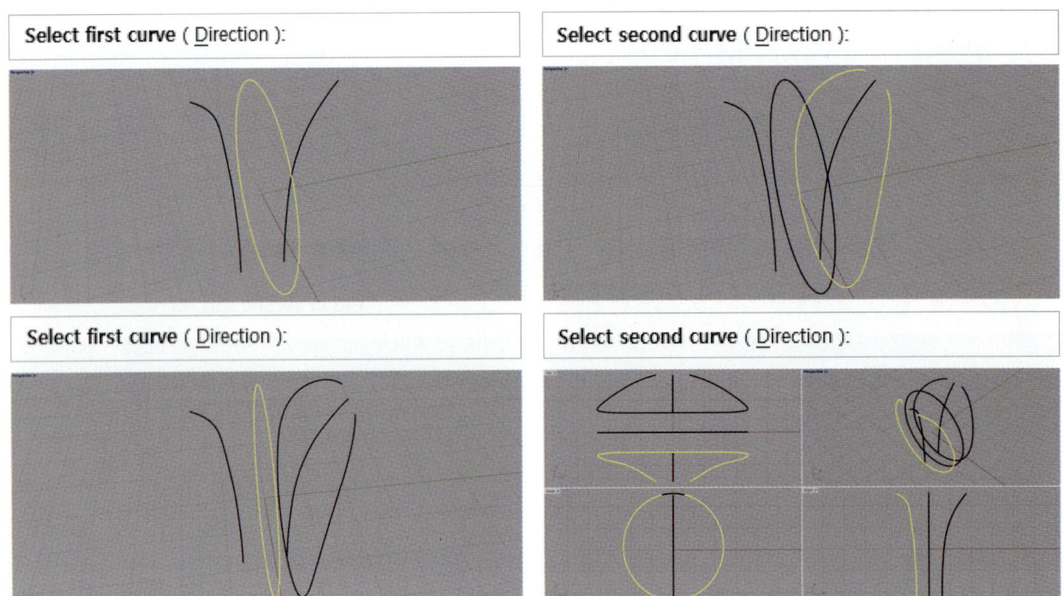

10. 변형된 2개의 곡선 Curve개체를 선택하고, Loft를 실행하여 Surface개체를 생성한다.

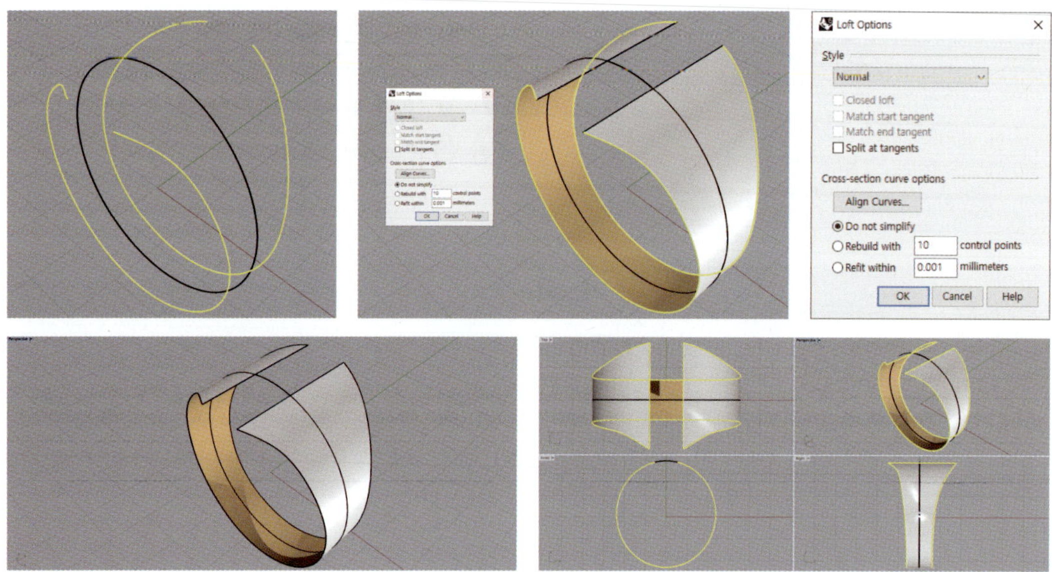

11. 생성된 Surface개체를 선택하고, Offset Surface를 실행한다. Command Prompt 영역에서 FlipAll을 선택하여 Normal Direction 방향을 안쪽으로 향하게 바꿔주고, Solid=Yes로 설정한 후, Distance값 3.15를 입력한 다음, Enter↵키를 누르면 다음 그림과 같이 생성된 Poly-Surface개체를 확인할 수 있다.

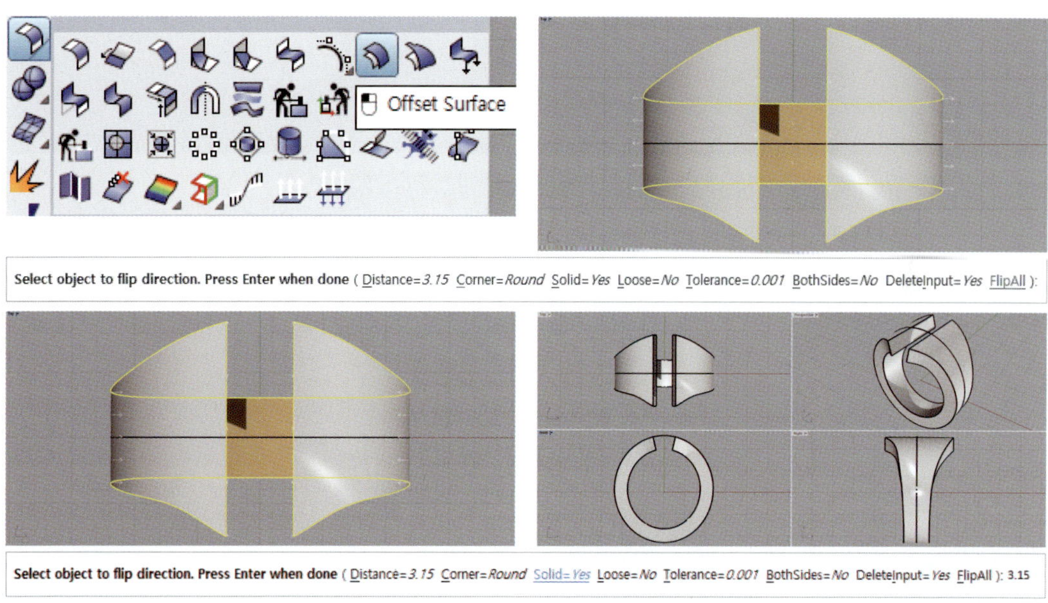

12. Curve개체들은 모두 숨겨두고, Show selected objects를 실행하여 19.8㎜ 원형 Curve개체와 Shield Surface개체를 화면상에 나타나게 한다.

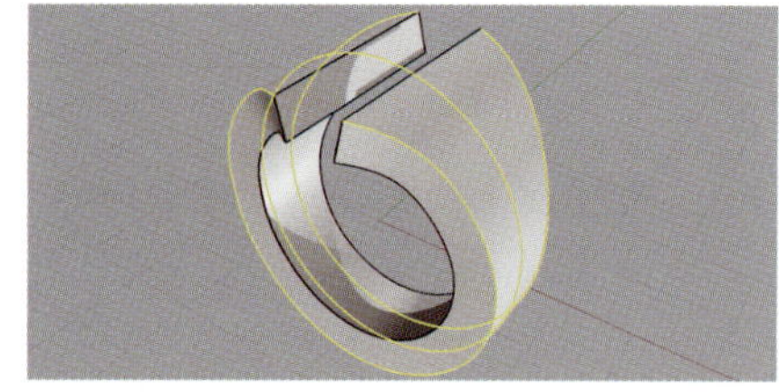

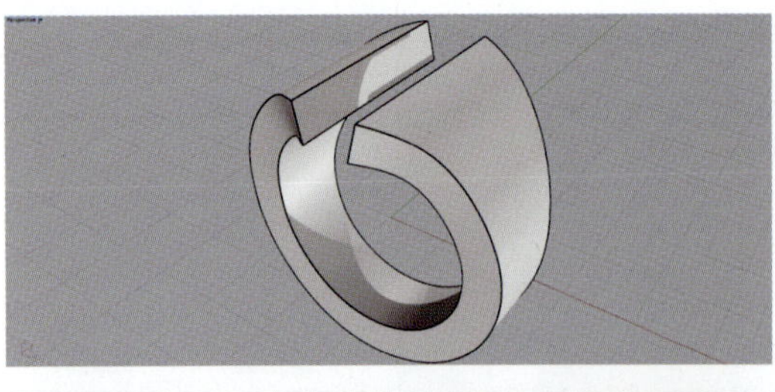

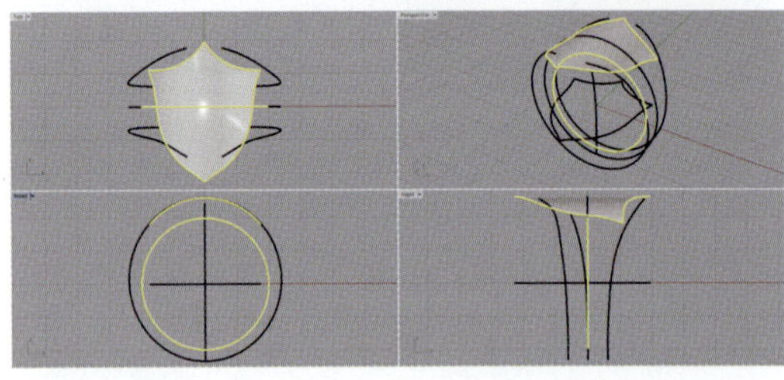

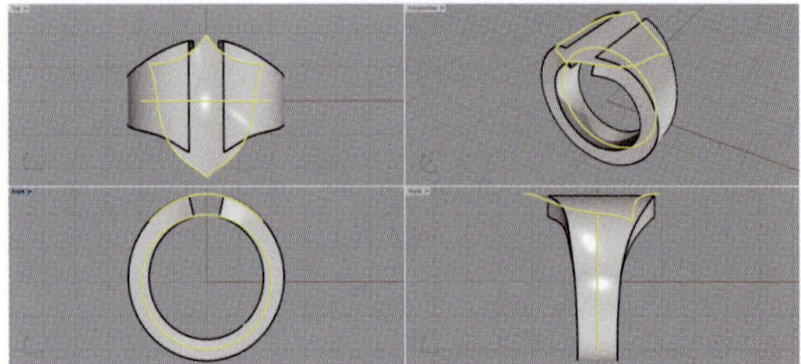

13. Shield Surface개체를 선택하고, Top ▾ Top Viewport에서 Status Bar(상태표시줄)의 Gumball을 선택하여 Gumball을 화면상에 나타나게 한다.

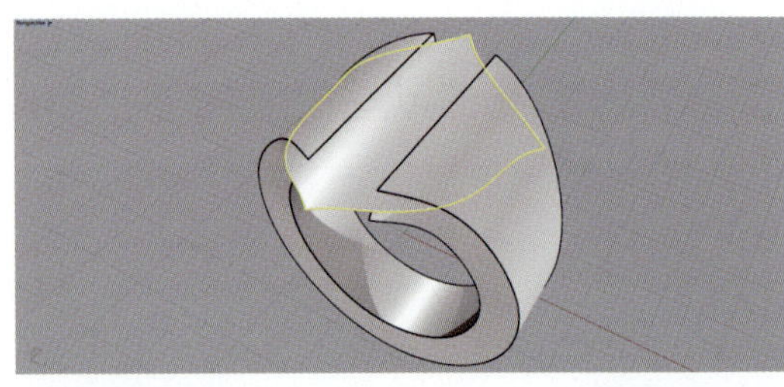

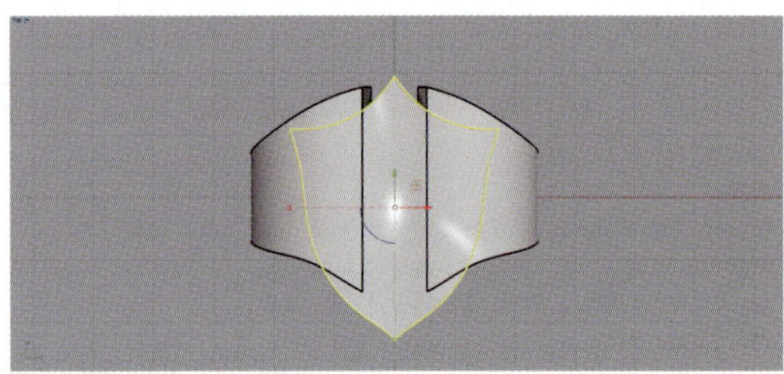

Grid Snap | Ortho | **Planar** | **Osnap** | SmartTrack | **Gumball** | Record History

14. Gumball의 녹색 화살표(y축)를 선택하고, 1.32를 입력한 후, Enter↵ 키를 누르면 Shield Surface개체가 1.32㎜ y축으로 이동한 것을 확인할 수 있다.

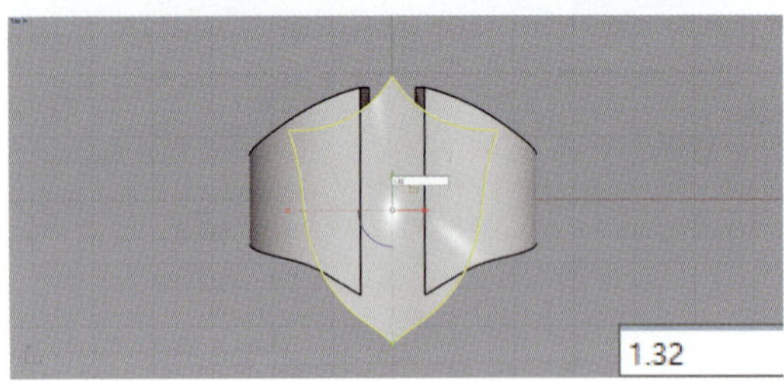

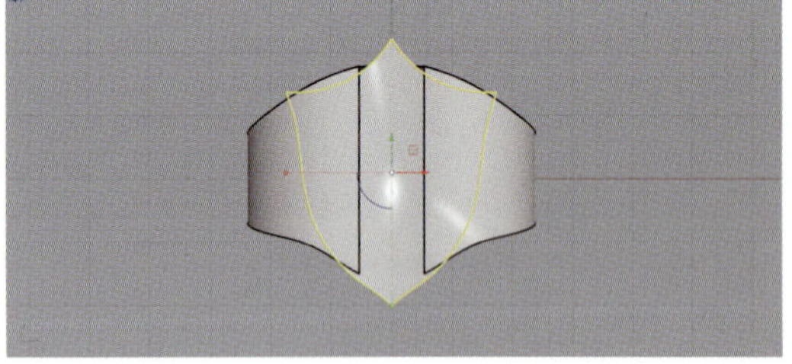

15. Front ▾ Front Viewport에서 녹색 화살표(z축)를 선택하고, 1.59를 입력한 후, Enter↵ 키를 누르면 Shield Surface개체가 z축 방향으로 1.59㎜ 이동한 것을 확인할 수 있다.

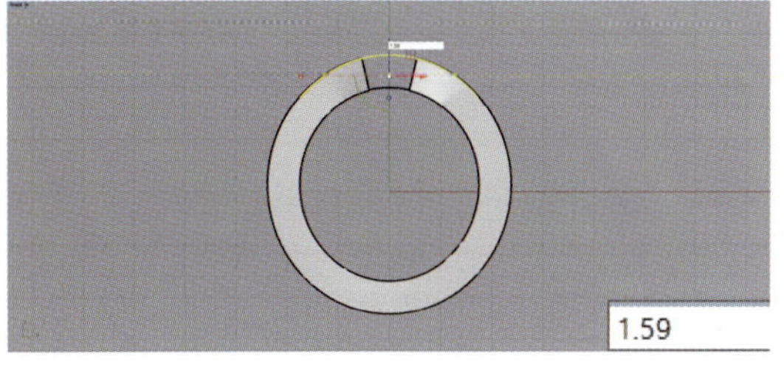

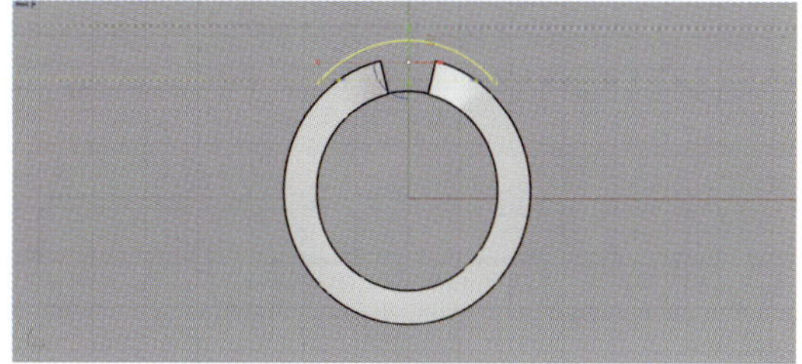

16. Shield Surface개체를 선택하고, Offset Surface를 실행한다. Command Prompt 영역에서 FlipAll을 선택하여 Normal Direction 방향을 안쪽으로 향하게 바꿔주고, Solid=Yes로 설정한 후, Distance값 4.67을 입력한 다음, Enter↵키를 누르면 다음 그림과 같이 생성된 Solid개체를 확인할 수 있다.

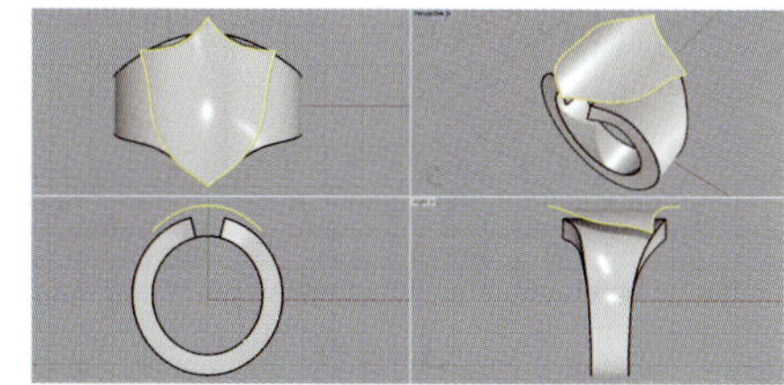

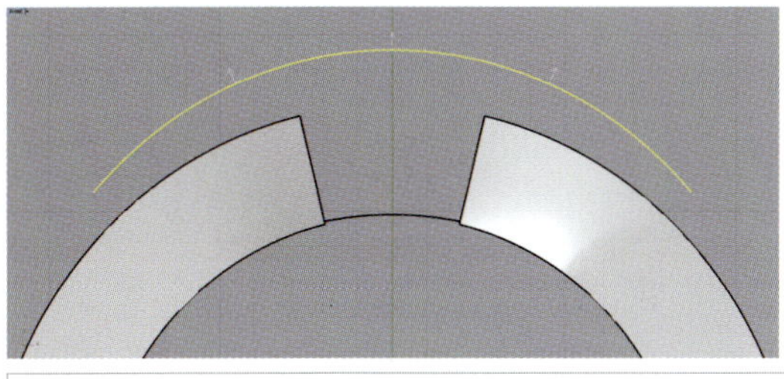

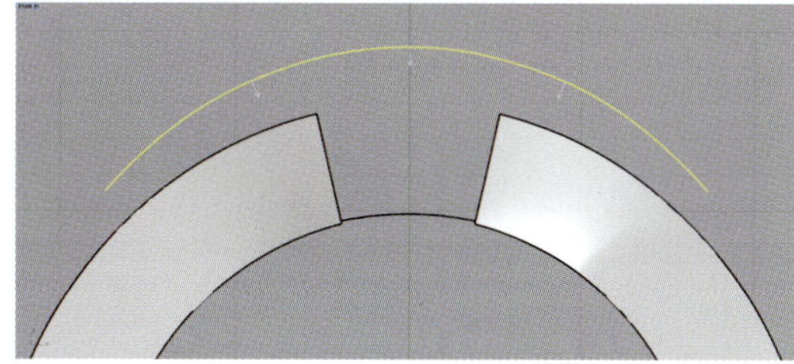

Select object to flip direction. Press Enter when done (Distance=*4.67* Corner=*Round* Solid=*Yes* Loose=*No* Tolerance=*0.001* BothSides=*No* DeleteInput=*Yes* FlipAll):

Select object to flip direction. Press Enter when done (Distance=*4.67* Corner=*Round* Solid=*Yes* Loose=*No* Tolerance=*0.001* BothSides=*No* DeleteInput=*Yes* FlipAll): 4.67

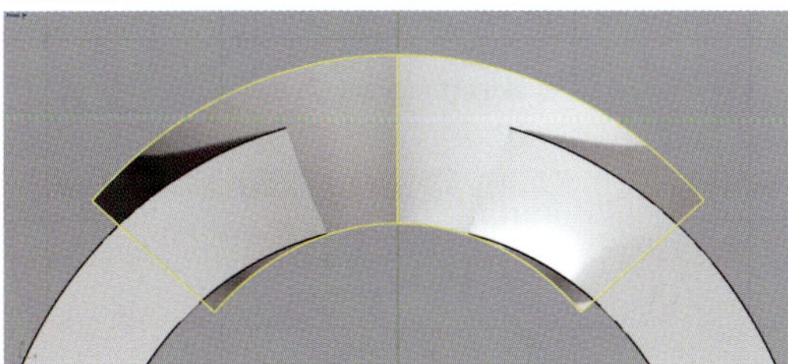

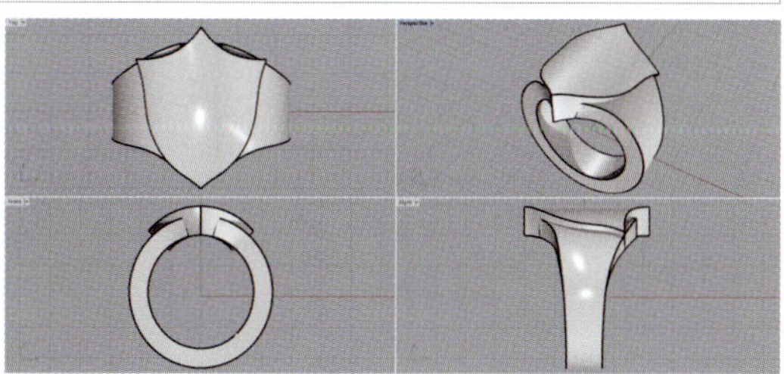

17. 19.8㎜ 원형 Curve개체를 선택하고, Extrude straight를 실행한다. Command Prompt 영역에서 BothSides=Yes, Solid=Yes, DeleteInput=Yes로 설정하고, 마우스 커서를 움직여서 Shield Solid 개체가 모두 덮이는 크기의 원통 Solid개체를 생성한다.

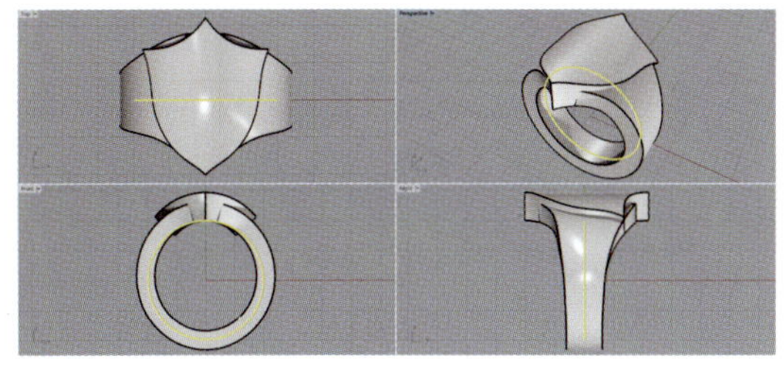

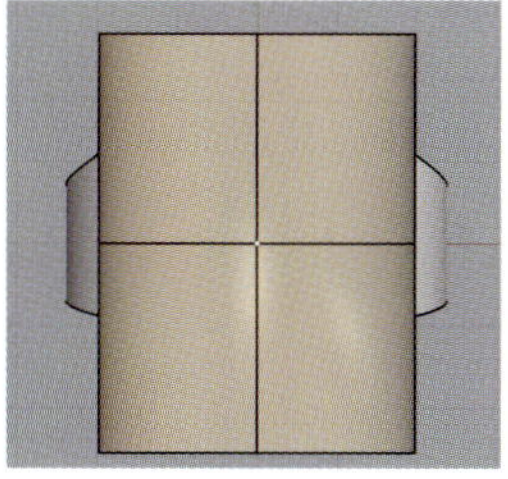

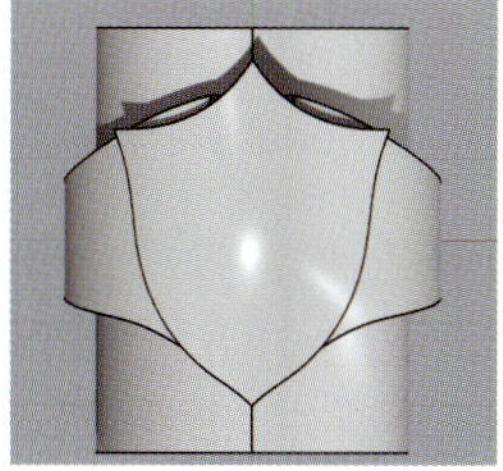

Extrusion distance <9.8818> (Direction BothSides=*Yes* Solid=*Yes* DeleteInput=*Yes* ToBoundary SetBasePoint):

18. Shield Solid개체와 반지형태의 Solid개체를 선택하고, Boolean difference를 실행한 후, 원통 Solid개체를 선택한 다음, Enter↵키를 누른다. 다음 그림과 같이 선택한 Shield Solid개체와 반지형태의 Solid개체에 원통 Solid개체 크기의 홈이 파인 것을 확인할 수 있다.

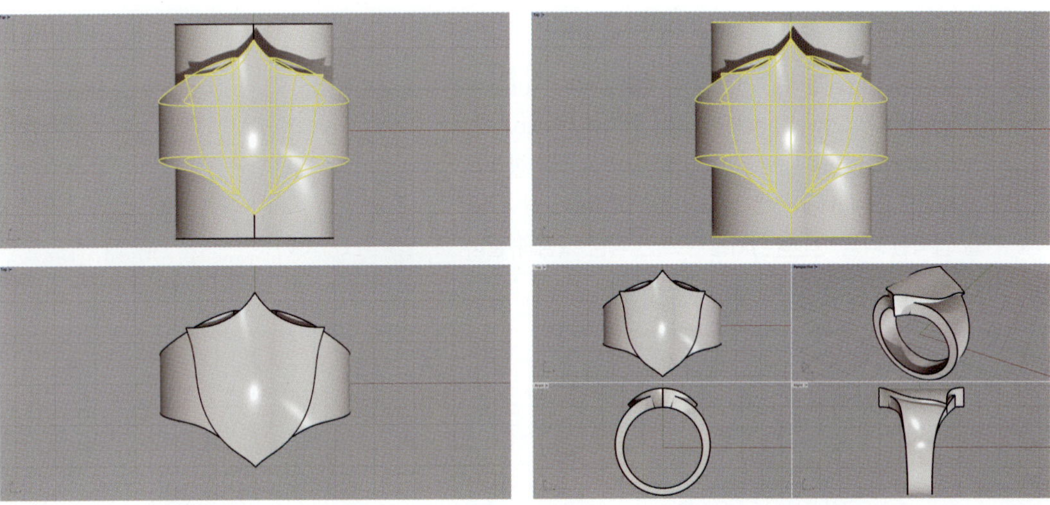

19. Extract surface를 실행하고, Command Prompt 영역에서 Copy=Yes로 설정한다. 다음 그림과 같이 Shield Solid개체 옆면을 선택한 후, Enter↵키를 누른다.

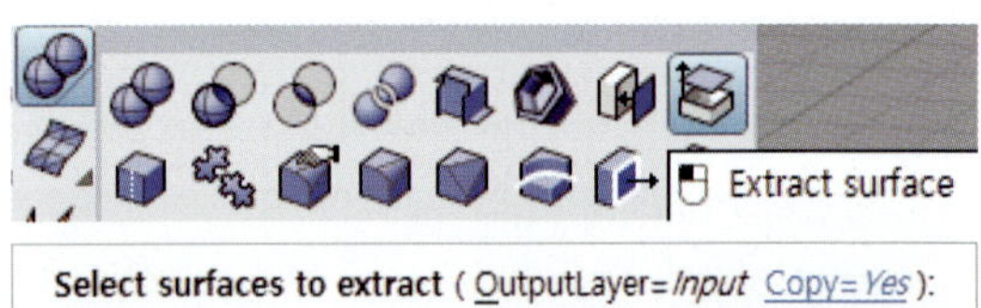

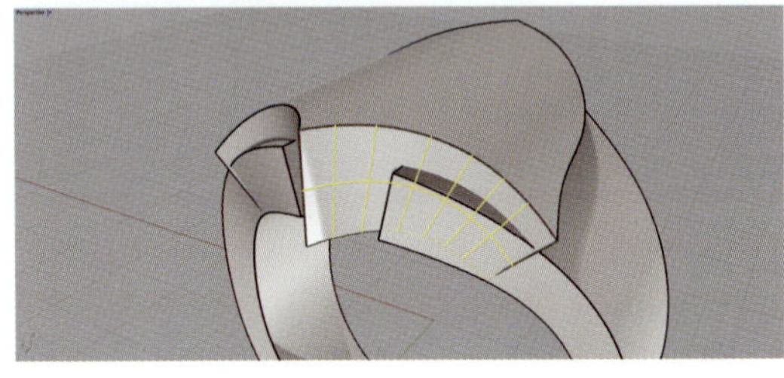

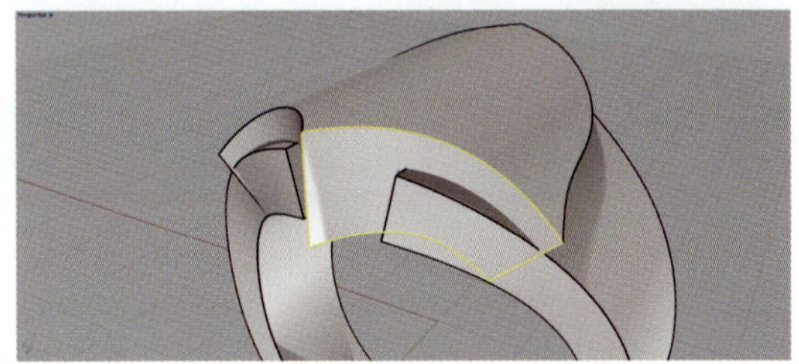

20. Extend surface를 실행하고, 복사된 Surface개체 하단의 Edge를 선택한 후, Surface개체를 다음 그림과 같이 연장한다.

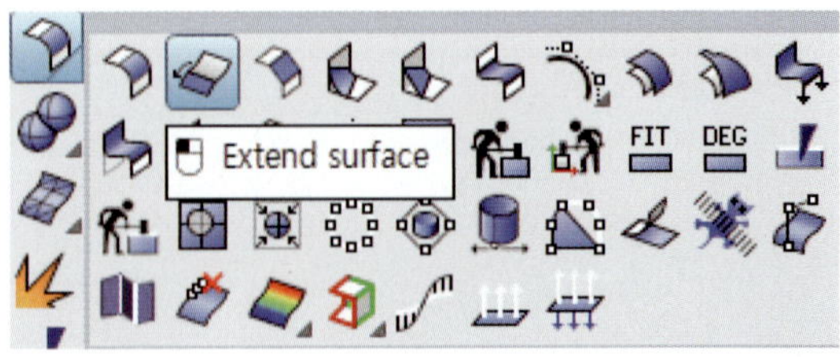

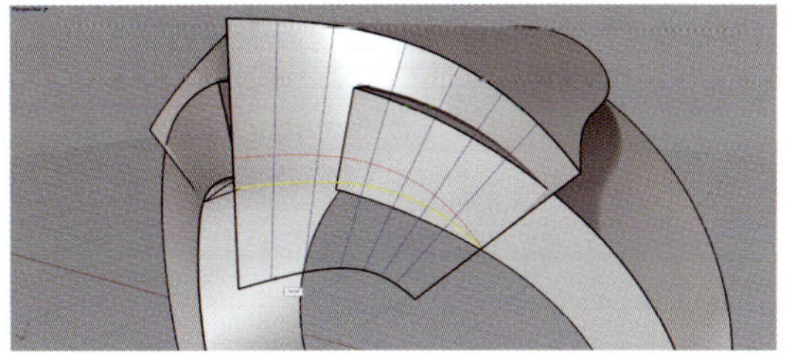
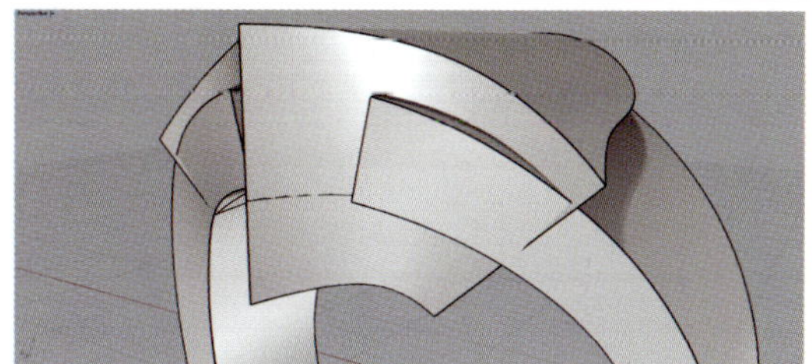

21. 다시 Extend surface를 실행하고, 복사된 Surface개체 우측의 Edge를 선택한 후, Surface개체를 다음 그림과 같이 연장한다.

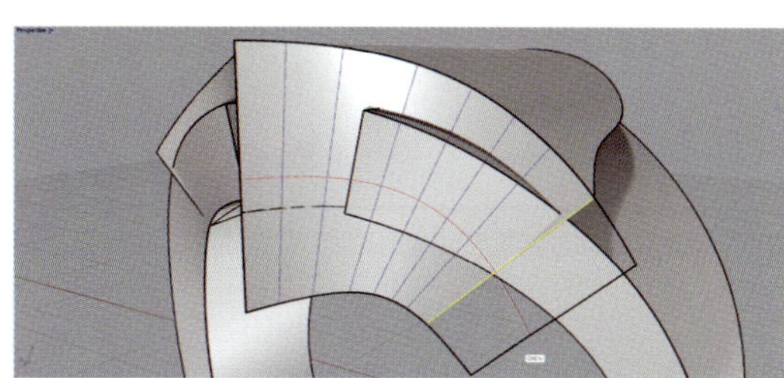

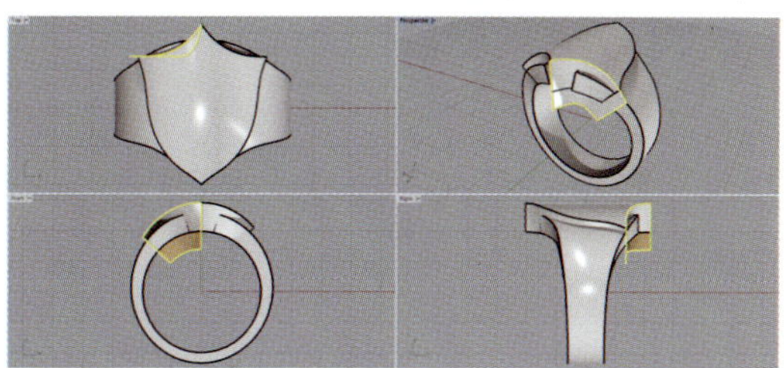

22. 연장된 Surface개체를 선택하고, Mirror를 실행한다. Command Prompt 영역에 Start of mirror plane값 0을 입력한 다음, Enter↵키를 누르고, Shift키를 누른 상태로 마우스 커서를 화살표 방향으로 이동한 후, 마우스 왼쪽버튼을 클릭하여 대칭방향에 복사한다.

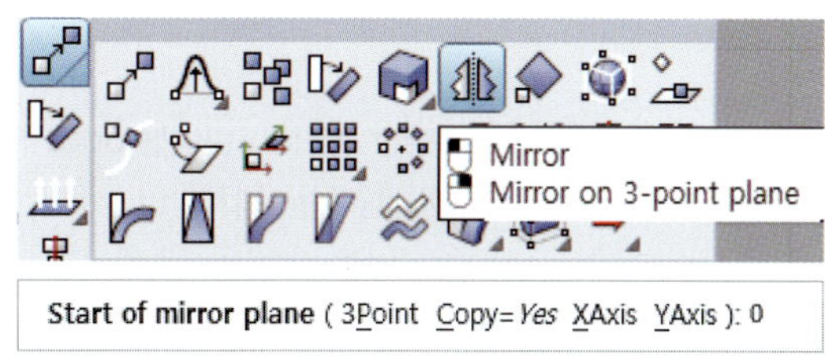

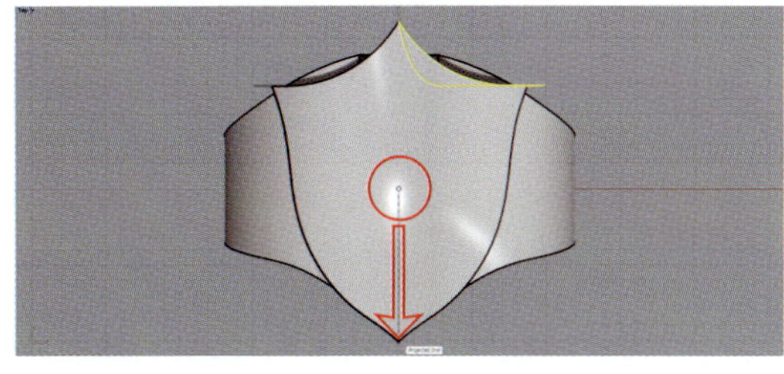
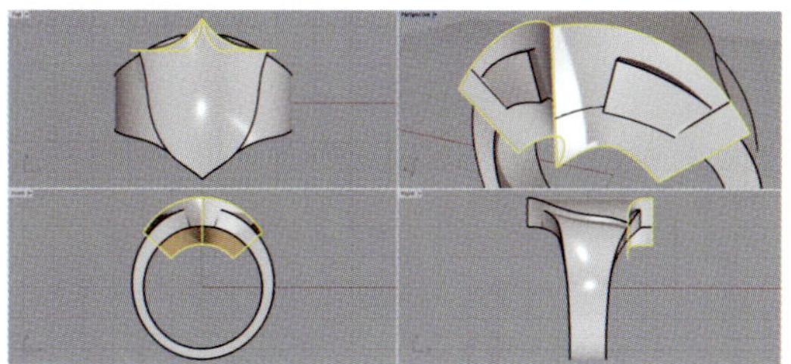

23. 2개의 Curve개체와 반지형태의 Solid개체를 선택하고, Create solid를 실행한다. 분리된 2개의 Solid개체는 선택한 후, 삭제한다.

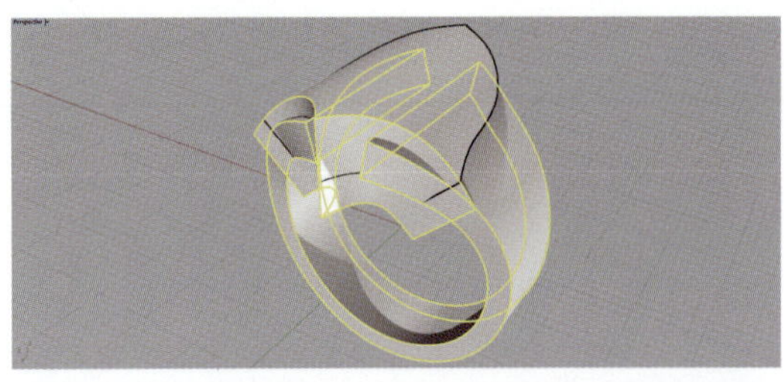

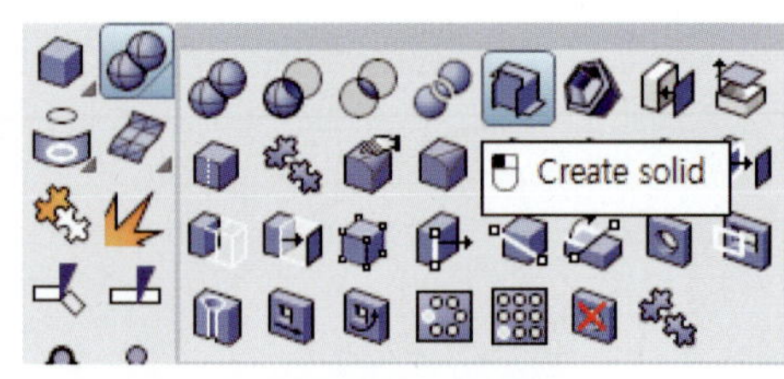

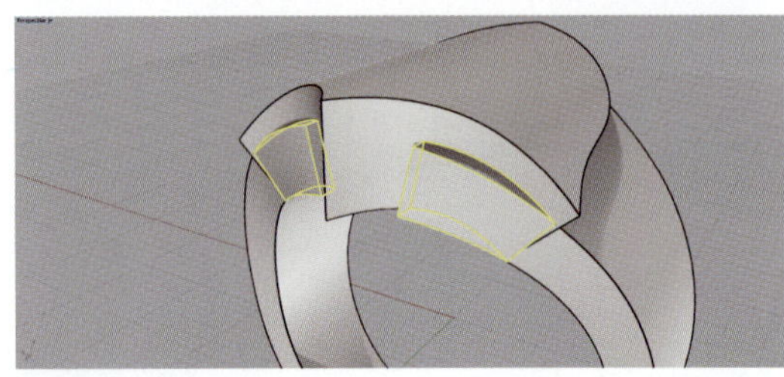

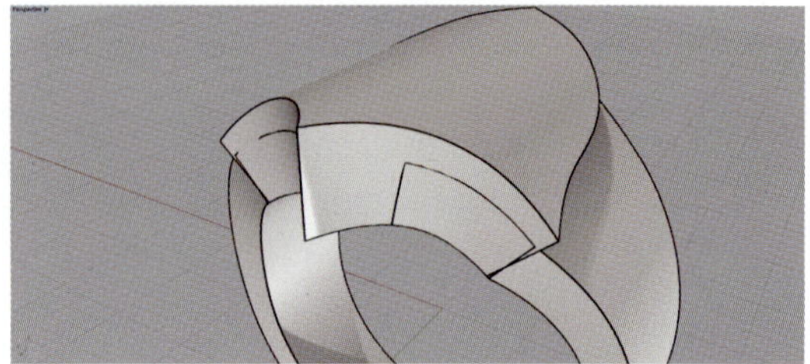

24. Shield Solid개체를 선택하고, Copy objects in place를 실행하여 Shield Solid개체를 같은 자리에 복사한 후, Shield Solid개체 1개는 Lock objects를 실행하여 잠가둔다. Shield Solid개체와 반지형태의 Solid개체를 선택하고, Create solid를 실행한다.

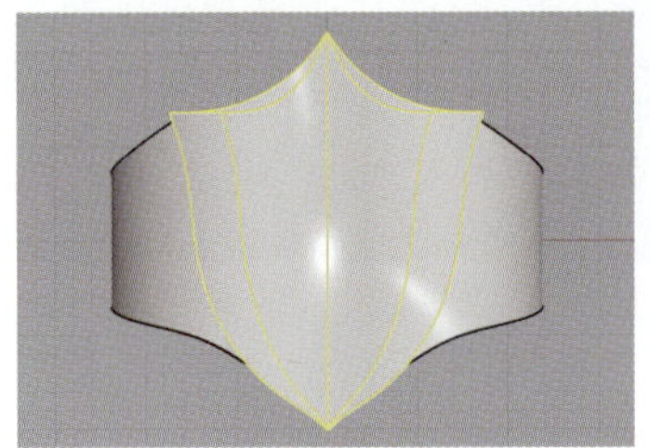

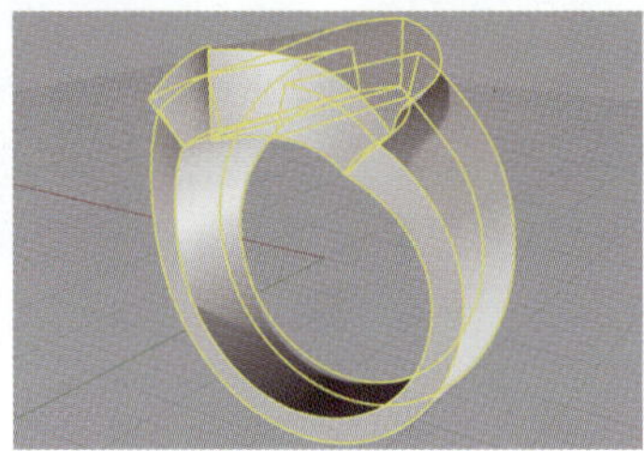

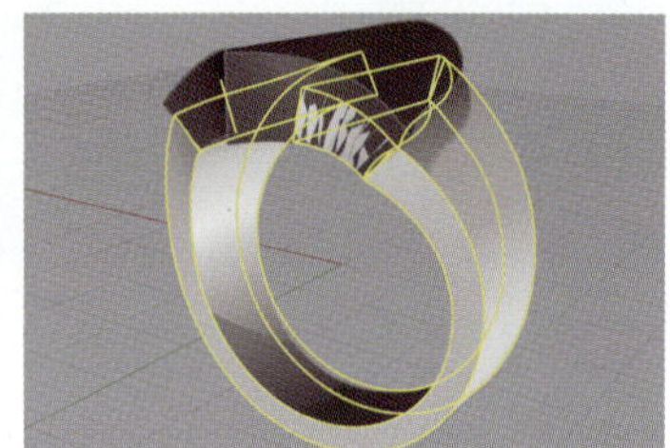

25. 반지형태의 Solid개체만 남기고, 분리된 Solid개체와 Curve개체는 삭제한다. Unlock objects를 실행하여 Shield Solid개체를 잠금 해제한다.

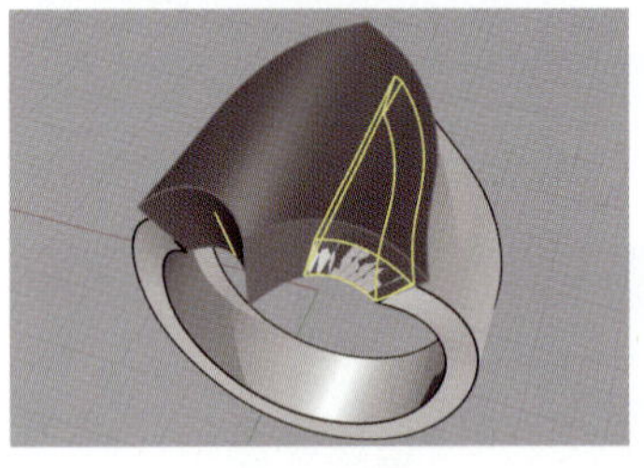

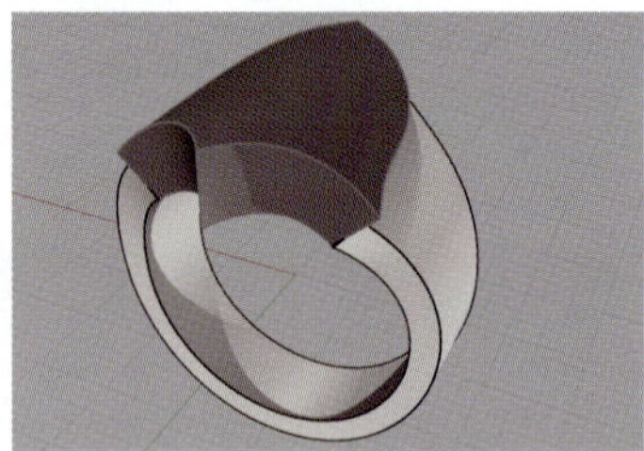

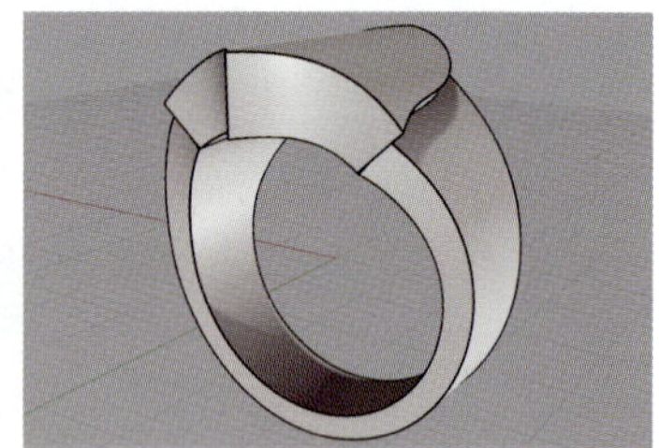

26. 반지형태의 Solid개체와 Shield Solid개체를 선택하고, Boolean union을 실행하여 하나의 개체로 결합한다.

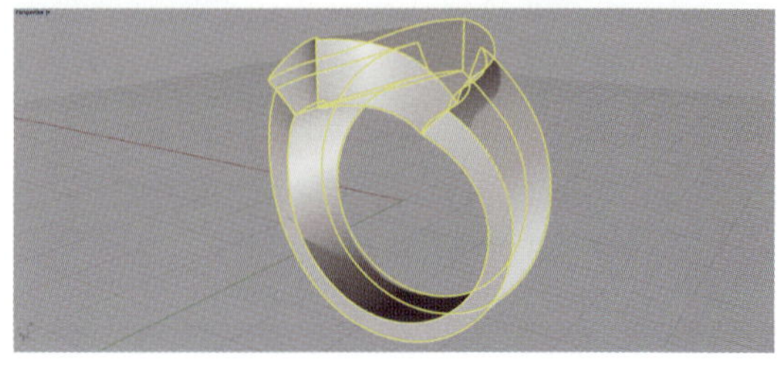

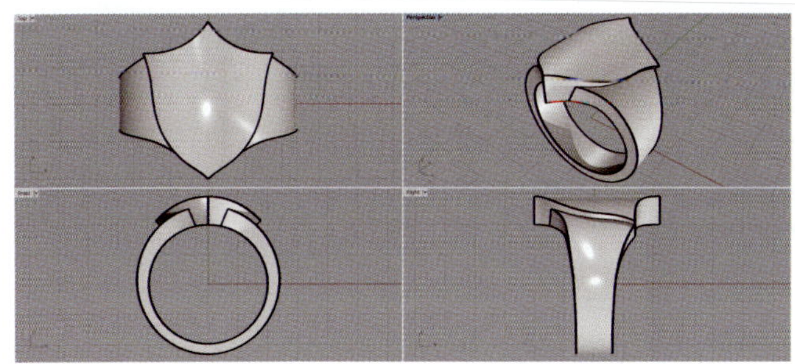

27. Duplicate edge를 실행하고, 다음 그림과 같이 반지개체 안쪽의 Edge를 선택한 후, Enter↵키를 누른다. 추출된 Curve개체들은 Lock objects를 실행하여 잠가두고, 반지형태의 Solid개체는 잠시 숨겨둔다.

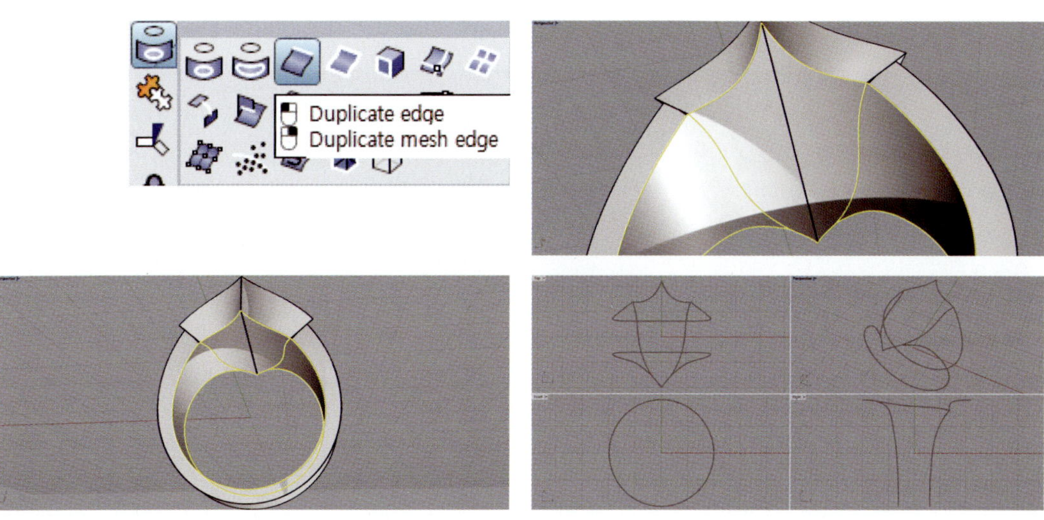

28. Top Top Viewport에서 Control Point Curve를 실행한다. Osnap Toolbar에서 End점과 Near점에 체크하고, 다음 그림과 같은 Curve개체를 생성한다.

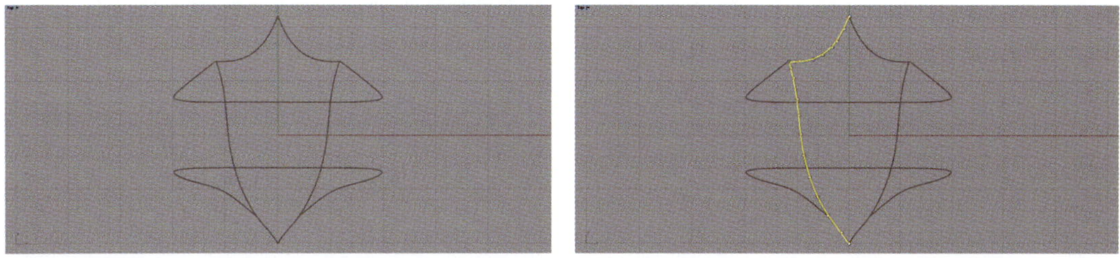

29. 생성된 Curve개체를 선택하고, Mirror를 실행한다. 원점(0, 0) 기준으로 Shift키를 누른 상태로 마우스 커서를 화살표 방향으로 이동한 후, 마우스 왼쪽버튼을 클릭하여 대칭방향에 Curve개체를 복사한다. 2개의 Curve개체를 선택하고, Lock objects를 실행하여 잠시 잠가둔다.

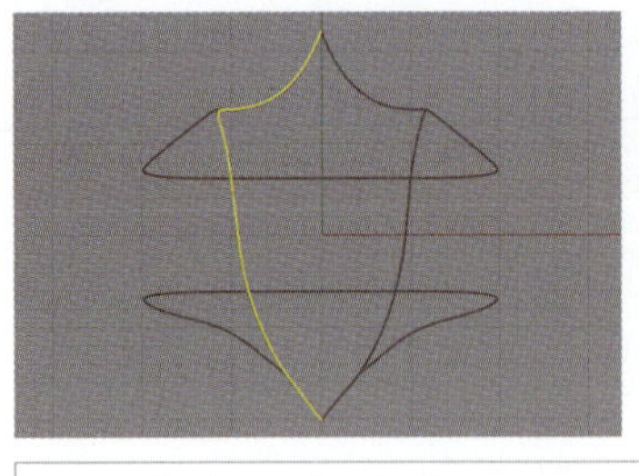
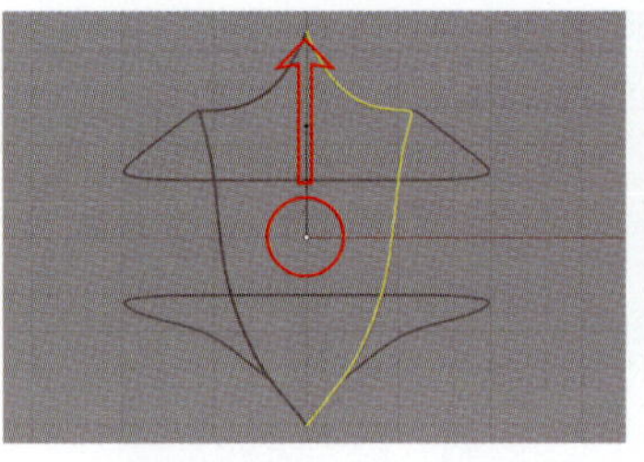
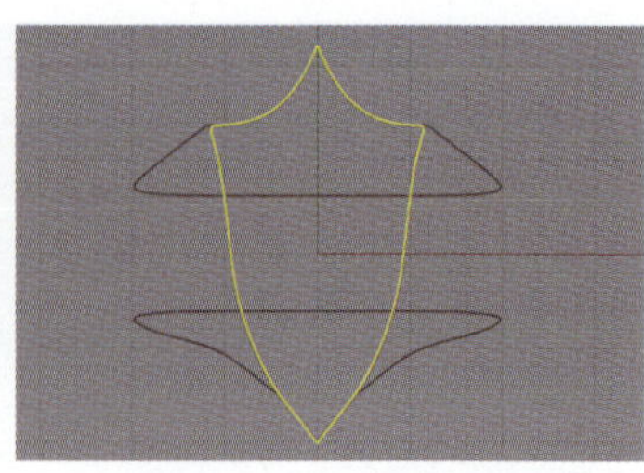

Start of mirror plane (3Point Copy=*Yes* XAxis YAxis): 0

30. 다시 Control Point Curve를 실행하고, 다음 그림과 같은 Curve개체를 생성한다. 생성된 2개의 Curve개체를 선택하고, Mirror를 실행한 다음, 원점(0, 0) 기준으로 Shift 키를 누른 상태로 마우스 커서를 화살표 방향으로 이동한 후, 마우스 왼쪽버튼을 클릭하여 대칭방향에 Curve개체를 복사한다. 4개의 Curve개체를 선택하고, Join을 실행하여 2개의 Curve개체로 결합한다.

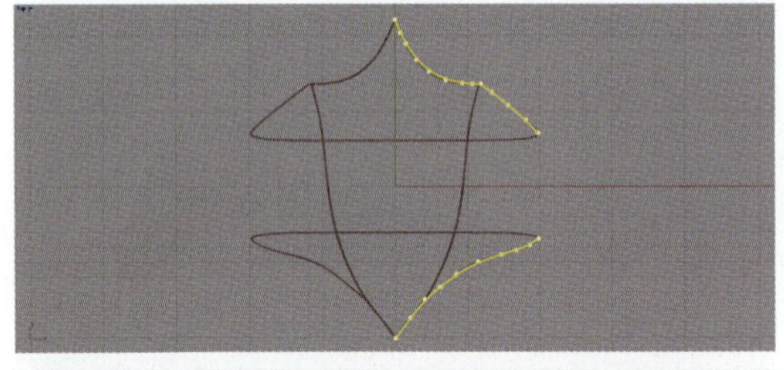
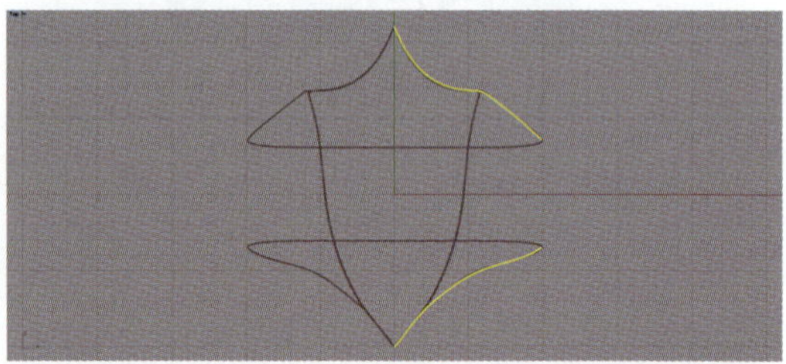

Start of mirror plane (3Point Copy=*Yes* XAxis YAxis): 0

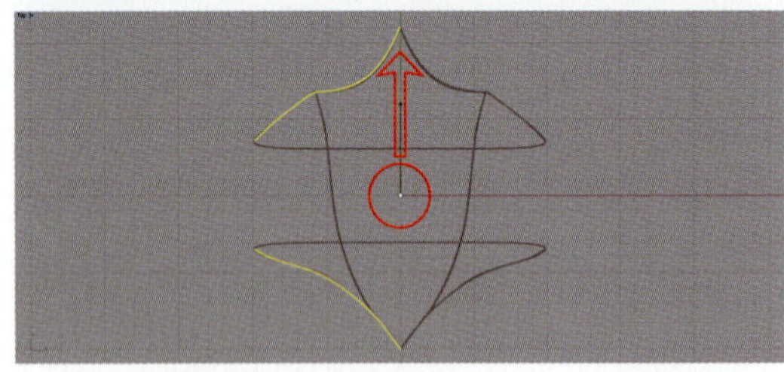
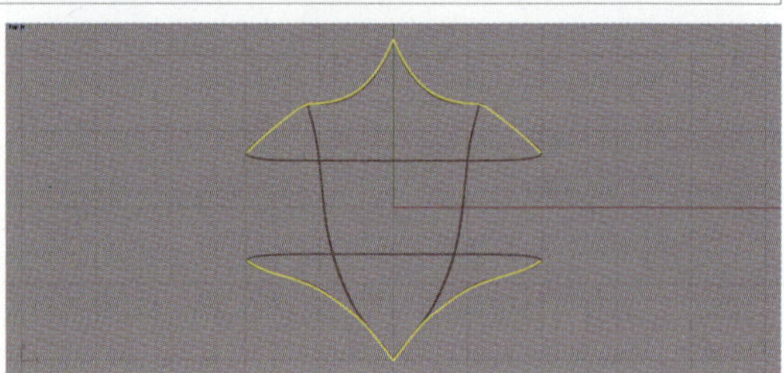

31. Unlock objects를 실행하여 개체들을 모두 잠금 해제하고, Duplicate edge를 실행하여 추출한 Curve개체들은 삭제한다.

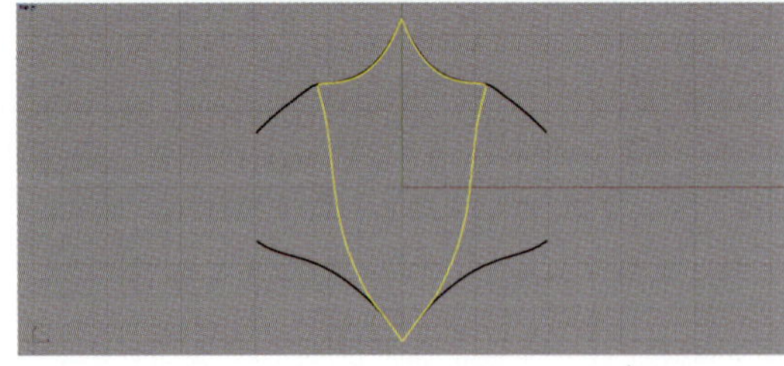
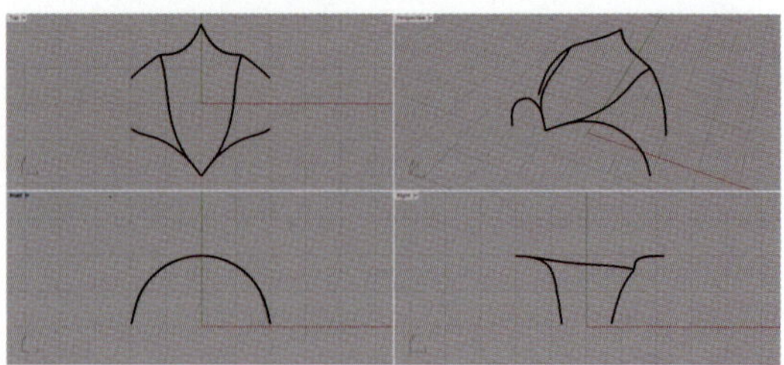

32. Single Line을 실행하고, 다음 그림과 같이 Shield형태의 Curve개체 중앙에 직선 Curve개체를 생성한다.

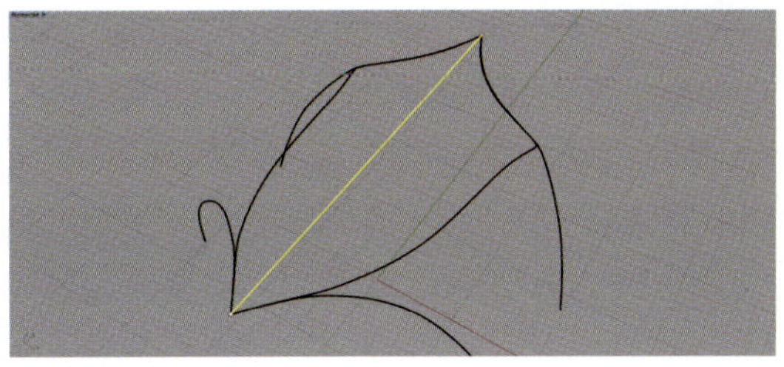

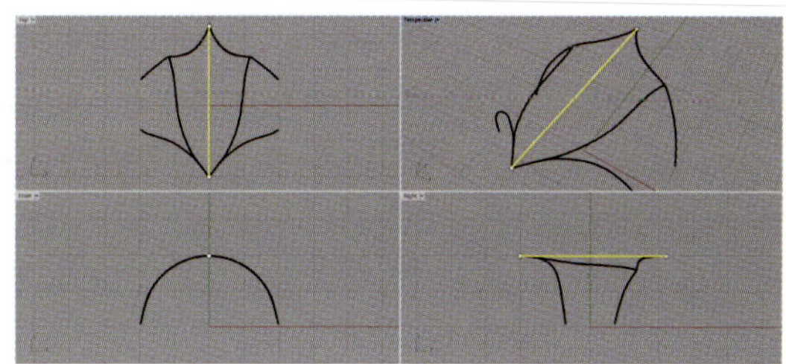

33. Loft를 실행하고, 다음 그림과 같이 1번, 2번, 3번 Curve개체를 차례대로 선택한 후, Enter↵키를 누른다. Loft Options창이 나타나면 Style에서 Normal로 설정하고, OK를 누른다. Shield형태의 Curve개체는 삭제한다.

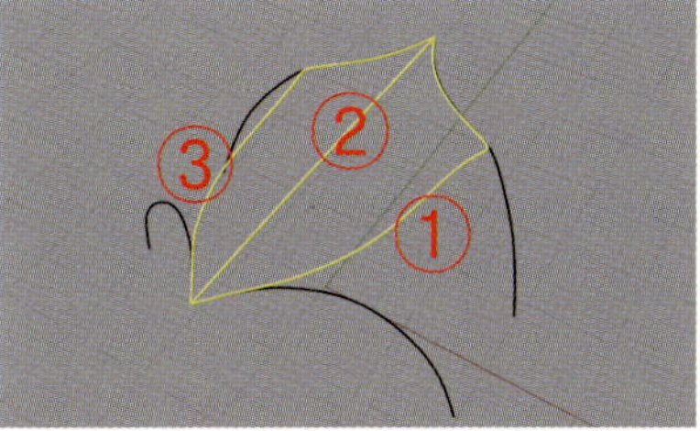

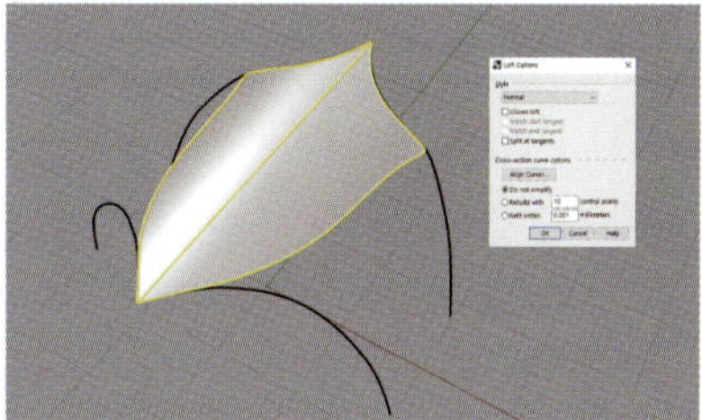

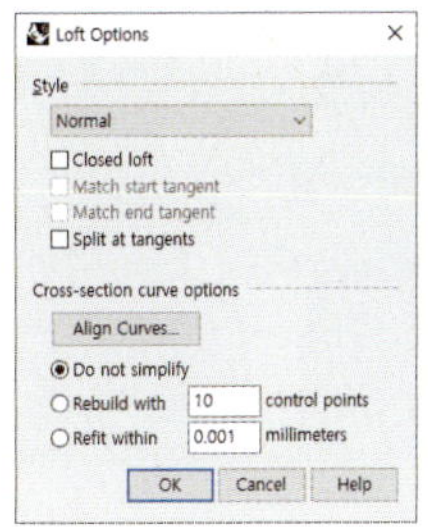

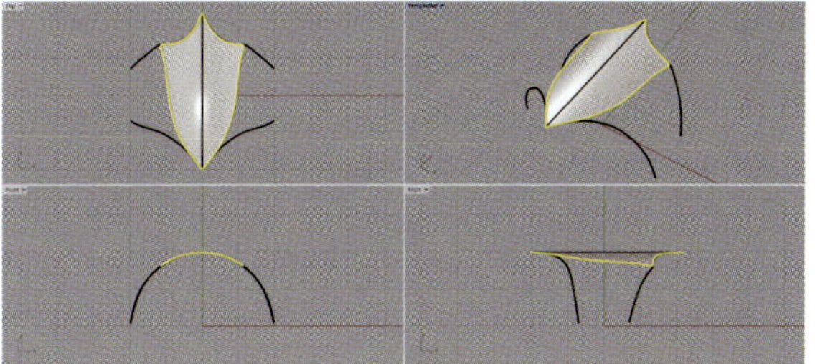

34. 다시 Loft를 실행하고, 1번 Curve개체와 2번 Curve개체를 선택한 후, Enter↵키를 누른 다음, Loft Options창이 나타나면 OK를 누른다. Curve개체들은 모두 삭제한다.

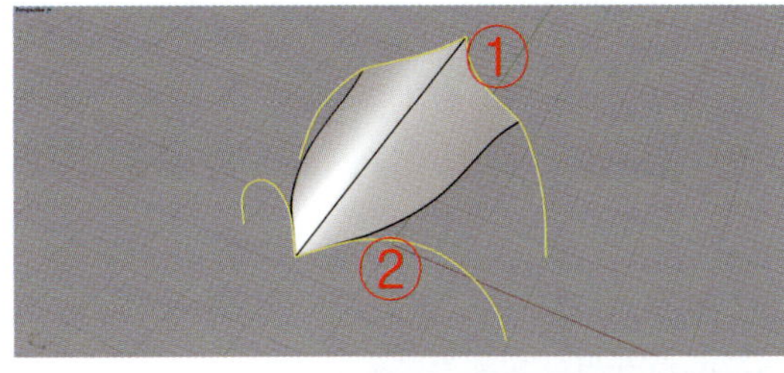

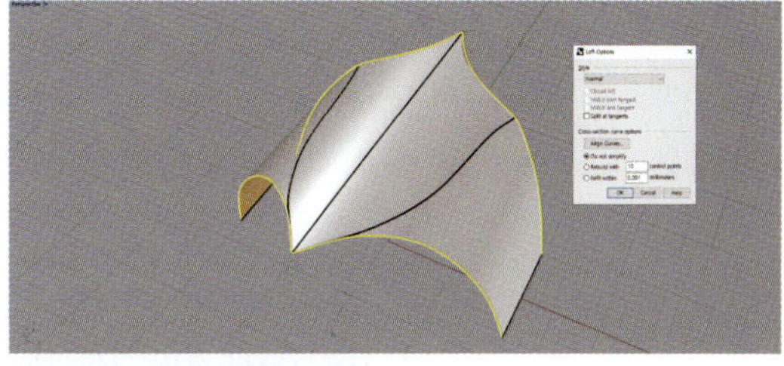

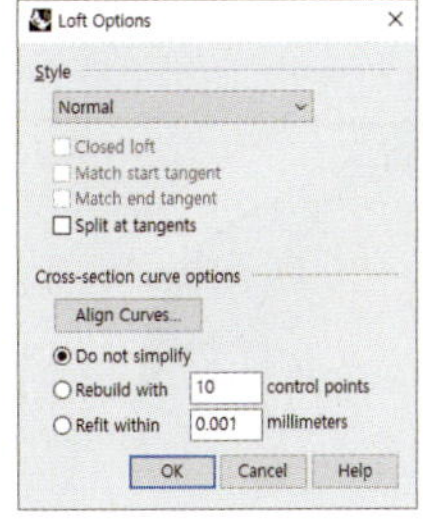

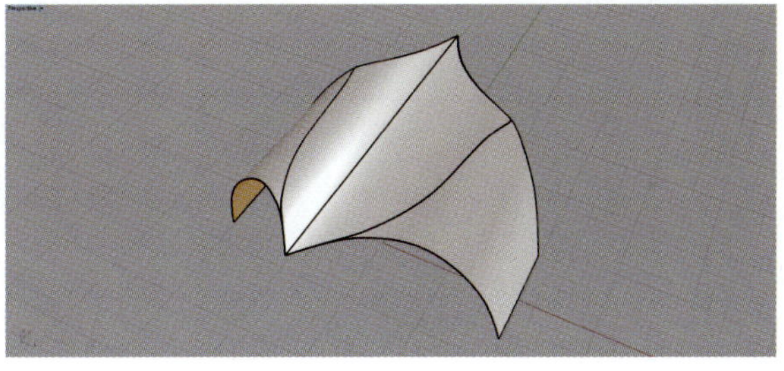

35. 생성된 2개의 Surface개체를 선택하고, Scale 3-D를 실행한다. Command Prompt 영역에 Base Point값 0을 입력하고, Enter↵키를 누른 후, Scale factor or first reference point값 0.9를 입력한 다음, Enter↵키를 누르면 다음 그림과 같이 선택한 2개의 Surface개체가 10% 축소된 것을 확인할 수 있다.

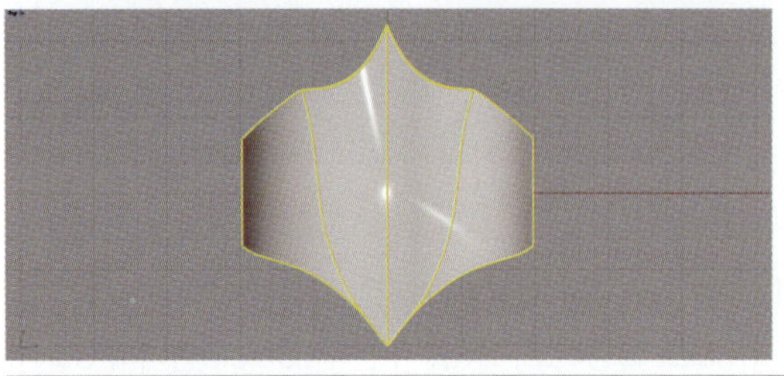

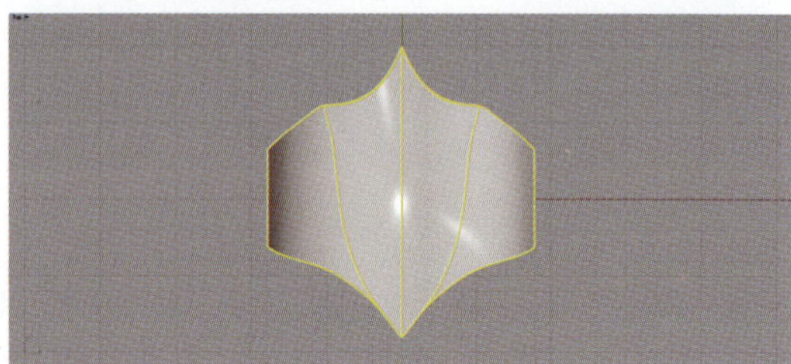

Base point. Press Enter for automatic. (Copy=No Rigid=No): 0

Scale factor or first reference point <1.000> (Copy=No Rigid=No): 0.9

36. Show selected objects를 실행하여 숨겨둔 반지개체를 화면상에 나타나게 한다. 다음 그림과 같이 반지둘레의 Surface개체를 선택하고, Offset Surface를 실행한다. Command Prompt 영역에서 Solid=Yes, DeleteInput=Yes로 설정하고, Distance값 2.5를 입력한 후, Enter↵키를 누른다.

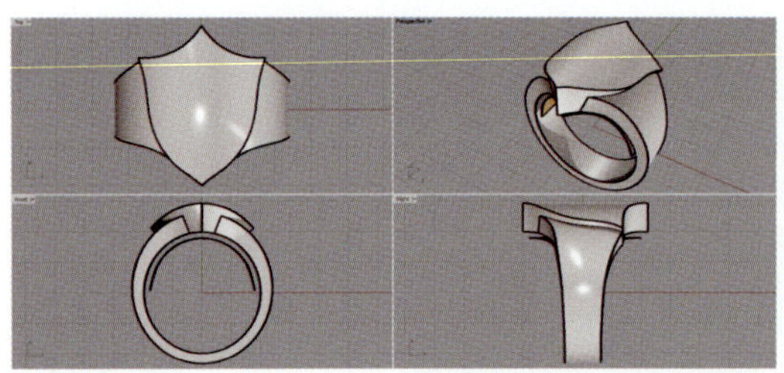

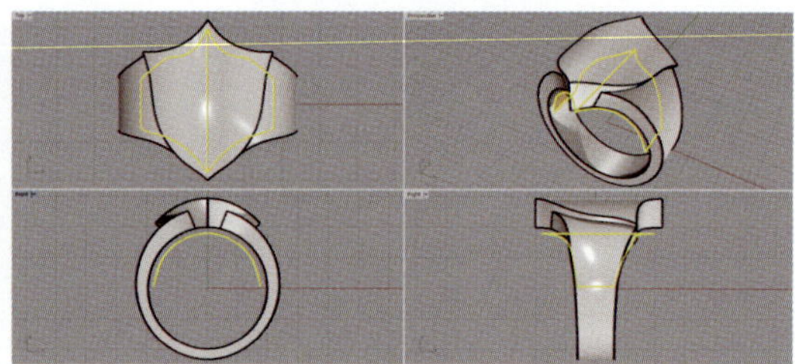

Select object to flip direction. Press Enter when done (Distance=2.5 Corner=Round Solid=Yes Tolerance=0.001 DeleteInput=Yes FlipAll): 2.5

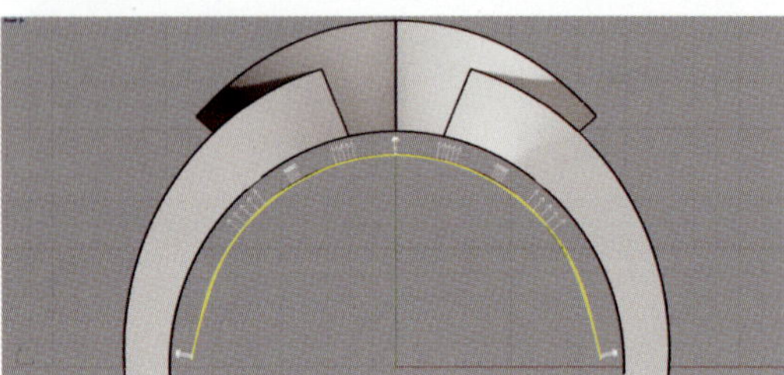

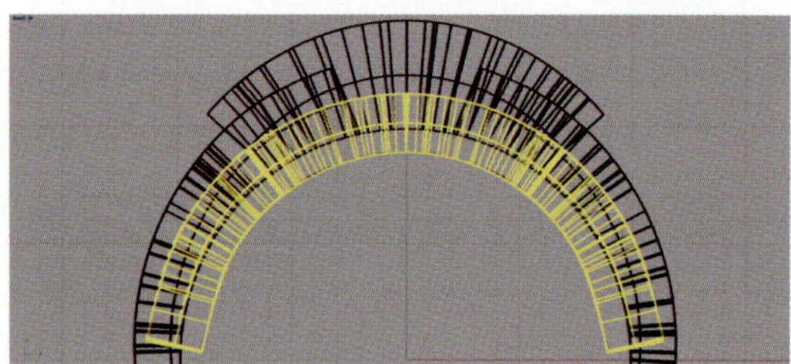

37. 반지개체를 선택하고, Boolean difference를 실행한 후, 생성된 반지둘레 Solid개체를 선택한 다음, Enter↵키를 누르면 다음 그림과 같이 반지개체 안쪽으로 홈이 파인 것을 확인할 수 있다.

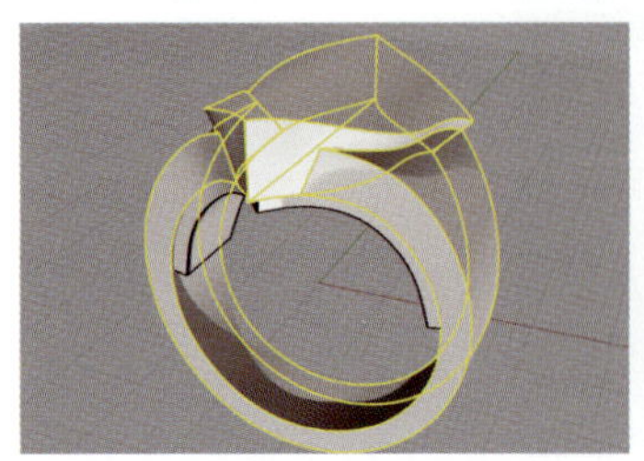

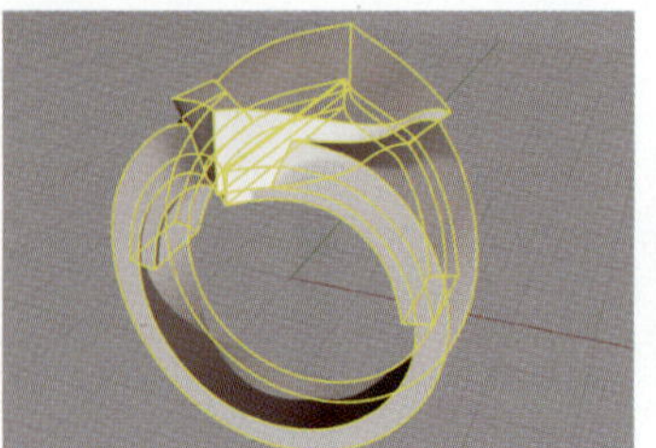

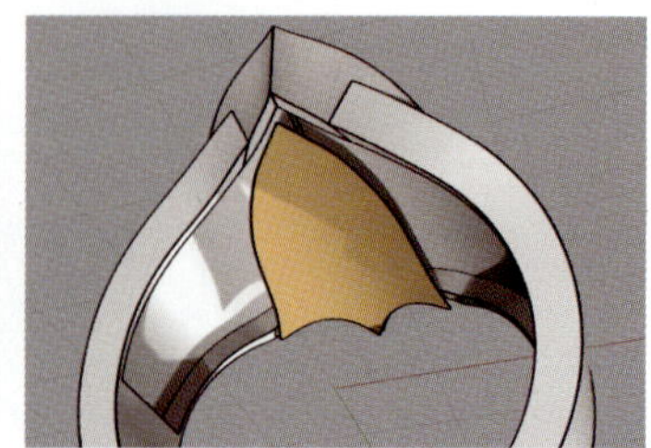

38. Shield Surface개체를 선택하고, Extrude surface를 실행한다. Command Prompt 영역에서 Solid =Yes, DeleteInput=Yes로 설정하고, Extrusion distance값 4.5를 입력한 후, Enter↵키를 누른다.

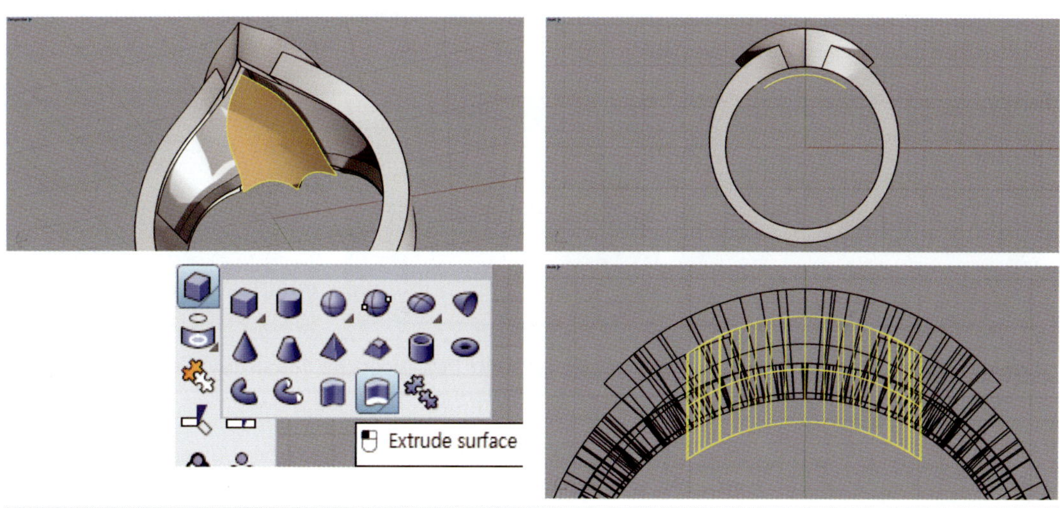

Extrusion distance <3.5> (Direction BothSides=No Solid=Yes DeleteInput=Yes ToBoundary SplitAtTangents=No SetBasePoint): 4.5

39. 반지개체를 선택하고, Boolean difference를 실행한 후, 생성된 Shield Solid개체를 선택한 다음, Enter↵키를 누르면 다음 그림과 같이 반지개체 안쪽으로 홈이 파인 것을 확인할 수 있다.

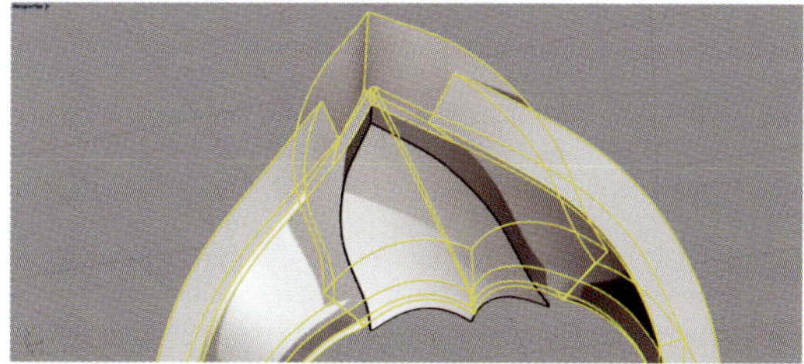

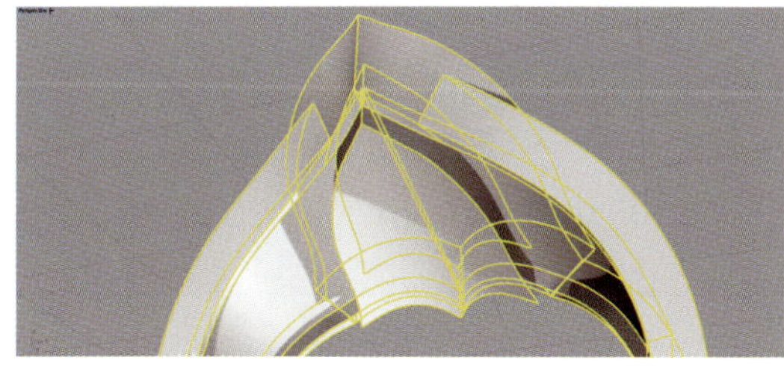

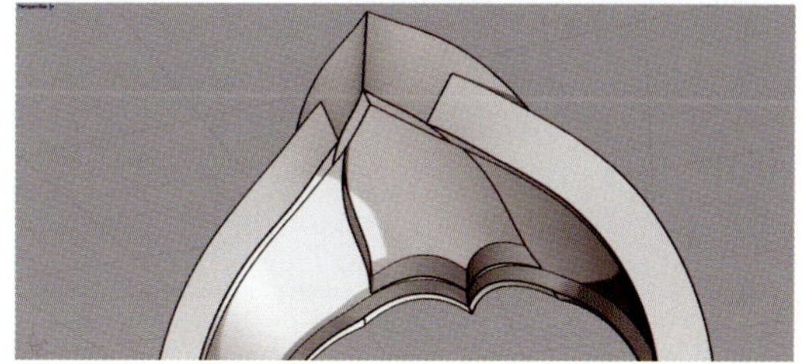

40. Duplicate edge를 실행하고, 다음 그림과 같이 반지개체 홈이 파인 부분의 안쪽 Edge를 선택한 후, Enter↵키를 누른 다음, Join을 실행하여 추출된 Curve개체들을 하나의 Curve개체로 결합한다. Curve개체만 남기고, 반지개체는 Lock objects를 실행하여 잠시 잠가둔다.

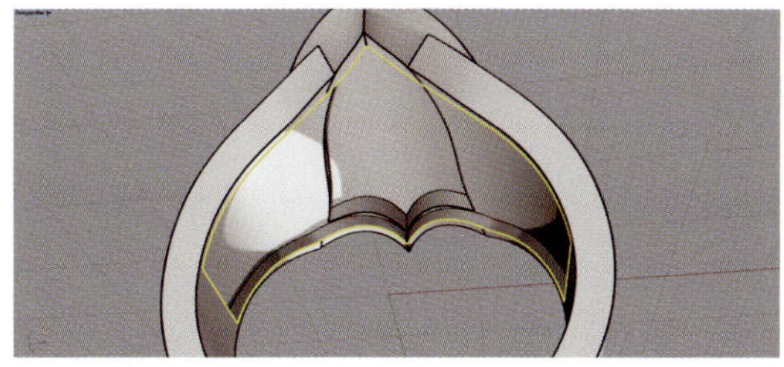

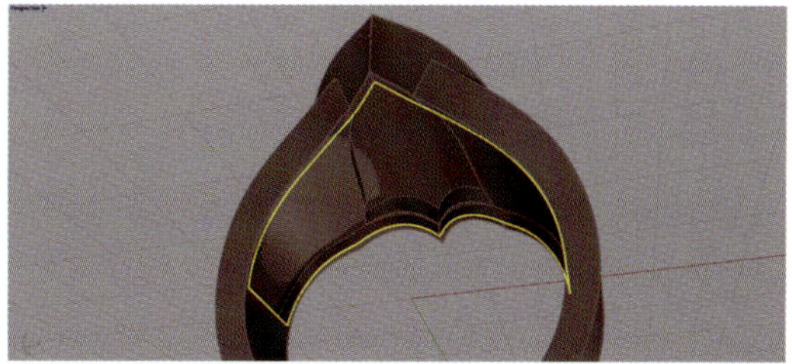

41. Circle: center, radius를 실행하고, 원점(0, 0) 기준으로 지름 19.8㎜의 원형 Curve개체를 생성한다. 생성된 원형 Curve개체를 선택하고, Extrude straight를 실행한다. Command Prompt 영역에서 BothSides=Yes, DeleteInput=Yes로 설정하고, 마우스 커서를 움직여서 Curve개체가 모두 덮이는 크기의 원통 Surface개체를 생성한다.

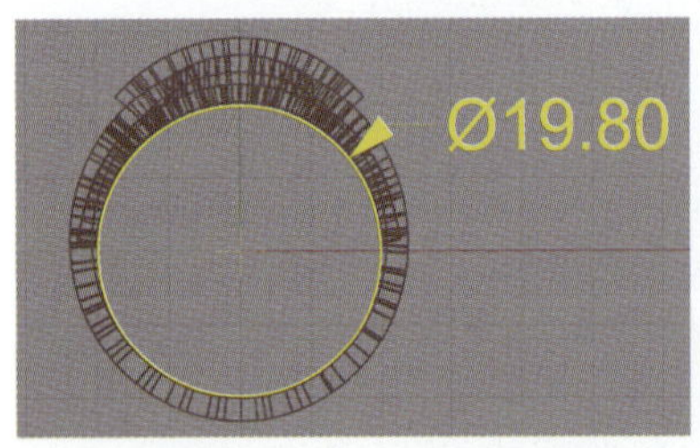

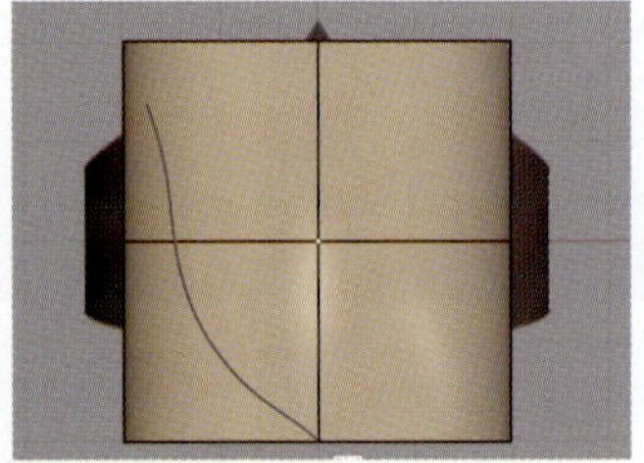

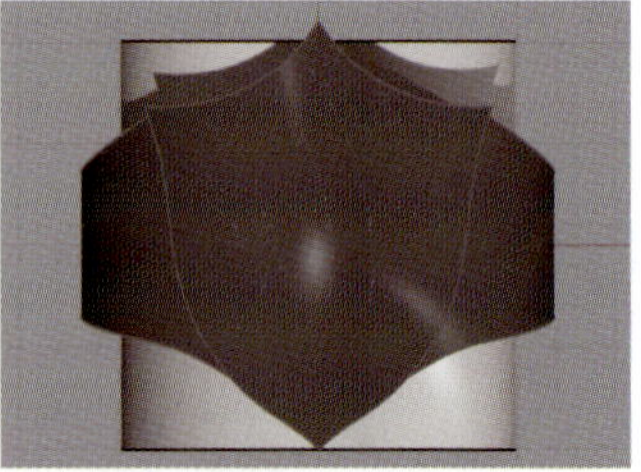

Extrusion distance <10.08> (Direction BothSides=*Yes* Solid=*No* DeleteInput=*Yes* ToBoundary SetBasePoint):

42. 생성된 원통 Surface개체를 선택하고, Split을 실행한 후, Curve개체를 선택한 다음, Enter↵ 키를 누른다. 분리된 Surface개체는 남기고, 원통 Surface개체는 삭제한다.

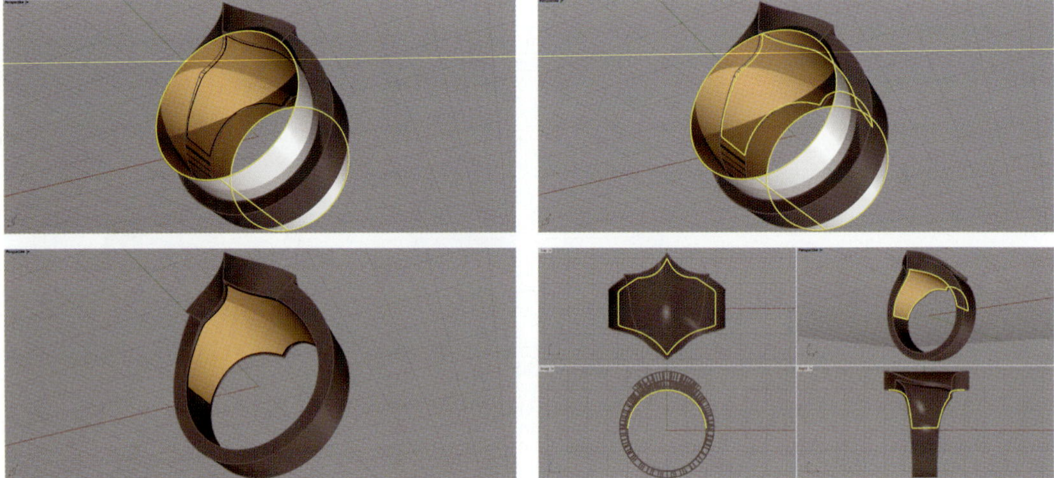

43. 잠겨있는 반지개체는 잠시 숨겨두고, 생성된 Surface개체를 선택한 후, Show object control points를 실행한다. 분리된 Surface개체의 경계선이 아직 분리되기 전의 경계선으로 남아있는 것을 확인할 수 있다. Shrink trimmed surface를 실행하여 분리된 Surface개체에 맞게 경계선을 축소시킨다.

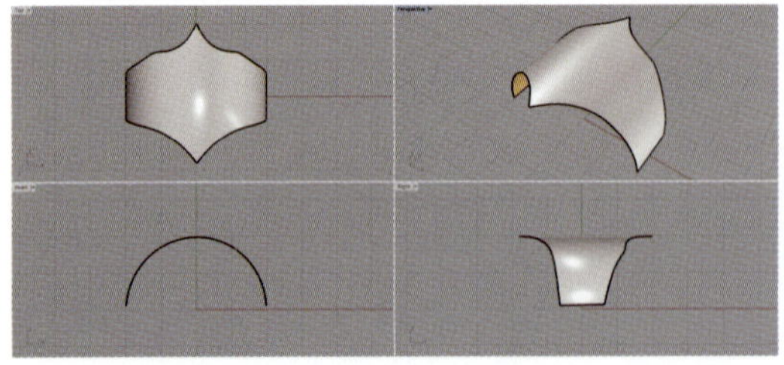

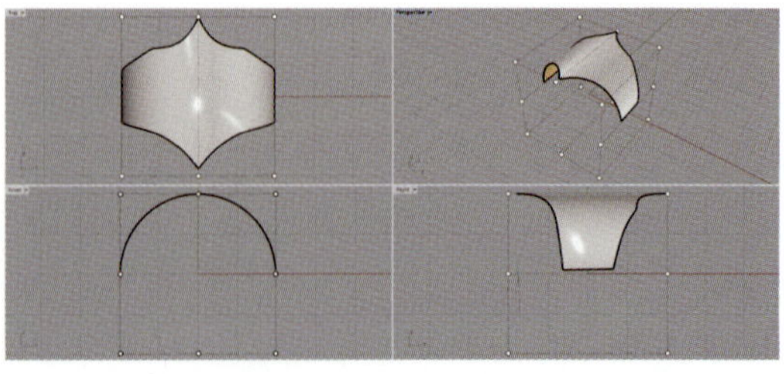

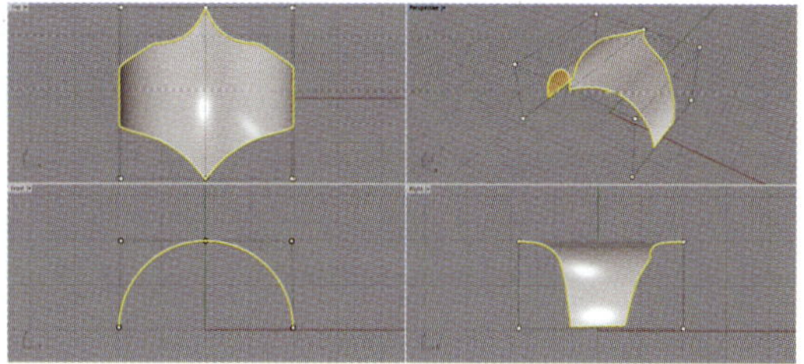

44. Points off를 실행하여 조절점은 화면상에서 숨겨둔다. Surface개체를 선택하고, Create UV curves를 실행한 후, Enter↵키를 누른다.

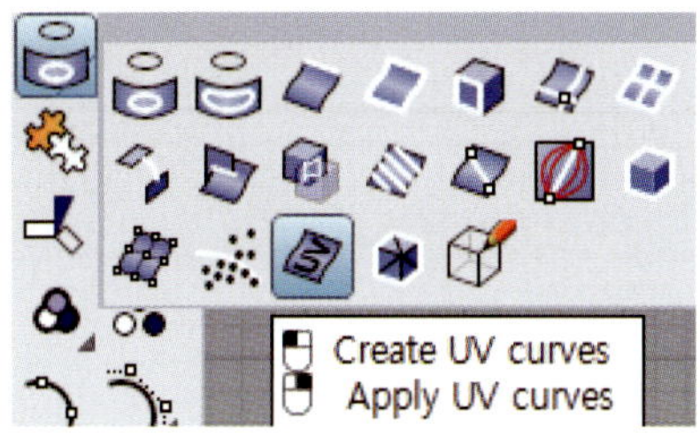

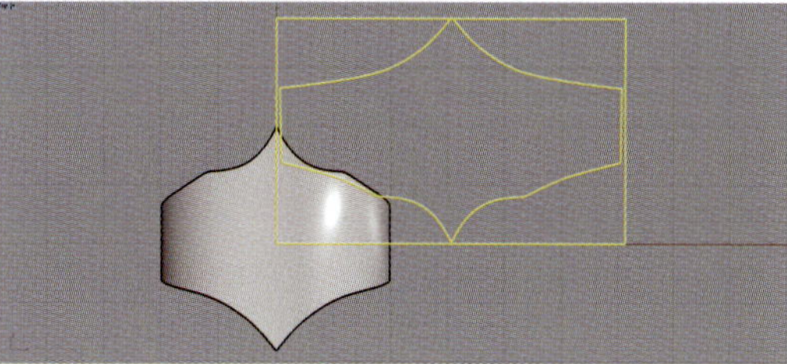

45. Top Top Viewport에서 Ctrl+I(Insert)를 실행하여 Insert창이 나타나면 Insert as에서 Individual Objects를 선택하고, 우측 상단의 폴더 아이콘을 선택한다. Logo Curve.3dm파일을 선택하고, 열기를 누른 후, Command Prompt 영역에 Insertion point값 0을 입력하여 원점(0, 0) 위치에 Logo Curve 개체를 불러온다.

→ 부록CD 〉 Rhino 예제 〉 Level 2 – Design Modeling 5 〉 Logo Curve.3dm

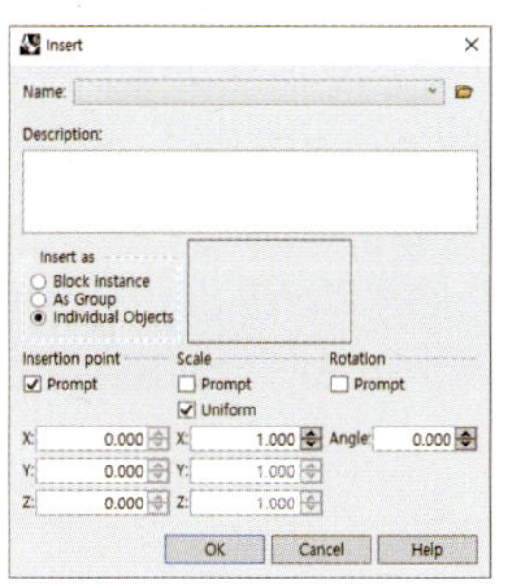

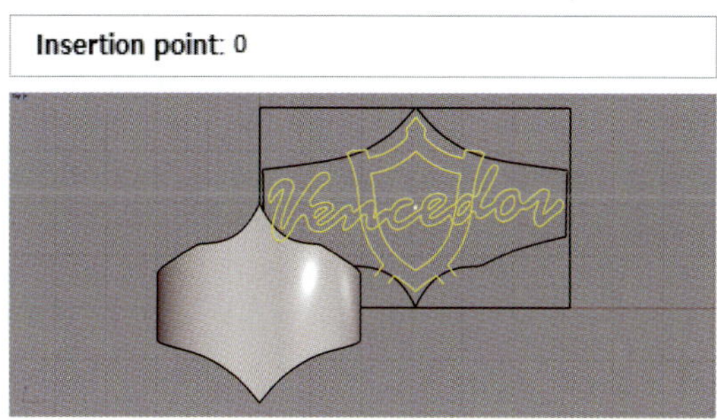

46. 다음 그림과 같이 Create UV curves개체와 Logo Curve개체를 선택하고, Apply UV curves를 실행한 후, Surface개체를 선택하면 다음 그림과 같이 Logo Curve개체가 Surface개체 위에 위치한 것을 확인할 수 있다.

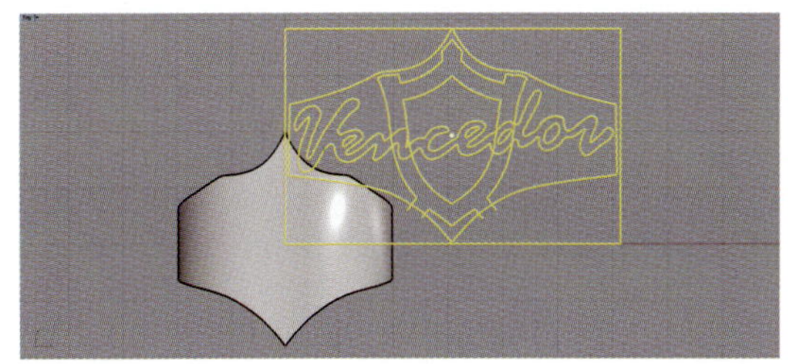

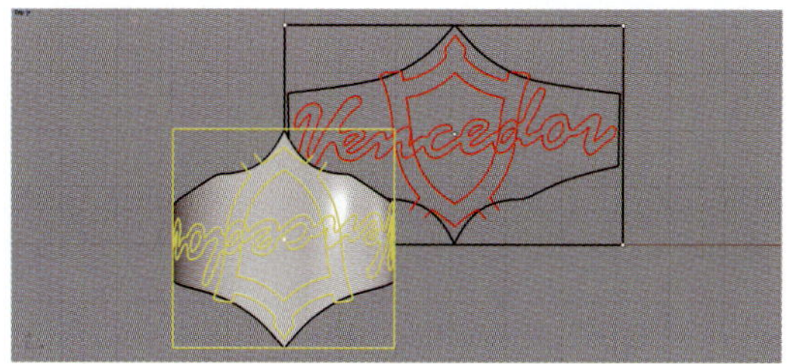

47. 만약 위 그림과 같이 Logo Curve개체가 뒤집혀서 위치한다면 Undo를 실행하여 이전으로 되돌린다. Surface개체를 선택하고, Analyze direction을 실행한다. Command Prompt 영역에서 UReverse와 VReverse를 선택하여 초록색 화살표와 빨간색 화살표의 방향을 바꿔준다.

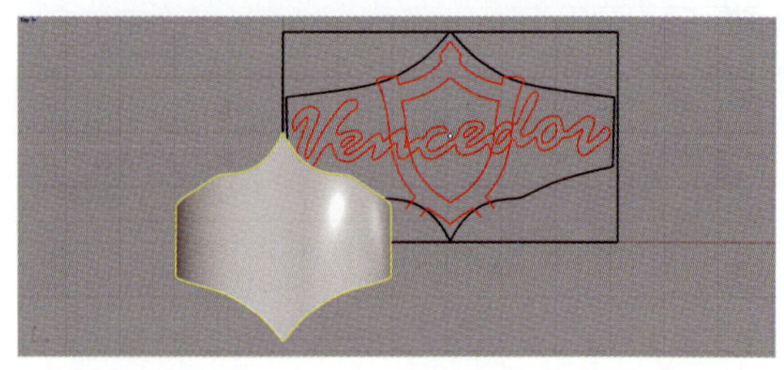

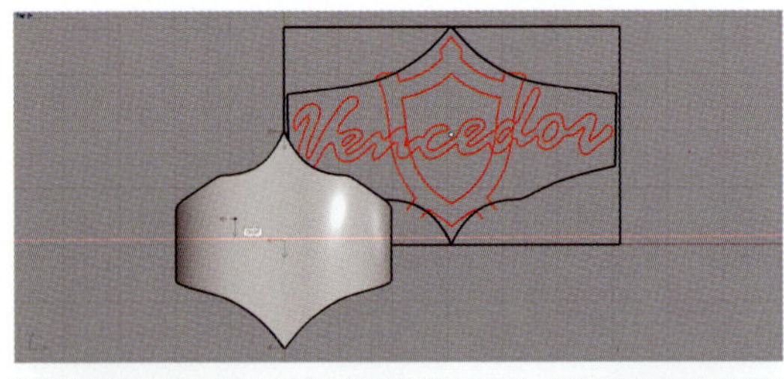

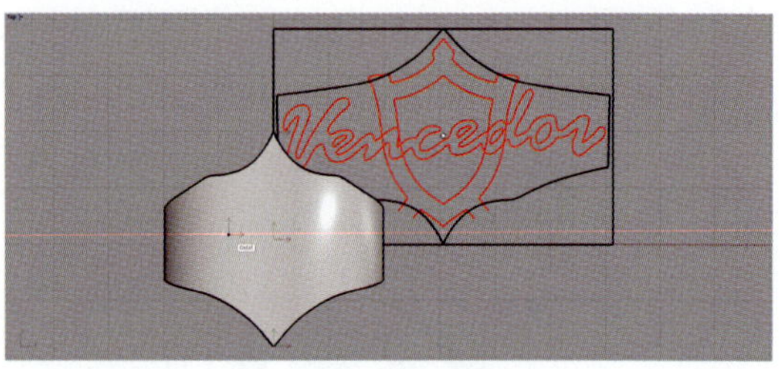

Press Enter when done (UReverse VReverse SwapUV Flip):

Press Enter when done (UReverse VReverse SwapUV Flip):

48. Create UV curves개체와 Logo Curve개체를 선택하고, Apply UV curves를 실행한 후, Surface개체를 선택하면 다음 그림과 같이 Logo Curve개체가 Surface개체 위에 위치한 것을 확인할 수 있다.

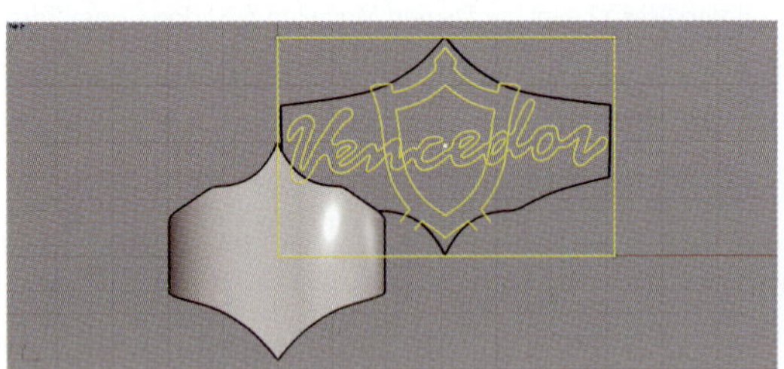

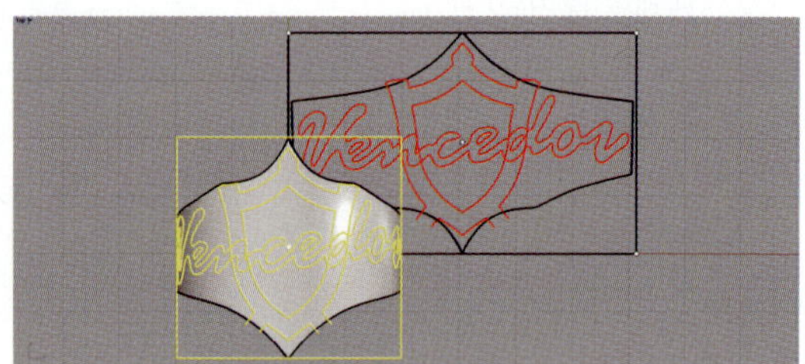

49. Surface개체를 선택하고, Split를 실행한 후, Surface개체 위에 있는 Logo Curve개체를 선택한 다음, Enter↵키를 누른다. Surface개체와 Curve개체를 삭제하고, 분리된 Logo Surface개체만 남긴다. 분리된 Logo Surface개체를 모두 선택한 후, Join을 실행하여 하나의 Logo Surface개체로 결합한다.

50. 결합된 Logo Surface개체를 선택하고, Offset Surface를 실행한다. Command Prompt 영역에서 Solid=Yes, DeleteInput=Yes로 설정하고, Distance 값 1.2를 입력한 다음, Enter↵키를 누른다.

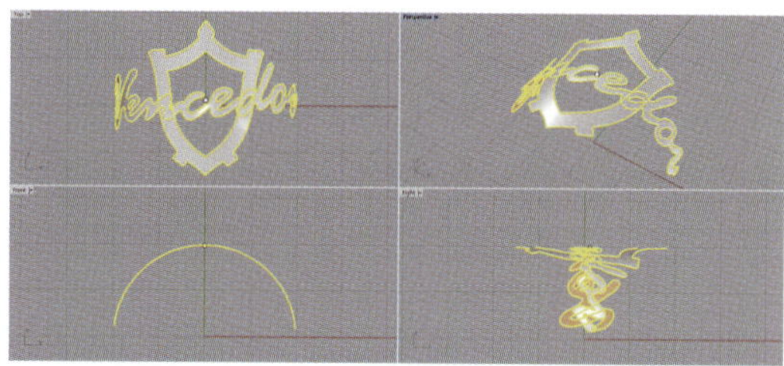

Select object to flip direction. Press Enter when done (Distance=*2* Corner=*Round* Solid=*Yes* Tolerance=*0.001* DeleteInput=*Yes* FlipAll): 1.2

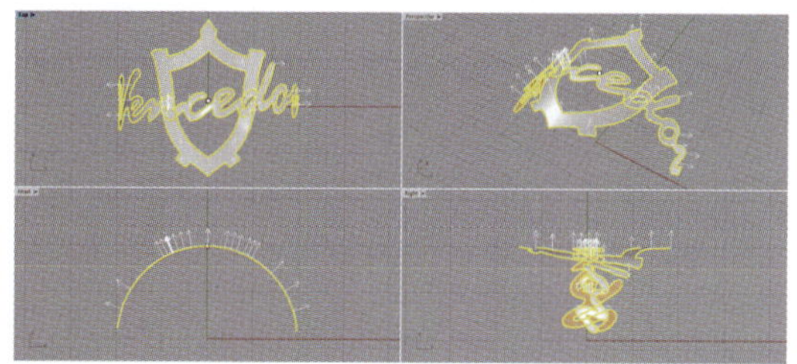

51. 숨겨둔 반지개체를 화면상에 나타나게 하고, Extract surface를 실행한다. Command Prompt 영역에서 Copy=Yes로 설정하고, 다음 그림과 같이 반지개체 상단의 Surface를 추출한다. 추출한 Surface 개체만 화면상에 남기고, 다른 개체들은 모두 숨겨준다.

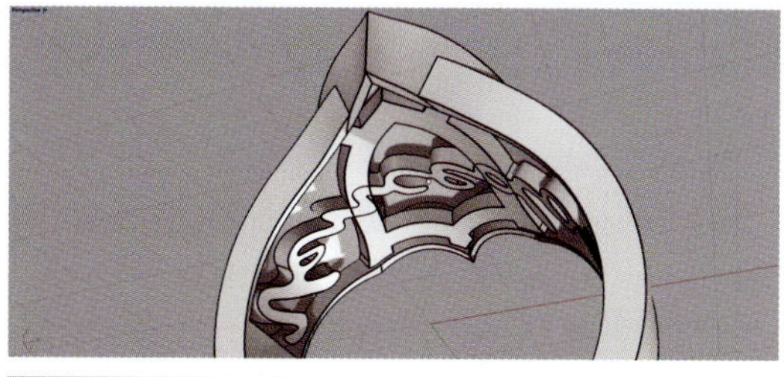

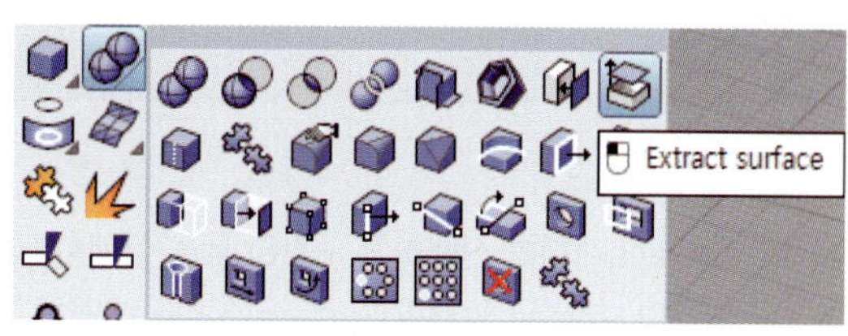

Select surfaces to extract (OutputLayer=*Input* Copy=*Yes*):

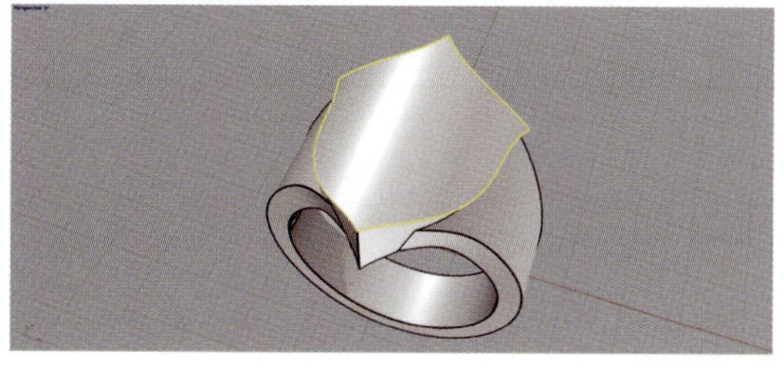

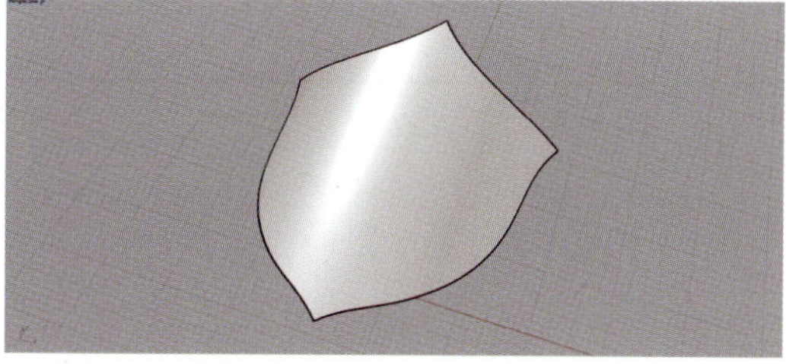

52. Top ▾ Top Viewport에서 Ctrl+I(Insert)를 실행하여 Insert창이 나타나면 Insert as에서 Individual Objects를 선택하고, 우측 상단의 폴더 아이콘을 선택한다. 잎사귀 Curve.3dm파일을 선택하고, 열기를 누른 후, Command Prompt 영역에 Insertion point값 0을 입력하여 원점(0, 0) 위치에 잎사귀 Curve 개체를 불러온다.

→ 부록CD > Rhino 예제 > Level 2 - Design Modeling 5 > 잎사귀 Curve.3dm

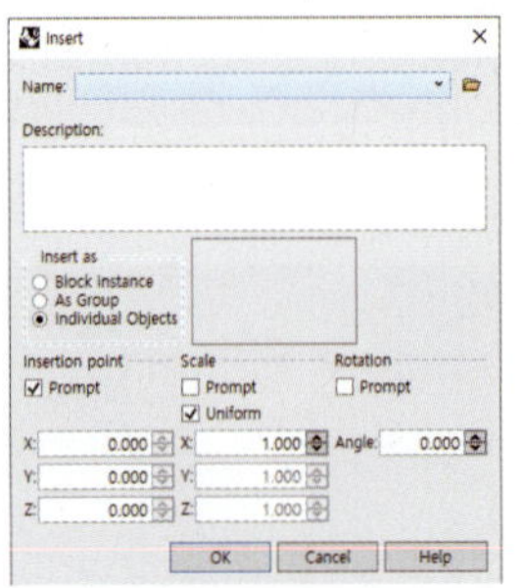

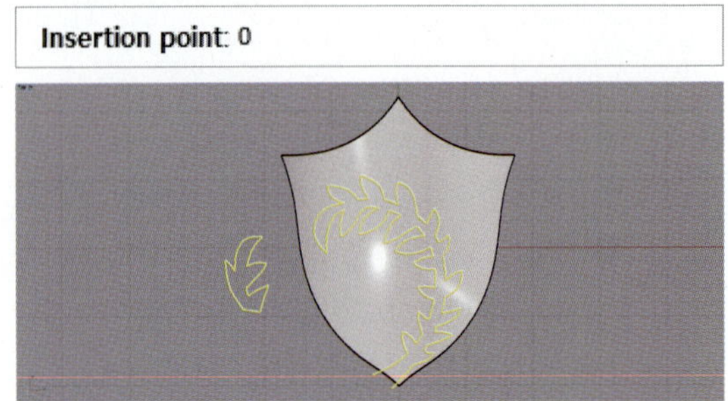

53. 다음 그림과 같이 Surface개체 위에 위치한 잎사귀 Curve개체를 선택하고, Project curves를 실행한 후, Surface개체를 선택한 다음, Enter↵키를 누른다.
다음 그림과 같이 Surface개체에 잎사귀 Curve개체가 투영된 것을 확인할 수 있다.

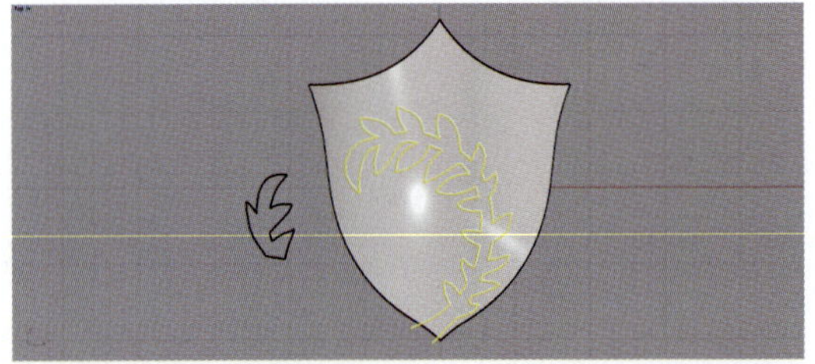

Select surfaces, polysurfaces and meshes to project onto (Loose=No DeleteInput=Yes OutputLayer=Current Direction=CPlaneZ):

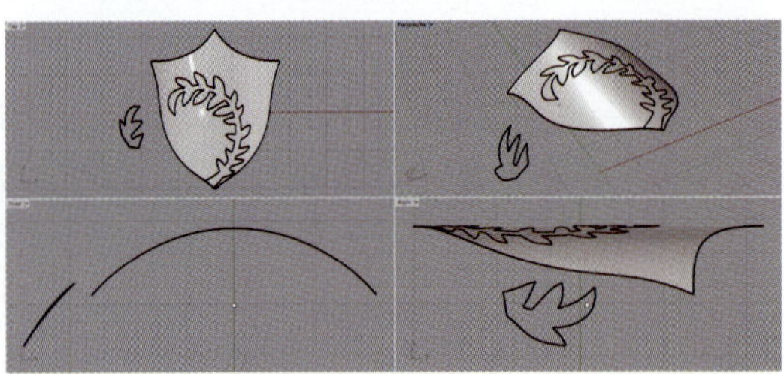

54. Surface개체를 선택하고, Split을 실행한 다음, 투영된 잎사귀 Curve개체를 선택한 후, Enter↵키를 누른다. 분리된 잎사귀 Surface개체를 선택하고, Offset Surface를 실행한다. Command Prompt 영역에서 Solid=Yes로 설정하고, Distance값 1.2를 입력한 후, Enter↵키를 누른다. Surface개체는 삭제한다.

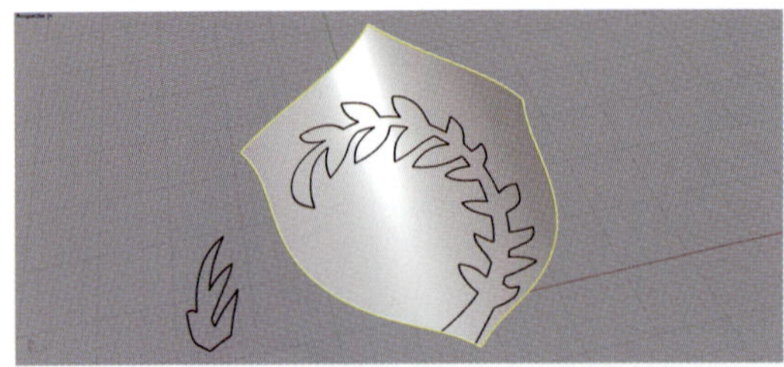

Select object to flip direction. Press Enter when done (Distance= *1.2* Corner= *Round* Solid= *Yes* Loose= *No* Tolerance= *0.001* BothSides= *No* DeleteInput= *Yes* FlipAll): 1.2

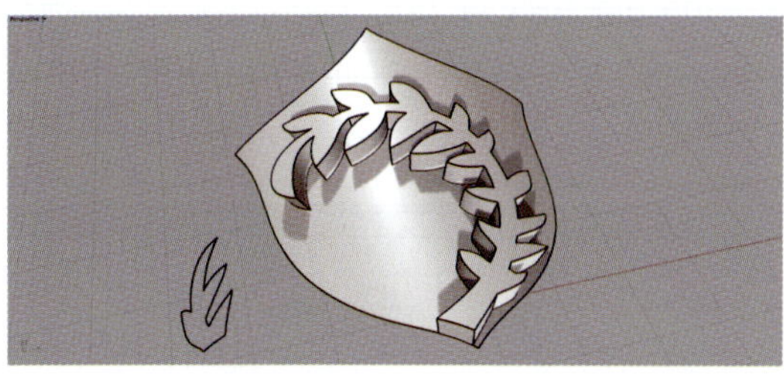

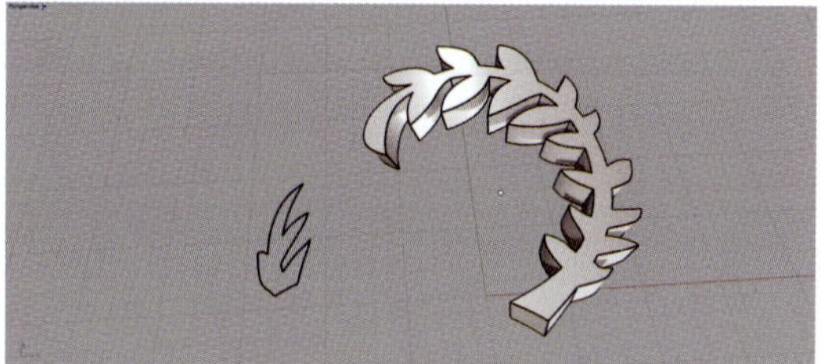

55. 숨겨놓은 반지개체를 화면상에 나타나게 하고, Extract surface를 실행한다. Command Prompt 영역에서 Copy=Yes로 설정하고, 다음 그림과 같이 반지개체 바깥 부분 Surface를 추출한 다음, 반지개체는 다시 숨겨둔다.

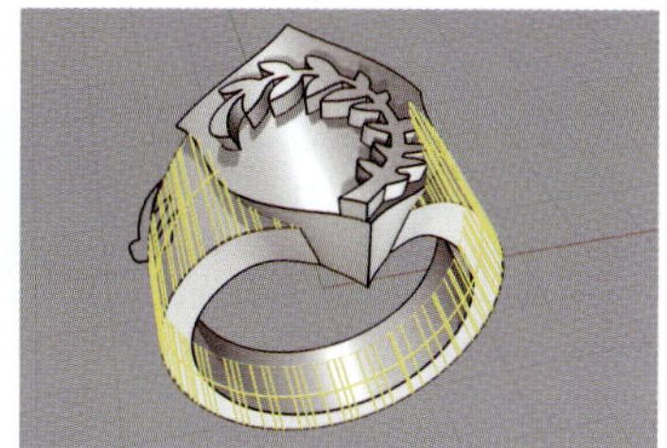

Select surfaces to extract (OutputLayer= *Input* Copy= *Yes*):

56. 잎사귀 Curve개체를 선택하고, Pull curve를 실행한다. Command Prompt 영역에서 DeleteInput =Yes로 설정하고, Surface개체를 선택한 후, Enter 키를 누르면 다음 그림과 같이 Surface개체에 투영된 잎사귀 Curve개체를 확인할 수 있다.

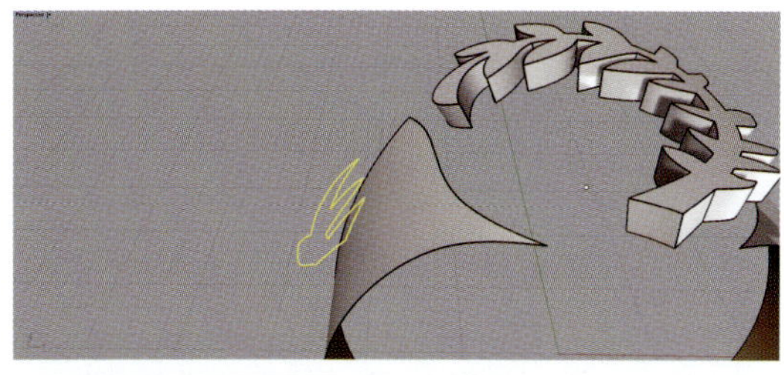

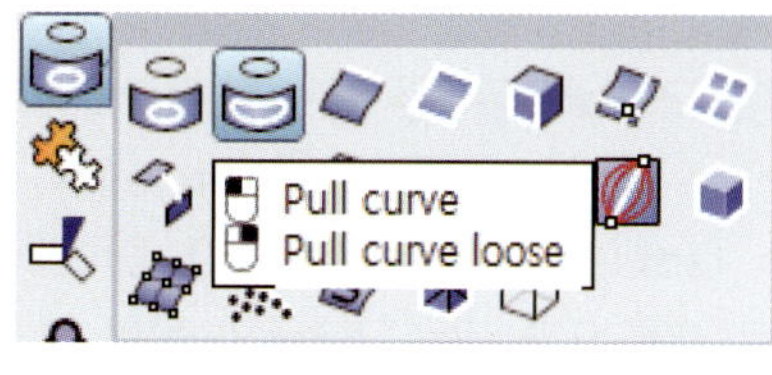

Select surfaces and meshes that pull (Loose= *No* DeleteInput= *Yes* OutputLayer= *Current*):

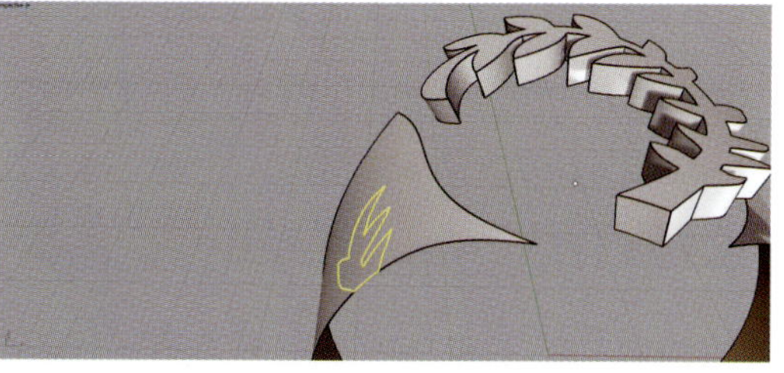

57. Surface개체를 선택하고, Split를 실행한 후, 잎사귀 Curve개체를 선택한 다음, Enter↵키를 누른다. 분리된 잎사귀 Surface개체를 선택하고, Offset Surface를 실행한다. Command Prompt 영역에서 Solid=Yes로 설정하고, Distance값 1.2를 입력한 후, Enter↵키를 누른다. Solid개체만 남기고, Curve개체와 Surface개체는 모두 삭제한다.

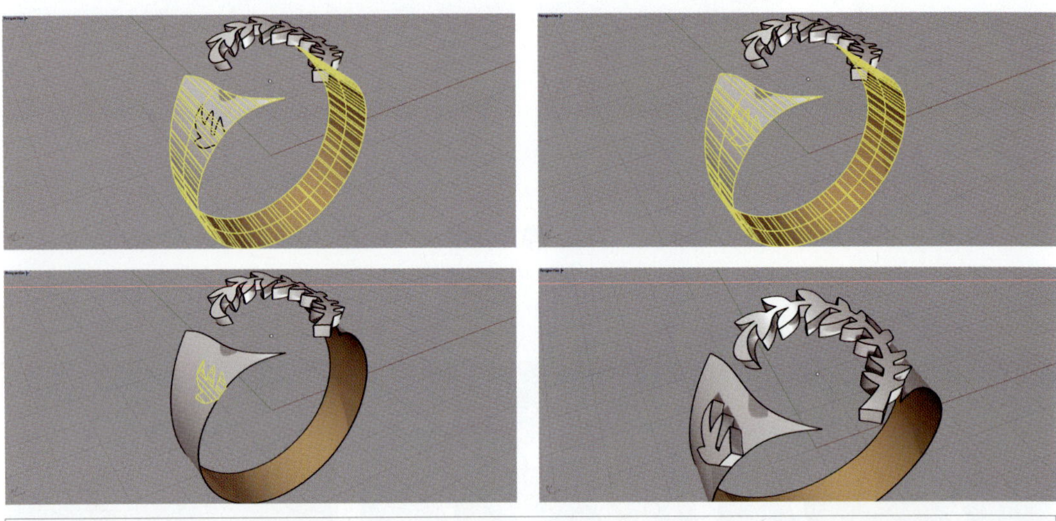

Select object to flip direction. Press Enter when done (Distance=*1.2* Corner=*Round* Solid=*Yes* Loose=*No* Tolerance=*0.001* BothSides=*No* DeleteInput=*Yes* FlipAll): 1.2

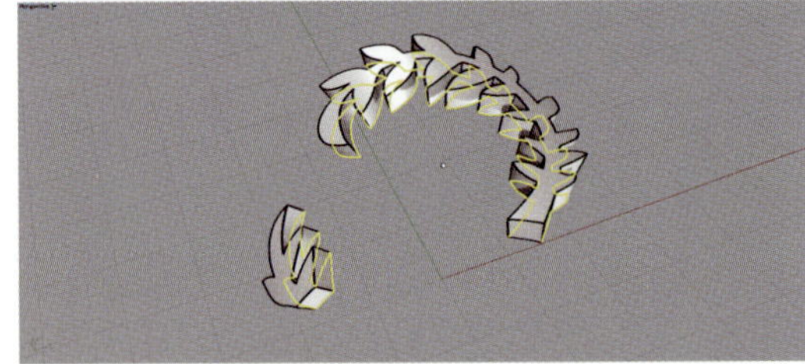

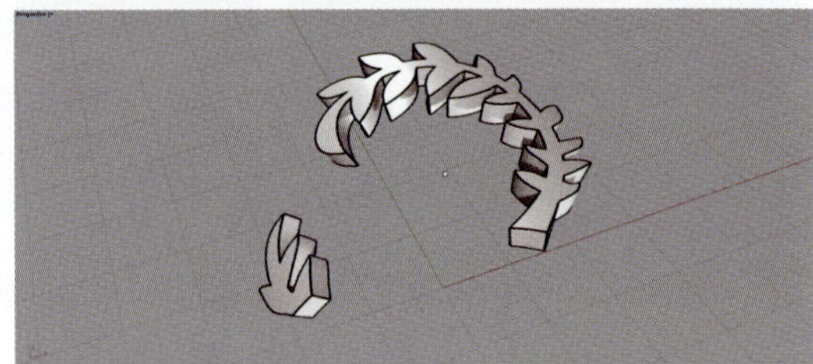

58. 생성된 잎사귀 Solid개체는 모두 숨겨두고, Top Top Viewport에서 Circle: center, radius를 실행하여 원점(0, 0) 기준으로 지름 0.7㎜와 0.84㎜의 원형 Curve개체를 생성한다.

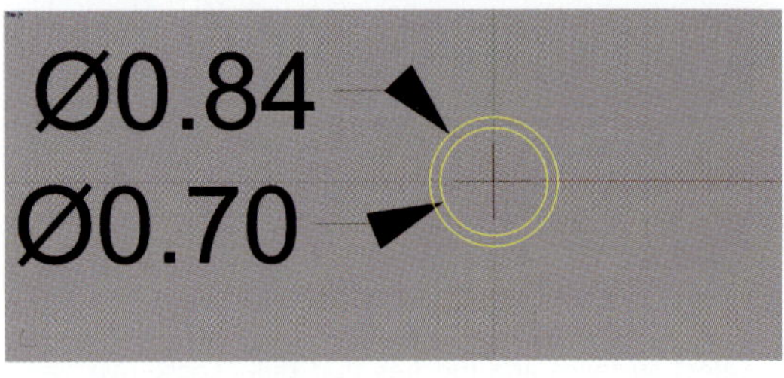

Center of circle (Deformable Vertical 2Point 3Point Tangent AroundCurve FitPoints): 0

Diameter <19.800> (Radius Orientation Circumference Area ProjectOsnap=*Yes*): 0.7

Center of circle (Deformable Vertical 2Point 3Point Tangent AroundCurve FitPoints): 0

Diameter <0.700> (Radius Orientation Circumference Area ProjectOsnap=*Yes*): 0.84

59. 0.7㎜ 원형 Curve개체를 선택하고, Extrude straight를 실행한다. Command Prompt 영역에서 BothSides=Yes, Solid=Yes, Deleteinput=Yes로 설정하고, Extrusion distance값 1.485를 입력한 후, Enter↵키를 누르면 다음 그림과 같이 길이 2.97㎜의 원통 Solid개체가 생성된 것을 확인할 수 있다.

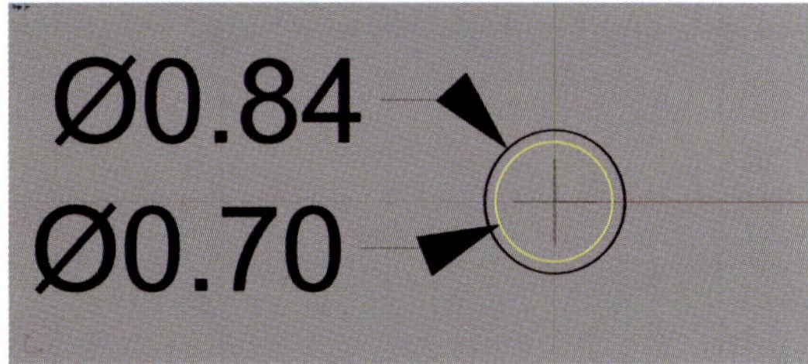

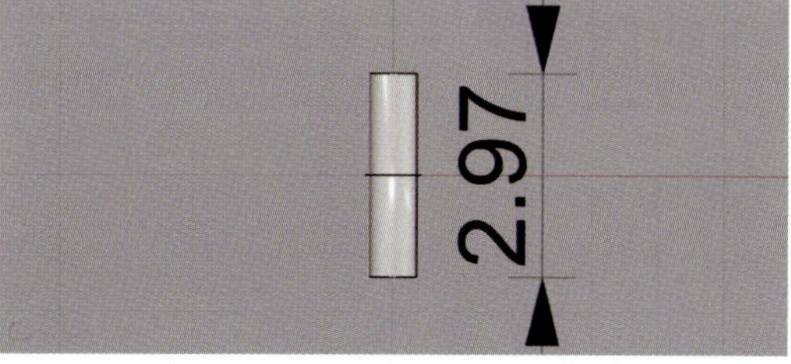

Extrusion distance <1.785> (Direction BothSides=Yes Solid=Yes DeleteInput=Yes ToBoundary SetBasePoint): 1.485

60. 0.84㎜ 원형 Curve개체를 선택하고, Extrude straight를 실행한다. Command Prompt 영역에서 BothSides=Yes, Solid=Yes, Deleteinput=Yes로 설정하고, Extrusion distance값 1.785를 입력한 후, Enter↵키를 누르면 다음 그림과 같이 길이 3.57㎜의 원통 Solid개체가 생성된 것을 확인할 수 있다.

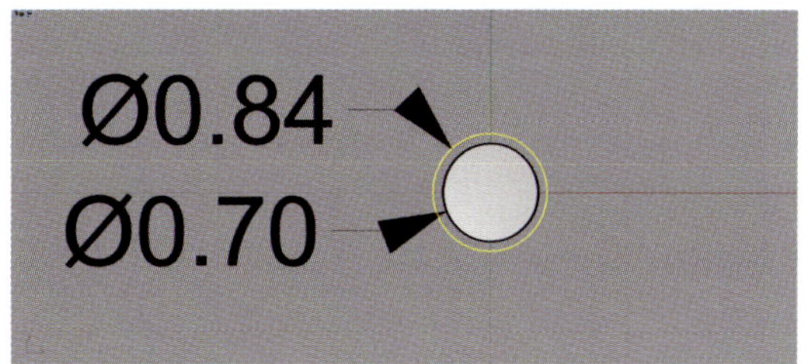

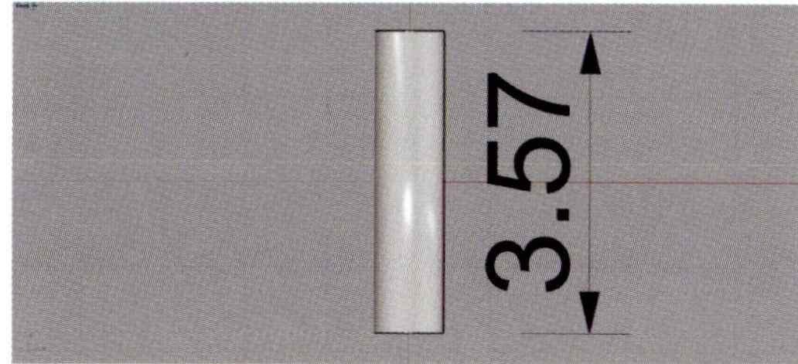

Extrusion distance <1.485> (Direction BothSides=Yes Solid=Yes DeleteInput=Yes ToBoundary SetBasePoint): 1.785

61. 생성된 2개의 원통 Solid개체를 선택하고, Volume centroid를 실행하여 원통 Solid개체 중심에 Point개체를 생성한다.

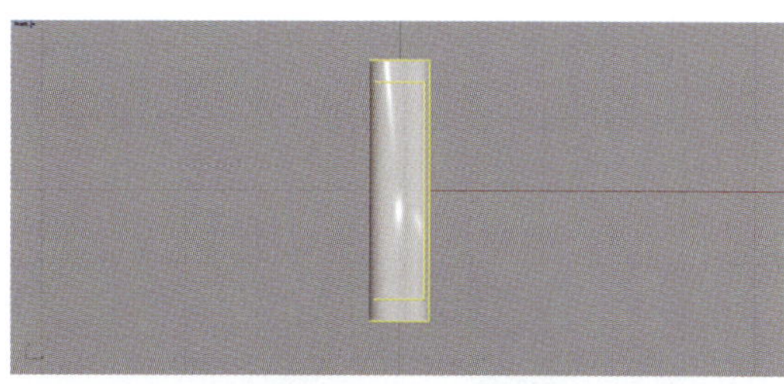

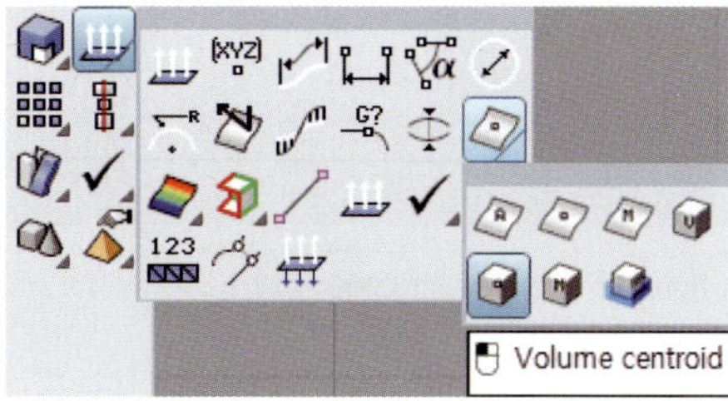

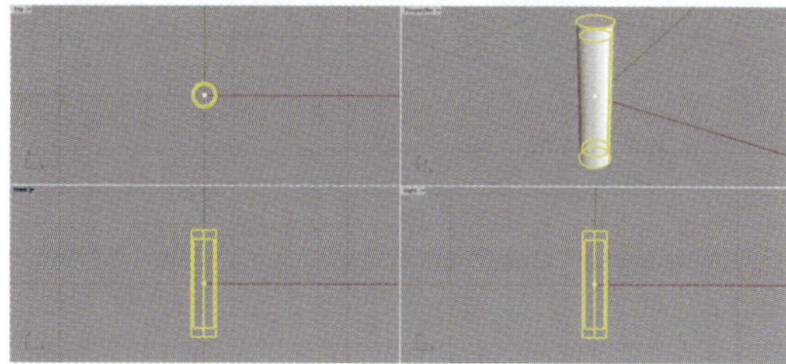

62. Front ▾ Front Viewport에서 2개의 원통 Solid개체와 Point개체를 선택하고, Copy를 실행한다. Point to copy from을 Point개체로 선택하고, Command Prompt 영역에 Point to copy to값 0.87, 0, 7.11을 입력한 후, Enter↵키를 누른다.

Point to copy to값 -3.67, 0, -3.04를 입력한 후, Enter↵키를 누르고, Point to copy to값 3.32, 0, 0.18을 입력한 다음, Enter↵키를 누르면 다음 그림과 같은 위치에 원통 Solid개체가 복사된 것을 확인할 수 있다.

Point to copy from (Vertical=*No* InPlace):

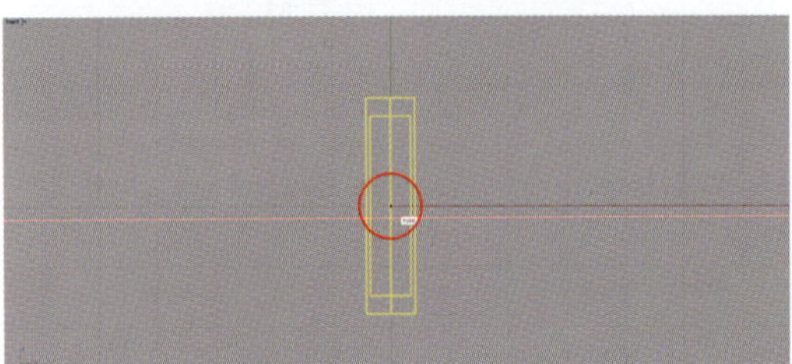

Point to copy to: 0.87,0,7.11

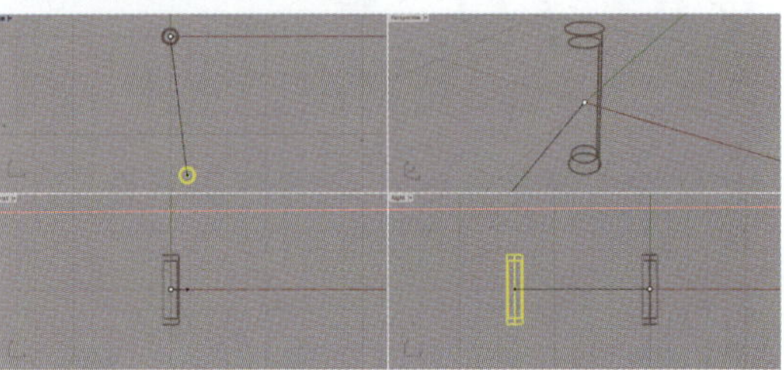

Point to copy to (FromLastPoint=*No* UseLastDistance=*No* UseLastDirection=*No*): -3.67,0,-3.04

Point to copy to (FromLastPoint=*No* UseLastDistance=*No* UseLastDirection=*No*): 3.32,0,0.18

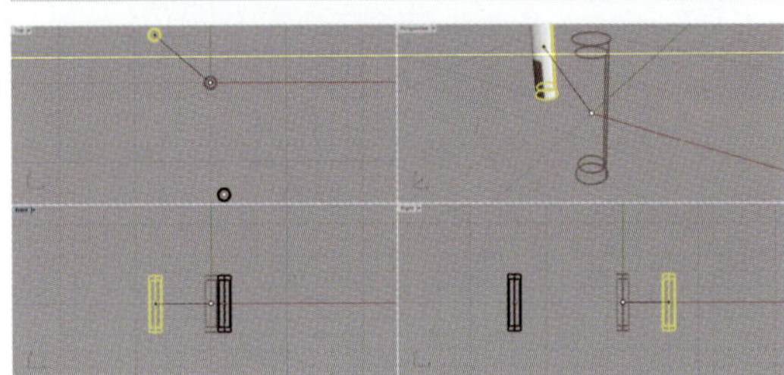

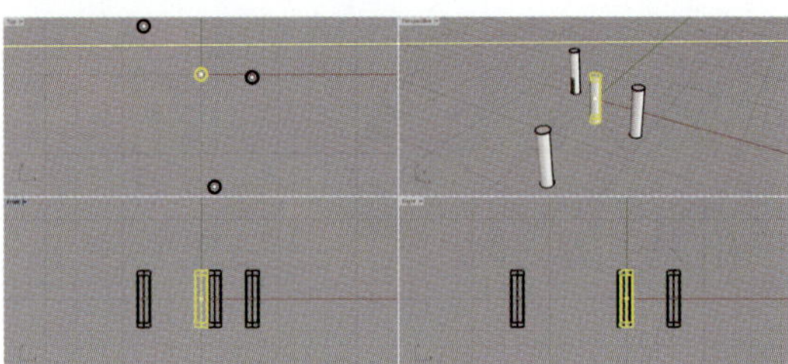

63. 다음 그림과 같이 양쪽 2개의 원통 Solid개체와 Point개체를 선택하고, Move를 실행한다. Point to move from을 우측 원통 Surface개체의 Point개체로 선택하고, Command Prompt 영역에 Point to move to값 13을 입력한 후, Enter↵키를 누른다.

Shift키를 누른 상태로 마우스 커서를 화살표 방향으로 이동한 후, 마우스 왼쪽버튼을 클릭하여 2개의 원통 Solid개체를 13㎜ 이동시킨다.

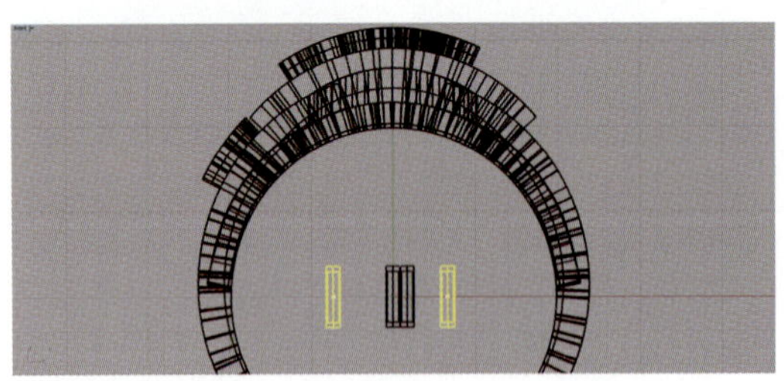

Point to move from (Vertical=*No*):

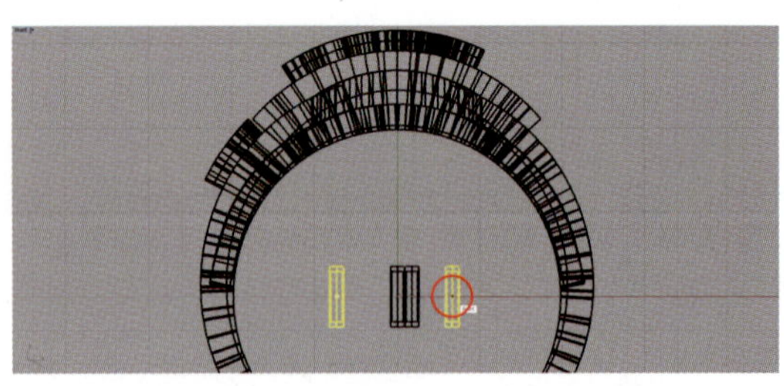

Point to move to <13.000>: 13

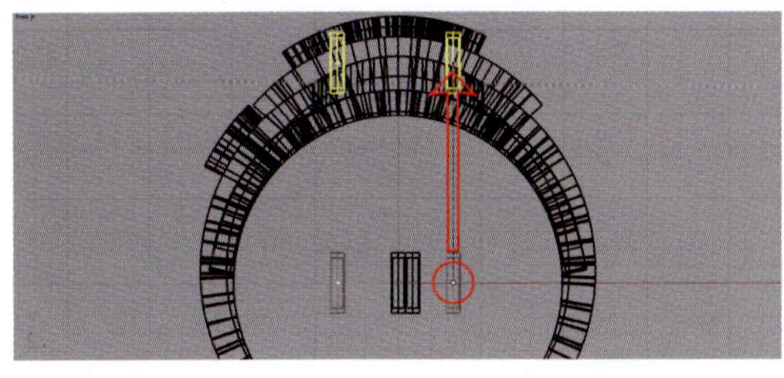
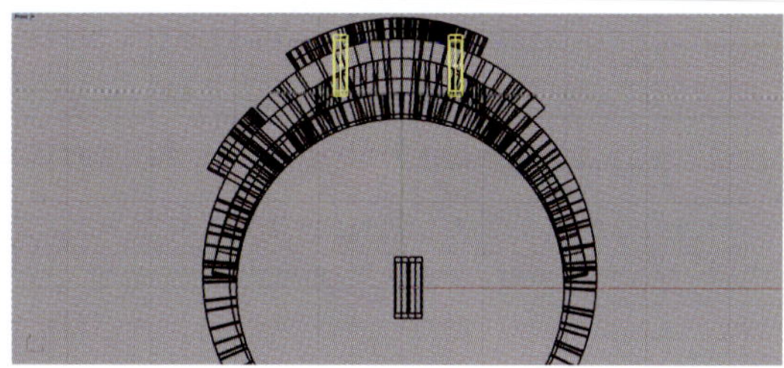

64. 다음 그림과 같이 우측의 원통 Solid개체를 선택하고, 다시 Move를 실행한다. Point to move from을 Point개체로 선택한 후, Command Prompt 영역에 Point to move to값 13.5를 입력하고, [Enter↵]키를 누른다. [Shift]키를 누른 상태로 마우스 커서를 화살표 방향으로 이동한 후, 마우스 왼쪽버튼을 클릭하여 원통 Solid개체를 13.5㎜ 이동시킨다.

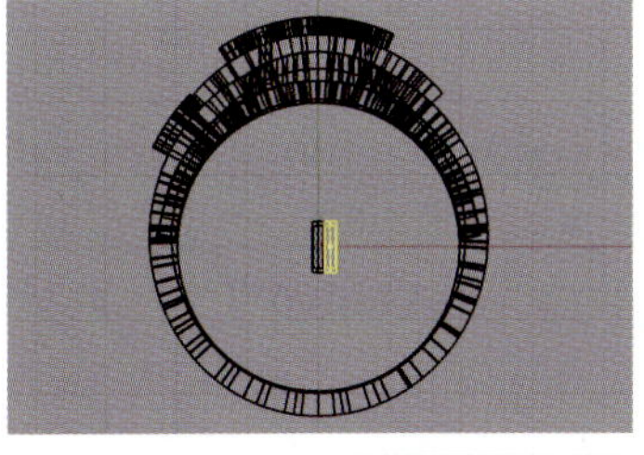
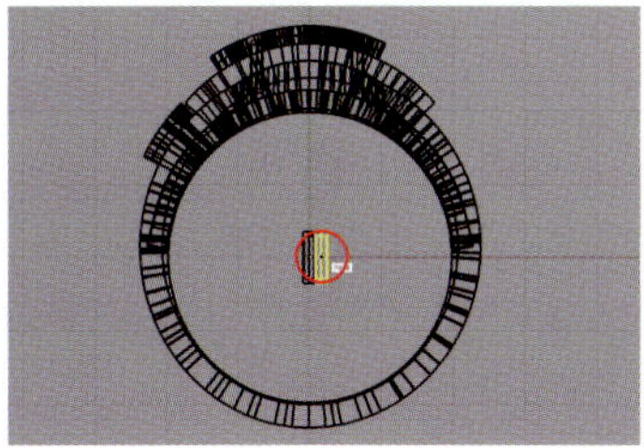
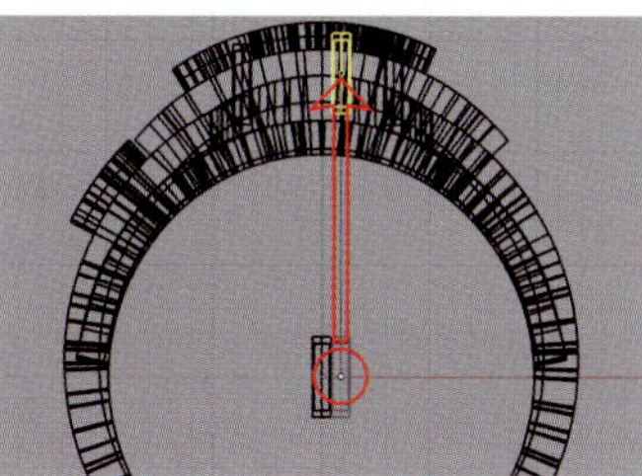

Point to move to <13.000>: 13.5

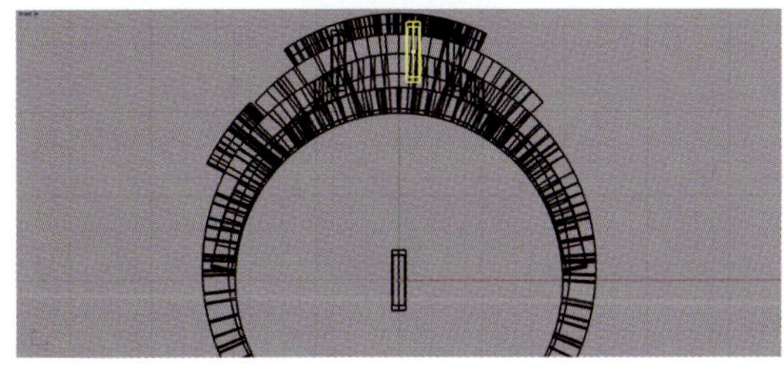
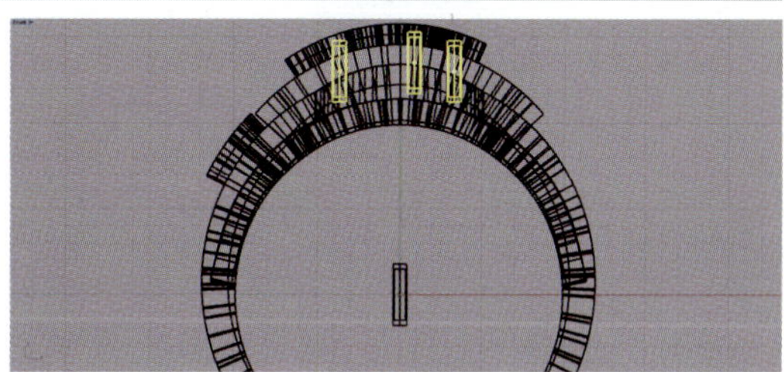

65. 반지개체를 선택하고, Boolean difference를 실행한 후, 지름 0.84㎜, 길이 3.57㎜의 원통 Solid개체 3개를 선택한 다음, [Enter↵]키를 누르면 다음 그림과 같이 반지개체에 홈이 파인 것을 확인할 수 있다.

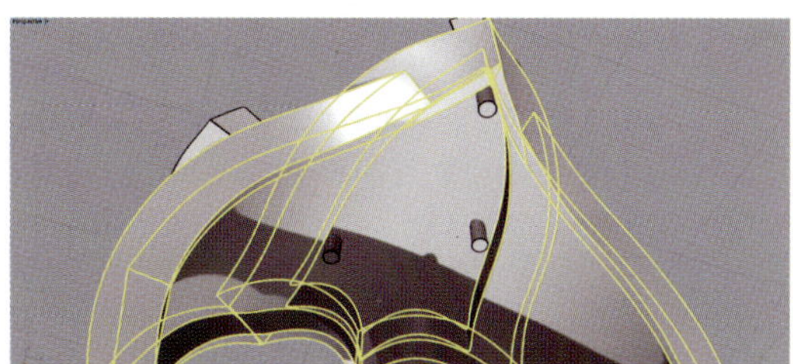
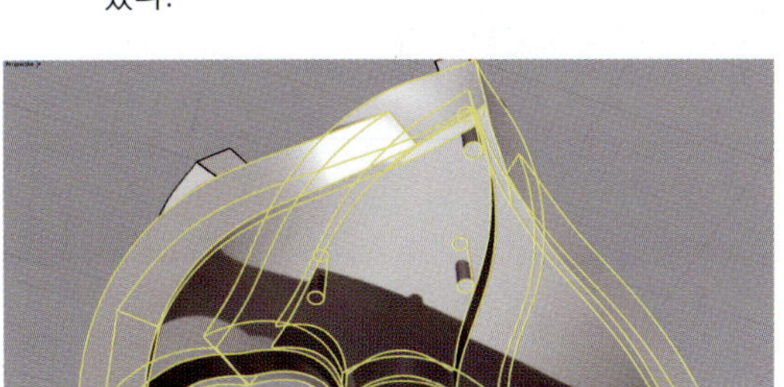
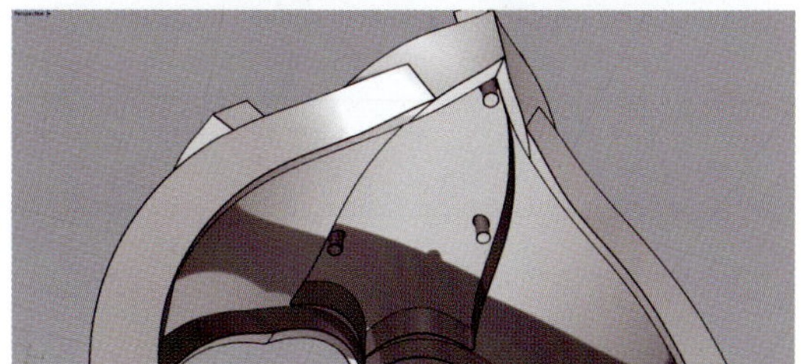

66. 상단의 잎사귀 Solid개체와 3개의 원통 Solid개체를 선택하고, Boolean union을 실행하여 하나의 개체로 결합한다. 다음 그림과 같이 반지개체에서 탈부착이 가능해진 잎사귀 Solid개체를 확인할 수 있다.

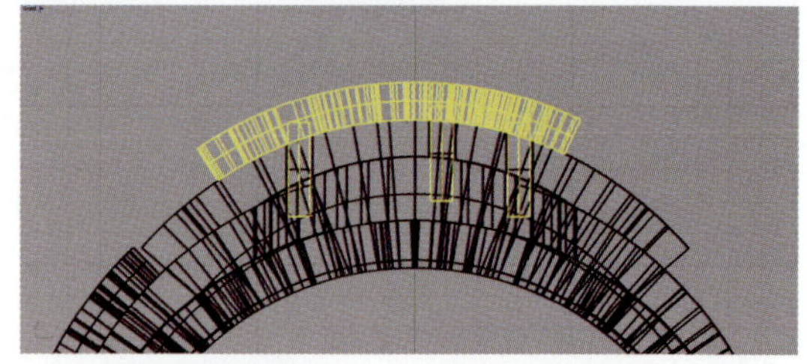

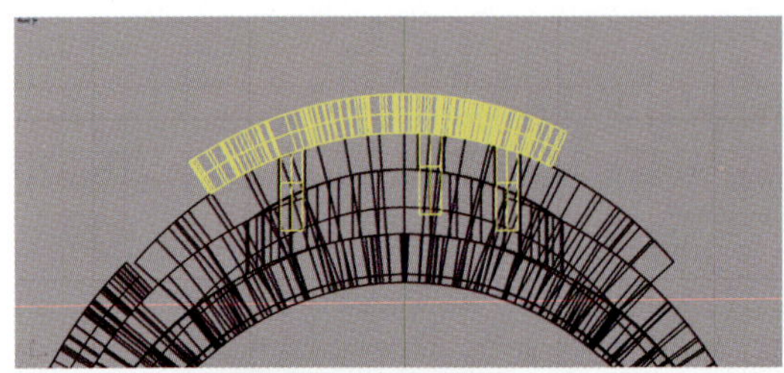

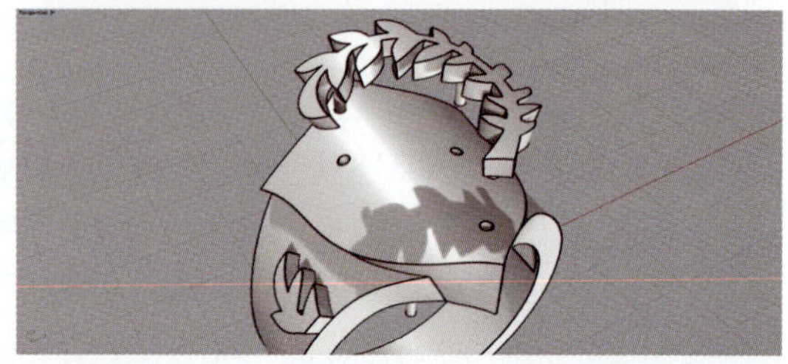

67. Front ▾ Front Viewport에서 원점에 위치한 2개의 원통 Solid개체와 Point개체를 선택하고, Rotate 2-D를 실행한다. Command Prompt 영역에 Center of rotation값 0을 입력하고, Enter↵ 키를 누른 후, Angle or first reference point값 55를 입력한 다음, Enter↵ 키를 누르면 다음 그림과 같이 원통 Solid개체가 55도 각도로 회전한 것을 확인할 수 있다.

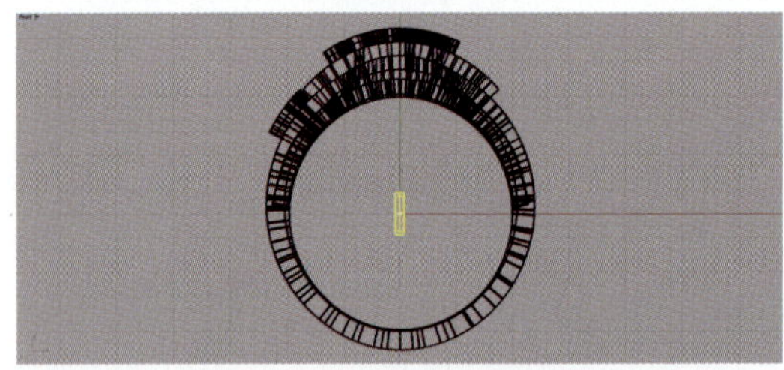

Center of rotation (Copy=*No* UseLastCenter): 0

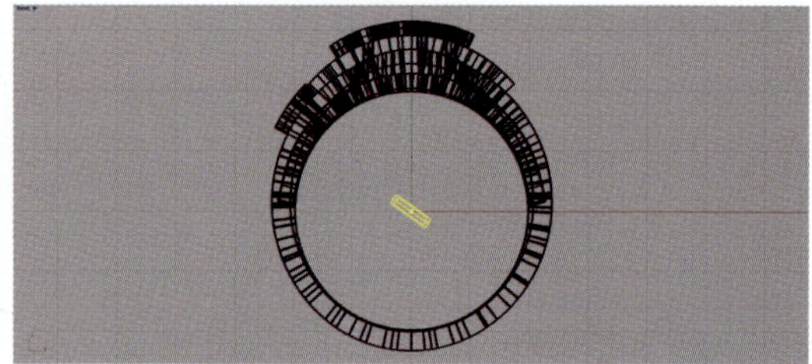

Angle or first reference point <55> (Copy=*No*): 55

68. 회전한 원통 Solid개체를 선택하고, Copy를 실행한다. Point to copy from을 원점(0, 0) 또는 원통 Solid개체 중심의 Point개체로 선택한다. Command Prompt 영역에 Point to copy to값 0.30, 0.49, -0.11을 입력하고, Enter↵ 키를 누른 후, 다시 0, 0, 3.43을 입력한 다음, Enter↵ 키를 누른다.

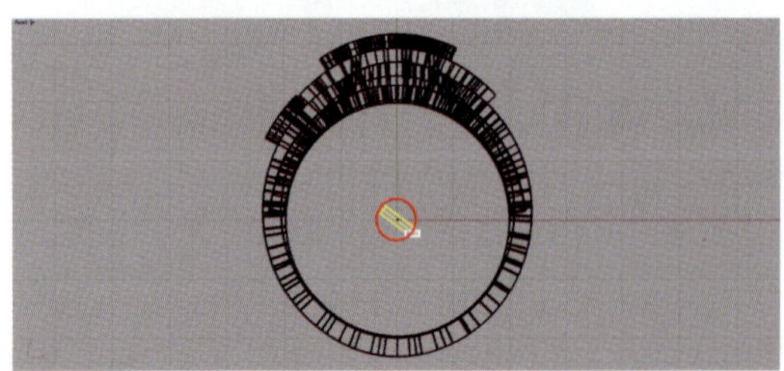

Point to copy from (Vertical=*No* InPlace): 0

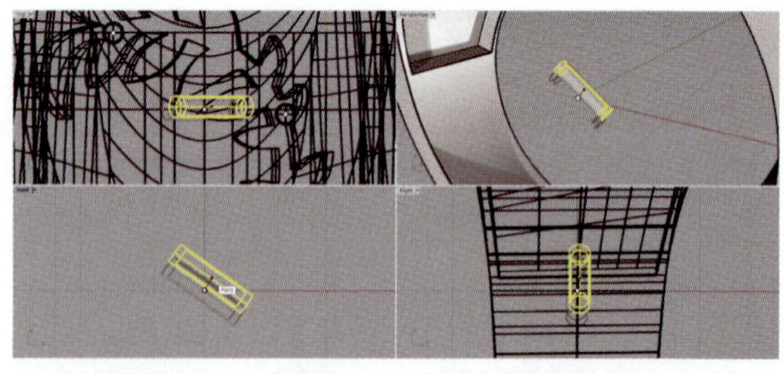

Point to copy to: 0.30,0.49,-0.11

Point to copy to (FromLastPoint=No UseLastDistance=No UseLastDirection=No): 0,0,3.43

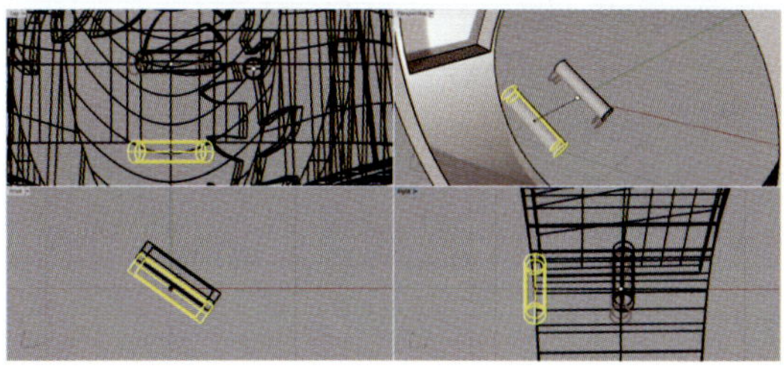

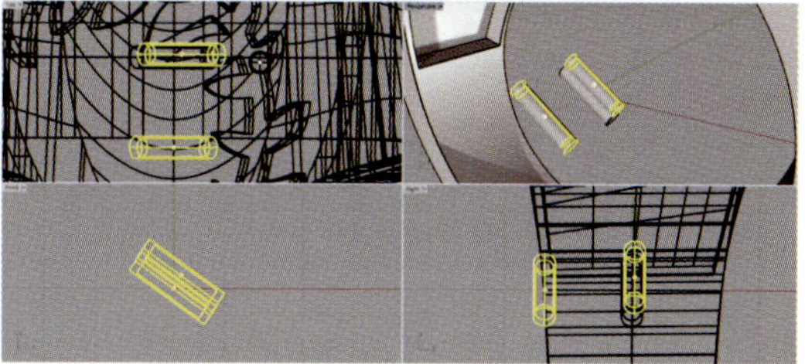

69. 복사한 2개의 원통 Solid개체는 남기고, 원점(0, 0)에 위치한 원통 Solid개체는 삭제한 후, 반지개체는 잠시 숨겨둔다.

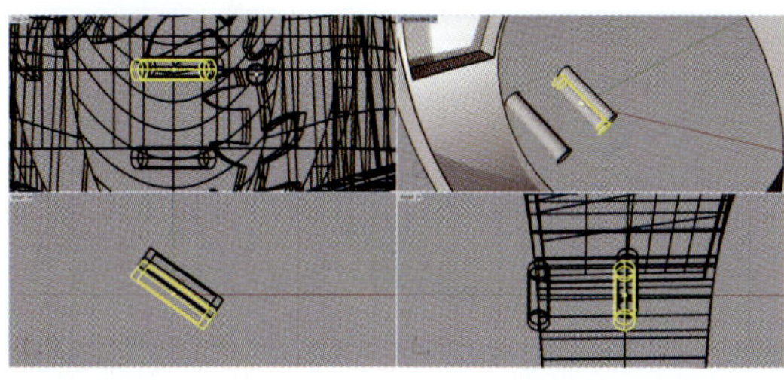

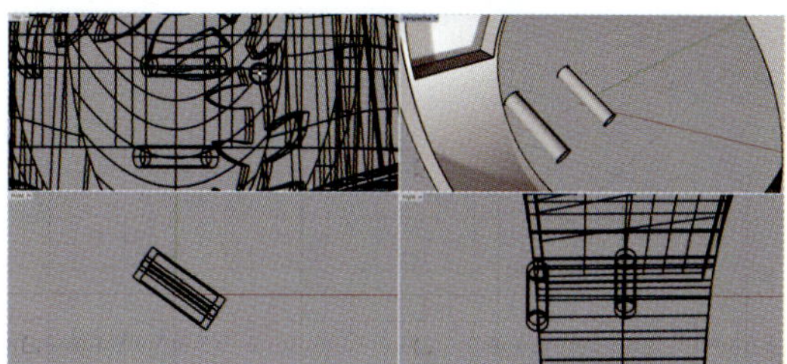

70. Front Front Viewport에서 Single point를 실행하고, Command Prompt 영역에 Location of point object값 -9.03, 7.42, 3.43을 입력한 후, Enter 키를 누르면 다음 그림과 같은 위치에 생성된 Point개체를 확인할 수 있다.

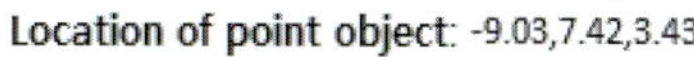

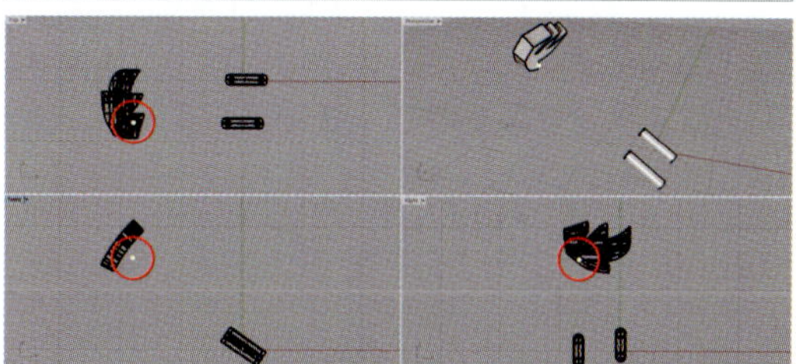

71. Front Front Viewport에서 2개의 원통 Solid개체를 선택하고, Move를 실행한다. Osnap Toolbar에서 Point에만 체크하고, Point to move from을 아래에 위치한 원통 Solid개체의 Point개체로 선택한 후, 마우스 커서를 움직여서 좌측 상단에 생성한 Point개체로 이동시킨다.

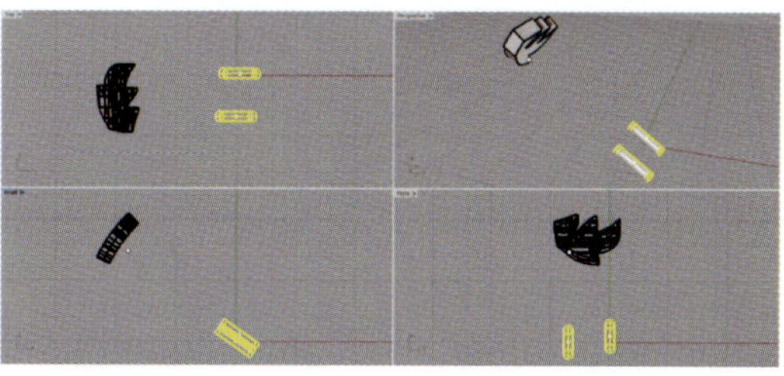

Point to move from (Vertical=No):

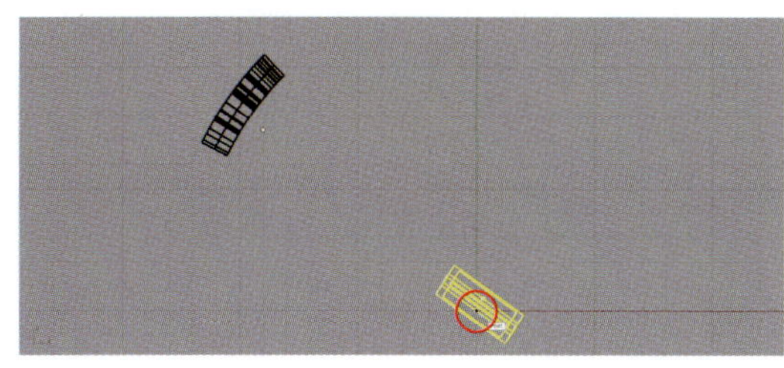

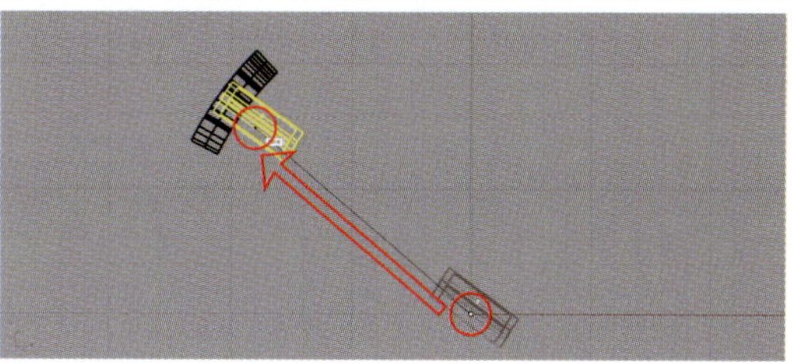

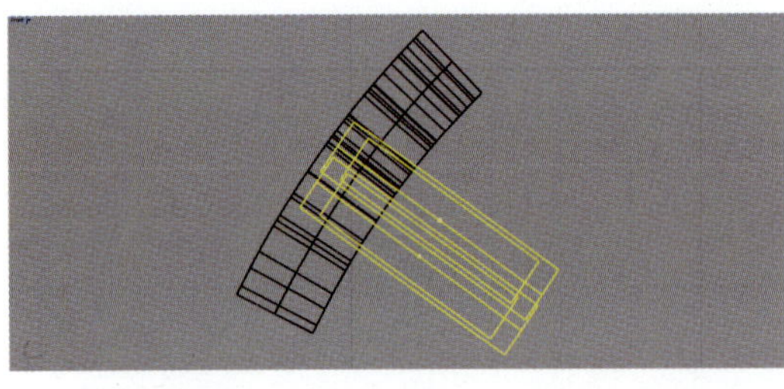

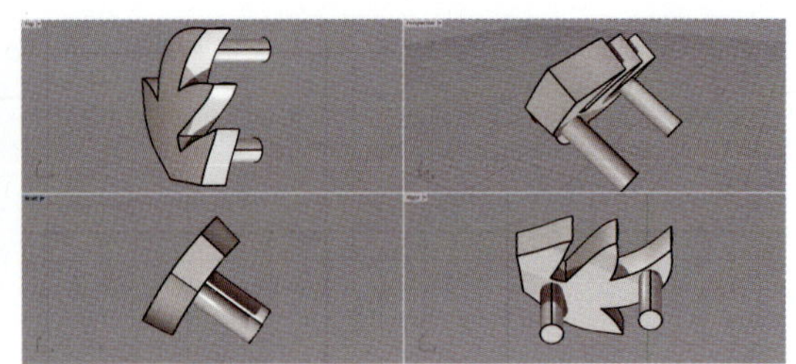

72. 숨겨둔 반지개체를 화면상에 나타나게 한다. 반지개체를 선택하고, Boolean difference를 실행한 후, 지름 0.84㎜, 길이 3.57㎜의 원통 Solid개체 2개를 선택한 다음, [Enter↵]키를 누른다.

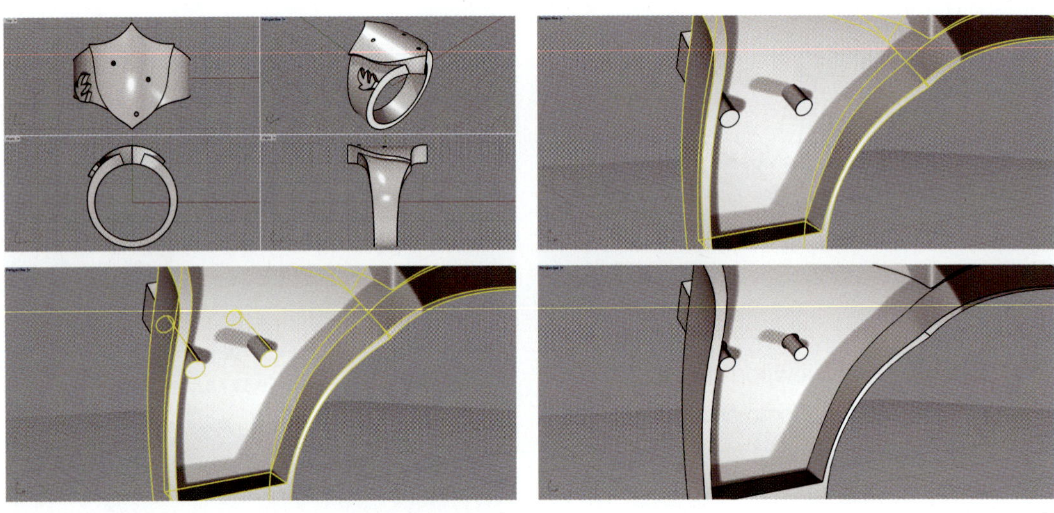

73. 다음 그림과 같이 잎사귀 Solid개체와 2개의 원통 Solid개체를 선택하고, Boolean union를 실행하여 하나의 개체로 결합한다. Curve개체와 Point개체는 모두 삭제한다.

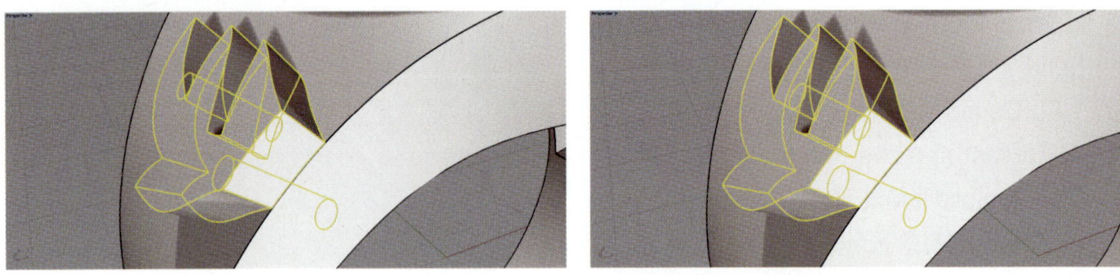

74. 다음 그림과 같이 완성된 Level 2 - Design Modeling 5 반지개체를 확인할 수 있다.

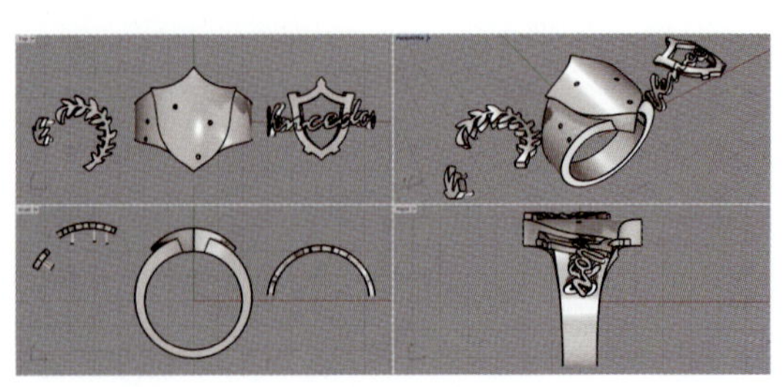

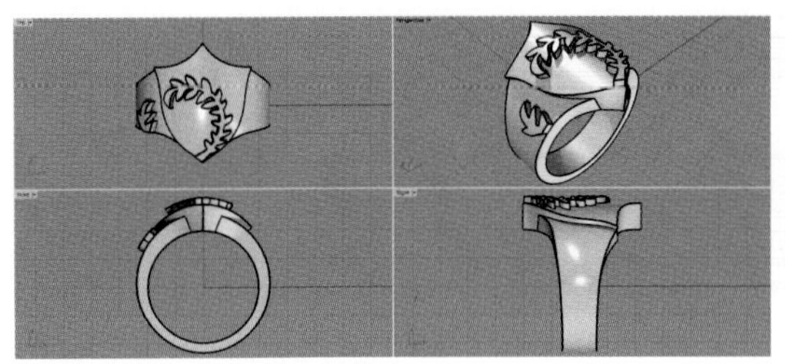

Level 03 Design Modeling 1

출처: 이 예제는 이 책의 표지 이미지 제품으로 이준영 디자이너님의 디자인 제품임을 밝힙니다.

01. Front Front Viewport에서 Circle: center, radius를 실행하고, 원점(0, 0) 기준으로 지름 16㎜, 16.8㎜, 17.8㎜의 원형 Curve개체 3개를 생성한다.

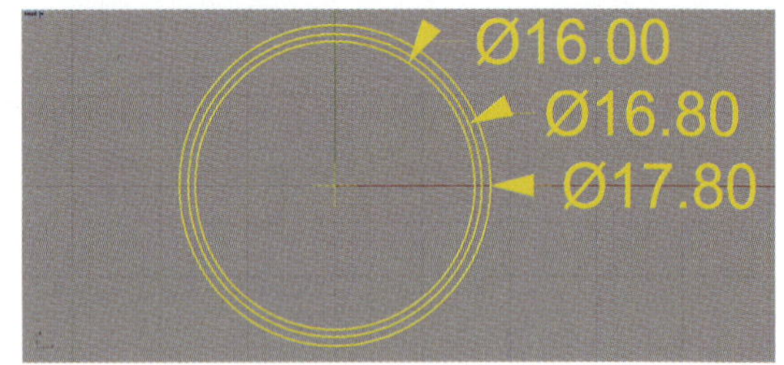

02. Line: from midpoint를 실행하고, Command Prompt 영역에 Middle of line값 0을 입력한 후, Enter 키를 누른다. Shift 키를 누른 상태로 마우스 커서를 화살표 방향으로 이동한 후, 마우스 왼쪽버튼을 클릭하여 17.8㎜ 원형 Curve개체를 통과하는 직선 Curve개체를 생성한다.

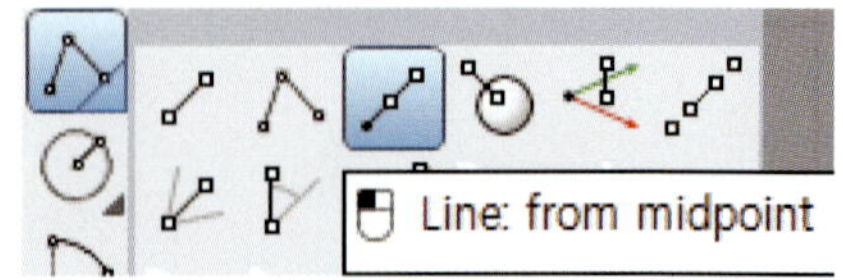

Middle of line (Normal Angled Vertical FourPoint Bisector Perpendicular Tangent Extension): 0

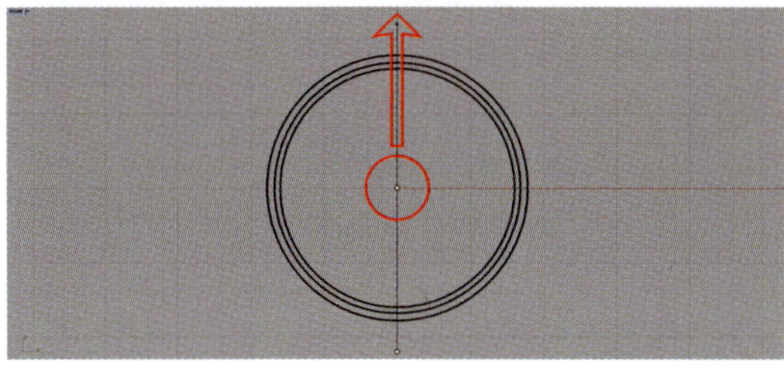

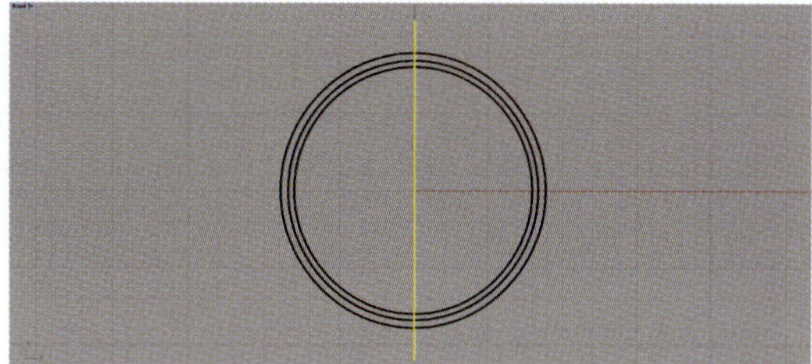

03. 17.8㎜ 원형 Curve개체를 선택하고, Split를 실행한 후, 생성된 직선 Curve개체를 선택한 다음, Enter↵키를 누른다. 다음 그림과 같이 분리된 원형 Curve개체와 직선 Curve개체는 삭제한다.

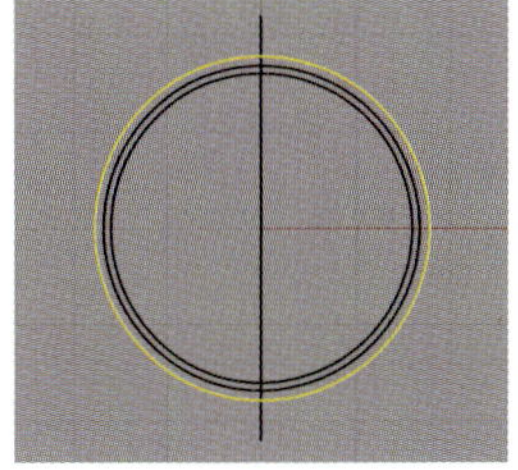

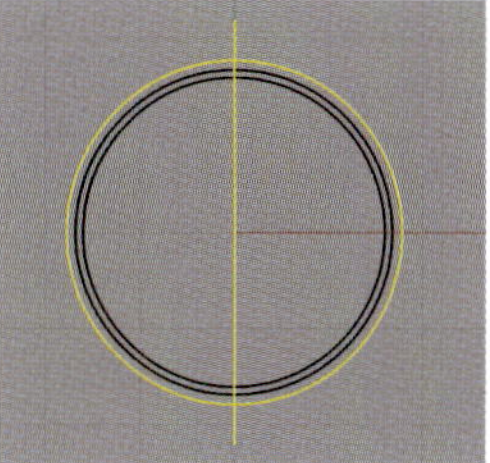

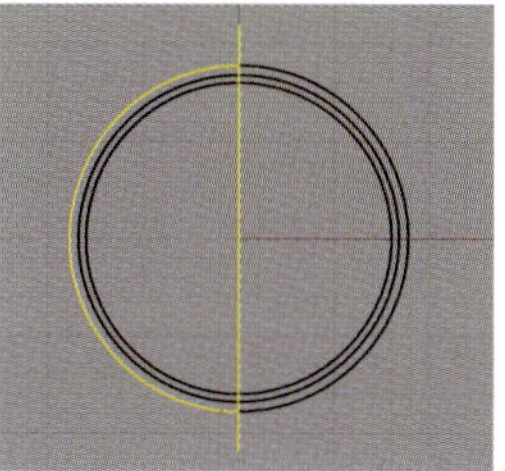

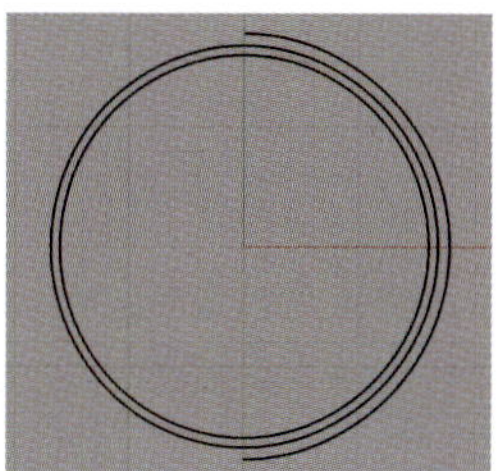

04. Top ▾ Top Viewport에서 Ctrl+I(Insert)를 실행하여 Insert창이 나타나면 Insert as에서 Individual Objects를 선택하고, 우측 상단의 폴더 아이콘을 선택한다. 6.00×3.62.3dm파일을 선택하고, 열기를 누른 후, Command Prompt 영역에 Insertion point값 0을 입력하여 원점 (0, 0) 위치에 보석개체를 불러온다.

→ 부록CD 〉 Rhino 예제 〉 Level 3 – Design Modeling 1 〉 6.00×3.62.3dm

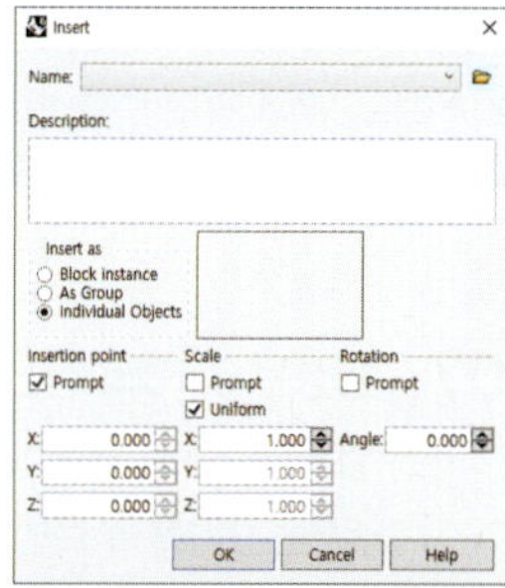

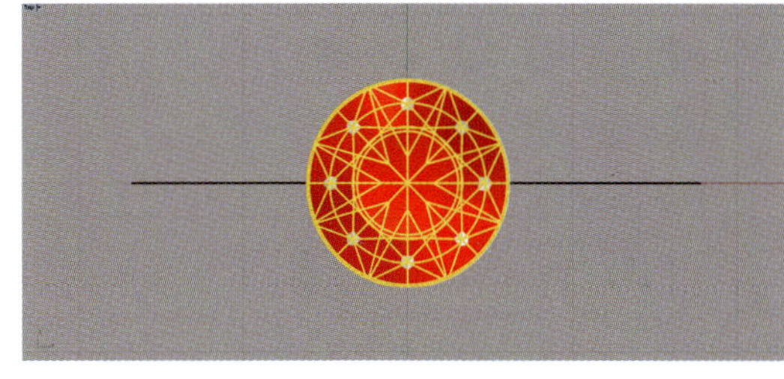

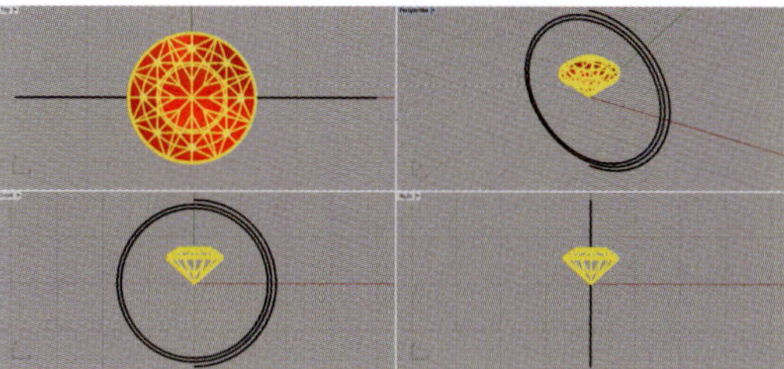

05. Front ▾ Front Viewport에서 불러온 보석개체를 선택하고, Move를 실행한다. Point to move from을 보석개체 하단의 End점으로 선택하고, Command Prompt 영역에 Point to move to값 12.75를 입력한 후, Enter↵키를 누른다. Shift키를 누른 상태로 마우스 커서를 화살표 방향으로 이동한 후, 마우스 왼쪽버튼을 클릭하여 보석개체를 12.75㎜ 이동시킨다.

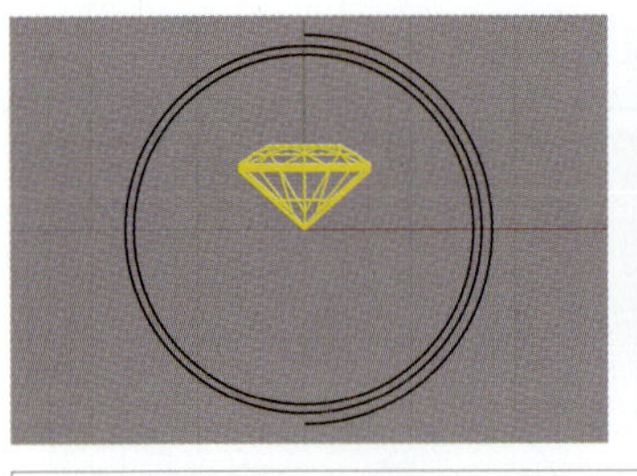

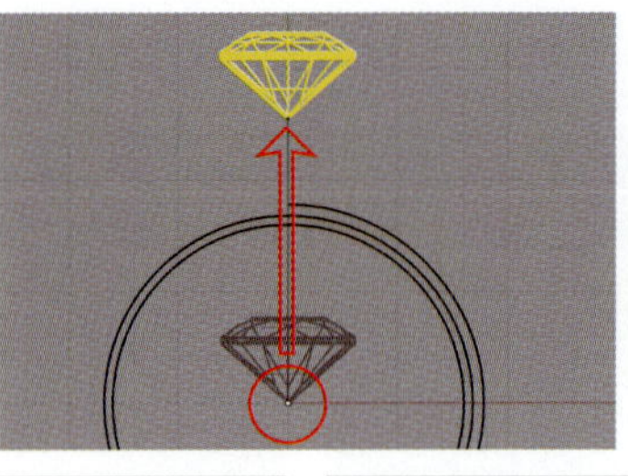

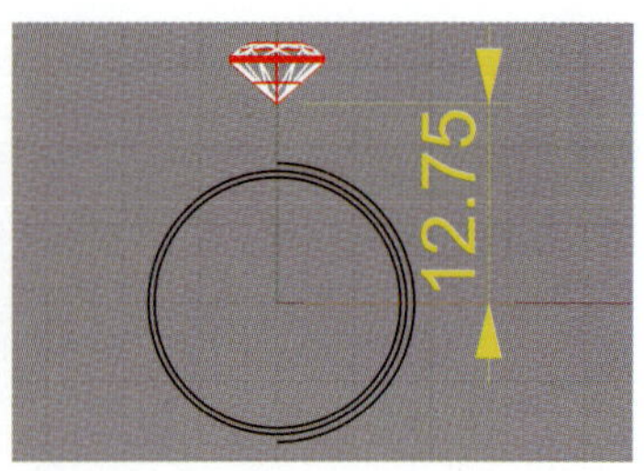

Point to move from (Vertical=No): 0

Point to move to: 12.75

06. Single Line을 실행하고, Command Prompt 영역에 Start of line값 0을 입력한 후, Enter↵키를 누른다. End of line값 3.18을 입력하고, Enter↵키를 누른 다음, Shift키를 누른 상태로 마우스 커서를 화살표 방향(z축)으로 이동한 후, 마우스 왼쪽버튼을 클릭하여 3.18㎜ 길이의 직선 Curve개체를 생성한다.

Start of line (BothSides Normal Angled Vertical FourPoint Bisector Perpendicular Tangent Extension): 0

End of line (BothSides): 3.18

07. 생성된 3.18㎜ 직선 Curve개체를 선택하고, Pipe: Round caps를 실행한다. Command Prompt 영역에 Start diameter값 1.2를 입력하고, Enter↵키를 누른 후, End diameter값 1.2를 입력한 다음, Enter↵키를 누르면 다음 그림과 같이 지름 1.2㎜의 난발 개체가 생성된 것을 확인할 수 있다.

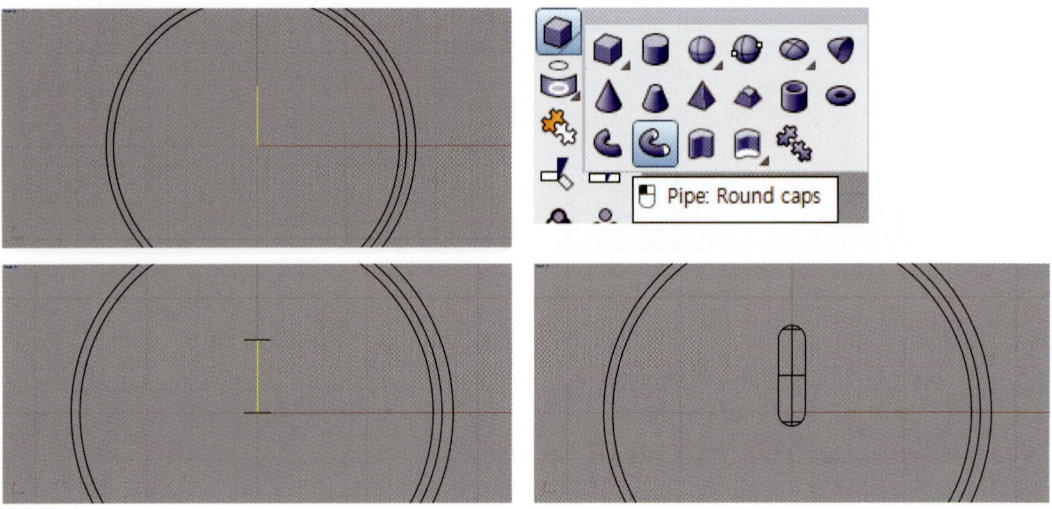

Start diameter <2.400> (Radius Thick=*No* Cap=*Round* ShapeBlending=*Local* FitRail=*No*): 1.2

End diameter <1.200> (Radius ShapeBlending=*Local* FitRail=*No*): 1.2

08. Single Line을 실행하고, Start of line을 다음 그림과 같이 보석개체 우측 상단의 End점으로 선택한다.
Command Prompt 영역에 End of line 값 0.3을 입력하고, Enter↵키를 누른 다음, Shift키를 누른 상태로 마우스 커서를 화살표 방향으로 이동한 후, 마우스 왼쪽버튼을 클릭하여 0.3㎜ 직선 Curve개체를 생성한다.

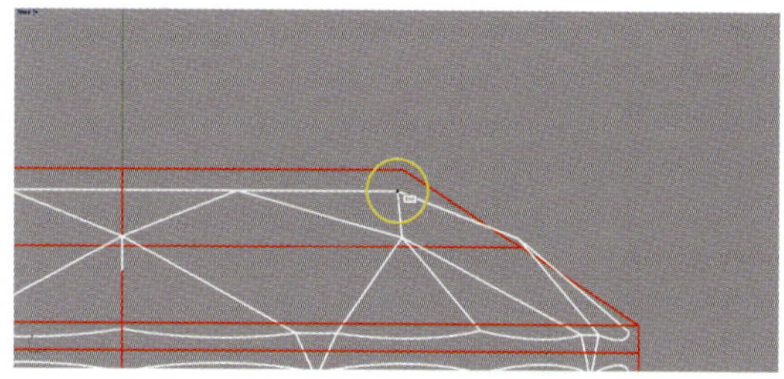

Start of line (BothSides Normal Angled Vertical FourPoint Bisector Perpendicular Tangent Extension):

End of line (BothSides): 0.3

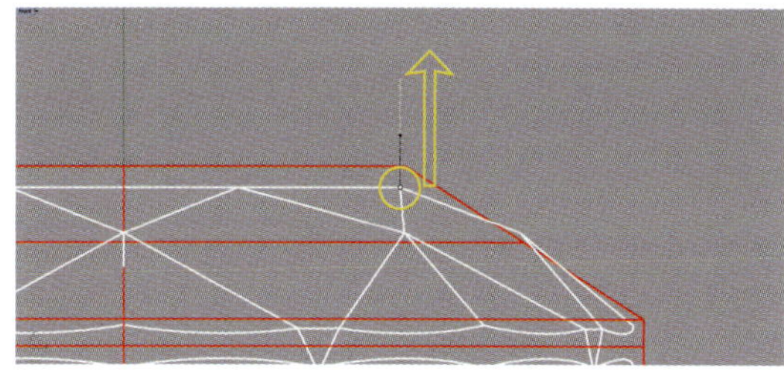

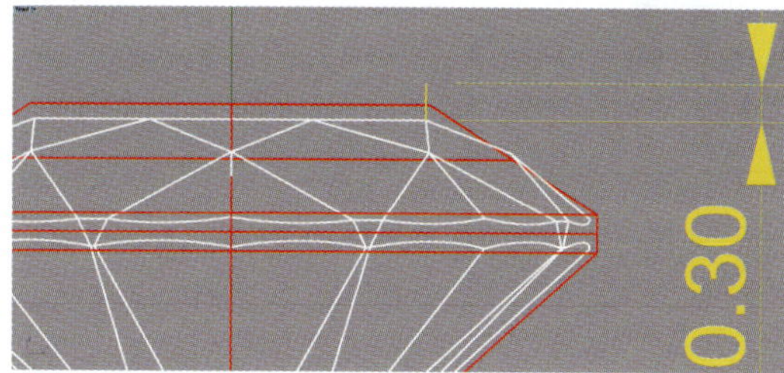

09. Line: from midpoint을 실행하고, Middle of line을 생성된 0.3㎜ 직선 Curve 개체 상단의 End점으로 선택한다.
Shift키를 누른 상태로 마우스 커서를 화살표 방향으로 이동한 후, 마우스 왼쪽버튼을 클릭하여 다음 그림과 같이 직선 Curve개체를 생성한다.

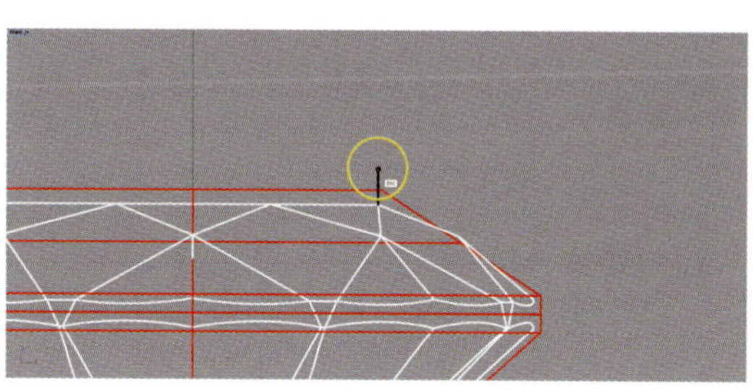

Middle of line (Normal Angled Vertical FourPoint Bisector Perpendicular Tangent Extension):

End of line:

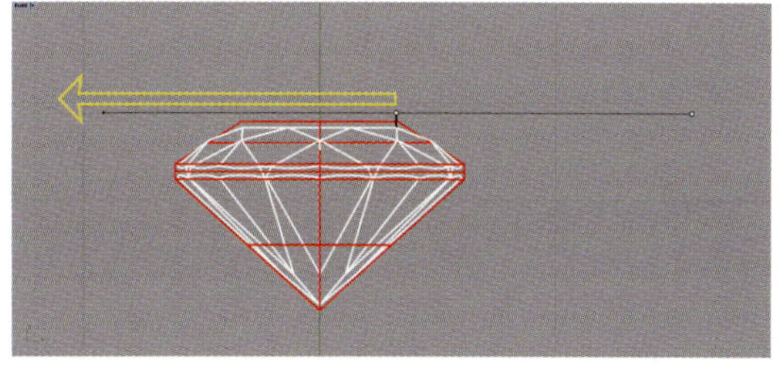

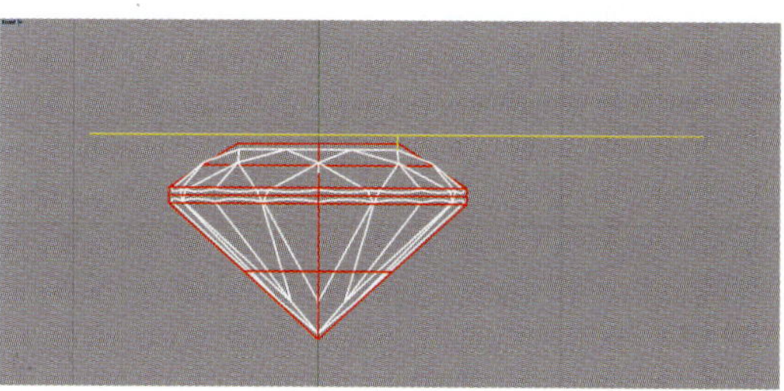

10. Osnap Toolbar에서 End점과 Int점에 체크하고, 난발 개체를 선택한다. Move를 실행하고, Point to move from을 난발 개체 상단의 End점으로 선택한다. Shift키를 누른 상태로 마우스 커서를 화살표 방향으로 이동한 후, Line: from midpoint로 생성한 직선 Curve개체의 Apparent Int점에 마우스 왼쪽버튼을 클릭하여 난발 개체를 이동시킨다. 사용한 직선 Curve개체들은 모두 삭제한다.

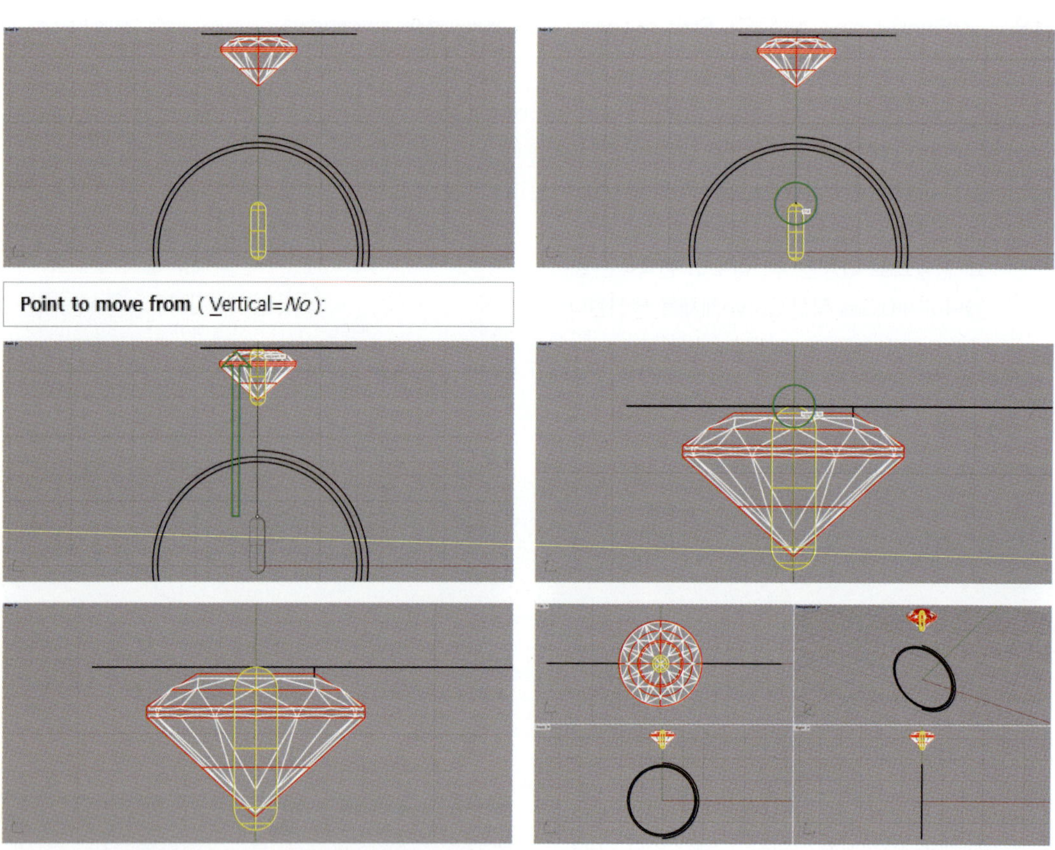

11. Top Top Viewport에서 이동시킨 난발 개체를 선택하고, 다시 Move를 실행한다. Point to move from을 난발 개체의 End점으로 선택하고, Shift키를 누른 상태로 마우스 커서를 움직여서 난발 개체가 보석개체에 1/3 겹치게 이동시킨다.

Point to move from (Vertical=No):

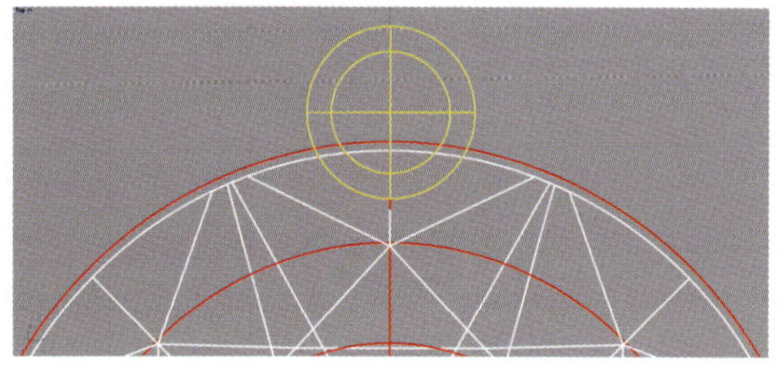

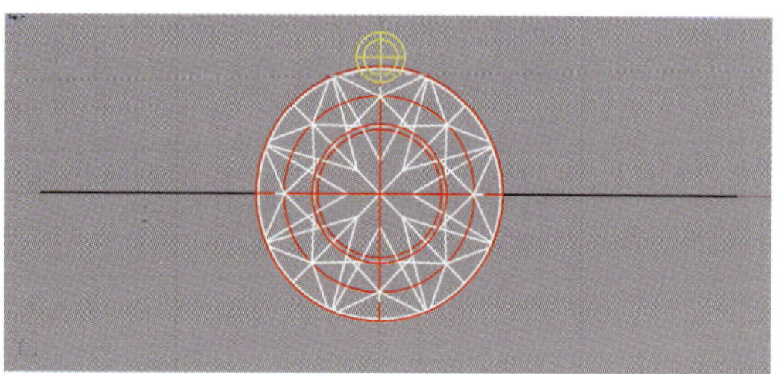

12. 난발 개체를 선택하고, Rotate 2-D를 실행한다.
Command Prompt 영역에 Center of rotation값 0을 입력하고, Enter↵키를 누른 후, Angle or first reference point값 45를 입력한 다음, Enter↵키를 누른다.
다음 그림과 같이 난발 개체가 45도 각도로 회전한 것을 확인할 수 있다.

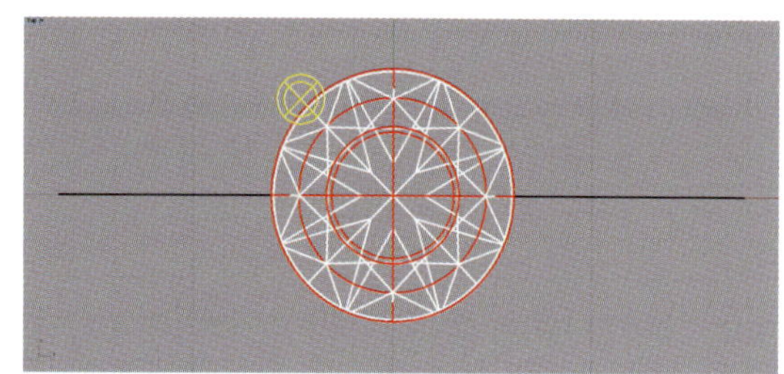

Center of rotation (Copy=*No*): 0

Angle or first reference point <45> (Copy=*No*): 45

13. 난발 개체를 선택하고, Polar array를 실행한다.
Command Prompt 영역에 Center of polar array값 0을 입력하고, Enter↵키를 누른 후, Number of items값 4를 입력한 다음, Enter↵키를 누른다.
FillAngle=360으로 입력하고, Enter↵키를 누르면 다음 그림과 같이 360도 각도로 회전하며 복사된 4개의 난발 개체를 확인할 수 있다.

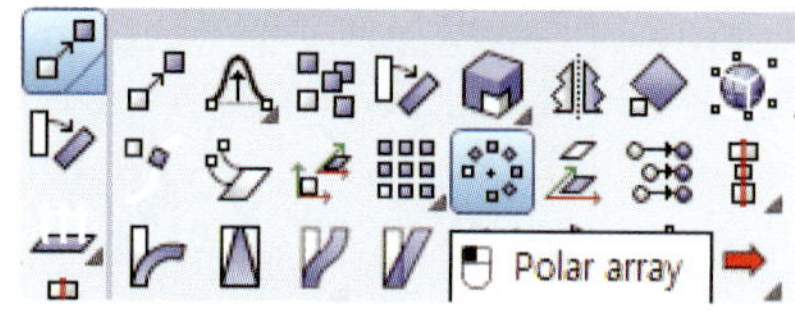

Center of polar array (Axis): 0

Number of items <3>: 4

Press Enter to accept. FillAngle = 360 (Items=*4* FillAngle Rotate=*Yes* ZOffset=*0*):

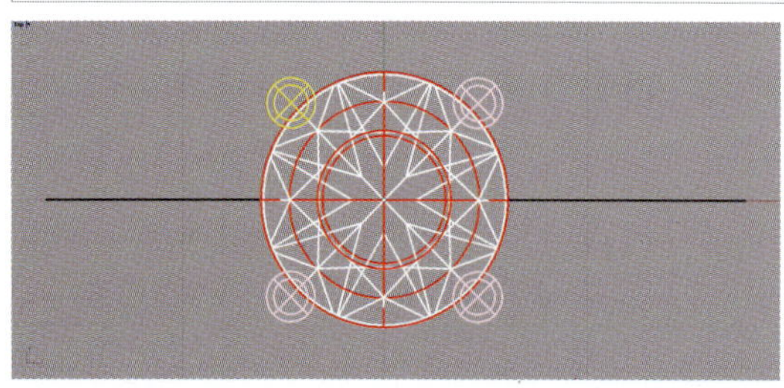

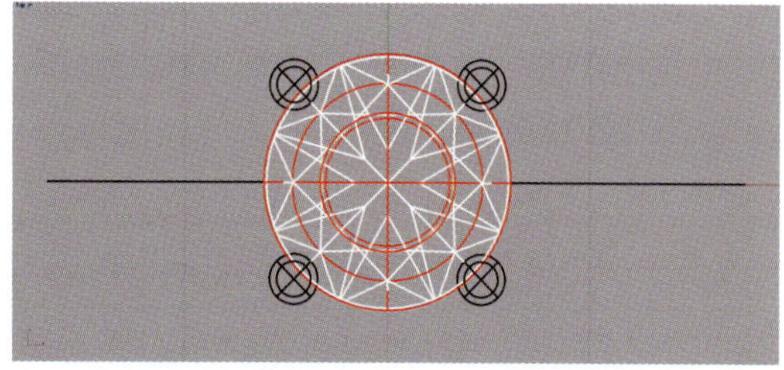

14. Top Top Viewport에서 Torus를 실행한다. Command Prompt 영역에 Center of torus값 0을 입력하고, Enter↵키를 누른 후, Radius값 4를 입력한 다음, Enter↵키를 누른다. Second radius값 0.85를 입력한 후, Enter↵키를 누르면 다음 그림과 같이 Torus개체가 생성된 것을 확인할 수 있다.

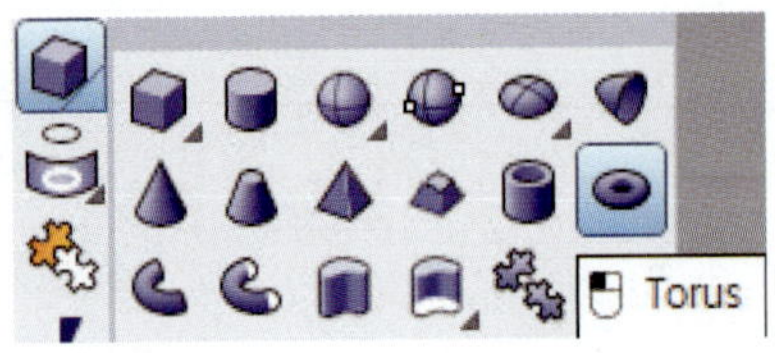

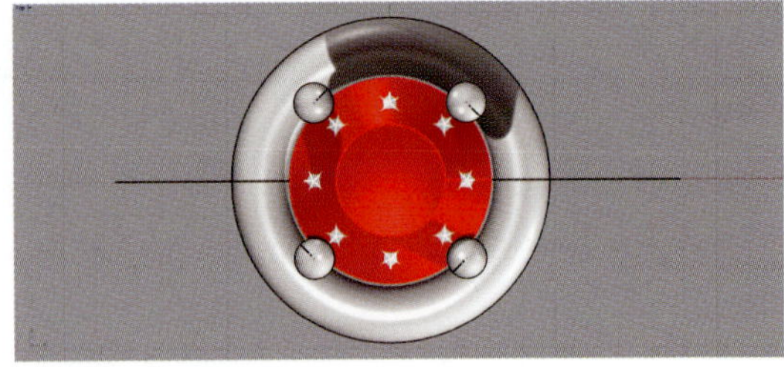

Center of torus (Vertical 2Point 3Point Tangent AroundCurve FitPoints): 0

Radius <2.650> (Diameter Orientation Circumference Area ProjectOsnap=Yes): 4

Second radius <0.500> (Diameter FixInnerDimension=No): 0.85

15. 생성된 Torus개체를 선택하고, Volume centroid를 실행하여 Torus개체 중심에 Point개체를 생성한다.

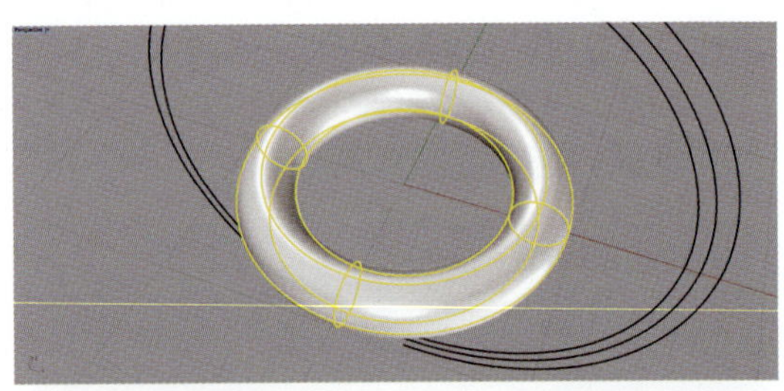

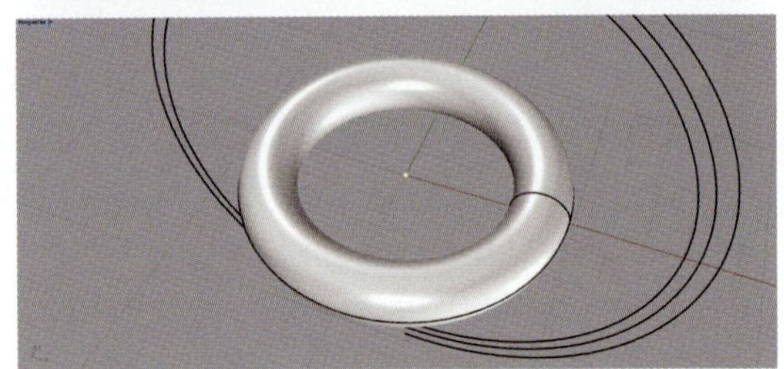

16. Front Front Viewport에서 Torus개체와 Point개체를 선택하고, Move를 실행한다. Point to move from을 Point개체로 선택하고, Point to move to값 12.94를 입력한 후, Enter↵키를 누른다. Shift키를 누른 상태로 마우스 커서를 화살표 방향으로 이동한 후, 마우스 왼쪽버튼을 클릭하여 Torus개체를 12.94㎜ 이동시킨다.

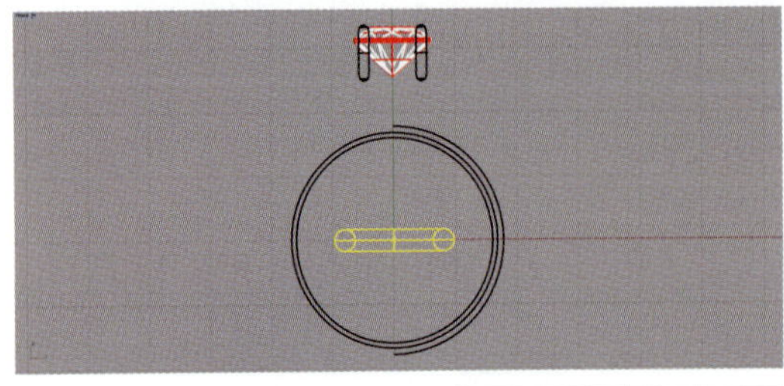

Point to move from (Vertical=No):

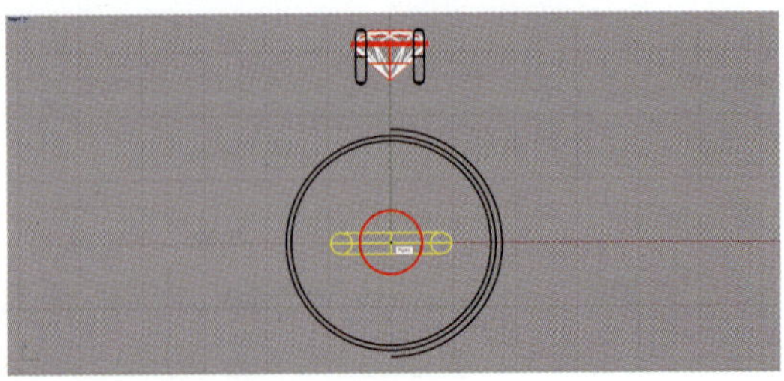

Point to move to <3.285>: 12.94

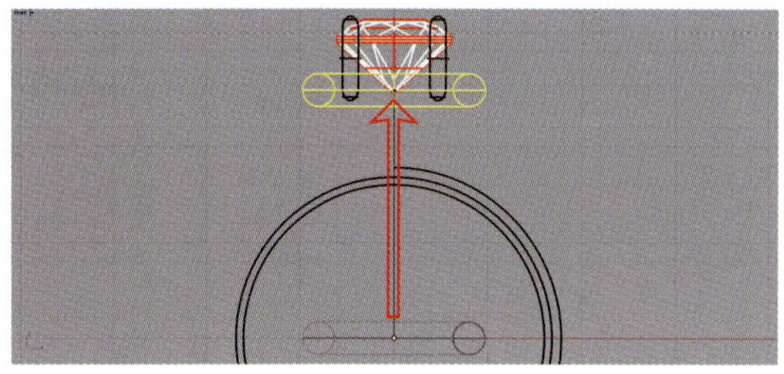

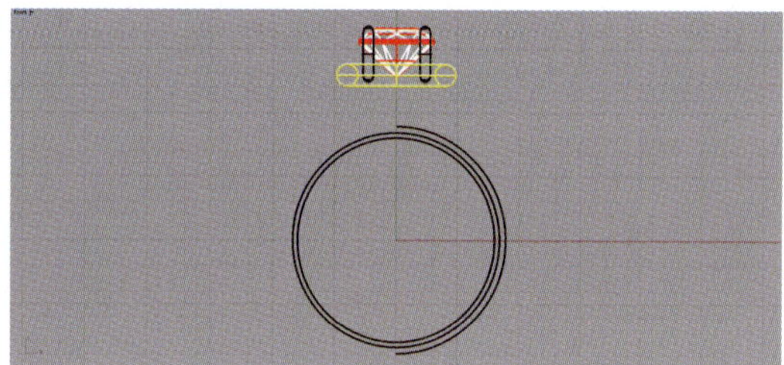

17. Top Top Viewport에서 다시 Torus를 실행하고, 원점(0, 0) 기준으로 Command Prompt 영역에 Radius값 2.65를 입력한 후, Enter↵키를 누른다. Second radius값 0.5를 입력하고, Enter↵키를 누른 다음, 생성된 Torus개체를 선택한 후, Volume centroid를 실행하여 Torus개체 중심에 Point개체를 생성한다.

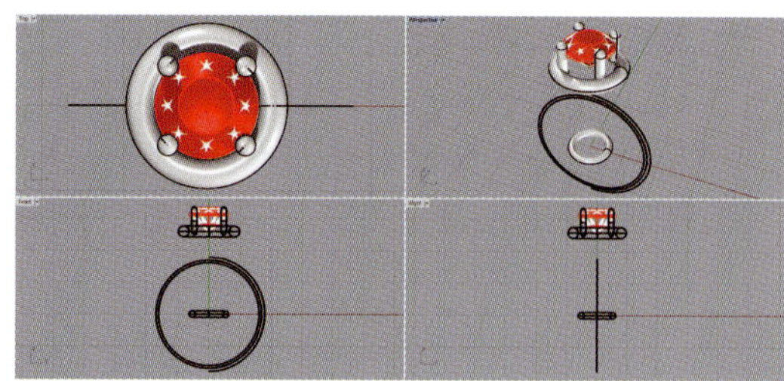

Center of torus (Vertical 2Point 3Point Tangent AroundCurve FitPoints): 0

Radius <4.000> (Diameter Orientation Circumference Area ProjectOsnap=*Yes*): 2.65

Second radius <0.850> (Diameter FixInnerDimension=*No*): 0.5

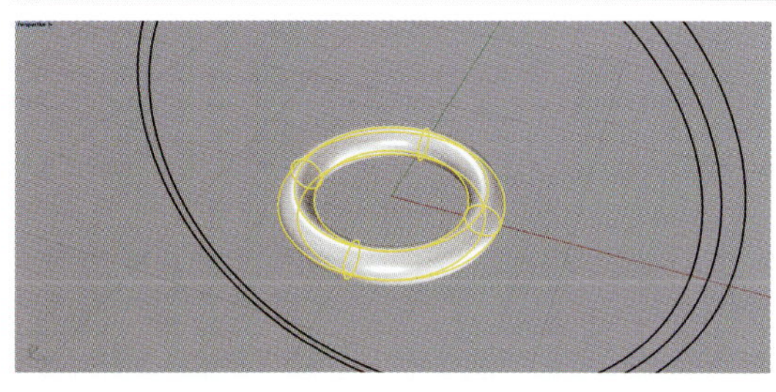

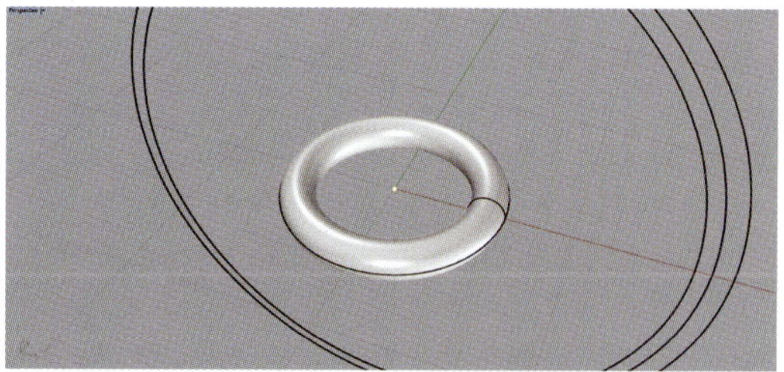

18. Front Front Viewport에서 생성된 Torus개체와 Point개체를 선택하고, Move를 실행한다. Point to move from을 Point개체로 선택하고, Command Prompt 영역에 Point to move to값 14.5를 입력한 후, Enter↵키를 누른다. Shift키를 누른 상태로 마우스 커서를 화살표 방향으로 이동한 후, 마우스 왼쪽 버튼을 클릭하여 Torus개체를 14.5㎜ 이동시킨다.

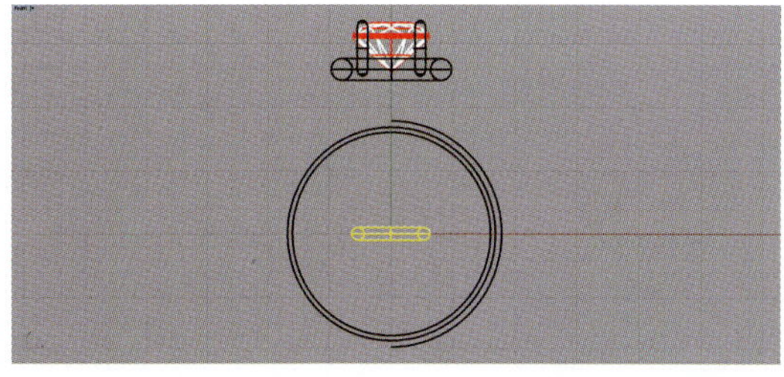

Point to move from (Vertical=*No*):

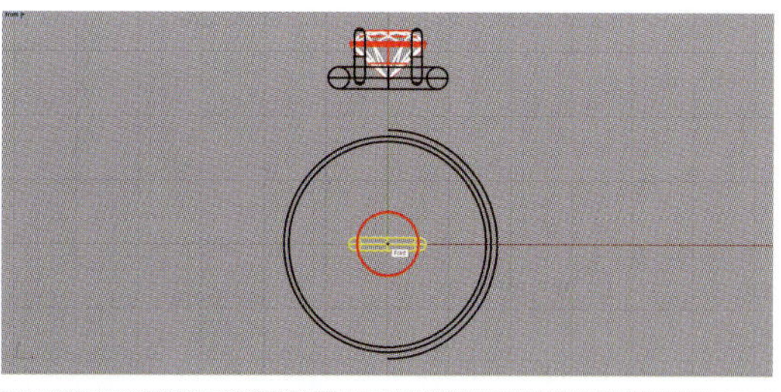

Point to move to <12.940>: 14.50

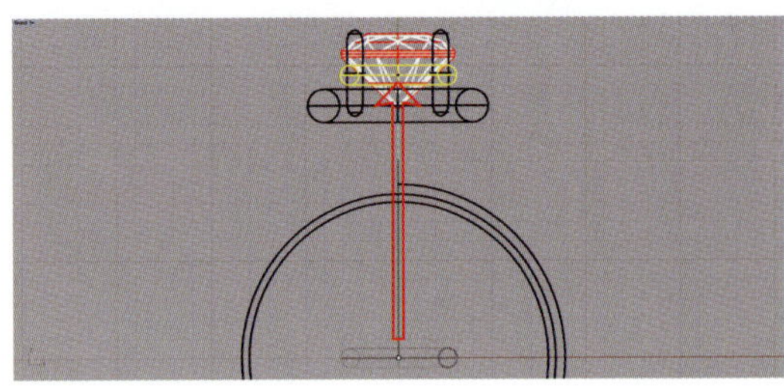

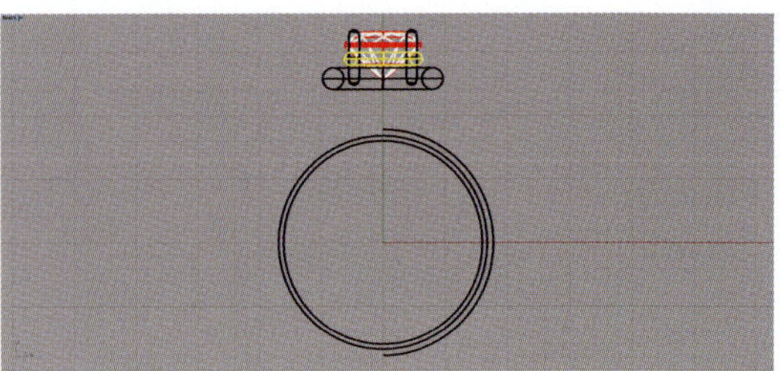

19. Top Top Viewport에서 Ctrl+I(Insert)를 실행하여 Insert창이 나타나면 Insert as에서 Individual Objects를 선택하고, 우측 상단의 폴더 아이콘을 선택한다. 1.20×0.72.3dm파일을 선택하고, 열기를 누른 후, Command Prompt 영역에 Insertion point값 0을 입력하여 원점(0, 0) 위치에 보석개체를 불러온다.

→ 부록CD 〉 Rhino 예제 〉 Level 3 – Design Modeling 1 〉 1.20×0.72.3dm

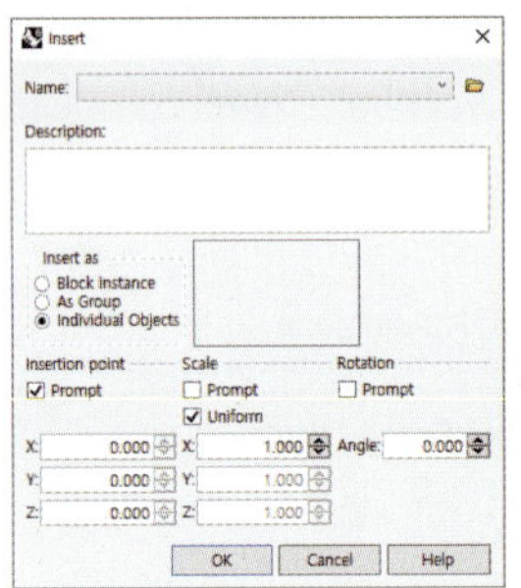

Insertion point: 0

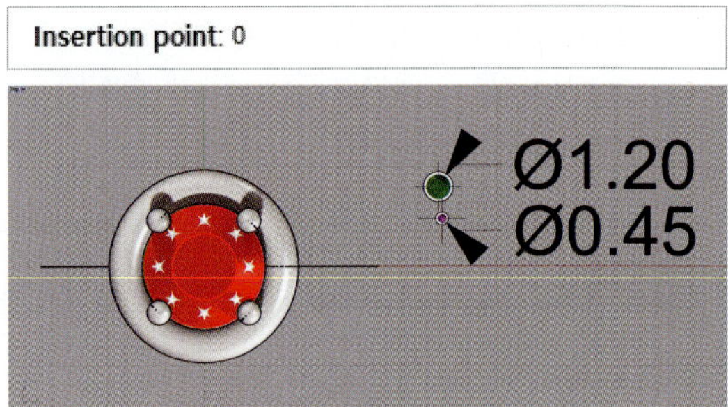

20. Osnap Toolbar에서 Point와 Mid점에 체크하고, 0.45㎜ 난발 개체를 선택한 후, Move를 실행한다. Point to move from을 난발 개체 중심의 Point개체로 선택하고, 마우스 커서를 움직여서 보석개체 상단의 원형 Curve개체 Mid점으로 이동시킨다.

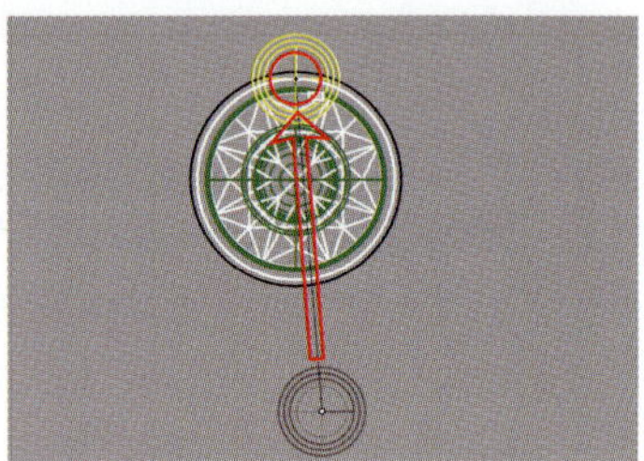

Point to move from (Vertical=No):

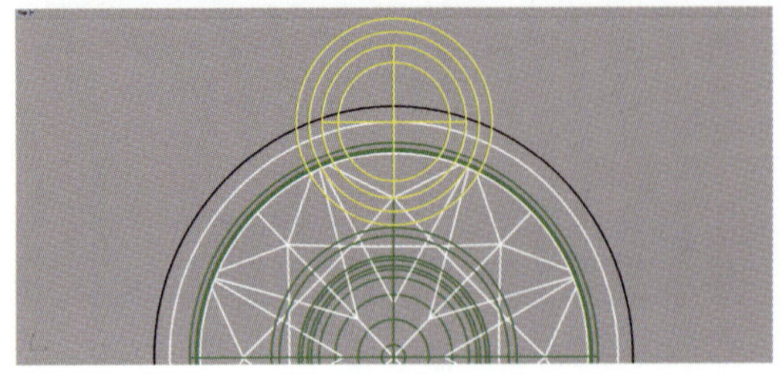

21. 난발 개체를 선택하고, Rotate 2-D를 실행한다. Center of rotation을 1.20㎜ 보석개체 중심의 Point개체로 선택하고, Command Prompt 영역에 Angle or first reference point값 45를 입력한 다음, Enter↵키를 누른다.

Center of rotation (Copy=*No* UseLastCenter):

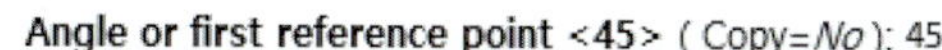
Angle or first reference point <45> (Copy=*No*): 45

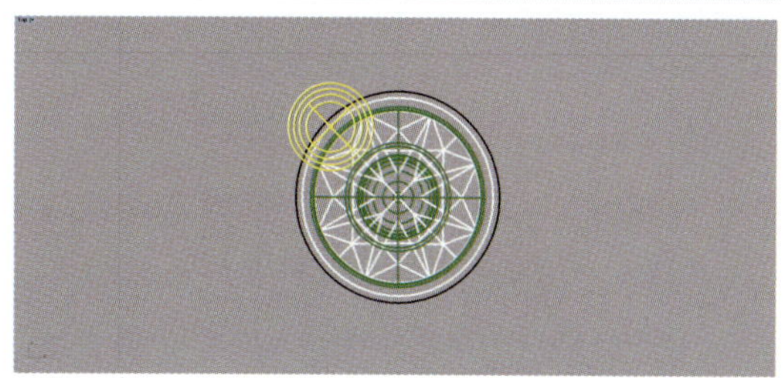

22. 45도 각도로 회전한 난발 개체를 선택하고, Polar array를 실행한다. Center of polar array를 1.20㎜ 보석개체 중심의 Point개체로 선택하고, Number of items값 4를 입력한 다음, Enter↵키를 누른다. FillAngle=360으로 입력하고, Enter↵키를 누르면 다음 그림과 같이 360도 각도로 회전하며 복사된 4개의 난발 개체를 확인할 수 있다.

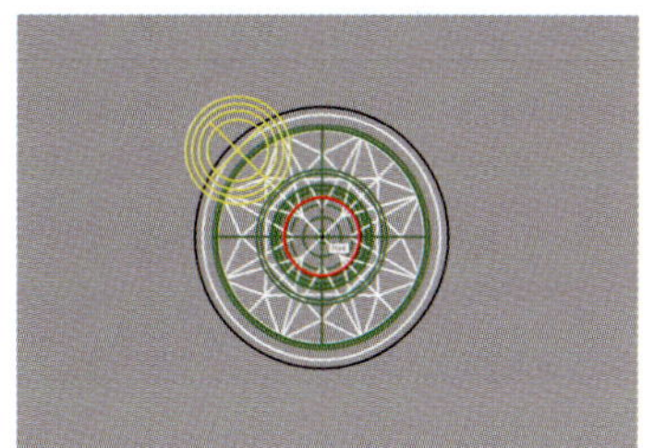

Center of polar array (Axis):

Number of items <4>: 4

Angle to fill or first reference point <360> (Preview=*Yes* StepAngle Rotate=*Yes* ZOffset=*0*):

23. Extract isocurve를 실행하고, Command Prompt 영역에서 Direction=U로 설정한 후, 다음 그림과 같이 IsoCurve개체를 생성한다.

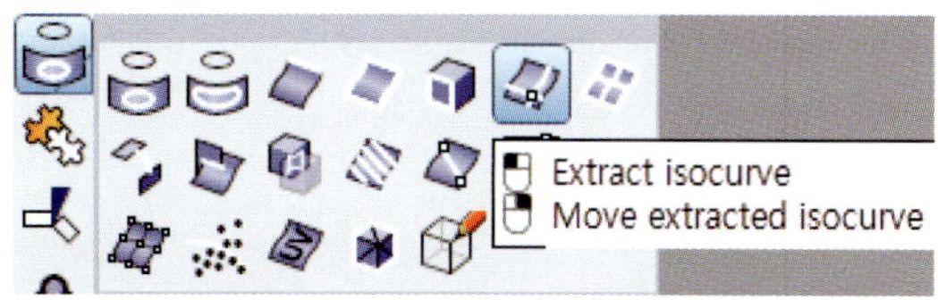

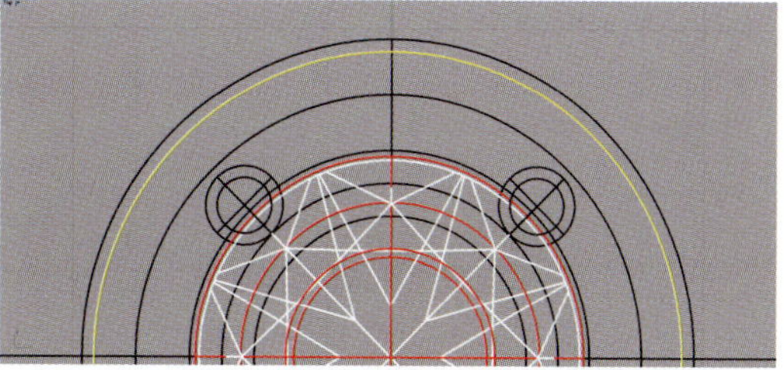

Select isocurve to extract (Direction=*U* Toggle ExtractAll IgnoreTrims=*No*):

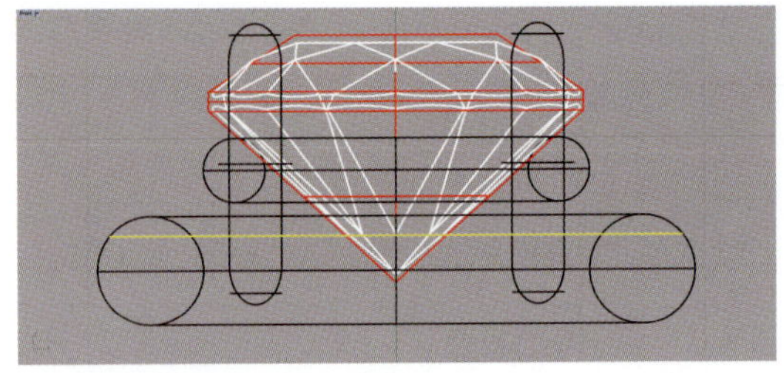

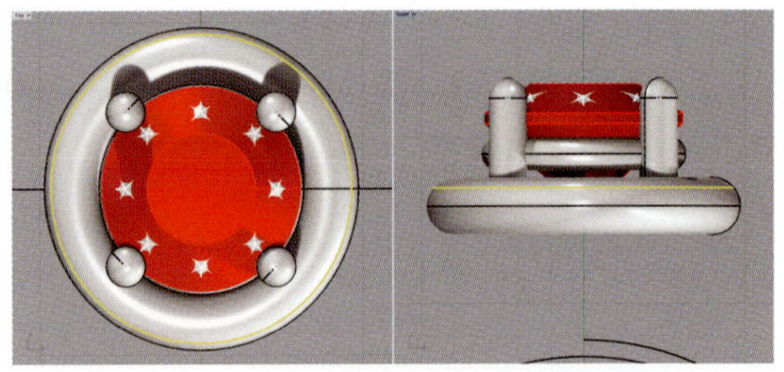

24. Top Top Viewport에서 1.2㎜ 보석개체와 난발들을 모두 선택하고, Array along curve on surface를 실행한다.
Base point를 1.2㎜ 보석개체 중심의 Point 개체로 선택하고, 생성한 IsoCurve개체를 선택한 다음, Torus개체를 선택한다.
Command Prompt 영역에서 Divide를 선택하고, Number of Objects값 18을 입력한 후, Enter↵키를 누른다.

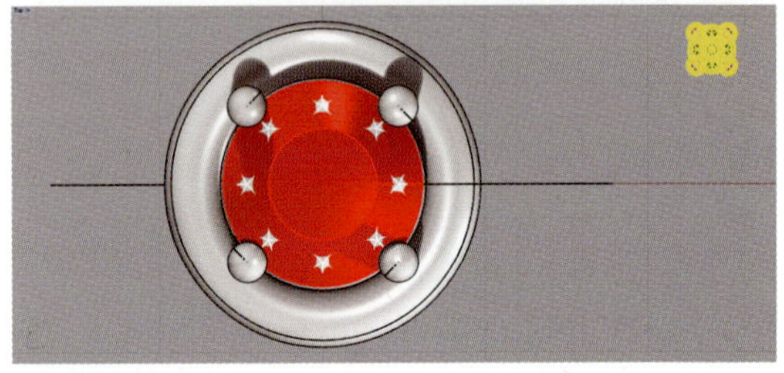

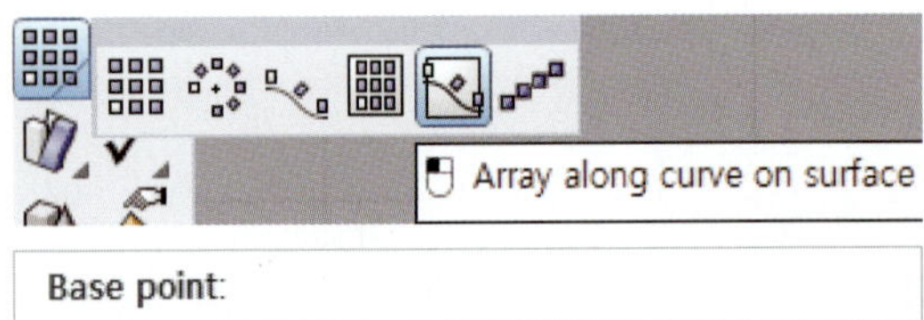

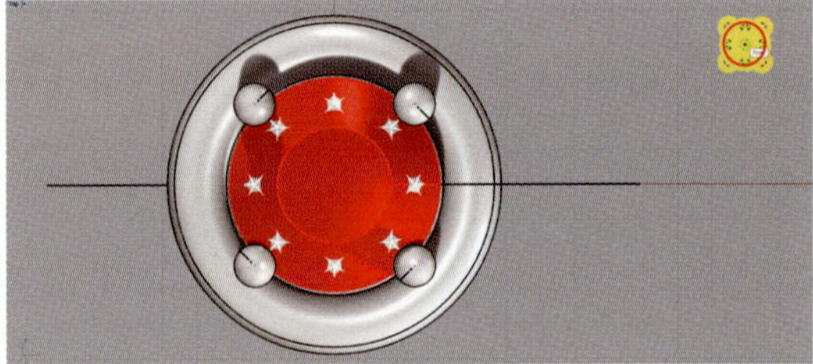

Select a curve on a surface:

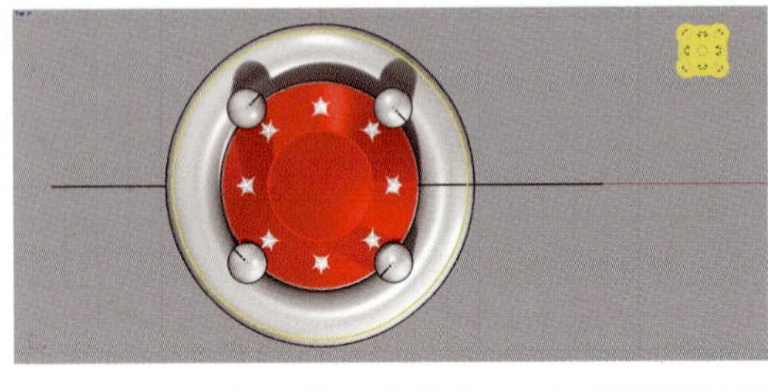

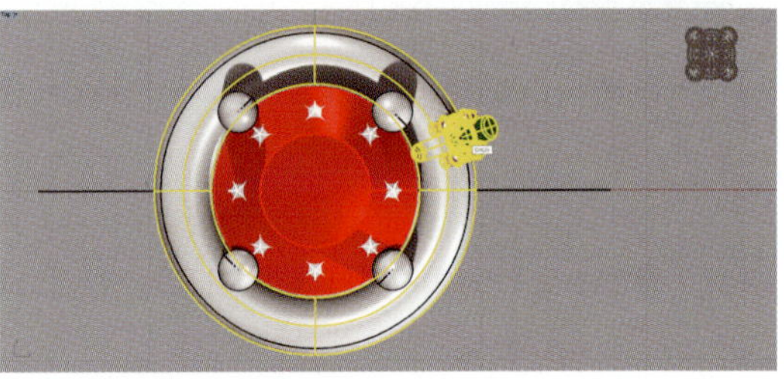

Select the surface:

Position objects or distance from last (Divide Multiple):

Number of objects <1>: 18

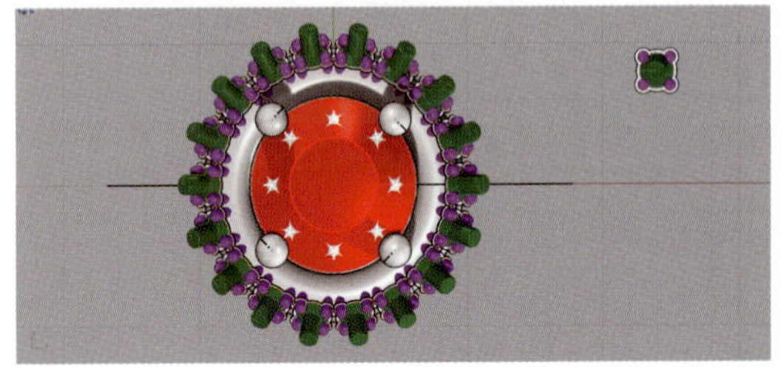

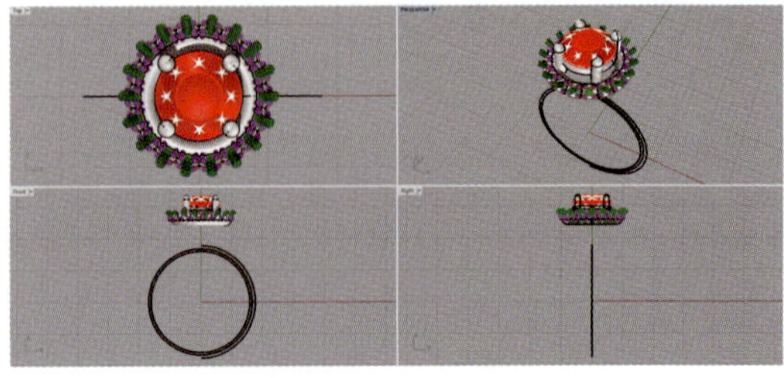

25. Torus개체, 보석개체와 난발 개체들을 모두 선택한 후, Lock objects를 실행하여 잠시 잠가둔다.

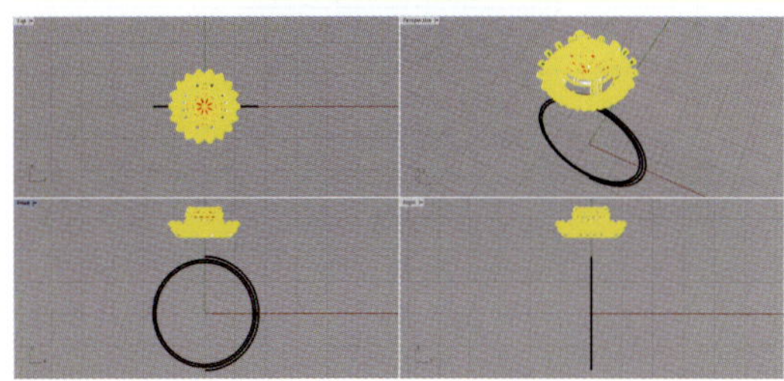

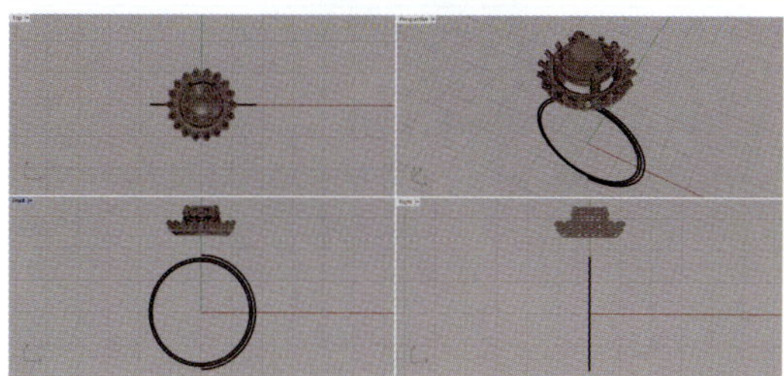

26. Front Front Viewport에서 반원 Curve개체를 선택하고, Show object control points(F10)를 실행하여 조절점을 화면상에 나타나게 한다. 다시 반원 Curve개체를 선택하고, Rebuild curve를 실행한다. Rebuild Options창이 나타나면 Point count값 6, Degree값 3을 입력한 후, OK를 누른다. 다음 그림과 같이 반원 Curve개체의 조절점이 5개에서 6개로 Rebuild된 것을 확인할 수 있다.

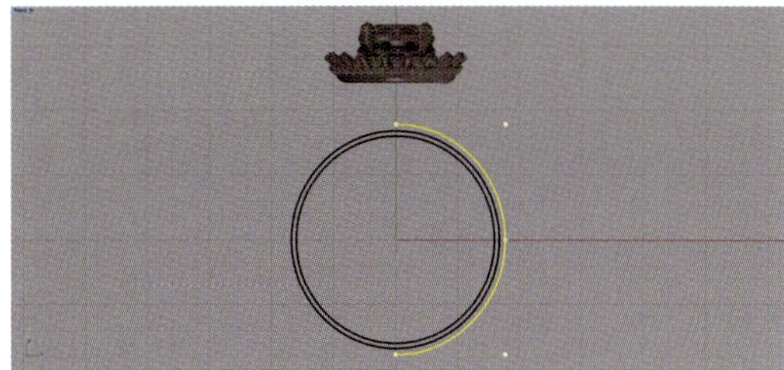

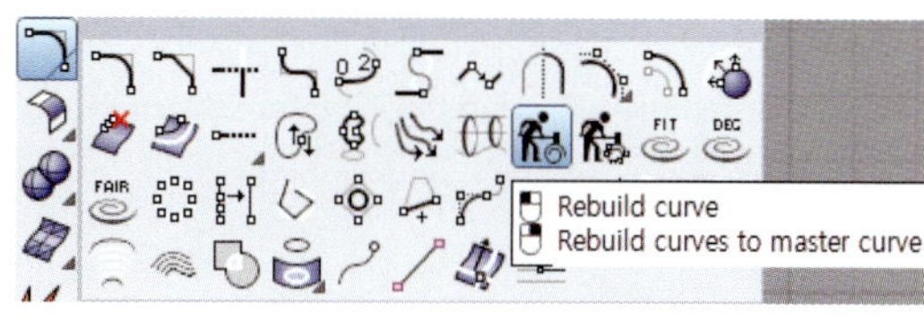

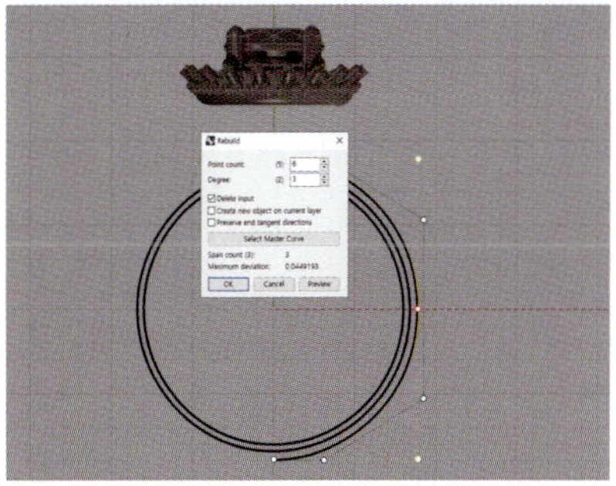

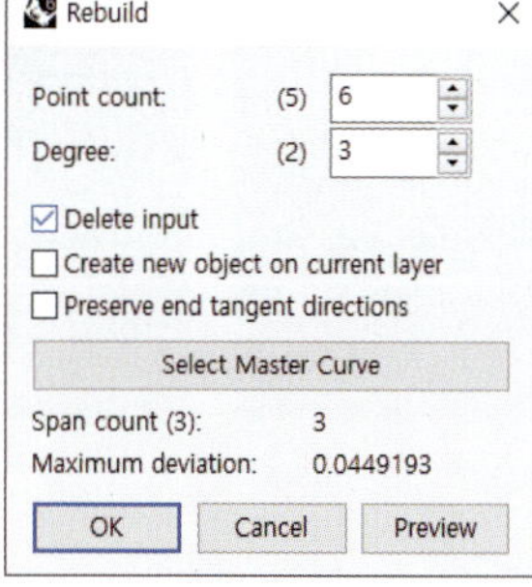

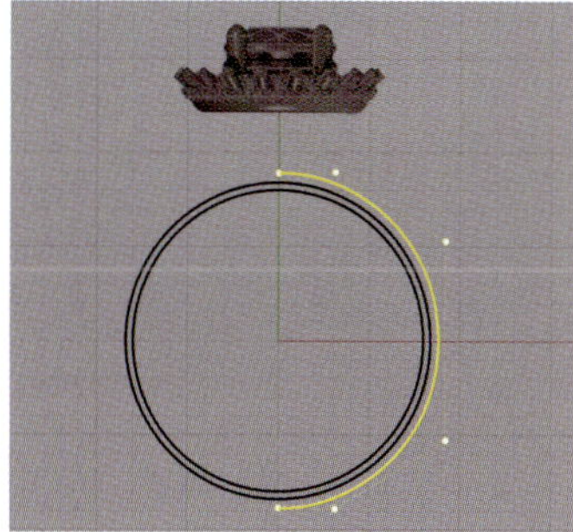

27. Osnap Toolbar에서 Disable에 체크하고, 마우스로 반원 Curve개체 상단의 첫 번째 조절점을 드래그하여 다음 그림과 같이 이동시킨다.

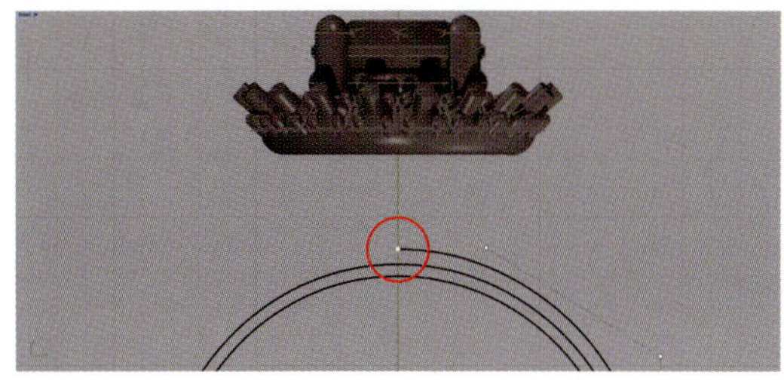

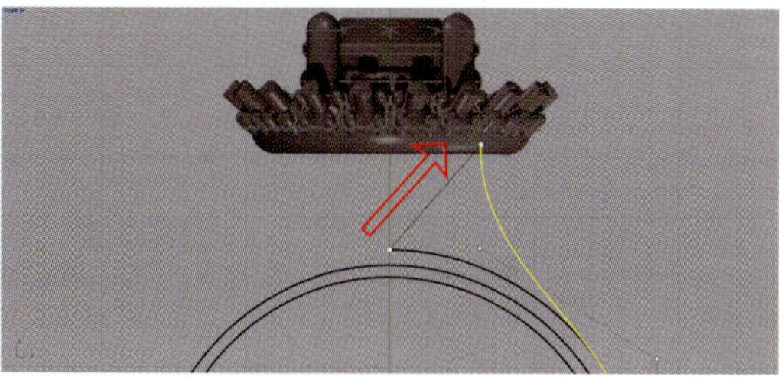

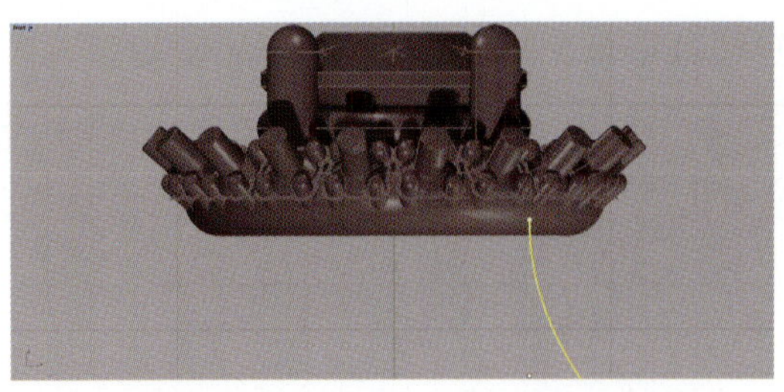

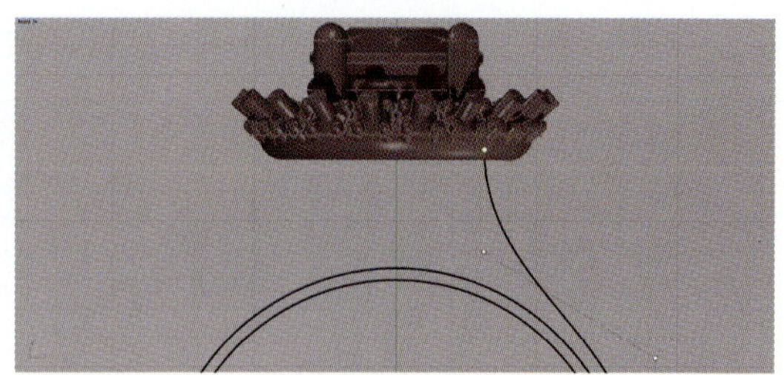

28. Right ▾ Right Viewport에서 이동시킨 조절점을 선택하고, 마우스 왼쪽 버튼을 누른 상태로 드래그하여 다음 그림과 같은 위치로 이동시킨다.

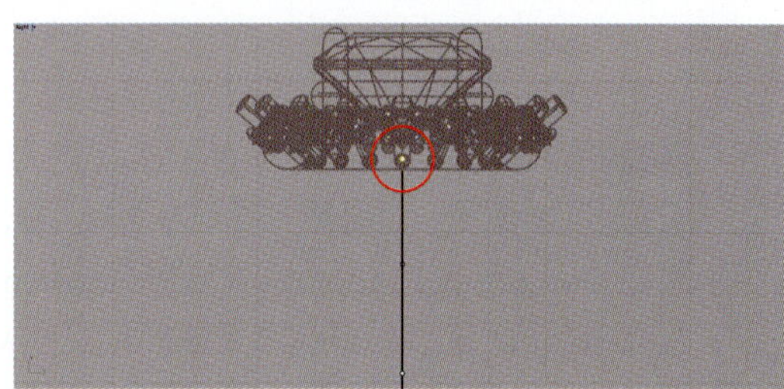

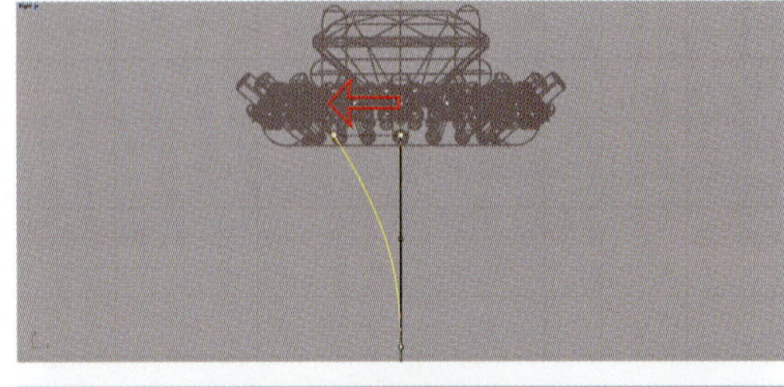

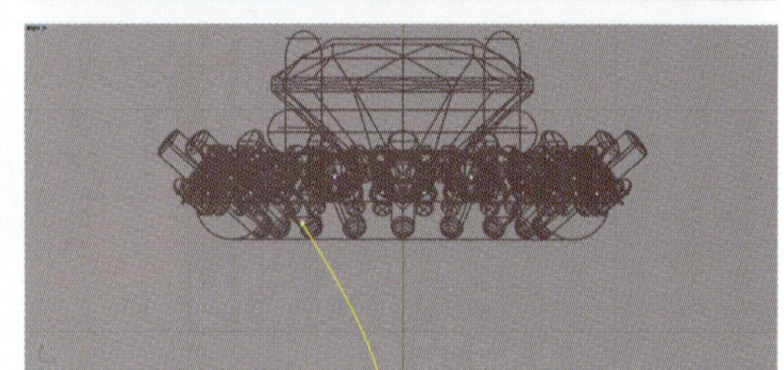

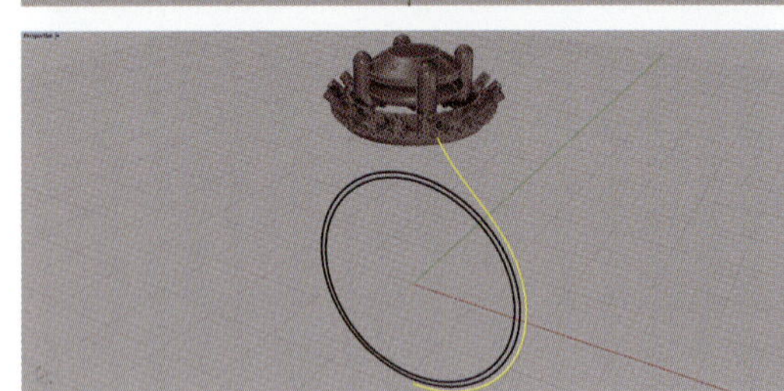

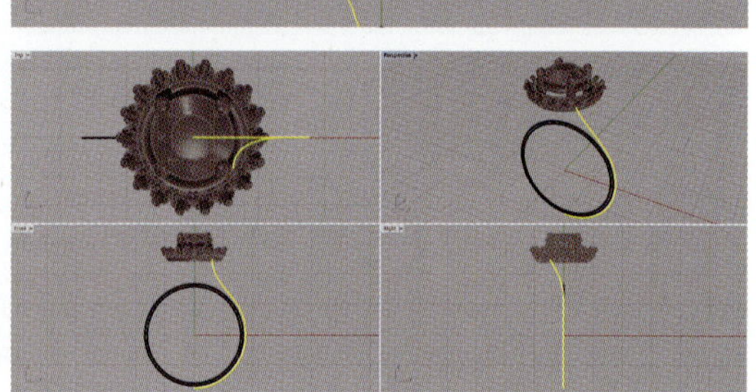

29. 잠겨있는 개체들은 잠금 해제 후, 잠시 숨겨둔다. 변형시킨 Curve개체를 선택하고, Pipe: Round caps를 실행한다. 1번 Start radius값 0.9를 입력하고, Enter↵키를 누른 후, 2번 End radius값 0.7을 입력한 다음, Enter↵키를 누른다.

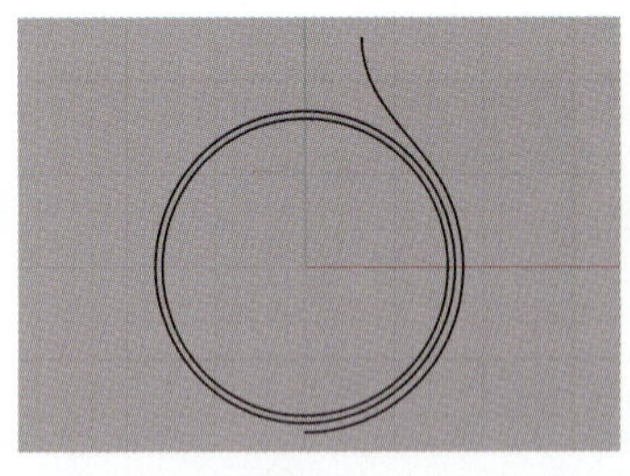

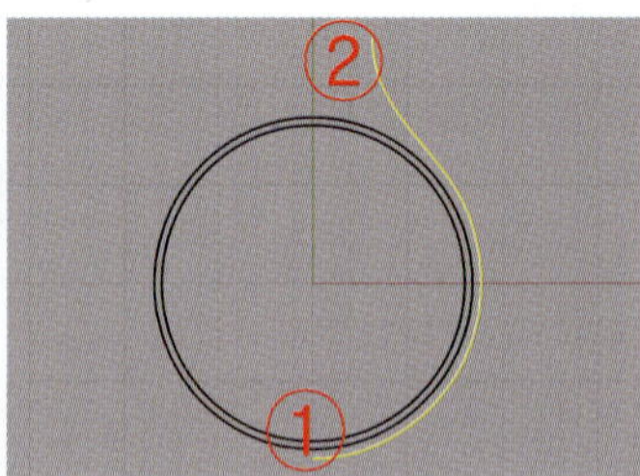

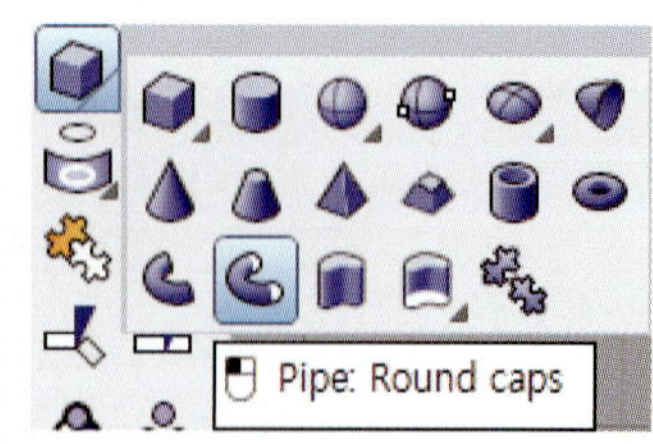

Start radius <0.700> (Diameter Thick=*No* Cap=*Round* ShapeBlending=*Local* FitRail=*No*): 0.9

End radius <0.900> (Diameter ShapeBlending=*Local* FitRail=*No*): 0.7

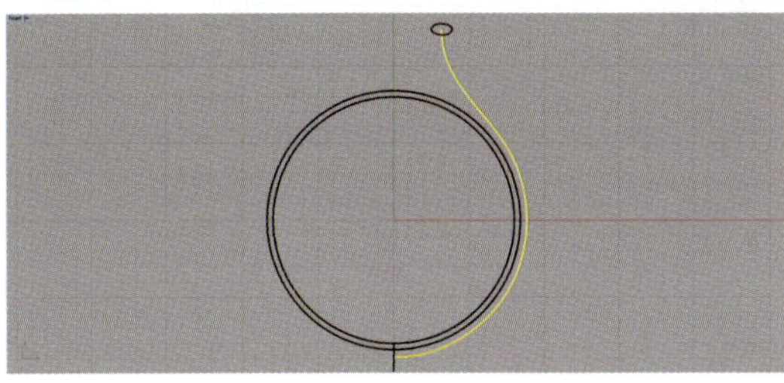
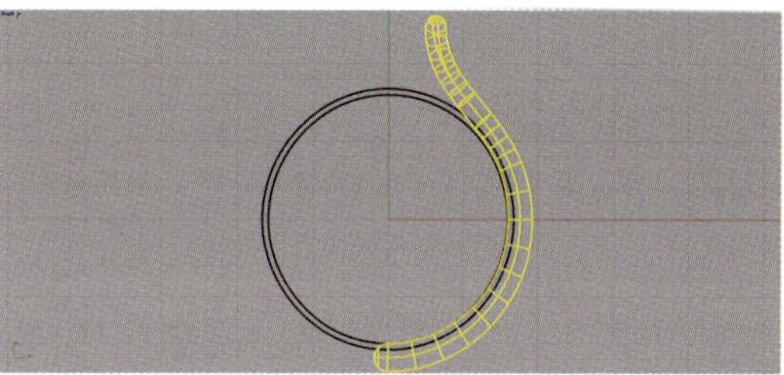

30. 생성된 Pipe개체를 선택하고, Explode를 실행하여 3개의 Surface개체로 분해한다. 하단의 분해된 반원 Surface개체를 삭제하고, 2개의 Surface개체를 선택한 후, Mirror를 실행한다. 원점(0, 0) 기준으로 Shift 키를 누른 상태로 마우스 커서를 화살표 방향으로 이동한 후, 마우스 왼쪽버튼을 클릭하여 선택한 개체를 대칭 방향에 복사한다.

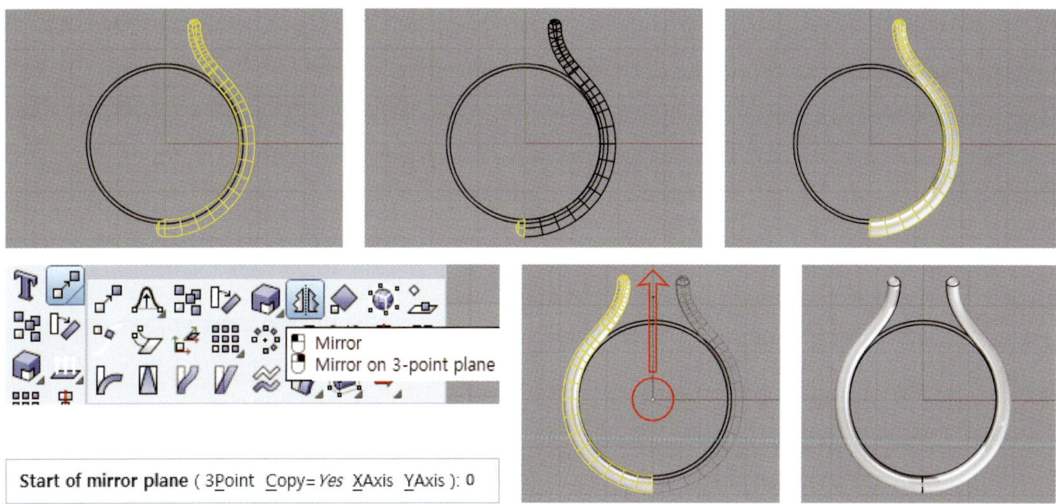

31. 2개의 Surface개체를 선택하고, Show object control points(F10)를 실행하여 조절점을 화면상에 나타나게 한다. 다음 그림과 같이 2개의 Surface개체 하단의 조절점들을 선택하고, Set XYZ coordinates를 실행한 후, Set Points창이 나타나면 Set X에만 체크한 다음, OK를 누른다. 프로그램 하단의 Status Bar(상태표시줄)에서 Grid Snap을 ON시키고, 마우스 커서를 아래 방향으로 움직인 후, 마우스 왼쪽버튼을 클릭하여 선택한 조절점들을 일치시킨다.

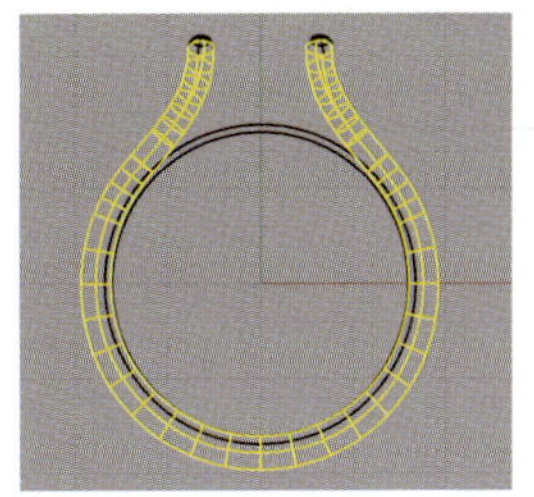
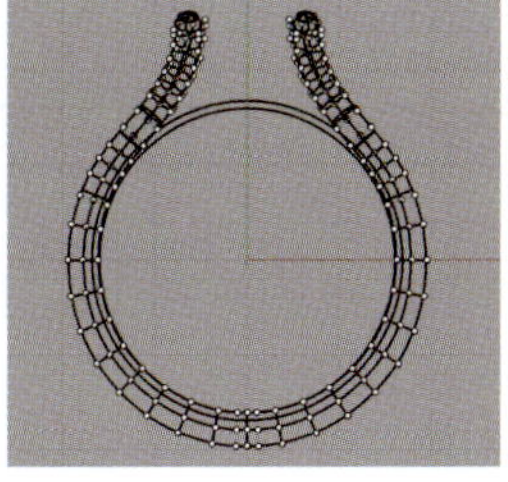
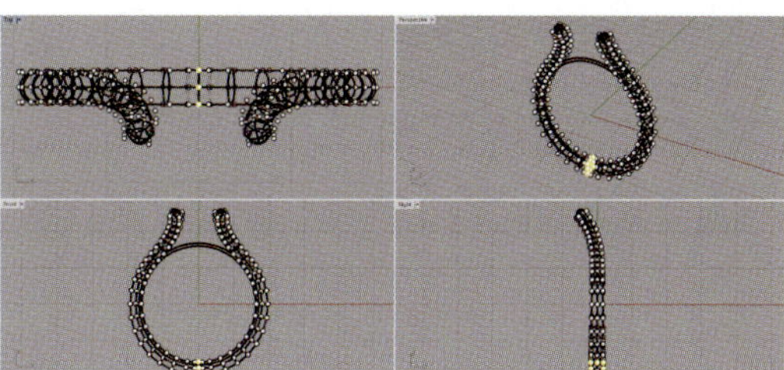

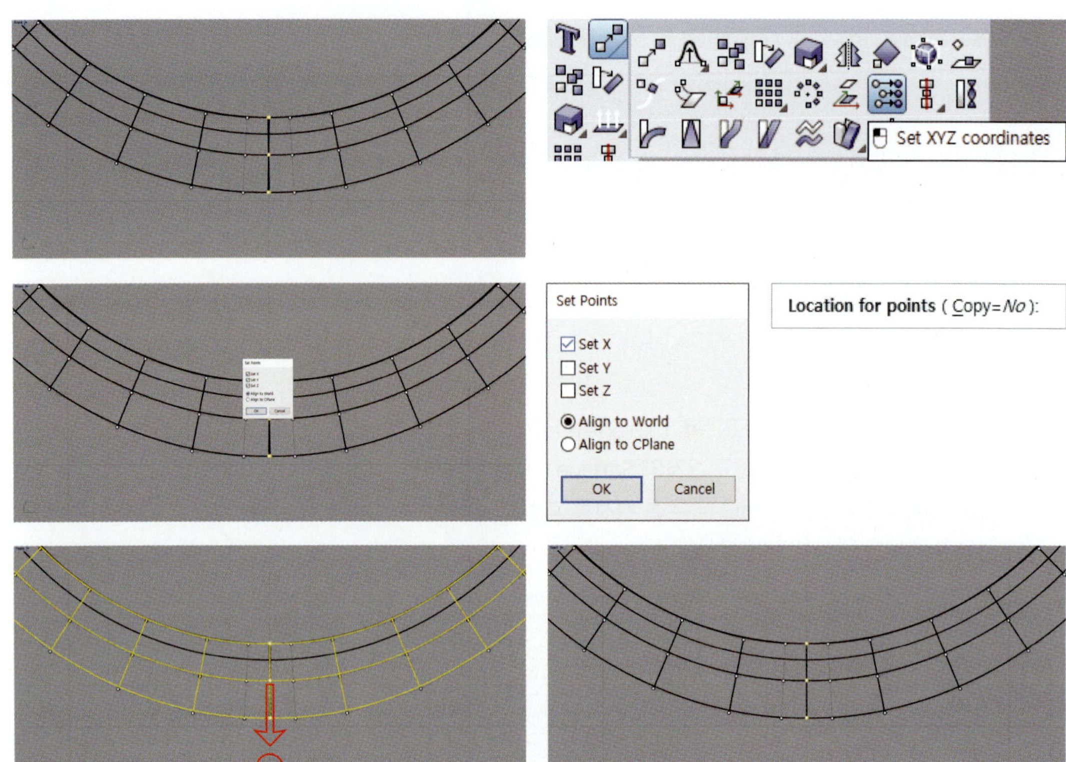

32. 4개의 Surface개체를 선택하고, Join을 실행하여 하나의 개체로 결합한다. 결합한 Pipe개체를 선택하고, Top Top Viewport에서 Mirror를 실행한다. 원점(0, 0) 기준으로 Shift 키를 누른 상태로 마우스 커서를 화살표 방향으로 이동한 후, 마우스 왼쪽버튼을 클릭하여 선택한 개체를 대칭 방향에 복사한다.

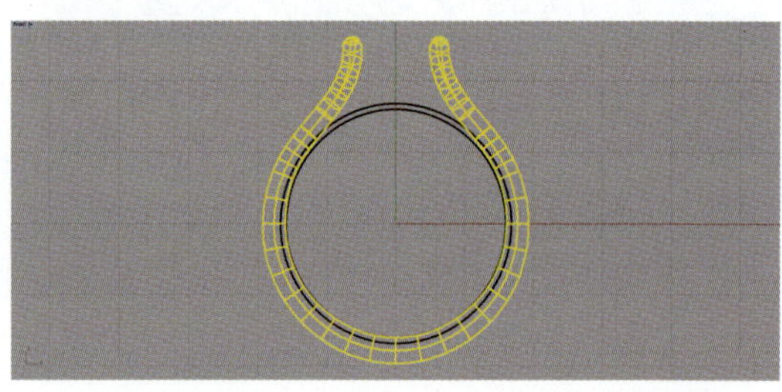

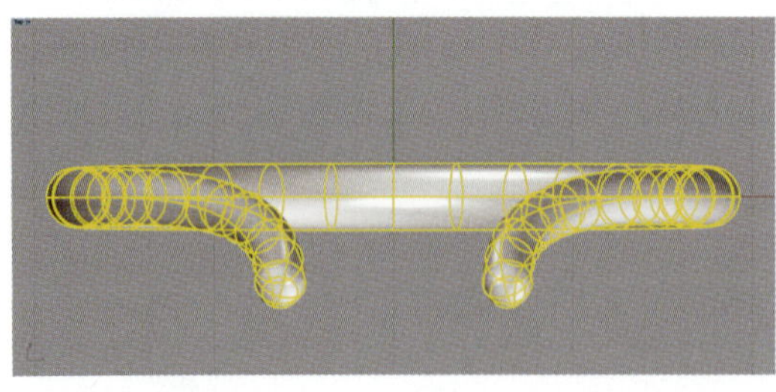

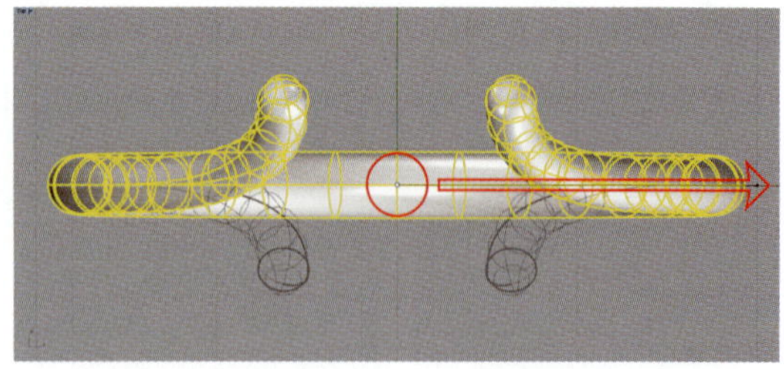

Start of mirror plane (3Point Copy=*Yes* XAxis YAxis): 0

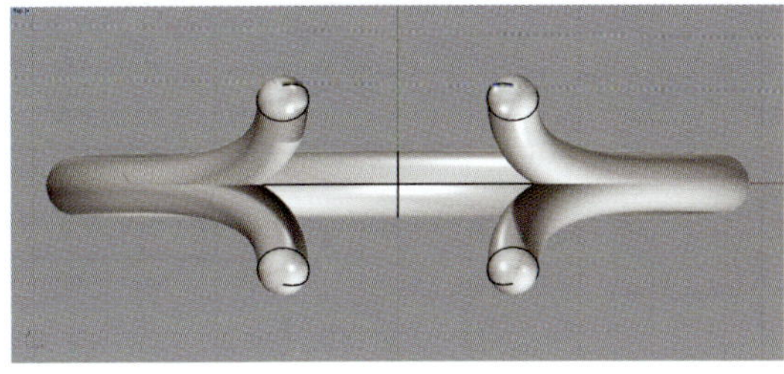

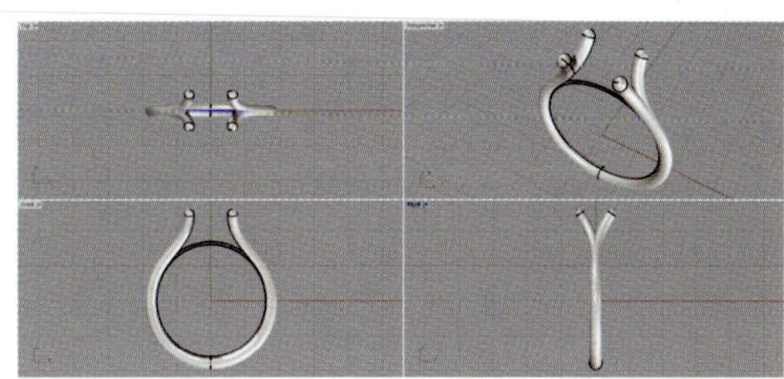

33. 2개의 Pipe개체와 Curve개체들을 모두 선택하고, Hide objects를 실행하여 잠시 숨겨둔다. Sphere: Center, Radius를 실행하고, 원점(0, 0) 기준으로 Command Prompt 영역에 Diameter값 6.5를 입력한 다음, Enter↵키를 누른다.

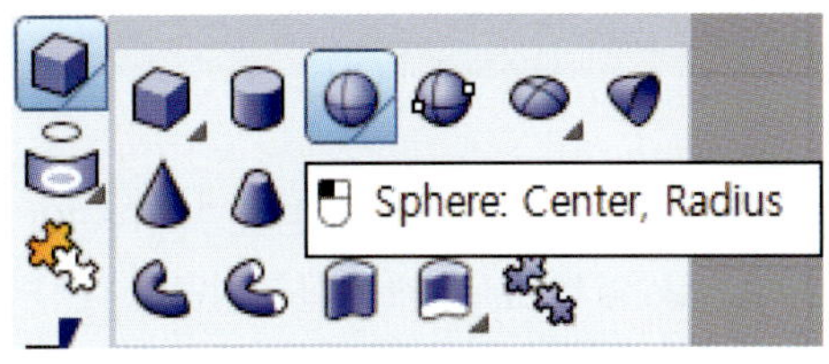

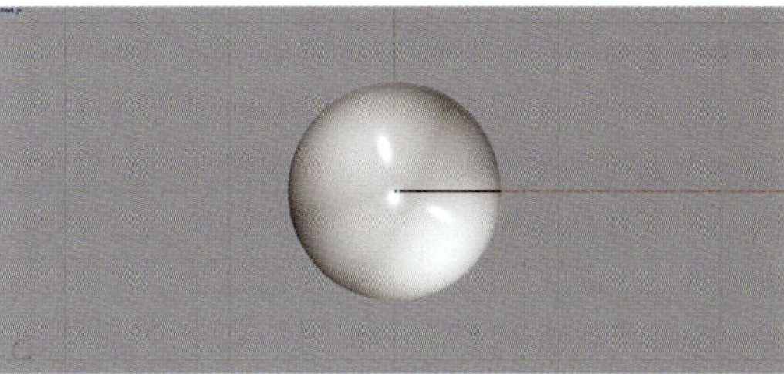

Center of sphere (2Point 3Point Tangent AroundCurve 4Point FitPoints): 0

Diameter <6.500> (Radius Orientation Circumference Area ProjectOsnap=*Yes*): 6.5

34. Line: from midpoint를 실행하고, 원점(0, 0) 기준으로 Shift키를 누른 상태로 마우스 커서를 화살표 방향으로 이동한 후, 마우스 왼쪽버튼을 클릭하여 Sphere개체가 통과하는 직선 Curve개체를 생성한다.

Middle of line (Normal Angled Vertical FourPoint Bisector Perpendicular Tangent Extension): 0

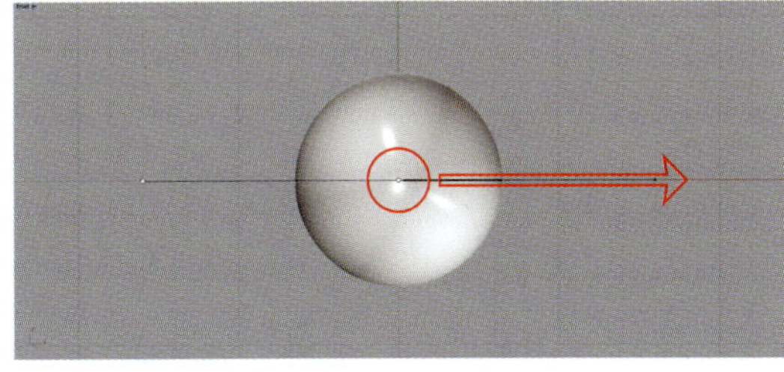

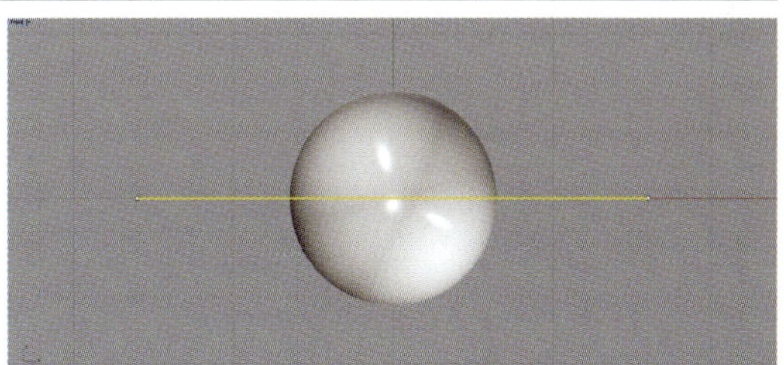

35. Sphere개체를 선택하고, Split를 실행한 다음, 직선 Curve개체를 선택한 후, Enter↵키를 누른다. 직선 Curve개체와 잘린 Sphere개체의 윗부분을 선택한 후, 삭제한다.

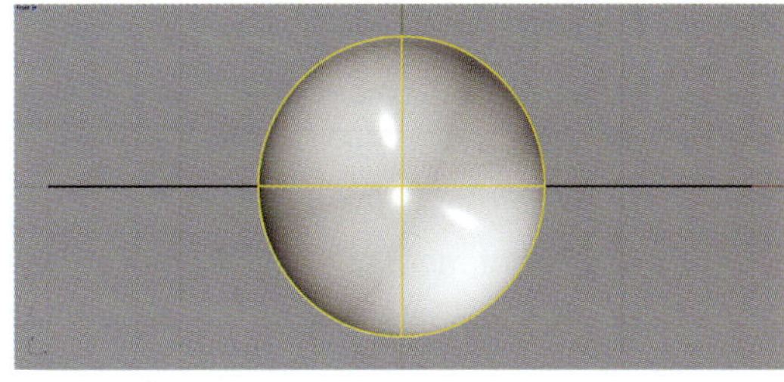

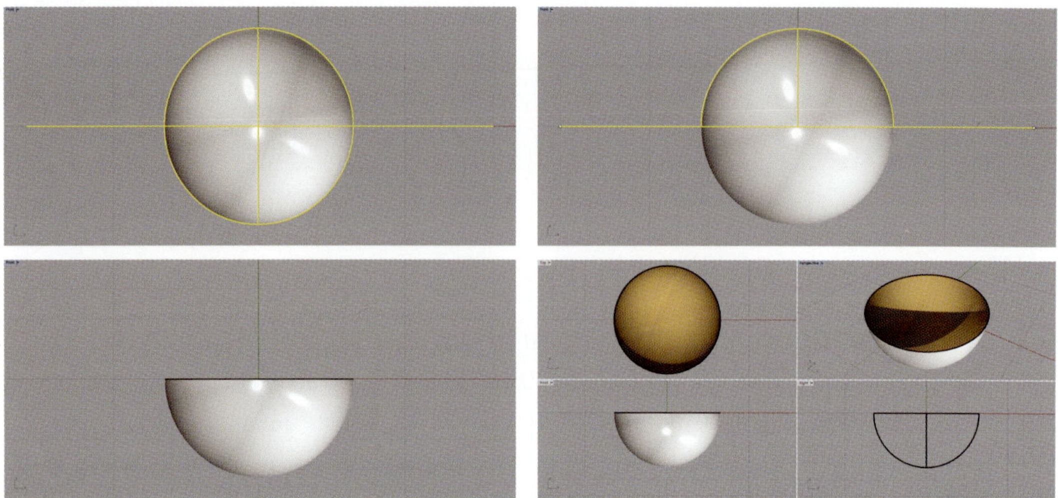

36. Top Top Viewport에서 Surface개체를 선택하고, Contour를 실행한다. 프로그램 하단의 Status Bar(상태표시줄)에서 Grid Snap을 ON시키고, Contour plane base point를 좌측 상단의 1번 부분으로 선택한 후, Direction perpendicular to contour planes를 우측 하단의 2번 부분으로 선택한다.
Command Prompt 영역에 Distance between contours값 1을 입력하고, Enter↵키를 누르면 다음 그림과 같이 선택한 1번에서 2번 방향으로 Curve개체들이 1㎜ 간격을 두고 생성된 것을 확인할 수 있다.

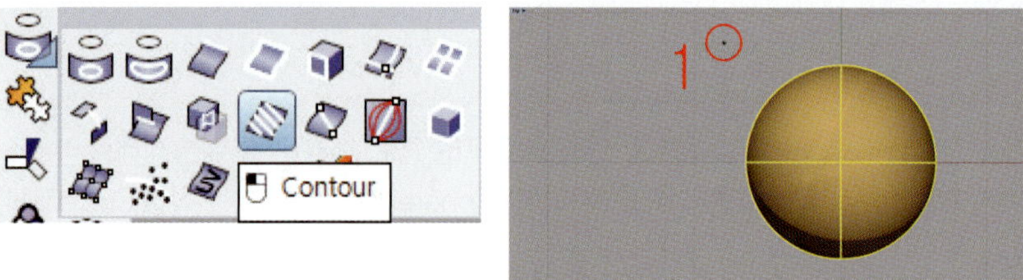

Contour plane base point (Range AssignLayersBy=*CurrentLayer* JoinCurves=*ByContourPlane* GroupObjectsByContourPlane=*No*):

Direction perpendicular to contour planes (AssignLayersBy=*CurrentLayer* JoinCurves=*ByContourPlane* GroupObjectsByContourPlane=*No*):

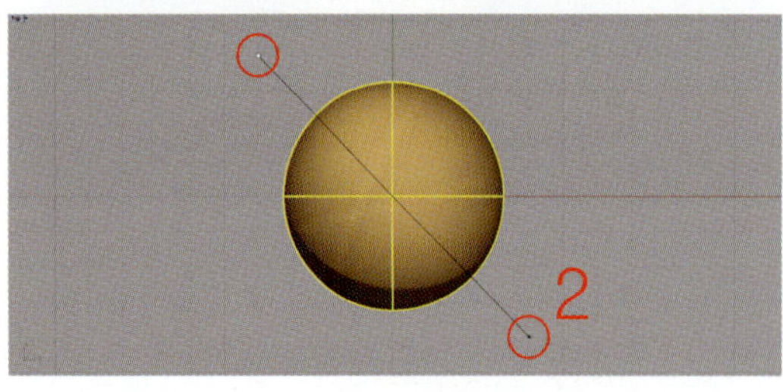

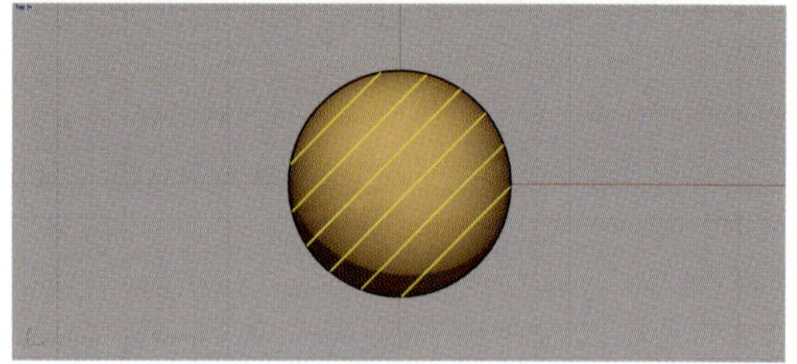

Distance between contours <**1.000**> (AssignLayersBy=*CurrentLayer* JoinCurves=*ByContourPlane* GroupObjectsByContourPlane=*No*): 1

37. 다시 Contour를 실행하고, Contour plane base point를 우측 상단의 3번 부분으로 선택한 후, Direction perpendicular to contour planes를 좌측 하단의 4번 부분으로 선택한다. Command

Prompt 영역에 Distance between contours값 1을 입력하고, Enter↵키를 누르면 다음 그림과 같이 선택한 3번에서 4번 방향으로 Curve개체들이 1㎜ 간격을 두고 생성된 것을 확인할 수 있다.

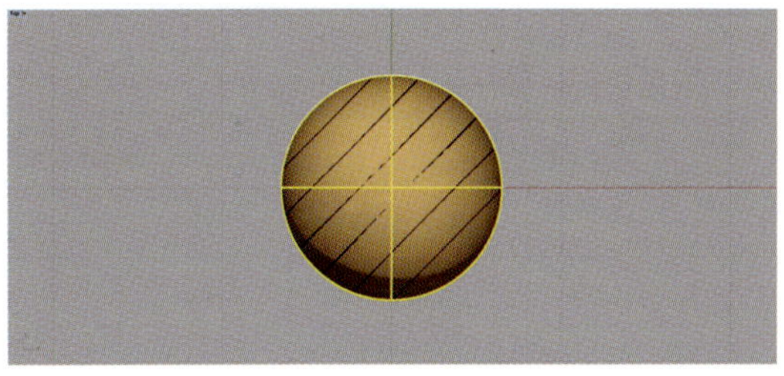

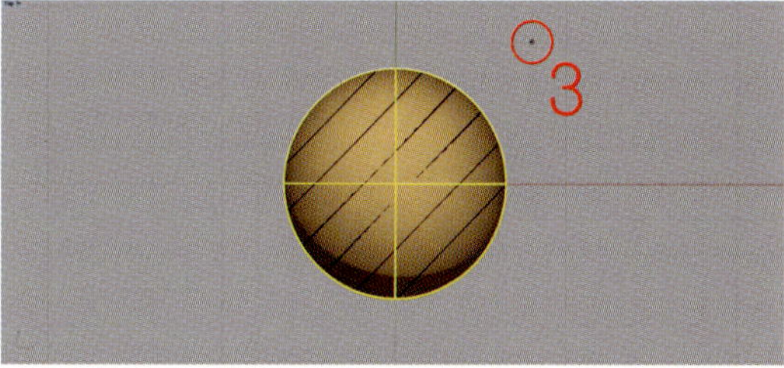

Contour plane base point (Range AssignLayersBy=*CurrentLayer* JoinCurves=*ByContourPlane* GroupObjectsByContourPlane=*No*):

Direction perpendicular to contour planes (AssignLayersBy=*CurrentLayer* JoinCurves=*ByContourPlane* GroupObjectsByContourPlane=*No*):

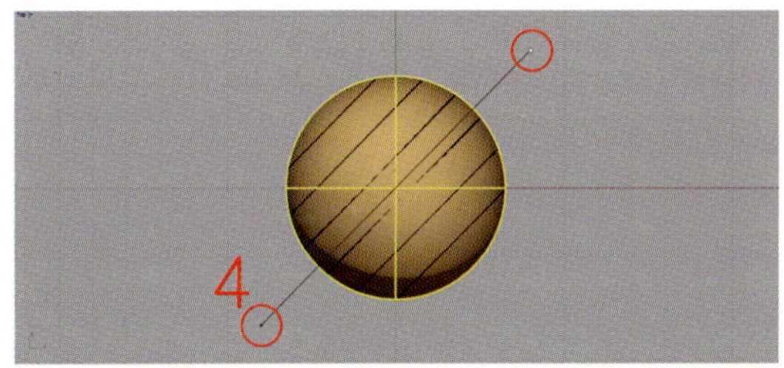

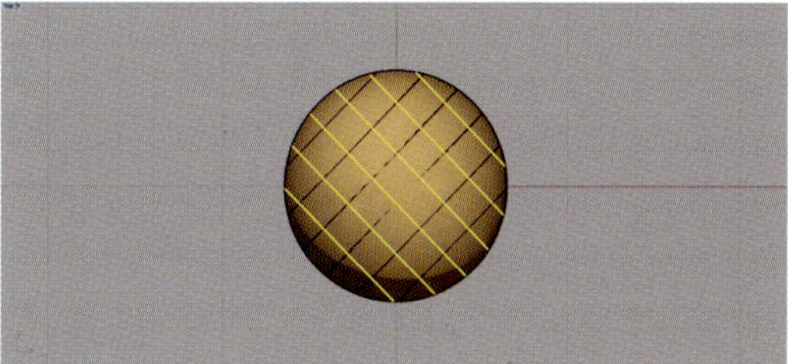

Distance between contours <1.000> (AssignLayersBy=*CurrentLayer* JoinCurves=*ByContourPlane* GroupObjectsByContourPlane=*No*): 1

38. 생성된 Curve개체만 남기고 Surface개체는 삭제한 후, Curve개체들을 모두 선택한 다음, Pipe: Round caps를 실행한다. Command Prompt 영역에 Pipe radius값 0.275를 입력하고, Enter↵키를 누르면 다음 그림과 같이 반지름 0.275㎜의 Pipe개체들이 생성된 것을 확인할 수 있다. 사용한 Curve개체들은 모두 삭제하고, 생성된 Pipe개체들을 모두 선택한 후, Group objects를 실행하여 하나의 그룹으로 지정한다.

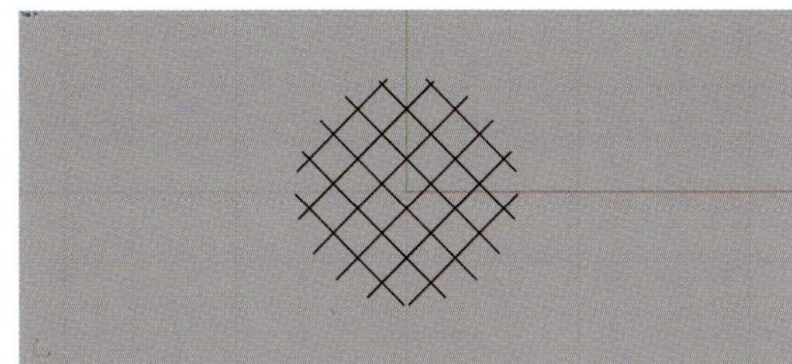

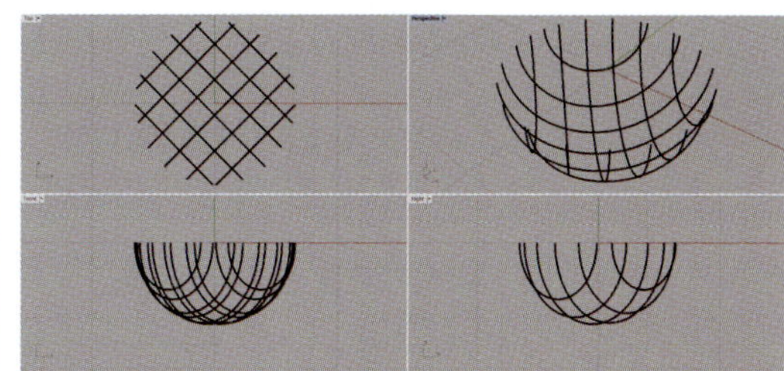

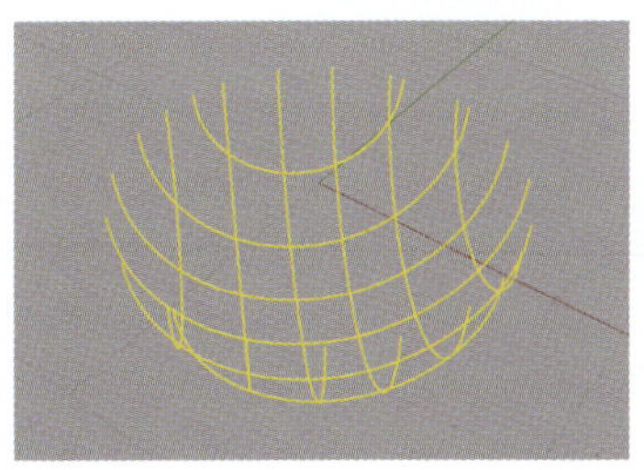

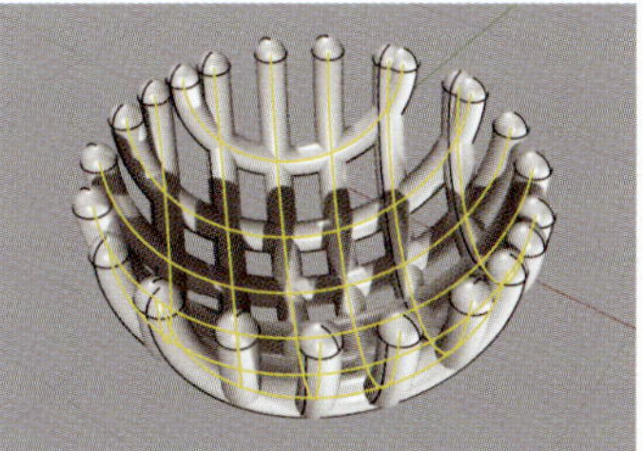

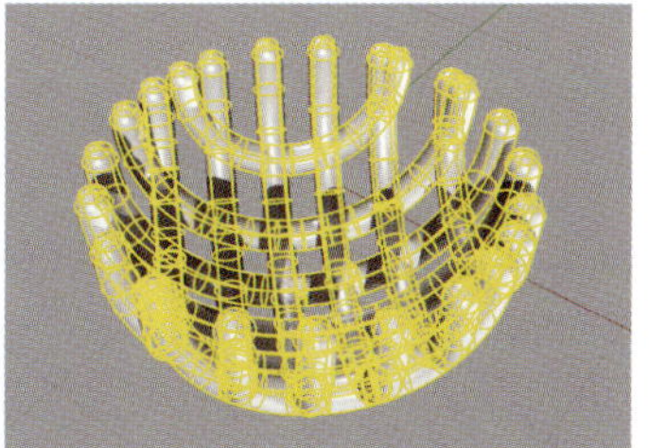

Pipe radius <1.000> (Diameter Thick=*No* Cap=*Round* FitRail=*No*): 0.275

39. Pipe개체를 선택하고, Volume centroid를 실행하여 Pipe개체들 중심에 Point개체를 생성한 다음, Show objects를 실행하여 숨겨둔 개체들을 모두 화면상에 나타나게 한다.

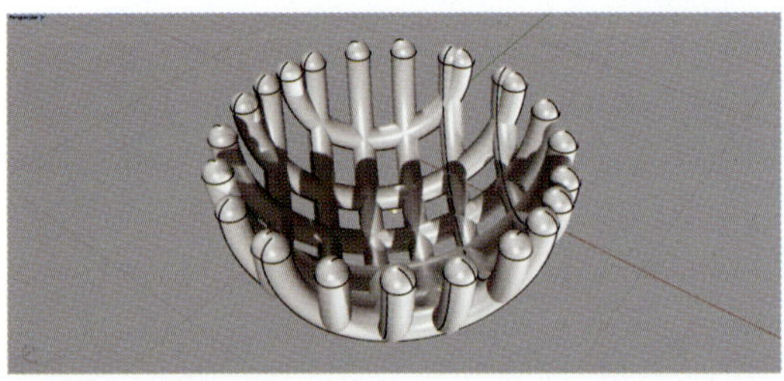

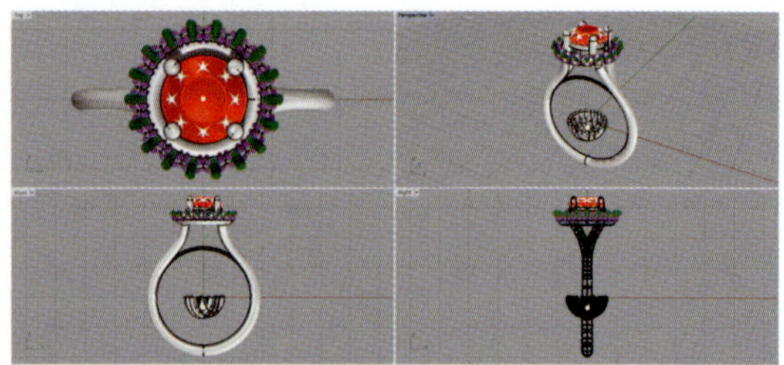

40. Front Front Viewport에서 Pipe개체와 Point개체를 선택하고, Move를 실행한다. Point to move from을 Pipe개체 중심의 Point개체로 선택하고, Command Prompt 영역에 Point to move to 값 12.73을 입력한 후, Enter↵키를 누른다. Shift키를 누른 상태로 마우스 커서를 화살표 방향으로 이동한 후, 마우스 왼쪽버튼을 클릭하여 선택한 개체들을 12.73㎜ 이동시킨다.

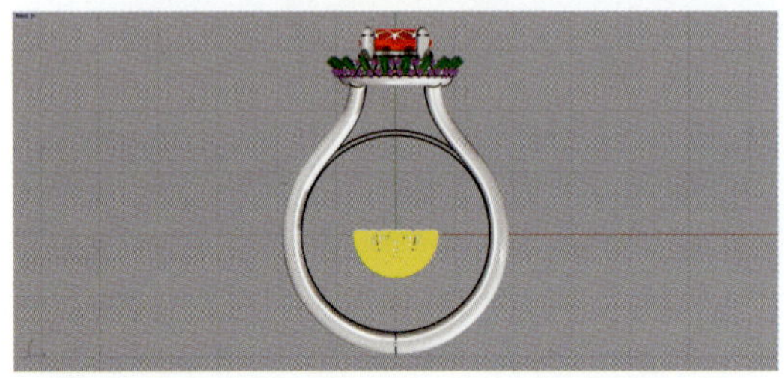

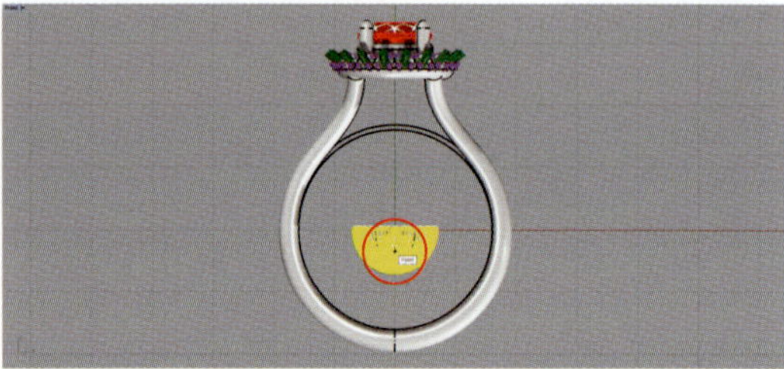

Point to move from (Vertical=*No*):

Point to move to: 12.73

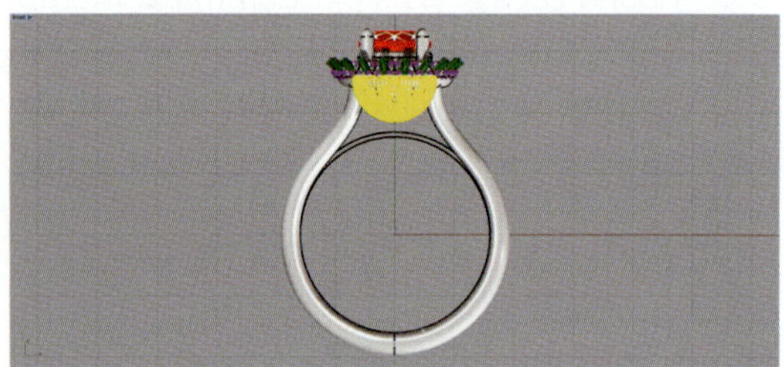

41. 16.8㎜ 원형 Curve개체를 선택하고, Pipe: Round caps를 실행한다. Command Prompt 영역에 Radius for closed pipe값 0.4를 입력하고, Enter↵키를 누르면 다음 그림과 같이 생성된 원형 Pipe개체를 확인할 수 있다.

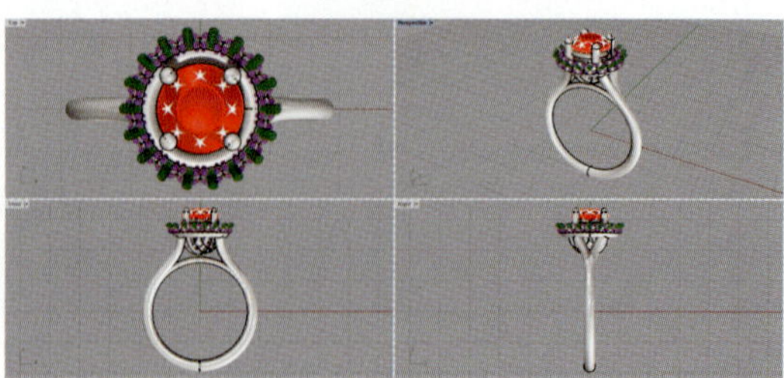

Radius for closed pipe <0.275> (Diameter ShapeBlending=*Local* FitRail=*No*): 0.4

42. Select curves와 Select points를 실행하여, 선택된 Point개체와 Curve개체는 삭제한다.

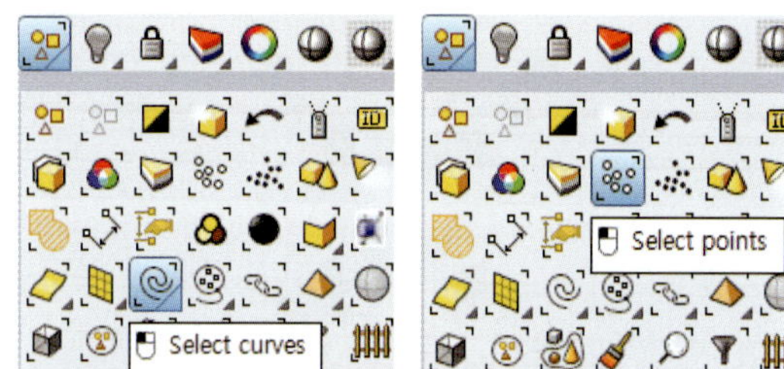

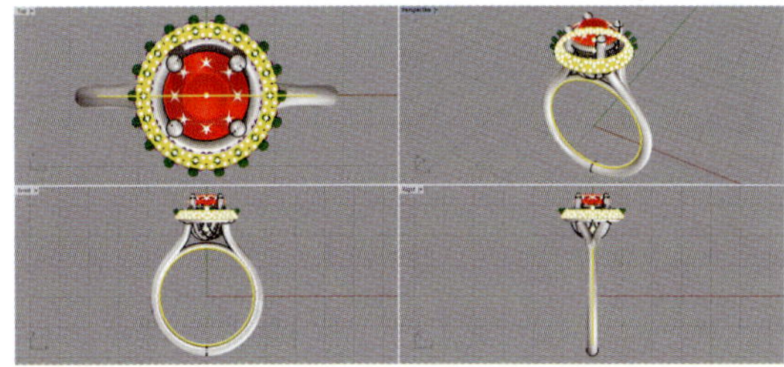

43. Select by color를 실행하고, Pipe개체를 선택한 후, Enter↵키를 누른다. 다음 그림과 같이 Pipe개체와 같은 색상의 개체들을 모두 선택한 후, Group objects를 실행하여 하나의 그룹으로 지정한다.

44. 다시 Select by color를 실행하고, 보라색 난발 개체를 선택한 후, Enter↵키를 누른다. 보라색 난발 개체들을 모두 선택한 후, Group objects를 실행하여 하나의 그룹으로 지정한다.

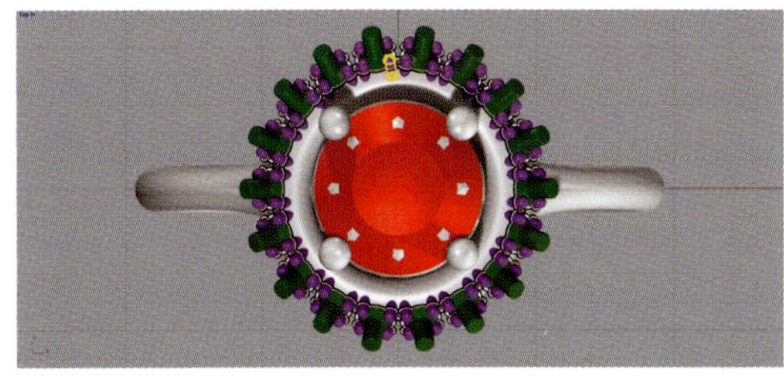

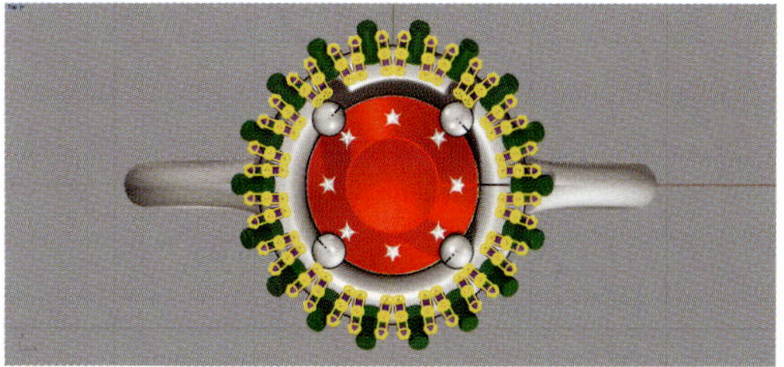

45. 반지 개체를 선택하고, Boolean difference를 실행한 후, 드릴용 보석개체를 선택한 다음, Enter↵키를 누른다.

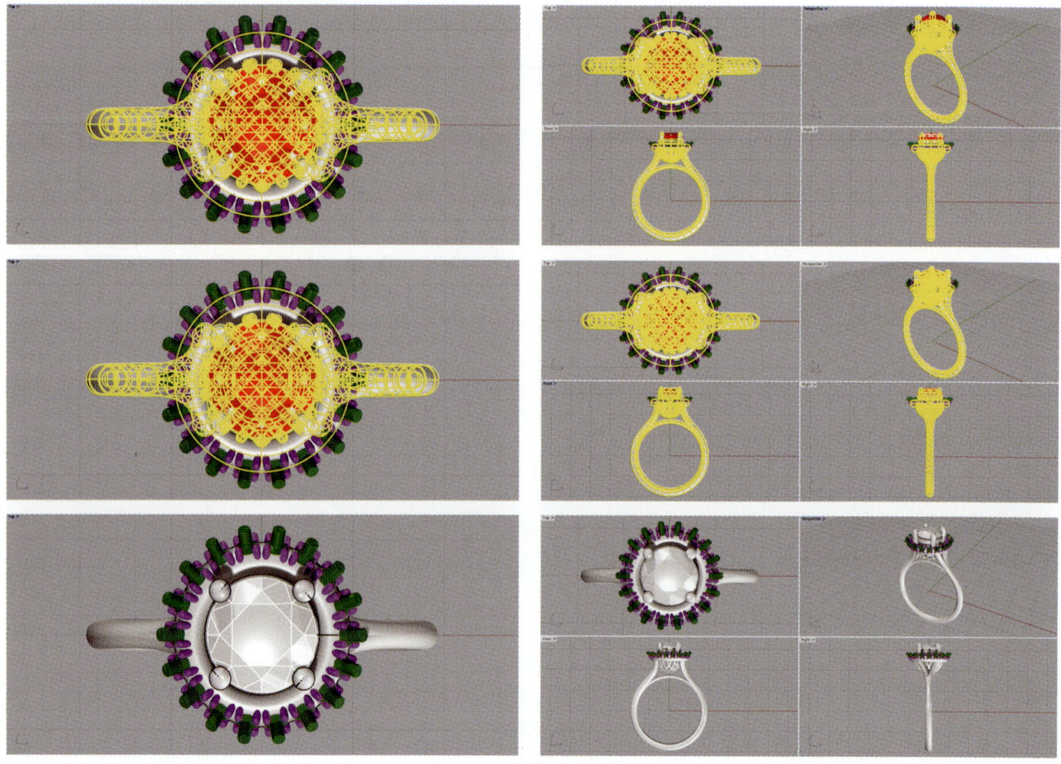

46. 반지개체와 난발개체를 선택하고, Boolean difference를 실행한다.
Select by color를 실행하고, 초록색 드릴용 보석개체를 선택한 후, Enter↵키를 누른 다음, 다시 Enter↵키를 누르면 다음 그림과 같이 선택한 반지개체와 난발개체에 홈이 파인 것을 확인할 수 있다.

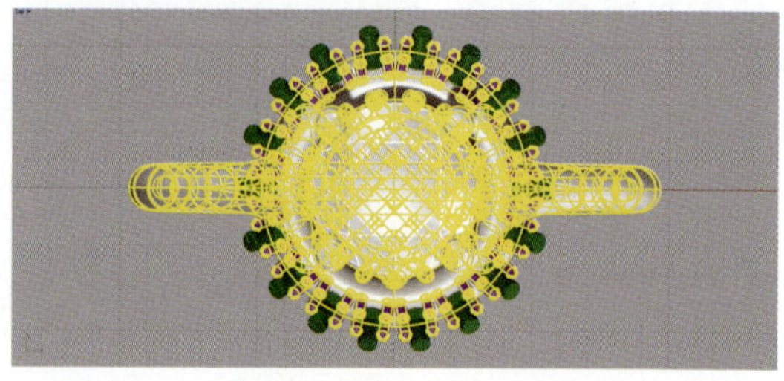

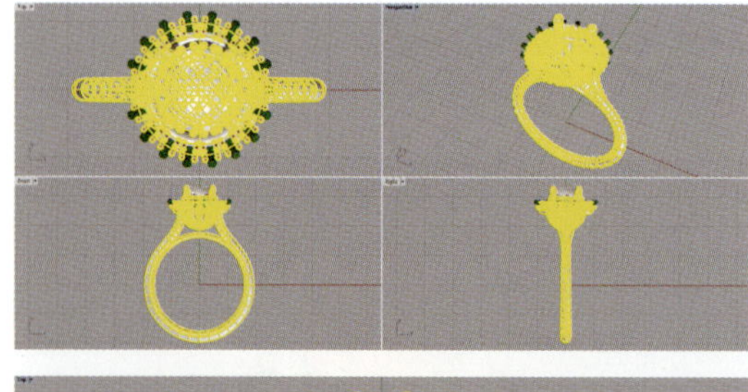

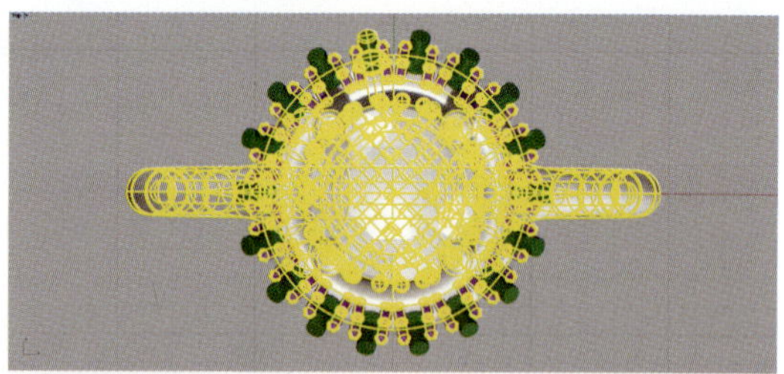

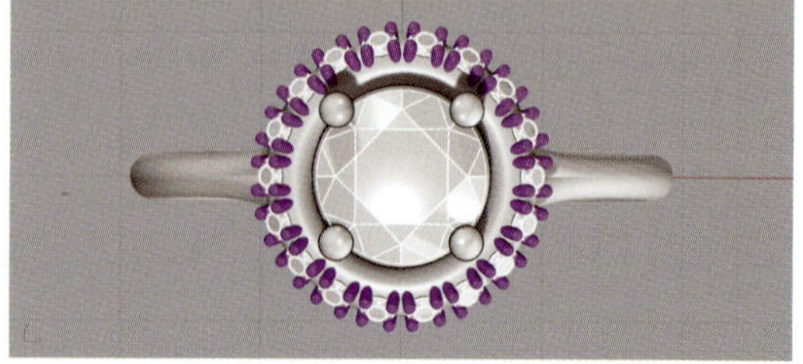

47. 다음 그림과 같이 완성된 Level 3 - Design Modeling 1 반지개체를 확인할 수 있다.

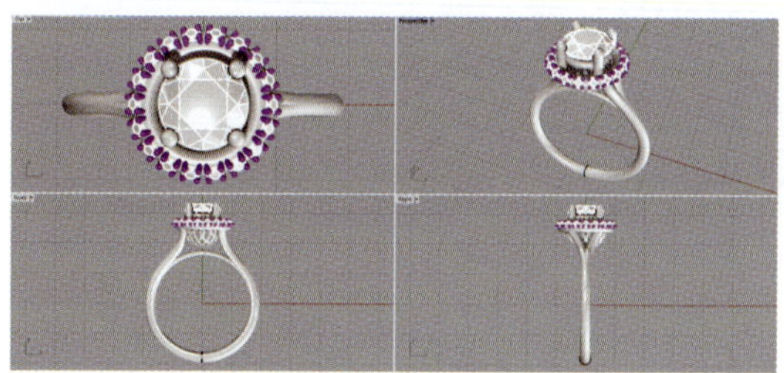

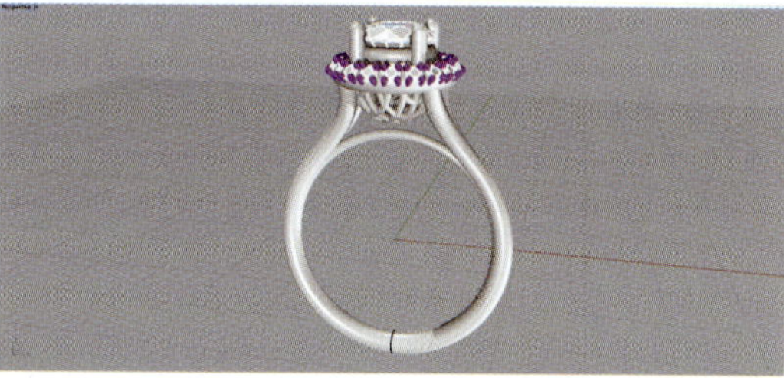

Level 03 Design Modeling 2

출처: 이 예제는 2016년 프로젝트 일환으로 진행된 부산 〈위유〉 업체의 디자인 제품임을 밝힙니다.

01. Top ▾ Top Viewport에서 Ctrl+I(Insert)를 실행하여 Insert창이 나타나면 Insert as에서 Individual Objects를 선택하고, 우측 상단의 폴더 아이콘을 선택한다. 5.30×3.20.3dm파일을 선택하고, 열기를 누른 후, Command Prompt 영역에 Insertion point값 0을 입력하여 원점(0, 0) 위치에 보석개체를 불러온다.

→ 부록CD 〉 Rhino 예제 〉 Level 3 – Design Modeling 2 〉 5.30×3.20.3dm

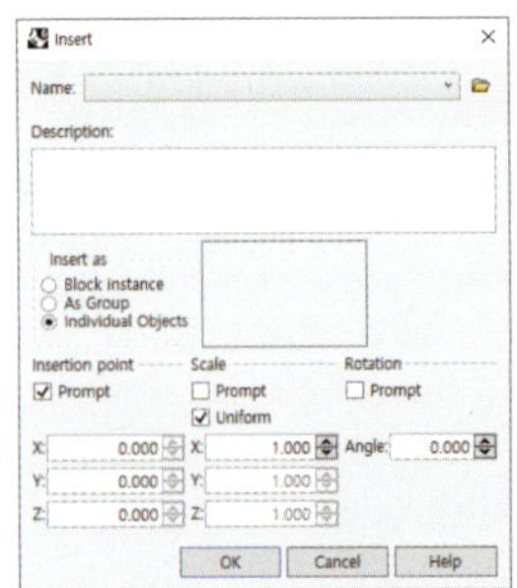

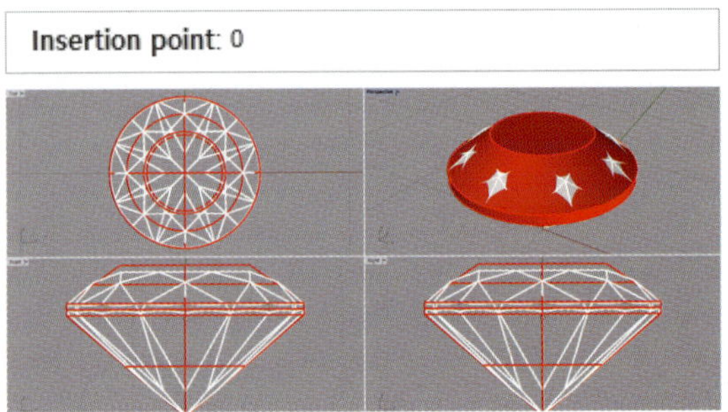

02. 불러온 보석개체들을 선택하고, 🔒 Lock objects를 실행하여 잠가둔다.

Top Top Viewport에서 Circle: center, radius를 실행하고, 원점(0, 0) 기준으로 Command Prompt 영역에 Diameter 값 3.19와 1.61을 입력하여, 다음 그림과 같이 3.19㎜와 1.61㎜의 원형 Curve개체를 생성한다.

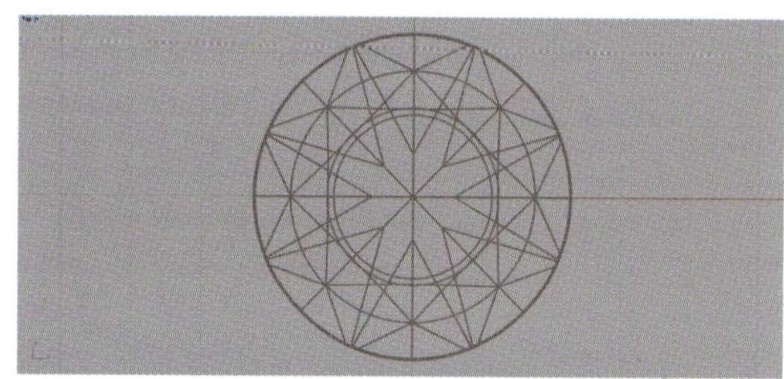

Center of circle (Deformable Vertical 2Point 3Point Tangent AroundCurve FitPoints): 0

Diameter <19.800> (Radius Orientation Circumference Area ProjectOsnap=*Yes*): 3.19

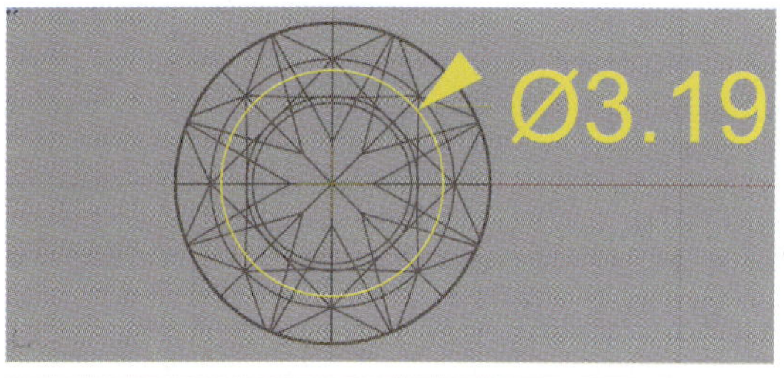

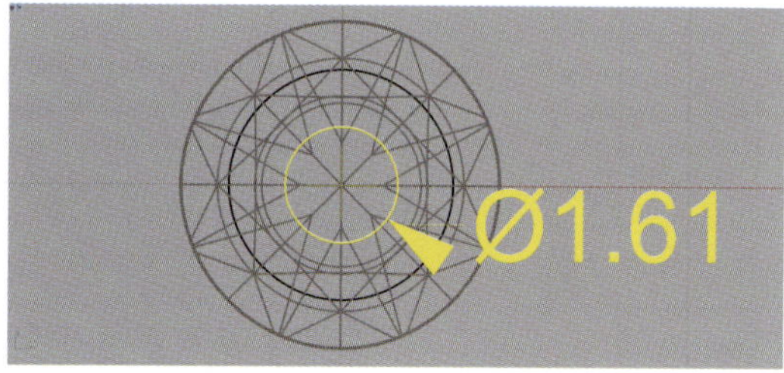

Diameter <3.190> (Radius Orientation Circumference Area ProjectOsnap=*Yes*): 1.61

03. **Right** Right Viewport에서 Circle: diameter를 실행하고, 다음 그림과 같이 3.19㎜ 원형 Curve 개체의 Quad점과 1.61㎜의 원형 Curve개체의 Quad점을 선택하여, 원형 Curve개체를 생성한다.

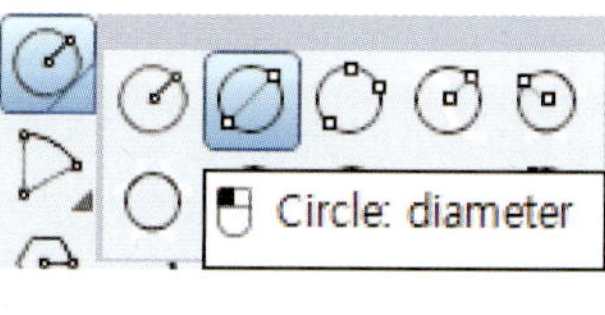

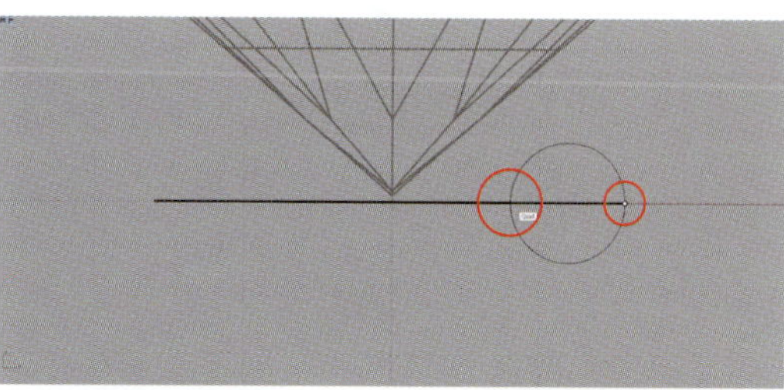

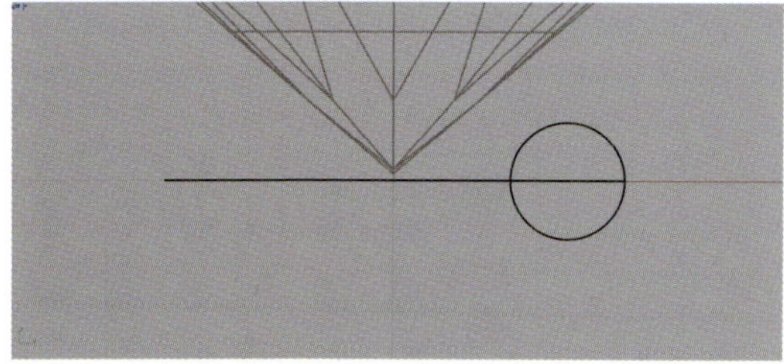

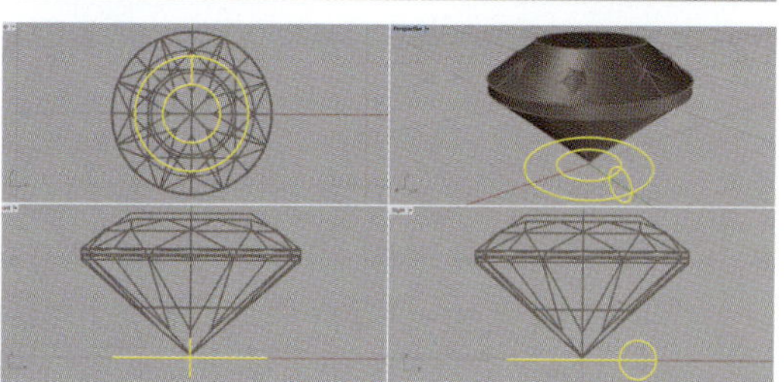

04. Sweep 2 rails를 실행하고, 1번, 2번, 3번의 원형 Curve개체를 순서대로 선택한 후, Enter↵키를 누른다. Sweep 2 rails Options창이 나타나면 Closed sweep에 체크하고 OK를 누른 후, 사용한 3개의 원형 Curve개체는 삭제한다.

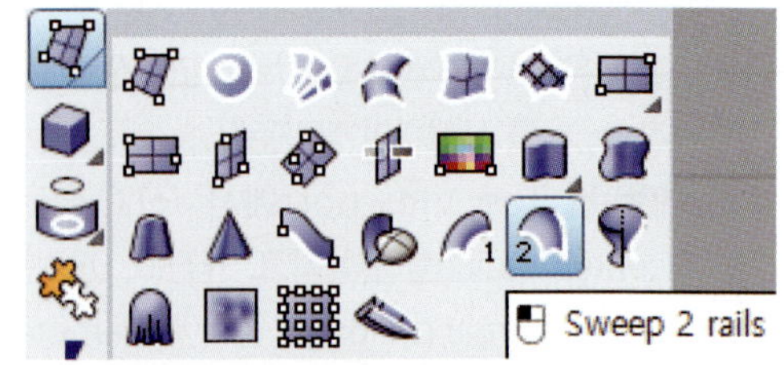

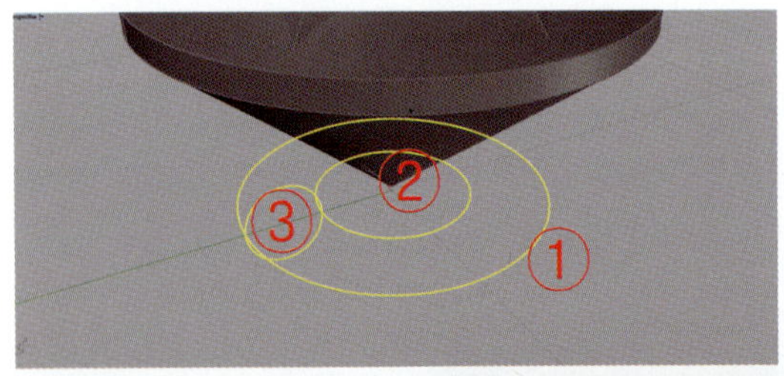

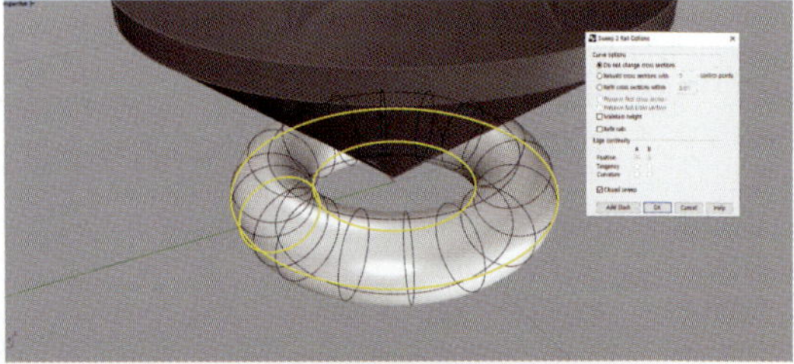

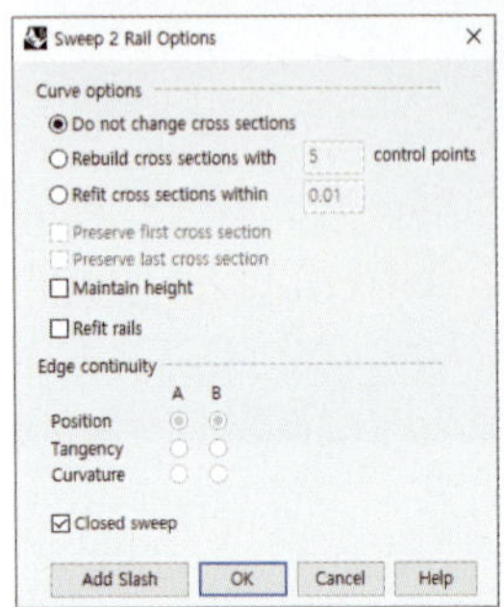

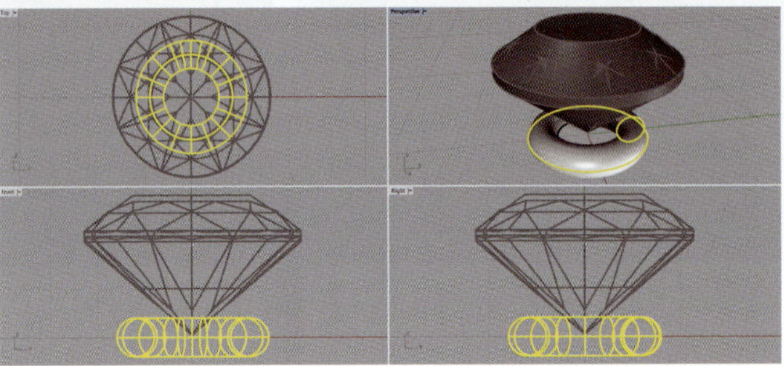

05. 생성된 Torus개체는 Hide objects를 실행하여 잠시 숨겨둔다. Front Front Viewport에서 Control Point Curve를 실행하고, 다음 그림과 같은 곡선 Curve개체를 생성한다.

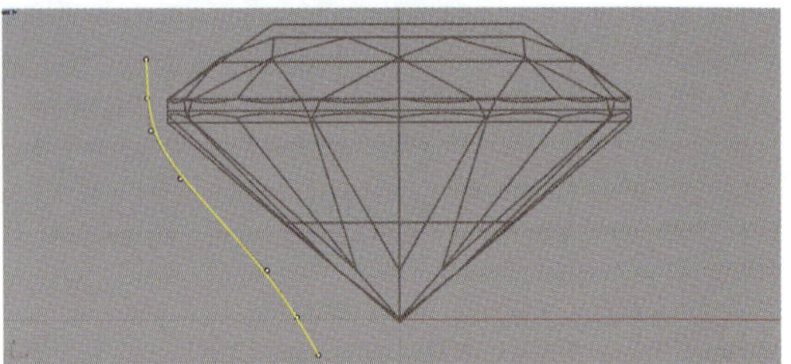

06. 생성된 곡선 Curve개체를 선택하고, Pipe: Round caps를 실행한다. Command Prompt 영역에 Start radius값 0.5를 입력한 후, Enter↵키를 누르고, End radius값 0.35를 입력한 다음, Enter↵키를 누른다. 다음 그림과 같이 생성된 Pipe개체를 확인할 수 있다.

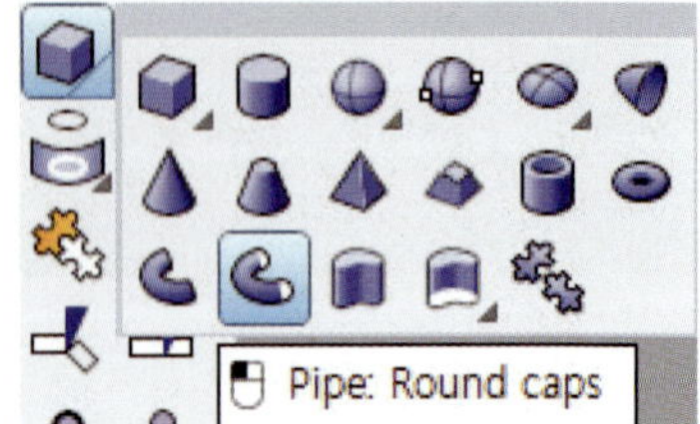

Start radius <1.000> (Diameter Thick=*No* Cap=*Round* ShapeBlending=*Local* FitRail=*No*): 0.5

End radius <0.500> (Diameter ShapeBlending=*Local* FitRail=*No*): 0.35

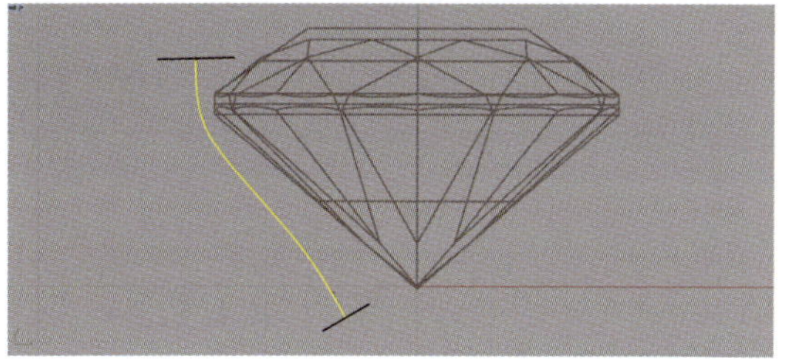

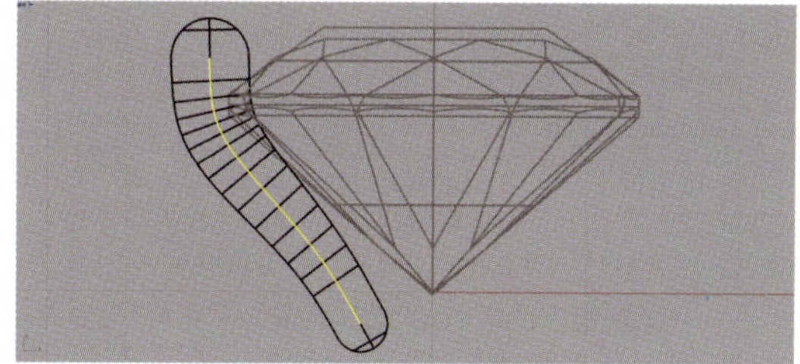

07. 사용한 곡선 Curve개체는 삭제하고, Show objects를 실행하여 숨겨둔 Torus개체를 화면상에 나타나게 한다.

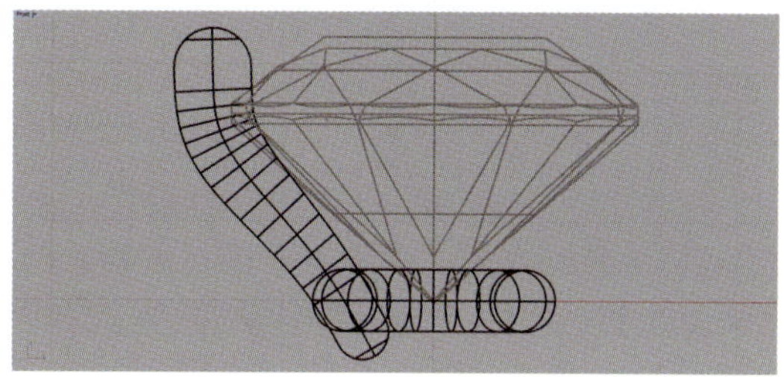

08. Top Top Viewport에서 Pipe개체를 선택하고, Polar array를 실행한다. Command Prompt 영역에 Center of polar array값 0을 입력하고, Enter↵키를 누른 다음, Number of items값 4를 입력한 후, Enter↵키를 누른다. 다음 그림과 같이 복사된 4개의 Pipe개체를 확인할 수 있다.

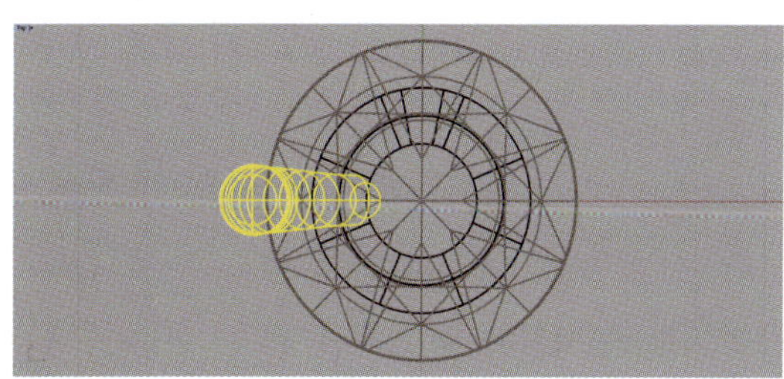

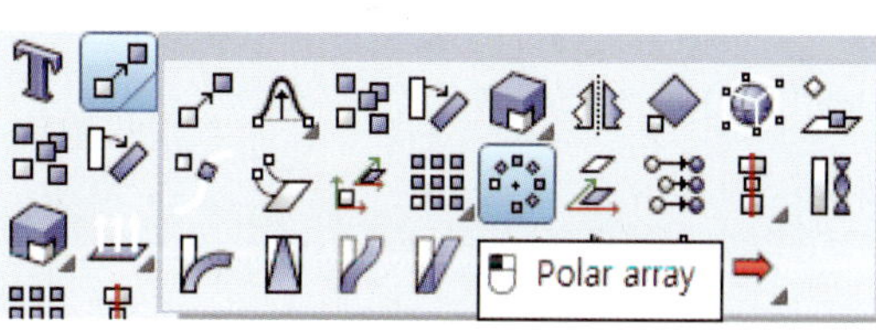

Center of polar array (Axis): 0

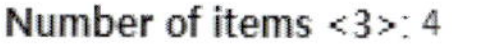

Number of items <3>: 4

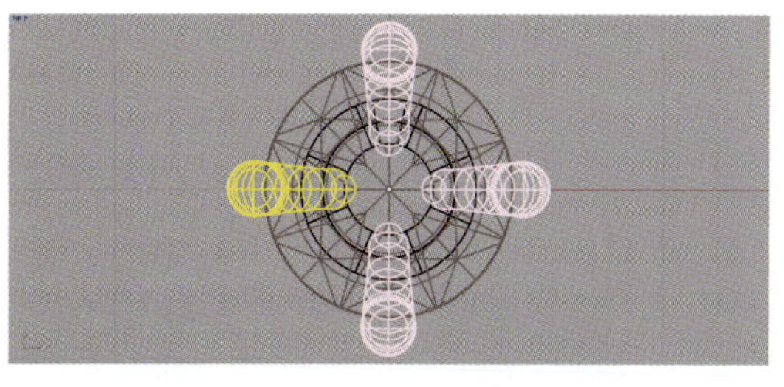

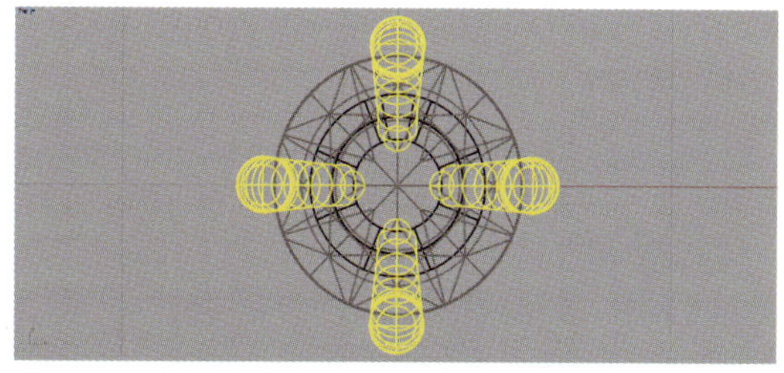

09. 복사된 4개의 Pipe개체를 선택하고, Rotate 2-D를 실행한다. 원점 기준으로 Command Prompt 영역에 Angle or first reference point값 45를 입력하고, Enter↵키를 누르면 다음 그림과 같이 4개의 Pipe개체가 45도 각도로 회전한 것을 확인할 수 있다.

Center of rotation (Copy=*No*): 0

Angle or first reference point (Copy=*No*): 45

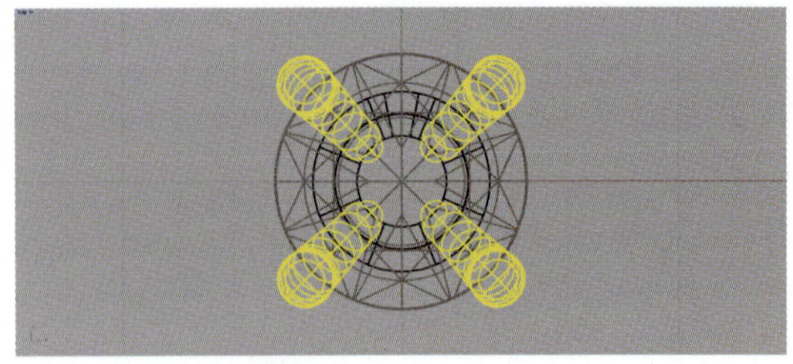

10. **Front** Front Viewport에서 4개의 Pipe개체와 Torus개체를 선택하고, Trim을 실행한 후, 다음 그림과 같이 Torus개체 아래로 튀어나온 부분의 Pipe개체를 선택하여 잘라준다.

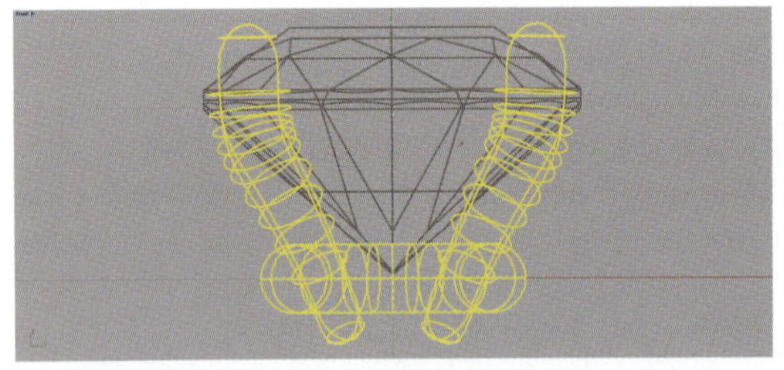

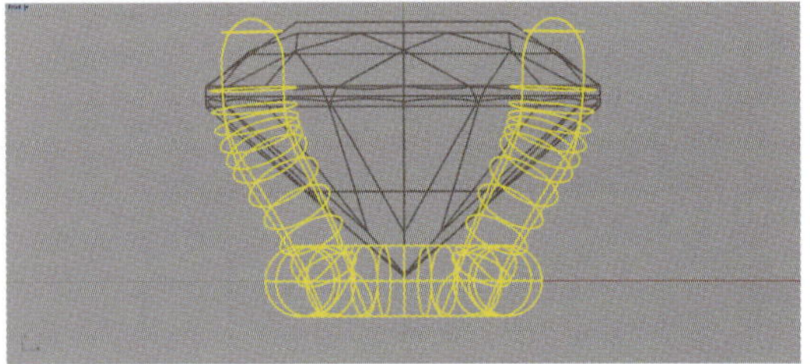

11. 잘린 4개의 Pipe개체와 Torus개체를 선택하고, Boolean union을 실행하여 하나의 개체로 결합한다.

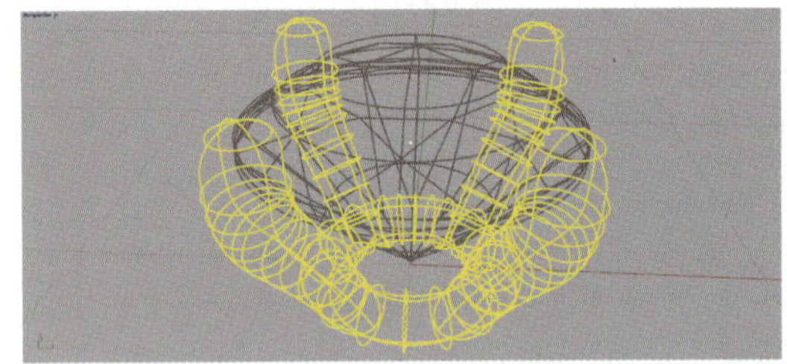

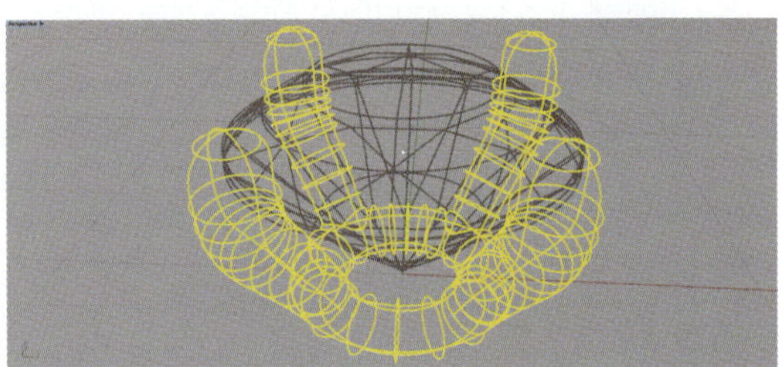

12. **Top** Top Viewport에서 Ctrl+I(Insert)를 실행하여 Insert창이 나타나면 Insert as에서 Individual Objects를 선택하고, 우측 상단의 폴더 아이콘을 선택한다. 꽃잎 Curves.3dm파일을 선택하고, 열기를 누른 후, Command Prompt 영역에 Insertion point값 0을 입력하여 원점(0, 0) 위치에 꽃잎 Curves개체를 불러온다.

→ 부록CD 〉 Rhino 예제 〉 Level 3 - Design Modeling 2 〉 꽃잎 Curves.3dm

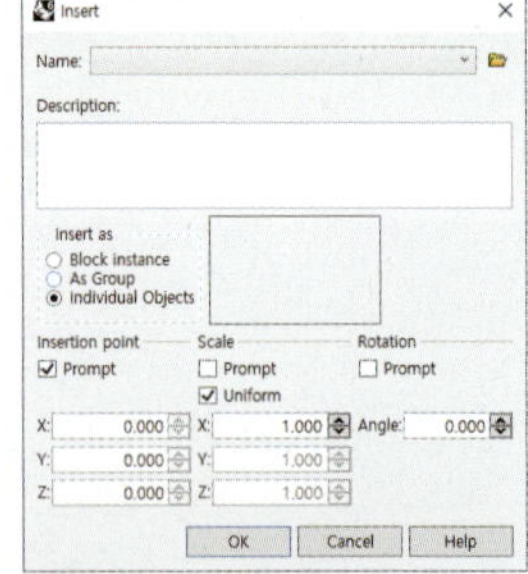

Insertion point: 0

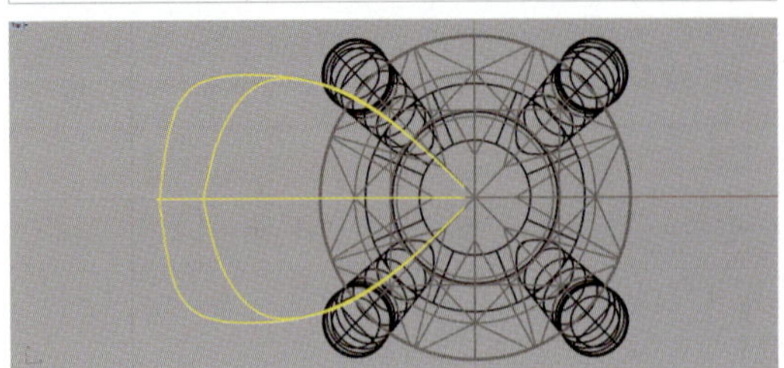

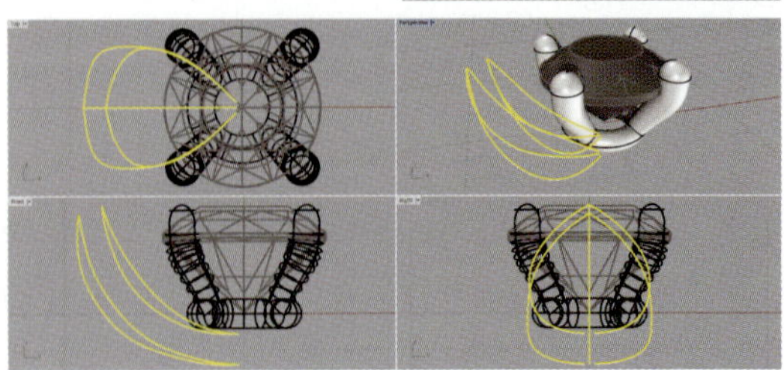

13. Loft를 실행하고 1번, 2번, 3번의 Curve개체를 순서대로 선택한 후, Enter↵ 키를 누른다. Loft Options 창이 나타나면 Style에서 Normal을 선택하고, OK를 누르면 다음 그림과 같이 꽃잎 형태의 Surface개체가 생성된 것을 확인할 수 있다.

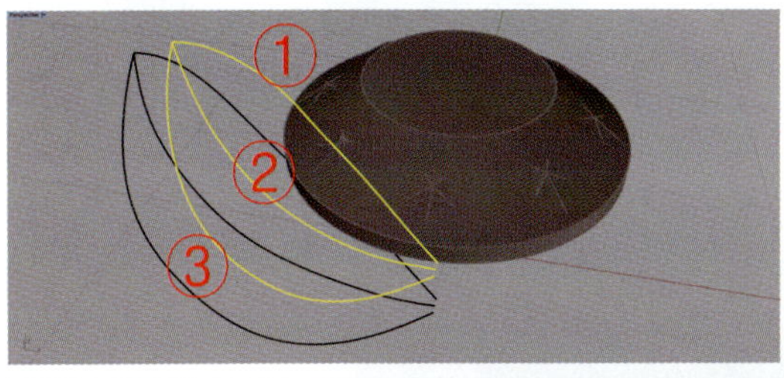

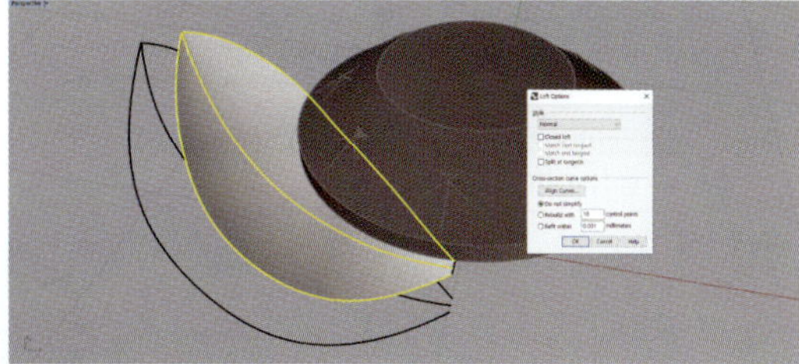

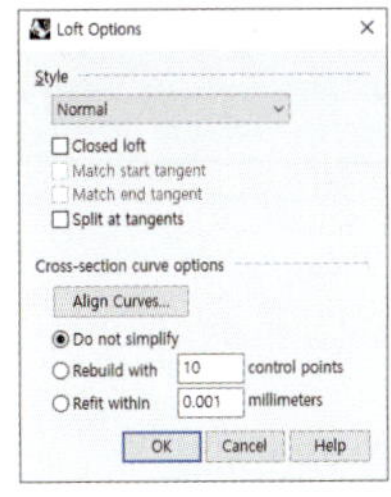

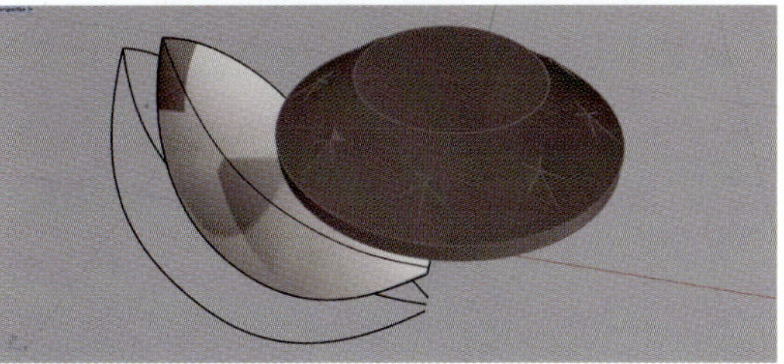

14. 다시 Loft를 실행하고, 남은 꽃잎 Curve 개체도 위와 같은 방법으로 꽃잎 형태의 Surface개체를 생성한다.

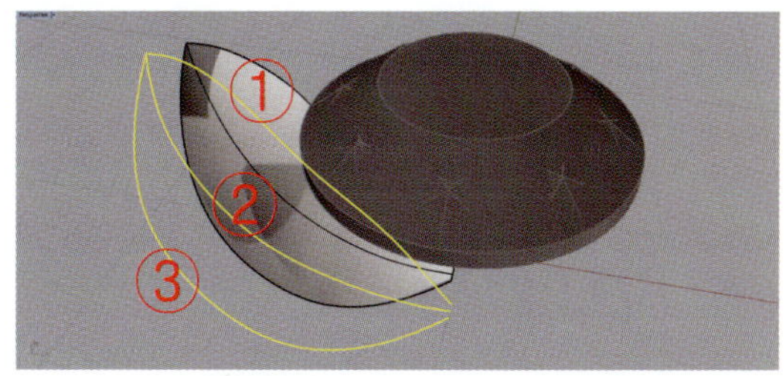

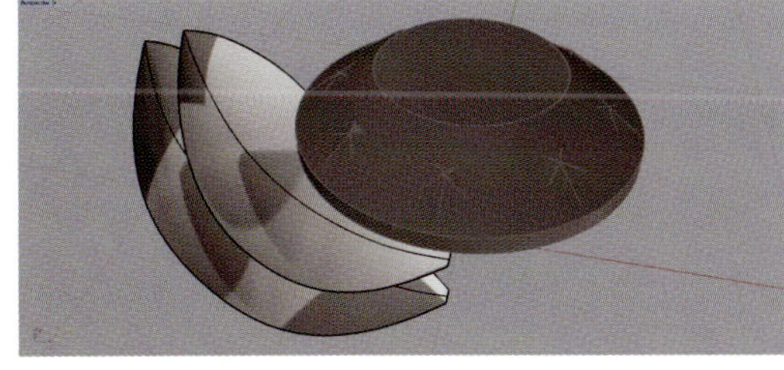

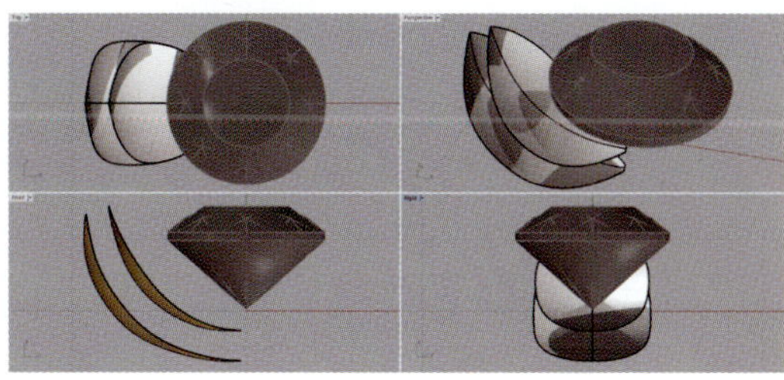

15. 사용한 꽃잎 Curve개체들은 삭제하고, Loft를 실행한다. 두 꽃잎 Surface개체의 Edge와 Edge를 선택하고, Enter↵ 키를 누른 후, Loft Options창이 나타나면 Style에서 Normal을 선택한 다음, OK를 누른다. 다음 그림과 같이 Surface개체가 생성된 것을 확인할 수 있다.

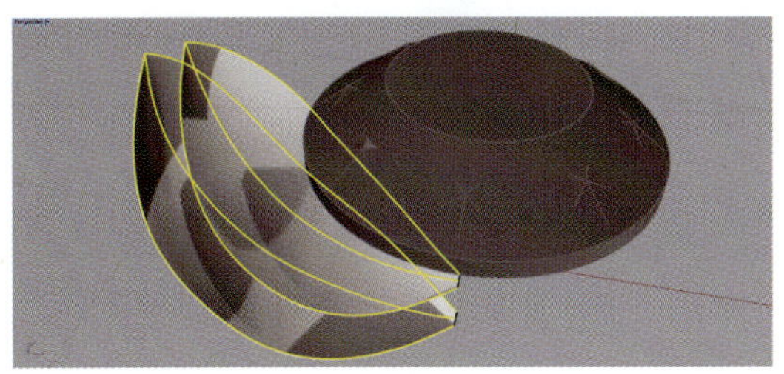

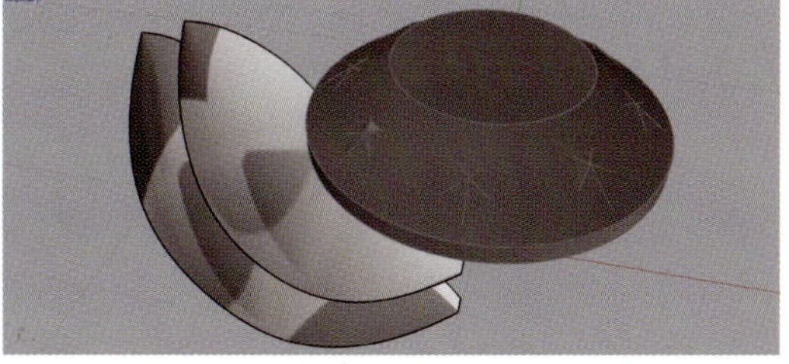

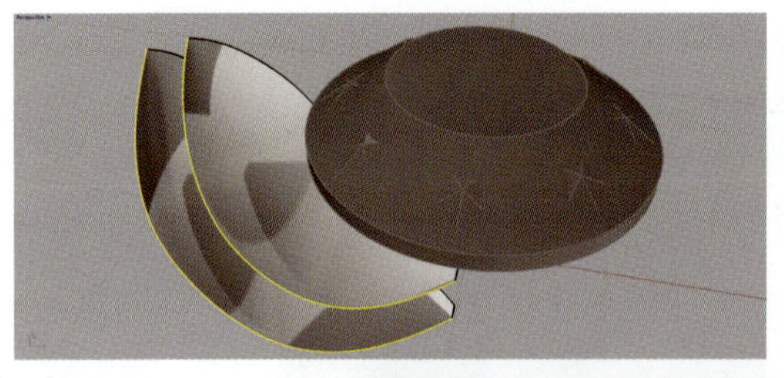

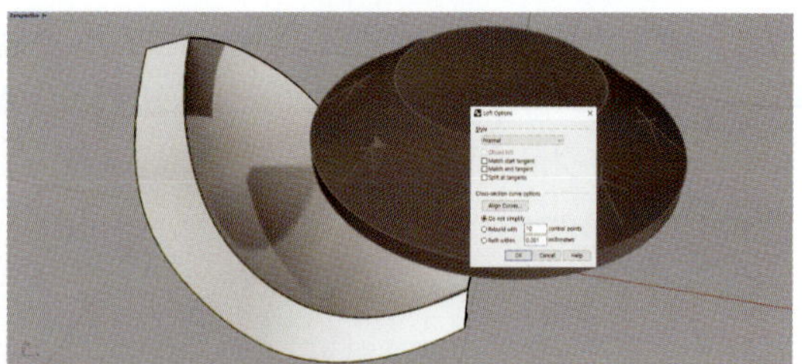

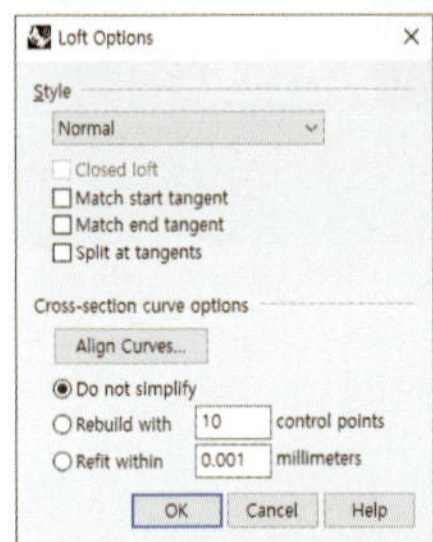

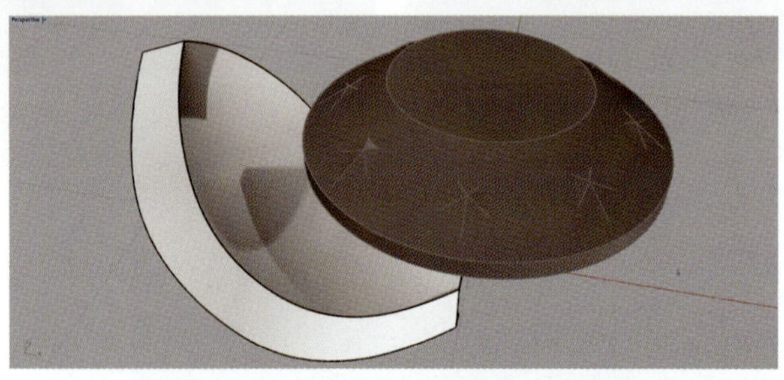

16. 두 꽃잎 Surface개체 대칭 방향의 Edge와 Edge도 위와 같은 방법으로 Surface개체를 생성한다.

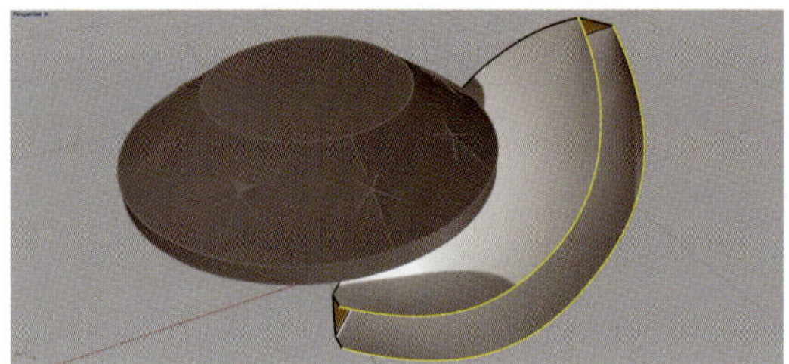

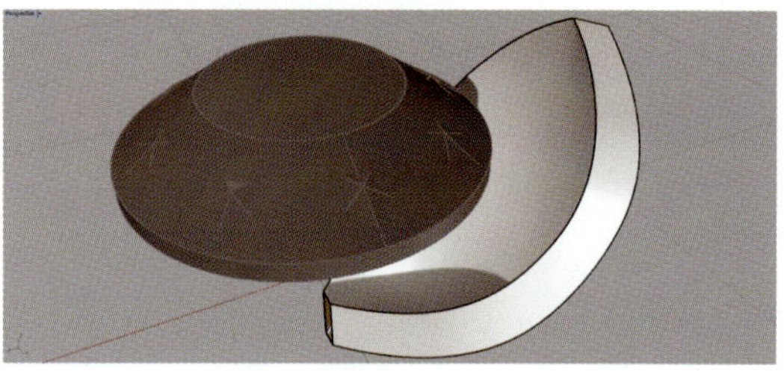

17. Surface from 2, 3 or 4 edge curves를 실행하고, 생성된 꽃잎 Poly-Surface개체 하단의 1번, 2번, 3번, 4번 Edge를 선택하여 Surface개체를 생성한다.

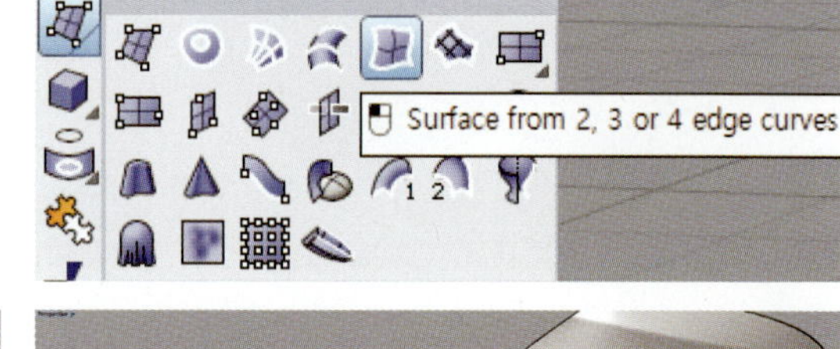

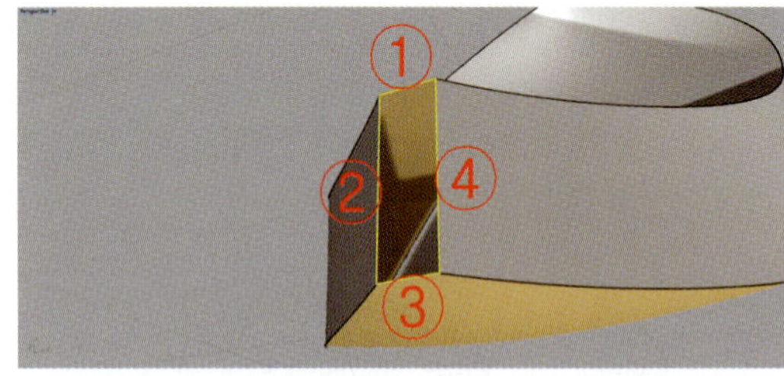

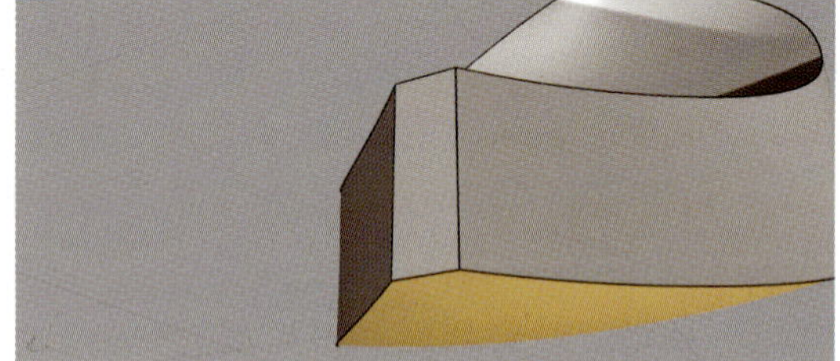

18. 생성된 5개의 Surface개체를 선택하고, Join을 실행하여 하나의 꽃잎 Poly-Surface개체로 결합한다.

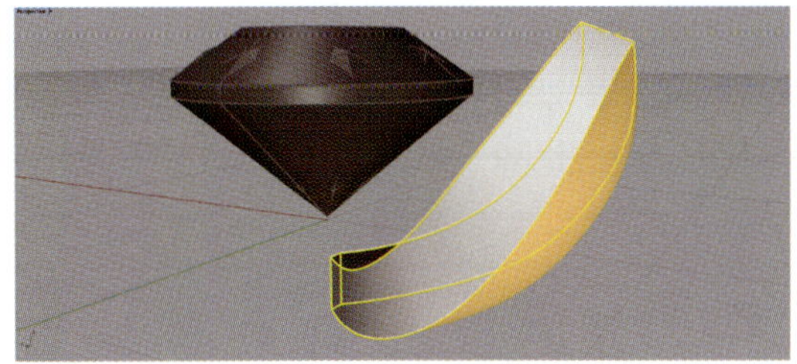

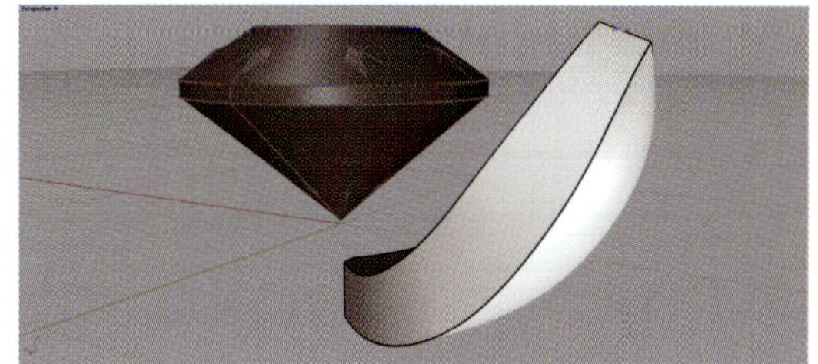

19. Fillet edges를 실행하고, 다음 그림과 같이 꽃잎 Poly-Surface개체 상단의 Edge를 선택한 후, Enter↵키를 누른다. Command Prompt 영역에서 SetAll을 선택하고, Radius for all handles값 0.3을 입력한 후, Enter↵키를 누른다. 다음 그림과 같이 선택된 꽃잎 Poly-Surface개체 상단의 Edge가 반지름 0.3㎜로 Fillet된 것을 확인할 수 있다.

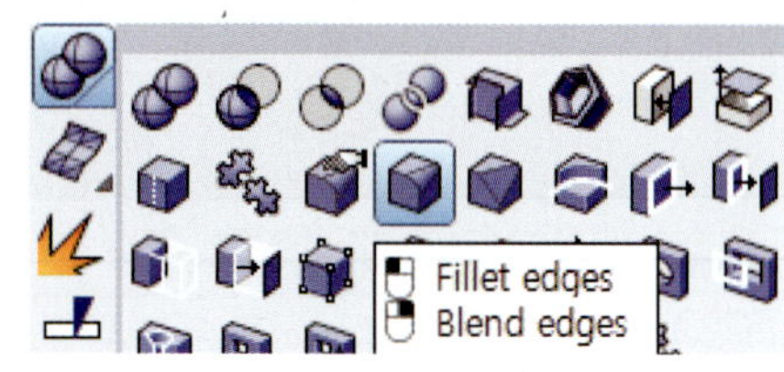

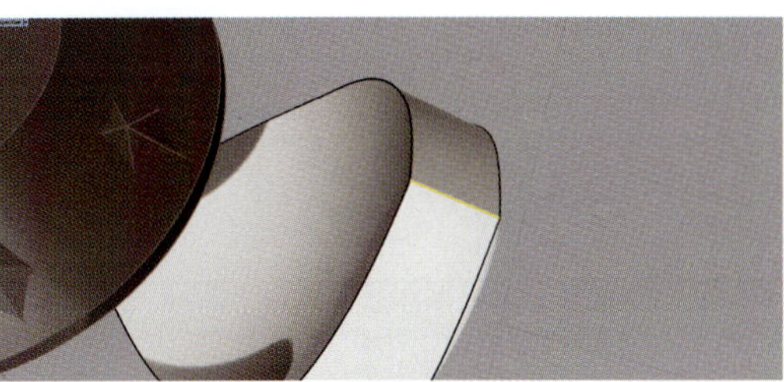

Select fillet handle to edit. Press Enter when done
(ShowRadius=*Yes* AddHandle CopyHandle SetAll LinkHandles=*No* RailType=*RollingBall* SelectEdges TrimAndJoin=*Yes* Preview=*No*):

Radius for all handles <1.000>: 0.3

20. 다시 Fillet edges를 실행하고, 꽃잎 Poly-Surface개체의 모든 Edge를 선택한 후, Enter↵키를 누른다. Command Prompt 영역에서 SetAll을 선택하고, Radius for all handles값 0.2를 입력한 후, Enter↵키를 누르면 다음 그림과 같이 선택된 꽃잎 Poly-Surface개체의 모든 Edge가 반지름 0.2㎜로 Fillet된 것을 확인할 수 있다.

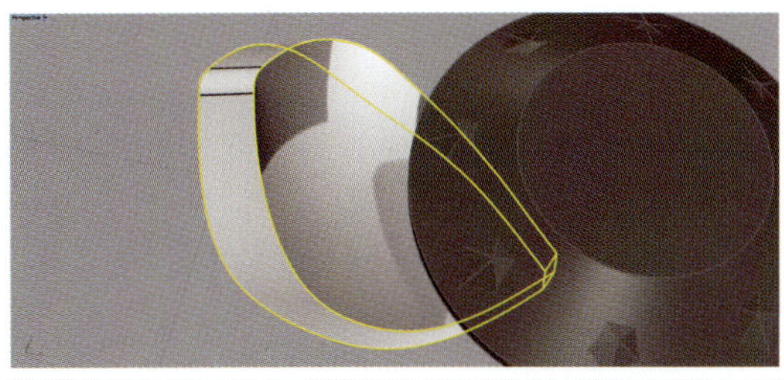

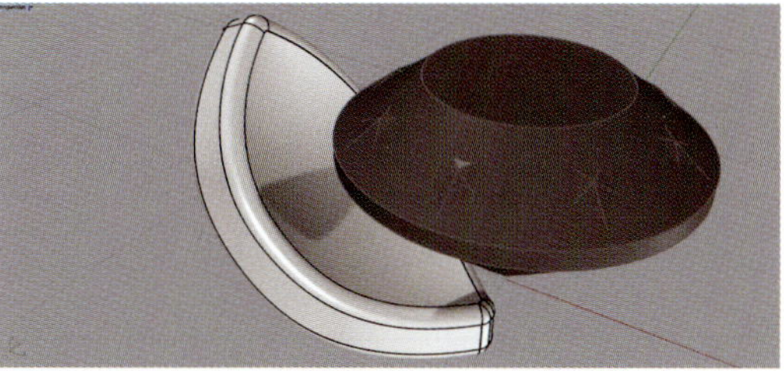

Select fillet handle to edit. Press Enter when done
(ShowRadius=*Yes* AddHandle CopyHandle SetAll LinkHandles=*No* RailType=*RollingBall* SelectEdges TrimAndJoin=*Yes* Preview=*No*):

Radius for all handles <0.300>: 0.2

21. Top Top Viewport에서 꽃잎 Poly-Surface개체를 선택하고, Polar array를 실행한다. 원점(0, 0) 기준으로 Command Prompt 영역에 Number of items값 4를 입력한 후, Enter↵키를 누른다. Angle to fill or first reference point값을 360으로 입력하고, Enter↵키를 누르면 다음 그림과 같이 복사된 4개의 꽃잎 Poly-Surface개체를 확인할 수 있다.

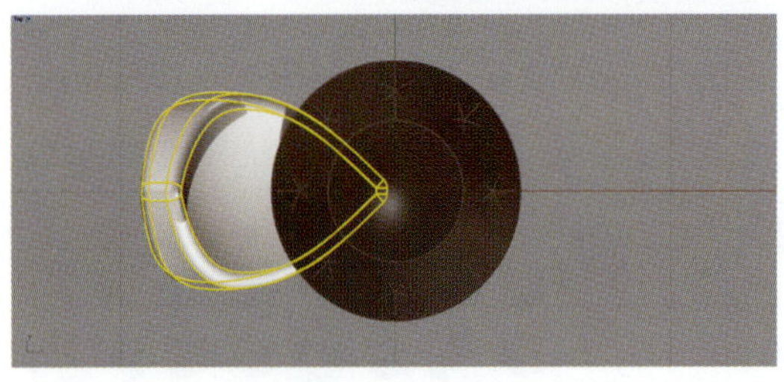

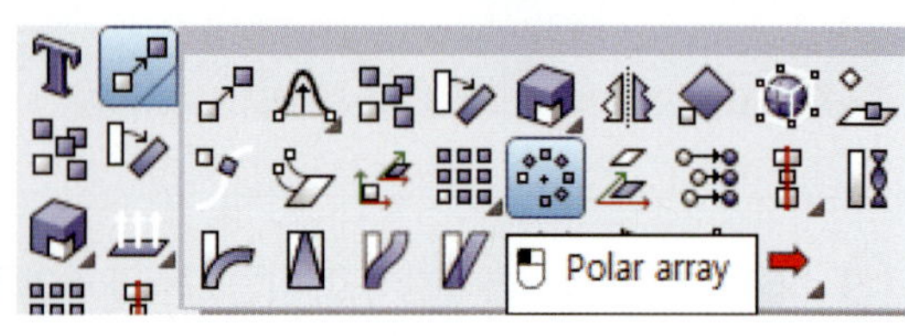

Center of polar array (Axis): 0

Number of items <4>: 4

Angle to fill or first reference point <360> (Preview=*Yes* StepAngle Rotate=*Yes* ZOffset=*0*):

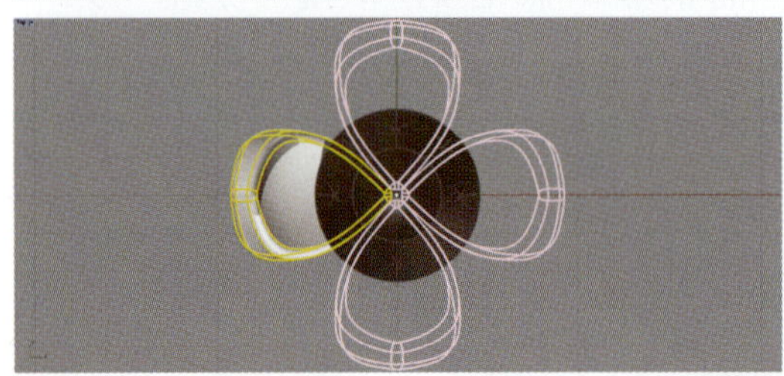

22. 4개의 꽃잎 Poly-Surface개체를 선택하고, Lock objects를 실행하여 잠시 잠가둔다. 우측 Panels의 Layers에서 Cilinder difference와 보석의 Hide objects를 선택하여 보석개체들을 숨겨둔다.

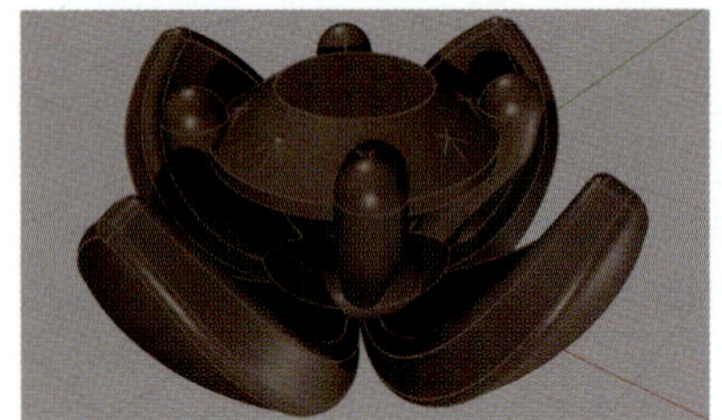

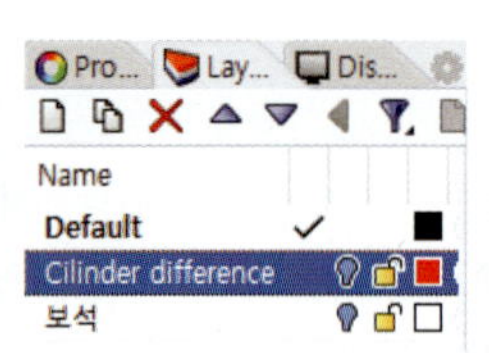

23. Top Top Viewport에서 Cylinder를 실행하고, Command Prompt 영역에 Base of cylinder값 1.24, 0을 입력한 후, Enter↵키를 누른다. Diameter값 0.65를 입력하고, Enter↵키를 누른 후, End of cylinder값 -3.32를 입력한 다음, Enter↵키를 누르면 다음 그림과 같은 위치에 Cylinder개체가 생성된 것을 확인할 수 있다.

Base of cylinder (DirectionConstraint=*Vertical* Solid=*Yes* 2Point 3Point Tangent FitPoints): 1.24,0

Diameter <0.800> (Radius Circumference Area ProjectOsnap=*Yes*): 0.65

End of cylinder <-3.320> (DirectionConstraint=*Vertical* BothSides=*No*): -3.32

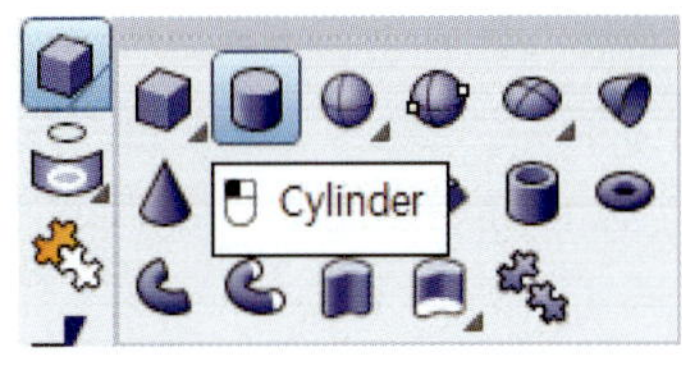

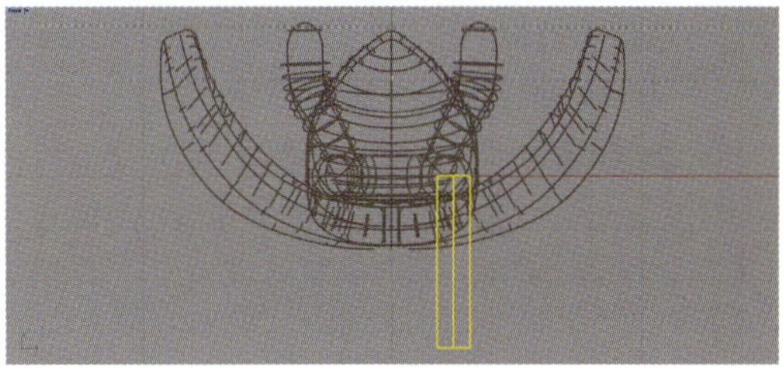

24. 다시 Cylinder를 실행하고, Command Prompt 영역에 Base of cylinder값 1.24, 0을 입력한 후, Enter↵ 키를 누른다. Diameter값 0.8을 입력하고, Enter↵ 키를 누른 후, End of cylinder값 -10을 입력한 다음, Enter↵ 키를 누르면 다음 그림과 같은 위치에 Cylinder개체가 생성된 것을 확인할 수 있다.

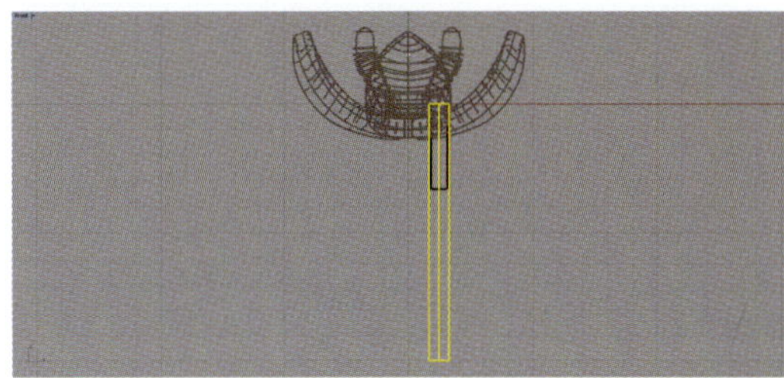

Base of cylinder (DirectionConstraint=*Vertical* Solid=*Yes* 2Point 3Point Tangent FitPoints): 1.24,0

Diameter <0.650> (Radius Circumference Area ProjectOsnap=*Yes*): 0.8

End of cylinder <-3.320> (DirectionConstraint=*Vertical* BothSides=*No*): -10

25. 생성된 2개의 Cylinder개체를 선택하고, Top ▾ Top Viewport에서 Polar array를 실행한다. Command Prompt 영역에 Center of polar array값 0을 입력하고, Number of items값 4를 입력한 후, Enter↵ 키를 누른다. Angle to fill or first reference point값 360을 확인하고, Enter↵ 키를 누르면 다음 그림과 같이 복사된 Cylinder개체들을 확인할 수 있다.

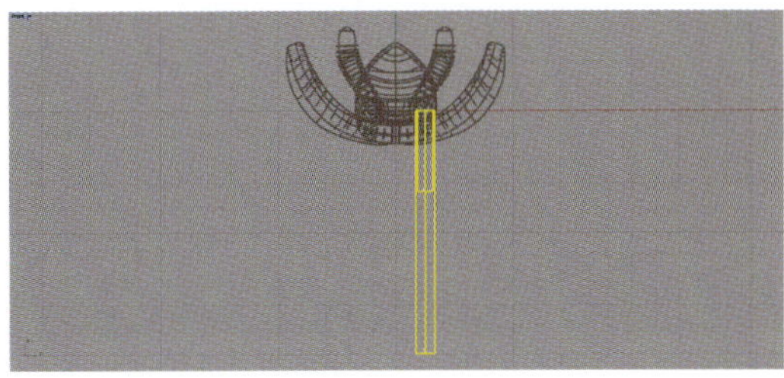

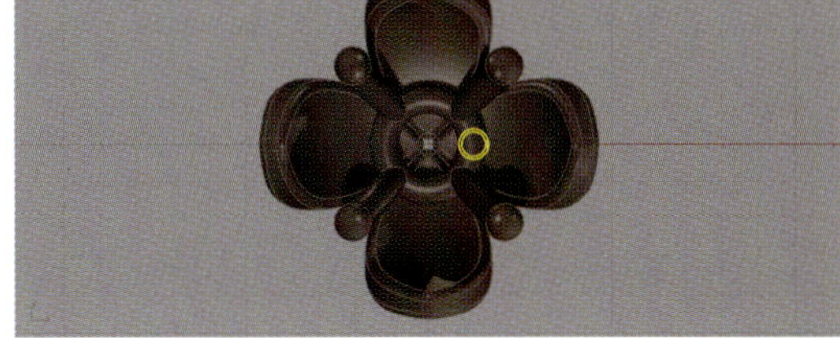

Center of polar array (Axis): 0

Number of items <3>: 4

Angle to fill or first reference point <360> (Preview=*Yes* StepAngle Rotate=*Yes* ZOffset=*0*):

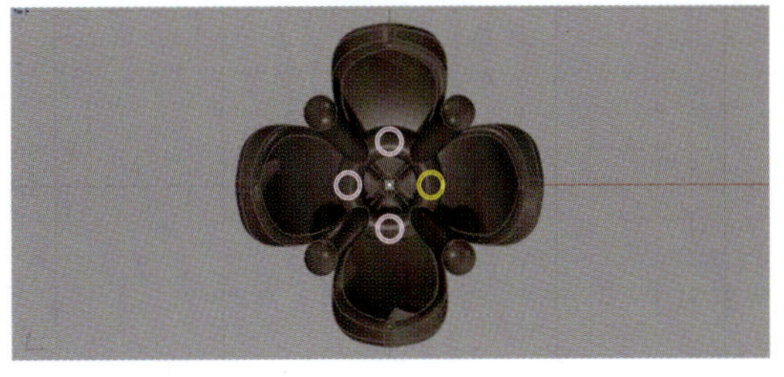

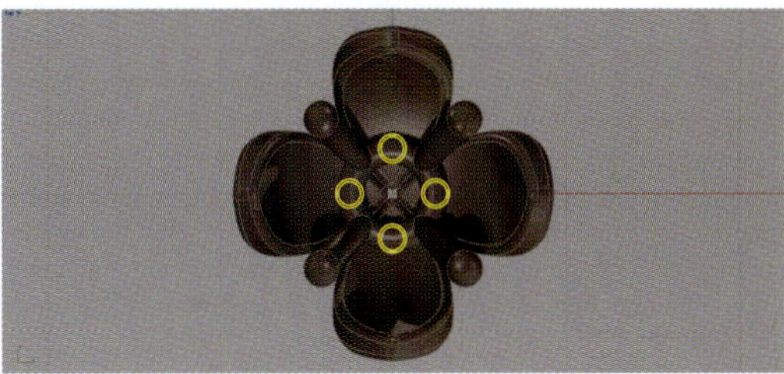

26. 생성된 개체들을 모두 선택하고, Lock objects를 실행하여 잠시 잠가둔다.
Front Front Viewport에서 Curve: interpolate points를 실행하고, 다음 그림과 같이 곡선 Curve개체를 생성한다.

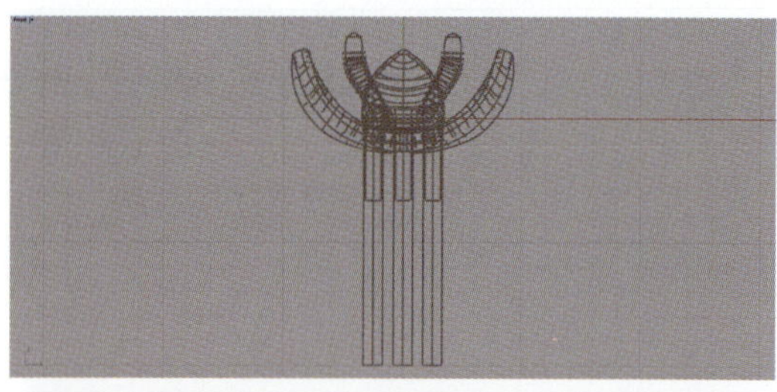

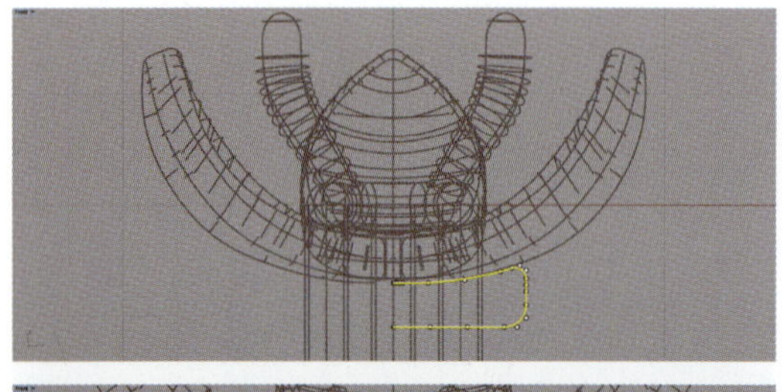

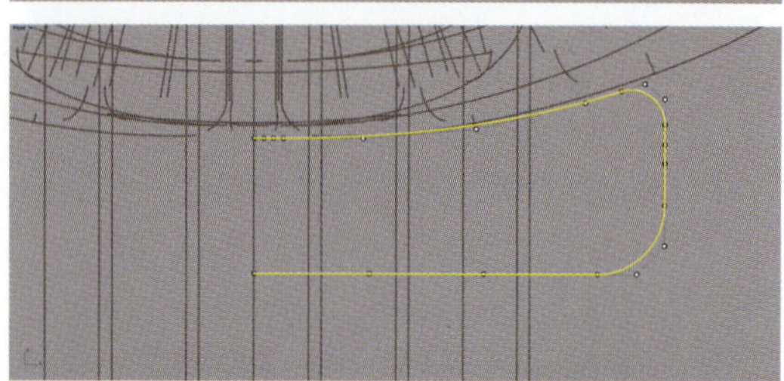

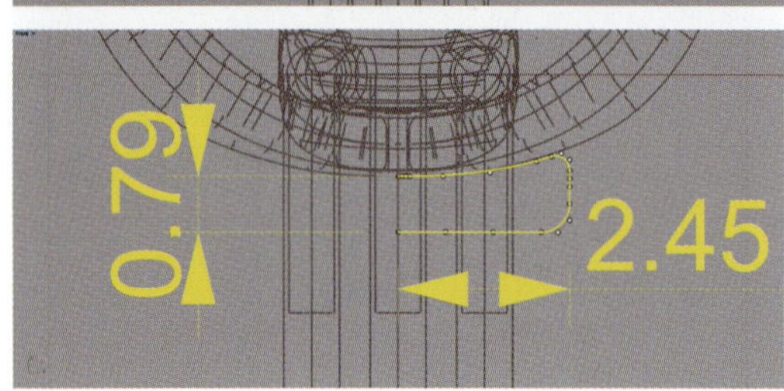

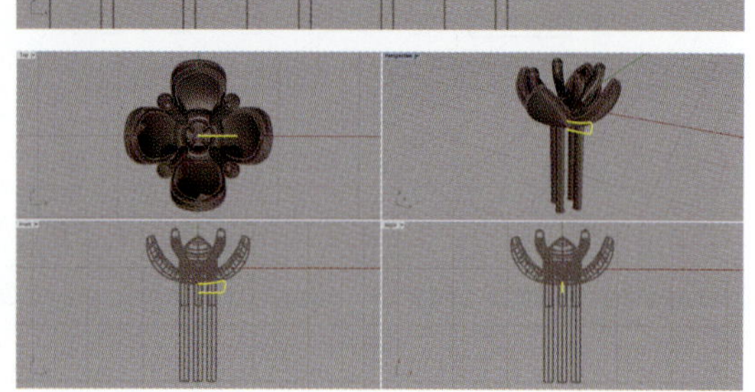

27. 생성된 곡선 Curve개체를 선택하고, Revolve를 실행한다. Command Prompt 영역에 Start of revolve axis값 0을 입력한 다음, Enter키를 누르고, Shift키를 누른 상태로 마우스 커서를 화살표 방향으로 이동한 후, 마우스 왼쪽버튼을 클릭한다. DeleteInput=Yes로 설정하고, FullCircle을 선택하면 다음 그림과 같이 꽃받침 형태의 Poly-Surface개체가 생성된 것을 확인할 수 있다.

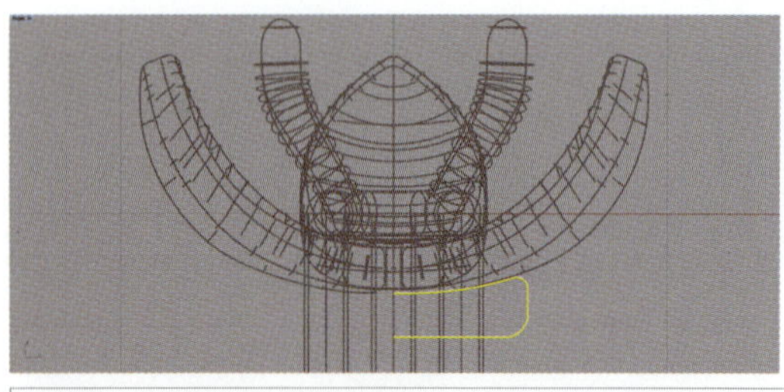

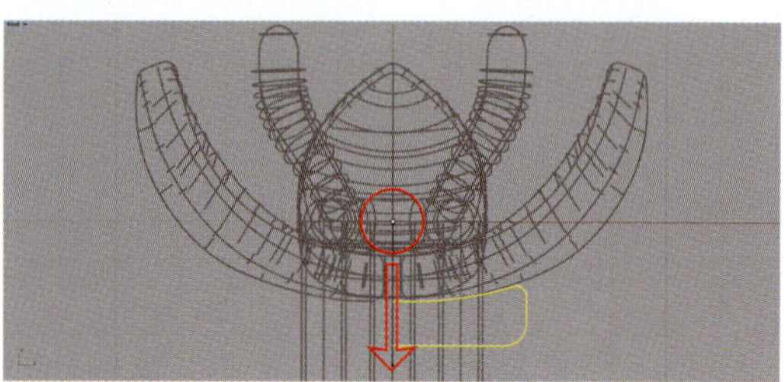

```
Start of revolve axis: 0
```

```
Start angle <0> ( DeleteInput=Yes  Deformable=No  FullCircle  AskForStartAngle=Yes  SplitAtTangents=No ):
```

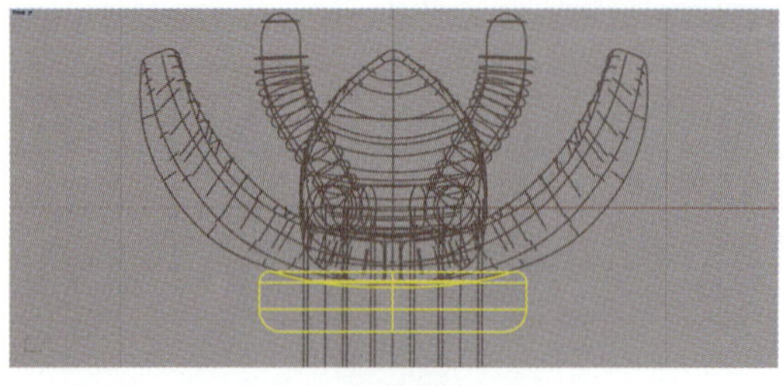

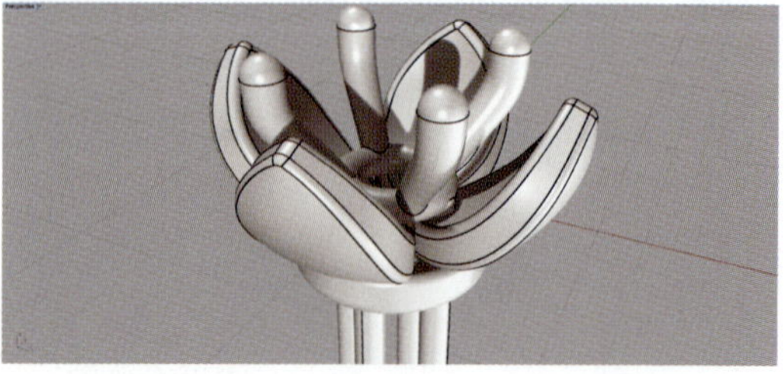

28. 꽃잎 Poly-Surface개체와 꽃받침 개체를 선택하고, Boolean difference를 실행한 후, 10㎜ Cylinder 개체 4개를 선택한 다음, Enter↵키를 누른다. 난발 개체와 3.32㎜ Cylinder개체를 선택하고, Boolean union을 실행하여 하나의 개체로 결합한다.

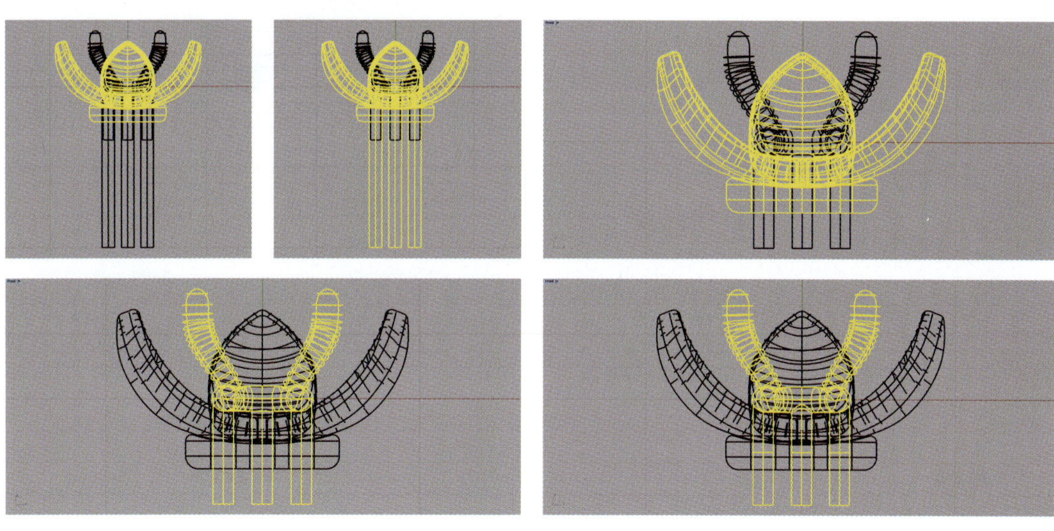

29. 다음 그림과 같이 구멍 뚫린 꽃받침, 꽃잎 Poly-Surface개체와 난발 개체를 확인할 수 있다.

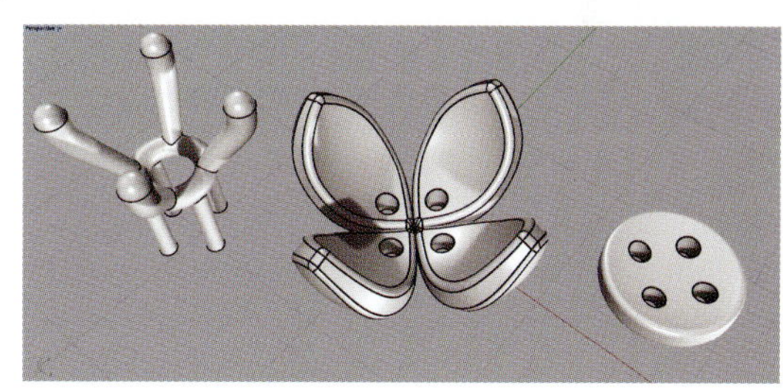

30. 우측 Panels의 Layers에서 Cilinder difference를 화면상에 나타나게 한다.
난발 개체를 선택하고, Boolean difference를 실행한 후, 보석 형태의 Poly-Surface개체를 선택한 다음, Enter↵키를 누르면 다음 그림과 같이 난발 개체에 보석형태의 홈이 파인 것을 확인할 수 있다.

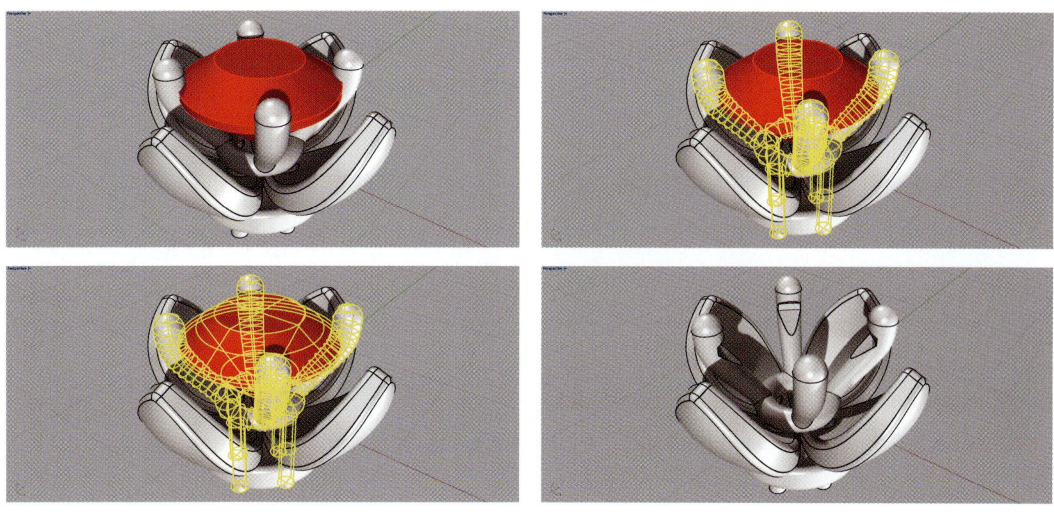

31. 우측 Panels의 Layers에서 보석을 화면상에 나타나게 하고, 모든 개체들을 선택한 후, 🔒 Lock objects를 실행하여 화면상에서 잠시 잠가둔다.

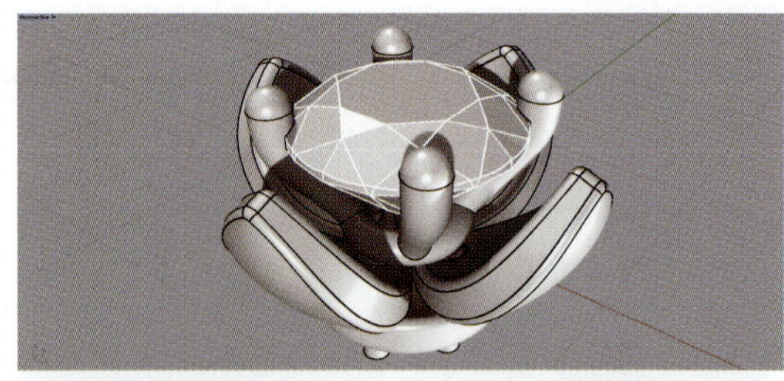

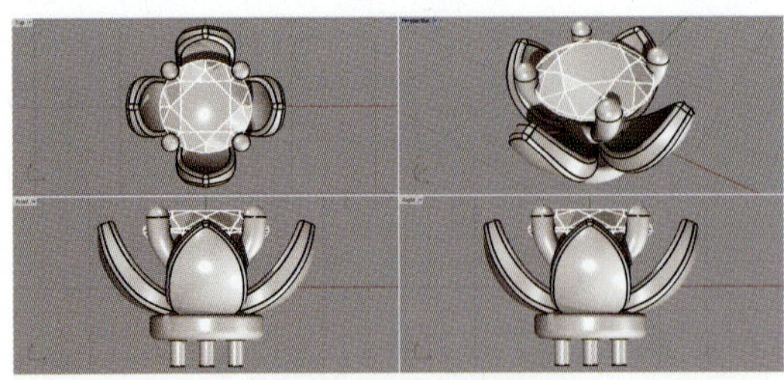

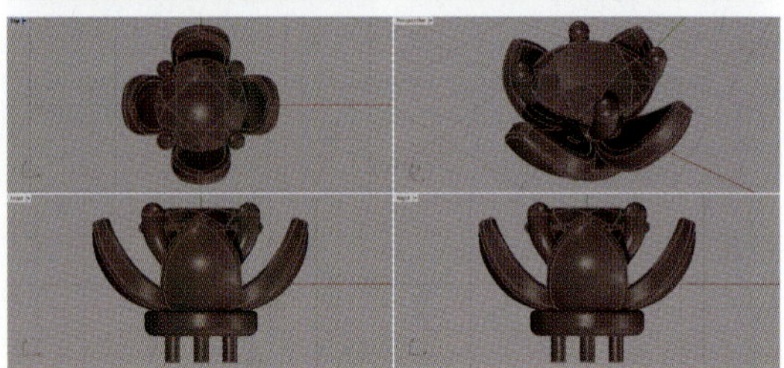

32. Top ▾ Top Viewport에서 Ctrl+I(Insert)를 실행하여 Insert창이 나타나면 Insert as에서 Individual Objects를 선택하고, 우측 상단의 폴더 아이콘을 선택한다. 곡선 Curves.3dm파일을 선택하고, 열기를 누른 후, Command Prompt 영역에 Insertion point값 0을 입력하여 원점(0, 0) 위치에 곡선 Curve 개체를 불러온다. → 부록CD 〉 Rhino 예제 〉 Level 3 – Design Modeling 2 〉 곡선 Curves.3dm

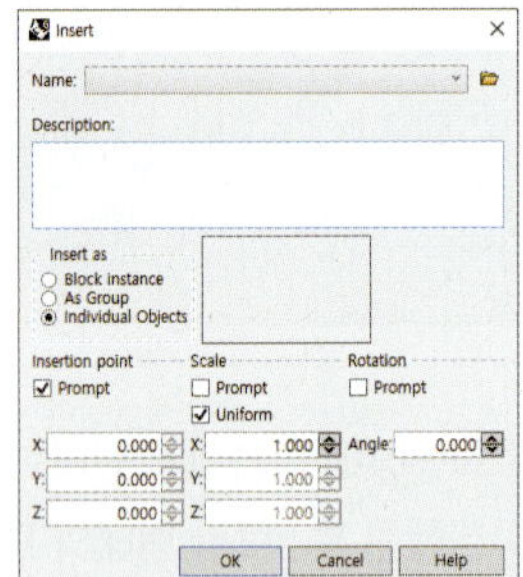

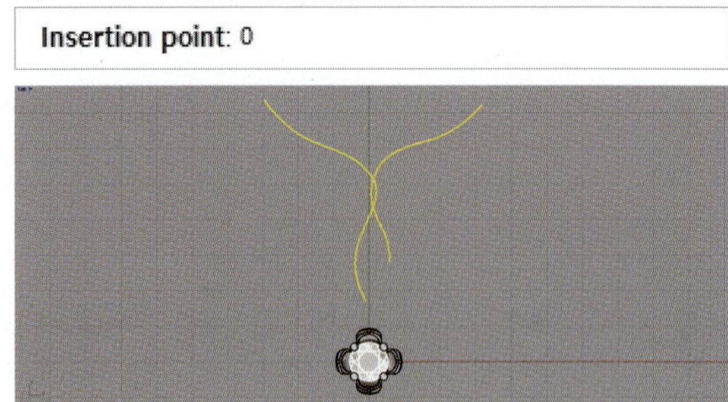

33. 좌측 Curve개체를 선택하고, Offset curve를 실행한다. Command Prompt 영역에 Distance값 2를 입력하고, Enter↵키를 누른 후, 마우스 커서를 우측 방향으로 움직인 다음, 마우스 왼쪽버튼을 클릭하여 선택한 Curve개체를 2㎜ Offset시킨다.

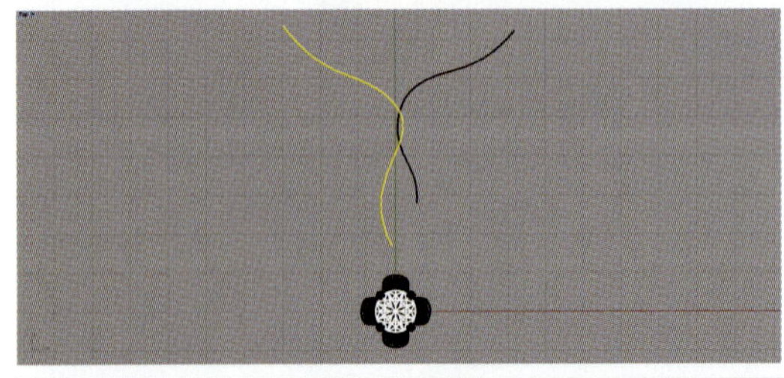

Side to offset (Distance=*1.6* Loose=*No* Corner=*Sharp* ThroughPoint Tolerance=*0.001* BothSides InCPlane=*No* Cap=*None*): 2

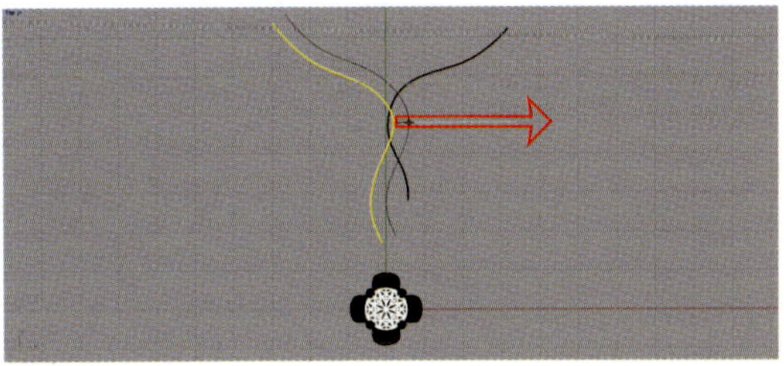

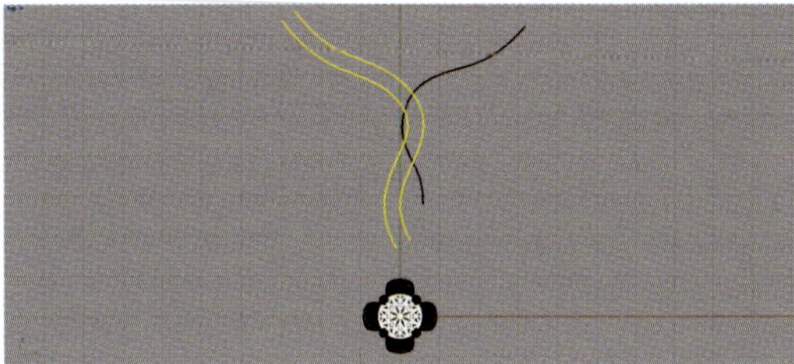

34. 우측 Curve개체를 선택하고, Offset curve를 실행한다. Command Prompt 영역에 Distance값 1.6을 입력하고, Enter↵키를 누른 후, 마우스 커서를 좌측 방향으로 움직인 다음, 마우스 왼쪽버튼을 클릭하여 선택한 Curve개체를 1.6㎜ Offset시킨다.

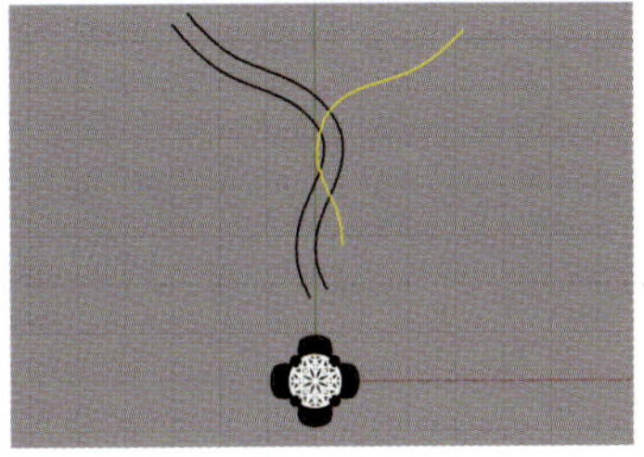

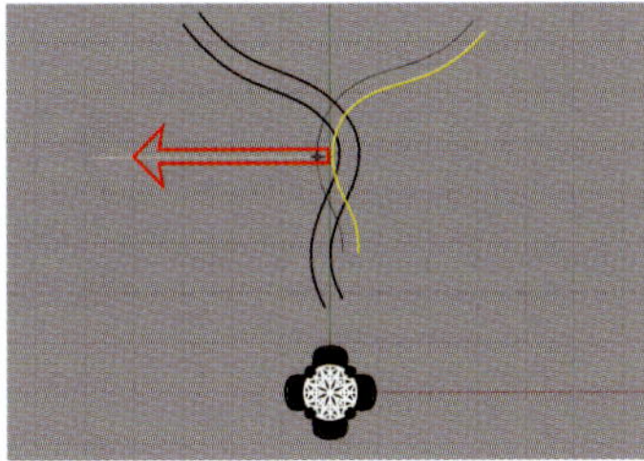

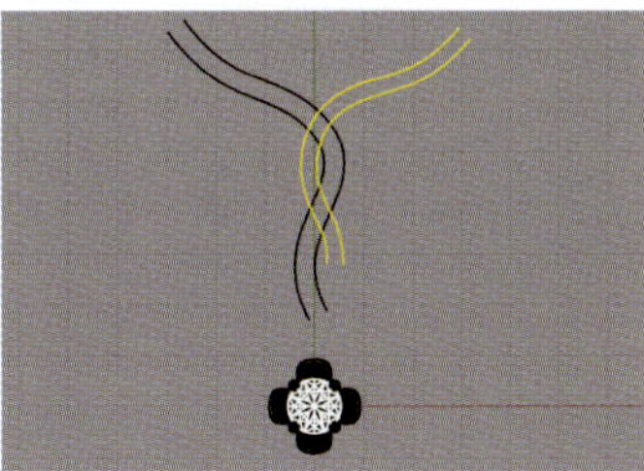

Side to offset (Distance=*2* Loose=*No* Corner=*Sharp* ThroughPoint Tolerance=*0.001* BothSides InCPlane=*No* Cap=*None*): 1.6

35. Loft를 실행하고, 1번 Curve개체와 2번 Curve개체를 선택한 후, Enter↵키를 누른다. Loft Options창이 나타나면 Style에서 Normal로 설정하고, OK를 누른다.

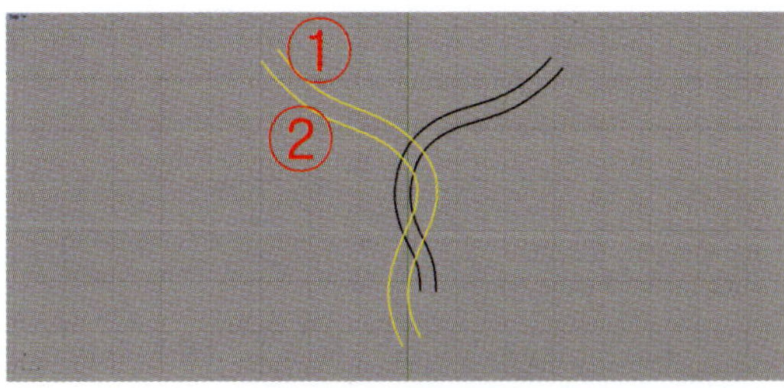

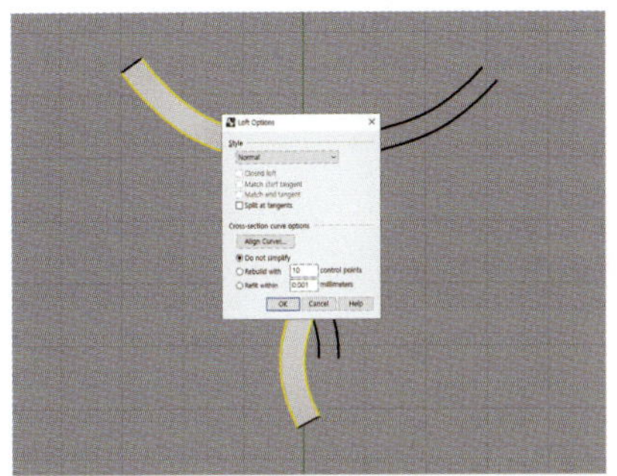

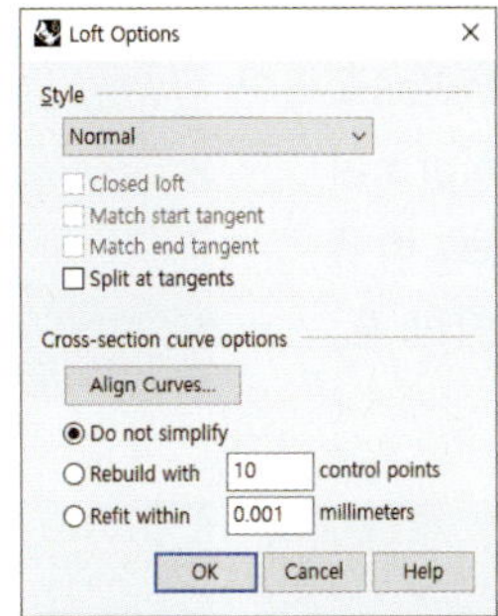

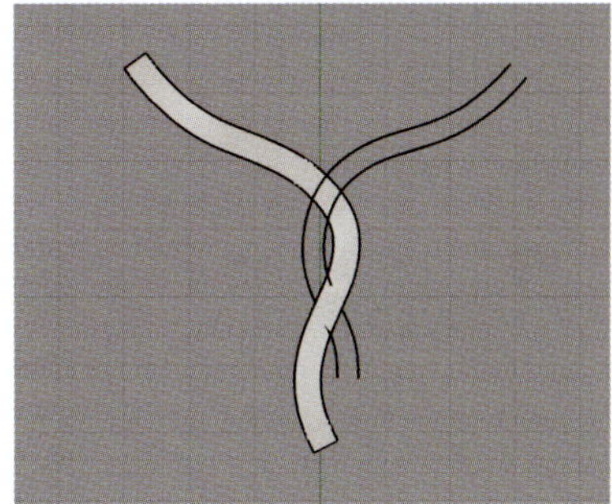

36. 다시 Loft를 실행하고, 3번 Curve개체와 4번 Curve개체를 선택한 후, Enter↵키를 누른다. Loft Options창이 나타나면 Style에서 Normal로 설정하고, OK를 누른다.

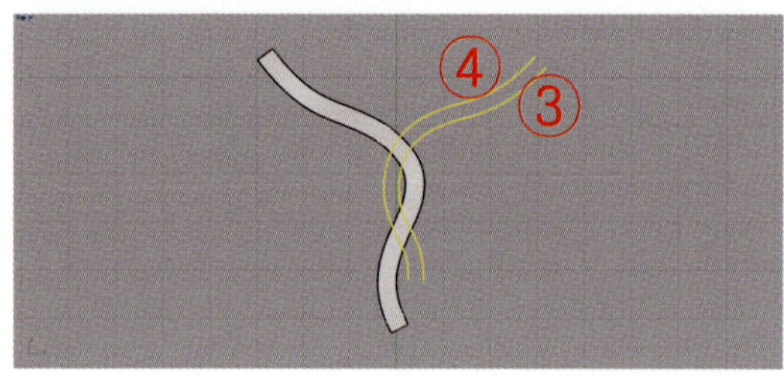

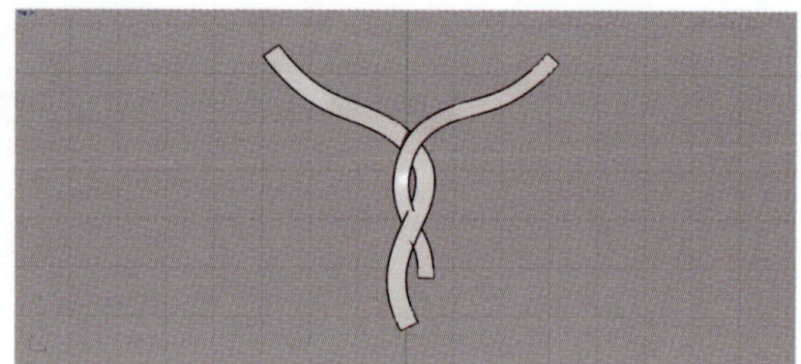

37. 곡선 Curve개체들은 모두 삭제하고, 생성된 좌측 Surface개체를 선택한 후, Offset Surface를 실행한다. Command Prompt 영역에 Solid=Yes, Deleteinput=Yes로 설정하고, Distance값 1.5를 입력한 후, Enter↵키를 누른다.

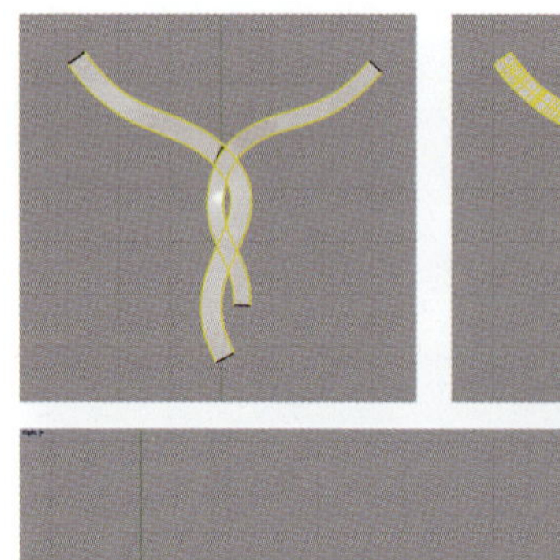

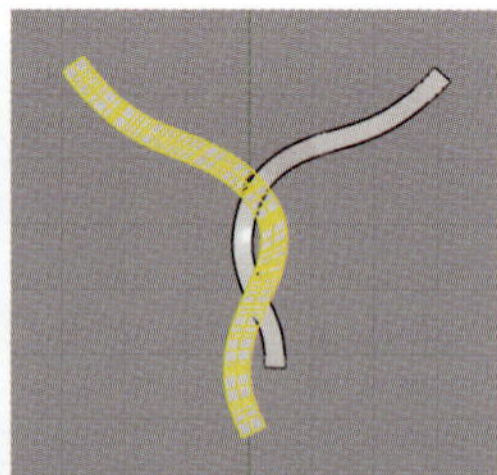

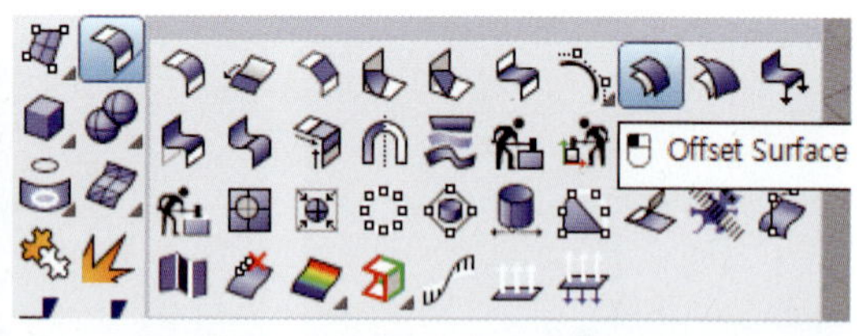

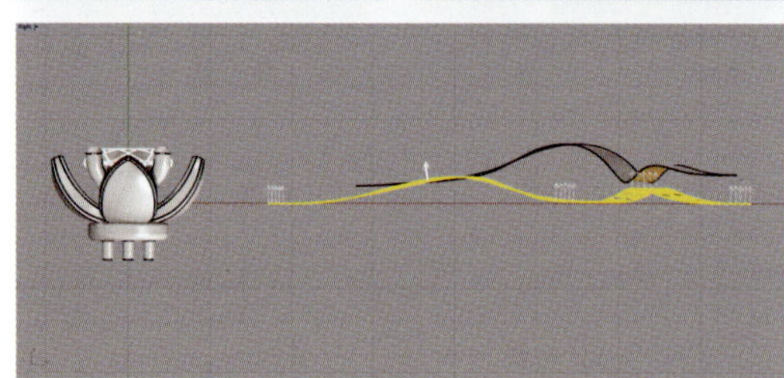

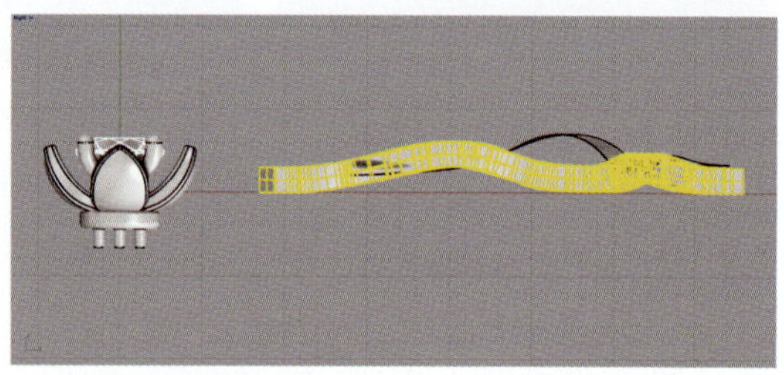

Select object to flip direction. Press Enter when done (Distance=1.5 Corner=Round Solid=Yes Loose=No Tolerance=0.001 BothSides=No DeleteInput=Yes FlipAll): 1.5

38. 우측 Surface개체를 선택하고, Offset Surface를 실행한다. Command Prompt 영역에 Solid=Yes, Deleteinput=Yes로 설정하고, FlipAll을 선택하여, Normal Direction 방향을 위에서 아래로 바꿔 준 다음, Distance값 1.7을 입력한 후, Enter↵키를 누른다.

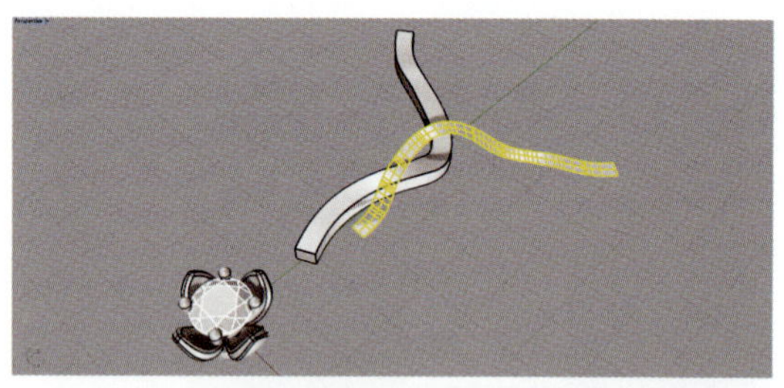

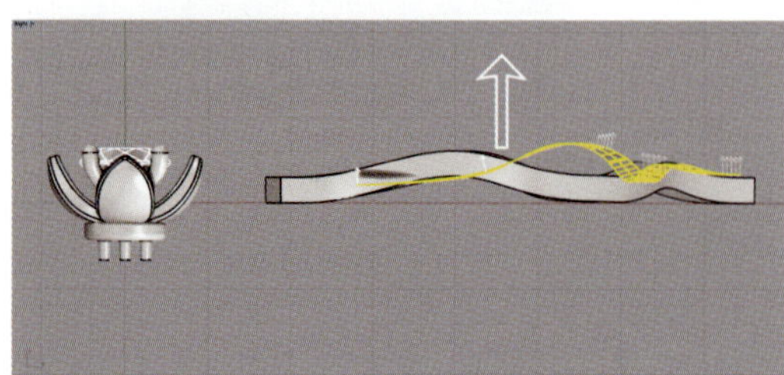

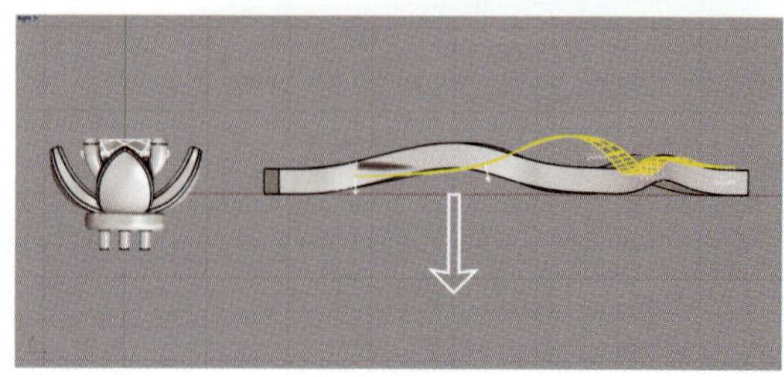

Select object to flip direction. Press Enter when done (Distance=*1.5* Corner=*Round* Solid=*Yes* Loose=*No* Tolerance=*0.001* BothSides=*No* DeleteInput=*Yes* FlipAll):

Select object to flip direction. Press Enter when done (Distance=*1.5* Corner=*Round* Solid=*Yes* Loose=*No* Tolerance=*0.001* BothSides=*No* DeleteInput=*Yes* FlipAll): 1.7

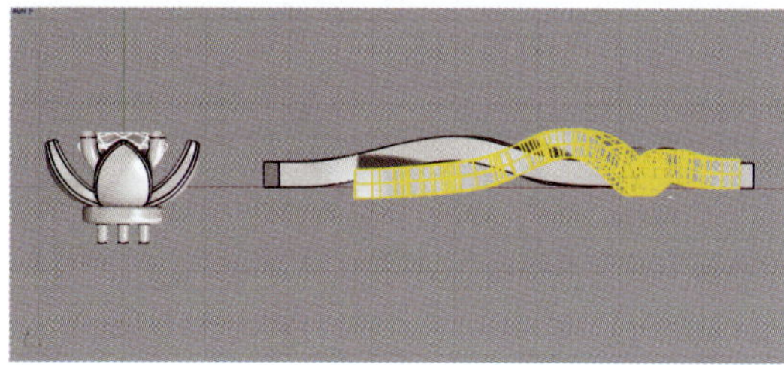

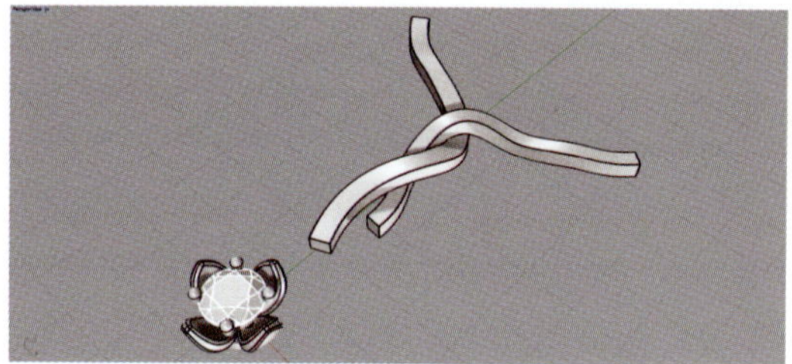

39. Fillet edges를 실행하고, 다음 그림과 같이 좌측 Solid개체 상단의 Edge 4개를 제외한 모든 Edge를 선택한 후, Enter↵키를 누른다.
Command Prompt 영역에서 SetAll을 선택하고, Radius for all handles값 0.3을 입력한 후, Enter↵키를 누르면 다음 그림과 같이 선택한 Edge들이 반지름 0.3㎜로 Fillet된 것을 확인할 수 있다.

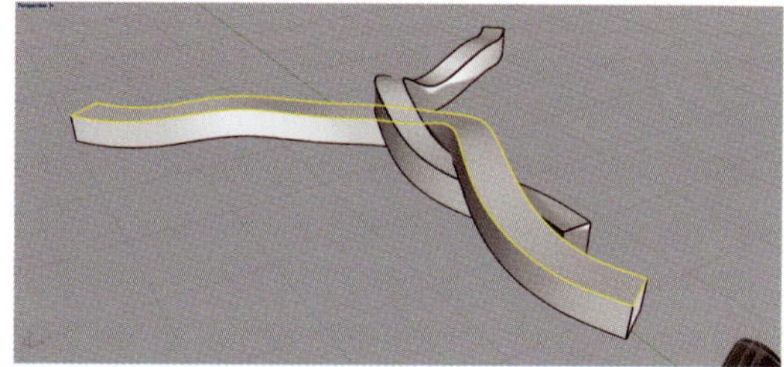

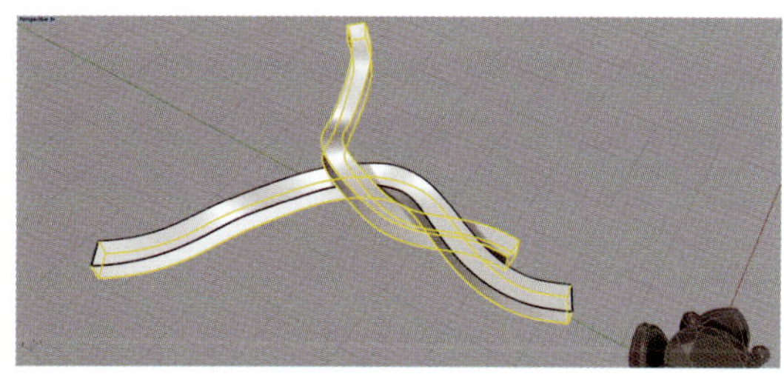

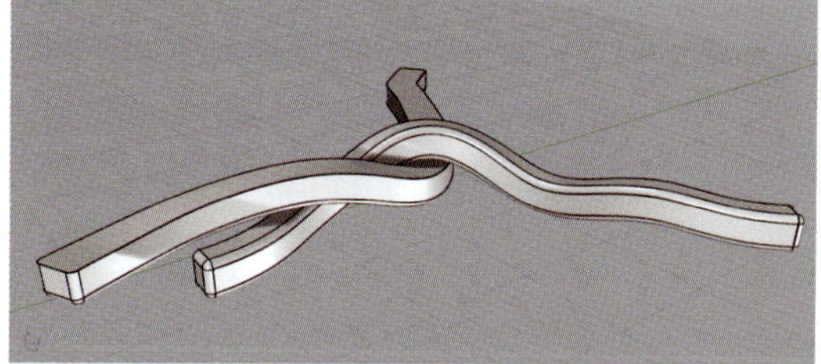

Select fillet handle to edit. Press Enter when done
(ShowRadius=*Yes* AddHandle CopyHandle SetAll LinkHandles=*No* RailType=*RollingBall* SelectEdges TrimAndJoin=*Yes* Preview=*No*):

Radius for all handles <0.300>: 0.3

40. Osnap Toolbar에서 Mid점에 체크하고, Extract isocurve를 실행한다. 좌측 Solid개체 상단의 Surface를 선택하고, Command Prompt 영역에서 Direction=V로 설정한 후, Mid점을 선택하여 Curve개체를 생성한다.

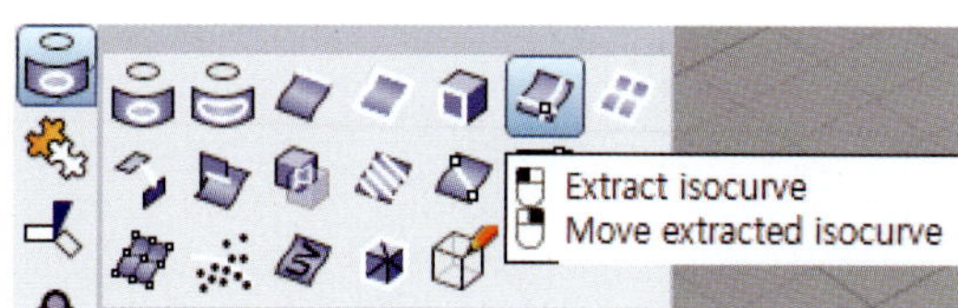

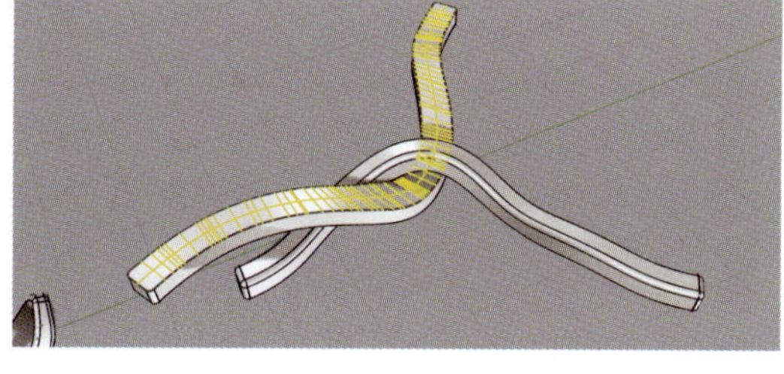

Select isocurve to extract (Direction=V Toggle ExtractAll IgnoreTrims=No):

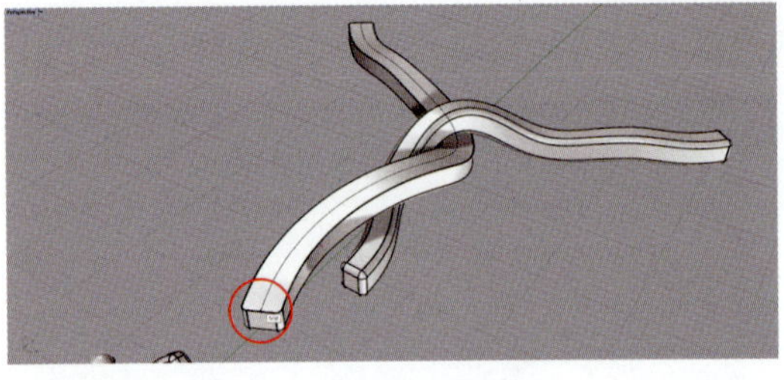

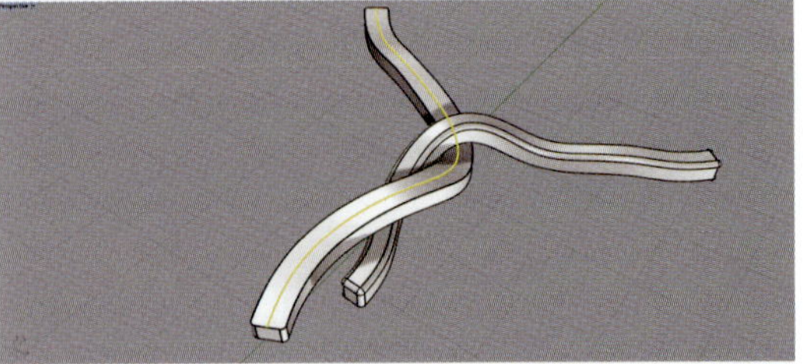

41. 다시 Extract isocurve를 실행하고, 위와 같은 방법으로 우측 Solid개체 상단의 Surface 중심에도 Curve개체를 생성한다.

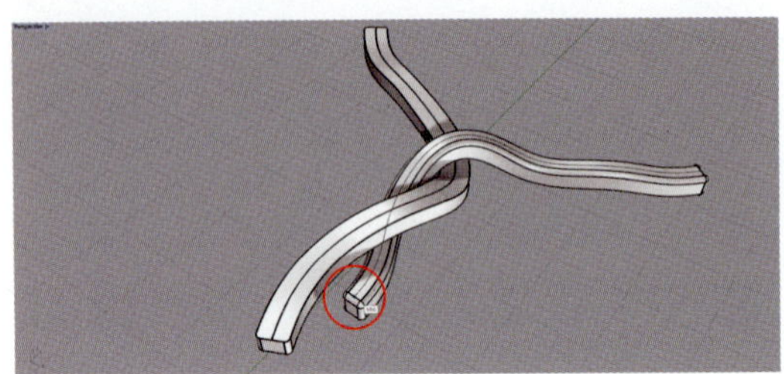

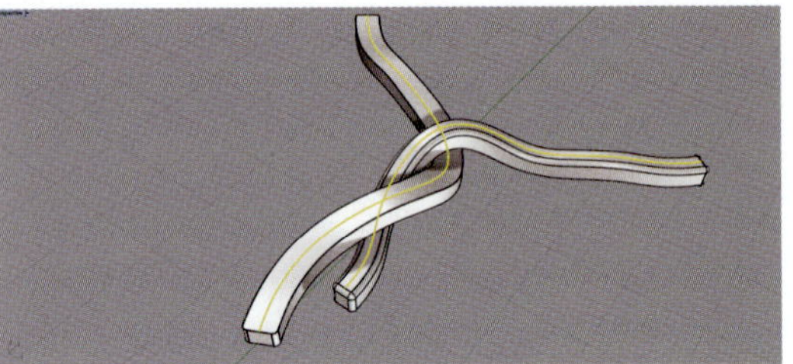

42. 생성된 2개의 Curve개체를 제외하고, 다른 개체들은 잠시 숨겨둔다. Osnap Toolbar에서 Int에 체크하고, Line: from midpoint를 실행한다. 다음 그림과 같이 Middle of line을 Top Top Viewport에서 우측 Curve개체의 Apparent int로 선택하고, Command Prompt 영역에 End of line값 4를 입력한 다음, Shift 키를 누른 상태로 마우스 커서를 화살표 방향으로 이동한 후, 마우스 왼쪽버튼을 클릭하여 8㎜ 직선 Curve개체를 생성한다.

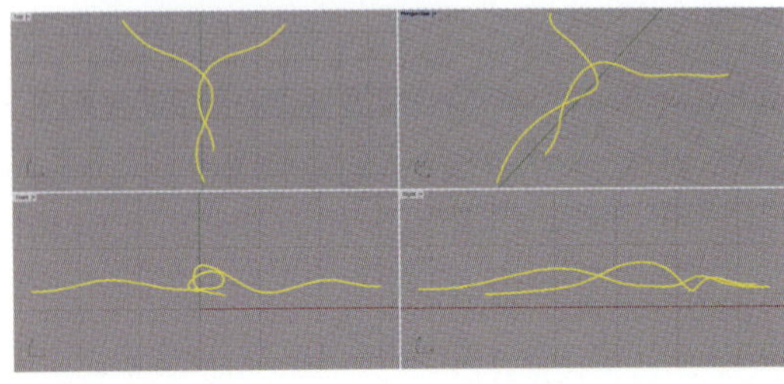

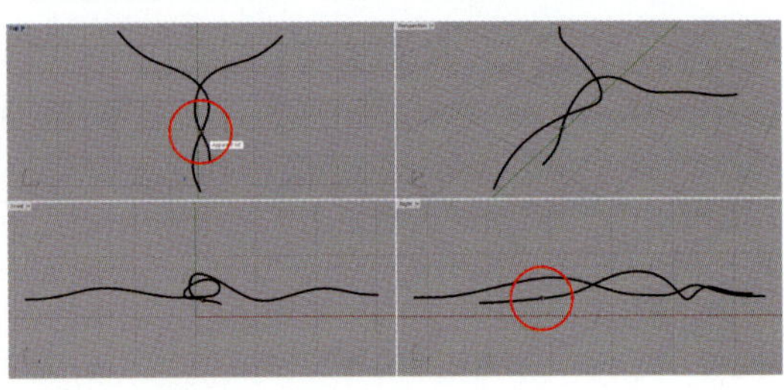

Middle of line (Normal Angled Vertical FourPoint Bisector Perpendicular Tangent Extension):

End of line: 4

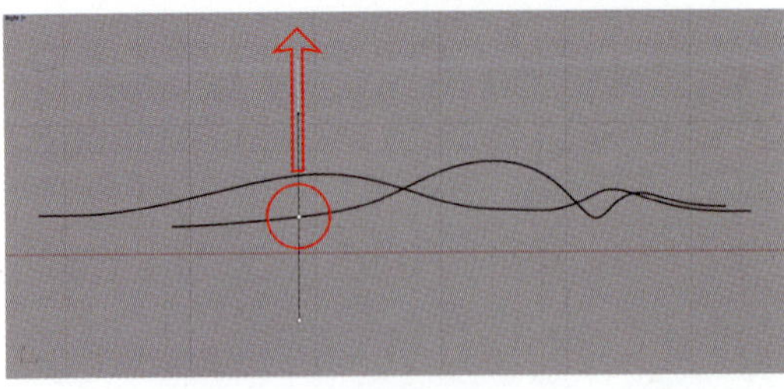

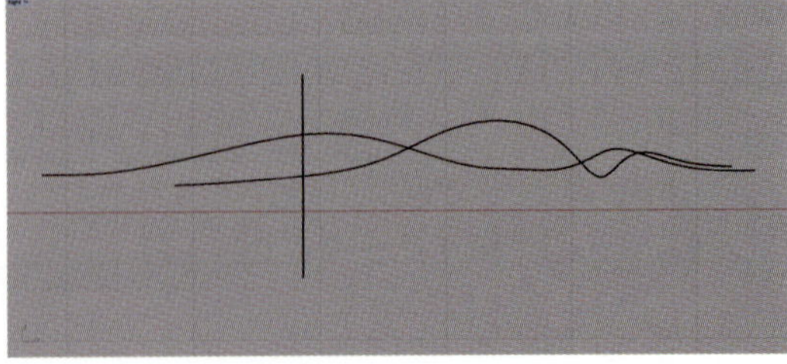

43. 다시 Line: from midpoint를 실행하고, 위와 같은 방법으로 Middle of line을 Top Viewport에서 좌측 Curve개체의 Apparent int로 선택하고, Command Prompt 영역에 End of line값 4를 입력한 다음, Shift 키를 누른 상태로 마우스 커서를 화살표 방향으로 이동한 후, 마우스 왼쪽 버튼을 클릭하여 8㎜ 직선 Curve개체를 생성한다.

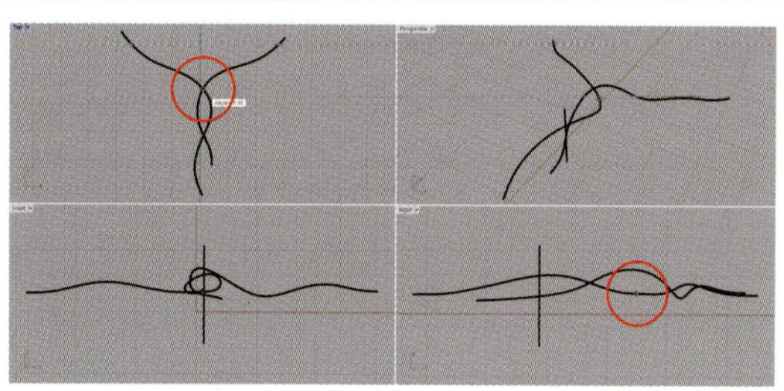

Middle of line (Normal Angled Vertical FourPoint Bisector Perpendicular Tangent Extension):

End of line: 4

44. 생성된 2개의 직선 Curve개체를 선택하고, Pipe: Flat caps를 실행한다. Command Prompt 영역에 Diameter값 0.72를 입력하고, Enter↵ 키를 누른다. 다시 직선 Curve개체 2개를 선택하고, Pipe: Flat caps를 실행한다. Command Prompt 영역에 Diameter값 0.86을 입력하고, Enter↵ 키를 누르면 다음 그림과 같이 지름 0.72㎜ Pipe개체 2개와 지름 0.86㎜ Pipe개체 2개가 생성된 것을 확인할 수 있다.

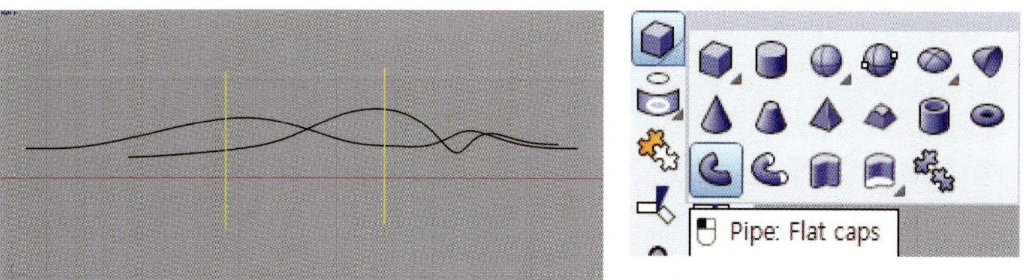

Pipe diameter <2.000> (Radius Thick=*No* Cap=*Flat* FitRail=*No*): 0.72

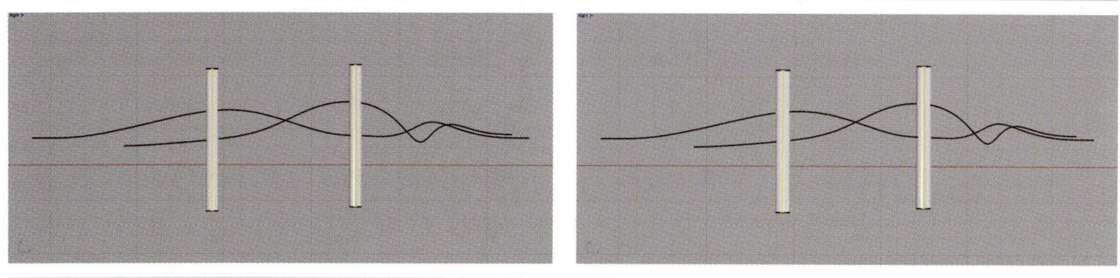

Pipe diameter <0.720> (Radius Thick=*No* Cap=*Flat* FitRail=*No*): 0.86

45. Show objects를 실행하여 숨겨둔 Solid개체들을 화면상에 나타나게 한다. **Right** Right Viewport에서 우측 Solid개체를 선택하고, Boolean difference를 실행한 후, 좌측 0.86㎜ Pipe개체를 선택한 다음, Enter↵키를 누른다.

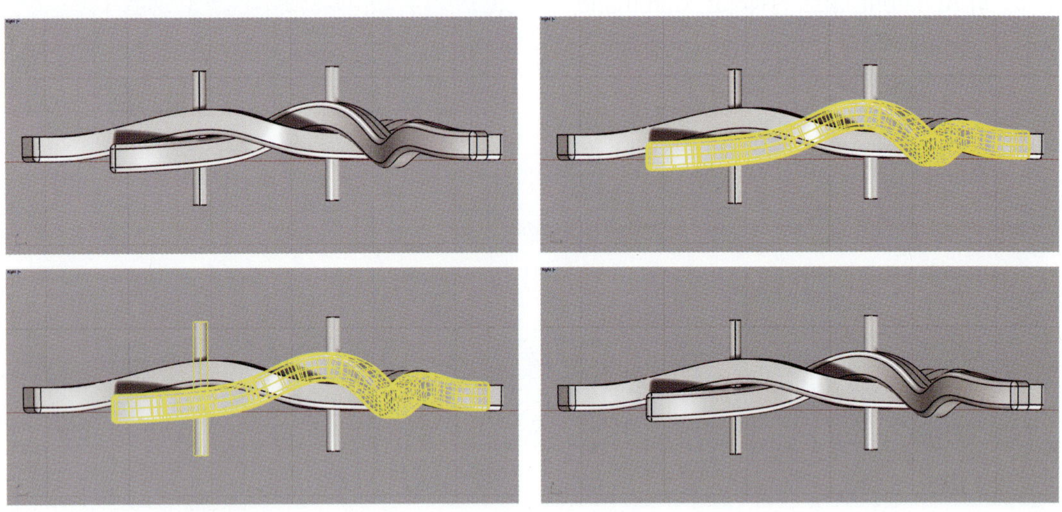

46. 좌측 Solid개체를 선택하고, Boolean difference를 실행한 후, 우측 0.86㎜ Pipe개체를 선택한 다음, Enter↵키를 누르면 다음 그림과 같이 지름 0.86㎜의 홈이 파인 것을 확인할 수 있다.

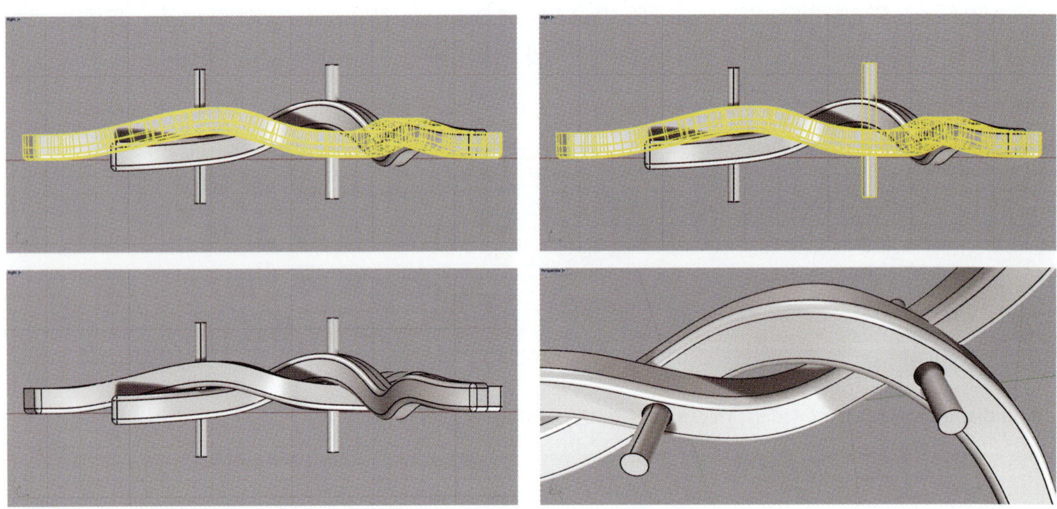

47. 좌측 Solid개체와 좌측 Pipe개체를 선택하고, Trim을 실행하여 다음 그림과 같이 Pipe개체의 상단 부분을 삭제한다. 좌측 Solid개체와 잘린 Pipe개체를 선택한 후, Boolean union을 실행하여 하나의 개체로 결합한다.

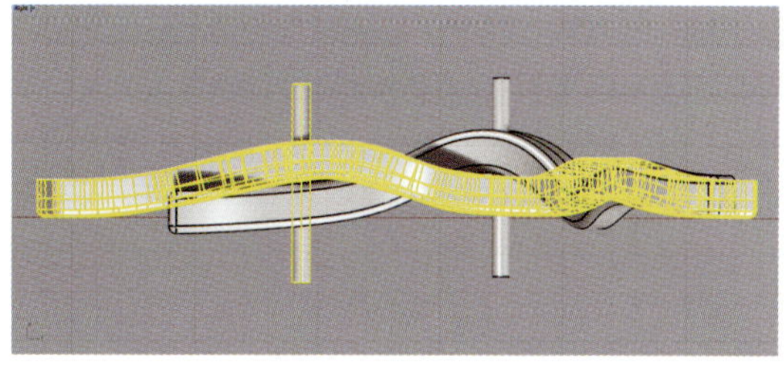

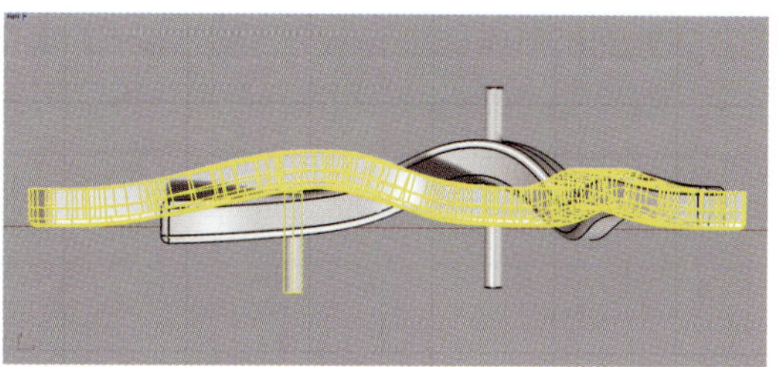

48. 우측 Solid개체와 우측 Pipe개체를 선택하고, Trim을 실행하여 Pipe개체의 상단 부분을 삭제한다. 우측 Solid개체와 잘린 Pipe개체를 선택한 후, Boolean union을 실행하여 하나의 개체로 결합한다. 다음 그림과 같이 완성된 2개의 Solid개체를 확인할 수 있다.

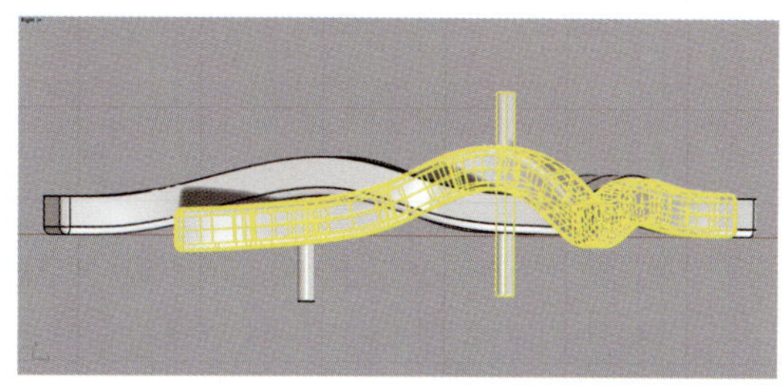

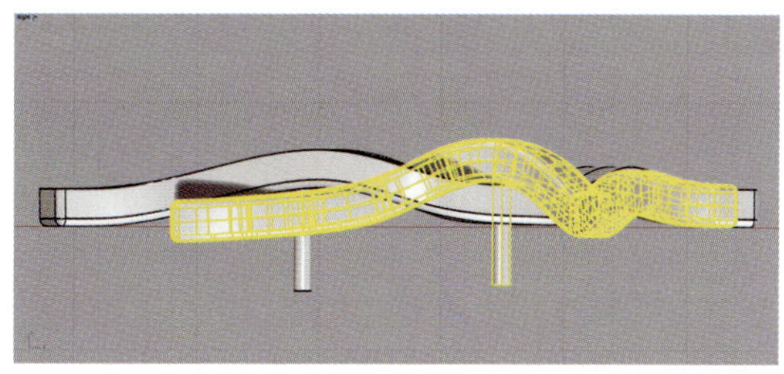

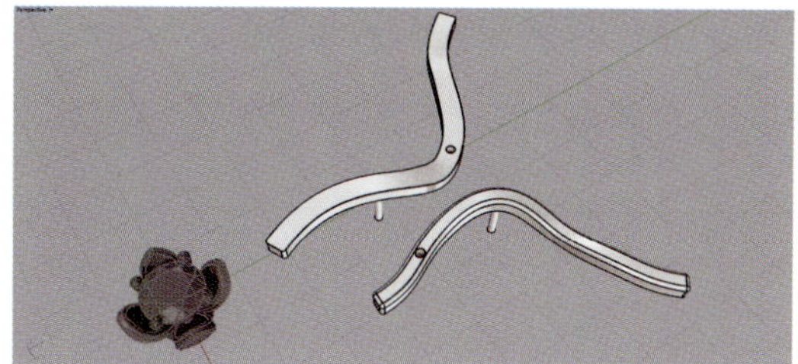

49. Osnap Toolbar에서 Mid점과 Project에 체크한다. **Top** Top Viewport에서 Circle: center, radius를 실행하고, Center of circle을 Solid개체 좌측 상단의 Projected Mid점으로 선택한 후, Command Prompt 영역에 Diameter값 1.5를 입력한 다음, Enter 키를 누른다. 우측 Solid개체 상단의 Projected Mid점에도 지름 1.5㎜ 원형 Curve개체를 생성한다.

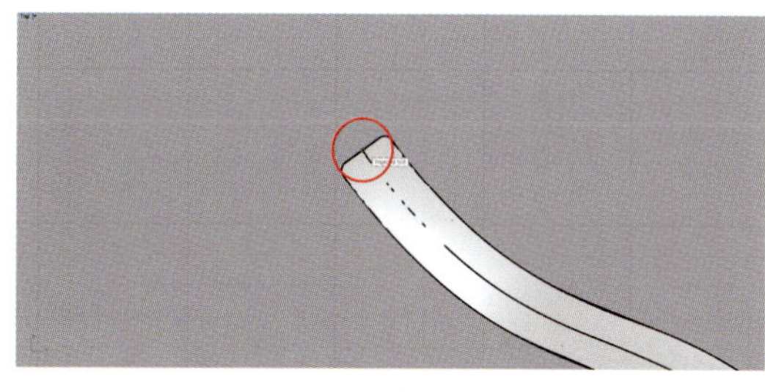

```
Center of circle ( Deformable Vertical 2Point 3Point Tangent AroundCurve FitPoints ):
```

```
Diameter <3.500> ( Radius Orientation Circumference Area ProjectOsnap=Yes ): 1.5
```

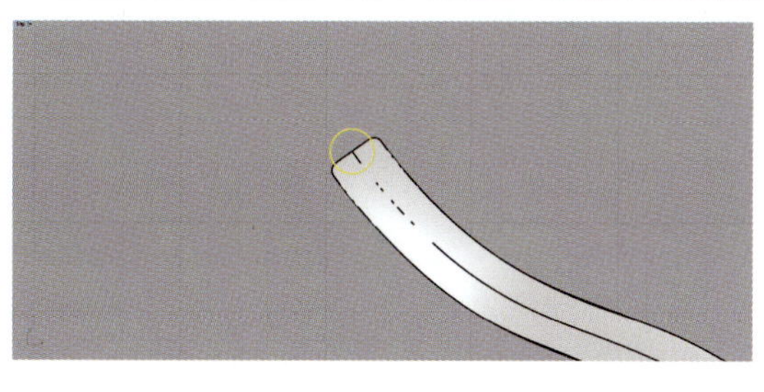

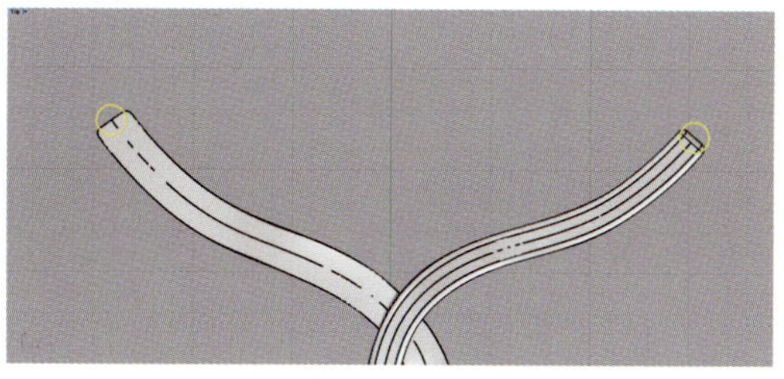

50. 생성된 2개의 원형 Curve개체를 선택하고, Pipe: Flat caps를 실행한다. Command Prompt 영역에 Pipe diameter값 0.5를 입력하고, Enter↵ 키를 누른 후, 2개의 원형 Curve개체는 삭제한다.

Pipe diameter <0.860> (Radius FitRail=No): 0.5

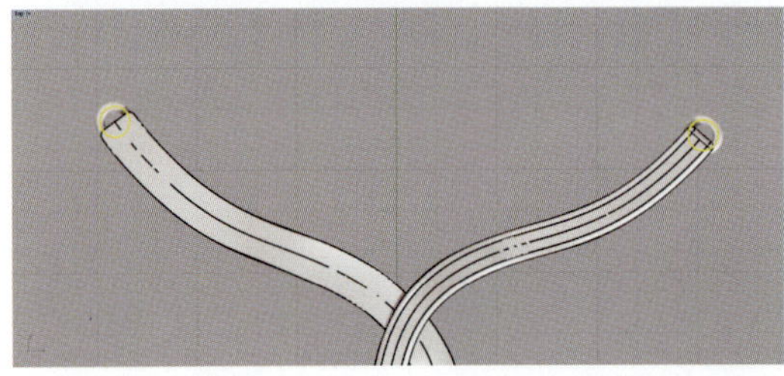

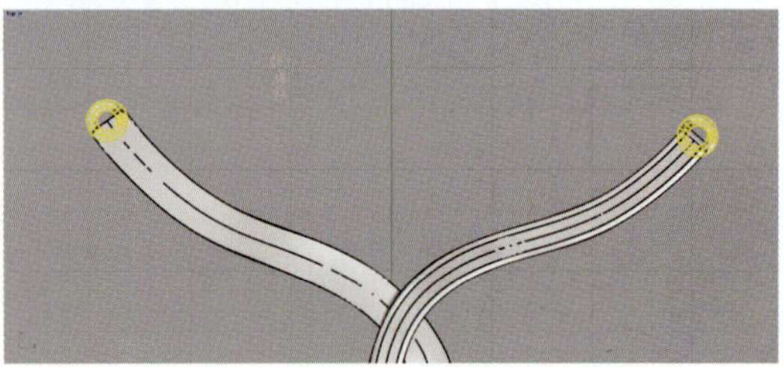

51. 생성된 2개의 원형 Solid개체를 선택하고, Right ▾ Right Viewport에서 프로그램 하단의 Status Bar(상태표시줄)에 있는 Gumball을 선택하여 Gumball을 화면상에 나타나게 한다. Gumball의 녹색 화살표를 선택하고, 0.8을 입력한 후, Enter↵ 키를 누르면 선택한 2개의 원형 Solid개체가 0.8㎜ 이동한 것을 확인할 수 있다.

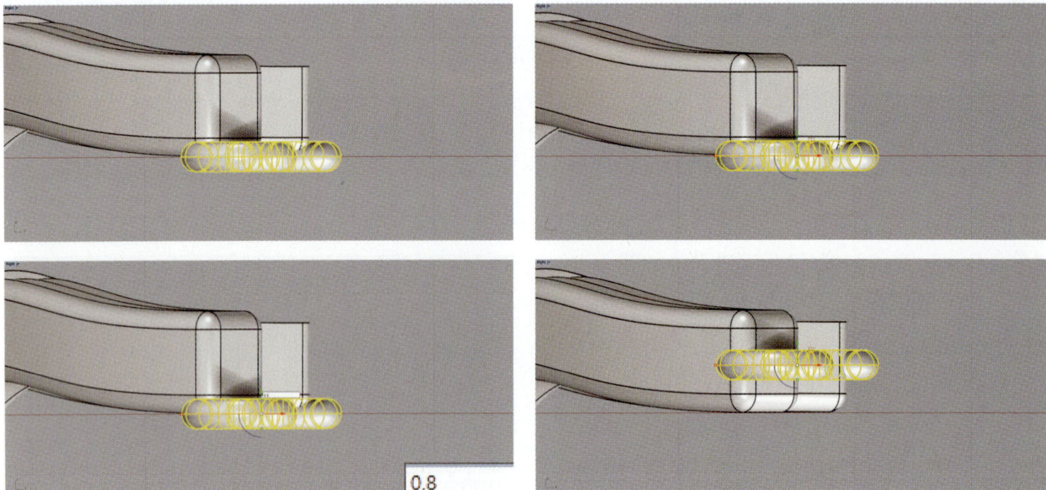

52. Top ▾ Top Viewport에서 Gumball 화살표를 드래그하여 다음 그림과 같이 원형 Solid개체를 이동시킨다.

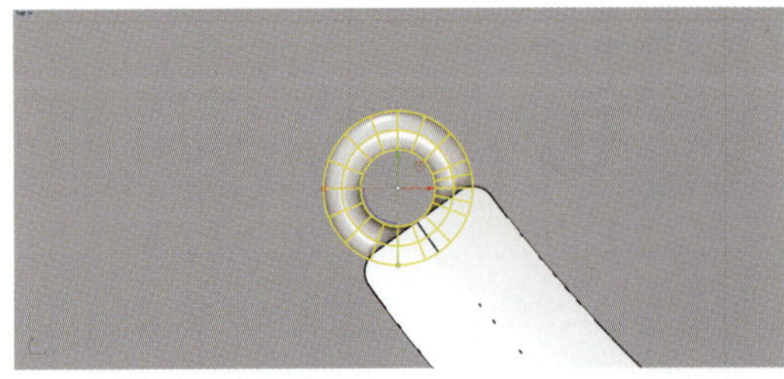

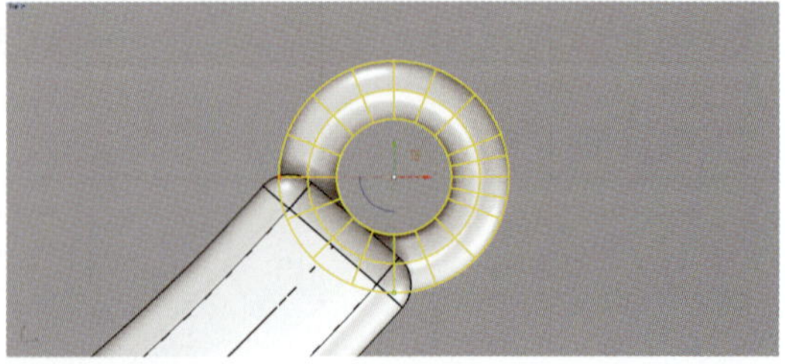

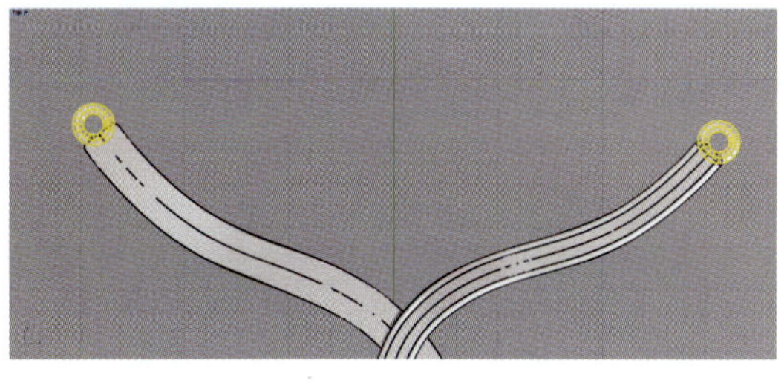

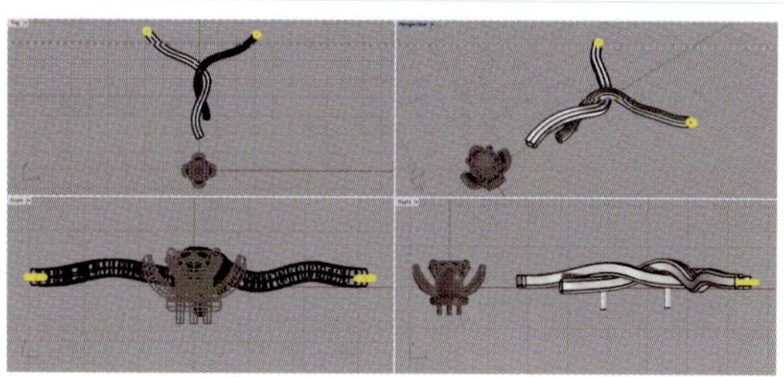

53. 좌측 곡선 Solid개체와 원형 Solid개체를 선택한 후, Boolean union을 실행하여 하나의 개체로 결합하고, 우측 곡선 Solid개체와 원형 Solid개체도 Boolean union을 실행하여 하나의 개체로 결합한다.

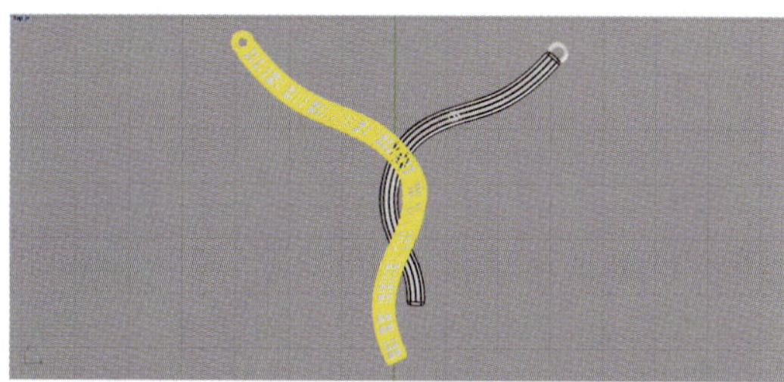

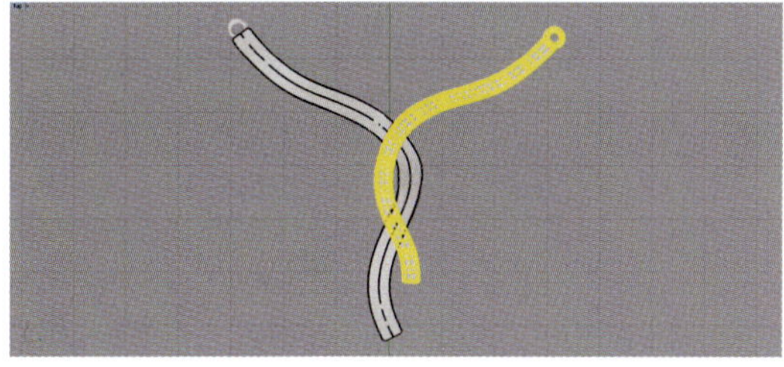

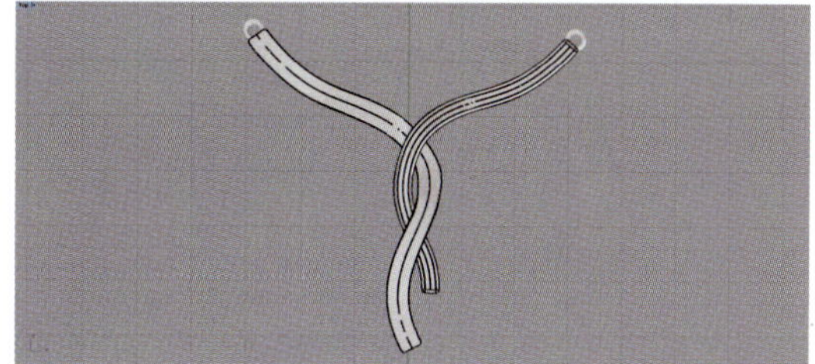

54. Fillet edges를 실행하고, 다음 그림과 같이 좌측 곡선 Solid개체의 Edge들을 선택한 후, Enter↵키를 누른다. Command Prompt 영역에서 SetAll을 선택하고, Radius for all handles값 0.1을 입력한 후, Enter↵키를 누른다.

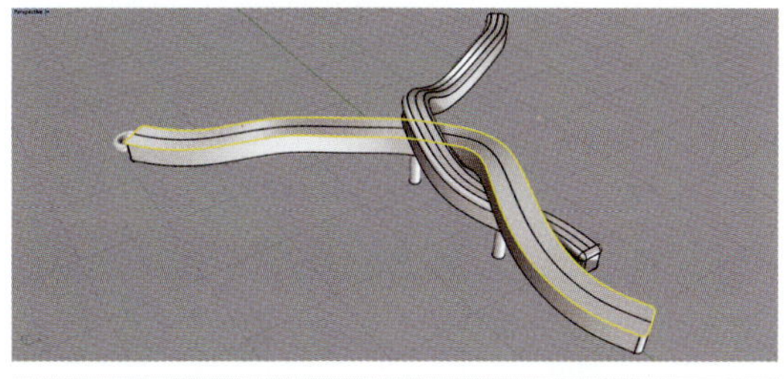

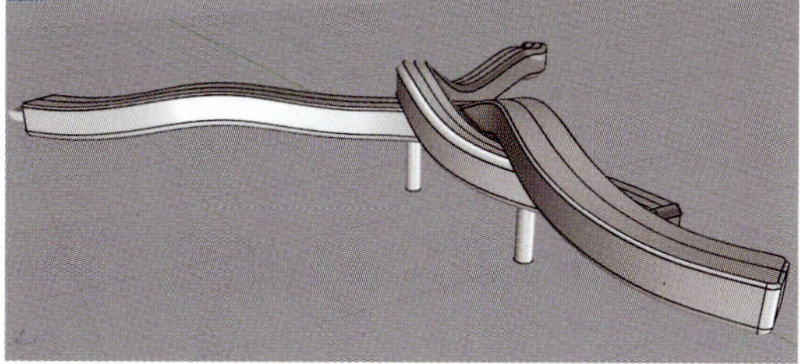

Select fillet handle to edit. Press Enter when done
(ShowRadius=*Yes* AddHandle CopyHandle SetAll LinkHandles=*No* RailType=*RollingBall* SelectEdges TrimAndJoin=*Yes* Preview=*No*):

Radius for all handles <0.300>: 0.1

55. Top Top Viewport에서 Ctrl+I(Insert)를 실행하여 Insert창이 나타나면 Insert as에서 Individual Objects를 선택하고, 우측 상단의 폴더 아이콘을 선택한다. 1.20×1.30×1.50.3dm파일을 선택하고,

열기를 누른 후, Command Prompt 영역에 Insertion point값 0을 입력하여 원점(0, 0) 위치에 보석개체를 불러온다.

→ 부록CD 〉 Rhino 예제 〉 Level 3 - Design Modeling 2 〉 1.20×1.30×1.50.3dm

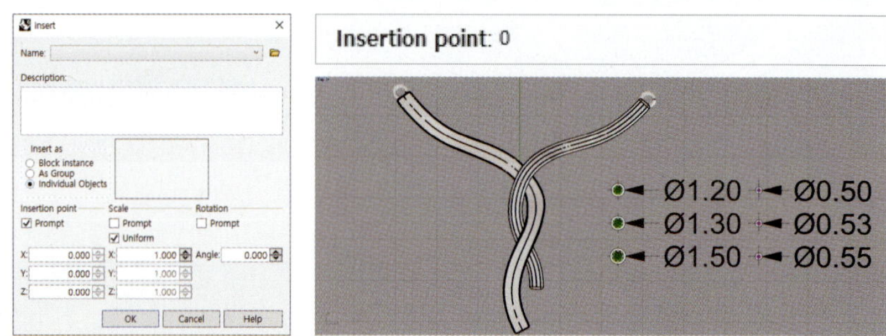

56. 1.5㎜ 보석개체와 Curve개체를 모두 선택하고, Array along curve on surface를 실행한다. Base Point를 보석개체 중심의 Point개체로 선택하고, 좌측 곡선Solid개체의 IsoCurve개체를 선택한 후, 보석이 세팅될 Surface를 선택한다. 다음 그림과 같이 8개의 보석개체를 겹치지 않게 세팅한다.

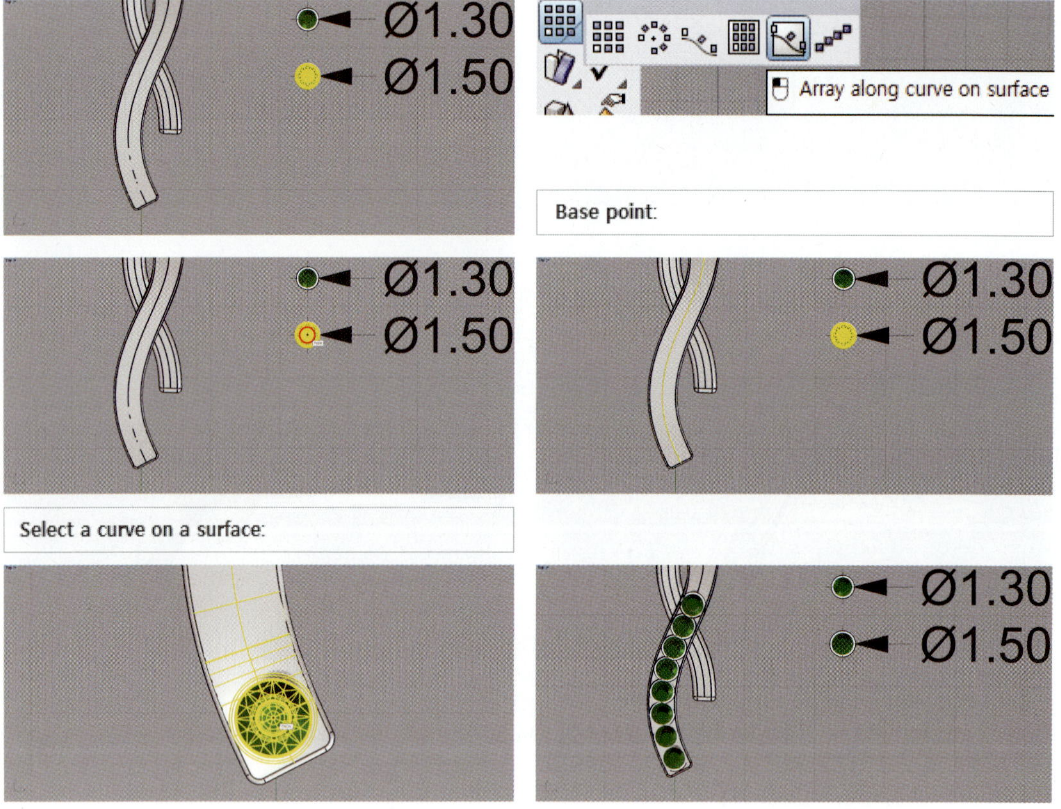

57. 1.30㎜ 보석개체와 Curve개체를 모두 선택하고, Array along curve on surface를 실행한다. 위와 같은 방법으로 Base Point를 보석개체 중심의 Point개체로 선택하고, 좌측 곡선Solid개체의 IsoCurve

개체를 선택한 후, 보석이 세팅될 Surface를 선택한다. 다음 그림과 같이 4개의 보석개체를 겹치지 않게 세팅한다.

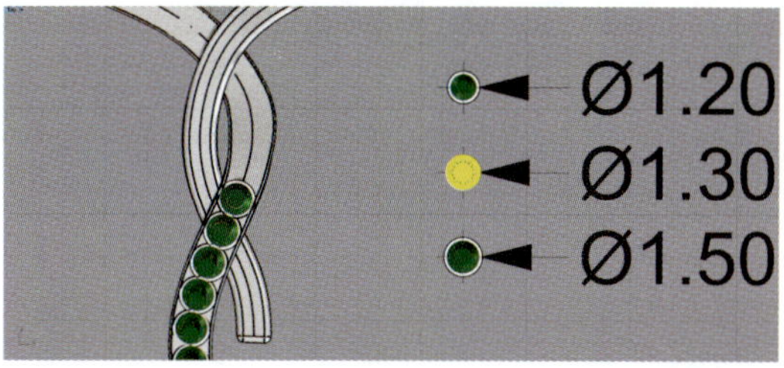

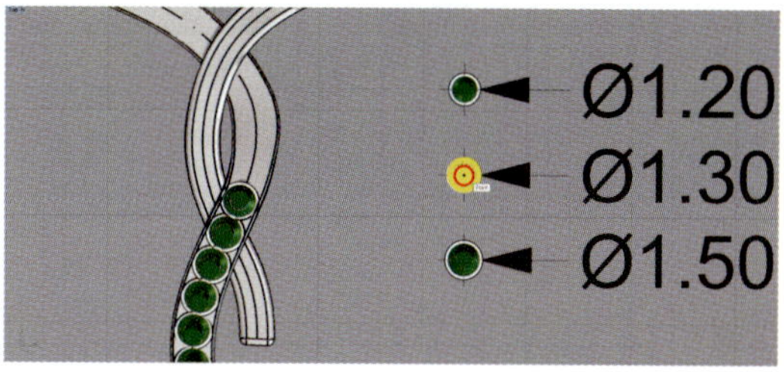

Select a curve on a surface:

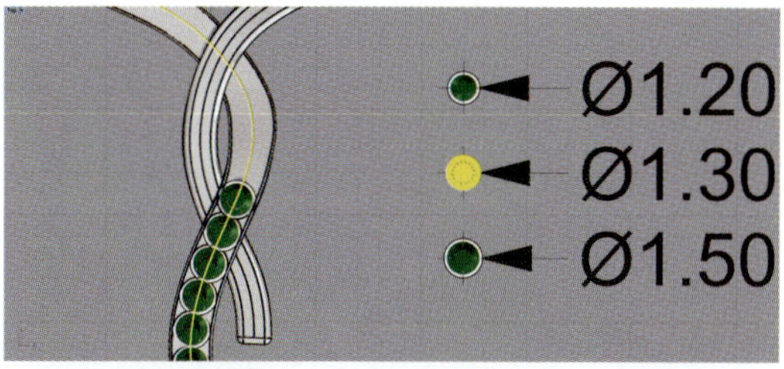

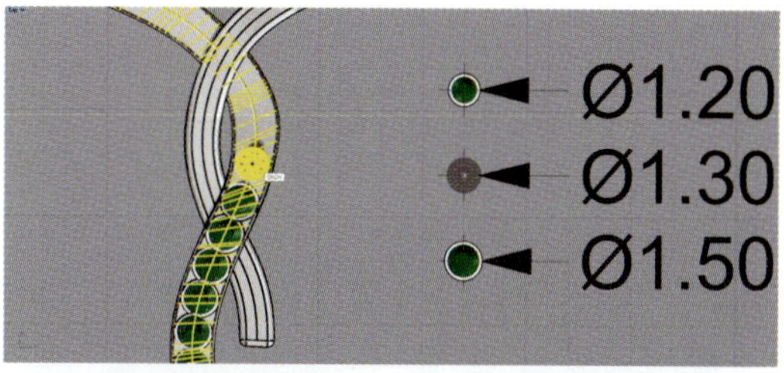

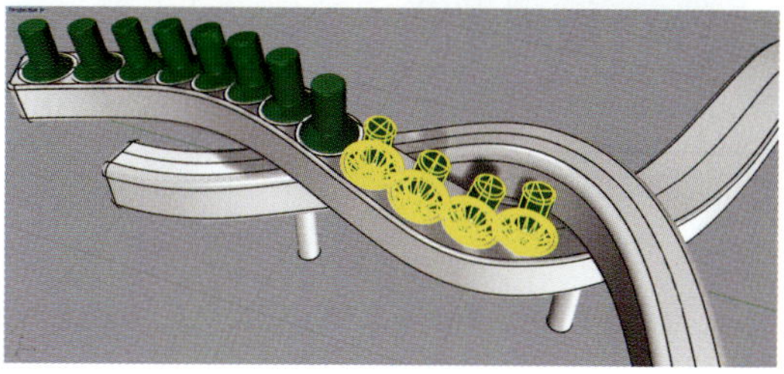

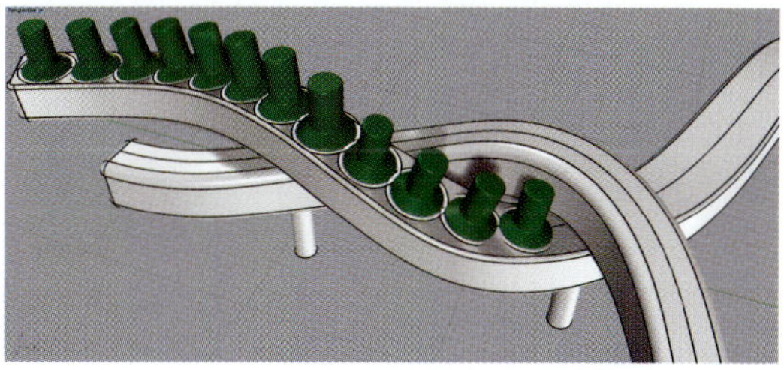

58. 1.2㎜ 보석개체와 Curve개체를 모두 선택하고, Array along curve on surface를 실행하여 위와 같은 방법으로 7개의 보석개체를 세팅한다.

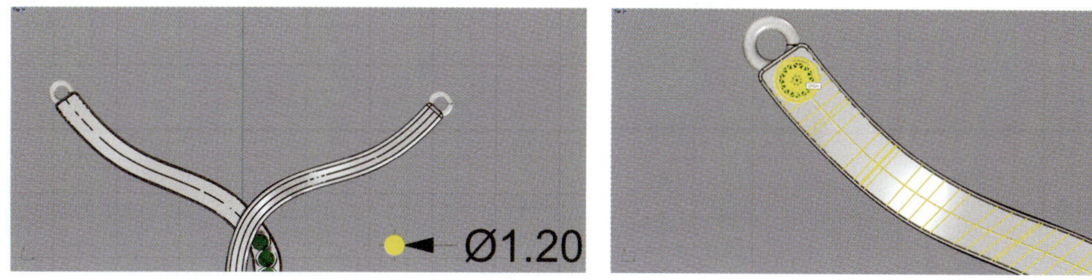

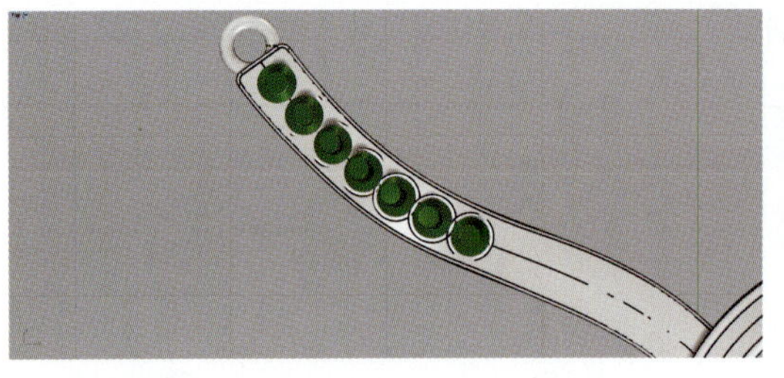

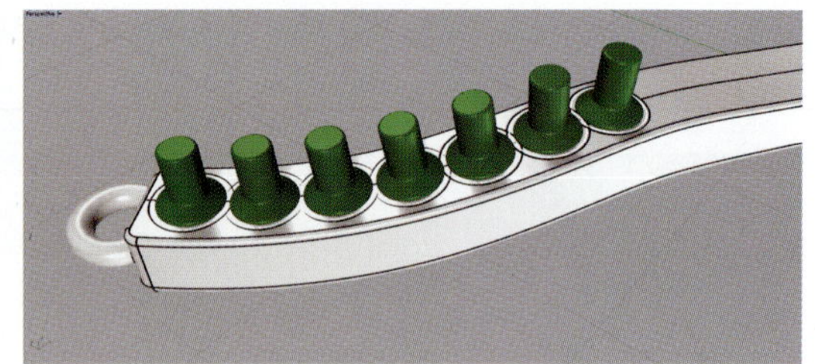

59. 다시 1.3㎜ 보석개체와 Curve개체를 모두 선택하고, Array along curve on surface를 실행하여 위와 같은 방법으로 5개의 보석개체를 세팅한다.

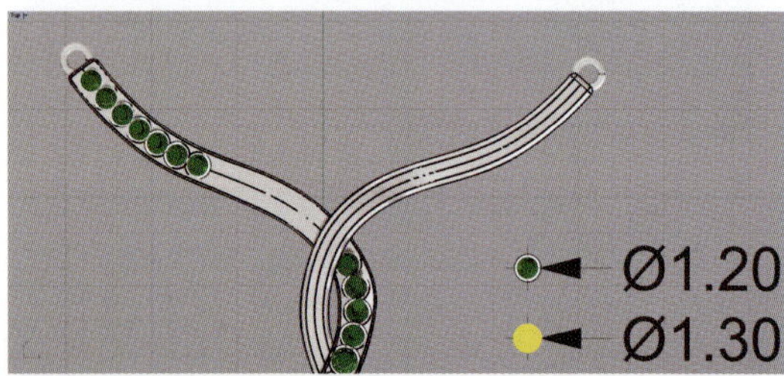

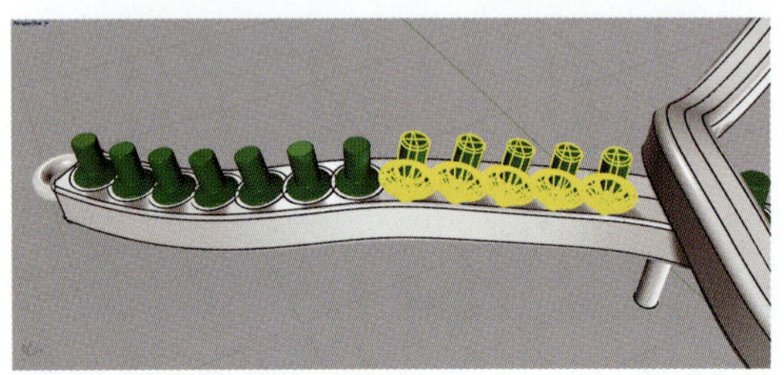

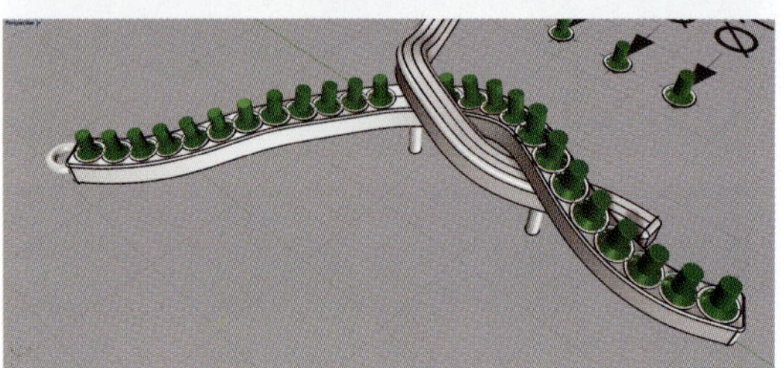

60. Top Top Viewport에서 Extract isocurve를 실행하고, 다음 그림과 같이 보석개체와 보석개체 사이에 난발개체가 세팅될 위치(난발개체가 보석개체에 30% 겹치는 위치)를 계산하여 2개의 Isocurve를 생성한다.

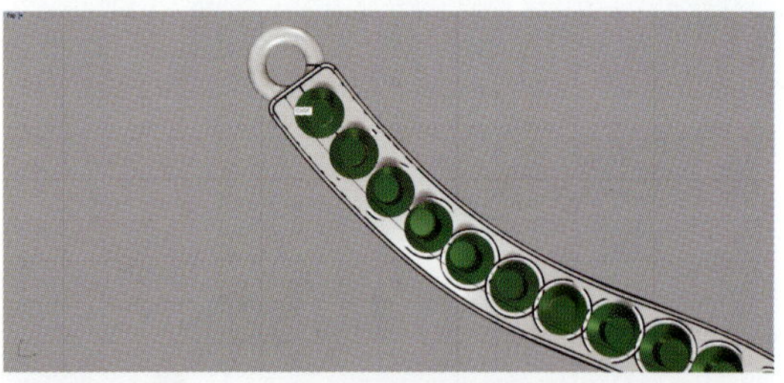

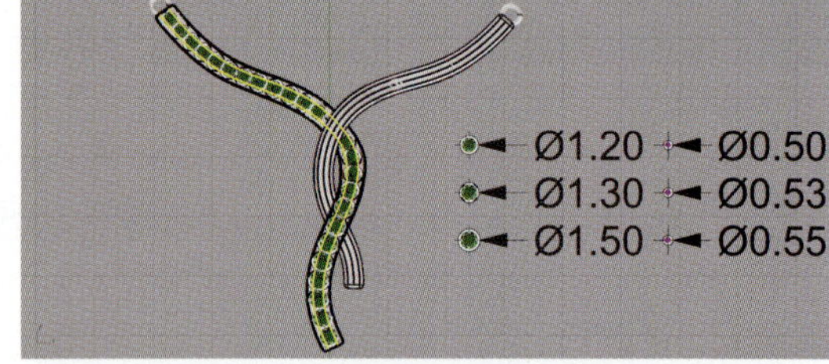

61. 0.55㎜ 난발개체와 Curve개체를 모두 선택하고, Array along curve on surface를 실행하여 위와 같은 방법으로 9개의 난발개체를 세팅한다.

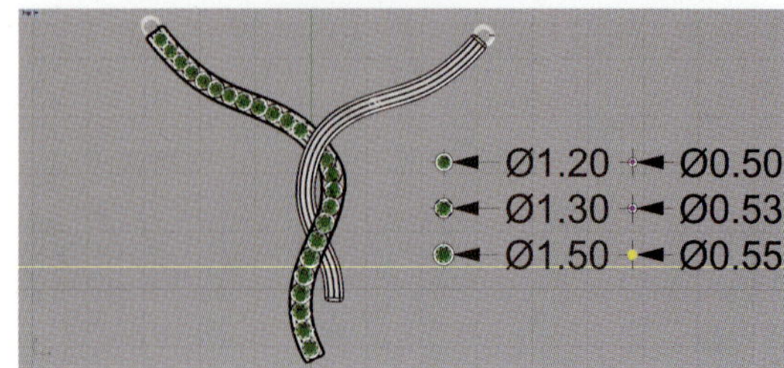

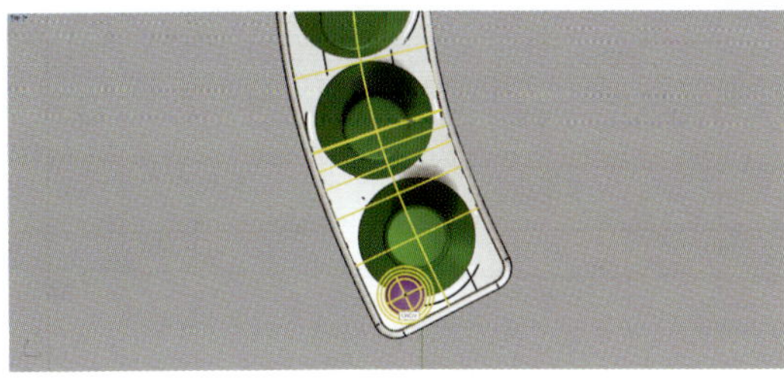

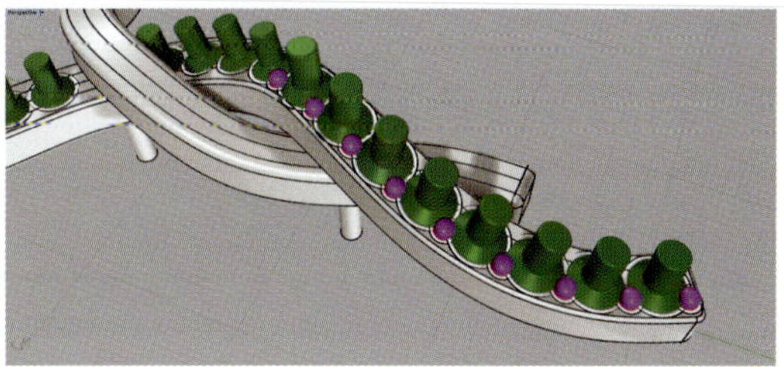

62. 0.53㎜ 난발개체와 Curve개체를 모두 선택하고, Array along curve on surface를 실행하여 위와 같은 방법으로 9개의 난발개체를 세팅한다.

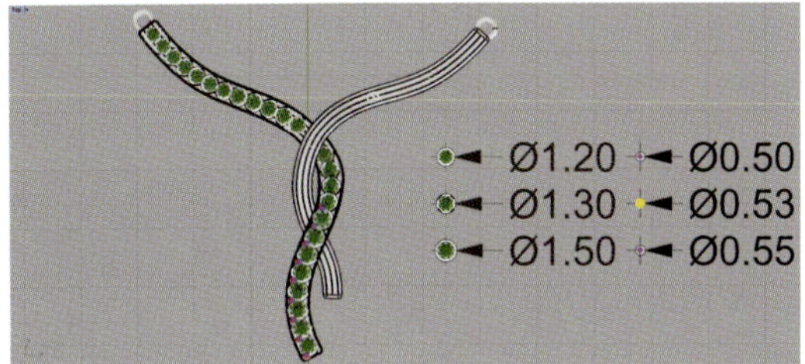

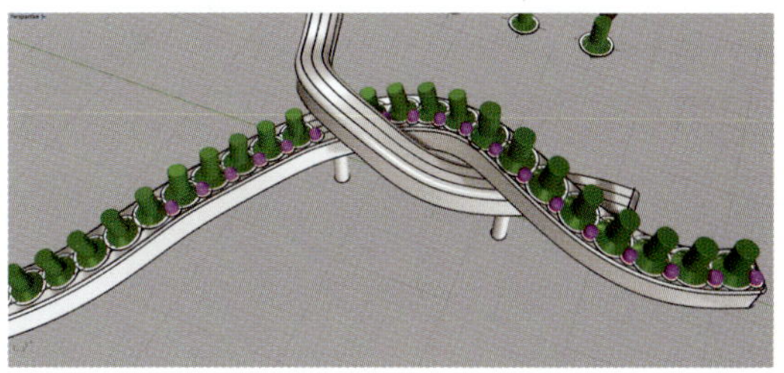

63. 0.50㎜ 난발개체와 Curve개체를 모두 선택하고, Array along curve on surface를 실행하여 위와 같은 방법으로 7개의 난발개체를 세팅한다.

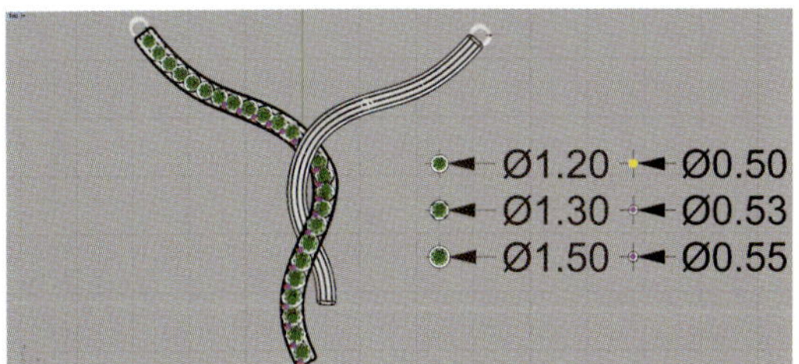

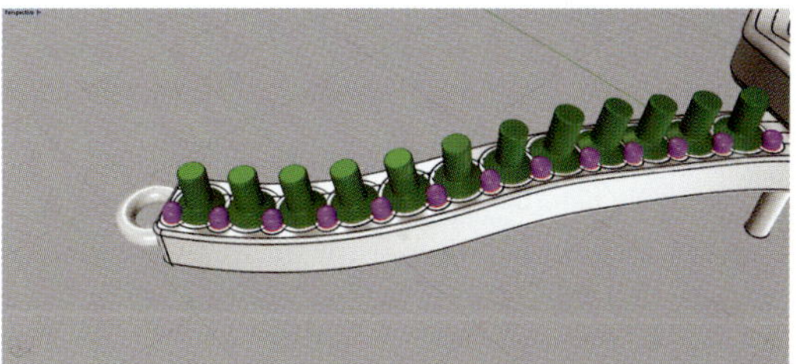

64. 우측 Isocurve도 위와 같은 방법으로 난발개체를 세팅한다.

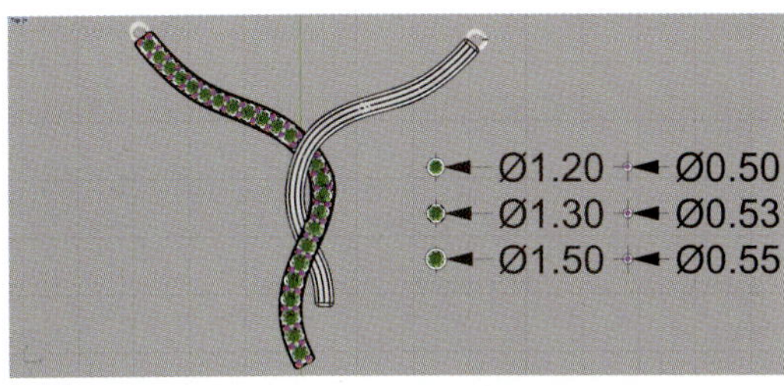

65. 세팅된 난발개체들과 곡선 Solid개체를 선택하고, Boolean union을 실행하여 하나의 개체로 결합한다. 결합된 곡선 Solid개체를 선택하고, Boolean difference를 실행한 후, 드릴용 보석개체를 모두 선택한 다음, Enter↵ 키를 누른다.

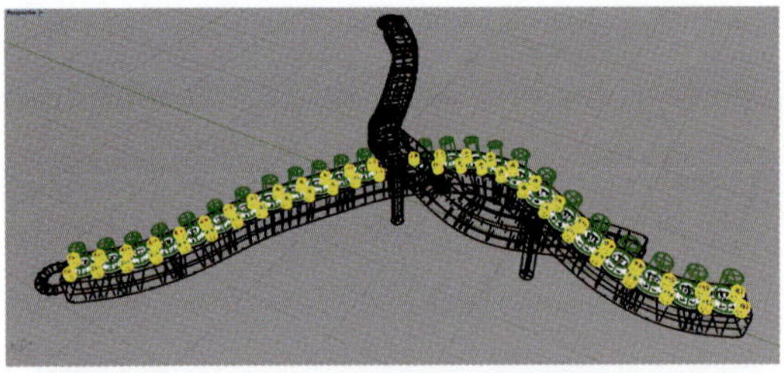

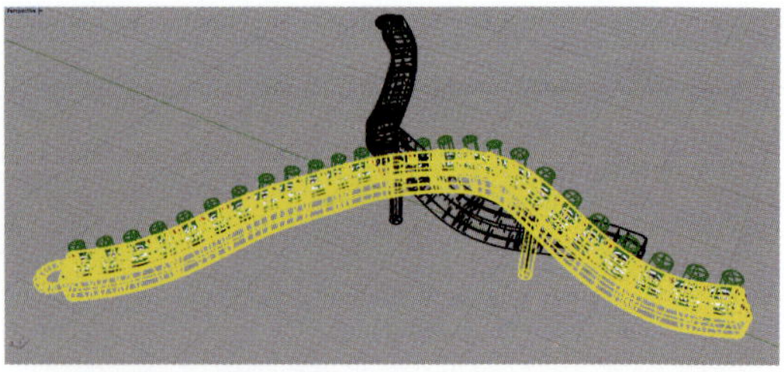

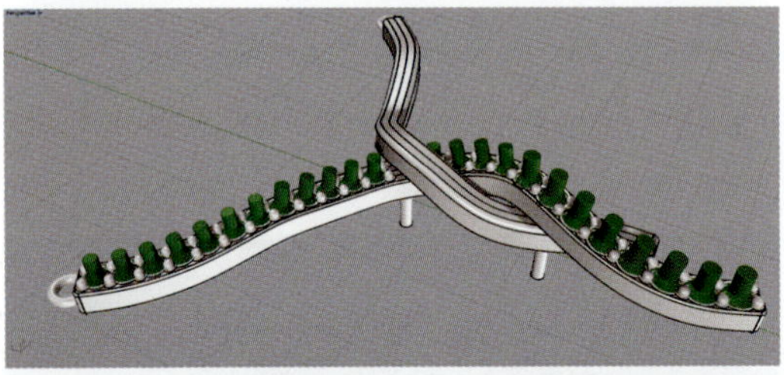

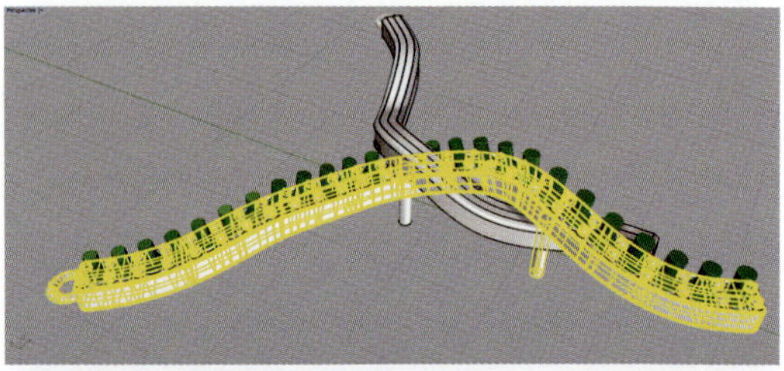

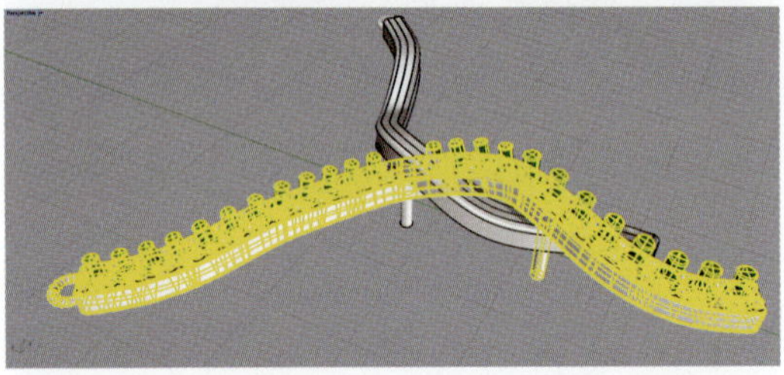

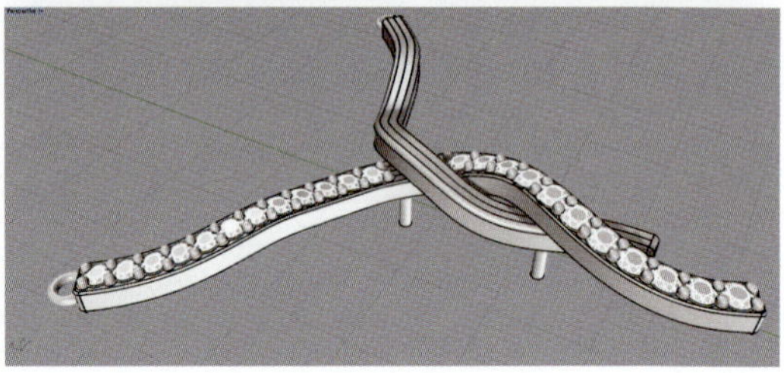

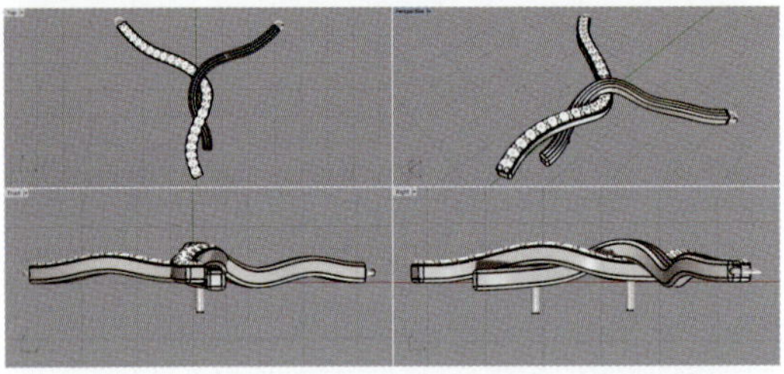

66. Curve개체와 Point개체는 모두 삭제하고, Osnap Toolbar에서 Project와 Mid점에 체크한다. **Right** Right Viewport에서 Circle: center, radius를 실행하고, 다음 그림과 같이 좌측 곡선 Solid개체의 좌측 Projected Mid점에 지름 1.8㎜ 원형 Curve개체를 생성한다.

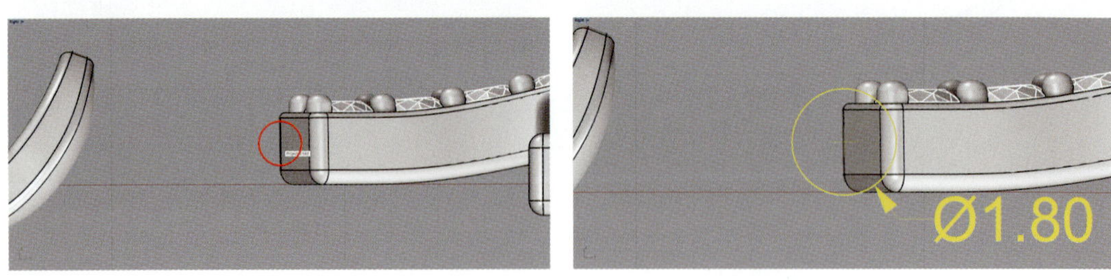

Diameter <2.300> (Radius Orientation Circumference Area ProjectOsnap=*Yes*): 1.8

67. 생성된 1.8㎜ 원형 Curve개체를 선택하고, Pipe: Flat caps를 실행한다. Command Prompt 영역에 Diameter for closed pipe값 0.6을 입력하고, Enter↵키를 누른 후, 원형 Curve개체는 삭제한다.

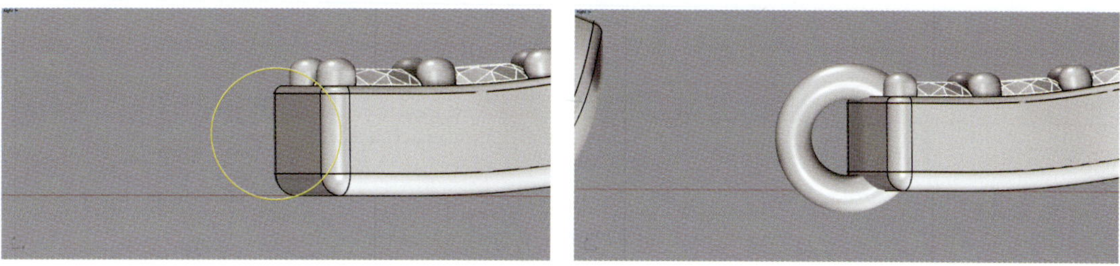

Diameter for closed pipe <0.600> (Radius ShapeBlending=*Local* FitRail=*No*): 0.6

68. 생성된 원형 Solid개체를 선택하고, Gumball을 화면상에 나타나게 한다. Gumball의 빨간 화살표를 선택하고, -0.6을 입력한 후, Enter↵키를 누른다. Top ▾ Top Viewport에서 다시 Gumball의 빨간 화살표를 선택하고, 0.35를 입력한 후, Enter↵키를 누르면 다음 그림과 같이 원형 Solid개체가 이동한 것을 확인할 수 있다.

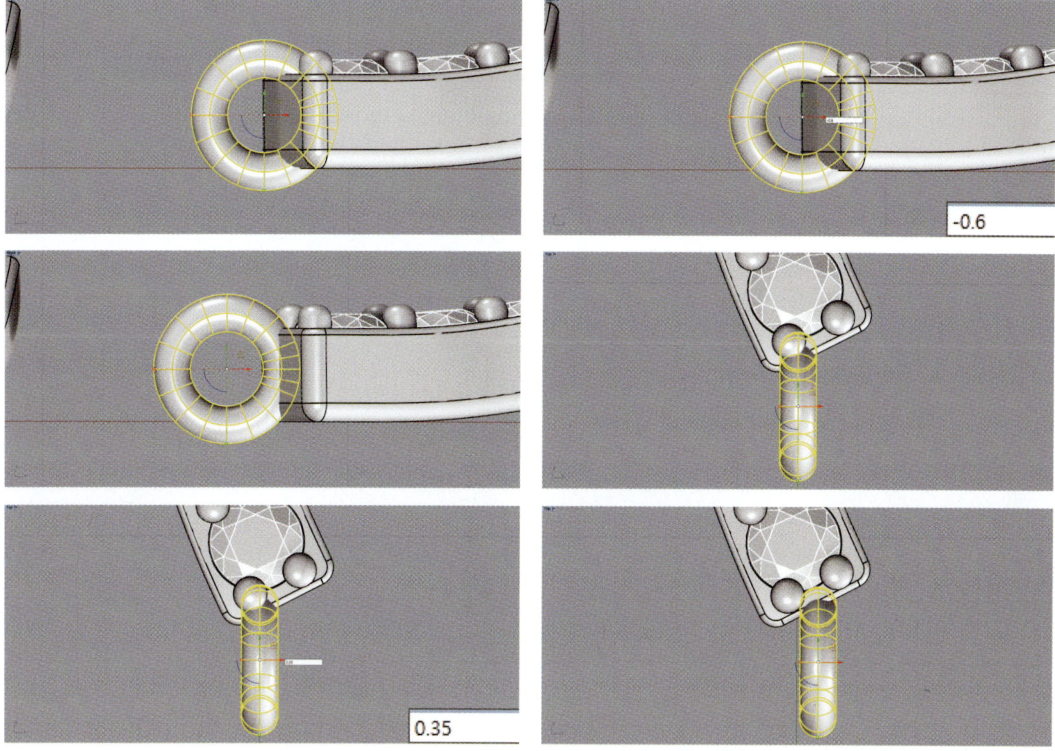

69. 프로그램 하단의 Status Bar(상태표시줄)에 있는 Grid Snap을 On하고, Top ▾ Top Viewport에서 Circle: center, radius를 실행한다. Center of circle을 다음 그림과 같이 꽃잎개체 상단(0, 5) 위치로 선택하고, Command Prompt 영역에 Diameter값 1.8을 입력한 후, Enter↵키를 누른다.

Center of circle (Deformable Vertical 2Point 3Point Tangent AroundCurve FitPoints):

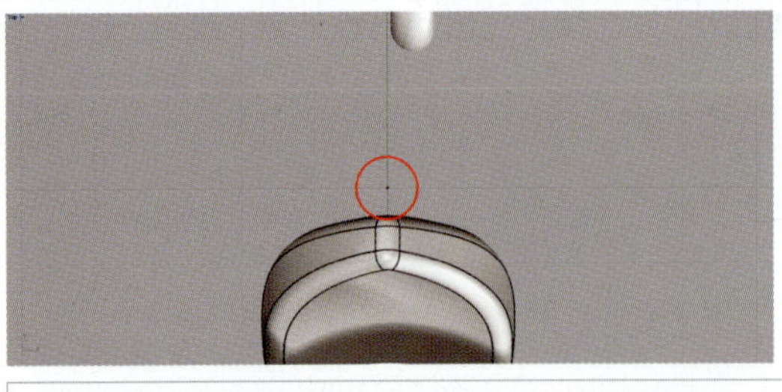

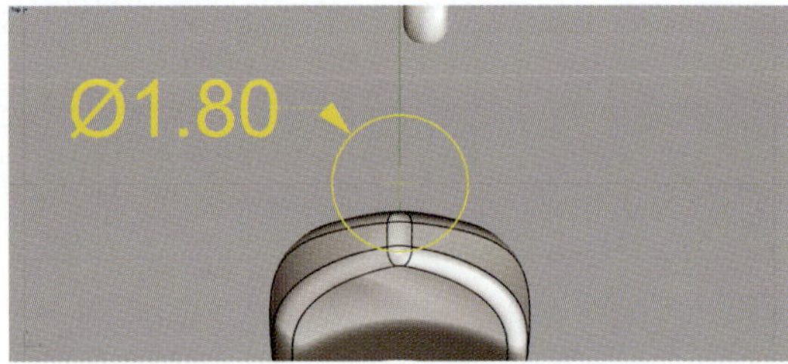

Diameter <1.800> (Radius Orientation Circumference Area ProjectOsnap=*Yes*): 1.8

70. 생성된 지름 1.8㎜ 원형 Curve개체를 선택하고, Pipe: Flat caps를 실행한다. Command Prompt 영역에 Diameter for closed pipe값 0.6을 입력하고, Enter↵ 키를 누른 후, 원형 Curve개체는 삭제한다.

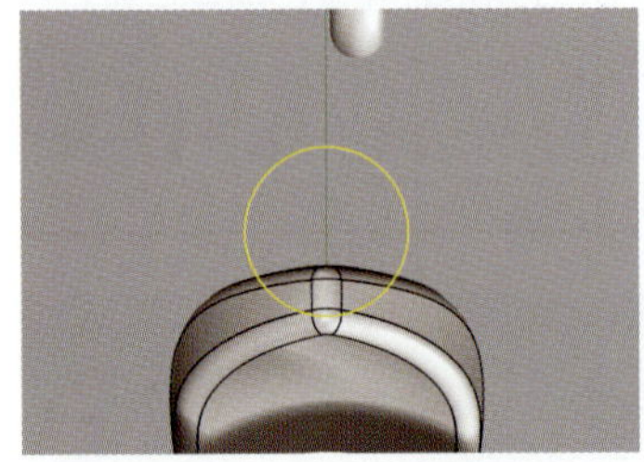

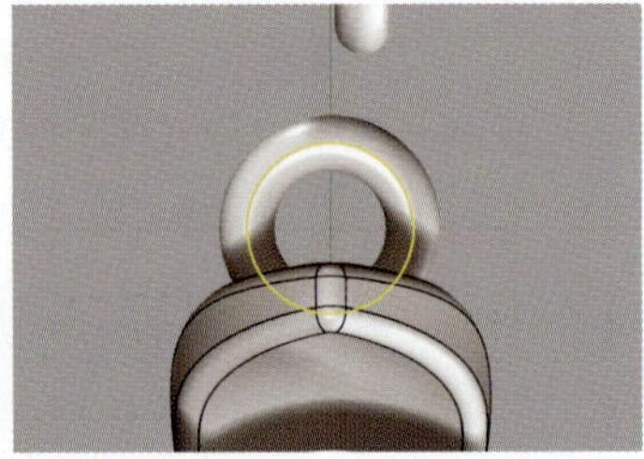

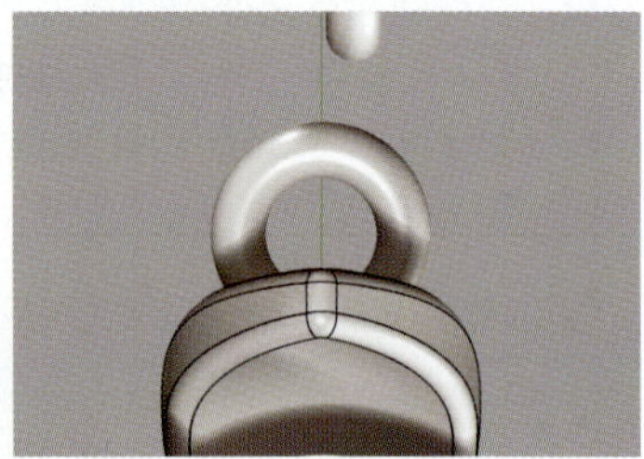

Diameter for closed pipe <2.000> (Radius ShapeBlending=*Local* FitRail=*No*): 0.6

71. Right ▾ Right Viewport에서 Gumball을 ON시키고, 빨간 화살표를 선택한 후, -0.3을 입력한 다음, Enter↵ 키를 누른다. 다음 그림과 같이 이동시킨 원형 Solid개체와 겹쳐있는 꽃잎개체를 선택하고, Boolean union을 실행하여 하나의 개체로 결합한다.

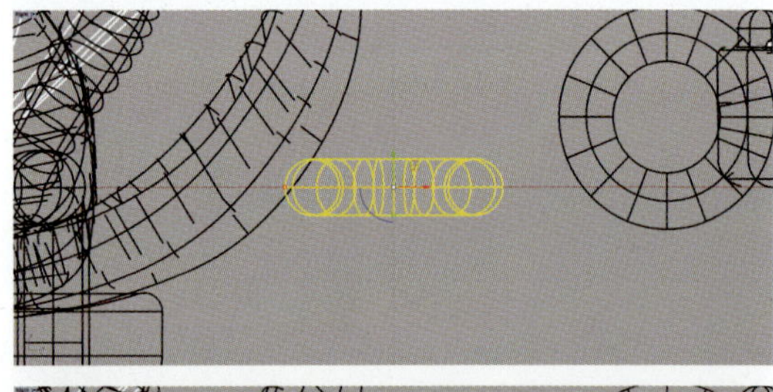

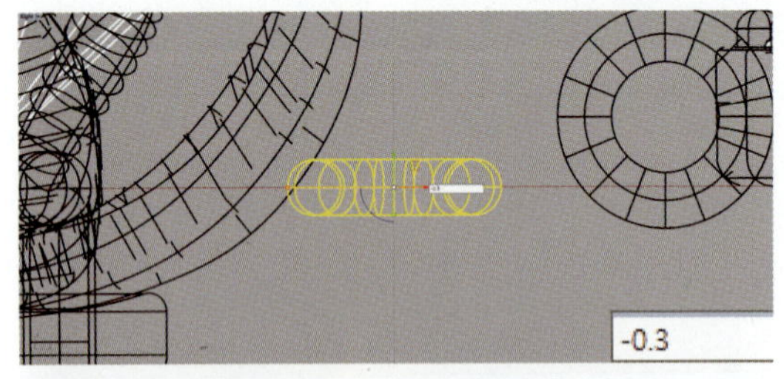

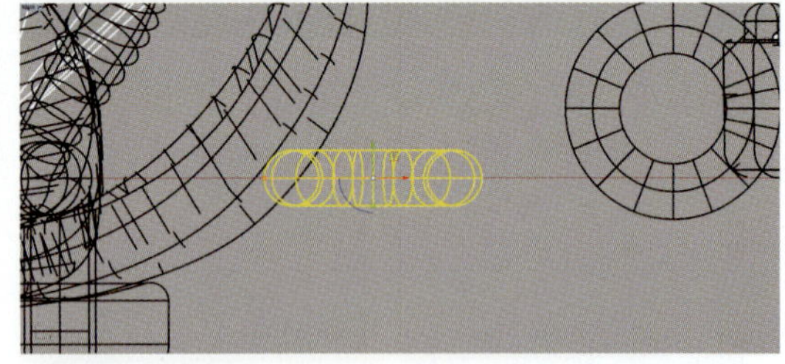

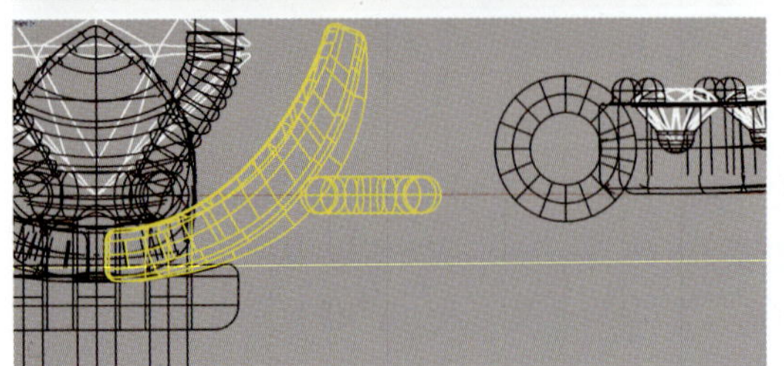

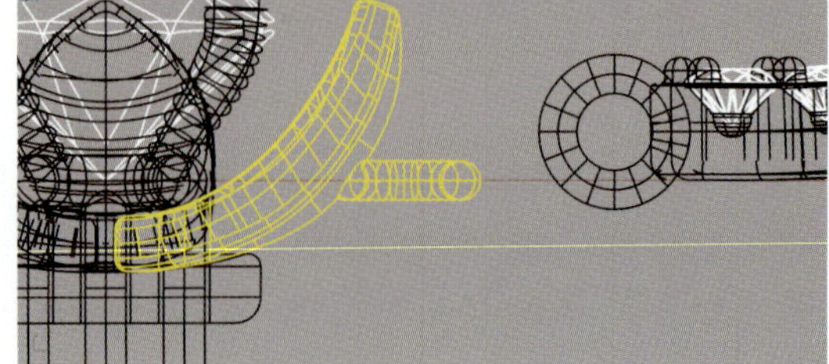

72. 다음 그림과 같이 보석개체와 꽃잎개체들을 모두 선택한다. Gumball의 녹색 화살표를 선택하고, 0.65를 입력한 후, Enter↵키를 누른다. 빨간색 화살표를 선택하고, 2.27을 입력한 후, Enter↵키를 누른다.

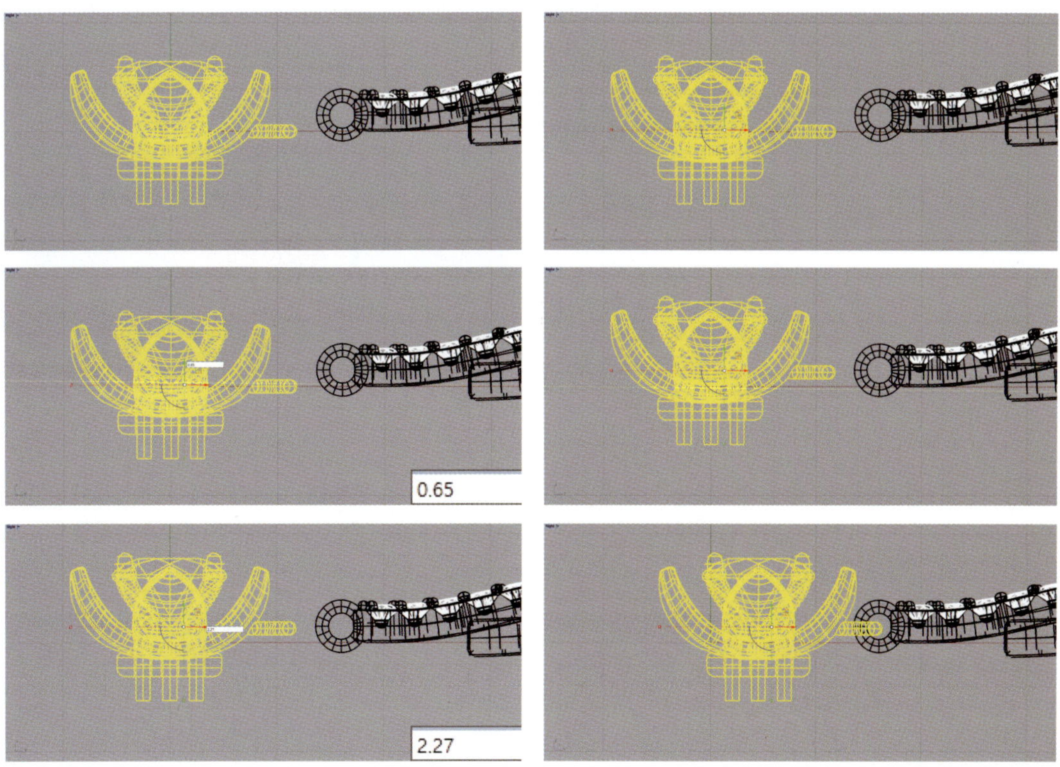

73. Top ▾ Top Viewport에서 보석개체와 곡선 Solid개체 2개를 선택하고, Gumball 빨간 화살표를 선택한 후, -0.4를 입력한 다음, Enter↵키를 누른다. 다음 그림과 같이 좌측으로 0.4㎜ 이동한 곡선 Solid개체 2개를 확인할 수 있다.

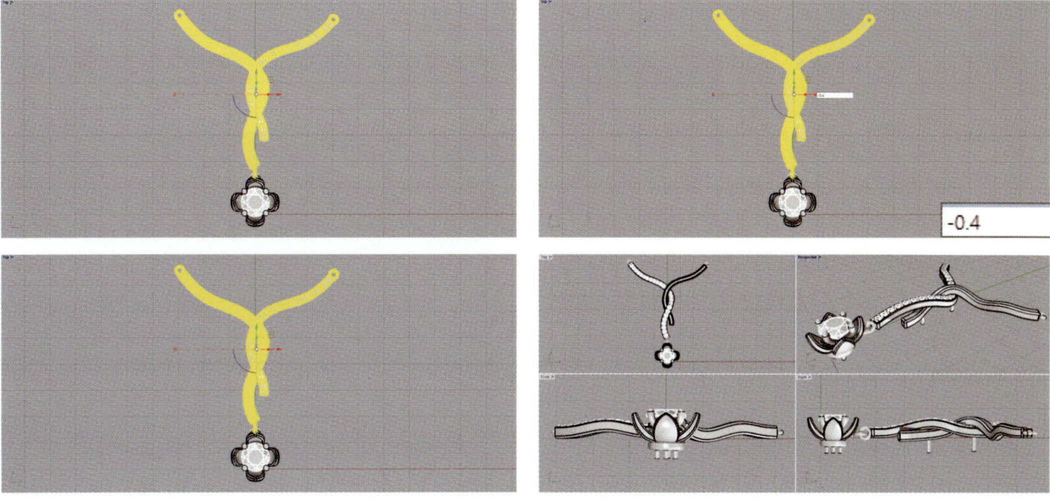

74. Top Top Viewport에서 Ctrl+I(Insert)를 실행하여 Insert창이 나타나면 Insert as에서 Individual Objects를 선택하고, 우측 상단의 폴더 아이콘을 선택한다. 2.50×1.51.3dm파일을 선택하고, 열기를 누른 후, Command Prompt 영역에 Insertion point값 0을 입력하여 원점(0, 0) 위치에 보석개체를 불러온다. → 부록CD 〉 Rhino 예제 〉 Level 3 – Design Modeling 2 〉 2.50×1.51.3dm

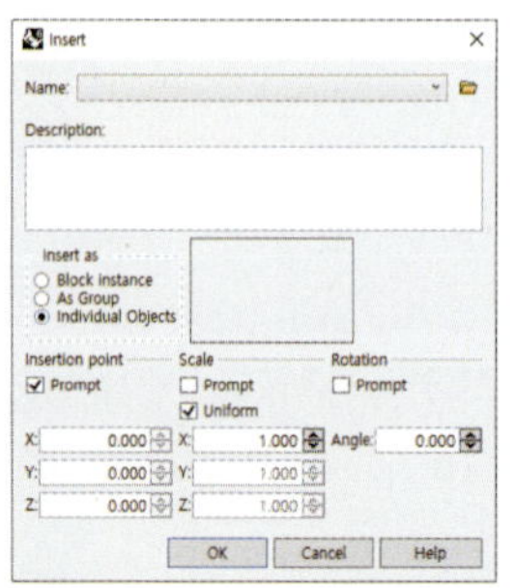

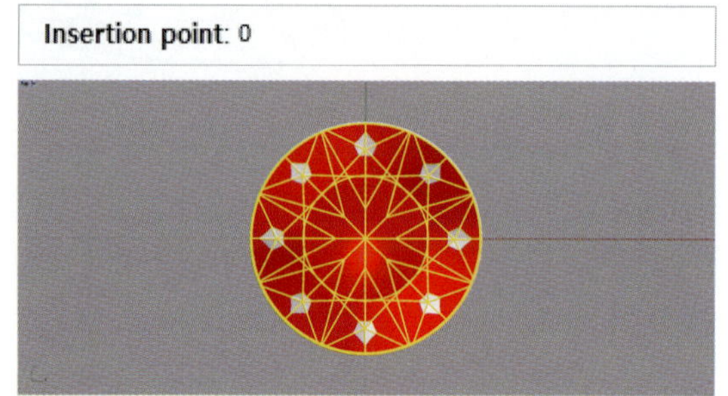

75. 불러온 보석개체는 Lock objects를 실행하여 잠시 잠가두고, Top Top Viewport에서 Circle: center, radius를 실행한 후, 원점(0, 0) 기준으로 지름 1.33㎜ 원형 Curve개체와 2.53㎜ 원형 Curve개체를 생성한다.

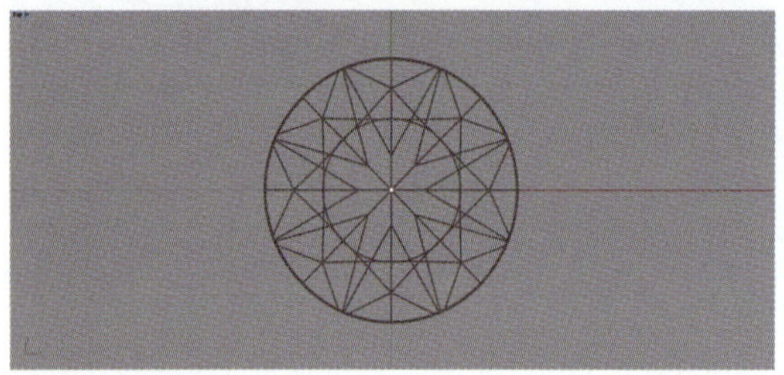

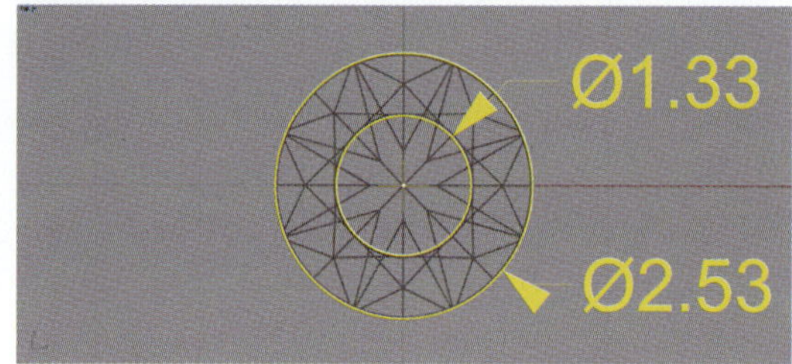

Center of circle (Deformable Vertical 2Point 3Point Tangent AroundCurve FitPoints): 0

Diameter <1.800> (Radius Orientation Circumference Area ProjectOsnap=*Yes*): 1.33

Diameter <1.800> (Radius Orientation Circumference Area ProjectOsnap=*Yes*): 2.53

76. 생성된 원형 Curve개체 2개를 모두 선택하고, Extrude straight를 실행한다. Command Prompt 영역에서 Solid=Yes, Deleteinput=Yes로 설정하고, Extrusion distance값 2.22를 입력한 후, 마우스 커서를 화살표 방향으로 이동한 다음, Enter↵키를 누른다.

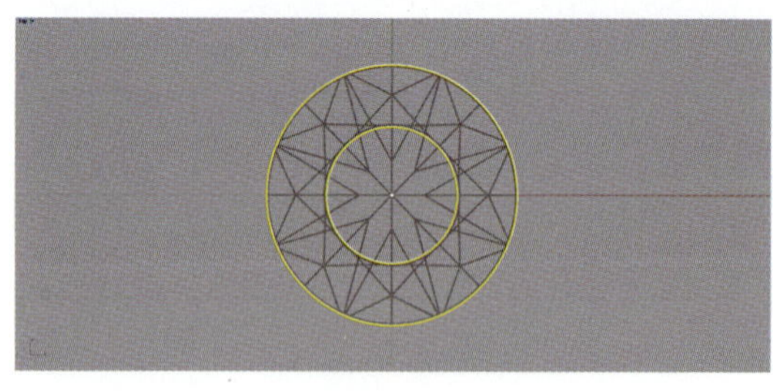

Extrusion distance <1.47> (Direction BothSides=*No* Solid=*Yes* DeleteInput=*Yes* ToBoundary SetBasePoint): 2.22

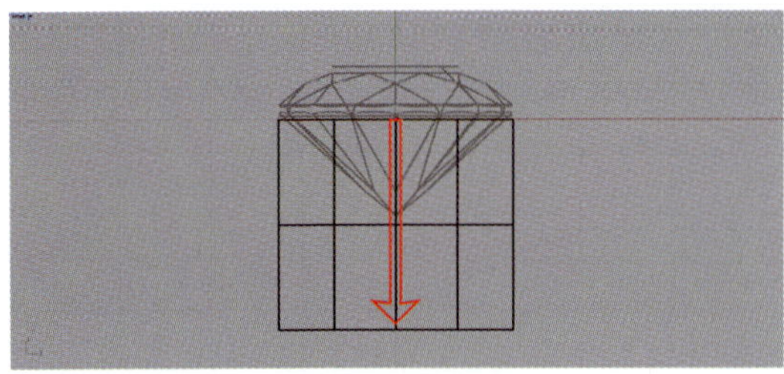

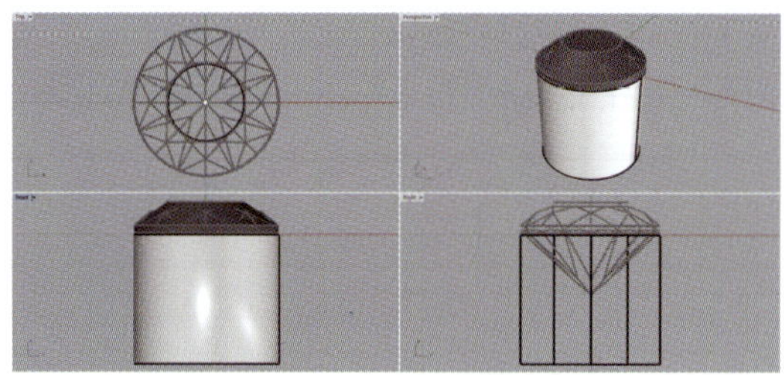

77. 생성된 Tube개체는 잠시 잠가두고, **Front** Front Viewport에서 Single Line을 실행한다. Start of line을 Tube개체 우측 하단의 End점으로 선택하고, Command Prompt 영역에 End of line값 2.65를 입력한 후, Enter↵키를 누른다. Shift키를 누른 상태로 마우스 커서를 화살표 방향으로 이동한 후, 마우스 왼쪽버튼을 클릭하여 2.65㎜ 직선 Curve개체를 생성한다.

Start of line (BothSides Normal Angled Vertical FourPoint Bisector Perpendicular Tangent Extension):

End of line (BothSides): 2.65

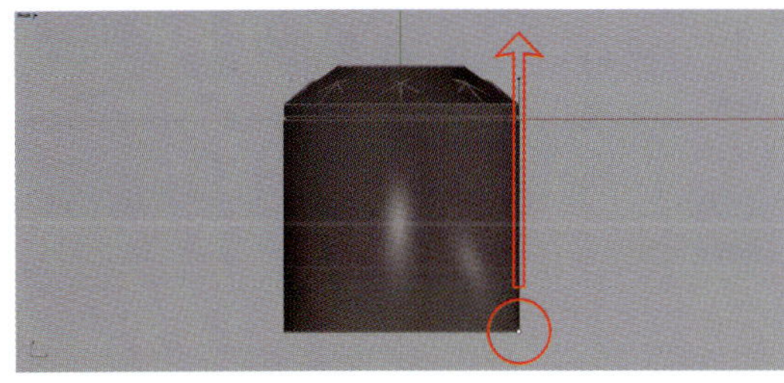

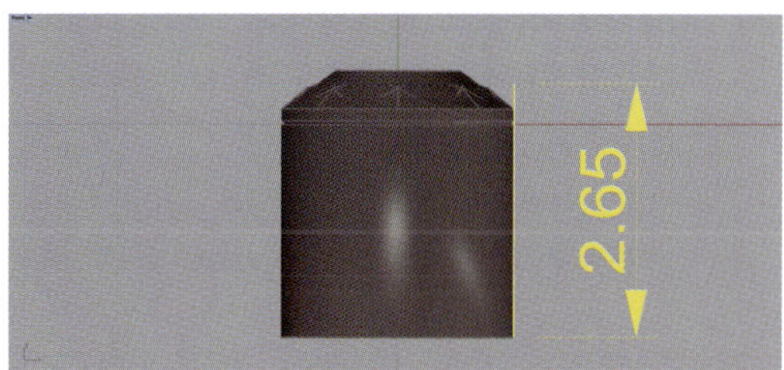

78. 생성된 직선 Curve개체를 선택하고, Gumball을 ON시킨다. 빨간 화살표를 선택하고, 0.1을 입력한 후, Enter↵키를 누른다.

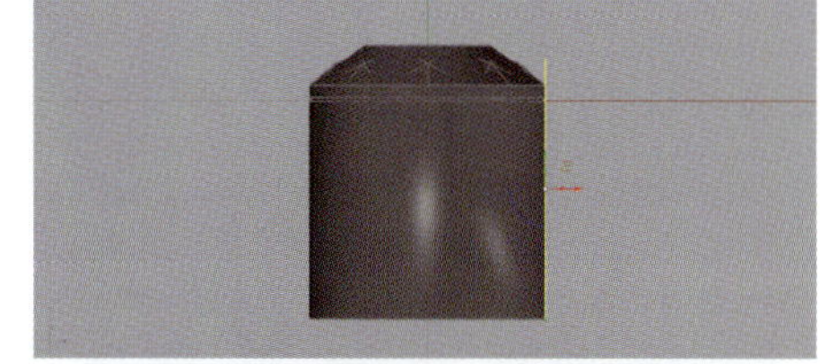

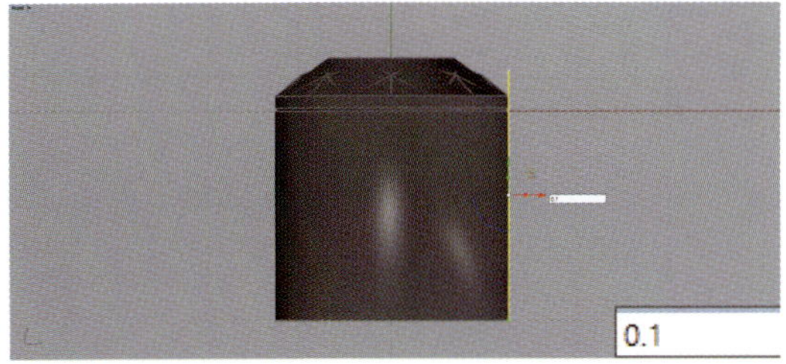

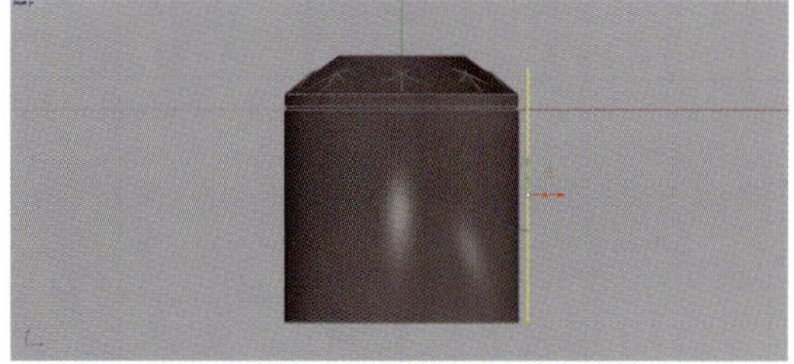

79. 이동시킨 직선 Curve개체를 선택하고, Pipe: Round caps를 실행한다. Command Prompt 영역에 Start diameter값과 End diameter값을 모두 0.64로 입력하여 지름 0.64㎜의 Pipe개체를 생성한 다음, 직선 Curve개체는 삭제한다.

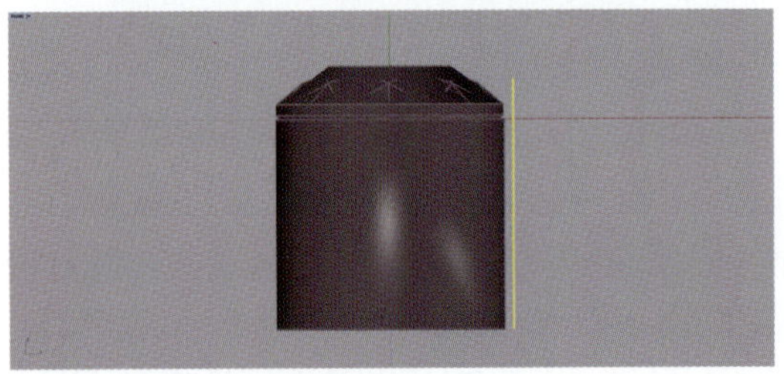

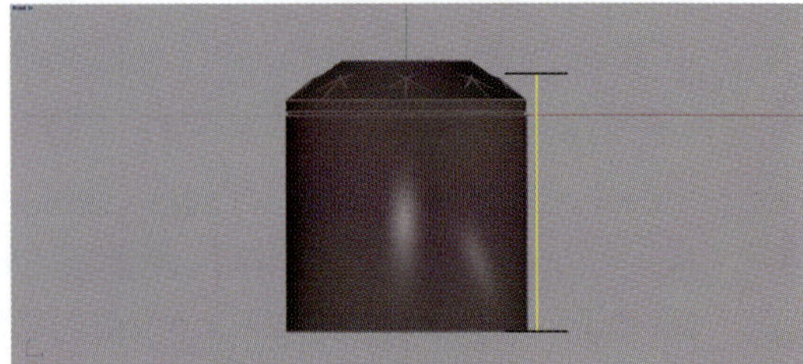

Start diameter <0.640> (Radius Thick=*No* Cap=*Round* ShapeBlending=*Local* FitRail=*No*): 0.64

End diameter <0.640> (Radius ShapeBlending=*Local* FitRail=*No*): 0.64

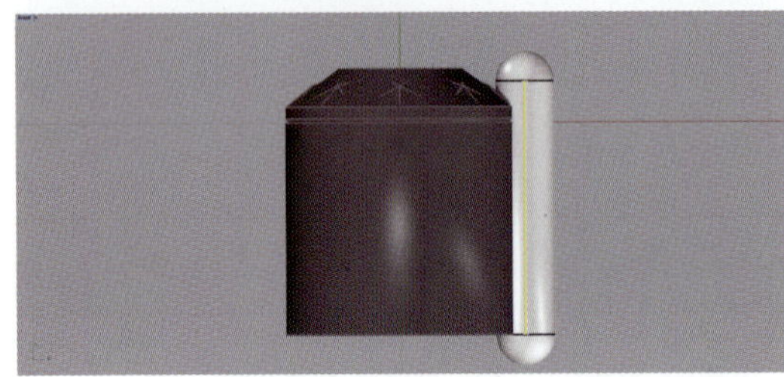

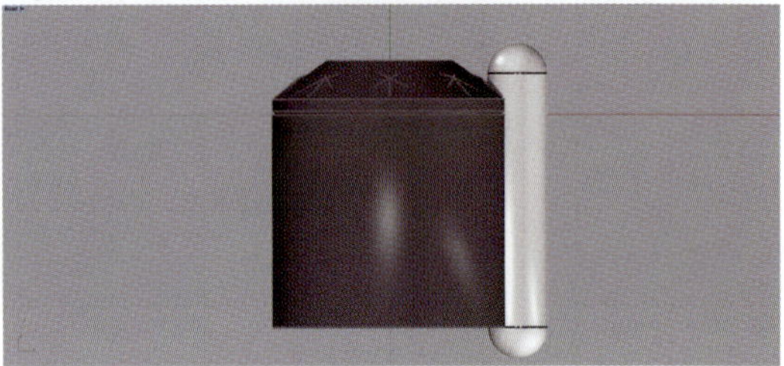

80. Extract surface를 실행하고, 다음 그림과 같이 생성된 Pipe개체 하단의 Round cap을 선택한 후, Enter↵키를 누른다.
추출된 Round cap은 삭제하고, Pipe개체를 선택한 후, Cap planar holes를 실행하여 Pipe개체의 뚫린 부분을 막아준다.

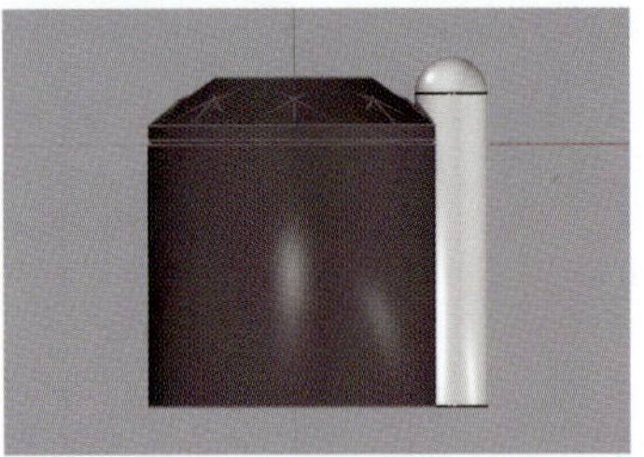

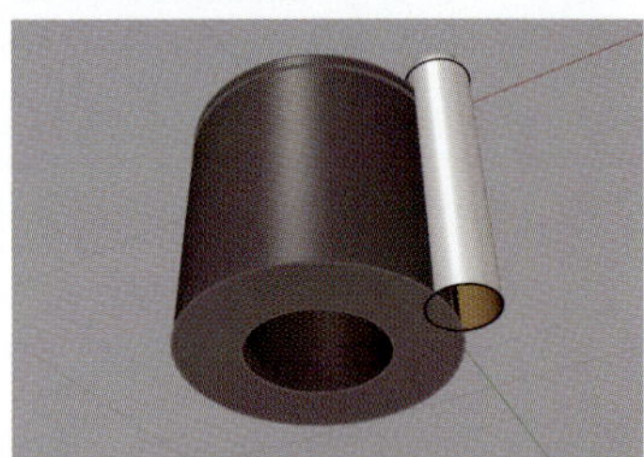

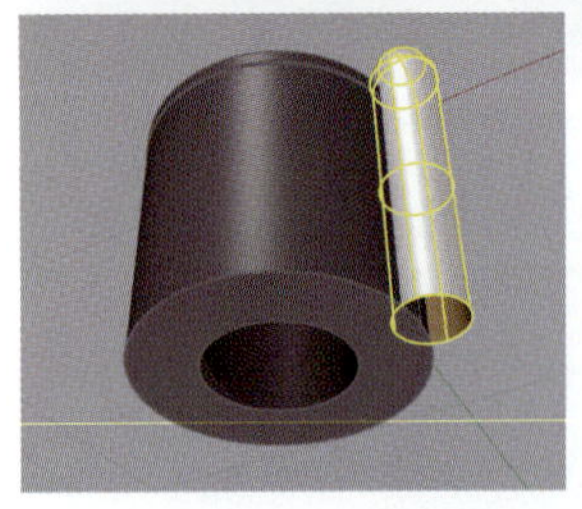

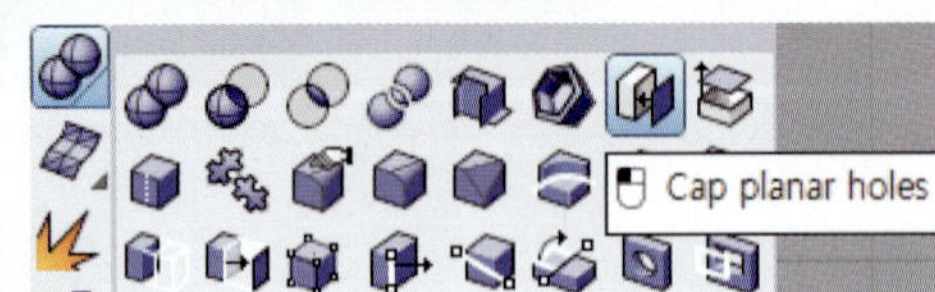

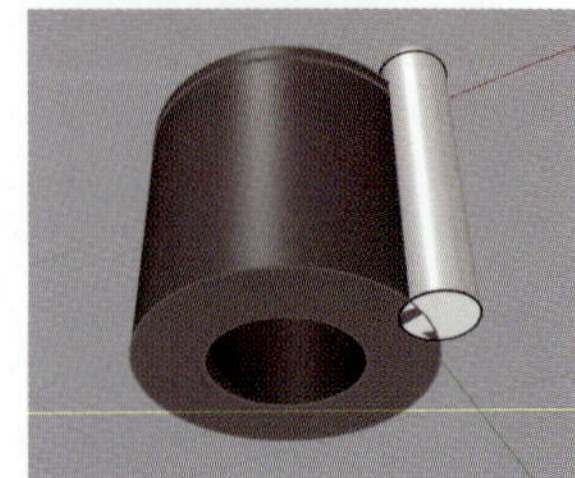

81. Fillet edges를 실행하고, Pipe개체 하단의 Edge를 선택한 후, Enter↵키를 누른다. Command Prompt 영역에서 SetAll을 선택하고, Radius for all handles값 0.1을 입력한 후, Enter↵키를 누른다.

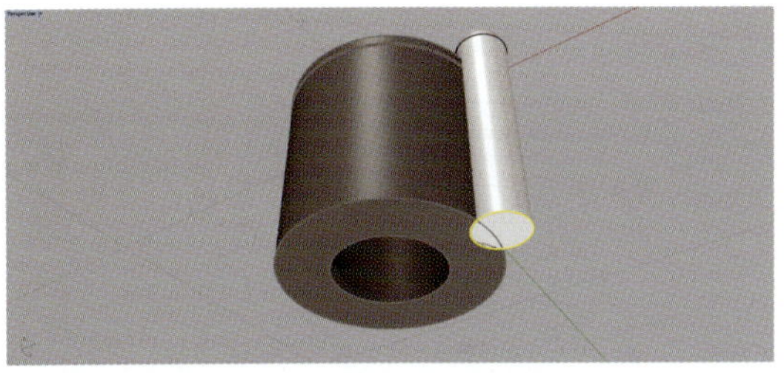

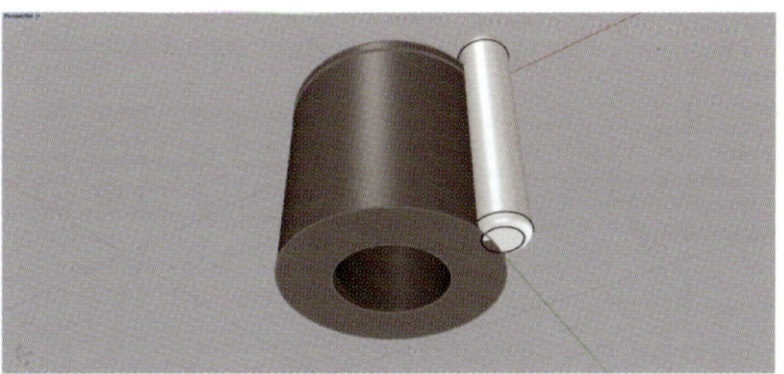

Select fillet handle to edit. Press Enter when done
(ShowRadius=*Yes* AddHandle CopyHandle SetAll LinkHandles=*No* RailType=*RollingBall* SelectEdges TrimAndJoin=*Yes* Preview=*No*):

Radius for all handles <0.100>: 0.1

82. Top Top Viewport에서 Pipe개체를 선택하고, Rotate 2-D를 실행한다. 원점(0, 0) 기준으로 Command Prompt 영역에 Angle or first reference point값 45를 입력하여 선택한 Pipe개체를 45도 각도로 회전시킨다.

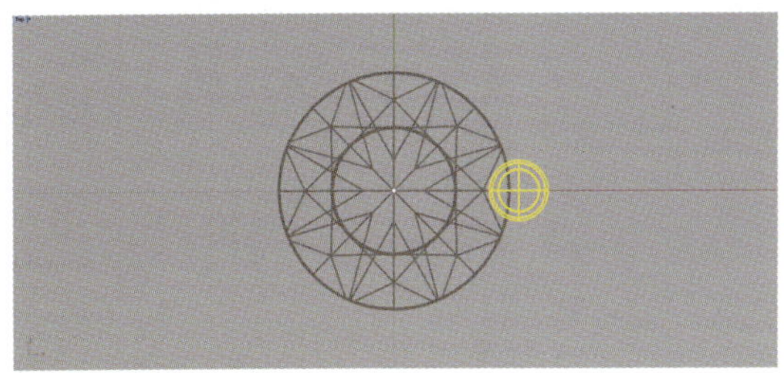

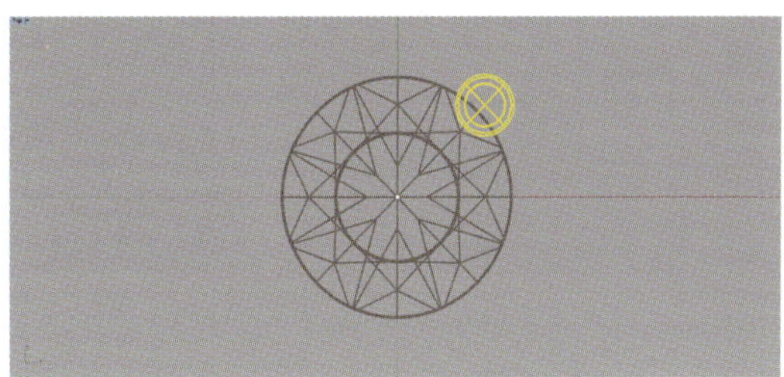

Center of rotation (Copy=*No*): 0

Angle or first reference point (Copy=*No*): 45

83. 회전한 Pipe개체를 선택하고, Polar array를 실행한다. Command Prompt 영역에 Center of polar array값 0을 입력하고, Enter↵키를 누른 후, Number of items값 4를 입력한 다음, Enter↵키를 누른다. 다음 그림과 같이 복사된 4개의 Pipe개체를 확인할 수 있다.

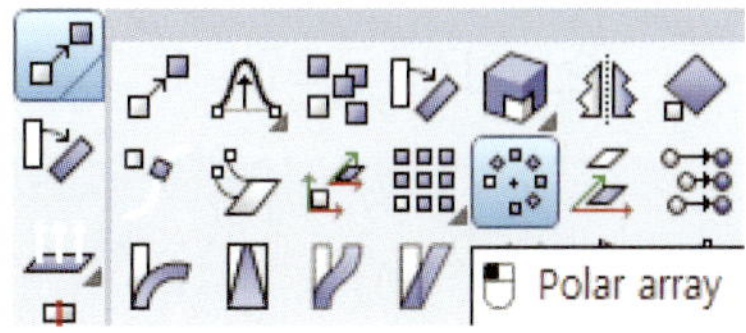

Center of polar array (Axis): 0

Number of items <3>: 4

Angle to fill or first reference point <360> (Preview=*Yes* StepAngle Rotate=*Yes* ZOffset=*0*):

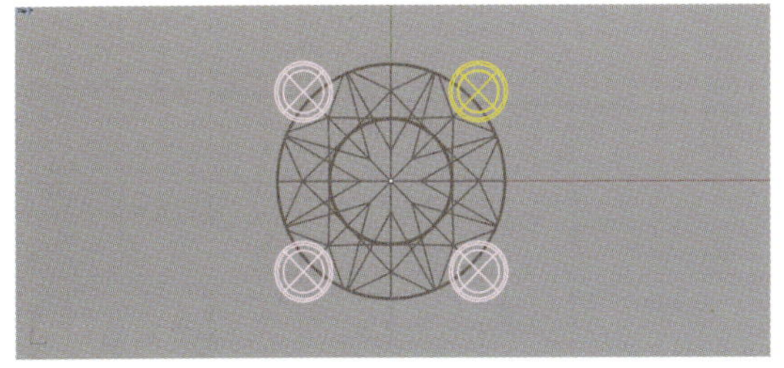

84. Grid Snap을 On시키고, Circle: center, radius를 실행한다. Center of circle을 보석개체 상단의 위치(0, 2)로 선택하고, 지름 2㎜ 원형 Curve개체를 생성한다.

Center of circle (Deformable Vertical 2Point 3Point Tangent AroundCurve FitPoints):

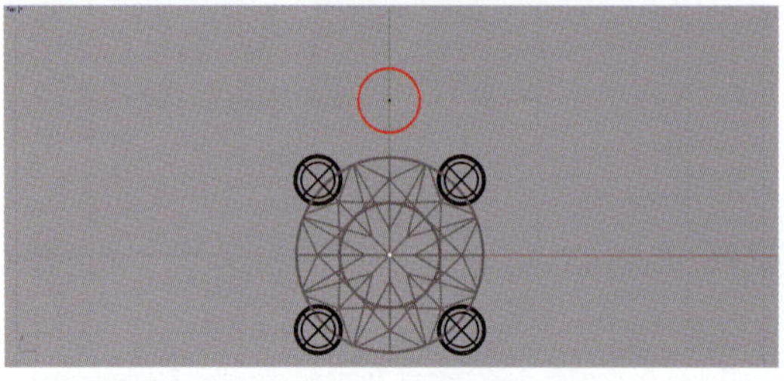

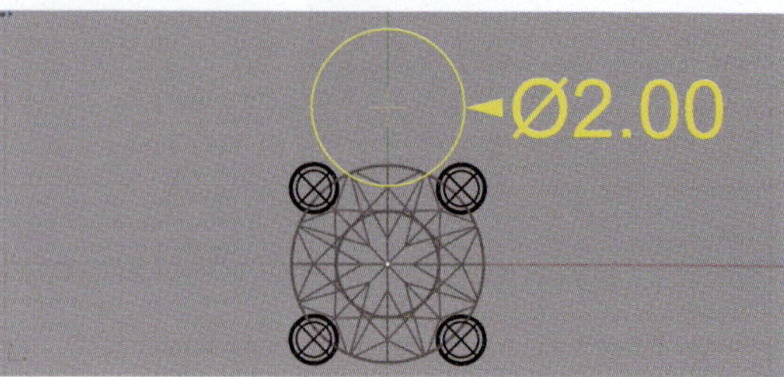

Diameter <**2.000**> (Radius Orientation Circumference Area ProjectOsnap=*Yes*): 2

85. 생성된 원형 Curve개체를 선택하고, Pipe: Flat caps를 실행한다. Command Prompt 영역에 Diameter값 0.6을 입력하고, [Enter↵]키를 누른 다음, 원형 Curve개체는 삭제한다.

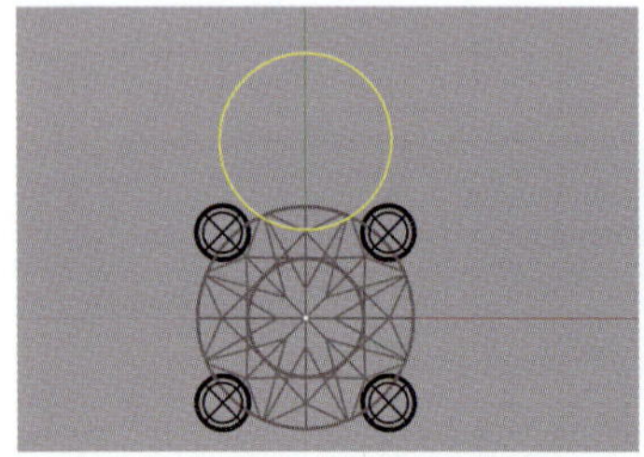

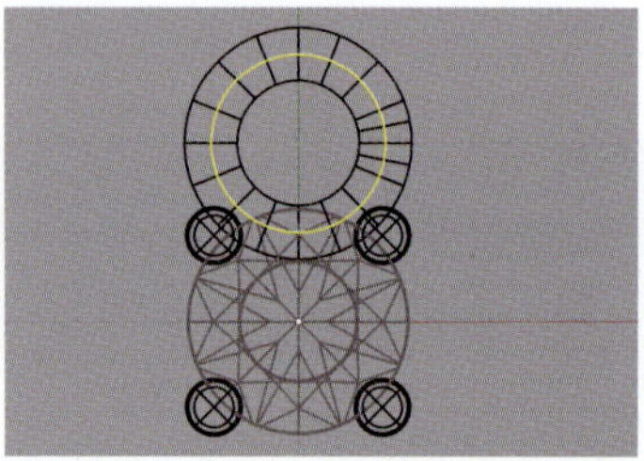

Diameter for closed pipe <**0.640**> (Radius ShapeBlending=*Local* FitRail=*No*): 0.6

86. [Right ▾] Right Viewport에서 생성된 Torus개체를 선택하고, Gumball을 On시킨다. 녹색 화살표를 선택하고, -1.29를 입력한 후, [Enter↵]키를 누른다. 빨간 화살표를 선택하고, -0.78을 입력한 후, [Enter↵]키를 누르면 다음 그림과 같이 이동한 Torus개체를 확인할 수 있다.

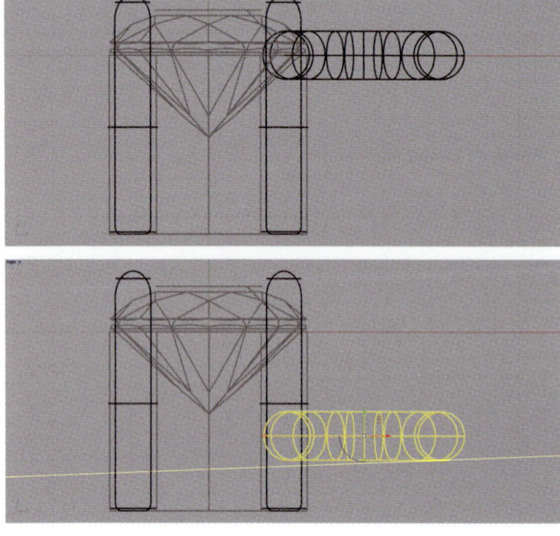

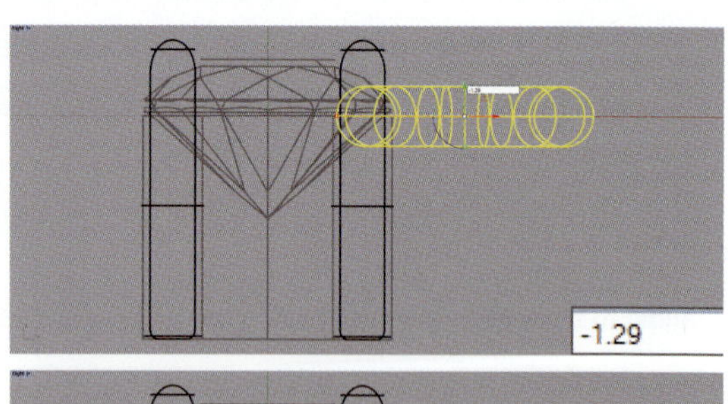

-0.78

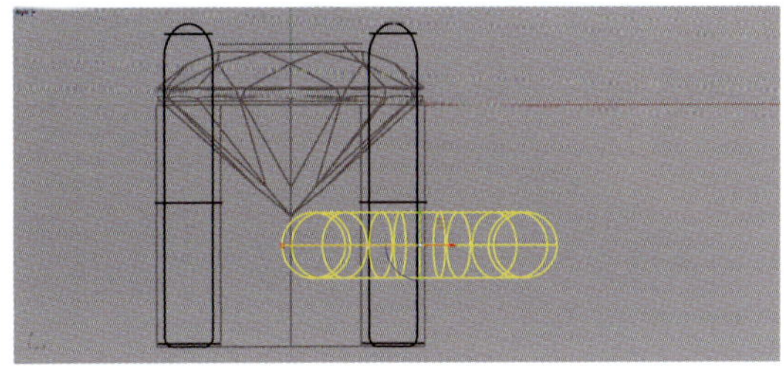

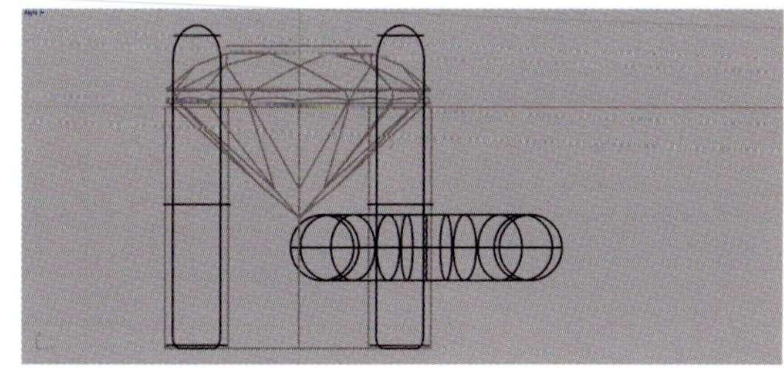

87. Top Top Viewport에서 Osnap Toolbar의 Project를 체크하고, Circle: center, radius를 실행한다. 원점(0, 0) 기준으로 지름 3.5㎜의 원형 Curve개체를 생성한다.

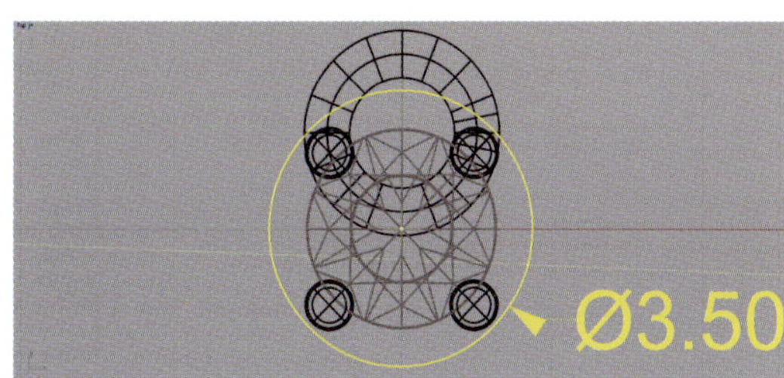

Center of circle (Deformable Vertical 2Point 3Point Tangent AroundCurve FitPoints): 0

Diameter <2.000> (Radius Orientation Circumference Area ProjectOsnap=*Yes*): 3.5

88. Single Line을 실행하고, Start of line을 다음 그림과 같이 보석개체 중심 아래의 End점으로 선택하고, 난발과 겹치지 않게 직선 Curve개체를 생성한다.

Start of line (BothSides Normal Angled Vertical FourPoint Bisector Perpendicular Tangent Extension):

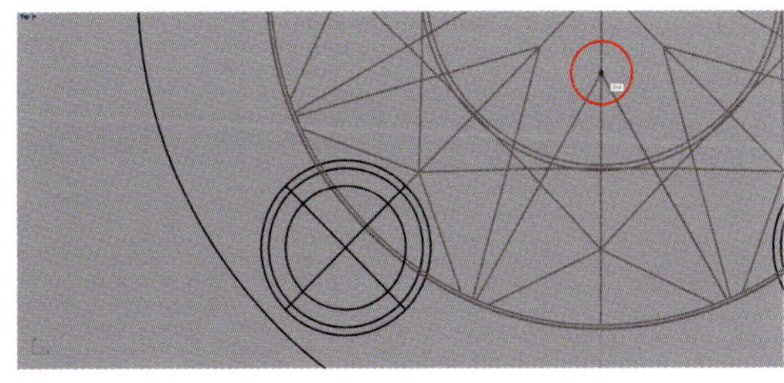

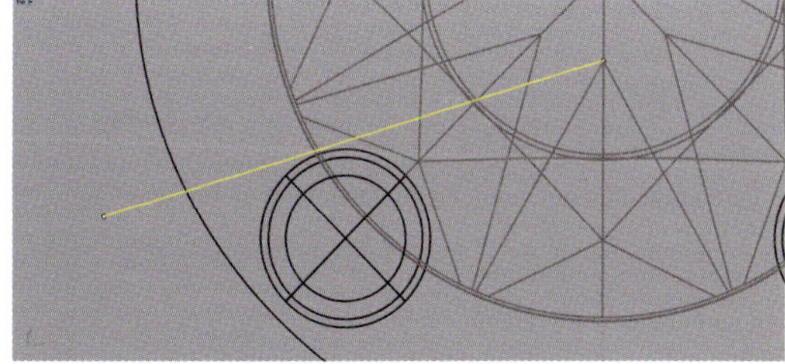

89. 생성된 직선 Curve개체를 선택하고, Mirror를 실행한다. Command Prompt 영역에 Start of mirror plane값 0을 입력하고, Enter↵키를 누른 다음, Shift키를 누른 상태로 마우스 커서를 화살표 방향으로 이동한 후, 마우스 왼쪽버튼을 클릭하여 직선 Curve개체를 대칭방향에 복사한다.

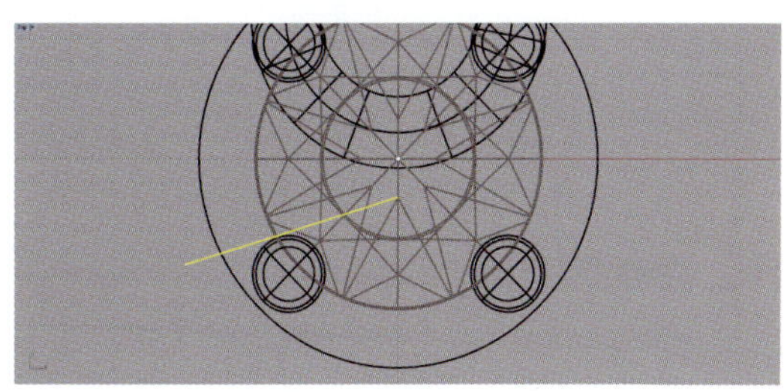

Start of mirror plane (3Point Copy=*Yes* XAxis YAxis): 0

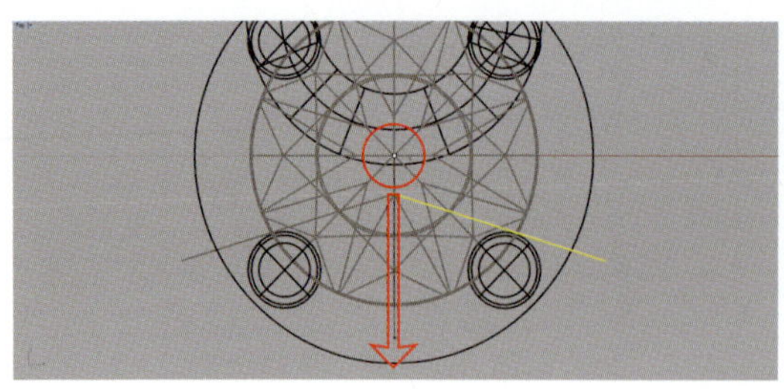

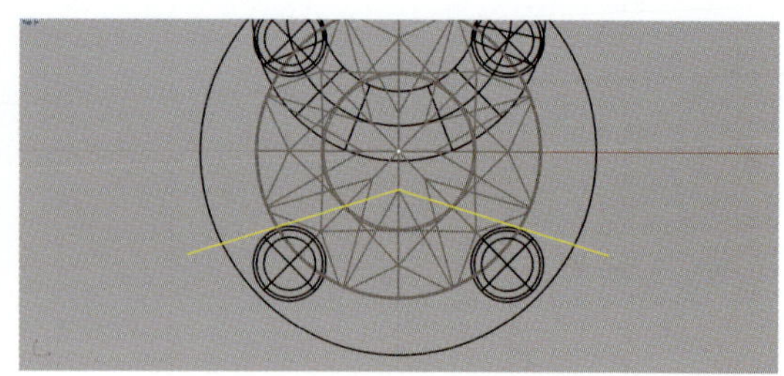

90. 2개의 직선 Curve개체와 3.5㎜ 원형 Curve개체를 선택하고, Trim을 실행한 후, 다음 그림과 같이 원형 Curve개체 하단과 직선 Curve개체 바깥부분을 선택하여 삭제한다. 잘린 3개의 Curve개체를 선택하고, Join을 실행하여 하나의 Curve개체로 결합한다.

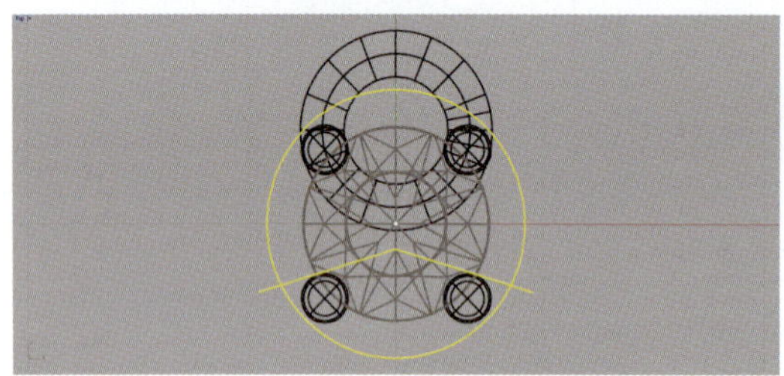

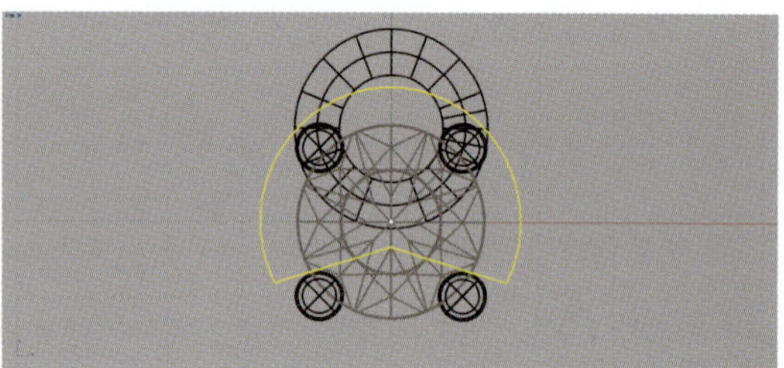

91. 결합된 Curve개체를 선택하고, Extrude straight를 실행한다. Command Prompt 영역에서 Solid=Yes, Deleteinput=Yes로 설정하고, Extrusion distance값 1을 입력한 후, 마우스 커서를 화살표 방향으로 움직인 다음, Enter↵ 키를 누른다.

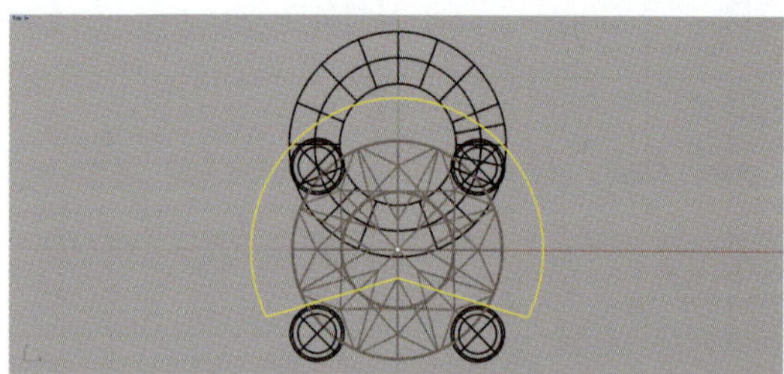

Extrusion distance <2.22> (Direction BothSides=*No* Solid=*Yes* DeleteInput=*Yes* ToBoundary SetBasePoint): 1

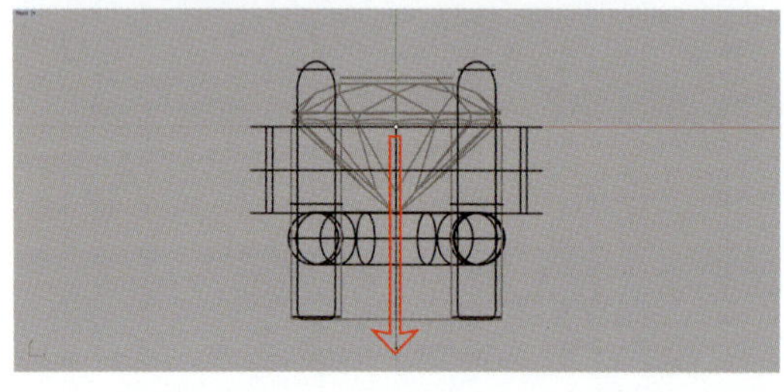

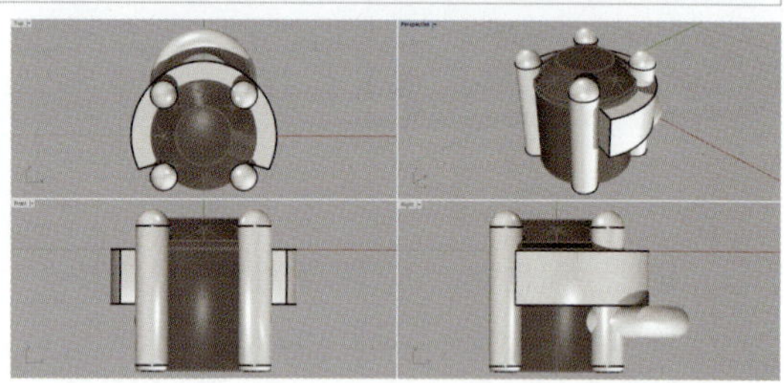

92. Right ▾ Right Viewport에서 생성된 Solid 개체를 선택하고, Gumball을 ON시킨다. 녹색 화살표를 선택하고, -0.75를 입력한 후, Enter↵ 키를 누른다.

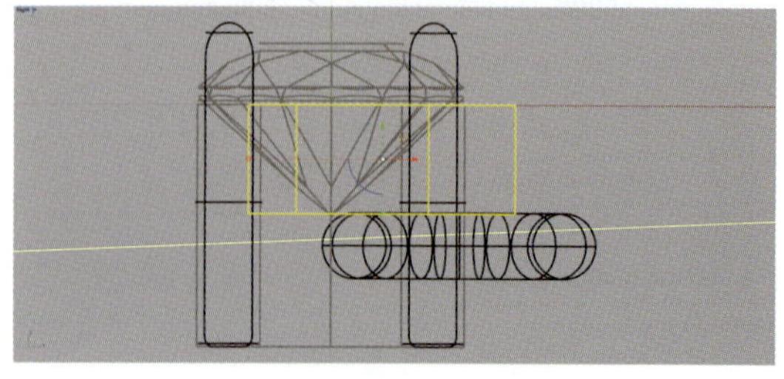

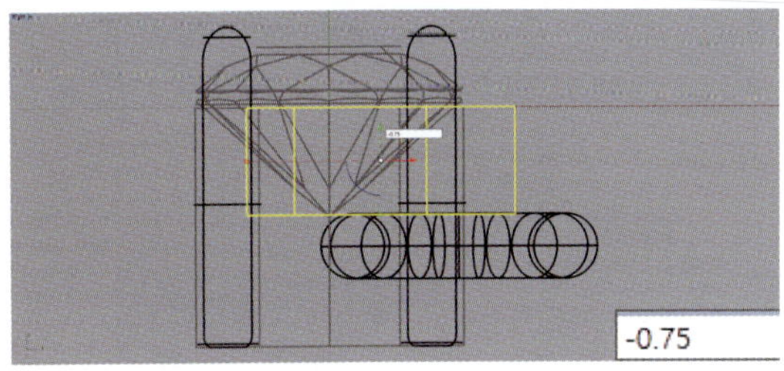

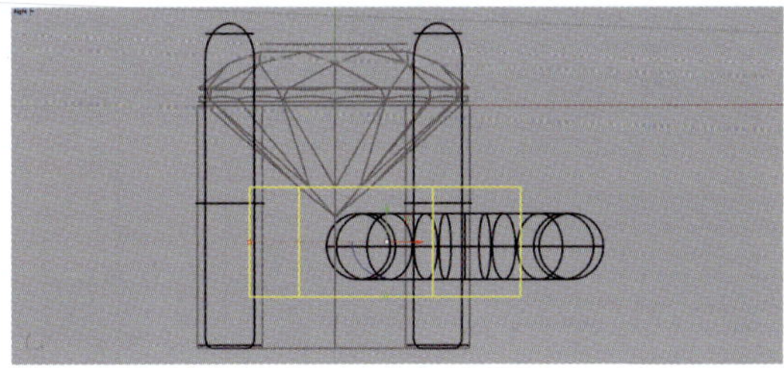

93. Unlock objects를 실행하여 잠겨있는 개체들을 잠금 해제하고, 다음 그림과 같이 Tube개체와 난발개체 4개를 선택하고, Boolean difference를 실행한 후, 생성된 Solid개체를 선택한 다음, Enter↵ 키를 누른다.

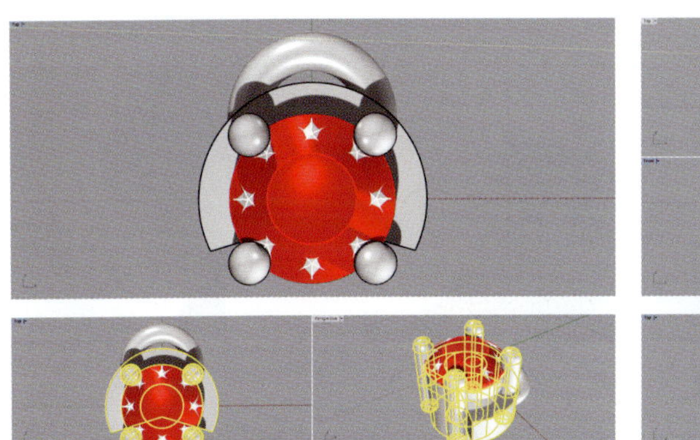
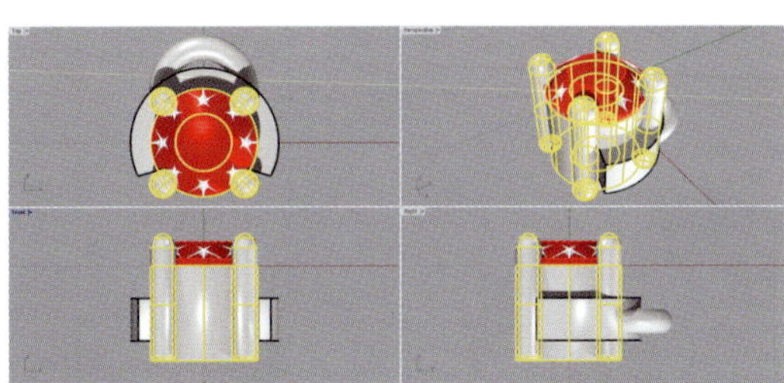
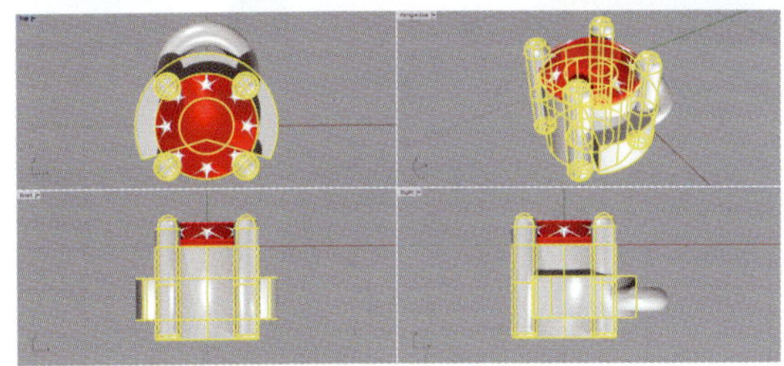
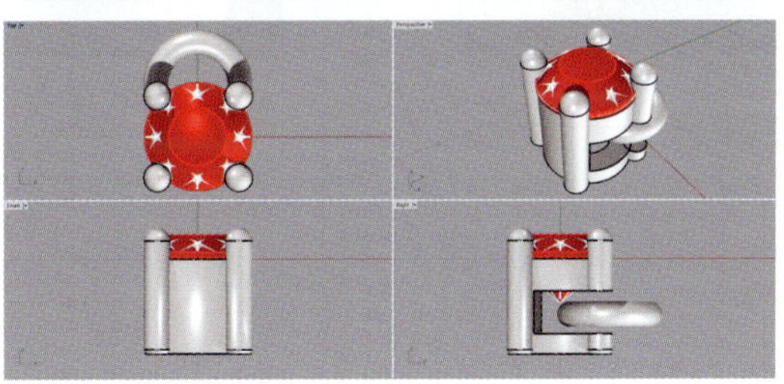

94. Osnap Toolbar에서 Quad점에 체크하고, Circle: diameter를 실행한다. 다음 그림과 같이 Start of diameter를 Torus개체 아래에 있는 Tube개체 밑면의 바깥쪽 Quad으로 선택하고, End of diameter를 안쪽 Quad점으로 선택하여 원형 Curve 개체를 생성한다.

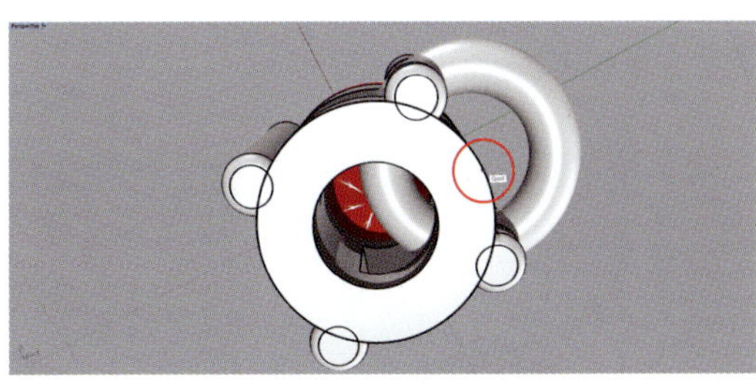

Start of diameter (Vertical):

End of diameter (Vertical):

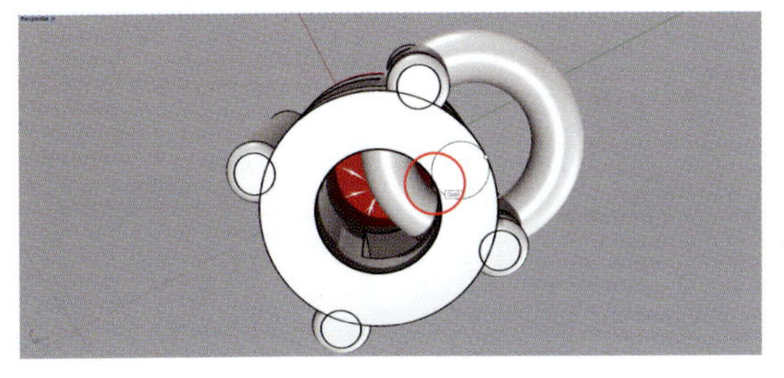
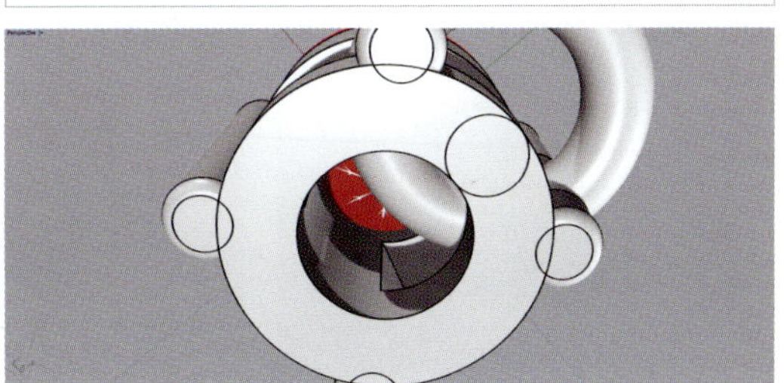

95. 생성된 원형 Curve개체를 선택하고, Offset curve를 실행한다. Command Prompt 영역에 Distance 값 0.05를 입력하고, Enter↵ 키를 누른 후, 마우스 커서를 움직여서 원형 Curve개체 안쪽으로 향하게 한 다음, 마우스 왼쪽버튼을 클릭하여 0.05㎜ Offset시킨다. Circle: diameter로 생성한 원형 Curve 개체는 삭제한다.

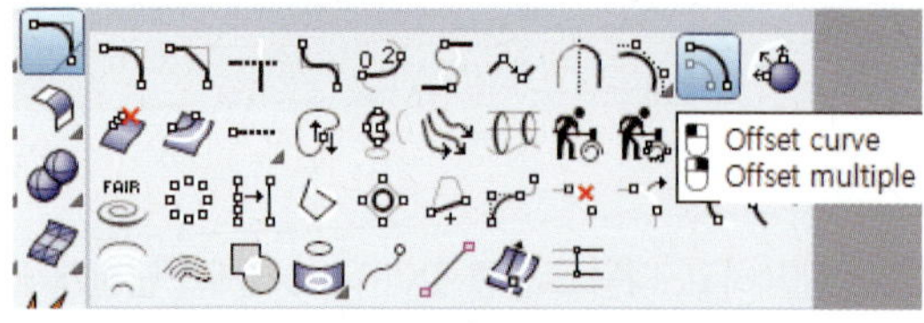

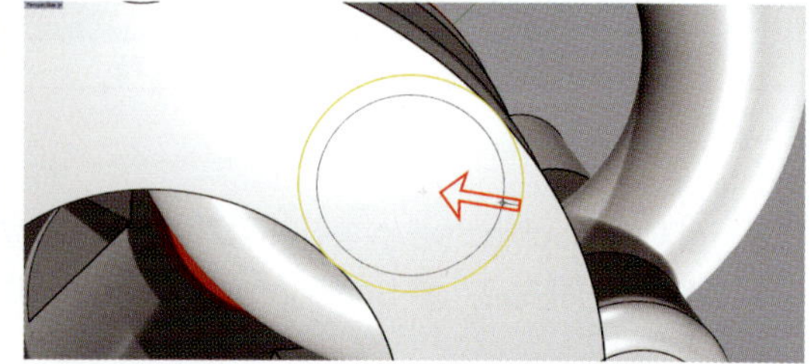

Side to offset (Distance=*0.05* Loose=*No* Corner=*Sharp* ThroughPoint Tolerance=*0.001* BothSides InCPlane=*No* Cap=*None*): 0.05

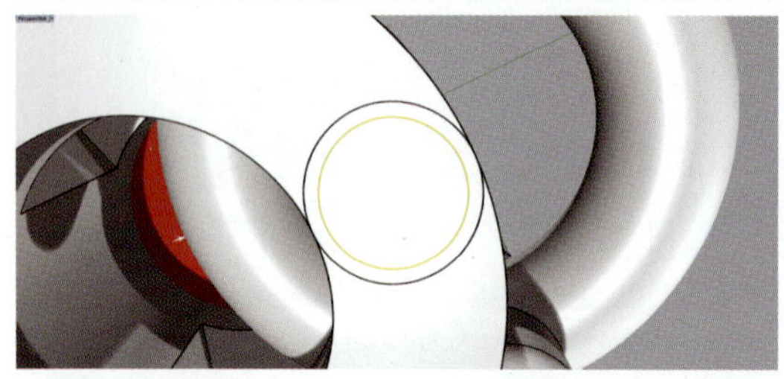

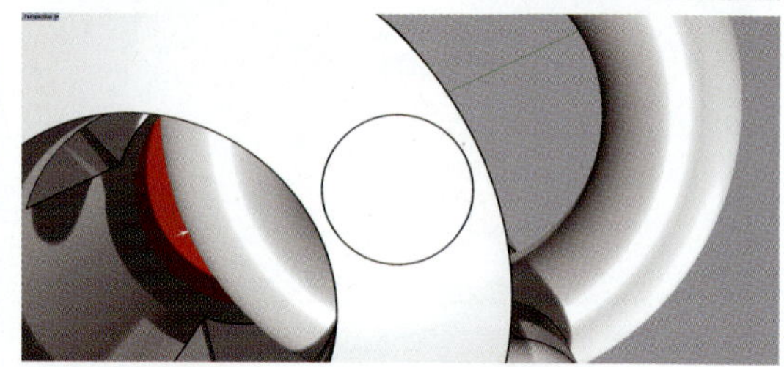

96. Torus개체를 잠시 숨겨두고, Offset한 원형 Curve개체를 선택한 후, Extrude straight를 실행한다. 다음 그림과 같이 마우스 커서를 화살표 방향으로 이동하여 Quad를 선택한다. 생성된 Surface개체와 난집 개체를 선택하고, Boolean union을 실행하여 하나의 개체로 결합한다.

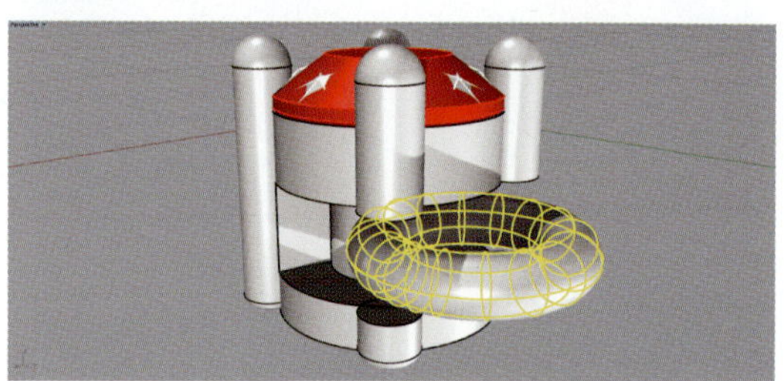

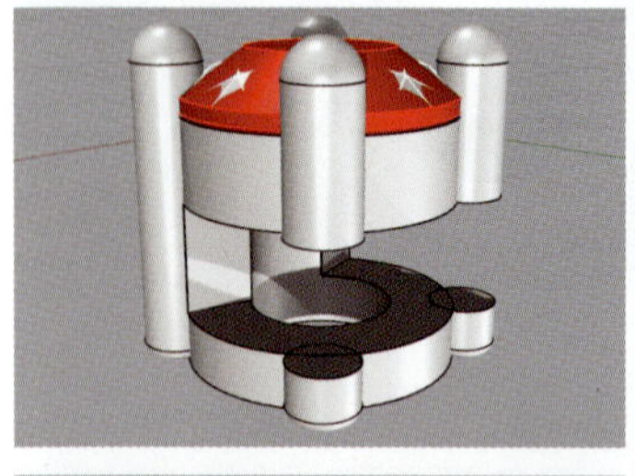

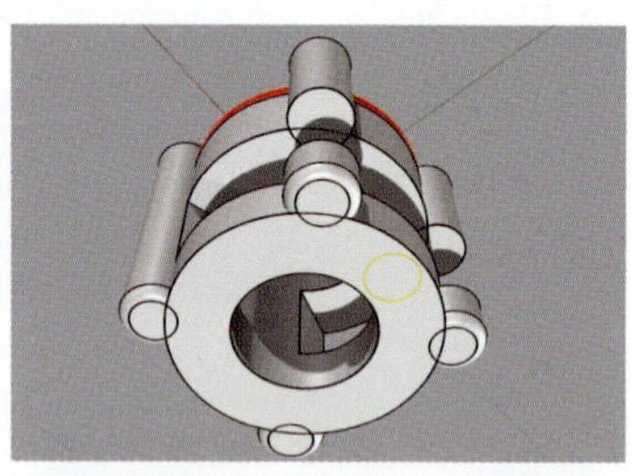

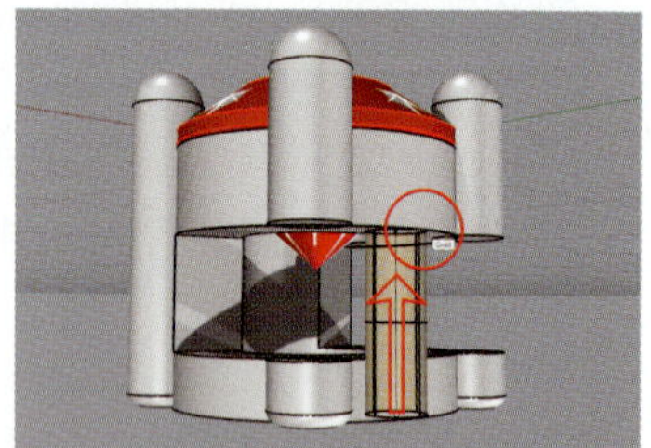

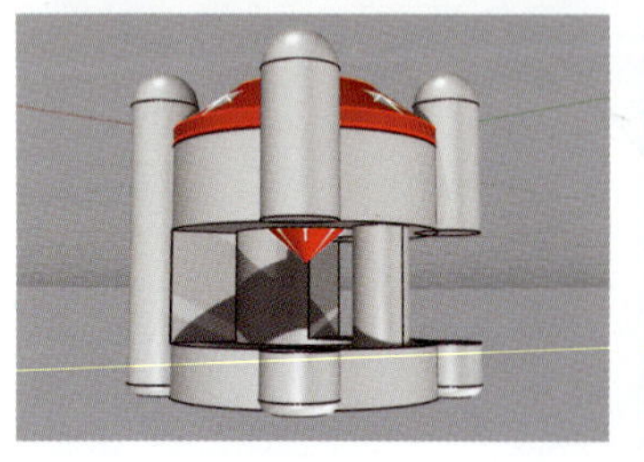

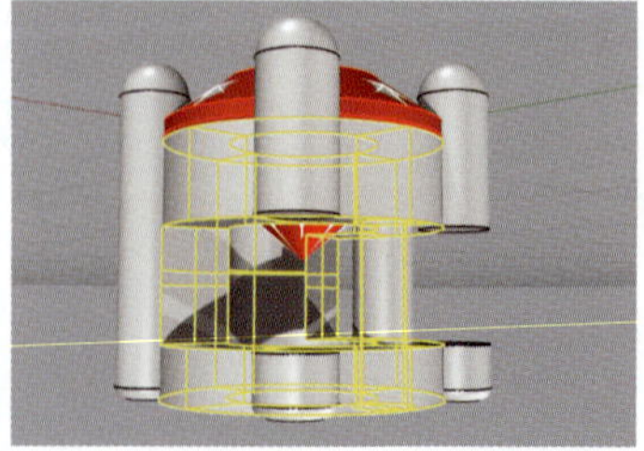

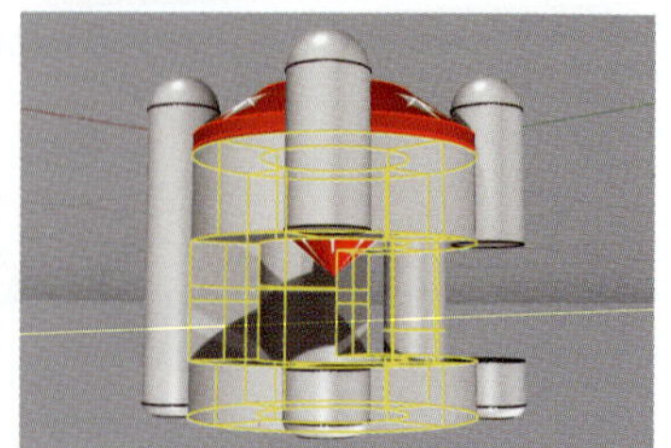

97. Fillet edges를 실행하고, 다음 그림과 같이 Edge부분을 선택한 후, [Enter↵]키를 누른다. Command Prompt 영역에서 SetAll을 선택하고, Radius for all handles값 0.05를 입력한 다음, [Enter↵]키를 누른다.

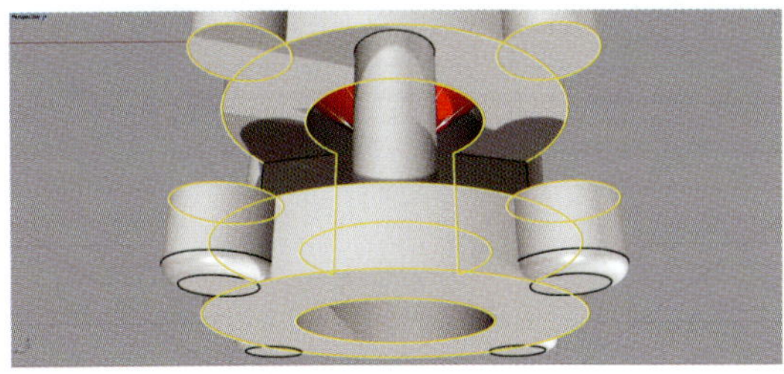
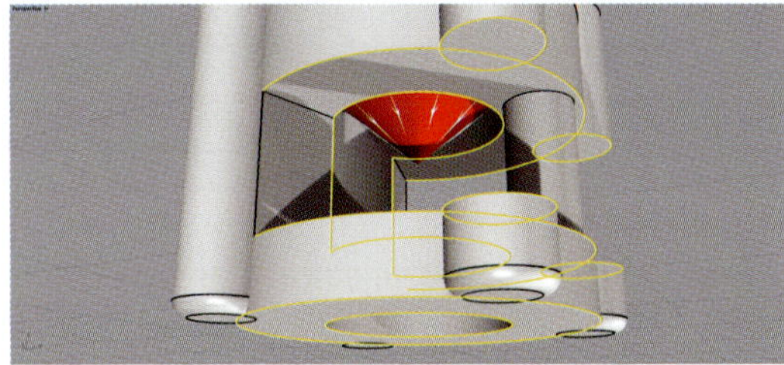

Select fillet handle to edit. Press Enter when done
(ShowRadius=*Yes* AddHandle CopyHandle SetAll LinkHandles=*No* RailType=*RollingBall* SelectEdges TrimAndJoin=*Yes* Preview=*No*):

Radius for all handles <0.050>: 0.05

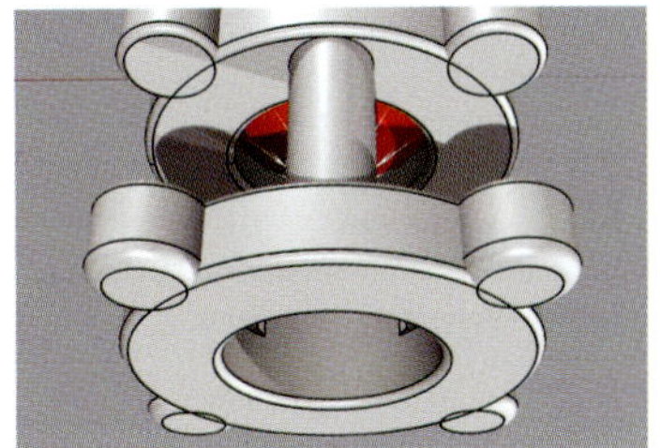
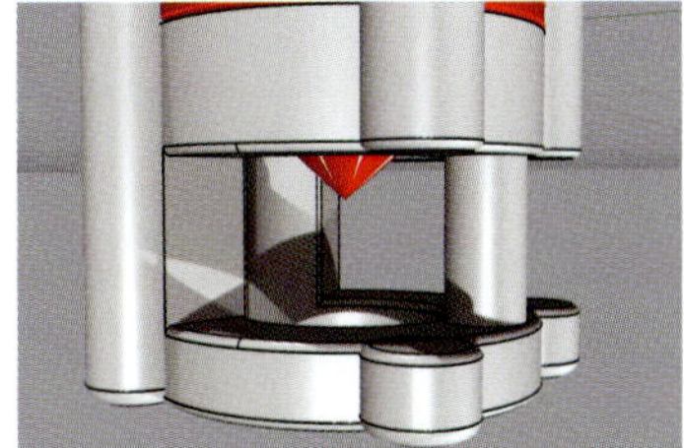
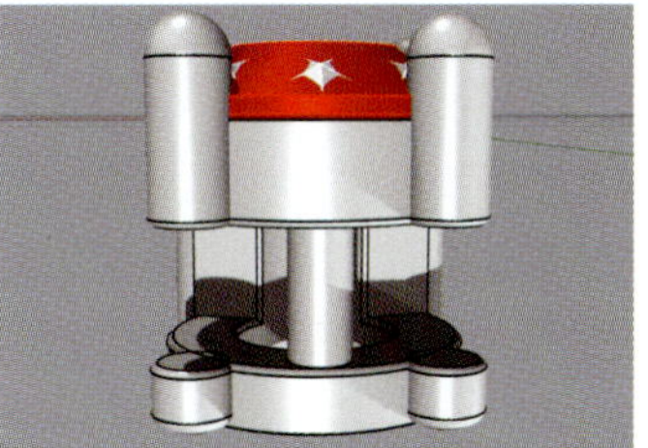

98. 보석개체를 제외하고, 난집 개체와 난발개체를 모두 선택한 후, Boolean union을 실행하여 하나의 개체로 결합한다. 결합한 난집 개체를 선택하고, Boolean difference를 실행한 후, 드릴용 보석개체를 선택한 다음, [Enter↵]키를 누른다. 숨겨둔 Torus개체를 화면상에 나타나게 한다.

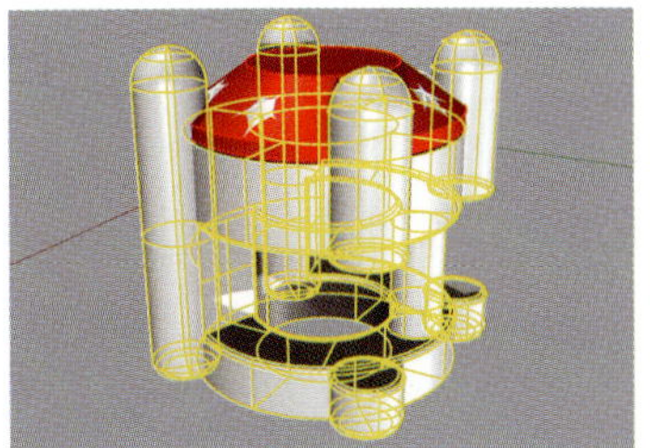
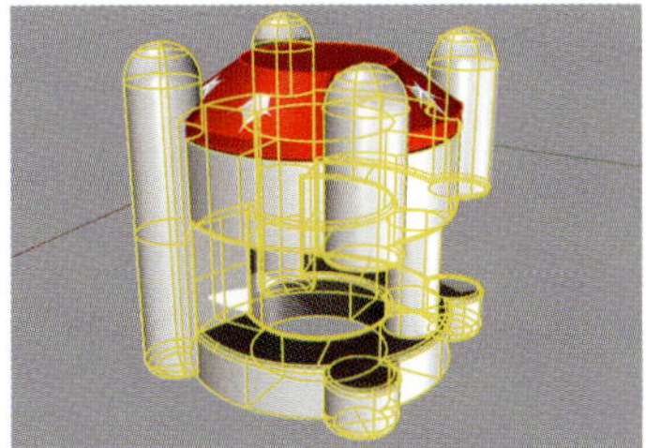
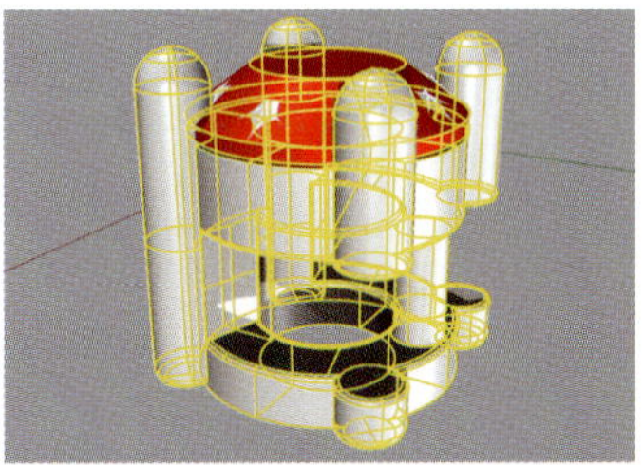
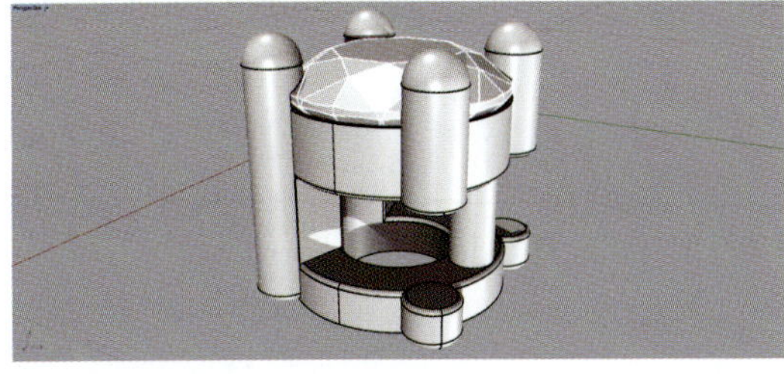
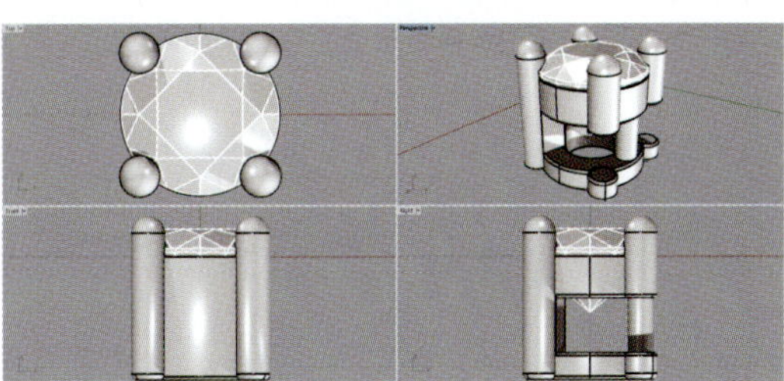

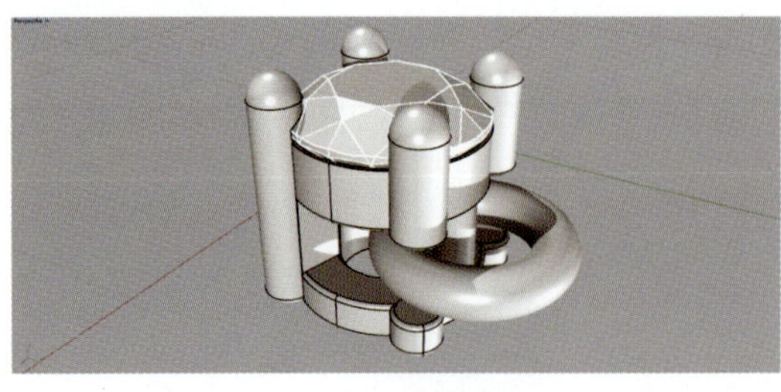

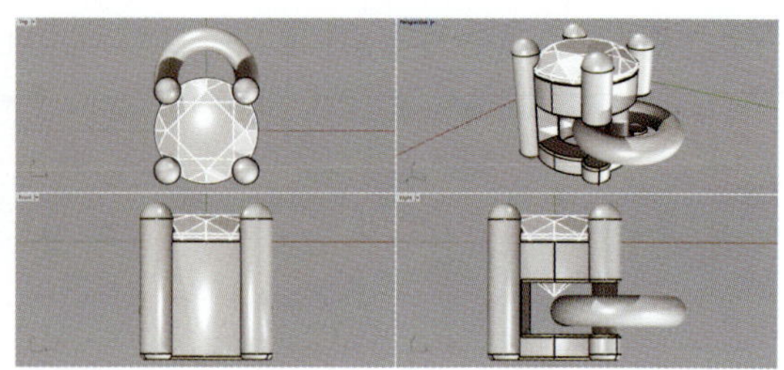

99. Top ▾ Top Viewport에서 보석개체, 난집 개체와 Torus개체를 모두 선택하고, Gumball을 On한다. 녹색 화살표를 선택하고, 12.13을 입력한 후, Enter↵ 키를 누른다. 빨간 화살표를 선택하고, 2.08을 입력한 후, Enter↵ 키를 누른다.

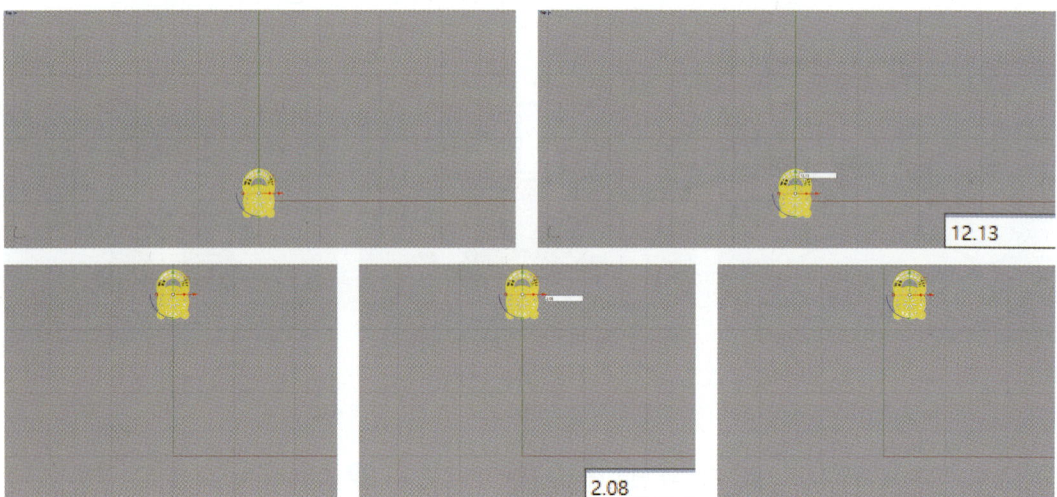

100. Show objects를 실행하여 숨겨둔 개체들을 모두 화면상에 나타나게 한다. Right ▾ Right Viewport에서 다시 보석개체, 난집 개체와 Torus 개체를 모두 선택하고, Gumball을 On한다. 녹색 화살표를 선택하고, 1.49를 입력한 후, Enter↵ 키를 누른다. Torus개체와 우측 곡선 Solid개체를 선택하고, Boolean union을 실행하여 하나의 개체로 결합한다.

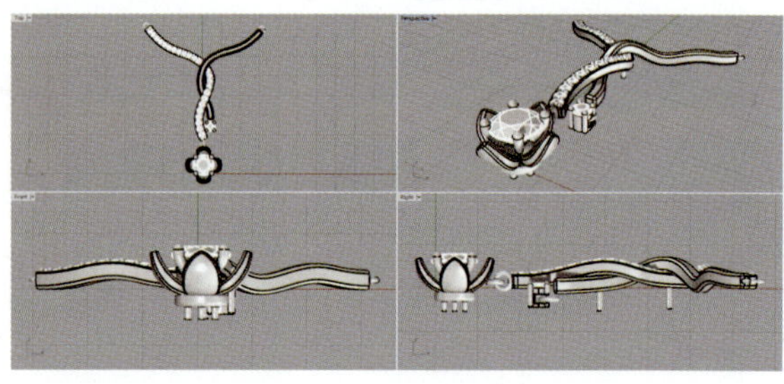

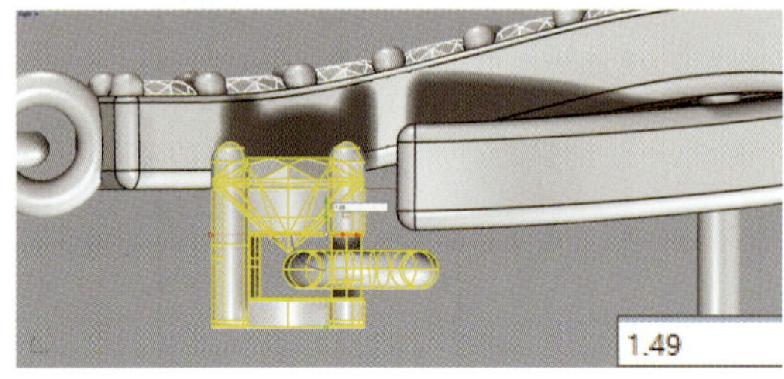

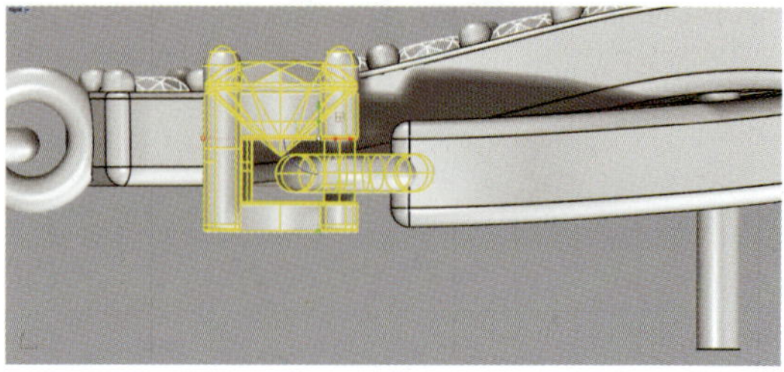

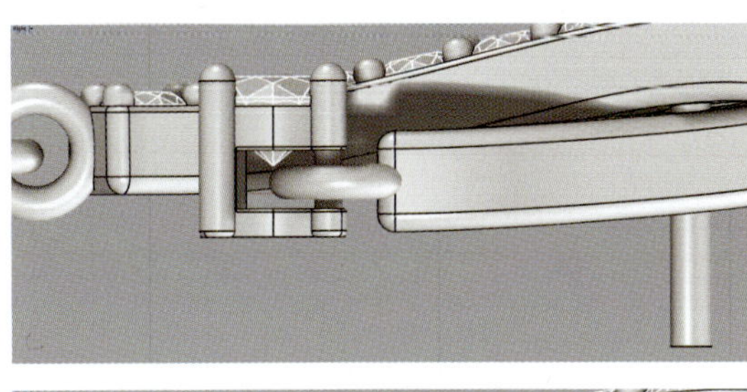

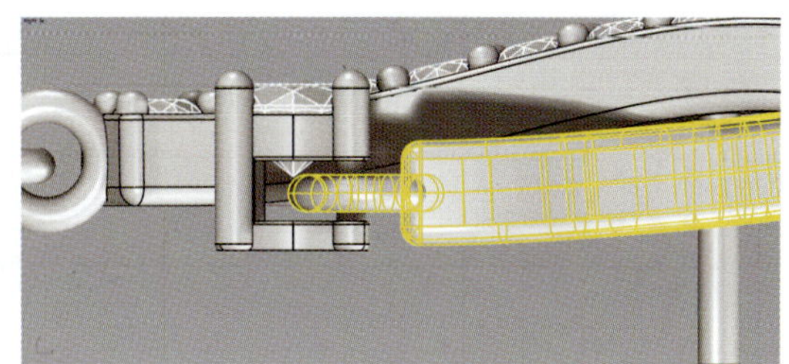

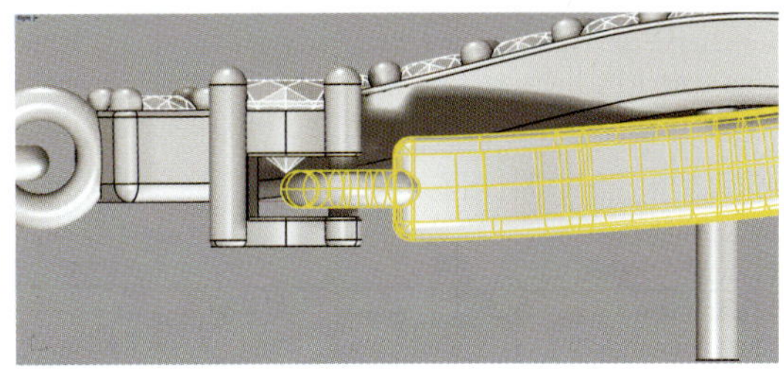

101. 다음 그림과 같이 완성된 Level 3 - Design Modeling 2 펜던트 개체를 확인할 수 있다.

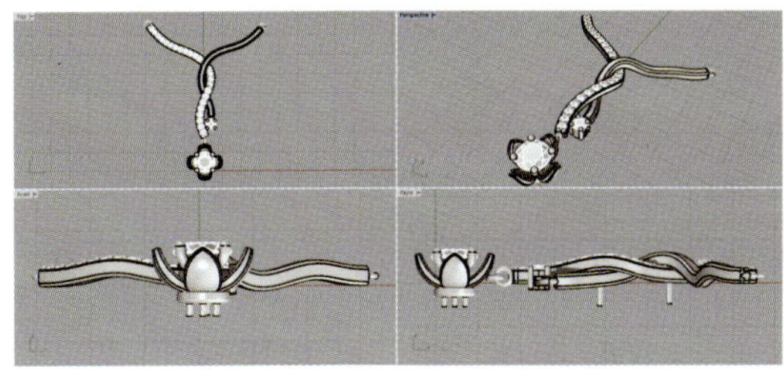

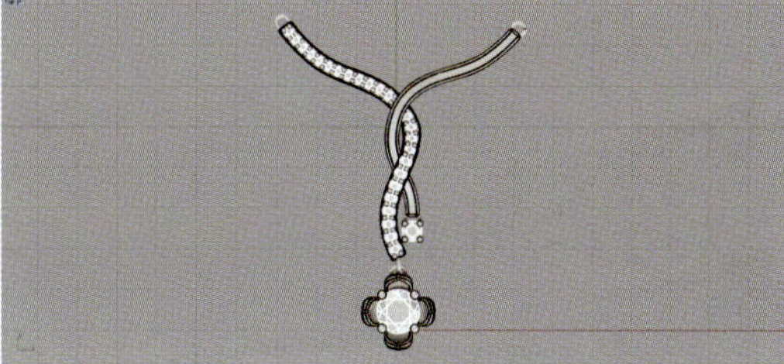

Level 03 Design Modeling 3

출처: 이 예제는 2016년 프로젝트 일환으로 진행된 부산 〈OK골드〉 업체의 디자인 제품임을 밝힙니다.

01. Top ▾ Top Viewport에서 Ctrl+I(Insert)를 실행하여 Insert창이 나타나면 Insert as에서 Individual Objects를 선택하고, 우측 상단의 폴더 아이콘을 선택한다. 곡선 Curves.3dm파일을 선택하고, 열기를 누른 후, Command Prompt 영역에 Insertion point값 0을 입력하여 원점(0, 0) 위치에 곡선 Curves 개체를 불러온다. → 부록CD 〉 Rhino 예제 〉 Level 3 - Design Modeling 3 〉 곡선 Curves.3dm

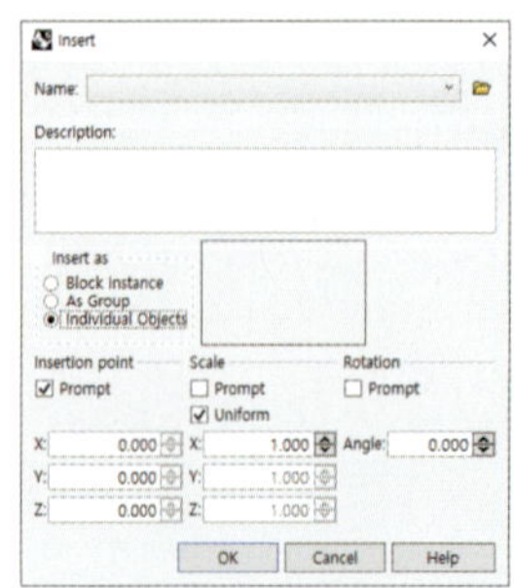

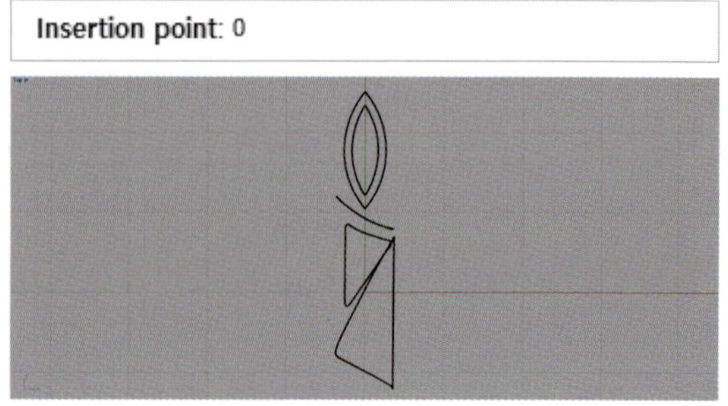

02. 불러온 Curve개체들 중에서 타원형 Curve개체를 선택하고, Extrude straight를 실행한다. 다음 그림과 같이 드래그하여 곡선 Curve개체들이 모두 덮이는 크기의 Surface개체를 생성한다.

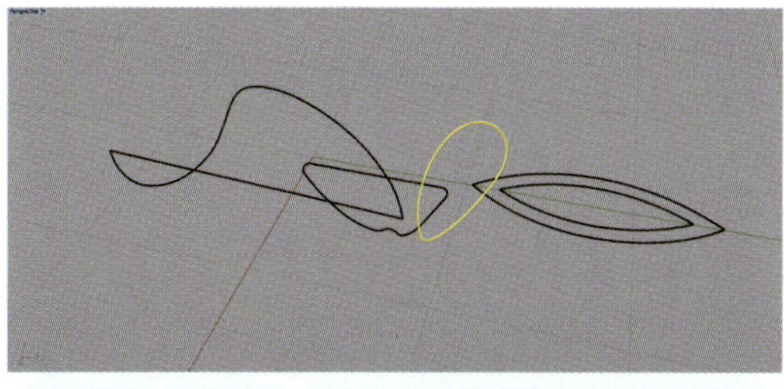

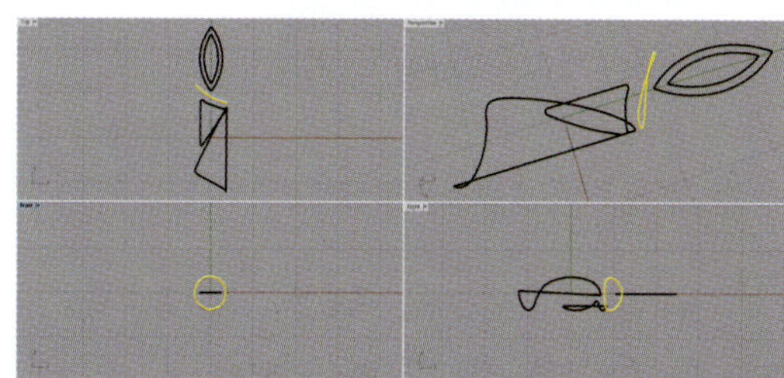

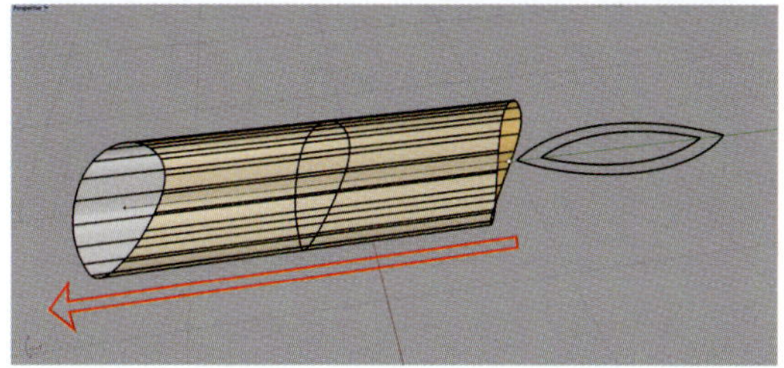

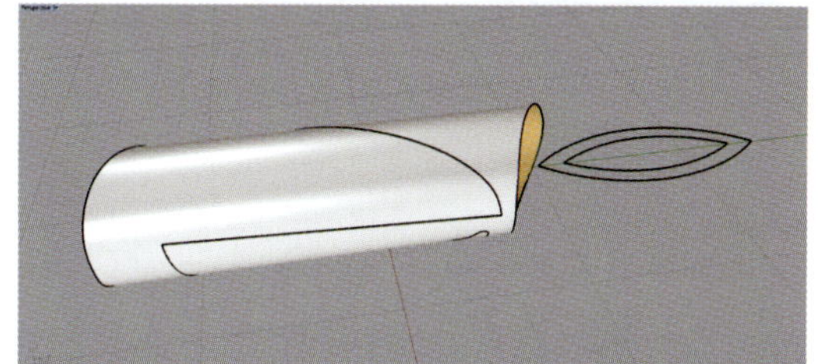

03. Perspective Perspective Viewport에서 생성된 Surface개체를 선택하고, Split을 실행한 후, Curve개체들을 선택한 다음, Enter키를 누른다. 다음 그림과 같이 분리된 Surface개체만 남기고, 불필요한 Surface개체와 Curve개체들은 삭제한다.

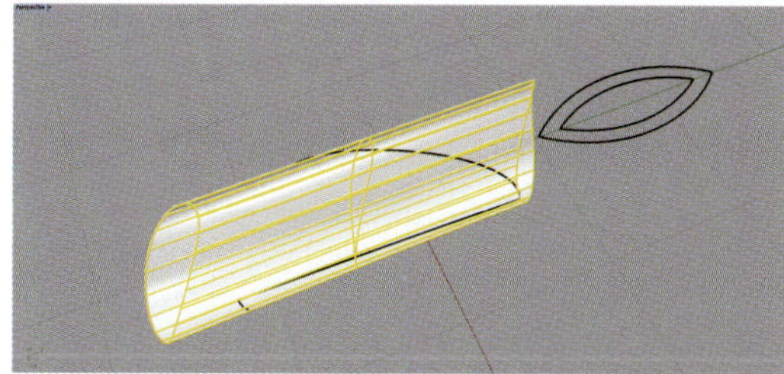

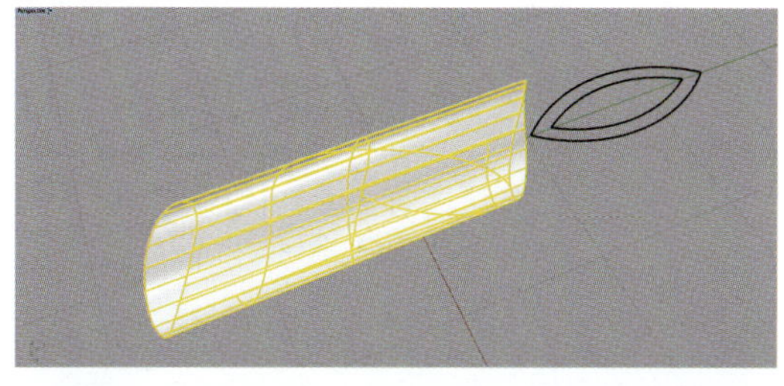

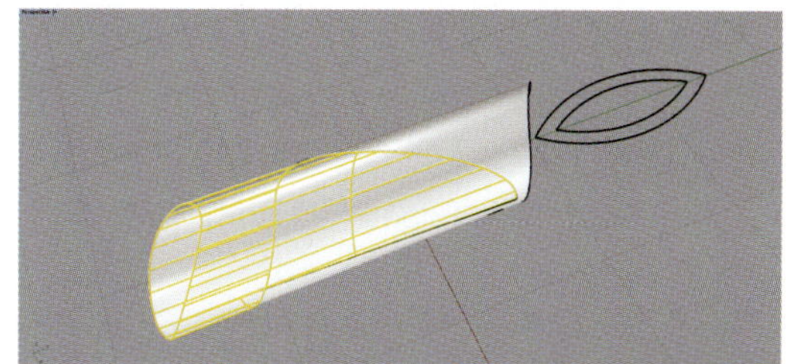

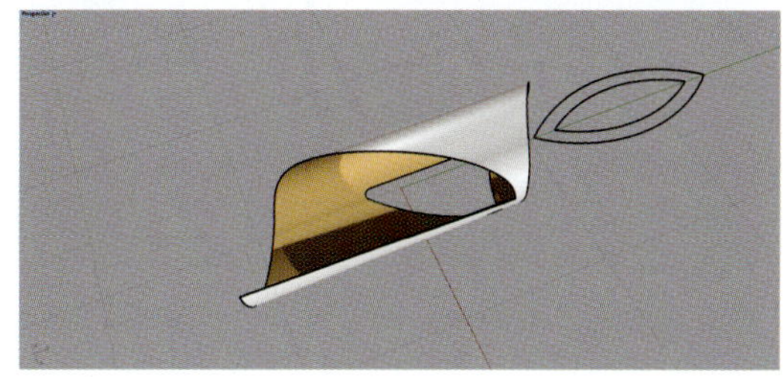

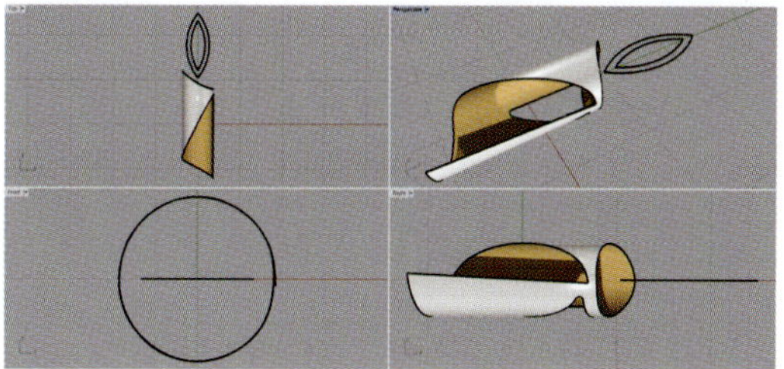

04. Surface개체를 선택하고, Offset Surface를 실행한다. Command Prompt 영역에서 FlipAll을 선택하여 Normal Direction 방향을 바깥쪽에서 안쪽 방향으로 바꿔주고, Solid=Yes, Deleteinput=Yes로 설정한다. Distance값 0.65를 입력한 다음, Enter↵키를 누르면 다음 그림과 같이 생성된 Solid개체를 확인할 수 있다.

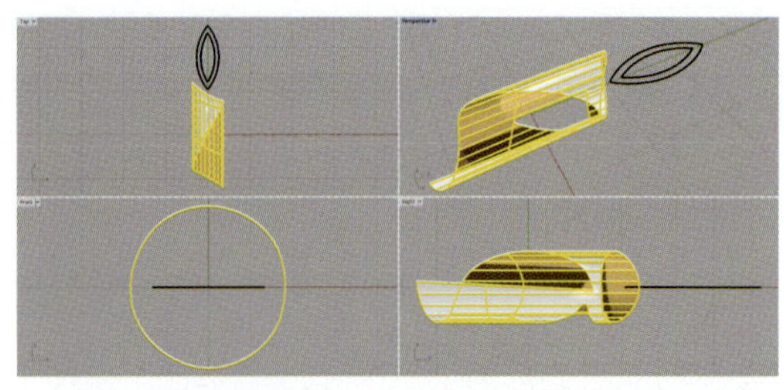

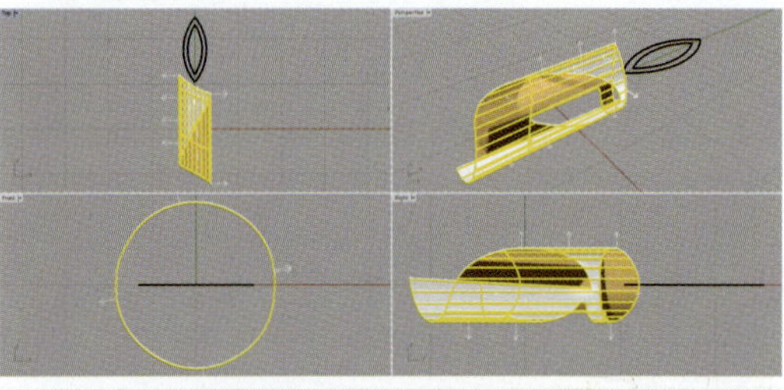

Select object to flip direction. Press Enter when done (Distance=1.5 Corner=Round Solid=Yes Loose=No Tolerance=0.001 BothSides=No DeleteInput=Yes FlipAll):

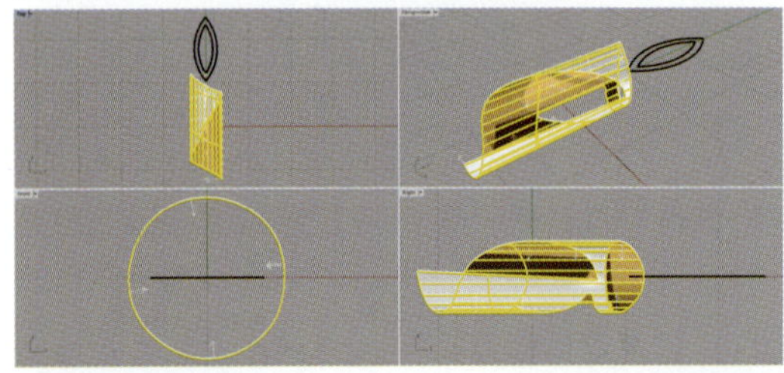

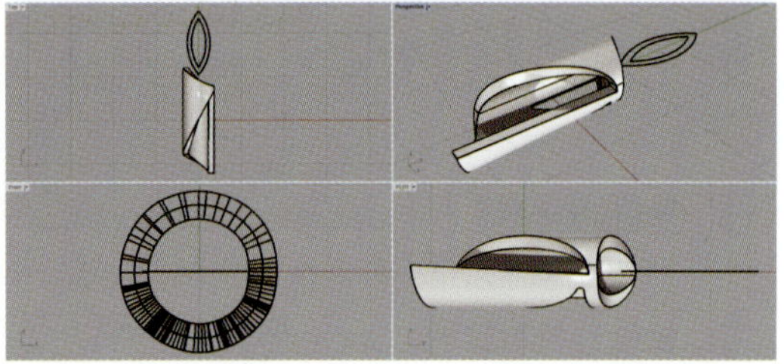

Select object to flip direction. Press Enter when done (Distance=1.5 Corner=Round Solid=Yes Loose=No Tolerance=0.001 BothSides=No DeleteInput=Yes FlipAll): 0.65

05. Fillet edges를 실행하고, 생성된 Solid개체의 모든 Edge를 선택한 후, Command Prompt 영역에서 SetAll을 선택한다. Radius for all handles값 0.1을 입력하고, Enter↵키를 누르면 다음 그림과 같이 반지름 0.1㎜ Fillet된 Solid개체의 Edge부분들을 확인할 수 있다.

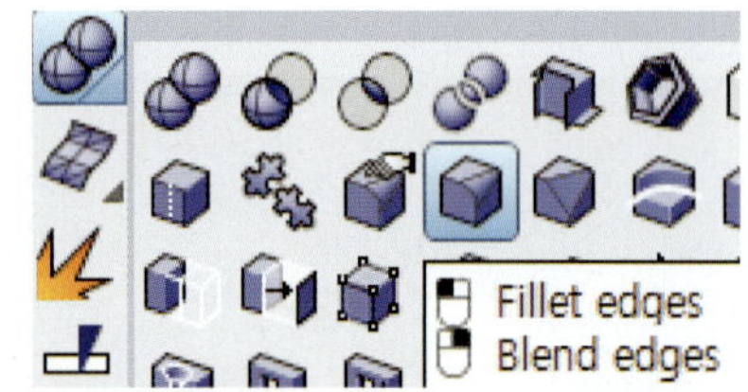

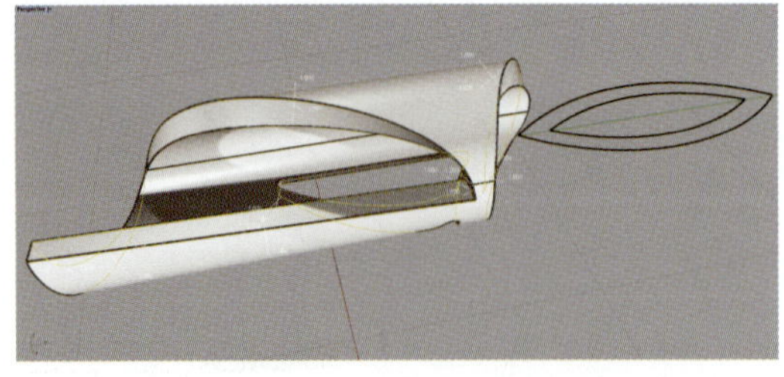

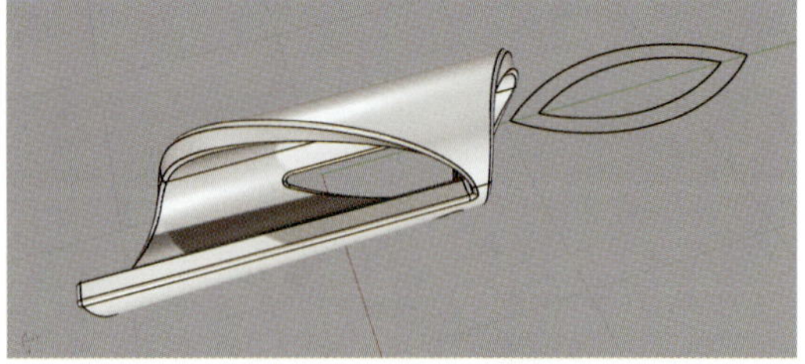

Select fillet handle to edit. Press Enter when done
(ShowRadius=Yes AddHandle CopyHandle SetAll LinkHandles=No RailType=RollingBall SelectEdges TrimAndJoin=Yes Preview=No):

Radius for all handles <0.100>: 0.1

06. Solid개체는 잠시 숨겨두고, **Right** Right Viewport에서 Circle: center, radius를 실행한다. Command Prompt 영역에 Center of circle값 8.85, 15.21을 입력하고, Enter키를 누른 후, Diameter값 32.33을 입력한 다음, Enter키를 누른다. 다시 Circle: center, radius를 실행하고, 8.85, 15.21 기준으로 지름 33.48㎜의 원형 Curve개체를 생성한다.

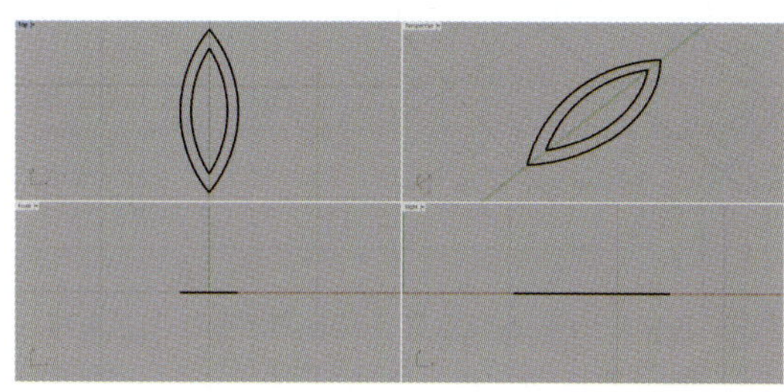

Center of circle (Deformable Vertical 2Point 3Point Tangent AroundCurve FitPoints): 8.85,15.21

Diameter <33.480> (Radius Orientation Circumference Area ProjectOsnap=*Yes*): 32.33

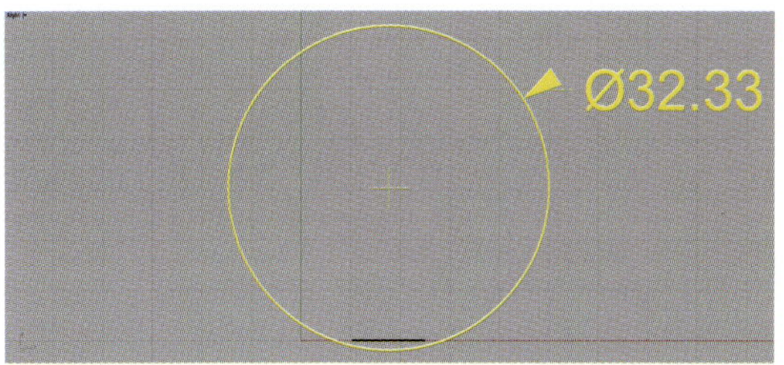

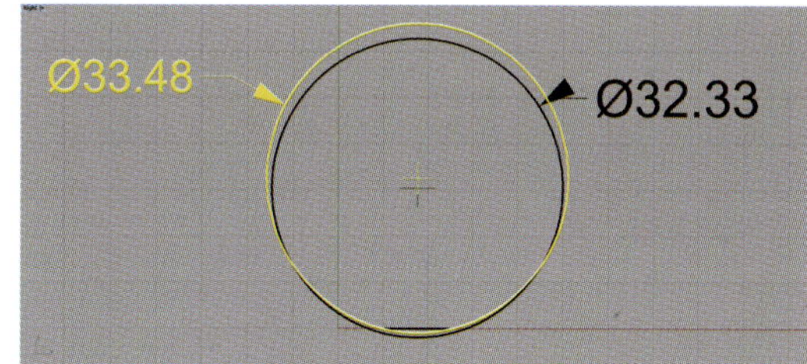

Center of circle (Deformable Vertical 2Point 3Point Tangent AroundCurve FitPoints): 8.85,16.29

Diameter <32.330> (Radius Orientation Circumference Area ProjectOsnap=*Yes*): 33.48

07. Curve from 2 views를 실행하고, 마퀴즈 형태의 작은 Curve개체를 선택한 후, 33.48㎜ 원형 Curve개체를 선택한다.
다시 Curve from 2 views를 실행하고, 마퀴즈 형태의 큰 Curve개체를 선택한 후, 32.33㎜ 원형 Curve개체를 선택한다. 투영된 마퀴즈 형태의 Curve개체 2개를 제외하고, 모두 삭제한다.

Select first curve (Direction):

Select second curve (Direction):

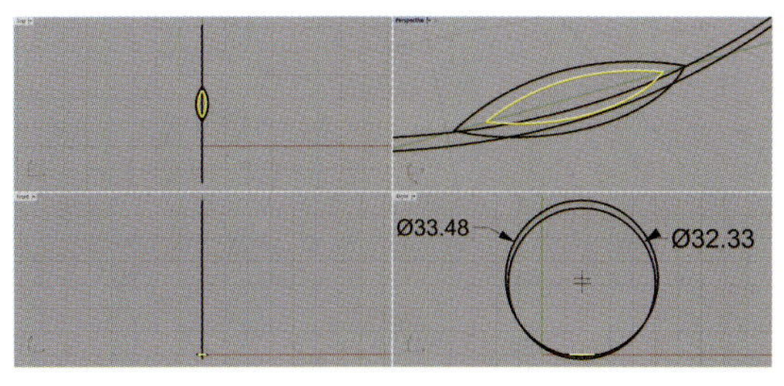

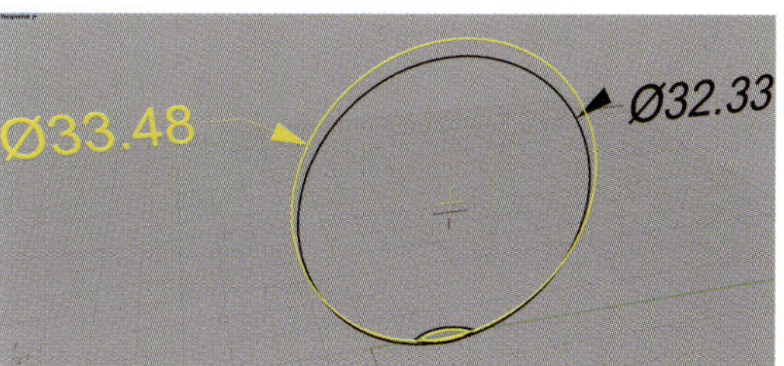

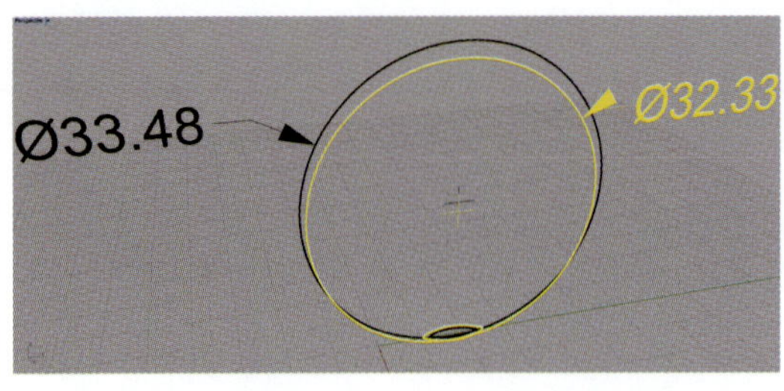

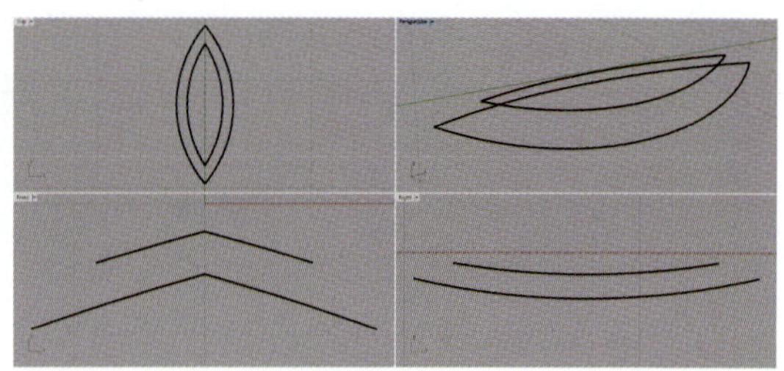

08. Loft를 실행하고, 마퀴즈 형태의 Curve개체 2개를 선택한 후, Enter↵키를 누른다. Loft Options창이 나타나면 Style에서 Normal로 설정하고, OK를 누른다.

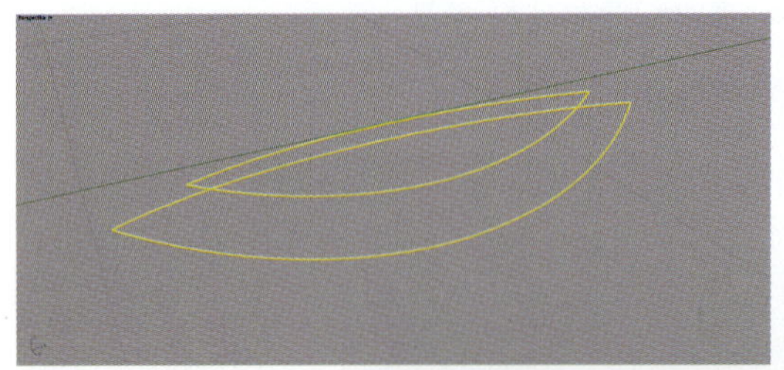

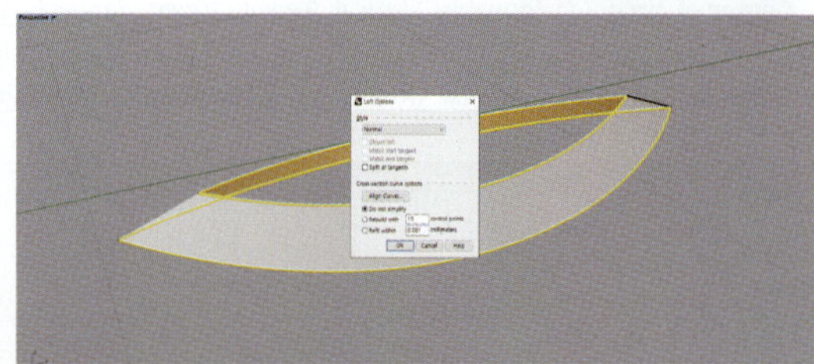

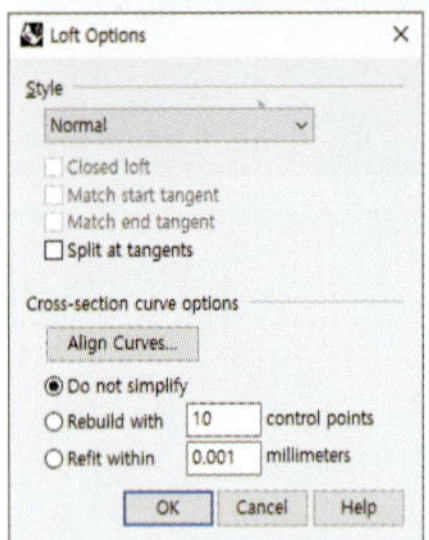

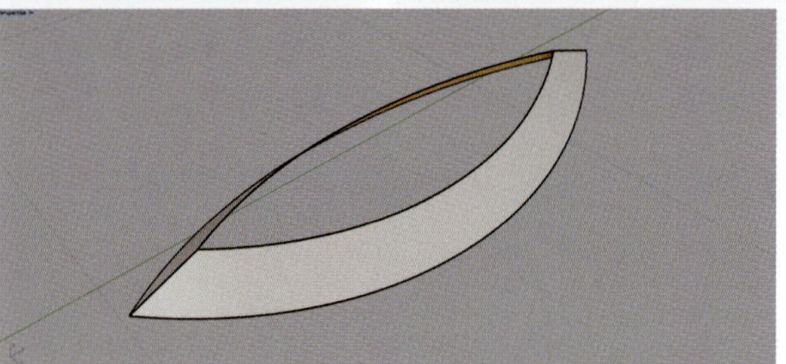

09. 마퀴즈 형태의 Curve개체들은 모두 삭제하고, Loft를 실행한 후, 1번 Edge와 2번 Edge를 선택한 다음, Enter↵키를 누른다. Loft Options창이 나타나면 Style에서 Normal로 설정하고, OK를 누른다.

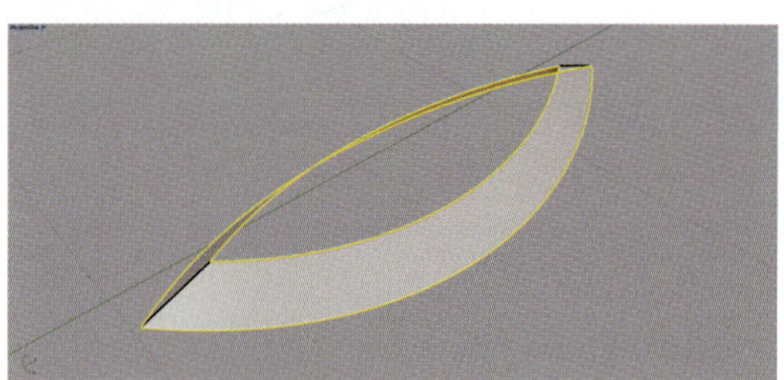

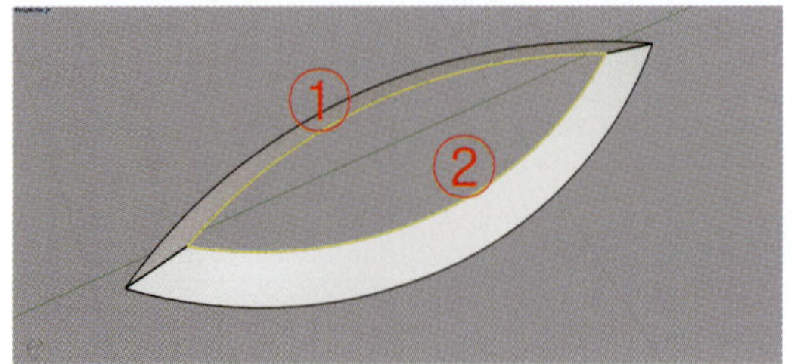

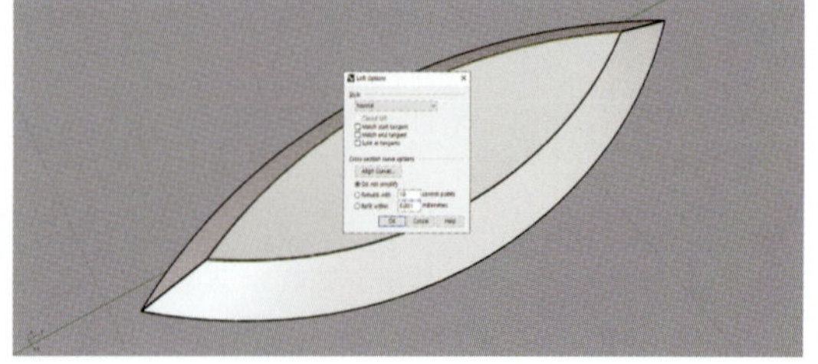

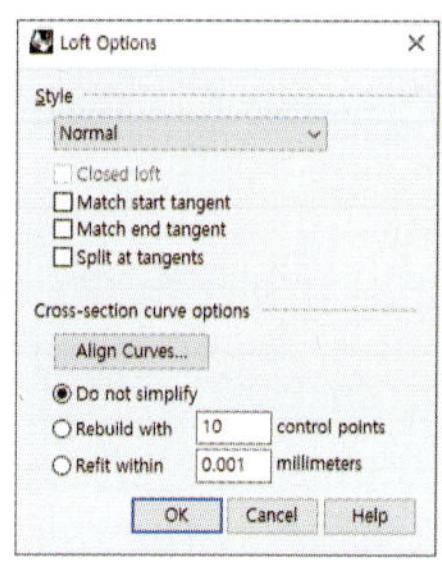

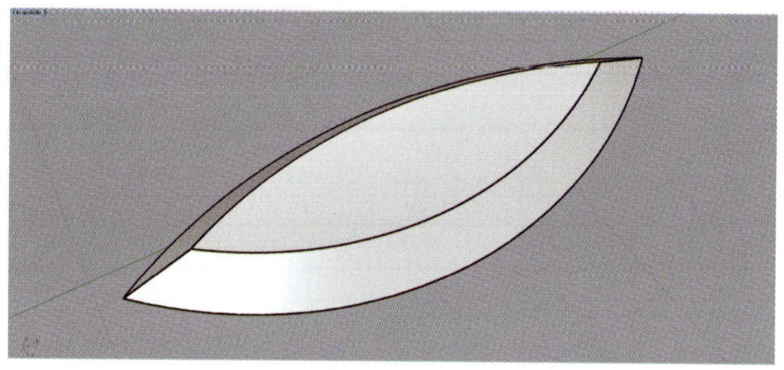

10. 생성된 Surface개체 2개를 모두 선택하고, Join을 실행하여 하나의 개체로 결합한다. Extrude straight를 실행하고, Surface개체 하단의 Edge 2개를 선택한 후, Enter↵키를 누른다. Command Prompt 영역에서 Extrusion distance값 2.77을 입력한 후, 마우스 커서를 화살표 방향으로 움직인 다음, Enter↵키를 누른다.

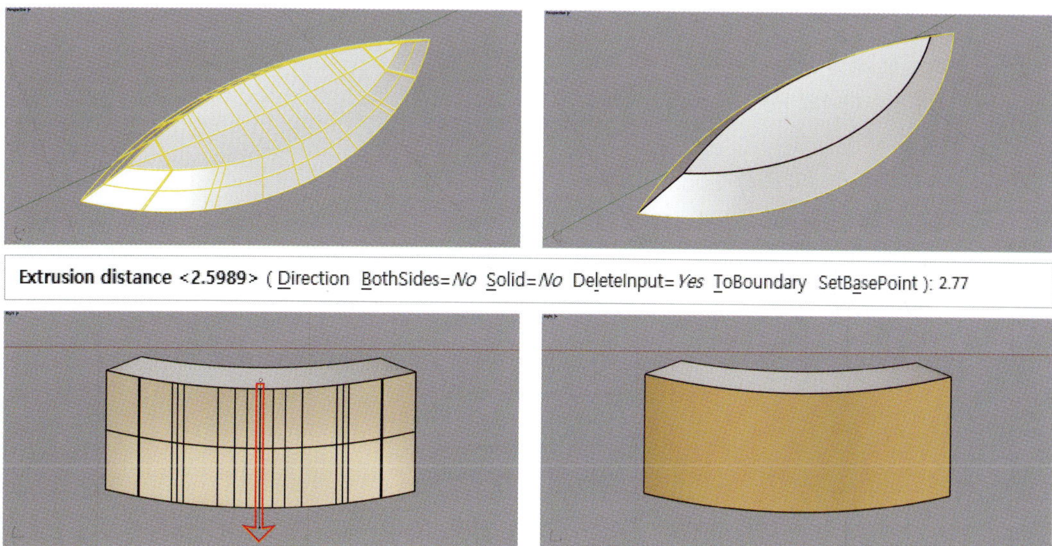

11. Right Right Viewport에서 Single Line을 실행하고, 다음 그림과 같이 생성된 Surface개체 하단의 End점과 End점을 연결하는 직선 Curve개체를 생성한다. Surface개체와 생성된 직선 Curve개체를 선택하고, Trim을 실행한 후, 직선 Curve개체 아래 부분의 Surface 부분을 선택하여 삭제한 다음, Curve개체들은 모두 삭제한다.

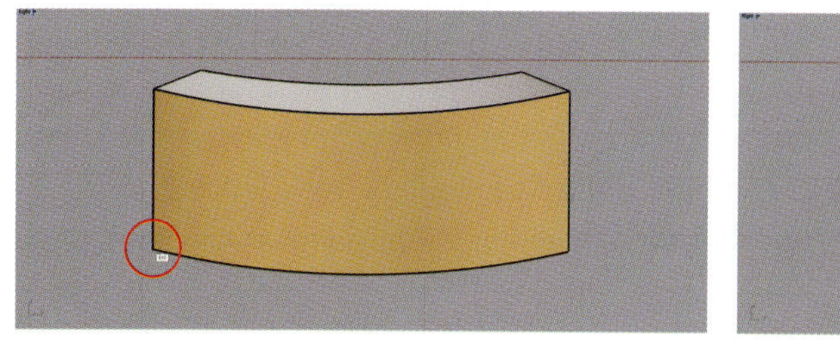

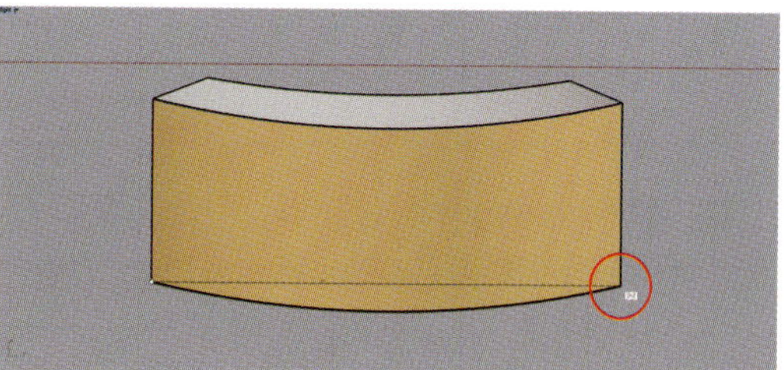

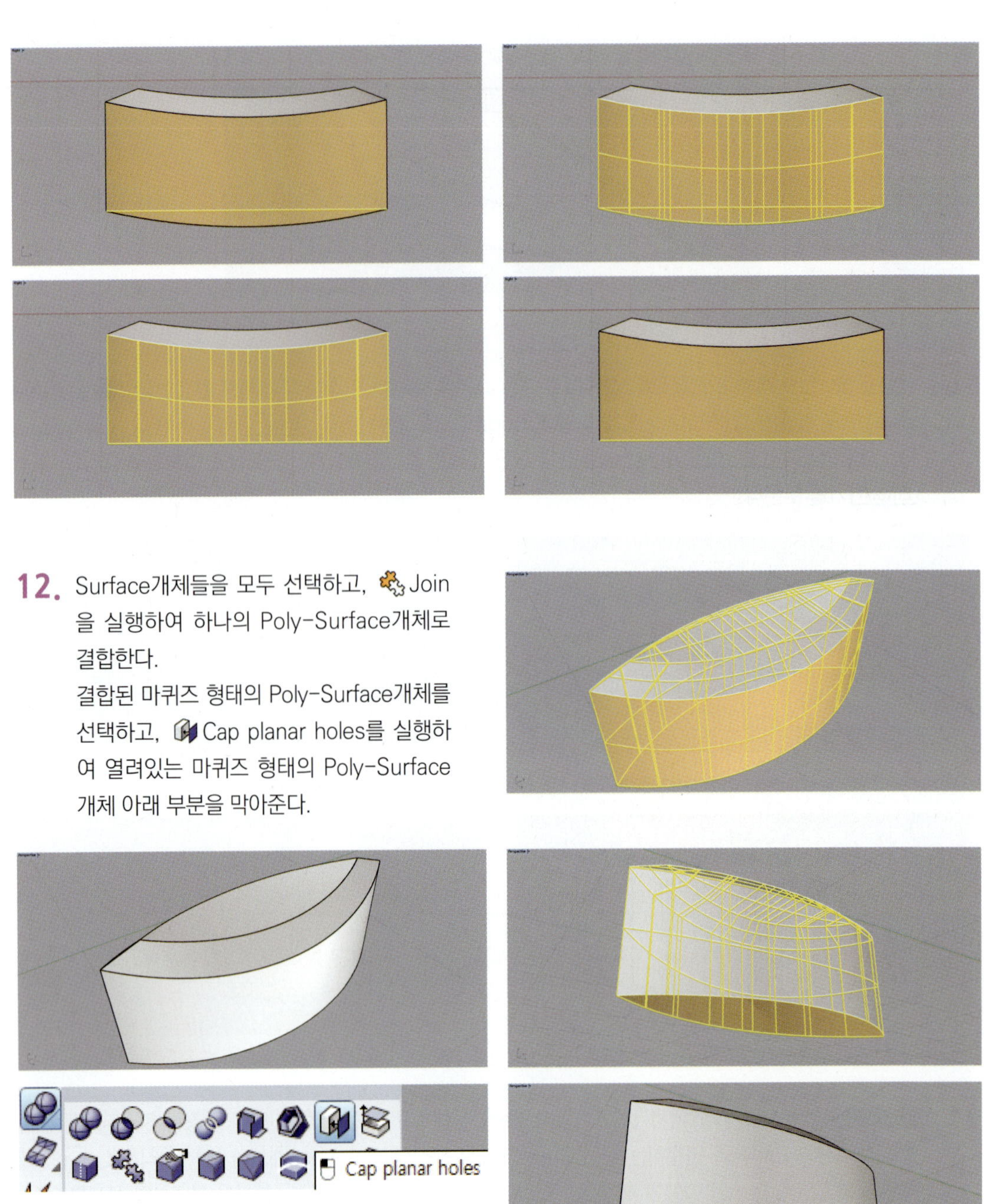

12. Surface개체들을 모두 선택하고, Join을 실행하여 하나의 Poly-Surface개체로 결합한다.
결합된 마퀴즈 형태의 Poly-Surface개체를 선택하고, Cap planar holes를 실행하여 열려있는 마퀴즈 형태의 Poly-Surface개체 아래 부분을 막아준다.

13. Fillet edges를 실행하고, 다음 그림과 같이 마퀴즈 형태 Poly-Surface개체의 Edge를 선택한 후, [Enter↵]키를 누른다. Command Prompt 영역에서 SetAll을 선택하고, Radius for all handles값 0.3을 입력한 다음, [Enter↵]키를 누른다.

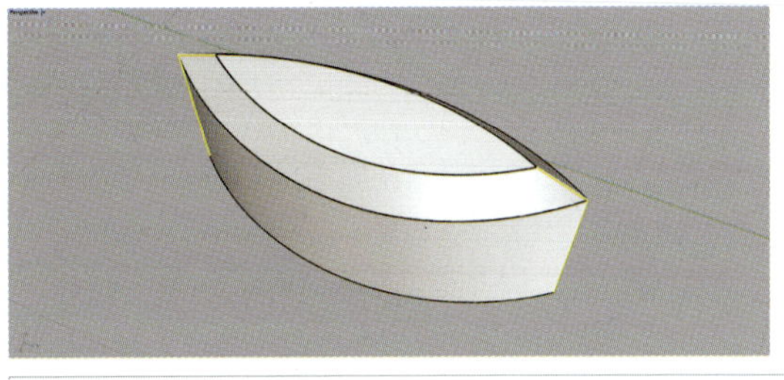

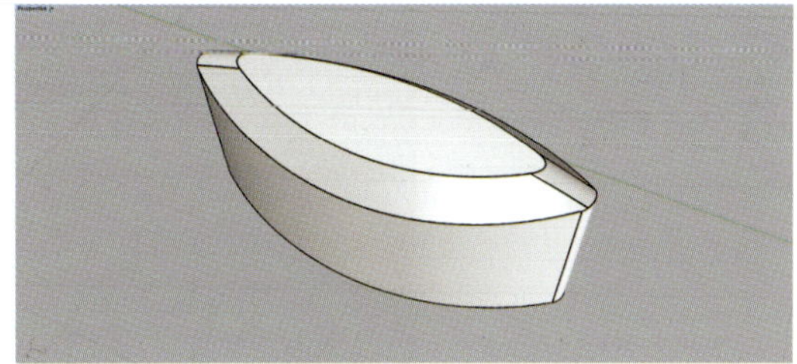

Select fillet handle to edit. Press Enter when done
(ShowRadius=*Yes* AddHandle CopyHandle SetAll LinkHandles=*No* RailType=*RollingBall* SelectEdges TrimAndJoin=*Yes* Preview=*No*):

Radius for all handles <0.300>: 0.3

14. Right Right Viewport에서 숨겨둔 개체들을 모두 화면상에 나타나게 한다. 다음 그림과 같이 마퀴즈 형태의 Poly-Surface개체를 선택하고, Gumball을 ON시킨다.
녹색 화살표를 선택하고, 1.7을 입력한 후, Enter↵키를 누른다.

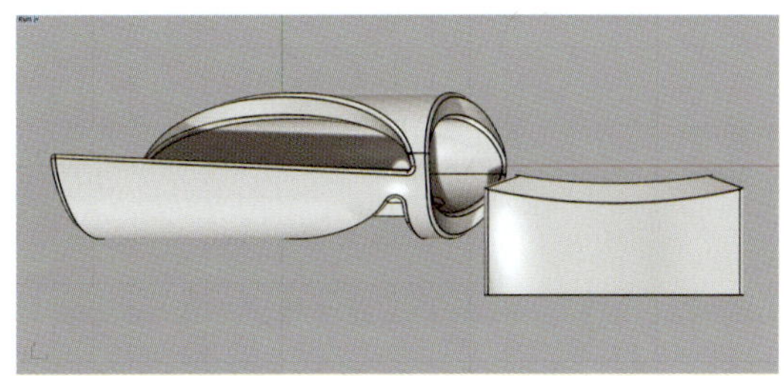

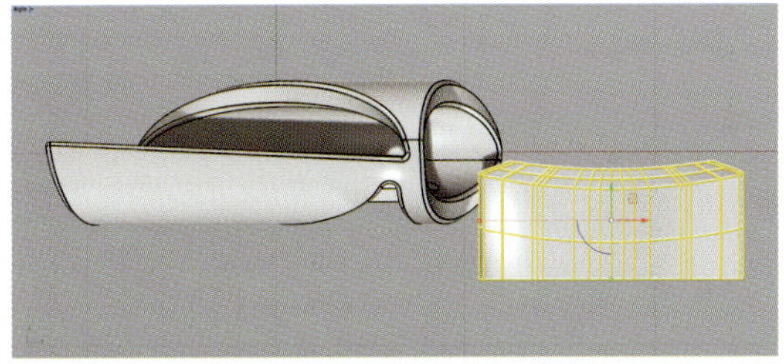

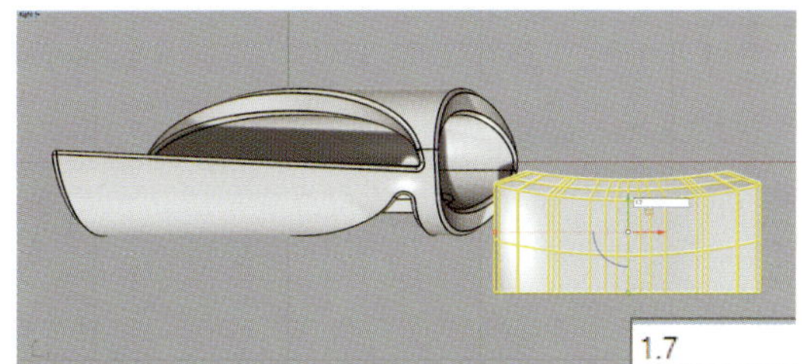

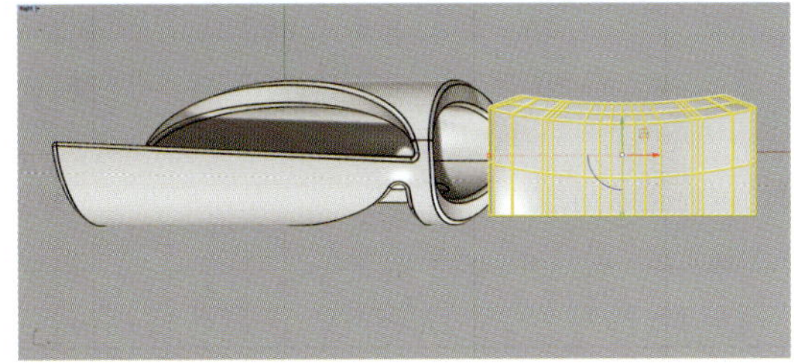

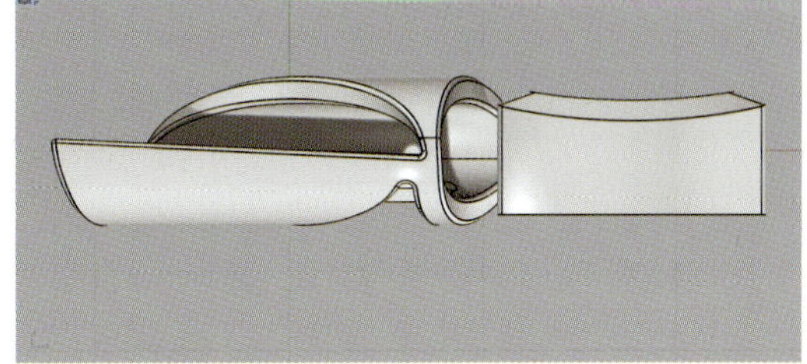

15. Top Top Viewport에서 1.7㎜ 이동시킨 마퀴즈 형태의 Poly-Surface개체는 잠시 숨겨두고, Solid개체는 Lock objects를 실행하여 잠시 잠가둔다. Osnap Toolbar에서 Project에 체크하고, Curve: interpolate points를 실행하여 다음 그림과 같은 곡선 Curve개체를 생성한다.

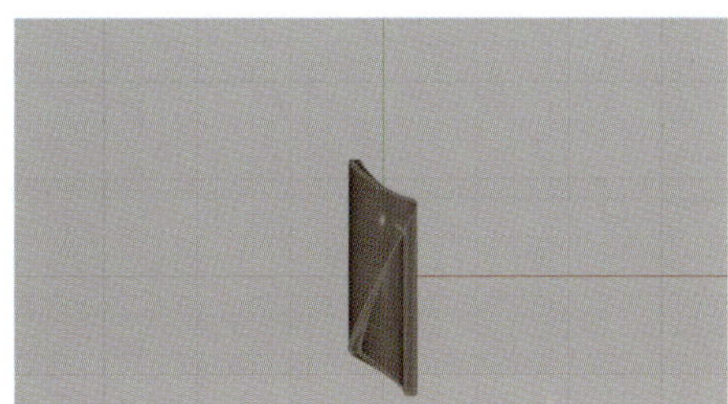

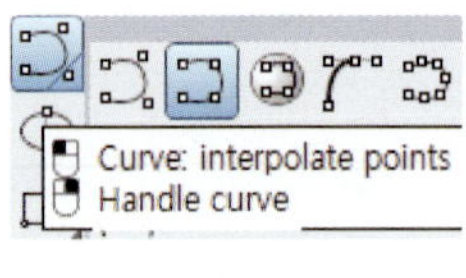

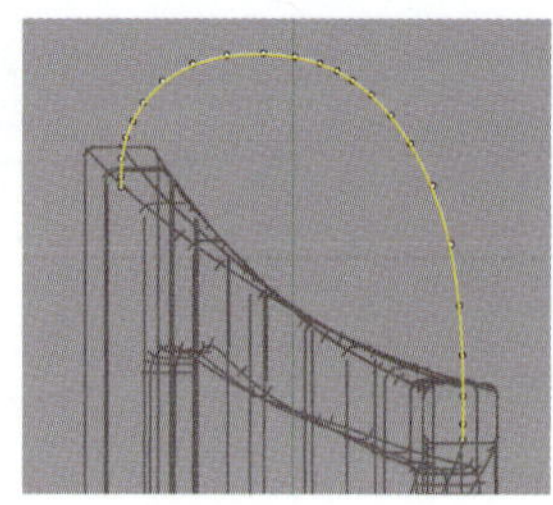

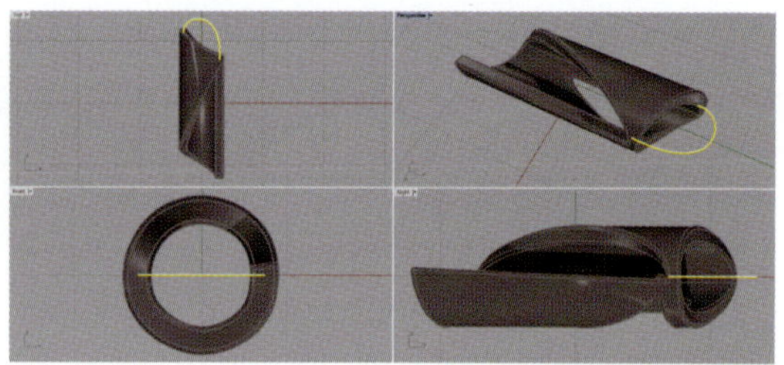

16. 생성된 곡선 Curve개체를 선택하고, Pipe: Flat caps를 실행한다. Command Prompt 영역에서 Diameter를 선택하고, Start diameter값과 End diameter값 0.49를 입력한 후, Enter↵키를 누른다. 사용한 곡선 Curve개체는 삭제한다.

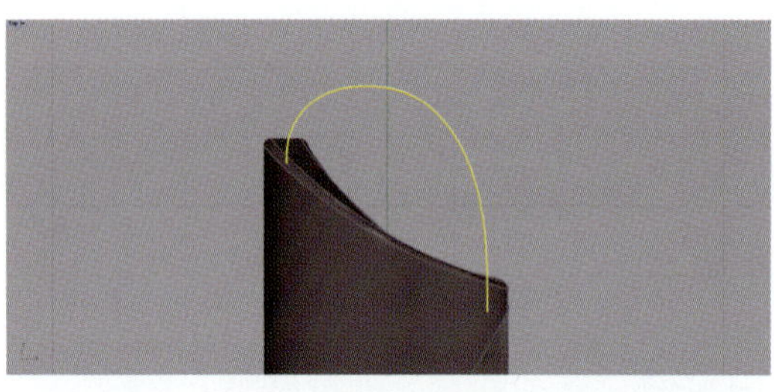

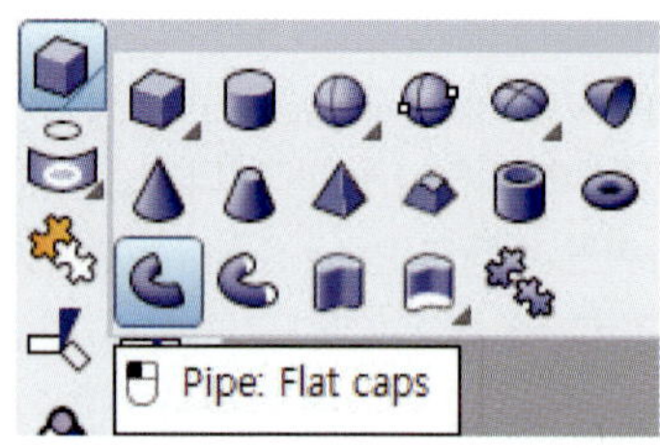

Start radius <0.490> (Diameter Thick=*No* Cap=*Flat* ShapeBlending=*Local* FitRail=*No*):

Start diameter <0.980> (Radius Thick=*No* Cap=*Flat* ShapeBlending=*Local* FitRail=*No*): 0.49

End diameter <0.490> (Radius ShapeBlending=*Local* FitRail=*No*): 0.49

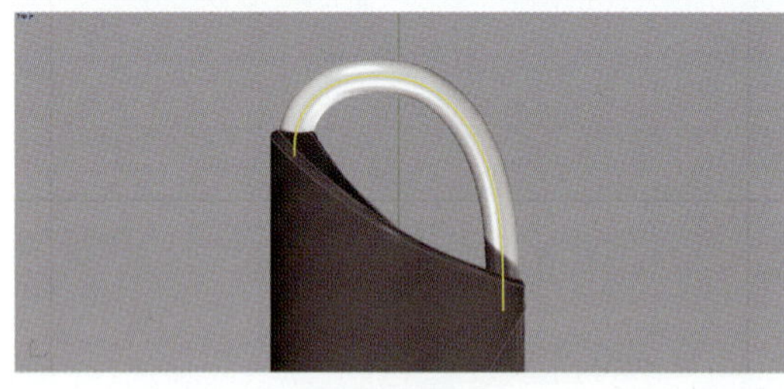

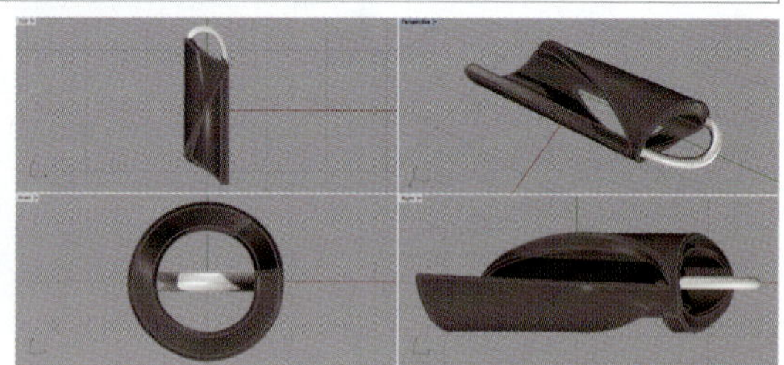

17. 생성된 Pipe개체를 선택하고, Mirror를 실행한다. 원점(0, 0)을 기준으로 하여 Shift키를 누른 상태로 마우스 커서를 화살표 방향으로 이동한 후, 마우스 왼쪽버튼을 클릭하여 선택한 Pipe개체를 대칭방향에 복사한다.

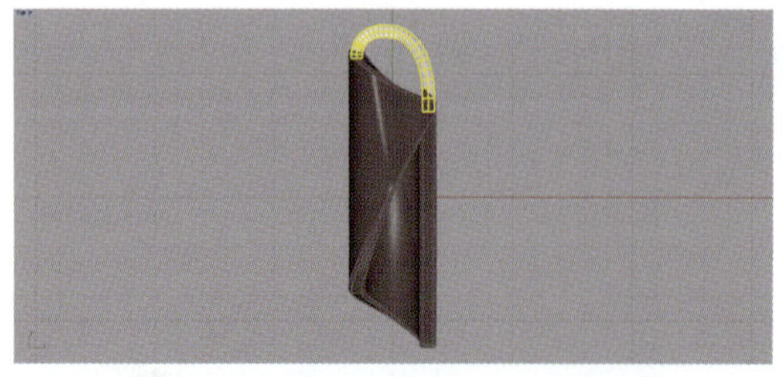

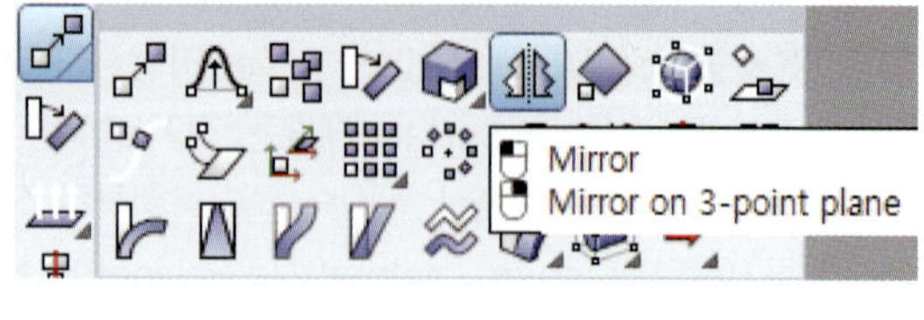

Start of mirror plane (3Point Copy=*Yes* XAxis YAxis): 0

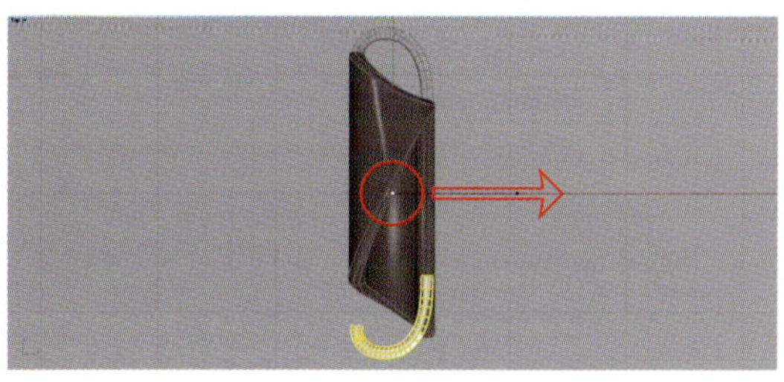
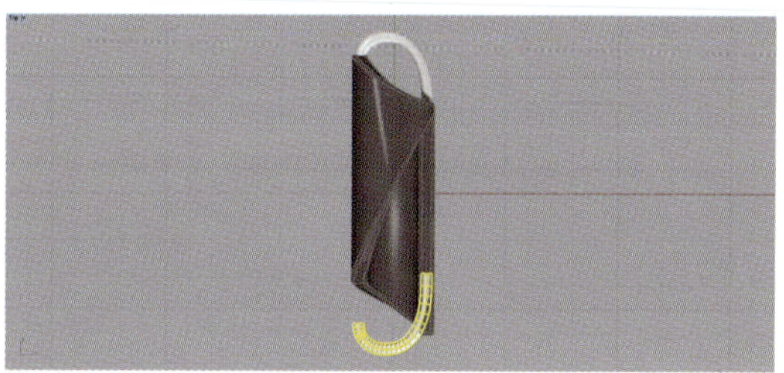

18. 복사된 Pipe개체를 선택하고, 다시 Mirror를 실행한다. 원점(0, 0)을 기준으로 하여 Shift 키를 누른 상태로 마우스 커서를 화살표 방향으로 이동한 후, 마우스 왼쪽버튼을 클릭하여 선택한 Pipe개체를 대칭 방향에 복사한다.

Start of mirror plane (3Point Copy=*Yes* XAxis YAxis): 0

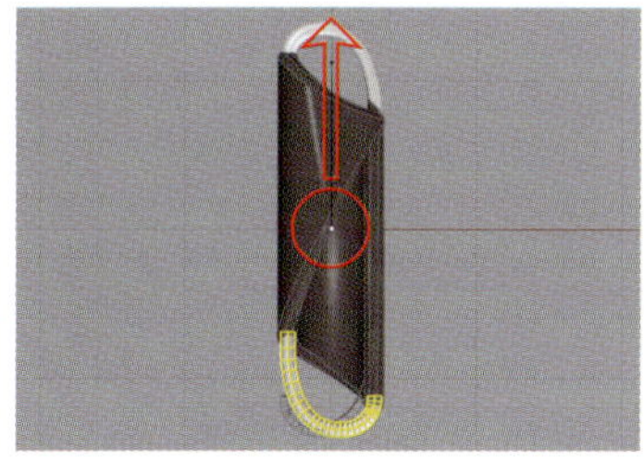
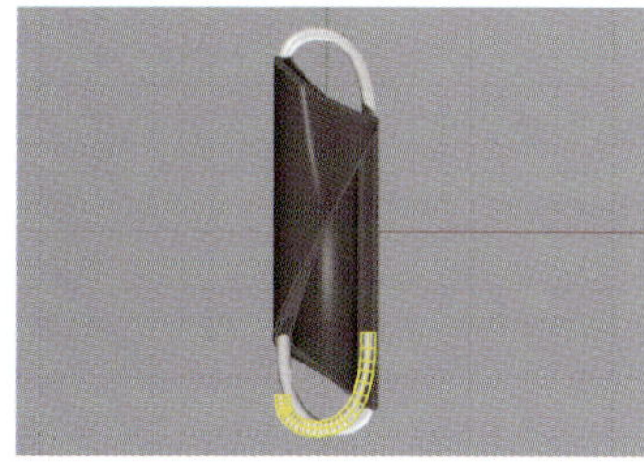
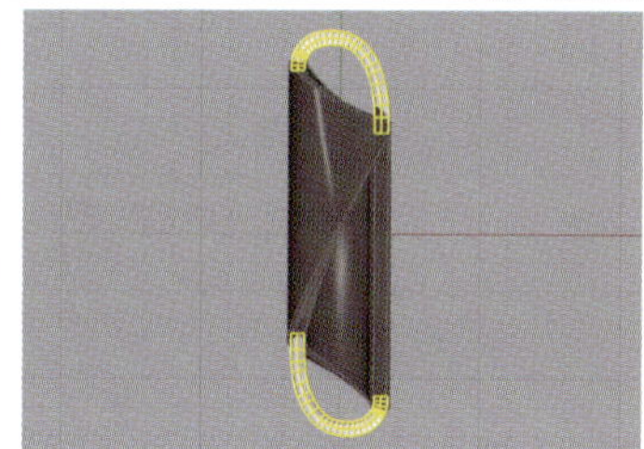

19. Right ▾ Right Viewport에서 Pipe개체 2개를 선택하고, Gumball을 ON시킨다. 녹색 화살표를 선택하고, −0.25를 입력한 후, Enter↵ 키를 누른다.

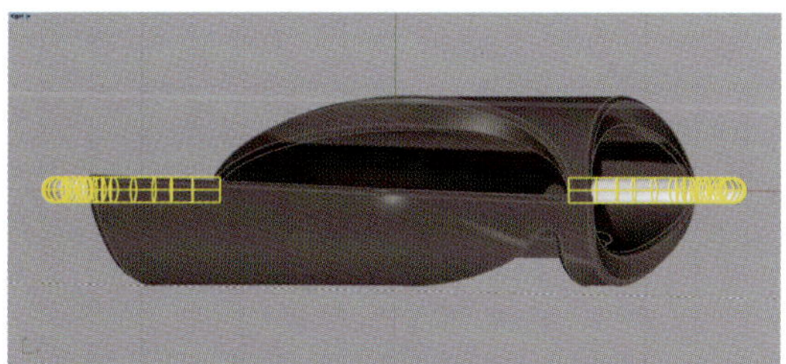
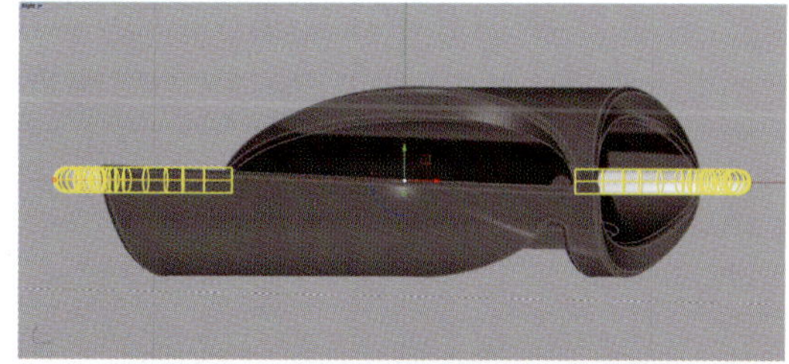
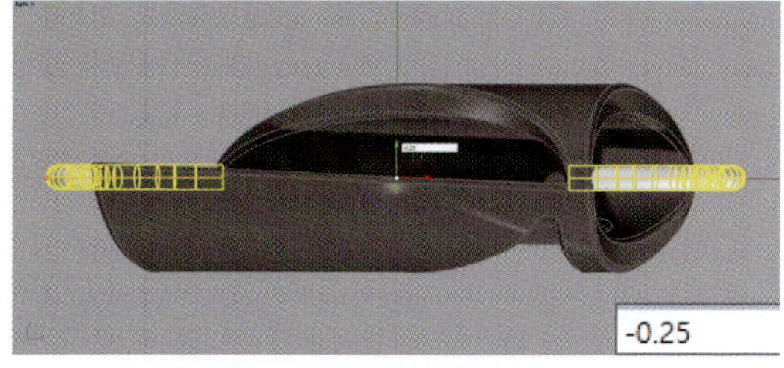

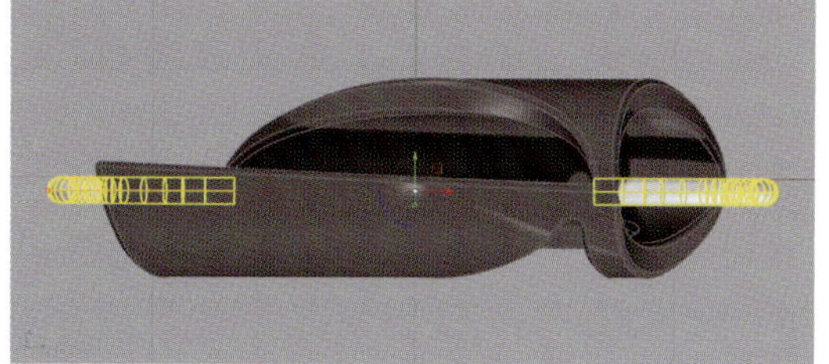

20. 잠겨있는 Solid개체를 잠금 해제하고, Solid개체와 Pipe개체 2개를 선택한 후, Boolean union을 실행하여 하나의 개체로 결합한다.

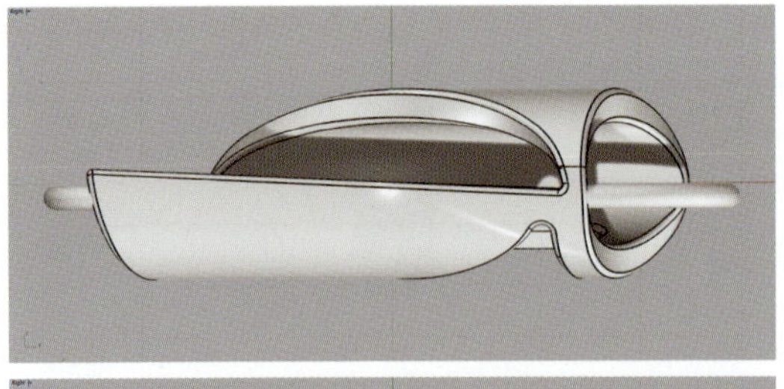

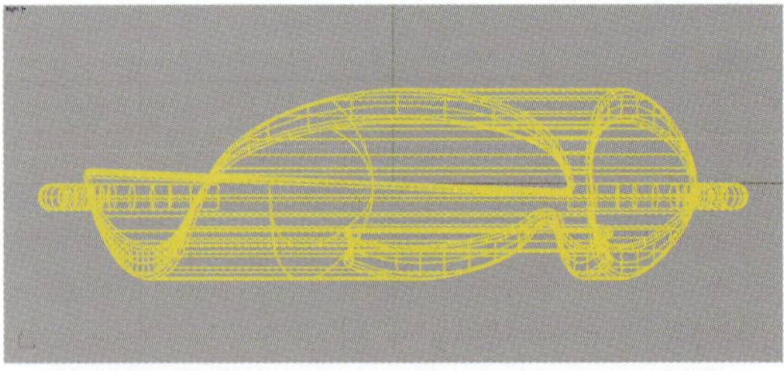

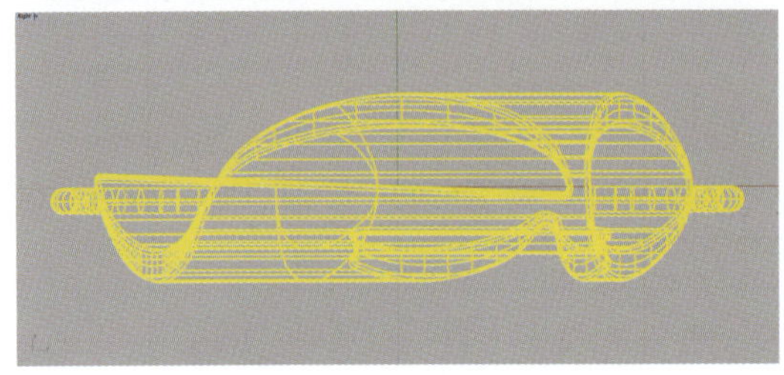

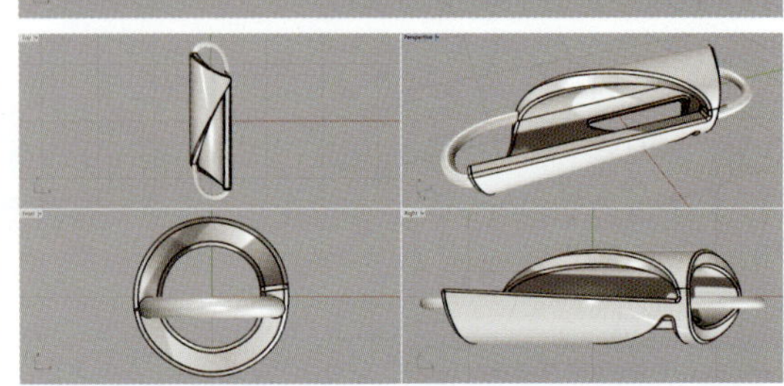

21. 결합된 Solid개체는 잠시 잠가두고, 숨겨둔 마퀴즈 형태의 Poly-Surface개체를 화면 상에 나타나게 한다.
Perspective Perspective Viewport에서 Duplicate edge를 실행하고, 마퀴즈 형태 Poly-Surface개체 밑면의 Edge를 추출한 후, Join을 실행하여 추출한 Curve개체들을 하나의 Curve개체로 결합한다.

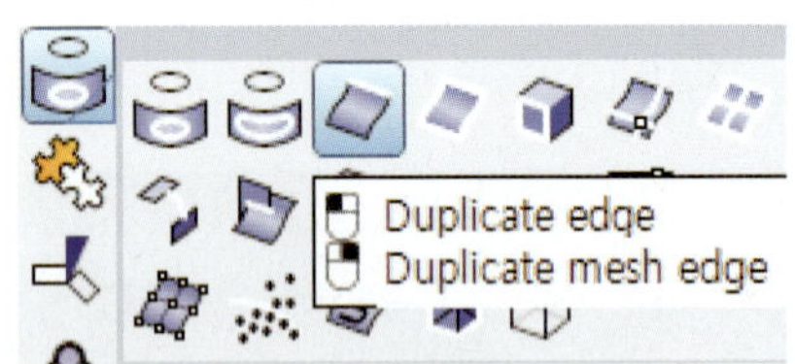

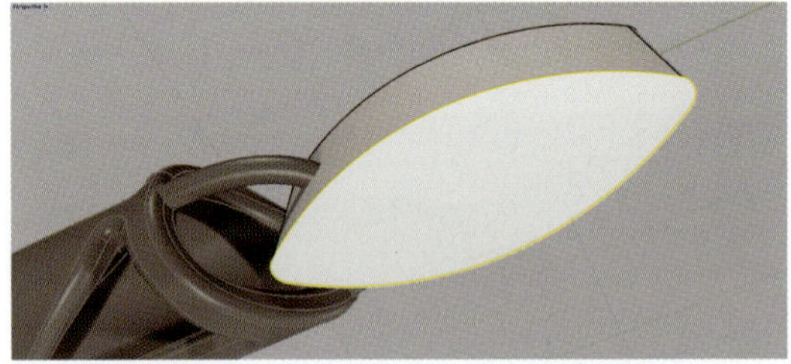

22. 추출한 Curve개체를 선택하고, Offset curve를 실행한다. Command Prompt 영역에 Distance값 0.5를 입력하고, Enter↵키를 누른 후, 마우스 커서를 추출한 Curve개체 안쪽으로 향하게 한 다음, 마우스 왼쪽버튼을 클릭하여 0.5㎜ Offset한다.

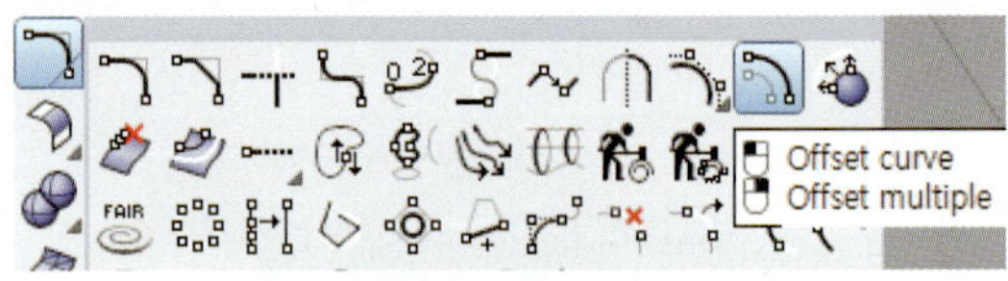

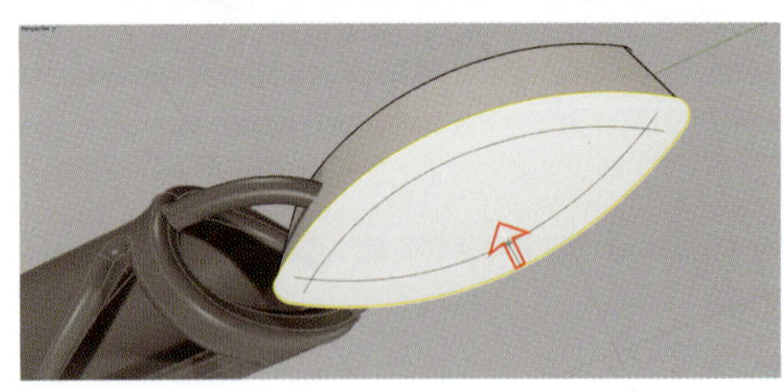

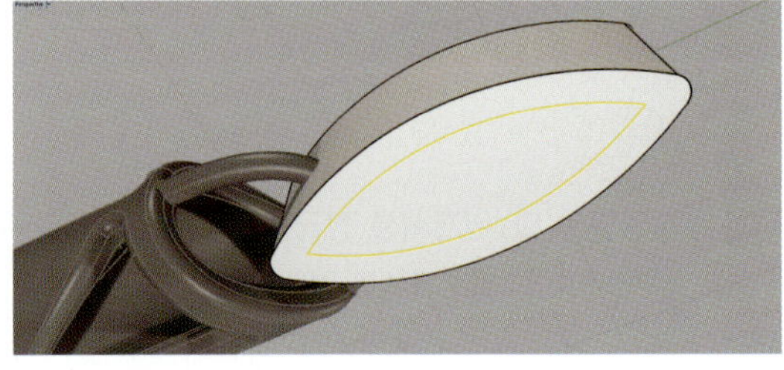

Side to offset (Distance=2 Loose=No Corner=Sharp ThroughPoint Tolerance=0.001 BothSides InCPlane=No Cap=None): 0.5

23. 추출한 Curve개체는 삭제하고, Offset한 Curve개체를 선택한 후, Extrude straight를 실행한다. Command Prompt 영역에서 Solid=Yes, Deleteinput=Yes로 설정하고, Extrusion distance값 2.6을 입력한 다음, 마우스 커서를 화살표 방향으로 향하게 한 후, Enter↵키를 누른다.

Extrusion distance <2.27> (Direction BothSides=No Solid=Yes DeleteInput=Yes ToBoundary SetBasePoint): 2.6

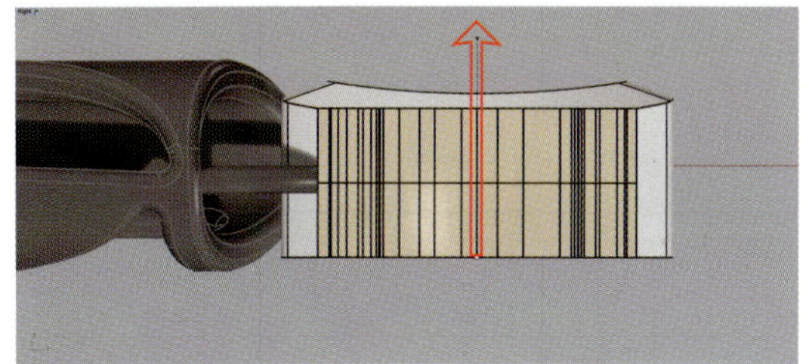

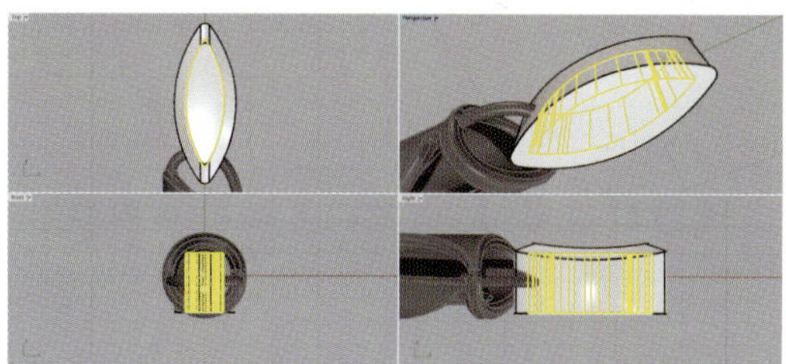

24. 다음 그림과 같이 마퀴즈 형태의 Poly-Surface개체를 선택하고, Boolean difference를 실행한 후, Extrude straight으로 생성한 Solid개체를 선택한 다음, Enter↵키를 누른다.

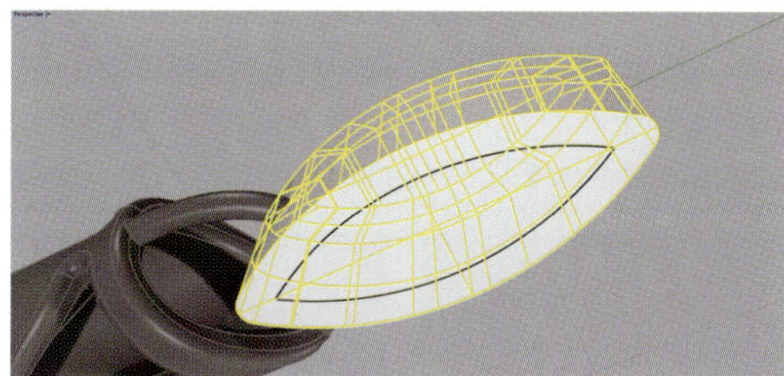

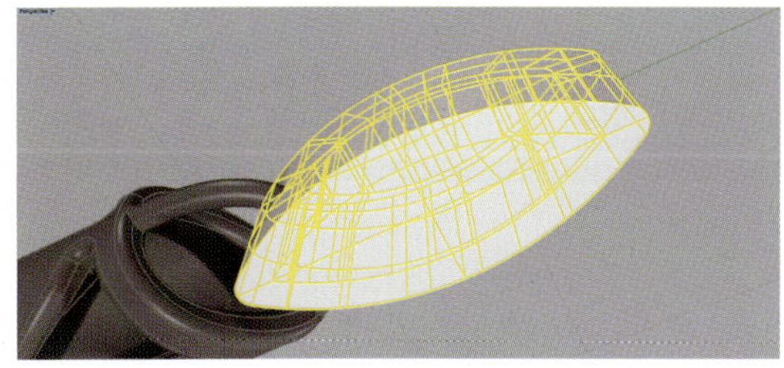

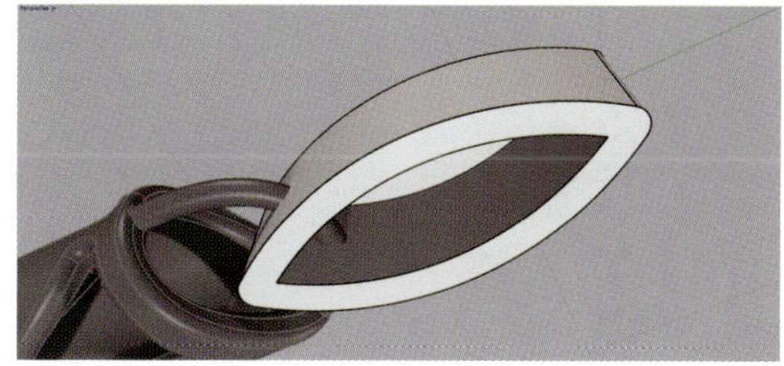

25. Right ▾ Right Viewport에서 프로그램 하단의 Status Bar(상태표시줄)에 있는 Grid Snap을 ON시키고, Rectangle: Corner to Corner를 실행한다. First corner of rectangle을 5, 0 위치로 선택하고, Other corner or length를 13, -1로 선택하여 가로 8㎜, 세로 1㎜의 Rectangle개체를 생성한다.

First corner of rectangle (3Point Vertical Center AroundCurve Rounded): 5,0

Other corner or length (3Point Rounded): 13,-1

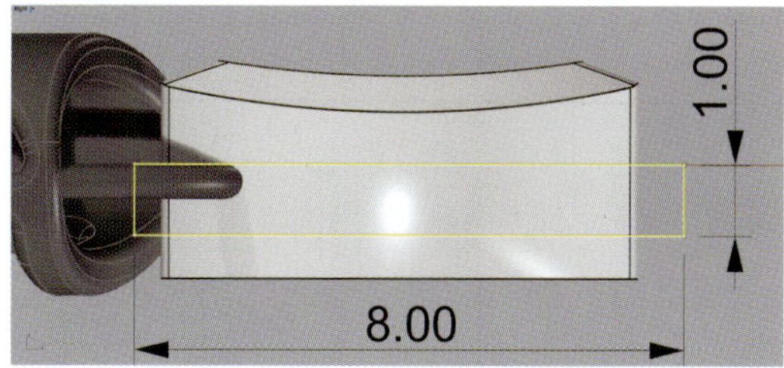

26. 생성된 Rectangle개체를 선택하고, Gumball을 On시킨다. 녹색 화살표를 선택하고, 0.3을 입력한 후, Enter↵키를 누른다.

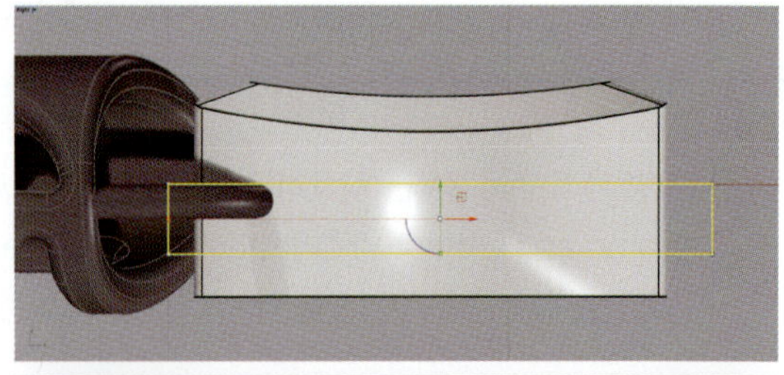

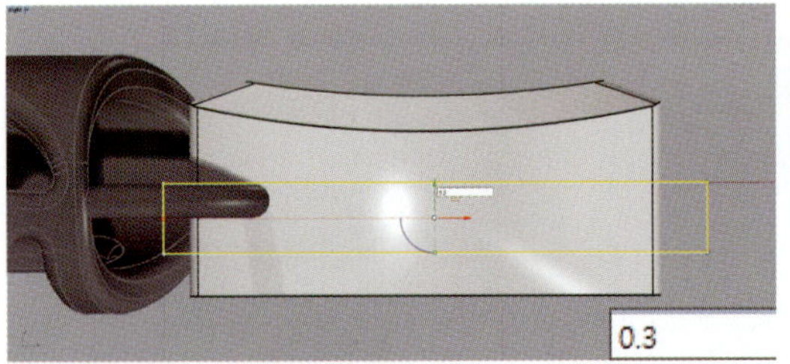

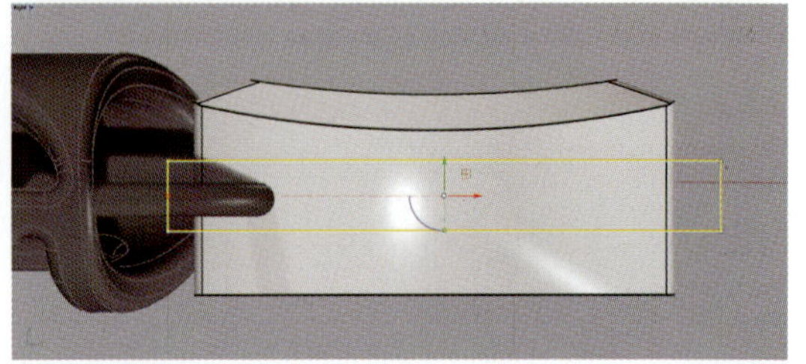

27. 0.3mm 이동시킨 Rectangle개체를 선택하고, Extrude straight를 실행한다. Command Prompt 영역에서 BothSides=Yes, Solid=Yes, Deleteinput=Yes로 설정하고, Extrusion distance값 2를 입력한 후, Enter↵키를 누르면 다음 그림과 같이 직사각형 Solid개체가 생성된 것을 확인할 수 있다.

Extrusion distance <2.6> (Direction BothSides=*Yes* Solid=*Yes* DeleteInput=*Yes* ToBoundary SetBasePoint): 2

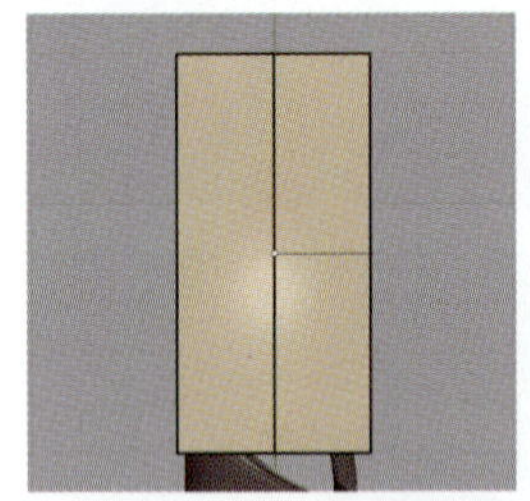

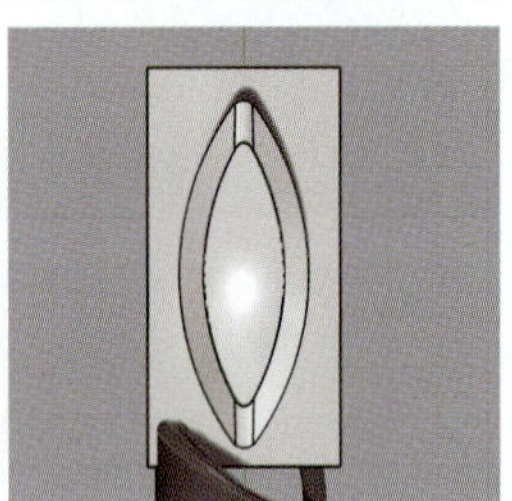

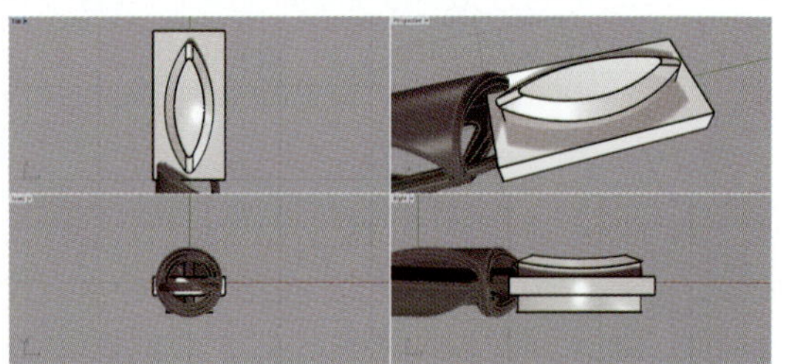

28. Top Top Viewport에서 Grid Snap을 ON시키고, Single Line을 실행한 후, 다음 그림과 같은 직선 Curve개체를 생성한다. 생성된 Curve개체를 선택하고, Mirror를 실행한 후, 원점(0, 0)을 기준으로 하여 Shift키를 누른 상태로 마우스 커서를 화살표 방향으로 이동한 후, 마우스 왼쪽버튼을 클릭하여 대칭방향에 Curve개체를 복사한다.

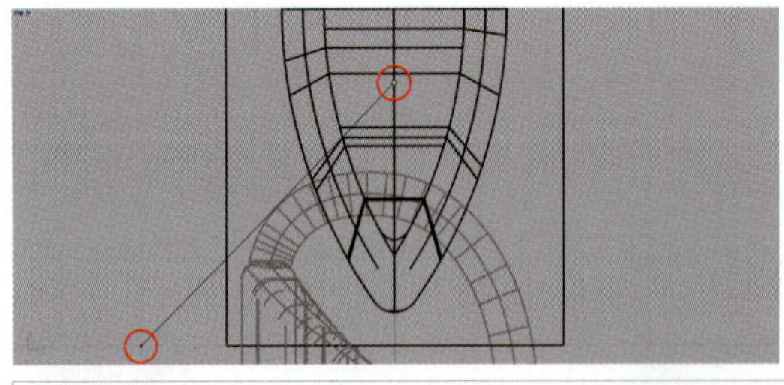

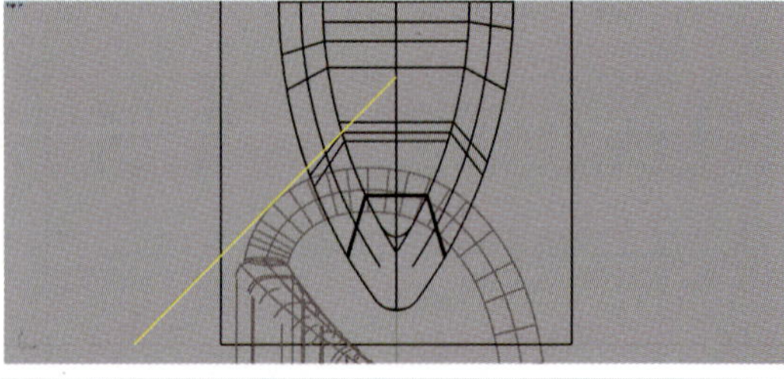

Start of mirror plane (3Point Copy=*Yes* XAxis YAxis): 0

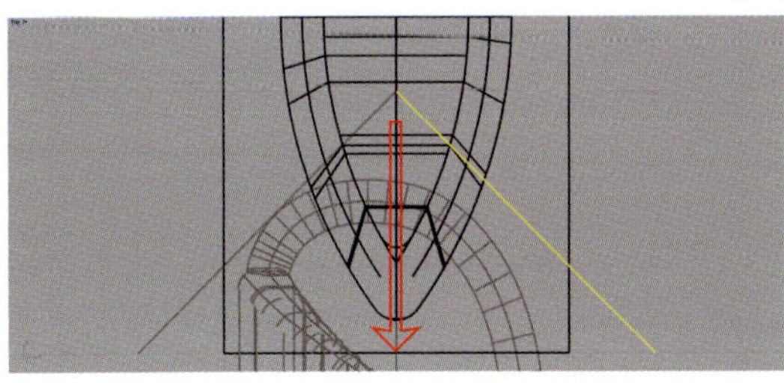

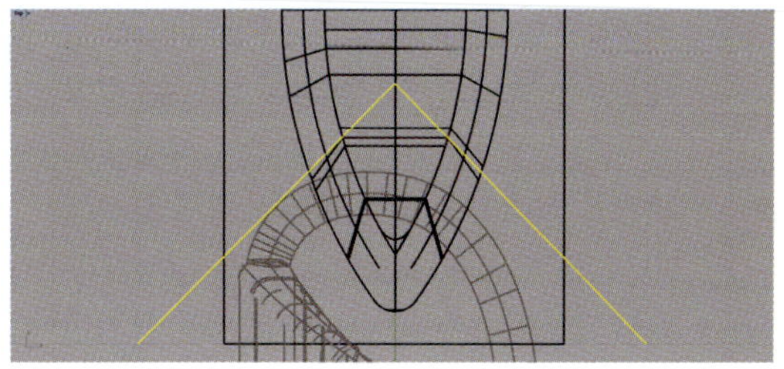

29. 2개의 직선 Curve개체를 선택하고, Join을 실행하여 하나의 개체로 결합한다. 마퀴즈 형태의 Poly-Surface개체를 선택하고, Volume centroid를 실행하여 마퀴즈 형태의 Poly-Surface개체 중심에 Point개체를 생성한다.

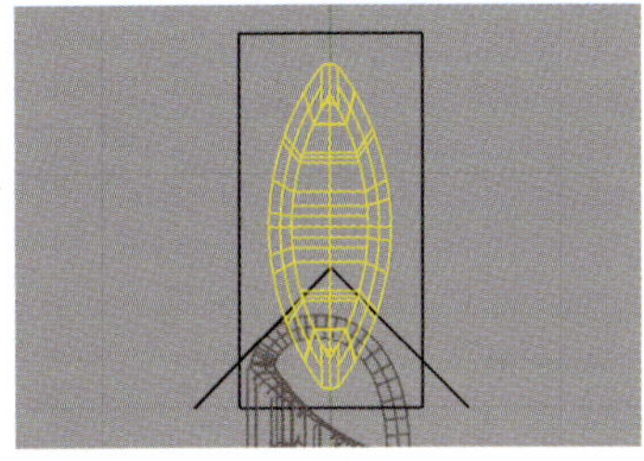

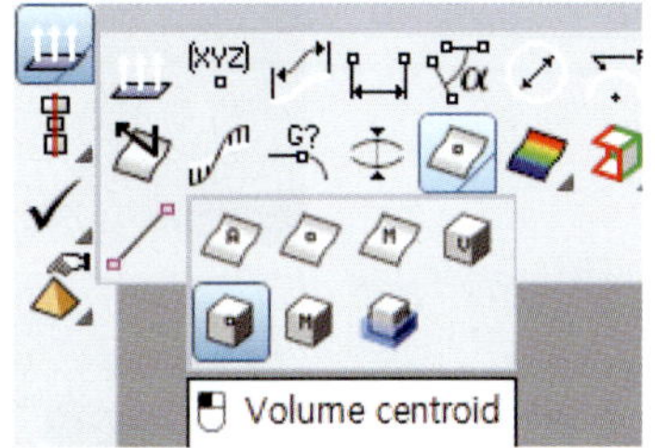

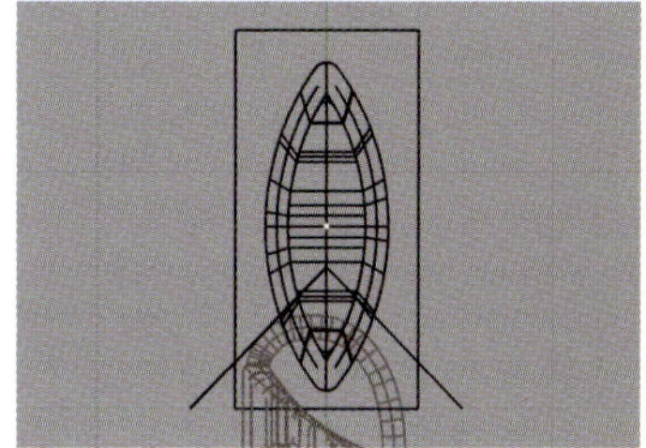

30. 결합된 Curve개체를 선택하고, Mirror를 실행한다. Start of mirror plane을 마퀴즈 형태의 Poly-Surface개체 중심의 Point개체로 선택하고, Shift 키를 누른 상태로 마우스 커서를 화살표 방향으로 이동한 후, 마우스 왼쪽버튼을 클릭하여 대칭방향에 Curve개체를 복사한다.

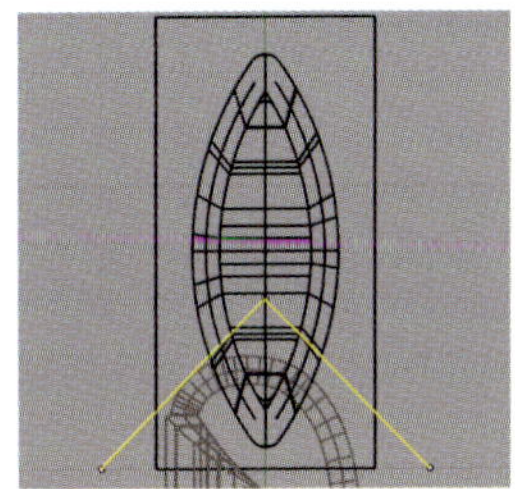

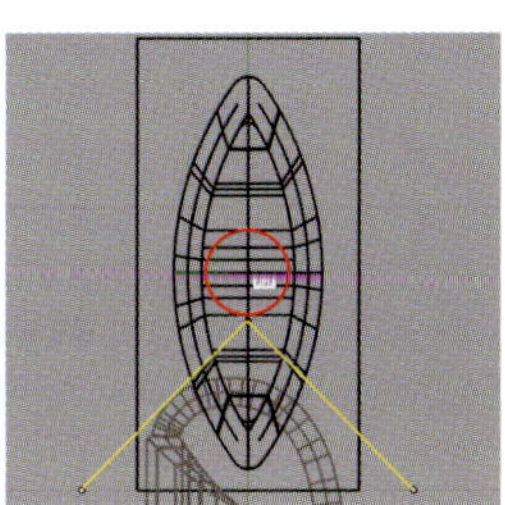

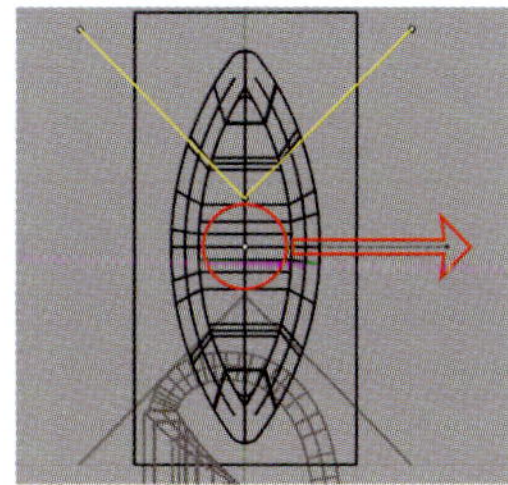

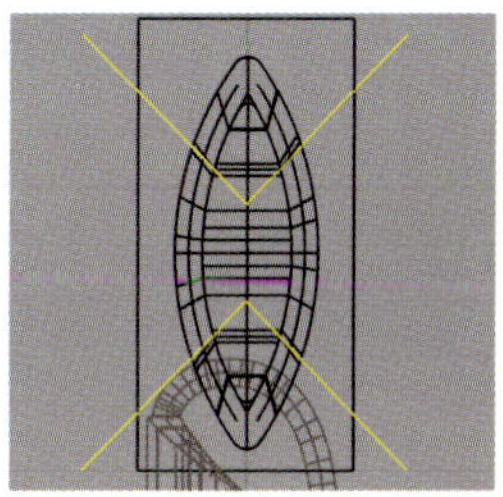

Start of mirror plane (3Point Copy=*Yes* XAxis YAxis):

31. 복사된 2개의 Curve개체를 선택하고, Extrude straight를 실행한다. Command Prompt 영역에서 BothSides=Yes, Deleteinput=Yes로 설정하고, 마우스 커서를 화살표 방향으로 움직인 후, 마우스 왼쪽 버튼을 클릭하여 다음 그림과 같은 Surface개체를 생성한다.

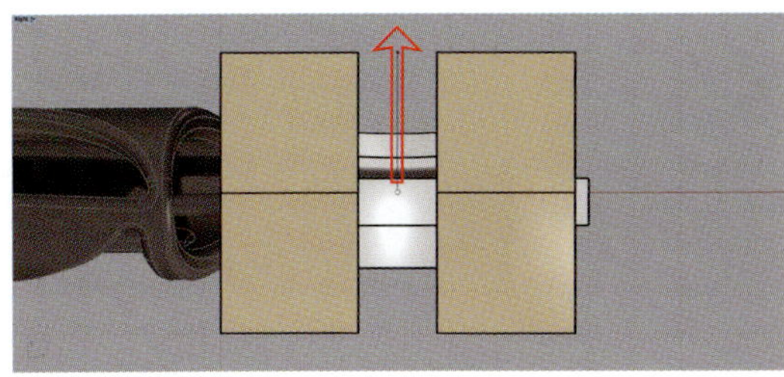

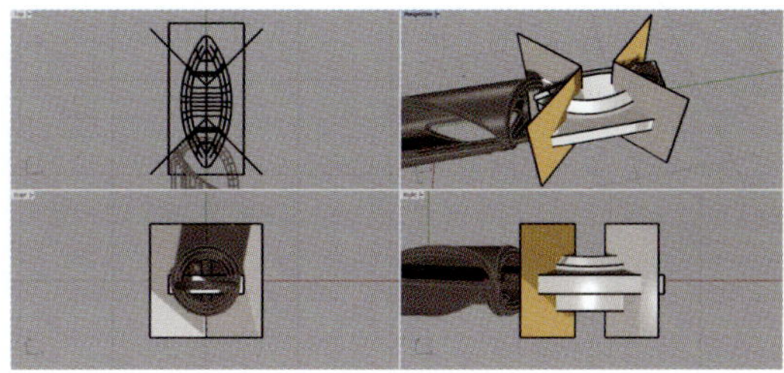

32. 직사각형 Solid개체와 생성된 2개의 Surface개체를 선택하고, Create solid를 실행한다. 분리된 가운데 Solid개체는 삭제하고, 마퀴즈 형태의 Poly-Surface개체를 선택한다. Boolean difference를 실행하고, 다음 그림과 같이 Create solid로 분리된 2개의 Solid개체를 선택한 후, Enter↵키를 누른다.

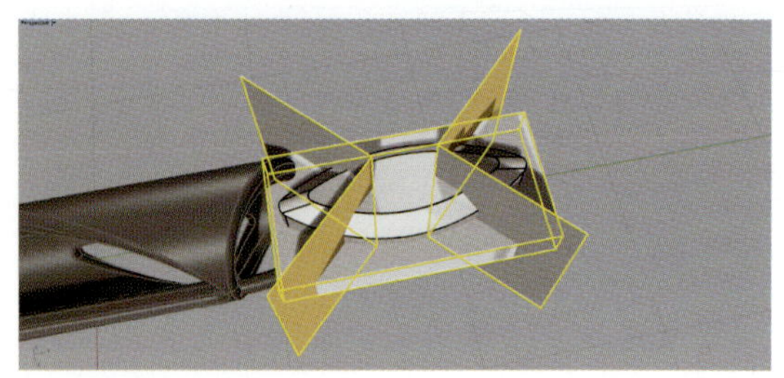

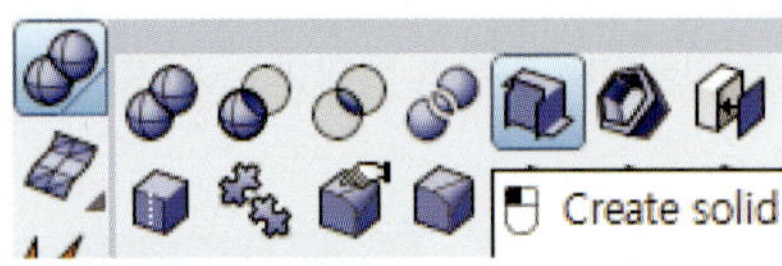

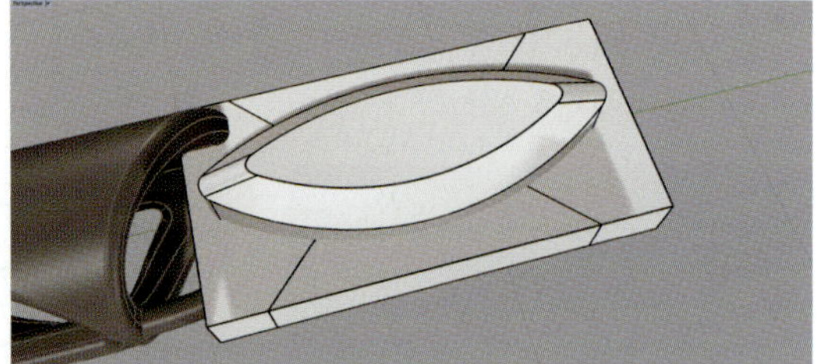

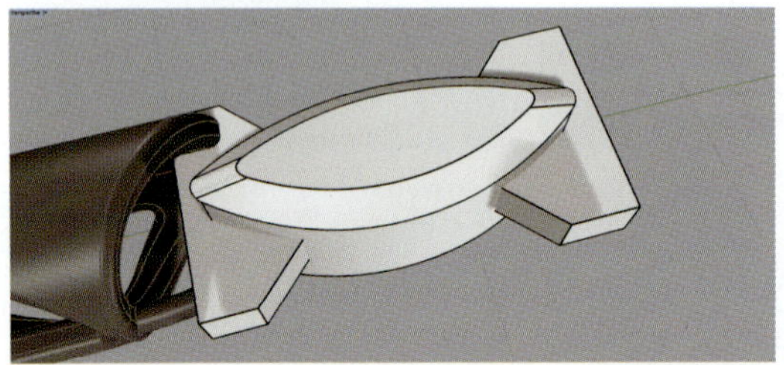

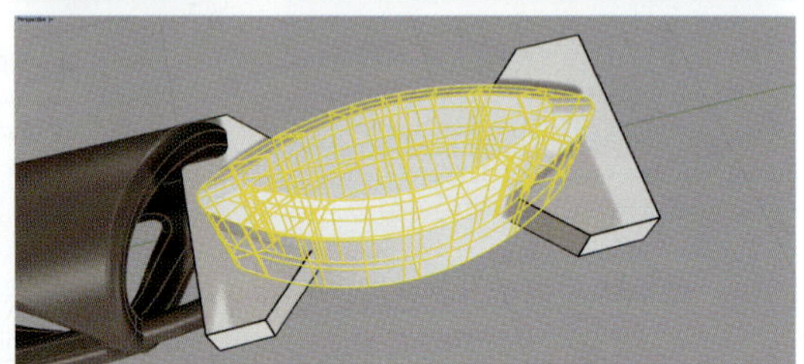

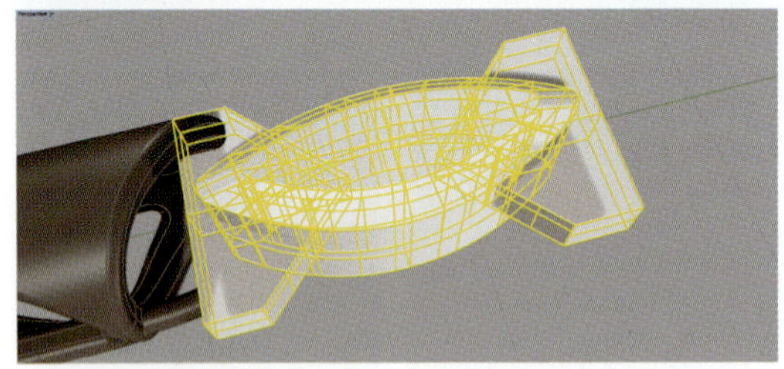

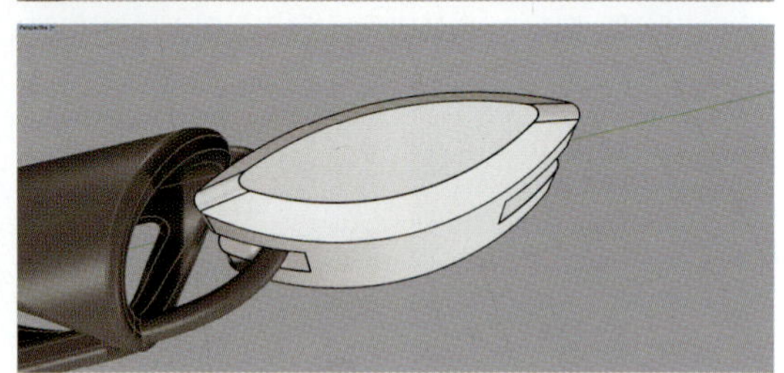

33. Osnap Toolbar에서 End점과 Quad점에 체크하고, Circle: diameter를 실행한다. Perspective Perspective Viewport에서 다음 그림과 같이 홈이 파인 부분의 End와 Quad를 선택하여 원형 Curve개체를 생성한다.

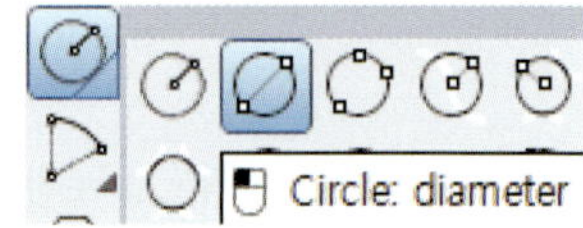

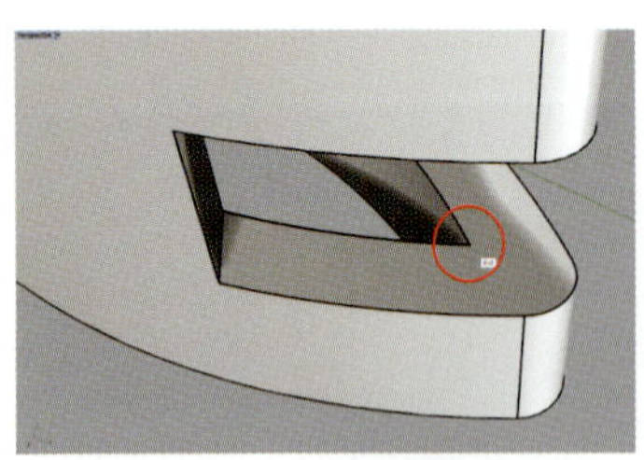

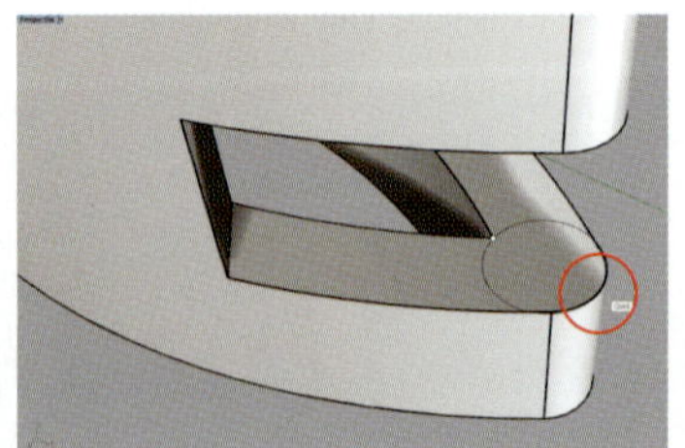

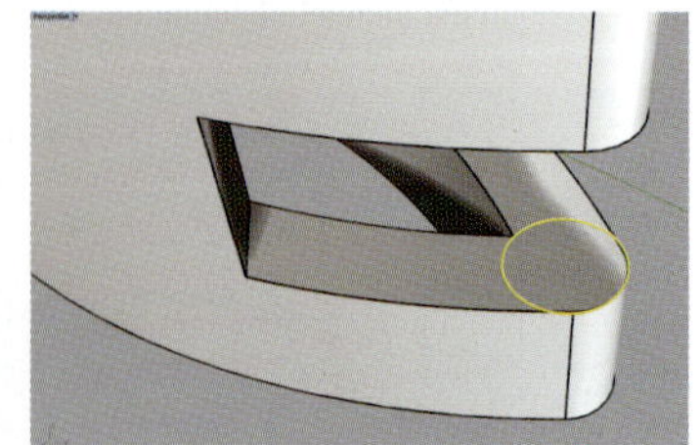

34. 생성된 원형 Curve개체를 선택하고, Extrude straight를 실행한다. Command Prompt 영역에서 Solid=Yes, Deleteinput=Yes로 설정하고, 마우스 커서를 움직여서 다음 그림과 같이 홈 상단의 Quad를 선택한다.

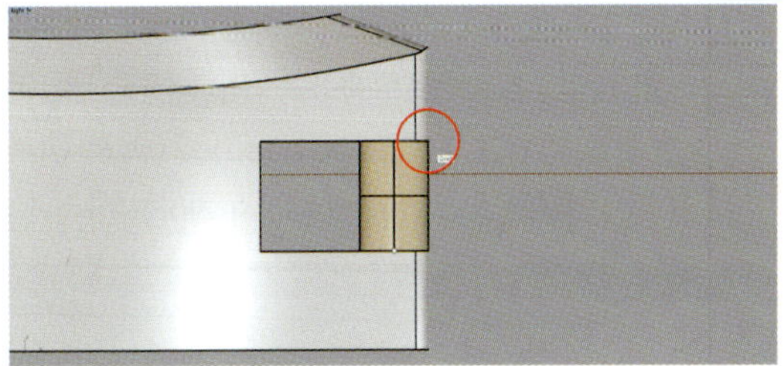

Extrusion distance <3.0126> (Direction BothSides=No Solid=Yes DeleteInput=Yes ToBoundary SetBasePoint):

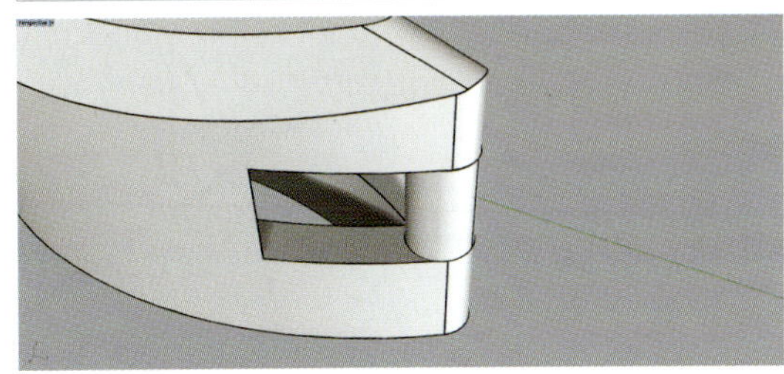

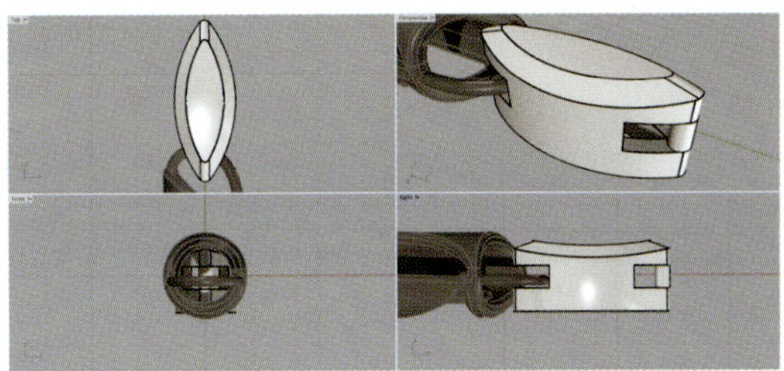

35. 생성된 원통 Solid개체를 선택하고, Top Top Viewport에서 Mirror를 실행한다. Start of mirror plane을 마키즈 형태 Poly-Surface개체 중심의 Point개체로 선택하고, Shift 키를 누른 상태로 마우스 커서를 화살표 방향으로 이동한 후, 마우스 왼쪽버튼을 클릭하여 대칭방향에 원통 Solid개체를 복사한다.

Start of mirror plane (3Point Copy=Yes XAxis YAxis):

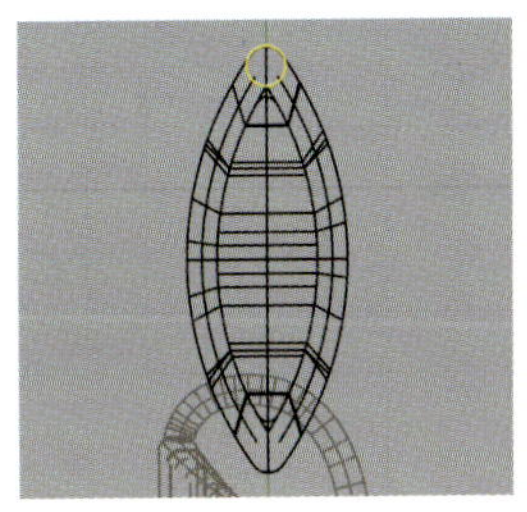

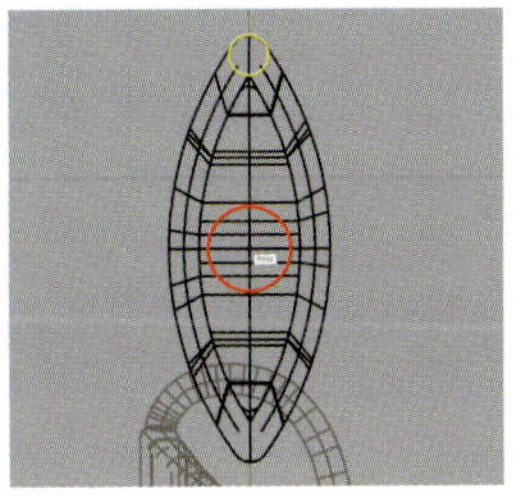

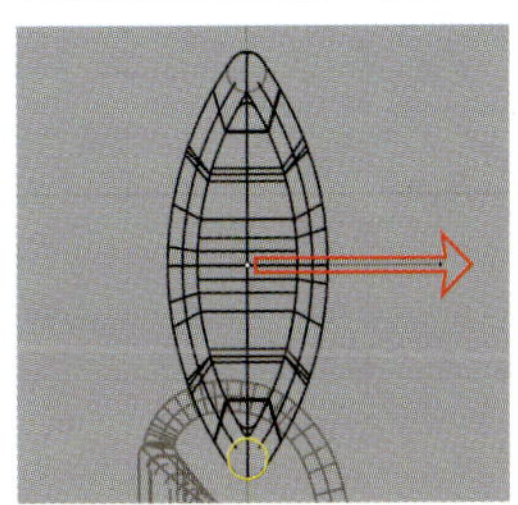

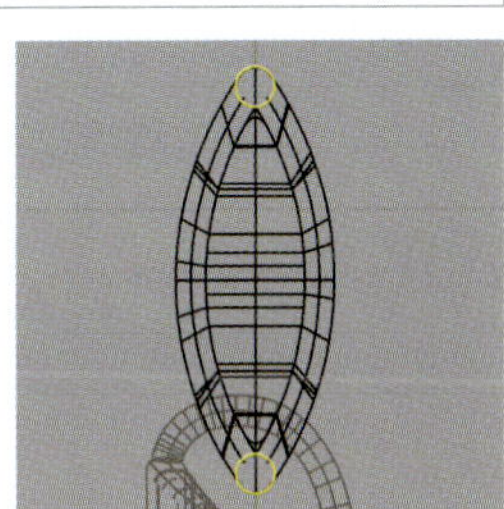

36. 마키즈 형태의 Poly-Surface개체와 2개의 원통 Solid개체를 선택하고, Boolean union을 실행하여 하나의 개체로 결합한 후, 잠겨있는 개체를 잠금 해제한다.

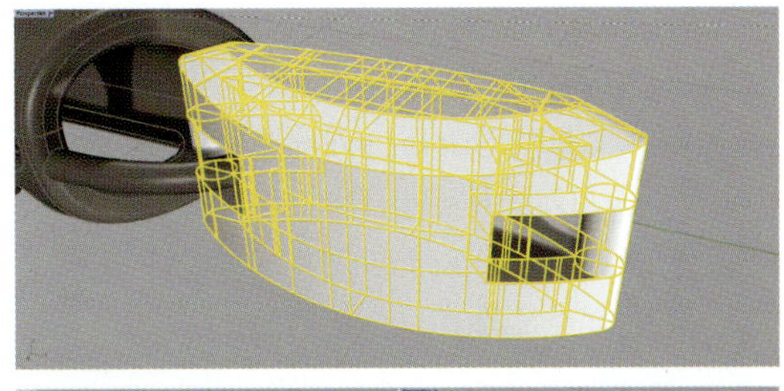

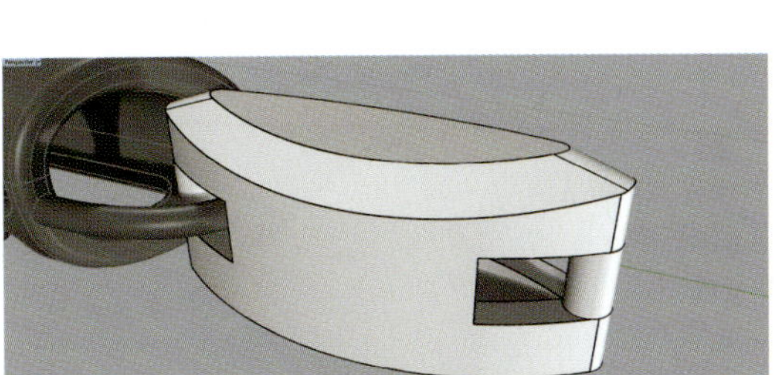

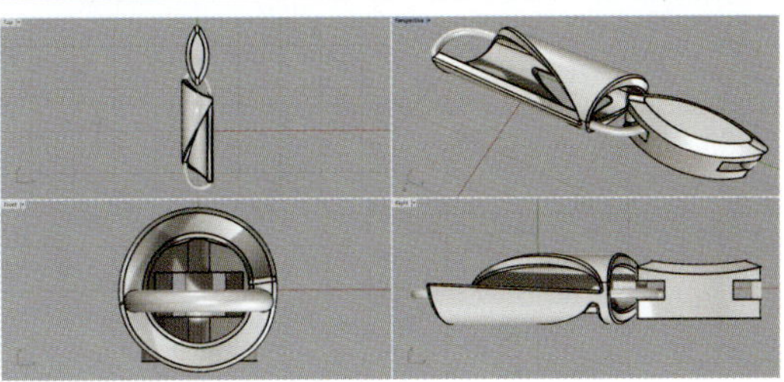

37. Extract surface를 실행하고, 다음 그림과 같이 Poly-Surface개체의 Surface개체를 추출한다. Text object를 실행하고, Text Object창이 나타나면 Height는 대략 2㎜ 정도로 설정한 후, 원하는 문자를 입력한다. Create geometry에서 Curve로 설정하고, Group output에 체크한 후, OK를 누른 다음, **Top** Top Viewport에서 원하는 자리에 마우스 왼쪽버튼을 클릭하여 문자 Curve개체를 배치한다.

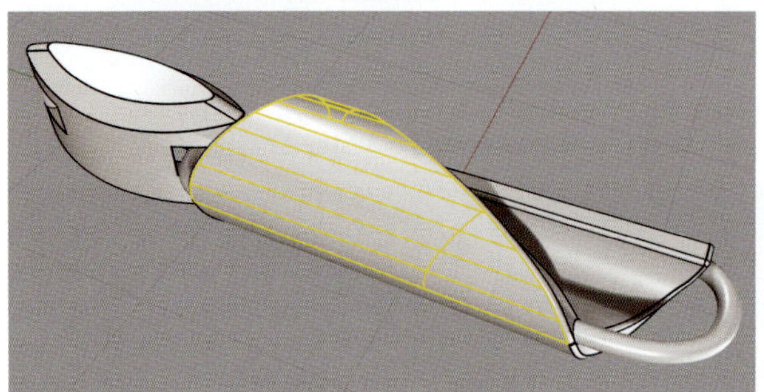

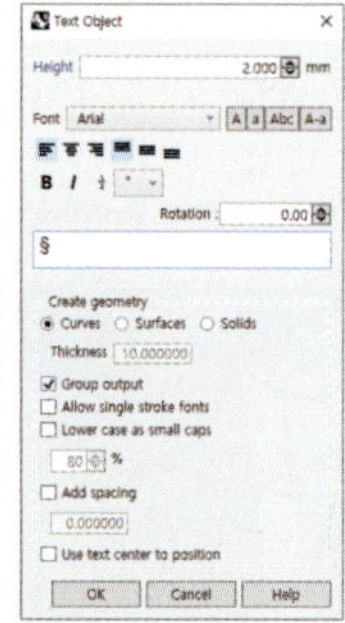

38. 문자 Curve개체를 선택하고, **Right** Right Viewport에서 Gumball을 ON한다. 녹색 화살표를 드래그하여 Poly-Surface개체 위로 이동시킨다.

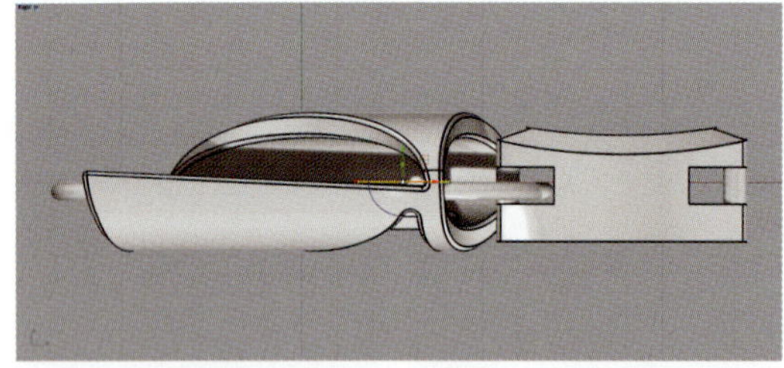

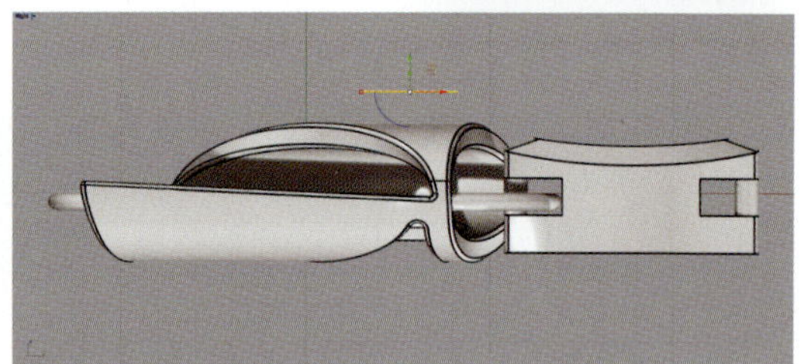

39. 문자 Curve개체를 선택하고, Project curves를 실행한다. Command Prompt 영역에서 Deleteinput = Yes로 설정하고, 추출한 Surface개체를 선택한 후, Enter↵키를 누르면 다음 그림과 같이 문자 Curve개체가 Surface개체에 투영된 것을 확인할 수 있다.

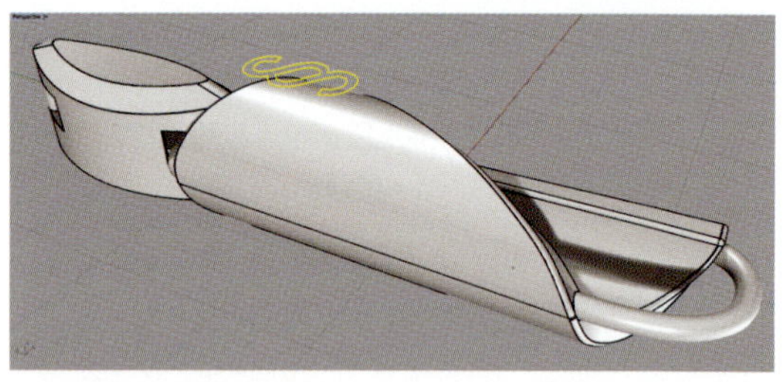

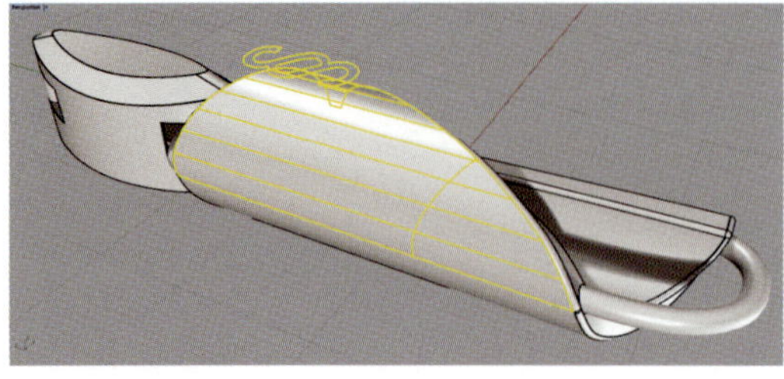

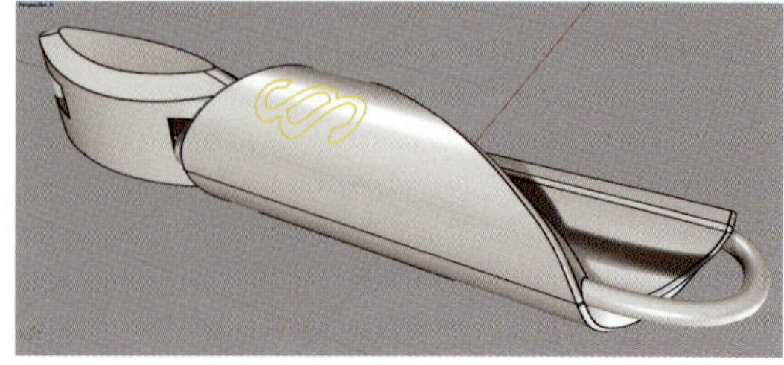

Select surfaces, polysurfaces and meshes to project onto (Loose=No DeleteInput=Yes OutputLayer=Current Direction=CPlaneZ):

40. Surface개체를 선택하고, Split을 실행한다. 투영된 문자 Curve개체를 선택하고, Enter↵키를 누른 후, 문자 Curve개체는 삭제한다. 추출한 Surface개체와 추출된 Poly-Surface개체를 선택하고, Join을 실행하여 다시 하나의 개체로 결합한다.

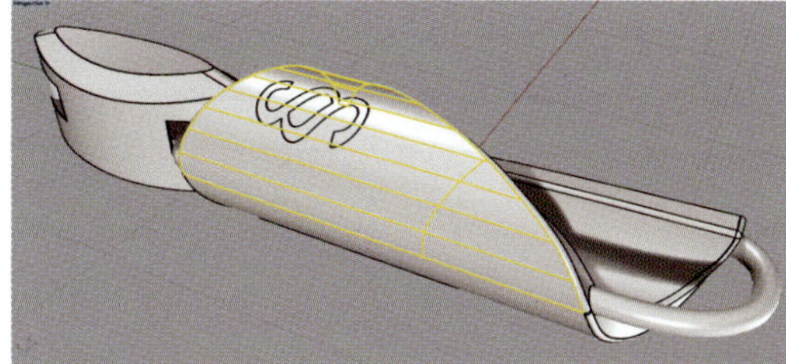

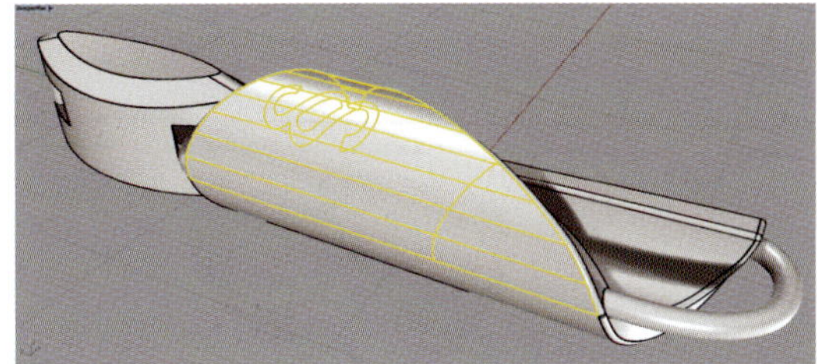

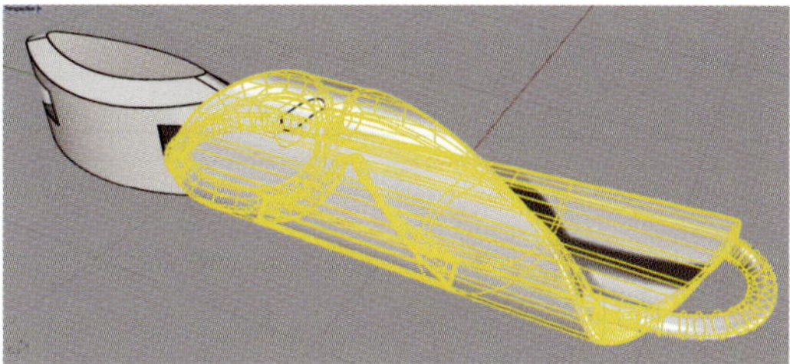

41. Split으로 분리된 문자 Surface개체를 선택하고, Offset Surface를 실행한다. Command Prompt 영역에서 FlipAll을 선택하여 Normal Direction 방향을 바깥쪽에서 안쪽으로 바꿔주고, Solid=Yes, Deleteinput=Yes로 설정한 다음, Distance 값 0.3을 입력한 후, Enter↵키를 누른다.

Select object to flip direction. Press Enter when done (Distance=0.65 Corner=Round Solid=Yes Loose=No Tolerance=0.001 BothSides=No DeleteInput=Yes FlipAll):

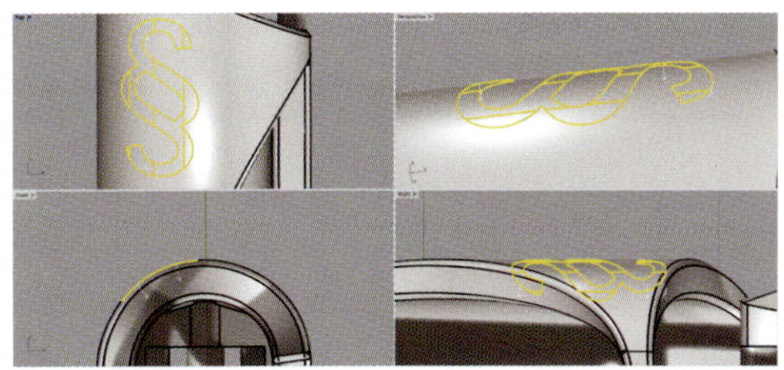

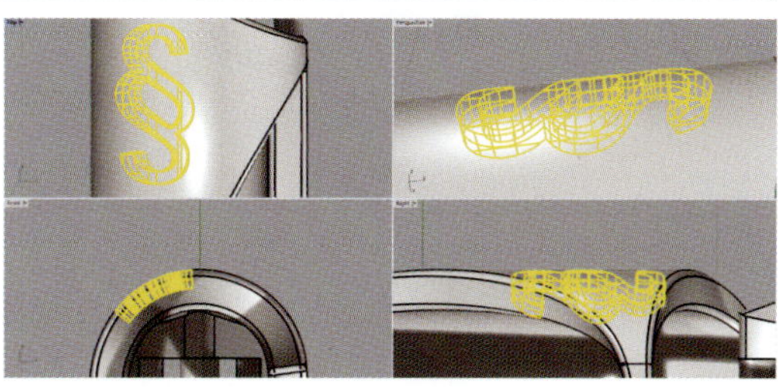

Select object to flip direction. Press Enter when done (Distance=0.65 Corner=Round Solid=Yes Loose=No Tolerance=0.001 BothSides=No DeleteInput=Yes FlipAll): 0.3

42. Extract surface를 실행하여, 다음 그림과 같이 생성된 문자 Solid개체 상단의 Surface개체를 추출한 후, 삭제한다. 문자 Poly-Surface개체와 Poly-Surface개체를 선택하고, Join을 실행하여 하나의 개체로 결합한다.

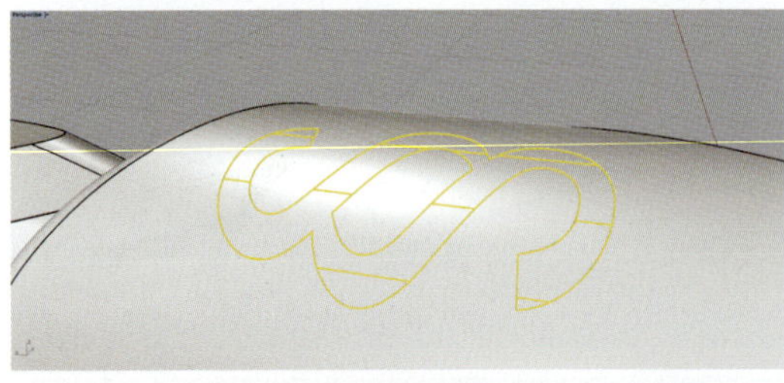

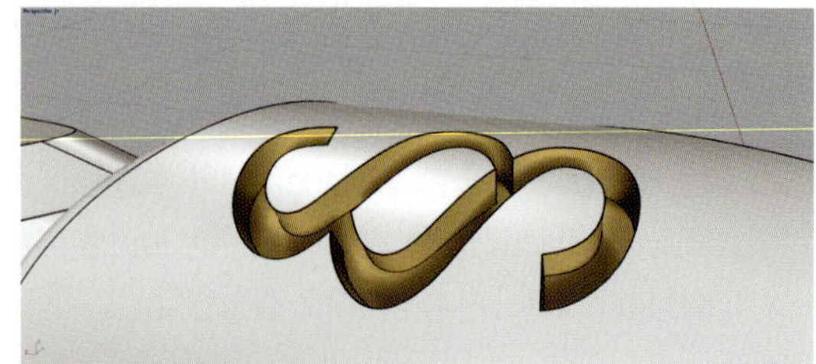

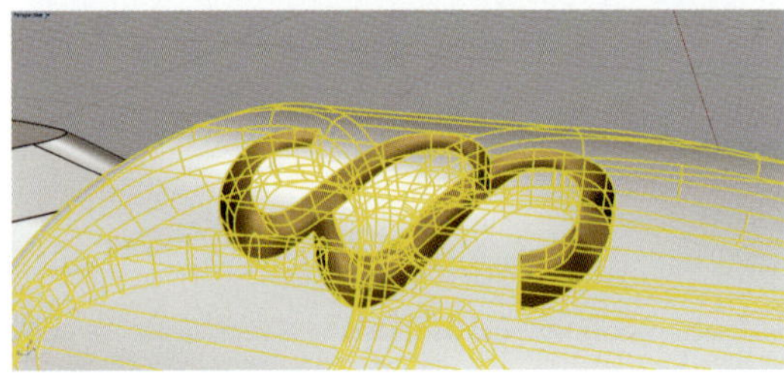

43. Fillet edges를 실행하고, 다음 그림과 같이 Edge부분을 선택한 후, Enter↵키를 누른다. Command Prompt 영역에서 SetAll을 선택하고, Radius for all handles 값 0.05를 입력한 후, Enter↵키를 누른다.

Select fillet handle to edit. Press Enter when done
(ShowRadius=*Yes* AddHandle CopyHandle SetAll LinkHandles=*No* RailType=*RollingBall* SelectEdges TrimAndJoin=*Yes* Preview=*No*):

Radius for all handles <0.050>: 0.05

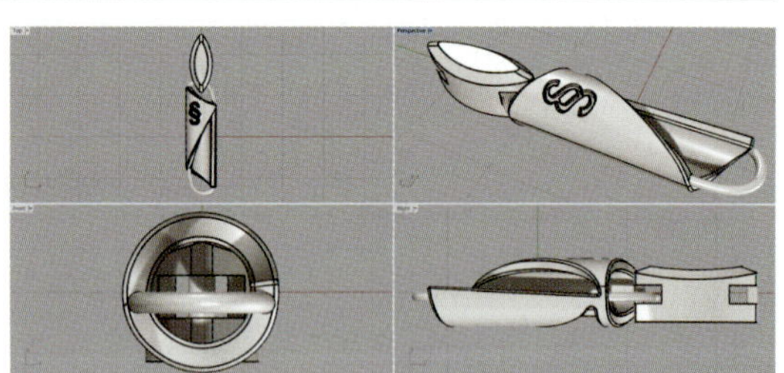

44. 다음 그림과 같이 완성된 Level 3-Design Modeling 3 팔찌 개체를 확인할 수 있다.

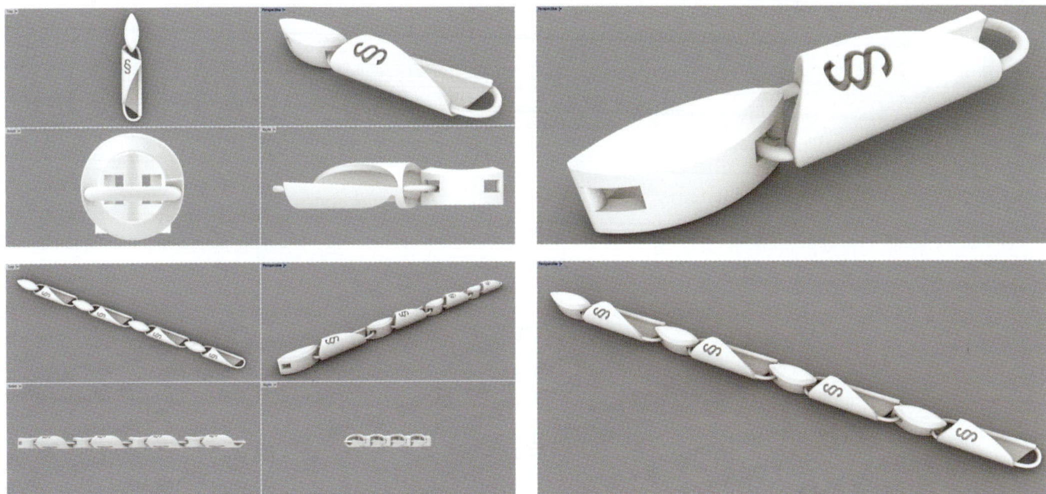

Level 03 Design Modeling 4

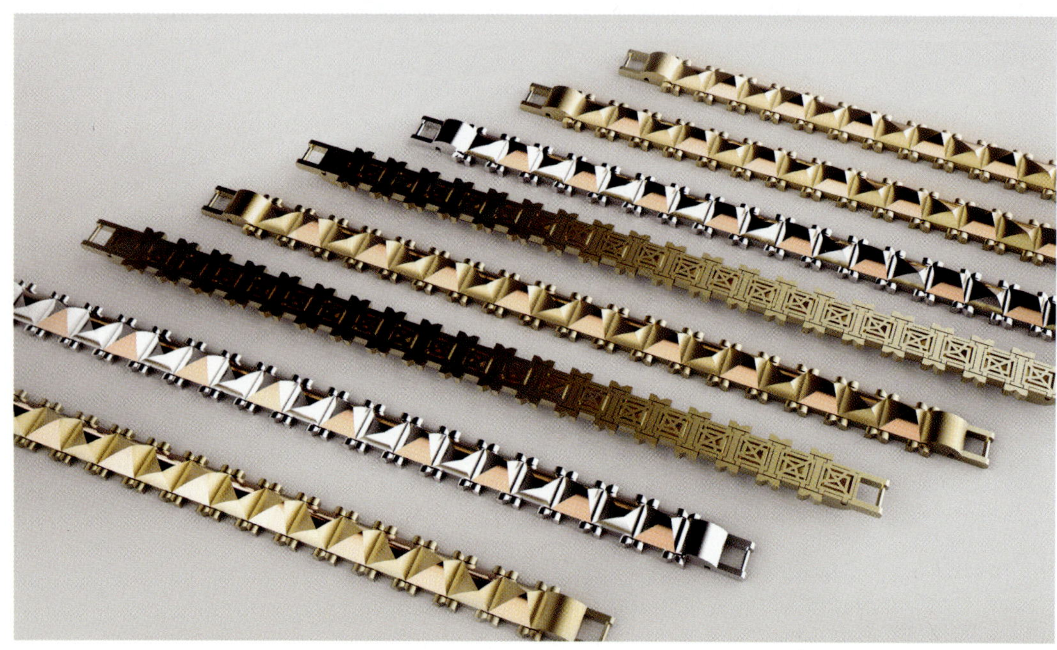

출처: 이 예제는 2016년 프로젝트 일환으로 진행된 부산 〈대한골드〉 업체의 디자인 제품임을 밝힙니다.

01. Top Top Viewport에서 Ctrl+I(Insert)를 실행하여 Insert창이 나타나면 Insert as에서 Individual Objects를 선택하고, 우측 상단의 폴더 아이콘을 선택한다. 곡선 Curves.3dm파일을 선택하고, 열기를 누른 후, Command Prompt 영역에 Insertion point값 0을 입력하여 원점(0, 0) 위치에 곡선 Curves개체를 불러온다.

→ 부록CD 〉 Rhino 예제 〉 Level 3 – Design Modeling 4 〉 곡선 Curves.3dm

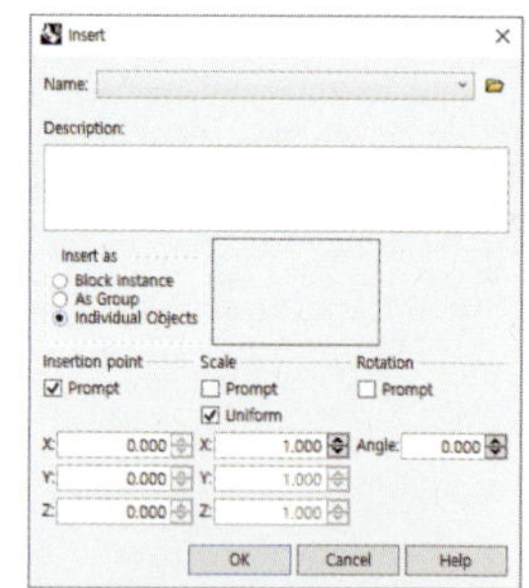

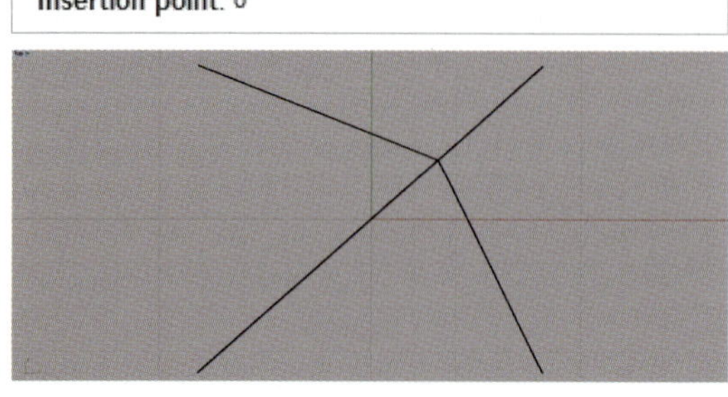

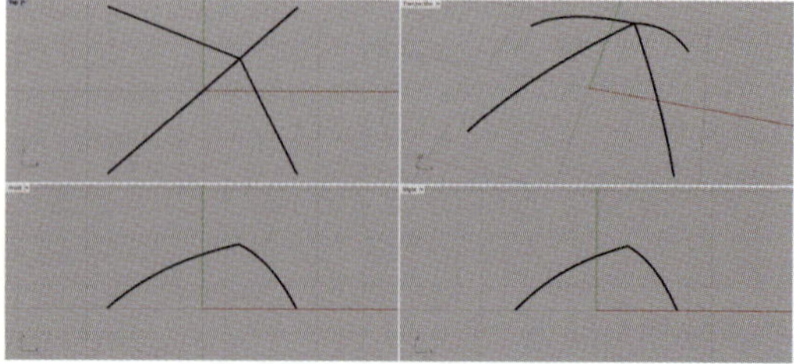

02. 2개의 Curve개체를 선택하고, Loft를 실행한 후, Loft Options창이 나타나면 Style에서 Normal로 설정한 다음, OK를 누른다. 다시 Loft를 실행하고, 대칭 방향에도 Surface개체를 생성한다.

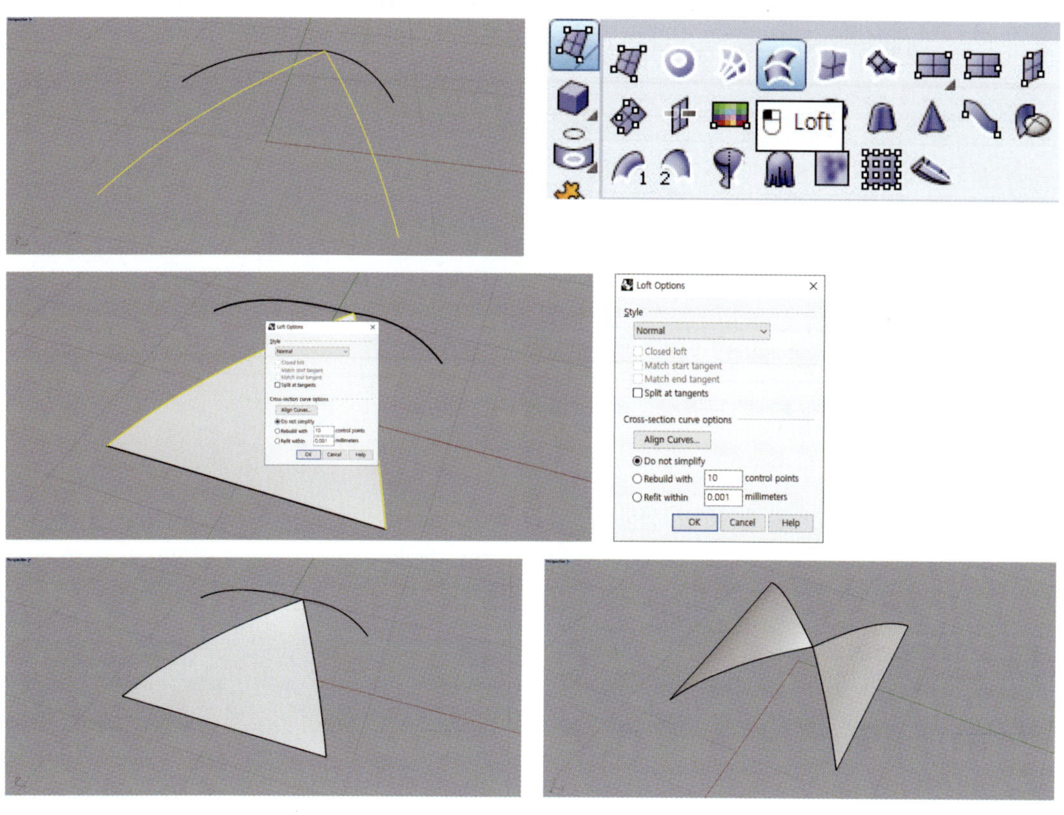

03. 불러온 Curve개체들을 모두 삭제하고, Loft를 실행한 후, Surface개체의 Edge와 Edge를 선택하여 Surface개체를 생성한다. 생성된 4개의 Surface개체를 선택하고, Join을 실행하여 하나의 개체로 결합한다.

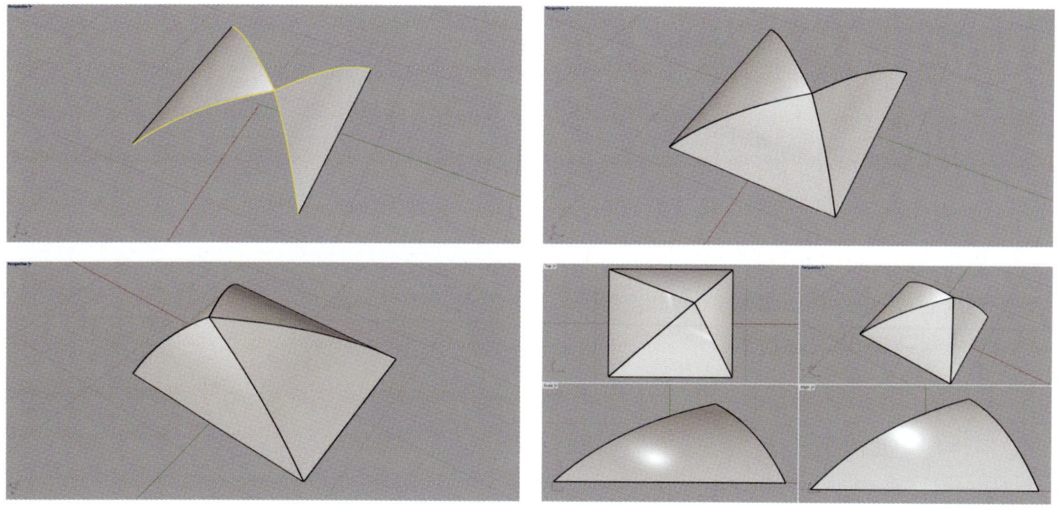

04. 생성된 Poly-Surface개체를 선택하고, Scale 3-D를 실행한다. Command Prompt 영역에서 Copy=Yes로 설정하고, Base Point값 0을 입력한 후, Enter↵키를 누른다. Scale factor or first reference point값 0.85를 입력하고, Enter↵키를 누르면 다음 그림과 같이 15% 축소되어 복사된 Poly-Surface개체를 확인할 수 있다.

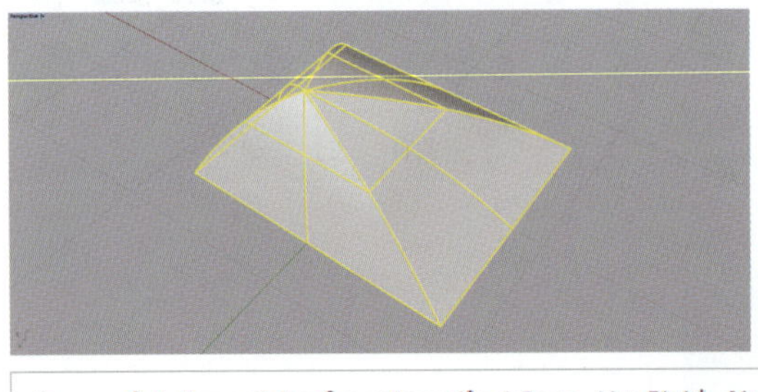

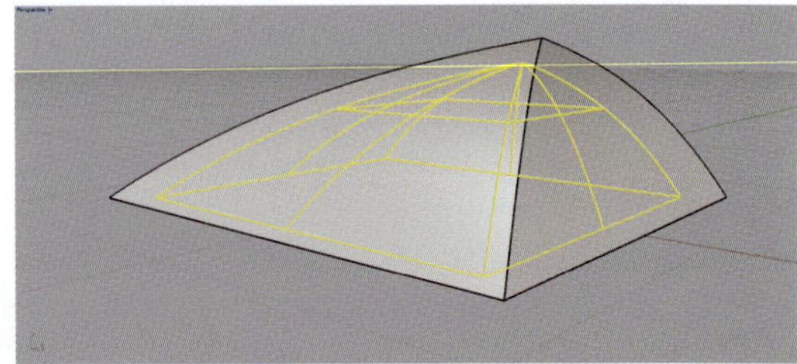

Base point. Press Enter for automatic. (Copy=Yes Rigid=No): 0

Scale factor or first reference point <1.000> (Copy=Yes Rigid=No): 0.85

05. Extrude straight를 실행하고, 생성된 안쪽 Poly-Surface개체의 Edge 4개를 선택한 후, Enter↵키를 누른다. Command Prompt 영역에서 Solid=Yes, Deleteinput=Yes로 설정하고, Extrusion distance값 4를 입력한 후, 마우스 커서를 화살표 방향으로 이동한 다음, Enter↵키를 누른다.

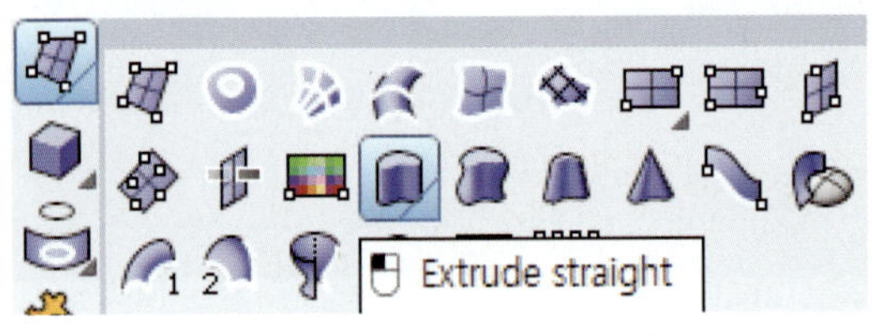

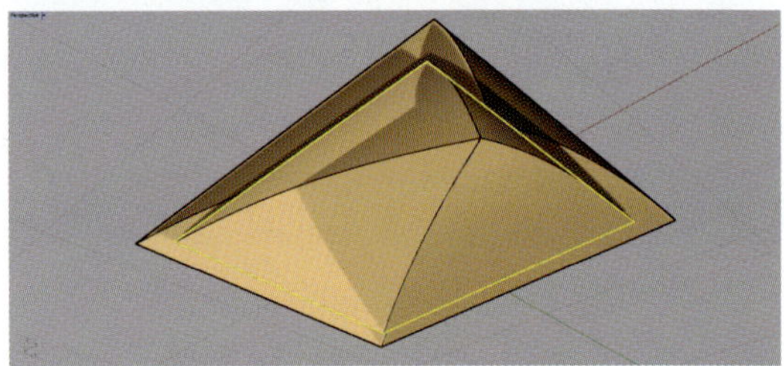

Extrusion distance <6.4968> (Direction BothSides=No Solid=Yes DeleteInput=Yes ToBoundary SetBasePoint): 4

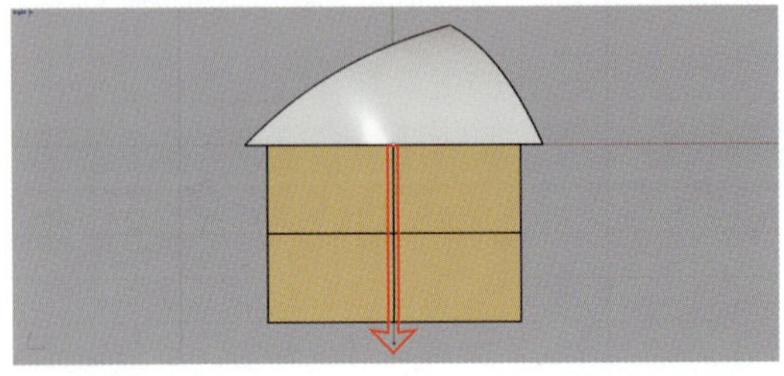

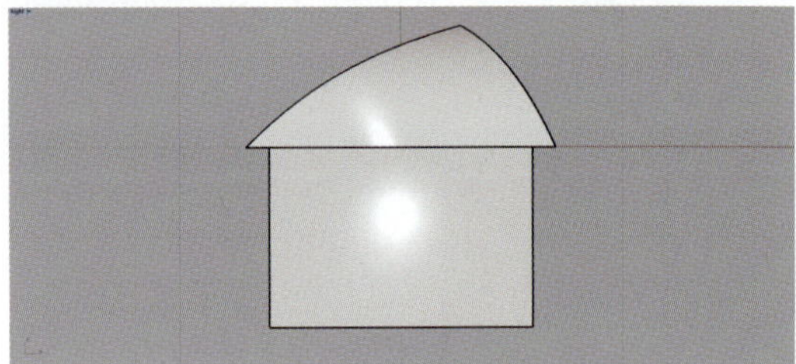

06. 안쪽 Poly-Surface개체와 생성된 Solid개체를 선택하고, Boolean union을 실행하여 하나의 개체로 결합한다.

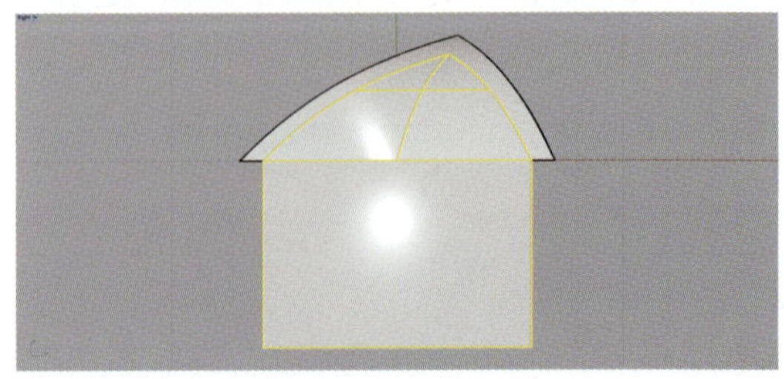

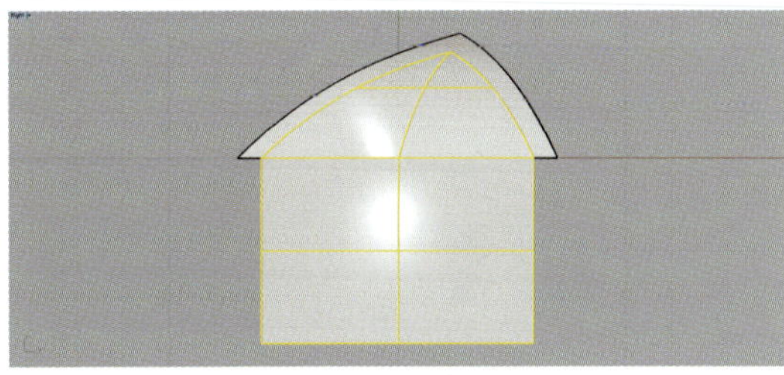

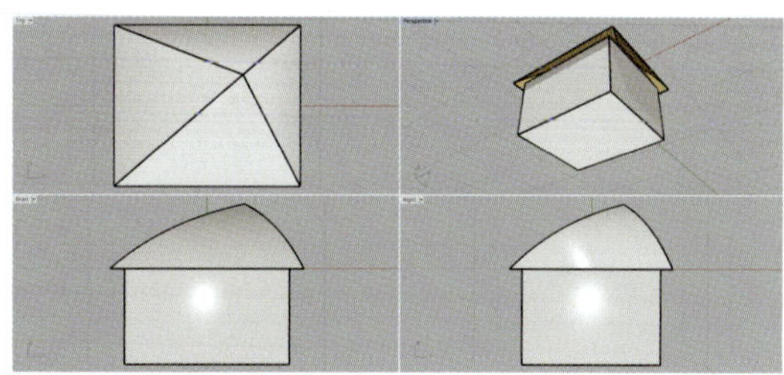

07. Top Top Viewport에서 Extrude straight를 실행하고, Poly-Surface개체의 Edge 4개를 선택한 후, Enter↵키를 누른다. Command Prompt 영역에서 Solid=Yes, Deleteinput=Yes로 설정하고, Extrusion distance값 2.28을 입력한 후, 마우스 커서를 화살표 방향으로 이동한 다음, Enter↵키를 누른다.

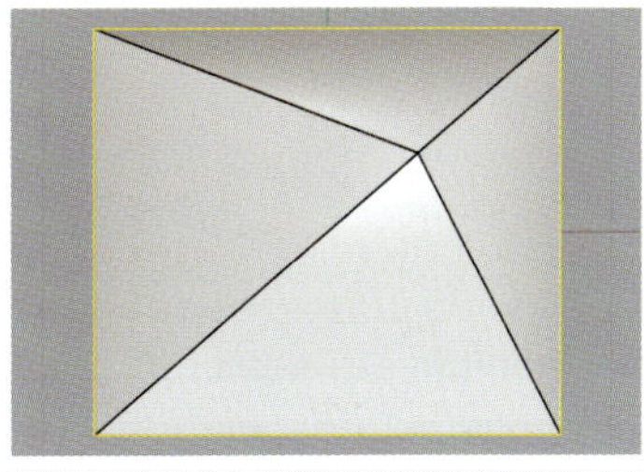

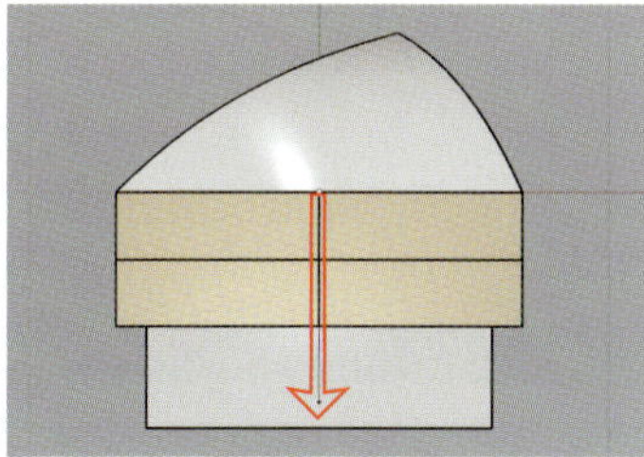

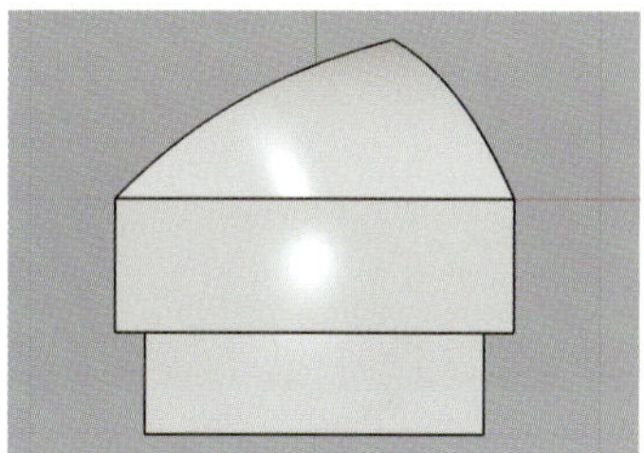

Extrusion distance <4> (Direction BothSides=No Solid=Yes DeleteInput=Yes ToBoundary SetBasePoint): 2.28

08. Poly-Surface개체와 생성된 Solid개체를 선택하고, Boolean union을 실행하여 하나의 개체로 결합한다. 결합된 Solid개체를 선택하고, Boolean difference을 실행한 후, 안쪽 Solid개체를 선택한 다음, Enter↵키를 누른다.

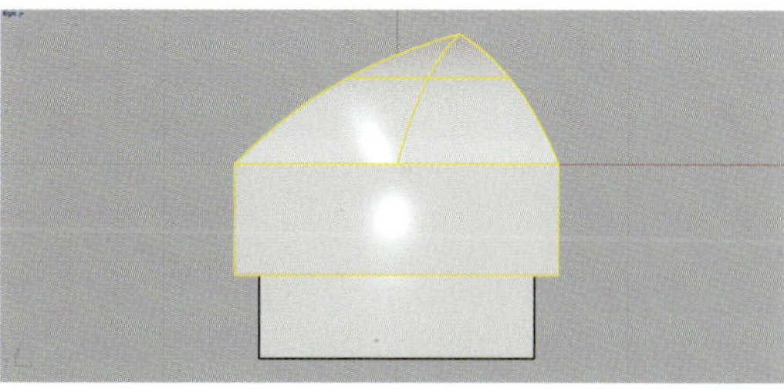

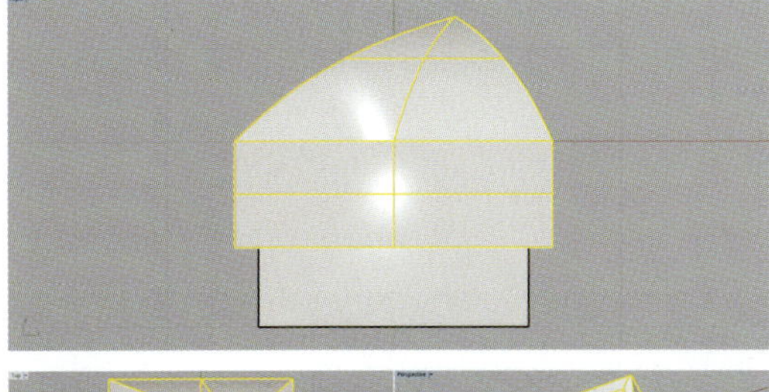

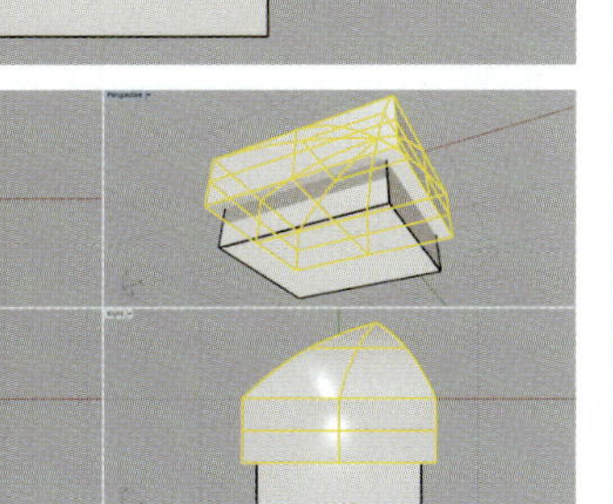

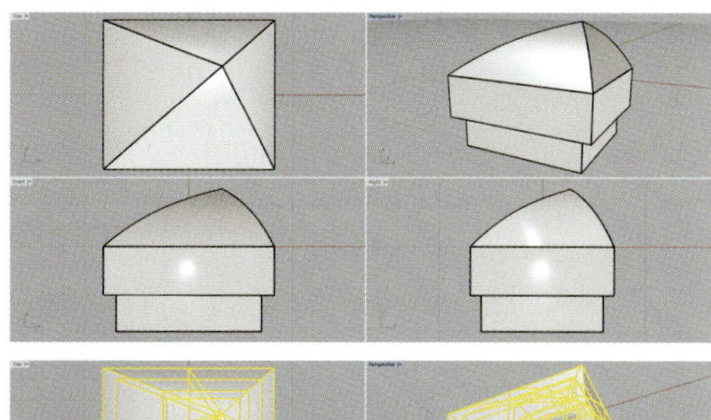

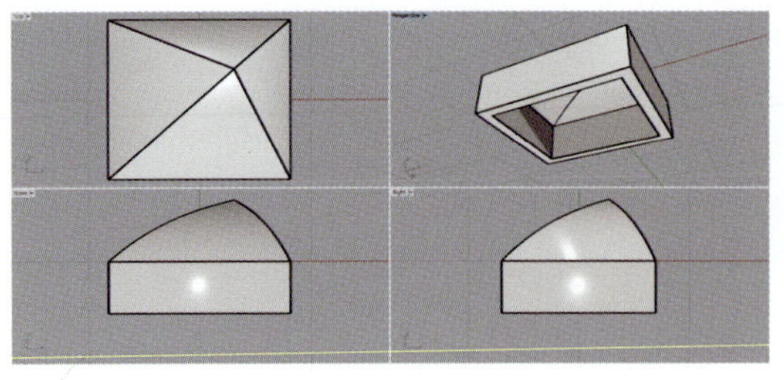
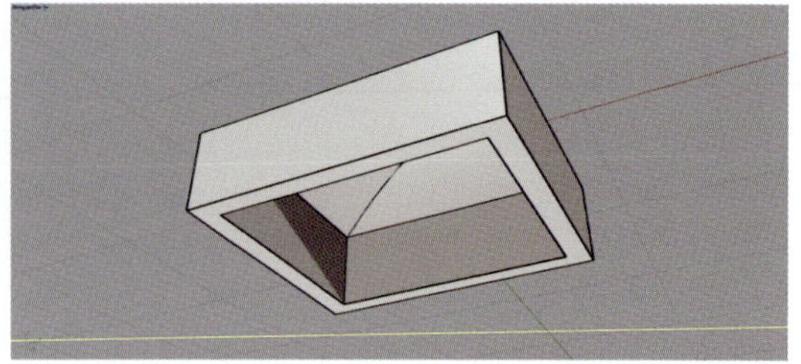

09. Right |▾ Right Viewport에서 지붕 모양 상단의 Solid개체를 선택하고, 프로그램 하단의 Status Bar(상태표시줄)에 있는 Gumball을 선택하여 Gumball을 화면상에 나타나게 한다. 녹색 화살표를 선택하고, 2.28을 입력한 후, Enter↵키를 누른다.

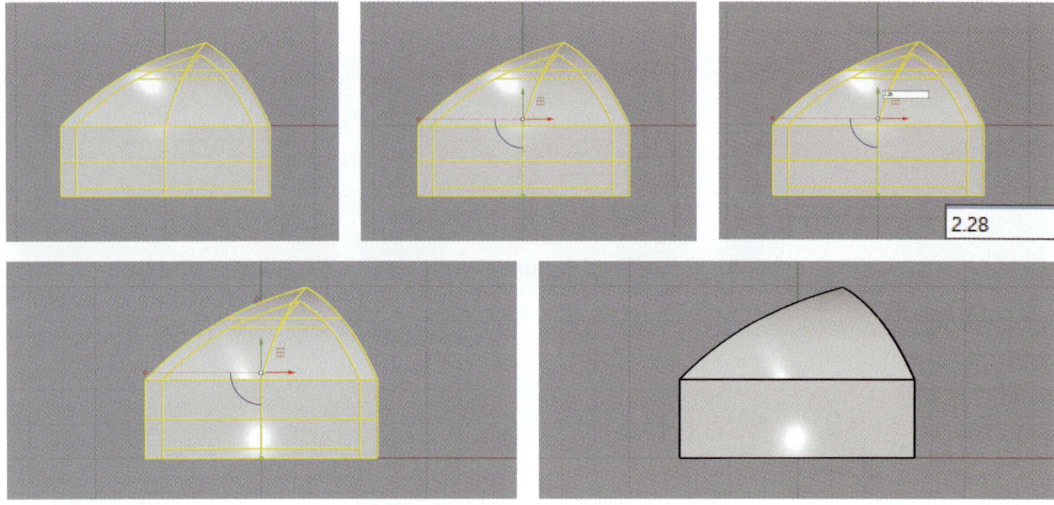

10. Top |▾ Top Viewport에서 Ctrl+I(Insert)를 실행하여 Insert창이 나타나면 Insert as에서 Individual Objects를 선택하고, 우측 상단의 폴더 아이콘을 선택한다. 곡선 Surface.3dm파일을 선택하고, 열기를 누른 후, Command Prompt 영역에 Insertion point값 0을 입력하여 원점(0, 0) 위치에 곡선 Surface 개체를 불러온다.

→ 부록CD 〉 Rhino 예제 〉 Level 3 – Design Modeling 4 〉 곡선 Surface.3dm

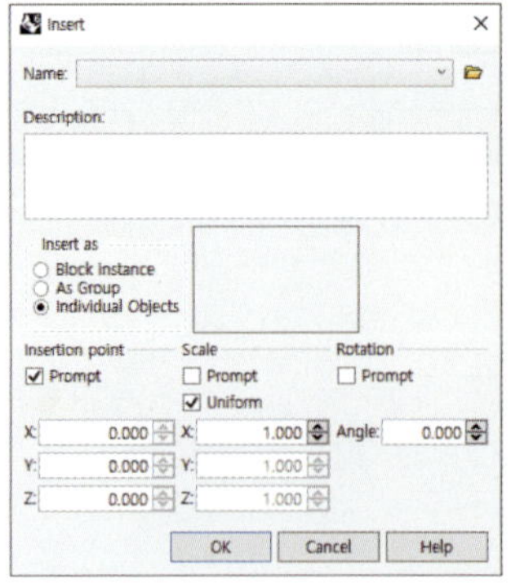

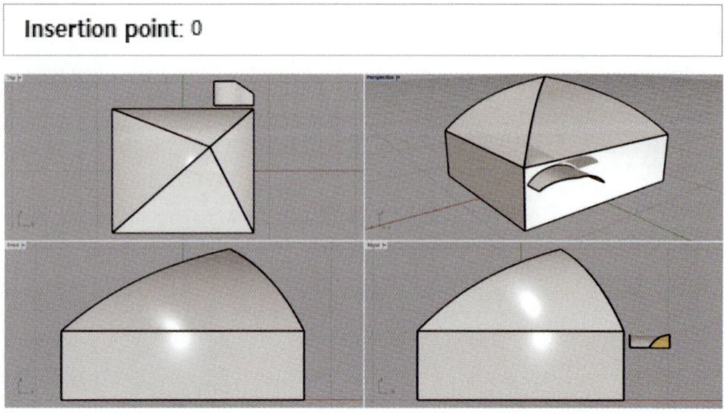

11. 불러온 곡선 Surface개체를 선택하고, Extrude surface를 실행한다. Command Prompt 영역에서 Solid=Yes, DeleteInput=Yes로 설정하고, Extrusion distance값 3을 입력한 후, 마우스 커서를 화살표 방향으로 움직인 다음, Enter↵ 키를 누른다.

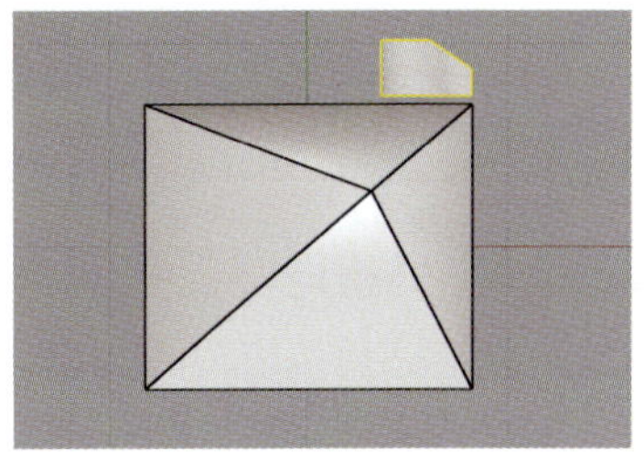
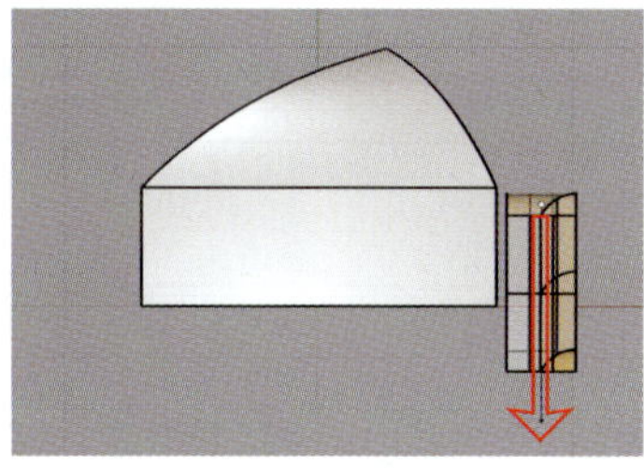
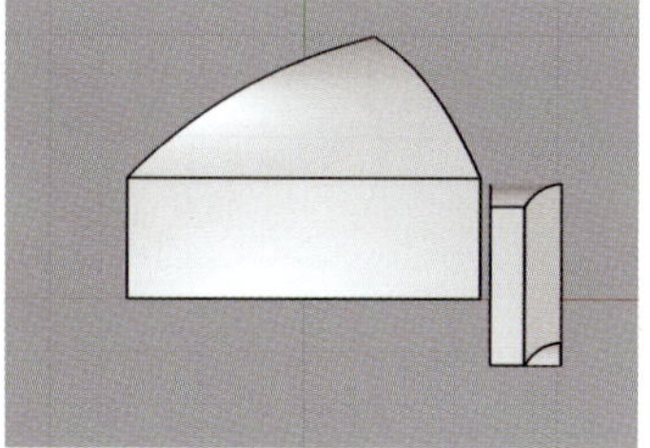

Extrusion distance <6.9968> (Direction BothSides=*No* Solid=*Yes* DeleteInput=*Yes* ToBoundary SplitAtTangents=*No* SetBasePoint): 3

12. **Front** Front Viewport에서 Box: Corner to Corner, Height를 실행한다. First corner of base를 지붕 모양 상단개체 좌측 하단의 End점으로 선택하고, Other corner of base or length는 마우스 커서를 화살표 방향으로 이동하여 곡선 Surface 개체로 생성된 Solid개체가 덮이는 위치를 선택한다. Height은 **Top** Top Viewport에서 개체들이 모두 덮이는 크기를 선택하여 다음 그림과 같은 Box개체를 생성한다.

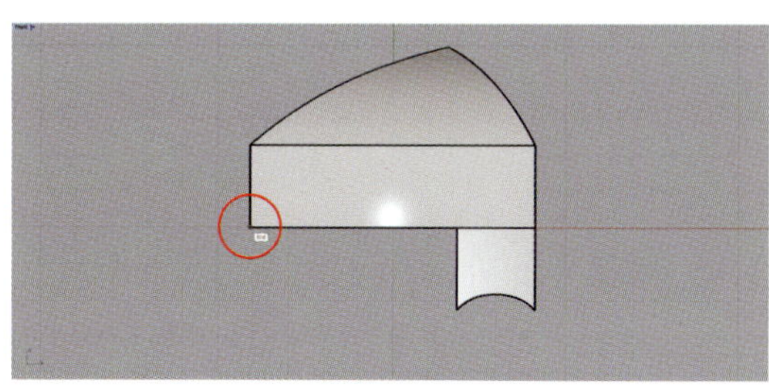

First corner of base (Diagonal 3Point Vertical Center):

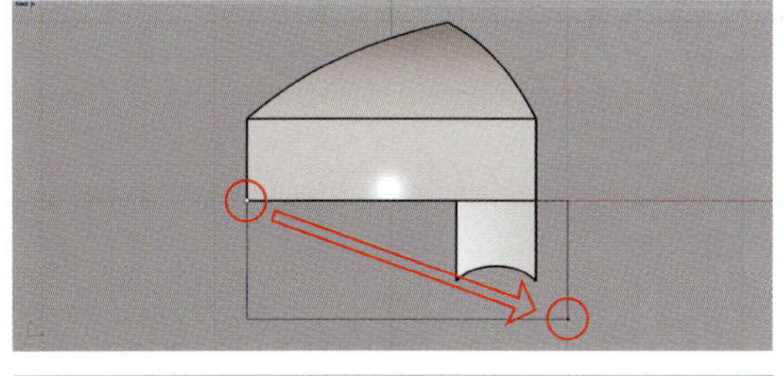

Other corner of base or length (3Point):

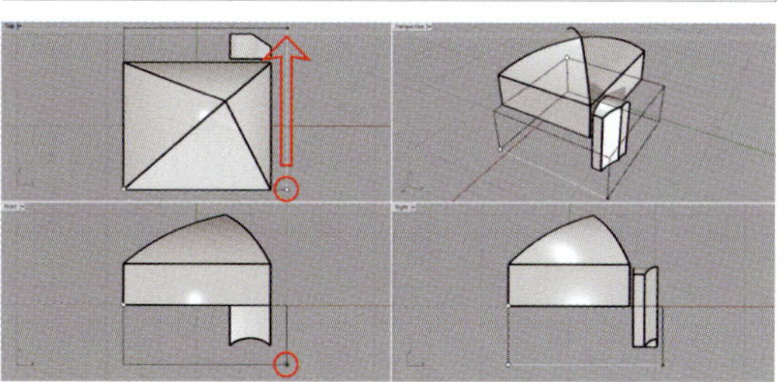

Height. Press Enter to use width:

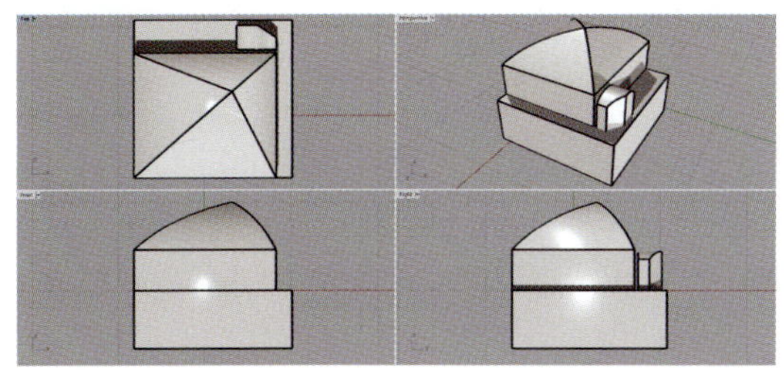
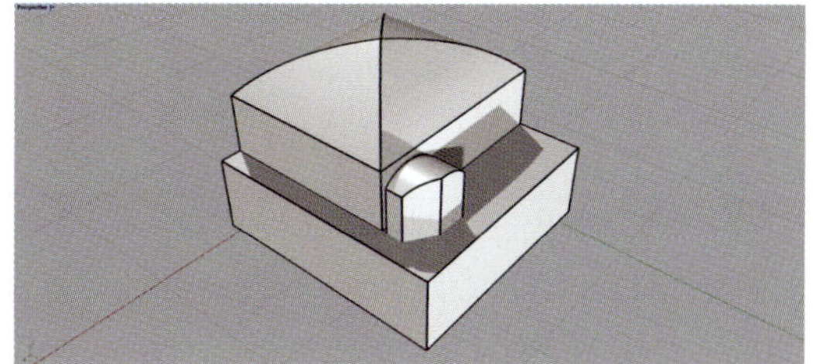

13. 다음 그림과 같이 곡선 Solid개체를 선택하고, Boolean difference를 실행한 후, Box개체를 선택한 다음, Enter↵키를 누른다.

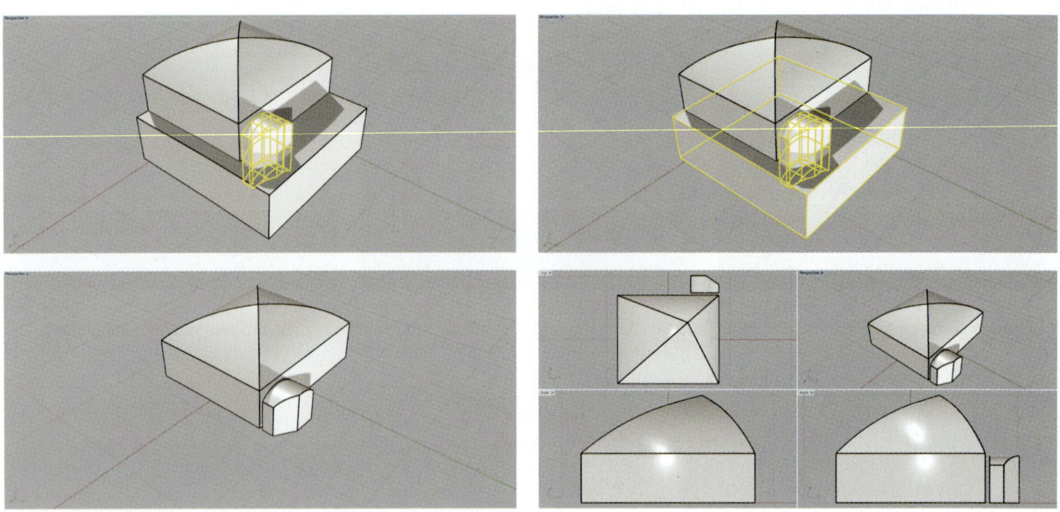

14. Top Top Viewport에서 곡선 Solid개체를 선택하고, Mirror를 실행한다. Command Prompt 영역에 Start of mirror plane값 0을 입력하고, Enter↵키를 누른 다음, Shift키를 누른 상태로 마우스 커서를 화살표 방향으로 이동한 후, 마우스 왼쪽버튼을 클릭하여 대칭 방향에 곡선 Solid개체를 복사한다.

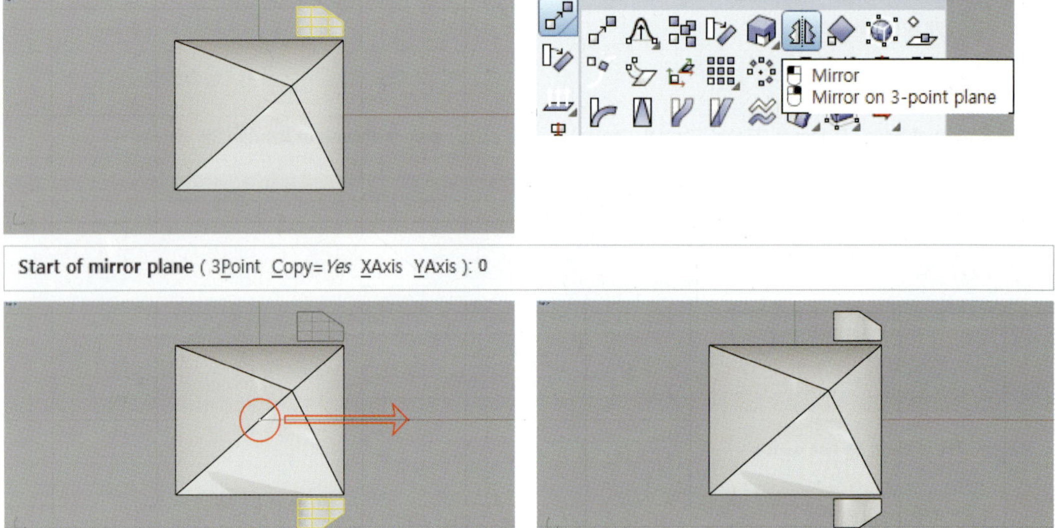

15. 화면상에 있는 개체들을 모두 잠가두고, Osnap Toolbar에서 Project에 체크한다. Front Front Viewport에서 Circle: center, radius를 실행하고, 원점(0, 0) 기준으로 지름 0.85㎜ 원형 Curve 개체를 생성한다.

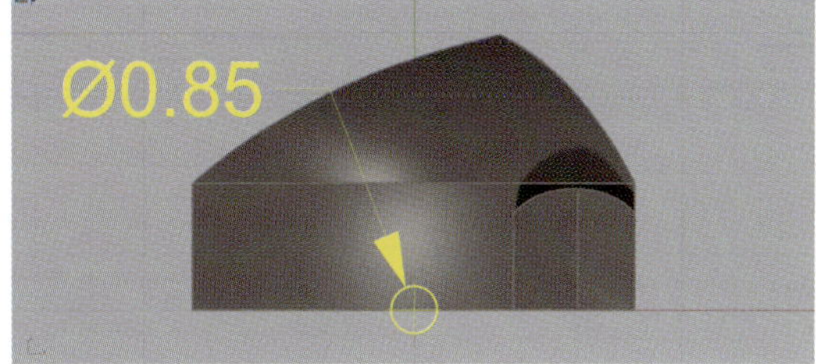

Diameter <0.850> (Radius Orientation Circumference Area ProjectOsnap=Yes): 0.85

Center of circle (Deformable Vertical 2Point 3Point Tangent AroundCurve FitPoints): 0

16. 생성된 원형 Curve개체를 선택하고, Gumball을 화면상에 나타나게 한다. 빨간 화살표를 선택하고, 2.3을 입력한 후, Enter↵키를 누른다. 녹색 화살표를 누르고, 1.15를 입력한 후, Enter↵키를 누르면 다음 그림과 같은 위치로 이동한 원형 Curve개체를 확인할 수 있다.

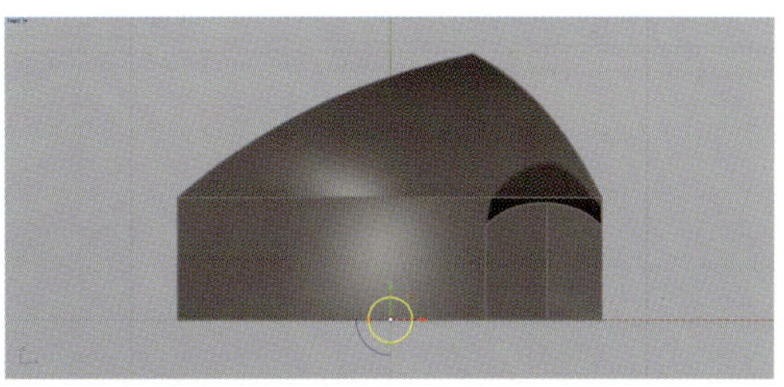

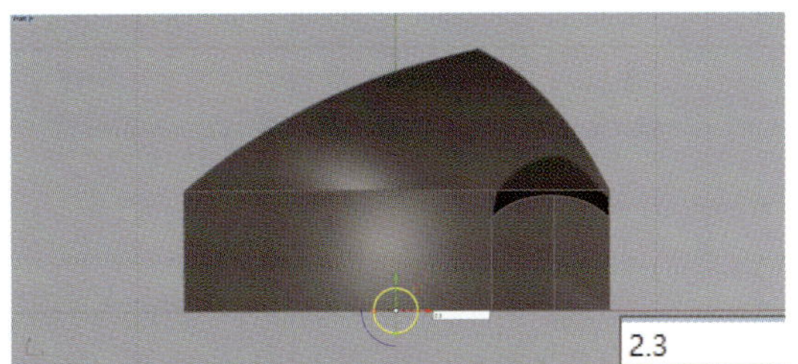

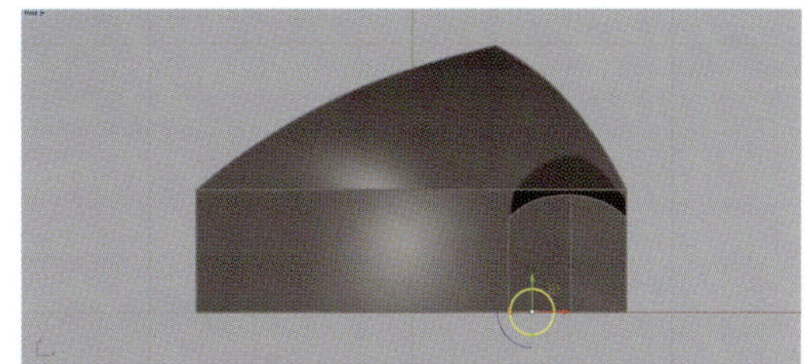

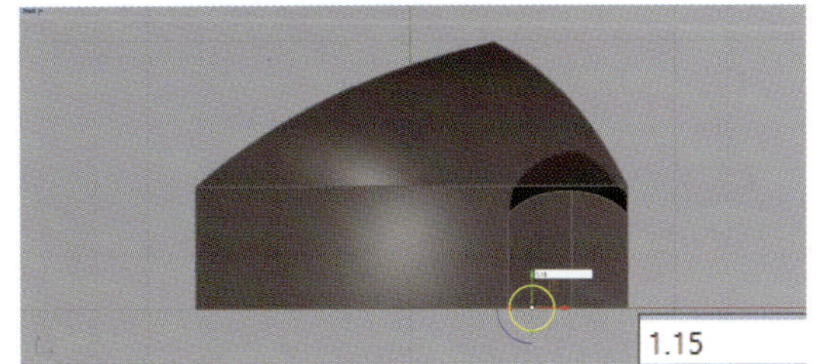

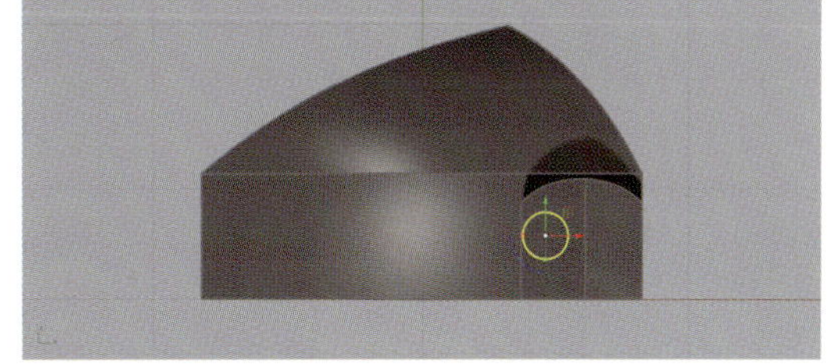

17. 원형 Curve개체를 선택하고, Extrude straight를 실행한다. Command Prompt 영역에서 BothSides=Yes, Solid=Yes, Deleteinput=Yes로 설정하고, Extrusion distance값 4를 입력한 후, Enter↵ 키를 누른다.

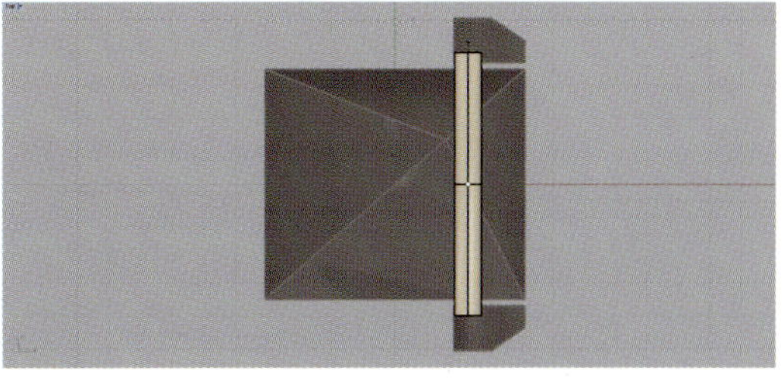

Extrusion distance <2.28> (Direction BothSides=Yes Solid=Yes DeleteInput=Yes ToBoundary SetBasePoint): 4

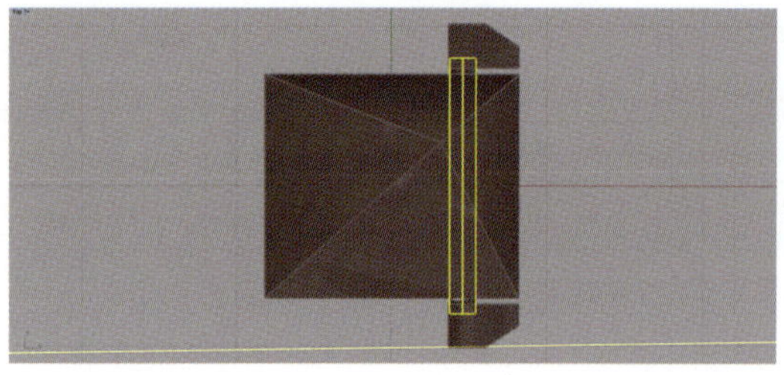

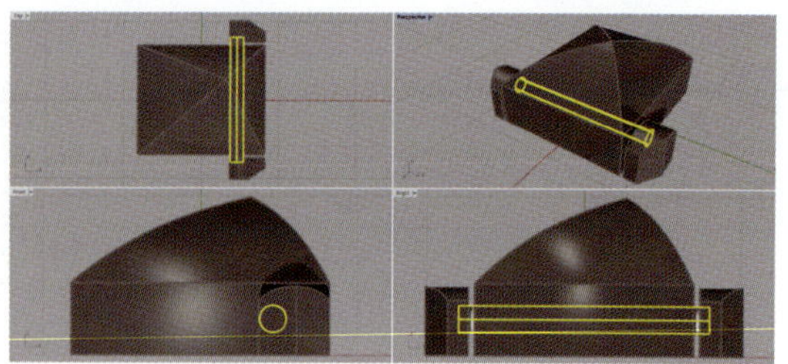

18. 개체들을 모두 잠금 해제하고, 곡선 Solid 개체 2개와 생성된 Cylinder개체를 선택한 후, Boolean union을 실행하여 하나의 개체로 결합한다.

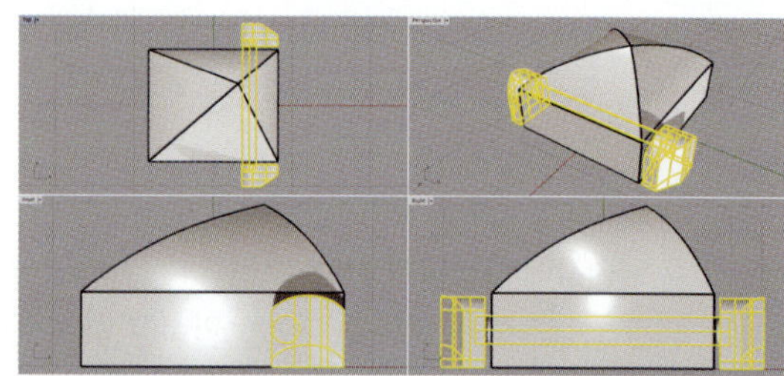

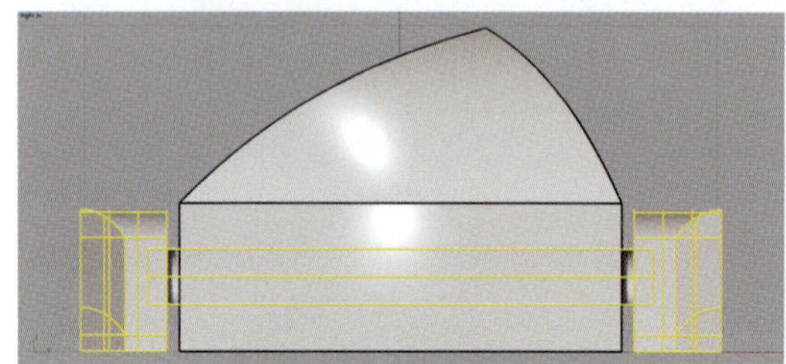

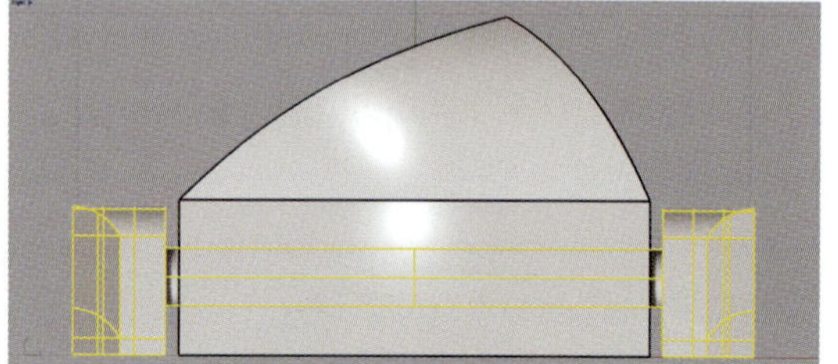

19. 모든 개체들을 잠시 숨겨두고, **Front** Front Viewport에서 Rectangle: Center, Corner를 실행한다. Command Prompt 영역에 Center of rectangle값 0을 입력하고, Enter↵키를 누른 후, Other corner or length값 1.15를 입력한 다음, Enter↵키를 누른다. Width값 2.1을 입력하고, Enter↵키를 누르면 다음 그림과 같이 생성된 가로 1.15㎜, 세로 2.1㎜의 직사각형 Curve개체를 확인할 수 있다.

Center of rectangle (Rounded): 0

Other corner or length (3Point Rounded): 1.15

Width. Press Enter to use length (Rounded): 2.1

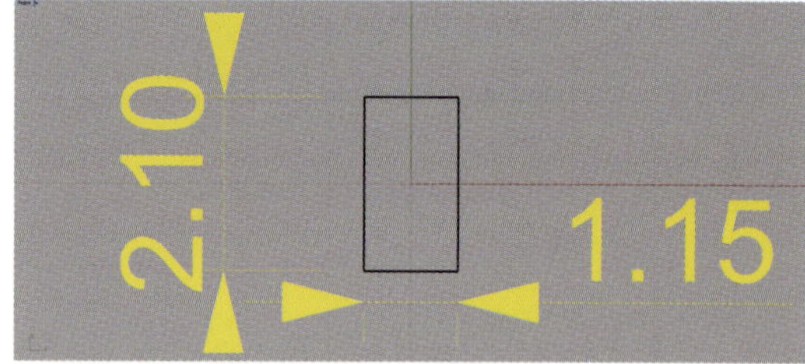

20. Fillet curves를 실행하고, Command Prompt 영역에서 Join=Yes, Trim=Yes로 설정한 후, Radius값 0.57을 입력한 다음, Enter↵키를 누른다. 1번 Curve개체와 2번 Curve개체를 선택하여 직사각형 Curve개체의 모서리 부분을 반지름 0.57㎜로 Fillet한다. 다시 Fillet curves를 실행하고, 3번 Curve개체와 4번 Curve개체의 모서리 부분도 반지름 0.57㎜로 Fillet한다.

Select first curve to fillet (Radius=*0.75* Join=*Yes* Trim=*Yes* ExtendArcsBy=*Arc*): 0.57

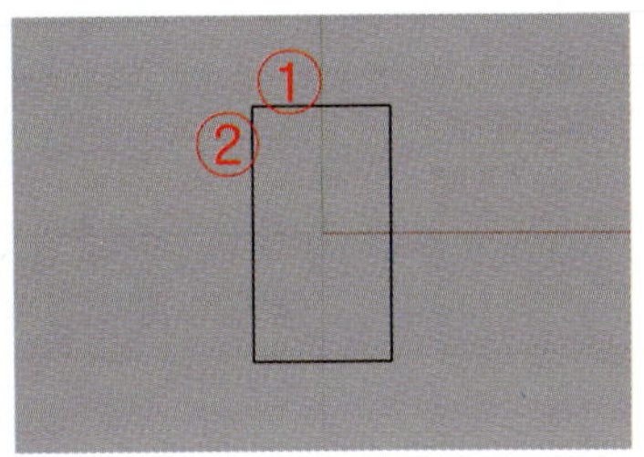

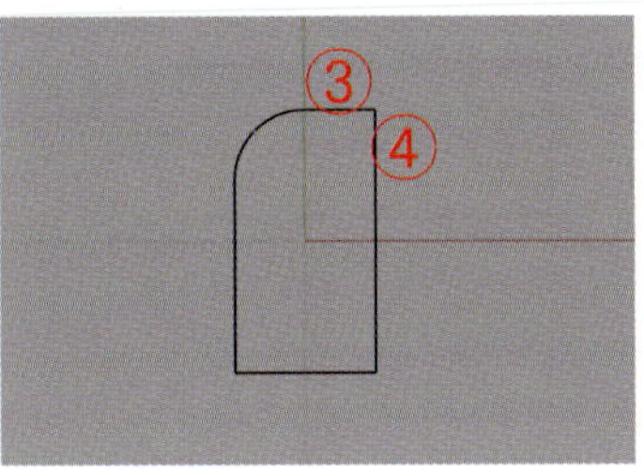

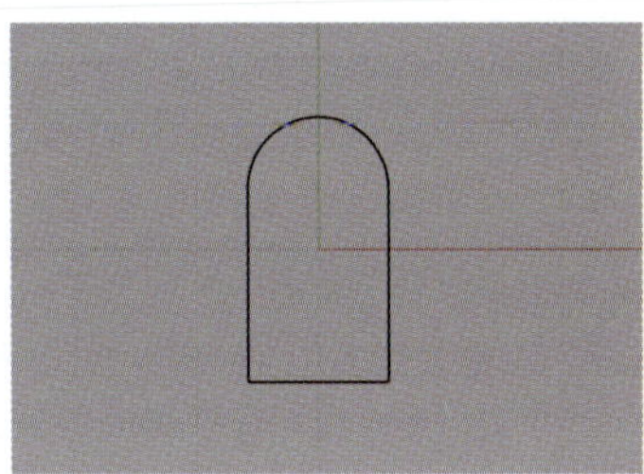

21. Curve개체를 선택하고, Gumball을 화면상에 나타나게 한다. 빨간 화살표를 선택하고, 2.31을 입력한 후, Enter↵키를 누른다. 녹색 화살표를 선택하고, 0.57을 입력한 후, Enter↵키를 누르면 다음 그림과 같이 이동한 Curve개체를 확인할 수 있다.

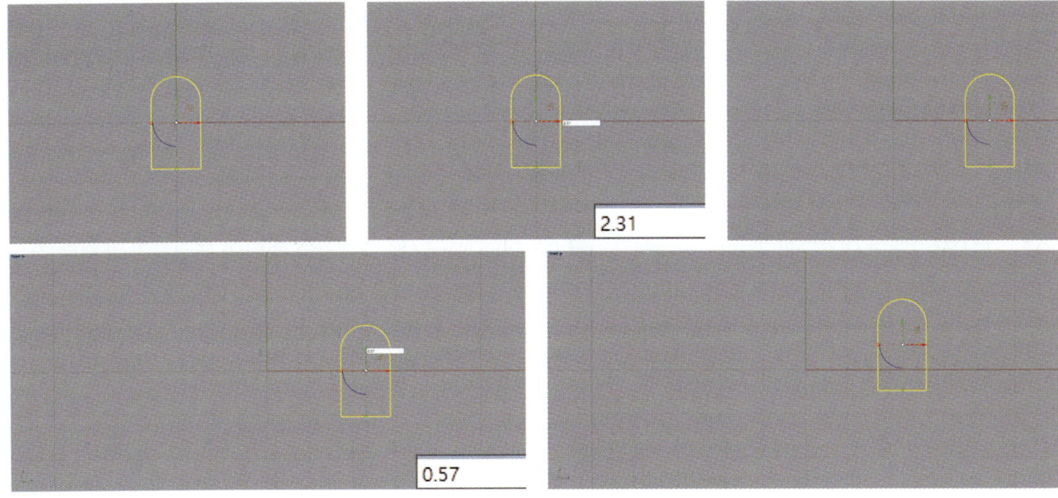

22. 이동시킨 Curve개체를 선택하고, Extrude straight를 실행한다. Command Prompt 영역에서 BothSides=Yes, Solid=Yes, Deleteinput=Yes로 설정하고, 마우스 커서를 화살표 방향으로 움직여서 개체들이 모두 덮이는 크기의 Solid개체를 생성한다.

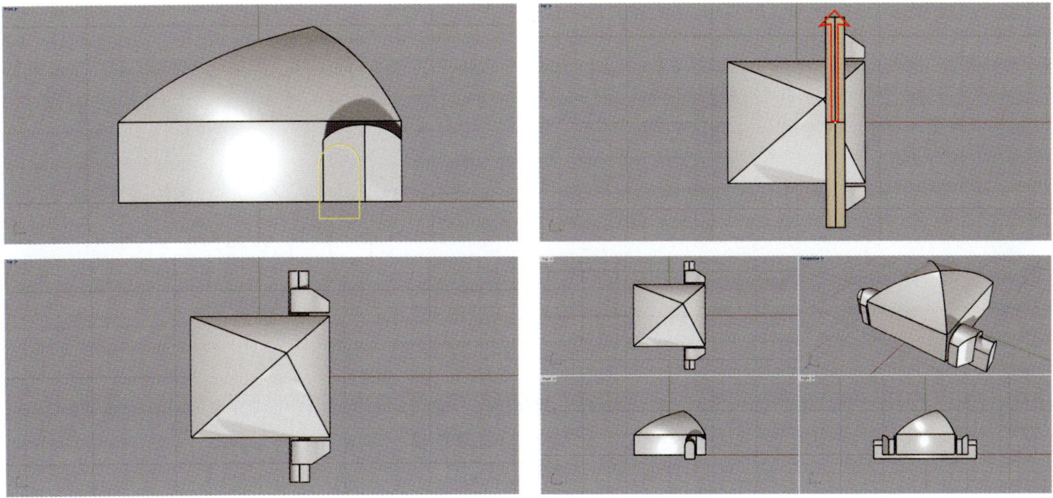

Extrusion distance <4> (Direction BothSides=Yes Solid=Yes DeleteInput=Yes ToBoundary SetBasePoint):

23. 생성된 드릴용 Solid개체와 연결고리 개체를 선택하고, Mirror를 실행한다. Start of mirror plane을 개체 하단의 End점으로 선택하고, Shift 키를 누른 상태로 마우스 커서를 화살표 방향으로 이동한 후, 마우스 왼쪽버튼을 클릭하여 대칭방향에 복사한다.

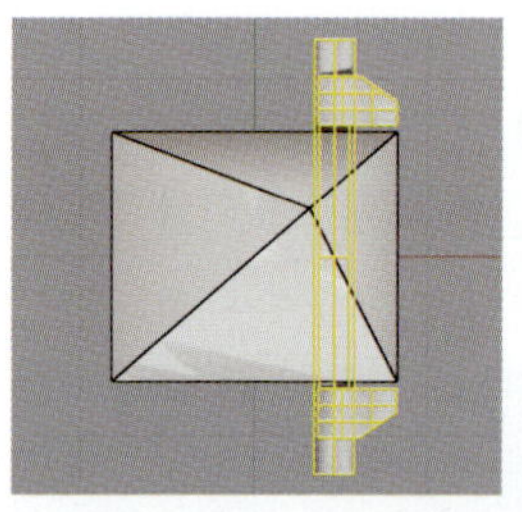
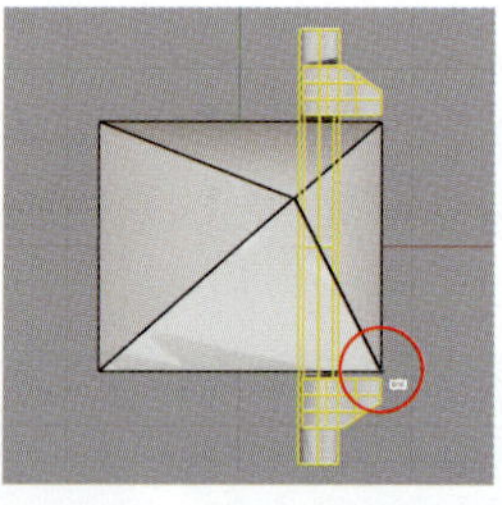
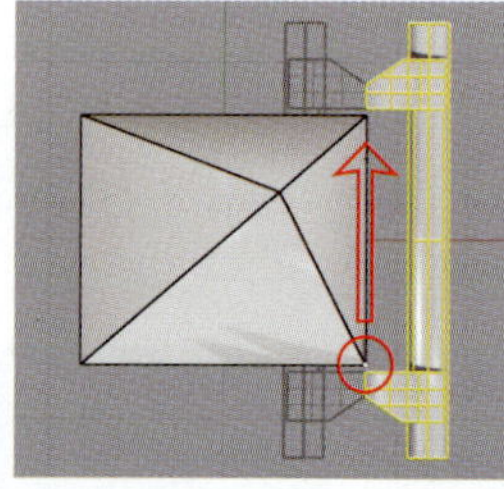
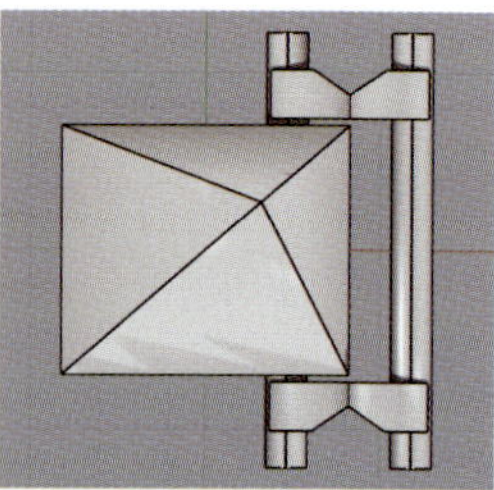

Start of mirror plane (3Point Copy=Yes XAxis YAxis):

24. 복사된 2개의 연결고리 개체를 선택하고, Boolean union을 실행하여 하나의 연결고리 개체로 결합한다. 다시 드릴용 Solid개체 2개와 연결고리 개체를 선택하고, Mirror를 실행한다. 원점(0, 0)을 기준으로 하여 Shift 키를 누른 상태로 마우스 커서를 화살표 방향으로 이동한 후, 마우스 왼쪽버튼을 클릭하여 대칭 방향에 선택한 개체들을 복사한다.

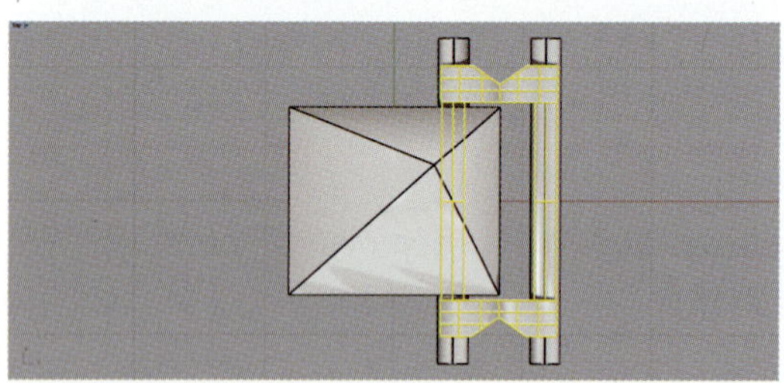
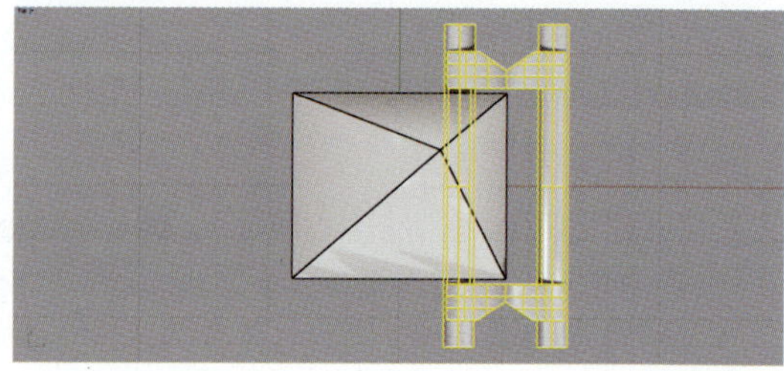

Start of mirror plane (3Point Copy=Yes XAxis YAxis): 0

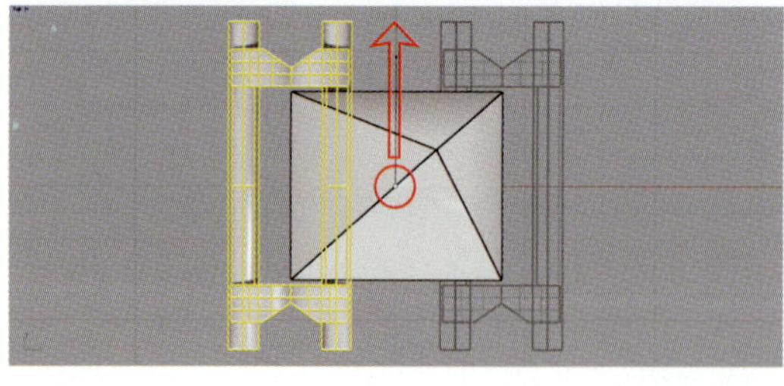
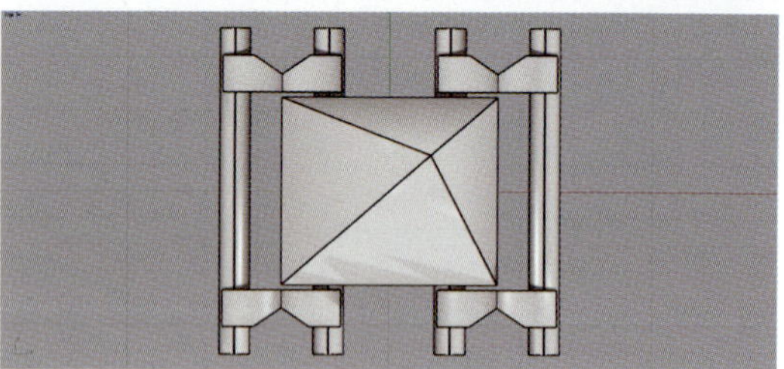

25. 다음 그림과 같이 좌우의 드릴용 Solid개체는 삭제한다. 지붕 모양의 상단개체를 선택하고, Boolean difference를 실행한 후, 드릴용 Solid개체 2개를 선택한 다음, Enter↵ 키를 누른다.

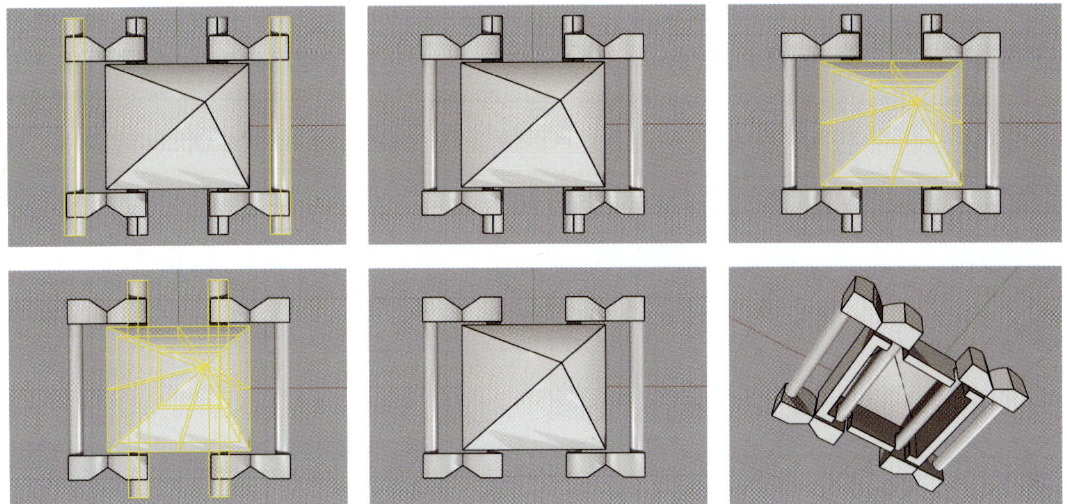

26. 연결고리 개체 2개는 잠시 숨겨두고, Top ▾ Top Viewport를 Bottom ▾ Bottom Viewport로 바꿔준다. (Top ▾ Top 글씨 옆 화살표를 클릭한 후, Set View에서 Bottom을 선택)

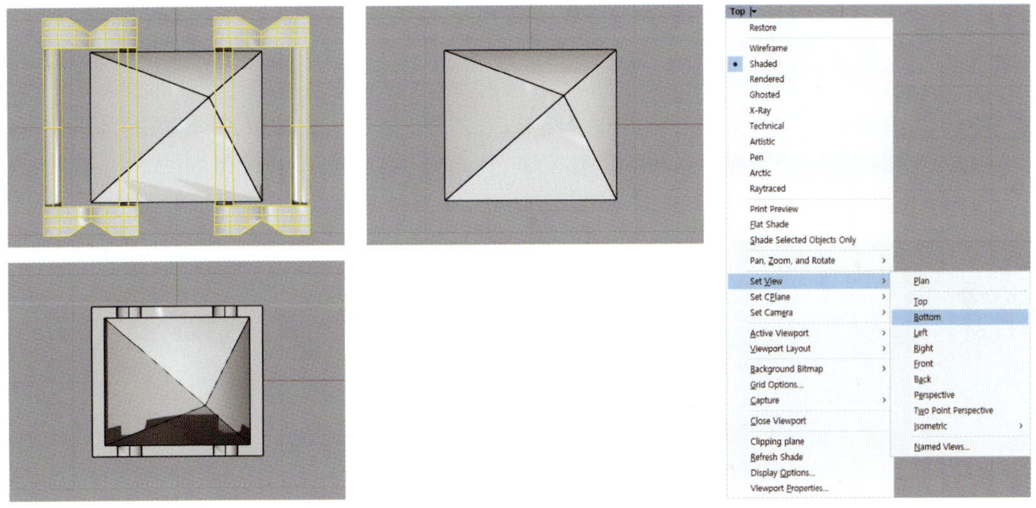

27. Duplicate edge를 실행하여, 다음 그림과 같이 지붕 모양 상단개체의 안쪽 Edge를 추출한다. 추출된 Edge들을 모두 선택하고, Join을 실행하여 4개의 Curve개체로 결합한다.

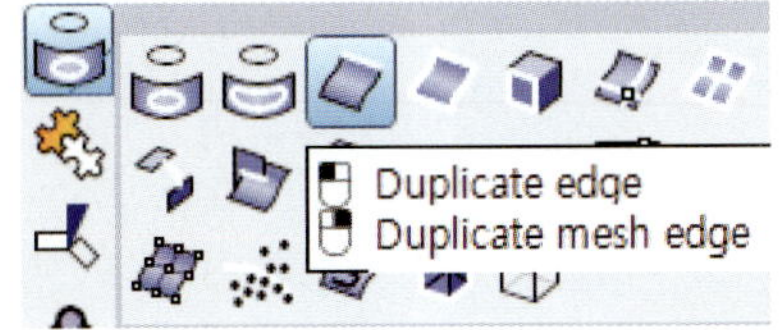

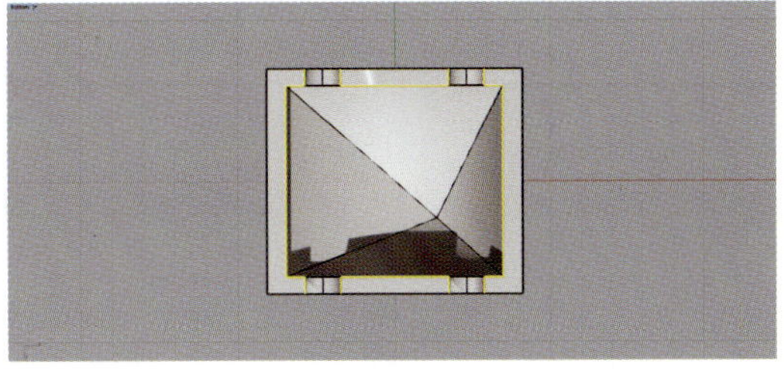

28. 추출한 4개의 Curve개체만 화면상에 남겨두고, Solid개체는 잠시 숨겨둔다. Offset curve를 실행하고, Curve개체 1개를 선택한 후, Command Prompt 영역에 Distance값 0.07을 입력한 다음, Enter↵키를 누른다. 마우스 커서를 화살표 방향으로 움직인 후, 마우스 좌측버튼을 클릭하여 선택한 Curve개체를 0.07㎜ Offset시킨다. 남은 Curve개체 3개도 안쪽방향으로 0.07㎜ Offset시킨다.

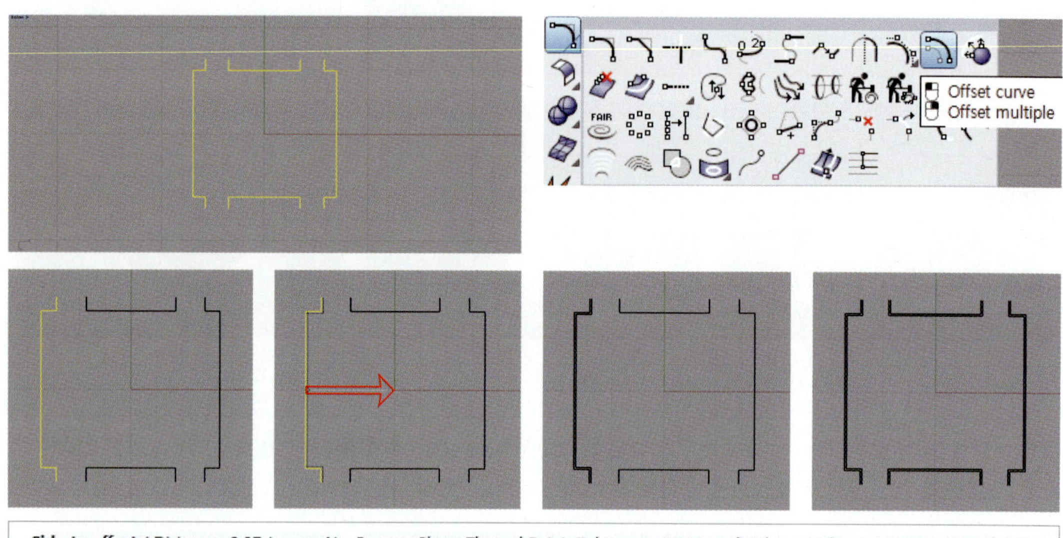

29. 다음 그림과 같이 바깥쪽 Curve개체 4개는 삭제하고, Single Line을 실행하여 열려있는 4곳에 직선 Curve개체를 생성한다. 8개의 Curve개체를 모두 선택하고, Join을 실행하여 하나의 Curve개체로 결합한다.

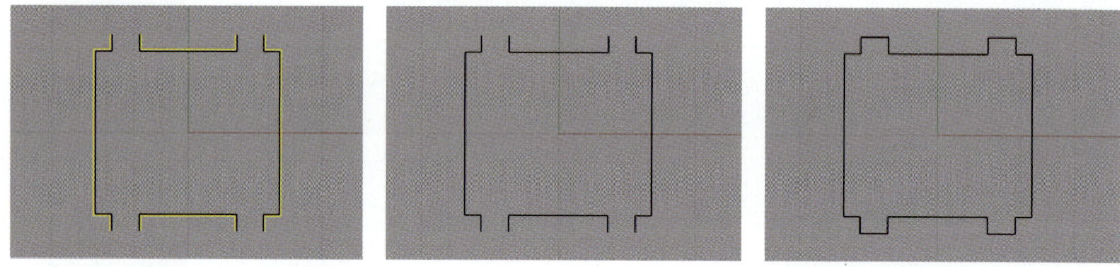

30. 결합된 Curve개체를 선택하고, Surface from planar curves를 실행하여 Surface개체를 생성한 후, Curve개체는 삭제한다.

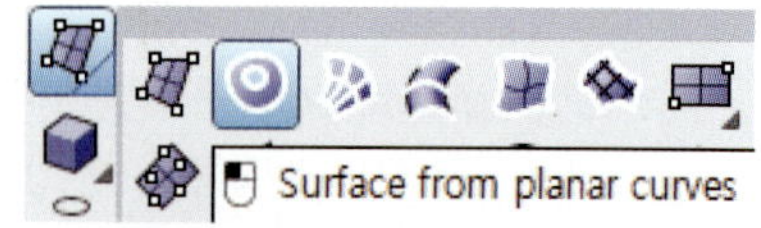

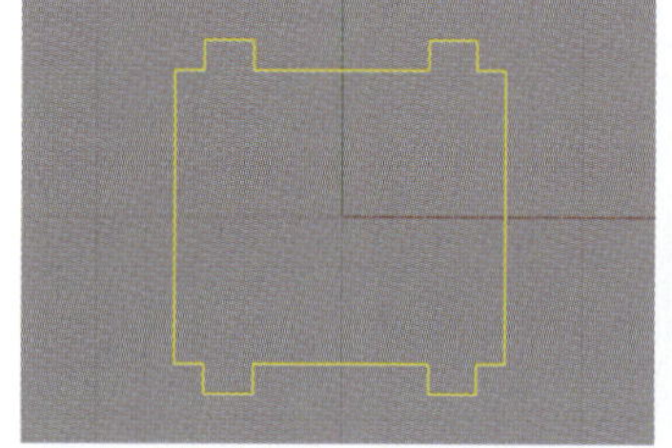
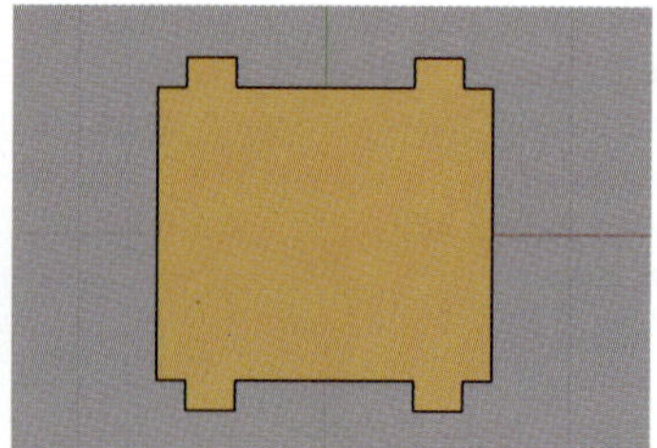
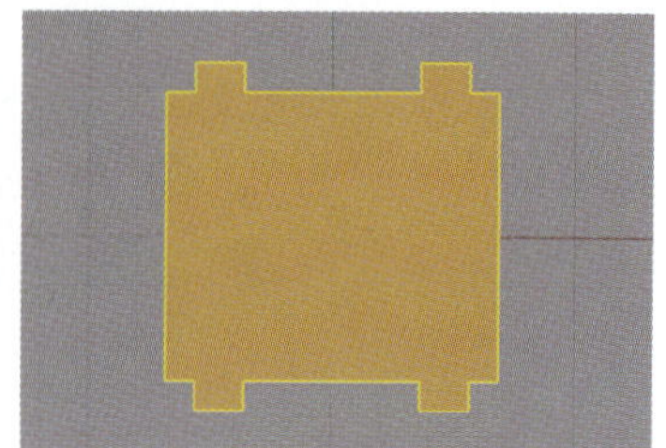

31. 생성된 Surface개체는 잠시 잠가두고, **Bottom** Bottom Viewport에서 Ctrl+I(Insert)를 실행하여 Insert창이 나타나면 Insert as에서 Individual Objects를 선택하고, 우측 상단의 폴더 아이콘을 선택한다. 직선 Curves.3dm파일을 선택하고, 열기를 누른 후, Command Prompt 영역에 Insertion point값 0을 입력하여 원점(0, 0) 위치에 직선 Curves개체를 불러온다.

→ 부록CD 〉 Rhino 예제 〉 Level 3 – Design Modeling 4 〉 직선 Curves.3dm

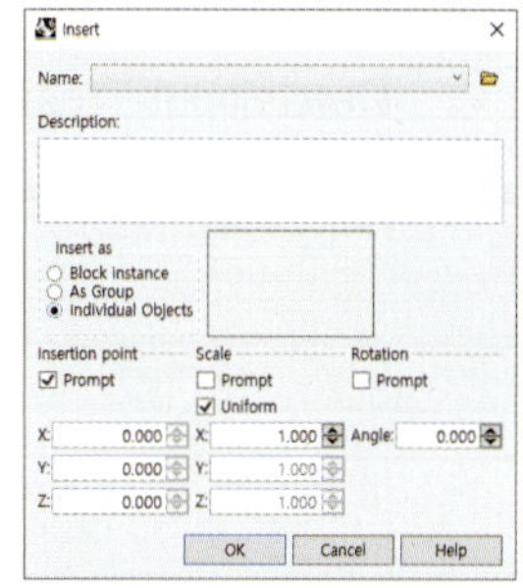

Insertion point: 0

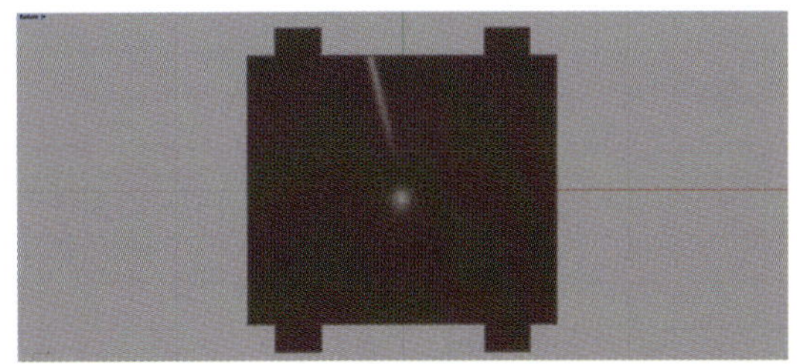

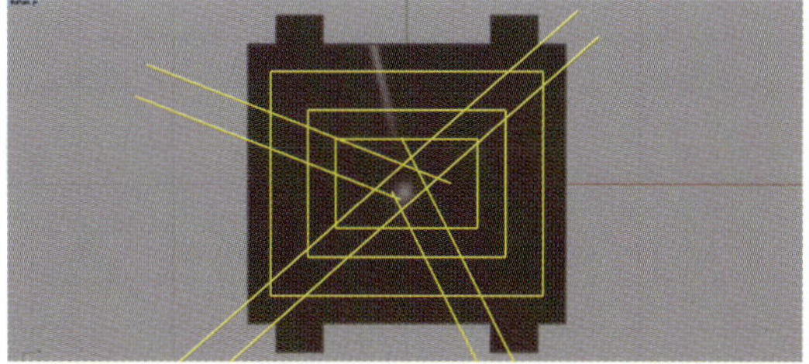

32. 불러온 Curve개체를 선택하고, Trim을 실행한 후, Curve개체를 삭제하여 다음 그림과 같은 형태로 Curve개체를 남긴다.

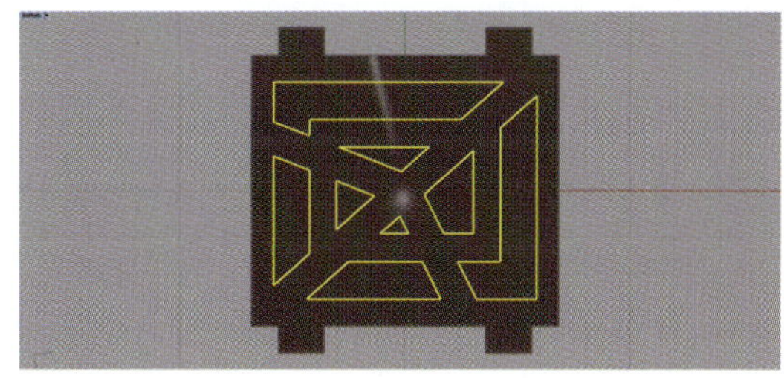

33. 잠겨있는 Surface개체를 잠금 해제하고, Curve개체들을 모두 선택한 후, Trim을 실행한다. 다음 그림과 같이 Curve개체 안쪽 Surface개체를 삭제하고, Curve개체들도 모두 삭제한다.

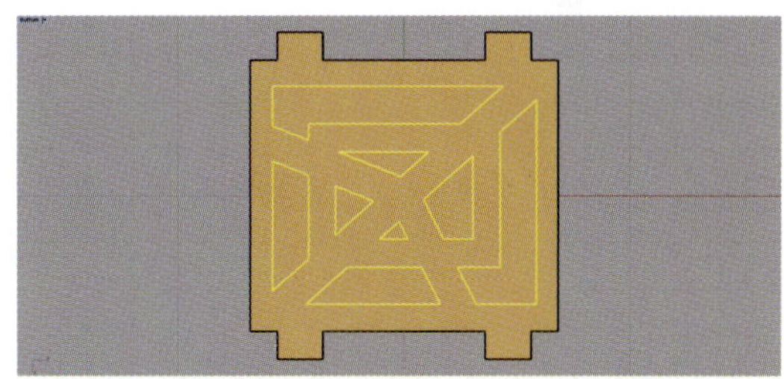

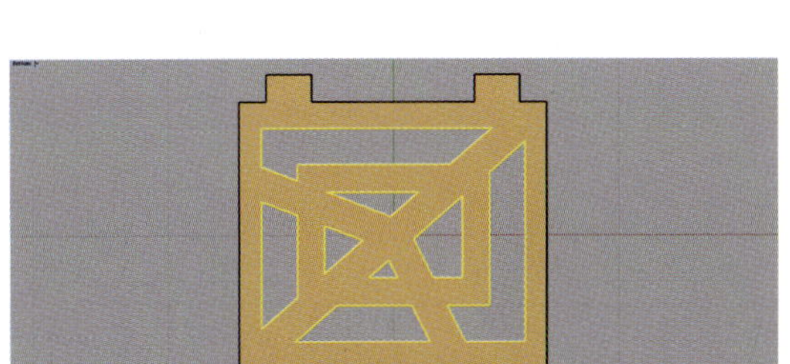

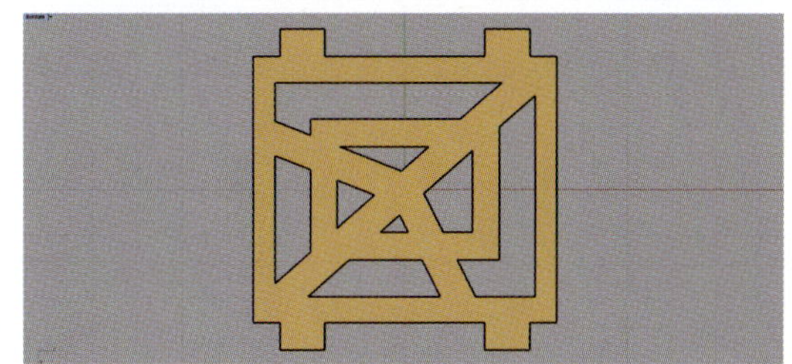

34. Surface개체를 선택하고, Offset Surface를 실행한다. Command Prompt 영역에서 Solid=Yes, Deleteinput=Yes로 설정하고, Distance값 0.7을 입력한 후, [Enter↵]키를 누른다.

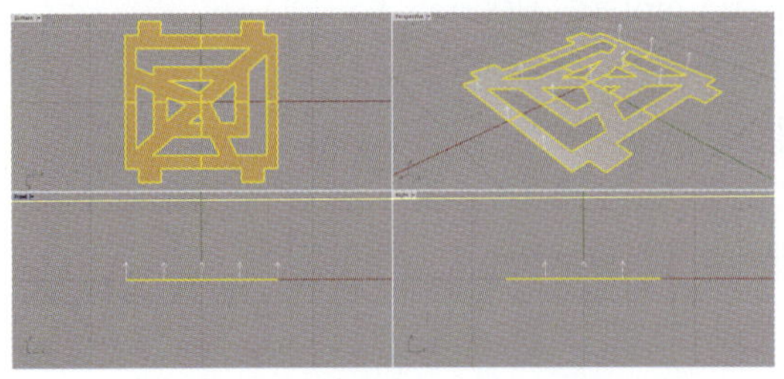

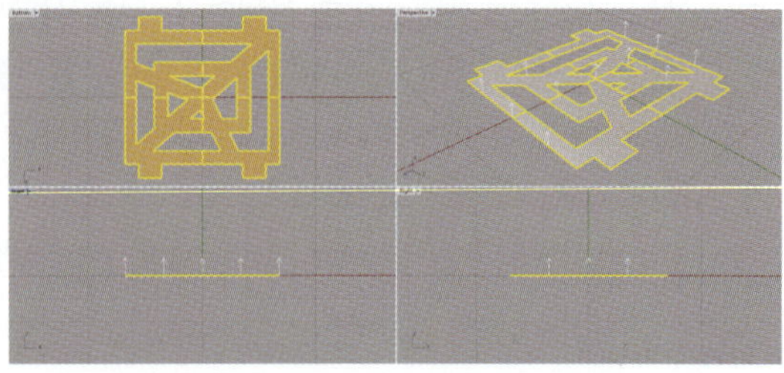

Select object to flip direction. Press Enter when done
(Distance=*0.7* Corner=*Round* Solid=*Yes* Loose=*No* Tolerance=*0.001* BothSides=*No* DeleteInput=*Yes* FlipAll): 0.7

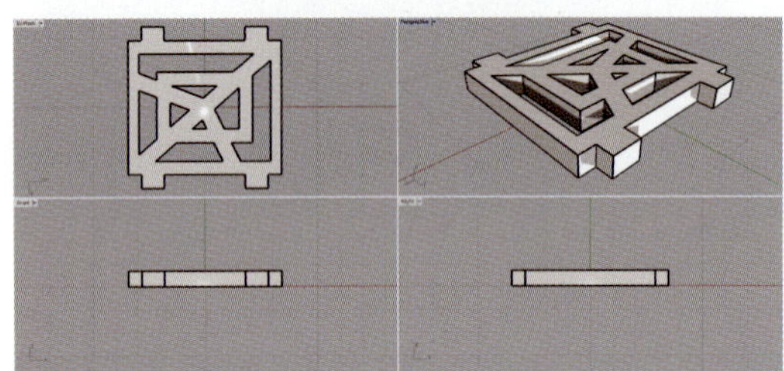

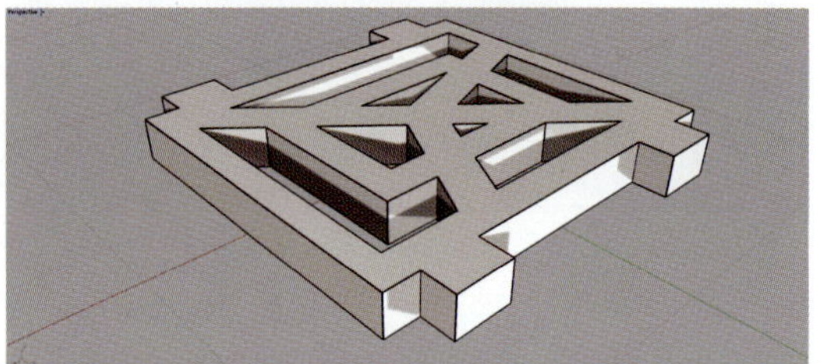

35. 생성된 지붕 모양의 하단개체는 잠시 숨겨두고, 지붕 모양의 상단개체를 화면상에 나타나게 한다. Extract surface를 실행하고, Command Prompt 영역에서 Copy=Yes로 설정한 후, 다음 그림과 같이 지붕 모양 상단개체의 안쪽 Surface개체들을 추출한다. 추출한 안쪽 Surface개체들은 Join을 실행하여 하나의 개체로 결합하고, 지붕 모양의 상단개체는 다시 숨겨둔다.

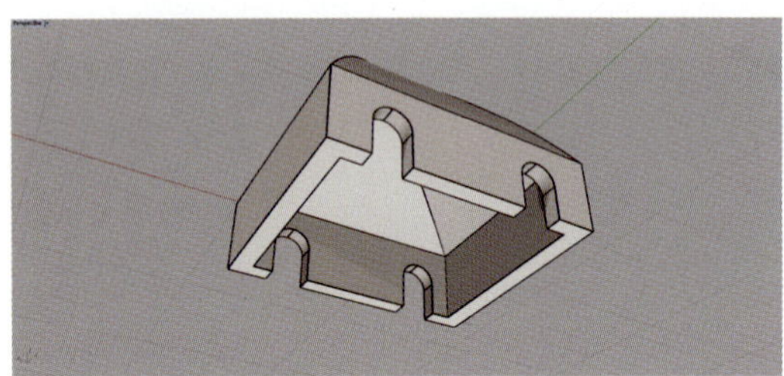

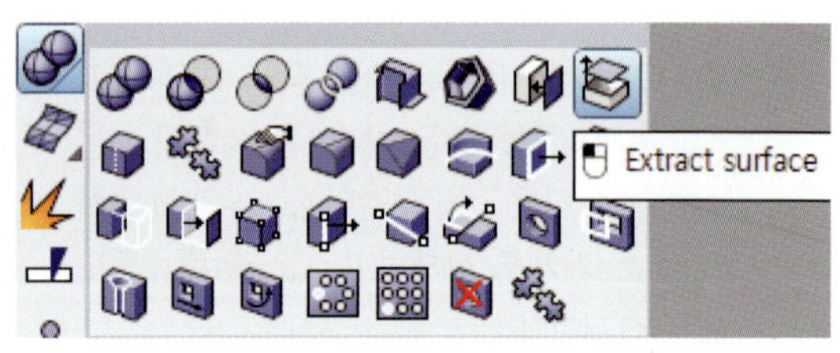

Select surfaces to extract (OutputLayer=*Input* Copy=*Yes*):

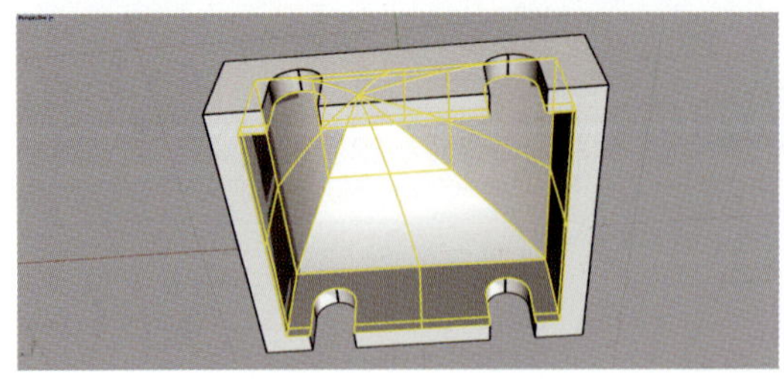

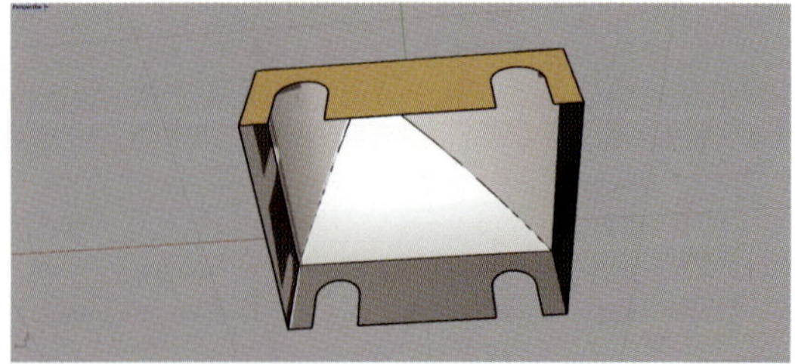

36. 지붕 모양 하단개체를 다시 화면상에 나타나게 하고, Bottom Bottom Viewport에서 Rectangle: Corner to Corner를 실행한다.
First corner of rectangle을 다음 그림에 표시한 End점으로 선택하고, Other corner or length는 마우스 커서를 화살표 방향으로 움직인 후, 대략 0.15~0.25mm의 간격을 둔 다음, 직사각형 Curve개체를 생성한다.

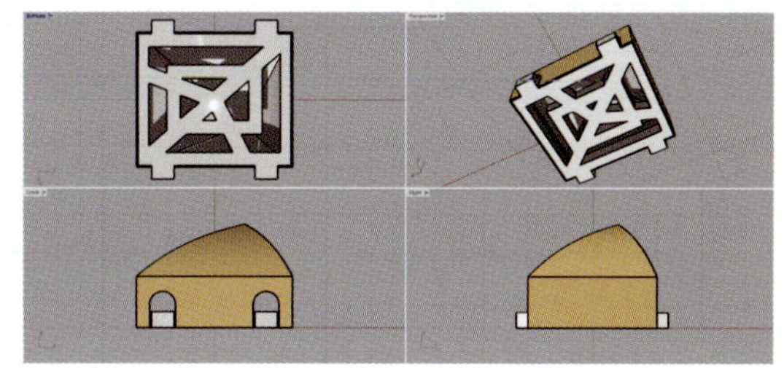

First corner of rectangle (3Point Vertical Center AroundCurve Rounded):	Other corner or length (3Point Rounded):

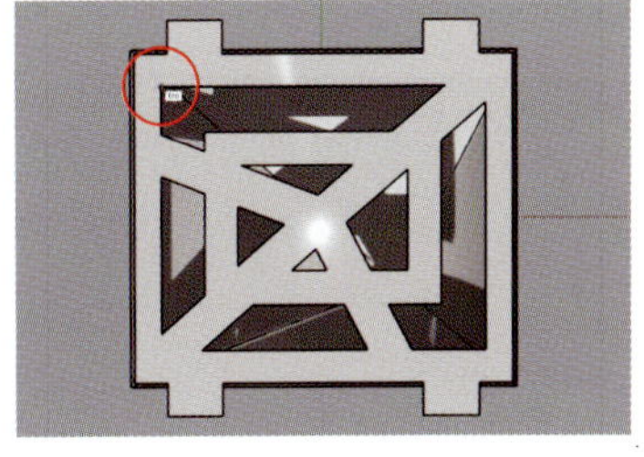

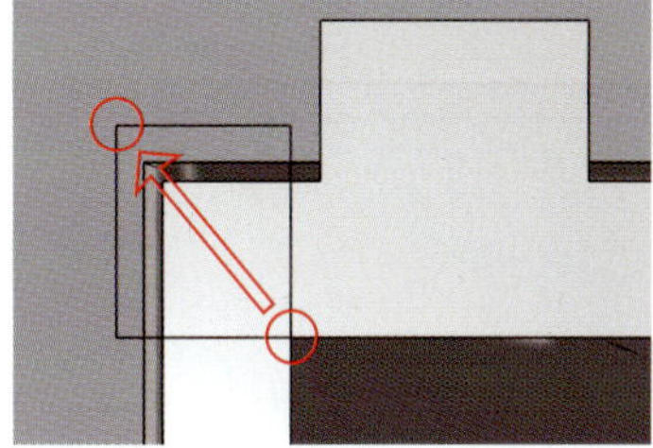

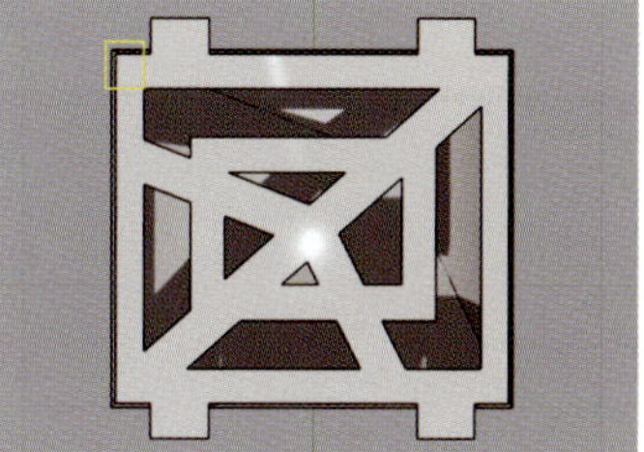

37. 남은 3곳의 모서리 부분도 위와 같은 방법으로 직사각형 Curve개체를 생성한다.

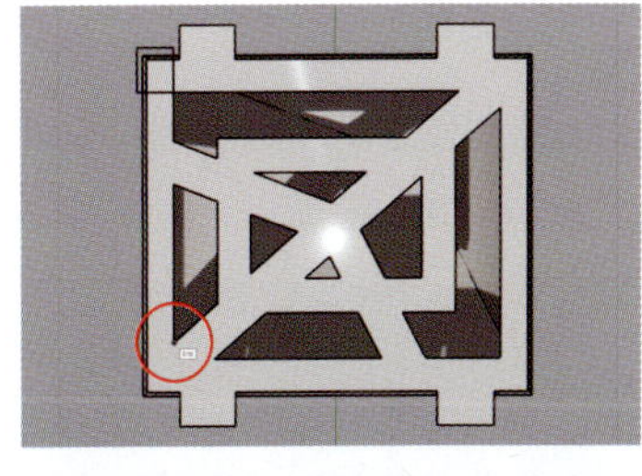

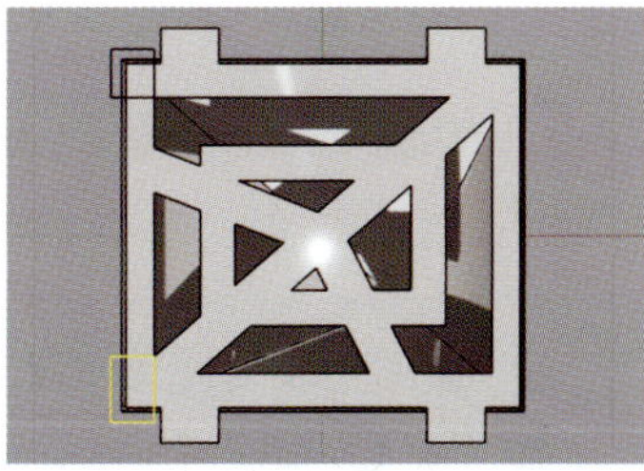

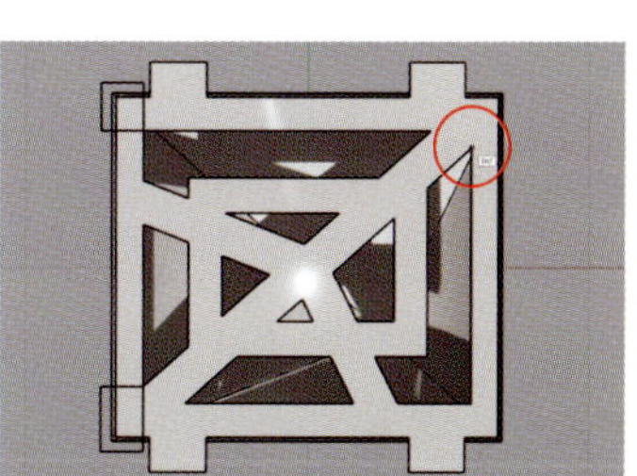

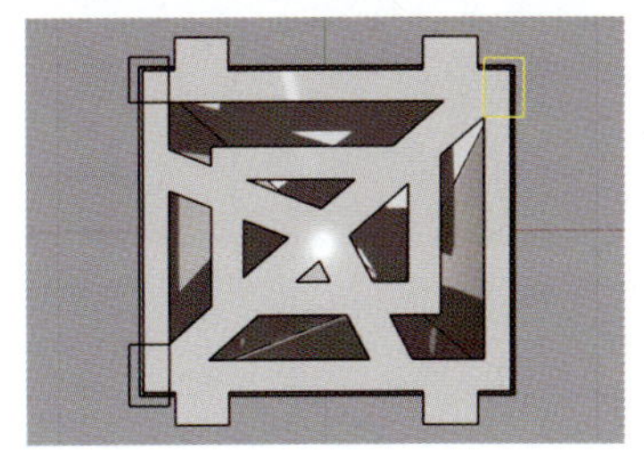

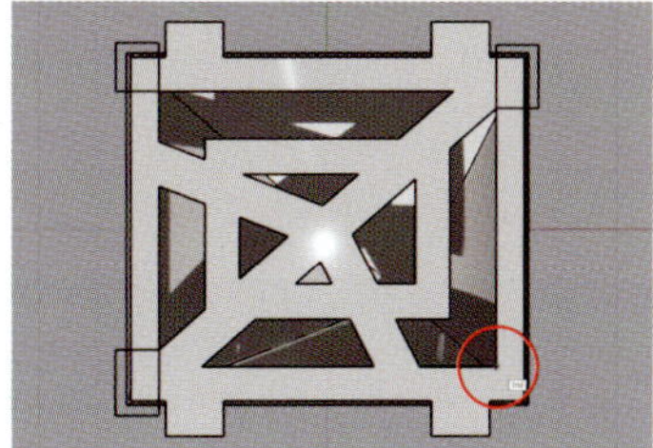

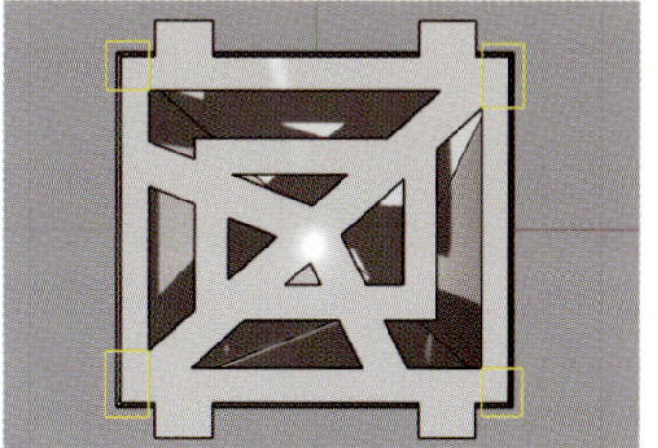

38. 생성된 4개의 직사각형 Curve개체를 선택하고, Front Front Viewport에서 Gumball을 화면상에 나타나게 한다.
녹색 화살표를 선택하고, 0.7을 입력한 후, Enter↵키를 누른다.

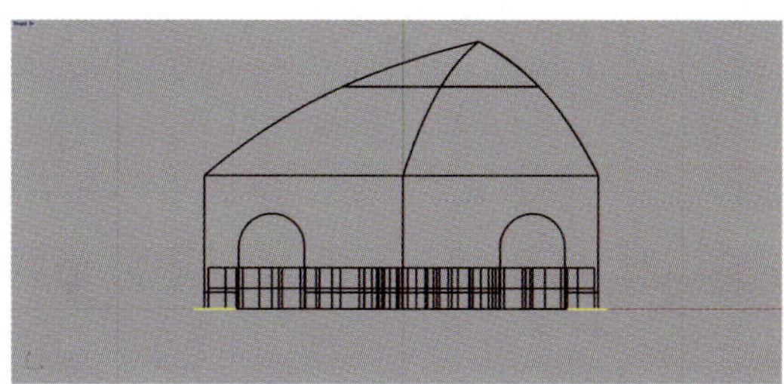

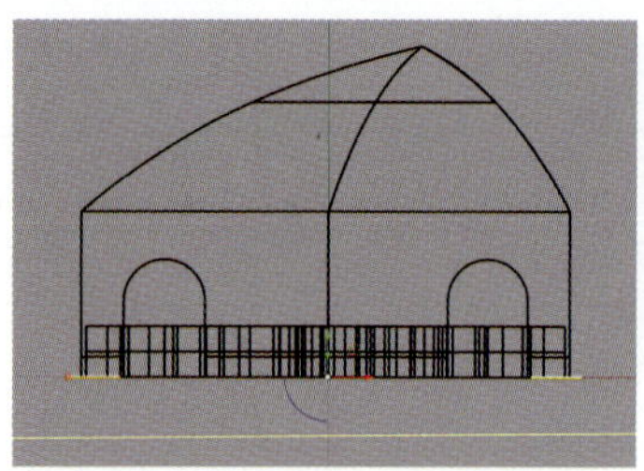

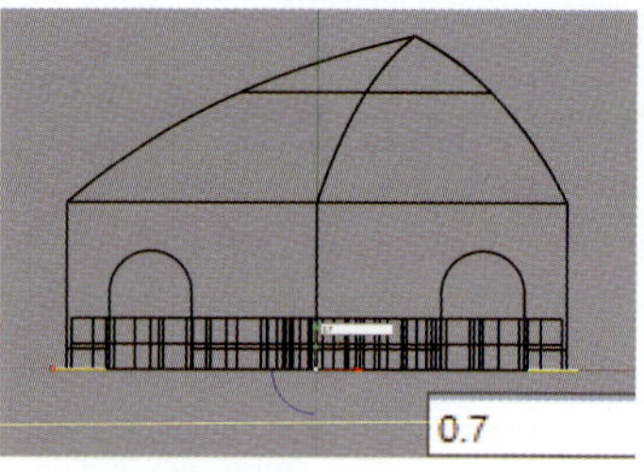

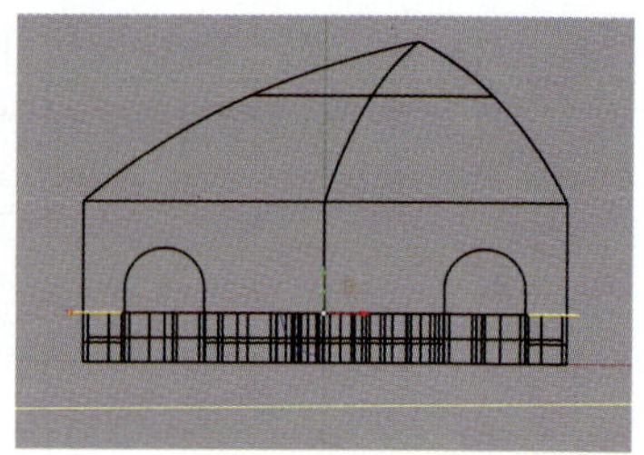

39. 이동한 4개의 직사각형 Curve개체를 선택하고, Extrude straight를 실행한다. Command Prompt 영역에서 Solid=Yes, Deleteinput=Yes로 설정하고, 다음 그림과 같이 마우스 커서를 화살표 방향으로 움직인 후, 마우스 왼쪽버튼을 클릭하여 4개의 Solid개체를 생성한다.

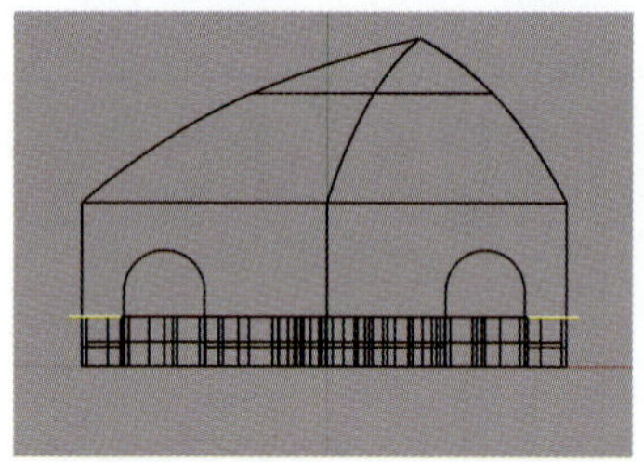

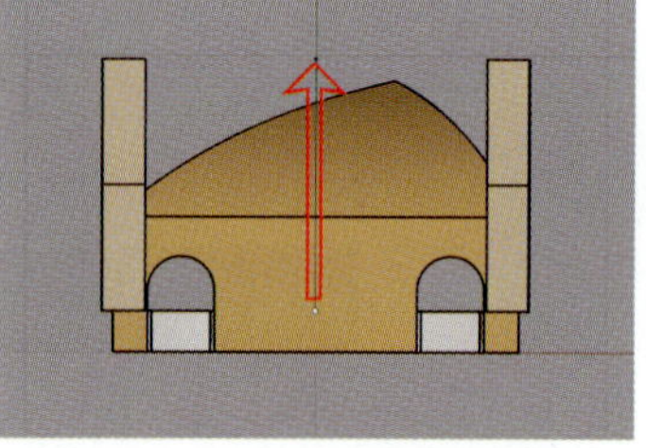

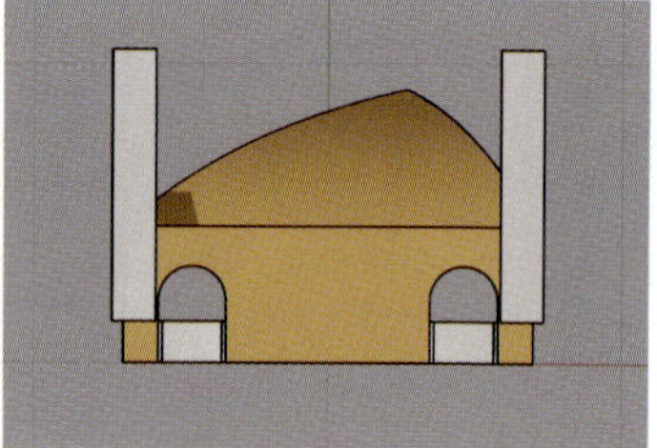

Extrusion distance <5.1412> (Direction BothSides=No Solid=Yes DeleteInput=Yes ToBoundary SetBasePoint):

40. 생성된 4개의 Solid개체와 안쪽 Surface개체를 선택하고, Create solid를 실행한 후, 다음 그림과 같이 분리된 Solid개체의 윗부분을 삭제한다.

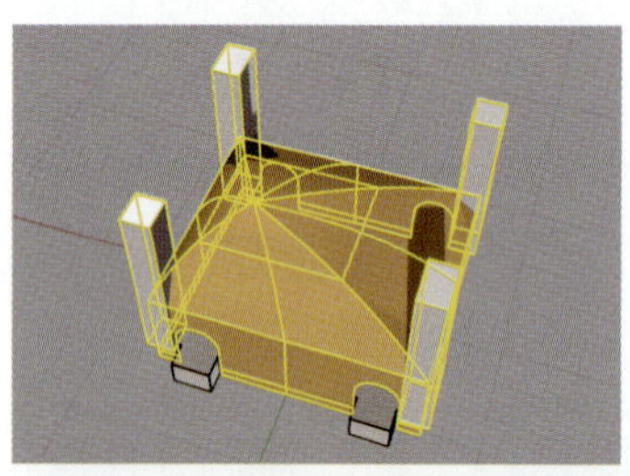

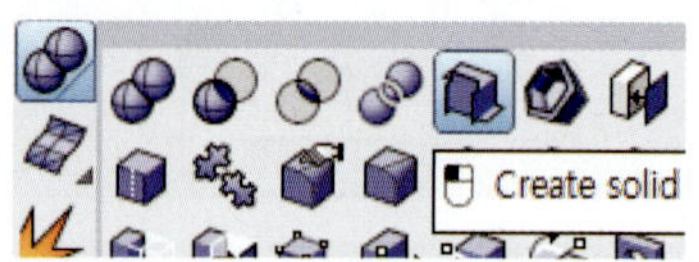

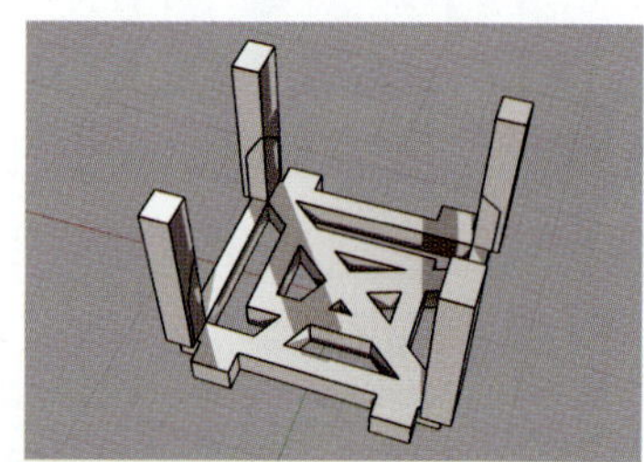

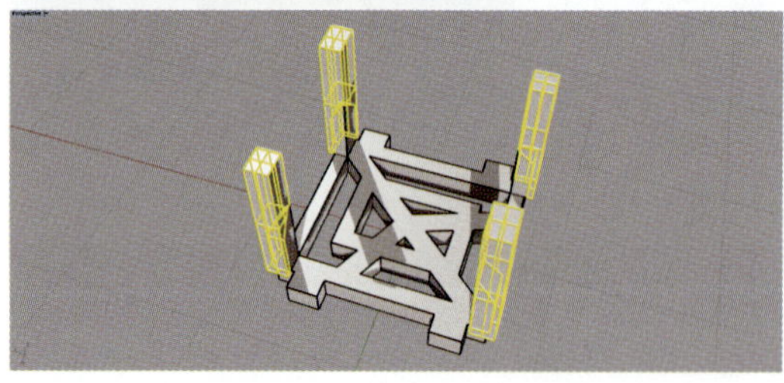

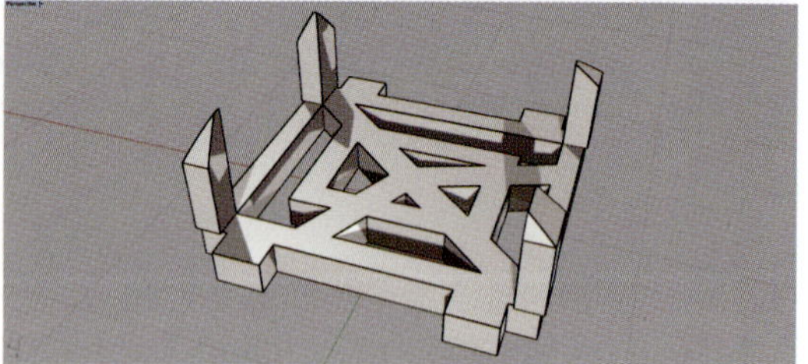

41. 지붕 모양의 하단개체를 잠시 숨겨두고, Fillet edges를 실행한 후, 다음 그림과 같이 Solid개체의 Edge를 선택한 다음, Enter↵키를 누른다. Command Prompt 영역에서 SetAll을 선택하고, Radius for all handles값 0.1을 입력한 후, Enter↵키를 누른다.

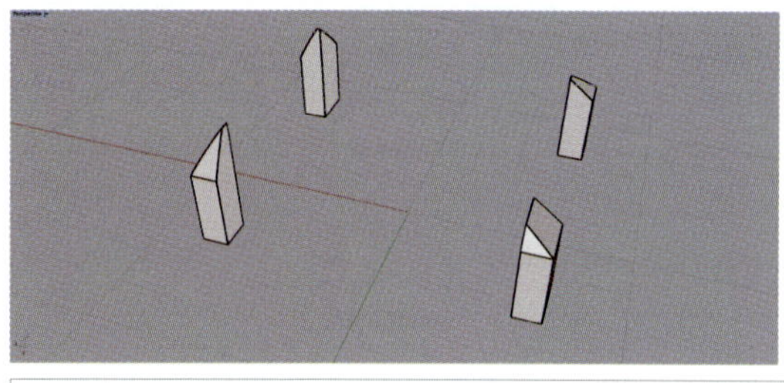

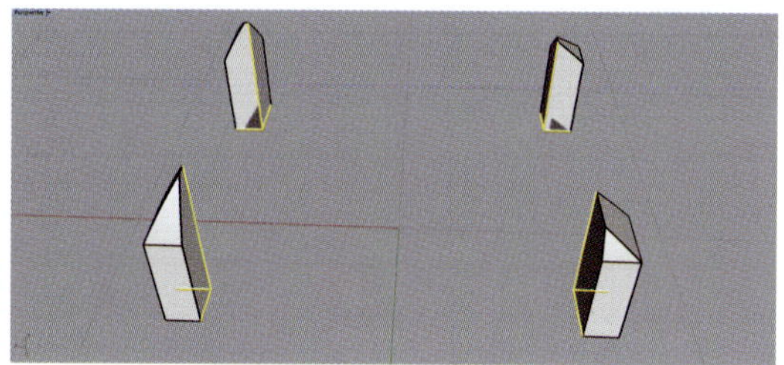

Select fillet handle to edit. Press Enter when done
(ShowRadius=*Yes* AddHandle CopyHandle SetAll LinkHandles=*No* RailType=*RollingBall* SelectEdges TrimAndJoin=*Yes* Preview=*No*):

Radius for all handles <1.000>: 0.1

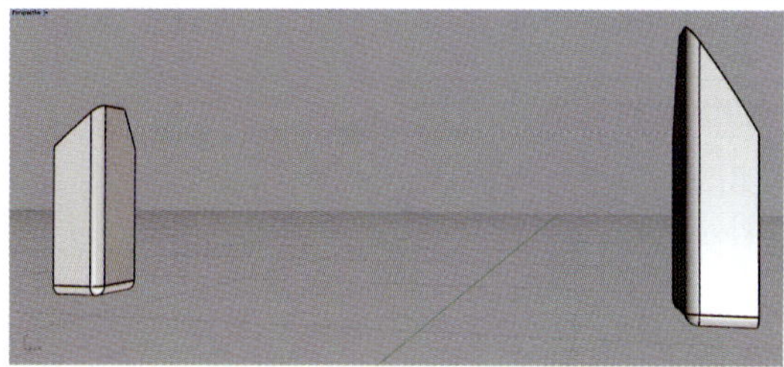

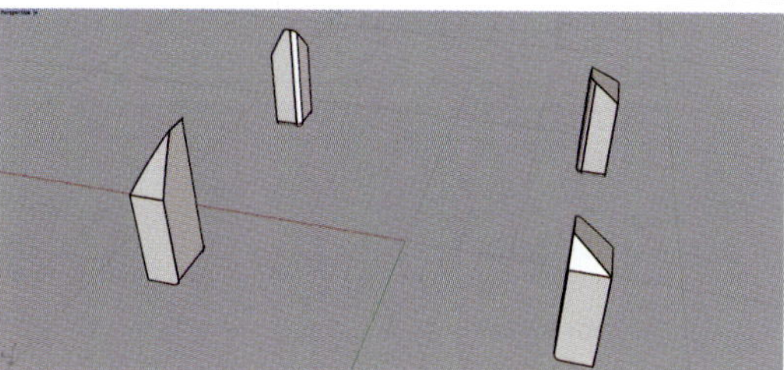

42. 지붕 모양의 상단개체를 화면상에 나타나게 하고, 반지름 0.1㎜로 Fillet한 Solid개체 4개와 지붕 모양의 상단개체를 선택한 후, Boolean union을 실행하여 하나의 개체로 결합한다.

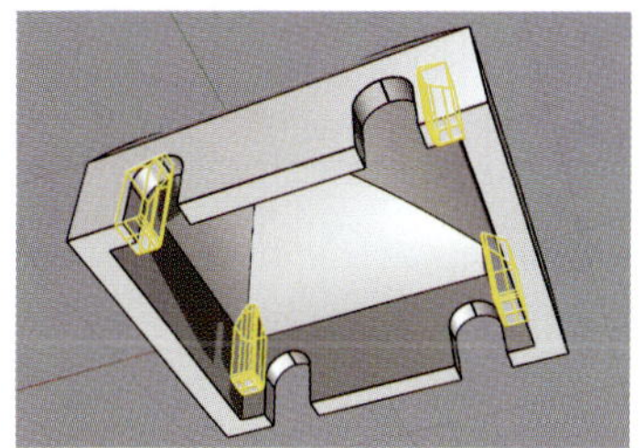

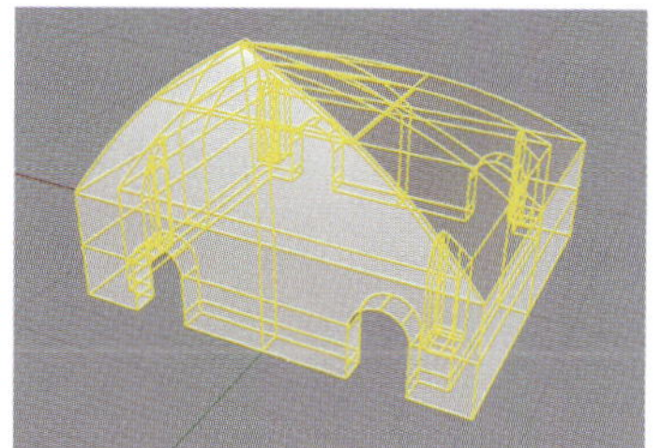

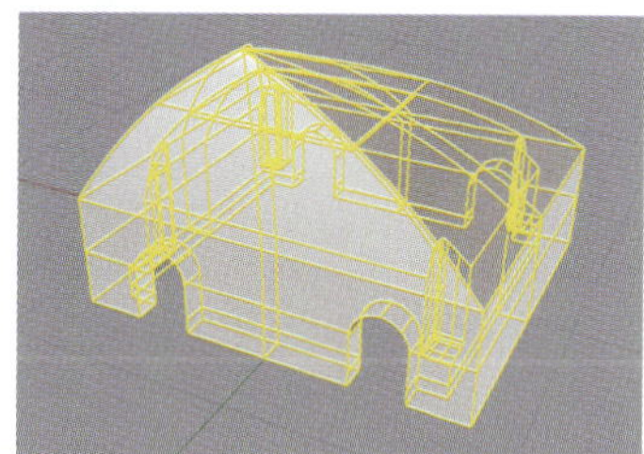

43. 지붕 모양의 하단개체를 화면상에 나타나게 하고, 상단개체와 하단개체를 모두 선택한 다음, Mirror를 실행한다. Start of mirror plane을 다음 그림과 같이 좌측 하단의 End점으로 선택하고, Shift 키를 누른 상태로 마우스 커서를 화살표 방향으로 이동한 후, 마우스 왼쪽버튼을 클릭하여 대칭방향에 선택한 개체들을 복사한다.

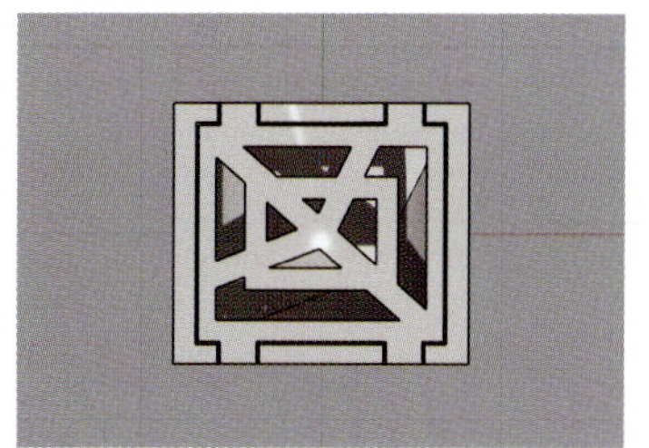

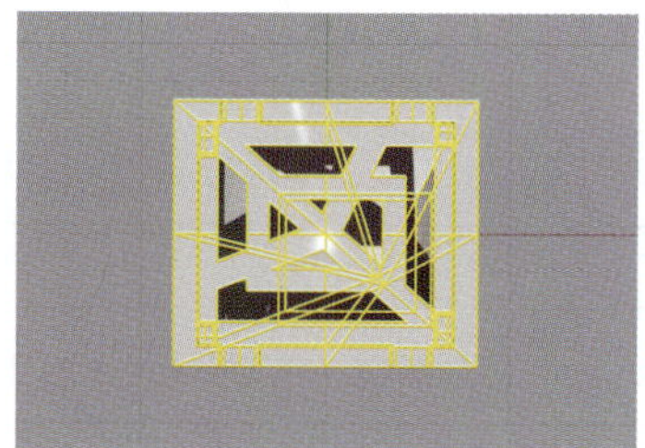

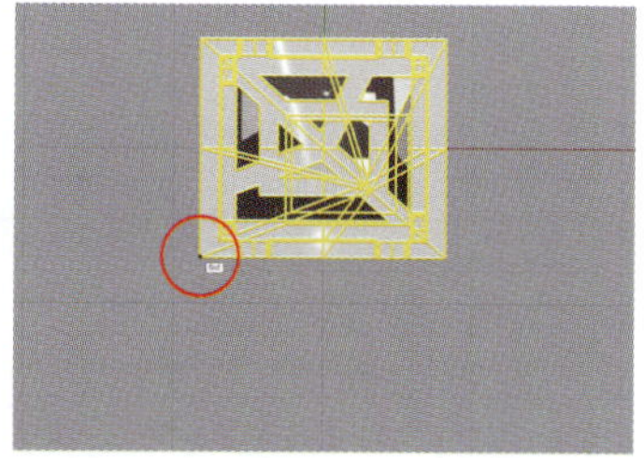

Start of mirror plane (3Point Copy=*Yes* XAxis YAxis):

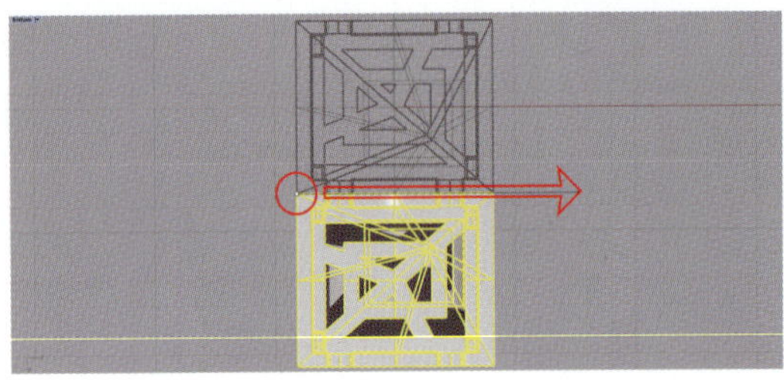

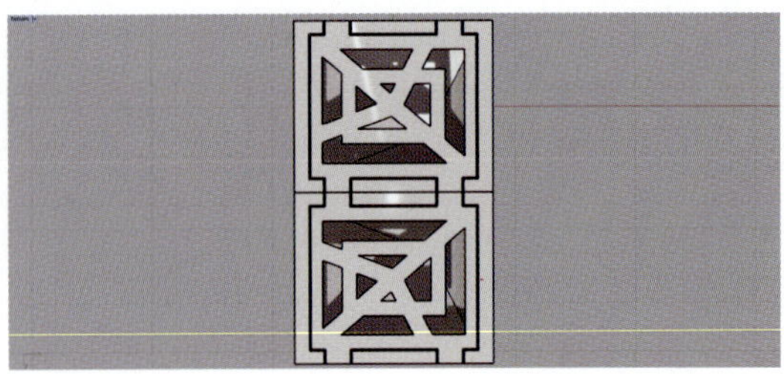

44. 복사된 2번 개체들을 모두 선택하고, Move를 실행한다. Point to move from을 선택한 개체 좌측 하단의 End점으로 선택하고, Point to move to를 다음 그림과 같이 마우스 커서를 화살표 방향으로 움직인 후, 1번 개체 우측 하단의 End점으로 선택한다.

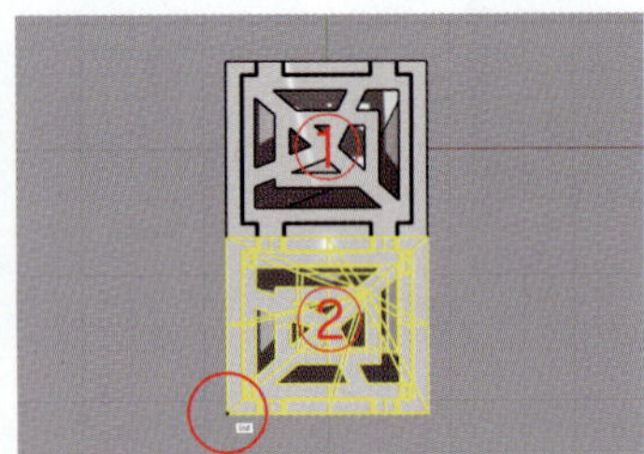

Point to move from (Vertical=*No*):

Point to move to:

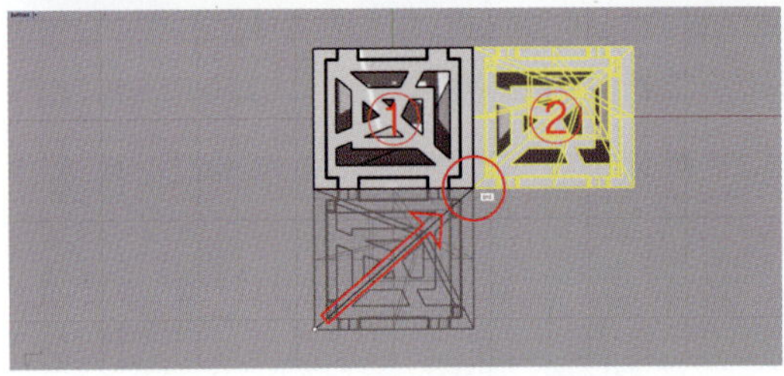

45. Top Top Viewport에서 숨겨둔 개체들을 모두 화면상에 나타나게 하고, 좌측 연결고리 개체와 지붕 모양의 상, 하단 개체를 모두 선택한 후, Copy를 실행한다.
Point to copy from을 다음 그림과 같이 지붕 모양 상단개체 좌측 상단의 End점으로 선택하고, Point to copy to는 마우스 커서를 화살표 방향으로 움직인 후, 지붕 모양 상단개체 우측 상단의 End점으로 선택한다.

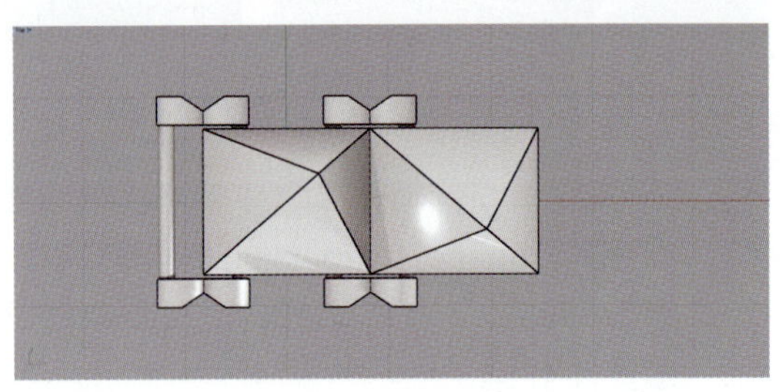

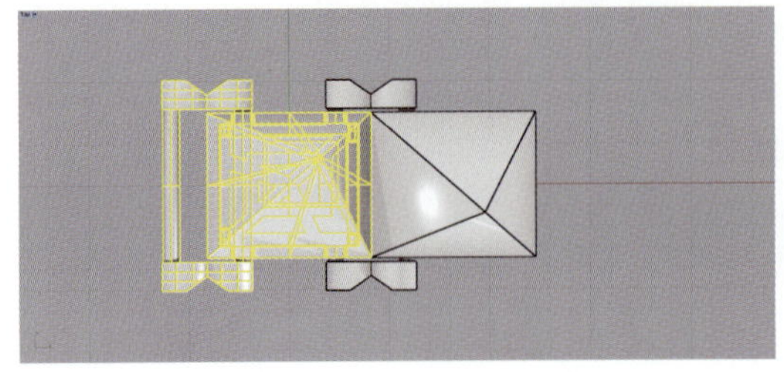

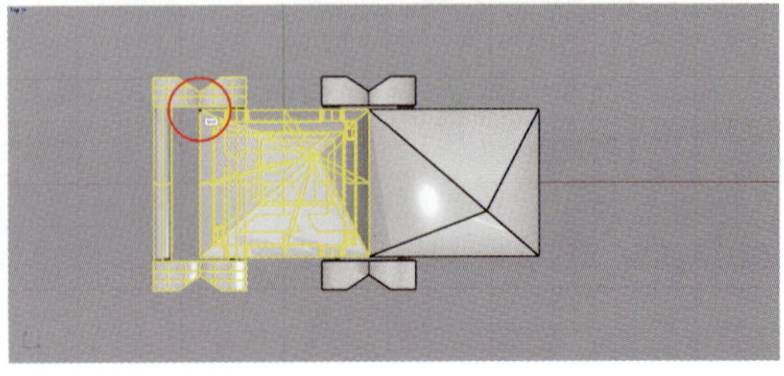

Point to copy from (Vertical=*No* InPlace):

Point to copy to:

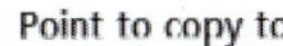

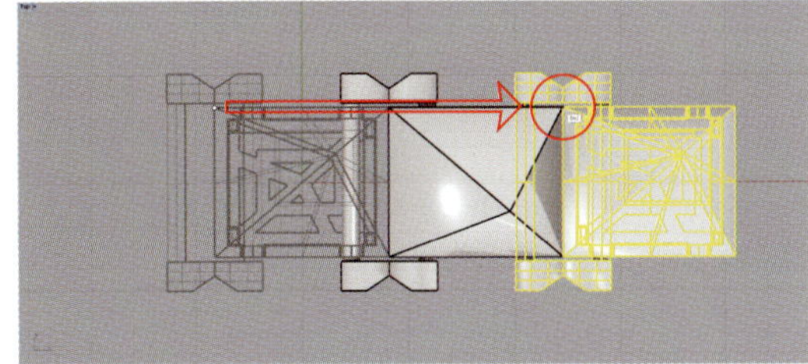

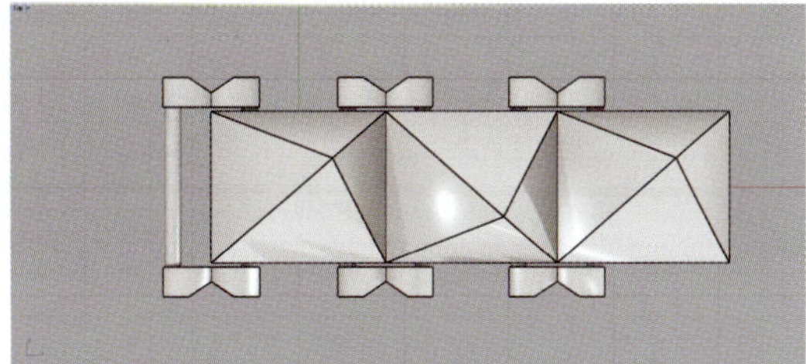

46. Box: Corner to Corner, Height를 실행하고, First corner of base를 다음 그림과 같이 우측 지붕 모양 상단개체의 좌측 상단 End점으로 선택한 후, Other corner of base or length를 우측 하단의 End점으로 선택한다. Height는 **Front** Front Viewport에서 마우스 커서를 화살표 방향으로 움직인 다음, 마우스 좌측버튼을 클릭하여 Box개체를 생성한다.

First corner of base (Diagonal 3Point Vertical Center):

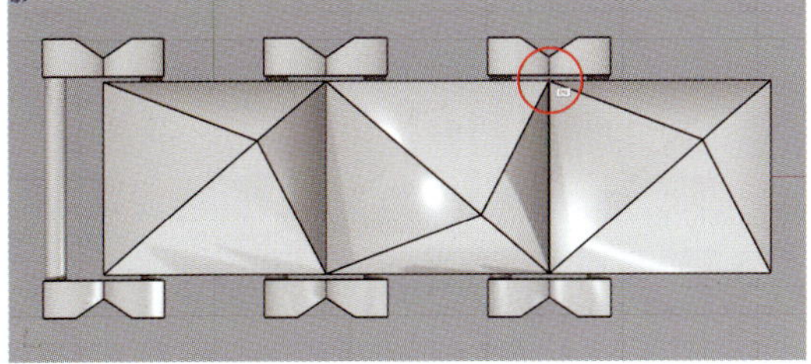

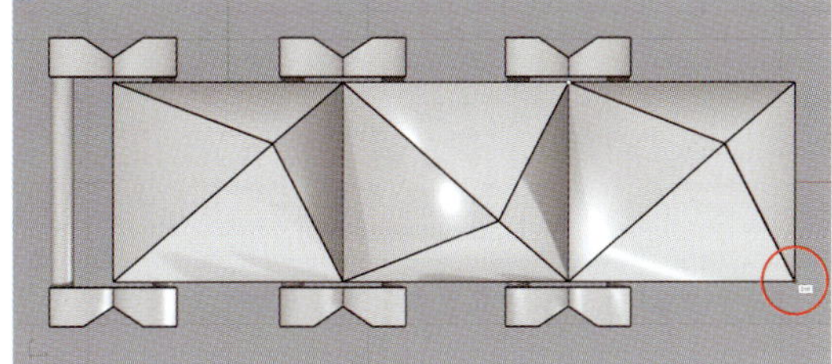

Other corner of base or length (3Point):

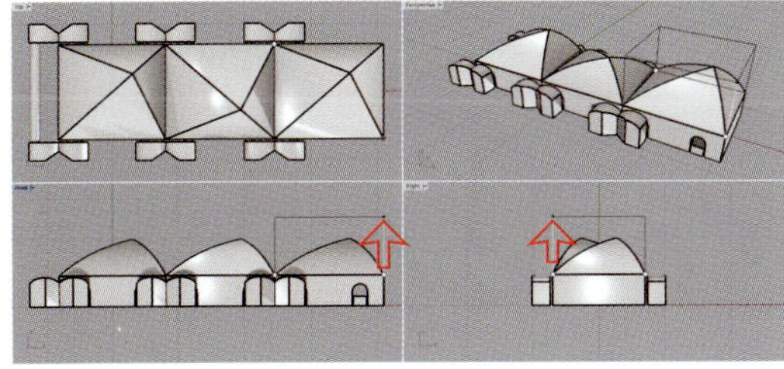

Height. Press Enter to use width:

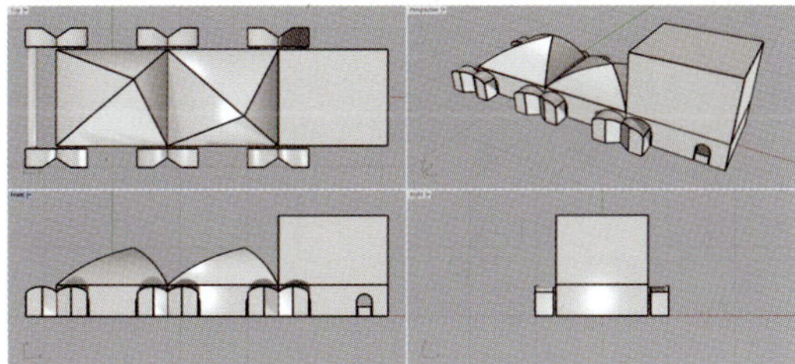

47. 우측 지붕 모양의 상단개체를 선택하고, Boolean difference를 실행한 후, 생성된 Box개체를 선택한 다음, Enter↵키를 누른다.

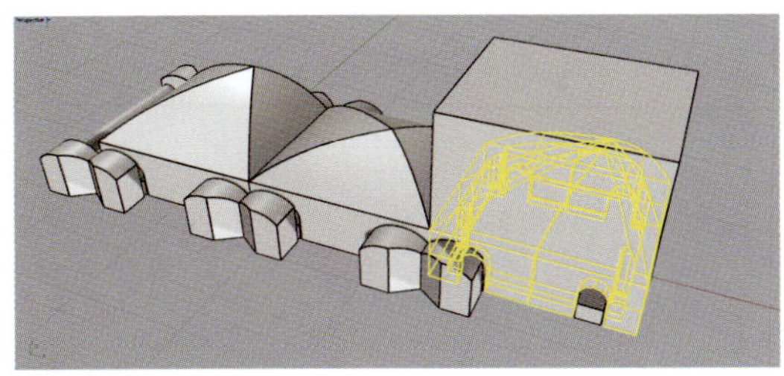

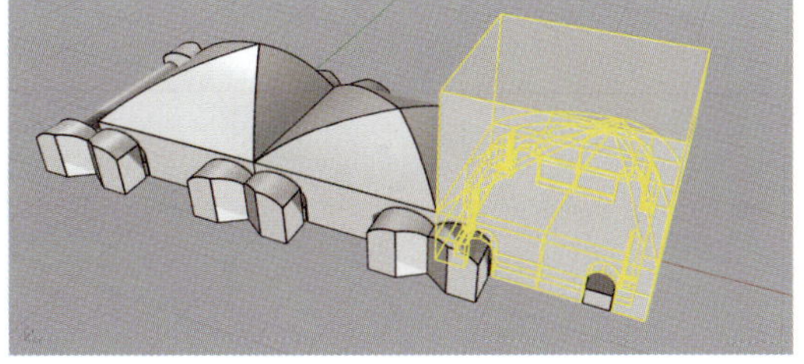

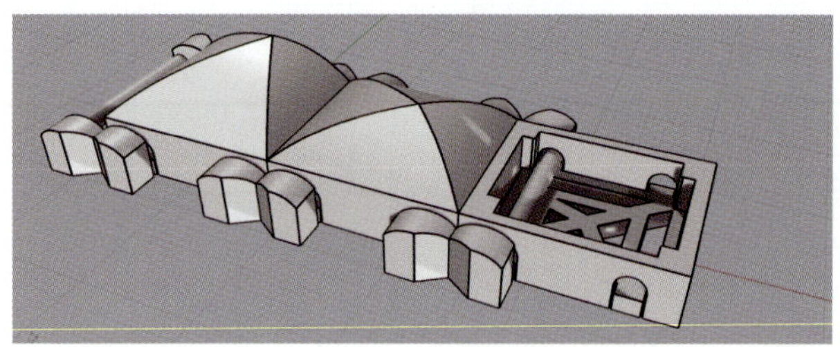

48. Top Top Viewport에서 Arc: start, end, point on arc를 실행하고, Start of arc를 우측 지붕 모양 상단개체의 좌측 하단 End점으로 선택한 후, End of arc를 우측 하단 End점으로 선택한다.
Point on arc는 Front Front Viewport에서 마우스 커서를 화살표 방향으로 움직인 후, 마우스 좌측버튼을 클릭하여 다음 그림과 같은 형태의 Arc개체를 생성한다.

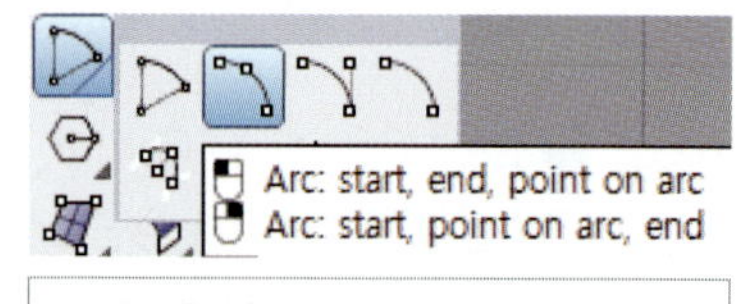

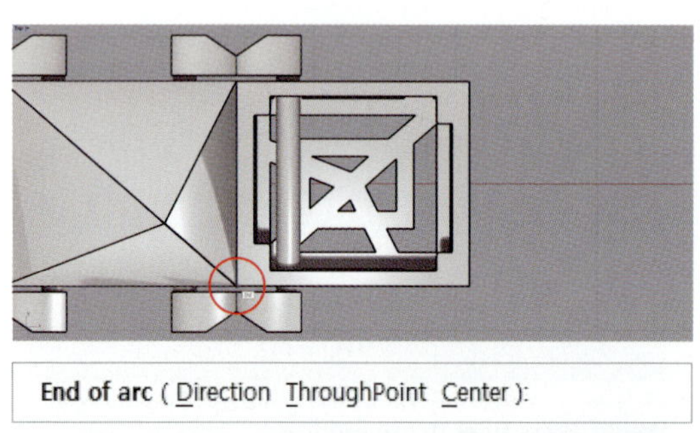

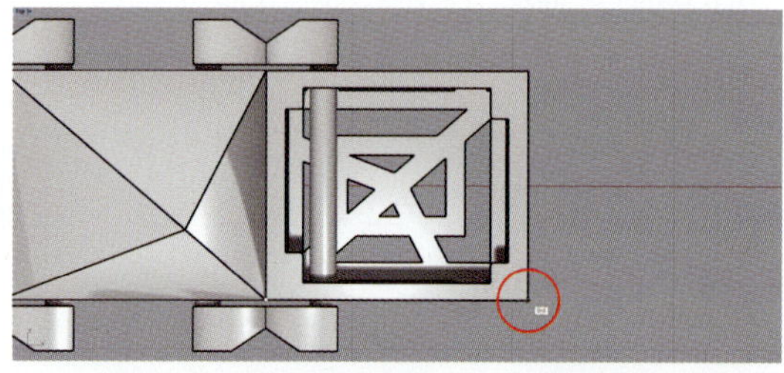

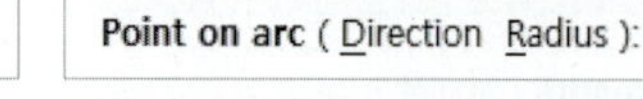

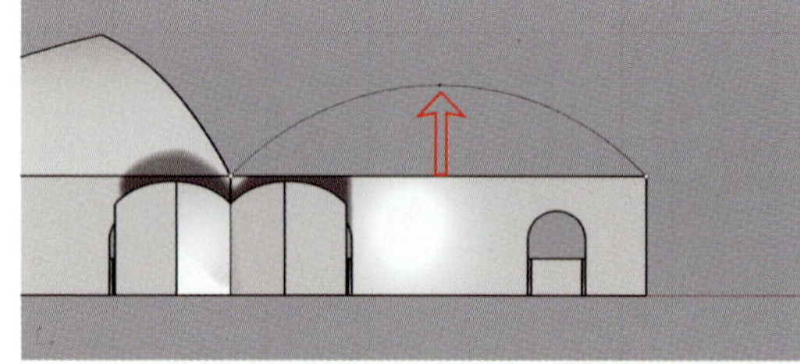

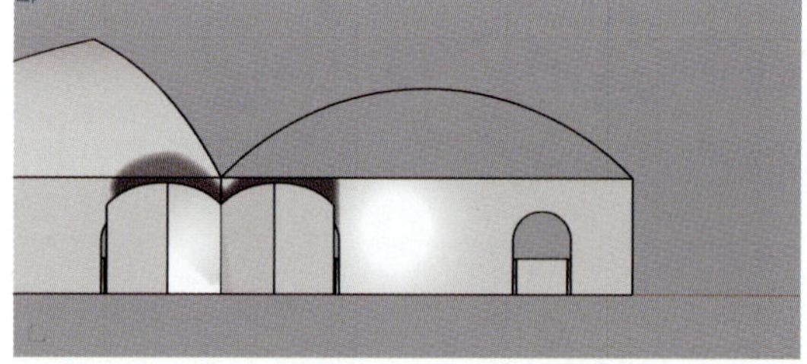

49. Loft를 실행하고, 다음 그림과 같이 생성된 Arc개체와 연결되어있는 Edge와 Arc개체를 선택한 다음, Enter↵키를 누른다. Loft Options창이 나타나면 Style에서 Normal로 설정한 후, OK를 누르고, Arc 개체는 삭제한다.

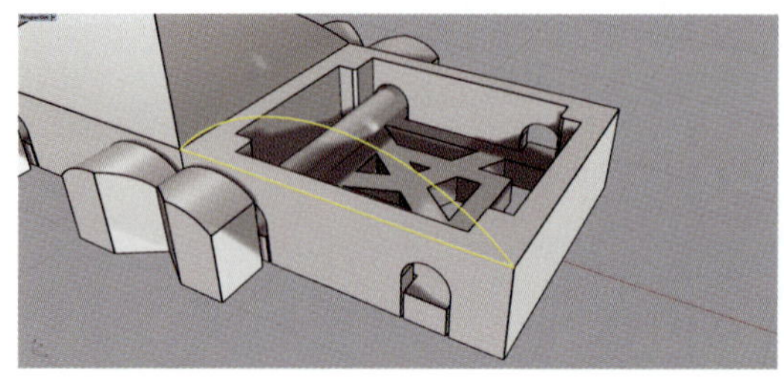

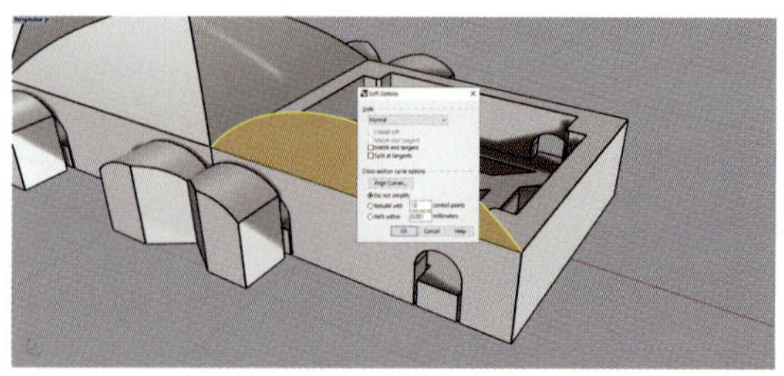

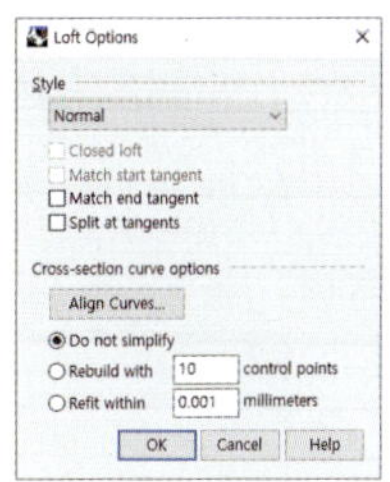

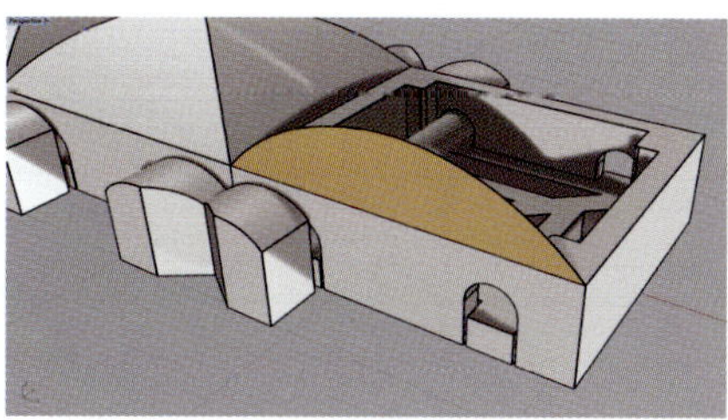

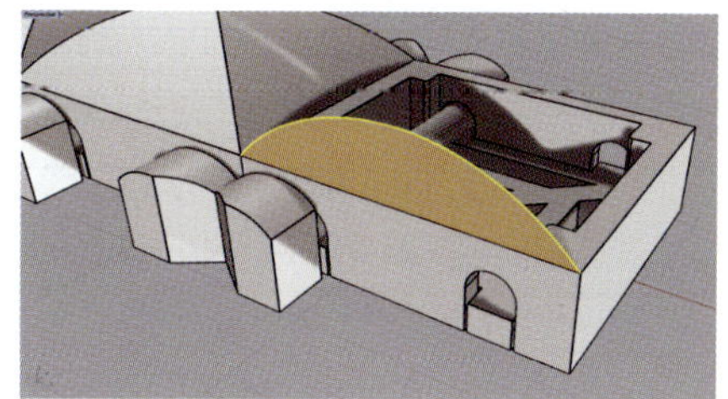

50. 생성된 Surface개체를 선택하고, **Right** Right Viewport에서 Mirror를 실행한다. 원점(0, 0)을 기준으로 하여 Shift 키를 누른 상태로 마우스 커서를 화살표 방향으로 이동한 후, 마우스 왼쪽버튼을 클릭하여 대칭방향에 Surface개체를 복사한다.

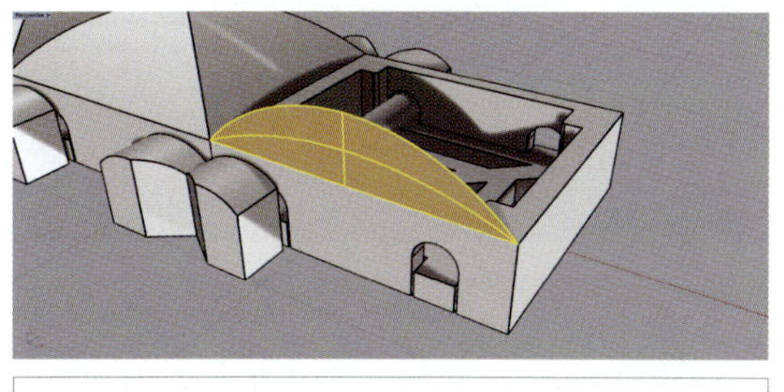

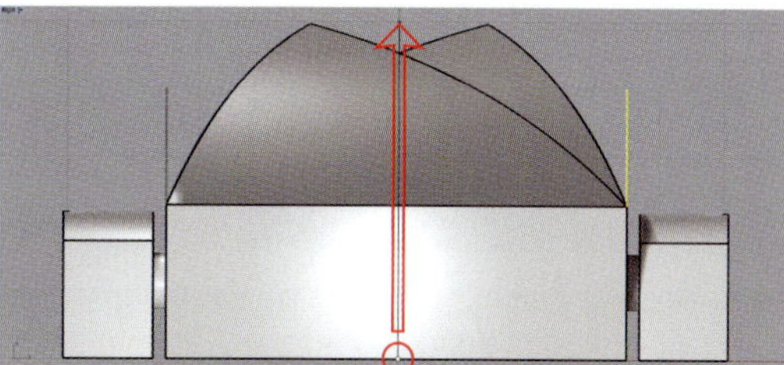

Start of mirror plane (3Point Copy=*Yes* XAxis YAxis): 0

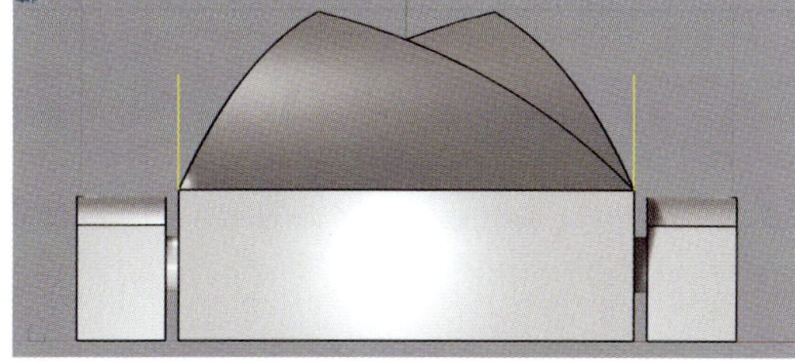

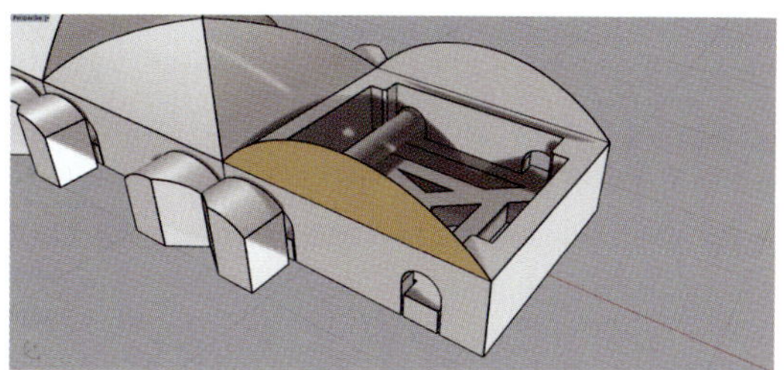

51. Loft를 실행하고, 다음 그림과 같이 Surface개체 상단의 Edge와 Edge를 선택한 후, Enter↵ 키를 누른다. Loft Options창이 나타나면 Style에서 Normal로 설정하고, OK를 누른다.

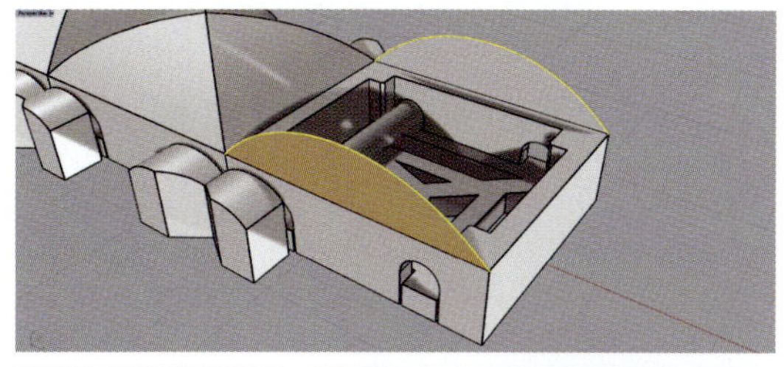

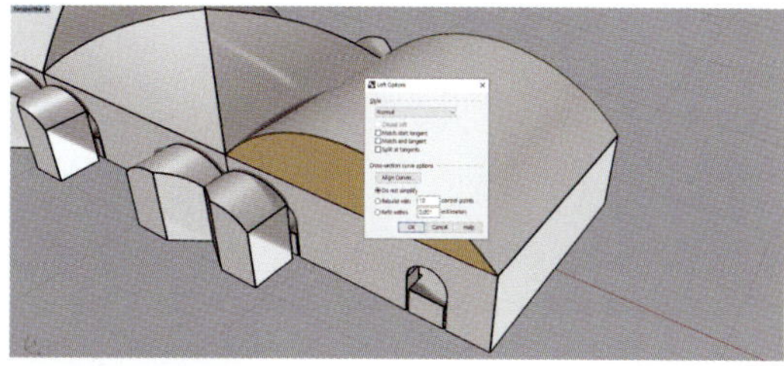

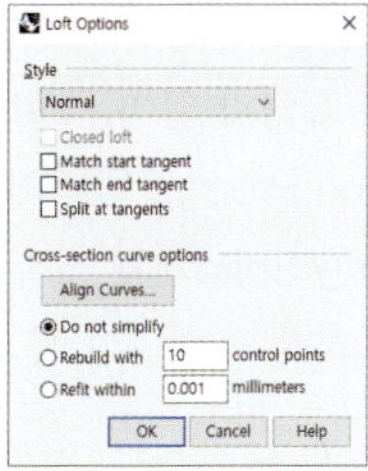

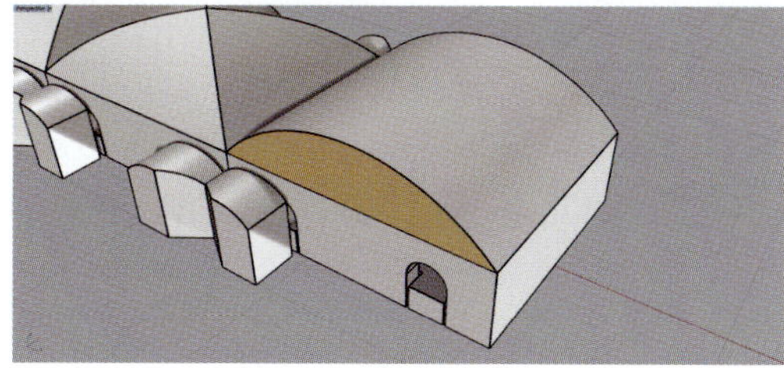

52. 생성된 Surface개체 3개를 선택하고, Join을 실행하여 하나의 개체로 결합한다. 결합된 Surface개체를 선택하고, Offset Surface를 실행한 후, Normal Direction (하얀색 화살표) 방향을 안쪽으로 향하게 한다. Command Prompt 영역에서 Solid = Yes, Deleteinput = Yes로 설정하고, Extrusion distance값 0.7을 입력한 후, Enter↵키를 누른다.

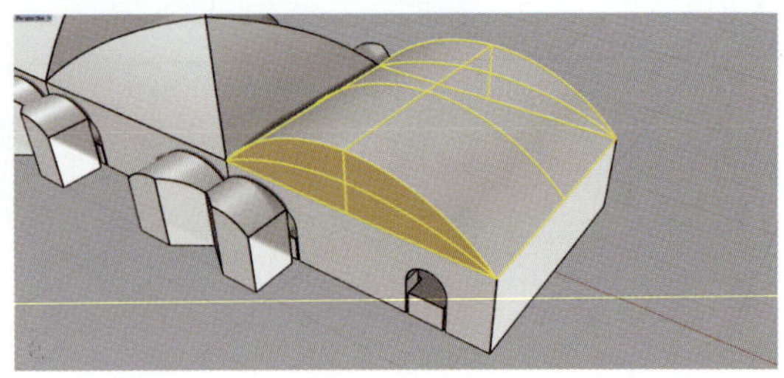

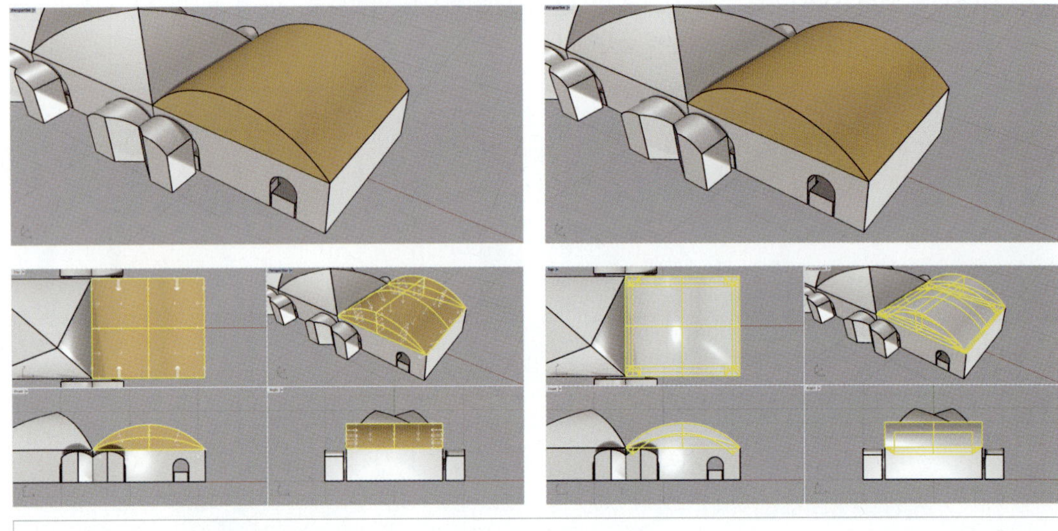

53. 다음 그림과 같이 생성된 상단의 Solid개체와 하단의 Solid개체를 선택하고, Boolean union을 실행하여 하나의 개체로 결합한다.

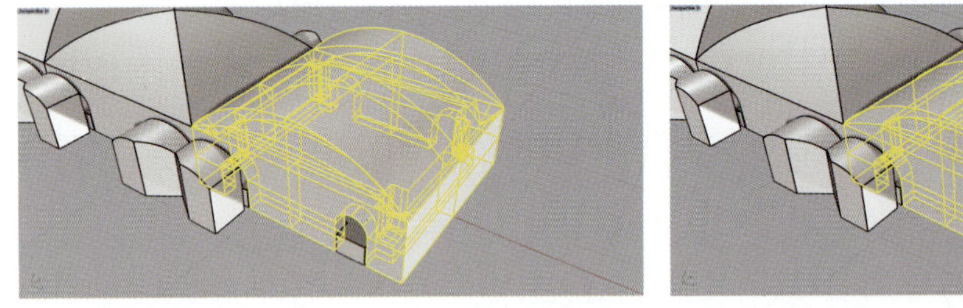

54. Front Front Viewport에서 Rectangle: Corner to Corner를 실행하고, 다음 그림과 같이 First corner of rectangle을 결합된 Solid개체 우측 하단의 End점으로 선택한다. Command Prompt 영역에 Other corner or length값 5.34를 입력하고, Enter↵키를 누른 후, Width를 결합된 Solid개체 우측 상단의 End점으로 선택한다.

First corner of rectangle (3Point Vertical Center AroundCurve Rounded):

Other corner or length (3Point Rounded): 5.34

Width. Press Enter to use length (Rounded):

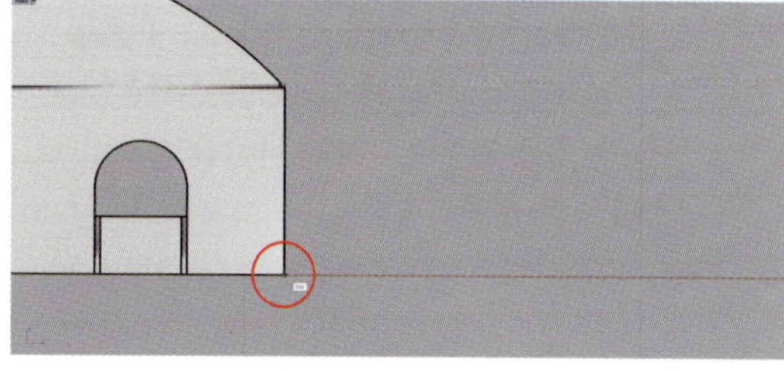

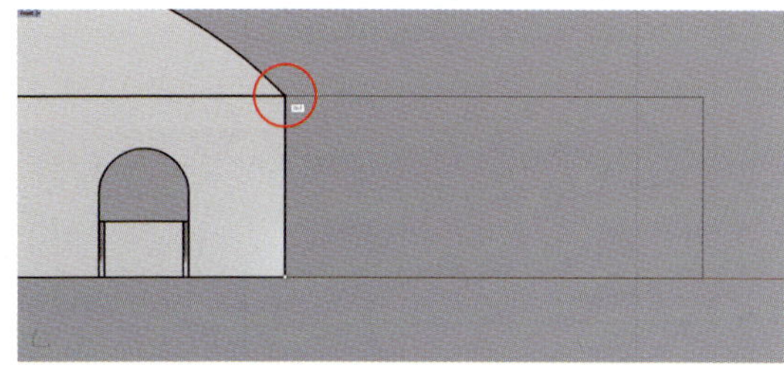

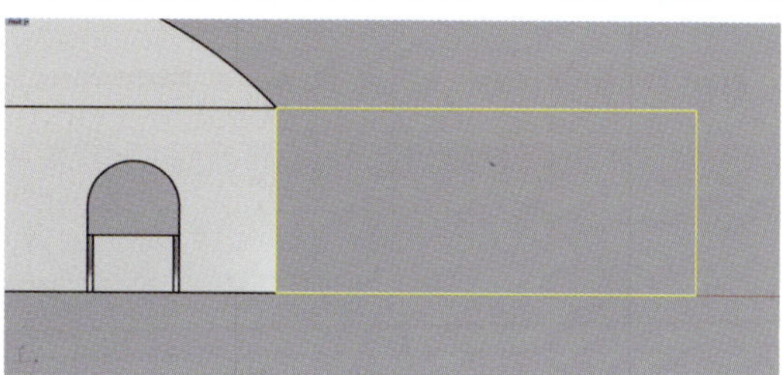

55. Fillet curves를 실행하고, Command Prompt 영역에 Radius값 0.75를 입력한 다음, Enter↵키를 누른 후, 1번 Curve개체와 2번 Curve개체를 선택하여 반지름 0.75mm로 Fillet한다. 3번 Curve개체와 4번 Curve개체도 반지름 0.75mm로 Fillet한다.

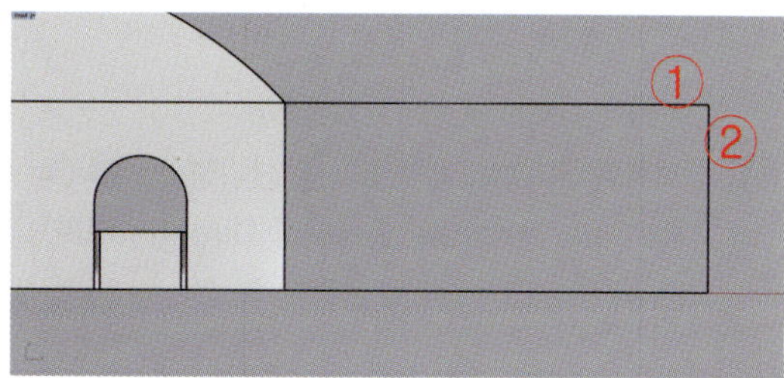

Select first curve to fillet (Radius=*0.75* Join=*Yes* Trim=*Yes* ExtendArcsBy=*Arc*): 0.75

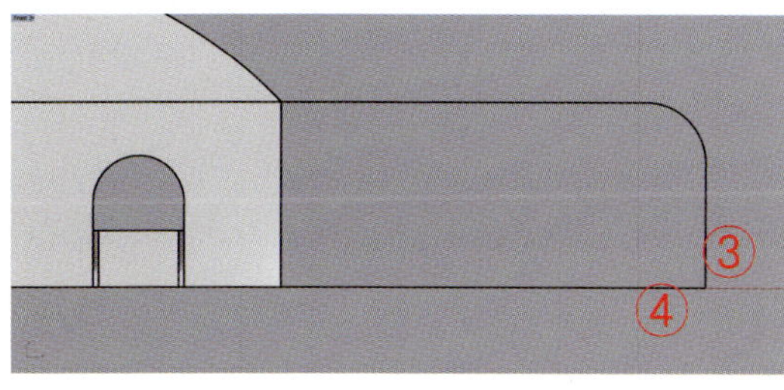

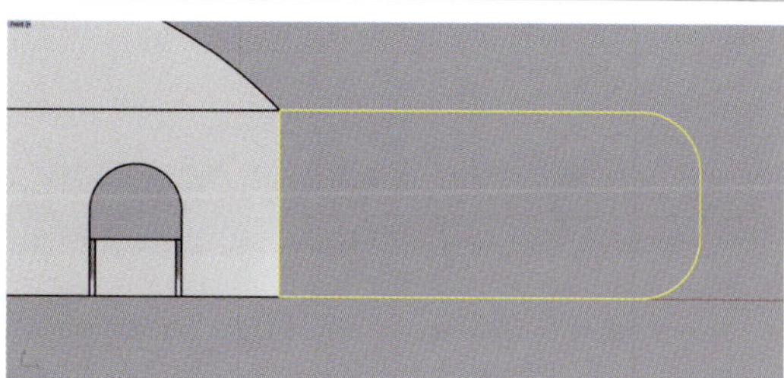

56. Fillet된 Curve개체를 선택하고, Surface from planar curves를 실행하여 Surface개체를 생성한 다음, Fillet된 Curve개체는 삭제한다.

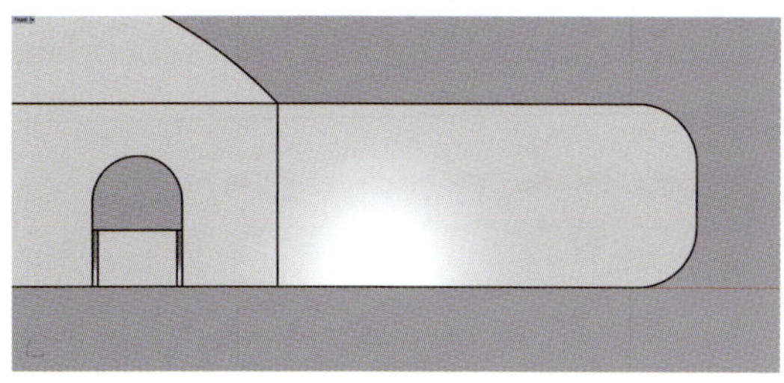

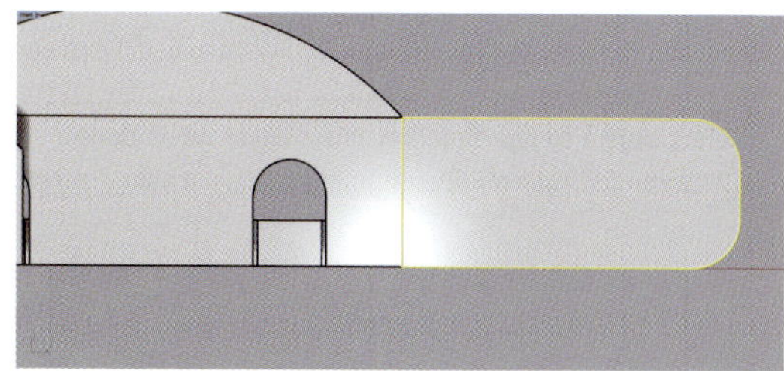

57. 생성된 Surface개체를 선택하고, Top Top Viewport에서 Mirror를 실행한다. 원점(0, 0)을 기준으로 하여 Shift 키를 누른 상태로 마우스 커서를 화살표 방향으로 이동한 후, 마우스 왼쪽버튼을 클릭하여 대칭방향에 Surface개체를 복사한다.

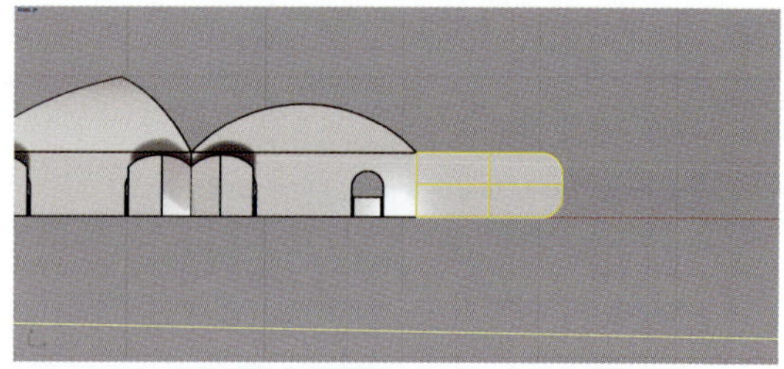

Start of mirror plane (3Point Copy=*Yes* XAxis YAxis): 0

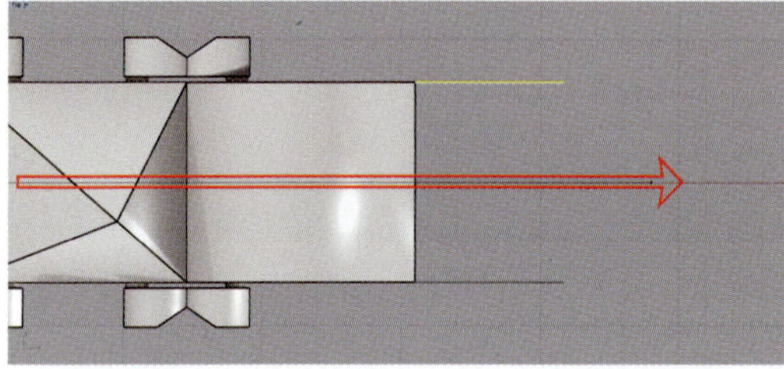

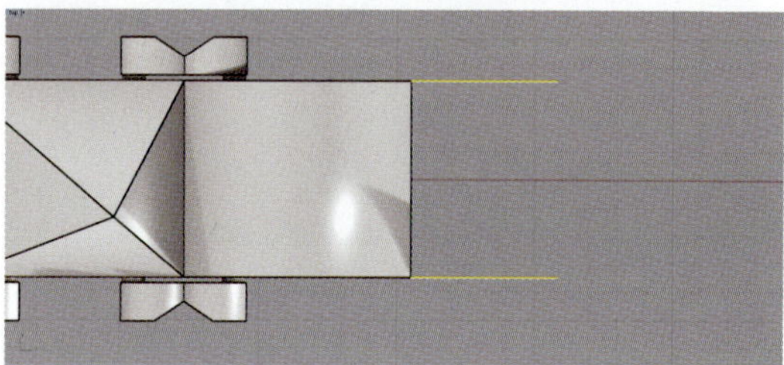

58. 복사된 Surface개체 2개를 선택하고, Offset Surface를 실행한다. Command Prompt 영역에서 FlipAll을 선택하여 Normal Direction방향을 바깥쪽에서 안쪽 방향으로 향하게 하고, Solid=Yes, Deleteinput=Yes로 설정한 후, Distance값 0.7을 입력한 다음, Enter↵ 키를 누른다.

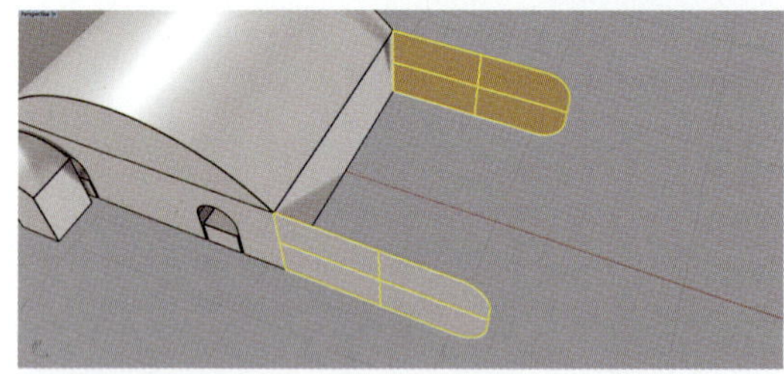

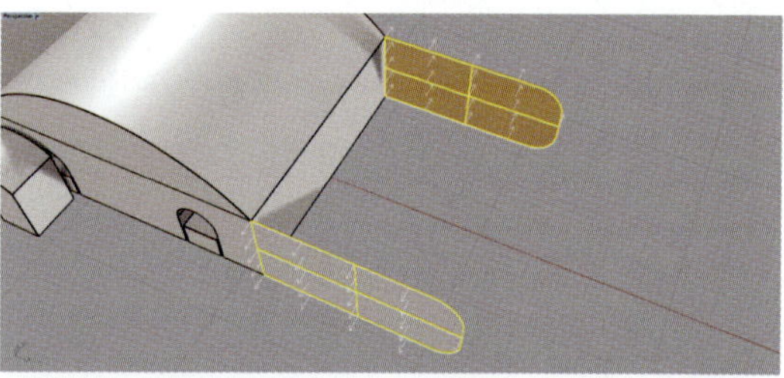

Select object to flip direction. Press Enter when done
(Distance=*0.7* Corner=*Round* Solid=*Yes* Loose=*No* Tolerance=*0.001* BothSides=*No* DeleteInput=*Yes* FlipAll):

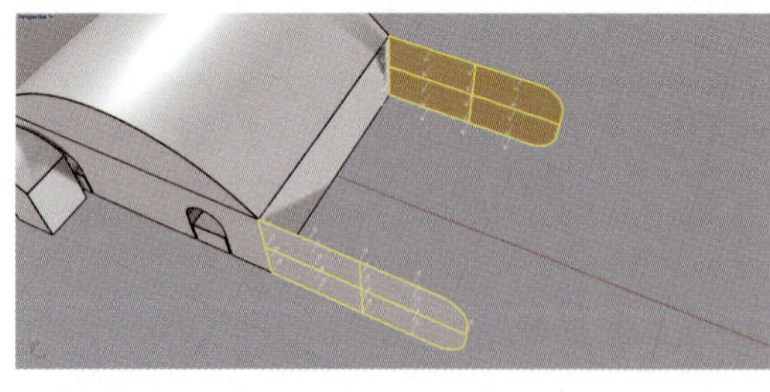

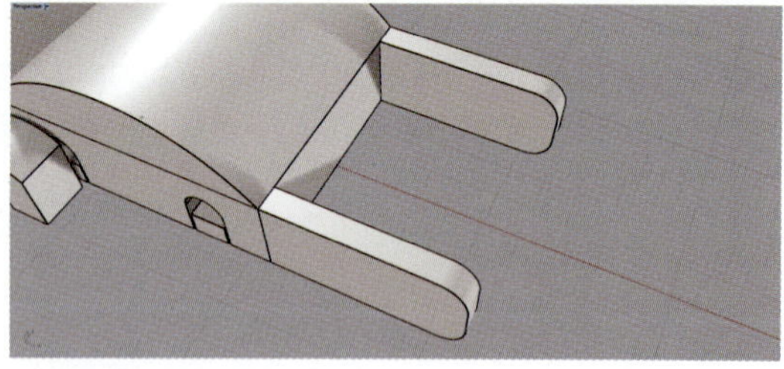

Select object to flip direction. Press Enter when done
(Distance=*0.7* Corner=*Round* Solid=*Yes* Loose=*No* Tolerance=*0.001* BothSides=*No* DeleteInput=*Yes* FlipAll): 0.7

59. 다음 그림과 같이 생성된 Solid개체 2개와 지붕 모양의 상단개체를 선택하고, Boolean union을 실행하여 하나의 개체로 결합한다.

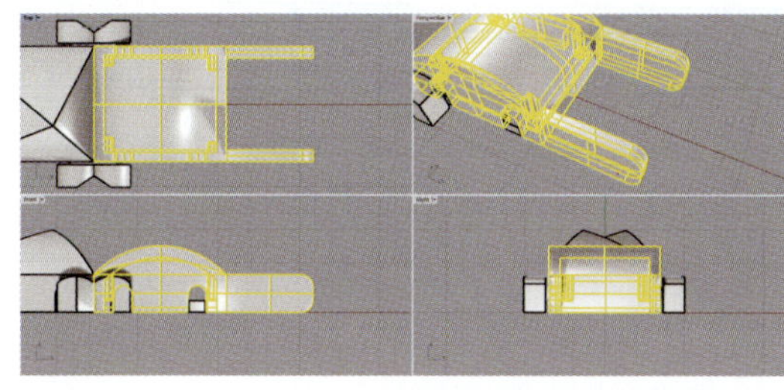

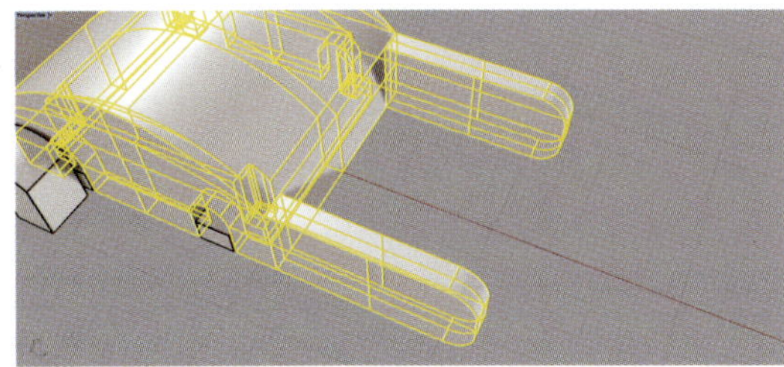

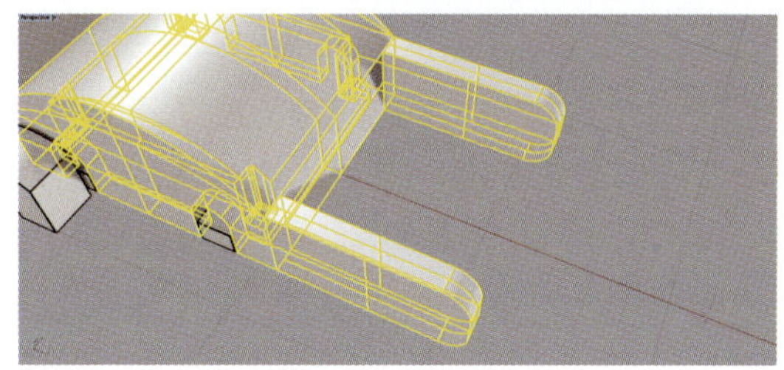

60. Front Front Viewport에서 Display를 Wireframe으로 설정하고, Duplicate edge를 실행하여 연결고리 개체의 원형 Curve개체를 추출한다.

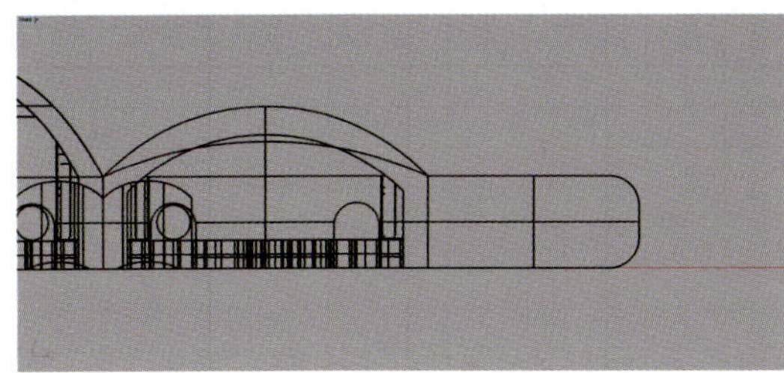

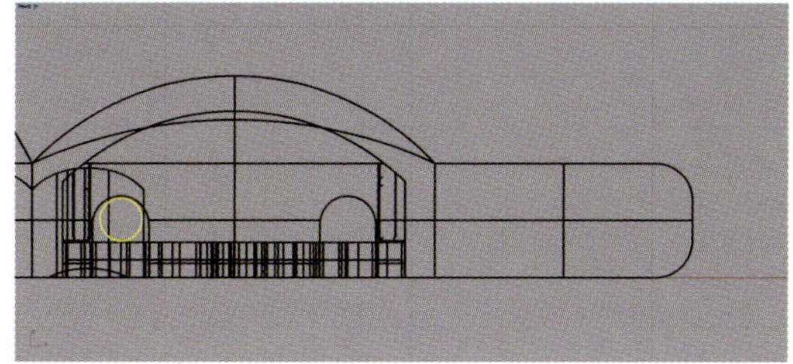

61. 추출한 원형 Curve개체를 선택하고, Gumball을 화면상에 나타나게 한다. 빨간 화살표를 선택하고, 10.9를 입력한 후, Enter↵키를 누른다.

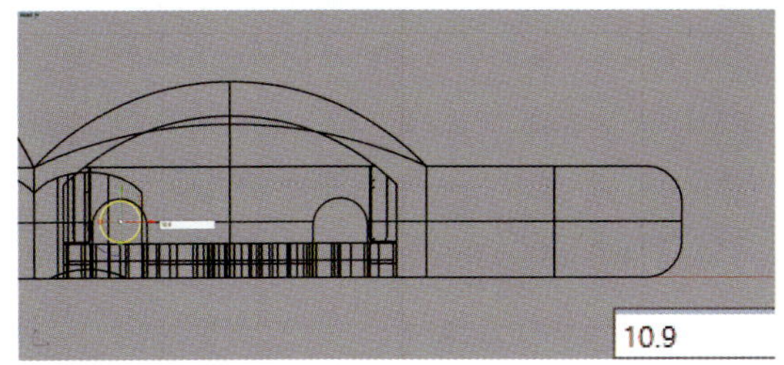

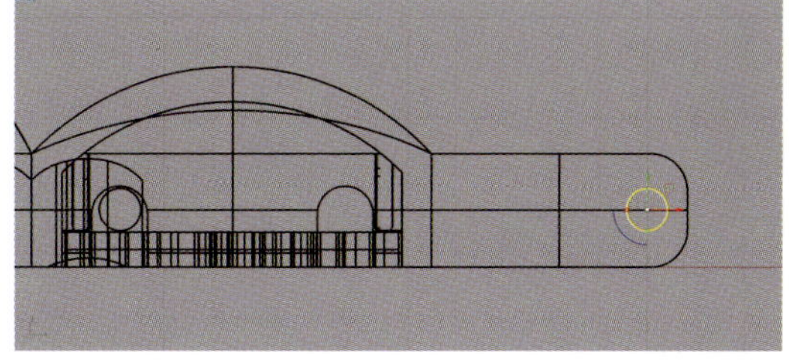

62. Osnap Toolbar에서 Int점에 체크한 다음, 원형 Curve개체를 선택하고, Extrude straight를 실행한다. Command Prompt 영역에서 Solid=Yes, Deleteinput=Yes로 설정하고, 다음 그림과 같이 Top Top Viewport에서 마우스 커서를 화살표 방향으로 움직인 후, Apparent Int점을 선택하여 Cylinder 개체를 생성한다.

Extrusion distance <6.4968> (Direction BothSides=*No* Solid=*Yes* DeleteInput=*Yes* ToBoundary SetBasePoint):

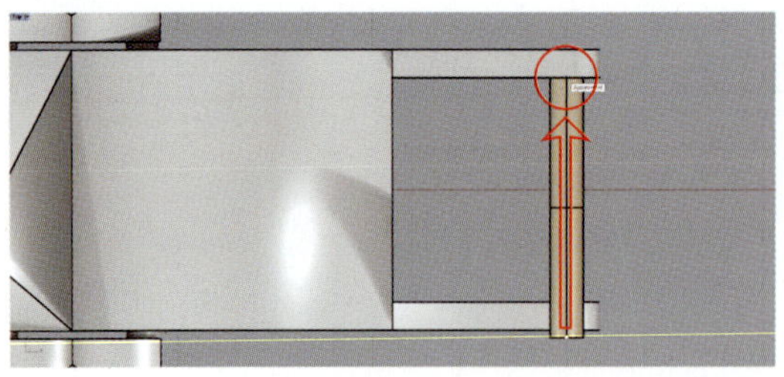

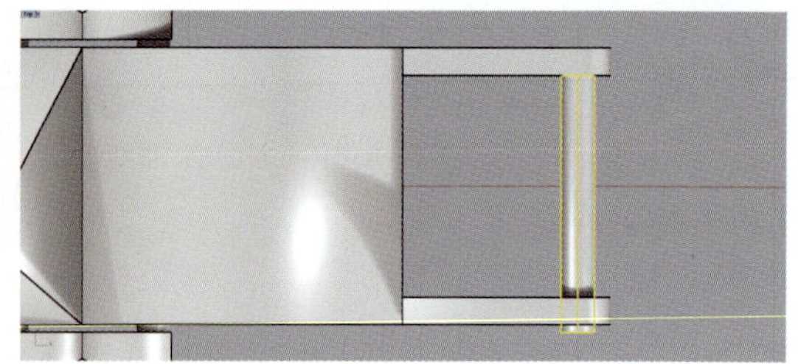

63. 생성된 Cylinder개체를 선택하고, Gumball을 화면상에 나타나게 한다. 녹색 화살표를 선택하고, 0.45를 입력한 후, Enter↵ 키를 누른다.

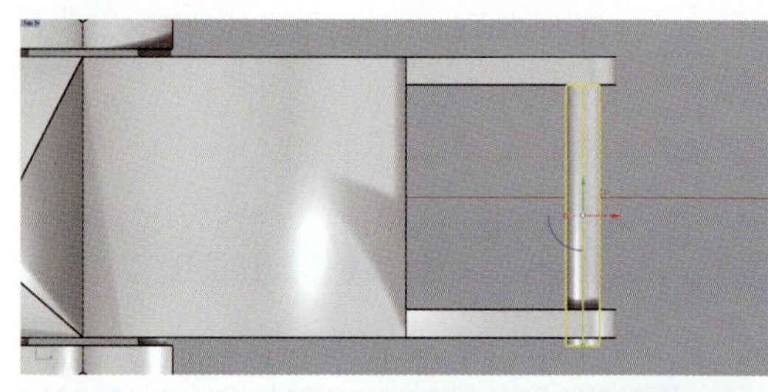

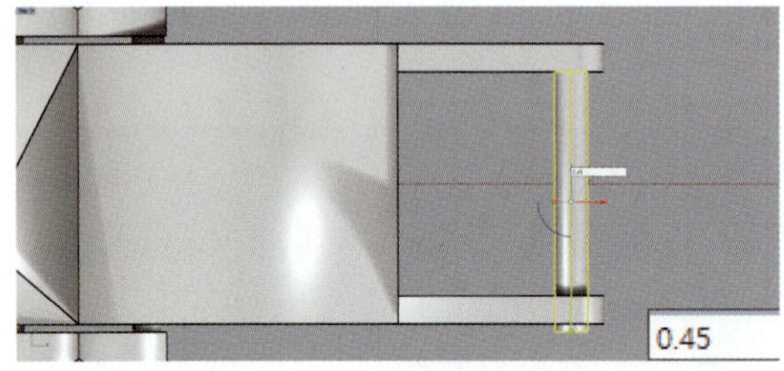

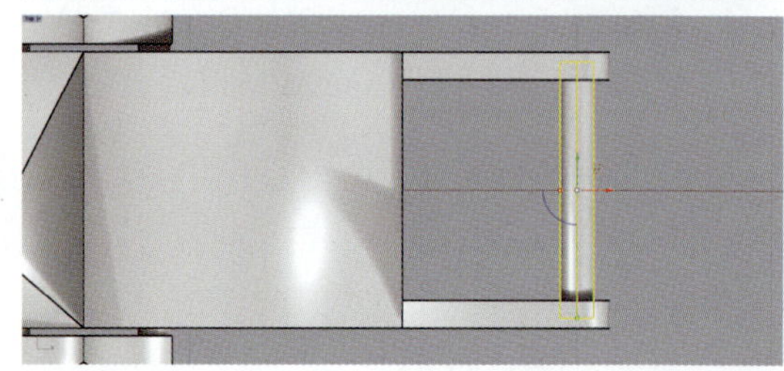

64. 다음 그림과 같이 이동시킨 Cylinder개체와 겹쳐있는 Solid개체를 선택하고, Boolean union을 실행하여 하나의 개체로 결합한다.

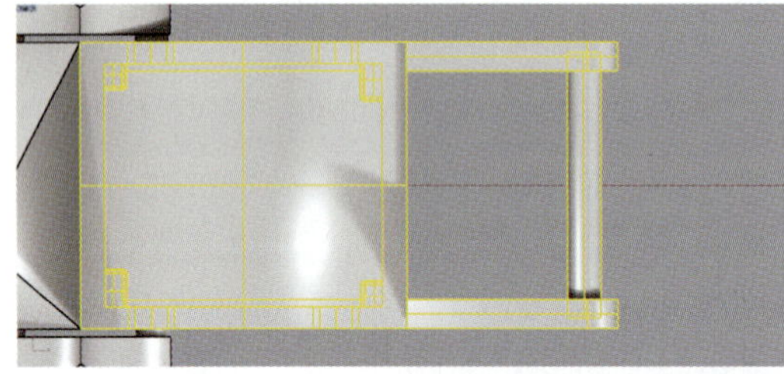

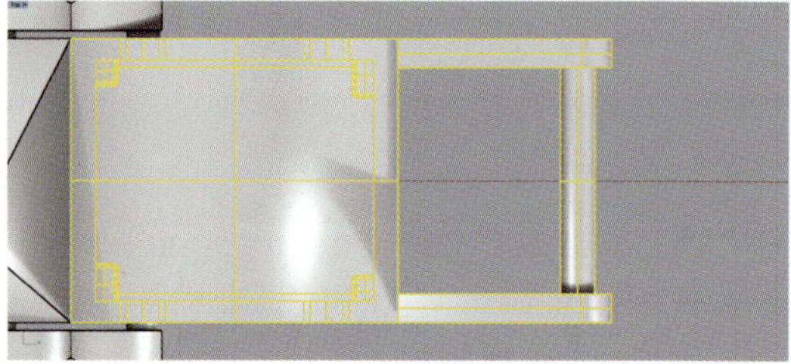

65. 다음 그림과 같이 완성된 Level 3 - Design Modeling 4 팔찌개체를 확인할 수 있다.

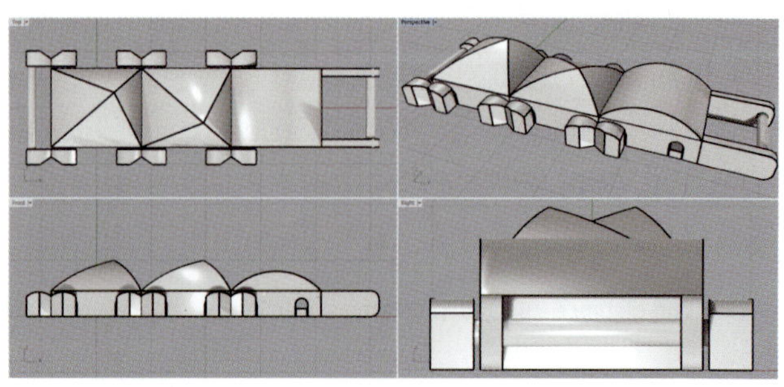

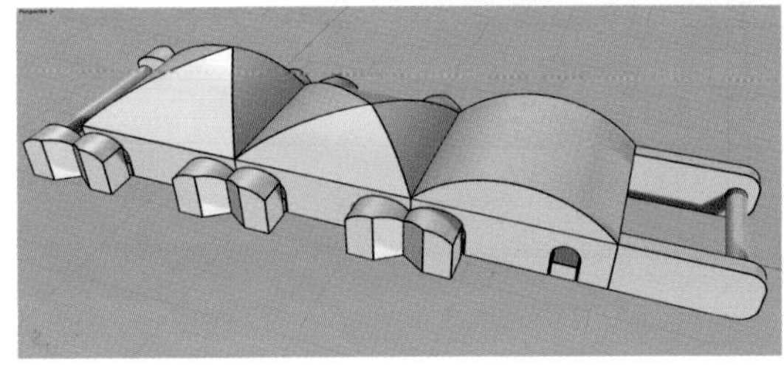

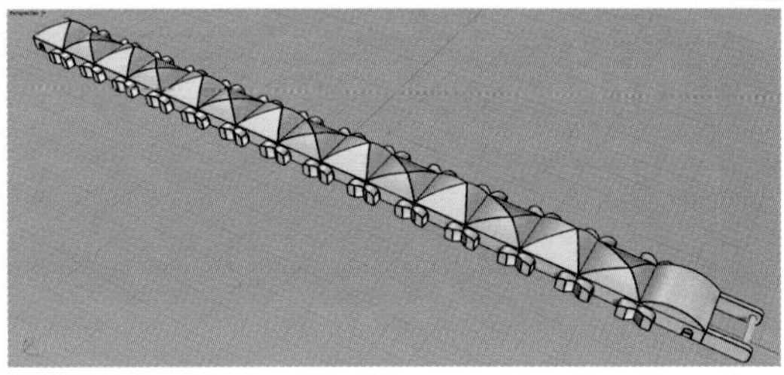

Level 03 | Design Modeling 5

01. Top Top Viewport에서 Ellipse: From center 또는 Ellipse: diameter를 실행한다.
원점(0, 0) 기준으로 다음 그림과 같이 가로지름 14.95㎜, 세로지름 13.8㎜ 타원형 Curve개체와 가로지름 9.2㎜, 세로지름 8.05㎜ 타원형 Curve개체를 생성한다.

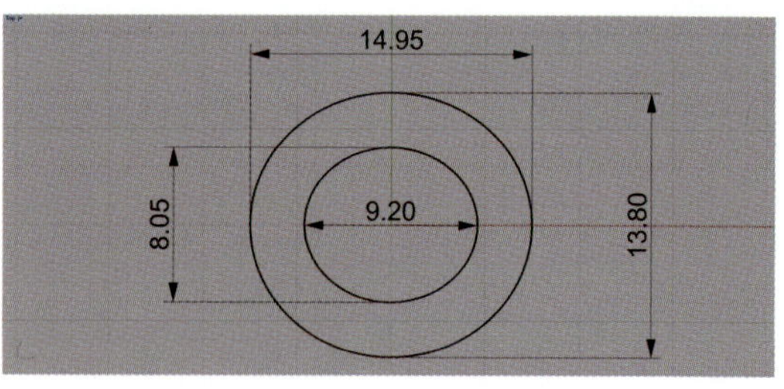

02. Front Front Viewport에서 Rectangle: Corner to Corner를 실행한다. First corner of rectangle을 가로지름 9.2㎜, 세로지름 8.05㎜ 타원형 Curve개체 우측 Quad점으로 선택하고, Command Prompt 영역에 Other corner or length값 2.88을 입력한 후, Enter↵키를 누른다. Width값 5.29를 입력하고, Enter↵키를 누르면 다음 그림과 같이 생성된 직사각형 Curve개체를 확인할 수 있다.

First corner of rectangle (3Point Vertical Center AroundCurve Rounded):

Other corner or length (3Point Rounded): 2.88

Width. Press Enter to use length (Rounded): 5.29

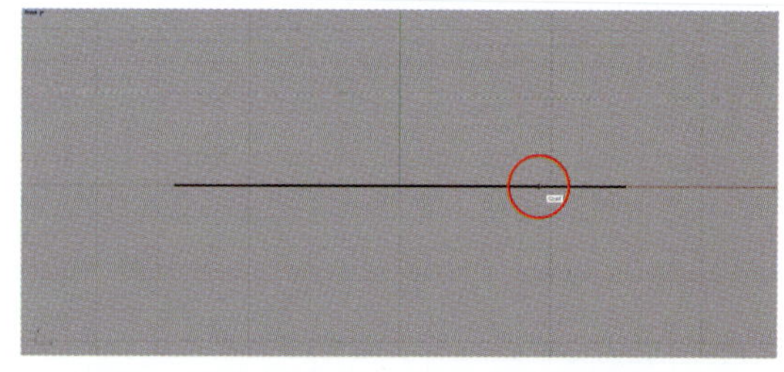

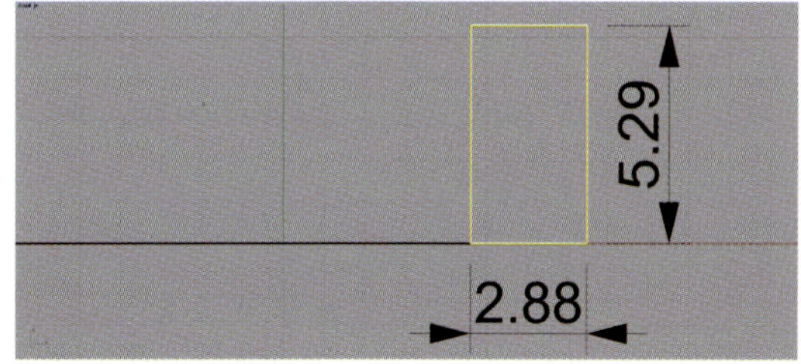

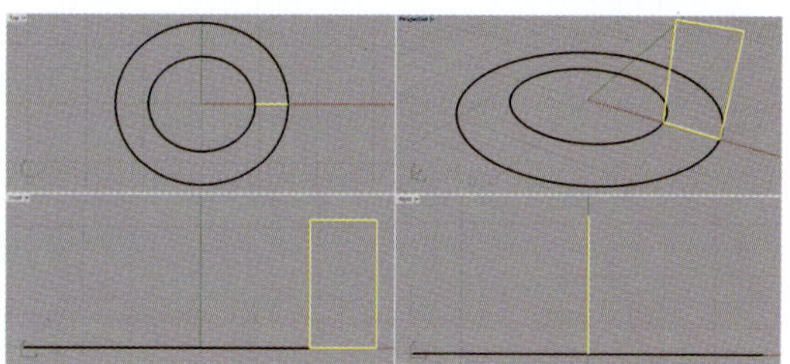

03. 생성된 직사각형 Curve개체를 선택하고, 프로그램 하단의 Status Bar(상태표시줄)에 있는 Gumball을 선택하여 Gumball을 화면 상에 나타나게 한다.
녹색 화살표를 선택하고, -2.65를 입력한 후, Enter↵ 키를 누른다.

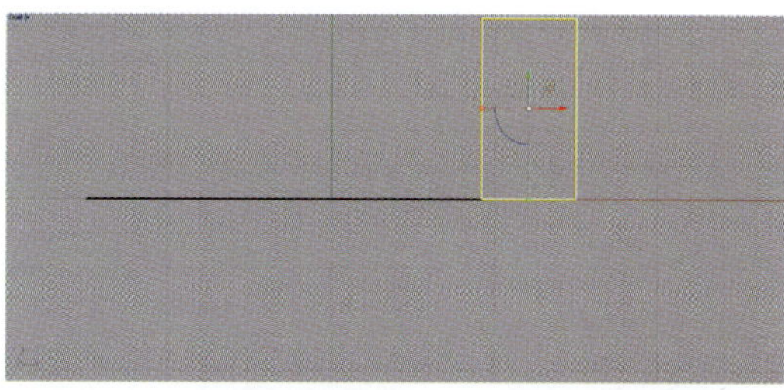

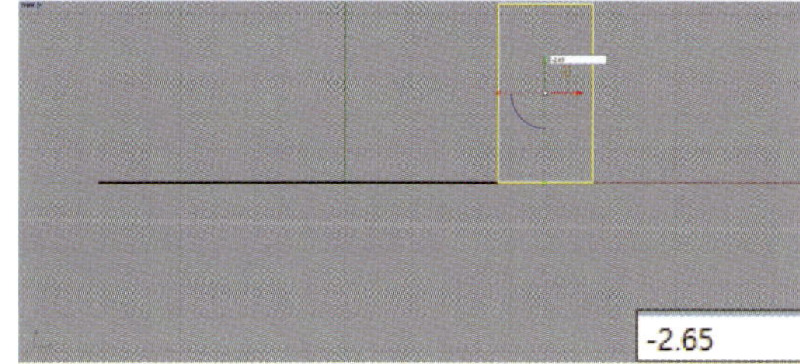

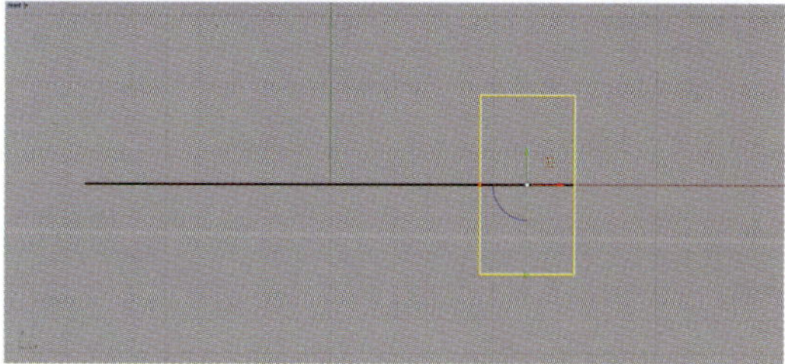

04. Fillet curves를 실행하고, Command Prompt 영역에 Radius값 0.7을 입력한 후, Enter↵ 키를 누른다.
직사각형 Curve개체의 1번 Curve개체와 2번 Curve개체를 선택하여 모서리 부분을 반지름 0.7㎜로 Fillet하고, 다음 그림과 같이 나머지 모서리 부분도 0.7㎜로 Fillet한다.

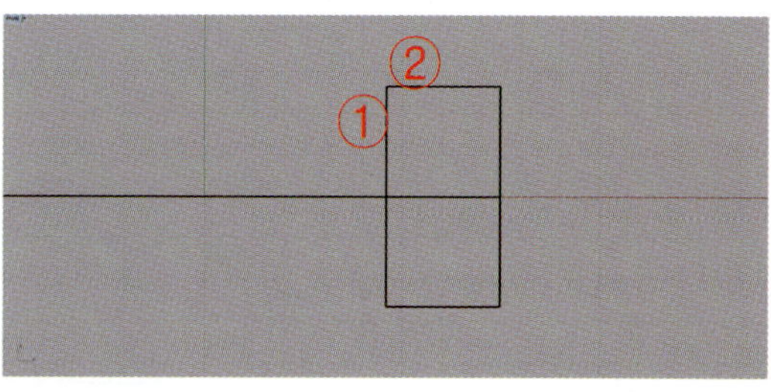

Select first curve to fillet (Radius=*0.57* Join=*Yes* Trim=*Yes* ExtendArcsBy=*Arc*): 0.7

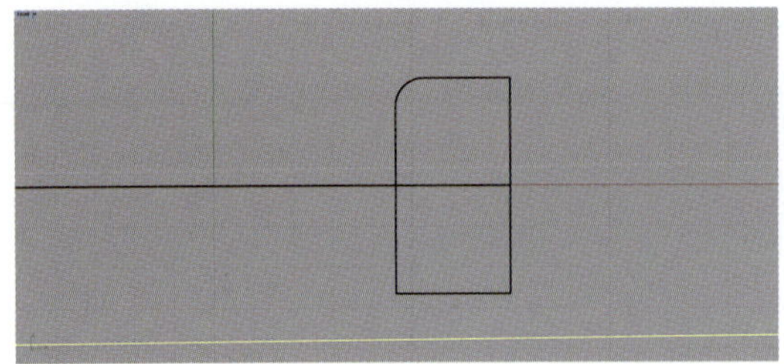

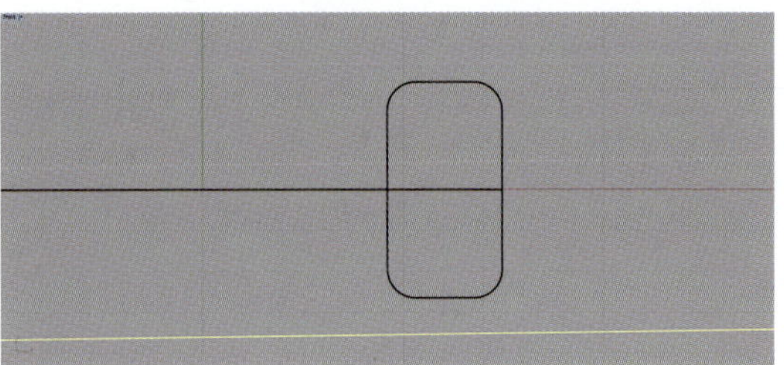

05. Sweep 1 rail를 실행하고, 9.2㎜ 원형 Curve개체와 Fillet된 직사각형 Curve개체를 순서대로 선택한 다음, Enter↵키를 누른 후, Sweep 1 rail Options창이 나타나면 OK를 누른다.

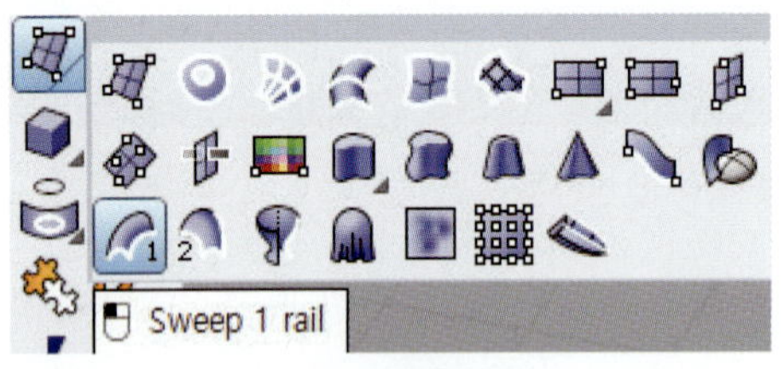

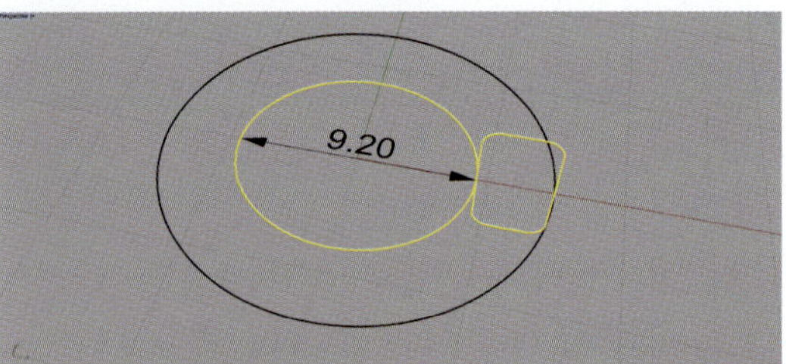

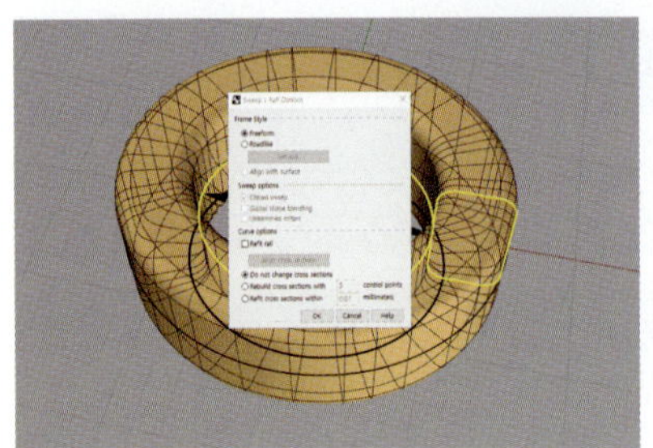

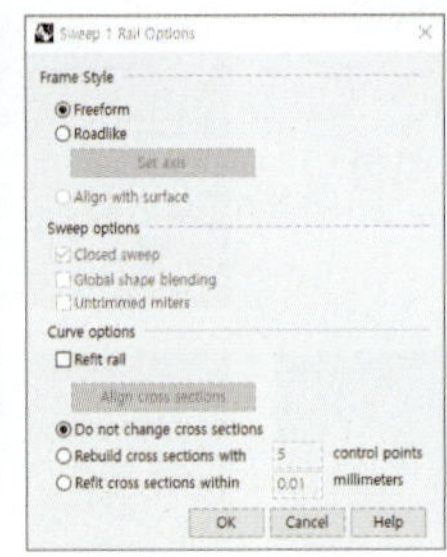

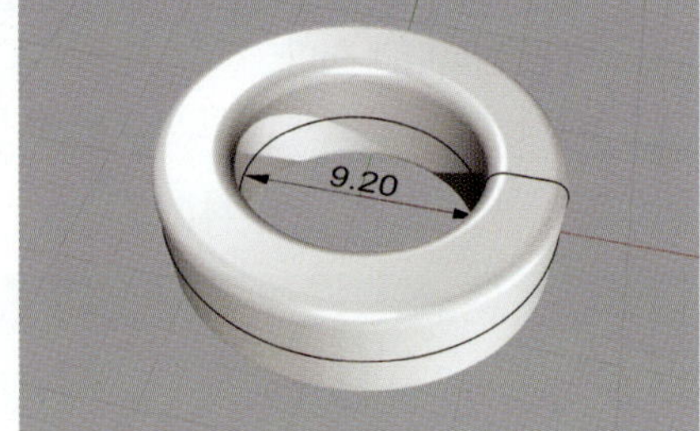

06. Osnap Toolbar에서 Mid, Quad점과 Project에 체크한 다음, **Top** Top Viewport에서 개체들을 모두 선택하고, Twist를 실행한다. Start of twist axis를 Tube개체 우측 Quad점으로 선택하고, End of twist axis를 좌측 Mid점으로 선택한다. Angle or first reference point를 **Right** Right Viewport에서 Shift키를 누른 상태로 마우스 커서를 화살표 방향으로 이동한 후, 마우스 왼쪽버튼을 클릭한다. Second reference point를 다시 Shift키를 누른 상태로 마우스 커서를 화살표 방향으로 이동한 후, 마우스 왼쪽버튼을 클릭하여 Tube개체를 90도 각도로 Twist시킨다.

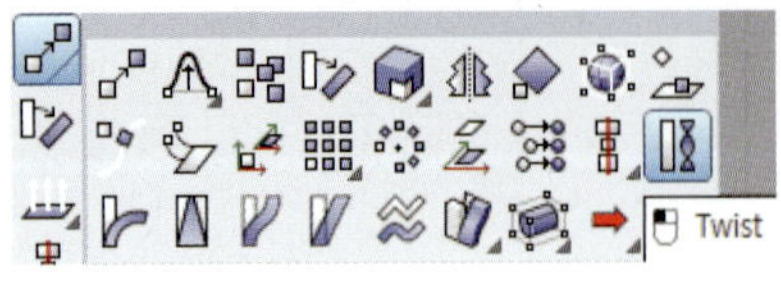

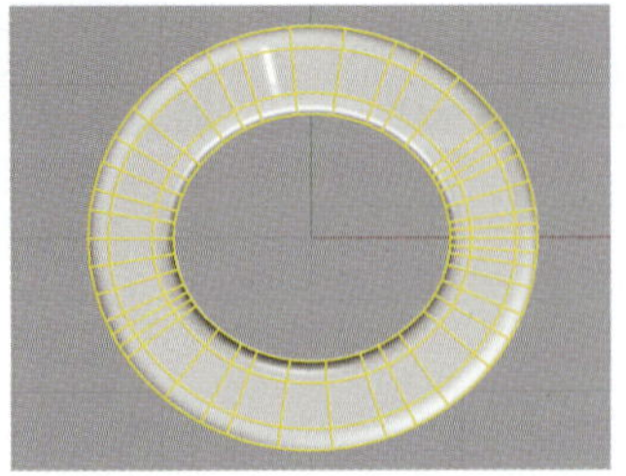

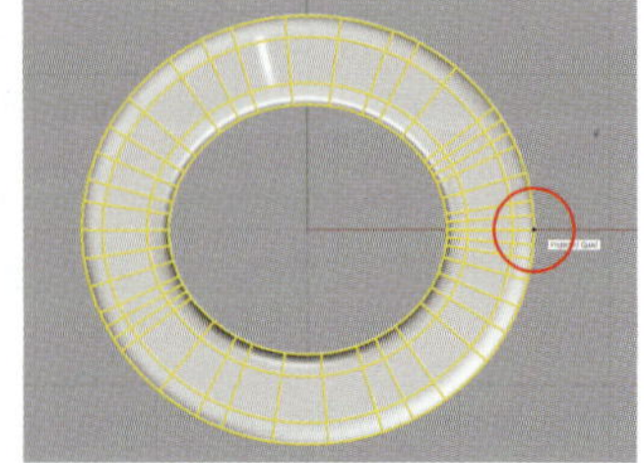

Start of twist axis:	End of twist axis:

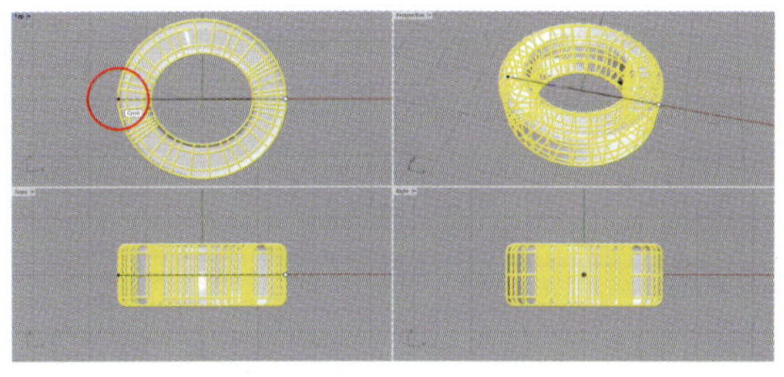

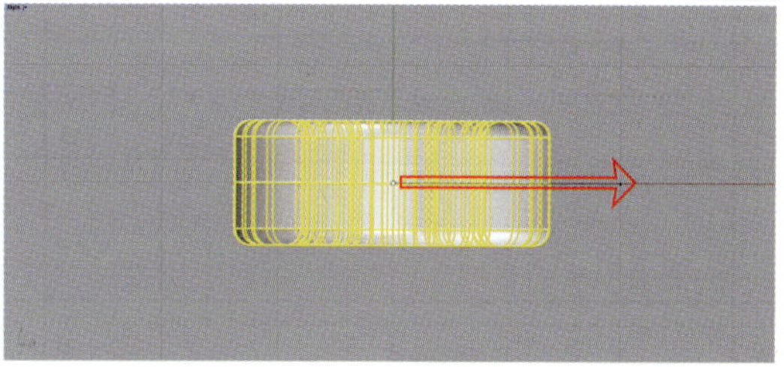

Angle or first reference point (Copy=*No* Rigid=*No* Infinite=*No* PreserveStructure=*No*):

Second reference point (Copy=*No* Rigid=*No* Infinite=*No* PreserveStructure=*No*):

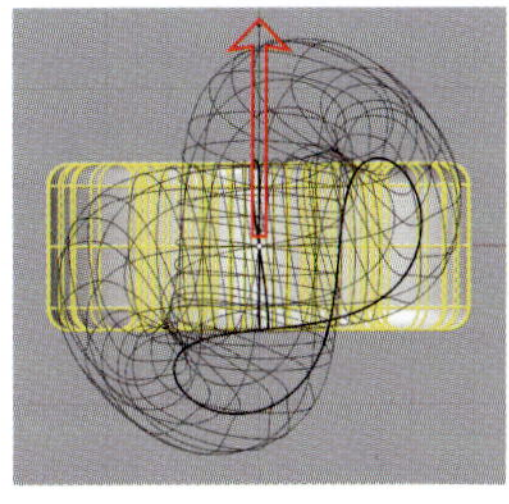

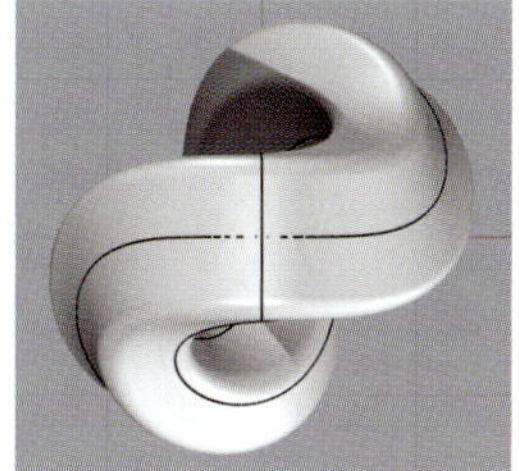

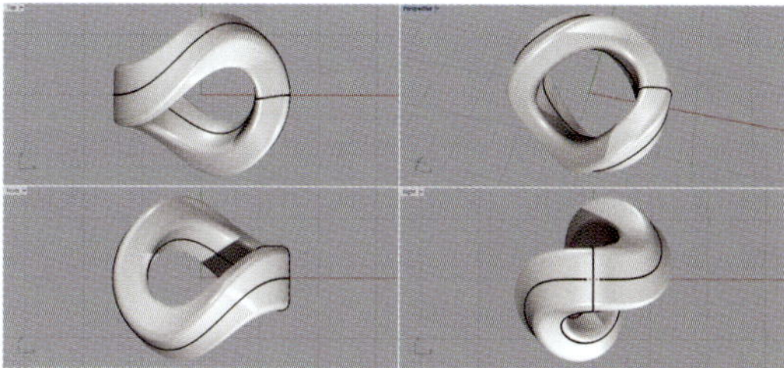

07. 개체들을 모두 선택하고, Gumball을 화면상에 나타나게 한다. 파란색 Curve를 선택하고, -45를 입력한 후, Enter↵키를 누른 다음, Curve개체들은 모두 삭제한다.

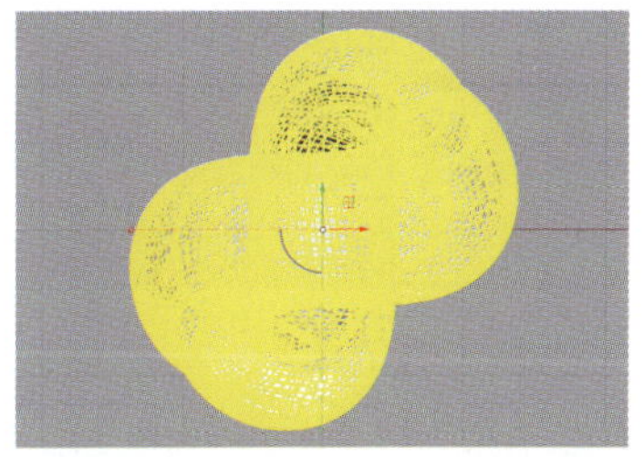

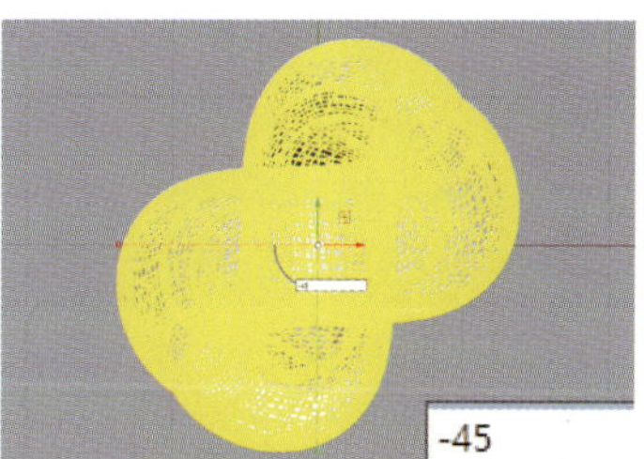

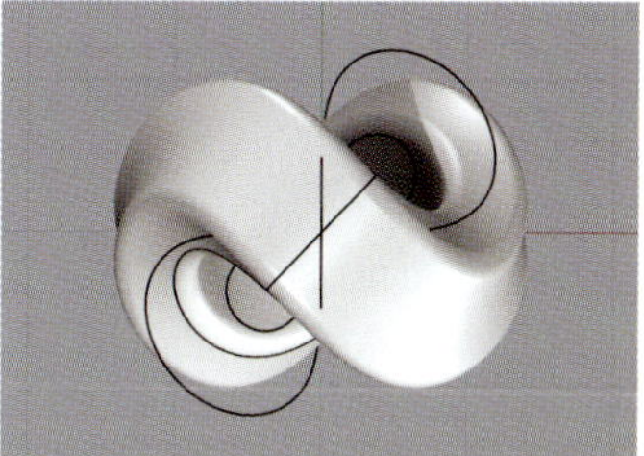

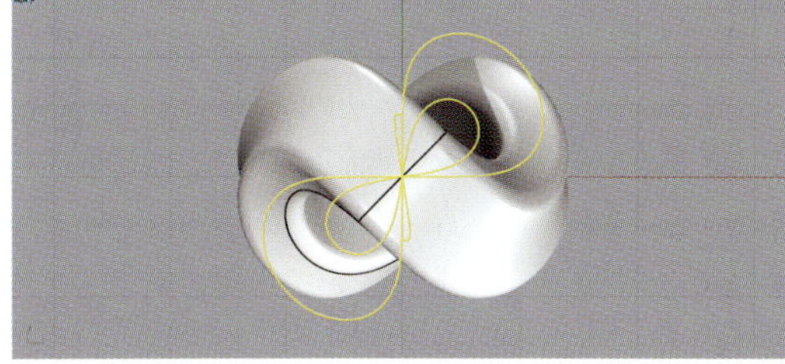

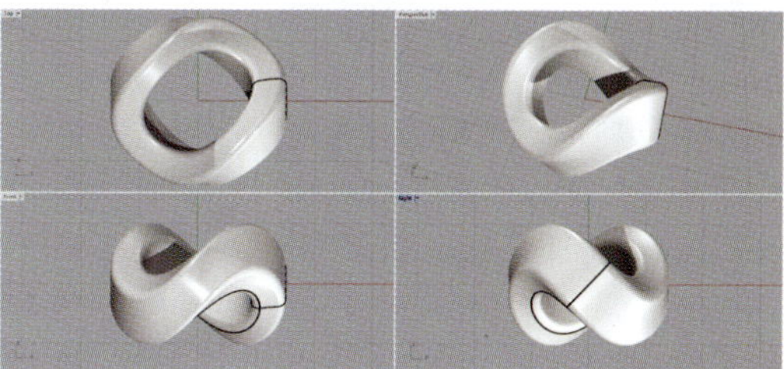

08. Front Front Viewport에서 Box: Corner to Corner, Height를 실행하고, Command Prompt 영역에 First corner of base값 -10, 1.77, 10을 입력한 후, Enter↵키를 누른다. Other corner of base or length값 20을 입력하고, Enter↵키를 누른 후, Width값 20을 입력한 다음, Enter↵키를 누른다. Height값 -20을 입력하고, Enter↵키를 누르면 다음 그림과 같은 Box개체가 생성된 것을 확인할 수 있다.

First corner of base (Diagonal 3Point Vertical Center): -10,1.77,10

Other corner of base or length (3Point): 20

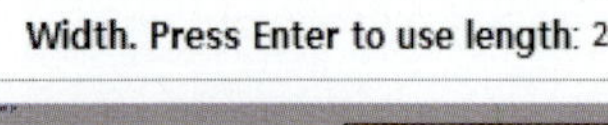

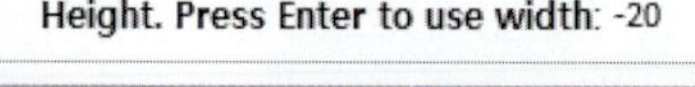

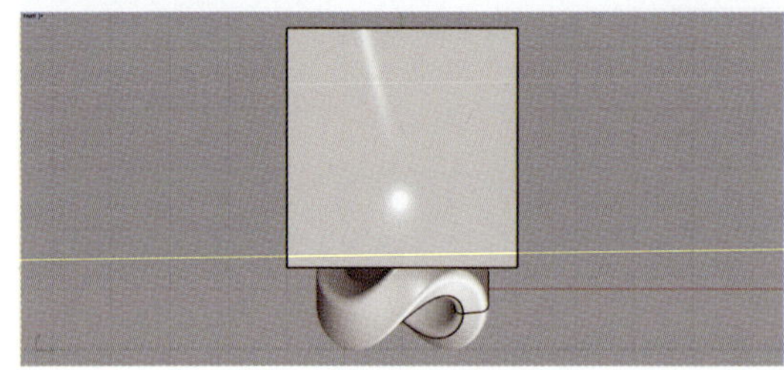

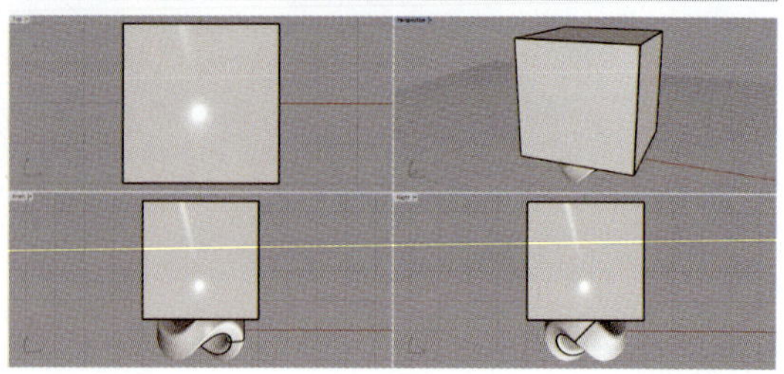

09. 생성된 Box개체를 선택하고, Mirror를 실행한다. 원점(0, 0)을 기준으로 하여 Shift 키를 누른 상태로 마우스 커서를 화살표 방향으로 이동한 후, 마우스 왼쪽버튼을 클릭하여 대칭 방향에 Box개체를 복사한다.

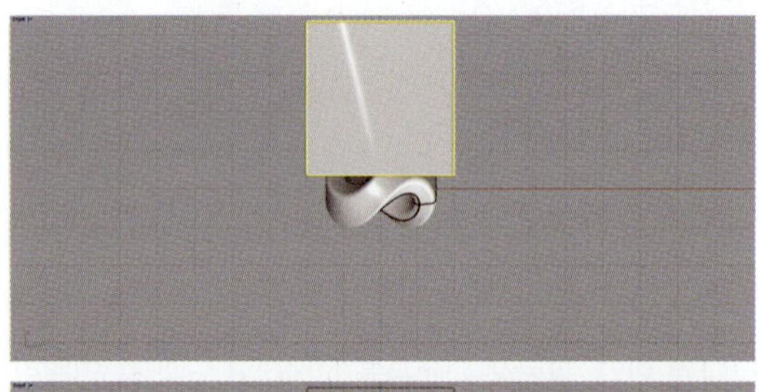

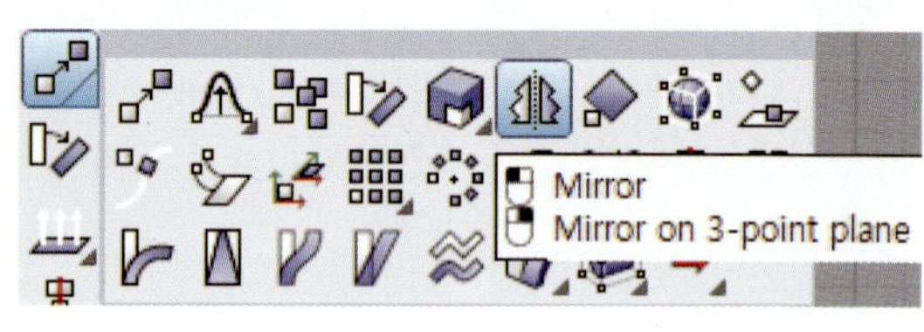

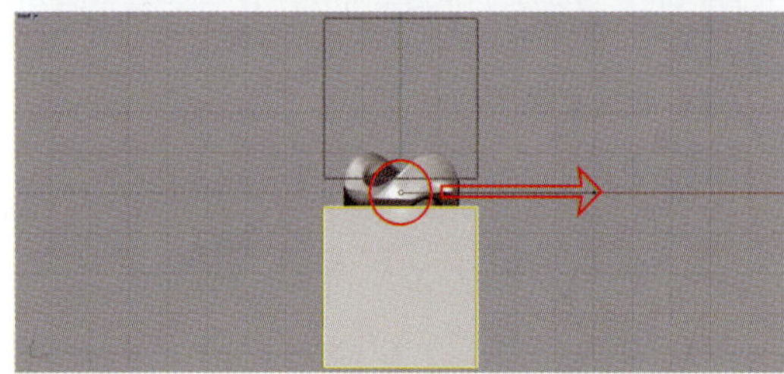

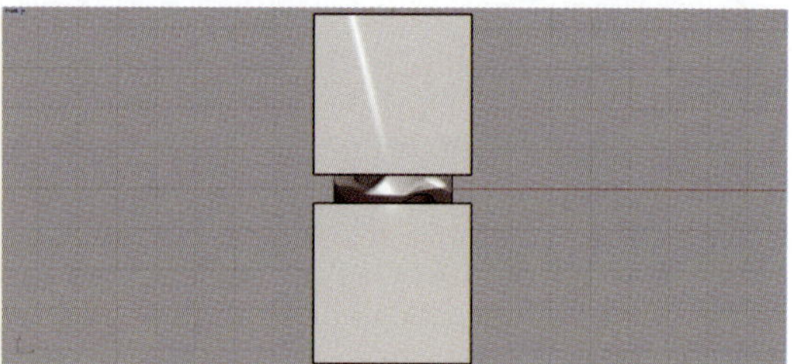

10. Twist된 Tube개체를 선택하고, Boolean difference를 실행한 후, Box개체 2개를 선택한 다음, Enter↵ 키를 누른다.

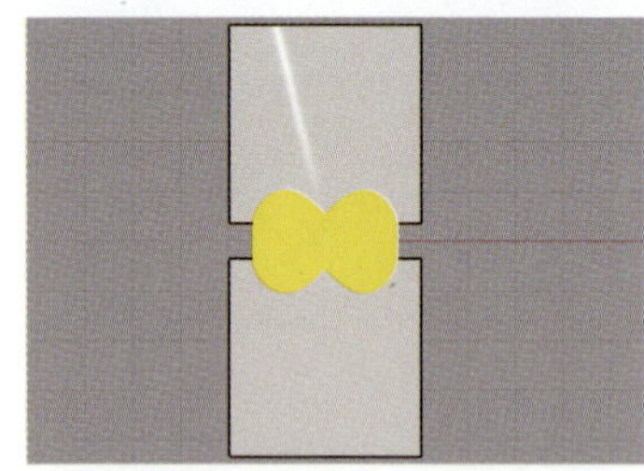

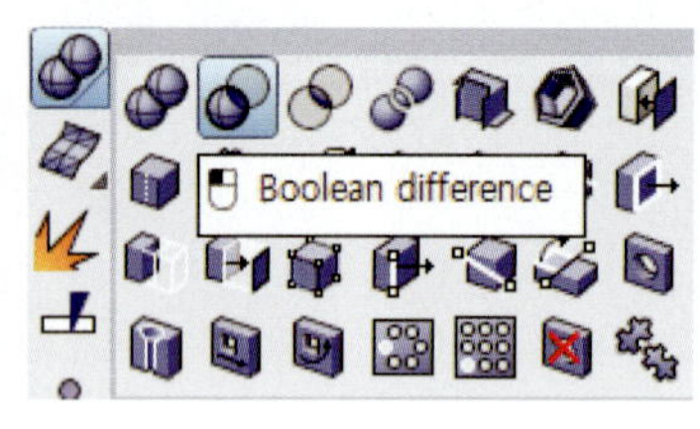

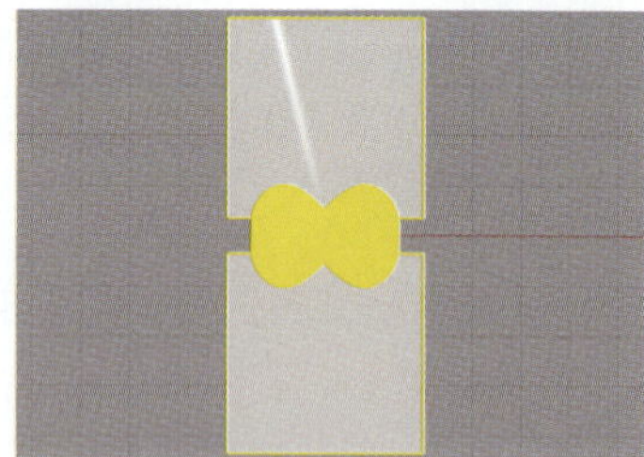

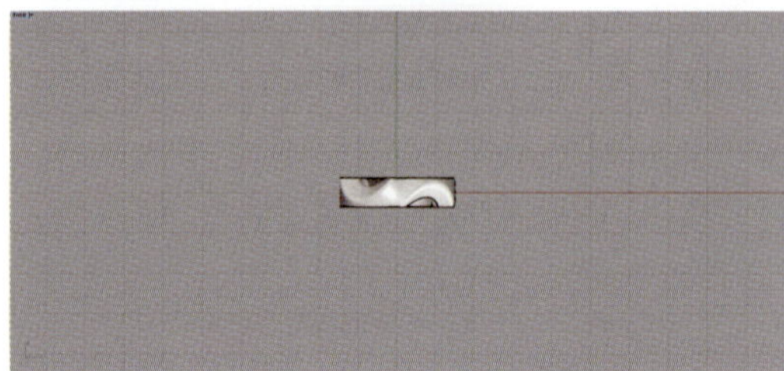

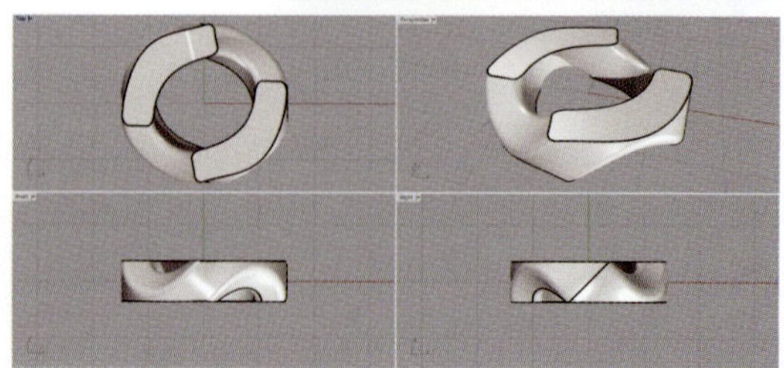

11. Top Viewport에서 체인개체를 선택하고, Gumball을 화면상에 나타나게 한다. Alt 키를 누른 상태로 빨간 화살표를 선택하고, 8을 입력한 후, Enter↵ 키를 누르면 다음 그림과 같이 체인개체가 복사된 것을 확인할 수 있다.

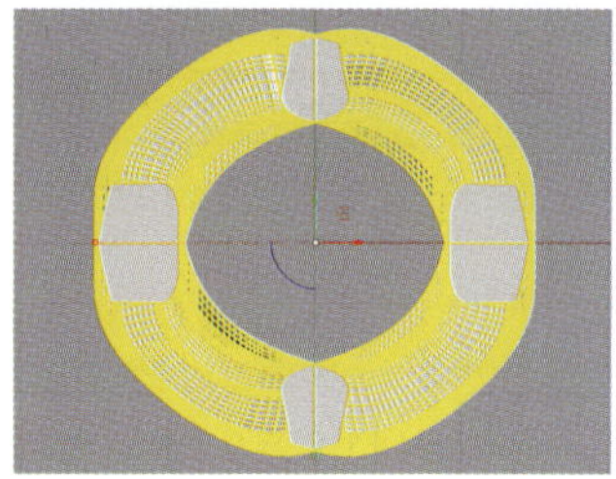

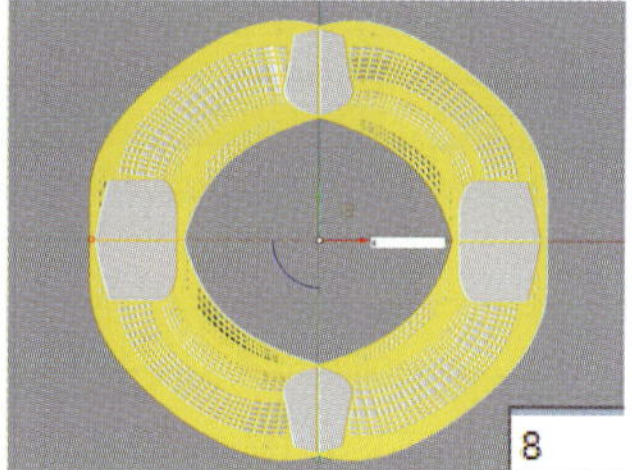

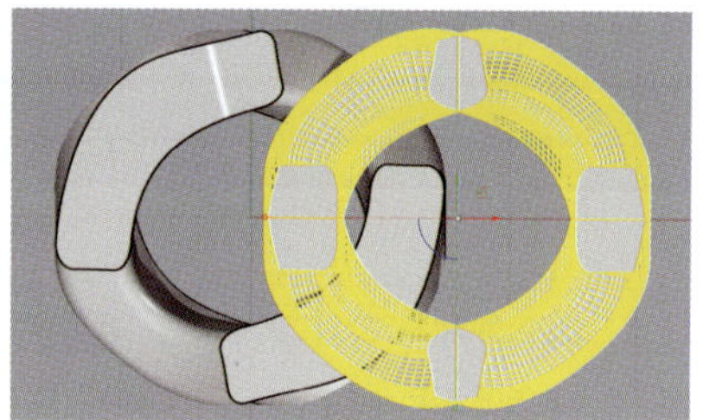

12. 다시 원점(0, 0)에 위치한 체인개체를 선택하고, Alt 키를 누른 상태로 빨간 화살표를 선택한다. -8을 입력하고, Enter↵ 키를 누른다.

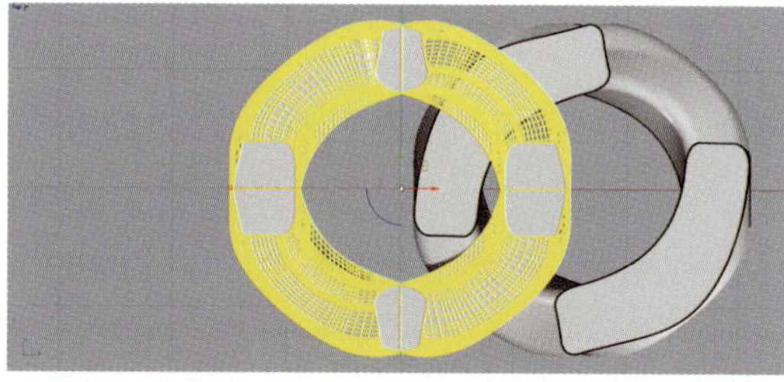

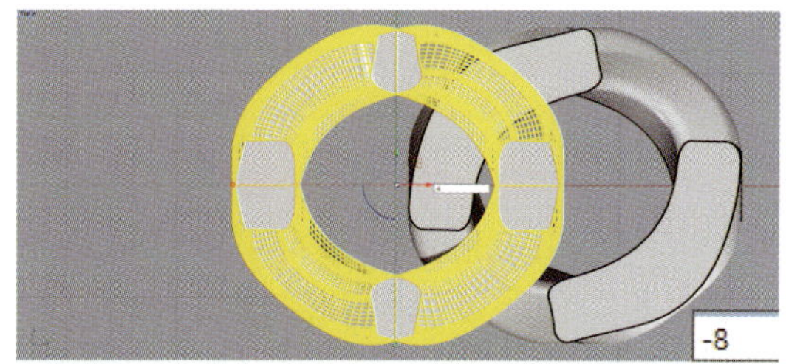

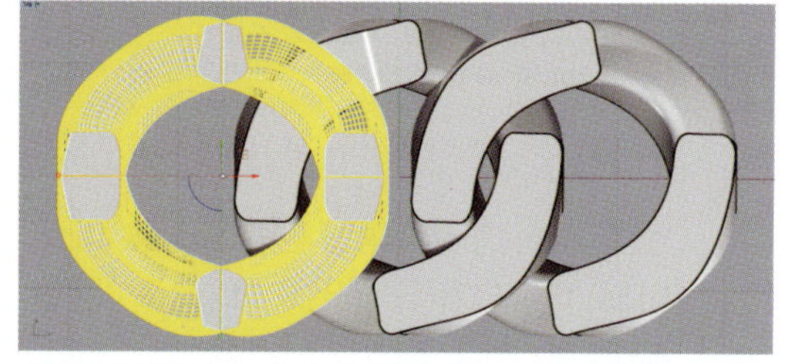

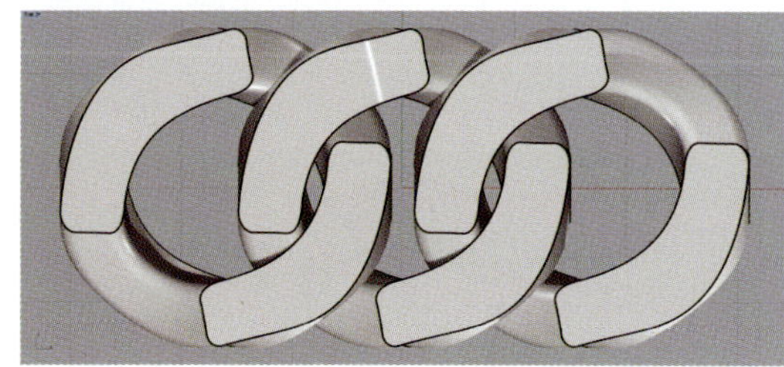

13. 중앙에 있는 체인개체를 선택하고, Boolean difference를 실행한 후, 나머지 체인개체 2개를 선택한 다음, Enter↵ 키를 누른다.

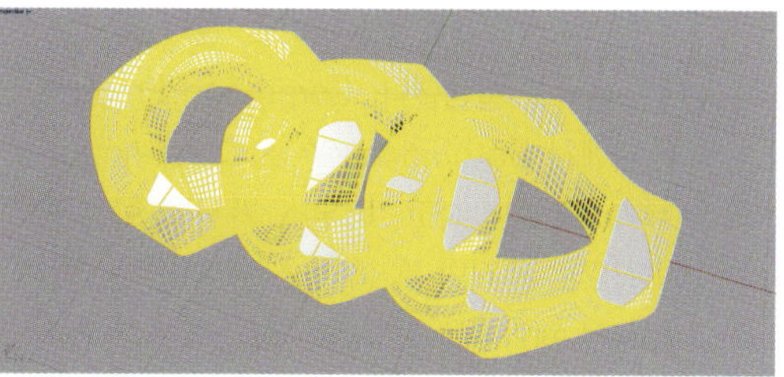

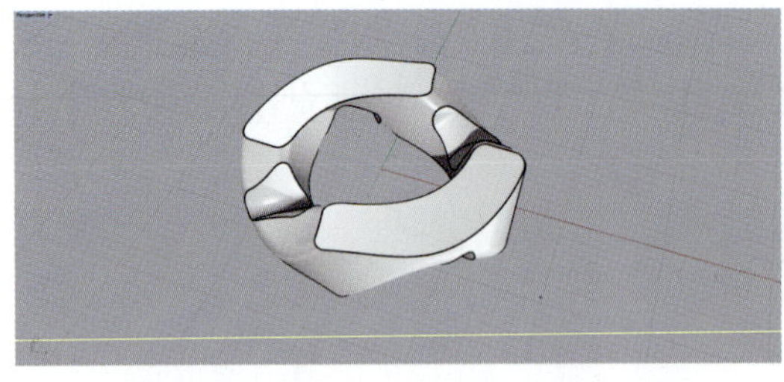

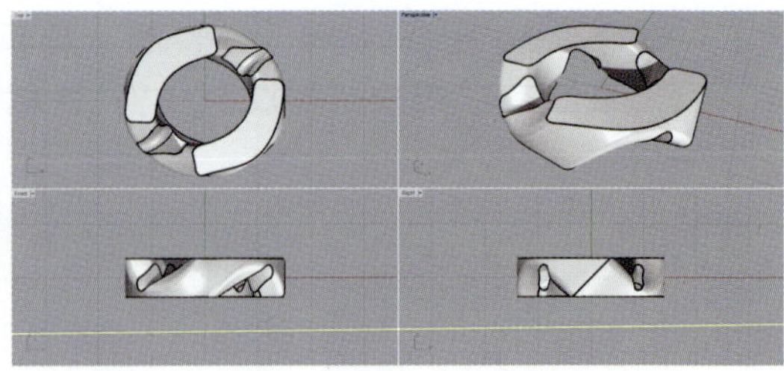

14. 체인개체는 잠시 잠가두고, Top ▾ Top Viewport에서 Single Line을 실행한다. Command Prompt 영역에 Start of line값 0, 6.82를 입력하고, Enter↵ 키를 누른 후, End of line값 -11.22, 2.86을 입력한 다음, Enter↵ 키를 누른다.

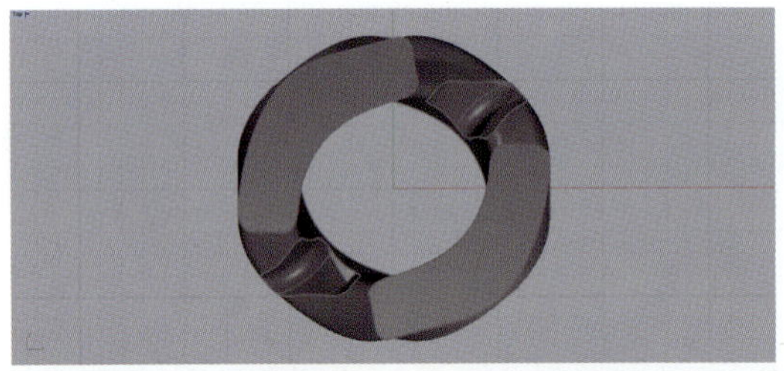

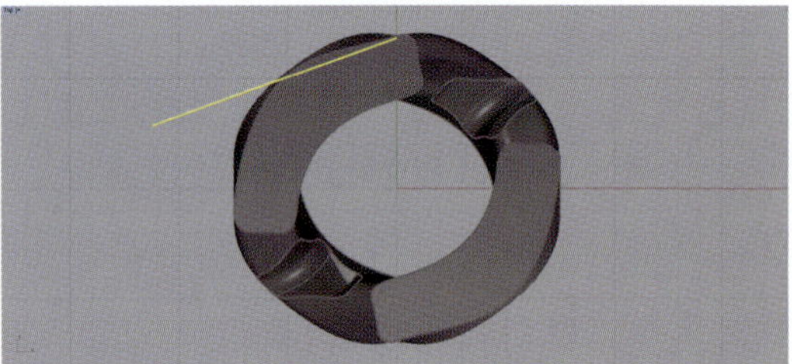

Start of line (BothSides Normal Angled Vertical FourPoint Bisector Perpendicular Tangent Extension): 0,6.82

End of line (BothSides): -11.22,2.86

15. 생성된 직선 Curve개체를 선택하고, Mirror를 실행한다. 원점(0, 0)을 기준으로 하여 Shift 키를 누른 상태로 마우스 커서를 화살표 방향으로 이동한 후, 마우스 왼쪽버튼을 클릭하여 대칭방향에 직선 Curve 개체를 복사한다. 직선 Curve개체 2개를 선택하고, Join을 실행하여 하나의 Curve개체로 결합한다.

Start of mirror plane (3Point Copy=*Yes* XAxis YAxis): 0

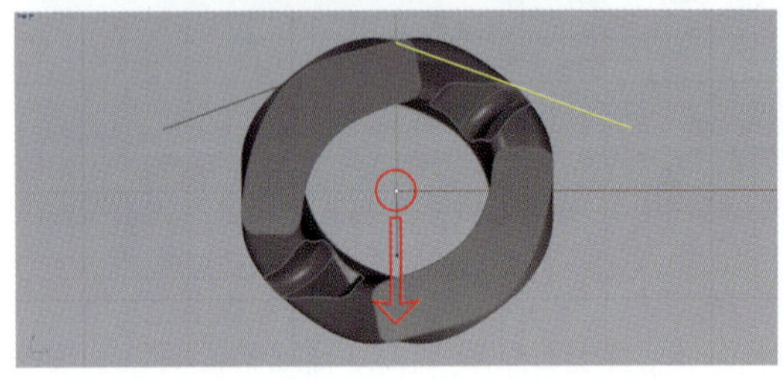

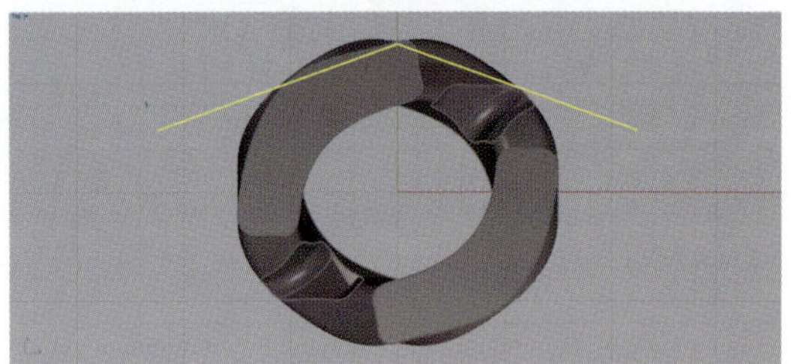

16. 결합된 Curve개체를 선택하고, Extrude straight를 실행한다. Command Prompt 영역에서 BothSides=Yes, Deleteinput =Yes로 설정하고, 마우스 커서를 화살표 방향으로 움직인 후, 마우스 왼쪽버튼을 클릭하여 체인개체가 덮이는 크기의 Surface

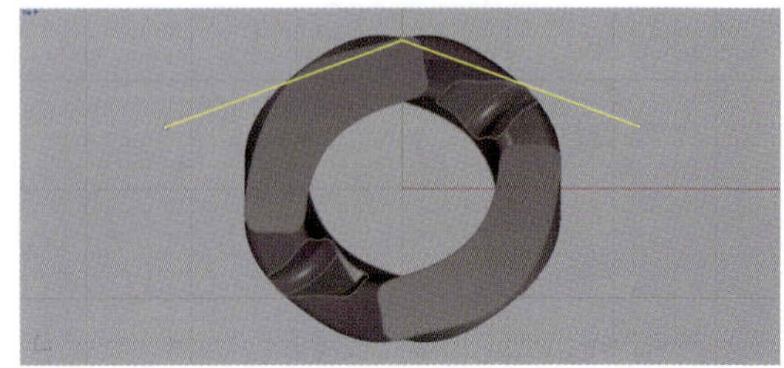

개체를 생성한다.

Extrusion distance <2.4721> (Direction BothSides=Yes Solid=No DeleteInput=Yes ToBoundary SetBasePoint):

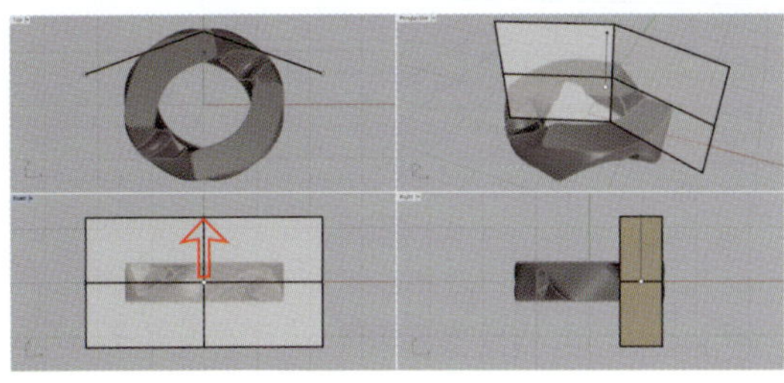

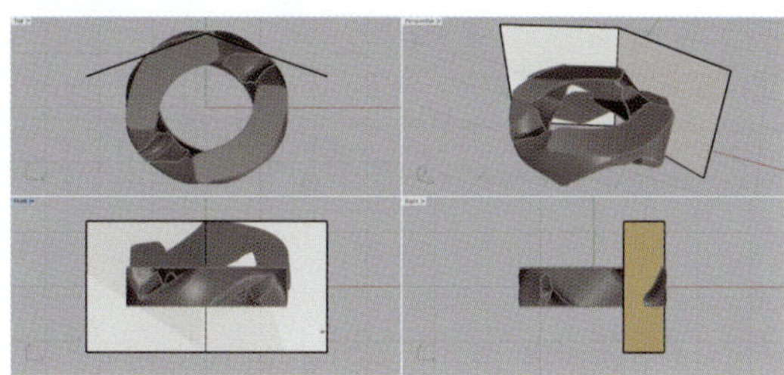

17. 생성된 Surface개체를 선택하고, Mirror를 실행한다. 원점(0, 0)을 기준으로 하여 Shift키를 누른 상태로 마우스 커서를 화살표 방향으로 이동한 후, 마우스 왼쪽버튼을 클릭하여 대칭방향에 Surface개체를 복사한 다음, 잠가둔 체인개체는 잠금 해제한다.

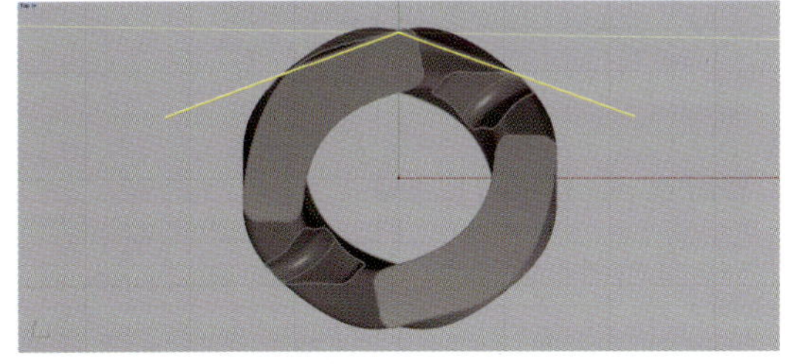

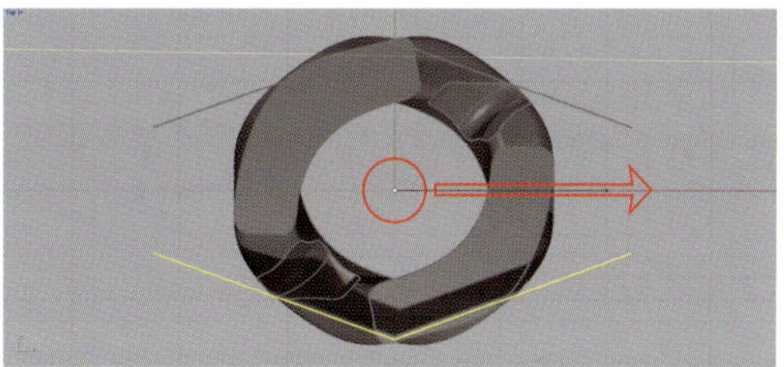

Start of mirror plane (3Point Copy=Yes XAxis YAxis): 0

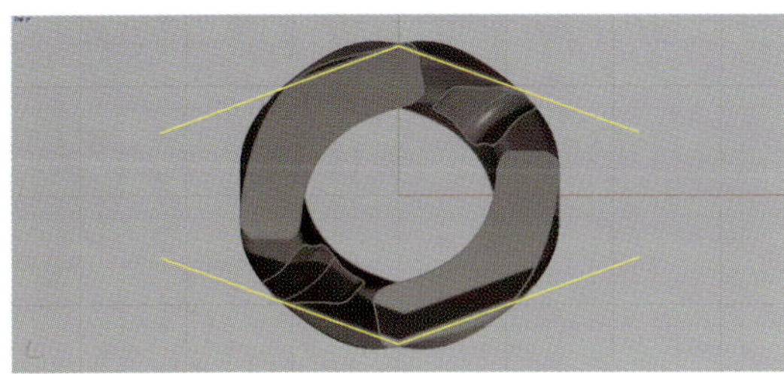

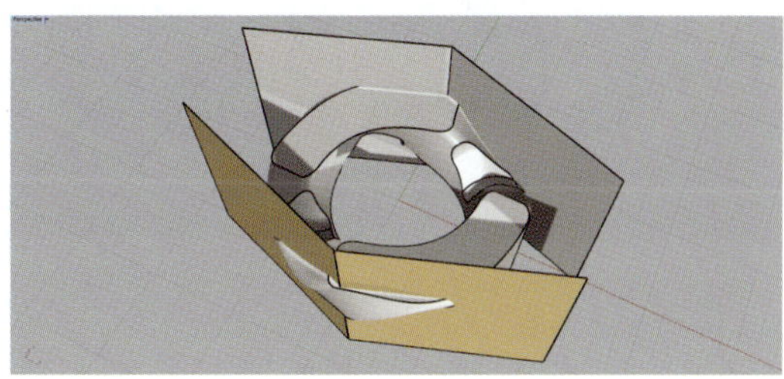

18. 체인개체를 선택하고, Boolean difference를 실행한 후, Surface개체 2개를 선택한 다음, Enter↵키를 누른다.

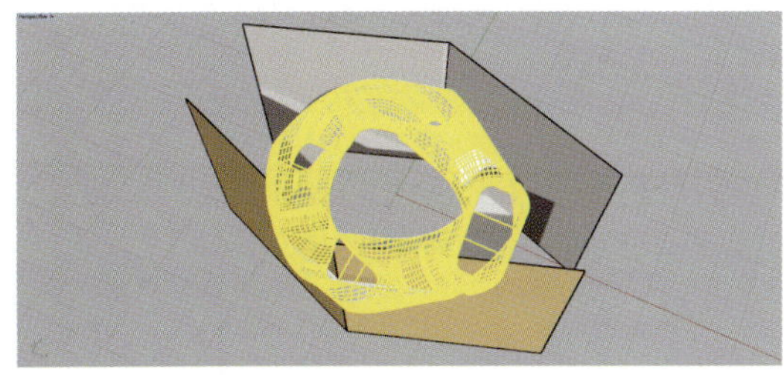

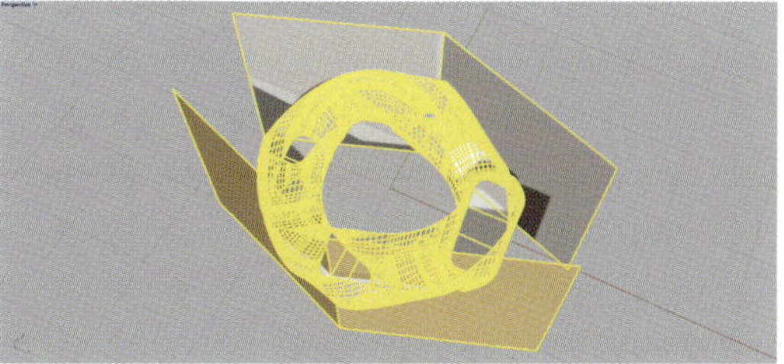

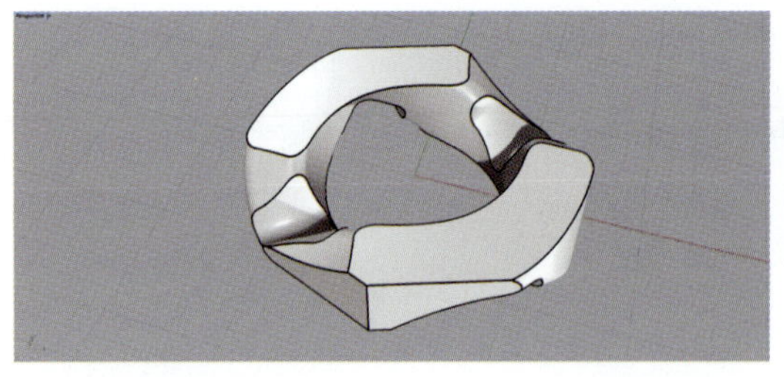

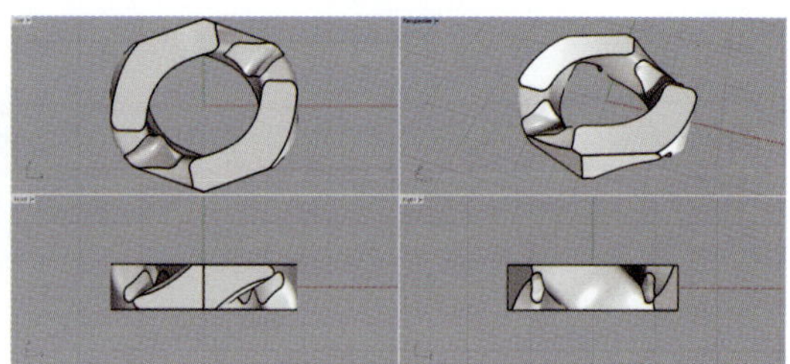

19. Top Top Viewport에서 체인개체를 선택하고, Linear array를 실행한다. Command Prompt 영역에 Number of items값 6을 입력하고, Enter↵키를 누른 후, First reference point값 0을 입력한 다음, Enter↵키를 누른다. Second reference point값 8을 입력하고, Enter↵키를 누른 다음, Shift키를 누른 상태로 마우스 커서를 화살표 방향으로 이동한 후, 마우스 왼쪽버튼을 클릭하여 다음 그림과 같이 8㎜ 간격으로 6개의 체인개체를 복사한다.

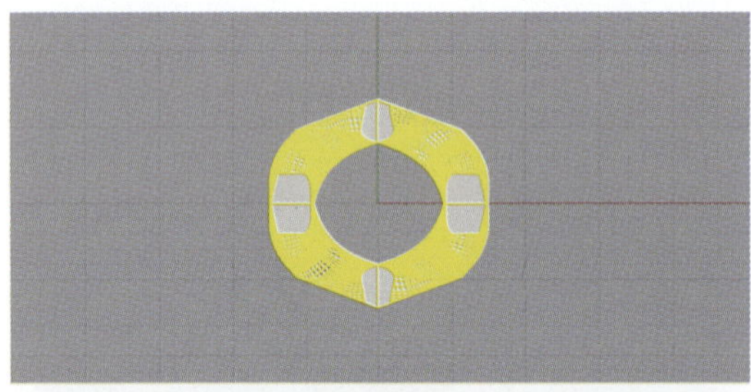

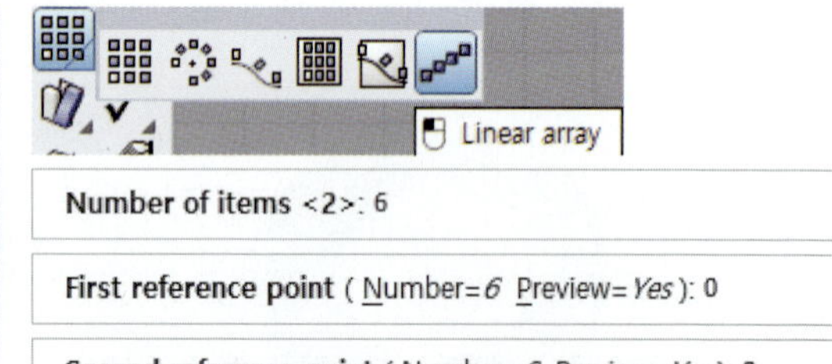

Number of items <2>: 6

First reference point (Number=6 Preview=Yes): 0

Second reference point (Number=6 Preview=Yes): 8

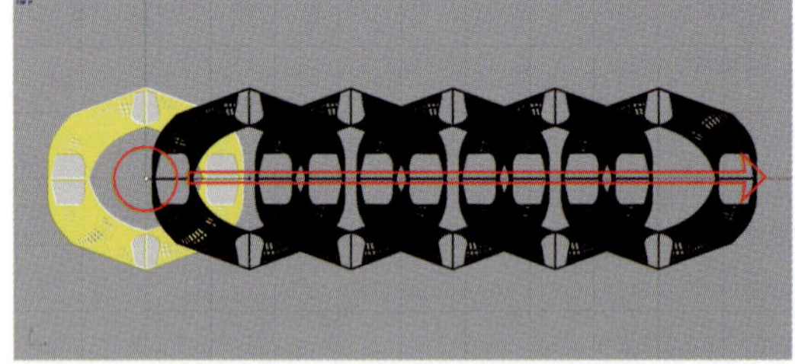

20. 원점(0, 0)에 위치한 체인개체를 제외하고, 나머지 체인개체는 잠시 잠가둔다. Osnap Toolbar에서 End점과 Project에 체크하고, Polyline을 실행한다. Start of polyline을 다음 그림과 같이 체인개체 상단의 End점으로 선택하고, Next point of polyline을 체인개체 하단의 End점으로 선택한다.

Command Prompt 영역에 9.47을 입력하고, Enter↵키를 누른 다음, Shift키를 누른 상태로 마우스 커서를 화살표 방향으로 이동한 후, 마우스 왼쪽버튼을 클릭하여 Curve개체를 생성한다.

Start of polyline (PersistentClose=No):

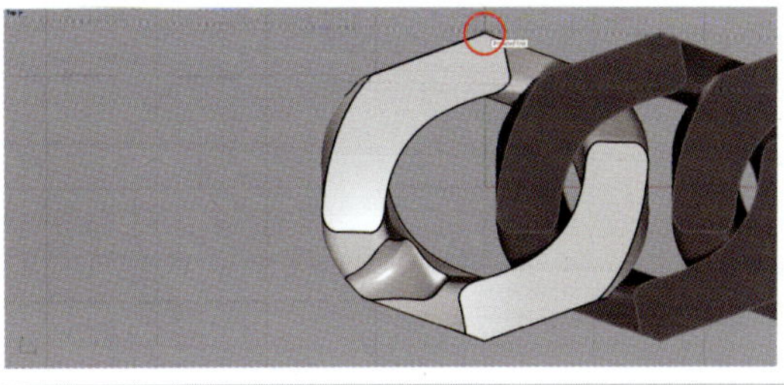

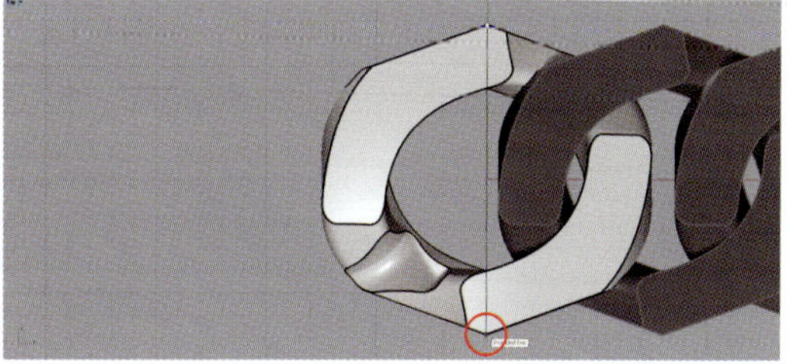

Next point of polyline (PersistentClose=*No* Mode=*Line* Helpers=*No* Undo):

Next point of polyline. Press Enter when done (PersistentClose=*No* Close Mode=*Line* Helpers=*No* Length Undo): 9.47

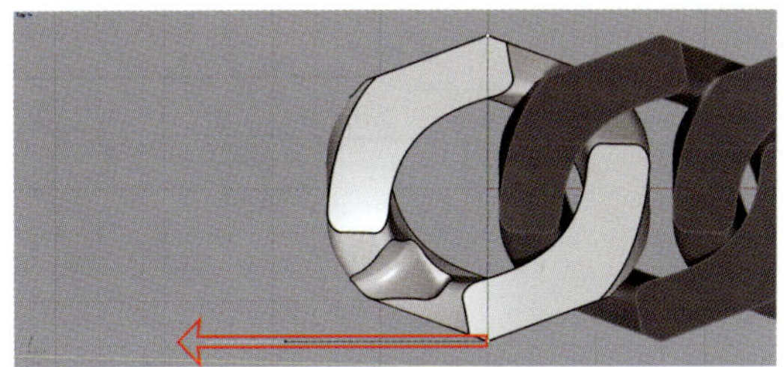

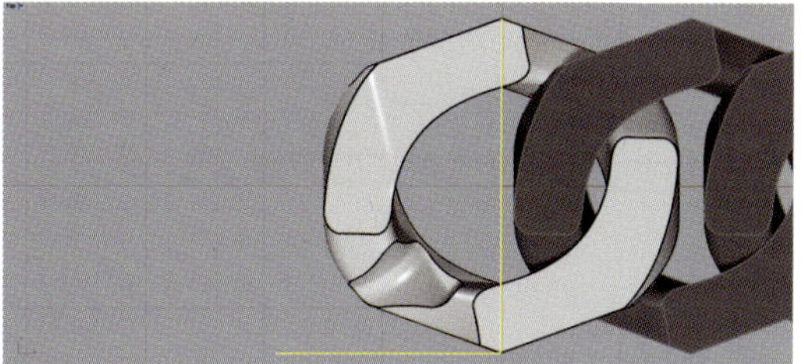

21. 다시 Polyline을 실행하고, Start of polyline을 체인개체 상단의 End점으로 선택한다. Command Prompt 영역에 9.47을 입력하고, Enter↵키를 누른 다음, Shift키를 누른 상태로 마우스 커서를 화살표 방향으로 이동한 후, 마우스 왼쪽버튼을 클릭하여 9.47㎜ 직선 Curve개체를 생성한다. 다음 그림과 같이 생성된 Polyline개체 2개를 선택하고, Join을 실행하여 하나의 개체로 결합한다.

Start of polyline (PersistentClose=*No*):

Next point of polyline (PersistentClose=*No* Mode=*Line* Helpers=*No* Undo): 9.47

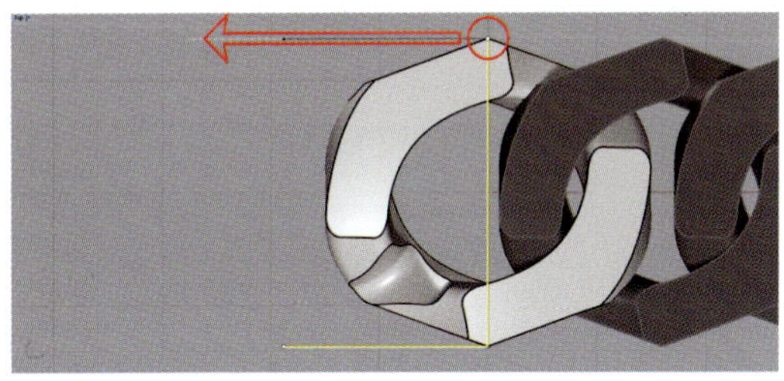

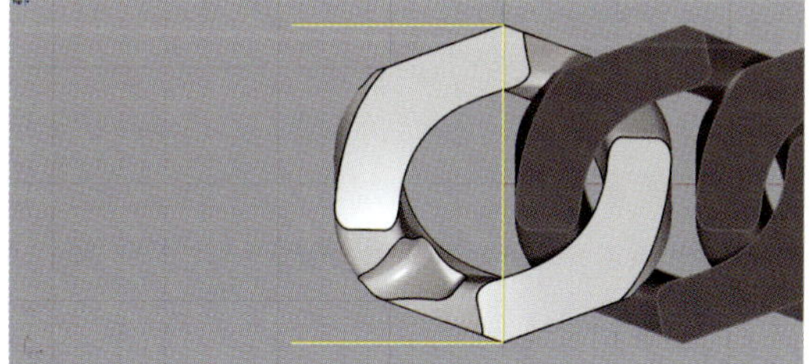

22. 결합된 Curve개체를 선택하고, Offset curve를 실행한다. Command Prompt 영역에 Distance값 1.5를 입력하고, Enter↵키를 누른 후, 마우스 커서를 Curve 개체 안쪽방향으로 움직인 다음, 마우스 왼쪽 버튼을 클릭하여 1.5㎜ Offset시킨다.

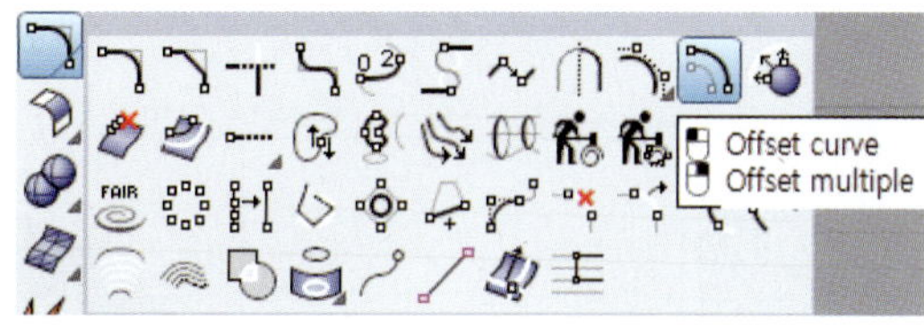

Side to offset (Distance=*0.15* Loose=*No* Corner=*Sharp* ThroughPoint Tolerance=*0.001* BothSides InCPlane=*No* Cap=*None*): 1.5

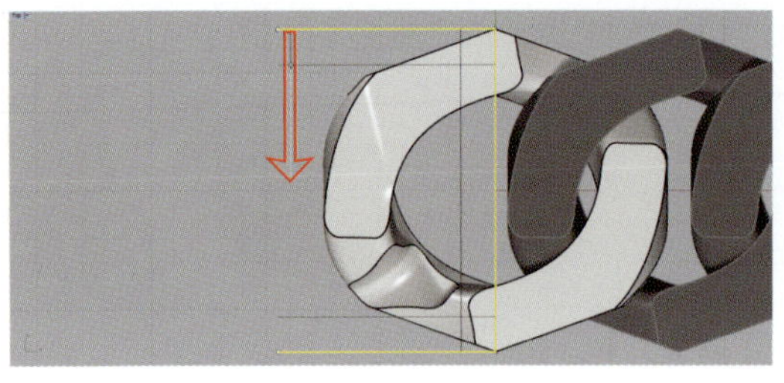

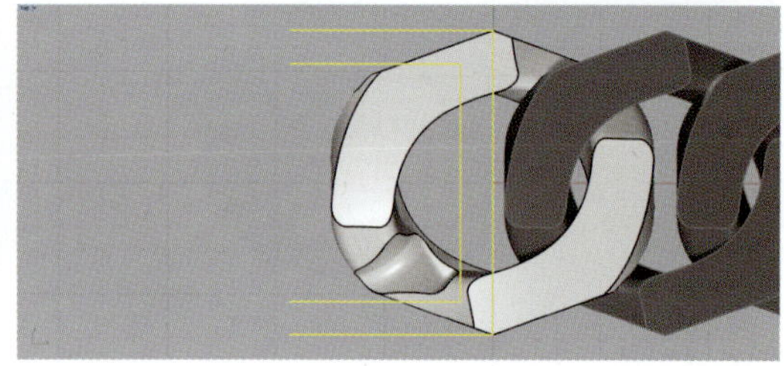

23. 다음 그림과 같이 Single Line을 실행한 후, 두 Curve개체의 End점과 End점을 연결한다. 4개의 Curve개체를 선택하고, Join을 실행하여 하나의 개체로 결합한다.

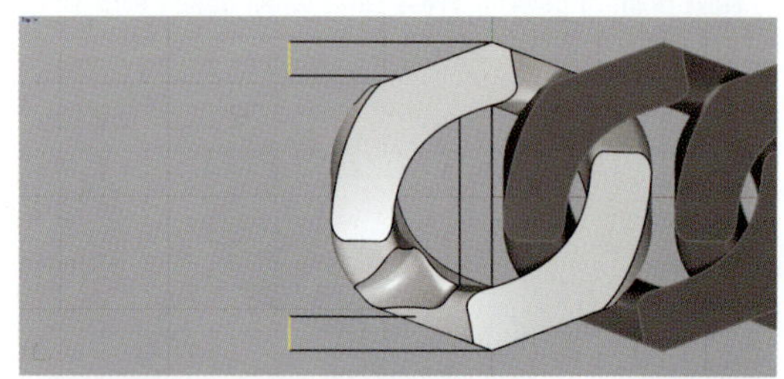

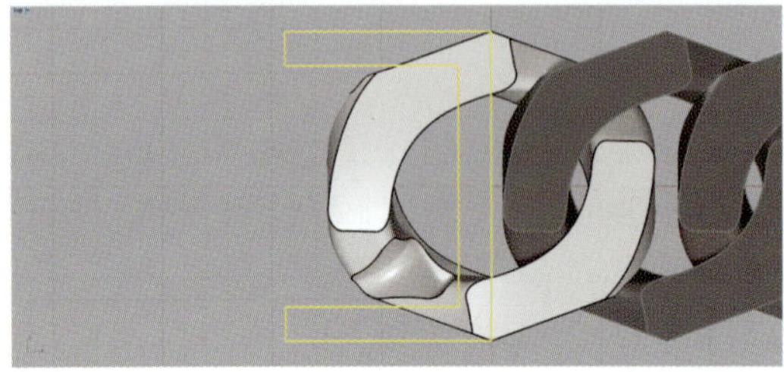

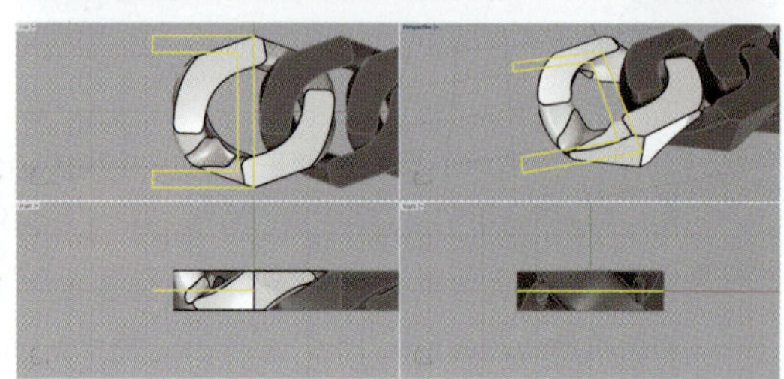

24. 결합된 Curve개체를 선택하고, Extrude straight를 실행한다. Command Prompt 영역에서 BothSides=Yes, Solid=Yes, Deleteinput=Yes로 설정하고, 마우스 커서를 움직여서 체인개체의 End점을 선택하면 다음 그림과 같이 체인개체와 같은 크기의 Solid개체가 생성된 것을 확인할 수 있다.

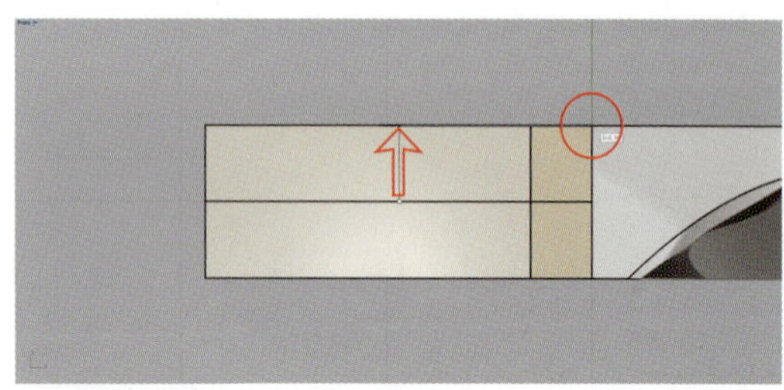

Extrusion distance <6> (Direction BothSides=*Yes* Solid=*Yes* DeleteInput=*Yes* ToBoundary SetBasePoint):

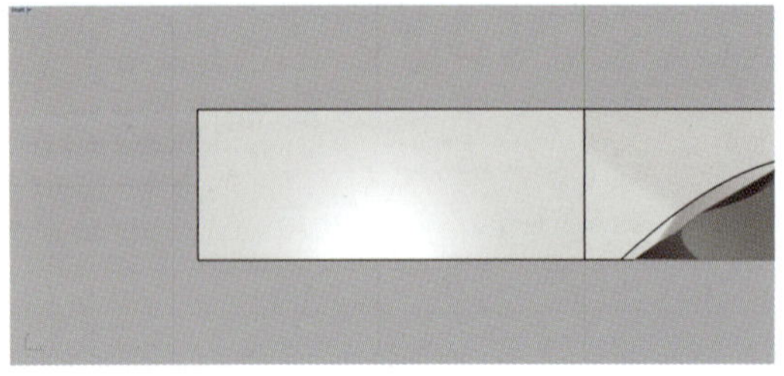

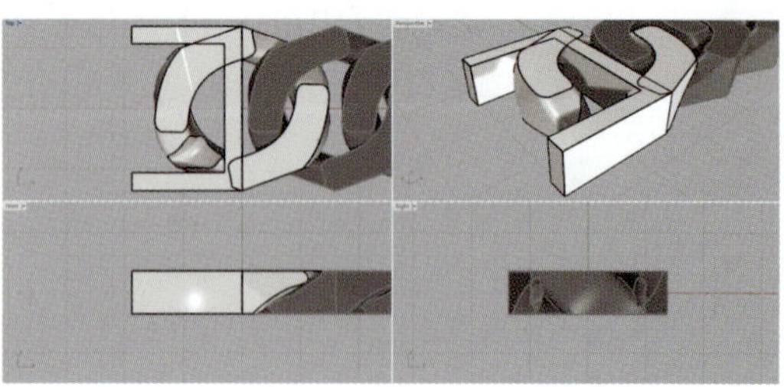

25. Top ▾ Top Viewport에서 체인개체를 선택하고, Split을 실행한 후, 생성된 Solid개체를 선택한 다음, Enter↵ 키를 누른다. Solid개체를 잠시 숨겨두고, 체인개체의 잘린 좌측부분을 모두 삭제한 다음, Solid개체를 화면상에 나타나게 한다.

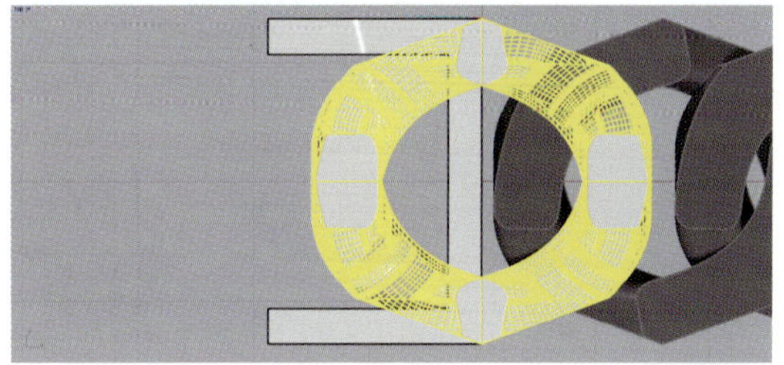

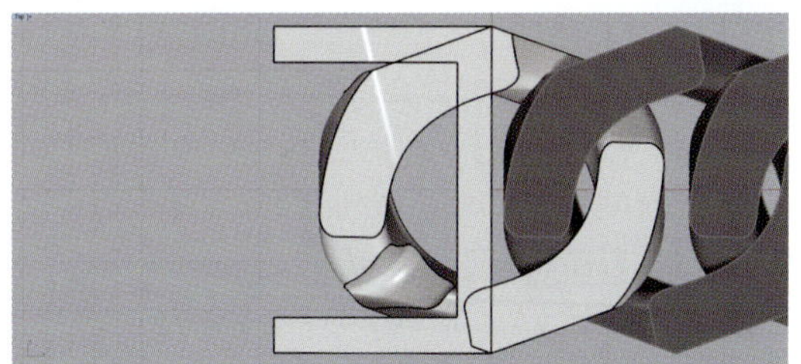

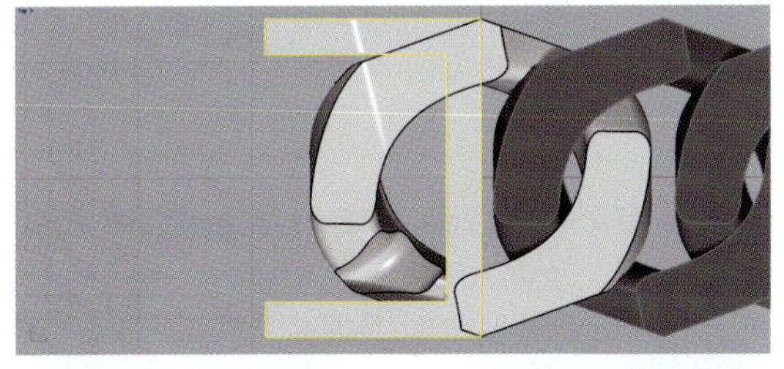

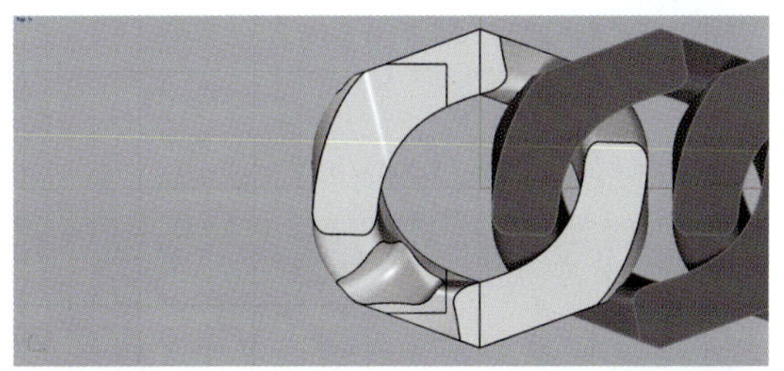

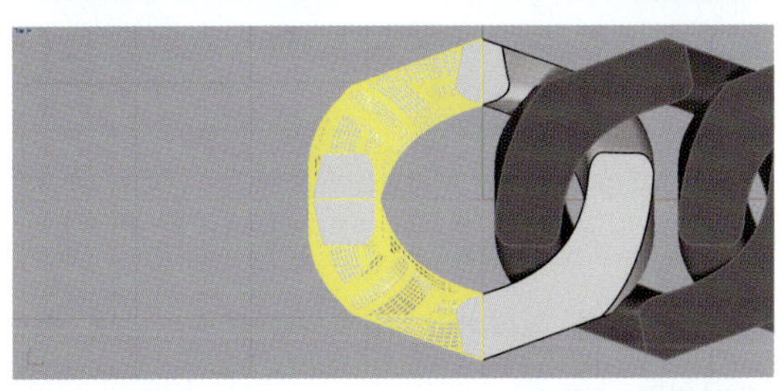

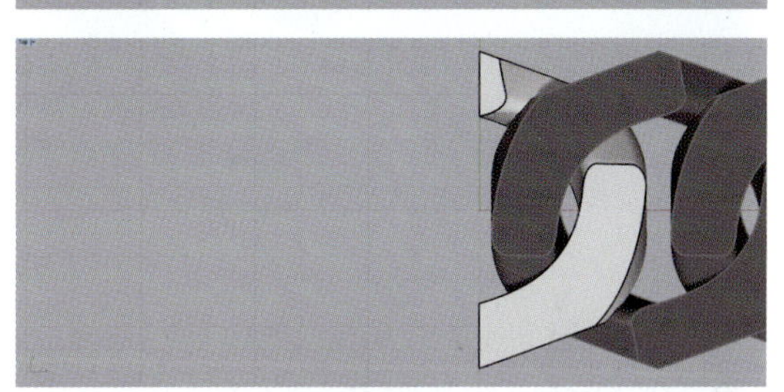

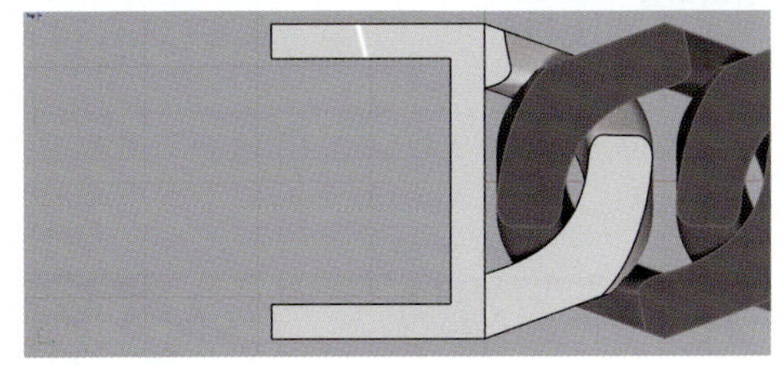

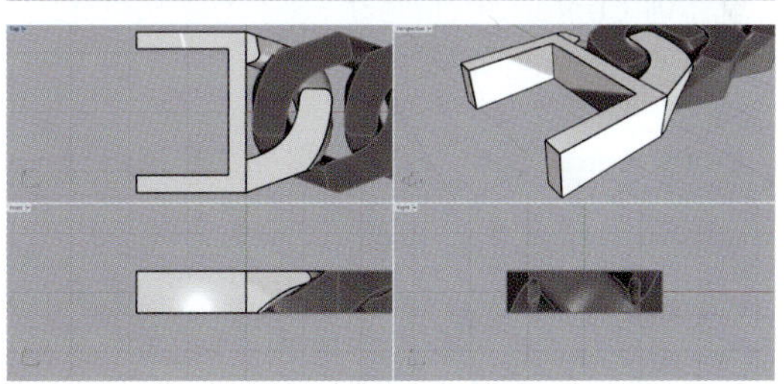

26. 잘린 체인개체와 Solid개체를 선택하고, Boolean union을 실행하여 하나의 개체로 결합한다.

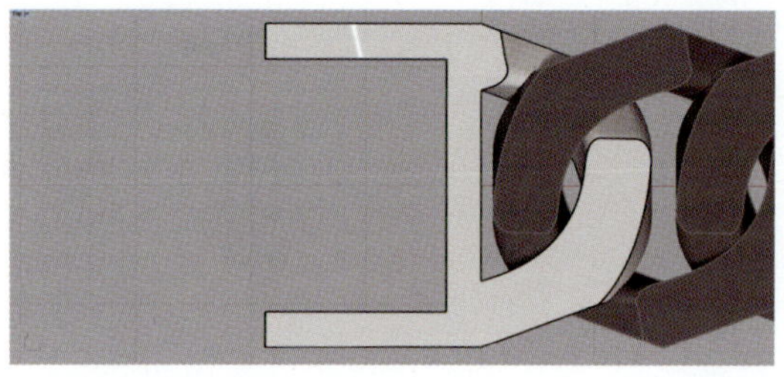

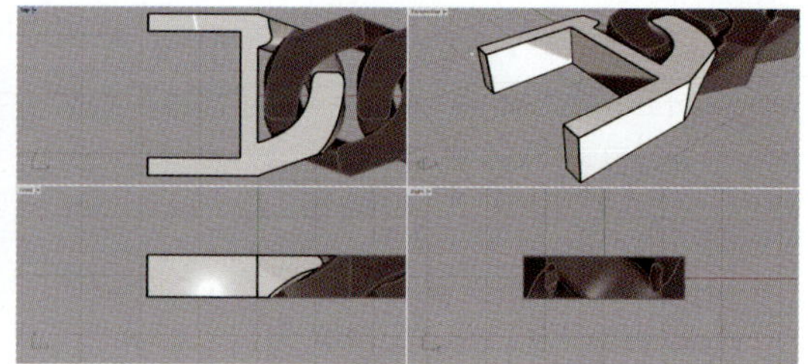

27. Fillet edges를 실행하고, 다음 그림과 같이 Edge를 선택한 후, Enter↵ 키를 누른다. Command Prompt 영역에서 SetAll을 선택하고, Radius for all handles값 0.3을 입력한 후, Enter↵ 키를 누른다.

Select fillet handle to edit. Press Enter when done
(ShowRadius=*Yes* AddHandle CopyHandle SetAll LinkHandles=*No* RailType=*RollingBall* SelectEdges TrimAndJoin=*Yes* Preview=*No*):

Radius for all handles <1.000>: 0.3

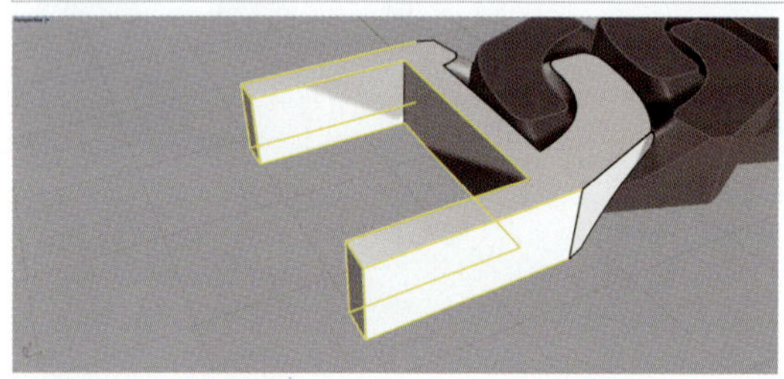

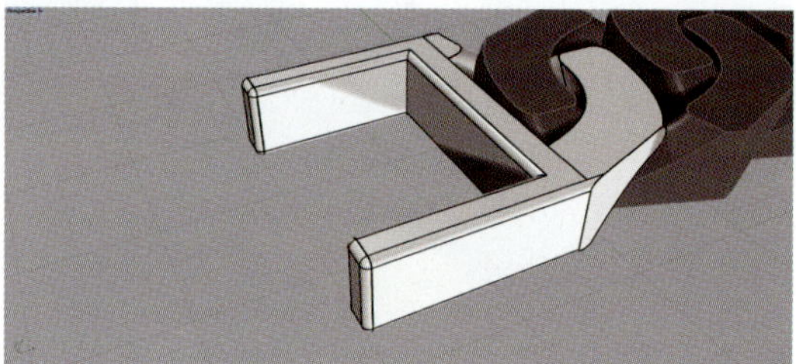

28. Front ▾ Front Viewport에서 Circle: center, radius를 실행한다. Command Prompt 영역에 Center of circle값 -8.3, 0을 입력하고, Enter↵ 키를 누른 후, Diameter값 1.2를 입력한 다음, Enter↵ 키를 누른다.

Center of circle (Deformable Vertical 2Point 3Point Tangent AroundCurve FitPoints): -8.3,0

Diameter <1.090> (Radius Orientation Circumference Area ProjectOsnap=*Yes*): 1.2

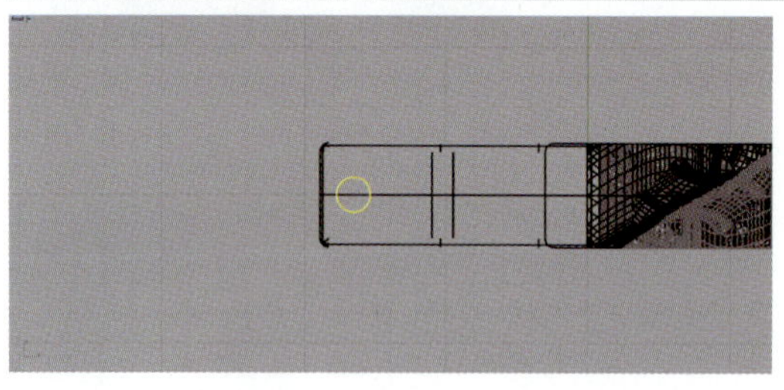

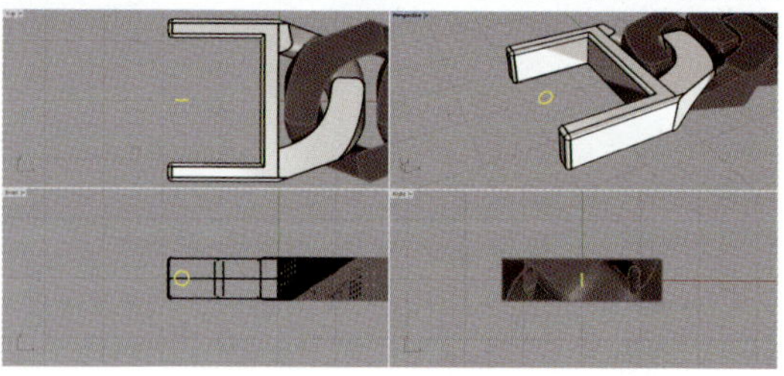

29. 생성된 원형 Curve개체를 선택하고, Extrude straight를 실행한다. Command Prompt 영역에서 BothSides=Yes, Solid=Yes, Deleteinput=Yes로 설정하고, Extrusion distance값 6을 입력한 후,

Enter↵ 키를 누른다. 생성된 Cylinder개체와 Solid개체를 선택하고, Boolean union을 실행하여 하나의 개체로 결합한다.

Extrusion distance <1.77> (Direction BothSides=Yes Solid=Yes DeleteInput=Yes ToBoundary SetBasePoint): 6

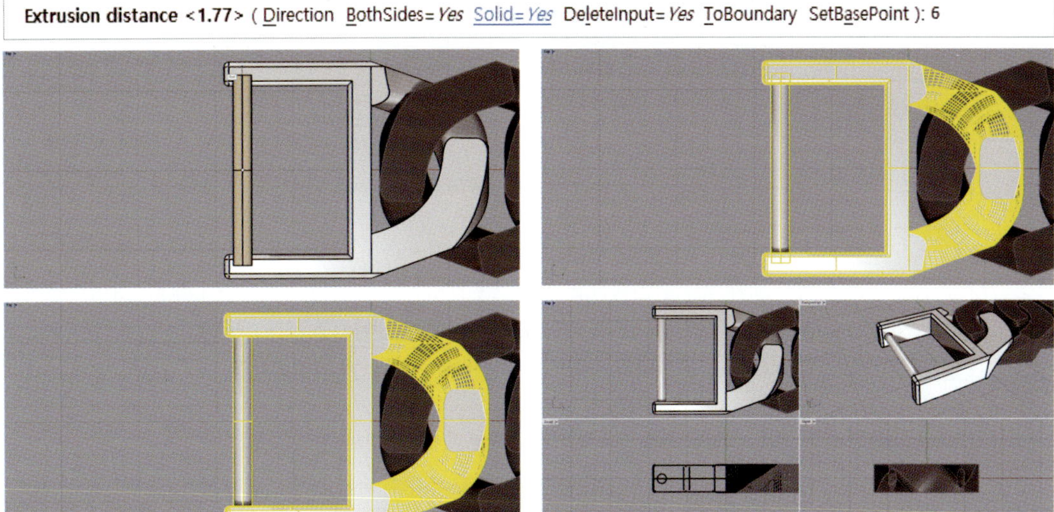

30. Top Top Viewport에서 잠겨있는 개체들을 모두 잠금 해제하고 모두 선택한 후, Gumball을 화면상에 나타나게 한다. 빨간 화살표를 선택하고, 11.09를 입력한 후, Enter↵ 키를 누른다.

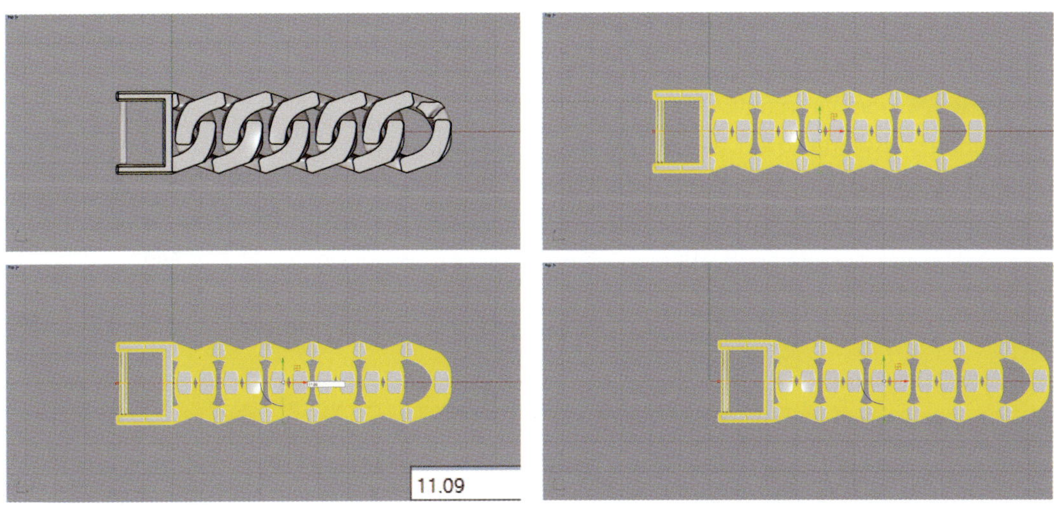

31. 개체들을 모두 선택하고, Mirror를 실행한다. 원점(0, 0)을 기준으로 하여 Shift 키를 누른 상태로 마우스 커서를 화살표 방향으로 이동한 후, 마우스 왼쪽버튼을 클릭하여 대칭방향에 선택한 개체들을 복사한다.

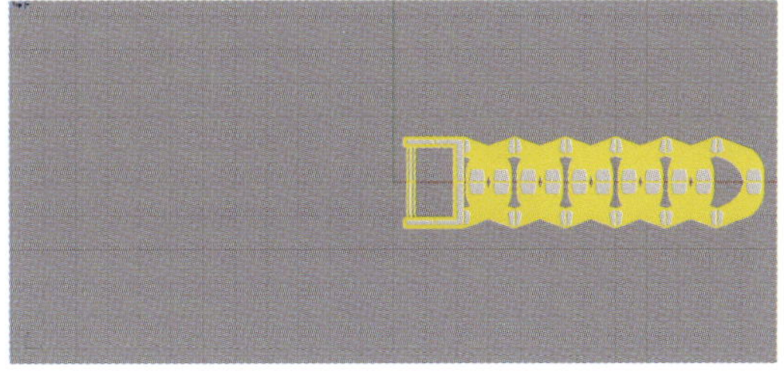

Start of mirror plane (3Point Copy=*Yes* XAxis YAxis): 0

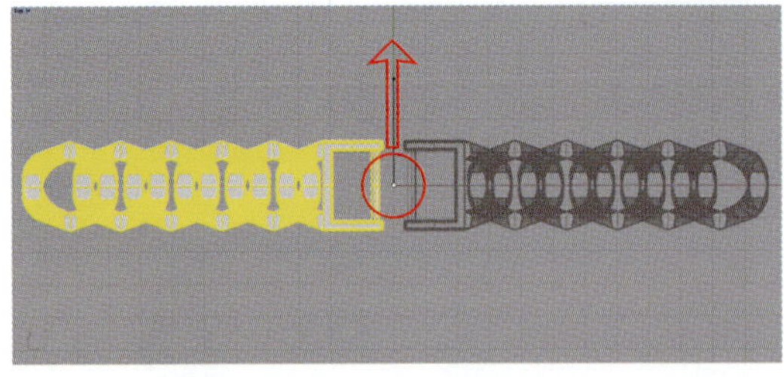

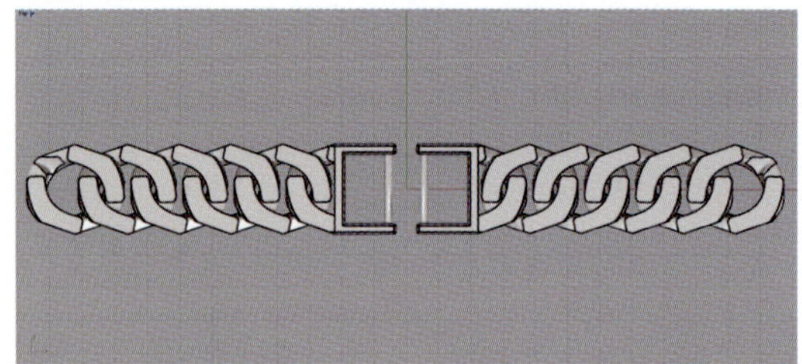

32. 다음 그림과 같이 복사된 개체들을 선택하고, 다시 Mirror를 실행한다. Command Prompt 영역에 0을 입력하고, Enter↵ 키를 누른 후, Copy=No로 설정한다. Shift 키를 누른 상태로 마우스 커서를 화살표 방향으로 이동한 후, 마우스 왼쪽버튼을 클릭하여 선택한 개체들을 뒤집어준다.

Start of mirror plane (3Point Copy=*Yes* XAxis YAxis): 0

End of mirror plane (Copy=*No*):

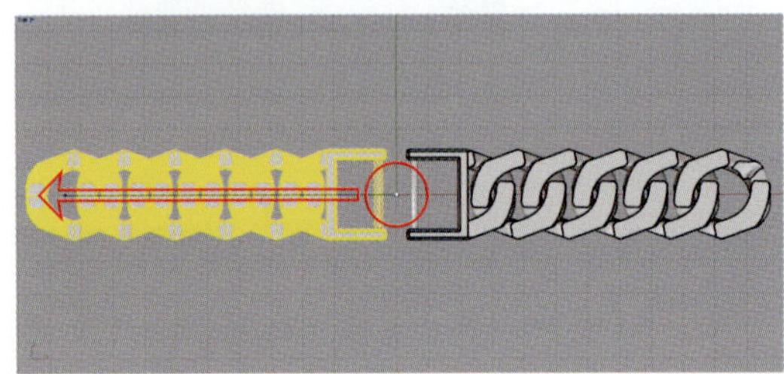

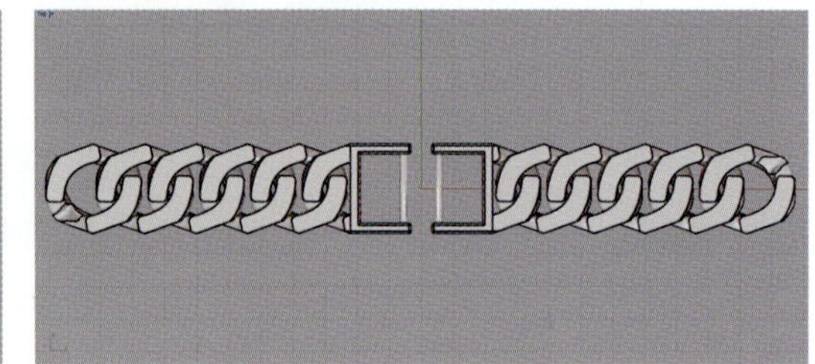

33. Front ▾ Front Viewport에서 다음 그림과 같이 Duplicate edge를 실행하여 좌측 Cylinder개체 하단의 원형 Curve 개체를 추출한다. 추출한 원형 Curve개체를 선택하고, IsolateLock objects를 실행하여 선택한 원형 Curve개체를 제외한 모든 개체들을 잠시 잠가둔다.

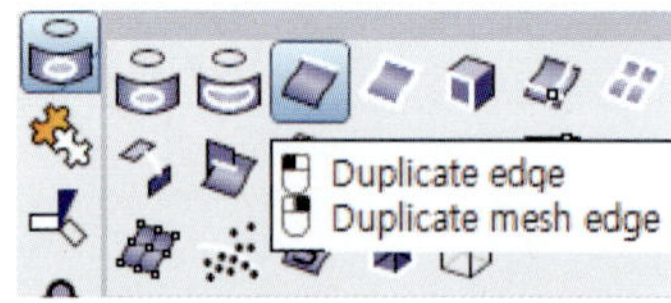

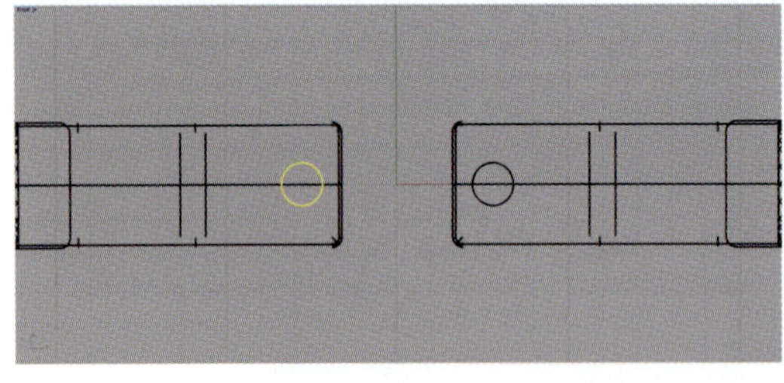

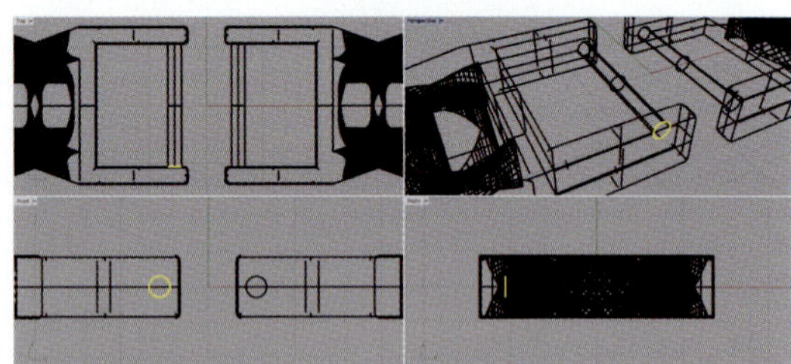

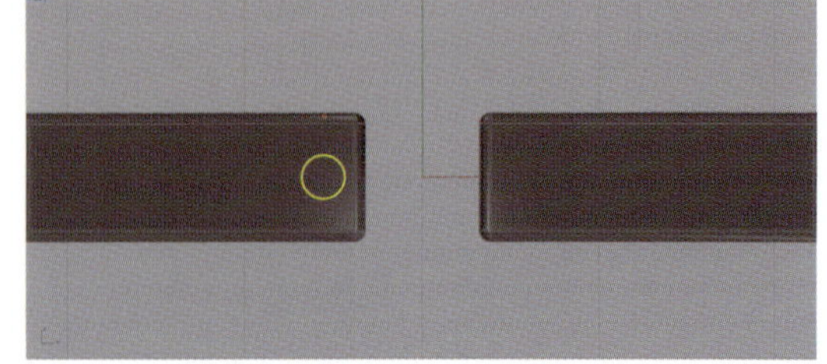

34. 원형 Curve개체를 선택하고, Offset curve를 실행한다. Command Prompt 영역에 Distance값 1.5를 입력하고, Enter↵키를 누른 후, 마우스 커서를 원형 Curve개체 바깥쪽 방향으로 향하게 한 다음, 마우스 왼쪽버튼을 클릭한다. 다시 원형 Curve개체를 선택하고, Offset curve를 실행한다. Command Prompt 영역에 Distance값 0.75를 입력하고, Enter↵키를 누른 후, 마우스 커서를 원형 Curve개체 바깥쪽 방향으로 향하게 한 다음, 마우스 왼쪽버튼을 클릭한다.

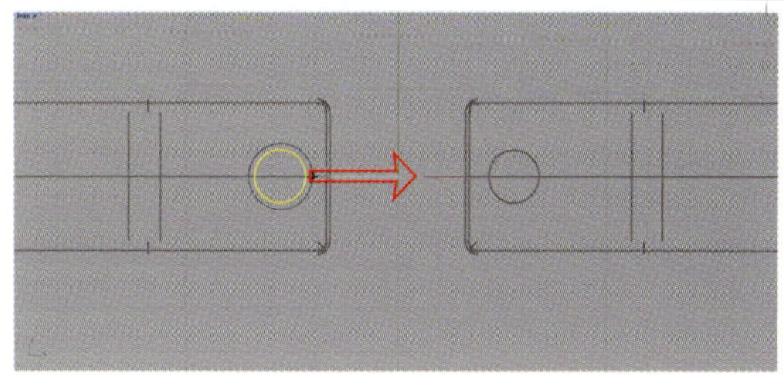

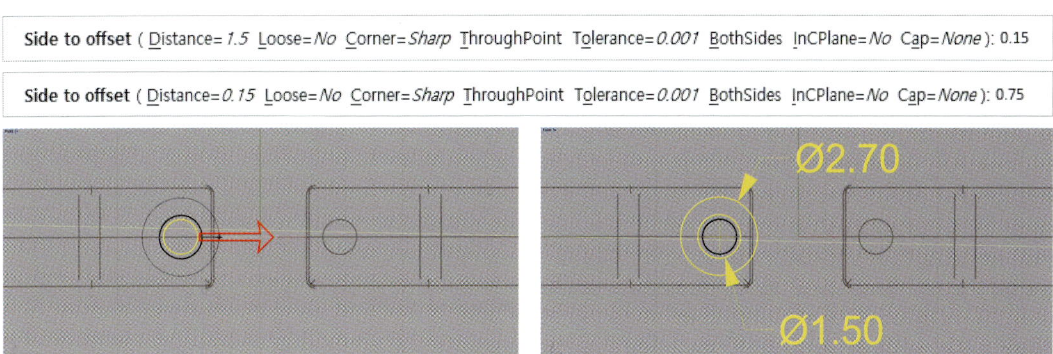

35. 원형 Curve개체 중 하나를 선택하고, Area centroid를 실행하여 원형 Curve개체 중심에 Point개체를 생성한 다음, 추출한 원형 Curve개체는 삭제한다.

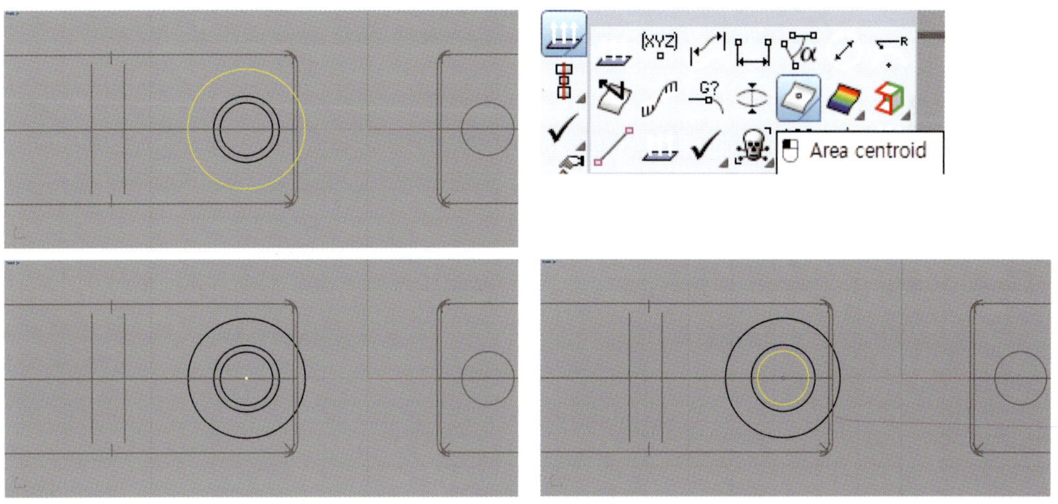

36. Polyline 또는 Single Line을 실행한 후, 다음 그림과 같이 Point개체를 중심으로 30도 각도의 Curve개체를 생성한다.

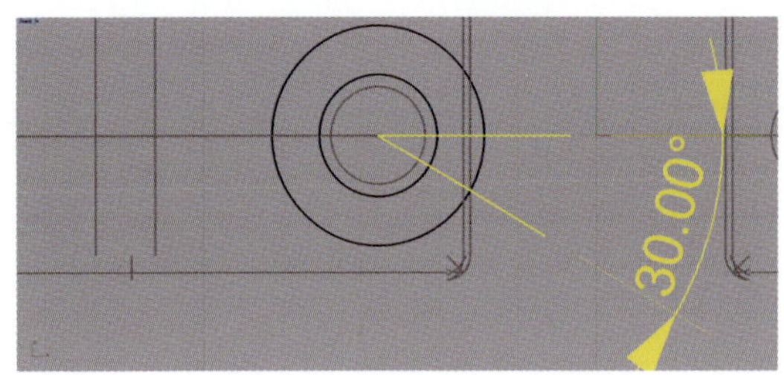

37. 생성된 Curve개체들을 모두 선택하고, Trim을 실행한 후, 다음 그림과 같은 형태로 잘라낸다. Single Line을 실행하여 잘린 원형 Curve개체의 End점과 End점을 연결하는 직선 Curve개체를 생성한다. 4개의 Curve개체를 모두 선택하고, Join을 실행하여 하나의 개체로 결합한다.

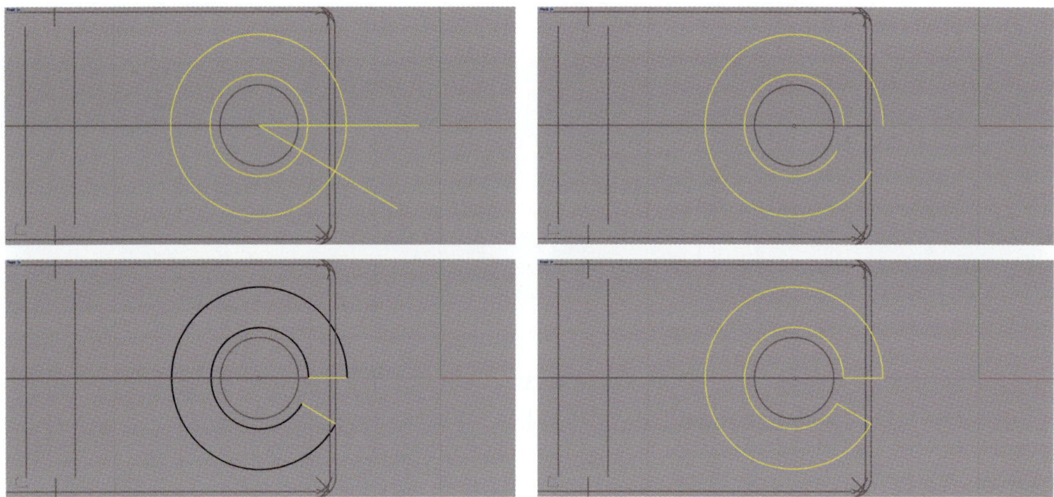

38. 생성된 Curve개체를 선택하고, Extrude straight를 실행한다. Command Prompt 영역에서 Solid =Yes, Deleteinput=Yes로 설정하고, Extrusion distance값 10.2를 입력한 후, 마우스 커서를 화살표 방향으로 움직인 다음, 마우스 왼쪽버튼을 클릭한다.

Extrusion distance <6> (Direction BothSides=No Solid=Yes DeleteInput=Yes ToBoundary SetBasePoint): 10.2

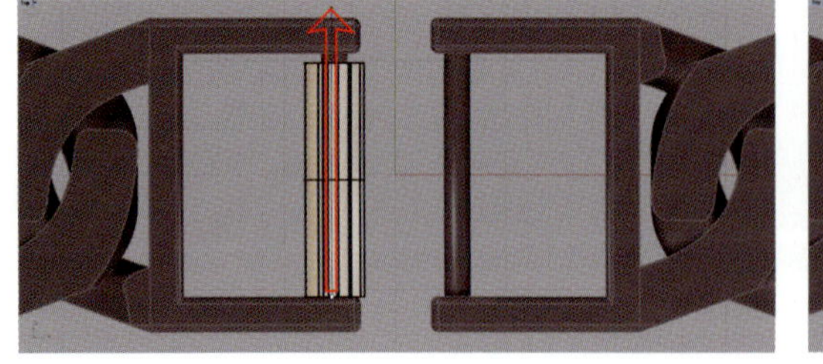

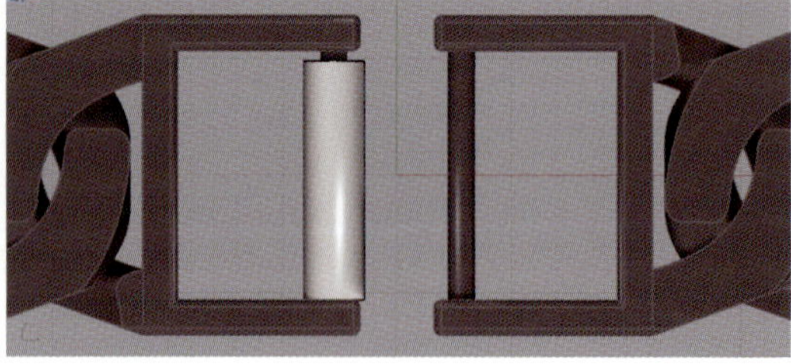

39. 생성된 Solid개체를 선택하고, Gumball을 화면상에 나타나게 한다. 녹색 화살표를 선택하고, 0.2를 입력한 후, Enter↵ 키를 누른다.

40. 모든 개체들은 잠시 숨겨두고, Top Top Viewport에서 Rectangle: Center, Corner를 실행한다. Command Prompt 영역에 Center of rectangle값 0.95, 0을 입력하고, Enter↵키를 누른 후, Other corner or length값 8.6을 입력한 다음, Enter↵키를 누른다. Width값 10.26을 입력하고, Enter↵키를 누르면 다음 그림과 같이 가로 8.6㎜, 세로 10.26㎜의 직사각형 Curve개체가 생성된 것을 확인할 수 있다.

Center of rectangle (Rounded): 0.95,0

Other corner or length (3Point Rounded): 8.6

Width. Press Enter to use length (Rounded): 10.26

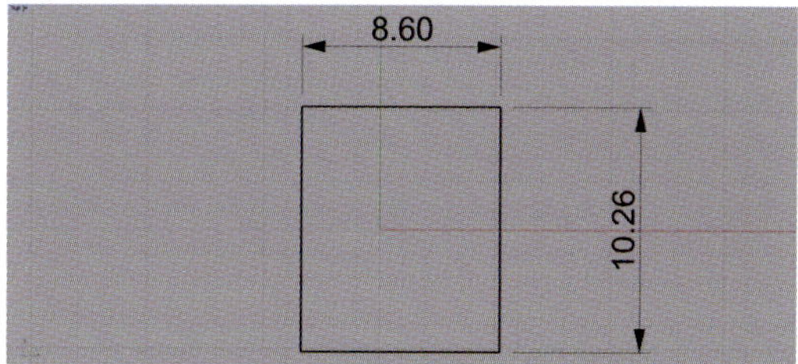

41. 생성된 직사각형 Curve개체를 선택하고, Extrude straight를 실행한다. Command Prompt 영역에서 Solid=Yes, Deleteinput=Yes로 설정하고, Extrusion distance값 0.85를 입력한 후, 마우스 커서를 화살표 방향으로 움직인 다음, 마우스 왼쪽 버튼을 클릭하여 Solid개체를 생성한다.

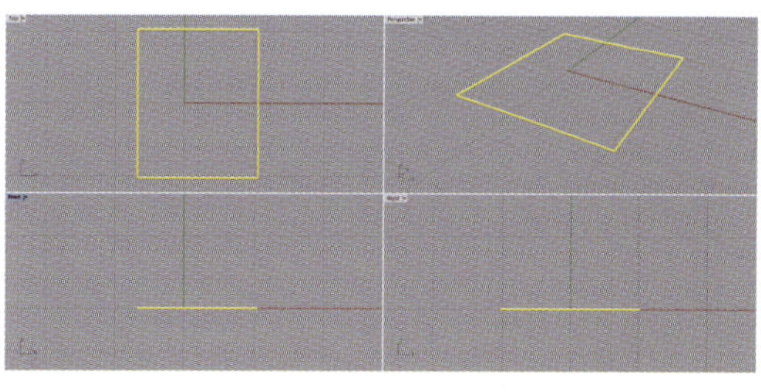

Extrusion distance <0.85> (Direction BothSides=*No* Solid=*Yes* DeleteInput=*Yes* ToBoundary SetBasePoint): 0.85

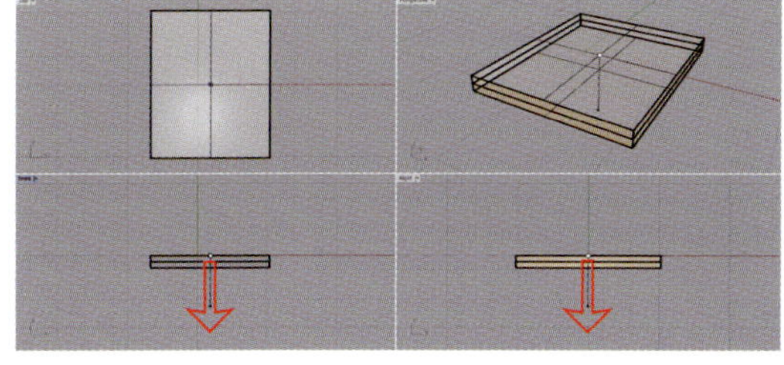

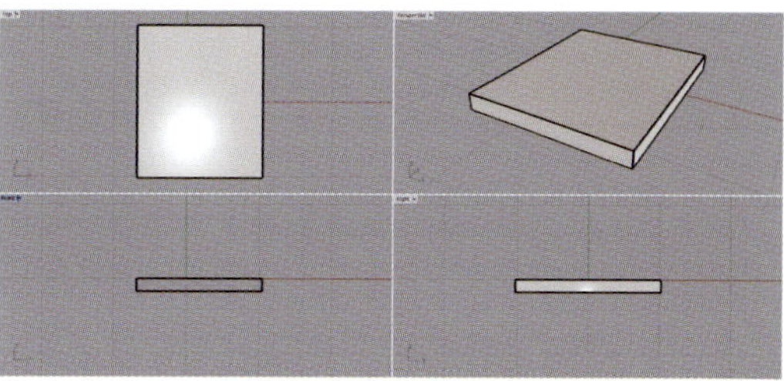

42. 생성된 직사각형 Solid개체를 선택하고, Gumball을 화면상에 나타나게 한다. 녹색 화살표를 선택하고, -1.3을 입력한 후, Enter↵키를 누른다. 다음 그림과 같이 'C'모양의 Solid개체를 화면상에 나타나게 한다.

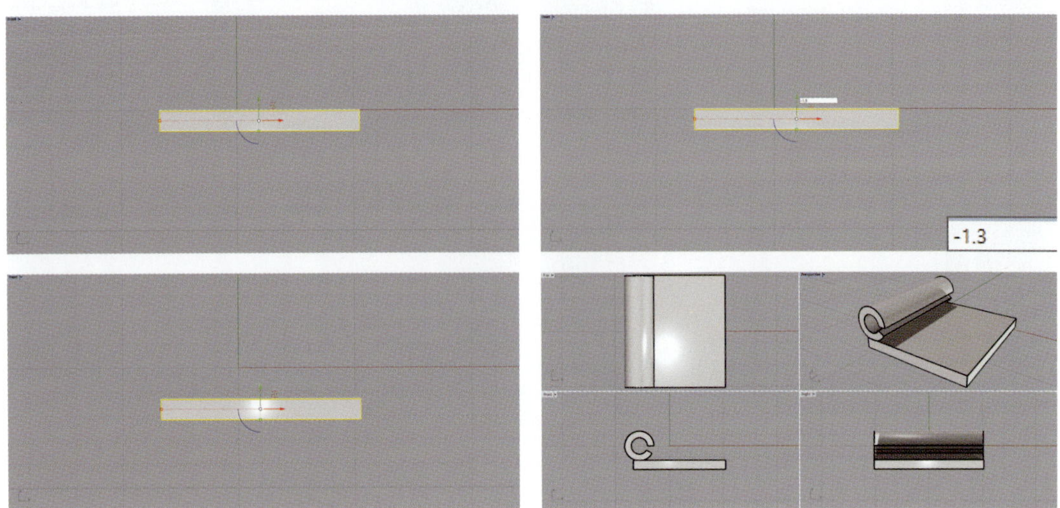

43. Osnap Toolbar에서 Near점과 Project에 체크하고, Front Front Viewport에서 Control Point Curve를 실행하여 다음 그림과 같은 형태의 Curve개체 2개를 생성한다.

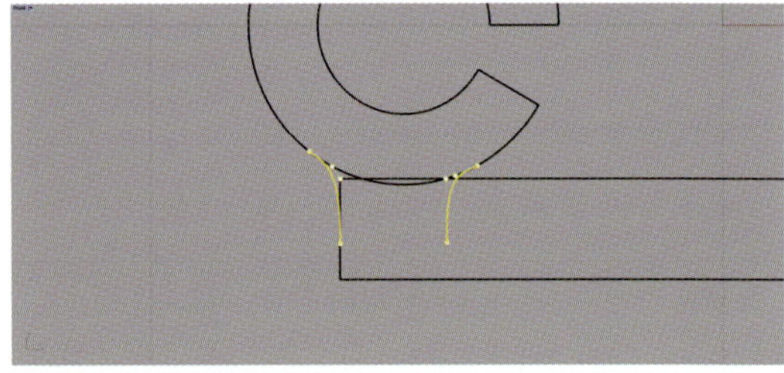

44. 생성된 Curve개체 2개를 선택하고, Loft를 실행한다. Loft Options창이 나타나면 Style에서 Normal로 설정하고, OK를 누른다.

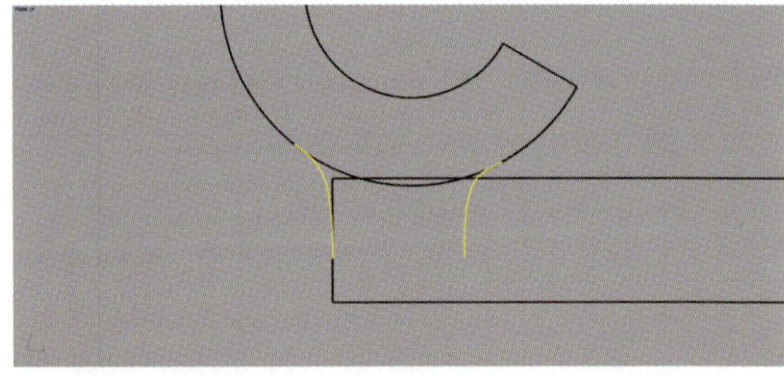

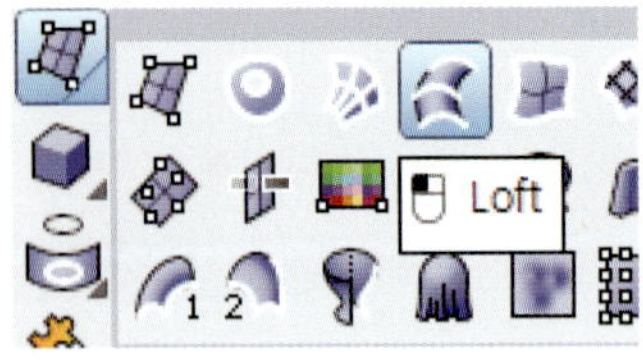

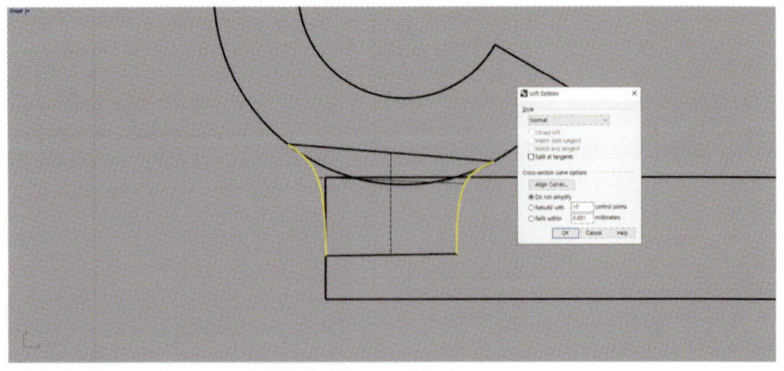

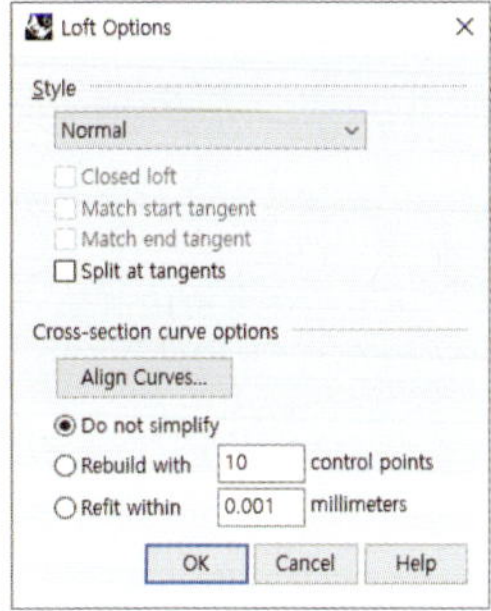

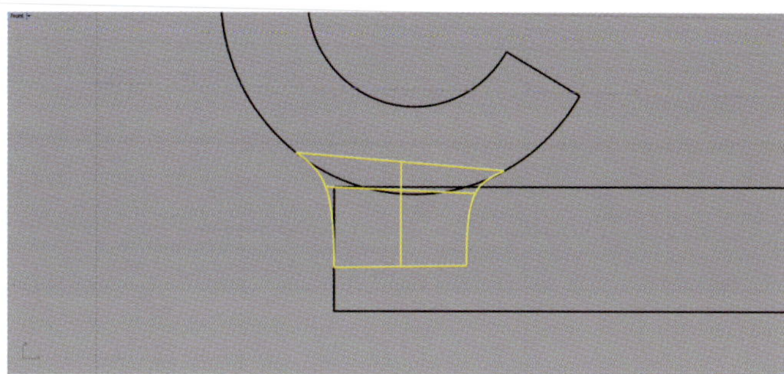

45. Curve개체 2개는 삭제하고, 생성된 Surface 개체를 선택한 후, Extrude surface를 실행한다. Command Prompt 영역에서 BothSides=Yes, Solid=Yes, Deleteinput =Yes로 설정하고, Extrusion distance값 5를 입력한 후, Enter↵키를 누른다.

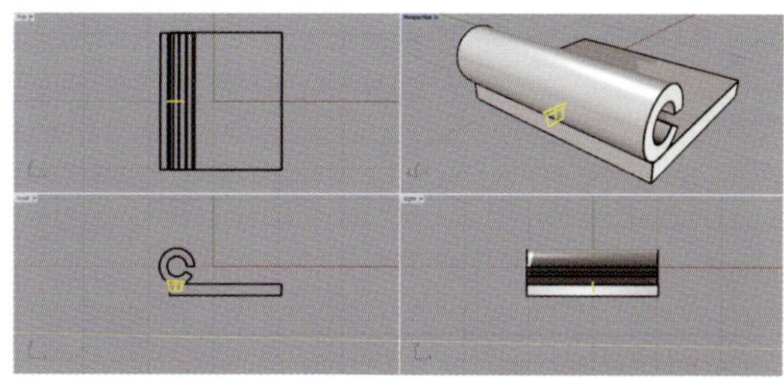

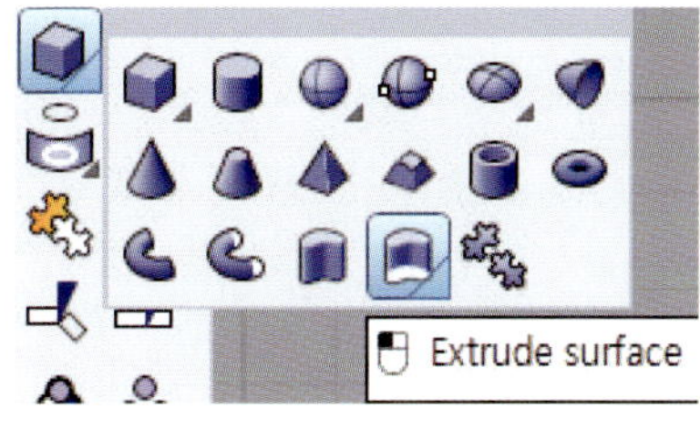

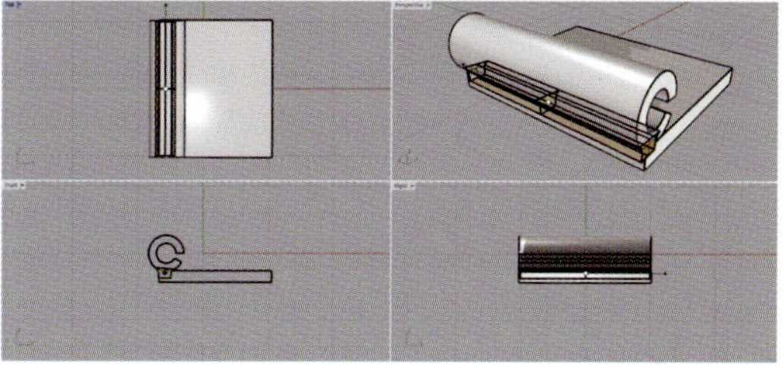

Extrusion distance <6.9968> (Direction BothSides=Yes Solid=Yes DeleteInput=Yes ToBoundary SplitAtTangents=No SetBasePoint): 5

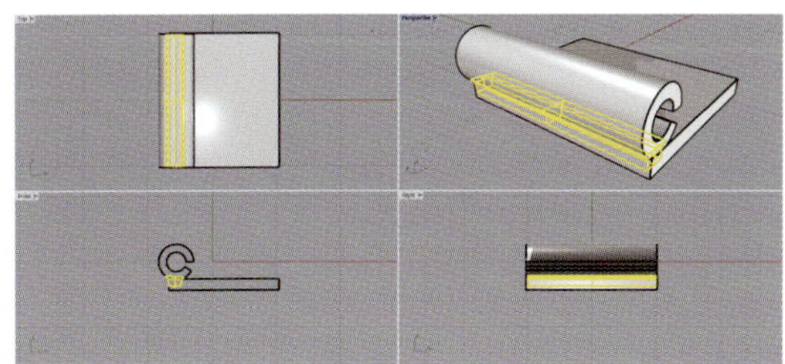

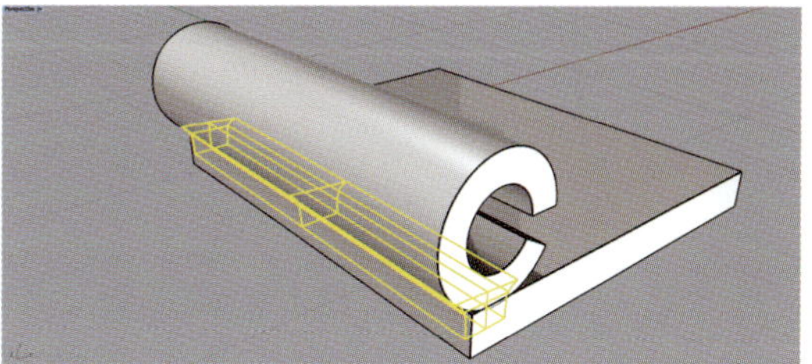

46. 다음 그림과 같이 Solid개체 3개를 모두 선택하고, Boolean union을 실행하여 하나의 개체로 결합한다.

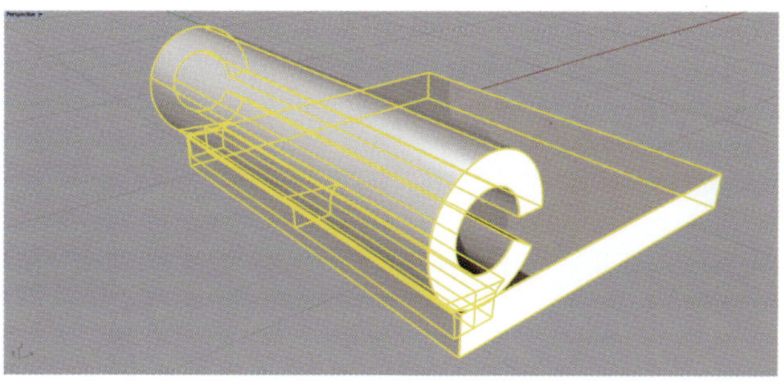

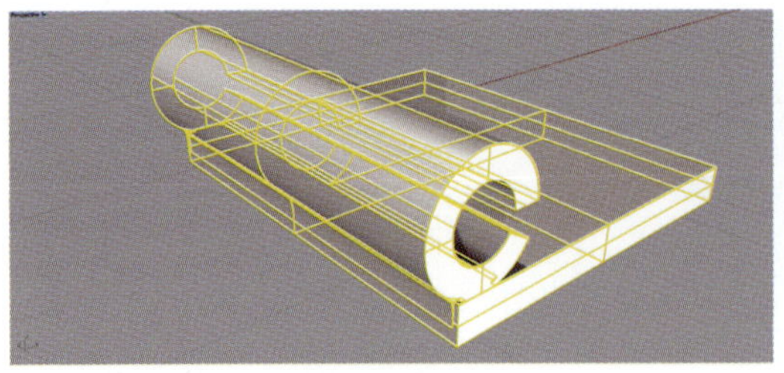

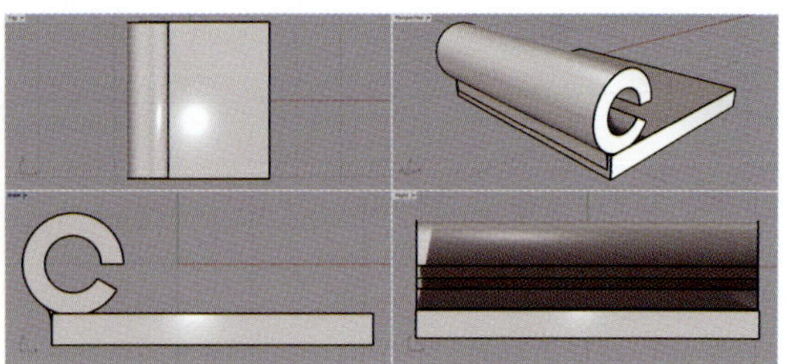

47. Front Front Viewport에서 Circle: center, radius를 실행하고, Command Prompt 영역에 Center of circle값 4.52, 0.09를 기준으로 지름 1.92㎜ 원형 Curve개체와 지름 0.63㎜ 원형 Curve개체를 생성한다.

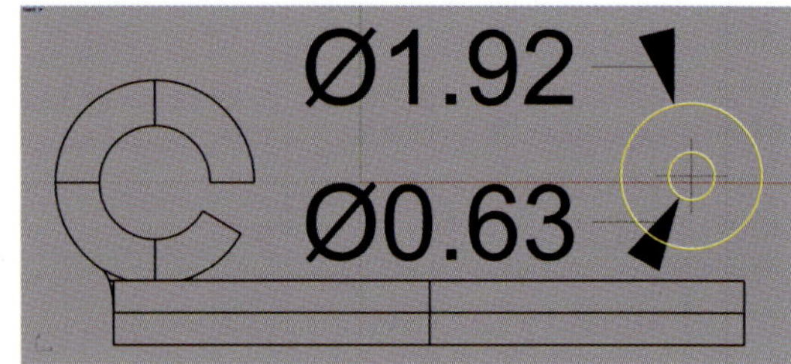

Center of circle (Deformable Vertical 2Point 3Point Tangent AroundCurve FitPoints): 4.52,0.09

Diameter <1.920> (Radius Orientation Circumference Area ProjectOsnap=*Yes*): 1.92

Center of circle (Deformable Vertical 2Point 3Point Tangent AroundCurve FitPoints): 4.52,0.09

Diameter <1.920> (Radius Orientation Circumference Area ProjectOsnap=*Yes*): 0.63

48. Osnap Toolbar에서 Project에 체크하고, Control Point Curve를 실행하여 다음 그림과 같은 Curve개체 2개를 생성한다.

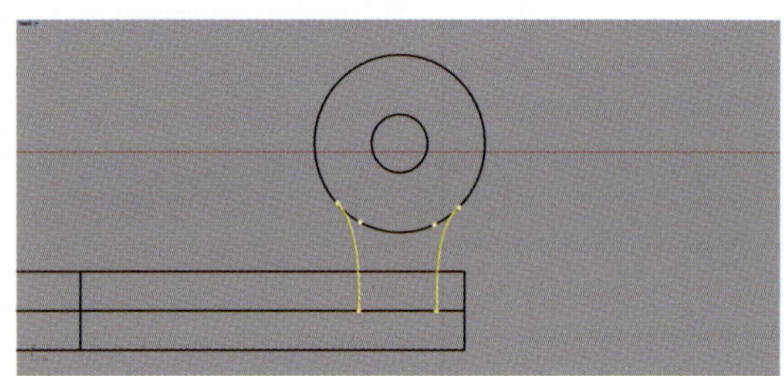

49. 1.92㎜ 원형 Curve개체와 생성된 Curve개체 2개를 선택하고, Trim을 실행한 후, 다음 그림과 같은 형태로 잘라낸다.

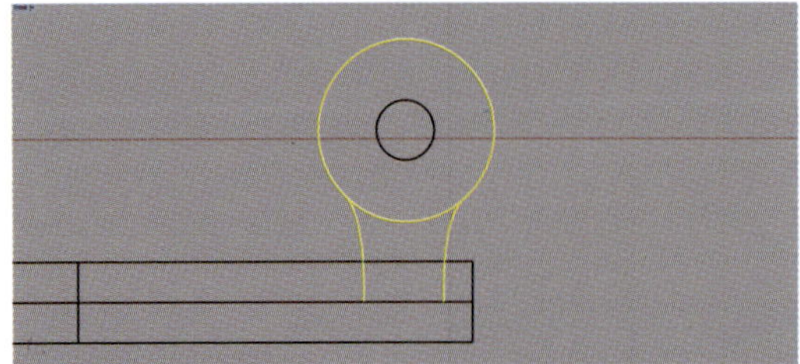

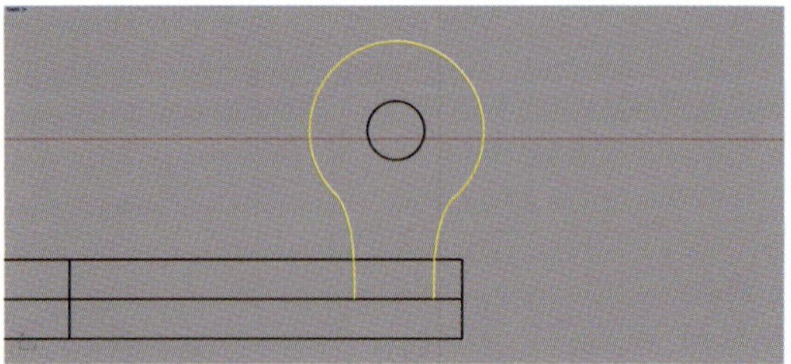

50. Match curve를 실행하고, 1번 Curve개체와 2번 Curve개체를 선택한다. Match curve창이 나타나면 Continuity와 Preserve other end에서 Position으로 선택하고, Average curves와 Join에 체크한 후, OK를 누른다. 다시 Match curve를 실행하고, 3번 Curve개체와 4번 Curve개체를 선택한다. Match curve창이 나타나면 Continuity와 Preserve other end에서 Position으로 선택하고, Average curves와 Join에 체크한 후, OK를 누른다.

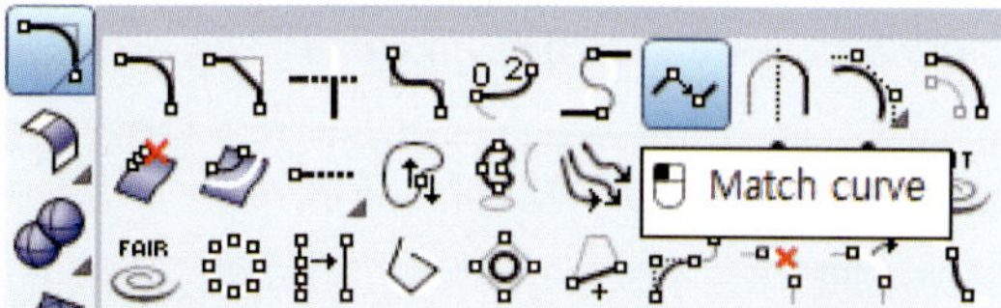

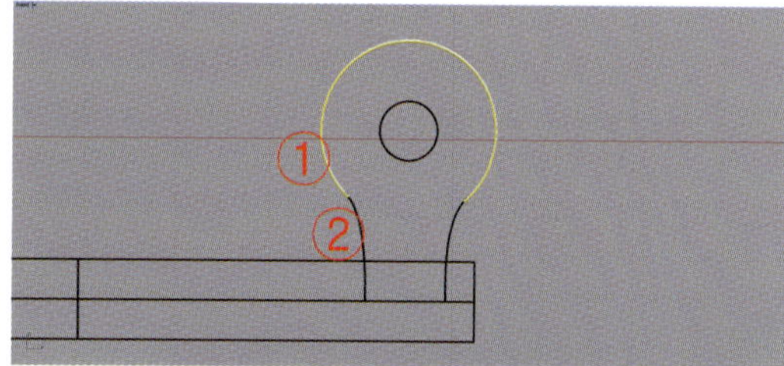

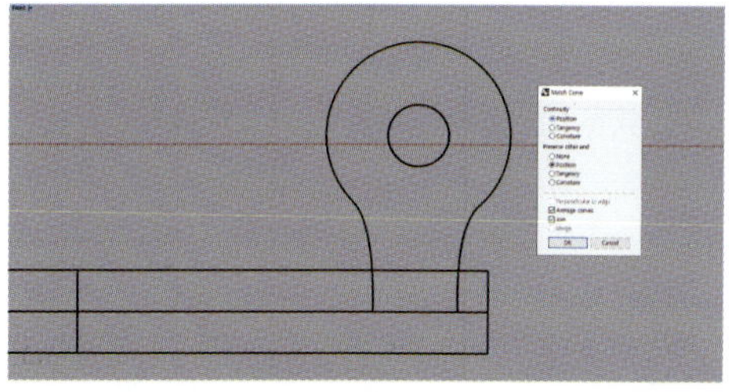

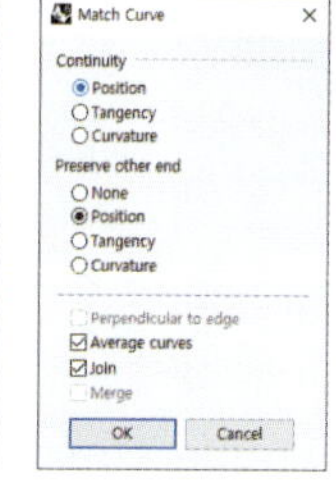

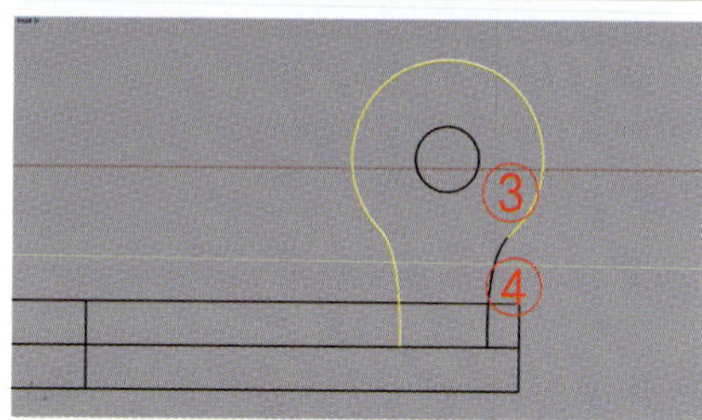

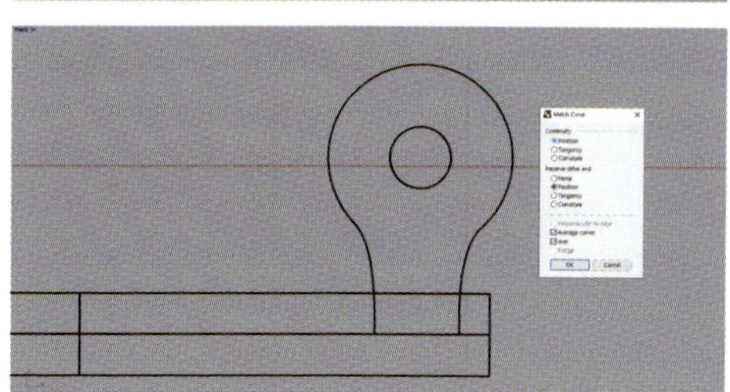

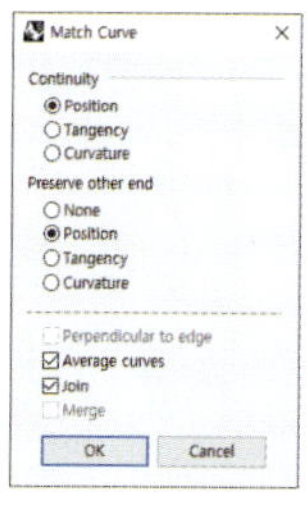

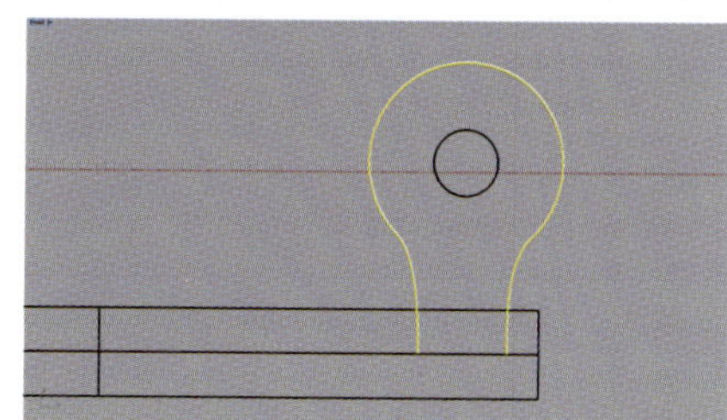

51. Single Line을 실행하여 생성된 곡선 Curve개체 End점과 End점에 직선 Curve개체를 생성한다. 생성된 직선 Curve개체와 곡선 Curve개체를 선택하고, Join을 실행하여 하나의 개체로 결합한다.

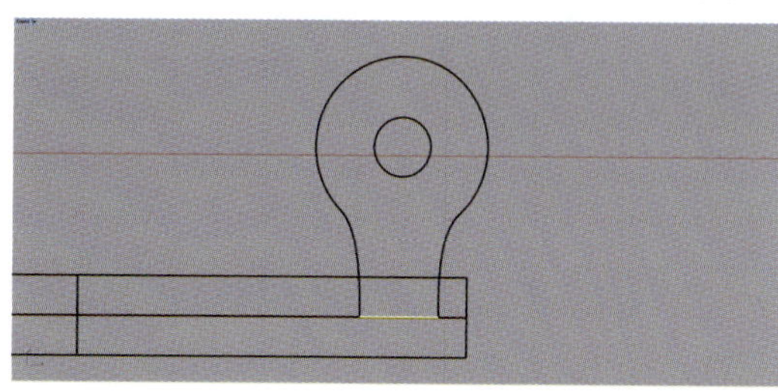

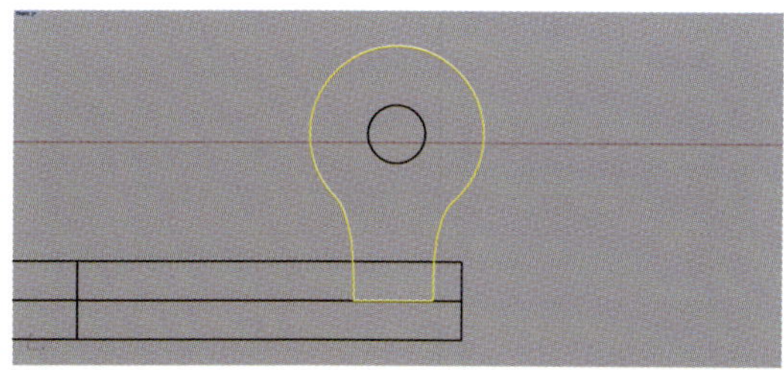

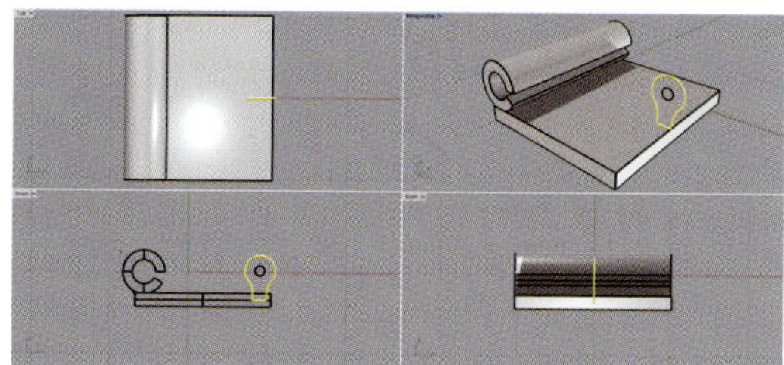

52. Osnap Toolbar에서 Mid점에 체크하고, Top Top Viewport에서 생성된 Curve 개체를 선택한 후, Move를 실행한다. 다음 그림과 같이 생성된 Curve개체의 우측 Mid점을 선택하고, 마우스 커서를 화살표 방향으로 움직인 후, 직사각형 Solid개체 우측 하단의 End점을 선택하여 선택한 Curve 개체를 이동시킨다.

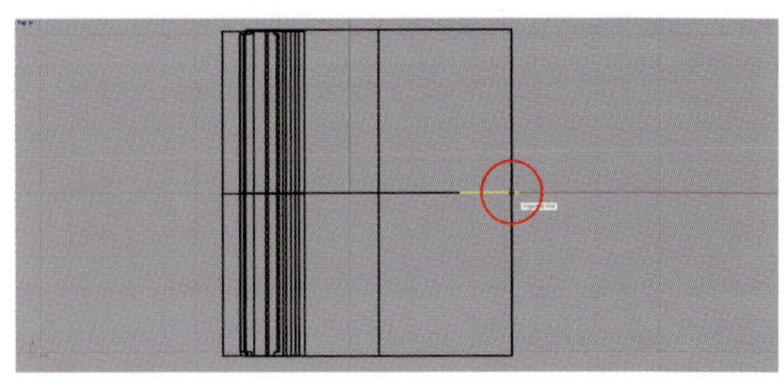

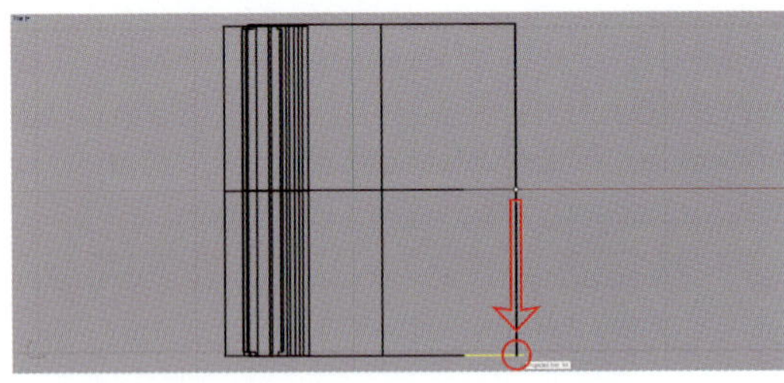

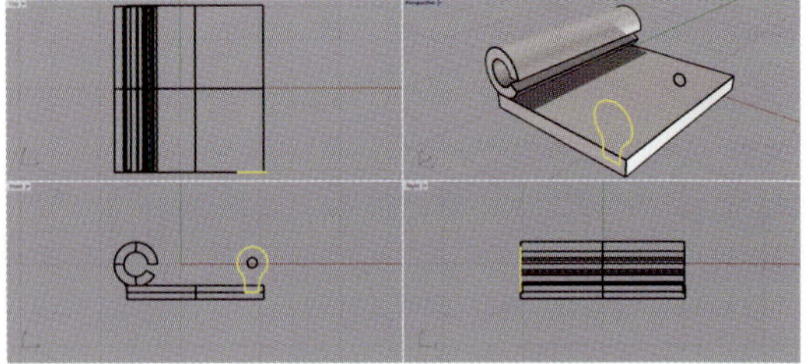

53. 이동한 Curve개체를 선택하고, Extrude straight를 실행한다. Command Prompt 영역에서 Solid=Yes, Deleteinput=Yes로 설정하고, Extrusion distance값 1을 입력한 후, 마우스 커서를 화살표 방향으로 움직인 다음, 마우스 왼쪽버튼을 클릭하여 Solid개체를 생성한다.

Extrusion distance <0.85> (Direction BothSides=*No* Solid=*Yes* DeleteInput=*Yes* ToBoundary SetBasePoint): 1

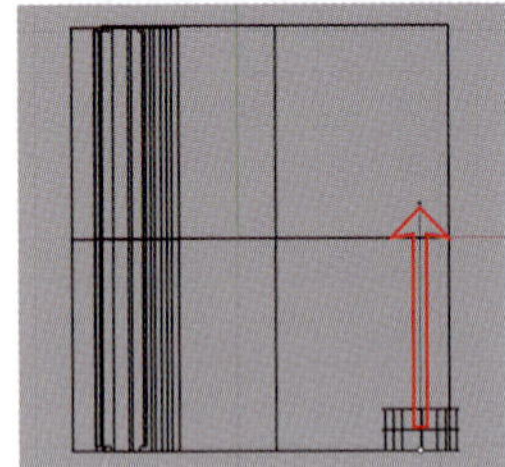

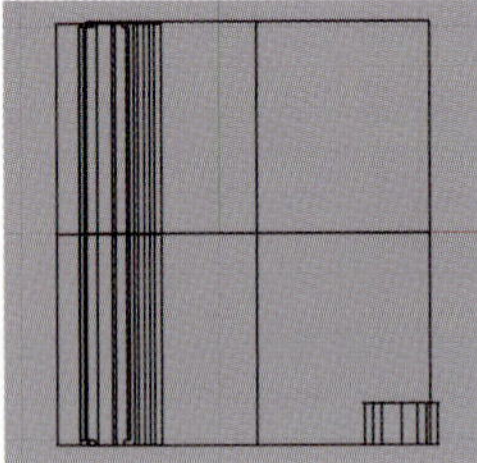

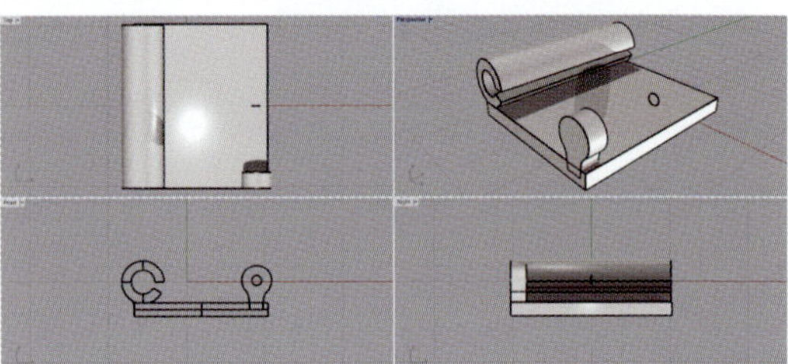

54. 생성된 Solid개체를 선택하고, Mirror를 실행한다. 원점(0, 0)을 기준으로 하여 Shift 키를 누른 상태로 마우스 커서를 화살표 방향으로 이동한 후, 마우스 왼쪽버튼을 클릭하여 대칭방향에 선택한 Solid개체를 복사한다.

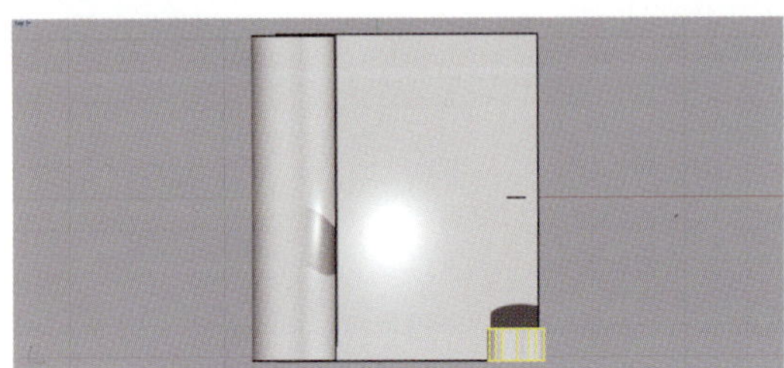

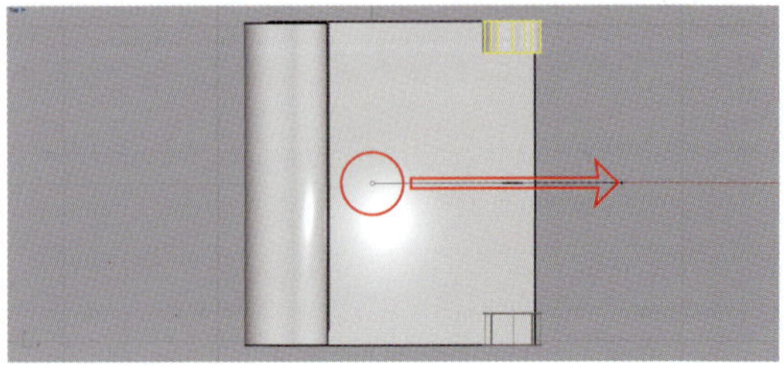

Start of mirror plane (3Point Copy=Yes XAxis YAxis): 0

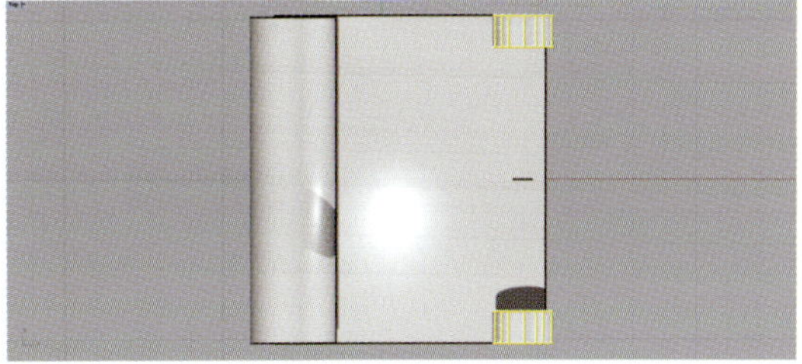

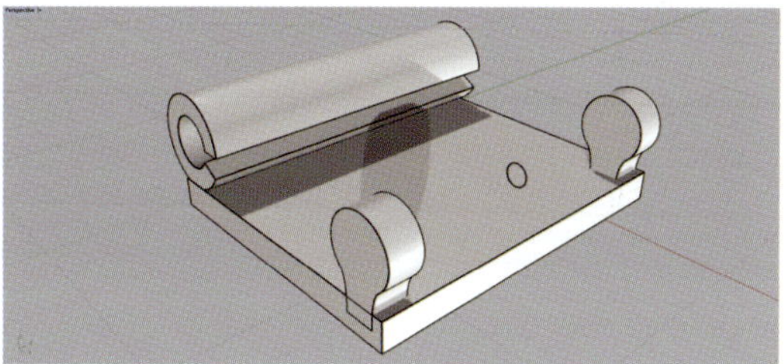

55. 원형 Curve개체를 선택하고, Extrude straight를 실행한다. Command Prompt 영역에서 Both Sides=Yes, Solid=Yes, Deleteinput=Yes로 설정하고, Extrusion distance값 4.5를 입력한 다음, Enter↵ 키를 누른다.

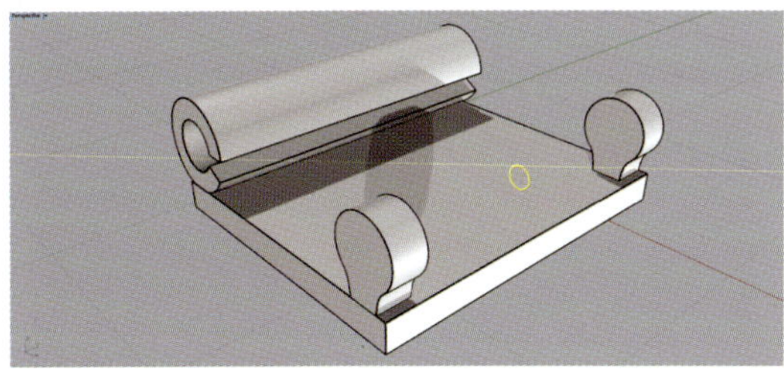

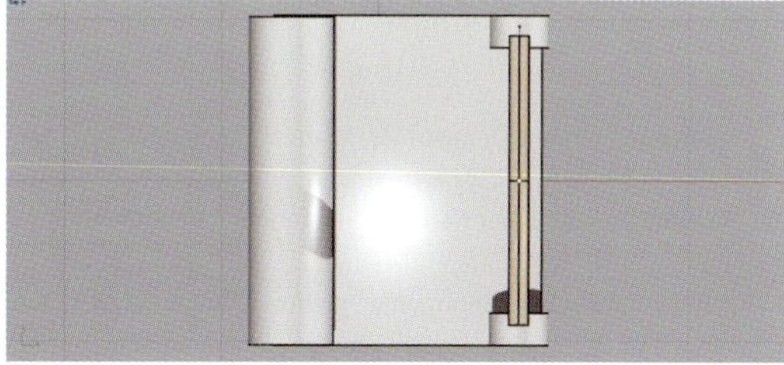

Extrusion distance <1> (Direction BothSides=Yes Solid=Yes DeleteInput=Yes ToBoundary SetBasePoint): 4.5

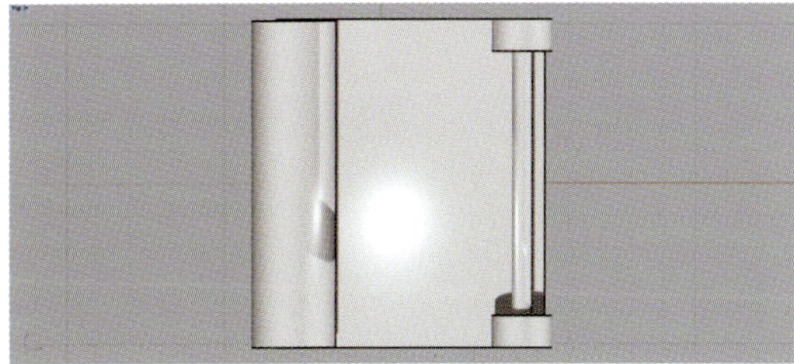

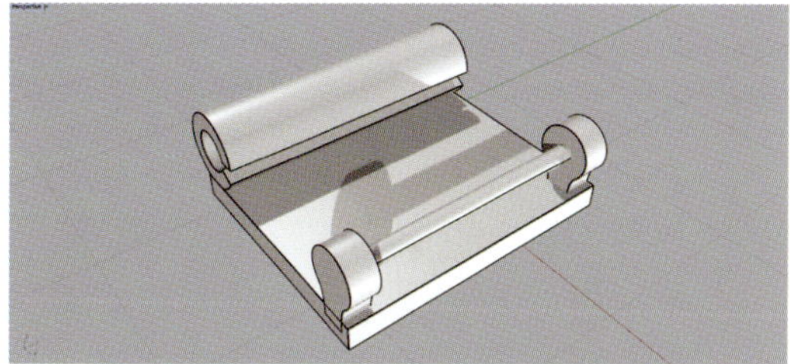

56. 화면상에 있는 Solid개체 4개를 모두 선택하고, Boolean union을 실행하여 하나의 개체로 결합한 후, 잠시 잠가둔다.

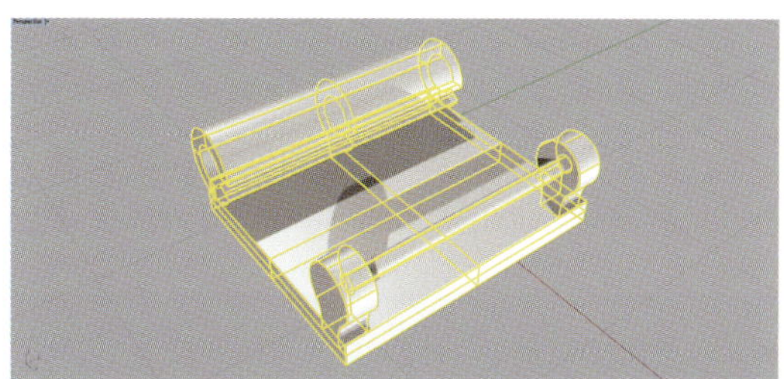

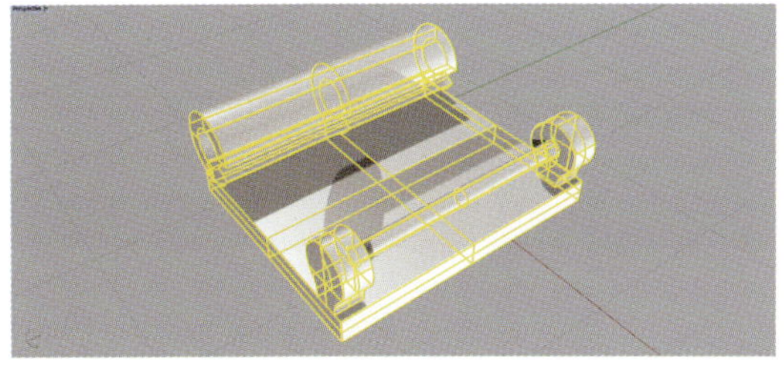

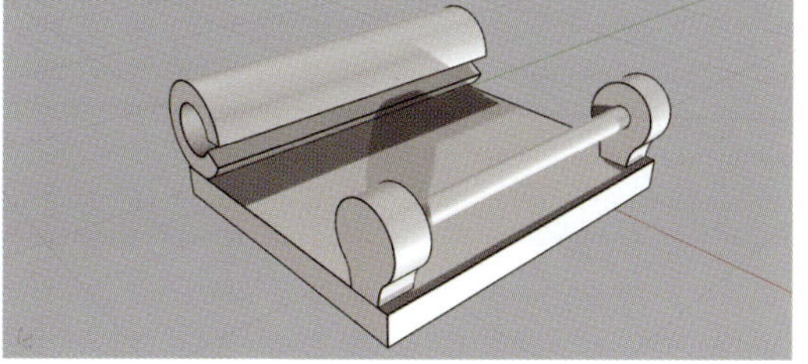

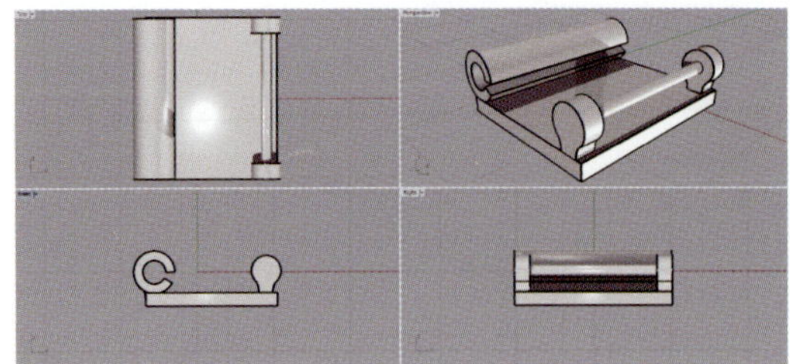
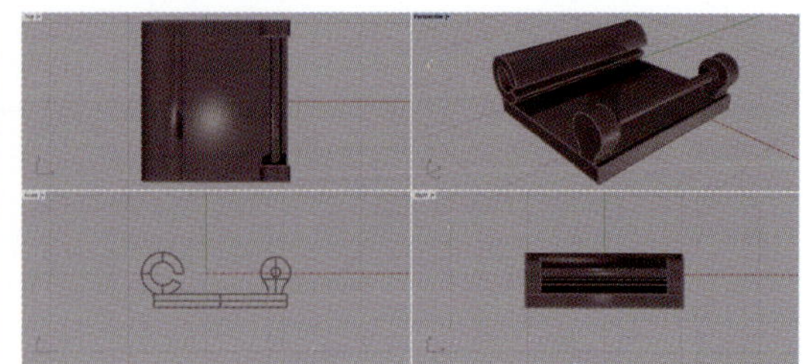

57. Front Front Viewport에서 Circle: center, radius를 실행하고, Command Prompt 영역에 Center of circle값 4.52, 0.09를 기준으로 지름 1.92㎜ 원형 Curve 개체와 지름 1㎜ 원형 Curve개체를 생성한다.

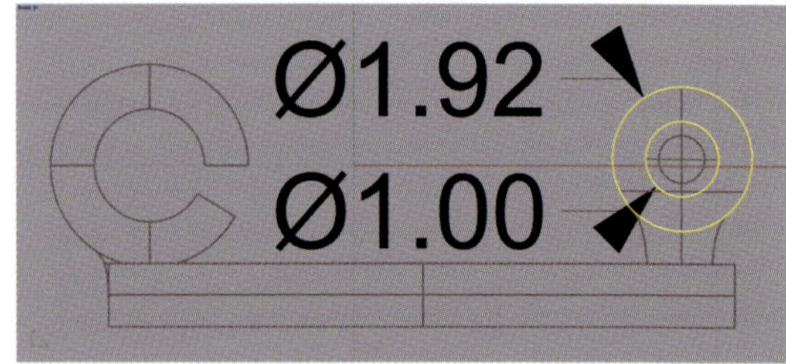

Center of circle (Deformable Vertical 2Point 3Point Tangent AroundCurve FitPoints): 4.52,0.09
Diameter <0.630> (Radius Orientation Circumference Area ProjectOsnap=*Yes*): 1.92
Center of circle (Deformable Vertical 2Point 3Point Tangent AroundCurve FitPoints): 4.52,0.09
Diameter <1.920> (Radius Orientation Circumference Area ProjectOsnap=*Yes*): 1

58. Osnap Toolbar에서 Project에 체크하고, Polyline 또는 Single Line을 실행한 후, 다음 그림과 같이 4.52, 0.09 위치를 중심으로 30도 각도의 Curve개체를 생성한다.

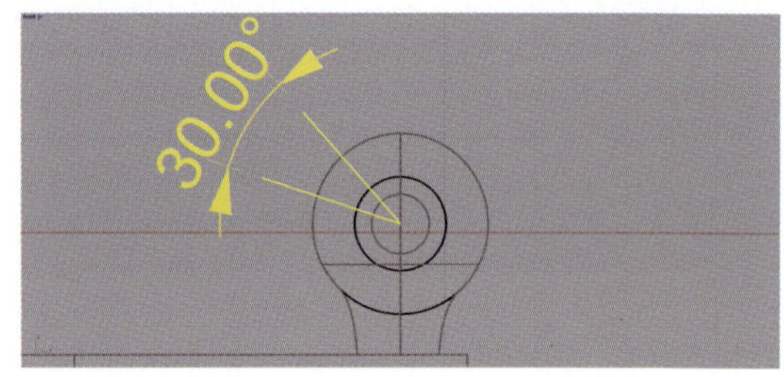

59. 생성된 원형 Curve개체와 직선 Curve개체를 모두 선택하고, Trim을 실행하여 다음 그림과 같이 잘라 준 후, Join을 실행하여 하나의 개체로 결합한다.

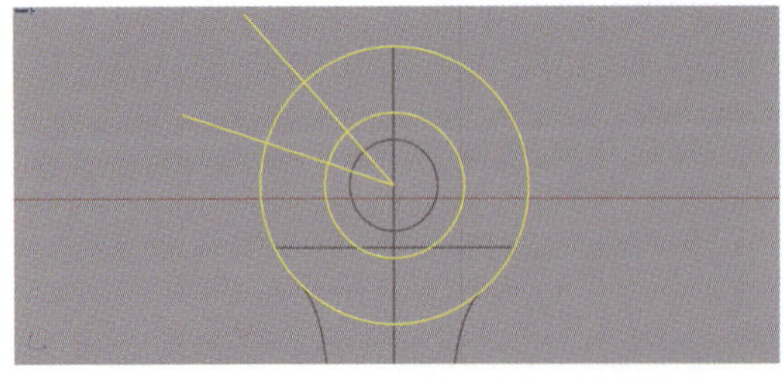
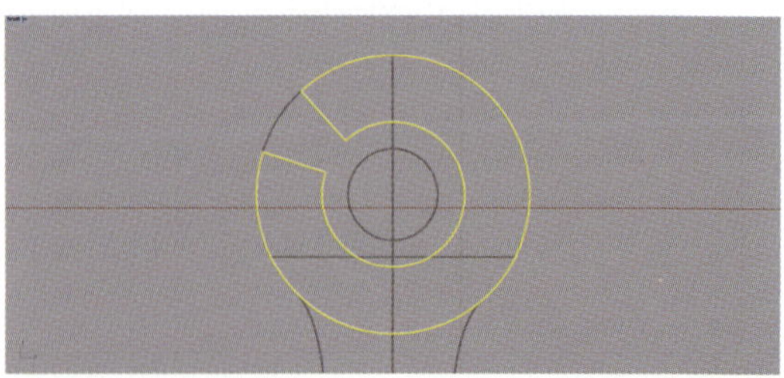

60. Osnap Toolbar에서 Near점과 Project에 체크하고, Front ▾ Front Viewport에서 Control Point Curve를 실행하여 다음 그림과 같은 형태의 Curve개체 2개를 생성한다.

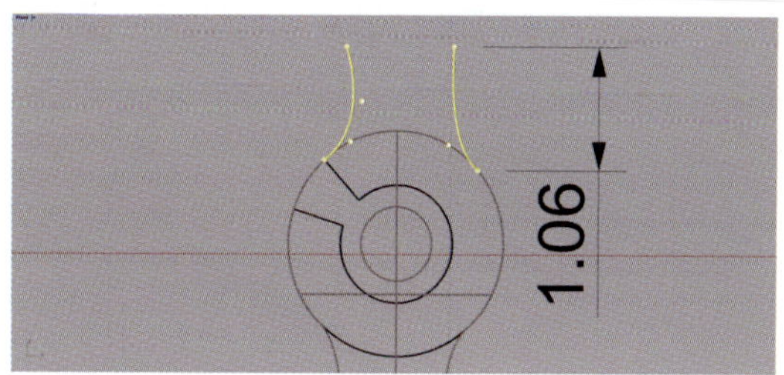

61. C모양의 Curve개체는 잠시 잠가두고, Single Line을 실행하여 다음 그림과 같이 생성된 두 Curve 개체의 End점과 End점을 연결시킨다. 4개의 Curve개체를 모두 선택하고, Join을 실행하여 하나의 개체로 결합한다.

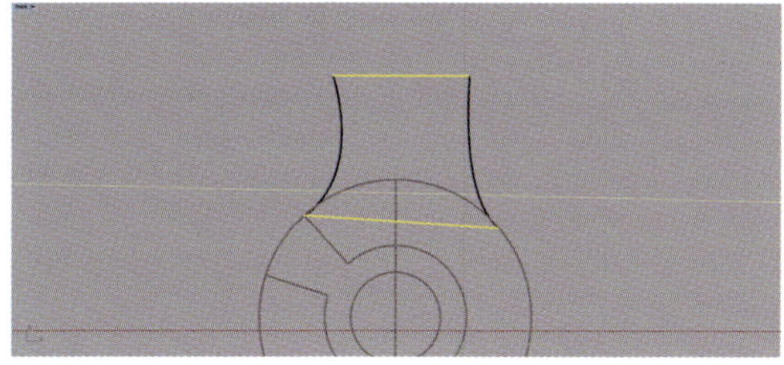

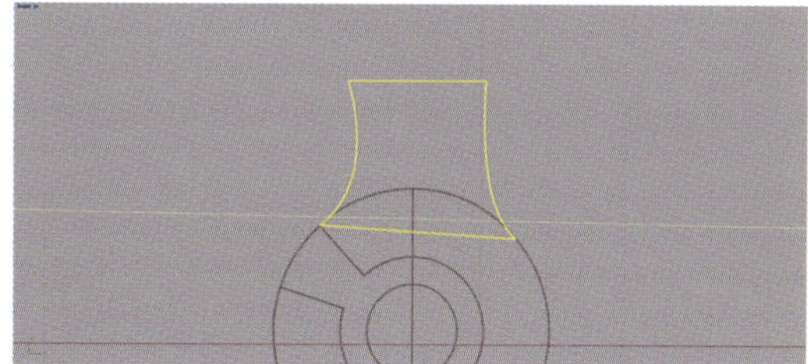

62. 잠가둔 C모양의 Curve개체를 잠금 해제하고, Curve개체들을 모두 선택한 후, Extrude straight를 실행한다. Command Prompt 영역에서 BothSides=Yes, Solid=Yes, Deleteinput=Yes로 설정하고, Extrusion distance값 4를 입력한 후, Enter↵키를 누른다.

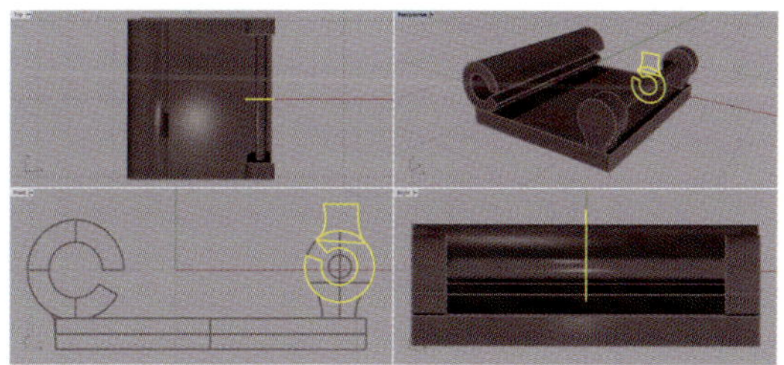

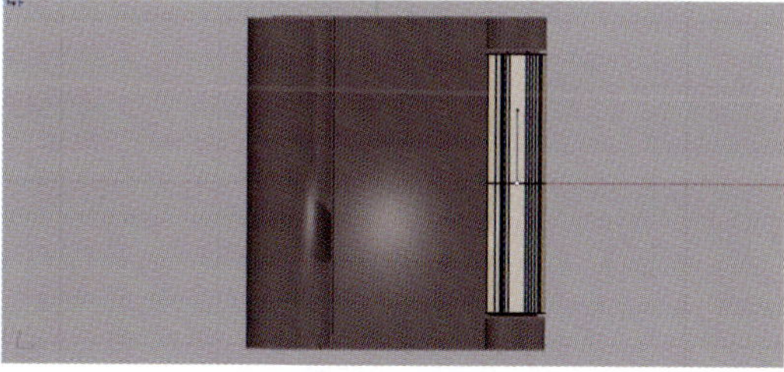

Extrusion distance <4> (Direction BothSides=*Yes* Solid=*Yes* DeleteInput=*Yes* ToBoundary SetBasePoint): 4

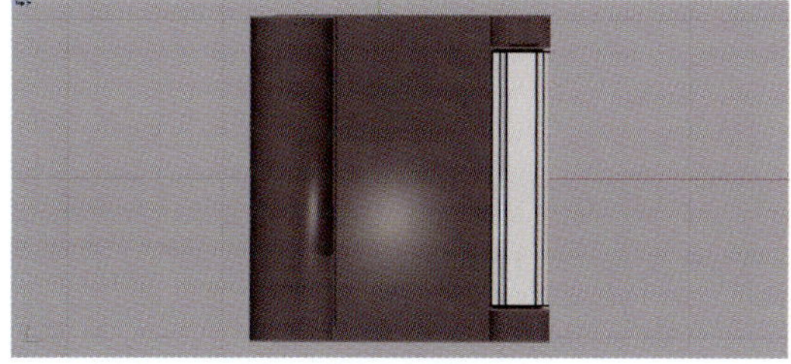

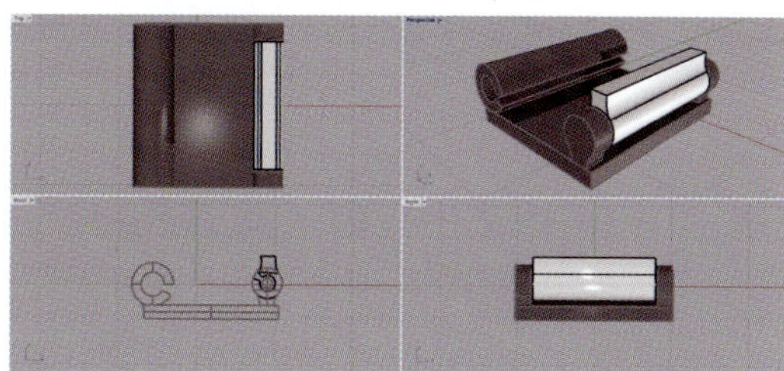

63. 생성된 Solid개체 2개를 모두 선택하고, Boolean union을 실행하여 하나의 개체로 결합한다.

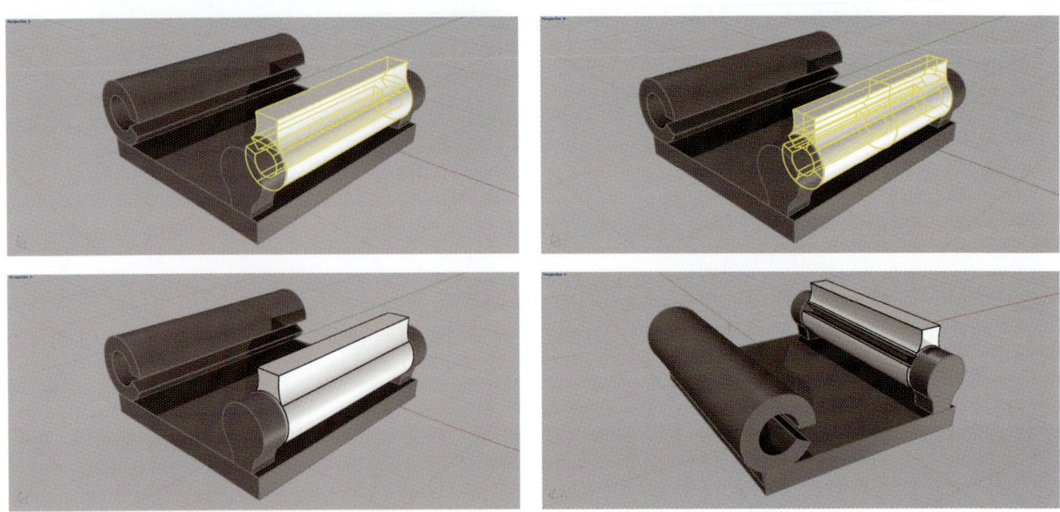

64. Osnap Toolbar에서 Project에 체크하고, Front Front Viewport에서 Control Point Curve를 실행하여 다음 그림과 같은 형태의 Curve개체를 생성한다. Single Line를 실행하여 생성된 곡선 Curve 개체의 End점과 End점을 연결시키고, Join을 실행하여 생성된 Curve개체들을 하나의 Curve개체로 결합한다.

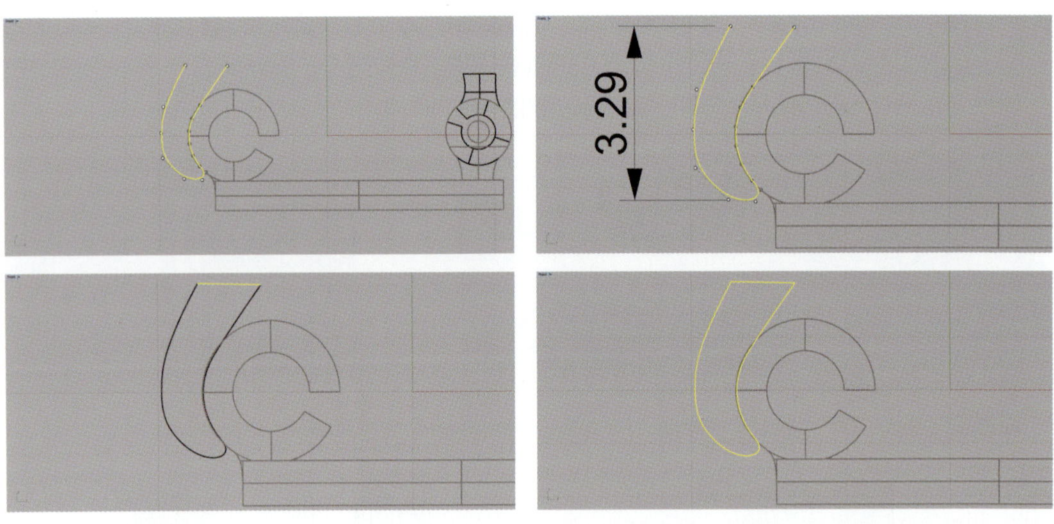

65. Curve개체를 선택하고, Extrude straight를 실행한다. Command Prompt 영역에서 BothSides=Yes, Solid=Yes, Deleteinput=Yes로 설정하고, Extrusion distance값 5를 입력한 후, Enter↵ 키를 누른다.

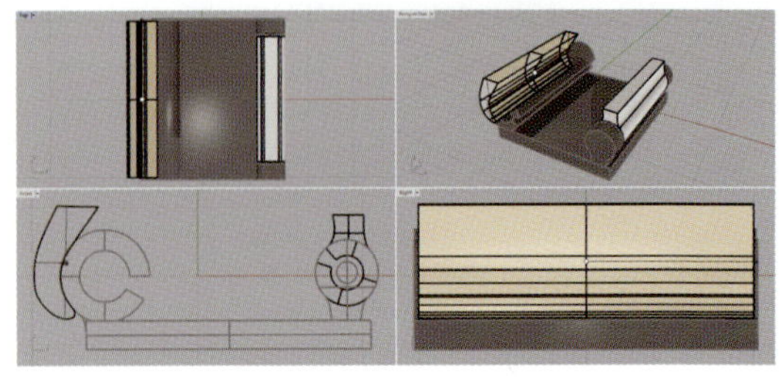

Extrusion distance <4> (Direction BothSides=*Yes* Solid=*Yes* DeleteInput=*Yes* ToBoundary SetBasePoint): 5

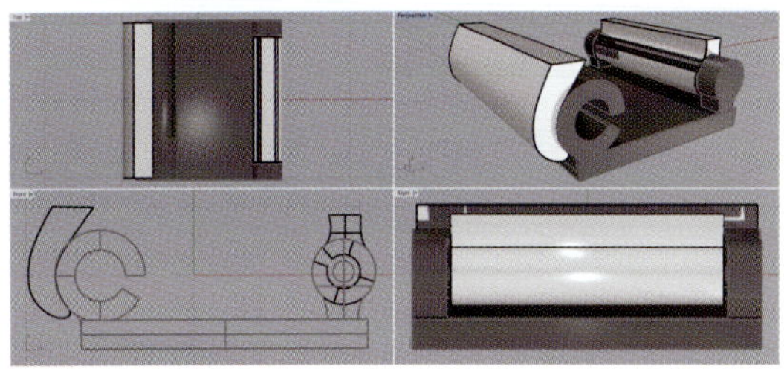

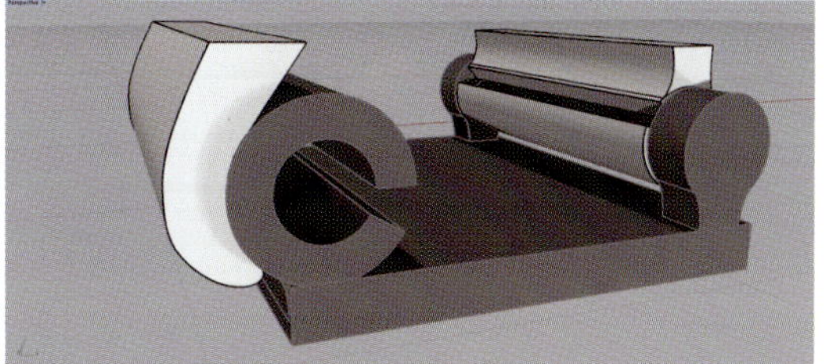

66. 화면상에 있는 Solid개체 2개도 잠시 잠가두고, **Top** Top Viewport에서 Rectangle: Center, Corner를 실행한다. Command Prompt 영역에 Center of rectangle값 0을 입력하고, Enter↵ 키를 누른다. Other corner or length값 10.96을 입력하고, Enter↵ 키를 누른 후, Width값 10.26을 입력한 다음, Enter↵ 키를 누른다.

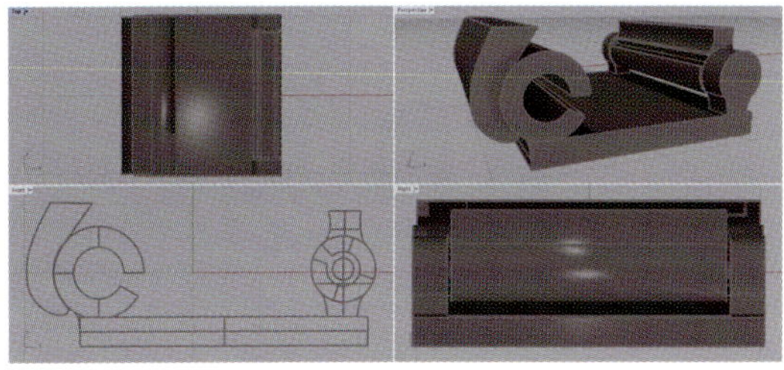

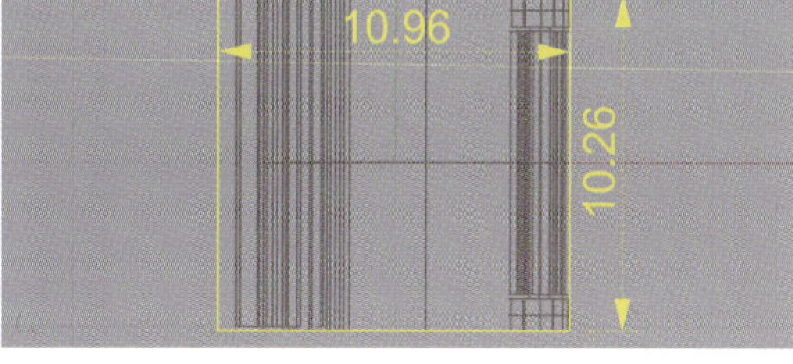

Center of rectangle (Rounded): 0

Other corner or length (3Point Rounded): 10.96

Width. Press Enter to use length (Rounded): 10.26

67. Arc: start, end, point on arc를 실행하고, Start of arc를 직사각형 Curve개체 좌측 상단의 End점으로 선택한 후, End of arc를 직사각형 Curve개체 좌측 하단의 End점으로 선택한다. 마우스 커서를 화살표 방향으로 움직인 후, 마우스 왼쪽버튼을 클릭하여 다음 그림과 같은 Arc개체를 생성한다.

Start of arc:

End of arc (Direction ThroughPoint Center):

Point on arc (Direction Radius):

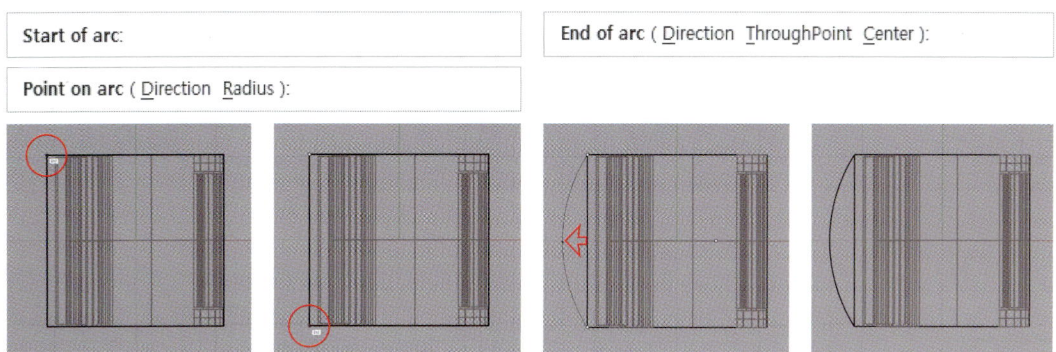

68. 생성된 Arc개체와 직사각형 개체를 선택하고, Trim을 실행한 후, 다음 그림과 같이 Arc개체와 직사각형 Curve개체 사이의 직선 Curve개체를 삭제한 다음, Join을 실행하여 하나의 개체로 결합한다.

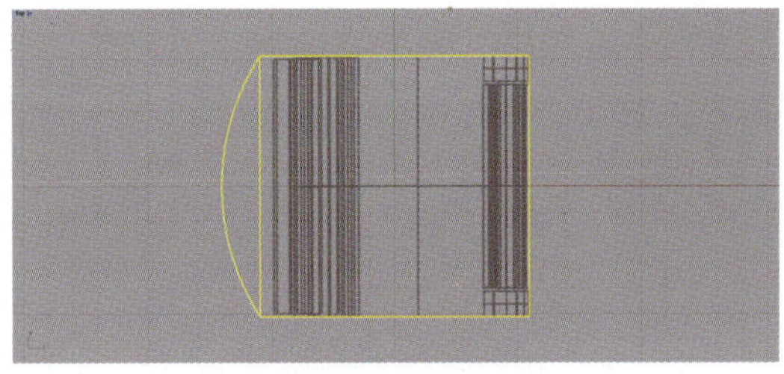

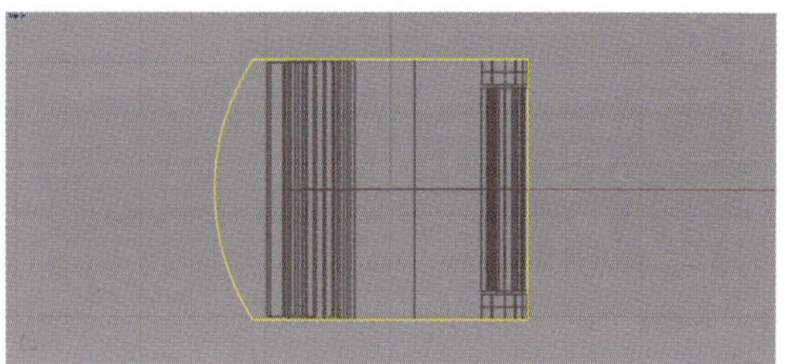

69. 결합된 Curve개체를 선택하고, Extrude straight를 실행한다. Command Prompt 영역에서 Solid=Yes, Deleteinput=Yes로 설정하고, Extrusion distance값 1.2를 입력한 후, 마우스 커서를 화살표 방향으로 움직인 다음, 마우스 왼쪽버튼을 클릭한다.

Extrusion distance <5> (Direction BothSides=*No* Solid=*Yes* DeleteInput=*Yes* ToBoundary SetBasePoint): 1.2

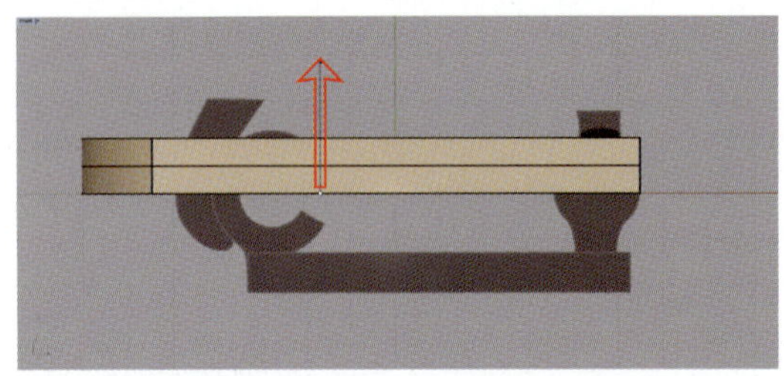

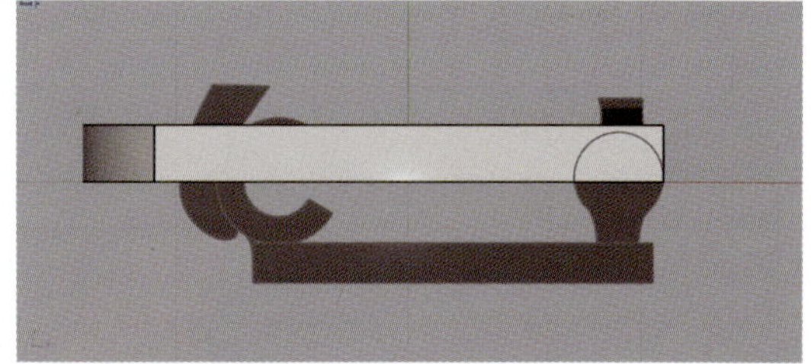

70. 생성된 Solid개체를 선택하고, Gumball을 화면상에 나타나게 한다. 녹색 화살표를 선택하고, 1.35를 입력한 후, Enter↵키를 누른다.

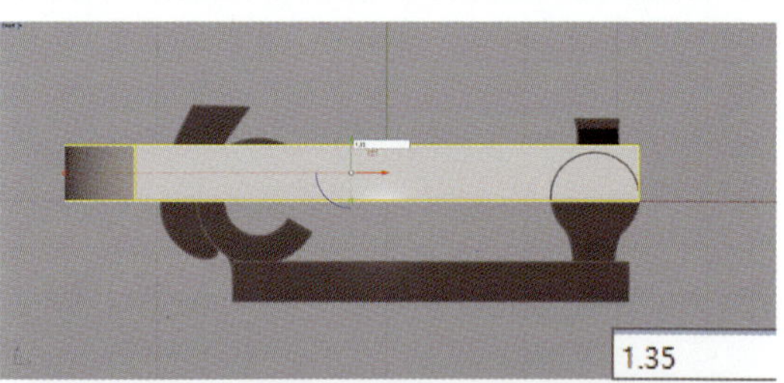

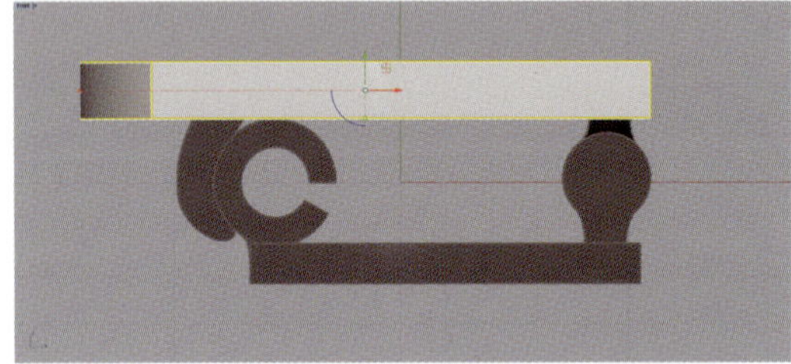

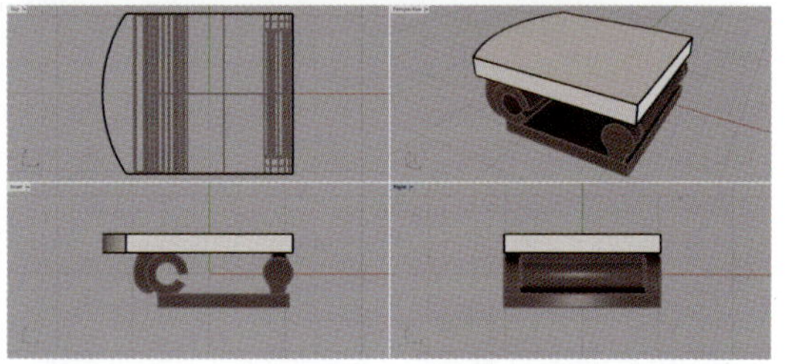

71. Unlock selected objects를 실행하여 다음 그림과 같이 Solid개체 2개를 잠금해제한다. Solid개체 3개를 모두 선택하고, Boolean union을 실행하여 하나의 개체로 결합한다.

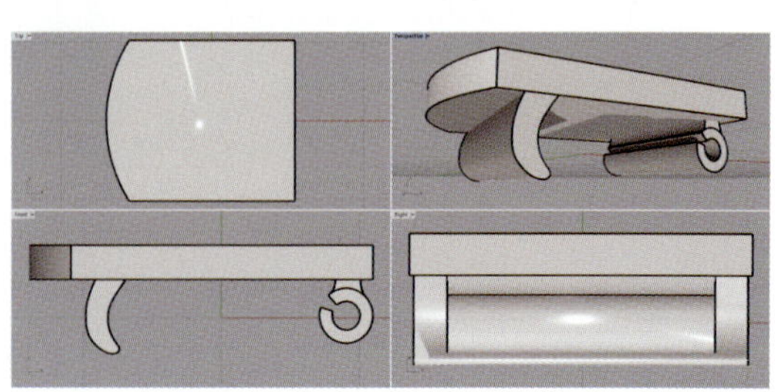

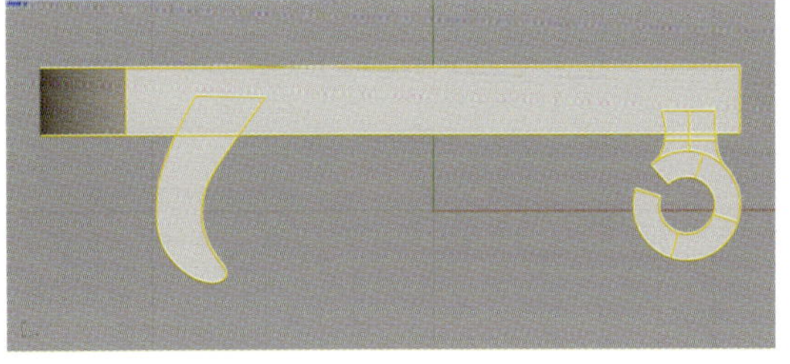

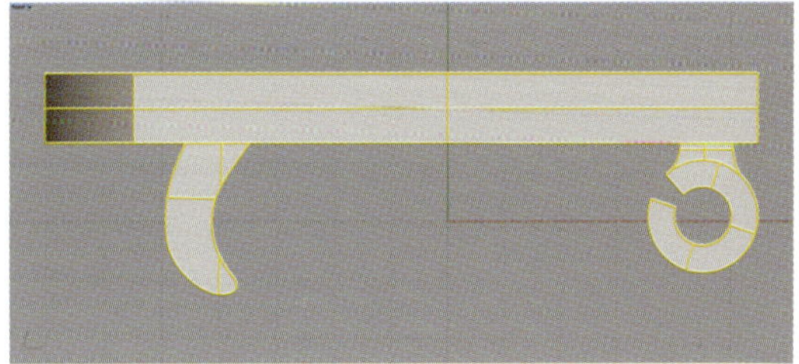

72. 화면상에 있는 모든 개체를 잠시 숨겨두고, Right ▾ Right Viewport에서 Rectangle: Center, Corner를 실행하여 원점(0, 0)을 기준으로 가로 0.35㎜, 세로 1.05㎜의 직사각형 Curve개체를 생성한다.

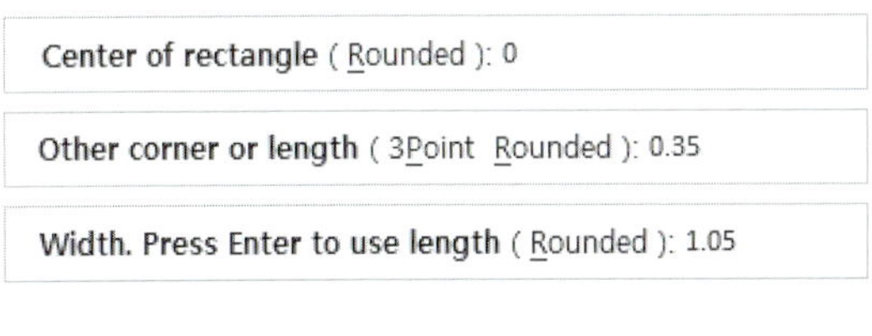

Center of rectangle (Rounded): 0

Other corner or length (3Point Rounded): 0.35

Width. Press Enter to use length (Rounded): 1.05

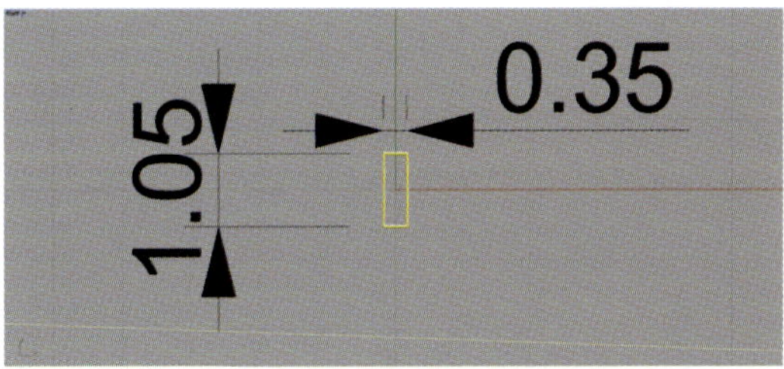

73. Fillet curves를 실행하고, Command Prompt 영역에 Radius값 0.17을 입력한 후, Enter↵ 키를 누른다. 직사각형 Curve개체의 1번 Curve개체와 2번 Curve개체를 선택하여 모서리 부분을 반지름 0.17㎜로 Fillet하고, 3번 Curve개체와 4번 Curve개체의 모서리 부분도 반지름 0.17㎜로 Fillet한다.

Select first curve to fillet (Radius=*0.57* Join=*Yes* Trim=*Yes* ExtendArcsBy=*Arc*): 0.17

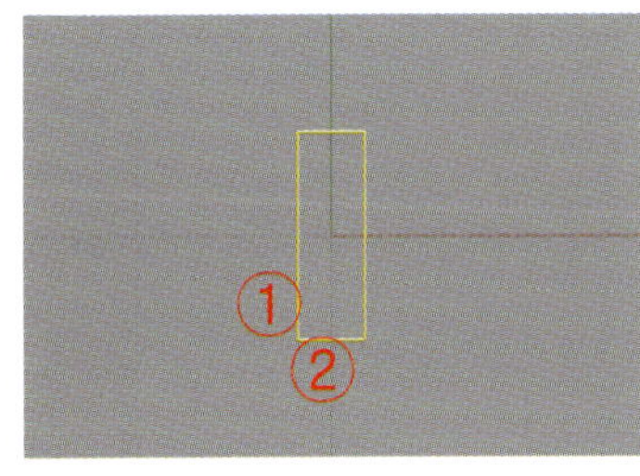

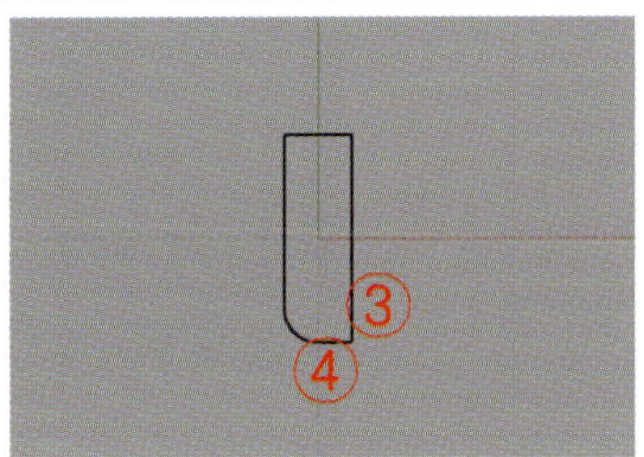

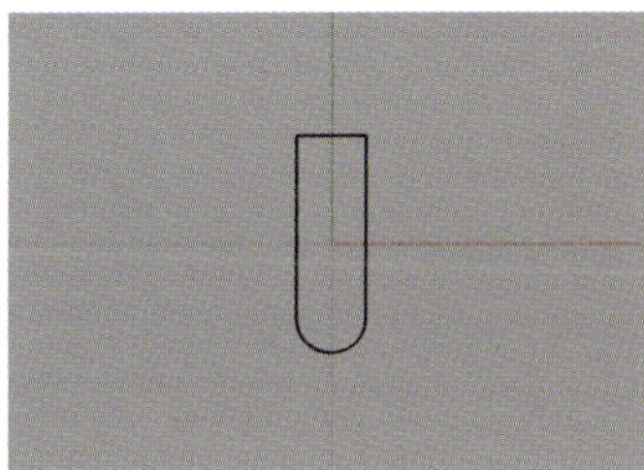

74. 생성된 Curve개체를 선택하고, Gumball을 화면상에 나타나게 한다. 녹색 화살표를 선택하고, 2.55를 입력한 후, Enter↵ 키를 누른다. Alt 키를 누른 상태로 빨간색 화살표를 선택하고, 3.2를 입력한 후, Enter↵ 키를 누른다. 다시 중앙에 위치한 Curve개체를 선택하고, 빨간색 화살표를 선택한 후, 3.95를 입력한 다음, Enter↵ 키를 누른다.

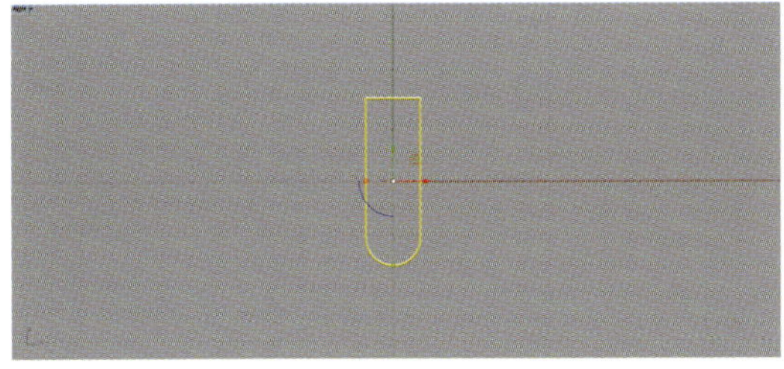

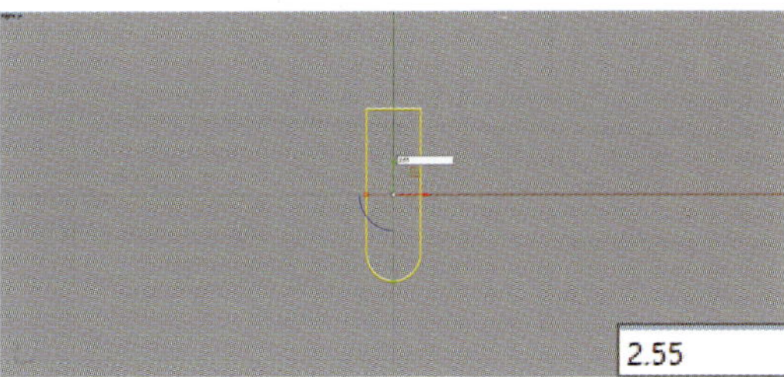

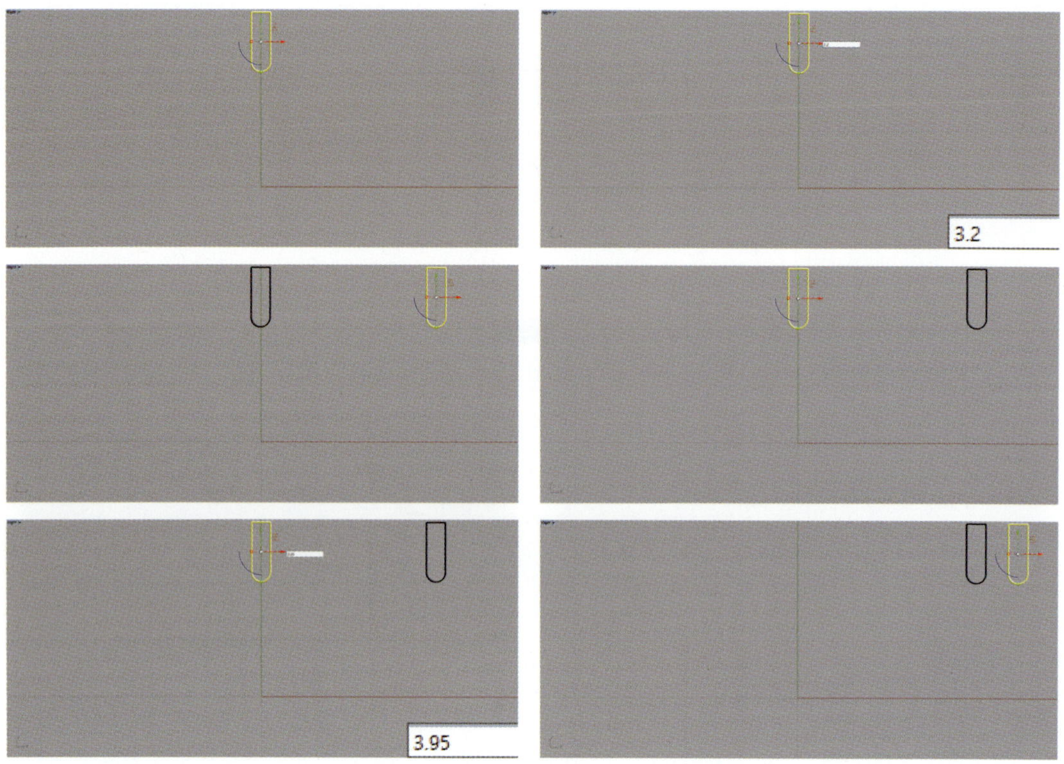

75. 다음 그림과 같이 Curve개체 2개를 선택하고, Mirror를 실행한다. Command Prompt 영역에 Start of mirror plane 값 0을 입력하고, Enter↵ 키를 누른 후, Copy=Yes로 설정한다.
Shift 키를 누른 상태로 마우스 커서를 화살표 방향으로 이동한 후, 마우스 왼쪽버튼을 클릭하여 대칭방향에 선택한 Curve개체 2개를 복사한다.

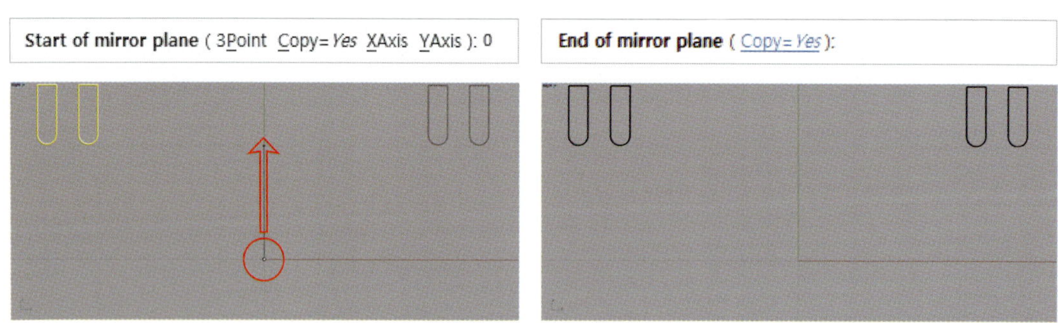

76. 다음 그림과 같이 잠금장치 상단개체를 화면 상에 나타나게 하고, Curve개체 4개를 선택한 후, Extrude straight를 실행한다. Command Prompt 영역에서 Both Sides = Yes, Solid = Yes, Deleteinput = Yes로 설정하고, 마우스 커서를 화살표 방향으로 움직인 후, 마우스 왼쪽버튼을 클릭하여 잠금장치 상단개체가 모두 덮이는 크기의 Solid개체를 생성한다.

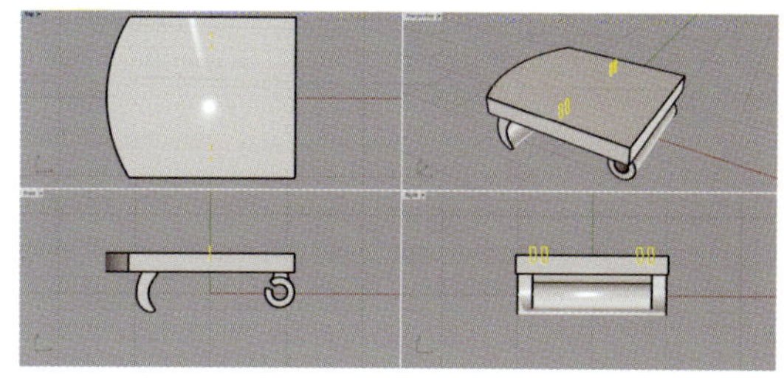

Extrusion distance <2.4721> (Direction BothSides= *Yes* Solid= *Yes* DeleteInput= *Yes* ToBoundary SetBasePoint):

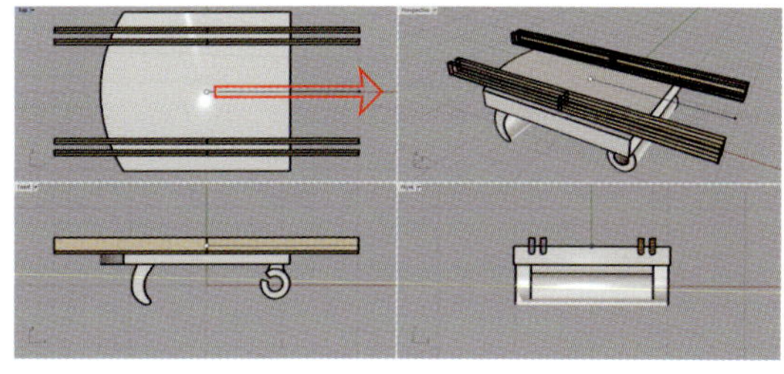

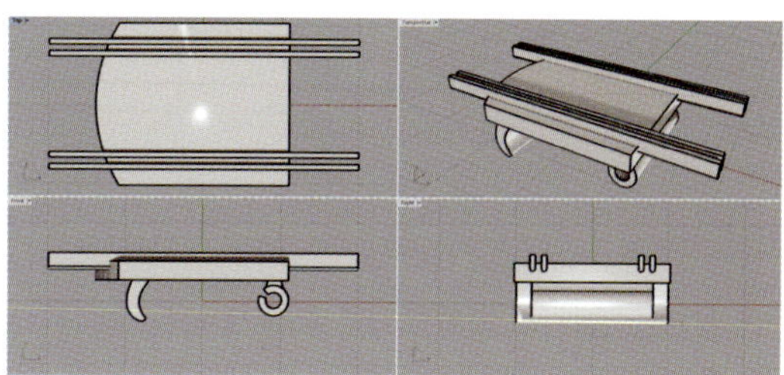

77. 다음 그림과 같이 잠금장치 상단개체를 선택하고, Boolean difference를 실행한 후, 생성된 4개의 Solid개체를 선택한 다음, Enter↵키를 누른다.

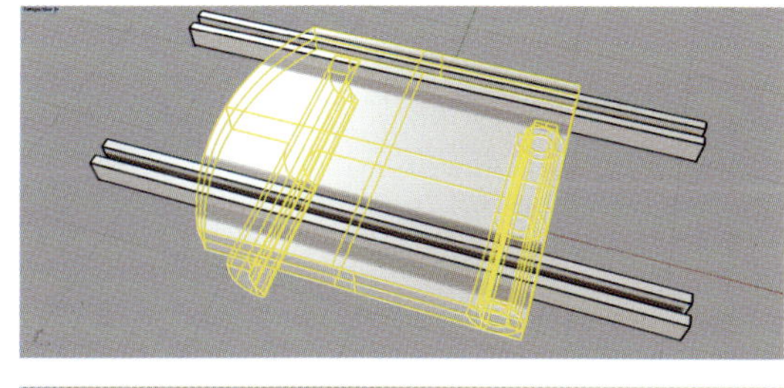

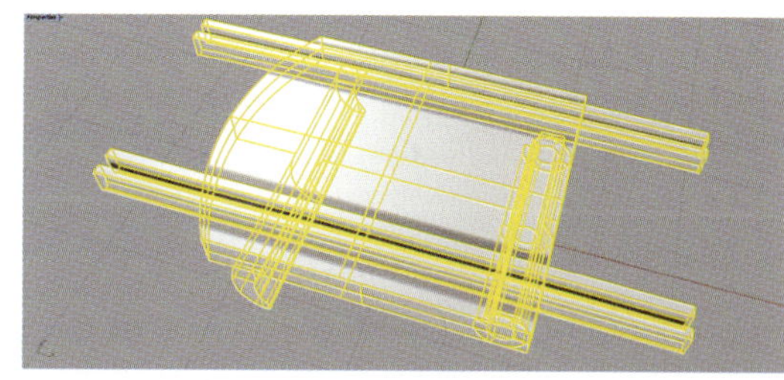

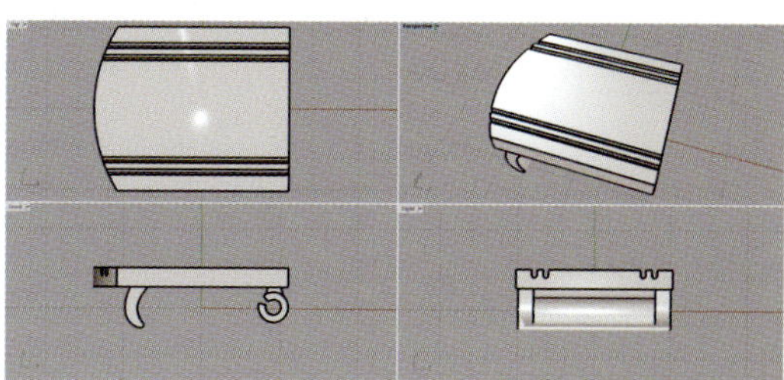

78. 잠금장치 상단개체는 잠시 숨겨두고, **Top** Top Viewport에서 다음 그림과 같은 형태와 크기의 Curve 개체를 원점(0, 0)을 기준으로 생성한다.

→ 부록CD 〉 Rhino 예제 〉 Level 3 - Design Modeling 5 〉 Curve 2.3dm

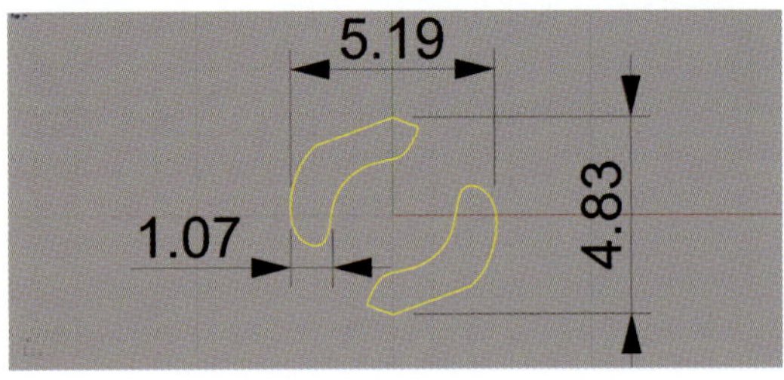

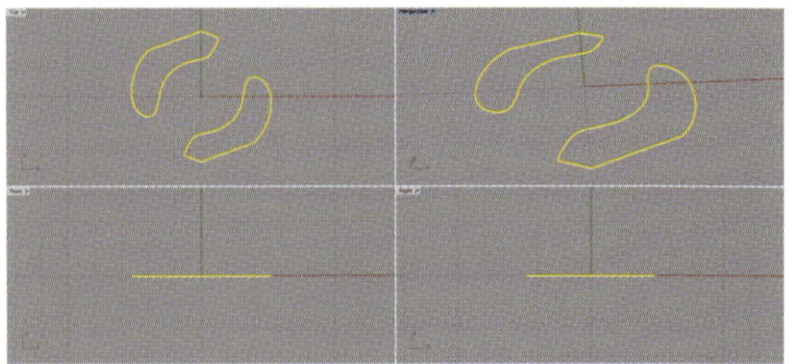

79. 생성된 Curve개체 2개를 모두 선택하고, Gumball을 화면상에 나타나게 한다.
녹색 화살표를 선택하고, 2.55를 입력한 후, Enter↵ 키를 누른다.

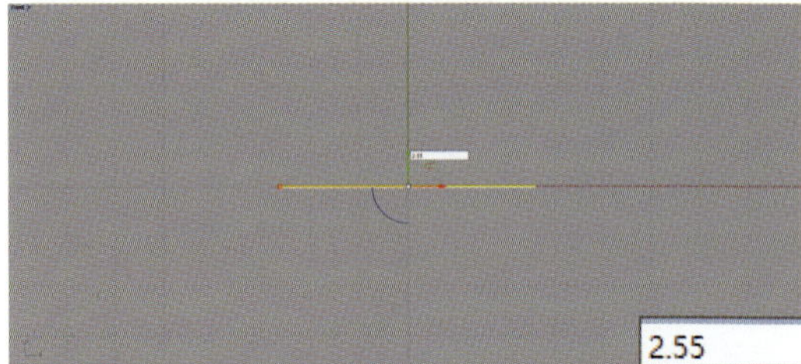

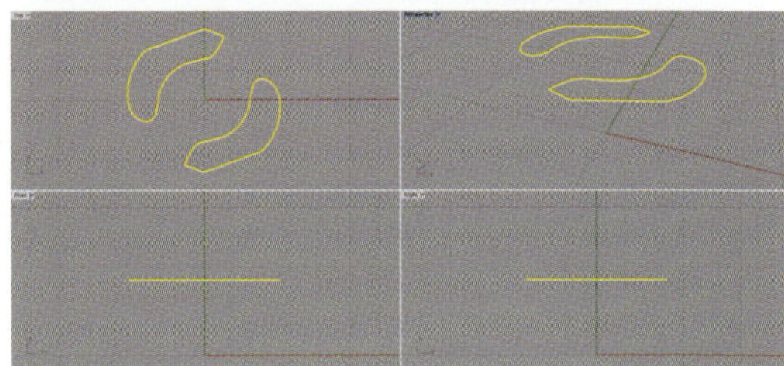

80. 이동시킨 Curve개체 2개를 선택하고, Extrude straight를 실행한다. Command Prompt 영역에서 BothSides=Yes, Solid=Yes, Deleteinput=Yes로 설정하고, Extrusion distance값 0.5를 입력한 후, Enter↵ 키를 누른다.

Extrusion distance <10> (Direction BothSides=*Yes* Solid=*Yes* DeleteInput=*Yes* ToBoundary SetBasePoint): 0.5

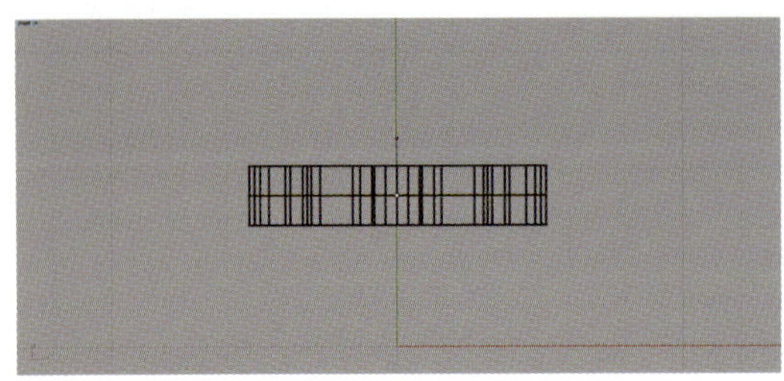

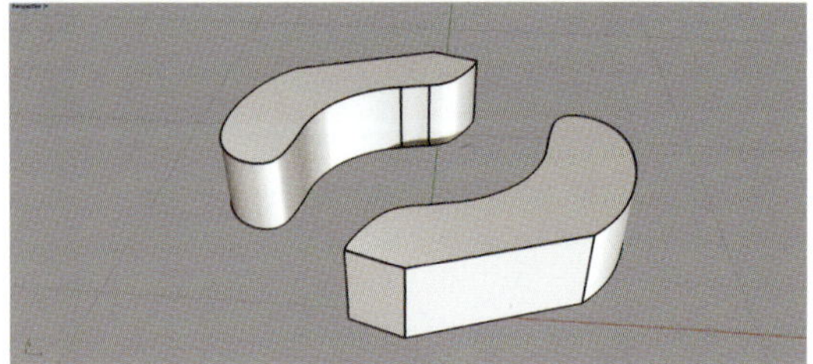

81. 숨겨둔 모든 개체를 화면상에 나타나게 하고, 잠금장치 상단개체를 선택한 후, Boolean difference를 실행한다. 다음 그림과 같이 생성된 Solid개체 2개를 선택하고, Enter↵ 키를 누른다.

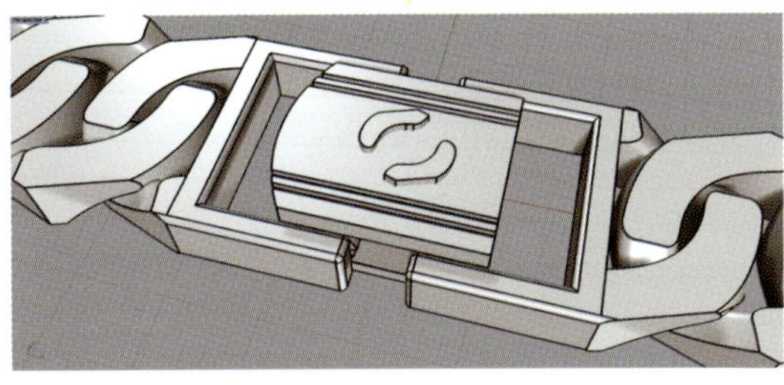

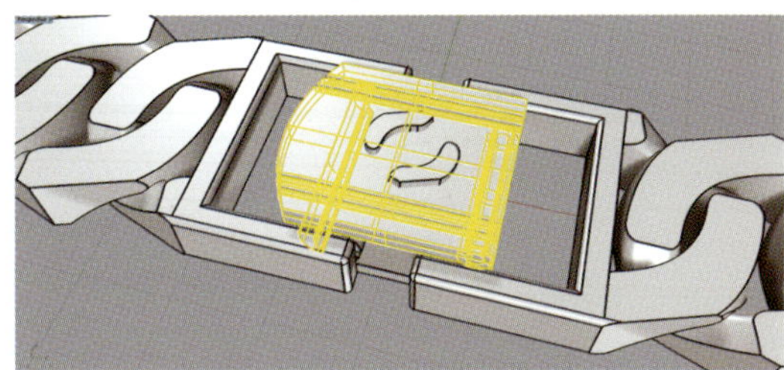

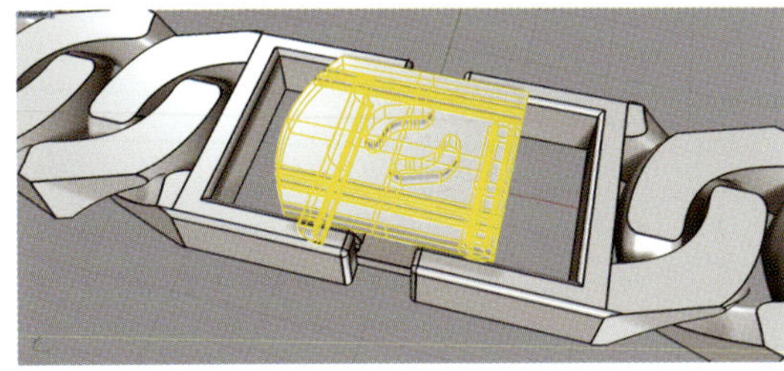

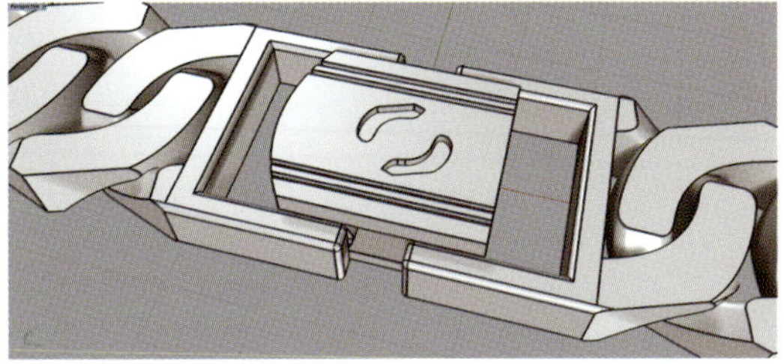

82. 다음 그림과 같이 완성된 Level 3 - Design Modeling 5 체인 팔찌 개체를 확인할 수 있다.

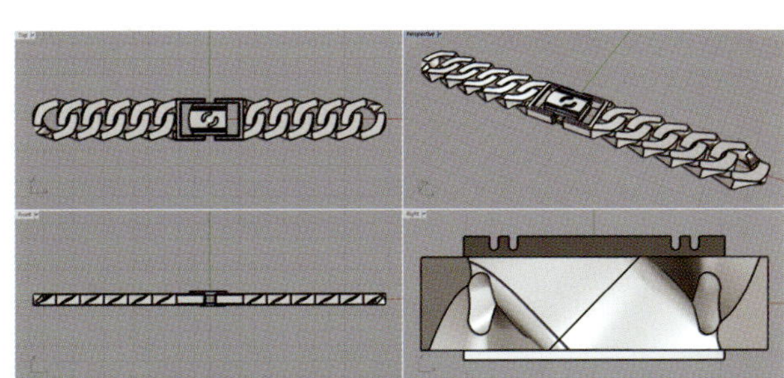

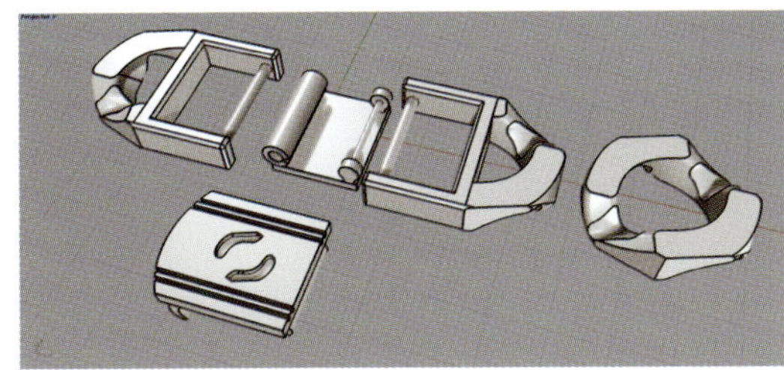

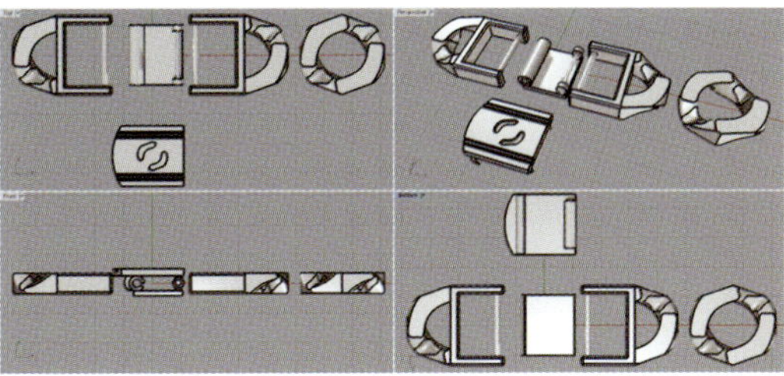

참고 문헌

01. Rhinoceros NURBS modeling for Window Version 6.0 User's GuideRobert Mcneel & Associates, By Robert Mcneel, 2018

02. Rhinoceros NURBS modeling for Window Version 6.0 Training Manual Level 1 Robert Mcneel & Associates, By Robert Mcneel, 2018

03. Rhinoceros NURBS modeling for Window Version 6.0 Training Manual Level 2 Robert Mcneel & Associates, By Robert Mcneel, 2018

04. Rhinoceros NURBS modeling for Window Version 5.0 User's Guide Robert Mcneel & Associates, By Robert Mcneel, 2013

05. Rhinoceros NURBS modeling for Window Version 4.0 User's Guide Robert Mcneel & Associates, By Robert Mcneel, 2007

06. 주얼리 모델링을 위한 라이노 3D 바이블(Rhinoceros 3D Bible for Jewelry Modeling) 도서출판 태학원, 정용진·남상원 공저, 2013

07. 주얼리 디자인 현장실무를 위한 KEYSHOT V RAY RHINO 3D 도서출판 태학원, 남상원 지음, 2011

08. 주얼리디자이너를 위한 RHINOCEROS 3D BIBLE(16일 완성) 도서출판 태학원, 남상원 지음, 2009

09. Rhinoceros 3D Bible 4.0 for Jewelry Modeling 도서출판 태학원, 정용진·남상원 공저, 2007

10. Flamingo Bible 1.1 for Jewelry Rendering 도서출판 태학원, 정용진·남상원 공저, 2007

주얼리디자이너&주얼리모델러가 되기 위한

Rhino 3D Bible

2018년 6월 20일 발행

저 자 / 남상원 · 변정석

발행인 / 이무형
발행처 / 태학원

신고번호 / 제 406-2014-000130호
주소 / 경기도 파주시 파주읍 향양말길 11-13
전화 / 031-941-4136
팩스 / 031-941-4135

가격 / 46,000원

ISBN 978-89-92832-90-8 93560